Lexikon Arbeitsrecht 2026

Die wichtigen Praxisthemen von A wie Abmahnung bis Z wie Zeugnis

von

Henning Rabe v. Pappenheim, Rechtsanwalt, Regensburg (Hrsg.)

Lisa-Maria Allramseder, LL.M., Geschäftsführerin, Fachanwältin für Arbeitsrecht (Syndikusrechtsanwältin), Südwestmetall, Bezirksgruppe Schwarzwald-Hegau

Lena Burfeind, Ass. jur., Deutsche Rentenversicherung Bund, Berlin

Dr. Michaela Felisiak, LL.M., Rechtsanwältin, Fachanwältin für Arbeitsrecht, München

Dr. Gerrit Hempelmann, Fachanwalt für Arbeitsrecht, München

Michael H. Korinth, Richter am Arbeitsgericht a. D., Scheeßel

Wolfgang Leist, LL.M. (Johannesburg), Fachanwalt für Arbeitsrecht (Syndikusrechtsanwalt), Südwestmetall, Bezirksgruppe Reutlingen

Professor Dr. Franz-Josef Rose, Leiter der Rechtsabteilungen vom Verband der Metall- und Elektrounternehmen Hessen e. V. und der Vereinigung der hessischen Unternehmerverbände e. V.

Gundula Roßbach, Präsidentin der Deutschen Rentenversicherung Bund, Berlin

Dr. Björn Steinat, Rechtsanwalt (Syndikusrechtsanwalt), Fachanwalt für Arbeitsrecht, Südwestmetall, Stuttgart

Pia Suttarp, Rechtsanwältin, Fachanwältin, für Arbeitsrecht,Villingen-Schwenningen

Leslie Weickert, Rechtsanwältin (Syndikusrechtsanwältin), Südwestmetall, Mannheim

26. Auflage

Rechtsstand: 1. Januar 2026

rehm

Bibliografische Informationen Der Deutschen Nationalbibliothek

Die Deutsche Nationalbibliothek verzeichnet diese Publikation in der Deutschen Nationalbibliografie; detaillierte bibliografische Daten sind im Internet über http://dnb.d-nb.de abrufbar.

Hersteller:
Verlagsgruppe Hüthig Jehle Rehm GmbH
Im Weiher 10, 69121 Heidelberg

Kontakt und Informationen zum Thema Produktsicherheitsverordnung:
kundenservice@rehm-verlag.de
Telefon: 0800 2183 333
https://www.rehm-verlag.de/produktsicherheitsverordnung

ISBN 978-3-8073-2938-3
Verlagsgruppe Hüthig Jehle Rehm GmbH
Im Weiher 10, 69121 Heidelberg
Satz: Reemers Publishing Services GmbH, Krefeld
Druck: CPI Clausen & Bosse, Birkstr. 10, 25917 Leck

Vorwort

Das Arbeitsrecht ist das notwendige Handwerkszeug für jeden, der Personalmaßnahmen vorzubereiten, beratend zu begleiten oder durchzuführen hat. Dieser Personenkreis, an den sich das vorliegende Lexikon in erster Linie richtet, hat es jedoch nicht leicht, einen umfassenden Überblick über die zu beachtenden Vorschriften zu bekommen und vor allem zu behalten: Die einschlägigen Regeln verstecken sich in einer Vielzahl von Einzelgesetzen und richterlichen Entscheidungen. Deren Umfang und schwer verständlicher Wortlaut schaffen zusätzliche Schwierigkeiten im praktischen Umgang mit den sich dauernd verändernden Vorschriften.

Das „Lexikon Arbeitsrecht" soll hier Abhilfe schaffen durch die aktuelle und alphabetisch geordnete Darstellung aller relevanten Problemkreise des Arbeitsrechts. Bei der Bearbeitung der einzelnen Schlagworte wurde besonders Wert auf die Übersichtlichkeit und Verständlichkeit der Ausführungen gelegt. In praxisbezogener Weise soll auch der nicht juristisch ausgebildete Leser auf die zur Verfügung stehenden Möglichkeiten, aber auch auf Risiken und Fallen aufmerksam gemacht werden.

Durch die jedem Schlagwort vorangestellte Gliederung und das ausführliche Stichwortverzeichnis erhält der Leser schnellen Zugriff auf die benötigten Informationen. Auf juristische Fachsprache wird so weit wie möglich verzichtet. Besonders wichtige Aspekte und praxisrelevante Tipps werden optisch herausgestellt. Konkrete Beispiele dienen zusätzlich der Klarheit. Muster und Check-Listen sind dazu gedacht, dem Leser die Umsetzung der erforderlichen Maßnahmen in die betriebliche Praxis zu erleichtern.

Im Internet stehen Ihnen die Musterschreiben kostenfrei zur Verfügung.

Im Internet stehen Ihnen die Musterschreiben (Vertragsmuster, Checklisten u. Ä.) unter https://www.rehm-verlag.de/arbeitshilfen-arbeitsrecht kostenfrei zur Verfügung.

Das Autorenteam setzt sich aus praxiserfahrenen Spezialisten verschiedener arbeits- und sozialrechtlicher Betätigungsfelder zusammen. Jeder Autor hat die in seinem Fachbereich gewonnenen Erfahrungen und Erkenntnisse mit der Maßgabe in das Lexikon eingebracht, dem Leser die Materie verständlich zu machen und so viele Hinweise und Empfehlungen wie irgendmöglich weiterzugeben.

Der wesentliche Zweck des Lexikons ist die praxisnahe Unterstützung des Lesers bei der Klärung arbeitsrechtlicher Fragen und der Umsetzung von Personalmaßnahmen. Dennoch können die Ausführungen selbstverständlich eine im Einzelfall eventuell erforderliche anwaltliche Beratung nicht ersetzen. Gerade bei schwierigeren Personalmaßnahmen, die über die alltäglichen Anforderungen und Risiken hinausgehen, wird daher empfohlen, möglichst frühzeitig einen fachkundigen Berater hinzuzuziehen.

Die Musterschreiben und Vertragsgestaltungen in diesem Werk müssen den jeweiligen Notwendigkeiten und den individuellen Bedürfnissen der Arbeitsvertragsparteien Rechnung tragen. Daher können die hier abgebildeten Muster nur eine Hilfe sein. Im Einzelfall ist zu prüfen, inwieweit hier vorgeschlagene Formulierungen sinnvoll oder entbehrlich sind. Die Anpassung an den jeweiligen Einzelfall ist daher zwingend notwendig.

Für Anregungen und Verbesserungsvorschläge unserer Leserinnen und Leser sind wir jederzeit dankbar. Um uns die Bearbeitung Ihrer Anfragen und Hinweise zu erleichtern, möchten wir Sie darum bitten, uns diese per E-Mail (sabine.schreiner@hjr-verlag.de) an den Verlag zu schicken oder per E-Mail an den Herausgeber (hrvp@rvp-law.de) zu übermitteln.

Regensburg, im Januar 2026

Henning Rabe v. Pappenheim
– Herausgeber –

Inhaltsverzeichnis

Abkürzungsverzeichnis

a. a. O.	am anderen Ort
Abs.	Absatz
a. E.	am Ende
AFG	Arbeitsförderungsgesetz
AGG	Allgemeines Gleichbehandlungsgesetz
ArbG	Arbeitsgericht
ArbGG	Arbeitsgerichtsgesetz
ArbNErfG	Arbeitnehmererfindungsgesetz
ArbPlSchG	Gesetz über den Schutz des Arbeitsplatzes bei Einberufung zum Wehrdienst (Arbeitsplatzschutzgesetz)
ASiG	Gesetz über Betriebsärzte, Sicherheitsingenieure und andere Fachkräfte für Arbeitssicherheit (Arbeitssicherheitsgesetz)
ArbStättVO	Arbeitsstättenverordnung
ArbZG	Arbeitszeitgesetz
AltTZG	Altersteilzeitgesetz
AU-Bescheinigung	Arbeitsunfähigkeitsbescheinigung
AÜG	Arbeitnehmerüberlassungsgesetz
Az.	Aktenzeichen
BAG	Bundesarbeitsgericht
BB	Betriebsberater (Zeitschrift)
BBiG	Berufsbildungsgesetz
BTHG	Bundesteilhabegesetz
BErzGG	Bundeserziehungsgeldgesetz
BeschFG	Beschäftigungsförderungsgesetz
BetrAVG	Gesetz zur Verbesserung der betrieblichen Altersversorgung
BetrVG	Betriebsverfassungsgesetz
BfA	Bundesversicherungsanstalt für Angestellte
BEEG	Bundeselterngeld- und Elternzeitgesetz
BGB	Bürgerliches Gesetzbuch
BGBl.	Bundesgesetzblatt
BGH	Bundesgerichtshof
BMAS	Bundesministerium für Arbeit und Soziales
BPersVG	Bundespersonalvertretungsgesetz
BSG	Bundessozialgericht
BSGE	Entscheidungen des Bundessozialgerichts
BSchG	Beschäftigtenschutzgesetz
BUrlG	Bundesurlaubsgesetz
BVerfG	Bundesverfassungsgericht
BYOD	Bring your own device
DB	Der Betrieb (Zeitschrift)
d. h.	das heißt
ders.	derselbe
DEÜV	Datenerfassungs- und -übermittlungsverordnung
EBRG	Europäisches Betriebsräte-Gesetz
EntgTranspG	Entgelttransparenzgesetz
EFZG	Entgeltfortzahlungsgesetz
EU	Europäische Union
f., ff.	folgende
FPfZG	Familienpflegezeitgesetz
gem.	gemäß
GewO	Gewerbeordnung
GG	Grundgesetz
ggf.	gegebenenfalls
GmbH	Gesellschaft mit beschränkter Haftung
HAG	Heimarbeitsgesetz
HandwO	Handwerksordnung
HGB	Handelsgesetzbuch
i. d. R.	in der Regel
i. S. d./v.	im Sinne des/von
i. V. m.	in Verbindung mit
JArbSchG	Jugendarbeitsschutzgesetz
KSchG	Kündigungsschutzgesetz
LadschlG	Gesetz über den Ladenschluss
LAG	Landesarbeitsgericht
LAGE	Entscheidungen der Landesarbeitsgerichte
LFZG	Lohnfortzahlungsgesetz
LG	Landgericht
LSG	Landessozialgericht
LVA	Landesversicherungsanstalt
MDM	Mobile-Device-Management
MHRG	Gesetz zur Regelung der Miethöhe
MitbestG	Mitbestimmungsgesetz
MTV	Manteltarifvertrag
MuSchG	Mutterschutzgesetz
MuSchV	Mutterschutzverordnung
m. w. N.	mit weiterem Nachwort
NachweisG	Nachweisgesetz
n. F.	neue Fassung
Nr.	Nummer
n. rkr.	nicht rechtskräftig

Abkürzungsverzeichnis

NZA	Neue Zeitschrift für Arbeitsrecht
NZA-RR	NZA-Rechtsprechungsreport
OWiG	Gesetz über Ordnungswidrigkeiten
RVO	Reichsversicherungsordnung
SachBezVO	Sachbezugsverordnung
SchwArbG	Gesetz zur Bekämpfung der Schwarzarbeit
SchwbG	Schwerbehindertengesetz
S.	Seite
SG	Sozialgericht
SGB	Sozialgesetzbuch
SGG	Sozialgerichtsgesetz
s. o./u.	siehe oben/unten
SprAuG	Gesetz über Sprecherausschüsse der leitenden Angestellten (Sprecherausschussgesetz)
StGB	Strafgesetzbuch
TV	Tarifvertrag
TVG	Tarifvertragsgesetz
TzBfG	Teilzeit- und Befristungsgesetz
u. a.	unter anderem
UrhG	Urheberrechtsgesetz
UWG	Gesetz gegen den unlauteren Wettbewerb
VDR	Verband Deutscher Rentenversicherungsträger
vgl.	vergleiche
VO	Verordnung
WahlO	Erste Verordnung zur Durchführung des Betriebsverfassungsgesetzes (Wahlordnung zum Betriebsverfassungsgesetz)
WpflG	Wehrpflichtgesetz
z. B.	zum Beispiel
ZDG	Zivildienstgesetz
ZPO	Zivilprozessordnung

Bearbeiterverzeichnis

Das Lexikon Arbeitsrecht wurde begründet von

Henning Rabe von Pappenheim (Herausgeber)
Rechtsanwalt, Regensburg

Dr. Gerrit Hempelmann,
Fachanwalt für Arbeitsrecht, München

Michael H. Korinth,
Richter am Arbeitsgericht a.D., Scheeßel

Mechthild Pathe,
Abteilungsdirektorin, Deutsche Rentenversicherung Bund, Berlin

Dirk Pollert,
Rechtsanwalt, Hauptgeschäftsführer Hessenmetall, Frankfurt

Gundula Roßbach,
Präsidentin der Deutschen Rentenversicherung Bund, Berlin

Rolf Stein,
Rechtsanwalt, London

Aktuell wird das Lexikon Arbeitsrecht bearbeitet von

Lisa-Maria Allramseder, LL.M., Geschäftsführerin, Fachanwältin für Arbeitsrecht (Syndikusrechtsanwältin), Südwestmetall, Bezirksgruppe Schwarzwald-Hegau	Personalrecruiting, Verschwiegenheitspflicht
Lena Burfeind, Ass. jur., Leitung Politische Kommunikation der Deutschen Rentenversicherung Bund, Berlin	Altersteilzeit, Aufhebungsvertrag, Betriebliche Altersversorgung, Betriebliches Eingliederungsmanagement, Betriebsprüfung, Erwerbsminderung, Insolvenz, Kurzarbeit, Scheinselbstständigkeit, Schwarzarbeit, Selbstständige mit einem Auftraggeber, Wettbewerbsverbot
Dr. Michaela Felisiak, Rechtsanwältin, Fachanwältin für Arbeitsrecht, Scheeßel	Beschäftigung von ausländischen Arbeitnehmern in Deutschland, Entsendung
Dr. Gerrit Hempelmann, Fachanwalt für Arbeitsrecht, München	Anwesenheitsprämie, Arbeitgeberdarlehen, Bereitschaftsdienst, Beschwerde, Betriebliche Mitbestimmung, Betriebsrat, Betriebsvereinbarung, Betriebsversammlung, Dienstreise, Einigungsstelle, Gehaltserhöhung, Gewinnbeteiligung, Gratifikation, Insolvenz, Jugend- und Auszubildendenvertretung, Kurzarbeit, Lohnabtretung, Lohnpfändung, Provision, Vergütung, Werkwohnung
Michael H. Korinth, Richter am Arbeitsgericht a. D., Berlin	Arbeitsgerichtsverfahren, Arbeitspflicht, Arbeitsunfähigkeit, Arbeitszeit, Aussperrung, Betriebliche Altersversorgung, Betriebliche Übung, Elternzeit/Erziehungsurlaub, Entgeltfortzahlung, Familienpflegezeit, Feiertage, Fürsorgepflicht, Haftung des Arbeitgebers, Haftung des Arbeitnehmers, Heimarbeit, Mehrarbeit, Mutterschutz, Nebentätigkeit, Politische Betätigung, Schwerbehinderte Menschen, Streik, Tarifvertrag, Teilzeitarbeit, Urlaub
Wolfgang Leist, LL.M. (Johannesburg), Fachanwalt für Arbeitsrecht (Syndikusrechtsanwalt), Südwestmetall, Bezirksgruppe Reutlingen	Werkvertrag
Prof. Dr. Franz-Josef Rose Leiter der Rechtsabteilungen vom Verband der Metall- und Elektrounternehmen Hessen e. V. und der Vereinigung der hessischen Unternehmerverbände e. V., Frankfurt	Altersteilzeit, Arbeitnehmerüberlassung, Arbeitsschutz, Arbeitsunfall, Aufbewahrungsfristen, Ausländische Arbeitnehmer, Berufsausbildungsverhältnis, Datenschutz, Personalakte, Pflegezeit, Praktikanten, Rauchverbot, Rufbereitschaft, Telearbeit, Unfallverhütung, Weiterbildung, Zielvereinbarung
Henning Rabe von Pappenheim, Rechtsanwalt, Regensburg	Abmahnung, Änderungskündigung, Arbeitnehmererfindung, Aufhebungsvertrag, Beendigung des Arbeitsverhältnisses, Befristetes Arbeitsverhältnis, Betriebsänderung, Dienstwagen, Direktionsrecht, Internet/Telekommunikation, Kündigung, Kündigungsschutz, Mobbing, Schwarzarbeit, Urheberrechte im Arbeitsverhältnis, Wettbewerbsverbot, Zeugnis
Gundula Roßbach, Präsidentin der Deutschen Rentenversicherung Bund	Altersteilzeit, Aufhebungsvertrag, Betriebliche Altersversorgung, Betriebliches Eingliederungsmanagement, Betriebsprüfung, Erwerbsminderung, Insolvenz, Kurzarbeit, Scheinselbstständigkeit, Schwarzarbeit, Selbstständige mit einem Auftraggeber, Wettbewerbsverbot
Dr. Björn Steinat, Rechtsanwalt (Syndikusrechtsanwalt) Fachanwalt für Arbeitsrecht, Südwestmetall, Stuttgart	Anfechtung, Betriebsübergang, Sexuelle Belästigung
Pia Suttarp, Rechtsanwältin, Fachanwältin für Arbeitsrecht, Villingen-Schwenningen	Gleichbehandlung, Nachweisgesetz, Wehr- und Bundesfreiwilligendienst
Leslie Weickert, Rechtsanwältin (Syndikusrechtsanwältin), Südwestmetall Mannheim	Arbeitsvertrag, Ausschlussfrist

Abmahnung

I. Begriff und Abgrenzung

Die Abmahnung dient dem Arbeitgeber dazu, dem Arbeitnehmer die Pflichtwidrigkeit eines bestimmten Verhaltens vor Augen zu führen und ihn – unter Androhung möglicher Rechtsfolgen für die Zukunft – zu einer Verhaltensänderung zu veranlassen.

Eine Abmahnung kommt immer dann in Betracht, wenn eine unmittelbare Sanktion des pflichtwidrigen Verhaltens unangemessen wäre, weil dem Arbeitnehmer zunächst Gelegenheit zur Besserung seines Verhaltens eingeräumt werden soll.

Im Gegensatz zu einer bloßen **Ermahnung,** mit der der Arbeitgeber lediglich auf eine Pflichtverletzung hinweist, gehört zur Abmahnung also die Androhung von Rechtsfolgen (→ *Kündigung*) für die Zukunft.

Besteht im Betrieb eines Arbeitgebers eine rechtswirksame Bußenordnung und enthält die Abmahnung eine über den Warnzweck hinausgehende Sanktion (Verwarnung, Verweisung oder Geldbuße), ist sie als mitbestimmungspflichtige Betriebsbuße anzusehen.

Die Abmahnung ist schließlich von der Vertragsstrafe abzugrenzen, die für den Fall vereinbart wird, dass der andere Vertragspartner seine Verpflichtungen aus dem Arbeitsverhältnis nicht oder nicht richtig erfüllt. Die Vertragsstrafe dient ausschließlich zur Sicherung von Schadensersatzansprüchen des anderen Vertragsteils.

II. Abmahnungsgegenstand

Der Abmahnungsgegenstand kann sich aus unterschiedlichen Bereichen der arbeitsvertraglichen Beziehungen ergeben. Nicht immer wird sich das abmahnungsgegenständliche Verhalten eindeutig einem bestimmten Bereich zuordnen lassen. Bei Überschneidungen ist darauf abzustellen, in welchem Bereich die Störung besonders einschneidend ist.

1. Störungen im Leistungsbereich

Abgemahnt werden kann bei Störungen im Leistungsbereich, also bei Verletzungen der → *Arbeitspflicht*. Hierzu gehören vor allem Mängel, die aus dem steuerbaren (Fehl-)Verhalten des Arbeitnehmers herrühren.

Beispiele:

Unentschuldigtes Fehlen im Anschluss an den Urlaub; wiederholte Unpünktlichkeit; unerlaubtes Verlassen des Arbeitsplatzes; Missachten von Arbeitsanweisungen; unkollegiales Verhalten; ausländerfeindliche Äußerungen; Alkoholisierung am Arbeitsplatz; Unfreundlichkeit gegenüber Kunden.

Die Störungen im Leistungsbereich können jedoch auch personenbedingte Ursachen haben.

Beispiele:

Mangelhafte Führungsqualifikation; unterdurchschnittliche Arbeitsleistung.

Auch ist es für eine Abmahnung nicht immer erforderlich, dass den Arbeitnehmer ein Verschulden an der Störung trifft.

Beispiel:

Wer mit einem Firmenfahrzeug einen Unfall verursacht und dabei Schaden anrichtet, muss eine Abmahnung hinnehmen, auch wenn ihm kein persönlicher Schuldvorwurf gemacht werden kann (LAG Rheinland-Pfalz v. 9.2.2004, Az. 7 Sa 1201/03).

2. Störungen im Betriebsbereich

Ferner können Störungen im Bereich der betrieblichen Ordnung Gegenstand einer Abmahnung sein. Gemeint sind hierbei Störungen des technischen Arbeitsablaufes oder der betrieblichen Organisation sowie der Zusammenarbeit zwischen einzelnen Arbeitnehmern oder im Verhältnis zu Vorgesetzten.

Beispiele:

Politische Meinungsäußerungen; parteipolitische Betätigung im Betrieb; Verweigerung der Arbeit aus Gewissensgründen; Teilnahme an politischen Demonstrationen; Verstoß gegen betriebliche Rauch- und Alkoholverbote; Verletzung von Arbeitsschutzvorschriften; Verstöße gegen die Autorität von Vorgesetzten; Beleidigungen und/oder Tätlichkeiten gegenüber Mitarbeitern/Vorgesetzten; sexuelle Belästigung.

3. Störungen im Vertrauensbereich

Auch Störungen im Vertrauensbereich können abgemahnt werden. Hierunter versteht man solche Handlungen des Arbeitnehmers, die das für das Arbeitsverhältnis notwendige Vertrauensverhältnis der Arbeitsvertragsparteien berühren.

Beispiele:

Unerlaubte Handlungen wie Diebstähle; Unterschlagungen; Untreue; Betrug; Tätlichkeiten oder grobe Beleidigungen von Vorgesetzten und Arbeitskollegen; Verrat von Betriebsgeheimnissen; Erstellung unrichtiger Arbeitsberichte; Missbrauch des Diensttelefons; falsche Inventuren; Fälschung einer Arbeitsunfähigkeitsbescheinigung.

4. Außerdienstliches Verhalten

Mit einer Abmahnung kann grundsätzlich nur eine dienstliche Pflichtverletzung gerügt werden, sodass das außerdienstliche Verhalten des Arbeitnehmers nur in besonderen Ausnahmefällen Gegenstand einer Abmahnung sein kann. Voraussetzung hierfür ist, dass sich das außerdienstliche Verhalten unmittelbar auf das Arbeits- und/oder Vertrauensverhältnis auswirkt (z. B. bei einer unerlaubten Nebentätigkeit).

WICHTIG!

Den früher geltenden Grundsatz, dass hinsichtlich der Erforderlichkeit einer Abmahnung vor Ausspruch einer Kündigung nach den einzelnen Bereichen zu unterscheiden ist, hat die Rechtsprechung zwischenzeitlich aufgegeben. Es hat insoweit immer eine Prüfung im Einzelfall – unabhängig von dem betroffenen Bereich – stattzufinden (Näheres hierzu s. u. IV.).

III. Funktionen und notwendiger Inhalt der Abmahnung

Der notwendige Inhalt einer Abmahnung ergibt sich aus ihren Funktionen:

1. Hinweisfunktion

Mit der Abmahnung soll der Arbeitnehmer auf die Pflichtwidrigkeit seines Verhaltens hingewiesen werden. Das beanstandete Verhalten ist dabei präzise zu bezeichnen, wobei eine genaue Zeit- und ggf. Ortsangabe zwingend ist.

Formulierungsbeispiel:

„Nach der am 13.3. .... vorgelegten Arbeitsunfähigkeitsbescheinigung vom 5.3. .... waren Sie in der Zeit vom 5.3. .... bis zum 11.3. .... arbeitsunfähig erkrankt. Die Arbeitsunfähigkeit wurde uns erst am 13.3. .... mitgeteilt. Durch die verspätete Mitteilung haben Sie gegen Ihre in § 5 Abs. 1 EFZG normierte Anzeigepflicht verstoßen, wonach dem Arbeitgeber die Arbeitsunfähigkeit und deren voraussichtliche Dauer unverzüglich mitzuteilen ist. Hierdurch haben Sie Ihre Pflichten aus dem Arbeitsvertrag verletzt."

2. Warn- und Androhungsfunktion

Die wichtigste Funktion der Abmahnung ist die Warn- und Androhungsfunktion. Dem Arbeitnehmer soll eindringlich vor Augen geführt werden, dass der Arbeitgeber nicht mehr bereit ist, ein bestimmtes (vertragswidriges) Verhalten hinzunehmen und im Fortsetzungsfall Konsequenzen ziehen wird. Der Warnzweck erfordert also, dass die Warnung eindeutig und bestimmt erfolgt; dies kann durchaus in höflicher Form geschehen.

Dem Androhungszweck einer Abmahnung wird dann genügt, wenn für den Wiederholungsfall die Beendigung des Arbeitsverhältnisses angedroht wird. Auch dies kann in höflicher Form geschehen.

Formulierungsbeispiel:

„Wir weisen Sie darauf hin, dass im Wiederholungsfall der Bestand des Arbeitsverhältnisses gefährdet wird." Oder „Im Wiederholungsfalle sehen wir uns zu unserem großen Bedauern gezwungen, das Arbeitsverhältnis mit Ihnen zu beenden."

Selbstverständlich kann der Arbeitgeber auch eine allgemeine Androhung von Sanktionen aussprechen, zu denen neben der ordentlichen und außerordentlichen → *Kündigung* auch die → *Änderungskündigung* oder eine Versetzung zählen können. Die Androhung bestimmter kündigungsrechtlicher Maßnahmen ist nicht erforderlich.

Formulierungsbeispiel:

„Im Wiederholungsfall müssen Sie mit arbeitsrechtlichen Sanktionen bis hin zur ordentlichen oder außerordentlichen Kündigung rechnen."

ACHTUNG!

Die Warnfunktion einer Abmahnung kann erheblich dadurch abgeschwächt werden, dass der Arbeitgeber bei ständig neuen Pflichtverletzungen des Arbeitnehmers stets nur mit einer Kündigung droht, ohne jemals arbeitsrechtliche Konsequenzen folgen zu lassen. In diesen Fällen muss er die letzte Abmahnung vor Ausspruch der Kündigung besonders eindringlich gestalten („letztmalige Abmahnung", scharfes Abmahnungsgespräch etc.) (BAG v. 15.11.2001, Az. 2 AZR 609/00).

Fehlt eine Androhung arbeitsrechtlicher Konsequenzen, handelt es sich lediglich um eine Ermahnung, die als Voraussetzung für eine Kündigung grundsätzlich nicht ausreicht.

3. Dokumentationsfunktion

Schließlich hat die Abmahnung auch eine Dokumentationsfunktion. Der Pflichtverstoß und die darauf begründete vertragliche Rüge sollen dokumentiert werden. Unbeschadet etwaiger Formvorschriften sollte der Arbeitgeber die Abmahnung schon aus diesem Grund schriftlich erteilen und sie dann zur Personalakte nehmen.

IV. Die Abmahnung als Kündigungsvoraussetzung

1. Angemessenheit einer Kündigung (Grundsatz)

Die → *Kündigung* kommt regelmäßig nur dann in Betracht, wenn kein milderes Mittel zur Verfügung steht (Ultima-Ratio-Prinzip). Vor der Aussprache einer Kündigung ist daher regelmäßig zu prüfen, ob der gewünschte Erfolg nicht auch mit milderen Mitteln erreicht werden kann.

In jedem Einzelfall ist anhand der konkreten Umstände (wie Schwere und Bedeutung der Pflichtwidrigkeit, sonstiges Verhalten des Arbeitnehmers, Dauer der Betriebszugehörigkeit etc.) zu überprüfen, ob die Abmahnung als geeignetes Reaktionsmittel in Betracht kommt und verhältnismäßig erscheint.

2. Notwendigkeit einer Abmahnung

Vor Ausspruch einer verhaltensbedingten Kündigung wird der Arbeitgeber daher in aller Regel versuchen müssen, den Arbeitnehmer durch eine Abmahnung zu einem vertragsgerechten Verhalten zu veranlassen. Vor einer außerordentlichen Kündigung gilt dies unabhängig davon, ob das Kündigungsschutzgesetz anwendbar ist. Auch bei einer ordentlichen verhaltensbedingten Kündigung gilt, dass Pflichtwidrigkeiten zunächst im Wege der Abmahnung zu rügen bzw. zu ahnden sind. Erst im Wiederholungsfalle darf wegen solcher Verstöße eine Kündigung ausgesprochen werden.

Spricht der Arbeitgeber wegen einer bestimmten Vertragspflichtverletzung eine Abmahnung aus, so kann er wegen des darin gerügten Verhaltens des Arbeitnehmers (also dieses konkreten Vorfalls) das Arbeitsverhältnis nicht mehr – außerordentlich oder ordentlich – kündigen. Treten anschließend weitere Pflichtverletzungen zu den abgemahnten hinzu oder werden frühere Pflichtverletzungen dem Arbeitgeber erst nach Ausspruch der Abmahnung bekannt, kann er auf diese zur Begründung einer Kündigung zurückgreifen und dabei die bereits abgemahnten Verstöße unterstützend heranziehen (BAG v. 26.11.2009, Az. 2 AZR 751/08).

Auf eine Abmahnung kann nur dann verzichtet werden, wenn die Pflichtverletzung so schwerwiegend ist, dass eine Hinnahme des Verhaltens durch den Arbeitgeber beim besten Willen nicht mehr erwartet werden kann.

ACHTUNG!

Stellt sich erst im nachfolgenden Kündigungsrechtsstreit heraus, dass eine Abmahnung erforderlich gewesen wäre, ist die Kündigung bereits aus diesem Grund unwirksam.

(Auch) Bei vielen Einzel-Pflichtverletzungen, die jeweils alleine eine Kündigung nicht rechtfertigen können, summiert sich ohne Abmahnung auch kein Gesamtverstoß von so erheblichem Ausmaß, dass eine Abmahnung entbehrlich werden könnte. Die Dokumentationsfunktion der Abmahnung hat gerade zum Gegenstand, dem Arbeitnehmer zu signalisieren, dass es so wie bisher nicht weitergehen kann (LAG Köln v. 6.9.2018, Az. 6 Sa 64/18).

3. Entbehrlichkeit einer Abmahnung

Als Kündigungsvoraussetzung ist die Abmahnung entbehrlich, wenn sie dem Arbeitgeber weder möglich noch zumutbar ist, sie keinen Erfolg verspricht oder die zugrunde liegende Pflichtverletzung das Vertragsverhältnis grundlegend erschüttert hat. Entbehrlich ist die Abmahnung auch dann, wenn der Arbeitnehmer offensichtlich nicht gewillt oder in der Lage ist, sich vertragsgerecht zu verhalten. Dies gilt insbesondere dann, wenn er seine Pflichtverletzungen hartnäckig fortsetzt oder eine endgültige Leistungsverweigerung durch Wort und Tat untermauert.

V. Wirksamkeitsvoraussetzungen

1. Bestimmtheit

Mit der Abmahnung soll dem Arbeitnehmer eindringlich vor Augen geführt werden, dass der Arbeitgeber nicht länger bereit ist, ein bestimmtes Verhalten hinzunehmen und daher Rechtsfolgen androht. Um diese Warn- und Androhungsfunktionen zu entfalten, muss die Abmahnung hinreichend bestimmt sein. Dem Arbeitnehmer ist in der Abmahnung mitzuteilen, durch welches (örtlich, zeitlich und inhaltlich bestimmte) Verhalten er gegen seine arbeitsvertraglichen Pflichten verstoßen haben soll. Es empfiehlt sich darüber hinaus, mögliche Beweismittel für diesen Sachverhalt mit zu benennen. Bleibt nämlich in einem nachträglichen Prozess zweifelhaft, ob die Vorwürfe zutreffen (der Arbeitgeber hat dies ggf. zu beweisen), kann der Arbeitgeber keine Abmahnungsgründe nachschieben.

WICHTIG!

Das abmahnungsgegenständliche Verhalten ist (nebst Beweismitteln) genau zu ermitteln und in dem Abmahnungsschreiben konkret darzulegen. Ggf. ist darüber hinaus eine Aktennotiz über die Ermittlungen nebst Beweismitteln in die Personalakte zu nehmen. Pauschale und nicht hinreichend konkretisierte Vorwürfe reichen nicht (vgl. BAG v. 27.11.2008, Az. 2 AZR 675/07).

Eine Abmahnung, mit der eine Kündigung nicht nur für den Fall einer Wiederholung gleichartiger oder vergleichbarer Pflichtverletzungen, sondern für jeden weiteren Verstoß gegen die arbeitsvertraglichen Pflichten angedroht wird, ist unwirksam (ArbG Bochum v. 19.10.2017, Az. 4 Ca 930/17).

2. Form

Für eine Abmahnung besteht kein gesetzliches Formerfordernis. Eine Vielzahl von Tarifverträgen sieht jedoch vor, dass eine Abmahnung schriftlich zu erklären ist. Ohnehin empfiehlt es sich, die Abmahnung schriftlich zu fassen, da der Arbeitgeber im Falle einer späteren Kündigung oder einer weiteren Abmahnung den Inhalt der vorangegangenen Abmahnung nachweisen muss. Auch um der Dokumentationsfunktion Rechnung zu tragen, dürfte eine schriftliche Abmahnung zweckmäßig sein.

Wenn kein tarifliches oder arbeitsvertragliches Schriftformerfordernis besteht, kann es ausreichend sein, eine mündliche Abmahnung im Rahmen eines Personalgesprächs vorzunehmen. Hierdurch kann der Abmahnung die Schärfe genommen werden.

TIPP!

Bei mündlichen Abmahnungen Zeugen (z. B. Mitglied des Betriebsrats) mitnehmen und Aktennotiz anfertigen!

Eine Abmahnung kann auch per E-Mail erklärt werden. Der Absender trägt aber die volle Darlegungs- und Beweislast für den Zugang einer E-Mail. Allein die Absendung begründet keinen (Anscheins-)beweis für den Zugang beim Empfänger (vgl. LAG Berlin-Brandenburg v. 24.8.2018, Az. 2 Sa 403/18). Um sicherzustellen, dass eine E-Mail den Adressaten erreicht hat, hat der Versender über die Optionsverwaltung eines E-Mail-Programms die Möglichkeit, eine Lesebestätigung anzufordern (vgl. BGH v. 17.7.2013, Az. I ZR 64/13; LAG Köln v. 11.1.2022, Az. 4 Sa 315/21).

3. Frist

Eine Regelausschlussfrist, innerhalb derer eine Abmahnung erklärt werden muss, gibt es nicht. Der Arbeitgeber kann also frei entscheiden, ob und wann er eine Abmahnung ausspricht. Je länger er jedoch zuwartet, umso schwächer dürften die Wirkungen der Abmahnung sein. Unabhängig davon kann ein Arbeitgeber auch das Recht zur Abmahnung verwirken, wenn neben einem längeren Zeitablauf auf Seiten des Arbeitnehmers auch ein Vertrauen darauf begründet wird, dass eine frühere Verfehlung nicht mehr geahndet wird. Teilweise gehen die Arbeitsgerichte davon aus, dass allein durch das längere Zuwarten ein entsprechendes Vertrauen begründet wird. So hat das LAG Nürnberg in seiner Entscheidung vom 14.6.2005, Az. 6 Sa 367/05 entschieden, dass der Arbeitgeber nach untätigem Zuwarten von fast **sechs Monaten** gezeigt habe, dass er das Verhalten des Arbeitnehmers nicht (mehr) für sanktionswürdig erachte.

Grundsätzlich kann eine Abmahnung auch dem aufgezeigten Pflichtverstoß vorausgehen (z. B. bei der Ankündigung des Krankfeierns, des eigenmächtigen Urlaubsantritts oder einer Arbeitsverweigerung). In diesen Fällen muss sich aber der Pflichtverstoß bereits konkret anbahnen. Eine generelle Vorwegnahme von Abmahnungen (z. B. durch den Hinweis, dass ein Verstoß gegen das Verbot der Privatnutzung eines Dienstwagens zu einer Kündigung führen kann) ist jedoch nicht möglich. Eine vorweggenommene Abmahnung kann nur dann eine konkrete Abmahnung nach vorheriger Tatbegehung entbehrlich machen, wenn der Arbeitgeber diese bereits in Ansehung einer möglicherweise bevorstehenden Pflichtverletzung ausspricht, sodass die dann tatsächlich zeitnah folgende Pflichtverletzung des Arbeitnehmers aus Sicht eines besonnenen Arbeitgebers als beharrliche Arbeitsverweigerung angesehen werden kann (LAG Schleswig-Holstein v. 29.6.2017, Az. 5 Sa 5/17).

4. Abmahnungsberechtigte Person

Beim Ausspruch einer Abmahnung ist darauf zu achten, dass die unterzeichnende oder erklärende Person auch berechtigt ist, das vertragliche Rügerecht des Arbeitgebers wahrzunehmen. Das BAG vertritt insoweit die Auffassung, dass solche Mitarbeiter, die bezüglich Ort, Zeit, Art und Weise der arbeitsvertraglich geschuldeten Leistungen Anweisungen erteilen können, auch abmahnungsberechtigt sind. Dies gilt unabhängig davon, ob die abmahnungsberechtigten Personen letztendlich auch zur Aussprache einer Kündigung befugt wären. Auch Fachvorgesetzte, die keine eigene Einstellungs- oder Entlassungsbefugnis haben, können mithin eine Abmahnung rechtswirksam aussprechen.

Diese Auffassung des BAG ist nicht unumstritten. Teilweise wird die Auffassung vertreten, dass die Warn- und Androhungsfunktionen der Abmahnung nur durch eine kündigungsberechtigte Person herbeigeführt werden können. Darüber hinaus kann fraglich sein, ob die Abmahnung durch einen zuständigen Personalsachbearbeiter, der also weder Dienst- noch Fachvorgesetzter ist, rechtswirksam ausgesprochen werden kann.

TIPP!

Um nachträgliche Auseinandersetzungen hinsichtlich der Abmahnungsberechtigung schon im Vorfeld zu vermeiden, ist zu empfehlen, die Abmahnung von einer kündigungsberechtigten Person unterzeichnen bzw. erklären zu lassen.

5. Anhörungs- und Mitbestimmungspflichten

Aus gesetzlichen Gründen ist es nicht erforderlich, den Arbeitnehmer vor Ausspruch einer Abmahnung anzuhören. Allerdings ist in einer Vielzahl von Tarifverträgen die vorherige Anhörung des Arbeitnehmers vorgeschrieben. Teilweise wird eine solche Anhörungsverpflichtung auch im Arbeitsvertrag festgelegt.

TIPP!

Vor Ausspruch einer Abmahnung sollte überprüft werden, ob tarifvertragliche oder einzelvertragliche Anhörungspflichten bestehen.

Für den Ausspruch einer Abmahnung besteht grundsätzlich kein Mitbestimmungsrecht des Betriebsrats. Seine ursprüngliche Rechtsauffassung, dass eine Mitbestimmung des Betriebsrats immer dann erforderlich sei, wenn die Abmahnung einen kollektivrechtlichen Bezug hat (z. B. bei Verstößen gegen die betriebliche Ordnung), hat das BAG mittlerweile aufgegeben.

Stellt jedoch die Abmahnung der Sache nach eine Betriebsbuße dar, wird also eine Sanktion nach der einschlägigen Bußenordnung des Betriebs verhängt, kann hieraus ein Mitbestimmungsrecht erwachsen.

Ferner ist zu berücksichtigen, dass die Abmahnung ja generell auch als Kündigungsvorbereitung dient. Im Falle der → *Kündigung* besteht nach § 102 BetrVG ein Beteiligungsrecht des Betriebsrats. In dem hiernach erforderlichen Anhörungsverfahren ist es unumgänglich, dass dem Betriebsrat auch eine vorangegangene Abmahnung und die Reaktion des Arbeitnehmers hierauf mitgeteilt werden muss.

TIPP!

Um einem späteren Anhörungsverfahren gemäß § 102 BetrVG Genüge zu tun, ist eine frühzeitige Information des Betriebsrats über die erfolgte Abmahnung zu empfehlen. Der Arbeitgeber sollte also spätestens im Anhörungsverfahren gemäß § 102 BetrVG den Betriebsrat über die kündigungsrelevante Abmahnung informieren.

In diesem Zusammenhang ist darauf hinzuweisen, dass eine Abmahnung auch gegenüber Betriebsratsmitgliedern möglich ist. Nur wenn der abmahnungsgegenständliche Pflichtverstoß aus der Wahrnehmung von Betriebsratstätigkeiten resultiert, ist eine Abmahnung von Betriebsratsmitgliedern generell ausgeschlossen. Insbesondere darf der Arbeitgeber bei einer Verletzung von Amtspflichten keine vertraglichen Sanktionen wie eine Kündigung androhen (BAG v. 9.9.2015, Az. 7 ABR 69/13). Dies gilt auch dann, wenn das Betriebsratsmitglied in objektiv nachvollziehbarer Weise darauf vertraut, mit dem abmahnungsgegenständlichen Pflichtverstoß eine Betriebsratsaufgabe wahrgenommen zu haben. Soweit das Betriebsratsmitglied sich jedoch entgegen seiner Pflicht aus § 37 Abs. 2 BetrVG vor der Aufnahme seiner Betriebsratstätigkeit nicht ordnungsgemäß abgemeldet hat, ist eine Abmahnung zulässig.

6. Kenntnisnahme durch den Arbeitnehmer

Ihre Rechtsfolgen entfaltet die Abmahnung erst mit Kenntnisnahme durch den Arbeitnehmer. Grundsätzlich ist hierfür der Zugang (z. B. Übergabe oder Eingang im Postkasten) entscheidend. Kann der Adressat jedoch von dem Inhalt der zugegangenen Erklärung deshalb keine Kenntnis erlangen, weil er z. B. urlaubsbedingt abwesend ist oder nur unzureichende Deutschkenntnisse hat, können die Rechtsfolgen erst nach tatsächlicher Kenntnisnahme des Erklärungsinhalts eintreten.

TIPP!

Der Arbeitgeber sollte sich die Kenntnisnahme der Abmahnung vom Arbeitnehmer schriftlich bestätigen lassen.

VI. Mehrere Pflichtverstöße (Sammelabmahnung)

Eine Abmahnung kann unwirksam werden, wenn in ihr mehrere Pflichtverstöße angeführt (Sammelabmahnung) und nur einzelne davon begründet werden oder tatsächlich zutreffend sind. Ist die Abmahnung nur zum Teil berechtigt, kann auf Seiten des Arbeitnehmers ein Anspruch auf Entfernung der gesamten Abmahnung aus der Personalakte begründet werden. Der Arbeitgeber müsste dann wegen des wirksamen Restes eine neue Abmahnung aussprechen, soweit dies noch in einem zeitlichen Zusammenhang zu dem Pflichtverstoß möglich ist.

TIPP!

Mehrere Pflichtverstöße sollten immer in einzelnen Abmahnungen behandelt werden.

VII. Folgen der Abmahnung

1. Verwirkung des Kündigungsrechts

Mit Ausspruch der Abmahnung ist das abgemahnte Verhalten bzw. die gerügte Leistungsstörung „geahndet". Auf das konkret gerügte Verhalten selbst kann der Arbeitgeber also keine Kündigung mehr stützen. Ein Kündigungsrecht kann sich erst im Wiederholungsfalle und nur dann ergeben, wenn der erneute Pflichtverstoß mit dem abgemahnten Pflichtverstoß gleichartig ist.

Beispiel:

Einem Arbeitnehmer, der gegen das betriebliche Rauchverbot verstoßen hat, kann nicht deshalb gekündigt werden, weil er zuvor wegen wiederholter Unpünktlichkeit abgemahnt worden ist. Hier fehlt es an einer Gleichartigkeit des abgemahnten Verhaltens und des kündigungsrelevanten Pflichtverstoßes. Als gleichartige Pflichtverstöße gelten z. B. mehrmaliges unentschuldigtes Fehlen, Verlassen des Arbeitsplatzes ohne Abmeldung, unerlaubtes Fernbleiben von der Arbeit, unterlassene Mitteilung der Arbeitsverhinderung und verspätetes Einreichen der Arbeitsunfähigkeitsbescheinigung.

ACHTUNG!

Kündigt der Arbeitgeber im unmittelbaren zeitlichen Zusammenhang mit der Abmahnung, spricht dies dafür, dass die Kündigung wegen der abgemahnten Pflichtverletzung erfolgt ist. Dies gilt auch für eine Abmahnung, die innerhalb der Wartezeit des § 1 Abs. 1 KSchG – also bevor ein allgemeiner Kündigungsschutz besteht – erklärt wird. Es ist dann Sache des Arbeitgebers darzulegen, dass ihn andere Gründe zur Kündigung bewogen haben (BAG v. 13.12.2007, Az. 6 AZR 145/07).

Treten anschließend weitere Pflichtverletzungen zu den abgemahnten hinzu oder werden frühere Pflichtverletzungen dem Arbeitgeber erst nach Ausspruch der Abmahnung bekannt, kann er auf diese zur Begründung einer Kündigung zurückgreifen und dabei die bereits abgemahnten Verstöße unterstützend heranziehen (BAG v. 26.11.2009, Az. 2 AZR 751/08).

2. Neuer Pflichtverstoß

Ob der Arbeitgeber nach einem neuerlichen gleichartigen oder vergleichbaren Pflichtverstoß kündigen darf oder zunächst eine weitere Abmahnung aussprechen muss, hängt von der Schwere des neuerlichen Vertragsverstoßes ab. Eine zweite Abmahnung kann deshalb notwendig werden, weil zwischen dem abgemahnten Verhalten und dem neuen (gleichartigen) Sachverhalt ein längerer Zeitraum liegt. Die Auswirkungen einer Abmahnung sind nämlich zeitlich begrenzt. Es besteht allerdings keine Regelfrist, innerhalb derer sie ihre Wirkung verliert. Vielmehr richtet sich dies nach den Umständen des Einzelfalls.

VIII. Reaktionsmöglichkeiten des Arbeitnehmers

1. Entfernung der Abmahnung aus der Personalakte

1.1 Unberechtigte Abmahnung

Zunächst ist festzuhalten, dass jeder Arbeitnehmer einen Anspruch auf Einsicht in seine → *Personalakte* hat.

WICHTIG!

Der Arbeitnehmer hat zwar gemäß § 83 Abs. 1 Satz 1 und Satz 2 BetrVG das Recht, in die über ihn geführten Personalakten Einsicht zu nehmen und hierzu ein Mitglied des Betriebsrats hinzuzuziehen. Die Regelung begründet aber keinen Anspruch auf Einsichtnahme unter Hinzuziehung eines Rechtsanwalts (BAG v. 12.7.2016, Az. 9 AZR 791/14).

Nach Rechtsprechung des BAG kann der Arbeitnehmer die Entfernung einer missbilligenden Äußerung aus der Personalakte verlangen, wenn diese unrichtige Tatsachenbehauptungen enthält, die ihn in seiner Rechtsstellung und seinem beruflichen Fortkommen beeinträchtigen können. Entsprechendes gilt, wenn die Abmahnung auf einer unzutreffenden rechtlichen Bewertung seines Verhaltens beruht oder den Grundsatz der Verhältnismäßigkeit verletzt (vgl. BAG v. 2.11.2016, Az. 10 AZR 596/15), und auch dann, wenn selbst bei einer zu Recht erteilten Abmahnung kein schutzwürdiges Interesse des Arbeitgebers an deren Verbleib in der Personalakte (mehr) besteht (vgl. BAG v. 18.10.2017, Az. 10 AZR 330/16 m. w. N.).

WICHTIG!

Nach der Rechtsprechung des Bundesarbeitsgerichts besteht zwar nach Beendigung des Arbeitsverhältnisses regelmäßig kein Anspruch des Arbeitnehmers mehr auf Entfernung selbst einer zu Unrecht erteilten Abmahnung aus der Personalakte (vgl. BAG v. 19.7.2012, Az. 2 AZR 782/11). Allerdings ist ein derartiger Anspruch ausnahmsweise dann gegeben, wenn objektive Anhaltspunkte dafür bestehen, eine Abmahnung könne dem Arbeitnehmer auch noch nach Beendigung des Arbeitsverhältnisses schaden. Arbeitgeber müssen prüfen, ob die Aufbewahrung von Abmahnungen tatsächlich erforderlich ist oder ob das Persönlichkeitsrecht des Arbeitnehmers überwiegt. Datenschutzrechtliche Ansprüche (Art. 17 DSGVO) sind in solchen Fällen nicht zwingend entscheidend, wenn bereits zivilrechtliche Ansprüche (§§ 242, 1004 BGB) greifen (LAG Niedersachsen v. 4.4.2025, Az. 14 SLa 724/24). Der Anspruch folgt aus der vertraglichen Rücksichtnahmepflicht (§ 241 Abs. 2 BGB) des Arbeitgebers im Rahmen derer er auf das Wohl und die berechtigten Interessen des Arbeitnehmers Rücksicht zu nehmen hat.

Das Recht zur informationellen Selbstbestimmung ist wesentlicher Schutzzweck der DSGVO. Somit kann sich nach der Beendigung des Arbeitsverhältnisses ein Auskunfts- und Entfernungsanspruch nunmehr insbesondere auch aus den Vorschriften der DSGVO ergeben (vgl. z. B. LAG Sachsen-Anhalt v. 23.11.2018, Az. 5 Sa 7/17). Nach Art. 17 Abs. 1 lit. a) DSGVO besteht nämlich ein unverzüglicher Löschungsanspruch, wenn die personenbezogenen Daten, für die sie erhoben oder auf sonstige Weise verarbeitet wurden, nicht mehr notwendig sind. Bei Abmahnungen entfällt deren Warnfunktion regelmäßig mit der Beendigung des Arbeitsverhältnisses. Die Rüge- und Dokumentationsfunktion einer Abmahnung kann nur dann noch *„ein Interesse am Erhalt der Abmahnung ergeben, soweit dies zur Abwehr von etwaigen Ansprüchen des Arbeitnehmers oder zur Begründung eigener Ansprüche gegen den Arbeitnehmer erforderlich erscheint“* (LAG Sachsen-Anhalt, a. a. O.). Die Frage, ob und unter welchen Voraussetzungen unter der Geltung des Art. 17 DSGVO ein Anspruch auf Entfernung der Abmahnung nach einer Beendigung des Arbeitsverhältnisses aus der papierenen Personalakte besteht, ist umstritten (vgl. LAG Berlin-Brandenburg v. 13.3.2024, Az. 26 Ta 223/24 m. w. N.).

Ist also eine schriftliche Abmahnung oder ein schriftlicher Vermerk über die Erteilung einer mündlichen Abmahnung zu den Personalakten genommen worden, so kann der Arbeitnehmer deren Entfernung verlangen, wenn der darin erhobene Vorwurf nicht den Tatsachen entspricht oder unzutreffend beurteilt wurde. Entsprechendes gilt, wenn die Abmahnung statt eines konkreten Fehlverhaltens nur pauschale Vorwürfe enthält (vgl. BAG v. 27.11.2008, Az. 2 AZR 675/07).

Beispiel 1:

Wird einem Arbeitnehmer in einem Abmahnungsschreiben vorgeworfen, dass er einen Arbeitskollegen beleidigt habe, und entspricht dieser Vorwurf nicht den Tatsachen, kann die Entfernung des Abmahnungsschreibens wegen unrichtiger Tatsachenbehauptungen verlangt werden.

Beispiel 2:

Wird einem Arbeitnehmer in einem Abmahnungsschreiben vorgeworfen, dass er durch das Fernbleiben von der Arbeit gegen seine arbeitsvertraglichen Pflichten verstoßen habe und hatte der Arbeitnehmer tatsächlich beantragten und genehmigten Urlaub, kann die Entfernung des Abmahnungsschreibens wegen unzutreffender rechtlicher Würdigung verlangt werden.

ACHTUNG!

Ungerechtfertigt ist eine Abmahnung, die dem Arbeitnehmer objektiv zu Unrecht vorwirft, sich arbeitsvertragswidrig verhalten zu haben, sei es, dass die Abmahnung auf falschen Tatsachenbehauptungen beruht, oder dass sie aus zutreffenden Tatsachen objektiv falsche rechtliche Schlüsse zieht. Besteht der Abmahnungsvorwurf darin, eine arbeitsvertraglich gebotene Handlung unterlassen zu haben, so umfasst die Darlegungs- und Beweislast des Arbeitgebers für die Berechtigung der Abmahnung auch den Umstand, dass die Vornahme der Handlung dem Arbeitnehmer überhaupt möglich war (LAG Köln v. 17.1.2007, Az. 7 Sa 526/06).

Der Entfernungsanspruch des Arbeitnehmers ist gerichtlich einklagbar. Hierbei ist zu beachten, dass der Arbeitgeber die Darlegungs- und Beweislast für die Behauptung trägt, es liege ein Pflichtverstoß des Arbeitnehmers vor. In Beispiel 1 müsste also der Arbeitgeber nachweisen, dass eine Beleidigung des Arbeitskollegen stattgefunden hat.

Macht ein Arbeitnehmer Rechtfertigungsgründe für sein Verhalten geltend, muss er diese im Streitfall nachweisen. Im Beispiel 2 müsste also der Arbeitgeber das Fernbleiben von der Arbeit vortragen und der Arbeitnehmer sodann seine Rechtfertigungsgründe – nämlich den genehmigten Urlaub – darlegen und beweisen.

1.2 Berechtigte Abmahnung

Eine Abmahnung kann ihre Rechtswirkung verlieren, wenn der Arbeitnehmer längere Zeit unbeanstandet seine Pflichten erfüllt hat oder der Arbeitgeber weitere Pflichtverletzungen des Arbeitnehmers oder anderer Mitarbeiter unbeanstandet hinnimmt. Allein der Wegfall der Warnfunktion einer berechtigten Abmahnung reicht jedoch nicht dazu aus, per se einen Anspruch des Arbeitnehmers auf die Entfernung der Abmahnung aus der Personalakte zu begründen.

Das BAG führt hierzu sehr ausführlich aus:

Personalakten sind eine Sammlung von Urkunden und Vorgängen, die die persönlichen und dienstlichen Verhältnisse eines Mitarbeiters betreffen und in einem inneren Zusammenhang mit dem Dienstverhältnis stehen. Sie sollen ein möglichst vollständiges, wahrheitsgemäßes und sorgfältiges Bild über diese Verhältnisse geben. Ein Arbeitnehmer kann deshalb in entsprechender Anwendung von §§ 242, 1004 Abs. 1 Satz 1 BGB die Entfernung von Aktenvorgängen, die auf einer richtigen Sachverhaltsdarstellung beruhen, nur dann verlangen, wenn eine Interessenabwägung im Einzelfall ergibt, dass eine weitere Aufbewahrung zu unzumutbaren beruflichen Nachteilen für den Arbeitnehmer führen könnte, obwohl der beurkundete Vorgang für das Arbeitsverhältnis rechtlich bedeutungslos geworden ist.

Mit einer Abmahnung übt der Arbeitgeber seine arbeitsvertraglichen Gläubigerrechte in doppelter Hinsicht aus. Zum einen weist er den Arbeitnehmer als seinen Schuldner auf dessen vertragliche Pflichten hin und macht ihn auf die Verletzung dieser Pflichten aufmerksam (Rüge- und Dokumentationsfunktion). Zum anderen fordert er ihn für die Zukunft zu einem vertragstreuen Verhalten auf und kündigt, sofern ihm dies angebracht erscheint, individualrechtliche Konsequenzen für den Fall einer erneuten Pflichtverletzung an (Warnfunktion). Der Anspruch auf Entfernung einer zu Recht erteilten Abmahnung setzt deshalb nicht nur voraus, dass die Abmahnung ihre Warnfunktion verloren hat. Vielmehr darf der Arbeitgeber darüber hinaus kein berechtigtes Interesse mehr an der Dokumentation der gerügten Pflichtverletzung haben. Es besteht nicht deshalb ein berechtigtes Interesse des Arbeitgebers, eine Abmahnung in der Personalakte des Arbeitnehmers zu belassen, weil sie stets für eine eventuell notwendig werdende spätere Interessenabwägung von Bedeutung sein kann. So kann ein hinreichend lange zurückliegender, nicht schwerwiegender und durch beanstandungsfreies Verhalten faktisch überholter Pflichtenverstoß seine Bedeutung auch für eine später erforderlich werdende Interessenabwägung gänzlich verlieren. Eine nicht unerhebliche Pflichtverletzung im Vertrauensbereich wird demgegenüber eine erhebliche Zeit von Bedeutung sein (BAG v. 19.7.2012, Az. 2 AZR 782/11).

TIPP!

Angesichts der Bedeutung eines langjährigen beanstandungsfreien Arbeitsverhältnisses (vgl. Fall Emmely, BAG v. 10.6.2010, Az. 2 AZR 541/09) sollte der Arbeitgeber Abmahnungen nur auf besondere Veranlassung (z. B. Gerichtsentscheid) aus der Personalakte entfernen. Zwar verliert die Abmahnung nach einer gewissen Zeit ihre Warnfunktion, mit der Folge, dass sie im Rahmen des eigentlichen Kündigungsgrundes nach einem gewissen Zeitablauf keine unmittelbare Bedeutung mehr hat. Dennoch kann ihr erhebliche Bedeutung bei der im Kündigungsverfahren anzustellenden Interessenabwägung zukommen. Denn nur durch (auch länger zurückliegende) Abmahnungen kann der Arbeitgeber ggf. nachweisen, dass ein langjähriges Arbeitsverhältnis tatsächlich nicht beanstandungsfrei gewesen ist.

WICHTIG!

Der Arbeitnehmer hat auch nach Beendigung des Arbeitsverhältnisses einen Anspruch, den Inhalt seiner fortgeführten Personalakte auf ihren Wahrheitsgehalt zu überprüfen. Der Anspruch folgt aus der vertraglichen Rücksichtnahmepflicht (§ 241 Abs. 2 BGB) des Arbeitgebers im Rahmen derer er auf das Wohl und die berechtigten Interessen des Arbeitnehmers Rücksicht zu nehmen hat. Hierzu zählt auch das aus dem allgemeinen Persönlichkeitsrecht des Arbeitnehmers resultierende Recht auf informationelle Selbstbestimmung (BAG v. 16.11.2010, Az. 9 AZR 573/09).

Das Recht zur informationellen Selbstbestimmung ist wesentlicher Schutzzweck der DSGVO. Somit kann sich nach der Beendigung des Arbeitsverhältnisses ein Auskunfts- und Entfernungsanspruch nunmehr insbesondere auch aus den Vorschriften der DSGVO ergeben (vgl. z. B. LAG Sachsen-Anhalt v. 23.11.2018, Az. 5 Sa 7/17). Nach Art. 17 Abs. 1 lit. a) DSGVO besteht nämlich ein unverzüglicher Löschungsanspruch, wenn die personenbezogenen Daten, für die sie erhoben oder auf sonstige Weise verarbeitet wurden, nicht mehr notwendig sind. Bei Abmahnungen entfällt deren Warnfunktion regelmäßig mit der Beendigung des Arbeitsverhältnisses. Die Rüge- und Dokumentationsfunktion einer Abmahnung kann nur dann noch *„ein Interesse am Erhalt der Abmahnung ergeben, soweit dies zur Abwehr von etwaigen Ansprüchen des Arbeitnehmers oder zur Begründung eigener Ansprüche gegen den Arbeitnehmer erforderlich erscheint“* (LAG Sachsen-Anhalt, a. a. O.). Die Frage, ob und unter welchen Voraussetzungen unter der Geltung des Art. 17 DSGVO ein Anspruch auf Entfernung der Abmahnung nach einer Beendigung des Arbeitsverhältnisses aus der papierenen Personalakte besteht, ist umstritten (vgl. LAG Berlin-Brandenburg v. 13.3.2024, Az. 26 Ta 223/24 m. w. N.).

2. Beschwerde beim Betriebsrat

Eine weitere Reaktionsmöglichkeit ist die → *Beschwerde* nach § 84 BetrVG. Jeder Arbeitnehmer hat das Recht, sich beim Betriebsrat zu beschweren, wenn er sich vom Arbeitgeber oder von anderen Arbeitnehmern des Betriebes benachteiligt oder ungerecht behandelt fühlt. Diese Beschwerde kann an den Arbeitgeber oder den Betriebsrat gerichtet werden. Der Betriebsrat muss dann die Beschwerde aufgreifen und beim Arbeitgeber vorstellig werden.

3. Gegenerklärungsrecht/Äußerungsrechte

Nach § 83 Abs. 2 BetrVG kann der Arbeitnehmer verlangen, dass seine Stellungnahme zur Personalakte genommen wird. Eine Rücknahme, also eine ausdrückliche Erklärung, dass die Abmahnung zurückgenommen werde, kann vom Arbeitnehmer nicht gerichtlich eingeklagt werden (LAG Nürnberg v. 14.6.2005, Az. 6 Sa 582/04). In Ausnahmefällen, wenn dies zur Wiederherstellung des Rufs des Arbeitnehmers erforderlich ist, kann allerdings ein Widerruf der in der Abmahnung zu Unrecht aufgestellten Behauptungen durchgesetzt werden (LAG Nürnberg, a. a. O.).

4. Bestreiten im Kündigungsschutzprozess

Schließlich kann ein Arbeitnehmer auch zunächst die Abmahnung hinnehmen und erst in einem nachfolgenden Kündigungsschutzverfahren – also bei einer im Wiederholungsfall ausgesprochenen Kündigung – die Begründetheit der Abmahnung bestreiten. Für einen Arbeitnehmer besteht nämlich nach Ansicht des BAG keine arbeitsvertragliche Obliegenheit, die Unrichtigkeit einer Abmahnung im Wege des Entfernungsverlangens gerichtlich geltend zu machen. Er kann sich darauf beschränken, die Richtigkeit der abgemahnten Vertragsverstöße bzw. die hierauf resultierende rechtliche Würdigung des Arbeitgebers im Kündigungsschutzprozess zu bestreiten.

TIPP!

Nachdem ein Arbeitnehmer also die Begründetheit einer vorangegangenen Abmahnung noch im Kündigungsschutzverfahren bestreiten kann und dann der Arbeitgeber die Richtigkeit des Abmahnungsinhalts nachweisen muss, empfiehlt es sich, das abmahnungsgegenständliche Verhalten nebst entsprechenden Beweismitteln in der Personalakte so genau zu dokumentieren, dass der erforderliche Nachweis auch noch zu einem späteren Zeitpunkt (nämlich im Kündigungsschutzverfahren) geführt werden kann.

IX. Checkliste Abmahnung

I. Sachverhaltsaufklärung

- ❑ Welches Verhalten soll abgemahnt werden?
- ❑ Ist der Sachverhalt abschließend geklärt?
- ❑ Welche Beweismittel stehen zur Verfügung und sind diese gesichert?

II. Rechtliche Vorüberlegungen

- ❑ Gegen welche Pflichten wurde verstoßen?
- ❑ Ist die Abmahnung zulässig? Nein, wenn der Verstoß nur geringfügig ist
- ❑ Ist die Abmahnung erforderlich? Nein, wenn der Verstoß so schwerwiegend und/oder beharrlich ist, dass eine sofortige Kündigung ausgesprochen werden kann
- ❑ Wurde wegen gleichartigen Sachverhalts bereits abgemahnt? Wenn ja: ggf. Kündigung!
- ❑ Besteht ein unmittelbarer zeitlicher und sachlicher Zusammenhang zwischen Pflichtverstoß und Abmahnung? Wenn nein: Verwirkung des Abmahnungsrechts!
- ❑ Ist (nach Tarif- oder Arbeitsvertrag) eine vorherige Anhörung des Arbeitnehmers erforderlich?

III. Formulierung der Abmahnung

- ❑ Ist (nach Tarif- oder Arbeitsvertrag) Schriftform erforderlich?
- ❑ Wird der Pflichtverstoß präzise (Art, Ort und Zeit) dargelegt?
- ❑ Wird die Pflichtwidrigkeit des abgemahnten Verhaltens deutlich?
- ❑ Wird der Arbeitnehmer zu künftigem pflichtgerechten Verhalten aufgefordert?
- ❑ Wird für den Wiederholungsfall die Rechtsfolge der Kündigung angedroht?
- ❑ Bei mehreren Verstößen: Gesonderte Abmahnung für jeden Verstoß ratsam!

IV. Sonstiges

- ❑ Wurde die Abmahnung durch eine dazu berechtigte Person erklärt?
- ❑ Hat der Arbeitnehmer die Kenntnisnahme der Abmahnung bestätigt?

X. Muster: Abmahnung

Musterschreiben und Vertragsgestaltungen müssen den jeweiligen Notwendigkeiten und den individuellen Bedürfnissen der Arbeitsvertragsparteien Rechnung tragen. Die in diesem Werk abgebildeten Muster können hierbei nur eine Hilfe sein. Deshalb ist im Einzelfall zu prüfen, inwieweit hier vorgeschlagene Formulierungen sinnvoll oder entbehrlich sind. Die Anpassung an den jeweiligen Einzelfall ist daher zwingend notwendig.

Sehr geehrter Herr ..../Sehr geehrte Frau ....,

am .... um .... Uhr, haben Sie .... [konkreter Tatsachenvorwurf].

[oder, bei Leistungsmängeln]:

Wir müssen (erneut) feststellen, dass die von Ihnen gezeigten Leistungen nicht den vertraglichen Vereinbarungen entsprechen. Diese Feststellung beruht im Einzelnen auf folgenden Erkenntnissen: .... [konkrete Leistungsmängel].

Durch dieses Verhalten haben Sie gegen [wahlweise]:

- *Ihre arbeitsvertraglichen Pflichten – nämlich*
- *die Betriebsvereinbarung vom*
- *die Ihnen bekannte Arbeitsanweisung vom*
- *die innerbetriebliche Weisung Ihres Dienstvorgesetzten vom*
- *§ .... des Tarifvertrags*
- *§ .... des Arbeitsvertrags*
- *die Unfallverhütungsvorschrift*

verstoßen.

Wir beanstanden dieses Verhalten und fordern Sie hiermit auf, in Zukunft .... [Hinweis auf das gewünschte ordnungsgemäße Verhalten, z. B. „pünktlich am Arbeitsplatz zu erscheinen"] *und hierdurch Ihren vertraglichen Pflichten ordnungsgemäß nachzukommen.*

Wir weisen Sie abschließend darauf hin, dass wir uns im Wiederholungsfall gezwungen sehen, einschneidende Maßnahmen für das Arbeitsverhältnis – bis hin zur ordentlichen oder außerordentlichen Kündigung – zu veranlassen.

[oder:]

Wir bitten Sie eindringlich, in Zukunft Ihren arbeitsvertraglichen Pflichten nachzukommen und die Wiederholung eines gleichartigen Verhaltens zu vermeiden. Andernfalls müssten wir – zur Wahrung unserer rechtlichen und betrieblichen Belange – nämlich einschneidendere Maßnahmen bis hin zur ordentlichen oder außerordentlichen Kündigung des Arbeitsverhältnisses ergreifen.

Diese Abmahnung wird zu Ihrer Personalakte genommen.

Mit freundlichen Grüßen

....	....
Ort, Datum	*Abmahnungsberechtigter*

Von dem Inhalt des Originalschreibens habe ich Kenntnis genommen.

[oder:] *Ich bestätige hiermit, die vorstehende Abmahnung im Original erhalten und zur Kenntnis genommen zu haben.*

[oder:] *Die Abmahnung ist mir am .... ausgehändigt worden. Ich habe den Inhalt zur Kenntnis genommen und erkenne die gegen mich erhobenen Vorwürfe in tatsächlicher Hinsicht als zutreffend an.*

....	....
Ort, Datum	*Arbeitnehmer*

Altersteilzeit

I. Begriff

Mit dem Altersteilzeitgesetz (AltTZG) hat der Gesetzgeber im Jahr 1996 die Möglichkeit einvernehmlicher Vereinbarungen zwischen Arbeitgebern und älteren Beschäftigten über das vorzeitige Ausscheiden aus dem Erwerbsleben geschaffen.

Altersteilzeitarbeitsverhältnisse, die bis spätestens zum 31.12.2009 begonnen wurden, wurden durch die Bundesagentur für Arbeit staatlich gefördert, allerdings nur unter der Voraussetzung, dass die auf diesem Weg frei werdenden Arbeitsplätze mit einem Arbeitslosen oder einem Beschäftigten nach Abschluss der Ausbildung (Ausgebildeter) wieder besetzt wurden. Die Förderung ist ersatzlos gestrichen worden.

Aber auch ohne Förderung ist Altersteilzeit nach wie vor ein beliebtes Instrument, um älteren Beschäftigten einen gleitenden Ausstieg aus dem Erwerbsleben zu ermöglichen. Zudem gibt es in vielen Branchen Tarifverträge zur Altersteilzeit, die teilweise sogar Ansprüche von Beschäftigten auf Abschluss eines Altersteilzeitvertrages vorsehen.

II. Voraussetzungen

Im Gegensatz zum Wechsel von einem unbefristeten Vollzeitarbeitsverhältnis in Teilzeit müssen für den Abschluss eines Altersteilzeitarbeitsverhältnisses folgende Voraussetzungen, die sich aus dem Altersteilzeitgesetz ergeben, vorliegen:

- Der Beschäftigte muss zu Beginn der Altersteilzeit das 55. Lebensjahr vollendet haben und innerhalb der davor liegenden fünf Jahre mindestens 1.080 Kalendertage in einem sozialversicherungspflichtigen Beschäftigungsverhältnis gestanden haben. Diese Vorbeschäftigungszeit muss grundsätzlich nicht beim selben Arbeitgeber zurückgelegt worden sein; allerdings wird in tariflichen Regelungen zu Ansprüchen auf Altersteilzeit die Zurücklegung der Vorbeschäftigungszeit oder sogar noch längerer Betriebszugehörigkeitszeiten beim selben Arbeitgeber häufig zur Anspruchsvoraussetzung gemacht.
- Die bisherige Arbeitszeit muss auf die Hälfte der bisherigen Arbeitszeit reduziert werden; allerdings muss auch während der Altersteilzeit ein sozialversicherungspflichtiges Beschäftigungsverhältnis bestehen. Besonderheiten bei der Ermittlung der richtigen halbierten bisherigen Arbeitszeit sind hier insbesondere zu beachten, wenn der Beschäftigte in den letzten 24 Monaten vor Beginn der Altersteilzeit unterschiedlich lange (arbeitsvertragliche) Arbeitszeiten gehabt hat. Die halbierte Arbeitszeit kann in der Altersteilzeit sowohl „unverblockt", also als klassisches Teilzeitarbeitsverhältnis mit der halbierten Arbeitszeit pro Woche während der Gesamtdauer des Altersteilzeitverhältnisses, als auch „verblockt", d. h. in zwei gleich langen Zeitblöcken erbracht werden. Dabei arbeitet der Beschäftigte im ersten Zeitblock (Arbeitsphase) mit seiner bisherigen wöchentlichen Arbeitszeit weiter und wird dann im zweiten Zeitblock (Freistellungsphase) komplett von der Arbeit freigestellt. In der Arbeitsphase wird ein Wertguthaben für die Freistellungsphase aufgebaut. Daneben ist grundsätzlich auch jedes andere Modell einer Verteilung der halbierten Arbeitszeit denkbar, wie degressive Stufenmodelle oder Modelle, in denen sich mehrere Arbeits- und Freistellungsphasen abwechseln. Nicht alle diese Modelle werden jedoch gleichermaßen im konkreten Fall praktikabel sein, insbesondere wenn z. B. ein Nachfolger für den Beschäftigten in Altersteilzeit eingearbeitet werden muss.
- Gemeinsam ist allen Modellen der Verteilung der Arbeitszeit, dass die dem Beschäftigten in der Altersteilzeit zu zahlende Vergütung (Regelarbeitsentgelt) grundsätzlich in gleichmäßiger Höhe über die Gesamtdauer des Altersteilzeitverhältnisses verteilt gezahlt wird.
- Der Arbeitgeber muss das Regelarbeitsentgelt für die Altersteilzeit um mindestens 20 % aufstocken, wobei die Aufstockung auch weitere Entgeltbestandteile umfassen kann. Das Regelarbeitsentgelt ist das auf einen Monat entfallende, vom Arbeitgeber regelmäßig zu zahlende sozialversicherungspflichtige Arbeitsentgelt, soweit es die Beitragsbemessungsgrenze des SGB III nicht überschreitet.

  Entgeltbestandteile, die nicht laufend bezahlt werden, müssen nicht berücksichtigt werden. Die Aufstockungsleistung darf nicht dazu führen, dass der Beschäftigte mehr als 100 % des bisherigen Nettoarbeitsentgelts erhält und ist in diesem Rahmen steuer- und sozialversicherungsbeitragsfrei. Sie unterliegt jedoch dem steuerlichen Progressionsvorbehalt.
- Der Arbeitgeber muss zusätzliche Beiträge (Arbeitgeber- und Arbeitnehmeranteil) zur gesetzlichen Rentenversicherung zahlen, und zwar auf einen Betrag in Höhe von 80 % des Regelarbeitsentgelts begrenzt auf den Unterschiedsbetrag zwischen 90 % der monatlichen Beitragsbemessungsgrenze und dem Regelarbeitsentgelt, höchstens bis zur Beitragsbemessungsgrenze. Einmalzahlungen wie Urlaubs- und Weihnachtsgeld können nur dann mit zusätzlichen Rentenversicherungsbeiträgen belegt werden, wenn sie umgelegt und laufend monatlich gezahlt werden. Bei Einmalbeträgen auf tariflicher Basis ist regelmäßig eine entsprechende tarifliche Öffnung erforderlich.

Das Altersteilzeitverhältnis muss so lange vereinbart sein, dass der Beschäftigte am Tag nach dem planmäßigen Ende des Altersteilzeitverhältnisses nahtlos eine geminderte oder ungeminderte gesetzliche Altersrente (oder vergleichbare Leistung eines anderen Versorgungsträgers) beziehen kann. Ein tatsächlicher Rentenbezug ist demgegenüber nicht erforderlich. Da es nach den verschiedenen Änderungen im Rentenrecht der vergangenen Jahre im Einzelfall schwierig sein kann, das Rentenbezugsrecht eines Beschäftigten zu bestimmen, sollte dieser vor Abschluss des Altersteilzeitvertrages eine aktuelle Rentenauskunft des zuständigen Rentenversicherungsträgers einholen und dem Arbeitgeber vorlegen.

TIPP!

Bei praktischen Fragen zur Altersteilzeit sollte auf die Hinweise zum Altersteilzeitgesetz (Merkblatt 14) der Bundesagentur für Arbeit zurückgegriffen werden.

III. Der Altersteilzeitarbeitsvertrag

Beim Abschluss des Altersteilzeitarbeitsvertrages muss sichergestellt sein, dass die genannten Voraussetzungen des Altersteilzeitgesetzes im konkreten Fall erfüllt werden, da andernfalls die Gefahr besteht, dass die Aufstockungsbeträge ihre Steuer- und Sozialversicherungsbeitragsfreiheit verlieren und abgeführte zusätzliche Rentenversicherungsbeiträge als unrechtmäßig entrichtet zurückerstattet werden.

Ansonsten ist ein Altersteilzeitarbeitsverhältnis arbeitsrechtlich betrachtet ein normales Teilzeitarbeitsverhältnis. Besonderheiten ergeben sich aus der unregelmäßigen Verteilung der Arbeitszeit über die Gesamtdauer des Altersteilzeitverhältnisses, insbesondere im sog. Blockmodell. Hier kann es z. B. empfehlenswert sein, Vereinbarungen für den Fall zu treffen, dass der Beschäftigte aufgrund Arbeitsunfähigkeit in der Arbeitsphase nicht in der Lage ist, für die Freistellungsphase ein hinreichendes Wertguthaben aufzubauen.

Der Beschäftigte hat nach dem Altersteilzeitgesetz keinen Anspruch auf Altersteilzeit. Ein derartiger Anspruch kann sich aber aus Tarifvertrag, Betriebsvereinbarung oder aus dem Arbeitsvertrag ergeben.

Der Gesetzgeber hat den Schutz der Arbeitnehmer dadurch verstärkt, dass er Arbeitgeber verpflichtet, immer weitere Bestandteile des arbeitsvertraglichen Inhalts in den Arbeitsvertrag selbst zu schreiben. So verpflichtet § 2 NachwG den Arbeitgeber, allgemeine Informationen zum Arbeitsverhältnis zu geben. Neu ist die Verpflichtung, Entsprechendes auch zum Beginn und zum Ende des Vertragsverhältnisses zu dokumentieren. Aus diesem Grund ist das Altersteilzeitverhältnis vom Arbeitgeber detailliert gegenüber dem Arbeitnehmer schriftlich darzulegen. Des LAG Köln bestätigt mit Urteil vom 23.6.2021 (3 SA 115/21), dass alle wesentlichen Vertragsbestandteile im Angebot des Arbeitgebers gegenüber dem Arbeitnehmer, ein Altersteilzeitverhältnis zu schließen, enthalten sein müssen.

TIPP!

Findet auf das Arbeitsverhältnis eines Interessierten ein Tarifvertrag zur Altersteilzeit Anwendung, sollte der jeweilige Muster-Altersteilzeitarbeitsvertrag für den Anwendungsbereich dieses Tarifvertrages genutzt werden, da in der Regel tarifvertragliche Besonderheiten zu beachten sind.

IV. Rentenbezug

Das Erfordernis, dass der Beschäftigte nach dem Ende des Altersteilzeitverhältnisses nahtlos eine gesetzliche Altersrente (oder gleichwertige Leistung) beziehen können muss, kann durch jeden Rentenzugang des SGB VI erfüllt werden. Der besondere Rentenzugang für Rente nach Altersteilzeit (§ 237 SGB VI) spielt dabei in der Praxis letztlich keine Rolle mehr, da dieser nur für vor dem 1.1.1952 geborene Beschäftigte einschlägig ist. Geht der Beschäftigte zu einem vor seinem „regelmäßigen" Rentenalter (Regelaltersrente) liegenden Termin in Rente, muss er grundsätzlich für jeden Monat des vorzeitigen Rentenbeginns einen dauerhaften Abschlag von 0,3 % hinnehmen. Das „regelmäßige" Rentenalter ist vom Geburtsjahrgang abhängig. Hat der Beschäftigte auch Ansprüche auf eine Betriebsrente, muss er dort (abhängig vom konkreten Inhalt der jeweiligen Versorgungszusage) ebenfalls mit erheblichen Abschlägen rechnen.

Die mit § 236b SGB VI eingeführte Altersrente für besonders langjährig Versicherte (umgangssprachlich Rente mit 63), die nach einer Wartezeit von 45 Jahren in Anspruch genommen werden kann, kann insofern Auswirkungen auf Altersteilzeitarbeitsverhältnisse haben, da häufig Tarifverträge oder Arbeitsverträge zur Altersteilzeit vorsehen, dass das Altersteilzeitarbeitsverhältnis automatisch mit dem Zeitpunkt endet, ab dem der Beschäftigte Anspruch auf eine abschlagsfreie Rente hat.

Die Rente mit 63 lässt die Regelaltersgrenze (§ 35, § 235 SGB VI) unberührt. Gemäß § 41 Satz 2 SGB VI ist daher zu beachten, dass eine Vereinbarung, die die Beendigung des Arbeitsverhältnisses eines Arbeitnehmers ohne Kündigung zu einem Zeitpunkt vorsieht, zu dem der Arbeitnehmer vor Erreichen der Regelaltersgrenze eine Rente wegen Alters beantragen kann, dem Arbeitnehmer gegenüber grundsätzlich also auf das Erreichen der Regelaltersgrenze abgeschlossen gilt. Das AltTZG enthält hierzu in § 8 Abs. 3 eine Sonderregelung. Eine Vereinbarung zwischen Arbeitgeber und Beschäftigten über Altersteilzeitarbeit, die die Beendigung des Arbeitsverhältnisses ohne Kündigung zu einem Zeitpunkt vorsieht, in dem der Beschäftigte Anspruch auf eine Rente wegen Alters hat, ist demnach zulässig.

V. Altersteilzeit in Tarifverträgen und Betriebsvereinbarungen

In zahlreichen Branchen gibt es Tarifverträge zur Altersteilzeit. Bei Betriebsvereinbarungen über Altersteilzeit ist zu unterscheiden, ob es sich um eine aufgrund einer tariflichen Öffnungsklausel abgeschlossene Betriebsvereinbarung oder um eine Betriebsvereinbarung handelt, die lediglich an der gesetzlichen Ausgestaltung der Altersteilzeit anknüpft.

Insbesondere bei Betriebsvereinbarungen, die auf Grundlage eines Tarifvertrages vereinbart werden, ist sorgfältig darauf zu achten, dass die für die Tarifbeschäftigten geltenden Regelungen, wie z. B. tarifliche Ansprüche auf Altersteilzeit, nicht ungewollt über die Betriebsvereinbarung auf den Kreis der AT-Beschäftigten ausgedehnt werden. Hier ist sorgfältig auf die Abgrenzung der Geltungsbereiche für die einzelnen Regelungen der Betriebsvereinbarung zu achten oder von vornherein für den Kreis der AT-Beschäftigten eine eigene Betriebsvereinbarung zur Altersteilzeit, die unabhängig von den tariflichen Regelungen ergehen kann, zu schließen.

1. Verbesserungen für Beschäftigte

Tarifvertragliche oder betriebliche Regelungen zur Altersteilzeit beinhalten meist für den Beschäftigten günstigere Bedingungen als die gesetzlichen. So wird z. B. oft festgelegt, dass der Altersteilzeitbeschäftigte mehr als 20 % Aufstockung auf das Regelarbeitsentgelt erhält, dass die während der Altersteilzeit insgesamt zu erbringenden Beiträge zur gesetzlichen Rentenversicherung über das gesetzlich vorgeschriebene Mindestmaß hinausgehen werden und dass der Beschäftigte bei Ausscheiden eine Abfindung erhält, mit der die eintretenden Rentenabschläge aufgrund eines früheren Renteneintritts abgemildert werden sollen. Regelungen über Auszahlungsmodalitäten von Urlaubs- und Weihnachtsgeld bzw. zur Entgeltfortzahlung bei Krankheit bzw. Krankengeldaufzahlungen während der Altersteilzeit sind ebenfalls häufig zu finden.

Da die maximale Förderungsdauer durch die Bundesagentur für Arbeit sechs Jahre beträgt, ist für Altersteilzeitarbeitsverhältnisse, die auf Basis eines Tarifvertrages abgeschlossen werden, in der Regel eine maximal sechsjährige Laufzeit vorgesehen.

Zu einer weiteren Besserstellung von Beschäftigten durch Tarifvertrag hat das LAG Niedersachsen mit Urteil vom 5.11.2024 (3 Ca 391/23) Stellung genommen. Inhaltlich ging es um einen Streit, der die Inflationsausgleichsprämie und die die Differenzierung zwischen Voll- und Teilzeitkräften betrifft. Das LAG hat entschieden, dass es den Tarifparteien nicht verwehrt ist, für teilzeitbeschäftigte Arbeitnehmer einschließlich derjenigen, die sich in der Arbeitsphase ihrer Altersteilzeit befinden, eine Verdiensthöchstgrenze zu setzen, bei deren Überschreitung ein Anspruch auf Inflationsausgleich ausgeschlossen ist. Das LAG differenziert danach, ob die Inflationsausgleichsprämie eine Sozialleistung ist, die allen Arbeitnehmern zugute zu kommen hat, oder, ob es sich um einen reinen Entgeltbestandteil handelt, bei dem eine Differenzierung in Voll- und Teilzeitkräfte möglich ist. Bei der Zahlung von Entgelt verneint das LAG die Frage einer Ungleichbehandlung.

Eine Bestätigung hat diese Rechtsprechung mit Urteil vom BAG vom 14.11.2024 (9 AZR 71/24) gefunden. Danach dürfen Arbeitnehmer in der Passivphase nicht vom Bezug einer tariflich geregelten Inflationsausgleichsprämie ausgeschlossen werden. Eine Benachteiligung wegen der Teilzeittätigkeit wird unterstellt. Abzugrenzen ist die unzulässige Tarifzensur durch die Rechtsprechung von der Anwendung der Gleichheitsgrundsätze.

Streit besteht, ob die Gleichheit sich an Art. 3 GG orientiert, dies mit der Überprüfungsmöglichkeit durch das Bundesverfassungsgericht, oder an der europäischen Gleichbehandlungsrichtlinie mit der Überprüfungskompetenz durch den EuGH. Ein Beispiel für diese Rechtsprechung sind die Urteile des LAG Köln vom 19.2.2025 (5 SLA 169/24) und des BAG vom 29.4.2025 (9 AZR 28/24). Inhaltlich geht es um die Benachteiligung von Teilzeitkräften bei der Dotierung von Sozialplänen. Zwar wird den Beteiligten (Betriebsrat und Geschäftsleitung) ein Gestaltungsspielraum eingeräumt, jedoch darf der Gleichbehandlungsgrundsatz nicht verletzt werden.

2. Rechtsanspruch auf Altersteilzeit

In einigen Branchen wird den Beschäftigten ein tariflicher Anspruch auf Altersteilzeit ab einem bestimmten Lebensalter eingeräumt. So regelt der Tarifvertrag zum flexiblen Übergang in die Rente für die Arbeitnehmer in der Metall- und Elektro-Industrie beispielsweise, dass Beschäftigte ab dem vollendeten 57. Lebensjahr grundsätzlich einen Anspruch auf Altersteilzeit zu den im Tarifvertrag normierten Konditionen haben. Die tarifvertragliche Regelung sieht allerdings einen Überforderungsschutz vor, sodass Arbeitgeber den Abschluss eines Altersteilzeitarbeitsvertrages ablehnen können, wenn eine bestimmte Anzahl von Beschäftigten des Betriebs in Altersteilzeit ist oder bereits Altersteilzeitverträge verbindlich abgeschlossen haben.

Auch wenn der an Altersteilzeit interessierte Beschäftigte eine Schlüsselqualifikation innehat, sehen tarifvertragliche Regelungen die Ablehnung bzw. zeitliche Verschiebung des ansonsten bestehenden Anspruchs vor.

Besteht zugunsten der Beschäftigten ein entsprechender tariflicher Rechtsanspruch auf Abschluss eines Altersteilzeitvertrages, so ist der Arbeitnehmer verpflichtet, einen konkreten Antrag zu stellen. Das LAG Köln hat am 23.6.2021 (3 Sa 115/21) entschieden, dass eine reine Absichtserklärung unzureichend ist, vielmehr ein Antrag auf Abschluss eines Altersteilzeitvertrages erforderlich ist, der alle wesentlichen Punkte der beabsichtigten Vereinbarung enthalten muss.

3. Besonderheiten beim verblockten Modell

In vielen Unternehmen (insbesondere im produzierenden Bereich) ist aufgrund eines Mehrschichtbetriebs Teilzeit außerhalb der vereinbarten Schichten nicht möglich. Deshalb machen Tarifverträge häufig die Gewährung der verbesserten Altersteilzeitbedingungen davon abhängig, dass die Altersteilzeit im sog. verblockten Modell erbracht wird. Zeitlich ist allerdings eine im „Blockmodell" erbrachte Altersteilzeit gemäß § 2 Abs. 2 Nr. 1 AltTZG nur mit einer maximalen Laufzeit von drei Jahren zulässig, sofern ein Tarifvertrag zur Altersteilzeit oder eine aufgrund eines solchen Tarifvertrages abgeschlossene Betriebsvereinbarung nicht ausdrücklich einen längeren Zeitraum vorsieht.

Das Sächsische LAG hat am 8.7.2023 (9 Sa 86/22) entschieden, dass das in der Arbeitsphase angesparte Entgelt im Blockmodell einzufrieren ist. Kommt es in der Freistellungsphase zu Kürzungen, sind diese irrelevant. Das Geld ist in voller Höhe auszuzahlen.

ACHTUNG!

Für AT-Beschäftigte kann – wie in Branchen ohne tarifvertragliche Regelungen zur Altersteilzeit – bei Vorliegen einer entsprechenden Betriebsvereinbarung oder, wenn ein Betriebsrat nicht besteht, auch einzelvertraglich eine Laufzeit von bis zu zehn Jahren vereinbart werden. Für leitende Angestellte ist dies stets auf einzelvertraglicher Ebene möglich.

Gemäß § 13 Abs. 1 BetrVG finden in der Zeit vom 1.3. bis zum 31.5.2026 die regulären Betriebsratswahlen statt. Arbeitnehmer, die sich in der Freistellungsphase des Altersteilzeitanspruchs befinden, dürfen sich nicht mehr an der Betriebsratswahl beteiligen. Ferner verliert nach der Rechtsprechung des BAG vom 16.4.2003 (7 ABR 53/02) ein Betriebsratsmitglied, das Altersteilzeit im Rahmen des sog. Blockmodells in Anspruch nimmt, mit dem Eintritt in die Freistellungsphase sein Betriebsratsamt, da von diesem Zeitpunkt an die Voraussetzungen für die Wählbarkeit gem. § 8 BetrVG i. V. m. § 7 BetrVG fehlen. Denn ein Arbeitnehmer in der Freistellungsphase der Altersteilzeit ist vollständig von der Arbeitsleistung befreit, eine Rückkehr in die betriebliche Arbeitsorganisation ist nicht zu erwarten. Diese Rechtsprechung findet nach wie vor Anwendung.

4. Arbeitgeberpflichten beim Urlaubsrecht

Bei der Entwicklung der Rechtsprechung des Urlaubs durch den EuGH und das BAG ist festzustellen, dass neben dem Aspekt der Freizeit die bezahlte Freistellung im Kontext der Urlaubsgewährung in den Vordergrund rückt. Aus diesem Grund hat das BAG, dem EuGH folgend, festgestellt, dass den Arbeitgeber gravierende Mitwirkungspflichten treffen. Der Urlaub verfällt zum 31.3. des Folgejahres nur dann, wenn der Arbeitgeber den Arbeitnehmer zuvor darauf hingewiesen hat, seinen Urlaub in Anspruch zu nehmen. Dies gilt im grundsätzlichen Beschäftigungsverhältnis, aber auch bei langzeiterkrankten Personen. Den letzteren Fall und auch den Ausschluss der deutschen Verjährungsvorschriften hat das BAG mit Entscheidungen vom 20.12.2022 festgestellt. Die erste Entscheidung (9 AZR 245/19) betrifft die langzeiterkrankten Beschäftigten, die zweite (9 AZR 266/20) führt hingegen aus, dass Ansprüche auf Urlaub grundsätzlich von den gesetzlichen Verjährungsvorschriften ausgeschlossen sind, wenn der Arbeitgeber seinen Mitwirkungspflichten nicht nachkommt.

5. Prognose im Rahmen der krankheitsbedingten Kündigung

Steht Arbeitnehmern aufgrund der Anwendung des Kündigungsschutzgesetzes Kündigungsschutz zu, hängt jede Kündigung davon ab, ob die Prognoseentscheidung des Arbeitgebers die Kündigung rechtfertigt. Abzustellen ist folglich auf die künftige Entwicklung des Vertragsverhältnisses. Bei der krankheitsbedingten Kündigung und insbesondere bei Beginn der Freistellungsphase ist die Prognoseentscheidung, also die Frage nach Fehltagen in der Zukunft, nur schwer zu beantworten. Aus diesem Grund hat das LAG Rheinland-Pfalz mit Urteil vom 17.8.2021 (8 SA 384/20) entschieden, dass es im Rahmen der krankheitsbedingten Kündigung darauf ankommen muss, ob bis zum Beginn der Freistellungsphase die entsprechenden negativen Aspekte zulasten des Betriebes zu erwarten sind. Ob diese grundsätzlichen Urlaubsaspekte auch für die Altersteilzeit gelten, hat das BAG ebenfalls beim EuGH angefragt. In einem Vorabersuchen vom 12.10.2021, eingegangen beim EuGH am 11.3.2022 (C-102 90/22), möchte das BAG wissen, ob der Urlaubsverfall auch dann unionskonform ist, wenn der Arbeitnehmer seinen Urlaub aufgrund der Besonderheiten des Altersteilzeitarbeitsverhältnisses nicht mehr wahrnehmen kann.

VI. Insolvenzsicherung

Gemäß § 8a AltTZG muss der Arbeitgeber in dem Fall, dass der Altersteilzeitbeschäftigte mit seiner zu leistenden Arbeit z. B. im „verblockten Modell" in Vorausleistung geht, das Wertguthaben einschließlich des darauf entfallenden Arbeitgeberanteils am Gesamtsozialversicherungsbeitrag mit der ersten Gutschrift in geeigneter Weise gegen das Risiko seiner Zahlungsunfähigkeit absichern, sofern das auf diesem Wege entstehende Wertguthaben den Betrag des Dreifachen des Regelarbeitsentgelts nach § 6 Abs. 1 AltTZG einschließlich des darauf entfallenden Arbeitgeberanteils am Gesamtsozialversicherungsbeitrag übersteigt. Nicht geeignete Sicherungsmittel sind z. B. Patronatserklärungen oder Bürgschaften innerhalb eines Konzerns. Der Arbeitgeber muss ferner die Insolvenzsicherung ab der ersten Gutschrift und danach alle sechs Monate in Textform nachweisen.

Probleme bringt die Insolvenz eines Unternehmens in der Freistellungsphase der Altersteilzeit mit sich. Das LAG Rheinland-Pfalz hat mit Urteil vom 20.5.2021 (2 Sa 170/20) entschieden, dass Vergütungsansprüche in der Freistellungsphase, die aus der Arbeitsphase des Blockmodells resultieren, als Insolvenzforderungen zu qualifizieren sind. Diese können in einem Insolvenzplan nach Verfahrensaufhebung nur noch in der Höhe der im Insolvenzplan festgelegten Planquote durchgesetzt werden.

VII. Muster: Auf Tarifvertrag basierender Altersteilzeitarbeitsvertrag (verblocktes Modell)

Arbeitsvertrag für verblockte Altersteilzeit

Zwischen .... (Arbeitgeber)

und

Herrn/Frau ...., geb. am ....

Wohnort: .... Straße: ....

wird auf der Grundlage des Tarifvertrages über Altersteilzeit folgende Altersteilzeit-Vereinbarung geschlossen:

§ 1 Dauer des Altersteilzeitarbeitsverhältnisses

1. *Das Altersteilzeitarbeitsverhältnis beginnt am ....*

   Es endet ohne Kündigung am ....

2. *Das zwischen den Parteien bestehende bisherige Arbeitsverhältnis vom .... wird ab dem .... als Altersteilzeitarbeitsverhältnis fortgeführt.*

§ 2 Tätigkeit

1. *Die bisherige Tätigkeit sowie die sich hierauf beziehenden bisherigen Bestimmungen des Arbeitsvertrages vom .... werden durch diese Vereinbarung nicht verändert und gelten auch im Rahmen dieses Altersteilzeitarbeitsvertrages fort.*

2. *Inhalt und Umfang des bisherigen Direktionsrechts gem. § 106 GewO bleiben bestehen.*

§ 3 Regelmäßige Arbeitszeit

1. *Die individuelle regelmäßige wöchentliche Arbeitszeit des Beschäftigten beträgt ab Beginn der Altersteilzeit unter Beachtung des § 6 AltTZG die Hälfte seiner bisher vereinbarten individuellen regelmäßigen wöchentlichen Arbeitszeit. Das sind nunmehr ... Stunden/Woche.*

Erläuterungen:

- Bei der Ermittlung der Arbeitszeit ist § 6 Abs. 2 AltTZG zu beachten.
- Es ist zu beachten, dass weiterhin eine sozialversicherungspflichtige Beschäftigung vorliegt.

2. *Die Arbeitszeit wird gemäß des jeweiligen Tarifvertrages so verteilt, dass sie im ersten Abschnitt des Altersteilzeitarbeitsverhältnisses vom .... bis .... voll geleistet wird (Arbeitsphase) und der Beschäftigte anschließend ab dem .... bis zum Ende des Altersteilzeitarbeitsverhältnisses von der Arbeitsleistung freigestellt wird (Freistellungsphase).*

   Eine ungleichmäßige Verteilung der Arbeitszeit in der Arbeitsphase ist zulässig, wobei ein Ausgleich spätestens bis zum Ende der Arbeitsphase stattgefunden haben muss. Für die konkrete Arbeitszeitlage in der Arbeitsphase gelten die betrieblichen Regelungen.

Erläuterungen:

Zeitguthaben sind spätestens bis zum Ende der Arbeitsphase aufzubrauchen.

3. *Das Einbeziehen des Beschäftigten in Kurzarbeit oder in die Absenkung der üblichen Arbeitszeit erfolgt gemäß den jeweils gültigen betrieblichen bzw. tarifvertraglichen Bestimmungen.*

§ 4 Mehrarbeit und Nebentätigkeiten

1. *Mehrarbeit, die über die in § 5 Abs. 4 AltTZG genannten Grenzen hinausgeht, ist entsprechend des jeweiligen Tarifvertrages ausgeschlossen. Hierzu zählt jedoch nicht durch Freistellung ausgeglichene Mehrarbeit. (Beispiel)*

2. *Nebentätigkeiten jeder Art sind dem Arbeitgeber anzuzeigen. Soweit der Beschäftigte eine Nebentätigkeit ausübt, die die Grenzen des § 5 Abs. 3 AltTZG überschreitet, hat er dem Arbeitgeber die Kosten für die Aufstockungsbeträge sowie die zusätzlichen Rentenversicherungsbeiträge insoweit zu erstatten.*

3. *Der Beschäftigte ist verpflichtet, dem Arbeitgeber jeden Schaden aus einer Zuwiderhandlung gegen seine Verpflichtungen aus Ziff. 2 zu ersetzen.*

§ 5 Vergütung

1. *Der Beschäftigte erhält für die Dauer des Altersteilzeitarbeitsverhältnisses ein Altersteilzeitentgelt. Es bemisst sich entsprechend der jeweiligen tariflichen Bestimmungen nach der reduzierten Arbeitszeit und wird unabhängig von der Verteilung der Arbeitszeit für die Gesamtdauer des Altersteilzeitarbeitsverhältnisses fortlaufend gezahlt. (Beispiel)*

2. *Die variablen Entgeltbestandteile werden entsprechend der geleisteten oder aus anderem Grund zu vergütenden Arbeitsstunden abgerechnet und je zur Hälfte in der Arbeits- und Freistellungsphase monatlich gezahlt. Hiervon abweichend werden die steuer- und sozialversicherungsfreien variablen Entgeltbestandteile sowie die Mehrarbeitsvergütung und Mehrarbeitszuschläge entsprechend der jeweiligen tariflichen Bestimmungen zu 100 % in der Arbeitsphase gezahlt, soweit keine anderweitige betriebliche Regelung besteht. (Beispiel)*

3. *Ansprüche auf das zusätzliche Urlaubsgeld und die tariflich abgesicherte betriebliche Sonderzahlung bestehen während der Altersteilzeit entsprechend der jeweiligen tariflichen Bestimmungen nicht. (Beispiel)*

4. *Das Altersteilzeitentgelt nimmt während der Altersteilzeit an der allgemeinen tariflichen Entwicklung teil. (Beispiel)*

§ 6 Aufstockungsbetrag und Beiträge zur Rentenversicherung

1. *Der Beschäftigte erhält entsprechend der jeweiligen tariflichen Bestimmungen einen Aufstockungsbetrag auf das Regelarbeitsentgelt nach Maßgabe von § 3 Abs. 1 Nr. 1 a AltTZG. Insbesondere sozialversicherungsfrei umgewandeltes Arbeitsentgelt vermindert das Regelarbeitsentgelt und unterliegt nicht der Aufstockung. Der Bruttoaufstockungsprozentsatz wird im ersten Monat der Arbeitsphase auf individueller Basis ermittelt und bleibt während der gesamten Laufzeit dieses Vertrages gleich.*

2. *Das Altersteilzeitnettoentgelt zuzüglich des Aufstockungsbetrages betragen jedoch max. 100 % des Nettoentgelts, das der Beschäftigte ohne die Altersteilzeit zu beanspruchen gehabt hätte.*

   Ein Ausgleich der Auswirkungen des Progressionsvorbehalts findet nicht statt.

3. *Der Arbeitgeber entrichtet entsprechend der jeweiligen tariflichen Bestimmungen für den Beschäftigten Beiträge zur gesetzlichen Rentenversicherung entsprechend § 3 Abs. 1 Nr. 1 b AltTZG mindestens in Höhe des Beitrags, der auf 90 % des Regelarbeitsentgelts für die Altersteilzeit entfällt, begrenzt auf den Unterschiedsbetrag zwischen 95 % der monatlichen Beitragsbemessungsgrenze und dem Regelarbeitsentgelt, höchstens bis zur Beitragsbemessungsgrenze. (Beispiel)*

   Ein Ausgleich von Rentenabschlägen bei vorzeitiger Inanspruchnahme von Altersrente findet nicht statt.

§ 7 Urlaubsanspruch

1. *Der Urlaubsanspruch während der Altersteilzeit richtet sich nach den jeweils geltenden tariflichen Bestimmungen. Danach wird für das Jahr des Wechsels zwischen Arbeits- und Freistellungsphase in der Arbeitsphase der Urlaubsanspruch entsprechend der Dauer dieser Arbeitsphase gewährt. Vor Eintritt in die Freistellungsphase sind die bis dahin erworbenen Urlaubsansprüche abzuwickeln.*

2. *Mit der Freistellung während der Freistellungsphase gelten alle tariflichen und gesetzlichen Urlaubsansprüche sowie sonstige Freistellungsansprüche als erfüllt.*

§ 8 Krankheit in der Arbeitsphase der Altersteilzeit

1. *Bei Arbeitsunfähigkeit und Maßnahmen der medizinischen Vorsorge oder Rehabilitation während der Arbeitsphase gelten die jeweiligen tariflichen Bestimmungen. Das fortzuzahlende Entgelt setzt sich dabei aus dem Altersteilzeitentgelt und dem Aufstockungsbetrag zusammen. (Beispiel)*

2. *Bei Bezug von Krankengeld, Versorgungskrankengeld, Verletztengeld, Übergangsgeld oder Krankentagegeld von einem privaten Krankenversicherungsunternehmen zahlt der Arbeitgeber den Aufstockungsbetrag mindestens in gesetzlicher Höhe (§ 3 Abs. 1 Nr. 1 a AltTZG) an den Beschäftigten weiter.*

3. *Der Arbeitgeber entrichtet Höherversicherungsbeiträge zur gesetzlichen Rentenversicherung mindestens in gesetzlicher Hö-*

he (§ 3 Abs. 1 Nr. 1 b AltTZG) für Zeiträume, in denen der Beschäftigte während der Arbeitsphase die in Ziff. 2 genannten Leistungen bezogen hat, soweit die Zahlung der Höherversicherungsbeiträge durch den Arbeitgeber zur Begründung des Rentenzugangs des Beschäftigten nach der Altersteilzeit (§ 237 Abs. 1 Nr. 3 b) SGB VI) erforderlich ist.

§ 9 Weitere Beendigungszeitpunkte des Arbeitsverhältnisses

Das Arbeitsverhältnis endet unabhängig von dem in § 1 dieses Vertrages festgelegten Beendigungszeitpunkt entsprechend der jeweiligen tariflichen Bestimmungen auch in folgenden Fällen:

1. *mit Ablauf des Kalendermonats, in dem der Beschäftigte das Lebensalter zum Eintritt in die individuelle Regelaltersrente vollendet hat*

   oder

2. *mit Beginn des Kalendermonats, für den der Beschäftigte eine der in § 5 Abs. 1 Nr. 3 AltTZG aufgeführten Leistungen bezieht*

   oder

3. *mit Ablauf des Monats, in dem dem Beschäftigten der Bescheid eines Rentenversicherungsträgers über eine Rente auf Dauer wegen voller Erwerbsminderung zugeht (derzeit § 43 Abs. 2 SGB VI), frühestens jedoch zwei Wochen nach Zugang der schriftlichen Unterrichtung des Beschäftigten durch den Arbeitgeber über den Zeitpunkt der Vertragsbeendigung. Die Vorschriften des SGB IX bleiben unberührt.*

§ 10 Abfindung

1. *Der Beschäftigte erhält entsprechend der jeweiligen tariflichen Bestimmungen am geplanten Ende des Altersteilzeitarbeitsverhältnisses für den Verlust des Arbeitsplatzes für jeden vollen Monat zwischen Beendigung des Altersteilzeitarbeitsverhältnisses und dem frühestmöglichen Beginn einer ungeminderten Altersrente, maximal jedoch für 24 Monate, eine Abfindung in Höhe von ... Euro.*
2. *Die Abfindung ist ein Bruttobetrag. Sämtliche Abzüge sind vom Beschäftigten zu tragen.*

Erläuterungen:

Anlass für diese Regelung besteht nur, wenn ein Altersteilzeitarbeitsverhältnis mit einem Anspruch entsprechend besonderer tariflicher Bestimmungen vereinbart wurde; ist dies nicht der Fall, kann § 10 ersatzlos entfallen.

§ 11 Vorzeitiges Ende der Altersteilzeit

1. *Endet das Altersteilzeitverhältnis vorzeitig, hat der Beschäftigte entsprechend der jeweiligen tariflichen Bestimmungen Anspruch auf eine etwaige Differenz zwischen den ausgezahlten Leistungen (Altersteilzeitentgelt und Aufstockungsbetrag) und dem Entgelt für den Zeitraum seiner tatsächlichen Beschäftigung. (Beispiel)*
2. *Dies gilt auch bei einer Beendigung des Altersteilzeitarbeitsverhältnisses infolge einer Insolvenz des Arbeitgebers.*
3. *Bei der Auszahlung sind die aktuellen Tarifentgelte zugrunde zu legen.*
4. *Eine Verrechnung dieses Anspruchs mit nicht erfüllten Ansprüchen des Arbeitgebers bei Beendigung des Altersteilzeitarbeitsverhältnisses ist zulässig.*

§ 12 Mitteilungs- und Mitwirkungspflichten

1. *Der Beschäftigte ist verpflichtet, dem Arbeitgeber vor Abschluss dieses Vertrages eine aktuelle Rentenauskunft des zuständigen Rentenversicherungsträgers zu übergeben, aus der sich der Zeitpunkt ergibt, zu dem der Beschäftigte erstmals eine Rente (mit Abschlägen/ohne Abschläge) beanspruchen kann.*
2. *Der Beschäftigte ist verpflichtet, dem Arbeitgeber alle Umstände und deren Änderungen, die die Rechte und Pflichten aus seinem Altersteilzeitvertrag berühren können, insbesondere seinen Vergütungsanspruch, den Aufstockungsbetrag und die zusätzlichen Rentenversicherungsbeiträge, unverzüglich mitzuteilen.*
3. *Der Arbeitgeber hat ein Zurückbehaltungsrecht, wenn der Beschäftigte seinen Mitteilungs- und Mitwirkungspflichten nicht nachkommt oder unvollständige oder unrichtige Auskünfte gibt. Zu Unrecht empfangene Leistungen sind zurückzuerstatten. Der Beschäftigte hat dem Arbeitgeber ggf. Schadensersatz zu leisten.*

§ 13 Schlussbestimmungen

1. *Auf das Arbeitsverhältnis finden die aufgrund Tarifgebundenheit des Arbeitgebers für den Betrieb räumlich und fachlich jeweils geltenden Tarifverträge (derzeit die Tarifverträge für ...) in der jeweils gültigen Fassung und die jeweils gültigen Betriebsvereinbarungen Anwendung, soweit der Beschäftigte unter den persönlichen Geltungsbereich fällt und im Einzelfall nicht ausdrücklich etwas anderes zwischen dem Arbeitgeber und dem Beschäftigten vereinbart worden ist. Die entsprechenden Texte können in der Personalabteilung eingesehen werden.*
2. *Soweit in diesem Vertrag nichts anderes vereinbart ist, gelten die Bestimmungen des Arbeitsvertrages vom ...... auch im Rahmen des Altersteilzeitarbeitsvertrages fort.*
3. *Mündliche Nebenabreden bestehen nicht.*
4. *Änderungen und Ergänzungen dieses Vertrages bedürfen zu ihrer Wirksamkeit der Schriftform. Die Abänderung oder Aufhebung der Schriftformvereinbarung bedarf ebenfalls der Schriftform. Hiervon ausgenommen sind Individualabreden gemäß § 305b BGB.*
5. *Sollte eine Bestimmung dieses Vertrages unwirksam sein, wird hierdurch die Wirksamkeit der übrigen Bestimmungen nicht berührt. Die Parteien verpflichten sich, in diesem Falle eine dem mit der unwirksamen Bestimmung wirtschaftlich Gewollten möglichst nahekommende wirksame Regelung zu treffen.*

Erläuterung:

Es werden mit der Klausel sämtliche geltenden Tarifverträge in Bezug genommen; ist dies nicht gewollt, ist die Klausel entsprechend zu ändern.

....

Ort, Datum

....

Arbeitgeber *Beschäftigter*

Der Beschäftigte bestätigt, dass er umfassend über die Voraussetzungen und allgemeinen Folgen des Altersteilzeitarbeitsverhältnisses, auf die sozialversicherungsrechtlichen Folgen von Änderungen, über seine Mitwirkungs- und Mitteilungspflichten sowie über die Rechtsfolgen einer Verletzung dieser Pflichten aufgeklärt wurde.

....

Ort, Datum

....

Beschäftigter

Musterschreiben und Vertragsgestaltungen müssen den jeweiligen Notwendigkeiten und den individuellen Bedürfnissen der Arbeitsvertragsparteien Rechnung tragen. Die in diesem Werk abgebildeten Muster können hierbei nur eine Hilfe sein. Deshalb ist im Einzelfall zu prüfen, inwieweit hier vorgeschlagene Formulierungen sinnvoll oder entbehrlich sind. Die Anpassung an den jeweiligen Einzelfall ist daher zwingend notwendig.

Änderungskündigung

I. Begriff

Eine Änderungskündigung (§ 2 KSchG) ist eine Erklärung des Arbeitgebers, mit der das ursprüngliche Arbeitsverhältnis gekündigt und gleichzeitig die Fortsetzung eines neuen Arbeitsverhältnisses zu geänderten Bedingungen angeboten wird. Rechtlich handelt es sich um eine normale Kündigung, verbunden mit dem Vertragsangebot, das Arbeitsverhältnis zu veränderten Bedingungen fortzusetzen.

Die Änderungskündigung dient in erster Linie dazu, eine Neugestaltung der Arbeitsbedingungen vorzunehmen, die nicht mehr vom → *Direktionsrecht* umfasst ist. Liegt die vom Arbeitgeber gewünschte Änderung nicht mehr innerhalb des Direktionsrechts, muss er zur Änderungskündigung greifen, um die Neugestaltung notfalls auch gegen den Willen des Arbeitnehmers durchsetzen zu können.

Kann der Arbeitgeber die gewünschte Änderung mit dem Direktionsrecht – also durch einseitige Weisung innerhalb der vereinbarten Arbeitsbedingungen – erreichen, darf er keine Änderungskündigung aussprechen; diese wäre dann unwirksam (vgl. BAG v. 26.1.2012, Az. 2 AZR 102/11; BAG v. 19.7.2012, Az. 2 AZR 25/11).

TIPP!

In Zweifelsfällen sollte die Änderung unter Hinweis auf das Direktionsrecht verfügt und die Änderungskündigung vorsorglich für den Fall erklärt werden, dass das Direktionsrecht überschritten ist. Hierauf kann der Arbeitnehmer mit einer Klage reagieren, in der er die Feststellung der Unwirksamkeit der Weisung (Direktionsrecht) und lediglich hilfsweise die Feststellung der Sozialwidrigkeit/Unwirksamkeit der Änderung(skündigung) geltend macht (vgl. BAG v. 17.12.2015, Az. 2 AZR 304/15).

Formulierungsbeispiel:

[Im Anschluss an beabsichtigte Änderung/Weisung:]* „Sollte die vorbezeichnete Maßnahme (Weisung) unser Direktionsrecht überschreiten, erklären wir vorsorglich die nachfolgende Änderungskündigung." *[weiter wie Muster, s. u. IV.]

II. Kündigungserklärung

1. Kündigungsvoraussetzungen

Sämtliche Kündigungsbeschränkungen und Kündigungsverbote (→ *Kündigungsschutz*) sowie die allgemeinen Kündigungsvoraussetzungen (→ *Kündigung*) finden grundsätzlich auch auf die Änderungskündigung Anwendung. Auch gelten Änderungskündigungen als Entlassungen i. S. d. § 17 KSchG, und zwar unabhängig davon, ob der Arbeitnehmer das ihm mit der Kündigung unterbreitete Änderungsangebot ablehnt oder – sei es auch unter Vorbehalt – annimmt (BAG v. 20.2.2014, 2 AZR 346/12).

Eine betriebsbedingte Änderungskündigung bedarf daher zwingend eines dringlichen betrieblichen Erfordernisses (s. → *„Kündigungsschutz" III.1.*). Eine betriebsbedingte Änderungskündigung ist sozial gerechtfertigt, wenn sich der Arbeitgeber bei Vorliegen eines Kündigungsgrundes darauf beschränkt hat, solche Änderungen anzubieten, die der Arbeitnehmer billigerweise hinnehmen muss. Im Rahmen von § 1 Abs. 2 Satz 1 i. V. m. § 2 KSchG ist zu prüfen, ob ein Beschäftigungsbedürfnis für den Arbeitnehmer zu den bisherigen Vertragsbedingungen entfallen ist und dem Arbeitnehmer in Anwendung des Verhältnismäßigkeitsgrundsatzes die am wenigsten beeinträchtigende Änderung angeboten wurde (BAG v. 16.12.2010, Az. 2 AZR 576/09; BAG v. 29.9.2011, Az. 2 AZR 451/10).

Den Maßstab für die rechtliche Bewertung eines betriebsbedingten Änderungsangebots hat das BAG wie folgt definiert (BAG v. 23.6.2005, Az. 2 AZR 642/04):

- Eine betriebsbedingte Änderungskündigung ist wirksam, wenn sich der Arbeitgeber bei einem an sich anerkennenswerten Anlass darauf beschränkt hat, lediglich solche Änderungen vorzuschlagen, die der Arbeitnehmer billigerweise hinnehmen muss.
- Dieser Maßstab gilt unabhängig davon, ob der Arbeitnehmer das Änderungsangebot abgelehnt oder unter Vorbehalt angenommen hat.
- Ein „an sich anerkennenswerter Anlass" setzt voraus, dass das Bedürfnis für die Weiterbeschäftigung des Arbeitnehmers im Betrieb zu den bisherigen Bedingungen entfallen ist.
- Dies kann auf einer unternehmerischen Entscheidung zur Umstrukturierung des gesamten oder von Teilen eines Betriebes oder einzelner Arbeitsplätze beruhen, von der auch das Anforderungsprofil der im Betrieb nach Umstrukturierung verbliebenen Arbeitsplätze erfasst werden kann.
- Eine solche Organisationsentscheidung unterliegt im Kündigungsschutzprozess nur einer Missbrauchskontrolle. Sie ist lediglich dahingehend zu überprüfen, ob sie offenbar unvernünftig oder willkürlich ist und ob sie ursächlich für den vom Arbeitgeber geltend gemachten Änderungsbedarf ist.
- Ob der Arbeitnehmer die vorgeschlagenen Änderungen billigerweise hinnehmen muss, richtet sich nach dem Verhältnismäßigkeitsgrundsatz: Die Änderungen müssen geeignet und erforderlich sein, um den Inhalt des Arbeitsvertrages den geänderten Beschäftigungsmöglichkeiten anzupassen. Diese Voraussetzungen müssen für alle Vertragsänderungen vorliegen. Ausgangspunkt ist die bisherige vertragliche Regelung, d. h.: Die angebotenen Änderungen dürfen sich nicht weiter vom Inhalt des bisherigen Arbeitsverhältnisses entfernen, als zur Erreichung des angestrebten Zieles erforderlich ist.
- Auch dann, wenn durch das Änderungsangebot nicht nur die Vergütung, sondern zusätzlich die Tätigkeit des Arbeitnehmers geändert werden soll, ist das Änderungsangebot insgesamt, also einschließlich der vorgeschlagenen Vergütung, am Verhältnismäßigkeitsgrundsatz zu messen. Eine Rechtfertigung der vorgeschlagenen Vergütung ist nur dann

entbehrlich, wenn sich die geänderte Vergütung für die neue Tätigkeit aus einem im Betrieb angewandten Vergütungssystem ergibt.

- Der Arbeitgeber ist grundsätzlich nicht verpflichtet, sich einem wie auch immer gearteten Vergütungssystem zu unterwerfen. Er kann deshalb dem Arbeitnehmer eine von ihm selbst und unabhängig von Vergütungssystemen festgesetzte Gegenleistung (Entgelt) anbieten. Bei der Festsetzung muss er allerdings den Änderungsschutz im oben niedergelegten Sinne berücksichtigen und im Prozess die Gründe darlegen, die ihn unter Berücksichtigung des Änderungsschutzes zu den angebotenen Vertragsbedingungen bewogen haben.

Beispiele aus der Rechtsprechung:

Die Entscheidung, ob ein bestimmter Dienstleistungsbedarf nur mit Volltags- oder teilweise auch mit Halbtagsbeschäftigten abgedeckt werden soll, gehört zum Bereich der „freien Unternehmerentscheidung", die von den Arbeitsgerichten nur auf eine Missbrauchskontrolle hin überprüft werden kann (s. hierzu → *„Kündigungsschutz" III. 1.1*; BAG v. 22.4.2004, Az. 2 AZR 385/03).

Eine Änderungskündigung zur Entgeltsenkung ist nicht allein deshalb sozial gerechtfertigt, weil eine neue gesetzliche Regelung die Möglichkeit bietet, durch Parteivereinbarung einen geringeren (tariflichen) Lohn festzulegen, als er dem Arbeitnehmer bisher gesetzlich oder vertraglich zustand (BAG v. 12.1.2006, Az. 2 AZR 126/05).

ACHTUNG!

Nach Auffassung des Arbeitsgerichts Stuttgart (ArbG Stuttgart v. 22.10.2020, Az. 11 Ca 2950/20) sind die Rechtsprechungsgrundsätze des BAG zur reinen Entgeltreduzierung durch Änderungskündigung auf eine Änderungskündigung zur Einführung von Kurzarbeit nicht übertragbar. Demnach könne eine Änderungskündigung mit dem Ziel, eine Einführung von Kurzarbeit zu ermöglichen, im Einzelfall als betriebsbedingte Änderungskündigung nach § 626 BGB gerechtfertigt sein. Für die Frage der Verhältnismäßigkeit der Kündigung seien insbesondere eine entsprechende Ankündigungsfrist und eine Begrenzung der Dauer der (möglichen) Kurzarbeit von Bedeutung sowie der Umstand, dass Kurzarbeit nur dann eingeführt werden kann, wenn die entsprechenden Voraussetzungen zur Gewährung von Kurzarbeitergeld auch in der Person des Arbeitnehmers vorliegen.

Ist hingegen eine Entgeltreduzierung in einem Betrieb (z. B. zur Abwendung einer Insolvenz) grundsätzlich zur sozialen Rechtfertigung einer Änderungskündigung geeignet, so kann sich ein betroffener Arbeitnehmer nicht darauf berufen, dass angesichts der Zustimmung einer Vielzahl von anderen Arbeitnehmern zu der Entgeltreduzierung, die ihm erteilte Änderungskündigung überflüssig und somit sozial ungerechtfertigt sei (BAG v. 26.6.2008, Az. 2 AZR 139/07). Ergibt sich bei einer Änderungskündigung die Höhe der Vergütung für die geänderte Tätigkeit nicht automatisch etwa aus einem Tarifvertrag oder einer vom Arbeitgeber aufgestellten Vergütungsordnung, so hat der Arbeitgeber den Arbeitnehmer in das frei ausgehandelte Vergütungsgefüge einzuordnen. Bietet er dabei dem Arbeitnehmer eine Vergütung an, die die durchschnittlich gezahlte Vergütung merklich unterschreitet, so muss er triftige Gründe hierfür darlegen und beweisen. Gelingt ihm dies nicht, so ist von der Sozialwidrigkeit der Änderungskündigung auszugehen. Bewegt sich die angebotene Vergütung für den geänderten Arbeitsplatz jedoch im oberen Bereich der frei ausgehandelten Gehaltsstruktur vergleichbarer Arbeitnehmer, so muss der Arbeitnehmer konkrete Gründe vortragen, warum es gerade bei ihm unter Berücksichtigung seines Änderungsschutzes geboten ist, dass seine geänderte Tätigkeit noch höher vergütet wird (BAG v. 3.4.2008, Az. 2 AZR 500/06). Im Arbeitsverhältnis kommt der Höhe der Vergütung pro Zeiteinheit und damit der Wertigkeit der Tätigkeit besondere Bedeutung zu. Diese bleibt – anders als beim Angebot einer geringerwertigen Tätigkeit mit unverändertem Stundenumfang – bei einer bloßen Reduzierung des Beschäftigungsumfangs gleich. Sie stellt deshalb grundsätzlich den weit weniger weitreichenden Eingriff in das vertragliche Austauschverhältnis dar (BAG v. 10.4.2014, Az. 2 AZR 812/12).

Liegen aufgrund der Stilllegung eines Betriebsteils an sich Gründe für eine Änderungskündigung vor und stehen für eine Weiterbeschäftigung der betroffenen Arbeitnehmer freie Arbeitsplätze an anderen Orten zur Verfügung, die vom bisherigen Arbeitsort räumlich unterschiedlich weit entfernt liegen, hat der Arbeitgeber, wenn die Zahl der am näher gelegenen Arbeitsort zur Verfügung stehenden Arbeitsplätze geringer als die Zahl der insgesamt zu versetzenden Arbeitnehmer ist, im Rahmen einer sozialen Auswahl analog § 1 Abs. 3 KSchG zu entscheiden, welchem Arbeitnehmer er die Weiterbeschäftigung an dem näher gelegenen Ort anbietet. Diese Grundsätze sind auch anzuwenden, wenn der Arbeitgeber Arbeitnehmern vor Ausspruch einer Änderungskündigung die einvernehmliche Versetzung auf einen der freien Arbeitsplätze anbietet. Der Arbeitgeber kann eine Auswahlentscheidung nach § 1 Abs. 3 KSchG nicht dadurch vermeiden, dass er zunächst die freien, günstiger gelegenen Arbeitsplätze auf freiwilliger Basis besetzt. Erfolgen Stellenbesetzungen und spätere Änderungskündigungen aufgrund eines einheitlichen Entschlusses, sind bei der Prüfung der Kündigungsvoraussetzungen beide Erklärungen des Arbeitgebers als Einheit zu würdigen (BAG v. 12.8.2010, Az. 2 AZR 945/08).

Bei einer betriebsbedingten Änderungskündigung sind auch soziale Gesichtspunkte zu beachten. Da bei einer derartigen Kündigung die soziale Rechtfertigung des Änderungsangebots im Vordergrund steht, ist anders als bei einer Beendigungskündigung bei der Sozialauswahl primär darauf abzustellen, wie sich die vorgeschlagene Vertragsänderung auf den sozialen Status vergleichbarer Arbeitnehmer auswirkt. Deshalb ist vor allem zu prüfen, ob der Arbeitgeber, statt die Arbeitsbedingungen des gekündigten Arbeitnehmers zu ändern, diese Änderung einem anderen Arbeitnehmer hätte anbieten können, dem sie in sozialer Hinsicht eher zumutbar gewesen wäre. Für eine Vergleichbarkeit der Arbeitnehmer im Rahmen einer Änderungskündigung müssen die Arbeitnehmer auch für die Tätigkeit, die Gegenstand des Änderungsangebotes ist, wenigstens annährend gleich geeignet sein. Die Austauschbarkeit bezieht sich auch auf den mit der Änderungskündigung angebotenen Arbeitsplatz. Weitere Anforderungen ergeben sich aus dem allgemeinen und besonderen Kündigungsschutz (s. → *Kündigungsschutz*).

WICHTIG!

Auch bei einer Änderungskündigung ist der Betriebsrat anzuhören (§ 102 Abs. 1 BetrVG). Bei einer Änderungskündigung hat der Arbeitgeber dem Betriebsrat sowohl die Gründe für die Änderung der Arbeitsbedingungen als auch das Änderungsangebot mitzuteilen. Dabei muss er nur die Umstände mitteilen, die seinen Kündigungsentschluss tatsächlich bestimmt haben. Das gilt auch für das Erfordernis einer sozialen Auswahl (BAG v. 12.8.2010, Az. 2 AZR 945/08). Auch bei betriebsbedingten Änderungskündigungen und nicht nur bei Beendigungskündigungen wird, wenn ein Interessenausgleich mit Namensliste vorliegt, zugunsten des Arbeitgebers vermutet, dass die Änderung der Arbeitsbedingungen durch betriebliche Erfordernisse veranlasst war. Auch ist die Sozialauswahl in diesen Fällen nur auf grobe Fehlerhaftigkeit hin zu überprüfen (BAG v. 19.6.2007, Az. 2 AZR 304/06).

ACHTUNG!

Eine Änderungskündigung (hier: der Entgeltbedingungen), die im Falle ihrer Ablehnung zu einer Beendigung des Arbeitsvertrags führt, kann eine „Entlassung" i. S. d. Art. 1 Abs. 1 Massenentlassungsrichtlinie 98/59/EG darstellen (s. → *Kündigungsschutz A.III.3*) (EuGH v. 21.9.2017, Az. C-429/16 und C-149/16).

2. Form

Eine Kündigung muss (wenn sie zur Beendigung des Arbeitsverhältnisses führen soll) in jedem Fall schriftlich erfolgen (§ 623 BGB). Dies gilt auch für eine Änderungskündigung, mit der die Beendigung des Arbeitsverhältnisses für den Fall der Ablehnung des Änderungsangebots erklärt wird.

ACHTUNG!

Das Änderungsangebot muss so konkret gefasst sein, dass es der Arbeitnehmer ohne Weiteres annehmen kann. Ihm muss klar sein, welche Vertragsbedingungen künftig gelten sollen. Unklarheiten gehen zu Lasten des Arbeitgebers. Das Änderungsangebot ist nur dann sozial gerechtfertigt, wenn der Arbeitgeber sich darauf beschränkt, solche Änderungen vorzusehen, die der Arbeitnehmer billigerweise hinnehmen muss. Dies ist nicht der Fall, wenn der Arbeitnehmer mangels hinreichender Bestimmtheit des Änderungsangebots schon nicht erkennen kann, welche Arbeitsleistung er fortan schulden soll (BAG v. 21.5.2019, Az. 2 AZR 26/19).

Will der Arbeitgeber eine Änderung der Arbeitsbedingungen in mehreren Punkten erreichen und erklärt er zur Durchsetzung einer jeden Änderung eine gesonderte Kündigung, muss jede der Kündigungen das Änderungsangebot deutlich und zweifelsfrei abbilden (vgl. BAG v. 26.1.2017, Az. 2 AZR 68/16). Ein Angebot, mit dem der Arbeitgeber erklärt, die „sonstigen Arbeitsbedingungen" blieben unverändert, und zugleich darauf verweist, der Arbeitnehmer werde zeitgleich noch weitere Änderungskündigungen erhalten, ist widersprüchlich und führt zur Unwirksamkeit der Kündigung (BAG v. 10.9.2011, Az. 2 AZR 822/07).

Erklärt der Arbeitgeber jedoch in einem Schreiben, er kündige das Arbeitsverhältnis zu einem ersten, hilfsweise zu einem späteren Termin und bietet er dem Arbeitnehmer an, das Arbeitsverhältnis ab dem Tag nach dem ersten, hilfsweise ab dem Tag nach dem späteren Termin zu geänderten Vertragsbedingungen fortzusetzen, handelt es sich um zwei Änderungskündigungen, nämlich um eine unbedingte Änderungskündigung zu dem ersten und eine in zulässiger Weise auflösend bedingte Änderungskündigung zu dem späteren Termin. Der Arbeitnehmer kann in Bezug auf jede – mögliche – Kündigung entscheiden, ob er das mit ihr verbundene Vertragsangebot ablehnen oder mit bzw. ohne Vorbehalt annehmen möchte. Nimmt er beide Angebote unter Vorbehalt an, wird er sich mit einem Hauptantrag nach § 4 Satz 2 KSchG gegen die unbedingte und mit einem unechten Hilfsantrag nach § 4 Satz 2 KSchG gegen die bedingte Kündigung wenden (BAG v. 18.10.2018, Az. 2 AZR 374/18).

Die gesetzlich angeordnete Schriftform bedeutet, dass die Kündigungserklärung von dem Kündigenden (oder seinem Vertreter) **eigenhändig** unterschrieben sein muss. Stempel, Kopien (auch Telefaxkopien!), Faksimile oder digitale Unterschriften reichen hierzu nicht. Zusätzliche Formerfordernisse können sich aus Tarifvertrag, Betriebsvereinbarung oder Arbeitsvertrag ergeben. Die gesetzlichen Formerfordernisse können nicht durch Vereinbarung ausgeschlossen werden. Eine Kündigung muss daher immer (also auch wenn dies anders vereinbart wurde) schriftlich erklärt werden.

3. Frist

Eine Änderungskündigung muss grundsätzlich als ordentliche Kündigung unter Einhaltung der Kündigungsfrist erfolgen. Liegt jedoch ein wichtiger Grund i. S. d. § 626 BGB vor, kann sie auch als außerordentliche → *Kündigung* erklärt werden. Zu den Fristen s. → *Kündigung A.III.*

Als dritte Form der Änderungskündigung, die neben der ordentlichen und außerordentlichen Änderungskündigung steht, wäre eine sog. Änderungskündigung mit sofortiger Wirkung denkbar. Eine solche Änderungskündigung erscheint immer dann erforderlich, wenn betriebsbedingt ein Arbeitsplatz wegfällt und eine anderweitige Beschäftigungsmöglichkeit nur genutzt werden kann, wenn diese alsbald besetzt wird und es dem Arbeitgeber unzumutbar ist, den freien Arbeitsplatz bis zum Ablauf der ordentlichen Kündigungsfrist freizuhalten.

Das BAG hat jedoch festgestellt, dass eine ordentliche Änderungskündigung mit dem Angebot, die Arbeitsbedingungen bereits erhebliche Zeit vor Ablauf der ordentlichen Kündigungsfrist zu ändern, nach § 1 Abs. 2, § 2 KSchG unwirksam ist (BAG v. 21.9.2006, Az. 2 AZR 120/06). Eine ordentliche Kündigung wirkt erst zum Ablauf der ordentlichen Kündigungsfrist, daran hat sich auch das Änderungsangebot des Arbeitgebers bei einer ordentlichen Änderungskündigung zu orientieren. Der Arbeitnehmer ist nicht verpflichtet, auf einen Teil der ihm zustehenden Kündigungsfrist zu verzichten und vorzeitig in eine Vertragsänderung mit schlechteren Arbeitsbedingungen (insbesondere eine Lohnminderung) einzuwilligen.

Das Angebot des Arbeitgebers bei einer ordentlichen Änderungskündigung, die Arbeitsbedingungen schon vor Ablauf der ordentlichen Kündigungsfrist zu ändern, kann nicht ohne Weiteres als Angebot ausgelegt werden, die neuen Arbeitsbedingungen bei Unzulässigkeit der vorfristigen Änderung erst mit dem Ablauf der ordentlichen Kündigungsfrist eintreten zu lassen. Nach Ansicht des BAG bestehen daher schon aus der Rechtsnatur der Änderungskündigung heraus grundsätzliche Bedenken gegen die Umdeutung eines nicht auslegungsfähigen Änderungsangebots in ein Angebot mit erheblich abweichenden Arbeitsbedingungen. Da der Arbeitnehmer auf das Vertragsangebot des Arbeitgebers reagieren und sich entscheiden muss, ob er die geänderten Arbeitsbedingungen ablehnt oder mit bzw. ohne Vorbehalt annimmt, erfordert schon die Rechtssicherheit, dass zweifelsfrei klargestellt ist, zu welchen neuen Arbeitsbedingungen das Arbeitsverhältnis nach dem Willen des Arbeitgebers fortbestehen soll (BAG a. a. O.; BAG v. 26.1.2017, Az. 2 AZR 68/16).

ACHTUNG!

Aus den vorgenannten Gründen sollte von einer ordentlichen Änderungskündigung mit sofortiger Wirkung Abstand genommen werden. Stattdessen sollte dem Arbeitnehmer ein entsprechendes Änderungsangebot im Wege eines Änderungsvertrages unterbreitet werden. Lehnt er dieses Änderungsangebot ernsthaft und endgültig ab, kommt ggf. eine ordentliche Beendigungskündigung in Betracht. Erklärt sich der Arbeitnehmer zu dem Änderungsangebot nicht (ernsthaft und endgültig), muss der Arbeitgeber in diesen Fällen eine Änderungskündigung aussprechen, in der sich ordentliche Kündigungsfrist und Änderungsangebot decken.

4. Inhalt

Die Änderungskündigung zielt auf die inhaltliche Änderung des bestehenden Arbeitsvertrags ab. Da der Arbeitgeber eine Vertragsänderung nicht einseitig vornehmen kann, muss er mit der Änderungskündigung das bestehende Arbeitsverhältnis – unter Einhaltung der einschlägigen Kündigungsfrist – kündigen und gleichzeitig ein neues – zu geänderten Bedingungen – anbieten. Das mit der Änderungskündigung unterbreitete Angebot muss eindeutig bestimmt bzw. bestimmbar sein. Für den gekündigten Arbeitnehmer muss erkennbar sein, welche Arbeitsbedingungen zukünftig gelten sollen und welchen Inhalt das Arbeitsverhältnis künftig haben soll. Das Änderungsangebot muss also so genau beschrieben werden, dass der Arbeitnehmer nur noch „Ja" zu sagen braucht. Dies gilt insbesondere für die neuen (geänderten) Arbeitsbedingungen.

WICHTIG!

Das Schriftformerfordernis des § 623 BGB erstreckt sich nicht nur auf die Kündigung, sondern auch auf das Änderungsangebot (BAG v. 16.9.2004, Az. 2 AZR 628/03). Daher ist ein lediglich mündlich erklärtes Änderungsangebot nicht ausreichend.

Hinsichtlich der unveränderten Regelungen sollte der Arbeitgeber klarstellen: „Im Übrigen bleibt es bei den vertraglichen Regelungen aus dem Arbeitsvertrag vom ...."

WICHTIG!

Der Arbeitgeber ist gesetzlich dazu verpflichtet, Arbeitnehmer frühzeitig vor der Beendigung des Arbeitsverhältnisses über die Notwendigkeit eigener Aktivitäten bei der Suche nach einer anderen Beschäftigung sowie über die Verpflichtung zur Meldung der Beendigung bei der zuständigen Agentur für Arbeit zu informieren.

Diese Belehrung sollte bereits mit der Kündigungserklärung schriftlich erfolgen.

Formulierungsbeispiel:

„Für den Fall, dass Sie mit einer Fortsetzung des Arbeitsverhältnisses zu den geänderten Bedingungen (ggf. auch unter dem Vorbehalt

einer arbeitsgerichtlichen Überprüfung der Änderungen) nicht einverstanden sind, weisen wir Sie darauf hin, dass das Arbeitsverhältnis mit Ablauf des ... (Datum) endet."

„Wir weisen Sie darauf hin, dass Sie in diesem Fall gem. § 38 SGB III verpflichtet sind, sich spätestens drei Monate vor Beendigung des Arbeitsverhältnisses persönlich bei der Agentur für Arbeit zu melden ..."

oder (wenn zwischen Kenntnis des Beendigungszeitpunktes und der Beendigung weniger als drei Monate liegen):

„Wir weisen Sie darauf hin, dass Sie gem. § 38 SGB III verpflichtet sind, sich innerhalb von drei Tagen nach Kenntnis des Beendigungszeitpunktes, also nach Erhalt dieses Schreibens, persönlich bei der Agentur für Arbeit zu melden ..."

und (in beiden Fällen):

„... Andernfalls kann Ihr Anspruch auf Arbeitslosengeld verkürzt werden. Sie sind ferner dazu verpflichtet, selbst bei der Suche nach einem anderen Arbeitsplatz aktiv zu werden."

III. Reaktionsmöglichkeiten des Arbeitnehmers

Auf das mit der Änderungskündigung ausgesprochene Änderungsangebot des Arbeitgebers kann der Arbeitnehmer in unterschiedlicher Weise reagieren. Er kann es mit oder ohne Vorbehalt annehmen oder gänzlich ablehnen.

1. Annahme ohne Vorbehalt

Wird das Änderungsangebot ohne Vorbehalt angenommen, kommt es zu einer inhaltlichen Änderung des Arbeitsvertrags. Die Kündigung wird gegenstandslos.

WICHTIG!

Setzt der Arbeitnehmer die Arbeit zu den geänderten Arbeitsbedingungen nach Ablauf der Kündigungsfrist fort, stellt dies eine vorbehaltslose Annahme des Änderungsangebots dar.

Hat der Arbeitnehmer erst einmal die Annahme erklärt und ist diese Erklärung dem Arbeitgeber zugegangen, so ist der Arbeitnehmer hieran gebunden. Ein einseitiger Widerruf durch den Arbeitnehmer kann dann nicht mehr erfolgen.

2. Annahme unter Vorbehalt

Der Arbeitnehmer kann gemäß § 2 KSchG das Änderungsangebot bzw. die neuen Arbeitsbedingungen unter dem Vorbehalt annehmen, dass die Änderung dieser Bedingungen nicht sozial ungerechtfertigt ist.

WICHTIG!

Die Annahme unter Vorbehalt gemäß § 2 KSchG steht nur solchen Arbeitnehmern zu, die in einem Betrieb mit in der Regel mehr als fünf Arbeitnehmern schon länger als sechs Monate beschäftigt sind.

2.1 Form und Frist

Der Vorbehalt muss gegenüber dem Arbeitgeber erklärt werden. Die Erklärung ist an keine bestimmte Form gebunden. Die bloße Fortsetzung des Arbeitsverhältnisses zu den geänderten Bedingungen reicht allerdings nicht aus, da durch sie der Vorbehalt nicht deutlich wird. Sie gilt als vorbehaltslose Annahme des Änderungsangebots (s. o. 1.).

Bei der ordentlichen Änderungskündigung muss der Arbeitnehmer den Vorbehalt innerhalb von **drei Wochen** nach Zugang der Kündigung erklären. Sollte die Kündigungsfrist ausnahmsweise weniger als drei Wochen betragen, so hat der Arbeitnehmer den Vorbehalt bis zum **Ablauf der Kündigungsfrist** auszusprechen. Bei der außerordentlichen Kündigung muss er den Vorbehalt **unverzüglich** erklären, es sei denn, die Kündigung wurde mit einer sozialen Auslauffrist ausgesprochen. Dann gelten die Regeln für die ordentliche Änderungskündigung entsprechend.

Der Vorbehalt muss dem Arbeitgeber innerhalb der Frist zugehen. Es genügt nicht, wenn der Arbeitnehmer am letzten Tage des Fristablaufs die Erklärung abgibt und diese dem Arbeitgeber erst am darauf folgenden Tag, z. B. per Post, zugeht.

Um möglichst schnell Planungssicherheit zu erhalten, kann der Arbeitgeber den Arbeitnehmer auffordern, sich innerhalb einer angemessenen Überlegungsfrist zu dem Änderungsangebot zu erklären (s. Muster u. IV.). Unproblematisch ist es jedenfalls, wenn der Arbeitgeber hier die gesetzlich geregelte Drei-Wochen-Frist in Ansatz bringt. Diese bezieht sich zwar nur auf die Geltendmachung des Vorbehalts. Dennoch wird teilweise vertreten, dass die Aufforderung des Arbeitgebers, sich innerhalb einer kürzeren (als der gesetzlichen) Frist zum Änderungsangebot zu erklären, die Unwirksamkeit der Änderungskündigung zur Folge hätte. Nach einer Entscheidung des BAG v. 1.2.2007, Az. 2 AZR 44/06 ist dies jedoch nicht der Fall. Spricht der Arbeitgeber eine Änderungskündigung aus und will der Arbeitnehmer das Änderungsangebot unter Vorbehalt annehmen, so steht ihm hierfür gem. § 2 Satz 2 KSchG längstens eine Erklärungsfrist von drei Wochen zur Verfügung. Diese gilt als Mindestfrist auch für die Möglichkeit einer vorbehaltlosen Annahme des Änderungsangebots, und zwar auch dann, wenn der Arbeitgeber eine zu kurze Annahmefrist festgelegt hat (BAG a. a. O.).

Versäumt der Arbeitnehmer die gesetzliche Frist, hat er nicht mehr das Recht, das Angebot unter Vorbehalt anzunehmen. Das Angebot gilt damit als abgelehnt und die Kündigung ist als Beendigungskündigung zu behandeln (s. u. 3.).

WICHTIG!

Hat der Arbeitnehmer das Änderungsangebot des Arbeitgebers unter Vorbehalt angenommen und Änderungsschutzklage nach § 4 Satz 2 KSchG erhoben, streiten die Parteien nicht über die Beendigung des Arbeitnehmerverhältnisses und damit nicht über die Rechtswirksamkeit der ausgesprochenen Kündigung, sondern nur noch über die Berechtigung des Angebots auf Änderung der Arbeitsbedingungen. Streitgegenstand der Änderungsschutzklage ist nicht die Wirksamkeit der Kündigung, sondern der Inhalt der für das Arbeitsverhältnis geltenden Vertragsbedingungen (BAG v. 26.1.2012, Az. 2 AZR 102/11; BAG v. 19.7.2012, Az. 2 AZR 25/11). Allerdings kann ein Mangel in der Kündigungserklärung (z. B. fehlende Zustimmung der Mitarbeitervertretung) auch dann zum Erfolg einer Änderungsschutzklage führen, wenn die Änderungskündigung „überflüssig" war und der Arbeitnehmer das „Änderungsangebot" unter Vorbehalt angenommen hat (BAG v. 22.10.2015, Az. 2 AZR 124/14). Ein Änderungsschutzantrag nach § 4 Satz 2 KSchG wahrt die Klagefrist des § 4 Satz 1 KSchG für eine nachfolgende Beendigungskündigung, die vor dem oder zeitgleich mit dem „Änderungstermin" der ersten Kündigung wirksam werden soll, jedenfalls dann, wenn der Kläger die Unwirksamkeit der Folgekündigung noch vor Schluss der mündlichen Verhandlung erster Instanz mit einem Antrag nach § 4 Satz 1 KSchG geltend macht (BAG v. 24.5.2018, Az. 2 AZR 67/18). Bei einer unter Vorbehalt angenommenen Änderungskündigung ist der Arbeitgeber grundsätzlich nicht verpflichtet, den Arbeitnehmer vorläufig zu den bisherigen Bedingungen weiterzubeschäftigen. Etwas anderes könnte nur dann gelten, wenn die Änderung der Arbeitsbedingungen gleichzeitig eine Versetzung nach § 95 Abs. 3 BetrVG darstellt und weder der Betriebsrat nach § 99 BetrVG zugestimmt hat oder die Zustimmung gerichtlich nicht ersetzt ist, noch der Arbeitgeber das Verfahren nach § 100 BetrVG durchführt (LAG Nürnberg v. 6.8.2012, Az. 2 Sa 643/11).

Die Erklärung des Vorbehalts ist an keine bestimmte Form gebunden. Die bloße Fortsetzung des Arbeitsverhältnisses zu den geänderten Bedingungen reicht allerdings nicht aus, da durch sie der Vorbehalt nicht deutlich wird und sie deshalb vielmehr als vorbehaltslose Annahme des Änderungsangebots anzusehen ist.

Gibt der Arbeitnehmer keine ausdrückliche Erklärung zum Vorbehalt ab, sondern erhebt (nur) Kündigungsschutzklage mit dem Antrag, die Sozialwidrigkeit der Änderung festzustellen (Änderungsschutzantrag gem. § 4 Satz 2 KSchG), kann darin die Erklärung des Vorbehalts gesehen werden. Auch bei dieser „Umdeutung" gilt jedoch die dreiwöchige Erklärungsfrist. Deshalb ist der Vorbehalt verspätet erklärt, wenn die Kündigungsschutzklage dem Arbeitgeber erst nach Ablauf der Erklärungsfrist zugestellt wird. Auch dann liegt eine Beendigungskündigung vor (s. u. 3.).

2.2 Folge

Hat der Arbeitnehmer die Änderungskündigung unter Vorbehalt angenommen, kann er nach Ablauf der Kündigungsfrist vorläufig zu den geänderten Arbeitsbedingungen weiterbeschäftigt werden (z. B. auf einem anderen Arbeitsplatz oder zu einer geringeren Vergütung). Er hat dann nicht mehr das Recht, die Weiterbeschäftigung zu den geänderten Arbeitsbedingungen unter Hinweis auf die Unwirksamkeit der Änderungskündigung abzulehnen.

Erst wenn die gerichtliche Überprüfung der Änderungsbedingungen zur rechtskräftigen Feststellung führt, dass die Änderungskündigung unwirksam ist, muss der Arbeitnehmer wieder zu den ursprünglichen Arbeitsbedingungen weiterbeschäftigt werden. Die Änderungskündigung ist in diesen Fällen als von Anfang an unwirksam anzusehen (§ 8 KSchG), sodass dem Arbeitnehmer die in der Vergangenheit entstandenen Nachteile (z. B. Vergütungseinbußen) auszugleichen sind.

Hält das Arbeitsgericht die geänderten Bedingungen jedoch für sozial gerechtfertigt, so steht mit Rechtskraft des Urteils fest, dass die Änderung von Anfang an verbindlich und die Beschäftigung zu den geänderten Bedingungen rechtens war.

ACHTUNG!

Wird von dem Arbeitnehmer fristgerecht eine Klage mit einem Änderungsschutzantrag gem. § 4 Satz 2 KSchG eingereicht, so wird hierdurch regelmäßig auch die (3-wöchige) Klagefrist (des § 4 Satz 1 KSchG) für eine nachfolgende Beendigungskündigung, die vor dem oder zeitgleich mit dem „Änderungstermin" der ersten Kündigung wirksam werden soll, gewahrt. Dies gilt jedenfalls dann, wenn der Arbeitnehmer die Unwirksamkeit der Folgekündigung noch vor Schluss der mündlichen Verhandlung erster Instanz mit einem Antrag nach § 4 Satz 1 KSchG (Kündigungsschutz) geltend macht (BAG v. 24.5.2018, Az. 2 AZR 67/18).

3. Ablehnung

Die Ablehnung oder nicht fristgerechte Annahme durch den Arbeitnehmer hat zur Folge, dass sich die Änderungskündigung in eine Beendigungskündigung umwandelt. Hat der Arbeitnehmer erst einmal die Ablehnung erklärt und ist diese Erklärung dem Arbeitgeber zugegangen, so ist der Arbeitnehmer hieran gebunden. Ein einseitiger Widerruf durch den Arbeitnehmer kann dann nicht mehr erfolgen.

ACHTUNG!

Wird das Änderungsangebot abgelehnt, so verliert der Arbeitnehmer u. U. im Falle einer erfolgreichen Klage gegen die Beendigungskündigung seinen Anspruch auf Vergütungsfortzahlung wegen Annahmeverzugs (s. hierzu → *Kündigung IV.3*). So wurde im Falle einer wegen fehlerhafter Betriebsratsanhörung unwirksamen Änderungskündigung entschieden. Der Arbeitgeber habe für die Dauer der Nichtbeschäftigung keinen Verzugslohn zu zahlen, da der Arbeitnehmer das Änderungsangebot zumindest für die Dauer des Rechtsstreits (als „Ersatzbeschäftigung") hätte annehmen müssen (LAG Köln v. 21.6.2005, Az. 13 Sa 179/05; vgl. auch BAG v. 10.4.2014, Az. 2 AZR 812/12).

Bei fristgerechtem und ordnungsgemäßem Widerspruch des Betriebsrats gemäß § 102 Abs. 3 BetrVG kann der Arbeitnehmer im Kündigungsschutzprozess die einstweilige Weiterbeschäftigung (also bis zur Rechtskraft des Urteils) zu den ursprünglichen Arbeitsbedingungen verlangen. Hat der Betriebsrat nicht ordnungsgemäß widersprochen, kann der Arbeitnehmer nur dann eine vorläufige Weiterbeschäftigung durchsetzen, wenn die Änderungskündigung offensichtlich unwirksam oder rechtsmissbräuchlich ist.

Wird durch ein (noch nicht rechtskräftiges) Urteil die Unwirksamkeit der Änderungskündigung festgestellt, hat das Arbeitsgericht auch einem (bis zur Rechtskraft) einstweiligen Weiterbeschäftigungsbegehren des Arbeitnehmers stattzugeben, es sei denn, es liegen ausnahmsweise Umstände vor, aus denen sich im Einzelfall ein überwiegendes Interesse des Arbeitgebers ergibt, den Arbeitnehmer nicht weiterzubeschäftigen.

4. Klage

Will der Arbeitnehmer gegen die Änderungskündigung gerichtlich vorgehen, muss er innerhalb einer Frist von drei Wochen nach Zugang der Kündigung Klage erheben (§ 4 KSchG). Andernfalls gilt die Kündigung als sozial gerechtfertigt.

Die Art und die Rechtsfolgen der Klage sind davon abhängig, wie der Arbeitnehmer auf die Änderungskündigung reagiert hat.

4.1 Klage bei Ablehnung des Änderungsangebots

Hat der Arbeitnehmer das Änderungsangebot vorbehaltlos abgelehnt, ist die Kündigung als (normale) Beendigungskündigung zu behandeln (Kündigung, Kündigungsschutz). Der Arbeitnehmer muss dann die Feststellung der Unwirksamkeit der Kündigung insgesamt beantragen. Stellt sich die Kündigung als rechtswirksam heraus, gilt das Arbeitsverhältnis (rückwirkend) zum genannten Kündigungszeitpunkt als beendet. Wird durch das Arbeitsgericht rechtskräftig die Unwirksamkeit der Kündigung festgestellt, ist das Arbeitsverhältnis zu den ursprünglichen Arbeitsbedingungen fortzusetzen. Für die Zeiten der Nichtbeschäftigung des Arbeitnehmers muss der Arbeitgeber dann ggf. das gesamte Gehalt aus dem Gesichtspunkt des Annahmeverzugs nachzahlen.

4.2 Klage bei Annahme unter Vorbehalt

Hat der Arbeitnehmer die Änderung der Arbeitsbedingungen unter Vorbehalt (der sozialen Rechtfertigung dieser geänderten Bedingungen) angenommen, kann er sog. Änderungsschutzklage erheben. Hierzu muss er sinngemäß den Antrag auf Feststellung erheben, dass die Änderung der Arbeitsbedingungen sozial ungerechtfertigt ist. Das Arbeitgericht überprüft dann nur, ob die angebotene Änderung der Arbeitsbedingungen hinreichend begründet bzw. sozial gerechtfertigt ist. Wenn dies der Fall ist, muss der Arbeitnehmer auch nach Abschluss des gerichtlichen Verfahrens auf dem neuen Arbeitsplatz weiterarbeiten. Stellt das Arbeitsgericht jedoch rechtskräftig die Unwirksamkeit der Änderungskündigung fest, muss eine Weiterbeschäftigung zu den ursprünglichen Bedingungen erfolgen. Sollten dem Arbeitnehmer durch die zwischenzeitliche (nachträglich als unzulässig festgestellte) Beschäftigung auf einem anderen Arbeitsplatz Nachteile (z. B. Vergütungseinbußen) entstanden sein, muss der Arbeitgeber diese ausgleichen (z. B. Gehalt nachzahlen).

4.3 Klage als erste Reaktion

Reagiert der Arbeitnehmer auf die Änderungskündigung unmittelbar mit einer Klage, hängt das weitere Verfahren von dem Klageantrag ab: Will der Arbeitnehmer festgestellt wissen, dass das Arbeitsverhältnis nicht durch die Änderungskündigung beendet worden ist, liegt darin die Ablehnung des Änderungsangebots. Es wird dann nur über die Beendigung des Arbeitsverhältnisses verhandelt.

Stellt er jedoch den Antrag, festzustellen, dass die Änderung der Arbeitsbedingungen sozial ungerechtfertigt ist, liegt darin eine Annahme unter Vorbehalt (wenn die Klage dem Arbeitgeber innerhalb der Drei-Wochen-Frist (s. o. 2.1) zugestellt wird). Der Arbeitnehmer muss dann zunächst zu den neuen Arbeitsbedingungen seine Arbeit leisten.

ACHTUNG!

Hat der Arbeitnehmer ein mit der Kündigung verbundenes Angebot des Arbeitgebers zur Fortsetzung des Arbeitsverhältnisses zu geänderten Bedingungen unter dem Vorbehalt des § 2 KSchG angenommen, genügt es zur Vermeidung der Rechtsfolgen des § 7 KSchG (Wirksamwerden der Kündigung), wenn er innerhalb der Klagefrist Kündigungsschutzklage nach § 4 Satz 1 KSchG erhebt und den Antrag später entsprechend § 4 Satz 2 KSchG (Änderungsschutzklage) fasst (BAG v. 21.5.2019, Az. 2 AZR 26/19).

5. Anspruch auf Abfindung statt Klage

Im Falle einer betriebsbedingten Kündigung kann der Arbeitnehmer seit 1.1.2004 wählen, ob er gegen eine Kündigung Klage erhebt (s. o. 4.1) oder sich eine Abfindung gem. § 1a KSchG auszahlen lässt. § 1a KSchG ist auch auf eine aus dringenden betrieblichen Gründen ausgesprochene Änderungskündigung anwendbar, soweit diese wegen Nichtannahme oder vorbehaltsloser Ablehnung des Änderungsangebots zur Beendigung des Arbeitsverhältnisses führt. Nimmt jedoch ein Arbeitnehmer die geänderten Vertragsbedingungen vorbehaltslos an, ist dies kein Fall des § 1a KSchG, da es in diesem Fall nicht zu einer Beendigung des Arbeitsverhältnisses kommt (BAG v. 13.12.2007, Az. 2 AZR 663/06).

Voraussetzung für einen Anspruch nach § 1a KSchG ist immer eine betriebsbedingte Änderungskündigung, die den Hinweis des Arbeitgebers auf die Möglichkeit des gesetzlichen Abfindungsanspruchs enthält. Liegen die gesetzlichen Voraussetzungen vor (Einzelheiten hierzu s. u. → *„Kündigungsschutz" A.III.4.*) entsteht der Abfindungsanspruch in Höhe eines halben Monatsverdienstes für jedes Beschäftigungsjahr mit Verstreichenlassen der Klagefrist gem. § 4 KSchG. Die Abfindung wird dann nach Ablauf der Kündigungsfrist zur Zahlung fällig, sofern der Arbeitnehmer nicht Klage erhebt.

WICHTIG!

Der Arbeitgeber muss sich bereits bei Ausspruch der Kündigung überlegen, ob er dem Arbeitnehmer durch den Hinweis auf die Möglichkeit der gesetzlichen Abfindung ein entsprechendes Wahlrecht einräumt. Dies ist immer nur dann zu empfehlen, wenn die Wirksamkeit der Kündigung zumindest zweifelhaft ist und dem Arbeitnehmer durch die Abfindungsmöglichkeit die Unterlassung einer Kündigungsschutzklage schmackhaft gemacht werden soll.

IV. Muster: Änderungskündigung

Musterschreiben und Vertragsgestaltungen müssen den jeweiligen Notwendigkeiten und den individuellen Bedürfnissen der Arbeitsvertragsparteien Rechnung tragen. Die in diesem Werk abgebildeten Muster können hierbei nur eine Hilfe sein. Deshalb ist im Einzelfall zu prüfen, inwieweit hier vorgeschlagene Formulierungen sinnvoll oder entbehrlich sind. Die Anpassung an den jeweiligen Einzelfall ist daher zwingend notwendig.

Sehr geehrter Herr .... /Sehr geehrte Frau ....,

.... [nach Belieben Schilderung der Kündigungsgründe – gesetzlich nicht erforderlich]

Hiermit kündigen wir das seit .... bestehende Arbeitsverhältnis unter Einhaltung der ordentlichen Kündigungsfrist zum ....

Gleichzeitig bieten wir die Fortsetzung des Arbeitsverhältnisses unter Maßgabe folgender Änderungen an:

Im Übrigen verbleibt es bei den ursprünglichen Bedingungen des Arbeitsverhältnisses. Die geänderten Arbeitsbedingungen treten mit Ablauf der vorbezeichneten Kündigungsfrist in Kraft, sofern Sie die angebotene Fortsetzung des Arbeitsverhältnisses nicht ausdrücklich ablehnen.

Der Betriebsrat wurde zu dieser Kündigung gehört und hat

[wahlweise:]

- *keine Einwände erhoben.*
- *die Kündigung zur Kenntnis genommen.*
- *der Kündigung widersprochen.*

Bitte teilen Sie uns innerhalb der Kündigungsfrist, spätestens jedoch bis zum .... [Dreiwochenfrist] *mit, ob Sie mit der angebotenen Fortsetzung des Arbeitsverhältnisses einverstanden sind.*

Für den Fall, dass Sie mit einer Fortsetzung des Arbeitsverhältnisses zu den geänderten Bedingungen (ggf. auch unter dem Vorbehalt einer arbeitsgerichtlichen Überprüfung der Änderungen) nicht einverstanden sind, weisen wir Sie darauf hin, dass das Arbeitsverhältnis mit Ablauf des .... (Datum) endet.

„Wir weisen Sie darauf hin, dass Sie in diesem Fall gem. § 38 SGB III verpflichtet sind, sich spätestens drei Monate vor Beendigung des Arbeitsverhältnisses persönlich bei der Agentur für Arbeit zu melden ..."

oder *(wenn zwischen Kenntnis des Beendigungszeitpunktes und der Beendigung weniger als drei Monate liegen):*

„Wir weisen Sie darauf hin, dass Sie gem. § 38 SGB III verpflichtet sind, sich innerhalb von drei Tagen nach Kenntnis des Beendigungszeitpunktes, also nach Erhalt dieses Schreibens, persönlich bei der Agentur für Arbeit zu melden ..."

und *(in beiden Fällen):*

„... Andernfalls kann Ihr Anspruch auf Arbeitslosengeld verkürzt werden. Sie sind ferner dazu verpflichtet, selbst bei der Suche nach einem anderen Arbeitsplatz aktiv zu werden."

Optional bei betriebsbedingter Kündigung: *Wir weisen ferner darauf hin, dass die Kündigung aus dringenden betrieblichen Gründen erfolgt und Ihnen wegen der betriebsbedingten Beendigung ein gesetzlicher Anspruch auf Zahlung einer Abfindung gem. § 1a KSchG zusteht, sofern Sie gegen die Kündigung innerhalb der gesetzlichen Klagefrist keine Klage erheben. Die Höhe der Abfindung beträgt gem. § 1a Abs. 2 KSchG 0,5 Monatsverdienste für jedes Jahr des Bestehens des Arbeitsverhältnisses. Als Monatsverdienst gilt gem. § 10 Abs. 3 KSchG, was Ihnen bei der für Sie maßgebenden regelmäßigen Arbeitszeit in dem Monat, in dem das Arbeitsverhältnis endet, an Geld und Sachbezügen zusteht. Bei der Ermittlung der Dauer des Arbeitsverhältnisses ist ein Zeitraum von mehr als sechs Monaten auf ein volles Jahr aufzurunden. Sollten Sie also gegen die Kündigung bis zum Ablauf der gesetzlichen Klagefrist keine Klage erheben, steht Ihnen nach Ablauf der Kündigungsfrist eine Abfindung in Höhe von € .... zu.*

Mit freundlichen Grüßen

Anfechtung

I. Begriff

Der Arbeitsvertrag kann vom Arbeitgeber oder vom Arbeitnehmer angefochten werden. Die Anfechtung führt zur Nichtigkeit des Vertrags.

II. Verhältnis von Anfechtung und außerordentlicher Kündigung

Die Anfechtung und die außerordentliche Kündigung bestehen als Rechtsinstitute nebeneinander und schließen sich nicht aus (BAG v. 12.5.2011, Az. 2 AZR 479/09). Ein Arbeitsverhältnis kann außerordentlich aus wichtigem Grund ohne Einhaltung der Kündigungsfrist gekündigt werden, wenn dem Arbeitgeber aufgrund der Schwere der Pflichtverletzung des Arbeitnehmers das Festhalten am Arbeitsverhältnis bis zum Ablauf der Kündigungsfrist nicht mehr zugemutet werden kann (siehe hierzu → *Außerordentliche Kündigung*). Die Anfechtung setzt einen Grund voraus, der schon bei Abschluss des Arbeitsvertrags vorgelegen hat, während die Kündigung dazu dient, ein durch nachträgliche Umstände belastetes oder sinnlos gewordenes Arbeitsverhältnis zu beenden. Dabei ist denkbar, dass ein Anfechtungsgrund im zustande gekommenen Arbeitsverhältnis so stark nachwirkt, dass dem Arbeitgeber die Fortsetzung des Arbeitsverhältnisses auch bis zum Ablauf der Kündigungsfrist unzumutbar ist (BAG v. 7.7.2011, Az. 2 AZR 396/10). In diesen Fällen hat der Arbeitgeber ein Wahlrecht darüber, ob er anfechten oder kündigen will (BAG v. 28.3.1974, Az. 2 AZR 92/73). Eine außerordentliche Kündigung kann auch dann vorsorglich ausgesprochen werden, wenn zuvor die Anfechtung erklärt wurde. Im Ergebnis führen beide Institute zur Auflösung des Arbeitsverhältnisses.

Eine Anfechtung kann aufgrund des Grundsatzes von Treu und Glauben (§ 242 BGB) dann unwirksam sein, wenn der Anfechtungsgrund im Zeitpunkt der Anfechtungserklärung für die Durchführung des Arbeitsverhältnisses bedeutungslos geworden ist (BAG v. 18.9.1987, Az. 7 AZR 507/86), also z. B. weil das Arbeitsverhältnis trotzdem seit Jahren ohne Beanstandung durchgeführt wird (vgl. BAG v. 11.11.1993, Az. 2 AZR 467/93).

Der Anfechtende muss in einem Gerichtsverfahren beweisen und darlegen, dass ein Anfechtungsgrund bestand und dass die Anfechtung entsprechend erklärt wurde (BAG v. 28.11.2007, Az. 6 AZR 1108/06).

Für die Anfechtung ist der Arbeitgeber darüber hinaus nicht an evtl. Sonderkündigungsschutzvorschriften gebunden, da diese ausschließlich vor Kündigungen schützen sollen (wie z. B. § 9 MuSchG). Ebenso ist im Falle der Anfechtung der Betriebsrat nicht nach § 102 BetrVG zu beteiligen (BAG v. 11.11.1993, Az. 2 AZR 467/93).

III. Anfechtungsgrund

Die Anfechtung kann wegen Irrtums (§ 119 BGB), falscher Übermittlung der Willenserklärung (§ 120 BGB), Drohung oder arglistiger Täuschung (§ 123 BGB) erfolgen.

1. Anfechtung wegen Irrtums (§ 119 BGB)

Die Anfechtung wegen Irrtums ist in § 119 BGB geregelt. Es gibt drei verschiedene Formen des Irrtums:

1.1 Erklärungsirrtum

Hier wollte der Erklärende den Inhalt der Erklärung in dieser Form nicht. Es handelt sich also entweder um einen **Schreibfehler** oder **Versprecher.**

Beispiel:

Im Einstellungsgespräch werden 25 Urlaubstage mündlich vereinbart, in dem später folgenden schriftlichen Arbeitsvertrag stehen aber aufgrund eines Versehens 30 Tage.

1.2 Inhaltsirrtum

Hier weiß der Erklärende zwar, was er sagt, versteht aber nicht, was er inhaltlich damit erklärt.

Beispiel:

Im Einstellungsgespräch wird ein Gehalt von 2500,– Euro vereinbart. In den später folgenden Arbeitsvertrag schreibt der Arbeitgeber 2500,– Euro „netto", ohne dass er weiß, was dies bedeutet. Später erfährt er, dass er ein Gehalt zugesagt hat, auf das die Lohnsteuer und die Sozialversicherungsbeiträge noch aufgerechnet werden müssen.

Keinen Inhaltsirrtum i. d. S. begründet dagegen etwa der Irrtum über die sozialrechtlichen Folgen eines Aufhebungsvertrags (z. B. Sperrzeit bei Bezug von Arbeitslosengeld), da es sich lediglich um einen unbeachtlichen Rechtsfolgenirrtum handelt (vgl. LAG Rheinland-Pfalz v. 14.10.2021, Az. 5 Sa 128/21).

1.3 Eigenschaftsirrtum

Hier irrt sich der Erklärende, also meist der Arbeitgeber, über wesentliche Eigenschaften des Vertragspartners, also des Arbeitnehmers. D. h., dass der Arbeitgeber über Eigenschaften irrt, die zur Erbringung der vertraglich geschuldeten Arbeitsleistung objektiv notwendig sind.

Beispiel:

Der Arbeitgeber stellt einen Arbeitnehmer als Busfahrer ein. Unmittelbar nach Aufnahme der Tätigkeit ist zu erkennen, dass der Arbeitnehmer an Epilepsie leidet (vgl. BAG v. 28.3.1974, Az. 92/73).

2. Anfechtung wegen falscher Übermittlung (§ 120 BGB)

Eine Willenserklärung, die durch die zur Übermittlung verwendete Person oder Einrichtung unrichtig übermittelt worden ist, kann gem. § 120 BGB unter der gleichen Voraussetzung angefochten werden wie eine irrtümlich abgegebene Willenserklärung. Dieser Anfechtungsgrund spielt im Arbeitsrecht eine untergeordnete Rolle.

3. Anfechtung wegen arglistiger Täuschung/ widerrechtlicher Drohung (§ 123 BGB)

In der Praxis am relevantesten ist sicherlich die Anfechtung wegen arglistiger Täuschung oder widerrechtlicher Drohung gem. § 123 BGB.

3.1 Anfechtung durch den Arbeitgeber

Wird der Arbeitgeber etwa bei der → *Einstellung* durch falsche Angaben des Arbeitnehmers getäuscht, kann ihn dies ebenfalls zur Anfechtung berechtigen. Voraussetzung ist, dass der Arbeitnehmer durch ausdrücklich falsche Darstellung von Tatsachen den Arbeitgeber zum Abschluss des Arbeitsvertrages bewegt. Auch wenn der Arbeitnehmer den Arbeitgeber durch Verfremdung von Tatsachen dazu veranlasst, den Arbeitsvertrag abzuschließen, kann eine Anfechtung möglich sein, wenn der Arbeitnehmer erkennen kann, dass die verfremdeten Tatsachen den Arbeitgeber zum Abschluss des Arbeitsvertrages veranlassen.

Voraussetzung für die Anfechtung ist damit, dass der Arbeitnehmer eine zulässige Frage des Arbeitgebers wissentlich falsch beantwortet hat oder (auch ohne Frage) bestimmte Tatsachen von sich aus aufgrund einer besonderen Aufklärungspflicht hätte mitteilen müssen und das nicht getan hat (BAG v. 6.9.2012, Az. 2 AZR 270/11; BAG v. 11.7.2012, Az. 2 AZR 42/11; BAG v. 22.4.2004, Az. 2 AZR 281/03) – s. näher bei → *Einstellung*.

Beispiele:

Bewirbt sich ein Arbeitnehmer mit einem von ihm gefälschten Ausbildungszeugnis auf einen Arbeitsplatz und wird auf der Grundlage dieses Zeugnisses eingestellt, so kann der Arbeitgeber das Arbeitsverhältnis selbst dann wegen arglistiger Täuschung anfechten, wenn ihm diese erst acht Jahre nach Einstellung bekannt geworden ist (LAG Baden-Württemberg v. 13.10.2006, Az. 5 Sa 25/06).

Ein Bewerber macht in seinem Lebenslauf und im Personalfragebogen des Arbeitgebers wissentlich sachlich unzutreffende Angaben und wird aufgrund dieser Angaben eingestellt (LAG Baden-Württemberg v. 21.2.2019, Az. 3 Sa 65/17).

Bei der Einstellung antwortet eine Arbeitnehmerin auf Frage des Arbeitgebers, dass sie nicht schwanger sei. Zwei Monate nach Beginn der unbefristeten Tätigkeit stellt sich heraus, dass sie bereits im 5. Monat schwanger ist. Der Arbeitgeber kann nicht wegen arglistiger Täuschung anfechten, da die Frage nach der Schwangerschaft unzulässig war (vgl. BAG v. 6.2.2003, Az. 2 AZR 621/01).

Zwar kann der Arbeitgeber den Arbeitnehmer nach Vorstrafen fragen, wenn und soweit dies aufgrund der Art des zu besetzenden Arbeitsplatzes erforderlich ist. Auch hier müssen jedoch das allgemeine Persönlichkeitsrecht des Bewerbers und die speziellen datenschutzrechtlichen Bestimmungen berücksichtigt werden. Werden Vorstrafen nach Vorschriften des Gesetzes über das Bundeszentralregister getilgt, darf sich der Arbeitnehmer als unbestraft bezeichnen und braucht den der Verurteilung zugrunde liegenden Sachverhalt bei der Bewerbung nicht zu offenbaren. Die Anfechtung des Arbeitsvertrages durch den Arbeitgeber ist in diesem Fall nicht möglich (BAG v. 20.3.2014, Az. 2 AZR1071/12).

Wenn der Arbeitsvertrag aufgrund einer widerrechtlichen Drohung zustande gekommen ist, kann er ebenfalls angefochten werden.

Beispiel:

Der Arbeitnehmer ist seit zwei Monaten beim Arbeitgeber als Schwarzarbeiter beschäftigt. Nun droht er mit einer Anzeige für den Fall, dass er nicht ordnungsgemäß eingestellt wird. Hier kann der Arbeitgeber, wenn er daraufhin einen Arbeitsvertrag abschließt, diesen nicht anfechten. Die Drohung mit der Anzeige soll nur dazu dienen, ein legales Beschäftigungsverhältnis zu begründen und ist deshalb nicht widerrechtlich.

3.2 Anfechtung durch den Arbeitnehmer

Auch der Arbeitnehmer kann zu einer Anfechtung berechtigt sein. In der Praxis am häufigsten kommen in diesem Zusammenhang aber nicht Anfechtungen von Arbeitsverträgen, sondern eher Anfechtungen von Aufhebungsverträgen vor.

Beispiele:

Der Arbeitgeber droht dem Arbeitnehmer mit einer außerordentlichen Kündigung, wenn dieser nicht einem Aufhebungsvertrag zustimmt, obwohl ein verständiger Arbeitgeber eine solche Kündigung nicht ernsthaft in Erwägung ziehen durfte (vgl. BAG v. 24.2.2022, Az. 6 AZR 333/21; zur ordentlichen Kündigung s. LAG Hamm v. 23.11.2020, Az. 1 Sa 1878/19). Dem kann der Arbeitgeber grds. auch nicht entgehen, wenn er dem Arbeitnehmer eine Bedenkzeit einräumt (BAG v. 28.11.2007, Az. 6 AZR 1108/06). Ein Anfechtungsgrund wegen einer widerrechtlichen Drohung des Arbeitgebers mit einer außerordentlichen Kündigung kommt aber nur dann in Betracht, wenn der Arbeitgeber unter Abwägung aller Umstände des Einzelfalls davon ausgehen muss, die angedrohte Kündigung werde im Falle ihres Ausspruchs einer arbeitsgerichtlichen Überprüfung mit hoher Wahrscheinlichkeit nicht standhalten (BAG v. 28.11.2007, Az. 6 AZR 1108/06; LAG Köln v. 23.5.2024, Az. 7 Sa 503/23). Dazu gehört auch, ob ein vernünftiger Arbeitgeber davon ausgehen kann, dass eine außerordentliche Kündigung nicht an der Zwei-Wochen-frist des § 626 Abs. 2 BGB scheitert (LAG Berlin-Brandenburg v. 31.3.2021, Az. 23 Sa 1381/20). Nicht relevant ist, ob sich die Kündigung in einem etwaigen Prozess als wirksam erwiesen hätte (BAG v. 24.2.2022, Az. 6 AZR 333/21; LAG Rheinland-Pfalz v. 10.3.2020, Az. 8 Sa 40/19).

Erteilt ein Arbeitgeber einem Arbeitnehmer im Rahmen der Verhandlungen über einen von ihm veranlassten Aufhebungsvertrag Auskünfte über die sozialversicherungsrechtlichen Folgen, müssen diese richtig sein (vgl. BAG v. 29.9.2005, Az. 8 AZR 571/04; LAG Rheinland-Pfalz v. 9.12.2010, Az. 10 Sa 403/10). Der Arbeitgeber sollte also hier sehr vorsichtig sein und den Arbeitnehmer darauf verweisen, dass er sich selbst die entsprechenden Auskünfte einholen muss.

Denkbar ist auch die Anfechtung einer Eigenkündigung, wenn der Arbeitnehmer bei der Abgabe seiner entsprechenden Erklärung vom Arbeitgeber in unzulässiger Weise beeinträchtigt wurde (LAG Rheinland-Pfalz v. 30.11.2017, Az. 2 Sa 264/17).

Grds. möglich ist auch die Anfechtung einer Änderungsvereinbarung, wenn diese vom Arbeitnehmer etwa aufgrund einer arglistigen Täuschung oder widerrechtlichen Drohung des Arbeitgebers abgeschlossen wurde (vgl. LAG Niedersachsen v. 17.1.2025, Az. 14 SLa 497/24).

4. Kausalität

Eine Anfechtung ist nur möglich, wenn der Anfechtungsgrund kausal, also ursächlich, für den Vertragsschluss war (vgl. BAG v. 20.6.2024, Az. 2 AZR 156/23). Z. B. die Anfechtung eines Arbeitsvertrags durch den Arbeitgeber ist hiernach nur möglich, wenn der Arbeitgeber ohne den Anfechtungsgrund, also bei Kenntnis der wahren Sachlage und bei vernünftiger Würdigung, den Arbeitsvertrag nicht oder nicht mit demselben Inhalt oder nicht zu diesem Zeitpunkt abgeschlossen hätte (LAG Mecklenburg-Vorpommern v. 19.5.2020, Az. 5 Sa 217/19).

IV. Anfechtungsfrist

Hier ist nach dem jeweiligen Anfechtungsgrund zu unterscheiden:

1. Anfechtung wegen Irrtums

Grundsätzlich muss die Anfechtung wegen Irrtums „unverzüglich", d. h. „ohne schuldhaftes Zögern" erklärt werden (§ 121 BGB). Im Arbeitsrecht wendet das BAG die Frist des § 626 Abs. 2 BGB auch auf die Anfechtung an. D. h., dass eine Anfechtung nur dann „unverzüglich" erfolgt, wenn zwischen der Kenntnis des Arbeitgebers vom Anfechtungsgrund und dem Zugang der Anfechtungserklärung beim Arbeitnehmer höchstens zwei Wochen liegen (BAG v. 21.2.1991, Az. 2 AZR 449/90). Dies wird damit begründet, dass die Anfechtung und die außerordentliche Kündigung in diesem Fall gleich zu werten sind und damit den gleichen Grundsätzen unterliegen müssen, denn sonst könnte die Frist des § 626 Abs. 2 BGB umgangen werden. Nach einer Entscheidung des LAG Köln (v. 7.7.2021, Az. 11 Sa 689/18 m. H. a. BAG v. 27.2.2020, Az. 2 AZR 390/19) liegt ohne das Vorliegen besonderer Umstände allerdings bereits nach einer Zeitspanne von mehr als einer Woche grundsätzlich keine Unverzüglichkeit mehr vor.

2. Anfechtung wegen arglistiger Täuschung/widerrechtlicher Drohung

Die Anfechtung wegen Täuschung oder Drohung muss gem. § 124 Abs. 1 BGB innerhalb eines Jahres nach Kenntnis vom Anfechtungsgrund bzw. der Beendigung der Bedrohungslage erklärt werden.

V. Form und Inhalt der Anfechtungserklärung

Wurde nichts anderes vereinbart, kann die Anfechtungserklärung gegenüber dem Arbeitnehmer auch mündlich erfolgen.

Das ist jedoch nicht zu empfehlen. Die Anfechtung sollte schriftlich erklärt werden. Der Arbeitgeber ist beweispflichtig für den Zugang der Anfechtungserklärung beim Anfechtungsgegner!

TIPP!

Bei persönlicher Übergabe sollte man sich den Erhalt vom Arbeitnehmer schriftlich bestätigen lassen. Für den Fall, dass er die Unterschrift verweigert, sollte die Übergabe vor Zeugen erfolgen. Wird die Erklärung zugestellt, sollte dies per Bote, der den Inhalt des zuzustellenden Schreibens kennt, erfolgen.

Es ist noch nicht abschließend geklärt, ob die Anfechtungserklärung notwendigerweise auch die Angabe des Anfechtungsgrundes enthalten muss. Vorsorglich – allein schon im Hinblick auf die unterschiedlichen Anfechtungsfristen – sollte dieser daher angegeben bzw. die Gründe bezeichnet werden (vgl. auch BAG v. 7.11.2007, Az. 5 AZR 1007/06).

Wird die Anfechtung durch einen Bevollmächtigten (z. B. einen hiermit beauftragten Rechtsanwalt) erklärt, muss eine Vollmachtsurkunde vorgelegt werden. Andernfalls ist grds. eine unverzügliche Zurückweisung der Anfechtungserklärung möglich – mit der Folge der Unwirksamkeit der Erklärung gem. § 174 Satz 1 BGB (LAG Nürnberg v. 2.10.2024, Az. 4 SLa 29/24).

VI. Rechtsfolgen der Anfechtung

Wird ein Arbeitsvertrag wirksam angefochten, ist er als von Anfang an nichtig (§ 142 BGB) anzusehen. Hat der Arbeitnehmer bereits die Arbeit aufgenommen, liegt ein sog. **fehlerhaftes Arbeitsverhältnis** vor, d. h. der Arbeitsvertrag gilt für die Vergangenheit als fehlerfrei zustande gekommen. Für die Vergangenheit hat der Arbeitnehmer Anspruch auf alle ihm nach dem Arbeitsvertrag zustehenden Leistungen (Gehalt, Urlaub etc.). Für die Zukunft wird durch die Anfechtungserklärung das Arbeitsverhältnis aufgelöst. Hat der Arbeitnehmer die Arbeit noch nicht aufgenommen, bleibt es dabei, dass die Anfechtung das Vertragsverhältnis rückwirkend vernichtet.

Anwesenheitsprämie

I. Begriff und Abgrenzung

Die Anwesenheitsprämie ist eine Sonderform der → *Vergütung*, die neben der Grundvergütung gezahlt wird. Mit der Zusage einer Anwesenheitsprämie will der Arbeitgeber die tatsächliche und ununterbrochene Anwesenheit der Arbeitnehmer am Arbeitsplatz honorieren. Sie soll daher nicht nur bei unentschuldigtem Fehlen, sondern so weit wie möglich auch bei entschuldigten Fehlzeiten, wie insbesondere bei Krankheit, entfallen.

Der Arbeitgeber kann die Prämie an einen bestimmten Fehlzeitendurchschnitt in der Gesamtbelegschaft knüpfen, der nicht überschritten werden darf, oder er kann Regelungen treffen, nach denen sich die Prämie nach den individuellen Fehlzeiten des einzelnen Mitarbeiters richtet. Bei der Entscheidung für einen kollektiven oder individuellen Ansatz ist Folgendes zu bedenken: Die Prämie soll dazu beitragen, beeinflussbare Fehlzeiten zu verringern. Der Mitarbeiter, der nicht ernsthaft erkrankt ist, sondern sich nur leicht unwohl fühlt, soll beim Gedanken an die Anwesenheitsprämie ermutigt werden, es zu versuchen und zur Arbeit zu gehen. Dies aber misslingt, wenn – vor allem in größeren Betrieben – der Mitarbeiter weiß, dass seine individuelle Fehlzeitenquote die Gesamtquote überhaupt nicht oder unmaßgeblich beeinflussen wird. Daher dürfte im Allgemeinen einem individuellen Ansatz der Vorzug zu geben sein.

Die Anwesenheitsprämie ist sozialpolitisch nicht unumstritten, weil sie dazu führen kann, dass Arbeitnehmer trotz Krankheit arbeiten und dadurch ihre Gesundheit gefährden. Auf der anderen Seite steht das Interesse des Arbeitgebers, Missbräuche bei der Entgeltfortzahlung zurückzudrängen.

Mit der Anwesenheitsprämie wird keine besondere Leistung honoriert, sondern eine Arbeits- bzw. Verhaltensweise, auf die der Arbeitgeber grundsätzlich ohnehin Anspruch hat. Das unterscheidet die Anwesenheitsprämie vom Prämienlohn als einer besonderen Form der Leistungsentlohnung.

Rechtsgrundlage für eine Anwesenheitsprämie können ein Tarifvertrag oder eine Betriebsvereinbarung sein, doch finden sich entsprechende Regelungen im Hinblick auf die erwähnten sozialpolitischen Bedenken hier nur sehr selten. Im Allgemeinen beruhen Anwesenheitsprämien auf einzelvertraglicher Zusage, arbeitsvertraglicher Einheitsregelung, Gesamtzusage oder betrieblicher Übung.

II. Inhalt einer Prämienzusage

Die Anwesenheitsprämie kann in zwei Formen ausgestaltet werden: entweder als **laufende** Prämie, d. h. als Aufschlag zur laufenden Vergütung (Beispiele: Zulage pro Anwesenheitsstunde; monatliche Zulage bei einer vom Arbeitgeber festgelegten Mindestanwesenheit), oder als **einmalige,** in der Regel jährliche Prämie (Beispiel: einmalige jährliche Sonderzahlung, gestaffelt nach Anwesenheitszeiten).

Eine auf Basis der Jahresabwesenheitsquote errechnete Prämie bietet den Vorteil, dass sich höhere Beträge ergeben. Generell gilt jedoch, dass die Wirksamkeit einer Anwesenheitsprämie umso größer ist, je zeitnäher die Reaktion auf Anwesenheit bzw. Fehlzeiten erfolgt. Wird die Prämie jeweils im Folgemonat geleistet, ist mit einem stärkeren Rückgang der Kurzfehlzeiten zu rechnen als bei jährlicher Zahlungsweise. Denn der Mitarbeiter, der im Januar bei einer Erkältung vor der Entscheidung steht, zur Arbeit zu gehen oder sich krank zu melden, wird nur wenig in seiner Entscheidung davon beeinflusst werden, dass im Falle einer Krankmeldung die erst im Dezember zahlbare Jahresanwesenheitsprämie niedriger ausfallen wird.

Die Prämienzusage sollte unbedingt folgende Punkte enthalten:

- Höhe der Anwesenheitsprämie.
- Detaillierte Regelung der Kürzungsmöglichkeiten (s. u. III.).

ACHTUNG!

Allein aus der Bezeichnung einer Sondervergütung als Anwesenheitsprämie folgt nicht zugleich automatisch, dass diese bei Abwesenheitszeiten gekürzt oder gar gänzlich gestrichen werden kann.

- Hinweis darauf, dass die Prämie freiwillig gezahlt wird und kein Rechtsanspruch für die Zukunft besteht.

WICHTIG!

Fehlt dieser Hinweis, kann sich der Arbeitgeber von der Anwesenheitsprämie später nur durch eine rechtlich schwer durchsetzbare Änderungskündigung wieder befreien.

Grundsätzlich ist auch die Verknüpfung einer Anwesenheitsprämie mit einer weiteren Voraussetzung zulässig, wie z.B. das Bestehen

eines ungekündigten Arbeitsverhältnisses zum Zeitpunkt der vereinbarten Auszahlung. Für Kleinbetriebe, in denen das KSchG nicht gilt, vertritt indes das LAG Düsseldorf (10.5.2010, Az. 16 Sa 235/10) die Auffassung, dass der Arbeitnehmer durch eine derartige Verknüpfung unangemessen benachteiligt werde. Während in einem dem KSchG unterliegenden Betrieb die Hürde der sozialen Rechtfertigung genommen werden müsse, um ihm die durch sein Verhalten „erdiente" Prämie entziehen zu können, könne der Arbeitnehmer im Kleinbetrieb durch eine im Grundsatz voraussetzungslose Kündigung des Arbeitgebers seine Prämie jederzeit wieder verlieren.

III. Kürzung durch den Arbeitgeber

Die Kürzung der Anwesenheitsprämie bei Fehlzeiten ist zulässig, wenn hierzu eine klare Regelung in der Zusage enthalten ist. In bestimmten Fällen ist der Arbeitgeber jedoch auch bei einer Kürzungsvereinbarung verpflichtet, einem Arbeitnehmer trotz Abwesenheit die Prämie weiterzuzahlen:

1. Kürzung bei Fehlzeiten infolge Krankheit

Mit der Zusage einer Anwesenheitsprämie kann festgelegt werden, dass diese für Zeiten der Arbeitsunfähigkeit infolge Krankheit gekürzt wird (§ 4a EFZG). Die Kürzung darf aber für jeden Tag der → *Arbeitsunfähigkeit* ein Viertel des Arbeitsentgelts, das im Jahresdurchschnitt auf einen Arbeitstag entfällt, nicht überschreiten.

Beispiel:

Arbeitnehmer A verdient im Jahr € 39 000. Bei einer Fünf-Tage-Woche ergeben sich 260 Arbeitstage pro Jahr (52 Wochen × 5). Der arbeitstägliche Verdienst beträgt € 150 (€ 39 000 geteilt durch 260). Ist A für 20 Arbeitstage arbeitsunfähig krank, errechnet sich die Kürzung der Anwesenheitsprämie wie folgt:

150 € × 20 Tage : 4 = € 750

Wurde also z. B. eine Anwesenheitsprämie von € 2 250 jährlich vereinbart, bedeutet das, dass die Prämie nach weiteren 40 Arbeitsunfähigkeitstagen vollständig entfällt.

ACHTUNG!

Die Grenze des § 4a EFZG ist unbedingt einzuhalten. Von dieser Regelung darf nicht zu Lasten der Arbeitnehmer abgewichen werden. Eine Missachtung führt dazu, dass eine ausgelobte Anwesenheitsprämie auch dann zu zahlen ist, wenn ein Arbeitnehmer über erhebliche krankheitsbedingte Fehlzeiten verfügt. Die Bedingung – etwa kein einziger Fehltag im Kalenderjahr – wird als unwirksam gewertet, sodass lediglich eine Prämienzusage ohne jede Bedingung bestehen bleibt. In diesen Fällen erfolgt auch kein Rückgriff auf die höchstzulässige Grenze nach § 4a EFZG (LAG Hamm v. 13.1.2011, Az. 16 Sa 1521/09).

Selbst wenn eine entsprechende individualvertragliche Regelung grundsätzlich geeignet wäre, eine mittelbare Benachteiligung Behinderter im Sinne des AGG zu begründen, so folgt doch aus der ausdrücklichen gesetzlichen Wertung des § 4a EFZG, dass die Verhinderung von Fehlzeiten und die Reduzierung der Kostenbelastung des Arbeitgebers ein legitimes Ziel und damit keinen Verstoß gegen das AGG darstellen.

Der Umfang der Kürzung muss ausdrücklich vereinbart sein. Nicht ausreichend soll eine Vereinbarung sein, in der es lediglich heißt: „Gewährt der Arbeitgeber zusätzlich zum laufenden Arbeitsentgelt Sonderzuwendungen, ist der Arbeitgeber berechtigt, eine prozentuale Kürzung vorzunehmen, sofern der Arbeitnehmer infolge Krankheit arbeitsunfähig ist. Für die Kürzung von Sonderzuwendungen gelten die gesetzlichen Bestimmungen (§ 4a EFZG)." Nach Auffassung des LAG Hamm (7.3.2007, Az. 18 Sa 1663/06) ist diese Regelung unwirksam, weil sie nicht die konkrete Prozentangabe der Kürzung enthalte.

Im Falle der Vereinbarung einer monatlichen Anwesenheitsprämie ist zudem darauf zu achten, dass nicht der Eindruck entsteht, die Anwesenheitsprämie sei laufendes Arbeitsentgelt. Führt die Auslegung der jeweiligen Vereinbarung dazu, dass die Anwesenheitsprämie als laufendes Arbeitsentgelt einzuordnen ist, soll es nach Auffassung des LAG München (11.8.2009, Az. 8 Sa 131/09) auch dann nicht zu kürzen sein, wenn der Mitarbeiter erhebliche Fehlzeiten hatte.

2. Kürzung bei anderen Fehlzeiten

2.1 Fehlzeiten mit Entgeltanspruch

Bei Abwesenheit wegen bezahlten Urlaubs ist eine Kürzung nicht zulässig, ebenso wenig für Zeiten des → *Mutterschutzes* (§ 7 i. V. mit § 3 Abs. 1 Satz 2 AGG). Dagegen bestehen keine rechtlichen Bedenken gegen eine Kürzung im Falle der kurzfristigen unverschuldeten Verhinderung an der Arbeitsleistung aus Gründen, die in der Person des Arbeitnehmers liegen (z. B. Hochzeit, Geburt, Betreuung oder Pflege eines erkrankten Kindes usw.). Voraussetzung ist jedoch eine ausdrückliche Vereinbarung.

Eine entsprechende Kürzungsvereinbarung wird auch dann als zulässig anzusehen sein, wenn für bestimmte Ereignisse (etwa Geburt, Hochzeit, Umzug usw.) freie Tage unter Fortzahlung des Gehalts tarifvertraglich festgelegt sind.

2.2 Fehlzeiten ohne Entgeltanspruch

Für berechtigte Fehlzeiten ohne Entgeltanspruch (insbesondere Elternzeit, Pflegezeiten nach dem Pflegezeitgesetz, zusätzlicher unbezahlter Urlaub) ist eine Kürzung zulässig. Das Gleiche gilt für unberechtigte Fehlzeiten, hier ist sogar die Vereinbarung einer überproportionalen Kürzung zulässig.

IV. Beteiligung des Betriebsrats

Es liegt in der alleinigen Entscheidung des Arbeitgebers, ob er eine Anwesenheitsprämie einführen will oder nicht. Der Betriebsrat hat in dieser Frage kein Mitbestimmungsrecht. Insbesondere kann er die Einführung nicht über ein Einigungsstellenverfahren erzwingen.

Hat der Arbeitgeber sich jedoch für die Einführung der Prämie entschieden, hat der Betriebsrat bei der Ausgestaltung, insbesondere hinsichtlich der Kürzungsmöglichkeiten, ein erzwingbares Mitbestimmungsrecht (§ 87 Abs. 1 Nr. 10 BetrVG). Dieses erzwingbare Beteiligungsrecht wird regelmäßig durch Abschluss einer → *Betriebsvereinbarung* ausgeübt. Dabei handelt es sich um eine sog. teilmitbestimmte Betriebsvereinbarung.

V. Muster: Anwesenheitsprämie

Musterschreiben und Vertragsgestaltungen müssen den jeweiligen Notwendigkeiten und den individuellen Bedürfnissen der Arbeitsvertragsparteien Rechnung tragen. Die in diesem Werk abgebildeten Muster können hierbei nur eine Hilfe sein. Deshalb ist im Einzelfall zu prüfen, inwieweit hier vorgeschlagene Formulierungen sinnvoll oder entbehrlich sind. Die Anpassung an den jeweiligen Einzelfall ist daher zwingend notwendig.

Vertragstext:

„Der Arbeitnehmer enthält unter dem Vorbehalt der Freiwilligkeit (unten Abs. 3) für das Kalenderjahr eine Anwesenheitsprämie in Höhe von € .... Für Zeiten der vorübergehenden Arbeitsverhinderung mit Entgeltanspruch, krankheitsbedingte Fehlzeiten sowie für rechtmäßige Fehlzeiten ohne Entgeltanspruch erfolgt pro Ausfalltag ein Abzug in Höhe von ¼ des Arbeitsentgelts, das im Jahresdurchschnitt auf einen Arbeitstag entfällt. Bei allen rechtswidrigen,

unberechtigten Fehlzeiten wird die Prämie für jeden Fehltag um ein Tagesarbeitsentgelt gekürzt.

Jeder volle Monat eines Kalenderjahres, in dem das Arbeitsverhältnis nicht besteht oder ruht, führt zu einer Kürzung um 1/12. Die so ermittelte Prämie ist zur Auszahlung fällig zu Ende Januar des nachfolgenden Jahres.

Bei der Anwesenheitsprämie handelt es sich um eine freiwillige Leistung, über deren Gewährung und Voraussetzungen jeweils zu Beginn eines neuen Kalenderjahres neu entschieden wird. Auch aus der wiederholten Zahlung kann kein Rechtsanspruch für die Zukunft abgeleitet werden."

Arbeitgeberdarlehen

I. Begriff und Abgrenzung

Beim Arbeitgeberdarlehen stellt der Arbeitgeber dem Arbeitnehmer einen Betrag zur Verfügung, der über die jeweilige Entgeltzahlung (erheblich) hinausgeht und für den der Arbeitnehmer sonst üblicherweise Kredit in Anspruch nehmen müsste.

Das Arbeitgeberdarlehen ist zu unterscheiden von Abschlagszahlungen und Vorschüssen. Abschlagszahlungen sind Zahlungen des Arbeitgebers auf das bereits verdiente, aber noch nicht abgerechnete Entgelt. Vorschüsse sind Zahlungen auf noch nicht verdientes Entgelt. Hier wird der Fälligkeitstermin des Gehalts vorverlegt, damit der Arbeitnehmer einen finanziellen Engpass überbrücken kann. Der Vorschuss ist damit anders als das Darlehen, das losgelöst von Gehaltsansprüchen gewährt wird, eng mit den in absehbarer Zeit anstehenden Gehaltsansprüchen verknüpft.

II. Gewährung

Der Arbeitgeber ist nicht zur Vergabe von Darlehen an seine Arbeitnehmer verpflichtet. Die Fürsorgepflicht kann im Einzelfall (Notlage des Arbeitnehmers) allenfalls einen Anspruch auf eine Vorschusszahlung begründen. Gewährt der Arbeitgeber seinen Arbeitnehmern jedoch Darlehen, ist er bei der Vergabe und den Konditionen an den Gleichbehandlungsgrundsatz gebunden (→ *Gleichbehandlung*). Daraus folgt, dass er einzelne Arbeitnehmer oder Arbeitnehmergruppen (z. B. Teilzeitbeschäftigte) nicht willkürlich ausschließen darf. Nur dann, wenn sachliche Gründe vorliegen, kann er einzelnen Arbeitnehmern ein Darlehen verweigern.

Beispiel:

Der Arbeitgeber kann bei der Vergabe eines Darlehens die Erklärung des Arbeitnehmers verlangen, dass keine anderweitigen Darlehen bzw. anderweitige Darlehen nur bis zu einem Betrag X aufgenommen sind. Arbeitnehmer, die diese Erklärung nicht abgeben können, darf er ausschließen. Gleiches gilt z. B. für Arbeitnehmer, bei denen bereits eine Lohnpfändung vorliegt.

III. Darlehensvertrag

Grundlage des Arbeitgeberdarlehens ist ein Darlehensvertrag, den der Arbeitgeber mit dem Arbeitnehmer abschließt. In diesem ist ausdrücklich festzulegen, dass der geleistete Betrag darlehensweise gewährt wird und der Arbeitnehmer zur Rückzahlung verpflichtet ist. Aus Beweisgründen sollte der Darlehensvertrag schriftlich abgeschlossen werden. Die weiteren Bestimmungen des Kreditvertrags (insbesondere die Rückzahlungsmodalitäten) dürfen – gerade auch bei Verwendung eines Vertragsformulars – keine unangemessene Benachteiligung des Arbeitnehmers darstellen.

1. Zinsvereinbarung

Der Arbeitgeber hat nur dann Anspruch auf Zinsen, wenn eine Verzinsung ausdrücklich mit dem Arbeitnehmer vereinbart worden ist. Fehlt eine Vereinbarung, ist das Darlehen zinslos gewährt.

Wenn der Arbeitgeber den Arbeitnehmern allgemein einen gegenüber dem marktüblichen Zins günstigeren Zins einräumt, können alle Arbeitnehmer des Betriebs diesen Zinssatz verlangen. Einzelne Arbeitnehmer dürfen dann nicht von dieser Vergünstigung ausgeschlossen werden.

2. Rückzahlungsbedingungen

2.1 Im laufenden Arbeitsverhältnis

Im Darlehensvertrag sollten die Rückzahlungsmodalitäten, d. h. die Fälligkeiten (in der Regel monatlich) und die Höhe der Raten vereinbart werden. Fehlt eine Vereinbarung, greift die gesetzliche Regelung des § 488 Abs. 3 Satz 1 BGB. Danach kann der Arbeitgeber nicht einseitig die Modalitäten festlegen, sondern er muss das Darlehen kündigen, wobei die Kündigungsfrist drei Monate beträgt. Nach Ablauf der Kündigungsfrist kann er den als Darlehen gewährten Betrag insgesamt zurückfordern.

Haben Arbeitgeber und Arbeitnehmer Raten vereinbart und sollen diese bei den zukünftigen Gehaltsabrechnungen in Abzug gebracht werden, sind die Pfändungsgrenzen zu beachten. Dem Arbeitnehmer muss ein Betrag zum Bestreiten des notwendigen Unterhalts verbleiben. Vorpfändungen und zeitlich früher erfolgte Lohnabtretungen gehen bei der Verteilung des pfändbaren Gehaltsanteils vor (→ *Lohnpfändung*).

2.2 Bei Ausscheiden des Arbeitnehmers

Da bei Ausscheiden des Arbeitnehmers die Rückzahlung des Darlehens nicht automatisch fällig wird, sollten auch für diesen Fall vertragliche Regelungen getroffen werden. Andernfalls gelten die vereinbarten Rückzahlungsbedingungen, z. B. ratenweise Rückzahlung zu einem Vorzugszinssatz, auch über das Ende des Arbeitsverhältnisses hinaus weiter.

Bei einer entsprechenden Vereinbarung ist allerdings zu beachten, dass bei betriebsbedingten Kündigungen des Arbeitgebers und bei Kündigungen des Arbeitnehmers, für die der Arbeitgeber einen wichtigen Grund gesetzt hat, keine sofortige Rückzahlung des Darlehens bei Beendigung des Arbeitsverhältnisses verlangt werden kann. Eine vom Arbeitgeber vorformulierte

Klausel in einem Vertrag über ein Arbeitgeberdarlehen, auf deren Inhalt der Arbeitnehmer keinen Einfluss nehmen konnte, ist daher dann wegen unangemessener Benachteiligung des Arbeitnehmers unwirksam, wenn sie den Arbeitgeber zur Kündigung des Darlehensvertrag in allen Fällen berechtigt, in denen das Arbeitsverhältnis vor vollständiger Rückzahlung des Darlehens beendet wird. Eine geltungserhaltende Reduktion der unwirksamen Klausel auf eine solche mit einem zulässigen Inhalt scheidet in diesem Fall aus (BAG v. 12.12.2013, Az. 8 AZR 829/12; BAG v. 28.9.2017, Az. 67/15; LAG Köln v. 29.4.2025, Az. 8 Sa 642/23). Dies bedeutet, dass selbst dann, wenn der Arbeitgeber das Arbeitsverhältnis berechtigt aus verhaltensbedingten Gründen des Arbeitnehmers kündigt, er bei einer zu weitreichend formulierten Kündigungsklausel den Darlehensvertrag nicht wirksam kündigen kann.

Im Falle sonstiger Arbeitnehmerkündigungen darf die Vereinbarung zu keiner unzulässigen Kündigungserschwerung führen: Da jeder Arbeitnehmer die grundgesetzlich geschützte Freiheit hat, den Arbeitsplatz zu wechseln, darf eine Rückzahlungsklausel ihn in dieser Freiheit nicht beschränken. Insbesondere bei Darlehen, die das monatliche Gehalt eines Arbeitnehmers erheblich übersteigen, muss daher eine angemessene Regelung gefunden werden.

Zulässig sind Vereinbarungen, nach denen im Falle der Kündigung durch den Arbeitnehmer ab Beendigung des Arbeitsverhältnisses die zu zahlenden Zinsen auf den marktüblichen Zins angehoben werden.

Haben Arbeitgeber und Arbeitnehmer keine Rückzahlungsmodalitäten vereinbart, kann der Arbeitgeber das Darlehen wie auch im laufenden Arbeitsverhältnis kündigen und den als Darlehen gewährten Betrag insgesamt zurückfordern. Die Kündigungsfrist beträgt drei Monate.

ACHTUNG!

Ansprüche aus einem selbstständig neben dem Arbeitsvertrag abgeschlossenen Darlehensvertrag können von Ausschlussfristen oder einer allgemeinen Abgeltungsklausel in Aufhebungsverträgen erfasst werden. Dies gilt jedenfalls dann, wenn die Ausgleichsklausel sehr weit gefasst ist und sich ausdrücklich auf alle Ansprüche bezieht, „die mit dem Arbeitsverhältnis in Verbindung stehen". Eine vertraglich vereinbarte Ausgleichsklausel, nach der „mit diesem Vertrag sämtliche aus dem bestehenden Arbeitsverhältnis und seiner Beendigung abzuleitenden wechselseitigen Ansprüche ... geregelt und abgegolten sind, erfasst dagegen die Zins- und Rückzahlungsansprüche eines Arbeitgebers gegen seinen Arbeitnehmer aus einem gewährten Arbeitgeberdarlehen grundsätzlich nicht (BAG v. 19.1.2011, Az. 10 AZR 873/08). Dennoch sollte in einem Aufhebungsvertrag immer ausdrücklich aufgenommen werden, dass ein gewährtes Arbeitgeberdarlehen von der Ausgleichsklausel ausgenommen ist.

IV. Verbot der Kreditierung eigener Waren

Das gewährte Darlehen darf nicht dazu verwendet werden, Waren des Arbeitgebers zu erwerben (§ 107 Abs. 2 GewO).

V. Beteiligung des Betriebsrats

Ein Mitbestimmungsrecht des Betriebsrats besteht, wenn der Arbeitgeber zinsgünstige, d. h. unterhalb des marktüblichen Zinssatzes liegende Darlehen gewährt. In diesem Fall handelt es sich um eine Frage der betrieblichen Lohngestaltung (§ 87 Abs. 1 Nr. 10 BetrVG). Danach hat der Betriebsrat hinsichtlich der Vergabekriterien ein über die → *Einigungsstelle* erzwingbares Mitbestimmungsrecht. Dagegen handelt es sich bei der Gewährung von Darlehen durch den Arbeitgeber um keine nach § 87 Abs. 1 Nr. 8 BetrVG mitbestimmungspflichtige Sozialeinrichtung, es sei denn, es wird eine eigenständige Organisation und Verwaltung etabliert.

VI. Streitigkeiten

Bei einem Streit über ein Arbeitgeberdarlehen ist das Arbeitsgericht zuständig. Dies gilt jedenfalls dann, wenn das Darlehen mit Rücksicht auf das Arbeitsverhältnis etwa zinsvergünstigt oder im Rahmen von Sonderkonditionen für Mitarbeiter und insbesondere ohne Anspruch des Arbeitgebers auf Vorfälligkeitsentschädigung bei Rückzahlung vor Ablauf der Zinsbindungsfrist gewährt wurde (LAG München v. 2.1.2007, Az. 4 Ta 361/06).

VII. Muster: Darlehensvertrag

Musterschreiben und Vertragsgestaltungen müssen den jeweiligen Notwendigkeiten und den individuellen Bedürfnissen der Arbeitsvertragsparteien Rechnung tragen. Die in diesem Werk abgebildeten Muster können hierbei nur eine Hilfe sein. Deshalb ist im Einzelfall zu prüfen, inwieweit hier vorgeschlagene Formulierungen sinnvoll oder entbehrlich sind. Die Anpassung an den jeweiligen Einzelfall ist daher zwingend notwendig.

Zwischen der Firma .... und Herrn/Frau .... wird mit Rücksicht auf das bestehende Anstellungsverhältnis folgender Darlehensvertrag geschlossen:

1. *Die Firma .... gewährt Herrn/Frau .... ein zinsloses Darlehen in Höhe von € ....*

   [oder:]

   Die Firma .... gewährt Herrn/Frau .... ein Darlehen in Höhe von € ...., das mit .... % beginnend mit dem .... zu verzinsen ist. Die Zinsen werden monatlich/vierteljährlich/halbjährlich berechnet.

2. *Das Darlehen ist in monatlichen Raten in Höhe von € ...., beginnend mit dem .... zurückzuzahlen. Die errechneten Zinsen sind in dem auf die Errechnung folgenden Monat neben der Rückzahlungsrate zu zahlen. Die Firma ist berechtigt, die monatliche Vergütung von Herrn/Frau .... mit der Rückzahlungsverpflichtung zu verrechnen.*

3. *Bei Beendigung des Anstellungsverhältnisses ist der noch offen stehende Betrag des Darlehens nebst Zinsen mit nachfolgend genannten Ausnahmen am letzten Tag des Anstellungsverhältnisses fällig:*

   (1) Das Anstellungsverhältnis wird von der Firma aus dringenden betrieblichen Gründen gekündigt.

   (2) Das Anstellungsverhältnis wird von Herrn/Frau .... wirksam fristlos gekündigt.

   (3) Der noch offen stehende Betrag des Darlehens ist höher als ein Brutto-Monatsgehalt.

   In diesen Fällen ist der zum Zeitpunkt des Ausscheidens noch offen stehende Betrag des Darlehens nebst Zinsen in drei monatlichen Raten zurückzuzahlen. Die erste dieser drei Raten ist am letzten Tag des Monats fällig, der dem Monat der Beendigung des Anstellungsverhältnisses folgt.

4. *Herr/Frau .... verpflichtet sich, jede Änderung seiner/ihrer Anschrift unverzüglich mitzuteilen.*

5. *Änderungen dieses Vertrags bedürfen der Schriftform. Dies gilt auch für eine etwaige Änderung der Schriftformklausel. Mündliche Nebenabreden sind nicht getroffen und können auch künftig wirksam nicht getroffen werden. Sollte eine Bestim-*

mung dieses Vertrags unwirksam sein oder werden, so gelten die übrigen Teile des Vertrags gleichwohl. An die Stelle der unwirksamen Bestimmung tritt eine andere, wirksame, die den Interessen beider Parteien entspricht.

Erfüllungsort ist ....
Es gilt deutsches Recht.

....
Datum

....
Arbeitgeber *Arbeitnehmer*

Arbeitnehmererfindung

I. Begriff, Abgrenzung

Arbeitnehmererfindungen sind alle Erfindungen, die auf einer individuellen schöpferischen Geistesleistung des Arbeitnehmers beruhen, unabhängig davon, auf welchem Gebiet oder aus welchen Gründen sie entwickelt wurden.

Gesetzliche Grundlage des Arbeitnehmererfinderrechts ist das Arbeitnehmererfindungsgesetz (ArbNErfG). Dieses wurde mit Wirkung zum 1.10.2009 in wesentlichen Bestimmungen zur Meldung und Inanspruchnahme von Arbeitnehmererfindungen reformiert.

Erfindungen i. S. d. Arbeitnehmererfindungsgesetzes sind aber nur solche, die patent- oder gebrauchsmusterfähig sind.

Davon zu unterscheiden sind technische Verbesserungsvorschläge über technische Neuerungen, die nicht patent- oder gebrauchsmusterfähig sind (s. u. IV.).

WICHTIG!

Liegen die Voraussetzungen einer Erfindung oder eines technischen Verbesserungsvorschlages i. S. d. ArbNErfG nicht vor, können Urheberrechte im Arbeitsverhältnis (s. dort) zu berücksichtigen sein.

Das ArbNErfG unterscheidet zwischen Diensterfindungen (s. u. II.) und freien Erfindungen (s. u. III.).

Das ArbNErfG findet auf alle Erfindungen von Personen Anwendung, die Arbeitnehmer im privaten oder öffentlichen Dienst sind sowie auf Beamte und Soldaten (§ 1 ArbNErfG). Über die Eigenschaft als Arbeitnehmer entscheidet der arbeitsrechtliche Arbeitnehmerbegriff.

Nicht diesem Gesetz unterliegen Erfindungen von:

- freien Mitarbeitern und Selbstständigen,
- Rentnern bzw. Pensionären,
- Gesellschaftern von Personengesellschaften,
- Vertretern juristischer Personen.

Aufgrund der gesetzlich garantierten Freiheit von Lehre und Forschung (Art. 5 Abs. 3 GG) enthält § 42 ArbNErfG für Hochschulprofessoren, Dozenten und wissenschaftliche Assistenten eine Ausnahmebestimmung. Danach sind Erfindungen dieses Personenkreises immer freie Erfindungen.

II. Diensterfindungen

1. Begriff, Abgrenzung

Diensterfindungen sind solche Erfindungen, die während des rechtlichen Bestands des Arbeitsverhältnisses gemacht werden. Alle während der Dauer eines Arbeitsverhältnisses fertig gestellten Erfindungen unterliegen dem ArbNErfG. Gleichgültig ist, ob sie während des Dienstes oder in der Freizeit entstanden sind.

Entscheidend ist die tatsächliche Dauer des Arbeitsvertrages. Unschädlich ist, wenn Vorarbeiten schon vor Begründung des Arbeitsverhältnisses geleistet wurden, die Erfindung aber erst danach fertig gestellt wurde. Ausnahmsweise können Erfindungen auch wenn sie erst nach Beendigung des Arbeitsverhältnisses fertig gestellt wurden, noch als Diensterfindung gelten, wenn die Vollendung der Erfindung pflichtwidrig auf die Zeit danach hinausgezögert wurde.

Die Beweislast dafür, dass eine Erfindung während der Dauer des Arbeitsverhältnisses fertig gestellt wurde bzw. pflichtwidrig nicht fertig gestellt wurde, trägt der Arbeitgeber.

Weiterhin muss die Erfindung:

- aus der dem Arbeitnehmer im Betrieb oder in der öffentlichen Verwaltung obliegenden Tätigkeit entstanden sein (Obliegenheitserfindung) oder
- maßgeblich auf Erfahrungen oder Arbeiten des Betriebes oder der öffentlichen Verwaltung beruhen (Erfahrungserfindung), § 4 Abs. 2 ArbNErfG.

Der Begriff der sog. Obliegenheitserfindung wird weit verstanden, darunter zählen alle Erfindungen, die mit den Aufgaben des Arbeitnehmers im Betrieb eng verknüpft sind. Die Erfahrungserfindung ist dagegen eng auszulegen. Sie ist nur dann anzunehmen, wenn für die Erfindung betriebsinterne Erfahrungen, die über dem allgemeinen Stand der Technik liegen, ganz maßgeblich von Bedeutung waren.

Sog. Anregungserfindungen, die lediglich durch betriebliche Erfahrungen bzw. durch die Tätigkeit im Unternehmen angeregt worden sind, zählen nicht zu den Diensterfindungen.

Während der Arbeitgeber früher die Inanspruchnahme einer Diensterfindung ausdrücklich erklären musste, gilt seit dem 1.10.2009 eine sog. Fiktion der Inanspruchnahme. So wird der Arbeitgeber automatisch ausschließlicher Nutzungsberechtigter einer ihm ordnungsgemäß gemeldeten Diensterfindung, wenn und solange er diese nicht ausdrücklich freigibt (mehr hierzu unter 3.).

2. Meldepflicht des Arbeitnehmers

Der Arbeitnehmer muss die Erfindung dem Arbeitgeber unverzüglich (d. h. ohne schuldhaftes Zögern) in Textform (also auch per E-Mail, Fax, SMS etc.) mitteilen. Dabei ist die Meldung als Erfindermeldung kenntlich zu machen, in ihr muss nach § 5

Abs. 2 ArbNErfG die technische Aufgabe, ihre Lösung und das Zustandekommen der Diensterfindung detailliert beschrieben und erläutert sein. Des Weiteren soll der Arbeitnehmer die dienstlich erteilten Weisungen oder Richtlinien, die benutzten Erfahrungen und Arbeiten des Betriebs, die Mitarbeiter und den Umfang ihrer und seiner Mitarbeit angeben.

WICHTIG!

Versäumt der Arbeitnehmer die von ihm beanspruchte Erfindung in der gesetzlich vorgeschriebenen Weise zu melden, kann er eine Arbeitnehmererfindungsvergütung gem. §§ 9, 10 ArbNErfG nicht beanspruchen (BGH v. 23.10.2001, Az. X ZR 72/98). Es können jedoch u. U. Vergütungsansprüche wegen technischen Verbesserungsvorschlägen (s. u. IV.3.) oder aus urheberrechtlichen Gesichtspunkten (s. → *Urheberrechte im Arbeitsverhältnis III.*) begründet sein.

3. Reaktionsmöglichkeiten des Arbeitgebers

Der Arbeitgeber ist verpflichtet, dem Arbeitnehmer den Eingangszeitpunkt der Meldung unverzüglich in Textform (also auch per E-Mail, Fax, SMS etc.) zu bestätigen (§ 5 Abs. 1 Satz 3 ArbNErfG). Falls der Arbeitgeber innerhalb von zwei Monaten keine Ergänzung zu dieser Meldung verlangt, gilt die Meldung als ordnungsgemäß, ansonsten kann er vom Arbeitnehmer entsprechende Ergänzungen verlangen.

Nunmehr kann der Arbeitgeber folgendermaßen reagieren:

- er kann die Diensterfindung ohne Weiteres in Anspruch nehmen
- er kann sie freigeben, wobei die Freigabeerklärung in Textform (also auch per E-Mail, Fax, SMS etc.) gegenüber dem Arbeitnehmer erfolgen muss.

ACHTUNG!

Seit dem 1.10.2009 gilt, dass der Arbeitgeber die ihm ordnungsgemäß gemeldete Erfindung automatisch in Anspruch nimmt, wenn er deren Freigabe nicht innerhalb von vier Monaten (nach Zugang der ordnungsgemäßen Meldung) in Textform (also auch per E-Mail, Fax, SMS etc.) gegenüber dem Arbeitnehmer erklärt. Die Möglichkeit einer beschränkten Inanspruchnahme gibt es seit dem Inkrafttreten der Gesetzesnovelle am 1.10.2009 nicht mehr (Alles-oder-nichts-Prinzip).

Durch die sog. Inanspruchnahmefiktion wird der Arbeitgeber ohne Weiteres dazu berechtigt, die Arbeitnehmererfindung nach ihrer Meldung zu nutzen. Hierdurch wird die Gefahr vermieden, dass der Arbeitgeber die Erfindung zwar nutzt, aber die fristgerechte Erklärung der Inanspruchnahme versäumt (und der Arbeitnehmer daher gebrauchsmuster- oder patentrechtliche Verletzungsansprüche geltend machen konnte).

WICHTIG!

Spätestens nach Ablauf der viermonatigen Freigabefrist schuldet der Arbeitgeber dem Arbeitnehmer die Erfindervergütung gem. § 9 ArbNErfG (s. u. 4.). Sollte der Arbeitgeber die fristgerechte Freigabeerklärung versäumen, kann er diese auch zu einem späteren Zeitpunkt nachholen. In diesem Fall entfällt die Vergütungspflicht; wenngleich auch nur für die Zukunft. Hat der Arbeitgeber die Erfindung bis zur Freigabe nicht verwertet, dürfte i. d. R. auch keine Vergütung anfallen. ABER: **gem. § 13 Abs. 1 u. 2 Nr. 1 ArbNErfG hat der Arbeitgeber eine Arbeitnehmererfindung, die nicht explizit freigegeben wird, zur Gebrauchsmuster- bzw. Patenterteilung anzumelden. Wird dies versäumt, stehen dem Erfinder ggf. Schadensersatzansprüche gegen den Arbeitgeber zu.**

3.1 Die unbeschränkte Inanspruchnahme

Durch die (unbeschränkte) Inanspruchnahme gehen alle vermögenswerten Rechte und Pflichten an der Diensterfindung auf den Arbeitgeber über, § 7 ArbNErfG. Dem Arbeitnehmer verbleiben die Erfinderpersönlichkeitsrechte, insbesondere das Recht auf Erfinderbenennung. Die Nutzungsrechte gehen unmittelbar mit der Inanspruchnahme auf den Arbeitgeber über. Eine besondere Erklärung des Arbeitgebers ist hierfür nicht mehr erforderlich, da mit Ablauf der Freigabefrist des § 6 Abs. 2 ArbNErfG die Inanspruchnahme ohne Weiteres als erklärt gilt.

Verfügungen, die der Arbeitnehmer über eine Diensterfindung vor der Inanspruchnahme getroffen hat, sind dem Arbeitgeber gegenüber unwirksam, soweit seine Rechte beeinträchtigt werden.

3.2 Die beschränkte Inanspruchnahme

Die Möglichkeit einer beschränkten Inanspruchnahme durch den Arbeitgeber (z. B. Beschränkung auf einfaches Nutzungsrecht) ist seit dem 1.10.2009 weggefallen.

3.3 Freigabe

Diensterfindungen werden seit dem 1.10.2009 nur frei, wenn der Arbeitgeber die Freigabe ausdrücklich in Textform erklärt.

4. Vergütung

4.1 Vergütungsanspruch

Nimmt der Arbeitgeber die Diensterfindung in Anspruch, so entsteht automatisch ein Vergütungsanspruch des Arbeitnehmers, und zwar sowohl bei einer unbeschränkten als auch bei einer beschränkten Inanspruchnahme.

Bei unbeschränkter Inanspruchnahme entsteht bereits mit Zugang der Erklärung bzw. mit Ablauf der Viermonatsfrist (s. o.) ohne Weiteres der Vergütungsanspruch. Dieser endet mit Ablauf der Laufzeit des Schutzrechtes bzw. mit einer Freigabe. Eine Auflösung des Arbeitsverhältnisses berührt den Vergütungsanspruch nicht.

Anders war es bei der beschränkten Inanspruchnahme, die nach dem 1.10.2009 nicht mehr möglich ist. Hier hing der Vergütungsanspruch von der tatsächlichen Verwertung der Diensterfindung durch den Arbeitgeber ab, und zwar unabhängig davon, ob ein Schutzrecht angemeldet wurde oder nicht.

WICHTIG!

Nimmt der Arbeitgeber die Diensterfindung nicht in Anspruch, so kann der Arbeitnehmer keine Vergütung für eine Diensterfindung verlangen. Eventuell stehen ihm aber Vergütungsansprüche wegen technischer Verbesserungsvorschläge (s. u. IV.3.) oder aus urheberrechtlichen Gesichtspunkten (s. → *Urheberrechte im Arbeitsverhältnis III.*) zu. Wird eine Freigabe seitens des Arbeitgebers erst nach Ablauf der Viermonatsfrist (s. o.) erklärt, so können Vergütungsansprüche für den Zeitraum zwischen Meldung und Freigabeerklärung entstehen. I. d. R. setzt dies jedoch eine zwischenzeitliche Verwertung der Erfindung durch den Arbeitgeber voraus. Hiervon zu unterscheiden sind etwaige Schadensersatzansprüche des Arbeitnehmers, die durch eine verspätete oder versäumte Anmeldung der Erfindung zur Gebrauchsmuster- oder Patenterteilung entstehen können (§ 13 Abs. 1 u. 2 Nr. 1 ArbNErfG).

ACHTUNG!

Nach neuerer Rechtsprechung des BGH steht dem Erfinder selbst dann ein Vergütungsanspruch zu, wenn die Erfindung nicht schutzfähig ist, da die wahre Grundlage des Erfinderrechts die schöpferische Tat des Erfinders sei, die völlig unabhängig davon sei, ob später ein Schutzrecht nachgesucht und erteilt werde (BGH v. 18.5.2010, Az. X ZR 79/07). Ein Anspruch auf Erfindervergütung kommt auch dann in Betracht, wenn bei der Verwertung eines auf eine gemeldete Diensterfindung zurückgehenden Patents ein Element wirtschaftliche Bedeutung erlangt, das aufgrund des Beitrags einer weiteren Person der Patentanmeldung hinzugefügt worden ist und nicht bereits Gegenstand der Erfindungsmeldung war (BGH v. 22.11.2011, Az. X ZR/09).

4.2 Höhe der Vergütung

Bei der Berechnung einer angemessenen Vergütung des Arbeitnehmer-Erfinders für die unbeschränkte Inanspruchnahme sind nach § 9 ArbNErfG insbesondere

- die wirtschaftliche Verwertbarkeit der Diensterfindung (Erfindungswert)

- die Aufgaben und die Stellung des Arbeitnehmers im Betrieb und
- der Anteil des Betriebes an dem Zustandekommen der Diensterfindung

zu berücksichtigen.

Der Erfindungswert kann in dreifacher Weise ermittelt werden:

- Lizenzanalogie
- Erfassbarer betrieblicher Nutzen
- Schätzung.

Bei der beschränkten Inanspruchnahme ist anstelle des Erfindungswertes nur die tatsächliche wirtschaftliche Verwertung der Erfindung erheblich.

TIPP!

Für die Berechnung der Vergütung gibt der Bundesminister für Arbeit und Soziales Vergütungsrichtlinien heraus, die als Empfehlung gelten.

Zur Bezifferung seiner Vergütungsansprüche steht dem Arbeitnehmer auch ein Anspruch auf Auskunft- und Rechnungslegung gegenüber dem Arbeitgeber zu, soweit die zur Bemessung der Vergütung heranzuziehenden Kriterien nur dem Arbeitgeber bekannt sind. Unter Aufgabe seiner bisherigen Rechtsprechung hat der BGH aber zwischenzeitlich entschieden, dass der Auskunftsanspruch des Erfinders nicht auf die Mitteilung der Gewinnmargen sowie der Gestehungs- und Vertriebskosten des erfindungsgemäßen Produkts bezogen ist (BGH v. 17.11.2009, Az. X ZR 137/07). Informationen über Herstellungsmengen, -zeiten und Preise sowie Umsätze reichen aus. Ist der Arbeitgeber in eine Konzernstruktur eingebunden, sind auch Lieferungen innerhalb des Konzerns vom Auskunftsanspruch erfasst (BGH a. a. O.).

5. Anmeldung von Schutzrechten

Der Arbeitgeber ist zunächst unabhängig von der Entscheidung über die Inanspruchnahme verpflichtet, die Schutzrechtanmeldung durch entsprechende (bundesdeutsche oder europäische) Patentanmeldung im Inland unverzüglich vorzunehmen. Diese Verpflichtung des Arbeitgebers entfällt nur dann, wenn:

- die Erfindung frei geworden ist;
- der Arbeitnehmer der Nichtanmeldung zustimmt;
- durch die Anmeldung die Gefahr von der Offenlegung von Betriebsgeheimnissen begründet wird und der Arbeitgeber die Schutzfähigkeit der Erfindung anerkennt (§ 17 ArbNErfG).

Mit einer Gebrauchsmusteranmeldung kommt der Arbeitgeber seiner Verpflichtung nur dann nach, wenn diese im Verhältnis zum Patentschutz zweckdienlicher erscheint.

ACHTUNG!

Versäumt der Arbeitgeber schuldhaft die unverzügliche Anmeldung, kann der Arbeitnehmer Schadensersatzansprüche geltend machen. Hat der Arbeitnehmer vor dem Jahr 2000 keine Patentanmeldung für Computerprogramme vorgenommen, dürfte dies angesichts der früheren Rechtsprechung (wonach Computerprogramme nicht patentfähig waren) nicht schuldhaft sein.

Über die Schutzrechtsanmeldung und den Verlauf des Verfahrens muss der Arbeitgeber den Arbeitnehmer umfassend und vollständig unterrichten.

Nur im Falle der Freigabe der Diensterfindung oder wenn der Arbeitnehmer der Nichtanmeldung zustimmt, entfällt die Pflicht zur Schutzrechtsanmeldung.

Das Recht zur Schutzrechtsanmeldung im Ausland hat der Arbeitgeber, wenn er die Diensterfindung unbeschränkt in Anspruch nimmt. Falls er von diesem Recht nicht Gebrauch machen will, muss der Arbeitgeber dem Arbeitnehmer die Diensterfindung für das Ausland unaufgefordert freigeben, sodass der Arbeitnehmer u. U. dort selbst Schutzrechte erwerben kann.

III. Freie Erfindungen

1. Begriff, Abgrenzung

Fehlt es an einem Zusammenhang zwischen der Erfindung und der betrieblichen Tätigkeit des Arbeitnehmers, handelt es sich um eine freie Erfindung, über die der Arbeitnehmer grundsätzlich frei verfügen kann. Es bestehen lediglich Melde- (s. u. 2.) und Anbietungspflichten (s. u. 3.).

Freie Erfindungen sind insbesondere solche:

- die die Voraussetzungen einer Diensterfindung nicht erfüllen,
- die frei geworden sind (II.3.3), oder
- Erfindungen im Hochschulbereich.

2. Meldepflicht des Arbeitnehmers

Obwohl freie Erfindungen vom Arbeitgeber nicht in Anspruch genommen werden können, muss der Arbeitnehmer dem Arbeitgeber seine Erfindung unverzüglich in Textform mitteilen (§ 18 ArbNErfG). Hierbei muss der Arbeitnehmer über die Erfindung (und ihre Entstehung) so viel mitteilen, dass der Arbeitgeber beurteilen kann, ob die Erfindung tatsächlich frei ist. Sinn dieser Vorschrift ist, dem Arbeitgeber die Möglichkeit einzuräumen, zu ermitteln, ob tatsächlich eine freie Erfindung oder nicht doch eine Diensterfindung vorliegt. Bestreitet nämlich der Arbeitgeber nicht innerhalb von drei Monaten nach Zugang der ordnungsgemäßen Meldung nicht in Textform, dass es sich hierbei um eine freie Erfindung handelt, kann diese nicht mehr als Diensterfindung in Anspruch genommen werden.

ACHTUNG!

Nach Ablauf der Dreimonatsfrist kann sich der Arbeitgeber nicht mehr darauf berufen, es handle sich um eine Diensterfindung.

Wenn allerdings die Erfindung im Betrieb des Arbeitgebers offensichtlich nicht verwendbar ist, so besteht seitens des Arbeitnehmers auch keine Mitteilungspflicht (§ 18 Abs. 3 ArbNErfG).

3. Anbietungspflicht des Arbeitnehmers

Ebenso muss der Arbeitnehmer seinem Arbeitgeber eine einfache (= nicht ausschließliche) Lizenz auf Nutzung der Erfindung zu angemessenen Bedingungen einräumen, § 19 ArbNErfG. Nur wenn der Arbeitgeber dieses Angebot annimmt, kommt ein Lizenzvertrag zustande. Nimmt der Arbeitgeber das Angebot auf Abschluss eines Lizenzvertrages nicht innerhalb von drei Monaten an, so erlischt sein Vorrecht. Erklärt sich der Arbeitgeber innerhalb der Frist allerdings zum Erwerb des ihm angebotenen Rechts bereit, macht er jedoch geltend, dass die Bedingungen des Angebots nicht angemessen seien, so setzt das Gericht auf Antrag des Arbeitgebers oder des Arbeitnehmers die Bedingungen fest.

IV. Technische Verbesserungsvorschläge

1. Begriff, Abgrenzung

Unter Verbesserungsvorschlägen des Arbeitnehmers werden Vorschläge verstanden, die – im Gegensatz zu Erfindungen – nicht patent- oder gebrauchsmusterfähig sind. Detaillierte Regelungen hierzu finden sich häufig in Tarifverträgen oder Betriebsvereinbarungen.

WICHTIG!

Zur Einführung einer Betriebsvereinbarung über das betriebliche Vorschlagswesen hat der Betriebsrat ein Initiativrecht!

Ist der Arbeitnehmer aufgrund seines Arbeitsvertrages zur Entwicklung technischer Verbesserungsvorschläge verpflichtet, stehen diese ohne Einschränkung dem Arbeitgeber zu. Entsprechendes gilt für sonstige technische Verbesserungsvorschläge, die der Arbeitnehmer im Zusammenhang mit seiner betrieblichen Tätigkeit entwickelt.

2. Meldepflicht des Arbeitnehmers

Aus der arbeitsrechtlichen Treuepflicht ergibt sich die Verpflichtung des Arbeitnehmers, den Arbeitgeber auf mögliche Verbesserungen im Betrieb hinzuweisen. Gesetzliche Spezialvorschriften gibt es hierfür nicht.

3. Vergütung

Im Falle von sog. qualifizierten Verbesserungsvorschlägen, also bei solchen, die dem Arbeitgeber eine ähnliche Vorzugsstellung gewähren wie ein gewerbliches Schutzrecht (z. B. Patent), hat der Arbeitnehmer Anspruch auf eine Vergütung. Die Regeln zur Vergütung bei Arbeitnehmererfindungen (s. o. II.4.) sind entsprechend anzuwenden.

Bei sonstigen Verbesserungsvorschlägen ist grundsätzlich eine Vergütung nur dann zu gewähren, wenn dies in einem Tarifvertrag, einer Betriebsvereinbarung oder im Arbeitsvertrag selbst festgelegt wurde.

Wenn eine geistige Schöpfung „nur" dem urheberrechtlichen Schutz unterliegt, kann auch nur eine Vergütung nach dem Urheberrechtsgesetz (s. → *Urheberrechte im Arbeitsverhältnis III.*) beansprucht werden (BGH a. a. O.).

Arbeitnehmerüberlassung

I. Begriff und Abgrenzung

Arbeitnehmerüberlassung (auch Arbeitskräfteverleih, Zeitarbeit, Leiharbeit, Arbeitskräfteleasing) liegt vor, wenn ein Arbeitgeber (Verleiher) einem Dritten (Entleiher) aufgrund einer Vereinbarung vorübergehend geeignete, bei ihm angestellte Arbeitskräfte (Leiharbeitnehmer) zur Arbeitsleistung zur Verfügung stellt. Es gilt ein Verbot mit Erlaubnisvorbehalt. Denn die Arbeitnehmerüberlassung ist in Deutschland grundsätzlich verboten, es sei denn, eine Arbeitnehmerüberlassungserlaubnis der Agentur für Arbeit liegt vor. Ohne Erlaubnis drohen Geldbußen (vgl. II.1.).

Die Leiharbeitnehmer setzt der Entleiher nach seinen Vorstellungen und Zielen in seinem Betrieb wie eigene Arbeitnehmer ein; sie unterliegen seinem → *Direktionsrecht*. Arbeitgeber des Leiharbeitnehmers ist jedoch der Verleiher. Das Arbeitnehmerüberlassungsverhältnis ist ein Dreiecksverhältnis.

Die gewerbsmäßige Arbeitnehmerüberlassung ist im Arbeitnehmerüberlassungsgesetz (AÜG) in der jeweils aktuellen Fassung geregelt.

TIPP!

Die Anwendung des AÜG wird durch die Fachlichen Weisungen der Bundesagentur für Arbeit (BA) konkretisiert und erläutert; diese können über die Arbeitsagenturen in der jeweils gültigen Fassung (Titel: Merkblatt für Leiharbeitnehmerinnen und Leiharbeitnehmer) bezogen werden. Das Merkblatt für Zeitarbeitskräfte hat den Stand Mai 2023.

Bedingt durch die zum 1.5.2011 eingetretene volle Arbeitnehmerfreizügigkeit in der Europäischen Union, durch das Umsetzungserfordernis der Leiharbeitsrichtlinie 2008/104/EG der Europäischen Union bis zum 5.12.2011 in deutsches Recht sowie aufgrund der in der Öffentlichkeit diskutierten einzelnen Missbrauchsfälle hatte die Bundesregierung das Gesetz zur Verhinderung von Missbrauch der Arbeitnehmerüberlassung verabschiedet. Diese gesetzliche Regelung, die seit 1.12.2011 in Kraft ist, soll insbesondere den sog. „Drehtüreffekt" verhindern. Danach sind tarifliche Abweichungsmöglichkeiten vom „Equal Pay-Grundsatz" für Leiharbeitnehmer ausgeschlossen (§ 9 Ziff. 2 AÜG, § 8 Abs. 3 AÜG), die in den letzten sechs Monaten vor der Überlassung an den Entleiher aus einem Arbeitsverhältnis bei diesem oder einem mit diesem einen Konzern i. S. d. § 18 AktG bildenden Arbeitgeber ausgeschieden sind. Zudem wird seitdem gemäß § 13b AÜG normiert, dass der Entleiher dem Leiharbeitnehmer Zugang zu den Gemeinschaftseinrichtungen oder Gemeinschaftsdiensten wie vergleichbaren Stammarbeitnehmern des Entleihers einzuräumen hat. Ferner wurde durch die Mindestlohnverordnung die Aufnahme der Zeitarbeit in das Arbeitnehmerentsendegesetz und damit ein Mindestlohn für die Zeitarbeit auf den Weg gebracht.

Ausgelöst durch die bereits in 2004 erfolgte Einführung des gesetzlichen Equal Pay (§ 3 Abs. 1 Nr. 3 AÜG) und die tariflichen Gestaltungsmöglichkeiten (§ 8 Abs. 2 AÜG) haben die Tarifpartner der Zeitarbeitsbranche attraktive Tarifverträge zur Zeitarbeit aufgelegt, deren Anwendung in der Praxis der Regelfall ist. Seit November 2012 sind für verschiedene Tarifverträge „Branchenzuschläge" in Kraft getreten, die für die jeweiligen Branchen ein Heranführen der Vergütung von Leiharbeitnehmern an die materiellen Arbeitsbedingungen vergleichbarer Stammarbeitnehmer je nach Entleihbetrieb vorsehen.

ACHTUNG!

Auswirkungen des Mindestlohngesetzes (MiLoG)

Das am 16.8.2014 in Kraft getretene MiLoG sah in § 1 Abs. 3 vor, dass die Regelungen des Arbeitnehmerentsendegesetzes, des AÜG und der auf ihrer Grundlage erlassenen Rechtsverordnungen dem MiLoG vorrangig sind, soweit die Höhe der auf ihrer Grundlage festgesetzten Branchenmindestlöhne die Höhe des Mindestlohns nicht unterschreitet. Die tarifvertraglichen Branchenmindestlöhne, die auf Grundlage des Arbeitnehmerentsendegesetzes und des AÜG erlassen worden sind, hatten dementsprechend Vorrang vor dem gesetzlichen Mindestlohn. Dies galt allerdings nur bis zum 31.12.2017. Seit 2018 gilt in diesen Branchen ebenfalls der gesetzliche Mindestlohn.

Zum 1. Januar 2023 tritt die Fünfte Verordnung über eine Lohnuntergrenze in der Arbeitnehmerüberlassung in Kraft. Danach gilt folgende Mindestlohnstaffel:

- **12,00 € seit dem 1.10.2022**
- **12,41 € vom 1.1.2024 bis 31.12.2024**
- **12,82 € vom 1.1.2025 bis 31.12.2025**
- **13,90 € ab dem 1.1.2026**

Eine Ausnahme gilt dann, wenn der Branchenmindestlohn günstiger ist.

Zum 1.4.2017 ist das Arbeitnehmerüberlassungsgesetz erneut reformiert worden. Zielsetzung des Gesetzgebers ist es, die werkvertragliche Leistung von der Arbeitnehmerüberlassung abzugrenzen. Der Gesetzgeber war nicht damit einverstanden, dass viele Unternehmen versucht haben, mittels Werkvertrag in Drittunternehmen arbeiten zu lassen, obwohl eine tatsächliche Integration der Beschäftigten in den Einsatzbetrieb vorlag. Wurde dann der Vorwurf der „Scheinselbstständigkeit" erhoben, hatten die Vertragspartner vorsorglich eine Verleiherlaubnis nach dem Überlassungsgesetz beantragt und erhalten und konnten so gefahrlos auf Leiharbeit umschwenken. Aus diesem Grund sind umfangreiche Neuregelungen im AÜG integriert worden, die eine klare Trennung zwischen Werkvertrag und Zeitarbeit beinhalten.

Gleichzeitig mit der Reformierung des AÜG ist in § 611a BGB eine Definition des Arbeitsvertrages erfolgt, nachdem weisungsgebundene, fremdbestimmte Arbeit in persönlicher Abhängigkeit des Arbeitnehmers vom Arbeitgeber das Merkmal des Arbeitsvertrages ausmacht.

Nicht hilfreich ist die politische Debatte um den Mindestlohn. Der Gesetzgeber hat einen vernünftigen und gut justiziablen Weg zur Findung des Mindestlohns vorgeschlagen und normativ verankert. Dieser Weg sollte beibehalten werden. Der Mindestlohn darf nicht zum Spielball der Politik werden.

Auch ist nach unionsrechtskonformer Auslegung von einer Arbeitnehmerüberlassung auszugehen, „wenn ein Verein seine Vereinsmitglieder (z. B. DRK-Schwestern), die aufgrund ihrer Arbeitsleistung ähnlich einem Arbeitnehmer sozial geschützt sind, an ein entleihendes Unternehmen überlässt, damit sie bei diesem hauptberuflich eine weisungsabhängige Tätigkeit gegen Entgelt verrichten" (so ein Beschluss des BAG vom 21.2.2017, 1 ABR 62/12). Der 6. Senat des BAG ist sich an dieser Stelle nicht so sicher. Mit Vorlagebeschluss vom 16.6.2021 (6 AZR 390/20) hat der Senat dem EuGH im Wege des Vorabentscheidungsersuchens die Frage vorgelegt, ob diese Art der Personalgestellung mit der Richtlinie zu Arbeitnehmerüberlassung (RL 2008/104/EG) vereinbar ist.

Arbeitnehmerüberlassung liegt dagegen **nicht** vor in folgenden Fällen:

1. Arbeitsvermittlung

Im Gegensatz zur Arbeitnehmerüberlassung endet die Arbeitsvermittlung mit dem Abschluss des Arbeitsvertrags. Die private Arbeitsvermittlung als selbstständige Tätigkeit ist anzeigepflichtig nach § 14 GewO.

Im Rahmen seiner Entscheidung vom 5.7.2022 (9 AZR 123/21) differenziert das BAG zwischen der Arbeitnehmerüberlassung und einer freien Beschäftigung wie folgt:

- Eine Arbeitnehmerüberlassung im Sinne des AÜG liegt vor, wenn einem Entleiher Arbeitskräfte zur Verfügung gestellt werden, die in dessen Betrieb eingegliedert sind und nach dessen Weisungen beschäftigt werden.
- Eine private Beschäftigung als Werkbesteller oder Auftraggeber von Dienstleistungen liegt dann vor, wenn nach Weisungen des Unternehmers die Dienst- oder Werkverträge von Erfüllungsgehilfen bei Dritten erfüllt werden. Der Werkunternehmer oder Dienstleister kann dem Erfüllungsgehilfen Anweisungen zur Durchführung der Dienste oder des Gewerks erteilen. In diesen Fällen liegt eine ergebnisorientierte Anweisung und keine Arbeitsanweisung vor.
- Ist die Abgrenzung nicht klar erkennbar, sprechen Kriterien für die Annahme eines Arbeitsverhältnisses als auch für die Tatsache der Erfüllungsgehilfen, muss eine vollumfängliche Tatsachenabwägung stattfinden. Diese muss im Rahmen einer Gesamtbetrachtung das Ergebnis tragen.

Schwierig ist auch die Abgrenzungsfrage von Arbeitnehmerüberlassung in einem Gemeinschaftsbetrieb. Ein Gemeinschaftsbetrieb liegt immer dann vor, wenn unter einer gemeinsamen Führung mehrere Unternehmen verbunden werden, die sich zur Erfüllung einer Gesamtaufgabe verpflichten. Mit Urteil vom 24.5.2022 (9 AZR 337/21) hat das BAG entschieden, dass die Zuweisung einer bestimmten Arbeit in einem Gemeinschaftsbetrieb keine Arbeitnehmerüberlassung im Sinne des AÜG darstellt. Im Ergebnis findet vielmehr basierend auf der Gemeinschaftsabsprache eine gemeinsame Leistungserfüllung statt.

Spannend sind auch die Arbeitnehmerüberlassungsverhältnisse mit Auslandsbezug. Dies gilt insbesondere in Fällen, in denen ein ausländischer Mitbürger bei einem ausländischen Vertragsarbeitgeber beschäftigt ist und auf fehlerhafter Basis in der Bundesrepublik arbeitet. In seiner Entscheidung vom 26.4.2022 (9 AZR 228/21) hat das BAG entschieden, dass neben einem wirksamen Arbeitsverhältnis im Ausland keine unzulässige Arbeitnehmerüberlassung existieren kann. Der Vertrag mit dem ausländischen Vertragsarbeitgeber geht insoweit vor. Die Rechtsprechung stellt aber darauf ab, dass das ausländische Vertragsverhältnis entweder dem Schutzstandard deutschen Rechts oder zu mindestens dem Schutzstandard der Europäischen Union entspricht.

2. Mittelbares Arbeitsverhältnis

Ein mittelbares Arbeitsverhältnis liegt vor, wenn ein Arbeitnehmer von einem Mittelsmann (Zwischenmeister), der selbst Arbeitnehmer bei einem Dritten (Unternehmer) ist, beschäftigt wird und die Arbeit mit Wissen des Unternehmers für diesen unmittelbar geleistet wird.

3. Subunternehmen

Der Subunternehmer ist gegenüber einem Generalunternehmer verpflichtet, für diesen mit eigenen Arbeitskräften und unter Zurverfügungstellung von Material und Maschinen einen bestimmten Abschnitt eines Gesamtwerks zu erstellen oder sonstige Dienstleistungen zu erbringen. Die Arbeitnehmer unterliegen nur dem → *Direktionsrecht* des Subunternehmers, der Generalunternehmer ist nicht weisungsbefugt.

4. Dienst-/Werkvertrag

Wird eine Fremdfirma mit der Erbringung einer Dienstleistung oder eines Werkes beauftragt und schickt zu diesem Zweck Arbeitnehmer in das beauftragende Unternehmen, liegt keine Arbeitnehmerüberlassung vor, wenn die Fremdfirma allein das → *Direktionsrecht* gegenüber ihren Arbeitnehmern behält (z. B. zur Urlaubsgewährung, Festlegung der Arbeitszeit, Anwesenheitskontrolle). In diesen Fällen liegt ein Werk- bzw. Dienstvertrag zwischen der Fremdfirma und dem beauftragenden Unternehmen vor (→ *Werkvertrag*).

Beispiele:

Eine Softwarefirma schickt eigenes Personal zu einem Anwenderunternehmen, um ein Software-Programm auf dessen Anlagen lauffähig zu machen oder zu entwickeln. Findet die Unterweisung dieser Arbeitnehmer allein durch die Softwarefirma statt, liegt keine Arbeitnehmerüberlassung, sondern ein Werkvertrag vor. Geschuldet wird nicht die Arbeitsleistung, sondern die Fertigstellung des Programms.

Wird in einem Unternehmen kontinuierlich ein Software-Programm durch Fremdkräfte betrieben, liegt in der Regel Arbeitnehmerüberlassung vor, denn diese Arbeitnehmer unterliegen dem Direktionsrecht des Auftraggebers und sind in seine betriebliche Struktur eingegliedert.

Unschädlich ist, wenn der Auftraggeber (Unternehmer) dem Auftragnehmer (Fremdfirma) näher erläutert, was genau er sich unter der zu erbringenden Leistung vorstellt (am besten schriftlich oder digital per Handbuch). Damit liegt noch keine Arbeitnehmerüberlassung vor. So hat das LAG Hessen mit Urteil vom 22.12.2020 (6 Sa 36/20) entschieden, dass unzulässige Arbeitnehmerüberlassung von einem drittbezogenen Personaleinsatz in Form eines Werk- oder Dienstleistungsvertrages abzugrenzen ist. Die Umstände des Einzelfalls sind maßgeblich. Der Werk- oder Dienstvertragspartner organisiert selbst die zur Erreichung eines wirtschaftlichen Erfolges notwendigen Handlungen. Dies nach eigenen betrieblichen Vorstellungen. Die von dem Drittunternehmen eingesetzten Mitarbeiter bleiben allein diesem verantwortlich. Der Auftraggeber kann jedoch auch im Rahmen des mit dem Drittunternehmen geschlossenen Vertrages eigene Weisungen gegenüber den Arbeitnehmern aussprechen.

TIPP!

Um zu vermeiden, dass Mitarbeiter der Fremdfirma aufgrund zahlreicher Einzelanweisungen im Ergebnis tatsächlich dem Weisungsrecht des Auftraggebers unterliegen (und damit Arbeitnehmerüberlassung vorliegt), sollten Präzisierungen des Auftrags (keine Weisungen!) nur an einen im Vertrag genannten Repräsentanten der Fremdfirma erteilt werden.

ACHTUNG!

Nach dem Betriebsverfassungsgesetz erstreckt sich die Unterrichtung des Betriebsrats durch den Arbeitgeber nach § 80 Abs. 2 BetrVG auch auf die Beschäftigung von Personen, die nicht in einem Arbeitsverhältnis zum Arbeitgeber stehen.

Gleiches gilt nach § 92 Abs. 1 Satz 1 BetrVG. Danach muss der Arbeitgeber den Betriebsrat über die Personalplanung auch insoweit informieren, dass Personen, die nicht in einem Arbeitsverhältnis zum Arbeitgeber stehen, betroffen sind.

Bei der Abgrenzung kommt es in Zweifelsfällen nicht auf den Vertragswortlaut oder den Willen der Parteien an, sondern auf die Art und Weise der **tatsächlichen** Durchführung. Entscheidend sind u. a.:

- die Erbringung der Schuld als Dienstleistung oder Werk?
- die Organisation der Arbeitsleistung (wer organisiert den Arbeitsvorgang?)
- das Direktionsrecht (wer weist an und überwacht?)
- die Risikoverteilung (wer haftet für die mangelfreie Herstellung?)
- die Berechnung der Vergütung (Stundensatz deutet auf Arbeitnehmerüberlassung; Pauschalvergütung oder nach vereinbarten Maßstäben berechneter Preis deutet auf einen Werkvertrag hin).

ACHTUNG!

Verleiher und Entleiher müssen die Überlassung von Leiharbeitnehmern in ihrem Vertrag ausdrücklich als Arbeitnehmerüberlassung bezeichnen, bevor sie die betreffende Person überlassen oder tätig werden lassen. Zudem muss die Person des Leiharbeitnehmers unter Bezugnahme auf diesen Vertrag vor der Überlassung konkretisiert werden (§ 1 Abs. 1 Satz 5 und 6 AÜG). Diese Kennzeichnungs- und Konkretisierungspflicht soll der Bekämpfung von sog. „Schein-Werkverträgen" dienen. Sie unterliegt dem Schriftformerfordernis, wenn die Überlassung bestimmter Arbeitnehmer wie besonderer Experten wesentlicher Vertragsinhalt ist.

Seit dem 1.8.2022 ist das Gesetz zur Umsetzung der EU-Richtlinie 2019/1152 vom 20.6.2019 über transparente und vorhersehbare Arbeitsbedingungen in der Europäischen Union in Kraft, das auch Änderungen des AÜG beinhaltet. Danach hat der Leiharbeitnehmer nunmehr aufgrund § 11 Abs. 2 Satz 4 AÜG einen Anspruch gegen den Verleiher, ihm die Firma und die Anschrift des Entleihers mitzuteilen. Wenn der Leiharbeitnehmer länger als sechs Monate im Einsatz ist und dem Entleiher den Wunsch nach Abschluss eines Arbeitsvertrages in Textform mitteilt, muss der Entleiher dem Leiharbeitnehmer innerhalb eines Monats nach Zugang der Anzeige eine begründete Antwort in Textform mitteilen. Das Gesuch darf allerdings nur einmal innerhalb eines Jahres gestellt werden.

II. Voraussetzungen

1. Erlaubnis

Die Arbeitnehmerüberlassung im Rahmen einer wirtschaftlichen Tätigkeit ist nur zulässig, wenn der Verleiher eine entsprechende Erlaubnis hat. Sie muss schriftlich bei der zuständigen Arbeitsagentur beantragt werden. Die Kosten und Auslagen trägt der Antragsteller. Der umfangreiche Formularsatz für die Antragstellung kann über die Arbeitsagentur bezogen werden.

Die Erlaubnis

- kann unter Bedingungen, Auflagen und/oder dem Vorbehalt des Widerrufs erteilt werden,
- ist zunächst auf ein Jahr befristet; der Verlängerungsantrag muss spätestens drei Monate vor Ablauf des Jahres gestellt werden,
- kann unbefristet erteilt werden, wenn der Verleiher drei aufeinanderfolgende Jahre erlaubte gewerbsmäßige Arbeitnehmerüberlassung betrieben hat,
- erlischt, wenn der Verleiher von der Erlaubnis drei Jahre keinen Gebrauch gemacht hat,
- wird nicht erteilt, wenn für die Ausübung (Neben-)Betriebe oder Betriebsteile vorgesehen sind, die nicht in einem Mitgliedstaat der Europäischen Union oder in einem EFTA-Staat (Ausnahme: Schweiz) liegen.

Der Verleiher muss der Arbeitsagentur

- nach der Erlaubniserteilung unaufgefordert die Verlegung, Schließung und Errichtung von (Neben-)Betrieben oder Betriebsteilen vorher anzeigen, wenn diese Arbeitnehmerüberlassung ausüben oder ausgeübt haben (§ 7 Abs. 1 AÜG),
- wahrheitsgemäß, vollständig, fristgemäß und unentgeltlich Auskünfte erteilen (§ 7 Abs. 2 AÜG),
- das Betreten seines Betriebsgeländes (Grundstücke und Geschäftsräume) gestatten und Prüfungen dulden (§ 7 Abs. 3 AÜG).

ACHTUNG!

Gewerbsmäßige Arbeitnehmerüberlassung von Arbeitern ist in Betrieben des Baugewerbes generell verboten (§ 1b AÜG).

Welcher Betrieb ein solcher des Baugewerbes ist, bestimmt die Baubetriebe-Verordnung.

Keiner Erlaubnis bedarf

- ein Arbeitgeber mit weniger als 50 Beschäftigten, der zur Vermeidung von Kurzarbeit oder Entlassungen einen Arbeitnehmer für maximal zwölf Monate überlässt, wenn er die Überlassung vorher schriftlich der Bundesagentur für Arbeit angezeigt hat (§ 1a AÜG),
- die Arbeitnehmerüberlassung zwischen Arbeitgebern desselben Wirtschaftszweigs zur Vermeidung von Kurzarbeit und Entlassungen, wenn ein für den Entleiher und Verleiher geltender Tarifvertrag dies vorsieht (§ 1 Abs. 3 Nr. 1 AÜG),
- die vorübergehende Arbeitnehmerüberlassung zwischen Konzernunternehmen i. S. d. § 18 AktG, d. h. Unternehmen mit mindestens 50 % Beteiligung des herrschenden Unternehmens, wenn der Arbeitnehmer nicht zum Zwecke der Überlassung eingestellt oder beschäftigt wird (§ 1 Abs. 3 Nr. 2 AÜG). Der Unterschied zum Normalfall des AÜG liegt darin, dass Verleiher und Entleiher Teil desselben Konzerns sind,

- die Überlassung zwischen Arbeitgebern, wenn die Überlassung nur gelegentlich erfolgt und der Arbeitnehmer nicht zum Zweck der Überlassung eingestellt und beschäftigt wird (§ 1 Abs. 3 Nr. 2a AÜG),
- die Arbeitnehmerüberlassung in das Ausland, wenn der Leiharbeitnehmer in ein auf der Grundlage zwischenstaatlicher Vereinbarungen begründetes deutsch-ausländisches Gemeinschaftsunternehmen verliehen wird, an dem der Verleiher beteiligt ist (§ 1 Abs. 3 Nr. 3 AÜG).

2. Entzug der Erlaubnis

Dem Verleiher ist gemäß § 3 Abs. 1 Nr. 3 AÜG die Erlaubnis oder ihre Verlängerung zu versagen, wenn Tatsachen die Annahme rechtfertigen, dass der Antragsteller „dem Leiharbeitnehmer für die Zeit der Überlassung an einen Entleiher die im Betrieb dieses Entleihers für einen vergleichbaren Arbeitnehmer des Entleihers geltenden wesentlichen Arbeitsbedingungen einschließlich des Arbeitsentgelts nicht gewährt. Ein Tarifvertrag kann abweichende Regelungen zulassen, soweit er nicht die in einer Rechtsverordnung nach § 3a Absatz 2 festgesetzten Mindeststundenentgelte unterschreitet. Im Geltungsbereich eines solchen Tarifvertrages können nicht tarifgebundene Arbeitgeber und Arbeitnehmer die Anwendung der tariflichen Regelungen vereinbaren. Eine abweichende tarifliche Regelung gilt nicht für Leiharbeitnehmer, die in den letzten sechs Monaten vor der Überlassung an den Entleiher aus einem Arbeitsverhältnis bei diesem oder einem Arbeitgeber, der mit dem Entleiher einen Konzern i. S. d. § 18 des Aktiengesetzes bildet, ausgeschieden sind. Weitere Versagungsgründe ergeben sich aus § 3 AÜG. Zudem können Rechtsformänderungen Auswirkungen auf eine erteilte Erlaubnis haben.

3. Beteiligung des Entleiher-Betriebsrats

Vor der Übernahme eines Leiharbeitnehmers muss der Betriebsrat des Entleiherbetriebs nach § 99 BetrVG beteiligt werden (§ 14 Abs. 3 AÜG). Dem Betriebsrat muss Einsicht in den Arbeitnehmerüberlassungsvertrag gestattet werden; die Einsichtnahme in den Arbeitsvertrag zwischen Verleiher und Leiharbeitnehmer kann aber nicht verlangt werden. Bei Leiharbeitsverhältnis gilt grundsätzlich das, was für Arbeitsverhältnisse gilt: Dem Betriebsrat steht kein Einsichtsrecht in Arbeitsverträge zu.

ACHTUNG!

Leiharbeitnehmer haben aufgrund des § 7 BetrVG im Entleiherbetrieb das aktive Wahlrecht, wenn sie länger als drei Monate im Betrieb eingesetzt werden (Prognoseentscheidung). Der Personaleinsatz muss sich rund um den Wahltag zur Betriebsratswahl in dem Referenzzeitraum von drei Monaten bewegen. Dies gleich zu Beginn, in der Mitte oder auch am Ende.

Das BAG hat zudem unter Aufgabe seiner früheren Rechtsprechung mit Beschluss vom 13.3.2013 (7 ABR 69/11) entschieden, dass in der Regel beschäftigte Leiharbeitnehmer bei den Schwellenwerten des § 9 BetrVG im Entleiherbetrieb mitzählen. Das Gericht begründet dies damit, dass der Betriebsrat seine Aufgaben nicht nur für die Stammarbeitnehmer des Betriebs, sondern grundsätzlich auch für die eingesetzten Leiharbeitnehmer wahrnimmt. Dies sei insbesondere im Bereich des Arbeitsschutzes der Fall.

Mit der Neuregelung des AÜG wurde am 1.4.2017 klargestellt, dass Leiharbeitnehmer mit Ausnahme des § 112a BetrVG bei den betriebsverfassungsrechtlichen Schwellenwerten auch im Entleiherbetrieb mitzuzählen sind. Zu beachten ist jedoch, dass die in den jeweiligen Normen enthaltenen Voraussetzungen, wie z. B. die Wahlberechtigung oder eine Beschränkung, auf „in der Regel" Beschäftigte in jedem Einzelfall wie bei den Stammarbeitnehmern geprüft werden müssen.

III. Rechtsverhältnisse der Beteiligten

1. Höchstüberlassungsdauer

Die Höchstüberlassungsdauer war lange nur mit dem Wort „vorübergehend" gekennzeichnet. Seit 2017 aber ist geregelt, dass die Arbeitnehmerüberlassung höchstens 18 aufeinanderfolgende Monate andauern darf. Die Begrenzung betrifft denselben Entleiher. Wechselt also zwischendurch das Verhältnis zwischen Verleiher und Entleiher und entleiht ein anderer Entleiher den Arbeitnehmer, läuft die Frist von 18 Monaten neu.

Für die Bestimmung der Frist kommt es auf die vertragliche Vereinbarung zwischen Verleiher und Leiharbeitnehmer an, nicht dagegen darauf, wie die (ggf. auch verminderte) Arbeitszeit beim Entleiher verteilt ist. Wichtig ist, dass die Frist von 18 Monaten neu zu laufen beginnt, wenn zwischen den Einsatzzeiten eine längere als dreimonatige Pause liegt. Der Leiharbeitnehmer kann dann wieder für 18 Monate an denselben Entleiher überlassen werden.

Von der Höchstüberlassungsdauer von 18 Monaten kann nach § 1 Abs. 1 Buchst. b AÜG durch Tarifverträge der Einsatzbranche abgewichen werden. Mit Urteil vom 14.9.2022 (4 AZR 83/21) hat das BAG dies für zulässig erachtet und weiter ausgeführt, dass die Tarifregelung auch für einen Verleiher unabhängig von dessen Tarifgebundenheit maßgeblich ist. Vereinbaren die Tarifvertragsparteien in der Einsatzbranche eine abweichende Höchstüberlassungsdauer, ist dies rechtlich möglich. Für Betriebe im Geltungsbereich eines solchen Tarifvertrages, die nicht der Tarifbindung unterliegen, können die abweichenden tariflichen Regelungen der Höchstüberlassungsdauer durch Betriebsvereinbarung inhaltsgleich übernommen werden. Dies betrifft dann jedoch nicht isoliert eine anderweitige Höchstüberlassungsdauer, sondern sämtliche damit in einem Regelungszusammenhang stehenden Tarifvertragsnormen, die insgesamt ohne Änderungen übernommen werden müssen (z. B. Differenzierungen nach Einsatzzwecken).

Enthält ein Tarifvertrag der Einsatzbranche schließlich eine Öffnungsklausel, die eine abweichende Höchstüberlassungsdauer in Betriebsvereinbarungen zulässt, kann eine anderweitige Höchstdauer für Betriebe tarifgebundener Entleiher vereinbart werden. Wollen nicht tarifgebundene Entleiher diese Öffnungsklausel bei der Regelung einer Betriebsvereinbarung nutzen, müssen bestimmte Voraussetzungen erfüllt sein. Zum einen muss der Entleiher vom Geltungsbereich des Tarifvertrages erfasst werden, die Vorgaben des Tarifvertrages einhalten und er darf die gesetzliche Obergrenze von 24 Monaten nicht überschreiten. Letztere gilt nicht, wenn der Tarifvertrag selbst eine abweichende Höchstdauer festlegt, die dann maßgeblich ist.

Der tatsächliche Einsatzort des Leiharbeitnehmers bestimmt daher den Gerichtsstand. Dieser ist der Gerichtsstand des gewöhnlichen Arbeitsortes. So das LAG Niedersachsen vom 8.4.2025 (9 SHa 284/25).

Das BAG hat sich ferner mit der AGB-Kontrolle einer befristeten Vereinbarung über eine Außenentsendung eines in Arbeitnehmerüberlassung tätigen Beschäftigten befasst. Mit Urteil vom 3.6.2025 (9 AZR 133/24) hat der 9. Senat entschieden, dass als Rechtsfolge bei einer fehlerhaften befristeten Vereinbarung keine dauerhafte Arbeitnehmerüberlassung angenommen werden kann. Eine solche strenge Rechtsfolge sehe das AÜG nicht vor.

2. Rechtsbeziehung zwischen Verleiher und Entleiher

Wichtig ist, dass seit der Neuregelung des AÜG eine unmittelbare vertragliche Beziehung zwischen Verleiher und Leiharbeitnehmer bezogen auf den konkreten Einsatz bestehen muss. Dies bedeutet, dass der § 1 AÜG die sog. „Kettenleihe" ausschließt; der Verleiher darf sich also nicht eines Subunternehmers bedienen, um den mit dem Entleiher geschlossenen Vertrag zu erfüllen.

Verleiher und Entleiher müssen im Rahmen einer vertraglichen Beziehung die Leiharbeit konkretisieren. Dies bedeutet, dass zwischen ihnen vertraglich vereinbart werden muss, dass es sich um Leiharbeit und nicht um einen Werkvertrag handeln soll.

Verleiher und Entleiher müssen dem Leiharbeitnehmer zudem mitteilen, dass er als solcher tätig ist und nicht auf werkvertraglicher Basis.

3. Verleiherpflichten nach dem Nachweisgesetz

Zwischen dem Verleiher und dem Leiharbeitnehmer besteht ein Arbeitsvertrag (§ 11 AÜG). Auch während der Zeit ihrer Arbeitsleistung bei einem Entleiher bleiben Leiharbeitnehmer Angehörige des Betriebs des Verleihers (§ 14 AÜG).

Die im Jahr 2022 gefasste gesetzliche Regelung des § 11 Abs. 1 AÜG sieht vor, dass der Nachweis der wesentlichen Vertragsbedingungen des Leiharbeitsverhältnisses sich nunmehr nach den Bestimmungen des → *Nachweisgesetzes* sowie nach dem Inhalt von § 11 AÜG richtet. Alle wesentlichen Arbeitsbedingungen müssen dokumentiert werden. Zudem ist dem Leiharbeitnehmer ein Merkblatt der Erlaubnisbehörde auszuhändigen.

4. Konkretisierungspflichten des Verleihers

Zwischen dem Verleiher und dem Entleiher wird ein Arbeitnehmerüberlassungsvertrag geschlossen. Der Vertrag bedarf der Schriftform. Dieses Erfordernis erfasst das gesamte Rechtsgeschäft mit Hauptleistungspflichten, Bedingungen, Befristungen, Modalitäten sowie Nebenabreden. Mindestinhalt ist die Pflicht des Verleihers zur Überlassung, die Pflicht des Entleihers zur Zahlung einer Vergütung dafür sowie die Offenlegung der Arbeitnehmerüberlassung und die übrigen Vorgaben von § 11 AÜG.

Werden lediglich Rahmenbedingungen ohne konkrete Hauptleistungspflichten vereinbart, fehlt den Parteien der Rechtsbindungswille und es liegt allenfalls ein sogenannter Vorvertrag vor, der im Anschluss noch den Abschluss schriftlicher Einzelüberlassungsverträge erfordert.

Im Vertrag muss der Verleiher erklären, dass er die erforderliche Erlaubnis der Regionaldirektion der Bundesagentur für Arbeit für gewerbsmäßige Arbeitnehmerüberlassung besitzt, welche besonderen Merkmale die für den Leiharbeitnehmer vorgesehene Tätigkeit hat und welche berufliche Qualifikation hierfür erforderlich ist (§ 12 AÜG).

Wird die Erlaubnis dem Verleiher entzogen, muss er den Entleiher sofort benachrichtigen (§ 12 Abs. 2 AÜG).

TIPP!

Aufgrund der Rechtslage nach der Entscheidung des BAG vom 14.12.2010 (1 ABR 15/10) über die Tarifunfähigkeit der Tarifgemeinschaft Christliche Gewerkschaften für Zeitarbeit mit Personalserviceagenturen CGZP offenbaren sich Risiken für den Entleiher bei der Anwendung riskanter Tarifverträge.

So auch das BAG in seiner Entscheidung vom 16.12.2020 (5 AZR 133/19). Im konkreten Fall hatte der Arbeitgeber, also der Verleiher, nicht den für die Zeitarbeit geltenden Tarifvertrag zwischen dem BAP und der DGB-Tarifgemeinschaft Zeitarbeit vollständig angewendet. Abweichungen zum Nachteil der beschäftigten Zeitarbeitnehmer waren die Folge. Diese Inbezugnahme hat das BAG als unwirksam angesehen und damit einen Arbeitsvertrag zwischen dem Zeitarbeitnehmer und dem Einsatzbetrieb für gegeben erachtet. Der Fünfte Senat führt aus, dass nur die vollständige Inbezugnahme des Tarifvertrages möglich sei. Unschädlich sei allenfalls eine vertragliche Regelung, die zugunsten des Arbeitnehmers von tariflichen Bestimmungen abweiche.

Aufgrund der gesamtschuldnerischen Haftung des Entleihers ist es zum Zwecke der Risikominimierung sinnvoll, sich die Anwendung der üblichen und wirksamen Tarifverträge der Zeitarbeitsbranche sowie die Abführung der Sozialversicherungsbeiträge und der Lohnsteuer an die zuständigen Stellen nachweisen zu lassen.

5. Beziehung zwischen Entleiher und Leiharbeitnehmer

Zwischen dem Entleiher und dem Leiharbeitnehmer bestehen keine vertraglichen Beziehungen. Der Leiharbeitnehmer untersteht zwar dem → *Direktionsrecht* des Entleihers, ist aber nicht dessen Arbeitnehmer.

Dennoch ist der Entleiher neben dem Verleiher arbeitsschutzrechtlich verantwortlich für den Leiharbeitnehmer (§§ 8 ArbSchG, 11 Abs. 6 AÜG). Er hat auch beim Leiharbeitnehmer für die Beachtung der für seinen Betrieb geltenden Vorschriften des Arbeitsschutzrechts, insbesondere der Unfallverhütungsvorschriften, zu sorgen (§ 11 Abs. 6 AÜG). Einen → *Arbeitsunfall* des Leiharbeitnehmers muss der Entleiher der hierfür zuständigen Berufsgenossenschaft des Verleihers unverzüglich anzeigen. Auch Betriebsärzte und Fachkräfte für Arbeitssicherheit sind über den Einsatz von Leiharbeitnehmern zu unterrichten (§§ 2 und 5 ASiG).

Der Entleiher hat gemäß § 12 Abs. 1 Satz 3 AÜG in dem Arbeitnehmerüberlassungsvertrag v. a. anzugeben, welche im Betrieb für einen vergleichbaren Arbeitnehmer des Entleihers geltenden wesentlichen Arbeitsbedingungen einschließlich des Arbeitsentgelts für den Leiharbeitnehmer gelten.

Der Leiharbeitnehmer hat gemäß § 13 AÜG im Falle der Überlassung einen Auskunftsanspruch gegenüber dem Entleiher hinsichtlich der im Entleiherbetrieb für einen vergleichbaren Arbeitnehmer des Entleihers geltenden wesentlichen Arbeitsbedingungen einschließlich des Arbeitsentgelts.

Der Leiharbeitnehmer hat seit 2022 gemäß § 13a AÜG Anspruch auf Information über Arbeitsplätze des Entleihers, die besetzt werden sollen. Die Information kann durch allgemeine Bekanntgabe an einer dem Leiharbeitnehmer zugänglichen Stelle beim Entleiher erfolgen.

6. Gleichstellungsgrundsatz, Equal Pay und Möglichkeiten zum Abweichen

Für die Dauer der Überlassung muss der Verleiher dem Leiharbeitnehmer die gleichen wesentlichen Arbeitsbedingungen (insbesondere Arbeitsentgelt und Arbeitszeit) gewähren, die ein vergleichbarer Arbeitnehmer im Betrieb des Entleihers erhält. Die Gleichstellung ist tätigkeitsbezogen zu bestimmen, was bedeutet, dass die wesentlichen Arbeitsbedingungen der Leiharbeitnehmer denjenigen entsprechen müssen, die gelten (würden), wenn der Entleiher den Zeitarbeitnehmer unmittelbar mit dieser Tätigkeit eingestellt hätte.

Der Equal Pay-Grundsatz gilt nicht nach § 8 Abs. 2 AÜG, wenn für das Leiharbeitsverhältnis ein Tarifvertrag für Leiharbeitsverhältnisse gilt, der allerdings nicht die in einer Rechtsverordnung nach § 3a Absatz 2 festgesetzten Mindeststundenentgelte unterschreiten darf. Gilt ein solcher Tarifvertrag, sind die darin ausgehandelten Arbeitsbedingungen maßgeblich.

Das BAG hat mit Urteil vom 31.5.2023 (5 AZR 143/19) entschieden, dass die Tarifvertragsparteien bei Abweichungen vom Grundsatz des Equal Pay sowohl durch nationales als auch durch das Unionsrecht (Art. 28 der EU Grundrechtecharta) gehalten sind, dem Gesamtschutz des Leiharbeitsverhältnisses angemessen Rechnung zu tragen. Dies insbesondere durch Prüfung des Gleichbehandlungsgrundsatzes.

Nach der Rechtsprechung des Bundessozialgerichts (BSG) vom 12.10.2016 (B 11 AL 6/15 R) kann zur Abweichung vom Gleichstellungsgrundsatz auf einen Tarifvertrag der Zeitarbeit Bezug genommen werden, ohne dass die Arbeitnehmerüberlassung in einem Betrieb überwiegen muss. Demnach besteht auch in Betrieben mit unterschiedlichen Betriebszwecken (Mischbetrieben) diese Möglichkeit. Unternehmen und Betriebe mit unterschiedlichen Unternehmens- bzw. Betriebszwecken

(Mischunternehmen bzw. -betriebe), die zumindest auch Arbeitnehmerüberlassung betreiben, können also vom Gleichstellungsgrundsatz durch Anwendung eines Tarifvertrages der Arbeitnehmerüberlassung abweichen, wenn sie unter dessen Geltungsbereich fallen.

Nach § 8 Abs. 4 AÜG kann eine abweichende Regelung zur Verpflichtung der Zahlung von Equal Pay jedoch nur für die ersten neun Monate einer Überlassung an den Entleiher durch Tarifvertrag geschaffen werden. Eine längere Abweichung ist ebenfalls durch Tarifvertrag möglich. Dies jedoch nur dann, wenn

- nach spätestens 15 Monaten einer Überlassung an einen Entleiher mindestens ein Arbeitsentgelt erreicht wird, das in dem Tarifvertrag als gleichwertig mit dem tarifvertraglichen Arbeitsentgelt vergleichbarer Arbeitnehmer festgelegt ist

  und

- nach einer Einarbeitungszeit von längstens sechs Wochen eine stufenweise Heranführung an dieses Entgelt erfolgt.

Zur Verhinderung des sog. „Drehtüreffekts" regelt § 8 Abs. 3 AÜG, dass tarifliche Abweichungsmöglichkeiten vom Equal Pay-Grundsatz für Leiharbeitnehmer grundsätzlich ausgeschlossen sind, die in den letzten sechs Monaten vor der Überlassung an den Entleiher aus einem Arbeitsverhältnis bei diesem oder einem mit diesem einen Konzern i. S. d. § 18 AktG bildenden Arbeitgeber ausgeschieden sind.

Das LAG Mecklenburg-Vorpommern hat mit Urteil vom 9.1.2024 (5 Sa 37/23) vor einer Schlechterstellung gegenüber einem Stammarbeitnehmer schützt. Umgekehrt wird kein Schutz gewährt. Dies bedeutet, ein Anspruch auf höheres Entgelt, das ein Leiharbeitnehmer erhält, steht nicht auch dem Stammarbeitnehmer zu. Der Gleichstellungsgrundsatz aus § 8 Abs. 1 AÜG schützt folglich nur die Leih- und begünstigt nicht die Stammarbeitnehmer.

7. Leiharbeitnehmer und Arbeitskampf

Nach § 11 Abs. 5 AÜG darf der Entleiher einen Leiharbeitnehmer nicht tätig werden lassen, wenn sein Betrieb unmittelbar von einem Arbeitskampf betroffen ist. Wichtig ist, dass § 11 Abs. 5 AÜG kein generelles Verbot des Einsatzes von Leiharbeitnehmern enthält. Das Verbot wird vielmehr dahingehend konkretisiert, dass Tätigkeiten von einem Leiharbeitnehmer dann nicht übernommen werden dürfen, wenn

- der Arbeitsplatz von einem Arbeitnehmer besetzt ist, der sich aktuell im Arbeitskampf befindet

  oder

- Tätigkeiten übernommen werden sollen, die normalerweise von einem Arbeitnehmer durchgeführt werden, der sich aktuell im Arbeitskampf befindet.

Das Bundesverfassungsgericht (BVerfG) hat diese Norm mit Beschluss vom 19.6.2020 (1 BvR 842/17) für verfassungsgemäß erachtet. Insbesondere ein Verstoß gegen das Eigentumsrecht der Unternehmen aus Art. 14 GG wurde verneint.

Zu beachten ist, dass das Einsatzverbot auch für den Fall einer Arbeitnehmerrochade gilt. Dies bedeutet, selbst wenn das Unternehmen plant, einen unmittelbar vom Arbeitskampf betroffenen Arbeitsplatz mit einem anderen Arbeitnehmer zu besetzen, der dann wiederum durch einen Leiharbeitnehmer substituiert wird, ist dies als unzulässige Arbeitskampfbesetzung zu bewerten.

8. Leiharbeitnehmer und Schwellenwerte

Das Arbeitnehmerüberlassungsgesetz hat die Rechtsprechung des Bundesarbeitsgerichts konkretisiert, nachdem Leiharbeitnehmer in die Schwellenwertberechnung einzubeziehen sind. Nach § 14 AÜG werden Leiharbeitnehmer auf die betriebsverfassungsrechtlichen Schwellenwerte angerechnet. Daher sind bei der Bestimmung der Größe des Betriebsrats und bei der Bestimmung der Mitarbeiter, die eine Freistellung eines Betriebsrats rechtfertigen können, Leiharbeitnehmer mit zu berücksichtigen.

Über die Schwellenwerte des Betriebsverfassungsgesetzes hinaus sieht § 14 AÜG weiter vor, dass Leiharbeitnehmer auch im Kontext des europäischen Betriebsrätegesetzes und des Unternehmensmitbestimmungsrechts mit zu berücksichtigen sind. Dies betrifft das Mitbestimmungsgesetz, das Drittelbeteiligungsgesetz und die Beteiligungsgesetze auf europäischer Ebene, also das SE-Beteiligungsgesetz. Leiharbeitnehmer sind beispielsweise bei der Frage zu berücksichtigen, ob ein Unternehmen wegen Überschreitung des Schwellenwerts von in der Regel 2.000 Arbeitnehmern einen paritätisch besetzen Aufsichtsrat nach dem Mitbestimmungsgesetz bilden muss.

WICHTIG!

Es werden nicht alle Leiharbeitnehmer in die Schwellenwertberechnung mit einbezogen. Das Gesetz sieht ausdrücklich vor, dass dies nur dann zu geschehen hat, wenn die Einsatzdauer sechs Monate übersteigt (§ 14 Abs. 2 Satz 6 AÜG). Umstritten ist, wie diese Berechnungsvorschrift zu verstehen ist. Der Bundesgerichtshof (BGH) hat mit Beschluss vom 25.6.2019 (II ZB 21/18) entschieden, dass die Mindesteinsatzdauer von sechs Monaten nicht arbeitnehmerbezogen, sondern arbeitsplatzbezogen zu verstehen ist. Die betreffenden Arbeitsplätze sind mitzuzählen, wenn dort die Beschäftigung von Leiharbeitnehmern über die Dauer von sechs Monaten hinaus regelmäßig erfolgt.

9. Konzernleihe

Das Rechtsfolgensystem der §§ 10 Abs. 1 S. 1, 9 Abs. 1 AÜG ist nach § 1 Abs. 3 Nr. 2 AÜG auf die Überlassung zwischen Konzernunternehmen i. S. d. § 18 AktG nicht anzuwenden, wenn der Arbeitnehmer nicht zum Zweck der Überlassung im Konzern eingestellt worden und beschäftigt ist. Das „Konzernprivileg" findet in diesen Fällen nach Urteil des BAG vom 12.11.2024 (9 AZR 13/24) keine Anwendung.

IV. Rechtsfolgen bei Verstößen gegen das AÜG

Im Zusammenhang mit Verstößen gegen das AÜG hat sich mittlerweile der Begriff der „illegalen Arbeitnehmerüberlassung" eingebürgert. Illegale Arbeitnehmerüberlassung liegt vor, wenn

- ein Verleiher nicht die für die Arbeitnehmerüberlassung erforderliche Erlaubnis besitzt,
- gegen das Verbot der Überlassung von Arbeitnehmern für Bauarbeitertätigkeiten in Baubetrieben verstoßen wird,
- der Verleiher nicht die gesetzlichen Arbeitgeberpflichten (u. a. Entgeltzahlung, Urlaubsgewährung) und das Arbeitgeberrisiko (d. h. das Risiko, aufgrund der Auftragslage die vorhandenen Arbeitskräfte nicht nutzen zu können) trägt.

1. Unwirksamkeit

Nach § 9 AÜG sind unwirksam:

- Überlassungsverträge zwischen Verleiher und Entleiher bei fehlender Verleih-Erlaubnis,
- Arbeitsverträge zwischen Verleiher und Leiharbeitnehmer bei fehlender Verleih-Erlaubnis (s. u. 2.).
- die Pflicht zur Offenlegung, dass Arbeitnehmerüberlassung vorliegt (§ 1 Abs. 1 Satz 5 AÜG),
- die Konkretisierung der Arbeitnehmerpflichten (§ 1 Abs. 1 Satz 6 AÜG),
- der Zeitpunkt, an dem der Vertrag zwischen den Beteiligten geschlossen sein muss.

Das BAG hat mit Urteil vom 5.3.2024 die Unwirksamkeit nach § 9 in den Fällen angenommen, wenn die o. g. Verpflichtungen zur Offenlegung und zur Konkretisierung nicht erfüllt sind.

WICHTIG!

Zu beachten ist das Pflichtenprogramm nach § 1 Abs. 1 Satz 5 und 6 AÜG, das vor Einsatz des Leiharbeitnehmers zu erfüllen ist. Danach ist der Vertrag zwischen Ver- und Entleiher ausdrücklich als Arbeitnehmerüberlassungsvertrag zu bezeichnen und die Leiharbeitskraft zu konkretisieren. Nach § 9 Abs. 1 Nr. 1a AÜG sind Arbeitsverträge mit Leiharbeitskräften unwirksam, wenn dieses Pflichtenprogramm nicht vollständig erfüllt ist.

- Arbeitsverträge zwischen Verleiher und Leiharbeitnehmern mit dem Überschreiten der zulässigen Überlassungshöchstdauer nach § 1 Abs. 1b AÜG,

ACHTUNG!

Dem Leiharbeitnehmer wird in den Fällen von § 1 Abs. 1–1b AÜG ein Widerspruchsrecht eingeräumt. Die Unwirksamkeit des Arbeitsvertrages tritt nicht ein, wenn der Leiharbeitnehmer schriftlich bis zum Ablauf eines Monats nach dem für den Beginn der Überlassung vorgesehenen Zeitpunkt gegenüber dem Verleiher oder Entleiher erklärt, dass er an dem Arbeitsvertrag mit dem Verleiher festhält (Festhaltenserklärung). Tritt die Unwirksamkeit wegen Wegfalls der Erlaubnis erst nach Aufnahme der Tätigkeit beim Entleiher ein, so beginnt der Fristlauf mit Eintritt der Unwirksamkeit.

Die Festhaltenserklärung hat nur zivilrechtliche Auswirkungen. Die Überlassung bleibt insgesamt rechtswidrig.

- Vereinbarungen, die den Zugang des Leiharbeitnehmers zu den Gemeinschaftseinrichtungen oder -diensten im Unternehmen des Entleihers entgegen § 13b beschränken,
- Vereinbarungen, die für den Leiharbeitnehmer für die Zeit der Überlassung schlechtere Arbeitsbedingungen (einschließlich des Arbeitsentgelts) vorsehen, als für einen vergleichbaren Arbeitnehmer im Betrieb des Entleihers gelten (sog. Equal Pay),
- vertragliche Verbote, wonach Entleiher und Arbeitnehmer kein Arbeitsverhältnis miteinander begründen dürfen, zu einem Zeitpunkt, in dem das Arbeitsverhältnis zum Verleiher nicht mehr besteht,
- Vereinbarungen, nach denen der Leiharbeitnehmer eine Vermittlungsvergütung an den Verleiher zu zahlen hat.

2. Rechtsfolgen fehlender Verleih-Erlaubnis

Fehlt die Erlaubnis und ist der Arbeitsvertrag deshalb unwirksam, dann

- gilt ein Arbeitsverhältnis zwischen dem Arbeitnehmer und dem Entleiher als zustande gekommen (sog. fingiertes Arbeitsverhältnis, § 10 Abs. 1 AÜG),
- haftet der Verleiher trotz der Unwirksamkeit des Arbeitsvertrags dem Arbeitnehmer und Dritten gegenüber.

2.1 Arbeitsverhältnis mit dem Entleiher

Fehlt die Verleih-Erlaubnis bereits zu Beginn der Überlassung, gilt das Arbeitsverhältnis zwischen Entleiher und Leiharbeitnehmer bereits zu diesem Zeitpunkt als zustande gekommen. Erlischt die Erlaubnis später (d. h. nach Beginn der Überlassung), entsteht das Arbeitsverhältnis zwischen Entleiher und Arbeitnehmer erst in diesem Zeitpunkt. Letzteres gilt auch für das Überschreiten der Höchstüberlassungsdauer.

Grundsätzlich ist das fingierte Arbeitsverhältnis unbefristet; nur wenn bereits der Verleiher mit dem Arbeitnehmer eine Befristung vereinbart hatte und ein sachlicher Grund hierfür vorlag, ist auch das fingierte Arbeitsverhältnis befristet.

Der Leiharbeitnehmer kann vom Entleiher mindestens das Entgelt verlangen, das er mit dem Verleiher vereinbart hatte.

Als Arbeitszeit gilt diejenige, die Verleiher und Entleiher vereinbart hatten.

Die übrigen Arbeitsbedingungen richten sich nach den für den Betrieb des Entleihers geltenden Vorschriften und sonstigen Regelungen; gibt es solche nicht, gelten diejenigen vergleichbarer Betriebe.

2.2 Haftung des Verleihers

Da der Vertrag zwischen Verleiher und Arbeitnehmer unwirksam ist, hat der Arbeitnehmer keinen Anspruch auf Entgelt. Allerdings kann er vom Verleiher Schadensersatz verlangen (§ 10 Abs. 2 AÜG), wenn er für die Vergangenheit noch kein Entgelt erhalten hat. Die Ersatzpflicht tritt nicht ein, wenn der Leiharbeitnehmer den Grund der Unwirksamkeit kannte.

Hat der Verleiher dem Arbeitnehmer in der Vergangenheit bereits Entgelt gezahlt, kann er dieses nicht aufgrund der Unwirksamkeit des Arbeitsvertrags zurückverlangen. Darüber hinaus haftet er (als sog. Gesamtschuldner neben dem Entleiher) Dritten gegenüber für „sonstige Teile" des bereits gezahlten Arbeitsentgelts, also z. B. für nicht abgeführte Sozialversicherungsbeiträge, vermögenswirksame Leistungen, Lohnpfändungen etc. (§ 10 Abs. 3 AÜG).

3. Ordnungswidrigkeiten und Straftaten

§ 16 Abs. 1 AÜG enthält einen Katalog von Ordnungswidrigkeiten, die mit Geldbuße bedroht sind; dieser „Bußgeldkatalog" hat in der Praxis eine große Bedeutung. Die Geldbußen sind je nach Verstoß unterschiedlich hoch. Mit einer Geldbuße kann belegt werden, wer

- ohne Verleiherlaubnis einen Arbeitnehmer an Dritte überlässt,
- einen Arbeitnehmer in seinem Betrieb tätig werden lässt, dessen Verleiher keine Erlaubnis hat,
- in Betrieben des Baugewerbes für Tätigkeiten, die üblicherweise von Arbeitern erledigt werden, gewerbsmäßige Arbeitnehmerüberlassung betreibt,
- einen überlassenen ausländischen Leiharbeitnehmer ohne Arbeitserlaubnis nach § 284 Abs. 1 SGB III tätig werden lässt,
- seine Anzeige-, Auskunfts-, Melde- und Aufbewahrungspflichten bzw. die ihm erteilten Auflagen nicht ordnungsgemäß erfüllt,
- seine Pflicht zur Information über freie Arbeitsplätze oder zur Gewährung des Zugangs zu Gemeinschaftseinrichtungen oder -diensten nicht ordnungsgemäß erfüllt.

Einen gesonderten Straftatbestand enthält § 15a AÜG. Danach wird mit Freiheitsstrafe bis zu drei Jahren oder Geldstrafe bestraft, wer als Entleiher einen Ausländer ohne Arbeitserlaubnis zu Bedingungen tätig werden lässt, die in einem auffälligen Missverhältnis zu den Arbeitsbedingungen deutscher Leiharbeitnehmer stehen, die eine gleiche oder vergleichbare Tätigkeit ausüben. In besonders schweren Fällen, d. h. wenn der Entleiher gewerbsmäßig oder aus grobem Eigennutz handelt, beträgt die Strafe Freiheitsstrafe von sechs Monaten bis zu fünf Jahren.

Mit Freiheitsstrafe bis zu einem Jahr oder Geldstrafe wird bestraft, wer als Entleiher gleichzeitig mehr als fünf Ausländer ohne Arbeitserlaubnis tätig werden lässt oder die Beschäftigung eines Ausländers ohne Arbeitserlaubnis vorsätzlich beharrlich wiederholt. Handelt der Entleiher aus grobem Eigennutz, ist die Strafe Freiheitsstrafe bis zu drei Jahren oder Geldstrafe.

Arbeitsgerichtsverfahren

I. Grundsätze

Das arbeitsgerichtliche Verfahren richtet sich nach dem Arbeitsgerichtsgesetz (ArbGG) und ist in zwei große Bereiche unterteilt:

- Urteilsverfahren:

  Hier geht es um Ansprüche zwischen Arbeitgeber und Arbeitnehmern, die aus dem Arbeitsvertrag herrühren, also z. B. Lohnansprüche oder Kündigungsschutzverfahren.

- Beschlussverfahren:

  Hier wird über Streitigkeiten zwischen dem Arbeitgeber und dem Betriebsrat entschieden, also z. B. ob der Betriebsrat ein Mitbestimmungsrecht in einer bestimmten Angelegenheit hat.

Die Gerichte sind sowohl mit Berufsrichtern und ehrenamtlichen Richtern (Vertretern der Arbeitgeber- und der Arbeitnehmerseite) besetzt.

Die Parteien müssen zur Verhandlung unbedingt erscheinen oder sich vertreten lassen (zur Möglichkeit der durch Video vermittelten Verhandlung s. unter II.4.). In der ersten Instanz, also vor dem Arbeitsgericht, besteht kein Zwang, sich durch einen Rechtsanwalt vertreten zu lassen. Dies ist erst ab der zweiten Instanz, dem Landesarbeitsgericht, notwendig. In der ersten Instanz können bestimmte volljährige Personen die Vertretung übernehmen. Dazu ist stets eine schriftliche Vollmachtserklärung notwendig.

WICHTIG!

Auch in der ersten Instanz kann nicht jede volljährige Person die Vertretung übernehmen. Vertretungsbefugt sind nur Beschäftigte der Partei oder eines mit ihr verbundenen Unternehmens, volljährige Familienangehörige, Personen mit Befähigung zum Richteramt und Streitgenossen, soweit die Vertretung nicht im Zusammenhang mit einer entgeltlichen Tätigkeit steht, selbstständige Vereinigungen von Arbeitnehmern mit sozial- oder berufspolitischer Zwecksetzung für ihre Mitglieder, Gewerkschaften und Vereinigungen von Arbeitgebern sowie Zusammenschlüsse solcher Verbände und von diesen zur Rechtsberatung gebildeten Organisationen (§ 11 ArbGG).

Wenn das persönliche Erscheinen der Parteien oder ihres gesetzlichen Vertreters angeordnet worden ist, müssen diese auch dann zur Verhandlung kommen, wenn sie einen Prozessbevollmächtigten entsenden. Nur wenn dieser Vertreter den Sachverhalt genau wie die Partei selbst kennt und zu allen Verfahrenshandlungen (also auch zum Abschluss eines Vergleichs) ermächtigt ist, muss die Partei nicht selbst zur Verhandlung erscheinen. Eine solche besondere Vollmacht sollte schriftlich erteilt werden, damit sie dem Gericht in der Verhandlung vorgelegt werden kann.

Beispiel:

Der Arbeitgeber ist eine GmbH. Das persönliche Erscheinen des Geschäftsführers ist angeordnet worden. Er kann sich z. B. durch den Personalleiter vertreten lassen, wenn dieser umfassende Kompetenzen hat.

WICHTIG!

Die Anordnung des persönlichen Erscheinens sollte nie ignoriert werden. Die Parteien bringen sich damit selbst um die Möglichkeit, noch wichtige Einzelheiten zu erläutern. Überdies kann ein Ordnungsgeld verhängt und der Prozessbevollmächtigte ausgeschlossen werden. Wenn man zum Termin verhindert ist (z. B. bei lange vorher geplantem Urlaub), sollte man bei Gericht die Terminsverlegung oder die Aufhebung der Anordnung des persönlichen Erscheinens beantragen.

Formulierungsbeispiel: In dem Rechtsstreit X ./. Y (Az. ...) ist mein persönliches Erscheinen zum Termin am ... angeordnet worden. Ich habe aber bereits eine Urlaubsreise für den Zeitraum von ... bis ... gebucht (Bestätigung anbei). Daher bitte ich um

alternativ:

- die Verlegung des Termins; meine Teilnahme daran erscheint sehr wichtig, da es auch um Einzelfragen geht, die ich dem Gericht aus meiner persönlichen Kenntnis am besten schildern kann

oder

- die Aufhebung der Anordnung meines persönlichen Erscheinens. Es geht im Wesentlichen um Rechtsfragen. Mein Prozessbevollmächtigter ist umfassend mandatiert, auch zum Abschluss eines Vergleichs

oder

- Ich werde Herrn/Frau ... zum Termin entsenden. Er/sie ist genau wie ich zur Aufklärung des Sachverhaltes in der Lage und auch entscheidungsbefugt hinsichtlich eines eventuellen Vergleichs.

Die Missachtung der Anordnung des persönlichen Erscheinens kann erhebliche Folgen haben. Das Gericht kann ein Ordnungsgeld verhängen. Auch der Ausschluss des Prozessbevollmächtigten kommt in Betracht. In diesem Fall kann z. B. ein Versäumnisurteil ergehen. Die Partei bringt sich überdies um die Möglichkeit, den eigenen Rechtsstandpunkt persönlich darzulegen.

Ein normales Arbeitsgerichtsverfahren dauert in der Regel mehrere Monate. Wenn die Angelegenheit so eilig ist, dass das normale Verfahren nicht abgewartet werden kann, kann auch eine einstweilige Verfügung beantragt werden. Dies ist sowohl im Urteils- als auch im Beschlussverfahren möglich.

Beispiel:

Der Arbeitgeber erfährt, dass ihm einer seiner Arbeitnehmer Konkurrenz macht, indem er teilweise auch für ein anderes Unternehmen derselben Branche tätig ist. Während des Prozesses könnte der Arbeitnehmer diese Tätigkeit fortsetzen und dem Arbeitgeber nachhaltig schaden. Wenn der Arbeitgeber hier den Erlass einer einstweiligen Verfügung beantragt, kann eine Entscheidung innerhalb kurzer Zeit ergehen. Die maßgeblichen Tatsachenbehauptungen müssen dabei glaubhaft gemacht werden. Dies geschieht meist durch eine eidesstattliche Versicherung. Eine einstweilige Verfügung kann auch bei Auseinandersetzungen mit dem Betriebsrat ergehen. Möglich sind solche Eilverfahren auch im Zusammenhang mit Betriebsratswahlen.

II. Urteilsverfahren

1. Einleitung

Das Urteilsverfahren vor dem Arbeitsgericht wird durch die Klageerhebung eingeleitet. Dies kann auch zu Protokoll der Rechtsantragstelle geschehen. Sowohl Arbeitnehmer als auch Arbeitgeber sind berechtigt, eine solche Klage zu erheben. In der weitaus größten Zahl der Fälle ist der Arbeitnehmer in der Position des Klägers, denn der Arbeitgeber kann seine Interessen meist durch einseitige Handlungen wie z. B. die Ausübung des Direktionsrechts oder eine Kündigung durchsetzen.

WICHTIG!

Der Arbeitnehmer kann auch an dem Ort Klage erheben, an dem er vertragsgemäß seine Arbeit leistet (§ 48 Abs. 1 ArbGG). Er muss also nicht an dem – möglicherweise weit entfernt liegenden – Geschäftssitz des Arbeitgebers klagen. In Einzelfällen kann auch am Wohnort des Arbeitnehmers geklagt werden, etwa bei Außendienstmitarbeitern.

Es gibt auch Fälle, in denen der Arbeitgeber das Arbeitsgericht zur Durchsetzung seiner Rechte benötigt.

Beispiel:

Der Arbeitnehmer hat nach seiner Kündigung weder den firmeneigenen Laptop noch seinen Dienstwagen herausgegeben und reagiert auf Anfragen nicht. Der Arbeitgeber kann ihn auf Herausgabe verklagen und sogar eine einstweilige Verfügung erwirken. Auch wenn der Arbeitnehmer ausgeschieden ist und zu viel Lohn erhalten hat, muss der Arbeitgeber Klage erheben, will er sein Geld zurückhaben.

Im Urteilsverfahren muss jede Partei die Tatsachen vortragen und erforderlichenfalls beweisen, die für sie günstig sind (sog. Beibringungsgrundsatz). Das Gericht ermittelt den Sachverhalt nicht von sich aus.

Beispiel:

Der Arbeitnehmer verklagt den Arbeitgeber auf Gewährung von Urlaub. Der Arbeitgeber trägt vor, dass der Arbeitnehmer schon mehr Urlaub bekommen habe, als ihm zusteht, und er daher keinen weiteren beanspruchen könne. Zum Beweis bezieht er sich auf die Zeugenaussage der Personalsachbearbeiterin. Das Gericht wird nicht durch Vernehmung dieser Mitarbeiterin von sich aus ermitteln, wann der Arbeitnehmer genau Urlaub bekommen hat. Es ist vielmehr Sache des Arbeitgebers, diese Tatsachen präzise vorzutragen. Er muss hier also genau darlegen, dass der Arbeitnehmer z. B. vom 3.7. bis 2.8. und noch vom 11.11. bis 23.11. Urlaub erhalten habe. Die Personalsachbearbeiterin kann das dann durch ihre Zeugenaussage bestätigen.

2. Güteverhandlung

Im arbeitsgerichtlichen Verfahren findet immer zunächst eine sog. Güteverhandlung vor dem Vorsitzenden der Kammer ohne die ehrenamtlichen Richter statt. Das Ziel der Güteverhandlung ist es, einen Vergleich abzuschließen, bei dem beide Parteien nachgeben. Wenn – wie meist üblich – nur zur Güteverhandlung geladen wird und keine Auflagen zur schriftlichen Stellungnahme gemacht wurden, braucht vorher keine schriftliche Erklärung bei Gericht eingereicht zu werden. Die Beklagtenseite kann jedoch dem Gericht schriftlich ihre Sicht der Dinge mitteilen. Dies muss in doppelter Ausfertigung geschehen, damit das Gericht eine Abschrift der Klägerseite übermitteln kann.

Der Vorsitzende kann anordnen, dass sich die Kammerverhandlung unmittelbar an die Güteverhandlung anschließt, und dem Beklagten aufgeben, schon vor der Güteverhandlung schriftlich Stellung zu nehmen.

WICHTIG!

Der Beklagte muss die Ladung zur Gerichtsverhandlung genau prüfen, ob in ihr Schriftsatzauflagen enthalten sind. Es handelt sich dabei um Formulierungen wie etwa: „Der Beklagten wird aufgegeben, binnen einer Ausschlussfrist von zwei Wochen zur Klage Stellung zu nehmen." Ist dies der Fall, muss die Frist unbedingt eingehalten werden. Maßgeblich ist der Eingang bei Gericht. Die Stellungnahme ist in doppelter Ausfertigung einzureichen.

In der Verhandlung wird die Sach- und Rechtslage erörtert. Geht es um eine Kündigung, wird der Arbeitgeber in der Regel zunächst aufgefordert, die Kündigungsgründe zu nennen, wenn vorher kein Schriftsatz erstellt wurde. Hier müssen die juristisch wichtigsten Punkte vorgetragen werden. Der Vorsitzende versucht, durch Vergleichsvorschläge eine gütliche Einigung herbeizuführen. Die Parteien können aber auch von sich aus Vergleichsvorschläge machen.

Die Güteverhandlung kann folgende Ergebnisse haben:

- **Versäumnisurteil:**

  Erscheint eine Partei nicht und lässt auch nicht vertreten, kann ein sog. „Versäumnisurteil" gegen sie ergehen. Dasselbe gilt, wenn die Partei zwar erscheint, sich aber überhaupt nicht zur Sache einlässt. Hiergegen kann innerhalb von einer Woche nach der förmlichen Zustellung des mit einer Rechtsmittelbelehrung versehenen Urteils (nicht des Protokolls) Einspruch eingelegt werden.

- **Ruhen des Verfahrens:**

  Erscheinen beide Parteien nicht, wird in der Güteverhandlung das Ruhen des Verfahrens angeordnet.

- **Vergleich:**

  Die Parteien können in der Güteverhandlung einen Vergleich schließen, der das Verfahren beendet. Muss ein Parteivertreter noch Rücksprache halten, kann ein Vergleich auf Widerruf geschlossen werden: Der Vergleich wird protokolliert, eine Partei oder beide behalten sich aber vor, ihn innerhalb einer bestimmten Frist zu widerrufen. Dieser Widerruf muss schriftlich innerhalb dieser Frist bei Gericht eingehen. Das Verfahren geht dann weiter. Wird der Vergleich nicht widerrufen, ist es beendet.

- **Zweiter Gütetermin:**

  Können sich die Parteien noch nicht gleich auf einen Vergleich einigen, können sie übereinstimmend einen zweiten Gütetermin beantragen, wenn Aussichten bestehen, dass man sich in naher Zukunft verständigen wird. Damit wird vermieden, dass das Gericht dem Beklagten gleich aufgibt, einen Schriftsatz zu erstellen, der dann eventuell überflüssig ist. Der Termin wird auch wesentlich früher anberaumt werden als ein Kammertermin.

- **Entscheidung durch den Vorsitzenden allein:**

  Ist der Sachverhalt einfach oder hat der Beklagte schon vor der Güteverhandlung alles Notwendige in einem Schriftsatz dargelegt, können die Parteien übereinstimmend beantragen, dass der Vorsitzende alleine ohne ehrenamtliche Richter in einer unmittelbar anschließenden Kammerverhandlung entscheidet. Dies hat den Vorteil, dass kein Zeitverlust eintritt. Es ist jedoch Vorsicht geboten:

  ACHTUNG!

  Wenn eine Partei doch noch nicht alles vortragen hat, kann dies in der ersten Instanz nicht mehr nachgeholt werden.

  Wenn der Vorsitzende in der Güteverhandlung eine Auffassung vertritt, mit der eine Partei nicht einverstanden ist, sollte diese einer Alleinentscheidung nicht zustimmen. Die Überzeugung des Vorsitzenden kann durch einen präzisen Sachvortrag in den Schriftsätzen noch in eine andere Richtung gelenkt werden. Darüber hinaus kann der Vorsitzende der Kammerverhandlung durch die ehrenamtlichen Richter überstimmt werden, sodass noch ein anderes Ergebnis möglich ist.

- **Kammerverhandlung:**

  Scheitern die Vergleichsbemühungen in der Güteverhandlung, beraumt das Gericht einen Kammertermin an. Es setzt der Beklagtenseite, also in der Regel dem Arbeitgeber, eine Frist zur Erwiderung auf die Klage. Daran schließt sich eine Frist für die Klägerseite an.

3. Schriftsätze

Im sog. Klageerwiderungsschriftsatz muss der Beklagte seine Einwände gegen die Behauptungen des Klägers vorbringen. Handelt es sich um ein Kündigungsschutzverfahren, gelten Besonderheiten: Der Arbeitgeber muss dann die Kündigungsgründe im Schriftsatz sehr genau darlegen. Es ist ein sog. „substanziierter“ Sachvortrag erforderlich, d. h. die Darstellung muss „Substanz“ haben.

Beispiel:

Bei einer Kündigung wegen Verspätungen muss dargelegt werden, wann der Mitarbeiter zur Arbeit hätte erscheinen müssen und wann er an welchem Tag stattdessen erschienen ist. Bei Abmahnungen muss genau dargestellt werden, wer den Arbeitnehmer wann abgemahnt hat und welchen Inhalt diese Abmahnung hatte.

Beim Klageerwiderungsschriftsatz sind die Auflagen des Gerichts genau zu beachten.

Beispiel:

Hat das Gericht die Auflage gemacht, dass der Arbeitgeber „unter Beweisantritt den Gang der Betriebsratsanhörung darlegen“ soll, so muss dargelegt werden, wer den Betriebsrat angehört hat, in welcher Form dies geschah, welchen Inhalt die Anhörung hatte (persönliche Daten des Arbeitnehmers, Kündigungsgründe), wann dies geschah, wer die Erklärung für den Betriebsrat entgegengenommen hat, welche Funktion diese Person im Betriebsrat hat sowie ob und ggf. wann der Betriebsrat hierauf mit welchem Inhalt erwidert hat.

Für die vorgetragenen Tatsachen muss jeweils ein Beweis angeboten werden. Das Gericht wird so in die Lage versetzt, Beweis zu erheben, wenn die Gegenseite die Behauptungen bestreitet. Sicherheitshalber sollten auch gleich für diejenigen vorgetragenen Tatsachen Beweis angeboten werden, die voraussichtlich nicht bestritten werden.

Beispiel:

Der Arbeitgeber behauptet, der Arbeitnehmer sei zehnmal zu spät gekommen und dafür zweimal mündlich abgemahnt worden. Die entsprechenden Daten trägt er präzise vor. Er meint, dass der Arbeitnehmer dies gar nicht bestreiten könne, da die Einträge in der elektronischen Zeiterfassung vorhanden sind und der Meister als Zeuge zur Verfügung steht. Bestreitet der Arbeitnehmer wider Erwarten, jemals zu spät gekommen zu sein und jeweils eine Abmahnung erhalten zu haben, muss der Arbeitgeber diese Vorwürfe auch beweisen. Daher sollte der Arbeitgeber von vornherein ein geeignetes Beweismittel nennen. Er kann einen Zeugen (z. B. den Meister) benennen oder die Vorlage der Stempelkarte anbieten.

Bei den vom Gericht im Prozess gesetzten Fristen handelt es sich um sog. Ausschlussfristen. Die Parteien müssen bei allen Stellungnahmen und Schriftsätzen diese Fristen unbedingt einhalten. Maßgeblich ist der Tag des Eingangs bei Gericht, nicht der der Absendung. Geht ein Schriftsatz zu spät ein, muss das Gericht ihn nicht mehr beachten und es besteht die Gefahr, dass der Prozess nur wegen der Fristversäumnis verloren wird.

4. Kammerverhandlung

Die Kammerverhandlung wird so genannt, weil sie vor der voll besetzten Kammer des Arbeitsgerichts stattfindet. Neben dem Vorsitzenden ist je ein ehrenamtlicher Richter von der Arbeitnehmer- und Arbeitgeberseite beteiligt. Diese haben volles Stimmrecht, können also den Vorsitzenden auch überstimmen. Daher kann auch ein sachlich überzeugendes Auftreten in der Kammerverhandlung, in der der Fall noch einmal gründlich besprochen wird, Einfluss auf die Entscheidungsfindung haben. Bei dieser erneuten Erörterung wird all das berücksichtigt, was die Parteien in ihren Schriftsätzen vorgetragen haben. Das Gericht versucht auch hier, die Parteien zum Abschluss eines Vergleichs zu bewegen. Gelingt dies nicht, wird der Rechtsstreit durch Urteil entschieden. Dies muss nicht in der ersten Kammerverhandlung erfolgen. Das Gericht kann auch z. B. beschließen, dass in einem neuen Termin Zeugen zu vernehmen sind oder dass ein Sachverständigengutachten eingeholt werden soll.

Nach der dauerhaft geltenden Vorschrift des § 128a ZPO ist den Parteien, ihren Bevollmächtigten und Beiständen auf Antrag oder von Amts wegen gestattet, sich während einer mündlichen Verhandlung an einem anderen Ort aufzuhalten und dort Verfahrenshandlungen vorzunehmen. Diese technische Möglichkeit ist auch mit dem allgemeinen Persönlichkeitsrecht der Beteiligten vereinbar (BVerfG v. 5.9.2023, Az. 2 BvR 1260/23). Dies gilt auch für Zeugen. In der Praxis wird die Anwendung jedoch vielfach an der mangelnden technischen Ausstattung der Gerichte und der Prozessbeteiligten scheitern. Allerdings ist diese Art der Verhandlung insbesondere in den Fällen im Vordringen begriffen, in denen sonst lange Anreisezeiten in Kauf genommen werden müssten. Kommt es zu technischen Problemen unklarer Ursache, muss das Gericht die Verhandlung vertagen (OLG Celle v. 21.9.2022, Az. 24 W 3/22).

Auf die Einhaltung des Öffentlichkeitsgrundsatzes kann im arbeitsgerichtlichen Verfahren nicht verzichtet werden. Dieser ist jedoch nicht verletzt, wenn aus zwingenden Gründen Beschränkungen bestehen oder angeordnet werden müssen, wozu insbesondere gegebene Raumbeschränkungen gehören. Es besteht kein Anspruch der Öffentlichkeit auf so viele Plätze, wie Interessenten kommen. Zulässig ist auch eine Reduzierung der Zuhörerzahl in einem Saal, um Abstandsregelungen im Zuge einer Pandemiebekämpfung einhalten zu können (BAG v. 2.3.2022, Az. 2 AZN 629/21). Überdies kann das Arbeitsgericht die Öffentlichkeit für die Verhandlung oder für einen Teil der Verhandlung ausschließen, wenn durch die Öffentlichkeit eine Gefährdung der öffentlichen Ordnung, insbesondere der Staatssicherheit, oder eine Gefährdung der Sittlichkeit zu besorgen ist oder wenn eine Partei den Ausschluss der Öffentlichkeit beantragt, weil Betriebs-, Geschäfts- oder Erfindungsgeheimnisse zum Gegenstand der Verhandlung oder der Beweisaufnahme gemacht werden (§ 52 Satz 2 ArbGG). Dies gilt auch, soweit Umstände aus dem persönlichen Lebensbereich eines Prozessbeteiligten, eines Zeugen oder eines durch eine rechtswidrige Tat Verletzten zur Sprache kommen, deren öffentliche Erörterung schutzwürdige Interessen verletzen würde (§ 171b Abs. 1 Satz 1 des Gerichtsverfassungsgesetzes). Wenn eine Partei beantragt, Informationen ganz oder teilweise als geheimhaltungsbedürftig einzustufen, muss das Gericht hierüber vorab durch Beschluss entscheiden (LAG Baden-Württemberg v. 22.9.2023, Az. 7 Ta 1/22).

5. Kosten

Der Verlierer des Rechtsstreits muss die Kosten tragen. Wird der Klage teilweise stattgegeben und sie zum anderen Teil abgewiesen, werden die Kosten geteilt. Aus dem Urteil ergibt sich, wer welchen Anteil zu tragen hat. Die Kosten umfassen sowohl die Gerichtsgebühren, die vor dem Arbeitsgericht geringer sind als beim Zivilgericht, als auch Aufwendungen für Sachverständigengutachten, Zeugenentschädigungen, Anreisekosten zum Termin etc. Die Anwaltskosten muss jede Partei in erster Instanz selbst tragen, auch wenn sie gewinnt (§ 12a ArbGG). Aus dieser Regelung ergibt sich auch, dass die Verzugskostenpauschale von 40,– EUR (§ 288 Abs. 5 BGB) im Arbeitsgerichtsverfahren nicht zugesprochen werden kann (BAG v. 25.9.2018, Az. 8 AZR 284/17). In zweiter und dritter Instanz werden auch die Anwaltskosten der obsiegenden Partei dem Verlierer auferlegt.

6. Berufung

Gegen ein Urteil erster Instanz kann Berufung zum Landesarbeitsgericht (LAG) eingelegt werden, wenn diese im Urteil zugelassen worden ist oder der Verlierer mit mehr als 600,– EUR unterlegen ist. Es kommt also nicht auf die Höhe des Streitwertes an, sondern auf den Wert des Prozeßteils, mit dem eine Partei unterlegen ist.

Beispiel:

Der Arbeitnehmer hat auf Zahlung von 2.000,– EUR geklagt. Der Arbeitgeber wird verurteilt, 1.600,– EUR zu zahlen. Hier kann nur der Arbeitgeber Berufung einlegen. Der Arbeitnehmer ist nur mit 400,– EUR unterlegen. Wenn der Arbeitgeber in diesem Fall Berufung einlegt kann der Arbeitnehmer eine sog. unselbständige Anschlußberufung einlegen. Wenn es sich um grundsätzliche Rechtsfragen handelt, kann das Arbeitsgericht aber die Berufung zulassen.

In Kündigungssachen ist die Berufung immer zulässig. Im Berufungsverfahren ist die Vertretung durch einen Rechtsanwalt, Gewerkschaftssekretär oder Verbandsvertreter notwendig. Der Verlierer muss hier auch die Anwaltskosten des Gegners tragen.

7. Revision

Die Revision zum Bundesarbeitsgericht (BAG) ist nur möglich, wenn das LAG sie zugelassen hat. Dies kommt bei einer grundsätzlichen Bedeutung der Rechtssache in Betracht. Wurde die Revision nicht zugelassen, kann dies mit einer sog. Nichtzulassungsbeschwerde angegriffen werden. Das BAG prüft nur die richtige Rechtsanwendung, nicht aber, wie sich der Sachverhalt abgespielt hat.

Verfassungsbeschwerde

Gegen ein letztinstanzliches Urteil kann u. U. auch Verfassungsbeschwerde vor dem Bundesverfassungsgericht erhoben werden. Dafür muss eine Verletzung von Grundrechten wie etwa der Berufsfreiheit (Art. 12 GG) oder der Eigentumsgarantie (Art. 14 GG) geltend gemacht werden. Das Bundesverfassungsgericht kann das Urteil aufheben, sodass neu entschieden werden muss. Die Erfolgsaussichten sind sehr gering, meist werden die Verfassungsbeschwerden nicht zur Entscheidung angenommen, wobei von einer Begründung abgesehen wird.

Europäischer Gerichtshof

Der EuGH mit Sitz in Luxemburg kommt auf einer anderen Art in das Verfahren. Er ist keine Rechtsmittelinstanz. Man kann also nicht nach einem Prozessverlust den EuGH anrufen und auf ein besseres Ergebnis hoffen. Es ist aber möglich, ein sog. Vorabentscheidungsverfahren anzuregen. Dabei legt das nationale Gericht, egal welcher Instanz, den Fall mit einer ganz bestimmten europarechtlichen Frage dem EuGH vor. An dessen Antwort sind die Gerichte dann gebunden. Wenn ein letztinstanzlich zuständiges Gericht es fehlerhaft unterlässt, den EuGH anzurufen, kommt eine Verfassungsbeschwerde wegen eines Verstoßes gegen den Grundsatz des gesetzlichen Richters in Betracht (BVerfG v. 14.1.2021, Az. 1 BvR 2853/19).

Europäischer Gerichtshof für Menschenrechte

Der EGMR mit Sitz in Straßburg kann angerufen werden, wenn ein Verstoß gegen die Europäische Menschenrechtscharta gerügt wird. Wird ein solcher Verstoß festgestellt, kann der betreffende Mitgliedstaat zu Schadensersatzzahlungen verurteilt werden.

Beispiel:

Die Arbeitnehmerin wird wegen des Tragens eines Kopftuches entlassen. Das Bundesarbeitsgericht prüft nur, ob dies generell die Kündigung rechtfertigt, nicht aber, ob sie tatsächlich ständig ein Kopftuch trägt.

III. Beschlussverfahren

Bestehen zwischen Arbeitgeber und Betriebsrat Meinungsverschiedenheiten, kann das Arbeitsgericht im Beschlussverfahren entscheiden.

Beispiel:

Der Betriebsrat beruft eine Betriebsversammlung zu einem Zeitpunkt ein, an dem üblicherweise ein sehr hoher Umsatz erzielt wird. Der Arbeitgeber kann versuchen, durch eine einstweilige Verfügung im Beschlussverfahren eine Verlegung zu erzwingen.

Der Name „Beschlussverfahren" kommt daher, dass das Gericht nicht durch Urteil, sondern durch Beschluss entscheidet. Sowohl Arbeitgeber als auch Betriebsrat sind antragsberechtigt. Sie müssen sich in erster Instanz nicht durch einen Rechtsanwalt vertreten lassen. Eine Güteverhandlung ist im Beschlussverfahren möglich, sie muss jedoch (im Gegensatz zum Urteilsverfahren) nicht stattfinden. Das Gericht ist befugt, den Sachverhalt von sich aus zu ermitteln, aber nur so weit, wie er vom Antragsteller vorgetragen wurde.

Beispiel:

Der Betriebsrat beantragt, dem Arbeitgeber zu verbieten, eine Stempeluhr ohne vorherige Betriebsvereinbarung zu installieren. Nur dies ist Gegenstand des Beschlussverfahrens. Das Arbeitsgericht darf nicht etwa prüfen, ob der Betriebsrat auch bei der Anordnung bestimmter Überstunden ein Mitbestimmungsrecht hat.

Das Gericht macht den Beteiligten entweder in der Güteverhandlung oder in einem schriftlichen Beschluss Auflagen, zum Sachverhalt innerhalb einer bestimmten Frist Stellung zu nehmen. Auch diese Frist ist eine Ausschlussfrist, d. h. ein verspätetes Vorbringen braucht vom Gericht nicht mehr beachtet zu werden.

In einem Anhörungstermin vor der Kammer wird die Sach- und Rechtslage erörtert, wobei das Gericht auch im Beschlussverfahren versucht, eine gütliche Einigung herbeizuführen. Erscheint einer der Beteiligten nicht, kann (anders als im Urteilsverfahren) kein Versäumnisurteil ergehen. Vielmehr wird die Entscheidung dann aufgrund der Aktenlage getroffen. Gegen eine Entscheidung des Arbeitsgerichts kann der Unterlegene Beschwerde zum Landesarbeitsgericht einlegen. Bei Fragen von grundsätzlicher Bedeutung kann die Rechtsbeschwerde zum BAG zugelassen werden. Auch im Beschlussverfahren, z. B. im Zusammenhang mit Betriebsratswahlen, kann eine einstweilige Verfügung ergehen.

Beim Beschlussverfahren werden keine Gerichtskosten erhoben (§ 2 Abs. 2 des Gerichtskostengesetzes – GKG). Der Arbeitgeber hat jedoch sowohl seine eigenen Kosten als auch die des Betriebsrats zu tragen. Dies gilt unabhängig davon, wer das Verfahren gewinnt.

Beispiel:

Der Betriebsrat leitet ein Beschlussverfahren vor dem Arbeitsgericht ein, in dem festgestellt werden soll, dass er in einer bestimmten Frage ein Mitbestimmungsrecht hat. Der Antrag wird in zwei Instanzen zurückgewiesen. Der Arbeitgeber muss hier nicht nur seinen eigenen Anwalt, sondern auch den des Betriebsrats bezahlen.

Eine Ausnahme gilt nur dann, wenn die Anrufung des Arbeitsgerichts erkennbar unnötig und mutwillig war, z. B. weil die Rechtslage eindeutig zu Ungunsten des Betriebsrates ist (LAG Hessen v. 18.4.2016, Az. 16 TaBV 80/15; LAG Düsseldorf v. 25.9.2015, Az. 6 TaBV 62/15). Der Arbeitgeber kann in diesem Verfahren mit einem Widerantrag die Feststellung beantragen, dass er nicht verpflichtet ist, die Kosten zu tragen (LAG Baden-Württemberg v. 24.6.2016, Az. 17 TaBV 6/15; a. A. LAG Schleswig-Holstein v. 12.1.2010, Az. 5 TaBV 32/09). Es ist auch im Kosteninteresse des Arbeitgebers nicht vertretbar, in einem seit langem ruhenden Verfahren ohne Veranlassung Handlungen vorzunehmen, die Rechtsanwaltsgebühren auslösen. Diese muss der Arbeitgeber nicht bezahlen (LAG Hessen v. 18.4.2016, Az. 16 TaBV 81/15).

Besonderheiten gelten bei dem Beschlussverfahren zur Einrichtung einer Einigungsstelle (§ 100 ArbGG, s. → *Einigungsstelle II. 1.*). Hierbei ist zu beachten, dass stets hinreichend klar sein muss, über welchen Gegenstand die Einigungsstelle überhaupt verhandeln und ggf. durch Spruch befinden soll. Daher muss der Antragsteller im Bestellungsverfahren zwar nicht den Inhalt der von ihm angestrebten Regelung darlegen, wohl aber hinreichend konkret angeben, über welchen Gegenstand in der Einigungsstelle verhandelt werden soll (LAG Berlin-Brandenburg v. 17.2.2021, Az. 4 TaBV 50/21). Klagen gegen die Allgemeinverbindlichkeit von Tarifverträgen sind nicht mehr bei den Verwaltungsgerichten, sondern bei den Gerichten für Arbeitssachen anzubringen. Hierfür ist erstinstanzlich das Landesarbeitsgericht zuständig, in dessen Bezirk die Behörde ihren

Sitz hat, die den Tarifvertrag für allgemeinverbindlich erklärt hat oder die Rechtsverordnung erlassen hat (§ 2a Abs. 1 Nr. 5 in Verbindung mit § 98 Abs. 2 ArbGG). Antragsbefugt ist jede natürliche oder juristische Person oder Gewerkschaft oder Vereinigung von Arbeitgebern, die nach Bekanntmachung der Allgemeinverbindlicherklärung oder der Rechtsverordnung geltend macht, durch die Allgemeinverbindlicherklärung oder die Rechtsverordnung oder deren Anwendung in ihren Rechten verletzt zu sein oder in absehbarer Zeit verletzt zu werden (§ 98 Abs. 1 ArbGG). Der rechtskräftige Beschluss über die Wirksamkeit einer Allgemeinverbindlicherklärung oder einer Rechtsverordnung wirkt für und gegen jedermann (§ 98 Abs. 4 Satz 1 ArbGG).

Zur Klärung der Frage, welcher Tarifvertrag nach der durch das Tarifeinheitsgesetz vom 3.7.2015 geschaffenen Kollisionsregel gilt, sind nach § 99 ArbGG die Gerichte für Arbeitssachen zuständig. Antragsbefugt sind die Tarifvertragsparteien eines kollidierenden Tarifvertrages. Es gelten grundsätzlich die Regeln des Beschlussverfahrens. Auch hier wirkt ein rechtskräftiger Beschluss nicht nur zwischen den Beteiligten dieses Verfahrens, sondern gegenüber jedermann (§ 99 Abs. 3 ArbGG).

Arbeitspflicht

I. Begriff

Die Arbeitspflicht stellt die Hauptleistungspflicht des Arbeitnehmers aus dem Arbeitsvertrag dar (§ 611 BGB). Er muss sie in eigener Person erbringen, kann sich also nicht durch einen Stellvertreter vertreten lassen (§ 613 BGB). Nur wenn eine solche Vertretungsmöglichkeit vereinbart wurde, muss der Arbeitnehmer die Leistung nicht in eigener Person erbringen. Welchen Inhalt die Arbeitsleistung hat, ergibt sich meist schlagwortartig aus dem Arbeitsvertrag (z. B. Personalleiterin, kaufmännische Angestellte, Produktionshelfer). Es kann aber auch vereinbart werden, dass eine Stellenbeschreibung Inhalt des Arbeitsvertrages ist, die nur in gegenseitigem Einvernehmen geändert werden kann. Das Weisungsrecht ist dann auf die dort genannten Tätigkeiten beschränkt. Ansonsten kann der Arbeitgeber die konkret zu leistende Tätigkeit durch sein → *Direktionsrecht* bestimmen. Dabei muss er gem. § 106 Satz 1 GewO nicht nur die Grenzen von Gesetz, Tarifvertrag und Betriebsvereinbarung einhalten, sondern auch billiges Ermessen walten lassen. D. h., dass er die berechtigten Interessen des Arbeitnehmers bei der Erteilung von Anweisungen berücksichtigen muss. Zu beachten ist, dass die Zuweisung eines neuen Arbeitsplatzes gleichwohl billigem Ermessen entsprechen kann, wenn der Arbeitgeber seinen Schutzpflichten gemäß § 618 Abs 1 BGB in Verbindung mit den öffentlich-rechtlichen Arbeitsschutznormen nicht genügt, sofern es sich um nur geringfügige oder kurzzeitige Verstöße handelt, die keinen nachhaltigen Schaden bewirken können (BAG v. 28.6.2018, Az. 2 AZR 436/17). Die Rücksichtnahmepflicht des Arbeitgebers gilt in besonderem Maße, wenn der Arbeitnehmer schwerbehindert ist (§ 106 Satz 3 GewO). Diese Pflichten werden durch § 164 Abs. 4 SGB IX konkretisiert (s. unter → *Schwerbehinderte Menschen VII 1.*).

WICHTIG!

Der Arbeitnehmer kann die Befolgung einer von ihm als unbillig empfundenen Weisung verweigern, trägt aber das Risiko einer Fehleinschätzung. Erweist sich die Weisung doch als wirksam, ist z. B. eine Abmahnung rechtmäßig. Das Risiko einer Fehleinschätzung trägt also der Arbeitnehmer (BAG v. 18.10.2017, Az. 10 AZR 330/16).

Die Beendigung einer alternierenden Telearbeit kann unwirksam sein, wenn die Interessen des Arbeitnehmers an ihrer Beibehaltung nicht hinreichend beachtet worden sind (s. i. E. unter → *Telearbeit*). Allerdings hat der Arbeitnehmer grundsätzlich keinen Anspruch darauf, seine arbeitsvertraglich geschuldete Tätigkeit von seinem Wohnsitz aus zu erbringen. Auch wenn der Arbeitgeber ihm dies zunächst gestattet hat, ist er berechtigt, dies zu ändern, wenn es hierfür betriebliche Gründe gibt (LAG München v. 26.8.2021, Az. 3 SaGa 13/21). Dabei sind Mitbestimmungsrechte des Betriebsrates wie z. B. in § 99 Abs. 1 BetrVG (Versetzung) zu beachten. In Ausnahmefällen der schuldlosen Arbeitsverhinderung ist der Arbeitnehmer von der Arbeitsleistung befreit und erhält trotzdem seine Vergütung (→ *Entgeltfortzahlung*). Dies gilt auch für den Urlaub. Die Arbeitspflicht ist auch dann ausgesetzt, wenn gesetzliche Beschäftigungsverbote bestehen, wie z. B. beim Mutterschutz. Allein der Umstand, dass der Arbeitnehmer die gerichtliche Auflösung des Arbeitsverhältnisses anstrebt, lässt die Arbeitspflicht nicht entfallen, solange dem Auflösungsantrag nicht rechtskräftig stattgegeben worden ist (BAG v. 14.12.2017, Az. 2 AZR 86/17). Grundsätzlich besteht nicht nur eine Arbeitspflicht des Arbeitnehmers, sondern auch eine Beschäftigungspflicht des Arbeitgebers. Solange die Approbation eines Arztes ruht, ist ihm ein Tätigwerden untersagt. Gleichwohl durchgeführte ärztliche Tätigkeiten begründen unabhängig von ihrer Qualität keinen Vergütungsanspruch (ArbG Berlin v. 28.6.2023, Az. 14 Ca 11727/22).

II. Inhalt der Arbeitspflicht

Der Arbeitnehmer ist verpflichtet, dem Arbeitgeber seine Arbeitskraft zur Verfügung zu stellen und dabei dessen Weisungen zu befolgen, sofern sich diese im Rahmen der vertraglich geschuldeten Arbeitsleistung bewegen (s. i. E. unter → *Direktionsrecht*). Der Arbeitnehmer darf auch nicht der Arbeit fernbleiben, um an Sitzungen des Ortsvorstandes seiner Gewerkschaft teilzunehmen.

Sowohl bei der Arbeitsintensität als auch bei der Qualität der Arbeit muss der Arbeitnehmer das leisten, was ihm persönlich möglich ist. Es kommt also nicht auf den Durchschnitt des Betriebs an, sondern auf das persönliche Leistungsvermögen des Arbeitnehmers. Dieses muss er ausschöpfen und sorgfältig und konzentriert arbeiten. Einen bestimmten Arbeitserfolg schuldet er grundsätzlich nicht.

Die Arbeitsleistung muss nur gegenüber dem Arbeitgeber erbracht werden. Die Parteien können jedoch auch vereinbaren, dass der Arbeitnehmer für andere tätig wird, z. B. bei Montagearbeiten. Stirbt der Arbeitgeber, so tritt der Erbe in die Arbeitgeberstellung ein. Der Erbe des Arbeitnehmers erwirbt zwar dessen finanzielle Ansprüche, kann aber keine Verpflichtung zur Arbeitsleistung haben. Diese ist höchstpersönlich.

III. Sonderfall: Vertragsbruch

Von einem Vertragsbruch spricht man, wenn sich der Arbeitnehmer ohne rechtfertigenden Grund oder nicht fristgemäß vom Arbeitsverhältnis lossagt und seine Arbeitspflicht nicht erfüllt. Dies kann in folgenden Fällen vorliegen:

- Der Arbeitnehmer erscheint erst gar nicht zur Arbeit.
- Der Arbeitnehmer bleibt irgendwann der Arbeit fern, ohne dass man etwas von ihm hört.
- Der Arbeitnehmer kündigt mit einer zu kurzen Kündigungsfrist, z. B. weil er kurzfristig einen besser bezahlten Arbeitsplatz gefunden hat. Hier kommt auch ein Verstoß gegen das Wettbewerbsverbot während der Dauer des Arbeitsverhältnisses in Betracht (§ 60 HGB), der Ansprüche wegen unlauteren Wettbewerbs nach den Vorschriften des UWG begründen kann (LAG Rheinland-Pfalz v. 26.2.2016, Az. 1 Sa 164/15).

In diesen Fällen muss der Arbeitgeber keine Vergütung für die nicht geleistete Arbeit zahlen und kann ggf. fristlos kündigen. Darüber hinaus aber stehen ihm auch Schadensersatzansprüche zu, denn der Arbeitnehmer verletzt seine vertragliche Hauptpflicht, Arbeit zu leisten. Als Schadensersatzpositionen kommen in Betracht:

- entgangener Gewinn,
- Mehrvergütung für eine kurzfristig eingestellte Ersatzkraft,
- Kosten wegen des Stillstands von Maschinen,
- Konventionalstrafen des Arbeitgebers an Auftraggeber.

Es ist jedoch häufig schwierig, die genaue Höhe des Schadens zu ermitteln und in einem Prozess auch zu beweisen. Der Arbeitgeber versucht natürlich in der Regel alles, um den Schaden gering zu halten, ohne dass er seine Aufwendungen immer genau beziffern könnte.

Beispiel:

Ein Arbeitnehmer erklärt am Freitag, dass er am Montag nicht mehr komme, weil er eine besser bezahlte Stelle bekommen habe, die er aber nur sofort antreten könne. Der Arbeitgeber bekommt auf die Schnelle keine Ersatzkraft und arbeitet „rund um die Uhr", um die Arbeit des vertragsbrüchigen Arbeitnehmers mitzuerledigen. Hier ist es schwer möglich, den Schaden zu beziffern.

Wegen dieser Schwierigkeiten ist es zulässig, eine Vertragsstrafe im Arbeitsvertrag zu vereinbaren, durch die eine Art pauschaler Schadensersatz geleistet wird. Dies gilt auch für Formulararbeitsverträge. Derartige Klauseln sind nicht überraschend (BAG v. 20.10.2022, Az. 8 AZR 332/21; LAG Rheinland-Pfalz v. 16.5.2023, Az. 6 Sa 259/22). Allerdings kann die Vertragsstrafe im Einzelfall zu hoch sein. Dann muss der Arbeitnehmer gar keine Vertragsstrafe zahlen. Bei Formularverträgen wird also nicht, wie sonst vorgesehen, die Höhe der Vertragsstrafe reduziert. In der Regel ist maximal ein Bruttomonatsverdienst angemessen. Dies ist aber zu hoch, wenn der Arbeitnehmer innerhalb der Probezeit mit einer nur zweiwöchigen Frist kündigen könnte (BAG v. 17.3.2016, Az. 8 AZR 665/14). Es muss genau vereinbart werden, welches Verhalten die Vertragsstrafe auslöst. Auch die Höhe der Vertragsstrafe muss eindeutig bestimmt sein (BAG v. 20.10.2022, Az. 8 AZR 332/21). Dies kann dann auch nicht erweiternd zugunsten des Arbeitgebers ausgelegt werden. Ist die Vertragsstrafe für eine Beendigung des Arbeitsverhältnisses durch den Arbeitnehmer vereinbart worden, kann sie also nicht dahin ausgelegt werden, dass sie auch gilt, wenn der Arbeitgeber zur Kündigung provoziert worden ist. Auch die folgende Regelung in allgemeinen Geschäftsbedingungen ist unwirksam: „Die Vertragsstrafe wird durch schuldhaft vertragswidriges Verhalten des Arbeitnehmers, das den Arbeitgeber zur fristlosen Kündigung des Arbeitsverhältnisses veranlasst, verwirkt" (LAG Rheinland-Pfalz v. 6.5.2014, Az. 7 Sa 540/13). Ebenso ist ein im Arbeitsvertragsformular enthaltenes Vertragsstrafeversprechen unwirksam, wonach sich der Arbeitnehmer zur Zahlung in Höhe eines halben Jahresnettoentgelts für den Fall verpflichtet, dass sich der Arbeitnehmer „während der Dauer der Zusammenarbeit und sechs Monate" danach „abwerben" lässt „und ein Dienstverhältnis mit dem Auftraggeber oder einem Auftragnehmer des Auftraggebers begründet" (LAG Mecklenburg-Vorpommern v. 20.1.2015, Az. 2 Sa 59/14). Ein Vertragsstrafeversprechen kann auch dann unwirksam sein, wenn bereits bei kleinsten Verfehlungen eine Vertragsstrafe von bis zu einem Monatsentgelt verwirkt wird (LAG Saarland v. 7.9.2016, Az. 2 Sa 104/15). Die Vertragsstrafe muss zudem der Höhe nach klar und bestimmt sein. Eine Klausel, nach der der Arbeitgeber „für jeden Fall der Zuwiderhandlung eine Vertragsstrafe in Höhe von zwei durchschnittlichen Brutto-Monatseinkommen verlangen" kann und „im Falle einer dauerhaften Verletzung der Verschwiegenheitspflicht oder des Wettbewerbsverbotes jeder angebrochene Monat als eine erneute Verletzungshandlung" gilt, benachteiligt den Arbeitnehmer unangemessen i. S. d. § 307 Abs. 1 Satz 2 i. V. m. § 307 Abs. 1 Satz 1 BGB. Unwirksam ist auch eine Vertragsstrafe in Höhe einer „Bruttomonatsvergütung", wenn der Arbeitnehmer ein Festgehalt und zusätzlich eine variable Umsatzbeteiligung erhält. Hier muss klar definiert werden, wie hoch die Vertragsstrafe sein soll. Unangemessen ist auch die Vertragsstrafe, bei der der Arbeitnehmer etwa bei einem Tag unentschuldigten Fehlens eine Vertragsstrafe von einem Monatsentgelt zahlen soll (LAG Saarland v. 7.9.2016, Az. 2 Sa 104/15). Auch wenn der Arbeitsvertrag allgemeine Geschäftsbedingungen enthält, die ausschließlich Pflichtverletzungen des Arbeitnehmers mit Vertragsstrafe bedrohen, während gleichwertige Pflichtverletzungen des Arbeitgebers nicht entsprechend sanktioniert sind, kann dies zu einer unangemessenen Benachteiligung des Arbeitnehmers führen (Sächsisches LAG v. 24.1.2022, 1 Sa 345/21). Auch kann eine Vertragsstrafe von drei Bruttomonatsverdiensten selbst im Falle der ordentlichen Eigenkündigung vor Ablauf eines arbeitsvertraglich vereinbarten Weiterbildungszeitraums durch einen Arzt in Weiterbildung unangemessen hoch sein (BAG v. 20.10.2022, Az. 8 AZR 332/21). Weiter hat das BAG entschieden, dass folgende vorformulierte Vertragsbedingung unwirksam ist: Der Arbeitnehmer war danach verpflichtet, dem Arbeitgeber eine von ihm für das Zustandekommen des Arbeitsvertrags an einen Dritten gezahlte Vermittlungsprovision zu erstatten, wenn er das Arbeitsverhältnis vor Ablauf einer bestimmten Frist durch Eigenkündigung beendet. Diese Klausel ist unangemessen und daher unwirksam (BAG v. 20.6.2023, Az. 1 AZR 265/22).

Eine unangemessene Benachteiligung liegt auch vor, wenn ein Vertragsstrafeversprechen für jeden Einzelfall eines Wettbewerbsverstoßes eine Vertragsstrafe in Höhe eines Bruttomonatsverdienstes vorsieht, ohne eine Differenzierung zu treffen nach der Schwere des Verstoßes, nach dem Grad des Verschuldens, der Möglichkeit eines Schadens und dessen Höhe, ohne eine Obergrenze der Vertragsstrafe sowie eine Berücksichtigung von Fortsetzungszusammenhang vorzusehen. Das LAG Mecklenburg-Vorpommern differenziert hier sehr präzise: „Soweit eine Klausel nicht zwischen einer versuchten Abwerbung, einer vollendeten Abwerbung und der Beteiligung an einer Abwerbung unterscheidet, nicht nur eine vollendete Abwerbung, sondern auch einfachste Unterstützungshandlungen und selbst der im frühen Anfangsstadium abgebrochene Versuch einer Abwerbung die Vertragsstrafe gleichermaßen in voller Höhe auslösen, liegt eine unangemessene Benachteiligung vor", und folgert: „Dient eine Vertragsstrafe in erster Linie zur bloßen Schöpfung neuer, vom Sachinteresse des Verwenders losgelöster Geldforderungen, so fehlt es am berechtigten Interesse des Arbeitgebers" (LAG Mecklenburg-Vorpommern v. 28.3.2023, Az. 2 Sa 112/22). Eine Vertragsklausel, wonach das zum Zwecke der Weiterbildung abgeschlossene Arbeitsverhältnis eines in der Weiterbildung zum Facharzt befindlichen approbierten Arztes nach Ablauf der Probezeit erst nach 42 Monaten nach Beginn des Arbeitsverhältnisses ordentlich gekündigt werden kann, ist unwirksam: Der Arbeitnehmer ist hier nicht zur Zahlung einer Vertragsstrafe verpflichtet (LAG Baden-Württemberg v. 10.5.2021, Az. 1 Sa 12/21).

Problematisch sind auch Klauseln, die die Handlungsmöglichkeiten des Arbeitnehmers nach Beendigung des Arbeitsverhältnisses in einer Weise einschränken, die einem Wettbewerbsverbot nahekommt. So hat das LAG Schleswig-Holstein entschieden, dass es fraglich ist, ob eine – karenzentschädigungslose – beschränkte Mandantenschutzklausel gegenüber einer Steuergehilfin auf Basis der aktuell geltenden BoStB überhaupt vereinbart werden könne. Das Verbot jeglicher Ansprache von Mandanten könne jedenfalls nicht über eine beschränkte Mandantenschutzklausel wirksam erfolgen. Daher löse dieses Verhalten auch keine Verpflichtung zur Zahlung einer Vertragsstrafe aus (LAG Schleswig-Holstein v. 17.4.2024, Az. 3 Sa 38/24).

Folgende Klausel ist hingegen **wirksam:** Bei Auflösung des Arbeitsverhältnisses ohne Einhaltung der maßgeblichen Kündigungsfrist ist ein sich aus der Bruttomonatsvergütung zu errechnendes Bruttotagegeld für jeden Tag der Zuwiderhandlung vereinbart, insgesamt jedoch nicht mehr als das in der gesetzlichen Mindestkündigungsfrist ansonsten zu zahlende Arbeitsentgelt (LAG Rheinland-Pfalz v. 15.1.2015, Az. 5 Sa 531/14). Eine höhere Vertragsstrafe als die o. g. ist in der Regel unzulässig, es gibt jedoch Ausnahmen, wenn das Interesse des Arbeitgebers an der Durchsetzung der Arbeitspflicht besonders groß ist (LAG Sachsen-Anhalt v. 15.2.2018, Az. 2 Sa 267/15). So wurde ein Vertragsstrafeversprechen von zwei Bruttomonatsgehältern für wirksam gehalten, obwohl die Kündigungsfrist nur 30 Tage betrug. Der Arbeitnehmer war aber Vertriebsleiter eines kleinen Logistikunternehmens und daher von besonderer Wichtigkeit (LAG Schleswig-Holstein v. 28.2.2012, Az. 1 Sa 235b/11). Eine solche Regelung ist auch nicht deswegen unwirksam, weil sie keinen Hinweis darauf enthält, dass sie nur bei einem schuldhaften Verhalten verwirkt ist (LAG Rheinland-Pfalz v. 19.5.2016, Az. 5 Sa 579/16). Nach Auffassung des LAG Köln ist eine Vertragsstrafenklausel aus der Sicht eines verständigen und redlichen Vertragspartners so zu verstehen, dass von dem die Vertragsstrafe auslösenden Regelbeispiel „Nichteinhaltung der Kündigungsfrist" auch die außerordentliche Kündigung ohne wichtigen Grund des Arbeitnehmers erfasst ist (LAG Köln v. 17.11.2015, Az. 12 Sa 707/15). Das LAG Schleswig-Holstein hat entschieden, dass eine Vertragsstrafenvereinbarung wirksam ist, nach welcher der Arbeitgeber berechtigt ist, eine Vertragsstrafe geltend zu machen, wenn die Mitarbeiterin im laufenden Vertragsverhältnis ohne Einhaltung der vertraglichen ordentlichen Kündigungsfrist ohne wichtigen Grund das Arbeitsverhältnis löst (LAG Schleswig-Holstein v. 11.12.2024, Az. 18 Sla 731/24).

Die Bewertung von Vertragsstrafenklauseln ist also sehr einzelfallbezogen und differenziert, sodass sich nicht immer vorab beurteilt werden kann, wie die Rechtsprechung eine konkrete Klausel bewertet.

WICHTIG!

Wenn die Vereinbarung über die Vertragsstrafe an einem Punkt nicht mit dem Recht vereinbar ist, entfällt die gesamte Regelung, soweit sie zulasten des Arbeitnehmers geht. Es kommt somit auf eine sehr sorgfältige Formulierung des Vertragsstrafeversprechens an. So wird etwa die Vertragsstrafe nicht fällig, wenn sie nur für den Fall der Nichteinhaltung der Kündigungsfrist vereinbart wird, der Arbeitnehmer die Kündigungsfrist zwar einhält, aber während ihrer Dauer seine Arbeitspflicht verletzt. Auch ist ein etwaiges unentschuldigtes Fernbleiben am Ende des Arbeitsverhältnisses nicht an sich schon eine vertragswidrige Beendigung des Arbeitsverhältnisses (LAG Rheinland-Pfalz v. 26.11.2021, Az. 7 Sa 205/20).

Eine Vertragsstrafe kann im Übrigen nur dann gefordert werden, wenn der Verstoß schuldhaft erfolgt ist. Eine Wettbewerbsabrede enthält keine wirksame Vereinbarung einer Vertragsstrafe, wenn die entsprechende Wettbewerbsklausel ohne gleichzeitige Vereinbarung einer Entschädigung geschlossen wurde und damit gem. § 74 Abs. 2 HGB unwirksam ist (LAG München v. 4.10.2012, Az. 11 Sa 515/12 – zu den Einzelheiten s. unter → *Wettbewerbsverbot*).

IV. Durchsetzung der Arbeitspflicht

Der Arbeitgeber kann versuchen, den Arbeitnehmer durch Androhung rechtlicher Schritte zur Arbeitsleistung zu bewegen.

Beispiel:

Der Arbeitnehmer weigert sich, eine bestimmte Tätigkeit auszuführen, die zu seinem Tätigkeitsbereich gehört. Der Arbeitgeber kann ihm eine Abmahnung erteilen und ihm für den Wiederholungsfall die Kündigung androhen. Weigert er sich weiterhin beharrlich, kann er diese auch aussprechen. Außerdem kann er Schadensersatzansprüche ankündigen.

Gleiches gilt, wenn der Arbeitnehmer den oben geschilderten Vertragsbruch begeht. Über diese mittelbaren Druckinstrumente hinaus kann der Arbeitnehmer aber auch auf Arbeitsleistung verklagt werden.

Beispiel:

Der Arbeitnehmer erklärt, dass er ab nächstem Montag nicht mehr zur Arbeit erscheinen werde, obwohl er eine Kündigungsfrist von vier Monaten hat. Der Arbeitgeber kann ihn vor dem Arbeitsgericht auf Erfüllung seiner Arbeitspflicht verklagen. Es wird auch eine einstweilige Verfügung für zulässig erachtet.

Dieses Urteil kann jedoch nicht vollstreckt werden, da das Gesetz den Zwang zu einer höchstpersönlichen Arbeitsleistung ausschließt (§ 888 Abs. 2 ZPO). Ein mittelbarer Druck kann aber dadurch ausgeübt werden, dass der Arbeitgeber beantragt, den Arbeitnehmer für den Fall, dass er dem Urteil nicht nachkommt, zur Zahlung einer Entschädigung zu verurteilen (§ 61 Abs. 2 ArbGG). Letztlich bleibt dem Arbeitgeber also immer nur der indirekte Druck zur Erfüllung der Arbeitspflicht.

V. Loyalitätspflicht

Die Loyalitätspflicht des Arbeitnehmers umfasst dessen Verpflichtung zur Wahrung der Interessen des Arbeitgebers und stellt eine Nebenpflicht aus dem Arbeitsverhältnis dar. Das Gegenstück auf der Arbeitgeberseite wird traditionell Fürsorgepflicht genannt. Beide Pflichten basieren auf dem Grundsatz von Treu und Glauben. Dieser ist im § 241 Abs. 2 BGB dahin konkretisiert worden, dass ein Vertragspartner „zur Rücksicht auf die Rechte, Rechtsgüter und Interessen" des anderen verpflichtet sein kann. Dies gilt verstärkt im Arbeitsverhältnis. Der Arbeitnehmer muss seine Pflichten aus dem Arbeitsverhältnis so erfüllen, wie dies vernünftigerweise vom Arbeitgeber verlangt werden kann. Welchen Inhalt die Loyalitätspflicht hat, kann nicht abstrakt bestimmt, sondern muss vielmehr im Einzelfall ermittelt werden. Dabei kommt es auch auf die Stellung des Arbeitnehmers im Betrieb an. Ein leitender Angestellter hat wesentlich größere Loyalitätspflichten als ein Fließbandarbeiter. Die Loyalitätspflicht verbietet dem Arbeitnehmer jedoch nicht die Wahrnehmung eigener Interessen, auch wenn sie denen des Arbeitgebers zuwiderlaufen.

Einige typische Inhalte der Loyalitätspflicht sind Folgende:

- **Abwerbungen:**

  Der Versuch von Abwerbungen eines Arbeitnehmers, der aus dem Betrieb ausscheiden will, stellt nur dann einen Verstoß gegen die Loyalitätspflicht dar, wenn er gegen die guten Sitten verstößt.

- **Anzeigepflicht bei Störungen und Schäden im Arbeitsbereich:**

  Im Rahmen des Zumutbaren kann der Arbeitnehmer auch verpflichtet sein, Kollegen anzuzeigen, die mit rechtswidrigen Handlungen den Arbeitgeber schädigen. Eine Kündigung wegen öffentlicher diffamierender und bloßstellender Äußerungen über den eigenen Arbeitgeber, welche von einer aggressiven und feindlichen Stellung diesem gegenüber geprägt sind und nicht mehr vom Recht auf freie Meinungsäußerung nach Art. 5 Abs. 1 Satz 1 GG gedeckt sind, kann durchaus Wirksamkeit entfalten, denn wer Missstände bei seinem Arbeitgeber öffentlich machen will, ist zunächst verpflichtet, die Tatsachen, die er öffentlich machen will, selbst zunächst einer sorgfältigen Prüfung zu unterziehen, bevor er damit an die Öffentlichkeit geht (LAG Thüringen v. 19.4.2023, Az. 4 Sa 269/22). Wendet sich ein Mitarbeiter einer Behörde mit der Offenlegung interner Vorkommnisse an eine Vielzahl außenstehender Verbände, um diese zu einer gemeinsamen Intervention beim Oberbürgermeister in einer internen Personalangelegenheit zu bewegen, liegt darin eine schwerwiegende Verletzung der Rücksichtnahme- und Loyalitätspflicht gegenüber dem öffentlichen Arbeitgeber, die zur außerordentlichen Kündigung berechtigen kann (LAG Düsseldorf v. 14.1.2025, Az. 3 SLa 537/24).

Die europäische Hinweisgeberrichtlinie (EURL 2019/1937 ist durch das im Juli 2023 in Kraft getretene Hinweisgeberschutzgesetz (HinSchG) in nationales Recht umgesetzt worden. Unternehmen sind danach verpflichtet, **interne Meldestellen** einzurichten, bei denen Verstöße gegen bestimmte Rechtsvorschriften gemeldet werden können. Auch **externe Meldestellen** sollen beim Bundesjustizamt und fachspezifisch beim BKartA und der Bundesanstalt für Finanzdienstleistungsaufsicht eingerichtet werden. Durch das Gesetz werden Hinweisgeber vor Nachteilen geschützt. Als Benachteiligung kommt auch eine Beschränkung des Hinweisgebers in Betracht, mit seinem Rechtsanwalt Belange des Unternehmens zu erörtern, wenn und soweit dies für eine rechtliche Beratung des Hinweisgebers erforderlich ist (Hessisches LAG v. 30.5.2025, Az. 10 GLa 337/25). Dabei muss der Arbeitnehmer einen Sachverhalt darlegen, der auf einen unmittelbaren Zusammenhang zwischen der Maßnahme des Arbeitgebers und einer vorangegangenen zulässigen Ausübung von Rechten nach diesem Gesetz hindeutet (LAG Niedersachsen v. 11.11.2024, Az. 7 SLa 306/24; ArbG Braunschweig v. 24.6.2025, Az. 6 Ca 303/24).

- **Politische Meinungsäußerungen:**

  Politische Meinungsäußerungen des Arbeitnehmers können den Betriebsfrieden stören und einen Verstoß gegen die Loyalitätspflicht darstellen, wenn sie besonders plakativ und provokativ erfolgen. Eine gesteigerte Pflicht zur Zurückhaltung besteht im öffentlichen Dienst und in Tendenzbetrieben wie z. B. Zeitschriftenverlagen (s. im Einzelnen unter → *Politische Betätigung*).

- **Schmiergelder:**

  Der Arbeitnehmer darf keine Schmiergelder oder sonstige Zuwendungen annehmen, die ihm andere geben, um ihn „gefügig" zu machen (BAG v. 25.2.2021, Az. 8 AZR 171/19, dort wurde auch eine Herausgabepflicht bzgl. der Schmiergelder bejaht; LAG Baden-Württemberg v. 11.7.2013, Az. 3 Sa 129/12 – zu luxuriöser Hausausstattung). Lediglich die gebräuchlichen Werbegeschenke wie Kugelschreiber und Kalender darf er annehmen.

- **Verschwiegenheitspflicht:**

  Der Arbeitnehmer muss auch ohne besondere Vereinbarung die Geschäfts- und Betriebsgeheimnisse des Arbeitgebers wahren. Dabei ist das Gesetz zum Schutz von Geschäftsgeheimnissen zu beachten, das detaillierte Regelungen enthält. So liegt ein Geschäftsgeheimnis in diesem Sinne nur vor, wenn der Unternehmer ausreichende Maßnahmen zur Sicherstellung der Geheimhaltung durchführt.

Beispiel:

Der Arbeitnehmer versucht, einen Kollegen zu überreden, mit ihm gemeinsam einen neuen Betrieb zu gründen. Dies ist zulässig, er darf aber dadurch nicht „unmittelbar in die Interessen des Arbeitgebers eingreifen". Ausgehend hiervon wurde die „Erstellung von Businessplänen durch einen Arbeitnehmer in herausgehobener Stellung unter Verwendung des arbeitgeberseitigen Arbeitsmaterials für die Gründung eines Unternehmens in unmittelbarer Konkurrenz zum Arbeitgeber" für unzulässig gehalten (LAG Berlin-Brandenburg v. 28.2.2020, Az. 9 Sa 998/19). Die Loyalitätspflicht verbietet es ihm auch z. B., diesen Kollegen zu veranlassen, Kundenlisten zu kopieren, damit man auf diese Weise neue Geschäftskontakte knüpfen kann.

Das Verhalten des Arbeitnehmers im privaten Bereich kann nur in Ausnahmefällen die Loyalitätspflicht verletzen. Die Loyalitätspflicht des Arbeitnehmers besteht nicht nur während der Dauer des Arbeitsverhältnisses. Sie beginnt schon während der Verhandlungen über den Abschluss eines Arbeitsvertrags und endet nicht mit dem Auslaufen des Arbeitsverhältnisses, sondern kann auch noch im Ruhestand fortwirken.

Beispiel:

Dem Arbeitnehmer ist es aufgrund seiner Loyalitätspflicht auch nach dem Ende des Arbeitsverhältnisses untersagt, rechtswidrig zurückbehaltene Listen oder sonstige Informationsträger seines früheren Arbeitgebers zu verwenden. Macht er dies trotzdem, kommt der Erlass einer einstweiligen Verfügung in Betracht.

Eine Verletzung der Loyalitätspflicht berechtigt den Arbeitgeber zur → *Abmahnung* und im Wiederholungsfall zur → *Kündigung*. In besonderen Fällen kann auch eine sofortige außerordentliche → *Kündigung* gerechtfertigt sein. Auch Schadensersatzansprüche kommen in Betracht. Ein schwerer Verstoß gegen die Loyalitätspflicht kann auch zur Verwirkung des Betriebsrentenanspruchs führen.

Arbeitsschutz

I. Begriff

Vielfach wird der Rechtscharakter des Arbeitsrechts allein auf die Funktion als Arbeitnehmerschutzrecht reduziert. Seine Funktion als Wirtschaftsrecht wird zu Unrecht vielfach übersehen.

Im Teilbereich Arbeitsschutz gibt es zahlreiche Gesetze, die dem Schutz des Arbeitnehmers dienen und ihn gegen Gefahren für Leben und Gesundheit bei der Arbeit und durch die Arbeit absichern sollen. Adressat dieser Vorschriften ist in erster Linie der Arbeitgeber. Auch wenn er aufgrund seiner Fürsorgepflicht bereits zum Arbeitsschutz verpflichtet ist, sollen durch die gesetzlichen Vorschriften die konkreten Gefahren, die dem Arbeitnehmer tätigkeitsbedingt am Arbeitsplatz drohen, möglichst gering gehalten werden. Seit Oktober 2013 werden im Arbeitsschutzgesetz explizit auch psychische Belastungen bei der Arbeit als mögliche Gesundheitsgefährdungen definiert (§ 4 Nr. 1, § 5 Abs. 3 Nr. 6 ArbSchG).

Beispiel:

Der Arbeitgeber ist verpflichtet, die im Arbeitszeitgesetz geregelten höchstens zulässigen Arbeitszeiten im Betrieb einzuhalten, und zwar unabhängig davon, ob ein Arbeitnehmer freiwillig länger arbeiten will.

Die gesetzlichen Regelungen des Arbeitsschutzes (z. B. Arbeitsschutzgesetz, Arbeitszeitgesetz, Betriebssicherheitsverordnung, Arbeitsstättenverordnung, Gefahrstoffverordnung) geben dem Arbeitgeber konkret vor, was er zum Wohl des Arbeitnehmers beachten muss.

Daneben wird der Schutz des Arbeitnehmers insbesondere durch Unfallverhütungsvorschriften realisiert. Aufgrund von Überschneidungen, die sich aus der Fusion der beiden Spitzenverbände von Berufsgenossenschaften und öffentlichen Unfallversicherungsträgern ergeben haben, werden die Unfallverhütungsvorschriften seit dem 1.5.2014 als DGUV-Vorschriften bezeichnet. Diese werden von den Trägern der gesetzlichen Unfallversicherung unter Mitwirkung der DGUV erarbeitet und gemäß § 15 SGB VII erlassen. Sie müssen wie die gesetzlichen Vorschriften sowohl vom Arbeitgeber als auch vom Arbeitnehmer beachtet werden.

II. Verantwortung für den Arbeitsschutz

1. Arbeitgeber

Der Arbeitgeber ist gem. § 3 ArbSchG verpflichtet, die erforderlichen Maßnahmen des Arbeitsschutzes unter Berücksichtigung der Umstände zu treffen, die Sicherheit und Gesundheit der Beschäftigten bei der Arbeit beeinflussen. Er hat die Maßnahmen auf ihre Wirksamkeit zu überprüfen und erforderlichenfalls sich ändernden Gegebenheiten anzupassen. (...)

Insbesondere muss er

- für eine geeignete Organisation zur Durchführung des Arbeitsschutzes sorgen und die erforderlichen Mittel bereitstellen,
- eine Gefährdungsbeurteilung durchführen und die Arbeit nach deren Ergebnis so gestalten, dass Gefährdungen für Leben und Gesundheit möglichst vermieden werden und dies:
  - bei der Gestaltung und der Einrichtung des Arbeitsplatzes,
  - bei der Gestaltung, der Auswahl und dem Einsatz von Arbeitsmitteln,
  - bei der Prüfung von möglichen physikalischen Einwirkungen,
  - bei der Prüfung von möglichen psychischen Belastungen bei der Arbeit.
- die nach der Gefährdungsbeurteilung erforderlichen Maßnahmen unter Berücksichtigung der Umstände treffen, die die Sicherheit und Gesundheit der Arbeitnehmer beeinflussen,
- dafür sorgen, dass die Maßnahmen von Führungskräften und Arbeitnehmern beachtet werden,
- einmal jährlich dafür sorgen, dass den Arbeitnehmern geeignete Anweisungen erteilt werden und dass sie auf Basis der Gefährdungsbeurteilung ihrer Tätigkeiten und Arbeitsplätze über Sicherheit und Gesundheitsschutz bei der Arbeit ausreichend informiert werden (Unterweisung),
- eine Dokumentation über die Gefährdungsbeurteilung, die von ihm festgelegten Schutzmaßnahmen und ihre Wirksamkeit anlegen.

Bei gleichartigen Arbeitsbedingungen ist die Beurteilung eines Arbeitsplatzes oder einer Tätigkeit ausreichend.

Einen Paukenschlag zum Arbeitsschutz hat das BAG mit Urteil vom 13.9.2022 (1 ABR 22/21) gesetzt. Inhaltlich hat der Erste Senat festgestellt, dass sich aus § 3 Abs. 2 Nr. 1 ArbSchG die Verpflichtung der Unternehmen ergibt, ein System der Arbeitszeiterfassung zu schaffen, um so den personenbedingten Gefahren aus einer Übererfüllung der Arbeitszeit zu begegnen. In Ergänzung einer Entscheidung des EuGH vom 14.5.2019 (C-55/18), in der bereits der EuGH vom Unternehmen eine Bereitstellung eines Systems zur Zeiterfassung gefordert hatte, das objektiv, verlässlich und zugänglich ist, greift das Bundesarbeitsgericht der politischen Diskussion ohne Not vor. Denn im Koalitionsvertrag hat die Politik festgelegt, zu Beginn des Jahres 2023 eine Arbeitszeiterfassung zu schaffen, was zwei Zielsetzungen erfüllen soll. Zum einen soll die Tagesbetrachtung nach dem Arbeitszeitrecht perpetuiert werden, darüber hinaus sollen den Tarifpartnern Spielräume für tarifvertragliche Regelungen der Arbeitszeit eingeräumt werden. Hier gilt es bezogen auf den Arbeitsschutz, die politische Diskussion abzuwarten.

Da das BAG als Instanz der Judikative den Vorrang der Legislative anerkennt, ist die Entscheidung des BAG lediglich als Aufruf an den Gesetzgeber, die Arbeitszeiterfassung zu regeln, zu verstehen. Ein erster Gesetzentwurf erfolgte allein durch das BMAS im Jahr 2023. Seitdem ist der Gesetzgeber nicht mehr tätig geworden.

Das Bundesverwaltungsgericht unterstützt mit Urteil vom 1.2.2024 die Verpflichtung von Unternehmen, in den Betrieben Arbeitsschutzausschüsse zu bilden. Zunächst wird der Betrieb im Sinne von § 11 Satz 1 Buchst. a SigG definiert. Dies als organisatorische Einheit, innerhalb derer der Arbeitgeber zusammen mit den von ihm beschäftigten Arbeitnehmern bestimmte arbeitstechnische Zwecke fortgesetzt verfolgt. Der allgemeine arbeitsrechtliche Betriebsbegriff findet damit Anwendung. Ergänzend wird verlangt, dass die menschliche Arbeitskraft von einem einheitlichen Leitungsapparat gesteuert wird. Gleiches gilt für Betriebe und für qualifizierte Betriebsteile im Sinne des § 4 Abs. 1 BetrVG.

Danach ist erster Ansprechpartner für die Arbeitsschutzbehörden der Arbeitsschutzausschuss, nachrangig der Betriebsrat bzw. Personalrat des Betriebes.

ACHTUNG!

Arbeitgeber müssen die Gefährdungsbeurteilung auch auf den Bereich der psychischen Belastungen am Arbeitsplatz erstrecken.

Das BAG hat in seiner Entscheidung vom 13.8.2019 (1 ABR 6/18) die notwendigen Schritte zur Durchführung einer Gefährdungsbeurteilung bestätigt. Diese sind:

- **Festlegen von Arbeitsbereichen und Tätigkeiten**
- **Ermittlung von Gefährdungen**
- **Beurteilung von Gefährdungen**
- **Festlegung konkreter Arbeitsschutzmaßnahmen nach Stand der Technik**
- **Durchführung von Abhilfemaßnahmen**
- **Überprüfung der Wirksamkeit der gefundenen Maßnahmen**
- **Fortschreibung der Gefährdungsbeurteilung**

Ein Verstoß gegen diese Pflichten kann als Ordnungswidrigkeit mit Bußgeld belegt werden; in schweren Fällen, insbesondere bei schweren Arbeitsunfällen, drohen Geld- oder sogar Freiheitsstrafen (§§ 25, 26 ArbSchG).

Die Arbeitnehmer können u. U. auch Ansprüche auf Schadensersatz haben. Eventuelle Schadensersatzansprüche beschränken sich allerdings auf Sachschäden, da für die Personenschäden grundsätzlich der gesetzliche Unfallversicherungsträger einsteht. Die privatrechtliche → *Haftung des Arbeitgebers* für Personenschäden eines Versicherten ist ausgeschlossen, wenn nicht Vorsatz vorliegt oder sich der Unfall auf einem versicherten Weg ereignet hat (§ 104 Abs. 1 SGB VII).

2. Führungskräfte und Vorgesetzte

Grundsätzlich kann der Arbeitgeber die ihm obliegenden Unternehmerpflichten, die sich ihm gegenüber aus den Vorschriften des Arbeitsschutzes ergeben oder ihn als Inhaber des Betriebs betreffen, an zuverlässige und fachkundige Personen übertragen. Die Beauftragung hat schriftlich zu erfolgen (§ 13 Abs. 2 ArbSchG). Tut er dies, treffen ihn aber weiterhin Organisations-, Aufsichts- und Kontrollpflichten. Aber auch der Vorgesetzte bzw. die Führungskraft ist unmittelbar in seinem/ihrem Verantwortungsbereich und insbesondere gegenüber seinen/ihren Mitarbeitern für die Einhaltung der jeweils einschlägigen Arbeitsschutzvorschriften verantwortlich, sodass im Falle des Verstoßes ein Bußgeld in Betracht kommt bzw. auch eine strafrechtliche Verantwortung. Eventuelle Schadensersatzansprüche beschränken sich auf Sachschäden, da für die Personenschäden grundsätzlich der gesetzliche Unfallversicherungsträger einsteht. Wie auch beim Unternehmer ist eine privatrechtliche Haftung des Vorgesetzten für Personenschäden eines Versicherten ausgeschlossen, wenn nicht Vorsatz vorliegt oder sich der Unfall auf einem versicherten Weg ereignet hat (§ 104 Abs. 1 SGB VII).

3. Arbeitnehmer

Auch die versicherten Arbeitnehmer haben die einschlägigen Vorschriften des Arbeitsschutzes an ihrem Arbeitsplatz zu beachten. Den dazu dienenden Weisungen des Arbeitgebers bzw. des Vorgesetzten ist Folge zu leisten. Andererseits ist der Arbeitnehmer bei unmittelbaren Gefahren nicht zur Arbeitsleistung verpflichtet. Entspricht sein Arbeitsplatz nicht den Vorschriften des Arbeitsschutzes und schafft der Arbeitgeber nach entsprechenden Beschwerden beharrlich keine Abhilfe, ist der Arbeitnehmer berechtigt, die zuständige Behörde einzuschalten. Dadurch dürfen ihm keinerlei Nachteile entstehen. Der Arbeitnehmer ist auch nicht verpflichtet, gegen den Arbeitsschutz verstoßende Tätigkeiten (z. B. den Abbau einer vorgeschriebenen Schutzvorrichtung) nach Weisung des Arbeitgebers oder eines Vorgesetzten zu befolgen.

Bei der Beachtung des Arbeitsschutzes treffen auch den Arbeitnehmer Pflichten. So müssen Beschäftigte nach § 15 ArbSchG entsprechend ihren Möglichkeiten sowie gemäß der Unterweisung und Weisung des Arbeitgebers für ihre Sicherheit und Gesundheit bei der Arbeit Sorge tragen. Ferner müssen sie nach § 16 ArbSchG jede von ihnen festgestellte unmittelbare erhebliche Gefahr für die Sicherheit und Gesundheit unverzüglich gegenüber betrieblichen Vorgesetzten melden.

ACHTUNG!

In extremen Fällen darf der Arbeitnehmer die Arbeit niederlegen, ohne seinen Anspruch auf Vergütung zu verlieren.

III. Pflicht zur Beschäftigung von Personen mit Fachkunde

Da ein ordnungsgemäßes und sicheres Betreiben eines Unternehmens mit zunehmender Digitalisierung, Automatisierung, Technisierung und durch den Einsatz komplexer Maschinen immer schwieriger wird, ist der Arbeitgeber gesetzlich verpflichtet, fachkundige Spezialisten für Arbeitsschutz zu bestellen. Zumeist beraten sie den Arbeitgeber lediglich, die Gesamtverantwortung bleibt aber bei ihm. Der Arbeitgeber ist ihnen gegenüber im Rahmen der Ausübung ihrer Fachkunde nicht weisungsbefugt. Im Einzelnen handelt es sich um folgende Personen:

1. Fachkräfte für Arbeitssicherheit

Der Arbeitgeber muss nach Maßgabe des Arbeitssicherheitsgesetzes Fachkräfte für Arbeitssicherheit bestellen. Dabei hat er drei verschiedene Möglichkeiten zur Auswahl:

- die Fachkraft für Arbeitssicherheit wird als eigener Arbeitnehmer eingestellt,
- die Verpflichtung einer freiberuflich tätigen Fachkraft für Arbeitssicherheit oder
- die Verpflichtung eines überbetrieblichen Dienstes von Fachkräften für Arbeitssicherheit.

Die Aufsichtsdienste der Berufsgenossenschaften und Unfallkassen unterstützen Betriebe und Verwaltungen bei der praxisgerechten Umsetzung der DGUV-Vorschrift 2. Sie informieren über die Vorschrift auf den jeweiligen Homepages und beraten bei Fragen zu deren Anwendung.

Die Betreuung der Fachkraft für Arbeitssicherheit ist danach aufgeteilt in Grundbetreuung und betriebsspezifische Betreuung. Die Grundbetreuung berechnet sich nach der DGUV-Vorschrift 2 aus der Gefährdungskategorie der Branche, multipliziert mit der Mitarbeiteranzahl und den festgelegten Aufgabenfeldern. Ergänzt wird diese durch die betriebsspezifische Betreuung, die unter Berücksichtigung individueller betrieblicher Gefährdungen und Betreuungsbedarfe in jedem Betrieb einzeln ermittelt und festgelegt werden muss. Relevanz und Umfang sind durch den Arbeitgeber regelmäßig zu überprüfen. Bei beidem – Festlegung der Grundbetreuung und der betriebsspezifischen Betreuung – soll sich der Arbeitgeber von der Fachkraft für Arbeitssicherheit beraten lassen.

Der Arbeitgeber ist dafür verantwortlich, dass die von ihm bestellten Fachkräfte für Arbeitssicherheit ihre Aufgabe erfüllen. Sie üben ihr Amt in einer Stabsstelle aus (§ 8 ASiG) und sind unmittelbar dem Leiter des Betriebs (im Regelfall Werksleiter) zu unterstellen. Daneben muss ein unmittelbares Vorschlagsrecht zum Arbeitgeber, also z. B. bei einer Aktiengesellschaft zum Vorstand, bestehen. Ist eine leitende Fachkraft für Arbeitssicherheit bestellt worden, so ist es ausreichend, wenn diese das unmittelbare Vorschlagsrecht gegenüber dem Arbeitgeber hat und dem Leiter des Betriebs unterstellt ist.

2. Sicherheitsbeauftragte

Der Arbeitgeber muss, wenn er mehr als 20 Beschäftigte hat, neben den Fachkräften für Arbeitssicherheit sog. Sicherheitsbeauftragte bestellen (§ 22 SGB VII). Die Sicherheitsbeauftragten haben die Aufgabe, den Arbeitgeber bei der Durchführung des Unfallschutzes zu unterstützen. Aus der DGUV-Vorschrift 1 sind fünf verbindliche Kriterien ersichtlich, die bei der Bestellung von Sicherheitsbeauftragten zu erfüllen sind. Hauptaufgabe der Sicherheitsbeauftragten ist es zu beraten, zu vermitteln, Lösungen vorzuschlagen und für sichere und gesunde Arbeitsbedingungen zu werben.

3. Betriebsarzt

Für die Bestellung von Betriebsärzten gelten die gleichen Anforderungen wie für die Bestellung von Fachkräften für Arbeitssicherheit. Auch sie sollen den Arbeitgeber bei der Festlegung der Grundbetreuung und der betriebsspezifischen Betreuung beraten. Die Einzelheiten, insbesondere Hilfestellungen bei der Bemessung der durch den Arbeitgeber zu gewährleistenden Einsatzzeiten, ergeben sich aus der DGUV-Vorschrift 2 sowie den Homepages vieler Berufsgenossenschaften. Betriebsärzte sind nur ihrem ärztlichen Gewissen unterworfen und haben die Regeln der ärztlichen Schweigepflicht zu beachten.

4. Arbeitsschutzausschuss

In Betrieben mit mehr als 20 Beschäftigten muss der Arbeitgeber einen Arbeitsschutzausschuss einrichten (§ 11 ASiG). Diesem Ausschuss gehören der Arbeitgeber oder ein von ihm Beauftragter, zwei vom Betriebsrat zu bestimmende Betriebsratsmitglieder, die Betriebsärzte, die Fachkräfte für Arbeitssicherheit und die Sicherheitsbeauftragten an.

Der Arbeitsschutzausschuss hat die Aufgabe, Angelegenheiten des Arbeitsschutzes und der → *Unfallverhütung* zu beraten, und zwar mindestens vierteljährlich. Der Arbeitsschutzausschuss ist ein reines Beratungsgremium, das dem Arbeitgeber Vorschläge unterbreiten kann bzw. soll. Die konkrete Entscheidung über die Notwendigkeit von Maßnahmen auf dem Gebiet des Arbeitsschutzes liegt aber beim Arbeitgeber.

5. Weitere Betriebsbeauftragte

Daneben hat der Arbeitgeber – abhängig von der Art seines Betriebs – zahlreiche weitere Betriebsbeauftragte zu bestellen, wie z. B.

- Betriebsbeauftragter für Abfall (§§ 59, 60 KrWG),
- Strahlenschutzverantwortlicher (§§ 31 ff. StrlSchV),
- Gewässerschutzbeauftragter (§§ 64–65 WHG),
- Betriebsbeauftragter für Immissionsschutz (§§ 53–54 BImSchG),
- Störfallbeauftragter (§§ 58a–58b BImSchG),
- Beauftragter für den Datenschutz (§§ 4f, 4g BDSG),
- Gefahrgutbeauftragter (§§ 1 ff. GbV).

Eine gute Mustersammlung zur Orientierung bieten zahlreiche Berufsgenossenschaften (z. B. BGHM, BG ETEM) auf ihren Webseiten.

ACHTUNG!

Die entsprechenden Sonderfunktionen können mit einem Sonderkündigungsschutz verbunden sein.

IV. Aufgaben des Betriebsrats

Der Betriebsrat hat neben der Mitbestimmung im Arbeitsschutz nach § 87 Abs. 1 Nr. 7 BetrVG darüber zu wachen, dass die zugunsten der Arbeitnehmer des Betriebs geltenden Gesetze, Verordnungen, Unfallverhütungsvorschriften, Tarifverträge und Betriebsvereinbarungen ordnungsgemäß angewandt werden (§ 80 Abs. 1 Nr. 1 BetrVG). Auch in diesem Zusammenhang gilt das Gebot der vertrauensvollen Zusammenarbeit, sodass der Betriebsrat kein dem Arbeitgeber übergeordnetes Kontrollorgan darstellt, sondern vielmehr gemeinsam die Zielsetzung der ordnungsgemäßen Anwendung der Arbeitsschutzregelungen zum Wohle der Beschäftigten erreicht werden soll.

Der Betriebsrat hat sich gemäß § 89 Abs. 1 BetrVG durch Unterstützung der für den Arbeitsschutz zuständigen Behörden und Träger der gesetzlichen Unfallversicherung für die Einhaltung der Vorschriften zum Arbeitsschutz einzusetzen.

Um dem Betriebsrat die ordnungsgemäße Erfüllung dieser Aufgaben zu ermöglichen, muss er vom Arbeitgeber regelmäßig informiert werden (§ 80 Abs. 2, § 89 Abs. 2 BetrVG). Mit den Anregungen und Anträgen des Betriebsrats zu Maßnahmen auf dem Gebiet des Arbeitsschutzes muss sich der Arbeitgeber auseinandersetzen.

In Bezug auf die Schaffung eines Arbeitszeiterfassungssystems hat das BAG in seiner Entscheidung vom 13.9.2022 (1 ABR 22/21) entschieden, dass bei der Ausgestaltung eines Systems zur Arbeitszeiterfassung Mitbestimmungsrechte des Betriebsrats nach § 87 Abs. 1 Nr. 7 BetrVG i. V. m. § 3 Abs. 2 Nr. 1 ArbSchG entstehen können, falls Indizien dafür vorhanden sind, dass die Anwendung der Vorschriften des Arbeitszeitgesetzes nicht eingehalten werden und Arbeitszeiten zu konstatieren sind, die exzessiv in den Gesundheitszustand der Arbeitnehmer eingreifen.

Ein Initiativrecht des Betriebsrats zu Einführung einer elektronischen Arbeitszeiterfassung hat das BAG in der Entscheidung abgelehnt, dies mit der Begründung, dass aufgrund der zwingenden gesetzlichen Vorgaben des Arbeitsschutzes Raum für die Mitbestimmung des Betriebsrats nach § 87 Abs. 1 Nr. 6 BetrVG nicht mehr bestehe.

1. Mitbestimmungsrechte

Ein erzwingbares Mitbestimmungsrecht hat der Betriebsrat bei Regelungen des Arbeitgebers über die Verhütung von Arbeitsunfällen und Berufskrankheiten sowie über den Gesundheitsschutz im Rahmen der gesetzlichen Vorschriften sowie der Unfallverhütungsvorschriften (§ 87 Abs. 1 Nr. 7 BetrVG).

Voraussetzung hierfür ist, dass der Arbeitgeber eine Regelung trifft, die das Belegschaftsinteresse insgesamt oder zumindest Teile der Belegschaft und nicht nur das individuelle Interesse einzelner Arbeitnehmer berührt. Darüber hinaus muss den Betriebspartnern ein Handlungsspielraum für eigene Regelungsinhalte bei Erfüllung der gesetzlichen Vorschriften und der Unfallverhütungsvorschriften verbleiben. Dies ist im Arbeitsschutz bei einer Vielzahl von Regelungen der Fall.

Beispiel:

Arbeitgeber und Betriebsrat vereinbaren für den gesamten Betrieb ein Rauch- oder Alkoholverbot.

Beispiel:

Mitbestimmungsrechte bestehen auch für die Einzelheiten einer Gefährdungsbeurteilung nach § 5 ArbSchG, bei der Festlegung von Maßnahmen und für die Vorgaben bei der Wirksamkeitskontrolle nach § 3 ArbSchG, für die Ausgestaltung der Unterweisung der Arbeitnehmer nach § 12 ArbSchG sowie die Dokumentation nach § 6 ArbSchG.

ACHTUNG!

Die Themen Gefährdungsbeurteilung und Maßnahmenfestsetzung sind getrennt voneinander zu behandeln und können nicht in einem Einigungsstellenverfahren gemeinsam verhandelt werden. Die Festlegung von Arbeitsschutzmaßnahmen setzt voraus, dass eine konkrete Gefährdung besteht, die zuvor bei einer Gefährdungsbeurteilung festgestellt wurde.

2. Freiwillige Betriebsvereinbarungen

Im Wege freiwilliger Betriebsvereinbarungen können die Betriebspartner zusätzliche Maßnahmen zur → *Unfallverhütung* – also über den gesetzlich vorgeschriebenen Mindestschutz hinaus – vereinbaren (§ 88 BetrVG). Die Regelungen solcher freiwilligen Betriebsvereinbarungen sind von den Arbeitnehmern ebenfalls zwingend einzuhalten.

3. Beteiligung bei der Ausgestaltung des Arbeitsschutzes

Der Arbeitgeber bzw. sein gesetzlicher Vertreter ist – wie ausgeführt – verantwortlich für den Arbeitsschutz und damit auch für die Frage, wie der Arbeitsschutz im Betrieb organisiert wird. Zu solchen Organisationsentscheidungen gehört z. B., ob der Arbeitgeber von der Möglichkeit der Bestellung einer leitenden Sicherheitsfachkraft Gebrauch machen will, aber auch, ob er Fachkräfte für Arbeitssicherheit als eigene Arbeitnehmer einstellen will oder stattdessen auf einen überbetrieblichen Dienst zurückgreift.

Die Verteilung der Arbeitsschutzzuständigkeit aus § 5 ArbSchG zwischen dem Arbeitgeber und dem Betriebsrat war lange umstritten. Klarheit hat das BAG in seiner Entscheidung vom 13.8.2019 (1 ABR 6/18) geschaffen. Dies an der Festlegung der Einzelschritte der Gefährdungsbeurteilung. Diese sind:

- Festlegen von Arbeitsbereichen und Tätigkeiten,
- Ermittlung von Gefährdungen,
- Beurteilung von Gefährdungen,
- Festlegung konkreter Arbeitsschutzmaßnahmen nach Stand der Technik,
- Durchführung von Abhilfemaßnahmen,
- Überprüfung der Wirksamkeit der gefundenen Maßnahmen,
- Fortschreibung der Gefährdungsbeurteilung.

Das BAG hat ausgeführt, dass insbesondere die Festlegung notwendiger Maßnahmen sowie die Durchführung von Abhilfemaßnahmen, letztlich auch die Überprüfung der Wirksamkeit von gefundenen Abhilfemaßnahmen nicht der Mitbestimmung des Betriebsrats unterliegen. Diese Aufgaben seien durch das Gesetz allein dem Arbeitgeber zugewiesen.

Auch bei entsprechenden Entscheidungen bestehen Mitbestimmungsrechte des Betriebsrats nach § 87 Abs. 1 Nr. 7 BetrVG, z. B. bei der Frage, ob die Fachkräfte für Arbeitssicherheit als eigene Arbeitnehmer eingestellt oder als Freiberufler tätig werden oder aber auf einen überbetrieblichen Dienst zurückgegriffen wird. Die Abberufung und Bestellung angestellter Betriebsärzte und Sicherheitsfachkräfte ist von der Zustimmung des Betriebsrats abhängig (§ 9 ASiG). Haben sich Arbeitgeber und Betriebsrat jedoch darüber verständigt, einen überbetrieblichen Dienst zu beauftragen, obliegt die Auswahl des Dienstes allein dem Arbeitgeber. Der Betriebsrat hat hierbei lediglich ein Anhörungsrecht.

Kommt in mitbestimmungspflichtigen Angelegenheiten des Arbeitsschutzes eine Einigung zwischen Arbeitgeber und Betriebsrat nicht zustande, so entscheidet gemäß § 87 Abs. 2 BetrVG die Einigungsstelle. Der Spruch der Einigungsstelle ersetzt die Einigung zwischen dem Arbeitgeber und dem Betriebsrat und wirkt so zwingend gegen eine der Betriebsparteien. Bei der Besetzung der Einigungsstelle ist stets streitig, ob zwei oder drei Beisitzer für jede Betriebspartei einer Einigungsstelle teilnehmen dürfen. Das LAG Baden-Württemberg hat am 18.3.2021 (17 TaBV 1/21) beschlossen, dass die Bildung einer Einigungsstelle zur umfassenden Gefährdungsbeurteilung mit zum Teil „hochkomplexen" Fragestellungen verbunden ist, die die Kostenbelastung des Arbeitgebers durch die Besetzung mit drei Beisitzern pro Seite rechtfertige.

Grundsätzlich weist die Rechtsprechung den Arbeits- und Gesundheitsschutz den lokalen Betriebsräten zu. Dem Wunsch vieler Unternehmen, dass die Themenstellung mit dem Gesamtbetriebsrat besprochen und verhandelt werden kann, ist das BAG nicht gefolgt und führt in seiner Entscheidung vom 18.7.2017 (1 ABR 59/15) aus, dass die konkrete Beurteilung der Gegebenheiten vor Ort nach dem Betriebsverfassungsgesetz regelmäßig dem örtlich zuständigen Betriebsrat zugewiesen sei. Arbeitsschutz findet danach auf betrieblicher Ebene statt.

An Besprechungen des Arbeitgebers mit den Sicherheitsbeauftragten nehmen Beauftragte des Betriebsrates teil (§ 89 Abs. 4 BetrVG). Außerdem sind der Arbeitgeber und die für den Arbeitsschutz zuständigen Stellen verpflichtet, den Betriebsrat bei Besichtigungen in Zusammenhang mit dem Arbeitsschutz und bei Unfalluntersuchungen hinzuzuziehen (§ 89 Abs. 2 BetrVG).

Von der Bestellung und der Abberufung z. B. eines angestellten Betriebsarztes nach dem Arbeitssicherheitsgesetz ist die Begründung, die Änderung bzw. die Beendigung von dessen Arbeitsvertragsverhältnis zu unterscheiden.

ACHTUNG!

Einige Betriebsbeauftragte, wie z. B. der Beauftragte für Immissionsschutz, unterstehen zum Teil einem besonderen Kündigungsschutz, sodass während der Amtszeit die ordentliche Kündigung ausgeschlossen ist. Eine unmittelbare kündigungsrechtliche Absicherung der Fachkraft für Arbeitssicherheit bzw. des Betriebsarztes besteht dagegen nicht. Eine Kündigung ist jedoch dann unwirksam, wenn zwischen dieser und der Aufgabenerfüllung z. B. als Fachkraft für Arbeitssicherheit ein unmittelbarer Zusammenhang besteht. Die Art und Weise der Aufgabenerfüllung muss dabei der tragende Beweggrund für die Kündigung sein.

Arbeitsunfähigkeit

I. Begriff

Der häufigste Grund für Arbeitsunfähigkeit ist die Krankheit. Als Krankheit gilt in diesem Zusammenhang jeder Zustand, der eine Heilbehandlung erfordert. Auch eine nicht rechtswidrige Sterilisation oder ein nicht rechtswidriger Schwangerschaftsabbruch fallen darunter. Krankheitsbedingte Arbeitsunfähigkeit als Folge durchgeführter Behandlungen zur Realisierung des Kinderwunsches führt nicht nur dann zur Arbeitsunfähigkeit, wenn es um Maßnahmen zur Behebung der Unfruchtbarkeit der Frau geht, sondern in bestimmten Fällen auch dann, wenn die krankheitsbedingte Arbeitsunfähigkeit eine Folge der durchgeführten In-vitro-Fertilisation ist. Eine Entgeltfortzahlung kommt dann in Betracht, wenn im Rahmen einer In-vitro-Fertilisation, die nach allgemein anerkannten medizinischen Standards vom Arzt oder auf ärztliche Anordnung vorgenommen wird, eine zur Arbeitsunfähigkeit führende Erkrankung auftritt, mit deren Eintritt nicht gerechnet werden musste. Anders ist es, wenn in diesem Zusammenhang willentlich und vorhersehbar eine Arbeitsunfähigkeit bedingende Erkrankung herbeigeführt wird (BAG v. 26.10.2016,

Az. 5 AZR 167/16). **Keine** Krankheiten sind dagegen eine normal verlaufende Schwangerschaft oder eine Schönheitsoperation, es sei denn, sie ist erforderlich, um ein psychisches Leiden zu beseitigen oder zu lindern. Erwerbsminderung und Arbeitsunfähigkeit sind aufgrund unterschiedlicher sozialrechtlicher beziehungsweise arbeitsrechtlicher Voraussetzungen nicht identisch (LAG Köln v. 22.1.2020, Az. 11 Sa 688/18).

Die Ursache der Krankheit ist unerheblich, und zwar auch dann, wenn sie auf einem → *Arbeitsunfall* beruht, der sich im Zusammenhang mit einer erlaubten → *Nebentätigkeit* (egal, ob im abhängigen Beschäftigungsverhältnis oder als selbstständige Tätigkeit) ereignet hat.

Nicht jede Krankheit führt jedoch automatisch zur Arbeitsunfähigkeit. Diese liegt nur dann vor, wenn der Arbeitnehmer aufgrund der Krankheit

- nicht in der Lage ist, die ihm nach dem Arbeitsvertrag obliegende Arbeit durchzuführen oder
- die Arbeit nur unter der Gefahr fortsetzen könnte, damit in absehbarer Zeit seinen Zustand zu verschlimmern.

Dabei muss die Arbeitsunfähigkeit stets konkret auf den erkrankten Arbeitnehmer bezogen geprüft werden. Ein und dieselbe Krankheit kann bei einem Arbeitnehmer zur Arbeitsunfähigkeit führen, bei einem anderen nicht.

Beispiel:

Eine Sehnenscheidenentzündung führt bei einer Schreibkraft zur Arbeitsunfähigkeit, beim leitenden Angestellten nicht. Die Verstauchung des kleinen Fingers macht den Flötisten eines Opernhauses arbeitsunfähig, den Pförtner nicht. Auch ein positiver Test auf das Corona-Virus führt nicht automatisch zur Arbeitsunfähigkeit. Diese liegt erst dann vor, wenn sich infolgedessen eine Covid-19-Erkrankung einstellt, die den Arbeitnehmer außerstande setzt, die vertraglich geschuldete Leistung zu erbringen. Ein Entgeltfortzahlungsanspruch besteht nicht, wenn durch das Gesundheitsamt nach § 20a Abs. 5 Satz 3 IfSG in der Fassung vom 16.9.2022 (alter Fassung) ein Verbot erlassen wird, wonach dem Arbeitnehmer untersagt wird, seine Tätigkeit in der Einrichtung oder dem Unternehmen des Arbeitgebers auszuüben sowie die Einrichtung oder das Unternehmen zu betreten und der Arbeitnehmer in diesem Zeitraum arbeitsunfähig erkrankt. Mit Zugang der Verfügung über ein Betretungs- und Tätigkeitsverbot ist ein zuvor bestehender Anspruch auf Entgeltfortzahlung erloschen, da mit dem Wirksamwerden des Tätigkeits- und Betretungsverbots eine zuvor bestehende Arbeitsunfähigkeit nicht mehr die alleinige und ausschließliche Ursache für den Arbeitsausfall und damit den Verlust des Vergütungsanspruchs ist (BAG v. 19.6.2024, Az. 5 AZR 241/23). In eine andere Richtung geht die Entscheidung des 5. Senats des BAG v. 20.3.2024 bei einer symptomlosen Infektion: „Arbeitsunfähigkeit liegt auch dann vor, wenn der Arbeitnehmer wegen der Erkrankung aus rechtlichen Gründen die Arbeitsleistung nicht erbringen kann, etwa weil für ihn aufgrund der Erkrankung ein Beschäftigungsverbot besteht. Gleiches gilt, wenn gegenüber einem Arbeitnehmer aufgrund einer ansteckenden Infektionskrankheit gemäß § 30 Abs. 1 Satz 2 i. V. m. § 28 Abs. 1 Satz 1 IfSG in der im Streitzeitraum geltenden Fassung behördlich die Isolierung (Quarantäne) oder Absonderung verfügt wurde. Auch in einem solchen Fall war dem Arbeitnehmer die Erbringung der Arbeitsleistung aus krankheitsbedingten Gründen rechtlich unmöglich, weil eine Zuwiderhandlung gegen die angeordnete Absonderung nach § 73 Abs. 1a IfSG bußgeldbewehrt und unter weiteren Voraussetzungen sogar nach § 74 IfSG strafbewehrt war." (BAG v. 20.3.2024, Az. 5 AZR 235/23).

Noch präziser wird das BAG in einem anderen Urteil vom selben Tage: „Eine SARS-CoV-2-Infektion stellt auch bei einem symptomlosen Verlauf eine Krankheit i. S. v. § 3 Abs. 1 EFZG (juris: EntgFG) dar. Diese führt zur Arbeitsunfähigkeit, wenn es dem Arbeitnehmer infolge einer behördlichen Absonderungsanordnung rechtlich unmöglich ist, die geschuldete Tätigkeit bei dem Arbeitgeber zu erbringen und eine Arbeitsleistung in der häuslichen Umgebung nicht in Betracht kommt." (BAG v. 20.3.2024, Az. 5 AZR 234/23). Es liegt auch dann eine krankheitsbedingte Arbeitsunfähigkeit vor, wenn ein Arbeitnehmer aufgrund bestehender Erkrankungen keine Mund-Nasen-Bedeckung tragen kann, ohne dass sich sein Gesundheitszustand in absehbarer Zeit verschlimmert und der Arbeitgeber gemäß § 106 Satz 2 i. V. m. Satz 1 GewO wirksam angeordnet hat, in bestimmten Situationen zum Schutz vor SARS-Cov-2-Infektionen eine Maske im Betrieb zu tragen (LAG Niedersachsen v. 24.4.2024, Az. 13 Sa 288/23).

Der Arbeitgeber trägt nicht das Risiko des Arbeitsausfalls, wenn die behördlich verfügte Betriebsschließung im Rahmen allgemeiner Maßnahmen staatlicher Stellen zur Pandemiebekämpfung erfolgt und – betriebsübergreifend – zum Schutz der Bevölkerung vor schweren und tödlichen Krankheitsverläufen infolge von SARS-CoV-2-Infektionen die sozialen Kontakte auf ein Minimum reduziert und nahezu flächendeckend alle nicht für die Versorgung der Bevölkerung notwendigen Einrichtungen geschlossen werden. Für die Einordnung eines Risikos als Betriebsrisiko kommt es auf – mögliche – nachgelagerte Ansprüche, zum Beispiel aufgrund staatlicher Ausgleichsmaßnahmen, nicht an (BAG v. 13.10.2021, Az. 5 AZR 211/21). Für die Risikoverteilung unerheblich ist, ob der Arbeitgeber das Betriebsrisiko „abmildern" könnte, etwa durch Abbau von Überstunden und Gleitzeitguthaben oder die Gewährung von Urlaub (BAG v. 4.5.2022, Az. 5 AZR 366/21).

Auch zu der Frage, ob die Quarantäne der Gewährung von Urlaub entgegensteht, gibt es kontroverse Urteile von Landesarbeitsgerichten. Das BAG hat diese Frage jetzt dem EuGH vorgelegt (BAG, Vorlagebeschluss v. 16.8.2022, Az. 9 AZR 76/22 [A]. Mit Wirkung ab 17.9.2022 ist dieses urlaubsrechtliche Problem durch eine Neufassung von § 59 Abs. 1 IfSG dahin geregelt worden, dass die Tage der Absonderung nicht als Urlaub gelten.

Bei der Prüfung ist daher auf die konkrete einzelvertragliche Arbeitsverpflichtung abzustellen. Es ist also zu fragen, ob der Arbeitnehmer trotz der Erkrankung noch in der Lage ist, seine Tätigkeit ohne die Gefahr der Verschlimmerung des Leidens auszuüben.

Für die Arbeitsunfähigkeit sind ausschließlich objektive Gesichtspunkte maßgeblich. Es kommt weder auf die Kenntnis des Arbeitnehmers noch auf die des Arbeitgebers an. Daher ist auch derjenige arbeitsunfähig, der in Unkenntnis seiner gesundheitlichen Beeinträchtigung tatsächlich arbeitet.

Arbeitsunfähigkeit liegt nicht nur dann vor, wenn die Krankheit als solche den Arbeitnehmer an der Erbringung der Arbeitsleistung hindert (z. B. Schlaganfall). Sie ist auch dann gegeben, wenn nur mittelbare Krankheitsauswirkungen vorliegen, etwa wenn ein für sich allein nicht arbeitsunfähig machender Umstand (z. B. Notwendigkeit der Herausnahme der Mandeln) stationäre Krankenpflege erforderlich macht. Ambulante Behandlungen führen jedoch in der Regel nicht zur Arbeitsunfähigkeit im Sinne des Entgeltfortzahlungsgesetzes (zu den Einzelheiten → *Entgeltfortzahlung*).

Arbeitsunfähigkeit liegt **nicht** vor, wenn der Arbeitnehmer wegen einer Krankheit nur den Weg zur Arbeitsstätte nicht zurücklegen kann, jedoch zur Arbeitsleistung als solcher in der Lage ist. Gleiches gilt, wenn der Arbeitnehmer nicht nachtdiensttauglich ist (BAG v. 9.4.2014, Az. 10 AZR 637/13).

Teilarbeitsunfähigkeit liegt vor, wenn der Arbeitnehmer seine Arbeitsleistung nur teilweise erbringen kann, z. B. in einem zeitlich verringerten Ausmaß, oder nur beschränkt auf bestimmte Tätigkeiten. Auch eine solche Teilarbeitsunfähigkeit **ist als Arbeitsunfähigkeit anzusehen,** sodass das Arbeitsentgelt fortgezahlt werden muss. Allerdings soll der Arzt gem. § 74 SGB V auf der AU-Bescheinigung Art und Umfang einer möglichen Tätigkeit angeben, wenn ein bislang arbeitsunfähiger Arbeitnehmer seine bisherige Tätigkeit teilweise verrichten könnte und deren stufenweise Wiederaufnahme voraussichtlich seine Eingliederung in das Erwerbsleben verbessert. Daraus folgt aber keine Pflicht der Arbeitsvertragsparteien, eine solche Sonderform des Arbeitsverhältnisses auch tatsächlich zu vereinbaren. Die Tätigkeit in einem Wiedereingliederungsverhältnis im Sinne von § 74 SGB V ist nicht Teil des Arbeitsverhältnisses, sondern stellt neben diesem ein Vertragsverhältnis eigener Art dar. Anders als das Arbeitsverhältnis ist das Wiedereingliederungsverhältnis nicht durch den Austausch von Leistung und Gegenleistung gekennzeichnet, sondern durch den Rehabilitationszweck (BAG v. 6.12.2017, Az. 5 AZR 815/16; LAG Berlin-Brandenburg v.

9.8.2018, Az. 7 Ta 1244/18; zum betrieblichen Eingliederungsmanagement s. unter Schwerbehinderte Menschen).

Betriebsratsmitglieder: Die Arbeitsunfähigkeit eines Betriebsratsmitglieds stellt nicht immer eine Verhinderung dar. Die Erkrankung kann ihn außerstande setzen, seine Arbeitspflichten zu erfüllen, nicht aber sein Betriebsratsamt wahrzunehmen. Wenn jedoch ein freigestelltes Betriebsratsmitglied eine Arbeitsunfähigkeitsbescheinigung einreicht, ist er auch und gerade für die Betriebsratstätigkeit verhindert (BAG v. 28.7.2020, Az. 1 ABR 5/19).

II. Pflichten des Arbeitnehmers

1. Anzeigepflicht

Der Arbeitnehmer ist verpflichtet, dem Arbeitgeber eine Arbeitsunfähigkeit und deren voraussichtliche Dauer unverzüglich (d. h. so schnell wie möglich) anzuzeigen (§ 5 Abs. 1 EntgFG). Dies gilt auch dann, wenn im konkreten Fall kein Entgeltfortzahlungsanspruch gegeben ist. Auch wenn sich der Arbeitnehmer im Ausland aufhält, muss er seine Arbeitsunfähigkeit anzeigen.

Die Pflicht entfällt, wenn der Arbeitgeber bereits Kenntnis von der Arbeitsunfähigkeit hat bzw. der Arbeitnehmer sicher davon ausgehen kann, dass dem Arbeitgeber die Arbeitsunfähigkeit und das Ausmaß der Erkrankung bekannt ist. Dies kann z. B. nach einem → *Arbeitsunfall* gegeben sein. Durch die Anzeigepflicht soll dem Arbeitgeber die Möglichkeit eingeräumt werden, entsprechend zu disponieren, insbesondere für Ersatzkräfte zu sorgen.

Die Mitteilung der Arbeitsunfähigkeit ist an die zuständige Stelle (z. B. die Personalabteilung) zu richten. Nicht ausreichend ist die Mitteilung an Arbeitskollegen, etwa den Vorarbeiter, an die Telefonzentrale oder den Pförtner, es sei denn, in dem Betrieb ist es üblich, die Mitteilung in dieser Form zu machen.

WICHTIG!

Es erscheint sachgerecht, eine klare schriftliche Weisung zu erteilen, an wen und auf welchem Wege die Mitteilung der Arbeitsunfähigkeit zu erfolgen hat.

1.1 Form und Zeitpunkt der Anzeige

Eine bestimmte Form der Anzeige ist nicht vorgeschrieben, sie kann also mündlich oder schriftlich erfolgen. Die Regel ist jedoch wegen des Erfordernisses der Unverzüglichkeit eine mündliche Mitteilung per Telefon. Eine Mitteilung per Fax bzw. E-Mail oder SMS ist ebenfalls zulässig. Der Arbeitnehmer muss die Mitteilung nicht persönlich machen. Er kann im Hinblick auf die Eilbedürftigkeit sogar verpflichtet sein, ggf. Verwandte oder Freunde zu beauftragen, mit dem Arbeitgeber Kontakt aufzunehmen, wenn er dazu nicht selbst in der Lage ist.

Dabei hat er im Normalfall dafür Sorge zu tragen, dass der Arbeitgeber bereits am ersten Tag der Arbeitsunfähigkeit während der üblichen Betriebsstunden informiert wird; in der Regel hat die Mitteilung vor Arbeitsbeginn zu erfolgen. Eine schriftliche Anzeige, die erst am nächsten Tag mit der Post beim Arbeitgeber eingeht, wird nicht als unverzügliche Benachrichtigung anzusehen sein, es sei denn, der Arbeitnehmer war an einer früheren Mitteilung verhindert (etwa bei einem Verkehrsunfall auf dem Weg zur Arbeit).

WICHTIG!

Maßgeblich ist der Eingang der Benachrichtigung beim Arbeitgeber und nicht der Zeitpunkt der Absendung.

Eine schuldhafte Pflichtverletzung liegt nicht vor, wenn der Arbeitnehmer, der bei einem Arztbesuch an einem Freitagnachmittag für die folgende Woche krankgeschrieben worden ist, am Sonnabend die Arbeitsunfähigkeitsbescheinigung in einen Briefkasten wirft und dem Arbeitgeber am Montagmorgen fernmündlich die Arbeitsunfähigkeit mitteilt.

Erkrankt der Arbeitnehmer während des Urlaubs und ist absehbar, dass die Arbeitsunfähigkeit über das Ende des Urlaubs hinaus andauern wird, muss auch hier die Anzeige unverzüglich erfolgen. Erhält der Arbeitgeber erst am ersten Arbeitstag nach dem Urlaub die telefonische Mitteilung von der Arbeitsunfähigkeit, ist diese verspätet. Das Gleiche gilt für teilzeitbeschäftigte Arbeitnehmer, die nicht an allen Tagen der Woche arbeiten.

Beispiel:

Ein Arbeitnehmer arbeitet nur von Mittwochmittag bis Freitagabend. Am Sonntag erkrankt er und kann absehen, dass er am Mittwoch nicht arbeiten kann. Er muss die Arbeitsunfähigkeit bereits am Montag anzeigen.

Die genannten Grundsätze gelten auch, wenn die Arbeitsunfähigkeit über das zunächst attestierte Ende hinaus andauert (LAG Rheinland-Pfalz v. 11.12.2014, Az. 5 Sa 406/14). Der Arbeitnehmer muss die Fortdauer der Arbeitsunfähigkeit auch anzeigen, wenn der Zeitraum der Entgeltfortzahlung schon abgelaufen ist (LAG Hamm v. 22.2.2013, Az. 10 Sa 969/12).

1.2 Anzeigepflicht bei ruhendem Arbeitsverhältnis

Erkrankt der Arbeitnehmer in einer Zeit, in der das Arbeitsverhältnis, z. B. wegen Erziehungsurlaubs ruht, und zeichnet sich ab, dass die Arbeitsunfähigkeit auch noch über den Tag der geplanten Wiederaufnahme der Arbeit andauern wird, muss er die Arbeitsunfähigkeit dem Arbeitgeber bereits vor Wiederaufnahme der Arbeit mitteilen.

Der Arbeitnehmer ist z. B. im Falle des Ruhens des Arbeitsverhältnisses gehalten, rechtzeitig einen Arzt zu konsultieren, wenn nicht ausgeschlossen ist, dass die Arbeitsunfähigkeit zum Zeitpunkt der vorgesehenen Arbeitsaufnahme fortbesteht. Unterlässt er dies, kann es im Einzelfall eine Verletzung der Anzeigepflicht darstellen, die eine → *Abmahnung* rechtfertigt. Eine solche Verpflichtung besteht jedoch nicht, wenn nicht zu befürchten ist, dass die Arbeitsunfähigkeit über das Ende des Ruhens hinausgeht.

Beispiel:

Erkrankt der Arbeitnehmer, der noch ein Jahr Erziehungsurlaub bzw. Elternzeit vor sich hat, an einer Grippe, muss er dies nicht dem Arbeitgeber anzeigen, wohl aber, wenn die Erkrankung eine Woche vor der geplanten Wiederaufnahme der Arbeit auftritt. Die Anzeige muss erfolgen, sobald der Arbeitnehmer damit rechnen muss, dass er wegen der Erkrankung die Arbeit nicht wie geplant aufnehmen kann. Erfolgt die Anzeige erst am Tag der vorgesehenen Arbeitsaufnahme, ist sie verspätet.

Auch wenn der Entgeltfortzahlungszeitraum abgelaufen ist, muss der Arbeitnehmer eine Fortdauer der Arbeitsunfähigkeit jeweils anzeigen.

1.3 Inhalt der Anzeige

Der Arbeitnehmer muss mitteilen, dass er arbeitsunfähig erkrankt ist und wie lange die Erkrankung nach seiner Einschätzung noch andauern wird. Wenn sich nach einem Arztbesuch herausstellt, dass die Prognose unrichtig war, muss der Arbeitgeber umgehend darüber informiert werden. Eine Verpflichtung des Arbeitnehmers dem Arbeitgeber die Art der Erkrankung mitzuteilen, besteht nicht, es sei denn, deren Kenntnis ist für den Arbeitgeber aus betrieblichen Gründen von Bedeutung (z. B. bei ansteckenden Krankheiten oder zur Geltendmachung von Schadensersatzansprüchen gegen Dritte). Liegt eine Fortsetzungserkrankung, also eine Fortdauer oder ein erneutes Auftreten eines Grundleidens vor, muss der Arbeitnehmer dies mitteilen.

2. Nachweispflicht

Der Arbeitnehmer muss zusätzlich zur Anzeige der Arbeitsunfähigkeit dem Arbeitgeber eine ärztliche Bescheinigung über das Bestehen der Arbeitsunfähigkeit vorlegen, wenn die Arbeitsunfähigkeit länger als drei Kalendertage dauert (§ 5 Abs. 1

EntgFG). Es bestehen hierbei keine Unterschiede zwischen Arbeitern und Angestellten.

WICHTIG!

Für die ersten drei Tage bleibt der Arbeitnehmer von der Nachweispflicht befreit, wenn er zunächst annahm, dass sich der Arbeitsunfähigkeit nur auf diesen Zeitraum beschränken werde und er kein rückwirkendes Attest erhalten kann.

Dies gilt auch, wenn die Arbeitsunfähigkeit über sechs Wochen hinaus andauert (LAG Köln v. 16.8.2018, Az. 7 Sa 793/17). Das Gesetz sieht hier keine Ausnahme vor.

WICHTIG!

Ab dem 1.1.2023 müssen gesetzlich versicherte Arbeitnehmer nach § 5 Abs. 1a EFZG grds. keinen „gelben Schein" mehr bei ihrem Arbeitgeber einreichen. Die Arbeitsunfähigkeitsdaten übermittelt vielmehr der Arzt elektronisch an die Krankenkasse. Aus den Daten wird eine Arbeitsunfähigkeitsmeldung generiert. Diese kann der Arbeitgeber dann automatisiert bei der zuständigen Krankenkasse abrufen. Die Krankenkasse übermittelt die Daten nicht von sich aus. Folgende Daten werden auf Anfrage übermittelt:

- **Name des Beschäftigten**
- **Beginn und Ende der Arbeitsunfähigkeit**
- **Datum der ärztlichen Feststellung der Arbeitsunfähigkeit**
- **Erstbescheinigung oder Folgebescheinigung**
- **Arbeitsunfall ja/nein**

Der Name des die Bescheinigung ausstellenden Arztes wird nicht genannt.

Achtung Ausnahmen!

Die eAU gilt nicht

- **für privat krankenversicherte Arbeitnehmer,**
- **geringfügig Beschäftigte in Privathaushalten,**
- **für die Feststellung der Arbeitsunfähigkeit durch Privatärzte,**
- **für eine im Ausland festgestellte Arbeitsunfähigkeit (bzw. Fortdauer der Arbeitsunfähigkeit),**
- **für Eltern, die sich – ärztlich bestätigt – um ein krankes Kind kümmern müssen,**
- **bei stufenweiser Wiedereingliederung,**
- **bei Rehabilitationsleistungen und**
- **bei einem Beschäftigungsverbot.**

Sie gilt aber für Beschäftigte in Minijobs. Bei diesen weiß der Arbeitgeber bis jetzt in der Regel, bei welcher Krankenkasse sie versichert sind, da er nur mit der Minijob-Zentrale kommuniziert. Daher sollte dies beim Arbeitnehmer erfragt werden.

Der Arbeitnehmer erhält in vielen Arztpraxen nach wie vor in Papierform eine Ausfertigung der AU-Bescheinigung. Es gibt aber auch Praxen, die dies unter Hinweis auf ein „papierloses Büro" verweigern. Wenn eine solche ausgestellt wurde, kann sie bei elektronischen Übermittlungsproblemen dem Arbeitgeber vorgelegt werden. Eine Pflicht hierzu ist aber gesetzlich nicht vorgesehen. Bei einer Vorlage ist datenschutzrechtlich zu beachten, dass die Angaben über den Diagnoseschlüssel unleserlich gemacht werden.

Unabhängig davon bleibt die Pflicht bestehen, dem Arbeitgeber die Arbeitsunfähigkeit und deren voraussichtliche Dauer unverzüglich mitzuteilen, z. B. telefonisch, sowie die Arbeitsunfähigkeit zu den schon bislang geltenden Zeitpunkten von einem Arzt feststellen zu lassen (d. h. spätestens am vierten Tag, sofern der Arbeitgeber keinen früheren Zeitpunkt festgelegt hat).

Notwendigkeit einer Betriebsvereinbarung

Ein Betriebsrat hat nach § 87 Abs. 1 Nr. 1 BetrVG insbesondere dann ein erzwingbares Mitbestimmungsrecht, wenn der Arbeitgeber regeln möchte,

- **wie der Arbeitnehmer die ihm nach § 5 Abs. 1 Satz 1 EFZG obliegende Anzeigepflicht erfüllen soll,**
- **dass der behandelnde Arzt die Arbeitsunfähigkeit vorzeitig feststellt oder**
- **dass Personen, die weiter eine Arbeitsunfähigkeitsbescheinigung vorlegen müssen, dies vorzeitig machen müssen, sofern die Anordnungen „regelhaft" erfolgen, etwa indem er das Verlangen gleichermaßen gegenüber allen Arbeitnehmern, gegenüber einer Gruppe von ihnen oder zumindest immer dann geltend macht, wenn bestimmte Voraussetzungen erfüllt sind (BAG v. 15.11.2022, Az. 1 ABR 5/22) oder**
- **dass der Arbeitnehmer nach Beendigung der Arbeitsunfähigkeit die wiedererlangte Arbeitsfähigkeit anzeigen oder sogar eine Arbeitsfähigkeitsbescheinigung vorlegen soll.**

In einzelnen Bezirken gibt es auch schon testweise die Möglichkeit, sich eine Arbeitsunfähigkeitsbescheinigung elektronisch nach Ankreuzen der Symptome übermitteln zu lassen (früher www.au-schein.de, jetzt DrAnsay.com; „Wähle Deinen AU-Schein"). Ob auch eine so ausgestellte Bescheinigung den hohen Beweiswert hat, der ihr bislang zuerkannt wurde, ist umstritten. Grundsätzlich verstößt aber die Ausstellung von Arbeitsunfähigkeitsbescheinigungen im Wege der Ferndiagnose z. B. per WhatsApp – auch bei nur leichteren Erkrankungen wie Erkältungen – gegen die ärztliche Sorgfalt. Auch die für die Bescheinigung der Arbeitsunfähigkeit wichtige Schwere der Erkrankung kann ohne unmittelbaren persönlichen Eindruck nicht zuverlässig eingeschätzt werden (LG Hamburg v. 3.9.2019, Az. 406 HK O 56/19). Wie die Rechtsprechung moderne Formen der durch das Internet vermittelten Sprechstunde bewerten wird, bleibt abzuwarten.

2.1 Form und Inhalt

Die AU-Bescheinigung muss von einem approbierten Arzt ausgestellt sein. Bei Arbeitnehmern, die in der gesetzlichen Krankenversicherung versichert sind, erfolgen die erforderlichen Angaben elektronisch gegenüber der Krankenkasse. Angegeben ist das Datum der Feststellung der Arbeitsunfähigkeit sowie die voraussichtliche Dauer.

Aussagen zur Art der Erkrankung dürfen wegen der ärztlichen Schweigepflicht nicht in eine dem Arbeitgeber vorzulegende Bescheinigung aufgenommen werden. Der Arbeitnehmer ist auch nicht verpflichtet, den Arzt von der Schweigepflicht zu entbinden oder den Arbeitgeber über die Art der Erkrankung zu informieren.

Die Pflichten des Arztes sind in einer Arbeitsunfähigkeitsrichtlinie (AURL) präzisiert. Diese gilt für alle Vertragsärzte und schreibt verbindlich vor, wie eine Arbeitsunfähigkeit festgestellt werden darf und wann und mit welchen Informationen für Dritte die Bescheinigung auszustellen ist (§ 4 AURL). Gem. der ab dem 21.2.2024 geltenden Fassung setzt die Beurteilung der Arbeitsunfähigkeit die Befragung des Versicherten durch den Arzt zur aktuell ausgeübten Tätigkeit und den damit verbundenen Anforderungen und Belastungen voraus (§ 2 Abs. 5). Zwischen der Krankheit und der dadurch bedingten Unfähigkeit zur Fortsetzung der ausgeübten Tätigkeit muss ein kausaler Zusammenhang erkennbar sein. Grundsätzlich soll der Arzt eine Arbeitsunfähigkeit nicht bescheinigen, die vor seiner ersten Inanspruchnahme liegt. Eine Rückdatierung des Beginns der Arbeitsunfähigkeit auf einen vor dem Behandlungstermin liegenden Tag oder die rückwirkende Bescheinigung über den Fortbestand der Arbeitsunfähigkeit ist nur ausnahmsweise und nur nach gewissenhafter Prüfung und in der Regel nur bis zu drei Tagen zulässig (§ 5 Abs. 3 der Richtlinie). Hierzu hat das LAG Köln entschieden, dass eine für neun Tage rückwirkende AU-Bescheinigung ernsthafte Zweifel an deren Beweiswert begründet (LAG Köln v. 28.1.2018, Az. 4 Sa 489/17). Die Bescheinigung der Arbeitsunfähigkeit für einen länger zurückliegenden Zeitraum durch den behandelnden Arzt ist aber dann rechtmäßig, wenn sich der Arbeitnehmer durchgehend bei dem das spätere Attest ausstellenden Arzt in Behandlung befand und dieser regelmäßig zur Vorlage bei der Krankenkasse Krankengeldauszahlscheine ausgestellt hat (LAG Rheinland-Pfalz v. 13.1.2015, Az. 8 Sa 373/14). Nach der Entlassung aus einer stationären Krankenhausbehandlung kann das Krankenhaus Arbeitsunfähigkeit für einen Zeitraum von bis zu sieben Kalendertagen nach der Entlassung entsprechend der Richtlinie feststellen, wenn dies für die Versorgung des Arbeitnehmers erforderlich ist (§ 4a Satz 1 der Richtlinie). Dies gilt entsprechend für Einrichtungen der medizinischen Rehabilitation bei Leistungen nach den §§ 40 Absatz 2 und 41 SGB V.

WICHTIG!

Der gemeinsame Bundesausschuss von Ärzten, Krankenkassen und Kliniken hat die Arbeitsunfähigkeitsrichtlinie (AU-RL) mit Beschluss vom 7.12.2023 geändert. Gem. dem neu eingefügten § 4 Abs. 5a kann die Arbeitsunfähigkeitsbescheinigung auch nach einer telefonischen Feststellung der Arbeitsunfähigkeit ausgestellt werden. Dies setzt voraus, dass die Erkrankung „keine schwere Symptomatik vorweist". Anders als bei der Corona-Sonderregelung ist die telefonische Feststellung der Arbeitsunfähigkeit also nicht auf Atemwegserkrankungen beschränkt. Voraussetzung ist, dass der Patient dem Arzt oder einem anderen Arzt der Praxisgemeinschaft „aufgrund früherer Behandlung unmittelbar persönlich bekannt" ist. Die Entscheidung, ob eine AU-Bescheinigung ausgestellt wird, trifft der Arzt aufgrund seines im Telefonat gewonnenen Eindruckes. Der Arzt hat die Authentifizierung des Patienten sicherzustellen (§ 4 Abs. 5 Satz 10 AU-RL neuester Fassung). Es besteht kein Rechtsanspruch des Patienten auf eine solche Krankschreibung (§ 4 Abs. 5 Satz 9 AU-RL). Die Krankschreibung kann bis zu fünf Kalendertagen erfolgen. Sie kann nicht telefonisch verlängert werden. Wer eine Folgebescheinigung benötigt, muss also die Praxis aufsuchen. Wurde die erstmalige Arbeitsunfähigkeitsbescheinigung jedoch während eines Praxisbesuchs ausgestellt, kann diese Krankschreibung per Telefon verlängert werden.

Die telefonische Krankschreibung kann nur dann erfolgen, wenn die Feststellung der Arbeitsunfähigkeit nicht im Rahmen einer Videosprechstunde möglich ist. In der Begründung zur Änderung der AU-Richtlinie hat der gemeinsame Bundesausschuss noch einmal die Rangfolge der Feststellungsarten klargestellt. Es „bleibt als Standard für die Feststellung einer Arbeitsunfähigkeit die unmittelbar persönliche Untersuchung." (Ziff. 2.1. Abs. 4 Satz 1 der Begründung). Nur wenn „die Erkrankung dies nicht ausschließt" (§ 4 Abs. 5 Satz 3 AU-RL) kommt eine Krankschreibung nach einer Videosprechstunde in Betracht. Eine telefonische Feststellung kann nach der Neuregelung nur erfolgen, wenn „die Feststellung der Arbeitsunfähigkeit im Rahmen einer Videosprechstunde nicht möglich ist" (§ 4 Abs. 5a Satz 1 AU-RL neuester Fassung). Entsprechend dieser Rangfolge kann eine AU-Bescheinigung nach einer Videosprechstunde auch für vorher nicht bekannte Patienten ausgestellt werden, allerdings nur für drei Kalendertage (§ 4 Abs. 5 Satz 4 AU-RL).

Ob diese Voraussetzungen eingehalten worden sind, kann der Arbeitgeber aus den ihm zugänglich zu machenden Informationen nicht entnehmen. Er weiß hieraus insbesondere nicht, welcher Arzt die Bescheinigung ausgestellt hat, auf Basis welcher Untersuchungsmethode die AU-Bescheinigung zustande gekommen ist, ob sich Arzt und Patient kennen, ob der Arzt ausreichend Kenntnis von den tatsächlich aktuell ausgeübten Tätigkeiten des Patienten hat oder ob der Arzt den Patienten bei Video- oder Telefonsprechstunden über die eingeschränkte Möglichkeit der Befunderhebung zum Zweck der Feststellung der Arbeitsunfähigkeit mit Auswirkungen auf den Beweiswert der AU-Bescheinigung aufgeklärt hat, § 4 Abs. 5 Satz 8 AURL.

Mithin sind die Abstufungen beim Beweiswert der AU-Bescheinigung (höchster Beweiswert bei der persönlichen Untersuchung, niedriger dann Videosprechstunde, dann telefonische Anamnese) für den Arbeitgeber häufig von geringem Wert, wenn ihm der Arbeitnehmer nicht freiwillig die Umstände der Erteilung der AU-Bescheinigung mitteilt. Bei einem solchen Gespräch, das als Krankenrückkehrergespräch oder im Rahmen des bEM geführt werden kann, könnten folgende Fragen gestellt werden:

- **Kennen sich Arzt und Mitarbeiter?**
- **Hat der Arzt nach den genauen Belastungen am Arbeitsplatz gefragt?**
- **Wie viel Zeit hat die Befragung zum Arbeitsplatz in Anspruch genommen?**
- **Welche Tätigkeitsmerkmale hat der Mitarbeiter seinem Arzt mitgeteilt?**
- **Hat der Arzt dazu Nachfragen gestellt? Wenn ja, welche?**
- **Wurde eine körperliche Untersuchung durchgeführt?**
- **Ist die Krankheit kausal für die Erteilung der AU-Bescheinigung gewesen? (Beispiel: Ein Telefonist hat sich den kleinen *Zeh* gebrochen. Kann er dann seine arbeitsvertraglich geschuldete Tätigkeit noch ausüben?)**
- **Wenn nein: Hat der Vertragsarzt vor einer Videosprechstunde über deren eingeschränkte Möglichkeit zur Befunderhebung aufgeklärt?**
- **Hat der Arzt Vorschläge zur leidensgerechten Gestaltung des Arbeitsplatzes gemacht? Wenn ja, welche?**
- **Hat der Arzt ggf. andere Einsatzmöglichkeiten im Betrieb angeregt? Wenn ja, welche?**

Zur Beantwortung dieser Fragen ist der Arbeitnehmer allerdings nicht verpflichtet. Aus der Nichtbeantwortung dürfen auch keine negativen Schlüsse gezogen werden.

Seit dem 18. Dezember 2023 können Eltern eine ärztliche Bescheinigung über die Erkrankung ihres Kindes per Telefon bekommen. Eine solche Bescheinigung ist Voraussetzung, dass Eltern Krankengeld gezahlt wird, wenn sie aufgrund der Betreuung ihres kranken Kindes nicht arbeiten können.

Auch eine Bescheinigung über die Erkrankung eines Kindes können Eltern für bis zu fünf Werktage bekommen. Die Voraussetzungen sind dieselben wie bei der Krankschreibung für Erwachsene.

Gem. § 5 Abs. 4 der Richtlinie soll die voraussichtliche Dauer der Arbeitsunfähigkeit nicht für einen mehr als zwei Wochen im Voraus liegenden Zeitraum bescheinigt werden, in Ausnahmefällen für maximal einen Monat. Wenn zum Zeitpunkt der Bescheinigung der Arbeitsunfähigkeit bereits eingeschätzt werden kann, dass die Arbeitsunfähigkeit mit Ablauf des bescheinigten Zeitraums enden wird oder tatsächlich geendet hat, ist die Arbeitsunfähigkeitsbescheinigung als Endbescheinigung zu kennzeichnen.

Bei der Entlassung eines Arbeitnehmers aus dem Krankenhaus kann dieses die Arbeitsunfähigkeit für einen Zeitraum von bis zu sieben Tagen nach der Entlassung bescheinigen.

§ 106 Abs. 3a SGB V sieht vor, dass der Arzt zum Schadensersatz gegenüber der Krankenkasse und dem Arbeitgeber verpflichtet sein kann, wenn er die Arbeitsunfähigkeit grob fahrlässig oder vorsätzlich attestiert, obwohl die Voraussetzungen nicht vorlagen.

2.2 Folgebescheinigung

Wenn die Arbeitsunfähigkeit länger dauert, als in der Bescheinigung angegeben, ist der Arbeitnehmer verpflichtet, eine neue Bescheinigung vorzulegen (§ 5 Abs. 1 Satz 4 EntgFG). Hierbei gilt die für die Erstbescheinigung vorgesehene Dreitagefrist entsprechend.

2.3 Erkrankung im Ausland

Bei Eintritt der Arbeitsunfähigkeit im Ausland muss der Arbeitnehmer auch seine ausländische Adresse mitteilen. Dabei ist der schnellstmögliche Weg der Übermittlung zu wählen. Allerdings muss der Arbeitgeber die Kosten der Übermittlung tragen. Seine Rückkehr aus dem Ausland muss der Arbeitnehmer dem Arbeitgeber in jedem Fall anzeigen. Dies gilt auch dann, wenn die Arbeitsunfähigkeit nicht mehr besteht.

TIPP!

Wenn der Arbeitnehmer telefonisch aus dem Ausland seine Arbeitsunfähigkeit anzeigt, sollte ihn der Arbeitgeber nach seiner dortigen Anschrift fragen. Tut er das nicht, kann er die Entgeltfortzahlung nicht mit der Begründung verweigern, dass er keine Möglichkeit gehabt habe, die Arbeitsunfähigkeit überprüfen zu lassen.

Bei Erkrankungen in Ländern, mit denen zwischenstaatliche Sozialversicherungsabkommen bestehen (z. B. das deutsch-türkische Sozialversicherungsabkommen) sowie in EU-Ländern gilt ein vereinfachtes Nachweisverfahren (§ 5 Abs. 2 EntgFG): Der Arbeitnehmer muss unverzüglich dem für den Aufenthaltsort zuständigen ausländischen Sozialversicherungsträger eine Bescheinigung des behandelnden Arztes über die Arbeitsunfähigkeit vorlegen. Der ausländische Versicherungsträger lässt den Versicherten durch einen Vertrauensarzt untersuchen und unterrichtet dann die deutsche Krankenkasse vom Beginn und der voraussichtlichen Dauer der Arbeitsunfähigkeit des Arbeitnehmers. Die deutsche Krankenkasse informiert ihrerseits den Arbeitgeber.

2.4 Fristberechnung

Die Berechnung der Frist zur Vorlage der AU-Bescheinigung wird wie folgt vorgenommen:

Der erste Tag der Arbeitsunfähigkeit ist der, an dem die Erkrankung aufgetreten ist. Somit ist die AU-Bescheinigung am vierten Tag der Arbeitsunfähigkeit beim Arbeitgeber vorzulegen, wenn es sich dabei um einen Arbeitstag handelt, an dem im Betrieb gearbeitet wird. Die Frist verlängert sich entsprechend, wenn dieser Tag auf einen arbeitsfreien Sonnabend, einen Sonntag oder einen gesetzlichen Feiertag fällt oder wenn an diesem Tag im Betrieb aus anderen Gründen nicht gearbeitet wird.

Beginn der Arbeitsunfähigkeit	Vorlagetag
Sonntag	Mittwoch
Montag	Donnerstag
Dienstag	Freitag
Mittwoch	Montag
Donnerstag	Montag
Freitag	Montag
Sonnabend	Dienstag

Die AU-Bescheinigung muss so rechtzeitig vorgelegt werden, dass der Arbeitgeber am Vorlagetag innerhalb der üblichen Betriebszeiten von ihr Kenntnis nehmen kann. Lässt der Arbeitnehmer die Bescheinigung durch jemand anderen überbringen, trägt er die Verantwortung für eventuell auftretende Verzögerungen. Wenn er sie mit der Post schickt und sie so rechtzeitig absendet, dass nach den gewöhnlichen Postlaufzeiten mit dem Eingang am Stichtag zu rechnen ist, trifft ihn allerdings keine Verantwortung.

2.5 Frühere Vorlage auf Verlangen des Arbeitgebers

Der Arbeitgeber ist nach § 5 Abs. 1 Satz 3 EntgFG berechtigt, die Vorlage der AU-Bescheinigung früher zu verlangen. Das gilt unabhängig davon, wie lange die Erkrankung dauert, also auch bei Erkrankungen von weniger als vier Tagen. Ein besonderer Grund für die Anordnung ist nicht erforderlich; die frühere Vorlage darf aber nicht nur zu dem Zweck verlangt werden, den Arbeitnehmer zu schikanieren.

Der Arbeitgeber muss die Anordnung dem Arbeitnehmer gegenüber deutlich äußern. Er kann das mündlich tun; aus Beweisgründen empfiehlt sich aber die Schriftform. Eine Begründung ist nicht erforderlich. Der Arbeitgeber hat ein nicht gebundenes Ermessen bei der Anordnung. Es ist nicht erforderlich, dass gegen den Arbeitnehmer ein begründeter Verdacht besteht, er habe in der Vergangenheit eine Erkrankung nur vorgetäuscht. Eine entsprechende Vereinbarung ist sowohl im Arbeitsvertrag als auch in einem Tarifvertrag zulässig. Der Tarifvertrag kann die nach dem Gesetz grundsätzlich bestehende Befugnis des Arbeitgebers aber auch einschränken. Bei einer generellen Anordnung der früheren Vorlage muss eine Beteiligung des Betriebsrats erfolgen, da dies eine Frage der Ordnung des Betriebes i. S. v. § 87 Abs. 1 Nr. 1 BetrVG ist. Zuständig ist der Betriebsrat, nicht der Gesamtbetriebsrat.

Formulierungsbeispiel:

„Wir weisen Sie hiermit an, bei jeder Arbeitsunfähigkeit bereits ab dem ersten Tag eine ärztliche Arbeitsunfähigkeitsbescheinigung beizubringen."

Will der Arbeitgeber im Einzelfall ohne vorherige generelle Anweisung von diesem Recht Gebrauch machen, und hat der Arbeitnehmer rechtzeitig telefonisch sein Fehlen angezeigt, darf die frühere Vorlage nur am Tag der Anzeige verlangt werden und nicht mehr am nächsten Tag oder noch später.

WICHTIG!

Die Anordnung der Vorlage schon ab dem ersten Tag der Arbeitsunfähigkeit sollte sorgfältig bedacht werden. Zwar lassen sich spontane Krankmeldungen so möglicherweise verhindern. Diese Krankmeldung ohne Arztbesuch dauert jedoch höchstens drei Tage, wohingegen eine ärztliche Bescheinigung selten für weniger als eine Woche ausgestellt wird.

Gesundschreibung: Eine „Gesundschreibung" ist im Gesetz nicht als Gegenpart zur Krankschreibung vorgesehen. Ein Verlangen des Arbeitgebers danach bedarf einer besonderen Rechtsgrundlage. Diese liegt nicht ohne Weiteres in dem pauschalen Hinweis auf eine arbeitgeberseitige „Fürsorgepflicht", deren Inhalt ohnehin unbestimmt und deren Reichweite ausfüllungsbedürftig ist. Nur bei Vorliegen besonderer Umstände kann es im Einzelfall dazu kommen, dass die Arbeitsfähigkeit näher belegt werden muss. Allein eine vorangegangene längere Arbeitsunfähigkeit begründet für sich genommen einen solchen Umstand regelmäßig nicht (LAG Mecklenburg-Vorpommern v. 14.7.2020, Az. 2 Sa 52/20). Ebensowenig kann der Arbeitgeber ohne einen rechtfertigenden Anlass die Vorlage eines negativen Corona-Tests verlangen. Wann dies im Ausnahmefall gerechtfertigt ist, lässt sich nicht allgemein sagen, sondern es sind jeweils die Umstände des Einzelfalls abzuwägen. Vor allem kommt es auf den Bereich an, in dem der Arbeitnehmer eingesetzt ist.

3. Pflicht zu gesundheitsförderndem Verhalten

Der Arbeitnehmer ist nicht von vornherein zu einer möglichst gesunden Lebensführung verpflichtet. Nach Eintritt einer krankheitsbedingten Arbeitsunfähigkeit muss er jedoch Vorsichtsregeln einhalten, um eine Verschlimmerung des Zustands oder eine Verzögerung des Heilungsprozesses zu vermeiden. Tut er dies nicht, kann der Arbeitgeber u. U. die → *Entgeltfortzahlung* verweigern. Als Argument könnte er vorbringen, dass der Arbeitnehmer selbst an der Fortdauer der Krankheit schuld sei.

III. Beweislast

Grundsätzlich muss der Arbeitnehmer darlegen und beweisen, dass er arbeitsunfähig erkrankt ist. Dieser Beweis wird in der Regel durch die AU-Bescheinigung erbracht. Auch durch eine Feststellung des medizinischen Dienstes der Krankenkasse im Rahmen des Überprüfungsverfahrens kann ein Arbeitnehmer den Nachweis seiner Arbeitsunfähigkeit infolge Krankheit zur Begründung eines Anspruches auf Entgeltfortzahlung erbringen (LAG Baden-Württemberg v. 6.7.2016, Az. 9 Sa 20/16). Auch ausländische AU-Bescheinigungen haben einen hohen Beweiswert (insbesondere wenn sie aus einem Mitgliedstaat der EU stammen). Die Bescheinigung enthält jedoch keine Angabe der Diagnose, sodass der Arbeitgeber nicht überprüfen kann, ob die Krankheit auch tatsächlich eine Arbeitsunfähigkeit zur Folge hat. Er kann den Arbeitnehmer auch nicht zwingen, dazu Angaben zu machen.

Der Beweiswert der AU-Bescheinigung kann aber durch das Verhalten des Arbeitnehmers erschüttert werden. Z. B. ist die Beweiskraft eines Arbeitsunfähigkeitsattestes aus einem Staat, der nicht Mitglied der Europäischen Union ist, erschüttert, wenn Umstände zusammenwirken wie die Erkrankung gegen Ende eines nur teilweise gewährten Heimaturlaubes sowie die Annahme im Attest, der Arbeitnehmer sei nach empfohlener 30-tägiger Bettruhe wieder arbeitsfähig. Auch bei einer Rückdatierung der Arbeitsunfähigkeitsbescheinigung um mehr als zwei Tage ist in der Regel deren Beweiswert erschüttert (LAG Köln v. 28.1.2018, Az. 4 Sa 489/17 für eine Rückwirkung von neun Tagen; LAG Rheinland-Pfalz v. 13.1.2015, Az. 8 Sa 373/14). Der Arbeitnehmer muss dann in einem Prozess mit anderen Mitteln, z. B. der Aussage seines behandelnden Arztes, beweisen, dass er tatsächlich arbeitsunfähig war. Außerdem können Freizeitaktivitäten, die nur schwer mit der Arbeitsunfähigkeit in Einklang zu bringen sind, einen Verstoß gegen vertragliche Rücksichtnahmepflichten beinhalten, der sogar zur Kündigung berechtigt. Allein der Umstand, dass ein Arbeitnehmer nach einer Auseinandersetzung mit seinem Vorgesetzten unter Hinweis auf eine Erkrankung seinen Arbeitsplatz verlässt, kann den hohen Beweiswert der anschließend ausgestellten Arbeitsunfähigkeitsbescheinigung jedoch nicht erschüttern (LAG Köln v. 12.1.2018, Az. 4 Sa 290/17). Auch können weder die Dauer einer Krankheitsphase noch die Häufigkeit der Bescheinigungen, noch die Anzahl der diagnostizierenden und behandelnden Ärzte hierfür ausreichen (LAG Köln v. 13.5.2020, Az. 6 Sa 663/19) wohl aber die Krankschreibung ohne Untersuchung und die gemeinsame Krankschreibung mehrerer Arbeitnehmer für die Dauer eines vom Arbeitgeber widerrufenen Betriebsurlaubes (LAG Nürnberg v. 27.7.2021, Az. 7 Sa 359/20).

Beispiele:

Der Arbeitnehmer geht trotz einer ärztlich attestierten Arbeitsunfähigkeit einer Beschäftigung nach, die ähnliche Belastungen mit sich bringt. Klar ist der Fall, wenn er „schwarz" eine Erwerbstätigkeit ausübt, die der beim Arbeitgeber geschuldeten Arbeitsleistung ähnelt. Gleiches gilt, wenn er eine an sich erlaubte Nebentätigkeit ausübt, die ähnliche Belastungen wie die Hauptarbeit mit sich bringt. Der Arbeitnehmer muss aber genaue Angaben zu Umfang, Dauer, Häufigkeit und Schweregrad von körperlicher Kraftanwendung der Tätigkeit machen, um eine Einschätzung zu ermöglichen, inwieweit der Arbeitnehmer zur Erbringung der vertraglich geschuldeten Arbeitsleistung fähig gewesen wäre oder inwieweit eine Genesung gefährdet oder verzögert werden könnte (LAG Nürnberg v. 27.11.2013, Az. 8 Sa 89/13). Auch sportliche Aktivitäten können den Beweiswert erschüttern (LAG Rheinland-Pfalz v. 11.11.2015, Az. 7 Sa 672/14). Maßgeblich sind jedoch immer der Umstände des Einzelfalls. Nicht ausreichend ist es in der Regel, wenn der Arbeitnehmer beim Spazierengehen gesehen wird. Dies kann den Beweiswert nur erschüttern, wenn der Arbeitnehmer z. B. das Vorliegen einer schweren, mit Bettlägerigkeit verbundenen Krankheit behauptet hat. Erklärungen des Arbeitnehmers, mit denen er vor der Erkrankung ein „Krankfeiern" ankündigte, können den Beweiswert erschüttern (LAG Rheinland-Pfalz v. 6.2.2020, Az. 5 Sa 123/19).

WICHTIG!

Das Bundesarbeitsgericht hat entschieden, dass es den Beweiswert der Arbeitsunfähigkeitsbescheinigung erschüttern kann, wenn diese nach der Kündigung des Arbeitnehmers exakt („passgenau") für die restliche Dauer des Arbeitsverhältnisses erteilt wurde (BAG v. 8.9.2021, Az. 5 AZR 149/21). Dies gilt jedenfalls dann, wenn der Arbeitnehmer unmittelbar danach eine neue Tätigkeit aufnimmt (BAG v. 13.12.2023, Az. 5 AZR 137/23). Dabei ist es nicht entscheidend, ob es sich um eine Eigenkündigung des Arbeitnehmers oder um eine Kündigung des Arbeitgebers handelt. Auch bei einer Kündigung durch den Arbeitgeber kann der Beweiswert der Arbeitsunfähigkeitsbescheinigung erschüttert werden, wenn der Arbeitnehmer unmittelbar nach dem Zugang der Kündigung erkrankt und nach den Gesamtumständen des zu würdigenden Einzelfalls Indizien vorliegen, die Zweifel am Bestehen der Arbeitsunfähigkeit begründen. Unerheblich ist danach auch, ob eine oder mehrere Bescheinigungen vorgelegt werden. Auch kann der Text einer Eigenkündigung i. V. m. einer bereits kurz zuvor eingereichten Arbeitsunfähigkeitsbescheinigung den Beweiswert einer Arbeitsunfähigkeitsbescheinigung erschüttern, ebenso wie die Gesamtumstände (LAG Schleswig-Holstein v. 2.5.2023, Az. 2 Sa 203/22). Auch Verstöße des Arztes gegen die Arbeitsunfähigkeits-Richtlinie können den Beweiswert erschüttern, jedoch muss hier danach differenziert werden, um welche konkreten Vorschriften es geht (BAG v. 28.6.2023, Az. 5 AZR 335/22).

Auch hier ist allerdings eine Einzelfallbetrachtung geboten (LAG Mecklenburg-Vorpommern v. 21.3.2022, Az. 2 Sa 156/22; LAG Niedersachsen v. 22.2.2023, Az. 8 Sa 713/22) So hat das LAG Mecklenburg-Vorpommern trotz dieser BAG-Rechtsprechung entschieden, dass der Beweiswert einer Arbeitsunfähigkeitsbescheinigung nicht allein deshalb erschüttert sei, weil diese einen Zeitraum innerhalb der Kündigungsfrist, insbesondere gegen Ende der Kündigungsfrist betrifft. Auch eine zu Beginn der Erkrankung angetretene rund zehnstündige Bahnfahrt eines Arbeitnehmers zum Familienwohnsitz, um dort die Hausärztin aufzusuchen, lasse ohne Hinzutreten weiterer Umstände die attestierte Arbeitsunfähigkeit nicht fragwürdig erscheinen (LAG Mecklenburg-Vorpommern v. 13.7.2023, Az. 5 Sa 1/23). Auch das LAG Köln hat der Klage einer Arbeitnehmerin stattgegeben, die nach Ausspruch der Eigenkündigung eine Arbeitsunfähigkeitsbescheinigung einreichte (LAG Köln v. 10.8.2023, Az. 6 Sa 682/22; in diese Richtung auch LAG Thüringen v. 31.5.2023, Az. 4 Sa 131/19, das auf die Verursachung der Krankheit durch Probleme am Arbeitsplatz abstellt). Das LAG Düsseldorf hat gleichfalls ausdrücklich trotz der o. g. BAG-Entscheidung einer Klage stattgegeben, bei der durchaus Zweifel an der Arbeitsunfähigkeit bestanden (LAG Düsseldorf v. 3.1.2023, Az. 3 Sa 468/22). Auch die Reihenfolge der Geschehnisse ist von Bedeutung: Meldet sich zunächst der Arbeitnehmer krank und erhält er erst sodann eine arbeitgeberseitige Kündigung, fehlt es an dem für die Erschütterung des Beweiswertes der Arbeitsunfähigkeitsbescheinigung notwendigen Kausalzusammenhang, d. h. der Beweis der Arbeitsunfähigkeit ist erbracht (LAG Niedersachsen v. 8.3.2022, Az. 8 Sa 859/22).

WICHTIG!

Auch wenn der Beweiswert der Arbeitsunfähigkeitsbescheinigug erschüttert ist, kann der Arbeitnehmer seine krankheitsbedingte Arbeitsunfähigkeit auf andere Art beweisen. Er kann z. B. ein ärztliches Gutachten vorlegen oder die Aussage des behandelnden Arztes als sachverständigen Zeugen anbieten, den er von der Schweigepflicht entbindet. Wenn er allerdings keine Erklärungen zu den konkreten gesundheitlichen Beeinträchtigungen und deren Auswirkungen auf seine Arbeitsfähigkeit erklärt, erhält er keine Entgeltfortzahlung (LAG Berlin-Brandenburg v. 5.7.2024, Az. 12 Sa 1266/23; LAG Mecklenburg-Vorpommern v. 7.5.2024, Az. 5 Sa 98/23).

IV. Reaktionsmöglichkeiten des Arbeitgebers

1. Bei Zweifeln an der Arbeitsunfähigkeit

Hat der Arbeitgeber Zweifel daran, dass der Arbeitnehmer tatsächlich arbeitsunfähig ist, kann er den medizinischen Dienst der Krankenkassen einschalten, um dies überprüfen zu lassen. Dazu muss er sich unverzüglich nach Eingang der Arbeitsunfähigkeitsbescheinigung an die Krankenkasse wenden, diese dorthin übermitteln und die Gründe mitteilen, die zu Zweifeln am Bestehen der Arbeitsunfähigkeit Anlass geben. Im Sozialgesetzbuch (SGB) V werden Regelbeispiele genannt, die Zweifel begründen, wie z. B. dass der Arbeitnehmer sich häufig oder auffallend häufig für eine kurze Zeit arbeitsunfähig meldet, dass die Arbeitsunfähigkeit häufig auf einen Tag am Beginn oder Ende der Woche fällt oder dass der behandelnde Arzt dadurch auffällt, dass er häufig AU-Bescheinigungen ausstellt. Nach der Rechtsprechung des BAG (BAG v. 8.9.2021, Az. 5 AZR 149/21 s. o.) dürfte auch die passgenaue Krankschreibung für die Kündigungsfrist darunter fallen.

Die Krankenkasse ist verpflichtet, das Verfahren durchzuführen. Eine Untersuchung des Arbeitnehmers durch den medizinischen Dienst kann nur dann erfolgen, wenn der Antrag rechtzeitig vor dem Ablauf der Arbeitsunfähigkeitsbescheinigung erfolgt ist. Anderenfalls bleibt dem medizinischen Dienst nur der Telefonanruf beim behandelnden Arzt. Dieser hat keinen Einfluss auf die konkrete AU-Bescheinigung, kann aber zu einer größeren Vorsicht des Arztes bei Folgebescheinigungen führen. Wenn der Arbeitnehmer eine Folgebescheinigung angekündigt hat, ermöglicht die sofortige Einschaltung des medizinischen Dienstes diesem eine schnellere Handlungsweise, als wenn erst das Eintreffen der Bescheinigung abgewartet wird. Der medizinische Dienst übermittelt sein Ergebnis der Krankenkasse, die wiederum den Arbeitgeber informiert. Auskünfte über die Diagnose werden jedoch nicht erteilt. Es wird lediglich mitgeteilt, ob das Gutachten mit der AU-Bescheinigung übereinstimmt. Zur Überprüfung der Arbeitsunfähigkeit kann der Arbeitgeber bei schwerwiegenden Verdachtsmomenten auch ein Detektivbüro einschalten. Unter Umständen kann der Arbeitnehmer zur Erstattung dieser Kosten verpflichtet sein.

WICHTIG!

Lässt ein Arbeitgeber einen Arbeitnehmer wegen des Verdachts einer vorgetäuschten Arbeitsunfähigkeit durch eine Detektei über-

wachen und dokumentiert diese dabei den sichtbaren Gesundheitszustand des Arbeitnehmers, handelt es sich um die Verarbeitung von Gesundheitsdaten im Sinne der Datenschutz-Grundverordnung. Dies ist nur zulässig, wenn der Beweiswert einer vorgelegten ärztlichen Arbeitsunfähigkeitsbescheinigung erschüttert ist und eine Untersuchung durch den MDK nicht möglich ist oder objektiv keine Klärung erwarten lässt. Anderenfalls ist die Ermittlung als Datenverarbeitung nicht erforderlich im Sinne der DSGVO und kann zu Schadensersatzansprüchen des Arbeitnehmers gem. Art. 82 Abs. 1 DSGVO führen (BAG v. 25.7.2024, Az. 8 AZR 225/23).

Der Arbeitgeber darf den Arbeitnehmer während der Arbeitsunfähigkeit nicht zu einem Personalgespräch einbestellen, etwa um sich selbst ein Bild von seinem Gesundheitszustand zu machen. Da der erkrankte Arbeitnehmer während der Arbeitsunfähigkeit seiner Arbeitspflicht nicht nachkommen muss, ist er grundsätzlich nicht verpflichtet, im Betrieb zu erscheinen oder sonstige, mit seiner Hauptleistung unmittelbar zusammenhängende Nebenpflichten zu erfüllen. Dem Arbeitgeber ist es allerdings nicht schlechthin untersagt, mit dem erkrankten Arbeitnehmer in einem zeitlich angemessenen Umfang in Kontakt zu treten, um mit ihm im Rahmen der arbeitsvertraglichen Vereinbarungen die Möglichkeiten der weiteren Beschäftigung nach dem Ende der Arbeitsunfähigkeit zu erörtern. Voraussetzung ist, dass der Arbeitgeber hierfür ein berechtigtes Interesse aufzeigt. Der arbeitsunfähige Arbeitnehmer ist jedoch nicht verpflichtet, hierzu auf Anweisung des Arbeitgebers im Betrieb zu erscheinen, es sei denn, dies ist ausnahmsweise aus betrieblichen Gründen unverzichtbar und der Arbeitnehmer ist dazu gesundheitlich in der Lage (BAG v. 2.11.2016, Az. 10 AZR 596/15).

2. Bei Verstoß gegen Anzeige- und Nachweispflicht

2.1 Verweigerung der Entgeltfortzahlung

Der Arbeitgeber kann die → *Entgeltfortzahlung* so lange verweigern, bis der Arbeitnehmer die AU-Bescheinigung vorlegt (§ 7 Abs. 1 EntgFG). Eine Ausnahme gilt nur dann, wenn den Arbeitnehmer keine Schuld an der verspäteten Vorlage trifft.

2.2 Abmahnung

Hat der Arbeitnehmer die Arbeitsunfähigkeit nicht unverzüglich angezeigt oder die AU-Bescheinigung nicht rechtzeitig beigebracht, kann ihm hierfür eine → *Abmahnung* erteilt werden. Dabei ist jedoch genau festzustellen, was der Arbeitnehmer falsch gemacht hat. Nur dafür kann ihm eine rechtswirksame Abmahnung erteilt werden.

Beispiel:

Der Arbeitnehmer erscheint nicht zur Arbeit und meldet sich auch nicht. Der Arbeitgeber spricht deshalb eine Abmahnung wegen unentschuldigten Fernbleibens aus. Nach Ablauf der Frist legt der Arbeitnehmer eine AU-Bescheinigung vor. Die ursprüngliche Abmahnung muss zurückgenommen werden, da das Fernbleiben mit Vorlage der AU-Bescheinigung nicht mehr unentschuldigt ist. Der Arbeitgeber kann aber eine neue Abmahnung aussprechen wegen verspäteter Vorlage der Bescheinigung.

2.3 Kündigung

Wenn der Arbeitnehmer die Krankheit nur vorgetäuscht hat, kommt eine fristlose verhaltensbedingte Kündigung in Betracht (LAG Rheinland-Pfalz v. 4.5.2021, Az. 6 Sa 359/20). Bleibt der Arbeitnehmer unter Vorlage eines Attests der Arbeit fern und lässt sich Entgeltfortzahlungen gewähren, obwohl es sich in Wahrheit nur um eine vorgetäuschte Krankheit handelt, begeht er hierbei regelmäßig einen vollendeten Betrug (LAG Baden-Württemberg v. 20.7.2016, Az. 4 Sa 61/15; LAG Köln v. 7.7.2017, Az. 4 Sa 936/16). Der Arbeitgeber muss aber eingehend die Umstände darlegen, die gegen die Richtigkeit der AU-Bescheinigung sprechen und dies auch beweisen. Es müssen danach ernsthafte Zweifel an der krankheitsbedingten Arbeitsunfähigkeit bestehen. Gleiches gilt bei einem Freizeitverhalten, das mit der Arbeitsunfähigkeit nicht in Einklang zu bringen ist. Hat der Arbeitnehmer wiederholt gegen seine Anzeige- und Nachweispflichten verstoßen und ist er deshalb abgemahnt worden, kommt eine verhaltensbedingte Kündigung in Betracht. Man muss aber sorgfältig begründen, worin genau der Kündigungsgrund besteht, in der Verletzung der Anzeigepflicht oder der Nachweispflicht. Auch eine Häufung beider Kündigungsgründe ist möglich, jedoch muss jeder einzelne Vorwurf genau begründet werden. Eine Kündigung aus Anlass einer Krankmeldung (etwa innerhalb der ersten sechs Monate des Arbeitsverhältnisses) ist nur dann eine unzulässige Maßregelung im Sinne von § 612a BGB, wenn gerade das zulässige Fernbleiben von der Arbeit sanktioniert werden soll (LAG Mecklenburg-Vorpommern v. 31.1.2023, Az. 5 Sa 104/22).

Dauert die Krankheit besonders lange an oder ist der Arbeitnehmer sehr häufig krank, so kann der Arbeitgeber u. U. auch eine krankheitsbedingte → *Kündigung* aussprechen.

3. Nach Rückkehr des Arbeitnehmers

Wenn der Arbeitnehmer wieder an seinem Arbeitsplatz erscheint, kann es in bestimmten Fällen sinnvoll sein, mit ihm ein sog. Rückkehrergespräch zu führen. Dabei kann ihm verdeutlicht werden, dass durch sein Fehlen durchaus eine Lücke entstanden war, die andere Kollegen füllen mussten. Manchmal gibt es auch betriebliche Ursachen für bestimmte Erkrankungen, die vom Arbeitnehmer erfragt werden können. Generell sind Rückkehrergespräche geeignet, das Verantwortungsgefühl des Arbeitnehmers zu erhöhen. Er ist jedoch nicht verpflichtet, Auskünfte über die Art der Erkrankung zu erteilen und es ist unzulässig, einen entsprechenden Druck auf ihn auszuüben. Die Führung formalisierter Krankengespräche zur Aufklärung eines überdurchschnittlichen Krankenstandes mit einer nach abstrakten Kriterien ermittelten Mehrzahl von Arbeitnehmern ist gemäß § 87 Abs 1 Satz 1 BetrVG mitbestimmungspflichtig.

V. Checkliste

I. Arbeitsunfähigkeit

- ❑ Vorliegen einer Krankheit (Ursache unerheblich)
- ❑ Krankheit muss dazu führen, dass die geschuldete Arbeitsleistung unmöglich wird
- ❑ Keine Arbeitsunfähigkeit, wenn nur der Weg zur Arbeit nicht bewältigt werden kann
- ❑ Auch Teilarbeitsunfähigkeit ist Arbeitsunfähigkeit
- ❑ Beweislast: Zunächst beim Arbeitnehmer, liegt aber eine ärztliche AU-Bescheinigung vor, muss der Arbeitgeber deren Beweiswert erschüttern

II. Anzeigepflicht

- ❑ Anzeige muss unverzüglich erfolgen
- ❑ Mitteilung muss nicht persönlich erfolgen
- ❑ Adressat ist die zuständige Stelle beim Arbeitgeber, nicht irgendein Kollege (Ausnahme: Im Betrieb so üblich)
- ❑ Inhalt: Arbeitsunfähigkeit, voraussichtliche Dauer, bei Auslandsaufenthalt auch dortige Anschrift
- ❑ Keine bestimmte Form nötig
- ❑ Besteht auch während des Urlaubs, wenn die Krankheit über den Arbeitsbeginn hinaus andauern könnte
- ❑ Besteht auch bei ruhendem Arbeitsverhältnis, wenn die Krankheit über den Zeitpunkt der geplanten Wiederaufnahme der Arbeit hinaus andauern könnte

III. Nachweispflicht (AU-Bescheinigung)

- ❑ Ab dem vierten Tag der Arbeitsunfähigkeit vom Arbeitnehmer vorzulegen
- ❑ Muss schriftlich sein und von approbiertem Arzt stammen
- ❑ Muss keine Angaben über Art der Krankheit enthalten
- ❑ Auch Folgebescheinigungen sind innerhalb der Dreitagefrist vorzulegen
- ❑ Besonderheiten bei Erkrankung im Ausland
- ❑ Arbeitgeber kann frühere Vorlage verlangen

Arbeitsunfall

I. Begriff

II. Voraussetzungen des Versicherungsschutzes

1. Versicherter in der gesetzlichen Unfallversicherung
2. Arbeitsunfall
3. Zusammenhang zwischen Arbeitsunfall und versicherter Tätigkeit
   - 3.1 Betriebliche Veranstaltungen und Reisen
   - 3.2 Essen und Trinken
   - 3.3 Handgreiflichkeiten im Betrieb
   - 3.4 Alkohol, Medikamente und Drogen
   - 3.5 Konflikt mit anderen Beschäftigten (Vorgesetzten)
4. Meldepflicht
5. Sonderfall: Wegeunfall
   - 5.1 Versicherter Weg
   - 5.2 Zusammenhang zwischen versicherter Tätigkeit und Wegeunfall
6. Homeoffice

III. Haftungsbeschränkungen

1. Haftung des Arbeitgebers
2. Haftung des Arbeitnehmers und anderer für denselben Betrieb tätigen Personen
3. Haftung anderer Personen und Haftung bei gemeinsamer Betriebsstätte

I. Begriff

Der Arbeitsunfall ist immer ein Versicherungsfall der gesetzlichen Unfallversicherung. Er liegt vor, wenn ein Arbeitnehmer in Zusammenhang mit einer versicherten Tätigkeit einen Unfall erleidet. Im Unterschied zur privaten Unfallversicherung besteht der gesetzliche Unfallversicherungsschutz kraft Zwangsmitgliedschaft des Arbeitgebers bei den gesetzlichen Unfallversicherungsträgern. Das sind die gewerblichen Berufsgenossenschaften im gewerblichen und industriellen Bereich, die landwirtschaftlichen Berufsgenossenschaften, die Unfallkasse des Bundes sowie die Unfallkassen der Länder und Gemeinden. Das gesamte Recht der Unfallversicherung ist im SGB VII geregelt.

Die Unternehmen sind verpflichtet, im Wege des Umlageverfahrens, das sich u. a. an der Unfallgefährlichkeit des einzelnen Betriebs orientiert, an den zuständigen Versicherungsträger Beiträge abzuführen (§ 150 ff. SGB VII). Von Arbeitnehmern sind keine Beiträge zu leisten. Erleidet ein Arbeitnehmer bei der Arbeit einen Personenschaden, können sich aus der jeweiligen gesetzlichen Unfallversicherung Leistungsansprüche zugunsten des Verletzten bzw. seiner Hinterbliebenen ergeben. Die private Haftung bei Personenschäden ist in der Regel ausgeschlossen, d. h. für diese Personenschäden haftet der Arbeitgeber oder ein den Arbeitsunfall (mit-)verursachender Arbeitnehmer desselben Betriebs nicht oder nur sehr eingeschränkt (§§ 104 Abs. 1, 105 f. SGB VII).

II. Voraussetzungen des Versicherungsschutzes

Voraussetzung für Leistungen aus der gesetzlichen Unfallversicherung ist das Vorliegen eines Arbeitsunfalls. Dieser ist immer dann gegeben, wenn

- ein Versicherter in der gesetzlichen Unfallversicherung
- im Zusammenhang mit seiner versicherten Tätigkeit
- einen Unfall erleidet.

1. Versicherter in der gesetzlichen Unfallversicherung

Dieser Punkt ist bei Arbeitnehmern nicht weiter problematisch. Sie sind kraft Gesetzes, also automatisch, in der gesetzlichen Unfallversicherung versichert, unabhängig von der Dauer der Beschäftigung und der Höhe des Gehalts. Jedoch können auch Selbstständige, sollten sie in die Arbeitsorganisation eines Unternehmens weisungsgebunden eingegliedert sein und damit als Arbeitnehmer gelten, unter die gesetzliche Unfallversicherung fallen. Im Übrigen findet sich eine umfangreiche Aufzählung des versicherten Personenkreises im zweiten Abschnitt des SGB VII, insbesondere § 2 SGB VII (vgl. hierzu unten III. 3.).

Mit Urteil vom 21.3.2024 (B 2 U 14/21 R) hat das Bundessozialgericht zwischen der Tätigkeit einer Selbstständigen und der Tätigkeit eines beschäftigten Arbeitnehmers unterschieden. Eine versicherungspflichtige Tätigkeit liegt nur vor, wenn der Arbeitgeber die Tätigkeit als Unternehmer durchführt. Bei Selbstständigen ist diese Abgrenzung zum Bereich der privaten Handlung zum Teil schwierig. Die Tätigkeit eines Unternehmers als Handlungstendenz muss danach den Hauptgrund des Tätigwerdens bilden. Eine Gesamtschau aller Indizien des Einzelfalles ist danach entscheidend.

2. Arbeitsunfall

Ein Arbeitsunfall ist ein zeitlich begrenztes, von außen auf den menschlichen Körper einwirkendes Ereignis, das zu einem Gesundheitsschaden oder zum Tod führt (§ 8 Abs. 1 Satz 2 SGB VII).

Ein Arbeitsunfall liegt nicht vor bei allen Vorgängen aus innerer Ursache (z. B. epileptischer Anfall, Herz-Kreislauf-Versagen); trotzdem besteht möglicherweise eine äußere Ursache, wenn z. B. ein Herzinfarkt durch physisch oder psychisch überanstrengende Arbeit ausgelöst wird. Eine Einwirkung von außen wird beispielsweise bewirkt durch herabstürzende Teile, Stromschläge, Aufprall auf den Boden, gefährliche Maschinen, Eindringen von Krankheitserregern in den Körper etc.

Erfolgt eine Verletzung freiwillig – bspw. durch eine absichtliche Eigenverletzung – liegt ebenso kein Arbeitsunfall vor.

Ob die Verletzungshandlung verboten ist, spielt dagegen für das Vorliegen eines Arbeitsunfalls keine Rolle.

WICHTIG!

Die Beweislast dafür, dass ein Arbeitsunfall vorliegt, trägt der Arbeitnehmer.

3. Zusammenhang zwischen Arbeitsunfall und versicherter Tätigkeit

Der Unfall muss in Ausübung einer versicherten Tätigkeit passiert sein. Es ist nicht erforderlich, dass diese Tätigkeit alleinige oder wesentliche Ursache des Unfalls ist, sie muss aber zumindest Mitursache sein. Der Verletzte muss der Gefahr infolge der versicherten Tätigkeit ausgesetzt gewesen sein.

Wenn sich ein Unfall auf dem Betriebsgelände und während der → *Arbeitszeit* ereignet, muss noch kein Arbeitsunfall vorliegen.

Umgekehrt kann auch ein Unfall außerhalb des Betriebsgeländes und außerhalb der Arbeitszeit ein Arbeitsunfall sein.

Notwendig ist ein innerer Zusammenhang zwischen Unfall und versicherter Tätigkeit. Ob die versicherte Tätigkeit ordnungsgemäß oder fehlerhaft, vorsichtig oder leichtsinnig ausgeführt wird, spielt für das Vorliegen eines Arbeitsunfalls keine Rolle.

Nicht versichert sind sog. eigenwirtschaftliche Tätigkeiten, d. h. Tätigkeiten, mit denen der Versicherte persönliche und private Belange verfolgt. Sie sind auch dann nicht versichert, wenn sie sich auf dem Betriebsgelände und während der Arbeitszeit ereignen. Nur ganz kurze oder geringfügige Unterbrechungen der versicherten Tätigkeit lassen den Versicherungsschutz aber nicht entfallen. So z. B. der Gang zum Kühlschrank im Homeoffice oder der Weg in die Raucherpause.

Beispiel:

Erleidet der Versicherte bei einem kurzen Privatgespräch am Arbeitsplatz einen Unfall, besteht Versicherungsschutz. Problematisch ist dagegen ein Unfall (z. B. Sturz) auf der Toilette. Dieser wird in der Regel nicht als Arbeitsunfall anerkannt. Auch das Benutzen von Arbeitsgeräten zu eigenwirtschaftlichen Zwecken während oder außerhalb der Arbeitszeit ist nicht versichert.

Bei sog. gemischten Tätigkeiten, die sich nicht ausschließlich dem eigenwirtschaftlichen oder dem betrieblichen Bereich zuordnen lassen, liegt Versicherungsschutz vor, wenn sie wesentlich (auch) dem betrieblichen Bereich dienen sollen. Nicht erforderlich ist es, dass sie überwiegend betrieblichen Interessen dienen; den betrieblichen Belangen muss aber mindestens annähernd das gleiche Gewicht zukommen wie den eigenwirtschaftlichen.

So hat das BSG mit Urteil vom 24.9.2025 (B 2 U11/23 R) entschieden, dass das Kaffeeholen und das Ausrutschen beim Kaffeeholen auf feuchtem Boden ein Arbeitsunfall ist.

3.1 Betriebliche Veranstaltungen und Reisen

Für Veranstaltungen, die der Arbeitgeber abhält oder die mit seiner Billigung stattfinden und von allen Betriebsangehörigen bzw. bestimmten Gruppen besucht werden oder ihnen offenstehen, ist Versicherungsschutz gegeben (z. B. betriebliche Weihnachtsfeiern, Betriebsversammlungen), da sie in einem inneren Zusammenhang mit der versicherten Tätigkeit stehen. Das gilt auch für Tätigkeiten zur körperlichen Erholung, die mit dem Gesamtzweck der Veranstaltung vereinbar sind (z. B. Grillveranstaltung mit Radtour). Nicht erfasst davon sind jedoch Sportveranstaltungen (z. B. betriebliche Fußballturniere), die einen überwiegenden Wettbewerbscharakter haben (z. B. Mannschaftsspiele gegen Betriebsfremde) und bei denen der Arbeitnehmer nicht zur Teilnahme verpflichtet ist. Ausnahmsweise kann dies jedoch anders zu bewerten sein, wenn das Unternehmen die Sportveranstaltung durch konkrete Maßnahmen als Werbeplattform nutzt. Kein Versicherungsschutz besteht ferner für Veranstaltungen, die von Kollegen untereinander abgehalten werden (z. B. gelegentliche Sporttreffs, Stammtisch, Ausflug) oder für Reisen, die überwiegend touristischen Zwecken dienen.

Nicht als Arbeitsunfall hat das Bundessozialgericht die Verletzung bei einem betriebsinternen Fußballturnier gewertet. In den Entscheidungen vom 28.6.2022 (B 2 U 8/20 R) und bei der vom 28.7.2022 (B 2 U 8/20 R) hat der Senat entschieden, dass es bei einem Fußballturnier an einem Ausgleich für die beruflichen Belastungen fehlt und ferner an der Regelmäßigkeit der sportlichen Betätigung. Daher könne kein versicherter Betriebssport vorliegen. Eine Maßnahme der betrieblichen Gesundheitsförderung stellt das Fußballturnier nach Auffassung des Senates ebenfalls nicht dar.

Anders wird die Situation vom BDSG beurteilt, wenn eine Betriebsbesichtigung im Rahmen eines Bewerbungsgespräches von einem Kandidaten durchgeführt wird. Mit Urteil vom 31.3.2022 (B 2 U 8/20 R) hat der Senat entschieden, dass in Fällen, in denen ein Bewerber im Rahmen eines unentgeltlichen, eintägigen „Kennenlern-Praktikums" einen Unfall erleidet, dies als Arbeitsunfall zu bewerten ist.

Dienstreisen, Dienstgänge oder Lieferfahrten gehören zur Arbeitsleistung und sind versichert. Bei sonstigen Reisen im betrieblichen Interesse muss der Zusammenhang mit der versicherten Tätigkeit geprüft werden und es muss zwischen Tätigkeiten unterschieden werden, die von ihrem Zweck her mit der Reise zusammenhängen und damit dem Versicherungsschutz unterfallen und solchen, die dem privaten, eigenwirtschaftlichen Bereich zuzuordnen sind.

ACHTUNG!

Wird die → *Dienstreise* für private Zwecke unterbrochen, besteht kein Versicherungsschutz.

3.2 Essen und Trinken

Essen und Trinken – auch während der Arbeitszeit und auf dem Betriebsgelände, d. h. in der Betriebskantine – sind in der Regel nicht versichert. Nur dann, wenn die Nahrungsaufnahme überwiegend zur Erhaltung der Arbeitsfähigkeit erforderlich ist und sich betriebseigene Gefahren realisieren, tritt das eigenwirtschaftliche Moment in den Hintergrund und greift der Versicherungsschutz. Der Weg zur Toilette ist versichert, nicht dagegen der Aufenthalt auf der Toilette. Bei Geschäftsessen aus ausschließlich beruflichem Anlass besteht ebenfalls Versicherungsschutz.

WICHTIG!

Der Weg zur Kantine oder der Weg zur mittäglichen Nahrungsaufnahme außerhalb des Betriebs ist versichert, nicht aber die Nahrungsaufnahme selbst.

3.3 Handgreiflichkeiten im Betrieb

Bei körperlichen Auseinandersetzungen liegt ein Arbeitsunfall dann vor, wenn die betriebliche Tätigkeit oder betriebliche Vorgänge die wesentlichen Ursachen hierfür sind. Liegt die Ursache rein im privaten Bereich, besteht kein Versicherungsschutz.

Beispiel:

Entsteht ein Streit über Arbeitsabläufe, kann Versicherungsschutz gegeben sein; nicht versichert sind dagegen Streitigkeiten unter Kollegen aus persönlichen Gründen.

3.4 Alkohol, Medikamente und Drogen

Das Trinken von Alkohol ist grundsätzlich eine unversicherte Tätigkeit, die den gesetzlichen Unfallversicherungsschutz nicht auslöst. War der Arbeitnehmer aufgrund seines Rauschmittelkonsums nicht mehr in der Lage, seine Arbeitsleistung zu erbringen, entfallen der Zusammenhang mit der versicherten Tätigkeit und damit der Versicherungsschutz. Hat sich der Unfall im Straßenverkehr ereignet, so gilt bei relativer oder absoluter Fahruntüchtigkeit die – widerlegbare – Vermutung, dass der Rauschmittelkonsum die alleinige Unfallursache war. Damit entfällt auch hier der Versicherungsschutz mangels Berührung von arbeitsvertraglichen Haupt- oder Nebenleistungspflichten.

Zur Pandemiebekämpfung bieten Arbeitgeber zugunsten der Beschäftigten vielfach Möglichkeiten zur Impfung an. Fraglich ist, ob bei negativen Impffolgen das Impfen als versicherungspflichtige Tätigkeit angesehen werden kann. Die Frage stellt sich nicht nur im Kontext mit Corona, sondern auch in jeder anderen pandemischen Lage. Ein Versicherungsschutz besteht nur dann, wenn das Impfen im unmittelbaren beruflichen Kontext erfolgt. Dies kann z. B. in Einrichtungen von Kranken- und Altenpflege der Fall sein, wo das Ansteckungsrisiko hoch ist und daher die Gabe des Impfstoffes der Erhaltung oder Wiederherstellung der Arbeitskraft dient. Gleiches kann gelten, wenn ohne diesen Bezug im Betrieb gehäuft – und zum Teil unerklärlich – Erkrankungen bei einer Vielzahl von Mitarbeitern auftreten, gegen die der Impfstoff wirkt. Etwas anderes gilt dann, wenn das Unternehmen nur eine allgemeine – gleichsam gesellschaftliche – Verpflichtung erfüllen will, flächendeckend die Teile der Bevölkerung zu impfen, die als Beschäftigte des Unternehmens gebunden sind. Besteht daher keine Impfverpflichtung für den Beschäftigten, sondern lediglich die Möglichkeit, ein Arbeitgeberangebot anzunehmen, ist der Bezug zur versicherten Tätigkeit zu verneinen.

3.5 Konflikt mit anderen Beschäftigten (Vorgesetzten)

Streit im Betrieb, insbesondere Konfliktgespräche mit Kollegen oder Vorgesetzten, kommen im betrieblichen Alltag häufig vor. Unklar ist vielfach, ob der Inhalt des Gespräches von privater Natur ist oder ob ein betrieblicher Anlass für den Streit bestand. Nur im letzten Fall kann ein kausaler Zusammenhang mit der versicherten Tätigkeit des Beschäftigten bestehen. Die Umstände des Einzelfalles sind von Bedeutung. Bildet der Inhalt des Streites eine Divergenz über Haupt- und Nebenleistungspflichten aus dem Arbeitsverhältnis kann der notwendige Kausalzusammenhang bejaht werden, da ein fremdnütziger (auf den Arbeitgeber bezogener) Inhalt des Gespräches feststeht. Hierbei ist von Bedeutung, ob ein Streit unter Kollegen stattfindet oder zwischen einem Beschäftigten und einem Vorgesetzten. Entwickelt sich der Streit nur aus altruistischer Sicht, um einen anderen Beschäftigten in Schutz zu nehmen, ist der geforderte Bezug zu den Haupt- oder Nebenleistungspflichten zu verneinen. Altruistische Motive sind hingegen zu verneinen, wenn eine Teamhaftung des Kollegen mit dem das streitige Gespräch führenden Beschäftigten besteht und daher beide vom Inhalt des Gespräches betroffen sind.

Mit Datum vom 6.5.2021 (B 2 U 15/19 R) hat das BSG entschieden, dass ein Streitgespräch mit einem Vorgesetzten ein als von außen auf den Körper einwirkendes Ereignis i. S. v. § 8 Abs. 1 Satz 2 SGB VII darstellt. Im streitgegenständlichen Sachverhalt kollabierte ein Arbeitnehmer auf seinem Schreibtischstuhl sitzend, nachdem er einen Herzstillstand erlitten hatte. Vorausgegangen war ein Streitgespräch mit einem Vorgesetzten.

Die konfliktbelastete Beziehung zwischen einem Beschäftigten und dem betrieblichen Vorgesetzten in Form von „Mobbing" stellt keinen Arbeitsunfall dar. Denn ein Arbeitsunfall beinhaltet die schädigende Einwirkung auf den Beschäftigten in zeitlich begrenzter Form. Jede schädigende Einwirkung auf Dauer kann hingegen eine Berufskrankheit auslösen, die anderen rechtlichen Tatbestandsmerkmalen unterliegt. Schäden durch lang andauernde, sich auf mehrere Arbeitsschichten verteilende Einwirkungen können nur dann als Arbeitsunfall qualifiziert werden, wenn sich eine einzelne Einwirkung derart aus der Gesamtheit hervorhebt, dass sie als Solitär zu betrachten ist und nicht nur als eine von mehreren gleichwertigen Ursachen.

4. Meldepflicht

Unternehmer müssen Unfälle eines Arbeitnehmers dem Unfallversicherungsträger anzeigen, wenn der Arbeitnehmer getötet oder so verletzt wird, dass er mehr als drei Tage arbeitsunfähig ausfällt (§ 193 Abs. 1 und 5 SGB VII).

WICHTIG!

Die Anzeige ist innerhalb von drei Tagen zu erstatten, nachdem der Arbeitgeber von dem Unfall erfahren hat und dem Versicherten ist auf dessen Verlangen hin eine Kopie der Anzeige zu überlassen (§ 193 Abs. 4 SGB VII). Der Arbeitgeber hat dem Betriebsrat eine Durchschrift der nach § 193 Abs. 5 SGB VII vom Betriebsrat zu unterschreibenden Unfallanzeige auszuhändigen (§ 89 Abs. 6 BetrVG).

5. Sonderfall: Wegeunfall

Der Wegeunfall gilt als Arbeitsunfall; erleidet ein Arbeitnehmer auf einem versicherten Weg einen Personenschaden, ist dieser von der gesetzlichen Unfallversicherung abgedeckt (§ 8 Abs. 2 SGB VII).

5.1 Versicherter Weg

Der von der Unfallversicherung geschützte Weg beginnt mit dem Verlassen der Wohnung (Durchschreiten der Ausgangstür) und endet mit dem Erreichen der Arbeitsstätte (Durchschreiten des Werkstors) und umgekehrt. Dies kann z. B. dazu führen, dass der Weg von der Haustür zur Garage bereits versichert ist (der häusliche Lebensbereich wird verlassen), der Weg von der Wohnung zur Tiefgarage dagegen nicht.

„Weg" bezeichnet nicht die Wegstrecke, sondern das Zurücklegen des Weges durch Fortbewegung. Mit welchem Fortbewegungsmittel der Weg zurückgelegt wird, ist nicht entscheidend. Auch die Wahl des Weges steht dem Versicherten grundsätzlich frei; er muss nicht den kürzesten Weg wählen, insbesondere dann nicht, wenn ein längerer Weg schneller zurückzulegen ist oder das Verkehrsrisiko mindert.

Unterbrechungen des Weges zur/von der Arbeitsstätte, Abwege oder Umwege können zu einem Ende des Versicherungsschutzes führen:

- **Abwege:**

  Ein Abweg liegt vor, wenn der Versicherte seinen üblichen Arbeitsweg verlässt, um private Tätigkeiten zu erledigen (z. B. Einkaufen, Arztbesuch, Tanken) und nach Erledigung wieder auf den üblichen Arbeitsweg zurückkehrt. Der Versicherungsschutz endet hier mit Verlassen des versicherten Wegs und beginnt wieder mit der Rückkehr auf diesen Weg.

- **Umwege:**

  Umwege sind nicht unerhebliche Verlängerungen des unmittelbaren Arbeitswegs aus privaten Gründen (Ausnahmen s. u. 5.2). Ist ein Grund nicht feststellbar, geht dies im Zweifel zulasten des Versicherten: der Versicherungsschutz entfällt.

- **Unterbrechungen:**

  Erledigt der Versicherte „im Vorbeigehen" private Dinge, bleibt der Versicherungsschutz erhalten (z. B. Kauf von Zigaretten aus dem Automaten am Gehweg). Eine Unterbrechung des versicherten Wegs führt aber gleichzeitig zu einer Unterbrechung des Versicherungsschutzes (z. B. Kauf von Zigaretten in einem Laden). Der Weg wird immer dann unterbrochen, wenn der Straßenraum verlassen und ein Grundstück oder Geschäftsraum betreten wird; Versicherungsschutz besteht dann wieder ab dem Erreichen des Straßenraums. Die Rechtsprechung macht hiervon nur in seltenen Fällen Ausnahmen, z. B. wenn ein Arbeitnehmer seine Tätigkeit wegen plötzlich auftretender Kopfschmerzen unterbricht und eine Apotheke aufsucht, um so die Arbeitsfähigkeit zu erhalten – dieser Weg soll versichert sein.

- **Vom dritten Ort zur Arbeit:**

  Der Versicherungsschutz besteht auch dann, wenn der Versicherte den Arbeitsweg nicht von der eigenen Wohnung aus beginnt, sondern von einem dritten Ort. Unerheblich ist dabei nach dem BSG (B 2 U 2/18 R, B 2 U 20/18 R), in welchem Verhältnis die Entfernung von dem dritten Ort zur Arbeitsstätte zur Länge des üblichen Arbeitsweges steht.

WICHTIG!

Dauert die Unterbrechung länger als zwei Stunden, entfällt der Versicherungsschutz in der Regel komplett, d. h. auch für den „Restweg". Anders ist dies, wenn der Versicherte den Arbeitsweg von einem dritten Ort aus beginnt. Hier ist es umgekehrt Voraussetzung, dass sich der Versicherte an diesem dritten Ort mindestens zwei Stunden aufgehalten hat, damit dieser anstelle der eigenen Wohnung Ausgangspunkt sein kann.

5.2 Zusammenhang zwischen versicherter Tätigkeit und Wegeunfall

Der Wegeunfall muss in Ausübung einer versicherten Tätigkeit eingetreten sein. Versicherte Tätigkeit ist auch

- das Zurücklegen des mit der versicherten Tätigkeit zusammenhängenden unmittelbaren Weges nach und von dem Ort der Tätigkeit,
- das Zurücklegen eines hiervon abweichenden Weges, um entweder eigene, im gemeinsamen Haushalt lebende Kinder aufgrund der eigenen oder der beruflichen Tätigkeit des Ehegatten in fremde Obhut zu geben oder um mit anderen Berufstätigen oder Versicherten gemeinsam ein Fahrzeug zu benutzen,
- das Zurücklegen eines vom unmittelbaren Weg abweichenden Weges der Kinder von Personen, die mit ihnen in einem gemeinsamen Haushalt leben, wenn die Abweichung darauf beruht, dass die Kinder wegen der beruflichen Tätigkeit dieser Personen oder deren Ehegatten fremder Obhut anvertraut werden,
- das Zurücklegen des mit der versicherten Tätigkeit zusammenhängenden Weges von und nach der ständigen Familienwohnung, wenn die Versicherten wegen der Entfernung ihrer Familienwohnung von dem Ort der Tätigkeit an diesem oder in dessen Nähe eine Unterkunft haben (sog. Familienheimfahrten).

ACHTUNG!

Unfälle auf Dienstreisen oder auf Betriebswegen sind keine Wegeunfälle, denn sie gehören zur Arbeitsleistung und damit zur versicherten Tätigkeit; es handelt sich um Arbeitsunfälle.

Nicht ausreichend ist ein rein zeitlicher oder rein örtlicher Zusammenhang zwischen versicherter Tätigkeit und Wegeunfall. Die versicherte Tätigkeit muss zumindest Mitursache für den Wegeunfall gewesen sein.

Handelt es sich bei dem Wegeunfall um einen Verkehrsunfall und stand der Arbeitnehmer derart unter dem Einfluss von Alkohol, Medikamenten oder Drogen, dass er dadurch zur Erbringung seiner Arbeitsleistung nicht mehr in der Lage war, ist das (vom Arbeitnehmer widerlegbar) als die alleinige Unfallursache anzusehen. Der Versicherungsschutz entfällt damit. Bei Unklarheit über das Vorliegen sowohl relativer als auch absoluter Fahruntüchtigkeit (d. h. einer Blutalkoholkonzentration von bis 1,1 bzw. über 1,1 Promille) im Unfallzeitpunkt muss im Einzelfall untersucht werden, ob die Fahruntüchtigkeit allein die wesentliche Unfallursache war, d. h. der Unfall im Wesentlichen nur aufgrund alkoholbedingter Fahruntüchtigkeit passiert ist. Nicht sicher ist dies beispielsweise, wenn die Blutalkoholkonzentration zum genauen Unfallzeitpunkt nicht festgestellt wurde, sondern erst später und der Arbeitnehmer von der Straße abgekommen ist. Ursächlich hierfür können auch Müdigkeit oder Ablenkung sein. Der Unfallversicherungsträger muss das Vorliegen und die Ursächlichkeit der Fahruntüchtigkeit beweisen, der Arbeitnehmer das Vorliegen und die Ursächlichkeit betrieblicher Umstände.

6. Homeoffice

Ein Unfall im Wohnhaus oder im Fahrstuhl des Wohnhauses ist in der Regel kein Wegeunfall. Probleme ergeben sich deshalb insbesondere bei der Arbeit im Homeoffice. Denn bei der Arbeit im Homeoffice gehen die beruflichen und privaten Tätigkeiten fließend ineinander über. Lange war die Frage, welche Tätigkeiten in einem Homeoffice zu einem Arbeits- bzw. Wegeunfall führen können und welche Handlungen nicht unter Versicherungsschutz stehen, unklar. Normative Klarheit hat der Gesetzgeber mit dem Betriebsrätemodernisierungsgesetz geschaffen und mit Gültigkeit ab dem 18.6.2021 (§ 8 SGB VII) novelliert. Mit Gültigkeit der neuen Norm besteht gleicher Versicherungsschutz bei der Arbeit wie bei der Tätigkeitsausübung im Unternehmen selbst. Dies betrifft Arbeits- als auch Wegeunfälle. Letztere betreffen das Zurücklegen von Wegstrecken zu einem Kindergarten oder einer anderen Kinderbetreuungsstätte als auch zurück in die Wohnung, in der Arbeit im Homeoffice erbracht wird. Bei Arbeitsunfällen muss hingegen der betriebliche Zusammenhang untersucht werden. Fällt z. B. eine Person die Treppe hinunter, weil sie eine private Paketsendung entgegennehmen will, ist dies kein Risiko des gesetzlichen Unfallversicherungsschutzes. Eine rein eigenwirtschaftliche Tätigkeit liegt vor. Hingegen sind Wege zur Nahrungsaufnahme oder zum Toilettengang nach der neuen Regelung vergleichbar zu Wegen, die im Betrieb zurückgelegt werden müssen. Geschieht in diesem Kontext ein Unfall, ist dies als Arbeitsunfall zu qualifizieren.

Die Arbeit im Homeoffice ist nach der vorübergehenden Beendigung der Corona-Pandemie wieder stark rückläufig. Der Sprung aus dem Fenster der eigenen Wohnung, in der die Arbeit als Arbeit im Homeoffice durchgeführt wird, wird nicht als Arbeitsunfall gewertet, wenn dies zur Rettung vor einem explodierenden Akku des eigenen oder fremden E-Scooters geschieht. So das LSG Brandenburg mit Urteil vom 9.10.2025 (L 21 U 47/23).

III. Haftungsbeschränkungen

Die Vorschriften der §§ 104, 105 SGB VII sehen bei Vorliegen eines Arbeitsunfalls eine weitgehende Haftungsbeschränkung für Personenschäden (nicht für Sachschäden!) vor.

Wichtig ist, dass zivil- und arbeitsgerichtliche Verfahren von Amts wegen und ohne eigenes Ermessen der zuständigen Richter ausgesetzt werden müssen, wenn in einem Verwaltungsverfahren oder im sozialgerichtlichen Verfahren geprüft wird, ob ein Schadens auslösendes Ereignis als Arbeitsunfall nach § 8 SGB VII einzuordnen ist. Das LAG Hessen hat in diesem Beschluss vom 7.1.2022 (10 Ta 452/21) allerdings festgestellt, dass diese Aussetzung dann nicht erfolgen kann, wenn zuvor vorsätzliches Handeln oder ein Wegeunfall festgestellt worden ist.

Eine weitere Entscheidung zum Haftungsausschluss nach § 105 SGB VII ist vom LAG Nürnberg mit Urteil vom 20.12.2022 (7 Sa 143/22) getroffen worden. Danach entfällt der Haftungsausschluss nach § 105 SGB VII nicht schon dann, wenn ein bestimmtes für den Gesundheitsschaden ursächliches Verhalten gewollt war. Er entfällt vielmehr nur dann, wenn er gewollt war, also mindestens gebilligt, jedenfalls aber in Kauf genommen wurde.

1. Haftung des Arbeitgebers

Nach allgemeinen Haftungsgrundsätzen hätte der Arbeitgeber, der schuldhaft (d. h. mindestens fahrlässig) einen Arbeitsunfall eines Arbeitnehmers verursacht, für die beim Verletzten eingetretenen Körperschäden einzustehen und Ersatz zu leisten. § 104 SGB VII beschränkt diese Haftung auf

- Vorsatz, d. h. Vorgänge, die sich mit Wissen und Wollen des Arbeitgebers auch bezogen auf den Verletzungserfolg (sog. „doppelter Vorsatz") ereignet haben und
- Wegeunfälle. Hier übernimmt die Berufsgenossenschaft als UVT lediglich die Gesundheitsbeeinträchtigungen, die auf den Unfall auf dem Arbeitsweg zurückzuführen sind. Es werden aber keine Personen- oder Sachschäden anderer Unfallbeteiligter übernommen. Hierfür muss bei einem Wegeunfall die Haftpflichtversicherung des Arbeitgebers aufkommen.

Die Haftungsbeschränkung gilt gegenüber

- Versicherten, die für das Unternehmen tätig sind oder
- zum Unternehmen in einer Beziehung stehen, die die Unfallversicherung begründet (z. B. Leiharbeitnehmer oder Arbeitnehmer einer Arbeitsgemeinschaft [ARGE]) sowie
- den Angehörigen und Hinterbliebenen.

Erhält der Versicherte aufgrund seines Arbeitsunfalls Sozialversicherungsleistungen (insbesondere seitens der Krankenkasse), so mindert sich in dieser Höhe sein Ersatzanspruch gegen den Unfallversicherungsträger (§ 104 Abs. 3 SGB VII).

ACHTUNG!

Hat der Arbeitgeber jedoch den Arbeitsunfall vorsätzlich oder grob fahrlässig verursacht (das ist der Fall bei einem Verstoß gegen die Unfallverhütungsvorschriften!), können ihn sämtliche Sozialversicherungsträger (d. h. nicht nur der Unfallversicherungsträger!) in Regress nehmen, wobei sich hier das Verschulden nur auf das den Versicherungsfall verursachende Handeln oder Unterlassen zu beziehen braucht (§ 110 SGB VII).

Das LAG Hamm hat mit Beschluss vom 30.10.2024 (9 Ta 336/24) entschieden, dass allein die Zivil- und Arbeitsgerichte für die Entscheidung von Schadensersatzansprüchen, die im Kontext mit Arbeitsunfällen stehen, zuständig sind. Die zugrunde liegenden Verfahren sind einstweilen auszusetzen.

2. Haftung des Arbeitnehmers und anderer für denselben Betrieb tätigen Personen

Auch die im Unternehmen tätigen Personen haften nur für Vorsatz und Wegeunfälle (§ 105 SGB VII).

Das gilt auch für alle Personen, die durch eine betriebliche Tätigkeit „wie ein Arbeitnehmer" einen Arbeitsunfall zulasten eines Versicherten desselben Betriebs verursachen. Der Begriff der „betrieblichen Tätigkeit" ist weit auszulegen; erforderlich ist nur eine mit den Betriebszwecken zusammenhängende oder durch den Betrieb bedingte Tätigkeit; es muss sich jeweils um denselben Betrieb handeln.

Von einer betrieblichen Tätigkeit ist regelmäßig auch bei Tätigkeiten unter Arbeitskollegen auszugehen, wenn der Schädiger aus Motiven handelt, die objektiv den betrieblichen Abläufen zuzuordnen sind.

Verletzter kann sowohl der versicherte Arbeitgeber als auch ein im Betrieb versicherter Arbeitnehmer sein, denn § 105 Abs. 1 SGB VII erfasst sämtliche „Versicherten desselben Betriebs".

Auch bei Verletzung eines nicht versicherten Arbeitgebers haftet der unfallverursachende Arbeitnehmer nur eingeschränkt, denn die Begründung des Versicherungsschutzes für den Arbeitgeber kann der Arbeitnehmer nicht beeinflussen. Da der nicht versicherte Arbeitgeber keine Leistungen aus der gesetzlichen Unfallversicherung beziehen kann, sind seine Ansprüche in zweifacher Hinsicht begrenzt: Für die Berechnung von Geldleistungen gilt der Mindestjahresarbeitsverdienst als Jahresarbeitsverdienst und Geldleistungen werden nur bis zur Höhe eines zivilrechtlichen Schadensersatzanspruchs erbracht (§ 105 Abs. 2 SGB VII).

Die Haftungsbeschränkung greift auch bei Verletzung einer versicherungsfreien Person (z. B. eines Beamten).

ACHTUNG!

Auch nach § 105 SGB VII sind haftungsprivilegierte Unfallverursacher bei Vorsatz oder grober Fahrlässigkeit einem Regressanspruch sämtlicher Sozialversicherungsträger ausgesetzt und auch hier muss sich das Verschulden nur auf das den Versicherungsfall verursachende Handeln oder Unterlassen beziehen (§ 110 SGB VII).

3. Haftung anderer Personen und Haftung bei gemeinsamer Betriebsstätte

Die Haftungsbeschränkung gilt nach § 106 SGB VII unter anderem für (vor allem für die kraft Gesetzes Versicherten gemäß § 2 SGB VII)

- Lernende während der beruflichen Aus- und Fortbildung in Betriebsstätten, Lehrwerkstätten, Schulungskursen und ähnlichen Einrichtungen (§ 2 Abs. 1 Nr. 2 SGB VII),
- Personen, die sich Untersuchungen, Prüfungen oder ähnlichen Maßnahmen unterziehen, die aufgrund von Rechtsvorschriften zur Aufnahme einer versicherten Tätigkeit oder infolge einer abgeschlossenen versicherten Tätigkeit erforderlich sind, soweit diese Maßnahmen vom Unternehmen oder einer Behörde veranlasst worden sind (§ 2 Abs. 1 Nr. 3 SGB VII),
- den Besuch von Tageseinrichtungen, Schulen und Hochschulen (§ 2 Abs. 1 Nr. 8 SGB VII),
- Pflegepersonen (§ 2 Abs. 1 Nr. 17 SGB VII),
- Personen, die beim Zusammenwirken mehrerer Unternehmen zur Hilfe bei Unglücksfällen und im Bereich des Zivilschutzes oder beim vorübergehenden Tätigwerden mehrerer Unternehmen auf einer gemeinsamen Betriebsstätte tätig werden,
- Betriebsangehörige gegenüber Personen, die sich auf der Unternehmensstätte aufhalten und kraft Satzung versichert sind (Achtung: nicht umgekehrt!).

Die Haftungsbeschränkung dieser Personen gilt für sämtliche denkbaren Fallkonstellationen, d. h. sowohl für Ansprüche der Versicherten untereinander als auch für Ansprüche der Versicherten gegen Betriebsangehörige und umgekehrt, für Ansprüche der Pflegepersonen gegenüber Pflegebedürftigen und umgekehrt sowie die Ansprüche der Pflegepersonen desselben Pflegebedürftigen untereinander.

Arbeitsvertrag

I. Begriff und Abgrenzung

Der Arbeitsvertrag ist eines der wichtigsten Instrumente im deutschen Arbeitsrecht. Durch den Abschluss eines Arbeitsvertrags wird ein Arbeitsverhältnis zwischen einem Arbeitnehmer und einem Arbeitgeber begründet. Nach der gesetzlichen Systematik ist der Arbeitsvertrag ein Unterfall des Dienstvertrags und somit ein schuldrechtlicher Vertrag. Der Arbeitsvertrag gehört damit zur Familie der typischen Schuldverhältnisse des BGB; er ist ein Austauschvertrag, dessen Hauptleistungspflichten – die Arbeitspflicht des Arbeitnehmers und die Vergütungspflicht des Arbeitgebers – im Synallagma stehen. Gesetzlich definiert wurde der Arbeitsvertrag als solcher erstmals im Jahr 2017. Die Definition steht nun in § 611a BGB. Danach wird gemäß § 611a Abs. 1 Satz 1 BGB durch den Arbeitsvertrag der Arbeitnehmer im Dienste eines anderen (dem Arbeitgeber) zur Leistung weisungsgebundener, fremdbestimmter Arbeit in persönlicher Abhängigkeit verpflichtet. Die Definition an sich besteht in der Rechtsprechung aber bereits seit langem. § 611a Abs. 1 Satz 2 BGB enthält nun aber eine Legaldefinition des Weisungsrechts, welches Inhalt, Zeit und Ort der Tätigkeit betreffen kann. Der Arbeitgeber wird dagegen in § 611a Abs. 2 BGB zur Zahlung der vereinbarten Vergütung an den Arbeitnehmer verpflichtet.

Die Abgrenzung eines Arbeitsvertrages zu anderen Dienstverträgen kann in Grenzfällen schwierig sein. Sie liegt im Wesentlichen darin, dass bei einem Arbeitsvertrag der Dienstleistende (= der Arbeitnehmer) in Bezug auf die Art der Tätigkeit, den Arbeitsort und die Arbeitszeit an die Weisungen des Arbeitgebers gebunden ist. Das Abgrenzungsmerkmal ist somit die persönliche Abhängigkeit. Ein selbstständiger Dienstleistender (auch freier Mitarbeiter genannt) bestimmt den Arbeitsort (ggf. durch den Einsatz der Arbeit vorgegeben), die Arbeitszeit und die Art der Durchführung der Tätigkeit selbst. Es besteht gerade keine persönliche, wirtschaftliche und soziale Abhängigkeit. Bei der Abgrenzung eines Arbeitsvertrages zu einem Werkvertrag unterscheiden sich die beiden Vertragstypen dadurch, dass bei Letzterem ein bestimmtes Werk (also ein konkreter Erfolg), bei einem Arbeitsvertrag dagegen eine bestimmte Tätigkeit (sprich „nur" die Arbeitsleistung) geschuldet wird. Der Arbeitnehmer erbringt seine Leistung nach seinem Können. Ob sie erfolgreich ist, spielt dagegen in einem Arbeitsverhältnis keine Rolle. Für die Einordnung als Dienst- oder Werkvertrag kommt es daher darauf an, ob der Auftragnehmer seine Pflichten erfolgsorientiert oder tätigkeitsbezogen wahrnimmt. Die Abgrenzung ist auch im Hinblick auf die sozialversicherungsrechtliche Behandlung von großer Bedeutung. Näheres zur Abgrenzung Arbeitnehmer/Freier Mitarbeiter unter → *Scheinselbstständigkeit*

Eine Abgrenzung ist insbesondere deshalb relevant, da bei einem Arbeitsverhältnis besondere Abhängigkeits- oder Unterordnungsverhältnisse bestehen. § 611a BGB ist somit eine übergreifende Schutznorm zugunsten abhängig beschäftigter Arbeitnehmer. Liegt ein Arbeitsvertrag gemäß § 611a BGB vor, findet das gesamte arbeitsrechtliche Schutzrecht Anwendung, da Anknüpfungspunkt das Arbeitsverhältnis bzw. der Begriff des Arbeitnehmers ist. Nicht entscheidend ist dagegen, wenn z. B. ein Werkvertrag geschlossen wird, aber das Vertragsverhältnis wie ein Arbeitsverhältnis gelebt wird.

Durch die im Einzelfall vereinbarten Vertragsbedingungen lässt sich also grundsätzlich festlegen, ob ein Arbeitsvertrag oder z. B. freie Mitarbeit beabsichtigt wurde. Entscheidend ist nicht die von den Parteien gewählte Bezeichnung, sondern der tatsächliche Wille der Vertragspartner und die gelebte Praxis. Somit kann auch ein als Dienstvertrag überschriebenes Vertragsverhältnis durch die tatsächliche Durchführung ein Arbeitsvertrag sein, mit allen Folgen, die sich hieraus ergeben.

WICHTIG!

Es sollte von Anfang an Klarheit darüber herrschen, ob ein Arbeitsverhältnis gewollt ist oder freie Mitarbeit. Es kommt nicht auf die Bezeichnung des Vertrages an, sondern auf die tatsächliche Durchführung.

II. Abschluss

1. Zustandekommen und Form des Arbeitsvertrags

Der Arbeitsvertrag ist ein Rechtsgeschäft, entsprechend muss er nach den Vorschriften des §§ 145 ff. BGB geschlossen werden. Voraussetzung sind zwei übereinstimmende Willenserklärungen mit dem Inhalt, wer Vertragspartei ist und über Art und Beginn der geschuldeten Arbeitsleistung. Es muss auch klar sein, dass die Arbeitsleistung vergütet werden soll, wobei eine Einigung über die Höhe der geschuldeten Vergütung nicht erforderlich, aber immer zu empfehlen ist. Für den Abschluss des Arbeitsvertrags gilt, anders als bei der Beendigung, der Grundsatz der Formfreiheit, d. h. Arbeitsverträge können grundsätzlich wirksam mündlich, schriftlich, ausdrücklich oder auch stillschweigend durch schlüssiges Verhalten abgeschlossen werden, indem der Arbeitnehmer die Arbeit tatsächlich aufnimmt. Bei Vertragsabschluss müssen sich die Vertragsparteien aber über die wesentlichen Vertragsbestandteile einig sein, d. h., dass und welche Arbeitsleistung durch den Arbeitnehmer gegen Zahlung einer Vergütung zu erbringen ist. Die Schriftform ist daher regelmäßig zu empfehlen, nicht zuletzt aus Beweislastgründen. Durch die Verschärfung des Nachweisgesetzes im Jahr 2022 gilt dies insbesondere.

Es bestehen aber auch Ausnahmen von der grundsätzlichen Formfreiheit. Wird in einem anzuwendenden Tarifvertrag die Schriftform für den Abschluss von Arbeitsverträgen vorgeschrieben, muss der Arbeitsvertrag schriftlich geschlossen werden. Gesetzliche Ausnahmen bestehen z. B. bei Befristungsabreden. Diese müssen in jedem Fall vor dem rechtlichen oder tatsächlichen Arbeitsbeginn schriftlich geschlossen werden. Dies gilt auch für die Verlängerung von befristeten Verträgen. Eine nachträgliche Heilung der Schriftform ist nicht möglich; als Folge einer fehlenden Schriftform gilt das Arbeitsverhältnis als von Anfang an unbefristet zustande gekommen (§ 14 Abs. 4 TzBfG, siehe hierzu → *Befristetes Arbeitsverhältnis*). Weitere Ausnahmen von der Formfreiheit bestehen z. B. bei einem Ausbildungsvertrag (§ 11 BBiG), sowie bei einem Leiharbeitsvertrag (§ 11 Abs. 1 AÜG). Hier kann der fehlende schriftliche Nachweis zu einem Bußgeld für den Arbeitgeber führen.

Nach dem Nachweisgesetz war der Arbeitgeber schon in der Vergangenheit dazu verpflichtet, die wesentlichen arbeitsvertraglichen Bedingungen spätestens einen Monat nach dem vereinbarten Beginn des Arbeitsverhältnisses schriftlich festzuhalten, die Niederschrift zu unterzeichnen und dem Arbeitnehmer auszuhändigen (siehe → *Nachweisgesetz*). Die elektronische Form wird durch das Gesetz ausgeschlossen, sodass der Nachweis im Original auszuhändigen ist. Eine Verletzung der Nachweispflicht bzw. die Nichtbeachtung führt zwar nicht zur Unwirksamkeit des geschlossenen Arbeitsvertrages. Allerdings wurde durch die Neuregelung 2022 ein Bußgeldkatalog in das Nachweisgesetz aufgenommen, ein Verstoß des Arbeitgebers konnte mit einem Ordnungsgeld in Höhe von 2000 Euro sanktioniert werden. Eine erneute Änderung führt seit dem 1. Januar 2025 dazu, dass Arbeitgeber den Nachweis der Vertragsbedingungen in Textform (§ 126b BGB) abfassen und elektronisch übermitteln dürfen. Die Textform erfordert keine eigenhändige Unterschrift, sondern nur die Benennung des Erklärenden. Befristungsabreden unterliegen auch weiterhin der strengen Schriftform.

Fehlende Deutschkenntnisse bei Vertragsunterzeichnung führen grundsätzlich nicht zur Unwirksamkeit des Vertrages. Die Unterzeichnung eines in deutscher Sprache abgefassten schriftlichen Arbeitsvertrags darf der Arbeitgeber auch dann als Annahmeerklärung verstehen, wenn der Arbeitnehmer der deutschen Sprache nicht oder nicht ausreichend mächtig ist (BAG v. 19.3.2014, Az. 5 AZR 252/12 [B]).

Ausnahmsweise kann ein Arbeitsverhältnis auch ganz oder teilweise aufgrund gesetzlicher Regelungen entstehen. Dies ist z. B. der Fall bei § 24 BBiG, wenn ein Auszubildender im Anschluss an seine Ausbildung weiterbeschäftigt wird, ohne dass es eine Vereinbarung gibt. Oder gemäß § 78a Abs. 2 BetrVG, wenn ein Auszubildender, der Mitglied der Jugend- und Auszubildendenvertretung ist, die Weiterbeschäftigung nach Abschluss seiner Ausbildung verlangt und der Arbeitgeber nicht innerhalb der Frist wirksam die Beendigung des Ausbildungsverhältnisses beim Arbeitsgericht beantragt hat. Auch im Falle eines Betriebsübergangs gemäß § 613a BGB tritt der Betriebserwerber kraft Gesetzes in das bestehende Arbeitsverhältnis ein, es sei denn, der Arbeitnehmer macht von seinem Widerspruchsrecht Gebrauch. Im Fall eines Betriebsübergangs wird allerdings kein neues Arbeitsverhältnis begründet, sondern das bestehende mit einem neuen Arbeitgeber fortgesetzt. Ist ein Arbeitnehmerüberlassungsvertrag zwischen dem Verleiher und dem Entleiher unwirksam, entsteht gemäß § 10 Abs. 1 Satz 1 AÜG ein Arbeitsverhältnis zwischen dem Entleiher und dem Leiharbeitnehmer.

2. Vertretung

Sowohl Arbeitgeber als auch Arbeitnehmer können sich bei Abschluss des Arbeitsvertrages durch einen Bevollmächtigten gemäß §§ 164, 167 BGB vertreten lassen. Bei Arbeitgebern wird das in der Regel (insbesondere in größeren Betrieben) der Fall sein, z. B. durch den Personalleiter. Eine entsprechende Vollmacht muss zuvor erteilt worden sein. Der Vertreter muss erkennen lassen, dass er im Namen des Arbeitgebers handelt.

Der Arbeitnehmer wird sich in den seltensten Fällen bei Abschluss eines Arbeitsvertrags vertreten lassen; die Vertretung wäre aber zulässig. Jugendliche können Arbeitsverträge selbst abschließen, wenn ihre gesetzlichen Vertreter (dies sind in der Regel die Eltern) es genehmigen. Ebenso wirksam ist ein Vertragsschluss mit einem Geschäftsunfähigen durch dessen gesetzliche Vertreter.

3. Abschluss- und Beschäftigungsverbote

Grundsätzlich sind die Arbeitsvertragsparteien nicht nur in der Entscheidung frei, einen Arbeitsvertrag zu schließen, auch dessen Ausgestaltung bleibt den Parteien größtenteils überlassen. Einschränkungen bestehen jedoch ggfs. durch Abschluss- und Beschäftigungsverbote, die zum Schutz der Arbeitnehmer zu berücksichtigen sind. Gesetzliche Abschlussverbote untersagen bereits den Abschluss eines Arbeitsvertrages, um so einen möglichst weitgehenden Schutz zu erreichen. Wird ein Arbeitsvertrag entgegen einem Abschlussverbot geschlossen, gilt der Arbeitsvertrag als von Anfang an nichtig. Abschlussverbote finden sich hauptsächlich in Arbeitnehmerschutzgesetzen, sie können sich aber auch aus Tarifverträgen ergeben. Gesetzlich geregelt ist z. B. das Verbot, ein befristetes Arbeitsverhältnis abzuschließen, wenn mit dem Arbeitnehmer bereits zuvor ein Arbeitsverhältnis bestanden hat. Der Schutz des Arbeitnehmers besteht darin, dass das zustande gekommene Arbeitsverhältnis dann nicht nichtig ist, sondern als unbefristetes Arbeitsverhältnis fortbesteht.

Beschäftigungsverbote dagegen berühren die Wirksamkeit eines Arbeitsverhältnisses nicht, sie untersagen nur das tatsächliche Tätigwerden auf einem bestimmten Arbeitsplatz oder generell für einen bestimmten Zeitraum. Beschäftigungsverbote sind im Arbeitsrecht häufiger anzutreffen als Abschlussverbote. Gesetzliche Beschäftigungsverbote bestehen insb. für Kinder und Jugendliche. Hier kann teilweise eine Unwirksamkeit der Verträge die Folge sein. In aller Regel führen jedoch sonstige Beschäftigungsverbote (z. B. für werdende Mütter) nicht zu einer Nichtigkeit des Arbeitsvertrags. Berührt werden nur die Hauptleistungspflichten: während der Arbeitnehmer seine Arbeitsleistung nicht erbringen kann, weil der Arbeitgeber ihn nicht beschäftigen darf, muss der Arbeitgeber seiner Vergütungspflicht weiterhin nachkommen. Das Synallagma, in dem die beiden Hauptleistungspflichten der Arbeitsleistung und der Vergütungspflicht stehen, wird an der Stelle ausgehebelt.

In Betriebsvereinbarungen können nur Beschäftigungsverbote geregelt werden. Echte Abschlussverbote können nicht wirksam zwischen dem Betriebsrat und dem Arbeitgeber vereinbart werden, da der Betriebsrat für noch nicht dem Betrieb angehörende Bewerber keine Regelungskompetenz hat.

Beispiele:

Abschlussverbot:

- **Abschluss eines Arbeitsvertrags mit Kindern unter 15 Jahren (Verbot der Kinderarbeit, § 5 Abs. 1 JArbSchG).**

Beschäftigungsverbot:

- **Verbot schwerer oder gesundheitsschädlicher Arbeiten für werdende Mütter (§§ 4 Abs. 1; 5 Abs. 1, 6 Abs. 1 Satz 1 MuSchG).**

III. Pflichten der Arbeitsvertragsparteien

Die Hauptleistungspflicht des Arbeitnehmers ist die Erbringung der geschuldeten Arbeitsleistung. Diese muss vom Arbeitnehmer gemäß § 613 Satz 1 BGB Pflicht zur Erbringung der geschuldeten Arbeitsleistung steht die Hauptleistungspflicht des Arbeitgebers gegenüber, den Arbeitnehmer für die erbrachte Arbeitsleistung zu vergüten. Diese beiden Hauptleistungspflichten stehen sich in einem Synallagma gegenüber, es entsteht ein Austauschvertrag. Es gilt der Grundsatz: Ohne Leistung, kein Lohn. Von diesem Grundsatz gibt es aber auch Ausnahmen (z. B. Entgeltfortzahlung bei Arbeitsunfähigkeit oder Annahmeverzug des Arbeitgebers). Daneben besteht die Pflicht des Arbeitgebers, den Arbeitnehmer vertragsgemäß zu beschäftigen, bzw. der Arbeitnehmer hat einen Anspruch auf vertragsgemäße Beschäftigung bis zum Ende des Arbeitsverhältnisses. Diese Pflichten gelten in jedem Arbeitsverhältnis und werden durch die gesetzlichen Vorschriften, die Vereinbarungen im Arbeitsvertrag und die kollektivrechtlichen Regelungen (Tarifverträge und Betriebsvereinbarungen) konkretisiert.

Eine Vereinbarung dagegen, wonach die eine Partei eine Zahlung zu leisten hat, für die die andere Partei nach ausdrücklicher Vereinbarung gerade keine Leistung erbringen muss, ist kein Austauschvertrag und damit auch kein Arbeitsvertrag. Es liegt kein sozialversicherungspflichtiges Beschäftigungsverhältnis vor, sondern es handelt sich um ein Scheingeschäft, das gem. § 117 Abs. 1 BGB nichtig ist (LAG Düsseldorf v. 2.8.2019, Az. 10 Sa 1139/18).

Neben den Hauptpflichten haben sowohl Arbeitgeber wie auch Arbeitnehmer Nebenpflichten. Diese beruhen in erster Linie auf dem Grundsatz von Treu und Glauben (§ 242 BGB):

Dem Arbeitgeber obliegt die Fürsorgepflicht. Damit ist der Arbeitgeber verpflichtet, bei der Ausübung seiner Rechte aus dem Arbeitsverhältnis die Interessen des Arbeitnehmers unter Abwägung mit den betrieblichen Interessen zu berücksichtigen. Dem gegenüber steht die Treuepflicht des Arbeitnehmers. Auch er muss die Interessen des Arbeitgebers und des Betriebs in dem ihm zumutbaren Umfang wahren. Aus diesen grundsätzlichen Verpflichtungen lassen sich konkrete Handlungs- und Unterlassungspflichten für die Arbeitsvertragsparteien ableiten.

Beispiele:

- **Schutz des Persönlichkeitsrechts des Arbeitnehmers durch den Arbeitgeber,**
- **Verpflichtung für den Arbeitnehmer, pfleglich mit den zur Verfügung gestellten Arbeitsmitteln und Materialien umzugehen.**

IV. Fehlerhaftes Arbeitsverhältnis

Arbeitsverträge können insgesamt oder in einzelnen Teilen gegen gesetzliche Verbote verstoßen, sodass sie in der Folge gemäß § 134 BGB nichtig sind. Verbotsgesetze sind insbesondere Arbeitnehmerschutzvorschriften wie das Arbeitszeitgesetz, das Jugendarbeitsschutzgesetz oder das Mutterschutzgesetz. Verstößt ein Arbeitsvertrag nur in einzelnen Teilen gegen Verbotsgesetze, wird in der Regel nicht der gesamte Vertrag als nichtig angesehen, da ansonsten der bestehende Arbeitnehmerschutz zunichtegemacht würde. Vielmehr werden die nichtigen Teile durch gesetzliche oder ggf. durch tarifliche Bestimmungen ersetzt.

Ein Arbeitsvertrag, der gegen ein Abschlussverbot verstößt, gilt dagegen als von Anfang an nichtig (vgl. → *Einstellung*). Auch kann z. B. die Geschäftsunfähigkeit bei Vertragsabschluss die Nichtigkeit des Vertrages zur Folge haben, wenn keine Genehmigung durch die gesetzliche Vertretung vorliegt.

Bezüglich der Behandlung muss man unterscheiden, ob ein Arbeitsverhältnis bereits in Vollzug gesetzt wurde oder nicht. Ist ein Arbeitsvertrag nichtig oder rechtswirksam angefochten und wurde das Arbeitsverhältnis noch nicht in Vollzug gesetzt, d. h., es wurde noch keine Arbeitsleistung erbracht, bestehen für Arbeitnehmer und Arbeitgeber keinerlei Bindungen. Das Arbeitsverhältnis wird nicht in Vollzug gesetzt und es kommt zu keinem Austausch der Hauptleistungspflichten. Hat der Arbeitnehmer aber bereits die Arbeit aufgenommen, liegt ein sog. **fehlerhaftes** (früher auch faktisches) **Arbeitsverhältnis** vor. In diesen Fällen wurde also ein von Anfang an wegen eines Rechtsverstoßes nichtiger Vertrag dennoch tatsächlich in Vollzug gesetzt. Eine Rückabwicklung des Arbeitsverhältnisses ist in der Praxis nicht möglich, da insbesondere Vergütungszahlungen und bereits erbrachte Arbeitsleistung nicht rückwirkend beseitigt werden können. Daher wird der Arbeitsvertrag für die Vergangenheit wie ein fehlerfrei zustande gekommenes wirksames Arbeitsverhältnis behandelt (ex nunc). Eine Rückabwicklung findet somit nicht statt. Auch bei vorübergehender Außervollzugsetzung (Urlaub, Krankheit) ist die Behandlung des Arbeitsvertrages als nichtiges Dauerschuldverhältnis für die Vergangenheit zulässig. Daraus folgt, dass der Arbeitnehmer für die Vergangenheit bzw. während der Dauer des fehlerhaften Arbeitsverhältnisses Anspruch auf alle ihm nach dem Arbeitsvertrag zustehenden Leistungen (Gehalt, Urlaub etc.) hat, auch wenn diese noch nicht geleistet wurden.

Für die Zukunft (ex tunc) können sich allerdings sowohl der Arbeitgeber als auch der Arbeitnehmer jederzeit durch einfache Erklärung gegenüber der anderen Vertragspartei vom Vertrag lösen. Es besteht keine Pflicht mehr, künftig an dem Arbeitsverhältnis festzuhalten. Eine Kündigungsfrist muss nicht eingehalten werden, da es sich nicht um eine Kündigung handelt. Auch der Betriebsrat muss nicht angehört werden. Der Arbeitsvertrag ist bereits nichtig und wird nur für die Vergangenheit wie ein wirksamer Arbeitsvertrag behandelt. Ausnahmen können aber im Fall eines besonders schweren Mangels bestehen. Hier führt die Nichtigkeit des Arbeitsverhältnisses zur Rückabwicklung der erbrachten Leistungen nach Bereicherungsrecht.

V. Inhalt des Arbeitsvertrags

1. Mindestinhalt, Gestaltungsfreiheit

Beim Abschluss des Arbeitsvertrags müssen sich Arbeitgeber und Arbeitnehmer mindestens über folgende Punkte einig sein:

- Wer sind die Vertragsparteien?
- Für welche Arbeitsleistung wird der Arbeitnehmer eingestellt?
- Wann soll die Arbeitsleistung beginnen?
- Soll der Arbeitsvertrag befristet oder auf Dauer bestehen?
- Wie hoch ist die Vergütung?

Die Vereinbarung weiterer Einzelheiten ist zwar nicht zwingend erforderlich, aber auf jeden Fall ratsam, da der Arbeitgeber hierdurch das Arbeitsverhältnis optimal auf seine betrieblichen Bedürfnisse „zuschneiden" kann. Außerdem weiß der Arbeitnehmer dann konkret, welche Regelungen auf ihn zutreffen und welche Rechte und Pflichten ihn treffen. Das reduziert die Risiken möglicher künftiger Gerichtsprozesse. In der Ausgestaltung des Vertrags sind Arbeitgeber und Arbeitnehmer weitgehend frei, solange die gesetzlichen Vorgaben beachtet werden. Es gilt die Vertragsfreiheit. Soweit Regelungspunkte nicht im Vertrag enthalten sind, gelten die gesetzlichen Bestimmungen und – soweit vorhanden – die kollektivrechtlichen Rahmenbedingungen. Ist z. B. die Dauer der Arbeitszeit nicht festgelegt, so folgt daraus keine Nichtigkeit des Arbeitsvertrages. Die Arbeitszeit ergibt sich stattdessen im Regelfall aus der im Betrieb geltenden Arbeitszeitregelung. Fehlen Angaben über die Höhe der vom Arbeitgeber zu leistenden Vergütung, und ergeben diese sich auch nicht durch anzuwendende Tarifverträge oder Betriebsvereinbarungen, gilt gemäß § 612 Abs. 2 BGB die übliche Vergütung als vereinbart. Dies hat in der Praxis natürlich das Potenzial, bei Auseinandersetzungen zum Streitpunkt werden. Eine Vereinbarung zur Vergütung sowie zu anderen wesentlichen Inhalten sollte deshalb unbedingt vor Arbeitsbeginn getroffen und aus Beweisgründen und zur Erfüllung der Vorgaben des Nachweisgesetzes auch festgehalten werden, wobei seit dem 1. Januar 2025 hierfür auch die Textform ausreichend ist.

2. Kollektivrechtliche Vereinbarungen

Zwingende Bedingungen eines Arbeitsvertrags können sich nicht nur aus dem Gesetz ergeben, sondern auch aus kollektivrechtlichen Vereinbarungen (Tarifverträgen oder Betriebsvereinbarungen). Betriebsvereinbarungen sind in allen Betrieben üblich, die einen Betriebsrat haben. Die Anwendung von Tarifverträgen hängt von der Tarifgebundenheit des Arbeitgebers und/oder des Arbeitnehmers ab. Sind Arbeitgeber und Arbeitnehmer jeweils originär tarifgebunden, wirken die entsprechenden Tarifverträge unmittelbar und zwingend auf das Arbeitsverhältnis. Das ergibt sich aus § 4 Abs. 1 Satz 1 TVG. Der Arbeitgeber darf dann beim Abschluss eines Arbeitsvertrags nicht zu Ungunsten des Arbeitnehmers von diesen Vereinbarungen abweichen. Anders verhält es sich, wenn keine Tarifgebundenheit vorliegt, ein Tarifvertrag aber dennoch gelten soll. Wird ein Tarifvertrag z. B. durch eine Bezugnahmeklausel im Arbeitsvertrag zur Anwendung gebracht, gilt er nicht zwingend auf das Arbeitsverhältnis, wird aber durch die Bezugnahmeklausel schuldrechtlicher Bestandteil des Arbeitsvertrags. Dies ist dann der Fall, wenn entweder nur der Arbeitnehmer nicht Mitglied in der entsprechenden Gewerkschaft ist, oder aber Arbeitgeber und Arbeitnehmer nicht tarifgebunden sind, die Anwendung eines bestimmten Tarifvertrages aber vereinbaren wollen. Hiervon können Arbeitgeber und Arbeitnehmer dann einvernehmlich abweichen bzw. kann der Arbeitsvertrag abweichende Regelungen enthalten.

In der Regel kann vor Abschluss eines Arbeitsvertrags nicht immer geklärt werden, ob ein Tarifvertrag auf das Arbeitsverhältnis zwingend Anwendung findet, da der Arbeitgeber bei der Einstellung kein Fragerecht bezüglich einer Gewerkschaftszugehörigkeit hat. Tarifgebundene Arbeitgeber versehen in der Praxis daher oftmals alle Arbeitsverträge mit einer Bezugnahmeklausel, um eine Gleichbehandlung aller Arbeitnehmer zu erreichen.

3. AGB-Kontrolle bei Formulararbeitsverträgen

Seit Inkrafttreten des Schuldrechtsmodernisierungsgesetzes 2002 findet auch im Arbeitsrecht eine Inhaltskontrolle nach AGB-Recht Anwendung. Somit unterliegen durch den Arbeitgeber vorformulierte Arbeitsverträge der Inhaltskontrolle nach den Grundsätzen des AGB-Rechts, wobei nach § 310 Abs. 4 Satz 2 BGB die im Arbeitsrecht geltenden Besonderheiten angemessen zu berücksichtigen sind. Seit dem 1.1.2003 finden die §§ 305 ff. BGB auch auf Altverträge Anwendung, die vor dem 1.1.2002 begründet wurden.

Dies sorgte in der arbeitsrechtlichen Praxis in den letzten beiden Jahrzehnten bei der Gestaltung von Arbeitsverträgen für erhebliche Unwägbarkeiten und eine Vielzahl von Gerichtsentscheidungen.

WICHTIG!

Die nachfolgenden Ausführungen können nur Anhaltspunkte zur Formulierung und Handhabung von Formulararbeitsverträgen bieten!

3.1 Anwendungsbereich

Nach § 305 Abs. 1 Satz 1 BGB sind Allgemeine Geschäftsbedingungen alle für eine Vielzahl von Verträgen vorformulierte Vertragsbedingungen, die eine Vertragspartei (der Verwender, im Arbeitsrecht in der Regel der Arbeitgeber) der anderen Vertragspartei bei Vertragsabschluss stellt. Unerheblich ist in diesem Zusammenhang, ob der Arbeitgeber die vorformulierten Vertragsbedingungen selbst erstellt oder anderweitig (z. B. bei einem Arbeitgeberverband, einem Rechtsanwalt oder im Buchhandel) bezieht. Vertragsbedingungen sind für eine Vielzahl von Verträgen bereits dann vorformuliert, wenn ihre dreimalige Verwendung beabsichtigt ist. Das BAG hat überdies festgestellt, dass Verträge zwischen Arbeitnehmer und Arbeitgeber in Bezug auf das Arbeitsverhältnis Verbraucherverträge im Sinne des § 310 Abs. 3 BGB sind (BAG v. 25.4.2018, Az. 7 AZR 520/16). Es ist daher bei Arbeitsverträgen auch ausreichend, wenn Vertragsbedingungen nur zur einmaligen Verwendung vorformuliert wurden (§ 310 Abs. 3 Nr. 2 BGB).

Ausschlaggebend ist, dass der Arbeitnehmer keinen inhaltlichen Einfluss auf die Vertragsbedingungen nehmen konnte. Bei der Frage, wann man von einem Einflussnehmen nach § 310 Abs. 3 Nr. 2 BGB sprechen kann, entspricht dies wohl dem Aushandeln in § 305 Abs. 1 Nr. 3 BGB. Ein Aushandeln liegt nur dann vor, wenn der Verwender – also hier der Arbeitgeber – die betreffende Klausel ernsthaft zur Disposition stellt und dem Verhandlungspartner – also hier dem Arbeitnehmer – ein Recht zur Gestaltung zur Wahrung von eigenen Interessen einräumt. Es muss außerdem eine reale Möglichkeit für den Arbeitnehmer bestehen, die inhaltliche Ausgestaltung der Vertragsbedingungen beeinflussen zu können (BAG v. 10.5.2016, Az. 9 AZR 434/15). In der Praxis ist ein Aushandeln meist nur bei der Thematik Vergütung denkbar. Liegt eine solche Individualabrede vor, handelt es sich bei der konkreten Klausel nicht um eine Allgemeine Geschäftsbedingung und eine Inhaltskontrolle findet bezüglich dieser Klausel nicht statt. Individuelle Vertragsabreden haben gemäß § 305b BGB stets Vorrang vor den AGB.

Der Regelfall in der Praxis ist aber der, dass der Arbeitgeber dem Arbeitnehmer einen Formularvertrag anbietet und die darin enthaltenen Regelungen allein zum Gegenstand des Arbeitsvertrages macht (sie also in das Vertragsverhältnis einbezogen werden) und somit das Recht der Allgemeinen Geschäftsbedingungen zur Anwendung kommt. Der Arbeitsvertrag unterliegt somit grundsätzlich einer Inhaltskontrolle. Hiervon zu unterscheiden ist die Billigkeitskontrolle nach § 315 BGB. Eine solche Billigkeitskontrolle ist durchzuführen, wenn der Arbeitsvertrag dem Arbeitgeber wirksam ein einseitiges Bestimmungsrecht einräumt.

3.2 Arbeitnehmer als Verbraucher

Bestimmte Neuregelungen der am 1.1.2002 in Kraft getretenen und spätestens seit dem 1.1.2003 für alle Verträge geltenden Schuldrechtsmodernisierung schützen in besonderer Weise den „Verbraucher“. Das BAG hat bereits 2005 festgestellt, dass auch der Arbeitnehmer bei Abschluss eines Arbeitsvertrages als Verbraucher im Sinne dieser Vorschriften zu behandeln ist (BAG v. 25.5.2005, Az. 5 AZR 572/04).

Dem Verbraucherschutzrecht liegt der Gedanke zugrunde, dass zwischen dem Verbraucher und dem Unternehmer ein „systemisches Ungleichgewicht“ besteht, aufgrund dessen der Verbraucher besonders geschützt werden muss. Da dieses „systemische Ungleichgewicht“ auch zwischen dem Arbeitnehmer und dem Arbeitgeber besteht, soll der Arbeitnehmer nach der Intention des Gesetzgebers in gleichem Maße geschützt werden. Der Arbeitnehmer befindet sich in einem besonderen Abhängigkeitsverhältnis zum Arbeitgeber. Allerdings finden gemäß § 310 Abs. 4 Satz 2 BGB die Besonderheiten des Arbeitsrechts im jeweiligen Einzelfall Berücksichtigung. Im Arbeitsrecht geltende Besonderheiten sind nicht nur rechtliche, sondern auch tatsächliche. Bei der Frage, ob sie vorliegen, reicht es aus, dass sich eine Norm besonders auf das Arbeitsrecht auswirkt.

Obwohl Arbeitnehmer als Verbraucher eingeordnet werden, haben sie kein entsprechend dem Verbraucher eingeräumtes Widerrufsrecht bei Haustürgeschäften (§ 312 BGB) bei Unterzeichnung eines Arbeits- oder Aufhebungsvertrages am Arbeitsplatz. Das BAG hat dies damit begründet, da nach dem Sinn und Zweck des Widerrufsrechts aus § 312 BGB die typische Überrumpelungssituation – vor der § 312 BGB schützen soll – nicht vorliegt. Die Unterzeichnung eines Aufhebungsvertrages am Arbeitsplatz geschieht an dem dafür üblichen und gerade nicht an einem atypischen Ort (BAG v. 7.2.2019, Az. 6 AZR 75/18). Es ist daher davon auszugehen, dass sich § 312 BGB grundsätzlich nur auf situationsbezogene Verbraucherverträge bezieht. Diese spezifische Situation liegt auch bei der Unterzeichnung eines Arbeitsvertrages nicht vor, sodass § 312 BGB auch auf Arbeitsverträge nicht anzuwenden sein dürfte.

3.3 Rechtsfolgen

Wenn das Recht der Allgemeinen Geschäftsbedingungen anzuwenden ist, wird die Vertragsfreiheit zum Schutze des Arbeitnehmers eingeschränkt. So sind z. B. Klauseln, mit denen ein Arbeitnehmer den Umständen nach nicht zu rechnen braucht (sog. überraschende Klauseln) oder solche, die ihn „entgegen den Geboten von Treu und Glauben unangemessen benachteiligen" unwirksam. Eine Inhaltskontrolle zugunsten des Verwenders findet nicht statt. Gemäß § 310 Abs. 3 Nr. 1 BGB gelten AGB als vom Unternehmer (Arbeitgeber) gestellt, mit der Folge, dass sich der Arbeitgeber nicht zu seinen Gunsten auf die Unwirksamkeit einzelner Bestimmungen berufen kann. So kann sich der Arbeitgeber z. B. nicht darauf berufen, dass eine von ihm selbst gestellte Bezugnahmeklausel unter dem Blickwinkel der AGB-Kontrolle gemäß §§ 305 ff BGB die Einbeziehung einer dem Arbeitnehmer günstigeren Tarifbestimmung ausschließt (BAG v. 20.1.2021, Az. 4 AZR 283/20).

WICHTIG!

Sind einzelne Klauseln unwirksam, bleibt der Arbeitsvertrag im Übrigen – abweichend von § 139 BGB – wirksam. Ob eine einzelne Klausel aufrechterhalten bleiben kann, die in Teilen unwirksam ist, hängt von deren Teilbarkeit ab. Maßgeblich ist, ob die Klausel mehrere sachliche Regelungen enthält und der unzulässige Teil sprachlich deutlich abtrennbar ist. Ermittelt wird dies mit dem sogenannten blue pencil-Test (BAG v. 13.11.13, Az. 10 AZR 848/12). Kann der unwirksame Teil (sprachlich) abgetrennt werden, bleibt der übrige Teil der Klausel bestehen, wenn er auch für sich stehend noch Sinn ergibt. An die Stelle der unwirksamen Klausel tritt grundsätzlich das Gesetz, ansonsten erfolgt eine ergänzende Vertragsauslegung. Im Übrigen gilt auch im Arbeitsrecht das Verbot der geltungserhaltenden Reduktion. Unzulässig beschränkende Abreden können nicht auf ein zulässiges Maß zurückgeführt werden. Sie sind insgesamt unwirksam (BAG v. 3.6.2020, Az. 3 AZR 226/19). Ist die Bestimmung unwirksam, tritt an ihre Stelle das Gesetz. Gibt es für den Gegenstand der unwirksamen Vereinbarung gesetzlich keine Regelung, kann auch ein ersatzloser Wegfall der unwirksamen Klausel eine sachgerechte Lösung darstellen. Scheiden beide Möglichkeiten aus, ist nach den Grundsätzen der ergänzenden Vertragsauslegung zu prüfen, ob eine Ersatzregelung gefunden werden kann.

Bei der Ermittlung ihres Regelungsgehalts sind die Klauseln in einem ersten Schritt auszulegen, d. h. es muss gefragt werden, wie sie von einem verständigen und redlichen Arbeitnehmer unter Berücksichtigung der üblicherweise auf Arbeitgeber- und Arbeitnehmerseite bestehenden Interessen verstanden würde. Die Auslegung der Klauseln geht der Inhaltskontrolle voraus. Zu berücksichtigen ist auch der typische und von den redlichen Geschäftspartnern verfolgte Zweck (BAG v. 19.11.2019, Az. 7 AZR 582/17). Erst der durch Auslegung ermittelte Inhalt der Klausel ist einer Inhaltskontrolle zu unterziehen. Man legt bei der Auslegung den Verständnishorizont eines durchschnittlichen Vertragspartners zugrunde. Die Frage muss also lauten: „Wie versteht ein nicht rechtlich vorgebildeter Arbeitnehmer die Klausel?". Ansatzpunkte für die Beantwortung dieser Frage sind der Wortlaut der Klausel, also deren genaue Formulierung, aber auch der mit dem Vertrag verfolgte Zweck. Kann durch die Auslegung kein eindeutiges Ergebnis ermittelt werden, greift die sogenannte Unklarheitenregel: Nach § 305c Abs. 2 BGB gehen Zweifel bei der Auslegung von Allgemeinen Geschäftsbedingungen zu Lasten des Verwenders (= Arbeitgeber). Es ist also Sache des Arbeitgebers, die von ihm vorgegebenen Vertragsbedingungen klar und unmissverständlich zu formulieren. Die Anwendbarkeit der Unklarheitenregelung setzt voraus, dass nach Ausschöpfung aller Auslegungsgesichtspunkte ein nicht behebbarer Zweifel verbleibt und mindestens zwei Auslegungen rechtlich vertretbar sind (BAG v. 8.12.2015, Az. 3 AZR 433/14).

Beispiel:

Eine Klausel, mit der sich ein Arbeitnehmer zur Rückzahlung von Gratifikationen in bestimmten Fällen verpflichtet, muss überschaubar und in allen Einzelheiten klar geregelt werden; andernfalls kann sich der Arbeitgeber hierauf nicht berufen und somit auch keine Rückzahlung verlangen.

Eine Klausel, die unwirksam ist, kann nicht auf ein nach dem Maßstab des AGB-Rechts zulässiges Maß reduziert werden. Es gilt das Verbot der geltungserhaltenden Reduktion im Arbeitsrecht. Ist eine Klausel unwirksam, unterfällt die darin behandelte Materie ausschließlich und komplett den gesetzlichen Vorschriften. Ist eine Klausel jedoch nur teilweise unwirksam, bleibt der verbleibende Teil der Klausel wirksam bestehen, wenn dieser Teil im Übrigen noch sinnvoll einen Sachverhalt regelt, z. B. wenn der unwirksame Teil der Klausel sprachlich deutlich abgetrennt werden kann (sog. blue pencil-Test).

Demgegenüber unterliegen individuell ausgehandelte Klauseln und Verträge nicht der AGB-Kontrolle. Verhandeln Arbeitgeber und Arbeitnehmer eine Vertragsklausel miteinander und legen im Zuge der Verhandlung den Inhalt dieser Klausel fest, wird der Inhalt der Klausel nicht einseitig vom Arbeitgeber „gestellt". Es handelt sich dann um eine echte Individualabrede, welche nicht der Kontrolle am Maßstab des AGB-Rechts unterliegt. Die Anforderungen an eine Individualabrede sind hoch; die Klausel muss inhaltlich ernsthaft zur Diskussion gestellt werden und dem Arbeitnehmer muss zumindest eine reale Möglichkeit eingeräumt werden, die inhaltliche Ausgestaltung der Klausel zu beeinflussen. Darüber hinaus geht auch eine z. B. nach Abschluss eines Formulararbeitsvertrags individuell ausgehandelte Klausel einer anderslautenden Klausel aus dem Formulararbeitsvertrag immer vor (§ 305b BGB).

3.4 Vorgaben für Klauseln in Formulararbeitsverträgen

Aus der Anwendung der AGB-Vorgaben auf Arbeitsverträge ergeben sich die folgenden Anforderungen an die Gestaltung von Klauseln in Formulararbeitsverträgen:

3.4.1 Überraschende Klauseln (§ 305c BGB)

Klauseln in Formulararbeitsverträgen dürfen für den Verbraucher nicht überraschend sein (§ 305c BGB). Überraschend ist eine Klausel, wenn sie objektiv ungewöhnlich ist und der Arbeitnehmer mit einer solchen Regelung nach den normalen Umständen vernünftigerweise nicht zu rechnen braucht. Überraschende Klauseln müssen einen „Überrumpelungs- und Übertölpelungseffekt" haben. Das Verbot überraschender Klauseln spielt naturgemäß in Fällen eine Rolle, in denen die in Rede stehenden Klauseln für den Arbeitnehmer belastende Regelungen enthalten. Das Überraschungsmoment kann sich auch aus dem Erscheinungsbild des Arbeitsvertrages ergeben, wenn sich beispielsweise eine Klausel an einer unerwarteten Stelle oder ohne Hervorhebung findet. Solche Klauseln dürfen nicht an untypischen Stellen im Vertrag „versteckt" werden oder in einer Menge von anderen Regelungen „untergehen". Insoweit ist bei der formalen Gestaltung des Arbeitsvertrags darauf zu achten, dass die Klauseln z. B. strukturiert, einzeln und mit jeweiligen Überschriften versehen, gestaltet werden. Klauseln, die insoweit besonders belastende oder wichtige Regelungen enthalten, müssen im Vertrag durch eine entsprechende Überschrift auszumachen sein und drucktechnisch hervorgehoben werden. Als objektiv ungewöhnlich und damit als überraschende Klausel hat das BAG z. B. einen formularmäßigen Verzicht auf die Erhebung einer Kündigungsschutzklage ohne Kompensationsleistung bewertet (BAG v. 25.9.2015, Az. 2 AZR 788/13). Gleiches gilt für versteckte, drucktechnisch nicht hervorgehobene Ausschlussfristen im Arbeitsvertrag. Bezugnahmeklauseln (auf Tarifverträge) sind in der Regel aber nicht überraschend, wenn sie nicht versteckt und ohne eigene Überschrift im Vertrag geregelt sind. Sie sind im Arbeitsleben ein verbreitetes Gestaltungselement.

ACHTUNG!

„Sammelregelungen", wie sie häufig in älteren Verträgen am Ende vorgekommen sind (z. B. „§ 13 Sonstiges"), in denen thematisch nicht zusammenhängende Regelungsgegenstände zusammengefasst werden, können gegen das Verbot überraschender Klauseln verstoßen: Wird hier unter 10 geregelten Sachverhalten von „Nr. 1 Tarifbezugnahme" bis zu „Nr. 10 Rückgabe von Arbeitsmitteln" unter Nr. 6 geregelt, dass im Arbeitsverhältnis Ausschlussfristen gelten sollen, ohne dass dies drucktechnisch hervorgehoben ist, kann es

sich um eine überraschende Klausel handeln. Rechtsfolge ist dann, dass sich der Arbeitgeber in diesem Fall nicht auf die Ausschlussfristen berufen kann und der Arbeitnehmer seinen Anspruch im zeitlichen Rahmen der Verjährung geltend machen kann.

3.4.2 Gesetzliche Klauselverbote

Darüber hinaus sind bestimmte Klauseln nach dem Recht der Allgemeinen Geschäftsbedingungen gesetzlich verboten. Das Gesetz unterscheidet zwischen sog. „Klauselverboten mit Wertungsmöglichkeit" (§ 308 BGB) und „Klauselverboten ohne Wertungsmöglichkeit" (§ 309 BGB). Während bei Ersteren noch ein gewisser Bewertungsspielraum für die Gerichte bleibt, gelten die Letzteren unbedingt. Die Bestimmungen gehen der allgemeinen Inhaltskontrolle gemäß § 307 vor.

Klauselverbote ohne Wertungsmöglichkeiten spielen in der Praxis praktisch keine Rolle. Bislang ist keine Rechtsprechung des BAG bekannt, in welchem eine Vertragsklausel an dem Klauselverbot des § 309 BGB tatsächlich scheiterte. Entweder lagen Besonderheiten des Arbeitsrechts vor oder die Voraussetzungen der Klauselverbote griffen nicht ein. Anders verhält es sich bei den Klauselverboten mit Wertungsmöglichkeit die eingeschränkte Wirksamkeit einseitiger Änderungsvorbehalte gem. § 308 Nr. 4 BGB haben. Hiernach sind Klauseln, die Verwendern eine einseitige Änderungsmöglichkeit einräumen, eine versprochene Leistung zu ändern oder von ihr abzuweichen, nur unter dem Vorbehalt wirksam, dass die Änderung für den Vertragspartner zumutbar ist. Hiervon betroffen sind insbesondere Klauseln, bei denen sich der Arbeitgeber einen Widerruf im Zusammenhang mit einer zugesicherten Leistung vertraglich vorbehalten hat. Beispiele hierfür sind Widerrufsvorbehalte im Zusammenhang mit Gratifikationszahlungen, der Zahlung übertariflicher Zulagen, der Gestellung eines Dienstwagens oder der Gestattung der privaten Nutzung von Telefon oder Internet. Die Vereinbarung eines solchen Änderungs- oder Widerrufsvorbehalts wurde vom BAG zunehmend strengeren Anforderungen unterworfen. Sie ist nach der aktuellen Rechtsprechung nur noch zulässig, wenn in der Klausel selbst die Voraussetzungen für den Widerruf konkret (z. B. das Vorliegen eines wichtigen Grundes bei gleichzeitiger Definition des Grundes) genannt werden. Klauseln, nach denen eine Änderung oder der Widerruf einer Leistung willkürlich bzw. im freien Ermessen des Arbeitgebers erfolgen können, dürften unwirksam sein (siehe hierzu unten 4.7). Sogar die nicht hinreichende Bestimmung der Widerrufsgründe an sich (z. B. „bei wirtschaftlichen Schwierigkeiten") sorgt im Ergebnis für eine Unwirksamkeit der Klausel. Im Übrigen hat das BAG entschieden, dass ein in einer allgemeinen Geschäftsbedingung enthaltener Widerrufsvorbehalt neben einer Inhaltskontrolle – und damit dem gesetzlichen Klauselverbot in § 308 Nr. 4 BGB – auch der Ausübungskontrolle nach § 315 BGB unterliegt (BAG v. 24.1.2017, Az. 1 AZR 772/14).

3.4.3 Unangemessene Benachteiligung

Sind die besonderen Klauselverbote der §§ 308, 309 BGB nicht einschlägig, muss geprüft werden, ob eine unangemessene Benachteiligung i. S. v. § 307 BGB vorliegt, also der Arbeitnehmer entgegen den Geboten von Treu und Glauben unangemessen benachteiligt wird. Dies ist dann der Fall, wenn der Verwender (Arbeitgeber) durch einseitige Vertragsgestaltung rechtsmissbräuchlich eigene Interessen auf Kosten des Verbrauchers (Arbeitnehmer) durchzusetzen versucht, ohne die Interessen des Verbrauchers angemessen zu berücksichtigen und ohne einen angemessenen Ausgleich zu schaffen. Unangemessen ist jede Beeinträchtigung eines rechtlich anerkannten Interesses des Arbeitnehmers, die nicht durch begründete und billigenswerte Interessen des Arbeitgebers gerechtfertigt ist oder durch gleichwertige Vorteile ausgeglichen wird (BAG v. 26.10.2017, Az. 6 AZR 158/16). Eine unangemessene Benachteiligung ist im Zweifel dann anzunehmen, wenn eine Bestimmung mit wesentlichen Grundgedanken der gesetzlichen Regelung nicht zu vereinbaren ist. Die Feststellung einer unangemessenen Benachteiligung setzt eine Gesamtabwägung der rechtlichen Interessen der Vertragspartner voraus, mit einer umfassenden Würdigung der beiderseitigen Positionen unter Berücksichtigung des Grundsatzes von Treu und Glauben. Bei der Beurteilung der Unangemessenheit ist ein genereller, vom Einzelfall losgelöster Maßstab anzulegen. Im Rahmen der Inhaltskontrolle sind Art und Gegenstand, Zweck und besondere Eigenart des jeweiligen Geschäfts zu berücksichtigen (BAG v. 25.1.2022, Az. 9 AZR 144/21).

Eine unangemessene Benachteiligung kann aber auch vorliegen, wenn die Vertragsklausel nicht klar und verständlich ist. Das daraus abgeleitete **Transparenzgebot** führt dazu, dass Arbeitgeber Vertragsklauseln so gestalten müssen, dass die damit beabsichtigten Regelungsinhalte sich für den Arbeitnehmer schon beim Durchlesen der Klausel erschließen. Die Regelungen müssen auch hinreichend bestimmt sein, d. h. es muss sich daraus konkret ergeben, welche Handlungen, Leistungen und Pflichten sich für die Vertragspartner ergeben und welche Rechtsfolgen sich daraus ableiten.Auch dürfen sich aus einer Vertragsklausel keine Widersprüche ergeben.

Auch dürfen sich aus einer Vertragsklausel keine Widersprüche ergeben.

Des Weiteren ist wichtig, dass vorformulierte Formulararbeitsverträge auch strukturiert und übersichtlich gestaltet sind. Eine Unterteilung nach Sachthemen, die durch Überschriften und entsprechende Nummerierung strukturiert werden, ist dringend zu empfehlen. Die bereits erwähnten „Sammelregelungen" (vgl. oben 3.4.1), die früher üblicherweise am Ende eines Arbeitsvertrages zu finden waren, sind auch aufgrund mangelnder Transparenz der Regelung zu vermeiden. Nur durch eine allgemeine Strukturierung des Vertragstextes und die drucktechnische Hervorhebung bei Klauseln, die für den Arbeitnehmer weitreichende Konsequenzen haben können (wie z. B. Ausschlussfristen) kann gewährleistet werden, dass der Arbeitnehmer solche Regelungen auch wirklich wahrnimmt und die Klausel als wirksam gestellt gilt.

Beispiel 1:

Wird in einem Formulararbeitsvertrag für den Fall eines Verstoßes gegen ein nachvertragliches Wettbewerbsverbot und/oder gegen eine nachvertragliche Verschwiegenheitsverpflichtung eine Vertragsstrafe vereinbart, die in jedem Fall der Zuwiderhandlung und bei einer dauerhaften Verletzung für jeden Monat der Beschäftigung bei einem Konkurrenzunternehmen erneut verwirkt sein soll, bleibt nach Auffassung des BAG unklar, wann eine „dauernde Verletzung" und wann ein „einmaliger Verstoß" anzunehmen ist. Eine solche Klausel verstößt somit gegen das Transparenzgebot und ist unwirksam (BAG v. 14.8.2007, Az. 8 AZR 973/06).

Beispiel 2:

Eine Klausel in einem Formulararbeitsvertrag ist dann unwirksam, wenn eine Weihnachtsgratifikation zugesagt wird, aber gleichzeitig geregelt wird, dass ein Rechtsanspruch des Arbeitnehmers hierauf nicht bestehe und es sich um eine freiwillige, stets widerrufbare Leistung des Arbeitgebers handele (BAG v. 30.7.2008, Az. 10 AZR 606/07).

Von einem Freiwilligkeitsvorbehalt, mit dem der Arbeitgeber darauf hinweist, dass bestimmte Leistungen freiwillig sind und ein Rechtsanspruch des Arbeitnehmers auf diese Leistungen für die Zukunft nicht begründet werden soll, ist der Vorbehalt des Widerrufs, mit dem sich der Arbeitgeber den Widerruf bestimmter Leistungen – auf die der Arbeitnehmer grundsätzlich einen Anspruch haben soll – (z. B. Erlaubnis zur privaten Nutzung von Dienstwagen oder betrieblicher Kommunikationsmittel) vorbehält, strikt zu trennen. Im oben genannten Beispiel 2 entstand ein Widerspruch dadurch, dass ein Anspruch auf die Weihnachtsgratifikation zunächst begründet wurde, dann aber festgelegt wurde, dass aufgrund der Freiwilligkeit der Leistung kein sich künftig wiederholender Anspruch entsteht. Der Widerruf einer Leistung setzt aber voraus, dass ein Anspruch besteht. Die Kombination aus sich ausschließenden Instituten wie der Freiwilligkeit und der Widerruflichkeit einer Leistung vermittelt dem Arbeitnehmer keine klare und verständliche Information über seine Rechte und Pflichten aus dem Vertrag und verstieß daher gegen das Transparenzgebot (siehe hierzu unten unter 4.8).

4. Wichtige Regelungspunkte

Nachfolgend werden die wichtigen Punkte eines individuellen Arbeitsvertrags (mit Formulierungsbeispielen) vorgestellt, deren Regelung sinnvoll oder empfehlenswert sein kann und aufgrund des Nachweisgesetzes als wesentliche Vertragsbedingungen auch niedergeschrieben werden müssen (siehe hierzu auch → *Nachweisgesetz*).

4.1 Beginn des Arbeitsverhältnisses

Der Zeitpunkt des Beginns bestimmt, wann das Arbeitsverhältnis beginnt, also wann der Arbeitnehmer vertragsgemäß zur Arbeit anzutreten hat. Er ist wichtig für eventuelle Schadensersatzansprüche des Arbeitgebers (z. B. aufgrund zusätzlicher Inseratskosten, Produktionsausfälle usw.) bei unentschuldigter Nichtaufnahme der Arbeit durch den Arbeitnehmer. Da die verschiedenen Schadenspositionen nur schwer nachweisbar sind, empfiehlt es sich, eine Vertragsstrafe wegen Nichtaufnahme der Arbeit in den Arbeitsvertrag aufzunehmen (s. u. 4.20). Vertragsstrafen sind gemäß § 309 Nr. 6 BGB zwar grundsätzlich in AGB unzulässig. Unter angemessener Berücksichtigung der im Arbeitsrecht geltenden Besonderheiten nach § 310 Abs. 4 Satz 2 Hs. 1 BGB sind Vertragsstrafenabreden in Arbeitsverträgen jedoch möglich.

Der Zeitpunkt der tatsächlichen Arbeitsaufnahme ist außerdem wichtig für die Dauer der Betriebszugehörigkeit, insbesondere bei Fragen des Kündigungsschutzes und der Kündigungsfristen. Da das Kündigungsschutzgesetz die soziale Rechtfertigung einer arbeitgeberseitigen Kündigung erst nach einem Bestehen des Arbeitsverhältnisses von sechs Monaten prüft, ist dieser Zeitraum für den Arbeitgeber wichtig, um sich ein genaues Bild von dem Arbeitnehmer zu machen und um ggf. von der erleichterten Möglichkeit einer Kündigung Gebrauch zu machen. Um Streitigkeiten darüber zu vermeiden, wann die tatsächliche Tätigkeitsaufnahme erfolgt ist, sollte der Beginn der Beschäftigung ausdrücklich geregelt werden. Liegt die tatsächliche Arbeitsaufnahme allerdings vor dem vertraglich vereinbarten Zeitpunkt, gilt der Zeitpunkt der tatsächlichen Arbeitsaufnahme. Bei befristeten Arbeitsverträgen muss besonders auf den Beginn geachtet werden, da befristete Arbeitsverträge nur dann wirksam sind, wenn sie schriftlich vereinbart wurden. Liegt die tatsächliche Arbeitsaufnahme vor Unterzeichnung des Arbeitsvertrages, hat es zur Folge, dass das Arbeitsverhältnis als von Anfang an unbefristet gilt. Es ist daher zu empfehlen, bei einer früheren tatsächlichen Arbeitsaufnahme das Ende der Wartezeit oder das Ende einer Befristung als Zeitpunkt gesondert zu notieren, um ggf. noch agieren zu können.

4.2 Dauer des Arbeitsverhältnisses

Ist nichts vereinbart, gilt das Arbeitsverhältnis als auf unbestimmte Zeit geschlossen. Auf unbestimmte Zeit geschlossene Arbeitsverhältnisse können in der Regel ordentlich gekündigt werden, ein Verzicht auf diese Möglichkeit kann aber vertraglich vereinbart werden. Auf die Möglichkeit der außerordentlichen Kündigung kann nicht wirksam verzichtet werden.

Demgegenüber stehen Arbeitsverhältnisse mit bestimmter Dauer, die sogenannten befristeten Arbeitsverhältnisse. Befristungen müssen bereits vor dem Arbeitsbeginn vereinbart werden und bedürfen der Schriftform. Eine Ausnahme besteht seit dem 1. Januar 2025 für Arbeitsverträge mit Höchstbefristungen. Diese unterliegen nur der Textform und können elektronisch zugeschickt werden. Vereinbarungen über die Befristung auf den Bezug einer vollen unbefristeten Erwerbsminderungsrente müssen jedoch auch weiterhin schriftlich erfolgen, um wirksam zu sein. Befristete Arbeitsverhältnisse bedürfen grundsätzlich eines Sachgrundes. Die möglichen Sachgründe gibt das Gesetz in § 14 Abs. 1 Satz 2 TzBfG vor. Ein sachgrundloses Arbeitsverhältnis kann nur dann geschlossen werden, wenn nicht bereits zuvor ein Arbeitsverhältnis mit demselben Arbeitgeber bestanden hat. Auch dann ist die Dauer auf maximal 2 Jahre begrenzt. In diesem Zeitraum kann das Arbeitsverhältnis maximal dreimalig verlängert werden. Befristete Arbeitsverhältnisse unterliegen gesonderten Regelungen, so ist z. B. die ordentliche Kündigung während eines befristeten Arbeitsverhältnisses grundsätzlich nicht vorgesehen und nur dann möglich, wenn dies ausdrücklich im Arbeitsvertrag oder in einem Tarifvertrag geregelt ist (siehe → *Befristetes Arbeitsverhältnis*). Die Möglichkeit der fristlosen Kündigung ist dagegen immer zulässig und kann auch nicht wirksam vertraglich ausgeschlossen werden.

4.3 Art und Ort der Tätigkeit

Im Arbeitsvertrag sollten auch die Funktion oder der Tätigkeitsbereich sowie der Arbeitsort des Arbeitnehmers angegeben werden. Es handelt sich um wesentliche Vertragsbedingungen, die auch nach dem Nachweisgesetz schriftlich niedergelegt werden müssen. Allerdings begrenzt die Festlegung von Art und Inhalt der vereinbarten Tätigkeit im Arbeitsvertrag gleichzeitig das Direktionsrecht des Arbeitgebers. Wie in § 106 GewO geregelt, erlaubt hat der Arbeitgeber das Recht, Inhalt, Ort und Zeit der Arbeitsleistung nach billigem Ermessen näher zu bestimmen. Eingeschränkt wird das Direktionsrecht aber durch Regelungen im Arbeitsvertrag, Bestimmungen einer Betriebsvereinbarung, eines anwendbaren Tarifvertrages oder durch gesetzliche Vorschriften. Es gilt daher die folgende Faustformel: Je konkreter der Tätigkeitsbereich im Vertrag umschrieben ist, desto weniger kann der Arbeitgeber dem Arbeitnehmer durch einseitige Weisung eine andere Tätigkeit zuweisen.

Die durch Verweisungs- oder Versetzungsklauseln erhaltene Flexibilität des Arbeitgebers führt jedoch umgekehrt im Falle von betriebsbedingten Kündigungen zu einer weitreichenden Sozialauswahl: Im Rahmen der Sozialauswahl muss innerhalb des Betriebs der Kreis der vergleichbaren Arbeitnehmer bestimmt werden, innerhalb dessen die Arbeitnehmer nach den vorgegebenen Kriterien miteinander verglichen werden (Kündigungsschutz). Je weiter die Möglichkeiten sind, den Arbeitnehmer kraft einseitiger Weisung einzusetzen, desto größer wird der Kreis, der im Betrieb mit ihm vergleichbaren Personen und desto eher kann sich der Arbeitnehmer auf eine Weiterbeschäftigungsmöglichkeit auf einem anderen Arbeitsplatz berufen.

ACHTUNG!

Ist die Tätigkeitsbeschreibung eng gefasst, ist damit der Kreis der vergleichbaren Arbeitnehmer eingegrenzt, was für die Sozialauswahl bei einer betriebsbedingten Kündigung vorteilhaft sein kann; es führt aber auch gleichzeitig zu einer Einschränkung des Direktionsrechts.

Die Bestimmung des Arbeitsortes kann sich aus der Art der geschuldeten Arbeitsleistung ergeben, z. B. bei einer Tätigkeit im Außendienst. In der heutigen Zeit sind auch Regelungen zum Arbeitsort üblich, da die Erbringung der Arbeitsleistung im Betrieb nicht mehr selbstverständlich ist. Vereinbart werden kann auch die Erbringung der Arbeitsleistung in einer selbstgewählten Arbeitsstätte, wie z. B. der eigenen Wohnung. Gerade das mobile Arbeiten und das Homeoffice als Unterfall hiervon haben in den vergangenen Jahren enorm an Bedeutung gewonnen und sind aus der heutigen Arbeitswelt nicht mehr wegzudenken. Auswirkungen kann dies auf Dienstwagenregelungen und die damit verbundenen steuerrechtlichen Behandlungen und auch auf das Arbeitszeitgesetz haben, wenn nicht mehr das Büro den Beginn der Arbeitszeit markiert, sondern der heimische Schreibtisch.

Ist im Arbeitsvertrag ein konkreter Arbeitsort festgelegt, so kann der Arbeitgeber sein Weisungsrecht nur in dieser räumlichen Begrenzung ausüben. Um Arbeitnehmer trotzdem noch entsprechend flexibel einsetzen zu können, müssen sogenannte Versetzungsklauseln in den Arbeitsvertrag aufgenommen werden, die es dem Arbeitgeber ermöglichen, dem Arbeitnehmer einseitig andere als die vertraglich vereinbarten Tätigkeiten oder einen anderen Arbeitsort zuzuweisen. Die Zuweisung einer anderen Tätigkeit ist allerdings nur dann von einer Versetzungsklausel umfasst, wenn es sich bei der Tätigkeit um eine gleichwertige Tätigkeit handelt. Tätigkeiten, die nicht gleichwertig sind, können nur im Wege einer Änderungskündigung durchgesetzt oder einvernehmlich vereinbart werden. Konkrete Versetzungsgründe müssen im Arbeitsvertrag nicht genannt werden, es liegt kein Verstoß gegen das Transparenzgebot vor. § 106 GewO bringt zum Ausdruck, dass in Arbeitsverträgen regelmäßig nur eine rahmenmäßig umschriebene Leistungspflicht festgelegt werden muss. Das ist eine Besonderheit des Arbeitsrechts, die nach § 310 Abs. 4 Satz 2 BGB zu berücksichtigen ist. Wurde keine Versetzungsklausel in den Arbeitsvertrag aufgenommen, sind Änderungen der Tätigkeit oder des Arbeitsorts nur im Einvernehmen mit dem Arbeitnehmer möglich. Ist eine Einigung nicht möglich, kann eine Änderung einseitig durch den Arbeitgeber nur im Rahmen einer Änderungskündigung erreicht werden (→ *Änderungskündigung*). Hierbei legt die Rechtsprechung denselben hohen Maßstab an, wie bei einer Beendigungskündigung.

Die Ausübung des Direktionsrechts muss gemäß den §§ 106 GewO, 315 BGB nach billigem Ermessen erfolgen. Es muss eine Abwägung der beiderseitigen Interessen unter Beachtung der Verhältnismäßigkeit und Angemessenheit, unter Einbeziehung aller Umstände des Einzelfalls die Weisung rechtfertigen (BAG v. 18.10.2017, Az. 10 AZR 330/16). Wurden die Grenzen billigen Ermessens nicht gewahrt, muss der Arbeitnehmer einer entsprechenden Anweisung des Arbeitgebers auch dann nicht nachkommen, wenn noch keine rechtskräftige Entscheidung eines Arbeitsgerichts vorliegt, die deren Unwirksamkeit feststellt (BAG v. 28.11.2019, Az. 8 AZR 125/18). Häufig wird einem Arbeitnehmer das Nichtbefolgen einer unbilligen Weisung jedoch nicht zuzumuten sein, da dieser die gerichtliche Entscheidung nicht vorhersagen kann. Die Rechtsprechung spricht dem „folgsamen" Arbeitnehmer unter Umständen dann einen Schadensersatzanspruch zu (BAG v. 28.11.2019, Az. 8 AZR 125/18).

Die einseitige Weisungsmöglichkeit des Arbeitgebers darf den Arbeitnehmer aber nicht unangemessen benachteiligen, d. h. sie darf nicht uneingeschränkt bestehen. Klauseln, die dem Arbeitgeber einen zu weiten Spielraum einräumen, sind daher unwirksam. Von § 106 GewO umfasst ist die Zuweisung einer neuen Tätigkeit, die mit der vertraglich vereinbarten Tätigkeit gleichwertig ist (BAG v. 25.9.2010, Az. 10 AZR 275/09). Folglich sollte dies in der vertraglichen Formulierung Niederschlag finden. Im Übrigen muss der Arbeitgeber bei jeder Ausübung seiner Direktionsrechts, z. B. bei der Versetzung eines Arbeitnehmers an einen anderen Standort, vor der tatsächlichen Anordnung prüfen, ob diese Anweisung in dem konkreten Fall dem Arbeitnehmer zumutbar ist.

Formulierungsbeispiel:

„Der Arbeitnehmer wird ab dem ...

als ... eingestellt. Tätigkeitsort ist derzeit ...

Der Arbeitgeber behält sich unter Wahrung der Interessen des Arbeitnehmers das Recht vor, dem Arbeitnehmer, entsprechend seinen Leistungen und Fähigkeiten, andere gleichwertige Tätigkeiten zuzuweisen. Der Arbeitnehmer kann auch an einen anderen Betriebsort innerhalb des Unternehmens versetzt werden."

4.4 Probezeit

Probezeiten sind ein sehr häufiger und auch sinnvoller Bestandteil in Arbeitsverträgen. Sie dienen für den Arbeitgeber vorrangig dazu, einen eingestellten Arbeitnehmer und dessen Eignung auf der eingesetzten Position zu testen. Umgekehrt soll sich aber auch der Arbeitnehmer in dieser Zeit eine Meinung über das Fortbestehen des Arbeitsverhältnisses bilden können. Eine Probezeit ist kein eigenständiger Beendigungstatbestand, vielmehr gelten innerhalb einer vereinbarten Probezeit verkürzte Kündigungsfristen, die es beiden Seiten ermöglichen, sich schnell von dem Arbeitsverhältnis zu lösen.

Gesetzlich vorgeschrieben ist eine Probezeit nicht. Ohne eine entsprechende Regelung gelten ab dem 1. Tag die gesetzlichen bzw. vertraglichen Kündigungsfristen. Eine Ausnahme besteht bei Berufsausbildungsverhältnissen, bei denen eine Probezeit vereinbart werden muss, die mindestens einen Monat betragen muss und höchstens 4 Monate andauern darf. Dies ist vor allem vor dem Hintergrund zu erklären, dass eine ordentliche Kündigung in einem Berufsausbildungsverhältnis nach Ablauf der Probezeit unzulässig ist.

Die Probezeit läuft parallel zur Wartezeit nach dem Kündigungsschutzgesetz, muss aber in der Länge nicht identisch sein. Da der allgemeine Kündigungsschutz erst nach sechs Monaten Betriebszugehörigkeit greift, kann der Arbeitgeber die ersten sechs Monate zur Beurteilung des Arbeitnehmers nutzen und ggf. noch von der erleichterten Kündigungsmöglichkeit Gebrauch machen. Während dieser Zeit kann der Arbeitgeber das Arbeitsverhältnis kündigen, ohne dass es einer sozialen Rechtfertigung bedarf und die hohen Voraussetzungen des Kündigungsschutzgesetzes erfüllt sein müssen. Die Probezeit kann, muss aber nicht identisch mit der Wartezeit nach Kündigungsschutz sein. Sie kann kürzer sein, darf jedoch nicht länger als sechs Monate vereinbart werden, was der Grenze der Wartezeit nach dem KSchG entspricht. Sie ermöglicht es dem Arbeitgeber mit einer verkürzten Kündigungsfrist während des vereinbarten Zeitraums das Arbeitsverhältnis zu kündigen. Es ist auch denkbar, die Probezeit kürzer als die gesetzliche Wartezeit zu gestalten, um einen ehrlichen Eindruck von dem Arbeitnehmer auch über die Probezeit hinaus zu bekommen und ggf. dennoch in der Wartezeit ohne die Voraussetzung einer sozialen Rechtfertigung, das Arbeitsverhältnis kündigen zu können. Eine Probezeit kann auch bei einem befristeten Arbeitsverhältnis vereinbart werden.

Während der Probezeit beträgt die gesetzliche Kündigungsfrist zwei Wochen (§ 622 Abs. 3 BGB). Im Arbeitsvertrag kann eine längere Frist vereinbart werden. In einem Tarifvertrag kann sogar eine kürzere Frist als 2 Wochen vereinbart werden.

Formulierungsbeispiel:

„Die ersten vier Monate gelten als Probezeit. Während dieser Zeit kann das Arbeitsverhältnis mit einer Frist von zwei Wochen gekündigt werden."

Wird eine Probezeit vereinbart, um von der kurzen Kündigungsfrist Gebrauch machen zu können, ist bei der Formulierung der Kündigungsfristen für die Zeit nach Ablauf der Probezeit besondere Sorgfalt an den Tag zu legen (s. u. 4.19).

Unter Umständen kann es für einen Arbeitgeber interessanter sein, zunächst ein befristetes Arbeitsverhältnis zur Erprobung des Arbeitnehmers abzuschließen. Ein solches Arbeitsverhältnis kann für länger als sechs Monate vereinbart werden und gibt beiden Seiten einen längeren Beurteilungszeitraum. Bei Probearbeitsverhältnissen sind die normalen Regeln eines befristeten Arbeitsverhältnisses anzuwenden (siehe → *Befristetes Arbeitsverhältnis*), d. h. insbesondere muss auf die Schriftform geachtet werden und eine ordentliche Kündigung ist nur dann möglich, wenn sie explizit im Vertrag vereinbart wurde. Ein befristetes Probearbeitsverhältnis endet mit Ablauf der vereinbarten Vertragslaufzeit, ohne dass es einer Kündigung bedarf. Soll der Arbeitnehmer danach weiterarbeiten, entsteht ein normales Arbeitsverhältnis.

4.5 Geltung von Betriebsvereinbarungen

Bestehen bei einem Arbeitgeber Betriebsvereinbarungen, stellt sich die Frage nach dem Verhältnis dieser Regelungen zum individuellen Arbeitsvertrag. Aufgrund ihrer unmittelbaren und zwingenden Wirkung gemäß § 77 Abs. 4 BetrVG gelten Betriebsvereinbarungen für alle Arbeitsverhältnisse, die in den persönlichen und sachlichen Anwendungsbereich fallen. In der Hierarchie gehen Betriebsvereinbarungen arbeitsvertraglichen Regelungen grundsätzlich vor. Zu beachten ist aber stets das Günstigkeitsprinzip. Zwar steht der Arbeitsvertrag in der Rangfolge unter der Betriebsvereinbarung, wird aber einzelvertraglich etwas für den Arbeitnehmer Günstigeres geregelt, gilt dies. Ausnahmsweise kann in einer Betriebsvereinbarung auch etwas ungünstigeres für den Arbeitnehmer geregelt werden, wenn der Arbeitsvertrag eine sogenannte Betriebsvereinbarungsöffnungsklausel vorsieht. Danach haben (auch spätere und ungünstigere) betriebliche Regelungen Vorrang vor der individualvertraglichen Regelung. Ist ein solcher Vorbehalt im Arbeitsvertrag nicht enthalten, ist die Ablösung von Individualansprüchen durch Betriebsvereinbarung nur unter eingeschränkten Voraussetzungen möglich. Problematisch ist die Frage, ob eine konkludent ausgestaltete Betriebsvereinbarungsoffenheit möglich ist. Diese Frage wird vom BAG bislang nicht einheitlich bewertet. Während der 1. und der 5. Senat des BAG dies bejahen (BAG v. 30.1.2019, Az. 5 AZR 450/17), lehnt der 4. Senat eine konkludent ausgestaltete Betriebsvereinbarungsoffenheit ab (BAG v. 11.4.2018, Az. 4 AZR 119/17). Eine ausdrückliche Formulierung ist daher zu empfehlen.

Formulierungsbeispiel:

„Es gelten die für den Betrieb jeweils einschlägigen Betriebsvereinbarungen, soweit der Arbeitnehmer unter den persönlichen Geltungsbereich fällt.

Einzelvertragliche Rechte und etwaige Ansprüche aus betrieblicher Übung oder einer Gesamtzusage können durch Betriebsvereinbarung auch zu Ungunsten des Arbeitnehmers abgelöst oder geändert werden.

Die jeweils gültigen Betriebsvereinbarungen können im zuständigen Personalbüro eingesehen werden."

4.6 Arbeitszeit

Eine konkrete Vereinbarung über die vertraglich geschuldete Arbeitszeit ist für den Arbeitgeber und auch den Arbeitnehmer wichtig und sollte daher unbedingt aus Gründen der Rechtssicherheit getroffen werden. Nach § 2 Abs. 1 Satz 2 Nr. 7 NachwG besteht für die vereinbarte Arbeitszeit ohnehin eine Nachweispflicht. Die Dauer der Arbeitszeit ist Bestandteil des Synallagmas im Arbeitsverhältnis, für die vereinbarte Arbeitszeit schuldet der Arbeitgeber den vereinbarten Arbeitslohn. Auch das jeweilige Arbeitszeitmodell (z. B. Arbeit auf Abruf, Vertrauensarbeitszeit) sollte geregelt werden. Der zeitliche Umfang der geschuldeten Arbeit ergibt sich in der Regel aus dem Arbeitsvertrag, ggf. auch aus einem auf das Arbeitsverhältnis anwendbaren Tarifvertrag. Den höchstzulässigen Umfang der leistbaren Arbeitsleistung regelt das Arbeitszeitgesetz; er beträgt 48 Stunden/Woche. Soll ein Arbeitnehmer in Teilzeit beschäftigt werden, bedarf dies einer ausdrücklichen Regelung. Fehlt eine solche, wurde im Zweifel ein Vollzeitarbeitsverhältnis begründet. Enthält ein Arbeitsvertrag überhaupt keine Angaben zur geschuldeten Arbeitszeit, muss für jeden Einzelfall geprüft werden, was gelten soll. Grundsätzlich geht das BAG davon aus, dass die Arbeitsvertragsparteien bei Begründung eines Vollzeitarbeitsverhältnisses die betriebsübliche Arbeitszeit vereinbaren wollten (BAG v. 15.5.2013, Az. 10 AZR 325/12). Dabei wird angenommen, dass der Umfang der Arbeitszeit 40 Stunden pro Woche nicht übersteigt (BAG v. 25.3.2015, Az. 5 AZR 602/13). Bei der Festlegung der Arbeitszeit im Arbeitsvertrag sind die Grenzen des Arbeitszeitgesetzes und – wenn vorhanden – kollektivrechtliche Vorschriften (also Tarifverträge oder Betriebsvereinbarungen) zu beachten. Ein Direktionsrecht des Arbeitgebers besteht in Bezug auf die Arbeitszeitdauer – anders als bei der Verteilung der Arbeitszeit – grundsätzlich nicht, allerdings kann sich eine gewisse Flexibilität bei der Verteilung im Zusammenhang mit einem arbeitgebergesteuerten Arbeitszeitkonto ergeben. Dies muss jedoch ebenfalls vereinbart sein. Des Weiteren muss sich aus dem Arbeitsvertrag klar ergeben, ob der Arbeitnehmer zu Arbeitsbereitschaft, Bereitschaftsdienst oder Rufbereitschaft verpflichtet werden kann. Ohne eine entsprechende Regelung im Arbeitsvertrag oder einer kollektivrechtlichen Regelung besteht für den Arbeitgeber keine Ermächtigungsgrundlage zur Anordnung. An Relevanz zunehmend ist das Thema Dienstreisen, das unter bestimmten Voraussetzungen auch als Arbeitszeit gewertet wird. Da es für die Anordnung einer Ermächtigungsgrundlage bedarf, ist die Aufnahme einer Verpflichtung des Arbeitnehmers zu Dienstreisen im Arbeitsvertrag ratsam.

Vertraglich vereinbarte Arbeitszeiten können auch befristet erhöht werden. Bei einer Arbeitszeiterhöhung in erheblichem Umfang (mind. um 25 % einer entsprechenden Vollzeitbeschäftigung) findet zwar keine Prüfung eines Sachgrundes nach § 14 TzBfG statt. Allerdings ist nach der Rechtsprechung des BAG im Rahmen des § 307 Abs. 1 BGB als Angemessenheitskontrolle eine umfassende Interessenabwägung und die Bewertung der Klausel zur Arbeitszeitreduzierung oder Arbeitszeiterhöhung durchzuführen. Es müssen besondere Umstände vorliegen, die eine Befristung auch nach § 14 TzBfG rechtfertigen könnten, also praktisch eben doch, ob ein Sachgrund nach § 14 TzBfG vorliegt. Daneben stellt eine Arbeitszeiterhöhung in erheblichem Umfang, die länger als 1 Monat andauern soll, auch immer eine Versetzung dar, sodass im konkreten Einzelfall die kollektivrechtliche Mitbestimmung zu beachten ist.

Die Aufnahme einer Verpflichtung des Arbeitnehmers zur Erbringung von Überstunden und/oder Mehrarbeit in den Arbeitsvertrag ist unbedingt notwendig, wenn der Arbeitgeber hiervon im Laufe des Arbeitsverhältnisses Gebrauch machen möchte. Ohne eine vertragliche Vereinbarung zur Leistung von Mehrarbeit und Überstunden ist der Arbeitnehmer hierzu nur ausnahmsweise (in Notfällen) und zeitlich sehr begrenzt aufgrund seiner Treuepflicht verpflichtet.

Die Aufnahme der Verpflichtung des Arbeitnehmers zu Spät- und Nachtarbeit sowie Schicht-, Sonn- und Feiertagsarbeit oder Rufbereitschaft und Bereitschaftsdienst ist zulässig und schafft die Grundlage für einen entsprechend flexiblen Einsatz des Arbeitnehmers.

Die Corona-Pandemie hat sehr deutlich gezeigt, dass es sich empfiehlt, eine Klausel aufzunehmen die den Arbeitgeber berechtigt Kurzarbeit anzuordnen, wenn die entsprechenden Voraussetzungen vorliegen. Die Regelung zur Verpflichtung zur Kurzarbeit ist eine notwendige vertragliche Voraussetzung, um das Instrument der Kurzarbeit zu nutzen. Hierunter ist das vorübergehende Absenken der betriebsüblichen regelmäßigen Arbeitszeit bei gleichzeitiger Reduzierung des Entgelts zu verstehen. Ohne eine vertragliche oder tarifliche Grundlage kann der Arbeitgeber nicht einseitig Kurzarbeit einführen. Insbesondere vom Direktionsrecht ist die Anordnung von Kurzarbeit nicht umfasst. Hinsichtlich der Anforderungen, die an die Formulierung einer solchen Klausel zu stellen sind, hat sich das BAG noch nicht abschließend geäußert. Für tarifliche Regelungen zur Kurzarbeit hat das BAG entschieden, dass diese umfängliche Angaben enthalten müssen: So sind z. B. der Anlass für die Einführung der Kurzarbeit, die Erfüllung der Voraussetzungen nach dem SGB III, der Umfang oder die Dauer der Kurzarbeit zu benennen. Ebenso soll ein Hinweis auf die Anzeige bei der Agentur für Arbeit und eine Erklärung darüber, ob die Gewährung von

Kurzarbeitergeld durch die Agentur für Arbeit gesichert sein muss, enthalten sein. Schließlich ist eine Ankündigungsfrist – z. B. in Anlehnung an § 4 KSchG von 4 Wochen – notwendig, um die Verhältnismäßigkeit aufgrund der existenzsichernden Funktion des Arbeitsentgelts zu wahren (BAG v. 27.1.1994, Az. 6 AZR 541/93). Diese Voraussetzungen sind ebenfalls bei einer vertraglichen Klausel zu berücksichtigen. Will man als Arbeitgeber die Grundlage für die Anordnung von Kurzarbeit schaffen, muss auch eine solche Klausel der AGB-Kontrolle standhalten. Die Klausel zur Kurzarbeit muss im Arbeitsvertrag an sichtbarer Stelle und gliederungstechnisch eigenständig zu finden sein, da ansonsten die Klausel für den Arbeitnehmer überraschend ist und damit einer AGB-Kontrolle nicht standhält. Es empfiehlt sich, die Kurzarbeit thematisch im Rahmen der Arbeitszeit zu regeln. Es empfiehlt sich, die Kurzarbeit thematisch im Rahmen der Arbeitszeit zu regeln. Es wird weiter dringend angeraten, die nähere Ausgestaltung der Kurzarbeit zusätzlich in einer Betriebsvereinbarung zu regeln. Grundsätzlich kann auch in einer Betriebsvereinbarung eine Ermächtigungsgrundlage für die Anordnung von Kurzarbeit geregelt werden.

Unabhängig von den individualrechtlichen Regelungen zur Arbeitszeit ist der Arbeitgeber auch verpflichtet, die entsprechenden Mitbestimmungsrechte des Betriebsrates nach § 87 Abs. 1 Nrn. 2, 3 BetrVG, bezüglich der Verteilung der Arbeits- und Pausenzeiten auf den Tag und der Woche, zu wahren.

Formulierungsbeispiel:

„Die regelmäßige Arbeitszeit beträgt derzeit ohne Pausen ... Stunden wöchentlich.

Lage, Dauer und Verteilung der täglichen Arbeitszeit, Pausen und Ruhezeiten richten sich nach den betrieblichen Regelungen unter Berücksichtigung der gesetzlichen Vorgaben.

Der Arbeitnehmer ist verpflichtet, auf Anordnung des Arbeitgebers bei betrieblichem Bedarf Überstunden und Mehrarbeit im Rahmen der gesetzlichen und betrieblichen Regelungen zu leisten. Hierbei werden die wechselseitigen Interessen angemessen berücksichtigt.

Der Arbeitnehmer ist auch verpflichtet, auf Anordnung des Arbeitgebers Schicht- und Nachtarbeit, einschließlich Arbeit in Wechselschicht, sowie Sonn- und Feiertagsarbeit, Rufbereitschaft sowie Bereitschaftsdienst zu leisten.

Der Arbeitgeber ist berechtigt, Kurzarbeit anzuordnen, wenn ein erheblicher Arbeitsausfall vorliegt, der auf wirtschaftlichen Gründen oder einem unabwendbaren Ereignis basiert und der Arbeitsausfall der Arbeitsverwaltung (derzeit nach den §§ 95 ff. SGB III) angezeigt ist. Dabei ist eine kollektive Ankündigungsfrist von vier Wochen einzuhalten, mit der die Durchführung von Kurzarbeit im Betrieb gegenüber der Belegschaft anzukündigen ist. Für die Dauer der Kurzarbeit vermindert sich die Vergütung entsprechend dem Verhältnis der ausfallenden zur regelmäßigen Arbeitszeit.“

4.7 Vergütung

Die Zahlung der vereinbarten Vergütung ist die Hauptleistungspflicht des Arbeitgebers. Sie steht in Abhängigkeit zur Arbeitsleistung des Arbeitnehmers. Zur Vergütung sollte eine klare Regelung getroffen werden. Richtet sich die Vergütung ausschließlich nach Tarifvertrag, reicht neben der Tätigkeitsbeschreibung/Stellenposition ein Hinweis auf den entsprechenden Tarifvertrag. Wird die Vergütung nur im Arbeitsvertrag geregelt oder werden außerdem übertarifliche Vergütungen gezahlt, muss die Regelung genau (und unmissverständlich!) formuliert sein. Ist im Einzelfall keine Vereinbarung über die Vergütung getroffen und auch keine Bezugnahme auf einen Tarifvertrag vertraglich aufgenommen worden, greift § 612 BGB mit der Maßgabe, dass die übliche Vergütung als vereinbart gilt. Hinsichtlich der Höhe der Vergütung besteht grundsätzlich Vertragsfreiheit. Grenzen oder Vorgaben können sich aus einem Tarifvertrag oder vor allem als Untergrenze aus dem Gesetz ergeben. Seit dem 1.1.2015 hat nach dem Mindestlohngesetz jeder Arbeitnehmer gegen seinen Arbeitgeber Anspruch auf Zahlung eines Arbeitsentgelts mindestens in Höhe des Mindestlohns (§ 1 Abs. 1, 2 Satz 1 MiLoG). Dieser wird turnusmäßig alle 2 Jahre überprüft bzw. angepasst. Einmalig (bislang) wurde der Mindestlohn zum 1. Oktober 2022 per Gesetz auf 12 Euro brutto je Zeitstunde angehoben. Seitdem berät wieder, wie ursprünglich vorgesehen, eine paritätisch besetzte Mindestlohnkommission über die Anpassung und gibt diese als Vorschlag an die Regierung weiter. Dabei werden unter anderem wirtschaftliche Entwicklungen berücksichtigt. Seit dem 1. Januar 2025 gilt ein Mindestlohn von 12,82 Euro brutto. Zum 1. Januar 2026 wird der Mindestlohn auf 13,90 brutto und in einem weiteren Schritt zum 1. Januar 2027 auf 14,60 brutto steigen.

Des Weiteren sollte im Arbeitsvertrag geregelt werden, ob und in welchem Umfang Wegezeiten und Dienstreisen vergütungspflichtige Arbeitszeiten darstellen sollen und daher vergütet werden müssen. Regelungen, wann eine der vorgenannten Zeiten Arbeitszeit im arbeitsschutzrechtlichen Sinne nach dem Arbeitszeitgesetz darstellt, können nur deklaratorisch aufgenommen werden und keinen weitergehenden Inhalt haben.

Hinsichtlich der Höhe (mindestens jedoch der Mindestlohn) der Vergütung gilt grundsätzlich Vertragsfreiheit, jedoch gibt das Gesetz vor, dass die Höhe nicht sittenwidrig sein darf. D. h. es darf kein auffälliges Missverhältnis zwischen dem Wert der Arbeitsleistung und der Lohnhöhe in einem Arbeitsverhältnis bestehen. Ein auffälliges Missverhältnis bestimmt sich nach dem objektiven Wert der Leistung des Arbeitnehmers und liegt vor, wenn es einem kundigen Menschen ohne Weiteres ins Auge springt. Ein sittenwidriger Lohn wird in der Regel nur bei einer Abweichung nach unten angenommen. Erreicht die Arbeitsvergütung nicht einmal zwei Drittel eines in dem Wirtschaftszweig üblicherweise gezahlten Tarifentgelts, liegt eine ganz erhebliche, ohne Weiteres ins Auge fallende und regelmäßig nicht mehr hinnehmbare Abweichung vor, für die es regelmäßig keine plausible Erklärung gibt. Ist kein Tarifvertrag maßgeblich, gilt dasselbe, wenn die vereinbarte Vergütung mehr als ein Drittel unter dem Lohnniveau, das sich für die auszuübende Tätigkeit in der Wirtschaftsregion gebildet hat, bleibt (BAG v. 24.5.2017, Az. 5 AZR 251/16). Eine Sittenwidrigkeit bei einer Abweichung der Vergütung nach oben hin gibt es nicht. Findet ein Tarifvertrag mit einem entsprechenden Lohnsystem Anwendung, gilt dieses zwingend, wenn Arbeitgeber und Arbeitnehmer beide tarifgebunden sind; die Vertragsfreiheit ist insoweit eingeschränkt, da von den tariflichen Regelungen nicht zum Nachteil des Arbeitnehmers abgewichen werden darf. Findet der Tarifvertrag durch eine arbeitsrechtliche Bezugnahmeklausel Anwendung, gilt das Lohnsystem schuldrechtlich.

Zeit, Ort und Art der Auszahlung sollten ebenfalls geregelt werden. Der Betriebsrat hat u. U. diesbezüglich und auch in Bezug auf die Lohngestaltung ein erzwingbares Mitbestimmungsrecht nach § 87 Abs. 1 Nr. 4, 10 BetrVG.

Leistet der Arbeitnehmer über den im Arbeitsvertrag vereinbarten Umfang hinaus Überstunden und enthält der Arbeitsvertrag keine Regelung zur Vergütung derselben, schuldet der Arbeitgeber hierfür gem. § 612 Abs. 1 BGB die übliche Vergütung, wenn die Überstunden den Umständen nach nur gegen eine Vergütung zu erwarten ist. Hierunter fallen nur Überstunden, die vom Arbeitgeber angeordnet wurden oder von diesem zumindest (stillschweigend) geduldet werden. Die Abgrenzung kann im Einzelfall schwierig sein. Einen allgemeinen Rechtsgrundsatz, dass jede Mehrarbeitszeit oder jede dienstliche Anwesenheit über die vereinbarte Arbeitszeit hinaus zu vergüten ist, gibt es nicht. Die Vergütungserwartung ist stets anhand eines objektiven Maßstabs unter Berücksichtigung der Verkehrssitte, der Art, des Umfangs und der Dauer der Arbeitsleistung sowie der Stellung der Beteiligten zueinander festzustellen, ohne dass es auf deren persönliche Meinung ankäme (BAG v. 27.6.2012, Az. 5 AZR 305/11). Fehlt es an einer wirksamen Regelung zur Überstundenvergütung, ist regelmäßig von einer objektiven Vergütungserwartung auszugehen, sodass der Arbeitnehmer Anspruch auf zusätzliche Vergütung der geleisteten Überstunden hat. Eine objektive Vergütungserwartung ist nur ausnahmsweise nicht anzunehmen, wenn arbeitszeitbezogen und arbeitszeitunabhängig vergütete Arbeitsleistungen zeitlich verschränkt sind (BAG v. 21.9.2011, Az. 5 AZR 629/10), der Arbeitnehmer Dienste höherer Art leistet (BAG v. 17.8.2011, Az. 5 AZR 406/10) und/oder eine deutlich herausgehobene Vergütung gezahlt wird (BAG v. 22.2.2012, Az. 5 AZR 765/10). Von Letzterer kann gesprochen werden, wenn die Vergütung in dem Jahr die jeweilige Beitragsbemessungsgrenze in der gesetzlichen Rentenversicherung überschreitet. Ansprüche auf Zuschläge hat der Arbeitnehmer ohne ausdrückliche Vereinbarung nicht. Ein solcher kann sich allerdings aus dem arbeitsrechtlichen Gleichbehandlungsgrundsatz ergeben. Für leitende Angestellte fehlt es regelmäßig an der objektiven Vergütungserwartung, da deren erhöhter Arbeitseinsatz den Umständen nach regelmäßig ohne zusätzliche Überstundenvergütung zu erwarten ist.

Schließlich kann je nach Einzelfall eine Vergütungserwartung z. B. auch dann nicht bestehen, wenn der Arbeitnehmer zusätzlich zur Festvergütung für einen Teil seiner Arbeitsaufgaben in nicht unerheblichem Maße Provisionen erhält. Auch hier verlangte das BAG zusätzlich noch „besondere Umstände" oder eine „entsprechende Verkehrssitte" (BAG v. 27.6.2012, Az. 5 AZR 530/11). Die früher häufig in Arbeitsverträgen anzufindende Regelung zur pauschalen Abgeltung von Mehrarbeit und Überstunden durch die monatliche Vergütung wird von der Rechtsprechung mittlerweile als unwirksam bewertet. Nach der Auffassung des BAG muss der Arbeitnehmer direkt aus dem Arbeitsvertrag ablesen können, wie viel er für welche Vergütung arbeiten muss. Eine Abgeltung von Überstunden durch die „normale" Vergütung kann daher nur in einem geringen Rahmen zulässig sein, damit das Verhältnis von Leistung und Gegenleistung nicht gestört wird. Hierbei ist umstritten, ab wann nicht mehr von einer „geringen" Abweichung gesprochen werden kann. Das BAG hat in einer Entscheidung die Abgeltung von bis zu 20 Stunden pro Monat als zulässig erachtet (BAG v. 16.5.2012, Az. 5 AZR 331/11).

Dies lässt sich jedoch nur schwerlich verallgemeinern, da in diesen Fällen stets die Umstände des Einzelfalls zu berücksichtigen sind. Ein wichtiger Anhaltspunkt ist die Höhe der Vergütung des Arbeitnehmers. Es wird in der Literatur eine Bandbreite vertreten, die von lediglich ca. 10 % bis zu 25 % der regelmäßigen Arbeitszeit abgegolten sein können. In jedem Fall muss die Klausel im Arbeitsvertrag erkennen lassen, welche Regelung der Arbeitgeber gewählt hat, denn nur dann kann der Arbeitnehmer abschätzen, welcher Gegenwert seiner Arbeitsleistung gegenübersteht.

Formulierungsbeispiel:

„Der Arbeitnehmer erhält eine monatliche Bruttovergütung in Höhe von € ... Es werden zusätzlich die folgenden Zuschläge zum Gehalt gezahlt: ...

Mit der vereinbarten Bruttovergütung gemäß Ziffer 1 sind bis zu ... angeordnete Überstunden monatlich abgegolten, soweit der Anspruch auf gesetzlichen Mindestlohn nicht unterschritten wird.

Darüber hinausgehende Überstunden werden durch bezahlte Freizeit abgegolten, wenn die Über- oder Mehrarbeitsstunden durch den Arbeitgeber angeordnet oder genehmigt waren und soweit der Anspruch auf gesetzlichen Mindestlohn nicht unterschritten wird.

Die Vergütung ist jeweils am Ende eines jeden Kalendermonats fällig. Die Vergütung wird auf ein vom Arbeitnehmer zu benennendes Konto überwiesen."

4.8 Gratifikationen

Eine Gratifikation oder Sonderzuwendung wird vom Arbeitgeber aus bestimmten Anlässen, in der Regel einmal im Jahr, gezahlt. Solche Zahlungen können unterschiedliche Zwecke verfolgen. Sie können Entgelt für die geleistete Arbeit sein oder die – auch künftige – Zugehörigkeit des Arbeitnehmers zum Betrieb, d. h. seine Betriebstreue, belohnen. In der Praxis bekannt sind dabei vor allem das Urlaubs- und Weihnachtsgeld. Gratifikationen können als freiwillige Leistung ausgestaltet werden. Je nach dem Zweck der Leistung ergeben sich verschiedene tatsächliche und rechtliche Voraussetzungen für die Zahlung. Der Zweck entscheidet, ob Ausschluss- und Kürzungstatbestände möglich sind. Ist eine Zuwendung (auch) Entgelt für geleistete Arbeit, sind die Handlungsmöglichkeiten für den Arbeitgeber zur Rückforderung oder zum Ausschluss sehr eingeschränkt. Ein weiterer Gestaltungsrahmen besteht bei Zuwendungen, die die reine Betriebstreue belohnen. Es empfiehlt sich daher, den Zweck ausdrücklich zu nennen. Bei der Vereinbarung sollte sich der Arbeitgeber daher über die folgenden Punkte Gedanken machen und diese entsprechend berücksichtigen:

- Soll mit der Leistung die Arbeitsleistung des Arbeitnehmers honoriert werden oder steht die Leistung in keinem Zusammenhang mit der individuellen Leistung des Arbeitnehmers?
- Soll die Sonderzuwendung dem Arbeitnehmer verbindlich für jedes Jahr zugesagt werden oder möchte der Arbeitgeber jedes Jahr neu entscheiden, ob der Arbeitnehmer die Sonderzuwendung erhalten soll oder nicht?
- Welche Höhe, Fälligkeit und Zahlungsmodalitäten sollen der Gratifikation zugrunde liegen?
- Soll die Gratifikation den Bestand des Arbeitsverhältnisses am Stichtag und/oder eine bestimmte Dauer der Betriebszugehörigkeit am Stichtag voraussetzen?
- Welche Rechtsfolgen sollen sich aus dem vorzeitigen Ausscheiden des Arbeitnehmers oder des Ruhens des Arbeitsverhältnisses (z. B. bei langfristiger Erkrankung) ergeben?
- Soll für den Arbeitnehmer eine Rückzahlungsverpflichtung im Falle des Ausscheidens vor einem bestimmten Zeitpunkt folgen? Und soll der Arbeitnehmer auch Anspruch auf die Sonderzuwendung haben, wenn er arbeitsunfähig erkrankt?

Es stellt sich die Frage, ob die Gratifikation mit einer Widerrufsmöglichkeit versehen werden soll oder ob es sich um eine freiwillige Leistung handeln soll. Eine Kombination von Freiwilligkeitsvorbehalt und Widerruf („... freiwillig und jederzeit widerruflich ..."), früher gebräuchlich und weit verbreitet, ist in einer arbeitsvertraglichen Klausel nicht zulässig (BAG v. 13.5.2015, Az. 10 AZR 266/14); eine entsprechende Formulierung oder auch Altverträge mit einer solchen Kombination haben zur Folge, dass die Leistung jedes Jahr vom Arbeitgeber zu erbringen ist und auch künftig nicht widerrufen werden kann. Je nachdem, wie die Klausel ausgestaltet werden soll, sind die rechtlichen Rahmenbedingungen zu beachten:

Bei einem Widerruf besteht grundsätzlich ein Anspruch des Arbeitnehmers auf die Leistung, der Arbeitgeber kann sich jedoch durch Ausübung des vereinbarten Widerrufsrechts von dieser Leistungszusage für die Zukunft lösen. Dies setzt voraus, dass der Widerruf und die Widerrufsgründe ausdrücklich im Arbeitsvertrag vereinbart sind. Da es sich in der Praxis regelmäßig um vorformulierte, vom Arbeitgeber gestellte Klauseln handelt, müssen die Widerrufsklauseln im Einklang mit § 308 Nr. 4 BGB und § 307 BGB stehen, d. h. der Arbeitnehmer darf durch das Widerrufsrecht des Arbeitgebers nicht unangemessen benachteiligt werden. Von einer solchen unangemessenen Benachteiligung des Arbeitnehmers ist auszugehen, wenn der Widerruf es dem Arbeitgeber ermöglicht, wesentliche Elemente des Arbeitsvertrages einseitig zu ändern. Der Arbeitgeber könnte auf diese Weise ohne Einwirkungsmöglichkeit durch den Arbeitnehmer in das Gegenseitigkeitsverhältnis aus dem Arbeitsvertrag eingreifen. Hiervor muss der Arbeitnehmer geschützt werden, weshalb die Hauptleistungspflichten des

Arbeitsvertrages – also Arbeitsleistung und Vergütungspflicht – nicht unter einen Widerruf gestellt werden können. Aus denselben Beweggründen hat das BAG entschieden, dass auch nur ca. 25 % des Entgelts eines Arbeitnehmers widerruflich ausgestaltet werden können und das auch nur, wenn der geltende Tariflohn dadurch nicht unterschritten wird (BAG v. 12.1.2005, Az. 5 AZR 364/04). Der Widerruf eignet sich somit eigentlich nur für zusätzliche, über die Gegenleistungsverpflichtung hinausgehende Leistungen des Arbeitgebers.

Auch hier gilt, dass der Arbeitnehmer bei Vertragsschluss wissen muss, „woran er ist". Die Rechtsprechung stellt mittlerweile hohe Anforderungen an die Gestaltung einer Widerrufsklausel. Nach der Rechtsprechung ist die Vereinbarung eines Widerrufsvorbehalts zulässig gemäß § 308 Nr. 4 BGB, wenn der Widerruf nicht grundlos erfolgen soll, sondern wegen der unsicheren Entwicklung der Verhältnisse als Instrument der Anpassung notwendig ist. So hat das BAG entschieden, dass aus Transparenzgründen die Gründe für einen Widerruf bereits ausdrücklich und konkret in den Widerrufsvorbehalt aufgenommen werden müssen (BAG v. 12.1.2005, Az. 5 AZR 364/04), und dieser Linie folgend noch verschärfend festgestellt, dass z. B. nicht jeder Grund, der wirtschaftliche Aspekte betreffe, ein anzuerkennender Sachgrund für den Widerruf sei (BAG v. 13.4.2010, Az. 9 AZR 113/09). Das BAG hat seine Aussage jedoch wieder etwas relativiert und klargestellt, dass die Klausel, wonach der Arbeitgeber sich vorbehalte, eine Leistung im Fall der wirtschaftlichen Notlage zu widerrufen, hinreichend transparent sei (BAG v. 24.1.2017, Az. 1 AZR 774/14). Aus der Klausel muss also bereits konkret hervorgehen, welche Leistung unter welchen Voraussetzungen widerrufen werden kann. Die Ausübung des Widerrufsrechts muss zudem „billigem Ermessen" entsprechen, d. h. der Arbeitgeber muss auch die Interessen des Arbeitnehmers bei seiner Entscheidung ausreichend berücksichtigen (Ausübungskontrolle, § 315 BGB). Die Ausübung des Widerrufsrechts erfolgt somit in zwei Schritten; zum einen muss der objektive Widerrufsgrund vorliegen, zum anderen muss die Ausübung mit den Interessen der Arbeitnehmer abgewogen werden. Die Widerrufsausübung kann also im Einzelfall gegen den Gleichbehandlungsgrundsatz verstoßen. Zu beachten ist außerdem, dass die Ausübung des Widerrufs der Mitbestimmung des Betriebsrats nach § 87 Abs. 1 Nr. 10 BetrVG unterfallen kann.

Wollen Arbeitgeber nicht von der Möglichkeit des Widerrufs Gebrauch machen, sich aber dennoch nicht uneingeschränkt an eine Leistung binden, können Gratifikationen im Arbeitsvertrag auch unter einem Freiwilligkeitsvorbehalt gewährt werden. Er verhindert von vornherein die Entstehung eines Anspruchs auf eine Gratifikation. Er hat somit zur Folge, dass der Arbeitgeber eine Leistung ohne weitere Voraussetzungen jederzeit einstellen kann. Eine Ausübungskontrolle findet, anders als beim Widerrufsvorbehalt nicht statt. Naturgemäß ist damit aber auch ausgeschlossen, dass die dem Arbeitnehmer geschuldete Leistung – also die Arbeitsvergütung – unter einen Freiwilligkeitsvorbehalt gestellt wird (BAG v. 14.9.2011, Az. 10 AZR 526/10). Gratifikationen, die auch nur teilweise die individuelle Arbeitsleistung des Arbeitnehmers belohnen sollen, können demnach keinem Freiwilligkeitsvorbehalt unterworfen werden. Sagt der Arbeitgeber dem Arbeitnehmer im Arbeitsvertrag eine Leistung ausdrücklich zu (z. B. „Der Arbeitnehmer erhält ein Weihnachtsgeld i. H. v. 500 Euro"), ist dadurch ein Anspruch begründet. Somit kann diese Leistung nicht einem Freiwilligkeitsvorbehalt unterstellt werden. Enthält in obigem Beispiel derselbe Arbeitsvertrag dennoch einen Freiwilligkeitsvorbehalt hinsichtlich des Weihnachtsgeldes, ist dieser wegen Verstoßes gegen das Transparenzgebot und/oder wegen unangemessener Benachteiligung des Arbeitnehmers unwirksam (BAG v. 20.2.2013, Az. 10 AZR 177/12).

ACHTUNG!

Die früher häufig eingesetzte Kombination aus Freiwilligkeits- und Widerrufsvorbehalt („Es wird ausdrücklich darauf hingewiesen, dass die Gratifikation freiwillig gezahlt wird und hierauf auch nach wiederholter Zahlung kein Rechtsanspruch erwächst. Der jederzeitige Widerruf bleibt vorbehalten.") ist nach der Rechtsprechung des BAG intransparent und damit unwirksam! Die Kombination ist wegen der damit verbundenen Widersprüchlichkeit und Unklarheit und der somit einhergehenden unangemessenen Benachteiligung des Arbeitnehmers unzulässig (zuletzt BAG v. 13.11.2013, Az. 10 AZR 348/12).

Darüber hinaus sind allgemeine pauschale Freiwilligkeitsvorbehalte in einem Arbeitsvertrag unwirksam, die alle zukünftigen Leistungen unabhängig von ihrer Art und ihrem Entstehungsgrund erfassen. Für den Arbeitnehmer ist bei Vertragsschluss nicht absehbar, welche künftigen Leistungen unter den Freiwilligkeitsvorbehalt fallen werden.

WICHTIG!

Die Aufnahme von generellen Freiwilligkeitsvorbehalten in den Arbeitsvertrag bietet daher keine Sicherheit mehr für Arbeitgeber, die sich die Gewährung der Leistung tatsächlich vorbehalten wollen. Es ist daher nach aktueller Rechtslage der einzig zu empfehlende Weg, dass der Arbeitgeber vor jeder Gewährung einer Leistung dem Arbeitnehmer ausdrücklich schriftlich zum Ausdruck bringt, dass es sich um eine freiwillige Leistung handeln soll, auf die kein Anspruch besteht! Zusätzlich kann ein Freiwilligkeitsvorbehalt im Arbeitsvertrag aufgenommen werden; dieser ersetzt aber nicht die Freiwilligkeitserklärung im Einzelfall.

Gratifikationen können zudem auch mehrere Zwecke erfüllen. So können Gratifikationen z. B. neben der Entlohnung der erbrachten Arbeitsleistung auch der Honorierung von vergangener oder zukünftiger Betriebstreue dienen. Soll neben der Arbeitsleistung noch ein anderer Zweck verfolgt werden, muss sich dies deutlich aus der der Zahlung zugrundeliegenden Vereinbarung ergeben (BAG v. 13.5.2015, Az. 10 AZR 266/14). Man spricht in diesen Fällen von Gratifikationen mit Mischcharakter. Soweit mit der Gratifikation aber auch die arbeitsvertragliche Leistung des Arbeitnehmers vergütet werden soll, muss der Arbeitgeber das Gegenseitigkeitsverhältnis von Leistung und Gegenleistung beachten. Der Arbeitgeber kann nicht rückwirkend in das Vergütungsgefüge eingreifen. Bei Verwendung einer Stichtagsregelung z. B. kommt die Gratifikation nur dann zur Auszahlung, wenn das Arbeitsverhältnis zu einem bestimmten Zeitpunkt noch besteht, es ungekündigt ist und auch kein Aufhebungsvertrag abgeschlossen wurde. Stichtagsregelungen sind nach der sich immer weiter verschärfenden Rechtsprechung nur noch für Sonderzahlungen möglich, die allein die Betriebstreue honorieren. Bei allen anderen Gratifikationen sind sie unzulässig. Denn dadurch würde der Arbeitgeber dem Arbeitnehmer bereits verdientes Arbeitsentgelt wieder entziehen. Nach dem BAG dürfen nicht für dieselbe Sonderzuwendungen Arbeitstätigkeiten in der Vergangenheit und außerdem noch Betriebstreue bis zu einem bestimmten Zeitpunkt verlangt werden.

Will der Arbeitgeber also die Betriebstreue honorieren oder ausschließlich eine Zahlung aus einem Anlass, z. B. wegen Weihnachten leisten, handelt es sich um keine Leistung, die im Gegenseitigkeitsverhältnis steht. Somit kann für solche Leistungen generell auch eine Stichtags- bzw. Rückzahlungsklausel vereinbart werden, die ihrerseits natürlich wieder der AGB-Kontrolle standhalten muss. Das BAG hat bestätigt, dass die Auszahlung einer „echten" Weihnachtsgratifikation an den ungekündigten Bestand des Arbeitsverhältnisses zum Stichtag der Auszahlung angeknüpft werden kann (BAG v. 18.1.2012, Az. 10 AZR 667/10).

Gratifikationen, die der Höhe nach einen wesentlichen Teil der Gesamtvergütung des Arbeitnehmers ausmachen, sind nach Ansicht des BAG als Arbeitsentgelt zu betrachten (BAG v. 18.1.2012, Az. 10 AZR 667/10). Das dürfte der Fall sein bei Sonderzahlungen, die mehr als 25 % der Gesamtvergütung ausmachen. Schon eine Sonderzahlung mit rund 15 %, die zusätzlich zu einem Weihnachtsentgelt entrichtet wird, soll einen nicht unwesentlichen Teil der Gesamtvergütung ausmachen und daher schon ein Indiz für eine zusätzliche Entlohnung der Arbeitsleistung darstellen (BAG v. 13.5.2015, Az. 10 AZR 266/14). Für diese „Gratifikationen" können Stichtags- und Rückzahlungsklauseln nicht wirksam vereinbart werden.

Formulierungsbeispiel:

„Der Arbeitgeber entscheidet jedes Jahr neu, ob eine Gratifikation zur Honorierung der Betriebstreue als Einmalzahlung pro Kalenderjahr freiwillig gezahlt werden kann. Er entscheidet ebenso jedes Jahr neu, in welcher Höhe und unter welchen Voraussetzungen eine Gewährung erfolgen kann. Bei der Gratifikation handelt es sich um eine freiwillige Leistung, auf die auch bei wiederholter Gewährung weder dem Grunde noch der Höhe nach ein Rechtsanspruch für die Zukunft besteht."

4.9 Zulagen

Neben den übrigen Vergütungsansprüchen werden oftmals Zulagen vereinbart, die i. d. R. an das Vorliegen bestimmter Voraussetzungen geknüpft werden (z. B. Hitze-, Lärm- oder Schmutzzulagen für Arbeiten unter besonders schweren oder gesundheitsgefährdenden Umständen). Auch umfasst sind Zulagen für Zusatzaufgaben, also eine Funktionszulage für die Übernahme zusätzlicher Verantwortung oder eine Leistungszulage für herausragende Leistungen. Daneben sind z. B. auch Zulagen denkbar, die zusätzlich zu einem tariflich angewendeten Lohnsystem, als Ergebnis von Vertragsverhandlungen gezahlt werden.

WICHTIG!

Laufende Zulagen, die keine Sondervergütung wie z. B. Weihnachtsgeld oder sonstige Gratifikationen darstellen, können nicht ohne Weiteres einseitig durch den Arbeitgeber entzogen werden. Im Zweifelsfall bedarf es hierzu einer Änderungskündigung (s. → *Änderungskündigung*). Dies gilt selbst dann, wenn diese Zulage mit einem Freiwilligkeitsvorbehalt (s. hierzu 4.8) versehen wurde. Ein pauschaler Freiwilligkeitsvorbehalt im Zusammenhang mit einer laufenden Zulage benachteiligt den Arbeitnehmer nach Auffassung des BAG unangemessen und ist daher – zumindest bei der Verwendung von Formularverträgen – unwirksam.

Wird die Zahlung einer Zulage an bestimmte Voraussetzungen geknüpft (z. B. an die Erbringung der Arbeit unter einer bestimmten Lärmeinwirkung), so empfiehlt es sich, den Zweck der Zulage ausdrücklich in den Vertrag oder die Zusage aufzunehmen. Fällt der Gewährungsgrund weg, kann die Zulage widerrufen werden, wenn ein entsprechend wirksamer Widerrufsvorbehalt vereinbart worden ist (s. oben 4.8).

Formulierungsbeispiel:

„Für die Dauer der Übernahme der Tätigkeit als ... in der Abteilung ... wird Ihnen eine monatliche Lärmzulage in Höhe von € ... brutto gezahlt, weil Sie dort einer Lärmeinwirkung von aktuell ... dB ausgesetzt sind. Die Gewährung dieser Zulage kann vom Arbeitgeber für die Zukunft widerrufen werden, wenn hierfür ein sachlicher Grund vorliegt. Ein solcher Grund für den Widerruf ist insbesondere gegeben, wenn der Grund für die Gewährung der Lärmzulage entfällt, z. B., wenn Sie nicht mehr in der Abteilung ... tätig sind oder die Lärmeinwirkung durch technische Entwicklungen der Lärmquelle oder der persönlichen Schutzausrüstung auf Werte unter ... dB zurückgeht."

4.10 Dienstwagen

Dienstwagen sind mittlerweile häufig Gegenstand von Arbeitsverträgen. Es ist zu unterscheiden, ob der Dienstwagen nur zur Erledigung der dienstlichen Verpflichtungen vom Arbeitgeber bereitgestellt wird oder ob der Arbeitnehmer den Wagen auch privat nutzen darf. Im ersten Fall bedarf es generell keiner vertraglichen Absprache. Entscheidet sich der Arbeitgeber aber dafür, dem Arbeitnehmer einen Dienstwagen auch zur privaten Nutzung zur Verfügung zu stellen, sollte eine entsprechende Vereinbarung getroffen werden. Solche Regelungen können im Arbeitsvertrag selbst vollständig aufgenommen werden. Der Arbeitsvertrag kann aber auch nur eine kurze Regelung zum Dienstwagen enthalten und im Übrigen auf eine gesonderte Dienstwagenvereinbarung der Arbeitsvertragsparteien, oder aber auch eine bei dem Arbeitgeber geltende Dienstwagenordnung verweisen (s. hierzu weiterführend → *Dienstwagen*). Für den Arbeitnehmer stellt die gewährte Privatnutzung einen Vergütungsbestandteil dar. Der vom Arbeitnehmer so erlangte geldwerte Vorteil in Form eines Sachbezugs muss dann versteuert werden. Die Art der Versteuerung hängt von der Art des Fahrzeugs ab. Für Hybrid- und Elektro-Fahrzeuge gelten, zumindest aktuell, steuerliche Vergünstigungen. Zu den besonderen steuerlichen Konsequenzen s. das im selben Verlag erschienene Lexikon für das Lohnbüro, „Firmenwagen zur privaten Nutzung".

Die Gewährung des Dienstwagens in Fällen der erlaubten Privatnutzung ist eine zusätzliche Gegenleistung für die geschuldete Arbeitsleistung. Sie ist nur so lange geschuldet, wie der Arbeitgeber überhaupt Arbeitsentgelt leisten muss, und sei es – wie im Fall der Entgeltfortzahlung bei krankheitsbedingter Arbeitsunfähigkeit – ohne Erhalt einer Gegenleistung (vgl. BAG v. 14.12.2010, Az. 9 AZR 631/09). Gleiches gilt für die Zeiten des Mutterschutzes nach § 3 Abs. 1 und 2 MuSchG und Zeiten des Erholungsurlaubs. Kein Anspruch auf Privatnutzung besteht dagegen nach Ablauf des Zeitraums aus § 3 Abs. 1 EFZG, sowie während der Elternzeit oder während eines unbezahlten Urlaubs wie z. B. einem Sabbatical. Etwas anderes kann aber vertraglich geregelt werden.

Im Falle einer Freistellung bis zum Ablauf der ordentlichen Kündigungsfrist zahlt der Arbeitgeber dem Arbeitnehmer bis zum Beendigungszeitpunkt die vertraglich geschuldete Vergütung. Die gewährte Privatnutzung ist ein Vergütungsbestandteil, der dem Arbeitnehmer in diesem Fall ebenso bis zum Beendigungszeitpunkt weiter einzuräumen ist. Will der Arbeitgeber in diesem Fall dennoch die Herausgabe des Dienstwagens verlangen, kann er dies unter Umständen durchsetzen, wenn er sich ein solches Herausgabeverlangen im Arbeitsvertrag für die Freistellung vorbehalten hat. Diese Klausel muss dann aber einen Kompensationsfaktor beinhalten. Der Arbeitgeber muss dem Arbeitnehmer monatlich den Nutzungswert des Dienstwagens in Geld ersetzen. Generell ist zu beachten, dass die Gewährung eines Dienstwagens mit Privatnutzung (und damit die Zusage eines Sachbezugs) nicht einseitig vom Arbeitgeber, ohne entsprechende Vereinbarung, widerrufen werden kann. Es bedarf stattdessen einer Änderungskündigung oder Änderungsvereinbarung. Ein vereinbartes Widerrufsrecht ist nur dann wirksam, wenn in der Klausel die Sachgründe für den Widerruf konkret angegeben sind. Eine Widerrufsrechts-Klausel im Arbeitsvertrag unterliegt der Inhaltskontrolle nach § 308 Nr. 4 BGB. Ist eine Widerrufsklausel im Arbeitsvertrag wirksam vereinbart, untersteht der Widerruf des Dienstwagens als Akt selbst noch einer Ausübungskontrolle (§ 315 BGB). D. h., der Arbeitgeber muss trotz der wirksamen Klausel im Arbeitsvertrag eine Interessenabwägung durchführen, in der er die Interessen des Arbeitnehmers an der weiteren Nutzung des Dienstwagens und sein Interesse an der sofortigen Rückgabe gegenüberstellt (s. hierzu weiterführend → *Dienstwagen*). Ergebnis dieser Abwägung kann z. B. sein, dass der Arbeitnehmer den Dienstwagen nicht sofort, sondern erst nach Einräumung einer Auslauffrist zurückgeben muss (BAG v. 21.3.2012, Az. 5 AZR 651/10). Dies gilt nicht, wenn ein Dienstwagen nicht zur Privatnutzung vom Arbeitgeber bereitgestellt wurde. In dem Fall darf der Arbeitgeber jederzeit und auch ohne vereinbarte Widerrufsklausel das Fahrzeug vom Arbeitnehmer zurückverlangen bzw. ihm die Nutzung untersagen.

Dem Arbeitnehmer darf durch die Überlassung eines Dienstwagens eine Kündigung des Arbeitsverhältnisses nicht in unzulässiger Weise erschwert werden. Eine Regelung, die die Übernahme von Kosten durch den Arbeitnehmer vorsieht, die dadurch entsteht, dass der Leasingvertrag bei einer Kündigung des Arbeitsverhältnisses durch den Arbeitnehmer selbst vorzeitig aufgelöst werden muss, stellt eine unzulässige Kündigungserschwerung dar und wäre unwirksam.

4.11 Gehaltspfändung und -abtretung

Nach § 398 BGB liegt zivilrechtlich eine Abtretung vor, wenn ein Gläubiger durch Vertrag mit einem anderen eine Forderung auf diesen überträgt. Jeder Arbeitnehmer kann grundsätzlich seine Vergütungsansprüche gemäß § 398 BGB verpfänden oder abtreten. Da dies i. d. R. beim Arbeitgeber zu erhöhtem Verwaltungsaufwand führt, kann es sinnvoll sein, Verpfändung und Abtretung im Arbeitsvertrag zu regeln. Gegen AGB-rechtlich zulässige generelle Abtretungsverbote in vorformulierten Formulararbeitsverträgen bestanden seit Jahren Bedenken. Durch das Gesetz für faire Verbraucherverträge aus dem Jahr 2021 wurde § 308 Nr. 9 BGB ergänzt, welcher generelle Abtretungsverbote in vorformulierten Arbeitsverträgen verbietet (ausgeschlossen Ansprüche auf Versorgungsleistungen im Sinne des Betriebsrentengesetzes). Dies gilt für alle Neuverträge ab dem 1.1.2021. Bezüglich Altverträge gilt weiterhin, dass diese grundsätzlich möglich sein dürften. Sie müssen nicht angepasst werden. Individualrechtlich ausgehandelte Verträge sind von der Gesetzesänderung nicht umfasst; sie kommen in der Praxis aber sehr selten vor.

Nicht betroffen sind Verpfändungsverbote oder alternativ hierzu eine Klausel im Arbeitsvertrag, nach der die Verpfändung von Entgeltforderungen an Dritte der vorherigen Zustimmung des Arbeitgebers bedarf. Dabei steht noch nicht fest, ob eine solche Einschränkung ausreicht, um eine unangemessene Benachteiligung des Arbeitnehmers zu verhindern oder ob z. B. auch die Gründe angegeben werden müssen, aus denen der Arbeitgeber die Zustimmung verweigern kann. Der Ausschluss der Verpfändbarkeit hindert Gläubiger nicht, im Wege der Lohnpfändung auf die Vergütung des Arbeitnehmers zuzugreifen. Ein pauschalisierter Schadensersatz ist nicht möglich. Der Arbeitgeber hat keinen gesetzlichen Anspruch gegenüber dem Arbeitnehmer auf Erstattung der Kosten für die Bearbeitung von Lohn- und Gehaltspfändungen. In vielen Arbeitsverträgen finden sich aber für Fälle der Lohnpfändung Regelungen, nach denen der Arbeitgeber das Recht hat, die bei ihm anfallenden Mehrkosten vom Arbeitnehmer ersetzt zu verlangen. Es bestehen grundlegende Zweifel an der Wirksamkeit solcher Klauseln (vgl. BGH v. 18.5.1999, Az. XI ZR 219/98), da die pfändungsrechtliche Umsetzung solcher Klauseln problematisch ist. In Betriebsvereinbarungen sind solche Regelungen unzulässig (BAG v. BAG 18.7.2006, Az. 1 AZR 578/05). Darüber hinaus ist eine Pauschalierung dieser Kosten gem. § 309 Nr. 5b BGB nicht mehr zulässig, wenn dem Arbeitnehmer hierdurch der Nachweis eines geringeren Aufwandes verwehrt wird. Es wird also empfohlen, in die Klausel aufzunehmen, dass dem Arbeitnehmer der Nachweis eines geringeren Aufwandes möglich sein muss und in dem Fall nur die niedrigeren Kosten erstattet werden können.

Formulierungsbeispiel:

„Dem Arbeitnehmer ist es nicht gestattet, seinen Anspruch auf Arbeitsentgelt sowie sonstige Ansprüche aus dem Arbeitsverhältnis abzutreten oder zu verpfänden.

Oder:

Dem Arbeitnehmer ist es nur nach vorheriger schriftlicher Zustimmung des Arbeitgebers gestattet, seinen Anspruch auf Arbeitsentgelt sowie sonstige Ansprüche aus dem Arbeitsverhältnis abzutreten oder zu verpfänden.

Der Arbeitnehmer hat die durch Pfändung, Verpfändung oder Abtretung dem Arbeitgeber entstehenden Bearbeitungskosten in der vom Arbeitgeber nachgewiesenen Höhe oder ohne einen solchen Nachweis durch eine Pauschale in Höhe von 2 € für jeden einzelnen Bearbeitungsvorgang zu erstatten.

Der Arbeitnehmer ist berechtigt, den Nachweis zu erbringen, dass dem Arbeitgeber keine Kosten entstanden sind oder dass diese Kosten unter der Kostenpauschale liegen. In dem Fall ist der geringere Betrag maßgeblich.

Durch die Verwaltungsgebühr darf der unpfändbare Teil des Entgelts nicht verringert werden."

4.12 Spesen und Auslagen

Auch die Erstattung von Spesen und Auslagen des Arbeitnehmers sollte klar geregelt sein.

Formulierungsbeispiel:

„Reisekosten und sonstige Aufwendungen, die im Interesse und auf Verlangen des Arbeitgebers notwendig sind, werden entsprechend den steuerlichen Vorschriften erstattet. Höhere Aufwendungen werden auf Einzelnachweis erstattet."

4.13 Arbeitsverhinderung und Arbeitsunfähigkeit

Hinsichtlich der Arbeitsverhinderung von Arbeitnehmern aufgrund von Arbeitsunfähigkeit existieren gesetzliche und überwiegend auch tarifliche Regelungen. Anders ist dies bei Fällen der Arbeitsverhinderung, die nicht auf Krankheit und Arbeitsunfähigkeit zurückzuführen sind. Hierzu existieren in der Praxis häufig nur tarifliche Regelungen. Ist kein Tarifvertrag anwendbar, ist eine arbeitsvertragliche Regelung aber durchaus sinnvoll. Gesetzlich gilt im Arbeitsrecht der Grundsatz „Arbeit gegen Entgelt". Von diesem Grundsatz macht § 616 BGB aber eine Ausnahme. Hiernach hat der Arbeitnehmer gegen den Arbeitgeber auch weiterhin einen Anspruch auf Fortzahlung der Arbeitsvergütung, wenn er aus in seiner Person liegenden Gründen ohne sein Verschulden für eine nicht erhebliche Zeit an seiner Dienstleistung verhindert ist. Allerdings ist die Bestimmung des § 616 BGB abdingbar und kann im Arbeitsvertrag (oder auch in einem Tarifvertrag) ausgeschlossen werden. Stattdessen können – müssen aber nicht - z. B. im Arbeitsvertrag oder in einem Tarifvertrag konkrete Anlässe vereinbart werden, bei denen der Arbeitnehmer einen Anspruch auf eine bezahlte Freistellung in der festgelegten Dauer hat. Dies ist aber nicht zwingend. § 616 BGB kann auch vollständig abbedungen werden.

Bei krankheitsbedingter Arbeitsunfähigkeit gibt der Gesetzgeber die Grundbedingungen vor. Der Arbeitnehmer ist verpflichtet, seine Arbeitsverhinderung und die voraussichtliche Dauer dem Arbeitgeber unverzüglich mitzuteilen und die Arbeitsunfähigkeit spätestens am 4. Tag der Arbeitsunfähigkeit ärztlich feststellen zu lassen (§ 5 Abs. 1 EFZG). Die Pflicht zur Feststellung der Arbeitsunfähigkeit durch einen Arzt ersetzt seitdem 1.1.2023 die Nachweispflicht des Arbeitnehmers durch Vorlage einer Arbeitsunfähigkeitsbescheinigung an den Arbeitgeber. Die Nachweispflicht des Arbeitnehmers entfällt seitdem, was in der Praxis für die Arbeitgeber mitunter zu Missverständnissen und Mehraufwand führt. Das Verfahren der elektronischen Arbeitsunfähigkeit gilt aber nur dann, wenn der Arbeitnehmer gesetzlich versichert ist und der Arzt ein zugelassener Kassenarzt ist. Für privatversicherte Arbeitnehmer und andere Zeiträume, wie z. B. Kur- und Rehamaßnahmen, sowie Beschäftigungsverbote gilt nach wie vor die „normale" Nachweis- und Vorlagepflicht.

Für den Arbeitgeber kann es betrieblich von Interesse sein, die Frist für die Feststellungspflicht einzelvertraglich zu verkürzen. Die Vereinbarung im Arbeitsvertrag, dass eine Arbeitsunfähigkeitsbescheinigung bereits für den ersten Tag der krankheitsbedingten Arbeitsunfähigkeit vorgelegt oder die Arbeitsunfähigkeit ärztlich festgestellt werden muss, ist grundsätzlich zulässig (BAG v. 1.10.1997, Az. 5 AZR 726/96). Dabei hat das BAG auch entschieden, dass der Arbeitgeber die Vorlage einer Arbeitsunfähigkeitsbescheinigung ab dem ersten Tag der Arbeitsunfähigkeit verlangen darf, ohne dass besondere Voraussetzungen (wie z. B. der Verdacht des Vortäuschens der Arbeitsunfähigkeit) dieses Verlangen rechtfertigen (BAG v. 14.11.2012, Az. 5 AZR 886/11).

Allerdings ist im Einzelfall zu prüfen, ob tarifrechtliche Regelungen Anwendung finden, die die vorzeitige Vorlage/Feststellung einer Arbeitsunfähigkeitsbescheinigung von der Zustimmung des Betriebsrates abhängig machen. Üblich sind ebenfalls tarifliche Regelungen, nach denen der Arbeitgeber ab einer bestimmten Betriebszugehörigkeitsdauer des Arbeitnehmers von diesem keine vorzeitige Vorlage/Feststellung mehr verlangen darf, sondern die gesetzlichen Fristen gelten.

Auch die Arbeitsverhinderung wegen Arbeitsunfähigkeit des Arbeitnehmers durchbricht den allgemeinen Grundsatz im Arbeitsrecht: „Arbeit gegen Entgelt" (oder eben im Umkehrschluss: „Kein Entgelt, wenn nicht gearbeitet wird."). Der Arbeitgeber ist bei krankheitsbedingter Arbeitsunfähigkeit zur Entgeltfortzahlung verpflichtet (§§ 1 ff. EFZG). Er kann aber die Zahlung verweigern, wenn und solange der Arbeitnehmer die ärztliche Arbeitsunfähigkeitsbescheinigung nicht vorlegt oder die Arbeitsunfähigkeit nicht ärztlich feststellen lässt (§ 7 EFZG). Weist der Arbeitnehmer seine Arbeitsunfähigkeit aber nach – und sei dies auch erst verspätet –, endet das Leistungsverweigerungsrecht des Arbeitgebers und er ist zur Zahlung, auch rückwirkend, verpflichtet.

Formulierungsbeispiel:

„Jede Arbeitsverhinderung ist, sobald sie dem Arbeitnehmer bekannt ist, dem Arbeitgeber unter Angabe der Gründe und der voraussichtlichen Dauer sowie ggf. der Adresse eines vom Wohnsitz abweichenden Aufenthaltsortes unverzüglich mitzuteilen.

Gleiches gilt, wenn sich die Arbeitsverhinderung verlängert.

Im Falle der krankheitsbedingten Arbeitsunfähigkeit hat der Arbeitnehmer außerdem die Pflichten aus § 5 EFZG zu erfüllen."

Daneben können auch Regelungen für andere Fälle der persönlichen Arbeitsverhinderung getroffen werden (z. B. Eheschließung/Begründung der Lebenspartnerschaft, Geburt eines Kindes etc.). Es kann aber auch der entsprechende § 616 BGB im Vertrag abbedungen werden, sodass kein Anspruch auf Freistellung wegen persönlicher Gründe besteht.

4.14 Urlaub

Jeder Arbeitnehmer hat in jedem Kalenderjahr Anspruch auf bezahlten Erholungsurlaub. Dies regelt das Bundesurlaubsgesetz (BurlG). Das BurlG sieht für jeden Arbeitnehmer einen Anspruch auf einen gesetzlichen Mindesturlaub von 25 Werktagen, ausgehend von einer Sechs-Tage-Woche, vor. Wird an fünf Tagen in der Woche gearbeitet, beträgt der Anspruch entsprechend 20 Tage, bei einer Teilzeittätigkeit über weniger als fünf Tage verteilt, besteht der Anspruch entsprechend anteilig. Dieser gesetzliche Mindesturlaub darf weder durch einen Tarifvertrag noch eine arbeitsvertragliche Regelung unterschritten werden. Das BUrlG selbst sieht nur für konkret benannte Fälle Kürzungsmöglichkeiten für den Urlaub vor (siehe hierzu → *Urlaub*). Durch Tarifverträge, Betriebsvereinbarungen oder den Arbeitsvertrag können dem Arbeitnehmer aber zusätzliche Urlaubstage eingeräumt werden, was in der Praxis mittlerweile der Regel entspricht.

Durch die Schultz-Hoff-Entscheidung des EuGH v. 20.1.2009 (Az. C-350/06) hat das deutsche Urlaubsrecht in Bezug auf langzeiterkrankte Arbeitnehmer die letzte tiefgreifende Umwälzung erfahren. Das BAG hat daraufhin seine seit den 1980er-Jahren gefestigte Rechtsprechung zu § 7 Abs. 3, 4 BUrlG aufgegeben (BAG v. 24.3.2009, Az. 9 AZR 983/07). Dies hat sich auch auf die Gestaltung von Urlaubsklauseln in Arbeitsverträgen ausgewirkt (siehe ergänzend → *Urlaub*).

Demnach verfällt der gesetzliche Urlaubsanspruch bei dauerhafter Arbeitsunfähigkeit bis zum Ende des normalen Übertragungszeitraums nicht mehr. Er wird allerdings auch nicht unendlich kumuliert. Der Urlaubsanspruch entsteht jeweils mit Beginn des Kalenderjahres und erlischt mit Ablauf dieses Jahres, es sei denn, die Erfüllung ist wegen dringender betrieblicher oder in der Person des Arbeitnehmers liegender Gründe (z. B. Krankheit) die Erfüllung unterblieben. In diesen Fällen ist der Urlaubsanspruch auf die ersten drei Monate des Folgejahres zu übertragen. Ein Verfall von krankheitsbedingt nicht genommenen Urlaubstagen zum Ende des Kalenderjahres oder zum Ende des Übertragungszeitraums kann somit nur noch für den Anteil des Urlaubs eintreten, der zusätzlich zum gesetzlichen Urlaub gewährt wird. Diese Unterscheidung muss bereits im Arbeitsvertrag (oder im Tarifvertrag, falls dieser die Rechtsgrundlage für den übergesetzlichen Urlaubsanspruch darstellt) getroffen sein. Der gesetzliche Mindesturlaub verfällt nach der geänderten Rechtsprechung des EuGH und des BAG nun in Fällen mit dauerhafter Arbeitsunfähigkeit 15 Monate nach Ablauf des jeweiligen Urlaubsjahres (BAG v. 7.8.2012, Az. 9 AZR 353/10). Voraussetzung ist jedoch, dass der Arbeitgeber zuvor seinen Mitwirkungspflichten nachgekommen ist.

Bei einem Zusammentreffen von gesetzlichem und vertraglichem Urlaub muss der Arbeitgeber zuerst den einheitlichen Urlaubsanspruch in gesetzlicher Höhe und sodann den vertraglichen Mehrurlaub erfüllen (BAG v. 7.8.2012, Az. 9 AZR 760/10). Eine Tilgungsbestimmung im Arbeitsvertrag dient daher der Klarstellung.

Bislang hat das BAG betont, dass der gesetzliche Mindesturlaubsanspruch nur aufgrund des rechtlichen Bestands des Arbeitsverhältnisses und der einmaligen Erfüllung der Wartezeit entsteht. Somit kommt es für die Entstehung des Mindesturlaubsanspruches nicht darauf an, ob in diesem Arbeitsverhältnis die Hauptleistungspflichten erfüllt werden. Daraus folgt, dass in Fällen, in denen die Vertragsparteien z. B. das Ruhen des Arbeitsverhältnisses vereinbart haben, dennoch der gesetzliche Mindesturlaubsanspruch entsteht, obwohl der Arbeitnehmer keine Arbeitsleistung erbringt und der Arbeitgeber keine Vergütung bezahlt. Das Ruhen des Arbeitsverhältnisses sei auch kein Anlass, um den gesetzlichen Mindesturlaubsanspruch zu kürzen (BAG v. 6.5.2014, Az. 9 AZR 678/12). Dementsprechend sollte dann aber im Arbeitsvertrag für den zusätzlich gewährten, vertraglichen Urlaub eine Kürzungsregelung getroffen werden. Allerdings hat das BAG auch entschieden, dass kein – auch kein gesetzlicher – Anspruch auf Erholungsurlaub entsteht, wenn ein Arbeitnehmer wegen eines vertraglich vereinbarten Sonderurlaubs in einem Kalenderjahr durchgehend nicht arbeitet (BAG v. 19.3.2019, Az. 9 AZR 315/17).

Ebenfalls eine weitreichende Änderung der Rechtsprechung gab es bei der Frage, ob der Arbeitgeber Urlaub nur dann gewähren muss, wenn der Arbeitnehmer einen entsprechenden Wunsch/Antrag geäußert hat. Erlosch der Urlaubsanspruch in der Vergangenheit, wenn kein Urlaubswunsch durch den Arbeitnehmer mitgeteilt wurde, erlischt nun der Urlaubsanspruch am Ende des Urlaubsjahres nicht mehr einfach so ersatzlos. Ein Vorlageverfahren des BAG zu der Frage ob das Erfordernis eines Urlaubsantrags mit dem Unionsrecht zu vereinbaren ist, hatte der EuGH verneint. Der EuGH hat entschieden, dass Arbeitnehmer ihre erworbenen Ansprüche auf bezahlten Jahresurlaub nicht automatisch deshalb verlieren, weil sie keinen Urlaub beantragt haben (EuGH v. 6.11.2018, Az. C-619/16). Dies hat erneut zu einer tiefgreifenden Wende im Urlaubsrecht geführt. Während von einem Arbeitgeber nach Ansicht des EuGH nicht erwartet werden kann, dass er seine Arbeitnehmer dazu zwingt, ihren Urlaubsanspruch auch tatsächlich wahrzunehmen, müsse er seine Arbeitnehmer aber zumindest in die Lage versetzen, den Urlaubsanspruch auch wahrnehmen zu können. Daher treffen den Arbeitgeber Mitwirkungsobliegenheiten, seine Arbeitnehmer aufzufordern, den Urlaubsanspruch auch tatsächlich wahrzunehmen und auszuüben und ihnen klar und rechtzeitig mitzuteilen, dass der Urlaub verfällt, wenn er nicht rechtzeitig genommen wird. Der

Arbeitgeber trägt dabei die Beweislast. Das BAG hat diese Rechtsprechung des EuGH umgesetzt, sodass nun gilt, dass der Anspruch auf Urlaub am Jahresende nur dann verfällt, wenn der Arbeitgeber den Arbeitnehmer zuvor aufgefordert hat, den Urlaub zu beantragen und zu nehmen und ihn ausdrücklich darauf hingewiesen hat, dass ansonsten der Urlaub verfällt. Ohne eine entsprechende Aufforderung zur Beantragung des Urlaubs und einen konkreten Hinweis zur Verfallbarkeit des Urlaubsanspruchs zum Ende des Kalenderjahres, verfällt der Urlaubsanspruch des Arbeitnehmers zukünftig nicht mehr (BAG v. 19.2.2019, Az. 9 AZR 541/15). Auch auf eine Verjährung kann der Arbeitgeber sich nicht berufen. Lediglich der Urlaubsabgeltungsanspruch unterliegt der Verjährung, sodass diese mit der Beendigung des Arbeitsverhältnisses zu laufen beginnt. Der Arbeitgeber ist in der Auswahl seiner Mittel zur Erfüllung seiner Mitwirkungspflichten grundsätzlich frei, die Umsetzung in der Praxis führt aber noch zu gerichtlichen Streitigkeiten.

Die Mitwirkungspflichten betreffen auch den Fall des Verfalls von Urlaubsansprüchen bei Langzeiterkrankung (EuGH v. 22.9.2022, Az. C-518/20). Bezüglich der langzeiterkrankten Arbeitnehmer unterscheidet das BAG: Liegt eine Arbeitsunfähigkeit für das komplette Kalenderjahr vor und hält diese auch für die folgenden 15 Monate an, verfällt der Urlaubsanspruch nach der bisherigen Rechtsprechung, auch wenn der Arbeitgeber seinen Mitwirkungspflichten nicht nachgekommen ist. Trat die Arbeitsunfähigkeit aber erst im Laufe des Kalenderjahres ein, muss der Arbeitgeber den Arbeitnehmer zuvor durch Ausübung seiner Mitwirkungspflichten in die Lage versetzt haben, seinen Urlaub zu nehmen. Ansonsten kommt es nicht zu einem Verfall der Urlaubsansprüche nach 15 Monaten (BAG v. 31.1.2023, Az. 9 AZR 107/20). Arbeitgebern ist daher aufgrund der aktuellen Entwicklung im Urlaubsrecht zu raten, ihren Mitwirkungsobliegenheiten unverzüglich am Anfang eines Kalenderjahres nachzukommen, jedenfalls aber bis zum Ende der ersten Arbeitswoche im Januar.

Formulierungsbeispiel:

„(1) Der Arbeitnehmer hat Anspruch auf den gesetzlichen Mindesturlaub gemäß Bundesurlaubsgesetz, welcher derzeit bei 5 Arbeitstagen in der Woche 20 Tage pro Kalenderjahr beträgt. Darüberhinaus gewährt der Arbeitgeber dem Arbeitnehmer einen übergesetzlichen Urlaubsanspruch von zusätzlichen ... Tagen je Kalenderjahr, ebenfalls bezogen auf 5 Arbeitstage in der Woche. Erhöht sich der gesetzliche Mindesturlaub, wird diese Erhöhung auf die zusätzlich gewährten Urlaubstage angerechnet.

(2) Der gesetzliche sowie der übergesetzliche Urlaub müssen im laufenden Kalenderjahr gewährt und genommen werden. Zuerst wird der gesetzliche Mindesturlaub und dann der übergesetzliche Urlaub gewährt.

Im Ein- und Austrittsjahr besteht der übergesetzliche Urlaubsanspruch nur anteilig zu 1/12 für jeden vollen Monat, in dem das Arbeitsverhältnis in diesem Kalenderjahr besteht.

(3) Eine Übertragung des übergesetzlichen Urlaubs auf das nächste Kalenderjahr ist nur statthaft, wenn dringende betriebliche Gründe dies rechtfertigen. Im Fall der Übertragung muss dieser Urlaub in den ersten drei Monaten des auf das Urlaubsjahr folgenden Kalenderjahres gewährt und genommen werden. Ansonsten verfallen die übergesetzlichen Urlaubsansprüche ohne weiteren Hinweis des Arbeitgebers zur Inanspruchnahme und zum Verfall des Urlaubs mit Ablauf des jeweiligen Kalenderjahres bzw. des möglichen Übertragungszeitraums.

(4) Der übergesetzliche Urlaubsanspruch verringert sich für jeden Monat um 1/12 des Gesamtjahresurlaubs, in dem das Arbeitsverhältnis kraft Gesetzes oder Vereinbarung ruht.

(5) Bei Beendigung des Arbeitsverhältnisses erlischt der übergesetzliche Urlaubsanspruch, er ist nicht abzugelten und ist nicht vererblich.

Zu beachten ist, dass der Betriebsrat ein echtes Mitbestimmungsrecht nach § 87 Abs. 1 Nr. 5 BetrVG in Bezug auf allgemeine Urlaubsgrundsätze und des Urlaubsplans hat. Gleiches gilt für die Anordnung von Schließtagen oder Betriebsferien.

4.15 Nebentätigkeit

Arbeitnehmer schulden dem Arbeitgeber während der vertraglich vereinbarten Arbeitszeit die vertraglich geschuldete Leistung. Außerhalb dieser Zeiten können Arbeitnehmer frei über ihre Zeit und Arbeitsleistung bestimmen. Aufgrund der verfassungsrechtlich garantierten Berufsfreiheit (Art. 12 GG) und des allgemeinen Persönlichkeitsrechts ist daher ein grundsätzliches Nebentätigkeitsverbot unzulässig. Zulässig ist dagegen die Untersagung, für ein Konkurrenzunternehmen zu arbeiten oder sonstige Wettbewerbstätigkeiten auszuüben. Es ist zu empfehlen, im Arbeitsvertrag festzulegen, dass die Aufnahme einer Nebentätigkeit nur nach vorheriger Genehmigung durch den Arbeitgeber möglich ist. Dies ist vor allem vor dem Hintergrund zu empfehlen, dass Arbeitgeber auf die Einhaltung der Vorgaben aus dem Arbeitszeitgesetz achten müssen, wobei alle Arbeitszeiten aus mehreren Arbeitsverhältnissen zusammengerechnet werden. Insbesondere bei Nebentätigkeiten, die am Abend ausgeübt werden, können sich dadurch Probleme mit der Einhaltung der täglichen Ruhezeit ergeben. Ehrenamtliche Tätigkeiten, wie z. B. politische Betätigung, sind grundsätzlich außerhalb der Arbeitszeit auszuüben und können nicht unter einen Erlaubnisvorbehalt gestellt werden.

Formulierungsbeispiel:

„Solange das Arbeitsverhältnis besteht, ist jede Wettbewerbstätigkeit untersagt.

Entgeltliche Nebentätigkeiten dürfen während der Dauer des Arbeitsverhältnisses nur mit vorheriger schriftlicher Zustimmung des Arbeitgebers ausgeübt werden. Der Arbeitnehmer hat hierzu die beabsichtigte Tätigkeit dem Arbeitgeber unter Angabe von Art, Ort sowie Dauer und Lage der Arbeitszeit mitzuteilen. Der Arbeitgeber kann die Zustimmung verweigern oder widerrufen, wenn durch die Nebentätigkeit die vertraglich geschuldeten Leistungen des Arbeitnehmers oder sonstige Interessen des Arbeitgebers beeinträchtigt werden können."

4.16 Verschwiegenheits- und Herausgabepflichten

Betriebs- und Geschäftsgeheimnisse und insbesondere deren Schutz, gewinnen in der Praxis zunehmend an Bedeutung. Während der Dauer des Arbeitsverhältnisses darf der Arbeitnehmer grundsätzlich keine Geschäftsgeheimnisse des Arbeitgebers an Dritte weitergeben (Verschwiegenheitspflicht), auch ohne besondere vertragliche Vereinbarung. Dies stellt eine der wichtigsten arbeitsvertraglichen Nebenpflichten aus dem Arbeitsvertrag dar. Geschäftsgeheimnisse sind solche Tatsachen, die im Zusammenhang mit einem Geschäftsbetrieb stehen. Sie dürfen darüber hinaus nur einem eng begrenzten Personenkreis und nicht allgemein bekannt sein. Sie dürfen auch nicht offenkundig sein, also nicht von jedem ohne nennenswerte Schwierigkeiten in Erfahrung gebracht werden können.

Bei Arbeitnehmern, die aufgrund ihrer Tätigkeit mit sensiblen Informationen in Berührung kommen, sollte durch eine eigens mit diesen Arbeitnehmern geschlossene Verschwiegenheitsvereinbarung dem Risiko begegnet werden, dass solche Verschwiegenheitspflicht-Klauseln im Rahmen der AGB-Kontrolle als nicht ausreichend verhältnismäßig erachtet werden.

Verschwiegenheitspflichten können vertraglich erweitert werden und unter Umständen auch durch eine entsprechende Vereinbarung über das Ende des Arbeitsverhältnisses hinaus erstreckt werden. Nach Beendigung des Arbeitsverhältnisses ist der Arbeitnehmer zwar grundsätzlich frei, zu seinem bisherigen Arbeitgeber in Wettbewerb zu treten und dabei auch im Rahmen des Arbeitsverhältnisses erlangte Kenntnisse zu verwerten. Verhindert werden kann dies im Einzelfall mit der Vereinbarung eines nachvertraglichen Wettbewerbsverbots gemäß §§ 74 ff. HGB. Auch ohne ausdrückliche Vereinbarung geht die Rechtsprechung davon aus, dass aufgrund der nachvertraglichen Rücksichtspflicht die Verpflichtung für den Arbeitnehmer bestehen kann, ein Betriebsgeheimnis auch nach Ausscheiden aus dem Arbeitsverhältnis zu wahren.

Bei Arbeitnehmern, die aufgrund ihrer Tätigkeit mit sensiblen Informationen in Berührung kommen, sollte durch eine eigens mit diesen Arbeitnehmern geschlossene Verschwiegenheitsvereinbarung dem Risiko begegnet werden, dass solche Verschwiegenheitspflicht-Klauseln im Rahmen der AGB-Kontrolle als nicht ausreichend verhältnismäßig erachtet werden.

Eine Erweiterung der Verschwiegenheitspflicht auf Angelegenheiten dritter Unternehmen kann sinnvoll sein, wenn Arbeitnehmer mit solchen Informationen in Kontakt kommen und aus einer Verschwiegenheitspflichtverletzung eine Gefährdung der Geschäftsbeziehung bis hin zur Geltendmachung von Schadensersatzansprüchen folgen kann.

Die Zulässigkeit von Verschwiegenheitsklauseln in Formulararbeitsverträgen ist in der Rechtsprechung seit Jahren umstritten. Es ist insgesamt noch nicht abschließend geklärt, inwieweit Verschwiegenheitsklauseln überhaupt in Formulararbeitsverträgen rechtssicher formuliert werden können. Zu beachten ist dabei auch, dass am 26.4.2019 das Gesetz zum Schutz von Geschäftsgeheimnissen (GeschGehG) in Kraft getreten ist. Gesetzlich werden nun erstmals Geschäftsgeheimnisse definiert. Danach sollten künftig die zu schützenden Geschäftsgeheimnisse im Arbeitsvertrag oder einer ergänzenden Anlage klar definiert werden. Außerdem muss der Arbeitgeber geeignete Maßnahmen zum Schutz der Geheimhaltung der definierten Geschäftsgeheimnisse treffen. Ein Geheimhaltungswille des Arbeitgebers wird nicht länger vermutet, sondern muss klar erkennbar nach außen sein. Eine umfassende, aber pauschale Klausel im Arbeitsvertrag zur Verschwiegenheit dürfte künftig nicht mehr ausreichend sein, da nicht erkennbar wird, welche konkreten Geschäftsgeheimnisse geschützt sein sollen. In der Praxis dürfte dies im Zeitpunkt des Vertragsschlusses in der Regel aber noch nicht möglich sein.

Die Erstreckung der Verschwiegenheitspflicht auf die Zeit nach der Beendigung des Arbeitsverhältnisses ist möglich, muss aber in Abgrenzung zu einem nachvertraglichen Wettbewerbsverbot stehen. Der Arbeitnehmer ist im Zuge der nachvertraglichen Verschwiegenheitsverpflichtung nicht daran gehindert, dass bei seinem vorigen Arbeitgeber erworbene Wissen für sich selbst zu verwerten. Die Verpflichtung im Arbeitsvertrag schließt lediglich die Weitergabe der Betriebsgeheimnisse an Dritte aus.

Ebenso kann es sinnvoll sein, eine Rückgabeverpflichtung für Dokumente des Arbeitgebers zu vereinbaren, um so die Weitergabe von Informationen zu unterbinden.

Formulierungsbeispiel:

„Der Arbeitnehmer wird sich vertrauliche Informationen einschließlich Geschäftsgeheimnissen des Arbeitgebers nicht aneignen außer zu vertraglichen Zwecken. Er wird sie ferner dritten Personen, einschließlich anderen Arbeitnehmern des Arbeitgebers, nicht ohne vorherige Zustimmung des Arbeitgebers offenlegen und wird sie ausschließlich für Zwecke des Arbeitsverhältnisses nutzen. In seinem Aufgabenbereich wird er dafür sorgen, dass Dritte nicht unbefugt Kenntnis von vertraulichen Informationen oder Geschäftsgeheimnissen erhalten. Ferner wird er Geheimhaltungsmaßnahmen entsprechend den Weisungen des Arbeitgebers ergreifen.

Die Geheimhaltungspflicht besteht auch nach Beendigung des Arbeitsverhältnisses. Soweit der Arbeitnehmer durch die nachvertragliche Geheimhaltungspflicht in seinem beruflichen Fortkommen unangemessen beeinträchtigt wird, kann er vom Arbeitgeber die Befreiung von dieser Pflicht verlangen.

Vertrauliche Informationen sind Geschäftsgeheimnisse und alle wesentlichen Informationen, die als vertraulich gekennzeichnet sind oder deren Vertraulichkeit sich aus den Umständen ergibt. Dazu zählen insbesondere: Geschäftsstrategien, wirtschaftliche Planungen, Preiskalkulationen und -gestaltungen, Wettbewerbsmarktanalysen, Umsatz- und Absatzzahlen, Personaldaten, Personalrestrukturierungskonzepte, Produktspezifikationen, Erfindungen, technische Verfahren und Abläufe, die nicht öffentlich bekannt sind und einen wirtschaftlichen Wert für den Arbeitgeber darstellen, Kundendaten, Lieferantendaten, Passwörter, Zugangskennungen, … .

Bei Zweifeln, ob es sich um eine vertrauliche Information handelt, wird der Arbeitnehmer unverzüglich eine Weisung des Arbeitgebers einholen.

Die Geheimhaltungspflicht gilt nicht in den Fällen, in denen die Offenlegung gemäß § 3 Abs. 2 GeschGehG gestattet ist oder eine Ausnahme nach § 5 GeschGehG vorliegt.“

4.17 Nachvertragliches Wettbewerbsverbot

Während der Dauer des Arbeitsverhältnisses hat der Arbeitnehmer den Wettbewerb gegen seinen Arbeitgeber zu unterlassen. Diese Pflicht wird oft vertraglich konkretisiert. Anders als das vertragliche Wettbewerbsverbot bedürfen nachvertragliche Wettbewerbsverbote einer ausdrücklichen Vereinbarung. Diese muss nicht nur die Verpflichtung zur Zahlung einer Karenzentschädigung beinhalten, sondern inhaltlich und formell den Vorschriften der §§ 74 ff. HGB entsprechen. Da Arbeitnehmer nach Beendigung des Arbeitsverhältnisses in der Verwertung ihrer Arbeitskraft praktisch uneingeschränkt frei sind, stellen nachvertragliche Wettbewerbsverbote für den Arbeitgeber quasi die einzige Möglichkeit dar, den Arbeitnehmer daran zu hindern, nach Beendigung des Arbeitsverhältnisses mit dem erworbenen Wissen für einen Wettbewerber tätig zu werden. In die Abwägung, ob der Schutz vor der Wettbewerbstätigkeit des Arbeitnehmers den damit einhergehenden finanziellen Aufwand rechtfertigt, muss der Arbeitgeber die unübersichtlichen und praktisch schwer zu handhabenden gesetzlichen Regelungen ebenso einbeziehen wie die Frage der praktischen Durchsetzbarkeit eines nachvertraglichen Wettbewerbsverbots (siehe hierzu umfassend → *Wettbewerbsverbot*).

ACHTUNG!

Die Vereinbarung eines nachvertraglichen Wettbewerbsverbots ist eine komplizierte Angelegenheit, mit weitreichenden Folgen; sie kann erhebliche Kosten für den Arbeitgeber verursachen!

Wettbewerbsverbote unterliegen strengen Formvorschriften, aufgrund derer sie sich nicht eignen, Bestandteil eines vorformulierten Arbeitsvertrages zu sein. So muss z. B. nach § 74 Abs. 1 HGB ein vom Arbeitgeber unterzeichnetes Original der Wettbewerbsvereinbarung an den Arbeitnehmer ausgehändigt werden (vgl. weiterführend → *Wettbewerbsverbot*). Wettbewerbsverbote müssen wohl überlegt eingesetzt werden, da sie den Arbeitgeber zu hohen Zahlungen verpflichten können. Denn während der Dauer des Wettbewerbsverbots erhält der Arbeitnehmer eine Entschädigung, die für jedes Jahr des Verbots die Hälfte der von dem Arbeitnehmer zuletzt bezogenen vertragsgemäßen Leistungen beträgt (§ 74 Abs. 2 HGB). Der Arbeitgeber kann jederzeit im laufenden Arbeitsverhältnis das nachträgliche Wettbewerbsverbot zurücknehmen, mit der Folge, dass er von Entschädigungszahlungen innerhalb eines Jahres frei wird. Es empfiehlt sich daher bei Arbeitsverträgen, die eine solche Klausel enthalten, regelmäßig zu überprüfen, ob die Notwendigkeit für eine solche Regelungen überhaupt noch gegeben ist. Insgesamt ist zu empfehlen, dass alle betroffenen Arbeitsverträge spätestens 1–2 Jahre vor dem Eintritt in die Regelaltersrente dahingehend überprüft werden, ob das Interesse des Arbeitgebers an dem nachträglichen Wettbewerbsverbot noch besteht oder ggf. zurückgenommen werden kann.

4.18 Persönliche Daten

Es ist für den Arbeitgeber sinnvoll den Arbeitnehmer vertraglich dazu zu verpflichten, ihn über Änderungen persönlicher Daten auf dem Laufenden zu halten, da diese Daten für die Durchführung des Arbeitsverhältnisses unverzichtbar sind. Nicht zuletzt im Hinblick auf die (zum Teil zeitkritische) Zustellung von (fristlosen) Kündigungen muss der Arbeitgeber die jeweils aktuellen Daten des Arbeitnehmers zur Verfügung haben. Dasselbe gilt für Änderung der Sozialdaten, wie der Geburt von Kindern, Änderungen des Familienstandes etc. Eine Verpflichtung zur Mitteilung einer ggf. später eintretenden Schwerbehinderteneigenschaft ist dagegen unzulässig.

Formulierungsbeispiel:

„Änderungen persönlicher Daten, die für das Arbeitsverhältnis von Bedeutung sein können, insbesondere Änderungen der Anschrift oder des Familienstandes, sind unverzüglich mitzuteilen."

4.19 Beendigung und Ruhen des Arbeitsverhältnisses

Die Beendigung durch Kündigung ist gesetzlich (und oft auch tarifvertraglich) geregelt; abweichende Regelungen können im Arbeitsvertrag getroffen werden, grundsätzlich aber nur **zugunsten** des Arbeitnehmers, es sei denn, das Gesetz sieht eine Abweichungsmöglichkeit vor. Zwingend zu beachten sind auch eventuelle tarifliche Kündigungsfristen, wenn Arbeitnehmer und Arbeitgeber tarifgebunden sind oder die Anwendung des Tarifvertrages durch eine Bezugnahmeklausel im Arbeitsvertrag vereinbart haben.

§ 622 BGB sieht für die Kündigung durch den Arbeitgeber – gekoppelt an die Betriebszugehörigkeit des Arbeitnehmers – verlängerte Kündigungsfristen vor. Es ist möglich, diese auch auf die arbeitnehmerseitige Kündigung zu erstrecken. Dies muss ausdrücklich im Arbeitsvertrag oder in einem Tarifvertrag geregelt werden. Für den Arbeitnehmer gelten dann bei einer Eigenkündigung dieselben verlängerten Kündigungsfristen wie für den Arbeitgeber. Allerdings darf die verlängerte Kündigungsfrist für den Arbeitnehmer keine unangemessene Benachteiligung darstellen; eine Bindungsdauer von drei Jahren hat das BAG für unzulässig erklärt (BAG v. 26.10.2017, Az. 6 AZR 158/16). Die Klausel unterliegt der AGB-Kontrolle und muss für den Arbeitnehmer klar und unmissverständlich sein.

Besondere Sorgfalt gilt für den Fall, dass in einer Klausel eine Probezeit und in einer anderen Klausel eine Kündigungsfrist festgelegt. Es muss in diesem Fall unmissverständlich deutlich gemacht werden, dass die vereinbarte Kündigungsfrist erst nach dem Ende der Probezeit gelten soll, da ein durchschnittlicher Arbeitnehmer sonst davon ausgehen kann, dass der Arbeitgeber schon von Beginn des Arbeitsverhältnisses an nur mit dieser Kündigungsfrist, nicht aber mit der zweiwöchigen Kündigungsfrist des § 622 Abs. 3 BGB kündigen kann (BAG v. 23.3.2017, Az. 6 AZR 705/15). Die Gefahr eines solchen „Missverständnisses" besteht insbesondere, wenn der Arbeitsvertrag Bezug auf einen Tarifvertrag nimmt und sich aus diesem Kündigungsfristen ergeben. Hier ist die Formulierung der Kündigungsfristen zu überprüfen und sicherzustellen, dass es zu keiner Unklarheit mit den vertraglichen Regelungen kommt.

Die Möglichkeit zur Kündigung vor Aufnahme der Arbeit ist grundsätzlich zulässig und bedarf keiner Regelung. Will der Arbeitgeber aber verhindern, dass der Arbeitnehmer vor Beginn des Arbeitsverhältnisses kündigen kann, muss dies im Arbeitsvertrag ausdrücklich vereinbart sein. Eine Kündigung vor Arbeitsbeginn unterliegt den gleichen Bedingungen wie jede andere Kündigung.

Nach § 2 Abs. 1 Satz 7 Nr. 14 NachwG hat der Arbeitgeber seit 2022 dem Beschäftigten neben den Fristen für die Kündigung des Beschäftigungsverhältnisses nunmehr auch Informationen zum einzuhaltenden Verfahren bereitzustellen. Insbesondere betroffen sind das Schriftformerfordernis und die Klagefrist von drei Wochen vor dem Arbeitsgericht. Es ist zu empfehlen, dies in den Arbeitsvertrag mit aufzunehmen.

Grundsätzlich hat der Arbeitgeber kein Recht einen Arbeitnehmer von seiner Arbeitsleistung freizustellen; dem steht das Recht auf vertragsgemäße Beschäftigung des Arbeitnehmers gegenüber. Ausnahmen sind jedoch mittlerweile anerkannt. So ermöglicht die Vereinbarung einer Freistellungsmöglichkeit es dem Arbeitgeber, im Falle einer Kündigung den Arbeitnehmer einseitig von der Erbringung der Arbeitsleistung freizustellen. Dies kann sinnvoll sein, wenn zu befürchten ist, dass die Anwesenheit des gekündigten Arbeitnehmers im Betrieb zu Problemen führen wird, z. B. nach Ausspruch einer verhaltensbedingten Kündigung. Gleiches gilt für den Fall des Wegfalls der Beschäftigung im Rahmen einer betriebsbedingten Kündigung. Die Vereinbarung der Freistellungsmöglichkeit ist dann notwendig, da der Arbeitnehmer bis zum Ablauf der Kündigungsfrist einen Anspruch auf tatsächliche Beschäftigung an seinem Arbeitsplatz hat. Ist z. B. zu befürchten, dass der gekündigte Arbeitnehmer in der Zeit seiner Weiterbeschäftigung während der Kündigungsfrist wichtige Dokumente oder Informationen vernichten könnte, ist ein ausreichend gewichtiges Arbeitgeberinteresse gegeben, das eine einseitige Freistellung begründen kann. Um im Angesicht des Beschäftigungsanspruchs des Arbeitnehmers eine transparente Klausel zu schaffen, sollte in der Klausel zumindest beispielhaft aufgeführt werden, aus welchen sachlichen Gründen eine Freistellung erfolgen kann. Es gibt mehrere Möglichkeiten der Freistellung, widerruflich und unwiderruflich. Bei einer widerruflichen Freistellung kann der Arbeitgeber diese auch jederzeit aufheben und den Arbeitnehmer zur Arbeitsleistung anweisen. Bei einer unwiderruflichen Freistellung hingegen gilt die einmal ausgesprochene Freistellung und kann nicht einseitig rückgängig gemacht werden. Hierbei ist zu beachten, dass der Arbeitgeber eine Freistellung auch häufig dazu nutzen will, um noch vorhandene Urlaubstage und Zeitguthaben des Arbeitnehmers zu „verbrauchen", damit diese nicht am Ende des Arbeitsverhältnisses abgegolten werden müssen. Ein solcher Verbrauch kann jedoch nur eintreten, wenn der Arbeitnehmer unwiderruflich freigestellt wird. Enthält die Klausel im Arbeitsvertrag ein Wahlrecht hinsichtlich der Art der Freistellung, muss dieses durch den Arbeitgeber mit einer gesonderten Erklärung auch noch ausgeübt werden.

In der Praxis sehr weit verbreitet ist die Aufnahme einer Klausel, nach der das Arbeitsverhältnis mit Erfüllung der Voraussetzungen für einen Anspruch auf Regelaltersrente beendet wird. Ohne eine solche Regelung endet das Arbeitsverhältnis nicht automatisch mit der Möglichkeit die gesetzliche Regelaltersrente zu beziehen, sondern besteht unbegrenzt fort (bis zum Tod des Arbeitnehmers) und kann zuvor nur mit den allgemein zur Verfügung stehenden Mitteln (Kündigung und Aufhebungsvertrag) beendet werden. Allein das Erreichen der Regelaltersgrenze stellt keinen ausreichenden Kündigungsgrund dar. Bei Einstellung von rentennahen Jahrgängen ist vor der Verwendung einer solchen Klausel zu prüfen, ob der betroffene Arbeitnehmer auch mit Erreichen der Regelaltersgrenze einen Anspruch auf die Regelaltersrente hat. Denn nur dann tritt die Beendigung des Arbeitsverhältnisses nach der vorgeschlagenen Formulierung ein. Obwohl es sich rechtlich gesehen dabei um ein befristetes Arbeitsverhältnis handelt, welches dem Schriftformerfordernis unterliegt, reicht seit dem 1.1.2025 hierfür auch die Textform aus.

Die durch das am 1.7.2014 in Kraft getretene Gesetz über Leistungsverbesserungen in der gesetzlichen Rentenversicherung ermöglichte „Rente mit 63" (bzw. wird hieraus sukzessive die Rente mit 65, da das Renteneintrittsalter schrittweise angehoben wird) stellt keine Regelaltersrente dar. Arbeitnehmer erhalten vielmehr die Möglichkeit, eine Rente bei Erfüllung bestimmter Voraussetzungen vor Erreichen der Regelaltersgrenze in Anspruch zu nehmen. Eine Beendigung des Arbeitsverhältnisses tritt daher bei Bezugnahme in der Klausel auf den Erwerb eines Anspruches auf die Regelaltersrente durch das Erreichen des 63. Lebensjahres und die Erfüllung der übrigen Voraussetzungen für die Rente mit 63 nicht ein.

Aufgrund der schrittweisen Anhebung der Altersgrenze für alle ab 1947 geborenen Arbeitnehmer ist in der Formulierung auf das Erreichen der Regelaltersgrenze und nicht auf ein konkretes Alter als Beendigungszeitpunkt abzustellen. Dies gilt für neu zu gestaltende Arbeitsverträge, auch wenn das BAG für Formularverträge, die für die Beendigung auf die Vollendung des 65. Lebensjahres abstellen, klargestellt hat, dass diese Klauseln nach der Anhebung der Regelaltersgrenze regelmäßig dahingehend auszulegen sind, dass das Arbeitsverhältnis erst mit der Vollendung des für den Bezug der Regelaltersrente maßgeblichen Lebensalters enden soll (BAG v. 9.12.2015, Az. 7 AZR 68/14). Für Arbeitnehmer, die ihre Altersversorgung statt aus der gesetzlichen Rentenversicherung aus berufsständischen Versorgungswerken beziehen werden (z. B. Industrieapotheker, Syndikusanwälte), ist die Formulierung einer solchen Beendigungsklausel entsprechend anzupassen.

Ist der Arbeitnehmer durch den Bezug einer Rente aus der gesetzlichen Rentenversicherung abgesichert, ist eine auf das Erreichen der Regelaltersgrenze bezogene einzelvertraglich vereinbarte Altersgrenze in der Regel sachlich gerechtfertigt (BAG v. 9.12.2015, Az. 7 AZR 68/14). Man spricht dann von einer Höchstbefristung.

Die Beendigung des Arbeitsverhältnisses kann auch für den Bezug einer dauerhaften Rente wegen voller Erwerbsminderung in den Vertrag aufgenommen werden (BAG v. 10.12.2014, Az. 7 AZR 1002/12 und v. 14.1.2015, Az. 7 AZR 880/13). Da die Klausel die Beendigung des Arbeitsverhältnisses mit dem Eintritt einer Bedingung herbeiführt, sind die Regeln über die Beendigung mittels einer auflösenden Bedingung zu beachten (§§ 21, 15 Abs. 2 TzBfG). Daher endet das Arbeitsverhältnis bei Eintritt der Bedingung nicht sofort, sondern frühestens zwei Wochen nach Zugang der schriftlichen Unterrichtung des Arbeitnehmers durch den Arbeitgeber über den Zeitpunkt der Vertragsbeendigung. Für den in der Praxis sehr seltenen Fall, dass ein Bescheid über eine Rente wegen voller Erwerbsminderung wieder zurückgenommen wird, entsteht dann ein Wiedereinstellungsanspruch des Arbeitnehmers gegenüber seinem Arbeitgeber.

Auch ein Ruhen des Arbeitsverhältnisses tritt nicht immer automatisch ein und bedarf einer entsprechenden Regelung im Arbeitsvertrag. Diese kann insbesondere in Fällen zum Tragen kommen, in denen langzeiterkrankte Arbeitnehmer nach dem Ende des Krankengeldbezugs Arbeitslosengeld beziehen. Das Ruhen in solchen Fällen hat in der Regel auch Auswirkungen auf den Anspruch auf Sonderleistungen. Solche enthalten oft Regelungen, nach denen der Anspruch nur anteilig besteht, wenn das Arbeitsverhältnis teilweise ruht.

Zu beachten ist außerdem, dass nach § 2 Abs. 1 Satz 2 Nr. 14 Nachweisgesetz, der Arbeitgeber den Arbeitnehmer über das bei der Kündigung einzuhaltende Verfahren zu unterrichten hat. Die Unterrichtung hat dabei mindestens die Information über das Schriftformerfordernis für die Kündigung nach § 623 BGB sowie die für den Arbeitgeber als auch den Arbeitnehmer geltenden gesetzlichen, tarif- oder arbeitsvertraglichen Kündigungsfristen zu umfassen. Werden die wesentlichen Vertragsbedingungen nicht in einem separaten Schreiben niedergelegt, müssen diese Informationen in den Arbeitsvertrag mit aufgenommen werden.

Formulierungsbeispiel:

„Das Arbeitsverhältnis kann nach Ablauf der Probezeit von beiden Seiten unter Einhaltung der gesetzlichen Kündigungsfristen ordentlich gekündigt werden. Dabei gilt eine Verlängerung der gesetzlichen Kündigungsfrist, die der Arbeitgeber bei einer ordentlichen Kündigung einzuhalten hat, auch für eine ordentliche Kündigung durch den Arbeitnehmer.

Eine ordentliche Kündigung vor Arbeitsantritt ist ausgeschlossen.

Jede Kündigung bedarf der Schriftform. Will der Arbeitnehmer geltend machen, dass eine Kündigung sozial ungerechtfertigt oder aus anderen Gründen rechtsunwirksam ist, muss er innerhalb von drei Wochen nach Zugang der schriftlichen Kündigung Klage beim Arbeitsgericht auf Feststellung erheben, dass das Arbeitsverhältnis durch die Kündigung nicht aufgelöst ist (§§ 4, 7 KSchG).

Der Arbeitgeber ist berechtigt, den Arbeitnehmer ab Ausspruch der Kündigung – gleichgültig von welcher Seite – bis zum Ablauf der Kündigungsfrist ganz oder teilweise widerruflich oder unwiderruflich von der Arbeit freizustellen, wenn hierfür ein sachlicher Grund vorliegt. Insbesondere ist ein sachlicher Grund gegeben, wenn der Arbeitnehmer den Vertrag in grober, das Vertrauen beeinträchtigender Weise verletzt (z. B. durch Konkurrenztätigkeit, Geheimnisverrat etc.). Der Arbeitnehmer erhält während der Freistellung die vereinbarte Vergütung, soweit die gesetzlichen Voraussetzungen des Annahmeverzuges gemäß § 615 BGB erfüllt sind.

Das Arbeitsverhältnis endet ohne Kündigung mit Ablauf des Monats, in dem der Arbeitnehmer die Voraussetzungen für den Anspruch auf eine Regelaltersrente in der gesetzlichen Rentenversicherung (derzeit §§ 35, 235 SGB VI) erfüllt, ohne dass es einer Kündigung bedarf.

Das Arbeitsverhältnis endet ebenfalls ohne Kündigung mit Ablauf des Monats, in dem dem Arbeitnehmer der Bescheid eines Rentenversicherungsträgers über eine Rente auf Dauer wegen voller Erwerbsminderung zugeht, frühestens jedoch zwei Wochen nach Zugang der schriftlichen Unterrichtung des Arbeitnehmers durch den Arbeitgeber über den Zeitpunkt der Vertragsbeendigung. Das gilt nicht, wenn eine Weiterbeschäftigung des Arbeitnehmers mit verringerter Arbeitszeit, ggfs. auf einem anderen geeigneten freien Arbeitsplatz, möglich ist.

Das Arbeitsverhältnis ruht während des Bezugs von Arbeitslosengeld sowie ab dem Zeitpunkt, in dem dem Arbeitnehmer ein Bescheid des Rentenversicherungsträgers über eine Rente auf Zeit wegen voller Erwerbsminderung zugeht, wenn eine Weiterbeschäftigung des Arbeitnehmers mit verringerter Arbeitszeit, ggfs. auf einem anderen geeigneten freien Arbeitsplatz nicht möglich ist.

Der Arbeitnehmer ist verpflichtet, den Arbeitgeber unverzüglich über den Zugang und den Inhalt eines Rentenbescheids oder den Bezug von Arbeitslosengeld zu unterrichten."

4.20 Vertragsstrafe

Vertragsstrafen werden zwischen Gläubigern (im Arbeitsrecht meist der Arbeitgeber) und Schuldnern (Arbeitnehmer) vereinbart, für den Fall, dass der Schuldner seine vertraglich geschuldete Leistung nicht oder nicht ordnungsgemäß erbringt. Sie sind grundsätzlich auch in Formulararbeitsverträgen zulässig und dienen als Sicherheit für Arbeitgeber, dass der Arbeitnehmer z. B. seine Arbeit ordnungsgemäß aufnimmt und erbringt. Die Vertragsstrafe soll als Druck- und Sicherungsmittel den Arbeitnehmer anhalten, den Arbeitsvertrag ordnungsgemäß zu erfüllen. Vertragsstrafenabreden mit Auszubildenden sind nach § 12 Abs. 2 Nr. 2 BBiG jedoch unzulässig. Zwar verstoßen Vertragsstrafen im Grundsatz gegen das Klauselverbot des § 309 Nr. 6 BGB und wären demnach unzulässig, allerdings muss § 309 Nr. 6 BGB unter den Besonderheiten des Arbeitsrechts gemäß § 310 Abs. 4 Satz 2 BGB gesehen werden, mit dem Ergebnis, dass Vertragsstrafen im Arbeitsrecht erlaubt sind.

Für alle Formen der Vertragsstrafen gilt, dass diese ausdrücklich zwischen Arbeitgeber und Arbeitnehmer vereinbart werden müssen. Sie können grundsätzlich formfrei vereinbart werden, soweit nicht eine bestimmte Form tariflich oder individuell vereinbart wurde. Zu beachten ist aber, dass nach dem Nachweisgesetz eine Pflicht zur Niederschrift besteht. Vertragsstrafen müssen jedoch ebenso wie andere Klauseln ausreichend transparent, klar und verständlich sowie verhältnismäßig sein, um ihre Wirkung zu entfalten. Insoweit kann auch die Unklarheit über die Höhe der Vertragsstrafe zur Intransparenz führen (BAG v. 24.8.2017, Az. 8 AZR 378/16). Bei der Auslegung und Angemessenheitskontrolle der Klausel ist dabei nach Auffassung des BAG ein strenger Maßstab anzuwenden. Allgemeine Tatbestände reichen nicht aus, es empfiehlt sich daher, beispielhafte Nennungen von Pflichtverstößen in die Klausel aufzunehmen. Sieht eine vertragliche Klausel eine Vertragsstrafe für den Fall der vorzeitigen „Beendigung des Vertrages" ohne Einhaltung der Kündigungsfrist vor, kann eine Vertragsstrafe auch nur für den Fall der rechtlichen Beendigung des Arbeitsverhältnisses ohne Einhaltung der Kündigungsfrist verlangt werden. Im entschiedenen Fall hatte der Arbeitnehmer fristgemäß gekündigt, war aber bereits seit Ausspruch der Kündigung nicht mehr zur Arbeit erschienen. Die bloße Nichtleistung der vertraglich geschuldeten Leistung stellt nach Ansicht des BAG keine Kündigung und damit auch keine Vertragsbeendigung dar. Auch die durch das Verhalten des Arbeitnehmers ausgelöste arbeitgeberseitige Kündigung erfüllte den Tatbestand der Klausel nicht, da diese nach ihrem Wortlaut auf eine Beendigung durch den Arbeitnehmer abstellte (BAG v. 23.1.2014, Az. 8 AZR 130/13). Rein vorsorglich empfiehlt es sich, in einem solchen Fall auch auf die Verwirkung der Vertragsstrafe bei einer unberechtigten Arbeitsverweigerung im fortbestehenden Arbeitsverhältnis hinzuweisen. Eine Vertragsstrafe gegen den Arbeitnehmer kann verwirkt werden, wenn der Arbeitnehmer die Vertragsverletzung gem. § 276 Abs. 1 BGB zu vertreten hat. Ein vertraglicher Ausschluss des Verschuldenserfordernisses wird regelmäßig in Formalarbeitsverträgen als unangemessene Benachteiligung unwirksam sein.

ACHTUNG!

Die Klauseln erfassen also in der Regel nur die explizit darin aufgeführten Sachverhalte, eine Auslegung und damit Ausdehnung auf andere, ähnliche Sachverhalte ist nur eingeschränkt bzw. gar nicht möglich. Sollen andere Sachverhalte erfasst sein, müssen diese in die Klausel explizit mit aufgenommen werden.

Eine unangemessene Benachteiligung des Arbeitnehmers kann sich aus der Höhe der Vertragsstrafe ergeben. Bei der Bestimmung der Vertragsstrafe müssen auf der einen Seite die Belastungen für den Arbeitnehmer und das Schutzinteresse des Arbeitgebers auf der anderen Seite gegeneinander abgewogen werden. Die Vertragsstrafe muss für den Arbeitnehmer noch zumutbar sein und darf zu keiner Übersicherung des Arbeitgebers führen. Sie muss aber für den Arbeitnehmer auch spürbar sein. Zur Ermittlung der Höhe der Vertragsstrafe kann ein Maßstab von einem Bruttomonatsgehalt bis hin zur Länge der ordentlichen Kündigungsfrist herangezogen werden. Ausgehend von diesem Maßstab muss die vorgegebene Vertragsstrafe im Verhältnis zu der Pflichtverletzung stehen. Ist die Strafe unverhältnismäßig hoch, ist eine Herabsetzung oder Auslegung nicht möglich und die Klausel insgesamt unwirksam. Für Kündigungen des Arbeitnehmers in der Probezeit hat das BAG festgestellt, dass ein Fall der Übersicherung vorliegen kann: Sieht ein Arbeitsvertrag eine Vertragsstrafe in Höhe eines Bruttomonatsgehalts auch für den Fall vor, dass der Arbeitnehmer das Arbeitsverhältnis während der Probezeit ohne Einhaltung der vereinbarten Kündigungsfrist auflöst, liegt darin eine Übersicherung des Arbeitgebers. Dem liegt der Gedanke zugrunde, dass wenn in der Probezeit die Kündigungsfrist nur zwei Wochen beträgt, auch nur eine Vertragsstrafe in Höhe der Vergütung für diese zwei Wochen vereinbart werden kann. Das BAG sah in der Klausel eine unangemessene Benachteiligung des Arbeitnehmers, eine solche Klausel ist daher unwirksam (BAG v. 17.3.2016, Az. 8 AZR 665/14). Bei Nichtantritt der Arbeit darf die Vertragsstrafe nicht höher sein als das für die Dauer der vereinbarten Kündigungsfrist zu zahlende Gehalt gewesen wäre.

Formulierungsbeispiel:

„Der Arbeitnehmer ist verpflichtet, dem Arbeitgeber eine Vertragsstrafe zu zahlen, wenn

- **er schuldhaft die Arbeit nicht zum vereinbarten Vertragsbeginn aufnimmt,**
- **er das Arbeitsverhältnis ordentlich ohne Einhalten der arbeitsvertraglichen/gesetzlichen Kündigungsfrist kündigt oder**
- **er ohne wichtigen Grund fristlos kündigt.**

Die Höhe der Vertragsstrafe bemisst sich nach der Höhe der Bruttovergütung, die bei Einhaltung der ordentlichen Kündigungsfrist gezahlt worden wäre; die Vertragsstrafe beträgt aber höchstens ein aktuelles Bruttomonatsentgelt, wie in § ... festgelegt.

Die Vertragsstrafe ist sofort fällig und kann gegen Gehaltsforderungen, soweit sie pfändbar sind, aufgerechnet werden.

Der Arbeitgeber kann einen weitergehenden Schaden geltend machen."

4.21 Ausschlussfristen

Ausschlussfristen sind vereinbarte Fristen für die Geltendmachung bestimmter Rechte des Arbeitgebers oder des Arbeitnehmers. Im Arbeitsvertrag vereinbart, verkürzen sie die gesetzlichen Verjährungsfristen. Wird ein Anspruch innerhalb der festgelegten Frist nicht eingehalten, erlöschen die entsprechenden Rechte, auch dann, wenn die Parteien von dem Anspruch keine Kenntnis hatten (siehe weiterführend hierzu → *Ausschlussfristen*).

Grundsätzlich ist die Vereinbarung von Ausschlussfristen, nach deren Ablauf die gegenseitigen Forderungen erlöschen, zulässig, wenn es sich um Ansprüche handelt, die ausgeschlossen werden können. Vertragliche Ausschlussfristen können vertragliche oder deliktische Ansprüche wegen einer vorsätzlichen oder grob fahrlässig begangenen Pflichtverletzung nicht erfassen. Ausschlussfristen, die auch die Vorsatz und grobe Fahrlässigkeitshaftung umfassen, sind wegen des Verstoßes gegen § 202 Abs. 1 BGB nichtig (BAG v. 26.11.2020, Az. 8 AZR 58/20), denn nach dem gesetzlichen Konzept kann ein Schuldner weder gemäß § 202 Abs. 1 BGB mit einer im Voraus vereinbarten Erleichterung der Verjährung privilegiert, noch gemäß § 276 Abs. 3 BGB aus der Haftung wegen Vorsatzes entlassen werden (BAG v. 20.6.2013, Az. 8 AZR 280/12). Des Weiteren müssen Ausschlussfristen in Arbeitsverträgen, die nach dem 31.12.2014 abgeschlossen oder geändert wurden, den Anspruch auf den Mindestlohn ausdrücklich ausnehmen. Umfasst die Ausschlussklausel auch den gesetzlich garantierten Mindestlohn, verstößt sie gegen das Transparenzgebot und ist daher unwirksam (BAG v. 18.9.2018, Az. 9 AZR 162/18). Aufgrund der Regelungen aus § 3 MiLoG sind Vereinbarungen, die die Geltendmachung des Mindestlohnanspruchs beschränken oder ausschließen unwirksam, die Verwirkung des Mindestlohnanspruchs ist ausgeschlossen. Für den Mindestlohn nach dem AEntG hatte das BAG bereits zuvor entschieden, dass eine Ausschlussfrist, die den Mindestlohnanspruch nicht ausnimmt, unwirksam ist (BAG v. 24.8.2016, Az. 5 AZR 703/15). Die Unwirksamkeit der Ausschlussfrist kann in der Praxis auch weitreichende Auswirkungen haben, wenn dadurch z. B. der Urlaubsabgeltungsanspruch nicht mehr einer Ausschlussfrist, sondern der gesetzlichen Verjährungsfrist unterliegt (BAG v. 5.7.2022, Az. 9 AZR 341/21). Während Ansprüche auf Erfüllung des gesetzlichen Mindesturlaubs oder auch eines tarifvertraglichen Mehrurlaubs grundsätzlich keinen Ausschlussfristen unterliegen können, sondern ausschließlich dem besonderen Fristenregime des BUrlG oder tarifvertraglichen Regelungen unterfallen, gilt dies nicht für nicht für Ansprüche auf Abgeltung des gesetzlichen oder des tariflichen Urlaubs. Als reiner Geldanspruch kann der Anspruch auf Urlaubsabgeltung einer Ausschlussfrist unterliegen und daher verfallen (BAG v. 24.4.2022, Az. 9 AZR 461/21). Allerdings liegt nach der Rechtsprechung des BAG schon in der Urlaubsgewährung die Erklärung, dass die Zahlung des Urlaubsentgelts außer Streit steht, wenn der Urlaub bereits gewährt, das Urlaubsentgelt entgegen § 11 Abs. 2 BUrlG aber nicht vor Urlaubsantritt gezahlt wurde (BAG v. 30.1.2019, Az. 9 AZR 43/18). Das BAG hat diese Auffassung auch mit einem Urteil aus dem Jahre 2023 erneut bestätigt (BAG v. 31.1.2023, Az. 9 AZR 244/20). Zu beachten ist bei dieser Entscheidung jedoch, dass das BAG den Fristbeginn für die tarifliche Ausschlussfrist an die Entscheidung des EuGH aus dem Jahr 2018 knüpfte. Mit diesem Urteil gab der EuGH neue Regeln für den Urlaubsverfall und die Mitwirkungspflichten des Arbeitgebers vor.

Diese Entscheidung dürfte somit in der Praxis für Abgeltungsansprüche vor dem Jahr 2018 relevant werden.

Zu unterscheiden sind einstufige und zweistufige Ausschlussfristen.

Bei einer einstufigen Ausschlussfrist ist der Anspruch innerhalb einer bestimmten Frist in der Regel außergerichtlich geltend zu machen. Das BAG hat in einer Entscheidung insoweit festgelegt, dass eine einzelvertragliche Ausschlussfrist, die die Geltendmachung aller Ansprüche aus dem Arbeitsverhältnis innerhalb einer Frist von weniger als drei Monaten ab Fälligkeit verlangt, den Arbeitnehmer unangemessen benachteiligt. Eine so kurze Frist ist mit wesentlichen Grundgedanken des gesetzlichen Verjährungsrechts nicht vereinbar und schränkt wesentliche Rechte, die sich aus der Natur des Arbeitsvertrags ergeben, so ein, dass die Erreichung des Vertragszwecks gefährdet ist. Rechtsfolge ist, dass die Ausschlussklausel aufgrund der unangemessen kurzen Frist insgesamt unwirksam ist, sie fällt bei Aufrechterhaltung des übrigen Arbeitsvertrags ersatzlos weg (BAG v. 28.9.2005, Az. 5 AZR 52/05).

Durch die Anpassung des Nachweisgesetzes gelten seit dem 1.8.2022 verschärfte Anforderungen bezüglich der Nachweispflichten des Arbeitgebers zur schriftlichen Niederschrift der wesentlichen Arbeitsbedingungen, die im Nachweisgesetz geregelt sind. Dies gilt auch, wenn Arbeitsbedingungen in einem Tarifvertrag geregelt sind. Ein Verweis auf geltenden Tarifvertrag muss dann entweder im Arbeitsvertrag oder in einem separaten Nachweisschreiben aufgenommen werden. Findet in einem Betrieb ein Tarifvertrag aber nur kraft betrieblicher Übung Anwendung, muss der Arbeitgeber den Arbeitnehmer explizit hierauf hinzuweisen. Allerdings lässt das Gesetz seit dem 1. Januar 2025 auch die elektronische Form zu.

Zweistufige Ausschlussfristen schreiben darüber hinaus vor, dass der Anspruch binnen einer weiteren Frist rechtshängig gemacht, also gerichtlich eingeklagt werden muss. Hier ist zu beachten, dass die Frist auf jeder Stufe nicht unter drei Monaten angesetzt sein darf (BAG v. 25.5.2005, Az. 5 AZR 572/04). Ist eine zweistufige Ausschlussfristenklausel teilbar, aber schon auf der ersten Stufe unwirksam, ist die gesamte Klausel unwirksam (BAG v. 16.5.2012, Az. 5 AZR 251/11). Eine Auslegung und Rettung der Klausel erfolgt nicht.

Seit dem 1.10.2016 gilt der § 309 Nr. 13 BGB in seiner Neufassung. Danach sind AGB unwirksam, die für Anzeigen und Erklärungen eine strengere Form als die Textform vorsehen. Von Textform spricht man, wenn eine lesbare Erklärung, in der die Person des Erklärenden genannt ist, auf einem dauerhaften Datenträger abgegeben werden kann (§ 126b BGB). Dauerhafte Datenträger in diesem Sinne können Papier, E-Mails, Speicherkarten, Festplatten usw. sein. Der Name des Erklärenden muss lediglich genannt sein, eine Unterschrift des Erklärenden ist nicht notwendig. Es reicht aus, wenn die Erklärung am Ende den Namen oder die Datierung enthält. Arbeitsverträge, die nach dem 1.10.2016 abgeschlossen oder ergänzt oder geändert wurden, dürfen in Ausschlussfristen daher keine strengere Form als die Textform vorschreiben. Die bislang in der Regel anzutreffende Regelung, dass die Ansprüche „schriftlich" geltend gemacht werden müssen, kann nicht mehr weiterverwendet werden.

Formulierungsbeispiel:

„Ansprüche aus dem Arbeitsverhältnis sind innerhalb einer Frist von drei Monaten nach Fälligkeit in Textform gegenüber der anderen Vertragspartei geltend zu machen. Ansonsten sind die Ansprüche verfallen.

Lehnt die Gegenseite den Anspruch in Textform ab oder erklärt sie sich nicht innerhalb einer Frist von einem Monat nach Geltendmachung des Anspruchs, so verfällt dieser, wenn er nicht innerhalb von drei Monaten nach Ablehnung oder Fristablauf gerichtlich geltend gemacht wird.

Die Ausschlussfristen gelten nicht:

- **für die Haftung aufgrund Vorsatzes,**
- **für Schäden aus der Verletzung des Lebens, des Körpers oder der Gesundheit**

  oder
- **für Ansprüche des Arbeitnehmers, die kraft Gesetzes diesen Ausschlussfristen entzogen sind (z. B. AEntG, MiLoG, BetrVG, TVG)."**

4.22 Schriftform bei Vertragsänderungen

Der Arbeitgeber sollte im eigenen Interesse sicherstellen, dass Vertragsänderungen grundsätzlich nur schriftlich vorgenommen werden. Da die Änderung des § 309 Nr. 13 BGB mit Wirkung seit dem 1.10.2016 (siehe oben 4.21) nur für einseitige Erklärungen des Arbeitnehmers gegenüber dem Arbeitgeber gilt, kann die Schriftform im Zusammenhang mit Vertragsänderungen aufrechterhalten bleiben. Eine solche Klausel darf jedoch den Arbeitnehmer nicht dadurch unangemessen benachteiligen, indem sie den Eindruck vermittelt, dass auch alle mündlichen Individualvereinbarungen zugunsten des Arbeitnehmers unwirksam seien. Gemäß § 305b BGB gilt nämlich der Vorrang von einzeln ausgehandelten Vertragsbedingungen vor dem standardmäßig vorformulierten Arbeitsvertrag, selbst wenn diese nur mündlich vereinbart werden. Eine sog. doppelte Schriftformklausel, d. h. eine Regelung nach der sämtliche Änderungen und Ergänzungen des Arbeitsvertrages – einschließlich der Aufhebung der Schriftformklausel selbst – der Schriftform bedürfen, ist in Formulararbeitsverträgen daher wegen unangemessener Benachteiligung gem. § 307 Abs. 1 Satz 1 BGB unwirksam (BAG v. 20.5.2008, Az. 9 AZR 382/07). Deshalb ist in der Praxis zu empfehlen, in der doppelten Schriftformklausel selbst klarzustellen, dass nachträgliche mündliche Nebenabreden („Individualabreden") der Schriftformklausel immer vorgehen. Damit begrenzt die Schriftformklausel für den Arbeitnehmer erkennbar nicht den Grundsatz des Vorrangs der Individualabrede.

Formulierungsbeispiel:

„Mündliche Nebenabreden sind bis zum Zeitpunkt des Vertragsschlusses nicht getroffen worden.

Änderungen und Ergänzungen dieses Vertrages bedürfen zu ihrer Wirksamkeit der Schriftform. Dies gilt auch für die Aufhebung dieses Schriftformerfordernisses selbst.

Durch die bloße mehrfache Gewährung von Leistungen, auf die weder ein individualvertraglicher noch ein kollektivrechtlicher Anspruch besteht, kann ein Anspruch auf künftige Gewährung dieser Leistung nicht begründet werden.

Individualvereinbarungen zwischen den Parteien i. S. v. § 305b BGB haben Vorrang und sind formlos wirksam."

4.23 Salvatorische Klausel

Die früher obligatorischen salvatorischen Klauseln sind durch die Geltung des AGB-Rechts hinsichtlich des Arbeitsvertrages überflüssig, da hier § 306 BGB gilt.

VI. Checkliste Arbeitsvertrag

Beim Abschluss eines Arbeitsvertrags sollten folgende Punkte beachtet werden:

- ❑ Ein Arbeitsverhältnis und nicht freie Mitarbeit ist gewollt.
- ❑ Der Arbeitsvertrag sollte schriftlich geschlossen werden.
- ❑ Die Anforderungen des Nachweisgesetzes sind zu beachten; insbesondere vor dem Hintergrund der Aufnahme von Bußgeldern.

- ❑ Der Betriebsrat muss im Rahmen der Einstellung nach § 99 BetrVG beteiligt werden.
- ❑ Klare Regelungen sind zu treffen:
  - zur Frage, ob ein Tarifvertrag Anwendung findet oder finden soll;
  - zur Frage, ob ein befristeter oder unbefristeter Vertrag gewünscht ist;
  - zum Arbeitsbeginn;
  - zu Tätigkeit, Arbeitsort, Arbeitszeit (ggfs. mit entsprechenden Änderungsvorbehalten);
  - zu allen Vergütungsformen;
  - für den Fall der Arbeitsverhinderung;
  - zu allen weiteren gewünschten Punkten (Urlaub, Dienstwagen etc.).
- ❑ Zum Schutz des Arbeitgebers können aufgenommen werden (soweit zulässig):
  - Nebentätigkeitsverbot
  - Verschwiegenheitsverpflichtung
  - Freistellungsvorbehalt während der Kündigungsfrist
  - Vertragsstrafen-Vereinbarung
- ❑ Arbeitgeber und Arbeitnehmer unterschreiben beide und erhalten je eine Ausfertigung

VII. Muster: Arbeitsvertrag

Die Vertragsgestaltung muss den jeweiligen Notwendigkeiten und den individuellen Bedürfnissen der Arbeitsvertragsparteien Rechnung tragen. Das Muster kann hierbei nur eine Hilfe sein. Das unten angefügte Muster stellt lediglich ein Beispiel dar, dass nicht alle oben genannten Aspekte der Arbeitsvertragsgestaltung aufgreift. Deshalb ist im Einzelfall zu prüfen, inwieweit hier vorgeschlagene Regelungen im Arbeitsvertrag sinnvoll oder entbehrlich sind, weil sie bereits z. B. in einer Betriebsvereinbarung enthalten sind. Die Anpassung an den jeweiligen Einzelfall ist zwingend notwendig.

Arbeitsvertrag für Arbeitnehmer
– ohne Bezug auf tarifliche Regelungen –

Arbeitsvertrag
zwischen Herrn/Frau ... (im Folgenden: Arbeitnehmer[1])
Wohnort: ...
Straße: ...

und der Firma ... (im Folgenden: Arbeitgeber)
in ...
Straße ...

§ 1 Beginn, Art und Ort der Tätigkeit

(1) Der Arbeitnehmer wird ab dem XX.XX.

als ... eingestellt.

Tätigkeitsort ist derzeit ...

(2) Der Arbeitgeber behält sich unter Wahrung der Interessen des Arbeitnehmers das Recht vor, dem Arbeitnehmer, entsprechend seiner Leistungen und Fähigkeiten, andere gleichwertige Tätigkeiten zuzuweisen. Der Arbeitnehmer kann auch an einen anderen Betriebsort innerhalb des Unternehmens versetzt werden.

§ 2 Probezeit

Die ersten vier Monate gelten als Probezeit. Während dieser Zeit kann das Arbeitsverhältnis mit einer Frist von zwei Wochen gekündigt werden.

§ 3 Geltung von Betriebsvereinbarungen

(1) Es gelten die für den Betrieb jeweils einschlägigen Betriebsvereinbarungen, soweit der Arbeitnehmer unter den persönlichen Geltungsbereich fällt.

(2) Einzelvertragliche Rechte und etwaige Ansprüche aus betrieblicher Übung oder einer Gesamtzusage können durch Betriebsvereinbarung auch zu Ungunsten des Arbeitnehmers abgelöst oder geändert werden.

(3) Die jeweils gültigen Betriebsvereinbarungen können im Personalbüro eingesehen werden.

§ 4 Arbeitszeit

(1) Die regelmäßige Arbeitszeit beträgt derzeit ohne Pausen ... Stunden wöchentlich.

(2) Lage, Dauer und Verteilung der täglichen Arbeitszeit, Pausen und Ruhezeiten richten sich nach den betrieblichen Regelungen unter Berücksichtigung der gesetzlichen Vorgaben.

(3) Der Arbeitnehmer ist verpflichtet, auf Anordnung des Arbeitgebers bei betrieblichem Bedarf Überstunden und Mehrarbeit im Rahmen der gesetzlichen und betrieblichen Regelungen zu leisten. Hierbei werden die wechselseitigen Interessen angemessen berücksichtigt.

(4) Der Arbeitnehmer ist auch verpflichtet, auf Anordnung des Arbeitgebers Schicht- und Nachtarbeit, einschließlich Arbeit in Wechselschicht, sowie Sonn- und Feiertagsarbeit, Rufbereitschaft sowie Bereitschaftsdienst zu leisten.

(5) Der Arbeitgeber ist berechtigt, Kurzarbeit anzuordnen, wenn ein erheblicher Arbeitsausfall vorliegt, der auf wirtschaftlichen Gründen oder einem unabwendbaren Ereignis basiert und der Arbeitsausfall der Arbeitsverwaltung angezeigt ist (derzeit §§ 95 ff. SGB III). Dabei ist eine kollektive Ankündigungsfrist von vier Wochen einzuhalten, mit der die Durchführung von Kurzarbeit im Betrieb gegenüber der Belegschaft anzukündigen ist. Für die Dauer der Kurzarbeit vermindert sich die Vergütung entsprechend dem Verhältnis der ausfallenden zur regelmäßigen Arbeitszeit.

§ 5 Vergütung

(1) Der Arbeitnehmer erhält eine monatliche Bruttovergütung in Höhe von € . . . . Es werden zusätzlich die folgenden Zuschläge zum Gehalt gezahlt: . . .

(2) Mit der vereinbarten Bruttovergütung gemäß Ziffer 1 sind bis zu ... Mehrarbeitsstunden monatlich abgegolten, soweit der Anspruch auf gesetzlichen Mindestlohn nicht unterschritten wird.

Darüber hinausgehende Überstunden werden durch bezahlte Freizeit abgegolten, wenn die Über- oder Mehrarbeitsstunden durch den Arbeitgeber angeordnet oder genehmigt waren.

(3) Die Vergütung ist jeweils am Ende eines jeden Kalendermonats fällig. Die Vergütung wird auf ein vom Arbeitnehmer zu benennendes Konto überwiesen.

§ 6 Abtretung und Verpfändung, Pfändung

(1) Dem Arbeitnehmer ist es nicht gestattet, seinen Anspruch auf Arbeitsentgelt sowie sonstige Ansprüche aus dem Arbeitsverhältnis abzutreten oder zu verpfänden.

Oder:

(1) Dem Arbeitnehmer ist es nur nach vorheriger schriftlicher Zustimmung des Arbeitgebers gestattet, seinen Anspruch auf Arbeitsentgelt sowie sonstige Ansprüche aus dem Arbeitsverhältnis abzutreten oder zu verpfänden.

1) Im Text wird – ohne jede Diskriminierungsabsicht – ausschließlich die männliche Form verwendet. Damit sind alle Geschlechter mit einbezogen.

(2) Der Arbeitnehmer hat die durch Pfändung, Verpfändung oder Abtretung dem Arbeitgeber entstehenden Bearbeitungskosten in der vom Arbeitgeber nachgewiesenen Höhe oder ohne einen solchen Nachweis durch eine Pauschale in Höhe von 2 € für jeden einzelnen Bearbeitungsvorgang zu erstatten.

Der Arbeitnehmer ist berechtigt, den Nachweis zu erbringen, dass dem Arbeitgeber keine Kosten entstanden sind oder dass diese Kosten unter der Kostenpauschale liegen. In dem Fall ist der geringere Betrag maßgeblich.

Durch die Verwaltungsgebühr darf der unpfändbare Teil des Entgelts nicht verringert werden.

§ 7 Arbeitsverhinderung, Arbeitsunfähigkeit

(1) Jede Arbeitsverhinderung ist, sobald sie dem Arbeitnehmer bekannt ist, dem Arbeitgeber unter Angabe der Gründe und der voraussichtlichen Dauer sowie ggf. der Adresse eines vom Wohnsitz abweichenden Aufenthaltsortes unverzüglich mitzuteilen.

Gleiches gilt, wenn sich die Arbeitsverhinderung verlängert.

(2) Im Falle der krankheitsbedingten Arbeitsunfähigkeit hat der Arbeitnehmer außerdem die Pflichten aus § 5 EFZG zu erfüllen.

ggf.

(3) § 616 BGB wird abbedungen.

§ 8 Urlaub

(1) Der Arbeitnehmer hat Anspruch auf den gesetzlichen Mindesturlaub gemäß Bundesurlaubsgesetz, welcher derzeit bei 5 Arbeitstagen in der Woche 20 Tage pro Kalenderjahr beträgt. Darüberhinaus gewährt der Arbeitgeber dem Arbeitnehmer einen übergesetzlichen Urlaubsanspruch von zusätzlichen ... Tagen je Kalenderjahr, ebenfalls bezogen auf 5 Arbeitstage in der Woche. Erhöht sich der gesetzliche Mindesturlaub wird diese Erhöhung auf die zusätzlich gewährten Urlaubstage angerechnet.

(2) Der gesetzliche sowie der übergesetzliche Urlaub müssen im laufenden Kalenderjahr gewährt und genommen werden. Zuerst wird der gesetzliche Mindesturlaub und dann der übergesetzliche Urlaub gewährt.

Im Ein- und Austrittsjahr besteht der übergesetzliche Urlaubsanspruch nur anteilig zu 1/12 für jeden vollen Monat, in dem das Arbeitsverhältnis in diesem Kalenderjahr besteht.

(3) Eine Übertragung des übergesetzlichen Urlaubs auf das nächste Kalenderjahr ist nur statthaft, wenn dringende betriebliche Gründe dies rechtfertigen. Im Fall der Übertragung muss dieser Urlaub in den ersten drei Monaten des auf das Urlaubsjahr folgenden Kalenderjahres gewährt und genommen werden. Ansonsten verfallen die übergesetzlichen Urlaubsansprüche ohne weiteren Hinweis des Arbeitgebers zur Inanspruchnahme und zum Verfall des Urlaubs mit Ablauf des jeweiligen Kalenderjahres bzw. des möglichen Übertragungszeitraums.

(4) Der übergesetzliche Urlaubsanspruch verringert sich für jeden Monat um 1/12 des Gesamtjahresurlaubs, in dem das Arbeitsverhältnis kraft Gesetzes oder Vereinbarung ruht.

(5) Bei Beendigung des Arbeitsverhältnisses erlischt der übergesetzliche Urlaubsanspruch, er ist nicht abzugelten und ist nicht vererblich.

§ 9 Nebentätigkeit

(1) Solange das Arbeitsverhältnis besteht, ist jede Wettbewerbstätigkeit untersagt.

(2) Entgeltliche Nebentätigkeiten dürfen während der Dauer des Arbeitsverhältnisses nur mit vorheriger schriftlicher Zustimmung des Arbeitgebers ausgeübt werden. Der Arbeitnehmer hat hierzu die beabsichtigte Tätigkeit dem Arbeitgeber unter Angabe von Art, Ort sowie Dauer und Lage der Arbeitszeit mitzuteilen. Der Arbeitgeber kann die Zustimmung verweigern oder widerrufen, wenn durch die Nebentätigkeit die vertraglich geschuldeten Leistungen des Beschäftigten oder sonstige Interessen des Arbeitgebers beeinträchtigt werden können.

§ 10 Verschwiegenheits- und Herausgabepflichten

(1) Der Arbeitnehmer wird sich vertrauliche Informationen einschließlich Geschäftsgeheimnissen des Arbeitgebers nicht aneignen außer zu vertraglichen Zwecken. Er wird sie ferner dritten Personen, einschließlich anderen Arbeitnehmern des Arbeitgebers, nicht ohne vorherige Zustimmung des Arbeitgebers offenlegen und wird sie ausschließlich für Zwecke des Arbeitsverhältnisses nutzen. In seinem Aufgabenbereich wird er dafür sorgen, dass Dritte nicht unbefugt Kenntnis von vertraulichen Informationen oder Geschäftsgeheimnissen erhalten. Ferner wird er Geheimhaltungsmaßnahmen entsprechend den Weisungen des Arbeitgebers ergreifen.

(2) Die Geheimhaltungspflicht besteht auch nach Beendigung des Arbeitsverhältnisses. Soweit der Arbeitnehmer durch die nachvertragliche Geheimhaltungspflicht in seinem beruflichen Fortkommen unangemessen beeinträchtigt wird, kann er vom Arbeitgeber die Befreiung von dieser Pflicht verlangen.

(3) Vertrauliche Informationen sind Geschäftsgeheimnisse und alle wesentlichen Informationen, die als vertraulich gekennzeichnet sind oder deren Vertraulichkeit sich aus den Umständen ergibt. Dazu zählen insbesondere: Geschäftsstrategien, wirtschaftliche Planungen, Preiskalkulationen und -gestaltungen, Wettbewerbsmarktanalysen, Umsatz- und Absatzzahlen, Personaldaten, Personalrestrukturierungskonzepte, Produktspezifikationen, Erfindungen, technische Verfahren und Abläufe, die nicht öffentlich bekannt sind und einen wirtschaftlichen Wert für den Arbeitgeber darstellen, Kundendaten, Lieferantendaten, Passwörter, Zugangskennungen, ...

(4) Bei Zweifeln, ob es sich um eine vertrauliche Information handelt, wird der Arbeitnehmer unverzüglich eine Weisung des Arbeitgebers einholen.

(5) Die Geheimhaltungspflicht gilt nicht in den Fällen, in denen die Offenlegung gemäß § 3 Abs. 2 GeschGehG gestattet ist oder eine Ausnahme nach § 5 GeschGehG vorliegt.

§ 11 Persönliche Daten

Änderungen persönlicher Daten, die für das Arbeitsverhältnis von Bedeutung sein können, insbesondere Änderungen der Anschrift oder des Familienstandes, sind unverzüglich mitzuteilen.

§ 12 Beendigung, Freistellung und Ruhen des Arbeitsverhältnisses

(1) Das Arbeitsverhältnis kann nach Ablauf der Probezeit von beiden Seiten unter Einhaltung der gesetzlichen Kündigungsfristen ordentlich gekündigt werden. Dabei gilt eine Verlängerung der gesetzlichen Kündigungsfrist, die der Arbeitgeber bei einer ordentlichen Kündigung einzuhalten hat, auch für eine ordentliche Kündigung durch den Arbeitnehmer.

(2) Eine ordentliche Kündigung vor Arbeitsantritt ist ausgeschlossen.

(3) Jede Kündigung bedarf der Schriftform. Will der Arbeitnehmer geltend machen, dass eine Kündigung sozial ungerechtfertigt oder aus anderen Gründen rechtsunwirksam ist, muss er innerhalb von drei Wochen nach Zugang der schriftlichen Kündigung Klage beim Arbeitsgericht auf Feststellung erheben, dass das Arbeitsverhältnis durch die Kündigung nicht aufgelöst ist (§§ 4, 7 KSchG).

(4) Der Arbeitgeber ist berechtigt, den Arbeitnehmer ab Ausspruch der Kündigung – gleichgültig von welcher Seite – bis zum Ablauf der Kündigungsfrist ganz oder teilweise widerruflich oder unwiderruflich von der Arbeit freizustellen, wenn hierfür ein sachlicher Grund vorliegt. Insbesondere ist ein sachlicher Grund gegeben, wenn der Arbeitnehmer den Vertrag in grober, das Vertrauen beeinträchtigender Weise verletzt (z. B. durch Konkurrenztätigkeit, Geheimnisverrat etc.). Der Arbeitnehmer erhält während der Freistellung die vereinbarte Vergütung, soweit die gesetzlichen Voraussetzungen des Annahmeverzuges gemäß § 615 BGB erfüllt sind.

(5) Das Arbeitsverhältnis endet ohne Kündigung mit Ablauf des Monats, in dem der Arbeitnehmer die Voraussetzungen für den Anspruch auf eine Regelaltersrente in der gesetzlichen Rentenversicherung (derzeit §§ 35, 235 SGB VI) erfüllt, ohne dass es einer Kündigung bedarf.

(6) Das Arbeitsverhältnis endet ebenfalls ohne Kündigung mit Ablauf des Monats, in dem dem Arbeitnehmer der Bescheid eines Rentenversicherungsträgers über eine Rente auf Dauer wegen voller Erwerbsminderung zugeht, frühestens jedoch zwei Wochen nach Zugang der schriftlichen Unterrichtung des Arbeitnehmers durch den Arbeitgeber über den Zeitpunkt der Vertragsbeendigung. Das gilt nicht, wenn eine Weiterbeschäftigung des Arbeitnehmers mit verringerter Arbeitszeit, ggfs. auf einem anderen geeigneten freien Arbeitsplatz möglich ist.

(7) Das Arbeitsverhältnis ruht während des Bezugs von Arbeitslosengeld sowie ab dem Zeitpunkt, in dem dem Arbeitnehmer ein Bescheid des Rentenversicherungsträgers über eine Rente auf Zeit wegen voller Erwerbsminderung zugeht, wenn eine Weiterbeschäftigung des Arbeitnehmers mit verringerter Arbeitszeit, ggfs. auf einem anderen geeigneten freien Arbeitsplatz, nicht möglich ist.

(8) Der Arbeitnehmer ist verpflichtet den Arbeitgeber unverzüglich über den Zugang und den Inhalt eines Rentenbescheids oder den Bezug von Arbeitslosengeld zu unterrichten.

§ 13 Vertragsstrafe

(1) Der Arbeitnehmer ist verpflichtet, dem Arbeitgeber eine Vertragsstrafe zu zahlen, wenn

- *er das Arbeitsverhältnis ordentlich ohne Einhalten der arbeitsvertraglichen/gesetzlichen Kündigungsfrist kündigt oder*
- *er schuldhaft die Arbeit nicht zum vereinbarten Vertragsbeginn aufnimmt, oder*
- *er ohne wichtigen Grund fristlos kündigt.*

(2) Die Höhe der Vertragsstrafe bemisst sich nach der Höhe der Bruttovergütung, die bei Einhaltung der ordentlichen Kündigungsfrist gezahlt worden wäre; die Vertragsstrafe beträgt aber höchstens ein aktuelles Bruttomonatsentgelt, wie in § 5 festgelegt.

(3) Die Vertragsstrafe ist sofort fällig und kann gegen Gehaltsforderungen, soweit sie pfändbar sind, aufgerechnet werden.

(4) Der Arbeitgeber kann einen weitergehenden Schaden geltend machen.

§ 14 Ausschlussfristen

(1) Ansprüche aus dem Arbeitsverhältnis sind innerhalb einer Frist von drei Monaten nach Fälligkeit in Textform gegenüber der anderen Vertragspartei geltend zu machen. Ansonsten sind die Ansprüche verfallen.

(2) Lehnt die Gegenseite den Anspruch in Textform ab oder erklärt sie sich nicht innerhalb einer Frist von einem Monat nach Geltendmachung des Anspruchs, so verfällt dieser, wenn er nicht innerhalb von drei Monaten nach Ablehnung oder Fristablauf gerichtlich geltend gemacht wird.

(3) Die Ausschlussfristen gelten nicht:

- *für die Haftung aufgrund Vorsatzes,*
- *für Schäden aus der Verletzung des Lebens, des Körpers oder der Gesundheit oder*
- *für Ansprüche des Arbeitnehmers, die kraft Gesetzes diesen Ausschlussfristen entzogen sind (z. B. AEntG, MiLoG, BetrVG, TVG).*

§ 15 Vertragsänderungen, Ausschluss der betrieblichen Übung

(1) Mündliche Nebenabreden sind bis zum Zeitpunkt des Vertragsschlusses nicht getroffen worden.

(2) Änderungen und Ergänzungen dieses Vertrages bedürfen zu ihrer Wirksamkeit der Schriftform. Dies gilt auch für die Aufhebung dieses Schriftformerfordernisses selbst.

(3) Durch die bloße mehrfache Gewährung von Leistungen, auf die weder ein individualvertraglicher noch ein kollektivrechtlicher Anspruch besteht, kann ein Anspruch auf künftige Gewährung dieser Leistung nicht begründet werden.

(4) Individualvereinbarungen zwischen den Parteien i. S. v. § 305b BGB haben Vorrang und sind formlos wirksam.

....	....	....
(Ort, Datum)	*(Arbeitgeber)*	*(Arbeitnehmer)*

Arbeitszeit

I. Begriff

Die Arbeitszeit ist in verschiedenen Vorschriften geregelt:

- Auf EU-Ebene in einer Richtlinie, die derzeit überarbeitet wird. Änderungen können sich dabei insbesondere für Fernfahrer durch eine Modifikation der Entsenderichtlinie durch das sog. Mobilitätspaket ergeben. Die Richtlinie findet grundsätzlich keine Anwendung auf Personen, die Kinder unter familienähnlichen Umständen betreuen (EuGH v. 26.7.2017, Az. C 175/16).
- Im **Arbeitszeitgesetz** (ArbZG) finden sich die für alle Arbeitsverhältnisse (außer für leitende Angestellte) geltenden Regelungen. Diese stellen den äußersten Rahmen der zulässigen Arbeitszeitregelungen dar. Das Gesetz ist aushangpflichtig. Durch das Vierte Bürokratieentlastungsgesetz vom 29.10.2024 (BGBl. I, Nr. 323) ist es auch ausreichend, das Gesetz und die in Folge erlassenen Rechtsverordnungen, Tarifverträge und Betriebsvereinbarungen über „die im Betrieb oder in der Dienststelle übliche Informations- und Kommunikationstechnik zur Verfügung zu stellen oder an geeigneter Stelle im Betrieb oder in der Dienststelle zur Einsichtnahme auszulegen oder auszuhängen".
- In **Tarifverträgen** finden sich vielfältige Regelungen zur Arbeitszeit, bis hin zu den teilweise komplizierten Modellen der flexiblen Arbeitszeit; teilweise kann durch solche Tarifverträge

vom Arbeitszeitgesetz abgewichen werden; diese Regelungen gelten nur für den Bereich des jeweiligen Tarifvertrags.

- In betriebsverfassungsrechtlicher Hinsicht ist Arbeit i. S. v. § 87 Abs. 1 Nr. 2 BetrVG die Zeit, während derer der Arbeitnehmer die von ihm in einem bestimmten Umfang vertraglich geschuldete Arbeitsleistung tatsächlich erbringen soll (BAG v. 17.11.2015, Az. 1 ABR 76/13).
- **Einzelarbeitsverträge** enthalten häufig Bestimmungen über die Arbeitszeit, die dann für den jeweiligen Arbeitnehmer gelten.
- Schließlich gibt es auch noch die **betriebsübliche Arbeitszeit,** die im Betrieb praktiziert wird, ohne dass eine ausdrückliche Vereinbarung existiert. Diese gilt als vereinbart, wenn im Arbeitsvertrag nichts anderes steht (BAG v. 15.5.2013, Az. 10 AZR 325/12).

Zunehmend nimmt auch europäisches Recht Einfluss auf die Arbeitszeit. Neue Richtlinien hierzu sind in Vorbereitung.

Es ist zwischen Arbeitszeit im arbeitsschutzrechtlichen Sinne, zeitlichen Umfang der zu vergütenden Arbeit und Arbeitszeit im Sinne der Mitbestimmungsrechte des BetrVG zu unterscheiden (LAG Berlin-Brandenburg v. 20.6.2017, Az. 11 Sa 161/17).

Nach dem Arbeitszeitgesetz gilt die Zeit von Beginn bis zum Ende der Arbeit ohne die Ruhepausen als Arbeitszeit. Zur Arbeitszeit zählt auch, wenn

- der Arbeitnehmer nicht arbeitet, weil ihm keine Arbeit zugewiesen wurde;
- der Arbeitnehmer sich in der sog. Arbeitsbereitschaft befindet, d. h. er am Arbeitsplatz ist, dort aktuell nichts zu tun hat, aber jederzeit mit Ereignissen rechnen muss, die sein Eingreifen erfordern (z. B.: Ein Rettungssanitäter wartet in der Leitstelle auf einen Einsatz);
- Dienstreisen und dienstliche Wege zu unternehmen sind; insbesondere, wenn der Arbeitnehmer einen PKW selbst steuern muss oder etwa während der Bahnreise arbeiten muss oder das Reisen zum Kern der arbeitsvertraglich geschuldeten Tätigkeit gehört, ist diese Zeit auch grundsätzlich zu vergüten. Hier sind auch tarifvertragliche Regelungen nicht selten.
- Duschzeiten gehören zur vergütungspflichtigen Arbeitszeit, wenn sich der Arbeitnehmer bei seiner geschuldeten Arbeitsleistung so sehr verschmutzt, dass ihm ein Anlegen der Privatkleidung, das Verlassen des Betriebs und der Weg nach Hause ohne eine vorherige Reinigung des Körpers im Betrieb nicht zugemutet werden kann (BAG v. 23.4.2024, Az. 5 AZR 212/23).
- Fahrten zu einer auswärtigen Arbeitsstelle gehören auch zu den arbeitsvertraglichen Hauptpflichten, jedoch kann der Tarifvertrag eine gesonderte Vergütungsregelung für eine andere als die eigentliche Tätigkeit und damit auch für Fahrtzeiten enthalten; auf jeden Fall ist es Arbeitszeit im Sinne des Arbeitszeitgesetzes (BAG v. 25.4.2018, Az. 5 AZR 424/17): Auch bei einer Entsendung ins Ausland sind die Reisen dorthin wie Arbeit zu vergüten (BAG v. 17.10.2018, Az. 5 AZR 553/17).
- der Arbeitnehmer sich umkleiden muss, wenn dies zu seinen dienstlichen Aufgaben gehört (z. B. Mannequin auf einer Modenschau) oder der Arbeitgeber das Tragen von Dienstkleidung anordnet (BAG v. 13.12.2016, Az. 9 AZR 574/15; für Rettungssanitäter bejaht v. LAG Sachsen v. 29.11.2016, Az. 3 Sa 347/16, n. rkr.). Auch die innerbetrieblichen Wege zur Arbeitszeit, die dadurch veranlasst sind, dass der Arbeitgeber das Umkleiden nicht am Arbeitsplatz ermöglicht, sondern dafür eine vom Arbeitsplatz getrennte Umkleidestelle einrichtet, die der Arbeitnehmer zwingend benutzen muss, gehören zur Arbeitszeit (BAG v. 26.10.2016, Az. 5 AZR 168/16; LAG Sachsen v. 29.11.2016, Az. 3 Sa 347/16, n. rkr.). Jedoch stellt das An- und Ablegen einer auf Weisung des Arbeitgebers während der Tätigkeit als Wachpolizist zu tragenden Uniform und persönlichen Schutzausrüstung nebst Dienstwaffe keine zu vergütende Arbeitszeit dar, wenn der Arbeitnehmer die dienstlich zur Verfügung gestellten Umkleide- und Aufbewahrungsmöglichkeiten nicht nutzt, sondern sich im privaten Bereich umkleidet und rüstet (BAG v. 31.3.2021, Az. 5 AZR 292/20).

  Beim An- und Ablegen einer auffälligen Dienstkleidung innerhalb des Betriebs handelt es sich um eine ausschließlich fremdnützige Tätigkeit, die zu der gem. § 87 Abs. 1 Nr. 2 BetrVG mitbestimmungspflichtigen Arbeitszeit zählt (BAG v. 12.11.2013, Az. 1 ABR 59/12). Im Tarifvertrag darf aber bestimmt werden, dass Umkleidezeiten nicht vergütungspflichtig sind (BAG v. 25.4.2018, Az. 5 AZR 245/17). Es verstößt aber gegen den Gleichbehandlungsgrundsatz, wenn Arbeitnehmern, die sich während einer Schicht umkleiden, eine Vergütung für diese Zeit gezahlt wird, nicht aber Arbeitnehmern, die sich vor Antritt oder nach Beendigung der Schicht umkleiden (BAG v. 13.12.2016, Az. 9 AZR 574/15). Die Länge der notwendigen Umkleide- und Wegezeiten kann vom Gericht geschätzt werden (LAG Mecklenburg-Vorpommern v. 16.8.2018, Az. 2 Sa 69/17, dort wird auch ein Sachverständigengutachten für möglich erachtet).
- Rüstzeiten nötig sind, um betriebsnotwendige Arbeitsmittel zu empfangen und abzugeben (BAG v. 17.11.2015, Az. 1 ABR 76/13).
- Standzeiten von Taxifahrern zählen zur Arbeitszeit, auch wenn diese nicht wie vorgesehen alle drei Minuten eine Taste drücken (LAG Berlin-Brandenburg v. 30.8.2018, Az. 26 Sa 1151/17; LAG Rheinland-Pfalz v. 27.4.2018, Az. 1 Sa 361/17).
- Vom Arbeitgeber angeordnete Teilnahme an einer Fortbildungsveranstaltung. Diese stellt ebenso wie die An- und Abreisezeit vergütungspflichtige Arbeitszeit dar (BAG v. 15.11.2018, Az. 6 AZR 294/17).

Zur Arbeitszeit zählt auch

- der → *Bereitschaftsdienst*, für den allerdings besondere Regeln gelten (→ *s. dort*).
- die Lenkzeit eines Busfahrers während einer Verspätung; diese darf auch nicht teilweise auf die Lenkzeitunterbrechung angerechnet werden.
- die Teilnahme an Betriebsversammlungen i. S. v. § 42 BetrVG.

Nicht zur Arbeitszeit zählen

- die **Rufbereitschaft**, bei der der Arbeitnehmer sich an einem beliebigen Ort aufhalten kann, dort jedoch ständig erreichbar sein und die Arbeit auf Anforderung sofort aufnehmen können muss; die Abgrenzung zum Bereitschaftsdienst ist nicht immer einfach. So handelt es sich um Bereitschaftsdienst, wenn eine Sozialarbeiterin – auch ohne Frist zur Arbeitsaufnahme – die Aufgabe hat, über eine Notrufnummer erreichbar zu sein und bei Mitteilung einer akuten Kindeswohlgefährdung durch Bürger oder öffentliche Stellen schnell und fallgerecht reagieren muss (LAG Köln v. 13.12.2011, Az. 11 Sa 863/11). Der Europäische Gerichtshof hat entschieden, dass Bereitschaftszeit, die ein Arbeitnehmer zu Hause verbringt und während deren er der Verpflichtung unterliegt, einem Ruf des Arbeitgebers zum Einsatz innerhalb kurzer Zeit Folge zu leisten, als Arbeitszeit anzusehen ist

(EuGH v. 21.2.2108, Az. C 518/15). Da der Arbeitnehmer in dem entschiedenen Fall innerhalb von nur acht Minuten am Arbeitsplatz sein musste, ist fraglich, wie weit diese Entscheidung zu verallgemeinern ist. Das LAG Düsseldorf hat hierzu Hinweise gegeben: „Notdienste eines Kundendiensttechnikers, die dadurch gekennzeichnet sind, dass er sich an einem frei wählbaren Ort aufhalten kann, aber telefonisch erreichbar sein und zu einem Notdiensteinsatz binnen einer Stunde am Einsatzort eintreffen muss, wenn er angefordert wird, sind Rufbereitschaftsdienste und keine Bereitschaftsdienste, wenn unter Berücksichtigung der Anfahrtszeit noch jedenfalls 30 Minuten Zeit verbleiben, bis der Arbeitnehmer aufbrechen muss. Das gilt jedenfalls dann, wenn eine tatsächliche Anforderung im Notdienst äußerst selten vorkommt" (LAG Düsseldorf v. 16.4.2024, Az. 3 SLa 10/24). Die Konsequenz ist, dass es sich um Ruhezeit im Sinne von § 5 ArbZG handelt. Der vergütungsrechtliche Arbeitszeitbegriff folgt hier dem arbeitsschutzrechtlichen, sodass – soweit keine gesonderte Regelung im Arbeitsvertrag, in Tarifverträgen oder Betriebsvereinbarungen zur Anwendung gelangt – keine Vergütungspflicht besteht, auch nicht nach dem Mindestlohngesetz. Ausgenommen hiervon sind die Zeiten tatsächlicher Arbeitsleistung im Rahmen der Aktivierung aus dem Notdienst heraus, die als Vollarbeit zu vergüten sind. Entsprechend hat das Oberverwaltungsgericht NRW entschieden, dass Alarmbereitschaftszeiten mit einer Ausrückzeit von 90 Sekunden bei der Feuerwehr als Arbeitszeit zu qualifizieren sind. Dabei kommt es nicht auf die Häufigkeit der Alarmierung an (OVG NRW v. 30.9.2024, Az. 6 A 856/23).

Hinweis: Wenn die Leistung von Rufbereitschaftsdiensten zum Berufsbild des betroffenen Arbeitnehmers gehört, ist die Anordnung von Rufbereitschaftsdiensten grundsätzlich vom arbeitgeberseitigen Weisungsrecht gedeckt (LAG Mecklenburg-Vorpommern v. 27.7.2021, Az. 3 Sa 28/121).

Die Anweisung an einen Schiffsführer, an Bord ein Alkohol- und Drogenverbot auch während der dienstfreien Zeit zu beachten, um im Notfall die Einhaltung aller erteilten Anweisungen sicherzustellen, führt nicht dazu, dass diese Zeit vergütungspflichtig wäre (kein Bereitschaftsdienst ArbG Hamburg v. 11.4.2025, Az. See 1 Ca 180/23).

- der Weg von der Wohnung zur Arbeitsstätte;

ACHTUNG!

Der EuGH hat festgestellt, dass die Fahrzeit, die Arbeitnehmer für die täglichen Fahrten zwischen ihrem Wohnort und dem Standort des ersten und des letzten von ihrem Arbeitgeber bestimmten Kunden aufwenden, Arbeitszeit im Sinne der europarechtlichen Arbeitszeitrichtlinie sein kann, wenn die Arbeitnehmer keinen festen oder gewöhnlichen Arbeitsort haben. Diese Entscheidung ist jedoch stark von den Umständen des Einzelfalls geprägt (der Anfahrtsweg betrug bis zu 140 km). Es bleibt abzuwarten, wie diese Entscheidung von den deutschen Gerichten ausgelegt und angewandt wird. Es wäre sinnvoll, diese Frage durch eine Betriebsvereinbarung zu regeln.

- die Zeit des Umkleidens, wenn dies lediglich der persönlichen Vorbereitung dient (z. B.: Koch).

WICHTIG!

Diese Einteilung gilt nur für die gesetzliche Arbeitszeit, also für die Frage, wie lange ein Arbeitnehmer maximal arbeiten darf. Die Frage der Vergütung ist davon zu trennen. So ist die Zeit, die ein Fernfahrer in der Kabine schläft, zwar keine Arbeitszeit im Sinne des Arbeitszeitgesetzes, kann aber durchaus vergütungspflichtig sein. In Tarifverträgen kann z. B. bestimmt werden, dass etwa die Rufbereitschaft voll zu vergüten ist oder die Zeit des Umkleidens.

Bei allen Bundesländern sind Aufsichtsbehörden für die Überwachung des Arbeitszeitgesetzes gebildet worden. Ihnen obliegt es auch, Ausnahmegenehmigungen für Abweichungen vom Gesetz zu erteilen. Wo die jeweilige Behörde angesiedelt ist, kann bei der Landesregierung erfragt werden.

WICHTIG!

Der Europäische Gerichtshof hat mit seiner Entscheidung vom 11.5.2019 (Az. C 55/18) eine Pflicht des Arbeitgebers zur Erfassung der geleisteten täglichen Arbeitszeit aufgestellt, und zwar auch für Hausangestellte (EuGH v. 19.12.2024, Az. C 531/23). Hierzu hat das Bundesarbeitsgericht eine Umsetzung in nationales Recht vorgenommen (BAG v. 13.9.2021, Az. 1 ABR 22/21). Der Arbeitgeber ist danach gem. § 3 Abs. 2 Nr. 1 ArbSchG verpflichtet, ein System einzuführen, mit dem die von den Arbeitnehmern geleistete Arbeitszeit erfasst werden kann. Das BAG legt also das deutsche Arbeitszeitgesetz vor dem Hintergrund der EuGH-Entscheidung vom 11.5.2019 aus. Bislang war man nur von einer Aufzeichnungspflicht hinsichtlich der über 8 Stunden hinausgehenden Arbeitszeit ausgegangen (§ 16 Abs. 2 ArbZG). Im Bau- und Gaststättengewerbe galt bereits eine Zeiterfassungspflicht kraft ministerialer Verordnung bis zu einer gewissen Verdienstgrenze. Die genauen Auswirkungen der Entscheidung auf die Praxis werden immer noch diskutiert, ebenso wie eine Novellierung des Arbeitszeitgesetzes.

WICHTIG!

Europarechtlich ist dabei zu beachten, dass der EuGH meint, es obliege den Mitgliedstaaten, die konkreten Modalitäten zur Umsetzung eines solchen Systems, insbesondere der von ihm anzunehmenden Form, zu bestimmen und dabei ggf. den Besonderheiten des jeweiligen Tätigkeitsbereichs oder Eigenheiten, sogar der Größe, bestimmter Unternehmen Rechnung zu tragen. In diesem Zusammenhang betont der EuGH allerdings auch, dass die Mitgliedstaaten unbeschadet von Art. 17 Abs. 1 der Richtlinie 2003/88/EG (Richtlinie über bestimmte Aspekte der Arbeitszeitgestaltung) Ausnahmen vornehmen dürfen, wenn die Dauer der Arbeitszeit wegen besonderer Merkmale der ausgeübten Tätigkeit nicht bemessen und/oder vorherbestimmt sei oder von den Arbeitnehmern selbst bestimmt werden könne. Daher hat der deutsche Gesetzgeber einen Gestaltungsspielraum bei einer Novellierung des Arbeitszeitgesetzes.

WICHTIG!

Bereits zur gegenwärtigen Gesetzeslage hat das BAG aber betont, dass der Arbeitgeber verpflichtet ist, „ein System einzurichten, mit dem Beginn und Ende und damit die Dauer der Arbeitszeiten einschließlich der Überstunden der Arbeitnehmer ... erfasst werden." Es bestehe eine „objektive gesetzliche Handlungspflicht." Die Erfassung muss aber, so das BAG ausdrücklich, nicht elektronisch erfolgen. Vielmehr könnte diese auch in Papierform erfolgen und die Aufzeichnung auch an den Arbeitnehmer delegiert werden.

Das BAG hat in dieser Entscheidung auch klargestellt, dass aufgrund dieser gesetzlichen Pflicht der Betriebsrat die Einführung eines Systems der (elektronischen) Arbeitszeiterfassung im Betrieb nicht mithilfe der Einigungsstelle erzwingen kann. Ein entsprechendes Mitbestimmungsrecht gem. dem Eingangssatz von § 87 BetrVG besteht nur, wenn und soweit die betriebliche Angelegenheit nicht schon gesetzlich geregelt ist. Dies ist vor dem Hintergrund der BAG-Entscheidung vom 22.8.2017 (1 ABR 24/16) zu sehen. Damals wurde entschieden, dass der Betriebsrat vom Arbeitgeber nicht gerichtlich die Unterlassung von Maßnahmen verlangen kann, die gegen ein Gesetz verstoßen. Zwar hat der Betriebsrat ein Überwachungsrecht gem. § 80 Abs. 1 BetrVG. Dies führt aber nur dazu, dass der Betriebsrat eine Nichtbeachtung oder fehlerhafte Durchführung beim Arbeitgeber beanstanden und auf Abhilfe drängen kann. Anders als beim Bestehen eines Mitbestimmungsrechtes kann der Betriebsrat hier also eine effektive Kontrolle der Arbeitszeit nicht im Beschlussverfahren durchsetzen. Die Umsetzung der BAG-Entscheidung vom 13.9.2021 erfolgt also einerseits über öffentliches Recht durch die Aufsichtsbehörden. Andererseits sagt das BAG, dass bei der konkreten Ausgestaltung der Arbeitszeiterfassung ein Mitbestimmungsrecht nach § 87 Abs. 1 Nr. 7 BetrVG (Arbeits- und Gesundheitsschutz) besteht. Hinsichtlich der hierzu möglicherweise zu bildenden Einigungsstellen hat das LAG Köln entschieden, dass wenn weder Konzernbetriebsrat noch Gesamtbetriebsrat offensichtlich unzuständig sind, zwei Einigungsstellen zur Regelung derselben Angelegenheit eingesetzt werden könnten. Zur Vermeidung divergierender Einigungsstellenbeschlüsse sei es in diesen Fällen angezeigt, jeweils denselben Einigungsstellenvorsitzenden zu bestellen (LAG Köln v. 28.1.2025, Az. 1 TaBV 88/24).

Nach der neuesten Rechtsprechung des EuGH müssen auch Arbeitgeber von Hausangestellten ein System einrichten, mit dem deren tägliche Arbeitszeit gemessen werden kann (EuGH v. 19.12.2024, Az. C 531/23).

II. Gesetzliche Höchstarbeitszeiten

Die werktägliche Arbeitszeit beträgt regulär acht Stunden (§ 3 ArbZG). Dies bedeutet unter Einbeziehung des Samstags als Werktag 48 Wochenstunden. Dabei ist immer zu beachten, dass dies die gesetzlichen Grenzen sind. In der Praxis ist die Arbeitszeit durch Tarifverträge und Einzelarbeitsverträge deutlich geringer. Eine einzelvertragliche Vereinbarung höherer Arbeitszeiten ist unwirksam (LAG Mecklenburg-Vorpommern v. 20.3.2019, Az. 3 Sa 155/18). Arbeitnehmer, die Fahrtätigkeiten im Bereich des Straßentransports ausüben, haben gegen ihren Arbeitgeber einen Anspruch auf Herausgabe der schriftlichen Aufzeichnungen, welche der Arbeitgeber bei Überschreitung der werktäglichen Arbeitszeit von acht Stunden erstellen und aufbewahren muss.

Die Verteilung auf die einzelnen Wochentage muss nicht gleichmäßig sein. Es wäre z. B. zulässig, in einem Arbeitsvertrag eine Arbeitszeit von wöchentlich fünf Tagen mit je neun Arbeitsstunden zu vereinbaren.

Besonders wichtig ist, dass die gesetzlich mögliche Arbeitszeit täglich auf bis zu zehn Stunden und wöchentlich bis zu 60 Stunden ausgedehnt werden kann, wenn innerhalb von sechs Kalendermonaten oder 24 Wochen acht Stunden werktäglich (d. h. 48 Stunden wöchentlich) nicht überschritten werden. Hier sind vielfältige Möglichkeiten der flexiblen Arbeitszeit denkbar. Bei einem Ausgleichszeitraum von 24 Wochen bedeutet dies, dass innerhalb dieser Zeit 1.152 Stunden (acht Stunden × sechs Tage × 24 Wochen) zur Verteilung zur Verfügung stehen. Im Extremfall könnten daher bei einer vereinbarten Arbeitszeit von 48 Stunden an 115 Werktagen zehn Stunden und an einem Werktag zwei Stunden gearbeitet werden, wenn 28 Werktage arbeitsfrei bleiben.

Beispiel:

Mit dem Arbeitnehmer ist eine wöchentliche Arbeitszeit von 36 Wochenstunden vereinbart. Hier wäre eine Arbeitszeit von 86 Arbeitstagen zu zehn Stunden und einem Arbeitstag von vier Stunden möglich (unter Einbezug des Samstags als Werktag). 57 Werktage müssten arbeitsfrei bleiben.

Entscheidend für die Arbeitszeitverteilung sind daher nach dem Arbeitszeitgesetz folgende Faktoren:

- tägliche Höchstarbeitszeit von zehn Stunden,
- wöchentliche Höchstarbeitszeit von 60 Stunden,
- wöchentliche Normalarbeitszeit 48 Stunden,
- Ausgleichszeitraum von sechs Kalendermonaten.

TIPP!

Das Arbeitszeitgesetz verlangt keinen Grund für die unterschiedliche Verteilung der Arbeitszeit. Diese unterliegt, wenn nicht z. B. in einem Tarifvertrag anders geregelt, der freien Vereinbarung.

Der Europäische Gerichtshof hält solche nationalen Regelungen auch für zulässig, sofern gewährleistet ist, dass die durchschnittliche wöchentliche Höchstarbeitszeit von 48 Stunden während jedes auf zwei aufeinanderfolgende feste Bezugszeiträume verteilten Sechsmonatszeitraums eingehalten wird (EuGH v. 11.4.2019, Az. C 254/18).

Die tägliche Höchstarbeitszeit stellt auf den einzelnen Arbeitnehmer ab und nicht auf das jeweilige Arbeitsverhältnis. Hieraus ergibt sich, dass ein Arbeitnehmer beispielsweise auch bei zwei Teilzeitarbeitsverträgen die tägliche Arbeitszeit von zehn Stunden nicht überschreiten darf. Urlaubs- und gesetzliche Feiertage dürfen bei der Berechnung der Höchstarbeitszeit nach dem Arbeitszeitgesetz nicht als Ausgleichstage berücksichtigt werden. Das gilt auch für Urlaubstage, die über den gesetzlichen Mindesturlaub hinaus gewährt werden, sowie für gesetzliche Feiertage, die auf einen Werktag entfallen (BVerwG v. 9.5.2018, Az. 8 C 13.17).

→ *Bereitschaftsdienst* wird grundsätzlich als Arbeitszeit behandelt und kann daher nicht bei den Ruhezeiten berücksichtigt werden. Deshalb sind z. B. im Pflegebereich die im Bereitschaftsdienst erbrachten Arbeitsleistungen mit demselben Mindestentgeltsatz gem. § 2 PflegeArbbV zu vergüten wie Arbeitsleistungen während der Vollarbeitszeit. Das BAG hat entschieden, dass nach Deutschland in einen Privathaushalt entsandte ausländische Betreuungskräfte, soweit nicht der Anwendungsbereich der Verordnung über zwingende Arbeitsbedingungen für die Pflegebranche eröffnet ist, einen Anspruch auf den gesetzlichen Mindestlohn nicht nur für Vollarbeit, sondern auch für Bereitschaftsdienst haben (BAG v. 24.6.2021, Az. 5 AZR 505/20). Jedoch berücksichtigt der Gesetzgeber die u. U. geringere Belastung durch den Bereitschaftsdienst und gestattet es, im Geltungsbereich eines Tarifvertrages oder einer entsprechenden Betriebsvereinbarung die Arbeitszeit auch ohne Ausgleich über acht Stunden hinaus zu verlängern, wenn hierin regelmäßig und in erheblichem Umfang Bereitschaftsdienst oder Arbeitsbereitschaft fällt. Es muss durch besondere Regeln sichergestellt werden, dass die Gesundheit der Arbeitnehmer nicht gefährdet wird. Darüber hinaus muss sich der Arbeitnehmer schriftlich mit der Verlängerung einverstanden erklären.

Ob die Betriebsratstätigkeit Arbeit im Sinne des Arbeitszeitgesetzes ist, hat das Bundesarbeitsgericht noch nicht entschieden. Auch wenn dies nicht der Fall ist, können aus der Betriebsratstätigkeit arbeitszeitrechtliche Konsequenzen folgen. Nimmt etwa ein Betriebsratsmitglied an einer außerhalb seiner persönlichen Arbeitszeit stattfindenden Betriebsratssitzung teil und ist es ihm deswegen unmöglich oder unzumutbar, seine vor oder nach der Betriebsratssitzung liegende Arbeitszeit einzuhalten, so hat es insoweit gemäß § 37 Abs. 2 BetrVG einen Anspruch auf bezahlte Arbeitsbefreiung. Hat es zwischen zwei Nachtschichten an einer Betriebsratssitzung teilzunehmen, ist es berechtigt, die Arbeit in der vorherigen Nachtschicht vor dem Ende der Schicht zu einem Zeitpunkt einzustellen, der eine ununterbrochene Erholungszeit von elf Stunden am Tag ermöglicht, in der weder Arbeitsleistung noch Betriebsratstätigkeit zu erbringen ist (BAG v. 18.1.2017, Az. 7 AZR 224/15).

III. Ruhepausen

Ein Arbeitnehmer kann bis zu sechs Stunden hintereinander ohne Ruhepause beschäftigt werden (§ 4 ArbZG). Bei einer Arbeitszeit von mehr als sechs bis zu neun Stunden muss eine Pausenzeit von 30 Minuten eingehalten werden. Bei einer Arbeitszeit von mehr als neun Stunden besteht eine Pausenzeit von 45 Minuten. Eine Aufteilung der Ruhepausen in Zeitabschnitte von jeweils mindestens 15 Minuten ist möglich, wobei jedoch mindestens nach sechs Stunden eine erneute Pause gewährt werden muss.

Beispiel:

Der Arbeitnehmer hat an einem Arbeitstag zehn Stunden zu arbeiten. Nach sechs Stunden muss ihm spätestens die erste Pause eingeräumt werden. Sie muss mindestens 15 Minuten lang sein. Wird ihm diese erste Pause von 15 Minuten bereits nach zwei Stunden gewährt, muss spätestens nach weiteren sechs Stunden eine weitere eingeräumt werden.

Die Ruhepausen müssen im Voraus feststehen. Dies bedeutet, dass zu Beginn der täglichen Arbeitszeit zumindest ein bestimmter Zeitrahmen feststehen muss, innerhalb dessen der Arbeitnehmer seine Ruhepause in Anspruch nehmen kann. Der Arbeitnehmer muss während der Pause von jeder Arbeitsverpflichtung und auch von der Verpflichtung, sich zur Arbeit bereit zu halten, freigestellt sein. Dies ist nicht gegeben, wenn er binnen zwei Minuten einsatzbereit sein muss (EuGH v. 9.9.2021, Az. C 107/19). Er muss auch grundsätzlich seinen Aufenthaltsort während der Pause frei wählen können, darf also nicht verpflichtet sein, sich an seinem Arbeitsplatz aufzuhalten (LAG Köln v. 16.2.2017, Az. 7 Sa 577/16). Der Arbeitgeber muss auch sicherstellen und kontrollieren, dass die getroffene Regelung eingehalten wird. Ruhepausen können nicht an den Anfang oder das Ende der Arbeitszeit gelegt werden. Nach der neuesten Rechtsprechung des BAG kann es aber der Anforderung des „im Voraus feststehend" auch dann genügen, wenn der Arbeitnehmer jedenfalls zu Beginn der Pause weiß, dass und wie lange er nunmehr zum Zwecke der Erholung Pause hat und frei über die Nutzung dieses Zeitraums verfügen kann. Dies gilt jedenfalls dann, wenn betriebliche Erfordernisse eine flexible Festlegung der Pausen erfordern (BAG v. 21.8.2024, Az. 5 AZR 266/23).

WICHTIG!

Dem Betriebsrat steht ein Mitbestimmungsrecht bei der Lage der Pausen zu. Beachtet der Arbeitgeber dies nicht, muss er nach einer Entscheidung des LAG Köln (v. 26.4.2013, Az. 4 Sa 1120/12 und vom 13.8.2014, Az. 3 Sa 239/14) die Pausen auch dann vergüten, wenn sie § 4 ArbZG entsprechen.

IV. Gesetzliche Ruhezeiten

Von den Pausen, die während der Arbeitszeit zu gewähren sind, muss man die Ruhezeiten unterscheiden. Diese liegen zwischen den einzelnen Arbeitstagen, der Arbeitnehmer geht in dieser Zeit typischerweise nach Hause. § 5 ArbZG geht von einer Mindestruhezeit von elf Stunden aus, die nicht unterbrochen werden darf.

Die Ruhezeit von elf Stunden ist nicht an den Kalendertag gebunden. Sie muss lediglich zwischen zwei Zeiten der Beschäftigung eines Arbeitnehmers liegen. Hat ein Arbeitnehmer mit demselben Arbeitgeber mehrere Arbeitsverträge geschlossen, gilt die tägliche Mindestruhezeit für die Verträge zusammen genommen und nicht für jeden der Verträge für sich genommen (EuGH v. 17.3.2021, Az. C 585/19).

WICHTIG!

Gem. § 14 Abs. 1 ArbZG kann von den genannten Arbeitszeitvorschriften bei Vorliegen eines außergewöhnlichen Falles, der unabhängig vom Willen der Betroffenen eintritt und dessen Folgen nicht anders zu beseitigen sind, sowie in Notfällen abgewichen werden. Beispielhaft nennt das Gesetz das drohende Verderben von Lebensmitteln oder Rohstoffen und das Misslingen von Arbeitsergebnissen. Unter der Voraussetzung, dass dem Arbeitgeber andere Vorkehrungen nicht zugemutet werden können, darf eine verhältnismäßig geringe Zahl von Arbeitnehmern vorübergehend mit solchen Arbeiten beschäftigt werden, deren Nichterledigung das Ergebnis der Arbeiten gefährden oder einen unverhältnismäßigen Schaden zur Folge haben würden. Dies gilt auch bei Forschung und Lehre, bei unaufschiebbaren Vor- und Abschlussarbeiten sowie bei unaufschiebbaren Arbeiten zur Behandlung, Pflege und Betreuung von Personen oder zur Behandlung und Pflege von Tieren an einzelnen Tagen (§ 14 Abs. 2 ArbZG). Diese Ausnahmeregelungen sind natürlich in der Zeit der Corona-Pandemie von besonderer Bedeutung. Sie stellen aber keine Generalerlaubnis dar, zu Pandemiezeiten von den gesetzlichen Vorschriften abzuweichen.

1. Sonderregelung für Gaststätten und Pflegebereich

In bestimmten Betrieben ist eine Verkürzung der Ruhezeit möglich (§ 5 Abs. 2 ArbZG). Dazu gehören:

- Krankenhäuser und andere Einrichtungen zur Behandlung, Pflege und Betreuung, wie z. B. Altenheime, Pflegeheime, Kinder- und Jugendheime,
- Gaststätten,
- Beherbergungsbetriebe,
- Verkehrsbetriebe,
- Rundfunk und Fernsehen,
- Landwirtschaft und Tierhaltung.

Hier kann die Ruhezeit um eine Stunde verkürzt werden. Allerdings muss dann innerhalb eines Kalendermonats oder von vier Wochen ein Ausgleich durch Verlängerung einer anderen Ruhezeit auf mindestens 12 Stunden erfolgen.

Beispiel:

Ein Kellner musste am 15.2. bis 1 Uhr nachts arbeiten. Am nächsten Morgen hatte er ab 11 Uhr wieder Dienst. Die Verkürzung der Ruhezeit um eine Stunde ist zulässig, aber der Arbeitgeber muss ihm entweder im Februar oder in den vier Wochen, die auf den 15.2. folgen, eine mindestens zwölfstündige Ruhezeit gewähren.

Verkürzt der Arbeitgeber die Ruhezeit um weniger als eine Stunde, muss er trotzdem eine mindestens zwölfstündige Ruhezeit gewähren. Er kann aber mehrere kleinere Verkürzungen der Ruhezeit zusammenziehen.

Beispiel:

Im obigen Fall wird die Ruhezeit des Kellners am 15., 16. und 17.2. jeweils um 20 Minuten verkürzt. Hier muss der Arbeitgeber innerhalb des genannten Zeitraums nur insgesamt eine verlängerte Ruhezeit gewähren. Der Ausgleichszeitraum beginnt hier mit dem 15.2. Hat der Arbeitgeber aber nur einmal die Ruhezeit um 20 Minuten verkürzt, muss er sie trotzdem innerhalb dieses Zeitraums um eine Stunde verlängern.

2. Sonderregelungen für Jugendliche

Jugendliche (ab dem 15. Lebensjahr) dürfen nicht mehr als acht Stunden täglich und 40 Stunden pro Woche beschäftigt werden. Anders als bei Erwachsenen gehört die Rufbereitschaft zur Arbeitszeit. Nach dem Ende der täglichen Arbeitszeit dürfen sie nicht vor Ablauf von zwölf Stunden wieder arbeiten (§ 13 JArbSchG). Eine Verkürzung ist nur in Notfällen möglich. Zwischen 20 und 6 Uhr ist eine absolute Nachtruhe zu gewährleisten. Ausnahmen gibt es nur für Jugendliche über 16 Jahren, die

- im Gaststätten- und Schaustellergewerbe bis 22 Uhr,
- in mehrschichtigen Betrieben bis 23 Uhr,
- in der Landwirtschaft ab 5 oder bis 21 Uhr oder
- in Bäckereien und Konditoreien ab 5 Uhr (bei über 17-Jährigen ab 4 Uhr)

beschäftigt werden dürfen.

Auch die Pausenregelung ist für Jugendliche abweichend vom Arbeitszeitgesetz geregelt. Bei einer Arbeitszeit bis zu sechs Stunden müssen mindestens 30 Minuten, ansonsten 60 Minuten gewährt werden. Nach spätestens 4,5-stündiger Beschäftigung muss eine Pause von mindestens 15 Minuten Länge eingeräumt werden. Ausnahmen vom Arbeitszeitschutz sind durch Tarifverträge möglich.

V. Sonderregelungen durch Tarifverträge

Von den Regelungen des Arbeitszeitgesetzes kann durch → *Tarifvertrag* abgewichen werden. Die elfstündige Mindestruhezeit kann auf bis zu neun Stunden verkürzt werden, wenn die Art der Arbeit dies erfordert und diese Kürzung ausgeglichen wird. Wenn also ein Tarifvertrag anwendbar ist, muss immer auch geprüft werden, welche Möglichkeiten dieser eröffnet.

In folgenden weiteren Fällen kommt eine abweichende tarifliche Regelung in Betracht:

- Möglichkeiten der Verlängerung der werktäglichen Arbeitszeit ohne Ausgleich über zehn Stunden werktäglich hinaus, wenn in der Arbeitszeit regelmäßig und in erheblichem Umfang Arbeitsbereitschaft anfällt (auch bei Nachtarbeit). Außerdem muss durch besondere Regelungen im Tarifvertrag oder in einer Betriebs- oder Dienstvereinbarung sichergestellt sein, dass die Gesundheit der Arbeitnehmer nicht gefährdet wird (BAG v. 23.6.2010, Az. 10 AZR 543/09);

- Möglichkeit, einen anderen (längeren) Ausgleichszeitraum festzulegen (z. B. anstelle von sechs Monaten ein Jahr): Dies gilt auch für Nachtarbeit;
- Möglichkeit, in Schichtbetrieben und Verkehrsbetrieben die Ruhepausen auf Kurzpausen von angemessener Dauer aufzuteilen;
- Möglichkeit, den Beginn des siebenstündigen Nachtzeitraumes zwischen 22 und 24 Uhr festzulegen. Verkürzt werden kann der Nachtzeitraum nicht.

WICHTIG!

Auch nicht tarifgebundene Arbeitgeber haben im Geltungsbereich eines Tarifvertrags die Möglichkeit, eine oder mehrere abweichende tarifvertragliche Regelungen durch Betriebsvereinbarungen zu übernehmen (§ 7 Abs. 3 ArbZG).

In Betrieben ohne Betriebsrat kann eine entsprechende Vereinbarung auch in den Einzelarbeitsvertrag aufgenommen werden.

Beispiel:

Der einschlägige Tarifvertrag sieht vor, dass die werktägliche Arbeitszeit über zehn Stunden hinaus verlängert wird, wenn in der Arbeitszeit viel Arbeitsbereitschaft anfällt. Hier kann der Arbeitgeber, der nicht im Arbeitgeberverband ist, eine entsprechende Betriebsvereinbarung abschließen. Besteht kein Betriebsrat, kann er die Vereinbarung auch individuell mit den Arbeitnehmern treffen.

VI. Lage der Arbeitszeit

Die Lage der Arbeitszeit ist selten in den Einzelarbeitsverträgen festgelegt. Typischerweise ist sie Gegenstand von Betriebsvereinbarungen, seltener auch von Tarifverträgen. Es besteht ein Mitbestimmungsrecht des Betriebsrats.

Beispiel:

In einem Betrieb war die Arbeitszeit von 8 bis 16 Uhr festgelegt. Zwischenzeitlich wird ein Betriebsrat gewählt. Der Arbeitgeber möchte die Arbeitszeit um eine halbe Stunde nach hinten verlegen. Er muss hierfür eine Betriebsvereinbarung abschließen und kann dies nicht einseitig tun.

Wenn der Arbeitgeber von der Behörde eine Ausnahmegenehmigung für Sonn- und Feiertagsarbeit erhalten hat (s. hierzu i. E. → *Feiertage, I.1.2*), kann der Betriebsrat dagegen nicht vor dem Verwaltungsgericht vorgehen (Schleswig-Holsteinisches Verwaltungsgericht v. 24.9.2014, Az. 12 A 219/13), jedoch ist eine Gewerkschaft antragsbefugt für einen Normenkontrollantrag gegen eine Rechtsverordnung, die in ihrem Tätigkeitsbereich eine Beschäftigung von Arbeitnehmern an Sonn- und Feiertagen zulässt (BVerwG v. 26.11.2014 zum Hessischen Recht). Ist kein Betriebsrat vorhanden, kann der Arbeitgeber die Lage der Arbeitszeit durch → *Direktionsrecht* bestimmen. Er muss dabei „billiges Ermessen“ im Sinne von § 106 Satz 1 GewO walten lassen. Die Grenzen billigen Ermessens sind gewahrt, wenn der Arbeitgeber bei der Bestimmung der Zeit der Arbeitsleistung nicht nur eigene, sondern auch berechtigte Interessen des Arbeitnehmers angemessen berücksichtigt hat. Er muss auf schutzwürdige familiäre Belange des Arbeitnehmers Rücksicht nehmen, soweit einer vom Arbeitnehmer gewünschten Verteilung der Arbeitszeit nicht betriebliche Gründe oder berechtigte Belange anderer Arbeitnehmer entgegenstehen. Auch bei Anwendung dieser Grundsätze kann die Anordnung von Sonntagsarbeit billigem Ermessen entsprechen, selbst wenn dies fast 30 Jahre lang nicht gemacht wurde. Dies setzt natürlich voraus, dass diese Sonntagsarbeit den gesetzlichen Regeln entspricht.

Erfordert die Verteilung der Arbeitszeit eine personelle Auswahlentscheidung des Arbeitgebers zwischen mehreren Arbeitnehmern, finden die Grundsätze zur sozialen Auswahl im Rahmen einer betriebsbedingten Kündigung keine Anwendung. Der Arbeitgeber ist also deutlich freier in seiner Entscheidung als bei der betriebsbedingten Kündigung, muss aber eine ausgewogene Entscheidung treffen.

VII. Nachtarbeit

1. Begriff

Die Nachtarbeit ist in § 2 ArbZG besonders geregelt:

- Nachtarbeit ist jede Arbeit, die mehr als zwei Stunden der Nachtzeit umfasst (§ 2 Abs. 4 ArbZG).
- Nachtzeit ist die Zeit von 23 bis 6 Uhr (§ 2 Abs. 3 ArbZG).
- Nachtarbeitnehmer sind Arbeitnehmer, die entweder normalerweise Nachtarbeit in Wechselschicht oder Nachtarbeit an mindestens 48 Tagen im Kalenderjahr leisten.

Beispiel:

Bei Schichtende um 1 Uhr oder bei Schichtbeginn um 4 Uhr liegt keine Nachtarbeit vor, da die Schicht nicht mehr als zwei Stunden der Nachtzeit, sondern genau zwei Stunden der Nachtzeit umfasst.

Auch bei Nachtarbeit kann die regelmäßige werktägliche Arbeitszeit von acht Stunden auf zehn Stunden verlängert werden, allerdings wird der Ausgleichszeitraum zum Schutz der Arbeitnehmer deutlich verkürzt. Der Ausgleich muss innerhalb eines Kalendermonats oder innerhalb von vier Wochen erfolgen.

2. Arbeitsmedizinische Untersuchung

Nachtarbeitnehmer haben Anspruch auf eine regelmäßige arbeitsmedizinische Untersuchung vor Beginn der Beschäftigung und danach in Zeitabständen von nicht weniger als drei Jahren (§ 2 Abs. 3 ArbZG). Nach Vollendung des 50. Lebensjahres besteht Anspruch auf eine Untersuchung in Zeitabständen von einem Jahr. Die Kosten sind vom Arbeitgeber zu tragen, wenn dieser nicht die Untersuchungen kostenlos durch einen Betriebsarzt oder überbetrieblichen Dienst anbietet. Eine arbeitsmedizinische Untersuchung muss nur auf Wunsch des Arbeitnehmers durchgeführt werden.

3. Umsetzungsanspruch

Der Arbeitgeber ist nach § 6 Abs. 4 ArbZG zur Umsetzung von Nachtarbeitnehmern auf geeignete Tagesarbeitsplätze verpflichtet, wenn

- nach arbeitsmedizinischer Feststellung die weitere Verrichtung von Nachtarbeit den Arbeitnehmer in seiner Gesundheit gefährdet oder
- im Haushalt des Arbeitnehmers ein Kind unter 12 Jahren lebt, das nicht von einer anderen im Haushalt lebenden Person betreut werden kann, oder der Arbeitnehmer einen schwer Pflegebedürftigen zu versorgen hat, der nicht von einer anderen im Haushalt lebenden Person versorgt werden kann.

4. Nachtarbeit von Schwangeren

Die Zulässigkeit der Nachtarbeit von Schwangeren ist wie folgt geregelt:

Nachtarbeit in der Zeit von 20 bis 22 Uhr; Neben einem Unbedenklichkeitszeugnis des Arztes, dem Ausschluss von Alleinarbeit und der Genehmigung der Aufsichtsbehörde muss sich die Frau ausdrücklich zu dieser Arbeit bereit erklären. Diese Bereitschaft kann die Frau jederzeit mit Wirkung für die Zukunft widerrufen (§ 28 Abs. 1 MuSchG).

TIPP!

Erklärt sich die Schwangere zur Arbeitsleistung in diesem Zeitraum bereit, sollte diese Erklärung unbedingt schriftlich erfolgen. Da die Erklärung jederzeit ohne Einhaltung einer Frist widerrufen werden kann, sollte stets für eine Vertretung gesorgt werden.

WICHTIG!

Nach Antragstellung darf der Arbeitgeber die Schwangere solange in der Zeit von 20 bis 22 Uhr beschäftigen, bis die Behörde den Antrag ablehnt. Lehnt die Aufsichtsbehörde den Antrag nicht innerhalb von sechs Wochen nach Eingang des vollständigen Antrags ab, gilt die Genehmigung als erteilt, was dem Arbeitgeber auf Antrag zu bescheinigen ist. Die Beschäftigung kann vorläufig untersagt werden, soweit dies erforderlich ist, um den Schutz der Gesundheit der Frau oder ihres Kindes sicherzustellen.

Nachtarbeit in der Zeit von 22 bis 6 Uhr: Eine Beschäftigung in der Zeit von 22 bis 6 Uhr ist nur zulässig, wenn die Behörde vorher zustimmt und die sonstigen o. g. Voraussetzungen vorliegen. Die Ausnahmegenehmigung kann die Behörde in „besonders begründeten Einzelfällen" erteilen (§ 29 Abs. 3 Satz 1 Ziff. 1 MuSchG).

5. Ausgleichsanspruch

Nachtarbeitnehmer haben Anspruch auf eine „angemessene" Anzahl bezahlter freier Tage oder einen „angemessenen" Zuschlag (§ 6 Abs. 5 ArbZG). Solche Zuschläge sind häufig in Tarifverträgen geregelt. Die Höhe des angemessenen Nachtzuschlags i. S. v. § 6 Abs. 5 ArbZG richtet sich nach der Gegenleistung, für die sie bestimmt ist. Ein geringerer Ausgleich ist erforderlich, wenn in die Nachtarbeit Arbeitsbereitschaft fällt. Nach der Art der Arbeitsleistung ist auch zu beurteilen, ob der vom Gesetzgeber mit dem Lohnzuschlag verfolgte Zweck, im Interesse der Gesundheit des Arbeitnehmers Arbeit zu verteuern, zum Tragen kommt.

WICHTIG!

Zur Höhe des Zuschlages hat das BAG entschieden, dass regelmäßig 25 % auf den Bruttostundenlohn bzw. die entsprechende Anzahl bezahlter freier Tage angemessen seien (BAG v. 15.7.2020, Az. 10 AZR 123/19). Eine Reduzierung der Höhe des Nachtarbeitsausgleichs komme in Betracht, wenn während der Nachtzeit beispielsweise durch Arbeitsbereitschaft oder Bereitschaftsdienst eine spürbar geringere Arbeitsbelastung besteht. Besondere Belastungen wie etwa Dauernachtarbeit könnten aber zu einem höheren Ausgleichsanspruch führen. In einem solchen Fall erhöht sich der Anspruch regelmäßig auf einen Nachtarbeitszuschlag i. H. v. 30 % bzw. eine entsprechende Anzahl freier Tage (BAG v. 15.7.2020, Az. 10 AZR 123/19). Bei diesen Werten handelt es sich um Richtwerte, nicht um starre Ober- oder Untergrenzen. Sowohl ein höherer als auch ein niedrigerer Nachtarbeitszuschlag kann im Einzelfall angemessen sein (BAG v. 25.5.2022, Az. 10 AZR 230/19). Ein gegenüber dem Regelwert reduzierter Zuschlag (etwa um 10 %) kann jedenfalls dann ausreichend sein, wenn überragende Gründe des Gemeinwohls die Nachtarbeit zwingend erfordern (BAG v. 15.7.2020, Az. 10 AZR 123/19) oder wenn während der Nachtzeit in nicht unerheblichem Umfang Arbeitsbereitschaft anfällt, sofern die Belastung des Nachtarbeitnehmers dadurch spürbar geringer ist, als sonst im Rahmen von Nachtarbeit üblich (BAG v. 25.5.2022, Az. 10 AZR 230/19). Die vorstehenden Grundsätze gelten auch für Zeitungszusteller in Nachtarbeit (BAG v. 14.12.2022, Az. 10 AZR 8/21 (unter diesem Datum gibt es mehrere Parallelentscheidungen) und v. 25.4.2018, Az. 5 AZR 25/17; LAG Hamm v. 27.11.2019, Az. 6 Sa 911/19 – Zuschlag von 30 % angemessen). Eine tarifvertragliche Regelung, die für Nachtarbeit einen Zuschlag von 50 % zum Stundenlohn vorsieht, während Nachtarbeit im Schichtbetrieb lediglich mit einem Zuschlag von 15 % vergütet wird, stellt Nachtschichtarbeitnehmer gegenüber Arbeitnehmern, die außerhalb von Schichtsystemen Nachtarbeit leisten, gleichheitswidrig schlechter (BAG v. 21.3.2018, Az. 10 AZR 34/17, in diesem Sinne auch BAG v. 9.12.2020, Az. 10 AZR 334/20; a. A. für einen anderen Tarifvertrag LAG Niedersachsen v. 8.10.2020, Az. 16 Sa 53/20). Auf eine Vorlage des 10. Senats des BAG hat der EuGH entschieden, dass „mit einer tarifvertraglichen Regelung, die für unregelmäßige Nachtarbeit einen höheren Vergütungszuschlag vorsieht als für regelmäßige Nachtarbeit, die Richtlinie 2003/88/EG des Europäischen Parlaments und des Rates vom 4. November 2003 über bestimmte Aspekte der Arbeitszeitgestaltung nicht im Sinne von Art. 51 Abs. 1 der Charta der Grundrechte der Europäischen Union durchgeführt wird" (EuGH v. 7.7.2022, Az. C-257/21 und C-258/21). Auf dieser europarechtlichen Rechtsprechung aufbauend entschied der 10. Senat am 28.6.2023 wie folgt: „Erhalten Arbeitnehmer, die Wechselschichtarbeit in der Nacht leisten, und Arbeitnehmer, die sonstige Nachtarbeit versehen, dafür unterschiedlich hohe Zuschläge, sind beide Arbeitnehmergruppen miteinander vergleichbar und werden ungleich behandelt (Rn. 35, Rn. 36). Die Ungleichbehandlung von Arbeitnehmern, die Wechselschichtarbeit in der Nacht leisten, gegenüber Arbeitnehmern, die sonstige Nachtarbeit leisten, ist auch nicht durch einen sachlichen Grund gerechtfertigt." (BAG v. 28.6.2023, Az. 10 AZR 471/21). Der Verstoß gegen den Gleichheitssatz habe zur Folge, dass der Arbeitnehmer Anspruch auf Zahlung des höheren Nachtarbeitszuschlags von insgesamt 50 % des Stundengrundentgelts für die von ihm geleistete streitgegenständliche Nachtarbeit hätte. Die gleichheitswidrige Ungleichbehandlung könne für die Vergangenheit nur durch eine Anpassung „nach oben" beseitigt werden. Es kommt aber darauf an, ob im maßgeblichen Tarifvertrag eine Rechtfertigung für die Ungleichbehandlung enthalten ist. Für die Ungleichbehandlung bei der Höhe des Nachtarbeitszuschlags gibt es z. B. einen aus dem Manteltarifvertrag für die Futtermittelindustrie in Niedersachsen und Bremen erkennbaren sachlichen Grund, der diese rechtfertigt (BAG v. 22.3.2023, Az. 10 AZR 482/20). Wenn neben dem Gesundheitsschutz weitere, aus dem Tarifvertrag erkennbare Zwecke verfolgt werden, kommt auch eine Rechtfertigung der Ungleichbehandlung in Betracht. Ein solcher rechtfertigender Zweck kann in dem Ausgleich der zusätzlichen Belastungen aufgrund schlechterer Planbarkeit unregelmäßiger Nachtarbeit liegen (BAG v. 22.3.2023, Az. 10 AZR 332/20). Für gerechtfertigt hat der 10. Senat in seinen Entscheidungen v. 22.3.2023 somit die Unterscheidungen in den folgenden Tarifverträgen gehalten: Manteltarifvertrag für die Futtermittelindustrie in Niedersachsen und Bremen, Manteltarifvertrag für die milchbe- und -verarbeitenden Molkereibetriebe Niedersachsen/Bremen (ohne Weser-Ems), Bundesmanteltarifvertrag für die Angestellten, gewerblichen Arbeitnehmer und Auszubildenden der Süßwarenindustrie, Manteltarifvertrag zwischen dem Verband der Erfrischungsgetränke-Industrie Berlin und Region Ost e. V. und der NGG, Milch-, Käse- und Schmelzkäseindustrie vom 16. März 1989). Ebenso wurde entschieden, dass die Regelungen des Manteltarifvertrags für die Arbeitnehmer in den Brauereien und deren Niederlassungen in Hamburg und Schleswig-Holstein vom 29. Oktober 2005 (MTV) einen angemessenen Ausgleich für die Belastungen durch Wechselschichtarbeit in der Nachtzeit darstellen und Vorrang vor dem gesetzlichen Ausgleichsanspruch nach § 6 Abs 5 ArbZG haben (BAG v. 23.8.2023, Az. 10 AZR 383/20; ebenso der Manteltarifvertrags zwischen NORDMETALL, Verband der Metall- und Elektroindustrie e. V., Hamburg, und der IG Metall, Bezirk Küste, Hamburg, für das Nordwestliche Niedersachsen (Bezirksgruppe Nord-West) vom 3. Juli 2008/8. Februar 2018 in der für das Gebiet Oldenburg bis zum 31. März 2020 maßgeblichen Fassung (MTV), BAG v. 23.8.2023, Az. 10 AZR 108/21).

Dieser BAG-Rechtsprechung folgend hat das LAG Mecklenburg-Vorpommern entschieden, dass die Festsetzung unterschiedlich hoher Zuschläge für regelmäßige und unregelmäßige Nachtarbeit im Manteltarifvertrag Milchwirtschaft Ost vom 15.6.1999 nicht gegen den Gleichheitssatz verstoße, denn eine tarifvertragliche Regelung, die für unregelmäßige Nachtarbeit höhere Zuschläge vorsieht als für regelmäßige Nachtarbeit, verstoße dann nicht gegen den Gleichheitssatz, wenn neben dem Gesundheitsschutz weitere, aus dem Tarifvertrag erkennbare Zwecke verfolgt werden. Ein solcher Zweck kann in dem Ausgleich der zusätzlichen Belastungen aufgrund schlechterer Planbarkeit unregelmäßiger Nachtarbeit liegen (LAG Mecklenburg-Vorpommern v. 15.8.2023, Az. 5 Sa 257/21). Ebenso hat das LAG Nürnberg entschieden für den Tarifvertrag für die Milchindustrie, für das Molkerei- und Käsereigewerbe sowie für die Arbeitnehmer in den Betrieben der Schmelzkäseindustrie in Bayern (LAG Nürnberg v. 22.3.2023, Az. 7 Sa 239/20).

Hinsichtlich eines als firmenbezogener Verbandstarifvertrag geschlossenen Manteltarifvertrags in Thüringen hat das BAG anders entschieden (BAG v. 15.11.2023, Az. 10 AZR 163/23). Hier heißt es, dass die entsprechenden tarifvertraglichen Vorschriften „einer Kontrolle Maßstab des Art. 3 Abs 1 GG nicht standhalten. Arbeitnehmer, die Wechselschichtarbeit in der Nacht oder mehrmalige Nachtarbeit leisten, werden gegenüber Arbeitnehmern, die einmalig Nachtarbeit in der Woche ... leisten, gleichheitswidrig schlechter gestellt. Dem allgemeinen Gleichheitssatz (Art. 3 Abs 1 GG) kann nur dadurch genügt werden, dass der Arbeitnehmer für die im Rahmen von Wechselschichten in der Nacht zwischen 22:00 Uhr und 6:00 Uhr ... geleistete Arbeit ebenso wie ein Arbeitnehmer, der einmalige Nachtarbeit ... leistet, behandelt wird. Er hat ergänzend zu dem gezahlten Nachtarbeitszuschlag ... Anspruch auf einen Zuschlag von weiteren 25 % zu seinem jeweiligen tatsächlichen Stundenentgelt für die von ihm geleisteten Stunden zur tariflichen Nachtzeit." Tarifliche Ausgleichsregelungen vermögen allerdings den gesetzlichen Anspruch nach § 6 Abs 5 ArbZG nur dann zu verdrängen, wenn sie dem Zweck der Norm genügen und die gesundheitlichen Belastungen, die durch Nachtarbeit entstehen, hinreichend kompensieren. Bei der näheren Ausgestaltung angemessener Kompensationsregelungen sind die Tarifvertragsparteien hingegen freier als der unmittelbar an § 6 Abs 5 ArbZG gebundene Arbeitgeber. Ob die Belastungen der Nachtarbeit durch die Regelungen in einem Tarifvertrag hinreichend kompensiert werden und der gesetzliche Ausgleichsanspruch nach § 6 Abs 5 ArbZG somit verdrängt wird, sei nicht im Weg einer Gesamtbetrachtung des persönlichen Geltungsbereichs des Tarifvertrags zu prüfen, sondern anhand der jeweils betroffenen Arbeitnehmergruppe sowie der konkreten Arbeitssituation. Dabei komme es nicht darauf an, ob andere Arbeitnehmer einen höheren Ausgleich bekämen. In den weiteren Orientierungssätzen bezieht sich der 10. Senat ausführlich auf den betreffenden Tarifvertrag. Damit wird deutlich, dass es kein allgemein gültiges Ergebnis für derartige Fälle gibt, sondern jeder Tarifvertrag einer gesonderten rechtlichen Prüfung unterzogen werden muss. Es sind noch mehrere Revisionsverfahren beim 10. Senat anhängig, die sich auf andere Tarifverträge beziehen.

ACHTUNG!

Das Bundesverfassungsgericht hat die Entscheidungen des BAG v. 9.12.2020, Az. 10 AZR 335/20 und v. 22.3.2024, Az. 10 AZR 600/20 aufgehoben und die Rechtsstreitigkeiten an das BAG zurückverwiesen. Die o. g. Rechtsprechung ist daher nur insofern uneingeschränkt noch anwendbar, als sie die tariflichen Regelungen für gerechtfertigt ansieht. Ansonsten muss abgewartet werden, wie diese neue Rechtsprechung des Bundesverfassungsgerichts in der Praxis umgesetzt wird. Die Entscheidung stärkt die Freiräume der Tarifvertragsparteien erheblich. Sie haben einen Einschätzungs-, Wertungs- und Gestaltungsspielraum. Dieser begrenzt die richterliche Kontrolldichte, d. h. die Gerichte können hier nur nach einem eher groben Raster prüfen, ob ein Verstoß gegen den Gleichbehandlungsgrundsatz vorliegt. Je näher die Regelungen im Tarifvertrag an der Kernkompetenz von Arbeitgeberverbänden und Gewerkschaften, nämlich der Regelung von Arbeits- und Wirtschaftsbedingungen liegen, desto größer ist ihr Freiraum dabei. Hier haben die Gerichte nur eine Willkürkontrolle vorzunehmen. Ganz besonders wichtig ist in diesem Zusammenhang, dass die Arbeitsgerichte nicht einfach eine „Anpassung nach oben" vornehmen dürfen, wie das bisher gang und gäbe war. Es obliegt vielmehr zunächst den Tarifvertragsparteien, eine Regelung zu finden, die dem Gleichheitssatz hinreichend Rechnung trägt (BVerfG v. 11.12.2024, Az. 1 BvR 1101/21 und 1422/23). Wie das in der Praxis funktioniert, wird sich zeigen (diese Rechtsprechung ablehnend LAG Berlin-Brandenburg v. 16.5.2025, Az. 12 Sa 1016/24, nicht rechtskräftig, Revision anhängig unter 5 AZR 122/25). Ob diese Entscheidung Auswirkung hat auf die Rechtsprechung bezüglich der Mehrarbeitszuschläge von Teilzeitbeschäftigten muss abgewartet werden. In einer zum Recht der betrieblichen Altersversorgung ergangenen Entscheidung hat das BAG hervorgehoben, dass eine zu beachtende Beschränkung auf eine reine Willkürkontrolle nicht die spezialgesetzlichen Benachteiligungsverbote betrifft (BAG v. 6.5.2025, Az. 3 AZR 65/24 Orientierungssatz 1). Entsprechend hat sich auch die Präsidentin des BAG, Gallner, geäußert (FAZ v. 12.3.2025, S. 17).

Unabhängig von diesen Problemen ist auch die generelle Feststellung des BAG wichtig, wonach der Arbeitgeber gem. § 6 Abs 1 ArbZG verpflichtet ist, die Arbeitszeit der Nacht- und Schichtarbeitnehmer nach den gesicherten arbeitswissenschaftlichen Erkenntnissen über die menschengerechte Gestaltung der Arbeit festzulegen, und dies erfordere, gegebenenfalls durch entsprechende Arbeitszeitmodelle, gesundheitliche Belastungen der Arbeitnehmer durch die Nachtarbeit zu verringern und beispielsweise die besonders belastende Dauernachtarbeit zu vermeiden. Das gelte grundsätzlich auch dann, wenn die Nachtarbeit an sich unvermeidbar ist. Die Frage der Vermeidbarkeit von Dauernachtarbeit ist deshalb bei der Bewertung der Angemessenheit eines Zuschlags nach § 6 Abs 5 ArbZG ein wichtiger zu berücksichtigender Umstand (BAG v. 25.5.2022, Az. 10 AZR 230/19).

VIII. Schichtarbeit

Von Schichtarbeit spricht man dann, wenn die tägliche Arbeitsaufgabe nicht in der üblichen Arbeitszeit von Arbeitnehmern des Betriebs erbracht werden kann und es deshalb notwendig ist, dass andere Arbeitnehmer im unmittelbaren Anschluss an die Arbeit ihrer Kollegen weiterarbeiten. Es arbeiten also nicht alle Arbeitnehmer eines Betriebs zur gleichen Zeit.

In der Praxis gibt es verschiedene Schichtsysteme: Zwei- und Dreischichtsysteme, Schichtsysteme mit Nachtarbeit, aber ohne Wochenendarbeit und solche, bei denen auch am Wochenende gearbeitet wird.

Die Schichtarbeit, die vielfach mit der Nachtarbeit verbunden ist, führt zu vielfältigen Belastungen der Arbeitnehmer. Das Arbeitszeitgesetz sieht daher vor, dass die Arbeitszeit der Schichtarbeiter nach den Erkenntnissen über die menschengerechte Gestaltung der Arbeit festzulegen ist (§ 6 Abs. 1 ArbZG). Daher sehen Tarifverträge regelmäßig Schichtzulagen vor, die solche Belastungen ausgleichen sollen. Diese Wechselschichtzulage darf nicht mit Tariflohnerhöhungen verrechnet werden. Da die Behandlung der Schichtarbeit in den Tarifverträgen sehr unterschiedlich ist, muss der jeweils anwendbare Tarifvertrag herangezogen werden.

Der Betriebsrat hat bei der Einführung von Schichtarbeit und bei der Ausgestaltung ein Mitbestimmungsrecht (§ 87 Abs. 1 Nr. 2 BetrVG). Das bedeutet konkret, dass die vorherige Zustimmung des Betriebsrats vorliegen muss, wenn

- Schichtarbeit eingeführt werden soll,
- die Schichten geändert werden sollen,
- Beginn und Ende der einzelnen Schichten festgelegt werden,
- allgemeine Grundsätze über die Aufstellung eines Schichtplans aufgestellt werden.

Auch bei der Zuweisung von einzelnen Arbeitnehmern zu einer bestimmten Schicht hat der Betriebsrat ein Mitbestimmungsrecht. Anstelle des örtlichen Betriebsrates kann auch der Gesamtbetriebsrat für einen Schichtrahmenplan zuständig sein, wenn der Arbeitgeber in mehreren Betrieben eine Dienstleistung erbringt, deren Arbeitsabläufe technisch-organisatorisch miteinander verknüpft sind.

Wenn kein Betriebsrat vorhanden ist, kann der Arbeitgeber die Schichtarbeit durch Ausübung seines Direktionsrechts anordnen, wenn nicht im Arbeitsvertrag andere Festlegungen der Arbeitszeit getroffen worden sind. Wenn er an einen Tarifvertrag gebunden ist, muss er die dortigen Regelungen beachten.

Ist der Arbeitgeber nicht Mitglied des Arbeitgeberverbands und wurde der Tarifvertrag weder im Einzelvertrag vereinbart noch für allgemein verbindlich erklärt, muss er nur die Grundsätze des sog. billigen Ermessens beachten. Das heißt, dass er bei der Ausgestaltung auch die berechtigten Interessen der betroffenen Arbeitnehmer angemessen berücksichtigen muss, konkret auch deren familiäre Verpflichtungen. Der Arbeitgeber ist aber nicht verpflichtet, einen finanziellen Ausgleich für die mit der Schichtarbeit verbundenen Belastungen zu leisten. Im Gegensatz zur Nachtarbeit muss hier nur dann ein Ausgleich gewährt werden, wenn ein konkret anwendbarer Tarifvertrag oder der Einzelarbeitsvertrag dies vorsieht.

Besonderheiten für die Schichtarbeit ergeben sich bei der Vergütung für → *Feiertage*. Die Aufsichtsbehörde kann kontinuierlichen Schichtbetrieb und bei Bau- und Montagestellen längere Arbeitszeiten als zehn Stunden pro Tag genehmigen. Voraussetzung ist aber, dass dadurch zusätzliche Freischichten geschaffen werden.

Bei der Beschäftigung von Jugendlichen darf die Schichtzeit höchstens zehn Stunden betragen, in Gaststätten, der Landwirtschaft, der Tierhaltung und auf Bau- und Montagestellen elf Stunden. Im Bergbau unter Tage ist die Schichtzeit auf acht Stunden begrenzt. Zur Schichtzeit gehören, anders als bei der Arbeitszeit, auch die Pausen.

IX. Gleitzeit/Arbeitszeitkonto

Das Gesetz lässt in dem oben beschriebenen Rahmen einen erheblichen Spielraum für Arbeitszeitmodelle, die von einem starren System abweichen. Diese Regelungen können durch Tarifvertrag getroffen werden. Fehlt ein solcher, kommt auch eine Betriebsvereinbarung in Betracht. Wenn diese Betriebsvereinbarung aufgrund eines Tarifvertrages abgeschlossen wurde, gestattet das Arbeitszeitgesetz (§§ 7 und 12 ArbZG) auch Abweichungen vom Gesetz zulasten der Arbeitnehmer (s. o. unter V.). Auch eine einzelvertragliche Regelung ist möglich, allerdings besteht ein Mitbestimmungsrecht des Betriebsrats (§ 87 Abs. 1 Nr. 2 BetrVG). Es besteht eine sehr große Fülle möglicher Regelungen. Ihnen gemeinsam ist, dass der Arbeitgeber gem. § 16 Abs. 2 ArbZG verpflichtet ist, die über die Regelarbeitszeit von acht Stunden pro Tag hinausgehende Arbeitszeit aufzuzeichnen und die Aufzeichnungen mindestens zwei Jahre lang aufzubewahren hat. Dies gilt auch bei einer sog. Vertrauensarbeitszeit. Aufbau und Abbau eines Arbeitszeitkontos können jeweils eigenen Regeln folgen. Bereitschaftszeiten können z. B. beim Abbau eines Arbeitszeitkontos auch dann als Arbeitszeit abzurechnen sein, wenn sie zuvor beim Ansparen des Arbeitszeitguthabens nicht berücksichtigt worden sind. Im Bereich des Straßentransports bestimmt § 21a Abs. 7 Satz 2 ArbZG, dass dem Arbeitnehmer eine Kopie der Aufzeichnungen auszuhändigen ist. Hierauf kann auch im Rahmen einer Stufenklage geklagt werden (BAG v. 28.8.2019, Az. 5 AZR 428/18).

WICHTIG!

Regelungen über ein Arbeitszeitkonto müssen klar und eindeutig getroffen werden. Die größte Rechtssicherheit bieten schriftliche Regelungen entweder in einer Betriebsvereinbarung oder im Arbeitsvertrag. Fehlen solche, muss der Arbeitgeber den Abschluss und den Inhalt einer Vereinbarung über ein Arbeitszeitkonto beweisen. Kann er das nicht, läuft er Gefahr, für Zeiten der Nichtbeschäftigung Vergütung auch für nicht geleistete Arbeit unter dem Gesichtspunkt des Annahmeverzuges zahlen zu müssen.

Der Arbeitgeber bleibt auch dann für die Umsetzung der gesetzlichen und tariflichen Vorgaben hinsichtlich der Arbeitszeitgestaltung verantwortlich, wenn er mit seinen Arbeitnehmern vereinbart, dass sie die Arbeitszeit entsprechend den betrieblichen Anforderungen und Abläufen nach eigenem Ermessen gestalten können. Der Arbeitgeber hat keine Befugnis, einseitig den Abbau von Zeitguthaben anzuordnen, wenn in der Betriebsvereinbarung eine Vertrauensarbeitszeit vereinbart worden ist. Eine Tarifnorm, die dem Arbeitgeber untersagt, am 24. und am 31. Dezember Arbeitsleistung im Umfang von mehr als sechs Stunden zu fordern, begründet für sich genommen hinsichtlich der ausfallenden Arbeitsstunden weder eine Vergütungspflicht des Arbeitgebers noch einen Anspruch des Arbeitnehmers auf eine Arbeitszeitgutschrift.

Innerhalb der Grenzen des ArbZG und ggf. der tarifvertraglichen Bestimmungen können die Parteien des Arbeitsvertrages die Länge der Arbeitszeit frei vereinbaren. Bei Fehlen einer ausdrücklichen Teilzeitvereinbarung ist ein Vollzeitarbeitsverhältnis zustande gekommen (zu den Einzelheiten s. → *Teilzeit*). Dabei sind vertragliche Bandbreitenregelungen zulässig, wonach die Arbeitszeit um bis zu 25 % erhöht werden kann, wenn betriebliche Gründe hierfür vorliegen. Die Vergütung erhöht sich entsprechend. Eine arbeitsvertragliche Regelung, in der sich der Arbeitgeber das Recht vorbehält, den Umfang der wöchentlichen Arbeitszeit innerhalb einer bestimmten Spannbreite einseitig festzulegen, hält einer Inhaltskontrolle nur stand, wenn die maximal abrufbare Arbeitszeit die geschuldete Mindestarbeitszeit um nicht mehr als 25 % übersteigt und die Gründe für die Festlegung in der Regelung bezeichnet sind (LAG Berlin-Brandenburg v. 16.10.2014, Az. 21 Sa 903/14).

Aufbewahrungs- und Aufzeichnungspflichten

I. Begriff

Für Unternehmen gibt es arbeitsrechtliche sowie im Handelsgesetzbuch (§ 257 HGB) und der Abgabenordnung (§ 147 AO) geregelte Aufbewahrungsfristen. Als Arbeitgeber haben Unternehmen sowohl im laufenden Arbeitsverhältnis als auch nach dessen → *Beendigung* verschiedene Aufbewahrungs- und Aufzeichnungspflichten, die steuerrechtlicher, sozialversicherungsrechtlicher (siehe hierzu auch das im selben Verlag erschienene Lexikon für das Lohnbüro) und auch arbeitsrechtlicher Natur sind.

Im laufenden Arbeitsverhältnis müssen verschiedene Daten über die persönlichen und beruflichen Verhältnisse des Arbeitnehmers zur → *Personalakte* genommen werden. Nach der → *Beendigung des Arbeitsverhältnisses* sollten Unterlagen unbedingt dann aufbewahrt werden, wenn mit einer Geltendmachung von Ansprüchen durch den Arbeitnehmer noch gerechnet werden muss (→ *Ausschlussfrist*).

ACHTUNG!

Seit Inkrafttreten der Datenschutzgrundverordnung (DSGVO) am 25.5.2018 gilt, dass Unternehmen personenbezogene Daten löschen müssen, wenn sie für die zuvor festgelegten Zwecke (z. B. zur Erhebung zur Geltendmachung, Ausübung und Verteidigung von Rechtsansprüchen), für die sie erhoben oder verarbeitet wurden, nicht mehr notwendig sind. Auch gesetzliche Aufbewahrungspflichten können die Speicherung personenbezogener Daten nach der DSGVO erlauben.

Nach der DSGVO gilt auch, dass Unternehmen dem Bewerber bei Eingang der Unterlagen neben Angaben zum Verarbeitungszweck auch die Dauer des Aufbewahrungszeitraums – beispielsweise mithilfe einer automatischen Eingangsbestätigung – mitteilen müssen (Art. 13 Abs. 2a DSGVO). Die Speicherung darf zwar im Rahmen eines Bewerbungsverfahrens weiterhin auch nach der DSGVO und dem neuen Bundesdatenschutzgesetz (BDSG-neu) zweckgebunden erfolgen. Ist die Stelle jedoch besetzt, müssen die Informationen der abgelehnten Bewerber grundsätzlich gelöscht werden. Unternehmen dürfen aber aufgrund der Gefahr von Klagen nach dem Allgemeinen Gleichbehandlungsgesetz auch nach der neuen Rechtslage die Daten so lange aufbewahren, wie sie mit Auseinandersetzungen rechnen müssen. Bewerbungsunterlagen von abgelehnten Bewerbern sollten daher mindestens zwei Monate (§ 15 Abs. 4 AGG) lang aufbewahrt werden, um im Falle einer Geltendmachung von Entschädigungs- und/oder Schadensersatzansprüchen einen fehlenden Verstoß gegen das Benachteiligungsverbot nachweisen zu können. Ob eine zeitlich darüber hinausgehende Aufbewahrung zulässig ist, ist grundsätzlich noch nicht geklärt, wird aber für einen Zeitraum zwischen zwei und sechs Monaten im Schrifttum für zulässig erachtet. Eine gerechtfertigte Aufbewahrungsfrist dürfte allerdings bei höchstens drei Monaten liegen. Das Recht für eine längere Aufbewahrung kann das Unternehmen mit einer schriftlichen Einwilligungserklärung des Bewerbers einholen, die dieser aber jederzeit widerrufen kann.

Sonstige Unterlagen, die im Rahmen des Arbeitsverhältnisses erstellt wurden, sollten vernichtet werden, wenn sie dem Arbeitgeber nicht aufbewahrungswürdig erscheinen.

ACHTUNG!

Nach § 14 TzBfG darf ein Arbeitgeber ohne Sachgrund eine zulässige Befristung des Arbeitsverhältnisses nur dann vereinbaren, wenn mit diesem Arbeitnehmer erstmals ein Arbeitsverhältnis begründet wird. Auch wenn Arbeitnehmer Offenbarungspflichten treffen, sollten arbeitgeberseits Unterlagen über die Begründung von Arbeitsverhältnissen (z. B. auch eine Beschäftigung als Werksstudent) auch nach dessen Beendigung möglichst lange aufbewahrt werden, damit später ggf. geprüft werden kann, ob es sich tatsächlich um eine Neuanstellung handelt.

II. Gesetzliche Aufbewahrungs- und Aufzeichnungspflichten

Den Arbeitgeber treffen im Einzelnen folgende Aufbewahrungs- und Aufzeichnungspflichten mit den jeweils dazu genannten Fristen:

1. Arbeitsrecht

Es gibt keine gesetzliche Aufbewahrungsfrist für allgemeine Personalunterlagen wie für Inhalte des Arbeitsvertrages, vor allem für Arbeitszeugnisse, ferner für Zusatzvereinbarungen, die im Kontext des Arbeitsvertrages geschlossen werden. Diese sind so lange aufzubewahren, wie Ansprüche aus dem Arbeitsvertrag zugunsten von Beschäftigten noch resultieren können. Dies betrifft aktiv Beschäftigte als auch ehemalige. Hier verjähren die Ansprüche regelmäßig in drei Jahren (§ 195 BGB).

Aufzeichnungspflichten bezogen auf die Arbeitszeit hängen von einer entsprechenden gesetzlichen Regelung ab. Diese existiert bislang aber nicht. Es existiert lediglich die Entscheidung des BAG vom 13.9.2022 (1 ABR 22/21).

Die Art, wie Unternehmen ihre Unterlagen aufbewahren, ist regelmäßig freigestellt. So ist es möglich, die Unterlagen in Papierform abzuheften, oder – um Platz zu sparen – digital zu scannen. Unterlagen im Original müssen nur aufgehoben werden, sofern hierfür in den zugrunde liegenden Regeln eine ausdrückliche Anweisung enthalten ist.

▸ Sonn- und Feiertagsbeschäftigung im Handel und Dienstleistungsgewerbe (§§ 21, 22 LadSchlG). Hier sind die Belege u. a. mit den Namen der Beschäftigten der zuständigen Aufsichtsbehörde vorzulegen oder zur Einsicht zuzusenden.	bis zum Ablauf eines Jahres nach der letzten Eintragung
▸ Verzeichnis der beschäftigten Jugendlichen, u. a. Name, Geburtsdatum, Beschäftigungsbeginn (§§ 49, 50 JArbSchG)	bis zum Ablauf von zwei Jahren nach der letzten Eintragung
▸ Verzeichnisse und Unterlagen über werdende Mütter, u. a. Name, Beschäftigungsart und -zeiten (§ 27 Abs. 3, 5 MuSchG)	bis zum Ablauf von zwei Jahren nach der letzten Eintragung
▸ Überschreitungen der werktäglichen → *Arbeitszeit* von 8 Stunden nach § 3 Satz 1 Arbeitszeitgesetz (§ 16 Abs. 2 ArbZG)	zwei Jahre
▸ Beitragsrelevante Unterlagen zur betrieblichen Altersversorgung (§ 11 Abs. 2 BetrAVG)	sechs Jahre
▸ Handelsbücher und sonstige in § 257 Abs. 1 Nr. 1 und Nr. 4 HGB genannte Unterlagen	zehn Jahre
▸ Handelsbriefe und sonstige in § 257 Abs. 1 Nr. 2 und Nr. 3 HGB aufgeführte Unterlagen	sechs Jahre
▸ Aufzeichnungspflichten nach § 17 Abs. 1 MiLoG: Beginn, Ende und Dauer der Arbeitszeit (für Arbeitnehmer, die nach § 8 Abs. 1 SGB IV oder in den in § 2a des Schwarzarbeitsbekämpfungsgesetzes genannten Wirtschaftsbereichen oder -zweigen beschäftigt werden)	zwei Jahre
▸ Pflicht zur Aufbewahrung (§ 17 Abs. 2 MiLoG) der für die Kontrolle der Einhaltung der Verpflichtungen nach § 20 i. V. m. § 2 MiLoG erforderlichen Unterlagen	für die gesamte Dauer der tatsächlichen Beschäftigung, mindestens für die Dauer der gesamten Werk- oder Dienstleistung, insgesamt jedoch nicht länger als zwei Jahre

ACHTUNG!

Die Aufzeichnungspflichten nach § 17 Abs. 1, 2 MiLoG gelten für Arbeitgeber, die Arbeitnehmer nach § 8 Abs. 1 SGB IV oder in den in § 2a des Schwarzarbeitsbekämpfungsgesetzes genannten Wirtschaftsbereichen oder -zweigen beschäftigen. Auf Grundlage des § 17 Abs. 3 MiLoG wurde im Dezember 2014 erstmalig eine Mindestlohndokumentationspflichtenverordnung (MiLoDokV) erlassen, die die Pflichten zur schriftlichen Anmeldung nach § 16 Abs. 1 oder 3, zur Abgabe einer Versicherung nach § 16 Abs. 2 oder 4 sowie zur Erstellung und zum Bereithalten von Dokumenten nach § 17 Abs. 1 und 2 MiLoG beschränkt. Diese Pflichten gelten danach nicht für Arbeitnehmer, deren verstetigtes regelmäßiges Bruttomonatsentgelt 2.784,– Euro überschreitet. Der Arbeitgeber muss diese Summe in den letzten vollen zwölf Monaten nachweislich gezahlt haben. Zeiten ohne Anspruch auf Arbeitsentgelt bleiben bei der Berechnung des Zeitraums von zwölf Monaten unberücksichtigt. Bei leitenden Angestellten muss der Arbeitgeber seine nach § 16 Abs. 2 ArbZG bestehenden Verpflichtungen zur Aufzeichnung der Arbeitszeit und zur Aufbewahrung dieser Aufzeichnungen tatsächlich erfüllt haben. Einzelheiten zum MiLoG finden sich unter dem Stichwort → *Vergütung*.

WICHTIG!

Ergibt sich für die gleichen Unterlagen nach einer weiteren Norm eine längere Aufbewahrungsfrist, so ist diese maßgeblich.

Der Arbeitgeber ist über sein → *Direktionsrecht* auch berechtigt, Aufzeichnungspflichten auf den Arbeitnehmer zu übertragen, z. B. das Führen eines Fahrtenbuchs bei Außendienstmitarbeitern oder die Verpflichtung, Überschreitungen der zulässigen werktäglichen → *Arbeitszeit* aufzuzeichnen und aufzubewahren.

Folgende Dokumente sollten Unternehmen im Original aufbewahren: Arbeitsverträge (§ 2 NachwG), befristete Arbeitsverträge (§ 14 Abs. 4 TzBfG), Arbeitsverträge mit nachvertraglichen Wettbewerbsverboten (§ 74 Abs. 1 HGB), Aufhebungsverträge und Kündigungsschreiben (§ 623 BGB) sowie Dokumente zur Arbeitnehmerüberlassung zwischen Verleiher und Entleiher (§ 12 Abs. 1 Satz 1 AÜG).

WICHTIG!

Der EuGH stellte mit Urteil vom 14.5.2019 (C-55/18) die Verpflichtung von Arbeitgebern zur Erfassung der vollständigen Arbeitszeit (Beginn bis Ende) der Arbeitnehmer abweichend von § 16 Abs. 2 ArbZG fest. Aufgrund dieser Rechtsprechung wird der deutsche Gesetzgeber reagieren und das nationale Arbeitszeitgesetz unter Nutzung der vom EuGH belassenen Möglichkeiten zunächst anpassen müssen. Dies können und sollten Arbeitgeber zulässigerweise abwarten, bevor sie Maßnahmen einleiten. Bis zur nationalstaatlichen Umsetzung drohen keine Bußgelder durch die Aufsichtsbehörden.

Dem EuGH folgend hat das BAG am 13.9.2022 (1 ABR 22/21) entschieden, dass die Unternehmen verpflichtet sind, aus dem Gesichtspunkt des Arbeitsschutzes ein System der Zeiterfassung einzuführen. Dies bedeutet, dass Beginn, Ende der Arbeitszeit und auch die Pausen nachhaltig gemacht werden müssen. Der Gesetzgeber wird im Jahr 2024 entscheiden, wie lange die entsprechenden Daten aufzubewahren sind.

Des BAG hat die Entscheidung als Judikative getroffen und dem Gesetzgeber einen entsprechenden legislatorischen „Auftrag" erteilt. Zwar hat das BMAS einen ersten Entwurf im Jahr 2023 veröffentlicht, der Bundesgesetzgeber ist der Aufforderung des BAG, die Arbeitszeiterfassung zu normieren, bislang jedoch nicht gefolgt.

2. Lohnsteuerrecht

▶ Lohnberechnungsunterlagen (§ 147 Abs. 3 i. V. m. § 147 Abs. 1 Nr. 1, 4 und 4a AO)	zehn Jahre
▶ Lohnkonto und die dazugehörigen Belege (§ 41 Abs. 1 Satz 9 EStG)	Ablauf des 6. Kalenderjahres, das auf die zuletzt eingetragene Lohnzahlung erfolgt

Dokumente zum Steuerrecht in der Personalakte sollten sechs Jahre lang aufbewahrt werden. Das Einkommensteuergesetz schreibt vor, dass bei einer Lohnsteueraußenprüfung Einsicht in die steuerrechtlich relevanten Bestandteile der Personalakten zu geben ist (§§ 42 f. EStG). So soll sichergestellt werden, dass die Unternehmen ordnungsgemäß die Beiträge zur Sozialversicherung, den Solidaritätszuschlag, die Kirchensteuer und die Lohnsteuer abführen.

3. Sozialversicherungsrecht

▶ Lohnunterlagen sowie Beitragsberechnungsunterlagen (§ 28f Abs. 1 SGB IV i. V. m. der Beitragsüberwachungsverordnung)	Für jeden Beschäftigten getrennt nach Kalenderjahr bis zum Ablauf des auf die letzte Betriebsprüfung (§ 28p SGB IV) folgenden Kalenderjahres
▶ Aufzeichnung über gezahlte Entgelte in der Künstlersozialversicherung (§ 28 KSVG)	fünf Jahre nach Ablauf des Kalenderjahres, in dem die Entgelte fällig geworden sind

III. Verstöße/Rechtsfolgen

Aufbewahrungspflichten sind Teil der Buchführungspflichten für Unternehmen. Erfüllt der Arbeitgeber seine Aufzeichnungs- und Aufbewahrungspflichten, z. B. durch eine mangelhafte Archivierung der Unterlagen, nicht bzw. nicht vollständig, kommen abhängig von den jeweils einschlägigen Rechtsgrundlagen Auflagen, aber auch – u. U. erhebliche – Bußgelder in Betracht.

Aufhebungsvertrag

I. Begriff und Abgrenzung

Unter einem Aufhebungsvertrag versteht man eine Vereinbarung, durch die das Arbeitsverhältnis beendet wird. Im Gegensatz zu einer → *Kündigung*, die einseitig erfolgt, setzt der Abschluss eines Aufhebungsvertrags übereinstimmende Erklärungen von Arbeitgeber und Arbeitnehmer voraus.

Geht dem Aufhebungsvertrag eine Kündigung voraus, spricht man auch von einem „Abwicklungsvertrag".

Eine weitergehende Bedeutung hat die begriffliche Unterscheidung jedoch nicht, sodass die folgenden Erläuterungen für beide gelten, sofern in den nachfolgenden Ausführungen nicht ausdrücklich unterschieden wird.

Von einem Aufhebungs- oder Abwicklungsvertrag zu unterscheiden ist die einseitige Verzichtserklärung des Arbeitnehmers auf Erhebung einer Kündigungsschutzklage (sog. „Ausgleichsquittung"). Unterzeichnet ein Arbeitnehmer eine vom Arbeitgeber außerhalb eines Aufhebungsvertrags oder eines (Prozess-)Vergleichs vorformulierte „Ausgleichsquittung", kommt seiner etwaigen Willenserklärung allenfalls die Bedeutung eines deklaratorischen negativen Schuldanerkenntnisses zu (BAG v. 23.10.2013, Az. 5 AZR 135/12).

ACHTUNG!

Verzichtet ein Arbeitnehmer im unmittelbaren Anschluss einer Arbeitgeberkündigung ohne Gegenleistung in einem ihm vom Arbeitgeber vorgelegten Formular auf die Erhebung einer Kündigungsschutzklage (z. B. „Kündigung akzeptiert und mit Unterschrift bestätigt. Auf Klage gegen die Kündigung wird verzichtet."), ist dieser Verzicht regelmäßig gem. § 307 Abs. 1 Satz 1 BGB wegen unangemessener Benachteiligung des Arbeitnehmers unwirksam (BAG v. 6.9.2007, Az. 2 AZR 722/06). Wird jedoch eine Gegenleistung vereinbart, kann der Klageverzicht wirksam sein. Die vom Arbeitgeber in einem Abwicklungsvertrag übernommene Verpflichtung, dem Arbeitnehmer ein Zeugnis mit einer überdurchschnittlichen Leistungs- und Führungsbeurteilung zu erteilen, stellt jedoch keinen ausreichenden Vorteil dar, der geeignet wäre, die mit dem Verzicht auf die Erhebung einer Kündigungsschutzklage verbundene unangemessene Benachteiligung auszugleichen (BAG v. 24.9.2015, Az. 2 AZR 347/14).

II. Zustandekommen

1. Angebot/Annahme

Wie jede andere Vereinbarung setzt auch der Aufhebungsvertrag die Annahme eines konkreten Vertragsangebots voraus. Eine → *Kündigung* stellt grundsätzlich kein Angebot zum Abschluss eines Aufhebungsvertrags dar, sodass deren einfache Hinnahme auch nicht als Vertragsannahme gewertet werden kann. Wird aus einer schriftlichen Kündigung jedoch der Wille des Kündigenden deutlich, dass er das Arbeitsverhältnis unter allen Umständen beenden will, so ist nach der Rechtsprechung eine Umdeutung in ein Aufhebungsangebot möglich. Der Kündigungsempfänger muss dieses dann aber ausdrücklich (und seit dem 1.5.2000 auf dem Kündigungsschreiben schriftlich) annehmen, damit ein Aufhebungsvertrag zustande kommt.

Die sog. Ausgleichsquittung, auf der ein Arbeitnehmer – meist im Zusammenhang mit dem Erhalt seiner Arbeitspapiere – einseitig bestätigt, dass er „keine Rechte aus dem Arbeitsverhältnis und seiner Beendigung" mehr hat, reicht zur Beendigung des Arbeitsverhältnisses oder zum Verzicht auf → *Kündigungsschutz* **nicht** aus. Die Erklärung eines Arbeitnehmers, auf Kündigungsschutz zu verzichten, kann aber je nach Lage des Falls und der korrespondierenden Erklärung des Arbeitgebers einen Aufhebungsvertrag, einen Vergleich, einen (vertraglichen) Klageverzicht oder ein Klagerücknahmeversprechen darstellen. In jedem Fall ist nach Auffassung des BAG für einen wirksamen Klageverzicht die Einhaltung der in § 623 BGB vorgeschriebenen Schriftform erforderlich. Eine Klageverzichtsvereinbarung muss daher zwingend von beiden Arbeitsvertragsparteien unterzeichnet sein (s. u. 2.). Dies gilt jedenfalls, wenn die Klageverzichtsvereinbarung im unmittelbaren zeitlichen und sachlichen Zusammenhang mit dem Ausspruch einer Kündigung steht (BAG v. 19.4.2007, Az. 2 AZR 208/06).

Beispiel:

Eine nach einer betriebsbedingten Kündigung vom Arbeitgeber übersandte schriftliche Abwicklungsvereinbarung, die die Wirksamkeit der Kündigung bestätigt und Abfindungsansprüche enthält, die in Abhängigkeit von der Restdauer des Arbeitsverhältnisses gestaffelt und konkret beziffert sind, ist als bindender Antrag im Sinne von § 145 BGB auszulegen, wenn der Arbeitgeber um Rücksendung eines vom Arbeitnehmer unterzeichneten Exemplars der Abwicklungsvereinbarung bittet. Äußert der Arbeitnehmer in Beantwortung eines solchen Antrags, dass er „grundsätzlich an einer Abwicklungsvereinbarung interessiert" sei, „jedoch nicht um jeden Preis und auch nicht im Ungewissen über die Höhe der Abfindung und der Modalitäten", ist dies unter Berücksichtigung von § 150 Abs. 2 BGB als Ablehnung der angebotenen Abwicklungsvereinbarung anzusehen (LAG Rheinland-Pfalz v. 19.1.2023, Az. 5 Sa 135/22).

ACHTUNG!

In diesen Fällen sieht das BAG grundsätzlich eine tatsächliche Vermutung dafür gegeben, dass die Klageverzichtsvereinbarung von dem Arbeitgeber vorformuliert und deren Verwendung erkennbar für eine Vielzahl von Fällen vorgesehen ist, sodass die gesetzlichen Regelungen über Allgemeine Geschäftsbedingungen Anwendung finden. Dies ist nur dann nicht der Fall, wenn eine Vertragsbedingung von dem Arbeitgeber inhaltlich ernsthaft zur Disposition gestellt wird und dem Verhandlungspartner eine Gestaltungsfreiheit zur Wahrung eigener Interessen mit der realen Möglichkeit, die inhaltliche Ausgestaltung der Vertragsbedingungen zu beeinflussen, verbleibt. Dies wiederum setzt voraus, dass der Arbeitgeber deutlich und ernsthaft zu gewünschten Änderungen der zutreffenden Vereinbarung bereit ist. Findet wegen der formularmäßigen Verwendung von Allgemeinen Geschäftsbedingungen eine Inhaltskontrolle durch das Arbeitsgericht statt, stellt der ohne Gegenleistung erklärte, formularmäßige Verzicht des Arbeitnehmers auf die Erhebung einer Kündigungsschutzklage eine unangemessene Benachteiligung i. S. v. § 307 Abs. 1 Satz 1 BGB dar, was wiederum zur Unwirksamkeit der Klageverzichtsvereinbarung führt (BAG v. 6.9.2007, Az. 2 AZR 722/06). Auch wenn der Klageverzicht in einem Aufhebungsvertrag erklärt wird und eine Gegenleistung erfolgt, kann dieser eine unangemessene Benachteiligung darstellen und unwirksam sein, wenn er zur Vermeidung einer vom Arbeitgeber angedrohten außerordentlichen Kündigung geschlossen wird und ein verständiger Arbeitgeber die angedrohte Kündigung nicht ernsthaft in Erwägung ziehen durfte (vgl. BAG v. 12.3.2015, Az. 6 AZR 82/14).

TIPP!

Erfolgt also eine Klageverzichtserklärung auf einem Formular, sollte der Arbeitgeber dieses Formular ebenfalls unterzeichnen und eine Gegenleistung für den Verzicht mit in die Regelung aufnehmen. Eine solche Gegenleistung sollte über einen Symbolcharakter hinausgehen.

2. Form

Aufhebungsverträge sind gem. § 623 BGB nur wirksam, wenn sie schriftlich geschlossen wurden. Dies bedeutet, dass ein Aufhebungsvertrag auf (mindestens) einer Urkunde von Arbeitgeber (bzw. einer kündigungsberechtigten Person) und Arbeitnehmer **eigenhändig** unterzeichnet sein muss. Kopien, Stempel, Faksimiles, E-Mails oder Telefaxschreiben reichen hierzu ebenso wenig aus, wie ein originalschriftlicher Schriftwechsel, auf dem jeweils nur eine Unterschrift der Parteien erfolgt ist. Ein gerichtlich protokollierter Vergleich, der die vertraglichen Erklärungen beider Parteien beinhaltet, ersetzt die gesetzliche Schriftform (§§ 126 Abs. 3, 127a BGB). Dies gilt nach der Rechtsprechung des BAG auch für Vergleiche, die im schriftlichen Verfahren durch richterlichen Beschluss nach § 278 Abs. 6 ZPO zustande gekommen sind (BAG v. 23.11.2006, Az. 6 AZR 394/06).

Zusätzliche Formerfordernisse können sich aus Tarifvertrag, Betriebsvereinbarung oder Arbeitsvertrag ergeben. Die Vereinbarung geringerer als der gesetzlichen Formerfordernisse ist unzulässig.

ACHTUNG!

Wird gegen das gesetzliche Schriftformerfordernis verstoßen, ist der Aufhebungsvertrag unwirksam.

Für Abwicklungsverträge gilt das gesetzliche Schriftformerfordernis zwar nicht, da die Beendigung des Arbeitsverhältnisses aufgrund einer (schriftlichen) Kündigung eintritt; dennoch wird unbedingt eine schriftliche Vereinbarung empfohlen.

3. Beteiligung des Betriebsrats

Im Gegensatz zu einer → *Kündigung* muss bei Abschluss eines Aufhebungsvertrags der Betriebsrat **nicht** beteiligt bzw. angehört werden. Der Aufhebungsvertrag kann also grundsätzlich ohne Mitwirkung des Betriebsrats abgeschlossen werden. Nur für den Fall, dass die Entlassung im Rahmen einer Betriebsänderung im Sinne des Betriebsverfassungsgesetzes erfolgt, ist der Betriebsrat zu beteiligen (zu den Einzelheiten → *Betriebsänderung*).

ACHTUNG!

Auch im Falle eines sog. unechten Abwicklungsvertrages, bei dem die Parteien von vornherein eine Kündigung mit anschließendem Abwicklungsvertrag vereinbaren, um sozialversicherungsrechtliche Nachteile für den Arbeitnehmer zu vermeiden, muss der Betriebsrat gem. § 102 BetrVG zur Kündigung angehört werden (BAG v. 28.6.2005, Az. 1 ABR 25/04).

Beabsichtigt ein Arbeitgeber eine Massenentlassung (→ *Kündigung*), muss er bei der Ermittlung der maßgeblichen Anzahl der zu entlassenden Arbeitnehmer auch solche mitzählen, mit denen ein Aufhebungsvertrag geschlossen wird oder werden soll. Andernfalls läuft der Arbeitgeber Gefahr, die Anzahl der zu entlassenden Arbeitnehmer nicht richtig zu ermitteln und damit u. U. die Unwirksamkeit der beabsichtigten Kündigungen herbeizuführen. Der Aufhebungsvertrag selbst bleibt aber wirksam, auch wenn keine Massenentlassungsanzeige erfolgt ist.

4. Fürsorge- und Belehrungspflichten

Grundsätzlich kann der Aufhebungsvertrag mit dem Arbeitnehmer frei verhandelt werden. Ein Aufhebungsvertrag ist jedoch unwirksam, wenn er unter Missachtung des Gebots fairen Verhandelns zustande gekommen ist (BAG v. 7.2.2019, Az. 6 AZR 75/18). Nach § 241 Abs. 2 BGB kann das Schuldverhältnis nach seinem Inhalt jeden Teil zur Rücksicht auf die Rechte, Rechtsgüter und Interessen des anderen Teils verpflichten. Der Inhalt der Rücksichtnahmepflichten kann nicht in einem abschließenden Katalog benannt werden, sondern ist anhand der Umstände des Einzelfalls zu bestimmen (vgl. z. B. BAG v. 24.10.2018, Az. 10 AZR 69/18; BAG v. 27.6.2017, Az. 9 AZR 576/15). Dies gilt auch bei Vertragsverhandlungen, bei denen die Parteien durchaus gegenläufige Interessen haben können. § 241 Abs. 2 BGB zwingt nicht zu einer Verleugnung der eigenen Interessen, sondern zu einer angemessenen Berücksichtigung der Interessen der Gegenseite. So obliegt dem Arbeitgeber beispielsweise zwar keine allgemeine Pflicht, die Vermögensinteressen des Arbeitnehmers wahrzunehmen. Nach § 241 Abs. 2 BGB kann der Arbeitgeber aber verpflichtet sein, von sich aus geeignete Hinweise zu geben bzw. entsprechende Aufklärung zu leisten (BAG v. 21.12.2017, Az. 8 AZR 853/16). Erteilt er Auskünfte, müssen diese richtig, eindeutig und vollständig sein (vgl. BAG 15.12.2016, Az. 6 AZR 578/15).

ACHTUNG!

Der Arbeitgeber darf den Arbeitnehmer insbesondere nicht unter Androhung einer Kündigung, die ein vernünftig denkender Arbeitgeber (z. B. wegen offensichtlicher Unwirksamkeit) nicht aussprechen würde, zum Abschluss eines Aufhebungsvertrags zwingen oder ihn über vertragswesentliche Umstände täuschen, da der Aufhebungsvertrag sonst wegen Drohung oder arglistiger Täuschung angefochten werden kann (§ 123 BGB) (BAG v. 6.12.2001, Az. 2 AZR 396/00; vgl. auch LAG Rheinland-Pfalz v. 21.1.2016, Az. 4 Sa 180/15; LAG Berlin-Brandenburg v. 31.3.2021, Az. 23 Sa 1381/20 bei Androhung einer außerordentlichen Kündigung nach Ablauf der Zwei-Wochen-Frist). Dies gilt selbst dann, wenn die Drohung von einem Vorgesetzten ausgeht, der selbst nicht kündigungsberechtigt ist (BAG v. 15.12.2005, Az. 6 AZR 197/05). Die Widerrechtlichkeit einer Drohung wird auch nicht durch eine dem Arbeitnehmer vom Arbeitgeber eingeräumte Bedenkzeit beseitigt.

Für die Frage des Vorliegens einer Drohung im Sinne des § 123 Abs. 1 BGB kommt es allein darauf an, ob der Arbeitgeber für den Fall der Nichtunterzeichnung eines Aufhebungsvertrages widerrechtlich die Kündigung oder ein sonstiges zukünftiges Übel ausdrücklich oder schlüssig in Aussicht stellt und hierdurch das Gebot fairen Verhandelns verletzt. Wer in solcher Weise keine Aussage zu einer möglichen Kündigung oder einem sonstigen Übel trifft, droht nicht. Das Unterlassen einer Klarstellung gegenüber dem Arbeitnehmer, er müsse keine Konsequenzen für den Bestand seines Arbeitsverhältnisses fürchten, stellt keine Drohung im Sinne des § 123 Abs. 1 BGB dar. Anders als im Falle einer arglistigen Täuschung durch Unterlassen aufgrund einer bestehenden Rechtspflicht zur Aufklärung gibt es das Rechtsinstitut einer Drohung durch Unterlassen nicht (LAG Hamm v. 9.6.2011, Az. 15 Sa 410/11). Die Drohung des Arbeitgebers mit einer – außerordentlichen – Kündigung ist nicht widerrechtlich, wenn der Arbeitgeber eine solche Kündigung ernsthaft in Erwägung ziehen durfte. Dies gilt nicht, wenn nach Abwägung der Umstände des Einzelfalls davon ausgegangen werden muss, dass eine solche Kündigung der arbeitsgerichtlichen Überprüfung mit hoher Wahrscheinlichkeit nicht standhalten würde. Entsprechendes gilt für die Drohung mit einer Strafanzeige, soweit sie nur dazu dient den Täter zur Schadenswiedergutmachung zu veranlassen. Hinsichtlich der Widerrechtlichkeit der Drohung ist auch hier darauf abzustellen, ob ein verständiger Arbeitgeber die Erstattung der Strafanzeige ernsthaft in Erwägung gezogen hätte (BAG v. 24.2.2022, Az. 6 AZR 333/21). Die Unterbreitung eines „jetzt und heute" anzunehmenden Aufhebungsangebots ohne Zulassung von Bedenkzeit, Rücktritts- oder Widerrufsrechten führt nicht generell zur Unwirksamkeit eines Aufhebungsvertrags. Es entspricht grundsätzlich dem gesetzlichen Leitbild des § 147 Abs. 1 Satz 1 BGB, wonach ein Angebot unter Anwesenden in der Regel nur sofort angenommen werden kann (BAG v. 24.2.2022, Az. 6 AZR 333/21). Ein Aufhebungsvertrag ist jedoch unwirksam, wenn er unter Missachtung des Gebots fairen Verhandelns zustande gekommen ist (BAG v. 7.2.2019, Az. 6 AZR 75/18 m. w. N.). Eine Verhandlungssituation ist dann als unfair zu bewerten, wenn eine psychische Drucksituation geschaffen oder ausgenutzt wird, die eine freie und überlegte Entscheidung des Vertragspartners erheblich erschwert oder sogar unmöglich macht. Dies kann durch die Schaffung besonders unangenehmer Rahmenbedingungen, die erheblich ablenken oder sogar den Fluchtinstinkt wecken, geschehen (vgl. die Konstellation bei LAG Thüringen v. 10.9.1998, Az. 5 Sa 104/97). Denkbar ist auch die Ausnutzung einer objektiv erkennbaren körperlichen oder psychischen Schwäche oder unzureichender Sprachkenntnisse. Die Nutzung eines Überraschungsmoments kann ebenfalls die Entscheidungsfreiheit des Vertragspartners beeinträchtigen (Überrumpelung). Letztlich ist die konkrete Situation im jeweiligen Einzelfall am Maßstab des § 241 Abs. 2 BGB zu bewerten und von einer bloßen Vertragsreue abzugrenzen (BAG v. 7.2.2019, Az. 6 AZR 75/18 m. w. N.).

Für eine von der Drohung nicht mehr maßgeblich beeinflusste Willensbildung spricht es, wenn der anfechtende Arbeitnehmer eine Bedenkzeit dazu genutzt hat, die zwischen den Parteien getroffene Vereinbarung durch aktives Verhandeln erheblich zu seinen Gunsten zu beeinflussen, insbesondere wenn er selbst rechtskundig ist oder zuvor Rechtsrat eingeholt hat bzw. aufgrund der Dauer der eingeräumten Bedenkzeit dies hätte tun können. Kommt – nach objektivem Verständnis eines vernünftig denkenden Arbeitgebers – tatsächlich eine Kündigung in Betracht, darf der Arbeitgeber dies selbstverständlich in den Verhandlungen über einen Aufhebungsvertrag zum Ausdruck bringen. Hat der Arbeitgeber bereits gekündigt und kommt später ein gerichtlicher Vergleich über die Beendigung des Arbeitsverhältnisses zustande, kann der Arbeitnehmer eine Anfechtung wegen widerrechtlicher Drohung jedenfalls nicht mit der vorausgegangenen Kündigung begründen; insoweit lag im Zeitpunkt des Zustandekommens des Vergleichs keine Drohung mehr vor (BAG v. 23.11.2006, Az. 6 AZR 394/06).

Eine arglistige Täuschung i. S. d. § 123 BGB setzt voraus, dass der Täuschende durch Vorspiegelung oder Entstellung von Tatsachen beim Erklärungsgegner einen Irrtum erregt und ihn hierdurch zum Abschluss des Aufhebungsvertrages veranlasst hat. Die Äußerung subjektiver Werturteile genügt hierfür nicht. Sofern ein Aufhebungsvertrag in einer Situation abgeschlossen wird, in der einerseits eine durch den Gläubigerausschuss manifestierte Stilllegungsabsicht bestand, zugleich aber deutlich gemacht wird, dass ein Investor gesucht wird, liegt regelmäßig keine arglistige Täuschung über die Fortführung des Betriebs vor (LAG Hamburg v. 16.12.2014, Az. 4 Sa 40/14). Als Grund für eine Anfechtung eines Aufhebungsvertrages bei gleichzeitigem Angebot eines anderen Arbeitsplatzes reicht es auch nicht aus, wenn sich der Arbeitnehmer ohne Täuschungshandlung oder Verletzung von Aufklärungspflichten des Arbeitgebers falsche Vorstellungen von diesem anderen Arbeitsplatz und den dortigen Arbeitsbedingungen gemacht hat (LAG Berlin-Brandenburg v. 11.3.2016, Az. 9 Sa 2236/15). Ein Prozessvergleich kann nur mit Erfolg nach § 123 Abs. 1 Alt. 1 BGB angefochten werden, wenn die arglistige Täuschung durch den Anfechtungsgegner für die Annahmeerklärung des Anfechtenden kausal geworden ist. Das ist nicht der Fall, wenn der Anfechtende im Zeitpunkt der vermeintlichen Täuschung dem Vergleich bereits unwiderruflich zugestimmt hatte (BAG v. 20.6.2024, Az. 2 AZR 156/23).

Da der Abschluss eines Aufhebungsvertrags (wie auch der eines Abwicklungsvertrages) auf Seiten des Arbeitnehmers zu Problemen beim anschließenden Bezug von Arbeitslosengeld führen kann (Sperrzeit oder Ruhen des Anspruchs auf Arbeitslosengeld, s. u. IV.3.), stellt sich die Frage, ob der Arbeitgeber ihn hierauf hinweisen muss. Eine Aufklärung ist jedenfalls dann erforderlich, wenn

- der Arbeitgeber den Abschluss des Aufhebungsvertrags veranlasst hat und er beim Arbeitnehmer den Eindruck erweckt, er werde bei der Beendigung des Arbeitsvertrags auch dessen Interessen wahrnehmen, oder
- der Arbeitgeber erkennt, dass der Arbeitnehmer sich über die möglichen Folgen des Abschlusses eines Aufhebungsvertrags nicht im Klaren ist, oder
- der Arbeitnehmer über die möglichen Folgen eines Aufhebungsvertrags Fragen stellt, die der Arbeitgeber zutreffend beantworten muss.

Nach der Rechtsprechung des BAG hat der Arbeitgeber seine Hinweispflicht jedenfalls dann erfüllt, wenn er dem Arbeitnehmer mitteilt, dass er u. U. mit der Verhängung einer Sperrzeit zu rechnen habe und ihn auffordert, sich hierüber selbst bei der Agentur für Arbeit zu erkundigen. Unterlässt der Arbeitgeber diesen Hinweis, bleibt der Aufhebungsvertrag zwar wirksam (er ist auch nicht anfechtbar), der Arbeitnehmer kann aber ggf. Schadensersatz in Höhe des entgangenen Arbeitslosengelds beanspruchen.

TIPP!

Der Arbeitgeber sollte den Arbeitnehmer vor Abschluss eines Aufhebungsvertrags dazu auffordern, sich wegen möglicher Ansprüche auf Arbeitslosengeld und Sperr- oder Ruhenszeiten vorab bei der Agentur für Arbeit zu erkundigen.

ACHTUNG!

Mangels einer Bindungswirkung arbeitsgerichtlicher Entscheidungen oder arbeitsgerichtlicher Vergleiche für das sozialgerichtliche Verfahren müssen die Sozialgerichte von Amts wegen selbst prüfen, ob der Arbeitnehmer durch ein arbeitsvertragswidriges Verhalten gem. § 144 Abs. 1 Satz 2 Nr. 1 SGB III Anlass für eine Kündigung gegeben hat (vgl. BSG v. 6.3.2003, Az. B 11 AL 69/02; BSG v. 27.4.2011, Az. B 11 AL 11/11 B). Dies bedeutet, dass z. B. die Vereinbarung einer betriebsbedingten Kündigung statt einer verhaltensbedingten in einem arbeitsgerichtlichen Abwicklungsvergleich keine Gewähr dafür bietet, dass keine Sperr- oder Ruhenszeit verhängt wird.

Aus Beweisgründen sollte der Arbeitgeber sich die Belehrung vom Arbeitnehmer auf einem gesonderten Schreiben oder im Aufhebungsvertrag selbst bestätigen lassen.

Formulierungsbeispiel:

„Der Arbeitnehmer bestätigt, auf etwaige Nachteile, die ihm durch den Abschluss des vorliegenden Aufhebungsvertrags beim Bezug von Arbeitslosengeld entstehen können, vom Arbeitgeber hingewiesen worden zu sein."

ACHTUNG!

Seit 1.7.2003 ist der Arbeitgeber gesetzlich dazu verpflichtet, Arbeitnehmer frühzeitig vor der Beendigung des Arbeitsverhältnisses über die Notwendigkeit eigener Aktivitäten bei der Suche nach einer anderen Beschäftigung sowie über die Verpflichtung zur Meldung der Beendigung bei der zuständigen Agentur für Arbeit innerhalb der gesetzlichen Fristen gem. § 38 SGB III zu informieren.

Diese Belehrung sollte bereits mit der Kündigungserklärung schriftlich erfolgen. Soll das Arbeitsverhältnis durch Aufhebungsvertrag oder Abwicklungsvertrag beendet werden, sollte die Belehrung in den Vertragstext mit aufgenommen werden.

Formulierungsbeispiel:

„Der Arbeitnehmer wurde darüber informiert, dass er gegenüber der Agentur für Arbeit verpflichtet ist, Eigenaktivitäten bei der Suche nach einer anderen Beschäftigung zu entfalten und dass er der zuständigen Agentur für Arbeit das Ende des Beschäftigungsverhältnisses unverzüglich, spätestens innerhalb von drei Tagen nach Unterzeichnung dieses Vertrages mitteilen muss. Der Arbeitnehmer wurde darauf hingewiesen, dass die verspätete Meldung bei der Agentur für Arbeit zu Kürzungen beim Bezug von Arbeitslosengeld führen kann."

Fraglich ist auch, ob der Arbeitgeber den Arbeitnehmer darauf hinweisen muss, dass gerade Verhandlungen mit dem Betriebsrat über den Abschluss eines Sozialplans geführt werden. Das BAG hat in seiner Entscheidung vom 22.4.2004 (BAG v. 22.4.2004, Az. 2 AZR 281/03) klargestellt, dass eine Hinweispflicht nur dann in Betracht kommt, wenn der Arbeitnehmer dem Sozialplan unterfallen und durch diesen besser gestellt worden wäre als durch den Aufhebungsvertrag. In dem der Entscheidung zugrunde liegenden Fall hat das BAG dies verneint, da der Arbeitnehmer gar nicht (betriebsbedingt) kündbar gewesen wäre.

ACHTUNG!

Spiegelt der Arbeitgeber dem Arbeitnehmer wahrheitswidrig vor, dass der Betrieb stillgelegt werden solle, obwohl tatsächlich ein Betriebsübergang geplant ist, so kann dies – wegen Umgehung des § 613a BGB (s. „Betriebsübergang") – ohne Weiteres zur Unwirksamkeit eines Aufhebungsvertrages führen (BAG v. 23.11.2006, Az. 8 AZR 349/06).

Im Übrigen ist es grundsätzlich Sache des Arbeitnehmers, sich selbst über die rechtlichen Folgen eines Aufhebungsvertrags Klarheit zu verschaffen (so z. B. auch über den möglichen Verlust einer Versorgungsanwartschaft).

5. Widerrufsrecht gemäß § 355 BGB

Bestimmte Neuregelungen der am 1.1.2002 in Kraft getretenen und ab 1.1.2003 für alle Verträge geltenden Schuldrechtsmodernisierung schützen in besonderer Weise den „Verbraucher". Das Bundesarbeitsgericht hat mittlerweile klargestellt, dass es sich auch bei einem arbeitsrechtlichen Aufhebungsvertrag um einen Verbrauchervertrag i. S. d. § 310 Abs. 3 BGB handelt (BAG v. 24.2.2016, Az. 5 AZR 258/14), der Arbeitnehmer aber seine Einwilligung zum Abschluss eines arbeitsrechtlichen Aufhebungsvertrags nicht gemäß § 355 BGB widerrufen kann, da der systematische Zusammenhang der verbraucherrechtlichen Widerrufsvorschriften für derartige Sachverhalte nicht gegeben ist (BAG a. a. O.).

III. Inhalt

Der Aufhebungsvertrag sollte über die Auflösung des Arbeitsverhältnisses hinaus sämtliche Aspekte regeln, die sich aus der Beendigung ergeben.

ACHTUNG!

Seit 1.1.2002 findet grundsätzlich auch auf Aufhebungsverträge das Recht der Allgemeinen Geschäftsbedingungen Anwendung. Zu den Anwendungsvoraussetzungen und den sich hieraus möglicherweise ergebenden Rechtsfolgen s. → *Arbeitsvertrag V.3.* Insbesondere ist darauf zu achten, dass die Klauseln des Aufhebungsvertrags nicht überraschend sind und keine Zweifel an deren Regelungsinhalt bleiben. Die nachfolgenden Formulierungsvorschläge sollten unbedingt daraufhin überprüft werden, ob sie im Einzelfall auch tatsächlich passen. Im Zweifelsfall sollte fachkundiger Rat bei einem versierten Arbeitsrechtler eingeholt werden.

1. Beendigungszeitpunkt und -art, Beendigungsgrund

Die Überlegungen, wann das Arbeitsverhältnis aufgehoben bzw. beendet werden soll, sind vielseitig. So hat der Arbeitgeber in der Regel Interesse an einer möglichst schnellen Aufhebung, da er angesichts der bevorstehenden Beendigung des Arbeitsverhältnisses Loyalitätseinbußen auf Seiten des Arbeitnehmers befürchtet. Andererseits kann es für den Arbeitgeber aber auch interessant sein, einen hochqualifizierten Arbeitnehmer noch möglichst lange an das bis zur Beendigung des Arbeitsverhältnisses bestehende vertragliche → *Wettbewerbsverbot* zu binden, um ihn so von der Konkurrenz fernzuhalten.

Für den Arbeitnehmer hängt die Frage des Beendigungszeitpunkts in erster Linie davon ab, ob und zu welchem Zeitpunkt er mit dem Beginn eines neuen Arbeitsverhältnisses rechnet. Hat er bereits eine neue Stelle, wird er an einer schnellen Aufhebung interessiert sein; muss er sich erst noch bewerben, wird er den Zeitpunkt der Beendigung hinauszögern wollen. In jedem Fall sollte die einschlägige Kündigungsfrist eingehalten werden, da der Arbeitnehmer andernfalls mit erheblichen Nachteilen im Zusammenhang mit dem Bezug von Arbeitslosengeld rechnen muss (s. u. IV.3.).

Etwas anderes gilt, wenn der Arbeitnehmer während der Kündigungsfrist bereits einen neuen Arbeitsplatz antreten kann. Für diesen Fall kann ein Aufhebungsvertrag die Möglichkeit vorsehen, dass der Arbeitnehmer sein vorzeitiges Ausscheiden (vor dem festgelegten Beendigungstermin) erklärt. Da sich der Arbeitgeber im Fall des vorzeitigen Ausscheidens Gehälter und Nebenleistungen spart, wird in diesem Zusammenhang oftmals eine entsprechende (oder anteilige) Erhöhung der Abfindung vorgesehen. Wird eine derartige vorzeitige Beendigung durch einseitige Arbeitnehmererklärung im Aufhebungsvertrag vorgesehen, ist allerdings darauf zu achten, dass diese Erklärung dann auch den zwingenden Formvorschriften gem. § 623 BGB – also der gesetzlichen Schriftform – entspricht (BAG v. 17.12.2015, Az. 6 AZR 709/14). Andernfalls tritt die vorzeitige Beendigungswirkung nicht ein und das Arbeitsverhältnis endet erst zu dem im Aufhebungsvertrag vorgesehenen Beendigungszeitpunkt.

ACHTUNG!

Wird der Beendigungszeitpunkt in einem Aufhebungsvertrag so spät festgesetzt, dass die einschlägige Kündigungsfrist um ein Vielfaches überschritten wird, so kann hierin eine nachträgliche Befristung des Arbeitsverhältnisses gesehen werden. Diese ist nur zulässig, sofern ein sachlicher Grund vorliegt. Wird nach Zugang einer ordentlichen Arbeitgeberkündigung vor Ablauf der Klagefrist eine Beendigung des Arbeitsverhältnisses mit einer Verzögerung von zwölf Monaten vereinbart, so handelt es sich dabei in der Regel nicht um eine nachträgliche Befristung des Arbeitsverhältnisses, sondern um einen Aufhebungsvertrag, wenn nach der Vereinbarung keine Verpflichtung zur Arbeitsleistung bestehen soll (= „Kurzarbeit Null") und zugleich Abwicklungsmodalitäten wie Abfindung, Zeugniserteilung und Rückgabe von Firmeneigentum geregelt werden (BAG v. 15.2.2007, Az. 6 AZR 286/06). Insbesondere die unwiderrufliche Freistellung von der Arbeitsleistung im Aufhebungsvertrag macht unmissverständlich deutlich, dass eine Weiterbeschäftigung des Arbeitnehmers und mithin eine befristete Arbeitsverlängerung gerade nicht erwünscht ist (vgl. LAG Köln v. 21.11.2019, Az. 7 Sa 342/19).

Die Art der Beendigung spielt für den Arbeitnehmer ebenfalls eine erhebliche Rolle. So muss er mit sozialversicherungsrechtlichen Nachteilen (s. u. IV.3.) rechnen, wenn das Arbeitsverhältnis auf seine Veranlassung (sei es durch verhaltensbedingte Gründe oder durch eigenen Aufhebungswunsch) endet. Schließlich sollte der im Aufhebungsvertrag angegebene Beendigungsgrund auch „zeugnistauglich" sein. Daher empfiehlt sich folgende Formulierung:

Formulierungsbeispiel:

„Die Parteien sind sich darüber einig, dass das seit .... bestehende Arbeitsverhältnis durch ordentliche, betriebsbedingte Arbeitgeberkündigung vom .... zum .... endet/geendet hat."

2. Abfindung

In der Regel findet eine einvernehmliche Aufhebung des Arbeitsverhältnisses nur gegen Zahlung einer Abfindung (= Entschädigung wegen des Arbeitsplatzverlusts) statt.

ACHTUNG!

Neben der in einem Aufhebungs-/Abwicklungsvertrag frei zu vereinbarenden Abfindung kann ein gesetzlicher Abfindungsanspruch des Arbeitnehmers bestehen. Ein solcher kann sich ergeben aus:

- **§ 1a KSchG (Abfindungsanspruch bei betriebsbedingter Kündigung; s. hierzu „→ *Kündigungsschutz*" *A.III.4.*);**
- **§§ 9, 10 KSchG (Abfindungsanspruch bei gerichtlicher Auflösung des Arbeitsverhältnisses);**
- **§ 113 BetrVG i. V. m. § 10 KSchG (Abfindungsanspruch bei → *Betriebsänderungen*; s. hierzu „→ *Betriebsänderung*" *IV.1.*);**
- **§ 112 BetrVG i. V. m. Sozialplan (Abfindungsanspruch bei → *Betriebsänderungen*; s. hierzu „→ *Betriebsänderung*" *III.4.*).**

Der Arbeitgeber sollte vor der Aufnahme von Verhandlungen über eine Abfindung unbedingt überprüfen, ob dem Arbeitnehmer ein solcher Abfindungsanspruch zusteht. Ist dies der Fall, wird sich der Arbeitnehmer i. d. R. nur dann auf einen Aufhebungs-/Abwicklungsvertrag einlassen, wenn die vertragliche Abfindung den gesetzlichen Anspruch übersteigt.

Bei der Festlegung der Abfindung in einem Aufhebungs-/Abwicklungsvertrag sind folgende Aspekte zu beachten:

2.1 Höhe

Die Höhe der Abfindung bemisst sich üblicherweise nach folgender Faustformel:

Jahre der Betriebszugehörigkeit × 0,5 bis 1 Monatsgehalt

Wenn bereits ein Kündigungsschutzverfahren beim Arbeitsgericht anhängig ist, sollten die Prozessaussichten (also die Wahrscheinlichkeit, ob die → *Kündigung* wirksam ist oder nicht) mit etwaigen Zu- oder Abschlägen berücksichtigt werden.

Ist die Kündigung offensichtlich wirksam (z. B. weil der Arbeitnehmer nachweislich, wiederholt und unter Missachtung vorangegangener Abmahnungen grob gegen seine arbeitsvertraglichen Pflichten verstoßen hat), wird der Arbeitgeber keine oder nur eine geringe Abfindung zu zahlen brauchen. Der Abschluss eines Aufhebungsvertrags kann dann für ihn nur den Sinn haben, schnell und ohne gerichtliche Auseinandersetzungen eine Beendigung des Arbeitsverhältnisses herbeizuführen. Andererseits können natürlich auch moralische Aspekte eine Rolle spielen, wenn etwa ein langjährig beschäftigter Mitarbeiter aus betriebsbedingten Gründen entlassen werden soll, sodass die Abfindung sozusagen als Dank für seine Loyalität auch dann in voller Höhe versprochen wird, wenn seine Prozesschancen als äußerst ungünstig eingestuft werden.

Ist die Kündigung hingegen offensichtlich unwirksam (weil z. B. der Betriebsrat nicht ordnungsgemäß angehört wurde), sollte der Arbeitgeber jedenfalls bis zur Höchstgrenze der oben genannten Formel gehen. Führt das arbeitsgerichtliche Verfahren nämlich nach möglicherweise jahrelanger Dauer zu dem (vorhersehbaren) Ergebnis, dass die Kündigung unwirksam ist, müssen u. U. dem Arbeitnehmer sämtliche Bezüge nachgezahlt werden (→ *Kündigung*). Gerade in der Begrenzung oder Vermeidung dieses Risikos liegt oftmals der Grund für den Abschluss eines Aufhebungsvertrags, mit dem sich der Arbeitnehmer jedoch in der Regel nur dann einverstanden erklärt, wenn ihm eine angemessene Abfindung gezahlt wird.

Ferner kann die Frage einer (bezahlten) Freistellung des Arbeitnehmers wesentlichen Einfluss auf die Abfindungshöhe haben. Die oben genannte Faustformel gilt für den Fall, dass der Arbeitnehmer bis zum vereinbarten Beendigungszeitpunkt seine Arbeitsleistung erbringt. Wird er für mehr als einen Monat – unter Fortzahlung seiner Bezüge – freigestellt, wird sich dies üblicherweise abfindungsmindernd auswirken. Etwas anderes gilt, wenn und soweit der Arbeitnehmer in den Freistellungszeitraum Resturlaubs- und/oder Freizeitausgleichsansprüche einbringt. Die Abgeltung derartiger Ansprüche durch eine Freistellung sollte nicht zu einer Minderung der Abfindung führen.

WICHTIG!

Ist die Höhe einer Abfindung (Entlassungsentschädigung) in einem Sozialplan festgelegt, muss sich der Arbeitgeber hieran halten, um Nachforderungen zu vermeiden. Ein Verzicht des Arbeitnehmers auf Ansprüche aus dem Sozialplan ist nur mit Zustimmung des Betriebsrats wirksam.

2.2 Formulierung

Um Unklarheiten über die Bestimmung der einmaligen Abfindungszahlung zu vermeiden, sollte die vertragliche Regelung eindeutig sein.

Formulierungsbeispiel:

„Anlässlich der Beendigung des Arbeitsverhältnisses zahlt der Arbeitgeber dem Arbeitnehmer für den Verlust des Arbeitsplatzes eine einmalige Abfindung gemäß §§ 9, 10 KSchG in Höhe von € ....“

Grundsätzlich wird die Abfindung mit dem vereinbarten Beendigungstermin zur Zahlung fällig. Abweichend oder ergänzend hierzu können auch andere Zahlungsbedingungen vereinbart werden, z. B.:

Formulierungsbeispiel:

„Der vorbenannte Abfindungsbetrag ist an den Arbeitnehmer bis spätestens .... auszubezahlen.“

ACHTUNG!

Die Zustimmung des Arbeitnehmers zur Beendigung des Arbeitsverhältnisses steht grundsätzlich im Gegenseitigkeitsverhältnis zu der Verpflichtung des Arbeitgebers zur Zahlung einer Abfindung. Zahlt der Arbeitgeber eine in einem Aufhebungsvertrag geregelte Abfindung nicht, kann der Arbeitnehmer grundsätzlich gemäß § 323 Abs. 1 BGB vom Aufhebungsvertrag zurücktreten, es sei denn, dass der Anspruch auf Zahlung (z. B. wg. Insolvenz) nicht durchsetzbar ist (vgl. BAG v. 10.11.2011, Az. 6 AZR 357/10).

2.3 Steuerrecht

Die Steuerfreiheit für Abfindungen wegen Auflösung des Arbeitsverhältnisses (§ 3 Nr. 9 EStG) sowie für Übergangsgelder und Übergangsbeihilfen wegen Entlassung aus dem Arbeitsverhältnis (§ 3 Nr. 10 EStG) ist seit 1.1.2006 aufgehoben. Daher unterliegen Abfindungen in voller Höhe dem Lohnsteuerabzugsverfahren. Entsprechendes gilt, wenn das Arbeitsverhältnis auf Veranlassung des Arbeitnehmers beendet wurde. Damit der Arbeitgeber vor einer nachträglichen Inanspruchnahme durch das Finanzamt geschützt ist und Missverständnisse über den Charakter der Abfindungszahlung (Brutto oder Netto) vermieden werden, sollte die Frage des Lohnsteuerabzugs im Aufhebungsvertrag selbst klar geregelt werden.

Formulierungsbeispiel:

„Die Parteien sind sich darüber einig, dass der Arbeitgeber bei der Auszahlung der vorbenannten Abfindung Lohnsteuer in Abzug bringt. Sollte das zuständige Finanzamt aufgrund dieser Vereinbarung Lohn- bzw. Kirchensteuer von dem Arbeitgeber nachfordern, so wird der Arbeitnehmer diesen – nach Vorlage eines entsprechenden Nachweises – unverzüglich von seiner Verbindlichkeit freistellen bzw. die vom Arbeitgeber gezahlte Lohn- und Kirchensteuer erstatten.“

Jedenfalls sollte klargestellt werden, wer die anfallende Lohn- und Kirchensteuer trägt.

Formulierungsbeispiel:

„Auf die Abfindung anfallende Lohn- oder Kirchensteuer wird vom [*wahlweise:* Arbeitgeber oder Arbeitnehmer] getragen.“

Wenn die Abfindungszahlung innerhalb eines Veranlagungszeitraums (Kalenderjahr) erfolgt und zu einer „Zusammenballung von Einkünften“ auf Seiten des Arbeitnehmers führt (er also mehr Einkünfte hat, als er üblicherweise bei Fortbestand des Arbeitsverhältnisses gehabt hätte), können die (über den Freibetrag hinausgehenden) Abfindungsanteile steuerbegünstigt sein (§ 24 Nr. 1a EStG = Fünftelregelung). Zur genauen Berechnung, die der Arbeitgeber durchzuführen hat, s. das im selben Verlag erschienene Lexikon für das Lohnbüro, „Abfindung wegen Entlassung aus einem Dienstverhältnis“.

2.4 Sozialversicherungsrecht

Soll mit der Abfindung das nach der Vertragsbeendigung entfallene Arbeitsentgelt ausgeglichen werden, ist sie in der Kranken-, Renten- und Arbeitslosenversicherung beitragsfrei. Werden mit der Abfindung noch offene Ansprüche aus dem Arbeitsverhältnis ausgeglichen, ist dieser Anteil insoweit auch beitragspflichtig.

Beispiel:

Der Arbeitgeber beendet das Arbeitsverhältnis mit dem Arbeitnehmer B durch Aufhebungsvertrag. Er zahlt an B insgesamt € 25.000. B hat noch Anspruch auf Gehalt aus dem Arbeitsverhältnis in Höhe von € 7.500. Von den € 25.000 besteht für € 7.500 Beitragspflicht.

Näheres hierzu s. das im selben Verlag erschienene Lexikon für das Lohnbüro, „Abfindung wegen Entlassung aus einem Dienstverhältnis“.

Daher ist zu empfehlen, dass offene Vergütungsansprüche und sonstige finanzielle Ansprüche des Arbeitnehmers (z. B. Urlaubsabgeltung, Karenzentschädigung etc.) gesondert aufgeführt werden.

3. Freistellung

Wegen der mit der bevorstehenden Beendigung möglicherweise zu befürchtenden Motivations- oder Loyalitätseinbuße auf Seiten des Arbeitnehmers hat der Arbeitgeber häufig ein Interesse daran, dass der Arbeitnehmer bis zum vereinbarten Beendigungstermin nicht mehr am Arbeitsplatz erscheint. Ein Recht auf (einseitige) Suspendierung hat der Arbeitgeber jedoch nur in solchen Fällen, in denen die Weiterbeschäftigung des Arbeitnehmers (z. B. wegen Verdachts strafbarer Handlungen oder Wegfall des Arbeitsplatzes) unzumutbar bzw. unmöglich ist.

Meistens kommt der Freistellungswunsch des Arbeitgebers dem Arbeitnehmer jedoch gelegen, damit er sich voll und ganz der Suche nach einem neuen Arbeitsplatz widmen kann. Daher liegen die tatsächlichen Voraussetzungen für eine Freistellungsvereinbarung in der Regel vor.

WICHTIG!

Im Juli 2005 hatten die Spitzenverbände der Sozialversicherungsträger Regelungen eingeführt, wonach ein sozialversicherungspflichtiges Beschäftigungsverhältnis im Falle einer einvernehmlich vereinbarten unwiderruflichen Freistellung bereits mit dem ersten Tag der Freistellung (und nicht erst zum Zeitpunkt der rechtlichen Beendigung des Arbeitsverhältnisses) endet. Dies hatte für den betroffenen Mitarbeiter erhebliche nachteilige Folgen (Verlust des Sozialversicherungsschutzes). Mit seiner Entscheidung vom 24.9.2008, Az. B 12 KR 22/07 R und B 12 KR 27/07 hat das BSG diese Rechtspraxis überholt. Nach der Auffassung des BSG besteht ein sozialversicherungsrechtliches Beschäftigungsverhältnis auch bei einer einvernehmlichen unwiderruflichen Freistellung fort, sofern das vereinbarte Arbeitsentgelt während der Freistellung fortgezahlt wird. Es ist daher zukünftig wieder möglich, eine unwiderrufliche Freistellung zu vereinbaren, ohne dadurch den Sozialversicherungsschutz des Arbeitnehmers zu gefährden.

Im Falle einer Freistellung ist zu beachten, dass während einer Freistellung die Rechte und Pflichten der Arbeitsvertragsparteien (mit Ausnahme der Beschäftigungs- und Arbeitspflicht) fortbestehen. Der Arbeitnehmer ist insbesondere an vertragliche Verschwiegenheitspflichten und → *Wettbewerbsverbote* gebunden. Der Arbeitgeber muss die vertraglich vereinbarte Vergütung weiter bezahlen, wozu u. a. auch die weitere Überlassung eines privat genutzten Dienstwagens zählt.

WICHTIG!

Eine schwerwiegende Pflichtverletzung des Arbeitnehmers (z. B. die unbefugte Übermittlung geheimer Daten des Arbeitgebers auf sein privates E-Mail-Postfach) kann einen wichtigen Grund darstellen, der den Arbeitgeber sogar während einer Freistellung des Arbeitnehmers vor dem in einem Aufhebungsvertrag vereinbarten Ende des Arbeitsverhältnisses noch zu einer außerordentlichen Kündigung berechtigt (vgl. LAG Hessen v. 29.8.2011, Az. 7 Sa 248/11).

Stellt der Arbeitgeber den Arbeitnehmer nach Ausspruch einer ordentlichen Kündigung für die Dauer der Kündigungsfrist unter Anrechnung bestehender Urlaubsansprüche von der Arbeit frei und bittet er den Arbeitnehmer zugleich, ihm die Höhe des während der Freistellung erzielten Verdienstes mitzuteilen, überlässt der Arbeitgeber dem Arbeitnehmer die zeitliche Festlegung der Urlaubszeit und gerät während der verbleibenden Zeit in Annahmeverzug (BAG v. 6.9.2006, Az. 5 AZR 703/05), muss also das vertraglich vereinbarte Arbeitsentgelt fortbezahlen.

Zu klären ist auch die Frage, ob der Arbeitnehmer während des Freistellungszeitraumes anderweitig arbeiten darf und ob er sich die hieraus erzielten Einkünfte auf das vom Arbeitgeber fortzuzahlende Gehalt (entsprechend § 615 BGB) anrechnen lassen muss. In der Regel dürfte der Arbeitgeber nur dann ein berechtigtes Interesse an der Versagung einer „Nebentätigkeit" haben, wenn diese in einem Konkurrenzunternehmen erfolgt.

ACHTUNG!

Bei einer unwiderruflichen Freistellung unter dem Vorbehalt der Anrechnung etwaigen anderweitigen Verdienstes kann der Arbeitnehmer regelmäßig davon ausgehen, in der Verwertung seiner Arbeitsleistung frei und nicht mehr an vertragliche Wettbewerbsverbote (§ 60 HGB) gebunden zu sein. Einen abweichenden Willen hat der Arbeitgeber in der Freistellungserklärung/Freistellungsvereinbarung zum Ausdruck zu bringen. Ist die Freistellungserklärung des Arbeitgebers dahingehend auszulegen, dass abweichend von § 615 Satz 2 BGB eine Anrechnung anderweitigen Verdienstes nicht erfolgen soll, kann der Arbeitnehmer redlicherweise nicht ohne ausdrückliche Erklärung des Arbeitgebers annehmen, der Arbeitgeber hat aber auf die Einhaltung des vertraglichen Wettbewerbsverbots verzichtet (BAG v. 6.9.2006, Az. 5 AZR 703/05).

Durch die Anrechnung anderweitiger Einkünfte wird die Bereitschaft des Arbeitnehmers gemindert, schon frühzeitig bei einem anderen Arbeitgeber zu arbeiten. Außerdem wird durch Förderung einer anderweitigen Beschäftigung (außer bei einem Konkurrenzunternehmen) u. U. verhindert, dass der Arbeitnehmer nach Beendigung des Arbeitsverhältnisses (erneut) zu einem Wettbewerber wechselt. Wenn ein nachvertragliches → *Wettbewerbsverbot* vereinbart wurde, kann der Arbeitgeber (in der Hoffnung, dass der Arbeitnehmer eine während des Freistellungszeitraums aufgenommene konkurrenzfreie Tätigkeit nach Beendigung fortsetzt) ggf. auf die Einhaltung verzichten. Er ist jedoch auch dann noch für ein Jahr zur Zahlung der Karenzentschädigung verpflichtet (Wettbewerbsverbot).

ACHTUNG!

Wird ein Mitarbeiter nach einer Kündigung vom Arbeitgeber bis zum Vertragsende von der Erbringung seiner Arbeitsleistung freigestellt, so sind damit nicht automatisch die ihm noch zustehenden Resturlaubs- und/oder Freizeitausgleichsansprüche abgegolten. Zunächst einmal muss eine derartige Freistellung unwiderruflich erfolgen. Will der Arbeitgeber den Arbeitnehmer während des Laufs der Kündigungsfrist zum Zwecke der Gewährung von Erholungsurlaub von der Verpflichtung zur Erbringung der Arbeitsleistung freistellen, muss der Arbeitnehmer als Adressat der Erklärung auch hinreichend deutlich erkennen können, in welchem Umfang der Arbeitgeber den Urlaubsanspruch des Arbeitnehmers erfüllen will. Erklärt sich der Arbeitgeber nicht mit der erforderlichen Deutlichkeit, geht dies zu seinen Lasten. Dies gilt insbesondere dann, wenn der Arbeitnehmer nicht erkennen kann, ob der Arbeitgeber mit der Freistellung in der Kündigungsfrist nur den gekürzten Vollurlaub oder den Vollurlaub gewähren will (BAG v. 17.5.2011, Az. 9 AZR 189/10). Entsprechendes gilt für Ansprüche des Arbeitnehmers auf Freizeitausgleich zum Abbau seines Arbeitszeitkontos. Eine Freistellungsvereinbarung erfüllt den Anspruch des Arbeitnehmers auf Freizeitausgleich zum Abbau des Arbeitszeitkontos nur dann, wenn in der Vereinbarung hinreichend deutlich zum Ausdruck kommt, dass mit der Freistellung auch ein Positivsaldo auf dem Arbeitszeitkonto ausgeglichen werden soll (BAG v. 20.11.2019, Az. 5 AZR 578/18).

Die Behandlung etwaiger Resturlaubsansprüche sollte daher mit der unwiderruflichen Freistellung ausdrücklich vereinbart werden. Die Erklärung eines Arbeitgebers, einen Arbeitnehmer unter Anrechnung auf dessen Urlaubsansprüche nach der Kündigung von der Arbeitsleistung freizustellen, ist nach den §§ 133, 157 BGB aus Sicht des Arbeitnehmers auszulegen. Die Freistellung des Arbeitnehmers zum Zwecke der Gewährung von Erholungsurlaub erfolgt durch einseitige, empfangsbedürftige Willenserklärung des Arbeitgebers. Die Erklärung muss für den Arbeitnehmer hinreichend deutlich erkennen lassen, in welchem Umfang der Arbeitgeber die Urlaubsansprüche des Arbeitnehmers erfüllen will (vgl. BAG v. 20.8.2019, Az. 9 AZR 468/18). Zweifel gehen zu Lasten des Arbeitgebers. Denn als Erklärender hat er es in der Hand, den Umfang der Freistellung eindeutig festzulegen (BAG v. 17.5.2011, Az. 9 AZR 189/10). Europarechtlich ist die Anrechnung von Erholungsurlaub bzw. Urlaubsabgeltungsansprüchen auf einen vereinbarten Freistellungszeitraum grundsätzlich nicht zu beanstanden, es sei denn, der Urlaub konnte wegen Krankheit nicht genommen werden (EuGH v. 20.7.2016, Az. C-341/15 [Maschek]).

Entsprechendes gilt für die Anrechnung von Freizeitausgleichsansprüchen. Die Freistellung des Arbeitnehmers von der Arbeitspflicht in einer Freistellungsvereinbarung ist nur dann geeignet, den Anspruch auf Freizeitausgleich zum Abbau von Überstunden auf dem Arbeitszeitkonto zu erfüllen, wenn der Arbeitnehmer erkennen kann, dass der Arbeitgeber ihn zur Erfüllung des Anspruchs auf Freizeitausgleich von der Arbeitspflicht freistellen will (BAG v. 20.11.2019, Az. 5 AZR 578/18). Dem genügt die Klausel, der Arbeitnehmer werde unwiderruflich von der Pflicht zur Erbringung der Arbeitsleistung freigestellt, nicht.

Formulierungsbeispiel:

„Die Parteien sind sich darüber einig, dass der Arbeitnehmer seinen gesamten Resturlaub von Tagen in der Zeit von .... bis .... [*wahlweise*: sowie seinen gesamten Anspruch auf Freizeitausgleich von Tagen in der Zeit von bis] nimmt. Nach Beendigung des Urlaubs [wahlweise: und seines Freizeitausgleichs] wird er ab .... bis zur rechtlichen Beendigung des Arbeitsverhältnisses unwiderruflich von der Erbringung seiner Arbeitsleistung unter Fortzahlung seiner vertragsgemäßen Vergütung freigestellt.

Oftmals vereinbaren die Parteien eines Aufhebungsvertrags oder eines gerichtlichen Vergleichs, dass sich der Arbeitgeber zur ordnungsgemäßen Abrechnung des Arbeitsverhältnisses bzw. der Fortzahlung der vertragsgemäßen Vergütung „auf der Basis eines Bruttomonatsgehalts in Höhe von ..." verpflichtet. Das Anerkenntnis einer Zahlungspflicht ist hierin jedenfalls dann nicht zu sehen, wenn die Ansprüche, auf die sich die Abrechnungspflicht beziehen soll, nicht benannt sind (BAG v. 18.9.2018, Az. 9 AZR 162/18). Aber auch dann, wenn z. B. das Bruttomonatsgehalt als Grundlage der „Abrechnung" exakt beziffert wird, ist dies nicht als eigenständiges, von außerhalb der Vereinbarung bestehenden Anspruchsgrundlagen losgelöstes Zahlungsversprechen des Arbeitgebers auszulegen. So schließt eine ordnungsgemäße Abrechnung u. U. auch die Anrechnung eines anderweitigen Zwischenverdienstes des Arbeitnehmers (während des Annahmeverzugs gem. § 615 BGB) mit ein (vgl. BAG v. 27.5.2020, Az. 5 AZR 101/19).

ACHTUNG!

Eine im Aufhebungsvertrag vereinbarte Freistellung ist auch dahingehend auszulegen, ob ein während der Freistellung vom Arbeitnehmer erzielter Zwischenverdienst gem. § 615 Satz 2 BGB auf das fortzuzahlende Entgelt anzurechnen ist. Die vertraglich vereinbarte Freistellung von der Arbeitspflicht unterscheidet sich insoweit von der einseitig vom Arbeitgeber erklärten Freistellung des Arbeitnehmers. Der Vergütungsanspruch des Arbeitnehmers wird bei einer einseitigen Freistellung durch § 615 Satz 1 BGB mit der Möglichkeit der Anrechnung anderweitigen Verdienstes nach § 615 Satz 2 BGB aufrechterhalten (st. Rspr., vgl. BAG v. 21.10.2015, Az. 5 AZR 843/14). Bei einer beidseitig vereinbarten Freistellung ist dies nicht automatisch der Fall, da der Aufhebung der Arbeitspflicht die gleichzeitige Aufhebung der Beschäftigungspflicht gegenübersteht und sich der Arbeitgeber somit nicht im Annahmeverzug befindet. Enthält die Freistellungsvereinbarung daher keine ausdrückliche Regelung zur Anrechnung anderweitigen Verdiensts, so scheidet eine solche regelmäßig aus. Etwas anderes kann sich aus der Auslegung der Vereinbarung ergeben, wenn z. B. eine sog. Turbo- oder Sprinterklausel vereinbart wird. Hiermit wird dem Arbeitnehmer während des Freistellungszeitraums regelmäßig ein Sonderkündigungsrecht mit kurzer Ankündigungsfrist für den Fall eingeräumt, dass er vor

dem vereinbarten Beendigungszeitpunkt ein neues Arbeitsverhältnis mit einem neuen Arbeitgeber begründen will. Macht der Arbeitnehmer in diesen Fällen nicht von seinem Sonderkündigungsrecht Gebrauch, muss er sich ggfs. den im Freistellungszeitraum erzielten Zwischenverdienst bei dem neuen Arbeitgeber auf die vereinbarungsgemäß fortzugewährende Vergütung anrechnen lassen (vgl. BAG v. 23.2.2021, Az. 5 AZR 314/20).

4. Vergütung

In dem Aufhebungsvertrag sollte die Zahlung offener Gehaltsansprüche oder der bis zum Beendigungszeitpunkt noch entstehenden Bezüge geregelt werden, damit eine klare Trennung zwischen Abfindung und Vergütungsansprüchen erfolgt.

Formulierungsbeispiel:

„Bis zu dem unter § .... genannten Beendigungszeitpunkt werden die vertragsgemäßen Bezüge vom Arbeitgeber fortbezahlt. Die Lohn-/Gehaltsabrechnung erfolgt wie bisher zum .... eines Kalendermonats."

Auch etwaige Gratifikationen sollten Berücksichtigung finden.

Formulierungsbeispiel:

„Die arbeitsvertraglich zugesagte → *Gratifikation* für das Jahr .... erhält der Arbeitnehmer ungekürzt [*oder*: nicht *oder wahlweise*: in Höhe von € .... *oder*: zu .... Zwölfteln]."

Entsprechendes gilt für Gewinnbeteiligungen oder Erfolgsprovisionen.

Formulierungsbeispiel:

„Der Arbeitnehmer hat für das laufende Geschäftsjahr .... Anspruch auf Gewinnbeteiligung in Höhe von .... v. H. des Jahresgewinns. Wegen der vorzeitigen Beendigung des Arbeitsverhältnisses zu dem in § .... genannten Beendigungszeitpunkt wird die Gewinnbeteiligung zu .... Zwölfteln gezahlt."

Wahlweise kann hierzu auch vereinbart werden:

Formulierungsbeispiel:

„Die vertraglich vorgesehene Gewinnbeteiligung für das Geschäftsjahr .... wird pauschal mit € .... abgegolten. Die Parteien sind sich darüber einig, dass weitere Ansprüche auf eine Gewinnbeteiligung nicht bestehen."

5. Urlaubsabgeltung

Grundsätzlich hat ein Arbeitnehmer seinen Erholungsurlaub während des bestehenden Arbeitsverhältnisses zu nehmen. Nur wenn ihm dies wegen der Beendigung des Arbeitsverhältnisses nicht möglich ist, muss der Urlaub durch den Arbeitgeber finanziell abgegolten werden. Im Aufhebungsvertrag sollte zunächst festgestellt werden, in welcher Höhe noch Resturlaubsansprüche bestehen.

Formulierungsbeispiel:

„Die Parteien sind sich darüber einig, dass dem Arbeitnehmer für das Jahr .... noch .... Urlaubstage zustehen."

Wenn der Resturlaub nicht bereits im Zusammenhang mit einer unwiderruflichen Freistellung abgegolten wird, sollte versucht werden, eine Einbringung bis zum Beendigungszeitpunkt zu vereinbaren.

Formulierungsbeispiel:

„Der Arbeitnehmer wird den Urlaub – nach Absprache mit dem Arbeitgeber – bis zu dem in § .... genannten Beendigungszeitpunkt nehmen."

Wenn dies nicht möglich ist, kann auch die finanzielle Abgeltung vereinbart werden.

Ist das Arbeitsverhältnis beendet und ein Anspruch des Arbeitnehmers gemäß § 7 Abs. 4 BUrlG auf Abgeltung des gesetzlichen Erholungsurlaubs entstanden, kann der Arbeitnehmer auf diesen Anspruch auch grundsätzlich verzichten (BAG v. 14.5.2013, Az. 9 AZR 844/11).

WICHTIG!

Auf das Entstehen des gesetzlichen Mindesturlaubsanspruches und des darauf beruhenden Urlaubsabgeltungsanspruches kann ein Arbeitnehmer im laufenden Arbeitsverhältnis zwar gem. § 13 Abs. 1 Satz 3 BUrlG – auch nicht durch gerichtlichen Vergleich – nicht wirksam verzichten. Dies gilt auch dann, wenn die Beendigung des Arbeitsverhältnisses feststeht und absehbar ist, dass der Arbeitnehmer bis dahin seinen Urlaub wegen krankheitsbedingter Arbeitsunfähigkeit nicht wird in Anspruch nehmen können (vgl. BAG v. 3.6.2025, Az. 9 AZR 104/24). Hatte der Arbeitnehmer aber nach der Beendigung des Arbeitsverhältnisses tatsächlich die Möglichkeit, die Abgeltung des ihm zustehenden gesetzlichen Mindesturlaubs in Anspruch zu nehmen, und schließt er einen Aufhebungsvertrag mit einer Ausgleichsklausel (s. u.), der zufolge mit Erfüllung des Vertrags/Vergleichs sämtliche finanziellen Ansprüche aus dem Arbeitsverhältnis – gleich ob bekannt oder unbekannt – erledigt sind, wird hiervon auch ein Urlaubsabgeltungsanspruch erfasst (BAG v. 14.5.2013, Az. 9 AZR 844/11).

Formulierungsbeispiel:

„Der Arbeitgeber bezahlt dem Arbeitnehmer zur Abgeltung des Urlaubs eine Urlaubsabgeltung in Höhe von € ..., welche am ... zur Zahlung fällig ist."

6. Darlehen

Wurde dem Arbeitnehmer ein Darlehen gewährt, sollte im Aufhebungsvertrag eine Bestandsaufnahme erfolgen und eine ggf. vom Darlehensvertrag abweichende Rückzahlung vereinbart werden.

Formulierungsbeispiel:

„Der Arbeitnehmer hat vom Arbeitgeber am .... ein Darlehen in Höhe von € .... erhalten. Hierauf sind bis heute € .... getilgt. Der Restbetrag in Höhe von € .... wird in monatlichen Raten von jeweils € ...., zahlbar jeweils am .... eines Kalendermonats, beginnend ab dem .... zurückbezahlt."

Wahlweise kann dem Arbeitnehmer auch die Möglichkeit zur kurzfristigen Rückzahlung eingeräumt bzw. schmackhaft gemacht werden. Dies hat den Vorteil, dass nach der Beendigung des Arbeitsverhältnisses nicht noch weiterer Verwaltungsaufwand für den Arbeitgeber fortbesteht.

Formulierungsbeispiel:

„Dem Arbeitnehmer wird die Möglichkeit eingeräumt, die per .... [Datum] noch offene Darlehensschuld in Höhe von € .... vorzeitig durch eine Einmalzahlung in Höhe von € .... abzulösen."

Wenn eine Ratenzahlung vereinbart wird, sollte sich der Arbeitgeber die Möglichkeit vorbehalten, den gesamten Restbetrag im Falle des Zahlungsverzugs einzufordern.

Formulierungsbeispiel:

„Sobald der Arbeitnehmer mit der Zahlung einer Rate oder eines Teils hiervon mehr als zwei Wochen in Verzug gelangt, ist der gesamte Restbetrag zur sofortigen Zahlung fällig."

Der Arbeitgeber kann für die Aufrechterhaltung des Darlehens bzw. bis zur vollständigen Rückführung Sicherheiten verlangen, da er ja künftig nicht mehr in ständiger Geschäftsbeziehung zum Arbeitnehmer steht.

Formulierungsbeispiel:

„Zur Sicherung der Darlehensforderung tritt der Arbeitnehmer die zukünftige Lohnforderung gegen jeden neuen Arbeitgeber in der jeweils gesetzlich zulässigen Höhe (Pfändungsfreigrenzen) an den Arbeitgeber ab."

7. Werkwohnung

Bei der Beendigung eines Arbeitsverhältnisses stellt sich auch die Frage, was mit einer dem Arbeitnehmer überlassenen → *Werkwohnung* passiert. Der Arbeitgeber wird in der Regel Interesse an einer baldigen Räumung haben. Grundsätzlich kann er dies nach Beendigung des Arbeitsverhältnisses durch eine ordentliche Kündigung erreichen. Hierzu muss er jedoch nachweisen, dass die Dienstwohnung (dringend) für einen anderen Mitarbeiter benötigt wird. Außerdem kann der Arbeitnehmer die Räumung durch die Geltendmachung sozialer Härten verzögern oder der Kündigung sogar insgesamt widersprechen. Aus diesem Grund sollte der Aufhebungsvertrag auch eine Regelung über die Räumung und Herausgabe der Werkwohnung beinhalten.

Formulierungsbeispiel:

„Der Arbeitnehmer verpflichtet sich, die ihm vom Arbeitgeber überlassene Werkwohnung in .... [Anschrift] bis spätestens .... zu räumen und in vertragsgemäßem Zustand an den Arbeitgeber zu übergeben."

Wenn ein gesonderter Mietvertrag vorliegt und lediglich der Räumungstermin im Aufhebungsvertrag festgelegt werden soll, empfiehlt sich der Hinweis, dass die übrigen Regelungen des Mietvertrags weiter gelten sollen, da andernfalls sämtliche weiteren Pflichten des Arbeitnehmers aus dem Mietverhältnis (z. B. zur Renovierung etc.) durch die Aufhebungsklausel verdrängt werden.

Formulierungsbeispiel:

„Im Übrigen bleiben die Regelungen aus dem Mietvertrag vom .... unberührt."

Selbstverständlich besteht auch die Möglichkeit, dem Arbeitnehmer die Wohnung zu ortsüblichen Konditionen auch nach Beendigung des Arbeitsverhältnisses weiter zu vermieten. Wenn dies beabsichtigt ist, empfiehlt sich eine klarstellende Klausel unter Bezugnahme auf einen gesondert abzuschließenden Mietvertrag.

Formulierungsbeispiel:

„Die vom Arbeitgeber überlassene Werkwohnung wird vom Arbeitnehmer nach der unter § .... vereinbarten rechtlichen Beendigung des Arbeitsverhältnisses entgeltlich weiter genutzt. Die Nutzungsbedingungen ergeben sich aus einem gesondert abzuschließenden Mietvertrag."

8. Dienstwagen

Wenn dem Arbeitnehmer ein Dienstwagen zur Verfügung gestellt wurde, sollte anlässlich der Aufhebung des Arbeitsverhältnisses die Rückgabe geregelt werden.

Formulierungsbeispiel:

„Der Arbeitnehmer verpflichtet sich, den ihm zur Verfügung gestellten Dienstwagen .... [Hersteller, Typ, amtliches Kennzeichen] bis zum .... in vertragsgemäßem Zustand an den Arbeitgeber zurückzugeben."

Existiert ein gesonderter Dienstwagen-Überlassungsvertrag, empfiehlt sich auch hier der Hinweis, dass die sonstigen Regelungen (z. B. zur Wartung und Pflege etc.) von dem vereinbarten Rückgabetermin unberührt bleiben.

Formulierungsbeispiel:

„Im Übrigen bleiben die Regelungen aus dem Dienstwagen-Überlassungsvertrag vom .... unberührt."

9. Nachvertragliches Wettbewerbsverbot

Wurde mit dem Arbeitnehmer ein nachvertragliches → *Wettbewerbsverbot* vereinbart, muss sich der Arbeitgeber vor Beendigung des Arbeitsverhältnisses Gedanken darüber machen, ob er nach wie vor Interesse an einer solchen Beschränkung hat. Immerhin muss der Arbeitgeber ja während der Dauer des nachvertraglichen Wettbewerbsverbots mindestens 50 % der Gehaltsbezüge an den Arbeitnehmer weiterzahlen.

Besteht aus diesen (oder anderen) Gründen kein Interesse (mehr) am nachvertraglichen Wettbewerbsverbot, sollte im Aufhebungsvertrag die einvernehmliche Aufhebung des Wettbewerbsverbots geregelt werden. Der Arbeitgeber kann zwar vor Beendigung des Arbeitsverhältnisses auch einseitig (durch schriftliche Erklärung) auf das Wettbewerbsverbot verzichten. Dieser Verzicht wirkt jedoch erst nach Ablauf eines Jahres (nach Zugang der Verzichtserklärung); bis dahin gilt das Wettbewerbsverbot und der Arbeitgeber muss die vereinbarte (mindestens die gesetzlich vorgesehene) Karenzentschädigung bezahlen.

Formulierungsbeispiel:

Die Parteien sind sich darüber einig, dass das am .... zwischen ihnen vereinbarte Wettbewerbsverbot mit sofortiger Wirkung aufgehoben wird. Der Arbeitnehmer ist somit in der Ausübung seiner nachvertraglichen Erwerbstätigkeit frei. Eine Karenzentschädigung ist durch den Arbeitgeber nicht zu zahlen.

Stellt der Arbeitgeber vor Beendigung des Arbeitsverhältnisses fest, dass die ursprünglich vereinbarte Karenzentschädigung zu niedrig ist, ist dringend eine Anpassung zu empfehlen; andernfalls wird das Wettbewerbsverbot unverbindlich, sodass der Arbeitnehmer die Wahl hat, ob er sich an das Wettbewerbsverbot hält (und mindestens 50 % seiner letzten Bezüge als Karenzentschädigung beanspruchen kann) oder ob er das Wettbewerbsverbot folgenlos missachtet.

Formulierungsbeispiel:

„Das zwischen den Parteien am .... vereinbarte nachvertragliche → *Wettbewerbsverbot* wird einvernehmlich dahingehend abgeändert, dass statt einer monatlichen Karenzentschädigung in Höhe von € .... monatlich € .... an den Arbeitnehmer zu zahlen sind. Die Laufzeit des Wettbewerbsverbots wird einvernehmlich auf die Zeit vom .... bis .... festgelegt."

Soll ein bereits vereinbartes nachvertragliches Wettbewerbsverbot von der Aufhebung des Arbeitsverhältnisses nicht betroffen sein, sollte auch dies im Aufhebungsvertrag klargestellt werden.

Formulierungsbeispiel:

„Das zwischen den Parteien am .... vereinbarte nachvertragliche Wettbewerbsverbot wird von dem vorliegenden Aufhebungsvertrag nicht berührt."

10. Verschwiegenheitspflicht

Unabhängig von dem Vorliegen eines nachvertraglichen Wettbewerbsverbots ist ein Arbeitnehmer während und nach der Beendigung des Arbeitsverhältnisses verpflichtet, Verschwiegenheit über Geschäfts- und Betriebsgeheimnisse des bisherigen Arbeitgebers zu bewahren. Eine ausdrückliche Regelung über den Umfang der → *Verschwiegenheitspflicht* und ggf. die Vereinbarung einer Vertragsstrafe bei Zuwiderhandlungen sorgt hier für Klarheit.

Formulierungsbeispiel:

„Der Arbeitnehmer ist verpflichtet, über alle ihm während seiner Tätigkeit bekannt gewordenen betriebsinternen Angelegenheiten – insbesondere Geschäfts- und Betriebsgeheimnisse – gegenüber Dritten strengstes Stillschweigen zu bewahren. Dies gilt auch für den Inhalt dieser Vereinbarung. Die Verschwiegenheitsverpflichtung bezieht sich nicht auf solche Umstände und Mitteilungen, die der Arbeitnehmer gegenüber Behörden oder Gerichten zur Wahrung seiner rechtlichen Interessen abzugeben hat."

Die Auferlegung einer Verschwiegenheitspflicht soll lediglich davor schützen, dass der Arbeitnehmer im Rahmen des Arbeitsverhältnisses erlangte (vertrauliche) Informationen an Dritte weitergibt. Die bloße Verwertung im Rahmen seiner Berufstätigkeit stellt jedoch keine Verletzung der Verschwiegenheitspflicht dar. Will der Arbeitgeber den Arbeitnehmer in der Ausnutzung seiner bei ihm erlangten beruflichen Erfahrungen hindern, muss er ein → *Wettbewerbsverbot* mit ihm vereinbaren.

ACHTUNG!

Wird dem Arbeitnehmer die (geheime) Verwertung betrieblich erlangter Kenntnisse und Erfahrungen untersagt und kann ihn das an seinem beruflichen Fortkommen hindern, kann auch in einer solchen Verschwiegenheitsklausel ein Wettbewerbsverbot gesehen werden. Der Arbeitnehmer kann dann u. U. eine Karenzentschädigung verlangen.

11. Firmeneigentum/-unterlagen

Auch die Herausgabe von Firmeneigentum oder -unterlagen sollte im Aufhebungsvertrag klar geregelt werden, insbesondere wenn dies nicht bereits im Arbeitsvertrag erfolgt ist. Zwar besteht gem. § 667 BGB ein gesetzlicher Anspruch auf vollständige Herausgabe. Durch eine klare und verbindliche Regelung anlässlich der bevorstehenden Beendigung können jedoch Zweifel und Unwägbarkeiten hinsichtlich des Inhalts und Umfangs der Herausgabepflichten vermieden werden.

Formulierungsbeispiel:

„Der Arbeitnehmer verpflichtet sich, sämtliche der Firma gehörenden Unterlagen bis zum .... zurückzugeben."

Wahlweise kann vereinbart werden:

Formulierungsbeispiel:

„Der Arbeitnehmer verpflichtet sich, alle ihm von der Firma überlassenen Gegenstände, Waren, Geräte, Apparaturen und alle Unterlagen, die im Zusammenhang mit seiner Tätigkeit bei der Firma entstanden sind, vollständig an die Firma zurückzugeben. Zu diesen Unterlagen zählen insbesondere ...."

WICHTIG!

Mit einer Ausgleichsklausel in einem auf die zukünftige Beendigung des Arbeitsverhältnisses gerichteten Aufhebungsvertrag, nach der „mit der Erfüllung des Vertrages ... alle wechselseitigen Ansprüche der vertragschließenden Parteien aus dem Dienstvertrag gegenseitig abgegolten" sind, wird ein Herausgabeanspruch nach § 667 BGB regelmäßig nicht erfasst (BAG v. 14.12.2011, Az. 10 AZR 283/10).

12. Zeugnis und Arbeitspapiere

Der Arbeitgeber ist gesetzlich dazu verpflichtet, dem Arbeitnehmer ein schriftliches → *Zeugnis* über das Arbeitsverhältnis und dessen Dauer auszustellen. Auf Verlangen muss sich das Zeugnis auch auf die Leistungen und die dienstliche Führung erstrecken.

Um unnötige Streitigkeiten über den Zeugnisinhalt zu vermeiden, empfiehlt es sich, im Rahmen der Aufhebungsverhandlungen den Zeugniswortlaut vorzuformulieren und dann als Anlage zum Aufhebungsvertrag einvernehmlich mit dem Arbeitnehmer festzulegen. Der Aufhebungsvertrag selbst muss dann nur noch auf das als Anlage beigefügte Zeugnis verweisen. In diesem Zusammenhang sollte auch die Vorlage der Arbeitsbescheinigung und die Herausgabe der Arbeitspapiere geregelt werden.

Formulierungsbeispiel:

„Der Arbeitnehmer erhält das als Anlage zu dieser Vereinbarung beigefügte [*wahlweise zusätzlich*: qualifizierte] Zeugnis. Der Arbeitgeber verpflichtet sich, dem Arbeitnehmer eine Arbeitsbescheinigung bis spätestens .... auszustellen. Als Grund für die Beendigung des Arbeitsverhältnisses wird dort angegeben: .... Die übrigen Arbeitspapiere werden dem Arbeitnehmer bis spätestens .... an seine Wohnanschrift übermittelt."

ACHTUNG!

Die Vereinbarung, wonach sich der Arbeitgeber zur Ausstellung eines wohlwollenden qualifizierten Zeugnisses mit einer bestimmten Note verpflichtet, ist nicht ohne Weiteres vollstreckbar. Die in einem Vergleich im Kündigungsschutzverfahren gewählte Formulierung *„Die Bekl. erteilt dem Kläger ein wohlwollendes qualifiziertes Arbeitszeugnis mit einer sehr guten Führungs- und Leistungsbeurteilung und einer Bedauerns-, Dankes- und Gute-Wünsche-Formulierung im Schlusssatz"* ist z. B. nicht ausreichend bestimmt, um hieraus eine Zwangsvollstreckung zu betreiben (vgl. BAG v. 14.2.2017, Az. 9 AZB 49/16; vgl. auch LAG Hessen v. 28.1.2019, Az. 8 Ta 396/18). In diesem Fall müsste der Arbeitnehmer auf der Grundlage des Vergleichs vielmehr eine Zeugnisklage erheben.

Auch die sog. Frankfurter Formel *„Der Arbeitgeber verpflichtet sich, dem Arbeitnehmer ein wohlwollendes und qualifiziertes Zeugnis unter dem XX.XX.20XX als Beendigungsdatum zu erteilen. Der Arbeitnehmer hat das Recht, dem Arbeitgeber einen Entwurf zu übermitteln, von welchem dieser nur aus wichtigem Grunde abweichen darf"* ist – trotz der Entscheidung des BAG v. 9.9.2011, Az. 3 AZB 35/11 – nicht eindeutig vollstreckbar, da der Arbeitgeber zu Abweichungen berechtigt ist, falls diese erforderlich sind, um dem Grundsatz der Zeugniswahrheit hinreichend Rechnung zu tragen.

13. Erledigungsklausel

Im Zusammenhang mit der einvernehmlichen Aufhebung des Arbeitsverhältnisses haben Arbeitgeber und Arbeitnehmer ein Interesse daran, durch eine allgemeine Ausgleichs- oder Erledigungsklausel die sich aus dem Bestand und der Beendigung des Arbeitsverhältnisses ergebenden Rechtsbeziehungen abschließend zu regeln.

Formulierungsbeispiel:

Mit der Erfüllung dieser Vereinbarung sind alle gegenseitigen (optionale Einschränkung: finanziellen) Ansprüche aus dem Arbeitsverhältnis und dessen Beendigung – gleich aus welchem Rechtsgrund und ob bekannt oder unbekannt – erledigt. Dies gilt nicht für Ansprüche des Arbeitnehmers, die aufgrund zwingender gesetzlicher Vorschriften unverzichtbar oder unverfallbar geworden sind.

ACHTUNG!

Durch eine solche Erledigungsklausel werden sämtliche Rechte des Arbeitgebers beseitigt! Auf Seiten des Arbeitnehmers hingegen sind einige Ansprüche unverzichtbar, sodass die Erledigungsklausel nicht zur Beseitigung dieser Ansprüche führt. Daher sollte sich der Arbeitgeber Klarheit darüber verschaffen, welche Ansprüche verzichtbar sind und welche nicht und ob er selbst ggf. noch Ansprüche hat, die dann zwingend in dem Aufhebungsvertrag bezeichnet werden müssen.

Außerdem unterliegt ein beiderseitiger Forderungsverzicht in einem auf Wunsch des Arbeitnehmers geschlossenen, vom Arbeitgeber formulierten Aufhebungsvertrag der Inhaltskontrolle nach § 307 Abs. 1 Satz 1 BGB. Im Sinne dieser Norm benachteiligt er den Arbeitnehmer aber nur dann unangemessen, wenn der Arbeitgeber die Situation des Arbeitnehmers entgegen den Geboten von Treu und Glauben zur Durchsetzung eigener Interessen ausgenutzt hat (vgl. BAG v. 24.2.2016, Az. 5 AZR 258/14).

Wenn der Arbeitnehmer auf bestimmte Ansprüche verzichten soll/will, so ist zunächst zu prüfen, ob dies überhaupt zulässig ist. Handelt es sich um Ansprüche aus Betriebsvereinbarungen (z. B. aus einem Sozialplan), so ist der Verzicht nur mit vorheriger Zustimmung des Betriebsrats wirksam. Auf zwingende gesetzliche und tarifvertragliche Ansprüche kann nicht verzichtet werden.

WICHTIG!

Auf das Entstehen des gesetzlichen Mindesturlaubsanspruches und des darauf beruhenden Urlaubsabgeltungsanspruches kann ein Arbeitnehmer zwar gem. § 13 Abs. 1 Satz 3 BUrlG nicht wirksam verzichten. Hatte der Arbeitnehmer aber nach der Beendigung des Arbeitsverhältnisses tatsächlich die Möglichkeit, die Abgeltung des ihm zustehenden gesetzlichen Mindesturlaubs in Anspruch zu nehmen, und schließt er einen Aufhebungsvertrag mit einer Ausgleichsklausel, der zufolge mit Erfüllung des Vertrags/Vergleichs sämtliche finanziellen Ansprüche aus dem Arbeitsverhältnis – gleich ob bekannt oder unbekannt – erledigt sind, wird hiervon auch ein Urlaubsabgeltungsanspruch erfasst (BAG v. 14.5.2013, Az. 9 AZR 844/11).

ACHTUNG!

Erledigungsklauseln, mit denen „alle beiderseitigen Ansprüche aus dem Arbeitsverhältnis abgegolten" sein sollen, können automatisch auch ein nachvertragliches Wettbewerbsverbot umfassen, und zwar selbst dann, wenn der ebenso übliche Zusatz „und seiner Beendigung, seien sie bekannt oder unbekannt" fehlt (BAG v. 22.10.2008, Az. 10 AZR 617/07).

14. Kosten

Wenn durch die Verhandlungen und den Abschluss des Aufhebungsvertrags Kosten entstanden sind oder entstehen, sollte eine klare Kostenregelung getroffen werden. Im Regelfall wird der Arbeitgeber seine Kosten selber tragen. Das sollte auch der Arbeitnehmer tun. Insbesondere wenn er sich anwaltlichen Rat eingeholt hat, sollte im Aufhebungsvertrag klargestellt werden, dass er die Kosten hierfür selber zu tragen hat.

Formulierungsbeispiel:

„Die Kosten dieser Vereinbarung tragen die Parteien jeweils selbst."

Wird der Aufhebungsvertrag im Rahmen eines Kündigungsschutzprozesses geschlossen, ist auf die Verfahrenskosten abzustellen.

Formulierungsbeispiel:

„Die außergerichtlichen Kosten des Verfahrens tragen die Parteien jeweils selbst."

15. Salvatorische Klausel

Wie bei jedem Vertrag empfiehlt sich auch bei einem Aufhebungsvertrag die Klarstellung, dass im Falle der Unwirksamkeit einzelner Bestimmungen der Rest des Aufhebungsvertrags nicht betroffen sein soll und die unwirksamen Regelungen entsprechend zu ersetzen sind. Andernfalls droht die Unwirksamkeit des gesamten Aufhebungsvertrags.

Formulierungsbeispiel:

„Wenn eine Bestimmung dieses Vertrags unwirksam sein sollte, wird dadurch die Geltung des Vertrags im Übrigen nicht berührt. In diesem Fall sind die Parteien verpflichtet, die ungültige Bestimmung durch eine neue Bestimmung zu ersetzen, die in rechtlich zulässiger Weise der ungültigen Vertragsbestimmung unter wirtschaftlichen Gesichtspunkten entspricht oder ihr möglichst nahe kommt."

ACHTUNG!

Soweit ein Aufhebungsvertrag einer Inhaltskontrolle gemäß §§ 305 ff. BGB unterliegt, ist eine salvatorische Klausel unwirksam, da insoweit das Verbot der geltungserhaltenden Reduktion gem. § 306 Abs. 2 BGB gilt. In Formularverträgen ist eine solche Klausel daher nichtig. Bei individuell ausgehandelten Aufhebungsverträgen kann dagegen die Aufnahme einer salvatorischen Klausel sinnvoll sein.

IV. Rechtsfolgen des Aufhebungsvertrags

1. Beendigung des Arbeitsverhältnisses

Durch den Aufhebungsvertrag wird das Arbeitsverhältnis zu dem vereinbarten Zeitpunkt beendet. Sämtliche Rechte und Pflichten aus dem Arbeitsvertrag – auch wenn sie im Zusammenhang mit der Beendigung stehen – erlöschen, wenn sie nicht aufgrund gesetzlicher Arbeitnehmerschutzrechte unverzichtbar sind. Für die Abwicklung des beendeten Arbeitsverhältnisses gelten dann nur noch die Regelungen im Aufhebungsvertrag.

2. Prozessbeendigung

Wird der Aufhebungsvertrag im Rahmen eines gerichtlichen Vergleichs (also in der Verhandlung im Kündigungsschutzverfahren oder im schriftlichen Verfahren gem. § 278 Abs. 6 ZPO) geschlossen, wird der Prozess hierdurch automatisch beendet. In diesem Fall ist das Vergleichsprotokoll bzw. der Vergleichsbeschluss auch gleichzeitig Vollstreckungstitel. Zur Durchsetzung der im Aufhebungsvergleich geregelten Ansprüche kann daher erforderlichenfalls direkt die Zwangsvollstreckung eingeleitet werden.

ACHTUNG!

Einem Prozessvergleich fehlt die verfahrensbeendende Wirkung, wenn er als materiell-rechtlicher Vertrag wegen Mängeln in der Regelung sonstiger, prozessfremder Gegenstände nach § 779 Abs. 1 i. V. m. § 139 BGB insgesamt nichtig ist. Der wirksame Rücktritt von einem zur Erledigung eines Kündigungsrechtsstreits geschlossenen Vergleich führt dazu, dass dessen prozessbeendende Wirkung entfällt (BAG v. 24.9.2015, Az. 2 AZR 716/14).

Ist zwar ein Kündigungsschutzverfahren rechtshängig, wird der Aufhebungsvertrag aber außerhalb dieses Prozesses (also außergerichtlich) geschlossen, muss noch eine Klagerücknahme oder eine einvernehmliche Erledigungserklärung gegenüber dem Gericht erfolgen, um das Verfahren zu beenden. Der Arbeitnehmer (Kläger) sollte hierzu im Rahmen des Aufhebungsvertrages verpflichtet werden.

Formulierungsbeispiel:

„Der Arbeitnehmer verpflichtet sich, die unter dem Az. .... beim Arbeitsgericht .... rechtshängige Klage binnen einer Woche nach Unterzeichnung des vorliegenden Aufhebungsvertrags zurückzunehmen."

3. Sperrzeit und Ruhen des Anspruchs auf Arbeitslosengeld

Die Agentur für Arbeit kann bei der Beendigung eines Arbeitsverhältnisses durch einen Aufhebungsvertrag eine Sperrfrist von regelmäßig zwölf Wochen verhängen. Dies setzt voraus, dass das Arbeitsverhältnis durch Aufhebungsvertrag auf Veranlassung des Arbeitnehmers (ohne wichtigen Grund) beendet wurde.

Beispiel:

Ein wichtiger Grund liegt vor, wenn ein gelernter Facharbeiter künftig nur noch mit ungelernten Arbeiten beschäftigt werden soll.

WICHTIG!

Ein wichtiger Grund für den Abschluss eines Aufhebungsvertrages kann auch bereits dann gegeben sein, wenn dem Arbeitnehmer alternativ eine rechtmäßige Arbeitgeberkündigung droht (BSG v. 12.7.2006, Az. 11a AL 47/05 R).

Dies gilt nach aktueller Geschäftsanweisung der Agentur für Arbeit grundsätzlich, wenn

- eine betriebs- oder personenbedingte (nicht aber verhaltensbedingte) Kündigung durch den Arbeitgeber mit Bestimmtheit in Aussicht gestellt wird,
- die ordentliche Kündigungsfrist eingehalten wird,
- der Arbeitnehmer (ordentlich) nicht unkündbar gewesen ist, und
- eine Abfindung von bis zu 0,5 Bruttomonatsgehältern für jedes Jahr des Bestehens des Arbeitsverhältnisses an den Arbeitnehmer gezahlt wird.

Sofern diese Voraussetzungen nicht vorliegen (z. B. eine Abfindung von über 0,5 Bruttomonatsgehältern pro Beschäftigungsjahr vereinbart wird), hat die Agentur für Arbeit zu prüfen, ob eine hypothetische Arbeitgeberkündigung rechtmäßig gewesen wäre.

Dies gilt wiederum nicht bei Aufhebungsverträgen, die im Rahmen eines gerichtlichen Vergleichs geschlossen werden. In einem gerichtlichen Vergleich kann somit auch eine höhere Abfindung vereinbart werden, ohne dass es zu der Verhängung einer Sperrzeit kommt.

In Fällen besonderer Härte kann die Sperrfrist sechs Wochen betragen. Sie beträgt drei Wochen, wenn das Arbeitsverhältnis ohne Aufhebungsvertrag innerhalb von sechs Wochen (gerechnet ab dem Datum des Aufhebungsvertrags) auf andere Weise geendet hätte. Das ist z. B. der Fall bei Ende eines befristeten Vertrags oder Ende der ordentlichen Kündigungsfrist.

Der Anspruch auf Arbeitslosengeld ruht bis zum Ende der ordentlichen Kündigungsfrist, wenn

- der Arbeitslose wegen der Beendigung des Arbeitsverhältnisses eine Abfindung erhalten hat oder beanspruchen kann **und**
- das Arbeitsverhältnis ohne Einhaltung einer der ordentlichen Kündigungsfrist des Arbeitgebers entsprechenden Frist beendet worden ist.

Besonderheiten für die sozialversicherungsrechtliche Handhabung der Kündigungsfristen ergeben sich aus § 143a SGB III. Der Anspruch auf Arbeitslosengeld ruht längstens ein Jahr. Zu den Abfindungen gehören alle Zahlungen, die über das Ende des Arbeitsverhältnisses hinaus erbracht werden mit Ausnahme der Zahlung von Karenzentschädigungen oder Schadensersatzansprüchen nach der Insolvenzordnung.

Kein Ruhen tritt ein bei einer wirksamen ordentlichen → *Kündigung*, beim Auslaufen des Arbeitsverhältnisses durch Befristung oder bei unwirksamer fristloser Kündigung.

Nur Abfindungen, die **wegen** der Beendigung gezahlt werden, führen zum Ruhen des Anspruchs auf Arbeitslosengeld. Das ist dann der Fall, wenn zwischen der vorzeitigen Beendigung des Arbeitsverhältnisses und der Abfindung ein ursächlicher Zusammenhang besteht. Daher stehen alle Leistungen, auf die auch bei einer ordentlichen Kündigung ein Rechtsanspruch bestand (z. B. Prämien, vermögenswirksame Leistungen), der Zahlung des Arbeitslosengelds nicht entgegen.

War das Arbeitsverhältnis befristet, ruht der Anspruch auf Arbeitslosengeld nur bis zum vereinbarten Ende der Befristung. Hätte der Arbeitgeber das Arbeitsverhältnis aus wichtigem Grund ohne Einhaltung einer Kündigungsfrist kündigen können, ruht das Arbeitslosengeld nur bis zur Beendigung des Arbeitsverhältnisses aufgrund der außerordentlichen Kündigung.

4. Erstattungspflichten bei älteren Arbeitnehmern

WICHTIG!

Nach Auslaufen von Übergangsregelungen ist nun die früher gegebenenfalls bestehende Pflicht des Arbeitgebers der Bundesagentur, Arbeitslosengeldzahlungen an entlassene ältere Arbeitnehmer zu erstatten, insgesamt entfallen.

V. Muster: Aufhebungsvertrag

Musterschreiben und Vertragsgestaltungen müssen den jeweiligen Notwendigkeiten und den individuellen Bedürfnissen der Arbeitsvertragsparteien Rechnung tragen. Die in diesem Werk abgebildeten Muster können hierbei nur eine Hilfe sein. Deshalb ist im Einzelfall zu prüfen, inwieweit hier vorgeschlagene Formulierungen sinnvoll oder entbehrlich sind. Die Anpassung an den jeweiligen Einzelfall ist daher zwingend notwendig.

Zwischen
der Firma .... (nachfolgend – Arbeitgeber – genannt)
und
Herrn/Frau .... (nachfolgend – Arbeitnehmer – genannt)
wird Folgendes vereinbart:

§ 1 Beendigung

Die Parteien sind sich darüber einig, dass das Arbeitsverhältnis mit Ablauf des .... auf Veranlassung des Arbeitgebers im gegenseitigen Einvernehmen endet/geendet hat.

oder

Die Parteien sind sich darüber einig, dass das seit .... bestehende Arbeitsverhältnis durch ordentliche, betriebsbedingte Arbeitgeberkündigung vom .... zum .... endet/geendet hat.

§ 2 Abfindung

Anlässlich der Beendigung des Arbeitsverhältnisses zahlt der Arbeitgeber dem Arbeitnehmer für den Verlust des Arbeitsplatzes eine einmalige Abfindung gemäß §§ 9, 10 KSchG in Höhe von € .... brutto.

und

Der vorbenannte Abfindungsbetrag ist an den Arbeitnehmer am Tag der Beendigung des Arbeitsverhältnisses auszubezahlen.

oder

Der vorbenannte Abfindungsbetrag ist an den Arbeitnehmer bis spätestens .... auszubezahlen.

und

Die Parteien sind sich darüber einig, dass der Arbeitgeber bei der Auszahlung der vorbenannten Abfindung Lohnsteuer in Abzug bringt. Sollte das zuständige Finanzamt aufgrund dieser Vereinbarung Lohn- bzw. Kirchensteuer von dem Arbeitgeber nachfordern, so wird der Arbeitnehmer diesen – nach Vorlage eines entsprechenden Nachweises – unverzüglich von seiner Verbindlichkeit freistellen bzw. die vom Arbeitgeber gezahlte Lohn- und Kirchensteuer erstatten.

oder

Auf die Abfindung anfallende Lohn- oder Kirchensteuer wird vom [wahlweise: Arbeitgeber oder *Arbeitnehmer] getragen.*

§ 3 Freistellung

Die Parteien sind sich darüber einig, dass der Arbeitnehmer seinen gesamten Resturlaub von .... Tagen in der Zeit von .... bis .... [wahlweise: sowie seinen gesamten Anspruch auf Freizeitausgleich von Tagen in der Zeit von .... bis ....] nimmt. Nach Beendigung des Urlaubs [wahlweise: und seines Freizeitausgleichs] wird er ab .... bis zur rechtlichen Beendigung des Arbeitsverhältnisses unwiderruflich von der Erbringung seiner Arbeitsleistung unter Fortzahlung seiner vertragsgemäßen Vergütung freigestellt.

§ 4 Vergütung

Bis zu dem unter § 1 genannten Beendigungszeitpunkt werden die vertragsgemäßen Bezüge vom Arbeitgeber fortbezahlt. Die Lohn-/Gehaltsabrechnung erfolgt wie bisher zum .... eines Kalendermonats.

§ 5 Gratifikation

Die arbeitsvertraglich zugesagte Gratifikation für das Jahr .... erhält der Arbeitnehmer ungekürzt [oder: nicht oder *wahlweise: in Höhe von € ....* oder*: zu .... Zwölfteln].*

§ 6 Urlaub

Die Parteien sind sich darüber einig, dass dem Arbeitnehmer für das Jahr .... noch .... Urlaubstage zustehen.

und *(falls kein Fall der Freistellung, § 3)*

Der Arbeitnehmer wird den Urlaub – nach Absprache mit dem Arbeitgeber – bis zu dem in § 1 genannten Beendigungszeitpunkt nehmen.

oder

Der Arbeitgeber bezahlt dem Arbeitnehmer zur Abgeltung des Urlaubs eine Urlaubsabgeltung in Höhe von € ...., welche am .... zur Zahlung fällig ist.

§ 7 Darlehen

Der Arbeitnehmer hat vom Arbeitgeber am .... ein Darlehen in Höhe von € .... erhalten. Hierauf sind bis heute € .... getilgt. Der Restbetrag in Höhe von € .... wird in monatlichen Raten von jeweils € ...., zahlbar jeweils am .... eines Kalendermonats, beginnend ab dem .... zurückbezahlt. Sobald der Arbeitnehmer mit der Zahlung einer Rate oder eines Teils hiervon mehr als zwei Wochen in Verzug gelangt, ist der gesamte Restbetrag zur sofortigen Zahlung fällig. Zur Sicherung der Darlehensforderung tritt der Arbeitnehmer die zukünftige Lohnforderung gegen jeden neuen Arbeitgeber in der jeweils gesetzlich zulässigen Höhe (Pfändungsfreigrenzen) an den Arbeitgeber ab.

oder

Dem Arbeitnehmer wird die Möglichkeit eingeräumt, die per .... [Datum] noch offene Darlehensschuld in Höhe von € .... vorzeitig durch eine Einmalzahlung in Höhe von € .... abzulösen. Eine Verrechnung mit dem Nettobetrag der in § 2 vereinbarten Abfindung ist zulässig.

§ 8 Werkwohnung

Der Arbeitnehmer verpflichtet sich, die ihm vom Arbeitgeber überlassene Werkwohnung in .... [Anschrift] bis spätestens .... zu räumen und in vertragsgemäßem Zustand an den Arbeitgeber zu übergeben.

und *(evtl. bei Vorliegen eines Mietvertrages)*

Im Übrigen bleiben die Regelungen aus dem Mietvertrag vom .... unberührt.

oder

Die vom Arbeitgeber überlassene Werkwohnung wird vom Arbeitnehmer nach der unter § 1 vereinbarten rechtlichen Beendigung des Ar-

beitsverhältnisses entgeltlich weiter genutzt. Die Nutzungsbedingungen ergeben sich aus einem gesondert abzuschließenden Mietvertrag.

§ 9 Dienstwagen

Der Arbeitnehmer verpflichtet sich, den ihm zur Verfügung gestellten Dienstwagen .... [Hersteller, Typ, amtliches Kennzeichen] bis zum .... in vertragsgemäßem Zustand an den Arbeitgeber zurückzugeben.

***und** (evtl. bei Vorliegen eines Überlassungsvertrages)*

Im Übrigen bleiben die Regelungen aus dem Dienstwagen-Überlassungsvertrag vom .... unberührt.

§ 10 Nachvertragliches Wettbewerbsverbot

Die Parteien sind sich darüber einig, dass das am .... zwischen ihnen vereinbarte Wettbewerbsverbot mit sofortiger Wirkung aufgehoben wird. Der Arbeitnehmer ist somit in der Ausübung seiner nachvertraglichen Erwerbstätigkeit frei. Eine Karenzentschädigung ist durch den Arbeitgeber nicht zu zahlen.

oder

Das zwischen den Parteien am .... vereinbarte nachvertragliche Wettbewerbsverbot wird einvernehmlich dahingehend abgeändert, dass statt einer monatlichen Karenzentschädigung in Höhe von € .... monatlich € .... an den Arbeitnehmer zu zahlen sind. Die Laufzeit des Wettbewerbsverbots wird einvernehmlich auf die Zeit vom .... bis .... festgelegt.

oder

Das zwischen den Parteien am .... vereinbarte nachvertragliche Wettbewerbsverbot wird von dem vorliegenden Aufhebungsvertrag nicht berührt.

§ 11 Geschäfts- und Betriebsgeheimnisse

Der Arbeitnehmer ist verpflichtet, über alle ihm während seiner Tätigkeit bekannt gewordenen betriebsinternen Angelegenheiten – insbesondere Geschäfts- und Betriebsgeheimnisse – gegenüber Dritten strengstes Stillschweigen zu bewahren. Dies gilt auch für den Inhalt dieser Vereinbarung. Die Verschwiegenheitsverpflichtung bezieht sich nicht auf solche Umstände und Mitteilungen, die der Arbeitnehmer gegenüber Behörden oder Gerichten zur Wahrung seiner rechtlichen Interessen abzugeben hat.

§ 12 Herausgabe von Gegenständen und Unterlagen

Der Arbeitnehmer verpflichtet sich, sämtliche dem Arbeitgeber gehörenden Unterlagen (z. B. Preislisten, Geschäftspapiere, Zeichnungen, Skizzen, Besprechungsberichte, Briefe, Fotos etc.) sowie Kopien und Abschriften hiervon und Gegenstände (z. B. Schlüssel, Codekarten, Handy, Laptop, Disketten, CD-ROMs etc.) bis zum .... zurückzugeben.

oder

Der Arbeitnehmer verpflichtet sich, alle ihm vom Arbeitgeber überlassenen Gegenstände und Unterlagen, die im Zusammenhang mit seiner Tätigkeit bei dem Arbeitgeber entstanden sind, vollständig an diesen zurückzugeben. Zu diesen Unterlagen zählen insbesondere ....

§ 13 Zeugnis, Arbeitsbescheinigung und Arbeitspapiere

Der Arbeitnehmer erhält in Anlage beigefügtes [wahlweise zusätzlich: qualifiziertes] Zeugnis.

oder

Der Arbeitnehmer hat Anspruch auf ein wohlwollendes [wahlweise zusätzlich: qualifiziertes] Zeugnis.

Der Arbeitgeber verpflichtet sich, dem Arbeitnehmer eine Arbeitsbescheinigung bis spätestens .... auszustellen. Als Grund für die Beendigung des Arbeitsverhältnisses wird dort angegeben: ....

Die übrigen Arbeitspapiere werden dem Arbeitnehmer bis spätestens .... an seine Wohnanschrift übermittelt.

§ 14 Belehrung

Der Arbeitnehmer bestätigt, über etwaige Nachteile, die ihm durch den Abschluss des vorliegenden Aufhebungsvertrags beim Bezug von Arbeitslosengeld oder aus sonstiger steuer- oder sozialrechtlicher Hinsicht entstehen können, belehrt worden zu sein. Ihm ist bekannt, dass die zuständigen Behörden (Finanzamt, Agentur für Arbeit, Krankenkasse und Rentenversicherungsträger) zur Erteilung von Auskünften verpflichtet sind.

Der Arbeitnehmer wurde ferner darüber informiert, dass er gegenüber der Agentur für Arbeit verpflichtet ist, Eigenaktivitäten bei der Suche nach einer anderen Beschäftigung zu entfalten und dass er der zuständigen Agentur für Arbeit das Ende des Beschäftigungsverhältnisses unverzüglich, spätestens drei Tage nach Unterzeichnung dieses Vertrages mitteilen muss. Der Arbeitnehmer wurde darauf hingewiesen, dass die verspätete Meldung bei der Agentur für Arbeit zu Kürzungen beim Bezug von Arbeitslosengeld führen kann.

§ 15 Kosten

Die Kosten dieser Vereinbarung tragen die Parteien jeweils selbst.

oder (im Rahmen eines Kündigungsschutzprozesses)

Der Arbeitnehmer verpflichtet sich, die unter dem Az. .... beim Arbeitsgericht .... rechtshängige Klage binnen einer Woche nach Unterzeichnung des vorliegenden Aufhebungsvertrags zurückzunehmen.

Die außergerichtlichen Kosten des Verfahrens tragen die Parteien jeweils selbst.

§ 16 Erledigungsklausel

*Mit der Erfüllung dieser Vereinbarung sind alle gegenseitigen (*optionale Einschränkung: *finanziellen) Ansprüche aus dem Arbeitsverhältnis und dessen Beendigung – gleich aus welchem Rechtsgrund und ob bekannt oder unbekannt – erledigt. Dies gilt nicht für Ansprüche des Arbeitnehmers, die aufgrund zwingender gesetzlicher Vorschriften unverzichtbar oder unverfallbar geworden sind.*

§ 17 Salvatorische Klausel

Wenn eine Bestimmung dieses Vertrags unwirksam sein sollte, wird dadurch die Geltung des Vertrags im Übrigen nicht berührt. In diesem Fall sind die Parteien verpflichtet, die ungültige Bestimmung durch eine neue Bestimmung zu ersetzen, die in rechtlich zulässiger Weise der ungültigen Vertragsbestimmung unter wirtschaftlichen Gesichtspunkten entspricht oder ihr möglichst nahe kommt.

Ausländische Arbeitnehmer

I. Anwendbarkeit des deutschen Arbeitsrechts

In jedem → *Arbeitsvertrag* kann eine Regelung darüber getroffen werden, ob für das Arbeitsverhältnis deutsches Recht oder das Recht eines anderen Staates gelten soll. Wird nichts vereinbart, gilt grundsätzlich das Recht des Staates,

- in dem oder von dem aus der Arbeitnehmer seine Arbeit gewöhnlich verrichtet, selbst wenn er vorübergehend in einen anderen Staat entsandt ist oder
- in dem sich die Niederlassung befindet, die den Arbeitnehmer eingestellt hat.

Ergibt sich aus der Gesamtheit der Umstände, dass der Arbeitsvertrag eine engere Verbindung zu einem anderen als den oben genannten Staaten aufweist, ist das Recht dieses Staates anzuwenden.

Wird ein ausländischer Arbeitnehmer in Deutschland tätig, gilt für dieses Arbeitsverhältnis also deutsches Recht, wenn im Arbeitsvertrag nichts anderes vereinbart wurde.

Art. 8 der sog. Rom-I-Verordnung 593/2008/EG sieht vor, dass Arbeitsverträge dem von den Parteien gewählten Recht unterliegen. Art. 3 der Rom-I-Verordnung sieht ergänzend vor, dass die Rechtswahl, die in dem Vertrag niedergelegt ist, ausdrücklich erfolgen und inhaltlich transparent sein muss.

Formulierungsbeispiel:

„Auf diesen Vertrag findet das Recht der Bundesrepublik Deutschland Anwendung."

ACHTUNG!

Der Grundsatz der freien Rechtswahl wird jedoch insoweit eingeschränkt, als dass die für die schwächere Partei (Arbeitnehmer) günstigeren Vorschriften trotz der Wahl eines anderen Rechts zwingend zur Anwendung kommen. Somit erfolgt der Günstigkeitsvergleich zwischen der gewählten Rechtsordnung und dem Recht des Landes, in dem oder aus dem der Arbeitnehmer gewöhnlich seine Arbeit verrichtet. Art. 8 Abs. 1 Satz 2 Rom-I-VO sieht insoweit vor, dass dem Arbeitnehmer nicht der Schutz entzogen werden darf, der ihm grundsätzlich nach dem Herkunftsland zusteht. Art. 8 Abs. 2 Rom-I-VO bestimmt, dass der Arbeitsvertrag dem Recht des Staates unterliegt, in dem der Arbeitnehmer gewöhnlich seine Arbeitsleistung verrichtet.

1. Arbeitsvertrag

Ob der Arbeitsvertrag zweisprachig abzufassen ist, ist weniger ein rechtliches Problem als eine Frage der Praktikabilität. Hat der ausländische Arbeitnehmer Sprachschwierigkeiten, kann der Arbeitgeber aufgrund seiner Fürsorgepflicht zum zweisprachigen Vertrag verpflichtet sein. Wer letztlich das Sprachrisiko trägt, haben die Gerichte bislang nur in Einzelfällen entschieden. Das BAG weist mit Urteil vom 19.3.2014 (5 AZR 252/12) darauf hin, dass niemand verpflichtet ist, einen Arbeitsvertrag in einer ihm fremden Sprache zu unterschreiben. Ein Bewerber könne sich Bedenkzeit erbeten, um eine Übersetzung des Vertrags bitten oder selbst für eine solche sorgen, bevor er über die Annahme des Vertragsangebots entscheidet. Werden derartige zumutbare Möglichkeiten, sich Kenntnis vom Vertragsinhalt zu verschaffen, nicht genutzt und wird stattdessen ohne Zwang ein Arbeitsvertrag geschlossen, geht das Sprachrisiko zulasten des Arbeitnehmers.

Bei der → *Arbeitnehmerüberlassung* ist der Verleiher verpflichtet, das Merkblatt der Erlaubnisbehörde über den wesentlichen Inhalt des Arbeitnehmerüberlassungsgesetzes und den Nachweis der wesentlichen Vertragsbedingungen auf Verlangen des ausländischen Arbeitnehmers in seiner Muttersprache auszuhändigen.

Mit Urteil vom 26.4.2022 (9 AZR 139/21) hat das BAG entschieden, dass in Fällen, in denen der Vertrag zwischen dem ausländischen Verleiher und dem ausländischen Leiharbeitnehmer entsprechend den Vorschriften des AÜG unwirksam ist, ein Vertragsende zwischen dem Einsatzbetrieb und dem ausländischen Leiharbeitnehmer fingiert wird. Eine Ausnahme gilt jedoch dann, wenn nach ausländischem Recht der Vertrag zwischen dem Verleiher und dem Leiharbeitnehmer wirksam ist. Denn nach dem BAG darf es nicht zu einem Nebeneinander eines nach ausländischem Recht wirksamen Vertrages neben einem im Inland unwirksamen Rechtsverhältnis mit der Folge der Fiktion eines Vertrages geben.

Ansonsten gibt es keine Besonderheiten; die allgemeinen Regelungen, z. B. zum Kündigungsrecht, gelten auch für ausländische Arbeitnehmer.

Auch für ausländische Arbeitnehmer gilt das Recht der Entgeltfortzahlung. Sie können aus dem Ausland Arbeitsunfähigkeitsbescheinigungen einreichen. Mit Urteil vom 15.1.2025 (5 AZR 284/24) hat das BAG entschieden, dass eine im Ausland erstellte Arbeitsunfähigkeitsbescheinigung den gleichen Beweiswert hat, wie eine in Deutschland ausgestellte ärztliche Bescheinigung. Kommen allerdings Umstände in Betracht, die, den Beweiswert einer im Ausland erstellten Arbeitsunfähigkeitsbescheinigung erschüttern, ist eine Gesamtbetrachtung des Einzelfalles vorzunehmen. Dies kann dazu führen, dass Umstände vorliegen können, die in der Gesamtschau Zweifel an der Wirksamkeit einer im Ausland erstellten Arbeitsunfähigkeitsbescheinigung erwecken können.

2. Sonderurlaub

Ob ausländische Arbeitnehmer für besondere Anlässe (z. B. Ableistung des Grundwehrdienstes im Heimatstaat) einen Anspruch auf Sonderurlaub, also unbezahlte Freistellung haben, ist sehr umstritten. Die Gerichte beurteilen diese Frage unterschiedlich.

TIPP!

Für diese Fälle sollte sicherheitshalber eine Regelung im Arbeitsvertrag getroffen werden.

Für religiöse Feiertage besteht ein Anspruch des ausländischen Arbeitnehmers auf unbezahlte Freistellung, da sein Grundrecht auf Glaubens- und Gewissensfreiheit und das Verbot der Benachteiligung aus religiösen und Glaubensgründen der Verpflichtung zur Erbringung der Arbeitsleistung vorgehen. Der Arbeitgeber kann für diese Fälle aber im Arbeitsvertrag regeln, dass die Freistellung unbezahlt erfolgt. Trotzdem besteht das Risiko, dass ein Arbeitsgericht einen Vergütungsanspruch nach § 616 BGB bejaht.

Da der Arbeitnehmer ein Recht beansprucht, welches nur dann besteht, wenn er tatsächlich der entsprechenden Glaubensrichtung angehört, können im Zweifel „Nachweise" verlangt werden.

3. Betriebsverfassungsrecht

Hinsichtlich des aktiven und passiven Wahlrechts zum → *Betriebsrat* gelten für deutsche und ausländische Arbeitnehmer die Vorschriften des Betriebsverfassungsgesetzes gleichermaßen. Der Wahlvorstand sollte dafür sorgen, dass ausländische Arbeitnehmer, die der deutschen Sprache nicht mächtig sind, vor Einleitung der Betriebsratswahl über Wahlverfahren, Aufstellung der Wähler- und Vorschlagslisten, Wahlvorgang und Stimmabgabe in geeigneter Weise informiert werden (§ 2 Abs. 5 WahlO).

Das ArbG Frankfurt hat am 1.3.2011 (7 BV 239/10) entschieden, dass der Wahlvorstand verpflichtet ist, das Wahlausschreiben zu übersetzen. Demgegenüber fordert das BAG in einem Beschluss vom 13.10.2004 (7 ABR 5/04) keine Pflicht zur Übersetzung. Die Tatsache, dass der Arbeitgeber keine Übersetzung geleistet hat, kann jedoch ein Anfechtungsrecht in den Fällen begründen, in denen durch die fehlende Übersetzung das Wahlergebnis negativ beeinflusst wurde. Dass die Gruppe der ausländischen Mitbürger im Rahmen der Betriebsratswahl unter Berücksichtigung der eigenen Sprachmöglichkeiten berücksichtigt wird, zeigt sich im Rahmen der Anfechtung. Ein zur Anfechtung führender Fehler der Betriebsratswahl liegt vor, wenn das Recht teilzunehmen mangels Sprachkenntnissen verneint werden muss.

Der Arbeitgeber und der Betriebsrat müssen darauf achten, dass ausländische Arbeitnehmer ohne sachlichen Grund nicht wegen ihrer Abstammung, Religion oder Nationalität anders als ihre deutschen Kollegen behandelt werden (§ 75 BetrVG). Zu den allgemeinen Aufgaben des Betriebsrats gehört es außerdem, die Integration ausländischer Arbeitnehmer im Betrieb und das Verständnis zwischen ihnen und den deutschen Arbeitnehmern zu fördern (§ 80 Abs. 1 Nr. 7 BetrVG) sowie Maßnahmen zur Bekämpfung von Rassismus und Fremdenfeindlichkeit im Betrieb zu beantragen. Zum Zwecke der Integration ausländischer Arbeitnehmer sowie zur Bekämpfung von Rassismus und Fremdenfeindlichkeit sind nach dem Betriebsverfassungsgesetz folgende Regelungen zu beachten:

- Zustimmungsverweigerung des Betriebsrats, wenn durch einen konkreten Anlass die Besorgnis besteht, dass Bewerber oder Arbeitnehmer, insbesondere durch rassistische oder fremdenfeindliche Betätigung, den Betriebsfrieden stören (§ 99 Abs. 2 Nr. 6 BetrVG).
- Forderung des Betriebsrats nach Versetzung oder Entlassung bei rassistischer oder fremdenfeindlicher Betätigung, die den Betriebsfrieden wiederholt ernstlich gestört hat (§ 104 Satz 1 BetrVG).
- Bei Betriebs- und Abteilungsversammlungen hat der Arbeitgeber gemäß § 43 Abs. 2 BetrVG nunmehr auch über die Integration der im Betrieb beschäftigten ausländischen Arbeitnehmer zu berichten. In diesem Kontext hat das Sächsische LAG mit Beschluss vom 10.10.2023 (2 TaBVGa 2/23) entschieden, dass die Kosten für Simultandolmetscher und deren technische Ausrüstung für die Übersetzung während einer Betriebsversammlung gemäß § 40 BetrVG vom Arbeitgeber zu tragen sind. Hierbei hat der Betriebsrat vor jeder Sitzung die Verhältnismäßigkeit der Kosten abzuwägen. Ein eigener Ermessensspielraum kommt ihm bei der Entscheidung zu.
- Die Beispielsaufzählung für den Abschluss freiwilliger Betriebsvereinbarungen ist um Maßnahmen zur Integration ausländischer Arbeitnehmer sowie zur Bekämpfung von Rassismus und Fremdenfeindlichkeit im Betrieb erweitert worden (§ 88 Nr. 4 BetrVG).

II. Beschäftigungsvoraussetzungen

Die Schwierigkeiten einer effektiven Beschäftigung von ausländischen Fachkräften hängt vielfach nicht von den Rechtsnormen ab, sondern von der Flexibilität der entscheidenden Behörden. Eine Zentralisierung der Entscheidungsprozesse in Landesbehörden wäre wünschenswert.

1. Voraussetzungen für Staatsangehörige der EU-Staaten, EWR-Staaten und Schweiz

Für Staatsangehörige der EU gilt das Freizügigkeitsgesetz/EU, das Einreise, Aufenthalt und Erwerbstätigkeit regelt. EU-Bürger benötigen weder für die Einreise noch für den Aufenthalt in Deutschland einen Aufenthaltstitel. Eine besondere Arbeitsberechtigung ist nicht erforderlich. Es besteht lediglich die polizeiliche Meldepflicht. Zum Nachweis der EU-Staatsangehörigkeit genügt das Personalausweisdokument.

EU-Mitgliedstaaten sind (neben Deutschland) Belgien, Bulgarien, Dänemark, Estland, Finnland, Frankreich, Griechenland, Irland, Italien, Kroatien, Lettland, Litauen, Luxemburg, Malta, Niederlande, Österreich, Polen, Portugal, Rumänien, Schweden, Slowakische Republik, Slowenien, Spanien, Tschechische Republik, Ungarn und Zypern. Seit dem 1.1.2023 ist auch Kroatien – neben der Einführung des Euro – dem Schengenabkommen beigetreten.

EU-Bürgern gleichgestellt sind Staatsangehörige der EWR-Staaten (Island, Liechtenstein, Norwegen). Für Schweizer Bürger gilt das Freizügigkeitsabkommen EG – Schweiz. Sie benötigen keine Aufenthaltserlaubnis, wenn sie eine Beschäftigung bis zu einer Dauer von drei Monaten bei einem deutschen Arbeitgeber ausüben wollen. Bei einer längeren Beschäftigungsdauer haben sie Anspruch auf Erteilung einer Aufenthaltserlaubnis, die sie zur Erwerbstätigkeit berechtigt.

Hierzu hat der EuGH am 28.4.2022 (C-86/21) entschieden, dass die Freizügigkeit der Arbeitnehmer innerhalb der Europäischen Union dahin auszulegen sei, dass eine nationale Regelung unwirksam ist, nach der ein Arbeitnehmer in einem öffentlichen Gesundheitsdienst eine in einem anderen Mitgliedstaat erworbene Berufserfahrung nicht anerkennt bekommt. Eine Ausnahme gilt nach der Rechtsprechung des EuGH nur dann, wenn die Beschränkung einem im Allgemeininteresse liegenden Ziel dient.

Das BSG hat am 9.3.2022 (B 7/14 AS 91/20 R) entschieden, dass das Aufenthaltsrecht die Eigenschaft als freizügigkeitsberechtigte Arbeitnehmer nicht einschränkt.

Großbritannien ist seit dem 1.2.2020 nicht mehr EU-Mitglied, wobei es bis zum 31.12.2020 eine Übergangsphase gab, während der Großbritannien weiterhin wie ein EU-Mitgliedstaat behandelt wurde. Die Arbeitnehmerfreizügigkeit des Unionsrechts blieb auf dieser Grundlage lediglich bis zum 31.12.2020 erhalten (siehe unten 2.3). Daneben gelten zwischenstaatliche Sonderregelungen.

TIPP!

Das Bundesministerium für Arbeit und Soziales und das Bundesministerium des Innern, für Bau und Heimat haben auf ihren Internetseiten nach wie vor aktuelle Informationen und Anwendungshinweise für Arbeitgeber britischer Staatsangehöriger eingestellt.

2. Voraussetzungen für Drittstaatenangehörige

2.1 Allgemein

Staatsangehörige, die nicht der EU oder dem EWR angehören, benötigen für die Beschäftigung in Deutschland einen entsprechenden Aufenthaltstitel mit der Erlaubnis zur Ausübung einer Erwerbstätigkeit. Maßgeblich sind die entsprechenden Vorschriften des Aufenthaltsgesetzes (AufenthG) und der hierzu erlassenen Beschäftigungsverordnung (BeschV).

Mit Inkrafttreten des Zuwanderungsgesetzes waren das Ausländeraufenthaltsrecht und das Ausländerbeschäftigungsrecht grundlegend reformiert worden. Das Ausländergesetz wurde durch das Aufenthaltsgesetz abgelöst. Damit hatte das Recht der Beschäftigung ausländischer Arbeitnehmer ab 1.1.2005 umfassende Änderungen erfahren, die im Folgenden in Grundzügen dargestellt werden. In der Folge ist das Aufenthaltsgesetz mehrfach geändert worden. So für die Jahre 2022 und 2023.

Der Aufenthalt zum Zweck der Erwerbstätigkeit ist in § 18 AufenthG geregelt. § 18 AufenthG ist zwar keine eigenständige Rechtsgrundlage zur Erteilung eines Aufenthaltstitels, enthält aber grundlegende Vorschriften, Definitionen sowie Erteilungsvoraussetzungen für Aufenthaltstitel zum Zweck der Beschäftigung. § 18 Abs. 1 AufenthG enthält hinsichtlich der Zulassung ausländischer Beschäftigter ermessenslenkende Aspekte für die zuständigen Behörden.

§ 18 Abs. 2 AufenthG enthält zusätzlich zu den allgemeinen Erteilungsvoraussetzungen des § 5 AufenthG allgemeine Bestimmungen für Beschäftigungsaufenthalte. Insbesondere kann einem Ausländer ein Aufenthaltstitel zur Ausübung einer Beschäftigung erteilt werden, wenn die Bundesagentur für Arbeit zugestimmt hat oder durch Gesetz, Beschäftigungsverordnung oder zwischenstaatliche Vereinbarung bestimmt ist, dass eine solche Zustimmung nicht erforderlich ist. Ist die Zustimmung der Bundesagentur für Arbeit erforderlich, prüft diese die Versagungsgründe nach § 40 AufenthG. Ist die Zustimmung der Bundesagentur für Arbeit nicht erforderlich, können auch die Ausländerbehörde/Auslandsvertretung prüfen, ob Versagungsgründe nach § 40 Abs. 2 oder 3 AufenthG vorliegen.

2.2 Wesentliche Neuerungen seit Inkrafttreten des Fachkräfteeinwanderungsgesetzes in seiner letzten Fassung von 20.4.2023

- § 4a Abs. 1 Satz 1 AufenthG stellt klar, dass Ausländern, die einen Aufenthaltstitel besitzen, die Ausübung einer Erwerbstätigkeit grundsätzlich erlaubt ist, es sei denn, ein Gesetz bestimmt ein Verbot. Der Begriff der „Erwerbstätigkeit" erfasst dabei auch die Beschäftigung i. S. v. § 7 SGB IV, die Tätigkeit als Beamter und die selbstständige Tätigkeit.
- Gemäß § 18 Abs. 3 AufenthG wurde erstmals eine Definition des Begriffs der Fachkraft im Sinne des Aufenthaltsgesetzes eingeführt. Damit wurde ein einheitlicher Fachkräftebegriff, der Fachkräfte mit akademischer Ausbildung und Fachkräfte mit qualifizierter Berufsausbildung umfasst sowie aufenthaltsrechtlich gleichstellt, geschaffen.
- Der Arbeitsmarktzugang wurde für Nichtakademiker (Beschäftigte mit qualifizierter Berufsausbildung) nach §§ 18 Abs. 3, 18a AufenthG geöffnet. Eine Beschränkung auf bestimmte Engpassberufe besteht nicht mehr.
- Die Einwanderung zur Arbeitsplatzsuche wurde erleichtert (§ 20 AufenthG). Es besteht die Möglichkeit für Fachkräfte mit qualifizierter Berufsausbildung, entsprechend der bestehenden Regelung für Hochschulabsolventen für eine befristete Zeit zur Arbeitsplatzsuche nach Deutschland zu kommen. Voraussetzungen sind deutsche Sprachkenntnisse und die Sicherung des Lebensunterhalts. Auch die Einwanderung zur Ausbildungsplatzsuche ist möglich, jedoch an sehr hohe Voraussetzungen geknüpft (§ 17 AufenthG).
- Eine Vorrangprüfung bei anerkannter Qualifikation und Arbeitsvertrag erfolgt nicht mehr. Eine Prüfung der Beschäftigungsbedingungen erfolgt jedoch weiterhin (§ 39 Abs. 2 AufenthG). Beim Aufenthalt zum Zwecke der betrieblichen Berufsbildung und beruflichen Weiterbildung nach § 16a AufenthG ändert sich das Erfordernis der Vorrangprüfung jedoch nicht. Die Zustimmung wird – anders als bei den anderen Titeln für die Fachkräfteeinwanderung – weiterhin mit Vorrangprüfung erteilt.
- Gemäß § 18 Abs. 2 Nr. 5 AufenthG wurde eine Altersbeschränkung eingeführt, der zufolge Fachkräfte, die bei der Ersterteilung der Aufenthaltserlaubnis das 45. Lebensjahr vollendet haben, in der Regel ein Gehalt von mindestens 55 % der jährlichen Beitragsbemessungsgrenze der allgemeinen Rentenversicherung nachweisen müssen. Damit wird das Ziel verfolgt, dass noch ein auskömmlicher Lebensunterhalt bis zum Ausscheiden aus dem Arbeitsleben bei Erreichen der Altersgrenze erreicht werden kann.
- Bei der Arbeitsaufgabe besteht eine Meldepflicht des Betriebs (§ 4a Abs. 5 Satz 3 Nr. 3 AufenthG). Arbeitgeber müssen der Ausländerbehörde eine vorzeitige Beendigung der Beschäftigung innerhalb von vier Wochen mitteilen.
- Die Ausländerbehörden wurden stärker in den Prozess der Anerkennung von im Ausland erworbenen Qualifikationen und Abschlüssen einbezogen (§ 81a AufenthG). Dazu zählen Verfahrensvereinfachungen, eine Bündelung der Zuständigkeiten bei zentralen Ausländerbehörden und beschleunigte Verfahren für Fachkräfte.

Die Bundesregierung hat am 12.10.2022 ihre neue Fachkräftestrategie im Bundeskabinett beschlossen, die Unternehmen und Betriebe unterstützen soll, Fachkräfte (auch aus dem Ausland) zu gewinnen und zu halten.

2.3 Sonderfall: Britische Staatsangehörige

Großbritannien ist seit dem 1.2.2020 nicht mehr EU-Mitglied. Das in der Folge verhandelte Austrittsabkommen galt aufenthaltsrechtlich ab dem 1.1.2021.

Zwischen der Europäischen Union und dem Vereinigten Königreich ist ein sog. Partnerschaftsvertrag ausgehandelt worden. Alle 27 Mitgliedstaaten der Union hatten dem Abkommen zugestimmt. Am 27.5.2021 gab auch das Europäische Parlament seine Zustimmung, sodass das Abkommen am 1.5.2021 endgültig in Kraft treten konnte.

Das Handels- und Kooperationsabkommen begründet eine umfassende Wirtschaftspartnerschaft. Diese beruht im Kern auf einem Freihandelsabkommen, das weder Zölle noch Import- oder Exportquoten vorsieht und damit bedeutende Handelshemmnisse abwendet.

Bezüglich der Regeln des Arbeitsrechts steht es dem Vereinigten Königreich frei, von den EU-Arbeitsgesetzen abzuweichen. Die Regeln zum Datenschutz, insbesondere zum Arbeitnehmerdatenschutz, die von der EU im Rahmen der Datenschutzgrundverordnung (DSGVO) erlassen worden sind, gelten ebenfalls nicht mehr. An die Entscheidungen des Europäischen Gerichtshofs ist das Vereinigte Königreich ebenfalls nicht mehr gebunden.

Beschäftigte, die am oder vor dem 31.12.2020 in Großbritannien wohnhaft waren und dort für deutsche Unternehmen tätig geworden sind, hatten die Möglichkeit, bis zum 30.6.2021 einen Antrag auf das „EU Settlement Scheme" zu stellen. Eine Fortschreibung der alten Rechtslage konnte so erzielt werden. Wurde der Antrag nicht fristgemäß eingereicht, haben die Beschäftigten unter Berücksichtigung des englischen Rechts möglicherweise ihr Recht verloren, in Großbritannien zu leben und zu arbeiten. Bei einer „angemessenen Entschuldigung" konnte die Frist verlängert werden. Gründe waren unter anderem solche der physischen und psychischen Beschaffenheit der Beschäftigten, aber auch Gründe, die in deren sozialem Umfeld lagen. Beschäftigte, die bis zum 31.12.2020 nicht im Vereinigten Königreich ansässig waren, müssen ein Visum – wie jeder Bürger aus Drittstaaten – beantragen.

Britische Staatsbürger, die am oder vor dem 31.12.2020 in Deutschland wohnhaft waren, hatten ebenfalls Gelegenheit, bis zum 30.6.2021 einen Antrag für eine neue Aufenthaltserlaubnis („Aufenthaltsdokument – GB") zu stellen. Selbst wenn diese Frist versäumt worden ist, genießen diese Personen weiterhin Bestandsschutz, somit können sie weiter in der Bundesrepublik leben und arbeiten.

III. Aufenthaltstitel

Ausländer mit gültigem Aufenthaltstitel dürfen in Deutschland in der Regel eine Beschäftigung ausüben.

TIPP!

Der Arbeitgeber sollte sich vor Abschluss des Arbeitsvertrages den Aufenthaltstitel zeigen lassen und eine Kopie zur Personalakte nehmen.

Hiervon gibt es Ausnahmen:

- So bedürfen freizügigkeitsberechtigte Bürger der Europäischen Union keines Aufenthaltstitels. Für sie gilt das Freizügigkeitsgesetz/EU. Sie erhalten eine Bescheinigung von Amts wegen über ihr Aufenthaltsrecht.
- Die vollständige Arbeitnehmerfreizügigkeit/Dienstleistungsfreiheit gilt seit dem 1.5.2011 auch für folgende MOE-EU-Mitgliedstaaten: Estland, Lettland, Litauen, Polen, Slowakische Republik.

Seit dem 1.1.2014 genießen auch Rumänien und Bulgarien die volle Arbeitnehmerfreizügigkeit. Für bestimmte Fachkräfte und Saisonarbeitnehmer wurde der Arbeitsmarktzugang erleichtert bzw. entfiel die Arbeitserlaubnispflicht zum 1.1.2012.

Bei der Erteilung eines Aufenthaltstitels ist zwischen aufenthaltsrechtlichen und arbeitsgenehmigungsrechtlichen Voraussetzungen zu unterscheiden. Aufenthaltsrechtliche Erteilungsvoraussetzungen sind erfüllt, wenn

- die Passpflicht erfüllt ist,
- der Lebensunterhalt des Ausländers gesichert ist,
- die Identität und die Staatsangehörigkeit geklärt ist,
- kein Ausweisungsgrund vorliegt und
- kein Anspruch auf Erteilung eines Aufenthaltstitels besteht und
- der Aufenthalt des Ausländers nicht aus einem sonstigen Grund die Interessen der BRD beeinträchtigt oder gefährdet.

Neben dem Visum gibt es mit Aufenthaltserlaubnis, Blaue Karte EU, Niederlassungserlaubnis und Daueraufenthalt-EG weitere Arten von Aufenthaltstiteln.

1. Visum, § 6 AufenthG

Das befristete Visum wird vor der Einreise von der deutschen Auslandsvertretung im Herkunftsland erteilt. Zu unterscheiden sind das Schengen-Visum für die Durchreise durch das Hoheitsgebiet der Schengen-Staaten oder für geplante Aufenthalte in diesem Gebiet von bis zu 90 Tagen je Zeitraum von 180 Tagen sowie das sog. Flughafentransitvisum. Für längerfristige Aufenthalte ist ein nationales Visum erforderlich, dessen Erteilung sich nach den für die folgenden Aufenthaltstitel geltenden Vorschriften richtet.

2. Aufenthaltserlaubnis, § 7 AufenthG

Die Aufenthaltserlaubnis ist ein befristeter Aufenthaltstitel und wird zu bestimmten Aufenthaltszwecken erteilt. In begründeten Fällen kann eine Aufenthaltserlaubnis auch für einen nicht im Aufenthaltsgesetz vorgesehenen Zweck erteilt werden.

Aufenthaltszwecke können nach dem Aufenthaltsgesetz unter anderem sein:

- Aus- und Weiterbildung;
- Erwerbstätigkeit;
- völkerrechtliche, humanitäre, politische Gründe;
- familiäre Gründe, Familiennachzug;
- besondere Aufenthaltsrechte, z. B. Recht auf Wiederkehr für Ausländer, die sich als Minderjährige rechtmäßig in Deutschland aufgehalten haben.

Innerhalb des Systems der genehmigungsfähigen Beschäftigungen von Ausländern gibt es bestimmte Privilegierungen. In diesen Fällen ist eine Genehmigung der Bundesagentur für Arbeit nicht erforderlich, da davon ausgegangen wird, dass sich aufgrund der Eigenart der Tätigkeit keine nachteiligen Auswirkungen auf den inländischen Arbeitsmarkt ergeben.

Beispiele:

- **Bestimmte Praktika zur Aus- und Weiterbildung**
- **Fachkräfte mit inländischem Hochschulabschluss**
- **Führungskräfte**
- **Wissenschaftler für Forschung und Entwicklung**

§ 39 Abs. 2 Satz 2 AufenthG sieht zudem vor, dass nunmehr in der Regel eine sogenannte Arbeitsmarktprüfung (Vorrangprüfung) entfällt.

3. Blaue Karte EU, § 18b Abs. 2 AufenthG

Mit Inkrafttreten des Umsetzungsgesetzes zur Hochqualifizierten-Richtlinie (2009/50/EG) wurde die Blaue Karte EU als neuer Aufenthaltstitel in das Aufenthaltsgesetz eingeführt.

Die Blaue Karte EU richtet sich an Angehörige eines Drittstaates, die zum Zweck der Aufnahme einer hochqualifizierten Tätigkeit einreisen.

Für den Erhalt der Blauen Karte EU müssen folgende Voraussetzungen erfüllt sein:

- Nachweis eines abgeschlossenen Hochschulstudiums (§ 18b Abs. 2 AufenthG)
- Vorlage eines Arbeitsvertrages oder verbindlichen Arbeitsplatzangebots mit einem bestimmten Mindestgehalt. 2021 muss das entsprechende Jahresbruttogehalt mindestens 56.800 Euro betragen. Für bestimmte Engpassberufe liegt es bei 44.304 Euro. Die Gehaltsgrenzen sind jährlich neu zu berechnen (§ 18b Abs. 2 Satz 3 AufenthG), da sie an die jährlich festgesetzte Beitragsbemessungsgrenze der allgemeinen Rentenversicherung anknüpfen.
- Kein Ablehnungsgrund nach § 19f Abs. 1 oder 2 AufenthG.

4. ICT-Karte, § 19 AufenthG

Die ICT-Karte ist ein Aufenthaltstitel zum Zweck eines unternehmensinternen Transfers eines Ausländers. Dabei geht es um die vorübergehende Abordnung eines Ausländers

- in eine inländische Niederlassung des Unternehmens, dem der Ausländer angehört, wenn das Unternehmen seinen Sitz außerhalb der Europäischen Union hat oder
- in eine inländische Niederlassung eines anderen Unternehmens der Unternehmensgruppe, zu der auch dasjenige Unternehmen mit Sitz außerhalb der Europäischen Union gehört, dem der Ausländer angehört.

Die ICT-Karte wird erteilt, wenn der Ausländer in der aufnehmenden Niederlassung als Führungskraft oder Spezialist tätig wird (§ 19 Abs. 1 AufenthG). Der Ausländer muss dem Unternehmen oder der Unternehmensgruppe unmittelbar vor Beginn des unternehmensinternen Transfers seit mindestens sechs Monaten und für die Zeit des Transfers ununterbrochen angehören. Er muss einen für die Dauer des unternehmensinternen Transfers gültigen Arbeitsvertrag und erforderlichenfalls ein Abordnungsschreiben vorweisen und schließlich seine berufliche Qualifikation nachweisen.

Unter den gleichen Voraussetzungen ist die Erteilung einer ICT-Karte möglich, wenn der Ausländer als Trainee im Rahmen eines Transfers tätig wird. Hier entfällt die Voraussetzung, die berufliche Qualifikation nachweisen zu müssen, § 19 Abs. 3 AufenthG.

Der unternehmensinterne Transfer muss mehr als 90 Tage und darf bei Führungskraft oder Spezialisten höchstens drei Jahre und bei Trainees höchstens ein Jahr dauern.

5. Niederlassungserlaubnis, § 9 AufenthG

Die Niederlassungserlaubnis ist unbefristet. Sie ist zeitlich und räumlich unbeschränkt.

Ein Ausländer kann die Niederlassungserlaubnis insbesondere durch Aufenthaltsverfestigung oder aufgrund bestimmter gesetzlicher Sonderregelungen erwerben.

5.1 Aufenthaltsverfestigung

Ein Ausländer erlangt einen Anspruch auf eine Niederlassungserlaubnis u. a. (§ 9 Abs. 2 AufenthG), wenn

- er seit fünf Jahren die Aufenthaltserlaubnis besitzt;
- sein Lebensunterhalt gesichert ist;
- er mindestens 60 Monate Beiträge zur gesetzlichen Rentenversicherung oder zu einer vergleichbaren Versorgungseinrichtung nachweist;
- Gründe der öffentlichen Sicherheit oder Ordnung unter Berücksichtigung der Schwere oder der Art des Verstoßes gegen die öffentliche Sicherheit oder Ordnung oder der vom Ausländer ausgehenden Gefahr unter Berücksichtigung der Dauer des bisherigen Aufenthalts und dem Bestehen von Bindungen im Bundesgebiet nicht entgegenstehen;
- ihm die Beschäftigung erlaubt ist, sofern er Arbeitnehmer ist;
- er im Besitz der sonstigen für eine dauernde Ausübung seiner Erwerbstätigkeit erforderlichen Erlaubnisse ist;
- er über ausreichende Kenntnisse der deutschen Sprache verfügt;
- er über Grundkenntnisse der Rechts- und Gesellschaftsordnung und der Lebensverhältnisse im Bundesgebiet verfügt und
- er über ausreichenden Wohnraum für sich und seine Familie verfügt.

Der Ausländer kann die geforderten sprachlichen und kulturellen Kenntnisse durch einen Integrationskurs nachweisen.

Bei den Aufenthaltszwecken Studium, Sprachkurs, Schulbesuch oder weiteren Ausbildungszwecken findet keine Verfestigung zur Niederlassungserlaubnis statt.

5.2 Sonderregelungen

Für bestimmte Personengruppen bestehen Sonderregelungen. Nach § 18c Abs. 2 Satz 1 AufenthG haben Inhaber einer Blauen Karte EU einen privilegierten Anspruch auf die Erteilung einer Niederlassungserlaubnis. § 18c Abs. 3 AufenthG regelt die privilegierte Erteilung einer Niederlassungserlaubnis für hoch qualifizierte Fachkräfte mit akademischer Ausbildung und mehrjähriger Berufserfahrung, § 21 Abs. 4 AufenthG die privilegierte Erteilung für selbstständig Tätige nach drei Jahren erfolgreichen Wirtschaftens in Deutschland, sofern der Lebensunterhalt gesichert ist.

6. Daueraufenthalt-EU, §§ 9a–9c AufenthG

Bei der Erlaubnis zum Daueraufenthalt-EU (§ 9a AufenthG) handelt es sich um einen unbefristeten Aufenthaltstitel, der ähnlich der Niederlassungserlaubnis zu jeder Erwerbstätigkeit berechtigt.

Der Inhaber einer in Deutschland erworbenen Erlaubnis zum Daueraufenthalt-EU kann im EU-Ausland unter erleichterten Voraussetzungen einen Aufenthaltstitel erwerben.

Ein Drittstaatsangehöriger mit einer in einem anderen EU-Mitgliedstaat erworbenen Erlaubnis zum Daueraufenthalt-EU kann in Deutschland eine Aufenthaltserlaubnis nach § 38a AufenthG unter erleichterten Voraussetzungen erwerben.

7. Ausbildung und Studium, §§ 16–17 AufenthG

Der Zugang von Ausländern zur Ausbildung dient nicht nur der nationalen Verständigung, sondern auch der Sicherung des Bedarfs des deutschen Arbeitsmarktes an Fachkräften. Bei der Erlaubnis zum Aufenthalt (§ 17 AufenthG) handelt es sich um einen befristeten Aufenthaltstitel, der der Durchführung einer qualifizierten Berufsausbildung dienen soll.

Die Aufenthaltstitel zur „Suche eines Ausbildungs- oder Studienplatzes" ist an gesetzliche Vorgaben geknüpft. Diese sind:

- das 25. Lebensjahr darf noch nicht vollendet sein,
- der Lebensunterhalt muss gesichert sein,
- ein Auslandsschulabschluss muss vorliegen, der zum Hochschulzugang in dem Staat berechtigt, in dem der Schulabschluss erworben wurde,
- gute deutsche Sprachkenntnis müssen vorhanden sein.

Die Erlaubnis wird für bis zu sechs Monate erteilt. Sie kann bei Vorliegen bestimmter Voraussetzungen erneut erteilt werden.

Eine Aufenthaltserlaubnis zum Zweck der betrieblichen Aus- und Weiterbildung (§ 16a AufenthG) kann erteilt werden, wenn die Bundesagentur für Arbeit zugestimmt hat oder von dieser Voraussetzung durch Gesetz abgewichen wird. Zur betrieblichen Ausbildung gehören dabei Ausbildungen nach dem Berufsbildungsgesetz (BBiG) und der Handwerksordnung (HwO) sowie Ausbildungsgänge in berufsbildenden Schulen, soweit sie einem Beschäftigungsverhältnis gleichzusetzen sind. Ein Aufenthalt zum betrieblichen Weiterbildung knüpft regelmäßig in eine bereits abgeschlossene (mehrjährige) Berufsausbildung oder an eine gehobene schulische Berufsausbildung an.

IV. Verfahren

1. Allgemein

Die Einholung des Aufenthaltstitels obliegt grundsätzlich dem ausländischen Arbeitnehmer selbst und nicht dem zukünftigen Arbeitgeber (§ 81 Abs. 1 AufenthG).

Zuständig für die Erteilung von Aufenthaltstiteln ist die Ausländerbehörde, die gegenüber dem antragstellenden Ausländer auftritt. Die Ausländerbehörde beteiligt intern das seit 1.5.2011 zuständige Arbeitserlaubnisteam der Zentralen Auslands- und Fachvermittlung (ZAV), indem sie die evtl. erforderliche Zustimmung zum Aufenthaltstitel einholt.

Für die betriebliche Praxis ist festzustellen, dass die Dauer der Aufenthaltsverfahren bei den Ausländerbehörden extrem lang sind. Dies führt zu Frustrationseffekten sowohl bei den Arbeitsuchenden als auch bei den Unternehmen. Ein Absehen von der Beschäftigung ist in vielen Fällen zu beobachten.

Für Aufenthaltstitel, die eine Beschäftigung erlauben, ist im Regelfall die intern im Verfahren zu erteilende Zustimmung der Bundesagentur für Arbeit erforderlich. Das bisherige doppelte Genehmigungsverfahren besteht somit nicht mehr.

Die von der Bundesagentur für Arbeit vor der Zustimmungserteilung noch bis 1.3.2020 durchgeführte Vorrangprüfung ist im Regelfall weggefallen, § 39 Abs. 2 Satz 2 AufenthG. Ausnahmen bestehen beim Aufenthalt zum Zwecke der betrieblichen Berufsbildung und beruflichen Weiterbildung nach § 16a AufenthG.

Die Zustimmung der Bundesagentur für Arbeit setzt voraus, dass der Ausländer nicht zu ungünstigeren Arbeitsbedingungen als vergleichbare deutsche Arbeitnehmer beschäftigt wird.

Sie ist zu versagen, wenn das Arbeitsverhältnis aufgrund unerlaubter Arbeitsvermittlung oder Anwerbung zustande gekommen ist oder der Ausländer als Leiharbeitnehmer tätig werden will.

Die Bundesagentur kann die Zustimmung beschränken, was in den Aufenthaltstitel zu übernehmen ist.

Zustimmungsfreie Beschäftigungen sind in der Beschäftigungsverordnung in Verbindung mit der Beschäftigungsverfahrensverordnung festgelegt.

Gegen die Versagung der Erteilung oder Verlängerung des Aufenthaltstitels ist der Widerspruch zulässig, der innerhalb eines Monats nach Zustellung des ablehnenden Bescheids erhoben werden muss. Die Änderung oder Aufhebung einer Nebenbestimmung, die die Ausübung einer Beschäftigung betrifft, kann in manchen Fällen angegriffen werden. Gegen den wiederum ablehnenden Widerspruchsbescheid ist Klage innerhalb eines Monats nach Bekanntgabe statthaft. Darauf ist in der Rechtsbehelfsbelehrung des Bescheids jeweils hinzuweisen.

2. Beschleunigtes Fachkräfteverfahren

Gemäß § 81a AufenthG wurde durch das Fachkräfteeinwanderungsgesetz ein neues beschleunigtes Verfahren für die Einreise von Fachkräften geschaffen. Liegt ein konkretes Arbeitsplatzangebot vor, kann ein „beschleunigtes Fachkräfteverfahren" beantragt werden. Antragsteller ist der Arbeitgeber, bevollmächtigt durch den Ausländer. Die Zahlung einer Gebühr ist hierfür erforderlich. Die Ausländerbehörde berät in dem Fall den Arbeitgeber über alle Einreisevoraussetzungen der Fachkraft, die Prüfung der ausländerrechtlichen Voraussetzungen und – soweit erforderlich – das Betreiben des Anerkennungsverfahrens sowie das Einholen der Zustimmung der Bundesagentur für Arbeit. Für die beteiligten Behörden bestehen enge Fristen. Sind alle Voraussetzungen erfüllt, erteilt die Ausländerbehörde eine Vorabzustimmung zur Visumerteilung. Diese Vorabzustimmung legt die Fachkraft der Auslandsvertretung vor, welche dann innerhalb von drei Wochen einen Termin zur Visumbeantragung vergibt und in der Regel innerhalb von weiteren drei Wochen nach Antragstellung über die Visumerteilung entscheidet.

Die Bundesregierung hat am 12.10.2022 ihre neue Fachkräftestrategie im Bundeskabinett beschlossen, die Unternehmen und Betriebe unterstützen soll, Fachkräfte (auch aus dem Ausland) zu gewinnen und zu halten.

TIPP!

Arbeitgeber können Musterformulare für das beschleunigte Fachkräfteverfahren auf der Internetseite des BMI herunterladen (Startseite → Themen → Migration → Zuwanderung → Arbeitsmigration).

Leider ist auch nach dem neuen Recht eine Verkürzung oder Beschleunigung der Verfahren in der Praxis nicht zu verzeichnen.

V. Beschäftigung ohne Aufenthaltstitel

Bei Verstößen gegen die Vorschriften über die Beschäftigung von Ausländern drohen dem Arbeitgeber, aber auch dem Arbeitnehmer, erhebliche Geldbußen. In einigen Fällen kann sich der Arbeitgeber sogar strafbar machen.

ACHTUNG!

Verantwortlich sind auch Organvertreter (Vorstandsmitglieder der AG oder GmbH-Geschäftsführer), vertretungsberechtigte Gesellschafter, gesetzliche Vertreter sowie Personen, die den Betrieb leiten oder eigenverantwortlich Pflichten wahrnehmen, die den Betriebsinhaber treffen (z. B. Abteilungsleiter).

TIPP!

Hat der Arbeitgeber einen ausländischen Arbeitnehmer eingestellt, dessen erforderlicher Aufenthaltstitel fehlt oder nicht verlängert wird, so sollte der Arbeitgeber zum Zwecke der Beendigung des Arbeitsverhältnisses eine ordentliche, personenbedingte Kündigung aussprechen, sofern das Arbeitsverhältnis nicht auf Dauer des Vorliegens des Aufenthaltstitels befristet war. Allein durch das Ablaufen eines zeitlich befristeten Aufenthaltstitels endet das Arbeitsverhältnis nicht.

1. Folgen für den Arbeitgeber

Beschäftigt der Arbeitgeber selbst einen ausländischen Arbeitnehmer ohne erforderlichen Aufenthaltstitel, der die Beschäftigung erlaubt, so begeht er damit eine Ordnungswidrigkeit, die mit einem Verwarnungsgeld oder einer Geldbuße geahndet wird.

In besonderen Fällen kann sich der Arbeitgeber sogar strafbar machen.

Besondere Straf- und Bußgeldvorschriften sieht das Arbeitnehmerüberlassungsgesetz für Ver- und Entleiher bei Überlassung bzw. Einsatz von Ausländern ohne erforderlichen Aufenthaltstitel vor.

2. Folgen für den Arbeitnehmer

Wenn ein Ausländer ohne Aufenthaltstitel eine Beschäftigung ausübt, so handelt er ordnungswidrig.

3. Bußgeldverfahren

Zu einem Bußgeldverfahren kommt es dann, wenn der Verstoß nicht geringfügig war oder die Verwarnung nicht wirksam geworden ist (z. B. weil der Betroffene weiterhin gegen die Arbeitsgenehmigungsvorschriften verstößt).

Je nachdem, gegen welche Vorschrift verstoßen wurde, kann das Bußgeld für den Arbeitgeber bis zu € 500.000 betragen. Auch die Sanktionen für den Arbeitnehmer können empfindlich sein.

VI. Asylrecht und Beschäftigung

Besonderheiten hinsichtlich der Zugangsmöglichkeiten und -bedingungen zum Arbeitsmarkt ergeben sich nach dem Asylrecht. Der diesen Sachverhalt regelnde § 61 AsylG wurde aufgrund des Fachkräfteeinwanderungsgesetzes vom 15.8.2019, in Kraft getretenen am 1.3.2020, novelliert.

Nach § 61 Abs. 1 Satz 1 AsylG dürfen Ausländer während der Zeit, in der sie verpflichtet sind, in einer Aufnahmeeinrichtung zu wohnen, keine Erwerbstätigkeit ausüben.

Davon abweichend ist dem Ausländer nach § 61 Abs. 1 Satz 2 AsylG die Ausübung einer Beschäftigung zu erlauben, sofern

- die Bundesagentur für Arbeit zugestimmt hat oder bestimmt ist, dass die Zustimmung der Bundesagentur für Arbeit nicht notwendig ist,
- das Asylverfahren innerhalb von neun Monaten nach der Stellung des Asylantrags unanfechtbar abgeschlossen wurde,
- der Ausländer Staatsangehöriger eines sicheren Herkunftsstaates ist (§ 29a AsylG),
- der Asylantrag als offensichtlich unbegründet oder als unzulässig abgelehnt wurde, ohne dass dagegen die aufschiebende Wirkung einer Klage besteht.

Nach § 61 Abs. 1 Satz 3 AsylG kann Ausländern, die seit mindestens sechs Monaten eine Duldung nach § 60a AufenthG besitzen, die Ausübung einer Beschäftigung erlaubt werden.

Asylbewerbern mit einer Aufenthaltsgestattung (Asylverfahren ist noch nicht abgeschlossen) kann nach dreimonatigem Aufenthalt im Bundesgebiet von der zuständigen Ausländerbehörde die Ausübung einer Beschäftigung gem. § 4a Abs. 4 AufenthG erlaubt werden (§ 61 Abs. 2 AsylG), wenn

- sie nicht mehr verpflichtet sind, in einer Aufnahmeeinrichtung zu wohnen und
- die Bundesagentur für Arbeit zugestimmt hat oder
- bestimmt ist, dass die Zustimmung der Bundesagentur für Arbeit nicht notwendig ist.

Anerkannte Flüchtlinge und Menschen, denen subsidiärer Schutz zuerkannt wurde, dürfen jede Beschäftigung annehmen (§§ 4a, 25 AufenthG).

Die Aufenthaltserlaubnis von Menschen, bei denen ein Abschiebungsverbot festgestellt wurde, berechtigt grundsätzlich nicht zu einer Erwerbstätigkeit (§ 25 Abs. 4 AufenthG). Sie kann jedoch nach § 4a AufenthG von der Ausländerbehörde ggf. mit Zustimmung der Bundesagentur zugelassen werden.

Am 1.1.2020 ist das Beschäftigungsduldungsgesetz mit dem Ziel in Kraft getreten, mehr Rechtssicherheit und -klarheit für Arbeitgeber und Geduldete zu schaffen. Das Gesetz wurde zeitgleich mit dem Fachkräfteeinwanderungsgesetz beschlossen. Durch die Behandlung in unterschiedlichen Gesetzen wurde zum Ausdruck gebracht, dass die Fachkräftesicherung für den Wirtschaftsstandort Deutschland durch das Fachkräfteeinwanderungsgesetz angestrebt wird und die Ausbildungsduldung und Beschäftigungsduldung keine Maßnahmen in diesem Sinne sind.

Die Regelungen des Beschäftigungsduldungsgesetzes verschaffen gut integrierten Geduldeten mit gesichertem Lebensunterhalt durch eine Erwerbstätigkeit unter weiteren Voraussetzungen (§ 60d AufenthG) einen verlässlichen Status. Die Beschäftigungsduldung kann nach 30 Monaten in eine Aufenthaltserlaubnis nach § 25b bzw. § 19d AufenthG umgewandelt werden, wenn die Voraussetzungen dafür vorliegen und die Sprachkenntnisse verbessert wurden.

Auch eine bundeseinheitliche Ausbildungsduldung ist vorgesehen (§ 60c AufenthG). Bereits bestehende Regelungen wurden konkretisiert, um eine einheitliche Anwendungspraxis zu sichern. Auch staatlich anerkannte oder vergleichbar geregelte Assistenz- und Helferberufe wurden unter der Voraussetzung, dass darauf eine qualifizierte Ausbildung in einem Engpassberuf folgt, einbezogen.

Das Gesetz über Duldung bei Ausbildung und Beschäftigung, das am 1.1.2020 in Kraft tritt, wurde zwar zeitgleich zum Fachkräfteeinwanderungsgesetz vom Bundestag am 7.6.2019 beschlossen, durch die Behandlung in unterschiedlichen Gesetzen wurde jedoch deutlich zum Ausdruck gebracht, dass die Fachkräftesicherung für den Wirtschaftsstandort Deutschland durch das Fachkräfteeinwanderungsgesetz angestrebt wird und die Ausbildungsduldung und Beschäftigungsduldung keine Maßnahmen in diesem Sinne sind.

VII. Förderung von Berufsausbildung und Berufsvorbereitung für Ausländer

Am 1.8.2019 ist das Ausländerbeschäftigungsförderungsgesetz in Kraft getreten, das den Zugang von Ausländern zur Förderung von Berufsausbildung und Berufsvorbereitung nach dem SGB II und SGB III grundlegend neu geregelt hat. Das Gesetz regelt den Zugang von Ausländern zu Leistungen der Ausbildungs- und Beschäftigungsförderung sowie zu den Integrationskursen und zu Kursen der berufsbezogenen Deutschsprachförderung. Damit können grundsätzlich alle Ausländer unabhängig von ihrer Staatsangehörigkeit und ihrem Aufenthaltsstatus alle Leistungen der Bundesagentur für Arbeit erhalten, sofern kein Arbeitsverbot besteht und das SGB III nicht bei der jeweiligen Leistung weitere Voraussetzungen formuliert oder Ausschlüsse vorsieht.

Zu den wesentlichen neuen Vorgaben gehören:

- Die frühzeitige Arbeitsförderung für Personen mit sog. „guter Bleibeperspektive" wurde entfristet; die Beschränkung auf Personen aus bestimmten Herkunftsstaaten besteht weiter (§ 39a SGB III).
- Integrationskurse, die in der Regel Voraussetzung für die berufsbezogene Sprachförderung sind, wurden auch für Personen mit Aufenthaltsgestattung geöffnet:
  - Nach drei Monaten Aufenthalt bei Einreise nach Deutschland vor dem 1.8.2019 und Meldung als arbeitsuchend, ausbildungsuchend, arbeitslos oder beschäftigt bzw. in einer Berufsausbildung oder Maßnahme (sog. arbeitsmarktnahe Personen).
  - Bei Einreise nach dem 1.8.2019 nur mit sog. „guter Bleibeperspektive".
  - Gestattete aus sog. sicheren Herkunftsstaaten bleiben weiterhin von den Integrationskursen ausgeschlossen.
- Die berufsbezogene Deutschförderung wurde geöffnet:
  - Geduldete werden nach sechs Monaten nach Arbeitsuchendmeldung oder Ausbildungsuchendmeldung bei der BA zur berufsbezogenen Deutschförderung zugelassen. Voraussetzung hierfür ist jedoch ein abstrakter Arbeitsmarktzugang, der oftmals nicht gegeben ist (z. B. bei „Duldung mit ungeklärter Identität" oder Herkunft aus sog. sicheren Herkunftsstaaten).
  - Gestattete können an berufsbezogener Deutschförderung nach drei Monaten teilhaben bei Einreise vor dem 1.8.2019 und Meldung als arbeitsuchend, ausbildungsuchend oder arbeitslos bzw. beschäftigt oder in einer Maßnahme. Bei Einreise nach dem 1.8.2019 nur noch bei sog. „guter Bleibeperspektive". Gestattete aus sog. sicheren Herkunftsstaaten bleiben aus der berufsbezogenen Deutschförderung weiterhin ausgeschlossen.
- Die Teilnahme am Integrationskurs oder Kurs der berufsbezogenen Deutschsprachförderung führt nicht mehr zum Ausschluss von Arbeitslosengeld (§ 139 Abs. 1 SGB III).

- Berufsvorbereitende Bildungsmaßnahmen sind für alle Gestattete mit Arbeitsmarktzugang ab dem 16. Monat, für Geduldete bereits ab dem 9. Monat möglich.
- Bei Einreise vor dem 1.8.2019 werden berufsvorbereitende Bildungsmaßnahmen für Gestattete bereits nach drei Monaten Voraufenthalt geöffnet. Geduldete müssen mindestens drei Monate im Besitz einer Duldung sein.
- Personen mit Duldung haben einen Berufsausbildungshilfeanspruch nach 15 Monaten (wie bisher).

Ausschlussfrist

I. Begriff

Ausschlussfristen sind aus dem Arbeitsrecht nicht mehr wegzudenken. Ob in Tarifverträgen oder Arbeitsverträgen, Ausschlussfristen sind ein regelmäßiger und für die Praxis wichtiger Bestandteil. Sie werden auch Verfalls-, Verwirkungs- oder Präklusionsfristen genannt. Dabei handelt es sich um vereinbarte Fristen für die Geltendmachung bestimmter Rechte des Arbeitgebers und des Arbeitnehmers. Durch eine Ausschlussfrist erlischt ein Recht (gesetzlich oder vertraglich vereinbart), wenn die Geltendmachung nicht innerhalb der vereinbarten Frist und in der vereinbarten Form erfolgt. Dies gilt unabhängig davon, ob eine oder sogar beide Parteien von der Rechtsfolge und vom Anspruch selbst Kenntnis haben. Ausschlussfristen sind somit wesentlich, wenn es darum geht, wie lange ein Anspruch überhaupt geltend gemacht werden kann. Grundsätzlich gilt für Ansprüche im Rahmen von Arbeitsverhältnissen die gesetzliche Verjährung, die gemäß § 194 BGB drei Jahre beträgt, wobei die Frist erst mit dem Ende des Jahres beginnt, in dem der Anspruch entstanden ist, sodass die Frist tatsächlich bis zu vier Jahren laufen kann. Durch die Vereinbarung einer entsprechenden Ausschlussfrist im Arbeitsvertrag oder einem Tarifvertrag kann diese gesetzliche Frist aber legal erheblich verkürzt werden. Grundsätzlich gilt, dass Ausschlussfristen nicht nur für arbeits- oder tarifvertragliche Ansprüche festgelegt werden können, sondern für alle im Zusammenhang mit einem Arbeitsverhältnis stehenden Ansprüche, auch gesetzliche, umfasst sein können. Von diesem Grundsatz gibt es aber wiederum Ausnahmen, die zu beachten sind, sodass die Formulierung einer wirksamen Ausschlussklausel in einem Arbeitsvertrag anspruchsvoll sein kann.

Die durch Ausschlussfristen herbeigeführte zeitliche Begrenzung der Geltendmachung von Ansprüchen dient vor allem der Herstellung von Rechtsklarheit und Rechtssicherheit sowie dem Rechtsfrieden. Beide Arbeitsvertragsparteien bekommen so innerhalb einer angemessenen Zeitspanne Klarheit darüber, ob die jeweils andere Partei einen Anspruch gegen sie geltend macht oder nicht. Das ist auch relevant für die Sicherung von Beweisen, die zu einem späteren Zeitpunkt der Geltendmachung, z. B. nach zwei Jahren zumindest erschwert sein dürften, sowie für die Bildung von Rücklagen für offene Forderungen. Auf der anderen Seite führen Ausschlussfristen aber auch dazu, dass bestehende Ansprüche gerade innerhalb der vereinbarten Fristgeltend gemacht werden müssen, die in der Regel zwischen drei und sechs Monaten liegt. Wird diese – im Vergleich zur gesetzlichen Verjährung – sehr kurze Zeit überschritten, kann ein Anspruch danach nicht mehr geltend gemacht werden. Er ist dann erloschen. Ausschlussfristen dienen im Ergebnis daher auch der Beschleunigung der Abwicklung wechselseitiger Ansprüche.

Regelmäßig sind Ausschlussfristen an zwei Stellen zu finden: in Formulararbeitsverträgen und in Tarifverträgen. Dort vereinbart gelten sie meist für eine Vielzahl von Arbeitsverträgen, die durch Tarifbindung dem Geltungsbereich des Tarifvertrages unterliegen. Tarifliche Ausschlussfristen können daneben auch für nicht tarifgebundene Arbeitnehmer gelten, wenn im Arbeitsvertrag auf den entsprechenden Tarifvertrag Bezug genommen wird, z. B. durch eine Bezugnahmeklausel. Ausschlussfristen für die Geltendmachung spezieller tariflicher Rechte können ausschließlich in Tarifverträgen geregelt werden. Fehlt es an einer solchen tariflichen Ausschlussfrist, werden tarifliche Ansprüche auch bei einer beiderseitigen Tarifbindung von arbeitsvertraglichen Ausschlussfristen nicht erfasst. Insoweit muss jeder Anspruch gesondert geprüft werden.

Rechtlich möglich ist auch die Vereinbarung von Ausschlussfristen in Betriebsvereinbarungen. Aufgrund des in § 77 III BetrVG geregelten Grundsatzes des Vorrangs des Tarifvertrages ist der Anwendungsbereich für Ausschlussfristen in Betriebsvereinbarungen allerdings stark eingeschränkt und in der Regel ausgeschlossen. Sie spielen in der Praxis daher nahezu keine Rolle.

Auch das Gesetz selbst kennt Ausschlussfristen; diese sind allerdings selten, da das Gesetz für Ansprüche grundsätzlich die 3-jährige Verjährungsfrist gemäß § 194 BGB vorsieht. Eine Ausnahme bildet z. B. § 15 Abs. 4 AGG, der vorschreibt, dass der Arbeitnehmer bei einem Verstoß gegen das Benachteiligungsverbot durch den Arbeitgeber ein Schadensersatzanspruch innerhalb einer Frist von zwei Monaten schriftlich geltend gemacht werden muss, ansonsten erlischt er. Schuldner des Entschädigungsanspruchs wegen einer Diskriminierung des Bewerbers ist ausschließlich der potenzielle Arbeitgeber des Bewerbers für die ausgeschriebene Stelle. Die kurze Ausschlussfrist des § 15 Abs. 4 von zwei Monaten ist auch europarechtskonform; sie muss aber richtlinienkonform dahingehend ausgelegt werden, dass die Frist auch im Fall einer Bewerbung oder Beförderung erst zu dem Zeitpunkt beginnt, zu dem der Beschäftigte von der behaupteten Diskriminierung Kenntnis erlangt. Auf Erfüllungsansprüche ist diese Norm allerdings nicht anzuwenden.

Ausschlussfristen können in unterschiedlichen Formen vereinbart werden. Sie unterscheiden sich dabei vor allem in der Art der Geltendmachung und der Dauer der Frist. Die zulässige Länge einer Ausschlussfrist hängt davon ab, ob sie in einem Arbeitsvertrag vereinbart wurde, welcher im Regelfall der AGB-Kontrolle unterliegt, oder in einem Tarifvertrag enthalten ist. Möglich ist die Ausgestaltung als einstufige oder zweistufige Ausschlussfrist.

Bei der einstufigen oder auch einfachen Ausschlussfrist wird nur die Geltendmachung des Anspruchs innerhalb einer bestimmten Frist verlangt. In der Regel wird nur eine außergerichtliche Geltendmachung gefordert. Sie kann entweder formlos oder in Textform vereinbart sein. Ist eine formlose Geltendmachung verlangt, genügt eine mündliche Erklärung. Da eine solche im Nachhinein jedoch schwer zu beweisen ist, wird zu Beweiszwecken in der Praxis hiervon abgeraten. Ist die Geltendmachung in Textform geregelt, so kann sie auch per Telefax oder per E-Mail o. ä. erfolgen. Die Geltendmachung eines Anspruchs in (strenger) Schriftform ist dagegen seit einer Gesetzesänderung aus dem Jahr 2016 unzulässig. Eine entsprechende Klausel wäre unwirksam.

Ist geregelt, dass ein Anspruch ohne vorherige Schritte, also ohne außergerichtliche Geltendmachung gegenüber dem Vertragspartner sofort gerichtlich geltend gemacht wird, spricht man von einer qualifizierten einstufigen Ausschlussfrist.

Bei der zweistufigen Ausschlussfrist, auch Doppelklausel genannt, werden die beiden Arten miteinander verbunden, sodass auf der ersten Stufe innerhalb einer festgelegten Frist eine außergerichtliche mündliche Geltendmachung oder eine Geltendmachung in Textform und zusätzlich auf der zweiten Stufe innerhalb einer weiteren Frist eine gerichtliche Geltendmachung erfolgen muss. Auch hier gilt, dass die Vereinbarung einer schriftlichen Geltendmachung auf der ersten Stufe nicht zulässig ist, sondern lediglich Textform verlangt werden kann.

Theoretisch möglich sind auch einseitige Ausschlussfristen, die nur eine Vertragspartei binden, nicht aber beide. In der Praxis spielen diese aber nahezu keine Rolle. Einseitige Ausschlussfristen in Formulararbeitsverträgen, die lediglich vom Arbeitnehmer zu beachten sind, stellen eine unangemessene Benachteiligung dar und sind daher unwirksam (BAG v. 31.8.2005, Az. 5 AZR 545/04). Eine einseitige Ausschlussfrist für den Arbeitgeber dürfte dagegen zulässig sein, aber in der Praxis praktisch keine Rolle spielen. Im zulässigen Regelfall gelten vereinbarte Ausschlussfristen im Arbeitsrecht daher immer für beide Parteien gleichermaßen.

Ausschlussfristen in vorformulierten Formulararbeitsverträgen unterliegen in der Regel der AGB-Kontrolle, da es sich meist um vom Arbeitgeber gestellte Verträge handelt. Kommt es in Einzelfällen zu einer zwischen Arbeitgeber und Arbeitnehmer tatsächlich ausgehandelten Ausschlussfrist, unterliegt diese lediglich einer Sittenwidrigkeitskontrolle gemäß § 138 BGB. Eine AGB-Kontrolle findet dann nicht statt. Wird demnach im Einzelfall tatsächlich eine Ausschlussfrist im Rahmen einer Individualvereinbarung geschlossen, also beide Parteien diese ausgehandelt haben, kann die Ausschlussfrist auch kürzer als drei Monate sein. Zu einer absoluten Untergrenze hat sich das BAG bislang nicht geäußert, sie dürfte aber wohl nicht unter einem Monat liegen. Handelt es sich dagegen um einen vorformulierten Arbeitsvertrag, der der AGB-Kontrolle unterliegt, so darf die Ausschlussfrist nicht unter drei Monaten vereinbart werden. Solche individuellen Vertragsvereinbarungen spielen in der Praxis jedoch kaum eine Rolle. Handelt es sich also um den Regelfall einer Ausschlussfrist in einem Formulararbeitsvertrag muss darauf geachtet werden, dass die Klausel im Vertrag optisch deutlich erkennbar und mit eigener Überschrift aufgenommen wird. Die Einbeziehung von Ausschlussfristen in Arbeitsverträgen wird mittlerweile als üblich angesehen, sodass sie regelmäßig nicht bereits an § 305c Abs. 1 BGB scheitern, der überraschende und ungewöhnliche Klauseln verbietet. Allerdings ist darauf zu achten, dass die Ausschlussfristen im Vertrag deutlich erkennbar sein müssen. Sie dürfen nicht an ungewöhnlicher Stelle versteckt werden. Insoweit empfiehlt es sich, Ausschlussfristen eindeutig unter einer eigenen Ziffer und Überschrift „Ausschlussfrist" im Arbeitsvertrag aufzunehmen oder diese drucktechnisch hervorzuheben. Wegen ihrer weitgehenden Wirkung, der Einschränkung der ansonsten geltenden gesetzlichen Verjährungsfrist, muss eine vertragliche Ausschlussfrist besonders verständlich und klar niedergelegt sein. Sie ist nur wirksam, wenn eindeutig darauf hingewiesen wird, dass mit Fristablauf das betreffende Recht oder der entsprechende Anspruch verloren geht. Die Rechtsfolgen einer Fristversäumnis müssen hinreichend transparent ausgeführt werden (BAG v. 18.9.2018, Az. 9 AZR 162/18). Der Arbeitnehmer muss also wissen können, was „auf ihn zukommt". Bei vorformulierten Formulararbeitsverträgen unterliegt der Inhalt und somit auch die Ausschlussfrist ebenfalls der Inhaltskontrolle gemäß §§ 307 ff. BGB Eine Überprüfung erfolgt anhand des Kontrollmaßstabs der unangemessenen Benachteiligung. Entscheidend ist dabei vor allem die Länge der Fristen. Demnach darf eine einstufige Ausschlussfrist nicht kürzer als drei Monate sein, da sonst von der Rechtsprechung eine unangemessene Benachteiligung des Arbeitnehmers angenommen wird (BAG v. 13.3.2013, Az. 5 AZR 954/11). Dies auch vor dem Hintergrund, dass Ausschlussfristen in der Praxis mehr dem Arbeitgeber als dem Arbeitnehmer dienen. Eine Frist von weniger als drei Monaten würde nach Ansicht der Rechtsprechung wesentliche Rechte aus dem Arbeitsverhältnis derart einschränken, dass die Erreichung des Vertragszwecks gefährdet wäre. Dies ist in der Praxis besonders deshalb relevant, da Formulierungen mit kürzeren Fristen gemäß § 306 Abs. 2 BGB auch nicht auf die zulässige Zeitdauer von drei Monaten angepasst oder ausgelegt werden können. Sie sind im Ergebnis vollständig unwirksam, mit der Folge, dass ein Anspruch „nur" noch der gesetzlichen Verjährung unterliegt, also erst nach Ablauf von drei Jahren erlischt. Keine Rolle spielt dabei, ob die Ausschlussfrist an ein bestehendes Arbeitsverhältnis oder an eine Beendigung des Arbeitsverhältnisses anknüpft.

Vertragliche oder tarifliche Ausschlussfristen können im Grundsatz auch gesetzliche Ansprüche des Arbeitnehmers erfassen, die zwingendes, also vertraglich nicht abdingbares Recht darstellen. Begründet wird dies damit, dass Ausschlussfristen nicht in das Entstehen der Rechte eingreifen, sondern nur den zeitlichen Bestand regeln. Allerdings gibt es Ausnahmen, bei denen der gesetzliche Anspruch nicht von einer Ausschlussfrist erfasst werden kann. Bekanntestes Beispiel ist der Anspruch auf Mindestlohn. So gilt seit der Einführung des Mindestlohngesetzes 2015 für Vereinbarungen, die den Anspruch auf Mindestlohn unterschreiten, beschränken oder ausschließen, dass diese unwirksam sind. Gemäß § 3 MiLoG ist auch die Verwirkung des Mindestlohnanspruchs ausgeschlossen. Allerdings unterscheidet die Rechtsprechung an dieser Stelle hinsichtlich arbeitsvertraglicher und tariflicher Ausschlussfristen. Das BAG hat klargestellt, dass Ausschlussfristen in Arbeitsverträgen, die nach dem 31.12.2014 abgeschlossen oder geändert wurden, den Anspruch auf den Mindestlohn ausdrücklich ausnehmen müssen. Umfasst eine solche Ausschlussklausel auch den gesetzlich garantierten Mindestlohn, verstößt sie gegen das Transparenzgebot und ist in der Folge insgesamt unwirksam (BAG v. 18.9.2018, Az. 9 AZR 162/18). Für Altverträge, die vor dem 31.12.2014 abgeschlossen wurden und die auch seither nicht geändert wurden, bleibt es nach dem BAG bei einer Teilunwirksamkeit, mit der Rechtsfolge, dass die Ausschlussfrist insoweit unwirksam ist, als sie Ansprüche aus dem Mindestlohngesetz umfasst, im Übrigen aber bestehen bleibt. Das BAG begründet dies damit, dass eine bei Vertragsschluss transparente Klausel nicht durch spätere Änderung der Rechtslage intransparent wird (BAG v. 17.4.2019, Az. 5 AZR 331/18). Zu beachten ist dabei aber, dass grundsätzlich jede Änderung des Arbeitsvertrages im Nachhinein, auch wenn die Klausel der Ausschlussfristen selbst nicht betroffen ist, zu einer Änderung des Arbeitsvertrages insgesamt führt. Bei „Altverträgen" muss daher immer im Einzelfall die Historie, insbesondere Änderungen nach dem 31.12.2014 geprüft werden.

Ein weiteres Beispiel ist der Anspruch auf Entgeltzahlung an Feiertagen, welcher in Höhe des gesetzlichen Mindestlohns einer Ausschlussfrist nicht unterworfen werden kann (BAG v. 30.1.2019, Az. 5 AZR 43/18). Für den Mindestlohn nach dem

AEntG hatte das BAG bereits zuvor entschieden, dass eine Ausschlussfrist, die den Mindestlohnanspruch nicht ausnimmt, unwirksam ist (BAG v. 24.8.2016, Az. 5 AZR 703/15).

Ist die Ausschlussfrist in einem Tarifvertrag geregelt, ist das BAG großzügiger. 2018 hat das BAG entschieden, dass der Verstoß gegen das Mindestlohngesetz nicht zu einer Gesamtunwirksamkeit der tariflichen Ausschlussfrist führt, sondern diese nur insoweit unwirksam ist, wie sie den Anspruch auf den Mindestlohn beschränkt (BAG v. 20.6.2018, Az. 5 AZR 377/17). Somit führt ein Verstoß gegen § 3 Abs. 1 MiLoG nur zu einer Teilunwirksamkeit der tariflichen Ausschlussfrist, weil die Norm zwar eine Unwirksamkeitsfolge anordnet, aber nach dem Gesetzeswortlaut eben nur „insoweit" der Mindestlohnanspruch betroffen ist. Der Hauptgrund der unterschiedlichen Behandlung von Arbeitsverträgen und Tarifverträgen liegt darin, dass im Gegensatz zu einer arbeitsvertraglich vereinbarten Ausschlussfrist Tarifverträge aufgrund des § 310 Abs. 4 Satz 1 BGB den Regelungen der AGB-Kontrolle gemäß §§ 305 ff. BGB nicht unterliegen. Eine Prüfung auf Intransparenz findet bei Tarifverträgen folglich nicht statt.

Formulierungsbeispiel einer einstufigen Ausschlussfrist im Arbeitsvertrag:

„Ansprüche aus dem/oder im Zusammenhang mit dem Arbeitsverhältnis verfallen, wenn sie nicht innerhalb einer Frist von drei Monaten nach Fälligkeit in Textform gegenüber dem Vertragspartner geltend gemacht werden.

Die Ausschlussfrist gilt nicht:

- **für die Haftung aufgrund Vorsatzes und grober Fahrlässigkeit,**
- **bei einer Haftung für Schäden aus der Verletzung des Lebens, des Körpers oder der Gesundheit**
- **für Ansprüche des Beschäftigten, die kraft Gesetzes diesen Ausschlussfristen entzogen sind (z. B. AEntG, MiLoG, BetrVG, TVG)."**

Eine zweistufige Ausschlussfrist verlangt darüber hinaus die gerichtliche Geltendmachung der Ansprüche innerhalb einer bestimmten Frist nach Ablehnung der Erfüllung durch die Gegenseite. Der Anspruch muss somit innerhalb einer weiteren Frist rechtshängig gemacht, also gerichtlich eingeklagt werden. Nach Auffassung des BAG sind solche zweistufigen Ausschlussfristen auch nach Einführung der Inhaltskontrolle von Formularverträgen im Arbeitsrecht grundsätzlich weiterhin zulässig. Arbeitsvertragliche Klauseln dürfen keine Ausschlussfristen vorsehen, die kürzer als drei Monate sind (BAG v. 13.3.2013, Az. 5 AZR 954/11). Bei zweistufigen Ausschlussfristen in vorformulierten Arbeitsverträgen darf keine der beiden Stufen eine Frist vorsehen, die kürzer als drei Monate ist. Ist eine zweistufige Ausschlussfristenklausel teilbar, aber schon auf der ersten Stufe unwirksam, ist die gesamte Klausel unwirksam (BAG v. 16.5.2012, Az. 5 AZR 251/11). Es fehlt für die zweite Stufe an einem Zeitpunkt, zu dem die dort geregelte Frist zu laufen beginnen könnte.

Formulierungsbeispiel für eine zweistufige Ausschlussfrist im Arbeitsvertrag:

„Ansprüche aus dem/oder im Zusammenhang mit dem Arbeitsverhältnis sind innerhalb einer Frist von drei Monaten nach Fälligkeit in Textform gegenüber der anderen Vertragspartei geltend zu machen. Ansonsten sind die Ansprüche verfallen.

Lehnt die Gegenseite den Anspruch in Textform ab oder erklärt sie sich nicht innerhalb einer Frist von einem Monat nach Geltendmachung des Anspruchs, so verfällt dieser, wenn er nicht innerhalb von drei Monaten nach Ablehnung oder Fristablauf gerichtlich geltend gemacht wird.

Die Ausschlussfristen gelten nicht:

- **für die Haftung aufgrund Vorsatzes und grober Fahrlässigkeit,**
- **bei einer Haftung für Schäden aus der Verletzung des Lebens, des Körpers oder der Gesundheit oder**
- **für Ansprüche des Arbeitnehmers, die kraft Gesetzes diesen Ausschlussfristen entzogen sind (z. B. AEntG, MiLoG, BetrVG, TVG)."**

II. Erfasste Ansprüche

Ausschlussfristen gelten regelmäßig sowohl für Arbeitgeberansprüche als auch für Arbeitnehmeransprüche, sogenannte zweiseitige Ausschlussfristen. Arbeitsvertraglich vereinbarte einseitige Ausschlussfristen, die nur für Arbeitnehmer gelten, sind unzulässig. Vereinbarte Ausschlussfristen können nicht nur für arbeitsvertragliche und/oder tarifvertragliche Ansprüche vereinbart werden, sondern für alle Ansprüche, die im Zusammenhang mit dem Arbeitsverhältnis stehen, also auch gesetzliche Ansprüche. Rechtliche Grenzen können sich aber im Wege der Auslegung oder aus der Besonderheit des betreffenden Anspruchs ergeben.

1. Tarifliche Ausschlussfristen

Tarifliche Ausschlussfristen sind in der Praxis sehr häufig. Da sie im Arbeitsvertrag dann in der Regel nicht nochmals aufgeführt werden, kann sich im Streitfall die Frage stellen, ob der Arbeitgeber den Arbeitnehmer explizit auf die tariflichen Ausschlussfristen hätte hinweisen müssen. Die Frage ist vor allem vor dem Hintergrund der Verschärfung des Nachweisgesetzes relevant geworden. Ein Hinweis auf tarifvertragliche Ausschlussfristen ist demnach erforderlich, aber ein allgemeiner Hinweis auf den die Ausschlussfrist regelnden Tarifvertrag dürfte ausreichend sein.

Der Umfang tariflicher Ausschlussfristen ist durch Auslegung zu bestimmen. Sie erstrecken ihre anspruchsvernichtende Wirkung, anders als individualvertragliche Ausschlussfristen, auch auf tarifvertragliche Ansprüche. Sie können sich auf einzelne Ansprüche beziehen, gelten in der Regel aber für alle mit dem Arbeitsverhältnis in Zusammenhang stehenden Ansprüche. Sie können auch unabdingbare gesetzliche Ansprüche (das sind Ansprüche, auf die der Arbeitnehmer nicht verzichten kann) erfassen (BAG v. 21.1.2010, Az. 6 AZR 556/07). Dies betrifft z. B. den Zeugnisanspruch gemäß § 630 BGB. Ebenso können auch Ansprüche auf Entgeltfortzahlung im Krankheitsfall tariflichen Ausschlussfristen unterliegen. Aber Vorsicht, eine solche Klausel ist nach § 3 Satz 1 MiLoG insoweit unwirksam, soweit sie auch den während der Arbeitsunfähigkeit fortzuzahlenden gesetzlichen Mindestlohn erfasst. Das BAG nimmt allerdings eine geltungserhaltende Reduktion vor (BAG v. 20.6.2018, Az. 5 AZR 377/17), d. h. die Klausel bleibt insgesamt wirksam und ist nur bezüglich der Höhe des Mindestlohns unzulässig.

Ansprüche auf Erfüllung des gesetzlichen Mindesturlaubs oder auch eines tarifvertraglichen Mehrurlaubs, für den dieselben Regelungen wie für den gesetzlichen Mindesturlaub gelten sollen, unterliegen grundsätzlich keinen tariflichen Ausschlussfristen, sondern dem besonderen Fristenregime des BUrlG oder tarifvertraglichen Regelungen (BAG v. 22.5.2012, Az. 9 AZR 618/10). Dies gilt jedoch nicht für Ansprüche auf Abgeltung des gesetzlichen oder des tariflichen Urlaubs. Hierbei handelt es sich um einen reinen Geldanspruch und ein solcher kann einer Ausschlussfrist unterliegen und daher verfallen (BAG v. 24.4.2022, Az. 9 AZR 461/21). Ein Abgeltungsanspruch tritt aber erst an die Stelle des Erfüllungsanspruchs, wenn dieser nicht mehr erfüllbar ist. Auch der Anspruch auf Urlaubsentgelt kann einer Ausschlussfrist unterliegen. Allerdings liegt nach der Rechtsprechung des BAG schon in der Urlaubsgewährung die Erklärung, dass die Zahlung des Urlaubsentgelts außer Streit stehe, wenn der Urlaub bereits gewährt, das Urlaubsentgelt entgegen § 11 Abs. 2 BUrlG aber nicht vor Urlaubsantritt gezahlt wurde (BAG v. 30.1.2019, Az. 9 AZR 43/18). Das BAG hat diese Auffassung auch mit einem Urteil aus dem Jahre 2023 erneut bestätigt (BAG v. 31.1.2023, Az. 9 AZR 244/20). Zu beachten ist bei dieser Entscheidung jedoch, dass das BAG den Fristbeginn für die tarifliche Ausschlussfrist an die Entscheidung des EuGH aus dem Jahr 2018 knüpfte. Mit diesem Urteil gab der EuGH neue Regeln für den Urlaubsverfall und die Mitwirkungspflichten des Arbeitgebers vor. Diese Entscheidung dürfte somit in der Praxis für Abgeltungsansprüche vor dem Jahr 2018 relevant werden.

Zu beachten ist weiter, dass durch die Anpassung des Nachweisgesetzes seit dem 1.8.2022 verschärfte Anforderungen bezüglich der Nachweispflichten des Arbeitgebers zur schriftlichen Niederschrift der wesentlichen Arbeitsbedingungen gelten, die im Nachweisgesetz geregelt sind. Dies gilt auch, wenn Arbeitsbedingungen in einem Tarifvertrag geregelt sind. Ein Verweis auf einen geltenden Tarifvertrag muss nun entweder im Arbeitsvertrag oder in einem separaten Nachweisschreiben aufgenommen werden. Findet in einem Betrieb ein Tarifvertrag aber nur kraft betrieblicher Übung Anwendung, muss der Arbeitgeber den Arbeitnehmer explizit schriftlich hierauf hinzuweisen. Ansonsten kann sich der Arbeitgeber im Einzelfall nicht auf die tarifliche Ausschlussfrist berufen.

Aufgrund des Vorrangs von Tarifverträgen vor Betriebsvereinbarungen (§§ 77 Abs. 3, 87 BetrVG) sowie wegen § 77 Abs. 4 Satz 4 BetrVG (Ausschlussfristen für Ansprüche aus Betriebsvereinbarungen müssen in Tarifverträgen oder Betriebsvereinbarungen vereinbart sein) wirken tarifliche Ausschlussfristen auch für Ansprüche aus Betriebsvereinbarungen.

Muss nach dem Wortlaut der tariflichen Ausschlussfrist der Anspruch in Textform gegenüber dem Vertragspartner geltend gemacht werden, ist es für die Fristwahrung nicht ausreichend, wenn das Anspruchsschreiben vor Ablauf der tariflichen Frist bei Gericht eingegangen ist und dem Anspruchsgegner ggfs. später zugestellt wird. Für die Wahrung der Frist ist der Zugang beim Anspruchsgegner selbst ausschlaggebend. Kommt es zu einer Verzögerung, kann diese nicht durch zivilprozessuale Regelungen (§ 167 ZPO) aufgefangen werden (BAG v. 16.3.2016, Az. 4 AZR 421/15) und geht zu Lasten des Anspruchstellers.

Tarifliche Ausschlussfristen sind – anders als individualvertragliche – keine Allgemeinen Geschäftsbedingungen, sodass eine entsprechende Inhaltskontrolle durch die Arbeitsgerichte grundsätzlich nicht stattfindet, § 310 Abs. 4 BGB. Sie werden aber in der Regel eng ausgelegt und es sind die Grenzen der Tarifautonomie, gesetzlichen Schranken und das Verhältnismäßigkeitsprinzip zu beachten. Sie unterliegen ebenfalls einer Sittenwidrigkeitskontrolle gemäß § 138 BGB. Gleiches gilt, wenn arbeitsvertraglich eine Ausschlussklausel vereinbart ist, die in einem Tarifvertrag geregelt ist. Allerdings muss dann zwingend der gesamte Tarifvertrag in Bezug genommen werden (LAG Baden-Württemberg v. 10.8.2022, Az. 10 Sa 94/21). Im Gegensatz zu Vereinbarungen in Formulararbeitsverträgen wären daher tarifvertragliche einseitige Ausschlussfristen, die einseitig den Arbeitnehmer belasten, zulässig, in der Regel aber nicht üblich. Auch müssen tarifliche Ausschlussfristen nicht für Arbeitgeber und Arbeitnehmer gleich lange Fristen vorsehen; die Fristen können auch kürzer sein als in Formulararbeitsverträgen. Allerdings ist auch hier die Mindestfrist von 3 Monaten zu empfehlen. Voraussetzung für die Anwendbarkeit einer tariflichen Ausschlussfrist ist natürlich ebenfalls die Wirksamkeit des in Bezug genommenen Tarifvertrags.

2. Vertragliche Ausschlussfristen

Neben tariflichen Ausschlussfristen sind auch solche in Arbeitsverträgen üblich und weit verbreitet. Vertraglich vereinbarte Ausschlussfristen gehören zu den wesentlichen Vertragsbedingungen, sie müssen gemäß § 2 Abs. 1 Satz 1 NachwG vom Arbeitgeber schriftlich niedergelegt werden, soweit sie nicht Bestandteil in einem schriftlichen Arbeitsvertrag sind. Ebenfalls von einer vertraglichen Ausschlussfrist spricht man, wenn im Arbeitsvertrag eine tarifliche Ausschlussfrist in Bezug genommen wird. Abdingbare Ansprüche unterfallen unproblematisch wirksamen vertraglichen Ausschlussfristen. Für unabdingbare Ansprüche (wie z. B. den gesetzlichen Mindesturlaubsanspruch) lassen Ausschlussfristen diese regelmäßig nicht untergehen (BAG v. 18.11.2003, Az. 9 AZR 95/03). Während Ansprüche auf Erfüllung des gesetzlichen Mindesturlaubsanspruchs grundsätzlich nicht vertraglichen Ausschlussfristen unterliegen, können diese aber Ansprüche auf Abgeltung des gesetzlichen und ggf. des tariflichen oder vertraglichen Mehrurlaubs umfassen.

Tarifliche Ansprüche können einer vertraglichen Ausschlussfrist dann unterfallen, wenn der Tarifvertrag im Arbeitsvertrag durch eine Bezugnahmeklausel (und nicht durch beidseitige Tarifgebundenheit) Anwendung findet. Dann gelten die Regelungen aus dem Tarifvertrag schuldrechtlich im Arbeitsverhältnis. Besteht dagegen originäre Tarifbindung, ist also der Arbeitgeber Mitglied im tarifschließenden Arbeitgeberverband und der Arbeitnehmer Mitglied der tarifschließenden Gewerkschaft, gelten diesbezüglich höchstens tarifliche Ausschlussfristen, vertragliche Ausschlussfristen können die tariflichen Ansprüche dann nicht zum Erlöschen bringen (§ 4 Abs. 4 Satz 3 TVG).

Für Ansprüche aus Betriebsvereinbarungen können vertragliche Ausschlussfristen wegen der Vorgabe aus § 77 Abs. 4 Satz 4 BetrVG, nach der Ausschlussfristen für Ansprüche aus Betriebsvereinbarungen lediglich aus Tarifvertrag oder Betriebsvereinbarungen folgen können, keine Geltung erlangen.

Vertragliche Ausschlussfristen dürfen vertragliche oder deliktische Ansprüche wegen einer **vorsätzlichen Pflichtverletzung** nicht erfassen. Ausschlussfristen, die auch die Vorsatzhaftung oder die Haftung wegen grober Fahrlässigkeit umfassen, sind wegen des Verstoßes gegen § 202 Abs. 1 BGB nichtig (BAG v. 9.3.2021, Az. 9 AZR 323/20), denn nach dem gesetzlichen Konzept kann ein Schuldner weder gemäß § 202 Abs. 1 BGB mit einer im Voraus vereinbarten Erleichterung der Verjährung privilegiert, noch gemäß § 276 Abs. 3 BGB aus der Haftung wegen Vorsatzes entlassen werden. Bis 2020 war das BAG bei der Auslegung von Ausschlussfristen in allgemeinen Geschäftsbedingungen, die die Haftung wegen Vorsatzes nicht explizit ausschlossen, großzügig. Es ging insoweit davon aus, dass Ansprüche aus vorsätzlichen Vertragsverstößen und vorsätzlichen unerlaubten Handlungen regelmäßig *nicht einbezogen* werden sollten (nach dem Willen der Vertragsparteien) und damit auch kein Verstoß gegen § 202 Abs. 1 BGB vorliegen würde. Seit wenigen Jahren beurteilt das BAG dies nun anders. Arbeitsvertragliche Ausschlussklauseln, die pauschal den „Verfall aller Ansprüche" regeln, sind wegen eines Verstoßes gegen § 202 Abs. 1 BGB nach § 134 BGB nichtig. Da das BAG auch in einer neueren Entscheidung bekräftigte, dass vertragliche Ausschlussfristen, die pauschal den Verfall aller Ansprüche vorsehen, wegen eines Verstoßes gegen § 202 Abs. 1 BGB nach § 134 BGB nichtig sind (BAG v. 25.2.2021, Az. 8 AZR 171/19), ist zu empfehlen, ausdrücklich Ansprüche aus vorsätzlichen Verletzungshandlungen von der Ausschlussfrist auszunehmen. Nicht ausreichend ist es dabei, nur „Ansprüche aus unerlaubter Handlung" aus dem Anwendungsbereich auszunehmen (BAG v. 9.2.2021, Az. 9 AZR 323/20). Es sollte vielmehr im Ausnahmetatbestand die Formulierung „Haftung aufgrund Vorsatzes oder grober Fahrlässigkeit" gewählt werden. Die Unwirksamkeit der Ausschlussfrist kann in der Praxis auch weitreichende Auswirkungen haben, wenn dadurch z. B. der Urlaubsabgeltungsanspruch nicht mehr einer Ausschlussfrist, sondern der gesetzlichen Verjährungsfrist unterliegt (BAG v. 5.7.2022, Az. 9 AZR 341/21).

III. Beginn der Ausschlussfrist

Wann eine Ausschlussfrist beginnt oder abläuft, richtet sich vorrangig nach deren Inhalt. Ist eine Regelung unklar formuliert, führt dies regelmäßig dazu, dass sie zulasten des Verwenders, also im

Arbeitsrecht zulasten des Arbeitgebers ausgelegt werden muss. In der Regel beginnt die Ausschlussfrist mit der Fälligkeit des Anspruchs, weil sie Voraussetzung für eine erfolgreiche gerichtliche Geltendmachung ist. Es gibt aber auch Regelungen, wonach das Ende des Arbeitsverhältnisses der Beginn der Ausschlussfrist ist. Ist die Formulierung nicht eindeutig, muss durch Auslegung ermittelt werden, ob damit die tatsächliche oder – so im Zweifel – rechtswirksame Beendigung des Arbeitsverhältnisses gemeint ist. Eine einzelvertragliche Fristbestimmung, die an die Entstehung eines Anspruchs anknüpft, ohne dass es auf die Kenntnis hiervon ankommt, oder allein an das Ende des Arbeitsverhältnisses, ist nach § 307 BGB unwirksam.

Ansprüche können grundsätzlich nicht vor ihrer Entstehung, aber vor ihrer Fälligkeit geltend gemacht werden (BAG v. 9.3.2005, Az. 5 AZR 385/02), es sei denn, die Ausschlussfrist selbst sieht etwas anderes vor. Gleichartige Ansprüche müssen grundsätzlich für jeden Sachverhalt erneut geltend gemacht werden. Eine einmalige Geltendmachung eines wiederkehrenden Anspruchs ist in der Regel nicht ausreichend.

TIPP!

Bei Bekanntwerden von möglichen Ansprüchen sollten die einschlägigen einzelvertraglichen und kollektivrechtlichen Vereinbarungen umgehend auf Ausschlussfristen überprüft werden.

IV. Geltendmachung

1. Inhalt

Will der Arbeitgeber oder der Arbeitnehmer unter Wahrung einer Ausschlussfrist seine Rechte geltend machen, muss jeder erhobene Anspruch genau benannt werden. Der Vertragspartner muss anhand der Geltendmachung erkennen können, um welchen Anspruch es gehen soll. Es muss auch deutlich werden, dass der Anspruch geltend gemacht wird.

Daher muss die Höhe der einzelnen Forderungen, der Grund und der Zeitraum, für den sie geltend gemacht werden, zumindest annähernd beziffert werden. Die Geltendmachung von Arbeitnehmeransprüchen muss grundsätzlich durch den Arbeitnehmer selbst erfolgen, eine Bevollmächtigung ist jedoch zulässig. Auch der Arbeitgeber kann zur Geltendmachung jederzeit eine Hilfsperson bevollmächtigen.

2. Form und Frist

Zur Erhaltung der von der Ausschlussfrist umfassten Ansprüche kommt es in erster Linie darauf an, wie die Ausschlussfrist ausgestaltet wurde.

Seit dem 1.10.2016 gilt der § 309 Nr. 13 BGB in seiner Neufassung. Danach sind AGB unwirksam, die für Anzeigen und Erklärungen eine strengere Form als die Textform nach § 126b BGB vorsehen. Textform liegt vor, wenn eine lesbare Erklärung, in der die Person des Erklärenden genannt ist, auf einem dauerhaften Datenträger abgegeben werden kann (§ 126b BGB). Dauerhafte Datenträger in diesem Sinne können Papier, E-Mails, Computerfax, Speicherkarten, Festplatten usw. sein. Der Name des Erklärenden muss lediglich genannt sein, eine Unterschrift des Erklärenden ist nicht notwendig und keine Voraussetzung. Es reicht also aus, wenn die Erklärung am Ende den Namen und/oder die Datierung enthält.

In Arbeitsverträgen, die seit dem 1.10.2016 begründet wurden, dürfen vertraglich geregelte Ausschlussfristen daher **keine strengere Form** als die Textform vorschreiben, andernfalls sind diese nach § 309 Nr. 13 BGB unwirksam. Die bislang regelmäßig anzutreffende Formulierung, nach der Ansprüche „schriftlich" geltend gemacht werden müssen, darf in Neuverträgen nicht mehr weiterverwendet werden. Für eine wirksame arbeitsvertragliche Ausschlussfrist ist nun erforderlich, die gesetzliche Höchstanforderung der Textform auch ausdrücklich im Vertrag zu berücksichtigen. In Altverträgen bleibt ein vereinbartes Schriftlichkeitserfordernis nach wie vor wirksam. Vorsicht ist allerdings bei Altverträgen geboten, die nach dem 1.10.2016 durch eine Ergänzung geändert wurden; hier muss die Formulierung der Ausschlussfristen ebenfalls angepasst werden. Dies gilt auch dann, wenn die Ergänzung nicht die Ausschlussfristenklausel betrifft. Die Erfüllungen aus dem verschärften Nachweisgesetz 2022 durch Aushändigen der wesentlichen Vertragsbestandteile zählen jedoch nicht als Änderung des Arbeitsvertrages.

Bei zweistufigen Ausschlussfristen ist in der Regel zusätzlich die gerichtliche Geltendmachung der Ansprüche innerhalb einer bestimmten Frist nach Ablehnung der Erfüllung vorgesehen, diese muss dann fristgemäß erfolgen und die in Rede stehenden Ansprüche als Streitgegenstand behandeln.

Es ist mittlerweile gefestigte Rechtsprechung des BAG, dass ein Arbeitnehmer mit der Einreichung einer Kündigungsschutzklage eine einstufige bzw. die erste Stufe einer zweistufigen tariflichen Ausschlussfristenregelung für alle vom Ausgang dieses Rechtsstreits abhängigen Ansprüche wahrt, da er mit einer solchen Klage nicht nur die Erhaltung seines Arbeitsplatzes anstrebt, sondern darüber hinaus bezweckt, sich die Vergütungsansprüche wegen Annahmeverzugs zu erhalten. Das gilt jedoch nicht für Urlaubsabgeltungsansprüche, da diese nicht an den Erfolg der Kündigungsschutzklage ansetzen (BAG v. 17.10.2017, Az. 9 AZR 80/17). Die Ansprüche müssen weder ausdrücklich bezeichnet noch beziffert werden (BAG v. 19.8.2015, Az. 5 AZR 1000/13). Diese Rechtsprechung hat das BAG nun auf die gerichtliche Geltendmachung der Unwirksamkeit einer Versetzung übertragen (BAG v. 18.9.2019, Az. 5 AZR 240/18). Nach einer jüngeren Entscheidung des BAG wahrt die Erhebung einer Kündigungsschutzklage nicht nur die von diesem abhängigen Vergütungsansprüche i. S. d. ersten Stufe einer tariflichen Ausschlussfrist, sondern zugleich auch die darauf geschuldeten gesetzlichen Verzugszinsen (BAG v. 24.6.2021, Az. 5 AZR 285/20).

Für die fristgerechte Geltendmachung ist der Zeitpunkt des Zugangs beim Empfänger entscheidend. Der Zugang wird wie bei der Kündigung beurteilt.

Soweit nicht explizit eine Vereinbarung in der Ausschlussfrist selbst oder einer separaten Vereinbarung zu Hemmung oder Neubeginn der Frist getroffen wurde, wird eine Ausschlussfrist in der Regel nur in Ausnahmefällen zu unterbrechen sein. Eine arbeitsvertragliche Ausschlussfrist ist z. B. in entsprechender Anwendung des § 203 Satz 1 BGB gehemmt, solange die Parteien vorgerichtliche Vergleichsverhandlungen führen. Die Dauer der Vergleichsverhandlungen bleibt bei der Berechnung der Ausschlussfrist unberücksichtigt (BAG v. 20.6.2018, Az. 5 AZR 262/17). Dies soll nach dem BAG aber nicht bei einer notwendigen schriftlichen Geltendmachung von Ansprüchen gelten. Der Arbeitnehmer muss seinen Anspruch auf arbeitgeberseitige Ausübung seines Bestimmungsrechts auch dann zumindest dem Grunde nach schriftlich geltend machen, um die erste Stufe der Ausschlussfrist zu wahren, wenn eine Leistungsbestimmung erst durch Urteil getroffen werden muss. Der Lauf einer arbeitsvertraglichen Ausschlussfrist zur schriftlichen Geltendmachung von Ansprüchen ist bei schwebenden Verhandlungen nicht nach § 203 Satz 1 BGB analog gehemmt (BAG v. 17.4.2019, Az.5 AZR 331/18).

TIPP!

Um auf Nummer sicher zu gehen, sollte der Zugang nachweisbar sein. Es empfiehlt sich also die schriftliche Geltendmachung mit persönlicher Überreichung an den Anspruchsgegner vor Zeugen bzw. mit Zustellung per Boten, der den Inhalt des zuzustellenden Schreibens kennt.

Aussperrung

I. Begriff und Wirkung

Die Aussperrung ist ein Mittel des Arbeitskampfs auf Arbeitgeberseite. Eine gesetzliche Regelung gibt es in der Bundesrepublik nicht. Von der Rechtsprechung wird sie als grundsätzlich zulässig angesehen, da durch sie nach Meinung des BAG die Kampfparität zwischen Arbeitgebern und Gewerkschaften hergestellt wird. Auch in der neueren Instanzrechtsprechung wird von der grundsätzlichen Zulässigkeit der Aussperrung ausgegangen (LAG Berlin-Brandenburg v. 13.4.2011, Az. 7 Ta 804/11). Das Bundesverfassungsgericht nennt die Aussperrung ein traditionell anerkanntes Mittel des Arbeitskampfes (BVerfG v. 26.3.2014, Az. 1 BvR 3185/09). Auch der sog. kalten Aussperrung (§ 160 Abs. 3 SGB III, Ruhen des Arbeitslosengeldanspruchs bei Streiks) wurde die rechtliche Anerkennung nicht versagt. Dies sei deswegen notwendig, weil die Gewerkschaften durch einen → *Streik* erreichen können, dass die Arbeit ruht und die Arbeitsverhältnisse der Streikenden suspendiert werden (LAG Hessen v. 9.11.2014, Az. 9 SaGa 1496/14). In welchem Umfang dies geschieht, entscheidet allein die Gewerkschaft. Die Aussperrung gibt dem Arbeitgeber die Möglichkeit, seinerseits eine Anzahl weiterer Arbeitsverhältnisse zu suspendieren. Die Arbeitsverhältnisse ruhen damit bis zum Ende des Arbeitskampfs (= suspendierende Aussperrung). Damit muss er auch diesen Arbeitnehmern kein Entgelt zahlen. Von der Aussperrung zu unterscheiden ist die Betriebsstilllegung, mit der sich der Arbeitgeber dem Streik beugt. Hierfür bedarf es keines Aussperrungsbeschlusses des Arbeitgebers. Eine solche suspendierende Betriebsstilllegung während eines Arbeitskampfes muss gegenüber den Arbeitnehmern in betriebsüblicher Weise erklärt werden. Einer individuellen Benachrichtigung der betroffenen Arbeitnehmer bedarf es nicht. Man muss abgrenzen, ob es sich bei der arbeitgeberseitigen Maßnahme um eine Aussperrung handelt oder ob die Reduzierung des Arbeitsprogramms oder die Weiterbeschäftigung von Ersatzkräften nach Beendigung eines Kurzstreiks noch als Abwehr einer Betriebsstörung zu werten ist. Dies hängt von den Umständen des Falles ab, insbesondere von der Art des Streiks und der betrieblichen Tätigkeit (LAG Thüringen v. 14.12.2021, Az. 1 Sa 127/20).

Die Aussperrung kommt bei Arbeitskämpfen nur noch sehr selten vor. Die Rechtsprechung befasst sich mit diesem Thema derzeit nur im Rahmen der Prüfung, ob eine Organisation hinreichend mächtig ist, um als Gewerkschaft anerkannt zu werden. Dabei kommt es auch darauf an, ob sie in der Lage ist, Tarifforderungen mit Streiks durchzusetzen und sich gegen Aussperrungen zu wehren (so etwa BAG v. 22.6.2021, Az. 1 ABR 28/20 zur verneinten Tariffähigkeit von „DHV – Die Berufsgewerkschaft e. V."; s auch EGMR v. 5.7.2022, Az. 815/18 – Tarifeinheitsgesetz ist mit Art. 11 MRK vereinbar und BVerfG v. 31.5.2022, Az. 1 BvR 2387/21 – erfolglose Verfassungsbeschwerde gegen Aberkennung der Tariffähigkeit). Weiter wird die Aussperrung bei der Frage thematisiert, inwieweit Notdienstvereinbarungen erzwungen werden können, etwa im Bereich des öffentlichen Nahverkehrs (s. zum Schulbusverkehr LAG Thüringen v. 10.6.2024, Az. 4 GLa 10/24 und LAG Sachsen v. 10.6.2024, Az. 4 GLa 10/24; s. weiter LAG Sachsen-Anhalt v. 15.2.2024, Az. 2 GLa 2/24, Zurückweisung des Antrags auf Notdienste für einen Tag zur Betreibung zweier Produktionslinien, um die hauseigene Kläranlage mit notwendigem stetigen Zufluss zu versorgen).

II. Zulässigkeit

Die Aussperrung ist auch dann zulässig, wenn sie in einzelnen Gesetzen, wie z. B. der Hessischen Landesverfassung, untersagt ist (Bundesrecht bricht Landesrecht; bei der Volksabstimmung über eine Änderung der Hessischen Landesverfassung stand das Aussperrungsverbot nicht zur Abstimmung). Es können auch Arbeitnehmer ausgesperrt werden, die einen besonderen → *Kündigungsschutz* haben, wie etwa Schwangere und Schwerbehinderte. Das BAG hat jedoch Kriterien für die Zulässigkeit von Aussperrungen aufgestellt.

Unzulässig und damit rechtswidrig sind folgende Maßnahmen:

- **Angriffsaussperrung:**

  Üblicherweise wird mit der Aussperrung auf einen → *Streik* reagiert. Denkbar ist aber auch, dass die Arbeitgeberseite zuerst in die Offensive geht. Nach überwiegender Auffassung ist eine solche Maßnahme jedoch nicht zulässig.

- **Diskriminierung:**

  Der Kreis der ausgesperrten Arbeitnehmer darf nicht nach unzulässigen Kriterien bestimmt werden. So dürfen z. B. nicht nur Mitglieder der streikführenden Gewerkschaft ausgesperrt werden.

- **Unverhältnismäßige Aussperrung:**

  Die Aussperrungsmaßnahme darf nicht unverhältnismäßig sein im Vergleich zu dem → *Streik*, auf den reagiert werden soll. Werden bis zu 25 % der Arbeitnehmer des Tarifgebiets zum Streik aufgerufen (maßgeblich ist der Streikbeschluss, nicht, wie viele Arbeitnehmer ihm folgen), so können höchstens weitere 25 % der Arbeitnehmer ausgesperrt werden. Bei einem darüber liegenden Streikbeschluss können höchstens 50 % aller Arbeitnehmer ausgesperrt werden. Die Aussperrung muss immer auf das Tarifgebiet begrenzt werden. Auch in zeitlicher Hinsicht ist das Aussperrungsrecht begrenzt: Es ist z. B. unzulässig, mit einer zweitägigen Aussperrung auf einen halbstündigen Streik zu reagieren. Dieser Verhältnismäßigkeitsgrundsatz entspricht der ständigen Rechtsprechung des Bundesverfassungsgerichts. Der vom Streik betroffene Arbeitgeber darf aber auch die nicht organisierten Arbeitnehmer und die Mitglieder anderer als der streikführenden Gewerkschaft aussperren. Für die Beurteilung der Angemessenheit eines den Gegner schädigenden Arbeitskampfmittels können jedoch zahlreiche Umstände eine Rolle spielen. Diese lassen sich nicht für sämtliche in Betracht kommenden Arbeitskampfmittel in ihrem Gewicht und ihrem Verhältnis zueinander abschließend beschreiben, sondern können je nach Art des Kampfmittels unterschiedliche Bedeutung erlangen (BAG v. 14.8.2018, Az. 1 AZR 287/17).

- **Wilde Aussperrung:**

  Genauso wenig wie wilde Streiks, die nicht von der Gewerkschaft organisiert worden sind, durchgeführt werden dürfen (s. hierzu aktuell LAG Berlin-Brandenburg v. 25.4.2023, Az. 16 Sa 868/22), kann der einzelne Arbeitgeber ohne einen entsprechenden Beschluss seines Arbeitgeberverbands aussperren. Nur wenn die Gewerkschaft den Abschluss eines Firmentarifvertrags erzwingen will, ist dies zulässig.

Nimmt der Arbeitgeber eine Aussperrung mit der Folge vor, dass die Arbeitsverhältnisse der betroffenen Arbeitnehmer nicht nur ruhen, sondern endgültig enden, handelt es sich um eine sog. **lösende Aussperrung**.

ACHTUNG!

Da die lösende Aussperrung heute weitgehend nicht mehr als zulässig angesehen wird, ist dringend davon abzuraten, zumal da die Arbeitnehmer in der Regel nach Beendigung des Arbeitskampfs ein Recht auf Wiedereinstellung haben.

Der Bundesverband der Deutschen Arbeitgeber (BDA) und weitere Verbände haben Arbeitskampfrichtlinien erarbeitet, die Einzelheiten zur Aussperrung enthalten. Informationen darüber können beim jeweiligen Verband eingeholt werden.

III. Folgen

Die **rechtmäßige** und damit wirksame Aussperrung führt dazu, dass der Arbeitgeber an die ausgesperrten Arbeitnehmer kein Entgelt zahlen muss. Er verringert damit auf der einen Seite die finanziellen Folgen des Streiks. Auf der anderen Seite wird der finanzielle Druck auf die Streikkasse der Gewerkschaft erhöht. Nach dem Ende der rechtmäßigen Aussperrung leben die Rechte und Pflichten aus den vorübergehend ruhenden Arbeitsverhältnissen wieder auf.

War die Aussperrung **rechtswidrig**, muss der Arbeitgeber all den Arbeitnehmern, die sich nicht im → *Streik* befanden und von der Aussperrung betroffen waren, nachträglich das Entgelt zahlen. Die Gewerkschaften können gegen rechtswidrige Aussperrungsmaßnahmen auch eine einstweilige Verfügung erwirken. Darüber hinaus kommen auch noch Schadensersatzansprüche in Betracht (zu den Schadensersatzansprüchen der Arbeitgeber s. LAG Nürnberg v. 8.4.2025, Az. 7 SLa 214/24).

Beendigung des Arbeitsverhältnisses

Das Arbeitsverhältnis ist ein sog. Dauerschuldverhältnis. Dies bedeutet, dass es – anders als z. B. ein Auftrag oder ein Werkvertrag – nicht einfach durch die Erledigung bestimmter Aufgaben endet, sondern die Zusammenarbeit eben auf Dauer angelegt ist. Will entweder der Arbeitgeber oder der Arbeitnehmer das Arbeitsverhältnis beenden, muss dieser Beendigungswille der jeweils anderen Partei ausdrücklich mitgeteilt werden. Nur ausnahmsweise wird das Arbeitsverhältnis aufgrund äußerer Umstände automatisch beendet.

Zur Beendigung eines Arbeitsverhältnisses führen:

- → *Kündigung*
- → *Aufhebungsvertrag*
- Ablauf eines befristeten Arbeitsvertrags (→ *Befristetes Arbeitsverhältnis*)
- Eintritt einer auflösenden Bedingung (→ *Befristetes Arbeitsverhältnis*)
- Auflösungsurteil oder Beschluss des Arbeitsgerichts
- → *Anfechtung* oder Nichtigkeit des Arbeitsvertrags
- Tod des Arbeitnehmers.

Nicht zur Beendigung von Arbeitsverhältnissen führen:

- → *Betriebsübergang*
- → *Insolvenz* des Arbeitgebers
- → *Streik*
- Verhinderung des Arbeitnehmers
- → *Wehr- und Zivildienst*
- Eintritt von → *Erwerbsminderung*
- Tod des Arbeitgebers.

In diesen Fällen wird das Arbeitsverhältnis nicht unmittelbar durch das betreffende Ereignis beendet. Eine Beendigung kann sich jedoch aus anschließenden Maßnahmen ergeben, z. B. personenbedingte Kündigung wegen dauerhafter Verhinderung des Arbeitnehmers.

Befristetes Arbeitsverhältnis

I. Begriff

II. Inhalt
1. Zeitbefristung
2. Zweckbefristung
3. Auflösende Bedingung
4. Saisonarbeitsverhältnis

III. Form

IV. Befristung mit sachlichem Grund
1. Zeitbefristung
2. Zweckbefristung
3. Dauer der Befristung
4. Auflösend bedingtes Arbeitsverhältnis

V. Befristung ohne sachlichen Grund
1. Voraussetzungen
2. Dauer der Befristung
3. Sonderregelungen für Existenzgründer

VI. Aushilfs- und Probearbeitsverhältnis
1. Aushilfsarbeitsverhältnis
2. Probearbeitsverhältnis

VII. Verlängerung der Befristung

VIII. Rechtsfolgen einer unwirksamen Befristung

IX. Informationspflichten des Arbeitgebers

I. Begriff

Wird in einem → *Arbeitsvertrag* vereinbart, dass das Arbeitsverhältnis nur für eine bestimmte Dauer bestehen soll, endet es mit Ablauf der vereinbarten Zeit, ohne dass hierfür eine → *Kündigung* erforderlich ist. Dies hat für den Arbeitgeber den Vorteil, dass der Arbeitnehmer sich bei der → *Beendigung* durch Zeitablauf nicht auf → *Kündigungsschutz* berufen kann. Der Arbeitgeber braucht die (automatische) → *Beendigung* weder zu begründen noch sozial zu rechtfertigen. Ferner müssen weder der → *Betriebsrat* noch irgendwelche Behörden bei der automatischen → *Beendigung* beteiligt werden.

ACHTUNG!

Wird das Recht zur ordentlichen Kündigung nicht ausdrücklich tarifvertraglich oder einzelvertraglich vereinbart, ist es in einem befristeten Arbeitsverhältnis ausgeschlossen (§ 15 Abs. 4 TzBfG). Sieht ein

Vertragsmuster vor, dass zutreffende Regelungen angekreuzt und nichtzutreffende Regelungen gestrichen werden, wird grundsätzlich die ordentliche Kündbarkeit eines befristeten Arbeitsverhältnisses im Sinne von § 15 Abs. 4 TzBfG vereinbart, wenn unter der vom Schriftbild her hervorgehobenen Überschrift Tätigkeit, Lohn, Probezeit, Kündigung, Arbeitszeit die Regelung „Für die Kündigung des Arbeitsverhältnisses – nach Ablauf der Probezeit – gilt die gesetzliche Kündigungsfrist" angekreuzt wird (BAG v. 4.8.2011, Az. 6 AZR 436/10).

Die Vereinbarung einer Probezeit, die der Gesamtdauer des befristeten Arbeitsverhältnisses entspricht, ist i. d. R. unverhältnismäßig (BAG v. 5.12.2024, Az. 2 AZR 275/23). In einem solchen Fall kann also während der Probezeit nicht mit der kurzen zweiwöchigen Frist des § 622 Abs. 3 BGB, sondern allenfalls mit der regulären Frist des § 622 Abs. 1 BGB ordentlich gekündigt werden. Für die Verhältnismäßigkeit einer vereinbarten Probezeit in einem befristeten Arbeitsverhältnis gibt es keinen Regelwert. Vielmehr ist stets eine Einzelfallabwägung unter Berücksichtigung der erwarteten Dauer der Befristung und der Art der Tätigkeit durchzuführen (BAG v. 30.10.2025, Az. 2 AZR 160/24).

Da durch eine solche automatische Beendigung des Arbeitsverhältnisses nach Fristablauf der gesetzliche Kündigungsschutz des Arbeitnehmers entfällt, ist eine Befristung nur in bestimmten, gesetzlich geregelten Fällen möglich. Die gesetzlichen Anforderungen sind im Teilzeit- und Befristungsgesetz (TzBfG) geregelt. Ein Arbeitsverhältnis kann nur dann befristet werden, wenn

- ein sachlicher Grund vorliegt (s. u. IV.) oder
- die Befristung auch ohne sachlichen Grund erlaubt ist (s. u. V.).

WICHTIG!

Das TzBfG regelt die allgemeinen Voraussetzungen für befristete Arbeitsverträge. Daneben gibt es für bestimmte Personengruppen (z. B. wissenschaftliches Personal an Hochschulen) Sonderregelungen, die die allgemeinen Vorschriften des TzBfG ergänzen oder sogar verdrängen (z. B. WissZeitVG). So kann die Befristung von Arbeitsverträgen nicht auf Sachgründe nach § 14 Abs. 1 TzBfG gestützt werden, wenn die Befristung ausschließlich mit der wissenschaftlichen Qualifizierung des Arbeitnehmers begründet wird (BAG v. 18.5.2016, Az. 7 AZR 533/14).

Auch gilt das TzBfG nur für die Befristung von Arbeitsverträgen und nicht für die Befristung einzelner Arbeitsbedingungen. Dennoch bedarf es für die Befristung solcher einzelner Arbeitsvertragsbedingungen, die nur im Wege einer Änderungskündigung einseitig durchgesetzt werden können, des Vorliegens eines Sachgrundes (s. u. IV.). Hierdurch soll verhindert werden, dass der gesetzliche Kündigungsschutz durch Befristungsabreden umgangen wird (BAG v. 14.1.2004, Az. 7 AZR 213/03). Die befristete Erhöhung der Arbeitszeit in erheblichem Umfang erfordert so zur Annahme einer nicht unangemessenen Benachteiligung des Arbeitnehmers i. S. v. § 307 Abs. 1 BGB Umstände, die die Befristung eines über das erhöhte Arbeitszeitvolumen gesondert abgeschlossenen Arbeitsvertrags nach § 14 Abs. 1 TzBfG rechtfertigen würden. Eine Arbeitszeiterhöhung in erheblichem Umfang liegt in der Regel vor, wenn sich das Erhöhungsvolumen auf mindestens 25 % eines entsprechenden Vollzeitarbeitsverhältnisses beläuft (BAG v. 23.3.2016, Az. 7 AZR 828/13).

Die Vorschriften des Teilzeit- und Befristungsgesetzes können durch Tarifvertrag (zugunsten des Arbeitnehmers!) eingeschränkt oder ausgeschlossen werden. Bei beabsichtigter Befristung muss deshalb immer der einschlägige Tarifvertrag geprüft werden. Die Arbeitsvertragsparteien können die Möglichkeit zur sachgrundlosen Befristung vertraglich ausschließen. Allein die Benennung eines Sachgrundes im Arbeitsvertrag reicht für die Annahme einer solchen Vereinbarung regelmäßig nicht aus (BAG v. 29.6.2011, Az. 7 AZR 774/09). Die Zulässigkeit der sachgrundlosen Befristung nach § 14 Abs. 2 TzBfG setzt nach dem Teilzeit- und Befristungsgesetz keine Vereinbarung der Parteien voraus, die Befristung auf diese Rechtsgrundlage stützen zu wollen. Ausreichend ist, dass die Voraussetzungen für die Zulässigkeit der Befristung nach § 14 Abs. 2 TzBfG bei Vertragsschluss objektiv vorlagen (BAG a. a. O.).

Sobald ein Arbeitnehmer den Beendigungszeitpunkt seines Arbeitsverhältnisses kennt, muss er sich unverzüglich bei der Agentur für Arbeit arbeitsuchend melden. Dies gilt auch bei befristeten Arbeitsverhältnissen, allerdings unter der Maßgabe, dass die Meldung frühestens drei Monate vor dem Beendigungszeitpunkt erfolgen muss. Der Arbeitgeber muss den Arbeitnehmer auf diese Pflicht hinweisen. Bei Zweckbefristungen sollte dieser Hinweis spätestens mit der Mitteilung über die bevorstehende Zweckerreichung erfolgen (s. u. II.2. Formulierungsbeispiel). Bei Zeitbefristungen ist zu empfehlen, die Belehrung über die Pflichten des Arbeitnehmers bereits in den Arbeitsvertrag mit aufzunehmen (s. u. II.1. Formulierungsbeispiel).

II. Inhalt

1. Zeitbefristung

Üblicherweise wird eine Befristung bzw. die Dauer des Arbeitsverhältnisses kalendermäßig festgelegt.

Formulierungsbeispiel:

„Der Arbeitnehmer wird für die Dauer von .... Monaten [*oder:* bis zum ....] eingestellt. Das Arbeitsverhältnis endet nach Ablauf der Frist, ohne dass es einer → *Kündigung* bedarf. Der Arbeitnehmer wird bereits jetzt darauf hingewiesen, dass er nach § 38 SGB III verpflichtet ist, sich möglichst frühzeitig, spätestens jedoch drei Monate vor Beendigung des Arbeitsverhältnisses bei der Agentur für Arbeit persönlich arbeitsuchend zu melden."

2. Zweckbefristung

Außer der Zeitbefristung kann auch eine zweckgebundene Befristung vereinbart werden. Das ist insbesondere bei der Erledigung bestimmter Arbeiten (z. B. Fertigstellung eines Projekts) denkbar.

ACHTUNG!

Eine wirksame Zweckbefristung kommt i. d. R. nicht in Betracht, wenn das zur Beendigung des Arbeitsverhältnisses führende Ereignis der Disposition des Arbeitgebers unterliegt und ihm die Möglichkeit eröffnet wird, das Arbeitsverhältnis ohne Rücksicht auf zwingende Kündigungsschutznormen aus Gründen zu beenden, die in seinem Belieben liegen oder von seinen wirtschaftlichen Interessen geprägt sind (vgl. LAG Köln v. 27.4.2023, Az. 8 Sa 463/22 m. w. N.).

Die Vereinbarung einer Zweckbefristung muss so eindeutig sein, dass es hinsichtlich des Beendigungszeitpunkts bzw. des Beendigungsereignisses nicht zu Zweifeln kommen kann. Andernfalls ist die Befristung unwirksam, sodass zur → *Beendigung* eine → *Kündigung* erforderlich ist. Diese müsste der Arbeitgeber dann aber begründen und sozial rechtfertigen; die beabsichtigte Befristung reicht dabei als Rechtfertigung nicht aus!

Formulierungsbeispiel:

„Das Arbeitsverhältnis endet mit dem Tag, an dem die vollständige und vorbehaltlose Abnahme des vorbezeichneten Bauwerks durch den Auftraggeber erfolgt, ohne dass es einer → *Kündigung* bedarf."

WICHTIG!

Wenn sich für den Arbeitgeber die Erreichung des Zwecks zeitlich abzeichnet, muss er den Arbeitnehmer spätestens zwei Wochen vor der bevorstehenden → *Beendigung* des Arbeitsverhältnisses auf den Zeitpunkt der Zweckerreichung schriftlich hinweisen.

Andernfalls endet das Arbeitsverhältnis erst mit dem Ablauf der Zweiwochenfrist, beginnend mit dem Zugang der schriftlichen Mitteilung.

Formulierungsbeispiel:

„Hiermit teilen wir Ihnen mit, dass der im → *Arbeitsvertrag* vorgesehene Zweck Ihrer Beschäftigung am .... erreicht sein wird und Ihr Arbeitsverhältnis damit zu diesem Zeitpunkt endet."

„Wir weisen Sie darauf hin, dass Sie gem. § 38 SGB III verpflichtet sind, sich spätestens drei Monate vor Beendigung des Arbeitsverhältnisses persönlich bei der Agentur für Arbeit zu melden ..."

oder (wenn zwischen Kenntnis des Beendigungszeitpunktes und der Beendigung weniger als drei Monate liegen):

„Wir weisen Sie darauf hin, dass Sie gem. § 38 SGB III verpflichtet sind, sich innerhalb von drei Tagen nach Kenntnis des Beendigungszeitpunktes, also nach Erhalt dieses Schreibens, persönlich bei der Agentur für Arbeit zu melden ..."

und (in beiden Fällen):

„... Andernfalls kann Ihr Anspruch auf Arbeitslosengeld verkürzt werden. Sie sind ferner dazu verpflichtet, selbst bei der Suche nach einem anderen Arbeitsplatz aktiv zu werden."

3. Auflösende Bedingung

Ein Arbeitsvertrag kann grundsätzlich auch unter einer auflösenden Bedingung abgeschlossen werden. Anders als bei der Vereinbarung eines Vertragszwecks (s. o. 2.) steht bei der auflösenden Bedingung nicht fest, ob sie überhaupt eintreten wird. Als eine automatische Beendigung auslösende Ereignisse können z. B. vereinbart werden für das Ende der Arbeitsunfähigkeit eines Kollegen (vgl. BAG v. 29.6.2011, Az. 7 AZR 6/10), den dauerhaften Verlust der Flugtauglichkeit oder Fluglizenz bei einem Piloten (vgl. BAG v. 21.11.2018, Az. 7 AZR 394/17), den Widerruf von behördlichen Genehmigungen (vgl. LAG Mainz v. 11.4.2013, Az. 10 Sa 528/12) etc. Zur Abgrenzung zwischen Zweckbefristung und auflösender Bedingung s. a. LAG Mecklenburg-Vorpommern v. 16.3.2021, Az. 5 Sa 295/20.

Eine auflösende Bedingung kann nicht wirksam vereinbart werden, wenn das zur Beendigung des Arbeitsverhältnisses führende Ereignis der Disposition des Arbeitgebers unterliegt und ihm die Möglichkeit eröffnet wird, das Arbeitsverhältnis ohne Rücksicht auf zwingende Kündigungsschutznormen aus Gründen zu beenden, die in seinem Belieben liegen oder von seinen wirtschaftlichen Interessen geprägt sind (vgl. LAG Köln v. 27.4.2023, Az. 8 Sa 463/22 m. w. N.).

ACHTUNG!

Eine Vereinbarung, wonach das Arbeitsverhältnis mit der Vollendung eines bestimmten Alters oder der Berechtigung zum Bezug der Regelaltersrente (Altersgrenze) automatisch enden soll, wird vom BAG nicht als auflösend bedingtes Arbeitsverhältnis, sondern als kalendermäßig befristetes Arbeitsverhältnis behandelt, da der „Bedingungseintritt" von den Parteien von Anfang an kalendermäßig berechnet werden kann.

4. Saisonarbeitsverhältnis

Bei einem Arbeitsverhältnis, in dem die saisonal begrenzte Beschäftigung (z. B. in der Badesaison bei einem Freibad) auf unbestimmte Zeit vereinbart wird, handelt es sich nicht um ein befristetes Arbeitsverhältnis i. S. d. TzBfG, sondern um einen unbefristeten Arbeitsvertrag. In diesem Fall werden nämlich lediglich die Arbeits- und Vergütungspflichten auf die Saison (z. B. April bis Oktober) eines jeden Jahres begrenzt. Eine derartige Vereinbarung ist wirksam und stellt keine unangemessene Benachteiligung des Arbeitnehmers gem. § 307 Abs. 1 BGB dar, wenn der Arbeitgeber bei Abschluss des Arbeitsvertrages davon ausgehen durfte, nur während der Saison Beschäftigungsbedarf für den Arbeitnehmer zu haben (vgl. BAG v. 19.11.2019, Az. 7 AZR 582/17).

III. Form

Eine Befristung muss schriftlich vereinbart werden. Das bedeutet, dass die Befristungsvereinbarung (mindestens) in einer Urkunde vom Arbeitgeber (bzw. einer vertretungsberechtigten Person) und Arbeitnehmer eigenhändig unterzeichnet sein muss. Kopien, Stempel, Faksimiles, E-Mails oder Telefaxschreiben reichen hierzu ebenso wenig aus, wie ein originalschriftlicher Schriftwechsel, auf dem jeweils nur eine Unterschrift der Parteien erfolgt ist. Bei einem Vertrag muss nach § 126 Abs. 2 Satz 1 BGB nämlich die Unterzeichnung der Parteien auf derselben Urkunde erfolgen. Werden über den Vertrag mehrere gleichlautende Urkunden aufgenommen, genügt es, wenn jede Partei die für die andere Partei bestimmte Urkunde unterzeichnet (§ 126 Abs. 2 Satz 2 BGB; vgl. BAG 20.8.2014, Az. 7 AZR 924/12). Nach der sog. „Auflockerungsrechtsprechung" ist eine feste körperliche Verbindung der einzelnen Blätter einer Urkunde nicht erforderlich, wenn sich deren Einheitlichkeit aus anderen eindeutigen Merkmalen ergibt. Auch ohne körperliche Verbindung ist den Anforderungen an die Schriftform bei einer aus mehreren Blättern bestehenden und am Ende des Textes unterzeichneten Urkunde genügt, wenn sich die Einheit der Urkunde aus fortlaufender Paginierung, fortlaufender Nummerierung der einzelnen Bestimmungen, einheitlicher graphischer Gestaltung, inhaltlichem Zusammenhang des Textes oder vergleichbaren Merkmalen zweifelsfrei ergibt. Das BAG hat die sog. Auflockerungsrechtsprechung u.a. auf den Fall angewendet, dass ein Vertragswerk aus einem unterschriebenen Arbeitsvertrag und einer dort in Bezug genommenen Anlage besteht, die eine nach dem Gesetz formbedürftige, nicht gesondert unterzeichnete Regelung enthält. Entscheidend für die Wahrung der Schriftform ist in einem solchen Fall, dass die Zusammengehörigkeit der einzelnen Schriftstücke in geeigneter Weise zweifelsfrei kenntlich gemacht wurde (BAG v. 14.7.2010, Az. 10 AZR 291/09; BAG v. 18.1.2012, Az. 6 AZR 407/10; BAG v. 4.11.2015, Az. 933/13). In dieser Fallkonstellation muss aber die unmissverständliche Zusammengehörigkeit von Hauptteil und Anlage feststehen (BAG v. 4.11.2015, Az. 933/13; vgl. zur Einheitlichkeit der Urkunde bei einem Interessenausgleich mit Namensliste bei wechselseitiger Inbezugnahme: BAG 19.7.2012, Az. 2 AZR 352/11). Bei einem (unterzeichneten) Dienstwagenvertrag und dem (nicht unterzeichneten) Arbeitsvertrag ist dies nicht der Fall (BAG v. 4.11.2015, Az. 933/13).

ACHTUNG!

Die Wahrung der in § 14 Abs. 4 TzBfG bestimmten Schriftform erfordert den Zugang der unterzeichneten Befristungsabrede bei dem Erklärungsempfänger vor Vertragsbeginn (vgl. BAG v. 14.12.2016, Az. 7 AZR 797/14 m. w. N.). Die mangelnde Schriftform hat nach § 125 Satz 1 BGB die Nichtigkeit der Befristungsabrede zur Folge. Sie führt nicht zur Unwirksamkeit des gesamten Arbeitsvertrags. Dieser gilt vielmehr nach § 16 Satz 1 TzBfG als auf unbestimmte Zeit geschlossen (vgl. BAG v. 4.11.2015, Az. 933/13).

Zur Wahrung der nach § 14 Abs. 4 TzBfG gesetzlich vorgeschriebenen Schriftform ist es jedoch ausreichend, wenn die eine Vertragspartei in einem von ihr unterzeichneten, an die andere Vertragspartei gerichteten Schreiben den Abschluss eines befristeten Arbeitsvertrags anbietet und die andere Partei dieses Angebot annimmt, indem sie dieses Schriftstück ebenfalls unterzeichnet (BAG v. 26.7.2006, Az. 7 AZR 514/05). Halten die Vertragsparteien die Befristungsabrede nach Arbeitsaufnahme durch den Arbeitnehmer in einem schriftlichen Arbeitsvertrag fest, liegt darin nach bestätigter Ansicht des BAG regelmäßig keine eigenständige Befristungsabrede über die nachträgliche Befristung des zuvor entstandenen Arbeitsverhältnisses, sondern nur die befristungsrechtlich bedeutungslose Wiedergabe des bereits mündlich (unwirksam) Vereinbarten (BAG v. 13.6.2007, Az. 7 AZR 700/06). Haben die Vertragsparteien hingegen vor der Unterzeichnung des schriftlichen Arbeitsvertrages mündlich keine Befristung vereinbart oder eine Befristungsabrede getroffen, die inhaltlich mit der in dem schriftlichen Arbeitsvertrag enthaltenen Befristung nicht übereinstimmt, enthält der schriftliche Arbeitsvertrag ggfs. eine eigenständige (nachträgliche) Befristung. Dies setzt neben den auf die Herbeiführung dieser Rechtsfolge gerichteten Willenserklärungen der Parteien jedoch voraus, dass ein die Befristung rechtfertigender sachlicher Grund vorliegt (BAG v. 14.12.2016, Az. 7 AZR 797/14 m. w. N.).

ACHTUNG!
Eine nach Arbeitsaufnahme vereinbarte Befristung ist grundsätzlich nur bei Vorliegen eines Sachgrundes (s. u. IV.) möglich, da es bei einer (nachträglichen) Befristung eines bereits zuvor (unbefristet) begründeten Arbeitsverhältnisses an der für eine sachgrundlose Befristung erforderlichen Neueinstellung fehlt (s. u. V.1.).

Etwas anderes gilt jedoch dann, wenn der Arbeitgeber dem Arbeitnehmer vor Arbeitsantritt einen unterzeichneten befristeten Arbeitsvertrag zuschickt, den der Arbeitnehmer alsbald gegenzeichnen soll. Wenn die Gegenzeichnung dann erst nach der Arbeitsaufnahme stattfindet, ist das Schriftformerfordernis gem. § 14 Abs. 4 TzBfG durch die Unterzeichnung des Arbeitsvertrages gewahrt. Bis zu dessen Gegenzeichnung durch den Arbeitnehmer ist nämlich kein Arbeitsverhältnis begründet worden, wenn der Arbeitgeber sein Angebot auf Abschluss eines befristeten Arbeitsvertrags von der Rückgabe des gegengezeichneten Arbeitsvertrags abhängig gemacht hatte (BAG v. 16.4.2008, Az. 7 AZR 1048/06).

ACHTUNG!
Anders verhält es sich hingegen, wenn der Arbeitgeber kein schriftliches Angebot auf Abschluss eines befristeten Arbeitsvertrags abgibt, sondern dem Arbeitnehmer eine Vertragsurkunde zur Unterschrift vorlegt, die er selbst noch nicht unterzeichnet hat. Mit der Vorlage einer solchen Vertragsurkunde stellt der Arbeitgeber den Abschluss des befristeten Arbeitsvertrags weder ausdrücklich noch konkludent unter den Vorbehalt eines schriftlichen Vertragsschlusses, noch kündigt er dem Arbeitnehmer die schriftliche Niederlegung des Vereinbarten an. Selbst wenn der Arbeitgeber ausdrücklich erklärt hat, der Arbeitsvertrag solle nicht durch Entgegennahme der Arbeitsleistung, sondern erst mit Zugang der von ihm unterzeichneten Vertragsurkunde beim Arbeitnehmer zustande kommen, ist dieser Vorbehalt unbeachtlich (BAG v. 14.12.2016, Az. 7 AZR 797/14 m. w. N.). Eine dem Schriftformerfordernis entsprechende Befristungsabrede liegt somit erst vor, wenn dem Arbeitnehmer vor Vertragsbeginn eine vom Arbeitgeber unterzeichnete Befristungsvereinbarung vorgelegt wird. Hat der Arbeitnehmer dagegen die Arbeit bereits vorher aufgenommen, kann die fehlende Schriftform nicht ohne Weiteres geheilt werden (BAG v. 25.10.2017, Az. 7 AZR 632/15).

Ein gerichtlich protokollierter Vergleich, der die vertraglichen Erklärungen beider Parteien beinhaltet, ersetzt die gesetzliche Schriftform (§§ 126 Abs. 3, 127a BGB). Dies gilt auch für Vergleiche, die im schriftlichen Verfahren durch richterlichen Beschluss nach § 278 Abs. 6 ZPO zustande gekommen sind (BAG v. 23.11.2006, Az. 6 AZR 394/06).

Das Schriftformerfordernis gem. § 14 Abs. 4 TzBfG betrifft nur die Vereinbarung der Befristung und gilt nicht für den der Befristung zugrunde liegenden sachlichen Grund oder deren sonstige Rechtfertigung (BAG v. 26.7.2006, Az. 7 AZR 515/05).

Zusätzliche Formerfordernisse können sich aber aus → *Tarifvertrag* oder → *Betriebsvereinbarung* ergeben.

ACHTUNG!
Verstößt die Befristungsvereinbarung gegen Gesetz oder → *Tarifvertrag* (also z. B. auch gegen die vorgeschriebene Form), ist sie unwirksam. In diesem Fall gilt das Arbeitsverhältnis für unbestimmte Zeit. Zur → *Beendigung* ist eine → *Kündigung* erforderlich (s. u. VIII.). Sofern die Befristungsvereinbarung allein wegen fehlender Schriftform unwirksam ist, bleibt eine Kündigung grundsätzlich beiderseits und jederzeit möglich (BAG v. 23.4.2009, Az. 6 AZR 533/08). Selbstverständlich gelten dann im Falle einer Kündigung die entsprechenden Kündigungs(schutz)vorschriften (s. → *Kündigung* u. → *Kündigungsschutz*).

IV. Befristung mit sachlichem Grund

1. Zeitbefristung

Sachliche Gründe für eine Zeitbefristung können sein:

- vorübergehender Bedarf an der Besetzung des Arbeitsplatzes (z. B. saisonbedingter Arbeitskräftemehrbedarf);
- Vertretung eines anderen Arbeitnehmers (z. B. wegen → *Mutterschutz*, → *Pflegezeit* oder Elternzeit);
- Erleichterung einer Anschlussbeschäftigung des Arbeitnehmers im unmittelbaren Anschluss an eine Ausbildung oder ein Studium;
- Eigenart der Arbeitsleistung (z. B. sog. Ferienjob, Profi-Fußballspieler BAG v. 16.1.2018, Az. 7 AZR 312/16, Schauspieler BAG v. 30.8.2017, Az. 7 AZR 865/15; Künstler BAG v. 30.8.2017, Az. 7 AZR 864/15; Programmgestaltung bei Rundfunkanstalt BAG v. 24.10.2018, Az. 7 AZR 92/17);
- → *Vergütung* des Arbeitnehmers aus Haushaltsmitteln, die haushaltsrechtlich für eine befristete Beschäftigung bestimmt sind, wenn er entsprechend der Bestimmung beschäftigt wird (vgl. BAG v. 23.5.2018, Az. 7 AZR 16/17);
- personenbedingte Gründe des Arbeitnehmers (z. B. befristete Arbeitserlaubnis, Wunsch des Arbeitnehmers nach Befristung);
- Erprobung des Arbeitnehmers;
- gerichtlicher Vergleich, in dem die Befristung vereinbart wird (BAG v. 23.11.2006, Az. 6 AZR 394/06).

Liegt einer dieser Gründe vor, ist eine Zeitbefristung zulässig (§ 14 Abs. 1 TzBfG).

Der Wunsch des Arbeitnehmers nach einer nur zeitlich begrenzten Beschäftigung kann auch die Befristung eines Arbeitsvertrages sachlich rechtfertigen. Allein die Unterzeichnung des Arbeitsvertrags lässt jedoch noch nicht auf einen entsprechenden Wunsch schließen. Entscheidend ist, ob weitere Umstände die Annahme rechtfertigen, dass der Arbeitnehmer auch bei einem Angebot auf Abschluss eines unbefristeten Vertrags nur ein befristetes Arbeitsverhältnis vereinbart hätte (BAG v. 18.1.2017, Az. 7 AZR 236/15).

ACHTUNG!
Die Gewährung einer finanziellen Förderung (Zuschuss) zur Aus- und Weiterbildung schwerbehinderter Menschen nach § 235a Abs. 1 SGB III seitens der Bundesagentur für Arbeit ist für sich alleine kein Sachgrund nach § 14 Abs. 1 Satz 1 TzBfG für die Befristung des zwischen dem Arbeitgeber und dem schwerbehinderten Menschen abgeschlossenen Arbeitsvertrags. Ein zulässiger Sachgrund kann jedoch gegeben sein, wenn dem Arbeitnehmer durch die Beschäftigung Kenntnisse und Erfahrungen vermittelt werden, die durch die übliche Berufstätigkeit nicht erworben werden können (BAG v. 22.4.2009, Az. 7 AZR 96/2008).

Sofern keine abweichenden spezialgesetzlichen oder tarifvertraglichen Regelungen etwas anderes vorsehen, setzt eine wirksame Befristung nicht voraus, dass der Befristungsgrund Vertragsinhalt geworden oder dem Arbeitnehmer bei Vertragsschluss mitgeteilt worden ist. Ausreichend ist, dass der sachliche Grund bei Vertragsschluss objektiv vorgelegen hat (BAG v. 15.8.2001, Az. 7 AZR 263/00). Das Schriftformerfordernis gem. § 14 Abs. 4 TzBfG betrifft nur die Vereinbarung der Befristung und gilt nicht für den der Befristung zugrunde liegenden sachlichen Grund oder deren sonstige Rechtfertigung (BAG v. 26.7.2006, Az. 7 AZR 515/05).

WICHTIG!
Wird ein Arbeitnehmer zur Vertretung eines anderen (abwesenden) Beschäftigten nach § 14 Abs. 1 Satz 2 Nr. 3 TzBfG eingestellt, so ist hierfür nicht Voraussetzung, dass er die Aufgaben bekommt, die der ausgefallene Mitarbeiter zu verrichten gehabt hätte. Der Arbeitgeber kann frei entscheiden, ob er den Arbeitsausfall überhaupt überbrücken will oder ob er im Wege einer Umverteilung die von dem zeitweilig verhinderten Mitarbeiter zu erledigenden Arbeiten anderen Beschäftigten zuweist und deren Aufgaben ganz oder teilweise von einer Vertretungskraft erledigen lässt (BAG v. 21.2.2001, Az. 7 AZR 107/00). In einem solchen Fall sog. „mittelbarer Vertretung" muss der Arbeitgeber aber nachweisen, dass zwischen dem zeitweiligen Ausfall von Mitarbeitern und der befristeten Einstellung von Aushil-

fen ein ursächlicher Zusammenhang besteht (BAG v. 10.3.2004, Az. 7 AZR 402/03; 11.2.2015, Az. 7 AZR 113/13). Der Sachgrund der Vertretung setzt also nicht voraus, dass der befristet zur Vertretung eingestellte Mitarbeiter die vorübergehend ausfallende Stammkraft unmittelbar vertritt und die von ihr bislang ausgeübten Tätigkeiten erledigt. Der Vertreter kann auch mit anderen Aufgaben betraut werden. Die befristete Beschäftigung zur Vertretung lässt die Versetzungs- und Umsetzungsbefugnisse des Arbeitgebers unberührt. Es muss jedoch sichergestellt sein, dass die Beschäftigung des befristet eingestellten Arbeitnehmers wegen des Arbeitskräftebedarfs erfolgt, der durch die vorübergehende Abwesenheit des zu vertretenden Mitarbeiters entsteht. Dies kann insbesondere durch eine entsprechende Angabe im Arbeitsvertrag geschehen. Nur dann ist gewährleistet, dass die Einstellung des Vertreters auf der Abwesenheit des zu vertretenden Arbeitnehmers beruht (vgl. BAG v. 11.2.2015, Az. 7 AZR 113/13; BAG v. 21.2.2018, Az. 7 AZR 765/16). Fehlt dieser Kausalzusammenhang, ist die Befristung nicht durch den Sachgrund der Vertretung gerechtfertigt (BAG v. 25.3.2009, Az. 7 AZR 34/08 und BAG v. 20.1.2010, Az. 7 AZR 542/08). Wird also die Tätigkeit der zeitweise ausgefallenen Stammkraft nicht von dem Vertreter, sondern von einem anderen Arbeitnehmer oder von mehreren anderen Arbeitnehmern ausgeübt und deren Tätigkeit dem Vertreter übertragen (mittelbare Vertretung), hat der Arbeitgeber zur Darstellung des Kausalzusammenhangs grundsätzlich die Vertretungskette zwischen dem Vertretenen und dem Vertreter darzulegen. Eine schriftliche Dokumentation der Vertretungskette bei Vereinbarung der Befristung ist im Fall der mittelbaren Vertretung zur Gewährleistung des Kausalzusammenhangs zwischen der zeitweiligen Arbeitsverhinderung der Stammkraft und der Einstellung der Vertretungskraft nicht erforderlich (BAG v. 21.2.2018, Az. 7 AZR 696/16). Weiß ein Arbeitgeber, dass ein befristet eingestellter Arbeitnehmer während der gesamten Vertragsdauer arbeitsunfähig sein wird, kann er die Befristung nicht mit dem Sachgrund der Vertretung nach § 14 Abs. 1 Satz 2 Nr. 3 TzBfG rechtfertigen (BAG v. 12.6.2024, Az. 7 AZR 188/23).

§ 5 Nr. 1 der Rahmenvereinbarung über befristete Arbeitsverträge (im Anhang der Richtlinie 1999/70/EG) verpflichtet die Mitgliedstaaten im Hinblick auf die Vermeidung der rechtsmissbräuchlichen Verwendung aufeinanderfolgender befristeter Arbeitsverträge oder -verhältnisse dazu, effektiv und mit verbindlicher Wirkung mindestens eine der dort aufgeführten Maßnahmen zu ergreifen. Die in § 5 Nr. 1 Buchst. a bis c aufgeführten Maßnahmen betreffen sachliche Gründe, die die Verlängerung befristeter Arbeitsverträge oder -verhältnisse rechtfertigen, sowie die insgesamt zulässige Dauer aufeinanderfolgender Arbeitsverträge oder -verhältnisse und die zulässige Zahl ihrer Verlängerungen. Die Verlängerung aufeinanderfolgender befristeter Verträge kann nicht deshalb als aus „sachlichen Gründen" i. S. v. § 5 Nr. 1 Buchst. a angesehen werden, weil die Verträge auf Rechtsvorschriften gestützt sind, welche die Vertragsverlängerung zur Sicherstellung bestimmter Leistungen zeitlich begrenzter, konjunktureller oder außerordentlicher Art zulassen, wenn der Bedarf in Wirklichkeit ständig und dauerhaft besteht. Zur Beachtung von § 5 Nr. 1 Buchst. a ist es erforderlich, dass konkret geprüft wird, ob die Vertragsverlängerung zur Deckung eines zeitweiligen Bedarfs eingesetzt wird.

Die einer Verwaltung eingeräumte Möglichkeit zur Schaffung fester Stellen bzw. zur Umwandlung eines befristeten Vertrags in ein unbefristetes Arbeitsverhältnis kann ein wirksames Mittel gegen die missbräuchliche Verwendung befristeter Verträge i. S. v. § 5 Nr. 1 der Rahmenvereinbarung darstellen. Dies gilt jedoch nicht, wenn die zuständige Verwaltung nicht verpflichtet ist, Planstellen zu schaffen, mit denen die Ernennung befristeter Aushilfskräfte beendet wird, und wenn es der Verwaltung offensteht, die geschaffenen Planstellen durch die Einstellung von Interimskräften zu besetzen, sodass die Unsicherheit der Arbeitnehmer andauert, obwohl der betreffende Staat einen strukturellen Mangel an Planstellen für fest angestellte Mitarbeiter in diesem Bereich aufweist (EuGH v. 14.9.2016, Az. C-16/15 [Pérez López]).

Aus dem bloßen Umstand, dass ein Arbeitgeber gezwungen sein mag, wiederholt auf befristete Vertretungen zurückzugreifen, und dass diese Vertretungen auch durch die Einstellung von Arbeitnehmern mit unbefristeten Arbeitsverträgen gedeckt werden könnten, folgt weder, dass kein sachlicher Grund i. S. d. § 5 Nr. 1 lit. a der genannten Rahmenvereinbarung über befristete Arbeitsverhältnisse im Anhang der Richtlinie 1999/70/EG gegeben ist, noch das Vorliegen eines Missbrauchs im Sinne dieser Bestimmung (EuGH v. 26.1.2012, Az. C-586/10 – Kücük). Dennoch kann die Befristung eines Arbeitsvertrags trotz Vorliegens eines Sachgrunds aufgrund der besonderen Umstände des Einzelfalls ausnahmsweise rechtsmissbräuchlich und daher unwirksam sein. Für das Vorliegen eines Rechtsmissbrauchs können insbesondere eine sehr lange Gesamtdauer (hier: 11 Jahre) oder eine außergewöhnlich hohe Anzahl von aufeinanderfolgenden befristeten Arbeitsverträgen (hier: 13) mit demselben Arbeitgeber sprechen (BAG v. 18.7.2012, Az. 7 AZR 443/09; vgl. auch BAG v. 13.2.2013, Az. 7 AZR 225/11). Für den Fall einer Gesamtdauer von 7 Jahren und 9 Monaten bei 4 aufeinanderfolgenden befristeten Arbeitsverträgen erkannte das BAG allerdings keine Anhaltspunkte für einen derartigen Rechtsmissbrauch (BAG v. 18.7.2012, Az. 7 AZR 783/10).

Letztendlich kommt es in diesem Zusammenhang immer auf die Umstände des Einzelfalls an (vgl. BAG v. 21.2.2018, Az. 7 AZR 765/16). So hat das BAG eine Befristung zur Vertretung einer wegen Kinderbetreuung ausgefallenen Arbeitnehmerin trotz 10 befristeter Arbeitsverträge über 15 Jahre hinweg als wirksam erachtet (BAG v. 29.4.2015, Az. 7 AZR 310/13).

Ein vorübergehend erhöhter Personalbedarf kann die Befristung eines Arbeitsvertrages nach § 14 Abs. 1 Satz 2 Nr. 1 TzBfG rechtfertigen. Dies setzt die zutreffende Prognose des Arbeitgebers voraus, dass für die Beschäftigung des Arbeitnehmers über das vereinbarte Vertragsende hinaus mit hinreichender Sicherheit kein Bedarf mehr besteht (BAG v. 4.12.2013, Az. 7 AZR 277/12). Die Prognose des Arbeitgebers wird nach einer Entscheidung des BAG nicht unzutreffend, weil der Arbeitnehmer nach Fristablauf aufgrund seiner Qualifikation auf einem freien Arbeitsplatz in einem anderen Projekt hätte beschäftigt werden können. Die Prognose des Arbeitgebers muss sich somit nur auf das konkrete Projekt beziehen (BAG v. 25.8.2004, Az. 7 AZR 7/04).

Bei einer sog. „Abordnungsvertretung" darf sich die vom Arbeitgeber zum Zeitpunkt der Befristungsabrede anzustellende Rückkehrprognose nicht auf die Anwendung der Grundsätze beschränken, die das BAG zu den Fällen der vollständigen Abwesenheit der Stammkraft etwa wegen Krankheit, Urlaub, Elternzeit oder Freistellung entwickelt hat. Von diesen Fallgestaltungen unterscheidet sich die Abordnung der Stammkraft nicht unerheblich. Zum einen fällt bei der Abordnung die Arbeitskraft der Stammkraft nicht aus, sondern steht dem Arbeitgeber zur Ausübung seines Direktionsrechts zur Verfügung. Zum anderen liegt die Rückkehr der Stammkraft auf ihren Arbeitsplatz regelmäßig jedenfalls auch im Einflussbereich des Arbeitgebers. Daher kann der Arbeitgeber in Fällen der Abordnung der Stammkraft nicht ohne Weiteres davon ausgehen, die Stammkraft werde, sofern sie nicht Gegenteiliges erklärt habe, zurückkehren. Vielmehr muss er bei der von ihm anzustellenden Prognose alle Umstände des Einzelfalls berücksichtigen, insbesondere auch solche, die aus seiner Organisationssphäre stammen (BAG v. 16.1.2013, Az. 7 AZR 661/11). Dazu gehören nicht nur etwaige Erklärungen der abgeordneten Stammkraft über ihre Rückkehrabsichten, sondern insbesondere auch die Planungs- und Organisationsentscheidungen des Arbeitgebers. Diese Anforderungen sind auch dann zu stellen, wenn der Vertretungsbedarf auf einer zeitlich begrenzten Reduzierung der Arbeitszeit der Stammkraft und zusätzlich darauf beruht, dass diese mit dem verbleibenden Arbeitszeitvolumen in einen anderen Arbeitsbereich abgeordnet wurde (BAG v. 12.4.2017, Az. 7 AZR 436/15).

Der vorübergehende betriebliche Bedarf an der Arbeitsleistung kann auf unterschiedlichen Sachverhalten beruhen. Er kann sich z. B. aus dem Umstand ergeben, dass für einen begrenzten Zeitraum in dem Betrieb oder der Dienststelle zusätzliche Arbeiten anfallen, die mit dem Stammpersonal allein nicht erledigt werden können, oder daraus, dass sich der Arbeitskräftebedarf künftig verringern wird – etwa wegen der Inbetriebnahme einer neuen technischen Anlage. Der vorübergehende Bedarf an der Arbeitsleistung kann auf einer zeitweise übernommenen Sonderaufgabe beruhen oder auf einer im Bereich der Daueraufgaben des Arbeitgebers vorübergehend angestiegenen Arbeitsmenge, für deren Erledigung das vorhandene Stammpersonal nicht ausreicht (BAG v. 20.2.2008, Az. 7 AZR 950/06, BAG v. 14.12.2016, Az. 7 AZR 688/14).

WICHTIG!

Der Arbeitgeber kann einen Sachgrund nach § 14 Abs. 1 Satz 2 Nr. 1 TzBfG nicht dadurch herbeiführen, dass er im Wesentlichen unveränderte Daueraufgaben in organisatorisch eigenständige „Projekte" aufteilt.

Daueraufgaben eines Arbeitgebers sind Tätigkeiten, die im Rahmen des Betriebszwecks ihrer Art nach im Wesentlichen unverändert und kontinuierlich anfallen. Um Zusatzaufgaben handelt es sich hingegen, wenn die Tätigkeiten keinen vorhersehbaren Personalbedarf mit sich bringen, weil sie entweder nur unregelmäßig – etwa aus besonderem Anlass – anfallen oder mit unvorhersehbaren besonderen Anforderungen auch in Bezug auf die Qualifikation des benötigten Personals verbunden sind. Daher kann sich auch ein Unternehmen, das regelmäßig und im Wesentlichen mit der Durchführung von Projekten im Bereich der Entwicklungshilfe befasst ist, zur Rechtfertigung der Befristung eines Arbeitsverhältnisses eines in einem der Projekte beschäftigten Arbeitnehmers auf den Sachgrund der Projektbefristung berufen, wenn es sich bei den Projekttätigkeiten nicht um ständige, im Wesentlichen unverändert anfallende Aufgaben handelt, die einen auf längere Zeit planbaren Personalbedarf mit sich bringen.

Wird ein Arbeitnehmer für die Mitwirkung an einem Projekt befristet eingestellt, muss bereits im Zeitpunkt des Vertragsschlusses zu erwarten sein, dass die im Rahmen des Projekts durchgeführten Aufgaben nicht dauerhaft anfallen. Für eine solche Prognose des Arbeitgebers bedarf es ausreichend konkreter Anhaltspunkte. Unerheblich ist es, ob der befristet beschäftigte Arbeitnehmer nach Fristablauf aufgrund seiner Qualifikation auf einem freien Arbeitsplatz außerhalb des Projekts befristet oder unbefristet beschäftigt werden könnte (BAG v. 21.11.2018, Az. 7 AZR 234/17).

Die Befristung eines Arbeitsvertrags kann also nicht auf § 14 Abs. 1 Satz 2 Nr. 1 TzBfG gestützt werden, wenn der vom Arbeitgeber zur Begründung angeführte Bedarf an der Arbeitsleistung tatsächlich nicht nur vorübergehend, sondern objektiv dauerhaft besteht.

ACHTUNG!

Ein sachlicher Grund für die Befristung eines Arbeitsvertrags wegen eines nur vorübergehenden Bedarfs an der Arbeitsleistung gem. § 14 Abs. 1 Satz 2 Nr. 1 TzBfG liegt nicht vor, wenn dem Arbeitnehmer Daueraufgaben übertragen werden, die von dem in der Dienststelle beschäftigten Stammpersonal wegen einer von vornherein unzureichenden Personalausstattung nicht erledigt werden können (BAG v. 17.3.2010, Az. 7 AZR 640/08). Auch der bloße Umstand, dass eine nationale Regelung (hier: italienische Regelung über befristete Arbeitsverträge im Schulbereich) eine Verlängerung befristeter Arbeitsverträge ermöglicht, um freie und verfügbare Stellen bis zum Abschluss der Auswahlverfahren durch Jahresvertretungen zu besetzen, genügt den Anforderungen der Rahmenvereinbarung über befristete Arbeitsverträge im Anhang der Richtlinie EGRL 70/99 nicht, wenn sich zeigt, dass die konkrete Anwendung der Regelung tatsächlich zu einem missbräuchlichen Rückgriff – nämlich der unbegrenzten Verlängerung befristeter Arbeitsverträge zur Deckung eines ständigen und dauerhaften Bedarfs – führt (vgl. EuGH v. 26.11.2014, Az. C 22/13).

Der Sachgrund des vorübergehenden Bedarfs an der Arbeitsleistung erfordert nicht, dass der befristete Vertrag für die gesamte Laufzeit des Projekts geschlossen wird. Der Arbeitgeber kann bei Befristungen, die auf den in § 14 Abs. 1 Satz 2 Nr. 1 TzBfG normierten Sachgrund gestützt sind, frei darüber entscheiden, ob er den Zeitraum des von ihm prognostizierten zusätzlichen Arbeitskräftebedarfs ganz oder nur teilweise durch den Abschluss von befristeten Arbeitsverträgen abdeckt (BAG v. 17.3.2010, Az. 7 AZR 640/08; BAG v. 27.7.2016, Az. 7 AZR 545/14 m. w. N., BAG v. 14.12.2016, Az. 7 AZR 688/14). Das bloße Zurückbleiben der Vertragslaufzeit hinter der voraussichtlichen Dauer eines Projekts ist nicht stets und ohne Weiteres geeignet, den Sachgrund für die Befristung in Frage zu stellen. Dies ist erst dann der Fall, wenn die Vertragslaufzeit derart hinter der bei Vertragsschluss voraussehbaren Dauer des vorübergehenden Bedarfs zurückbleibt, dass eine sinnvolle, dem Sachgrund der Befristung entsprechende Mitarbeit des Arbeitnehmers nicht mehr möglich erscheint (vgl. BAG v. 27.7.2016, Az. 7 AZR 545/14 m. w. N.).

Zum Sachgrund der Erprobung nennt § 14 Abs. 1 Satz 2 Nr. 5 TzBfG keine konkrete zeitliche Vorgabe. Allerdings kann der vereinbarten Vertragslaufzeit Bedeutung im Rahmen der Prüfung des Befristungsgrundes zukommen. Sie muss sich am Sachgrund der Befristung orientieren und so mit ihm im Einklang stehen, dass sie nicht gegen das Vorliegen des Sachgrundes spricht. Aus der vereinbarten Vertragsdauer darf sich nicht ergeben, dass der Sachgrund tatsächlich nicht besteht oder nur vorgeschoben ist. Steht die vereinbarte Dauer der Erprobungszeit in keinem angemessenen Verhältnis zu der in Aussicht genommenen Tätigkeit, trägt der Sachgrund der Erprobung nicht. Im Allgemeinen werden nach dem Vorbild des § 1 KSchG und der Kündigungsfristenregelung für Kündigungen während der Probezeit (§ 622 Abs. 3 BGB) sechs Monate als Erprobungszeit ausreichen. Einschlägige Tarifverträge können Anhaltspunkte geben, welche Probezeit angemessen ist. Längere Befristungen zur Erprobung aufgrund besonderer Einzelfallumstände sind aber – vorbehaltlich entgegenstehender einschlägiger und für das Arbeitsverhältnis geltender Tarifvorschriften – möglich. An einem sachlichen Grund der Erprobung fehlt es hingegen, wenn der Arbeitnehmer bereits ausreichende Zeit bei dem Arbeitgeber mit den von ihm zu erfüllenden Aufgaben beschäftigt war und der Arbeitgeber die Fähigkeiten des Arbeitnehmers hinreichend beurteilen kann. Ein vorheriges befristetes oder unbefristetes Arbeitsverhältnis, in dem der Arbeitnehmer mit den gleichen Arbeitsaufgaben betraut war, spricht daher regelmäßig gegen den Sachgrund der Erprobung. Unter besonderen Umständen kann aber auch eine Verlängerung der Probezeit bzw. eine erneute Befristung auf Probe geboten sein (vgl. BAG v. 2.6.2010, Az. 7 AZR 85/09 m. w. N.).

Die mit einer Wiedereinstellungszusage eingegangene Verpflichtung des Arbeitgebers gegenüber einem ausgeschiedenen Arbeitnehmer kann als sonstiger, in § 14 Abs. 1 Satz 2 Nr. 1–8 TzBfG nicht genannter Sachgrund i. S. v. § 14 Abs. 1 Satz 1 TzBfG die Befristung des Arbeitsvertrags mit einem anderen Arbeitnehmer rechtfertigen, wenn nach dem Inhalt der Wiedereinstellungszusage mit der Geltendmachung des Wiedereinstellungsanspruchs in absehbarer Zeit ernsthaft zu rechnen ist und die befristete Einstellung einer Ersatzkraft geeignet ist, eine Beschäftigungsmöglichkeit für den Fall der Wiedereinstellung des ausgeschiedenen Arbeitnehmers freizuhalten (BAG v. 2.6.2010, Az. 7 AZR 136/09).

Ein die Befristung eines Arbeitsverhältnisses rechtfertigender sachlicher Grund liegt nach § 14 Abs. 1 Satz 2 Nr. 2 TzBfG vor, wenn die Befristung im Anschluss an eine Ausbildung oder ein Studium erfolgt, um den Übergang des Arbeitnehmers in eine Anschlussbeschäftigung zu erleichtern. Bestand nach der Ausbildung bereits ein Arbeitsverhältnis, erfolgt die Befristung nicht im Anschluss an die Ausbildung, sondern im Anschluss an die zwischenzeitliche Beschäftigung. Das BAG lässt offen, ob eine Ausnahme geboten sein kann, wenn der Arbeitnehmer nach Ausbildung oder Studium einem „kurzfristigen Gelegenheitsjob" nachgegangen ist (BAG v. 24.8.2011, Az. 7 AZR 368/10).

Die Aus- oder Weiterbildung eines Arbeitnehmers kann die Befristung eines Arbeitsvertrags nach § 14 Abs. 1 Satz 1 TzBfG sachlich rechtfertigen. Dies setzt voraus, dass dem Arbeitnehmer durch die Tätigkeit zusätzliche Kenntnisse und Erfahrungen vermittelt werden, die durch die übliche Berufstätigkeit nicht erworben werden können. Diese Voraussetzungen können auch vorliegen, wenn die Ausbildung hauptsächlich dazu dient, bereits erworbene theoretische Kenntnisse in die Praxis umzusetzen. Erforderlich ist allerdings stets, dass ein bestimmtes Ausbildungsziel systematisch verfolgt wird und die dem Arbeitnehmer vermittelten Kenntnisse, Erfahrungen oder Fähigkeiten auch außerhalb der Organisation des Arbeitgebers beruflich verwertbar sind (BAG v. 24.8.2011, Az. 7 AZR 368/10).

Die Befristung eines Anstellungsvertrags mit einem leitenden Angestellten kann nicht durch die Eigenart der Arbeitsleistung nach § 14 Abs. 1 Satz 2 Nr. 4 TzBfG gerechtfertigt sein. Der mit einer solchen Stellung einhergehende geringere Grad der Bindung an Weisungen des Arbeitgebers und die übertragene Verantwortung stellen keine befristungstaugliche Eigenart der Arbeitsleistung dar, zumal die Position eines Leitenden Angestellten keinen vom TzBfG nicht erfassten Vertragstypus erfordert und eine unbefristete Anstellung mithin den Regelfall darstellt. Überdies seien auch hohe Vergütung und verlängerte Kündigungsfristen kein Grund für ein besonderes Befristungsinteresse (BAG v. 1.6.2022, Az. 7 AZR 151/21).

Die Befristung des Arbeitsvertrags kann nach § 14 Abs. 1 Satz 2 Nr. 6 TzBfG durch einen in der Person des Arbeitnehmers liegenden Grund gerechtfertigt sein. Ein solcher Grund kann vorliegen, wenn der Abschluss des Arbeitsvertrags in erster Linie einem sozialen Überbrückungszweck dient. Das ist der Fall, wenn es ohne den in der Person des Arbeitnehmers begründeten sozialen Zweck überhaupt nicht zum Abschluss eines Arbeitsvertrags gekommen wäre. In diesem Fall liegt es auch im objektiven Interesse des Arbeitnehmers, wenigstens für eine begrenzte Zeit bei diesem Arbeitgeber einen Arbeitsplatz zu erhalten. Die sozialen Erwägungen müssen das überwiegende Motiv des Arbeitgebers sein (BAG v. 24.8.2011, Az. 7 AZR 368/10).

ACHTUNG!

Nach § 41 Satz 3 SGB VI können die Arbeitsvertragsparteien, die die Beendigung des Arbeitsverhältnisses mit dem Erreichen der Regelaltersgrenze vereinbart haben, den Beendigungszeitpunkt durch Vereinbarung während des Arbeitsverhältnisses, gegebenenfalls auch mehrfach, hinausschieben. Für eine solche Befristungsabrede bedarf es keines Sachgrunds nach § 14 Abs. 1 TzBfG. Das BAG hat offengelassen, ob das Tatbestandsmerkmal des Hinausschiebens des Beendigungszeitpunkts im Sinne von § 41 Satz 3 SGB VI voraussetzt, dass nur die Vertragslaufzeit verlängert wird und der Vertragsinhalt ansonsten unverändert bleibt. Der Annahme einer Hinausschiebensvereinbarung im Sinne von § 41 Satz 3 SGB VI steht eine Änderung der sonstigen Vertragsbedingungen jedenfalls dann nicht entgegen, wenn diese weder gleichzeitig noch im zeitlichen Zusammenhang mit der Änderung der Vertragslaufzeit vereinbart wird (BAG v. 19.12.2018, Az. 7 AZR 70/17). Nach der Rechtsprechung des EuGH ist § 41 Satz 3 SGB VI jedenfalls insoweit mit Unionsrecht vereinbar, als die Vorschrift das Hinausschieben des Beendigungstermins ohne Änderung der sonstigen Arbeitsbedingungen zulässt. Die Vorschrift verletzt auch nicht Art. 12 I GG oder Art. 3 I GG (BAG a. a. O.).

Eine bei oder nach Erreichen des Renteneintrittsalters getroffene Vereinbarung über die befristete Fortsetzung des Arbeitsverhältnisses, die nicht in den Anwendungsbereich des § 41 Satz 3 SGB VI fällt, kann nach § 14 Abs. 1 Satz 2 Nr. 6 TzBfG sachlich gerechtfertigt sein. Dies setzt voraus, dass der Arbeitnehmer Altersrente aus der gesetzlichen Rentenversicherung beanspruchen kann (vgl. BAG v. 18.1.2017, Az. 7 AZR 236/15) und dass die befristete Fortsetzung des Arbeitsverhältnisses einer konkreten, im Zeitpunkt der Vereinbarung der Befristung bestehenden Personalplanung des Arbeitgebers dient. Durch eine derartige Befristung wird der Arbeitnehmer nicht in unzulässiger Weise wegen des Alters diskriminiert (BAG v. 11.2.2015, Az. 7 AZR 17/13).

Nach § 14 Abs. 1 Satz 2 Nr. 8 TzBfG liegt ein sachlicher Grund für die Befristung eines Arbeitsvertrags vor, wenn sie auf einem gerichtlichen Vergleich beruht. Voraussetzung ist die Vereinbarung einer Befristung in einem gerichtlichen Vergleich, soweit die Parteien darin – anlässlich eines „offenen Streits" – zur Beendigung eines Kündigungsschutzverfahrens oder eines sonstigen Feststellungsrechtsstreits über den (Fort-)Bestand des Arbeitsverhältnisses eine Einigung erzielen. Hierzu gehört auch ein Rechtsstreit, mit dem der Arbeitnehmer die Fortführung seines Arbeitsverhältnisses durch Abschluss eines Folgevertrags erreichen will (BAG v. 12.11.2014, Az. 7 AZR 891/12). Dies gilt nicht für den schriftlichen Vergleichsschluss nach § 278 Abs. 6 Satz 1 Alt. 1, Satz 2 ZPO. Insoweit fehlt es an der erforderlichen inhaltlichen Mitwirkung des Gerichts (BAG v. 15.2.2012, Az. 7 AZR 734/10). Das LAG Niedersachsen ist diesbezüglich jedoch anderer Ansicht und bejaht in diesen Fällen – entgegen der vorgenannten Entscheidung des BAG – den sachlichen Grund i. S. d. § 14 Abs. 1 Satz 2 Nr. 8 TzBfG (LAG Niedersachsen v. 5.11.2013, Az. 1 Sa 489/13).

Die beabsichtigte Besetzung eines Arbeitsplatzes mit einem Auszubildenden nach Abschluss der Ausbildung kann als sonstiger, in § 14 Abs. 1 Satz 2 Nr. 1 bis 8 TzBfG nicht ausdrücklich genannter Sachgrund geeignet sein, die Befristung des Arbeitsvertrags mit einem anderen Arbeitnehmer bis zu diesem Zeitpunkt nach § 14 Abs. 1 TzBfG zu rechtfertigen (BAG v. 18.3.2015, Az. 7 AZR 115/13).

ACHTUNG!

Die Befristung eines Arbeitsvertrags kann trotz Vorliegens eines Sachgrunds für die Befristung aufgrund der besonderen Umstände des Einzelfalls nach den Grundsätzen des institutionellen Rechtsmissbrauchs unwirksam sein. Dies gilt auch für Befristungen im Hochschulbereich, die auf den Sachgrund der Drittmittelfinanzierung nach § 2 Abs. 2 WissZeitVG gestützt werden. Die Befristung eines Arbeitsvertrags aus Gründen der Drittmittelfinanzierung nach § 2 II 1 WissZeitVG setzt voraus, dass der Drittmittelgeber die Zweckbestimmung der Mittel für eine bestimmte Aufgabe und eine bestimmte Zeit vorgenommen hat. Daran fehlt es, wenn eine Hochschule oder einer ihrer Bediensteten in eigener Verantwortung festlegen kann, zu welchem Zweck die Drittmittel aus einer ihr zugewandten Erbschaft verwendet werden (BAG v. 23.5.2018, Az. 7 AZR 875/16).

Für das Vorliegen eines Rechtsmissbrauchs können insbesondere eine sehr lange Gesamtdauer des Beschäftigungsverhältnisses und/ oder eine außergewöhnlich hohe wissenschaftliche Qualifikation des Mitarbeiters sprechen. Gegen eine missbräuchliche Ausnutzung sprechen hingegen Beschäftigungszeiten, die der wissenschaftlichen Qualifikation des Mitarbeiters dienten, unabhängig davon, ob diesen Arbeits- oder Beamtenverhältnisse auf Zeit zugrunde lagen (BAG v. 8.6.2016, Az. 7 AZR 259/14).

Nach bestätigter Rechtsprechung des BAG ist eine umfassende gerichtliche Kontrolle nach den Grundsätzen des institutionellen Rechtsmissbrauchs regelmäßig geboten, wenn die Gesamtdauer der befristeten Arbeitsverhältnisse acht Jahre überschreitet oder mehr als zwölf Verlängerungen vereinbart wurden bzw. wenn die Gesamtdauer sechs Jahre überschreitet und mehr als neun Verlängerungen vereinbart wurden (BAG v. 26.10.2016, Az. 7 AZR 135/15, BAG v. 21.3.2017, Az. 7 AZR 369/15). Grundsätzlich hat eine Gesamtwürdigung aller Umstände zu erfolgen. Die vorgenannten Grenzen können so auch bei kurzfristigen Unterbrechungen des Arbeitsverhältnisses anwendbar sein (vgl. z. B. LAG Berlin-Brandenburg v. 30.8.2019, Az. 9 Sa 433/19).

Von einem institutionellen Rechtsmissbrauch ist auszugehen, wenn die Gesamtdauer der Arbeitsverhältnisse zehn Jahre überschreitet oder mehr als 15 Verlängerungen vereinbart wurden bzw. wenn die Gesamtdauer acht Jahre überschreitet und mehr als zwölf Verlängerungen vereinbart wurden. Werden diese Grenzen überschritten, so obliegt es dem Arbeitgeber, den hierdurch indizierten Rechtsmissbrauch durch den Nachweis besonderer Umstände zu entkräften (BAG a. a. O.).

2. Zweckbefristung

Eine Zweckbefristung aus sachlichem Grund kommt z. B. in folgenden Fällen in Betracht:

- programmgestaltende Mitarbeit bei Rundfunkanstalten;
- vorübergehender Mehrbedarf an Lehrkräften bei Lehrern;
- Befristung bis zum Bestehen der Staatsprüfung;
- Befristung bis zum Abschluss bestimmter Arbeiten;
- Vertretung eines anderen Arbeitnehmers (z. B. wegen Krankheit, Elternzeit etc.).

Eine Zweckbefristung wegen des vorübergehenden betrieblichen Bedarfs an der Arbeitsleistung kann sich z. B. daraus ergeben, dass für einen begrenzten Zeitraum in dem Betrieb zusätzliche Arbeiten anfallen, die mit dem Stammpersonal allein nicht erledigt werden können, oder daraus, dass sich der Arbeitskräftebedarf künftig verringert, z. B. wegen der Inbetriebnahme einer technischen Anlage oder aufgrund von Abwicklungsarbeiten bis zur Betriebsschließung (BAG v. 21.3.2017, Az. 7 AZR 222/15).

WICHTIG!

Eine Zweckbefristung zur Elternzeitvertretung nach § 21 Abs. 1, 3 BEEG setzt nicht voraus, dass die Stammkraft zum Zeitpunkt des Vertragsschlusses mit der Vertretungskraft bereits ein den Anforderungen des § 16 Abs. 1 Satz 1 BEEG genügendes Elternzeitverlangen geäußert hat (BAG v. 9.9.2015, Az. 7 AZR 148/14).

Kein sachlicher Grund (weder für eine Zeit- noch für eine Zweckbefristung) liegt vor:

- wenn der Arbeitnehmer die Tätigkeit nur als → *Nebentätigkeit* ausübt;
- bei → *Betriebsübergang*;
- bei Unsicherheit über die künftige Entwicklung des Arbeitskräftebedarfs;
- bei ständiger Aushilfe;
- bei möglicher oder beabsichtigter Besetzung des Arbeitsplatzes mit einem anderen künftigen Bewerber;
- bei allgemeinen sozial- und beschäftigungspolitischen Erwägungen.

WICHTIG!

Die Befristung von Leiharbeitsverhältnissen ist nur dann zulässig, wenn sich für die Befristung aus der Person des Leiharbeitnehmers ein sachlicher Grund ergibt (§ 9 Nr. 2 AÜG). Hierbei ist der Vertrag zwischen dem Leiharbeitnehmer und dem Verleiher gemeint, denn zwischen dem Entleiher und dem Leiharbeitnehmer bestehen keine vertraglichen Beziehungen. Beim Entleiher führt der Einsatz von Leiharbeitnehmern nicht zum Wegfall des Befristungsgrundes des vorübergehenden Bedarfs an Arbeitskräften (BAG v. 17.1.2007, Az. 7 AZR 20/06).

3. Dauer der Befristung

Liegt ein sachlicher Grund zur Befristung des Arbeitsverhältnisses vor, kann dieses (solange der Grund fortbesteht) zeitlich unbegrenzt befristet werden. Das Arbeitsverhältnis endet dann mit Zeitablauf von selbst.

4. Auflösend bedingtes Arbeitsverhältnis

Anders als bei der Zweckbefristung (s. o. 2.) steht bei der Vereinbarung einer auflösenden Bedingung nicht fest, ob diese überhaupt eintreten wird. Für die Vereinbarung und Rechtsfolgen von auflösend bedingten Arbeitsverträgen – die oftmals schwer von zweckbefristeten Verträgen zu unterscheiden sind – schreibt § 21 TzBfG eine entsprechende Anwendbarkeit von den Befristungsregeln vor.

- Auflösend bedingte Arbeitsverhältnisse müssen schriftlich vereinbart werden (§§ 21, 14 Abs. 4 TzBfG).
- Die Vereinbarung einer auflösenden Bedingung bedarf eines Sachgrunds (§§ 21, 14 Abs. 1 TzBfG). So liegt z. B. nach §§ 21, 14 Abs. 1 Satz 2 Nr. 4 TzBfG ein sachlicher Grund für die auflösende Bedingung eines Arbeitsvertrags vor, wenn die Eigenart der Arbeitsleistung die auflösende Bedingung rechtfertigt. Allerdings ist nicht jegliche Eigenart der Arbeitsleistung geeignet, die Befristung oder auflösende Bedingung eines Arbeitsverhältnisses zu rechtfertigen. Nach der dem TzBfG zugrunde liegenden Wertung ist der unbefristete Arbeitsvertrag der Normalfall und der befristete Vertrag die Ausnahme (vgl. BT-Drs. 14/4374 S. 1 und S. 12). Daher kann die Eigenart der Arbeitsleistung die Befristung oder auflösende Bedingung eines Arbeitsvertrags nur dann rechtfertigen, wenn die Arbeitsleistung Besonderheiten aufweist, aus denen sich ein berechtigtes Interesse der Parteien, insbesondere des Arbeitgebers, ergibt, statt eines unbefristeten nur einen befristeten oder auflösend bedingten Arbeitsvertrag abzuschließen. Diese besonderen Umstände müssen das Interesse des Arbeitnehmers an der Begründung eines Dauerarbeitsverhältnisses überwiegen (BAG v. 17.6.2020, Az. 7 AZR 398/18).
- Ein auflösend bedingter Arbeitsvertrag endet mit Eintritt der Bedingung, frühestens jedoch zwei Wochen nach Zugang der schriftlichen Unterrichtung des Arbeitnehmers über den Bedingungseintritt (§§ 21, 15 Abs. 2 TzBfG).
- Ein auflösend bedingter Arbeitsvertrag unterliegt nur dann der ordentlichen Kündigung, wenn dies einzelvertraglich oder im anwendbaren Tarifvertrag vereinbart ist (§§ 21, 15 Abs. 4 TzBfG).
- Wird das Arbeitsverhältnis nach Eintritt der auflösenden Bedingung mit Wissen des Arbeitgebers fortgesetzt, so gilt es als auf unbestimmte Zeit verlängert, wenn der Arbeitgeber nicht unverzüglich widerspricht oder dem Arbeitnehmer den Bedingungseintritt nicht unverzüglich mitteilt (§§ 21, 15 Abs. 6 TzBfG).
- Will ein Arbeitnehmer geltend machen, dass die auflösende Bedingung des Arbeitsverhältnisses rechtsunwirksam ist, muss er innerhalb von drei Wochen nach Zugang der Arbeitgebermitteilung über den Bedingungseintritt gem. §§ 21, 15 Abs. 2 TBfG sog. Bedingungskontrollklage beim Arbeitsgericht erheben (§§ 21, 17 TzBfG).

ACHTUNG!

Die Vereinbarung einer auflösenden Bedingung kann auch mit einer kalendermäßigen Befristung kombiniert werden (vgl. BAG v. 29.6.2011, Az. 7 AZR 6/10). Bei einer Kombination von auflösender Bedingung und zeitlicher Höchstbefristung ist Rechtsfolge der widerspruchslosen Weiterarbeit i. S. v. §§ 21, 15 Abs. 6 TzBfG über den Bedingungseintritt hinaus nicht die unbefristete Fortdauer des Arbeitsverhältnisses. Die Fiktionswirkung ist nach Sinn und Zweck der §§ 21, 15 Abs. 6 TzBfG auf den nur befristeten Fortbestand des Arbeitsverhältnisses beschränkt.

Formulierungsbeispiel:

„Das Arbeitsverhältnis des Trainers endet, ohne dass es einer Kündigung bedarf, mit dem Tag, an dem der Verein des Arbeitgebers aus der Bundesliga ausscheidet, spätestens jedoch mit Ablauf des ....“

V. Befristung ohne sachlichen Grund

1. Voraussetzungen

Zur Förderung der Beschäftigung sieht das Teilzeit- und Befristungsgesetz die Möglichkeit vor, zeitbefristete Arbeitsverträge auch ohne sachlichen Grund abzuschließen (§ 14 Abs. 2 und 3 TzBfG). Voraussetzung hierfür ist immer, dass der Arbeitnehmer neu eingestellt wird.

WICHTIG!

Ein Berufsausbildungsverhältnis ist kein Arbeitsverhältnis i. S. d. Vorbeschäftigungsverbots für eine sachgrundlose Befristung in § 14 Abs. 2 Satz 2 TzBfG (BAG v. 21.9.2011, Az. 7 AZR 375/10). Auch ein früheres Beamtenverhältnis steht einer Neueinstellung bei dem ehemaligen Dienstherrn (in ein nachfolgendes Arbeitsverhältnis) nicht entgegen (BAG v. 24.2.2016, Az. 7 AZR 712/13). Ebenso stellt ein vorheriges Heimarbeitsverhältnis keine unzulässige Vorbeschäftigung i. S. d. § 14 Abs. 2 TzBfG dar (BAG v. 24.8.2016, Az. 7 AZR 342/14).

Eine Neueinstellung liegt nicht vor, wenn der Arbeitnehmer bei demselben Arbeitgeber zuvor bereits (befristet oder unbefristet) beschäftigt war.

Das Verbot der sachgrundlosen Befristung nach einer Vorbeschäftigung knüpft an den Bestand eines Arbeitsverhältnisses an. Das Arbeitsverhältnis entsteht zu dem Zeitpunkt, zu dem die wechselseitigen arbeitsvertraglichen Rechte und Pflichten begründet werden sollen, also im Regelfall erst mit dem arbeitsvertraglich vereinbarten Arbeitsbeginn. Daher steht § 14 Abs. 2 Satz 2 TzBfG der Vereinbarung einer Befristung ohne Sachgrund nicht entgegen, wenn die Laufzeit eines von den Vertragsparteien zuvor geschlossenen Arbeitsvertrags noch nicht begonnen hat. Eine Vertragsverlängerung ist aber nur dann zulässig, wenn dem Ausgangsvertrag, um dessen erste oder wiederholte Verlängerung es geht, das Verbot des § 14 Abs. 2 Satz 2 TzBfG nicht entgegengestanden hat. Die nachträgliche Befristung eines Arbeitsvertrags bedarf immer eines sachlichen Grundes. Das gilt auch dann, wenn das Arbeitsverhältnis erst kurze Zeit bestanden hat (BAG v. 12.6.2019, Az. 7 AZR 548/17). Daher bedarf es selbst dann eines Sachgrundes, wenn während eines sachgrundlos befristeten Arbeitsverhältnisses die Dauer der (ursprünglichen) Befristung durch einen nachfolgenden Vertrag verkürzt wird (BAG v. 14.12.2016, Az. 7 AZR 49/15).

Mit demselben Arbeitgeber bestand dann ein Arbeitsverhältnis, wenn der Arbeitsvertrag von dem Arbeitnehmer mit derselben juristischen oder natürlichen Person abgeschlossen wurde (BAG v. 4.12.2013, Az. 7 AZR 290/12; BAG v. 20.3.2019, Az. 7 AZR 409/16). Zum Beispiel: Eine sachgrundlose Befristung eines mit der Bundesrepublik Deutschland geschlossenen Arbeitsvertrags ist daher regelmäßig unzulässig, wenn der Arbeitnehmer zuvor in einem Arbeitsverhältnis mit der Bundesrepublik Deutschland gestanden hat. Das gilt auch dann, wenn diese Vorbeschäftigung im Zuständigkeitsbereich eines anderen Ministeriums mit eigener Ressortkompetenz erfolgte (BAG v. 20.3.2019, Az. 7 AZR 409/16). Eine Vorbeschäftigung bei einem anderen Unternehmen im selben Konzern, das eine andere juristische Person darstellt, steht einer sachgrundlosen Befristung jedoch grundsätzlich nicht im Wege.

ACHTUNG!

Die Ausnutzung der vom TzBfG vorgesehenen Gestaltungsmöglichkeiten kann jedoch rechtsmissbräuchlich sein, wenn mehrere rechtlich und tatsächlich verbundene Vertragsarbeitgeber in bewusstem und gewolltem Zusammenwirken aufeinanderfolgende befristete Arbeitsverträge mit einem Arbeitnehmer ausschließlich deshalb schließen, um auf diese Weise über die Befristungsmöglichkeiten für sachgrundlose Befristungen aneinanderreihen zu können (BAG 4.12.2013, Az. 7 AZR 290/12; BAG v. 19.3.2014, Az. 7 AZR 527/12; BAG v. 24.6.2015, Az. 7 AZR 452/13). Besteht der Zweck des Arbeitgeberwechsels allein darin, dass sich die verbundenen Arbeitgeber auf diese Weise eine nach § 14 Abs. 2 TzBfG nicht mehr mögliche sachgrundlose Befristung mit demselben Arbeitnehmer erschließen wollen, kommt es nicht darauf an, ob der vormalige Arbeitgeber die „Höchstgrenzen" für eine sachgrundlose Befristung des Vertrags nach § 14 Abs. 2 TzBfG bereits überschritten und ob für die vormalige Befristung ein rechtfertigender Sachgrund bestanden hat. Der unredliche Vertragspartner kann sich auf eine solche Befristung nicht berufen (BAG v. 15.5.2013, Az. 7 AZR 525/11; BAG v. 24.6.2015, Az. 7 AZR 452/13; LAG Berlin-Brandenburg v. 31.1.2019, Az. 21 Sa 936/18).

Der Arbeitnehmer muss im Streitfall zumindest Indizien für den Rechtsmissbrauch darlegen. Solche Indizien können neben den Umständen, aus denen sich die rechtliche und tatsächliche Verbundenheit zwischen dem vormaligen und dem letzten Vertragsarbeitgeber ergibt, sein, insbesondere der nahtlose Anschluss des mit dem neuen Vertragsarbeitgeber geschlossenen befristeten Arbeitsvertrags an den befristeten Vertrag mit dem vormaligen Vertragsarbeitgeber, eine ununterbrochene Beschäftigung auf demselben Arbeitsplatz oder in demselben Arbeitsbereich (vor allem, wenn sie vertraglich zugesichert ist) zu auch im Übrigen – im Wesentlichen – unveränderten oder gleichen Arbeitsbedingungen, die weitere Ausübung des Weisungsrechts durch den bisherigen Vertragsarbeitgeber oder eine ohnehin gemeinsame Ausübung des Weisungsrechts, die „Vermittlung" des Arbeitnehmers an den letzten Vertragsarbeitgeber durch den vormaligen Vertragsarbeitgeber und ein erkennbar systematisches Zusammenwirken von bisherigem und neuem Arbeitgeber. Gelingt es dem Arbeitgeber, die vom Arbeitnehmer vorgetragenen Indizien für ein missbräuchliches Vorgehen zu erschüttern, bleibt es bei dem Grundsatz, dass der Arbeitnehmer darlegen und beweisen muss, der letzte Vertragsarbeitgeber habe die Befristung in bewusstem und gewolltem Zusammenwirken mit dem vormaligen Vertragsarbeitgeber nur deshalb vereinbart, um auf diese Weise über die nach § 14 Abs. 2 TzBfG vorgesehenen Befristungsmöglichkeiten hinaus sachgrundlose Befristungen aneinanderreihen zu können (vgl. BAG v. 19.3.2014, Az. 7 AZR 527/12).

WICHTIG!

Eine „Zuvor-Beschäftigung" i. S. d. § 14 Abs. 2 Satz 2 TzBfG lag – nach Ansicht des BAG – nicht vor, wenn ein früheres Arbeitsverhältnis mehr als drei Jahre zurückliegt (BAG v. 6.4.2011, Az. 7 AZR 716/09; BAG v. 21.9.2011, Az. 7 AZR 375/10). Das LAG Baden-Württemberg hielt hingegen – entgegen der Rechtsprechung des BAG – eine sachgrundlose Befristung auch bei einer länger als drei Jahre zurückliegenden Vorbeschäftigung für unzulässig (LAG Baden-Württemberg v. 26.9.2013, Az. 6 Sa 28/13; v. 21.2.2014, Az. 7 Sa 64/13). Das BVerfG hat hierzu entschieden, dass die Annahme (des BAG), eine sachgrundlose Befristung des Arbeitsvertrages sei immer dann zulässig, wenn eine Vorbeschäftigung mehr als drei Jahre zurückliege, die Grenzen richterlicher Rechtsfortbildung überschreitet, weil der Gesetzgeber sich hier erkennbar gegen eine solche Befristung entschieden hatte. Die Auslegung der Gesetze durch die Fachgerichte muss die gesetzgeberische Grundentscheidung respektieren. Dazu muss sie auch die Gesetzesmaterialien in Betracht ziehen. In Betracht zu ziehen sind hier die Begründung eines Gesetzentwurfes, der unverändert verabschiedet worden ist, die darauf bezogenen Stellungnahmen von Bundesrat und Bundesregierung und die Stellungnahmen, Beschlussempfehlungen und Berichte der Ausschüsse. Diese zeigten hier deutlich auf, dass eine sachgrundlose Befristung zwischen denselben Arbeitsvertragsparteien grundsätzlich nur einmal und nur bei der erstmaligen Einstellung zulässig sein soll. Das damit klar erkennbare gesetzliche Regelungskonzept darf von den Fachgerichten nicht übergangen und durch ein eigenes Konzept ersetzt werden (BVerfG v. 6.6.2018, Az. 1 BvL 7/14, 1 BvR 1375/14; Pressemitteilung Nr. 47/2018 v. 13.6.2018).

Damit steht nunmehr fest, dass eine sachgrundlose Befristung zwischen denselben Arbeitsvertragsparteien grundsätzlich nur einmal und nur dann zulässig ist, wenn es sich um eine erstmalige Einstellung handelt. Aber auch von diesem Grundsatz gibt es Ausnahmen: Das Verbot der erneuten sachgrundlosen Befristung bei demselben Arbeitgeber greift dann nicht, wenn seine Anwendung für die Beteiligten unzumutbar wäre, weil eine Gefahr der Kettenbefristung in Ausnutzung der strukturellen Unterlegenheit der Beschäftigten nicht besteht und das Verbot der sachgrundlosen Befristung nicht erforderlich ist, um das unbefristete Arbeitsverhältnis als Regelbeschäftigungsform zu erhalten. Das kann insbesondere dann der Fall sein, wenn eine Vorbeschäftigung sehr lang zurückliegt, ganz anders geartet war oder von sehr kurzer Dauer gewesen ist (BAG v. 23.1.2019, Az. 7 AZR 733/16). So liegt es auch nach Ansicht des Bundesverfassungsgerichts etwa bei geringfügigen Nebenbeschäftigungen während der Schul- und Studien- oder Familienzeit, bei Werkstudie-

renden und studentischen Mitarbeiterinnen und Mitarbeitern im Rahmen ihrer Berufsqualifizierung oder bei einer erzwungenen oder freiwilligen Unterbrechung der Erwerbsbiographie, die mit einer beruflichen Neuorientierung oder einer Aus- und Weiterbildung einhergeht (BVerfG v. 6.6.2018, Az. 1 BvL 7/14, 1 BvR 1375/14). Eine solche Ausnahme nahm das BAG in einem Fall an, in dem eine sachgrundlose Befristung bei einer erneuten Einstellung nach 22 Jahren für zulässig erachtet wurde (BAG v. 21.8.2019, Az. 7 AZR 452/17); nach 15 Jahren jedoch (noch) nicht (BAG v. 17.4.2019, Az. 7 AZR 323/17). Für die Annahme einer „ganz anders gearteten Tätigkeit" im vorliegenden Zusammenhang ist regelmäßig erforderlich, dass die in dem neuen Arbeitsverhältnis geschuldete Tätigkeit Kenntnisse oder Fähigkeiten erfordert, die sich wesentlich von denjenigen unterscheiden, die für die Vorbeschäftigung erforderlich waren (vgl. BAG v. 12.6.2019, Az. 7 AZR 477/17; BAG v. 17.4.2019, Az. 7 AZR 323/17; BAG v. 16.9.2020, Az. 7 AZR 552/19). Eine ganz anders geartete Tätigkeit ist im Zusammenhang mit einer Aus- oder Weiterbildung daher nur anzunehmen, wenn diese den Arbeitnehmer zur Erfüllung von Aufgaben befähigt, die zwar nicht einer beruflichen Neuorientierung im Sinne einer Tätigkeit etwa in einer anderen Branche gleichkommen, aber der Erwerbsbiographie des Arbeitnehmers eine völlig andere Richtung geben (BAG v. 16.9.2020, Az. 7 AZR 552/19; BAG v. 15.12.2021, Az. 7 AZR 530/20).

Arbeitnehmer, die das 52. Lebensjahr vollendet haben, können gem. § 14 Abs. 3 TzBfG bis zu fünf Jahre ohne Sachgrund befristet eingestellt werden, wenn sie zum Zeitpunkt der Einstellung mindestens vier Monate „beschäftigungslos" i. S. d. § 119 SGB III waren. Die mindestens viermonatige Dauer der Beschäftigungslosigkeit, des Transferkurzarbeitergeldbezugs oder der Teilnahme an einer öffentlich geförderten Beschäftigungsmaßnahme muss unmittelbar vor Beginn des befristeten Arbeitsverhältnisses liegen und grundsätzlich zusammenhängend sein. Kurzzeitige Beschäftigungen während der viermonatigen Beschäftigungslosigkeit, z. B. Aushilfstätigkeiten, unterbrechen den Viermonatszeitraum nicht. Bis zu der Gesamtdauer von fünf Jahren ist auch die mehrfache Verlängerung eines solchen befristeten Arbeitsvertrages zulässig.

Anders als bei der „allgemeinen" sachgrundlosen Befristung eines Arbeitsverhältnisses ist es bei dem Abschluss eines befristeten Arbeitsvertrages mit solchen beschäftigungslosen älteren Arbeitnehmern nach dem Gesetzeswortlaut nicht erforderlich, dass es sich um eine Neueinstellung handelt. Eine Befristung mit solchen Arbeitnehmern ist daher auch zulässig, wenn mit demselben Arbeitgeber bereits zuvor ein befristetes oder unbefristetes Arbeitsverhältnis bestanden hat. Es dürfte allerdings unzulässig sein, zunächst ein bestehendes Arbeitsverhältnis mit einem älteren Arbeitnehmer durch Aufhebungsvertrag zu beenden und nach Ablauf von vier Monaten ein neues, dann nach § 14 Abs. 3 TzBfG befristetes Arbeitsverhältnis abzuschließen. Ein solches Vorgehen, das zwar gesetzlich nicht ausdrücklich ausgeschlossen wird, dürfte als unzulässige Umgehung des allgemeinen Kündigungsschutzes und des TzBfG jedenfalls unzulässig sein. Entsprechendes gilt für die (erneute) Befristung gem. § 14 Abs. 3 TzBfG nach Ablauf der Höchstgrenze von fünf Jahren.

Die besondere Befristungsmöglichkeit für ältere (beschäftigungslose) Arbeitnehmer gem. § 14 Abs. 3 TzBfG stellt keine unzulässige Diskriminierung wegen des Alters dar und ist, jedenfalls soweit es um die erstmalige Anwendung zwischen denselben Arbeitsvertragsparteien geht, mit Unionsrecht und nationalem Verfassungsrecht vereinbar (BAG v. 28.5.2014, Az. 7 AZR 360/12).

Die Möglichkeit der Befristung nach dem Teilzeit- und Befristungsgesetz gilt auch für Personen, die Sonderkündigungsschutz in Anspruch nehmen können (z. B. Schwangere, → *Schwerbehinderte*, Wehrpflichtige).

ACHTUNG!

Die Vorschriften des Teilzeit- und Befristungsgesetzes können durch → *Tarifvertrag* (zugunsten des Arbeitnehmers!) eingeschränkt oder ausgeschlossen werden. Bei beabsichtigter Befristung muss deshalb immer der einschlägige → *Tarifvertrag* geprüft werden. Die Arbeitsvertragsparteien können die Möglichkeit zur sachgrundlosen Befristung vertraglich ausschließen. Allein die Benennung eines Sachgrundes im Arbeitsvertrag reicht für die Annahme einer solchen Vereinbarung regelmäßig nicht aus (BAG v. 29.6.2011, Az. 7 AZR 774/09). Die Zulässigkeit der sachgrundlosen Befristung nach § 14 Abs. 2 TzBfG setzt nach dem Teilzeit- und Befristungsgesetz keine Vereinbarung der Parteien voraus, die Befristung auf diese Rechtsgrundlage stützen zu wollen. Ausreichend ist, dass die Voraussetzungen für die Zulässigkeit der Befristung nach § 14 Abs. 2 TzBfG bei Vertragsschluss objektiv vorlagen (BAG a. a. O.).

Der Gestaltungsrahmen der Tarifvertragsparteien ermöglicht nur Regelungen, durch die die in § 14 Abs. 2 Satz 1 TzBfG genannten Werte für die Höchstdauer eines sachgrundlos befristeten Arbeitsvertrags und die Anzahl der möglichen Vertragsverlängerungen nicht um mehr als das Dreifache überschritten werden. Eine tarifliche Regelung, die die sachgrundlose Befristung von Arbeitsverträgen bis zu einer Gesamtdauer von sechs Jahren bei neunmaliger Verlängerungsmöglichkeit zulässt, ist wirksam. Eine solche Regelung verstößt nicht gegen verfassungs- oder unionsrechtliche Schranken und ist von der den Tarifvertragsparteien durch § 14 Abs. 2 Satz 3 TzBfG eröffneten Regelungsbefugnis gedeckt (BAG v. 26.10.2016, Az. 7 AZR 140/15).

Ein Tarifvertrag kann auch die Wirksamkeit der Befristung von der Zustimmung des Betriebsrats abhängig gemacht werden. Die Tarifvertragsparteien können nicht nur die Anzahl der Verlängerungen und die Höchstdauer der sachgrundlosen Befristung abweichend von § 14 Abs. 2 Satz 1 TzBfG regeln, sondern dürfen – sofern sie von dieser Regelungsbefugnis Gebrauch machen – die von ihnen erweiterte Möglichkeit zur sachgrundlosen Befristung zugunsten des Arbeitnehmers von zusätzlichen Voraussetzungen abhängig machen und damit einschränken (BAG v. 21.3.2018, Az. 7 AZR 428/16).

2. Dauer der Befristung

Wenn die oben genannten Voraussetzungen vorliegen, ist eine Befristung ohne sachlichen Grund mit folgenden zeitlichen Grenzen möglich:

- Die Höchstbefristungsdauer beträgt zwei Jahre (bei Existenzgründern ab 1.1.2004: vier Jahre, s. u. 3.; bei älteren Arbeitnehmern ab 1.5.2007: fünf Jahre, s. o. 1.).
- Innerhalb dieser zwei Jahre darf die Befristung höchstens dreimal (bei Existenzgründern ab 1.1.2004: innerhalb von vier Jahren mehrfach; s. u. 3.) verlängert werden.

Eine Abweichung von diesen Regelungen ist durch Tarifvertrag (§ 14 Abs. 2 Satz 3 TzBfG) oder im Geltungsbereich eines solchen Tarifvertrages durch arbeitsvertragliche Bezugnahme auf den Tarifvertrag (§ 14 Abs. 2 Satz 4 TzBfG) möglich. Die Vorschrift des § 14 Abs. 2 Satz 3 TzBfG ist so auszulegen, dass sie nicht nur entweder eine abweichende Höchstdauer oder eine Abweichung von der maximalen Anzahl der Verlängerungen erlaubt, sondern dass auch beides zugleich abweichend von den gesetzlichen Vorschriften – auch zuungunsten der Arbeitnehmer – im Tarifvertrag geregelt werden kann. Die Regelungsfreiheit der Tarifvertragsparteien kann jedoch im Einzelfall aufgrund von verfassungsrechtlichen oder unionsrechtlichen Vorgaben eingeschränkt werden. Ab welcher Grenze eine solche Einschränkung geboten ist, hat das BAG offengelassen (BAG v. 15.8.2012, Az. 7 AZR 184/11).

Durch Tarifvertrag kann die Anzahl der Verlängerungen oder die Höchstbefristungsdauer abweichend von den gesetzlichen Regelungen festgelegt werden.

ACHTUNG!

Während der sachgrundlosen Befristung sind (ohne Sachgrund) nur Verlängerungen im Rahmen der o. g. Grenzen zulässig. Eine Befristung, mit der die Laufzeit eines nach § 14 Abs. 2 TzBfG sachgrundlos befristeten Arbeitsvertrags verkürzt wird, bedarf eines sachlichen Grundes nach § 14 Abs. 1 TzBfG (BAG v. 14.12.2016, Az. 7 AZR 49/15).

Bei Arbeitnehmern, die zum Befristungszeitpunkt bereits das 52. Lebensjahr vollendet haben, kann in Tarifverträgen abweichend von diesen Voraussetzungen eine beliebig lange Befristungsdauer und eine beliebige Anzahl von Verlängerungen vereinbart werden.

3. Sonderregelungen für Existenzgründer

Um Existenzgründern die Schaffung von Arbeitsplätzen zu erleichtern, können diese ab dem 1.1.2004 in den ersten vier Jahren nach Gründung eines Unternehmens kalendermäßige Befristungen bis zur Dauer von vier Jahren vereinbaren, ohne einen sachlichen Grund hierfür zu haben (§ 14 Abs. 2a TzBfG). Innerhalb der Gesamtdauer von vier Jahren darf die Befristung mehrfach (also nicht nur wie sonst dreimal) verlängert werden.

ACHTUNG!

Diese Sonderregelung gilt nicht für Neugründungen im Zusammenhang mit der rechtlichen Umstrukturierung von (bereits länger bestehenden) Unternehmen und Konzernen.

Maßgebend für den Zeitpunkt der Existenzgründung ist die Aufnahme der Erwerbstätigkeit des Unternehmens, die dem Finanzamt oder der Gemeinde mitzuteilen ist. Um die Sonderregelung in Anspruch nehmen zu können, darf dieser Zeitpunkt **bei Aufnahme der befristeten Beschäftigung** nicht länger als vier Jahre zurückliegen.

Im Übrigen gelten die allgemeinen Befristungsregeln, sodass eine solche (sachgrundlose) Befristung nur mit neu eingestellten Arbeitnehmern zulässig ist.

VI. Aushilfs- und Probearbeitsverhältnis

Die Hauptfälle der Befristung mit sachlichem Grund sind das Aushilfs- und das Probearbeitsverhältnis. Auch hier muss aber im konkreten Fall immer geprüft werden, ob ein sachlicher Grund tatsächlich vorliegt.

1. Aushilfsarbeitsverhältnis

Bei einem Aushilfsarbeitsverhältnis muss sich die Dauer nach dem beabsichtigten Aushilfszweck richten (z. B. saisonbedingte → *Mehrarbeit* bei Ernte oder Schlussverkauf; vorübergehender Mangel an Arbeitskräften), sonst ist die Befristung nicht zulässig.

Wurde eine Zeitbefristung vereinbart und fällt der Aushilfszweck weg, kann ein befristetes Aushilfsarbeitsverhältnis nicht fortgeführt werden. Bleibt die Befristungsdauer hinter dem voraussichtlichen Aushilfsbedarf zurück, kann eine Verlängerung der Zeitbefristung vereinbart werden.

2. Probearbeitsverhältnis

Von einem Aushilfsarbeitsverhältnis, in dem von Vertragsbeginn an die → *Beendigung* mit Erreichung des Aushilfszwecks vorgesehen ist, unterscheidet sich das Probearbeitsverhältnis dadurch, dass hierbei die Erprobung des Arbeitnehmers im Erfolgsfall zu einem unbefristeten Arbeitsverhältnis führen soll.

Kann der Arbeitgeber die Eignung des Arbeitnehmers bereits jetzt ausreichend beurteilen, fehlt ein sachlicher Grund für ein befristetes Probearbeitsverhältnis.

Beispiel:

Übt der Arbeitnehmer die Tätigkeit bereits seit längerer Zeit aushilfsweise aus, kann nicht mehr zum Zweck einer Probezeit befristet werden.

Soll dagegen ein Auszubildender nach → *Beendigung der Ausbildung* beim ausbildenden Arbeitgeber in ein Arbeitsverhältnis übernommen werden, ist die Vereinbarung eines Probearbeitsverhältnisses zulässig.

ACHTUNG!

Der Abschluss eines befristeten Arbeitsvertrages im Anschluss an eine beim Arbeitgeber absolvierte Berufsausbildung ist grundsätzlich nur einmalig zulässig. Weitere befristete Arbeitsverträge können nicht auf den in § 14 Abs. 1 Satz 2 Nr. 2 TzBfG normierten Sachgrund gestützt werden (BAG v. 10.10.2007, Az. 7 AZR 795/06). Bestand nach der Ausbildung bereits ein Arbeitsverhältnis, erfolgt die Befristung nicht im Anschluss an die Ausbildung, sondern im Anschluss an die zwischenzeitliche Beschäftigung. Das BAG lässt offen, ob eine Ausnahme geboten sein kann, wenn der Arbeitnehmer nach Ausbildung oder Studium einem „kurzfristigen Gelegenheitsjob" nachgegangen ist (BAG v. 24.8.2011, Az. 7 AZR 368/10).

Die Dauer der Probezeit muss angemessen sein. Hierbei wird regelmäßig von der Wartezeit des allgemeinen Kündigungsschutzes (sechs Monate) ausgegangen. Ein Probearbeitsverhältnis kann nur dann länger befristet werden, wenn Eignung und Leistung des Arbeitnehmers wegen der besonderen Anforderungen des Arbeitsplatzes (z. B. bei künstlerischen oder wissenschaftlichen Tätigkeiten) innerhalb dieser Zeit nicht genügend beurteilt werden können. Die Befristung ist dann aber für höchstens ein Jahr zulässig.

Unterbrechungen der Tätigkeit führen nur zu einer automatischen Verlängerung der Probezeit, wenn dies im → *Arbeitsvertrag*, einem → *Tarifvertrag* oder einer → *Betriebsvereinbarung* vorgesehen ist. Es ist jedoch möglich, an die ursprünglich vereinbarte (angemessene) Probezeit eine neue befristete Probezeit anzuschließen, wenn innerhalb der ursprünglich vereinbarten Probezeit keine ausreichende Beurteilungsgrundlage geliefert wurde. Dies kann z. B. der Fall sein, wenn der Arbeitnehmer wegen längerer Krankheit die Tätigkeit nicht ausgeübt hat.

Allein die mangelnde Bewährung des Arbeitnehmers innerhalb der Probezeit rechtfertigt jedoch eine weitere Befristung zur Probe nicht.

WICHTIG!

Tarifverträge oder Betriebsvereinbarungen können befristete Probearbeitsverhältnisse ausschließen oder weitere Voraussetzungen festlegen.

Allein die Vereinbarung einer Probezeit stellt noch keine Befristung dar. Will der Arbeitgeber für diese Zeit das Arbeitsverhältnis befristen, muss vertraglich klar vereinbart werden, dass das Arbeitsverhältnis mit Ablauf der Probezeit enden soll.

Formulierungsbeispiel:

„Der Arbeitnehmer wird für die Dauer von sechs Monaten zur Probe eingestellt. Das Arbeitsverhältnis endet nach Ablauf der Probezeit, ohne dass es einer → *Kündigung* bedarf."

Bei einer Neueinstellung hat eine solche Befristung für den Arbeitgeber nur den Vorteil, dass im Anschluss (maximal drei) weitere Befristungen bis zur Höchstdauer von insgesamt zwei Jahren vereinbart werden können. Innerhalb der ersten sechs Monate kann der Arbeitgeber ohnehin grundlos kündigen, da der Arbeitnehmer die nach dem Kündigungsschutzgesetz erforderliche Wartezeit noch nicht erfüllt hat.

Nur wenn der Arbeitnehmer Sonderkündigungsschutz hat (z. B. Schwangere oder → *Schwerbehinderte*) kann die ordentliche → *Kündigung* aber auch innerhalb der Probezeit unzulässig sein. In diesen Fällen wird durch die Befristung sichergestellt, dass das Probearbeitsverhältnis nach Ablauf der Befristung von selbst endet.

Will sich der Arbeitgeber auch innerhalb der Probezeit das Recht zur ordentlichen → *Kündigung* vorbehalten, sollte diese Möglichkeit zusätzlich vereinbart werden. Hierbei ist jedoch zu beachten, dass auch dem Arbeitnehmer das Recht zur ordentlichen → *Kündigung* eingeräumt werden muss.

Formulierungsbeispiel:

„Innerhalb der Probezeit kann das Arbeitsverhältnis mit einer Frist von zwei Wochen gekündigt werden."

Will sich der Arbeitgeber in den ersten sechs Monaten definitiv entscheiden, ob das Arbeitsverhältnis danach auf unbestimmte Zeit fortgeführt wird und befürchtet er auch nicht, dass der Arbeitnehmer während dieser Zeit unter den Sonderkündigungsschutz fällt, reicht die Vereinbarung einer Probezeit aus. Eine Befristung ist dann nicht erforderlich.

Formulierungsbeispiel:

„Die ersten sechs Monate gelten als Probezeit. Während dieser Zeit kann das Arbeitsverhältnis mit einer Frist von zwei Wochen gekündigt werden."

In diesem Fall endet das Arbeitsverhältnis mit Ablauf der Probezeit aber nicht automatisch; der Arbeitgeber muss innerhalb der ersten sechs Monate kündigen, wenn er den Arbeitnehmer nicht weiterbeschäftigen will. Der Vorteil einer solchen Vereinbarung liegt dann nur in der (auf mindestens zwei Wochen) verkürzten Kündigungsfrist, die ohne die vereinbarte Probezeit nach den gesetzlichen Vorschriften vier Wochen zum 15. oder zum Monatsende beträgt.

VII. Verlängerung der Befristung

Bereits vor Ablauf der Befristung sollte sich der Arbeitgeber rechtzeitig darüber Gedanken machen, ob das Arbeitsverhältnis mit Ablauf der Befristung enden soll oder ob eine (ggf. befristete) Fortführung gewünscht wird. Ist die → *Beendigung* gewünscht, muss der Arbeitgeber nichts weiter tun, es sei denn, es handelt sich um eine Zweckbefristung, bei der er dem Arbeitnehmer den Zeitpunkt der Zweckerreichung schriftlich mitteilen muss (s. o. II.2.). Er muss aber darauf achten, dass das Arbeitsverhältnis auch dann zu dem angegebenen Zeitpunkt als beendet behandelt wird.

Grundsätzlich steht es dem Arbeitgeber im Falle einer zeitlichen Befristung des Arbeitsverhältnisses frei, ob er dem Arbeitnehmer eine Fortführung des Arbeitsverhältnisses anbietet oder nicht. In Ausnahmefällen kann jedoch die Versagung eines Folgearbeitsverhältnisses rechtsmissbräuchlich sein und Schadensersatzansprüche des Arbeitnehmers auslösen.

Beispiel:

Ist eine zulässige Rechtsausübung des Arbeitnehmers das tragende Motiv des Arbeitgebers, mit dem Arbeitnehmer nach dem Ende eines befristeten Arbeitsvertrags kein unbefristetes Folgearbeitsverhältnis zu begründen, handelt es sich um eine verbotene Maßregelung i. S. d. § 612a BGB. Der Arbeitgeber übt nicht lediglich in zulässiger Weise seine Vertragsfreiheit aus. Sein Beweggrund dafür, dem Arbeitnehmer wegen der zulässigen Ausübung von Rechten den Vorteil eines unbefristeten Arbeitsvertrags vorzuenthalten, wird von der Rechtsordnung missbilligt. Das gilt gleichermaßen für vorangehende sachgrundlose Befristungen wie für Befristungen mit Sachgrund. Verletzt der Arbeitgeber das Maßregelungsverbot des § 612a BGB, indem er einem befristet beschäftigten Arbeitnehmer keinen Folgevertrag anbietet, weil der Arbeitnehmer in zulässiger Weise Rechte wahrgenommen hat, hat der Arbeitnehmer keinen Anspruch auf Abschluss eines Folgevertrags, sondern kann nur Geldersatz verlangen (BAG v. 21.9.2011, Az. 7 AZR 150/10). Benachteiligt ein Arbeitgeber jedoch ein befristet beschäftigtes Betriebsratsmitglied, indem er wegen dessen Betriebsratstätigkeit den Abschluss eines Folgevertrags ablehnt, hat das Betriebsratsmitglied Anspruch auf Abschluss des verweigerten Folgevertrags (BAG v. 25.6.2014, Az. 7 AZR 847/12). Dies gilt für Fälle, in denen die Befristung bereits vor der Amtstätigkeit des Betriebsratsmitglieds vereinbart wurde. Wird einem Betriebsratsmitglied wegen seiner Betriebsratstätigkeit von vornherein lediglich ein befristetes – statt unbefristetes – Arbeitsverhältnis angeboten, so kann die Befristungsabrede unwirksam sein (BAG v. 5.12.2012, Az. 7 AZR 698/11).

Wird das Arbeitsverhältnis über den ursprünglichen Zeitraum hinaus mit Wissen des Arbeitgebers fortgesetzt, gilt es als auf unbestimmte Zeit verlängert, wenn der Arbeitgeber nicht unverzüglich widerspricht oder dem Arbeitnehmer die Zweckerreichung nicht unverzüglich mitteilt (§ 15 Abs. 6 TzBfG).

ACHTUNG!

Wird das Arbeitsverhältnis über den ursprünglichen Zeitraum hinaus mit Wissen des Arbeitgebers fortgesetzt, gilt es als auf unbestimmte Zeit verlängert, wenn der Arbeitgeber nicht unverzüglich widerspricht oder dem Arbeitnehmer die Zweckerreichung nicht unverzüglich mitteilt (§ 15 Abs. 6 TzBfG). Ein solcher Widerspruch kann konkludent auch darin liegen, dass der Arbeitgeber vor Befristungsende schriftlich auf das Auslaufen des befristeten Arbeitsvertrages hinweist und zugleich das Angebot eines weiteren befristeten Arbeitsvertrages macht (LAG Köln v. 18.9.2006, Az. 14 Sa 295/06; vgl. auch BAG v. 7.10.2015, Az. 7 AZR 40/14). Bei einer Kombination von auflösender Bedingung und zeitlicher Höchstbefristung ist Rechtsfolge der widerspruchslosen Weiterarbeit i. S. v. §§ 21, 15 Abs. 6 TzBfG über den Bedingungseintritt hinaus nicht die unbefristete Fortdauer des Arbeitsverhältnisses. Die Fiktionswirkung ist nach Sinn und Zweck der §§ 21, 15 Abs. 6 TzBfG auf den nur befristeten Fortbestand des Arbeitsverhältnisses beschränkt (BAG v. 26.6.2011, Az. 7 AZR 6/10).

Wird also der Arbeitnehmer nach Ablauf der Befristung weiter im Betrieb eingesetzt und entsprechend bezahlt, ist die ursprüngliche Befristung hinfällig; und es entsteht ein normales (unbefristetes) Arbeitsverhältnis. Der Arbeitgeber kann dann nicht mit der Begründung kündigen, dass eigentlich eine Befristung beabsichtigt war. Wird einem Arbeitnehmer für die Zeit nach Ablauf seines befristeten Arbeitsverhältnisses Urlaub gewährt, ist der Tatbestand des § 15 Abs. 6 TzBfG nicht erfüllt (BAG v. 9.2.2023, Az. 7 AZR 266/22).

Liegt auch nach Ablauf des ursprünglichen Befristungszeitraums ein sachlicher Grund (weiter) vor, kann eine erneute Befristung vereinbart werden. Es ist jedoch darauf zu achten, dass der Zeitraum der neuerlichen Befristung nicht über den Zeitraum des Vorliegens des sachlichen Grundes hinausgeht.

ACHTUNG!

Bestand nach der Ausbildung bereits ein Arbeitsverhältnis, erfolgt die Befristung nicht im Anschluss an die Ausbildung, sondern im Anschluss an die zwischenzeitliche Beschäftigung. Das BAG lässt offen, ob eine Ausnahme geboten sein kann, wenn der Arbeitnehmer nach Ausbildung oder Studium einem „kurzfristigen Gelegenheitsjob" nachgegangen ist (BAG v. 24.8.2011, Az. 7 AZR 368/10).

Der Abschluss eines befristeten Arbeitsvertrages im Anschluss an eine beim Arbeitgeber absolvierte Berufsausbildung ist nur einmalig zulässig. Weitere befristete Arbeitsverträge können nicht auf den in § 14 Abs. 1 Satz 2 Nr. 2 TzBfG normierten Sachgrund gestützt werden (BAG v. 10.10.2007, Az. 7 AZR 795/06).

Für die Befristung nach § 14 Abs. 2 TzBfG, also ohne sachlichen Grund, darf die gesamte Dauer der befristeten Arbeitsverhältnisse nicht mehr als zwei Jahre (bei Existenzgründern: vier Jahre; s. o. V.3.) betragen. Insgesamt sind maximal drei Verlängerungen (bei Existenzgründern: mehrere; s. o. V.3.) zulässig.

Beispiel:

Zulässig wären eine ursprüngliche Befristung auf sechs Monate und drei weitere Befristungen auf jeweils sechs Monate.

Bei der Verlängerung der Befristung muss der Arbeitgeber darauf achten, dass nicht mehrere befristete Arbeitsverträge in der Form aneinander gehängt werden, dass jeweils mit Ablauf eines Vertrags ein **neuer** Vertrag zu laufen beginnt. Dann läge ein sog. – unzulässiges – Kettenarbeitsverhältnis vor.

WICHTIG!

Eine Verlängerung i. S. d. § 14 Abs. 2 Satz 1 TzBfG setzt voraus, dass sie noch während der Laufzeit des zu verlängernden Vertrags vereinbart und dadurch grundsätzlich nur die Vertragsdauer geändert wird, nicht aber die übrigen Arbeitsbedingungen. Dies gilt auch, wenn die geänderten Arbeitsbedingungen für den Arbeitnehmer günstiger sind. Andernfalls handelt es sich um den Neuabschluss eines befristeten Arbeitsvertrags, dessen Befristung wegen des bereits bisher bestehenden Arbeitsverhältnisses nach § 14 Abs. 2 Satz 2 TzBfG ohne Sachgrund nicht zulässig ist.

Eine Vertragsverlängerung i. S. v. § 2 Abs. 1 Satz 4 WissZeitVG setzt – anders als eine Vertragsverlängerung nach § 14 Abs. 2

Satz 1 TzBfG – nicht voraus, dass die Verlängerungsvereinbarung noch während der Laufzeit des zu verlängernden Vertrags getroffen wird. Es ist auch nicht erforderlich, dass sich die Laufzeit des neuen Vertrags unmittelbar an den vorherigen Vertrag anschließt. Vielmehr ist innerhalb der jeweiligen Höchstbefristungsdauer nach § 2 Abs. 1 WissZeitVG auch der mehrfache Neuabschluss befristeter Arbeitsverträge zulässig (BAG v. 9.12.2015, Az. 7 AZR 117/14). Die Verlängerung eines nach § 2 Abs. 1 WissZeitVG befristeten Arbeitsvertrags nach § 2 Abs. 5 Satz 1 WissZeitVG setzt hingegen das Einverständnis des Arbeitnehmers voraus, das vor dem vereinbarten Vertragsende vorliegen muss. Es bedarf nicht der Schriftform nach § 14 Abs. 4 TzBfG und kann auch durch schlüssiges Verhalten erklärt werden (BAG v. 30.8.2017, Az. 7 AZR 524/15).

Die Änderung des Vertragsinhalts anlässlich einer Verlängerung i. S. d. § 14 Abs. 2 TzBfG ist zulässig, wenn die Veränderung auf einer Vereinbarung beruht, die bereits zuvor zwischen den Arbeitsvertragsparteien getroffen worden ist, oder wenn der Arbeitnehmer zum Zeitpunkt der Verlängerung einen Anspruch auf die Vertragsänderung (z. B. wegen Tariflohnerhöhung oder aus Gründen der Gleichbehandlung) hatte. In beiden Fällen beruht die geänderte Vertragsbedingung auf dem bereits zwischen den Parteien bestehenden Arbeitsvertrag (BAG v. 23.8.2006, Az. 7 AZR 12/069; BAG v. 16.1.2008, Az. 7 AZR 603/06; vgl. auch BAG v. 12.8.2009, Az. 7 AZR 270/08). Entsprechendes gilt, wenn in einem befristeten Anschlussvertrag eine erhöhte Arbeitszeit vereinbart wird, um einem Anspruch des Arbeitnehmers nach § 9 TzBfG Rechnung zu tragen. Dazu muss der Arbeitnehmer bereits zuvor oder anlässlich der Vereinbarung der Verlängerung ein Erhöhungsverlangen nach § 9 TzBfG geltend gemacht haben, dem der Arbeitgeber in dem Folgevertrag mit der Verlängerung der Arbeitszeit Rechnung trägt (BAG v. 16.1.2008, Az. 7 AZR 603/06).

Eine Verkürzung der Laufzeit während eines sachgrundlos befristeten Arbeitsverhältnisses bedarf eines sachlichen Grundes gem. § 14 Abs. 1 TzBfG, sofern diese nicht im Rahmen eines klassischen Aufhebungsvertrags erfolgt (BAG v. 14.12.2016, Az. 49/15).

Liegt ein unzulässiges Kettenarbeitsverhältnis vor, ist die letzte Befristung unwirksam. Damit entsteht automatisch ein unbefristetes Arbeitsverhältnis.

ACHTUNG!

Die Verlängerung eines befristeten Arbeitsverhältnisses stellt betriebsverfassungsrechtlich eine Einstellung gem. § 99 BetrVG dar. Daher muss der Arbeitgeber den Betriebsrat vor der Verlängerung rechtzeitig und umfassend unterrichten und die Zustimmung zu der Verlängerung einholen. Entsprechendes gilt für den Fall, dass das zunächst befristete Arbeitsverhältnis auf unbestimmte Zeit fortgeführt werden soll.

VIII. Rechtsfolgen einer unwirksamen Befristung

Wenn die Befristung

- unzulässig ist, weil weder ein sachlicher Grund noch die Voraussetzungen für eine Befristung ohne sachlichen Grund nach § 14 Abs. 2 oder 3 TzBfG vorliegen, oder
- gegen tarifvertragliche oder betriebsverfassungsrechtliche Vorschriften verstößt oder
- nicht schriftlich vereinbart wurde,

gilt das Arbeitsverhältnis als auf unbestimmte Zeit abgeschlossen.

Dies hat zur Folge, dass das Arbeitsverhältnis nicht mit Ablauf der vereinbarten Zeit oder der Erreichung des vereinbarten Zwecks endet, sondern auf unbestimmte Zeit fortgesetzt wird. Zur → *Beendigung* des Arbeitsverhältnisses muss der Arbeitgeber dann ordentlich kündigen. Hierbei sind sämtliche Kündigungsbeschränkungen (insbesondere → *Kündigungsschutz*) zu beachten. Die beabsichtigte Befristung reicht als Kündigungsgrund nicht aus!

WICHTIG!

Ist die Möglichkeit einer ordentlichen → *Kündigung* während des Befristungszeitraums nicht ausdrücklich tarifvertraglich oder einzelvertraglich vorbehalten, kann die → *Kündigung* frühestens zum Ablauf der beabsichtigten Befristung ausgesprochen werden. Wenn die Befristung aber nur wegen mangelnder Schriftform unwirksam ist, kann auch vor dem vereinbarten Ende – unter Einhaltung der einschlägigen Kündigungsfrist – gekündigt werden.

Will ein Arbeitnehmer geltend machen, dass eine Befristung unwirksam ist, muss er innerhalb von drei Wochen nach dem vereinbarten Ende des befristeten Arbeitsvertrags beim Arbeitsgericht Klage auf Feststellung erheben, dass das Arbeitsverhältnis aufgrund der Befristung, der Zweckerreichung oder des Eintritts einer auflösenden Bedingung nicht beendet ist (§ 17 TzBfG).

Bei einem Streit über den Eintritt der auflösenden Bedingung beginnt die Klagefrist des § 17 Satz 1 TzBfG in entsprechender Anwendung nach § 21 TzBfG mit Zugang der schriftlichen Erklärung des Arbeitgebers, dass das Arbeitsverhältnis aufgrund des Eintritts der Bedingung beendet sei (BAG v. 6.4.2011, Az. 7 AZR 740/09; BAG v. 27.7.2011, Az. 7 AZR 402/10). Dies gilt nicht nur für die Geltendmachung der Rechtsunwirksamkeit der Bedingungsabrede, sondern auch für den Streit über den Eintritt der auflösenden Bedingung (BAG v. 6.4.2011, Az. 7 AZR 704/09).

ACHTUNG!

Die dreiwöchige Klagefrist nach §§ 21, 17 Satz 1 TzBfG beginnt bei Bedingungskontrollklagen grundsätzlich mit dem Tag, an dem die auflösende Bedingung eingetreten ist. Allerdings endet der auflösend bedingte Arbeitsvertrag nach §§ 21, 15 Abs. 2 TzBfG frühestens zwei Wochen nach Zugang der schriftlichen Unterrichtung des Arbeitnehmers durch den Arbeitgeber über den Eintritt der Bedingung. Deshalb wird gem. §§ 21, 17 Satz 1 und Satz 3, § 15 Abs. 2 TzBfG die Klagefrist erst mit dem Zugang der schriftlichen Erklärung des Arbeitgebers, das Arbeitsverhältnis sei aufgrund des Eintritts der Bedingung beendet, in Lauf gesetzt, wenn die Bedingung bereits vor Ablauf der Zweiwochenfrist eingetreten ist (st. Rspr, vgl. z. B. BAG v. 21.11.2018, Az. 7 AZR 394/17 m. w. N.). Ist streitig, ob die auflösende Bedingung eingetreten ist, beginnt die Dreiwochenfrist grundsätzlich zu dem vom Arbeitgeber in dem Unterrichtungsschreiben angegebenen Zeitpunkt des Bedingungseintritts zu laufen. Geht dem Arbeitnehmer das Unterrichtungsschreiben des Arbeitgebers erst nach diesem Zeitpunkt zu, beginnt die dreiwöchige Klagefrist erst mit dem Zugang des Unterrichtungsschreibens (BAG a. a. O). Nach §§ 21, 17 Satz 2 TzBfG i. V. m. § 7 Halbs. 1 KSchG gilt eine auflösende Bedingung also zu dem in der schriftlichen Unterrichtung des Arbeitnehmers durch den Arbeitgeber angegebenen Zeitpunkt des Eintritts der auflösenden Bedingung als eingetreten, wenn der Arbeitnehmer den Nichteintritt der auflösenden Bedingung nicht innerhalb der Dreiwochenfrist nach §§ 21, 17 Satz 1 und Satz 3, § 15 Abs. 2 TzBfG gerichtlich geltend gemacht hat (BAG v. 17.4.2019, Az. 7 AZR 292/17 m. w. N.; BAG v. 20.5.2020, Az. 7 AZR 83/19).

Die Klagefrist beginnt allerdings nicht, wenn der Arbeitgeber weiß, dass der Arbeitnehmer schwerbehindert ist, und das Integrationsamt der erstrebten Beendigung durch auflösende Bedingung nicht zugestimmt hat. Das folgt aus einer Analogie zu § 4 Satz 4 KSchG (BAG v. 9.2.2011, Az. 7 AZR 221/10).

Nach Ablauf der Drei-Wochen-Frist kann der Arbeitnehmer die Unwirksamkeit der Befristung nur dann geltend machen, wenn das Arbeitsgericht seine verspätete Klage zulässt (§ 5 KSchG). Hierzu muss er beweisen, dass er aus von ihm nicht zu vertretenden Gründen nicht rechtzeitig Klage erheben konnte. Hat der Arbeitnehmer aber rechtzeitig Klage erhoben, kann er nach § 17 Satz 2 TzBfG i. V. m. § 6 Satz 1 KSchG bis zum Schluss der mündlichen Verhandlung erster Instanz die Unwirksamkeit der Befristung aus anderen Gründen als denjenigen geltend machen, die er innerhalb der dreiwöchigen Klagefrist benannt hat (BAG v. 4.5.2011, Az. 7 AZR 252/10; BAG v. 24.8.2011, Az. 7 AZR 228/10).

WICHTIG!

Wird das Arbeitsverhältnis nach dem vereinbarten Ende fortgesetzt, beginnt die Drei-Wochen-Frist erst mit Zugang der schriftlichen Erklärung des Arbeitgebers, dass das Arbeitsverhältnis aufgrund des Befristungsablaufs oder der Zweckerreichung beendet ist, zu laufen.

Kommt es wegen der Befristung zu einem arbeitsgerichtlichen Verfahren, muss der Arbeitgeber die Gründe für die Befristung angeben (und ggf. beweisen), die der Arbeitnehmer dann (unter Beweis) widerlegen muss. Ist die Dauer eines befristeten Arbeitsvertrags streitig, ist derjenige beweispflichtig, der sich auf die zeitlich frühere → *Beendigung* beruft.

Eine Feststellungsklage des Arbeitgebers, die die Wirksamkeit der Befristung eines Arbeitsvertrags oder – im Fall einer Zweckerreichung – den Streit über den Eintritt der Zweckerreichung oder dessen Zeitpunkt klären soll, ist unzulässig (BAG v. 15.2.2017, Az. 7 AZR 153/15).

ACHTUNG!

Hat ein Arbeitnehmer die Unwirksamkeit einer Befristung mit einer Klage nach § 17 TzBfG geltend gemacht und schließen die Parteien nach Zustellung der Klage einen weiteren befristeten Arbeitsvertrag, liegt darin zugleich der konkludente Vorbehalt, dass der neue befristete Arbeitsvertrag nur gelten soll, wenn nicht bereits wegen der Unwirksamkeit der vorangegangenen Befristung ein unbefristetes Arbeitsverhältnis besteht. Wird aber der befristete Folgevertrag nach Einreichung, aber vor Zustellung der Klage an den Arbeitgeber abgeschlossen, kann wegen der fehlenden Kenntnis des Arbeitgebers von der Klageerhebung ohne weitere Anhaltspunkte nicht von der konkludenten Vereinbarung eines solchen Vorbehalts ausgegangen werden. Die Rechtmäßigkeit der neuen Befristung ist dann gesondert zu überprüfen (BAG v. 13.10.2004, Az. 7 AZR 218/04). Der Arbeitgeber ist grundsätzlich nicht verpflichtet, mit dem Arbeitnehmer einen derartigen Vorbehalt zu vereinbaren. Bietet der Arbeitgeber dem Arbeitnehmer den vorbehaltlosen Abschluss eines weiteren befristeten Arbeitsvertrages an und lehnt er anschließend den Antrag des Arbeitnehmers, den Folgevertrag unter Vorbehalt abzuschließen, bei unveränderter Aufrechterhaltung seines Angebots auf vorbehaltlosen Abschluss des Folgevertrags ab, liegt in der Weigerung des Arbeitgebers, den vom Arbeitnehmer gewünschten Vorbehalt zu vereinbaren, keine Maßregelung i. S. v. § 612a BGB (BAG v. 14.2.2007, Az. 7 AZR 95/06).

Stellt ein Arbeits- oder Landesarbeitsgericht fest, dass ein Arbeitsverhältnis durch eine Befristungsabrede nicht beendet wurde, ist der Arbeitgeber aufgrund des allgemeinen Weiterbeschäftigungsanspruchs grundsätzlich auch dann für die weitere Dauer des Rechtsstreits zur Beschäftigung verpflichtet, wenn der Arbeitnehmer die Verurteilung des Arbeitgebers zur Weiterbeschäftigung nicht beantragt hatte und die Parteien weder ausdrücklich noch konkludent einen Vertrag über die Weiterbeschäftigung geschlossen haben. Kommt der Arbeitgeber dieser materiellrechtlichen Verpflichtung nach und weist er den Arbeitnehmer darauf hin, dass er nur dessen Weiterbeschäftigungsanspruch erfüllen und weder das Arbeitsverhältnis über das Befristungsende hinaus fortsetzen noch ein neues Arbeitsverhältnis begründen will, hindert dies die Annahme einer vereinbarten Prozessbeschäftigung (BAG v. 22.7.2014, Az. 9 AZR 1066/12).

IX. Informationspflichten des Arbeitgebers

Der Arbeitgeber muss den → *Betriebsrat* über die Anzahl der befristet beschäftigten Arbeitnehmer und ihren Anteil an der Gesamtbelegschaft des Betriebs und des Unternehmens informieren (§ 20 TzBfG).

Die befristet beschäftigten Arbeitnehmer muss der Arbeitgeber über die zur Verfügung stehenden unbefristeten Arbeitsplätze im Betrieb auf dem Laufenden halten, damit sie sich hierfür bewerben können (§ 18 TzBfG). Im Sinne der Gleichbehandlung sollte die Information durch allgemeine Bekanntgabe (z. B. am Schwarzen Brett oder in einer Mitarbeiterzeitung) erfolgen.

Bereitschaftsdienst

I. Begriff und Abgrenzung

Bereitschaftsdienst verpflichtet den Arbeitnehmer, sich an einem vom Arbeitgeber bestimmten Ort innerhalb oder außerhalb des Betriebs aufzuhalten, damit er bei Bedarf seine Arbeit unverzüglich aufnehmen kann. Die ihm zur Verfügung stehende Zeit während des Bereitschaftsdienstes kann der Arbeitnehmer beliebig nutzen, ohne dass er in Bezug auf seine Arbeit stets wachsam sein müsste. Er muss jedoch sein Verhalten auf einen möglichen Arbeitseinsatz ausrichten.

Vom Bereitschaftsdienst ist die Rufbereitschaft zu unterscheiden. Für diese ist kennzeichnend, dass der Arbeitnehmer, ohne persönlich am Arbeitsplatz anwesend sein zu müssen, ständig für den Arbeitgeber erreichbar sein muss, um auf Abruf die Arbeit aufnehmen zu können. Der Arbeitnehmer darf sich während der Rufbereitschaft an einem von ihm selbst gewählten Ort aufhalten. Er darf sich aber nicht in einer Entfernung vom Arbeitsort aufhalten, die dem Zweck der Rufbereitschaft zuwiderläuft, er muss also die Arbeit alsbald aufnehmen können, sodass im Bedarfsfall die Arbeitsaufnahme gewährleistet ist.

Gibt der Arbeitgeber dem Arbeitnehmer keinen konkreten Aufenthaltsort vor, beschränkt er aber die freie Wahl des Orts dadurch, dass er die Zeit zwischen Abruf und Aufnahme der Arbeit sehr eng gefasst vorgibt, liegt regelmäßig keine Rufbereitschaft, sondern Bereitschaftsdienst vor. Entscheidend ist aber stets eine Gesamtbetrachtung aller Umstände. Als „Eckpfeiler" kommt es neben der Reaktionszeit auf die Häufigkeit und Dauer der Einsätze an. Ebenfalls zu berücksichtigen sind weitere Rahmenbedingungen wie etwa das Mitführen bzw. Anziehen spezieller Ausrüstung oder auch die Anordnung, zu Hause zu sein, andererseits aber auch die Möglichkeit zur Erledigung der Arbeitseinsätze ohne Ortsveränderung (z. B. per Mobiltelefon, Notebook, Tablet), sodass eine Anfahrt zum Einsatzort nicht erforderlich ist (EuGH v. 9.3.2021, Az. C-580/19, C-344/19). So liegt eine Anordnung von Bereitschaftsdienst zum Beispiel dann vor, wenn ein Arbeitgeber im Rahmen eines Hausnotrufdienstes festlegt, dass der betreffende Mitarbeitende bei einer Anfahrt von bis zu 30 Minuten spätestens 35 Minuten nach Auftragserteilung durch die Hausnotrufzentrale bei dem Notrufenden eintreffen und innerhalb dieser Zeitvorgabe vorher dessen Wohnungsschlüssel aus einem Schlüsselschrank der Dienststelle holen muss (BAG v. 24.2.2022, Az. 6 AZR 251/21). Dagegen handelt es sich bei Notdiensten eines Kundendiensttechnikers, die dadurch gekennzeichnet sind, dass er sich an einem frei wählbaren Ort aufhalten kann, aber telefonisch erreichbar sein und zu einem Notdiensteinsatz binnen einer Stunde nach Anforderung am Einsatzort eintreffen muss, um Rufbereitschaftsdienste und keine Bereitschaftsdienste, wenn unter Berücksichtigung der Anfahrtszeit noch jedenfalls 30 Minuten Zeit verbleiben, bis der Arbeitnehmer aufbrechen muss. Das gilt jedenfalls dann, wenn eine tatsächliche Anforderung im Notdienst äußerst selten vorkommt (LAG Düsseldorf v. 16.4.2024, Az. 3 Sla 10/24).

TIPP!

Soll vermieden werden, dass Rufbereitschaft als Bereitschaftsdienst und damit als Arbeitszeit gilt, müssen die Zeiten der Rufbereitschaft so organisiert werden, dass den Arbeitnehmern in Rufbereitschaft ein möglichst hohes Maß an Spielraum für ihre (Frei-)Zeitgestaltung gewährt wird. Dabei spielen neben der vorgesehenen Reaktionszeit für einen Einsatz auch eine Rolle die Erreichbarkeit des Einsatzortes, die durchschnittliche Häufigkeit und Dauer der während der Rufbereitschaft zu leistenden Einsätze sowie ein möglicherweise eingeräumtes Recht, nicht an allen Einsätzen beteiligt sein zu müssen.

II. Anordnung von Bereitschaftsdienst

Der Arbeitgeber kann Bereitschaftsdienst nur dann anordnen, wenn er mit den betroffenen Arbeitnehmern eine entsprechende Regelung einzelvertraglich vereinbart hat. Häufig findet sich auch in Tarifverträgen eine Ermächtigungsvorschrift. Wenn dem Arbeitgeber einzelvertraglich oder tarifvertraglich das Recht zur Anordnung von Bereitschaftsdienst überlassen ist, ohne dass detaillierte weitere Voraussetzungen festgelegt worden sind, kann er Bereitschaftsdienst unter angemessener Berücksichtigung der beiderseitigen Interessen festlegen. Auch Teilzeitbeschäftigte sind, wenn sie nicht tarifvertraglich ausdrücklich ausgenommen sind, zur Teilnahme am Bereitschaftsdienst verpflichtet.

Sofern der Arbeitgeber aufgrund Arbeitsvertrag, Betriebsvereinbarung oder Tarifvertrag ermächtigt ist, den Arbeitnehmer zu Überstunden und Bereitschaftsdienst heranzuziehen, so kann er aufgrund seines Weisungsrechts grundsätzlich einseitig bestimmen, ob der Arbeitnehmer Bereitschaftsdienst oder Mehrarbeit leisten soll. Wann die tatsächliche Arbeitsleistung während des Bereitschaftsdienstes erbracht wird, bestimmt allein der Arbeitgeber. Zwischen dem Ende der Regelarbeitszeit und der Abforderung der Arbeitsleistung aus dem sich anschließenden Bereitschaftsdienst bedarf es keiner logischen bzw. tatsächlichen Zäsur von einer Sekunde. Die stillschweigende Anordnung des Arbeitgebers, die während der Regelarbeitszeit begonnene Arbeit über das Dienstende fortzusetzen und zu beenden, kann ihrem Wesen nach sowohl die Anordnung von Überstunden als auch der Abruf von Bereitschaftsarbeit sein. Wenn der Arbeitgeber durch Aufstellung eines Dienstplans Bereitschaftsdienst angeordnet hatte, bedarf es einer eindeutigen Erklärung, dass er diese Anordnung aufhebt und stattdessen nunmehr Überstunden anordnet. Fehlt es hieran, liegt Bereitschaftsarbeit vor (BAG v. 25.4.2007, Az. 6 AZR 799/06).

Arbeitnehmer haben ihrerseits keinen Anspruch auf Bereitschaftsdienst, auch wenn ihre mögliche Heranziehung arbeits- bzw. tarifvertraglich vereinbart ist.

III. Vergütung/Freizeitausgleich

Arbeitnehmer, die Bereitschaftsdienst leisten, haben Anspruch auf eine Vergütung. Diese Vergütung kann unter Berücksichtigung der erfahrungsgemäß tatsächlich anfallenden Arbeit pauschaliert werden, wobei unterschiedliche Pauschalen für Bereitschaftsdienste an Wochentagen, Samstagen/Sonntagen und Feiertagen anzusetzen sind. Keinesfalls besteht eine Verpflichtung, Bereitschaftsdienst wie die sonstige Arbeitszeit zu vergüten; vielmehr sind die Arbeitsvertragsparteien frei, für Bereitschaftsdienst und sog. Vollarbeit unterschiedliche Vergütungssätze vorzusehen, wobei allerdings der gesetzliche Mindestlohn nicht unterschritten werden darf. So hat das BAG (28.1.2004, Az. 5 AZR 530/02) eine Vergütungsvereinbarung, nach der der Bereitschaftsdienst mit 55 % (Zeitfaktor) und die tatsächlich in der Bereitschaftszeit zu leistende Vollarbeit mit 125 % (Geldfaktor) bewertet wurde, nicht beanstandet, wenn die Arbeitsbelastung (Vollarbeit) während des Bereitschaftsdienstes weniger als 50 % beträgt und der Arbeitnehmer damit im Ergebnis für die Dauer der Bereitschaftsdienste etwa 68 % der Vergütung der regulären Arbeitszeit erhält (vgl. aber auch BVerwG, 26.7.2012, 2 C 29/11, das bei einem Bereitschaftsdienst, der die Vorgaben des ArbZG – dazu unten V. – missachtet, einen Geldanspruch bejaht, der sich nach den Sätzen der Mehrarbeitsvergütung bemisst).

ACHTUNG!

Wird jedoch nicht ausdrücklich nach der Art der Tätigkeit differenziert, so sind Bereitschaftsdienstzeiten mit demselben Entgelt zu vergüten wie Arbeitsleistungen während der Vollarbeitszeit (vgl. BAG v. 19.11.2014, Az. 5 AZR 1101/12; die Entscheidung betraf die Pflegebranche, in der ein Mindestlohn festgelegt ist, der einschlägige § 2 PflegeArbbV aber nicht nach der Art der Tätigkeit differenziert).

Soweit der Bereitschaftsdienst von Teilzeitkräften nicht die im Betrieb geltende regelmäßige Arbeitszeit überschreitet, ist der Arbeitgeber nicht verpflichtet, ihnen dieselbe Vergütung zu zahlen wie den Vollzeitbeschäftigten, deren Bereitschaftsdienst über die regelmäßige Arbeitszeit im Betrieb hinausgeht.

Alternativ zur Vergütung können Bereitschaftsdienstzeiten durch Freizeit ausgeglichen werden, sofern der Arbeitgeber sich diese Möglichkeit einzelvertraglich vorbehalten hat oder ihm dies – wie in der Praxis häufig – tarifvertraglich ermöglicht ist. Dabei kann der Freizeitausgleich auch in die gesetzliche Ruhezeit (§ 5 ArbZG; vgl. dazu unten V.) gelegt werden. Der Arbeitnehmer hat keinen Anspruch darauf, nach Ableisten eines Bereitschaftsdienstes zunächst unbezahlte Ruhezeit und anschließend bezahlten Freizeitausgleich gewährt zu bekommen (BAG v. 22.7.2010, Az. 6 AZR 78/09).

Für Rufbereitschaft besteht dagegen – soweit keine gesonderte Regelung im Arbeitsvertrag, in Tarifverträgen oder Betriebsvereinbarungen zur Anwendung gelangt – keine Vergütungspflicht. Um eine höhere Akzeptanz der Rufbereitschaft zu gewährleisten, kann jedoch eine Vergütung vereinbart werden, z. B. durch eine Pauschale. Arbeitseinsätze innerhalb der Rufbereitschaft sind hingegen wie die normale Arbeitsleistung vergütungspflichtig.

IV. Beteiligung des Betriebsrats

In der Entscheidung, Bereitschaftsdienst (oder auch Rufbereitschaft) einzuführen oder auch nicht einzuführen, ist der Arbeitgeber frei. Hat er sich jedoch zur Einführung entschieden, hat der → *Betriebsrat* bei Einführung und Gestaltung von Bereitschaftsdienst (ebenso wie auch bei Rufbereitschaft einschließlich einer etwaigen Vergütung) ein Mitbestimmungsrecht, soweit nicht ausnahmsweise eine tarifliche Regelung besteht, die alle Einzelheiten detailliert regelt (§ 87 Abs. 1 Nr. 2 BetrVG). Hat der Arbeitgeber sich nur einzelvertraglich vorbehalten, Bereitschaftsdienst anzuordnen, muss er in jedem Fall den Betriebsrat beteiligen. Eine Anordnung allein auf der Grundlage einer einzelvertraglichen Vereinbarung ist unwirksam. Kommen Arbeitgeber und Betriebsrat zu keiner Einigung, können beide Seiten die → *Einigungsstelle* anrufen, die eine verbindliche Entscheidung trifft.

In einer Betriebsvereinbarung sollte geregelt sein, welche Arbeitsbereiche und Mitarbeitergruppen einbezogen sind. Es sollten der Aufenthaltsort während des Bereitschaftsdienstes, die Bereitschaftszeiten sowie die Art und Weise der Vergütung bestimmt werden. Der Betriebsrat wird seinerseits darauf drängen, dass die Höchstzahl und Abstände der in einem bestimmten Zeitraum vom Einzelnen zu leistenden Bereitschaftsdienste festgelegt werden.

V. Schutzvorschriften des Arbeitszeitgesetzes

Bereitschaftsdienst gilt unter Einschluss der inaktiven Zeiten als Arbeitszeit im Sinne des Arbeitszeitgesetzes. Daraus folgt, dass Bereitschaftsdienste, die gemeinsam mit der regulären Arbeitszeit 48 Wochenstunden übersteigen, unzulässig sind.

Aus der Grundaussage, dass Bereitschaftsdienst Arbeitszeit im Sinne von § 2 Abs. 1 ArbZG ist, ergibt sich aber auch zugleich, dass Bereitschaftsdienst bei der Bestimmung der Dauer von gesetzlichen Ruhepausen nach § 4 Satz 1 ArbZG als Arbeitszeit zu berücksichtigen ist. Der Arbeitgeber ist demgemäß verpflichtet, bei einer Vollarbeitszeit von mehr als sechs Stunden Dauer mit anschließendem Bereitschaftsdienst eine Pause von mindestens 45 Minuten Dauer anzuordnen, wenn die gesamte aus Vollarbeitszeit und Bereitschaftsdienst bestehende Arbeitszeit länger als neun Stunden währt (BAG v. 16.12.2009, Az. 5 AZR 157/09). Die inaktiven Zeiten des Bereitschaftsdienstes stellen keine Pause i. S. v. § 4 ArbZG dar.

Ebenso ist zu berücksichtigen, das der Arbeitgeber nach § 5 ArbZG eine Arbeitszeitgestaltung gewährleisten muss, wonach die Arbeitnehmer nach Beendigung der täglichen Arbeitszeit – also auch nach Beendigung eines Bereitschaftsdienstes! – eine ununterbrochene Ruhezeit von mindestens elf Stunden haben, in der sie nicht zur Arbeitsleistung herangezogen werden.

Liegt arbeitsschutzrechtlich Rufbereitschaft und kein Bereitschaftsdienst vor, handelt es sich dagegen um Ruhezeit im Sinne von § 5 ArbZG, solange keine Einsätze im Rahmen der Rufbereitschaft erfolgen.

Berufsausbildungsverhältnis

I. Begriff

Anders als im Arbeitsverhältnis dient die Erbringung der Arbeitsleistung im Berufsausbildungsverhältnis nicht in erster Linie Erwerbszwecken, sondern der Ausbildung. Die Besonderheiten des Ausbildungsverhältnisses sind – von der Begründung bis zur Beendigung – im Berufsbildungsgesetz (BBiG) geregelt. Im Übrigen gelten die Regelungen des allgemeinen Arbeitsrechts überwiegend auch für das Berufsausbildungsverhältnis (§ 10 Abs. 2 BBiG).

II. Zuständigkeit

Zuständig für die Durchführung der Berufsausbildung sind im Regelfall die Kammern der verschiedenen Wirtschafts- und Berufszweige wie z. B. die Industrie- und Handelskammern oder die Handwerkskammern, vgl. §§ 71 ff. BBiG. Bei ihnen liegt u. a.

- die Feststellung und Überwachung der persönlichen und fachlichen Eignung des Ausbildungspersonals,
- die Überprüfung der Eignung von Ausbildungsbetrieben, ggf. auch die Aufforderung zur Mängelbeseitigung,
- die Abkürzung und Verlängerung von Ausbildungszeiten,
- das Prüfungswesen,
- die Beratung und Überwachung der Ausbildenden und der Auszubildenden bei der Durchführung der Berufsausbildung,
- die Gleichstellung von Prüfungszeugnissen,
- Information darüber, ob ein schriftlicher oder elektronischer Ausbildungsnachweis zu führen ist.

Das BAG hat mit Urteil vom 25.1.2022 (9 AZR 144/21) entschieden, dass die Eintragung eines Berufsausbildungsvertrages nach § 35 Abs. 1 BBiG erfordert, dass der gesamte Inhalt des Ausbildungsverhältnisses der Ausbildungsordnung zu entsprechen hat. Dies bedeutet, der Vertrag muss

- den Ausbildungsberuf,
- die Ausbildungsdauer,
- das Ausbildungsberufsbild,
- und einen Ausbildungsrahmenplan

enthalten. Der Ausbildungsrahmenplan beinhaltet für den jeweiligen Ausbildungsberuf eine Anleitung zur sachlichen und zeitlichen Gliederung der Fertigkeiten und Kenntnisse der Auszubildenden. Er ist Bestandteil der Ausbildungsordnung und dort festgelegt (§ 5 Abs. 2 Nr. 1 BBiG).

III. Andere Ausbildungsverhältnisse

Neben dem Berufsausbildungsverhältnis gibt es weitere Ausbildungsverhältnisse, auf die das Berufsbildungsgesetz, wenn auch teilweise mit unterschiedlichen Regelungen, Anwendung findet:

- Praktikum,
- Anlernverhältnis,
- Volontariat,
- Duales Studium (sofern es sich nicht um ein ausbildungsintegriertes Studium handelt),
- berufliche Fortbildung,
- berufliche Umschulung,
- Teilqualifizierung.

IV. Ausbildungsvertrag

Der Berufsausbildungsvertrag kann formlos und damit auch mündlich abgeschlossen werden. Das Nachweisgesetz gilt für Auszubildende nicht.

Da der Ausbildende aber gemäß § 11 Abs. 1 BBiG ohnehin verpflichtet ist, den wesentlichen Vertragsinhalt sofort nach Abschluss des Vertrags und spätestens vor Beginn der Berufsausbildung schriftlich niederzulegen, empfiehlt es sich, den Vertrag gleich schriftlich abzuschließen. Die elektronische Form ist ausgeschlossen.

Folgende Punkte müssen geregelt und auch in den Vertrag aufgenommen werden (§ 11 Abs. 1 BBiG):

- Art und Ziel der Ausbildung,

ACHTUNG!

Mit dem Gesetz zur Modernisierung und Stärkung der beruflichen Bildung, das am 1.1.2020 in Kraft getreten ist und das Berufsbildungsgesetz nach 2005 erneut novelliert, wurden in den §§ 1 Abs. 4, 53 ff. BBiG transparente Fortbildungsstufen für die höherqualifizierende Berufsbildung eingeführt.

- Beginn und Dauer der Ausbildung,
- Ausbildungsmaßnahmen außerhalb der Ausbildungsstätte,
- Dauer der regelmäßigen täglichen Ausbildungszeit,
- Dauer der Probezeit,
- Höhe und Zahlungsmodalitäten der Vergütung,

Mit der BBiG-Novelle 2020 wurde in § 17 Abs. 2 BBiG eine Mindestausbildungsvergütung eingeführt.

Diese gilt für Auszubildende, die in einem nach dem Berufsbildungsgesetz oder der Handwerksordnung geregelten Beruf ausgebildet werden. Sie gilt nicht für landesrechtlich geregelte Berufe wie z. B. Erzieher und auch nicht für die reglementierten Berufe im Gesundheitswesen, da das Berufsbildungsgesetz dort keine Anwendung findet.

Ist der Arbeitgeber tarifgebunden, gilt die tarifvertraglich festgesetzte Höhe der Ausbildungsvergütung.

Im Übrigen gilt, dass Auszubildende mindestens die neue gesetzliche Mindestvergütung nach § 17 Abs. 2 BBiG erhalten müssen. Die Ausbildungsvergütung hängt davon ab, in welchem Kalenderjahr die Ausbildung beginnt. Bei Ausbildungsstart im Jahr 2021 liegt die Vergütung aktuell für das erste Lehrjahr bei mindestens 550 Euro, im Jahr 2022 bei mindestens 585 Euro und bei Beginn 2023 bei mindestens 620 Euro. Wenn der Ausbildungsbetrieb dagegen tariflich gebunden ist, gelten die Regelungen in diesem Tarifvertrag.

Die Höhe der Mindestvergütung ist abhängig vom Datum, zu dem die Berufsausbildung begonnen wird. Dieses Datum definiert auch die Berechnungsgrundlage für die ansteigenden Beträge der Folgejahre. Das Anfangsdatum, das die Berechnungsgrundlage bildet, ist nicht unbedingt identisch mit dem Beginn des Berufsausbildungsverhältnisses mit einem bestimmten Ausbildungsbetrieb. Gerade dann, wenn der Auszubildende den Ausbildungsbetrieb wechselt, kann der ursprüngliche Vertrag mit dem Ausbildungsbetrieb maßgeblich sein und nicht der eventuelle Neueinstieg bei einem Unternehmen, das die Ausbildung fortsetzt.

Zudem orientiert sich die Rechtsprechung an der sog. „20 %-Regel“, die auch in § 17 Abs. 4 BBiG gesetzlich aufgenommen ist. Danach ist die Ausbildungsvergütung außerhalb einer Tarifbindung nicht angemessen, wenn sie zwar über der gesetzlichen Mindestvergütung liegt, sie aber um mehr als 20 Prozent niedriger ist als die in einem einschlägigen Tarifvertrag vereinbarte Vergütung. Voraussetzung ist, dass der Tarifvertrag für das Ausbildungsverhältnis unmittelbar gelten würde, wenn der Ausbildungsbetrieb tarifgebunden wäre.

Das LAG Schleswig Holstein hat am 3.5.2022 (2 Sa 280/21) ebenfalls festgestellt, dass die Ausbildungsvergütung nicht stillschweigend abzuändern ist. Die Ausbildungsvergütung stellt eine Hauptabrede des Ausbildungsverhältnisses dar. Auch Abreden sind schriftlich zu fixieren. Damit auch die Abänderung der Ausbildungsvergütung.

Wichtig ist: Berufsausbildungsverträge sind von Praktikumsverhältnissen zu unterscheiden. Auf Praktikumsverträge, die hochschulrechtlichen Bestimmungen unterliegen, finden weder das Mindestlohngesetz (MiLoG) noch das Berufsausbildungsrecht (BBiG) und damit auch nicht § 17 Abs. 2 Anwendung.

- Dauer des Urlaubs,
- Regelungen zur → *Kündigung*,
- Hinweis auf einschlägige Tarifverträge und Betriebsvereinbarungen.

Über den gesetzlichen Inhalt hinaus wird zum Teil in der Literatur gefordert, dass die erforderlichen Angaben für Auszubildende um Regelungen zu außerbetrieblichen Ausbildungsstätten, zu Überstunden und um die Zusammensetzung der Vergütung erweitert werden muss. In diesem Kontext werden Bußgelder bis zu 2000 € diskutiert.

ACHTUNG!

Ist der Arbeitgeber tarifgebunden, gilt nicht die neue gesetzliche Mindestvergütung, sondern die tarifvertraglich festgesetzte Höhe der Ausbildungsvergütung (§ 18 Abs. 3 BBiG). Diese darf die gesetzliche Mindestvergütung unterschreiten (§ 17 Abs. 3 BBiG).

Zudem wird die Rechtsprechung des Bundesarbeitsgerichts zur sog. „20 %-Regel“ in § 17 Abs. 4 BBiG gesetzlich aufgenommen. Danach ist die Ausbildungsvergütung außerhalb einer Tarifbindung dann nicht angemessen, wenn sie zwar über der gesetzlichen Mindestvergütung liegt, sie aber um mehr als 20 Prozent niedriger ist als die in einem einschlägigen Tarifvertrag vereinbarte Vergütung. Voraussetzung ist, dass der Tarifvertrag für das Ausbildungsverhältnis unmittelbar gelten würde, wenn der Ausbildungsbetrieb tarifgebunden wäre.

TIPP!

Bei den Industrie- und Handelskammern sind Musterberufsausbildungsverträge erhältlich, die den gesetzlichen Anforderungen entsprechen.

ACHTUNG!

§ 7a BBiG sieht Möglichkeiten einer Teilzeitberufsausbildung vor. In Absprache mit dem Betrieb wird die Teilzeitberufsausbildung künftig zur Option für alle in dualer Ausbildung.

Ein Rechtsanspruch auf Teilzeitausbildung besteht nach wie vor nicht. Voraussetzung bleibt, dass sich Ausbildende und Auszubildende einigen.

Der Berufsausbildungsvertrag ist vom Ausbildenden, vom Auszubildenden und (bei Minderjährigen) auch von dessen gesetzlichen Vertretern (dies sind im Regelfall die Eltern) zu unterzeichnen. Neben dem Auszubildenden muss der Arbeitgeber auch den gesetzlichen Vertretern eine unterzeichnete Fassung des Ausbildungsvertrags aushändigen.

Nachträgliche Änderungen können nur schriftlich vorgenommen werden; auch von der geänderten Fassung müssen der Auszubildende und die gesetzlichen Vertreter je ein Exemplar erhalten.

WICHTIG!

Auch bei der Einstellung eines Auszubildenden muss der Betriebsrat beteiligt werden (§ 99 BetrVG).

V. Rechte und Pflichten im Ausbildungsverhältnis

1. Pflichten des Auszubildenden

Gemäß § 13 BBiG ist der Auszubildende verpflichtet

- zur sorgfältigen Ausführung übertragener Aufgaben,
- zur Befolgung von Weisungen des Ausbilders,
- zum sorgfältigen Umgang und Pflege der ihm anvertrauten Maschinen und Werkzeuge,
- zur Verschwiegenheit über sämtliche Betriebs- und Geschäftsgeheimnisse,

- zur Teilnahme am Berufsschulunterricht, an Prüfungen und an außerbetrieblichen Ausbildungsmaßnahmen (§ 15 BBiG),
- zur Beachtung der einschlägigen Ausbildungsordnung.
- zum Führen eines schriftlichen oder elektronischen Ausbildungsnachweises.

Der Ausbildende muss den vereinbarten Ausbildungslohn, der regelmäßig nach Ausbildungsjahren gestaffelt ist, zahlen. Mit Urteil vom 2.7.2024 (3 AZR 244/23) hat das BAG entschieden, dass bei Versorgungszusagen in Zusagen bezogen auf Arbeitnehmer und Zusagen bezogen auf Auszubildende differenziert werden kann. Sieht die Versorgungsordnung vor, dass an „Betriebsangehörige" zu zahlen ist, gehören Auszubildende nicht dazu. Das BAG sieht keine Verletzung des Gleichbehandlungsgrundsatzes als gegeben an.

2. Pflichten des Ausbildenden

Die wichtigste Zielsetzung ist die Vermittlung der beruflichen Handlungsfähigkeit, nachgewiesen durch den erfolgreichen Prüfungsabschluss des Auszubildenden. In diesem Rahmen treffen den Ausbildenden folgende Pflichten:

- die ordnungsgemäße Ausbildung (Vermittlung von Kenntnissen und Fähigkeiten zur Erreichung des Ausbildungsziels),
- die persönliche Wahrnehmung der Ausbildungspflicht,
- die kostenlose Bereitstellung der Ausbildungsmittel,
- den Auszubildenden zum regelmäßigen Besuch der Berufsschule anzuhalten,
- den Auszubildenden zur Führung von Berichtsheften anzuhalten, soweit dies im jeweiligen Ausbildungsberuf notwendig ist,
- die charakterliche Förderung des Auszubildenden sowie die Abwehr von Gefährdungen,
- die Freistellung für den Berufsschulbesuch, Prüfungen sowie sonstige Ausbildungsmaßnahmen,
- die Vergütungspflicht in Höhe der Mindestvergütung (§ 17 Abs. 2 BBiG).

Die Ausbildende darf vom Auszubildenden keine Gegenleistung für die Ausbildung verlangen. Auch darf er keinen Kostenersatz erheben. Verträge, die es Auszubildenden verbieten, im gleichen Gewerbe oder in räumlicher Nähe zum Ausbildungsbetrieb tätig zu werden, sind ebenfalls unzulässig. Gleiches gilt für Verträge, die Auszubildende verpflichten sollen, im Ausbildungsbetrieb weiter als Facharbeiter tätig zu bleiben.

Nach einer Entscheidung des LAG Mecklenburg-Vorpommern vom 17.6.2025 (5 SLa 179/24) hat der Ausbildende – neben dem Auszubildenden – aus dem Ausbildungsverhältnis ein zulässiges Interesse zu erfahren, wie lange das Ausbildungsverhältnis dauert.

VI. Beendigung des Ausbildungsverhältnisses

1. Ablauf der Ausbildungsdauer

Das Berufsausbildungsverhältnis ist ein befristetes Vertragsverhältnis. Es endet mit Ablauf der Ausbildungsdauer (§ 21 BBiG). Die Ausbildungsdauer richtet sich entweder nach der einschlägigen Ausbildungsordnung oder nach einer abweichenden Vereinbarung zwischen Arbeitgeber und Auszubildendem.

Besteht der Auszubildende **vor** Ablauf der Ausbildungsdauer seine Abschlussprüfung, endet das Ausbildungsverhältnis mit Bekanntgabe des Ergebnisses durch den Prüfungsausschuss, § 21 Abs. 2 BBiG.

Ist für das Bestehen der Abschlussprüfung nur noch die erfolgreiche Ablegung einer mündlichen Ergänzungsprüfung in einem einzelnen Prüfungsbereich erforderlich, tritt das vorzeitige Ende des Berufsausbildungsverhältnisses mit der verbindlichen Mitteilung des Gesamtergebnisses in diesem Fach ein.

ACHTUNG!

Wird der „Auszubildende" weiterbeschäftigt, ohne das hierüber ausdrücklich etwas vereinbart worden ist, so gilt ein Arbeitsverhältnis auf unbestimmte Zeit als begründet (§ 24 BBiG).

Diese Fiktion nach § 24 BBiG tritt laut BAG nur dann ein, wenn der Ausbildende den Auszubildenden in Kenntnis der Beendigung des Berufsausbildungsverhältnisses weiterbeschäftigt.

Besteht er die Prüfung nicht, kann er vom Arbeitgeber die Verlängerung der Ausbildungsdauer bis zur nächstmöglichen Wiederholungsprüfung (höchstens aber um ein Jahr!) verlangen (§ 21 Abs. 3 BBiG).

2. Kündigung

2.1 Kündigung durch den Ausbildenden

Bei der → *Kündigung* von Berufsausbildungsverhältnissen sind Besonderheiten nach § 22 BBiG zu beachten, da der Gesetzgeber den Auszubildenden einem besonderen Schutz unterstellen will (→ *Kündigungsschutz*).

Zum grundsätzlichen Kündigungsrecht des Ausbildenden hat das LAG Niedersachsen mit Urteil vom 28.2.2024 (2 Sa 375/23) Stellung genommen. Inhaltlich ging es um ein Fehlverhalten des Auszubildenden, der außerhalb des Dienstes eine sexuelle Belästigung begangen hatte. Das LAG führte aus, dass der Auszubildende auch außerhalb der Arbeitszeit verpflichtet ist, die berechtigten Interessen des Arbeitgebers zu berücksichtigen. Ein außerdienstliches Verhalten ist nur dann von Relevanz, wenn es negative Auswirkungen auf den Betrieb oder einen Bezug zum Arbeitsverhältnis hat. Dies wurde bei der sexuellen Belästigung des Auszubildenden bejaht.

Während der Probezeit kann der Ausbildende jederzeit schriftlich ohne Frist und ohne Angabe von Gründen kündigen.

Das LAG Baden-Württemberg hat allerdings mit Urteil vom 12.1.2024 (9 Sa 16/23) festgestellt, dass die Kündigung eines Auszubildenden in der Probezeit unwirksam ist, wenn sie eine Benachteiligung wegen einer Behinderung, die der Auszubildende hat, darstellt.

Nach Ablauf der Probezeit kann er nur noch aus wichtigem Grund (§ 626 BGB) kündigen. Die → *Kündigung* muss

- schriftlich und
- unter Angabe des Kündigungsgrunds und
- innerhalb von zwei Wochen, nachdem der Arbeitgeber von dem wichtigen Grund Kenntnis erlangt hat (§ 626 Abs. 2 BGB),

erfolgen.

ACHTUNG!

Das BBiG sieht eine Höchstdauer der Probezeit vier Monaten vor, mindestens muss sie einen Monat betragen (§ 20 BBiG).

Bei der Prüfung, ob ein wichtiger Grund vorliegt, muss der Erziehungsgedanke des Berufsbildungsgesetzes berücksichtigt werden. Insbesondere bei jüngeren Auszubildenden sollte bei Pflichtverletzungen erst einmal zu dem geringeren Sanktionsmittel der → *Abmahnung* gegriffen werden. Zu beachten ist ferner, dass die Anforderungen an den wichtigen Grund steigen, je länger das Ausbildungsverhältnis andauert. Dies entspricht auch dem dem gesamten Kündigungsrecht zugrunde liegenden Prognoseprinzip, nach dem zu prüfen ist, ob es dem

Arbeitgeber zugemutet werden kann, das Ausbildungsverhältnis bis zum Ende der Ausbildungszeit trotz der Pflichtverletzung fortzusetzen.

WICHTIG!

Soll einem minderjährigen Auszubildenden eine Abmahnung erteilt werden, muss diese auch den gesetzlichen Vertretern zugehen.

Empfehlenswert ist es daher, das Abmahnungsschreiben dem minderjährigen Auszubildenden im Beisein der gesetzlichen Vertreter unter konkreter Erläuterung der Gründe zu übergeben.

WICHTIG!

Der Betriebsrat muss vor der Kündigung beteiligt werden. Ist der Auszubildende Mitglied des Betriebsrats oder der Jugend- und Auszubildendenvertretung, muss vor Ausspruch der Kündigung die Zustimmung des Betriebsrats eingeholt werden.

Sofern bei den jeweils zuständigen Kammern ein Schlichtungsausschuss für Streitigkeiten zwischen Auszubildenden und Ausbildenden eingerichtet worden ist, hat der Auszubildende das nach § 111 Arbeitsgerichtgesetz vorgesehene Verfahren z. B. im Rahmen eines Kündigungsschutzprozesses zu beachten.

Das LAG Schleswig-Holstein hat mit Urteil vom 12.7.2023 (3 SA 8/23) entschieden, dass der Ausbildende eine solche Kündigung in Fällen aussprechen kann, wenn wegen formeller Eignungsmängel die Ausbildung unmöglich ist. Der fehlende Nachweis eines Auszubildenden, gesundheitlich oder psychologisch für den Ausbildungsberuf geeignet zu sein, führt regelmäßig zu Unmöglichkeit der Ausbildung. Einer wiederholenden Begutachtung der gesundheitlichen oder psychologischen Eignung des Auszubildenden bedarf es vor Ausspruch der fristlosen Kündigung gemäß § 626 BGB in der Regel nicht.

Das LAG Mecklenburg-Vorpommern hat mit Urteil vom 17.6.2025 (5 SLa 179/24) entschieden, dass der Auszubildende aus wichtigem Grund, also fristlos kündigen darf, wenn der Ausbildende die Zahlung der Ausbildungsvergütung in Höhe einer Monatsvergütung verweigert.

2.2 Kündigung durch den Auszubildenden

Während der Probezeit kann der Auszubildende jederzeit schriftlich ohne Frist und ohne Angabe von Gründen kündigen.

Nach der Probezeit kann er mit einer Frist von vier Wochen kündigen, wenn er die Ausbildung aufgeben will oder sich für eine andere Berufsausbildung entscheidet. Die → *Kündigung* muss schriftlich und unter Angabe der Gründe erfolgen.

Dabei ist die 4-Wochen-Frist in § 22 Abs. 2 Nr. 2 BBiG für den Auszubildenden nicht zwingend. Er darf das Ausbildungsverhältnis im Fall einer Berufswechselkündigung auch mit einer längeren Frist vorzeitig kündigen. Allerdings muss deutlich werden, dass die Kündigung endgültig erklärt werden soll.

3. Aufhebungsvertrag

Arbeitgeber und Auszubildender können das Ausbildungsverhältnis auch jederzeit einvernehmlich durch → *Aufhebungsvertrag* beenden. Der Aufhebungsvertrag ist nur wirksam, wenn er schriftlich abgeschlossen wird (§ 623 BGB). Bei Minderjährigen ist die Zustimmung der gesetzlichen Vertreter (Eltern) erforderlich.

Beschäftigung von ausländischen Arbeitnehmern in Deutschland

I. Einführung

Der Anwerbung ausländischer Arbeitnehmer kommt eine immer größer werdende Bedeutung zu. Die Beschäftigung von ausländischen Arbeitnehmern berührt verschiedene Rechtsgebiete – insbesondere das sogenannte „Arbeitsmigrationsrecht", das Arbeitsrecht, das Sozialversicherungsrecht und das Steuerrecht.

Nachfolgend wird ein Überblick über das Arbeitsmigrationsrecht gegeben. Hierbei handelt es sich um die Frage, unter welchen Voraussetzungen Drittstaatsangehörige (Ausländer, die nicht Bürger der EU/EWR/Schweiz sind) in Deutschland beschäftigt werden dürfen.

Seit der Reformierung (2005) des deutschen Arbeitsmarktzuganges durch das Zuwanderungsgesetz bedürfen Staatsangehörige aus Drittstaaten für die Einreise und den Aufenthalt im Bundesgebiet eines sogenannten **Aufenthaltstitels.** Der Arbeitsmarktzugang für Fachkräfte aus Drittstaaten wurde sowohl durch das am 1. März 2020 in Kraft getretene Fachkräfteeinwanderungsgesetz als auch durch die jüngst in Kraft getretene Reform des Fachkräfteeinwanderungsgesetzes erleichtert.

1. Klärung bedeutsamer Vorfragen

Vor der Prüfung unter welchen Voraussetzungen ausländische Arbeitnehmer in Deutschland beschäftigt werden können, sind wesentliche Vorfragen zu klären. Diese sind insbesondere:

a. Nationalität

Als erstes sollte die Nationalität geklärt werden. Diese ist gleich in mehrfacher Hinsicht entscheidend:

- Die Nationalität bestimmt, ob die betreffende Person ein Drittstaatsangehöriger ist und von dem Anwendungsbereich des Aufenthaltsgesetzes (§ 1 Abs. 2 AufenthG) erfasst wird. Staatsangehörige der EU-Mitgliedsstaaten (Unionsbürger) sind grundsätzlich vom Anwendungsbereich des AufenthG ausgenommen. Ihre Rechtsstellung wird vom Freizügigkeitsgesetz/EU (FreizügG/EU) geregelt (vgl. § 1 Abs. 2 Nr. 1 AufenthG). Staatsangehörige der EWR-Staaten (Norwegen, Island und Liechtenstein) sowie auch Schweizer Staatsangehörige sind Unionsbürgern gleichgestellt. Unionsbürger und Staatsangehörige der EWR-Staaten benötigen weder ein Visum zur Einreise noch ist zum Aufenthalt im Bundesgebiet ein Aufenthaltstitel nötig. Sie genießen einen genehmigungsfreien Zugang zum deutschen Arbeitsmarkt und können ohne besondere Erlaubnis einer unselbstständigen Beschäftigung nachgehen oder eine selbstständige Erwerbstätigkeit ausführen.
- Außerdem ist die Nationalität entscheidend dafür, ob die betreffende Person sich auf verschiedene Privilegien in Bezug auf die Einreise, den Aufenthalt und die Aufnahme einer Beschäftigung berufen kann (§ 41 Aufenthaltsverordnung – AufenthV). Einige wenige Staatsangehörige dürfen visumfrei einreisen. Dem Großteil der Staatsangehörigen ist dieses Privileg jedoch verwehrt.
- Auch ist die Nationalität des Antragstellers maßgeblich für die Frage, bei welcher Behörde entsprechende Anträge zu stellen sind.

b. Wohnsitz

- Der Wohnsitz bestimmt darüber, welche Auslandsvertretung im Ausland zuständig ist und entscheidet damit darüber, wo ein entsprechender Antrag zu stellen ist. Einigen Staatsangehörigen (von Australien, Israel, Japan, Kanada, der Republik Korea, von Neuseeland und den Vereinigten Staaten von Amerika) ist es jedoch erlaubt, einen Antrag zur Aufnahme einer Erwerbstätigkeit auch nach zuvor erfolgter visumfreier Einreise im Inland zu stellen, sofern dies binnen 90 Tagen nach Einreise geschieht, § 41 Abs. 1 und 3 AufenthV.
- Weiter sollte geklärt werden, wo die betreffende Person in Deutschland ihren Wohnsitz begründen wird. Dies entscheidet über die Zuständigkeit der lokalen Ausländerbehörde – diese ist sowohl zuständig für die Staatsangehörigen, die visumfrei einreisen dürfen und den Antrag in Deutschland stellen, als auch für die Staatsangehörigen, die sich bereits im Ausland an die deutsche Auslandsvertretung wenden. Im zweiten Fall erteilt die lokale deutsche Ausländerbehörde den endgültigen Aufenthaltstitel.

c. Ort der Beschäftigung

- Darüber hinaus sollte auch der Ort der Beschäftigung rechtzeitig bestimmt werden (nur am Sitz der Gesellschaft bzw. einem bestimmten Standort oder auch an anderen Standorten, ggf. auch bei Kunden, regional beschränkt oder bundesweit?). Dies ist für den Fall einer notwendigen Zustimmung der Bundesagentur für Arbeit sowie bei Durchführung einer Arbeitsmarktprüfung durch die lokal zuständige Agentur für Arbeit relevant.

d. Arbeitsrechtliche Ausgestaltung

- Schließlich sollte geklärt werden, wie die arbeitsrechtliche Gestaltung erfolgen soll. Dies ist entweder in Form eines lokalen Anstellungsvertrags (nach deutschem Recht mit einer deutschen Gesellschaft oder Niederlassung) oder auf der Grundlage einer Entsendungsvereinbarung (unter Beibehaltung des Beschäftigungsverhältnisses im Ausland) möglich. Die vertragliche Ausgestaltung hat wiederum Auswirkungen darauf, welche Aufenthaltstitel der betroffenen Person zustehen (weitere Ausführungen zu den verschiedenen Gestaltungsformen finden Sie unter dem Stichwort „Entsendung").

2. Grundsätzlicher Verfahrensgang

Der grundsätzliche Verfahrensgang zur Erlangung eines Aufenthaltstitels (nachfolgend exemplarisch am Beispiel einer Aufenthaltserlaubnis) sieht wie folgt aus:

Verfahren zur Erlangung eines Aufenthaltstitels

ACHTUNG!

Das Visum ist ein eigenständiger Aufenthaltstitel und wird als Schengen-Visum nach § 6 Abs. 1 AufenthG oder als nationales Visum nach § 6 Abs. 3 AufenthG erteilt. Das Schengen Visum berechtigt grundsätzlich nicht zur Ausübung einer Erwerbstätigkeit.

TIPP!

Durch das FEG wurde für die Visumerteilung das sog. beschleunigte Verfahren für Fachkräfte gem. § 81a AufenthG eingeführt. Danach können Arbeitgeber bei der zuständigen Ausländerbehörde in Vollmacht des Arbeitnehmers die Durchführung eines beschleunigten Fachkräfteverfahrens beantragen. Diese hat u. a. Vorteile im Hinblick auf die Terminvergabe für eine persönliche Vorsprache bei der jeweiligen Auslandsvertretung. Die Auslandsvertretung soll im Fall eines beschleunigten Fachkräfteverfahrens einen Termin zur Visumantragstellung innerhalb von drei Wochen nach Vorlage der Vorabzustimmung durch die Fachkraft vergeben und sodann innerhalb von drei Wochen ab Stellung des vollständigen Visumantrags entscheiden. Die Praxis zeigt leider, dass diese Fristen nicht immer eingehalten werden können.

3. Wichtige Begriffsdefinitionen

Ein zentraler Begriff ist der der **„Fachkraft"**. Dieser Begriff ist seit der Einführung des Fachkräfteeinwanderungsgesetzes (FEG) legal definiert.

- Fachkräfte im Sinne des § 18 Abs. 3 AufenthG sind drittstaatsangehörige Ausländer, die eine inländische qualifizierter Berufsausbildung oder mit inländischer qualifizierten Berufsausbildung gleichwertige ausländische Berufsqualifikationen besitzen (Fachkraft mit Berufsausbildung)

oder

- einen deutschen, anerkannten ausländischen oder mit deutschem Hochschulabschluss vergleichbaren ausländischen Hochschulabschluss haben (Fachkraft mit akademischer Ausbildung).

Auch der Begriff der **„Qualifizierten Berufsausbildung"** ist wichtig. Darunter versteht man eine Berufsbildung in staatlich anerkannten oder vergleichbar geregelten Ausbildungsberufen, für den nach bundes- oder landesrechtlichen Vorschriften eine Ausbildungsdauer von mindestens 2 Jahren festgelegt ist (§ 2 Abs. 12a AufenthG).

Außerdem ist der Begriff **„Qualifizierte Beschäftigung"** relevant. Darunter versteht man, dass zu der Ausübung der betreffenden Beschäftigung Fertigkeiten, Kenntnisse und Fähigkeiten erforderlich sind, die im Studium oder in qualifizierter Berufsausbildung erworben werden (§ 2 Abs. 12b AufenthG).

Weitere Begriffsbestimmungen finden sich unter anderem in § 2 AufenthG.

4. Rechtsgrundlagen

a. Nationale Rechtsgrundlagen

Es gibt kein separates Gesetz, das die Beschäftigung von ausländischen Arbeitnehmern in Deutschland regelt. Die wichtigsten nationalen Rechtsgrundlagen des Arbeitsmigrationsrechts sind:

- Aufenthaltsgesetz (AufenthG)
- Beschäftigungsverordnung (BeschV)
- Aufenthaltsverordnung (AufenthV)

Die mit Abstand wichtigsten Regelungen finden sich im **AufenthG**, insbesondere in den Regelungen, die im Abschnitt 4 unter dem Titel „Aufenthalt zum Zweck der Erwerbstätigkeit" enthalten sind (§§ 18–21 AufenthG).

Dreh- und Angelpunkt des Arbeitsmigrationsrechts ist die in § 18 Abs. 2 Nr. 2 AufenthG in Bezug genommene und aufgrund der Verordnungsermächtigung des § 42 AufenthG erlassene „Verordnung über die Beschäftigung von Ausländerinnen und Ausländern" („Beschäftigungsverordnung" – **BeschV**). Ausweislich des Anwendungsbereiches steuert die BeschV die Zuwanderung ausländischer Arbeitnehmer und bestimmt insbesondere, unter welchen Voraussetzungen diese sowie die bereits in Deutschland lebenden Ausländer zum Arbeitsmarkt zugelassen werden können. Sie regelt insbesondere:

- in welchen Fällen ein Aufenthaltstitel zur Ausübung einer Beschäftigung ohne Zustimmung der Bundesagentur für Arbeit erteilt werden kann und
- in welchen Fällen ein Aufenthaltstitel zur Ausübung einer Beschäftigung nur mit Zustimmung der Bundesagentur für Arbeit erteilt werden kann.

Wichtig ist außerdem die Aufenthaltsverordnung (**AufenthV**), welche einige in der Praxis wichtige Regelungen zur Befreiung vom Erfordernis eines Aufenthaltstitels (§§ 15–30 AufenthV) sowie zum Visumverfahren (§§ 31–38 AufenthV) enthält. Praxisrelevant sind auch die in Abschnitt 4 der AufenthV enthaltenden Vorschriften über die Einholung des Aufenthaltstitels im Bundesgebiet (§§ 39–41 AufenthV).

b. Internationale Rechtsgrundlagen

Neben den nationalen Vorschriften spielen auch europarechtliche Regelungen (z. B. zur Blauen Karte EU; ICT-Karte; Mobiler ICT-Karte) sowie bilaterale/multilaterale Abkommen (z. B. mit UK) eine Rolle.

Wichtige weitere internationale Rechtsgrundlagen sind außerdem:

- Verordnung (EU) 2018/1806 des Europäischen Parlaments und des Rates vom 14. November 2018 zur Aufstellung der Liste der Drittländer, deren Staatsangehörige beim Überschreiten der Außengrenzen im Besitz eines Visums sein müssen, sowie der Liste der Drittländer, deren Staatsangehörige von dieser Visumpflicht befreit sind
- Verordnung (EU) 2016/399 des Europäischen Parlaments und des Rates vom 9. März 2016 über einen Gemeinschaftskodex für das Überschreiten der Grenzen durch Personen (Schengener Grenzkodex)

Darüber hinaus gibt es zahlreiche weitere Vorschriften und Regelungen – sowohl auf nationaler als auch auf internationaler Ebene – die hier jedoch nicht dargestellt werden.

II. Aufenthaltstitel im Überblick

Nach § 4 Abs. 1 AufenthG benötigen Drittstaatsangehörige für die Einreise und den Aufenthalt im Bundesgebiet grundsätzlich einen Aufenthaltstitel. Das AufenthG kennt folgende sieben Arten von Aufenthaltstiteln:

Überblick Aufenthaltstitel

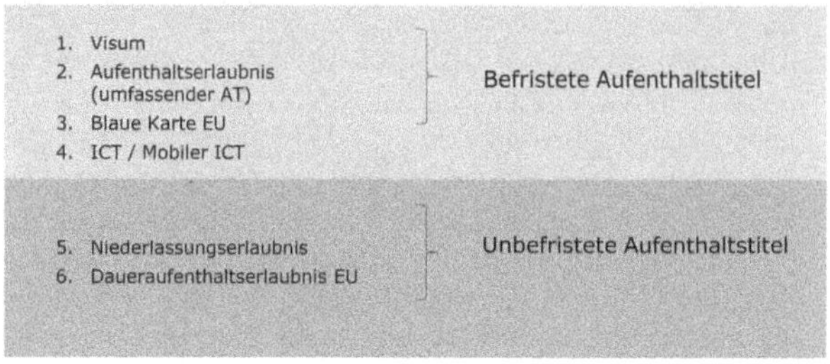

Die Aufenthaltstitel unterscheiden sich nicht nur in Bezug auf die jeweilige Dauer, sondern auch in Bezug auf die besonderen Voraussetzungen für deren Erteilung.

TIPP!

Vorsicht bei der Begriffsverwendung. Der Oberbegriff ist „Aufenthaltstitel". Sowohl ein Visum als auch eine Aufenthaltserlaubnis sind Arten von Aufenthaltstiteln.

Zuständig für die Erteilung der Titel ist die örtlich zuständige Ausländerbehörde, § 71 Abs. 1 AufenthG.

Für die Erteilung aller Aufenthaltstitel müssen bestimmte allgemeine Voraussetzungen erfüllt sein (nachfolgend unter Ziffer 1. dargestellt). Außerdem müssen jeweils besondere Voraussetzungen – abhängig von dem jeweiligen Aufenthaltstitel – vorliegen (nachfolgend unter Ziffer 2. dargestellt).

1. Allgemeine Voraussetzungen

Für die Erteilung eines Aufenthaltstitels müssen die allgemeinen Erteilungsvoraussetzungen nach § 5 Abs. 1 AufenthG erfüllt sein. Vorausgesetzt werden:

- Sicherung des Lebensunterhalts (vgl. § 2 Abs. 3 AufenthG)
- Klärung der Identität und Staatsangehörigkeit
- Fehlen eines Ausweisungsinteresses
- Nichtgefährdung von Interessen der Bundesrepublik Deutschland
- Erfüllung der Passpflicht

In § 18 Abs. 2 AufenthG ist dann geregelt, dass für die Erteilung eines Aufenthaltstitels zur Ausübung einer Beschäftigung folgende Voraussetzungen vorliegen müssen:

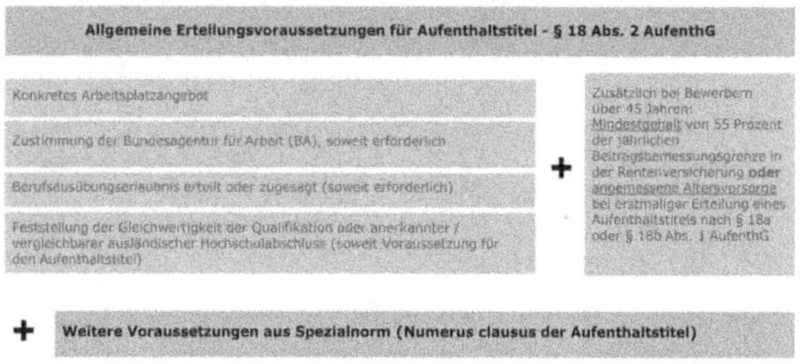

2. Besondere Voraussetzungen

Neben den allgemeinen Voraussetzungen gibt es besondere Voraussetzungen, die vom jeweils einschlägigen Aufenthaltstitel abhängig sind. Welcher Aufenthaltstitel einschlägig ist, ist eine Frage des Einzelfalls und hängt von der Phase des Berufslebens und der Qualifikation des Ausländers sowie der beabsichtigten beruflichen Tätigkeit ab.

Besondere Voraussetzungen können zum Beispiel sein: Anerkannter Hochschulabschluss, Erreichen einer gewissen Gehaltsschwelle, vergleichbares Gehalt, Vorliegen eines konkreten Arbeitsplatzangebots, Alter, Zustimmung der Bundesagentur für Arbeit.

3. Numerus clausus der Aufenthaltstitel

Regelmäßig sind folgende Aufenthaltstitel im Zusammenhang mit einer Erwerbstätigkeit relevant:

Nach Abschluss einer Berufsausbildung	
§ 16d AufenthG	Durchführung von Maßnahmen zur Anerkennung ausländischer Berufsqualifikationen
§ 18a AufenthG (Fachkraft mit Berufsausbildung)	Berufstätigkeit nach Abschluss einer anerkannten Berufsausbildung
Nach Abschluss eines Studiums	
§ 18g AufenthG (bis 17.11.2023 § 18b Abs. 2 AufenthG)	Blaue Karte EU
§ 18b AufenthG	Sonstige Aufenthaltserlaubnis nach Hochschulabschluss, wenn Voraussetzungen der Blauen Karte EU nicht erfüllt sind
§ 18c Abs. 3 AufenthG	Niederlassungserlaubnis für hochqualifizierte Fachkräfte mit akademischer Ausbildung
Aufenthaltstitel zur Arbeitsplatzsuche bzw. Anerkennung der ausländischen Berufsqualifikation	
§ 20 AufenthG	Aufenthaltserlaubnis zur Arbeitsplatzsuche für Fachkräfte
§ 20a AufenthG	Chancenkarte
§ 3 Nr. 2 BeschV	Insbesondere: Geschäftsführer und Vorstandsmitglieder
Aufenthaltstitel für bestimmte branchenunabhängige Positionen oder Funktionen in einem Unternehmen, d. h. für leitende Angestellte, Spezialisten und Organe von juristischen Personen	
§ 3 Nr. 1 BeschV	Leitende Angestellte
§ 3 Nr. 3 BeschV	Spezialisten
§ 3 Nr. 2 BeschV	Insbesondere: Geschäftsführer und Vorstandsmitglieder
Aufenthaltstitel für bestimmte Berufe, z. B. IT-Spezialisten (§ 6 BeschV) oder Berufskraftfahrer (§ 24a BeschV)	

TIPP!

Im Rahmen von Entsendungen kommen vor allem die ICT-Karte (§ 19 AufenthG) sowie die Mobile ICT-Karte (§ 19b AufenthG) in Betracht, die besonderen Voraussetzungen unterliegen.

Der Aufenthaltstitel nach § 3 Nr. 1 (leitende Angestellte) und § 3 Nr. 2 (Geschäftsführer und Vorstandsmitglieder) BeschV kann auch in Fällen der Entsendung erteilt werden (nicht hingegen § 3 Nr. 3 BeschV – Spezialist, der eine inländische Beschäftigung voraussetzt). Für Spezialisten ist allerdings ein Personaltransfer mit der ICT-Karte möglich.

III. Reform der Fachkräfteeinwanderung

Mit der Reform der Fachkräfteeinwanderung sollte Deutschland das modernste Fachkräfteeinwanderungsgesetz der EU bekommen und im weltweiten Vergleich vorne mitspielen. Bedenkt man, dass laut einer Hochrechnung des Instituts für Arbeitsmarkt- und Berufsforschung der Bundesagentur für Arbeit in Deutschland bis 2035 7 Millionen Fachkräfte fehlen werden, war dieser Schritt absolut erforderlich.

Die Änderungen sind sukzessive in Kraft getreten:

November 2023 — März 2024 — Juni 2024 — Januar 2026

Geprägt ist die Reform vor allem von drei Aspekten und neuen Wegen:

- Qualifikation: Es kann jede qualifizierte Beschäftigung ausgeübt werden.
- Erfahrung: Mit zwei Jahren Berufserfahrung und einem im Land des Erwerbs staatlich anerkannten Berufsabschluss ist die Einwanderung als Arbeitskraft möglich.
- Potential: Die Arbeitssuche kann mit Hilfe einer sog. Chancenkarte vereinfacht werden.

1. Wesentliche Änderungen seit November 2023

Seit 18.11.2023 gibt es die ersten Änderungen.

a. Änderungen in Bezug auf die Blaue Karte EU

Die ersten Änderungen beziehen sich vor allem auf die Regelungen zur Blauen Karte EU.

TIPP!

Die Blaue Karte EU ist ein Aufenthaltstitel für Hochschulabsolventen mit einem verbindlichen Arbeitsplatzangebot. Wesentliche Anforderungen sind ein deutscher oder anerkannter bzw. vergleichbarer ausländischer Hochschulabschluss sowie ein bestimmtes jährliches Mindestbruttogehalt.

Die Blaue Karte EU wird regelmäßig zunächst für vier Jahre erteilt bzw. bei kürzerer Laufzeit des Arbeitsvertrages für die Dauer des Arbeitsverhältnisses zuzüglich weiterer drei Monate.

Regelungen dazu finden sich zukünftig in § 18g AufenthG. Folgende Neuerungen sind insbesondere (nicht abschließend) zu beachten:

- Eine abgesenkte Gehaltsgrenze für Regel- und Engpassberufe:
  - Regelberufe: Mindestgehalt von 50 % der jährlichen Beitragsbemessungsgrenze (bisher: 2/3 der jährlichen Beitragsbemessungsgrenze) in der allgemeinen Rentenversicherung (derzeit für 2025: 48.300 € brutto/Jahr; für 2026: 50.700 € brutto/Jahr)
  - Engpassberufe und Berufsanfänger/innen: Mindestgehalt von 45,3 % der jährlichen Beitragsbemessungsgrenze (bisher: 52 % der jährlichen Beitragsbemessungsgrenze) in der allgemeinen Rentenversicherung (derzeit für 2025: 43.759,80 € brutto/Jahr; für 2026: 45.934,20 € brutto/Jahr)
- Der Personenkreis der Engpassberufe wurde erweitert. Wovon bisher nur Naturwissenschaftler, Mathematiker, Ingenieure, Ärzte sowie akademische und vergleichbare Fachkräfte in der Informations- und Kommunikationstechnologie umfasst waren (§ 18b Abs. 2 Satz 2 AufenthG), werden nunmehr beispielsweise auch Führungskräfte in der Erbringung von speziellen Dienstleistungen (z. B. Kinderbetreuung, Gesundheitswesen) und weitere erfasst (§ 18g Abs. 1 Satz 2 Nr. 1 AufenthG).

- Neu ist, dass Inhaber einer Blauen Karte EU, die ein anderer EU-Mitgliedstaat ausgestellt hat, kurzfristige (§ 18h AufenthG) und langfristige (§ 18i AufenthG) Mobilität erlangen.
  - *Kurzfristige Mobilität* bedeutet, dass ein Aufenthalt von höchstens 90 Tagen innerhalb von 180 Tagen in Deutschland möglich ist. Der Inhaber der Blauen Karte EU kann sich in Deutschland zum Zwecke einer geschäftlichen Tätigkeit, die im Zusammenhang mit seiner Beschäftigung steht, aufhalten, ohne dass ein Aufenthaltstitel oder eine Arbeitserlaubnis der Bundesagentur für Arbeit erforderlich wäre.
  - *Langfristige Mobilität* heißt, dass ein visumfreier langfristiger Umzug nach Deutschland nach einem Mindestaufenthalt von zwölf Monaten mit der Blauen Karte EU in einem anderen EU-Staat möglich ist. Nach der Einreise in Deutschland muss eine deutsche Blaue Karte EU beantragt werden.

ACHTUNG!

Wird in Fällen der langfristigen Mobilität der Antrag auf Erteilung einer Blauen Karte EU abgelehnt, weil die Bedingungen für die Ausübung der langfristigen Mobilität nicht vorliegen, haftet neben dem Inhaber der Blauen Karte EU der Arbeitgeber für die Kosten, die durch die Durchsetzung der Zurückweisung, Zurückschiebung oder Abschiebung entstehen (§ 66 Abs. 2 Satz 2 AufenthG).

- Daneben wird die Einreise und der Aufenthalt für Familienangehörige eines Inhabers der Blauen Karte EU vereinfacht (§ 29 Abs. 1 Satz 2 AufenthG). Im Rahmen der Beantragung ist außerdem § 81 Abs. 6 und Abs. 6a AufenthG zu berücksichtigen.
- Die Blaue Karte EU kann widerrufen werden (§ 52 Abs. 2b und Abs. 2c AufenthG).

b. Änderungen für Fachkräfte mit Berufsausbildung und akademischer Ausbildung

- Nunmehr haben Fachkräfte mit Berufsausbildung oder mit akademischer Ausbildung einen **Anspruch** auf Erteilung einer Aufenthaltserlaubnis, auch wenn keine Verbindung zwischen der Qualifikation und der Beschäftigung besteht (§ 18a und § 18b AufenthG). Zuvor wurde geprüft, ob die gewünschte Beschäftigung angemessen mit Blick auf die entsprechende Ausbildung war.
- Reglementierte Berufe, z. B. Gesundheits- und Krankenpfleger, Arzt, Lehrer oder Rechtsanwalt, sind von dieser Erleichterung ausgenommen.

2. Weitere wesentliche Änderungen seit März 2024

Weitere Änderungen kamen im März 2024 hinzu. Das betraf insbesondere die folgenden Regelungen:

a. Änderungen im Zusammenhang mit der Anerkennung

Bis zur Gesetzesänderung gab es nur ein Verfahren zur Anerkennung einer Berufsqualifikation. Dieses sah wie folgt aus:

Fachkräfte mit Berufsausbildung – Verfahren zur Anerkennung der Berufsqualifikation

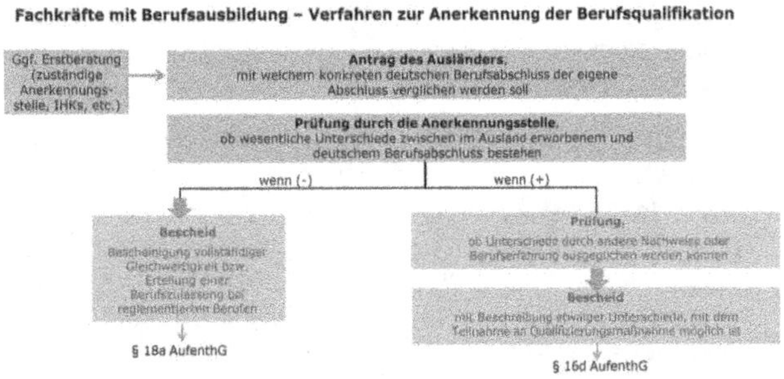

- Neben § 16d Abs. 1 AufenthG kamen zwei neue Wege hinzu, um die volle Gleichwertigkeit der ausländischen Berufsqualifikation zu erlangen, nämlich die Anerkennungspartnerschaft und die Qualifikationsanalyse.

TIPP!

Bei der Anerkennungspartnerschaft (§ 16d Abs. 3 Nr. 3a AufenthG, beachte auch § 2a BeschV), die aufgrund privatrechtlicher Vereinbarung zwischen dem Ausländer und dem Arbeitgeber besteht (sozusagen Arbeitgeber als Prüfinstanz) handelt es sich um die Möglichkeit, einen Aufenthaltstitel zur Ausübung einer qualifizierten Beschäftigung zu erhalten und ein erforderliches Anerkennungsverfahren erst nach der Einreise begleitend durchzuführen. Die Visumerteilung ist mit der Verpflichtung der Fachkraft und des Arbeitgebers verbunden, die Anerkennung nach Einreise zu beantragen und das Verfahren aktiv zu betreiben.

Bei der Qualifikationsanalyse (§ 16d Abs. 6 AufenthG) ist ein Aufenthalt zum Zweck der Feststellung der maßgeblichen beruflichen Fertigkeiten, Kenntnisse und Fähigkeiten, die zur Feststellung der Gleichwertigkeit der im Ausland erworbenen Berufsqualifikation erforderlich sind (Qualifikationsanalyse) und die den Ausländer zu einer qualifizierten Beschäftigung befähigen, möglich.

b. Änderungen im Zusammenhang mit der Beschäftigung von Fach- und Arbeitskräften

- Es gibt außerdem weitere Vereinfachungen bezüglich der Beschäftigung von Fach- und Arbeitskräften geben, konkret im Hinblick auf § 6 BeschV. Beispielsweise sind keine Sprachkenntnisse mehr erforderlich und für IT-Spezialisten ist kein Berufs- oder Hochschulabschluss mehr notwendig.
- § 22a BeschV, der Regelungen zur Beschäftigung von Pflegehilfskräften beinhaltet, wurde neu eingeführt. Im Bereich Pflege gibt es außerdem in § 20 Abs. 3 Nr. 5 AufenthG Erleichterungen für die Jobsuche, wonach eine Jobsuche im Anschluss an eine Ausbildung in den Gesundheits- und Pflegeberufen in Deutschland möglich sein soll.
- Auch die Beantragung der Niederlassungserlaubnis für Fachkräfte (§ 18c AufenthG) hat sich geändert. Sie kann unter anderem schon nach 3 Jahren bzw. für Inhaber der Blauen Karte EU schon nach 27 Monaten beantragt werden.
- Außerdem sind Erleichterungen beim Familiennachzug zu Fachkräften in Kraft getreten (u. a. § 36 Abs. 3 AufenthG, Möglichkeit des Nachholens von Eltern und Schwiegereltern bei Vorliegen der Voraussetzungen).
- Neu eingeführt ist auch eine Aufenthaltserlaubnis für Inhaber von Gründerstipendien, § 21 Abs. 2b AufenthG.

c. Änderungen im Zusammenhang mit der Beschäftigung von Studierenden und Auszubildenden

Für ausländische Studierende gibt es erweiterte Beschäftigungsmöglichkeiten (Ausübung von Beschäftigungen von insgesamt bis zu 140 Arbeitstagen/Jahr). Die Regelungen zur Suche eines Ausbildungs- und Studienplatzes wurden gelockert.

d. Änderungen im Zusammenhang mit der kurzzeitig kontingentierten Beschäftigung, § 15d BeschV

Es gibt eine neue Möglichkeit für die kurzzeitige Beschäftigung (90 Tage je Zeitraum von 180 Tagen) von Drittstaatsangehörigen, unabhängig von ihrer Qualifikation, die regelmäßig 30 Stunden pro Woche umfassen kann.

3. Änderungen seit Juni 2024

a. Einführung einer Chancenkarte

Bisher war eine Einwanderung nach Deutschland zum Zwecke der Beschäftigung nur mit konkretem Arbeitsplatzangebot möglich. Seit Juni 2024 gibt es eine wesentliche Änderung: die Einführung einer Chancenkarte (§ 20a AufenthG).

Definition in § 20a Abs. 1 AufenthG (neu):

„Eine Chancenkarte ist eine Aufenthaltserlaubnis zur **Suche nach einer Erwerbstätigkeit** oder nach **Maßnahmen zur Anerkennung ausländischer Berufsqualifikationen.**"

Abhängig davon, ob der Drittstaatsangehörige eine volle Gleichwertigkeit seiner ausländischen Qualifikation nachweisen kann (und damit als Fachkraft im Sinne des § 18 Abs. 3 AufenthG gilt) oder nicht, müssen eventuell weitere Voraussetzungen nachgewiesen werden. Das bedeutet: der Abschluss muss für eine Erteilung nicht zwingend anerkannt sein, die Erteilung wäre in diesem Fall nur an das Vorliegen weiterer Voraussetzungen gebunden.

Liegen die Voraussetzungen vor, werden nach einem Punktesystem für verschiedene Kriterien (Anerkennung der Qualifikationen in Deutschland, Sprachkenntnisse, Berufserfahrung, Alter, Deutschlandbezug, Potenzial des mitziehenden Lebens- oder Ehepartners) Punkte verteilt. Bei Erreichen einer bestimmten Punkteanzahl und der Sicherung des Lebensunterhalts wird eine Chancenkarte ausgestellt.

Bis zu einem Jahr kann eine sog. „Such-Chancenkarte" erteilt werden (§ 20a Abs. 5 Satz 1 AufenthG). Eine Verlängerung bis zu zwei Jahren ist möglich, wenn der Drittstaatsangehörige einen Arbeitsvertrag oder ein verbindliches Arbeitsplatzangebot für eine inländische qualifizierte Beschäftigung hat oder die Bundesagentur für Arbeit zustimmt, der Ausländer aber (noch) nicht die Voraussetzungen für die Erteilung einer anderen Aufenthaltserlaubnis erfüllt (sog. „Folge-Chancenkarte", § 20a Abs. 5 Satz 2 und Satz 3 AufenthG).

Beispiel für den zeitlichen Ablauf im Fall des Erhalts einer Chancenkarte zur Jobsuche:

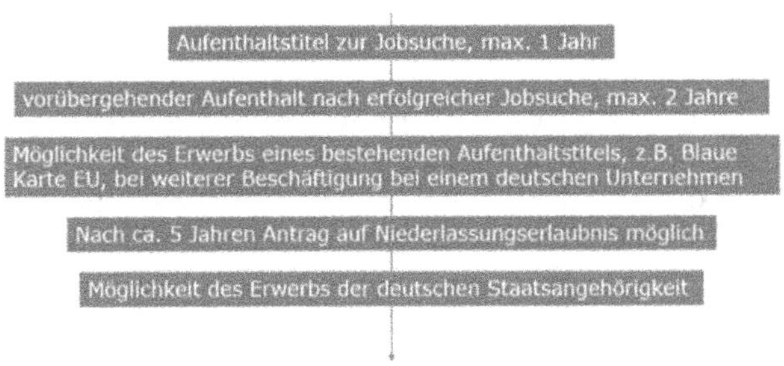

TIPP!

Bereits die Chancenkarte berechtigt sowohl zur Ausübung einer Beschäftigung von durchschnittlich insgesamt höchstens 20 Stunden pro Woche als auch zur Ausübung einer Probebeschäftigung für jeweils höchstens zwei Wochen bei Vorliegen der Voraussetzungen.

b. Entfristung der Westbalkanregelung

Diese Regelung sollte Ende 2023 auslaufen. Nun wird die Regelung jedoch beibehalten und gilt daher seit Januar 2024 weiter. Änderungen bezüglich des Kontingents sind im Juni 2024 in Kraft getreten. Das jährliche Kontingent für diese Zustimmungen wurde verdoppelt (bisher 25.000 Zustimmungen pro Kalenderjahr, seit Juni 2024 50.000 Zustimmungen pro Kalenderjahr).

Nach der Westbalkanregelung (§ 26 Abs. 2 BeschV) kann Staatsangehörigen von Albanien, Bosnien und Herzegowina, Kosovo, Montenegro, Nordmazedonien und Serbien ein Arbeitsmarktzugang für jede Art von Beschäftigung in nicht-reglementierten Berufen durch Zustimmung erteilt werden.

Staatsangehörige des Westbalkans benötigen keine Qualifikation und keine berufliche Anerkennung für das Visum zum Arbeiten. Sie brauchen jedoch ein verbindliches Arbeitsplatzangebot und die Bundesagentur für Arbeit muss im Visumverfahren ihre Zustimmung zur Beschäftigung geben. Hierbei wird auch eine Vorrangprüfung durchgeführt.

Für reglementierte Berufe wie z. B. Arzt/Ärztin, Pflegefachmann/Pflegefachfrau gilt die Westbalkanregelung nicht. Möchten diese in Deutschland arbeiten, muss zunächst die entsprechende Qualifikation anerkannt werden.

4. Änderungen seit Januar 2026

Weitere Änderungen sind im Januar 2026 hinzugekommen. Betreffen wird dies wohl vor allem das Aufenthaltsgesetz wegen einer Informationspflicht des Arbeitgebers gegenüber Drittstaatsangehörigen bei Anwerbung aus dem Ausland sowie die Änderung des § 299 Nr. 10 SGB III.

IV. Risiken und Haftung

Wollen Drittstaatsangehörige in Deutschland tätig werden, ist ein Aufenthaltstitel, der zur Erwerbstätigkeit berechtigt, eine zwingende Voraussetzung, da ansonsten ein erhebliches Haftungsrisiko besteht.

Die Haftungsrisiken bestehen nicht nur für den Drittstaatsangehörigen, sondern unter anderem auch für Arbeitgeber (z. B. wegen illegaler Ausländerbeschäftigung). Nach § 14 StGB oder § 9 OWiG ist auch eine Zurechnung auf das vertretungsberechtigte Organ möglich. Ein Verstoß kann sowohl zu Geld- (bis zu EUR 500.000 pro Fall) als auch zu Freiheitsstrafen (bis zu 10 Jahren) führen.

Ordnungs- und strafrechtliche Vorschriften finden sich in verschiedenen Gesetzen:

- §§ 95 ff. AufenthG
- § 404 SGB III
- §§ 10 ff. SchwarzArbG
- §§ 15 ff. AÜG

ACHTUNG!

Sollte der Ausländer keine Berechtigung zur Erwerbstätigkeit in Deutschland (mehr) haben, wäre der Arbeitsvertrag trotzdem wirksam. Es würde nur ein Beschäftigungsverbot vorliegen. Dennoch könnte der Vertrag nicht ohne Weiteres gekündigt werden.

TIPP!

Arbeitgeber sind verpflichtet, vor einer Arbeitsaufnahme das Recht des Arbeitnehmers zur Erwerbstätigkeit in Deutschland zu überprüfen, § 4a Abs. 5 Satz 3 Nr. 1 AufenthG. Dies sollte durch Vorlage des Original-Aufenthaltstitels (eventuell inkl. Zusatzblatt und in Verbindung mit einer ID-Karte des Ausländers) erfolgen.

Eine Beschäftigung ist nur möglich, wenn eine Erwerbstätigkeit nach dem Aufenthaltstitel zulässig ist. Für die Dauer der Beschäftigung muss eine Kopie der die Ausübung der Erwerbstätigkeit erlaubenden Urkunde (in der Regel Aufenthaltstitel, ggf. mit Zusatzblatt) aufbewahrt werden, § 4a Abs. 5 Satz 3 Nr. 2 AufenthG.

Außerdem besteht eine Pflicht des Arbeitgebers, die (vorzeitige) Beendigung der Beschäftigung des Ausländers, für den der Aufenthaltstitel erteilt wurde, innerhalb von vier Wochen ab Kenntniserlangung der zuständigen Ausländerbehörde mitzuteilen. Die Mitteilungspflicht ist an keine bestimmte Form gebunden, z. B. schriftlich, per E-Mail oder Telefon möglich.

WICHTIG: Sonderfall Ukraine

Mit der Ukraine-Aufenthaltserlaubnis-Fortgeltungsverordnung (BGBl. 2025 I Nr. 252 vom 27. Dezember 2025) werden ab dem 1. Februar 2026 noch gültige Aufenthaltserlaubnisse zum vorübergehenden Schutz automatisch bis zum 4. März 2027 verlängert. Diese wurden und werden gemäß § 24 Absatz 1 Aufenthaltsgesetz für anlässlich des Krieges in der Ukraine nach Deutschland eingereiste Ausländer gewährt. Für eine Verlängerung müssen die Geflüchteten die zuständige Ausländerbehörde nicht aufsuchen. Das bedeutet, Arbeitgeber sollten den Umstand der automatischen Verlängerung der Aufenthaltserlaubnis entsprechend dokumentieren.

V. Fazit

Auch wenn es bereits einige Möglichkeiten gibt, als Drittstaatsangehöriger zu Erwerbstätigkeitszwecken nach Deutschland einzureisen, entwickeln sich diese Möglichkeiten stetig weiter. Die Einwanderungsmechanismen wurden durch die Reform des Fachkräfteeinwanderungsgesetzes noch flexibler. Dies sollte man stets im Blick behalten. Dringend notwendig wäre eine Behördenreform, diese ist allerdings noch nicht anvisiert.

Beschwerde

I. Begriff

Der Arbeitnehmer ist berechtigt, sich beim Arbeitgeber und/oder beim Betriebsrat zu beschweren, wenn er sich vom Arbeitgeber oder von Kollegen benachteiligt, ungerecht behandelt oder in sonstiger Weise beeinträchtigt fühlt (§ 84 BetrVG). Auch wenn sich diese Regelung im BetrVG findet, so handelt es sich beim Beschwerderecht um einen individualrechtlichen Anspruch des Arbeitnehmers, der nicht an die Existenz eines Betriebsrats gebunden ist.

Sonderfälle eines außerbetrieblichen Beschwerdeverfahrens finden sich für Diskrimierungen in § 13 AGG und für unzureichende Arbeitsschutzmaßnahmen des Arbeitgebers in § 17 Abs. 2 ArbSchG.

II. Beschwerdegegenstand

Die Beschwerde kann auf alle Maßnahmen gestützt werden, durch die der Arbeitnehmer persönlich benachteiligt, ungerecht behandelt oder in sonstiger Weise beeinträchtigt wird. Da es auf die individuelle Beeinträchtigung ankommt, sind Beschwerden wegen allgemeiner Missstände im Betrieb ausgeschlossen, wenn der Arbeitnehmer nicht persönlich betroffen ist oder sich nicht zumindest persönlich betroffen fühlt. Ist er dagegen (auch) persönlich betroffen, soll auch eine Unterschriftenaktion, mit der etwa der Wunsch auf Wiedereinführung einer 35-Stunden-Woche zum Ausdruck gebracht wird, vom Erörterungs- und Beschwerderecht nach §§ 82 Abs. 1, 84 Abs. 1 BetrVG gedeckt sein – und dies selbst dann, wenn ein Betriebsrat besteht, der in erster Linie zur Wahrnehmung der kollektiven Arbeitnehmerrechte berufen ist (LAG Hamm v. 3.9.2014, Az. 4 Sa 235/14).

Der Kreis der beschwerdefähigen Angelegenheiten ist weit. So können rein tatsächliche Beeinträchtigungen ebenso zum Gegenstand einer Beschwerde gemacht werden wie betriebsverfassungsrechtliche Regelungsfragen oder die Nichterfüllung von Rechtsansprüchen. Unerheblich ist auch, ob die Beeinträchtigung vom Arbeitgeber oder von Kollegen ausgeht.

Beispiele:

Verstoß gegen den Gleichbehandlungsgrundsatz, ungerechtfertigte Abmahnung, falsche tarifliche Eingruppierung, falsche Berechnung des Lohns, Leistungsbeurteilungen, sexuelle Belästigung am Arbeitsplatz, Arbeitsüberlastung, ständige Zuteilung besonders unangenehmer Arbeiten, dauernde Anordnung von Vertretungen, Mobbing, Hänseleien am Arbeitsplatz, ungünstige Lage der persönlichen Arbeitszeit, Beleidigungen, Einmischung (unzuständiger) Kollegen oder Vorgesetzter in den übertragenen Arbeitsbereich, mangelnde Bereitschaft zur Zusammenarbeit, Streitigkeiten zwischen Rauchern und Nichtrauchern, Lärm, Raumklima.

Wichtig ist, dass eine Beschwerde auch dann noch zulässig ist, wenn sie sich auf abgeschlossene Vorgänge bezieht, und eine Abhilfe daher nicht mehr möglich ist. Auch in diesem Fall ist nämlich der Anspruch auf Bescheidung nach § 84 Abs. 2 BetrVG noch erfüllbar.

Ein besonderes Beschwerderecht besteht ausdrücklich nach § 13 AGG im Falle von Diskriminierungen aus Gründen der Rasse oder wegen der ethnischen Herkunft, des Geschlechts, der Religion oder Weltanschauung, einer Behinderung, des Alters oder der sexuellen Identität.

Die Amtstätigkeit des Betriebsrats (Handlungen wie auch Versäumnisse) kann dagegen nicht Gegenstand einer Beschwerde sein.

III. Einlegung/Rücknahme der Beschwerde

Die Einlegung der Beschwerde ist weder an eine bestimmte Form noch an eine Frist gebunden, wenn dies nicht ausnahmsweise durch Tarifvertrag oder Betriebsvereinbarung festgelegt ist. Die Beschwerde kann vom Arbeitnehmer jederzeit zurückgenommen werden.

1. Einlegung beim Arbeitgeber

Die Beschwerde ist bei der „zuständigen Stelle des Betriebs" einzulegen (§ 84 Abs. 1 BetrVG). Eine Zuständigkeit kann nicht willkürlich begründet werden, sondern ist durch den organisatorischen Aufbau des Betriebs festgelegt. Regelmäßig wird es sich also um die dem Arbeitnehmer unmittelbar vorgesetzte Person handeln, also etwa den Abteilungsleiter, Gruppenleiter oder Meister, wenn nicht eine → *Betriebsvereinbarung* oder ein → *Tarifvertrag* etwas anderes vorsehen.

Eine zweite Instanz gibt es im Beschwerdeverfahren nicht. Der Arbeitnehmer hat daher nicht das Recht, bei Ablehnung durch eine untergeordnete, aber – aufgrund des organisatorischen Aufbaus – zuständige Stelle (z. B. direkter Vorgesetzter, Gruppenleiter) die ihr übergeordnete betriebliche Stelle (z. B. Abteilungsleiter, Personalleiter) anzurufen, um eine möglicherweise abweichende Entscheidung zu erhalten.

Der Arbeitnehmer kann bei der Einlegung der Beschwerde ein Mitglied des Betriebsrats seiner Wahl zur Unterstützung oder Vermittlung hinzuziehen.

2. Einlegung beim Betriebsrat

Neben der Möglichkeit, sich unmittelbar beim Arbeitgeber zu beschweren, hat der Arbeitnehmer auch die Möglichkeit, seine Beschwerde beim Betriebsrat einzulegen.

WICHTIG!

Der Arbeitnehmer kann jederzeit – etwa bei erfolglosem Abschluss eines direkt beim Arbeitgeber eingeleiteten Beschwerdeverfahrens – auf das andere Verfahren „umschwenken"; er ist rechtlich nicht einmal gehindert, beide Verfahrenswege parallel einzuschlagen!

Der Betriebsrat muss sich mit der Beschwerde befassen und über die Frage ihrer Berechtigung einen Beschluss fassen. Erscheint dem Betriebsrat die Beschwerde als berechtigt, nimmt er sie an und verhandelt mit dem Arbeitgeber über ihre Erledigung.

3. Einlegung bei einer betrieblichen Beschwerdestelle (§ 13 AGG)

Im Falle einer Beschwerde wegen Diskriminierung ist die Beschwerde in erster Linie bei einer vom Arbeitgeber zu benennenden Beschwerdestelle einzulegen. Zur Benennung dieser Beschwerdestelle ist der Arbeitgeber verpflichtet; er kann sich selbst, einen bestimmten Mitarbeiter, den Personalleiter oder auch ein (paritätisch besetztes) Gremium bestimmen.

In Unternehmen mit Betriebsrat hat dieser kein Mitbestimmungsrecht hinsichtlich der Fragen, wo der Arbeitgeber eine Beschwerdestelle errichtet (in jedem Betrieb, in jeder Dienststelle oder auch nur eine im Unternehmen) und wie er diese personell besetzt. So kann der Arbeitgeber, wenn er sich für die Errichtung einer unternehmensweiten Beschwerdestelle entscheidet, auch allein festlegen, in welchem Betrieb sie eingerichtet wird. In jedem Fall löst jedoch die Einführung bestimmter Regelungen zur Vereinheitlichung des Beschwerdeverfahrens ein Mitbestimmungsrecht aus, wie etwa eine Festlegung der Beschwerdeformalitäten, des Prüfungsablaufs oder der Bescheidungsmodalitäten. Dem Betriebsrat steht insoweit auch ein Initiativrecht zu. Solange der Betriebsrat von diesem Initiativrecht jedoch keinen Gebrauch macht, kann der Arbeitgeber den Umgang mit den angetragenen Beschwerden der „zuständigen Stelle" in eigener Verantwortung übertragen, da er gesetzlich nicht zur Beachtung eines bestimmten Verfahrens verpflichtet ist (BAG v. 21.7.2009, Az. 1 ABR 42/08).

Neben der Beschwerdemöglichkeit nach § 13 Abs. 1 AGG bei der „zuständigen Stelle" steht es dem Arbeitnehmer frei, sich mit seiner Beschwerde wegen Diskriminierung an den Betriebsrat zu wenden (§ 13 Abs. 2 AGG).

IV. Wirkung der Beschwerde

Die Beschwerde hat hinsichtlich Weisungen des Arbeitgebers keine aufschiebende Wirkung. Das bedeutet, dass der Arbeitnehmer einer Anordnung, über die er sich beschwert hat, zunächst einmal nachkommen muss, bis über die Beschwerde entschieden ist. Nur in schwerwiegenden Fällen, z. B. dann, wenn bei Befolgung der Weisung eine konkrete Gesundheitsgefährdung droht, hat er das Recht, die verlangte Leistung zu verweigern.

Durch die Beschwerde wird der Ablauf möglicher gesetzlicher oder tariflicher Ausschlussfristen nicht gehemmt. Die Beschwerde kann jedoch eine Geltendmachung im Sinne der tariflichen Ausschlussfristen darstellen, wenn für die Geltendmachung nicht bestimmte Formalien nach dem Tarifvertrag vorgeschrieben sind, die die Beschwerde nicht erfüllt.

Beispiel:

Der Tarifvertrag verlangt für die Geltendmachung eines Anspruchs die Schriftform. Wenn sich der Arbeitnehmer in diesem Fall nur mündlich beschwert, liegt keine wirksame Geltendmachung vor.

V. Entscheidung des Arbeitgebers über die Beschwerde

Der Arbeitgeber muss die Berechtigung der Beschwerde prüfen und dem Arbeitnehmer bei längerer Dauer der Prüfung einen Zwischenbescheid geben. Der Arbeitgeber hat sich zur Beschwerde zu äußern und darf sie nicht einfach übergehen. Nur auf wiederholte Beschwerden von Querulanten muss nicht mehr eingegangen werden. Auch wird sich der Arbeitgeber keiner Beschwerde stellen müssen, die lediglich eine rein subjektive Befindlichkeit des Arbeitnehmers zum Inhalt hat. Dies ist etwa der Fall, wenn hinter der Beschwerde völlig harmlose Vorfälle stehen, die gänzlich ungeeignet sind, bei einem Mindestmaß von vernünftiger Sicht bei einem Arbeitnehmer nachvollziehbar das subjektive Gefühl der Benachteiligung, ungerechten Behandlung oder sonstigen Beeinträchtigung auszulösen (Hessisches LAG v. 12.3.2002; Az. 4 TaBV 75/01).

Die Entscheidung über die Beschwerde kann dem Arbeitnehmer schriftlich oder mündlich mitgeteilt werden; aus Beweisgründen empfiehlt sich aber immer die schriftliche Mitteilung. Wird die Beschwerde vom Arbeitgeber abgelehnt, muss er die Ablehnung begründen.

1. Anerkennung der Beschwerde

Hält der Arbeitgeber die Beschwerde für berechtigt, muss er ihr abhelfen.

ACHTUNG!

Die Anerkennung der Beschwerde führt zu einer Selbstbindung des Arbeitgebers. Der Arbeitnehmer hat dann einen Rechtsanspruch auf Abhilfe.

Wird die Beschwerde auf eine Diskriminierung oder sexuelle Belästigung am Arbeitsplatz gestützt, muss der Arbeitgeber geeignete Maßnahmen treffen, um die Fortsetzung der Diskriminierung bzw. Belästigung zu unterbinden. Bleibt er untätig oder ergreift ungeeignete Maßnahmen, ist der (sexuell) belästigte Beschäftigte – wenn dies zu seinem Schutz erforderlich ist – berechtigt, seine Tätigkeit am betreffenden Arbeitsplatz einzustellen, ohne dass er seine Gehaltsansprüche verliert (§ 14 AGG)! Der diskriminierte Arbeitnehmer kann Schmerzensgeld- und Schadensersatzansprüche geltend machen (§ 15 AGG).

2. Ablehnung der Beschwerde

2.1 Nach Einlegung beim Arbeitgeber

Hat der Arbeitnehmer seine Beschwerde unmittelbar beim Arbeitgeber eingelegt, muss er eine ablehnende Entscheidung hinnehmen. Besteht im Betrieb jedoch ein Betriebsrat, kann er seine Beschwerde auch noch einmal an den Betriebsrat richten.

Betrifft die Beschwerde Rechtsansprüche, kann der Arbeitnehmer nach Ablehnung durch den Arbeitgeber vor dem Arbeitsgericht klagen.

2.2 Nach Einlegung beim Betriebsrat

Hat der Arbeitnehmer die Beschwerde (auch) beim Betriebsrat eingelegt und hat dieser sie für berechtigt erachtet, muss der Arbeitgeber mit dem Betriebsrat über die Erledigung verhandeln.

Kommt es dabei zu keiner Einigung, ist hinsichtlich der weiteren Verfahrensweise danach zu unterscheiden, ob die Beschwerde eine Regelungsfrage, bei der dem Betriebsrat ein Mitbestimmungsrecht zusteht, oder einen (individuellen) Rechtsanspruch des Arbeitnehmers betrifft (vgl. dazu sehr anschaulich LAG Köln, v. 7.3.2024, Az. 9 TaBV 6/24).

- Regelungsfrage: Hier kann der Betriebsrat die → *Einigungsstelle* anrufen, die dann über die Beschwerde entscheidet.

Beispiel:

Der Arbeitnehmer beklagt mangelnde oder unzureichende Informationen und Zielsetzung.

Voraussetzung für die Anrufung einer Einigungsstelle in einer Regelungsfrage ist allerdings, dass der Arbeitgeber der Beschwerde einseitig abhelfen kann. Ist dies nicht möglich, ist eine Entscheidung auch nicht durch eine Einigungsstelle herbeizuführen.

Beispiel:

Bei einer Arbeitnehmerbeschwerde über eine fehlerhafte oder benachteiligende Schichtplaneinteilung, kann die Einigungsstelle nicht nach § 85 BetrVG angerufen werden, denn der Arbeitgeber kann der Beschwerde nicht einseitig abhelfen. Ob ein Dienstplan die Mitbestimmungsrechte nach § 87 BetrVG richtig beachtet und entsprechend den abgeschlossenen Betriebsvereinbarungen umsetzt, kann der Betriebsrat aus eigenem Recht überprüfen. Er kann insoweit entweder einen Unterlassungsanspruch geltend machen, die Einigungsstelle nach § 87 BetrVG anrufen oder die Betriebsvereinbarung kündigen, wenn sie zu einer strukturellen Benachteiligung führt, die der Betriebsrat nicht mehr mittragen will (LAG Köln v. 17.9.2007, Az. 2 TaBV 42/07).

Aus dem Spruch der Einigungsstelle, mit dem sie die Beschwerde eines Arbeitnehmers für berechtigt erklärt, muss hervorgehen, welche konkreten tatsächlichen Umstände die Einigungsstelle als zu vermeidende Beeinträchtigung des Arbeitnehmers angesehen hat. So wäre etwa der schlichte Spruch „Die Beschwerde vom ... ist berechtigt" unwirksam, da der Arbeitgeber hier nicht erkennen kann, welchen Zustand er zu beseitigen oder künftig zu vermeiden hat. In welcher Weise der Arbeitgeber einer berechtigten Beschwerde abhilft, entscheidet er allein; Abhilfemaßnahmen darf die Einigungsstelle nicht festlegen.

Zu beachten ist darüber hinaus, dass die Einigungsstelle nicht entscheidungsbefugt ist, wenn Arbeitgeber und Betriebsrat über die Berechtigung einer ausschließlich vergangenheitsbezogenen Beschwerde eines Arbeitnehmers streiten.

- Rechtsanspruch: Hier kann der Betriebsrat keine Abhilfe über die Einigungsstelle durchsetzen. Der Betriebsrat kann dem Arbeitgeber nur ein freiwilliges Einigungsstellenverfahren vorschlagen, dies aber nicht erzwingen. Dem Arbeitnehmer bleibt die Möglichkeit der Klage vor dem Arbeitsgericht.

Beispiel:

Der Arbeitnehmer begehrt mit seiner Beschwerde die Entfernung einer Abmahnung aus der Personalakte.

VI. Benachteiligungsverbot

Durch die Erhebung der Beschwerde dürfen dem Arbeitnehmer keine Nachteile entstehen. Versäumnis von Arbeitszeit, die zur Erhebung der Beschwerde erforderlich ist, berechtigt nicht zur Lohnkürzung. Eine allein wegen der Beschwerdeerhebung ausgesprochene → *Kündigung* wäre unwirksam.

ACHTUNG!

Bei schuldhaftem Verstoß gegen das Benachteiligungsverbot macht sich der Arbeitgeber schadensersatzpflichtig.

Andererseits gibt das Beschwerderecht dem Arbeitnehmer nicht den Freiraum für haltlose oder beleidigende Vorwürfe. Vielmehr stehen dem Arbeitgeber in solchen Fällen die üblichen Reaktionsmöglichkeiten wie Ermahnung, → *Abmahnung* oder → *Kündigung* offen.

Betriebliche Altersversorgung

I. Begriff/Grundzüge

Die betriebliche Altersversorgung umfasst alle Leistungen der Alters-, Invaliditäts- oder Hinterbliebenenversorgung, die einem Arbeitnehmer aus Anlass eines Arbeitsverhältnisses oder einer Tätigkeit für ein Unternehmen zugesagt worden sind. Sie ist im Gesetz zur Verbesserung der betrieblichen Altersversorgung (BetrAVG) geregelt. Dies gilt auch im Beitrittsgebiet. Der Versorgungsanspruch entsteht nur bei Alter, Invalidität oder Tod. Eine Hilfe bei wirtschaftlicher Notlage fällt ebenso wenig unter die betriebliche Altersversorgung wie eine Überbrückungsbeihilfe, die bis zum Eintritt des Versorgungsfalls gezahlt wird. Bei der betrieblichen Altersversorgung handelt es sich um eine freiwillige Sozialleistung des Arbeitgebers. Bei jeder Form der Altersversorgung ist darauf zu achten, dass Diskriminierungsverbote nach dem AGG und dem TzBfG nicht verletzt werden. Das Verbot der Altersdiskriminierung wird allerdings nicht dadurch verletzt, dass in der Versorgungsordnung eine mindestens 15-jährige Betriebszugehörigkeit bis zur Altersgrenze vorgeschrieben ist oder höchstens 40 Dienstjahre berücksichtigt werden. Wirksam ist auch eine Bestimmung, nach der Ansprüche nicht mehr erworben werden können, wenn der Arbeitnehmer bei Eintritt in das Arbeitsverhältnis bereits 50 Jahre alt ist. Gleiches gilt für die Überführung in ein neues System, die Arbeitnehmer ausschließt, die das 65. Lebensjahr vollendet haben. Auch eine Regelung, wonach Arbeitnehmern nur bis zur Vollendung des 60. Lebensjahres Versorgungsbeiträge gewährt werden, ist rechtmäßig (BAG v. 26.4.2018, Az. 3 AZR 19/17).

Muss auch der Arbeitnehmer anteilig Beiträge einzahlen, kann eine Staffelung nach Lebensalter nur bei strenger Beachtung des Verhältnismäßigkeitsgrundsatzes erfolgen. Auch eine Regelung, wonach Arbeitnehmern nur bis zur Vollendung des 60. Lebensjahres Versorgungsbeiträge gewährt werden ist rechtmäßig (BAG v. 26.4.2018, Az. 3 AZR 19/17).

Verspricht der Arbeitgeber dem Arbeitnehmer eine Gesamtversorgung, ist regelmäßig davon auszugehen, dass die Betriebsrente erst beansprucht werden kann, wenn gleichzeitig eine Rente aus der gesetzlichen Rentenversicherung bezogen wird (BAG v. 13.1.2015, Az. 3 AZR 897/12). Der Fremdgeschäftsführer einer GmbH kann nach § 17 Abs. 1 Satz 2 i. V. m. § 30a BetrAVG bereits ab dem 60. Lebensjahr eine vorgezogene Betriebsrente verlangen, wenn er die in § 30a Abs. 1 BetrAVG genannten Voraussetzungen erfüllt. Dazu ist nicht erforderlich, dass ab dem 60. Lebensjahr ein Anspruch auf eine Rente aus der gesetzlichen Rentenversicherung besteht und es kommt auch nicht auf die konkrete Schutzbedürftigkeit des Fremdgeschäftsführers im Einzelfall an (BAG v. 15.4.2014, Az. 3 AZR 114/12).

Eine sog. Spätehenklausel ist unwirksam. Die zusätzliche Voraussetzung für die Zahlung der Witwen-/Witwerrente, dass der versorgungsberechtigte Mitarbeiter die Ehe vor der Vollendung seines 60. Lebensjahres geschlossen hat, ist altersdiskriminierend und daher gem. § 7 Abs. 2 AGG unwirksam (BAG v. 21.11.2023, Az. 3 AZR 44/23 und v. 4.8.2015, Az. 3 AZR 137/13). Auch der Ausschluss der Hinterbliebenenversorgung in dem Fall, dass die Ehe am 1. Dezember vor dem Tod des Arbeitnehmers nicht mindestens ein Jahr bestanden hat und keine Möglichkeit für die Hinterbliebenen besteht, nachzuweisen, dass sich trotz des Todes innerhalb der festgelegten Frist das Todesfallrisiko noch nicht konkretisiert hatte, ist unwirksam (BAG v. 21.11.2023, Az. 3 AZR 44/23). Auch der vollständige Ausschluss Teilzeitbeschäftigter von der Gewährung bezahlter Altersteilzeit gem. § 2a Ziff. 1 Abs. 2 Satz 1 MTV ist unwirksam (BAG v. 9.7.2024, Az. 9 AZR 296/20).

Eine Klausel in Allgemeinen Geschäftsbedingungen, wonach nur der „jetzigen" Ehefrau des Arbeitnehmers eine Hinterbliebenenversorgung zusteht, stellt eine unangemessene Benachteiligung i. S. v. § 307 Abs. 1 Satz 1 BGB dar und ist daher grds. unwirksam (BAG v. 18.2.2020, Az. 3 AZR 954/19). Das gilt allerdings nicht ohne weiteres für Alt-Zusagen, die vor dem 1.1.2002 erteilt wurden. Solche Alt-Zusagen sind dahingehend auszulegen, dass auch eine spätere Ehefrau versorgungsberechtigt ist, wenn die Ehe bereits während des Arbeitsverhältnisses bestand (BAG v. 21.2.2017, Az. 3 AZR 297/15). Eine Altersabstandsklausel (kein Anspruch, wenn Ehegatte mehr als 15 Jahre jünger ist) hat jedoch die Billigung des BAG gefunden (BAG v. 20.2.2018, Az. 3 AZR 43/18). Gleiches gilt für Kürzungen bei mehr als 10 Jahren Altersunterschied (BAG v. 11.12.2018, Az. 3 AZR 400/17). In der neueren Rechtsprechung hat das BAG jedoch Folgendes entschieden: „Schränkt der Arbeitgeber in Allgemeinen Geschäftsbedingungen eine Hinterbliebenenversorgung durch eine zehnjährige Mindestehedauerklausel ein, so stellt das eine unangemessene Benachteiligung des unmittelbar versorgungsberechtigten Arbeitnehmers dar" (BAG v. 10.2.2019, Az. 3 AZR 150/18). Eine Versorgungszusage kann den Anspruch auf Witwen-/Witwerversorgung davon abhängig machen, dass die Ehe vor dem (vorzeitigen) Ausscheiden aus dem Arbeitsverhältnis geschlossen wurde (BAG v. 30.4.2010, Az. 3 AZR 509/08). Soweit eine Versorgungsordnung einen vorzeitigen Ruhestand mit Versorgungsleistungen bereits mit der Vollendung des 50. Lebensjahres ohne versicherungsmathematische Abschläge wegen der vorgezogenen Inanspruchnahme ermöglicht, ist der Ausschluss einer Hinterbliebenenversorgung gerechtfertigt, wenn die Ehe erst nach dem Ausscheiden aus dem Arbeitsverhältnis geschlossen wurde. Das gilt nach der Rechtsprechung des BAG auch dann, wenn Versorgungsberechtigte, die mit der Vollendung des 65. Lebensjahres in den normalen Ruhestand treten, auch für spätere Eheschließungen noch eine Hinterbliebenenversorgung erwerben können (BAG v. 3.6.2020, Az. 3 AZR 226/19).

Nach der neueren Rechtsprechung des BAG kann der Arbeitgeber in Allgemeinen Geschäftsbedingungen eine zugesagte Hinterbliebenenversorgung ausschließen, wenn die Ehe bis zum Versterben des Versorgungsberechtigten nicht mindestens zwölf Monate gedauert hat und die Hinterbliebene die Möglichkeit hat, darzulegen und ggf. zu beweisen, dass der Berechtigte aufgrund eines erst nach der Eheschließung erlittenen Unfalls oder einer erst später eingetretenen Krankheit gestorben ist (BAG v. 2.12.2021, Az. 3 AZR 354/21).

Umstellung auf Kapitalzusage: Die teilweise Umstellung einer Zusage einer laufenden Betriebsrente auf eine Kapitalzusage bedarf einer eigenständigen Rechtfertigung anhand der Grundsätze des Vertrauensschutzes und der Verhältnismäßigkeit. Bei der dabei erforderlichen Abwägung der wechselseitigen Interessen ist zu berücksichtigen, dass die Umstellung nur einen Teil der laufenden Leistungen betrifft (BAG v. 20.6.2023, Az. 3 AZR 231/22). Ein in Allgemeinen Geschäftsbedingungen des Versorgungsschuldners geregeltes Recht, nach seiner Entscheidung anstelle der Zahlung laufender Renten eine einmalige Kapitalzahlung in Form einer sog. Ersetzungsbefugnis zu leisten, ist nicht mit § 308 Nr. 4 BGB (Unwirksamkeit eines unzumutbaren Änderungsvorbehalts) zu vereinbaren und demzufolge unwirksam, sofern die Kapitalleistung nicht mindestens dem versicherungsmathematisch ermittelten Barwert der laufenden Renten entspricht. Andernfalls würde der Versicherungsnehmer keine gleichwertige Leistung, sondern vielmehr eine andere geringerwertige Leistung erhalten (BAG v. 17.1.2023, Az. 3 AZR 220/22). Etwas anderes gilt für das Recht, statt einer laufenden Rentenzahlung eine mindestens barwertgleiche, einmalige Kapitalzahlung zu leisten (Kapitalwahlrecht). Allerdings muss die konkrete Ausübung der Ersetzungsbefugnis die Grenzen billigen Ermessens i. S. v. § 315 BGB wahren (BAG v. 17.1.2023, Az. 3 AZR 501/21).

Der Ausschluss von Erziehungsurlaubszeiten von der Anwartschaftssteigerung stellt weder nach primärem europäischem Gemeinschaftsrecht noch nach deutschem Verfassungsrecht eine mittelbare Diskriminierung wegen des Geschlechts dar (BAG v. 6.5.2025, Az. 3 AZR 65/24). Auch kann eine Versorgungsregelung von Leistungen der betrieblichen Altersversorgung ausschließen, die bei Beginn des Arbeitsverhältnisses das 55. Lebensjahr bereits vollendet haben (BAG v. 21.9.2021, Az. 3 AZR 147/21).

Eine unterschiedliche Behandlung von Arbeitern und Angestellten nicht zu beanstanden, wenn mit der Anknüpfung an den Statusunterschied gleichzeitig auf einen Lebenssachverhalt abgestellt wird, der geeignet ist, die Ungleichbehandlung sachlich zu rechtfertigen (BAG v. 10.11.2015, Az. 3 AZR 574/14). Dies bedeutet aber nicht, dass die Differenzierung allein aufgrund der Zugehörigkeit zur Gruppe der Arbeiter oder Angestellten zulässig wäre. Vielmehr kommt es auf die dahinter liegenden Gründe an. Wenn eine Versorgungsordnung bei der Inanspruchnahme der Betriebsrente vor Erreichen der üblichen, „festen Altersgrenze" Abschläge vorsieht, liegt keine unerlaubte Benachteiligung wegen einer Behinderung vor (BAG v. 13.10.2016, Az. 3 AZR 439/15).

Hat bei einer Scheidung das Familiengericht eine Regelung bezüglich der Aufteilung der Anwartschaften aus der betrieblichen Altersversorgung getroffen, sind die Arbeitsgerichte daran gebunden (BAG v. 10.11.2015, Az. 3 AZR 813/14).

Durch die 2014 eingeführte Möglichkeit des abschlagsfreien Rentenbezuges mit 63 Lebensjahren nach 45 Beitragsjahren hat sich nichts Grundsätzliches geändert. Der Anspruch auf entsprechende Leistungen ergibt sich aus § 6 BetrAVG, der unverändert geblieben ist. Die Höhe der Versorgung kann aber ratierlich gekürzt werden. Im Arbeitsvertrag ist möglicherweise eine Änderung sinnvoll, wenn die dortige Regelung auf eine starre Altersgrenze abstellt. Der Arbeitgeber, der eine betriebliche Invaliditätsrente zusagt, darf die Leistung grundsätzlich davon abhängig machen, dass der Arbeitnehmer eine gesetzliche Erwerbsminderungsrente bezieht und das Arbeitsverhältnis beendet ist (BAG v. 10.10.2023, Az. 3 AZR 250/22).

WICHTIG!

Das Bundeskabinett hat am 3.9.2025 den Entwurf des Zweiten Betriebsrentenstärkungsgesetzes beschlossen. Das Gesetz soll die betriebliche Altersversorgung als zweite Säule neben der gesetzlichen Rente festigen und breiter etabliere und die Hürden für eine Beteiligung an einem bestehenden Sozialpartnermodell senken, indem Sozialpartnermodelle künftig allen Beschäftigten im Zuständigkeitsbereich der entsprechenden Gewerkschaft offenstehen, sofern die Sozialpartner zustimmen. Dies kann die Verbreitung von Betriebsrenten insbesondere bei kleinen und mittleren Unternehmen erhöhen. Außerdem wird die Einkommensgrenze beim sogenannten „BAV-Förderbetrag" für Beschäftigte mit geringen Einkommen moderat erhöht und künftig regelmäßig angepasst, sowie der jährliche BAV-Förderhöchstbetrag angehoben. So soll der Zugang zu Betriebsrenten für Beschäftigte mit geringen Einkommen verbessert werden. Durch regulatorische Anpassungen bei der Kapitalanlage werden außerdem Renditechancen für die Betriebsrenten erhöht.

Neben den betriebsrentenrechtlichen Regelungen werden auch punktuell Sozialgesetze geändert. So wird zum Beispiel – wie im Koalitionsvertrag vorgesehen – die Möglichkeit von Online-Wahlen bei den Sozialversicherungswahlen verstetigt und erweitert.

Bereits seit 2018 sah das Betriebsrentenstärkungsgesetz Folgendes vor: Das Gesetz zielt darauf ab, die betriebliche Altersversorgung insbesondere in kleineren und mittleren Unternehmen auszuweiten. Zentraler Gegenstand des neuen Gesetzes ist die Erweiterung der Befugnisse der Tarifvertragsparteien in Bezug auf die tarifvertragliche Vereinbarung betrieblicher Versorgungssysteme. Hierdurch soll die Möglichkeit geschaffen werden, Versorgungssysteme einzuführen, die gezielt auf die Bedürfnisse der jeweiligen Unternehmen zugeschnitten sind. Die neuen Versorgungsformen können also nur durch Tarifvertrag eingerichtet werden. Für nicht tarifgebundene Betriebe besteht die Möglichkeit, die Anwendung der entsprechenden einschlägigen tarifvertraglichen Regelungen im Arbeitsvertrag zu vereinbaren (§ 24 BetrAVG). Fehlt es an einem einschlägigen Tarifvertrag, ist dieser Weg nicht möglich. Gem. § 21 Abs. 3 BetrAVG sollen sich die Tarifvertragsparteien auch für nicht tarifgebundene Unternehmen öffnen. Dadurch wird aber kein diesbezüglicher Zwang geschaffen.

Die Änderungen im BetrAVG werden durch sozial- und steuerrechtliche Änderungen flankiert. Ein essentieller Kern ist die Möglichkeit, reine Beitragszusagen zu vereinbaren, wodurch keine betriebliche Versorgungsleistung zugesagt wird, sondern der Arbeitgeber sich zur Entrichtung von Beiträgen verpflichtet. Die Arbeitnehmer tragen also das Kapitalanlagerisiko. Leistungsansprüche der Arbeitnehmer richten sich ausschließlich gegen den Pensionsfonds, die Pensionskasse oder die Direktversicherung. Anwartschaften, die auf den gezahlten Beiträgen beruhen, werden sofort unverfallbar. Die Verpflichtung für Arbeitgeber besteht lediglich in der Zahlung eines Versorgungsbeitrags an die Versorgungseinrichtung. Eine Garantie auf eine bestimmte Leistung darf bei dieser Zusageform ausdrücklich nicht erteilt werden. Dies ermöglicht Arbeitgebern Kostensicherheit und Arbeitnehmern eine Partizipation an deutlich ertragreicheren Kapitalanlagemodellen als bei Garantien üblich. Arbeitnehmer erhalten bei Eintritt des Leistungsfalles eine sog. Zielrente, welche im Sinne einer gewissenhaften, nach sorgfältigen kaufmännischen Grundsätzen vorgenommenen Schätzung bzw. Hochrechnung genannt und im Zeitablauf kontinuierlich überwacht und nötigenfalls korrigiert wird. Die reinen Beitragszusagen müssen jedoch im Wesentlichen durch Tarifvertrag geregelt werden, wobei die Tarifvertragsparteien dazu verpflichtet werden, sich an der Durchführung und Ausgestaltung der Betriebsrentensysteme zu beteiligen.

Die konkrete Umsetzung erfolgt durch eine entsprechende Regelung in § 1 Abs. 2 Nr. 2a BetrAVG sowie eine Neugestaltung des 7. Abschnitts des BetrAVG „Betriebliche Altersversorgung und Tarifvertrag". Dort werden alle Vorschriften zusammengefasst, die sich auf die tarifvertragliche Gestaltung der betrieblichen Altersversorgung beziehen. Durch betriebliche Systeme automatischer Entgeltumwandlung werden Beschäftigte automatisch in die betriebliche Altersversorgung einbezogen, haben aber die Möglichkeit, dem zu widersprechen. Der Arbeitgeber kann die reine Beitragszusage durch Zahlung eines zusätzlichen Beitrags absichern. Es ist tarifvertraglich festzulegen, dass der Arbeitgeber bei einer Entgeltumwandlung einen Arbeitgeberzuschuss i. H. v. mindestens 15 Prozent zugunsten der Beschäftigten an die Versorgungseinrichtung zahlen muss. Die Verpflichtung, den ersparten Arbeitgeberanteil zugunsten des Arbeitnehmers zu verwenden, besteht nicht bei der Direktversicherung und der Unterstützungskasse. Die Verpflichtung gilt zunächst nur für ab dem 1.1.2019 neu abgeschlossene Entgeltumwandlungsvereinbarungen. Für andere Vereinbarungen besteht die Verpflichtung erst ab dem 1.1.2022 (§ 26a BetrAVG). Hier kann aber durch kollektivrechtliche Regelungen etwas anderes vereinbart werden.

§ 21 Abs. 2 BetrAVG dient dem Schutz bestehender Versorgungssysteme. Er lautet:

„Die Tarifvertragsparteien sollen im Rahmen von Tarifverträgen nach Absatz 1 bereits bestehende Betriebsrentensysteme angemessen berücksichtigen. Die Tarifvertragsparteien müssen insbesondere prüfen, ob auf der Grundlage einer Betriebs- oder Dienstvereinbarung oder, wenn ein Betriebs- oder Personalrat nicht besteht, durch schriftliche Vereinbarung zwischen Arbeitgeber und Arbeitnehmer, tarifvertraglich vereinbarte Beiträge für eine reine Beitragszusage für eine andere nach diesem Gesetz zulässige Zusageart verwendet werden dürfen."

Weiter sieht das Betriebsrentenstärkungsgesetz vor, dass § 16 Abs. 3 Nr. 2 BetrAVG (Aufgabe des Erfordernisses der Beachtung eines bestimmten Höchstsatzes) auch für Anpassungszeiträume gilt, die vor dem 1.1.2016 liegen. Eine Ausnahme gilt für unterbliebene Anpassungen, gegen die schon vor dem 1.1.2016 Klage erhoben worden war und bereits erfolgte Anpassungen. Diese Gesetzesänderung erfolgte vor dem Hintergrund der Entscheidung des BAG v. 16.12.2016, Az. 3 AZR 32/15).

Bei Insolvenz des Arbeitgebers sieht § 8 Abs. 3 BetrAVG die Möglichkeit des Eintritts des Arbeitnehmers in eine auf sein Leben abgeschlossene Rückdeckungsversicherung vor.

Im Sozialrecht sollen neue Anreize für den Auf- und Ausbau einer betrieblichen Altersversorgung insbesondere bei Geringverdienern gesetzt werden. Seit dem 1.1.2023 gelten bei der Grundsicherung im Alter und bei Erwerbsminderung dynamische Hinzuverdienstgrenzen. So ist nunmehr ein Betrag in Höhe von 30 vom Hundert des Einkommens aus selbstständiger und nichtselbstständiger Tätigkeit der Leistungsberechtigten abzusetzen, höchstens jedoch 50 von Hundert der Regelbedarfsstufe 1. Beim Bezug wegen teilweiser Erwerbsminderung ergibt sich demnach eine Hinzuverdienstgrenze von rund 39.311 Euro, bei Renten wegen voller Erwerbsminderung von rund 19.661 Euro (Stand: 1.1.2025). Ferner ist ein Betrag von 100 Euro monatlich aus einer zusätzlichen Altersvorsorge der Leistungsberechtigten zuzüglich 30 von Hundert des diesen Betrag übersteigenden Einkommens aus einer zusätzlichen Altersvorsorge der Leistungsberechtigten abzusetzen, höchstens jedoch ebefalls 50 von Hundert der Regelbedarfsstufe 1 (vgl. § 43 Abs. 1 i. V. m. § 82 Abs. 3, 4 SGB XII).

§ 229 SGB V ist geändert worden; dadurch werden betriebliche Riester-Renten in Bezug auf die Zahlung von Kranken- und Pflegeversicherungsbeiträgen systematisch künftig wie private Riester-Renten behandelt.

Bei zunehmender Erwerbstätigkeit von Personen im Rentenalter ist die Frage von Bedeutung, ob Erwerbseinkommen auf die Betriebsrente anzurechnen ist. Hierzu hat das LAG Düsseldorf entschieden, dass dies grundsätzlich möglich sei, aber einer ausdrücklichen Regelung in der Versorgungsordnung bedürfe (LAG Düsseldorf v. 12.4.2024, Az. 6 Sa 1198/23, nicht rechtskräftig, Revision anhängig unter 3 AZR 164/24).

II. Versorgungszusage

Der Anspruch auf betriebliche Altersversorgung kann sich aus unterschiedlichen Grundlagen ergeben. In Betracht kommen:

1. Arbeitsvertrag

Der Arbeitgeber kann eine Zusage im Einzelarbeitsvertrag machen, was insbesondere bei leitenden Angestellten verbreitet ist. Die Vereinbarung muss nicht schriftlich erfolgen, die Schriftform ist aber gerade bei derart weitreichenden Erklärungen anzuraten. Der Arbeitgeber muss die Leistungen im Vertrag noch nicht im Einzelnen regeln; er kann eine allgemeine sog. „Blankettzusage" geben, die Details kann er dann auch später einseitig festlegen. Wenn eine individualvertragliche Versorgungszusage, die nicht günstiger ist als die Betriebsvereinbarung, mit den Regelungen dieser Betriebsvereinbarung kollidiert, führt dies grundsätzlich dazu, dass die Individualzusage für die Dauer der Geltung der Betriebsvereinbarung verdrängt wird und damit nicht zur Anwendung gelangt. Kommt die Rückabwicklung einer auf diese Weise verdrängten individualvertraglichen Versorgungszusage nicht in Betracht, müssen die Versorgungsleistungen, die dem Arbeitnehmer aufgrund der individuellen Zusage gewährt werden, auf die ihm nach der Betriebsvereinbarung zustehenden Versorgungsleistungen angerechnet werden (BAG v. 19.7.2016, Az. 3 AZR 134/15).

WICHTIG!

Wenn die Verpflichtung zur betrieblichen Altersversorgung auf einer vertraglichen Einheitsregelung mit kollektivem Bezug beruht, die Allgemeine Geschäftsbedingungen enthält, so ist dem Arbeitnehmer damit im Regelfall nur eine Versorgung nach den jeweils beim Arbeitgeber geltenden Versorgungsregeln zugesagt. Die arbeitsvertragliche Regelung hat also keine „Ewigkeitsgarantie", sondern ist offen für eine Ablösung sowohl durch eine Betriebs- oder Sprecherausschussvereinbarung als auch durch eine Gesamtzusage. Dabei kann es auch zu Verschlechterungen für den Arbeitnehmer kommen (BAG v. 11.12.2018, Az. 3 AZR 380/17).

2. Gesamtzusage

Eine Gesamtzusage liegt vor, wenn der Arbeitgeber gegenüber der gesamten Belegschaft oder gegenüber einer bestimmten Gruppe eine bindende Versorgungszusage abgibt. Früher war dies die gängigste Weise zur Einführung der betrieblichen Altersversorgung. Gesamtzusagen werden dann wirksam, wenn sie gegenüber den Arbeitnehmern in einer Form verlautbart werden, die den einzelnen Arbeitnehmer typischerweise in die Lage versetzt, von der Erklärung Kenntnis zu nehmen. Die Gesamtzusage ist regelmäßig im Sinne eines dynamischen Versorgungsversprechens zu verstehen. Bei Leistungen, die durch eine Gesamtzusage eingeführt wurden, sind ablösende Betriebsvereinbarungen möglich (BAG v. 23.6.2020, Az. 3 AZR 442/20). Es kann in der Zusage auch auf eine Versorgungsregelung in ihrer jeweils geltenden Fassung verwiesen werden, die in bestimmtem Umfang geändert werden kann. Die geschützten Besitzstände müssen allerdings beachtet werden (BAG v. 13.10.2016, Az. 3 AZR 439/15; BAG v. 21.2.2017, Az. 3 AZR 542/15 und BAG v. 11.7.2017, Az. 3 AZR 513/16). Dabei sind die Betriebs- und Tarifvertragsparteien grundsätzlich nicht daran gehindert, neue Zulagen und Vergütungsbestandteile einzuführen, die nach der ursprünglichen Versorgungszusage nicht ruhegeldfähig sind. Eine ruhegeldrelevante Erhöhung der Tabellenvergütung über die tarifliche Dynamisierung hinaus ist nach der Rechtsprechung des BAG eine vom Recht nicht geschützte Erwartung der Versorgungsanwärter, weswegen auch eine Verpflichtung der zusagenden Arbeitgeberin, die Anwartschaften auf eine betriebliche Altersversorgung über eine bestimmte, fortschreitende Mindesterhöhung der Tabellenentgelte zu dynamisieren, nicht ohne weiteren Rechtsgrund besteht (BAG v. 20.1.2024, Az. 3 AZR 144/23).

3. Betriebsvereinbarung

Heute sind Versorgungszusagen häufig in Betriebsvereinbarungen enthalten. Der Arbeitgeber bestimmt, ob er eine betriebliche Altersversorgung einführt und wie viel er hierfür aufwenden will (Dotierungsrahmen). Er kann also nicht durch den Betriebsrat zur Einführung einer betrieblichen Altersversorgung gezwungen werden. Die Verteilung wird dann in der Betriebsvereinbarung geregelt. Dabei ist wichtig, dass das, was die Betriebsparteien gewollt haben, auch richtig und vollständig in der Betriebsvereinbarung wiedergegeben wird. Betriebsvereinbarungen sind Rechtsnormen und werden quasi wie Gesetze ausgelegt. Der Wille der Betriebspartner kann nur berücksichtigt werden, wenn er im Text in irgendeiner Art und Weise seinen Niederschlag gefunden hat (BAG v. 10.11.2015, Az. 3 AZR 576/14).

Betriebsvereinbarungen, nach denen das Arbeitsverhältnis mit der Vollendung des 65. Lebensjahres endet, sind nach der Anhebung des Regelrentenalters regelmäßig dahingehend auszulegen, dass die Beendigung des Arbeitsverhältnisses erst mit der Vollendung des für den Bezug einer Regelaltersrente maßgeblichen Lebensalters erfolgen soll (BAG v. 13.10.2015, Az. 3 AZR 853/13).

Bei der Ausgestaltung von Betriebsvereinbarungen haben die Betriebsparteien Beurteilungs- und Gestaltungsspielräume, die Typisierungen und Pauschalierungen einschließen. Dabei müssen sie jedoch den betriebsverfassungsrechtlichen Gleichbehandlungsgrundsatz nach § 75 Abs 1 BetrVG beachten (BAG v. 21.11.2023, Az. 3 AZR 14/23).

Lässt ein Tarifvertrag den Abschluss ergänzender Regelungen durch eine Betriebsvereinbarung zu, sind die Betriebsparteien zum Abschluss einer solchen Betriebsvereinbarung nach § 77 Abs. 3 Satz 2 BetrVG berechtigt. Die Betriebsparteien sind allerdings an die Vorgaben des Tarifvertrags gebunden. Ein Verstoß hiergegen führt zur (Teil-)Unwirksamkeit der entsprechenden betrieblichen Regelung (§ 77 Abs. 3 Satz 1 BetrVG, BAG v. 22.10.2019, Az. 3 AZR 429/18). Wenn eine Betriebsvereinbarung unwirksam ist, kann sie u. U. in eine wirksame Gesamtzusage (s. unter II.2.) umgedeutet werden (BAG v. 23.2.2016, Az. 3 AZR 960/13). Ansprüche aus einer Betriebsvereinbarung können nicht verwirken (BAG v. 13.10.2020, Az. 3 AZR 246/20).

Wenn in einem Arbeitsvertrag eines leitenden Angestellten für die betriebliche Altersversorgung pauschal auf die beim Arbeitgeber geltende Regelung verwiesen wird, ist dies ohne besondere Anhaltspunkte nicht dahin zu verstehen, dass damit auch eine nach Vertragsschluss in der Rechtsform einer Betriebsvereinbarung zustande gekommene Versorgungsordnung in Bezug genommen ist (BAG v. 21.11.2013, Az. 3 AZR 44/23).

4. Betriebliche Übung

Sie kann einen Rechtsgrund für eine Versorgungszusage darstellen, wenn der Arbeitgeber ein schutzwürdiges Vertrauen beim Arbeitnehmer erweckt hat, dass er eine Betriebsrente zahlen werde (→ *Betriebliche Übung*). Es genügt der objektive Eindruck einer bindenden Zusage. Die betriebliche Übung kann sich sowohl auf eine bestimmte Berechnungsweise der Betriebsrente über § 16 BetrAVG hinaus als auch auf Zahlung eines 13. Ruhegehalts beziehen, ebenso für das sog. „Rentnerweihnachtsgeld" für Pensionäre, die dies selbst vorher noch nie erhalten haben. Dies gilt grundsätzlich auch für Leistungen, die in der Versorgungsordnung nicht vorgesehen sind. Auch auf die Fortgewährung einer zunächst nicht vorgesehenen, aber im Laufe der Zeit üblich gewordenen Leistung darf der Arbeitnehmer vertrauen. Dabei kann die betriebliche Übung schon zu Zeiten der aktiven Tätigkeit des Arbeitnehmers begründet werden, um dann nach seinem Eintritt in den Ruhestand anspruchsbegründend zu wirken. Im Falle einer langjährigen betrieblichen Praxis, nach der Arbeitnehmer und Betriebsrentner Beihilfen im Krankheitsfall erhalten, liegt es nahe, dass sich beide Gruppen darauf einrichten, indem sie auf den Abschluss von Zusatzversicherungen verzichten, weil sie darauf vertrauen, dass eine entsprechende einheitlich praktizierte Leistungsgewährung nur nach Abwägung aller maßgeblichen Gesichtspunkte und schonend für alle verschlechtert wird und nicht von einzelnen Gruppen Sonderopfer verlangt werden. Dies gilt insbesondere für die Betriebsrentner, für die es mit wirtschaftlich vertretbarem Aufwand in aller Regel nicht möglich ist, nachträglich Zusatzversicherungen abzuschließen. Daher kann ein Betriebsrentner grundsätzlich davon ausgehen, dass der Arbeitgeber die betriebliche Übung ihm gegenüber auch nach seinem Ausscheiden bei Eintritt des Versorgungsfalles fortführen wird. Auch durch die Erbringung von Versorgungsleistungen an Ruheständler kann zu deren Gunsten eine betriebliche Übung entstehen. Auch auf die Gewährung einer Beihilfe im Krankheitsfall kann sich eine betriebliche Übung beziehen. Diese geht auf einen Betriebserwerber über. Ohne besondere Vereinbarung tritt keine Nachwirkung ein (BAG v. 19.9.2023, Az. 1 AZR 281/22).

Ein Anspruch aus betrieblicher Übung scheidet grundsätzlich aus, wenn eine kollektiv-rechtliche Anspruchsgrundlage, insbesondere in Form einer Betriebsvereinbarung besteht (LAG Hamburg v. 27.4.2016, Az. 5 Sa 71/15).

5. Gleichbehandlungsgrundsatz

Auch aus dem arbeitsrechtlichen Gleichbehandlungsgrundsatz kann sich ein Anspruch auf betriebliche Altersversorgung ergeben (§ 1 Abs. 1 Satz 4 BetrAVG): Im Betriebsrentenrecht hat der arbeitsrechtliche Gleichbehandlungsgrundsatz kraft Gesetzes anspruchsbegründende Wirkung (BAG v. 3.3.2020, Az. 3 AZR 730/19). Der Arbeitgeber darf auch bei einer Versorgungszusage keine willkürliche Ungleichbehandlung von Arbeitnehmern vornehmen, sondern muss sich von sachlichen Kriterien leiten lassen. Ist dies nicht der Fall, können die benachteiligten Arbeitnehmer verlangen, mit anderen Arbeitnehmern des Betriebs bzw. des Unternehmens gleich behandelt zu werden. Dies gilt erst recht bei einem Verstoß gegen das Allgemeine Gleichbehandlungsgesetz. Eingetragene Lebenspartner sind hinsichtlich der Hinterbliebenenversorgung Ehegatten gleichzustellen, soweit am 1. Januar 2005 zwischen dem Versorgungsberechtigten und dem Versorgungsschuldner noch ein Rechtsverhältnis bestand. Eine Versorgungsregelung kann wirksam Beschäftigte von Leistungen der betrieblichen Altersversorgung ausschließen, die bei Beginn des Arbeitsverhältnisses das 55. Lebensjahr bereits vollendet haben (BAG v. 21.9.2021, Az. 3 AZR 147/21). Dies verstößt nicht gegen den Gleichbehandlungsgrundsatz.

Der bloße Statusunterschied zwischen Arbeitern und Angestellten kann grundsätzlich keine Ungleichbehandlung in einer Betriebsvereinbarung hinsichtlich der betrieblichen Altersversorgung rechtfertigen. Nur in engen Ausnahmefällen ist dies noch möglich. Dies ist etwa dann der Fall, wenn die Vergütungsstrukturen, die sich auf die Berechnungsgrundlagen der betrieblichen Altersversorgung auswirken, unterschiedlich sind (BAG v. 17.6.2014, Az. 3 AZR 757/12).

Die Möglichkeit des vorzeitigen ungekürzten Rentenbezugs für Schwerbehinderte in der Sozialversicherung verpflichtet einen Arbeitgeber nicht, einem Schwerbehinderten ebenfalls eine ungekürzte Betriebsrente zukommen zu lassen. Eine für vorzeitigen Rentenbezug vorgesehen Kürzung um 0,4 % pro Monat des Bezugs vor vollendetem 65. Lebensjahr stellt keine unzulässige Ungleichbehandlung von Schwerbehinderten dar (BAG v. 13.10.2016, Az. 3 AZR 439/15).

Auch das Verbot der mittelbaren Diskriminierung wegen des Geschlechts ist zu beachten, ebenso das Verbot der Altersdiskriminierung. Es verstößt nicht gegen den Gleichbehandlungsgrundsatz, Versorgungsberechtigte je nach ihrer anderweitigen Absicherung im Alter unterschiedlich zu behandeln.

Arbeitnehmer, denen bereits einzelvertraglich eine betriebliche Altersversorgung zugesagt wurde, dürfen nur dann vollständig von einem auf einer Betriebsvereinbarung beruhenden kollektiven Versorgungssystem des Arbeitgebers ausgenommen werden, wenn die Betriebsparteien im Rahmen des ihnen zustehenden Beurteilungsspielraums davon ausgehen können, dass diese Arbeitnehmer im Versorgungsfall typischerweise eine zumindest annähernd gleichwertige Versorgung erhalten (BAG v. 13.10.2016, Az. 3 AZR 439/15). Der pauschale Ausschluss von Arbeitnehmern aus einer Versorgungsordnung wegen einer anderen einzelvertraglichen Leistungszusage verstößt gegen den arbeitsrechtlichen Gleichbehandlungsgrundsatz, wenn ein Arbeitnehmer mit individueller Zusage im Versorgungsfall nicht eine zumindest annähernd gleichwertige Versorgung erhält (BAG v. 3.3.2020, Az. 3 AZR 730/19).

Teilzeitbeschäftigte haben auch einen Anspruch auf Gleichbehandlung (EuGH v. 8.5.2019, Az. C 161/18). Zulässig ist aber eine Versorgungsregelung, die vorsieht, dass bei teilzeitbeschäftigten Arbeitnehmern für die Ermittlung ihrer Betriebsrente derjenige Anteil des ruhegeldfähigen Einkommens eines Vollzeitbeschäftigten zugrunde zu legen ist, der dem Verhältnis ihrer durchschnittlichen regelmäßigen Wochenarbeitszeit während des gesamten Arbeitsverhältnisses zur regelmäßigen tariflichen Wochenarbeitszeit eines vergleichbaren Vollzeitbeschäftigten entspricht (vgl. BAG v. 19.4.2016, Az. 3 AZR 526/14). Der EuGH sieht in der Anwendung der gespaltenen Rentenformel auf Teilzeitbeschäftigte grundsätzlich keine Benachteiligung von Teilzeitbeschäftigten (EuGH v. 13.7.2017, Az. C 354/16 – Kleinsteuber). Der Arbeitgeber ist nicht verpflichtet, den Arbeitnehmer auf die negativen Auswirkungen der Teilzeitarbeit auf die Leistungen der betrieblichen Altersversorgung hinzuweisen (LAG Nürnberg v. 21.12.2015, Az. 3 Sa 249/15). Der völlige Ausschluss der geringfügig Beschäftigten von der betrieblichen Altersversorgung ist nach Auffassung des LAG München unzulässig (LAG München v. 13.1.2016, Az. 10 Sa 544/15). Die in einer Versorgungsregelung vorgesehene Höchstbegrenzung auf 30 Dienstjahre für den Erwerb von Versorgungsanwartschaften führt nicht zu einer unzulässigen Diskriminierung wegen des Alters (BAG v. 28.5.2013, Az. 3 AZR 266/11). Es ist zulässig, wenn eine Leistungsordnung für Vollzeit- und Teilzeitbeschäftigte gleichermaßen vorsieht, dass eine über 35 Jahre hinausgehende Betriebszugehörigkeit bei der Bemessung des Altersruhegeldes nicht zu berücksichtigen ist und das nach der Leistungsordnung zu gewährende Altersruhegeld (auch) die Honorierung der Betriebszugehörigkeit bezweckt und deshalb auch an die Dauer der Betriebszugehörigkeit anknüpft (BAG v. 23.3.2021, Az. 3 AZR 24/20).

Die Betriebsparteien sind grundsätzlich berechtigt, Arbeitnehmer, denen bereits eine individuelle Zusage auf Leistungen der betrieblichen Altersversorgung erteilt wurde, von einem kollektiven Versorgungswerk auszunehmen. Der vollständige Ausschluss solcher Arbeitnehmer setzt aber voraus, dass die Arbeitnehmer mit individuellen Zusagen im Versorgungsfall typischerweise eine zumindest annähernd gleichwertige Versorgung wie nach dem kollektiven Versorgungswerk erhalten (BAG v. 19.7.2016, Az. 3 AZR 134/15). Arbeitnehmer können durch eine Stichtagsregelung aus dem Anwendungsbereich einer neuen Betriebsvereinbarung zur betrieblichen Altersversorgung ausgenommen werden, wenn sie unter eine frühere Versorgungsordnung fallen, die eine typischerweise bessere Versorgung vorsieht. Dies gilt insbesondere, wenn dem Arbeitgeber wirtschaftliche Gründe zur Seite stehen. Hierin liegt kein Verstoß gegen den betriebsverfassungsrechtlichen Gleichbehandlungsgrundsatz, weil die Betriebsparteien einen Ermessensspielraum haben (BAG v. 10.12.2019, Az. 3 AZR 478/17).

Betriebsratsmitglieder dürfen wegen dieser Tätigkeit nicht gegenüber anderen Arbeitnehmern benachteiligt werden (§ 78 Satz 2 BetrVG). Dies gilt auch bei der betrieblichen Altersversorgung. Untersagt ist jedwede Schlechterstellung im Vergleich zu anderen Arbeitnehmern, die nicht auf sachlichen Gründen, sondern auf der Tätigkeit als Betriebsratsmitglied beruht. Dabei genügt die objektive Schlechterstellung, ohne dass eine Benachteiligungsabsicht des Arbeitgebers erforderlich wäre (BAG v. 10.11.2015, Az. 3 AZR 574/14).

Auch eine Bevorzugung von Betriebsratsmitgliedern wegen dieser Tätigkeit ist unzulässig. Diese liegt aber nicht schon deshalb vor, weil das Mitglied des Betriebsrats wegen des ihm nach den §§ 15 Absatz 1 KSchG, 103 BetrVG zukommenden Sonderkündigungsschutzes im Rahmen eines Aufhebungsvertrages, der vor dem Hintergrund einer von dem Arbeitgeber beabsichtigten außerordentlichen verhaltensbedingten Kündigung geschlossen wird, günstigere Bedingungen für die Beendigung seines Arbeitsverhältnisses aushandeln kann als ein Arbeitnehmer ohne einen solchen Sonderkündigungsschutz (BAG v. 21.3.2018, Az. 7 AZR 590/16).

Der arbeitsrechtliche Gleichbehandlungsgrundsatz greift nur ein bei einem gestaltenden Verhalten des Arbeitgebers, hingegen nicht beim bloßen – auch vermeintlichen – Normvollzug. Ein Anspruch kann daher nicht auf den arbeitsrechtlichen Gleichbehandlungsgrundsatz gestützt werden, wenn der Arbeitgeber sowohl bei der Gewährung als auch bei der Vorenthaltung von Leistungen rechtliche Vorgaben erfüllen möchte. Beruft sich der Arbeitnehmer auf den arbeitsrechtlichen Gleichbehandlungsgrundsatz, hat er als Anspruchssteller einen Sachverhalt vorzutragen, der es als naheliegend erscheinen lässt, dass die Leistung des Arbeitgebers auf einer von ihm selbst gesetzten Regel und nicht auf etwaigem Normvollzug beruht (BAG v. 11.7.2017, Az. 3 AZR 691/16).

Der Anspruch aus dem arbeitsrechtlichen Gleichbehandlungsgrundsatz richtet sich bei einer vom Arbeitgeber getragenen Versorgung darauf, mit anderen Arbeitnehmern gleichbehandelt zu werden. Der Arbeitnehmer kann daher eine Arbeitgeberleistung von gleichem wirtschaftlichen Wert verlangen, aber nicht mehr als den Ausgleich der Differenzen. Die vom Arbeitgeber vorgenommene unzulässige Gruppenbildung in einer Gesamtzusage führt im Zusammenspiel mit der von ihm geschaffenen Regelung zum Bestehen des Anspruchs, aber nicht zur Unwirksamkeit der zugrunde liegenden Bestimmung. Vielmehr beinhaltet der Gleichbehandlungsgrundsatz ein spezielleres und abgeschlossenes Regelungs- und Rechtsfolgenkonzept und bildet damit eine im Arbeitsrecht geltende Besonderheit i. S. v. § 310 Abs. 4 Satz 2 Halbs. 1 BGB. Daher kann der von einer Gesamtzusage ausgeschlossene Versorgungsberechtigte mit eigener Leistungszusage nicht verlangen, dass sowohl die Gesamtzusage als auch die individuelle Regelung nebeneinander angewandt werden (BAG v. 3.3.2020, Az. 3 AZR 730/19).

6. Tarifvertrag

Die Begründung von Versorgungszusagen durch → *Tarifvertrag* ist zulässig, wird aber außerhalb des öffentlichen Dienstes meist nur in Firmentarifverträgen vorgenommen. Tarifvertragliche Ansprüche können bei einem Betriebsübergang nicht von einer beim Betriebserwerber bestehenden Betriebsvereinbarung abgelöst werden. Die Regelungsmacht der Tarifparteien erstreckt sich nach Beendigung des Arbeitsverhältnisses auch auf das anschließende Ruhestandsverhältnis (BAG v. 20.9.2016, Az. 3 AZR 273/15).

Die Regelungsmacht der Tarifparteien ist jedoch durch das Gesetz begrenzt. So verstößt der vollständige Ausschluss Teilzeitbeschäftigter von der Gewährung bezahlter Altersteilzeit gem. § 2a Ziff. 1 Abs. 2 Satz 1 MTV gegen das Diskriminierungsverbot des § 4 Abs. 1 Satz 2 TzBfG und ist unwirksam (BAG v. 9.7.2024, Az. 9 AZR 296/20).

7. Betriebsübergang

Bei einem Betriebsübergang tritt u. a. die Rechtsfolge ein, dass der neue Betriebsinhaber Schuldner der Versorgungsanwartschaft derjenigen Arbeitnehmer wird, deren Arbeitsverhältnisse auf ihn übergehen (BAG v. 9.5.2023, Az. 3 AZR 174/22). Dies gilt auch hinsichtlich der beim bisherigen Betriebsinhaber zurückgelegten Dienstzeiten. Hierzu hat das BAG entschieden, dass endgehaltsbezogene Leistungen im Betriebsübergang nicht eingefroren oder festgeschrieben werden. Der Erwerber tritt also nicht in die Zusage ein, „wie sie steht und liegt", sondern so, wie sie zugesagt ist. Wenn die in einer Versorgungszusage enthaltene Bemessungsgrundlage auf bestimmte Verhältnisse beim Veräußerer abstellt, die beim Erwerber keine Entsprechung finden, kann die Bemessungsgrundlage im Wege der ergänzenden Vertragsauslegung oder der Grundsätze zur Störung der Geschäftsgrundlage ggf. an die Verhältnisse beim neuen Inhaber anzupassen sein. Wenn die Wahrung des zuletzt maßgeblichen Lebensstandards im Ruhestand durch den Endgehaltsbezug in einer Versorgungszusage eine besondere Bedeutung hat, verlangt dies nach der Rechtsprechung des 3. Senats nach einer klaren abstrakten Regelung, wenn der Endgehaltsbezug durchbrochen werden soll. Bei solchen Zusagen darf der Arbeitnehmer besonders darauf vertrauen, dass sich der erworbene Zuwachs seiner Anwartschaft dienstzeitunabhängig aus dem variablen Berechnungsfaktor „Endgehalt" ergibt (BAG v. 9.5.2023, Az. 3 AZR 174/22).

Eine im Zusammenhang mit einem Betriebsübergang abgeschlossene Betriebsvereinbarung ist am betriebsverfassungsrechtlichen Gleichbehandlungsgrundsatz (§ 75 BetrVG) zu messen. Werden dabei unterschiedliche Gruppen gebildet (übergegangene Arbeitnehmer werden von der Versorgung ausgenommen, neu eintretende erhalten sie) ist diese Ungleichbehandlung durch die besondere Situation, in der sich die Arbeitsvertragsparteien nach dem Betriebsübergang befinden, sachlich gerechtfertigt.

Das dreistufige Prüfungsschema für Eingriffe in Versorgungsanwartschaften findet auch dann Anwendung, wenn eine Versorgungsordnung infolge eines Betriebsübergangs durch eine beim Erwerber bereits geltende Betriebsvereinbarung abgelöst wird BAG (v. 22.10.2019, Az. 3 AZR 429/18).

III. Formen der betrieblichen Altersversorgung

Es gibt verschiedene Formen und Träger der betrieblichen Altersversorgung, wobei sich auch – häufig durch Betriebsübergang – Mischformen entwickelt haben. Im Einzelnen unterscheidet man:

1. Direktzusage

Sie ist eine unmittelbare Versorgungszusage durch den Arbeitgeber an die berechtigten Arbeitnehmer. Der Arbeitgeber ist dabei der Schuldner der Versorgungsleistung. Er stellt sie in der Regel durch Pensionsrückstellungen sicher.

Seit Ende 2023 sind Arbeitgeber bei einer Direktzusage (und nicht wie sonst der jeweilige Versorgungsträger) verpflichtet, die Daten an die „Zentrale Stelle für die digitale Rentenübersicht" (ZfDR) elektronisch zu übermitteln.

2. Direktversicherung

Hier wird eine Einzel- oder Gruppenlebensversicherung auf das Leben der berechtigten Arbeitnehmer abgeschlossen. Dabei ist der Arbeitgeber der Versicherungsnehmer; bezugsberechtigt sind in der Regel der Arbeitnehmer im Erlebensfall und seine Angehörigen im Todesfall. Hinsichtlich der Überschussanteile der Lebensversicherung ist auch eine Aufspaltung des Bezugsrechts möglich. Die Verteilung des Überschusses muss einem verursachungsorientierten Verfahren folgen. Eine verursachungsgerechte, individuelle Zuordnung der Überschüsse zu einzelnen Versicherungsnehmern ist daher nicht erforderlich. Der Versicherer darf gleichartige Verträge zu Bestandsgruppen und Gewinnverbänden zusammenfassen. Die Verteilung des Überschusses orientiert sich am Beitrag der Gruppe oder des Verbands an der Entstehung des Überschusses. Es genügt, wenn der Versicherer alle Verträge sachgerecht in einzelne Gruppen unterteilt und den Rohüberschuss entsprechend der Überschussverursachung den jeweiligen Gruppen zuordnet (BAG v. 3.5.2022, Az. 3 AZR 408/21). Die Gewährung einer 13. Monatsrente als erster Schritt der Überschussverteilung ist zulässig (BAG v. 3.5.2022, Az. 3 AZR 374/21).

Bei den Bezugsrechten unterscheidet man zwischen den unwiderruflichen Bezugsrechten, die der Arbeitgeber nur widerrufen kann, wenn er zum Widerruf der Versorgungszusage berechtigt ist (s. u. XI.), und den eingeschränkt widerrufbaren Bezugsrechten, die der Arbeitgeber bis zum Eintritt der Unverfallbarkeit (s. u. VI.) widerrufen kann. Die Beiträge sind vom Arbeitgeber zu entrichten, wobei auch vereinbart werden kann, dass ein Teil der Arbeitsvergütung für die Beitragszahlung verwendet wird (= gehaltsumwandelnde Lebensversicherung). Das Arbeitsverhältnis als Grundlage der Versorgungszusage und der Versicherungsvertrag, mit dem Rechte und Pflichten gegenüber dem Versicherungsträger begründet werden, hängen rechtlich nicht zusammen. Vereinbaren die Arbeitsvertragsparteien, dass der Arbeitgeber für den Arbeitnehmer eine Direktversicherung abschließt und ein Teil der künftigen Entgeltansprüche des Arbeitnehmers durch Entgeltumwandlung für seine betriebliche Altersversorgung verwendet wird (§ 1a Abs. 1 BetrAVG), liegt insoweit kein pfändbares Arbeitseinkommen mehr vor.

Im Zusammenhang mit der Direktversicherung ist die sog. „Zillmerung" von rechtlicher Bedeutung. Dabei handelt es sich um ein Kostenverteilungsverfahren, das von dem Versicherungsmathematiker Dr. August Zillmer entwickelt wurde. Die beim Zustandekommen des Versicherungsvertrags anfallenden einmaligen Abschluss- und Vertriebskosten werden mit den sog. Sparanteilen der ersten Versicherungsprämien verrechnet. Dies führt dazu, dass der Rückkaufswert anfangs sehr gering, in den ersten beiden Jahren häufig sogar gleich Null ist. Die Zillmerung wirkt sich zwar nicht zwangsläufig auf den Rückkaufswert aus, weil dessen Höhe vertraglich vereinbart werden muss. Meist sind aber die Vereinbarungen so ausgestaltet, dass der Rückkaufswert der Lebensversicherung an die nach dem Zillmerungsverfahren gebildete Deckungsrückstellung anknüpft. Nach Auffassung des BAG ist es rechtlich problematisch, wenn der Arbeitgeber bei einer Entgeltumwandlung dem Arbeitnehmer anstelle von Barlohn eine Direktversicherung mit (voll) gezillmerten Tarifen zusagt. Es könnte angemessen sein, die bei der Direktversicherung anfallenden einmaligen Abschluss- und Vertriebskosten auf fünf Jahre zu verteilen. Wenn die Verwendung gezillmerter Versicherungstarife bei einer Entgeltumwandlung der Rechtskontrolle nicht standhält, führt dies nicht zur Unwirksamkeit der Entgeltumwandlungsvereinbarung und nicht zur Nachzahlung von Arbeitsentgelt, sondern zu einer höheren betrieblichen Altersversorgung.

Bei der Direktversicherung hat der Arbeitgeber zwei Wege, um unverfallbare Versorgungsanwartschaften aufrechtzuerhalten, nämlich einmal die gleich Regelung wie bei der Direktversicherung (arbeitsvertragliche Lösung) und zum anderen die sog. versicherungsrechtliche Lösung, die bewirkt, dass sich der Anspruch des Arbeitnehmers im Verhältnis zum Arbeitgeber auf die von dem Versicherer aufgrund des Versicherungsvertrags zu erbringende Versicherungsleistung beschränkt, d. h. auf die Leistung, die sich aus der beitragsfreien Direktversicherung ergibt. Dabei ist der Arbeitgeber in seiner Wahl grundsätzlich frei (BAG v. 12.3.2013, Az. 3 AZR 99/11). Im Einzelfall kann die Ersetzung eines Versorgungsplans im Durchführungsweg einer Direktversicherung durch ein betriebliches Versorgungswerk wirksam sein (BAG v. 19.7.2016, Az. 3 AZR 88/15).

3. Pensionskasse

Sie ist eine rechtlich selbstständige Versorgungseinrichtung, die dem Arbeitnehmer und seinen Hinterbliebenen einen selbstständigen Rechtsanspruch auf Versorgungsleistungen gewährt (§ 1 Abs. 3 BetrAVG). Finanziert wird sie durch Beitragszahlungen, die entweder nur vom Arbeitgeber oder vom Arbeitgeber und Arbeitnehmer gemeinsam geleistet werden. Der Arbeitgeber bleibt jedoch der Schuldner der Versorgungsleistung.

So haftet der Arbeitgeber, wenn die Pensionskasse von ihrem satzungsmäßigen Recht Gebrauch macht, Fehlbeträge durch Herabsetzung ihrer Leistungen auszugleichen (BAG v. 19.6.2012, Az. 3 AZR 408/10).

Sagt der Arbeitgeber einem Arbeitnehmer eine Versorgung zu, hat der Arbeitnehmer gegen den Arbeitgeber einen aus dem arbeitsvertraglichen Versorgungsverhältnis folgenden Anspruch, der sich auf die Gewährung der versprochenen Versorgung richtet. Auch wenn die Durchführung nicht durch den Arbeitgeber selbst erfolgt, steht der Arbeitgeber für die von ihm zugesagten Leistungen ein (BAG v. 16.3.2010, Az. 3 AZR 744/08). Wenn also der externe Versorgungsträger nicht leistet, muss der Arbeitgeber dem Versorgungsberechtigten die Leistungen verschaffen, die er ihm zugesagt hat. Dabei kommt es nicht darauf an, aus welchen Gründen der externe Versorgungsträger nicht leistet, ob den Arbeitgeber hieran ein Verschulden trifft und ob er das Nichtleisten hätte verhindern können. Die Einstandspflicht des Arbeitgebers führt nicht lediglich zu verschuldensabhängigen Schadensersatz-, sondern zu verschuldensunabhängigen Erfüllungsansprüchen der versorgungsberechtigten Arbeitnehmer. Den Arbeitgeber trifft auch bei einer Pensionskassenzusage grundsätzlich die Einstandspflicht nach § 1 Abs. 1 Satz 3 BetrAVG (BAG v. 12.5.2020, Az. 3 AZR 158/19). Setzt die Pensionskasse wegen eines aufgetretenen Fehlbetrages satzungsgemäß ihre Leistungen herab, kann der Arbeitgeber verpflichtet sein, die Minderung auszugleichen (Hessisches LAG v. 3.3.2010, Az. 8 Sa 187/09). Allerdings ist eine dynamische Verweisung auf die Satzung der Unterstützungskasse möglich. In einem solchen Fall muss der Arbeitnehmer immer mit einer Änderung der Satzung rechnen.

Die Einstandspflicht des Arbeitgebers für zugesagte Versorgungsleistungen gemäß § 1 Abs. 1 Satz 3 BetrAVG besteht nach einer neueren Entscheidung des LAG Niedersachsen auch dann, wenn der mit der Durchführung der betrieblichen Altersversorgung betraute externe Versorgungsträger die Versorgungsleistungen wegen Verjährung dauerhaft verweigern kann. Durch die Erhebung einer Klage gegen den externen Versorgungsträger nach Ablauf der Verjährungsfrist des § 14 VVG verletzt der Versorgungsberechtigte auch keine gegenüber dem versorgungspflichtigen Arbeitgeber bestehende vertragliche Rücksichtnahmepflicht (LAG Niedersachsen v. 24.4.2023, Az. 15 Sa 125/22 B, nicht rechtskräftig, Revision anhängig unter 3 AZR 163/23).

4. Unterstützungskasse

Sie ist ebenfalls eine rechtlich selbstständige Versorgungseinrichtung, der Arbeitnehmer hat ihr gegenüber (im Gegensatz zur Pensionskasse) aber keinen Rechtsanspruch auf Leistungen.

5. Entgeltumwandlung

Das ist die Umwandlung künftiger Entgeltansprüche in eine wertgleiche Anwartschaft auf Versorgungsleistungen, wobei die Anwartschaft sich auf eine der o. g. Möglichkeiten der Altersversorgung beziehen kann. Hierauf kann gem. § 1a BetrAVG auch ein Rechtsanspruch bestehen. Diese Pflicht des Arbeitgebers ist auch verfassungsgemäß (BVerfG v. 7.5.2012, Az. 1 BvR 2653/08). Der Arbeitgeber muss den Arbeitnehmer nicht von sich aus auf die Möglichkeit der Entgeltumwandlung hinweisen (BAG v. 21.1.2014, Az. 3 AZR 807/11). Eine beitragsorientierte Leistungszusage liegt vor, wenn der Arbeitgeber sich verpflichtet, bestimmte Beiträge in eine Betriebsrentenanwartschaft umzuwandeln. Das BetrAVG verlangt, dass in der Versorgungsordnung die Mindesthöhe der Anwartschaft zum Zeitpunkt der Umwandlung bezogen auf diese Beiträge festgelegt wird (BAG v. 30.8.2016, Az. 3 AZR 228/15). Auch bereits vor dem 1. Januar 2018 geschlossene Tarifverträge zur Entgeltumwandlung können von § 1a BetrAVG, einschließlich des mit § 1a Abs. 1a BetrAVG neu geschaffenen Anspruchs auf einen Arbeitgeberzuschuss, abweichen. Es ist eine Frage der Auslegung, ob die Tarifvertragsparteien dies gewollt haben (BAG v. 11.3.2025, Az. 3 AZR 75/24).

Eine Lösung vom Vertrag ist für den Arbeitnehmer nicht einfach. Sein bloßer Geldbedarf begründet für sich genommen keinen Anspruch gegen den Arbeitgeber, den Versicherungsvertrag gegenüber der Versicherungsgesellschaft zu kündigen, damit der Arbeitnehmer den Rückkaufswert erhält (BAG v. 26.4.2018, Az. 3 AZR 586/16). Besteht im ursprünglich zugesagten, aber nicht umsetzbaren Durchführungsweg die Pflicht des versorgungsberechtigten Arbeitnehmers zur Leistung eines Eigenbeitrags zur betrieblichen Alterversorgung, kann der Arbeitnehmer einen an diese Versorgungszusage anknüpfenden Verschaffungsanspruch nur unter Berücksichtigung eines entsprechenden Eigenbeitrags verlangen. Wenn der Arbeitgeber verpflichtet ist, einem Arbeitnehmer einen wertgleichen Versorgungsanspruch zu verschaffen, weil er den vorgesehen Durchführungsweg, für den der versorgungsberechtigte Arbeitnehmer einen Eigenbeitrag leisten müsste, nicht beschreiten kann, ändert das nichts an der Pflicht des Arbeitnehmers, einen Eigenbeitrag zu leisten (BAG v. 22.10.2019, Az. 3 AZN 934/19).

IV. Anspruchsvoraussetzungen

Die Voraussetzungen, unter denen der Arbeitnehmer Anspruch auf Leistungen der betrieblichen Altersversorgung hat, werden in der jeweiligen Ruhegeldordnung festgelegt und können unterschiedlich ausgestaltet sein. Typischerweise werden Arbeitnehmer erfasst, deren Arbeitsverhältnis bis zum Eintritt des Versorgungsfalls andauert und die dann nach Erfüllung der in der Ruhegeldordnung festgesetzten Wartezeit und der dort genannten Altersgrenze in den Ruhestand gehen. Bei der Ausgestaltung sind gewisse rechtliche Vorgaben zu beachten. So dürfen z. B. Teilzeitbeschäftigte nicht vollständig von Versorgungsleistungen ausgeschlossen werden und es muss der arbeitsrechtliche Gleichbehandlungsgrundsatz beachtet werden. Eine Wartezeitregelung für einen Besitzstandsbetrag der betrieblichen Altersversorgung, nach der nicht umlagefähige Ruhenszeiten ohne Entgeltanspruch auch wegen Erziehungsurlaubs oder Elternzeit nicht mitzählen, führt nicht zu einer unzulässigen mittelbaren Benachteiligung wegen des Geschlechts (BAG v. 6.5.2025, Az. 3 AZR 65/24).

V. Anwartschaft

Unter einer Anwartschaft auf Leistungen der betrieblichen Altersversorgung versteht man eine Vorstufe des Ruhegeldanspruchs, also einen aufschiebend bedingten Versorgungsanspruch, der automatisch mit Eintritt der unter IV. genannten Anspruchsvoraussetzungen zum vollen Anspruch wird. Dabei unterscheidet man zwischen verfallbaren und unverfallbaren Anwartschaften: verfallbare erlöschen in der Regel mit dem vorzeitigen Ende des Arbeitsverhältnisses, aus unverfallbaren wird bei Eintritt des Versorgungsfalls ein zeitanteiliger Ruhegeldanspruch.

WICHTIG!

Für unverfallbare Anwartschaften ausgeschiedener Arbeitnehmer sind ab dem 1.1.2018 neue Regelungen in Kraft getreten. Versorgungsanwärter dürfen gegenüber betriebstreu bleibenden Arbeitnehmern bei der wertmäßigen Entwicklung nicht benachteiligt werden. Die Rechtslage ist durch Ausnahmetatbestände und zeitliche Befristungen unübersichtlich. Kleinstanwartschaften können beim Wechsel des Arbeitnehmers in einen anderen EU-Staat nicht mehr ohne weiteres abgefunden werden.

VI. Unverfallbarkeit

Bisher war eine Versorgungsanwartschaft unverfallbar und erlangte den Rang eines eigentumsähnlichen Rechts, wenn der Arbeitnehmer das 30. Lebensjahr vollendet und die Versorgungszusage mindestens fünf Jahre bestanden hatte (§ 1b Abs. 1 BetrAVG). Ab dem 1.1.2009 ist die Altersgrenze auf 25 Jahre herabgesetzt und die Übergangsregelung in § 30 BetrAVG entsprechend angepasst worden. Die Unverfallbarkeit bezieht sich auch auf sog. „Übergangsbezüge". Änderungen der Versorgungszusage (s. u. IX.) haben auf die Frist keinen Einfluss. Ob die Rechte aus einem Versicherungsvertrag in der Insolvenz des Arbeitgebers dem Arbeitnehmer oder der Masse zustehen, richtet sich danach, ob das Bezugsrecht nach den Regelungen im Versicherungsvertrag noch widerrufen werden kann. Nur wenn eine Widerrufsmöglichkeit besteht, stehen die Rechte der Masse zu. Kommt es während des Insolvenzverfahrens zu einem Betriebsübergang, hat der Insolvenzverwalter für die während des Insolvenzverfahrens erworbenen Anwartschaften all derjenigen einzustehen, die nach Eröffnung des Insolvenzverfahrens, aber vor dem Betriebsübergang ausgeschieden sind, oder die von einem Betriebsübergang nicht erfasst werden oder einem Betriebsübergang gemäß § 613a Abs. 6 BGB widersprochen haben. Diese Anwartschaften kann der Insolvenzverwalter unter den Voraussetzungen des § 3 Abs. 4 BetrAVG abfinden (s. zum Pensionssicherungsverein unter XII.). Tarifliche Ausschlussfristen finden in der Regel auf Ansprüche auf betriebliche Altersversorgung keine Anwendung (LAG Köln v. 8.3.2016, Az. 12 Sa 689/15).

VII. Auskunftsanspruch

Der Arbeitnehmer hat gegenüber dem Träger der betrieblichen Altersversorgung einen Auskunftsanspruch über die zu erwartenden Leistungen (§ 4a BetrAVG). Dies ist insbesondere dann von Bedeutung, wenn der Arbeitnehmer vor dem Erreichen der Altersgrenze aus dem Betrieb ausscheidet. In diesem Fall ist ein sog. „ratierliches Berechnungsverfahren" hinsichtlich der bis dahin erworbenen Anwartschaften durchzuführen (§ 2 BetrAVG). Die Berechnung erfolgt in der Weise, dass zunächst der Anspruch berechnet wird, wie er sich bei einem Fortbestand des Arbeitsverhältnisses bis zum Eintritt des Versorgungsfalls entwickelt hätte. Dieser Anspruch ist dann um die nicht erbrachte Dauer der Betriebszugehörigkeit zu kürzen. Dieser Auskunftsanspruch ist durch das Gesetz zur Umsetzung der EU-Mobilitätsrichtlinie erheblich verstärkt worden. So müssen Auskünfte erteilt werden darüber, ob und wie unverfallbare Anwartschaften erworben werden können, wie hoch eine erworbene Anwartschaft ist und wie sich diese bis zum Erreichen der Altersgrenze voraussichtlich entwickeln wird, wie sich die Beendigung des Arbeitsverhältnisses auf die Anwartschaft auswirkt, wie sie sich nach Beendigung des Arbeitsverhältnisses entwickeln wird und wie hoch die Hinterbliebenenleistung nach dem Versorgungsfall ist und wie sie sich voraussichtlich entwickeln wird. Für den Auskunftsanspruch muss kein berechtigtes Interesse nachgewiesen werden. Die Auskunft muss in angemessener Frist in verständlicher Sprache erfolgen.

Für Anzeigen und Erklärungen des Arbeitnehmers gegenüber dem Unternehmen darf gem. § 309 Nr. 13 BGB das Schriftformerfordernis nicht mehr vorgesehen sein. Die Schriftform ist durch die Textform zu ersetzen.

Unabhängig davon kann ein Anspruch auf Auskunftserteilung auch aus dem Grundsatz von Treu und Glauben bestehen, denn die arbeitsrechtlichen Nebenpflichten des Arbeitgebers beschränken sich nicht darauf, den Arbeitnehmern keine falschen und unvollständigen Auskünfte zu erteilen. Vielmehr kann der Arbeitgeber zur Vermeidung von Rechtsnachteilen der Arbeitgeber verpflichtet sein, von sich aus geeignete Hinweise zu geben, obwohl grundsätzlich jede Partei für die Wahrnehmung ihrer Interessen selbst zu sorgen hat (BAG v. 18.2.2020, Az. 3 AZR 206/18). Gesteigerte Informationspflichten können den Arbeitgeber vor allem dann treffen, wenn eine nachteilige Vereinbarung – etwa über die Beendigung des Arbeitsverhältnisses – auf seine Initiative und in seinem Interesse getroffen wird (BAG v. 15.4.2014, Az. 3 AZR 288/12).

VIII. Abfindungsverbot

Unverfallbare Versorgungsanwartschaften dürfen im Gegensatz zu den verfallbaren, die ohnehin mit dem Ausscheiden aus dem Betrieb ihre Gültigkeit verlieren, grundsätzlich nicht abgefunden werden, d. h. Arbeitgeber und Arbeitnehmer können nicht wirksam vereinbaren, dass eine bestimmte Geldsumme gezahlt wird und die Anwartschaft damit erlischt (§ 3 BetrAVG). Eine solche Vereinbarung ist nichtig, denn durch die betriebliche Altersversorgung soll der Lebensstandard im Ruhestand gesichert werden. Ausnahmen lässt das Gesetz nur in den Fällen zu, in denen die erworbene Anwartschaft so gering ist, dass der Verzicht den Lebensstandard im Alter nicht spürbar vermindert.

Ein Anspruch auf Übertragung von Anwartschaften auf einen neuen Arbeitgeber kann sich aus § 4 Abs. 3 i. V. m. § 30b BetrAVG ergeben.

Besonderheiten gelten bei der Insolvenz des Arbeitgebers: Der Teil der Anwartschaft, der während eines Insolvenzverfahrens erdient worden ist, kann abgefunden werden, wenn die Betriebstätigkeit vollständig eingestellt und das Unternehmen liquidiert wird. Hierzu bedarf es keiner Zustimmung des Arbeitnehmers (§ 3 Abs. 4 BetrAVG).

IX. Änderung der Versorgungszusage

Der Arbeitgeber kann einmal gegebene Versorgungszusagen später nicht ohne weiteres wieder ändern. Die Möglichkeiten der inhaltlichen Änderung hängen davon ab, in welcher Form die Zusage gegeben wurde.

1. Arbeitsvertrag

Während des laufenden Arbeitsverhältnisses können Arbeitgeber und Arbeitnehmer einvernehmlich eine Änderung der Versorgungszusage vereinbaren, auch zulasten des Arbeitnehmers (BAG v. 23.4.2013, Az. 3 AZR 512/11). Stimmt der Arbeitnehmer nicht zu, ist eine → *Änderungskündigung* erforderlich. Wenn der Arbeitsvertrag in einem gerichtlichen Vergleich aufgehoben wurde, der zugleich die Erledigung aller gegenseitigen Ansprüche vorsieht, sind Betriebsrentenansprüche davon in der Regel nicht erfasst, weil die große Bedeutung von Versorgungsansprüchen eine unmissverständliche Erklärung erfordert. Daher muss ein Verzicht eindeutig und zweifelsfrei zum Ausdruck gebracht werden.

2. Gesamtzusage

Grundsätzlich gilt für die Gesamtzusage dasselbe. Steht sie jedoch unter dem Vorbehalt, dass sie von einer Betriebsvereinbarung abgelöst werden kann, so können auf betrieblicher Ebene ohne Einschränkungen neue Regelungen getroffen werden (durch eine ablösende Betriebsvereinbarung). Fehlt ein solcher Vorbehalt, kann die Gesamtzusage trotzdem durch eine Betriebsvereinbarung abgelöst werden. Dabei darf sich jedoch das Gesamtvolumen der Leistungen für die Belegschaft nicht verschlechtern. Die Versorgungssituation für einzelne Arbeitnehmer kann aber durchaus eingeschränkt werden (sog. kollektiver Günstigkeitsvergleich durch Betriebsvereinbarung). Richtlinien zur betrieblichen Altersversorgung können der Kontrolle nach den Grundsätzen des Rechts der allgemeinen Geschäftsbedingungen unterliegen.

3. Betriebsvereinbarung/Tarifvertrag

Vertraglich geregelte Ansprüche von Arbeitnehmern auf Sozialleistungen können durch eine nachfolgende Betriebsvereinbarung wirksam abgelöst werden, wenn sich der Arbeitgeber bei der Zusage eine Abänderung durch Betriebsvereinbarung vorbehalten hat. Ein solcher Vorbehalt kann sich auch ohne ausdrückliche Formulierung aus den Gesamtumständen ergeben. Die Grundsätze des Vertrauensschutzes und der Verhältnismäßigkeit dürfen nicht verletzt werden. Hier können die Vertragspartner jederzeit neue Regelungen vereinbaren, die die alten ablösen, auch wenn sie für den einzelnen Arbeitnehmer ungünstiger sind. Durch Betriebsvereinbarung können jedoch keine Änderungen zulasten der bereits ausgeschiedenen Arbeitnehmer getroffen werden, da der Betriebsrat für diese kein Mandat mehr hat. Der Arbeitgeber kann die Vereinbarung auch kündigen, wenn die ordentliche Kündigung nicht ausgeschlossen ist. Bei einem Betriebsübergang kann nicht der tarifliche Anspruch auf Versorgung durch eine beim Erwerber bestehende Betriebsvereinbarung abgelöst werden. Die Grundsätze des Vertrauensschutzes und der Verhältnismäßigkeit stehen einem vollständigen und ersatzlosen Wegfall einer bei oder nach dem Eintritt des Versorgungsfalls „Alter" noch bestehenden Hinterbliebenenversorgung grundsätzlich entgegen (BAG v. 31.7.2018, Az. 3 AZR 731/16). Betriebsvereinbarungen über betriebliche Altersversorgung können unter Berücksichtigung der o. g. Grundsätze grundsätzlich auch teilweise gekündigt werden (BAG v. 8.12.2020, Az. 3 ABR 44/19).

Unabhängig von der Form müssen für die Änderung auch Gründe vorhanden sein. Diese müssen ein umso größeres Gewicht haben, je stärker die Position des Arbeitnehmers bereits geschützt ist (BAG v. 15.1.2013, Az. 3 AZR 705/10; BAG v. 20.9.2016, Az. 3 AZR 273/15). Unverfallbare Anwartschaften können nicht zum Nachteil des Arbeitnehmers verändert werden, es sei denn, zwingende Gründe wären gegeben. In die zeitanteilig erdiente Dynamik kann nur aus einem triftigen Grund eingegriffen werden. Für eine Änderung der noch nicht erdienten Zuwachsraten reichen sachliche Gründe aus. Die notwendigen Gründe für die Änderung werden also immer schwächer, je weniger der Arbeitnehmer davon betroffen ist (s. BAG v. 16.6.2015, Az. 3 AZR 393/13 und v. 9.12.2014, Az. 3 AZR 323/13). Dieses dreistufige Prüfungsschema findet unabhängig davon Anwendung, ob die erworbenen Anwartschaften bereits unverfallbar oder noch verfallbar sind (BAG v. 10.3.2015, Az. 3 AZR 56/14). Es gilt auch bei einem Betriebsübergang (BAG v. 22.10.2019, Az. 3 AZR 429/18). Die Aussetzung von Beiträgen zur betrieblichen Altersversorgung aufgrund eines Tarifvertrags zur Bewältigung der wirtschaftlichen Folgen der Corona-Krise und zur Absicherung des Kabinenpersonals muss zu ihrer Wirksamkeit den vom BAG entwickelten Maßstäben zum Vertrauensschutz und zur Verhältnismäßigkeit bei verschlechternden Tarifregelungen genügen (BAG v. 26.11.2024, Az. 3 AZR 26/24). Bei einer Neuregelung eines betrieblichen Versorgungswerks durch Betriebsvereinbarung, die in künftige Zuwächse eingreift, die auf der Grundlage der bisherigen, jetzt abgelösten Betriebsvereinbarung hätten erdient werden können, bedarf es sachlich-proportionaler Gründe. Es ist nicht erforderlich, dass Maßnahmen zur Kosteneinsparung ausgeschöpft sein müssen, bevor eine ablösende Betriebsvereinbarung Eingriffe in künftige Zuwächse vornehmen darf. Der Eingriff in noch nicht erdiente Zuwächse darf nicht willkürlich sein, sondern muss sich in ein nachvollziehbar auf eine Verbesserung der wirtschaftlichen Lage ausgerichtetes Gesamtkonzept einpassen (BAG v. 15.1.2013, Az. 3 AZR 705/10). Dabei kommt es u. U. nicht nur auf die wirtschaftliche Lage des Versorgungsschuldners an.

Rechtlich kompliziert ist die Lage, wenn nicht nur der Arbeitgeber in Anspruch genommen wird, sondern auch ein anderes Konzernunternehmen, häufig die Konzernmutter. Bei einem Beherrschungsvertrag kommt auch ein Berechnungsdurchgriff auf die wirtschaftliche Lage des herrschenden Unternehmens in Betracht, wenn sich die durch den Beherrschungsvertrag für die Versorgungsempfänger begründete Gefahrenlage verwirklicht hat. Der Beherrschungsvertrag rechtfertigt also nicht in jedem Fall den Berechnungsdurchgriff (BAG v. 10.3.2015, Az. 3 AZR 739/13), sondern das BAG verlangt weitere, im Einzelfall komplexe Voraussetzungen. Zur Änderung durch Anpassung der Satzung der Unterstützungskasse s. o. unter III.3.

X. Anpassungen der Versorgungsleistungen

Von der inhaltlichen Änderung der Versorgungszusage zu unterscheiden ist die Anpassung der Höhe der Versorgungsleistungen an die Kaufkraftentwicklung. In den Bestimmungen der Versorgungsordnung kann mittels sog. Wertsicherungs- und Spannenklauseln festgelegt werden, dass sich die Versorgungsleistung in einem bestimmten Umfang erhöht. Die Anpassungsprüfungs- und -entscheidungspflicht des Arbeitgebers nach § 16 Abs. 1 Satz 1 BetrAVG entfällt nach § 16 Abs. 3 Nr. 2 BetrAVG, wenn die betriebliche Altersversorgung über eine Pensionskasse im Sinne des § 1b Abs. 3 BetrAVG durchgeführt wird und ab Rentenbeginn sämtliche auf den Rentenbestand entfallende Überschussanteile zur Erhöhung der laufenden Leistungen verwendet werden. Dies gilt auch dann, wenn eine Pensionskasse ihren eigenen Arbeitnehmern eine betriebsrentenrechtliche Versorgungszusage erteilt, die über sie selbst als Pensionskasse durchgeführt wird (BAG v. 6.5.2025, Az. 3 AZR 142/24).

Es kann auch eine Anknüpfung an die Einkommen bestimmter im aktiven Erwerbsleben stehender Arbeitnehmer erfolgen. Fehlt eine solche Regelung, muss der Arbeitgeber alle drei Jahre eine Anpassung der betrieblichen Versorgungsleistung prüfen (§ 16 Abs. 1 BetrAVG). Hat der Arbeitgeber eine Gesamtversorgung zugesagt, die sich aus Leistungen der betrieblichen Altersversorgung des Arbeitgebers und anderen Renteneinkünften des Arbeitnehmers zusammensetzt, ist Bezugsobjekt der Anpassung nach § 16 Abs. 1 und Abs. 2 BetrAVG die vom Arbeitgeber geschuldete und gezahlte Betriebsrente und nicht die Gesamtversorgung (BAG v. 19.11.2019, Az. 3 AZR 281/18). Maßgeblicher Beurteilungszeitpunkt ist grundsätzlich der Anpassungsstichtag (drei Jahre nach Aufnahme der Leistungen). Die wirtschaftliche Entwicklung nach dem Anpassungsstichtag kann sich jedoch in bestimmten Fällen auf die Überprüfung der Anpassungsentscheidung des Arbeitgebers auswirken. So können die wirtschaftlichen Daten nach dem Anpassungsstichtag die frühere Prognose bestätigen oder entkräften. Voraussetzung für die Berücksichtigung einer späteren Entwicklung ist nach der Rechtsprechung des Bundesarbeitsgerichts allerdings, dass die Veränderungen in den wirtschaftlichen Verhältnissen des Unternehmens zum Anpassungsstichtag bereits vorhersehbar waren. Spätere unerwartete Veränderungen der wirtschaftlichen Verhältnisse des Unternehmens können erst bei der nächsten Anpassungsprüfung berücksichtigt werden (BAG v. 7.6.2016, Az. 3 AZR 193/15). Dies gilt auch für Rentner- und Abwicklungsgesellschaften (BAG v. 14.7.2015, Az. 3 AZR 252/14). Dabei darf er neben den Belangen des Versorgungsempfängers und seiner eigenen wirtschaftlichen Lage weitere Kriterien in seine Prüfung und Entscheidung einbeziehen. Seine Entscheidung muss insgesamt billigem Ermessen entsprechen. Dabei ist es dem Arbeitgeber auch gestattet, die Betriebsrenten anzupassen, obwohl er nach seiner wirtschaftlichen Lage eine Anpassung ablehnen dürfte. Der Arbeitgeber darf auch die Folgen einer verweigerten Anpassung für das Ansehen seines Unternehmens und die Kreditfähigkeit im Rahmen seiner Ermessensentscheidung berücksichtigen. Deshalb ist der Arbeitgeber auch nicht gehindert, bei ausreichender wirtschaftlicher Leistungsfähigkeit nicht nur den im Prüfungszeitraum eingetretenen Kaufkraftverlust auszugleichen, sondern eine höhere Anpassung vorzunehmen (BAG v. 15.4.2014, Az. 3 AZR 51/12). Er kann eine Anpassung der Betriebsrente verweigern, wenn die voraussichtliche Entwicklung der Eigenkapitalverzinsung und der Eigenkapitalausstattung des Unternehmens dies nicht zulassen, und zwar auch dann, wenn der Arbeitgeber als privatrechtlich organisierter Forschungsbetrieb ein institutioneller Zuwendungsempfänger öffentlich-rechtlicher Gebietskörperschaften ist (LAG Baden-Württemberg v. 4.6.2014, Az. 13 Sa 7/14). Die Eigenkapitalverzinsung besteht aus einem Basiszins, der der jeweils aktuellen Umlaufrendite der Anleihen der öffentlichen Hand in den einzelnen Jahren des Beurteilungszeitraums entspricht und einem Risikozuschlag von 2 % (BAG v. 11.11.2014, Az. 3 AZR 116/13). Dabei ist zu beachten, dass das Bestehen eines isolierten Gewinnabführungsvertrages keinen Berechnungsdurchgriff auf die wirtschaftliche Lage der herrschenden Gesellschaft zur Folge hat (BAG v. 15.11.2022, Az. 3 AZR 505/21). Damit war die Klage eines Arbeitnehmers erfolglos, der meinte, dass es wegen eines Gewinnabführungsvertrages nicht nur auf die wirtschaftliche Lage seines Arbeitgebers, sondern auch auf die der Konzernmutter ankomme. Der Gleichheitssatz gebietet es nicht, die Betriebsrentner durch eine entsprechende Anpassung ihres ruhegeldfähigen Gehalts an der Gehaltssteigerung der aktiven Mitarbeiter teilhaben zu lassen (BAG v. 20.9.2016, Az. 3 AZR 273/15).

Auch hier verkompliziert sich die Rechtslage, wenn nicht der ursprüngliche Arbeitgeber in Anspruch genommen wird, sondern daneben oder ausschließlich eine andere Gesellschaft. Die o. g. Leitlinien gelten grundsätzlich auch für sog. Rentner- und Abwicklungsgesellschaften. Eine zwischenzeitlich erfolgte Fusion verändert weder den Anpassungsstichtag noch die Kriterien. Es kommt grundsätzlich auch auf die wirtschaftliche Entwicklung der beiden ursprünglich selbstständigen Unternehmen bis zur Verschmelzung an. Auch die Verschmelzung ist bei der Prognose zu berücksichtigen. Maßgeblich ist deshalb, ob aufgrund der wirtschaftlichen Entwicklung der beiden ursprünglich selbstständigen Unternehmen am Anpassungsstichtag damit zu rechnen war, dass der Versorgungsschuldner die aus der Anpassung resultierenden höheren Belastungen aus den zu erwartenden Unternehmenserträgen und den verfügbaren Wertzuwächsen des Unternehmensvermögens aufbringen konnte (BAG v. 15.4.2014, Az. 3 AZR 51/12).

Besonderheiten gelten, wenn der konzernangehörige Arbeitgeber sein operatives Geschäft innerhalb des Konzerns auf eine andere Gesellschaft überträgt und die wirtschaftlichen Aktivitäten dort weitergeführt werden, wohingegen der ursprüngliche Arbeitgeber zu einer reinen „Rentnergesellschaft" wird. Er kann sich auch dann auf eine für eine Betriebsrentenanpassung nach § 16 Abs. 1 und Abs. 2 BetrAVG nicht ausreichende Leistungsfähigkeit berufen, wenn die Rentnergesellschaft nicht so ausgestattet wurde, dass sie auch zu Betriebsrentenanpassungen nach dieser Vorschrift in der Lage ist. Die Betriebsrentner können eine Betriebsrentenanpassung grundsätzlich nicht im Wege des Schadensersatzes aufgrund nicht hinreichender Ausstattung verlangen. Den versorgungspflichtigen Arbeitgeber trifft in diesem Fall keine Verpflichtung, die Rentnergesellschaft so auszustatten, dass sie nicht nur zur Zahlung der laufenden Betriebsrenten, sondern auch zu den gesetzlich vorgesehenen Anpassungen imstande ist. Ein Berechnungsdurchgriff auf die wirtschaftliche Lage eines anderen Unternehmens im Rahmen der Anpassungsprüfung ist hier generell ausgeschlossen, da dieser die Herbeiführung oder Vertiefung einer Insolvenz voraussetzt. Auch die sog. Rechtsscheinhaftung ist an strenge Voraussetzungen geknüpft. Der hierfür erforderliche Rechtsschein muss durch Erklärungen oder Verhaltensweisen begründet werden, die dem Versorgungsschuldner zurechenbar sind. Ausnahmsweise kann sich auch ein Schadensersatzanspruch aus § 826 BGB ergeben (BAG v. 15.9.2015, Az. 3 AZR 839/13).

Bestimmt eine Betriebsvereinbarung, dass ein dem Arbeitnehmer im Versorgungsfall zustehendes Versorgungskapital in zwölf Jahresraten auszuzahlen und mit einem marktüblichen Zinssatz zu verzinsen ist, den der Arbeitgeber festlegt, darf dieser sich bei der Festlegung des Zinssatzes an der Rendite für Nullkuponanleihen von Deutschland und Frankreich (Bloomberg Yielt Curve) orientieren (BAG v. 30.8.2016, Az. 3 AZR 228/15 und 3 AZR 272/15 und 273/15).

Bei der Anpassungsprüfung nach § 16 Abs. 1 BetrAVG hat der Arbeitgeber die Belange der Versorgungsempfänger sowie seine eigene wirtschaftliche Lage zu berücksichtigen. Lässt die wirtschaftliche Lage eine Anpassung der Betriebsrenten nicht zu, ist der Arbeitgeber zur Anpassung nicht verpflichtet (BAG v. 26.4.2018, Az. 3 AZR 686/16).

Folgende Faktoren sind von Bedeutung:

1. Anpassungsbedarf

Maßstab hierfür ist der Preisindex für einen Vierpersonenhaushalt von Arbeitern und Angestellten mit mittlerem Einkommen. Dabei besteht eine Höchstgrenze in der Steigerungsrate der Nettoverdienste vergleichbarer Arbeitnehmergruppen im Unternehmen. Es ist die gesamte Zeit vom Rentenbeginn bis zum Anpassungsstichtag zugrunde zu legen, auch für die Begrenzung des Anpassungsbedarfs im Wege der reallohnbezogenen Obergrenze.

2. Belange des Versorgungsempfängers

Wenn der Arbeitgeber eine unter dem Indexniveau liegende Anpassung vornehmen will, muss er die Interessen des früheren Arbeitnehmers angemessen berücksichtigen und mit den betrieblichen Interessen abwägen.

3. Wirtschaftliche Belange des Arbeitgebers

Sie sind vorrangig zu berücksichtigen, wenn es um den Erhalt des Betriebs und der Arbeitsplätze geht. Hier ist eine Prognose erforderlich, wie sich die Erhöhung der Versorgungsleistungen auf die betriebliche Entwicklung auswirken wird.

Nimmt der Arbeitgeber keine oder eine nach Ansicht des Versorgungsempfängers zu geringe Erhöhung vor, kann er vor dem Arbeitsgericht verklagt werden. Wartet er mit der Klage zu lange, kann sein Recht verwirken. Keine Anpassungspflicht besteht, wenn sich der Arbeitgeber bei Zusagen nach dem 31.12.1998 zu einer Anpassung von mindestens 1 % pro Jahr verpflichtet hat. Eine Sicherheitsleistung gem. § 303 AktG kann nicht für künftige Betriebsrentenanpassungen verlangt werden.

Bei der Anpassung der Betriebsrenten ist die wirtschaftliche Lage des versorgungspflichtigen Arbeitgebers entsprechend den nach handelsrechtlichen Rechnungslegungsregeln erstellten Jahresabschlüssen (BAG v. 21.8.2012, Az. 3 ABR 20/10) und nicht die des Konzerns entscheidend. Die wirtschaftliche Lage des Arbeitgebers rechtfertigt die Ablehnung einer Betriebsrentenanpassung insoweit, als er annehmen darf, dass es ihm mit hinreichender Wahrscheinlichkeit nicht möglich sein wird, den Teuerungsausgleich aus den Unternehmenserträgen und den verfügbaren Wertzuwächsen des Unternehmensvermögens in der Zeit bis zum nächsten Anpassungsstichtag aufzubringen. Maßgeblich ist die tatsächliche wirtschaftliche Lage und nicht die fiktive, die bestünde, wenn unternehmerische Entscheidungen anders getroffen worden wären (BAG v. 20.8.2013, Az. 3 AZR 750/11). Der Arbeitgeber hat nach § 16 Abs. 1 BetrAVG einen Ermessensspielraum und kann unter Berücksichtigung seiner wirtschaftlichen Lage von einer Anpassung absehen, wenn etwa in zwei aufeinander folgenden Geschäftsjahren eine unzureichende Eigenkapitalverzinsung zu verzeichnen war. Der Prognose steht nicht unbedingt entgegen, dass sich die Eigenkapitalverzinsung in den Jahren nach dem Anpassungsstichtag verbessert hat. Das Gericht kann feststellen, dass die weitere Entwicklung der Eigenkapitalverzinsung für den Arbeitgeber nicht vorhersehbar war (BAG v. 28.10.2025, Az. 3 AZR 24/25, Commerzbank). Auf eine schlechte wirtschaftliche Lage der Konzernobergesellschaft oder des Gesamtkonzerns kann es nur dann ankommen, wenn am Anpassungsstichtag ausreichend konkrete Anhaltspunkte dafür bestehen, dass in den nächsten drei Jahren die im Konzern bestehenden Schwierigkeiten mit hoher Wahrscheinlichkeit auf das Tochterunternehmen „durchschlagen" werden, und zwar in einem für die Betriebsrentenanpassung relevanten Umfang (BAG v. 10.2.2009, Az. 3 AZR 727/07). Bei der Prüfung der wirtschaftlichen Lage eines Bankkonzerns kann die internationale Finanzkrise nicht als einmaliges Ereignis herausgerechnet werden, wenn sie sich bis zum nächsten Stichtag noch auf das Betriebsergebnis auswirkt (LAG Berlin-Brandenburg v. 6.3.2012, Az. 7 Sa 1948/11). Allein der Umstand, dass beim Arbeitgeber Arbeitsplätze abgebaut werden, reicht nach Auffassung des BAG nicht aus, um von einer Anpassung abzusehen. Die wirtschaftliche Lage des Arbeitgebers wird nämlich durch dessen Ertragskraft im Ganzen geprägt, weshalb ein Arbeitsplatzabbau für sich betrachtet nichts über die wirtschaftliche Leistungsfähigkeit des Versorgungsschuldners aussagt (BAG v. 10.2.2015, Az. 3 AZR 37/14). Auf der anderen Seite kann die Einbindung des Arbeitgebers in einen Konzern u. U. dazu führen, dass sich der Versorgungsschuldner die günstige wirtschaftliche Lage eines anderen konzernangehörigen Unternehmens zurechnen lassen muss (BAG v. 15.1.2013, Az. 3 AZR 638/10).

WICHTIG!

Unterliegt der Arbeitgeber der Anpassungsprüfungspflicht für laufende Betriebsrenten, sollte er die Anpassungsentscheidung gründlich und auf einer hinreichenden Tatsachengrundlage treffen. Ansonsten kann eine Pflicht zur nachholenden Anpassung bestehen. Erfolgt die Anpassung nicht, sollte dies in einem sorgfältig formulierten Unterrichtungsschreiben dargelegt werden, in dem auf die Folgen eines nicht rechtzeitigen Widerspruchs (§ 16 Abs. 4 Satz 2 BetrAVG) hingewiesen wird. Die in einem Unternehmen anfallenden Stichtage für die Prüfung, ob die Betriebsrente nach § 16 Abs. 1 und Abs. 2 BetrAVG an den seit Rentenbeginn eingetretenen Kaufkraftverlust anzupassen ist, dürfen zu einem einheitlichen Jahrestermin gebündelt werden, wenn sich die erste Anpassungsprüfung nicht um mehr als sechs Monate verzögert und in der Folgezeit der Dreijahreszeitraum eingehalten ist (BAG v. 8.12.2015, Az. 3 AZR 475/14).

Wenn der Arbeitgeber von seiner Anpassungsprüfungs- und -entscheidungspflicht befreit ist, weil die Voraussetzungen von § 16 Abs. 3 Nr. 2 BetrAVG vorliegen (Anpassung nicht geringer als der Anstieg der Nettolöhne vergleichbarer Arbeitnehmer des Unternehmens) und unterbleibt die Anpassung einer Pensionskassenrente mangels zu verteilender Überschussanteile, so steht dem Versorgungsempfänger kein Anspruch auf Anpassungsprüfung zu (BAG v. 3.6.2020, Az. 3 AZR 166/19).

XI. Widerruf von Versorgungszusagen

Die wirtschaftlichen Folgen von Versorgungszusagen reichen so weit in die Zukunft, dass es in bestimmten Fällen notwendig werden kann, dass sich der Arbeitgeber davon lossagt. Der Widerruf der Versorgungszusage ist möglich bei einer schweren Verletzung der Treuepflicht des Arbeitnehmers – unabhängig davon, ob diese während des Bestehens des Arbeitsverhältnisses geschah oder danach. Maßgeblich ist, dass sich die erwiesene Betriebstreue im Nachhinein als wertlos herausstellt, weil der Arbeitnehmer den Arbeitgeber erheblich geschädigt hat. Für den Teilwiderruf einer Unterstützungskassenversorgung sind triftige wirtschaftliche Gründe erforderlich. Auch grobe Pflichtverletzungen, die ein Arbeitnehmer begangen hat, berechtigen den Arbeitgeber zum Widerruf der Versorgungszusage, wenn die Berufung des Arbeitnehmers auf das Versorgungsversprechen rechtsmissbräuchlich ist. Dies wird insbesondere dann angenommen, wenn er sich die Unverfallbarkeit der Versorgungsordnung dadurch erschlichen hat, dass er schwere Verfehlungen vertuscht hat (BAG v. 13.11.2012, Az. 3 AZR 444/10). Ein – auch nur befristeter oder teilweiser – Widerruf einer Betriebsrentenzusage wegen wirtschaftlicher Notlage des Versorgungsschuldners ist nicht mehr zulässig (ArbG Köln v. 20.4.2016, Az. 20 Ca 891/16; LAG Rheinland-Pfalz v. 7.3.2016, Az. 3 Sa 539/15). Diese Rechtslage ist in einer Nichtannahmeentscheidung des Bundesverfassungsgerichts als verfassungskonform angesehen worden (BVerfG v. 29.2.2012, Az. 1 BvR 2378/10).

WICHTIG!

Nach der Rechtsprechung des Bundesarbeitsgerichts kann ein Arbeitgeber aufgrund seiner schlechten wirtschaftlichen Lage von seiner bisherigen – auf einer Gesamtzusage beruhenden – Versorgungszusage abrücken, indem er mit den Arbeitnehmern einen Erlassvertrag in Form eines Vergleichs schließt. Ein solcher Erlassvertrag ist grds. auch zulässig, wenn es sich bei dem Angebot des Arbeitgebers auf Vertragsänderung um der Inhaltskontrolle nach den §§ 307 ff. BGB unterliegende Allgemeine Geschäftsbedingungen (AGB) handelt (BAG v. 15.11.2016, 3 AZR 539/15).

XII. Insolvenzsicherung

Die Versorgungszusagen unterliegen aufgrund der besonderen Bedeutung für den Einzelnen einer besonderen Sicherung gegen die Insolvenz des Arbeitgebers. Der Pensionssicherungsverein (PSVaG) in Köln ist verpflichtet, in bestimmten Fällen und in einem bestimmten Umfang für die Ruhegeldverpflichtungen einzutreten (BAG v. 26.1.2021, Az. 3 AZR 876/16, PSV ist auch eintrittspflichtig, wenn die vom Arbeitnehmer erworbene Anwartschaft bei Eröffnung des Insolvenzverfahrens gesetzlich noch nicht unverfallbar ist. Er ist zur Garantie des insolvenzrechtlichen Mindestschutzes nach Art. 8 Richtlinie 2008/94/EG verpflichtet.). Ansprüche oder Anwartschaften des Berechtigten gegen den Arbeitgeber auf Leistungen, die den Anspruch gegen den Träger der Insolvenzsicherung begründen, gehen im Falle eines Insolvenzverfahrens mit dessen Eröffnung über. Der Arbeitnehmer, der bei Eröffnung des Insolvenzverfahrens eine nach § 1b BetrAVG unverfallbare Versorgungsanwartschaft hat, erwirbt unter den in § 7 Abs. 2 Satz 1 BetrAVG bestimmten Voraussetzungen einen Anspruch gegen den Träger der Insolvenzsicherung auf Gewährung von Leistungen bei Eintritt des Versorgungsfalls. Im Gegenzug geht seine zum Zeitpunkt des Sicherungsfalls bestehende Anwartschaft gegen den Arbeitgeber auf Leistungen nach § 9 Abs. 2 Satz 1 BetrAVG auf den Pensionssicherungsverein über, der deren Wert als unbedingte Forderung zur Insolvenztabelle anmelden kann (LAG Köln v. 10.5.2016, Az. 12 Sa 864/15). Diese Sicherung betrifft insbesondere die Arbeitnehmer, die sich bereits im Ruhestand befinden. Eine Eintrittspflicht ist ausgeschlossen, wenn der Arbeitgeber zusammen mit dem Arbeitnehmer Regelungen trifft, die nur dem Zweck dienen, dass statt des Arbeitgebers der Pensionssicherungsverein für die Pensionslasten aufkommen muss.

Hat der Arbeitgeber zum Zwecke der betrieblichen Altersversorgung eine Direktversicherung abgeschlossen und dem Arbeitnehmer ein bis zum Ablauf der gesetzlichen Unverfallbarkeitsfrist widerrufliches Bezugsrecht eingeräumt, steht dem Arbeitnehmer in der Insolvenz des Arbeitgebers kein Aussonderungsrecht nach § 47 InsO an der Versicherung zu, wenn der Insolvenzverwalter das Bezugsrecht wirksam widerrufen hat. Die Zulässigkeit des Widerrufs richtet sich allein nach der versicherungsrechtlichen Rechtslage im Verhältnis zwischen Arbeitgeber und Versicherung, nicht nach den arbeitsrechtlichen Vereinbarungen zwischen Arbeitgeber und Arbeitnehmer. Bei Verstößen sind Schadensersatzansprüche gegen den Insolvenzverwalter möglich (BAG v. 18.9.2012, Az. 3 AZR 176/10). Die Frage der Haftung des Betriebserwerbers in der Insolvenz hat das BAG nach Vorabentscheidungen des EuGH wie folgt beantwortet: „Die besonderen Verteilungsgrundsätze des Insolvenzrechts gehen § 613a BGB als Spezialregelungen für bereits entstandene Ansprüche oder Anwartschaften vor, sodass der Erwerber nicht für eine aufgrund des Endgehaltsbezugs einer Versorgungsordnung bei Insolvenzeröffnung bereits vom Arbeitnehmer erdiente Dynamik einstehen muss (Rn. 38 und 44). Insoweit scheidet auch eine Eintrittspflicht des Pensions-Sicherungs-Vereins (PSV) aus (Rn. 44). Die wertmäßige Differenz kann der Arbeitnehmer als aufschiebend bedingte Insolvenzforderung zur Insolvenztabelle anmelden. Arbeitnehmern muss als Mindestschutz ihrer Forderungen auf betriebliche Altersversorgung ein Anspruch nach Art. 3 Abs. 4 Buchst. b Richtlinie 2001/23/EG i. V. m. Art. 8 Richtlinie 2008/94/EG gewährt werden (Rn. 65). Das begründet in Deutschland einen unmittelbar aus dem Unionsrecht folgenden Anspruch gegen den PSV" (BAG v. 26.1.2021, Az. 3 AZR 139/17). In einem weiteren Urteil wurde entschieden, dass dies auch gilt, wenn die Anwartschaften noch nicht unverfallbar sind (BAG v. 26.1.2021, Az. 3 AZR 878/16).

Auf den Pensions-Sicherungs-Verein übergegangene und kapitalisierte Forderungen gegen die Insolvenzmasse verjähren gemäß § 18a Satz 1 BetrAVG in 30 Jahren (BAG v. 21.1.2025, Az. 3 AZR 45/24).

Setzt eine Pensionskasse wegen ihrer mangelnden wirtschaftlichen Leistungsfähigkeit eine Pensionskassenrente herab, hat insoweit der Arbeitgeber einzustehen, der die Rente zugesagt hat. Wird über das Vermögen des Arbeitgebers ein Insolvenzverfahren eröffnet, kommt eine Einstandspflicht des Pensions-Sicherungs-Vereins VVaG (PSV) für Sicherungsfälle vor dem 1. Januar 2022 nur dann in Betracht, wenn die Pensionskasse die nach der Versorgungszusage des Arbeitgebers vorgesehene Leistung um mehr als die Hälfte kürzt oder das Einkommen des ehemaligen Arbeitnehmers wegen der Kürzung unter die von Eurostat für Deutschland ermittelte Armutsgefährdungsschwelle fällt (BAG v. 21.7.2020, Az. 3 AZR 142/16).

XIII. „Riester-Rente"

Arbeitnehmer haben seit 2002 einen rechtlichen Anspruch auf die Umwandlung eines Teils ihres Gehalts (z. B. Urlaubs- oder Weihnachtsgeld) in Beiträge zur betrieblichen Altersvorsorge, sofern sie zum begünstigten Personenkreis gehören und keine tariflichen Vorschriften entgegenstehen. Beiträge zur betrieblichen Altersvorsorge können durch staatliche Zulagen oder durch Sonderausgabenabzug („Riester-Förderung") gefördert werden. Daneben besteht etwa die Möglichkeit, Beiträge aus einer Entgeltumwandlung zugunsten der betrieblichen Altersvorsorge steuerfrei zu stellen oder pauschal zu versteuern und in begrenzter Höhe noch Sozialversicherungsbeiträge zu sparen. Die Arbeitnehmerbeiträge zu einer betrieblichen Altersvorsorge sind von Anfang an geschützt und bleiben auch beim Wechsel zu einem anderen Arbeitgeber bestehen. Wenn der Arbeitgeber nach dem 1. Januar 2001 eine Zusage auf eine betriebliche Altersvorsorge erteilt hat, ist die Anwartschaft schon nach fünf Jahren ununterbrochener Betriebszugehörigkeit sicher, sofern bei Ausscheiden aus dem Betrieb das 30. Lebensjahr vollendet ist. Dies soll die Bedingungen für die Mobilität der Arbeitnehmer verbessern. Auch Zusagen, die vor dem 1. Januar 2001 erteilt worden sind, werden über erleichterte Voraussetzungen unverfallbar, bleibt die Zusage ab 1. Januar 2001 noch mindestens fünf Jahre bestehen, tritt auch dann Unverfallbarkeit der Anwartschaften ein. Für die betriebliche Altersvorsorge wird erstmals die international weit verbreitete Anlageform des Pensionsfonds zugelassen, in den ein Großteil des eingezahlten Kapitals in Aktien angelegt werden kann.

Betriebliche Mitbestimmung

I. Begriff
1. Informationsrechte, insbesondere § 80 Abs. 2 BetrVG
2. Anhörungs- und Beratungsrechte
3. Zustimmungs- und Vetorechte
4. Erzwingbare Mitbestimmungsrechte

II. Beteiligungsrechte nach der erstmaligen Wahl eines Betriebsrats

III. Allgemeine Vorschriften über die Beteiligungsrechte

IV. Beteiligung in sozialen Angelegenheiten
1. Die erzwingbare soziale Mitbestimmung
   - 1.1 Gegenstände der erzwingbaren Mitbestimmung
   - 1.2 Vorrang von Gesetz und Tarifvertrag
   - 1.3 Verfahren
   - 1.4 Rechtsfolgen mangelnder Beteiligung
   - 1.5 Feststellung des Mitbestimmungsrechts
2. Die freiwillige soziale Mitbestimmung
3. Die Mitwirkung beim Arbeits- und betrieblichen Umweltschutz und bei der Gestaltung des Arbeitsplatzes, des Arbeitsablaufs und der Arbeitsumgebung

V. Beteiligung in personellen Angelegenheiten
1. Beteiligung in allgemeinen personellen Angelegenheiten
   - 1.1 Personalplanung
   - 1.2 Beschäftigungssicherung
   - 1.3 Stellenausschreibung
   - 1.4 Personalfragebogen und Beurteilungsgrundsätze
   - 1.5 Auswahlrichtlinien
   - 1.6 Massenentlassungen
   - 1.7 Informationen zur Teilzeitarbeit
2. Berufsbildung
3. Beteiligungsrechte bei personellen Einzelmaßnahmen
   - 3.1 Einstellung, Eingruppierung, Umgruppierung und Versetzung
   - 3.2 Kündigung
   - 3.3 Entfernung betriebsstörender Arbeitnehmer

VI. Mitbestimmung in wirtschaftlichen Angelegenheiten
1. Unterrichtung des Betriebsrats
2. Wirtschaftsausschuss
   - 2.1 Errichtung eines Wirtschaftsausschusses
   - 2.2 Zuständigkeit des Wirtschaftsausschusses
   - 2.3 Wegfall des Wirtschaftsausschusses bei Verringerung der Belegschaft

I. Begriff

Das Betriebsverfassungsgesetz (BetrVG) räumt dem → *Betriebsrat* in zahlreichen betrieblichen Fragen ein Beteiligungsrecht ein und sichert den Arbeitnehmern damit eine Beteiligung an den Entscheidungen des Arbeitgebers. Abhängig von der jeweiligen Angelegenheit ist die Intensität dieses Beteiligungsrechts höchst unterschiedlich ausgestaltet. So finden sich neben Informationsrechten (Unterrichtungsrechten) Anhörungs- und Beratungs- sowie Initiativrechte (Vorschlagsrechte). In anderen Fällen ist das Beteiligungsrecht stärker ausgeprägt und es sind dem → *Betriebsrat* Zustimmungs- und Vetorechte sowie insbesondere erzwingbare Mitbestimmungsrechte gesetzlich eingeräumt.

1. Informationsrechte, insbesondere § 80 Abs. 2 BetrVG

Verlangt das Betriebsverfassungsgesetz, dass der Betriebsrat zu informieren ist, wird dem Arbeitgeber damit aufgegeben, den Betriebsrat umfassend zu unterrichten und ihm gegebenenfalls die erforderlichen Unterlagen vorzulegen. Der Arbeitgeber ist dagegen im Rahmen des Informationsanspruchs nicht verpflichtet, die betreffende Angelegenheit mit dem Betriebsrat zu beraten, doch verlangt der Grundsatz der vertrauensvollen Zusammenarbeit, dass der Betriebsrat Gelegenheit zur Äußerung erhält. Informationsrechte finden sich insbesondere im Bereich der wirtschaftlichen Angelegenheiten. Die Entscheidung in der Sache liegt jedoch allein beim Arbeitgeber.

Ausdrücklich bestimmt auch § 80 Abs. 2 BetrVG, dass der Betriebsrat zur Durchführung seiner Aufgaben nach dem BetrVG rechtzeitig und umfassend vom Arbeitgeber zu unterrichten ist. Diese Unterrichtungspflicht erstreckt sich auch auf die Beschäftigung von Personen, die nicht in einem Arbeitsverhältnis zum Arbeitgeber stehen, und umfasst insbesondere den zeitlichen Umfang des Einsatzes, den Einsatzort und die Arbeitsaufgaben dieser Personen. Der Arbeitgeber muss die Unterrichtung unaufgefordert vornehmen und darf nicht ein Verlangen des Betriebsrats abwarten. Da der Betriebsrat nicht immer abschließend beurteilen kann, ob er eine bestimmte Aufgabe zu erfüllen hat und tätig werden muss, dient die Informationspflicht des Arbeitgebers nicht nur dazu, den Betriebsrat bei seiner Aufgabenerfüllung zu unterstützen, sondern auch dazu, ihn zunächst einmal in die Lage zu versetzen, in eigener Verantwortung prüfen zu können, ob für ihn eine Aufgabe besteht. In jedem Einzelfall ist bei der Frage nach einer Informationspflicht darauf abzustellen, ob eine gewisse Wahrscheinlichkeit für ein Mitwirkungsrecht des Betriebsrats besteht oder nicht (LAG Hessen v. 4.5.2015, Az. 16 TaBV 175/14). Besteht nur die entfernte Möglichkeit, dass ein Mitwirkungsrecht berührt ist, ist der Arbeitgeber nicht verpflichtet, unaufgefordert zu informieren.

Informiert der Arbeitgeber in einer konkreten Angelegenheit weder unaufgefordert noch auf Anfrage des Betriebsrats, kann der Betriebsrat seinen Auskunftsanspruch gerichtlich geltend machen. Um mit dem Antrag erfolgreich zu sein, ist entsprechend Vorgesagtem nicht erforderlich, dass im Zeitpunkt seiner Geltendmachung bereits feststeht, dass bestimmte allgemeine Aufgaben oder Beteiligungsrechte zur Wahrnehmung anstehen. Es reicht vielmehr aus, dass eine gewisse Wahrscheinlichkeit besteht (LAG Köln v. 12.12.2019, Az. 7 TaBV 46/19). Stets erforderlich ist aber, dass er konkret darlegt, zur Wahrnehmung welcher seiner Aufgaben die begehrten Informationen erforderlich sind (BAG v. 23.3.2021, Az. 1 ABR 31/19).

So gehört es etwa nach § 80 Abs. 1 Nr. 1 BetrVG zu den Aufgaben des Betriebsrats, darüber zu wachen, dass die zugunsten der Arbeitnehmer geltenden Gesetze, Verordnungen, Unfallverhütungsvorschriften, Tarifverträge und Betriebsvereinbarungen (einschließlich Gesamt- und Konzernbetriebsvereinbarungen) sowie der Gleichbehandlungsgrundsatz eingehalten werden. Daraus folgt etwa ein Zugangsrecht zu den Arbeitsplätzen der Belegschaft (BAG v. 15.10.2014, Az. 7 ABR 74/12) oder auch ein Anspruch auf Auskunft über die mit den Arbeitnehmern im Rahmen eines tariflichen Leistungslohnsystems individuell vereinbarten Umsatzziels (BAG v. 21.10.2003, Az. 1 ABR 39/02) oder auch das Recht des Betriebsrats, vom Arbeitgeber Auskunft über Dauer und Lage der Arbeitszeiten der Arbeitnehmer zu verlangen. Der Arbeitgeber kann sich dabei nicht der Auskunftspflicht entziehen, indem er geltend macht, er verfüge wegen des bewussten Verzichts auf Kontrolle der Arbeitszeit (Vertrauensarbeitszeit) weder über die gewünschten Informationen noch über die entsprechenden Unterlagen. Das BAG verlangt vom Arbeitgeber, dass er sich die dafür erforderlichen und in seinem Betrieb anfallenden Informationen in geeigneter Weise zu beschaffen habe (BAG v. 6.5.2003, Az. 1 ABR 13/02). Vorhandene Zeitnachweislisten kann der Betriebsrat dementsprechend vom Arbeitgeber verlangen, da die Übergabe erforderlich ist, um die Einhaltung des Arbeitszeitgesetzes und einer gegebenenfalls vorhandenen Betriebsvereinbarung zur (gleitenden) Arbeitszeit zu überprüfen (LAG Köln v. 28.6.2011, Az. 12 TaBV 1/11).

Über § 80 Abs. 1 Nr. 1 BetrVG hat der Betriebsrat zur Überwachung der Einhaltung des Gleichbehandlungsgrundsatzes nach § 75 Abs. 1 BetrVG auch einen Auskunftsanspruch darüber, in welchem Umfang Mitarbeitern von dritter Seite Leistungen gewährt werden (etwa in einem Konzern von der Konzernmutter). Der Arbeitgeber kann sich nicht auf eine tatsächliche oder rechtliche Unmöglichkeit berufen. Zwar ist er im Rahmen des § 80 Abs. 2 Satz 1 BetrVG grundsätzlich nur verpflichtet, die Informationen zu geben, über die er selbst verfügt. Dies aber gilt nicht, wenn er selbst eine Überwachungsaufgabe hinsichtlich der Einhaltung des Gleichbehandlungsgrundsatzes hat. In diesem Fall muss er sich die Informationen erforderlichenfalls von dem Leistungsgewährenden (etwa der Muttergesellschaft) verschaffen (LAG Baden-Württemberg v. 17.1.2017, Az. 19 TaBV 3/16). Dagegen hat der Betriebsrat weder einen Anspruch darauf, dass ihm alle ab einem bestimmten Zeitpunkt erteilten Abmahnungen in anonymisierter Form vorgelegt werden (BAG v. 7.9.2013, Az. 1 ABR 26/12), noch hat er einen Anspruch auf eine Kopie der gegenüber dem Arbeitsamt abgegebenen Anzeige nach § 163 SGB IX zur Anzahl der im Unternehmen beschäftigten schwerbehinderten Menschen (BAG v. 20.3.2018, Az. 1 ABR 11/17).

Zu beachten ist zudem, dass die Überwachungsaufgabe des Betriebsrats nach § 80 Abs. 1 Nr. 1 BetrVG gegenwarts- und zukunftsbezogen ist. Sie dient dazu, den Arbeitgeber zu veranlassen, sich künftig rechtskonform zu verhalten. Daher müssen vergangenheitsbezogene Auskunftsbegehren auf ein gegenwärtiges oder künftiges Verhalten des Arbeitgebers schließen lassen. Andernfalls besteht kein Auskunftsanspruch nach § 80 Abs. 2 Satz 1 BetrVG (BAG v. 24.4.2018, Az. 1 ABR 6/16). Zudem hat der Betriebsrat darzulegen, welche Aufgabe er wahrnehmen will und dass die vom Arbeitgeber verlangte Auskunft zur Wahrnehmung dieser Aufgabe erforderlich ist. Allein der pauschale Hinweis auf gesetzliche Aufgaben nach § 80 Abs. 1 BetrVG ist unzureichend (BAG, a. a. O.; ebenso BAG v. 12.3.2019, Az. 1 ABR 48/17). Umfasst ein Auskunftsanspruch nach § 80 Abs. 2 Satz 1 BetrVG eine besondere Kategorie personenbezogener Daten (sensitive Daten im datenschutzrechtlichen Sinn), ist Anspruchsvoraussetzung, dass der Betriebsrat zur Wahrung der Interessen der von der Datenverarbeitung betroffenen Arbeitnehmer angemessene und spezifische Schutzmaßnahmen trifft (BAG v. 9.4.2019, Az. 1 ABR 51/17). Im Rahmen der Aufgabe des Betriebsrats nach § 80 Abs. 1 Nr. 4 BetrVG i. V. m. § 176 SGB IX, die Eingliederung schwerbehinderter Menschen zu fördern, ist zudem zu beachten, dass auch die Gruppe der schwerbehinderten und ihnen gleichgestellten leitenden Angestellten erfasst ist, sodass dem Betriebsrat auch diese namentlich zu benennen sind (BAG v. 9.5.2023, Az. 1 ABR 14/22).

Das Gesetz sieht keine bestimmte Form vor, wie der Arbeitgeber Auskunftsansprüche des Betriebsrats zu erfüllen hat. Je komplexer die begehrte Information ist, desto eher ist jedoch davon auszugehen, dass die Unterrichtung schriftlich erfolgen muss (BAG v. 30.9.2008, Az. 1 ABR 54/07). Nur auf Verlangen des Betriebsrats ist der Arbeitgeber nach § 80 Abs. 2 BetrVG verpflichtet, Unterlagen zur Verfügung zu stellen. Unterlagen sind schriftliche Aufzeichnungen, aber auch Fotos und elektronische Datenträger, nicht dagegen Personalakten.

WICHTIG!

Der Betriebsrat hat keinen Anspruch auf die Vorlage von Unterlagen, die dem Arbeitgeber selbst nicht zur Verfügung stehen. Aus § 80 Abs. 2 BetrVG folgt grundsätzlich kein Herstellungs- oder Verschaffungsanspruch. Der Arbeitgeber ist jedoch dann zur Herstellung von schriftlichen Unterlagen verpflichtet, wenn die erforderlichen Daten zwar nicht in schriftlicher Form vorliegen, aber etwa in einem Datenspeicher vorhanden sind und mit einem vorhandenen Programm-Tool jederzeit abgerufen und ausgedruckt werden können (LAG Köln v. 25.7.2025, Az. 9 TaBV 7/25).

Die überlassenen Unterlagen muss der Betriebsrat in Abwesenheit des Arbeitgebers lesen und auswerten können; ebenso muss ihm das Anfertigen von Ablichtungen bzw. Abschriften und Aufzeichnungen erlaubt werden.

Reichen die Unterlagen dem Betriebsrat nicht aus, ist der Arbeitgeber verpflichtet, die ihm obliegende Informationspflicht durch betriebsangehörige Arbeitnehmer zu erfüllen. Dabei gehört die Wahrnehmung der Aufgaben einer Auskunftsperson im

Sinne des § 80 Abs. 2 Satz 3 BetrVG regelmäßig zu den Aufgaben, die der Arbeitgeber einem Arbeitnehmer kraft seines Direktionsrechts anordnen kann (BAG v. 20.1.2015, Az. 1 ABR 25/13).

Dem Betriebsausschuss oder einem nach § 28 BetrVG gebildeten anderen Ausschuss gewährt § 80 Abs. 2 BetrVG schließlich auch das Recht zur Einsichtnahme in die Bruttolohn- und Bruttogehaltslisten. Soweit in kleineren Betrieben von 200 oder weniger Arbeitnehmern kein Betriebsausschuss gebildet werden kann, steht dieses Recht entgegen dem Gesetzeswortlaut auch dem Betriebsrat zu, wobei in diesem Fall nur der Betriebsratsvorsitzende oder das nach § 27 Abs. 3 BetrVG anderweitig bestimmte Betriebsratsmitglied zur Einsichtnahme berechtigt sind, nicht aber das gesamte Gremium. Mit der Einsichtnahme wird insbesondere die Prüfung der Einhaltung von (lohn- und gehalts-)tarifvertraglichen Regelungen und des Gleichbehandlungsgrundsatzes nach § 75 BetrVG ermöglicht. Dabei setzt das Einblicksrecht jedoch voraus, dass der Betriebsrat jeweils prüft, ob die geforderte Einsichtnahme für seine Betriebsratsaufgaben aktuell erforderlich ist. Er kann mithin vom Arbeitgeber nicht ohne gesonderte eigene Prüfung der Erforderlichkeit von vornherein wiederkehrend die monatliche Einsichtnahme in die Gehaltslisten verlangen (BAG v. 29.9.2020, Az. 1 ABR 23/19).

Das Einsichtsrecht verstößt nicht gegen deutsches oder EG-Datenschutzrecht, und dies selbst dann nicht, wenn ein Teil der Arbeitnehmer der Einsicht in ihre Unterlagen widersprochen hat (BAG v. 14.1.2014, Az. 1 ABR 54/12). Die vorzulegenden Listen müssen Namen und Vornamen der Beschäftigten enthalten; eine anonymisierte Liste genügt den Anforderungen nicht (BAG v. 7.5.2019, Az. 1 ABR 53/17; LAG Mecklenburg-Vorpommern v. 15.5.2019, Az. 3 TaBV 10/18; LAG Niedersachsen v. 22.10.2018, Az. 12 TaBV 23/18). Ein Einsichtsrecht eines örtlichen Betriebsrats in unternehmensweite Entgeltlisten besteht dagegen nicht – und zwar auch nicht mit dem Argument, der Betriebsrat müsse überprüfen, ob der Arbeitgeber den arbeitsrechtlichen unternehmensbezogenen Gleichbehandlungsgrundsatz im Rahmen der Vergütung einhalte (BAG v. 26.9.2017, Az. 1 ABR 27/16).

Der Betriebsrat darf sich Aufzeichnungen aus den Bruttolohn- und Bruttogehaltslisten anfertigen. Es besteht jedoch kein Recht, Kopien anzufertigen oder die Listen abzuschreiben. Tatsächlich kann der Arbeitgeber jedoch praktisch nicht überprüfen, ob durch Abschrift nicht doch die vollständigen Listen an den Betriebsrat gelangen, da nämlich nach der Rechtsprechung des BAG der Arbeitgeber oder eine von ihm zur Überwachung beauftragte Person nicht zur Anwesenheit bei der Einsichtnahme befugt sind. So wird denn auch das Verbot vollständiger Abschriften immer mehr durchbrochen, wenn es etwa dem Betriebsrat gestattet sein soll, vorbereitete Listen mit den Namen aller Arbeitnehmer bei der Einsichtnahme zu verwenden (so LAG Hamm v. 11.12.2001, Az. 13 TaBV 85/01).

2. Anhörungs- und Beratungsrechte

Bei den Anhörungs- und Beratungsrechten ist der Arbeitgeber verpflichtet, dem Betriebsrat die Möglichkeit zu geben, Einwendungen zu erheben. Er muss sich mit den Anregungen und Einwendungen des Betriebsrats auseinandersetzen und im Falle eines Beratungsrechts den Verhandlungsgegenstand mit dem Betriebsrat erörtern und die Argumente abwägen. Die Entscheidung in der Sache liegt jedoch auch hier allein beim Arbeitgeber.

3. Zustimmungs- und Vetorechte

Im Bereich der personellen Angelegenheiten steht dem Betriebsrat bei verschiedenen Fragen ein Zustimmungs- bzw. Vetorecht zu. Lehnt der Betriebsrat seine Zustimmung zu einer bestimmten Maßnahme (z. B. Einstellung, Versetzung) ab, muss der Arbeitgeber eine arbeitsgerichtliche Ersetzung der Zustimmung erwirken, wenn er an der geplanten Maßnahme festhalten will.

4. Erzwingbare Mitbestimmungsrechte

Die stärkste Form des Beteiligungsrechts des Betriebsrats ist das erzwingbare Mitbestimmungsrecht. Die Wirksamkeit einer Maßnahme des Arbeitgebers hängt hier von der vorherigen Einigung mit dem Betriebsrat ab. Der Betriebsrat kann seinerseits selbst die Initiative ergreifen und den Arbeitgeber zu einer Einigung zwingen. Bei Meinungsverschiedenheiten, die nicht im Wege von Verhandlungen beizulegen sind, entscheidet die → *Einigungsstelle*. Von erheblicher Bedeutung ist das erzwingbare Mitbestimmungsrecht bei den sozialen Angelegenheiten. Der Betriebsrat kann auf die Ausübung eines Mitbestimmungsrechts nicht verzichten, noch kann es verwirken (BAG v. 22.8.2017, Az. 1 ABR 5/16).

II. Beteiligungsrechte nach der erstmaligen Wahl eines Betriebsrats

Solange kein Betriebsrat besteht, kann der Arbeitgeber ansonsten mitbestimmungspflichtige Angelegenheiten wirksam regeln, indem er sich mit den einzelnen Arbeitnehmern einigt oder von seinem Direktionsrecht Gebrauch macht. Selbst wenn sich die Mitarbeiter in anderen Mitarbeitergremien als dem Betriebsrat vereinigen, können diese keine kollektivrechtlichen betriebsverfassungsrechtlichen Rechte geltend machen. Erst mit Beginn der Amtszeit eines Betriebsrats kann dieser seine Mitbestimmungsrechte ausüben bzw. muss der Arbeitgeber sie beachten. Dies gilt auch dann, wenn bereits ein Wahlverfahren initiiert ist und der Arbeitgeber weiß, dass zeitnah ein Betriebsrat gewählt werden wird. Keineswegs besteht eine generelle Verpflichtung des Arbeitgebers, mit einer an sich mitbestimmungspflichtigen Maßnahme so lange zu warten, bis im Betrieb ein funktionsfähiger Betriebsrat gebildet ist (BAG v. 8.2.2022, Az. 1 ABR 2/21). Der Arbeitgeber darf in diesem Stadium lediglich die Gründung eines Betriebsrats i. S. v. § 20 BetrVG nicht verzögern oder behindern. Dagegen ist es ihm nicht verboten, den zunächst geplanten Beginn der Umsetzung einer Maßnahme in Ansehung einer Betriebsratsgründung zu beschleunigen (LAG Baden-Württemberg v. 30.9.2025, Az. 2 TaBV 2/2.5).

Eine Unternehmerentscheidung, die vor der Wahl des Betriebsrats getroffen wird, ist damit nicht mitbestimmungspflichtig. Die Anhörungspflicht nach § 102 Abs. 1 BetrVG (dazu unten V.3.2) bei Kündigungen beginnt folgerichtig erst mit der Konstituierung des Betriebsrats, da dieser bis zu diesem Zeitpunkt funktionsunfähig ist (LAG Düsseldorf v. 24.6.2009, Az. 12 Sa 336/09). Ebenso gilt: Wird in einem bislang betriebsratslosen Betrieb ein Betriebsrat erst gebildet, nachdem der Arbeitgeber mit der Umsetzung der Betriebsänderung begonnen hat, steht dem Betriebsrat kein erzwingbares Mitbestimmungsrecht auf Abschluss eines Sozialplans zu (BAG v. 8.2.2022, Az. 1 ABR 2/21).

Nach der erstmaligen Wahl eines Betriebsrats treten zuvor umgesetzte – jetzt mitbestimmungspflichtige – Maßnahmen nicht von selbst außer Kraft, sondern bestehen wirksam fort. Der Arbeitgeber ist daher nicht verpflichtet, Mitbestimmungsrechte des Betriebsrats nachträglich zu beachten und die Zustimmung zu bereits umgesetzten Maßnahmen einzuholen (LAG Berlin v. 5.7.2018, Az. 26 TaBV 1146/17). Sobald der Arbeitgeber jedoch bereits umgesetzte mitbestimmungspflichtige Maßnahmen verändern will, hat er unmittelbar von sich aus die Mitbestimmungsrechte des jetzt bestehenden Betriebsrats zu beachten.

WICHTIG!

Mit der beabsichtigten Veränderung einer bereits vor Bestehen des Betriebsrats umgesetzten Maßnahme steht die gesamte Maßnahme zur Verhandlung. Dem Betriebsrat steht es frei, auch andere Änderungen zu fordern.

Unabhängig von bestehenden Änderungswünschen des Arbeitgebers kann der Betriebsrat auch von seiner Seite jederzeit verlangen, dass der Arbeitgeber sich mit ihm über einen bereits gestalteten – jetzt mitbestimmungspflichtigen – Sachverhalt auseinandersetzt (Initiativrecht). Bis zu einer Einigung – gegebenenfalls bis zum Spruch einer Einigungsstelle – kann jedoch entsprechend der bisher vom Arbeitgeber einseitig festgelegten Vorgehensweise verfahren werden. Der Betriebsrat hat gegen den Arbeitgeber keinen Unterlassungsanspruch nach § 23 Abs. 3 BetrVG, da der Arbeitgeber nicht grob gegen ihm obliegende Pflichten verstoßen hat (vgl. auch LAG Sachsen-Anhalt v. 17.6.2008, Az. 8 TaBVGa 10/08). Etwas anderes gilt nur dann, wenn die Alt-Regelungen nicht wirksam individualrechtlich mit den Arbeitnehmern vereinbart waren. In diesem Fall kann der Betriebsrat nicht auf eine Verhandlungslösung verwiesen werden (LAG Hamm v. 9.5.2017, Az. 7 TaBv 125/16).

Im Hinblick auf das Gebot der vertrauensvollen Zusammenarbeit darf der erstmals gegründete Betriebsrat auch nicht hinsichtlich sämtlicher mitbestimmungspflichtiger Maßnahmen gleichzeitig sein Initiativrecht ausüben, sondern muss im Interesse eines ordnungsgemäßen Betriebsablaufs Prioritäten setzen.

III. Allgemeine Vorschriften über die Beteiligungsrechte

Arbeitgeber und → *Betriebsrat* sollen mindestens einmal im Monat zu einer Besprechung zusammentreten. Sie sollen über strittige Fragen mit dem ernsten Willen zur Einigung verhandeln und Vorschläge für die Beilegung von Meinungsverschiedenheiten machen. Dabei besteht kein Anspruch des Betriebsrats, dass der Vertreter des Arbeitgebers in Gesprächen mit dem Betriebsrat in deutscher Sprache spricht und diese versteht, wenn gewährleistet ist, dass jeweils entsprechende Übersetzungen erfolgen (LAG Nürnberg v. 18.6.2020, Az. 1 TaBV 33/19).

Arbeitgeber und Betriebsrat dürfen keine Arbeitskämpfe gegeneinander führen. Sie haben vertrauensvoll zusammenzuarbeiten und im Falle einer Meinungsverschiedenheit die → *Einigungsstelle* anzurufen oder eine arbeitsgerichtliche Entscheidung herbeizuführen (§ 2 Abs. 1, § 74 BetrVG).

Macht ein Betriebsrat seine Zustimmung zu einer mitbestimmungspflichtigen Maßnahme von zusätzlichen Leistungen des Arbeitgebers abhängig (sog. Koppelungsgeschäft), wird dies von der Rechtsprechung weder als rechtsmissbräuchlich noch als ein Verstoß gegen § 2 Abs. 1 BetrVG gewertet, solange ein sachlicher Zusammenhang besteht.

Beispiel:

Zustimmung zu einer Veränderung der Lage der Arbeitszeit in die Abendstunden in Abhängigkeit von der Gewährung zusätzlicher finanzieller Leistungen.

Der Betriebsrat missbraucht seine Rechte in solchen Fällen nur dann, wenn er sich aus Gründen, die offensichtlich keinerlei Bezug zu der mitbestimmungspflichtigen Maßnahme aufweisen, einer Einigung widersetzt. Eine solche unzulässige Ausübung des Mitbestimmungsrechts führt indes nicht dazu, dass der Betriebsrat sein Mitbestimmungsrecht verliert und der Arbeitgeber zur Alleinentscheidung befugt ist (LAG Hessen v. 13.10.2005, Az. 5/5 TaBV 51/05; LAG Düsseldorf v. 12.12.2007, Az. 12 TaBVGa 8/07). Die Rechtsstellung des Arbeitgebers verbessert sich somit durch ein unzulässiges Verhalten nicht; er muss dennoch eine Einigung mit dem Betriebsrat erzielen. Nur in seltenen Ausnahmefällen kann in Erwägung gezogen werden, gemäß § 23 BetrVG die Auflösung des gesamten Gremiums bzw. den Ausschluss einzelner Betriebsratsmitglieder zu betreiben oder eine Anzeige wegen Nötigung nach § 240 StGB zu erstatten – mit am Ende jedoch nur geringen Erfolgschancen.

Maßnahmen, die den Arbeitsablauf oder den Betriebsfrieden stören, müssen unterbleiben. So sind Eingriffe des Betriebsrats in betriebliche oder technische Arbeitsabläufe ebenso unzulässig wie die Einberufung einer spontanen Betriebsversammlung, wenn diese nicht gesetzlich (wie z. B. in §§ 42 ff. BetrVG) gestattet ist. Die Verteilung von Flugblättern oder die Aufforderung des Betriebsrats, Weisungen des Arbeitgebers nicht zu befolgen, können eine unzulässige Beeinträchtigung des Betriebsfriedens darstellen. Dasselbe gilt, wenn sich der Betriebsrat parteipolitisch betätigt oder wenn ein Betriebsratsmitglied über einen Mail-Account, den ihm der Arbeitgeber für seine Betriebsratsarbeit eingerichtet hat, Streikaufrufe der Gewerkschaft verbreitet (LAG Berlin-Brandenburg v. 31.1.2012, Az. 7 TaBV 1733/11). Der Arbeitgeber hat in diesen Fällen jedoch keinen einklagbaren Unterlassungsanspruch gegen den Betriebsrat, sondern kann die Rechtswidrigkeit nur mittels Feststellungsantrags gerichtlich feststellen lassen.

Auf der anderen Seite darf der Arbeitgeber keine sachlich falschen, böswillig abwertenden Behauptungen aufstellen, mit denen der Betriebsrat in den Augen der Belegschaft herabgesetzt werden soll. Dementsprechend stellt die Veröffentlichung eines Aushangs und die Äußerung in einer Betriebsversammlung, ein Betriebsratsmitglied habe durch die Forderung nach einer hohen Abfindung das Vertrauen der Belegschaft und die Verantwortung dieser gegenüber missbraucht, einen Verstoß gegen das Verbot der Behinderung der Betriebsratsarbeit dar (LAG Nürnberg v. 14.11.22, Az. 1 TaBVGa 4/22). Rechtlich unbedenklich soll jedoch die Aussage sein „den Betriebsräten scheine eine aktive Mitarbeit fremd zu sein und sie handelten nicht im Interesse der Mitarbeiter". Das LAG Niedersachsen (6.4.2004, Az. 1 TaBV 64/03) bewertete diese Erklärungen als reine Werturteile, nicht aber als abwertende Tatsachenbehauptungen.

IV. Beteiligung in sozialen Angelegenheiten

Bei der Mitbestimmung des → *Betriebsrats* in sozialen Angelegenheiten handelt es sich um den Kernbereich der betrieblichen Mitbestimmung. Zu unterscheiden ist zwischen der erzwingbaren und der freiwilligen Mitbestimmung sowie der Mitwirkung bei der Gestaltung des Arbeitsschutzes, des Arbeitsplatzes, des Arbeitsablaufs und der Arbeitsumgebung.

Der Begriff der sozialen Angelegenheiten umfasst sämtliche Arbeitsbedingungen. Gemeint sind nicht nur die betrieblichen Angelegenheiten, wie Ordnungsvorschriften, Lage der Arbeitszeit oder Fragen des betrieblichen Arbeitsschutzes, sondern auch alle materiellen Bedingungen wie Lohn und Gehalt, Gratifikationen, Prämien, Urlaubsdauer und Länge der Arbeitszeit.

1. Die erzwingbare soziale Mitbestimmung

1.1 Gegenstände der erzwingbaren Mitbestimmung

Die Gegenstände der erzwingbaren Mitbestimmung sind in § 87 Abs. 1 Nr. 1 bis 14 BetrVG umfassend und abschließend beschrieben. Es handelt sich dabei um:

- Fragen der Ordnung des Betriebs und des Verhaltens der Arbeitnehmer im Betrieb;
- Beginn und Ende der täglichen Arbeitszeit einschließlich der Pausen sowie Verteilung der Arbeitszeit auf die einzelnen Wochentage;

- vorübergehende Verkürzung oder Verlängerung der betriebsüblichen Arbeitszeit;
- Zeit, Ort und Art der Auszahlung der Arbeitsentgelte;
- Aufstellung allgemeiner Urlaubsgrundsätze und des Urlaubsplans sowie Festsetzung der zeitlichen Lage des Urlaubs für einzelne Arbeitnehmer, wenn zwischen dem Arbeitgeber und den beteiligten Arbeitnehmern kein Einverständnis erzielt wird;
- Einführung und Anwendung von technischen Einrichtungen, die dazu bestimmt sind, das Verhalten oder die Leistung der Arbeitnehmer zu überwachen;
- Regelungen über die Verhütung von Arbeitsunfällen und Berufskrankheiten sowie über den Gesundheitsschutz im Rahmen der gesetzlichen Vorschriften oder der Unfallverhütungsvorschriften;
- Form, Ausgestaltung und Verwaltung von Sozialeinrichtungen, deren Wirkungsbereich auf den Betrieb, das Unternehmen oder den Konzern beschränkt ist;
- Zuweisung und Kündigung von Wohnräumen, die den Arbeitnehmern mit Rücksicht auf das Bestehen des Arbeitsverhältnisses vermietet werden, sowie die allgemeine Festlegung der Nutzungsbedingungen;
- Fragen der betrieblichen Lohngestaltung, insbesondere die Aufstellung von Entlohnungsgrundsätzen und die Einführung und Anwendung von neuen Entlohnungsmethoden sowie deren Änderung;
- Festsetzung der Akkord- und Prämiensätze und vergleichbarer leistungsbezogener Entgelte, einschließlich der Geldfaktoren;
- Grundsätze über das betriebliche Vorschlagswesen;
- Grundsätze über die Durchführung von Gruppenarbeit;
- Ausgestaltung von mobiler Arbeit, die mittels Informations- und Kommunikationstechnik erbracht wird.

Die Mitbestimmungsrechte nach § 87 BetrVG werden dabei durch eine mögliche Beeinträchtigung der unternehmerischen Entscheidungsfreiheit durch mitbestimmte Regelungen nicht begrenzt. Eine solche Beeinträchtigung ist vielmehr gesetzliche Folge des Bestehens von Mitbestimmungsrechten (BAG v. 22.8.2017, Az. 1 ABR 5/16).

Selbstverständlich ist der Arbeitgeber gerade auch im Bereich der sozialen Angelegenheiten an das Prinzip der vertrauensvollen Zusammenarbeit nach § 2 Abs. 1 BetrVG gebunden. So hat das LAG Schleswig-Holstein (v. 27.8.2024, Az. 2 TaBV 6/24) zutreffend entschieden, dass es einen groben Verstoß nach § 23 Abs. 3 BetrVG darstellt, wenn der Arbeitgeber den Betriebsratsvorsitzenden während seines Dienstes als Busfahrer unerwartet aufsucht und ihn in Anwesenheit von Fahrgästen und unter der Verpflichtung einen Fahrplan einzuhalten zu einer Unterschrift unter die Dienstpläne anhält. Hiermit war dem Vorsitzenden jede Möglichkeit genommen, einen wirksamen Beschluss des Betriebsratsgremiums einzuholen, sich mit dem Gremium über die Dienstpläne auszutauschen und diese zu prüfen.

1.2 Vorrang von Gesetz und Tarifvertrag

Eine Mitbestimmung in den genannten Bereichen kann nur insoweit erfolgen, als die Angelegenheit nicht bereits durch Gesetz (bzw. Verordnung) oder → *Tarifvertrag* erschöpfend geregelt ist. Lässt das Gesetz – oder eine auf ihm beruhende behördliche Anordnung – keinen Regelungsspielraum, ist eine Beteiligung des Betriebsrats ausgeschlossen. Ordnet das Gesetz oder die behördliche Anordnung dagegen nur eine bestimmte Maßnahme an, ohne auch die konkrete Durchführung festzulegen, ist ein Mitbestimmungsrecht gegeben.

Beispiel:

Nach der Bildschirmarbeitsverordnung ist die Tätigkeit der Arbeitnehmer so zu organisieren, dass die tägliche Arbeit an Bildschirmgeräten regelmäßig durch andere Tätigkeiten oder durch Pausen unterbrochen wird. Wie diese Unterbrechung im Betrieb ausgestaltet wird, unterliegt der Mitbestimmung des Betriebsrats.

Ebenso wie Gesetze sperren auch einschlägige Tarifverträge die betriebliche Mitbestimmung. Wenn der Arbeitgeber wegen seiner Mitgliedschaft im Arbeitgeberverband an einen Tarifvertrag gebunden ist, der von diesem Verband geschlossen worden ist, können dort geregelte Fragen nicht mehr Gegenstand der betrieblichen Mitbestimmung sein. Nur dann, wenn der Tarifvertrag in zeitlicher Hinsicht abgelaufen ist oder noch Spielräume für betriebliche Regelungen lässt, kann der Betriebsrat sein Mitbestimmungsrecht geltend machen.

1.3 Verfahren

Die Einleitung des Mitbestimmungsverfahrens kann nicht nur vom Arbeitgeber, sondern auch vom Betriebsrat ausgehen. Er hat im Bereich der erzwingbaren Mitbestimmung in sozialen Angelegenheiten ein Initiativrecht.

Beispiel:

Der Betriebsrat muss nicht abwarten, bis der Arbeitgeber mit ihm über Entlohnungsgrundsätze verhandelt, sondern kann seinerseits aktiv die Erstellung von entsprechenden Grundsätzen betreiben.

Lässt sich der Arbeitgeber auf keine Verhandlungen ein oder können sich beide Seiten nicht einigen, kann der Betriebsrat die → *Einigungsstelle* anrufen.

Am Initiativrecht fehlt es nur dort, wo sich dies aus dem Mitbestimmungstatbestand selbst ergibt. Der Betriebsrat hat z. B. kein Initiativrecht hinsichtlich der Einführung und Anwendung von technischen Kontrolleinrichtungen. Zweck des Mitbestimmungsrechts ist es, Eingriffe in den Persönlichkeitsbereich der Arbeitnehmer durch Verwendung anonymer technischer Kontrolleinrichtungen nur bei gleichberechtigter Mitbestimmung des Betriebsrats zuzulassen. Diesem Zweck widerspräche es, wenn der Betriebsrat die Einführung einer technischen Kontrolleinrichtung verlangen könnte.

Für die Mitbestimmung genügt es, dass sich Arbeitgeber und Betriebsrat über die Regelung der mitbestimmungspflichtigen Angelegenheit einigen. Eine förmliche Betriebsvereinbarung ist nicht erforderlich, es genügt eine formlose Betriebsabsprache. Beide Seiten können aber den Abschluss einer Betriebsvereinbarung verlangen und ggf. über die → *Einigungsstelle* durchsetzen.

WICHTIG!

Der Arbeitgeber muss auch in eiligen Fällen das Mitbestimmungsrecht des Betriebsrats in vollem Umfang respektieren. Eilfälle werden grundsätzlich als das Ergebnis einer unzureichenden Organisation des Arbeitgebers angesehen. Insbesondere muss der Arbeitgeber auch bei der Anordnung von Überstunden, die oft nur mit kurzem Zeitvorlauf absehbar sind, vorab eine Einigung mit dem Betriebsrat erzielen.

1.4 Rechtsfolgen mangelnder Beteiligung

Maßnahmen, die der Arbeitgeber unter Missachtung des Mitbestimmungsrechts ergreift, sind unwirksam. Auch durch eine spätere Zustimmung des Betriebsrats kann die Unwirksamkeit der Maßnahme nicht geheilt werden. Eine einseitige (auch nur vorläufige) Regelung durch den Arbeitgeber ist auch in Eilfällen gesetzlich nicht vorgesehen. Selbst bei einem aus seiner Sicht gegebenen missbräuchlichem Vorgehen des Betriebsrats muss er den zwingend vorgegebenen Weg über die Einigungsstelle suchen (LAG Hamm v. 15.7.2016, Az. 13 TaBVGa 2/16).

ACHTUNG!

Der Arbeitgeber ist für die Vergangenheit an sein mitbestimmungswidriges Verhalten gebunden. Dies kann zu erheblichen Belastungen führen, z. B. dann, wenn er die Einführung einer freiwilligen Leistung

beschließt und die Verteilung an die Arbeitnehmer ohne Beteiligung des Betriebsrats vornimmt. Die vorgenommene Verteilung ist unwirksam. Führt die ggf. über die Einigungsstelle erzwungene Regelung mit dem Betriebsrat zu einer anderen Verteilung, hat der Arbeitgeber den Mitarbeitern, die nach dieser neuen Regelung einen höheren Anspruch haben, den Differenzbetrag zu zahlen. Er kann jedoch andererseits von den nach der neuen Regelung zu großzügig bedachten Mitarbeitern nicht den Differenzbetrag zurückfordern.

Unterlässt ein Betriebsrat es über mehrere Jahre, einen Verstoß des Arbeitgebers gegen Mitbestimmungsrechte zu beanstanden, führt dies nicht zur Verwirkung des Mitbestimmungsrechts (LAG Schleswig-Holstein v. 4.3.2008, Az. 2 TaBV 42/07).

Betriebsrat und Arbeitgeber können nicht wirksam vereinbaren, dass im Falle der Verletzung der Beteiligungsrechte des Betriebsrats eine Vertragsstrafe zu zahlen ist. Dies gilt sowohl für die Vereinbarung von „Ordnungsgeldzahlungen" an den Betriebsrat selbst (BAG v. 29.9.2004, Az. 1 ABR 30/03) als auch für die Zahlung von Strafgeldern an einen neutralen außenstehenden Dritten – wie etwa eine gemeinnützige Organisation – (BAG v. 19.1.2010, Az. 1 ABR 62/08).

Dagegen steht dem Betriebsrat bei Verletzung seiner Mitbestimmungsrechte aus § 87 BetrVG ein Anspruch auf Unterlassung der mitbestimmungswidrigen Maßnahme zu. Dieser Anspruch setzt keine grobe Pflichtverletzung des Arbeitgebers im Sinne von § 23 Abs. 3 BetrVG voraus (BAG v. 3.5.1994, Az. 1 ABR 24/93). Oftmals wird jedoch von der Rechtsprechung in einer Verletzung von Mitbestimmungsrechten zugleich eine grobe Verletzung von betriebsverfassungsrechtlichen Pflichten gesehen, sodass sich ein Unterlassungsanspruch unmittelbar aus § 23 Abs. 3 BetrVG ergibt (BAG v. 7.2.2012, Az. 1 ABR 77/10). Nur ganz ausnahmsweise entfällt – und zwar unter dem Aspekt des Einwands der unzulässigen Rechtsausübung – ein Unterlassungsanspruch des Betriebsrats. Dies ist der Fall, wenn er vor Verletzung des Mitbestimmungsrechts durch den Arbeitgeber selbst in erheblichem Maße betriebsverfassungswidrig gehandelt hat, etwa indem er seine Mitwirkung konsequent verweigert hat (BAG v. 12.3.2019, Az. 1 ABR 42/17).

In jedem Fall beschränkt sich der Unterlassungsanspruch des Betriebsrats wegen der Verletzung eines Mitbestimmungsrechts nach § 87 Abs. 1 BetrVG nur auf eine Beseitigung des mitbestimmungswidrigen Zustands, umfasst aber keine weitergehende Folgenbeseitigung (BAG v. 23.3.2021, Az. 1 ABR 31/19). Dies bedeutet etwa, dass bei einem Verstoß gegen das Mitbestimmungsrecht nach § 87 Abs. 1 Nr. 6 BetrVG der Betriebsrat keinen Anspruch auf Löschung von mitbestimmungswidrig erhobenen Daten hat.

Dauert ein Verstoß nicht mehr an, besteht nur dann ein Anspruch des Betriebsrats, dem Arbeitgeber aufzugeben, eine Handlung zu unterlassen, wenn die konkrete Gefahr besteht, dass der Arbeitgeber den Verstoß in der Zukunft wiederholen wird (LAG Baden-Württemberg v. 20.7.2016, Az. 21 TaBV 4/16).

Stellt ein Arbeitgeber ein Mitbestimmungsrecht des Betriebsrats in einer Angelegenheit des § 87 Abs. 1 BetrVG gänzlich in Abrede und übergeht er diesen bei entsprechenden Maßnahmen, kann hierin auch der Verfügungsgrund für eine einstweilige Verfügung gesehen werden (LAG Berlin-Brandenburg v. 12.7.2016, Az. 7 TaBVGa 520/16). Diese unterliegt jedoch stets einer umfassenden Interessenabwägung, bei der das Gewicht des drohenden Verstoßes gegen Mitbestimmungsrechte und die Bedeutung der umstrittenen Maßnahme für den Arbeitgeber einerseits und für die Belegschaft andererseits zu berücksichtigen sind. Bei klar gegebenem mitbestimmungswidrigen Verhalten des Arbeitgebers werden regelmäßig bereits geringfügige Beeinträchtigungen der Mitarbeiter für die Annahme eines Verfügungsgrundes ausreichen. Bei weitgehend ungeklärter Sach- und Rechtslage hingegen sind die Anforderungen an den Verfügungsgrund erhöht. Bei einer in höherem Maße zweifelhaften Rechtslage kann regelmäßig keine einstweilige Verfügung ergehen (vgl. LAG Düsseldorf v. 9.1.2018, Az. 3 TaBVGa 6/17).

1.5 Feststellung des Mitbestimmungsrechts

Haben Arbeitgeber und Betriebsrat unterschiedliche Auffassungen zu der Frage, ob eine bestimmte Maßnahme überhaupt mitbestimmungspflichtig ist, können beide Seiten zur rechtlichen Klärung ein arbeitsgerichtliches Beschlussverfahren einleiten. Wird in einem solchen Verfahren festgestellt, dass ein Mitbestimmungsrecht nicht besteht, können sich auch einzelne Arbeitnehmer gegenüber dem Arbeitgeber nicht mehr auf die angebliche Verletzung des Mitbestimmungsrechts berufen.

2. Die freiwillige soziale Mitbestimmung

Neben den erzwingbaren sozialen Angelegenheiten, die abschließend im Betriebsverfassungsgesetz aufgeführt sind, können sich Arbeitgeber und Betriebsrat auch in anderen sozialen Angelegenheiten auf eine Regelung verständigen (§ 88 BetrVG). So können durch freiwillige Betriebsvereinbarung etwa zusätzliche Maßnahmen zur Verhütung von Arbeitsunfällen und Gesundheitsschädigungen, Maßnahmen des betrieblichen Umweltschutzes oder die Errichtung von betrieblichen Sozialeinrichtungen verabredet werden. Ebenso ist hier an Maßnahmen zur Vermögensbildung und Maßnahmen zur Integration ausländischer Arbeitnehmer sowie zur Bekämpfung von Rassismus und Fremdenfeindlichkeit im Betrieb zu denken.

WICHTIG!

Eine Verpflichtung des Arbeitgebers, sich mit dem → *Betriebsrat* zu verständigen, besteht hier nicht. Er kann alle Maßnahmen auch einseitig treffen.

Zu beachten ist jedoch, dass freiwillige und mitbestimmungspflichtige Fragen oft eng miteinander verknüpft sind. So ist z. B. die Entscheidung über die Einführung einer Gewinnbeteiligung und deren Gesamtvolumen mitbestimmungsfrei; die Verteilung an die Arbeitnehmer unterliegt dagegen der Mitbestimmung.

ACHTUNG!

Offene Drohungen, künftig nichts Überobligatorisches und Freiwilliges mehr zu leisten oder eine bisher gewährte Vergünstigung zu streichen, wenn der Betriebsrat auf eine andere Verteilung besteht, sollten vermieden werden. So hat das LAG Frankfurt (31.7.2008, Az. 9/4 TaBV 24/08) die Auffassung vertreten, dass eine entsprechende Drohung gegenüber dem Betriebsrat den Versuch darstelle, diesen von der rechtmäßigen Wahrnehmung von Mitbestimmungsrechten abzuhalten. Mit dem Hinweis, dass es sich dabei um einen massiven Verstoß gegen den Grundsatz der vertrauensvollen Zusammenarbeit handele, billigte das Gericht einem Betriebsrat einen Unterlassungsanspruch nach § 78 Satz 1 BetrVG zu.

3. Die Mitwirkung beim Arbeits- und betrieblichen Umweltschutz und bei der Gestaltung des Arbeitsplatzes, des Arbeitsablaufs und der Arbeitsumgebung

Im Bereich des Arbeits- und betrieblichen Umweltschutzes ist der Arbeitgeber verpflichtet, den Betriebsrat bei allen Besichtigungen und Fragen sowie bei Unfalluntersuchungen hinzuzuziehen (§ 89 BetrVG). Zugleich muss er dem Betriebsrat unverzüglich die den → *Arbeitsschutz*, den betrieblichen Umweltschutz und die → *Unfallverhütung* betreffenden Auflagen und Anordnungen mitteilen. An Besprechungen des Arbeitgebers mit den Sicherheitsbeauftragten nehmen vom Betriebsrat beauftragte Betriebsratsmitglieder teil.

Über die Planung von Neu-, Um- und Erweiterungsbauten ist der Betriebsrat unter Vorlage der erforderlichen Unterlagen rechtzeitig zu unterrichten (§ 90 BetrVG). Gleiches gilt für die Planung von technischen Anlagen, von Arbeitsverfahren und Arbeitsabläufen einschließlich des Einsatzes von Künstlicher Intelligenz und der Arbeitsplätze. Die vorgesehenen Maßnahmen und ihre Auswirkungen auf die Arbeitnehmer sind mit dem Betriebsrat so rechtzeitig zu beraten, dass seine Vorschläge und Bedenken bei der Planung berücksichtigt werden können. So hat die Rechtsprechung es als grobe Pflichtverletzung gewertet, wenn der Arbeitgeber den Betriebsrat immer wieder so spät über betriebliche Bauplanungen und Umzüge informiert, dass dieser die Pläne aus faktischen Zwängen heraus nur noch zur Kenntnis nehmen kann, ohne dass noch eine realistische Chance für Änderungen besteht.

Beispiele:

Umzug des Betriebs zum 1.7. – Information des Betriebsrats am 12.6., als die neuen Räume schon angemietet sind; Umzug von Mitarbeitern innerhalb der Betriebsräume zum 1.9. – Information des Betriebsrats zwei Tage vorher.

Andererseits besteht bei einem Verstoß des Arbeitgebers gegen die Unterrichtungs- und Beratungsrechte nach § 90 BetrVG kein allgemeiner Unterlassungs- und Beseitigungsanspruch bezüglich der durchgeführten Maßnahme. Der Betriebsrat kann also beispielsweise nicht die Rückgängigmachung einer Baumaßnahme verlangen, über die mit ihm zuvor nicht ordnungsgemäß beraten worden ist. Davon ausgenommen sind grobe Verstöße nach § 23 Abs. 3 BetrVG.

Werden die Arbeitnehmer durch Veränderungen, die den gesicherten arbeitswissenschaftlichen Erkenntnissen über die menschengerechte Gestaltung der Arbeit offensichtlich widersprechen, in besonderer Weise belastet, kann der Betriebsrat angemessene Gegenmaßnahmen verlangen (§ 91 BetrVG). Kommt eine Einigung nicht zustande, können beide Seiten die → *Einigungsstelle* anrufen, die eine verbindliche Entscheidung trifft.

V. Beteiligung in personellen Angelegenheiten

Bei den personellen Angelegenheiten ist zwischen den allgemeinen personellen Angelegenheiten, der Berufsbildung und den personellen Einzelmaßnahmen zu unterscheiden. Die Beteiligungsrechte des → *Betriebsrats* sind hier sehr unterschiedlich ausgestaltet. Sie reichen vom einfachen Unterrichtungsrecht bis zur erzwingbaren Mitbestimmung.

1. Beteiligung in allgemeinen personellen Angelegenheiten

Zu den allgemeinen personellen Angelegenheiten, die die Beteiligung des Betriebsrats verlangen, zählt das BetrVG die Personalplanung, die Beschäftigungssicherung, die Ausschreibung von Arbeitsplätzen, die Erstellung von Personalfragebögen, die Aufstellung allgemeiner Beurteilungsgrundsätze sowie die Aufstellung von Richtlinien für Einstellungen, Versetzungen, Umgruppierungen und Kündigungen (Auswahlrichtlinien). Daneben finden sich außerhalb des BetrVG geregelte Informationsansprüche des Betriebsrats im KSchG (§ 17 Massenentlassungen) und im TzBfG (§ 7 Abs. 3).

1.1 Personalplanung

Im Bereich der Personalplanung (§ 92 BetrVG) muss der Arbeitgeber den Betriebsrat anhand von Unterlagen (Stellenbesetzungsplänen, Personalbedarfsmeldungen, Statistiken über Fluktuation und Krankenstand usw.) rechtzeitig und umfassend unterrichten. Der auf Personalplanung bezogene Unterrichtungs- und Vorlageanspruch nach § 92 Abs. 1 BetrVG umfasst dabei jede Planung, die sich auf den gegenwärtigen und künftigen Personalbedarf in quantitativer und qualitativer Hinsicht, also auf den abstrakten Einsatz der personellen Kapazität im weitesten Sinn bezieht. Er umfasst also die Personalbedarfs-, Personaldeckungs-, Personalentwicklungs- und die Personaleinsatzplanung – und zwar nicht nur bezogen auf eigene Arbeitnehmer, sondern auch auf im Betrieb tätige Fremdfirmenarbeitnehmer, insbesondere solche, die dort im Rahmen einer Arbeitnehmerüberlassung oder im Rahmen eines Werk-/Dienstvertrags eingesetzt werden. Dies jedenfalls dann, wenn der Betriebsrat dazu auffordert (LAG München v. 16.12.2019, Az. 3 TaBV 90/19). Ob auch die Personalkostenplanung erfasst ist, ist umstritten und vom BAG zuletzt noch einmal ausdrücklich offengelassen worden (BAG v. 12.3.2019, Az. 1 ABR 43/17).

Umfasst vom Vorlageanspruch des Betriebsrats können auch vom Arbeitgeber erstellte Daten sein, mit denen er noch andere Zwecke verfolgt. Der Unterrichtungsanspruch über die Personalplanung des Arbeitgebers erstreckt sich aber nicht auf solche Daten, die von ihm für die Personalplanung nicht genutzt werden (BAG v. 8.11.2016, Az. 1 ABR 64/14). Ebenso wenig kann der Betriebsrat die Vorlage von Unterlagen verlangen, wenn keine Anhaltspunkte dafür bestehen, dass diese personalplanerische Belange betreffen (BAG v. 12.3.2019, Az. 1 ABR 43/17).

Eine über die Unterrichtung hinausgehende Beteiligungspflicht besteht nicht. Der Betriebsrat kann jedoch auch von sich aus an den Arbeitgeber herantreten und ihm Vorschläge für die Einführung einer Personalplanung machen. Verlangt er in diesem Zusammenhang vom Arbeitgeber Unterlagen, um Vorschläge etwa zur Veränderung einer bestehenden Personalplanung erarbeiten zu können, hat er darzulegen, weshalb die begehrten Informationen zur Wahrnehmung dieses Vorschlagsrechts nach § 92 Abs. 2 BetrVG erforderlich sind (BAG, a. a. O.) Der Arbeitgeber muss sich mit den Vorschlägen auseinandersetzen und darf sie nicht einfach übergehen. Er ist jedoch nicht verpflichtet, den Vorschlägen des Betriebsrats zu folgen.

1.2 Beschäftigungssicherung

Ein Vorschlagsrecht hat der Betriebsrat bei Fragen der Sicherung und Förderung der Beschäftigung (§ 92a BetrVG). So kann er etwa Vorschläge hinsichtlich einer flexiblen Gestaltung der Arbeitszeit oder auch hinsichtlich der Förderung von Teilzeitarbeit und Altersteilzeit machen. Des Weiteren können sich die Vorschläge insbesondere auch auf neue Formen der Arbeitsorganisation, auf Änderungen der Arbeitsverfahren und Arbeitsabläufe, auf die Qualifizierung der Arbeitnehmer, auf Alternativen zur Ausgliederung von Arbeit oder ihre Vergabe an andere Unternehmen sowie auf das Produktions- und Investitionsprogramm beziehen. Der Arbeitgeber muss die Vorschläge mit dem Betriebsrat beraten. Er kann ebenso wie der Betriebsrat einen Vertreter des Arbeitsamts oder des Landesarbeitsamts zu den Beratungen hinzuziehen. Hält er den Vorschlag des Betriebsrats für ungeeignet, hat er dies gegenüber dem Betriebsrat zu begründen. In Betrieben mit mehr als 100 Arbeitnehmern muss die Begründung schriftlich erfolgen.

ACHTUNG!

Bei einem groben Verstoß des Arbeitgebers gegen die Begründungspflicht hat der Betriebsrat einen Unterlassungsanspruch nach § 23 Abs. 3 BetrVG, den er gerichtlich durchsetzen kann.

1.3 Stellenausschreibung

Der Betriebsrat kann vom Arbeitgeber verlangen, dass im Betrieb neu zu besetzende Stellen innerbetrieblich ausgeschrieben werden (§ 93 BetrVG). Ein neuer Arbeitsplatz kann dabei auch schon allein dadurch geschaffen werden, dass ein Arbeitsplatz so umstrukturiert wird, dass der Stelleninhaber ohne eine längerfristige erfolgreiche Ausbildung außerhalb der üblichen Entwicklung des Berufsbildes die Tätigkeit nicht mehr ausüben darf (LAG Niedersachsen v. 15.3.2023, Az. 2 TaBV 23/22).

Auch wenn der Arbeitgeber Arbeitsplätze dauerhaft mit Leiharbeitnehmern besetzen will, so kann der Betriebsrat deren Ausschreibung verlangen (BAG v. 1.2.2011, Az. 1 ABR 79/09). Macht er von diesem Recht Gebrauch, ist der Arbeitgeber daran gebunden. Selbst dann, wenn mit internen Bewerbungen höchstwahrscheinlich nicht zu rechnen ist, darf er das Verlangen des Betriebsrats nicht missachten. Übergeht der Arbeitgeber in diesem Fall dennoch die Notwendigkeit der Ausschreibung, ist die Verweigerung der Zustimmung des Betriebsrats nach § 99 Abs. 2 Nr. 5 BetrVG nicht als rechtsmissbräuchlich zu bewerten (LAG Düsseldorf v. 12.4.2019, Az. 10 TaBV 46/18).

Etwas anderes kann allenfalls dann gelten, wenn mit Sicherheit feststeht, dass kein Mitarbeiter über die erforderliche Qualifikation verfügt oder Interesse an der Stelle hat und dies dem Betriebsrat bekannt ist (LAG Berlin-Brandenburg v. 9.5.2013, Az. 21 TaBV 843/13). Allein die arbeitgeberseitige Argumentation, dass nur ein externer Bewerber die erforderliche Qualifikation gewährleiste, gibt dagegen keine Veranlassung, auf eine interne Ausschreibung von vornherein zu verzichten (LAG Düsseldorf v. 12.4.2019, Az. 10 TaBV 46/18).

Der Betriebsrat darf die Forderung nach einer Ausschreibung nur generell und nicht für einen Einzelfall stellen.

ACHTUNG!

Nimmt der Arbeitgeber die Ausschreibung nicht vor, kann der Betriebsrat der konkreten personellen Einzelmaßnahme seine Zustimmung verweigern. Der Arbeitgeber muss dann das gesamte Einstellungs- oder Versetzungsverfahren samt vorheriger Ausschreibung und entsprechender Beteiligung des Betriebsrats erneut durchführen (vgl. BAG v. 11.10.2022, Az. 1 ABR 16/21). Besteht eine Betriebsvereinbarung, die eine Ausschreibungsfrist vorsieht, so rechtfertigt auch allein ein Verstoß gegen die dort genannte Frist einen Widerspruch des Betriebsrats gegen eine Einstellung (ArbG Köln v. 3.1.2023, Az. 23 BV 67/22).

Das Recht, gemäß § 93 BetrVG „innerhalb des Betriebs" eine Ausschreibung zu verlangen, bezieht sich auf eine Besetzung eines diesem Betrieb zuzuordnenden Arbeitsplatzes. Es steht deshalb regelmäßig dem einzelnen (örtlichen) Betriebsrat zu. Dementsprechend fehlt einem Gesamt- bzw. einem Konzernbetriebsrat die erforderliche Kompetenz für eine Regelung, nach der eine Ausschreibung von Arbeitsplätzen stets dann unterbleibt, wenn sie für Nachwuchskräfte vorgesehen sind (LAG Niedersachsen v. 20.2.2019, Az. 13 TaBV 24/18).

Inhalt und Form der innerbetrieblichen Ausschreibung legt allein der Arbeitgeber fest. Darauf hat der Betriebsrat keinen Einfluss. Die Ausschreibung muss aber „vor" Besetzung des Arbeitsplatzes und damit so rechtzeitig erfolgen, dass etwaige Bewerbungen innerbetrieblicher Interessenten noch bei der Auswahlentscheidung berücksichtigt werden können. Auch wenn das Gesetz keine Ausschreibungsfrist vorsieht, verlangt der Gesetzeszweck, dass die innerbetriebliche Ausschreibung so rechtzeitig zu erfolgen hat, dass die innerbetrieblichen Interessenten die Ausschreibung zur Kenntnis nehmen und ihre Bewerbungsunterlagen einreichen können. Eine Ausschreibungsdauer von zwei Wochen genügt dem regelmäßig. Soweit in der Ausschreibung ein bestimmter Zeitpunkt für die Stellenbesetzung genannt ist, darf die tatsächliche Stellenbesetzung von diesem Zeitpunkt nicht so weit entfernt sein, dass die Arbeitnehmer annehmen müssen, eine Entscheidung über die Stellenbesetzung stehe nicht mehr bevor. Ein zeitlicher Abstand von einem halben Jahr ist dabei regelmäßig unschädlich; unter besonderen Umständen kann der Zeitraum aber auch kürzer oder länger sein (BAG v. 30.4.2014, Az. 7 ABR 51/12).

Bei Arbeitsplätzen, die der Arbeitgeber mit Leiharbeitnehmern besetzen will, ist er nicht verpflichtet, die Möglichkeit aufzuzeigen, dass Bewerbungen direkt an ihn gerichtet werden können, um mit ihm einen Arbeitsvertrag zu schließen. Vielmehr reicht es aus, wenn er als Adressat für Bewerbungen das Leiharbeitsunternehmen benennt (BAG v. 7.6.2016, Az. 1 ABR 33/14). Auch auf die Befristung einer Stelle muss eine innerbetriebliche Stellenausschreibung nicht hinweisen. Nach Auffassung des LAG Schleswig-Holstein (6.3.2012, Az. 2 TaBV 37/11) fordert der Zweck der Ausschreibung, einen betriebsinternen Arbeitsmarkt zu eröffnen, die Angabe „un-/befristet" nicht.

ACHTUNG!

Verstößt eine Stellenausschreibung allerdings gegen §§ 11, 7, 1 AGG, weil sie etwa eine mittelbare Ungleichbehandlung wegen des Lebensalters der gesuchten Bewerber(innen) enthält, so kann der Betriebsrat eine Unterlassung beim Arbeitsgericht beantragen. Das BAG bejaht jedenfalls dann einen groben Verstoß i. S. von § 23 Abs. 3 BetrVG, wenn der Arbeitgeber seine Ausschreibungspraxis trotz der vom Betriebsrat erhobenen Einwendungen fortsetzt (BAG v. 18.8.2009, Az. 1 ABR 47/08).

Zur Vermeidung von Streitfällen empfiehlt es sich grundsätzlich, eine Betriebsvereinbarung über die innerbetriebliche Stellenausschreibung abzuschließen. Eine solche Betriebsvereinbarung über die Art und Weise der Ausschreibung setzt einen übereinstimmenden Willen der Betriebsparteien voraus, dass freie Arbeitsplätze vor ihrer Besetzung innerhalb des Betriebs auszuschreiben sind. Deshalb liegt in ihrem Abschluss – unabhängig davon, welche der Betriebsparteien ihn initiiert hat – stets zugleich auch ein entsprechendes Verlangen seitens des Betriebsrats nach § 93 BetrVG. Dies bedeutet, dass im Falle der Kündigung der Betriebsvereinbarung durch den Arbeitgeber zwar das Einvernehmen der Betriebsparteien über die nähere Ausgestaltung der Ausschreibungen entfällt (und der Arbeitgeber daher mangels Nachwirkung der freiwilligen Betriebsvereinbarung insoweit frei agieren kann), aber es entfällt nicht das zugleich im damaligen Abschluss der Betriebsvereinbarung liegende Verlangen des Betriebsrats, freie Stellen auszuschreiben (BAG v. 11.10.2022, Az. 1 ABR 16/21). Dies gilt es unbedingt zu beachten, da andernfalls der Betriebsrat eine Zustimmung zu einer Einstellung oder Versetzung allein mit Blick auf die fehlende Ausschreibung erfolgreich verweigern kann.

1.4 Personalfragebogen und Beurteilungsgrundsätze

Die Einführung von Personalfragebögen liegt allein in der Hand des Arbeitgebers. Entscheidet er sich jedoch für ihre Einführung, ist hinsichtlich des Inhalts die Zustimmung des Betriebsrats erforderlich. Kommt eine Einigung über den Inhalt nicht zustande, können beide Seiten die → *Einigungsstelle* anrufen, die eine verbindliche Entscheidung trifft (§ 94 BetrVG). Dies gilt jedoch nur dann, wenn der Betrieb nicht einem Konzern zugehörig ist und der Fragebogen nicht allein nach Konzernvorgaben unternehmens-/betriebsübergreifend eingeführt wird. In diesem Fall ist dem Arbeitgeber eine Regelung auf der Betriebsebene subjektiv unmöglich (LAG Köln v. 28.1.2025, Az. 9 TaBV 89/24).

Wie im Falle von Personalfragebögen ist auch der Inhalt von Beurteilungsgrundsätzen, mit denen die Leistungen und das Verhalten der Arbeitnehmer bewertet werden sollen, mitbestimmungspflichtig. Dabei umfasst das Mitbestimmungsrecht nicht nur die Festlegung der materiellen Beurteilungsmerkmale, sondern auch die Ausgestaltung des Beurteilungsverfahrens. Vollzieht sich dieses auf der Grundlage von Mitarbeitergesprächen, werden auch diese vom Mitbestimmungsrecht erfasst – und dies auch dann, wenn die Teilnahme am Gespräch freiwillig ist (BAG v. 17.3.2015, Az. 1 ABR 48/13). Die Einigungsstelle kann zudem etwa festlegen, dass eine Personalbeurteilung auf der Grundlage einer vom Arbeitgeber anzufertigenden Aufgabenbeschreibung erfolgen muss (BAG v. 14.1.2014, Az. 1 ABR 49/12).

Mitarbeiterbefragungen, die auf anonymer und freiwilliger Basis mit Hilfe eines standardisierten Fragebogens erfolgen, stellen dagegen weder Personalfragebögen noch allgemeine Beurteilungsgrundsätze nach § 94 BetrVG dar, sodass sich hieraus kein Mitbestimmungsrecht des Betriebsrats ableiten lässt (LAG Hessen v. 11.2.1999, Az. TaBV 29/98; BAG v. 21.11.2017, Az. 1 ABR 47/16). Wird zur Verarbeitung der Daten ein IT-System eingesetzt, folgt ein solches auch nicht aus § 87 Abs. 1 Nr. 6 BetrVG, weil es an der Überwachung des Verhaltens oder der Leistung des einzelnen Arbeitnehmers fehlt (BAG v. 18.4.2000, Az. 1 ABR 22/99).

Der Betriebsrat hat hinsichtlich allgemeiner Beurteilungsgrundsätze kein Initiativrecht, er kann also nicht an den Arbeitgeber herantreten und von ihm die Aufstellung von allgemeinen Beurteilungsgrundsätzen verlangen (BAG v. 17.3.2015, Az. 1 ABR 48/13).

Die Verwendung von nicht mitbestimmten Personalfragebögen oder Beurteilungsgrundsätzen i. S. v. § 94 BetrVG durch den Arbeitgeber bei der Stellenbesetzung stellt zwar einen Verstoß gegen § 94 BetrVG dar, dem der Betriebsrat möglicherweise mit einem Unterlassungsantrag begegnen kann, begründet aber kein Zustimmungsverweigerungsrecht des Betriebsrats gemäß § 99 Abs. 2 Nr. 1 BetrVG (BAG v. 24.9.2024, Az. 1 ABR 31/23).

1.5 Auswahlrichtlinien

Richtlinien für Einstellungen, Versetzungen, Umgruppierungen und Kündigungen kann der Arbeitgeber nur mit Zustimmung des Betriebsrats aufstellen (§ 95 BetrVG). Dies gilt auch ausdrücklich für den Fall, dass Künstliche Intelligenz zum Einsatz kommen soll (§ 95 Abs. 2a BetrVG). Eine Auswahlrichtlinie enthält hierbei Kriterien, die die Auswahl unter mehreren in Betracht kommenden Arbeitnehmern bzw. Bewerbern für den Fall steuern, dass es im Betrieb zu den vorbezeichneten personellen Einzelmaßnahmen kommt. Durch Auswahlrichtlinien können daher zwischen Arbeitgeber und Betriebsrat die zu beachtenden fachlichen, persönlichen und sozialen Voraussetzungen für eine solche Auswahlentscheidung bereits im Vorfeld festgelegt werden.

So handelt es sich etwa bei der Anordnung einer generellen Überprüfung von Stellenbewerbern auf Alkohol- und Drogenmissbrauch um eine Richtlinie über die personelle Auswahl bei Einstellungen, wenn Bewerber mit positivem Testergebnis und Bewerber, die sich dem Test nicht unterziehen, nicht eingestellt werden (LAG Baden-Württemberg v. 13.12.2002, Az. 16 TaBV 4/02). Besondere Bedeutung haben Auswahlrichtlinien im Rahmen von betriebsbedingten Kündigungen von mehreren Arbeitnehmern. In einer Betriebsvereinbarung kann hier ein Punkteschema aufgestellt werden, mit dem insbesondere den durch § 1 Abs. 1 Satz 3 KSchG genannten sozialen Gesichtspunkten „Lebensalter", „Dauer der Betriebszugehörigkeit", „Schwerbehinderung" und „unterhaltspflichtige Personen" jeweils bestimmte Punktewerte zugeteilt werden.

Während es dem Arbeitgeber in Betrieben bis 500 Mitarbeitern freigestellt ist, ob er überhaupt entsprechende Richtlinien einführen will, kann der Betriebsrat in Betrieben mit mehr als 500 Mitarbeitern ihre Aufstellung verlangen. Kommt eine Einigung über ihren Inhalt oder in Betrieben mit mehr als 500 Mitarbeitern auch über ihre grundsätzliche Einführung nicht zustande, entscheidet die → *Einigungsstelle*, wenn sie von einer Seite angerufen wird.

1.6 Massenentlassungen

Beabsichtigt der Arbeitgeber nach § 17 Abs. 1 KSchG anzeigepflichtige Entlassungen vorzunehmen, hat er dem Betriebsrat nach § 17 Abs. 2 Satz 1 KSchG rechtzeitig die zweckdienlichen Auskünfte zu erteilen. Insbesondere hat er ihn schriftlich über

- die Gründe für die geplanten Entlassungen,
- die Zahl und die Berufsgruppen der zu entlassenden Arbeitnehmer,
- die Zahl und die Berufsgruppen der in der Regel beschäftigten Arbeitnehmer,
- den Zeitraum, in dem die Entlassungen vorgenommen werden sollen,
- die vorgesehenen Kriterien für die Auswahl der zu entlassenden Arbeitnehmer und
- die für die Berechnung etwaiger Abfindungen vorgesehenen Kriterien

zu unterrichten. Im Anschluss muss der Arbeitgeber mit dem Betriebsrat die Möglichkeiten beraten, Entlassungen zu vermeiden oder einzuschränken und ihre Folgen zu mildern.

ACHTUNG!

Die rechtzeitige und fehlerfreie Beteiligung des Betriebsrats ist Voraussetzung für eine wirksame Massenentlassungsanzeige, die gegenüber der Agentur für Arbeit erstattet werden muss. Fehlt es an einer wirksamen Anzeige der Massenentlassung, sind alle ausgesprochenen Einzelkündigungen gegenüber den Arbeitnehmern allein aus diesem Grund unwirksam.

1.7 Informationen zur Teilzeitarbeit

Nach § 7 Abs. 3 Satz 1 TzBfG ist der Arbeitgeber verpflichtet, den Betriebsrat über Teilzeitarbeit im Betrieb zu informieren und ihm auf Verlangen die erforderlichen Unterlagen zur Verfügung zu stellen. Es handelt sich dabei um eine wiederkehrende Pflicht. Innerhalb von welchem Zeitraum eine erneute Information stattzufinden hat, ist ungeklärt, möglicherweise jedoch bereits bei jeder Veränderung des Bestands.

2. Berufsbildung

Der Arbeitgeber hat auf Verlangen des Betriebsrats den Berufsbildungsbedarf zu ermitteln und mit ihm Fragen der Berufsbildung (Ausbildung, Fortbildung und Umschulung) der Arbeitnehmer zu beraten (§ 96 BetrVG). Der Begriff der betrieblichen Berufsbildung ist weit auszulegen und umfasst deshalb alle Maßnahmen, die über die mitbestimmungsfreie Unterrichtung des Arbeitnehmers über seine Aufgaben und Verantwortung, die Art seiner Tätigkeit und ihrer Einordnung in den Arbeitsablauf des Betriebs sowie über die Unfall- und Gesundheitsmaßnahmen und Einrichtungen zur Abwendung dieser Gefahren im Sinne von § 81 BetrVG hinausgehen, indem sie dem Arbeitnehmer gezielt Kenntnisse und Erfahrungen vermitteln, die ihn zur Ausübung einer bestimmten Tätigkeit erst befähigen (LAG Rheinland-Pfalz v. 23.3.2017, Az. 6 TaBV 21/16). Dazu gehören neben der Errichtung und Ausstattung betrieblicher Einrichtungen zur Berufsbildung (wie etwa eine Lehrwerkstatt oder ein Bildungszentrum) die Einführung betrieblicher Bildungsmaßnahmen (z. B. Traineeprogramme, Fortbildungskurse) und die Teilnahme an außerbetrieblichen Berufsbildungsmaßnahmen. Abzugrenzen sind davon reine Teamveranstaltungen, die von ihrer inhaltlichen Ausgestaltung nicht als eine Bildungsmaßnahme nach § 98 BetrVG zu qualifizieren sind; sie begründen kein Mitbestimmungsrecht des Betriebsrats (LAG Nürnberg v. 25.4.2017, Az. 6 TaBV 53/13 – Teamevent „Exit the Room").

Können sich Arbeitgeber und Betriebsrat im Rahmen ihrer Beratungen nicht auf konkrete Maßnahmen der Berufsbildung einigen, so kann der Betriebsrat (aber auch der Arbeitgeber, der jedoch regelmäßig kein Interesse daran haben dürfte) die Einigungsstelle um Vermittlung anrufen (§ 96 Abs. 1a BetrVG). Die Einigungsstelle übernimmt in diesem Fall eine moderierende Funktion zwischen den Parteien und versucht, auf eine Einigung hinzuwirken. Ein Einigungszwang besteht jedoch nicht und die Einigungsstelle trifft auch keine Entscheidung, sondern erklärt gegebenenfalls den Versuch für gescheitert. Der Arbeitgeber kann damit letztlich seine Vorstellungen umsetzen.

Hat der Arbeitgeber Maßnahmen geplant oder durchgeführt, die dazu führen, dass sich die Tätigkeit der betroffenen Arbeitnehmer ändert und ihre beruflichen Kenntnisse und Fähigkeiten zur Erfüllung ihrer Aufgaben nicht mehr ausreichen, erstarkt der

Beratungsanspruch des Betriebsrats bei der Einführung von Maßnahmen der betrieblichen Berufsbildung zu einem Mitbestimmungsrecht (§ 97 Abs. 2 BetrVG).

WICHTIG!

Der Betriebsrat hat insoweit ein Initiativrecht, d. h. er kann von sich aus Maßnahmen der betrieblichen Berufsbildung verlangen und vorschlagen.

Können sich Arbeitgeber und Betriebsrat in diesem Fall nicht einigen, entscheidet die Eignungsstelle. Im Übrigen entscheidet der Arbeitgeber jedoch über die Einführung von betrieblichen Bildungsmaßnahmen allein.

Hat sich der Arbeitgeber für die Einführung einer betrieblichen Bildungsmaßnahme entschieden, muss er jedoch bei ihrer Durchführung das erzwingbare Mitbestimmungsrecht des Betriebsrats nach § 98 BetrVG beachten. Zur Durchführung gehören sämtliche Maßnahmen, die den Ablauf der betrieblichen Bildung bestimmen. Das Mitbestimmungsrecht erstreckt sich damit auf den gesamten Inhalt der Maßnahme, die Methoden der Wissensvermittlung und die zeitliche Dauer und Lage. Der Betriebsrat entscheidet demnach mit, ob die entsprechende Veranstaltung während der Arbeitszeit bzw. ganz oder teilweise außerhalb der Arbeitszeit stattfinden soll (LAG Hamburg v. 10.1.2007, Az. 4 Ta BV 3/05).

Damit der → *Betriebsrat* sein Mitbestimmungsrecht wahrnehmen kann, muss der Arbeitgeber ihn rechtzeitig und hinreichend über alle zur Durchführung gehörenden Maßnahmen informieren. Soweit die zwingenden Vorgaben des Berufsbildungsrechts Gestaltungsräume offenlassen, sind diese mit dem Betriebsrat auszufüllen. Im Streitfall entscheidet die → *Einigungsstelle* über die konkrete Durchführung.

Bezieht sich eine Fortbildung und Schulung in einem Betrieb ausschließlich auf externe Arbeitnehmer zu deren Qualifikation für eine Tätigkeit bei einem externen Unternehmen, handelt es sich nicht um eine betriebliche Bildungsmaßnahme, sodass in diesem Fall kein Mitbestimmungsrecht des Betriebsrats besteht (BAG v. 26.4.2016, Az. 1 ABR 21/14).

Beispiel:

Mitarbeiter eines Tochterunternehmens werden im Mutterunternehmen geschult, um danach ihre Aufgaben im Tochterunternehmen wahrnehmen zu können.

Über die Teilnehmerzahl an einer betrieblichen Bildungsmaßnahme entscheidet allein der Arbeitgeber. Der → *Betriebsrat* kann jedoch Vorschläge machen, welche Arbeitnehmer an Bildungsmaßnahmen teilnehmen sollen. Um dies leisten zu können, müssen die Angaben des Arbeitgebers zu den Teilnahmebedingungen so konkret sein, dass der Betriebsrat beurteilen kann, welche Mitarbeiter die objektiven Teilnahmebedingungen erfüllen, sodass er seinerseits Mitarbeiter für die Maßnahme vorschlagen kann. Kommt es zu keiner Einigung, entscheidet auch hier die → *Einigungsstelle*.

Wenn die mit der Durchführung der betrieblichen Berufsbildung beauftragte Person nicht die notwendige persönliche oder fachliche Eignung besitzt oder ihre Aufgaben vernachlässigt, kann der Betriebsrat ihrer Bestellung widersprechen oder ihre Abberufung verlangen. Die fachliche Eignung im Sinne von § 98 Abs. 2 BetrVG eines Ausbilders nach § 28 Abs. 2 BBiG richtet sich dabei nach § 30 BBiG: Der Ausbilder muss unter anderem die beruflichen Fertigkeiten, Kenntnisse und Fähigkeiten besitzen, die für die Vermittlung der Ausbildungsinhalte erforderlich sind. An eine Bejahung der fachlichen Eignung durch die Industrie- und Handelskammer ist der Betriebsrat dabei nicht gebunden (LAG Baden-Württemberg v. 20.10.2017, Az. 15 TaBV 2/17). Können sich Arbeitgeber und Betriebsrat in dieser Frage nicht einigen, kann der Betriebsrat das Arbeitsgericht anrufen. Eine von ihm bestimmte Person kann der Betriebsrat jedoch in keinem Fall durchsetzen, da er hier kein entsprechendes Initiativrecht hat.

Bei außerbetrieblichen Bildungsmaßnahmen erstreckt sich das Mitbestimmungsrecht des Betriebsrats allein auf die Auswahl, nicht aber – wie auch bei den innerbetrieblichen Maßnahmen – auf die Anzahl der Teilnehmer, aber auch nicht – anders als bei den innerbetrieblichen Bildungsmaßnahmen – auf die Art und Weise der Durchführung. Nach der Rechtsprechung des BAG (v. 4.12.1990, Az. 1 ABR 10/90) liegt eine außerbetriebliche Bildungsmaßnahme dabei immer dann vor, wenn der Arbeitgeber die Maßnahme nicht selbst, sondern durch einen Dritten durchführen lässt und rechtlich oder tatsächlich keinen beherrschenden Einfluss auf den Inhalt und die Durchführung der Maßnahme nehmen kann. Die Schulung muss – um rechtssicher als außerbetrieblich zu gelten – „Konfektionsware" sein und darf nicht auf die betrieblichen Bedürfnisse zugeschnitten sein.

Werden in Konzernen über die Muttergesellschaft Ausbildungs- und Fortbildungsmaßnahmen für sämtliche Unternehmen zentral vorgegeben, so handelt es sich häufig für die Tochterunternehmen um außerbetriebliche Maßnahmen, jedenfalls dann, wenn sie keinen Einfluss auf Inhalt und Ausgestaltung in einem Umfang nehmen können, der die Maßnahme zu einer innerbetrieblichen werden lässt.

Der Betriebsrat kann sich bei außerbetrieblichen Maßnahmen nicht darauf beschränken, nur der vom Arbeitgeber getroffenen Auswahl zu widersprechen (BAG v. 20.4.2010, Az. 1 ABR 78/08), sondern muss eigene Vorschläge unterbreiten. Tut er dies nicht, steht es dem Arbeitgeber frei, die Maßnahme mit den von ihm vorgesehenen Mitarbeitern durchzuführen. Auch wenn der Betriebsrat wiederholt keine eigenen Vorschläge unterbreitet hat, entbindet dies den Arbeitgeber nicht, ihn bei jeder neuen Maßnahme zu beteiligen, da der Betriebsrat nicht an sein Verhalten in der Vergangenheit gebunden ist, sondern jederzeit sein Recht in der Zukunft wahrnehmen kann (LAG Düsseldorf v. 24.7.2015, Az. 10 Ta BV 25/15).

Wie bei den innerbetrieblichen Maßnahmen entscheidet im Falle einer Nichteinigung in Bezug auf den Teilnehmerkreis die → *Einigungsstelle*.

3. Beteiligungsrechte bei personellen Einzelmaßnahmen

Neben den allgemeinen personellen Angelegenheiten stehen dem Betriebsrat auch bei personellen Einzelmaßnahmen Beteiligungsrechte zu. Er kann damit die Interessen sowohl des einzelnen Arbeitnehmers als auch die der Gesamtbelegschaft wahrnehmen. So kann die Belegschaft durch die Versetzung eines Arbeitnehmers ebenso betroffen sein wie durch eine Kündigung oder Einstellung. Dem Betriebsrat wird mit der Gewährung des Mitbestimmungsrechts bei personellen Einzelmaßnahmen Einfluss auf die Sozialstruktur des Betriebs eingeräumt.

3.1 Einstellung, Eingruppierung, Umgruppierung und Versetzung

In Unternehmen, in denen regelmäßig mehr als 20 Arbeitnehmer beschäftigt werden, muss der Arbeitgeber vor jeder Einstellung, Eingruppierung, Umgruppierung oder Versetzung die Zustimmung des Betriebsrats einholen (§ 99 BetrVG). Maßgebend ist die durchschnittliche Beschäftigtenzahl (ohne leitende Angestellte) im Zeitpunkt der Durchführung.

Eine Einstellung (§ 99 Abs. 1 Satz 1 BetrVG) liegt vor, wenn eine Person in den Betrieb eingegliedert wird, um zusammen mit den dort schon beschäftigten Arbeitnehmern dessen arbeitstechnischen Zweck durch weisungsgebundene Tätigkeit zu verwirklichen. Stellt der Arbeitgeber einen Abteilungsleiter ein, der in mehreren Betrieben Personalverantwortung hat, so muss er die Zustimmung aller örtlichen Betriebsräte einholen. Es ist nicht erforderlich, dass der Arbeitnehmer seine Arbeit ständig oder zu bestimmten Zeiten im Betrieb verrichtet oder dort über ein eigenes Büro verfügt. Der Arbeitgeber kann sich im Fall einer doppelten oder gar mehrfachen Eingliederung auch keine pauschale Zustimmung vom Gesamtbetriebsrat erteilen lassen (BAG v. 22.10.2019, Az. 1 ABR 13/18).

Eine mitbestimmungspflichtige Versetzung liegt nach Definition in § 95 Abs. 3 Satz 1 BetrVG bei der Zuweisung eines anderen Arbeitsbereichs vor, die die Dauer von voraussichtlich einem Monat überschreitet oder die mit einer erheblichen Änderung der Umstände verbunden ist, unter denen die Arbeit zu leisten ist. Wann eine erhebliche Änderung der Umstände zu bejahen ist, ist eine im Einzelfall zu beantwortende Frage und wird oftmals von Arbeitgeber und Betriebsrat unterschiedlich beurteilt. So ist etwa allein die örtliche Verlagerung einer Betriebsabteilung um wenige Kilometer (12 km) regelmäßig keine Versetzung der davon betroffenen Mitarbeitenden, wenn sich die funktionalen Beziehungen der Mitarbeitenden untereinander, die Art ihrer Tätigkeit, die Einordnung in die Arbeitsabläufe des Betriebs und die Zuständigkeiten von Vorgesetzten nicht ändern (BAG v. 17.11.2021, Az. 7 ABR 18/20). Dagegen kann schon die Veränderung einer Teamzuordnung in größeren Betrieben mit Abteilungen und weiteren Unterbereichen eine mitbestimmungspflichtige Versetzung im Sinne von § 99 Abs. 1 BetrVG darstellen, wenn nach dem Wechsel in der neuen organisatorischen Einheit ein spürbares anderes „Arbeitsregime" gilt (Thüringer Landesarbeitsgericht v. 9.5.2023, Az. 1 TaBV 5/22).

Vor jeder Einstellung – d. h. vor Abschluss des Arbeitsvertrags! – und Versetzung muss eine rechtzeitige und umfassende Unterrichtung des Betriebsrats erfolgen. Dabei besteht kein Anspruch auf Vorlage der erforderlichen Unterlagen in Papierform, sondern die „Vorlage" kann auch in der Form erfolgen, dass die Betriebsratsmitglieder, denen ein Dienst-PC/Laptop zur Verfügung steht, im Zuge der Information über eine beabsichtigte Einstellung ein jederzeit nutzbares Einsichtsrecht in ein Bewerbermanagement-Tool erhalten und für sie die Möglichkeit besteht, Notizen anzufertigen (BAG v. 13.12.2023, Az. 1 ABR 28/22).

WICHTIG!

Bei Neueinstellungen sind nicht nur die Unterlagen (Zeugnisse, Lebenslauf etc.) des ausgewählten Bewerbers vorzulegen, sondern es müssen dem Betriebsrat die Personalien aller Bewerber genannt und auch deren Unterlagen vorgelegt werden. Hat eine Personalberatung die Einstellung vorbereitet, reicht es aus, wenn der Betriebsrat über die nach der Vorauswahl dem Arbeitgeber vorgeschlagenen Bewerber informiert wird. Darüber hinaus sind auch solche Unterlagen zu übergeben, die der Arbeitgeber anlässlich des Bewerbungsverfahrens von der Person des Bewerbers selbst erstellt hat, wie Personalfragebögen, Ergebnisse von Einstellungstests oder schriftliche Protokolle über Bewerbungsgespräche. Aufzeichnungen, die der Arbeitgeber bei seiner Auswahlentscheidung nicht berücksichtigt, d. h. für diese ohne jede Bedeutung sind, müssen dagegen nicht vorgelegt werden (BAG v. 14.4.2015, Az. 1 ABR 58/13).

Die Informationspflicht gilt unabhängig davon, ob es sich um eine unbefristete oder befristete Stelle handelt. Ebenso ist unerheblich, wie die zu besetzende Position beschrieben ist. So ist auch bei Aushilfen, Auszubildenden und bei der Beschäftigung von Leiharbeitnehmern – selbst dann, wenn diese sehr kurzfristig ist (BAG v. 9.3.2011, Az. 7 ABR 137/09) – der Betriebsrat ordnungsgemäß zu beteiligen. Das Gleiche gilt, wenn ein befristetes Arbeitsverhältnis in ein unbefristetes umgewandelt werden soll. Dagegen besteht kein Anspruch des Betriebsrats auf eine Mitteilung, ob eine befristete Einstellung sachgrundlos erfolgt oder worin gegebenenfalls ein Sachgrund besteht (BAG v. 27.10.2010, Az. 7 ABR 86/09).

Über den Einsatz von Fremdfirmen und deren Mitarbeitern, die im Betrieb tätig sind, ist der Betriebsrat nur insoweit zu informieren, dass er klären kann, ob freie Mitarbeiter oder im Rahmen von Dienst- oder Werkverträgen tätige Personen möglicherweise betrieblich eingegliedert sind und somit wegen unerlaubter Arbeitnehmerüberlassung ein Mitbestimmungsrecht unter dem Gesichtspunkt der Einstellung in Betracht kommt. Dabei hat der Betriebsrat jedoch keinen Anspruch auf eine namentliche Benennung der beschäftigten Personen (LAG Baden-Württemberg v. 12.10.2022, Az. 4 TaBV 3/21).

Bei der Einstellung sowie bei der Versetzung eines Arbeitnehmers sind insbesondere der vorgesehene Arbeitsplatz, die beabsichtigte Eingruppierung sowie die Auswirkungen der Einstellung bzw. Versetzung auf den Betrieb zu nennen. Der Arbeitgeber muss zudem umfassend über die fachliche und persönliche Eignung des Arbeitnehmers Auskunft geben und im Falle einer Versetzung neben Informationen zum bisherigen und neuen Arbeitsplatz auch die konkreten Folgen für den betroffenen Arbeitnehmer benennen. Hierzu gehört insbesondere der Wegfall von Provisionsmöglichkeiten (LAG Niedersachsen v. 8.5.2024, Az. 2 TaBV 82/23). Er ist aber nicht verpflichtet, Informationen zu beschaffen, die er selbst nicht hat. Auch beim geplanten Einsatz von Leiharbeitskräften muss der Arbeitgeber dem Betriebsrat vor Tätigkeitsbeginn der Leiharbeitnehmer im Rahmen der Unterrichtung nach § 99 BetrVG die jeweiligen Namen nennen (BAG v. 9.3.2011, Az. 7 ABR 137/09).

Bei der Ein- und Umgruppierung von Arbeitnehmern muss der Arbeitgeber das Aufgabengebiet und die Gehaltsgruppe nennen, in die er den Arbeitnehmer eingruppieren will. Das Entgeltschema beruht in der Regel auf einem Tarifvertrag, kann sich aber auch aus einer betrieblichen Regelung ergeben. Zur ordnungsgemäßen Unterrichtung sind dabei dem Betriebsrat alle Angaben zu machen, auf die die Tarifvertrags- bzw. Betriebsparteien abgestellt haben (LAG Hamm v. 4.2.2022, Az. 13 TaBV 30/21). Sieht ein betriebliches Entgeltschema Entgeltgruppen und -stufen vor, hat der Arbeitgeber im Rahmen seines Zustimmungsersuchens zur Eingruppierung daher regelmäßig von sich aus auch die vorgesehene Entgeltstufe mitzuteilen. Andernfalls ist der Betriebsrat nicht nach § 99 Abs. 1 Satz 1 BetrVG ordnungsgemäß unterrichtet (BAG v. 16.7.2024, Az. 1 ABR.25/23). Ist der Arbeitgeber der Auffassung, dass ein konkreter Arbeitnehmer nicht in eine der Gehaltsgruppen der nach ihrem Geltungsbereich maßgeblichen Vergütungsordnung einzugruppieren ist, so hat er gemäß § 99 Abs. 1 Satz 1 BetrVG auch dazu die Zustimmung des Betriebsrats einzuholen (LAG Niedersachsen v. 24.9.2024, Az. 10 TaBV 18/24).

Bei Leiharbeitnehmern hat der Betriebsrat des Entleiherbetriebs kein Mitbestimmungsrecht bei der Eingruppierung, da der entleihende Arbeitgeber keine Entscheidung über die Eingruppierung der Leiharbeitnehmer trifft (BAG v. 17.6.2008, Az. 1 ABR 39/07).

WICHTIG!

Der Betriebsrat hat nur Anspruch auf Angabe der Gehaltsgruppe, nicht aber auf Information über die konkrete Gehaltshöhe. Übertarifliche Gehaltsbestandteile müssen nicht mitgeteilt werden.

Mit der vollständigen Vorlage – aber auch nur mit vollständiger Vorlage! – der Unterlagen beginnt der Lauf einer einwöchigen Frist, innerhalb derer der Betriebsrat in dreifacher Weise reagieren kann.

Er kann

- die Zustimmung zu der geplanten Maßnahme ausdrücklich erteilen,
- die Frist verstreichen lassen, wobei die Zustimmung in diesem Fall als erteilt gilt,
- der Maßnahme widersprechen.

Eine einvernehmliche Fristverlängerung ist rechtlich unbedenklich, solange das Fristende genau bestimmbar ist (BAG v. 6.10.2010, Az. 7 ABR 80/09).

Der Widerspruch ist nur wirksam, wenn ihm ein wirksamer Beschluss des Betriebsrats zugrunde liegt, er schriftlich unter Angabe von Gründen erfolgt und dem Arbeitgeber innerhalb der Wochenfrist zugeht. Eine durch E-Mail erfolgte Zustimmungsverweigerung ist wirksam, sofern die Textform im Sinne von § 126b BGB eingehalten ist: Die E-Mail muss die Person des Erklärenden (in der Regel des Betriebsratsvorsitzenden) erkennen lassen und der Abschluss der Erklärung muss etwa durch eine Grußformel und/oder durch die Wiedergabe des Namens des Erklärenden erkennbar sein (BAG v. 10.3.2009, Az. 1 ABR 93/07).

Die Widerspruchsgründe sind im Betriebsverfassungsgesetz abschließend geregelt. Danach kann der Betriebsrat die Zustimmung verweigern, wenn

- die Maßnahme gegen ein Gesetz, eine Verordnung, eine Unfallverhütungsvorschrift, einen Tarifvertrag, eine Betriebsvereinbarung, eine gerichtliche Entscheidung, eine behördliche Anordnung oder eine Auswahlrichtlinie verstoßen würde,
- die Besorgnis besteht, dass infolge der Maßnahme andere Arbeitnehmer des Betriebs oder der betroffene Arbeitnehmer ungerechtfertigt benachteiligt werden, wobei als Nachteil bei unbefristeter Einstellung auch die Nichtberücksichtigung eines gleich geeigneten befristet Beschäftigten gilt,
- eine vom Betriebsrat zuvor allgemein verlangte innerbetriebliche Ausschreibung unterblieben ist oder
- die Besorgnis besteht, dass der Bewerber bzw. Arbeitnehmer den Betriebsfrieden durch sein Verhalten, insbesondere durch rassistische oder fremdenfeindliche Betätigung, stören wird.

WICHTIG!

Eine Zustimmungsverweigerung des Betriebsrats muss der Arbeitgeber nur dann beachten, wenn sie begründet wird. Es reicht nicht aus, dass lediglich der Wortlaut des Gesetzes wiederholt wird.

Im Falle einer Zustimmungsverweigerung kann der Arbeitgeber die beabsichtigte Maßnahme nicht umsetzen. Er muss dann erst beim Arbeitsgericht die Ersetzung der Zustimmung beantragen. Dem Antrag wird das Arbeitsgericht dann stattgeben, wenn es feststellt, dass der vom Betriebsrat angeführte Zustimmungsverweigerungsgrund sachlich nicht haltbar ist. Ein solches Verfahren kann jedoch Monate in Anspruch nehmen, in denen der Arbeitgeber einen Bewerber nicht einstellen oder einen Arbeitnehmer nicht versetzen kann.

Hier hilft das Gesetz dem Arbeitgeber weiter, indem es ihm die Möglichkeit einräumt, bei besonderer Dringlichkeit eine personelle Maßnahme vorläufig durchzuführen (§ 100 BetrVG). Voraussetzung ist, dass der Arbeitgeber den Betriebsrat unverzüglich von der vorläufigen Maßnahme unterrichtet. Sieht der Betriebsrat keine sachlichen Gründe für die vom Arbeitgeber dargelegte Dringlichkeit, hat er dies unverzüglich mitzuteilen. Der Arbeitgeber darf in diesem Fall die Maßnahme nur dann aufrechterhalten, wenn er innerhalb von drei Tagen beim Arbeitsgericht die Ersetzung der Zustimmung und die Feststellung beantragt, dass die Maßnahme aus sachlichen Gründen dringend erforderlich war.

Führt der Arbeitgeber eine personelle Maßnahme durch, ohne die Beteiligungsrechte des Betriebsrats zu beachten, kann der Betriebsrat seinerseits ein arbeitsgerichtliches Verfahren einleiten und die Aufhebung der Maßnahme unter Zwangsgeldandrohung beantragen (§ 101 BetrVG). In Fällen, in denen häufiger Streit zwischen den Betriebsparteien über den Umfang und die Reichweite des Mitbestimmungsrechts nach § 99 BetrVG besteht, räumt die Rechtsprechung (BAG v. 22.3.2016, Az. 1 ABR 19/14) dem Betriebsrat auch die Möglichkeit eines abstrakten Feststellungsantrags ein. Für diesen kann ein konkreter Einzelfall Anlass und Begründung sein. Deutlich muss nur werden, dass für eine typische Fallgestaltung ein Mitbestimmungsrecht in Anspruch genommen wird.

Darüber hinaus kann der Betriebsrat auch im Wege einer einstweiligen Verfügung eine Unterlassung des mitbestimmungswidrigen Verhaltens erzwingen, wenn der Arbeitgeber die Mitbestimmungsrechte im Bereich der personellen Einzelmaßnahmen konsequent missachtet (LAG Köln v. 13.8.2002, Az. 12 Ta 244/02). Dabei bedarf es jedoch stets einer groben Missachtung der Mitbestimmungsrechte im Sinne von § 23 Abs. 3 BetrVG, da der Betriebsrat keinen allgemeinen Unterlassungsanspruch hat, um eine gegen § 99 Abs. 1 BetrVG verstoßende personelle Einzelmaßnahme zu verhindern (BAG v. 23.6.2009, Az. 1 ABR 23/08). An einer solchen groben Pflichtverletzung im Sinne von § 23 Abs. 3 BetrVG fehlt es etwa dann, wenn der Arbeitgeber in ungeklärter Rechtsfrage nach vertretbarer Rechtsansicht handelt. Verletzt dagegen ein tarifgebundener Arbeitgeber in zahlreichen Fällen die ihm bei Einstellungen und Versetzungen obliegende Pflicht zur Ein- oder Umgruppierung von Arbeitnehmern und zur Durchführung eines hierauf bezogenen Beteiligungsverfahrens nach § 99 Abs. 1 BetrVG und ist eine künftige Wiederholung nicht ausgeschlossen, so stellt dies eine grobe Pflichtverletzung im Sinne von § 23 Abs. 3 BetrVG dar (BAG v. 14.2.2023, Az. 1 ABR 9/22).

Hat der Arbeitgeber einen Arbeitnehmer ohne Beteiligung des Betriebsrats eingestellt oder versetzt, kann er im Nachgang eine rechtzeitige – und damit insoweit ordnungsgemäße – auf die personelle Maßnahme bezogene Unterrichtung nach § 99 Abs. 1 BetrVG nur dann vornehmen, wenn er die personelle Einzelmaßnahme zuvor aufgehoben hat. Dabei genügt es nicht, dass er dem Betriebsrat lediglich nachträglich mitteilt, er nehme die personelle Maßnahme „zurück" und führe sie nunmehr nur noch „vorläufig" durch. Erforderlich ist vielmehr, dass der Einsatz des betroffenen Arbeitnehmers tatsächlich unterbleibt. Geschieht dies nicht und verweigert der Betriebsrat der Einstellung oder Versetzung die Zustimmung, kann der Arbeitgeber mit einem gerichtlichen Antrag auf Ersetzung der Zustimmung nicht durchdringen, da es an einer ordnungsgemäßen, d. h. rechtzeitigen Unterrichtung des Betriebsrats fehlt, um die Frist für die Zustimmungsverweigerung in Lauf zu setzen (BAG v. 11.10.2022, Az. 1 ABR 18/21).

3.2 Kündigung

Vor jeder → *Kündigung* durch den Arbeitgeber ist der Betriebsrat anzuhören (§ 102 BetrVG). Dies gilt unabhängig davon, ob der Arbeitgeber eine ordentliche oder außerordentliche Kündigung oder eine → *Änderungskündigung* aussprechen will. Ebenso ist unerheblich, ob er einer Aushilfe oder einer Teilzeitkraft kündigen oder eine Kündigung noch vor Arbeitsantritt aussprechen will. Bei der Kündigung eines im Ausland beschäftigten Arbeitnehmers ist darauf abzustellen, ob er noch in die inländische Arbeitsorganisation eingegliedert ist. Unterliegt er also noch einem umfassenden Weisungsrecht von Personen, die in der im Inland gelegenen Betriebsstätte tätig sind, so ist auch im Falle des im Ausland tätigen Mitarbeiters die Anhörung des Betriebsrats erforderlich (BAG v. 24.5.2018, Az. 2 AZR 54/18). Eine ohne Anhörung des Betriebsrats ausgesprochene Kündigung ist unwirksam.

Der Betriebsrat muss nur vor einer Kündigung, nicht aber vor Abschluss eines Aufhebungsvertrags angehört werden.

Die Anhörung kann mündlich, sollte aber aus Beweisgründen unbedingt schriftlich erfolgen. Der Betriebsrat kann eine schriftliche Anhörung, die durch einen Mitarbeiter des Arbeitgebers oder auch durch einen externen Anwalt unterzeichnet ist, nicht mangels Vorlage einer Vollmacht zurückweisen. Bei Zweifeln des Betriebsrats am Vorliegen der Vollmachtstellung einer zwischengeschalteten Person kann sich der Betriebsrat im Wege der vertrauensvollen Zusammenarbeit an den Arbeitgeber wenden (BAG v. 13.12.2012, Az. 6 AZR 348/11). Nach neuerer und zutreffender Auffassung des LAG Köln (v. 2.4.2025, Az. 5 SLa 536/24) ist es für eine ordnungsgemäße Betriebsratsanhörung nicht einmal erforderlich, dass diese durch einen wirksam Bevollmächtigten (oder Beauftragen) des Arbeitgebers erfolgt und der Arbeitgeber dies im Streitfall nachweist. Dies gilt insbesondere dann, wenn der Betriebsrat aufgrund der Stellung der anhörenden Person im Unternehmen (etwa Personalleiter, aber auch weitere Mitarbeiter der Personalabteilung) von einer Anhörungsberechtigung ausgehen kann.

In der Anhörung muss der Arbeitnehmer namentlich bezeichnet werden; dabei sind folgende Mindestangaben zur Person zwingend erforderlich: Alter, Betriebszugehörigkeit, Familienstand, Kinderzahl, Privatanschrift, besondere soziale Umstände wie z. B. Schwerbehinderung oder Schwangerschaft. Eine versehentliche Falschangabe etwa zu Unterhaltspflichten ist jedenfalls dann unschädlich, wenn der Betriebsrat die tatsächlichen Unterhaltspflichten kennt und er somit sachgerecht zur Kündigungsabsicht Stellung beziehen kann (BAG v. 28.2.2023, Az. 2 AZR 194/22). Vorsicht ist aber geboten bei einer bewusst unrichtigen oder irreführenden Unterrichtung über die Person des zu kündigenden Arbeitnehmers, die schon für sich genommen zur Unwirksamkeit der Kündigung führen könnte (vgl. BAG v. 16.7.2015, Az. 2 AZR 15/15). Aus der Anhörung muss sich zudem ergeben, ob der Arbeitgeber eine ordentliche oder eine außerordentliche Kündigung aussprechen will. Die Kündigungsfrist bzw. der Endtermin sollten ebenfalls mitgeteilt werden.

TIPP!

Da die Anhörung zu einer außerordentlichen Kündigung nicht die Anhörung zur ordentlichen Kündigung beinhaltet, sollte der Betriebsrat stets auch zu einer hilfsweisen ordentlichen Kündigung angehört werden. Stellt sich später die außerordentliche Kündigung als unwirksam heraus, so kann aber doch die ordentliche Kündigung möglicherweise wirksam sein.

Der Arbeitgeber muss den Kündigungssachverhalt so genau beschreiben, dass der Betriebsrat ohne eigene Nachforschungen in die Lage versetzt wird, die Stichhaltigkeit der Kündigungsgründe zu überprüfen. Keinesfalls genügen stichwortartige Begründungen wie etwa „Auftragsmangel", „wiederholtes Fehlen", „Diebstahl", „häufiges Zuspätkommen" usw. Bei verhaltensbedingten Kündigungen sind dem Betriebsrat die vorherigen Abmahnungen und eventuelle Gegendarstellungen des Arbeitnehmers mitzuteilen.

Auch die dem Arbeitgeber bekannten, dem Kündigungsgrund widerstreitenden Umstände muss er dem Betriebsrat in der Anhörung mitteilen. Eine aus Sicht des Arbeitgebers bewusst unrichtige oder unvollständige und damit irreführende Darstellung stellt keine ordnungsgemäße Anhörung dar (BAG v. 24.11.2005, Az. 2 AZR 514/04). Im Falle der vorsorglichen Anhörung des Betriebsrats zur Kündigung eines vermeintlich leitenden Angestellten kann eine objektiv und entgegen eigener Kenntnis fehlerhaft und/oder unvollständige Darstellung statusrelevanter Umstände jedenfalls dann zur Unwirksamkeit der Kündigung führen, wenn der Betriebsrat gerade deshalb von einer Stellungnahme zur beabsichtigen Kündigung absieht (LAG Hamm v. 3.8.2023, Az. 8 Sa 99/23).

ACHTUNG!

Die schriftliche Anhörung sollte im Allgemeinen vom Arbeitgeber oder dem Personalleiter unterzeichnet sein. Erfolgt die Unterzeichnung etwa durch einen Abteilungsleiter ohne zeitgleiche Vorlage einer Originalvollmacht kann der Betriebsrat die Anhörung mangels fehlender Originalvollmacht jedoch nicht zurückweisen (BAG v. 13.12.2012, Az. 6 AZR 348/11).

Zu weiteren Einzelheiten des Anhörungsverfahrens s. u. → *Kündigung B.I.4.*

Der Betriebsrat kann auf die Anhörung innerhalb einer Woche (im Falle einer außerordentlichen Kündigung innerhalb von drei Tagen) auf verschiedene Weise reagieren:

- Er kann der Kündigung zustimmen.
- Er kann sich nicht äußern, wobei die Zustimmung in diesem Fall nach Ablauf der dreitägigen bzw. einwöchigen Frist als erteilt gilt.
- Er kann unter Angabe von Gründen Bedenken äußern.
- Er kann der Kündigung widersprechen, wenn der Arbeitgeber keine oder eine unzureichende Sozialauswahl vorgenommen hat, die Kündigung gegen eine Auswahlrichtlinie verstößt, der Arbeitnehmer an anderer Stelle im Betrieb oder Unternehmen weiterbeschäftigt werden könnte, eine Weiterbeschäftigung nach Umschulung oder Fortbildung oder bei Einverständnis des Arbeitnehmers unter veränderten Vertragsbedingungen möglich wäre.
- Er kann erklären, dass er die beabsichtigte Kündigung zur Kenntnis genommen hat, sich hierzu aber nicht weiter äußern will. Gibt er diese Erklärung bereits vor Ablauf der dreitägigen bzw. einwöchigen Frist ab, kann der Arbeitgeber die Kündigung sofort aussprechen, ohne den Ablauf der Frist abzuwarten. Voraussetzung ist jedoch, dass die Erklärung des Betriebsrats eine abschließende Stellungnahme zur Kündigung darstellt.

Unabhängig davon, wie der Betriebsrat reagiert, ist der Arbeitgeber allerdings in keinem Fall gehindert, die Kündigung auszusprechen.

WICHTIG!

Gibt der Betriebsrat vor Ablauf der Wochenfrist eine Stellungnahme ab und will der Arbeitgeber daraufhin auch vor Ablauf der Wochenfrist die Kündigung aussprechen, müssen eindeutige Anhaltspunkte vorliegen, dass der Betriebsrat sich bis zum eigentlichen Fristende überhaupt nicht mehr, auch nicht lediglich ergänzend äußern möchte. Andernfalls ist die Kündigung gemäß § 102 Abs. 1 Satz 3 BetrVG unwirksam (BAG v. 25.5.2016, Az. 2 AZR 345/15). Insofern ist zu raten, die Kündigung grundsätzlich erst nach Ablauf der Wochenfrist auszusprechen oder aber den Betriebsratsvorsitzenden um Klarstellung zu bitten, ob die abgegebene Stellungnahme abschließend ist.

Mängel, die in den Zuständigkeits- und Verantwortungsbereich des Betriebsrats fallen, wirken sich grundsätzlich nicht auf das Anhörungsverfahren nach § 102 BetrVG aus. Dies gilt selbst dann, wenn der Arbeitgeber im Zeitpunkt der Kündigung weiß oder nach den Umständen vermuten kann, dass die Behandlung der Angelegenheit durch den Betriebsrat nicht fehlerfrei erfolgt ist. Etwas anderes gilt nur dann, wenn tatsächlich keine Stellungnahme des Gremiums „Betriebsrat", sondern erkennbar nur eine persönliche Äußerung des Betriebsratsvorsitzenden vorliegt (der Vorsitzende erklärt im Rahmen einer mündlichen Anhörung sofort seine Zustimmung zur Kündigung) oder der Arbeitgeber den Fehler durch unsachgemäßes Verhalten selbst veranlasst hat.

Im Falle des Widerspruchs hat der Arbeitnehmer jedoch – wenn er Kündigungsschutzklage erhoben hat – einen über die Kündigungsfrist hinausgehenden, bis zum rechtskräftigen Abschluss des Verfahrens andauernden Weiterbeschäftigungsanspruch.

3.3 Entfernung betriebsstörender Arbeitnehmer

Hat ein Arbeitnehmer durch sein Verhalten – insbesondere durch rassistische oder fremdenfeindliche Betätigung – den Betriebsfrieden wiederholt ernstlich gestört, kann der Betriebsrat vom Arbeitgeber fordern, dass dieser den Arbeitnehmer versetzt oder entlässt (§ 104 BetrVG). Eine Störung des Betriebsfriedens ist gegeben, wenn die physische oder psychische Gesundheit der Belegschaft oder erheblicher Teile der Belegschaft gestört ist. Ernstlich ist die Störung, wenn sie noch andauert oder eine Wiederholung unmittelbar bevorsteht (LAG Berlin-Brandenburg v. 28.7.2016, Az. 10 TaBV 367/16). Keine Anwendung findet die Vorschrift auf Geschäftsführer, d. h. dass der Betriebsrat die Entfernung eines Geschäftsführers nicht verlangen kann, auch wenn der Europäische Gerichtshof Geschäftsführer juristischer Personen mehrfach unter den Begriff „Arbeitnehmer" subsumiert hat (LAG Hamm v. 2.8.2016, Az. 7 TaBV 11/16).

Kommt der Arbeitgeber dem Verlangen nicht nach, kann der Betriebsrat ein arbeitsgerichtliches Beschlussverfahren gegen den Arbeitgeber einleiten. Entspricht das Arbeitsgericht dem Antrag des Betriebsrats, muss der Arbeitgeber den Arbeitnehmer versetzen oder entlassen, wobei er zu dieser Maßnahme durch Zwangsgeld gezwungen werden kann. Dem entspricht es, wenn das BAG (v. 28.3.2017, Az. 2 AZR 551/16) ein dringendes betriebliches Erfordernis im Sinne von § 1 Abs. 2 KSchG bejaht, wenn dem Arbeitgeber in einem Verfahren nach § 104 Satz 2 BetrVG die Entlassung des Arbeitnehmers rechtskräftig aufgegeben worden ist.

VI. Mitbestimmung in wirtschaftlichen Angelegenheiten

Die Beteiligung des → *Betriebsrats* in wirtschaftlichen Angelegenheiten betrifft aus unternehmerischer Sicht den wohl sensibelsten Bereich, da hier grundlegende Fragen der unternehmerischen Freiheit betroffen werden. Dem Schutz dieser Freiheit wird durch das Betriebsverfassungsgesetz insoweit Rechnung getragen, als dem Betriebsrat bzw. einem zu bildenden Wirtschaftsausschuss nur Unterrichtungs- und Beratungsrechte, jedoch keine echten Mitbestimmungsrechte eingeräumt werden.

1. Unterrichtung des Betriebsrats

Der Arbeitgeber hat gegenüber dem Betriebsrat eine umfassende Unterrichtungspflicht in allen wirtschaftlichen Angelegenheiten. Er muss jedoch nur dann unterrichten, wenn er sich zur Durchführung bestimmter Maßnahmen entschlossen hat. Der Betriebsrat muss auf Nachfrage darlegen, wozu er gewünschte Informationen benötigt. Der Arbeitgeber hat keine von konkreten Gegebenheiten unabhängige Verpflichtung zur umfassenden Informationserteilung.

Von praktischer Bedeutung ist das Unterrichtungs- und Beratungsrecht in wirtschaftlichen Angelegenheiten in erster Linie bei Betriebsänderungen (§ 111 BetrVG). Danach ist der Arbeitgeber, der regelmäßig mehr als 20 Arbeitnehmer beschäftigt, verpflichtet, den Betriebsrat vor Durchführung einer Betriebsänderung rechtzeitig und umfassend zu unterrichten. Die Beteiligungs- und Mitbestimmungsrechte des Betriebsrats nach §§ 111 ff. BetrVG knüpfen dabei an die Planung einer Betriebsänderung an, die ab dem Zeitpunkt anzunehmen ist, zu dem der Arbeitgeber aufgrund seiner Vorüberlegungen grundsätzlich dazu entschlossen ist, eine Betriebsänderung durchzuführen (BAG v. 8.2.2022, Az. 1 ABR 2/21). Umstritten ist, ob der Betriebsrat im Falle eines Verstoßes gegen das Beratungs- und Unterrichtungsrecht einen gerichtlichen Unterlassungsanspruch hat (*ablehnend* etwa LAG Rheinland-Pfalz v. 7.12.2017, Az. 5 TaBVGa 3/17; LAG Baden-Württemberg v. 20.10.2009, Az. 20 TaBVGa 1/09; *bejahend* dagegen etwa LAG Hessen v. 19.1.2010, Az. 4 TaBVGa 3/10; *differenzierend* LAG Berlin Brandenburg v. 19.6.2014, Az. 7 TaBVGa 1219/14: gegebenenfalls dann, wenn eine Maßnahme rechtlich oder faktisch nicht mehr umkehrbar sei und damit den Verhandlungsanspruch des Betriebsrats gefährde). Ausgeschlossen ist ein Unterlassungsanspruch jedenfalls dann, wenn die Betriebsänderung bereits durchgeführt wurde, denn der Anspruch auf Unterlassung – so man ihn denn überhaupt bejaht – dient allein der Sicherung des Verhandlungsanspruchs (LAG Hamm v. 17.2.2015, Az. 7 TaBVGa 1/15; LAG Rheinland-Pfalz v. 13.10.2016, Az. 6 TaBVGa 2/16).

ACHTUNG!

Unabhängig von der Frage, ob der Betriebsrat einen Anspruch auf Unterlassung hat, wenn der Arbeitgeber bei Betriebsänderungen seiner Unterrichtungs- und Beratungspflicht nicht nachkommt, ist dringend zu raten, alle Beteiligungsrechte des Betriebsrats zu beachten. Andernfalls droht dem Arbeitgeber nach § 113 Abs. 3 BetrVG ein Nachteilsausgleichsanspruch der Arbeitnehmer, die infolge der Betriebsänderung entlassen werden oder andere wirtschaftliche Nachteile erleiden.

Nur der Arbeitgeber unterrichtet die Arbeitnehmer über die wirtschaftliche Lage und Entwicklung des Unternehmens im Rahmen des § 110 BetrVG. Der Betriebsrat ist nicht berechtigt, die Mitarbeiter seinerseits über die wirtschaftliche Lage und Entwicklung zu informieren (BAG v. 18.7.2011, Az. 8 TaBV 10/09). Dies bedeutet jedoch nicht, dass der Arbeitgeber einen mitgeteilten geplanten interessenausgleichspflichtigen Personalabbau als solchen und dessen Umfang per se zu einem Betriebs- oder Geschäftsgeheimnis im Sinne des § 79 BetrVG deklarieren kann. Etwas anderes gilt nur in Bezug auf einzelne bestimmte Tatsachen und dies auch nur dann, wenn der Arbeitgeber an deren Geheimhaltung ein konkretes sachliches und objektiv berechtigtes Interesse hat (LAG Schleswig-Holstein v. 20.5.2015, Az. 3 TaBV 35/14).

2. Wirtschaftsausschuss

Eine weitergehende Unterrichtungs- und Beratungsverpflichtung hat der Arbeitgeber gegenüber einem Wirtschaftsausschuss, der als Hilfsorgan des Betriebsrats angesehen wird. Er hat keine eigenen Mitbestimmungsrechte, insbesondere auch keine Initiativ- und Vetorechte.

2.1 Errichtung eines Wirtschaftsausschusses

Ein Wirtschaftsausschuss ist in Unternehmen mit in der Regel mehr als 100 ständig beschäftigten Arbeitnehmern zu errichten (§ 106 BetrVG). Befristet beschäftigte Arbeitnehmer sind dabei nach Auffassung des LAG Hamburg (v. 19.7.2018, Az. 1 TaBV 2/18) dann ständig beschäftigt, wenn sie 18 Monate oder länger im Unternehmen tätig sind. Der Wirtschaftsausschuss wird für das Unternehmen, nicht für den einzelnen Betrieb gebildet. Auch wenn ein Unternehmen mehrere Betriebe hat, kann es folglich immer nur einen Wirtschaftsausschuss geben.

Bilden zwei Unternehmen einen Gemeinschaftsbetrieb, erfüllen aber jeweils bereits für sich genommen die Voraussetzungen von § 106 Abs. 1 BetrVG (haben also mehr als 100 ständig beschäftigte Arbeitnehmer), so erfolgt auch hier die Bildung eines Wirtschaftsausschusses unternehmens- und nicht betriebsbezogen (BAG v. 26.2.2020, Az. 7 ABR 20/18). Haben beide Unternehmen, die den Gemeinschaftsbetrieb bilden, jedoch nur zusammen mehr als 100 Mitarbeiter, jeweils für sich genommen aber weniger als 100, so wird im Rahmen einer analogen Anwendung von § 106 Abs. 1 BetrVG die Zahl der Arbeitnehmer beider Unternehmen zusammengezählt, als gäbe es einen Rechtsträger (BAG v. 19.11.2019, Az. 7 ABR 3/18; BAG v. 26.2.2020, Az. 1 ABR 20/18). Beschäftigt dagegen nur eines der beiden Unternehmen mehr als 100 Arbeitnehmer und ist dieses Unternehmen zugleich Eigentümer des anderen Unternehmens, so ist in dieser Konstellation der Wirtschaftsausschuss ausschließlich bei dem herrschenden Unternehmen zu errichten (BAG, a. a. O.).

In Unternehmen, die unmittelbar und überwiegend politischen, koalitionspolitischen, konfessionellen, karitativen, erzieherischen, wissenschaftlichen oder künstlerischen Bestimmungen dienen, ist ebenso wie in Unternehmen, die unmittelbar und überwiegend Zwecken der Berichterstattung oder Meinungsäußerung dienen, die Bildung eines Wirtschaftsausschusses nicht möglich (§ 118 BetrVG). Abzustellen ist dabei immer auf die Bestimmung oder den Zweck des Unternehmens, nicht den eines einzelnen Betriebs des Unternehmens, weil der Wirtschaftsausschuss beim Unternehmen und nicht beim Betrieb zu bilden ist (BAG v. 22.7.2014, Az. 1 ABR 93/12). Für einen Gemeinschaftsbetrieb, der aus zwei Unternehmen mit jeweils mindestens 100 ständig beschäftigten Arbeitnehmern besteht, gilt: Genießt eines der Unternehmen Tendenzschutz, so kann der Betriebsrat des Gemeinschaftsunternehmens einen Wirtschaftsausschuss bilden, wenn das andere Unternehmen tendenzfrei ist. Dem Wirtschaftsausschuss stehen jedoch gegenüber dem Tendenzunternehmen keine Rechte zu (BAG v. 26.2.2020, Az. 7 ABR 20/18). Haben beide Unternehmen nur zusammen, jedoch keines von beiden allein 100 ständige Arbeitnehmer, so ist zu prüfen, ob dieser Mischgemeinschaftsbetrieb überwiegend tendenzgeschützten Bestimmungen dient. Tut er dies nicht, kann auch hier – und zwar in analoger Anwendung von § 106 Abs. 1 BetrVG – ein Wirtschaftsausschuss gebildet werden (BAG v. 19.11.2019, Az. 7 ABR 3/18; BAG v. 26.2.2020, Az. 1 ABR 20/18).

Der Wirtschaftsausschuss besteht aus mindestens drei und höchstens sieben Mitgliedern. Die Mitglieder werden vom Betriebsrat (bzw. bei Bestehen mehrerer Betriebe vom Gesamtbetriebsrat) für die Dauer seiner Amtszeit bestimmt. Alle Mitglieder müssen dem Unternehmen angehören; ein Mitglied muss zugleich Betriebsratsmitglied sein. Die Mitglieder sollen die zur Erfüllung ihrer Aufgaben erforderliche fachliche und persönliche Eignung besitzen.

Durch Mehrheitsbeschluss ist es dem Betriebsrat möglich, die Aufgaben des Wirtschaftsausschusses einem besonderen Ausschuss des Betriebsrats zu übertragen.

2.2 Zuständigkeit des Wirtschaftsausschusses

Der Arbeitgeber ist verpflichtet, den Wirtschaftsausschuss rechtzeitig und umfassend über die wirtschaftlichen Angelegenheiten des Unternehmens unter Vorlage der erforderlichen Unterlagen (z. B. Berichte, Betriebsabrechnungsbögen, Analysen, Organisations- und Rationalisierungspläne) zu unterrichten. Über die Personalplanung selbst ist hingegen nach § 92 BetrVG der Betriebsrat zu informieren. Umfassend ist eine Unterrichtung dabei nur dann, wenn sie ein Informationsgefälle zwischen dem Arbeitgeber und dem Betriebsrat aufhebt (LAG Köln v. 14.1.2004, Az. 8 TaBV 72/03).

Zweck dieser dem Unternehmen auferlegten Verpflichtung ist es, dem Wirtschaftsausschuss die notwendigen Kenntnisse zu vermitteln, damit dieser die in seinen Zuständigkeitsbereich fallenden wirtschaftlichen Angelegenheiten mit dem Unternehmer beraten kann. Sinn dieser Beratung ist es wiederum, auf die Entscheidung des Unternehmens in wirtschaftlichen Angelegenheiten Einfluss nehmen zu können. Die Information muss daher so frühzeitig erfolgen, dass der Wirtschaftsausschuss durch seine Stellungnahme und seine eigenen Vorschläge noch Einfluss auf die Gesamtplanung wie auch auf die einzelnen Maßnahmen nehmen kann. Für konzerngebundene Unternehmen gilt, dass der Wirtschaftsausschuss keinen Anspruch darauf hat, über die wirtschaftliche und finanzielle Lage des herrschenden Unternehmens unterrichtet zu werden. Dies gilt auch dann, wenn beide Unternehmen wirtschaftlich und finanziell eng miteinander verflochten sind (BAG v. 17.12.2019, Az. 1 ABR 35/18).

Auch wenn die Vorlage von Unterlagen nicht gleichbedeutend ist mit einer dauerhaften Überlassung, hat doch der Arbeitgeber umfangreiche Aufstellungen, Listen usw. bereits vor einer anstehenden Sitzung in Kopie zu übergeben (a. A. LAG Köln v. 10.3.2017, Az. 9 TaBV 17/16). Andernfalls wäre eine sachgemäße Sitzungsvorbereitung nicht gewährleistet. Eine Zurverfügungstellung in elektronischer Form (zur weiteren Bearbeitung und Auswertung) kann dagegen nicht beansprucht werden, zumindest wenn die Informationen in Papierform noch sehr gut überschaubar sind (LAG Köln, a. a. O.). Nach Sitzungsende müssen die Unterlagen dem Arbeitgeber wieder herausgegeben werden. Die Mitglieder des Wirtschaftsausschusses sind nicht berechtigt, von den ihnen überlassenen Unterlagen Kopien anzufertigen. Besteht zwischen Arbeitgeber und Betriebsrat Uneinigkeit über die Art und Weise der Erteilung von Auskünften gegenüber dem Wirtschaftsausschuss, entscheidet die Einigungsstelle (BAG v. 12.2.2019, Az. 1 ABR 37/17).

Zu den wirtschaftlichen Angelegenheiten gehören insbesondere

- die wirtschaftliche und finanzielle Lage des Unternehmens,
- die Produktions- und Absatzlage,
- das Produktions- und Investitionsprogramm,
- Rationalisierungsvorhaben,
- Fabrikations- und Arbeitsmethoden (insbesondere die Einführung neuer Arbeitsmethoden),
- Fragen des betrieblichen Umweltschutzes,
- Fragen der unternehmerischen Sorgfaltspflichten in Lieferketten gemäß dem Lieferkettensorgfaltspflichtengesetz,
- die Einschränkung, Stilllegung oder Verlegung von Betrieben oder von Betriebsteilen,
- der Zusammenschluss oder die Spaltung von Unternehmen oder Betrieben,
- die Änderung der Betriebsorganisation oder des Betriebszwecks,
- die Übernahme des Unternehmens, wenn hiermit der Erwerb der Kontrolle verbunden ist, sowie
- sonstige Vorgänge und Vorhaben, welche die Interessen der Arbeitnehmer wesentlich berühren können.

Beispiele für erforderliche Unterlagen sind demnach: Jahresabschluss (§ 242 HGB: Bilanz, Gewinn- und Verlustrechnung; bei Kapitalgesellschaften außerdem der Anhang, §§ 284 ff. HGB); Wirtschaftsprüfungsbericht (§ 321 HGB); Markt-/Rentabilitätsanalysen; Organisations-/Rationalisierungspläne; Betriebsstatistiken; Produktions-/Investitionsprogramm.

Im Falle einer Unternehmensübernahme gehören zu den erforderlichen Unterlagen auch Angaben über den potentiellen Erwerber und dessen Absichten im Hinblick auf die zukünftige Geschäftstätigkeit des Unternehmens. Die Informationspflicht obliegt dabei ausschließlich dem Unternehmer, dessen Unternehmen im Rahmen einer Veräußerung der Gesellschaftsanteile durch einen Erwerber übernommen werden soll. Der Erwerber ist dagegen nicht verpflichtet, über die wirtschaftlichen Angelegenheiten des veräußernden Unternehmens einen dort bestehenden Wirtschaftsausschuss zu informieren (BAG v. 22.3.2016, Az. 1 ABR 10/14).

Rechtlich nicht geklärt ist hingegen das Bestehen einer Vorlagepflicht für den Lagebericht (§ 289 HGB), für die Steuerbilanz und für den Konzernabschluss.

Die Unterrichtungspflicht entfällt nur dann, wenn durch die Auskunft ein Betriebs- oder Geschäftsgeheimnis gefährdet wird. Der Arbeitgeber entscheidet hier zunächst nach eigenem Ermessen. Bezweifelt der Wirtschaftsausschuss die Gefährdung von Betriebs- oder Geschäftsgeheimnissen, muss er den Betriebs- bzw. Gesamtbetriebsrat mit der Angelegenheit befassen. Kommt auch zwischen Arbeitgeber und Betriebs- bzw. Gesamtbetriebsrat keine Einigung zustande, kann die → *Einigungsstelle* angerufen werden, die verbindlich über die Auskunftspflicht entscheidet.

Nach § 109a BetrVG ist in Unternehmen, in denen kein Wirtschaftsausschuss besteht, im Fall der Übernahme des Unternehmens (§ 106 Abs. 3 Nr. 9a) der Betriebsrat zu beteiligen.

2.3 Wegfall des Wirtschaftsausschusses bei Verringerung der Belegschaft

Sinkt die Belegschaftsstärke in einem Unternehmen nicht nur vorübergehend auf weniger als 101 Arbeitnehmer ab, so endet auch automatisch das Amt des Wirtschaftsausschusses. Er besteht in diesem Fall nicht bis zur Beendigung der Amtszeit des Betriebsrats fort.

Betriebliche Übung

I. Begriff

Unter einer betrieblichen Übung versteht man die regelmäßige Wiederholung bestimmter Verhaltensweisen des Arbeitgebers über einen gewissen Zeitraum hinweg. Dabei ist entscheidend, dass der Arbeitnehmer aus diesem Verhalten ein Vertrauen entwickeln kann, dass der Arbeitgeber diese für den Arbeitgeber günstige Praxis (eine betriebliche Übung zuungunsten der Arbeitnehmer kann nicht entstehen, BAG v. 14.6.2016, Az. 9 AZR 181/15) auch in der Zukunft beibehält. Somit entsteht aus dem rein tatsächlichen Verhalten des Arbeitgebers eine rechtliche Bindung, und zwar unabhängig davon, ob er sich der Tragweite seines Handelns bewusst ist (aktuell für sog. Erholungsbeihilfen LAG Mecklenburg-Vorpommern v. 4.5.2021, Az. 5 Sa 343/20). Maßgeblich ist, wie das Verhalten vom Arbeitnehmer verstanden werden durfte. Somit ist bei Zahlung einer über das arbeitsvertraglich vereinbarte Gehalt hinausgehenden Vergütung durch Auslegung zu ermitteln, ob sich der Arbeitgeber nur zu der konkreten Leistung (beispielsweise Gratifikation im Kalenderjahr) oder darüber hinaus im Sinne einer betrieblichen Übung auch für die Zukunft verpflichtet hat (BAG v. 25.1.2023, Az. 10 AZR 109/22). Notwendig ist ein kollektives Element. Daher entsteht keine betriebliche Übung, wenn die Leistung nur an einen Arbeitnehmer erbracht wurde (BAG v. 18.7.2017, Az. 9 AZR 850/16).

Beispiel:

Der Arbeitgeber der Privatwirtschaft hat drei Jahre lang den Mitarbeitern am Rosenmontag einen bezahlten freien Tag gewährt. Einen Vorbehalt, dass diese Regelung nur für das konkrete Jahr gilt, hat er nie erklärt. Hier ist eine betriebliche Übung entstanden, die ihn genauso bindet, als wenn eine entsprechende Klausel in den Arbeitsverträgen aufgenommen worden wäre. Anders hat das LAG Hamm für den Bereich des öffentlichen Dienstes entschieden (LAG Hamm v. 14.6.2017, Az. 2 Sa 307/17.

WICHTIG!

Durch betriebliche Übung begründete Vertragsbedingungen stellen Allgemeine Geschäftsbedingungen i. S. v. §§ 305 ff. BGB dar. Lässt die Auslegung einer durch betriebliche Übung begründeten Vertragsbedingung, also z. B. die Zahlung eines Weihnachtsgeldes, unter Berücksichtigung aller wesentlichen Umstände mehrere Ergebnisse zu, ohne dass ein Auslegungsergebnis den klaren Vorzug verdient, muss der Arbeitgeber die ihm ungünstigste und für den Arbeitnehmer als Vertragspartner günstigste Auslegungsmöglichkeit gegen sich gelten lassen. Das ist diejenige, die dem Anspruch zum Erfolg verhilft. Die Bezeichnung einer Leistung als „Weihnachtsgeld" lässt neben einer möglichen Auslegung als arbeitsleistungsbezogene Sonderzuwendung auch die Deutung zu, dass der Arbeitgeber sich mit der Zahlung anlassbezogen an den zum Weihnachtsfest typischerweise erhöhten Aufwendungen der Arbeitnehmer beteiligen will. Dann hängt die Leistung regelmäßig nicht von der Erbringung einer bestimmten Arbeitsleistung ab und der Arbeitgeber ist nicht befugt, die Leistung aufgrund fortdauernder Arbeitsunfähigkeit nach Ablauf des Entgeltfortzahlungszeitraums einseitig zu kürzen. Vielmehr setzt eine Kürzung das Vorliegen einer individualrechtlichen oder kollektivrechtlichen Vereinbarung i. S. v. § 4a EntgFG voraus (BAG v. 25.1.2023, Az. 10 AZR 116/22).

Ein Anspruch kann nur entstehen, wenn das Verhalten gleichförmig ist.

Die dreimalige Wiederholung der Leistung reicht allerdings nur bei jährlich anfallenden Gratifikationen und sonstigen Leistungen (BAG v. 25.1.2023, Az. 10 AZR 109/22). Bei anderen Sozialleistungen gibt es keine verbindliche Regel, ab welcher Anzahl von Leistungen ein Anspruch aus einer betrieblichen Übung entsteht. Es ist vielmehr auf Art, Dauer und Intensität der Leistung abzustellen und es hängt von der Häufigkeit der erbrachten Leistungen ab, welcher Zeitraum für das Entstehen eines Vertrauenstatbestandes notwendig ist. Maßgeblich ist die Zahl der Anwendungsfälle im Verhältnis zur Belegschaftsstärke. Darüber hinaus sind auch Art und Inhalt der Leistung zu bewerten. Bei Leistungen, die für die Arbeitnehmer weniger bedeutsam sind, muss man an die Zahl der Wiederholungen höhere Anforderungen stellen als bei wichtigeren Leistungen. So ist es z. B. nicht ausreichend, dass der Arbeitgeber in fünf Quartalen an insgesamt acht Arbeitnehmer Zuwendungen für das 25-jährige Jubiläum gezahlt hat, um einen Anspruch aus betrieblicher Übung zu begründen.

WICHTIG!

Bezogen auf eine Sonderzahlung kommt ein Anspruch auch dann in Betracht, wenn diese drei Jahre lang hintereinander in unterschiedlicher Höhe erfolgte. Die Höhe der Sonderzahlung hatte der Arbeitgeber in diesem Fall nach billigem Ermessen festzusetzen. Dabei kann die Anwendung der Kriterien auch ergeben, dass eine Leistungsbestimmung „auf Null" billigem Ermessen entspricht (BAG v. 13.5.2015, Az. 10 AZR 266/15). Eine betriebliche Übung ist möglich, wenn es nur einen „Ausreißer" gibt und in keinem Jahr der tarifliche Mindestbetrag für das Weihnachtsgeld unterschritten wurde (LAG Hamm v. 8.12.2011, Az. 15 Sa 1038/11). Für einzelvertragliche Boni ist entschieden worden, dass ein Anspruch auch entstehen kann, wenn der Arbeitgeber regelmäßig ca. 45 % des Jahresgehalts am Jahresende zahlt (s. hierzu auch unter → *Gratifikation*). Weiter hat das BAG entschieden dass es dem Arbeitgeber möglich ist, sich arbeitsvertraglich ein einseitiges Leistungsbestimmungsrecht nach billigem Ermessen in Bezug auf eine Sonderzahlung vorzubehalten. Auch wenn der Arbeitgeber über viele Jahre hinweg gleichbleibende Beträge an die Arbeitnehmer auszahlt, erlischt dieses arbeitgeberseitige Leistungsbestimmungsrecht nicht automatisch. Auch nach langjähriger gleichbleibender Gewährung einer Sonderzahlung kann dem Arbeitgeber ein Recht zustehen, die Sonderzahlung beispielsweise erheblich zu reduzieren. Diese Entscheidung muss jedoch billigem Ermessen entsprechen, was durch das Gericht voll nachprüfbar ist (BAG v. 23.8.2017, Az. 10 AZR 376/16).

Wenn der Arbeitgeber die Gehälter seiner außertariflichen Angestellten in Anlehnung an die Tarifentwicklung des Vorjahrs erhöht hat, entsteht daraus keine betriebliche Übung und damit kein Anspruch auf eine entsprechende Erhöhung in den Folgejahren. Allein die tatsächliche Weitergabe von Tarifgehaltserhöhungen an die Arbeitnehmer auch über einen längeren Zeitraum nach dem Wechsel des Arbeitgebers in eine OT-Mitgliedschaft im Arbeitgeberverband führt ohne Vorliegen weiterer Anhaltspunkte noch nicht zu einer betrieblichen Übung (LAG Bremen v. 6.3.2018, Az. 1 Sa 90/17; entsprechend hat das BAG hinsichtlich tariflicher Zusatzgelder entschieden, BAG v. 27.4.2022, Az. 4 AZR 262/21). Der Arbeitgeber muss noch nicht einmal die Möglichkeit der Erhöhung prüfen. Ein Anspruch kommt nur in Betracht, wenn es deutliche Anhaltspunkte im Verhalten des Arbeitgebers gibt, dass er auf Dauer die von den Tarifvertragsparteien ausgehandelten Erhöhungen übernehmen will (BAG v. 27.4.2016, Az. 5 AZR 311/15 und v. 24.2.2016, Az. 4 AZR 990/13). Grundsätzlich hat ein nicht tarifgebundener Arbeitgeber nicht den Willen, sich für die Zukunft der Regelungsmacht der Verbände zu unterwerfen, denen er nicht angehört (LAG Mecklenburg-Vorpommern v. 8.4.2025, Az. 5 SLa 112/24). Auch wenn ein Arbeitgeber in der Vergangenheit einem außertariflich beschäftigten Angestellten die für die Branche vereinbarten Tariflohnerhöhungen in vollem Umfang auf sein gesamtes Gehalt weitergibt, kann er künftig Tariflohnerhöhungen nur noch auf den dem Tariflohn entsprechenden Teil des Gehalts weitergeben (LAG Köln v. 19.2.2025, Az. 4 SLa 399/24). Gleiches gilt für den Fall, dass der Arbeitgeber ein Gehalt zahlt, das auf dem Niveau des Tarifvertrages liegt. Der Arbeitnehmer muss in einem Arbeitsgerichtsverfahren im Einzelnen darlegen und beweisen, dass Verhaltensweisen des Arbeitgebers vorlagen, aus denen die Beschäftigten nach Treu und Glauben schließen durften, dass ihnen eine Leistung oder Vergünstigung auf Dauer eingeräumt werden solle. Die Entscheidung des Arbeitgebers wird regelmäßig von einer Fülle von Faktoren bestimmt, sodass aufgrund einer Gesamtschau zu entscheiden ist, ob ein schutzwürdiges Vertrauen des Arbeitnehmers besteht (BAG v. 27.2.2019, Az. 5 AZR 354/18; LAG Mecklenburg-Vorpommern v. 19.7.2019, Az. 2 Sa 207/18).

WICHTIG!

Vergütet der Arbeitgeber tatsächlich erbrachte Betriebsratstätigkeit in einer Höhe, die nach dem Entgeltausfallprinzip nicht erforderlich ist, entsteht hieraus keine betriebliche Übung, da es sich um ein gesetzwidriges Vorgehen handelt (LAG Düsseldorf v. 28.3.2025, Az. 7 SLa 41/24).

Ist der Arbeitgeber nach dem Gesetz, Tarifvertrag oder aufgrund einer Betriebsvereinbarung zu einer bestimmten Leistung verpflichtet, kann ebenfalls **keine** betriebliche Übung entstehen. Er erfüllt mit seinem Verhalten lediglich einen bereits aus anderen Rechtsgründen bestehenden Anspruch. Daher kann kein Vertrauen dahin entstehen, dass er sich über seine Verpflichtungen hinaus rechtlich binden will (BAG v. 21.1.2014, Az. 3 AZR 362/11).

Beispiel:

Der Arbeitgeber ist nach einer freiwilligen Betriebsvereinbarung verpflichtet, die Arbeitnehmer am Heiligen Abend bereits um 12 Uhr zu entlassen. Wird diese Betriebsvereinbarung gekündigt, haben die Arbeitnehmer keinen dahin gehenden Anspruch mehr. Ein Anspruch aus betrieblicher Übung könnte nur entstehen, wenn keine sonstige Anspruchsgrundlage für die Arbeitsbefreiung vorhanden wäre. Setzt der Arbeitgeber aber sein Verhalten nach der Kündigung der Betriebsvereinbarung drei Jahre lang fort, könnte ein neuer Anspruch aus einer betrieblichen Übung begründet werden. Jedoch hat hierzu das BAG entschieden, dass eine betriebliche Übung dann nicht entsteht, wenn der Arbeitgeber irrtümlich glaubte, zur Leistung verpflichtet zu sein (BAG v. 21.5.2025, Az. 4 AZR 155/24). Zahlt der Arbeitgeber etwa Feiertagszuschläge für die Arbeit am Ostersonntag und Pfingstsonntag, weil er irrtümlich meint, dies seien gesetzliche Feiertage, kann daraus keine betriebliche Übung entstehen (LAG Hessen v. 9.5.2011, Az. 7 Sa 1698/10 für den Fall der vermeintlichen Erfüllung eines Tarifvertrages und LAG Köln v. 6.4.2011 für die Bezahlung von Pausenzeiten). Der Arbeitnehmer muss dabei im Einzelnen darlegen, dass aus seiner Sicht hinreichende Anhaltspunkte dafür bestanden haben, der Arbeitgeber wolle die Leistungen erbringen, ohne hierzu etwa durch einen Tarifvertrag verpflichtet zu sein. Nur wenn die Arbeitnehmer in einem solchen Fall von einem fehlerhaften Tarifverständnis des Arbeitgebers ausgehen durften, entsteht keine betriebliche Übung.

Auch die bloße Leistung an einzelne Arbeitnehmer reicht noch nicht aus. Allerdings kann hier u. U. ein einzelvertraglicher Anspruch durch eine schlüssige Ergänzung des Arbeitsvertrages entstehen.

II. Gegenstand

Der Inhalt des durch die betriebliche Übung entstandenen Anspruchs kann ganz unterschiedlich sein. Jede für den Arbeitnehmer günstige Leistung kann darunter fallen, wie z. B.

- Gratifikationen, insbesondere Weihnachtsgeld (LAG Hamm v. 18.1.2013, Az. 15 Sa 876/12), auch dann, wenn der Arbeitnehmer krankheitsbedingt keine Arbeitsleistung im Kalenderjahr erbracht hat und keine Kürzungsmöglichkeit vereinbart wurde (LAG Rheinland-Pfalz v. 22.11.2013, Az. 9 Sa 278/13),
- Sonderzahlung; wird eine Zahlung des Arbeitgebers nicht an weitere Voraussetzungen oder Einschränkungen geknüpft, handelt es sich im Zweifel um an keine weiteren Voraussetzungen gebundenes reines Arbeitsentgelt, auf das ein Anspruch aus betrieblicher Übung bestehen kann (LAG Hamm v. 15.11.2013, Az. 15 Sa 1092/13), Gleiches gilt für sog. Erholungsbeihilfen, LAG Mecklenburg-Vorpommern v. 4.5.2021, Az. 5 Sa 343/20),
- betriebliche Altersversorgung: Die bindende Wirkung einer betrieblichen Übung tritt hier auch gegenüber Arbeitnehmern ein, die zwar unter Geltung der Übung im Betrieb gearbeitet, selbst aber die Vergünstigung noch nicht erhalten haben, weil sie die nach der Übung erforderlichen Voraussetzungen noch nicht erfüllt haben (BAG v. 20.8.2013, Az. 3 AZR 374/11), ebenso für das sog. „Rentnerweihnachtsgeld" für Pensionäre, die dies selbst noch nie erhalten haben (LAG Köln v. 11.12.2013, Az. 5 Sa 429/13),
- Transport der Arbeitnehmer zur Arbeitsstelle,
- Essenszuschuss,
- Anwendung des Tarifvertrags auf Arbeitnehmer, die nicht der Gewerkschaft angehören,
- bezahlte Freistellung an regionalen Festtagen oder an Geburtstagen,
- Nichtanrechnung von Tariferhöhungen auf Zulagen,
- Zahlung einer Zulage, obwohl die tariflichen Voraussetzungen nicht vorliegen,
- Betriebsausflug,
- Urlaubsübertragung bis zum Ende des Folgejahres,
- Beihilfen im Krankheitsfall, auch zugunsten von Betriebsrentnern (BAG v. 19.9.2023, Az. 1 AZR 281/222),
- Vergütung von Pausen (LAG Hamm v. 7.5.2014, Az. 3 Sa 1716/13),
- Auszahlungszeitpunkt von Leistungen (LAG Hamburg v. 8.7.2014, Az. 2 Sa 67/13),
- Betriebsparkplatz; hier besteht jedenfalls dann kein Anspruch aus betrieblicher Übung, wenn sich der Arbeitgeber entschließt, statt der bisher kostenlos nutzbaren Fläche ein Parkhaus zu errichten und hierfür ein mit dem Betriebsrat ausgehandeltes Entgelt verlangt (LAG Baden-Württemberg v. 13.1.2014, Az. 1 Sa 17/13). Auch wenn der Arbeitgeber

es lediglich hingenommen hat, dass Arbeitnehmer einen Parkplatz genutzt haben und hierfür kein Entgelt verlangt hat, entsteht keine betriebliche Übung (LAG Schleswig-Holstein v. 5.4.2017, Az. 6 Sa 292/16),

- Sachleistungen mit geringem Wert; das LAG Hamm hat einen Arbeitgeber verurteilt, einem Bezieher betrieblicher Altersversorgungsleistungen u. a. eine Herren-Marzipantorte auszuhändigen, da nach mehrmaliger vorbehaltloser Gewährung ein Anspruch aus betrieblicher Übung entstanden sei (LAG Hamm v. 17.1.2017, Az. 9 Sa 955/16); eine Klage auf Übereignung von Testern in einer Parfümerie wurde abgewiesen, weil der Arbeitgeber schriftliche Richtlinien hierfür erlassen hatte (LAG Rheinland-Pfalz v. 21.3.2025, Az. 2 SLa 114/24),
- Urlaub: Ist arbeitsvertraglich ein Urlaubsanspruch von 30 Werktagen vereinbart, kann sich bei einer Fünftagewoche ein darüber hinausgehender Urlaubsanspruch aus betrieblicher Übung ergeben, sodass der Arbeitnehmer einen Urlaubsanspruch von insgesamt 30 Arbeitstagen hat (LAG Hamm v. 4.3.2020, Az. 6 Sa 1742/19).

Bei Fragen der Organisation des Betriebs kann jedoch in der Regel kein Vertrauen dahin entstehen, dass der Arbeitgeber eine bestimmte Praxis beibehält. So besteht z. B. kein Anspruch, dass der Arbeitgeber auch weiterhin die Mitnahme eines Hundes in das Büro duldet, auch wenn es das in der Vergangenheit getan hat (LAG Düsseldorf v. 24.3.2014, Az. 9 Sa 1207/13). In solchen Fällen ist es üblich, dass sich der Arbeitgeber auch dann eine Änderung vorbehält, wenn er eine gewisse Zeit lang z. B. den Beginn der betriebsüblichen Arbeitszeit auf eine bestimmte Uhrzeit festlegt.

Beispiel:

In einem betriebsratslosen Betrieb besteht seit Jahren ein Schichtsystem. Der Arbeitgeber möchte dies nun ändern. Hier ist nur ausnahmsweise dann eine betriebliche Übung entstanden, wenn mit dem bisherigen System erkennbar den Interessen der betroffenen Arbeitnehmer entsprochen werden sollte. Ansonsten kann der Arbeitgeber eine Änderung durch Ausübung seines Direktionsrechts herbeiführen. Auch wenn ein Arbeitnehmer 13 Jahre lang jeden Sonnabend zur Arbeit eingeteilt wird, begründet dies nicht ohne Weiteres einen Anspruch darauf, dass dies so bleibt (LAG Thüringen v. 21.2.2018, Az. 6 Sa 110/17).

WICHTIG!

Auf die Gewährung einer Raucherpause besteht kein Anspruch aus betrieblicher Übung. Hat also der Arbeitgeber während dieser, für die die Arbeitnehmer ihren Arbeitsplatz jederzeit verlassen durften, das Entgelt weitergezahlt, ohne die genaue Häufigkeit und Dauer der jeweiligen Pausen zu kennen, können die Arbeitnehmer nicht darauf vertrauen, dass der Arbeitgeber diese Praxis weiterführt (LAG Nürnberg v. 5.8.2015, Az. 2 Sa 132/15).

Auch auf private Internetnutzung kann ein Anspruch bestehen, der auf einer betrieblichen Übung beruht. Hierfür reicht aber das bloße Praktizieren nicht aus. Nur wenn in dem „Dulden" einer im Betrieb üblichen Privatnutzung durch den Arbeitgeber ein rechtsgeschäftlicher Erklärungswert liegt, kommt eine betriebliche Übung in Betracht. Dies setzt voraus, dass der Arbeitgeber bzw. erklärungsbevollmächtigte Repräsentanten eindeutige Kenntnisse von der Privatnutzung haben (LAG Berlin-Brandenburg v. 14.1.2016, Az. 5 Sa 657/15). Besteht die betriebliche Übung in der Gewährung verbilligter Leistungen der vom Arbeitgeber vertriebenen Produkte, so steht dies unter dem Vorbehalt, dass der Arbeitgeber diese Produkte auch weiterhin vertreibt. Stellt der Arbeitgeber z. B. den Flugbetrieb ein, muss er keine verbilligten Flugscheine einer anderen Fluggesellschaft für die Arbeitnehmer besorgen. Eine betriebliche Übung kann auch darin bestehen, die nicht tarifgebundenen Arbeitnehmer so zu behandeln wie diejenigen, die Mitglied der Gewerkschaft sind. Im Zweifel ist hier eine dynamische Gleichstellung verbunden, d. h. Änderungen des Tarifvertrages werden auch Inhalt der betrieblichen Übung. Dies kann etwa bei Restrukturierungstarifverträgen auch zu einer Verschlechterung der Ansprüche führen, wenn z. B. das tarifliche Weihnachtsgeld wegfällt.

Auch Ruheständler können Ansprüche auf betriebliche Altersversorgung nach diesen Grundsätzen erwerben, und zwar sowohl auf eine bestimmte Berechnungsweise ihrer Betriebsrente über § 16 BetrAVG hinaus als auch auf Zahlung eines 13. Ruhegehalts und auf Zahlung einer Beihilfe im Krankheitsfall (BAG v. 19.9.2023, Az. 1 AZR 281/22). Dies gilt grundsätzlich auch für Leistungen, die in der Versorgungsordnung nicht vorgesehen sind. Auch auf die Fortgewährung einer zunächst nicht vorgesehenen, aber im Laufe der Zeit üblich gewordenen Leistung darf der Arbeitnehmer vertrauen. Dabei kann die betriebliche Übung schon zu Zeiten der aktiven Tätigkeit des Arbeitnehmers begründet werden, um dann nach seinem Eintritt in den Ruhestand anspruchsbegründend zu wirken. Im Falle einer langjährigen betrieblichen Praxis, nach der Arbeitnehmer und Betriebsrentner Beihilfen im Krankheitsfall erhalten, liegt es nahe, dass sich beide Gruppen darauf einrichten, indem sie auf den Abschluss von Zusatzversicherungen verzichten, weil sie darauf vertrauen, dass eine entsprechende einheitlich praktizierte Leistungsgewährung nur nach Abwägung aller maßgeblichen Gesichtspunkte und schonend für alle verschlechtert wird und nicht von einzelnen Gruppen Sonderopfer verlangt werden. Dies gilt insbesondere für die Betriebsrentner, für die es mit wirtschaftlich vertretbarem Aufwand in aller Regel nicht möglich ist, nachträglich Zusatzversicherungen abzuschließen. Daher kann ein Betriebsrentner grundsätzlich davon ausgehen, dass der Arbeitgeber die betriebliche Übung ihm gegenüber auch nach seinem Ausscheiden bei Eintritt des Versorgungsfalles fortführen wird.

III. Geltungsbereich

Ansprüche aus einer betrieblichen Übung können die Arbeitnehmer ableiten, die bei ihrer Begründung im Betrieb beschäftigt waren. Auch solche, die erst danach eingetreten sind, können die Leistung beanspruchen, wenn keine abweichende Vereinbarung im Arbeitsvertrag getroffen wurde (s. BAG v. 19.9.2023, Az. 1 AZR 281/22).

Beispiel:

Es besteht eine betriebliche Übung, nach der keine Anrechnung von Tariferhöhungen auf Zulagen erfolgt. Diese hat sich bei den letzten drei Tariflohnerhöhungen herausgebildet. Wenn jetzt ein Arbeitnehmer neu eintritt, kann er sich auch auf diese Übung berufen, es sei denn, der Arbeitgeber hat in den Arbeitsvertrag aufgenommen, dass eine solche Anrechnung erfolgen kann.

Formulierungsbeispiel:

Die Vertragspartner stimmen darin überein, dass Erhöhungen des tariflichen Entgeltes auf Zulagen angerechnet werden können (alternativ: dass kein Anspruch auf Weihnachtsgeld, Urlaubsgeld etc. besteht).

Die betriebliche Übung muss sich räumlich nicht auf den Betrieb beziehen. Der Arbeitgeber kann sie auf das ganze Unternehmen ausdehnen oder auf einzelne Betriebsteile oder Arbeitnehmergruppen beschränken. Auch in einem von mehreren Unternehmen gebildeten Gemeinschaftsbetrieb kann sich eine betriebliche Übung entwickeln. Maßgeblich ist, bei welchen Arbeitnehmern sich ein Vertrauen auf die Fortführung dieses Verhaltens herausbilden konnte. Grundsätzlich ist die betriebliche Übung ein kollektiver Tatbestand. Jedoch kommt auch ein Anspruch eines einzelnen Arbeitnehmers in Betracht, wenn er darauf vertrauen durfte, dass der Arbeitgeber die Leistung dauerhaft gewährt (LAG Hamm v. 13.5.2016, Az. 16 Sa 1652/15).

IV. Beendigung

Auf welche Weise der Arbeitgeber eine betriebliche Übung beenden kann, richtet sich danach, ob er die Leistungen bisher vorbehaltlos erbracht hat oder nicht. Bei einer vorbehaltlosen Gewährung benötigt er das Einverständnis der betroffenen Arbeitnehmer oder muss eine → *Änderungskündigung* aussprechen. Hat er sich den Widerruf der Leistung vorbehalten, kann er sie mit Wirkung für die Zukunft widerrufen.

Für diesen Widerruf ist nicht wie für die Änderungskündigung eine soziale Rechtfertigung erforderlich. Der Arbeitgeber muss jedoch beim Widerruf auch die berechtigten Interessen der davon Betroffenen in seine Erwägungen einbeziehen. Hat er bei der Gewährung der Leistung jeweils erklärt, dass sie freiwillig sei und auch bei wiederholter Leistung keinen Rechtsanspruch für die Zukunft begründe (s. u. V.), muss er keine Widerrufserklärung abgeben, sondern kann die Leistung schlicht einstellen.

Beispiel:

Der Arbeitgeber hat drei Jahre lang Weihnachtsgeld gezahlt und dabei in jedem Jahr extra erklärt, dass es sich um eine freiwillige Leistung handle, die keine Ansprüche für die Zukunft begründet. Im vierten Jahr muss er kein Weihnachtsgeld zahlen, ohne dass er eine besondere Erklärung abgeben muss.

Eine durch betriebliche Übung entstandene Verpflichtung des Arbeitgebers, dem Arbeitnehmer nach Eintritt in den Ruhestand Beihilfeleistungen nach Maßgabe der im laufenden Arbeitsverhältnis geltenden Bestimmungen zu gewähren, geht im Wege des Betriebsübergangs auf den Betriebserwerber über (BAG v. 19.9.2023, Az. 1 AZR 281/22).

Durch eine **Betriebsvereinbarung** kann eine betriebliche Übung nur dann beendet werden, wenn der Anspruch „betriebsvereinbarungsoffen" gestaltet wurde, d. h. ein Vorrang von Betriebsvereinbarungen vereinbart wurde. Grundsätzlich ist es zulässig, dass die Arbeitsvertragsparteien ihre Absprachen betriebsvereinbarungsoffen gestalten. Dies ist regelmäßig anzunehmen, wenn der Vertragsgegenstand in Allgemeinen Geschäftsbedingungen enthalten ist und einen kollektiven Bezug hat (BAG v. 5.3.2013, Az. 1 AZR 417/12). So ist die Ablösung kostenloser Freifahrtmöglichkeiten durch eine Betriebsvereinbarung möglich, sofern sich aus den Umständen ergibt, dass die der Gewährung zugrunde liegenden Regelungen betriebsvereinbarungsoffen waren (BAG v. 30.1.2019, Az. 3 AZR 442/17; a. A: LAG Hamburg v. 7.5.2025, Az. 5 SLa 2/24, nicht rechtskräftig, Revision anhängig unter 9 AZR 103/25). Es kann auch eine individuelle Vereinbarung getroffen werden, wonach bestimmte Vergütungsabreden unter dem Vorbehalt einer ablösenden Betriebsvereinbarung stehen. Eine tarifliche Bestimmung, wonach eine aufgrund betrieblicher Regelung gewährte und ihrer Art nach entsprechende Leistung, z. B. Urlaubsgeld, auf die tarifliche Leistung anzurechnen ist, lässt die Erfüllung des tariflichen Anspruchs durch eine betrieblich geregelte gleichartige Zahlung zu (BAG v. 24.1.2024, Az. 10 AZR 33/23).

Formulierungsbeispiel:

Sämtliche Sonderzahlungen, die neben dem laufend gezahlten monatlichen Arbeitsentgelt erfolgen, auch sofern sie durch betriebliche Übung begründet worden sind, können durch eine Betriebsvereinbarung abgelöst werden, die auch Verschlechterungen enthalten kann. Diese Betriebsvereinbarung geht der Individualabrede vor.

Der Vorrang der Betriebsvereinbarung kann auch durch schlüssiges Verhalten vereinbart werden, insbesondere bei Leistungen mit kollektivem Bezug. Bei der betrieblichen Altersversorgung ist die Ablösung durch eine betriebliche Übung leichter.

Eine betriebliche Übung endet bei einer Betriebsstilllegung. Allerdings bleiben die bis dahin entstandenen Ansprüche erhalten, auch in der Insolvenz.

WICHTIG!

Es gibt keine sog. gegenläufige betriebliche Übung, den Anspruch beseitigen kann. Es nützt dem Arbeitgeber also nichts, wenn er seine Leistungen nach Entstehen der betrieblichen Übung unter einen Vorbehalt stellt. Auch die klaglose jahrelange Weiterarbeit nach Einstellung der Zahlung führt nicht zu einem Wegfall des Anspruchs, ebensowenig die Weiterarbeit nach der Ankündigung des Geschäftsführers, es werde kein Weihnachtsgeld mehr gezahlt und wem das nicht gefalle, solle sich einen anderen Arbeitsplatz suchen. Auch ein Aushang am schwarzen Brett, wonach der Arbeitgeber seine Leistungen einstelle, entbindet ihn nicht von seinen Verpflichtungen. Das Schweigen der Arbeitnehmer stellt keine Annahme durch schlüssiges Verhalten dar.

V. Verhinderung einer betrieblichen Übung

Der Arbeitgeber kann das Entstehen eines auf einer betrieblichen Übung beruhenden Anspruchs dadurch ausschließen, dass er die Leistung jeweils mit einem Freiwilligkeitsvorbehalt versieht und darüber hinaus zum Ausdruck bringt, dass er sich nicht für die Zukunft binden möchte. So kann kein Vertrauen darauf entstehen, dass er auch in Zukunft ein gleichförmiges Verhalten an den Tag legen werde. Ein solcher Freiwilligkeitsvorbehalt benachteiligt den Arbeitnehmer nicht unangemessen. Die Klausel ist auch dann wirksam, wenn die Sonderzahlung ausschließlich im Bezugszeitraum geleistete Arbeit zusätzlich vergütet. Er muss so abgefasst sein, dass der Arbeitnehmer erkennen kann, dass er keinen Rechtsanspruch auf künftige Leistungen hat (LAG Thüringen v. 18.2.2021, Az. 2 Sa 255/18; LAG Rheinland-Pfalz v. 21.1.2021, Az. 5 Sa 203/20).

WICHTIG!

Der Freiwilligkeitsvorbehalt muss eindeutig formuliert sein. Das BAG hat Folgendes entschieden: „Ein bloßer ‚Freiwilligkeitsvorbehalt' kann auch dahin verstanden werden, dass sich der Arbeitgeber lediglich ‚freiwillig' zur Erbringung der Leistung verpflichtet, ohne dazu durch Tarifvertrag, Betriebsvereinbarung oder Gesetz gezwungen zu sein. Erfolgt zugleich ein Hinweis auf die Kündbarkeit der Regelung, dürfte es zudem an der Eindeutigkeit der arbeitgeberseitigen Erklärung fehlen, er wolle sich nicht rechtlich binden." (BAG v. 19.9.2023, Az. 1 AZR 281/22).

Man kann allerdings eine Leistung nicht gleichzeitig als Anspruch und als freiwillige Leistung ausgestalten.

Ein vertraglicher Freiwilligkeitsvorbehalt, der alle zukünftigen Leistungen unabhängig von ihrer Art und ihrem Entstehungsgrund erfasst, benachteiligt den Arbeitnehmer regelmäßig unangemessen. Die früher üblicherweise verwandten Formulierungen sind daher nicht mehr geeignet, eine betriebliche Übung zu verhindern. In der Literatur wird folgende Formulierung als noch zulässig angesehen:

Formulierungsbeispiel:

„Als freiwillige Leistung – ohne jeden Rechtsanspruch – wird in Abhängigkeit von der Geschäftslage und der persönlichen Leistung jeweils im November festgelegt, ob und in welcher Höhe ein Weihnachtsgeld gezahlt wird."

Rechtlich möglich wäre wohl auch folgende Vertragsklausel:

Formulierungsbeispiel:

Änderungen und Ergänzungen des Arbeitsvertrages müssen in Textform erfolgen. Dies gilt auch für die Aufhebung dieser Vereinbarung. Davon unberührt bleibt der Vorrang individueller Vereinbarungen i. S. v. § 305b BGB.

Am **sichersten** ist es, wenn die jeweilige Leistung **individuell** mit einem solchen Vorbehalt versehen wird.

Formulierungsbeispiel:

Wir freuen uns, Ihnen in diesem Jahr ein Weihnachtsgeld in der aus Ihrer Entgeltabrechnung ersichtlichen Höhe zahlen zu können. Gleichzeitig weisen wir darauf hin, dass es sich um eine einmalige Leistung nur in diesem Jahr handelt, auf deren Wiederholung kein Rechtsanspruch besteht. Rechnen Sie also bitte nicht unbedingt damit, dass derartige Zahlungen auch in den Folgejahren erfolgen. Die Entscheidung darüber wird in jedem Jahr neu getroffen.

Eine Sonderzahlung mit Mischcharakter, die jedenfalls auch Vergütung für bereits erbrachte Arbeitsleistung darstellt, kann in Allgemeinen Geschäftsbedingungen nicht vom ungekündigten Bestand des Arbeitsverhältnisses zu einem Zeitpunkt außerhalb des Bezugszeitraums der Sonderzahlung abhängig gemacht werden.

Im Zweifel muss der Arbeitnehmer beweisen, dass die Leistung vorbehaltlos erbracht wurde. Das Entstehen einer betrieblichen Übung kann durch die doppelte Schriftformklausel in einem Tarifvertrag verhindert werden. Gleiches gilt für eine doppelte Schriftformklausel im schriftlichen Arbeitsvertrag. Diese darf jedoch den Arbeitnehmer nicht dadurch unangemessen benachteiligen, indem sie den Eindruck vermittelt, auch alle mündlichen Abreden zugunsten des Arbeitnehmers seien unwirksam. Hier gilt nämlich, anders als bei der betrieblichen Übung, der Vorrang der einzeln ausgehandelten Vertragsbedingung vor dem standardmäßig vorformulierten Arbeitsvertrag. Eine einfache Schriftformklausel, nach der Änderungen und Ergänzungen des Vertrags der Schriftform bedürfen, verhindert eine konkludente Vertragsänderung oder das Entstehen einer betrieblichen Übung nicht (BAG v. 19.9.2023, Az. 1 AZR 281/22).

Betriebliches Eingliederungsmanagement

I. Begriff und Zweck

Sind Beschäftigte innerhalb eines Jahres länger als sechs Wochen ununterbrochen oder wiederholt arbeitsunfähig, klärt der Arbeitgeber nach § 167 SGB IX mit Zustimmung und Beteiligung der betroffenen Personen und den zuständigen Interessenvertretungen wie die Arbeitsunfähigkeit überwunden, wie erneuter Arbeitsunfähigkeit vorgebeugt und der Arbeitsplatz erhalten werden kann (Betriebliches Eingliederungsmanagement – BEM).

ACHTUNG!

Gemeint ist hier nicht das Kalenderjahr, sondern der Zeitraum eines Jahres.

Mit dem betrieblichen Eingliederungsmanagement wird der Arbeitgeber in die Pflicht genommen, sich frühzeitig mit den im Betrieb vorhandenen Akteuren und Strukturen unter Nutzung der spezifischen Potentiale um die dauerhafte Wiedereingliederung langzeitkranker Beschäftigter zu kümmern. Die gesetzliche Verpflichtung zum BEM soll durch geeignete gesundheitliche Präventionsmaßnahmen das Arbeitsverhältnis dauerhaft sichern, da eine Kündigung aus gesundheitlichen Gründen häufig zu Langzeitarbeitslosigkeit führt.

Um diesen Anforderungen gerecht werden zu können, muss der Arbeitgeber eine Struktur aufbauen, um gezielt die Mitarbeiter zu erreichen, für die ein Eingliederungsmanagement in Frage kommt. Das BEM gilt für alle Beschäftigte, nicht nur für schwerbehinderte Menschen.

WICHTIG!

Größere Beachtung erfährt das BEM vor allem deshalb, weil nach der Rechtsprechung des BAG die Durchführung eines „gehörigen" BEM wesentliche Bedeutung für die soziale Rechtfertigung für eine Kündigung aus Krankheitsgründen hat. Erfolgt in diesen Fällen kein BEM, so trifft den Arbeitgeber eine erweiterte Beweislast zur Darstellung des Fehlens alternativer Beschäftigungsmöglichkeiten (zuletzt BAG vom 13.5.2015, 2 AZR 565/14). Die Durchführung eines BEM ist jedoch keine notwendige Voraussetzung für die Wirksamkeit einer Versetzung oder einer anderen Ausübung des Weisungsrechts durch den Arbeitgeber, auch wenn diese auf Gründe gestützt wird, die im Zusammenhang mit den Gesundheitszustand des Arbeitnehmers stehen (BAG vom 18.10.2017, 10 AZR 47/17).

BEM ist ein betrieblicher Gestaltungsauftrag. Das Gesetz gibt nur wenige Eckpunkte vor. Es handelt sich vom Grundsatz her um ein Hilfsangebot des Arbeitgebers an die Beschäftigten, mit der Verpflichtung des Arbeitgebers das BEM zu organisieren.

II. Beteiligte Personen und Stellen

Der Arbeitgeber hat den Betroffenen auf ein BEM anzusprechen, dessen Teilnahme ist aber freiwillig. Wenn die Zustimmung und Beteiligung nicht erteilt wird, dürfen für den Betroffenen daraus keine, insbesondere arbeitsrechtlichen, Nachteile entstehen (Benachteiligungsverbot siehe Checkliste). Dies unterscheidet das BEM auch von Fehlzeiten- oder Rückkehrgesprächen nach Krankenstand, die regelmäßig verpflichtend durchgeführt werden.

Die Durchführung eines BEM ist keine Voraussetzung für eine krankheitsbedingte Kündigung, verändert wird allerdings die Darlegungs- und Beweislast. In einem Prozess über die Zulässigkeit einer krankheitsbedingten Kündigung bleibt bei einer Verweigerung des Betroffenen die Darlegungs- und Beweislast der alternativen Beschäftigung bei ihm.

Die konkrete Suche nach den Möglichkeiten einer gesundheitsgerechten Beschäftigung des Betroffenen im Betrieb ist eine gemeinsame Aufgabe von Arbeitgeber, Betroffenen, Betriebsrat und ggf. Schwerbehindertenvertretung. Das BEM unterliegt daher der Mitbestimmung des Betriebsrates (z. B. § 87 Abs. 1 Nr. 1, 6, 7 BetrVG).

TIPP!

Für die Festlegung der Regelungsinhalte insbesondere des Verfahrensablaufs des BEM (siehe Checkliste) bietet sich der Abschluss einer Betriebsvereinbarung an.

Gibt der Betroffene seine Zustimmung, so nehmen an einem BEM-Gespräch in der Regel teil:

- Arbeitgeberbeauftragte/r
- der betroffene Beschäftigte
- Interessenvertretung
- Schwerbehindertenvertrauensperson
- Optional: Betriebs- oder Werksarzt oder externe Vertrauensperson.

III. Datenschutz

Um ein BEM erfolgreich durchführen zu können, werden einige sensible Daten des Betroffenen zusammengetragen und erörtert. Zum Schutz seiner Persönlichkeitsrechte ist der betroffene Beschäftigte über Art und Umfang der für das BEM erhobenen und verwendeten Daten zu informieren. Die Daten dürfen nur zum Zweck des BEM verwendet und nicht zur Personalakte genommen werden. In der Personalakte wird nur aufgenommen, dass ein BEM angeboten, angenommen oder abgelehnt wurde. Außerdem sind die getroffenen Eingliederungsvereinbarungen sowie die von den Beteiligten abgegebenen Verpflichtungserklärungen aufzubewahren. Auch die eventuell im Rahmen des BEM durchgeführten Maßnahmen sollten in der Personalakte erfasst werden.

WICHTIG!

Die im BEM-Verfahren erhobenen Gesundheitsdaten dürfen vom Arbeitgeber nicht zu einer personenbedingten Kündigung verwendet werden.

Die BEM-Akte ist getrennt von der Personalakte verschlossen aufzubewahren. Wenn der Zweck des BEM-Verfahrens erfüllt ist, ist die BEM-Akte zu vernichten oder dem Beschäftigten auszuhändigen.

TIPP!
Gesetzliche Aufbewahrungspflichten für BEM-Unterlagen gibt es nicht. Es empfiehlt sich daher, dazu klare Regelungen in eine Betriebsvereinbarung (s. Checkliste) aufzunehmen.

IV. Maßnahmen/Unterstützung durch Dritte

In vielen Fällen ist für ein realistisches und erfolgreiches BEM die Prüfung hilfreich, ob Hilfen aus den sozialen Sicherungssystemen in Anspruch genommen werden können, wie z. B. Zuschüsse zu Arbeitshilfen oder Hilfen zur behinderungsgerechten Einrichtung des Arbeitsplatzes. Kommen solche Leistungen zur Teilhabe oder begleitende Hilfen im Arbeitsleben in Betracht, sollten sich die Arbeitgeber an die Ansprechstellen der Rehabilitationsträger (z. B. Rentenversicherungsträger, Krankenkassen, Berufsgenossenschaften, Agenturen für Arbeit) sowie bei schwerbehinderten Beschäftigten an das Integrationsamt wenden.

WICHTIG!
Eine Kostenübernahme ist nur möglich, wenn ein Antrag gestellt wurde, bevor Kosten entstanden sind.

TIPP!
Daneben können die Rehabilitationsträger die generelle Einführung des BEM, die über das gesetzliche Mindestmaß hinausgehen, mit Prämien oder einem Bonus wie beispielsweise Ermäßigung von Sozialversicherungsbeiträgen fördern.

V. Checkliste

Durch eine Betriebsvereinbarung sollten unter anderem folgende Inhalte festgelegt werden:

- ❑ Ziele des BEM
- ❑ Konzeption des BEM als Managementsystem
- ❑ Benachteiligungsverbot; Formulierungsbeispiel: „Nachteile, insbesondere arbeitsrechtliche Konsequenzen dürfen einem Arbeitnehmer, der der Teilnahme an einem BEM nicht zustimmt, nicht entstehen“
- ❑ Umfang und Struktur der Erhebung von krankheitsbedingten Fehlzeiten
- ❑ Kontaktaufnahme mit dem betroffenen Beschäftigten
- ❑ Regelungen zur Zusammenarbeit der Verantwortlichen z. B. durch Bildung eines Integrationsteams (Beauftragter des Arbeitgebers, Beauftragter des Betriebsrates, Schwerbehindertenvertretung, ggf. Betriebsarzt)
- ❑ Regelungen zur Beteiligung interner und externer Fachkräfte (z. B. Ausbildungsleitung, Sicherheitsfachkraft, Integrationsamt, Rehabilitationsträger)
- ❑ Qualifizierungsmaßnahmen z. B. der Vorgesetzten
- ❑ Datenschutz: Ausgestaltung der Zustimmung und Beteiligung der betroffenen Personen sowie der Umgang mit den Daten eines BEM-Verfahrens
- ❑ Dokumentation des Verfahrens

Weitere Informationen im Internet abrufbar unter: firmenservice.drv.info

Betriebsänderung

I. Begriff und Abgrenzung

In Unternehmen mit in der Regel mehr als 20 wahlberechtigten Arbeitnehmern hat der Arbeitgeber den Betriebsrat über geplante Betriebsänderungen, die wesentliche Nachteile für die Belegschaft oder erhebliche Teile der Belegschaft zur Folge haben können, rechtzeitig und umfassend zu unterrichten und die geplanten Betriebsänderungen mit dem Betriebsrat zu beraten (§ 111 BetrVG).

ACHTUNG!
Leiharbeitnehmer sind ebenso wie betriebsangehörige Arbeitnehmer bei der Feststellung der Unternehmensgröße mitzuzählen, wenn sie zu den „in der Regel“ Beschäftigten gehören. Insoweit kommt es darauf an, ob sie normalerweise während des größten Teils eines Jahres, d. h. länger als sechs Monate beschäftigt werden (BAG v. 18.10.2011, Az. 1 AZR 335/10).

Unter einer Betriebsänderung versteht man alle Änderungen im Betrieb, die Organisation, Struktur, Tätigkeitsbereiche, Arbeitsweise oder Arbeitsablauf betreffen. Hierzu gehört auch der bloße Personalabbau, selbst wenn keine sonstigen Organisations- oder Strukturänderungen im Betrieb stattfinden. Auch bei Einführung eines Systems, das die Strukturierung, Vereinheitlichung und Optimierung von Arbeitsprozessen sowie deren Rationalisierung zum Ziel hat, kann diese mit einer Betriebsänderung einhergehen. Es kommt insoweit aber auf konkrete Maßnahmen und deren betriebliche Umsetzung an (BAG v. 22.3.2016, Az. 1 ABR 12/14).

Keine Betriebsänderung ist der → *Betriebsübergang*, da der Erwerber des Betriebs oder des Betriebsteils in die Arbeitsverhältnisse eintritt. Auch die Unternehmensaufspaltung ist – soweit sie keine unmittelbare Auswirkung auf die Betriebsorganisation hat – keine Betriebsänderung. Bei Zusammenschlüssen von Unternehmen (Fusionen) oder Umwandlung juristischer Personen kommt es darauf an, inwieweit diese Vorgänge tatsächlich zu Organisations- oder Strukturänderungen des Betriebs führen.

Wenn sich aus beabsichtigten Betriebsänderungen **wesentliche Nachteile** für die gesamte Belegschaft (oder erhebliche Teile hiervon) ergeben können, besteht ein Mitbestimmungsrecht des Betriebsrats. Wesentliche Nachteile können z. B. sein:

- Erschwerung der Arbeit,
- Verdienstminderungen,
- längere Anfahrtswege bzw. -zeiten,
- erhöhte Fahrtkosten,
- doppelte Haushaltsführung,
- nachteilige Versetzungen oder
- betriebsbedingte Entlassungen.

II. Formen

1. Einschränkung und Stilllegung

Die Einschränkung oder komplette Stilllegung des gesamten Betriebs oder wesentlicher Betriebsteile stellt eine mitbestimmungspflichtige Betriebsänderung dar (§ 111 Satz 2 Nr. 1 BetrVG). Unter einer Stilllegung wird die vollständige Aufgabe des Betriebszwecks und die Auflösung der betrieblichen Organisation verstanden, sofern dies nicht nur für eine vorübergehende Zeit erfolgt.

Eine Betriebseinschränkung liegt vor, wenn zwar der Betriebszweck weiterverfolgt wird, aber eine Reduzierung der Betriebsleistung erfolgt (Reduzierung der Produktion um 50 %). Es handelt sich auch dann um eine mitbestimmungspflichtige Betriebseinschränkung, wenn zwar die sachlichen Produktionsmittel (z. B. Maschinen) beibehalten werden, aber eine erhebliche Personalreduzierung erfolgt.

Von einer erheblichen Personalreduzierung kann immer nur dann gesprochen werden, wenn wenigstens 5 % der Gesamtbelegschaft betroffen sind. Die Rechtsprechung geht – unter Berücksichtigung der gesetzlichen Regelung zur Massenentlassung (§ 17 Abs. 1 KSchG) – im Einzelnen von folgenden Zahlen aus:

Betriebsgröße	zu entlassende Arbeitnehmer
21 bis 59 Arbeitnehmer	mindestens 6
60 bis 499 Arbeitnehmer	mindestens 10 % oder 26
500 bis 599 Arbeitnehmer	mindestens 30
mehr als 600 Arbeitnehmer	mindestens 5 %

Ist diese Mindestzahl erreicht, liegt eine erhebliche Personalreduzierung vor.

Beispiel:

Soll eine zu einem Supermarkt (mit 230 Arbeitnehmern) gehörende Gaststätte, in der 20 Personen beschäftigt werden, stillgelegt werden, handelt es sich nicht um eine mitbestimmungspflichtige Betriebsänderung, da kein wesentlicher Betriebsteil betroffen ist (BAG v. 21.10.1980). Wären 24 Arbeitnehmer in der Gaststätte beschäftigt, wäre von einer erheblichen – und somit mitbestimmungspflichtigen – Personalreduzierung auszugehen.

2. Verlegung

Die Verlegung des ganzen Betriebs oder von wesentlichen Teilen an einen anderen Ort ist eine mitbestimmungspflichtige Betriebsänderung (§ 111 Satz 2 Nr. 2 BetrVG). Von einer Verlegung kann immer nur dann gesprochen werden, wenn die Ortsveränderung mit nicht ganz unerheblichen Erschwernissen für die Belegschaft verbunden ist. So reicht der Umzug des Betriebs auf die andere Straßenseite nicht aus. Eine Verlegung von einem Stadtteil in den anderen oder vom Zentrum an den Stadtrand löst jedoch das Mitbestimmungsrecht aus.

Werden wesentliche Teile der Belegschaft am neuen Arbeitsort nicht weiterbeschäftigt, so handelt es sich um eine Betriebsstilllegung und anschließenden Neuerrichtung des Betriebs. Dies wird bei der Verlegung eines Betriebes in eine andere Region oder ins Ausland i. d. R. der Fall sein.

Wenn aus zwei oder mehreren Betrieben ein neuer Betrieb gebildet werden soll oder ein bestehender Betrieb einen anderen Betrieb aufnimmt, liegt ein mitbestimmungspflichtiger Zusammenschluss (§ 111 Satz 2 Nr. 3 BetrVG) vor.

Wird ein Betriebsteil umstrukturiert, um ihn auf ein anderes Unternehmen zu übertragen, liegt in der organisatorischen Spaltung des Betriebs eine mitbestimmungspflichtige Betriebsänderung (§ 111 Satz 2 Nr. 3 BetrVG) vor.

3. Grundlegende Änderungen

Grundlegende Änderungen

- der Betriebsorganisation,
- des Betriebszwecks oder
- der Betriebsanlagen

sind auch dann mitbestimmungspflichtig, wenn sie auf einer Veränderung der Marktlage beruhen (§ 111 Satz 2 Nr. 4 BetrVG).

Der Übergang von Einzel- zu Großraumbüros, von der manuellen Personalverwaltung zur EDV, von der Dezentralisation zur Zentralisation stellt eine grundlegende Änderung der **Betriebsorganisation** dar.

Von einer grundlegenden Änderung des **Betriebszwecks** kann nur dann ausgegangen werden, wenn die Produktpalette völlig geändert wird (z. B. Fahrräder statt Autos), nicht dagegen bei der bloßen Erweiterung der Betriebsanlagen.

Eine Änderung der **Betriebsanlagen** setzt voraus, dass die technische Ausrüstung des Betriebs vollständig geändert wird. Der Austausch von veralteten oder abgenutzten Maschinen durch neue reicht hierzu nicht.

4. Einführung grundlegend neuer Arbeitsmethoden

Die Einführung grundlegend neuer Arbeitsmethoden und Fertigungsverfahren stellt auch dann eine mitbestimmungspflichtige Betriebsänderung dar, wenn die Arbeitsmethode nur dem technischen Fortschritt angepasst wird (§ 111 Satz 2 Nr. 5 BetrVG).

Entscheidend ist, ob die Arbeits- und Fertigungsmethoden dem konkreten Betrieb neu sind. So kann z. B. im Übergang von Einzel- zu Serienfertigungen oder von Fließband- zu Gruppenarbeit die Einführung grundlegend neuer Arbeitsmethoden gesehen werden.

III. Rechte des Betriebsrats

1. Allgemeine Voraussetzungen

Ein Beteiligungsrecht des Betriebsrats besteht nur in Unternehmen (zur Abgrenzung vgl. → *Betriebsrat II.1.*) mit in der Regel mehr als 20 wahlberechtigten Arbeitnehmern und immer nur dann, wenn durch die beabsichtigte Betriebsänderung wesentliche Nachteile für die Belegschaft oder erhebliche Teile der Belegschaft entstehen können.

Hiervon wird in den unter II. genannten Fällen der Betriebsänderung immer ausgegangen.

ACHTUNG!

Bei der Ermittlung des Schwellenwerts von mehr als 20 wahlberechtigten Arbeitnehmern sind Leiharbeitnehmer, die länger als drei Monate im Unternehmen eingesetzt sind, zu berücksichtigen, obwohl sie nicht in einem Arbeitsverhältnis zum Entleiher stehen (BAG v. 18.10.2011, Az. 1 AZR 335/10).

2. Unterrichtung und Beratung

Plant der Arbeitgeber eine Betriebsänderung, muss er den Betriebsrat hierüber rechtzeitig und umfassend unterrichten und die geplante Betriebsänderung mit ihm beraten.

ACHTUNG!

In Unternehmen mit mehr als 300 Arbeitnehmern kann sich der Betriebsrat seit dem 28.7.2001 durch einen externen Berater (auf Kosten des Arbeitgebers) unterstützen lassen. Unabhängig von etwaigen beruflichen Verschwiegenheitspflichten (z. B. eines Rechtsanwalts), unterliegt der Berater einer besonderen gesetzlichen Schweigepflicht (§ 120 BetrVG).

Die Pflicht zur Unterrichtung des Betriebsrats trifft den Unternehmer, also die natürliche oder juristische Person oder die Personengesellschaft, die Inhaber des Betriebs ist. Handelt es sich hierbei um ein konzernabhängiges Unternehmen, so kann sich dessen Geschäftsführung/Vorstand nicht auf seine mangelnde Kenntnis oder Zuständigkeit für die beabsichtigten Maßnahmen berufen. In diesem Fall ist nämlich dann der Vorstand bzw. die Geschäftsführung des herrschenden Unternehmens zur Unterrichtung und ggf. zur Verhandlung über Interessenausgleich und Sozialplan verpflichtet.

Die Unterrichtung des Betriebsrats braucht erst dann zu erfolgen, wenn die geplante Betriebsänderung konkrete Züge angenommen hat. Die Entscheidung darf zu diesem Zeitpunkt jedoch noch nicht gefallen sein. Rechtzeitig ist die Unterrichtung nämlich nur dann, wenn noch Zeit für die Beratung und die nachfolgenden Entscheidungen (insbesondere zum Abschluss eines Interessenausgleichs und Sozialplans) besteht.

Der Zeitpunkt der Unterrichtung ist bei juristischen Personen spätestens dann erreicht, wenn der Vorstand oder die Geschäftsführung sich zu einer Maßnahme entschlossen hat, auch wenn hierzu noch nicht die Genehmigung des Aufsichtsrats, der Gesellschafterversammlung oder eines ähnlichen Gremiums vorliegt. Die Unterrichtung ist immer dann verspätet, wenn der Arbeitgeber schon mit der Durchführung der Maßnahmen begonnen hat oder wenn die Maßnahme schon von allen maßgeblichen Organen des Unternehmens beschlossen wurde.

Umfassend ist die Unterrichtung nur, wenn die Ursachen der geplanten Betriebsänderung und die bisherigen sowie künftigen Entwicklungen aufgrund der geplanten Maßnahmen und deren Auswirkungen auf die Belegschaft im Einzelnen mitgeteilt werden. Hierzu gehören insbesondere Inhalt, Umfang, Auswirkung, Gründe und Zeitplan der beabsichtigten Betriebsänderung.

Der Betriebsrat muss in die Lage versetzt werden, sich von den geplanten Maßnahmen und deren Auswirkungen ein vollständiges Bild machen zu können. Hat der Arbeitgeber zwischen mehreren Alternativen von Betriebsänderungen gewählt, muss er diese im Einzelnen darlegen und begründen, warum er sich für die beabsichtigte Maßnahme entschieden hat.

Im Rahmen seiner Unterrichtungspflichten muss der Arbeitgeber dem Betriebsrat auf Verlangen jederzeit die zur Durchführung seiner Aufgaben erforderlichen Unterlagen zur Verfügung stellen. Hierzu zählen insbesondere Gutachten von Unternehmensberatern, Wirtschaftsprüferberichte und Bilanzen. Der Arbeitgeber braucht aber nur die Unterlagen zur Verfügung zu stellen, die er selbst zur Verfügung hat.

ACHTUNG!

Ein Verstoß gegen die Unterrichtungs- und Beratungspflicht führt zwar nicht zur Unwirksamkeit der Betriebsänderung; es können hierdurch jedoch finanzielle Ansprüche der einzelnen Arbeitnehmer (Nachteilsausgleich) ausgelöst und Geldbußen gegen den Arbeitgeber verhängt werden. Außerdem kann der Betriebsrat die Unterlassung konkreter organisatorischer Maßnahmen des Arbeitgebers im einstweiligen Verfügungsverfahren geltend machen (BAG v. 3.5.1994, Az. 1 ABR 24/93; LAG Thüringen v. 18.3.2003, Az. 1 Ta 104/03; LAG Köln v. 19.3.2004, Az. 8 TaBV 13/04).

3. Interessenausgleich

3.1 Vereinbarung

Neben der Unterrichtungs- und Beratungspflicht soll zwischen dem Arbeitgeber und dem Betriebsrat ein Interessenausgleich stattfinden (§ 112 Abs. 1 Satz 1 BetrVG). Der Interessenausgleich soll als Regelung zwischen Betriebsrat und Unternehmer klären, ob, wann und in welcher Weise die vorgesehene Betriebsänderung durchgeführt werden soll. Hierbei sind alle Fragen zu erörtern, die die organisatorische Durchführung einer Betriebsänderung betreffen. Zum Interessenausgleich gehört daher die Klärung, ob Arbeitnehmer entlassen, versetzt oder umgeschult werden. Ob und wieweit den Arbeitnehmern hierfür ein wirtschaftlicher Ausgleich eingeräumt wird, ist Frage des Sozialplans (s. u. 4.).

Der Interessenausgleich ist ein Vertrag zwischen Arbeitgeber und Betriebsrat, der (anders als eine Betriebsvereinbarung und der Sozialplan) nicht direkt auf die einzelnen Arbeitsverhältnisse wirkt. Deshalb hat der einzelne Arbeitnehmer aus dem Interessenausgleich auch keine unmittelbaren Rechte.

Nur wenn der Arbeitgeber von einem Interessenausgleich ohne zwingenden Grund abweicht, können diejenigen Arbeitnehmer, die infolge der Abweichung entlassen werden, Klage auf Abfindung erheben (§ 113 Abs. 1 BetrVG). Auch sonstige Nachteile sind dem Arbeitnehmer zu erstatten, wenn diese infolge einer Abweichung vom Interessenausgleich entstanden sind.

Der Interessenausgleich ist schriftlich niederzulegen und vom Unternehmer und dem Betriebsrat zu unterschreiben. Von Seiten des Betriebsrats ist die Unterschrift des Betriebsratsvorsitzenden ausreichend.

ACHTUNG!

Ein wirksamer Interessenausgleich setzt nach § 112 BetrVG die schriftliche Niederlegung und die Unterzeichnung durch die Betriebsparteien voraus. Ein mündlich vereinbarter Interessenausgleich ist unwirksam.

Der Arbeitgeber muss vor der Durchführung einer Betriebsänderung alle Möglichkeiten zur Herbeiführung eines wirksamen Interessenausgleichs ausschöpfen. Mit formlosen Mitteilungen des Betriebsratsvorsitzenden, der Betriebsänderung werde zugestimmt oder ein Interessenausgleich sei überflüssig, darf er sich nicht begnügen. Falls der Betriebsrat die Zustimmung zur Betriebsänderung beschlossen hat, muss der Arbeitgeber im eigenen Interesse die schriftliche Niederlegung verlangen. Erforderlichenfalls muss er die Einigungsstelle anrufen (BAG v. 26.10.2004, Az. 1 AZR 493/03). Führt der Arbeitgeber Maßnahmen der Betriebsänderung (z. B. Kündigungen oder Entfernung von Betriebsanlagen) aus, bevor er alle Möglichkeiten zur Herbeiführung eines wirksamen Interessenausgleichs ausgeschöpft hat, so steht dem Betriebsrat nach überwiegender Rechtsprechung ein Anspruch auf Unterlassung dieser Maßnahmen zu, der ggf. auch im Wege eines einstweiligen Verfügungsverfahrens durchgesetzt werden kann.

3.2 Inhalt

Der Inhalt eines Interessenausgleichs ist gesetzlich nicht geregelt. Er sollte jedoch möglichst konkrete und genaue Angaben enthalten, sodass keine nachträglichen Auslegungsprobleme entstehen. Mögliche Inhalte des Interessenausgleichs sind:

- Zeitplan über konkrete betriebliche Änderungen,
- stufenweise Entlassungen,

- Kündigungsverbote,
- Aufhebungsverträge,
- Versetzungs- und Umschulungspflichten.

Einzelne personelle Maßnahmen müssen im Interessenausgleich nicht enthalten sein.

WICHTIG!

Im Falle von betriebsbedingten Kündigungen ist dringend zu empfehlen, die betroffenen Arbeitnehmer im Interessenausgleich namentlich zu benennen. Seit dem 1.1.2004 wird nämlich gesetzlich vermutet, dass die Kündigung von den in einer solchen Namensliste genannten Arbeitnehmern durch dringende betriebliche Erfordernisse gerechtfertigt ist (§ 1 Abs. 5 KSchG). Die soziale Auswahl der namentlich genannten Arbeitnehmer kann von den Arbeitsgerichten nur auf grobe Fehlerhaftigkeit überprüft werden. Von einer groben Fehlerhaftigkeit ist auszugehen, wenn eine evidente, ins Auge springende erhebliche Abweichung von den Grundsätzen des § 1 Abs. 3 KSchG vorliegt und der Interessenausgleich jede soziale Ausgewogenheit vermissen lässt (BAG v. 19.7.2012, Az. 2 AZR 352/11). Der Maßstab der groben Fehlerhaftigkeit bezieht sich auch auf die Bildung des auswahlrelevanten Personenkreises (BAG v. 3.4.2008, Az. 2 AZR 879/06; LAG München v. 12.5.2022, Az. 3 Sa 13/22). Wichtig ist, dass in der Namensliste nur solche Mitarbeiter genannt werden, die (aus der Sicht der Betriebsparteien) aufgrund der dem Interessenausgleich zugrunde liegenden Betriebsänderung (und nicht aus anderen Gründen) zu kündigen sind (BAG v. 26.3.2009, Az. 2 AZR 296/07). Ein Verstoß gegen das Verbot der Altersdiskriminierung bei der Aufstellung einer Namensliste i. S. d. § 1 Abs. 5 Satz 1 KSchG lässt die gesetzliche Vermutung des Vorliegens dringender betrieblicher Bedürfnisse für die betreffenden Kündigungen nicht entfallen. Der Verstoß kann allerdings zu einer groben Fehlerhaftigkeit der Sozialauswahl i. S. d. § 1 Abs. 5 Satz 2 KSchG führen.

Die Aufnahme einer solchen Namensliste in den Interessenausgleich führt also zu erheblichen Kündigungserleichterungen. Zum einen führt dies zu einer sog. Beweislastumkehr; d. h. der gekündigte (in der Namensliste genannte) Arbeitnehmer muss in einem Kündigungsschutzprozess beweisen, dass die „gesetzlich vermuteten" dringenden betrieblichen Gründe für die Kündigung nicht vorliegen.

WICHTIG!

Nach § 1 Abs. 5 Satz 1 KSchG wird gesetzlich vermutet, dass die Kündigung durch dringende betriebliche Erfordernisse i. S. d. § 1 Abs. 2 KSchG bedingt ist, wenn die Arbeitnehmer, denen aufgrund einer Betriebsänderung i. S. d. § 111 BetrVG gekündigt werden soll, in einem Interessenausgleich zwischen Arbeitgeber und Betriebsrat namentlich bezeichnet sind. Die Vermutung bezieht sich sowohl auf den Wegfall der bisherigen Beschäftigung als auch auf das Fehlen anderer Beschäftigungsmöglichkeiten im Betrieb. Es ist sodann Sache des Arbeitnehmers darzulegen und im Bestreitensfall zu beweisen, dass in Wirklichkeit eine Beschäftigungsmöglichkeit für ihn weiterhin besteht. Eine bloße Erschütterung der Vermutung reicht nicht aus. Es ist substantiierter Tatsachenvortrag erforderlich, der den gesetzlich vermuteten Umstand nicht nur in Zweifel zieht, sondern ausschließt. Dem Arbeitnehmer können bei der Führung des Gegenbeweises gewisse Erleichterungen nach den Regeln der sog. abgestuften Darlegungs- und Beweislast zugutekommen. Das entbindet ihn regelmäßig aber nicht von der Verpflichtung, zumindest greifbare Anhaltspunkte für einen fortbestehenden Beschäftigungsbedarf zu benennen. Hat der Arbeitnehmer keinen Einblick in die Geschehensabläufe und ist ihm deshalb die Beweisführung erschwert, kann er auch solche Umstände unter Beweis stellen, die er aufgrund greifbarer Anhaltspunkte nur vermuten kann (BAG v. 27.9.2012, Az. 2 AZR 516/11). Die Vermutungswirkungen des § 1 Abs. 5 KSchG treten aber nur ein, wenn die der Kündigung zugrunde liegende Betriebsänderung vollumfänglich Gegenstand einer Verständigung der Betriebsparteien i. S. v. § 111 Satz 1, § 112 BetrVG ist. Ein Interessenausgleich nur über Teile der Betriebsänderung reicht nicht aus (BAG v. 17.3.2016, Az. 2 AZR 182/15).

Zum anderen kann die von den Betriebsparteien (Arbeitgeber und Betriebsrat) zugrunde gelegte soziale Auswahl der betroffenen Arbeitnehmer nur dann arbeitsgerichtlich beanstandet werden, wenn sie „jede Ausgewogenheit" (so der Gesetzgeber) vermissen lässt.

Die Erfolgsaussichten einer Kündigungsschutzklage werden durch diese gesetzlichen Regelungen bei Betriebsänderungen erheblich reduziert. Wenn der Arbeitnehmer jedoch beweisen kann, dass sich die Sachlage nach Zustandekommen des Interessenausgleichs wesentlich geändert hat, gelten die Kündigungserleichterungen nicht und die Beweislast für die Kündigungsgründe und die soziale Auswahl verbleibt (wie bei anderen betriebsbedingten Kündigungen) beim Arbeitgeber.

Von einer wesentlichen Änderung der Sachlage ist auszugehen, wenn die Betriebsänderung, auf die sich der Interessenausgleich bezieht, nicht mehr durchgeführt wird oder die Zahl der dort vorgesehenen Kündigungen erheblich verringert wird.

ACHTUNG!

Die Beweislastumkehr gilt nicht bei außerordentlichen Kündigungen; und zwar auch dann nicht wenn diese betriebsbedingt sind und z. B. deshalb erfolgen, weil die im Interessenausgleich genannten Arbeitnehmer ordentlich unkündbar sind (BAG v. 28.5.2009, Az. 2 AZR 844/07).

WICHTIG!

Ein Interessenausgleich über eine geplante Betriebsänderung ist schriftlich niederzulegen und vom Unternehmer und vom Betriebsrat zu unterschreiben. Das gesetzliche Schriftformerfordernis ist bezüglich der Namensliste jedoch auch dann erfüllt, wenn diese gemeinsam mit dem Interessenausgleich eine Urkunde bildet. Ausreichend ist es jedenfalls, wenn die Haupturkunde (= der Interessenausgleich) unterschrieben, in ihr auf die nicht unterschriebene Anlage ausdrücklich Bezug genommen wird und die Haupturkunde und die nachfolgende Anlage (= Namensliste) mittels Heftmaschine körperlich derart zu einer einheitlichen Urkunde verbunden wird, dass eine Lösung nur durch Gewaltanwendung (lösende Heftklammer) möglich ist (BAG v. 6.7.2006, Az. 2 AZR 520/05). Im Augenblick der Unterzeichnung müssen die beiden Schriftstücke jedoch als einheitliche Urkunde äußerlich erkennbar werden. Die erst nach Unterzeichnung erfolgte Zusammenheftung genügt daher dem Schriftformerfordernis nicht (BAG a. a. O.). Wird die Namensliste getrennt von dem Interessenausgleich erstellt, reicht es gem. BAG v. 26.3.2009, Az. 2 AZR 296/07 aus, wenn sie von den Betriebsparteien unterzeichnet ist und in ihr oder im Interessenausgleich auf sie Bezug genommen ist. Ein Interessenausgleich kann auch noch nach seinem Abschluss zeitnah um eine Namensliste ergänzt werden (BAG a. a. O.).

3.3 Vermittlung

Kommt ein Interessenausgleich nicht zustande, können Arbeitgeber oder Betriebsrat den Vorstand der Bundesagentur für Arbeit um Vermittlung bitten (§ 112 Abs. 2 BetrVG). Der Vorstand braucht die Vermittlung nicht selbst vorzunehmen, sondern kann hiermit einen Mitarbeiter aus seiner Behörde beauftragen (das ist der Regelfall). Es muss jedoch in jedem Fall ein Vermittlungsversuch unternommen werden. Um Nachteile zu vermeiden, sollte der Arbeitgeber sich auf den Vermittlungsversuch einlassen bzw. zumindest Stellung nehmen.

Wird von einer Einschaltung Externer beidseitig abgesehen oder bleibt sein Vermittlungsversuch ergebnislos, können sowohl der Arbeitgeber als auch der Betriebsrat die → *Einigungsstelle* anrufen.

ACHTUNG!

Bis zum Abschluss der Verhandlungen über einen Interessenausgleich, der sowohl im Vertragsabschluss als auch im endgültigen Scheitern der Verhandlungen liegen kann, kann gegen den Willen des Betriebsrats keine Betriebsänderung durchgeführt werden. Der Betriebsrat kann sich u. U. hiergegen im Wege einer einstweiligen Unterlassungsverfügung wehren (LAG Thüringen v. 18.3.2003, Az. 1 Ta 104/03; LAG Hamm v. 28.8.2003, Az. 13 TaBV 127/03; LAG München v. 22.12.2008, Az. 6 TaBVGa 6/08).

4. Sozialplan

Unabhängig davon, ob ein Interessenausgleich versucht, abgeschlossen, gescheitert oder überhaupt unterblieben ist oder die Betriebsänderungen vorher bereits durchgeführt worden sind, besteht i. d. R. ein erzwingbares Mitbestimmungsrecht des Betriebsrats zur Aufstellung eines Sozialplans.

Ein Sozialplan soll Regelungen über den Ausgleich oder die Milderung von wirtschaftlichen Nachteilen der betroffenen Arbeitnehmer enthalten. Anders als beim Interessenausgleich geht es hier also in erster Linie um finanzielle Ansprüche der betroffenen Arbeitnehmer.

4.1 Voraussetzungen

Immer dann, wenn eine mitbestimmungspflichtige Betriebsänderung vorliegt, besteht auch ein Anspruch des Betriebsrats auf Abschluss eines Sozialplans. Wenn jedoch nur ein Personalabbau erfolgen soll, also keine sonstigen organisatorischen oder strukturellen Veränderungen vorgenommen werden, kann ein Sozialplan nur dann erzwungen werden, wenn in Betrieben mit in der Regel

- weniger als 60 Arbeitnehmern 20 % der regelmäßig beschäftigten Arbeitnehmer, aber mindestens 6 Arbeitnehmer
- mindestens 60 und weniger als 250 Arbeitnehmern 20 % der regelmäßig beschäftigten Arbeitnehmer, aber mindestens 37 Arbeitnehmer
- mindestens 250 und weniger als 500 Arbeitnehmern 15 % der regelmäßig beschäftigten Arbeitnehmer, aber mindestens 60 Arbeitnehmer
- mindestens 500 Arbeitnehmern 10 % der regelmäßig beschäftigten Arbeitnehmer, aber mindestens 60 Arbeitnehmer

aus betriebsbedingten Gründen entlassen werden sollen (§ 112a BetrVG).

WICHTIG!

Zu den betriebsbedingten Entlassungen zählen auch Aufhebungsverträge, die auf Veranlassung des Arbeitgebers zustande gekommen sind.

4.2 Form und Rechtswirkungen

Der Sozialplan ist ebenso wie der Interessenausgleich schriftlich niederzulegen und vom Arbeitgeber und vom Betriebsrat zu unterschreiben. Er unterscheidet sich vom Interessenausgleich dadurch, dass er (wie eine Betriebsvereinbarung) unmittelbare Wirkung auf die einzelnen Arbeitsverhältnisse hat; die Arbeitnehmer können daher aus dem Sozialplan direkte Ansprüche gegen den Arbeitgeber geltend machen.

4.3 Inhalt

Arbeitgeber und Betriebsrat können bei Abschluss eines Sozialplans frei darüber entscheiden, wie die durch die Betriebsänderung zu erwartenden Nachteile ausgeglichen werden sollen (z. B. unter welchen Voraussetzungen eine Abfindung zu zahlen ist). Hierbei ist jedoch der Gleichbehandlungsgrundsatz zu beachten, der eine sachlich ungerechtfertigte Ungleichbehandlung von vergleichbaren Arbeitnehmern verbietet.

Bei Entlassungen werden üblicherweise Abfindungen vereinbart, die eine Staffelung nach Lebensalter, Familienstand und Betriebszugehörigkeit vorsehen. Der genaue Berechnungsmodus sollte im Sozialplan ebenso niedergelegt werden wie die Methode, nach der die Zeiten der Betriebszugehörigkeit zu ermitteln sind. Üblicherweise wird nur die ununterbrochene Betriebszugehörigkeit berücksichtigt. Für die Berechnung des Lebensalters und der Betriebszugehörigkeit sollten dann Stichtage festgesetzt werden. Ferner ist festzulegen, welche Lohnersatzleistungen (Arbeitslosengeld, Kurzarbeitergeld etc.) auf die Abfindung anzurechnen sind. Auch die Frage der Verrentung älterer Arbeitnehmer sollte bei einem Sozialplan Berücksichtigung finden.

Die Betriebsparteien können zur Herstellung von Rechtssicherheit ein Verfahren oder einen Stichtag bestimmen und auf diese Weise festlegen, ob eine Eigenkündigung durch die konkrete Betriebsänderung veranlasst wurde oder nicht. Dazu kann die Ausgleichspflicht an einen Zeitpunkt anknüpfen, in dem die Art und Weise der durchzuführenden Betriebsänderung für die betroffenen Arbeitnehmer feststeht. Bei der gebotenen typisierenden Betrachtungsweise dürfen die Betriebsparteien in einem solchen Fall davon ausgehen, dass Arbeitnehmer, die auf eigene Veranlassung ihr Arbeitsverhältnis beenden, bevor das Ausmaß einer sie treffenden Betriebsänderung konkret absehbar und der Umfang der daran knüpfenden wirtschaftlichen Nachteile prognostizierbar ist, ihr Arbeitsverhältnis nicht aufgrund der Betriebsänderung beenden (BAG v. 12.4.2011, Az. 1 AZR 505/09).

ACHTUNG!

Im Rahmen von Sozialplänen dürfen Arbeitgeber und Betriebsräte in Zukunft nicht mehr zwischen tatsächlichen Beschäftigungszeiten und einem Ruhen des Arbeitsverhältnisses während der Elternzeit unterscheiden. Dies hat zur Folge, dass die Zeiten der Kindererziehung während der Elternzeit einer regulären Beschäftigung im Betrieb gleichzusetzen sind (BAG v. 12.11.2002, Az. 1 AZR 58/02; BAG v. 21.10.2003, Az. 1 AZR 407/02).

Weitere Ausgleichsregelungen können z. B. betreffen:

- Pensionen,
- Gewinnbeteiligungen,
- vermögenswirksame Leistungen,
- Umzugskostenzuschüsse,
- Fahrtkostenzuschüsse,
- Ausgleichsansprüche für Herabgruppierungen,
- Bestimmung über Werkwohnungen,
- Umschulungs- oder Weiterbildungsmaßnahmen.

WICHTIG!

Es verstößt nicht gegen den nach § 75 Abs. 1 Satz 1 BetrVG zu beachtenden allgemeinen Gleichheitsgrundsatz, wenn ein Sozialplan keine Abfindung für Arbeitnehmer vorsieht, denen ihr bisheriger Arbeitgeber ein neues Arbeitsverhältnis mit einem gleichwertigen Arbeitsplatz vermittelt hat (BAG v. 22.3.2005, Az. 1 AZR 3/04). Entsprechendes gilt, wenn ein Sozialplan den Anspruch auf eine Abfindung im Falle einer vom Arbeitgeber veranlassten Eigenkündigung des Arbeitnehmers davon abhängig macht, dass der Arbeitgeber diesem zuvor ein – unzumutbares – Arbeitsplatzangebot gemacht hat (BAG v. 13.2.2007, Az. 1 AZR 163/06). Auch kann in einem Sozialplan Arbeitnehmern, die ein nach den Regelungen des Sozialplans örtlich unzumutbares Arbeitsangebot bei einem anderen Konzern angehörigen Unternehmen angenommen haben, eine Erprobungszeit eingeräumt werden, in der die Beschäftigten prüfen können, ob sie an dem neuen Arbeitsort dauerhaft weiterarbeiten wollen. Hierbei können die Betriebsparteien die Zahlung einer Abfindung im Falle einer Eigenkündigung des Arbeitnehmers nach dem Wechsel des Arbeitsorts von der Einhaltung eines bestimmten Kündigungstermins abhängig machen. Sofern der Arbeitnehmer in diesem Fall die ihm eingeräumte Erprobungszeit wegen einer anderen Beschäftigung vorzeitig abbricht und das Arbeitsverhältnis vorzeitig beendet, kann nach dem Sozialplan die Abfindung entfallen (BAG v. 20.4.2010, Az. 1 AZR 988/08). Ein Sozialplan kann auch die Kürzung einer Abfindung für den Fall der Ablehnung eines zumutbaren Weiterbeschäftigungsangebots vorsehen.

Ein Sozialplan kann die Zahlung einer Abfindung auf Arbeitnehmer beschränken, die wegen der Beendigung ihrer Arbeitsverhältnisse von Arbeitslosigkeit bedroht sind. Sieht ein Sozialplan jedoch eine Sonderprämie für den Verzicht auf die Erhebung einer Kündigungsschutzklage vor, dürfen hiervon nicht solche Arbeitnehmer ausgenommen werden, die von der Erhebung einer Kündigungsschutzklage absehen, weil sie im Anschluss an ihre Entlassung anderweitig beschäftigt werden (BAG v. 8.12.2015, Az. 1 AZR 595/14). Eine Sonderprämie bei Klageverzicht dient der Planungssicherheit des Arbeitgebers, für die es auf das Bestehen einer Anschlussbeschäftigung nicht ankommt (BAG a. a. O.).

Bietet der Arbeitgeber Arbeitnehmern das freiwillige Ausscheiden aus dem Arbeitsverhältnis gegen Abfindungszahlung an, stellt es keine unzulässige Benachteiligung dar, wenn er Teilzeitbeschäftig-

ten nur eine Abfindung nach dem Grundsatz „pro rata temporis" (§ 4 Abs. 1 Satz 2 TzBfG) zusagt (BAG v. 13.2.2007, Az. 9 AZR 729/05). Sofern bei der Ermittlung einer Sozialplanabfindung die Beschäftigungsdauer der jeweiligen Mitarbeiter maßgeblich ist, können die Betriebsparteien auch Höchstgrenzen vorsehen. Eine sog. Kappungsgrenze behandelt nach der Auffassung des BAG alle davon betroffenen Arbeitnehmer gleich und ist somit grundsätzlich zulässig (BAG v. 21.7.2009, Az. 1 AZR 566/08). Sieht ein Sozialplan vor, dass Arbeitnehmer erst ab dem 40. Lebensjahr die volle Abfindung erhalten, vom 30. bis zum 39. Lebensjahr dagegen nur 90 % und bis zum 29. Lebensjahr nur 80 %, werden hierdurch jüngere Arbeitnehmer in der Regel nicht unzulässig wegen ihres Lebensalters benachteiligt (BAG v. 12.4.2011, Az. 1 AZR 743/09). Auch eine Sozialplanregelung, nach der sich die Abfindungshöhe nach der Formel Bruttomonatsvergütung x Betriebszugehörigkeit x Faktor bestimmt und die vorsieht, dass Arbeitnehmer nach vollendetem 62. Lebensjahr eine Mindestabfindung von zwei Bruttomonatsverdiensten erhalten, verstößt nicht gegen das Verbot der Benachteiligung wegen des Alters (BAG v. 26.3.2013, Az. 1 AZR 857/11).

Arbeitgeber und Betriebsrat können in einem Sozialplan vereinbaren, dass solche Arbeitnehmer keine Abfindung erhalten, die wegen des Bezugs einer befristeten vollen Erwerbsminderungsrente nicht beschäftigt sind und bei denen damit zu rechnen ist, dass ihre Arbeitsunfähigkeit auf nicht absehbare Zeit fortbesteht. In einem derartigen Anspruchsausschluss liegt keine unmittelbare Benachteiligung des erwerbsgeminderten Arbeitnehmers wegen seiner Behinderung. Dieser erfährt durch die Sozialplanregelung keine weniger günstige Behandlung als eine andere Person in einer vergleichbaren Lage. Durch Sozialplanleistungen sollen die wirtschaftlichen Nachteile der Arbeitnehmer ausgeglichen werden, die infolge der Betriebsänderung ihren Arbeitsplatz und damit ihren Anspruch auf Arbeitsentgelt verlieren. Bereits längere Zeit erwerbsgeminderte Arbeitnehmer, die ihre Arbeitsfähigkeit in absehbarer Zeit nicht wiedererlangen werden, erleiden durch die Beendigung ihres Arbeitsverhältnisses keine vergleichbaren Nachteile. In Bezug auf diese Personengruppe können die Betriebsparteien typisierend davon ausgehen, dass sie auch zukünftig nicht in der Lage sein wird, durch den Einsatz ihrer Arbeitskraft Arbeitsentgelt zu erzielen (BAG v. 7.6.2011, Az. 1 AZR 34/10). Werden jedoch Arbeitnehmer, die aufgrund einer Schwerbehinderung bei Beendigung des Arbeitsverhältnisses eine Rente beanspruchen können, von der individuellen Abfindungsberechnung in einem Sozialplan ausgenommen, so liegt darin eine verbotene (unmittelbar an das Merkmal der Behinderung anknüpfende) Ungleichbehandlung, wenn nach der Berechnungsformel Arbeitnehmern ohne Schwerbehinderung eine höhere Abfindung zustehen würde (BAG v. 17.11.2015, Az. 1 AZR 938/13). In diesen Fällen können die betroffenen Arbeitnehmer eine „Anpassung nach oben" verlangen (vgl. LAG Hamm v. 2.6.2016, Az. 11 Sa 1344/15). Ebenso unzulässig ist es, Arbeitnehmern mit befristeten Arbeitsverträgen Ausgleichzahlungen zu verwehren, während Dauerbeschäftigten diese gewährt werden (vgl. EuGH v. 14.9.2016, Az. C-596/14 [de Diego Porras]).

Ein von einer Betriebsänderung betroffener Arbeitnehmer hat nur Anspruch auf Leistungen aus einem Sozialplan, der in Folge dieser Betriebsänderung abgeschlossen wurde. Wird zu einem späteren Zeitpunkt ein weiterer, besser ausgestatteter Sozialplan in Folge einer weiteren Betriebsänderung vereinbart, von welcher der Arbeitnehmer jedoch nicht betroffen ist, kann er nicht nach § 75 Abs. 1 BetrVG verlangen, mit den vom persönlichen Geltungsbereich des zweiten Sozialplans erfassten Arbeitnehmern gleichgestellt zu werden. Dem steht entgegen, dass es sich bei den beiden Betriebsänderungen um zwei verschiedene betriebsverfassungsrechtliche Angelegenheiten handelt, die unterschiedlich geregelt werden (BAG v. 23.3.2010, Az. 1 AZR 981/08). Ein zwischen dem Arbeitgeber und dem Gesamtbetriebsrat vereinbarter vorsorglicher Sozialplan, der für eine Vielzahl künftig möglicher, noch nicht geplanter Betriebsänderungen den Ausgleich oder die Milderung wirtschaftlicher Nachteile vorsieht, begründet normative Ansprüche zugunsten von Arbeitnehmern typischerweise für den Fall, dass aus Anlass einer konkreten Betriebsänderung auf betrieblicher Ebene der Abschluss eines Sozialplans unterbleibt (BAG v. 17.4.2012, Az. 1 AZR 119/11).

4.4 Erzwingbarkeit

Kommt eine Einigung zwischen Betriebsrat und Arbeitgeber nicht zustande, kann ebenso wie beim Interessenausgleich der Präsident des Landesarbeitsamts um Vermittlung gebeten werden. Geschieht dies nicht oder bleibt der Vermittlungsversuch erfolglos, können sowohl Arbeitgeber als auch Betriebsrat die → *Einigungsstelle* anrufen.

Im Gegensatz zum Interessenausgleich entscheidet aber die Einigungsstelle über die Aufstellung eines Sozialplans verbindlich; damit kann also der Betriebsrat über die → *Einigungsstelle* einen Sozialplan erzwingen.

WICHTIG!

Diese Erzwingbarkeit besteht auch noch während oder nach Durchführung der Betriebsänderung.

Gegen den Spruch der Einigungsstelle, kann dann beim Arbeitsgericht geklagt werden. Gegenstand der gerichtlichen Kontrolle ist, ob sich der Spruch der Einigungsstelle als angemessener Ausgleich der Belange des Betriebs und Unternehmens auf der einen und der betroffenen Arbeitnehmer auf der anderen Seite erweist. Maßgeblich ist allein die getroffene Regelung als solche. Eine Überschreitung der Grenzen des Ermessens muss in ihr selbst als Ergebnis des Abwägungsvorgangs liegen. Auf die von der Einigungsstelle angestellten Erwägungen kommt es nicht an (BAG v. 22.1.2013, Az. 1 ABR 85/11).

Beispiele:

Der Betriebsrat kann beim Arbeitsgericht geltend machen, dass der Spruch der Einigungsstelle nicht ermessensfehlerfrei zu Stande gekommen ist, weil das Gesamtvolumen der Entschädigungen zu gering ist. Ein Sozialplan muss nämlich „bis an den Rand der Bestandsgefährdung eines Unternehmens" wenigstens eine „substantielle Milderung der wirtschaftlichen Nachteile" vorsehen (BAG v. 24.8.2004, Az. 1 ABR 23/03). Ficht der Arbeitgeber den Sozialplan wegen mangelnder wirtschaftlicher Vertretbarkeit an, hat er schlüssig darzulegen, dass dessen Regelungen zu einer Überkompensation der eingetretenen Nachteile führen und deshalb schon die Obergrenze des § 112 Abs. 1 Satz 2 BetrVG verletzen, oder dass sie die Grenze der wirtschaftlichen Vertretbarkeit für das Unternehmen überschreiten (BAG v. 22.1.2013, Az. 1 ABR 85/11).

ACHTUNG!

Gewerkschaften dürfen zu Streiks für einen Tarifvertrag aufrufen, in dem wirtschaftliche Nachteile aus einer Betriebsänderung ausgeglichen oder gemildert werden sollen. Für die Aufstellung betriebsbezogener Sozialpläne sind zwar nach §§ 111, 112 BetrVG Arbeitgeber und Betriebsrat zuständig. Das Betriebsverfassungsgesetz schränkt jedoch die Regelungsbefugnis von Tarifvertragsparteien insoweit nicht ein. Typische Sozialplaninhalte – wie Ansprüche auf Abfindungen oder Qualifizierungsmaßnahmen – sind zugleich tariflich regelbare Angelegenheiten. Ist der Arbeitgeber (Verband) zum Abschluss eines entsprechenden Tarifvertrages nicht bereit, darf hierfür gestreikt werden. Die Gewerkschaften können mit dem Streik auch sehr weitgehende Tarifforderungen verfolgen (BAG v. 24.4.2007, Az. 1 AZR 252/06).

4.5 Zuschüsse zu Sozialplänen

Träger von Arbeitsförderungsmaßnahmen (Arbeitsamt) können Zuschüsse zu Eingliederungsmaßnahmen aufgrund eines Sozialplans leisten (§§ 254 ff. SGB III). Einzelheiten hierzu können bei den zuständigen Arbeitsämtern erfragt werden.

WICHTIG!

Auf Antrag des Arbeitgebers oder der Einigungsstelle entscheidet das Landesarbeitsamt im Voraus, ob und unter welchen Vorraussetzungen eine Maßnahme gefördert werden kann.

IV. Rechte des Arbeitnehmers

1. Nachteilsausgleich

Immer dann, wenn der Arbeitgeber seine Pflichten im Zusammenhang mit dem anzustrebenden Interessenausgleich mit dem Betriebsrat verletzt hat, kommt ein Nachteilsausgleich gegenüber dem Arbeitnehmer in Betracht (§ 113 BetrVG).

Hierbei sind verschiedene Fallgruppen zu unterscheiden.

1.1 Abweichung vom Interessenausgleich

Weicht der Arbeitgeber von einem mit dem Betriebsrat geschlossenen Interessenausgleich ohne zwingenden Grund ab, kann der hiervon betroffene Arbeitnehmer Klage auf Abfindung erheben (§ 113 Abs. 1 BetrVG).

Voraussetzung hierfür ist, dass ein Interessenausgleich vorher wirksam zustande gekommen ist. In diesem Fall ist der Arbeitgeber zur Einhaltung seiner Zusagen verpflichtet. Nur aus zwingendem Grund darf er ohne nachteilige Folgen vom Interessenausgleich abweichen. Dies kann z. B. der Fall sein bei

- unvorhersehbaren plötzlichen Zahlungsschwierigkeiten,
- massiven Umsatzeinbrüchen oder Absatzschwierigkeiten,
- der Zerstörung von Produktionsanlagen.

Liegt ein zwingender Grund für die Abweichung vom Interessenausgleich nicht vor, können die betroffenen Arbeitnehmer beim Arbeitsgericht Klage auf Zahlung von Abfindungen erheben (entsprechend § 10 KSchG). Entstehen den Arbeitnehmern infolge der Abweichung andere wirtschaftliche Nachteile (z. B. durch Versetzungen oder Lohneinschränkungen), muss der Arbeitgeber diese Nachteile für einen Zeitraum von bis zu zwölf Monaten ausgleichen (§ 113 Abs. 2 BetrVG).

WICHTIG!

Der Anspruch auf Abfindung nach § 113 BetrVG unterliegt den tariflichen Ausschlussfristen und kann somit wie ein sonstiger Vergütungsanspruch verfallen.

1.2 Unterlassener Interessenausgleich

Hat der Arbeitgeber die Vereinbarung eines Interessenausgleichs mit dem Betriebsrat unterlassen, kann dies ebenfalls zu Abfindungsansprüchen der betroffenen Arbeitnehmer führen. Von einer Unterlassung ist auszugehen, wenn

- ein Interessenausgleich überhaupt nicht versucht wurde,
- ein Interessenausgleich verspätet – also bereits nach durchgeführter Betriebsänderung – versucht wurde,
- das Verfahren zur Einigung über einen Interessenausgleich nicht ausgeschöpft wurde (z. B. unterbliebene Anrufung des Präsidenten des Landesarbeitsamts).

Auch in diesen Fällen können die von der Betriebsänderung betroffenen Arbeitnehmer auf Abfindung klagen.

ACHTUNG!

Der Anspruch auf Nachteilsausgleich erfasst nur solche Arbeitnehmer, deren Arbeitsverhältnis von der Betriebsänderung unmittelbar nachteilig betroffen sein kann (BAG v. 22.1.2013, 1 AZR 873/11). Die Höhe des Nachteilsausgleichs wird in diesen Fällen weder von der finanziellen Leistungsfähigkeit noch von der individuellen Leistungsbereitschaft des Arbeitgebers begrenzt (BAG v. 22.7.2003, Az. 1 AZR 541/02).

WICHTIG!

Mit dem Nachteilsausgleich sind Ansprüche aus einem später vereinbarten Sozialplan nach §§ 112, 112a BetrVG zu verrechnen. Das gilt jedenfalls dann, wenn das Unternehmen vor Beginn der Betriebsänderung den Konsultationspflichten der EG-Massenentlassungsrichtlinie genügt hat (BAG v. 16.5.2007, Az. 8 AZR 693/06).

2. Sozialplan

Aus einem Sozialplan hat der einzelne Arbeitnehmer direkte Ansprüche gegen den Arbeitgeber. Diese können im Streitfall gerichtlich durchgesetzt werden.

ACHTUNG!

Wird dem Arbeitnehmer in dem Kündigungsschreiben die gesetzliche Abfindung gem. § 1a KSchG für den Fall des Verstreichenlassens der Klagefrist zugesagt, kann er diese neben weiteren Ansprüchen aus dem Sozialplan beanspruchen. Die Abfindung in einem Interessenausgleich und der Abfindungsanspruch nach § 1a KSchG schließen sich nicht gegenseitig aus (LAG Berlin-Brandenburg v. 10.7.2015, Az. 8 Sa 531/15).

Betriebsprüfung

I. Begriff und Zweck

Durch Betriebsprüfungen sollen Beitragsausfälle für die Sozialversicherungsträger verhindert, die Leistungsansprüche der Berechtigten sichergestellt und für nicht versicherungsberechtigte Personen Leistungsansprüche ausgeschlossen werden. Die Beitragsüberwachung ist alleinige Aufgabe der Rentenversicherungsträger (Deutsche Rentenversicherung Bund – ehemals Bundesversicherungsanstalt für Angestellte, Deutsche Rentenversicherung Knappschaft-Bahn-See und die Regionalträger der Deutschen Rentenversicherung – ehemals Landesversicherungsanstalten).

Für die Krankenkassen besteht noch die Möglichkeit, sich an Betriebsprüfungen zu beteiligen. Die Feststellung des Prüfergebnisses erfolgt ausschließlich durch den prüfenden Rentenversicherungsträger. Die ggf. nach der Prüfung zu erstattenden Meldungen und der Einzug rückständiger Beitragsforderungen erfolgt jedoch weiter über die Krankenkassen als Einzugsstellen.

Seit dem 1. Juli 2007 besteht für die Rentenversicherungsträger – neben der Künstlersozialkasse – auch die Verpflichtung, bei den Arbeitgebern die rechtzeitige und vollständige Entrichtung der Künstlersozialabgabe zu prüfen. Mit dieser Regelung wurde keine neue Aufgabe eingeführt, sondern es soll die bereits seit 1983 bestehende Abgabeverpflichtung nach dem Künstlersozialversicherungsgesetz konsequent überprüft werden, um Beitragsausfälle zu vermeiden und den Abgabesatz auf einem möglichst geringen Niveau zu halten.

Seit dem 1. Januar 2010 prüfen die Rentenversicherungsträger im Rahmen ihrer turnusmäßigen Betriebsprüfung auch die Abgabeverpflichtung im Rahmen der Unfallversicherung. Geprüft werden die Beurteilung von Arbeitsentgelt als beitragspflichtig zur Unfallversicherung und die Zuordnung von Arbeitsentgelt zu den veranlagten Gefahrentarifstellen. Ein einheitliches Meldeverfahren für alle Sozialversicherungszweige besteht seit dem 1. Januar 2009.

Die Rentenversicherung prüft damit beim Arbeitgeber alle Zweige des Sozialversicherungsrechts. Die Zuständigkeit für die Prüfung richtet sich nach der letzten Ziffer der Betriebsnummer des Arbeitgebers, die von der Bundesagentur für Arbeit an jeden Betrieb, der Arbeitnehmer beschäftigt, vergeben wird. Für Betriebe mit den Endziffern 0–4 ist die Deutsche Rentenversicherung Bund und für Betriebe mit den Endziffern 5–9 der jeweils zuständige Regionalträger der Deutschen Rentenversicherung zuständig.

Die Prüfung, ob alle Vorschriften des Sozialversicherungsrechts eingehalten wurden, erfolgt im Unternehmen bei allen Stellen, die Personen gegen Arbeitsentgelt oder Arbeitseinkommen beschäftigen. Der Arbeitgeber ist zur Abführung der Sozialversicherungsbeiträge verpflichtet. Den jeweiligen Arbeitnehmeranteil behält er vom Gehalt ein.

Die Prüfdienste der Rentenversicherungsträger sind gesetzlich verpflichtet, bei jedem Arbeitgeber spätestens alle vier Jahre eine Betriebsprüfung durchzuführen, um zu verhindern, dass etwaige Forderungen auf Zahlung von Sozialversicherungsbeiträgen verjähren.

Auf Verlangen der gesetzlichen Krankenkassen als Einzugsstellen der Gesamtsozialversicherungsbeiträge sind Prüfungen z. B. bei Anzeigen der Arbeitsagenturen, der Hauptzollämter, der Kriminalpolizei, der Staatsanwaltschaft bei Verdacht auf Vorliegen von → *Schwarzarbeit*, illegaler Beschäftigung und → *Scheinselbstständigkeit* unverzüglich durchzuführen.

WICHTIG!

Die Rentenversicherungsträger prüfen seit dem 1. Januar 2009 auch die Insolvenzsicherung von Wertguthaben, die im Rahmen von flexiblen Arbeitszeitmodellen gebildet werden. Ein ausreichender Insolvenzschutz liegt dabei grundsätzlich vor, wenn die Übertragung des Wertguthabens auf Dritte unter Ausschluss der Rückführung (z. B. Treuhandmodelle, Versicherungsmodelle, schuldrechtliche Verpfändungs- oder Bürgschaftsmodelle) erfolgt („Flexi-II-Gesetz").

Geprüft wird dabei, ob

- **für ein Wertguthaben Insolvenzschutzmaßnahmen getroffen wurden,**
- **die gewählten Sicherungsmittel geeignet sind (§ 7e Abs. 3 SGB IV),**
- **die Sicherungsmittel in ihrem Umfang das Wertguthaben um mehr als 30 % unterschreiten,**
- **die Sicherungsmittel den im Wertguthaben enthaltenen Gesamtsozialversicherungsbeitrag umfassen.**

Sofern dabei Mängel festgestellt werden, weist der Rentenversicherungsträger in dem Betriebsprüfungsbescheid den in dem Wertguthaben enthaltenen und vom Arbeitgeber zu zahlenden Gesamtsozialversicherungsbeitrag aus.

II. Termin beim Arbeitgeber

Zur Vereinbarung eines Prüftermins setzen sich die Außendienstmitarbeiter der Rentenversicherungsträger ein bis zwei Monate vor der beabsichtigten Betriebsprüfung mit dem Arbeitgeber bzw. dessen Steuerberater – wenn dieser Lohnabrechnungsstelle ist – in Verbindung.

TIPP!

Das Schreiben, das den genauen Termin ankündigt, sollte als Hilfe zur Vorbereitung der Prüfung für den Arbeitgeber genutzt werden, da in diesem Schreiben alle bereitzuhaltenden Unterlagen aufgelistet sind.

Für den Prüfer müssen ein geeigneter Raum sowie angemessene Prüfhilfen und die erforderlichen Hilfsmittel (z. B. Lesegeräte für archivierte Abrechnungsunterlagen) kostenlos bereitgestellt werden.

Grundsätzlich sind Betriebsprüfungen am Betriebssitz des Arbeitgebers und hier in der Gehalts- und Lohnbuchhaltung durchzuführen. Hat der Arbeitgeber einen bevollmächtigten Steuerberater, Wirtschaftsprüfer oder ein Rechenzentrum mit der Abrechnung beauftragt, erfolgt die Prüfung am Sitz der Abrechnungsstelle. Für Betriebe, die nicht mehr als fünf Arbeitnehmer beschäftigen und die Lohn- und Gehaltsbuchhaltung nicht durch eine externe Abrechnungsstelle vornehmen lassen, gibt es zusätzlich die Möglichkeit einer sog. Vorlageprüfung, indem die prüfrelevanten Unterlagen an das regionale Prüfbüro des zuständigen Rentenversicherungsträgers gesandt werden.

III. Durchführung der Prüfung

Die Betriebsprüfung erstreckt sich auf alle Pflichten des Arbeitgebers, die im Zusammenhang mit dem Gesamtsozialversicherungsbeitrag stehen. Die Prüfung umfasst neben sämtlichen Lohnunterlagen auch die Finanzbuchhaltung, um die vom Arbeitgeber vorgenommenen Beurteilungen der Beschäftigungsverhältnisse (Scheinselbstständigkeit), die für die Beitragsberechnungen vorgenommenen Beurteilungen des Arbeitsentgelts, die Berechnungen und zeitlichen Zuordnungen der Beiträge und die in diesem Zusammenhang abgegebenen Meldungen an die Einzugsstellen nachprüfen zu können.

Ebenfalls vorzulegen sind etwaige Feststellungen von Lohnsteueraußenprüfungen der Finanzämter wie z. B. Lohnsteuerhaftungsbescheide und deren sozialversicherungsrechtliche Auswertung.

WICHTIG!

Seit dem 1.1.2023 sind die für die Prüfung notwendigen Daten elektronisch aus einem systemgeprüften Entgeltabrechnungsprogramm zu übermitteln. Die elektronische Übermittlung der Daten aus der Finanzbuchhaltung ist ab 1.1.2025 verpflichtend. Auf formlosen Antrag des Arbeitgebers kann für Zeiträume bis 31.12.2016 auf die elektronische Übermittlung verzichtet werden. Ausführliche Beschreibungen finden sich auf der Website der Rentenversicherung (www.deutsche-rentenversicherung.de/DRV/DE/Experten/Arbeitgeber-und-Steuerberater/elektronisch-unterstuetzte-Betriebspruefung-euBP/euBP.html).

Die Rentenversicherungsträger treffen im Rahmen einer Betriebsprüfung anstelle der Einzugsstellen die Entscheidungen über die Versicherungspflicht und die Beitragshöhe in der Kranken-, Pflege-, Renten- und Arbeitslosenversicherung.

Die Prüfdienste sind berechtigt, bereits ergangene Entscheidungen der Einzugsstellen bei Fehlbeurteilungen oder Veränderungen in den Verhältnissen unter Berücksichtigung des Vertrauensschutzes ggf. für die Zukunft zu verändern oder für die Vergangenheit aufzuheben.

ACHTUNG!

Die Rentenversicherungsträger überprüfen im Rahmen ihrer turnusmäßigen Betriebsprüfungen auch die Einhaltung der Vorschriften zum Mindestlohn.

Geprüft werden darüber hinaus auch die Pflichtbeiträge zur Pflegeversicherung für freiwillig krankenversicherte Arbeitnehmer sowie Umlagen nach dem Gesetz zum Ausgleich von Arbeitgeberaufwendungen (U1/U2) sowie die Insolvenzgeldumlage (UI). Daneben erfolgt eine Kontrolle des Meldeverfahrens und die Aufklärung von Abweichungen beim sog. Summenabgleich von gemeldeten und tatsächlich gezahlten Entgelten. Dabei kann die Prüfung auf Stichproben beschränkt werden.

WICHTIG!

Nach der Rechtsprechung des Bundessozialgerichts, zuletzt am 31.10.2013 (B 12 AL 2/11R) hat die Betriebsprüfung eine Kontrollfunktion, aber nicht die Wirkung einer vollständigen Entlastung. Die erteilten Betriebsprüfungsbescheide schaffen keinen allgemeinen und umfassenden Vertrauensschutz für den Arbeitgeber. Vertrauensschutz gilt nur für die konkrete Regelung, für bestimmte Sachverhalte oder bestimmte Personen.

Die Prüfung kann für alle Personen erfolgen, die im bzw. für den Betrieb innerhalb des gesetzlichen Verjährungszeitraums von vier Jahren tätig sind bzw. waren.

Die Betriebsprüfung findet in der Regel während der Betriebszeit in den Geschäftsräumen des Arbeitgebers bzw. der beauftragten Abrechnungsstelle statt.

Der Arbeitgeber muss dabei über alle Tatsachen Auskunft geben und alle Unterlagen vorlegen, die für die ordnungsgemäße Beitragserhebung erforderlich sind.

WICHTIG!

Der Betriebsprüfung nach dem Künstlersozialversicherungsgesetz geht ein schriftliches Verfahren voraus. In dem dort versandten Erhebungsbogen werden Angaben zum Unternehmen, zur Branchen-

zugehörigkeit, zur Inanspruchnahme künstlerisch oder publizistischer Leistungen und den dafür gezahlten Entgelten an selbstständige Künstler und Publizisten erhoben. Der Arbeitgeber hat die gesetzliche Verpflichtung, über alle für die Feststellung der Abgabepflicht und Höhe der Künstlersozialabgabe erforderlichen Tatsachen Auskunft zu geben. Wird Abgabepflicht festgestellt, so wird auch geprüft, ob eine Pflicht zur Vorauszahlung auf die Abgabe besteht. Das Ergebnis der Prüfung wird den Arbeitgebern schriftlich mitgeteilt.

In den Fällen, in denen eine Entscheidung im schriftlichen Verfahren nicht getroffen werden kann, wird eine Prüfung vor Ort bei dem Arbeitgeber erfolgen. Zuständig ist der Träger der Rentenversicherung, der auch für die allgemeine Betriebsprüfung zuständig ist.

WICHTIG!

Werden Dokumente, die nach § 8 Abs. 2 BVV in elektronischer Form zu den Entgeltunterlagen zu nehmen sind, in Papierform übermittelt, sind diese vom Arbeitgeber in ein elektronisches Format umzuwandeln.

IV. Abschlussgespräch

Eine Betriebsprüfung endet in der Regel mit der gemeinsamen Erörterung der wesentlichen Arbeitsergebnisse des Betriebsprüfers. Das Prüfergebnis wird bekannt gegeben und der Arbeitgeber hat die Möglichkeit, dazu Stellung zu nehmen. Das Schlussgespräch gilt als Anhörung im Verwaltungsverfahren. Der Arbeitgeber hat Gelegenheit, sich vor Erlass des Beitragsbescheids bzw. der Prüfmitteilung zu den für die Entscheidung maßgeblichen Tatsachen direkt im Schlussgespräch gegenüber dem Prüfer oder nach Absprache anschließend schriftlich gegenüber der zuständigen Prüfbehörde zu äußern.

TIPP!

Der Arbeitgeber kann das Abschlussgespräch für eine bedarfsorientierte Beratung nutzen, um Hinweise und Ratschläge zu erhalten, damit Fehlerschwerpunkte erkannt und zukünftig vermieden werden können.

V. Ergebnis der Prüfung

Das Ergebnis der Betriebsprüfung wird dem Arbeitgeber in Form einer Prüfmitteilung bzw. bei festgestellten beitragsrelevanten Beanstandungen in Form eines Beitragsbescheids innerhalb eines Monats nach Abschluss der Prüfung schriftlich mitgeteilt. Wenn die Prüfung bei einer Abrechnungsstelle durchgeführt wurde, erhält die Abrechnungsstelle das Original des Prüfergebnisses und der Arbeitgeber die Durchschrift.

WICHTIG!

Diese Unterlagen müssen bis zur nächsten Prüfung aufbewahrt werden.

Daneben erhalten auch die für den Arbeitgeber zuständigen Krankenkassen eine krankenkassenbezogene Mitteilung über das Ergebnis der Betriebsprüfung.

Der Arbeitgeber erhält eine Prüfmitteilung, wenn die Prüfung nicht zu Beanstandungen geführt hat. In ihr können auch weitere Hinweise enthalten sein.

Wurden anlässlich der Prüfung Beanstandungen festgestellt, wird dies – einschließlich der erforderlichen rechtlichen Würdigung und den daraus resultierenden Konsequenzen – dem Arbeitgeber als für die Sozialversicherung maßgeblichen Beitragsschuldner durch förmlichen Verwaltungsakt (Beitragsbescheid) mitgeteilt. Ist der Arbeitgeber mit dem Beitragsbescheid des Rentenversicherungsträgers nicht einverstanden, muss er Widerspruch erheben. Nähere Angaben zum Rechtsbehelfsverfahren enthält der jeweilige Beitragsbescheid.

Formulierungsbeispiel:

„Gegen den Beitragsbescheid vom ... erhebe ich Widerspruch."

Hat der Arbeitgeber zu viel an Beiträgen gezahlt, hat die prüfende Behörde die Erstattung bzw. Verrechnung der zu viel gezahlten Beiträge im Beitragsbescheid festzustellen und der Arbeitgeber muss bei der für den betroffenen Arbeitnehmer zuständigen Krankenkasse einen Erstattungsantrag stellen.

ACHTUNG!

Wird in dem Bescheid eine Beitragsforderung für die Vergangenheit festgestellt, wird für diesen Zeitraum ein Säumniszuschlag gefordert, wenn der Arbeitgeber nicht glaubhaft machen kann, dass er unverschuldet keine Kenntnis von der Zahlungspflicht hatte.

VI. Außerordentliche Betriebsprüfungen

Neben dem Vier-Jahres-Rhythmus können Arbeitgeber und Steuerberater auch jeweils kürzere Zeitabstände für die Betriebsprüfung veranlassen, um Sicherheit darüber zu erhalten, dass das Beitrags- und Meldeverfahren zutreffend ausgeführt wird. Dies hat für den Arbeitgeber zusätzlich den Vorteil, dass die Prüfdauer verkürzt und Lohnunterlagen nicht über einen längeren Zeitraum aufgehoben werden müssen. Bei einer Fortentwicklung des Rechts bleibt darüber hinaus der Zeitraum überschaubar und ggf. unvermeidliche Nachberechnungen bzw. Gutschriften können begrenzt werden. Zudem besteht die Möglichkeit, die Anwesenheit des Außendienstmitarbeiters der Rentenversicherungsträger im Betrieb für eine Beratung in sozialversicherungsrechtlichen Fragen zu nutzen.

VII. Checkliste Betriebsprüfung

I. Lohnunterlagen

Der Arbeitgeber muss in den Lohnunterlagen entsprechend der Beitragsüberwachungsverordnung folgende Angaben über den Beschäftigten bzw. Unterlagen, aus denen sich diese Angaben ergeben, aufnehmen:

- ❑ Familien- und Vorname und ggf. das betriebliche Ordnungsmerkmal
- ❑ Geburtsdatum
- ❑ ggf. Staatsangehörigkeit und Aufenthaltstitel
- ❑ Anschrift
- ❑ Beginn, Ende und Dauer der Beschäftigung
- ❑ Beginn und Ende der Altersteilzeitarbeit
- ❑ Wertguthaben aus flexibler → *Arbeitszeit* einschl. der Änderungen
- ❑ Beschäftigungsart
- ❑ Unterlagen, die maßgebende Angaben für die Versicherungsfreiheit oder Befreiung von der Versicherungspflicht enthalten
- ❑ Arbeitsentgelt entsprechend § 14 SGB IV einschl. seiner Zusammensetzung und zeitlichen Zuordnung (Ausnahme: Sachbezüge und Belegschaftsrabatte, soweit keine Aufzeichnungspflichten nach dem Lohnsteuerrecht bestehen)
- ❑ Beitragspflichtiges Arbeitsentgelt bis zur Beitragsbemessungsgrenze der Rentenversicherung, seine Zusammensetzung und zeitliche Zuordnung
- ❑ das in der Unfallversicherung beitragspflichtige Arbeitsentgelt, die anzuwendende Gefahrtarifstelle und die jeweilige zeitliche Zuordnung

- ❑ Unterschiedsbetrag nach § 3 Abs. 1 Nr. 1b AltTZG
- ❑ Beitragsgruppenschlüssel
- ❑ Einzugsstelle für den Gesamtsozialversicherungsbeitrag
- ❑ Vom Beschäftigten zu tragender Anteil am Gesamtsozialversicherungsbeitrag getrennt nach Beitragsgruppen
- ❑ Daten für die Erstattung von Meldungen, soweit nicht bereits genannt
- ❑ Bei Entsendung: Unterlagen über die Eigenart und zeitliche Begrenzung der Beschäftigung
- ❑ Angaben über gezahltes Kurzarbeiter- oder Winterausfallgeld und die darauf entfallenden beitragspflichtigen Einnahmen

II. Beitragsabrechnung

Der Arbeitgeber muss für jeden Abrechnungszeitraum alle Beschäftigten mit den folgenden Angaben listenmäßig und nach Einzugsstellen getrennt elektronisch erfassen und lesbar zur Verfügung stellen:

- ❑ Familien- und Vorname und ggf. das betriebliche Ordnungsmerkmal
- ❑ Beitragspflichtiges Arbeitsentgelt bis zur Beitragsbemessungsgrenze der Rentenversicherung
- ❑ in der gesetzlichen Unfallversicherung beitragspflichtiges Arbeitsentgelt mit Arbeitsstunden in der angewendeten Gefahrtarifstelle bis zum gültigen Höchstjahresarbeitsverdienst des zuständigen Unfallversicherungsträgers
- ❑ Unterschiedsbetrag nach § 3 Abs. 1 Nr. 1b AltTZG
- ❑ Beitragsgruppenschlüssel
- ❑ Sozialversicherungstage
- ❑ Gesamtsozialversicherungsbeitrag, nach Arbeitgeber- und Arbeitnehmeranteilen je Beitragsgruppe getrennt und summiert
- ❑ Summe der in der gesetzlichen Unfallversicherung beitragspflichtigen Arbeitsentgelte mit Arbeitsstunden je Gefahrtarifstelle und Anzahl der Versicherten getrennt
- ❑ Summierung des gezahlten Kurzarbeitergelds und der darauf entfallenden beitragspflichtigen Einnahmen
- ❑ Beitragspflichtige Sonn-, Feiertags- und Nachtzuschläge
- ❑ Umlagesätze nach dem Aufwendungsausgleichgesetz und das umlagepflichtige Arbeitsentgelt
- ❑ Parameter zur Berechnung der voraussichtlichen Höhe der Beitragsschuld

Betriebsrat

I. Begriff

Der Betriebsrat ist die gesetzliche Interessenvertretung der Arbeitnehmer eines Betriebs. Er repräsentiert die Belegschaft (Arbeiter und Angestellte) und übt die Mitwirkungs- und Mitbestimmungsrechte gegenüber dem Arbeitgeber aus. Die Institution „Betriebsrat" sowie seine Rechte und Pflichten sind im Betriebsverfassungsgesetz (BetrVG) geregelt.

Für die leitenden Angestellten ist der Betriebsrat nicht zuständig. Sie werden durch den Sprecherausschuss vertreten. Als leitende Angestellte gelten nach § 5 Abs. 3 BetrVG die Mitarbeiter, die nach Arbeitsvertrag und Stellung selbstständig Arbeitnehmer einstellen und entlassen können, die Generalvollmacht oder Prokura haben oder die unternehmerische Leitungsaufgaben wahrnehmen (vgl. unten III.1.).

II. Organisation der Betriebsverfassung

1. Betriebsrat/Betrieb, Gesamtbetriebsrat/Unternehmen, Konzernbetriebsrat/Konzern

Betriebsräte werden in Betrieben, in denen regelmäßig mindestens fünf wahlberechtigte Arbeitnehmer tätig sind, errichtet. Zur Feststellung der „in der Regel" beschäftigten Arbeitnehmer ist ein Rückblick in die Vergangenheit, aber auch eine Einschätzung der kommenden Entwicklung erforderlich. Nicht entscheidend ist ein vorübergehender, sondern der regelmäßige Zustand. Als „ständige" Arbeitnehmer sind diejenigen anzusehen, die wegen der ihnen übertragenen Arbeitsaufgaben nicht nur vorübergehend, sondern für unbestimmte, zumindest aber für längere Zeit dem Betrieb angehören. Leiharbeitnehmer – auch wenn sie länger als drei Monate im Betrieb eingesetzt werden (vgl. § 7 BetrVG) – sind nicht mitzurechnen. Teilzeitkräfte zählen dagegen als volle Arbeitnehmer.

Unter einem Betrieb im Sinne des BetrVG ist die organisatorische und räumliche Einheit zu verstehen, innerhalb derer der Unternehmer allein oder mit seinen Mitarbeitern mit Hilfe von sächlichen und immateriellen Mitteln bestimmte arbeitstechnische Zwecke fortgesetzt verfolgt, die sich nicht in der Befriedigung von Eigenbedarf erschöpfen.

Beispiele:

Produktionsbetriebe, Dienstleistungsbetriebe, Ladengeschäfte, Apotheken, Krankenhäuser etc.

Betriebsteile, in denen mindestens fünf Arbeitnehmer beschäftigt sind, gelten gem. § 4 Abs. 1 BetrVG als selbstständige Betriebe – und können damit einen eigenen Betriebsrat erhalten –, wenn sie

- entweder räumlich weit vom Hauptbetrieb entfernt oder
- durch Aufgabenbereich **und** Organisation eigenständig sind.

Eine räumlich weite Entfernung ist anzunehmen, wenn sie keine sachgerechte Vertretung der Arbeitnehmer des Betriebsteils durch den Betriebsrat des Hauptbetriebs erwarten lässt. Dies hängt von den Umständen des Einzelfalls, wie etwa auch von der Verkehrsanbindung ab. So kann im Einzelfall auch ein nur ca. 11 km vom Hauptbetrieb entfernter Betriebsteil bei langen Fahrtzeiten mit öffentlichen Verkehrsmitteln im Sinne von § 4 Abs. 1 Nr. 1 BetrVG räumlich weit vom Hauptbetrieb entfernt sein (BAG v. 17.5.2017, Az. 7 ABR 21/15); eine Entfernung zwischen Filiale und Hauptbetrieb von 58 km und ein zeitlicher Aufwand für die Hin- und Rückfahrt von ca. 1,5 Stunden sollte aber zumindest regelmäßig eine räumlich weite Entfernung im Sinne der Vorschrift begründen (vgl. LAG Nürnberg v. 2.9.2022, Az. 8 TaBV 15/22).

Eine relative Selbstständigkeit im Aufgabenbereich ist gegeben, wenn in einem Betriebsteil ein vom Hauptbetrieb abweichender, gesonderter arbeitstechnischer Zweck verfolgt wird. Bei der Organisation liegt relative Selbstständigkeit vor, wenn ein Betriebsteil in einer Weise eigenständig ist, dass in ihm der wesentliche Kern der betrieblichen Mitbestimmung unterliegenden Arbeitgeberfunktionen ausgeübt wird. Dabei genügt es für die Annahme eines relativ verselbstständigten Betriebsteils i. S. d. § 4 Abs. 1 Satz 1 Nr. 1 BetrVG nicht, dass in der organisatorischen Einheit „überhaupt eine den Einsatz der Arbeitnehmer bestimmende Leitung" institutionalisiert ist, die Weisungsrechte des Arbeitgebers ausübt, sondern es bedarf stets einer Leitungsmacht „vor Ort". Die innerhalb eines abgrenzbaren Liefergebietes tätigen Auslieferungsfahrer eines Onlinemarktplatzes können somit keinen eigenen Betriebsrat wählen (LAG Niedersachsen v. 30.5.2024, Az. 5 TaBV 84/23; LAG Schleswig-Holstein v. 7.8.2024, Az. 6 TaBV 20/23; a. A. ArbG Aachen v. 23.4.2024, Az. 2 BV 56/23).

Besteht in einem Betriebsteil (noch) kein Betriebsrat, können die Arbeitnehmer an den Betriebsratswahlen des Hauptbetriebs teilnehmen. Beteiligt sich die Belegschaft eines betriebsratslosen Betriebsteils i. S. d. § 4 Abs. 1 Satz 1 BetrVG aufgrund einer Abstimmung nach § 4 Abs. 1 Satz 2 BetrVG an der Betriebsratswahl im Hauptbetrieb, verliert der Betriebsteil seine gesetzlich fingierte Eigenständigkeit und wird Teil des Hauptbetriebs (BAG v. 17.9.2013, Az. 1 ABR 21/12). Die Abstimmung kann formlos erfolgen und wird mit Stimmenmehrheit entschieden; weder ist eine förmliche Betriebsversammlung notwendig, noch muss die Abstimmung geheim erfolgen. Erforderlich ist allein, dass von dieser alle Wahlberechtigten rechtzeitig vorher in Kenntnis gesetzt werden (LAG Düsseldorf v. 13.1.2016, Az. 12 TaBV 67/14).

Kleinstbetriebe mit weniger als fünf Arbeitnehmern werden betriebsverfassungsrechtlich immer dem Hauptbetrieb zugeordnet.

Vom Betrieb ist das Unternehmen zu unterscheiden. Bei einem Unternehmen handelt es sich um eine juristische Einheit, die eine selbstständige Organisation aufweist und in der ein bestimmter wirtschaftlicher Zweck verfolgt wird.

WICHTIG!

Ein Unternehmen kann mehrere Betriebe (auch in verschiedenen Städten) haben, die jeweils über einen eigenen Betriebsrat verfügen.

In einem Unternehmen mit mehreren Betrieben und Betriebsräten ist ein Gesamtbetriebsrat zu errichten (vgl. unten X.).

Sind schließlich mehrere rechtlich selbstständige Unternehmen in der Weise zusammengefasst, dass eines der Unternehmen einen beherrschenden Einfluss auf die anderen Unternehmen ausüben kann, liegt ein Konzern im Sinne des BetrVG vor. In diesem kann ein Konzernbetriebsrat errichtet werden (vgl. unten XI.).

2. Betriebsrat und gemeinsamer Betrieb

Ebenso wie in einem Betrieb mit regelmäßig mindestens fünf Arbeitnehmern ist in einem **gemeinsamen** Betrieb mehrerer Unternehmen mit **insgesamt** regelmäßig mindestens fünf Arbeitnehmern ein Betriebsrat zu errichten.

Ein **gemeinsamer** Betrieb wird insbesondere dann vermutet, wenn zur Verfolgung arbeitstechnischer Zwecke die Betriebsmittel und die Arbeitnehmer von den Unternehmen gemeinsam eingesetzt werden (§ 2 Abs. 2 BetrVG). Die beteiligten Unternehmen müssen sich dazu zumindest stillschweigend zu einer gemeinsamen Führung rechtlich verbunden haben. Die einheitliche Leitung muss sich auf die wesentlichen Funktionen des Arbeitgebers in personellen und sozialen Angelegenheiten erstrecken. Entscheidend ist dabei vor allem, ob ein arbeitgeberübergreifender Personaleinsatz praktiziert wird, der charakteristisch für den normalen Betriebsablauf ist (BAG v. 25.5.2005, Az. 7 ABR 42/04; BAG v. 13.2.2013, Az. 7 ABR 36/11; BAG v. 20.5.2021, Az. 2 AZR 560/20).

Beispiel:

Arbeitsgemeinschaften von Bauunternehmen, die Gebäude gemeinsam errichten.

Da allein eine unternehmerische Zusammenarbeit keinen gemeinsamen Betrieb begründet (BAG v. 20.5.2021, Az. 2 AZR 560/20), genügt es jedoch nicht, dass sich die Unternehmen bei der Verfolgung ihrer arbeitstechnischen Zwecke mit ihren eigenen Betriebsmitteln und Arbeitnehmern lediglich abstimmen.

Beispiel:

Handwerker, die auf einer Baustelle die Erbringung ihrer jeweiligen Bauleistung zeitlich koordinieren.

Ein in Ausnahmefällen vorgenommener wechselseitiger Arbeitnehmereinsatz ist unkritisch, solange dieser für den Betriebsablauf nicht prägend, sondern lediglich Ausdruck einer allgemeinen Kooperation der Unternehmen ist. Auch der Einsatz als Subunternehmer führt danach nicht zwingend zur Annahme eines gemeinsamen Betriebs mit dem Auftraggeber. Denn ein Unternehmen verliert nicht dadurch seine organisatorische Unabhängigkeit, dass seine Leistungen einem übergeordneten Zweck dienen (LAG Düsseldorf v. 20.12.2010, Az. 14 TaBV 24/10).

Im Übrigen wird ein gemeinsamer Betrieb vermutet, wenn nach Spaltung eines Unternehmens ein Betrieb oder mehrere Betriebsteile einem anderen an der Spaltung beteiligten Unternehmen rechtlich zugeordnet werden, ohne dass sich dabei die Organisation des betroffenen Betriebs wesentlich ändert (§ 1 Abs. 2 Nr. 2 BetrVG).

Die Vermutung eines gemeinsamen Betriebs ist widerlegbar. Sie ist widerlegt, wenn nachgewiesen ist, dass trotz der gemeinsamen Zielverfolgung und des gemeinsamen Einsatzes der Arbeitnehmer jedes Unternehmen die Arbeitgeberfunktion im sozialen und personellen Bereich gegenüber ihren jeweiligen Arbeitnehmern selbst wahrnimmt.

TIPP!

Sofern Arbeitgeber eng zusammenarbeiten, sie aber die Annahme eines gemeinsamen Betriebs vermeiden möchten, sollten sie auf eine deutliche Trennung der jeweiligen organisatorischen Unternehmenssphären sowie auf eine getrennte Außendarstellung achten. Insbesondere für ihre originären Personalangelegenheiten sollten sie über eigenständige, räumlich voneinander getrennte Organisationen verfügen.

Die Auflösung einer von zwei Unternehmen vereinbarten Betriebsführungsgemeinschaft und die getrennte Fortführung der einzelnen Betriebsteile als eigenständige Betriebe führt nicht automatisch zum Untergang des Betriebsrats, sofern die Betriebsidentität auch bei der Spaltung des Gemeinschaftsbetriebs erhalten bleibt (BAG v. 8.3.2022, Az. 1 ABR 19/21). Dies dürfte regelmäßig etwa dann der Fall sei, wenn das eine Unternehmen über eine weitaus größere Mitarbeiterzahl und ein eigenständiges Geschäftsmodell verfügt, das andere Unternehmen demgegenüber sehr viel kleiner ist und eine Supportfunktion innehat (Beispiel: Produktionsunternehmen – IT-Dienstleister).

3. Sonstige Formen der Arbeitnehmervertretung

Als Alternative bzw. Ergänzung zu den „klassischen" Arbeitnehmervertretungen „Betriebsrat", „Gesamtbetriebsrat" und „Konzernbetriebsrat" lässt das BetrVG auch die Errichtung anderer betriebsverfassungsrechtlicher Gremien ausdrücklich zu (§ 3 BetrVG). Danach sind folgende alternative Arbeitnehmervertretungen denkbar:

- **Unternehmensbetriebsräte** anstelle eines zweistufigen Systems örtlicher Betriebsräte und eines Gesamtbetriebsrats (vgl. dazu BAG v. 24.4.2013, Az. 7 ABR 71/11);
- **Filialbetriebsräte** durch Zusammenfassung von eigenständigen Betrieben, wenn dies die Bildung eines Betriebsrats erleichtert oder einer sachgerechten Wahrnehmung der Interessen der Arbeitnehmer dient;
- **Spartenbetriebsräte** in Unternehmen und Konzernen bei produkt- oder projektbezogenen Organisationsbereichen;
- **andere Arbeitnehmervertretungsstrukturen,** soweit dies einer wirksamen und zweckmäßigen Interessenvertretung der Arbeitnehmer dient. Dabei ist ein Zusammenhang zwischen vornehmlich organisatorischen oder kooperativen Rahmenbedingungen auf Arbeitgeberseite und der wirksamen sowie zweckmäßigen Interessenvertretung der Arbeitnehmer notwendig. Fehlt es hieran, ist ein entsprechender Tarifvertrag unwirksam (BAG v. 13.3.2013, Az. 7 ABR 70/11).

Diese Arbeitnehmervertretungen treten an die Stelle der im BetrVG vorgesehenen Vertretungen, d. h. an die Stelle des Betriebsrats, des Gesamtbetriebsrats bzw. des Konzernbetriebsrats. Die so gebildeten Organisationseinheiten sind als Betriebe im Sinne des BetrVG anzusehen.

Als zusätzliche Arbeitnehmervertretungen nennt das BetrVG:

- **zusätzliche** betriebsverfassungsrechtliche Gremien **(Arbeitsgemeinschaften),** die der unternehmensübergreifenden Zusammenarbeit von Arbeitnehmervertretungen dienen;
- **zusätzliche betriebsverfassungsrechtliche Vertretungen** der Arbeitnehmer, die die Zusammenarbeit zwischen Betriebsrat und Arbeitnehmern erleichtern.

Die Befugnis zur Bildung aller genannten alternativen bzw. zusätzlichen Arbeitnehmervertretungen wird vorrangig den Tarifvertragsparteien eingeräumt. Die tarifliche Regelungsbefugnis umfasst dabei aber nicht den Entzug betriebsverfassungsrechtlicher Befugnisse der gewählten Betriebsräte und deren Zuweisung an andere Arbeitnehmervertretungen (BAG v. 18.11.2014, Az. 1 ABR 21/13).

Besteht keine tarifliche Regelung, können alternative bzw. zusätzliche Arbeitnehmervertretungen auch durch eine Betriebsvereinbarung begründet werden.

Für den Abschluss einer Vereinbarung über einen Unternehmensbetriebsrat ist bei Fehlen einer tariflichen Regelung der Gesamtbetriebsrat zuständig. Trifft er mit dem Arbeitgeber eine entsprechende Vereinbarung, hat ein Betriebsrat, der dadurch seine Existenzberechtigung verliert, kein Vetorecht (BAG v. 24.4.2013, Az. 7 ABR 71/11). Dies gilt jedenfalls dann, wenn ein unternehmenseinheitlicher Betriebsrat als größtmögliche Organisation sachgerecht ist und nicht eine Zusammenfassung in Form von Filialbetriebsräten sachgerechter ist (LAG Nürnberg v. 26.1.2023, Az. 1 TaBV 22/22).

In betriebsratslosen Unternehmen kann die Wahl eines Unternehmensbetriebsrats auch durch die Arbeitnehmer mit Stimmenmehrheit beschlossen werden (§ 3 Abs. 3 BetrVG). Ein derart gegründeter unternehmenseinheitlicher Betriebsrat hat grundsätzlich dauerhafte Wirkung, solange sich an den betrieblichen Strukturen nichts ändert. Die Identität der betrieblichen Einheit wird maßgeblich durch deren Leitung geprägt. Weder ein (erhebliches) Anwachsen der Beschäftigtenzahl, noch Abspaltungen oder Eingliederungen von Betriebsteilen in die bestehende Organisation führen zum Verlust der Betriebsidentität (BAG v. 24.3.2021, Az. 7 ABR 16/20).

III. Wahl des Betriebsrats

Der Betriebsrat wird von den Arbeitnehmern eines Betriebs gewählt. Der Arbeitgeber ist verpflichtet, auf Verlangen der Arbeitnehmer eines Betriebs mit in der Regel mindestens fünf ständigen wahlberechtigten Arbeitnehmern, von denen drei wählbar sind, Betriebsratswahlen durchzuführen (§ 1 BetrVG).

1. Wahlberechtigung

Wahlberechtigt sind alle Arbeitnehmer, die am Tag der Wahl das 16. Lebensjahr vollendet haben (§ 7 BetrVG). Dies gilt unabhängig davon, ob es sich um Vollzeitbeschäftigte, Teilzeit-, Probe-, Aushilfsarbeitnehmer oder geringfügig Beschäftigte handelt. Ebenso ist unerheblich, ob die Arbeitnehmer im Betrieb, im Außendienst oder mit Telearbeit beschäftigt werden. Auch volljährigen Auszubildenden steht das aktive Wahlrecht zu, obwohl sie, solange sie sich in der Berufsausbildung befinden und das 25. Lebensjahr noch nicht vollendet haben, auch an der Wahl der Jugend- und Auszubildendenvertretung teilnehmen (§ 60 Abs. 2 BetrVG). Als wahlberechtigte Arbeitnehmer gelten weiterhin die in Heimarbeit Beschäftigten, die in der Hauptsache für den Betrieb arbeiten, und Beamte, Soldaten und Arbeitnehmer des öffentlichen Dienstes, die in privatrechtlich organisierten Unternehmen tätig sind (LAG Berlin-Brandenburg v. 16.2.2011, Az. 15 TaBV 2347/10). Mitwählen dürfen auch Beschäftigte in einer Arbeitsbeschaffungsmaßnahme (ABM-Kräfte) sowie Praktikanten, und dies selbst dann, wenn sie überbetrieblich ausgebildet werden und nur die Praktikumstätigkeit im Betrieb der Betriebsratswahl absolvieren, ihre Vergütung aber von einem überbetrieblichen Ausbildungszentrum erhalten (LAG Schleswig-Holstein v. 25.3.2003, Az. 2 TaBV 39/02). Mitarbeitern in Altersteilzeit nach dem sog. Blockmodell steht das Wahlrecht nur während der Arbeitsphase, nicht dagegen in der sich anschließenden Freistellungsphase zu.

Die Dauer der Betriebszugehörigkeit spielt für die Wahlberechtigung keine Rolle. Mitarbeiter, die zum Wehr- oder Zivildienst einberufen sind oder sich in Elternzeit befinden, können ebenso an der Wahl teilnehmen wie gekündigte Arbeitnehmer bis zum Ablauf der Kündigungsfrist. Über diesen Zeitpunkt hinaus besteht für Gekündigte nur dann die Wahlberechtigung, wenn der Betriebsrat der Kündigung widersprochen hat und der Arbeitnehmer die Weiterbeschäftigung nach § 102 Abs. 5 BetrVG verlangt.

Auch eine dauerhafte Erkrankung eines Arbeitnehmers steht seinem Wahlrecht nicht entgegen. Selbst wenn mit einer Rückkehr an den Arbeitsplatz mit einer gewissen Wahrscheinlichkeit nicht mehr gerechnet werden kann, scheidet ein solcher Arbeitnehmer nicht aus dem Kreis der Wahlberechtigten aus (vgl. LAG Düsseldorf v. 23.3.2012, Az. 8 TaBVGa 4/10).

Arbeitet ein Arbeitnehmer in mehreren Betrieben desselben Unternehmens und ist er in diese jeweils eingegliedert, ist er auch in mehreren Betrieben wahlberechtigt zu den jeweiligen Betriebsratswahlen (LAG Köln v. 3.9.2007, Az. 14 TaBV 20/07; LAG Thüringen v. 20.10.2011, Az. 6 TaBV 8/10). Dies gilt auch für Führungskräfte in Unternehmen mit einer unternehmensinternen Matrix-Struktur (BAG v. 22.5.2025, Az. 7 ABR 28/24). Außendienstmitarbeiter, die für mehrere Betriebe ihres Vertragsarbeitgebers tätig sind, sind betriebsverfassungsrechtlich dem Betrieb zuzuordnen, von dem die Entscheidung über ihren Einsatz ausgeht, ohne dass sie dort in die Betriebsorganisation eingegliedert sein müssen (LAG Baden-Württemberg v. 1.9.2010, Az.13 TaBV 4/10; LAG Rheinland-Pfalz v. 24.8.2012, Az. 9 Sa 176/12). Arbeitnehmer eines anderen Arbeitgebers, die dem Betriebsinhaber zur Arbeitsleistung überlassen sind (Leiharbeitnehmer), erwerben das Wahlrecht zum Betriebsrat im Entleiherbetrieb, wenn sie dort länger als drei Monate eingesetzt werden. Dies ist der Fall, wenn die Arbeitnehmerüberlassung

- am Wahltag beginnt und verbindlich über länger als drei Monate angelegt ist oder
- am Wahltag endet und länger als drei Monate gedauert hat oder
- in den Wahlzeitraum fällt und verbindlich auf länger als drei Monate angelegt ist.

Nicht wahlberechtigt sind dagegen die leitenden Angestellten. Leitender Angestellter ist gemäß § 5 Abs. 3 BetrVG, wer nach Arbeitsvertrag und Stellung im Unternehmen

- zur selbstständigen Einstellung und Entlassung von im Betrieb oder in der Betriebsabteilung beschäftigten Arbeitnehmern berechtigt ist,
- Generalvollmacht bzw. Prokura hat und die Prokura auch im Verhältnis zum Arbeitgeber nicht unbedeutend ist oder
- regelmäßig sonstige Aufgaben wahrnimmt, die für den Bestand und die Entwicklung der Firma von Bedeutung sind, und deren Erfüllung besondere Erfahrungen und Kenntnisse voraussetzt, wenn er dabei entweder die Entscheidungen im Wesentlichen frei von Weisungen trifft oder sie maßgeblich beeinflusst; dies kann auch bei Vorgaben insbesondere aufgrund von Rechtsvorschriften, Plänen oder Richtlinien sowie bei Zusammenarbeit mit anderen leitenden Angestellten gegeben sein.

Da die Abgrenzung des leitenden vom nicht leitenden Angestellten allein mit diesen unbestimmten Regelungen oftmals sehr problematisch ist, sollte sich der Arbeitgeber im eigenen Interesse mit dem Wahlvorstand auf eine Lösung verständigen.

Eine weitere Hilfe gibt dazu § 5 Abs. 4 BetrVG. Danach ist im Zweifel leitender Angestellter, wer

- anlässlich der letzten Betriebsratswahl den leitenden Angestellten zugeordnet war oder
- einer Leitungsebene angehört, auf der überwiegend leitende Angestellte vertreten sind oder
- ein Jahresgehalt erhält, das für leitende Angestellte in dem Unternehmen üblich ist oder das Dreifache der Bezugsgröße nach § 18 SGB IV überschreitet. Hiernach müsste das Jahresgehalt für 2026 die Grenze von 142.380,– Euro überschreiten.

Ist auch unter Berücksichtigung dieser Regelungen mit dem Wahlvorstand kein Einvernehmen über den Status eines Mitarbeiters zu erzielen, so kann dieser letztlich nur durch Gerichtsentscheidung im Beschlussverfahren geklärt werden.

2. Wählbarkeit

Wählbar sind alle wahlberechtigten Arbeitnehmer, die am Wahltag 18 Jahre alt sind und dem Betrieb sechs Monate angehören (§ 8 BetrVG). Entscheidend ist dabei der Zeitpunkt der Wahl; unerheblich ist dagegen, ob der Wahlbewerber etwa bereits bei Erlass des Wahlausschreibens oder im Zeitpunkt der Einreichung der Vorschlagsliste die erforderliche Betriebszugehörigkeit aufweist (BAG v. 10.10.2012, Az. 7 ABR 53/11). Angerechnet werden Zeiten, in denen ein Arbeitnehmer unmittelbar vorher einem anderen Betrieb desselben Unternehmens oder Konzerns angehört hat. Gleiches gilt für Beschäftigungszeiten als Leiharbeitnehmer, wenn der Leiharbeitnehmer im unmittelbaren Anschluss an die Überlassung in ein Arbeitsverhältnis mit dem Entleiher übernommen worden ist (BAG v. 10.10.2012, Az. 7 ABR 53/11). Besteht ein Betrieb weniger als sechs Monate, sind die wahlberechtigten Arbeitnehmer wählbar, die bei der Einleitung der Betriebsratswahl im Betrieb beschäftigt sind. Die Wählbarkeit hängt damit immer von der Wahlberechtigung ab: Ein Arbeitnehmer, der nicht wählen darf, kann auch nicht gewählt werden.

Mitarbeiter in Elternzeit und Arbeitnehmer, die zum Wehr- oder Zivildienst einberufen sind, können gewählt werden. Sie sind zwar nicht im Betrieb tätig, gehören aber dem Betrieb an. Auszubildende zwischen 18 und 25 Jahren sind, obwohl sie Mitglied der Jugend- und Auszubildendenvertretung sein können, grundsätzlich zum Betriebsrat wählbar. Allerdings verbietet § 61 Abs. 2 Satz 2 BetrVG eine Doppelmitgliedschaft. Nehmen sie also die Wahl zum Betriebsrat an, müssen sie ein mögliches Mandat in der Jugend- und Auszubildendenvertretung niederlegen.

WICHTIG!

Gekündigte Arbeitnehmer sind auch nach Ablauf der Kündigungsfrist wählbar, wenn sie Kündigungsschutzklage erhoben haben. Dabei ist es unerheblich, ob sie nach Ablauf der Kündigungsfrist tatsächlich weiterbeschäftigt werden oder nicht.

Befristet eingestellte Mitarbeiter sind wählbar. Ihr Mandat endet jedoch bereits mit Ablauf der Befristung; das nächstfolgende Ersatzmitglied rückt als ordentliches Mitglied in den Betriebsrat nach.

Leiharbeitnehmer sind nur im Verleiher-, nicht aber im Entleiherbetrieb wählbar. Dies gilt bei gewerbsmäßiger Arbeitnehmerüberlassung ebenso wie bei nicht gewerbsmäßiger (BAG v. 17.2.2010, Az. 7 ABR 51/08).

3. Zahl der Betriebsratsmitglieder

Die Zahl der Betriebsratsmitglieder richtet sich nach der Zahl der „in der Regel" im Betrieb tätigen wahlberechtigten Arbeitnehmer. In § 9 BetrVG findet sich dazu eine detaillierte Staffelung:

Arbeitnehmerzahl			Betriebsratsmitglieder
5	bis	20	1
21	bis	50	3
51	bis	100	5
101	bis	200	7
201	bis	400	9
401	bis	700	11
701	bis	1.000	13
1.001	bis	1.500	15
1.501	bis	2.000	17
2.001	bis	2.500	19
2.501	bis	3.000	21
3.001	bis	3.500	23
3.501	bis	4.000	25
4.001	bis	4.500	27
4.501	bis	5.000	29
5.001	bis	6.000	31
6.001	bis	7.000	33
7.001	bis	9.000	35

Betriebsräte in Betrieben mit mehr als 9.000 Arbeitnehmern haben für je angefangene weitere 3.000 Arbeitnehmer zwei weitere Betriebsratsmitglieder. Für die Feststellung der „in der Regel" betriebszugehörigen und wahlberechtigten Arbeitnehmerzahl ist der Tag des Erlasses des Wahlausschreibens entscheidend. Dabei ist nicht nur ein Rückblick auf die bisherige personelle Stärke vorzunehmen, sondern auch die absehbare zukünftige Entwicklung zu berücksichtigen. Dabei hat der Betriebsrat in den Grenzfällen im Rahmen seines pflichtgemäßen Ermessens einen gewissen Beurteilungsspielraum hinsichtlich der Zahl der zu wählenden Betriebsratsmitglieder (LAG Berlin-Brandenburg v. 13.8.2015, Az. 5 TaBV 218/15).

Mitzuzählen sind betriebsangehörige Arbeitnehmer, die in einem Arbeitsverhältnis zum Betriebsinhaber stehen, aber auch Beamte, Soldaten und Arbeitnehmer des öffentlichen Dienstes, die in privatrechtlich organisierten Unternehmen tätig sind (BAG v. 15.12.2011, Az. 7 ABR 65/10; vgl. auch BAG v. 12.9.2012, Az. 7 ABR 37/11). Beschäftigt der Arbeitgeber in seinem Betrieb regelmäßig Aushilfskräfte, mit denen er bei Bedarf jeweils für einen Tag befristete Arbeitsverträge abschließt, zählt die durchschnittliche Anzahl der an einem Arbeitstag beschäftigten Aushilfskräfte zu den in der Regel im Betrieb beschäftigten Arbeitnehmern (BAG v. 7.5.2008, Az. 7 ABR 17/07). Auch regelmäßig im Betrieb beschäftigte Leiharbeitnehmer sind nach geänderter Rechtsprechung des BAG ebenfalls nunmehr zu berücksichtigen. Jedenfalls bei einer Betriebsgröße von mehr als 100 Arbeitnehmern kommt es auch nicht auf die Wahlberechtigung der Leiharbeitnehmer (vgl. dazu oben III.1) an (BAG v. 13.3.2013, Az. 7 ABR 69/11). Dagegen werden die bei einem selbstständigen Frachtführer beschäftigten Fahrer nicht mitgezählt, da sie keine Arbeitnehmer des Transportunternehmens sind, für das die Transportaufträge erledigt werden (BAG v. 21.7.2004, Az. 7 ABR 38/03). Leitende Angestellte, Mitarbeiter in der Freistellungsphase der Altersteilzeit sowie freie Mitarbeiter (LAG Hamburg v. 26.4.2012, Az. 7 TaBV 14/11) bleiben ebenfalls bei der Bemessung der Größe eines zu wählenden Betriebsrats unberücksichtigt.

Der Betriebsrat soll sich möglichst aus Arbeitnehmern der einzelnen Organisationsbereiche und der verschiedenen Beschäftigungsarten der im Betrieb tätigen Arbeitnehmer zusammensetzen (§ 15 Abs. 1 BetrVG). Das Geschlecht, das in der Belegschaft in der Minderheit ist, muss mindestens entsprechend seinem zahlenmäßigen Verhältnis im Betriebsrat vertreten sein, wenn dieser aus mindestens drei Mitgliedern besteht (§ 15 Abs. 2 BetrVG).

Kandidieren weniger Arbeitnehmer für das Betriebsratsamt als die nach der Staffel des § 9 BetrVG festgelegte Zahl der Betriebsratsmitglieder, steht dies einer Wahl nicht entgegen. In einem solchen Fall ist bei der Betriebsratsgröße auf die jeweils nächstniedrigere Stufe des § 9 BetrVG so lange zurückzugehen, bis die Zahl von Bewerbern für die Errichtung eines Gremiums mit einer ungeraden Anzahl an Mitgliedern ausreicht (BAG v. 24.4.2024, Az. 7 ABR 26/23).

4. Regelmäßige und außerordentliche Betriebsratswahlen

Betriebsratswahlen finden alle vier Jahre in der Zeit vom 1.3. bis 31.5. statt. Die nächsten regelmäßigen Wahlen werden im Jahr 2026 abgehalten.

Abweichend vom Vier-Jahres-Rhythmus ist ein Betriebsrat zu wählen, wenn bei Ablauf von 24 Monaten nach der letzten Wahl die Zahl der beschäftigten Arbeitnehmer um die Hälfte, mindestens aber um fünfzig, gestiegen oder gesunken ist. Gleiches gilt für den Fall, dass die Gesamtzahl der Betriebsratsmitglieder auch nach Hinzutreten der Ersatzmitglieder unter die in § 9 BetrVG festgelegte Zahl gesunken ist oder der Betriebsrat mit Mehrheit seinen Rücktritt beschlossen hat.

In Betrieben, die bisher ohne Betriebsrat waren, kann die Wahl zu jeder Zeit stattfinden.

Hat eine außerordentliche Betriebsratswahl stattgefunden, ist der Betriebsrat bei der nächsten ordentlichen Betriebsratswahl neu zu wählen, wenn er zu diesem Zeitpunkt länger als ein Jahr im Amt ist. Andernfalls ist er erst bei der übernächsten regelmäßigen Betriebsratswahl neu zu wählen.

5. Ablauf der Wahl

Vorbereitung und Ablauf der Wahl sind gesetzlich unterschiedlich ausgestaltet. So sieht das BetrVG für Kleinbetriebe mit bis zu 50 Arbeitnehmern zum Teil andere Regelungen vor als für größere Betriebe. Ebenso ist für den Ablauf der Wahl aber auch erheblich, ob bereits ein Betriebsrat besteht oder ein solcher erstmals gewählt werden soll.

5.1 Kleinbetriebe mit bis zu 100 Arbeitnehmern

5.1.1 Bestellung des Wahlvorstandes

Sofern ein Kleinbetrieb **ohne** Betriebsrat Teil eines Unternehmens oder Konzerns ist, wird der Wahlvorstand grundsätzlich vom Gesamtbetriebsrat oder, falls ein solcher nicht besteht, vom Konzernbetriebsrat bestellt (§§ 17a, 17 Abs. 1 BetrVG). Dabei ist der Gesamtbetriebsrat (bzw. gegebenenfalls der Konzernbetriebsrat) jedoch nicht berechtigt, in betriebsratslosen Betrieben zum Zwecke der Bestellung eines Wahlvorstands für die Durchführung einer Betriebsratswahl Informationsveranstaltungen durchzuführen, die den Charakter von Belegschaftsversammlungen haben (BAG v. 16.11.2011, Az. 7 ABR 28/10). Er darf jedoch die betreffenden Betriebe aufsuchen und dort Arbeitnehmer ansprechen, ob sie bereit sind, das Amt des Wahlvorstands zu übernehmen (LAG Hessen v. 17.1.2022, Az. 16 TaBV 8/21).

Besteht weder ein Gesamt- noch ein Konzernbetriebsrat, so wird in betriebsratslosen Betrieben der Wahlvorstand in einer Wahlversammlung von der Mehrheit der anwesenden Arbeitnehmer gewählt. Zu dieser Versammlung für die Wahl des Wahlvorstands können drei wahlberechtigte Arbeitnehmer oder eine im Betrieb vertretene Gewerkschaft einladen. Bereitet dabei ein Arbeitnehmer das Einladungsschreiben für die Wahlversammlung während der Arbeitszeit vor, so rechtfertigt dies nicht die Erteilung einer Abmahnung (ArbG Kiel v. 16.9.2010, Az. 5 Ca 1030d/10).

Besondere Formvorschriften bestehen für die Einladung zur Wahlversammlung nicht. Es genügt, dass die Arbeitnehmer durch einen Aushang oder mittels vorhandener Informations- und Kommunikationstechnik eingeladen werden, sofern alle Arbeitnehmer auf diese Weise Kenntnis erlangen können. Dabei hängt die Dauer des Aushangs von der Eigenart des Betriebs und bei Schichtbetrieben der regelmäßigen Schichteinteilung der Arbeitnehmer ab (ArbG Hamburg v. 7.1.2015, Az. 27 BVGa 5/14). Die Einladung zu der Wahlversammlung für die Wahl des Wahlvorstands muss jedoch stets mindestens sieben Tage vor dem Versammlungstermin erfolgen.

WICHTIG!

Der Arbeitgeber hat der einladenden Stelle unverzüglich nach Aushang der Einladung zur Versammlung zur Wahl des Wahlvorstandes alle für die Anfertigung der Wählerliste erforderlichen Unterlagen in einem versiegelten Umschlag auszuhändigen (§ 28 Abs. 2 WO).

Die Wahlversammlung findet grundsätzlich während der Arbeitszeit statt; sie muss im Betrieb stattfinden und darf nicht – etwa auf Gewerkschaftseinladung – an einem mehrere Kilometer entfernten Ort abgehalten werden. Ein Verstoß macht die spätere Betriebsratswahl anfechtbar (LAG Hamm v. 12.4.2013, Az. 13 TaBV 64/12). Die Wahl des Vorstandes erfolgt durch formlose Wahl, z. B. durch Abstimmung per Handzeichen; Wahlvorschläge können die Einladenden ebenso machen wie die Teilnehmer der Wahlversammlung. Die Wahl der einzelnen Mitglieder des aus drei Wahlberechtigten bestehenden Wahlvorstandes erfolgt jeweils mit der Mehrheit der anwesenden Arbeitnehmer, d. h. jedes einzelne Mitglied des Wahlvorstands muss die Mehrheit der abgegebenen Stimmen erhalten (ArbG Hamburg v. 7.1.2015, Az. 27 BVGa 5/14). Nach der Bestellung des Wahlvorstandes wird aus seiner Mitte der Vorsitzende ebenfalls von der Mehrheit der anwesenden Arbeitnehmer gewählt.

Kommt trotz Einladung eine Versammlung nicht zustande oder wählt die Versammlung keinen Wahlvorstand, bestellt ihn das Arbeitsgericht auf Antrag von mindestens drei wahlberechtigten Arbeitnehmern oder einer im Betrieb vertretenen Gewerkschaft. Voraussetzung für die gerichtliche Bestellung ist nicht, dass in der Betriebsversammlung zur Wahl des Wahlvorstands mehrere Wahlgänge ohne Erfolg geblieben sind. Vielmehr genügt es, dass in einem Wahlgang keine erforderliche Mehrheit zustande gekommen ist. Eine gerichtliche Bestellung erfolgt unabhängig von der Frage einer Mehrheitsmeinung im Betrieb, d. h. sie ist auch dann möglich, wenn die Mehrheit der Belegschaft keinen Betriebsrat wünscht (BAG v. 20.2.2019, Az. 7 ABR 40/17). Sie erfolgt sogar schon dann auf Antrag von mindestens drei wahlberechtigten Arbeitnehmern, wenn in einer Wahlversammlung nach kontroversen Diskussionen mit Mehrheit beschlossen wird, die Versammlung – ohne konkrete Verabredung eines weiteren Termins – zu vertagen (LAG Schleswig-Holstein v. 22.1.2020, Az. 3 TaBv 23/19). Muss das Gericht im Zeitpunkt seiner Entscheidung allerdings davon ausgehen, dass eine zu bestellende Person nicht ihr notwendiges Einverständnis erklären und die Amtsübernahme ablehnen wird, so steht dies jedoch einer gerichtlichen Bestellung zum Wahlvorstandsmitglied entgegen (BAG, a. a. O.).

In Kleinbetrieben **mit** bestehendem Betriebsrat bestellt dieser spätestens **vier** Wochen vor Ablauf seiner Amtszeit einen Wahlvorstand. Besteht **drei** Wochen vor Ablauf der Amtszeit des bisherigen Betriebsrats kein Wahlvorstand, wird er in Betrieben, die in einem Unternehmens-/Konzernverbund stehen, vom Gesamt- bzw. Konzernbetriebsrat bestellt. Wird auch der Gesamtbzw. Konzernbetriebsrat nicht tätig, erfolgt auch hier die Bestellung des Wahlvorstands durch das Arbeitsgericht auf Antrag von mindestens drei Wahlberechtigten oder einer im Betrieb vertretenen Gewerkschaft.

5.1.2 Wahl des Betriebsrats

Der Wahlvorstand, der in Betrieben **ohne** Betriebsrat in einer ersten Wahlversammlung bestellt worden ist, muss unmittelbar nach seiner Wahl die Betriebsratswahl einleiten. Noch in der Wahlversammlung erstellt er auf der Grundlage des ihm von der einladenden Stelle ausgehändigten versiegelten Umschlags (vgl. oben 5.1.1) die Wählerliste.

WICHTIG!

Der Arbeitgeber ist verpflichtet, auch während der Wahlversammlung, erforderliche Auskünfte zu erteilen und Unterlagen zur Verfügung zu stellen, was die Verfügbarkeit einer hierfür kompetenten Person während der ersten Wahlversammlung erforderlich macht.

Im unmittelbaren Anschluss daran erlässt der Wahlvorstand – ebenfalls noch in der ersten Wahlversammlung! – das Wahlausschreiben, in dem insbesondere Ort, Tag und Zeit der zweiten Wahlversammlung mitzuteilen sind. Darüber hinaus muss das Wahlausschreiben die Angabe der Mindestsitze enthalten, die auf das Geschlecht entfallen, das in der Belegschaft in der Minderheit ist (§ 15 Abs. 2 BetrVG). Eine insoweit unzutreffende Angabe kann die Anfechtung der Wahl rechtfertigen (BAG v. 13.3.2013, Az. 7 ABR 67/11).

Das Wahlausschreiben muss nachfolgend so ausgehängt werden, dass es von allen Wahlberechtigten zur Kenntnis genommen werden kann. In einem Betrieb mit mehreren räumlich getrennten Betriebsstätten ist deshalb regelmäßig in jeder Betriebsstätte ein Abdruck des Wahlausschreibens auszuhängen (BAG v. 5.5.2004, Az. 7 ABR 44/03). Eine Bekanntmachung des Wahlausschreibens ausschließlich in elektronischer Form ist nur zulässig, wenn alle Arbeitnehmer von der Bekanntmachung Kenntnis erlangen können und Vorkehrungen getroffen werden, dass Änderungen der Bekanntmachung nur vom Wahlvorstand vorgenommen werden können. Die technischen und organisatorischen Rahmenbedingungen im Betrieb müssen daher so beschaffen sein, dass der Zugriff auf das in elektronischer Form bekannt gemachte Dokument ausschließlich durch den Wahlvorstand erfolgen kann. Dies ist nicht der Fall, wenn andere Mitarbeiter des Arbeitgebers, wie z. B. die Systemadministratoren, ohne Mitwirkung des Wahlvorstands auf das Wahlausschreiben tatsächlich zugreifen können. Dabei spielt es keine Rolle, dass sie hierzu nicht berechtigt sind (BAG v. 21.1.2009, Az. 7 ABR 65/07).

ACHTUNG!

Einsprüche gegen die Richtigkeit der Wählerliste können nur vor Ablauf von drei Tagen nach Erlass des Wahlausschreibens beim Wahlvorstand eingelegt werden (§ 30 Abs. 2 WO).

Den Arbeitnehmern ist sodann im Rahmen dieser ersten Wahlversammlung Zeit zu gewähren, um Wahlvorschläge zu machen, da die Vorschlagsfrist bereits mit dem Ende der ersten Wahlversammlung abläuft. Dabei bedarf es in Betrieben mit in der Regel bis zu 20 wahlberechtigten Arbeitnehmern keiner Unterzeichnung von Wahlvorschlägen; in Betrieben mit in der Regel 21 bis 100 wahlberechtigten Arbeitnehmern ist ein Wahlvorschlag dagegen von mindestens zwei wahlberechtigten Arbeitnehmern zu unterzeichnen (§ 14 Abs. 4 BetrVG), sofern der Wahlvorschlag nicht erst auf der Wahlversammlung gemacht wird. In diesem Fall entfällt auch hier die Schriftform (§ 14a Abs. 2 BetrVG). Eine Nachfristsetzung für die Einreichung von Wahlvorschlägen ist im vereinfachten Verfahren nicht vorgesehen. Ist zum Ende der ersten Wahlversammlung kein Wahlvorschlag eingereicht worden, muss der Wahlvorstand bekannt machen, dass keine Betriebsratswahl stattfindet. Setzt der Wahlvorstand entgegen der gesetzlichen Vorgabe eine Nachfrist, innerhalb derer Wahlvorschläge eingereicht werden und wird sodann eine Betriebsratswahl durchgeführt, so ist diese anfechtbar (LAG Hessen v. 22.8.2013, Az. 9 TaBV 19/13).

Die zweite Wahlversammlung findet sodann eine Woche nach der ersten Wahlversammlung statt. An diesem Tag geben die Wahlberechtigten ihre Stimme für den Betriebsrat ab.

Ist hingegen in einem Betrieb **mit** Betriebsrat ein Wahlvorstand durch den Betriebsrat, Gesamt- bzw. Konzernbetriebsrat oder auch durch das Arbeitsgericht bestellt worden, muss dieser unverzüglich eine Sitzung anberaumen, in der er die Wählerliste (Liste der Wahlberechtigten) aufstellt und das Wahlausschreiben erlässt. Der Arbeitgeber muss dem Wahlvorstand die dazu notwendigen Unterlagen und Informationen zur Verfügung stellen.

ACHTUNG!

Weigert sich der Arbeitgeber, diese Unterlagen und Informationen herauszugeben, so kann ihn der Wahlvorstand hierzu durch arbeitsgerichtliche einstweilige Verfügung zwingen.

Durch Aushang oder im Wege vorhandener Informations- und Kommunikationstechnik sind das Wahlausschreiben und die Wählerliste durch den Wahlvorstand bekannt zu machen. Wahlvorschläge für den Betriebsrat können von Arbeitnehmern und im Betrieb vertretenen Gewerkschaften bis spätestens eine Woche vor der Wahlversammlung zur Wahl des Betriebsrats gemacht und eingereicht werden. Die Vorschläge sind vom Wahlvorstand zu prüfen. Die als gültig anerkannten Vorschlagslisten sind spätestens eine Woche vor Beginn der Stimmabgabe zu veröffentlichen.

Der Betriebsrat wird stets in geheimer und unmittelbarer Wahl gewählt. Der Ablauf der Betriebsratswahl ist detailliert in der Wahlordnung (= Erste Verordnung zur Durchführung des BetrVG) festgelegt. Die Stimmabgabe erfolgt durch Stimmzettel. Wahlberechtigten Arbeitnehmern, die an der Wahlversammlung aus persönlichen oder betrieblichen Gründen nicht teilnehmen können, ist auf ihr Verlangen die Briefwahl zu ermöglichen. Die Pflicht des Wahlvorstands, einem Wahlberechtigten, der im Zeitpunkt der Betriebsratswahl wegen Abwesenheit vom Betrieb an der persönlichen Stimmabgabe verhindert ist, auf sein Verlangen die Unterlagen für eine schriftliche Stimmabgabe auszuhändigen oder zu übersenden, setzt dabei keine Begründung des Verlangens durch den Wahlberechtigten voraus. Der Wahlvorstand hat die Verhinderung wegen Betriebsabwesenheit nur dann zu überprüfen, wenn sich Zweifel daran aufdrängen (BAG v. 22.1.2025, Az. 7 ABR 1/24). Wahlberechtigten, von denen dem Wahlvorstand bereits selbst bekannt ist, dass sie im Zeitpunkt der Wahl wegen Kurzarbeit oder wegen mobiler Arbeit (Homeoffice) voraussichtlich nicht im Betrieb anwesend sein werden, muss der Wahlvorstand die Briefwahlunterlagen sogar ohne Verlangen der Wahlberechtigten aushändigen bzw. übersenden (BAG v. 23.10.2024, Az. 7 ABR 34/23). Eine Durchführung der Betriebsratswahl ausschließlich als Briefwahl ist jedoch unzulässig. Nur für räumlich weit vom Hauptbetrieb entfernte Betriebsteile oder Kleinstbetriebe kann der Wahlvorstand eine generelle Briefwahl anordnen (§ 24 Abs. 3 WO), wobei ihm insoweit ein Beurteilungsspielraum eingeräumt ist (BAG v. 16.3.2022, Az. 7 ABR 29/20). Für den Fall, dass Betriebsteile oder Kleinstbetriebe räumlich weit entfernt liegen, bedeutet dies jedoch nicht, dass der Betriebsrat auch für den Hauptbetrieb die schriftliche Stimmabgabe anordnen dürfte. Hier ist die Wahl unverändert als Urnenwahl durchzuführen (BAG v. 22.1.2025, Az. 7 ABR 23/23). Eine Online-Betriebsratswahl ist unwirksam und damit anfechtbar, jedoch nicht nichtig (LAG Hamburg v. 15.2.2018, Az. 8 TaBV 5/17).

Der Arbeitgeber hat den Arbeitnehmern die Zeit zu vergüten, die notwendig ist, um von ihrem Wahlrecht Gebrauch zu machen. Bei den überschaubaren Verhältnissen in Kleinbetrieben sollten hier maximal 30 Minuten anzusetzen sein.

Der Wahlvorstand muss die Auszählung der Stimmen unverzüglich nach Abschluss der Wahl öffentlich vornehmen und das Wahlergebnis und die Sitzverteilung feststellen. Die Gewählten sind schriftlich zu benachrichtigen und vor Ablauf einer Woche nach dem Wahltag zur konstituierenden Sitzung des Betriebsrats zusammenzurufen.

5.2 Größere Betriebe mit mehr als 100 Arbeitnehmern

5.2.1 Bestellung des Wahlvorstandes

Auch in größeren Betrieben wird die Betriebsratswahl vom Wahlvorstand eingeleitet und durchgeführt. Der Wahlvorstand wird in weiten Teilen in gleicher Art und Weise bestellt wie der Wahlvorstand in einem Kleinbetrieb mit bis zu 50 wahlberechtigten Arbeitnehmern (vgl. oben 5.1.1).

In Betrieben **mit** bestehendem Betriebsrat bestellt dieser jedoch spätestens **zehn** Wochen vor Ablauf seiner Amtszeit einen Wahlvorstand. Gesetzlich ist damit nur das späteste Datum zur Einleitung geregelt; eine gesetzliche Grenze für die frühestmögliche Bestellung gibt es dagegen nicht. Fraglich ist daher, ab wann eine Bestellung als rechtsmissbräuchlich zu werten ist, mit der Folge, dass der besondere Kündigungsschutz nach § 15 KSchG für den Wahlvorstand nicht gilt. Hier wird wohl überwiegend vertreten, dass ein Rechtsmissbrauch vorliegt, wenn das Doppelte der gesetzlichen Mindestfrist erreicht ist, also 20 Wochen vor dem Ende der Amtszeit. Allerdings hat das LAG Hannover (v. 13.10.2010, Az. 17 Sa 569/10) selbst in einer Einleitung 36 Wochen vor dem Ende der Amtszeit noch keinen Rechtsmissbrauch gesehen. Hinsichtlich der Auswahl der konkreten Personen gilt, dass der Betriebsrat jeden wahlberechtigten Arbeitnehmer des Betriebs als Mitglied des Wahlvorstands bestellen kann; sein Auswahlermessen wird durch das Gesetz nicht beschränkt (BAG v. 16.11.2017, Az. 2 AZR 14/17).

Besteht hier **acht** Wochen vor Ablauf der Amtszeit des bisherigen Betriebsrats kein Wahlvorstand, bestellt ihn der Gesamt- bzw. Konzernbetriebsrat oder bei deren Untätigbleiben das Arbeitsgericht auf Antrag von mindestens drei Wahlberechtigten oder einer im Betrieb vertretenen Gewerkschaft.

Der Wahlvorstand besteht aus drei wahlberechtigten Arbeitnehmern. Die Zahl kann erhöht werden, wenn dies zur ordnungsgemäßen Wahl erforderlich ist (z. B. in Groß- und Schichtbetrieben mit mehreren Wahllokalen); sie muss jedoch stets ungerade sein.

5.2.2 Wahl des Betriebsrats

Ebenso wie in Kleinbetrieben muss der bestellte Wahlvorstand die Wahl auch in größeren Betrieben unverzüglich einleiten. Dazu stellt er die Wählerliste mit Unterstützung des Arbeitgebers auf, der ihm Arbeitnehmerlisten (mit Namen und Geburtsdaten) überlassen muss und der ihm auch die erforderlichen Auskünfte erteilt, insbesondere im Zusammenhang mit der Feststellung, wer leitender Angestellter i. S. d. BetrVG ist. Der Anspruch des Wahlvorstands gegen den Arbeitgeber auf Vorlage einer Liste aller im Betrieb beschäftigten Arbeitnehmer ist nicht dadurch ausgeschlossen, dass der Arbeitgeber der Auffassung ist, dass kein betriebsratsfähiger Betrieb gegeben ist. Er ist nur dann ausgeschlossen, wenn das Gremium, das als Wahlvorstand auftritt, in dieser Funktion nicht oder in nichtiger Weise bestellt wurde. Letzteres setzt dabei einen offensichtlichen und besonders groben Verstoß voraus (BAG v. 15.10.2014, Az. 7 ABR 53/12).

ACHTUNG!

Einsprüche gegen die Richtigkeit der Wählerliste können nur vor Ablauf von zwei Wochen nach Erlass des Wahlausschreibens beim Wahlvorstand eingelegt werden (§ 4 Abs. 1 WO). Der Arbeitgeber muss daher die Liste sorgfältig durchsehen und bei Aufnahme etwa von leitenden Angestellten oder freien Mitarbeitern in dieser Frist reagieren.

Bei der Feststellung der für die Betriebsratswahl maßgeblichen Betriebsgröße i. S. d. § 9 Abs. 1 BetrVG darf der Wahlvorstand von Veränderungen der personellen Stärke nur dann ausgehen, wenn der Arbeitgeber bereits konkrete Veränderungsentscheidungen getroffen hat. Nicht ausreichend sind reine Erwartungen, Hoffnungen und/oder sonstige günstige Aussichten. Auch bloße unverbindliche, insbesondere – hinsichtlich „Ob" und „Wann" möglicher Einstellungen – nicht näher konkretisierte Absichtsbekundungen stellen keine zu berücksichtigenden Veränderungsentscheidungen dar (LAG Nürnberg v. 16.4.2019, Az. 7 TaBV 21/18).

Der Wahlvorstand hat das Recht, Beauftragte der im Betrieb vertretenen Gewerkschaft als Berater zur Begleitung und Unterstützung der Betriebsratswahl zu seinen Sitzungen hinzuzuziehen. Dabei soll der Arbeitgeber das Zugangsrecht der Gewerkschaft nicht dadurch abwehren können, dass er dem Wahlvorstand und der Gewerkschaft anbietet, die Sitzungen außerhalb des Betriebsgeländes durchzuführen, denn der Wahlvorstand könne seinen Aufgaben regelmäßig nur dann ordnungsgemäß nachkommen, wenn er seine Sitzungen im Betrieb durchführe (LAG Mecklenburg-Vorpommern v. 11.11.2013, Az. 5 TaBVGa 2/13). Die Gewerkschaft kann diesen Anspruch nach Auffassung des Arbeitsgerichts Verden (v. 7.10.2013, Az. 1 BVGa 1/13) im Wege der einstweiligen Verfügung gegen den Arbeitgeber durchsetzen.

Kommt der Wahlvorstand seiner Pflicht zur unverzüglichen Einleitung der Wahl nicht nach, können der Betriebsrat, drei wahlberechtigte Arbeitnehmer oder eine im Betrieb vertretene Gewerkschaft – nicht jedoch der Arbeitgeber – eine arbeitsgerichtliche Ersetzung des Wahlvorstands verlangen (LAG Berlin-Brandenburg v. 7.12.2016, Az. 15 TaBV 1683/16).

Vor Ablauf von zwei Wochen seit Erlass des Wahlausschreibens können Vorschläge beim Wahlvorstand eingereicht werden. Die Frist ist gesetzlich zwingend und darf nicht vom Wahlvorstand verlängert werden; im Falle eines Verstoßes ist die Wahl anfechtbar (LAG Nürnberg v. 3.6.2019, Az. 1 TaBV 3/19). Der Wahlvorstand prüft eingereichte Vorschläge und macht sie spätestens eine Woche vor Beginn der Stimmabgabe bekannt. Dabei ist eine Vorschlagsliste für eine Betriebsratswahl selbst dann gültig, wenn sie lediglich einen Wahlbewerber aufweist (LAG Düsseldorf v. 4.7.2014, Az. 6 TaBV 24/14).

Der Wahlvorstand ist nicht berechtigt, die Frist für die Einreichung von Wahlvorschlägen auf eine bestimmte Uhrzeit des letzten Tages der Frist (etwa 12.00 Uhr mittags) zu begrenzen (LAG Hessen v. 31.8.2006, Az. 9 TaBV 16/06). Zulässig ist es jedoch nach § 41 Abs. 2 WO, die Einreichungsfrist auf das Ende der Arbeitszeit im Betrieb zu begrenzen, vorausgesetzt, der festgesetzte Fristablauf liegt nicht vor dem Ende der Arbeitszeit der überwiegenden Mehrheit der Arbeitnehmer. Ist in einem Wahlausschreiben keine Uhrzeit angegeben, können Wahlvorschläge zur Betriebsratswahl am Tag des Fristablaufs noch bis 24 Uhr eingereicht werden (BAG v. 28.4.2021, Az. 7 ABR 10/20). Der Wahlvorstand hat die Pflicht, insbesondere am vorletzten und letzten Tag vor Fristablauf, Vorkehrungen zu treffen, damit er eingehende Wahlvorschläge möglichst sofort prüfen und die Listenvertreter über etwaige Mängel informieren kann (BAG v. 18.7.2012, Az. 7 ABR 21/11). Verletzt er diese Pflicht, kann dies zur Anfechtbarkeit (s. u. 7.) der Betriebsratswahl führen, wenn nämlich der Mangel noch bis zum Ablauf der Frist hätte behoben werden können (BAG, a. a. O.; LAG Schleswig-Holstein v. 14.2.2007, Az. 6 TaBV 27/06).

Unverzüglich nach Abschluss der Wahl sind die Stimmzettel öffentlich vom Wahlvorstand auszuzählen – wobei der Einsatz von Scannern zur elektronischen Stimmauszählung zulässig ist (vgl. LAG Hessen v. 25.4.2018, Az. 16 TaBVGa 77/18) – und das Ergebnis bekannt zu geben. Dabei bedeutet es keinen Verstoß gegen den Öffentlichkeitsgrundsatz, wenn Arbeitnehmer aus betriebstechnischen Gründen ihren Arbeitsplatz nicht verlassen können oder nur deshalb an der Stimmauszählung nicht teilnehmen, weil sie keinen Anspruch auf bezahlte Freistellung von der Arbeit haben. Gleiches gilt für den Fall, dass der Wahlvorstand Zeit und Ort der Eröffnung der im Rahmen der Briefwahl eingegangenen Freiumschläge nicht ausdrücklich mitgeteilt hat. Aufgrund der gesetzlichen Regelung in § 26 Abs. 1 WO ist eindeutig, dass dies unmittelbar vor Abschluss der Stimmabgabe geschieht (BAG v. 20.5.2020, Az. 7 ABR 42/18). Dagegen wird gegen den Grundsatz der Öffentlichkeit verstoßen, wenn der Wahlvorstand und die Wahlhelfer bei der Auszählung um die Auszähltische stehen und so die Sicht für die Öffentlichkeit einschränken (LAG Baden-Württemberg v. 30.10.2012, Az. 15 TaBV 1/12).

6. Nichtigkeit der Wahl

Im Falle eines groben und offensichtlichen Verstoßes gegen die gesetzlichen Wahlregeln kann eine Betriebsratswahl nichtig sein. Dazu muss gegen die allgemeinen Grundsätze jeder ordnungsgemäßen Wahl in so hohem Maße verstoßen worden sein, dass auch der Anschein einer dem Gesetz entsprechenden Wahl nicht mehr besteht (vgl. zuletzt LAG Köln v. 8.12.2021, Az. 11 TaBVGa 9/21). Die aus einer nichtigen Wahl hervorgegangene Vertretung der Arbeitnehmer ist kein Betriebsrat, mit der Folge, dass sämtliche vorgenommenen Amtshandlungen unwirksam sind. So ist eine Wahl etwa dann unwirksam, wenn die Anzahl der im Betrieb in der Regel beschäftigten Arbeitnehmer (vgl. § 9 BetrVG) unzutreffend bestimmt wird und deshalb ein zu großer oder zu kleiner Betriebsrat gewählt wird (BAG v. 7.5.2008, Az. 7 ABR 17/07). Gleiches gilt, wenn ein Wahlvorstand – ohne jegliche weitere Prüfung – offensichtlich ungeeignete, unvollständige Informationen unklarer Herkunft und Datierung ohne Hinzufügung von Alter und Betriebszugehörigkeit in eine Wählerliste übernimmt, mit der Folge, dass zahlreiche Wahlberechtigte nicht, dafür aber viele, die nicht (mehr) in einem Arbeitsverhältnis stehen, aufgeführt sind (LAG Thüringen v. 24.6.2020, Az. 4 TaBV 12/19). Ist die Bestellung des Wahlvorstandes nichtig, weil er nur von einer Minderheit der Betriebsratsmitglieder gewählt worden ist, so ist auch die von diesem durchgeführte Betriebsratswahl nichtig (LAG Düsseldorf v. 7.9.2010, Az. 16 TaBV 57/10). Dabei sind jedoch an die Nichtigkeit der Bestellung/der Wahl des Wahlvorstands sehr hohe Anforderungen zu stellen, da Fehler bei der Wahl/Bestellung des Wahlvorstandes ein geringeres Gewicht als bei der Wahl des Betriebsrats haben. Dies mit der Begründung, dass der Wahlvorstand keine Repräsentationsfunktion einnimmt und ausschließlich die Vorbereitung und Durchführung der Betriebsratswahl zu seinen Aufgaben gehört (LAG Berlin-Brandenburg v. 11.2.2021, Az. 21 TaBVGa 1271/20).

Weitere Beispiele:

Wahl des Betriebsrats ohne Wahlvorstand; Wahl eines Betriebsrats in einem nicht betriebsratsfähigen Betrieb; Wahl eines weiteren Betriebsrats bei Existenz eines bereits vorhandenen, rechtmäßig gewählten Betriebsrats (LAG Hamm v. 16.3.2015, Az. 13 TaBVGa 3/15); Wegschicken der Zuschauer bei Auszählung der Stimmen durch den Wahlvorstand und gleichzeitiges Verschwindenlassen von abgegebenen Stimmzetteln.

Liegen mehrere Verstöße vor, die jeder für sich genommen nicht so wesentlich sind, als dass sie zur Nichtigkeit der Wahl führen, kann sich auch aus einer Gesamtwürdigung der einzelnen Verstöße nicht ergeben, dass die Betriebsratswahl nichtig ist (BAG v. 19.11.2003, Az. 7 ABR 24/03; ebenso LAG Düsseldorf v. 21.7.2017, Az. 10 TaBV 3/17).

Die Nichtigkeit kann sowohl von Arbeitgeber- als auch von Arbeitnehmerseite, d. h. auch von einem einzelnen Arbeitnehmer, ohne Einhaltung einer Frist jederzeit geltend gemacht werden. Eine voraussichtlich nichtige Wahl kann – anders als eine nur sicher anfechtbare Wahl – sogar im Vorfeld bereits im Wege einer einstweiligen Verfügung abgebrochen werden (BAG v. 21.7.2011, Az. 7 ABR 61/10; LAG München v. 20.5.2022, Az. 5 TaBVGa 2/22).

Beispiel:

Es soll ein Betriebsrat gewählt werden, obwohl ein Teil der Wahlberechtigten bereits einen eigenen Betriebsrat gebildet hat. Selbst wenn diese erste Wahl wegen Verkennung des Betriebsbegriffs anfechtbar wäre, so wäre eine Doppelzuständigkeit von zwei Betriebsräten für dieselben Mitarbeiter unzulässig. Der Arbeitgeber kann hier eine einstweilige Verfügung zum Abbruch der zweiten Betriebsratswahl erwirken (LAG Köln v. 8.5.2006, Az. 2 TaBV 22/06). Anders dagegen, wenn ein Betriebsrat für einen Betrieb besteht und ein Teil der Mitarbeiter für einen möglicherweise eigenständigen Betriebsteil einen eigenen Betriebsrat wählt, der aber erst nach Ende der Amtszeit des für den Betrieb bestehenden Betriebsrats seine Tätigkeit aufnehmen soll. Hier liegt keine Nichtigkeit vor (BAG v. 21.7.2004, Az. 7 ABR 57/03), sodass auch keine einstweilige Verfügung erwirkt werden kann. Für den Arbeitgeber besteht nur die Möglichkeit einer Anfechtungsklage (vgl. nachfolgend Ziff. 7).

7. Anfechtung der Wahl

Die Betriebsratswahl ist anfechtbar, wenn gegen wesentliche Vorschriften über

- das Wahlrecht (d. h. die Wahlberechtigung),
- die Wählbarkeit oder
- das Wahlverfahren

verstoßen worden ist, der Verstoß jedoch nicht so schwerwiegend ist, dass die Wahl bereits als nichtig anzusehen ist.

Ein anfechtbarer Verstoß gegen das **Wahlrecht** liegt etwa dann vor, wenn Personen, die wahlberechtigt sind, nicht zur Wahl zugelassen werden, oder wenn sich nicht wahlberechtigte Personen (z. B. leitende Angestellte, Jugendliche) an der Wahl beteiligen.

Soll die Anfechtung darauf gestützt werden, dass die Wählerliste unrichtig war, so setzt dies voraus, dass zuvor aus demselben Grund ordnungsgemäß Einspruch nach § 4 Abs. 1 WO gegen die Richtigkeit der Wählerliste eingelegt wurde. Voraussetzung ist dabei nicht, dass einer der anfechtenden Wahlberechtigten selbst den Widerspruch eingelegt hat. Ist dagegen von keinem Wahlberechtigten Einspruch eingelegt worden, ist eine Anfechtung ausgeschlossen, sofern nicht die anfechtenden Wahlberechtigten an der Einlegung eines Einspruchs gehindert waren. Die Anfechtung durch den Arbeitgeber ist wiederum ausgeschlossen, soweit sie darauf gestützt wird, dass die Wählerliste unrichtig ist und diese Unrichtigkeit auf seinen Angaben beruht (§ 39 Abs. 3 BetrVG).

Ein anfechtbarer Verstoß gegen die **Wählbarkeit** liegt vor, wenn Personen gewählt werden, die nicht wählbar sind (vgl. BAG v. 4.5.2022, Az. 7 ABR 14/21 – leitender Angestellter).

Die Anfechtungsmöglichkeit entfällt, wenn der Fehler durch den Wahlvorstand berichtigt werden kann und berichtigt wird.

Ein anfechtbarer Verstoß gegen das **Wahlverfahren** ist z. B. anzunehmen, wenn in einem Kleinbetrieb nicht das zwingend vorgeschriebene vereinfachte Wahlverfahren, sondern das Regelverfahren durchgeführt wird (LAG München v. 20.5.2022, Az. 5 TaBVGa 2/22), oder wenn die Anzahl der in den Wahlurnen befindlichen Stimmzettel mit der Anzahl der Stimmabgabevermerke in der Wählerliste nicht übereinstimmt und die Differenz so groß ist, dass sie das Wahlergebnis beeinflussen konnte (BAG v. 12.6.2013, Az. 7 ABR 77/11). Anfechtbar ist eine Betriebsratswahl auch bei nicht ordnungsgemäßer Berücksichtigung der Geschlechter (vgl. § 15 Abs. 2 BetrVG), bei fehlender Wählerliste, bei Nichteinhaltung der im Wahlausschreiben angegebenen Zeit für die Stimmabgabe (LAG Schleswig-Holstein v. 21.6.2011, Az. 2 TaBV 41/10), bei Zulassung einer Wahlvorschlagsliste, die einen Gewerkschaftsnamen verwendet, aber nicht von zwei Gewerkschaftsbeauftragten unterzeichnet ist und nicht von der Gewerkschaft stammt (BAG v. 26.10.2016, Az. 7 ABR 4/15), bei fehlerhafter Bestellung des Wahlvorstands oder auch bei Nichtzulassung von ordnungsgemäßen Wahlvorschlägen (vgl. LAG Hamm v. 25.4.2023, Az. 7 TaBV 169/22).

Macht der Wahlvorstand das Wahlausschreiben nicht unmittelbar nach seinem Erlass den Personen zugänglich, von denen ihm bekannt ist, dass sie im Zeitpunkt der Wahl voraussichtlich nicht im Betrieb anwesend sein werden, sondern versendet es an diesen Personenkreis erst mit den Briefwahlunterlagen nach Ablauf der Fristen für Einsprüche gegen die Wählerliste und Einreichung von Wahlvorschlägen, so stellt dies einen grundsätzlich zur Wahlanfechtung berechtigenden Verstoß gegen eine wesentliche Vorschrift über das Wahlverfahren dar (LAG Thüringen v. 27.3.2024, Az. 4 TaBV 13/23). Wurde das Wahlausschreiben nicht ordnungsgemäß im Betrieb ausgehängt oder hat der Wahlvorstand ein Wahlausschreiben nur in deutscher Sprache bekannt gemacht und es unterlassen, ausländische Arbeitnehmer, die der deutschen Sprache nicht mächtig sind, über die Einzelheiten der Wahl gesondert zu informieren, zieht dies gleichermaßen die Anfechtbarkeit (BAG v. 13.10.2004, Az. 7 ABR 5/04) nach sich, wie das Versäumnis, blinden oder stark sehbehinderten wahlberechtigten Arbeitnehmern die Wahlunterlagen (Wahlausschreiben, Wählerliste, Wahlvorschläge, Wahlordnung) in geeigneter Weise zur Kenntnis zu bringen (LAG Hessen v. 24.9.2015, Az. 9 TaBV 12/15). Die Übersendung von Briefwahlunterlagen durch den Wahlvorstand unter Hinzufügung einer Broschüre, in der eine bestimmte Kandidatenliste als vorzugswürdig dargestellt wird, ist wiederum anfechtbar mit Blick auf das Verbot der Wahlbeeinflussung gemäß § 20 Abs. 2 BetrVG (LAG Baden-Württemberg v. 27.11.2019, Az. 4 TaBv 2/19). Auch Verstöße gegen die Chancengleichheit führen zur Anfechtbarkeit, so etwa, wenn ein Wahlbewerber Wahlwerbung über WhatsApp startet und sich dabei einer Liste bedient, über die nur er aufgrund seiner Aufgaben im Betrieb verfügt (LAG Köln v. 6.10.2023, Az. 9 TaBV 14/23).

Macht der Wahlvorstand die Wählerliste nach § 2 Abs. 4 Satz 4 WO ergänzend auch mittels der im Betrieb vorhandenen Informations- und Kommunikationstechnik (Intranet) bekannt, so sind Änderungen der Wählerliste auch hier zu veröffentlichen. Unterbleibt dies, ist die Wahl anfechtbar (BAG v. 2.8.2017, Az. 7 ABR 42/15). Anfechtbar soll auch eine Vorschlagsliste für die Betriebsratswahl sein, die in ihrem Kennwort ein Smiley enthält. Ein Bildzeichen sei als Bestandteil eines Kennworts unzulässig, wenn es wie das Smiley lediglich einen Stimmungs- oder Gefühlszustand ausdrücke, keine eindeutige Wortersatzfunktion habe und demgemäß üblicherweise nicht mit ausgesprochen werde (LAG Köln v. 1.12.2023, Az. 9 TaBV 3/23).

Nicht anfechtbar ist eine Wahl, wenn der Arbeitgeber sich im Vorfeld der Wahlen kritisch über den bestehenden Betriebsrat oder einzelne seiner Mitglieder äußert. Aus dem in § 20 Abs. 2 BetrVG normierten Verbot, die Wahl des Betriebsrats durch Zufügung oder Androhung von Nachteilen oder durch Gewährung oder Versprechen von Vorteilen zu beeinflussen, ergibt sich nicht die Verpflichtung, sich jeder kritischen Äußerung zu enthalten. So hat es das BAG (v. 25.10.2017, Az. 7 ABR 10/26) als unkritisch betrachtet, wenn ein Arbeitgeber in Mitarbeiterversammlungen die Arbeitnehmer in Verbindung mit deutlicher Kritik am Verhalten des Betriebsrats zur Aufstellung alternativer Listen auffordert und äußert, wer die Betriebsratsvorsitzenden bzw. den Betriebsrat wiederwähle, begehe Verrat am Unternehmen.

Anfechtbar ist eine Betriebsratswahl dagegen, wenn nur die Bilder einzelner, nicht aber aller Kandidaten am Schwarzen Brett des Wahlvorstands ausgehängt wurden (LAG Nürnberg v. 20.9.2011, Az. 6 TaBV 9/11), sie nur als Briefwahl (ArbG Essen v. 21.8.2014, Az. 5 BV 45/14) durchgeführt wurde, oder wenn der bisherige Betriebsrat nicht wahlberechtigte Arbeitnehmer zu Mitgliedern des Wahlvorstandes bestellt hat.

Beispiel:

Ein versetzter Arbeitnehmer, der bereits vorläufig in einem anderen Betrieb eingesetzt ist, kann nicht in den Wahlvorstand für die Betriebsratswahl des abgebenden Betriebs gewählt werden. Dies gilt unabhängig davon, ob noch ein Verfahren zur Ersetzung der Zustimmung des Betriebsrats des aufnehmenden Betriebs anhängig ist und ob der Arbeitnehmer gegen die Versetzung Klage erhoben hat. Der Verstoß gegen die Wählbarkeit führt zur Anfechtbarkeit der Betriebsratswahl (LAG Köln v. 10.2.2010, Az. 8 TaVB 65/09).

Eine Verkennung des Betriebsbegriffs im Sinne einer unrichtigen Abgrenzung eines Betriebs (vgl. dazu ArbG Stuttgart v. 6.4.2023, Az. 21 BV 54/22) oder auch die Teilnahme von in einer Niederlassung im Ausland beschäftigter Arbeitnehmer an einer Betriebsratswahl am Hauptsitz des Unternehmens in Deutschland (LAG Hessen v. 3.4.2023, Az. 16 TaBV 129/22) machen eine Wahl grundsätzlich anfechtbar.

Die Anfechtung ist jedoch generell ausgeschlossen, wenn durch den Verstoß das Wahlergebnis nicht geändert oder beeinflusst werden konnte (§ 19 BetrVG).

Beispiel:

Keine Anfechtungsmöglichkeit besteht, wenn das Ergebnis einer konkreten Betriebsratswahl durch die Zulassung oder Nichtzulassung von Arbeitnehmern zur Wahl, ganz gleichgültig, wie sie gestimmt hätten, unverändert geblieben wäre. Auch ein Wahlverstoß, der sich lediglich auf die Reihenfolge der Ersatzmitglieder auswirkt, berechtigt nicht zur Wahlanfechtung.

Anfechtungsberechtigt sind neben dem Arbeitgeber drei wahlberechtigte Arbeitnehmer oder eine im Betrieb vertretene Gewerkschaft. Anfechtungsgegner ist in allen Fällen der Betriebsrat.

WICHTIG!

Die Anfechtung ist nur innerhalb einer Frist von zwei Wochen nach Bekanntgabe des Wahlergebnisses zulässig. Sie muss innerhalb dieser Frist beim Arbeitsgericht eingegangen sein.

Wird der Wahlanfechtung durch rechtskräftigen Beschluss des Arbeitsgerichts stattgegeben, besteht für die Zukunft kein Betriebsrat mehr. Bereits vorgenommene Handlungen des Betriebsrats (z. B. eine mit dem Arbeitgeber abgeschlossene Betriebsvereinbarung) bleiben aber in Kraft, der Betriebsrat bis zur Rechtskraft des arbeitsgerichtlichen Beschlusses mit allen Rechten und Pflichten im Amt (BAG v. 9.6.2011, Az. 6 AZR 132/1).

Eine anfechtbare Wahl – selbst wenn sie ganz offensichtlich anfechtbar ist – kann anders als eine voraussichtlich nichtige Wahl nicht im Wege der einstweiligen Verfügung abgebrochen werden (BAG v. 27.7.2011, Az. 7 ABR 61/10; LAG Berlin-Brandenburg v. 6.3.2024, Az. 11 TaBVGa 135/24).

8. Wahlkosten

Der Arbeitgeber trägt die Kosten der Wahl. Hierzu gehören die Kosten, die mit der Einleitung und der Durchführung der Wahl sowie mit einer etwaigen gerichtlichen Überprüfung des Wahlergebnisses verbunden sind. Zu nennen ist hier in erster Linie der Aufwand an materiellen Mitteln für die Vorbereitung und Durchführung der Wahl (z. B. Kosten für die Beschaffung von Wählerlisten, Stimmzetteln, Wahlurnen usw.). Vom Arbeitgeber zu tragen sind aber auch die Kosten für eine Schulung des Wahlvorstandes (LAG Hessen v. 26.3.2018, Az. 16 TaBVGa 57/18 danach sogar auch die Kosten für die Schulung von Wahlvorstands-Ersatzmitgliedern). Als angemessen wird eine Schulungsdauer von 1,5 Tagen bewertet, sofern die im Seminarplan ausgewiesenen Themen zumindest durchweg erforderliche Kenntnisse vermitteln (LAG Hessen v. 20.8.2018, Az. 16 TaBV 159/18). Auf eine arbeitgeberseitig angebotene – kostengünstigere – Inhouse-Schulung kann der Betriebsrat jedenfalls dann nicht verwiesen werden, wenn das Vertrauen in die Unvoreingenommenheit des Schulungsinhalts durch den Wahlvorstand glaubhaft erschüttert werden kann – etwa weil der Arbeitgeber bereits eine Anfechtung der Betriebsratswahl in Aussicht gestellt hat (LAG Hessen, a. a. O.).

Dagegen besteht kein Anspruch auf ein Büro mit optimalen Arbeitsmaterialien, die auch ein längeres Arbeiten ohne Beeinträchtigungen ermöglichen, sondern nur ein Anspruch darauf, für die zeitlich begrenzte Dauer der Tätigkeit des Wahlvorstands die Sachmittel zu erhalten, die für diese Aufgabe benötigt werden (ArbG Berlin v. 16.3.2017, Az. 63 BV 11412/16). Die Kostentragungspflicht betrifft aber auch Anwaltskosten und Kosten eines arbeitsgerichtlichen Beschlussverfahrens zur Klärung von sonst nicht behebbaren Meinungsverschiedenheiten, die im Laufe eines Wahlverfahrens entstehen. Der Anspruch des Wahlvorstands auf Erstattung der Kosten für die Hinzuziehung eine Rechtsanwalts setzt jedoch eine vorherige Vereinbarung mit dem Arbeitgeber voraus (BAG v. 11.11.2009, Az. 7 ABR 26/08). Fehlt es an einer vorherigen Vereinbarung, kann der Arbeitgeber die Kostenübernahme ablehnen, selbst wenn die Hinzuziehung objektiv erforderlich war. Eine Ausnahme gilt nur für Kosten der gerichtlichen Vertretung des Wahlvorstands.

Auch eine beteiligte Gewerkschaft kann eine Erstattung der Kosten verlangen, die ihr bei der Ausübung von Rechten aus dem BetrVG im Zusammenhang mit der Betriebsratswahl entstehen.

Beispiel:

Der Arbeitgeber erteilt einem Gewerkschaftssekretär Hausverbot, der zuvor vom Wahlvorstand gebeten worden war, bei der Stimmauszählung anwesend zu sein. Die Gewerkschaft beantragt daraufhin durch einen Rechtsanwalt eine einstweilige Verfügung, um den Zutritt des Gewerkschaftssekretärs zum Betrieb zwecks Teilnahme an der Stimmauszählung durchzusetzen. Die Rechtsanwaltskosten der Gewerkschaft muss der Arbeitgeber zahlen! (BAG v. 16.4.2003, Az. 7 ABR 29/02)

Die Mitglieder des Wahlvorstands haben Anspruch auf Lohnfortzahlung, wenn sie wegen dieser Tätigkeit ihrer Arbeit zeitweise nicht nachgehen können. Dabei steht dem Wahlvorstand – unter Berücksichtigung der Interessen des Betriebs – ein Beurteilungsspielraum bezüglich der Erforderlichkeit seiner Tätigkeit zu. Insbesondere soll es dem Arbeitgeber unter dem Gesichtspunkt der vertrauensvollen Zusammenarbeit nicht gestattet sein, den Wahlvorstand bezüglich der von ihm zu leistenden Tätigkeit ein Stundenkontingent vorzugeben (LAG Schleswig-Holstein v. 15.12.2004, Az. 3 Sa 269/04).

Die Wahl findet grundsätzlich während der Arbeitszeit statt. Die dafür versäumte Arbeitszeit berechtigt den Arbeitgeber nicht zur Lohnkürzung (§ 20 Abs. 3 BetrVG).

WICHTIG!

Will ein Arbeitnehmer der Auszählung der Stimmen zusehen, hat er für diese Zeit keinen Lohnfortzahlungsanspruch.

9. Wahlschutz

Jede Maßnahme, die darauf gerichtet ist, den Ablauf einer Betriebsratswahl zu beeinträchtigen, ist verboten (§ 20 BetrVG).

Beispiele:

Kein Arbeitnehmer darf daran gehindert werden, sich in die Wählerlisten eintragen zu lassen, zur Wahl zu gehen oder Wahlvorschläge zu unterschreiben. Das Einladungsschreiben zur Betriebsratswahl oder das Wahlausschreiben dürfen nicht vom Schwarzen Brett oder aus dem Intranet entfernt werden; die Wahlversammlung darf nicht gestört oder manipuliert werden (vgl. auch ArbG Berlin v. 29.5.2009, Az. 16 BVGa 9922/09 – wonach die Anordnung einer Erste-Hilfe-Ausbildung während der Zeit einer Wahlversammlung eine verbotene Behinderung der Betriebsratswahl darstellt); Stimmzettel dürfen nicht unterschlagen oder gefälscht werden. Vor allem ist eine Versetzung oder Kündigung zu dem Zweck, die Wahl eines Arbeitnehmers unmöglich zu machen, unzulässig.

Eine Wahlbehinderung darf letztlich auch nicht durch Unterlassen erfolgen, etwa wenn der Arbeitgeber es entgegen seiner Pflicht aus § 2 Abs. 2 Wahlordnung unterlässt, dem Wahlvorstand alle für die Anfertigung der Wählerliste erforderlichen Unterlagen zur Verfügung zu stellen.

Neben der Wahlbehinderung ist auch eine Beeinflussung der Wahl durch die Androhung von individuellen Nachteilen oder durch das Versprechen von individuellen Vorteilen nicht erlaubt.

Beispiele:

Zusage einer Gehaltserhöhung an einen Arbeitnehmer, wenn er sich als Wahlkandidat aufstellen oder nicht aufstellen lässt; Androhung der Versetzung auf einen schlechteren Arbeitsplatz für den Fall der Wahlbeteiligung; Inaussichtstellung „arbeitsrechtlicher Maßnahmen" oder auch nur die Äußerung „mit Blick auf das Anstellungsverhältnis sei es besser, wenn ..." (ArbG Duisburg v. 11.9.2014, Az. 1 BV 16/14).

Ebenso wenig darf die Wahl von einseitigen Finanzierungshilfen des Arbeitgebers § 119 Abs. 1 Satz 1 BetrVG begleitet werden. So stellt es eine unerlaubte Wahlbeeinflussung dar, wenn es der Arbeitgeber einer Wahlvorschlagsliste durch die Zuwendung von Geldmitteln ermöglicht, sich im Zusammenhang mit der Wahl nachhaltiger als sonst möglich zu präsentieren, und wenn dabei die finanzielle Unterstützung der Kandidaten durch den Arbeitgeber verschleiert wird (BGH v. 13.9.2010, Az. 1 StR 220/09).

Wer gegen das Verbot der Wahlbehinderung und/oder das Verbot der unzulässigen Wahlbeeinflussung verstößt, begeht nach § 119 Abs. 1 Satz 1 BetrVG eine Straftat, die mit Freiheitsstrafe bis zu einem Jahr oder Geldstrafe bestraft werden kann. Darüber hinaus sind alle gegen diese Verbote verstoßenden Maßnahmen nichtig. Dies gilt insbesondere für Kündigungen und Versetzungen auf einen schlechteren Arbeitsplatz, die zum Zwecke der Beeinflussung einer Betriebsratswahl ausgesprochen wurden.

10. Wahlakten

Bis zum Abschluss der Betriebsratswahl sind sämtliche Wahlakten (Wählerlisten, Wahlausschreiben, Wahlvorschläge, aber auch alle sonstigen die Wahl betreffenden Schriftstücke) in der Hand des Wahlvorstands. Nach durchgeführter Wahl gehen sie in die Aufbewahrung des Betriebsrats über. Der Arbeitgeber hat ein Einsichtsrecht in diese Unterlagen, das grundsätzlich nicht von der Geltendmachung eines besonderen Interesses oder von der Darlegung von Anhaltspunkten für die Anfechtbarkeit oder Nichtigkeit der Betriebsratswahl abhängt. Das Einsichtsrecht besteht auch außerhalb der Anfechtungsfrist oder eines Wahlanfechtungsverfahrens. Ausgenommen sind nur die Unterlagen, aus denen Rückschlüsse auf das Wahlverhalten einzelner Arbeitnehmer gezogen werden können (z. B. die mit Stimmabgabevermerken des Wahlvorstandes versehenen Wählerlisten). Will der Arbeitgeber auch hier Einsicht nehmen, so muss er konkret darlegen, dass die Einsicht gerade in diese Schriftstücke zur Überprüfung der Ordnungsmäßigkeit der Wahl notwendig ist (BAG v. 27.7.2005, Az. 7 ABR 54/04).

IV. Auflösung des Betriebsrats/Erlöschen des Betriebsratsamts

Die regelmäßige Dauer der Amtszeit des Betriebsrats beträgt vier Jahre. Auf Antrag von mindestens 25 % der wahlberechtigten Arbeitnehmer, des Arbeitgebers oder einer im Betrieb vertretenen Gewerkschaft kann der Betriebsrat jedoch auch vorzeitig durch das Arbeitsgericht aufgelöst werden, wenn er seine gesetzlichen Pflichten grob verletzt (§ 23 Abs. 1 BetrVG). Die Verletzung ist dann als grob anzusehen, wenn sie objektiv erheblich und offensichtlich schwerwiegend ist. Eine grobe Verletzung gesetzlicher Pflichten kann bereits bei einem einmaligen schwerwiegenden Verstoß vorliegen, bei wiederholten schwerwiegenden Verstößen wird sie in der Regel offensichtlich sein.

Beispiele:

Verletzung der Schweigepflicht, Aufruf zu Arbeitskämpfen, Werkbesetzungen, wiederholte parteipolitische Agitation im Betrieb, massive Verstöße gegen Datenschutzbestimmungen (ArbG Iserlohn v. 14.1.2020, Az. 2 BV 5/19).

Zudem kann sich auch aus der Gesamtschau mehrerer Gesetzesverstöße des Betriebsrats die Untragbarkeit der weiteren Amtsausführung ergeben, auch wenn die einzelnen Verstöße für sich genommen noch keine Auflösung rechtfertigen (ArbG Elmshorn v. 23.8.2023, Az. 3 BV 31e/23).

Als keine grobe und schwerwiegende Pflichtverletzung, die eine Auflösung des Betriebsrats auf Antrag des Arbeitgebers rechtfertigen könne, sollen dagegen überspitzte Kritik und Vorwürfe gegenüber dem Arbeitgeber zu werten sein (so LAG Köln v. 14.1.2022, Az. 9 TaBV 34/21). Hier wird man jedoch stets den konkreten Einzelfall betrachten müssen, inwieweit etwa der betriebliche Frieden gefährdet wird oder auch Diffamierungen oder persönliche Kränkungen im Vordergrund stehen.

Die Auflösung des Betriebsrats als Gremium kommt zudem generell nur dann in Betracht, wenn das Gremium insgesamt grob gegen Pflichten aus dem BetrVG verstößt. Verstöße einzelner Betriebsratsmitglieder sind nicht ausreichend. Etwas anderes gilt nur dann, wenn der Betriebsrat gesetzwidriges Verhalten einzelner Mitglieder billigt oder gar unterstützt (LAG Baden-Württemberg v. 4.2.2016, Az. 10 Ta BV 2078/15).

Verstößt nur ein einzelnes Betriebsratsmitglied grob gegen seine gesetzlichen Pflichten, kann dessen Einzelausschluss ebenso wie die Auflösung des Betriebsrats als Gremium von mindestens 25 % der wahlberechtigten Arbeitnehmer, vom Arbeitgeber, von einer im Betrieb vertretenen Gewerkschaft oder hier auch vom Betriebsrat beantragt werden.

Beispiele:

- **Ein Betriebsratsmitglied droht dem Arbeitgeber – ohne Beteiligung des Betriebsrats und ohne vorherigen Lösungsversuch mit dem Arbeitgeber –, Anzeige bei den Aufsichtsbehörden zu erstatten (etwa wegen Verstößen gegen das ArbZG), um individuelle Interessen (wie z. B. seine Versetzung an einen anderen Arbeitsplatz zu verhindern) durchzusetzen (ArbG München v. 25.9.2006, Az. 22 BV 219/06).**
- **Ein Betriebsratsmitglied droht dem Betriebsrat, der seiner Versetzung in einen anderen Bereich zugestimmt hat, er werde die Auflösung des Betriebsrats betreiben und künftig sämtliche Verstöße der Gewerkschaft melden (ArbG München, wie oben).**
- **Ein Betriebsratsmitglied diffamiert und beschimpft in einem von ihm verfassten und im Betrieb verteilten Flugblatt Mitglieder und Sympathisanten der im Betrieb vertretenen Gewerkschaft (LAG Mecklenburg-Vorpommern v. 31.3.2005, Az. 1 TaBV 15/04).**
- **Ein Betriebsratsmitglied gewährt einem Dritten Einsicht in Bewerbungsunterlagen, die ihm nach § 99 BetrVG vorgelegt wurden und begeht damit einen objektiv erheblichen und offensichtlich schwerwiegenden Verstoß gegen die gesetzliche Geheimhaltungspflicht nach §§ 99 Abs. 1 Satz 2, 79 Abs. 1 BetrVG (ArbG Wesel v. 16.10.2008, Az. 5 BV 34/08).**
- **Ein Betriebsratsmitglied verstößt grob gegen seine datenschutzrechtlichen Verpflichtungen (etwa in dem er hochsensible Daten – wie etwa Gehaltslisten – auf seinen privaten E-Mail-Account weiterleitet (LAG Hessen v. 10.3.2025, Az. 16 TaBV 109/24).**
- **Ein Betriebsratsmitglied nimmt mehrfach vom Computer des Betriebsrats aus unberechtigt Zugriff auf ein im Betrieb verwendetes Personalinformationssystem, mit dem personenbezogene Arbeitnehmerdaten im Sinne einer elektronischen Personalakte verwaltet werden (LAG Berlin-Brandenburg v. 21.11.2012, Az. 17 TaBV 1318/12).**
- **Ein Betriebsratsvorsitzender zitiert ohne Einwilligung des Mitarbeiters aus dessen Bewerbungsschreiben, das dem Betriebsrat im Rahmen der Anhörung zur Einstellung übergeben worden war, und würdigt den eingestellten Mitarbeiter damit herab (LAG Düsseldorf v. 9.1.2013, Az. 12 TaBV 93/12).**
- **Ein Betriebsratsvorsitzender droht mit Blockadeverhalten in mitbestimmungspflichtigen Angelegenheiten, solange ihm der Arbeitgeber nicht – berechtigte oder nicht berechtigte – individuelle Ansprüche erfüllt (LAG München v. 17.1.2017, Az. 6 TaBV 97/16).**
- **Ein Betriebsratsmitglied fehlt dauerhaft und unentschuldigt bei fast jeder Betriebsratssitzung (LAG München v. 14.12.2017, Az. 2 TaBV 109/17).**
- **Ein Betriebsratsmitglied belästigt Mitarbeiter mit sexuellen Äußerungen und beruft sich dabei auf seinen besonderen Kündigungsschutz als Betriebsratsmitglied (ArbG Potsdam v. 2.10.2019, Az. 3 BV 15/19).**

Eine Pflichtverletzung in einer vorausgegangen Amtsperiode kann einen Antrag auf Ausschluss aus dem aktuell bestehenden Betriebsrat nicht rechtfertigen – und zwar selbst dann nicht, wenn unmittelbar vor einer Neuwahl ein nachfolgend erneut gewähltes Betriebsratsmitglied nicht nur ein vom Arbeitgeber als geheimhaltungsbedürftig bezeichnetes Betriebs- oder Geschäftsgeheimnis öffentlich macht, sondern zugleich zum Ausdruck bringt, dies auch zukünftig so handhaben zu wollen (BAG v. 27.7.2016, Az. 7 ABR 14/15; vgl. auch LAG Hessen v. 11.2.2016, Az. 9 TaBV 135/15; LAG Thüringen v. 14.4.2022, Az. 2 TaBV 8/21).

Ob vor Einleitung eines Ausschlussverfahrens eine sog. betriebsverfassungsrechtliche Abmahnung in Betracht gezogen werden sollte, wird unterschiedlich beurteilt (vgl. einerseits ArbG Hildesheim v. 1.3.1996, Az. 1 BV 10/95 und andererseits LAG Düsseldorf v. 23.2.1993, Az. 8 TaBV 245/92). Eine formelle Voraussetzung für einen erfolgreichen Antrag nach § 23 Abs. 1 BetrVG stellt sie nicht dar.

Ist das Verfahren nach § 23 Abs. 1 BetrVG eingeleitet und ein Betriebsratsmitglied durch Beschluss des Arbeitsgerichts ausgeschlossen worden, endet sein Amt mit Rechtskraft des arbeitsgerichtlichen Beschlusses. Auch als ausgeschlossenes Mitglied hat es jedoch nachwirkenden Kündigungsschutz für die Dauer eines Jahres nach § 15 Abs. 1 Satz 2 KSchG.

Eine vorläufige Amtsenthebung eines Betriebsratsmitglieds im Wege einer einstweiligen Verfügung ist grundsätzlich ausgeschlossen. Sie kann jedenfalls nicht allein darauf gestützt werden, dass ein grober Verstoß gegen betriebsverfassungsrechtliche Pflichten vorliegt. sondern kommt erst in Betracht, wenn Umstände vorliegen, die ein Belassen im Amt als unzumutbar für das Betriebsratsgremium, den Arbeitgeber und/oder die Belegschaft erscheinen lassen (LAG Nürnberg v. 25.2.2016, Az. 7 TaBVGa 4/15).

Vorsicht ist daher auch bei einem Hausverbot geboten, das gegenüber einem Betriebsratsmitglied wegen einer groben Pflichtverletzung ausgesprochen werden soll. Ein solches kommt nur bei gravierenden Pflichtverletzungen eines Betriebsratsmitglieds und einem bei Gericht gestellten Antrag des Arbeitgebers auf vorläufige Untersagung der Amtsausübung in Betracht. Ansonsten liegt eine Behinderung der Betriebsratstätigkeit vor (LAG Hessen v. 28.8.2023, Az. 16 TaBVGa 97/23).

Hat ein Betriebsrat nach dem Untergang eines Betriebs nur ein Restmandat inne, so kann er nicht wegen grober Verletzung seiner gesetzlichen Pflichten aufgelöst werden. Möglich ist aber der Ausschluss eines Mitglieds aus dem Betriebsrat wegen grober Verletzung seiner gesetzlichen Pflichten in dem Sinn, dass es von der Wahrnehmung des Restmandats ausgeschlossen ist (BAG v. 24.5.2023, Az. 7 ABR 21/21).

Im Übrigen endet das einzelne Betriebsratsamt wie auch das Mandat des gesamten Betriebsrats mit dem Ablauf der Amtszeit des Betriebsrats wie auch mit der Schließung eines Betriebs. Letzteres auch dann, wenn in Filialunternehmen ein Filialbetrieb geschlossen und eine andere Filiale in räumlicher und zeitlicher Nähe neu eröffnet wird, sofern diese mit eigenem Personal, eigener Leitungsstruktur und eigenem Warensortiment ausgestattet ist. Das Mandat kann nicht auf den neuen Betrieb ausgeweitet werden, da andernfalls den dortigen Mitarbeiter:innen ein Betriebsrat übergestülpt würde, den sie nicht gewählt haben (LAG München v. 5.6.2023, Az. 4 TaBV 51/22).

Auch die Niederlegung des Amts und die Beendigung des Arbeitsverhältnisses – nicht jedoch das Ruhen des Arbeitsverhältnisses (z. B. infolge Einberufung zum Wehr- oder Ersatzdienst oder im Falle der Elternzeit) – führen zum Erlöschen des Betriebsratsamts (§ 24 BetrVG).

Beantragt der Arbeitgeber wegen eines behaupteten Pflichtverstoßes eines Betriebsratsmitglieds die Zustimmung des Betriebsrats zu einer außerordentlichen Kündigung und leitet nach Zustimmungsverweigerung ein Zustimmungsersetzungsverfahren ein, so kann er das Betriebsratsmitglied in dieser Zeit grundsätzlich nicht einseitig freistellen. Stellt er es dennoch einseitig frei, so kann das Betriebsratsmitglied seine Beschäftigung im Wege einer einstweiligen Verfügung durchsetzen, sofern nicht Gründe für eine Unzumutbarkeit einer weiteren Beschäftigung vorliegen. Dabei soll selbst ein Zuwarten des Betriebsratsmitglieds von gut drei Wochen bis zur Stellung eines gerichtlichen Eilantrags auf Beschäftigung den Verfügungsgrund nicht entfallen lassen (ArbG Gera v. 15.3.2023, Az. 7 Ga 4/23). Ein gekündigtes Betriebsratsmitglied ist dagegen grundsätzlich bis zum Abschluss des Kündigungsschutzverfahrens an seiner Amtsausübung verhindert und hat kein Zutrittsrecht zum Betrieb. Etwas anderes gilt nur dann, wenn die Kündigung offensichtlich unwirksam ist oder das Betriebsratsmitglied den Anspruch auf vorläufige Weiterbeschäftigung arbeitsgerichtlich durchgesetzt hat (LAG München v. 27.1.2011, Az. 3 TaBvGa 20/10).

V. Geschäftsführung des Betriebsrats

Der Betriebsrat wählt aus seiner Mitte in gesonderten Wahlgängen den Vorsitzenden und dessen Stellvertreter (§ 26 BetrVG). Dem Betriebsratsvorsitzenden – oder im Falle seiner Verhinderung seinem Stellvertreter – obliegen insbesondere die Führung der laufenden Geschäfte des Betriebsrats, die Einberufung der Betriebsratssitzungen und die Leitung der Betriebsversammlung. Er vertritt den Betriebsrat im Rahmen der gefassten Beschlüsse. Trifft der Betriebsratsvorsitzende ohne Beschluss des Betriebsrats – und damit ohne Rechtsgrundlage – im Namen des Betriebsrats eine Vereinbarung, so kann der Betriebsrat die Erklärung des Vorsitzenden grundsätzlich nachträglich genehmigen (BAG v. 10.10.2007, Az. 7 ABR 51/06, BAG v. 9.12.2014, Az. 1 ABR 19/13).

Der Betriebsratsvorsitzende – oder im Falle seiner Verhinderung sein Stellvertreter – ist zur Entgegennahme von Erklärungen für den Betriebsrat befugt.

ACHTUNG!

Wird eine dem Betriebsrat gegenüber abzugebende Erklärung (z. B. Kündigungsanhörung) nicht dem Vorsitzenden (bzw. im Falle seiner Verhinderung dem stellvertretenden Vorsitzenden), sondern einem anderen Betriebsratsmitglied gegenüber abgegeben, gilt die Erklärung erst als zugegangen, wenn sie dem Vorsitzenden oder dem Betriebsrat als solchem zur Kenntnis gelangt ist.

Dem Betriebsratsvorsitzenden obliegt die Einberufung der Betriebsratssitzungen. Die rechtzeitige Ladung der Betriebsratsmitglieder einschließlich etwaiger Ersatzmitglieder unter Mitteilung der Tagesordnung nach § 29 Abs. 2 Satz 3 BetrVG ist wesentliche Voraussetzung für die Wirksamkeit von Betriebsratsbeschlüssen (BAG v. 15.4.2014, Az.1 ABR 2/13). Wird im Falle eines zeitweilig verhinderten Mitglieds die wesentliche Vorschrift des § 25 Abs. 2 BetrVG über die Reihenfolge der in den Betriebsrat nachrückenden Ersatzmitglieder nicht beachtet, so ist der Betriebsrat regelmäßig an einer wirksamen Beschlussfassung gehindert (BAG v. 25.9.2024, Az. 7 ABR 37/23). Gleiches gilt, wenn ein vorhandenes Ersatzmitglied nicht geladen ist. Etwas anderes gilt nur dann, wenn das Betriebsratsmitglied oder das bereits geladene Ersatzmitglied plötzlich verhindert ist und es nicht mehr möglich ist, das (weitere) Ersatzmitglied rechtzeitig zu laden (BAG v. 4.11.2015, Az. 7 ABR 61/13). Der Betriebsratsvorsitzende darf dabei regelmäßig annehmen, dass die rechtzeitige Nachladung eines Ersatzmitglieds jedenfalls dann nicht mehr möglich ist, wenn ihm die Verhinderung eines Betriebsratsmitglieds erst im Laufe des Tags der Betriebsratssitzung zur Kenntnis gelangt (BAG v. 20.5.2025, Az. 1 AZR35/24).

Erfolgt die Einberufung nicht durch den Betriebsratsvorsitzenden oder seinen Stellvertreter, so ist ein durch den Betriebsrat in dieser Sitzung getroffener Beschluss formell unwirksam (BAG v. 28.7.2020, Az. 1 ABR 5/19). Gleiches gilt, wenn ein Betriebsratsvorsitzender, der krankheitsbedingt arbeitsunfähig ist, zu einer Sitzung einlädt, da er nach Auffassung des BAG (a. a. O.), infolge der Erkrankung an der Wahrnehmung seiner Amtspflichten gehindert sei und er damit keine Amtshandlungen vornehmen könne.

Grundsätzlich hat der Betriebsratsvorsitzende die Mitglieder unter Mitteilung der Tagesordnung zu den Sitzungen zu laden. Eine Ladung ohne Mitteilung der Tagesordnung führt jedoch nicht zur Unwirksamkeit eines in dieser Betriebsratssitzung gefassten Beschlusses, wenn sämtliche Mitglieder rechtzeitig geladen sind, der Betriebsrat beschlussfähig im Sinne des § 33 Abs. 2 BetrVG ist und die anwesenden ordnungsgemäß geladenen Betriebsratsmitglieder einstimmig beschlossen haben, über den Regelungsgegenstand des später gefassten Beschlusses zu beraten und abzustimmen (BAG v. 22.1.2014, Az. 7 AS 6/13; BAG v. 15.4.2014, Az. 1 ABR 2/13). Sie können dabei mit der Ergänzung der Tagesordnung zugleich auch einen bereits vor der Beschlussfassung über die Tagesordnung gefassten Beschluss genehmigen (BAG v. 22.11.2017, Az. 7 ABR 46/16).

Betriebsratssitzungen werden als Präsenzsitzungen durchgeführt, d. h. in Sitzungen vor Ort, bei der alle Teilnehmer präsent sind. Alternativ kann der Betriebsrat Sitzungen aber auch insgesamt als Video- oder Telefonkonferenz abhalten oder auch als kombinierte Präsenz- und Video/Telefon-Sitzung durchführen (§ 30 Abs. 2 BetrVG). Ob und inwieweit der Betriebsrat die Möglichkeit der Video- und Telefonkonferenz nutzt, steht in seiner alleinigen Entscheidungsbefugnis. Entscheidet er sich auch für diese Durchführungsmöglichkeit, so muss er dies in seiner Geschäftsordnung zulassen, dabei aber auch zugleich den Vorrang der Präsenzsitzung sichern (§ 30 Abs. 2 Nr. 1 BetrVG). Nach § 30 Abs. 2 Nr. 2 BetrVG kann auch nach genereller Festlegung in der Geschäftsordnung im konkreten Fall einer vom Vorsitzenden als Video- oder Telefonkonferenz angesetzten Sitzung widersprochen werden, sofern ein Quorum von einem Viertel der Mitglieder erreicht wird. In jedem Fall muss sichergestellt sein, dass Dritte keine Kenntnis vom Inhalt einer Sitzung nehmen können (§ 30 Abs. 2 Nr. 3 BetrVG). Es gilt zudem nach § 30 Abs. 2 Satz 2 BetrVG ein Aufzeichnungsverbot.

Die Teilnahme eines Betriebsratsmitglieds an den einzelnen Betriebsratssitzungen ist dessen betriebsverfassungsrechtliche Pflicht und zwar auch dann, wenn eine Sitzung im Einzelfall nicht erforderlich ist oder unter Verstoß gegen § 30 Satz 2 BetrVG anberaumt wurde. Damit aber darf der Arbeitgeber in keinem Fall die Betriebsratsarbeit durch vorherige Androhungen von Abmahnungen oder Verdienstkürzungen mit dem Ziel, die Betriebsratsmitglieder von der Teilnahme der angezeigten Betriebsratssitzung abzuhalten, behindern (LAG Düsseldorf v. 30.8.2023, Az. 12 TaBV 18/23).

Der Arbeitgeber nimmt an den Sitzungen teil, die auf sein Verlangen anberaumt sind oder zu denen er ausdrücklich eingeladen ist. Er kann einen Vertreter seines Verbands hinzuziehen. Die Betriebsratssitzungen finden in der Regel während der Arbeitszeit statt. Der Betriebsrat muss aber auf die betrieblichen Notwendigkeiten Rücksicht nehmen. Kommt er dieser Verpflichtung nicht nach und setzt er etwa regelmäßig Sitzungen zu einer Zeit an, in der zentrale Tätigkeiten anfallen, so soll der Arbeitgeber aber nicht „global" auf die zeitliche Lage der regelmäßigen Betriebsratssitzungen einwirken können. Vielmehr soll er nur in jedem Einzelfall – gegebenenfalls auch durch einstweilige Verfügung – eine Verschiebung gerichtlich geltend machen können (LAG Berlin-Brandenburg v. 18.3.2010, Az. 2 TaBV 2694/09).

Der Betriebsrat trifft seine Entscheidungen ausschließlich durch Beschlüsse (§ 33 BetrVG). Dabei ist ein Betriebsratsmitglied bei der Beschlussfassung grundsätzlich ausgeschlossen, wenn es in seiner Stellung als Arbeitnehmer individuell und unmittelbar betroffen ist. Dementsprechend ist ein Beschluss des Betriebsrats über die Berechtigung einer Beschwerde (§ 85 Abs. 1 BetrVG) und über die Anrufung einer Einigungsstelle (§ 85 Abs. 2 BetrVG) unwirksam, wenn es sich um die Beschwerde eines Betriebsratsmitglieds handelt und dieses bei dem Beschluss mitgewirkt hat (LAG Nürnberg v. 16.10.2012, Az. 7 TaBV 28/12). Ebenso ist ein Betriebsratsmitglied ausgeschlossen, wenn sich ein Zustimmungsersuchen des Arbeitgebers nach § 99 BetrVG auf eben dieses Betriebsratsmitglied bezieht (BAG v. 6.11.2013, Az. 7 ABR 84/11). Dagegen ist es an der Mitwirkung über den Antrag des Arbeitgebers auf Zustimmung zur Versetzung eines anderen Arbeitnehmers auch dann nicht gehindert, wenn es sich selbst ebenfalls auf die betreffende Stelle beworben hat (BAG v. 24.4.2013, Az. 7 ABR 82/11).

Unabhängig von der Betriebsgröße kann der Betriebsrat Sprechstunden während der Arbeitszeit einrichten. Zeit (einschließlich der Dauer der einzelnen Sprechstunde) und Ort sind jedoch mit dem Arbeitgeber ebenso zu vereinbaren wie die Frage der Häufigkeit (z. B. täglich, an bestimmten Tagen in der Woche oder im Monat). Kommt eine Einigung nicht zustande, entscheidet die → *Einigungsstelle* (§ 39 BetrVG).

Auch wenn keine ausdrückliche gesetzliche Bestimmung existiert, die den Betriebsrat zu Mitarbeiterbefragungen mittels eines Fragebogens ermächtigt, so steht ihm doch auch diese Möglichkeit des Informationsaustausches mit der Belegschaft offen, da es in seinem pflichtgemäßen Ermessen liegt, in welcher Weise er seine Aufgaben wahrnimmt. Entscheidend ist allein, dass sich die im Fragebogen gestellten Fragen inhaltlich auf die Aufgaben des Betriebsrats beziehen und nicht unverhältnismäßig in die Arbeitgebersphäre eingegriffen wird. Eine vorherige Zustimmung des Arbeitgebers ist nicht erforderlich (LAG Sachsen v. 15.7.2022, Az. 4 TaBVGa 1/22).

Betriebsräte mit neun oder mehr Mitgliedern bilden einen Betriebsausschuss, der die laufenden Geschäfte des Betriebsrats übernimmt. Er setzt sich zusammen aus dem Betriebsratsvorsitzenden, dessen Stellvertreter und einer bestimmten gesetzlich detailliert festgelegten Zahl weiterer Ausschussmitglieder, die vom Betriebsrat aus seiner Mitte gewählt werden (§ 27 Abs. 1 BetrVG). In Betrieben mit mehr als 100 Arbeitnehmern ist dem Betriebsrat gesetzlich zudem die Möglichkeit eingeräumt, weitere Ausschüsse zu bilden und ihnen bestimmte Aufgaben zu übertragen (§ 28 BetrVG). Dies gilt unabhängig von der Errichtung eines Betriebsausschusses. Dabei ist er auch nicht auf die im Gesetz ausdrücklich erwähnten Ausschüsse beschränkt, sondern kann neben Fachausschüssen etwa auch Koordinierungsausschüsse bilden, die nur für bestimmte, räumlich abgegrenzte Teile des Betriebs eine Zuständigkeit besitzen, oder auch einzelne Betriebsratsmitglieder zu Fachbeauftragten für bestimmte Themen benennen (LAG Baden-Württemberg v. 10.4.2013, Az. 2 TaBV 6/12).

Anders als beim Betriebsausschuss sind der Betriebsratsvorsitzende und sein Stellvertreter keine geborenen Mitglieder eines Ausschusses nach § 28 BetrVG. Es sind hier vielmehr sämtliche Mitglieder vom Betriebsrat nach den Grundsätzen der Verhältniswahl zu wählen (BAG v. 16.11.2005, Az. 7 ABR 11/05).

Auf der Grundlage einer mit dem Arbeitgeber abzuschließenden Rahmenvereinbarung kann der Betriebsrat in Betrieben mit mehr als 100 Arbeitnehmern bestimmte Aufgaben auch auf Arbeitsgruppen übertragen. Die Aufgaben müssen jedoch im Zusammenhang mit den von der Arbeitsgruppe zu erledigenden Tätigkeiten stehen, wie dies insbesondere bei sozialen Angelegenheiten im Sinne des § 87 BetrVG der Fall sein kann. Die Arbeitsgruppe kann im Rahmen der ihr übertragenen Aufgaben mit dem Arbeitgeber Vereinbarungen abschließen (§ 28a BetrVG).

VI. Freistellung von Betriebsratsmitgliedern

1. Vollständige Freistellung

Nach § 38 Abs. 1 BetrVG sind in größeren Betrieben ab 200 Arbeitnehmern Betriebsratsmitglieder vollständig von ihrer beruflichen Tätigkeit freizustellen. Da eine Betrachtung nach Köpfen erfolgt, werden Teilzeitmitarbeiter nicht nach der Quote ihrer Arbeitszeit, sondern in vollem Umfang berücksichtigt. Mitarbeiter in Elternzeit zählen ebenso mit wie jugendliche Arbeitnehmer oder auch Heimarbeitnehmer, wenn diese in der Hauptsache für den Betrieb arbeiten. Mitarbeiter, die sich in Altersteilzeit befinden, sind in der aktiven Phase zu berücksichtigen, jedoch nicht mehr in der passiven Phase.

Leitende Angestellte zählen nicht zu den Arbeitnehmern im Sinne von § 38 Abs. 1 BetrVG und werden deshalb bei den für die Freistellung von Betriebsratsmitgliedern nach dieser Vorschrift maßgeblichen Arbeitnehmerzahlen nicht berücksichtigt. Dagegen sind Leiharbeitnehmer nach geänderter Rechtsprechung nunmehr mitzuzählen, wenn sie zu dem regelmäßigen Personalbestand des Betriebs gehören (BAG v.18.1.2017, Az. 7 ABR 60/15 und BAG v. 2.8.2017, Az. 7 ABR 51/15; vgl. auch bereits BAG v. 15.12.2011, Az. 7 ABR 65/10, wonach in Privatbetrieben tätige Mitarbeiter des öffentlichen Dienstes mitzählen). Mit der Größe des Betriebs steigt die Anzahl der freizustellenden Betriebsratsmitglieder.

Arbeitnehmerzahl			Freizustellende Betriebsrats-mitglieder
200	bis	500	1
501	bis	900	2
901	bis	1.500	3
1.501	bis	2.000	4
2.001	bis	3.000	5
3.001	bis	4.000	6
4.001	bis	5.000	7
5.001	bis	6.000	8
6.001	bis	7.000	9
7.001	bis	8.000	10
8.001	bis	9.000	11
9.001	bis	10.000	12

Betriebsräte in Betrieben mit mehr als 10.000 Arbeitnehmern stellen für je angefangene weitere 2.000 Arbeitnehmer ein weiteres Betriebsratsmitglied frei.

Abzustellen ist auf die Anzahl der in der Regel beschäftigten Arbeitnehmer im Betrieb. Für die entsprechende Feststellung ist eine rückblickende Betrachtung vorzunehmen, für die ein Zeitraum von sechs Monaten bis zwei Jahren als angemessen erachtet wird. Werden Arbeitnehmer nicht ständig, sondern lediglich zeitweilig beschäftigt, kommt es für die Frage der regelmäßigen Beschäftigung darauf an, ob sie normalerweise während des größten Teil eines Jahres, d. h. länger als sechs Monate beschäftigt werden (BAG v. 18.1.2017, Az. 7 ABR 60/15). Zugleich ist eine Prognose anzustellen, bei der konkrete Veränderungsentscheidungen einzubeziehen sind. Künftige, aufgrund konkreter Unternehmerentscheidungen zu erwartende Entwicklungen sind dabei jedoch nur dann zu berücksichtigen, wenn sie unmittelbar bevorstehen. Künftige Änderungen, die nicht unmittelbar bevorstehen, können erst später zu einer Anpassung der freizustellenden Betriebsratsmitglieder führen (BAG v. 2.8.2017, Az. 7 ABR 51/15). Insofern gilt: Steigt oder sinkt die Anzahl der Arbeitnehmer dauerhaft über oder unterhalb einen der Staffelwerte, so steigt bzw. reduziert sich automatisch auch die Anzahl der zulässigen Freistellungen.

Abweichende Regelungen zur Anzahl der Freistellungen können der Arbeitgeber und der Betriebsrat in einer Betriebsvereinbarung treffen (§ 38 Abs. 1 Satz 5 BetrVG); auch die Regelung in Form einer Regelungsabrede zwischen Betriebsrat und Arbeitgeber ist wirksam (LAG Köln v. 7.10.2011, Az. 4 TaBV 52/11).

Freistellungen können in Form von vollständigen Freistellungen, aber auch in Form von Teilfreistellungen vorgenommen werden. Die vollständige Freistellung eines teilzeitbeschäftigten Mitarbeiters ist keine Vollfreistellung, sondern ist nach den für Teilfreistellungen geltenden Regeln zu beurteilen. Der Betriebsrat entscheidet in dieser Frage eigenständig durch Beschluss, doch hat er betriebliche Belange zu berücksichtigen. Beweggrund für eine solche Teilfreistellung kann neben organisatorischen Gegebenheiten insbesondere der häufige Wunsch einzelner Betriebsratsmitglieder sein, ihre Arbeit nicht vollständig aufzugeben. Teilfreistellungen dürfen zusammengenommen jedoch nicht den Umfang der für die jeweilige Belegschaftsstärke vorgesehenen Freistellung überschreiten. Dabei ist auf die betriebsübliche Arbeitszeit eines vollzeitbeschäftigten Arbeitnehmers abzustellen.

Die freizustellenden Betriebsratsmitglieder werden vom Betriebsrat gewählt (§ 38 Abs. 2 BetrVG). Die Wahl erfolgt als Verhältniswahl. Getrennte Wahlgänge – etwa auch nach Gruppen – sind unzulässig (BAG v. 20.6.2018, Az. 7 ABR 48/16). Eine Beschlussfassung zu der Frage, ob und wie Freistellungen durch Teilfreistellungen ersetzt werden soll, ist zur Wirksamkeit der Wahl nicht erforderlich (BAG v. 24.3.2021, Az. 7 ABR 6/20). Vor der Wahl muss sich der Betriebsrat aber mit dem Arbeitgeber beraten, damit dieser auf eventuelle betriebliche Notwendigkeiten hinsichtlich einzelner Kandidaten und möglicherweise vorgesehener Teilfreistellung hinweisen kann. Der Betriebsrat hat die Namen der Freizustellenden dem Arbeitgeber bekannt zu geben. Unterbleibt die Beratung des Betriebsrats mit dem Arbeitgeber vor der Freistellungswahl, hat dies allerdings weder die Nichtigkeit noch die Anfechtbarkeit der Freistellungswahl zur Folge (BAG v. 22.11.2017, Az. 7 ABR 26/16). Nach Auffassung des BAG wird den Belangen des Arbeitgebers bereits ausreichend mit den Regelungen in § 38 Abs. 2 Satz 4 bis 7 BetrVG Rechnung getragen: Nach der dortigen Regelung kann er bei einer durch den Betriebsrat beschlossenen Freistellung, die er für sachlich nicht vertretbar hält, innerhalb einer Frist von zwei Wochen nach Bekanntgabe die → *Einigungsstelle* anrufen.

ACHTUNG!

Ruft der Arbeitgeber die Einigungsstelle nicht an, gilt sein Einverständnis nach Ablauf der zwei Wochen als erteilt.

Die Wahl der freizustellenden Betriebsratsmitglieder kann in entsprechender Anwendung von § 19 BetrVG auch durch ein einzelnes Betriebsratsmitglied oder mehrere Betriebsratsmitglieder angefochten werden. Die Frist beträgt zwei Wochen und beginnt mit der Feststellung des Wahlergebnisses durch den Betriebsrat.

Die Freistellung entbindet das freigestellte Betriebsratsmitglied allein von der Verpflichtung zur vertraglich vereinbarten Arbeitsleistung; alle anderen Pflichten bleiben bestehen. So ist das Betriebsratsmitglied insbesondere weiterhin zur Einhaltung der vertraglich vereinbarten Arbeits- und Anwesenheitszeit im Betrieb verpflichtet. Dabei muss es sich im Umfang seiner vollen vertraglichen Arbeitszeit im Betrieb für Betriebsratstätigkeit zur Verfügung halten – und dies auch dann, wenn es ohne Freistellung aufgrund eines Schichtplans bereits bei reduzierter Arbeitszeit seinen vollen Vergütungsanspruch erhalten könnte (BAG v. 25.10.2017, Az. 7 AZR 731/15).

Verlässt ein freigestelltes Betriebsratsmitglied zur Wahrnehmung erforderlicher Betriebsratsaufgaben den Betrieb, ist es verpflichtet, sich beim Arbeitgeber unter Angabe der voraussichtlichen Dauer der Abwesenheit abzumelden und bei der Rückkehr in den Betrieb wieder zurückzumelden. Es besteht jedoch keine Verpflichtung, den Arbeitgeber beim Verlassen des Betriebs über den Ort der beabsichtigten Betriebsratstätigkeit zu informieren (BAG v. 24.2.2016, Az. 7 ABR 20/14).

Die betriebsverfassungsrechtliche Stellung vollständig von der beruflichen Tätigkeit freigestellter Betriebsratsmitglieder erfordert es nicht, sie von den Möglichkeiten zur Arbeitszeiterfassung auszunehmen, die in einer für ihr Arbeitsverhältnis geltenden Betriebsvereinbarung vorgesehen sind (BAG v. 10.7.2013, Az. 7 ABR 22/12). Gleichwohl ist zu beachten, dass ein vollständig freigestelltes Betriebsratsmitglied nicht beanspruchen kann, dass Anwesenheitszeiten, die über seine vertraglich geschuldete Arbeitszeit hinausgehen, bei einer Flexibilisierung der Arbeitszeit auf einem Überstundenkonto gutgeschrieben werden. Ob solche Zeiten vergütet bzw. gutgeschrieben werden können, richtet sich vielmehr allein nach § 37 Abs. 3 BetrVG, d. h. danach, ob diese Betriebsratstätigkeit aus **betriebsbedingten** Gründen außerhalb der Arbeitszeit erbracht werden musste (BAG v. 28.9.2016, Az. 7 AZR 248/14).

2. Arbeitsbefreiung

Nicht freigestellte Betriebsratsmitglieder sind zur Wahrnehmung von Betriebsratsaufgaben vorübergehend von ihrer Tätigkeit zu befreien (§ 37 Abs. 2 BetrVG). Gleiches gilt für nach § 38 BetrVG teilfreigestellte Betriebsratsmitglieder (LAG Hessen v. 28.11.2006, Az. 15 Sa 1343/06). Nach Sinn und Zweck des § 37 Abs. 2 BetrVG können nach Auffassung des BAG (v. 23.11.2022, Az. 7 AZR 122/22) auch andere, die vertragliche Arbeitsleistung des Betriebsratsmitglieds betreffende Maßnahmen geboten sein, wenn nur so eine ordnungsgemäße Wahrnehmung der Betriebsratsaufgaben sichergestellt werden kann. So soll ein Arbeitnehmer gegebenenfalls für die Dauer seiner Mitgliedschaft im Betriebsrat von einer ganz bestimmten Arbeit unter Beschäftigung mit einer anderen Arbeit freizustellen sein, wenn gerade die Arbeit, die er nach seinem Arbeitsvertrag leisten müsste, dazu führen würde, dass er seine Betriebsratsaufgaben nicht ordnungsgemäß erfüllen könnte, während eine andere Arbeit der Erledigung dieser Aufgaben nicht hindernd im Weg stünde.

Für die zeitweise Freistellung nach § 37 Abs. 2 BetrVG muss immer ein konkreter Anlass vorliegen, z. B. Betriebsratssitzungen, Betriebsratssprechstunden, Einigungsstellenverfahren, anwaltliche Beratungsgespräche oder Betriebsversammlungen. Nicht in den Aufgabenbereich des Betriebsrats fallen hingegen die Teilnahme an Veranstaltungen mit rein gewerkschaftlichem Charakter sowie die Teilnahme an Tarifverhandlungen.

Die Arbeitsbefreiung muss stets zur Durchführung der Betriebsratsaufgaben im Einzelfall erforderlich sein. Dabei müssen die Dringlichkeit der beruflichen Tätigkeit und der Betriebsratstätigkeit gegeneinander abgewogen werden; bei gleicher Dringlichkeit hat die Betriebsratstätigkeit Vorrang.

WICHTIG!

Ist ein Betriebsratsmitglied generell nach § 38 Abs. 1 BetrVG freigestellt, ist es vorrangig seine Aufgabe, sich um die Betriebsratsarbeit, insbesondere die laufenden Angelegenheiten, zu kümmern. Ein nicht dauerhaft freigestelltes Betriebsratsmitglied kann nur dann vorübergehend für konkrete Betriebsratsaufgaben freigestellt werden, wenn dies – aufgrund einer besonderen Sachlage – erforderlich im Sinne von § 37 Abs. 2 BetrVG ist. Bei normaler Betriebsratstätigkeit ist dies (abgesehen von Betriebsratssitzungen etc.) grundsätzlich nicht notwendig.

Die Betriebsratsmitglieder sind verpflichtet, sich bei ihrem jeweiligen Vorgesetzten unter Hinweis auf die Betriebsratstätigkeit rechtzeitig abzumelden und die voraussichtliche Dauer der Abwesenheit anzugeben. Diese Verpflichtung entfällt nur dann, wenn eine vorübergehende Umorganisation der Arbeitseinteilung nicht ernsthaft in Betracht kommt (BAG v. 29.6.2011, Az. 7 ABR 135/09). Einer Zustimmung des Vorgesetzten zum Verlassen des Arbeitsplatzes bedarf es nicht. Ebenso wenig sind die Betriebsratsmitglieder verpflichtet, dem Arbeitgeber die genauen Abwesenheitsgründe mitzuteilen. Verletzt ein Betriebsrat die Pflicht zur ordnungsgemäßen Abmeldung, so kann er wie jeder andere Arbeitnehmer abgemahnt werden.

Teilt der Arbeitgeber einem Betriebsratsmitglied bei der Abmeldung mit, dass es für die Zeit der beabsichtigten Betriebsratstätigkeit aus betriebsbedingten Gründen an seinem Arbeitsplatz unabkömmlich ist, so muss das Betriebsratsmitglied prüfen, ob und inwieweit es die Betriebsratsaufgaben verschieben kann. Die Dringlichkeit der beruflichen Tätigkeit und der Verrichtung der Betriebsratsarbeit sind gegeneinander abzuwägen. Erachtet das Betriebsratsmitglied danach die Betriebsratstätigkeit für dringlicher, so muss es dies im Einzelnen darlegen. Keineswegs sind Betriebsratstätigkeiten jedoch stets vorrangig. So kann es ausnahmsweise in Fällen einer betrieblichen Unabkömmlichkeit eines Betriebsratsmitglieds durchaus sachgerecht sein, das Betriebsratsmitglied an der Teilnahme als verhindert anzusehen, sodass an seiner Stelle ein Ersatzmitglied an einer Betriebsratssitzung teilnimmt (LAG Hessen v. 4.2.2013, Az. 16 TaBV 161/12).

Für die Zeit der Arbeitsbefreiung ist der Arbeitgeber zur Fortzahlung des Entgelts verpflichtet, das das Betriebsratsmitglied erzielt hätte, wenn es gearbeitet hätte. Erfasst werden dabei auch alle Nebenleistungen wie Erschwerniszuschläge, Überstundenzuschläge usw. Nicht zu zahlen sind lediglich Leistungen, die als reiner Aufwendungsersatz gezahlt werden (z. B. Wegegelder).

Der Arbeitgeber ist aber, wenn Zweifel an der konkreten Notwendigkeit und des angegebenen Zeitaufwands bestehen, berechtigt, den Entgeltfortzahlungsanspruch für die Zeit der Arbeitsbefreiung nachzuprüfen und kann dazu im Nachhinein entsprechende Angaben fordern. Lag nämlich keine erforderliche Betriebsratstätigkeit vor, besteht auch keine Vergütungspflicht. Kürzt der Arbeitgeber danach die Vergütung und klagt das Betriebsratsmitglied die Vergütung ein, so muss das Betriebsratsmitglied im arbeitsgerichtlichen Verfahren zunächst nur stichwortartig zu Art und Dauer der von ihm durchgeführten Amtstätigkeit vortragen. Es ist dann Aufgabe des Arbeitgebers darzulegen, weshalb begründete Zweifel an der Erforderlichkeit der Tätigkeit bestehen. Erst danach ist eine substantiierte Ausführung des Betriebsrats erforderlich (LAG Hamm v. 10.2.2012, Az. 13 Sa 1412/11).

Ein Betriebsratsmitglied, das sich während der Arbeitszeit in Räumlichkeiten aufhält, für die es in seiner Funktion als Betriebsrat nicht zuständig ist, und das dort auch keine Arbeitsaufgabe zu erfüllen hat, verletzt seine Arbeitspflicht. Dies gilt auch dann, wenn der Arbeitgeber des vom Betriebsratsmitglied aufgesuchten Betriebs identisch mit dem Arbeitgeber des Betriebs ist, für den das Betriebsratsmitglied gewählt worden ist. Ein Verstoß kann eine Abmahnung rechtfertigen (LAG Hessen v. 30.7.2012, Az. 16 Sa 52/12).

Die Betriebsratstätigkeit soll grundsätzlich während der Arbeitszeit erfolgen. Wenn sie ausnahmsweise außerhalb der Arbeitszeit stattfindet, haben die Betriebsratsmitglieder nur dann einen Ausgleichsanspruch auf entsprechende Arbeitsbefreiung, wenn betriebsbedingte Gründe die Betriebsratstätigkeit während der Arbeitszeit unmöglich machen (z. B. Schichtarbeit – vgl. § 37 Abs. 3 Satz 2 BetrVG –, besonderer Arbeitsanfall).

Beispiel:

Betriebsratsmitglied – ein Zeitungszusteller, der seine Arbeit in den frühen Morgenstunden erbringen muss – und Betriebsratstätigkeit im Unternehmen, die erst während der üblichen Bürostunden stattfindet (BAG v. 19.3.2014, Az. 7 AZR 480/12).

Keine betriebsbedingten Gründe sind dagegen sog. betriebsratsbedingte Gründe (z. B. unrichtige Verteilung der Betriebsratsarbeit durch den Betriebsrat). Dementsprechend liegen regelmäßig keine betriebsbedingten Gründe vor, wenn ein Betriebsratsmitglied während seines Urlaubs Betriebsratsaufgaben wahrnimmt (BAG v. 28.5.2014, Az. 7 AZR 404/12).

Wann betriebsbedingte Gründe vorliegen, entscheidet der Arbeitgeber im Einvernehmen mit dem Betriebsrat. Die Betriebsratsmitglieder müssen die außerhalb der Arbeitszeit geplante Betriebsratstätigkeit deshalb rechtzeitig mitteilen.

Ist der Arbeitnehmer in der Gestaltung der Arbeitszeit nicht an strikte Vorgaben gebunden, besteht ein Vergütungs- und Freizeitausgleichsanspruch für Betriebsratstätigkeit erst, wenn das tägliche Gesamtvolumen der persönlichen Arbeitszeit überschritten wird (LAG Baden-Württemberg v. 27.3.2012, Az. 3 Sa 10/11).

Ein Betriebsratsmitglied, das zwischen zwei Nachtschichten außerhalb seiner persönlichen Arbeitszeit tagsüber an einer Betriebsratssitzung teilnimmt, ist berechtigt, die Arbeit in der vorherigen Nachtschicht – ohne dass dies zu einer Minderung des Arbeitsentgelts führt – vor dem Ende der Schicht einzustellen, wenn nur dadurch eine ununterbrochene Erholungszeit von elf Stunden am Tag gewährleistet ist, in der er weder Arbeitsleistung noch Betriebsratstätigkeit zu erbringen hat (BAG v. 18.1.2017, Az. 7 AZR 224/15).

Fand die Betriebsratstätigkeit aus betrieblichen Gründen außerhalb der → *Arbeitszeit* statt, haben die Betriebsratsmitglieder einen Anspruch auf Freizeitausgleich. Der Freizeitanspruch setzt dabei nicht voraus, dass die Betriebsratstätigkeit zusätzlich zu der durch erbrachte Arbeitsleistung oder erforderliche Betriebsratstätigkeit ausgefüllten vertraglichen Arbeitszeit des Betriebsratsmitglieds geleistet wird (BAG v. 15.5.2019, Az. 7 AZR 396/17). Der Freizeitausgleich ist innerhalb eines Monats vom Arbeitgeber zu gewähren. Die zeitliche Lage innerhalb dieses Monats kann der Arbeitgeber bestimmen, ohne dass er die Wünsche des Betriebsratsmitglieds entsprechend den Grundsätzen der Urlaubsgewährung nach § 7 Abs. 1 Satz 1 BUrlG berücksichtigen muss; es genügt vielmehr, dass die zeitliche Festlegung des Arbeitgebers billigem Ermessen entspricht.

Beispiel:

Ein Busunternehmer, der in den Osterferien einen reduzierten Bedarf an Fahrern hat, kann den Freizeitausgleich in diesen Zeitraum legen, auch wenn das Betriebsratsmitglied, das als Busfahrer beschäftigt ist, den Ausgleich an Tagen vor oder nach den Osterferien begehrt (BAG v. 15.2.2012, Az. 7 AZR 774/10).

Wenn ausnahmsweise ein Freizeitausgleich aus betriebsbedingten Gründen nicht möglich ist, muss die Zeit den Betriebsratsmitgliedern als Überstunden bezahlt werden. Bestreitet der Arbeitgeber betriebliche Gründe für eine Betriebsratstätigkeit außerhalb der Arbeitszeit und verweigert dementsprechend einen Freizeitausgleich oder die Bezahlung von Überstunden, können die Betriebsratsmitglieder ihre vermeintlichen Ansprüche beim Arbeitsgericht einklagen.

Weder einen Anspruch auf Freizeitausgleich noch einen Anspruch auf finanzielle Abgeltung hat ein Betriebsratsmitglied, das während eines Kündigungsschutzprozesses nicht beschäftigt wurde, aber seine Vergütung erhalten hat, wenn es in dieser Zeit in seiner – fiktiven – persönlichen Arbeitszeit Betriebsratsaufgaben wahrgenommen hat (BAG v. 28.5.2014, Az. 7 AZR 404/12).

VII. Verbot der Benachteiligung und Begünstigung

§ 78 Satz 2 BetrVG verbietet es, Betriebsratsmitglieder wegen ihrer Tätigkeit zu benachteiligen oder zu begünstigen.

Unter Benachteiligung im Sinne dieser Vorschrift wird jede Schlechterstellung im Vergleich zu anderen Arbeitnehmern verstanden, die nicht aus sachlichen oder in der Person des Betroffenen liegenden Gründen, sondern wegen der Tätigkeit als Betriebsrat erfolgt. Eine besondere Benachteiligungsabsicht ist nicht erforderlich. Ausreichend ist, dass das Betriebsratsmitglied bei einem Vergleich objektiv schlechtergestellt ist als ein Nichtmitglied.

Beispiele:

Zuweisung eines räumlich ungünstigeren Büros (Großraumbüro statt Arbeitszimmer mit zwei Arbeitsplätzen) anlässlich der Wahl in den Betriebsrat (LAG Köln v. 26.7.2010, Az. 5 SaGa 10/10), Versetzung auf einen geringer bezahlten Arbeitsplatz, Angabe der Betriebsratstätigkeit im Arbeitszeugnis gegen den Willen des Betriebsratsmitglieds, Kontrolle von Telefondaten nur des Betriebsratsmitglieds ohne besonderen Anlass und außerhalb einer allgemeinen Stichprobenregelung.

Verletzt ein Betriebsratsmitglied ausschließlich betriebsverfassungsrechtliche Amtspflichten, sind vertragsrechtliche Sanktionen wie der Ausspruch einer außerordentlichen Kündigung oder einer individualrechtlichen Abmahnung, mit der kündigungsrechtliche Konsequenzen in Aussicht gestellt werden, ausgeschlossen (BAG v. 9.9.2015, Az. 7 ABR 69/13). Verletzt es dagegen gleichzeitig Amtspflichten wie auch arbeitsvertragliche Pflichten oder ist eine Vertragsverletzung nur deshalb eingetreten, weil der Arbeitnehmer als Betriebsratsmitglied tätig geworden ist, kommen eine Abmahnung oder auch fristlose Kündigung zwar in Betracht, doch ist im Hinblick auf die besondere Konfliktsituation ein besonders strenger Maßstab an die Prüfung der Rechtmäßigkeit der Sanktion anzulegen (LAG Mecklenburg-Vorpommern v. 24.5.2016, Az. 2 TaBV 22/15).

Allein die Versetzung eines Betriebsratsmitglieds mit einem Teil seiner Arbeitszeit in einen anderen Betrieb des Arbeitgebers stellt keine Benachteiligung des Betriebsratsmitgliedes (und auch keine Behinderung der Betriebsratsarbeit) dar, wenn sie auf einer nachvollziehbaren unternehmerischen Entscheidung beruht, die sich im Rahmen des Direktionsrechts bewegt und unter Wahrung billigen Ermessens erfolgt (LAG Köln v. 22.10.2013, Az. 12 TaBV 64/13).

Macht ein Betriebsratsmitglied geltend, dass es ohne die Freistellung als Betriebsrat für eine konkret ausgeschriebene Stelle ausgewählt worden wäre und macht damit eine Benachteiligung geltend, so muss es im Rahmen der Darlegungs- und Beweislast nach § 78 Satz 2 BetrVG diesen Umstand darlegen und beweisen. Dazu muss das Betriebsratsmitglied, das über das Arbeitsgericht seinen (vermeintlichen) Anspruch durchzusetzen versucht, darlegen, dass es die fachlichen Qualitätsanforderungen der ausgeschriebenen Stelle erfüllt und darf trotz fehlender genauer Kenntnis die Behauptung aufstellen, dass es wegen seiner Betriebsratstätigkeit nicht für die Stelle ausgewählt worden sei. Der Arbeitgeber muss sich zu dieser Behauptung wahrheitsgemäß erklären. Er hat seine Motive für die Auswahlentscheidung zugunsten eines anderen Bewerbers so konkret zu benennen, dass sich das Betriebsratsmitglied hierauf seinerseits einlassen kann (BAG v. 20.1.2021, Az. 7 AZR 52/20). Hat das Betriebsratsmitglied sich auf diese Stelle tatsächlich nicht beworben, muss es zudem darlegen, dass es die Bewerbung gerade wegen der Betriebsratstätigkeit bzw. der Freistellung unterlassen hat und eine Bewerbung ansonsten erfolgreich gewesen wäre (LAG Mecklenburg-Vorpommern v. 17.10.2019, Az. 5 Sa 25/19).

Lässt sich ein Syndikusrechtsanwalt zum Betriebsrat wählen und wird er für die Dauer der Ausübung dieses Amtes von seiner Tätigkeit als Unternehmensjurist vollumfänglich freigestellt, so verliert er seine Zulassung als Syndikusrechtsanwalt; das Benachteiligungsverbot des § 78 Satz 2 BetrVG gebietet nach zutreffender Auffassung des BGH (v. 19.1.2018, Az. AnwZ (Brfg) 12/17) keine andere Bewertung.

Eine Begünstigung ist gegeben, wenn ein Betriebsratsmitglied im Vergleich zu anderen Arbeitnehmern besser gestellt wird, ohne dass dies aus sachlichen Gründen gerechtfertigt wäre, die Begünstigung also allein im Hinblick auf die Tätigkeit als Betriebsratsmitglied erfolgt. Dabei normiert § 78 Abs. 2 seit Juli 2024 in seinem letzten neu hinzugefügten Satz ausdrücklich, dass eine Begünstigung oder Benachteiligung im Hinblick auf das gezahlte Arbeitsentgelt nicht vorliegt, wenn ein Betriebsratsmitglied in seiner Person die für die Gewährung des Arbeitsentgelts erforderlichen betrieblichen Anforderungen und Kriterien erfüllt und die Festlegung nicht ermessensfehlerhaft erfolgt.

Verboten sind damit:

- Jede Vergütung für das Betriebsratsamt selbst, insbesondere die Bezahlung nach „Augenhöhe“ oder mit Blick auf amtsbezogene Qualifikation die Gewährung von Sitzungsgeldern und „Amtszulagen“;
- jede das hypothetische Arbeitsentgelt übersteigende Vergütung und damit auch Höhergruppierungen für Betriebsratsmitglieder („Meister“);
- Aufwandsentschädigungen ohne Abrechnung und Nachweis konkreter Aufwendungen;
- Beförderungen aufgrund der Betriebsratstätigkeit, Zuweisung höher vergüteter Beschäftigung; überhaupt jede „Sonderkarriere“;
- Freistellungen von der Arbeitsleistung, die nicht durch die Betriebsratstätigkeit bedingt sind; auch: „nachlaufende“ freiwillige Freistellungen für nicht wieder gewählte oder nicht mehr freigestellte Betriebsratsmitglieder; sonstige bezahlte Freizeit über § 37 Abs. 3 BetrVG hinaus;
- Gewährung von Nebenleistungen, die anderen Mitarbeitern des Betriebs nicht gewährt werden und den Betriebsratsmitgliedern ohne ihre Funktion auch nicht gewährt würden (Arbeitgeberdarlehen, Werkswohnungen, Personaleinkauf, Firmenwagen zur Privatnutzung – LAG Berlin-Brandenburg v. 11.2.2020, Az. 7 Sa 997/19);
- Vorteilsgewährung an Angehörige des Betriebsratsmitglieds.

ACHTUNG!

Vorsätzliche Verstöße gegen das Benachteiligungs- und Begünstigungsverbot erfüllen den Straftatbestand des § 119 Abs. 1 Nr. 3 BetrVG. Zusätzlich ahndet die Rechtsprechung Begünstigungshandlungen auch über den Straftatbestand der Untreue, § 266 StGB – für Arbeitgebervertreter in Täterschaft, für das Betriebsratsmitglied aufgrund Anstiftung oder Beihilfe (BGH v. 17.9.2009, Az. 5 StR 521/08; BGH v. 10.1.2023, Az. 6 StR 133/22). Wird die Begünstigung als Betriebsausgabe deklariert, ist auch der Tatbestand der Steuerhinterziehung (§ 307 Abs. 1 Nr. 1 AO) erfüllt.

Vorstände und Geschäftsführer haften gegenüber dem Unternehmen auf Schadensersatz, wenn sie ihre Pflicht zur ordnungsgemäßen Unternehmensleitung verletzen. Aber auch Mitarbeiter der nachgeordneten Führungsebene können bei gravierenden Pflichtverletzungen auf Schadensersatz in Anspruch genommen werden.

TIPP!

Sollte es unzulässige und strafbewehrte Begünstigungen geben, können diese jederzeit eingestellt werden. Da sie nach § 134 BGB nichtig sind, bedarf es keiner Änderungskündigung; ebenso wenig kann aus rechtswidrig gewährten Leistungen eine betriebliche Übung entstehen. Rechtswidrig erbrachte Leistungen der Vergangenheit können vom begünstigten Betriebsratsmitglied zurückgefordert werden.

Ein Betriebsratsmitglied wird dagegen durch einen im Zuge einer kündigungsrechtlichen Auseinandersetzung abgeschlossenen Aufhebungsvertrag in der Regel auch dann nicht i. S. v. § 78 Satz 2 BetrVG in unzulässiger Weise begünstigt, wenn der Aufhebungsvertrag besonders attraktive finanzielle oder sonstige Konditionen enthält, die einem Arbeitnehmer ohne Betriebsratsamt nicht zugestanden worden wären. Diese Begünstigung beruht regelmäßig auf dem besonderen Kündigungsschutz des Betriebsratsmitglieds nach § 15 Abs. 1 KSchG, § 103 BetrVG, der seine Rechtsposition gegenüber anderen Arbeitnehmern ohne vergleichbaren Sonderkündigungsschutz erheblich verbessert. Es kommt daher nicht darauf an, ob die in dem Aufhebungsvertrag vereinbarten Leistungen unter Berücksichtigung der Umstände des Einzelfalls angemessen sind (BAG v. 21.3.2018, Az. 7 AZR 590/16).

Ein Betriebsratsmitglied, das im Rahmen eines befristeten Vertrags ohne Sachgrund nach § 14 Abs. 2 TzBfG tätig ist, hat keinen aus § 78 BetrVG herzuleitenden Anspruch auf eine unbefristete Verlängerung. Auch mit ihm kann innerhalb einer Gesamtdauer von zwei Jahren der Vertrag bis zu dreimal befristet verlängert werden. Nach Ablauf des Zweijahreszeitraums kann sich ein Anspruch auf Abschluss eines unbefristeten Vertrags nur ausnahmsweise dann ergeben, wenn die Nichtübernahme in ein unbefristetes Arbeitsverhältnis allein auf der Betriebsratstätigkeit beruht. Gleiches gilt für eine vom Betriebsratsmitglied beantragte und vom Arbeitgeber verweigerte Verlängerung des Arbeitsverhältnisses über die Regelaltersgrenze hinaus. Die Darlegungs- und Beweislast liegt in diesen Fällen beim Arbeitnehmer, d. h. dem Betriebsratsmitglied, das zunächst einmal hinreichende Indizien für eine behauptete Benachteiligung darzulegen hat (BAG v. 25.6.2014, Az. 7 AZR 847/12; BAG v. 21.12.2022, Az. 7 AZR 489/21; BAG v. 8.6.2025, Az. 7 AZR 50/24). Auf der anderen Seite kann jedoch die sachgrundbefristete Verlängerung eines auslaufenden Arbeitsverhältnisses eines Betriebsratsmitglieds nach § 14 Abs. 1 Satz 1 TzBfG in Betracht kommen. Dies setzt voraus, dass die Befristung geeignet und erforderlich ist, um die personelle Kontinuität des Betriebsrats zu wahren. Dabei wird diesem Anliegen im Regelfall nur dann entsprochen, wenn sich die Laufzeit des Vertrags auf die Dauer der noch verbleibenden gesetzlichen Amtszeit des Betriebsrats erstreckt (BAG v. 20.1.2016, Az. 7 AZR 340/14).

Die Entfernung einer Abmahnung aus der Personalakte eines Betriebsratsmitglieds kann der Betriebsrat als Gremium nicht über § 78 BetrVG verlangen. Stützt jedoch das betroffene Betriebsratsmitglied einen Entfernungsanspruch auf § 78 BetrVG soll auch der allgemeine individualrechtliche – jedem Mitarbeiter unter bestimmten Voraussetzungen zustehende – Entfernungsanspruch im Beschlussverfahren geprüft werden (BAG v. 4.12.2013, Az. 7 ABR 7/12).

VIII. Betriebsratsvergütung

Das Betriebsratsamt ist ein unentgeltliches Ehrenamt; es gibt weder eine Amtsvergütung noch stellt die Betriebsratstätigkeit eine zu vergütende Arbeitsleistung dar. Nach dem Entgeltausfallprinzip haben Betriebsratsmitglieder Anspruch auf das Arbeitsentgelt, das sie erzielt haben würden, wenn sie in der Zeit, in der sie Betriebsratsarbeit erbracht haben, vertragsgemäß gearbeitet hätten. Bei schwankenden Bezügen ist gegebenenfalls eine Schätzung vorzunehmen (BAG v. 29.4.2015, Az. 7 AZR 123/13). Neben dem Grundgehalt müssen sämtliche Nebenbezüge, vor allem Zuschläge und Zulagen eingerechnet werden. Nach § 78 Satz 2 BetrVG sind Begünstigungen ausdrücklich untersagt (vgl. dazu VII). Dabei gilt, dass auch eine jahrelange Zahlungspraxis keinen Vertrauenstatbestand für Zahlungen für die Zukunft begründen kann, wenn diese Zahlungen gegen § 78 Satz 2 BetrVG verstoßen (vgl. etwa ArbG Mannheim v. 7.3.2023, Az. 7 Ca 139/22).

Auch das freigestellte Betriebsratsmitglied hat Anspruch auf die Vergütung, die es ohne die Freistellung erhalten hätte, und zwar einschließlich etwaiger Überstundenzuschläge sowie besonderer Leistungen des Arbeitgebers wie Gratifikationen, vermögenswirksamen Leistungen usw. Eine pauschalierte monatliche Zulage, die etwa der Abgeltung von Zeitzuschlägen dient, die das Betriebsratsmitglied beanspruchen könnte, wenn es nicht freigestellt wäre, sondern arbeiten würde, steht dabei so lange im Einklang mit § 37 Abs. 2 und § 78 BetrVG, wie die Pauschale im Wesentlichen dem Durchschnitt der tatsächlichen hypothetischen Zuschlagsansprüche entspricht (BAG v. 29.8.2018, Az. 7 AZR 206/17).

Ein Betriebsratsmitglied, das vor der Übernahme der Betriebsratstätigkeit in der Nacht gearbeitet hat, hat dagegen keinen Anspruch auf Nachtzuschläge, wenn es – um für die Mehrheit der Arbeitnehmer besser erreichbar zu sein – als freigestelltes Betriebsratsmitglied tatsächlich nicht mehr nachts, sondern anlässlich der Amtsübernahme **einvernehmlich** nur noch tagsüber arbeitet. Der Verlust des Nachtzuschlags beruht nach Auffassung des BAG (v. 18.5.2016, Az. 7 AZR 401/14) in diesem Fall nicht auf der Arbeitsbefreiung, sondern auf der einvernehmlichen Verschiebung der Arbeitszeit. Dies gilt indes nicht für eine Schichtzulage, wenn ein vollfreigestelltes Betriebsratsmitglied, das vor der Freistellung ausschließlich im Schichtdienst tätig war, ohne Vereinbarung mit dem Arbeitgeber sich dafür entscheidet, die Betriebsratstätigkeiten zu den üblichen Geschäftszeiten zu erbringen. Das hier anzuwendende Lohnausfallprinzip erfordert eine hypothetische Betrachtung, welches Arbeitsentgelt das Betriebsratsmitglied ohne die Arbeitsbefreiung verdient hätte. Hierzu gehören alle Vergütungsbestandteile, also auch Zuschläge für Mehr-, Über-, Nacht-, Sonn- und Feiertagsarbeit (BAG v. 28.8.2024, Az. 7 AZR 197/23; ebenso LAG Baden-Württemberg v. 17.9.2019, Az. 19 Sa 15/19, wonach eine Schichtzulage weiterzuzahlen ist, maximal aber bis zu dem Zeitpunkt, bis der Schichtbetrieb insgesamt in Wegfall gerät).

Erfolgsabhängige Entgeltkomponenten sind einem freigestellten Betriebsratsmitglied nach Maßgabe einer hypothetischen Zielerreichung weiterzuzahlen. Dabei ist der Zielerreichungsgrad zugrunde zu legen, den das Betriebsratsmitglied hypothetisch ohne die Arbeitsbefreiung zur Wahrnehmung der Betriebsratsaufgaben erreicht hätte (BAG v. 29.4.2015, Az. 7 AZR 123/13).

Ausgenommen vom Ausfallprinzip ist die Überlassung eines Dienstwagens, wenn das Fahrzeug ausschließlich zur dienstlichen Nutzung zur Verfügung gestellt wird, da die Überlassung in diesem Fall keinen Entgeltcharakter hat (LAG Hamburg v. 9.8.2007, Az. 7 Sa 27/07). Ist dagegen neben einer dienstlichen auch die private Nutzung des Dienstwagens erlaubt, so muss der Betriebsrat das Fahrzeug selbst dann, wenn er es etwa als Außendienstmitarbeiter weit überwiegend dienstlich genutzt hat, nicht zurückgeben (BAG v. 23.6.2004, Az. 7 AZR 514/03). Wird aber einem Betriebsratsvorsitzenden ein Privatfahrzeug auch zur privaten Nutzung überlassen, der ihm ohne diese Funktion nicht überlassen worden wäre, und ist auch sonst kein sachlicher Grund dafür ersichtlich, so verstößt dies gegen das Begünstigungsverbot des § 78 Satz 2 BetrVG und der Dienstwagen ist zurückzugeben (LAG Nürnberg v. 5.4.2022, Az. 7 Sa 238/21).

Eine Netzkarte der Deutschen Bahn, die dem Arbeitnehmer auch zur privaten Nutzung zur Verfügung gestellt worden ist, muss ihm als Betriebsrat weiterhin zur privaten Nutzung überlassen werden, auch wenn es für die ursprünglich dienstlich vorgesehene Nutzung der Netzkarte keinen Anlass mehr gibt (LAG Hamm v. 17.2.2012, Az. 10 Sa 1479/11).

Nicht zu berücksichtigen sind Leistungen mit reinem Aufwendungsersatzcharakter, wenn sie aufgrund der Arbeitsbefreiung in dieser Zeit beim Betriebsratsmitglied nicht anfallen, z. B. Wegegelder, Beköstigungszulagen, Schmutzzulagen, die nur als Ausgleich für den Verbrauch zusätzlicher Reinigungsmittel gewährt werden. Maßgeblich ist, ob die Leistung ihrem Zweck nach lediglich tatsächlichen Mehraufwand kompensiert (dann keine Zahlung während der Arbeitsbefreiung) oder ob sie eine eigenständige Vergütungsfunktion hat (dann Zahlung auch während der Arbeitsbefreiung).

Nach § 37 Abs. 3 Satz 1 BetrVG hat ein Betriebsratsmitglied zum Ausgleich für Betriebsratstätigkeiten, die aus betriebsbedingten Gründen außerhalb der Arbeitszeit durchzuführen sind, Anspruch auf entsprechende Arbeitsbefreiung unter Fortzahlung des Arbeitsentgelts. Ist die Arbeitsbefreiung aus betriebsbedingten Gründen nicht möglich, so ist aufgewendete Zeit wie Mehrarbeit zu vergüten (§ 37 Abs. 3 Satz 3 Halbs. 2 BetrVG). Auch notwendige Wege-, Fahrt- und Reisezeiten eines Betriebsratsmitglieds können einen entsprechenden Anspruch auslösen, nicht jedoch Zeiten, die das Betriebsratsmitglied für Fahrten zwischen Wohnung und Betrieb aufwendet, selbst wenn diese Fahrten allein zur Wahrnehmung von Betriebsratstätigkeiten erfolgen (BAG v. 27.7.2016, Az. 7 AZR 255/14). Dagegen hat ein Betriebsratsmitglied, das seinen Urlaub (mehrmals) unterbricht, um Betriebsratsaufgaben auszuführen, keinen Anspruch auf eine entsprechende Zeitgutschrift. Ein solcher lässt sich weder aus § 37 Abs. 2 BetrVG herleiten, weil auch ein Betriebsratsmitglied in seinem Erholungsurlaub nicht zur Arbeitsleistung verpflichtet ist, noch aus § 37 Abs. 3 BetrVG. Betriebsbedingte Gründe für die Tätigkeit liegen regelmäßig nicht vor, wenn sich ein Betriebsratsmitglied entschließt, während der ihm erteilten Arbeitsbefreiung Betriebsratsaufgaben wahrzunehmen. Dies gilt auch für einen Betriebsratsvorsitzenden, da für diesen regelmäßig sein Stellvertreter tätig werden kann. Insbesondere stellt auch der Urlaub selbst keinen betriebsbedingten Grund dar (LAG Rheinland-Pfalz v. 13.6.2024, Az. 5 Sa 255/23).

Die Vereinbarung einer pauschalen Vergütung für außerhalb der Arbeitszeit geleistete Betriebsratstätigkeit nach § 37 Abs. 4 Satz 3 BetrVG ist wegen des Begünstigungsverbots des § 78 Satz 2 BetrVG nichtig, wenn sie ohne sachlichen Grund wegen der Betriebsratstätigkeit gewährt wird und zu einer Verdiensterhöhung führt. Dennoch gezahlte überhöhte Pauschalvergütungen kann der Arbeitgeber nach § 817 Satz 1 BGB zurückfordern (BAG v. 8.11.2017, Az. 5 AZR 11/17; a. A. LAG Düsseldorf v. 17.4.2019, Az. 7 Sa 1065/18 unter Hinweis auf § 817 Satz 2 BGB).

Im Rahmen eines Restmandats steht Betriebsratsmitgliedern kein Anspruch auf Vergütung ihrer Betriebsratstätigkeit zu. Für Freizeitopfer, die sie nach Ende ihrer Arbeitsverhältnisse erbringen, um Betriebsratsaufgaben zu erfüllen, können sie kein Entgelt verlangen (BAG v. 5.5.2010, Az. 7 AZR 728/08). Von praktischer Bedeutung ist dies etwa bei der Schließung eines Betriebs und einem damit verbundenem Arbeitgeberwechsel (wie etwa bei einem Asset Deal). Die Betriebsratsmitglieder, die das Restmandat ausüben, stehen nunmehr in einem Arbeitsverhältnis mit einem anderen Arbeitgeber und haben keine Freistellungs- und Vergütungsansprüche für Aufgaben des Restmandats gegen den Erwerber.

Das Gehalt eines (freigestellten) Betriebsratsmitglieds ist während seiner Amtszeit in demselben Umfang zu erhöhen – aber auch nicht mehr, andernfalls kann der Tatbestand der Untreue nach § 266 Abs. 1 StGB erfüllt sein (BGH v. 10.1.2023, Az. 6 StR 133/22)! – wie die Vergütung vergleichbarer Arbeitnehmer. Vergleichbar im Sinne von § 37 Abs. 4 Satz 1 BetrVG sind Arbeitnehmer, die im Zeitpunkt der Amtsübernahme ähnliche, im Wesentlichen gleich qualifizierte Tätigkeiten ausgeführt haben wie der Amtsträger und dafür in gleicher Weise wie dieser fachlich und persönlich qualifiziert waren (BAG v. 23.11.2022, Az. 7 AZR 122/22 – und zwar auch dann, wenn das Betriebsratsmitglied vor der Mandatsübernahme von der Erbringung seiner Arbeitsleistung befreit war – BAG v. 20.3.2025, Az. 7 AZR 159/24). Ausdrücklich ist dies nun auch seit Juli 2024 im neu hinzugefügten Satz 3 (erster Halbsatz) von § 37 Abs. 4 gesetzlich normiert. Zusätzlich soll aber nach dem zweiten Halbsatz von Satz 3 auch eine spätere Neubestimmung der Vergleichsgruppe möglich sein, wenn hierfür ein sachlicher Grund vorliegt. Unklar ist, was als sachlicher Grund in Betracht kommt. Allgemein wird jedoch bisher die Auffassung vertreten, dass eine spätere Neubestimmung der Vergleichsgruppe nur in seltenen Ausnahmefällen möglich ist. Die neue gesetzliche Regelung soll weder eine Anpassung der Vergleichsgruppe „um jeden Preis" noch eine Umgehung des Ehrenamtsprinzips durch eine weite Auslegung des unbestimmten Rechtsbegriffes des „sachlichen Grundes" zulassen.

Bei Bestimmung der vergleichbaren Arbeitnehmer ist grundsätzlich auch dann auf den Zeitpunkt der erstmaligen Übernahme des Betriebsratsamts – sowie bei Vorliegen eines sachlichen Grundes auf einen späteren Zeitpunkt – abzustellen, wenn nach Beendigung der Amtszeit noch während des nachwirkenden Entgeltschutzzeitraums i. S. v. § 37 Abs. 4 Satz 1 BetrVG bzw. dessen Erhöhung i. S. v. § 38 Abs. 3 BetrVG wegen Wiederwahl des Betriebsratsmitglieds eine weitere Amtszeit beginnt (BAG v. 20.3.2025, Az. 7 AZR 182/24).

Will der Arbeitgeber eine mitgeteilte und gewährte Vergütungserhöhung korrigieren, die sich für das Betriebsratsmitglied als Anpassung seines Entgelts entsprechend § 37 Abs. 4 Satz 1 BetrVG darstellen durfte, so hat er darzulegen und zu beweisen, dass die Vergütungserhöhung objektiv fehlerhaft war (BAG v. 20.3.2025, Az. 7 AZR 46/24).

Nach § 37 Abs. 4 Sätze 4–6 können Arbeitgeber und Betriebsrat nunmehr auch in einer Betriebsvereinbarung ein Verfahren zur Festlegung vergleichbarer Arbeitnehmer regeln. Die Konkretisierung der Vergleichbarkeit in einer solchen Betriebsvereinbarung kann nur auf grobe Fehlerhaftigkeit überprüft werden; Gleiches gilt nach Satz 6 für die Festlegung der Vergleichspersonen, soweit sie einvernehmlich zwischen Arbeitgeber und Betriebsrat erfolgt und in Textform dokumentiert ist. Entsprechende Vereinbarungen waren zwar auch bereits in der Vergangenheit zulässig, doch unterlagen sie der vollen gerichtlichen Überprüfbarkeit (vgl BAG v. 18.1.2017, Az. 7 AZR 205/15), Mit der jetzt normierten eingeschränkten Überprüfbarkeit nur auf grobe Fehlerhaftigkeit wird den Betriebsparteien ein Beurteilungsspielraum eingeräumt. Die Grenzen des Beurteilungsspielraums zur Regelung eines Verfahrens zur Festlegung der vergleichbaren Arbeitnehmer werden nach der neuen gesetzlichen Regelung insbesondere dann überschritten sein, wenn die Vereinbarung sachwidrige Kriterien zur Festlegung der Vergleichbarkeit nennt, wesentliche Kriterien unbeachtet lässt, die Kriterien nicht in ein angemessenes Verhältnis zueinander setzt oder eindeutig fehlerhaft gewichtet. Die Grenzen des Beurteilungsspielraums zur Festlegung der konkreten Vergleichspersonen werden wiederum überschritten sein, wenn die in der Betriebsvereinbarung aufgestellten Vergleichsgruppenkriterien missachtet werden.

Fallen die Entgeltanpassungen innerhalb einer Vergleichsgruppe unterschiedlich aus und ist diese Gruppe sehr klein, sodass man sich nicht an den in gleicher Weise erhöhten Gehältern einer Mehrzahl vergleichbarer Arbeitnehmer orientieren kann, richtet sich der Anspruch des Betriebsratsmitglieds nach dem Durchschnitt der Gehaltserhöhungen in der Vergleichsgruppe (BAG v. 21.2.2018, Az 7 AZR 496/16; BAG v. 23.11.2022, Az. 7 AZR 122/22). Gibt es überhaupt keinen vergleichbaren Arbeitnehmer, weil der konkrete Arbeitsplatz, den das Betriebsratsmitglied einst innehatte, etwa aufgrund Aufgabe des gesamten Geschäftsbereichs weggefallen ist, so ist auf eine hypothetische Vergleichsperson abzustellen. Diese ist nach abstrakten Kriterien zu bestimmen, also danach, wie die berufliche Entwicklung vergleichbarer Arbeitnehmer generell gestaltet ist (LAG Köln v. 19.4.2018, Az. 4 Sa 401/17).

TIPP!

Zu Beginn der Amtszeit eines Betriebsratsmitglieds bzw. bei dessen Freistellung sollte ein Statusvergleich durchgeführt und mit vergleichbaren Arbeitnehmern festgeschrieben werden. Sollte es später mit einem Betriebsratsmitglied eine Auseinandersetzung wegen des Gehalts geben, so besteht eine ausreichende Tatsachengrundlage und gutes Argumentationsmaterial.

Ausnahmsweise kein Anspruch auf eine Vergütungsanpassung besteht dann, wenn ein Betriebsratsmitglied dauerhaft mit dem Arbeitgeber eine andere, gegenüber der Tätigkeit bei seiner Amtsübernahme geringwertige Tätigkeit und ein entsprechend niedrigeres, aber im Einklang mit dem betrieblichen Vergütungssystem stehendes Gehalt vereinbart hat (BAG v. 23.11.2022, Az. 7 AZR 122/22).

Im Übrigen hat ein Betriebsratsmitglied gegenüber dem Arbeitgeber einen Auskunftsanspruch über die Gehaltsentwicklung vergleichbarer Arbeitnehmer mit betriebsüblicher Entwicklung. Denn nur mit dieser Information kann er einen möglichen Anspruch auf eine etwaige Gehaltsanpassung prüfen (BAG v. 19.1.2005, Az. 7 AZR 208/04; BAG v. 4.11.2015, Az. 7 AZR 972/13). Abzustellen ist dabei jedoch immer nur auf Arbeitnehmer des jeweiligen Betriebs, nicht aber auf Arbeitnehmer anderer Betriebe desselben Unternehmens oder gar anderer Unternehmen desselben Konzerns (LAG Düsseldorf v. 27.4.2018, Az. 10 Sa 717/17).

Für Ersatzmitglieder gilt der Schutz vor finanziellen Nachteilen nach § 37 Abs. 4 BetrVG erst ab dem Zeitpunkt des erstmaligen endgültigen Nachrückens in den Betriebsrat. Soweit ein Ersatzmitglied nicht endgültig für ein dauerhaft verhindertes Betriebsratsmitglied nachrückt, sondern lediglich zeitweise verhinderte Mitglieder vertritt, ist auf die durchgehende Gehaltsentwicklung der Vergleichspersonen im gesamten Zeitraum ab dem erstmaligen Nachrücken des Ersatzmitglieds abzustellen, wenn zwischen den Vertretungen jeweils weniger als ein Jahr liegt (BAG v. 21.2.2018, Az. 7 AZR 496/16).

Ein ursprünglich vergleichbarer Mitarbeiter kann als Referenzperson entfallen, wenn er aus freien Stücken in privater Weiterbildung diejenige Zusatzqualifikation erwirbt, deretwegen er dann im betrieblichen Vergütungsgefüge einen Aufstieg erfährt. „Vergleichbar" bleibt er dagegen, wenn sich die Zusatzqualifikation aus betrieblichen Fort- und Weiterbildungen ergibt, an deren Wahrnehmung das Betriebsratsmitglied durch seine Betriebsratsfunktion verhindert ist (ArbG Berlin v. 12.8.2015, Az. 28 Ca 18725/14).

Gibt es keine im Wesentlichen vergleichbaren Arbeitnehmer, ist die richtige Herangehensweise rechtlich noch nicht geklärt. Überwiegend wird vertreten, dass auf den/die am ehesten vergleichbaren Mitarbeiter abzustellen sei; nach anderer Auffassung soll die Frage, wie die berufliche Entwicklung von Beschäftigten bei gleicher Qualifikation ohne Betriebsratstätigkeit verlaufen wäre, abstrakt-hypothetisch beantwortet werden. In Unternehmen mit mehreren Betrieben wäre es auch denkbar, auf vergleichbare Mitarbeiter in den anderen Betrieben abzustellen.

Beruft sich ein freigestelltes Betriebsratsmitglied darauf, es habe Anspruch auf ein höheres Gehalt, weil ihm beim normalen Lauf der Dinge eine höherwertige Tätigkeit übertragen worden wäre oder mit einer Beförderung zu rechnen gewesen wäre, so kann er mit diesem Argument nur durchdringen, wenn diese Entwicklung betriebsüblich ist. Das Betriebsratsmitglied muss dazu vortragen, mit welchen Arbeitnehmern es aus seiner Sicht vergleichbar ist und aus welchen Umständen zu schließen ist, dass die Mehrzahl der mit ihm vergleichbaren Arbeitnehmer die behauptete Beförderung erfahren hat. Abzustellen ist dabei nicht auf den Zeitpunkt der Freistellung, sondern auf den Zeitpunkt der Amtsübernahme, da die Gehaltsentwicklung während der gesamten Dauer der Amtsausübung nicht in Relation zu derjenigen vergleichbarer Arbeitnehmer in diesem Zeitraum zurückbleiben darf (BAG v. 22.1.2020, Az. 7 AZR 222/19).

Verfügt ein Betriebsratsmitglied etwa wegen der Größe des Betriebs oder der Vielzahl vergleichbarer Arbeitnehmer nicht über ausreichende Erkenntnismöglichkeiten, kann es genügen Referenzfälle darzulegen, aus denen sich mit hinreichender Wahrscheinlichkeit auf eine betriebsübliche Beförderungspraxis in dem Zeitraum seiner Zugehörigkeit zum Betriebsrat schließen lässt (BAG v. 4.11.2015, Az. 7 AZR 972/13). Im Übrigen hält die Rechtsprechung eine Beförderung nur dann für betriebsüblich, wenn feststeht, dass dem Betriebsratsmitglied nach den betrieblichen Gepflogenheiten die höherwertige Tätigkeit hätte übertragen werden müssen oder die Mehrzahl der vergleichbaren Arbeitnehmer des Betriebs einen derartigen Aufstieg erreicht haben (BAG v. 17.8.2005, Az. 7 AZR 528/04). Berufliche Entwicklungen, die bei anderen Arbeitgebern stattfinden, sind dagegen unbeachtlich (BAG v. 14.7.2010, Az. 7 AZR 359/09). Ein Betriebsratsmitglied, das bei der Amtsübernahme bereits die höchste Steigerungsstufe der höchsten tariflichen Vergütungsgruppe erreicht hat, kann dementsprechend einen Anspruch auf eine Vergütungserhöhung, die die regelmäßigen Tariferhöhungen übersteigt, nach § 37 Abs. 4 BetrVG nur erwerben, wenn ein Aufstieg der bei Amtsübernahme vergleichbaren Arbeitnehmer in den Kreis der außertariflichen Mitarbeiter betriebsüblich ist (BAG v. 18.1.2017, Az. 7 AZR 205/15).

Bei einer Anpassung der Vergütung eines freigestellten Betriebsratsmitglieds nach § 37 Abs. 4 oder § 78 Satz 2 BetrVG steht dem Betriebsrat kein Mitbeurteilungsrecht nach § 99 BetrVG zu (BAG v. 26.11.2024, Az. 1 ABR 12/23).

Nach Ablauf der Amtszeit muss ein bis dahin freigestelltes Betriebsratsmitglied wieder in den Arbeitsprozess eingegliedert werden. Dabei hat es einen Anspruch darauf, nicht mit geringwertigeren Tätigkeiten als vor seinem Amtsantritt beschäftigt zu werden. Zudem kann es – wie beim Arbeitsentgelt – verlangen, hinsichtlich seiner Tätigkeiten ständig an die betriebsübliche berufliche Entwicklung vergleichbarer Arbeitnehmer angeglichen zu werden. Mit anderen Worten: Das Betriebsratsmitglied kann dann, wenn anderen vergleichbaren Mitarbeitern eine höherwertige Arbeit zugewiesen wurde, ebenfalls eine derartige Beschäftigung verlangen. Ausgeschlossen ist dieser Anspruch nur dann, wenn zwingende betriebliche Notwendigkeiten entgegenstehen (§ 37 Abs. 5 BetrVG). Fehlende Qualifikationen – ein häufiges Problem nach einer Freistellung, insbesondere nach einer Freistellung über mehrere Amtszeiten – werden von der Rechtsprechung als „entgegenstehende betriebliche Notwendigkeit" anerkannt. Häufig tritt daher in der Praxis die Konstellation ein, dass das Betriebsratsmitglied eine Bezahlung entsprechend einer fiktiven Tätigkeit der „vergleichbaren Arbeitnehmer" verlangt, aber nicht fordert, die entsprechende Tätigkeit sofort – ohne erforderliche Fortbildungsmaßnahmen – tatsächlich auszuüben. Dem Betriebsratsmitglied ist daher im Rahmen der betrieblichen Möglichkeiten die Gelegenheit zu geben, Maßnahmen zur betriebsüblichen beruflichen Entwicklung, an denen er wegen der Freistellung nicht teilnehmen konnte, innerhalb eines Jahres nach Freistellungsende nachzuholen (§ 38 Abs. 4 Satz 2 BetrVG).

IX. Betriebsratskosten

1. Allgemeines

Der Arbeitgeber ist nach § 40 Abs. 1 BetrVG verpflichtet, die durch die Tätigkeit des Betriebsrats entstehenden Kosten zu tragen. Zu den Kosten zählen sowohl die Aufwendungen, die aus der Tätigkeit des Betriebsrats entstehen, als auch die Kosten, die ein einzelnes Betriebsratsmitglied verursacht hat.

Die Kostentragungspflicht beschränkt sich jedoch nur auf die **erforderlichen** und **verhältnismäßigen** Kosten. Erforderlich sind Kosten dann, wenn der Betriebsrat im Zeitpunkt ihrer Verursachung bei gewissenhafter Abwägung die betreffende Maßnahme für erforderlich halten durfte. Verhältnismäßig sind Aufwendungen nur dann, wenn kein ebenso effektiver, aber kostengünstigerer Weg bestanden hätte.

Der Betriebsrat muss die Kosten im Einzelnen nachweisen und abrechnen. Hinsichtlich einzelner Aufwendungen kann der Betriebsrat einen Vorschuss vom Arbeitgeber verlangen. Der Arbeitgeber kann dem Betriebsrat auch einen Fonds zur Verfügung stellen, den dieser von Zeit zu Zeit gegenüber dem Arbeitgeber abrechnen muss. Hat ein Arbeitgeber vom Betriebsrat verursachte Kosten zunächst erstattet (etwa indem er die Rechnung eines vom Betriebsrat beauftragten Rechtsanwalts beglichen hat) und stellt später fest, dass er diese überhaupt nicht hätte übernehmen müssen, so kann er den Betrag nicht vom Gehalt eines oder mehrerer Betriebsratsmitglieder im Wege der Aufrechnung abziehen (BAG v. 25.10.2023, Az. 7 AZR 338/22). Auch können die Kosten nicht mit (sonstigen) Erstattungsansprüchen des Betriebsrats verrechnet werden (BAG v. 5.4.2000, Az. 7 ABR 6/99). Es ist daher durch entsprechende interne Prozesse sicherzustellen, dass Kosten erst gründlich auf Erstattungsfähigkeit geprüft und Rechnungen erst dann bezahlt werden.

Der Arbeitgeber ist grundsätzlich berechtigt, die Betriebsratskosten betriebsintern zu veröffentlichen. Das darf aber nicht zu dem Zweck geschehen, Zwietracht zwischen Betriebsrat und Arbeitnehmern zu säen.

Beispiel:

So stellt es eine grobe Pflichtverletzung dar, wenn sich der Arbeitgeber in einer Betriebsversammlung zu den hohen Kosten des Betriebsrats in Höhe von mehr als 250.000 € äußert und diese Äußerung in einen unmittelbaren Kontext zu einem möglichen Verlust von Arbeitsplätzen stellt, der u. a. durch die starre Haltung des Betriebsrats begründet sei.

2. Kosten des Betriebsrats, insbesondere Rechtsanwalts- und Sachverständigenkosten

Kosten des Betriebsrats sind hauptsächlich die Kosten, die aus seiner laufenden Geschäftsführung entstehen. Dies sind neben den Sachkosten (s. u. 5.) insbesondere die Kosten von Rechtsstreitigkeiten, die der Betriebsrat in betriebsverfassungsrechtlichen Angelegenheiten auch gegen den Arbeitgeber führt.

Soweit der Rechtsanwalt des Betriebsrats im Rahmen der Prozessvertretung zur Wahrnehmung von Rechten des Betriebsrats tätig wird, richtet sich die Kostentragungspflicht des Arbeitgebers ausschließlich nach § 40 Abs. 1 BetrVG. Hierzu gehören auch die Beratung im Vorfeld einer gerichtlichen Auseinandersetzung sowie der Versuch, die bereits beschlossene Durchführung eines arbeitsgerichtlichen Verfahrens entbehrlich zu machen.

Es reicht aus, dass der Betriebsrat Schwierigkeiten im Hinblick auf die Beurteilung der Sach- und/oder Rechtslage sieht. Der Betriebsrat kann dabei nicht auf die Beratung/Vertretung durch einen Gewerkschaftsvertreter verwiesen werden, selbst wenn die Gewerkschaft bereit wäre, ein entsprechendes Verfahren zu übernehmen.

WICHTIG!

Die Kostentragungspflicht besteht unabhängig vom Ausgang des Rechtsstreits. Selbst wenn der Betriebsrat in einem gegen den Arbeitgeber geführten Verfahren unterliegt, hat der Arbeitgeber die Kosten zu tragen. Dies gilt jedenfalls dann, wenn das Verfahren bislang ungeklärte Rechtsfragen zum Gegenstand hat und die Rechtsauffassung des Betriebsrats vertretbar ist. Nur dann, wenn die Rechtsverfolgung durch den Betriebsrat von vorneherein offensichtlich aussichtslos war, hat er gegenüber dem Arbeitgeber keinen Anspruch auf Freistellung von den Rechtsanwaltskosten (vgl. dazu BAG v. 22.11.2017, Az. 7 ABR 34/16). Gleiches gilt, wenn der Betriebsrat einen Anwalt mit der Anrufung des Arbeitsgerichts zur Bildung einer Einigungsstelle beauftragt, ohne zuvor geklärt zu haben, ob eine Einigung im Vorfeld möglich ist (BAG v. 18.3.2015, Az. 7 ABR 4/13).

Unter welchen Voraussetzungen der Betriebsrat im Hinblick auf die Kosteninteressen des Arbeitgebers den Ausgang ähnlich gelagerter, bereits anhängiger gerichtlicher Verfahren abwarten oder das Angebot des Arbeitgebers auf Unterwerfung unter das Ergebnis eines Musterverfahrens annehmen muss, lässt die Rechtsprechung bisher ausdrücklich offen (so ausdrücklich BAG v. 18.7.2012, Az. 7 ABR 23/11).

Beauftragt der Betriebsrat einen Rechtsanwalt, ihn in einem arbeitsgerichtlichen Beschlussverfahren zu vertreten, so hat die Beauftragung grundsätzlich auf der Grundlage der gesetzlichen Vergütung nach dem Rechtanwaltsvergütungsgesetz zu erfolgen (offengelassen vom BAG v. 25.6.2014, Az. 7 ABR 70/12; weitergehend auch LAG Hannover v. 14.10.2014, Az. 11 TaBV 51/14).

WICHTIG!

Eine Honorarzusage, die zu einer höheren Vergütung führt, insbesondere auch die Vereinbarung eines Zeithonorars, darf der Betriebsrat nicht ohne Weiteres für erforderlich halten. Allein der Umstand, dass ein vom Betriebsrat bevorzugter Anwalt nur gegen die Zusage eines Stundenhonorars tätig zu werden bereit ist, stellt keinen besonderen Umstand dar, der eine Ausnahme von diesem Grundsatz rechtfertigt. Vielmehr muss der Betriebsrat grundsätzlich prüfen, ob er nicht einen ebenfalls qualifizierten Rechtsanwalt findet, der ohne die Zusage eines Stundenhonorars bereit ist, das Mandat zu der gesetzlichen Vergütung zu übernehmen. Etwas anderes kann nach Auffassung des BAG (v. 14.12.2016, Az. 7 ABR (8/15) dann gelten, wenn der Arbeitgeber in der Vergangenheit in vergleichbaren Fällen die Erteilung einer solchen Zusage stets akzeptiert hat.

In der Praxis wird aus Gründen der Planungs- und Rechtssicherheit des Öfteren zwischen Arbeitgeber und Betriebsrat bzw. dessen Rechtsanwalt eine Vergütungsvereinbarung abgeschlossen, deren Höhe sich in der Regel auf einen Stundensatz zwischen 200 und 350 Euro beläuft. Dabei sollte unbedingt das maximale Stundenvolumen definiert sein.

Die Hinzuziehung eines Rechtanwalts erfordert einen ordnungsgemäßen Beschluss des Betriebsrats und im Falle einer Prozessvertretung im Allgemeinen einen Beschluss für jede Instanz (BAG v. 18.3.2015, Az. 7 ABR 4/13; BAG v. 25.10.2023, Az. 7 AZR 338/22). Fehlt es daran, besteht keine Pflicht des Arbeitgebers, die Kosten zu tragen. Da der Betriebsrat eine Freistellung von Anwaltskosten nach der Rechtsprechung des BAG (v. 25.9.2024, Az. 7 ABR 37/27) für die außergerichtliche und gerichtliche Durchsetzung von Rechten allerdings auch dann noch verlangen kann, wenn er einer zunächst auf einem unwirksamen Beschluss beruhenden Beauftragung des Anwalts durch einen später ordnungsgemäß gefassten Beschluss nachträglich zustimmt, kommt der Frage in der Praxis keine große Bedeutung bei.

Neben den Kosten eines Rechtsanwalts im Rahmen von Rechtsstreitigkeiten hat der Arbeitgeber auch die Kosten von Sachverständigen zu tragen, die der Betriebsrat beauftragt hat. Dabei kann ein Rechtsanwalt durchaus als Sachverständiger und nicht nur als Prozessvertreter über § 40 Abs. 1 BetrVG tätig werden (BAG v. 25.6.2014, Az. 7 ABR 70/12). Seine Beauftragung setzt voraus, dass er dem Betriebsrat spezielle Rechtskenntnisse vermitteln soll, die in der konkreten Situation, in der der Betriebsrat seine Aufgaben zu erfüllen hat, als erforderlich anzusehen sind. Besteht allerdings bereits zwischen dem Arbeitgeber und dem Betriebsrat ein konkreter Streit über das Bestehen und den Umfang von Mitbestimmungsrechten hinsichtlich eines bestimmten Regelungsgegenstands, so kann der Betriebsrat keinen Rechtsanwalt als Sachverständigen gegen den Willen des Arbeitgebers hinzuziehen. Vielmehr hat der Betriebsrat in diesem Fall die ihm durch § 40 Abs. 1 BetrVG eröffnete Beauftragung eines Rechtsanwalts vorzunehmen, der im Rahmen eines solchen Mandats zunächst das Bestehen und den Umfang des in Betracht kommenden Mitbestimmungsrechts prüft. Dadurch wird regelmäßig dem berechtigten Interesse des Betriebsrats an der Klärung einer zwischen ihm und dem Arbeitgeber streitigen betriebsverfassungsrechtlichen Frage weniger zeitaufwändig, effizienter und in der Regel auch kostensparender Rechnung getragen (BAG v. 25.6.2014, Az. 7 ABR 70/12).

Gehört eine Frage nicht zu den gesetzlichen Aufgaben des Betriebsrats, scheidet eine Kostentragungspflicht des Arbeitgebers für einen Sachverständigen von vorneherein aus. So kann der Betriebsrat keinen Sachverständigen mit der Frage beauftragen, ob eine tarifliche Vorschrift, an die sich der Arbeitgeber hält, mit höherrangigem Recht, d. h. einer gesetzlichen Vorschrift vereinbar ist. Das Überwachungsrecht nach § 80 Abs. 1 Nr. 1 BetrVG besteht gegenüber dem Arbeitgeber, der eine Rechtsnorm zu beachten hat, nicht jedoch gegenüber dem Normgeber (etwa den Tarifvertragsparteien), der die Norm erlassen hat (LAG Schleswig-Holstein v. 19.8.2008, Az. 5 TaBV 23/08).

Vor der Hinzuziehung eines Sachverständigen nach § 80 Abs. 3 BetrVG muss der Betriebsrat stets alle ihm zur Verfügung stehenden Erkenntnisquellen nutzen, um sich das notwendige Wissen selbst anzueignen. Dazu hat er etwa die ihm zugängliche Fachliteratur auszuwerten. Weiterhin muss er sich auch beim Arbeitgeber um die Klärung der offenen Fragen bemühen. Dazu gehört es, dass er die gebotenen Möglichkeiten der Unterrichtung durch sachkundige Arbeitnehmer des Betriebs oder Unternehmens nutzt (LAG Köln v. 18.10.2006, Az. 2 Ta 408/06). Dies darf der Betriebsrat nicht von vorneherein mit der pauschalen Begründung ablehnen, diese Personen besäßen nicht das Vertrauen des Betriebsrats, weil sie im Dienste des Arbeitgebers stünden und deshalb nicht als neutral oder objektiv angesehen werden könnten.

Beispiel:

Geht es um die Prüfung, ob die im Betrieb verwendeten Formulararbeitsverträge mit dem NachwG vereinbar sind, so kann dies regelmäßig ohne besonderen juristischen Sachverstand durch einen Abgleich des Vertragsinhalts mit den Katalogtatbeständen des § 2 Abs. 1 Satz 1 NachwG beurteilt werden. Hinsichtlich der Frage der Vereinbarkeit von verwendeten Formulararbeitsverträgen mit den §§ 305 ff. BGB muss sich der Betriebsrat vor Einschaltung eines Sachverständigen auf Fachbücher, in Schulungsveranstaltungen vermitteltes Wissen und auf sachkundige Arbeitnehmer des Betriebs stützen. Deren vorherige Befassung mit der Ausarbeitung der Formulararbeitsverträge schließt es nicht aus, dass sie dem Betriebsrat gegenüber den Inhalt der Vertragsklauseln in einer Weise darstellen, die es ihm ermöglicht, die damit verbundene rechtliche Problematik weiter zu erschließen (BAG, 16.11.2005, Az. 7 ABR 12/05).

Der Arbeitgeber kann jedoch dem Betriebsrat nicht entgegenhalten, die Beauftragung eines Sachverständigen sei nicht erforderlich, weil der Betriebsrat seine Mitglieder stattdessen an einer Schulung nach § 37 Abs. 6 BetrVG teilnehmen lassen könne. Ein Grundsatz, dass sich ein Betriebsrat zunächst das „Rüstzeug" für die Wahrnehmung seiner Aufgaben durch Schulungen seiner Mitglieder verschaffen muss, bevor er einen Sachverständigen hinzuziehen kann, besteht nicht (BAG v. 25.6.2014, Az. 7 ABR 70/12).

In jedem Fall setzt die arbeitgeberseitige Kostentragungspflicht nach § 80 Abs. 3 BetrVG eine vorherige (!) Vereinbarung – und zwar über die zu prüfende Frage, die Kosten und die Sachverständigenperson – zwischen Betriebsrat und Arbeitgeber voraus. Kommt eine Vereinbarung nicht zustande, hat der Arbeitgeber auch nicht die Kosten zu tragen, sofern der Betriebsrat das Einverständnis nicht zuvor im Wege eines Beschlussverfahrens oder in Eilfällen durch einstweilige Verfügung hat ersetzen lassen. In diesem Fall haften die für den Betriebsrat handelnden Mitglieder, d. h. typischerweise der Betriebsratsvorsitzende (BAG v. 18.11.2020, Az. 7 ABR 37/19).

Einer solchen Vereinbarung bedarf es dagegen für die Hinzuziehung eines Beraters nach § 111 Satz 2 BetrVG nicht (LAG Hessen v. 19.2.2004, Az. 9 TaBV 95/03). Beschäftigt der Arbeitgeber in seinem Unternehmen regelmäßig mehr als 300 Arbeitnehmer, kann der Betriebsrat autonom die Beratungsleistung abrufen. Der Beratungsgegenstand nach § 111 Satz 2 BetrVG beschränkt sich dabei auf die sachkundige Beratung zum Interessenausgleich der Betriebsänderung. Eine Beratung zum Sozialplan ist nicht von § 111 Satz 2 BetrVG gedeckt. Umstritten ist, ob der Betriebsrat auch in Konstellationen, die unter § 111 Satz 2 BetrVG fallen, eine einstweilige Verfügung erwirken kann – insbesondere um das persönliche Haftungsrisiko der Betriebsratsmitglieder hinsichtlich der Beauftragung auszuschließen bzw. zu minimieren. Nach zutreffender Auffassung wird man dies jedoch ablehnen müssen, allein schon deshalb, weil es am Rechtsschutzbedürfnis fehlt, aber auch weil es gerade keiner Vereinbarung zwischen Arbeitgeber und Betriebsrat bedarf und damit auch kein Verfügungsgrund besteht (vgl. etwa LAG Hamm v. 17.9.2010, Az. 10 TaBV 26/10; a. A. dagegen LAG Hessen v. 22.5.2017, Az. 16 TaBVGa 116/17).

Überschreitet der Betriebsrat im Rahmen der Beauftragung nach § 111 Satz 2 BetrVG seine Grenzen – etwa indem er ein Entgelt vereinbart, das über dem marktüblichen liegt –, so besteht keine Kostenübernahmepflicht des Arbeitgebers; das beauftragte Beratungsunternehmen kann seinerseits das Betriebsratsmitglied, das den Auftrag erteilt hat – also in der Regel den Betriebsratsvorsitzenden – nach den Grundsätzen des Vertreters ohne Vertretungsmacht in Anspruch nehmen (BGH v. 25.10.2012, Az. III ZR 266/11).

3. Kosten einzelner Betriebsratsmitglieder

Zu den vom Arbeitgeber zu tragenden Kosten gehören insbesondere die Reisekosten, die einem Betriebsratsmitglied bei der auswärtigen Wahrnehmung seiner Aufgaben entstehen (z. B. Wahrnehmung von Gerichtsterminen, Sprechstunden in auswärtigen Betrieben oder Betriebsteilen). Dies schließt notwendige Übernachtungskosten ein. Maßgeblich ist dabei, ob das Betriebsratsmitglied die Kosten unter Berücksichtigung der Gegebenheiten im Zeitpunkt der Wahrnehmung der betriebsverfassungsrechtlichen Aufgaben für erforderlich halten durfte. Nicht erforderlich ist, dass die vorherige Zustimmung des Arbeitgebers hierzu eingeholt wurde (LAG Hessen v. 11.4.2016, Az. 16 TaBV 162/15).

Besteht im Betrieb eine Reisekostenordnung, ist diese auch auf die Reisen von Betriebsratsmitgliedern anzuwenden. Werden dabei Reiseaufwendungen im Unternehmen üblicherweise nach Maßgabe der steuerrechtlichen Vorschriften pauschaliert erstattet, so gilt dies grundsätzlich auch für die Reisen von Betriebsratsmitgliedern. Erfolgt keine Pauschalierung oder gehen die geltend gemachten Aufwendungen darüber hinaus, sind diese Aufwendungen – einschließlich ihrer Erforderlichkeit – unter Berücksichtigung ersparter Aufwendungen nachzuweisen (LAG Köln v. 18.3.2015, Az. 11 TaBV 44/14).

Ein nach § 38 BetrVG freigestelltes Betriebsratsmitglied hat keinen Anspruch auf Erstattung von Fahrtkosten für regelmäßige Fahrten von seinem Wohnort zum Sitz des Betriebsrats (Betriebsratsbüro). Hierbei handelt es sich nicht um Kosten des Betriebsrats im Sinne von § 40 Abs. 2 BetrVG. Dies gilt bei einem aus mehreren Betriebsstätten bestehenden Betrieb auch dann, wenn sich das Betriebsratsbüro nicht in der Betriebsstätte befindet, in der das Betriebsratsmitglied ohne die Freistellung seine Arbeitsleistung zu erbringen hätte, sondern in einer vom Wohnort des Betriebsratsmitglieds weiter entfernten Betriebsstätte (BAG v. 13.6.2007, Az. 7 ABR 62/06).

Dagegen hat der Arbeitgeber die Reisekosten eines Betriebsratsmitglieds zu erstatten, das außerhalb seiner Arbeitszeit an Betriebsausschusssitzungen teilnimmt und den Betrieb **ausschließlich** aus diesem Grund aufsucht. Das Betriebsratsmitglied ist nicht gehalten, sich durch ein in dieser Zeit im Betrieb anwesendes Ersatzmitglied vertreten zu lassen. Der Anspruch auf Erstattung der Reisekosten hängt auch nicht davon ab, ob die Sitzung aus betrieblichen Gründen im Sinne von § 37 Abs. 3 BetrVG außerhalb der persönlichen Arbeitszeit des Betriebsratsmitglieds stattgefunden hat (BAG v. 16.1.2008, Az. 7 ABR 71/06).

Da die Elternzeit eines Betriebsratsmitglieds nicht zum Erlöschen der Mitgliedschaft im Betriebsrat führt, hat der Arbeitgeber auch die Kosten für Fahrten von der Wohnung zum Betrieb zu tragen, die einem Betriebsratsmitglied in Elternzeit durch die Teilnahme an den Betriebsratssitzungen entstehen (BAG v. 25.5.2005, Az. 7 ABR 45/04).

Auch Kinderbetreuungskosten können zu den vom Arbeitgeber zu tragenden Kosten gehören und sind nicht dem privaten Lebensbereich zuzuordnen, wenn ein Betriebsratsmitglied außerhalb der persönlichen Arbeitszeit erforderliche Betriebsratsarbeit erbringt. Solche Kosten sind selbst dann erstattungspflichtig, wenn die Kinderbetreuung von einer anderen im Haushalt lebenden Person hätte übernommen werden können, die jedoch die Betreuung sachgrundlos ablehnt (BAG v. 23.6.2010, Az. 7 ABR 103/08).

Kosten für Rechtsstreitigkeiten zwischen einem einzelnen Betriebsratsmitglied und dem Arbeitgeber in betriebsverfassungsrechtlichen Fragen sind vom Arbeitgeber zu tragen, und zwar auch dann, wenn das Betriebsratsmitglied in einem gegen den Arbeitgeber gerichteten Verfahren unterliegt. Hat das Betriebsratsmitglied jedoch in einem Urteilsverfahren, das mit der Betriebsratstätigkeit im Zusammenhang stehende individualrechtliche Ansprüche zum Gegenstand hat, einen Vergleich mit dem Arbeitgeber geschlossen, nach dessen Kostenregelung es seine außergerichtlichen Kosten selbst trägt, so hat er keinen in einem arbeitsgerichtlichen Beschlussverfahren durchsetzbaren Anspruch auf Freistellung von den durch die Hinzuziehung eines Prozessbevollmächtigten entstandenen Kosten (BAG v. 20.1.2010, Az. 7 ABR 68/08).

Kosten betriebsratsinterner Streitigkeiten sind vom Arbeitgeber nur dann zu tragen, wenn im Streit eine individualschützende Position betroffen ist (z. B. Beschlussverfahren mit dem Ziel des Ausschlusses eines bestimmten Mitglieds aus dem Betriebsrat). Ist dagegen eine Norm betroffen, die keinen individualschützenden Charakter aufweist, besteht keine Verpflichtung des Arbeitgebers, die Kosten einer betriebsratsinternen Streitigkeit zu tragen (vgl. LAG Hessen v. 26.3.2018, Az. 16 TaBV 215/17: Hier hatte ein Ersatzmitglied eine Rechtsanwältin beauftragt, weil es der Auffassung war, dass es zu einer Betriebsratssitzung, bei der ein Mitglied verhindert war, hätte geladen werden müssen. Seinen vermeintlichen Anspruch leitete es aus § 25 Abs. 2 BetrVG ab, der jedoch keinen individualschützenden Charakter hat, sondern „nur" die Kontinuität der Betriebsratsarbeit sichern soll.

4. Überlassung von Räumen

§ 40 Abs. 2 BetrVG verpflichtet den Arbeitgeber, dem Betriebsrat die erforderlichen Räume zur Verfügung zu stellen. Der Betriebsrat ist nicht berechtigt, Räume selbst anzumieten oder Sachmittel zu erwerben. Er kann lediglich bestimmen, was er für notwendig erachtet. Der Arbeitgeber entscheidet, welches von mehreren sachgerechten Mitteln der Betriebsrat erhält (z. B. welche Büromöbel usw.).

WICHTIG!

§ 40 Abs. 2 BetrVG gewährt dem Betriebsrat keine sog. Grund- oder Normalausstattung. In jedem einzelnen Fall muss geprüft werden, was erforderlich ist.

Es muss in den zur Verfügung gestellten Räumen möglich sein, Betriebsratssitzungen und Besprechungen durchzuführen, Sprechstunden abzuhalten, Schreibarbeiten auszuführen sowie sich dort zur Lektüre zurückzuziehen. Dazu bedürfen die Räume einer ausreichenden Größe, funktionsgerechten Ausstattung und Lage, müssen jedoch nicht – sofern der Raum nicht zugleich der reguläre Dauerarbeitsplatz eines freigestellten Betriebsratsmitglieds ist – den arbeitstechnischen Anforderungen eines Arbeitsplatzes genügen (ArbG Köln v. 13.12.2018, Az. 10 BV 476/16). Stehen neben dem Betriebsratsbüro zusätzliche Räume für größere Besprechungen (z. B. Betriebsratssitzungen) zur Verfügung, genügt für einen siebenköpfigen Betriebsrat bei Freistellung nur eines Betriebsratsmitgliedes allerdings auch bereits ein Büro in der Größe von 21 Quadratmetern (LAG Köln v. 9.2.2024, Az. 9 TaBV 34/23).

Zur funktionsgerechten Ausstattung gehört neben der Beleuchtung, Belüftung und Heizung eine angemessene Einrichtung. Im Allgemeinen müssen sich die dem Betriebsrat zu überlassenden Räume im Betrieb selbst befinden, sofern nicht ausnahmsweise in einem Betrieb nur anderweitig benötigte kleinere Büros zur Verfügung stehen und eine Nutzung anderer Flächen – etwa eines Mitarbeiteraufenthaltsraums, eines Umkleideraums oder der Verkaufs- und Lagerflächen – nur durch Umwidmung möglich wäre (LAG Köln, a. a. O.).

Die Zahl der Räume bestimmt sich nach dem Geschäftsumfang, wobei in Betrieben mittlerer Größe die Überlassung eines Raums in der Regel ausreichend ist. In kleinen Betrieben kann auch die zeitweise Überlassung eines anderweitig genutzten Raums ausreichen, wenn mindestens ein abschließbarer Schrank bereitgestellt wird. Der Raum muss optisch und akustisch so weit abgeschirmt sein, dass ihn Zufallszeugen von außen nicht einsehen oder abhören können, ohne einen besonderen Aufwand zu betreiben; eine vollständige Schalldichtigkeit ist indes nicht erforderlich (ArbG Köln v. 13.12.2018, Az. 10 BV 476/16). Dass aber ein ehemaliger Toilettencontainer mit einer Grundfläche von fünf Quadratmetern als Betriebsratsbüro für einen dreiköpfigen Betriebsrat weder ausreichend noch zumutbar ist, sollte sich von selbst verstehen und trotzdem musste dies das LAG München (8.7.2005, Az. 3 TaBV 79/03) einem Arbeitgeber in einem Beschluss ausdrücklich bescheiden. Sind dem Betriebsrat einmal Räume überlassen, hat er keinen Anspruch, dass immer nur dieselben Räume zur Verfügung gestellt werden. Der Arbeitgeber kann dem Betriebsrat bei bestehenden betrieblichen Erfordernissen auch andere Räume zuweisen. Ihm ist es jedoch nicht gestattet, den Betriebsrat aus einem von ihm bislang genutzten Zimmer hinauszuwerfen oder eigenmächtig wesentliche Teile des Mobiliars aus dem Betriebsratsbüro zu entfernen.

Dem Betriebsrat steht im Grundsatz das Hausrecht am Betriebsratsbüro zu. Der Arbeitgeber ist verpflichtet, ihm die Schlüssel zum Betriebsratsbüro auszuhändigen. Der Betriebsrat hat einen Anspruch darauf, dass der Arbeitgeber es mit Ausnahme von Notsituationen (gegenwärtige Gefahrenlagen für Leib oder Leben oder erhebliche Sachwerte), in denen der Betriebsrat nicht rechtzeitig erreicht werden kann, unterlässt, das Betriebsratsbüro ohne Zustimmung des Betriebsrats zu betreten. Selbst wenn er befugt ist, dem Betriebsrat andere, gleichfalls für die Ausübung der Betriebsratstätigkeit geeignete Räume zuzuweisen, darf er bisherige Räume des Betriebsrats nicht eigenmächtig räumen, sondern benötigt im Falle einer Nichteinigung mit dem Betriebsrat einen im Beschlussverfahren zu erwirkenden Herausgabetitel (LAG Hessen v. 14.1.2019, Az. 16 TaBVGa 6/19).

5. Kosten für Sachaufwand und Büropersonal

Zu den nach § 40 Abs. 2 BetrVG bereitzustellenden Sachmitteln gehören die üblicherweise für einen Bürobetrieb benötigten Gegenstände (z. B. Aktenschrank, Schreibmaterialien, Fotokopierer usw.). Ob dem Betriebsrat ein Personalcomputer mit entsprechender Software zur Verfügung zu stellen ist, ist in den letzten Jahren viel diskutiert worden. Das BAG hat zuletzt im Jahr 2007 (16.5.2007, Az. 7 ABR 45/06) noch verlangt, dass der Betriebsrat die Erforderlichkeit dieses Hilfsmittels konkret darlegen muss. Der Anspruch auf Überlassung eines PC sei einzelfallbezogen zu beurteilen. Insbesondere reiche es nicht aus, wenn der Betriebsrat geltend mache, seine Aufgaben mit Hilfe eines PC rationeller und effektiver erledigen zu könne. Erforderlich sei ein Sachmittel erst dann, wenn ohne seinen Einsatz die Wahrnehmung anderer Rechte und Pflichten des Betriebsrats vernachlässigt werde. Der Betriebsrat müsse darlegen, welche ihm obliegenden Aufgaben er in der Vergangenheit nicht oder nicht ordnungsgemäß erledigen konnte und weshalb dies anders wäre, wenn er über die begehrte Ausstattung mit einem PC verfüge. Ob das BAG zukünftig allerdings an dieser restriktiven Rechtsprechung festhält, erscheint angesichts der heute allgemeinen Digitalisierung jedenfalls in der Konstellation fraglich, in der der PC im Unternehmen zur Standardausrüstung aller/vieler Arbeitsplätze gehört.

Auf der Ebene der Landesarbeitsgerichte wird auch bereits seit vielen Jahren abweichend entschieden. So soll sich nach Ansicht des LAG Nürnberg (24.8.2009, Az. 5 TaBV 32/06) und auch des LAG Schleswig-Holstein (27.1.2010, Az. 3 TaBV 31/09) das Verlangen nach einem Personalcomputer (PC) dann im Rahmen des Beurteilungsermessens des Betriebsrats bewegen, wenn diese Technik seitens des Arbeitgebers im Zusammenhang mit der Erfüllung betriebsverfassungsrechtlicher Aufgaben üblicherweise eingesetzt wird. Für die Annahme der Betriebsüblichkeit einer Technik genüge es dabei, wenn sie der Arbeitgeber bei der Wahrnehmung einzelner betriebsverfassungsrechtlicher Aufgaben zur Anwendung bringe. Noch weitergehend vertrat das LAG Bremen schon im Jahr 2009 (4.6.2009, Az. 3 TaBV 4/09) die Meinung, dass eine EDV-Grundausstattung regelmäßig als ein unverzichtbares Arbeitsmittel des Betriebsrats anzusehen sei, sodass es keiner weiteren Darlegungen des Betriebsrats zur Erforderlichkeit bedürfe (ebenso wohl auch LAG Sachsen-Anhalt v. 23.6.2010, Az. 4 TaBV 4/10). Eine Ausnahme könne allenfalls in Kleinbetrieben gelten.

Wurde in der Vergangenheit die Erforderlichkeit eines Laptops/Tablets oftmals verneint, insbesondere dann, wenn die Zurverfügungstellung von Laptops/Tablets im Betrieb nicht üblich war (vgl. LAG Hessen v. 25.7.2016, Az. 16 TaBV 219/15), so wird man dies heute differenzierter betrachten müssen, wo doch in vielen Unternehmen ein Laptop den klassischen Stand-PC abgelöst hat. Jedenfalls dann, wenn ein Laptop die Standardausrüstung im Betrieb darstellt, wird man zu einer anderen Beurteilung gelangen müssen. Gleiches gilt in den Fällen, in denen aufgrund betrieblicher Besonderheiten ein Laptop zur sachgerechten Wahrnehmung der Mitbestimmungsrechte des Betriebsrats erforderlich ist. Von Bedeutung ist dies etwa auch im Hinblick darauf, dass der Gesetzgeber 2021 den Betriebsräten in § 30 Abs. 2 BetrVG ausdrücklich die Möglichkeit eingeräumt hat, Betriebsratssitzungen auch per Video- oder Telefonkonferenz durchzuführen (vgl. dazu LAG Berlin-Brandenburg v. 14.4.2021, Az. 15 TaBVGa 401/21; LAG Hessen v. 14.3.2022, Az. 16 TaBV 143/21). So hat zuletzt das LAG München (v. 7.12.2023, Az. 2 TaBV 31/23) auch ausdrücklich entschieden, dass bei Vorliegen der Voraussetzungen des § 30 Abs. 2 BetrVG der Betriebsrat vom Arbeitgeber zur Ermöglichung der Teilnahme seiner Mitglieder an Betriebsratssitzungen mittels Videokonferenz die Überlassung von je einem Tablet oder Notebook je Betriebsratsmitglied verlangen kann.

Ist ein Arbeitgeber aufgrund der konkreten Umstände verpflichtet, dem Betriebsrat einen Laptop zur Verfügung zu stellen, so kann er auch nicht auf der festen Montage des Geräts bestehen, da dies der definitionsgemäßen Verwendungsmöglichkeit entgegensteht. Dies gilt jedenfalls so lange, wie nicht konkrete Anhaltspunkte dafür bestehen, dass eine berechtigte Besorgnis besteht, der Betriebsrat würde seiner Pflicht zum pflegsamen Umgang mit überlassenen Sachmitteln nicht nachkommen (ArbG Köln v. 10.1.2023, Az. 14 BV 208/20).

Angesichts der veränderten Arbeitsbedingungen und der allgemeinen Ausstattungsrate mit modernen Kommunikationsmitteln in den Unternehmen erscheint ein kostenträchtiger Rechtsstreit mit dem Betriebsrat um die Frage der Ausstattung mit einem PC/Laptop heute nicht ratsam. Gleiches gilt für die Frage nach der Anschaffung eines eigenen Druckers für den Betriebsrat: In aller Regel wird der Betriebsrat aus Gründen der Vertraulichkeit nicht auf die Möglichkeit der Mitbenutzung eines anderen Druckers des Arbeitgebers verwiesen werden können. Selbst ein Farbdrucker soll zumindest dann beansprucht werden können, wenn der Arbeitgeber seinerseits Bekanntmachungen im Betrieb in Farbdruck aushängt und dem Betriebsrat farbliche Diagramme und Aufzeichnungen mit farblichen Hervorhebungen aushändigt (LAG Hamm v. 18.6.2010, Az. 10 TaBV 11/10).

Ein Anspruch auf eine besondere Software, die einen höheren Sicherheitsstandard bietet, als die allgemein in einem Unternehmen eingesetzte, besteht dagegen nicht. Auch wenn ein Systemadministrator des Unternehmens bei Verwendung der üblichen Software Zugriffsmöglichkeiten auf Daten des Betriebsrats hat, so besteht doch ein ausreichender Schutz gegen ausforschende Zugriffe: Ein unberechtigter Zugriff eines Systemadministrators rechtfertigt eine – abmahnungsfreie – fristlose Kündigung und zieht eine Strafbarkeit nach § 202a StGB nach sich (LAG Köln v. 9.7.2010, Az. 4 TaBV 25/10).

WICHTIG!

Der Arbeitgeber darf die auf dem Betriebsratslaufwerk abgespeicherten Dateien nicht auswerten und verwerten. Er hat kein entsprechendes Zugriffs- und Verwertungsrecht. Der Betriebsrat ist auch nicht verpflichtet, einer entsprechenden Auswertung zuzustimmen (LAG Düsseldorf v. 7.3.2012, Az. 4 TaBV 87/11).

Nachdem die Frage, ob dem Betriebsrat ein Internetzugang zur Verfügung zu stellen ist, lange Zeit umstritten war, hat das BAG entschieden, dass der Betriebsrat jedenfalls dann, wenn er ohnehin bereits über einen Personalcomputer (PC) mit Netzwerkanschluss verfügt, grundsätzlich auch einen Zugang zum Internet beanspruchen kann. Zugleich kann der Betriebsrat verlangen, dass dieser Zugang vom Arbeitgeber als nicht personalisierter Zugang eingerichtet wird (BAG v. 18.7.2012, Az. 7 ABR 23/11). Keinen Anspruch hat er jedoch auf Einrichtung eines vom Server des Arbeitgebers unabhängigen Internetanschlusses (BAG v. 20.4.2016, Az. 7 ABR 50/14).

Die Entscheidung, ob die Nutzung des Internets zur sachgerechten Wahrnehmung von Betriebsratsaufgaben erforderlich ist, obliegt danach dem Betriebsrat. Er hat jedoch die berechtigten Interessen des Arbeitgebers, insbesondere dessen Interesse an der Begrenzung der Kostentragungspflicht, zu berücksichtigen. Dabei sind Kostengesichtspunkte zu vernachlässigen, wenn – wie in vielen Unternehmen – die zur Internetnutzung erforderliche technische Infrastruktur schon vorliegt. Die Nutzung des Internets dient nach Auffassung des BAG der Informationsbeschaffung durch den Betriebsrat und damit der Erfüllung der ihm obliegenden betriebsverfassungsrechtlichen Aufgaben. Der Betriebsrat darf daher einen Internetzugang regelmäßig für erforderlich halten, ohne dass es der Darlegung konkreter, sich ihm aktuell stellender Aufgaben bedarf, zu deren Erledigung Informationen aus dem Internet benötigt werden. Insbesondere hängt die Erforderlichkeit des Internetzugangs auch nicht davon ab, ob der Betriebsrat ohne die Nutzung des Internets die Wahrnehmung seiner Aufgaben vernachlässigen müsste (BAG v. 20.1.2010, Az. 7 ABR 79/08). Ebenso wenig kann der Arbeitgeber gegen die Einrichtung eines Internetanschlusses für den Betriebsrat geltend machen, dass er das Internet seinerseits nur sehr eingeschränkt nutze und unternehmensweit eine weitestgehende Abschottung betreibe (LAG Niedersachsen v. 27.10.2011, Az. 2 TaBV 55/10).

WICHTIG!

Der Betriebsrat hat immer nur einen Überlassungsanspruch. Er ist nicht berechtigt, sich Sachmittel selbst zu beschaffen und einzusetzen, insbesondere kann er nicht ohne die Zustimmung des Arbeitgebers Software aufspielen. Der Anspruch ist dabei regelmäßig auf die betriebliche Standardsoftware begrenzt. Die Zurverfügungstellung setzt stets eine Handlung des Arbeitgebers voraus. Besteht kein Konsens, muss der Betriebsrat versuchen, sein Verlangen im arbeitsgerichtlichen Beschlussverfahren durchzusetzen. Der Arbeitgeber kann ein eigenmächtiges Vorgehen des Betriebsrats unterbinden. Es besteht insoweit ein Unterlassungsanspruch, der gerichtlich durchgesetzt werden könnte.

Nicht nur der Betriebsratsvorsitzende, sondern auch einzelne Betriebsratsmitglieder können einen eigenen Internetzugang verlangen, sofern nicht (ausnahmsweise) berechtigte Interessen des Arbeitgebers, wie insbesondere zusätzliche entstehende Kosten – dagegen stehen. Dabei überschreitet der Betriebsrat seinen Beurteilungsspielraum selbst dann nicht, wenn er eigene E-Mail-Adressen für alle Betriebsratsmitglieder zum Zwecke der externen Kommunikation verlangt. Ebenso wie die Informationsbeschaffung könne auch die Kommunikation einzelner Betriebsratsmitglieder mit nicht zum Betrieb gehörenden Dritten Teil der Betriebsratstätigkeit sein (BAG v. 14.7.2010, Az. 7 ABR 80/08). Auch einzelnen Betriebsratsmitgliedern ist die Möglichkeit eröffnet, einen etwaigen Anspruch in einem gerichtlichen Beschlussverfahren geltend zu machen, ohne dass der Betriebsrat als Gremium dabei notwendigerweise Beteiligter des Beschlussverfahrens sein muss (LAG Niedersachsen v. 25.4.2025, Az. 17 TaBV 62/24).

WICHTIG!

Der/Die dem Betriebsrat bzw. den Betriebsratsmitgliedern für die Betriebsratsarbeit zur Verfügung gestellte(n) E-Mail-Account(s) darf/dürfen im Hinblick auf das Neutralitätsgebot nicht für Arbeitskampfmaßnahmen genutzt werden. Dies bedeutet, dass auf diesem Weg keine Streikaufrufe verbreitet werden dürfen (BAG v. 15.10.2013, Az. 1 ABR 31/12).

Unumstritten ist, dass dem Betriebsrat Informations- und Kommunikationstechnik zur Verfügung zu stellen sind. Hierzu gehört ein Telefon (einschließlich eines Anrufbeantworters), jedoch nicht ein von der Telefonanlage des Arbeitgebers unabhängiger Telefonanschluss (BAG v. 20.4.2016, Az. 7 ABR 5/14). Ein Anspruch auf ein eigenes Faxgerät – sofern dieses heute noch von Bedeutung ist – besteht in Kleinbetrieben möglicherweise nur begrenzt. Grundsätzlich kann der Betriebsrat nach dazu ergangener länger zurückliegender Rechtsprechung auf die Mitbenutzung eines betrieblichen Faxgerätes verwiesen werden, sofern der Vertrauensschutz gewährleistet ist. So muss sichergestellt sein, dass für den Betriebsrat bestimmte Telefaxe auch nur ausschließlich von diesem zur Kenntnis genommen werden können; zudem darf der Arbeitgeber die Telefaxdaten des Betriebsrats nicht kontrollieren können. Tatsächlich dürfte es sich jedoch letztlich – unabhängig von einem bestehenden Anspruch des Betriebsrats – empfehlen, dem Betriebsrat ein eigenes Gerät zur Verfügung zu stellen.

Ein Anspruch auf ein Mobiltelefon/Smartphone besteht im Allgemeinen nicht, sofern ein ausreichender Informationsaustausch durch andere zur Verfügung stehende Kommunikationsmittel durch den Betriebsrat gesichert ist; ein erhöhter organisatorischer Aufwand ist dabei hinzunehmen (LAG Baden-Württemberg v. 3.3.2006, Az. 5 TaBV 9/05). Allein die dezentrale Betriebsstruktur eines Arbeitgebers rechtfertigt keinen Anspruch auf ein Mobiltelefon/Smartphone, solange die Erreichbarkeit dennoch – wie etwa durch feste Präsenzzeiten an einem Ort mit Festnetzanschluss – gesichert ist (LAG Hamm v. 20.5.2011, Az. 10 TaBV 81/10). Ist der Betriebsrat dagegen einer erhöhten Reisetätigkeit ausgesetzt und hat weit auseinanderliegende Betriebsstätten zu betreuen, in denen keine besonderen Betriebsratsbüros eingerichtet sind, die mit einem Telefonanschluss ausgestattet sind, so ist ein Anspruch ebenso zu bejahen wie in Fällen, in denen aufgrund konkret gegebener Räumlichkeiten bei Nutzung des Festanschlusses nicht sichergestellt ist, dass keine andere Person die Betriebsratstelefonate mithören kann (LAG Sachsen-Anhalt v. 23.6.2010, Az. 4 TaBV 4/10).

Eine weitergehende Auffassung hatte bereits 2011 das LAG Hessen (28.11.2011, Az. 16 TaBV 129/11), das ein Verlangen des Betriebsrats, allen Betriebsratsmitgliedern ein Mobiltelefon zur Verfügung zu stellen, als noch im Rahmen des Beurteilungsspielraums des Betriebsrats beurteilte. Der Entscheidung lag die Besonderheit zugrunde, dass bei dem Arbeitgeber 32.000 Mobiltelefone mit einer monatlichen Belastung von 704.000 Euro in Gebrauch waren und der Betriebsrat „nur" 16 Mobiltelefone mit einer monatlichen Gesamtbelastung in Höhe von insgesamt „nur" 352 Euro verlangte.

Sofern im Betrieb des Arbeitgebers ein innerbetriebliches elektronisches Informations- und Kommunikationssystem (Intranet) besteht, und der Betriebsrat über einen PC verfügt, hat auch der Betriebsrat im Rahmen seiner gegenüber den Arbeitnehmern bestehenden Unterrichtungspflichten Anspruch auf dessen Nutzung. Er darf insbesondere eigene Beiträge auf den Seiten des Intranets (Homepage des Betriebsrats) ohne vorherige Zustimmung des Arbeitgebers veröffentlichen (BAG v. 3.9.2003, Az. 7 ABR 8/03), sofern er sich im Rahmen seiner Aufgaben und Zuständigkeiten hält. Dabei gehört die sachliche Information und Unterrichtung über den Stand von Tarifverhandlungen zu den zulässigen tarifpolitischen Angelegenheiten im Sinne des § 74 Abs. 2 BetrVG. Auch wenn eine Veröffentlichung des Betriebsrats seinen Aufgabenbereich überschreitet, ist der Arbeitgeber regelmäßig nicht berechtigt, einseitig vom Betriebsrat in das Intranet gestellte Seiten zu löschen (LAG Hamm v. 12.3.2004, Az. 10 TaBV 161/03).

Ein eigenes Funktions-E-Mail-Postfach, von dem aus der Betriebsrat (regelmäßig) Mitteilungen an alle Mitarbeiter versenden kann, ist jedenfalls in den Unternehmen, die mit ihrer Belegschaft per E-Mail kommunizieren, erforderlich im Sinne von § 40 Abs. 2 BetrVG. Der Betriebsrat kann in Zeiten, in denen die Mehrzahl der Menschen es gewohnt ist, Informationen geliefert zu bekommen, nicht auf eine eigene Intranetseite/einen Betriebsrats-Blog beschränkt werden. Etwas anderes kann in kleinen Betrieben, in denen die E-Mail-Kommunikation nicht üblich ist, gelten (LAG Schleswig-Holstein v. 8.10.2015, Az. 5 TaBV 23/15).

Grundsätzlich sollte der Betriebsrat im Interesse einer vertrauensvollen Zusammenarbeit in gleichem Umfang über Informations- und Kommunikationstechnik verfügen, wie sie auch der Arbeitgeber/die Personalabteilung im **innerbetrieblichen** Verkehr einsetzt.

Der Arbeitgeber muss dem Betriebsrat auch die wichtigsten arbeits- und sozialrechtlichen Gesetze einschließlich Kommentierungen zur Verfügung stellen. Neben einem aktuellen Kommentar zum Betriebsverfassungsgesetz sind dies insbesondere die einschlägigen Tarifverträge (ggf. mit Kommentierung) sowie die Unfallverhütungsvorschriften. Ein Anspruch darauf, dass jedes Betriebsratsmitglied einen eigenen Basiskommentar zum Betriebsverfassungsgesetz erhält, besteht indes nicht. Der Betriebsrat kann eine arbeits- und sozialrechtliche Zeitschrift verlangen – und dies selbst dann, wenn allen Betriebsratsmitgliedern vom Arbeitgeber ein Internetzugang ohne Zeit- und Datenmengenbeschränkung eingeräumt wird (BAG v. 19.3.2014, Az. 7 ABN 91/13). Dabei darf er hier wie auch bei den Büchern grundsätzlich selbst die Auswahl treffen. Der Arbeitgeber darf keine inhaltlich erforderlichen Bücher oder Fachzeitschriften ablehnen, nur weil diese in einem gewerkschaftlichen Verlag erscheinen.

Für seine Bekanntmachungen kann der Betriebsrat – je nach Größe des Betriebs – ein oder mehrere „Schwarze Bretter" verlangen. Dabei kann der Betriebsrat jedoch nicht gegen den Willen des Arbeitgebers den genauen Ort festlegen, an dem die „Schwarzen Bretter" aufgehängt werden sollen. Dies gilt jedenfalls, solange der Arbeitgeber die „Schwarzen Bretter" an Orten aufhängt, an denen der weit überwiegende Teil der Mitarbeiter erreicht wird (LAG Rheinland-Pfalz v. 23.9.2009, Az. 7 TaBV 20/09). Keinen Anspruch hat der Betriebsrat auch auf die Zurverfügungstellung und Aufhängung von LED-Bildschirmen – etwa im Eingangsbereich oder Pausenraum –, mittels derer er die Mitarbeiter über die Betriebsratsarbeit informieren will (LAG Hessen v. 6.3.2017, Az. 16 TaBV 176/16).

Benötigt der Betriebsrat zur Erledigung seiner Aufgaben Büropersonal, muss auch dieses vom Arbeitgeber zur Verfügung gestellt werden. In kleinen und mittleren Betrieben geschieht das regelmäßig durch die stundenweise Überlassung von Schreibkräften. Nur in Großbetrieben besteht ein Anspruch auf eigene Bürokräfte. Dabei steht dem Anspruch des Betriebsrats auf Überlassung von Büropersonal nicht eine bereits erfolgte Ausstattung des Betriebsratsbüros mit Personalcomputern (PCs) entgegen, denn § 40 Abs. 2 BetrVG gewährt dem Betriebsrat einen Anspruch auf Überlassung von Informations- und Kommunikationstechnik sowie Büropersonal und nicht wahlweise eines von beiden. Die technische Ausstattung des Betriebsratsbüros gewinnt lediglich bei der Ermessensentscheidung des Betriebsrats, ob und in welchem Umfang er Büroarbeiten auf Büropersonal überträgt, Bedeutung. Verlangt der Betriebsrat die Überlassung einer Bürokraft, hat er darzulegen, welche konkreten Bürotätigkeiten von der Bürokraft erledigt werden sollen und welchen zeitlichen Aufwand diese Bürotätigkeiten erfordern. Ebenso muss er darstellen, dass er nicht nur die Interessen der Belegschaft an einer ordnungsgemäßen Ausübung des Betriebsratsamts, sondern auch berechtigte Belange des Arbeitgebers, insbesondere dessen Kostenbelastung, angemessen berücksichtigt hat (BAG v. 20.4.2005, Az. 7 ABR 14/04).

Das Büropersonal wird vom Arbeitgeber ausgewählt. Der Betriebsrat kann jedoch eine Bürokraft ablehnen, wenn diese berechtigterweise nicht sein Vertrauen genießt.

X. Schulung von Betriebsratsmitgliedern

1. Schulungen nach § 37 Abs. 6 BetrVG

1.1 Erforderlichkeit

Nach § 37 Abs. 6 BetrVG hat der Betriebsrat Anspruch auf Befreiung einzelner Betriebsratsmitglieder von der beruflichen Tätigkeit zur Teilnahme an Schulungsveranstaltungen. Über die Entsendung entscheidet der Betriebsrat durch Mehrheitsbeschluss. Eine Entsendung durch Beschluss des Personalausschusses, dem nach der Geschäftsordnung des Betriebsrats die personellen Angelegenheiten übertragen sind, reicht nicht aus und ist als solcher unwirksam (LAG Hessen v. 16.11.2020, Az. 16 TaBV 107/20).

Voraussetzung für eine Entsendung ist, dass die Schulungsveranstaltung Kenntnisse vermittelt, die für die Betriebsratsarbeit erforderlich sind. Die Kenntnisse müssen unter Berücksichtigung der zur Zeit der Beschlussfassung bestehenden konkreten Verhältnisse im Betrieb und Betriebsrat notwendig sein, damit der Betriebsrat seine gegenwärtigen oder in naher Zukunft anfallenden Aufgaben sachgerecht erfüllen kann. Beurteilt der Betriebsrat die Erforderlichkeit nach den zu diesem Zeitpunkt gegebenen Umständen fehlerhaft, treten aber vor Beginn der Schulungsveranstaltung Umstände ein, die die Teilnahme des Betriebsratsmitglieds an der Schulungsveranstaltung nunmehr erforderlich machen, ist entscheidend, dass die Teilnahme zur Zeit der Schulungsveranstaltung erforderlich war (LAG Düsseldorf v. 6.2.2009, Az. 9 TaBV 329/08).

WICHTIG!

Erforderlich ist ein aktueller betriebsbezogener Bezug; die rein theoretische Möglichkeit, dass bestimmte Probleme im Betrieb relevant werden könnten, genügt nicht.

Der Betriebsrat kann vom Arbeitgeber regelmäßig nicht im Wege der einstweiligen Verfügung die Freistellung eines Betriebsratsmitglieds zur Teilnahme an einer Schulungsveranstaltung im Sinne des § 37 Abs. 6 BetrVG, deren Erforderlichkeit zwischen den Beteiligten streitig ist, verlangen, weil das Betriebsratsmitglied einer Zustimmung oder Freistellungserklärung des Arbeitgebers zur Teilnahme an einer Schulungsveranstaltung nicht bedarf (LAG Hamm v. 21.5.2008, Az. 10 TaBVGa 7/08; a. A. LAG Hessen v. 4.11.2013, Az. 16 TaBVGa 179/13, wenn die gewünschte Schulungsveranstaltung unmittelbar bevorsteht). Auch wenn der Arbeitgeber einer Teilnahme des Betriebsratsmitglieds widerspricht, folgt hieraus kein Verbot für das Betriebsratsmitglied, an der Schulungsveranstaltung teilzunehmen.

Der Betriebsrat hat bei der Frage der Erforderlichkeit einen Beurteilungsspielraum. Er muss sich auf den Standpunkt eines vernünftigen Dritten stellen, der die Interessen des Betriebs einerseits und die Interessen des Betriebsrats und der Arbeitnehmer andererseits gegeneinander abzuwägen hat.

Schulungsveranstaltungen zur Vermittlung von Grundkenntnissen – insbesondere im Betriebsverfassungsrecht, im allgemeinen Arbeitsrecht und im Arbeitsschutzrecht – sind in der Regel immer erforderlich. Da alle Mitglieder des Betriebsrats Anspruch auf Grundkenntnisse zur ordnungsgemäßen Ausübung ihrer Betriebsratstätigkeit haben, kann der Betriebsrat auch für alle Mitglieder entsprechende Schulungen fordern. So sollen etwa vier Wochenschulungen mit den Themen „Einführung ins Betriebsverfassungsrecht", „Mitbestimmungsrechte bei Kündigung", „Mitbestimmungsrechte bei personellen Einzelmaßnahmen" und „Mitbestimmungsrechte nach § 87 BetrVG" erforderlich im Sinne von § 37 Abs. 6 BetrVG sein, ohne dass ein besonderer Nachweis der Erforderlichkeit der Kenntniserlangung geführt werden müsste (LAG Nürnberg v. 28.5.2002, Az. 6 [5] TaBV 29/01). Etwas anderes gilt dann, wenn ein Betriebsratsmitglied diese Kenntnisse bereits durch langjährige Betriebsratstätigkeit erworben hat (LAG Schleswig-Holstein v. 15.5.2007, Az. 5 TaBV 05/07; LAG Hamm v. 10.12.2008 Az. 10 TaBV 125/08; a. A. offenbar LAG Hessen v. 6.11.2023, Az. 16 TaBVGa 179/23) oder eine Grundlagenschulung erst kurz vor dem Ende der Amtszeit des Betriebsrats erfolgen soll. Kann der Betriebsrat im letztgenannten Fall zum Zeitpunkt der Beschlussfassung absehen, dass das zu schulende Mitglied bis zum Ablauf der Amtszeit die auf der Schulungsveranstaltung vermittelten Grundkenntnisse nicht mehr einsetzen kann, wird die Erforderlichkeit zu verneinen sein (BAG v. 7.5.2008, Az. 7 AZR 90/07). Kann der Betriebsrat dagegen Art und Umfang der beteiligungspflichtigen Angelegenheiten, die voraussichtlich bis zum Ausscheiden des zu schulenden Betriebsratsmitglieds anfallen, nicht beurteilen, soll dieser Umstand bereits als Grundlage für einen nicht zu beanstandenden Entsendungsbeschluss ausreichen (BAG v. 17.11.2010, Az. 7 ABR 113/09; vgl, auch LAG Hessen v. 6.11.2023, Az. 16 TaBVGa 179/23). Im Ergebnis hat es der Betriebsrat damit in der Hand, über die Schulung von Mitgliedern zu entscheiden, die kurzfristig aus dem Gremium ausscheiden.

Eine konkrete Darlegung der Erforderlichkeit des aktuellen Schulungsbedarf soll nach Auffassung des LAG Hessen (25.10.2007, Az. 9 TaBV 84/07) auch für ein knapp viertägiges

Betriebsratsseminar zum Thema „Das neue Gleichbehandlungsgesetz" nicht erforderlich sein. Mit dem AGG seien die Rechtsgrundlagen für die Tätigkeit des Betriebsrats erheblich geändert worden, das Gesetz habe vielfache individualrechtliche und kollektivrechtliche Auswirkungen auf die Betriebsratstätigkeit. Zudem sei eine AGG-Schulung auch nicht erst dann geboten, wenn Diskriminierungen im Betrieb festgestellt worden seien, sondern das Gesetz setze früher an und sei auch darauf gerichtet, Diskriminierungen erst gar nicht entstehen zu lassen.

Auch die Strafvorschriften der §§ 119, 120 BetrVG sollen nach Ansicht des LAG Köln (21.1.2008, Az. 14 TaBV 44/07) zum Grundlagenwissen für Betriebsräte gehören. Dementsprechend sei jedenfalls in Großunternehmen eine Schulung zum Thema „Strafrechtliche Risiken der Betriebsratstätigkeit" erforderlich. Nicht notwendig sei, dass der Arbeitgeber bereits versucht habe, den Betriebsrat unter Verstoß gegen § 119 BetrVG zu beeinflussen. Vielmehr gehöre es zum Grundlagenwissen, solche Beeinflussungsversuche im Vorhinein zu erkennen und abwehren zu können.

Ist ein Betriebsratsmitglied zugleich Mitglied eines im Unternehmen gebildeten Wirtschaftsausschusses, so gilt auch eine Schulung zu den Themen, die gesetzlich dem Wirtschaftsausschuss zugewiesen sind, als eine Grundlagenschulung. Für diese bedarf es keines konkreten Nachweises einer Erforderlichkeit, sofern nicht das betreffende Betriebsratsmitglied über eine Berufsausbildung verfügt, in der kaufmännische Kenntnisse vermittelt worden sind (LAG Hessen v. 17.1.2022, Az. 16 TaBV 121/21).

Grundsätzlich bedarf es nur einer einmaligen Schulung, auch wenn diese schon mehrere Jahre zurückliegt. Es ist den Betriebsräten zuzumuten, ihr Wissen selbst – gegebenenfalls über die Schulungsunterlagen – aufzufrischen. So ist eine Schulungsteilnahme auch dann nicht erforderlich, wenn das geschulte Betriebsratsmitglied bereits 1½ Jahre zuvor an einer Schulungsmaßnahme teilgenommen hat, deren Inhalt nach der Ausschreibung mehr als zur Hälfte deckungsgleich mit dem Inhalt des neuen Seminars war (LAG Nürnberg v. 1.9.2009, Az. 6 TaBV 18/09).

Bei Schulungsveranstaltungen, die Spezialkenntnisse vermitteln, muss der Betriebsrat sowohl die Erforderlichkeit im Einzelfall als auch die Teilnehmerzahl – sofern mehr als ein Mitglied geschult werden soll – ausführlicher begründen. Da die Erforderlichkeit stets nach der konkreten Situation im Betrieb zu beurteilen ist, lassen sich keine allgemein gültigen Aussagen zur Erforderlichkeit bzw. Nichterforderlichkeit einzelner Schulungsinhalte machen. Die nachfolgenden Beispielsfälle, in denen eine Erforderlichkeit im Einzelfall bejaht werden kann, können daher auch nur einen Überblick über mögliche Inhalte geben.

Beispiele:

Betriebliches Eingliederungsmanagement (vgl. BAG v. 28.9.2016, Az. 7 AZR 699/14); Datenschutz im Betrieb; Akkordentlohnung (wenn im Betrieb im Akkord gearbeitet wird); menschengerechte Gestaltung von Arbeitsplätzen, Arbeitsablauf und Arbeitsumgebung; Suchtkrankheiten; Qualitätsmanagement; Arbeitnehmererfindungsrechte.

Die Erforderlichkeit einer Lehrveranstaltung zur aktuellen Rechtsprechung des BAG ist in jedem Einzelfall zu beurteilen und hängt u. a. ab vom konkreten Seminarinhalt, der Zahl der teilnehmenden Betriebsratsmitglieder, der Größe des Betriebsrats, der Aufgabenverteilung, der letzten Aktualisierung des vorhandenen Wissens und den betrieblichen Entwicklungen. Die Kenntnis der aktuellen Rechtsprechung des BAG gehört jedenfalls nicht zu den Grundkenntnissen, sodass eine Schulung auch nicht für jedes Betriebsratsmitglied erforderlich ist (vgl. dazu BAG v. 18.1.2012, Az. 7 ABR 73/10).

Für Schulungsveranstaltungen zum Thema „Mobbing" muss der Arbeitgeber nur dann die Kosten übernehmen, wenn eine betriebliche Konfliktlage im Betrieb besteht, aus der sich ein Handlungsbedarf für den Betriebsrat ergibt (LAG Hamm v. 15.11.2012, Az. 13 TaBV 56/12). Dabei soll es nach Auffassung des BAG (v. 15.1.2015, Az. 7 ABR 95/12) allerdings bereits ausreichen, wenn an den Betriebsrat Mobbing-Beschwerden herangetragen worden sind oder wenn der Betriebsrat eine Betriebsvereinbarung zum Thema „Mobbing" abschließen will. Auf keinen Fall aber erfüllt jede Auseinandersetzung oder Meinungsverschiedenheit zwischen Kollegen und/oder Vorgesetzten den Begriff des Mobbings. Vielmehr muss der Betriebsrat darlegen können, dass es fortgesetzte, aufeinander aufbauende und ineinander übergreifende, der Anfeindung, Schikane oder Diskriminierung dienende Verhaltensweisen gibt oder diese zumindest in Beschwerden von Mitarbeitern behauptet werden (LAG Rheinland-Pfalz v. 13.10.2004, Az. 10 TaBV 19/04). Dementsprechend begründen auch erste erkennbare Anzeichen für eine systematische Schikane gegenüber einzelnen Mitarbeitern durch andere Mitarbeiter oder Vorgesetzte einen Schulungsanspruch (LAG Hamm v. 7.7.2006, Az. 10 Sa 1283/05).

Für die Erforderlichkeit der Teilnahme an einer Schulung zum Thema „burn out" nach § 37 Abs. 6 BetrVG sieht es das ArbG Essen (30.6.2011, Az. 3 BV 29/11) als ausreichend an, wenn der Betriebsrat darauf verweisen kann, dass ihn Beschäftigte mehrfach auf eine bestehende Überforderungssituation angesprochen haben. Die Existenz einer vom Arbeitgeber eingerichteten telefonischen Beratungsstelle führe nicht dazu, dass eine Schulung des Betriebsrates zu Themen des Gesundheitsschutzes nicht erforderlich sei.

Ein Seminar mit dem Thema „Rhetorik für Betriebsräte" kann erforderlich sein, wenn dargelegt ist, dass gerade das zur Schulung entsandte Betriebsratsmitglied die dort vermittelten Kenntnisse nach den Verhältnissen im Betrieb und im Betriebsrat braucht, damit der Betriebsrat seine gesetzlichen Aufgaben sach- und fachgerecht erfüllen kann. Von Bedeutung für die Beurteilung der Erforderlichkeit sollen dabei neben der Funktion des zu Schulenden insbesondere dessen schon vorhandene rhetorische Kompetenz und die in der Wahlperiode noch anstehenden rhetorischen Anforderungen – etwa die Leitung von größeren Betriebsversammlungen – sein (BAG v. 12.1.2011, Az. 7 ABR 94/09). Auch eine Schulungsveranstaltung mit dem Thema „Erfolgreich argumentieren und verhandeln" kann für die Arbeit des Betriebsrats erforderliche Kenntnisse vermitteln, sofern das entsandte Betriebsratsmitglied eine derart herausgehobene Stellung einnimmt (wie etwa bei [stellvertretenden] Betriebsratsvorsitzenden), das gerade seine Schulung für die Betriebsratsarbeit notwendig ist (LAG Hamm v. 13.1.2006, Az. 10 TaBV 65/05). Dies soll selbst für einen langjährigen Betriebsratsvorsitzenden gelten, der nach einer akademischen Ausbildung über langjährige Berufserfahrung als Tageszeitungsredakteur verfügt (LAG Niedersachsen v. 24.8.2016, Az. 17 TaBV 22/16). Für ein Betriebsratsmitglied, das nicht Vorsitzender oder stellvertretender Vorsitzender des Betriebsrats und auch sonst nicht mit der verantwortlichen Führung von Verhandlungen beauftragt ist, ist die Teilnahme an einer Schulungsveranstaltung „Diskussions- und Verhandlungstechnik" dagegen nicht erforderlich i. S. v. § 37 Abs. 6 BetrVG (LAG Schleswig-Holstein v. 17.3.2009, Az. 2 TaBV 36/08). Noch restriktiver dagegen die zustimmungswürdige Auffassung des LAG Köln (20.12.2007, Az. 10 TaBV 53/07), das Seminare, die sich schwerpunktmäßig mit Kommunikations-, Rede- und Argumentationstechnik befassen, als nützlich, aber in der Regel als nicht erforderliche Schulungsveranstaltung klassifiziert.

Eine Schulungsveranstaltung zum Thema „Protokollführung mit Hilfe der Textverarbeitung", das sich ausdrücklich an Schriftführer von Betriebsräten wendet, soll nach Ansicht des LAG Düsseldorf (6.2.2009, Az. 9 TaBV 329/08) auch für stellvertretende Schriftführer erforderlich sein. Der Schriftführer könne jederzeit – etwa wegen einer Erkrankung – ausfallen und auch dann müsse sichergestellt sein, dass eine ordnungsgemäße Niederschrift nach § 34 BetrVG erstellt werden kann.

Das BAG hat ein zwölftägiges Seminar „Soziale Sicherung – Grundlagen", das der Vermittlung von Kenntnissen des Systems der Sozialen Sicherung, der Kranken-, Pflege-, Unfall- und Rentenversicherung sowie der Gesundheits- und Beschäftigungspolitik, der Arbeitsförderung und des Altersteilzeitrechts diente, für nicht erforderlich erachtet. Die Beratung von Arbeitnehmern in sozialversicherungsrechtlichen Fragen gehöre nicht zu den Aufgaben des Betriebsrats nach dem BetrVG (BAG v. 4.6.2003, Az. 7 ABR 42/02). Auch eine Schulung zum Thema „Rechte und Pflichten des Betriebsrats im Arbeitskampf" kann allenfalls dann als erforderlich angesehen werden, wenn ein konkreter, aktueller, betriebsbezogener Anlass besteht, d. h., wenn konkret vorhersehbar ist, dass der Betrieb direkt oder indirekt von Arbeitskampfmaßnahmen betroffen sein wird. Die Vermittlung von Kenntnissen auf dem Gebiet des Arbeitskampfes gehört nicht zur Vermittlung von Grundkenntnissen des Betriebsverfassungs- oder des Arbeitsrechts (LAG Hamm v. 11.8.2003, Az. 10 Sa 141/03). Ein eintägiges Seminar zum Thema „Abmahnung" geht deutlich über die Verschaffung individualrechtlicher Grundkenntnisse, wie sie für die Betriebsratsarbeit erforderlich sind, hinaus (LAG Rheinland-Pfalz v. 27.4.2005, Az. 9 TaBV 6/05).

Nach Ansicht des ArbG Berlin (3.3.2011, Az. 24 BV 15046/10) hat der Arbeitgeber auch die Kosten einer Schulung in der Muttersprache eines ausländischen Betriebsratsmitglieds zu tragen, wenn dieses die deutsche Sprache nicht ausreichend beherrscht und die Teilnahme an der Schulung für die ordnungsgemäße Durchführung der Betriebsratstätigkeit erforderlich ist.

Ist eine Schulung lediglich teilweise erforderlich, ist zu prüfen, ob ein zeitweiser Besuch möglich und sinnvoll ist (BAG v. 28.9.2016, Az. 7 AZR 699/14). Andernfalls ist darauf abzustellen, ob sich aus dem Themen- und Zeitplan der Schulung eine überwiegende Schulungszeit (d. h. mehr als 50 %) für erforderliche Themen ergibt. Nur dann ist die Schulung als erforderlich anzusehen. Die Wahl einer fünftägigen Fortbildungsveranstaltung, bei der an einem Tag nicht betriebsbezogen erforderliches Wissen vermittelt wird, stellt dementsprechend die Kostentragungspflicht des Arbeitgebers nicht in Abrede (LAG Thüringen v. 11.6.2024, Az. 5 TaBV 24/22).

WICHTIG!

Der Arbeitgeber kann die Betriebsratsmitglieder nicht auf Selbststudium oder Unterrichtung durch andere erfahrene Betriebsratsmitglieder verweisen.

Wenn der Betriebsrat intern eine Aufgabenteilung nach Fachgebieten vorgenommen hat, hat er bei Fachseminaren auch nur einen Anspruch auf Schulung der jeweils für den Themenbereich schwerpunktmäßig zuständigen Mitglieder. Die Schulung eines Ersatzmitglieds kann nur dann gefordert werden, wenn es für ein ausgeschiedenes Mitglied nachrückt oder wenn zu erwarten ist, dass es zukünftig sehr häufig und/oder für längere Zeiträume Betriebsratsaufgaben wahrnehmen wird. Dies kann nach der Rechtsprechung durchaus auch noch bei einem dritten Ersatzmitglied der Fall sein (LAG Schleswig-Holstein v. 26.4.2016, Az. 1 TaBV 63/15).

Auch bei einem einköpfigen Betriebsrat, wie er in einem Betrieb mit bis zu 20 Mitarbeitern besteht, wird man eine Schulung des Ersatzmitgliedes über Grundlagen des Betriebsverfassungsrechts relativ häufig für erforderlich erachten müssen. Anders als bei mehrköpfigen Betriebsräten, besteht hier bei Kenntnislücken eine Gefährdung der Arbeitsfähigkeit des Betriebsrats, wenn das Ersatzmitglied bei Abwesenheit des Betriebsobmanns auf sich allein gestellt ist (ArbG Bremen-Bremerhaven v. 14.9.2006, Az. 5 BVGa 28/06).

Die Tätigkeit eines Betriebsratsmitglieds in einer Einigungsstelle gehört nicht zu den Aufgaben des Betriebsrats und seiner Mitglieder. Sie allein kann daher die Erforderlichkeit einer Schulung nicht begründen. Da es jedoch zu den Aufgaben des Betriebsrats gehört, die Verhandlungen in der Einigungsstelle zu begleiten und sich mit Vorschlägen der Einigungsstelle kritisch auseinanderzusetzen, kann auch die Schulung eines in die Einigungsstelle entsandten Betriebsratsmitglieds erforderlich sein. Diese darf jedoch nicht durch einen in die Einigungsstelle entsandten externen Beisitzer erfolgen. Andernfalls würde der Schulungszweck – die Gewährleistung der kritischen Begleitung der Einigungsstelle – verfehlt (BAG v. 20.8.2014, Az. 7 ABR 64/12).

Besteht in einer Angelegenheit eine originäre Zuständigkeit des Gesamtbetriebsrats, so ist für ein Betriebsratsmitglied eines örtlichen Betriebsrats des Unternehmens, das nicht zugleich Mitglied des Gesamtbetriebsrats ist, eine Schulung in eben dieser Angelegenheit nicht erforderlich (ArbG Trier v. 8.7.2016, Az. 4 BV 7/16).

Der Betriebsrat muss den Arbeitgeber über die Teilnahme eines Betriebsratsmitglieds an einer Schulungsmaßnahme so frühzeitig unterrichten, dass dieser noch die Möglichkeit hat, die Erforderlichkeit zu prüfen, insbesondere aber auch die Festlegung der zeitlichen Lage der Schulungsmaßnahme (s. u. 1.2) zu beurteilen. Die Mitteilung an den Arbeitgeber sollte die Nennung der Teilnehmer sowie die Zeit, den Ort, die Dauer, den Themenplan und Ausführungen zur Erforderlichkeit beinhalten.

WICHTIG!

Hat der Betriebsrat den Arbeitgeber ordnungsgemäß informiert, benötigen die teilnehmenden Betriebsratsmitglieder nicht die Zustimmung des Arbeitgebers zur Teilnahme.

Können sich Arbeitgeber und Betriebsrat hinsichtlich der Erforderlichkeit nicht einigen, können beide Seiten das Arbeitsgericht anrufen, das dann durch Beschluss entscheidet.

1.2 Zeitliche Lage und Dauer

Wann die Schulungsmaßnahme stattfindet, bestimmt der Betriebsrat. Er muss hierbei aber auf betriebliche Belange Rücksicht nehmen. Streiten sich Arbeitgeber und Betriebsrat darum, ob der Betriebsrat die betrieblichen Notwendigkeiten ausreichend berücksichtigt hat, entscheidet die → *Einigungsstelle* (§ 37 Abs. 6 Satz 5 BetrVG).

Beispiel:

In einem Betrieb mit saisonal hohem Arbeitsanfall kann die Arbeitnehmervertretung die Schulung nicht freigestellter Betriebsratsmitglieder nicht während der Hochphase verlangen, sondern nur während der Zeit, in der weniger Arbeit anfällt.

Die Dauer einer Schulungsmaßnahme richtet sich insbesondere nach dem Inhalt der Schulung und dem Kenntnisstand der Betriebsratsmitglieder. Allgemein wird eine Dauer von ein bis zwei Wochen als zulässig erachtet.

1.3 Kosten

Gemäß § 40 Abs. 1 BetrVG muss der Arbeitgeber die Kosten einer erforderlichen Schulungsmaßnahme tragen, soweit diese nicht unverhältnismäßig sind. Daraus folgt, dass der Betriebsrat aus einem vorhandenen Schulungsangebot bei gleicher Schulungsqualität und Eignung die kostengünstigste Schulung auswählen muss, jedenfalls dann, wenn auch er sie für qualitativ gleichwertig hält (BAG v. 14.1.2015, Az. 7 ABR 95/12; LAG Hessen v. 11.3.2019, Az. 16 TaBV 201/18). Hält er sie hingegen nicht für gleichwertig – und dafür genügen nach der Rechtsprechung bereits subjektive, nachvollziehbare Einschätzungen des Teilnehmers, welches Angebot unterschiedlicher Veranstalter ihm besser geeignet erscheint –, soll sich auch die Wahl des nicht preisgünstigsten Seminarveranstalters noch im Rahmen des dem Betriebsrat zustehenden Beurteilungsspielraums halten (LAG Hessen v. 6.11.2023, Az. 16 TaBVGa 179/23).

Führt ein Seminaranbieter das gleiche Seminar in verschiedenen Städten durch, so ist vom Betriebsrat grundsätzlich der Veranstaltungsort auszuwählen, der dem Betrieb am nächsten liegt.

Dagegen kann der Arbeitgeber den Betriebsrat nach der Rechtsprechung nicht ohne weiteres auf die kostengünstigere Teilnahme an einem Webinar statt der Teilnahme an einer Präsenzveranstaltung verweisen. Solange der Betriebsrat die wirtschaftliche Situation des Arbeitgebers berücksichtige und seinen Beurteilungsspielraums angemessen ausübe, müsse der Arbeitgeber eine Präsenzschulung akzeptieren, wenn der Betriebsrat diese im Hinblick auf den zu erzielenden Lernerfolg als effektiver als eine Onlineschulung bewerte (BAG v. 7.2.2024, Az. 7 ABR 8/23). Dabei sei es auch nicht zu beanstanden, wenn der Entscheidung des Betriebsrats für ein Präsenzseminar gerade auch der Wunsch der zu schulenden Gremiumsmitglieder zugrunde liege, sofern dieser nicht auf unwesentlichen Gründen beruhe (so BAG, a. a. O.).

Wertvolle Seminarbeigaben (wie etwa ein Tablet) allein führen nicht dazu, dass die Kosten einer Schulungsteilnahme wegen Unverhältnismäßigkeit nicht vom Arbeitgeber übernommen werden müssten. Hinsichtlich der Verhältnismäßigkeit ist allein entscheidend, dass der Preis für die Teilnahme an der Veranstaltung im Rahmen des Marktüblichen liegt und das gleiche Seminar nicht – unter Verzicht auf die Seminarbeigaben – zu einem günstigeren Preis buchbar war (BAG v. 17.11.2021, Az. 7 ABR 27/20).

Träger der Veranstaltung können gewerkschaftliche Organisationen ebenso sein wie Arbeitgeberverbände oder sonstige private Anbieter. So ist es auch einem gewerkschaftlich organisierten Betriebsratsmitglied zumutbar, an Schulungen der Arbeitgeberverbände und deren Einrichtungen teilzunehmen, wenn diese einen den gewerkschaftlichen Einrichtungen gleichwertigen Lehrgang zum Erwerb von Grundkenntnissen des allgemeinen Arbeitsrechts deutlich kostengünstiger anbieten. Verursacht die Schulung durch die Gewerkschaft dagegen im Vergleich zu einem privaten Anbieter nur geringfügig höhere Kosten, so bewegt sich der Betriebsrat noch im Rahmen seines Beurteilungsspielraums, wenn er sich für die Schulung durch die Gewerkschaft entscheidet (LAG Hessen v. 14.5.2012, Az. 16 TaBV 226/11).

Zu einer umfassenden Markt(preis)analyse ist der Betriebsrat nicht verpflichtet. Eine erhebliche Preisdifferenz zwischen mehreren Angeboten muss er jedoch mit sachlichen Argumenten begründen können. Liegen die Schulungskosten für ein vom Betriebsrat ausgewähltes Seminar und die Kosten für Unterbringung und Verpflegung nahezu 50 % höher als die Kosten einer vom Arbeitgeber ermittelten vergleichbaren Veranstaltung, ist dabei die Begründung des Betriebsrats, der Referent sei bereits aus früheren Schulungsteilnahmen bekannt, die Referenten der vom Arbeitgeber ermittelten Veranstaltung dagegen nicht, nicht ausreichend (LAG Hessen v. 29.8.2016, Az. 9 TaBV 106/09). Bei der Auswahlentscheidung kann zudem von Bedeutung sein, dass ein anderer als der vom Betriebsrat ausgewählte Veranstalter eine vergleichbare Schulung an einem Ort anbietet, für den weder Kosten für die Bahnfahrt, noch Übernachtungskosten anfallen. Ferner kann zu berücksichtigen sein, dass ein anderer Anbieter eine um einen Tag kürzere Fortbildung mit vergleichbaren Inhalten anbietet (LAG Hessen v. 4.11.2013, Az. 16 TaBVGa 179/13).

Für den öffentlichen Dienst hat das Bundesverwaltungsgericht (16.6.2011, Az. 6 PB 5/11) darüber hinaus entschieden, dass ein Personalrat auch nicht berechtigt ist, ein behördeninternes Fortbildungsangebot zugunsten einer wesentlich kostenaufwendigeren Schulung auszuschlagen, sofern sich dieses nicht bereits im Vorhinein nach den dazu in Betracht zu ziehenden Umständen als nicht gleichwertig erweist. Entsprechendes lässt sich auf innerbetriebliche Fortbildungsangebote in der Privatwirtschaft übertragen.

Hinsichtlich der Kostentragungspflicht bei Schulungsveranstaltungen von Gewerkschaften gelten besondere Regelungen, die aus dem koalitionsrechtlichen Grundsatz hergeleitet werden, dass der Arbeitgeber nicht zur Finanzierung der Arbeitnehmerkoalition verpflichtet ist. Gewerkschaften, aber auch gewerkschaftseigene Gesellschaften müssen die Kalkulation offen legen; sie unterliegen dem Verbot der Gewinnerzielung. Für gemeinnützige Vereine, bei denen die Gewerkschaft den Vorstand stellt und darüber Inhalt, Durchführung und Finanzierung der Schulung bestimmt, kommt eine Aufschlüsselung pauschaler Schulungsgebühren dagegen erst bei konkreten Anhaltspunkten für eine Gegnerfinanzierung in Betracht.

WICHTIG!

Die in der Abrechnung enthaltenen Informationen müssen den Arbeitgeber in die Lage versetzen zu prüfen, ob ihm tatsächlich lediglich Selbstkosten des gewerkschaftlichen Bildungsträgers in Rechnung gestellt wurden. Wird die Aufschlüsselung verweigert oder erfolgt sie nicht ordnungsgemäß, kann der Arbeitgeber die Bezahlung der Rechnung verweigern.

Neben den reinen Schulungskosten trägt der Arbeitgeber auch die Reise- und Übernachtungskosten. Dabei ist der sich aus § 40 Abs. 2 BetrVG ergebende Kostenerstattungsanspruch des Betriebsrats der Höhe nach durch die im Betrieb des Arbeitgebers geltende Reisekostenregelung begrenzt. Sieht etwa die Reisekostenregelung eine Höchstgrenze für den Preis einer Hotelübernachtung vor, so kann der Betriebsrat eine Erstattung der Übernachtungskosten im Tagungshotel nur bis zu dieser Höhe verlangen. Ein weitergehender Anspruch besteht nicht. Dabei kann sich der Betriebsrat auch nicht darauf berufen, dass bei Schulungsveranstaltungen nach § 37 Abs. 6 BetrVG der Gedanken- und Erfahrungsaustausch unter den Seminarteilnehmern nach Beendigung des eigentlichen Seminarprogramms fortgesetzt wird. Denn selbst wenn man dies als zutreffend unterstellt, so folgt daraus keine Notwendigkeit der Übernachtung im teureren Tagungshotel. An der Teilnahme an diesen Zusammentreffen ist das Betriebsratsmitglied jedenfalls dann nicht gehindert, wenn es an einem anderen, entweder fußläufig oder mit öffentlichen Verkehrsmitteln erreichbaren Hotel am Tagungsort übernachtet (BAG v. 28.3.2007, Az. 7 ABR 33/06).

Generell gilt, dass Betriebsratsmitglieder unter dem in § 2 Abs. 1 BetrVG normierten Gebot der vertrauensvollen Zusammenarbeit darauf bedacht sein müssen, die durch ihre Tätigkeit verursachten Kosten auf das notwendige Maß zu beschränken. Daraus folgt, dass für Reisen zu Schulungsveranstaltungen grundsätzlich das kostengünstigste zumutbare Verkehrsmittel in Anspruch zu nehmen ist. Zwar besteht grundsätzlich keine Pflicht, einen privaten PKW einzusetzen. Entschließt sich ein Betriebsratsmitglied aber bei einer von mehreren Betriebsratsmitgliedern durchzuführenden Reise seinen privaten PKW zu nutzen, ist es für ihn und die anderen Betriebsratsmitglieder grundsätzlich zumutbar, eine Fahrgemeinschaft zu bilden (BAG v. 24.10.2018, Az. 7 ABR 23/17).

Eine Übernachtung am Schulungsort, die zum Zeitpunkt der Buchung nicht notwendig erscheint – sodass die Kosten an sich nicht zu erstatten wären –, kann zum konkreten Schulungszeitpunkt notwendig sein. Dies ist etwa dann der Fall, wenn ein Betriebsratsmitglied nur wenige Kilometer entfernt vom Schulungsort wohnt, an den Schulungstagen aber extrem winterliche Wetterverhältnisse herrschen. In diesem Fall sind die Kosten nach § 40 BetrVG vom Arbeitgeber zu übernehmen, unabhängig davon, wann die Hotelbuchung vorgenommen wurde (BAG v. 27.5.2015, Az. 7 ABR 26/13).

Der Arbeitgeber kann bei der Erstattung der notwendigen Verpflegungskosten die Ersparnis eigener Aufwendungen des Betriebsratsmitglieds anrechnen. Ob sich die Höhe nach den Lohnsteuerrichtlinien richtet (so BAG v. 28.6.1995, Az. 7 ABR 55/94) oder nach § 2 Abs. 1 der Sozialversicherungsentgeltverordnung (so zuletzt LAG Köln v. 25.4.2008, Az. 11 TaBV 10/08), wird unterschiedlich beurteilt. Eine weitere Anrechnung ersparter Aufwendungen hat indes nicht zu erfolgen. Dem Seminarteilnehmer darf keine Ersparnis für die Getränke, die er während der Seminarstunden zu sich genommen hat, angerechnet werden. Gleiches gilt für die ersparten Aufwendungen für Fahrten zwischen Wohnung und der Arbeitsstätte (LAG Köln, a. a. O.).

Ein Verfügungsanspruch auf Zahlung eines Reisekostenvorschusses besteht nur, wenn im Betrieb des Arbeitgebers eine Reisekostenordnung angewendet wird, aus der sich ein derartiger Anspruch ergibt (LAG Hessen v. 4.11.2013, Az. 16 TaBVGa 179/13). Im Rahmen des Möglichen und Zumutbaren haben Betriebsratsmitglieder Belege über die zu ersetzenden Aufwendungen vorzulegen, damit der Arbeitgeber die von ihm zu tragenden Kosten feststellen und etwaige, nicht erstattungsfähige Kosten ausscheiden kann. Dies umfasst auch die Verpflichtung, ein vom Arbeitgeber vorgegebenes Abrechnungssystem zu verwenden. Hierzu sind alle Arbeitnehmer kraft arbeitsvertraglicher Nebenpflichten verpflichtet (LAG Rheinland-Pfalz v. 23.10.2018, Az. 8 TaBV 2/18).

Hat der Betriebsrat eines seiner Mitglieder zu einer nicht erforderlichen Schulung entsandt, kann der Arbeitgeber die Übernahme der Kosten ablehnen. In einem eventuellen Rechtsstreit kann er auch zu diesem Zeitpunkt noch die fehlende Erforderlichkeit geltend machen. Unerheblich ist dabei, ob der Betriebsrat selbst gegen den Arbeitgeber vorgeht oder der Schulungsveranstalter, dem der vermeintliche Kostenerstattungsanspruch des Betriebsrats abgetreten worden ist.

WICHTIG!

Stornokosten, die dadurch entstanden sind, dass ein Betriebsratsmitglied die zunächst angemeldete Teilnahme an einer Schulungsveranstaltung wieder abgesagt hat, sind vom Arbeitgeber allenfalls dann zu erstatten, wenn im Falle der Teilnahme die Schulungskosten nach §§ 40 Abs. 1, 37 Abs. 6 BetrVG erstattungspflichtig gewesen wären.

Auch nach dem Ende seiner Amtszeit bleibt der Betriebsrat berechtigt, Kostenerstattungs- und Freistellungsansprüche, die zum Zeitpunkt der Beendigung seiner Amtszeit noch nicht erfüllt sind, geltend zu machen. Dies gilt auch dann, wenn die Rechnungen des Schulungsveranstalters erst zu einem Zeitpunkt, zu dem der Betriebsrat bereits nicht mehr besteht, gegenüber dem Betriebsrat gestellt wurden. Maßgeblich ist allein, ob die Schulungsteilnahme in die Zeit bis zur Auflösung fällt (LAG Hessen v. 11.3.2019, Az. 16 TaBV 201/18).

1.4 Entgeltfortzahlung

Für die Dauer der Schulungsmaßnahme ist der Arbeitgeber zur → *Entgeltfortzahlung* verpflichtet. Das Betriebsratsmitglied ist so zu behandeln, als ob es während der Schulung gearbeitet hätte. Dementsprechend können auch Prämien, Zulagen und Zuschläge, wie etwa Mehr-, Schicht- oder Nachtarbeitszuschläge, dazugehören. Erfolgt die Schulung des Betriebsratsmitglieds wegen Besonderheiten der betrieblichen Arbeitszeitgestaltung (insbesondere Schichtarbeit) außerhalb seiner Arbeitszeit, besteht ein Anspruch auf entsprechenden Freizeitausgleich unter Fortzahlung des Arbeitsentgelts. Ein teilzeitbeschäftigtes Betriebsratsmitglied hat zum Ausgleich für die außerhalb seiner Arbeitszeit erfolgte Teilnahme an einer erforderlichen Betriebsratsschulung Anspruch auf entsprechende Arbeitsbefreiung unter Fortzahlung des Arbeitsentgelts. Der Anspruch ist jedoch pro Schulungstag auf die Arbeitszeit eines vollzeitbeschäftigten Arbeitnehmers begrenzt. Ausgleichspflichtig sind dabei aber nicht nur die reinen Schulungszeiten, sondern auch die während des Schulungstags anfallenden Pausen sowie die zur Teilnahme an der Schulung notwendigen Reisezeiten (BAG v. 16.2.2005, Az. 7 AZR 330/04). Letztere allerdings dann nicht, wenn die Reise auch dann außerhalb der Arbeitszeit stattgefunden hätte, wenn das Betriebsratsmitglied vollzeitbeschäftigt gewesen wäre (BAG v. 10.11.2004, Az. 7 AZR 131/04).

2. Schulungen nach § 37 Abs. 7 BetrVG

Unabhängig von den Schulungen nach Abs. 6 hat gemäß § 37 Abs. 7 BetrVG das einzelne Betriebsratsmitglied zusätzlich einen Anspruch auf bezahlte Freistellung zur Teilnahme an Schulungsveranstaltungen. Die Schulung muss nicht, wie bei Abs. 6, erforderlich, sondern lediglich geeignet sein. Als geeignet sind Schulungen mit folgenden Inhalten anzusehen:

- Arbeitsrecht
- Arbeitswissenschaft und Arbeitsbewertung
- Betrieblicher Umweltschutz
- Mitbestimmungs- und Gesellschaftsrecht
- Allgemeines Sozialrecht
- Wirtschaftliche und betriebswirtschaftliche Fragen
- Versammlungspraxis und Versammlungsleitung.

Weiterhin wird vorausgesetzt, dass die zuständige oberste Arbeitsbehörde die Schulungsveranstaltung als geeignet anerkannt hat.

Bei erstmaliger Wahl zum Betriebsrat beträgt die Schulungsdauer vier Wochen, ansonsten drei Wochen (jeweils für die gesamte Dauer der Amtszeit). Die Freistellung kann zusammenhängend oder in Teilabschnitten im Laufe der Amtszeit genommen werden. Eine Übertragung auf eine eventuell nachfolgende Amtszeit ist nicht möglich.

Der Arbeitgeber ist zur → *Entgeltfortzahlung* verpflichtet, er muss jedoch weder die Kosten der Schulungsmaßnahme noch Reise- oder Übernachtungskosten tragen.

3. Schulungen nach § 38 Abs. 4 Satz 1 BetrVG

Neben den auf die Betriebsratsarbeit zugeschnittenen Schulungen hat auch ein freigestelltes Betriebsratsmitglied Anspruch auf Teilnahme an inner- und außerbetrieblichen Maßnahmen der Berufsbildung, sofern solche angeboten werden. In erster Linie sind dies Schulungs- und Fortbildungsveranstaltungen im Sinne der §§ 96 ff. BetrVG, also Veranstaltungen, die die Mitarbeiter für ihre berufliche Tätigkeit qualifizieren sollen. Zweck des § 38 Abs. 4 Satz 1 BetrVG ist es, dem freigestellten Betriebsratsmitglied die spätere Wiederaufnahme der beruflichen Tätigkeit in fachlicher Hinsicht zu erleichtern und den sozialen Kontakt zu den Kollegen aufrechtzuerhalten. Dabei ist das Betriebsratsmitglied so zu behandeln, als wäre es nicht freigestellt. Ein Anspruch auf Maßnahmen der Berufsbildung gibt diese Vorschrift ebenso wenig wie besondere Ansprüche aufgrund des Mandats.

Sofern Betriebsratsmitglieder wegen ihrer Freistellung nicht an der beruflichen Entwicklung teilnehmen konnten, muss der Arbeitgeber ihnen innerhalb eines Jahres nach Ende der Freistellung im Rahmen der betrieblichen Möglichkeiten die Gelegenheit geben, diese nachzuholen (§ 38 Abs. 4 Satz 2 BetrVG). Konkret erfasst dies beispielsweise berufsbezogene Umschulungs- und Fortbildungsmaßnahmen.

XI. Gesamtbetriebsrat

In einem Unternehmen, in dem mehrere Betriebsräte bestehen, ist ein Gesamtbetriebsrat zu errichten (§ 47 BetrVG). Die Errichtung ist damit gesetzlich vorgeschrieben; sie steht nicht im Ermessen der Betriebsräte.

Die Betriebe müssen Teil **eines** Unternehmens sein. Abzustellen ist dabei auf das Bestehen eines einheitlichen Rechtsträgers (BAG v. 13.2.2007, Az. 1 AZR 184/06). Dagegen reicht es nicht aus, wenn verschiedene Rechtsträger lediglich wirtschaftlich verflochten sind oder sogar Personengleichheit in der Geschäftsführung besteht. Ein „unternehmensübergreifender" Gesamtbetriebsrat ist rechtlich nicht existent; von ihm geschlossene Betriebsvereinbarungen sind ersatzlos unwirksam (BAG v. 17.3.2010, Az. 7 AZR 706/08).

Im Ausland gelegene Betriebe eines inländischen Unternehmens können nicht an der Beteiligung eines Gesamtbetriebsrats beteiligt werden. Sind dagegen in mindestens zwei inländischen Betrieben eines ausländischen Unternehmens Betriebsräte gebildet, so müssen diese einen Gesamtbetriebsrat bilden, da der (ausländische) Sitz des Unternehmens insoweit keine Rolle spielt.

1. Errichtung

Jeder Betriebsrat mit bis zu drei Mitgliedern entsendet eines seiner Mitglieder und jeder Betriebsrat mit mehr als drei Mitgliedern zwei seiner Mitglieder in den Gesamtbetriebsrat, wobei die Geschlechter angemessen berücksichtigt werden sollen. Werden Betriebsratsmitglieder aus einem Gemeinschaftsbetrieb in einen Gesamtbetriebsrat entsendet, können dies auch Betriebsratsmitglieder sein, die in keinem Arbeitsverhältnis mit dem Unternehmen stehen, für das der Gesamtbetriebsrat gebildet wird (BAG v. 1.6.2022, Az. 7 ABR 41/20).

Die Auswahl der zu entsendenden Mitglieder erfolgt durch Mehrheitsbeschluss des Betriebsrats gemäß § 33 BetrVG und nicht durch Verhältniswahl. § 47 Abs. 2 BetrVG schreibt kein besonderes Wahlverfahren vor. Für jedes Mitglied, das ein Betriebsrat in den Gesamtbetriebsrat entsendet, hat er zugleich ein Ersatzmitglied zu bestimmen. Ein fehlerhafter Entsendebeschluss kann entsprechend § 19 BetrVG angefochten werden. Eine fehlerhafte Entsendung bewirkt dagegen in der Regel nicht die Nichtigkeit oder Unwirksamkeit der Errichtung des Gesamtbetriebsrats als Dauereinrichtung (BAG v. 1.6.2022, Az. 7 ABR 41/20).

Gehören dem Gesamtbetriebsrat nach Entsendung durch die einzelnen Betriebsräte mehr als 40 Mitglieder an, müssen Gesamtbetriebsrat und Arbeitgeber eine → *Betriebsvereinbarung* über die Mitgliederzahl abschließen. In ihr wird festgelegt, dass Betriebsräte mehrerer Betriebe eines Unternehmens, die regional oder durch gleichartige Interessen miteinander verbunden sind, gemeinsam Mitglieder in den Gesamtbetriebsrat entsenden. Kommt eine Einigung nicht zustande, entscheidet die → *Einigungsstelle*.

2. Geschäftsführung

Jedes Mitglied des Gesamtbetriebsrats hat so viele Stimmen, wie es wahlberechtigte Arbeitnehmer seines Betriebs vertritt (§ 47 Abs. 7 BetrVG). Der Gesamtbetriebsrat wird durch seinen Vorsitzenden sowie dessen Stellvertreter nach außen vertreten. Sie werden mit einfacher Stimmenmehrheit durch den Gesamtbetriebsrat gewählt.

Hinsichtlich der Kosten des Gesamtbetriebsrats und der Freistellung seiner Mitglieder gilt das zum Betriebsrat Gesagte (s. o. V., VI.). Sitzungen des Gesamtbetriebsrats sind an einem Standort des Unternehmens abzuhalten, an dem für einen Betrieb ein Betriebsrat gewählt ist. Regelmäßig – wenn auch nicht zwingend – wird dies der Hauptsitz der Verwaltung sein. Für eine Sitzung an einem abweichenden Standort, ohne dass dafür eine Erforderlichkeit besteht, muss der Arbeitgeber die (Mehr-)Kosten nicht tragen (LAG Schleswig-Holstein v. 24.2.2020, Az. 1 TaBV 21/19). Ebenso wie Betriebsratssitzungen können auch Sitzungen des Gesamtbetriebsrats per Video oder Telefonkonferenz unter den beim Betriebsrat genannten Voraussetzungen durchgeführt werden (§ 51 BetrVG i. V. m. § 30 Abs. 2 BetrVG). Auch hier gilt aber: Die Entscheidung liegt allein beim Gesamtbetriebsrat; der Arbeitgeber kann ihn nicht auf diese – in der Regel kostengünstigere – Lösung verweisen.

3. Beendigung der Mitgliedschaft im Gesamtbetriebsrat

Die Mitgliedschaft eines Gesamtbetriebsratsmitglieds im Gesamtbetriebsrat endet mit dem Erlöschen seiner Mitgliedschaft im entsendenden Betriebsrat, da der Betriebsrat nur eigene Mitglieder in den Gesamtbetriebsrat entsenden kann. Sie endet ebenfalls im Falle der Amtsniederlegung, bei Ausschluss aus dem Gesamtbetriebsrat (§ 48 BetrVG) und bei Abberufung durch den entsendenden Betriebsrat.

4. Amtsdauer des Gesamtbetriebsrats

Der Gesamtbetriebsrat ist eine Dauereinrichtung mit wechselnder Mitgliedschaft. Er bleibt über die Wahlperiode der einzelnen Betriebsräte hinaus bestehen und zwar so lange, wie die Voraussetzungen für seine Errichtung nach dem BetrVG gegeben sind. Das Amt des Gesamtbetriebsrats endet also erst dann, wenn im Unternehmen nicht mehr mehrere Betriebe bestehen, weil alle Betriebe mit Betriebsräten bis auf einen dauerhaft weggefallen sind. Entfallen dagegen die Voraussetzungen für die Errichtung eines Gesamtbetriebsrats nur vorübergehend, so endet sein Amt nicht (BAG v. 15.10.2014, Az. 7 ABR 53/12).

5. Zuständigkeit

Der Gesamtbetriebsrat ist den einzelnen Betriebsräten nicht übergeordnet. Seine Zuständigkeit ist daher von der Zuständigkeit der Betriebsräte genau abzugrenzen.

5.1 Zuständigkeit kraft Gesetzes

Nach § 50 Abs. 1 BetrVG ist der Gesamtbetriebsrat für Angelegenheiten zuständig, die das Gesamtunternehmen oder mehrere Betriebe betreffen und die nicht durch die einzelnen Betriebsräte innerhalb ihrer Betriebe geregelt werden können. Danach ist der Gesamtbetriebsrat zuständig, wenn zwingende sachliche Gründe für eine einheitliche Regelung der betreffenden Angelegenheit sprechen, wobei sich das Erfordernis aus technischen oder rechtlichen Gründen ergeben kann (BAG v. 14.11.2006, Az. 1 ABR 4/06). Soll ein Unternehmen etwa mit einem unternehmensweiten und unternehmenseinheitlichen Konzept saniert werden, so ist ein Interessenausgleich mit Namensliste im Sinne des § 125 InsO mit dem Gesamtbetriebsrat abzuschließen (LAG Rheinland-Pfalz v. 23.2.2010, Az. 1 Sa 687/09).

WICHTIG!

Die Zuständigkeit des Gesamtbetriebsrats erstreckt sich insoweit – und auch nur insoweit! – auch auf die Betriebe ohne Betriebsrat. Dies bedeutet jedoch nicht, dass der Gesamtbetriebsrat die Funktion des örtlichen Einzelbetriebsrats zu übernehmen hat, zumal der Gesamtbetriebsrat kein „Ersatzbetriebsrat" für vertretungslose Betriebe ist.

Nicht ausreichend ist dagegen die bloße Zweckmäßigkeit einer einheitlichen Regelung oder ein reines Koordinationsinteresse bzw. Verlangen des Arbeitgebers nach einer unternehmenseinheitlichen Regelung.

Beispiele:

Eine Zuständigkeit des Gesamtbetriebsrats nach § 50 Abs. 1 BetrVG besteht nicht, wenn ein bundesweit tätiges Versicherungsunternehmen, das eine bundesweite Verfügbarkeit aller Arbeitnehmer zuzeiten der meisten Kundenanrufe erreichen möchte, nicht im Einzelnen begründen kann, warum die konkrete Gefahr bestehen soll, die Einzelbetriebsräte würden bei Abschluss von Einzelbetriebsvereinbarungen Unternehmensinteressen nicht in dem von § 2 Abs. 1 BetrVG geforderten Umfang beachten (LAG Nürnberg v. 29.11.2006, Az. 7 TaBV 30/05). Anders ist dies zu beurteilen, wenn eine zu verteilende „betriebliche" Arbeitszeit fehlt. Dies ist der Fall, wenn die Arbeitszeit nicht durch auf einzelne Betriebe beschränkte Arbeitsabläufe bestimmt wird, sondern der Arbeitgeber die Organisationsentscheidung getroffen hat, eine Dienstleistung in betriebsübergreifend technisch-organisatorisch miteinander verbundenen Arbeitsabläufen zu erbringen (BAG v. 19.6.2012, Az. 1 ABR 19/11).

Eine betriebsübergreifende Regelung der Vergütungsstruktur von außertariflichen Angestellten kann nicht wirksam mit dem Gesamtbetriebsrat nach § 50 Abs. 1 BetrVG vereinbart werden, auch wenn der Arbeitgeber den Wunsch hat, ein Gesamtbudget für die Vergütung dieser Arbeitnehmer unternehmensweit zur Verfügung zu stellen. Dabei kann der Arbeitgeber auch nicht mit dem Gleichbehandlungsgrundsatz argumentieren, da dieser keinen Einfluss auf die gesetzliche Zuständigkeitsverteilung zwischen den Betriebsverfassungsorganen hat (BAG v. 18.5.2010, Az. 1 ABR 96/08; a. A. zuletzt LAG Niedersachsen v. 31.8.2020, Az. 1 TaBV 102/19).

Die Zuständigkeit des Gesamtbetriebsrats wird nicht dadurch begründet, dass der Arbeitgeber unternehmensweit eine einheitliche Regelung zu Mitarbeitergesprächen verlangt. Etwas anderes kann sich nur dann ergeben, wenn die Gespräche Bestandteil eines unternehmenseinheitlichen Personalentwicklungskonzepts sind (BAG v. 17.3.2015, Az. 1 ABR 48/13).

Auch der Wunsch des Arbeitgebers, die Vorlage einer ärztlichen Bescheinigung über das Bestehen einer Arbeitsunfähigkeit und deren voraussichtliche Dauer abweichend von § 5 Abs. 2 Satz 1 EFZG für alle Arbeitnehmer des Unternehmens einheitlich zu regeln, begründet nicht allein deshalb, weil eine unternehmensweite Regelung im Interesse des Arbeitgebers liegt, die Zuständigkeit des Gesamtbetriebsrat; eine solche Regelung unterliegt vielmehr allein der Regelungsbefugnis der einzelnen Betriebsräte (BAG v. 23.8.2016, Az. 1 ABR 43/14).

So liegt denn auch bei sozialen Angelegenheiten die Zuständigkeit im Allgemeinen bei den einzelnen Betriebsräten. Eine Zuständigkeit des Gesamtbetriebsrats ist hier jedoch denkbar bei der unternehmensweiten Einführung eines EDV-Systems (BAG v. 14.11.2006, Az. 1 ABR 4/06). So erfordert etwa die unternehmenseinheitliche Nutzung von Microsoft Office 365 mit der Möglichkeit einer zentralen Kontrolle von Verhalten und Leistung der Arbeitnehmer aus zwingenden technischen Gründen eine betriebsübergreifende Regelung, für die der Gesamtbetriebsrat zuständig ist (BAG v. 8.3.2022, Az. 1 ABR 20/21).

Auch freiwillige Sozialeinrichtungen (z. B. Altersversorgung), deren Wirkung sich auf das Unternehmen erstrecken sollen, fallen in den Zuständigkeitsbereich des Gesamtbetriebsrats. Denn wenn der Arbeitgeber mitbestimmungsfrei darüber entscheiden kann, ob er eine Leistung überhaupt erbringt, kann er sie auch von einer überbetrieblichen Regelung abhängig machen und so die Zuständigkeit des Gesamtbetriebsrats für den Abschluss einer entsprechenden Betriebsvereinbarung herbeiführen (BAG v. 23.3.2010, Az. 1 ABR 82/08). Dementsprechend ist auch die Zuständigkeit des Gesamtbetriebsrats begründet, wenn ein Arbeitgeber anbietet, sich zu jährlichen Gehaltsanpassungen nach einem bestimmten Schema zu verpflichten, er dies aber an eine unternehmensweite Regelung knüpft (LAG Düsseldorf v. 17.6.2016, Az. 6 TaBV 20/16).

Steht danach im Einzelfall fest, dass die Zuständigkeit des Gesamtbetriebsrats gegeben ist, verlieren mit der Regelung auf Gesamtbetriebsratsebene eventuell bestehende Einzelbetriebsvereinbarungen wegen Wegfalls der Zuständigkeit der Einzelbetriebsräte ihre Gültigkeit (LAG Nürnberg v. 3.5.2002, Az. 8 TaBV 38/01).

Betrifft ein Regelungstatbestand unterschiedliche Mitbestimmungstatbestände und ergibt sich aus einem der Tatbestände die Zuständigkeit des Gesamtbetriebsrats, so folgt daraus nicht automatisch auch die Zuständigkeit für die jeweils anderen Tatbestände. Vielmehr ist stets zu prüfen, ob es sich bei konkreten Regelungsinhalten um dieselbe „Angelegenheit" handelt (BAG v. 18.7.2017, Az. 1 ABR 59/15).

In wirtschaftlichen Angelegenheiten ist der Gesamtbetriebsrat aufgrund ausdrücklicher gesetzlicher Regelungen (§§ 107, 108 Abs. 6, 109 BetrVG) für die Angelegenheiten zuständig, die mit der Errichtung und den Aufgaben des Wirtschaftsausschusses zusammenhängen. Bei Betriebsänderungen ist der Gesamtbetriebsrat für den Abschluss eines Interessenausgleichs zuständig, wenn es sich um Maßnahmen handelt, die das ganze Unternehmen oder mehrere Betriebe betreffen und die notwendigerweise nur einheitlich geregelt werden können (z. B. Stilllegung aller Betriebe, Zusammenlegung mehrerer Betriebe). Ist der Gesamtbetriebsrat danach für den Abschluss eines Interessenausgleichs zuständig, folgt daraus jedoch nicht zwingend auch die Zuständigkeit zum Abschluss des Sozialplans. Vielmehr ist hier genauestens zu prüfen, ob die Regelung des Ausgleichs oder der Abmilderung der durch die Betriebsänderung entstehenden Nachteile zwingend unternehmenseinheitlich oder betriebsübergreifend erfolgen muss (BAG v. 3.5.2006, Az. 1 ABR 15/05).

Nach § 80 Abs. 1 Nr. 1 BetrVG hat nur der Betriebsrat darüber zu wachen, dass die zugunsten der Arbeitnehmer geltenden Gesetze, Verordnungen, Unfallverhütungsvorschriften, Tarifverträge und Betriebsvereinbarungen durchgeführt werden; dem Gesamtbetriebsrat steht kein entsprechendes Kontrollrecht zu (BAG v. 16.8.2011, Az. 1 ABR 22/10).

5.2 Zuständigkeit kraft Auftrags

§ 50 Abs. 2 BetrVG ermöglicht es den Betriebsräten eines Unternehmens, Angelegenheiten, die an sich in ihre Zuständigkeit fallen, an den Gesamtbetriebsrat zu übertragen. Die Beauftragung des Gesamtbetriebsrats erfordert einen Beschluss des Betriebsrats, der mit der Stimme der Mehrheit seiner Mitglieder gefasst werden muss. Die Übertragung muss schriftlich erfolgen. Der Betriebsrat kann die übertragene Angelegenheit jederzeit wieder an sich ziehen, wenn er einen Widerrufsbeschluss gefasst hat. Der Widerruf wird erst wirksam, wenn er schriftlich dem Vorsitzenden des Gesamtbetriebsrats zugegangen ist.

Der Betriebsrat kann die Behandlung der Angelegenheit in vollem Umfang auf den Gesamtbetriebsrat übertragen, sodass dieser sie mit verbindlicher Wirkung regeln kann. Dies bedeutet etwa, dass der Arbeitgeber mit dem Gesamtbetriebsrat eine Betriebsvereinbarung mit unmittelbarer Wirkung für die einzelnen Betriebe abschließen kann, wobei diese dann später auch nur gegenüber dem Gesamtbetriebsrat und nicht gegenüber den einzelnen Betriebsräten wirksam kündbar ist (LAG Düsseldorf v. 9.8.2012, Az. 10 TaBV 26/12).

Die Beauftragung kann sich aber auch darauf beschränken, dass der Gesamtbetriebsrat nur die Verhandlungen zu führen hat, der Betriebsrat sich aber die Entscheidungsbefugnis – z. B. den Abschluss einer Betriebsvereinbarung – vorbehält. Wird also ein Gesamtbetriebsrat vom örtlichen Betriebsrat zu „Verhandlungen über den Abschluss einer Betriebsvereinbarung" ermächtigt, ist damit im Zweifelsfall kein Mandat für den Abschluss dieser Betriebsvereinbarung erteilt (LAG München v. 12.10.2010, Az. 9 TaBV 39/10).

6. Betriebsräteversammlung

Nach § 57 Abs. 1 BetrVG hat der Gesamtbetriebsrat mindestens einmal in jedem Kalenderjahr die Vorsitzenden und stellvertretenden Vorsitzenden sowie die weiteren Mitglieder der Betriebsausschüsse (§ 27 Abs. 1 BetrVG) einzuladen. Teilnahmeberechtigt sind an dieser Betriebsräteversammlung neben den Genannten die Mitglieder des Gesamtbetriebsrats selbst, der Arbeitgeber sowie Beauftragte der im Unternehmen vertretenen Gewerkschaften. Die Versammlung dient der Information über die Tätigkeit des Gesamtbetriebsrats sowie über das Personal- und Sozialwesen, die wirtschaftliche Lage und Entwicklung des Unternehmens, des Umweltschutzes, des Stands der Gleichstellung der verschiedenen Geschlechter im Unternehmen sowie der Integration ausländischer Arbeitnehmer im Unternehmen. § 53 Abs. 2 BetrVG verpflichtet infolgedessen den Gesamtbetriebsrat und den Arbeitgeber zur Erstattung eines entsprechenden Berichts in eben dieser Betriebsräteversammlung.

XII. Konzernbetriebsrat

Durch Beschlüsse der einzelnen Gesamtbetriebsräte kann für einen Konzern ein Konzernbetriebsrat errichtet werden (§ 54 BetrVG). Die Errichtung ist gesetzlich nicht vorgeschrieben; die Entscheidung hängt vielmehr von den Gesamtbetriebsräten der Konzernunternehmen ab. Erforderlich ist die Zustimmung der Gesamtbetriebsräte, in denen insgesamt mindestens 50 % der Arbeitnehmer der Konzernunternehmen beschäftigt sind. Dabei kann die Errichtung auch durch den Beschluss eines einzelnen Gesamtbetriebsrats erfolgen, wenn dieser mehr als 50 % der Arbeitnehmer der Konzernunternehmen repräsentiert (BAG v. 297.2020, Az. 7 ABR 27/19). Gliedert sich ein Unternehmen nicht in zwei oder mehrere Betriebe, so tritt der dort für den Betrieb gewählte Betriebsrat an die Stelle des Gesamtbetriebsrats. Zur Berechnung ist auf die Zahl der Arbeitnehmer aller Konzernunternehmen abzustellen, unabhängig davon, ob dort (Gesamt-)Betriebsräte bestehen.

Ein Konzernbetriebsrat kann nur in einem sog. Unterordnungskonzern gebildet werden (§ 54 BetrVG i. V. m. § 18 Abs. 1 AktG). Notwendig ist danach, dass ein herrschendes und ein oder mehrere abhängige Unternehmen unter der einheitlichen Leitung des herrschenden Unternehmens zusammengefasst sind. Das herrschende Unternehmen muss seinen Sitz im Inland haben oder zumindest über eine im Inland ansässige Teilkonzernspitze verfügen, die wiederum noch wesentliche Leitungsaufgaben in personellen, sozialen und wirtschaftlichen Angelegenheiten gegenüber den ihr nachgeordneten Unternehmen hat (BAG v. 14.2.2007, Az. 7 ABR 26/06; BAG v. 23.5.2018, Az. 7 ABR 60/16). Auch eine öffentlich-rechtlich organisierte Einheit (etwa ein Kreis als Körperschaft des öffentlichen Rechts) ist ein herrschendes Unternehmen im Sinne des Gesetzes gegenüber den von ihr beherrschten privatrechtlich organisierten Unternehmen, sodass auch hier ein Konzernbetriebsrat errichtet werden kann (LAG Hamm v. 4.5.2018, Az. 13 TaBV 76/16).

Vom Unterordnungskonzern zu unterscheiden ist der sog. Gleichordnungskonzern, der dadurch gekennzeichnet ist, dass rechtlich selbstständige Unternehmen unter einheitlicher Leitung zusammengefasst sind, ohne dass das eine Unternehmen von dem anderen abhängig ist. Für ihn kann kein Konzernbetriebsrat gebildet werden.

Wird ein Konzernbetriebsrat unter Verkennung des Konzernbegriffs errichtet (insbesondere in einem Konzern mit einer im Ausland sitzenden Konzernobergesellschaft und auch keiner im Inland bestehenden Teilkonzernspitze), ist er von Anfang an nicht existent und erwirbt keine betriebsverfassungsrechtlichen Befugnisse (BAG v. 23.8.2006, Az. 7 ABR 51/05). Will der Arbeitgeber in dieser Konstellation eine konzerneinheitliche Regelung treffen, kann er dies mitbestimmungsfrei, da keine subsidiäre Zuständigkeit der (Gesamt-)Betriebsräte in originären Konzernangelegenheiten besteht.

In den Konzernbetriebsrat entsendet jeder Gesamtbetriebsrat zwei seiner Mitglieder, wobei die Geschlechter angemessen berücksichtigt werden sollen (§ 55 Abs. 1 BetrVG). Besteht in einem Konzernunternehmen nur ein Betriebsrat, entsendet dieser nach § 54 Abs. 2 BetrVG i. V. m. § 55 Abs. 1 Satz 1 BetrVG zwei seiner Mitglieder in den Konzernbetriebsrat. Ein in einem Gemeinschaftsbetrieb gebildeter Betriebsrat entsendet Mitglieder in den Konzernbetriebsrat, wenn in einem oder mehreren seiner Trägerunternehmen kein anderer Betriebsrat besteht. Er ist zur Entsendung von insgesamt zwei seiner Mitglieder berechtigt, nicht aber zur Entsendung von zwei Mitgliedern je Trägerunternehmen, in denen kein anderer Betriebsrat besteht (BAG v. 29.7.2020, Az. 7 ABR 27/19). Zur Entsendung sind auch die (Gesamt-)Betriebsräte verpflichtet, die keinen Beschluss über die Errichtung des Konzernbetriebsrats gefasst oder sich sogar gegen seine Errichtung ausgesprochen haben.

Eine Höchstmitgliederanzahl besteht für den Konzernbetriebsrat grundsätzlich nicht. Für die Mitglieder des Konzernbetriebsrats gilt, dass es keine Rechtsgrundlage für eine pauschale Freistellung nach § 38 BetrVG gibt, d. h. ein originärer Freistellungsanspruch des Konzernbetriebsrats nicht existiert und daher auch ein entsprechendes Verlangen seitens des Konzernbetriebsrats nicht durchgesetzt werden kann. Der Konzernbetriebsrat kann jedoch nach § 59 Abs. 1 BetrVG i. V. m. § 37 Abs. 2 BetrVG vom Vertragsarbeitgeber seines Mitglieds dessen generelle (Teil-)Freistellung verlangen, sofern die Freistellung zur ordnungsgemäßen Durchführung der dem Konzernbetriebsrat obliegenden Aufgaben erforderlich ist. Bei seiner Entscheidung über die generelle (Teil-)Freistellung eines Mitglieds hat der Konzernbetriebsrat auch die Interessen des Vertragsarbeitgebers und gegebenenfalls die Interessen des entsendenden Betriebsrats zu berücksichtigen (BAG v. 23.5.2018, Az. 7 ABR 14/17).

Das Amt des Konzernbetriebsrats endet, wenn die Gesamtbetriebsräte der Konzernunternehmen seine Auflösung beschließen oder die Voraussetzungen für seine Errichtung dauerhaft entfallen. Das ist etwa dann der Fall, wenn der Konzern, für den der Konzernbetriebsrat errichtet wurde, nicht mehr besteht, weil das herrschende Unternehmen seinen beherrschenden Einfluss verloren hat (BAG v. 23.8.2006, Az. 7 ABR 51/05). Dagegen führt allein das Ausscheiden eines einzelnen Unternehmens aus dem Konzernverbund zu keinem Amtsende des Konzernbetriebsrats, sofern zwischen den anderen Unternehmen weiterhin die gesetzlichen Voraussetzungen eines Konzerns vorliegen. In diesem Fall endet lediglich das Recht des jeweiligen (Gesamt-)Betriebsrats, Mitglieder in den Konzernbetriebsrat zu entsenden.

Der Konzernbetriebsrat ist zuständig für die Behandlung von Angelegenheiten, die den Konzern oder mehrere Konzernunternehmen betreffen und die nicht durch die einzelnen (Gesamt-)Betriebsräte innerhalb ihrer Betriebe/Unternehmen geregelt werden können. Die originäre Zuständigkeit kann sich aus einem objektiv zwingenden Erfordernis für eine konzerneinheitliche oder unternehmensübergreifende Regelung – nämlich aus technischen oder rechtlichen Gründen – ergeben.

Beispiele:

Abschluss einer Betriebsvereinbarung über den Datenaustausch im Konzern, Abschluss einer Betriebsvereinbarung über die Nutzung eines Personalverwaltungssytems (SAP ERP) in der Konzernobergesellschaft (BAG v. 25.9.2012, Az. 1 ABR 45/11), Einführung und Betrieb einer zentralen Firewall oder auch Telefonanlage „Voice over IP“, Einführung von Ethikrichtlinien oder Verhaltenskodizes, sofern diese konzernweit gelten sollen (BAG v. 22.7.2008, Az. 1 ABR 40/07); Durchführung einer konzernweiten Mitarbeiterbefragung durch die

Konzernobergesellschaft auf der Grundlage eines einheitlich standardisierten Fragebogens in elektronischer Form (BAG v. 11.12.2018, Az. 1 ABR 13/17).

Dagegen fällt der Abschluss einer Betriebsvereinbarung zum Verhalten bei einer Datenpanne, insbesondere zur Einhaltung eines bestimmten Meldeweges zur Feststellung und Behebung der Verletzung des Datenschutzes nach der DSGVO nicht in den originären Zuständigkeitsbereich des Konzernbetriebsrats (LAG Schleswig-Holstein v. 6.8.2019, Az. 2 TaBV 9/19); genauso wie eine Regelung zur Anwendung von Überwachungseinrichtungen (Überwachungskameras) – und zwar auch dann nicht, wenn Beschäftigte mehrerer Konzernunternehmen bei dem vorgesehenen Betriebsablauf von den Einrichtungen erfasst werden können (BAG v. 26.1.2016, 1 ABR 68/13 – a. A. die Vorinstanz: LAG Berlin-Brandenburg v. 31.7.2013, Az. 17 TaBV 222/13). Ebenso wenig hat der Konzernbetriebsrat die Kompetenz, Regelungen zum Absehen von innerbetrieblichen Ausschreibungen wegen entgegenstehender Konzerninteressen zu treffen (LAG Niedersachsen v. 20.2.2019, Az. 13 TaBV 24/18).

Kein rechtliches Erfordernis für eine unternehmensüberschreitende konzerneinheitliche Regelung begründet der Gleichbehandlungsgrundsatz. Dagegen kann aber die Notwendigkeit aus der subjektiven Unmöglichkeit einer Regelung auf Betriebs- oder Unternehmensebene folgen. So ist der Konzernbetriebsrat zuständig, wenn die Konzernleitung eine freiwillige Leistung nur unternehmensübergreifend zur Verfügung stellen will (LAG München v. 25.9.2019, Az. 4 TaBV 52/18). In diesem Fall legt die Konzernleitung durch die mitbestimmungsfreie Vorgabe des Adressatenkreises zugleich das Mitbestimmungsgremium fest.

Beispiele:

- **Konzernweite Einführung einer einheitlichen Altersversorgung,**
- **Konzernweite einheitliche Festlegung des Nutzerkreises für die Vergabe von Dienstwagen, ebenso wie die private Nutzungsmöglichkeit und die dafür geltenden Bedingungen (LAG Nürnberg v. 6.9.2022, Az. 1 TaBV 4/22)**

Abgesehen vom Bereich der freiwilligen Mitbestimmung genügt jedoch allein der Wunsch der Konzernleitung nach einer konzerneinheitlichen oder unternehmensüberschreitenden Regelung nicht, um die Zuständigkeit des Konzernbetriebsrats zu begründen. Gleiches gilt für das Kosten- und Koordinierungsinteresse der Konzernleitung oder reine Zweckmäßigkeitsgesichtspunkte. Entscheidend ist vielmehr der Inhalt der geplanten Regelung sowie das Ziel, das durch diese Regelung erreicht werden soll. Lässt sich dieses Ziel nur durch eine einheitliche Regelung auf der Konzernebene erreichen und kann sie auch gedanklich nicht in Teilakte zerlegt werden, so ist der Konzernbetriebsrat zuständig.

Die Zuständigkeit des Konzernbetriebsrats erstreckt sich auch auf Unternehmen, die einen Gesamtbetriebsrat nicht gebildet haben, sowie auf Betriebe der Konzernunternehmen ohne Betriebsrat. Nicht zuständig ist er jedoch für Kleinstbetriebe gemäß § 1 Abs. 1 BetrVG, in denen in der Regel nicht ständig mindestens fünf wahlberechtigte Arbeitnehmer beschäftigt werden, von denen drei wählbar sind (LAG Düsseldorf v. 3.11.2011, Az. 5 TaBV 50/11).

Der Konzernbetriebsrat ist darüber hinaus zuständig für Angelegenheiten, die ihm übertragen worden sind. Die Beauftragung ist dabei grundsätzlich nur durch die Gesamtbetriebsräte möglich. Eine Beauftragung durch einen Betriebsrat kommt nur dann in Betracht, wenn in einem Konzernunternehmen nur ein Betriebsrat besteht (§ 54 Abs. 2 BetrVG). Mit der Beauftragung erhält der Konzernbetriebsrat allein die Befugnis, anstelle des originär zuständigen Gesamt- bzw. Einzelbetriebsrats tätig zu werden. Die Delegation des Mitbestimmungsrechts bewirkt dagegen keine Verlagerung der Zuständigkeit auf Seiten des Arbeitgebers. Verhandlungspartner auf Arbeitgeberseite ist damit nicht die Konzernobergesellschaft, sondern nur der bzw. die jeweils betroffene(n) konzernangehörige(n) Arbeitgeber (BAG v. 17.3.2015, Az. 1 ABR 49/13).

XIII. Europäischer Betriebsrat

Der Europäische Betriebsrat geht auf die Europäische Richtlinie über die Einsetzung eines Europäischen Betriebsrats oder die Schaffung eines Verfahrens zur Unterrichtung und Anhörung der Arbeitnehmer in gemeinschaftsweit operierenden Unternehmen und Unternehmensgruppen aus dem Jahre 1994 zurück. Im Oktober 1996 wurde diese Richtlinie mit dem Europäischen Betriebsräte-Gesetz (EBRG) in Deutschland in nationales Recht umgesetzt. Im Jahr 2009 hat das Europäische Parlament eine neue Richtlinie verabschiedet, die die bisherige Richtlinie ablöst. Die Mitgliedstaaten hatten bis zum 6.6.2011 Zeit, die Richtlinie in nationales Recht umzusetzen. Die Richtlinie zielt darauf ab, die Rechte der Europäischen Betriebsräte weiter zu stärken. In Deutschland erfolgte die Umsetzung durch eine Neufassung des EBRG, die am 18.6.2011 in Kraft trat.

Das EBRG findet Anwendung auf Unternehmen und Unternehmensgruppen mit Sitz in Deutschland, die in den EU-Mitgliedstaaten sowie den EWR-Mitgliedstaaten (Island, Liechtenstein und Norwegen) mindestens 1.000 Arbeitnehmer insgesamt und davon jeweils mindestens 150 Arbeitnehmer in mindestens zwei Mitgliedstaaten beschäftigen. Bei der Berechnung der Anzahl der im Inland beschäftigten Arbeitnehmer sind die im Durchschnitt der letzten zwei Jahre beschäftigten Arbeitnehmer zu berücksichtigen; leitende Angestellte sind nicht mitzuzählen.

Liegt die zentrale Leitung in einem anderen Mitgliedstaat als Deutschland, findet auf die in Deutschland gelegenen Betriebe oder Tochterunternehmen hinsichtlich des Europäischen Betriebsrats das Recht des betreffenden Mitgliedstaats Anwendung. Liegt die zentrale Leitung dagegen in keinem Mitgliedstaat (z. B. USA), findet das EBRG dann Anwendung, wenn die nachgeordnete Leitung in Deutschland liegt (Europazentrale).

Nach der Konzeption des EBRG sollen sich die Unternehmensleitung und ein besonderes Verhandlungsgremium der Arbeitnehmer (§§ 9 ff. EBRG) auf eine grenzübergreifende Unterrichtung und Anhörung der Arbeitnehmer verständigen. Entsprechende Verhandlungen können dabei auf Initiative der Arbeitnehmer, aber auch auf Initiative der Unternehmensleitung aufgenommen werden. In der zu treffenden Vereinbarung sollen die Strukturen und Kompetenzen der Arbeitnehmervertretung festgelegt werden, wobei die Parteien hinsichtlich der Ausgestaltung weitgehend frei sind. Ändert sich die Struktur des gemeinschaftsweit operierenden Unternehmens oder der gemeinschaftlich operierenden Unternehmensgruppe nach einer solchen Vereinbarung wesentlich (wie im Falle von Fusionen, Übernahmen und Spaltungen), so verlangt § 37 EBRG nunmehr, dass die zentrale Leitung von sich aus oder auf schriftlichen Antrag vom Mitarbeiter die Verhandlungen neu aufnehmen muss.

Nach § 17 EBRG können sich die Parteien verständigen, ob die grenzübergreifende Unterrichtung und Anhörung durch die Errichtung eines Europäischen Betriebsrats oder mehrerer Europäischer Betriebsräte (§ 18 EBRG) oder durch ein dezentrales Unterrichtungs- und Anhörungsverfahren (§ 19 EBRG) erfolgen soll.

Nur dann, wenn

- die zentrale Leitung die Aufnahme von Verhandlungen mit dem besonderen Verhandlungsgremium verweigert oder
- es innerhalb von drei Jahren nach Antrag bzw. nach Initiative der Unternehmensleitung zu keiner Vereinbarung kommt oder
- eine der beiden Seiten das vorzeitige Scheitern der Verhandlungen erklärt,

ist ein Europäischer Betriebsrat kraft Gesetzes zu errichten (§§ 21 ff. EBRG).

§ 22 EBRG regelt die Mitgliederzahl und Zusammensetzung des Europäischen Betriebsrats. In Absatz 2 der Vorschrift heißt es dazu: „Für jeden Anteil der in einem Mitgliedstaat beschäftigten Arbeitnehmer, der 10 Prozent der Gesamtzahl der in allen Mitgliedstaaten beschäftigten Arbeitnehmer der gemeinschaftsweit tätigen Unternehmen oder Unternehmensgruppen oder einen Bruchteil davon beträgt, wird ein Mitglied aus diesem Mitgliedstaat in den Europäischen Betriebsrat entsandt."

Beispiel:

Beschäftigt eine gemeinschaftsweit tätige Unternehmensgruppe insgesamt 4.500 Mitarbeiter, davon 2.000 in Deutschland, 1.100 in Italien, 900 in Frankreich und 500 in Polen, entfallen 44.4 % auf Deutschland, 24,4 % auf Italien, 20 % auf Frankreich und 11,1 % auf Polen. Damit besteht der Europäische Betriebsrat aus insgesamt zwölf Mitgliedern, davon fünf aus Deutschland, drei aus Italien, zwei aus Frankreich und zwei aus Polen.

Die Tätigkeit des Europäischen Betriebsrats ist beschränkt auf solche Angelegenheiten, die mindestens zwei Betriebe oder Unternehmen in verschiedenen Mitgliedstaaten betreffen. Im Rahmen einer regelmäßig einmal pro Kalenderjahr stattfindenden Sitzung muss die zentrale Leitung den Europäischen Betriebsrat über die Entwicklung der Geschäftslage und die Perspektiven des gemeinschaftsweit tätigen Unternehmens oder der Unternehmensgruppe unter Vorlage der erforderlichen Unterlagen unterrichten und ihn dazu anhören (§ 29 EBRG). Über außergewöhnliche Umstände, die erhebliche Auswirkungen auf die Interessen der Arbeitnehmer haben (z. B. Massenentlassungen, Stilllegungen, Verlegungen), ist der Europäische Betriebsrat auch außerhalb des turnusmäßigen Treffens zu unterrichten und auf Verlangen anzuhören (§ 30 EBRG).

Der Europäische Betriebsrat hat keine echten Mitbestimmungsrechte. Er ist zu unterrichten und anzuhören, doch kann er geplante unternehmerische Entscheidungen nicht verhindern. Die Begriffe „Unterrichtung" und „Anhörung" werden in § 1 Abs. 4 und 5 EBRG definiert:

„Unterrichtung" ist danach die Übermittlung von Informationen durch die zentrale Leitung oder eine andere geeignete Leitungsebene an die Arbeitnehmervertreter, um ihnen Gelegenheit zur Kenntnisnahme und Prüfung der behandelten Frage zu geben. Die Unterrichtung muss zu einem Zeitpunkt, in einer Weise und in einer inhaltlichen Ausgestaltung erfolgen, die es den Arbeitnehmervertretern ermöglichen, die möglichen Auswirkungen eingehend zu bewerten und gegebenenfalls Anhörungen mit dem zuständigen Organ des gemeinschaftsweit operierenden Unternehmens oder der gemeinschaftsweit operierenden Unternehmensgruppe vorzubereiten.

„Anhörung" bezeichnet den Meinungsaustausch und die Einrichtung eines Dialogs zwischen den Arbeitnehmervertretern und der zentralen Leitung oder einer anderen geeigneten Leitungsebene. Diese muss zu einem Zeitpunkt, in einer Weise und in einer inhaltlichen Ausgestaltung erfolgen, die es den Arbeitnehmervertretern auf der Grundlage der erhaltenen Informationen ermöglichen, innerhalb einer angemessenen Frist zu den vorgeschlagenen Maßnahmen, eine Stellungnahme abzugeben, die berücksichtigt werden kann. Die Anhörung muss den Arbeitnehmervertretern gestatten, mit der zentralen Leitung zusammenzukommen und eine mit Gründen versehene Antwort auf ihre etwaige Stellungnahme zu erhalten.

WICHTIG!

Nach § 1 Abs. 7 EBRG sind Unterrichtung und Anhörung des Europäischen Betriebsrats spätestens gleichzeitig mit denen der nationalen Arbeitnehmervertretungen durchzuführen.

Verletzt ein Konzern die im EBRG vorgesehenen Unterrichtungs- und Anhörungsrechte des Europäischen Betriebsrats, steht diesem kein Unterlassungsanspruch gegen die Durchführung einer geplanten Maßnahme zu, die er im Wege einer einstweiligen Verfügung durchsetzen könnte (LAG Köln v. 8.9.2011, Az. 13 Ta 267/11; LAG Baden-Württemberg v. 12.10.2015, Az. 9 TaBV 2/15). Zu beachten ist jedoch, dass eine derartige Verletzung des EBRG bei einer Betriebsstilllegung, Betriebsverlagerung oder Massenentlassung bußgeldbewehrt ist und eine Ordnungswidrigkeit darstellt, die mit einer Geldbuße bis zu 15.000 Euro geahndet werden kann (§ 45 Abs. 1 Nr. 2, Abs. 2 EBRG)

Die im Inland beschäftigten Mitglieder des Europäischen Betriebsrats sind wie die Mitglieder eines jeden anderen Betriebsrats geschützt.

Nach § 38 EBRG besteht für Mitglieder des besonderen Verhandlungsgremiums und des Europäischen Betriebsrats – soweit dies zur Wahrnehmung ihrer Vertretungsaufgaben in einem internationalen Umfeld erforderlich ist – ein Anspruch auf Schulungen, ohne dass sie dabei Lohn- bzw. Gehaltseinbußen erleiden. Dabei kommen neben Sprachkursen auch rechtliche und wirtschaftliche Themen in Betracht, so etwa auch Schulungen allgemein arbeitsrechtlicher Art (z. B. zur EuGH-Rechtsprechung, zu Auswirkungen von Unternehmenszusammenschlüssen etc.). Auch eine Schulung zur Gründung eines Europäischen Betriebsrats ist erfasst (ArbG Hamburg v. 13.5.2009, Az. 13 BV 4/09).

Die zentrale Leitung trägt die durch die Bildung und Tätigkeit des Europäischen Betriebsrats entstehenden Kosten (§ 39 EBRG). Sie hat insbesondere für die Sitzungen und die laufende Geschäftsführung Räume, sachliche Mittel, Büropersonal und gegebenenfalls Dolmetscher zur Verfügung zu stellen. Reise- und Aufenthaltskosten der Mitglieder des Europäischen Betriebsrats sind von ihr ebenso zu tragen wie die Kosten für Sachverständige, soweit deren Beratung zur ordnungsgemäßen Erfüllung der Aufgaben erforderlich sind. Sachverständige können dabei auch Beauftragte von Gewerkschaften sein.

Hinsichtlich des Anspruchs des einzelnen Mitgliedes eines Europäischen Betriebsrates auf Erstattung seiner persönlichen Reise- und Aufenthaltskosten gilt nach § 39 Abs. 1 Satz 4 EBRG in Verbindung mit § 16 Abs. 2 EBRG, dass neben der zentralen Leitung auch der Arbeitgeber auf Kostenerstattung als Gesamtschuldner haftet. Die Mitglieder des EBR können sich folglich auf die Kostenerstattungspflicht auch ihres Vertragsarbeitgebers berufen, dies jedoch beschränkt nur für den Anspruch auf Erstattung ihrer persönlichen Reise- und Aufenthaltskosten. Nicht erfasst sind z. B. Dolmetscherkosten oder Kosten für die Beauftragung von Rechtsanwälten. Kostenträger dieser Ansprüche soll vielmehr, wie § 39 Abs. 1 Satz 1 EBRG klar anordnet, allein die zentrale Leitung sein (LAG Niedersachsen v. 15.2.2023, Az. 8 TaBV 15/22).

Betriebsübergang

ACHTUNG!

Aufgrund der rechtlichen Komplexität und der weitreichenden Folgen von Fehleinschätzungen in Fallgestaltungen, die einen Betriebsübergang darstellen können, sollte frühzeitig rechtlicher Rat eingeholt werden!

I. Begriff und Abgrenzung

Ein Betriebsübergang (i. S. d. § 613a BGB) liegt vor, wenn

- ein Betrieb oder Betriebsteil
- durch Rechtsgeschäft
- auf einen neuen Inhaber übergeht.

Sind diese Voraussetzungen erfüllt (s. u. II.), tritt der neue Inhaber des Betriebs oder Betriebsteils in die zum Zeitpunkt des Übergangs (im Betrieb) bestehenden Arbeitsverhältnisse automatisch ein. Er wird also der neue Arbeitgeber, unabhängig davon, ob er es will oder weiß. Dies gilt nicht nur für die Zukunft, sondern auch für die bereits existierenden Verbindlichkeiten aus den Arbeitsverhältnissen.

ACHTUNG!

Ein Betriebsübergang setzt nicht immer eine formelle und gewollte Übertragung des Betriebs voraus, sondern kann u. U. auch schon mit der Verlagerung von bisher im Betrieb erledigter Funktionen auf Dritte stattfinden. Entscheidend ist nicht der Wille der Beteiligten, sondern nur das Vorliegen der objektiven Voraussetzungen.

Der Betriebsübergang ist von der Betriebsnachfolge zu unterscheiden. Beim Betriebsübergang gehen mit dem Betrieb (nur) die Arbeitsverhältnisse auf den neuen Inhaber über. Bei der Betriebsnachfolge (auch Gesamtrechtsnachfolge genannt) übernimmt der neue Inhaber kraft Gesetzes die Stellung des bisherigen Betriebsinhabers und damit auch das gesamte Vermögen und die Schulden des Betriebs.

WICHTIG!

Eine Betriebsnachfolge, die im Wege der Gesamtrechtsnachfolge kraft Gesetzes vollzogen wird, ist vom Geltungsbereich des § 613a BGB nicht erfasst (BAG v. 2.3.2006, Az. 8 AZR 124/05).

Findet allerdings eine Gesamtrechtsnachfolge im Sinne des Umwandlungsgesetzes statt, kann es nach §§ 324 UmwG, 613a BGB zu einem Übergang von Arbeitsverhältnissen kommen. § 613a Abs. 1, 4 bis 6 BGB bleiben insofern durch die Wirkungen der Eintragung einer Verschmelzung, Spaltung oder Vermögensübertragung unberührt. Die Voraussetzungen des § 613a BGB sind also auch im Zusammenhang mit einer Umwandlung selbstständig zu prüfen (vgl. BAG v. 19.10.2017, Az. 8 AZR 63/16).

Ferner ist der Betriebsübergang von einer Betriebsstilllegung abzugrenzen. Beides schließt sich gegenseitig aus (BAG v. 14.3.2013, Az. 8 AZR 153/12; BAG v. 16.2.2012, Az. 8 AZR 693/12).

II. Voraussetzungen des Betriebsübergangs

Die unter I. genannten drei Voraussetzungen sind im Gesetz so festgelegt, aber nicht näher erläutert. Die Beurteilung, ob im Einzelfall ein Betriebsübergang vorliegt, muss deshalb anhand der Rechtsprechung vorgenommen werden, die – leider – hier nicht einheitlich ist. Da der Betriebsübergang mit weitreichenden arbeitsrechtlichen Folgen verbunden ist, sollte jeder Erwerber oder Auftragnehmer die Voraussetzungen sorgfältig prüfen und im Zweifelsfall Rechtsrat einholen.

Im Einzelnen müssen folgende Aspekte im Fall eines (vermeintlichen) Betriebsübergangs geprüft werden:

1. Identitätswahrende Übertragung eines Betriebs oder Betriebsteils

Die Frage, ob ein übergangsfähiger Betrieb oder Betriebsteil vorliegt, ist im Einzelfall nicht immer leicht abzuschätzen. Die Rechtsprechung hierzu befindet sich – bedingt durch Vorgaben des Europäischen Gerichtshofs – in einer ständigen Fortentwicklung.

Erforderlich ist, dass ein Betrieb oder Betriebsteil übertragen wird. Ein Betriebsübergang setzt voraus, dass eine wirtschaftliche Einheit betroffen ist, die nach dem Inhaberwechsel ihre Identität bewahrt (BAG v. 10.11.2011, Az. 8 AZR 538/10; BAG v. 25.8.2016, Az. 8 AZR 53/15). Dabei muss eine selbstständig abgrenzbare wirtschaftliche Einheit zumindest beim Veräußerer vorhanden gewesen sein, damit zumindest das Merkmal eines übergangsfähigen „Betriebsteils" vorliegt (vgl. BAG v. 14.5.2020, Az. 6 AZR 235/19).

Beispiel:

Bei einem Betriebsteilübergang kann eine betriebsübergangsfähige wirtschaftliche Einheit i. S. v. § 613a Abs. 1 Satz 1 BGB vorliegen, wenn in dem betroffenen Bereich Aufträge selbstständig bearbeitet werden und die Einheit über eine ausreichend funktionelle Autonomie (hierbei eine eigene Führungsstruktur samt disziplinarischer und fachlicher Weisungsbefugnis) mit einer festen Zuordnung von Arbeitnehmern, eigenen Dienstplänen und eigener Urlaubsplanung verfügt (s. näher LAG Rheinland-Pfalz v. 24.6.2021, Az. 5 Sa 29/11). Eine völlige Selbstständigkeit muss aber nicht gegeben sein (LAG Rheinland-Pfalz v. 26.1.2021, Az. 6 Sa 53/20).

Es kommt nicht darauf an, ob es sich um ein „Unternehmen", einen „Betrieb" oder einen „Unternehmens- oder Betriebsteil" handelt, vielmehr ist das Vorliegen einer wirtschaftlichen Einheit entscheidend (BAG v. 14.5.2020, Az. 6 AZR 235/19).

Die Selbstständigkeit der abgrenzbaren organisatorischen wirtschaftlichen Einheit muss beim Betriebserwerber nicht mehr vollständig erhalten bleiben, jedoch muss der Erwerber die wirtschaftliche Einheit unter grundsätzlicher Wahrung ihrer Identität fortführen; die bloße Fortführungsabsicht reicht aber nicht (z. B. BAG 15.12.2011, Az. 8 AZR 197/11; BAG v. 22.1.2009, Az. 8 AZR 158/07). Auch wenn die organisatorische Selbstständigkeit eines übertragenen Unternehmens- oder Betriebsteils nicht gewahrt wird, reicht es nach dem EuGH (v. 12.2.2009, Az. C-466/07) aus, wenn die funktionelle Verknüpfung zwischen den übertragenen Produktionsfaktoren beibehalten wird und der Erwerber hiermit derselben oder einer gleichartigen wirtschaftlichen Tätigkeit nachgehen kann. Wird beim Erwerber der Funktions- und Zweckzusammenhang zwischen den verschiedenen übertragenen Faktoren nicht mehr beibehalten, spricht dies gegen einen Betriebsübergang (BAG v. 22.1.2009, Az. 8 AZR 158/07). Bei der Beurteilung, ob es sich um einen Betrieb oder um einen Betriebsteil handelt, ist auf den Zeitpunkt der Veräußerung abzustellen. Der Übergang eines Betriebsteils i. S. d. § 613a BGB setzt voraus, dass die übernommenen Betriebsmittel bereits beim früheren Betriebsinhaber die Qualität eines Betriebsteils hatten (BAG v. 5.2.2004, Az. 8 AZR 639/02). Es reicht nicht aus, wenn der Erwerber mit einzelnen bislang nicht teilbetrieblich organisierten Betriebsmitteln einen Betrieb oder Betriebsteil gründet.

Ob ein im Wesentlichen unveränderter Fortbestand der organisierten Gesamtheit „Betrieb" bzw. „Betriebsteil" bei einem neuen Inhaber anzunehmen ist, richtet sich nach den konkreten Umständen des Einzelfalls. Anhand von sieben Kriterien **(„7-Punkte-Katalog")** ist festzustellen, ob die wirtschaftliche Einheit beim Erwerber noch gewahrt wird (z. B. BAG v. 25.8.2016, 8 AZR 53/15; anschaulich s. z. B. auch LAG Rheinland-Pfalz v. 2.11.2020, Az. 3 Sa 289/19). Kein einzelnes Kriterium ist dabei allein ausschlaggebend und es ist auch nicht erforderlich, dass alle erfüllt sind. Es ist vielmehr eine Gesamtbewertung vorzunehmen, eine isolierte Betrachtung einzelner Teilaspekte ist gerade nicht ausreichend (BAG v. 25.8.2016, Az. 8 AZR 53/15).

Danach sind folgende Aspekte im Rahmen einer Gesamtschau zu berücksichtigen:

- Die **Art** des Unternehmens oder Betriebs:

  Die Bestimmung der Art des betroffenen Betriebs dient als Hilfestellung für die konkrete Beurteilung. Handelt es sich z. B. um einen betriebsmittelarmen Betrieb, muss man sich genauer ansehen, inwiefern die Belegschaft übernommen wurde. Bei betriebsmittelintensiven Betrieben wird dagegen vor allem die Frage des Übergangs von materiellen oder immateriellen Betriebsmitteln relevant (vgl. BAG v. 25.8.2016, Az. 8 AZR 53/15).

- Der **Übergang der materiellen Betriebsmittel:**

  Hier ist insbesondere zwischen Produktions-, Handels- und Dienstleistungsbetrieben zu unterscheiden. Bei Produktionsbetrieben sind vor allem die sachlichen Betriebsmittel wie Maschinen, Einrichtungsgegenstände und Gebäude maßgeblich. Hierbei kommt es maßgeblich auf die tatsächliche Nutzung der Betriebsmittel durch den Betriebserwerber an (BAG v. 27.9.2012, Az. 8 AZR 826/11). Zum Beispiel reicht bei einem Lager, in dem Waren umgeschlagen werden, bereits dessen Anmietung für das Vorliegen eines Betriebsübergangs aus, sofern die bisherigen Waren und die sich im Lager befindenden Hochregale übernommen werden (BAG v. 22.7.2004, Az. 8 AZR 350/03). Etwa im Bereich des Luftverkehrssektors ist der Übergang von Material eines der wesentlichen Kriterien (BAG v. 14.5.2020, Az. 6 AZR 235/19; BAG v. 27.2.2020, Az. 8 AZR 215/19).

  Nach einer Entscheidung des EuGH muss es der Annahme eines Betriebsübergangs nicht notwendigerweise entgegenstehen, wenn im Rahmen der Übernahme einer betriebsmittelgeprägten Tätigkeit keine Übernahme von Betriebsmitteln erfolgt, aber andere Tatsachen, wie die Übernahme eines wesentlichen Teils der Belegschaft und die Fortsetzung der Tätigkeit ohne Unterbrechung, die Feststellung zulassen, dass die betreffende wirtschaftliche Einheit ihre Identität bewahrt (EuGH v. 27.2.2020, Az. C-298-18). Das BAG hat aber in der Vergangenheit etwa einen Betriebsübergang betreffend einen Rettungsdienst trotz Übernahme aller Mitarbeiter mangels Übernahme der als wesentlich angesehenen Betriebsmittel „Rettungsfahrzeuge" verneint (BAG v. 25.8.2016, Az. 8 AZR 53/15).

  Bei Handels- und Dienstleistungsbetrieben stehen dagegen die immateriellen Betriebsmittel wie Kundenstamm, Kundenlisten und Know-how im Vordergrund (BAG v. 22.1.2009, Az. 8 AZR 158/07).

- Der Übergang der **immateriellen Aktiva:**

  Hierunter fallen z. B. gewerbliche Schutzrechte (Patente etc.). Je höher die Bedeutung der immateriellen Betriebsmittel für die Fortführung des Betriebs ist, desto mehr steigt die Bedeutung dieses Kriteriums (vgl. BAG v. 28.4.1988, Az. 2 AZR 623/87).

- Die **Übernahme der Hauptbelegschaft** durch den Erwerber:

  In Branchen, in denen es im Wesentlichen auf die menschliche Arbeitskraft ankommt, kann auch eine Gesamtheit von Arbeitnehmern, die durch eine gemeinsame Tätigkeit dauerhaft verbunden ist, eine wirtschaftliche Einheit darstellen. Die Wahrung der Identität der wirtschaftlichen Einheit ist in diesem Fall anzunehmen, wenn der neue Betriebsinhaber nicht nur die betreffende Tätigkeit weiterführt, sondern auch einen nach Zahl und Sachkunde wesentlichen Teil des Personals übernimmt, das sein Vorgänger gezielt bei dieser Tätigkeit eingesetzt hatte (BAG v. 22.5.2014, Az. 8 AZR 1069/12; BAG v. 19.3.2015, Az. 8 AZR 150/14). Der Begriff „Hauptbelegschaft" richtet sich in der Regel nach der Zahl der Arbeitnehmer. Es müssen nicht alle, aber ein bedeutsamer Teil übergehen, wobei die für die Frage des Betriebsübergangs maßgebliche Zahl und Sachkunde der übernommenen Arbeitnehmer nicht pauschal bestimmt werden kann, sondern u. a. von der Struktur des Betriebs abhängt (BAG v. 21.6.2012, Az. 8 AZR 181/11). Die Übernahme einzelner Arbeitnehmer ist noch kein Indiz für einen Betriebsübergang, es sei denn, es handelt sich um einen Know-how-Träger.

  Beispiel:

  Der Koch eines Restaurants ist ein Know-how-Träger, der das Angebot des Lokals entscheidend prägt. Wird er übernommen, deutet dies auf einen Betriebsübergang hin.

  Auch ohne die Übernahme von Personal kann ein Betriebsübergang vorliegen, was bei „betriebsmittelgeprägten" Betrieben der Fall sein kann (BAG v. 22.1.2009, Az. 8 AZR 158/07; BAG v. 22.7.2004, Az. 8 AZR 350/03 m. H. a. EuGH v. 20.11.2003, Az. C-340/01).

  Bei „betriebsmittelarmen" Betrieben – also solchen, in denen die Dienstleistung im Vordergrund steht – kann dagegen die Nichtübernahme von Personal ggf. einen Betriebsübergang ausschließen (vgl. BAG v. 22.7.2004, Az. 8 AZR 350/03).

  Mit dem Kriterium „Übernahme der Hauptbelegschaft" liegt es in „personalintensiven" Branchen in der Hand des Erwerbers, ob eine Restrukturierung in Form eines Betriebsübergangs vorgenommen wird oder nicht. Soll ein Betriebsübergang vermieden werden, darf der Erwerber die bisher mit der Aufgabe befassten Arbeitnehmer nicht übernehmen. Wenn jedoch ein Betriebsübergang bereits aufgrund anderer Kriterien feststeht, ist der Übergang der Arbeitsverhältnisse der Arbeitnehmer Rechtsfolge und nicht zwingende Voraussetzung.

- Der **Übergang** (bzw. das Fortbestehen) **der Kundschaft:**

  Je weniger Kunden im Zuge der Übernahme verloren gehen, desto mehr deutet auf einen Betriebsübergang hin. Allein betreffend die Übernahme von Kunden kann aber i. d. R. nicht auf das Vorliegen eines Betriebsüberganges geschlossen werden (vgl. LAG Hamm v. 30.4.2008, Az. 6 Sa 1800/07). Wird eine Kundenkartei erst gar nicht übernommen, schließt dies einen Betriebsübergang aber wiederum ebenfalls nicht aus (LAG Rheinland-Pfalz v. 23.7.2020, Az. 5 Sa 365/19).

- Der **Grad der Ähnlichkeit** zwischen der vor und nach dem Übergang ausgeübten Tätigkeit (vgl. dazu BAG v. 13.7.2006, Az. 8 AZR 331/05).

  Beispiel:

  Gegen einen Betriebsübergang spricht die Änderung einer gutbürgerlichen Gaststätte in ein arabisches Spezialitätenrestaurant durch Neuverpachtung.

Allerdings müssen Tätigkeiten vor und nach der Übernahme von Betriebsmitteln oder von wesentlichen Teilen des Personals nicht vollständig übereinstimmen (LAG Rheinland-Pfalz v. 23.7.2020, Az. 5 Sa 365/19).

- Die **Dauer einer evtl. Unterbrechung** der Betriebstätigkeit:

  Eine nach wirtschaftlichen Gesichtspunkten erhebliche Zeitspanne lässt vermuten, dass kein Betriebsübergang vorliegt (BAG v. 24.4.1988, Az. 2 AZR 623/87).

Beispiel:

Gegen einen Betriebsübergang spricht die Wiedereröffnung eines Modefachgeschäfts durch ein anderes Unternehmen neun Monate nach Stilllegung des Betriebs.

Es muss sich um **mehr als eine bloße Funktions- oder Auftragsnachfolge** (also die reine Übertragung der Tätigkeit) handeln. Diese alleine stellt keinen Betriebs(teil)übergang dar (z. B. BAG v. 25.8.2016, Az. 8 AZR 53/15 m. w. N.).

Beispiele:

Die bloße Vergabe der bisher durch eigenes Personal vorgenommenen Reinigungstätigkeiten an ein externes Reinigungsunternehmen, ohne dass irgendwelche Betriebsmittel oder die bislang mit der Reinigung beschäftigten Arbeitnehmer übernommen werden, ist kein Betriebsübergang (BAG v. 11.12.1997, Az. 8 AZR 729/96).

Ein Betriebs(teil)übergang ist auch zu verneinen, wenn ein Cateringunternehmen die Bewirtschaftung einer Kantine vertraglich übernimmt, sämtliche Betriebsmittel neu angeschafft werden und der Verpächter ein völlig neues Bewirtschaftungskonzept vertraglich vorgibt (LAG Schleswig-Holstein v. 31.1.2017, Az. 1 Sa 177/16; vgl. auch BAG v. 17.12.2009, Az. 8 AZR 1019/08).

Führt ein Unternehmen, das bei einer Auftragsneuvergabe berücksichtigt wurde, die Erfüllung der Aufgabe eines Servicevertrages fort, so stellt dies für sich genommen keinen Betriebsübergang dar, wenn dies im Rahmen einer wesentlich anderen, deutlich größeren, Organisationsstruktur geschieht, deren Aufgabenumfang zudem um ein Vielfaches größer ist (BAG v. 14.8.2007, Az. 8 AZR 1043/06).

2. Übergang durch Rechtsgeschäft

Ein Betriebsübergang liegt nur vor, wenn der Betrieb oder Betriebsteil „durch Rechtsgeschäft" übergeht. Dieser Begriff ist weit auszulegen. Er setzt nicht voraus, dass zwischen Veräußerer und Erwerber ein Vertrag geschlossen wurde. Ein Betriebsübergang kann auch dann vorliegen, wenn ein Auftrag vom ursprünglich beauftragten Unternehmen auf ein neues Unternehmen übergeht, ohne dass zwischen den beiden irgendeine Beziehung besteht.

Beispiel:

Bei Neuvergabe eines Reinigungsauftrags, der bisher vom Unternehmen A erledigt wurde, an Unternehmen B kann ein Betriebsübergang von A auf B vorliegen, wenn beispielsweise die wesentlichen Betriebsmittel in Form des Reinigungsmaterials etc. von B übernommen werden, obwohl zwischen A und B keine vertraglichen Beziehungen bestehen.

Maßgeblich ist der Übergang der tatsächlichen Nutzungs- und Verfügungsgewalt (Leitungsmacht) in Bezug auf die wirtschaftliche Einheit bzw. die wesentlichen Betriebsmittel. Da es lediglich auf die Übertragung dieser Leitungsmacht ankommt, ist die Art des Rechtsgeschäfts, durch das die Übertragung vorgenommen wird, unerheblich (vgl. BAG v. 27.9.2012, Az. 826/11; BAG v. 15.12.2005, Az. 8 AZR 202/05).

WICHTIG!

Unerheblich für die Beurteilung eines Betriebsübergangs ist es auch, ob dem Betriebserwerber ein Rücktrittsrecht zusteht. Insbesondere führt die vertragliche Einräumung eines Rücktrittsrechts nicht dazu, dass der Betriebsübergang so lange in der Schwebe bleibt, wie das Rücktrittsrecht ausgeübt werden kann, wenn die wesentlichen Betriebsmittel vorher übergegangen sind (BAG v. 15.12.2005, Az. 8 AZR 202/05).

3. Übergang auf einen neuen Inhaber

Es ist erforderlich, dass ein Inhaberwechsel stattfindet. Dieser liegt nur dann vor, wenn die Person wechselt, in deren Namen der Betrieb geführt wird (vgl. LAG Rheinland-Pfalz v. 22.2.2023, Az. 6 Sa 131/22). Es kann sich dabei um eine natürliche oder eine juristische Person (z. B. eine AG oder eine GmbH) handeln.

Es muss aber zu einem Wechsel auf Arbeitgeberseite kommen. Ein bloßer Gesellschafterwechsel („share deal") ist kein Betriebsübergang, da die Identität des Arbeitgebers von einem Gesellschafterwechsel grundsätzlich unabhängig ist (z. B. BAG v. 23.3.2017, Az. 8 AZR 543/15).

Beispiel:

Der Kauf von 51 % der Gesellschaftsanteile der A-GmbH durch die B-AG ist kein Betriebsübergang.

Auch die Auswechslung der Gesellschafter einer KG stellt keinen Betriebsübergang dar (BAG v. 14.8.2007, Az. 8 AZR 803/06).

Es ist also zu unterscheiden zwischen einem „Share-Deal" (Anteilskauf) und einem „Asset-Deal" (Kauf der Aktiva). Nur im letzteren Fall kann es zu einem Betriebsübergang kommen.

Für den Zeitpunkt eines Betriebsübergangs ist der Zeitpunkt maßgeblich, in dem der neue Inhaber die Geschäftstätigkeit tatsächlich weiterführt oder wieder aufnimmt (BAG v. 15.12.2005, Az. 8 AZR 202/05). Die bloße vertraglich eingeräumte Möglichkeit zu einer unveränderten Fortführung des Betriebs oder lediglich das Auftreten als Inhaber gegenüber der Belegschaft genügt also nicht. Erforderlich ist, dass der neue Inhaber nach außen als solcher auftritt (BAG v. 25.1.2018, Az. 8 AZR 309/16).

III. Folgen des Betriebsübergangs

1. Rechtsstellung des Erwerbers

1.1 Grundsatz: Übergang der Arbeitsverhältnisse

Im Falle des Betriebsübergangs gehen alle Arbeitsverhältnisse mit dem bisherigen Arbeitgeber, die im Zusammenhang mit dem Betrieb bzw. Betriebsteil standen, auf den Erwerber über, wenn die Arbeitnehmer nicht von ihrem Widerspruchsrecht Gebrauch machen (s. u. IV.2.). Der Erwerber tritt somit in alle Rechte und Pflichten aus den Arbeitsverhältnissen ein und wird so behandelt, als wäre er bereits von Anfang an Arbeitgeber gewesen. Er muss also z. B. die bei dem bisherigen Betriebsinhaber zurückgelegte Dauer der Betriebszugehörigkeit gegen sich gelten lassen (vgl. BAG v. 5.2.2004, Az. 8 AZR 639/02). Eine etwaige andersartige rechtliche Bezeichnung (z. B. „Neuanstellung") kann diese Rechtsfolge eines vorliegenden Betriebsübergangs nicht verhindern (LAG Rheinland-Pfalz v. 29.3.2021, Az. 7 Sa 344/19).

Mit Urteil vom 30.8.2017 (Az. 4 AZR 95/14) hat das BAG entschieden, dass arbeitsvertraglich vereinbarte Verweisungsklauseln auf die jeweils gültigen Tarifverträge (dynamische Bezugnahmeklauseln) regelmäßig auch nach dem Betriebsübergang dynamisch wirken und diesem Ergebnis auch Unionsrecht nicht entgegensteht.

WICHTIG!

In sog. Altverträgen (vor dem 1.1.2002 abgeschlossen) wird eine sog. kleine dynamische Klausel (dynamischer Verweis auf die einschlägigen Tarifverträge), ohne dass dies in der Klausel einen Niederschlag finden muss, nach einem Betriebsübergang regelmäßig als Gleichstellungsabrede mit statischer Wirkung ausgelegt, wenn der Arbeitgeber bei der Vereinbarung der Bezugnahmeklausel tarifgebunden war (vgl. BAG v. 13.12.2023, Az. 4 AZR 286/22; BAG v. 18.4.2007, Az. 4 AZR 652/05; BAG v. 14.12.2005, Az. 4 AZR 536/04). In diesem Fall gelten die in Bezug genommenen Tarifverträge im

Falle eines Betriebsübergangs statisch in ihrer Fassung zum Zeitpunkt des Betriebsübergangs weiter (zur Problematik einer Änderung des Arbeitsvertrags nach dem 1.1.2002 s. BAG v. 27.3.2018, Az. 4 AZR 208/17 und Az. 4 AZR 151/15).

Liegt kein sog. Altvertrag vor, kommt es auf die arbeitsvertragliche Vereinbarung einer Gleichstellungsabrede an: Macht ein tarifgebundener Arbeitgeber in einer Bezugnahmeklausel die Anwendung der jeweils gültigen Tarifverträge von seiner eigenen Tarifbindung abhängig, gelten die entsprechenden Tarifverträge nicht dynamisch für einen Betriebsübernehmer i. S. d. § 613a BGB, der nicht tarifgebunden ist (BAG v. 5.7.2017, Az. 4 AZR 867/16).

Liegt der Übergang eines Betriebsteils vor, gehen nur die Arbeitsverhältnisse derjenigen Arbeitnehmer auf den Betriebserwerber über, die dem übergehenden Betriebsteil zuzuordnen waren. Für diese Zuordnung ist darauf abzustellen, ob der Arbeitnehmer in den übergegangenen Betriebsteil tatsächlich eingegliedert war, sodass es nicht ausreicht, dass er Tätigkeiten für den übertragenen Teil verrichtet hat, ohne in dessen Struktur eingebunden gewesen zu sein (BAG v. 24.1.2013, Az. 8 AZR 706/11).

Für die Frage, welchem Betrieb oder Betriebsteil ein Arbeitnehmer zugeordnet ist, kommt es vorrangig auf den Willen der Arbeitsvertragsparteien an. Liegt ein solcher weder in ausdrücklicher noch in konkludenter Form vor, so erfolgt die Zuordnung grundsätzlich – ebenfalls ausdrücklich oder konkludent – durch den Arbeitgeber aufgrund seines Direktionsrechts (BAG v. 21.2.2013, Az. 8 AZR 877/11; LAG Köln v. 4.12.2018, Az. 4 Sa 962/17). Entscheidend für die Zuordnung ist der Tätigkeitsschwerpunkt. Zur Ermittlung ist dabei in erster Linie auf den jeweiligen zeitlichen Aufwand und Arbeitseinsatz abzustellen (BAG v. 17.10.2013, Az. 8 AZR 763/12). Eine etwaige mitbestimmungsrechtliche Fehlerhaftigkeit aufgrund fehlender Zustimmung des Betriebsrats zu einer Versetzung soll für die Zuordnung unerheblich sein (LAG München v. 7.12.2020, Az. 4 TaBV 39/20). Die Grundsätze einer Sozialauswahl nach § 1 Abs. 3 Satz 1 KSchG sind für eine Zuordnung der von einem Betriebsübergang betroffenen Arbeitsverhältnisse nicht heranzuziehen (BAG v. 11.5.2023, Az. 6 AZR 267/22). Auf die Zuordnungsentscheidung des Arbeitgebers ist § 613a Abs. 4 BGB (Kündigungsverbot wegen eines Betriebsübergangs) nicht analog anwendbar (BAG v. 21.3.2024, Az. 2 AZR 79/23).

Möglich ist, dass der Arbeitnehmer aus Anlass eines Betriebsübergangs das Arbeitsverhältnis wirksam selbst kündigt oder ein Aufhebungsvertrag geschlossen wird. In einem solchen Fall muss die Beendigung jedoch auf ein endgültiges Ausscheiden des Arbeitnehmers gerichtet sein. Soll zugleich ein neues Arbeitsverhältnis mit dem Erwerber begründet werden, dient die vorherige Beendigung des Arbeitsverhältnisses mit dem Betriebsveräußerer durch Eigenkündigung oder durch Aufhebungsvertrag regelmäßig einer Umgehung der Rechtsfolgen des § 613a BGB und ist daher unwirksam (BAG v. 27.9.2012, Az. 8 AZR 826/11). Kündigt das Veräußerungsunternehmen wirksam einem Arbeitnehmer und begründet das Erwerberunternehmen mit einer kurzen Unterbrechung mit demselben Arbeitnehmer ein neues Arbeitsverhältnis unter Beibehaltung der bisherigen Tätigkeit, so ist die beim Veräußerungsunternehmen erbrachte Beschäftigungszeit (mit Auswirkungen auf die Dauer der Kündigungsfrist, der Wirksamkeit einer Probezeit und der Dauer des Urlaubs) anzurechnen (LAG Berlin-Brandenburg v. 5.3.2020, Az. 21 Sa 1684/19, vgl. bei einem Wechsel in eine Beschäftigungs- und Qualifizierungsgesellschaft zur Umgehung der Rechtsfolgen des Betriebsübergangs BAG v. 25.10.2012, Az. 8 AZR 572/11).

Liegt einer Geschäftsführertätigkeit ein Arbeitsvertrag zugrunde, ist die betreffende Person als Arbeitnehmer i. S. d. § 613a BGB anzusehen, die Organstellung selbst geht im Falle eines Betriebsübergangs allerdings nicht mit über (BAG v. 20.7.2023, Az. 6 AZR 228/22).

Wird ein Leiharbeitnehmer über einen Betriebsübergang hinaus im übergehenden Entleiherbetrieb eingesetzt, sind derzeit etwaige Auswirkungen auf die Überlassungshöchstdauer unklar. Das BAG hat diese Frage dem EuGH vorgelegt (BAG v. 1.10.2024, Az. 9 AZR 264/23 (A)).

1.2 Verbindlichkeiten

Der Erwerber tritt mit dem Zeitpunkt des Betriebsübergangs in alle Verbindlichkeiten aus den Arbeitsverhältnissen ein (BAG v. 21.8.2014, Az. 8 AZR 655/13). Er haftet z. B. für rückständige Lohnforderungen (BAG v. 18.8.1976, Az. 5 AZR 95/75). Der Arbeitgeber tritt auch in Versorgungszusagen und ggf. hierauf bezogene Absprachen ein (BAG v. 9.5.2023, Az. 3 AZR 174/22; s. auch BAG v. 26.1.2021, Az. 3 AZR 139/17 zu Anwartschaften auf betriebliche Altersversorgung mit Einschränkungen bei einer Betriebsveräußerung in der Insolvenz).

1.3 Sozialversicherungsbeiträge

Vom Zeitpunkt des Betriebsübergangs an schuldet der Erwerber die Sozialversicherungsbeiträge des übernommenen Personals. Dies gilt aber nicht für eventuelle bei Betriebsübergang bestehende Beitragsrückstände des Veräußerers. Solche Beitragsschulden verbleiben bei dem bisherigen Arbeitgeber (LSG Bayern v. 28.1.2011, Az. L 5 R 848/10 B ER).

1.4 Schicksal kollektivrechtlicher Normen

1.4.1 Tarifverträge

Tarifverträge gehen nicht als weiterhin kollektivrechtlich geltende Tarifverträge auf den Erwerber über. Vielmehr sieht § 613a BGB als Grundfall vor, dass die Rechte und Pflichten der Arbeitsvertragsparteien, die in einem → *Tarifvertrag* geregelt sind, mit dem Betriebsübergang Bestandteil der übergehenden Arbeitsverhältnisse werden. Durch den Betriebsübergang verlieren diese kollektivrechtlichen Normen also i. d. R. ihre unmittelbare und zwingende Wirkung. Sie gelten lediglich als Individualrecht – also als Ansprüche aus dem Arbeitsvertrag – weiter, es sei denn, dass der entsprechende Tarifvertrag unabhängig vom Betriebsübergang auch auf den Erwerber Anwendung findet.

WICHTIG!

Es kommt aber auch nicht zu einer Übertragung der Rechte und Pflichten aus Tarifverträgen, wenn beim Erwerber die entsprechenden Punkte durch einen anderen Tarifvertrag geregelt werden (§ 613a Abs. 1 Satz 3 BGB). Ist der Erwerber also selbst tarifgebunden, gelten diese Tarifverträge auch für den erworbenen Betrieb oder Betriebsteil und verdrängen die dort bis zum Betriebsübergang geltenden tariflichen Regelungen – gleich, ob sich die Arbeitsbedingungen für die übergegangenen Arbeitsverhältnisse verbessern oder verschlechtern (BAG v. 23.1.2019, Az. 4 AZR 445/17). So löst auch ein allgemeinverbindlicher Tarifvertrag, an den nach einem Betriebsübergang Arbeitnehmer und Erwerber gebunden sind, einen lediglich vom Veräußerer vereinbarten Haustarifvertrag, an den der Arbeitnehmer gleichfalls gebunden war, nach § 613a Abs. 1 Satz 3 BGB ab. Die Rechtsnormen des Haustarifvertrages werden nicht nach § 613a Abs. 1 Satz 2 BGB Inhalt des Arbeitsverhältnisses zwischen Erwerber und Arbeitnehmer; es sei denn, es gibt eine Übernahmevereinbarung (BAG v. 7.7.2010, Az. 4 AZR 1023/08). Im Fall eines Betriebsübergangs geht aber eine arbeitsvertragliche Bezugnahmeklausel nach § 613a Abs. 1 Satz 1 BGB mit unverändert rechtsbegründender Bedeutung über (s. dazu oben unter III./1./1.1). § 613a Abs. 1 Satz 3 BGB, wonach die individualrechtlich weitergeltenden kollektivrechtlichen Normen durch andere kollektivrechtliche Regelungen abgelöst werden können, findet auf Regelungen, die auch vor dem Betriebsübergang kraft arbeitsvertraglicher Vereinbarung galten, weder direkt noch analog oder im Wege der Auslegung Anwendung (BAG v. 16.5.2018, Az. 4 AZR 209/15). Findet nach dem Betriebsübergang ein anderer Tarifvertrag (z. B. aufgrund einer Allgemeinverbindlichkeitserklärung) normative Anwendung, so ist das Verhältnis der beiden tarifvertraglichen Regelungen zueinander nach dem Günstigkeitsprinzip zu klären (BAG v. 17.11.2010, Az. 4 AZR 391/09).

Der nicht tarifgebundene Erwerber kann aber ggf. auch eine unmittelbare Tarifbindung herbeiführen, indem er Mitglied des Arbeitgeberverbands (dem der Veräußerer angehörte) wird oder indem er mit der jeweiligen Gewerkschaft einen Haustarifvertrag abschließt.

1.4.2 Betriebsvereinbarungen

§ 613a Abs. 1 Satz 2 BGB sieht in Bezug auf das Schicksal von Betriebsvereinbarungen im Falle eines Betriebsübergangs grundsätzlich dieselben Rechtsfolgen vor wie für Tarifverträge, d. h. eine Fortgeltung der Regelungen nicht mehr in Form einer → *Betriebsvereinbarung*, sondern als Inhalt der Arbeitsverträge der von dem Betriebsübergang betroffenen Arbeitsverhältnisse („Transformation").

Die Rechtsprechung weicht jedoch in vielen Fällen von diesem Grundsatz ab und geht abweichend vom Wortlaut des § 613a BGB von einer normativen Weitergeltung der Betriebsvereinbarung als solcher aus. Eine normative Weitergeltung als Betriebsvereinbarung wird von der Rechtsprechung immer dann bejaht, wenn der übergehende Betrieb bzw. Betriebsteil seine **Identität bewahrt** (vgl. z. B. BAG v. 12.6.2019, Az. 1 AZR 154/17; BAG v. 24.1.2017, Az. 1 ABR 24/15; BAG v. 5.5.2015, Az. 1 AZR 763/13; BAG v. 18.9.2002, Az. 1 ABR 54/01): Für die Frage des **Erhalts der Betriebsidentität** kommt es darauf an, ob die Organisation der Arbeitsabläufe, der Betriebszweck und die Leitungsstruktur nach der Übertragung unverändert geblieben sind (vgl. BAG v. 7.6.2011, Az. 1 ABR 110/09).

Umgekehrt geht die **Betriebsidentität verloren,** wenn mit dem Betriebsinhaberwechsel der Betrieb mit einem/dem Betrieb des Erwerbs verschmolzen wird und dessen Existenz endet, er in einen anderen Betrieb eingegliedert wird oder wenn durch Maßnahmen des Erwerbs der Betrieb in seinem Bestand verändert wird (BAG v. 1.8.2001, Az. 4 AZR 82/00). Ist dies der Fall, können die Auffangregelungen des § 613a Abs. 1 Satz 2–4 BGB eingreifen. Die Inhaltsnormen einer Betriebsvereinbarung werden dann nach § 613a Abs. 1 Satz 2 BGB in die Arbeitsverhältnisse der übergehenden Arbeitnehmer transformiert. Hierdurch werden diese nicht Bestandteil der arbeitsvertraglichen Vereinbarungen zwischen den übergehenden Arbeitnehmern und dem Betriebserwerber, sondern ihr kollektivrechtlicher Charakter bleibt bis zu einer etwaigen Abänderung erhalten (BAG v. 19.9.2023, Az. 1 AZR 281/22). Gem. § 613a Abs. 1 Satz 2 BGB ist eine Änderung zum Nachteil der Arbeitnehmer nicht vor Ablauf eines Jahres nach dem Zeitpunkt des Übergangs möglich.

Besonderheiten im Zusammenhang mit einem Betriebsübergang können sich etwa auch bei Gesamtbetriebsvereinbarungen ergeben (näher zu verschiedenen Fallgestaltungen s. BAG v. 18.2.2002, Az. 1 ABR 54/01). Wird z. B. ein einzelner Betrieb unter Wahrung seiner Identität von einem Unternehmen mit mehreren Betrieben übernommen und sind die in der Gesamtbetriebsvereinbarung geregelten Rechte und Pflichten beim aufnehmenden Unternehmen nicht normativ ausgestaltet, gilt der Inhalt der Gesamtbetriebsvereinbarung als Einzelbetriebsvereinbarung weiter (BAG v. 5.5.2015, Az. 1 AZR 763/13; vgl. für die Konzernbetriebsvereinbarung BAG v. 25.2.2020, Az. 1 ABR 39/18).

1.4.3 Veränderungssperre

Kommt es – entgegen dem Regelfall (vgl. näher unter III./1./1.1) – zu einer Transformation gem. § 613a Abs. 1 Satz 2 BGB („Auffangregelung" – vgl. BAG v. 12.6.2019, Az. 1 AZR 154/17) und sind die Rechte und Pflichten bei dem neuen Inhaber nicht durch Rechtsnormen eines anderen Tarifvertrags oder durch eine andere Betriebsvereinbarung geregelt (§ 613a Abs. 1 Satz 3 BGB), dürfen die transformierten Regelungen grundsätzlich nicht vor Ablauf eines Jahres nach Übergang zum Nachteil der Arbeitnehmer geändert werden (§ 613a Abs. 1 Satz 2 BGB). Eine verschlechternde Änderung ist nur durch eine neue kollektivrechtliche Vereinbarung in Form einer Betriebsvereinbarung oder eines neuen Tarifvertrags möglich (§ 613a Abs. 1 Satz 4 BGB).

Nach Ablauf eines Jahres können die normalen individualrechtlichen Gestaltungsmittel zur Änderung des Arbeitsverhältnisses angewendet werden. Hier stehen dem neuen Arbeitgeber eine einvernehmliche Vertragsänderung oder (unter engen Voraussetzungen) die Möglichkeit einer → *Änderungskündigung* zur Verfügung.

2. Rechtsstellung des bisherigen Arbeitgebers

Bei einem Betriebsübergang endet das Arbeitsverhältnis mit dem bisherigen Arbeitgeber, es bedarf keines gesonderten Beendigungsaktes in Form einer Kündigung oder eines Aufhebungsvertrags. Tarifliche Ausschlussfristen, die auf die Beendigung des Arbeitsverhältnisses abstellen, beginnen mit dem Zeitpunkt des Übergangs zu laufen.

Für Ansprüche, die vor dem Übergang entstanden sind und vor Ablauf eines Jahres seit Übergang fällig werden, haften der bisherige Arbeitgeber und der neue Arbeitgeber gem. § 613a Abs. 2 Satz 1 BGB als sog. Gesamtschuldner (d. h. beide haften, und der Arbeitnehmer kann sich aussuchen, an wen er sich mit seinen Ansprüchen wendet). Für Ansprüche, die vor dem Übergang entstanden sind und erst nach dem Übergang fällig werden, haftet der bisherige Arbeitgeber anteilig (§ 613a Abs. 2 Satz 2 BGB).

WICHTIG!

Wenn der Arbeitnehmer nur gegen den Erwerber vorgeht, kann dieser den gezahlten Betrag nicht ohne weiteres vom Veräußerer zurückverlangen (auch nicht anteilig!), und umgekehrt. Wer von beiden letztlich für die Ansprüche haften soll, muss im Übernahmevertrag geregelt werden.

IV. Unterrichtungspflicht und Widerspruchsrecht

1. Unterrichtungspflicht gemäß § 613a Abs. 5 BGB

Gem. § 613a Abs. 5 BGB hat der bisherige Arbeitgeber oder der neue Inhaber des übergehenden Betriebs oder Betriebsteils die betroffenen Arbeitnehmer über

- den tatsächlichen oder geplanten Zeitpunkt des Übergangs,
- den Grund des Übergangs,
- die Identität des Betriebserwerbers,
- die rechtlichen, wirtschaftlichen und sozialen Folgen des Übergangs für die Arbeitnehmer und
- die hinsichtlich der Arbeitnehmer in Aussicht genommenen Maßnahmen

in Textform zu informieren. Textform (i. S. d. § 126b BGB) bedeutet die dauerhafte Wiedergabe von Schriftzeichen unter Nennung der Person des Erklärenden. Anders als bei der gesetzlichen Schriftform reichen insofern z. B. auch E-Mails aus, wobei allerdings insgesamt auf einen nachweisbaren Zugang geachtet werden sollte.

Durch diese Informationen sollen die betroffenen Arbeitnehmer in die Lage versetzt werden, über die Ausübung ihres Widerspruchsrechts (s. u. 2.) zu entscheiden. An die Formulierung der erforderlichen Angaben zu den rechtlichen, wirtschaftlichen und sozialen Folgen des Übergangs stellt die Rechtsprechung erhebliche Anforderungen (so z. B. BAG v. 13.7.2006, Az. 8

AZR 305/05, BAG v. 31.1.2008, Az. 8 AZR 1116/06). Unzureichend ist der alleinige Verweis auf die einschlägige gesetzliche Regelung in § 613a BGB.

Erforderlich sind insbesondere folgende Informationen:

a) Zeitpunkt und Grund des Übergangs: Angegeben werden muss der geplante Zeitpunkt, ab dem der neue Inhaber die Leitungsmacht übernehmen soll. Im Hinblick auf den Grund muss das zugrunde liegende Umstrukturierungskonzept nachvollziehbar dargelegt werden sowie der Rechtsgrund für den Betriebsübergang (z. B. Kaufvertrag, Pachtvertrag, Umwandlung etc.) genannt werden. Die Angabe der Motivation des Verantwortlichen für den Betriebsübergang ist entbehrlich. Sinn und Zweck der Unterrichtung ist es allerdings, dass der Arbeitnehmer die Möglichkeit hat, sachgerecht über die Ausübung des Widerspruchs zu entscheiden. Dem Arbeitnehmer müssen insofern jene unternehmerischen Gründe für den Betriebsübergang zumindest schlagwortartig mitgeteilt werden, die sich im Falle seines Widerspruchs auf den Arbeitsplatz auswirken können, wozu auch die Beweggründe des Erwerbers gehören können. Die Angabe, dass wirtschaftliche Gründe ausschlaggebend waren, kann ausreichend sein (zum Ganzen s. BAG v. 13.7.2006, Az. 8 AZR 305/05; LAG München v. 9.10.2008, Az. 4 Sa 411/08; vgl. auch BAG v. 29.6.2023, Az. 2 AZR 326/22).

b) Identifikation des Erwerbers und des übergehenden Betriebsteils: Auch wenn sich dies so im Gesetzeswortlaut nicht wiederfindet, ist die korrekte Bezeichnung des Erwerbers und der Anschrift einschließlich der Person des gesetzlichen Vertreters erforderlich, da der Arbeitnehmer nur so Erkundigungen über den Erwerber einziehen kann. Ist die juristische Person des Erwerbers zum Zeitpunkt der Unterrichtung noch nicht im Handelsregister eingetragen, führt dies zur Fehlerhaftigkeit der Unterrichtung (BAG v. 14.11.2013, Az. 8 AZR 824/12). Gleiches gilt für den fehlenden Hinweis auf die Neugründung des Betriebserwerbers, die nach § 112a Abs. 2 BetrVG dazu führt, dass noch keine Sozialplanpflicht im Falle einer Betriebsänderung besteht (BAG v. 14.11.2013, Az. 8 AZR 824/12).

c) Rechtliche, wirtschaftliche und soziale Folgen und in Aussicht genommene Maßnahmen: Die rechtlichen Folgen sind die in § 613a BGB benannten bzw. von der Rechtsprechung entwickelten Folgen, also beispielsweise die Auswirkungen auf die arbeitsvertraglichen Bestimmungen, das Schicksal der bisher geltenden Tarifverträge und Betriebsvereinbarungen, die Frage, ob im Erwerberbetrieb Kollektivvereinbarungen gelten und ggf. welchen Inhalt diese haben u. Ä. Des Weiteren müssen die haftungsrechtlichen Folgen für die vor dem Betriebsübergang entstandenen Ansprüche, das Widerspruchsrecht und dessen Frist (vgl. hierzu IV.2.) sowie die möglichen Folgen eines Widerspruchs angegeben werden (zum Ganzen vgl. z. B. BAG v. 10.11.2011, Az. 8 AZR 277/10). Für die sozialen Folgen kann beispielsweise auch die finanzielle Leistungsfähigkeit des Erwerbers erhebliche Auswirkungen haben, sodass auch dieser Punkt in der Unterrichtung mit aufgenommen werden sollte. § 613a Abs. 5 BGB gebietet auch eine Information des Arbeitnehmers über die mittelbaren Folgen eines Betriebsübergangs, etwa darüber, dass die rechtlichen Rahmenbedingungen beim Erwerber zu einer Gefährdung der wirtschaftlichen Absicherung der Arbeitnehmer führen, wenn darin ein relevantes Kriterium für einen möglichen Widerspruch gegen den Übergang des Arbeitsverhältnisses gesehen werden muss (BAG v. 26.3.2015, Az. 2 AZR 783/13; zur Informationspflicht wenn beim Erwerber kein Kündigungsschutz gem. § 23 Abs. 1 KSchG besteht s. LAG Düsseldorf v. 9.1.2018, Az. 3 Sa 251/17). Andererseits betont das BAG, dass vom Arbeitgeber keine umfassende Rechtsberatung über die rechtlichen Folgen in Bezug auf jeden konkreten Einzelfall erwartet werden könne. Vielmehr sei es auch Aufgabe des Arbeitnehmers, sich selbstständig über die für ihn relevanten Sachverhalte bzw. Rechtsfolgen zu informieren (BAG v. 10.11.2011, Az. 8 AZR 277/10).

ACHTUNG!

Aufgrund der hohen Anforderungen der Rechtsprechung an den Inhalt der Unterrichtung und der erheblichen Folgen einer fehlerhaften Unterrichtung sollten Arbeitgeber sich hierzu fachkundige Unterstützung einholen.

ACHTUNG!

Eine unterlassene, unvollständige oder fehlerhafte Unterrichtung der Arbeitnehmer führt dazu, dass die Widerspruchsfrist (s. u. 2.) nicht zu laufen beginnt und der Arbeitnehmer gegebenenfalls bis zur Grenze der Verwirkung dem Übergang seines Arbeitsverhältnisses widersprechen kann. Wird das Widerspruchsrecht in solchen Fällen nach dem Betriebsübergang ausgeübt, wirkt es auf den Zeitpunkt des Betriebsübergangs zurück (BAG v. 13.7.2006, Az. 8 AZR 305/05). Vom BAG wurde neuerdings angesprochen – ob jedenfalls bei Fehlern, die regelmäßig für den Willensbildungsprozess der Arbeitnehmer ohne Belang sind, eine differenzierte Betrachtungsweise erforderlich ist (BAG v. 22.7.2021, Az. 2 AZR 6/21). Diese Sichtweise hat das BAG in weiteren Entscheidungen bekräftigt (BAG v. 21.3.2024, Az. 2 AZR 79/23; BAG v. 30.1.2025, Az. 2 AZR 80/23): Hiernach dürfen an den Inhalt der Unterrichtung über die rechtlichen Folgen eines Betriebsübergangs „keine im praktischen Leben kaum erfüllbaren Anforderungen gestellt werden, wonach das Unterrichtungsschreiben ‚keinen juristischen' Fehler enthalten darf". Dennoch ist Arbeitgebern weiterhin zu empfehlen, bei der Unterrichtung über einen Betriebsübergang besonders sorgsam vorzugehen.

Die Verletzung der Unterrichtungspflicht begründet auch unter Berücksichtigung des Grundsatzes von Treu und Glauben kein Kündigungsverbot (BAG v. 24.5.2005, Az. 8 AZR 398/04).

2. Widerspruchsrecht des Arbeitnehmers

Ein Arbeitnehmer hat das Recht, dem Betriebsübergang zu widersprechen (§ 613a Abs. 6 BGB). Die Folge ist, dass sein Arbeitsverhältnis nicht auf den Erwerber übergeht. Er bleibt Arbeitnehmer des Veräußerers.

Nach Zugang der ordnungsgemäßen Unterrichtung gem. § 613a Abs. 5 BGB über den Betriebsübergang (s. o. 1.) hat der Arbeitnehmer **einen Monat** Zeit, seinen Widerspruch **schriftlich** zu erklären (vgl. BAG v. 29.6.2023, Az. 2 AZR 326/22); entscheidend für die Rechtzeitigkeit ist der Zugang des schriftlichen Widerspruchs beim bisherigen Arbeitgeber oder bei dem Erwerber. Nicht möglich ist es hingegen bei mehreren hintereinander vollzogenen Betriebsübergängen, den Widerspruch gegenüber einem früheren Arbeitgeber zu erklären, zu dem im Zeitpunkt des Betriebsübergangs kein Arbeitsverhältnis mehr bestand (BAG v. 24.4.2014, Az. 8 AZR 369/13).

Die Erklärung des Widerspruchs bedarf zur Wirksamkeit weder eines sachlichen Grundes noch muss er vom Arbeitnehmer begründet werden. Dies gilt grundsätzlich auch dann, wenn eine Mehrheit von einem Teilbetriebsübergang betroffener Arbeitnehmer gleichzeitig und mit gleichlautenden Schreiben dem Übergang widerspricht, es sei denn, die Widerspruchserklärungen sind rechtsmissbräuchlich (BAG v. 30.9.2004, Az. 8 AZR 462/03). Von einer Rechtsmissbräuchlichkeit kann nur ausnahmsweise ausgegangen werden, wenn der Arbeitnehmer mit dem Widerspruch unzulässige Ziele verfolgt. Dies ist aber z. B. nicht schon dann der Fall, wenn er nach dem Widerspruch dem Betriebserwerber den Abschluss eines Arbeitsvertrags zu für ihn günstigeren Bedingungen anbietet oder dem Betriebsveräußerer einen Aufhebungsvertrag, verbunden mit einer Abfindungszahlung, vorschlägt (BAG v. 19.2.2009, Az. 8

AZR 176/08). Rechtsmissbräuchlich kann es aber sein, wenn eine Vielzahl von Arbeitnehmern das Widerspruchsrecht ausübt, soweit dies von der Motivation getragen ist, den Betriebsübergang als solchen zu verhindern oder Vergünstigungen zu erzielen, auf die die Arbeitnehmer keinen Rechtsanspruch haben (BAG v. 30.9.2004, Az. 8 AZR 462/03).

Versäumt der Arbeitnehmer die Monatsfrist, ist der Widerspruch unwirksam. Dies gilt auch, wenn es zu einem weiteren Betriebsübergang („Ketten-Betriebsübergang") nach Ablauf der einmonatigen Widerspruchsfrist kommt und der Arbeitnehmer diesem neuen Betriebsübergang widerspricht. In diesem Fall ist das auf den vorangegangenen Betriebsübergang bezogene Widerspruchsrecht, soweit der Arbeitnehmer die „grundlegenden Informationen" erhalten hat, erloschen (näher s. BAG v. 15.12.2022, Az. 2 AZR 99/22; BAG v. 19.11.2015, Az. 8 AZR 773/14 insoweit einschränkend zu BAG v. 11.12.2014, Az. 8 AZR 943/13).

WICHTIG!

Vom Grundsatz her kann ein Arbeitnehmer sein Widerspruchsrecht verwirken, wenn er hiervon über längere Zeit keinen Gebrauch macht (Zeitelement) und durch sein Verhalten den Eindruck erweckt, dass er den Übergang seines Arbeitsverhältnisses auf den Betriebserwerber endgültig akzeptiert (Umstandselement), vgl. BAG v. 24.7.2008, Az. 8 AZR 175/07. Ebenso tritt eine Verwirkung des Widerspruchsrechts ein, wenn der Arbeitnehmer den Betriebserwerber bereits auf Feststellung eines bestehenden Arbeitsverhältnisses verklagt hat (so BAG v. 17.10.2013, Az. 8 AZR 974/12). Andererseits stellt allein der Umstand, dass der Arbeitnehmer (zunächst) widerspruchslos beim Betriebserwerber weiterarbeitet und von diesem die Arbeitsvergütung entgegennimmt, ebenso wenig eine Disposition über den Bestand des Arbeitsverhältnisses dar (vgl. BAG v. 27.11.2008, Az. 8 AZR 225/07; BAG v. 24.7.2008, Az. 8 AZR 175/07) wie Vereinbarungen mit dem Betriebserwerber, durch welche einzelne Arbeitsbedingungen, z. B. Art und Umfang der zu erbringenden Arbeitsleistung, Höhe der Arbeitsvergütung, geändert werden. Der Arbeitnehmer hat aber z. B. sein Widerspruchsrecht dann verwirkt, wenn er dieses erst nach 14,5 Monaten nach dem Betriebsübergang geltend macht und zwischenzeitlich einen Aufhebungsvertrag mit dem Betriebserwerber geschlossen hatte (BAG v. 23.7.2009, Az. 8 AZR 357/08) oder er sich gegen eine → *Kündigung* durch den Betriebserwerber nicht zur Wehr setzt, sondern diese widerspruchslos hinnimmt und erst 15 Monate nach dem Betriebsübergang Widerspruch einlegt (BAG v. 22.4.2010, Az. 8 AZR 982/07).

Nach der Rechtsprechung des BAG führt allein die widerspruchslose Weiterarbeit bei einem neuen Inhaber über einen Zeitraum von sieben Jahren regelmäßig zur Verwirkung des Widerspruchsrechts, wenn der Arbeitnehmer zwar nicht ordnungsgemäß gem. § 613a Abs. 5 BGB unterrichtet, aber im Rahmen einer Unterrichtung über den mit dem Betriebsübergang verbundenen Übergang seines Arbeitsverhältnisses unter Mitteilung des geplanten Zeitpunkts sowie des Gegenstands des Betriebsübergangs und des Betriebsübernehmers (grundlegende Informationen) in Textform in Kenntnis gesetzt und über sein Widerspruchsrecht nach § 613a Abs. 4 Satz 1 BGB belehrt wurde (z. B. BAG v. 28.6.2018, Az. 8 AZR 101/17 und BAG v. 24.8.2017, Az. 8 AZR 265/16). Der Zeitraum der widerspruchslosen Weiterarbeit bei dem neuen Inhaber beginnt frühestens mit dem Betriebsübergang. In dem Fall, dass die Frist des § 613a Abs. 6 Satz 1 BGB erst nach dem Betriebsübergang abläuft, ist der Zeitpunkt des Ablaufs dieser Frist maßgeblich (BAG v. 24.8.2017, Az. 8 AZR 265/16).

Veräußerer und Erwerber können **nicht** durch Vereinbarung (unter sich) sicherstellen, dass ein bestimmtes Arbeitsverhältnis übergeht. Nur der Arbeitnehmer kann durch sein Widerspruchsrecht über den Übergang entscheiden. Der Arbeitnehmer kann durch einseitige Erklärung auch auf das Widerspruchsrecht ganz oder zeitweilig **verzichten**, wobei bei der Auslegung einer Erklärung die hohe Bedeutung des Widerspruchsrechts zu berücksichtigen ist und ein Verzicht insofern eindeutig und zweifelsfrei zum Ausdruck gebracht werden muss (BAG v. 28.2.2019, Az. 8 AZR 201/18). Vom BAG in der genannten Entscheidung vom 28.2.2019 offengelassen wurde aber die Frage, ob der Verzicht eine ordnungsgemäße Unterrichtung oder jedenfalls eine zutreffende Unterrichtung in Textform über die „grundlegenden Informationen" voraussetzt.

Der Widerspruch eines Arbeitnehmers gegen den Betriebsübergang entfaltet Rückwirkung; d. h. der Arbeitnehmer muss grundsätzlich so gestellt werden, als hätte er dem Betriebsübergang von Anfang an widersprochen. Für die Zeit zwischen Betriebsübergang und Zugang der Widerspruchserklärung hat der Arbeitnehmer jedoch für die geleistete Arbeit Anspruch auf Vergütung gegen den Erwerber. Ein Anspruch gegen den Veräußerer wegen Annahmeverzugs besteht nicht (LAG Köln v. 11.6.2004, Az. 12 Sa 374/04). Nach einem Widerspruch kann der (bisherige) Arbeitgeber in Annahmeverzug geraten. Lehnt der Arbeitnehmer allerdings eine zumutbare Tätigkeit ab, muss er sich ggf. nach § 615 Satz 2 BGB ein böswilliges Unterlassen anrechnen lassen (BAG v. 19.5.2021, Az. 5 AZR 420/20, zum abgelehnten Angebot eines Einsatzes als Leiharbeitnehmer zu unveränderten Arbeitsbedingungen beim Erwerber).

V. Kündigung bei Betriebsübergang

Die → *Kündigung* eines Arbeitsverhältnisses (egal, ob ordentlich oder außerordentlich oder als → *Änderungskündigung*) **wegen** des Betriebsübergangs durch den bisherigen oder neuen Arbeitgeber ist gem. § 613a Abs. 4 BGB unzulässig und damit unwirksam, und zwar unabhängig von der Betriebsgröße und der Beschäftigungsdauer des Arbeitnehmers (s. hierzu LAG Berlin-Brandenburg v. 17.11.2023, Az. 12 Sa 418/23). Leitende Angestellte werden ebenfalls voll geschützt. Eine Kündigung aus **anderen Gründen** wird durch das Kündigungsverbot gem. § 613a Abs. 4 BGB nicht berührt; auch eine betriebsbedingte Kündigung bleibt in diesen Fällen also grundsätzlich möglich. Insbesondere ist auch eine Kündigung **aus Anlass** einer Betriebsänderung möglich. Relevant wird dies dann, wenn ein Arbeitnehmer dem Betriebsübergang widerspricht und seine Beschäftigungsmöglichkeit beim Betriebsveräußerer nach Vollzug des Betriebsübergangs wegfällt. In einem solchen Fall kann der Betriebsveräußerer bei Vorliegen der sonstigen gesetzlichen Voraussetzungen betriebsbedingt kündigen (vgl. zum Ganzen BAG v. 20.3.2003, Az. 8 AZR 97/02). Nicht ausgeschlossen ist auch eine Kündigung aufgrund eines Erwerberkonzepts: Hiernach verstößt die Kündigung eines Betriebsveräußerers aufgrund eines Erwerberkonzepts dann nicht gegen § 613a Abs. 4 BGB, wenn ein verbindliches Konzept oder ein Sanierungsplan des Erwerbers vorliegt, dessen Durchführung im Zeitpunkt des Zugangs der Kündigungserklärung bereits greifbare Formen angenommen hat (BAG v. 20.3.2003, Az. 8 AZR 97/02).

Die Arbeitsvertragsparteien können das Arbeitsverhältnis im Zusammenhang mit einem Betriebsübergang durch Aufhebungsvertrag wirksam auflösen, wenn die Vereinbarung auf das endgültige Ausscheiden eines Arbeitnehmers aus dem Betrieb gerichtet ist. Ein Aufhebungsvertrag ist jedoch wegen gesetzwidriger Umgehung der Rechtsfolgen des § 613a BGB unwirksam, wenn zugleich ein neues Arbeitsverhältnis zum Betriebsübernehmer vereinbart oder zumindest verbindlich in Aussicht gestellt wird. Dies gilt auch dann, wenn es beim Abschluss eines Aufhebungsvertrages nur darum geht, die Kontinuität des Arbeitsverhältnisses zu unterbrechen, wodurch der Arbeitnehmer die bisher erdienten Besitzstände verlieren soll (s. z. B. BAG v. 21.5.2008, Az. 8 AZR 481/07).

Zu den Einzelheiten der Kündigung bei Betriebsübergang vgl. → *Kündigungsschutz B.VIII.*

VI. Beteiligung des Betriebsrats

Ein Betriebsübergang als solcher bedarf nicht automatisch der Beteiligung des Betriebsrats. Im und am Betrieb ändert sich allein durch den Betriebsübergang nichts. Allerdings ist der Wirtschaftsausschuss über eine geplante Betriebsnachfolge zu unterrichten (§ 106 BetrVG). Er muss rechtzeitig und umfassend unter Vorlage der erforderlichen Unterlagen informiert werden, wenn sich Auswirkungen auf den Betrieb oder die Personalplanung ergeben. Ebenso können sich im Rahmen eines Betriebsübergangs sonstige Beteiligungsrechte ergeben, z. B. Beteiligungsrechte in Bezug auf die Gestaltung von Arbeitsplatz, Arbeitsablauf und Arbeitsverfahren nach § 90 BetrVG.

Ein Betriebsübergang als solcher ist keine Betriebsänderung i. S. v. § 111 BetrVG (LAG Thüringen v. 13.3.2024, Az. 4 TaBV 3/23). Ist der Betriebsübergang aber mit einer Betriebsänderung i. S. d. § 111 BetrVG verbunden (wird z. B. im Zuge des Betriebsübergangs ein Betriebsteil verlegt, verselbstständigt oder stillgelegt), muss versucht werden, mit dem Betriebsrat einen Interessenausgleich über die geplante → *Betriebsänderung* zu erzielen (vgl. BAG v. 25.1.2000, Az. 1 ABR 1/99). Ggf. muss außerdem ein Sozialplan zum Ausgleich der wirtschaftlichen Nachteile für die Arbeitnehmer vereinbart werden.

Beispiel:

Ein Unternehmen gliedert wesentliche Teile der Fertigung aus und überträgt diese Betriebsteile auf ein neu gegründetes Unternehmen. Hierin liegt ein Betriebs(teil)übergang, der als solcher keine Beteiligungsrechte des Betriebsrats auslöst. In der Ausgliederung der Abteilungen liegt jedoch (unabhängig von der Tatsache, dass diese ein Betriebsübergang im Sinne des § 613a BGB darstellt) eine Betriebsänderung, die die Beteiligungsrechte des Betriebsrats nach §§ 111 ff. BetrVG auslöst.

Betriebsvereinbarung

I. Begriff und Abgrenzung

Mit Betriebsvereinbarungen regeln und gestalten die Betriebspartner (also Arbeitgeber und → *Betriebsrat* bzw. Arbeitsgruppe nach § 28a BetrVG) die betriebliche und betriebsverfassungsrechtliche Ordnung sowie die individuellen Rechtsbeziehungen zwischen Arbeitgeber und Arbeitnehmern. Von besonderer Bedeutung ist die Normwirkung der Betriebsvereinbarung, d. h. ihre unmittelbare und zwingende Wirkung, mit der sie auf die einzelnen Arbeitsverhältnisse einwirkt. Sie macht Einzelvereinbarungen mit den Arbeitnehmern überflüssig und schafft damit für alle einheitliche Arbeitsbedingungen.

Von der Betriebsvereinbarung sind die sonstigen, formlosen Absprachen zwischen Arbeitgeber und Betriebsrat zu unterscheiden. In erster Linie sind dies die sog. Regelungsabreden, die aber nur die Betriebspartner binden, sich entsprechend der getroffenen Abrede zu verhalten. Anders als bei einer Betriebsvereinbarung können die Arbeitnehmer keine unmittelbaren Ansprüche aus der Regelungsabrede herleiten und anders als eine Betriebsvereinbarung wirkt eine Regelungsabrede nach deren Kündigung nicht nach, selbst wenn sie mitbestimmungspflichtige Angelegenheiten betrifft (BAG v. 13.8.2019, Az. 1 ABR 10/18). Nur der Betriebsrat kann die Einhaltung der Verpflichtung – notfalls über das Arbeitsgericht – durchsetzen. Dabei führt allein der Umstand, dass sich eine Betriebspartei über einen längeren Zeitraum hinweg nicht gegen Verstöße aus einer Verpflichtung aus einer Regelungsabrede durch die andere Betriebspartei zur Wehr setzt, nicht zur Bejahung einer einvernehmlichen Abbedingung der vereinbarten vertraglichen Regelung (LAG Mecklenburg-Vorpommern v. 24.8.2022, Az. 3 TaBV 1/22).

Der Arbeitgeber wiederum kann allein mit der Regelungsabrede keine einheitlichen Arbeitsbedingungen schaffen. Da die Regelungsabrede keine Normwirkung hat, muss er versuchen, die getroffene Vereinbarung mit rechtlichen Mitteln (Vertragsänderungen, Änderungskündigungen) auf die einzelnen Arbeitsverhältnisse zu übertragen. Die Regelungsabrede ist damit für Fragen der individuellen Rechtsbeziehungen zwischen Arbeitgebern und Arbeitnehmern wenig zweckmäßig.

II. Abschluss einer Betriebsvereinbarung

1. Vereinbarung oder Einigungsstellenspruch

Die Betriebsvereinbarung kommt entweder durch Vereinbarung zwischen Arbeitgeber und Betriebsrat (bzw. Arbeitsgruppe nach § 28a BetrVG, Gesamt- oder Konzernbetriebsrat) oder den Spruch einer → *Einigungsstelle* zustande (§ 77 Abs. 2 BetrVG). Aufseiten des Betriebsrats muss im Falle einer Einigung zuvor ein ordnungsgemäßer Beschluss über den Abschluss gefasst worden sein. Allerdings können ohne einen wirksamen Betriebsratsbeschluss abgeschlossene Vereinbarungen vom Betriebsrat durch eine spätere ordnungsgemäße Beschlussfassung nach § 184 Abs. 1 BGB genehmigt werden (BAG v. 9.12.2014, Az. 1 ABR 19/13). Geschieht dies jedoch nicht, kann eine nicht von der Vertretungsmacht gedeckte Erklärung des Vorsitzenden auch nicht nach den Grundsätzen der Rechtsscheinhaftung Bindung entfalten, mit der nicht akzeptablen Konsequenz, dass eine Betriebsvereinbarung für alle Zukunft als wirksam angesehen werden müsste und damit unmittelbar und zwingend auf die Arbeitsverhältnisse einwirken würde (BAG v. 8.2.2022, Az. 1 AZR 233/21). Dementsprechend hat der Betriebsrat bei Abschluss einer Betriebsvereinbarung die Nebenpflicht, dem Arbeitgeber auf dessen zeitnah geltend zu machendes Verlangen eine den Maßgaben des § 34 Abs. 2 Satz 1 BetrVG entsprechende Abschrift des Teils der Sitzungsniederschrift auszuhändigen, aus dem sich die Beschlussfassung des Gremiums ergibt (BAG, a. a. O.).

2. Schriftform/Digitale Signatur

Die Betriebsvereinbarung ist nach § 77 Abs. 2 Satz 1 BetrVG schriftlich niederzulegen und von beiden Seiten zu unterzeichnen, auf Arbeitgeberseite durch den Betriebsinhaber oder seinen bevollmächtigten Vertreter, auf Seiten des Betriebsrats durch den Vorsitzenden bzw. (bei dessen Verhinderung) durch seinen Stellvertreter. Die Unterzeichnung muss von beiden Seiten handschriftlich auf derselben Urkunde vorgenommen werden. Eine Bezugnahme auf eine andere Betriebsvereinbarung oder einen bestimmten Tarifvertrag ist zulässig, auch wenn diese/r nicht als Anlage beigefügt ist. Wird eine Betriebsvereinbarung in elektronischer Form geschlossen, müssen Arbeitgeber und Betriebsrat in Abweichung von § 126a Abs. 2 BGB dasselbe Dokument qualifiziert elektronisch signieren (§ 77 Abs. 2 Satz 2 BetrVG).

Beruht die Betriebsvereinbarung auf dem Spruch einer → *Einigungsstelle*, ist die Schriftform dadurch gewahrt, dass die Beschlüsse der Einigungsstelle schriftlich niederzulegen und vom Vorsitzenden der Einigungsstelle zu unterschreiben sind. Alternativ kann der Einigungsstellenvorsitzende einen Beschluss der Einigungsstelle in elektronischer Form niederlegen, mit seiner qualifizierten elektronischen Signatur versehen und dem Arbeitgeber und dem Betriebsrat zuleiten (§ 76 Abs. 3 Satz 4 BetrVG).

Bei der Abfassung der Betriebsvereinbarung ist sorgfältig auf die Formulierungen zu achten. Ist später unklar, wie eine Regelung der Betriebsvereinbarung zu verstehen ist, wird in erster Linie auf den Wortlaut abgestellt. Über diesen hinaus ist zwar auch der wirkliche Wille der Betriebsparteien zu berücksichtigen, jedoch im Allgemeinen nur soweit er in den Regelungen seinen Niederschlag gefunden hat. Nur bei Vorliegen besonderer Umstände kann die Betriebsvereinbarung durch Auslegung einen vom eindeutigen Wortlaut abweichenden Inhalt bekommen. Dies etwa dann, wenn sich das Redaktionsversehen zweifelsfrei aus dem Gesamtzusammenhang der Betriebsvereinbarung ergibt, etwa wegen in sich widersprüchlicher Regelungen. Übernehmen die Betriebsparteien den Inhalt einer gesetzlichen Vorschrift ganz oder teilweise, ist regelmäßig davon auszugehen, dass sie deren Verständnis auch zum Inhalt der betrieblichen Regelung machen wollen, soweit sich aus der Betriebsvereinbarung nichts Gegenteiliges ergibt (BAG v. 27.7.2010, Az. 1 AZR 67/09).

3. Bekanntgabe

Der Arbeitgeber muss die abgeschlossene Betriebsvereinbarung an geeigneter Stelle im Betrieb so auslegen, dass jeder Arbeitnehmer von ihr Kenntnis nehmen kann (§ 77 Abs. 2 BetrVG). Zweckmäßig ist der Aushang am schwarzen Brett und/oder eine Veröffentlichung im Intranet. Die bloße Herausgabe auf Anforderung eines Arbeitnehmers genügt nicht.

ACHTUNG!

Ein Verstoß gegen die Bekanntmachung kann Schadensersatzansprüche gegen den Arbeitgeber auslösen, z. B. dann, wenn ein Arbeitnehmer eine ihm nicht bekannte Ausschlussfrist versäumt, die für die Geltendmachung eines durch Betriebsvereinbarung geregelten Anspruchs besteht.

Im Einzelfall kann sich darüber hinaus ein individueller Auskunftsanspruch nach §§ 241 Abs. 2, 242 BGB ergeben, d. h. auf eine Auflistung aller betriebsverfassungsrechtlichen Vereinbarungen. Voraussetzung ist, dass ein Arbeitnehmer in entschuldbarer Weise über das Bestehen und den Umfang seiner Rechte im Ungewissen ist, er die Auskunft aber benötigt, um Rechtspositionen sachgerecht wahrnehmen zu können, und der Arbeitgeber die bestehende Unklarheit unschwer beseitigen kann (LAG Hamm v. 27.6.2013, Az. 11 Sa 55/13).

III. Geltungsbereich

Die Betriebsvereinbarung gilt für den Betrieb, für den sie abgeschlossen worden ist. Ist sie mit dem Gesamtbetriebsrat abgeschlossen worden, gilt sie für das Unternehmen. Handelt es sich um eine Konzernbetriebsvereinbarung, gilt sie konzernweit. Scheidet bei einer bestehenden Konzernbetriebsvereinbarung ein aus einem Betrieb bestehendes Unternehmen aus dem Konzern aus, so gelten die Regelungen der Konzernbetriebsvereinbarung in dem Betrieb als Einzelbetriebsvereinbarung weiter (BAG v. 25.2.2020, Az. 1 ABR 39/18).

Eingeschlossen in den Geltungsbereich sind bei Gesamt- wie bei Konzernbetriebsvereinbarungen auch die Betriebe, in denen kein Betriebsrat besteht (§ 50 Abs. 1, § 58 Abs. 1 BetrVG).

In persönlicher Hinsicht gilt die Betriebsvereinbarung für die aktiven, auch nachträglich eingetretenen Arbeitnehmer. Ausgenommen sind damit Pensionäre sowie Arbeitnehmer, die im Zeitpunkt des Inkrafttretens der Betriebsvereinbarung bereits ausgeschieden waren. Auch leitende Angestellte fallen nicht unter den Geltungsbereich einer Betriebsvereinbarung, da der Betriebsrat für diese Gruppe der Arbeitnehmer nicht zuständig ist.

IV. Inhalt

Betriebsvereinbarungen können die unterschiedlichsten betrieblichen Fragestellungen regeln. Sie können aber nur über solche Angelegenheiten abgeschlossen werden, die nach dem Betriebsverfassungsgesetz der Zuständigkeit des Betriebsrats unterliegen.

1. Fragen der Betriebsverfassung (Verhältnis Arbeitgeber – Betriebsrat)

Gegenstand einer Betriebsvereinbarung können die Rechtsbeziehungen zwischen Arbeitgeber und Betriebsrat in betriebsverfassungsrechtlichen Fragen sein. Hierzu gehören Vereinbarungen, die die organisatorischen Bestimmungen des Betriebsverfassungsgesetzes abändern oder diese ergänzen bzw. konkretisieren.

Beispiele:

Veränderungen der Vertretungsstrukturen (§ 3 BetrVG), abweichende Freistellungsregelung von Betriebsratsmitgliedern, abweichende Festlegung der Mitgliederzahl des Gesamtbetriebsrats; Errichtung einer ständigen Einigungsstelle, Regelung des Verfahrens vor der Einigungsstelle, Regelung von Einzelheiten des betrieblichen Beschwerdeverfahrens.

Das Betriebsverfassungsgesetz abändernde Vereinbarungen sind nur dann zulässig, wenn sie vom Betriebsverfassungsgesetz ausdrücklich zugelassen sind. So sind z. B. die Vorschriften über die Wahl des Betriebsrats, die Zahl seiner Mitglieder, seine Amtszeit, seine Konstituierung oder auch seine Beschlussfassung nicht durch Betriebsvereinbarung abänderbar. Ebenso wenig können die Betriebsparteien wirksam vereinbaren, dass bei einem Streit über den Inhalt oder die Wirksamkeit von Regelungen einer Betriebsvereinbarung vor Anrufung des Arbeitsgerichts zunächst eine paritätisch besetzte Kommission eine Mehrheitsentscheidung zu treffen hat, wenn sie nicht zugleich einen Konfliktlösungsmechanismus für den Fall vorsehen, dass die Kommission nicht zu einer Mehrheitsentscheidung gelangt (BAG v. 11.12.2018, Az. 1 ABR 12/17).

Das Betriebsverfassungsgesetz ergänzende oder konkretisierende Vereinbarungen sind dagegen auch ohne ausdrückliche gesetzliche Ermächtigung in einer Betriebsvereinbarung zulässig.

2. Vereinbarung von Rechtsnormen

Für die Praxis sehr wichtig sind Betriebsvereinbarungen, mit denen Arbeitgeber und Betriebsrat betriebliche Fragen und den Inhalt von Arbeitsverhältnissen regeln. Hier gilt für die Wirksamkeit einer Betriebsvereinbarung das unbedingte Gebot der Normenklarheit (vgl. dazu BAG v. 26.6.2019, Az. 5 AZR 452/18). Die besondere Bedeutung kommt der Betriebsvereinbarung hier wegen ihrer unmittelbaren und zwingenden Wirkung zu. Ohne dass eine Umsetzung durch Vertrag oder Weisung des Arbeitgebers erforderlich ist, wirkt die Betriebsvereinbarung auf die einzelnen Arbeitsverhältnisse und gestaltet diese entsprechend der mit dem Betriebsrat getroffenen Vereinbarung.

Beispiele:

Betriebsvereinbarungen über:

Fragen der Ordnung des Betriebs und des Verhaltens der Arbeitnehmer im Betrieb; Beginn und Ende der täglichen Arbeitszeit einschließlich der Pausen sowie Verteilung der Arbeitszeit auf die einzelnen Wochentage; Urlaubsgrundsätze und Urlaubsplan; Einführung von Bildschirmarbeitsplätzen bzw. Telefonanlagen, die dazu geeignet sind, das Verhalten oder die Leistung der Arbeitnehmer zu überwachen; Tor- und Taschenkontrollen; Einführung von Kurzarbeit; Arbeits- und Gesundheitsschutz im Betrieb; Regelung über- und/oder außertariflicher Zulagen; Vermögensbildung usw. (§§ 87, 88 BetrVG).

Haben die Betriebsparteien eines nicht tarifgebundenen Unternehmens eine Betriebsvereinbarung über die Schaffung eines Gehaltssystems abgeschlossen, so haben die Arbeitnehmer Anspruch auf eine Vergütung in Höhe der dort festgelegten Sätze. Der Arbeitgeber ist jedoch nicht gehindert, auch eine höhere Vergütung zu gewähren, da sich das Mitbestimmungsrecht des Betriebsrats gerade nicht auf die arbeitsvertraglich vereinbarten Entgelte der Arbeitnehmer erstreckt. Eine Betriebsvereinbarung, nach der die Vereinbarung oder Auszahlung eines einzelvertraglich vereinbarten Gehaltsbestandteils von der Zustimmung des Betriebsrats abhängt, ist nach § 87 Abs. 1 Nr. 10 BetrVG nicht zulässig (BAG v. 18.11.2014, Az. 1 AZR 18/13).

Regelungen in Betriebsvereinbarungen, die etwa besondere Leistungen des Arbeitgebers vorsehen, können unmittelbar in der Betriebsvereinbarung mit der Möglichkeit des jederzeitigen Widerrufs verknüpft werden. Für einen solchen Widerrufsvorbehalt gilt nicht die Inhaltskontrolle nach §§ 305 ff. BGB. Nach § 310 Abs. 4 Satz 1 BGB finden die Vorschriften der AGB-Kontrolle keine Anwendung auf Betriebsvereinbarungen.

Beispiel:

In einer Betriebsvereinbarung kann vorgesehen werden, dass die Zuweisung einer Zusatzfunktion mit entsprechender zusätzlicher Vergütung jederzeit widerrufbar ist. Einem Arbeitnehmer, dem auf der Grundlage einer solchen Betriebsvereinbarung eine Zusatzfunktion übertragen worden ist, kann sie damit jederzeit – ebenso wie die zusätzliche Vergütung – jederzeit wieder entzogen werden (BAG v. 1.2.2006, Az. 5 AZR 187/05). Wo hier die Grenzen jenseits der AGB-Kontrolle zu ziehen sind, ist noch nicht abschließend geklärt.

Zu beachten haben die Betriebsparteien beim Abschluss von Betriebsvereinbarungen den Gleichbehandlungsgrundsatz nach § 75 Abs. 1 BetrVG, d. h. sie müssen eine Gleichbehandlung von Personen in vergleichbaren Sachverhalten sicherstellen und eine gleichheitswidrige Gruppenbildung ausschließen (BAG v. 26.6.2019, Az. 5 AZR 452/18). Beachten Sie dies nicht, führt dies dazu, dass die benachteiligte Gruppe die ihnen durch die gleichheitswidrige Gruppenbildung vorenthaltene Leistung beanspruchen kann (BAG v. 26.4.2016, Az. 1 AZR 435/14). Dabei stellt es jedoch keinen Verstoß gegen die Gleichbehandlungspflicht dar, wenn Arbeitnehmer, die bereits eine einzelvertragliche Zusage auf eine betriebliche Altersversorgung erhalten haben, von einem auf einer Betriebsvereinbarung beruhenden kollektiven Versorgungssystem des Arbeitgebers ausgenommen sind, sofern die individuelle Zusage im Versorgungsfall typischerweise eine zumindest annähernd gleichwertige Versorgung beinhaltet (BAG v. 19.7.2016, Az. 3 AZR 134/15).

Weitere Grenzen der Regelungskompetenz ergeben sich insbesondere aus der den Betriebsparteien nach § 75 Abs. 2 BetrVG obliegenden Verpflichtung, die freie Entfaltung der Persönlichkeit der im Betrieb beschäftigten Arbeitnehmer zu schützen und zu fördern. So sind etwa Regelungen in Betriebsvereinbarungen unwirksam, die

- dauerhaft die Erfassung, Speicherung und Auswertung einzelner Arbeitsschritte und damit des wesentlichen Arbeitsverhaltens der Arbeitnehmer anhand quantitativer Kriterien während ihrer gesamten Arbeitszeit durch eine technische Überwachungseinrichtung im Sinne von § 87 Abs. 1 Nr. 6 BetrVG vorsehen (BAG v. 25.4.2017, Az. 1 ABR 46/15),
- von den Arbeitnehmern bereits während eines laufenden Kündigungsschutzprozesses die gerichtliche Geltendmachung von Annahmeverzugsansprüchen verlangen, die vom Ausgang des Kündigungsschutzprozesses abhängen (BAG v. 12.12.2006, Az. 1 AZR 96/06),
- die Kosten von Gehaltspfändungen auf die betroffenen Arbeitnehmer abwälzen (BAG v. 18.7.2006, Az. 1 AZR 578/05) oder
- die Farbwahl bei Fingernägeln oder Haaren der Mitarbeiter begrenzen (LAG Köln v. 18.8.2010, Az. 3 TaBV 15/10) oder
- Stichtagsregelungen enthalten, nach denen eine variable Erfolgsvergütung von einem ungekündigten Bestand des Arbeitsverhältnisses zu einem Auszahlungszeitpunkt außerhalb des Bezugszeitraums abhängig gemacht wird (BAG v. 12.4.2011, Az. 1 AZR 412/09; BAG v. 7.6.2011, Az. 1 AZR 807/09).
- Stichtagsregelungen enthalten, nach denen eine variable Erfolgsvergütung im Falle einer Kündigung des Arbeitnehmers im laufenden Bezugszeitraum vollständig entfällt, sofern es sich – jedenfalls auch – um Arbeitsentgelt handelt, das vom Arbeitnehmer durch die Erbringung seiner Arbeitsleistung im Bezugszeitraum verdient wurde (BAG v. 15.11.2023, Az. 10 AZR 288/22) oder
- eine zwingende Ladung des Betriebsrats zu einem Personalgespräch vorsehen, das der Arbeitgeber mit einem Arbeitnehmer führen will, bevor er aufgrund eines diesem vorgeworfenen Fehlverhaltens eine arbeitsrechtliche Maßnahme ergreift (BAG v. 11.12.2018, Az. 1 ABR 12/17).

Dagegen verstößt eine Betriebsvereinbarung, die verpflichtende Mitarbeitergespräche vorsieht, nicht gegen das allgemeine Persönlichkeitsrecht, da der Kernbereich privater Lebensgestaltung durch die Verpflichtung zur Teilnahme nicht berührt wird, wenn ausschließlich Angaben in Bezug auf das Arbeitsverhältnis zu machen sind (LAG Hessen v. 6.2.2012, Az. 16 Sa 1134/11).

Auch können in Betriebsvereinbarungen Altersgrenzen vereinbart werden, nach denen das Arbeitsverhältnis mit Erreichen der Regelaltersgrenze endet (BAG v. 5.3.2013, Az. 1 AZR 417/12). Eine solche Betriebsvereinbarung muss allerdings aus Gründen des Vertrauensschutzes Übergangsregelungen für die bei Inkrafttreten der Betriebsvereinbarung rentennahen Arbeitnehmer vorsehen (BAG v. 21.2.2017, Az. 1 AZR 292/15). Im Übrigen sind Betriebsvereinbarungen, nach denen das Arbeitsverhältnis mit der „Vollendung des 65. Lebensjahres" endet, nach der Anhebung des Regelrentenalters dahingehend auszulegen, dass die Beendigung erst in dem Zeitpunkt eintritt, in dem der Arbeitnehmer das für den Bezug einer Regelaltersrente erforderliche Lebensjahr vollendet (BAG v. 13.10.2015, Az. 1 AZR 853/13).

Die Vereinbarung von Taschenkontrollen am Ausgang des Betriebsgeländes ist rechtlich nicht zu beanstanden, wenn es in der Vergangenheit zu häufigen Diebstählen gekommen ist und zugleich vereinbart wird, dass ein Zufallsgenerator am Drehkreuz Arbeitnehmer für Kontrollen in einem nicht einsehbaren Pförtnerraum auswählt. Auch wenn damit tief in das Persönlichkeitsrecht eingegriffen wird, so ist doch die Maßnahme insgesamt verhältnismäßig. Dies gilt umso mehr, als dass andere Maßnahmen – wie etwa flächendeckende Videoüberwachungen – erheblich tiefer die Privatsphäre der Arbeitnehmer berühren würden (BAG v. 9.7.2013, Az. 1 ABR 2/13 [A]).

Die Betriebsparteien können mit einer Betriebsvereinbarung Rechte und Pflichten nur im Verhältnis zueinander festlegen. So ist es etwa zulässig, in einer Betriebsvereinbarung anlässlich eines bevorstehenden Betriebsübergangs zu regeln, dass die vom Übergang ihrer Arbeitsverhältnisse betroffenen Arbeitnehmer – unter bestimmten Voraussetzungen – ein Rückkehrrecht zum Betriebsveräußerer haben. Da die betroffenen Arbeitnehmer bei Abschluss einer solchen Vereinbarung noch vom Betriebsrat repräsentiert werden, werden die Grenzen der Regelungsmacht nicht überschritten (BAG v. 14.3.2012, Az. 7 AZR 147/11).

Dagegen können Arbeitgeber und Betriebsrat keine normativen Ansprüche gegenüber und zulasten Dritter – etwa gegenüber einem Betriebserwerber – begründen.

Beispiele:

Ein Arbeitgeber (Unternehmen X) kann mit seinem Betriebsrat keine Betriebsvereinbarung abschließen, nach der Arbeitnehmer, die vom Unternehmen X zu einer hundertprozentigen Tochtergesellschaft wechseln, im Falle einer dort ausgesprochenen betriebsbedingten Kündigung eine Abfindung von der Tochtergesellschaft erhalten (BAG v. 11.1.2011, Az. 1 AZR 375/09).

Im Falle einer Arbeitnehmerüberlassung kann ein Entleiherbetrieb mit seinem Betriebsrat nicht durch eine freiwillige Betriebsvereinbarung das Recht des Verleihers einschränken, bei ihm angestellte Leiharbeitnehmer aus dem Entleiherbetrieb abzuziehen (BAG v. 8.11.2022, Az. 9 AZR 486/21).

Arbeitgeber und Betriebsrat können auf ihre Normsetzungsbefugnis nicht dadurch verzichten, dass sie die Gestaltung der betrieblichen Verhältnisse anderen überlassen. Der Betriebsrat hat sein Mandat höchstpersönlich auszuüben. Dies schließt eine Einigung mit dem Arbeitgeber aus, nach der im Betrieb auch die Regelungen gelten sollen, die durch künftige Betriebsvereinbarungen eines anderen Arbeitgebers, selbst wenn es die Konzernmutter ist, getroffen werden. Ein derartiger Verzicht ist anders als die Übernahme einer im Zeitpunkt des Abschlusses der Betriebsvereinbarung bestehenden Regelung nicht zulässig (BAG v. 22.8.2006, Az. 3 AZR 319/05). Ebenso sieht das BAG (v. 28.7.2020, Az. 1 ABR 4/19) eine Betriebsvereinbarung für gesamtunwirksam an, die ihre normative Wirkung an ein Zustimmungsquorum der betroffenen Mitarbeiter bindet.

Will der Betriebsrat überprüfen, ob der Arbeitgeber eine zugunsten der Arbeitnehmer geltende Betriebsvereinbarung richtig durchführt, und kann er dies nur mit Hilfe von Auskünften durch den Arbeitgeber, so hat er gegen den Arbeitgeber einen Unterrichtungsanspruch nach § 80 Abs. 2 Satz 1 BetrVG. Der Auskunftsanspruch hängt nicht davon ab, dass der Betriebsrat konkrete Anhaltspunkte für einen Regelverstoß darlegt (BAG v. 19.2.2008, Az. 1 ABR 84/06).

Arbeitnehmer können auf Rechte, die ihnen durch eine Betriebsvereinbarung eingeräumt werden, nur mit Zustimmung des Betriebsrats rechtlich wirksam verzichten (§ 77 Abs. 4 Satz 2 BetrVG). Die Zustimmung des Betriebsrats setzt einen wirksamen Betriebsratsbeschluss gemäß § 33 BetrVG voraus. Dazu bedarf es einer ordnungsgemäßen Unterrichtung des Betriebsrats über alle bedeutsamen Umstände. Zu diesen gehört insbesondere der Umfang des individuellen Verzichts auf den Anspruch (BAG v. 15.10.2013, Az. 1 AZR 405/12).

Grundsätzlich ist die Zustimmung für jede einzelne Verzichterklärung erforderlich, doch können die Betriebsparteien auch – und zwar auch in einer späteren Betriebsvereinbarung – Regelungen treffen, nach denen Arbeitnehmer unter bestimmten Voraussetzungen auf Ansprüche aus Betriebsvereinbarungen wirksam verzichten können (BAG v. 11.12.2007, Az. 1 AZR 284/06).

V. Arten von Betriebsvereinbarungen

Unabhängig von ihrem Inhalt lassen sich Betriebsvereinbarungen auch in erzwingbare und freiwillige Betriebsvereinbarungen unterscheiden, die durch eine Zwischenform, die sog. teilmitbestimmungspflichtigen Betriebsvereinbarungen ergänzt werden.

1. Erzwingbare Betriebsvereinbarungen

Eine erzwingbare Betriebsvereinbarung ist im Falle der Nichteinigung der Betriebsparteien durch Einschaltung der → *Einigungsstelle* durchsetzbar. Der Betriebsrat kann eine erzwingbare Betriebsvereinbarung also gegen den Willen des Arbeitgebers durch Spruch der Einigungsstelle erwirken. Die Regelungsbereiche der erzwingbaren Betriebsvereinbarung sind im Betriebsverfassungsgesetz abschließend geregelt:

- Vereinbarungen über Sprechstunden des Betriebsrats und der Jugend- und Auszubildendenvertretung (§ 39 BetrVG);
- Vereinbarungen über die Mitgliederzahl des Gesamt- und des Konzernbetriebsrats sowie der Gesamt-Jugend- und Auszubildendenvertretung (§ 47 Abs. 4, § 55 Abs. 4, § 72 Abs. 4 BetrVG);
- Vereinbarungen über soziale Angelegenheiten (§ 87 BetrVG);
- Vereinbarungen über die menschengerechte Gestaltung des Arbeitsplatzes;
- Vereinbarungen über Personalfragebögen (§ 94 BetrVG);
- Vereinbarung über die Einführung von Maßnahmen der betrieblichen Berufsbildung (§ 97 Abs. 2 BetrVG);
- Vereinbarungen über Auswahlrichtlinien (§ 95 BetrVG);
- Vereinbarungen über die Durchführung von betrieblichen Bildungsmaßnahmen und die Auswahl von Teilnehmern (§ 98 BetrVG);
- Vereinbarung über die Aufstellung eines Sozialplans (§ 112 BetrVG).

2. Freiwillige Betriebsvereinbarungen

Freiwillige Betriebsvereinbarungen kommen nur im gegenseitigen Einverständnis von Arbeitgeber und Betriebsrat zustande. Der Arbeitgeber kann hier nicht durch den Betriebsrat zu einer betrieblichen Einigung über die → *Einigungsstelle* gezwungen werden. Der Regelungsbereich freiwilliger Betriebsvereinbarungen ist anders als der Regelungsbereich erzwingbarer Betriebsvereinbarungen vom Betriebsverfassungsgesetz nicht abschließend vorgegeben. Das Spektrum denkbarer freiwilliger Betriebsvereinbarungen ist dementsprechend breit. In der Praxis bieten sie sich in folgenden Fällen an:

- Vereinbarungen über eine Veränderung der Vertretungsstruktur (§ 3 Abs. 1, 2 BetrVG);
- Vereinbarung über eine vom Betriebsverfassungsgesetz abweichende Freistellungsregelung von Betriebsratsmitgliedern (§ 38 BetrVG);
- Vereinbarung über die Mitgliederzahl des Gesamtbetriebsrats, des Konzernbetriebsrats und der Gesamt-Jugend- und Auszubildendenvertretung sowie über abweichende Regelungen hinsichtlich der Stimmengewichtung von Mitgliedern, die aus einem gemeinsamen Betrieb mehrerer Unternehmen entsandt worden sind (§ 47 Abs. 5, 6, 9; § 55 Abs. 4, § 72 Abs. 5, 8 BetrVG);
- Vereinbarung über die Modalitäten der monatlichen Besprechung;
- Vereinbarung über die Einrichtung einer ständigen Einigungsstelle (§ 76 Abs. 1 BetrVG);
- Vereinbarung über das Verfahren vor der Einigungsstelle (§ 76 Abs. 4 BetrVG);
- Vereinbarung von Grundsätzen über die Vergütung von betriebsfremden Einigungsstellenmitgliedern;
- Vereinbarung über die Errichtung einer betrieblichen Beschwerdestelle und über die Einzelheiten des betrieblichen Beschwerdeverfahrens (§ 85 BetrVG);
- Vereinbarung über die Ausschreibung von Arbeitsplätzen;
- Vereinbarung über eine Verlängerung der einwöchigen Äußerungsfrist des Betriebsrats bei arbeitgeberseitigen Kündigungen;
- Vereinbarung über ein Zustimmungserfordernis des Betriebsrats im Falle von Kündigungen seitens des Arbeitgebers (§ 102 Abs. 6 BetrVG);
- Vereinbarung über zusätzliche Maßnahmen zur Verhütung von Arbeitsunfällen und Gesundheitsschädigungen (§ 88 BetrVG);
- Vereinbarung über Maßnahmen des betrieblichen Umweltschutzes (§ 88 BetrVG);
- Vereinbarung über die Errichtung von Sozialeinrichtungen (§ 88 BetrVG);
- Vereinbarung über Maßnahmen zur Förderung der Vermögensbildung (§ 88 BetrVG);
- Vereinbarung über Maßnahmen zur Integration ausländischer Arbeitnehmer sowie zur Bekämpfung von Rassismus und Fremdenfeindlichkeit im Betrieb (§ 88 BetrVG).

Durch eine freiwillige Betriebsvereinbarung können die Betriebsparteien auch das Mitbestimmungsrecht bei Versetzungen dahingehend erweitern, dass der Betriebsrat nicht nur auf die Zustimmungsverweigerungsgründe des § 99 Abs. 2 BetrVG beschränkt ist. Sie sind jedoch nicht befugt, den Betriebsrat von seiner gesetzlichen Verpflichtung zur Nennung konkreter Zustimmungsverweigerungsgründe und von der Einhaltung der Wochenfrist des § 99 Abs. 3 Satz 1 BetrVG freizustellen (BAG v. 23.8.2016, Az. 1 ABR 22/14).

Schließen die Betriebsparteien eine Betriebsvereinbarung, die zum Zwecke der Erreichung einer Einigung über einen mitbestimmten Gegenstand lediglich ein bestimmtes Verfahren zwischen ihnen regelt, so handelt es sich auch bei einer solchen Regelung um eine freiwillige (BAG v. 23.10.2018, Az. 1 ABR 10/17).

Tarifliche Öffnungsklauseln, die vom Tarifvertrag abweichende Betriebsvereinbarungen zulassen, eröffnen den Betriebsparteien in der Regel nur das Recht zum Abschluss freiwilliger Betriebsvereinbarungen. Etwas anderes gilt nur dann, wenn der zu regelnde Sachverhalt von Gesetzes wegen der erzwingbaren Mitbestimmung unterliegt oder der Tarifvertrag dies ausdrücklich vorsieht (BAG v. 23.2.2010, Az. 1 ABR 65/08).

Sofern Arbeitgeber und Betriebsrat eines nicht tarifgebundenen Unternehmens durch eine gesetzlich zugelassene tarifliche Regelung – wie etwa § 7 Abs. 3 Satz 2 ArbZG – legitimiert werden, eine von der gesetzlichen Regelung abweichende Regelung durch Betriebsvereinbarung zu treffen, so kann schließlich auch diese Betriebsvereinbarung nur freiwillig geschlossen und nicht über die Einigungsstelle erzwungen werden (LAG Hamburg v. 17.12.2008, Az. 5 TaBV 8/08).

3. Teilmitbestimmungspflichtige Betriebsvereinbarungen

Die sog. teilmitbestimmungspflichtige Betriebsvereinbarung vereint Bereiche, die der erzwingbaren Mitbestimmung unterliegen, mit Bereichen, die mitbestimmungsfrei sind. Typisch ist diese Mischform bei Betriebsvereinbarungen über betriebliche Sozialleistungen.

Beispiel:

Arbeitgeber und Betriebsrat vereinbaren in einer Betriebsvereinbarung eine jährliche Erfolgsbeteiligung für die Arbeitnehmer. Hier entscheidet der Arbeitgeber allein über das „Ob" der Einführung und auch allein über die Höhe des Betrags, den er zur Verfügung stellt. Bei der Frage über das „Wie", d. h. über die Verteilungsgrundsätze (Leistungsplan), hat der Betriebsrat aber ein erzwingbares Mitbestimmungsrecht.

TIPP!

Für jede freiwillige Leistung, deren Verteilung dem Mitbestimmungsrecht unterliegt, sollte unbedingt eine gesonderte Betriebsvereinbarung abgeschlossen werden, für die jeweils ein eigener Leistungszweck einseitig durch den Arbeitgeber definiert werden kann. Andernfalls besteht die Gefahr, dass die Rechtsprechung verschiedene Leistungen in einer Betriebsvereinbarung verknüpft und eine generelle Nachwirkung im Hinblick auf eine „betriebsverfassungsrechtlich freiwillige Gesamtvergütung" bejaht. Die Herauslösung eines einzelnen Vergütungsbestandteils könnte danach das Verhältnis der einzelnen verbleibenden freiwilligen Vergütungsbestandteile und damit einen auf die Gesamtheit der Leistungen bezogenen Leistungsplan berühren. Folge wäre ein Mitbestimmungsrecht nach § 87 Abs. 1 Nr. 10 BetrVG und damit eine Gesamtnachwirkung!

VI. Durchführung/Umsetzung einer Betriebsvereinbarung

Arbeitgeber und Betriebsrat sind nach § 77 Abs. 1 BetrVG verpflichtet, sich an die in einer Betriebsvereinbarung getroffenen Verabredungen zu halten und entsprechend zu handeln.

Beispiel:

Haben Arbeitgeber und Betriebsrat in einer Betriebsvereinbarung über die betriebliche Arbeitszeit Arbeitszeitgrenzen festgelegt, muss der Arbeitgeber auch dafür sorgen, dass sich die Arbeitnehmer an die festgelegten Arbeitszeitgrenzen halten (LAG Köln v. 8.2.1010, Az. 5 TaBV 28/09). So muss er etwa die Mitarbeiter belehren und eine verstärkte Kontrolle durch Vorgesetzte sicherstellen. Zeigen diese Maßnahmen keinen Erfolg, muss er in einem nächsten Schritt auch Abmahnungen wegen Arbeitszeitverstößen in Erwägung ziehen.

Erbringt der Arbeitgeber Leistungen in Erfüllung einer Betriebsvereinbarung, kommt der arbeitsrechtliche Gleichbehandlungsgrundsatz nicht zur Anwendung. Der Arbeitgeber trifft keine „gestaltende" eigene Entscheidung; er vollzieht lediglich die kollektive Norm. Anderes gilt, wenn er die Leistung in Kenntnis der Unwirksamkeit der Betriebsvereinbarung erbringt. Dann liegt eine „gestaltende" Entscheidung im Rechtssinne vor (LAG Nürnberg v. 14.1.2014, Az. 6 Sa 398/13).

Aus dem Anspruch des Betriebsrats auf Durchführung einer Betriebsvereinbarung folgt jedoch nicht die Befugnis, vom Arbeitgeber aus eigenem Recht die Erfüllung von Ansprüchen der Arbeitnehmer aus dieser Betriebsvereinbarung zu verlangen (LAG Schleswig-Holstein v. 15.9.2009, Az. 5 Ta BV 9/09). Ein entsprechendes vom Betriebsrat vor dem Arbeitsgericht eingeleitetes Beschlussverfahren wäre unzulässig. Kommt der Arbeitgeber Ansprüchen, die in Normen einer Betriebsvereinbarung ihre Grundlage haben, nicht nach, muss jeder einzelne Arbeitnehmer seine Ansprüche individualrechtlich geltend machen. Davon zu unterscheiden ist die Möglichkeit des Betriebsrats arbeitsgerichtlich geltend zu machen, dass eine von ihm mit dem Arbeitgeber abgeschlossene Betriebsvereinbarung in einer bestimmten Art und Weise anzuwenden ist – und dies auch dann, wenn sich die verlangte Art und Weise der Durchführung auf den Inhalt normativ begründeter Ansprüche der Arbeitnehmer bezieht. Das BAG sieht hier keine „unzulässige Prozessstandschaft", wenn der Betriebsrat nur seinen eigenen betriebsverfassungsrechtlichen Durchführungsanspruch nach § 77 Abs. 1 BetrVG geltend mache. Dass sich der Ausgang des Verfahrens zugunsten – vielleicht auch nur einzelner – Arbeitnehmer auswirke, sei unerheblich. Dies sei vielmehr dem Umstand geschuldet, dass Betriebsvereinbarungen typischerweise Ansprüche von Arbeitnehmern gegen ihren Arbeitgeber begründeten (BAG v. 25.2.2020, Az. 1 ABR 38/18).

Haben die Betriebsparteien in einer Betriebsvereinbarung einen variablen Bonus vereinbart, für dessen Höhe aber dem Arbeitgeber ein einseitiges Leistungsbestimmungsrecht eingeräumt ist, so kann der Betriebsrat im Rahmen seines Durchführungsanspruchs gemäß § 77 Abs. 1 Satz 1 BetrVG nur verlangen, dass der Arbeitgeber überhaupt die Höhe der Boni festlegt. Dagegen kann er nicht fordern, dass der Arbeitgeber die Boni gemäß § 315 BGB nach billigem Ermessen festlegt. Dies können nur die betroffenen Arbeitnehmer/innen verlangen und die Höhe gegebenenfalls gerichtlich überprüfen lassen (BAG v. 23.2.2021, Az. 1 ABR 12/20).

Generell kann der Betriebsrat jedoch nur dann die Durchführung einer Betriebsvereinbarung verlangen, wenn er selbst Partei der Betriebsvereinbarung ist, oder ihm durch die Betriebsvereinbarung eigene betriebsverfassungsrechtliche Rechte eingeräumt werden. Schließt ein Gesamt- oder Konzernbetriebsrat in originärer Zuständigkeit (§ 50 Abs. 1, § 58 Abs. 1 Satz 1 BetrVG) mit dem Arbeitgeber eine Gesamt- oder Konzernbetriebsvereinbarung ab, hat der hieran nicht beteiligte örtliche Betriebsrat grundsätzlich keinen Anspruch auf Durchführung der Gesamt- oder Konzernbetriebsvereinbarung (LAG Berlin v. 17.3.2017, Az. 2 TaBV 1564/16). Der Betriebsrat ist jedoch berechtigt, in Fällen, in denen der Arbeitgeber mit der Nichtdurchführung zugleich seine Verpflichtungen aus dem Betriebsverfassungsgesetz grob verletzt, die durch die Vereinbarung gestaltete betriebsverfassungsrechtliche Ordnung nach § 23 Abs. 3 BetrVG zu sichern (BAG v. 18.5.2010, Az. 1 ABR 6/09).

Kommt der Arbeitgeber einer Verpflichtung aus einer mit dem Betriebsrat abgeschlossenen Betriebsvereinbarung nicht nach, kann ihn der Betriebsrat unter bestimmten Voraussetzungen auch mit einer einstweiligen Verfügung zur Durchführung gerichtlich zwingen. Erste Voraussetzung dabei ist, dass der Inhalt der Betriebsvereinbarung eindeutig und nicht auslegungsfähig ist. Umstritten ist, welche Anforderungen in einem einstweiligen Verfügungsverfahren an die zweite Voraussetzung, den Verfügungsgrund – die Dringlichkeit – zu stellen sind. Das LAG Niedersachsen hat es hier ausreichend sein lassen, dass ohne einstweilige Verfügung das Mitbestimmungsrecht leerzulaufen droht. Unerheblich soll es danach sein, ob der Belegschaft durch die Missachtung einer Betriebsvereinbarung Nachteile entstehen (LAG Niedersachsen v. 6.4.2009, Az. 9 TaBVGa 15/09; vgl. auch LAG Köln v. 12.6.2012, Az. 12 Ta 95/12).

Im Übrigen kann der Betriebsrat in Fällen, in denen der Arbeitgeber eine Betriebsvereinbarung nicht ordnungsgemäß durchführt bzw. nicht dafür sorgt, dass sich die Arbeitnehmer an die Regelungen einer Betriebsvereinbarung halten, gerichtlich die Unterlassung vereinbarungswidriger Maßnahmen verlangen (LAG Hamm v. 8.8.2017, Az. 7 TaBV 33/17; LAG Hessen v. 6.3.2023, Az. 16 TaBV 85/22 – Duldung von Überstunden deutlich über die in einer Betriebsvereinbarung festgelegte Grenze hinaus, ohne Gegenmaßnahmen zu ergreifen). Auf seinen Antrag kann das Arbeitsgericht im Falle einer Zuwiderhandlung ein Ordnungsgeld in Höhe von bis zu 10000 Euro androhen. Die Verhängung einer Ordnungshaft gegen den Arbeitgeber für den Fall, dass dieser das Ordnungsgeld nicht zahlt, ist dagegen unzulässig (BAG v. 5.10.2010, Az. 1 ABR 71/09).

VII. Verhältnis zu Gesetz und Tarifvertrag

Betriebsvereinbarungen dürfen nicht gegen höherrangiges Recht (Grundrechte, Gesetze, Tarifverträge) verstoßen. Ihr Regelungsbereich wird durch den Vorrang des Gesetzes und des Tarifvertrags begrenzt.

1. Vorrang des Gesetzes

Zwingende gesetzliche Vorschriften können nicht im Wege einer Betriebsvereinbarung abgeändert werden, sofern nicht ausnahmsweise das Gesetz ausdrücklich eine Änderung durch Betriebsvereinbarung zulässt (so etwa in § 38 Abs. 2 BetrVG – anderweitige Regelungen über die Freistellung von Betriebsräten als in § 38 Abs. 1 BetrVG geregelt).

So fehlt den Betriebsparteien auch die Regelungsmacht, in das gesetzlich geregelte gerichtliche Verfahren einzugreifen. Sie könnten weder ein über das formelle Verfahrensrecht hinausgehendes Verwertungsverbot etablieren noch die Möglichkeiten des Tatsachenvortrags zu betrieblichen Geschehnissen einschränken (Sachvortragsverwertungsverbot). Dementsprechend kann in einer Betriebsvereinbarung auch kein Sachvortrags- oder Beweisverwertungsverbot vereinbart werden, auch wenn Betriebsräte dies im Rahmen von Verhandlungen über eine Betriebsvereinbarung regelmäßig verlangen (BAG v. 29.6.2023, Az. 2 AZR 296/22).

Wesentliche Bedeutung hat der Vorrang des Gesetzes zuletzt im Bereich der Datenverarbeitung erfahren, da in vielen Unternehmen Betriebsvereinbarungen als Rechtsgrundlage für die Verarbeitung von Mitarbeiterdaten abgeschlossen wurden. Hierzu hat der EUGH (v. 19.12.2024, Az. C-65/23) entschieden, dass Betriebsparteien nach Art. 88 Abs. 1 DSGVO zwar berechtigt seien, „spezifischere Vorschriften" zur Datenverarbeitung zu erlassen. Allerdings dürfe der darin enthaltene Datenschutz nicht hinter der DSGVO zurückbleiben. Aus diesem Grund könne eine Betriebsvereinbarung eine Datenverarbeitung nicht wirksam zulassen, wenn die Vorgaben der DSGVO (z. B. die Erforderlichkeit der Verarbeitung) nicht eingehalten würden.

2. Vorrang des Tarifvertrags

Ebenso wie gesetzliche Regelungen haben auch tarifliche Regelungen Vorrang vor Regelungen in einer Betriebsvereinbarung.

WICHTIG!

Unerheblich ist, ob der Arbeitgeber oder die Arbeitnehmer tarifgebunden sind. Entscheidend ist allein, ob der Betrieb vom Geltungsbereich des entsprechenden Tarifvertrags erfasst wird.

Nach § 77 Abs. 3 BetrVG kann über Arbeitsentgelte und sonstige Arbeitsbedingungen, die üblicherweise durch → *Tarifvertrag* geregelt werden, keine Betriebsvereinbarung geschlossen werden. Zulässig sind allenfalls eine rein deklaratorische Wiedergabe einer tariflichen Regelung und auf dieser Grundlage getroffene Festlegungen für den Betrieb (LAG Mecklenburg-Vorpommern v. 13.12.2022, Az. 5 TaBV 10/22). Darüber hinausgehende gegen § 77 Abs. 3 BetrVG verstoßende Regelungen in einer Betriebsvereinbarung sind unwirksam (BAG v. 23.1.2018, Az. 1 AZR 65/17; BAG v. 15.5.2018, Az. 1 ABR 75/16).

Unter „Arbeitsentgelt" sind alle vermögenswerten Arbeitgeberleistungen zu verstehen. Hierzu gehören neben Lohn bzw. Gehalt auch alle zusätzlichen Leistungen, wie Gratifikationen, Prämien, Gewinnbeteiligungen oder Deputate.

„Sonstige Arbeitsbedingungen" meint alle Arbeitsbedingungen, unabhängig davon, ob sie materieller Natur sind (z. B. Urlaubsdauer, Länge der Arbeitszeit) oder ob sie Fragen der betrieblichen Ordnung einschließlich des Verhaltens der Arbeitnehmer betreffen.

Arbeitsbedingungen werden „üblicherweise durch Tarifvertrag geregelt", wenn eine entsprechende tarifvertragliche Regelung zwar vorübergehend nicht besteht, wenn aber zu erwarten ist, dass wieder eine geschaffen wird.

Auf die Frage, ob die Angelegenheit üblicherweise durch Tarifvertrag geregelt wird, kommt es dagegen dann nicht an, wenn es sich um eine Betriebsvereinbarung über eine mitbestimmungspflichtige Angelegenheit in sozialen Angelegenheiten nach § 87 BetrVG handelt. Eine erzwingbare Betriebsvereinbarung ist hier nur dann ausgeschlossen, wenn eine konkrete tarifliche Regelung tatsächlich vorliegt. Dies ist dann der Fall, wenn der Tarifvertrag in zeitlicher Hinsicht in Kraft ist und der Arbeitgeber als Mitglied des Arbeitgeberverbands, der den Tarifvertrag mit der Gewerkschaft geschlossen hat, tarifgebunden ist.

WICHTIG!

Ein zeitlich abgelaufener, lediglich nachwirkender Tarifvertrag steht dem Abschluss einer Betriebsvereinbarung nicht entgegen. Die Betriebsparteien sind nicht gehindert über die bisher tariflich geregelte Frage eine erzwingbare Betriebsvereinbarung abzuschließen.

Wenn ein Tarifvertrag durch eine Öffnungsklausel den Abschluss ergänzender Betriebsvereinbarungen zulässt und er keine eigene in sich geschlossene Regelung enthält, ist der Abschluss einer entsprechenden Betriebsvereinbarung zulässig. Fehlt es dagegen an einer Öffnungsklausel, kann die betroffene Gewerkschaft gerichtlich einen Unterlassungsanspruch geltend machen. Dies gilt auch dann – oder gerade dann –, wenn der Inhalt der Betriebsvereinbarung für die Arbeitnehmer günstiger ist als die tarifvertragliche Regelung.

Hat die Gewerkschaft die Beseitigung einer tarifwidrigen Betriebsvereinbarung bewirkt, so kann sie jedoch vom Arbeitgeber nicht Leistungen an die Arbeitnehmer verlangen, die diese im Hinblick auf die tarifwidrige Betriebsvereinbarung in der Vergangenheit nicht erhalten haben. Der Eingriff in die geschützte Betätigungsfreiheit der Gewerkschaft liegt nicht in der Vorenthaltung tariflicher Leistungen, sondern im Abschluss der tarifwidrigen Betriebsvereinbarung (BAG v. 17.5.2011, Az. 1 AZR 473/09).

Stellt sich eine Betriebsvereinbarung im Hinblick auf § 77 Abs. 3 BetrVG als unwirksam dar, kommt in der Regel auch keine Umdeutung in eine vertragliche Einheitsregelung (Gesamtzusage) in Betracht. Etwas anderes kann allenfalls dann gelten, wenn besondere Umstände ausnahmsweise die Annahme rechtfertigen, der Arbeitgeber habe sich unabhängig von der Wirksamkeit der Betriebsvereinbarung auf jeden Fall verpflichten wollen, seinen Arbeitnehmern die in dieser vorgesehenen Leistungen zu gewähren (BAG v. 26.1.2017, Az. 2 AZR 405/16; BAG v. 23.1.2018, Az. 1 AZR 65/17). Ein solcher Rechtsbindungswille muss sich aus außerhalb der Betriebsvereinbarung liegenden Umständen ergeben (BAG v. 9.11.2021, Az. 1 AZR 206/20). Dem Arbeitgeber ist es zudem selbst dann nicht verwehrt, sich auf die Unwirksamkeit einer Betriebsvereinbarung zu berufen, wenn er bei ihrem Abschluss wusste, dass die getroffenen Regelungen gegen § 77 Abs. 3 BetrVG verstoßen (BAG, a. a. O.).

VIII. Verhältnis zum Arbeitsvertrag

Betriebsvereinbarungen, die den Inhalt von Arbeitsverhältnissen und die betriebliche Ordnung betreffen, verdrängen anderslautende arbeitsvertragliche Einzelregelungen für die Dauer der Laufzeit der Betriebsvereinbarung.

Das gilt jedoch nur eingeschränkt, wobei zwischen einer einzelvertraglichen, individuellen Regelung auf der einen Seite und einer arbeitsvertraglichen Einheitsregelung, einer Gesamtzusage und einer betrieblichen Übung auf der anderen Seite zu unterscheiden ist.

1. Einzelvertragliche Regelung

Wenn der Arbeitgeber mit dem Arbeitnehmer einzelvertraglich eine individuelle Vereinbarung getroffen hat, muss diese mit der durch Betriebsvereinbarung getroffenen Regelung verglichen werden. Es ist ein auf den konkreten Einzelfall abgestellter objektiver Vergleich – der sog. Günstigkeitsvergleich – durchzuführen. Je nach Ausgang des Günstigkeitsvergleichs gilt für den Arbeitnehmer weiterhin die arbeitsvertragliche Regelung oder künftig die Regelung der Betriebsvereinbarung. Wichtig ist dabei stets, dass für die Anwendung des Günstigkeitsprinzips zwei miteinander konkurrierende Regelungen zu dem betreffenden Gegenstand auch tatsächlich bestehen.

Werden arbeitsvertragliche Regelungen erst **nach** Inkrafttreten einer Betriebsvereinbarung getroffen (das ist z. B. bei allen Neueinstellungen der Fall), gilt auch hier das Günstigkeitsprinzip.

2. Arbeitsvertragliche Einheitsregelung/ Gesamtzusage/betriebliche Übung

Problematischer stellt sich die Rechtslage dar, wenn die Zusage auf einer arbeitsvertraglichen Einheitsregelung, einer Gesamtzusage oder einer betrieblichen Übung beruht.

Von einer arbeitsvertraglichen Einheitsregelung spricht man, wenn Arbeitgeber und Arbeitnehmer einzelne Vertragsbedingungen nicht aushandeln, sondern Arbeitsvertragsbedingungen vom Arbeitgeber vorgegeben werden, die von den Arbeitnehmern mit der Unterschrift unter den Arbeitsvertrag angenommen werden. Die arbeitsvertragliche Einheitsregelung ist in der Regel durch die Verwendung von Formulararbeitsverträgen oder durch den Verweis auf eine einseitig vom Arbeitgeber gesetzte Ordnung (wie etwa Gratifikations- oder Ruhegeldordnung) gekennzeichnet.

Die Gesamtzusage ist demgegenüber eine einseitige Erklärung des Arbeitgebers, mit der er den Arbeitnehmern generell eine bestimmte Leistung bei Vorliegen bestimmter Voraussetzungen zusagt (z. B. durch Aushang am Schwarzen Brett). Die Gesamtzusage ist ein Vertragsangebot des Arbeitgebers, das lediglich aus Vereinfachungsgründen in einer besonderen Form ausgesprochen wird. Da sie für die Arbeitnehmer nur Vorteile bringt, ist eine ausdrückliche Annahmeerklärung durch die Arbeitnehmer nicht erforderlich. Allein die Zusage durch den Arbeitgeber führt damit zu einer vertraglichen Bindung seinerseits.

Häufig werden durch arbeitsvertragliche Einheitsregelung, Gesamtzusage oder betriebliche Übung Ansprüche auf sog. freiwillige Sozialleistungen, wie etwa Weihnachtsgeld, Essengeld etc. begründet. Denkbar sind aber ebenso Zusagen bzw. Regelungen anderer Art wie etwa hinsichtlich des eigentlichen Arbeitsentgelts als Gegenleistung für die geschuldete Arbeitsleistung. Auch die Bezahlung von Mehrarbeit, der Urlaub, die Urlaubsvergütung, die Arbeitszeit oder die Kündigungsfristen können Gegenstand einer arbeitsvertraglichen Einheitsregelung oder einer Gesamtzusage sein.

Änderungen einer Gesamtzusage durch eine Betriebsvereinbarung sind immer dann möglich, wenn die Einheitsregelung „betriebsvereinbarungsoffen" ist (BAG v. 17.7.2012, Az. 1 AZR 476/11). Dies ist nach der Rechtsprechung des BAG (v. 10.3.2015, Az. 3 AZR 56/14) grundsätzlich bei Zusagen einer betrieblichen Altersversorgung in Form einer Gesamtzusage anzunehmen, die damit genauso wie eine vorhergehende Betriebsvereinbarung im Rahmen der „Drei-Stufen-Theorie" (dazu unten IX.2) abgelöst werden kann. Aber auch im Falle anderer sozialer Leistungen, die im Wege einer Gesamtzusage oder betrieblichen Übung gewährt werden, kann ohne besondere Anhaltspunkte nicht davon ausgegangen werden, dass sich der Arbeitgeber dauerhaft und ohne Möglichkeit der Anpassung binden will und auch die Beteiligungsrechte des Betriebsrats auf Dauer ausgeschlossen sein sollen (BAG v. 30.1.2019, Az. 5 AZR 450/17 – Gewährung von Firmentickets für den öffentlichen Nahverkehr; BAG v. 17.8.2021, Az. 1 AZR 50/20 – Zahlung eines zusätzliches Urlaubsgelds nach den betrieblichen Regeln; ebenso BAG v. 24.1.2024, Az. 10 AZR 33/23).

Hat der Arbeitgeber eine Zusage am „Schwarzen Brett" gegeben und dabei zugleich darauf hingewiesen, dass über die verkündete Zuwendung eine Verabredung mit dem Betriebsrat getroffen worden ist, so rechtfertigt auch dies die Annahme eines Änderungsvorbehalts (LAG Rheinland-Pfalz v. 24.7.2012, Az. 3 Sa 82/12).

Generell gilt, dass in den Fällen, in denen der Vertragsgegenstand in Allgemeinen Geschäftsbedingungen – d. h. etwa auch in einem Formulararbeitsvertrag bzw. einer vertraglichen Einheitsregelung! – enthalten ist und einen kollektiven Bezug hat, regelmäßig von einer Betriebsvereinbarungsoffenheit auszugehen ist. Ein solcher Vertragsgegenstand unterliegt damit auch einer verschlechternden Abänderungsmöglichkeit durch eine Betriebsvereinbarung (BAG v. 5.3.2013, Az. 1 AZR 417/12; BAG v. 11.12.2018, Az. 3 AZR 380/17; BAG v. 10.7.2019, Az. 6 AZR 40/17; LAG Düsseldorf v. 14.12.2018, Az. 10 Sa 96/18; anders dagegen BAG v. 11.4.2018, Az. 4 AZR 119/17 bei einem vorformulierten Arbeitsvertrag, der unabhängig von einer normativen Geltung eines Tarifvertrags auf diesen – dynamisch – verweist; anders auch bei Arbeitsverträgen, die mit einem kirchlichen Träger geschlossen wurden, da das BetrVG gem. § 118 Abs. 2 BetrVG keine Anwendung auf Religionsgemeinschaften und ihre karitativen und erzieherischen Einrichtungen – unabhängig von ihrer Rechtsform – findet; vgl. BAG v. 10.7.2019, Az. 6 AZR 40/17).

Damit hängt es im Einzelfall immer sehr vom Wortlaut und von den Umständen einer Gesamtzusage ab, ob durch eine Betriebsvereinbarung auf die durch eine Gesamtzusage begründeten Ansprüche eingewirkt werden kann.

IX. Beendigung der Betriebsvereinbarung

Für das Ende einer Betriebsvereinbarung kann es verschiedene Gründe geben, z. B. Zeitablauf, Kündigung oder Ablösung durch eine nachfolgende Betriebsvereinbarung. Daneben kann eine Betriebsvereinbarung aber auch durch schriftlichen Aufhebungsvertrag zwischen Betriebsrat und Arbeitgeber jederzeit beendet werden. Das Ende der Amtszeit des Betriebsrats oder ein Wechsel des Betriebsinhabers beenden eine Betriebsvereinbarung dagegen nicht.

1. Zeitablauf

Die Betriebsvereinbarung endet mit Zeitablauf, wenn sie befristet für eine bestimmte Dauer abgeschlossen wurde. Insbesondere bei Sozialplanregelungen wird von der Befristungsmöglichkeit regelmäßig Gebrauch gemacht. Fehlt eine ausdrückliche Befristung, kann sich diese auch aus dem mit der Betriebsvereinbarung verfolgten Zweck ergeben.

Beispiele:

Verlegung der Arbeitszeit im Zusammenhang mit einem bestimmten Wochenfeiertag; Regelung der Einzelheiten einer einmaligen Gratifikation; jährlicher Urlaubsplan/Betriebsferien 2021; Überstundenregelung für den Monat August.

2. Kündigung

Hauptfall der Beendigung einer Betriebsvereinbarung ist ihre Kündigung. Haben die Betriebspartner in der Betriebsvereinbarung keine andere (längere oder kürzere) Kündigungsfrist vereinbart, kann jede Seite sie mit einer Frist von drei Monaten kündigen (§ 77 Abs. 5 BetrVG). Die Kündigungserklärung ist nicht an Formvorschriften gebunden, doch empfiehlt sich aus Beweisgründen die Schriftform. Eine Begründung ist nicht erforderlich.

Unerheblich ist auch, ob es sich um eine freiwillige oder erzwingbare Betriebsvereinbarung handelt oder ob die Betriebsvereinbarung im Einvernehmen zwischen den Betriebspartnern oder durch Spruch der → *Einigungsstelle* zustande gekommen ist.

Einzelne Teile der Betriebsvereinbarung können nur dann gekündigt werden, wenn dies besonders vereinbart ist oder wenn es sich um Fragenkomplexe handelt, die von dem übrigen Inhalt der Betriebsvereinbarung sachlich unabhängig und selbstständig sind. Selbstständig ist ein Regelungskomplex, wenn er in einer eigenständigen Betriebsvereinbarung geregelt werden könnte. Wollen die Betriebsparteien die Teilkündigung eines selbstständigen Regelungskomplexes ausschließen, müssen sie dies in der Betriebsvereinbarung deutlich zum Ausdruck bringen (BAG v. 16.11.2007, Az. 1 AZR 826/06).

Hat der Arbeitgeber mit dem Gesamtbetriebsrat eine Betriebsvereinbarung abgeschlossen, kann er diese später auch nur gegenüber dem Gesamtbetriebsrat und nicht gegenüber den einzelnen Betriebsräten wirksam kündigen, sofern nicht in der Betriebsvereinbarung ausdrücklich etwas anderes geregelt ist (LAG Düsseldorf v. 9.8.2012, Az. 10 TaBV 26/12).

Bei Vorliegen besonders schwerwiegender Gründe kann eine Betriebsvereinbarung auch fristlos gekündigt werden. Voraussetzung ist, dass es einer Seite im Einzelfall unter Berücksichtigung aller Umstände nicht zugemutet werden kann, auch nur bis zum Ablauf der ordentlichen Kündigungsfrist an die Betriebsvereinbarung gebunden zu sein.

Besonderheiten gelten bei Betriebsvereinbarungen über betriebliche Altersversorgung, sofern die Kündigung nicht nur dazu dienen soll, neu eintretende Mitarbeiter von der Versorgung auszuschließen. Auch derartige Betriebsvereinbarungen können zwar – sofern keine abweichende Vereinbarung ausdrücklich getroffen worden ist – jederzeit mit einer Frist von drei Monaten gekündigt werden, doch begrenzen die Grundsätze des Vertrauensschutzes und der Verhältnismäßigkeit die Wirkung der Kündigung. Je stärker in den Besitzstand der bereits beschäftigten Arbeitnehmer eingegriffen wird, desto gewichtiger müssen die Gründe des Arbeitgebers für den Eingriff sein. Hierzu hat die Rechtsprechung eine dreifache Abstufung vorgenommen:

- Der Eingriff in den bereits erdienten, nach den Grundsätzen des § 2 Abs. 1 BetrAVG errechneten Teilbetrag setzt **zwingende** Gründe voraus (seltener Ausnahmefall!).
- Zuwächse aus variablen, **dienstzeitunabhängigen** Berechnungsfaktoren (sog. erdiente Dynamik) können nur aus **triftigen** Gründen geschmälert werden (insbesondere bei einer Substanzgefährdung des Unternehmens).
- Für den Eingriff in **dienstzeitabhängige** Zuwächse genügen **sachlich-proportionale** Gründe. Sie können sich aus einer wirtschaftlich ungünstigen Entwicklung des Unternehmens ergeben. Die wirtschaftlichen Schwierigkeiten müssen dabei nicht das für einen triftigen Grund erforderliche Ausmaß erreicht haben. Eine langfristige Substanzgefährdung des Unternehmens ist nicht erforderlich. Insbesondere muss der Arbeitgeber keinen Sanierungsplan vorlegen. Der Eingriff in die betriebliche Altersversorgung darf jedoch auf der anderen Seite nicht unverhältnismäßig sein. Verhältnismäßig ist der Eingriff dann, wenn er sich in ein auf eine Verbesserung der wirtschaftlichen Lage zur Beseitigung der wirtschaftlichen Schwierigkeiten ausgerichtetes Gesamtkonzept einpasst und die Ausgestaltung des Gesamtkonzepts plausibel ist (BAG v. 9.12.2014, Az. 3 AZR 323/13). Ein weiterer anerkannter Grund für einen Eingriff in dienstzeitabhängige Zuwächse stellt eine Fehlentwicklung der betrieblichen Altersversorgung dar. Dafür bedarf es des Eintritts einer erheblichen, zum Zeitpunkt der Schaffung des Versorgungswerks unvorhersehbaren Mehrbelastung, die auf Änderungen im Recht der gesetzlichen Rentenversicherung oder im Steuerrecht beruht (BAG v. 10.11.2015, Az. 3 AZR 390/14).

3. Ablösung durch eine nachfolgende Betriebsvereinbarung

Eine Betriebsvereinbarung endet auch dann, wenn sie durch eine neue abgelöst wird. Die Ablösung kann nur einvernehmlich zwischen dem Arbeitgeber und Betriebsrat vereinbart und nicht über eine Einigungsstelle erzwungen werden (LAG Köln v. 5.3.2009, Az. 13 TaBV 97/08). Etwas anderes gilt nur dann, wenn die Geschäftsgrundlage der bisher geltenden Betriebsvereinbarung weggefallen ist. Will sich nur eine Seite von der bisherigen Regelung lösen, muss sie daher regelmäßig den Weg der Kündigung gehen, um anschließend im Wege von Verhandlungen oder dann auch gegebenenfalls über die Einigungsstelle zu einer neuen Regelung zu gelangen.

Die neue Betriebsvereinbarung ersetzt die bisherige Regelung und hebt diese für die Zukunft auf.

ACHTUNG!

Die Ablösung kann nur durch eine Betriebsvereinbarung, nicht durch eine Regelungsabrede erfolgen.

Bei der Ablösung müssen zum Schutz der Arbeitnehmer bestimmte Grenzen beachtet werden. Die Arbeitnehmer dürfen nicht übermäßig belastet werden. Ihr Vertrauen auf den Bestand der Betriebsvereinbarung und auf die dort gegebenen Zusagen muss angemessen beachtet werden. Solange jedoch nicht in unzulässiger Weise in bestehende Besitzstände eingegriffen wird, kann eine neue Betriebsvereinbarung durchaus schlechtere Regelungen als die alte vorsehen (BAG v. 28.6.2005, Az. 1 AZR 213/04).

Beispiel:

In einer bestehenden Betriebsvereinbarung ist eine Jahresleistung in Höhe von 85 % eines Bruttomonatsentgelts vorgesehen. Voraussetzung des Anspruchs ist, dass das Arbeitsverhältnis noch am 31.12. des jeweiligen Jahres besteht; eine anteilige Jahresleistung für Arbeitnehmer, die während des Jahres ausscheiden, ist nicht vorgesehen. Betriebsrat und Arbeitgeber schließen zur Mitte des Jahres eine neue Betriebsvereinbarung, in der nur noch 50 % eines Bruttomonatsentgelts zugesagt werden. Nach der Rechtsprechung des BAG wird damit weder in Bezug auf die Folgejahre noch in Bezug auf das laufende Jahr in unzulässiger Weise in bereits bestehende Besitzstände eingegriffen. Die Arbeitnehmer hätten auch für das laufende Jahr noch keine rechtlich geschützte Anwartschaft erworben, in die durch die ablösende Betriebsvereinbarung nicht mehr eingegriffen werden dürfe (BAG v. 29.10.2002, Az. 1 AZR 573/01).

Im Bereich der betrieblichen Altersversorgung gilt ein dreistufiges Prüfungsschema, das identisch mit dem Schema ist, das im Falle der Kündigung einer entsprechenden Betriebsvereinbarung Anwendung findet (s. o. IX.2 und BAG v. 21.4.2009, Az. 3 AZR 674/07). Bei der Anwendung des dreistufigen Prüfungsschemas kann jedoch berücksichtigt werden, dass die Ablösung von den Betriebsparteien und nicht vom Arbeitgeber allein – wie im Falle einer Kündigung – vorgenommen wird. Der maßgebende Zeitpunkt für die rechtliche Überprüfung, ob die Ablösung einer Versorgungsordnung wirksam erfolgt ist, ist der von den Betriebsparteien bestimmte Zeitpunkt, zu dem die ablösende Betriebsvereinbarung in Kraft tritt (BAG v. 19.3.2019, Az. 3 AZR 201/17).

Überschreitet eine ablösende Betriebsvereinbarung zur betrieblichen Altersversorgung in einzelnen Punkten die Grenzen, die ablösenden Betriebsvereinbarungen gesetzt sind, ist sie nicht insgesamt unwirksam. Soweit sie allerdings Grenzen überschreitet, kann sie keine Rechtsgrundlage für Eingriffe in die sich aus der abgelösten Versorgungsordnung ergebenden Rechte bilden (BAG v. 21.4.2009, Az. 3 AZR 674/07).

X. Nachwirkung von Betriebsvereinbarungen

1. Erzwingbare Betriebsvereinbarungen

Erzwingbare Betriebsvereinbarungen gelten auch nach ihrer Beendigung weiter, bis sie durch eine neue Abmachung ersetzt werden (§ 77 Abs. 6 BetrVG). Zweck der Nachwirkungsregelung ist es, dass bei Angelegenheiten der erzwingbaren Mitbestimmung in der Überbrückungszeit bis zu einer neuen Regelung nach der alten Regelung weiterverfahren wird.

Auch für Arbeitsverhältnisse, die im Nachwirkungszeitraum begründet werden, gelten die nachwirkenden Regelungen der abgelaufenen Betriebsvereinbarung, wenn im Arbeitsvertrag nicht eine abweichende Regelung getroffen wird. Ebenso beendet der Wegfall eines Betriebsrats nach Kündigung einer Betriebsvereinbarung nicht automatisch ihre normative Wirkung, sondern sie gilt auch in diesem Fall so lange weiter, bis sie durch eine andere Abmachung ersetzt wird (LAG Hamm v. 31.3.2016, Az. 17 Sa 1619/15).

Jede im Nachwirkungszeitraum getroffene andere Abmachung, gleichgültig, ob es sich um eine Betriebsvereinbarung oder eine einzelvertragliche Vereinbarung handelt, beendet die Nachwirkung. Jedoch kann in den Angelegenheiten der zwingenden Mitbestimmung eine nachwirkende Betriebsvereinbarung der regelungsbefugten Betriebsparteien nicht durch eine mit dem Gesamtbetriebsrat getroffene freiwillige Betriebsvereinbarung zulasten der Arbeitnehmer ersetzt werden.

Die gesetzlich vorgesehene Nachwirkung ist nicht zwingend. Die Betriebspartner können die Nachwirkung von vornherein oder auch nachträglich zeitlich befristen oder sie sogar gänzlich ausschließen.

2. Freiwillige Betriebsvereinbarungen

Freiwillige Betriebsvereinbarungen gelten nach ihrer Beendigung nicht weiter, wenn Arbeitgeber und Betriebsrat nicht ausdrücklich eine Nachwirkung vereinbart haben. Heißt es dagegen in der Schlussbestimmung einer freiwilligen Betriebsvereinbarung nur „Eine Nachwirkung wird nicht ausgeschlossen.“, so begründet dies keine Nachwirkung (BAG v. 23.10.2018, Az. 1 ABR 10/17).

Die Arbeitnehmer können aus einer beendeten freiwilligen Betriebsvereinbarung folglich keine weiteren Ansprüche ableiten. Ein Vertrauen der bislang Begünstigten auf den Fortbestand einer durch freiwillige Betriebsvereinbarung begründeten Zusage ist in der Regel nicht schützenswert (BAG v. 19.9.2006, Az. 1 ABR 58/05 – Kündigung einer Betriebsvereinbarung über die Gewährung von Sterbegeld). Abweichendes gilt nur im Bereich der betrieblichen Altersversorgung (vgl. dazu oben VIII.2.). Während der Geltung der Betriebsvereinbarung bereits entstandene Ansprüche bleiben dagegen erhalten.

Neu eintretende Arbeitnehmer haben keine Ansprüche aus der beendeten Betriebsvereinbarung.

3. Teilmitbestimmungspflichtige Betriebsvereinbarungen

Teilmitbestimmungspflichtige Betriebsvereinbarungen über freiwillige Leistungen des Arbeitgebers gelten nach ihrer Beendigung grundsätzlich nicht weiter. Dies gilt jedenfalls dann, wenn der Arbeitgeber mit der Kündigung beabsichtigt, eine freiwillige Leistung vollständig entfallen zu lassen, und er dies dem Betriebsrat ebenso wie der Belegschaft deutlich mitteilt (BAG v. 5.10.2010, Az. 1 ABR 20/09; BAG v. 10.12.2013, Az. 1 ABR 39/12).

Bei einer Betriebsvereinbarung zur Regelung der Arbeitszeit bedeutet dies, dass die Umwandlung eines Arbeitsverhältnisses in ein Altersteilzeitarbeitsverhältnis innerhalb der Laufzeit der Betriebsvereinbarung bewirkt werden muss, wenn der Arbeitgeber nach Ende der Laufzeit keine Form der Altersteilzeit mehr anbieten will. Diese Wirkung der Kündigung/Beendigung einer Betriebsvereinbarung ist auch nicht nach den Grundsätzen der Verhältnismäßigkeit und des Vertrauensschutzes zu begrenzen. Ebenso wenig kommt eine Benachteiligung wegen des Alters in Betracht: Das im Hinblick auf die Geltungsdauer einer begünstigenden Regelung „verspätete" Altwerden wird durch das AGG nicht geschützt (BAG v. 29.4.2015, Az. 9 AZR 999/13).

Sind jedoch verschiedene Leistungen in einer Betriebsvereinbarung verknüpft, ohne dass jeweils eigene Leistungszwecke durch den Arbeitgeber definiert sind, soll eine generelle Nachwirkung im Hinblick auf eine „betriebsverfassungsrechtlich freiwillige Gesamtvergütung" ausgelöst werden. Die Herauslösung eines einzelnen Vergütungsbestandteils berühre das Verhältnis der einzelnen verbleibenden freiwilligen Vergütungsbestandteile und damit einen auf die Gesamtheit der Leistungen bezogenen Leistungsplan. Folge ist nach dieser Rechtsprechung ein Mitbestimmungsrecht nach § 87 Abs. 1 Nr. 10 BetrVG und damit eine Gesamtnachwirkung (BAG v. 5.10.2010, Az. 1 ABR 20/09; LAG Rheinland-Pfalz v. 8.9.2010, Az. 8 TaBV 19/10).

Dagegen ist bei einer gesonderten Regelung in einer Betriebsvereinbarung regelmäßig anzunehmen, dass der sich aus dieser Leistung ergebende Entlohnungsgrundsatz nicht untrennbarer Teil eines umfassenden betrieblichen Vergütungssystems wird und die bisher für die Verteilung der Gesamtvergütung geltenden Entlohnungsgrundsätze unberührt bleiben sollen. Entschließt sich der Arbeitgeber dazu, eine in einer gesonderten Betriebsvereinbarung geregelte Leistung mit Ablauf der Kündigungsfrist vollumfänglich einzustellen, stehen damit keine Mittel mehr zur Verfügung, über deren Verteilung der Betriebsrat mitbestimmen könnte. Ein Mitbestimmungsrecht aus § 87 Abs. 1 Nr. 10 BetrVG bei der Beendigung des gesondert ausgestalteten Entlohnungsgrundsatzes besteht in diesem Fall nicht, weshalb die Betriebsvereinbarung keine Nachwirkung entfaltet (BAG v. 10.12.2013, Az. 1 ABR 39/12).

Will der Arbeitgeber die Rahmenbedingungen der Gewährung einer freiwilligen Leistung nur verändern, ohne aber eine vollständige Einstellung zu beabsichtigen, so bejaht das BAG bei einer Kündigung der zugrunde liegenden Betriebsvereinbarung in vollem Umfang eine Nachwirkung – und zwar sowohl hinsichtlich des mitbestimmungsfreien wie auch des mitbestimmungspflichtigen Teils. Der Arbeitgeber muss also die Leistung sowohl hinsichtlich des Gesamtvolumens als auch hinsichtlich der Verteilung bis zu einer neuen Abmachung in der bisherigen Form weitergewähren (vgl. dazu zuletzt auch LAG Baden-Württemberg v. 17.5.2017, Az. 4 Sa 1/17).

TIPP!

Vor dem Hintergrund der Rechtsprechung des BAG kann nur empfohlen werden, für jede freiwillige Leistung eine gesonderte Betriebsvereinbarung abzuschließen und nicht zwei oder mehr Leistungen miteinander in einer Betriebsvereinbarung zu verbinden.

Zugleich sollte die Nachwirkung ausdrücklich in der Betriebsvereinbarung ausgeschlossen werden. Mit einem solchen Ausschluss ist die Beendigung einer bestehenden Regelung selbst dann ohne Nachwirkung möglich, wenn der Arbeitgeber die Mittel für den bisherigen Leistungszweck nicht völlig zurückziehen, sondern sie nur auf andere Weise verteilen will.

Betriebsvereinbarungen mit teils erzwingbaren, teils freiwilligen Regelungen wirken grundsätzlich nur hinsichtlich der Gegenstände nach, die der zwingenden Mitbestimmung unterfallen. Dies setzt allerdings voraus, dass sich die Betriebsvereinbarung sinnvoll in einen nachwirkenden und einen nachwirkungslosen Teil aufspalten lässt. Andernfalls entfaltet zur Sicherung der Mitbestimmung die gesamte Betriebsvereinbarung Nachwirkung (BAG v. 9.7.2013, Az. 1 AZR 275/12), selbst wenn der nachwirkungslose Teil vollständig und ersatzlos entfallen soll.

Beispiel:

Wird eine Betriebsvereinbarung über die Einführung von Schichtarbeit und die Zahlung einer entsprechenden Zulage gekündigt, so entfaltet die nach § 87 Abs. 1 Nr. 2 BetrVG mitbestimmungspflichtige Regelung der Schichtarbeit Nachwirkung. Davon erfasst wird aber auch die Zahlung der Zulage, obwohl diese Regelung, so sie denn ersatzlos entfallen soll, für sich allein genommen, als freiwillige Regelung an sich keine Nachwirkung hat. Der Arbeitgeber kann sich in diesem Fall von der Verpflichtung, die Zulagen zu zahlen, nur lösen, indem er eine neue Arbeitszeitregelung mit dem Betriebsrat vereinbart. Eine solche Neuregelung kann der Arbeitgeber gegebenenfalls in einem Einigungsstellenverfahren herbeiführen. Gegen seinen Willen kann die Einigungsstelle keine kompensatorischen Leistungen für ungünstige Arbeitszeitregelungen vorsehen.

Rechtlich ungeklärt ist, wie es sich mit der Nachwirkung bei teilmitbestimmten Betriebsvereinbarungen verhält, die den in der Praxis oftmals am Ende allzu leichtfertig hinzugefügten Zusatz enthalten: „Im Falle der Kündigung wirkt die Betriebsvereinbarung bis zum Abschluss einer neuen Vereinbarung nach." Ob diese Klausel nur deklaratorisch oder konstitutiv auszulegen ist, wird unterschiedlich beurteilt, doch spielt die Frage für einen Arbeitgeber, der etwa eine soziale Leistung vollständig einstellen will, eine ganz entscheidende Rolle. Teilweise wird angenommen, dass sich im Falle einer teilmitbestimmten Betriebsvereinbarung nicht bereits aus dem Umstand, dass die Betriebsparteien eine Nachwirkung aufgenommen haben, von selbst ergibt, dass diese über die gesetzliche Regelung des § 77 Abs. 6 BetrVG hinausgehen soll (so etwa LAG Hamm v. 12.2.2019, Az. 7 TaBV 35/18). Von anderer Seite aber wird ganz selbstverständlich schon aus dem reinen Wortlaut abgeleitet, dass für jeden Fall der Kündigung eine Nachwirkung gelten soll (so etwa LAG Niedersachsen v. 28.1.2020, Az. 3 Sa 433/19). Vor diesem Hintergrund kann nur dringend geraten werden, auf einen Satz zur Nachwirkung zu verzichten oder aber – falls dies nicht durchsetzbar sein sollte – bei einem Nachwirkungszusatz immer deutlich zu machen, dass sich dieser nur auf mitbestimmungspflichtige Teile der Betriebsvereinbarung bezieht.

Betriebsversammlung

I. Allgemeines/Abgrenzung

Die Betriebsversammlung bezweckt die Aussprache und gegenseitige Information unter Arbeitnehmern sowie von Betriebsrat und Arbeitnehmern. Sie dient aber auch der Unterrichtung der Arbeitnehmer und des Betriebsrats durch den Arbeitgeber über das Personal- und Sozialwesen, die wirtschaftliche Lage und Entwicklung des Betriebs sowie über den betrieblichen Umweltschutz.

In Betrieben ohne Betriebsrat können keine Betriebsversammlungen nach den betriebsverfassungsrechtlichen Vorschriften (§§ 42 ff. BetrVG) stattfinden.

Die Betriebsversammlung hat keine Vertretungsmacht oder sonstige Funktion nach außen. Sie kann dem Betriebsrat keine Weisungen erteilen; ebenso wenig kann sie Betriebsvereinbarungen abschließen oder kündigen. Sie gibt dem Betriebsrat lediglich Anregungen und kann ihm Anträge unterbreiten sowie zu Betriebsratsbeschlüssen Stellung nehmen.

Teilnahmeberechtigt sind alle Arbeitnehmer des Betriebs, unabhängig davon, ob sie unbefristet oder befristet tätig sind. Ebenso haben Teilzeitbeschäftigte, in Telearbeit Beschäftigte, Arbeitnehmer in Elternzeit, Leiharbeitnehmer, Außendienstmitarbeiter oder auch im Urlaub befindliche Arbeitnehmer Anspruch auf Teilnahme. Gleiches gilt für Auszubildende des Betriebs wie aber auch für Auszubildende eines reinen Ausbildungsbetriebs, die dem Betrieb, in dem die Betriebsversammlung abgehalten werden soll, nur zeitweilig zugeordnet sind (BAG v. 24.8.2011, Az. 7 ABR 8/10). Verpflichtet zur Teilnahme ist dagegen kein Arbeitnehmer. Wer an einer Betriebsversammlung nicht teilnimmt, muss – soweit möglich – arbeiten und darf den Betrieb nicht verlassen.

Leitende Angestellte (im Sinne von § 5 Abs. 3 und 4 BetrVG) sind nicht teilnahmeberechtigt. Sie können jedoch als Vertreter des Arbeitgebers oder als Gäste teilnehmen, wenn weder Betriebsrat noch Arbeitgeber widersprechen (zur Teilnahmeberechtigung von Gewerkschaftsvertretern vgl. unten VI.).

Über den Ort der Betriebsversammlung entscheidet der Arbeitgeber. Ist ein vom Arbeitgeber für die Durchführung der Betriebsversammlung vorgesehener Raum geeignet, kann die Veranstaltung dort durchgeführt werden, selbst wenn der vom Betriebsrat vorgeschlagene Raum noch besser geeignet sein sollte (LAG Hessen v. 12.6.2012, Az. 16 TaBVGa 149/12). Der Betriebsrat hat im Rahmen des § 2 Abs. 1 BetrVG eine Betriebsversammlung so zu planen und durchzuführen, dass vermeidbare Kosten nicht anfallen. So ist der Arbeitgeber nicht verpflichtet, die Kosten einer Bewirtung zu tragen – und zwar weder für die Referenten noch für aktiv tätige Betriebsratsmitglieder noch für die Teilnehmer einer Betriebsversammlung (LAG Nürnberg v. 25.4.2012, Az. 4 TaBV 58/11).

Betriebsversammlungen, die vom Betriebsrat einberufen werden, sind von Mitarbeiterversammlungen zu unterscheiden, zu denen der Arbeitgeber jederzeit einladen kann, die er aber nicht als „Gegenveranstaltungen" zu Betriebsversammlungen missbrauchen darf. Derartige Mitarbeiterversammlungen sind keine Betriebsversammlungen im Sinne der §§ 42 ff. BetrVG und werden daher auch nicht auf die nach diesen Vorschriften abzuhaltenden Versammlungen angerechnet. Die Arbeitnehmer müssen an den vom Arbeitgeber einberufenen Mitarbeiterversammlungen teilnehmen, sofern die Teilnahme nicht als freiwillig erklärt worden ist.

II. Arten der Betriebsversammlung

1. Vierteljährliche ordentliche Betriebsversammlungen

Der Betriebsrat hat einmal in jedem Kalendervierteljahr eine ordentliche Betriebsversammlung einzuberufen (§ 43 Abs. 1 BetrVG). Über den genauen Zeitpunkt entscheidet der Betriebsrat; bei der Festlegung des Tages ist das Einhalten eines Dreimonatszeitraums nicht erforderlich, jedoch sinnvoll, damit sich die Versammlungen möglichst gleichmäßig auf das Kalenderjahr verteilen. Eine Übertragung in ein nachfolgendes Quartal ist nicht zulässig. Nach dem Grundsatz der vertrauensvollen Zusammenarbeit und gegenseitigen Rücksichtnahme kann der Arbeitgeber verlangen, dass der Betriebsrat für die Ansetzung der Betriebsversammlungen vorrangig geschäfts- bzw. produktionsschwache Tage wählt.

Der Arbeitgeber ist unter Mitteilung der Tagesordnung zur ordentlichen Betriebsversammlung zu laden. Dabei steht ihm ein Teilnahmerecht während der gesamten ordentlichen Betriebsversammlung vom Beginn bis zum Ende zu. Der Betriebsrat kann ihm nicht die Teilnahme während der Durchführung eines Tagesordnungspunktes – etwa am Ende oder am Anfang der Versammlung – versagen (LAG Hessen v. 27.2.2017, Az. 16 TaBV 76/16). Eine Teilnahmepflicht besteht dagegen im Allgemeinen nicht, doch ist die Teilnahme jedem Arbeitgeber anzuraten. In jedem Fall muss er einmal im Jahr an einer Betriebsversammlung teilnehmen, um seiner Berichtspflicht nachzukommen (dazu unten V.3.). Er kann sich durch leitende Angestellte des Betriebs (etwa den Personalleiter), jedoch nicht durch betriebsfremde Personen – auch nicht durch Rechtsanwälte – vertreten lassen.

Über die bloße Teilnahme hinaus ist der Arbeitgeber berechtigt, in den Versammlungen zu sprechen (§ 43 Abs. 2 Satz 2 BetrVG). Dabei bezieht sich sein Rederecht thematisch auf die einzelnen Tagesordnungspunkte des Tätigkeitsberichts des Betriebsrats, zu dem er Stellung beziehen kann. Auch hat er das Recht, auf konkrete, an ihn gerichtete Fragen aus der Belegschaft zu antwortet. Ob er dazu auch verpflichtet ist, ist umstritten. Mit Blick auf den Wortlaut des § 43 Abs. 2 Satz 2 BetrVG wird man eine Verpflichtung indes ablehnen müssen.

2. Zusätzliche Betriebsversammlungen nach § 43 Abs. 1 Satz 4 BetrVG

Neben den vierteljährlich stattfindenden ordentlichen Betriebsversammlungen kann der Betriebsrat in jedem Kalenderhalbjahr eine weitere Betriebsversammlung durchführen, wenn ihm dies aus besonderen Gründen zweckmäßig erscheint. Der Betriebsrat hat hier einen Ermessensspielraum, doch muss er „besondere Gründe" haben, die eine weitere Versammlung aufgrund außergewöhnlicher Vorkommnisse und eines aktuellen und dringenden Informationsbedürfnisses rechtfertigen. Dabei hat er nicht nur die zusätzlichen betrieblichen und finanziellen Auswirkungen zu beachten, sondern er muss auch berücksichtigen, wie erforderlich und sinnvoll ein Meinungsaustausch im Zeitpunkt der vorgesehenen Versammlung ist und welche Folgen die Nichteinberufung haben könnte.

Sofern eine Angelegenheit auf der nächsten ordentlichen und gegebenenfalls zeitlich vorzuverlegenden Versammlung erörtert werden kann, wird in der Regel keine zusätzliche Betriebsversammlung erforderlich sein. Allein der Umstand, dass bestimmte Angelegenheiten auf einer regelmäßigen Betriebsversammlung aus Zeitnot oder aus anderen Gründen nicht ordnungsgemäß behandelt werden konnten, rechtfertigt nicht die Einberufung einer zusätzlichen Betriebsversammlung. Dies gilt jedenfalls dann, wenn die Versammlung ohne zwingenden Grund abgebrochen wurde und nicht viel länger als die betriebsübliche Arbeitszeit angedauert hätte oder wenn das Thema außerhalb einer Betriebsversammlung weiterbehandelt werden kann.

Letztlich bleibt damit Raum für eine zusätzliche Versammlung nur in ganz besonders gravierenden und dringenden Fällen, die für die Arbeitnehmer von unmittelbarem und aktuellem Interesse sind und über die schnellstmöglich eine Erörterung im Rahmen einer Versammlung stattfinden muss. Denkbar ist dies insbesondere bei bevorstehenden Betriebsänderungen (Schließung oder Verlegung von Betriebsteilen, Umstellung der Produktion, drohende Kurzarbeit etc.).

3. Teilbetriebsversammlungen

Grundsätzlich sind Betriebsversammlungen als Vollversammlungen aller Arbeitnehmer eines Betriebs abzuhalten. Nur dann, wenn wegen der Eigenart des Betriebs eine Vollversammlung aller Arbeitnehmer zum gleichen Zeitpunkt nicht durchgeführt werden kann, kann zu Teilversammlungen eingeladen werden. Die Eigenart muss sich aus der technischen Organisation oder dem Betriebszweck ergeben (wie etwa bei einem Flughafen – vgl. dazu LAG Düsseldorf v. 11.12.2024, Az. 12 TaBV 21/24). Insofern kommen nur sehr eng begrenzte Ausnahmefälle in Betracht. So werden Teilversammlungen etwa in Großbetrieben für möglich erachtet, weil eine übergroße Arbeitnehmeranzahl eine angemessene Durchführung der Versammlung, insbesondere auch eine sachliche Aussprache nicht zulasse. Auch kann das Fehlen eines ausreichend großen Raumes Teilversammlungen erforderlich machen. Diese Voraussetzung ist erfüllt, wenn weder im Betrieb ein geeigneter Raum zur Verfügung steht noch ein solcher in angemessener Entfernung angemietet werden kann.

Ob Teilversammlungen auch in Mehrschichtbetrieben erforderlich sind, wird unterschiedlich beurteilt. Man wird jedoch dann, wenn es der technische Funktionsablauf erforderlich macht, dass ein Teil der Arbeitnehmer stets beschäftigt ist – wie etwa in Pflege-, Verkehrs-, Versorgungsbetrieben oder auch im Bergbau oder in Stahlwerken mit Hochöfen – Teilversammlungen für zulässig halten müssen (vgl. LAG Baden-Württemberg v. 10.5.2002, Az. 14 TaBV 1/02). Dagegen können organisatorische Versäumnisse des Arbeitgebers nicht dazu führen, dass Betriebsversammlungen stets nur noch als Teilversammlungen durchgeführt werden (ArbG Essen v. 14.4.2011, Az. 2 BVGa 3/11).

4. Abteilungsversammlungen

Nach § 42 Abs. 2 Satz 2 BetrVG hat der Betriebsrat Arbeitnehmer organisatorisch oder räumlich abgegrenzter Betriebsteile zu Abteilungsversammlungen zusammenzufassen, wenn dies für die Erörterung der besonderen Belange der Arbeitnehmer erforderlich ist.

Organisatorisch abgegrenzt ist ein Betriebsteil, wenn er neben einer gewissen Eigenständigkeit in der Aufgabenstellung auch eine gewisse Eigenständigkeit in der Leitung aufweist. So stellen z. B. Produktion und Verwaltung im Allgemeinen organisatorisch abgrenzbare Teile dar; ebenso sind aber auch innerhalb der Verwaltung und innerhalb der Produktion (z. B. Motoren- und Karosseriebau) wiederum organisatorisch abgrenzbare Betriebsteile denkbar. Eine räumliche Abgrenzung kann aus der örtlichen Lage und der baulichen Situation folgen. So können Filialen, Zweigstellen, einzelne Betriebsstätten oder Gebäude auf einem größeren Betriebsgelände räumlich abgegrenzte Betriebsteile sein.

Die Durchführung von Abteilungsversammlungen dient dem Zweck, mit den Arbeitnehmern in den einzelnen Betriebsteilen ihre speziellen gemeinsamen Belange zu erörtern, die in der Vollversammlung aller Arbeitnehmer nicht angesprochen werden können. Der Betriebsrat entscheidet über die Durchführung von Abteilungsversammlungen durch Beschluss. Es steht ihm ein eng bemessener Entscheidungsspielraum bei der Frage der Erforderlichkeit zu. Damit der Grundsatz des Vorrangs von Vollversammlungen vor allen anderen Versammlungsarten nicht ausgehöhlt wird, muss zumindest für die überwiegende Anzahl der Betriebsteile die Durchführung von Abteilungsversammlungen erforderlich sein. Die besonderen Belange der Arbeitnehmer eines Betriebsteils oder nur weniger Betriebsteile rechtfertigt es nicht, auch den anderen Betriebsteilen anstelle der Vollversammlung Abteilungsversammlungen aufzuzwingen.

Liegen alle Voraussetzungen vor, hat der Betriebsrat nach § 43 Abs. 1 Satz 2 BetrVG zwei der vierteljährlich anzusetzenden ordentlichen Betriebsversammlungen als Abteilungsversammlungen durchzuführen. Abteilungsversammlungen stellen damit eine besondere Form der Betriebsversammlung dar und ersetzen diese zweimal pro Jahr.

Wenn es aus besonderen Gründen zweckmäßig erscheint, kann der Betriebsrat – pro Kalenderhalbjahr einmal – weitere Abteilungsversammlungen durchführen. Die weiteren Abteilungsversammlungen ersetzen die zusätzliche Betriebsversammlung nach § 43 Abs. 1 Satz 4 BetrVG; für ihre Durchführung müssen „besondere Gründe" vorliegen (vgl. dazu oben 2.). Liegen diese nur für bestimmte organisatorisch oder räumlich abgrenzbare Betriebsteile vor, so sind die weiteren Abteilungsversammlungen auch nur auf diese Betriebsteile zu beschränken.

5. Außerordentliche Betriebsversammlungen

Außerordentliche Betriebsversammlungen können vom Betriebsrat einberufen werden, wenn ganz besonders dringende Gründe vorliegen, die es nicht zulassen, die Erörterung auf die nächste regelmäßige, kalendervierteljährliche Versammlung zu verschieben. Auch darf keine Möglichkeit mehr für eine zusätzliche Betriebsversammlung nach § 43 Abs. 1 Satz 4 BetrVG (vgl. dazu oben 2.) bestehen, weil diese bereits im dem betreffenden Kalenderhalbjahr abgehalten worden ist.

Beispiel:

Die Betriebsleitung beabsichtigt, große Teile des Betriebs stillzulegen und teilt dies dem Betriebsrat am 15. Mai mit. Am 2. April hatte bereits die ordentliche vierteljährliche Betriebsversammlung und am 30. April eine zusätzliche Betriebsversammlung nach § 43 Abs. 1 Satz 4 BetrVG wegen drohender Kurzarbeit stattgefunden. In diesem Fall könnte der Betriebsrat eine außerordentliche Betriebsversammlung einberufen, da er nicht bis zur nächsten ordentlichen Betriebsversammlung, die frühestens am 1. Juli stattfinden dürfte, warten kann und die Möglichkeit einer zusätzlichen Betriebsversammlung bereits verbraucht ist.

Der Betriebsrat kann vom Arbeitgeber im Wege einer einstweiligen Verfügung die Herausgabe der Namen und Adressen derjenigen Arbeitnehmer verlangen, die wegen Krankheit, Urlaub, Elternzeit, Mutterschutz usw. nicht an ihrem Arbeitsplatz sind, wenn er diese Unterlagen benötigt, um diese Arbeitnehmer über eine kurzfristig anberaumte außerordentliche Betriebsversammlung in Kenntnis zu setzen (ArbG Berlin v. 29.1.2004, Az. 75 BVGa 1964/04).

Außerordentliche Betriebsversammlungen sind darüber hinaus vom Betriebsrat zwingend einzuberufen, wenn ein Viertel der nach § 7 BetrVG wahlberechtigten Arbeitnehmer des Betriebs eine solche Versammlung verlangt. Der Antrag der Arbeitnehmer ist dabei an keine besondere Form gebunden, doch muss der Beratungsgegenstand, der erörtert werden soll, angegeben werden. Die Unterschriftensammlung für eine außerordentliche Betriebsversammlung kann ohne Minderung des Arbeitsentgelts in der Arbeitszeit durchgeführt werden.

Auch der Arbeitgeber kann vom Betriebsrat unter Angabe des Beratungsgegenstandes die Einberufung einer außerordentlichen Betriebsversammlung verlangen. Der Antrag kann formlos gestellt werden.

Außerordentliche Betriebsversammlungen können ebenso wie ordentliche Betriebsversammlungen auch als Abteilungsversammlungen oder Teilversammlungen unter den jeweiligen für diese Versammlungsformen geltenden Voraussetzungen durchgeführt werden.

6. Betriebsversammlungen auf Antrag einer Gewerkschaft

Auf Antrag einer im Betrieb vertretenen Gewerkschaft muss der Betriebsrat vor Ablauf von zwei Wochen nach Eingang des Antrags eine Betriebsversammlung einberufen, wenn im vorausgegangenen Kalenderhalbjahr weder Betriebs- noch Abteilungsversammlungen durchgeführt wurden (§ 43 Abs. 4 BetrVG). Mit dieser gesetzlichen Regelung soll verhindert werden, dass Betriebs- oder Abteilungsversammlungen nicht oder in unverhältnismäßig großen Abständen stattfinden. Kalenderhalbjahr ist der Zeitraum vom 1.1. bis 30.6. sowie vom 1.7. bis 31.12. Nicht ausreichend ist, dass sechs Monate vor Antragstellung keine Betriebs- bzw. Abteilungsversammlungen stattgefunden haben.

Beispiel:

Die letzte Betriebsversammlung hat im Januar stattgefunden. Ein im Dezember von der Gewerkschaft gestellter Antrag verpflichtet den Betriebsrat nicht zur Einberufung, weil im vorausgegangenen Kalenderhalbjahr – nämlich im Januar – eine Versammlung durchgeführt wurde.

Unerheblich ist, ob es sich bei einer durchgeführten Versammlung im vorausgegangenen Kalenderhalbjahr um eine ordentliche oder außerordentliche Betriebsversammlung gehandelt hat. Haben im vorausgegangenen Kalenderhalbjahr Abteilungsversammlungen stattgefunden, müssen diese zumindest für die ganz überwiegende Anzahl der Arbeitnehmer des Betriebs durchgeführt worden sein.

7. Betriebsversammlungen zur Bestellung eines Wahlvorstands

In Betrieben ohne Betriebsrat kann in einer Betriebsversammlung (§ 17 BetrVG) bzw. Wahlversammlung (§ 17a BetrVG) von der Mehrheit der anwesenden Arbeitnehmer ein Wahlvorstand gewählt werden. Zu dieser Versammlung können drei wahlberechtigte Arbeitnehmer des Betriebs oder eine im Betrieb vertretene Gewerkschaft einladen. Einladen können dabei selbst fristlos gekündigte Arbeitnehmer, sofern sie Kündigungsschutzklage eingereicht haben. (Fristlos) gekündigte Arbeitnehmer haben unter der Voraussetzung eines laufenden Kündigungsschutzverfahrens damit auch ein Zutrittsrecht zu einer solchen Betriebsversammlung. Der Arbeitgeber hat für die Zeit, in der die Betriebsversammlung stattfindet, ein eventuell ausgesprochenes Hausverbot aufzuheben (LAG Rostock v. 30.1.2017, Az. 3 TaBVGa 1/17).

III. Lage der Betriebsversammlungen in der Arbeitszeit

Betriebsversammlungen finden in der Regel in der Arbeitszeit statt, soweit nicht die Eigenart des Betriebs eine andere Regelung zwingend erfordert (vgl. dazu LAG Düsseldorf v. 11.12.2024, Az. 12 TaBV 21/24, wonach zumindest Teilbetriebsvereinbarungen selbst bei Flughäfen unter bestimmten Bedingungen während der Arbeitszeit möglich sind). Ausgenommen sind lediglich außerordentliche Betriebsversammlungen, die der Betriebsrat auf eigenen Entschluss oder auf Antrag der Arbeitnehmer einberuft (vgl. dazu oben II.5.); diese sind stets außerhalb der Arbeitszeit abzuhalten, sofern nicht mit dem Arbeitgeber eine abweichende Regelung getroffen wird.

Arbeitszeit ist die Zeit, während der ein wesentlicher Teil der Belegschaft des Betriebs arbeitet. Bei gleitender Arbeitszeit dürfen Betriebsversammlungen daher in der Kernzeit stattfinden. Bei Schichtarbeit kann eine Versammlung in etwa gleichem Umfang an das Ende der einen und an den Beginn der anderen Schicht gelegt werden; ebenso ist es aber möglich, die Betriebsversammlung alternierend mal in der einen, mal in der anderen Schicht stattfinden zu lassen.

TIPP!

Es sollte versucht werden, mit dem Betriebsrat eine Verständigung dahingehend zu finden, dass Versammlungen möglichst auf den letzten Teil der Arbeitszeit zum Arbeitsende gelegt werden. Der Beginn sollte dabei unter Berücksichtigung der jeweils anstehenden Themen so terminiert werden, dass das voraussichtliche Ende in aller Regel auf das Ende der Arbeitszeit fällt. Damit werden zeitlich ausufernde Versammlungen vermieden; die notwendigen Dispositionen sind für den Arbeitgeber leichter zu treffen.

Bei der konkreten Festlegung der zeitlichen Lage steht dem Betriebsrat ein Ermessensspielraum zu; er hat auf die Interessen der Arbeitnehmer ebenso Rücksicht zu nehmen wie auf die betrieblichen Notwendigkeiten. Die Zustimmung des Arbeitgebers ist nicht erforderlich, doch ist er so früh wie möglich über den Zeitpunkt zu unterrichten, damit er die erforderlichen Vorkehrungen treffen kann.

WICHTIG!

Hat der Betriebsrat den Zeitpunkt einer Betriebsversammlung fehlerhaft bestimmt, kann der Arbeitgeber im Wege der einstweiligen Verfügung ihre Verlegung erzwingen.

Nur dann, wenn die besondere Eigenart eines Betriebs es unmöglich macht, eine Betriebsversammlung innerhalb der Arbeitszeit abzuhalten, muss der Betriebsrat sie außerhalb der Arbeitszeit ansetzen. Es muss eine organisatorisch-technische Besonderheit gegeben sein, die keine andere Wahl lässt, etwa weil ein eingespielter Betriebsablauf technisch untragbar gestört wird. Eine derartige Konstellation wird man nur in sehr seltenen Fällen bejahen können. Im Allgemeinen wird durch organisatorische Maßnahmen eine untragbare Störung zu vermeiden sein. Organisatorische Versäumnisse des Arbeitgebers können jedenfalls nicht dazu führen, dass eine Betriebsversammlung nur außerhalb der betriebsüblichen Arbeitszeit durchgeführt werden kann (ArbG Essen v. 14.4.2011, Az. 2 BVGa 3/11).

Allein die wirtschaftlichen Folgen einer Betriebsversammlung rechtfertigen in aller Regel keine derartige Ausnahme, da diese dem Arbeitgeber zuzumuten sind; ein Produktionsausfall ist mit jeder Betriebsversammlung verbunden, die während der Arbeitszeit stattfindet. Eine andere Bewertung soll nur im Falle einer absoluten wirtschaftlichen Unzumutbarkeit greifen, wenn etwa das Ruhen der Produktion für die Zeit der Betriebsversammlung dazu führen würde, dass ein wirtschaftlich ruinöser Schaden entstünde (ArbG Essen v. 14.4.2011, Az. 2 BVGa 3/11). Mögliche Konventionalstrafen, die aus einem Produktionsausfall resultieren, sollen dagegen ebenso unerheblich sein wie ein möglicher Imageverlust des Unternehmens hinsichtlich seiner Lieferzuverlässigkeit (ArbG Darmstadt v. 7.5.2009, Az. 7 BVGa 13/09). Im Einzelhandel können Betriebsversammlungen daher während der Ladenöffnungszeiten stattfinden, solange sie nicht in besonders verkaufsstarke Zeiten gelegt werden.

Nicht abschließend geklärt ist, ob die Zeit der Teilnahme an einer Betriebsversammlung als Arbeitszeit oder Ruhezeit im **arbeitsschutzrechtlichen** Sinn zu bewerten ist. Arbeitszeit bejaht hat zuletzt das OVG Münster (v. 10.5.2011, Az. 4 A 1403/08).

IV. Ablauf der Betriebsversammlung/ Nichtöffentlichkeit

Die Betriebsversammlung (ebenso die Abteilungs- oder Teilbetriebsversammlung) wird vom Betriebsratsvorsitzenden und im Falle seiner Verhinderung vom stellvertretenden Betriebsratsvorsitzenden geleitet. Als Leiter der Versammlung hat er das Hausrecht.

Für die Durchführung und Befugnisse gelten die allgemeinen parlamentarischen Grundsätze. Jeder teilnehmende Arbeitnehmer darf im Rahmen der Tagesordnung zur Sache sprechen und Fragen stellen. Die Betriebsversammlung kann mit einfacher Mehrheit der teilnehmenden Arbeitnehmer Beschlüsse fassen. Jeder Arbeitnehmer und der Betriebsrat können Anträge zur Beschlussfassung stellen, nicht jedoch der Arbeitgeber.

WICHTIG!

Betriebsrat und Arbeitgeber sind an Beschlüsse der Betriebsversammlung nicht gebunden.

Die Betriebsversammlung ist nicht öffentlich und ist daher grundsätzlich in geschlossenen Räumen abzuhalten. Das schließt nicht aus, dass aus sachdienlichen Gründen und im Rahmen ihrer Zuständigkeit auch betriebsfremde Personen – z. B. als Sachverständige oder als Gäste – an ihr teilnehmen können. Dadurch wird die Betriebsversammlung noch nicht zu einer öffentlichen Versammlung. So kann etwa der Betriebsrat einen externen Redner einladen, der einen Vortrag über ein nach § 45 BetrVG zulässiges Thema halten soll. Eine Zustimmung des Arbeitgebers ist dabei so lange nicht erforderlich, wie der externe Redner nicht als Sachverständiger im Sinne von § 80 Abs. 3 BetrVG zu bewerten ist. Ebenso können auf Einladung des Betriebsrats – ohne Verletzung des Grundsatzes der Nichtöffentlichkeit – betriebsfremde Personen teilnehmen, die kraft ihrer besonderen Funktion eine enge sachliche Bindung zum Betrieb haben, wie etwa Mitglieder des Gesamt- oder Konzernbetriebsrats, des Wirtschaftsausschusses oder auch Arbeitnehmervertreter aus dem Aufsichtsrat. Voraussetzung ist dabei aber stets, dass ihre Teilnahme ausdrücklich vom Betriebsrat gestattet und ihre Teilnahme mit den Aufgaben der konkreten Betriebsversammlung vereinbar ist. Für Betriebe eines Unternehmens, für die keine Schwerbehindertenvertretung gewählt ist, gilt, dass die Wahrnehmung der Interessen der schwerbehinderten Menschen durch eine im Unternehmen vorhandene Gesamtschwerbehindertenvertretung auch deren Teilnahme an Betriebsversammlungen umfasst; der Arbeitgeber kann sich daher nicht erfolgreich gegen deren Teilnahme wehren (BAG v. 12.12.2023, Az. 7 ABR 23/22).

Medienvertreter sind dagegen grundsätzlich nicht zugelassen; dies gilt jedenfalls dann, wenn nicht alle Beteiligten ihrer Teilnahme ausdrücklich zugestimmt haben. Ton- und Filmaufzeichnungen kommen nur dann in Betracht, wenn der Versammlungsleiter zustimmt; sie müssen den Teilnehmern vorher bekannt gegeben werden. Jeder Teilnehmer kann die Aufnahme seines Beitrags untersagen.

ACHTUNG!

Während stichwortartige Notizen zulässig sind, wird die Erstellung eines Wortprotokolls der gesamten Versammlung oder auch nur einzelner Beiträge durch den Arbeitgeber jedenfalls dann für unzulässig erachtet, wenn der Betriebsrat dies dem Arbeitgeber zuvor untersagt hat (vgl. LAG Hamm v. 9.7.86, Az. 3 TaBV 31/86).

Der Leiter der Versammlung ist verpflichtet, auf die Nichtöffentlichkeit zu achten; allen Personen, die nicht teilnahmeberechtigt sind, hat er den Zutritt und die Teilnahme zu untersagen.

Das BetrVG sieht die Betriebsversammlung als zusammenhängende zeitliche Einheit; Unterbrechungen und spätere Fortsetzungen sind danach grundsätzlich ausgeschlossen. Eine Unterbrechung und Fortführung einer Betriebsversammlung ist allenfalls dann denkbar, wenn eine Erledigung der inhaltlich wie formal ordnungsgemäßen Tagesordnung anders nicht möglich wäre. Praktische Relevanz kann dies insbesondere dann haben, wenn sich die Durchführung einer Betriebsversammlung an einem Tag aus zeitlichen Gründen aus Sicht des Betriebsrats und der Arbeitnehmer als unzumutbar erweist. Betriebsversammlungen, die nach der Tagesordnung keinen höheren Zeitbedarf als acht Zeitstunden haben, sind indes grundsätzlich an einem Kalendertag abzuhalten (LAG Mecklenburg-Vorpommern v. 15.10.2008, Az. 1 BV 32/07).

Rein virtuelle Betriebsversammlungen, die während der Corona-Pandemie ausdrücklich nach § 129 Abs. 1 BetrVG bis zum 7.4.2023 zulässig waren, sind heute nicht mehr möglich. Ob jedoch das Zuschalten einzelner Belegschafts- oder Betriebsratsmitglieder möglich ist – gerade wenn diese ortsabwesend sind – ist noch ungeklärt.

V. Inhalte der Betriebsversammlung

1. Themen

Auf Betriebs- und Abteilungsversammlungen können Angelegenheiten behandelt werden, die den Betrieb oder seine Arbeitnehmer unmittelbar betreffen. Ausdrücklich nennt das Gesetz in § 45 BetrVG die tarifpolitischen, sozialpolitischen, umweltpolitischen und wirtschaftlichen Angelegenheiten einschließlich der Fragen der Förderung der Gleichstellung von Frauen und Männern und der Vereinbarkeit von Familie und Erwerbstätigkeit sowie der Integration der im Betrieb beschäftigten ausländischen Arbeitnehmer.

Zu den tarifpolitischen Angelegenheiten gehören insbesondere die Unterrichtung über den Inhalt einschlägiger Tarifverträge, hierzu ergangener grundsätzlicher Gerichtsurteile sowie Informationen über den Stand von Tarifverhandlungen.

Sozialpolitische Angelegenheiten sind neben den ausdrücklich genannten (Förderung der Gleichstellung, Vereinbarkeit von Familie und Beruf, Integration ausländischer Arbeitnehmer) etwa Fragen der Arbeitszeitregelung, der beruflichen Bildung, des Arbeits- und Unfallschutzes usw.

Unter den wirtschaftlichen Angelegenheiten versteht man neben den wirtschaftlichen Maßnahmen des Arbeitgebers auch gesetzgeberische Maßnahmen und die allgemeine Wirtschaftspolitik, soweit sie einen konkreten Bezugspunkt zum Betrieb oder seinen Arbeitnehmern aufweisen.

Die Behandlung allgemeinpolitischer Fragen ist unzulässig; es gilt das Verbot der parteipolitischen Betätigung. Es darf daher auf einer Betriebsversammlung keine Werbung für eine bestimmte Partei betrieben werden.

Die betriebliche Friedenspflicht ist auch im Rahmen der Betriebsversammlung zu wahren. Dies schließt scharfe Sachkritik nicht aus, verbietet aber alle Arbeitskampfmaßnahmen wie die Durchführung einer Urabstimmung oder die Erörterung möglicher Kampfmaßnahmen. Sie sind allein den Gewerkschaften vorbehalten.

Der Versammlungsleiter – im Regelfall der Betriebsratsvorsitzende (§ 42 Abs 1 Satz 1 Hs. 2 BetrVG) – hat die Pflicht, die Versammlung zeitlich eng zu leiten. Ein Abweichen von der Tagesordnung ist daher ohne ordnungsgemäßen Ergänzungsbeschluss unzulässig. Fragen und Stellungnahmen, die keine Themen der Betriebsversammlung zum Thema haben, sind nicht zuzulassen. Ebenso ist es unzulässig, Fakten zu referieren, die im Betrieb ohnehin allgemein bekannt sind, wie etwa das zeitaufwändige Verlesen von Betriebsvereinbarungen oder Tarifverträgen, die im Betrieb ausliegen und den Arbeitnehmern daher zugänglich sind (ArbG Darmstadt v. 22.8.2018, Az. 8 BVGa 22/18).

2. Tätigkeitsbericht des Betriebsrats

Auf den vierteljährlichen ordentlichen Betriebsversammlungen gibt der Versammlungsleiter – der Betriebsratsvorsitzende bzw. sein Stellvertreter – mündlich einen Tätigkeitsbericht ab. Dieser umfasst nicht nur die Geschäftsführung des Betriebsrats, sondern das gesamte den Betrieb betreffende Geschehen – Personalwesen, Sozialwesen, wirtschaftliche Lage – aus der Sicht des Betriebsrats. Dabei ist er nicht auf die Darstellung von Tatsachen beschränkt, sondern kann auch Wertungen äußern und die Überlegungen und Erwägungen angeben, von denen sich der Betriebsrat bei seinen Beschlüssen, Maßnahmen und Stellungnahmen hat leiten lassen.

In Teilversammlungen ist jeweils ein vollständiger Bericht zu erstatten, in Abteilungsversammlungen darf er dagegen auf die besonderen Belange der dort Beschäftigten zugeschnitten sein.

3. Bericht des Arbeitgebers

Entsprechend den in § 45 BetrVG genannten Themenbereichen verpflichtet § 43 Abs. 2 Satz 3 BetrVG den Arbeitgeber, mindestens einmal in jedem Kalenderjahr in einer Betriebsversammlung über das Personal- und Sozialwesen, über die wirtschaftliche Lage und Entwicklung des Betriebs sowie über den betrieblichen Umweltschutz zu berichten. Die Berichtspflicht des Arbeitgebers besteht nicht, soweit durch die Mitteilung von Tatsachen auf der Betriebsversammlung Betriebs- oder Geschäftsgeheimnisse gefährdet werden.

Der Bericht über das Personalwesen erstreckt sich auf die Personalplanung und sich daraus eventuell ergebende Maßnahmen der betrieblichen Berufsbildung. Es ist darüber hinaus eine Darstellung der Struktur der Mitarbeiter (Alter, Geschlecht, Nationalität) und der voraussichtlichen Entwicklung der Personalstärke zu geben. Zudem kann auf den Stand der innerbetrieblichen Aus- und Weiterbildung eingegangen werden.

Unter das Sozialwesen fällt insbesondere der Bericht über die betrieblichen Sozialeinrichtungen sowie sonstige soziale Leistungen des Betriebs. Ausdrücklich verpflichtet § 43 Abs. 2 Satz 3 BetrVG den Arbeitgeber dabei auch über den Stand der Gleichstellung von Männern und Frauen und über die betriebliche Integration von ausländischen Mitarbeitern zu berichten.

Mit dem weiterhin vom Arbeitgeber verlangten Bericht zur wirtschaftlichen Lage und Entwicklung des Betriebs soll den Arbeitnehmern in groben Zügen einen Überblick gegeben werden. Dabei ist zu berichten über

- Absatz- und Marktlage,
- Produktions- und Investitionsvorhaben,
- Rationalisierungsmaßnahmen und durchgeführte oder bevorstehende Betriebsänderungen gemäß § 111 BetrVG sowie
- sonstige Umstände, die für die wirtschaftliche Lage und Entwicklung des Betriebs von Bedeutung sind.

ACHTUNG!

Der Arbeitgeber darf seine Berichtspflicht nicht dazu nutzen, die Kosten der Tätigkeit des Betriebsrats ohne jeden Anlass oder in missverständlicher Art und Weise bekannt zu geben.

Die gesetzlich auferlegte Berichtspflicht schließt mit dem Bericht zum Umweltschutz.

VI. Zutrittsrecht von Gewerkschaftsvertretern und Beauftragten des Arbeitgeberverbandes

1. Gewerkschaftsvertreter

Gewerkschaftsvertreter müssen nicht vom Arbeitgeber oder Betriebsrat zur Betriebsversammlung zugelassen werden, sondern haben ein unmittelbares Zugangsrecht, wenn nur ein Arbeitnehmer des Betriebs Mitglied der Gewerkschaft ist (§ 46 Abs. 1 BetrVG). Voraussetzung ist jedoch zwingend, dass es sich tatsächlich um eine Gewerkschaft und nicht nur um eine Arbeitnehmerkoalition handelt. Das für die Unterscheidung einer Gewerkschaft von sonstigen Arbeitnehmervereinigungen konstitutive Begriffsmerkmal ist die Tariffähigkeit. Fehlt es an dieser, handelt es sich nicht um eine Gewerkschaft und es besteht kein Zugangsrecht zu einer Betriebsversammlung, mögen auch viele Arbeitnehmer des Betriebs Mitglied der Koalition sein (so entschieden vom BAG v. 19.9.2006, Az. 1 ABR 53/05 für den „Verband der Gewerkschaftsbeschäftigten" [VGB]).

WICHTIG!

Von der Betriebsversammlung bzw. konkret vom Ort der Betriebsversammlung zu trennen sind die Vorräume einer Betriebsversammlung. Für diesen Bereich kann auch eine nicht tariffähige Arbeitnehmervereinigung über Art. 9 Abs. 3 GG ein Zutrittsrecht zur Mitgliederwerbung beanspruchen. Der Anspruch richtet sich gegen den Arbeitgeber und nicht gegen den Betriebsrat (BAG v. 22.5.2012, Az. 1 ABR 11/11).

Das Teilnahmerecht einer Gewerkschaft besteht auch für Teilbetriebs- und Abteilungsversammlungen, und zwar selbst dann, wenn die Gewerkschaft zwar im Betrieb, nicht aber in der Abteilung oder dem Betriebsteil vertreten ist.

Der Betriebsrat ist daher auch nach § 46 Abs. 2 BetrVG verpflichtet, die Gewerkschaft über den Zeitpunkt und die Tagesordnung einer anstehenden Betriebs- oder Abteilungsversammlung schriftlich zu informieren.

Die Gewerkschaften bestimmen selbst, wen und wie viele Beauftragte sie in die Versammlung entsenden. Dabei kann es sich um hauptamtliche Kräfte, ehrenamtliche Funktionäre oder auch Arbeitnehmer anderer Betriebe handeln. Weder der Betriebsrat noch der Arbeitgeber können sie an der Teilnahme hindern.

Nur dann, wenn wegen der Teilnahme eines bestimmten Beauftragten der Gewerkschaft Störungen im Bereich des Betriebs ernstlich zu befürchten sind, kann der Arbeitgeber seiner Teilnahme widersprechen.

Beispiel:

Bei einem angekündigten Gewerkschaftsvertreter ist mit Sicherheit zu erwarten, dass er schwere rechtswidrige Verstöße gegen den Arbeitgeber begehen wird, etwa weil er diese auch in der Vergangenheit bereits begangen hat (z. B. Beleidigungen etc.). Dagegen reicht die Befürchtung, der Vertreter werde auf der Versammlung scharfe Sachkritik üben, nicht aus, denn dazu ist er berechtigt.

Ist ein Beauftragter der Gewerkschaft zu Recht abgelehnt worden, kann die Gewerkschaft einen anderen in die Versammlung schicken.

Der Gewerkschaftsvertreter hat in der Betriebsversammlung eine beratende Stimme. Er kann das Wort ergreifen, hat jedoch kein Stimmrecht und kann keine Anträge stellen. Die Redebeiträge müssen sich im Rahmen der Tagesordnung und des Aufgabenbereichs der Betriebsversammlung halten.

2. Beauftragte des Arbeitgeberverbandes

Beauftragte des Arbeitgeberverbandes haben anders als Gewerkschaftsvertreter kein eigenständiges Teilnahmerecht. Ihr Teilnahmerecht ist aus der Teilnahme des Arbeitgebers abgeleitet. Nur dann, wenn dieser selbst anwesend ist, kann auch ein Vertreter des Verbandes teilnehmen, sofern er vom Arbeitgeber hinzugezogen wird. Der Arbeitgeber bestimmt die Person des Vertreters des Verbandes, dessen Teilnahme der Betriebsrat nicht ablehnen darf. Der Beauftragte hat kein eigenständiges Rederecht, doch muss ihm der Versammlungsleiter auf Verlangen des Arbeitgebers das Wort erteilen.

VII. Vergütungsanspruch der Versammlungsteilnehmer

Nimmt ein Arbeitnehmer

- an einer ordentlichen Betriebs-/Abteilungsversammlung,
- an einer zusätzlichen Betriebs-/Abteilungsversammlung nach § 43 Abs. 1 Satz 4 BetrVG,
- an einer Betriebsversammlung zur Bestellung des Wahlvorstandes oder
- an einer auf Wunsch des Arbeitgebers einberufenen Betriebs-/Abteilungsversammlung

teil, hat er für die Teilnahme einschließlich der Wegezeiten Anspruch auf Arbeitsvergütung (§ 44 Abs. 1 Satz 2 BetrVG). Dies gilt auch dann, wenn die Betriebsversammlung aufgrund ganz außergewöhnlicher Umstände außerhalb der Arbeitszeit abgehalten werden muss.

Für außerordentliche Betriebsversammlungen, die der Betriebsrat auf eigenen Entschluss oder auf Antrag der Arbeitnehmer einberuft, besteht dagegen nur dann ein Anspruch auf ungemindertes Arbeitsentgelt, wenn mit dem Arbeitgeber im Einzelfall Einvernehmen erzielt worden ist, dass eine solche Versammlung – abweichend von der gesetzlichen Grundregel – während der Arbeitszeit stattfindet. Andernfalls besteht keine Vergütungspflicht.

WICHTIG!

Bei dem Vergütungsanspruch nach § 44 Abs. 1 Satz 2 BetrVG handelt es sich um einen eigenständigen Anspruch, der nicht dem Lohnausfallprinzip folgt. Das bedeutet, dass auch ein Anspruch auf Vergütung besteht, wenn die Versammlung zwar während der Arbeitszeit, nicht aber während der persönlichen Arbeitszeit des z. B. geringfügig- oder teilzeitbeschäftigten Teilnehmers stattfindet. Ebenso ist die Zeit der Teilnahme daher bei den Mitarbeitern zu vergüten, die während ihres Urlaubs oder ihrer Elternzeit an einer Betriebsversammlung teilnehmen. Gleiches gilt für die Teilnahme von Mitarbeitern, wenn die Betriebsversammlung während eines Arbeitskampfes stattfindet.

Setzt der Betriebsrat eine ordentliche Betriebsversammlung trotz Fehlens eines zwingenden Erfordernisses (vgl. dazu oben III.) außerhalb der Arbeitszeit an und widerspricht der Arbeitgeber, so entfällt der Vergütungsanspruch. Der Arbeitgeber darf nicht ohne Notwendigkeit zusätzlich finanziell belastet werden. Aus eben diesem Grund bedarf daher auch die Fortsetzung einer Versammlung über die Arbeitszeit hinaus eines sachlichen Grundes.

TIPP!

Wird der zeitliche Rahmen einer Betriebsversammlung durch das Abhandeln unzulässiger Themen deutlich überschritten, sollte der Arbeitgeber ausdrücklich schnellstmöglich auf die drohende Überschreitung aufgrund der Erörterung unzulässiger Themen hinweisen. Er ist dann in diesem Umfang von der Vergütungspflicht befreit.

Die Zeit der Teilnahme ist wie Arbeitszeit zu vergüten; die Arbeitnehmer erhalten daher ihren individuellen Lohn weiter. Soweit die Zeit der Teilnahme über die normale Arbeitszeit hinausgeht, besteht kein Anspruch auf Mehrarbeitszuschläge. Bei Akkordlohn ist der Durchschnitt des zuletzt erzielten Akkordlohns zugrunde zu legen.

Neben der Zeit der Teilnahme ist auch die Wegezeit zu vergüten. Bedeutung kann dies insbesondere bei außerhalb des Betriebs stattfindenden Betriebsversammlungen, bei Versammlungen außerhalb der Arbeitszeit oder auch bei Betrieben mit weit verstreuten unselbstständigen Nebenbetrieben bzw. ausgelagerten Arbeitsplätzen erhalten.

Die Vergütungspflicht besteht nur hinsichtlich der **zusätzlichen** Wegezeiten, d. h. die Zeit, die der Arbeitnehmer auch sonst für den Weg zu und von der Arbeit benötigt, ist nicht zu berücksichtigen.

Beispiel:

Eine Betriebsversammlung findet an einem Freitag zum Beginn der Arbeitszeit in einem Veranstaltungsraum statt, der fünf Kilometer vom Betrieb entfernt liegt. Arbeitnehmer X benötigt für die Fahrt zum Arbeitsplatz 30 Minuten, für den Weg zum Veranstaltungsraum aber 45 Minuten. Zu vergüten sind lediglich 15 Minuten. Würde Arbeitnehmer X allerdings aufgrund Teilzeitbeschäftigung am Freitag nicht arbeiten, so wäre seine gesamte Fahrtzeit von 45 Minuten zu vergüten.

Entstehen dem Arbeitnehmer durch die Teilnahme an einer Betriebsversammlung zusätzliche Fahrtkosten, so sind auch diese vom Arbeitgeber zu erstatten.

Datenschutz

I. Begriff

Unter Datenschutz wird der Schutz personenbezogener Daten vor missbräuchlicher Verwendung verstanden, und zwar nicht nur staatlichen Einrichtungen gegenüber, sondern auch im privaten Rechtsverkehr. Datenschutz ist Persönlichkeitsschutz, d. h. nicht die Daten „als solche" sind geschützt, sondern der Mensch vor Beeinträchtigung seiner Persönlichkeit; jeder Einzelne hat ein Recht auf den Schutz seiner personenbezogenen Daten.

Die Regelungen zum Datenschutz wurden sowohl im Zuge des Inkrafttretens der europäischen Datenschutzgrundverordnung (DSGVO) als auch im Zuge des gleichzeitigen Inkrafttretens des nationalen Ergänzungsgesetzes – dem Datenschutzanpassungs- und Umsetzungsgesetz, BDSG – am 25.5.2018 aktualisiert und neu gefasst. Der Bereich des Beschäftigtendatenschutzes wurde gemäß Art. 88 DSGVO den jeweiligen Nationalstaaten zur „spezifischeren" Regelung überlassen, um nationale Besonderheiten des Arbeitsrechts berücksichtigen zu können. Aus diesem Grund ist das BDSG zur Regelung noch offener Fragen im Bereich der Beschäftigung von Arbeitnehmern/innen geschaffen worden.

In § 1 Abs. 5 BDSG wird jedoch klargestellt, dass die Regelungen des BDSG keine Anwendung finden, soweit das Recht der Europäischen Union, im Besonderen die DSGVO in der jeweils geltenden Fassung, unmittelbar gilt. D. h., alles, was die DSGVO regelt, gilt unmittelbar, sodass im Zweifelsfall nicht das BDSG gilt, sondern das entsprechende europäische Recht. Das BDSG und die DSGVO stehen also allenfalls in einem ergänzenden Verhältnis. Das BDSG enthält vor allem punktuelle und spezifische Regelungen, z. B. die Voraussetzungen für Unternehmen, um einen Datenschutzbeauftragten zu benennen oder auch den Datenschutz im Beschäftigungsverhältnis. Zudem können beispielsweise Strafvorschriften wie in § 42 BDSG lediglich im nationalen Gesetz geregelt werden, weil die DSGVO nur Bußgeldvorschriften erlassen darf, mithin in diesem Bereich keine Kompetenz hat.

§ 26 Abs. 1 Satz 1 BDSG bildet im Beschäftigungsverhältnis keine normative Grundlage mehr, um personenbezogene Arbeitnehmerdaten erstmalig zu speichern und später im Rahmen des Arbeitsverhältnisses zu nutzen. § 26 BDSG bildete lange eine spezifischere Regelung gegenüber der DSGVO. Die Zulässigkeit der Datenverarbeitung im Arbeitsverhältnis ergab sich aus der Zweckgebundenheit der vertraglichen Beziehungen zwischen Arbeitgeber und Arbeitnehmer. Denn mit Urteil vom 30.3.2023 (C-43/21) hat der EuGH entschieden, dass § 26 Abs. 1 Satz 1 BDSG europarechtswidrig ist. Zur Begründung hat der Senat angeführt, dass der normative Inhalt des § 26 BDSG keine spezifischere Vorschrift gegenüber dem Europarecht darstellt. Es werde lediglich der Inhalt der Europarechtsnorm wiederholt. Dies könne keine Privilegierung darstellen.

WICHTIG!

Die Auswirkungen der Entscheidung für die Praxis sind derzeit nicht genau abzuschätzen. Dies gilt insbesondere für die Frage, ob auch die Aufdeckung von Straftaten durch die Anwendung von datenschutzrechtlichen Vorschriften – auf Bundesebene § 46 Abs. 1 Satz 2 BDSG geregelt – europarechtswidrig ist.

In der Praxis sollte der leidige Verweis auf § 26 BDSG vermieden, inhaltlich sollten konkrete Anwendungsvoraussetzungen des Datenschutzes genannt werden.

Das Datenschutzrecht

Der Bußgeldrahmen von zuvor bis zu 300.000,– € ist durch die DSGVO erheblich erweitert worden. Bußgelder sind nun gem. Art. 83 Abs. 5 DSGVO bis zu 20 Millionen oder 4 % des gesamten weltweiten Jahresumsatzes möglich. Der Bußgeldrahmen gilt für die Verletzung der allgemeinen Grundsätze wie z. B. bei einem Verstoß gegen das Transparenzgebot, gegen das Gebot der Zweckbindung oder bei Verletzung der Informationspflichten. Wichtig ist dem europäischen Gesetzgeber, dass das Bußgeld nach Art. 83 Abs. 1 DSGVO „abschreckend" sein soll. Gehaftet werden soll für Pflichtverletzungen im Sinne von „formellen" oder „materiellen" Datenschutzverstößen im Arbeitsverhältnis, aber auch bei der Datenweitergabe an Dritte im Sinne einer unzulässigen Datenverarbeitung des Auftragsverarbeiters. Ersatzfähig sind materielle oder immaterielle Schäden des Betroffenen (Rechtsverfolgungskosten, Nichtzustandekommen eines Arbeitsverhältnisses, Verletzung der informationellen Selbstbestimmung etc.). Daneben kann auch Schmerzensgeld verlangt werden.

WICHTIG!

Mit der DSGVO wurde das sog. „Rechenschaftsprinzip" eingeführt. Nach Art. 5 Abs. 2 und Art. 24 Abs. 1 DSGVO muss das Unternehmen nachweisen, dass die Vorgaben der DSGVO eingehalten worden sind. Hier liegt eine Beweislastumkehr hinsichtlich der Verletzungshandlung vor.

II. Datenschutz nach der DSGVO und dem BDSG

1. Anwendbarkeit der Vorschriften

Das BDSG ist ein besonderes Gesetz zum Schutz von personenbezogenen Arbeitnehmerdaten; es gilt zusammen mit der DSGVO als „lex specialis" für das gesamte Datenschutzrecht. Daneben gibt es noch andere Rechtsvorschriften, die für den Arbeitnehmerdatenschutz eingreifen. Solche Rechtsvorschriften gibt es im Arbeitsrecht derzeit aber nur ganz vereinzelt (z. B. § 83 Abs. 1 BetrVG), sodass der DSGVO und dem BDSG die vorrangige Bedeutung zukommt.

Art. 4 Nr. 6 DSGVO gilt für die ganz oder teilweise automatisierte Verarbeitung personenbezogener Daten sowie die nicht automatisierte Verarbeitung personenbezogener Daten, die in einem Dateisystem gespeichert sind oder gespeichert werden sollen.

WICHTIG!

Unter eine nichtautomatisierte Verarbeitung fallen auch handschriftliche Aufzeichnungen. Alle systematisiert vom Arbeitgeber gesammelten arbeitnehmerbezogenen Daten sind datenschutzrechtlich relevant, wie z. B. die aus digitalen oder in Papierform erstellten Personalakten, ferner wenn über Menschen in Bewerbungsgesprächen, im Verlaufe des Arbeitsverhältnisses oder im Rentenbezug Aufzeichnungen bzw. Notizen gemacht werden.

Denn ein Dateisystem ist nach § 46 Nr. 6 BDSG Art. 4 Nr. 6 DSGVO *„(...) jede strukturierte Sammlung personenbezogener Daten, die nach bestimmten Kriterien zugänglich sind, unabhängig davon, ob*

die Sammlung, zentral, dezentral oder nach funktionalen oder geografischen Gesichtspunkten zugeordnet geführt wird."

Zu denken ist hier etwa an die klassische Datei. Gemeint sind Adressdateien, aber auch die Personalakte des Unternehmens, in der personenbezogene Daten über die Arbeitnehmer gespeichert werden.

Das Datenschutzrecht will vollumfänglich die personenbezogenen Daten von Arbeitnehmern schützen. Nach Art. 4 Nr. 1 DSGVO findet das Datenschutzrecht auch auf unstrukturierte Datensammlungen Anwendung, da jede Verarbeitung personenbezogener Daten im Sinne von Informationen, die sich auf eine identifizierte oder identifizierbare natürliche Person beziehen, ausnahmslos erfasst wird. Im Hinblick auf all diese Daten besteht ein Auskunftsrecht, also auch bezüglich solcher personenbezogener Daten, die sich in der großen Menge der unstrukturierten Daten in jedem Unternehmen verbergen.

DSGVO und BDSG finden jedoch nur auf den Umgang mit „personenbezogenen" Daten Anwendung; dies sind alle Informationen, die sich auf eine identifizierte oder identifizierbare natürliche Person beziehen. Als identifizierbar wird eine natürliche Person angesehen, die direkt oder indirekt, insbesondere mittels Zuordnung zu einer Kennung wie einem Namen, zu einer Kennnummer, zu Standortdaten, zu einer Online-Kennung oder zu einem oder mehreren besonderen Merkmalen identifiziert werden kann. Hierzu zählen z. B.:

- Alter,
- Familienstand,
- Ausbildung und abgelegte Prüfungen,
- Sprachkenntnisse,
- Lohn- und Gehaltsdaten,
- Leistungs- und Akkorddaten,
- Fehlzeiten,
- dienstliche Beurteilungen,
- Gesundheitsdaten,
- Gewerkschaftszugehörigkeit.

Nach altem § 26 Abs. 1 BDSG ist die Verarbeitung von personenbezogenen Daten zulässig, die für die Begründung, Durchführung oder Beendigung des Arbeitsverhältnisses erforderlich sind. Ohne Benennung der normativen Grundlage sind die inhaltlichen Tatbestandsvoraussetzungen weiterhin gültig.

2. Zulässigkeit der Datenerhebung, -verarbeitung und -nutzung

Das Datenschutzrecht enthält ein grundsätzliches Verbot der Nutzung von personenbezogenen Arbeitnehmerdaten, es sei denn, dass eine auf den Zweck des Arbeitsverhältnisses bezogene Ausnahme in Form einer Erlaubnis vorliegt. Die Erhebung, Verarbeitung und Nutzung personenbezogener Daten ist daher grundsätzlich verboten. Das Persönlichkeitsrecht eines jeden Einzelnen und damit auch des Arbeitnehmers steht der unerlaubten Datennutzung von personenbezogenen Beschäftigtendaten entgegen. Damit trägt das Schutzrecht den Charakter eines Verbotsgesetzes mit Erlaubnisvorbehalt. Dies bedeutet, dass die Verarbeitung personenbezogener Arbeitnehmerdaten grundsätzlich unzulässig ist, es sei denn, es gibt für jeden konkreten Einzelfall eine datenschutzrechtliche Legitimation. Eine Ausnahme gilt nur dann, wenn

- eine arbeitsvertragliche Legitimation besteht,
- die Datenverarbeitung aufgrund Tarifvertrag oder einer Betriebsvereinbarung legitimiert ist oder
- der Arbeitnehmer vorher gemäß § 26 Abs. 2 BDSG eingewilligt hat.

Die Einwilligung in die Datenverarbeitung muss nicht mehr schriftlich erfolgen. § 26 Abs. 2 Satz 3 BDSG sieht insoweit vor, dass die Einwilligung schriftlich oder elektronisch zu erfolgen hat, soweit nicht wegen besonderer Umstände eine andere Form als angemessen gilt. Gerade aus den Besonderheiten des Arbeitsverhältnisses kann sich ergeben, dass die Einwilligung nicht schriftlich zu erfolgen hat. Ist die Verarbeitung von personenbezogenen Daten im Kontext mit dem Arbeitsvertrag als üblich anzusehen, kann auch eine Einwilligung konkludent seitens des Arbeitnehmers erklärt werden.

Die Legitimation der Datenverarbeitung von personenbezogenen Beschäftigtendaten kann auch durch eine Betriebsvereinbarung i. S. d. § 77 Abs. 2 BetrVG erfolgen. Dies sieht § 26 Abs. 4 BDSG ausdrücklich vor, bestimmt aber für den Fall der Nutzung einer Betriebsvereinbarung, dass die Tatbestandsmerkmale des Art. 88 Abs. 2 DSGVO eingehalten sind. Danach müssen „angemessene und geeignete Schutzmaßnahmen" getroffen sein (Art. 88 Abs. 2 DSGVO), um die menschliche Würde, die berechtigten Interessen und die Grundrechte der betroffenen Personen zu wahren. Dies gilt im Hinblick auf die Transparenz der Datenverarbeitung und für die Übermittlung von personenbezogenen Daten innerhalb der Speicherstelle (des Unternehmens) oder innerhalb einer Unternehmensgruppe. Folgender Regelungsinhalt ist gesetzlich zwingend geboten:

- Die Betriebsvereinbarung muss transparent sein, d. h., die sich aus ihr ergebenden datenschutzrechtlichen Verarbeitungsprozesse müssen in einfacher und verständlicher Form aufgelistet sein (Art. 5 Abs. 1a 2. HS DSGVO).
- In der Betriebsvereinbarung muss niedergelegt sein, welche Daten von welchem Arbeitnehmer zu welchem Zweck jetzt oder künftig verarbeitet werden (Zweckbindung nach Art. 5 Abs. 1b DSGVO).
- Der Grundsatz der Datenminimierung und damit der Datensparsamkeit muss berücksichtigt werden (Art. 5 Abs. 1c DSGVO).
- Wichtig ist dem europäischen Gesetzgeber, dass die Integrität und Vertraulichkeit als Wahrung der Menschenwürde beachtet werden (Art. 5 Abs. 1f DSGVO).
- Ebenfalls muss festgelegt werden, welche Rechte der betroffene Arbeitnehmer hat und wo er die ihm zustehenden Rechte geltend machen kann.
- Ergänzend muss im Rahmen der Betriebsvereinbarung niedergelegt werden, welche Risiken bei der Verwendung personenbezogener Daten bestehen können.

Dies bedeutet für die betriebliche Praxis, dass die genannten Punkte in den künftigen Betriebsvereinbarungen ihren Niederschlag finden müssen.

WICHTIG!

Auch vor dem 25.5.2018 geschlossene Betriebsvereinbarungen müssen inzwischen auf die Einhaltung der Vorgaben von Art. 88 Abs. 1, 2 DSGVO und § 26 Abs. 4 BDSG überprüft worden sein. Dies ist insbesondere bei Betriebsvereinbarungen wichtig, die explizit den Umgang mit personenbezogenen Daten regeln. Aber auch bei nur mittelbarer Betroffenheit, also wenn personenbezogene Daten Gegenstand einer Nebenregelung sind, müssen die Betriebsvereinbarungen, die in der Vergangenheit geschlossen wurden, auf die Vereinbarkeit mit dem seit dem 25.5.2018 geltenden Recht inzwischen überprüft worden sein.

Neben der Erfüllung des vertraglichen Zwecks und der Legitimation durch Tarifvertrag oder Betriebsvereinbarung kann auch die persönliche Einwilligung des von der Datenverarbeitung betroffenen Arbeitnehmers in die Verarbeitung seiner personenbezogenen Daten als Legitimation herangezogen werden.

Bei der Einholung der Einwilligung, die u. a. auf der freien Entscheidung des Arbeitnehmers beruhen muss, ist der Arbeitnehmer auf den oder die konkreten Zweck(e) der Verarbeitung und Nutzung sowie, wenn er das verlangt, auf die Folgen der Verweigerung der Einwilligung hinzuweisen.

WICHTIG!

Soll die Einwilligung zusammen mit anderen Erklärungen schriftlich erteilt werden (z. B. im Arbeitsvertrag) muss die Einwilligungserklärung optisch (z. B. durch Fettdruck) besonders hervorgehoben werden.

Der Arbeitnehmer kann seine Einwilligung jederzeit ohne nähere Begründung widerrufen. Dies bedeutet, dass bei langer zeitlicher Dauer des Arbeitsvertrages die Einwilligung aufgrund von Widerruf ihre Legitimation verlieren kann. Dann wäre nach einem Widerruf jede Datenverarbeitung ohne andere Legitimation zum Beispiel aus § 26 BDSG oder einer Betriebsvereinbarung unwirksam.

Die Bedeutung der Einwilligung als Erlaubnisnorm wird daher weiter an Relevanz verlieren. Dies gilt insbesondere bei der Verwendung von Bildrechten. Stimmen die Arbeitnehmer der Verwendung der eigenen Bilder durch den Arbeitgeber, z. B. in Firmenzeitschriften oder im Intranet zu, können sie eine diesbezügliche Einwilligung jederzeit widerrufen. Dies mit der Folge, dass der Arbeitgeber alle Dateien löschen muss, in denen das Bild des betroffenen Beschäftigten vorhanden ist.

Durch § 26 Abs. 1 Satz 2 BDSG werden die Kontrollbefugnisse des Arbeitgebers für den Fall der Vermutung oder Aufdeckung einer Straftat konkretisiert. Die Nutzung personenbezogener Daten zur Aufdeckung von Straftaten ist danach erlaubt, allerdings nur, wenn zu dokumentierende tatsächliche Anhaltspunkte den Verdacht begründen, dass die betroffene Person im Beschäftigungsverhältnis eine Straftat begangen hat, die Verarbeitung zur Aufdeckung erforderlich ist und das schutzwürdige Interesse der oder des Beschäftigten an dem Ausschluss der Verarbeitung nicht überwiegt. Demnach sind zu diesem Zweck die Erhebung, Verarbeitung und Nutzung von Daten dann erlaubt, wenn sie für die Aufklärung eines entsprechenden Anfangsverdachts erforderlich sind und keine überwiegenden Interessen des Betroffenen entgegenstehen.

WICHTIG!

So ist zum Beispiel die Videoüberwachung eines konkret verdächtigten Arbeitnehmers zu dessen Überführung möglich. Nicht möglich ist hingegen die Überwachung aller Arbeitnehmer in der Hoffnung, den wahren Täter überführen zu können.

Das BAG hat mit Entscheidung vom 23.8.2018 (2 AZR 133/18) anerkannt, dass Aufzeichnungen aus einer grundsätzlich zulässigen offenen Videoüberwachung nicht zwangsweise aus datenschutzrechtlichen Gründen innerhalb kurzer Fristen gelöscht werden müssen, solange noch die Rechtsverfolgung durch den Arbeitgeber möglich ist. Relevant für die Beurteilung war, dass es hierbei um strafbare Handlungen des Arbeitnehmers zulasten des Arbeitgebers ging – also nicht nur um bloße Pflichtverletzungen. Das BAG betonte, dass die Löschfristen gerade nicht den Zweck haben, Arbeitgeber in eine „Beweisnot" zu treiben, sondern lediglich eine zweckwidrige Nutzung verhindern sollen. Der Arbeitgeber ist auch nicht gehalten, die Aufnahmen sofort auszuwerten, sondern kann sich hiermit nach den Feststellungen des Gerichts unter Umständen monatelang Zeit lassen, wenn dies erforderlich ist. Auch wenn das Urteil noch unter Geltung des alten Bundesdatenschutzgesetzes erging, stellt das BAG explizit fest, dass die DSGVO an dieser Rechtslage nichts geändert habe.

Diese Rechtsprechung ist vom BAG mit Urteil vom 29.6.2023 (2 AZR 269/22) bestätigt worden, eine Entscheidung, die unter dem Stichwort „Datenschutz ist kein Täterschutz" bekannt geworden ist. Der Arbeitnehmer hatte sich auf fehlerhafte Datenverarbeitung aus Sicht des Unternehmens berufen. Die Beweismittel, die zu Kündigung führten, waren damit aus seiner Sicht nicht verwertbar. Dem ist die Rechtsprechung nicht gefolgt.

WICHTIG!

Personaldatentransfer ins Ausland: Da das Datenschutzrecht innerhalb der EU weitgehend durch die DSGVO bestimmt ist, wird innerhalb der EU ein einheitliches Datenschutzniveau sichergestellt. Zudem findet nach Art. 3 Abs. 1 die DSGVO auch Anwendung auf die Verarbeitung personenbezogener Daten unabhängig davon, ob die Verarbeitung in der Union stattfindet, soweit diese im Rahmen der Tätigkeiten einer Niederlassung eines Verantwortlichen oder eines Auftragsverarbeiters in der Union erfolgt.

Dagegen dürfen personenbezogene Daten in Drittländer außerhalb der EU grundsätzlich nur dann übermittelt werden, wenn dort gem. Art. 45 DSGVO ein angemessenes Datenschutzniveau besteht.

Bei einem Datentransfer innerhalb eines Konzerns, in dem die Töchter weltweit sitzen, müssen bei einem weltweiten Datentransfer in ein Land außerhalb der Gemeinschaft verbindliche Standardvertragsklauseln, sog. Binding Corporate Rules, gem. Art. 47 DSGVO oder verbindliche Standardvertragsklauseln der EU gem. Art. 46 DSGVO verwendet werden.

Im Hinblick auf eine entsprechend zulässige Datenübermittlung in die USA hatte die EU-Kommission zunächst den sog. Safe Harbour-Beschluss getroffen. Diesen hat der EuGH allerdings mit Urteil vom 6.10.2015 (C-362/14) für ungültig erklärt. EU- und US-Bürger wurden durch die Aufsichtsbehörden angehalten, eine angemessene Lösung für die rechtssichere und die Grundrechte europäischer Bürger wahrende Datenübermittlung zu finden.

Auch das bis vor kurzem noch gültige Nachfolgemodell – das sog. Privacy Shield – hat der EuGH nunmehr in der Sache Max Schrems gegen Facebook im sog. Schrems-II-Fall mit Urteil vom 16.7.2020 (C-311/18) für ungültig erklärt. Somit ist der Datentransfer in die Vereinigten Staaten nicht mehr möglich, selbst wenn sich das in den Vereinigten Staaten ansässige Unternehmen, das die Daten empfängt, in den USA selbst zertifiziert hat.

Eine Privilegierung gilt bei kleineren Datenmengen. Bei diesen und bei größeren Datenmengen können die sog. EU-Standardvertragsklauseln Verwendung finden. Wichtig ist bei deren Nutzung, dass eine Prüfpflicht sowohl für den Datenimporteur als auch den Datenexporteur dahingehend besteht, ob die Standardvertragsklauseln ausreichend Garantien für die Datenübermittlung bereitstellen oder ob zusätzliche Garantien vereinbart werden müssen. Eine Neubewertung des Prozesses ist für Unternehmen, die personenbezogene Daten in die USA übermitteln, an dieser Stelle also dringend geboten. Grundvoraussetzung bleibt dabei immer, dass die Datenerhebung bzw. -verarbeitung grundsätzlich nach der DSGVO bzw. dem BDSG zulässig ist.

Mit Datum des 10. Juli 2023 hat die EU-Kommission einen neuen Durchführungsbeschluss für die Angemessenheit des Datenschutzniveaus für personenbezogene Daten erlassen. Auf dieser Grundlage können Verantwortliche und Auftragsverarbeiter wieder personenbezogene Daten in die USA übermitteln. Wichtig ist, dass die Stellen, an die in den USA Daten übermittelt werden, zertifiziert sind. Liegt diese Zertifizierung vor, müssen weitere Garantien oder zusätzliche Maßnahmen nicht ergriffen werden.

Der Angemessenheitsbeschluss beruht auf dem neuen zwischen der EU und den USA vereinbarten Datenschutzrahmen (EU-US Data Privacy Framework). Wichtig ist, der aus dem Privacy Shield bekannte Zertifizierungsmechanismus wird beibehalten.

3. Auftragsverarbeitung

In der DSGVO und im BDSG wird zudem der Bereich der Auftragsdatenverarbeitung geregelt. Eingeführt wurde eine neue Terminologie. Der Begriff Auftragsverarbeitung statt Auftragsdatenverarbeitung wird nun verwendet. Die materiell-rechtlichen Regelungen finden sich in Art. 28 DSGVO und § 62 BDSG, die im Wesentlichen denselben Inhalt haben. Bei der Beauftragung einer externen Einrichtung (z. B. zur Verlagerung von IT-Services zur interaktiven Nutzung ins Internet, „Cloud Computing" oder zu Fragen der betrieblichen Altersversorgung an ein Beratungsinstitut) muss der Arbeitgeber durch entsprechende Vereinbarungen mit einem Auftragsverarbeiter sicherstellen, dass eine Weiterleitung oder zweckfremde Verwertung der Daten nicht stattfindet. Außerdem müssen die in Art. 28 Abs. 3 DSGVO genannten Punkte bei Vertragsschluss geregelt werden. Neu ist, dass Art. 28 DSGVO vorsieht, dass Auftraggeber und Auftragsverarbeiter gemeinsam für Schäden haften. Aus Sicht des Datenschutzes ist von Bedeutung, dass das abgebende Unternehmen und das die Daten verarbeitende Unternehmen nicht als Dritte i. S. d. Datenschutzrechts anzusehen sind. Beide bilden eine interne Speicherstelle.

Der Arbeitgeber bleibt bei der Auftragsverarbeitung dafür verantwortlich, dass die Vorschriften des Beschäftigtendatenschutzrechts eingehalten werden, also z. B. bei ihm selbst nach § 26 BDSG die Erhebung, Verarbeitung und Nutzung personenbezogener Daten zulässig ist und zudem unter Einhaltung der weiteren Zulässigkeitsvoraussetzungen des Art. 28 Abs. 3 DSGVO die Auftragsverarbeitung durch den Auftragsverarbeiter erfolgt.

WICHTIG!

Der Vertrag mit dem Auftragsverarbeiter muss folgende Punkte regeln:

1. **Gegenstand und Dauer des Auftrags,**
2. **Umfang, Art und Zweck der vorgesehenen Erhebung, Verarbeitung oder Nutzung von Daten, Art der Daten und Kreis der Betroffenen,**
3. **zu treffende technische und organisatorische Maßnahmen,**
4. **Berichtigung, Löschung und Sperrung von Daten,**
5. **bestehende Pflichten des Auftragsverarbeiters, insbesondere die von ihm vorzunehmenden Kontrollen,**
6. **Berechtigungen zur Begründung von Unterauftragsverhältnissen,**
7. **Kontrollrechte des Auftraggebers und die entsprechenden Duldungs- und Mitwirkungspflichten des Auftragsverarbeiters,**
8. **mitzuteilende Verstöße des Auftragsverarbeiters oder der bei ihm beschäftigten Personen gegen Vorschriften zum Schutz personenbezogener Daten oder gegen die im Auftrag getroffenen Festlegungen,**
9. **Umfang der Weisungsbefugnisse, die sich der Auftraggeber gegenüber dem Auftragsverarbeiter vorbehält,**
10. **Rückgabe überlassener Datenträger und die Löschung beim Auftragsverarbeiter gespeicherter Daten nach Beendigung des Auftrags.**

Der Arbeitgeber ist auch während der Vertragslaufzeit zur Kontrolle des Auftragsverarbeiters verpflichtet.

ACHTUNG!

Auch hier müssen Altverträge an die gesetzlichen Regelungen angepasst werden. Ein Verstoß wurde nach alter Regelung mit einem Bußgeld von bis zu 50 000 Euro geahndet, dieser Rahmen ist deutlich erweitert worden; das neue Recht sieht Sanktionen bis 20 Millionen Euro vor, alternativ 4 % des weltweiten Umsatzes. Es haften sowohl das Unternehmen, das die Daten der Arbeitnehmer zur Verarbeitung herausgibt als auch der Auftragsverarbeiter, also das Unternehmen, das die Daten verarbeitet. Beide haften jeweils dem Geschädigten gegenüber vollumfänglich und können gegebenenfalls einen mithaftenden, ebenfalls an der Datenverarbeitung Beteiligten in Regress nehmen.

Wenn die Beauftragung des Dritten zum Wohl des Arbeitnehmers erfolgt oder zur reibungslosen Durchführung des Arbeitsverhältnisses (z. B. bei externer Lohnabrechnung) erforderlich ist, bedarf es einer konkreten Einwilligung zur Auftragsverarbeitung seitens des Arbeitnehmers nicht. Hier rechtfertigt § 26 BDSG die Auftragsverarbeitung.

Allerdings ist von dieser Berechtigung nur das für die Durchführung des Arbeitsverhältnisses Erforderliche wie z. B. die Lohn- und Gehaltsabrechnung gedeckt. Andere Zwecke wie z. B. Erarbeitung von Daten zum Zwecke der Potenzialanalyse sind hiervon nicht erfasst.

Die Verpflichtung des Arbeitgebers, die mit der Datenverarbeitung beschäftigten Arbeitnehmer auf das Datengeheimnis während der Laufzeit des Vertrages und danach zu verpflichten, so wie es § 5 BDSG (alte Fassung) vorsah, ist nach neuem Recht zwar entfallen. Dennoch muss der Arbeitgeber sicherstellen, dass seine Arbeitnehmer die personenbezogenen Daten tatsächlich nur nach seiner Anweisung DSGVO- und BDSG-konform verarbeiten. Für die organisatorischen und personellen Vorkehrungen zur Gewährleistung einer zulässigen Datenverarbeitung bleibt also in jedem Fall der Arbeitgeber verantwortlich.

4. Meldepflichten des Arbeitgebers

ACHTUNG!

Nach der neuen Rechtslage der DSGVO sind deutlich verschärfte Meldepflichten vorgesehen, wenn der Schutz personenbezogener Daten verletzt wird, also zumeist dann, wenn Dritte unrechtmäßig Kenntnis von personenbezogenen Daten erlangen. Wann die Meldepflichten bestehen, richtet sich nach den Art. 33 DSGVO für Meldungen an die Aufsichtsbehörde und Art. 34 DSGVO für Meldungen an die Betroffenen.

An die zuständige Aufsichtsbehörde muss grundsätzlich jede Datenschutzverletzung gemeldet werden, es sei denn, die Datenpanne führt voraussichtlich nicht zu einem Risiko für die Rechte und Freiheiten natürlicher Personen. Es ist also stets eine Risikoabwägung durchzuführen, bei der der Risikokatalog des Erwägungsgrundes 75 zur DSGVO zu berücksichtigen ist. Die Abwägung sollte dokumentiert werden.

Ergibt die Risikoabwägung, dass durch die Datenpanne voraussichtlich ein hohes Risiko für die persönlichen Rechte und Freiheiten natürlicher Personen besteht, sind die betroffenen Personen zu benachrichtigen. Ausnahmen von dieser Pflicht bestehen,

- **wenn Daten z. B. in der Weise verschlüsselt wurden, dass diese für Unbefugte nicht zugänglich sind,**
- **wenn nach der Datenpanne getroffene Maßnahmen sicherstellen, dass ein Risiko aller Wahrscheinlichkeit nach nicht mehr besteht oder**
- **wenn die Benachrichtigung nur mit einem unverhältnismäßigen Aufwand möglich wäre. In diesem Fall muss jedoch eine öffentliche Bekanntmachung oder eine ähnliche Maßnahme erfolgen, durch die die betroffenen Personen vergleichbar wirksam informiert werden.**

5. Der Beauftragte für den Datenschutz

Verantwortliche und Auftragsverarbeiter müssen gemäß Art. 37 DSGVO einen Datenschutzbeauftragten benennen, wenn u. a.

- die Kerntätigkeit des Verantwortlichen oder des Auftragsverarbeiters in der Durchführung von Verarbeitungsvorgängen besteht, welche aufgrund ihrer Art, ihres Umfangs und/oder ihrer Zwecke eine umfangreiche regelmäßige und systematische Überwachung von betroffenen Personen erforderlich machen oder
- die Kerntätigkeit des Verantwortlichen oder des Auftragsverarbeiters in der umfangreichen Verarbeitung besonderer Kategorien von Daten gemäß Art. 9 DSGVO (sensible personenbezogene Daten) besteht.

Die DSGVO enthält demnach wenig konkrete Angaben darüber, unter welchen Voraussetzungen ein Unternehmen einen Datenschutzbeauftragten zu benennen hat. Aus diesem Grund ist davon auszugehen, dass die Benennungspflicht für einen Datenschutzbeauftragten nach der DSGVO sehr selten ist.

Nach dem BDSG ist dies anders. Ergänzend zur DSGVO verschärft nämlich § 38 BDSG die Benennungspflicht des Verantwortlichen und Auftragsverarbeiters für alle Fälle, bei denen in der Regel mindestens zehn Personen ständig mit der automatisierten Verarbeitung personenbezogener Daten beschäftigt sind. Unabhängig von der beschäftigten Personenzahl besteht die Benennungspflicht zudem nach § 38 BDSG dann, wenn eine Verarbeitung von Daten vorgenommen wird, die einer Datenschutz-Folgenabschätzung nach Art. 35 DSGVO (Verarbeitung mit hohem Risiko für die Rechte und Freiheiten natürlicher Personen) unterliegen oder wenn personenbezogene Daten geschäftsmäßig zum Zweck der Übermittlung, der anonymisierten Übermittlung oder für Zwecke der Markt- oder Meinungsforschung verarbeitet werden.

Der alte Terminus der Bestellung ist durch die Benennung ersetzt worden.

Der Datenschutzbeauftragte kann eine interne oder externe Person sein. Voraussetzung ist jeweils, dass der Datenschutzbeauftragte die erforderliche Sachkunde und Zuverlässigkeit besitzt. Eine bestimmte Fachausbildung schreibt das Gesetz nicht vor; genauso wenig definiert es den Begriff „Zuverlässigkeit". Hat die zuständige Aufsichtsbehörde Anhaltspunkte dafür, dass es dem Beauftragten für den Datenschutz an einem der beiden Kriterien fehlt, kann sie seine Abberufung verlangen.

Mit der Benennung zum internen Datenschutzbeauftragten ändert sich regelmäßig der Inhalt des Arbeitsvertrags. Eine Benennung ohne eine solche Vertragsänderung ist regelmäßig nicht vom Direktionsrecht des Arbeitgebers umfasst. Die Benennung des Datenschutzbeauftragten kann nur bei gleichzeitiger Teilkündigung der arbeitsvertraglich geschuldeten Sonderaufgabe widerrufen werden (BAG 13.3.2007, Az. AZR 612/05). Eine solche, normalerweise unzulässige Teilkündigung ist hinsichtlich der Aufgaben des Datenschutzbeauftragten zulässig. Der Datenschutzbeauftragte untersteht direkt der Unternehmensleitung und ist bei der Anwendung seiner Fachkunde auf dem Gebiet des Datenschutzes nicht an Weisungen gebunden. Er darf auch wegen der Erfüllung seiner Aufgaben nicht benachteiligt werden. Der Beauftragte für den Datenschutz wirkt auf die Ausführung des Bundesdatenschutzgesetzes sowie anderer Vorschriften über den Datenschutz hin und organisiert den Datenschutz im Unternehmen. Zu seinen Aufgaben gehören insbesondere:

- die Überwachung der ordnungsgemäßen Anwendung der Programme, mit denen personenbezogene Daten verarbeitet werden sollen,
- die Schulung der mit der personenbezogenen Datenverarbeitung betrauten Personen und
- die beratende Mitwirkung bei der Auswahl der Personen, die bei der Verarbeitung personenbezogener Daten mitwirken.

Der Arbeitgeber muss dem Beauftragten für den Datenschutz eine Übersicht zur Verfügung stellen u. a. über

- die Zweckbestimmungen der Datenerhebung, -verarbeitung oder -nutzung,
- die betroffenen Personengruppen und der diesbezüglichen Daten oder Datenkategorien,
- die Empfänger oder Kategorien von Empfängern, denen die Daten mitgeteilt werden können,
- die Regelfristen für die Löschung der Daten,
- eine geplante Datenübermittlung in Drittstaaten.

Eine Unternehmensgruppe darf einen gemeinsamen Datenschutzbeauftragten ernennen, wenn von jeder Niederlassung aus der Datenschutzbeauftragte leicht erreicht werden kann. Dies gilt insbesondere dann, wenn der gemeinsame Datenschutzbeauftragte in den Außenstellen über Ansprechpartner verfügt, die für das Datenschutzrecht zuständig sind und über eine entsprechende Ausbildung verfügen.

Wird ein Datenschutzbeauftragter trotz bestehender Verpflichtung nicht benannt, kann dies als Ordnungswidrigkeit eine Geldbuße zur Folge haben.

WICHTIG!

Für den Datenschutzbeauftragten besteht ein Sonderkündigungsschutz während der Zeit der Benennung bis ein Jahr nach der Abberufung. Eine Kündigung ist während dieser Zeit nur aus wichtigem Grund möglich. Das LAG Nürnberg hat mit Urteil vom 19.2.2020 (2 Sa 274/19) zu der Frage Stellung bezogen, ob der in § 6 Abs. 4 Stza 2 i. V. m. § 38 Abs. 2 BDSG geregelte besondere Kündigungsschutz für interne Datenschutzbeauftragte mit Art. 38 Abs. 3 Satz 2 DSGVO vereinbar und damit europarechtskonform ist. Das LAG hat die Frage bejaht.

Das BAG hat in seiner Entscheidung vom 27.4.2021 Bedenken gegen die Rechtsprechung der Vorinstanzen geäußert. Es hat dem EuGH die Frage der Kündigungsmöglichkeit von Datenschutzbeauftragten aus wichtigem Grund, die in § 38 BDSG vorgesehen ist, vorgelegt und gefragt, ob diese Möglichkeit der Kündigung mit der DSGVO und den entsprechenden Richtlinien vereinbar ist. Zur Begründung führt der 9. Senat des BAG an, dass in den europäischen Vorgaben keine Kündigungsmöglichkeit vorgesehen ist. Weder Kündigungen noch die Möglichkeit der Abberufung sind vorgesehen. Auch in diesem Zusammenhang hat nach Anrufung des EuGH das BAG entschieden. Mit Urteil vom 6.6.2023 (9 AZR 621/19) hat der Senat ausgeführt, dass der in § 6 Abs. 4 BDSG normierte besondere Schutz des betrieblichen Datenschutzbeauftragten von Abberufung mit dem Unionsrecht vereinbar ist.

Ergänzend hat der Senat festgestellt, dass betriebliche Regelungen (z. B. in einem Arbeitsvertrag oder im Rahmen einer Betriebsvereinbarung genauso) nach § 134 BGB nichtig sind, wenn sie auf eine Erschwerung des Rechts des Arbeitgebers auf eine außerordentliche Kündigung hinauslaufen.

6. Rechte und Pflichten von Arbeitnehmer und Arbeitgeber

Nach alten Datenschutzrecht waren die Ansprüche des von der Datenverarbeitung betroffenen Arbeitnehmers ausschließlich im BDSG (alte Fassung) geregelt. Nunmehr sind die Betroffenenrechte ausschließlich in der DSGVO geregelt.

6.1 Transparenz der erhobenen Daten

Art. 12 der DSGVO verpflichtet die Verantwortlichen, Informationen über die Verarbeitung personenbezogener Arbeitnehmerdaten so zu übermitteln, dass jederzeit Transparenz für die betroffenen Arbeitnehmer existiert. Das Gesetz verlangt insoweit, dass die Information über die Verarbeitung personenbezogener Daten in präziser, transparenter, verständlicher und leicht zugänglicher Form in einer klaren und einfachen Sprache zu erfolgen hat. Dies betrifft insbesondere den Abschluss von Betriebsvereinbarungen. Nicht nur das mit der Betriebsvereinbarung verfolgte Ziel muss angegeben werden. Werden im Zusammenhang mit der Ausführung der Betriebsvereinbarung auch personenbezogene Arbeitnehmerdaten verarbeitet, muss über Inhalt, Umfang und Zweckrichtung der Verarbeitung im Text der Betriebsvereinbarung eine konkrete und klar verständliche Aussage getroffen werden.

6.2 Informationspflicht bei der direkten Erhebung von personenbezogenen Daten

Werden erstmals personenbezogene Daten vom Arbeitgeber direkt beim betroffenen Arbeitnehmer erhoben, trifft den Arbeitgeber eine Informationspflicht nach Art. 13 DSGVO. Dies ist beispielsweise der Fall, wenn ein Arbeitnehmer per E-Mail um Auskunft seiner personenbezogenen Daten gebeten wird. Die in Art. 13 DSGVO benannten Informationen sind dem betroffenen Arbeitnehmer zeitgleich mit der Erhebung der personenbezogenen Daten mitzuteilen.

Art. 13 der DSGVO verpflichtet dabei, den Arbeitnehmern, bei denen direkt personenbezogene Daten erhoben werden, folgende Informationen zu geben:

- Den Namen und die Kontaktdaten des Verantwortlichen sowie gegebenenfalls seines Vertreters,
- die Kontaktdaten des Datenschutzbeauftragten,
- die Zwecke, für die die personenbezogenen Daten verarbeitet werden sollen,
- die Rechtsgrundlage für die Verarbeitung der Daten,
- das berechtigte Interesse an der Verarbeitung der Daten für den Verantwortlichen oder einen möglichen Dritten,
- mögliche Empfänger von personenbezogenen Daten,
- die mögliche Absicht, die personenbezogenen Daten in ein Drittland zu transferieren.

Ferner ist der Beschäftigte u. a. über folgende Punkte zu informieren:

- Die Dauer, für die personenbezogene Daten gespeichert werden,
- das Recht des Beschäftigten auf Auskunft,
- das Recht des Beschäftigten auf Berichtigung oder Löschung,
- das Recht zur Beschwerde bei der Aufsichtsbehörde.

6.3 Informationspflicht bei der indirekten Erhebung von personenbezogenen Daten

Art. 14 DSGVO sieht die Information des Arbeitgebers gegenüber den Beschäftigten auch dann vor, wenn der Arbeitgeber die Daten nicht direkt beim Arbeitnehmer erhebt. Werden erstmals personenbezogene Daten vom Arbeitgeber indirekt bei betroffenen (auch potenziell zukünftigen) Arbeitnehmern erhoben, trifft den Arbeitgeber eine Informationspflicht nach Art. 14 DSGVO. Dies ist sogar der Fall, wenn in Berufsnetzwerken nach potenziellen neuen Mitarbeitern lediglich gesucht wird. Auch diese Suche ist eine Verarbeitung personenbezogener Daten. Ferner kann dies auch durch eine externe Datenverarbeitungsstelle geschehen. Zu denken ist hier an die Datenerhebung durch die Lohnabrechnung.

In diesen Fällen sehen Art. 14 Abs. 1 und 2 DSGVO vor, dass der Arbeitgeber zu den aus Art. 13 genannten Punkten dem Beschäftigten u. a. noch Folgendes mitzuteilen hat:

- Den Namen und die Kontaktdaten des betriebsinternen Verantwortlichen,
- die Zwecke, für die bei einem Dritten die personenbezogenen Daten verarbeitet werden sollen,
- die Rechtsgrundlage für diese Datenverarbeitung,
- die Kategorien personenbezogener Daten, die verwendet werden,
- Daten und Anschrift des Empfängers der personenbezogenen Daten.

Der betroffenen Person sind hier aber nicht unbedingt sofort, sondern bis spätestens einen Monat nach Erlangung der Daten (Art. 14 Abs. 3a DSGVO) die entsprechenden Informationen mitzuteilen. Eine Erleichterung ist in Art. 14 5b) DSGVO vorgesehen. Ist die Erfüllung der Informationspflicht nur mit unverhältnismäßigem Aufwand möglich, so muss diese gegenüber dem Betroffenen nicht mehr erfüllt werden, jedoch muss die Information dann für die Öffentlichkeit bereitgestellt werden, beispielsweise auf der unternehmenseigenen Homepage als Datenschutzhinweis. Für die vorliegende Unverhältnismäßigkeit im Fall der Erfüllung der Informationspflicht trägt der Arbeitgeber als Verantwortlicher die Darlegungs- und Beweislast.

Die Informationsverpflichtung entfällt ferner, wenn Geschäftsgeheimnisse oder Rechte anderer entgegenstehen (Art. 15 Abs. 4 DSGVO). Die Benachrichtigungspflicht entfällt schließlich auch dann, wenn der Arbeitnehmer auf andere Weise Kenntnis von der Speicherung oder Übermittlung erlangt hat. In einem laufenden Arbeitsverhältnis kann man in bestimmten Fällen davon ausgehen, dass dies der Fall ist, weil der Arbeitnehmer seine Einwilligung zum Zwecke der Durchführung des Arbeitsverhältnisses erteilt hat und z. B. weiß, dass die Daten für die monatliche Lohn- und Gehaltsabrechnung verwendet werden.

6.4 Auskunftsrecht des Betroffenen

Art. 15 DSGVO beinhaltet zugunsten des betroffenen Arbeitnehmers das Recht, vom Verantwortlichen Auskunft darüber zu verlangen, ob personenbezogene Daten von ihm verarbeitet werden. Die Auskunft des Beschäftigten bezieht sich auf folgende Punkte:

- Den oder die Verarbeitungszwecke,
- die Kategorien personenbezogener Daten, die verarbeitet werden,
- die Empfänger seiner Daten,
- die Dauer, für die die Speicherung geplant ist,
- das Bestehen des Rechts auf Löschung oder der Gegendarstellung,
- das Recht der Beschwerde bei der Aufsichtsbehörde,
- bei Verarbeitung der Daten durch Dritte, Information über diese Person.

Der Arbeitnehmer kann Auskunft verlangen über

- die zu seiner Person gespeicherten Daten sowie deren Herkunft und Empfänger,
- den Zweck der Speicherung und
- Personen und Stellen, an die seine Daten regelmäßig übermittelt werden.

Die Auskunft muss der Arbeitgeber vollständig, fristgemäß, schriftlich und kostenlos erteilen. Die Frist zur Antwort für den Arbeitgeber beträgt einen Monat mit der Möglichkeit der Verlängerung um weitere zwei Monate, wenn dies unter Berücksichtigung der Komplexität und der Anzahl von Anträgen erforderlich ist (Art. 12 Abs. 3 DSGVO). Über die Verlängerung ist die betroffene Person innerhalb der Monatsfrist zu informieren. Das Arbeitsgericht Düsseldorf hat mit Urteil vom 5.3.2020 (9 Ca 6557/18) dem Arbeitnehmer einen Schadenersatz in Höhe von 5.000 Euro gegen seinen ehemaligen Arbeitgeber zugesprochen, weil dieser dem Arbeitnehmer die Datenauskunft nach DSGVO erst nach fünf Monaten und unvollständig erteilt hatte. Die Berufung ist anhängig.

Der Anspruch auf Auskunftserteilung gem. Art. 15 Abs. 1 DSGVO auf personenbezogene Leistungs- und Verhaltensdaten kann nach Auffassung des LAG Baden-Württemberg mit Urteil vom 20.12.2018 (17 Sa 11/18) im Einzelfall durch überwiegende berechtigte Interessen Dritter an einer Geheimhaltung beschränkt sein. Ob diese Interessen einer Auskunftserteilung entgegenstehen, ist durch eine Interessenabwägung im konkreten Einzelfall zu klären. Ein legitimes Interesse an einer Geheimhaltung kann z. B. dann bestehen, wenn der Arbeitgeber zum Zweck der Aufklärung innerbetrieblichen Fehlverhaltens Hinweisgebern Anonymität zusichert. Für das Vorliegen eines überwiegenden berechtigten Interesses an einer Geheimhaltung personenbezogener Daten ist der Arbeitgeber darlegungs- und beweispflichtig. Dem entgegen hat das BAG am 16.12.2021 (2 AZR 235/21) ausgeführt, die Rechte von „Whistleblowern" gehen dem Datenschutzrecht vor. Aus diesem Grund können Hinweisgeber vom Arbeitgeber die Herausgabe von Datenkopien verlangen.

Das Auskunftsverlangen aus Art. 15 Abs. 1 DSGVO wird vielfach im Prozesssituationen, die nicht im Kontext mit dem Datenschutzrecht stehen, durch Bevollmächtigte von Arbeitnehmern geltend gemacht. In diesem Zusammenhang hat das BAG am 27.4.2021 (2 AZR 342/20) entschieden, dass ein Anspruch auf Herausgabe oder Information über nicht näher bezeichnete E-Mails unzulässig sei. Nach Auffassung der Rechtsprechung kann ein beklagtes Unternehmen einen Anspruch in diesem Umfang nicht erfüllen. Aus diesem Grund wurde der klagende Arbeitnehmer auf die Erhebung der Stufenklage verwiesen. Dies bedeutet in einem ersten Schritt muss der Beschäftigte Auskunft darüber verlangen, welche Daten der Arbeitgeber über ihn habe, in einem zweiten Schritt muss er dann die für den Streitgegenstand relevanten Daten im Wege der Herausgabeklage einfordern. Diese Rechtsauffassung hat das BAG mit Urteil vom 16.12.2021 (2 AZR 235/21) bestätigt und ausgeführt, dass die so unspezifiziert erhobene Klage bereits unzulässig ist. Mangels der Möglichkeit einer Zwangsvollstreckung besteht der Anspruch auf Herausgabe aller personenbezogenen Daten nicht. Über den Wortlaut der Norm des Art. 15 DSGVO hinaus muss der antragstellende Arbeitnehmer konkret angeben, welche Daten er benötigt und wofür.

Demgegenüber hat der Bundesgerichtshof am 15.6.2021 (VI ZR 576/19) entschieden, dass Art. 15 DSGVO in Zusammenhang mit einem Versicherungsvertrag dem Versicherungsnehmer den Anspruch gewähre, eine Kopie über alle verarbeiteten personenbezogenen Daten, einschließlich der internen Korrespondenz, zu erhalten.

Der Einwand von Arbeitgebern, das Herausgabeverlangen stelle einen „unverhältnismäßigen Aufwand" dar, lässt sich in der Zukunft offensichtlich kaum noch halten.

6.5 Weitere Rechte der von der Datenverarbeitung betroffenen Arbeitnehmer

Schließlich hat der betroffene Arbeitnehmer Anspruch auf Berichtigung unrichtiger Daten nach Art. 16 DSGVO und bei unzulässig gespeicherten oder nicht mehr erforderlichen Daten Anspruch auf deren Löschung nach Art. 17 DSGVO. Letzteres ist insbesondere der Fall, wenn der Datenverarbeitungszweck entfallen ist. In jedem Fall besteht ein Anspruch des Arbeitnehmers auf Löschung von Daten über gesundheitliche Verhältnisse, strafbare Handlungen, Ordnungswidrigkeiten oder religiöse und/oder politische Anschauungen, deren Richtigkeit die speichernde Stelle (in der Regel der Arbeitgeber) nicht beweisen kann. Das Löschen muss vollständig erfolgen. Das bedeutet, eine Re-Identifizierung der Person muss ausgeschlossen sein. Daher ist einfaches Löschen vielfach zu wenig.

Das BAG hat mit Urteil vom 8.5.2025 (8 AZR 209/21) entschieden, dass ein Arbeitnehmer sich nicht gegen die Verwendung seiner personenbezogenen Daten in einer „Dummy-Version" eines Personalverwaltungssystems zur Wehr setzen kann.

Der Arbeitnehmer kann vom Arbeitgeber schließlich auch die Einschränkung der Verarbeitung i. S. einer Sperrung der Daten verlangen (Art. 18 DSGVO), was dazu führt, dass diese nicht mehr übermittelt oder genutzt werden dürfen.

WICHTIG!

In der betrieblichen Praxis bietet es sich an, dass im Rahmen einer Datenschutzrahmen-Betriebsvereinbarung die individuellen Rechte der Arbeitnehmer ausgestaltet werden. Niedergelegt werden kann in diesem Kontext die zeitliche Frequenz der Inanspruchnahme, ferner die für die Inanspruchnahme der Arbeitnehmer verantwortliche Stelle. Das Inanspruchnahmerecht der Mitarbeiter darf in keinem Fall beschränkt werden, wenn eine Sondersituation eine jederzeitige Inanspruchnahme der Rechte erlaubt.

Soll z. B. der Arbeitnehmer im Regelfall eine zweimal im Jahr stattfindende Information über die von ihm gespeicherten Daten erhalten, muss das Informationsrecht auch zwischendurch gegeben sein, wenn die Legitimation und der Umfang der Datenverarbeitung zwischen Arbeitgeber und Arbeitnehmer streitig sind.

Die Zahlung von Schadensersatz ist im Zusammenhang mit Datenschutzverletzungen ist von großer Bedeutung. Das LAG Düsseldorf hat am 10.4.2024 (12 Sa 1007/23) entschieden, dass der Anspruch auf Schadensersatz nach Art. 82 Abs. 1 DSGVO zwei Voraussetzungen hat, die kumulativ vorliegen müssen. Zunächst einen Verstoß gegen die Grundverordnung selbst und dann parallel einen echten kausal verursachten Schaden beim Geschädigten.

Das OVG Saarlouis hat mit Urteil vom 13.5.2025 (2 A 165/24) entschieden, dass in einem arbeitsgerichtlichen Vergleich der Verzicht eines Arbeitnehmers auf Herausgabe seiner personenbezogenen Daten möglich ist. Das OVG hat den Anspruch auch auf den Auskunftsanspruch nach Art. 15 Abs. 1 DSGVO erstreckt.

Das BAG hat mit Urteil vom 20.2.2025 (8 AZR 61/24) entschieden, dass die verspätete Erteilung einer Auskunft nach Art. 15 DSGVO keinen immateriellen Schaden i. S. d. Art. 82 Abs. 1 darstellt. Lediglich zeitlicher Verzug sei eingetreten. Dies könne jedoch einen materiellen Schaden begründen.

6.6 Pflichten von Arbeitnehmern, welche personenbezogene Daten verarbeiten

Auch Arbeitnehmer haben die Belange des Datenschutzes im Rahmen der Ausübung ihrer beruflichen Tätigkeit zu berücksichtigen. Entsprechende Verpflichtungserklärungen nach dem alten § 5 BDSG bestehen zwar nicht mehr, daher ist eine förmliche Verpflichtung der Mitarbeiter auf das Datengeheimnis nicht mehr notwendig. Weggefallen ist damit aber lediglich die Verpflichtung auf das Datengeheimnis, nicht dagegen das Datengeheimnis selbst. Dieses muss natürlich weiter eingehalten werden. In der DSGVO finden sich verschiedene Normen, die daran anknüpfen. Art. 5 DSGVO schreibt vor, dass personenbezogene Daten auf rechtmäßige Weise, nach Treu und Glauben und in einer für die betroffene Person nachvollziehbaren Weise verarbeitet werden müssen. Der Verantwortliche hat danach die Pflicht, die Einhaltung dieser Vorgabe nachzuweisen (sog. Rechenschaftspflicht). Darüber hinaus fordert Art. 24 DSGVO technische und organisatorische Maßnahmen, um sicherzustellen und den Nachweis dafür erbringen zu können, dass die Verarbeitung personenbezogener Daten gemäß der DSGVO erfolgt.

TIPP!

Eine dokumentierte Verpflichtungserklärung als Bestandteil des Datenschutzmanagement-Systems ist also weiter empfehlenswert.

Werden vom Arbeitgeber Schulungen zum Beschäftigtendatenschutz angeboten, hat der Arbeitnehmer also weiterhin daran teilzunehmen. Neben dem datenschutzkonformen Umgang mit personenbezogenen Daten hat der Arbeitnehmer auch Geschäfts- und Betriebsgeheimnisse des Arbeitgebers vertraulich zu behandeln. Schwerwiegende Pflichtverletzungen können nach erfolgter Abmahnung verhaltensbedingte Kündigungen bzw. Schadensersatzansprüche (→ *Internet und mobile Kommunikation*) nach sich ziehen.

7. Betriebsrat und Datenschutz

Im Rahmen der Kommunikation mit dem Arbeitgeber und im Rahmen der Tagesarbeit verarbeitet der Betriebsrat eine Reihe von personenbezogenen Mitarbeiterdaten.

Dies hat der Gesetzgeber im Betriebsrätemodernisierungsgesetz vom 17.6.2021 berücksichtigt. So ist es nach § 30 Abs. 2 BetrVG möglich, dass Betriebsratssitzungen mittels Video- und Telefonkonferenz abgehalten werden können. Der Gesetzgeber hat bestimmt, dass die Präsenzsitzung der Betriebsratssitzung der Regelfall ist. Die elektronische Form ist möglich, wenn dies der Betriebsrat in seiner Geschäftsordnung festlegt und wenn ein Viertel der Betriebsratsmitglieder diesem Punkt der Geschäftsordnung nicht widerspricht. Dem Arbeitgeber steht folglich kein Festlegungsrecht zu. Alleinbestimmend ist der Betriebsrat.

Das datenschutzrechtliche Verhältnis zwischen Betriebsrat und Geschäftsleitung ist seit jeher umstritten. Nunmehr hat der Gesetzgeber – ebenfalls im Betriebsrätemodernisierungsgesetz – in § 79a BetrVG das Verhältnis gesetzlich geregelt. Der Betriebsrat ist datenschutzrechtliche Speicherstelle des Unternehmens, damit ist der Arbeitgeber verantwortlich für die Datenverarbeitung im Betriebsratsgremium. Beide, also Arbeitgeber und Betriebsrat, müssen sich gegenseitig bei der Einhaltung der datenschutzrechtlichen Vorschriften unterstützen. Grundsätzlich bedeutet dies, dass dem Arbeitgeber Informations- und Auskunftsrechte über die Datenverarbeitung im Betriebsrat zustehen. Hiergegen spricht jedoch das Geheimhaltungsinteresse des Betriebsrats bezogen auf die für ihn notwendigen Angelegenheiten. Wie der Interessenkonflikt künftig zu lösen ist, wird die Rechtsprechung beantworten müssen.

Die Frage nach dem Datenschutz und Mitbestimmung des Betriebsrats ist auch bei der Anwendung von ChatGPT von besonderer Bedeutung. Das Arbeitsgericht Hamburg hat mit Beschluss vom 16.1.2024 (24 BVGa 1/24) entschieden, dass die Anweisung des Arbeitgebers gegenüber Arbeitnehmern ChatGPT als Arbeitsmittel zu nutzen, keiner Mitbestimmung des Betriebsrats nach § 87 Abs. 1 Nr. 1 BetrVG unterliegt, da nur das Ordnungs- und nicht das Arbeitsverhalten betroffen ist.

Nach § 80 Abs. 2 BetrVG kann der Betriebsrat in die Bruttolohnlisten der Beschäftigten Einblick nehmen. In diesem Zusammenhang hat das LAG Sachsen mit Beschluss vom 26.5.2025 (2 TaBV 8/24) entschieden, dass Unternehmen dieses Recht nicht verhindern können, indem sie sich auf das datenschutzrechtliche Geheimhaltungsinteresse berufen. Dies vor allem dann, wenn Beschäftigte die Weitergabe der personenbezogenen Daten an den Betriebsrat untersagen wollen. Das Gericht hat die rechtliche Verpflichtung der Unternehmen aus dem BetrVG als vorrangig angesehen.

III. Datenschutz durch Tarifverträge/Betriebsvereinbarungen

Die Tarifvertragsparteien haben bislang nur vereinzelt Regelungen zum Datenschutz im Arbeitsverhältnis getroffen. Der Betriebsrat hat nach der Entscheidung des Bundesarbeitsgerichts vom 13.9.2022 (1 ABR 22721) kein erzwingbares Mitbestimmungsrecht bei der Einführung und Anwendung technischer Einrichtungen, die dazu bestimmt sind, das Verhalten oder die Leistung von Arbeitnehmern zu überwachen. Ein entsprechendes Recht des Betriebsrats sei ausgeschlossen, da bereits aus dem Eingangssatz der §§ 7 und 80 BetrVG sich ergibt, dass aus dem Gesichtspunkt des Arbeitsschutzes die Unternehmen verpflichtet sind, ein zuverlässiges System der Arbeitszeiterfassung, dem wichtigsten Fall der technischen Einrichtung zur Leistungskontrolle, zu schaffen (§ 87 Abs. 1 Nr. 6 BetrVG). Hierbei genügt es, wenn eine technische Einrichtung zur Arbeitnehmerkontrolle objektiv geeignet ist; ob sie tatsächlich dazu benutzt wird, ist nicht entscheidend.

Genau wie die datenschutzrechtlichen Bestimmungen dient dieses Mitbestimmungsrecht dem Schutz des Persönlichkeitsrechts des einzelnen Arbeitnehmers. Zahlreiche Schnittstellen zwischen Datenschutz im Arbeitsverhältnis und dem Mitbestimmungsrecht aus § 87 Abs. 1 Nr. 6 BetrVG bestehen beispielsweise bei der Einführung von Personalabrechnungs- oder Personalinformationssystemen (z. B. Paisy oder SAP R/3), bei der Zeiterfassung oder bei der E-Mail-Archivierung.

Wenn die Informationen aus Personalfragebogen in automatisierten Verfahren verarbeitet werden, sind ebenfalls die Vorschriften der DSGVO und des BDSG zu beachten. Auch hier gilt also der Grundsatz, dass die Speicherung und Verwendung geschützter personenbezogener Daten verboten ist, wenn nicht eine Erlaubnisgrundlage gegeben ist. Eine „andere Rechtsvorschrift" in diesem Sinne ist auch eine Betriebsvereinbarung oder ein Tarifvertrag, § 26 Abs. 1 BDSG.

Auf die unter 5. genannte Rechtsprechung des BAG aus dem Urteil vom 6.6.2023 (9 AZR 621/19) wird verwiesen. Danach darf „Datenschutz keinen Täterschutz" darstellen. Ferner sind betriebliche Regelungen nach § 134 BGB nichtig, die eine erhebliche Erschwerung des Rechts des Arbeitgebers zur außerordentlichen Kündigung darstellen.

IV. Datenschutz im Bewerbungsverfahren

Auch im Umgang mit eingesandten Bewerbungsunterlagen gilt es einiges zu beachten. Unternehmen müssen sicherstellen, dass Bewerberdaten per E-Mail über eine sichere Adresse zu ihnen gelangen können und diese entsprechend zur Verfügung stellen. Ferner darf nicht jeder im Unternehmen auf diese Informationen zugreifen. Zwar bestimmt die Zugriffsrechte grundsätzlich der Arbeitgeber. Hier sollte aber eine restriktive Einstellung gelebt werden, um nicht Gefahr zu laufen, gegen geltendes Datenschutzrecht zu verstoßen. Bewerberdaten dürfen also allenfalls Arbeitgeber, Personalabteilung und denjenigen Führungskräften bekannt sein, in deren Abteilung der Bewerber eingesetzt werden soll. Selbst wenn das Team am Vorstellungsgespräch teilnimmt, sollte es im Übrigen keinen Einblick in die Bewerbungsunterlagen erhalten. Schließlich sind Mitarbeiter, die Umgang mit Bewerberdaten haben, diesbezüglich regelmäßig und nachweislich zu schulen.

Da jeder Bewerber darüber zu informieren ist, dass und wie eine Datenverarbeitung erfolgt, müssen hierzu Angaben in die (ggf. automatisierte) Eingangsbestätigung an den Bewerber aufgenommen werden. Art. 13 DSGVO führt die Punkte, die in die Eingangsbestätigung einfließen sollten, auf. Dazu gehören selbstverständlich die Daten des Unternehmens und zumindest Kontaktdaten einer natürlichen Person als Vertreter sowie die Kontaktdaten des Datenschutzbeauftragten. Ferner ist anzugeben, zu welchem Zweck – Abwicklung der Bewerbung – und auf welcher Rechtsgrundlage – Art. 88 DSGVO i. V. m. § 26 BDSG die personenbezogenen Daten verarbeitet werden. Zudem ist anzugeben, wer Zugang zu den Daten hat. Auch über die Dauer der Aufbewahrung der Bewerbungsunterlagen bzw. die Speicherung der personenbezogenen Bewerberdaten ist der Bewerber zu informieren. Abschließend ist ein Hinweis zum Beschwerderecht bei der Datenschutzbehörde des jeweiligen Landes als Aufsichtsbehörde aufzunehmen.

Die Aufbewahrung der Bewerbungsunterlagen bzw. Daten zum Zweck der Durchführung des Bewerbungsverfahrens ist nach § 26 Abs. 1 Nr. 1 BDSG zulässig. Da das Bewerbungsverfahren durch Einstellung bzw. Ablehnung eines Bewerbers in der Regel abgeschlossen ist, stellt sich aber die Frage, ob Bewerbungsunterlagen über diesen Zeitpunkt hinaus aufbewahrt werden dürfen. Auch wenn die Frage gesetzlich nicht abschließend geklärt ist, kann davon ausgegangen werden, dass eine Aufbewahrung zumindest für einen Zeitraum von zwei Monaten (§ 15 Abs. 4 AGG) ab Zugang des Ablehnungsschreibens beim Bewerber bzw. bis zum Abschluss etwaiger Rechtsstreitigkeiten zulässig ist. Eine darüber hinausgehende Aufbewahrung bzw. Speicherung bis zu einem Zeitraum von sechs Monaten wird im Schrifttum für zulässig erachtet. Da der Arbeitgeber nicht sicher ist, ob der Bewerber aus der Ablehnung der Bewerbung gerichtliche Ansprüche geltend macht, ist eine Aufbewahrungsfrist von längstens sechs Monaten zu empfehlen.

Willigt der Bewerber ausdrücklich und schriftlich ein, können die Unterlagen natürlich auch länger – beispielsweise zum Zweck einer späteren Berücksichtigung in einem unternehmensinternen Stellenpool – aufbewahrt werden. Es macht daher Sinn, den Bewerber im oder nach Abschluss des Bewerbungsprozesses um die schriftliche Einwilligung genau zu diesem Zweck zu bitten. Diese darf der Bewerber jederzeit wieder mit Wirkung für die Zukunft widerrufen, worauf er vor Abgabe der schriftlichen Einwilligung hinzuweisen ist.

Als Quelle für beruflich relevante Informationen über Bewerber wie z. B. zum beruflichen Werdegang, Vortragstätigkeiten u. a. gewinnen zunehmend die Social Media als Recherchequelle an Relevanz. Der Arbeitgeber hat zudem nach der DSGVO und dem BDSG ein berechtigtes Interesse, in Berufsnetzwerken wie beispielsweise XING oder LinkedIn nach geeigneten Bewerbern zu suchen. Dagegen ist die Suche privat eingestellter Informationen in privaten Netzwerken selbst dann nicht erlaubt, wenn der Arbeitgeber selber Mitglied des Netzwerkes ist. Will der Arbeitgeber allerdings die Bewerberdaten für künftige Vakanzen speichern oder in einen unternehmens- oder konzernweiten Talent-Pool einstellen, benötigt er hierfür in jedem Fall die Einwilligung des Bewerbers.

Schließlich erhalten Bewerber nach neuem Datenschutzrecht auf Antrag Auskunft über ihre verarbeiteten personenbezogenen Daten und können deren Berichtigung und Löschung verlangen oder deren Verarbeitung einschränken bzw. insgesamt dagegen widersprechen, sodass eine umfassende Dokumentation notwendig ist. Beispielsweise sollte vermerkt sein, ob das Bewerbungsverfahren noch läuft, wann es abgeschlossen wurde – zur Berechnung der 6-Monats-Frist – oder ob eine Einwilligung zur Aufnahme in einen Stellenpool vorliegt. Diese Angaben sind ohnehin in einem nach Art. 30 DSGVO anzufertigenden Verfahrensverzeichnis – hier zum Umgang mit Bewerberdaten – festzuhalten oder aber – falls ein solches Verzeichnis nicht geführt wird, weil keine diesbezügliche gesetzliche Pflicht besteht – sinnvollerweise in der „Datenschutzrichtlinie" des jeweiligen Unternehmens.

Macht der Bewerber von seinem Beschwerderecht bei der Datenschutzbehörde des jeweiligen Landes als Aufsichtsbehörde Gebrauch, weil er einen Datenschutzverstoß vermutet, muss der Verantwortliche – also das Unternehmen – beweisen, dass ein solcher Verstoß nicht vorlag und alle Datenschutzvorgaben eingehalten wurden. Aus diesem Grund ist es wichtig, eine lückenlose Dokumentation darüber, welche Prozesse und Maßnahmen für die Sicherheit der Bewerberdaten eingerichtet bzw. getroffen wurden, vorzuhalten.

Dienstreise

I. Begriff

Dienstreisen sind vorübergehende berufliche Tätigkeiten außerhalb der regelmäßigen Arbeitsstätte und der Wohnung des Arbeitnehmers.

Ob und in welchem Umfang eine Verpflichtung zum Reisen besteht, hängt von der jeweiligen Tätigkeit ab, für die der Arbeitnehmer eingestellt ist. Grundsätzlich ist davon auszugehen, dass eine Verpflichtung zu Dienstreisen nicht ausdrücklich im Arbeitsvertrag vereinbart sein muss. Insbesondere dann, wenn sich aus dem Berufsbild oder Tätigkeitsfeld des Arbeitnehmers eine entsprechende Verpflichtung ableiten lässt (so z. B. bei leitenden Mitarbeitern, bei Unternehmensberatern, bei Mitarbeitern in der Einkaufsabteilung eines Unternehmens etc.), kann der Arbeitgeber Dienstreisen im Wege seines Direktionsrechts anordnen. Er muss dabei allerdings die Belange des Arbeitnehmers (wie z. B. Erkrankung von Familienangehörigen) berücksichtigen.

II. Dienstreise als Arbeitszeit i. S. des ArbZG

Arbeitszeit ist nach dem ArbZG nur die Zeit, in der der Arbeitnehmer die geschuldete Tätigkeit oder eine ihn nicht wesentlich weniger belastende Leistung aufgrund betrieblicher Veranlassung erbringt. Bei Wegezeiten für die Hin- und Rückreise ist daher zu unterscheiden:

- Zeiten, in denen ein Arbeitnehmer mit einem öffentlichen Verkehrsmittel reist, sind grundsätzlich keine Arbeitszeit i. S. des ArbZG, wenn es ihm überlassen bleibt, wie er die Fahrzeit gestaltet. Fahrtzeiten sind in diesem Fall Ruhezeiten im Sinne des ArbZG (BAG v. 11.7.2006, Az. 9 AZR 519/05). Nur die Zeiten, in denen der Arbeitnehmer tatsächlich im öffentlichen Verkehrsmittel arbeitet (etwa Akten bearbeitet oder auf einem Laptop Berichte schreibt), sind Arbeitszeit im Sinne des ArbZG.
- Keine Arbeitszeit i. S. des ArbZG ist die Fahrzeit – als Fahrer – in einem Pkw, wenn der Arbeitgeber die Pkw-Benutzung nicht ausdrücklich angeordnet hat. Bietet also der Arbeitgeber die Benutzung öffentlicher Verkehrsmittel an und entscheidet sich der Arbeitnehmer aus persönlichen Gründen für die Fahrt mit dem Pkw, so liegen die Gründe im privaten Bereich.
- Hat der Arbeitgeber dagegen die Benutzung eines Pkw angeordnet (etwa weil es nicht anders möglich ist, den Zielort zu erreichen oder aber weil der Arbeitnehmer im Fahrzeug notwendige Betriebsmittel für den Einsatz am Zielort mitführen muss), so ist die notwendige Reisezeit des den Pkw steuernden Mitarbeiters als Arbeitszeit im Sinne des ArbZG zu werten. (Gleiches gilt bei Berufskraftfahrern und Mitarbeitern, bei denen das Reisen im Pkw notwendige Voraussetzung für die Erfüllung der arbeitsvertraglichen Hauptpflicht ist, wie z. B. bei Außendienstmitarbeitern (EuGH v. 10.9.2015, Az. C-266/14).

Die Zeit der Erbringung der Arbeitsleistung im eigentlichen Sinne am Zielort ist Arbeitszeit i. S. des ArbZG. Dagegen ist die Wartezeit am Zielort vor und nach der eigentlichen Arbeitsleistung keine Arbeitszeit i. S. des ArbZG.

III. Vergütung von Dienstreisezeit

Reisezeit, die in die reguläre → *Arbeitszeit* fällt, ist als Arbeitszeit zu vergüten. Der Arbeitnehmer kann keine zusätzliche Vergütung verlangen, da er weder in zeitlicher Hinsicht noch hinsichtlich seiner persönlichen Anstrengung eine besondere zusätzliche Leistung erbringt. Der Arbeitgeber hat seinerseits keinen Anspruch darauf, dass der Arbeitnehmer die Zeit, die er während der üblichen Arbeitszeit vergleichsweise tatenlos im Verkehrsmittel verbracht hat, ganz oder teilweise nacharbeitet.

TIPP!

Erreicht der Arbeitnehmer durch die Wegezeit die vertraglich vereinbarte tägliche Arbeitszeit voraussichtlich nicht, sollte der Arbeitgeber ihn anweisen, während der Wegezeit zu arbeiten, und ihn mit entsprechenden Arbeitsmitteln ausstatten.

Problematischer zu beurteilen ist die Frage, ob Reisezeiten, die der Arbeitnehmer über die regelmäßige Arbeitszeit hinaus im Interesse des Arbeitgebers aufwendet, vom Arbeitgeber als Arbeitszeit zu vergüten ist. Eine gesetzliche Regelung, dass derartige Reisezeiten immer zu vergüten sind, gibt es nicht. Nur gelegentlich finden sich in Tarifverträgen besondere Regelungen, zur Vergütung von Reisezeiten. Im Übrigen gilt nach aktueller Rechtsprechung des BAG (v. 17.10.2018, Az. 5 AZR 553/17), dass Reisezeit grundsätzlich vergütungspflichtige Arbeitszeit ist, die auch mit der für die eigentliche Tätigkeit vereinbarten Vergütung zu bezahlen ist, sofern nicht eine gesonderte Vergütungsvereinbarung getroffen ist. Dabei ist es – anders als bei der Frage nach der Arbeitszeit im Sinne des ArbZG – unerheblich, ob der Arbeitnehmer während der Reisezeit arbeitet; entscheidend ist allein, dass es ihm während der Reisezeit und innerhalb des Reisemittels an der freizeittypischen zeitlichen Dispositionsfreiheit mangelt.

Problematisch kann danach nur sein, ob es sich bei einer konkret aufgebrachten Reisezeit auch um die erforderliche Reisezeit handelt. Gibt der Arbeitgeber die Reisedetails vor, so ist die Zeit erforderlich, die der Arbeitnehmer benötigt, um die Vorgaben des Arbeitgebers zu erfüllen. Überlässt der Arbeitgeber aber die Reisedetails dem Arbeitnehmer, so muss dieser aufgrund seiner Rücksichtnahmepflicht die kostengünstigste wählen.

TIPP!

Da das BAG (a. a. O.) dem Arbeitgeber die Möglichkeit gelassen hat, anderweitige Vereinbarungen zur Vergütung von Reisezeiten (anstelle einer voller Vergütung) abzuschließen, sollten zwingend ausdrückliche, eindeutige und ausgewogene Regelungen getroffen werden. Dabei ist jedoch zu beachten, dass der nach § 1 Abs. 1 MiLoG geschuldete Mindestlohn nicht unterschritten werden darf. D. h. es muss für jede im Monat geleistete Arbeitsstunde im Durchschnitt mindestens der Mindestlohn gewährt werden. Soweit durch Reisezeiten die regelmäßige Arbeitszeit überschritten wird, gelten die allgemeinen Grundsätze der Rechtsprechung zur Möglichkeit der Abgeltung von Überstunden. Es ist also – in den vom BAG vorgegebenen Grenzen – auch in Bezug auf Reisezeiten möglich, Überstunden mit dem Grundgehalt abzugelten. Besteht bereits eine entsprechende vertragliche Regelung deckt diese selbstverständlich auch Überstunden ab, die allein durch Reisezeiten entstanden sind.

Formulierungsbeispiele:

„Bei Dienstreisen gilt nur die Zeit der dienstlichen Inanspruchnahme am auswärtigen Geschäftsort als zu vergütende Arbeitszeit. Es wird jedoch für jeden Tag einschließlich der Reisetage mindestens die betriebsübliche Arbeitszeit berücksichtigt. Muss bei eintägigen Dienstreisen mindestens die betriebsübliche Arbeitszeit abgeleistet werden und müssen für die Hin- und Rückreise zum und vom auswärtigen Geschäftsort einschließlich der erforderlichen Wartezeiten mehr als zwei Stunden aufgewendet werden, wird der Arbeitszeit eine Stunde hinzugerechnet. Gleiches gilt bei mehrtägigen Dienstreisen, wenn am An- oder Abreisetag mindestens die betriebsübliche Arbeitszeit abgeleistet wird und für die Hin- bzw. Rückreise mehr als zwei Stunden aufgewendet werden müssen."

oder auch (in Anlehnung an die Regelungen des TVöD – § 6 (9.1) TVöD-V):

„Bei Dienstreisen gilt nur die Zeit der dienstlichen Inanspruchnahme am auswärtigen Geschäftsort als Arbeitszeit. Für jeden Tag einschließlich der Reisetage wird jedoch mindestens die auf ihn entfallende regelmäßige, durchschnittliche oder dienstplanmäßige Arbeitszeit berücksichtigt, wenn diese bei Nichtberücksichtigung der Reisezeit nicht erreicht würde. Überschreiten nicht anrechenbare Reisezeiten insgesamt 15 Stunden im Monat, so werden auf Antrag 25 v. H. dieser überschreitenden Zeiten bei fester Arbeitszeit als Freizeitausgleich gewährt und bei gleitender Arbeitszeit im Rahmen der jeweils geltenden Vorschriften auf die Arbeitszeit abgerechnet."

Eine formularmäßige Klausel, nach der sämtliche „Reisetätigkeiten" eines Arbeitnehmers mit der vertraglichen Vergütung abgegolten sind, ist regelmäßig intransparent und unwirksam (BAG v. 20.4.2011, Az. 5 AZR 200/10). Sollen dennoch Reisezeiten mit abgegolten werden, so muss nicht nur eine Höchstgrenze für den abgegoltenen Umfang möglicher Reisetätigkeit, sondern auch eine klare Definition des Begriffs der „Reisezeit" in den Arbeitsvertrag oder auch in eine Betriebsvereinbarung aufgenommen werden. Sofern im Arbeitsvertrag wirksam ein bestimmtes festgelegtes Überstundenvolumen als mit dem Gehalt abgegolten vereinbart ist, sind selbstverständlich auch die Stunden einer Dienstreise – sofern sie noch vom Rahmen der abgegoltenen Überstunden abgedeckt sind – erfasst und begründen keinen Anspruch auf eine zusätzliche Vergütung.

In Abzug zu bringen sind bei längeren Dienstreisen auf jeden Fall aber die Zeiten, die außerhalb der eigentlichen Reisezeit zum Dienstreiseort und vom Dienstreiseort zurück nach Hause liegen und in denen der Arbeitnehmer nachts schläft, Pausen einlegt oder auch Freizeitinteressen nachgeht, sog. Wartezeiten.

Für im Außendienst beschäftigte Arbeitnehmer gilt: Beginnt ein Außendienstmitarbeiter (etwa ein Kundendienstmonteur) mit seiner vergütungspflichtigen Arbeit in seinem Home-Office, sind die Fahrzeiten vom Home-Office zum ersten Kunden bzw. vom letzten Kunden zurück regelmäßig als vergütungspflichtige Arbeitszeit anzusehen, denn die Benutzung und Steuerung des Fahrzeugs ist zur Erfüllung der arbeitsvertraglich geschuldeten Tätigkeit erforderlich und liegt im ausschließlichen Interesse des Arbeitgebers (BAG v. 22.4.2009, Az. 5 AZR 292/08). Ungeklärt ist, ob und inwieweit durch eine ausdrückliche individualrechtliche oder kollektivrechtliche Vereinbarung derartige Zeiten als „vergütungslose" Zeiten rechtlich wirksam festgelegt werden können. Auch wenn der Rahmen begrenzt sein dürfte, da nach der Verkehrsanschauung bei dieser Personengruppe auch die Fahrten zum ersten Kunden und vom letzten Kunden zurück bereits eine Dienstleistung darstellen, sollte eine Regelung getroffen werden. Sofern diese nach dem Transparenzgebot eine Begrenzung enthält und den Mitarbeiter nicht unangemessen benachteiligt, dürfte eine solche Vereinbarung auch rechtlich nicht zu beanstanden sein. So hat zuletzt das LAG Düsseldorf (v. 14.12.2018, Az. 10 Sa 96/18) eine Regelung durch Betriebsvereinbarung als wirksam erachtet, nach der 20 Minuten der Reisezeit eines Außendienstmitarbeiters von der Wohnstätte zum ersten Kunden und 20 Minuten der Rückfahrt vom letzten Kunden nach Hause nicht zur vergütungspflichtigen Arbeitszeit gehören.

Formulierungsbeispiel:

„Fahrzeiten, die der Mitarbeiter für die Fahrt vom Home-Office zum ersten Kunden und vom letzten Kunden zurück zum Home-Office benötigt, werden nur dann als Arbeitszeit vergütet, wenn sie 20 Minuten übersteigen. Sobald die An- oder Abreise länger als 20 Minuten dauert, zählt die 20 Minuten übersteigende Reisezeit somit zur vergütungspflichtigen Arbeitszeit. Sollte bei dieser Berechnung der gesetzliche Mindestlohn bezogen auf die Gesamtheit aller Arbeitsstunden – d. h. inkl. der Fahrtzeiten vom und zum Home-Office – unterschritten werden, gilt dieser als vereinbart" (vgl. dazu BAG v. 25.4.2018, Az. 5 AZR 424/17).

IV. Aufwendungsersatz

Der Arbeitgeber hat dem Arbeitnehmer die Kosten der Dienstreise zu erstatten (§ 670 BGB). Dazu gehören neben den Aufwendungen, die der Arbeitnehmer den Umständen nach für erforderlich halten durfte, auch die unfreiwillig bei Ausführung der Dienstreise erlittenen Sach- und Vermögensschäden des Arbeitnehmers. Im Einzelnen ist zwischen folgenden Positionen zu unterscheiden:

1. Fahrtkosten

1.1 Öffentliche Verkehrsmittel

Der Arbeitgeber muss dem Arbeitnehmer bei Benutzung öffentlicher Verkehrsmittel die tatsächlich entstandenen Kosten der Fahrkarten erstatten. Bei Bahnfahrten/Flugreisen besteht jedoch kein Anspruch auf Erstattung der Kosten einer Fahrkarte der 1. Klasse bzw. eines Tickets für die Businessclass. Etwas anderes gilt nur dann, wenn ausdrücklich eine abweichende Regelung (einzelvertraglich oder durch → *Betriebsvereinbarung*) getroffen worden ist oder wenn im Betrieb üblicherweise Fahrtkosten 1. Klasse bzw. Businessclass-Tickets abgerechnet werden. In letztgenanntem Fall folgt ein Anspruch aus dem Gleichbehandlungsgrundsatz oder – unter bestimmten Voraussetzungen – auch aus betrieblicher Übung.

WICHTIG!

Die Bonusmeilen, die ein Arbeitnehmer auf seinen dienstlichen Flügen sammelt (etwa im Rahmen von „Miles & More") stehen dem Arbeitgeber zu, sofern nicht ausdrücklich eine andere Vereinbarung getroffen worden ist. Insbesondere darf der Arbeitgeber daher verlangen, dass der Arbeitnehmer diese Bonusmeilen im Interesse des Arbeitgebers einsetzt. Vorsicht ist nur im Hinblick auf eine betriebliche Übung geboten, die im Einzelfall Ansprüche auf eine private Nutzung der Meilen begründen kann. Dabei soll es nach der Rechtsprechung des Bundesarbeitsgerichts u. a. auf die Zahl der Anwendungsfälle im Verhältnis zur Belegschaftsstärke oder zur Stärke einer begünstigten Gruppe ankommen (BAG v. 11.4.2006, Az. 9 AZR 500/05). Handelt es sich daher um ein Unternehmen, in dem seit Jahren nur eine kleine Gruppe von Mitarbeitern regelmäßig auf Flugreisen unterwegs ist und die Meilen privat einsetzen durfte, kann dies gegen eine betriebliche Übung sprechen. Dagegen kommt bei klassischen Beratungsunternehmen, in denen eine Vielzahl von Mitarbeitern regelmäßig Flugreisen unternehmen, eine betriebliche Übung durchaus in Betracht.

1.2 Privater Pkw

Wenn der Arbeitnehmer seinen privaten Pkw benutzt, hat er Anspruch auf Erstattung der tatsächlich angefallenen Kosten. Dies sind in erster Linie die vom Arbeitnehmer nachzuweisenden Treibstoffkosten. Sonstige Kosten sind nur insoweit zu erstatten, wie sie konkret durch die Benutzung des Pkw für die Dienstreise entstanden sind.

WICHTIG!

Ein Anspruch auf die steuerlich anerkannte Kilometerpauschale von zurzeit € 0,30 (bzw. ab dem 21. Kilometer € 0,35) je Dienstreisekilometer besteht nicht, wenn sie nicht ausdrücklich vereinbart ist oder im Betrieb üblicherweise gezahlt wird.

Denn: Es kann nicht davon ausgegangen werden, dass der Arbeitgeber sämtliche Pkw-Kosten vollständig übernehmen will. In der steuerlich anerkannten Kilometerpauschale sind aber unabhängig von der Dienstreise anfallende Kosten wie Kfz-Steuer und Versicherungen enthalten.

Entstehen dem Arbeitnehmer an seinem Pkw Schäden, muss der Arbeitgeber diese dann ersetzen, wenn die Benutzung auf seine Weisung erfolgte oder sie aufgrund betrieblicher Veranlassung unerlässlich war. Letzteres ist dann der Fall, wenn der Arbeitgeber ohne Einsatz des privaten Pkws dem Arbeitnehmer ein Betriebsfahrzeug zur Verfügung hätte stellen und das damit verbundene Unfallrisiko hätte tragen müssen. Auch ein Arbeitnehmer, der im Rahmen seiner Rufbereitschaft bei der Fahrt von seinem Wohnort zur Arbeitsstätte mit seinem Pkw verunglückt, hat nach der Rechtsprechung des BAG (22.6.2011, 8 AZR 102/10) grundsätzlich Anspruch auf Ersatz des an seinem Pkw entstandenen Schadens.

Erfolgt der Einsatz des privaten Pkws auf Anweisung des Arbeitgebers, so haftet er sogar dann, wenn die Schäden bei einem Verkehrsunfall entstanden sind, der durch Mängel am Fahrzeug des Arbeitnehmers verursacht wurde. Der Arbeitgeber kann sich nicht darauf berufen, er habe weder Kenntnis noch Anhaltspunkte für Mängel gehabt. Auch kann er nicht geltend machen, der Arbeitnehmer sei für den technisch einwandfreien Zustand allein verantwortlich (BAG v. 23.11.2006, Az. 8 AZR 701/05).

Zu den zu ersetzenden Schäden gehören nicht nur diejenigen, die während der Fahrt entstehen, sondern auch diejenigen, die während des Parkens zwischen zwei Dienstfahrten von einem nicht zu ermittelnden Dritten verursacht werden.

Zu ersetzen ist stets nur der Schaden, der tatsächlich im Vermögen des Arbeitnehmers eingetreten ist. Lässt er die Schäden kostengünstig oder kostenlos beseitigen, kann er sich nicht auf einen Kostenvoranschlag eines Vertragshändlers beziehen und den dort ausgewiesenen Betrag vom Arbeitgeber verlangen (LAG Niedersachsen v. 2.9.2004, Az. 7 Sa 2085/03).

Gewährt der Arbeitgeber dem Arbeitnehmer eine Kilometerpauschale in Höhe des maximal steuerfreien Satzes (€ 0,30 pro Kilometer / € 0,35 ab dem 21. Kilometer), so sind damit neben den allgemeinen Betriebskosten auch die Kosten für einen Rückstufungsschaden in der Kfz-Haftplichtversicherung abgedeckt, jedoch wohl nicht die Schäden am Pkw des Arbeitnehmers. Von der Verpflichtung, dem Arbeitnehmer diesen Schaden zu ersetzen, kann sich der Arbeitgeber nur befreien, indem er dem Arbeitnehmer etwa eine zusätzliche Pauschale zahlt, mit der Abrede, dass diese zur (Teil-)Finanzierung einer Vollkasko-Versicherung für den benutzten Pkw verwendet wird. In diesem Fall beschränkt sich die Haftung des Arbeitgebers auf den üblichen Selbstbehalt des Arbeitnehmers bei der Kaskoversicherung. Eine solche Regelung bietet sich insbesondere bei Mitarbeitern an, die sehr häufig ihren privaten Pkw dienstlich einsetzen.

Formulierungsbeispiel:

„Für dienstlich veranlasste Fahrten mit dem Privat-Pkw werden € 0,30 bzw. € 0,35 ab dem 21. Kilometer für jeden gefahrenen Kilometer erstattet. Zusätzlich wird eine Pauschale in Höhe von € .... jährlich gewährt, die für eine Vollkaskoversicherung eingesetzt wird. Mit diesem Betrag sind auf einer Dienstreise eventuell entstehende Schäden am Privat-Pkw abgedeckt. Für diese haftet die Firma nur in Höhe von € .... Dieser Betrag entspricht der bei Vollkaskoversicherungen üblichen Selbstbeteiligung."

Bei Mitarbeitern, die ihren privaten Pkw nur in Ausnahmefällen einsetzen, kommt eine Erhöhung der steuerlichen Kilometerpauschale in Betracht.

Von der Rechtsprechung sind die Fragen der Risikoverlagerung an den Arbeitnehmer noch nicht entschieden.

Keinen Anspruch hat der Arbeitnehmer auf Erstattung von Bußgeldern oder Strafen, die er z. B. wegen zu schnellen Fahrens oder nicht ordnungsgemäßem Parkens zahlen muss. Hierauf gerichtete Vereinbarungen zwischen Arbeitgeber und Arbeitnehmer sind unwirksam. Will sich der Arbeitnehmer gegen Bußgeld oder Strafe durch Einlegung von Rechtsmitteln wehren, muss ihm der Arbeitgeber die Kosten dafür ebenfalls nicht erstatten.

2. Übernachtungskosten und Verpflegungsmehraufwendungen

Übernachtungskosten sind dem Arbeitnehmer in der ihm entstandenen Höhe auf entsprechenden Nachweis zu erstatten. Bei nicht nachgewiesenen Übernachtungskosten darf der Arbeitgeber dem Arbeitnehmer nach den steuerrechtlichen Bestimmungen ein pauschales Übernachtungsgeld in Höhe von € 20 steuerfrei zahlen. Er ist dazu aber nicht verpflichtet.

Mehraufwendungen für Verpflegung sollten nach entsprechender Vereinbarung (einzelvertraglich oder durch → *Betriebsvereinbarung*) aus Vereinfachungsgründen pauschal in Anlehnung an die Steuerfreibeträge erstattet werden. Danach kann der Arbeitgeber an den Arbeitnehmer je Kalendertag steuerfrei bei Auswärtstätigkeit von mindestens acht Stunden € 14 und von 24 Stunden € 28 auszahlen.

Zur steuer- und sozialversicherungsrechtlichen Behandlung von Reisekosten s. das im selben Verlag erschienene Lexikon für das Lohnbüro, Reisekosten bei Dienstreisen.

V. Beteiligung des Betriebsrats

Der Betriebsrat hat kein Mitbestimmungsrecht bei der Festlegung von Beginn und Ende einer Dienstreise. Es besteht kein Beteiligungsrecht nach § 87 Abs. 1 BetrVG, da Dienstreisezeit keine Arbeitszeit im mitbestimmungsrechtlichen Sinn darstellt. Nach dem Zweck des Mitbestimmungsrechts ist Arbeitszeit im Sinne von § 87 Abs. 1 Nr. 2 und 3 BetrVG die Zeit, während der der Arbeitnehmer seine vertraglich geschuldete Arbeitsleistung tatsächlich erbringen soll. Das Mitbestimmungsrecht bezieht sich demnach auf die Festlegung des Zeitraums, in dem der Arbeitnehmer seine vertraglichen Hauptleistungspflichten erfüllt. Ihm unterliegen dagegen nicht Einschränkungen der Freizeit des Arbeitnehmers durch Maßnahmen, die keine Arbeitsleistung zum Gegenstand haben. Allein durch das Reisen in einem öffentlichen Verkehrsmittel erbringt der Arbeitnehmer regelmäßig keine Arbeitsleistung. Etwas anderes kann allenfalls dann gelten, wenn der Arbeitgeber den Arbeitnehmer ausdrücklich anweist, während der Reisezeit – etwa im Zug oder im Flugzeug – zu arbeiten oder er ausdrücklich anordnet, dass der Arbeitnehmer die Dienstreise als Fahrer eines Pkws unternehmen muss (BAG v. 14.11.2006, Az. 1 ABR 5/06).

Kein Mitbestimmungsrecht hat der Betriebsrat auch bei der Frage, ob und welche Fahrtzeiten eines Außendienstmitarbeiters vom Arbeitgeber als Arbeitszeit anerkannt werden. Es ist jedoch zulässig, dass Arbeitgeber und Betriebsrat eine freiwillige Betriebsvereinbarung abschließen, sofern nicht eine tarifliche Regelung über die Behandlung von Wegezeiten als Arbeitszeit besteht (BAG v. 10.10.2006, Az. 1 ABR 59/05).

Dienstwagen

I. Übersicht

II. Privatwagen zur dienstlichen Nutzung

III. Pkw-Zuschuss („car allowance“)

IV. Dienstwagen ohne private Nutzung

V. Dienstwagen mit privater Nutzung
1. Steuerliche Aspekte
2. Arbeitsrechtliche Aspekte

VI. Muster: Dienstwagenüberlassungsvertrag

I. Übersicht

Sofern die Nutzung eines Kraftfahrzeugs nicht zwingende Voraussetzung für die Ausübung der beruflichen Tätigkeit ist (z. B. Busfahrer, Taxifahrer oder sonstige Berufskraftfahrer), liegt es regelmäßig im Ermessen des Arbeitgebers, ob er seinen Mitarbeitern einen Dienstwagen zur Verfügung stellt. Bei nur geringer dienstlicher Nutzung eines Kraftfahrzeugs bietet es sich u. U. an, dem Mitarbeiter lediglich eine Erstattung der entstandenen Aufwendungen für die Nutzung seines Privatwagens anzubieten. Dies kann auch pauschal mit einer sog. „car allowance“ geschehen, mit der der Arbeitgeber dem Arbeitnehmer einen monatlichen Betrag für die Nutzung bzw. Bezuschussung seines Privatfahrzeuges zahlt. Bei der Gestellung eines Dienstwagens besteht die Möglichkeit, dem Mitarbeiter das Recht zur privaten Nutzung einzuräumen. In aller Regel geschieht dies aus Gründen der Mitarbeitermotivierung und Steigerung der Attraktivität bestimmter Arbeitsplätze bzw. des Unternehmens insgesamt.

Nachfolgend sollen die unterschiedlichen Gestaltungsmöglichkeiten vorgestellt und näher erläutert werden. Auf die steuerlichen Aspekte wird hierbei nur insoweit eingegangen, wie dies für eine Entscheidung für die eine oder andere Gestaltungsmöglichkeit erheblich sein könnte. Einzelheiten zu sämtlichen steuerlichen Aspekten der Dienstwagengestellung sind dem Kapitel „Firmenwagen zur privaten Nutzung“ des im selben Verlag erschienenen Lexikon Lohnbüro zu entnehmen.

II. Privatwagen zur dienstlichen Nutzung

Nutzt ein Arbeitnehmer seinen Privatwagen für betriebliche Zwecke, so kann er sich die Kosten für die betriebsbedingte Nutzung seines Pkws mit € 0,30 je betrieblich gefahrenen Kilometer lohnsteuerfrei vom Arbeitgeber ersetzen lassen oder als Werbungskosten bei der Einkommensteuer geltend machen.

Der Arbeitnehmer hat auch die Möglichkeit, die tatsächlichen Aufwendungen für die Geschäftsfahrten gegen Vorlage von Einzelnachweisen lohnsteuerfrei zu beanspruchen. Wird vom Arbeitgeber kein (voller) Kostenersatz gewährt, kann der Arbeitnehmer die Differenz zwischen Erstattung und tatsächlichen Kosten beim Finanzamt als Werbungskosten geltend machen. Hierzu hat er die Mehraufwendungen durch entsprechende Belege nachzuweisen.

ACHTUNG!

Zu den betriebsbedingten Fahrten gehören nicht die Fahrten zwischen Betriebsstätte und Wohnung. Nutzt der Arbeitnehmer hierfür seinen eigenen Pkw, kann er Werbungskosten i. H. v. € 0,30 für jeden vollen Entfernungskilometer geltend machen.

Sämtliche Aufwendungen für das Privatfahrzeug hat der Arbeitnehmer grundsätzlich selbst zu tragen. Etwas anderes gilt nur für Aufwendungen, die im Zusammenhang mit einem auf der Dienstfahrt entstandenen Unfall stehen. Sofern und soweit die dienstliche Nutzung des Privatfahrzeugs mit Billigung des Arbeitgebers geschehen ist, hat dieser dem Arbeitnehmer Schadensersatz für den Unfallschaden zu leisten, es sei denn, der Arbeitnehmer hat den Unfall selbst vorsätzlich oder grob fahrlässig verschuldet. Zu den erstattungsfähigen Aufwendungen gehört auch eine Nutzungsausfallentschädigung für die Dauer der Reparatur. Entsprechendes gilt für die Selbstbeteiligung in einer Vollkaskoversicherung und einen möglichen Prämienschaden.

WICHTIG!

Ein Arbeitnehmer, der im Rahmen seiner Rufbereitschaft bei der Fahrt von seinem Wohnort zur Arbeitsstätte mit seinem Privatwagen verunglückt, hat grundsätzlich Anspruch gegen seinen Arbeitgeber auf Ersatz des an seinem Pkw entstandenen Schadens. Die Höhe dieses Ersatzanspruchs bemisst sich nach den Regeln des innerbetrieblichen Schadensausgleichs. Zwar hat grundsätzlich jeder Arbeitnehmer – soweit keine abweichenden Vereinbarungen vorliegen – seine Aufwendungen für Fahrten zwischen seiner Wohnung und seiner Arbeitsstätte selbst zu tragen. Dazu gehören auch Schäden an seinem Fahrzeug. Eine Ausnahme davon ist allerdings dann zu machen, wenn der Arbeitnehmer während seiner Rufbereitschaft vom Arbeitgeber aufgefordert wird, seine Arbeit anzutreten und er die Benutzung seines Privatfahrzeugs für erforderlich halten durfte, um rechtzeitig am Arbeitsort zu erscheinen (BAG v. 22.6.2011, Az. 8 AZR 102/10).

Der Aufwendungsersatzanspruch des Arbeitnehmers ist durch Einsatz seines defekten Privatfahrzeugs (z. B. mit porösen Reifen) oder ein sonstiges Verschulden des Arbeitnehmers nicht ausgeschlossen; es ist in diesen Fällen aber ein Mitverschulden des Arbeitnehmers in entsprechender Anwendung des § 254 BGB zu berücksichtigen. Dabei gelten die Grundsätze der beschränkten Arbeitnehmerhaftung (BAG v. 23.11.2006, Az. 8 AZR 701/05; s. hierzu auch → *„Haftung des Arbeitnehmers"*).

III. Pkw-Zuschuss („car allowance")

Es besteht die Möglichkeit, dass der Arbeitgeber dem Arbeitnehmer einen pauschalen Pkw-Zuschuss gewährt.

Sofern es sich hier also um einen Zuschuss für die dienstliche Nutzung des Privatwagens handelt, ist dieser Gehaltszuschuss als Arbeitslohn voll zu versteuern. Selbstverständlich kann der Arbeitnehmer in diesem Zusammenhang die ihm entstandenen Werbungskosten steuerlich absetzen.

Formulierungsbeispiel:

„Für die Benutzung seines privaten Pkws zu Geschäftszwecken gewährt die Gesellschaft dem Mitarbeiter eine Kfz-Pauschale i. H. v. € 500,00 brutto pro Monat. Die Kfz-Pauschale wird am Ende eines jeden Gehaltsmonats mit dem Gehalt des Mitarbeiters ausgezahlt. Der Mitarbeiter erklärt sich bis auf Widerruf mit der dienstlichen Nutzung seines Privat-Pkws einverstanden. Im Falle des Widerrufs entfällt die Kfz-Pauschale für die Zukunft. Mit dieser Pauschale sind sämtliche Ansprüche des Arbeitnehmers gegen den Arbeitgeber hinsichtlich der Gestellung eines Pkws abgegolten. Die Betriebs- und Unterhaltungskosten des Pkws sowie die Versteuerung des geldwerten Vorteils trägt der Arbeitnehmer".

In diesem Fall hat der Arbeitnehmer den Zuschuss als zusätzlichen Arbeitslohn zu versteuern, kann aber – wie vorbeschrieben – die Dienstfahrten als Werbungskosten geltend machen. Eine weitergehende steuerliche Begünstigung dürfte nur dann möglich sein, wenn der Zuschuss für einen vom Arbeitgeber gestellten Dienstwagen erfolgt.

Hinsichtlich der **Betriebs- und Unterhaltungskosten** sowie der **Haftung** für Unfälle bei Dienstfahrten gelten die Regeln zur dienstlichen Nutzung des Privatwagens entsprechend (s. o. I.).

IV. Dienstwagen ohne private Nutzung

Stellt der Arbeitgeber seinen Mitarbeitern einen Dienstwagen zur Verfügung und untersagt ihnen ausdrücklich die private Nutzung, so sind sämtliche **Betriebs- und Unterhaltungskosten** vom Arbeitgeber zu tragen und im Rahmen von Betriebsausgaben steuerlich absetzbar.

ACHTUNG!

Überwacht der Arbeitgeber die Einhaltung des Privatnutzungsverbots nicht, spricht (nach Meinung des BFH) die Lebenserfahrung dafür, dass ein zur Verfügung gestellter Dienstwagen auch privat genutzt wird (BFH v. 19.12.2003, Az. VI B 281/01). Dies hat zur Folge, dass vom Arbeitnehmer der geldwerte Vorteil im Wege der 1%-Methode zu versteuern ist (vgl. auch BFH v. 7.11.2006, Az. VI R 19/05).

Wird dem Arbeitnehmer jedoch kein bestimmtes Fahrzeug zugewiesen, sondern stellt der Arbeitgeber einen Fahrzeugpool für dienstliche Zwecke zur Verfügung, so reicht ein schriftliches Nutzungsverbot für private Zwecke, um den Anschein einer privaten Nutzung auszuschließen; weitere Überwachungsmaßnahmen sind dann nicht erforderlich (BFH v. 21.4.2010, Az. VI R 46/08).

Soweit der Dienstwagen ausschließlich für Dienstfahrten zur Verfügung gestellt wird, handelt es sich um ein Arbeitsmittel, an dem der Arbeitnehmer kein Besitzrecht hat. Er ist lediglich Besitzdiener und muss das Fahrzeug jederzeit auf Verlangen des Arbeitgebers entschädigungslos herausgeben.

Dem Arbeitnehmer steht auch kein Zurückbehaltungsrecht wegen anderer Ansprüche aus dem Arbeitsverhältnis zu. Kommt der Arbeitnehmer dem Herausgabeverlangen des Arbeitgebers nicht nach, liegt verbotene Eigenmacht vor, mit der Folge, dass der Arbeitnehmer Nutzungs- und Schadensersatz leisten muss.

Im Schadensfall greift bei Dienstfahrten das sog. **Haftungsprivileg des Arbeitnehmers.** Hiernach gilt, dass der Arbeitnehmer nicht haftet, wenn ihm lediglich leichte Fahrlässigkeit zur Last fällt. Ist ihm hingegen mittlere Fahrlässigkeit vorzuwerfen, so kommt es zu einer Schadensteilung zwischen Arbeitgeber und Arbeitnehmer. Dabei ist der Arbeitnehmer so zu stellen, als ob der Arbeitgeber eine übliche und zumutbare Versicherung abgeschlossen habe.

WICHTIG!

Daher sollte der Arbeitgeber für jede Art von Dienstwagen unbedingt eine Vollkaskoversicherung abschließen.

Die Haftung des Arbeitnehmers beschränkt sich dann auf die übliche Selbstbeteiligung (€ 300 – € 500). Hat der Arbeitnehmer den Schaden grob fahrlässig verursacht, so haftet er grundsätzlich allein.

ACHTUNG!

Eine Ausnahme gilt dann, wenn der Arbeitnehmer bei der alleinigen Haftung einen unangemessen hohen Schadensersatz leisten müsste. Dies ist insbesondere dann der Fall, wenn der Schaden erheblich über dem monatlichen Bruttoeinkommen des Arbeitnehmers liegt. Dies ist deshalb besonders problematisch, weil der Versicherer im Falle einer grob fahrlässigen Herbeiführung des Versicherungsfalls (z. B. Überfahren einer roten Ampel) leistungsfrei sein kann (§ 61 VVG). In diesen Ausnahmefällen kann es aufgrund des Haftungsprivilegs auch bei grober Fahrlässigkeit zu einer Schadensteilung zwischen Arbeitgeber und Arbeitnehmer kommen.

Der Arbeitnehmer ist aus seiner Treuepflicht heraus grundsätzlich verpflichtet, dass Eigentum des Arbeitgebers sorgfältig zu behandeln und Vermögensschäden (z. B. durch die sorglose Beschädigung eines Leasingfahrzeugs) von ihm abzuwenden. In Falle der sorgfaltswidrigen Beschädigung des Dienstwagens kann der Arbeitgeber daher grundsätzlich Regress vom Arbeitnehmer fordern. Entsprechendes gilt, wenn der Arbeitgeber vom Leasinggeber wegen Beschädigungen des Leasingfahrzeugs in Anspruch genommen wird. Sind diese auf das sorgfaltswidrige Verhalten des Arbeitnehmers zurückzuführen, kann der Arbeitgeber ihn je nach Umständen des Einzelfalls in Haftung nehmen.

V. Dienstwagen mit privater Nutzung

Im Regelfall gestattet der Arbeitgeber dem Arbeitnehmer bei der Gestellung eines Dienstwagens auch die private Nutzung. Hiermit sind vielerlei arbeits- und steuerrechtliche Problemstellungen verbunden.

Dies rührt insbesondere aus der gemischten Nutzung des Dienstwagens her. So ist der private Nutzungsanteil lohnsteuerrechtlich als Arbeitseinkommen zu behandeln. Ferner unterscheidet sich die Haftung des Arbeitnehmers bei Privat- oder Dienstfahrten. Auch etwaige Vergütungen bzw. Vergünstigungen, die der Arbeitgeber dem Arbeitnehmer im Zusammenhang mit der Dienstwagenüberlassung einräumt, haben arbeits- und steuerrechtliche Konsequenzen. Schließlich ist äußerst umstritten, unter welchen Voraussetzungen der Arbeitgeber die Überlassung des Dienstwagens – insbesondere die private Nutzung – widerrufen kann.

1. Steuerliche Aspekte

Überlässt der Arbeitgeber dem Arbeitnehmer einen Dienstwagen zur privaten Nutzung, ist dies regelmäßig eine Gegenleistung für die geschuldete Arbeitsleistung und damit ein Sachbezug gemäß § 107 Abs. 2 Satz 1 GewO. Der Wert dieses Sachbezugs ist grundsätzlich mit 1 % des Listenpreises des PKW zzgl. Sonderausstattungen und Umsatzsteuer im Zeitpunkt der Erstzulassung zu bestimmen. Der nach § 8 Abs. 2 Satz 3 EStG zu ermittelnde Zuschlag für die Nutzung des Fahrzeugs zwischen Wohnung und Arbeitsstätte (sog. 0,03 %-Regelung) ist nicht einzubeziehen (BAG v. 31.5.2023, Az. 5 AZR 273/22).

WICHTIG!

Bei Elektro-PKW werden zur Berechnung des privaten Nutzungsanteils (geldwerten Vorteils) nur 0,25 % des Bruttolistenpreises zugrunde gelegt, wenn dieser nicht mehr als 70.000 Euro beträgt. Bei Anschaffung bis 31.12.2023 liegt die Grenze bei 60.000 Euro.

Bei Elektro-PKW, deren Bruttolistenpreis über dem vorgenannten Anschaffungspreis liegt, und bei Dienstwagen mit Plug-in Hybrid, deren rein elektrische Reichweite mindestens 80 Kilometer (bei Anschaffung bis 31.12.2024: 60 km) und deren Kohlendioxidemission höchstens 50 Gramm je gefahrenen Kilometer betragen, zählen 0,5 % des Bruttolistenpreises als geldwerter Vorteil.

Angesichts der dynamischen Entwicklung der vorgenannten Bemessungsgrundlagen sollte der bei Anschaffung geltende Wert aus § 6 Abs. 1 Nr. 4 EStG entnommen werden.

Die Privatnutzung von betrieblichen E-Bikes und E-Scootern ist steuerbefreit.

Zum Listenpreis und zur Sonderausstattung ist die Umsatzsteuer auch dann hinzuzurechnen, wenn beim tatsächlichen Erwerb keine Umsatzsteuer angefallen ist. Maßgeblich ist der Bruttolistenpreis zum Zeitpunkt der Erstzulassung.

TIPP!

Der Arbeitgeber sollte sich vom Autohändler, bei dem er den Dienstwagen erworben hat, eine Bestätigung über den Bruttolistenpreis zum Zeitpunkt der Erstzulassung erstellen lassen, um so den entsprechenden Nachweis gegenüber den Finanzbehörden zu erbringen.

Kann das Kraftfahrzeug vom Arbeitnehmer auch zu Fahrten zwischen Wohnung und Arbeitsstätte („erste Tätigkeitsstätte") genutzt werden, erhöht sich der pauschale Wert des geldwerten Vorteils für jeden Entfernungskilometer um 0,03 % des Bruttolistenpreises, sofern und soweit nicht entsprechende Aufwendungen des Arbeitnehmers als Werbungskosten zu berücksichtigen sind oder eine Einzelbewertung der tatsächlich durchgeführten Fahrten erfolgt (s. u.). Bemessungsgrundlage für die Entfernungspauschale ist hier der volle Kilometer der kürzesten Straßenverbindung zwischen Wohnung und Arbeitsstätte.

WICHTIG!

Ein durch Urlaub oder Krankheit bedingter Nutzungsausfall ist bei dieser Ermittlungsmethode im Nutzungswert pauschal berücksichtigt.

Bei nicht arbeitstäglichen Fahrten zur ersten Tätigkeitsstätte kann eine Einzelbewertung der Fahrten zwischen Wohnung und erster Tätigkeitsstätte für der Arbeitnehmer günstiger sein. Unter den folgenden Voraussetzungen kann statt des monatlichen Zuschlags von 0,03 % des Bruttolistenpreises für jeden einfachen Entfernungskilometer eine **Einzelbewertung der tatsächlich durchgeführten Fahrten** zwischen Wohnung und erster Tätigkeitsstätte mit 0,002 % des Bruttolistenpreises je Entfernungskilometer und je Fahrt verlangt werden:

Der Arbeitnehmer hat gegenüber dem Arbeitgeber kalendermonatlich fahrzeugbezogen schriftlich zu erklären, an welchen Tagen (mit Datumsangabe) er das betriebliche Kraftfahrzeug tatsächlich für Fahrten zwischen Wohnung und erster Tätigkeitsstätte genutzt hat; die bloße Angabe der Anzahl der Tage reicht nicht aus. Es sind keine Angaben erforderlich, wie der Arbeitnehmer an den anderen Arbeitstagen zur ersten Tätigkeitsstätte gelangt ist. Arbeitstage, an denen der Arbeitnehmer das betriebliche Kraftfahrzeug für Fahrten zwischen Wohnung und erster Tätigkeitsstätte mehrmals benutzt, sind für Zwecke der Einzelbewertung nur einmal zu erfassen. Diese Erklärungen des Arbeitnehmers hat der Arbeitgeber als Belege zum Lohnkonto aufzubewahren. Es ist aus Vereinfachungsgründen nicht zu beanstanden, wenn für den Lohnsteuerabzug jeweils die Erklärung des Vormonats zugrunde gelegt wird. Der Arbeitgeber hat dann aufgrund der Erklärungen des Arbeitnehmers den Lohnsteuerabzug durchzuführen, sofern der Arbeitnehmer nicht erkennbar unrichtige Angaben macht. Ermittlungspflichten des Arbeitgebers ergeben sich hierdurch nicht.

Wird im Lohnsteuerabzugsverfahren eine Einzelbewertung der tatsächlichen Fahrten zwischen Wohnung und erster Tätigkeitsstätte vorgenommen, so hat der Arbeitgeber für alle dem Arbeitnehmer überlassenen betrieblichen Kraftfahrzeuge eine jahresbezogene Begrenzung auf insgesamt 180 Fahrten vorzunehmen. Eine monatliche Begrenzung auf 15 Fahrten ist ausgeschlossen.

ACHTUNG!

Die „Lohnsteuerliche Behandlung der Überlassung eines betrieblichen Kraftfahrzeugs an Arbeitnehmer" wurde im BMF-Schreiben v. 4.4.2018, Az. IV C 5 – S 2334/18/10001) neu zusammengefasst. In Abweichung zur bisherigen Handhabung, wonach der Arbeitgeber nicht zu einer Einzelbewertung der tatsächlichen Fahrten zwischen Wohnung und erster Tätigkeitsstätte verpflichtet war (BMF-Schreiben v. 1.4.2011, BStBl. I S. 301), wurde für den Zeitraum ab. 1.1.2019 festgelegt, dass der Arbeitgeber auf Verlangen des Arbeitnehmers **zur Einzelbewertung verpflichtet ist, wenn sich aus dem Arbeitsvertrag oder einer anderen arbeits- oder dienstrechtlichen Grundlage nichts anderes ergibt (BMF Schreiben v. 4.4.2018, a. a. O.).**

Abweichend von der pauschalen Nutzungswertmethode kann der private Nutzungswert auch individuell ermittelt werden („Individuelle Nutzungswertmethode"). Dies muss dann jedoch einheitlich durch die Führung eines Fahrtenbuches geschehen. Hierbei muss in einer in sich geschlossenen, möglichst gebundenen Form vollständig und kontinuierlich dargelegt werden (vgl. BFH v. 16.3.2006, Az. VI R 87/04):

- Datum und Kilometerstand zu Beginn und am Ende jeder einzelnen Fahrt;
- Reiseziel und Route;
- Reisezweck und ggf. aufgesuchte Geschäftspartner.

Ein elektronisches Fahrtenbuch ist von den Finanzbehörden anzuerkennen, wenn sich hieraus dieselben Erkenntnisse wie aus einem manuellen Fahrtenbuch gewinnen lassen. Das Fahrtenbuch muss in einer Form geführt werden, die nachträgliche Einfügungen oder Veränderungen ausschließt oder zumindest deutlich als solche erkennbar werden lässt. Dies gilt auch entsprechend für elektronische Fahrtenbücher. Auch hier müssen nachträgliche Änderungen nach der Funktionsweise des verwendeten Programms technisch ausgeschlossen oder zumindest dokumentiert und offen gelegt werden. Ein Tabellen-Kalkulations-Programm (z. B. Microsoft-Excel) erfüllt diese Anforderungen nicht (BFH, VI R 64/04, DStr 2006, 411).

Für Einzelheiten zur steuerlichen Handhabung von Dienstwägen mit privater Nutzung wird auf das im selben Verlag erschienene Lexikon Lohnbüro (dort: Firmenwagen zur privaten Nutzung) verwiesen.

2. Arbeitsrechtliche Aspekte

Bei der dienstlichen Nutzung gelten hinsichtlich der **Haftung** und der **Sorgfaltspflichten** des Arbeitnehmers die gleichen Regeln wie bei Dienstwägen, die ausschließlich zur dienstlichen Nutzung überlassen werden (s. o. IV.).

ACHTUNG!

Im Arbeitsvertrag kann nicht wirksam vereinbart werden, dass der Arbeitnehmer im Falle einer Beschädigung des Dienstwagens die Selbstbeteiligung einer vom Arbeitgeber abgeschlossenen Vollkas-

koversicherung übernehmen muss. Die Grundsätze über die Beschränkung der Haftung des Arbeitnehmers bei betrieblich veranlassten Tätigkeiten sind zwingendes Arbeitnehmerschutzrecht. Von ihnen kann weder einzel- noch kollektivvertraglich zu Lasten des Arbeitnehmers abgewichen werden. Dies gilt selbst dann, wenn der Arbeitnehmer den Dienstwagen auch für Privatfahrten nutzen darf. Auch eine solche Regelung rechtfertigt keine Verschärfung der Haftung des Arbeitnehmers für Unfallschäden am betrieblich genutzten Dienstwagen (BAG v. 5.2.2004, Az. 8 AZR 91/03).

Die private Nutzung des Dienstwagens unterliegt jedoch anderen Regeln. Zum einen ergibt sich dies aus dem Vergütungscharakter der eingeräumten Privatnutzung. Zum anderen kann sich der Arbeitnehmer bei der Privatnutzung nicht auf irgendwelche Haftungsprivilegien für betriebliche Tätigkeiten berufen. So kann den Arbeitnehmer z. B. die volle Haftung für übermäßige Verschmutzungen und Beschädigungen am Innenraum eines ihm überlassenen Dienstwagens treffen – auch wenn es sich um die Fahrten zwischen Wohnung und Arbeitsstätte handelt (LAG Köln v. 14.1.2025, Az. 7 SLa 175/24).

Gesondert zu regeln sind daher die Voraussetzungen und Bedingungen der privaten Nutzung. Insbesondere sollte der Umfang der privaten Nutzungsmöglichkeit vertraglich bzw. in der Dienstwagenordnung festgelegt sein. Zu empfehlen sind Regelungen, die die dienstliche Nutzung ausdrücklich in den Vordergrund stellen und nur eine „angemessene" private Nutzung zulassen. Dies kann in Bezug auf etwaige Entschädigungsansprüche des Arbeitnehmers bei Entzug der privaten Nutzungsmöglichkeit und hinsichtlich der Haftungsverteilung Bedeutung erlangen.

Formulierungsbeispiel:

„Voraussetzung zur berechtigten Nutzung des Dienstwagens ist immer, dass der Benutzer im Besitz einer gültigen Fahrerlaubnis ist. Der Arbeitgeber hat das Recht, jederzeit beim Mitarbeiter den Besitz der Fahrerlaubnis zu überprüfen. Der Mitarbeiter hat den Entzug der Fahrerlaubnis dem Arbeitgeber unverzüglich anzuzeigen.

Der Dienstwagen steht dem Mitarbeiter für alle dienstlich veranlassten Fahrten zur Verfügung. Die Verpflichtung der Wahl des wirtschaftlichsten Verkehrsmittels wird dadurch nicht beeinflusst. Ab der Übergabe des Dienstwagens erlischt der Anspruch des Mitarbeiters auf Vergütung von Fahrtkosten bei Nutzung eines privaten Pkws.

Der Dienstwagen kann vom Mitarbeiter in angemessenem Rahmen privat genutzt werden."

Zudem sollte eine Regelung bezüglich des Urlaubsgebrauchs des Dienstfahrzeugs getroffen werden. So ist etwa eine Bestimmung, die den Privatgebrauch auf das Gebiet der Bundesrepublik Deutschland und/oder der Europäischen Union beschränkt, möglich.

Formulierungsbeispiel:

„Der Dienstwagen kann vom Mitarbeiter im angemessenen Rahmen privat genutzt werden. Dies gilt auch für Urlaubsreisen innerhalb der Bundesrepublik Deutschland und der Europäischen Union."

Unbedingt sollte auch die Überlassung des Dienstwagens an Dritte geregelt sein. Üblich ist in der Praxis eine Bestimmung, die eine Überlassung des Dienstwagens an den Ehepartner bzw. sonstige Haushaltsangehörige gestattet, an andere Dritte jedoch nur in Ausnahmefällen.

Formulierungsbeispiel:

„Die Überlassung des Dienstwagens an Dritte ist außer im Falle dienstlicher Veranlassung grundsätzlich nicht gestattet. Die Nutzung durch Familienangehörige oder sonstiger, dem Haushalt des Mitarbeiters angehöriger Personen bedarf der vorherigen Zustimmung der Geschäftsführung. Voraussetzung ist in jedem Fall der Besitz einer gültigen Fahrerlaubnis. Soweit der Arbeitgeber seine Zustimmung nicht erteilt hat, ist die Überlassung des Dienstwagens an Dritte nicht gestattet."

Der Arbeitgeber sollte sich in dem Dienstwagenüberlassungsvertrag das Recht vorbehalten, das Fahrzeug jederzeit herauszuverlangen und gegen eine anderes zu ersetzen. Die Wirksamkeit einer Ersetzungsvereinbarung hat nicht zur Voraussetzung, dass das Ersatzfahrzeug mindestens gleichwertig ist.

Formulierungsbeispiel:

„Der Arbeitgeber kann den Dienstwagen jederzeit ohne Einhaltung einer Frist herausverlangen oder durch einen anderen ersetzen. Der Arbeitnehmer hat im Falle der Kündigung den Dienstwagen nebst Papieren unverzüglich an den Arbeitgeber herauszugeben. Ein Zurückbehaltungsrecht kann der Arbeitnehmer in keinem Falle geltend machen."

ACHTUNG!

Ohne eine entsprechende Ersetzungsklausel kann der Arbeitnehmer nicht auf die Nutzung eines anderen Fahrzeugs verwiesen werden, da eine Ersetzungsbefugnis des Arbeitgebers zwingend einer Vereinbarung bedarf.

Da die Privatnutzung eines Dienstwagens als Vergütungsbestandteil zu behandeln ist, kann der Arbeitgeber dieses Recht grundsätzlich nicht einseitig entziehen. Wie auf sein Gehalt hat der Arbeitnehmer auf die Überlassung des Dienstwagens auch während seines Urlaubs, seiner Arbeitsunfähigkeit und im Falle einer Freistellung einen Rechtsanspruch.

WICHTIG!

Obwohl die Hauptleistungspflichten (also auch der Vergütungsanspruch) mit Beginn des Mutterschutzes ruhen, besteht der Anspruch auf die Überlassung des Dienstwagens sowohl während des Beschäftigungsverbots vor Entbindung als auch nach der Entbindung fort, wenn dieser innerhalb der letzten drei Monate vor Beginn der Schutzfrist Teil des Arbeitsentgelts der Arbeitnehmerin war (BAG v. 11.10.2000, Az. 5 AZR 240/99).

Anders hat dies das BAG in einer neuerlichen Entscheidung bezüglich einer krankheitsbedingten Arbeitsunfähigkeit gesehen. Hiernach erlischt das Recht auf die Privatnutzung eines Dienstwagens bei Arbeitsunfähigkeit mit Ablauf der Entgeltfortzahlungspflicht, da die Gebrauchsüberlassung Teil der geschuldeten Gegenleistung sei und eine Überlassungspflicht nur bestehe, soweit der Arbeitnehmer einen Anspruch auf Arbeitsentgelt habe (BAG v. 14.12.2010, Az. 9 AZR 631/09).

Kündigt der Arbeitgeber das Arbeitsverhältnis ordentlich oder außerordentlich, ist der Arbeitnehmer unabhängig von der Frage, ob die Kündigung wirksam ist, auf Verlangen des Arbeitgebers zur Herausgabe des ihm überlassenen Pkws verpflichtet. Etwas anderes gilt in Anlehnung an den Anspruch auf tatsächliche Beschäftigung nur dann, wenn die Kündigung offensichtlich unwirksam ist. Verweigert der Arbeitnehmer die Herausgabe des Fahrzeugs, kann dies einen Grund für eine außerordentliche Kündigung darstellen. Im Einzelfall kann eine vorherige Abmahnung geboten sein (LAG Nürnberg v. 25.1.2011, Az. 7 Sa 521/10).

Nachdem eine einfache Entziehung des Privatnutzungsrechts bzw. des Dienstwagens generell nicht in Betracht kommt, kann sich der Arbeitgeber nur durch einen **Widerrufsvorbehalt** schützen. Dieser muss zwingend mit dem Arbeitnehmer vereinbart sein; andernfalls scheidet ein Widerruf gänzlich aus.

TIPP!

Ist in dem ursprünglichen Dienstwagenüberlassungsvertrag kein Widerrufsvorbehalt geregelt, kann der Arbeitgeber versuchen, einen solchen im Wege einer nachträglichen „Dienstwagenordnung" einzubringen. Hierzu muss sich der Arbeitnehmer aber mit der Anwendung der Dienstwagenordnung einverstanden erklären. Dies kann u. U. auch stillschweigend geschehen (z. B. durch die Inanspruchnahme bestimmter in der Dienstordnung geregelter Leistungen, wie Tankkarte etc.).

Aber selbst dann, wenn ein Widerrufsvorbehalt mit dem Arbeitnehmer vereinbart wurde, kann dieser nicht jederzeit oder nach freiem Ermessen ausgeübt werden; und zwar selbst dann nicht, wenn dies in dem Vertrag ausdrücklich so geregelt wurde (vgl. BAG v. 12.2.2025, Az. 5 AZR 171/24).

Eine Klausel in einem Standard-Arbeitsvertrag, bei der dem Mitarbeiter die private Nutzung des Dienstwagens „bis auf Widerruf" gestattet ist, ist unwirksam. Der Arbeitgeber ist in jedem Fall verpflichtet, im Fall des Widerrufs konkrete Gründe für den Widerruf vorzutragen. Solche Gründe sind bereits im Arbeitsvertrag klar und deutlich zu benennen und dürfen den Arbeitnehmer nicht unangemessen benachteiligen (BAG v. 19.12.2006, Az. 9 AZR 294/06; BAG v. 13.4.2010, Az. 9 AZR 113/09).

Wird ein Arbeitnehmer mit einer Kündigung gleichzeitig bis auf Weiteres von der weiteren Erbringung seiner Arbeitsleistung freigestellt und muss er deshalb auch seinen privat genutzten Dienstwagen abgeben, so hat er Anspruch auf eine Nutzungsausfallentschädigung bis zum offiziellen Ende des Arbeitsverhältnisses (BAG v. 27.5.1999, Az. 8 AZR 415/98; vgl. auch BAG v. 14.10.2010, Az. 9 AZR 631/09). Dies gilt auch dann, wenn im Arbeitsvertrag eine entschädigungslose Herausgabe für den Fall der Freistellung während der Kündigungsfrist vereinbart wurde.

Für den Fall einer berechtigten Freistellung des Arbeitnehmers während der Kündigungsfrist hat das BAG folgende Klausel für rechtswirksam erachtet (BAG v. 12.2.2025, Az. 5 AZR 171/24):

„Die private Nutzung des Dienstfahrzeugs kann vom Arbeitgeber widerrufen werden, wenn der Mitarbeiter das Dienstfahrzeug vertragswidrig benutzt, wenn das Arbeitsverhältnis gekündigt ist und der Arbeitgeber den Mitarbeiter berechtigt von seiner Verpflichtung zur Arbeitsleistung freigestellt oder suspendiert hat, und wenn der Mitarbeiter wegen Krankheit oder aus einem anderen persönlichen Grund für mehr als sechs Wochen an der Erbringung der Arbeitsleistung verhindert ist. ... Ein Anspruch des Mitarbeiters wegen des Entzugs der privaten Nutzung besteht in diesen Fällen nicht."

Selbst für solche Fälle wäre bei der Anwendung der Widerrufsklausel jedoch eine angemessene Ankündigungs- bzw. Auslauffrist einzuhalten, da nach § 6 Abs. 1 Nr. 4 EStG der zu versteuernde geldwerte Vorteil nur monatlich und nicht kalendertäglich angesetzt werden kann. Das führt dazu, dass der Arbeitnehmer bei einer Rückgabe des Dienstwagens innerhalb des laufenden Monats die Steuerlast für den ganzen Monat trägt und damit auch für die Zeit, in der er den Pkw nicht mehr nutzen kann. Insoweit wird – abgesehen vom Fall einer außerordentlichen Kündigung während des laufenden Monats – im Regelfall nur ein Widerruf der Privatnutzung zum jeweiligen Monatsende zulässig sein. Die Regelung einer Ankündigungs- bzw. Auslauffrist in der Widerrufsklausel selbst ist jedoch keine Wirksamkeitsvoraussetzung. Hierfür gibt es keinen Ansatz im Gesetz (vgl. BAG v. 12.2.2025, Az. 5 AZR 171/24).

ACHTUNG!

Wegen der drohenden Unwirksamkeit einer vertraglichen Klausel, nach der ein Widerruf „jederzeit" oder „im freien Ermessen des Arbeitgebers" entschädigungslos ausgeübt werden kann, sollte auf solche Formulierungen verzichtet werden. Ist nämlich die gesamte Klausel unwirksam, so kann sich der Arbeitgeber selbst dann nicht auf sein Widerrufsrecht berufen, wenn ein wichtiger Grund vorliegt.

Zu empfehlen ist daher grundsätzlich eine Klausel, die das Widerrufsrecht des Arbeitgebers nur aus wichtigem Grund und nur gegen Zahlung einer Entschädigung vorsieht. Hierzu hat das BAG entschieden:

Allgemeine Geschäftsbedingungen i. S. d. § 305 Abs. 1 Satz 1 BGB in einem Dienstwagenvertrag, wonach sich der Arbeitgeber vorbehalten hatte, die Überlassung des Dienstwagens zu widerrufen, wenn und solange der Pkw für dienstliche Zwecke seitens des Arbeitnehmers nicht benötigt werde, was insbesondere dann der Fall sei, wenn der Arbeitnehmer nach Kündigung des Arbeitsverhältnisses von der Arbeitsleistung freigestellt werde, ist wirksam. Neben der Inhaltskontrolle der in den Allgemeinen Geschäftsbedingungen enthaltenen Widerrufsklausel steht die Ausübungskontrolle im Einzelfall gemäß § 315 BGB, denn die Erklärung des Widerrufs stellt eine Bestimmung der Leistung durch den Arbeitgeber nach § 315 Abs. 1 BGB dar. Der Widerruf muss im Einzelfall billigem Ermessen entsprechen. Die Gesamtbewertung der beiderseitigen Interessen kann dazu führen, dass der Arbeitgeber einen Dienstwagen nur unter Einräumung einer Auslauffrist zurückfordern darf. Im Einzelfall kann das Interesse des Arbeitnehmers, den von ihm versteuerten Vorteil – § 6 Abs. 1 Nr. 4 EStG – auch real nutzen zu können, das abstrakte Interesse des Arbeitgebers am sofortigen Entzug des Dienstwagens überwiegen. Kommt der Arbeitgeber seiner Vertragspflicht, dem Arbeitnehmer die Nutzung des Dienstwagens zu Privatzwecken weiter zu ermöglichen, nicht nach, wird die Leistung wegen Zeitablaufs unmöglich, sodass der Arbeitgeber nach § 275 Abs. 1 BGB von der Leistungspflicht befreit wird. Der Arbeitnehmer hat in diesem Fall nach § 280 Abs. 1 Satz 1 i. V. m. § 283 Satz 1 BGB Anspruch auf Ersatz des hierdurch verursachten Schadens. Zur Berechnung des Schadens ist eine Nutzungsausfallentschädigung auf der Grundlage der steuerlichen Bewertung der privaten Nutzungsmöglichkeit mit monatlich 1 % des Listenpreises des Kraftfahrzeugs im Zeitpunkt der Erstzulassung anerkannt (BAG v. 21.3.2012, Az. 5 AZR 651/10; vgl. auch BAG v. 19.12.2006, Az. 9 AZR 294/06).

Formulierungsbeispiel:

„Der Arbeitgeber behält sich das Recht vor, die Zusage zur Überlassung eines Dienstwagens jederzeit aus wichtigem Grund zu widerrufen. Dies gilt insbesondere im Falle einer wesentlichen Änderung des Aufgabengebiets des Mitarbeiters, bei einer Reduzierung seiner Arbeitszeit um mehr als 25 %, des Verlusts der Fahrerlaubnis, sowie während des Ruhens des Arbeitsverhältnisses von mehr als zwei Wochen (insbesondere im Fall der Freistellung des Arbeitnehmers). Macht der Arbeitgeber von dem Widerrufsrecht Gebrauch, so hat er dem Arbeitnehmer den nach lohnsteuerrechtlichen Grundsätzen zu ermittelnden geldwerten Vorteil der Privatnutzung als zusätzliche Bruttovergütung auszuzahlen."

Die Haftung des Arbeitnehmers für Privatfahrten unterscheidet sich von der bei Dienstfahrten (s. o. 1. und VI.). Ereignet sich ein Unfall während des privaten Gebrauchs des Dienstwagens, kommt eine Haftungsprivilegierung für den Arbeitnehmer nicht in Betracht, da es sich um keine betrieblich veranlasste Tätigkeit handelt. Im Gegensatz zur dienstlichen Nutzung kann dem Arbeitnehmer die Haftung für die Privatnutzung voll auferlegt werden.

Formulierungsbeispiel:

„Verschuldet der Mitarbeiter auf einer Privatfahrt einen Unfall, so hat er dem Arbeitgeber sämtliche hierdurch eintretenden Schäden zu ersetzen. Der Mitarbeiter haftet auch für sämtliche Schäden, die im Zusammenhang mit der unberechtigten Überlassung des Dienstwagens an Dritte stehen. Verschuldet der Mitarbeiter auf einer Dienstfahrt einen Unfall, so haftet er grundsätzlich uneingeschränkt, wenn er den Schaden infolge grober Fahrlässigkeit oder vorsätzlich verursacht hat. Anderenfalls richtet sich die Haftung des Mitarbeiters nach dem Grad des Verschuldens."

ACHTUNG!

Auch im Hinblick auf die verschärfte Haftung für Privatfahrten kann der Arbeitnehmer darauf vertrauen, dass der Arbeitgeber eine Vollkaskoversicherung abschließt. Üblicherweise ist damit die Haftung des Arbeitnehmers auf die vertragliche Selbstbeteiligung begrenzt; es sei denn, der Unfall wird vom Arbeitnehmer grob fahrlässig oder vorsätzlich herbeigeführt.

Für die Rückgabe von Leasingfahrzeugen ist regelmäßig ein bestimmter Restwert des Fahrzeugs vereinbart. Nicht selten treten in diesem Zusammenhang Probleme auf, wenn dieser Restwert nicht mehr erreicht wird. Die Wertdifferenz pauschal dem Arbeitnehmer aufzuerlegen, dürfte wegen der gemischten Nutzung des Dienstwagens unangemessen und somit unzulässig sein. Hat der Arbeitnehmer die vertraglich vereinbarte Laufleistung überschritten und resultiert die Wertminderung daraus, so ist es aber angemessen, ihn die Differenz tragen zu lassen; denn er hätte den Arbeitgeber rechtzeitig über diesen Umstand zu informieren und den Dienstwagen gegebenenfalls austauschen lassen können.

Entsprechendes muss auch gelten, wenn der Arbeitnehmer mit dem Dienstwagen sorgfaltswidrig umgeht und hierdurch Schäden an dem Fahrzeug veranlasst. Dies setzt jedoch im Einzelfall voraus, dass dem Arbeitnehmer vertraglich besondere Pflichten auferlegt werden.

Formulierungsbeispiel:

„Der Mitarbeiter ist verpflichtet, für die rechtzeitige Durchführung der vom Hersteller empfohlenen oder sonst notwendig erscheinenden Maßnahmen, wie Inspektionen, Reparaturen, Ölwechsel, Reinigung usw. zu sorgen. Er ist für rechtzeitiges Auftanken und für die Kontrolle des Ölstands und des Reifendrucks verantwortlich. Er verpflichtet sich, das Fahrzeug stets schonend zu behandeln und ist für die Einhaltung der Verkehrsvorschriften und den verkehrssicheren Zustand des Dienstwagens verantwortlich.

Notwendige Reparaturen hat der Mitarbeiter in Absprache mit dem Arbeitgeber in einer vom Hersteller autorisierten Vertragswerkstatt ausführen zu lassen. Der Mitarbeiter ist verpflichtet und berechtigt, Gewährleistungsansprüche bei Vertragswerkstätten des Herstellers rechtzeitig geltend zu machen."

Besondere Schwierigkeiten können sich beim vorzeitigen Ausscheiden des Arbeitnehmers (vor Beendigung des Leasingvertrages) ergeben. Einige Dienstwagenordnungen sehen vor, dass der Arbeitnehmer die Differenz zwischen der ihnen betrieblich/vertraglich zustehenden Fahrzeugklasse/-ausstattung und der von ihnen tatsächlich in Anspruch genommenen Fahrzeugklasse/-ausstattung zu tragen haben. Während des Bestands des Arbeitsverhältnisses ist das i. d. R. unproblematisch. Wird jedoch das Arbeitsverhältnis vor dem Leasingvertrag aufgelöst, bleibt der Arbeitgeber u. U. auf den höheren Kosten sitzen; denn das BAG hat entschieden, dass eine Vertragsklausel unwirksam ist, die den Arbeitnehmer verpflichtet, bei Beendigung des Arbeitsverhältnisses einen ihm zur Privatnutzung überlassenen Dienstwagen zurückzugeben und dennoch für die restliche Laufzeit des Leasingvertrages die anfallenden Raten bzw. die Differenzbeträge in einem Einmalbetrag zu zahlen (BAG v. 9.9.2003, Az. 9 AZR 574/02).

ACHTUNG!

Erwirbt ein Arbeitnehmer anlässlich seines Ausscheidens aus dem Betrieb vom Arbeitgeber den bisher genutzten Dienstwagen, so ist der Kaufpreis nach dem Preis zu bestimmen, den ein Letztverbraucher (nicht Händler!) für ein gleichwertiges Fahrzeug am Markt zu bezahlen hat (z. B. Schwacke-Liste). Erwirbt der Arbeitnehmer das Kfz vom Arbeitgeber zu einem günstigeren Preis, so hat er die Differenz zum maßgeblichen Endpreis als Zufluss von Arbeitslohn bzw. geldwerten Vorteil zu versteuern (BFH v. 17.6.2005, Az. VI R 84/04).

VI. Muster: Dienstwagenüberlassungsvertrag

Musterschreiben und Vertragsgestaltungen müssen den jeweiligen Notwendigkeiten und den individuellen Bedürfnissen der Arbeitsvertragsparteien Rechnung tragen. Die in diesem Werk abgebildeten Muster können hierbei nur eine Hilfe sein. Deshalb ist im Einzelfall zu prüfen, inwieweit hier vorgeschlagene Formulierungen sinnvoll oder entbehrlich sind. Die Anpassung an den jeweiligen Einzelfall ist daher zwingend notwendig.

§ 1 Überlassung

Der Arbeitgeber stellt dem Mitarbeiter beginnend ab .... (oder: in dem Zeitraum von .... bis ....) den Dienst-Pkw .... (Marke, Typ, amtl. Kennzeichen, Fahrzeug-Ident-Nr) zur dienstlichen Nutzung zur Verfügung. Die Bedingungen der Fahrzeugüberlassung werden mit diesem Vertrag abschließend geregelt.

§ 2 Nutzung

Voraussetzung zur berechtigten Nutzung des Dienstwagens ist immer, dass der Benutzer im Besitz einer gültigen Fahrerlaubnis ist. Der Arbeitgeber hat das Recht, jederzeit beim Mitarbeiter den Besitz der Fahrerlaubnis zu überprüfen. Der Mitarbeiter hat den Entzug der Fahrerlaubnis dem Arbeitgeber unverzüglich anzuzeigen.

Der Dienstwagen steht dem Mitarbeiter für alle dienstlich veranlassten Fahrten zur Verfügung. Die Verpflichtung der Wahl des wirtschaftlichsten Verkehrsmittels wird dadurch nicht beeinflusst. Ab der Übergabe des Dienstwagens erlischt der Anspruch des Mitarbeiters auf Vergütung von Fahrtkosten bei Nutzung eines privaten Pkws.

Der Dienstwagen kann vom Mitarbeiter in angemessenem Rahmen privat genutzt werden. Dies gilt auch für Urlaubsreisen innerhalb der Bundesrepublik Deutschland und der Europäischen Union.

Die private Nutzung hat der Mitarbeiter als geldwerten Vorteil zu versteuern. Die Versteuerung der Privatnutzung richtet sich nach den jeweils geltenden steuerlichen Vorschriften.

§ 3 Überlassung an Dritte

Die Überlassung des Dienstwagens an Dritte ist außer im Falle dienstlicher Veranlassung grundsätzlich nicht gestattet. Die Nutzung durch Familienangehörige oder sonstiger, dem Haushalt des Mitarbeiters angehöriger Personen bedarf der vorherigen Zustimmung der Geschäftsführung. Voraussetzung ist in jedem Fall der Besitz einer gültigen Fahrerlaubnis. Soweit der Arbeitgeber seine Zustimmung nicht erteilt hat, ist die Überlassung des Dienstwagens an Dritte nicht gestattet.

§ 4 Betriebs- und Unterhaltskosten

Die notwendigen mit dem Betrieb des Fahrzeugs verbundenen Kosten, insbesondere die für Wartung, Reparaturen, Haupt- und Abgasuntersuchungen, Kraftstoff, Öl, trägt der Arbeitgeber. Der Mitarbeiter erhält eine entsprechende Tankkarte. Beim Tanken mit der Tankkarte ist der jeweilige Kilometerstand anzugeben. Kosten für Wagenpflege, Nachfüllöle, Scheibenreiniger und der Kauf kleinerer Ersatzteile sind auf maximal € 30,–/Monat begrenzt.

Kraftstoffkosten für Privatfahrten, die über Fahrten zwischen Wohnung und Arbeitsstätte hinausgehen, trägt der Mitarbeiter.

§ 5 Versicherung

Der Arbeitgeber schließt für den Dienstwagen eine Haftpflichtversicherung mit unbegrenzter Deckungssumme, Teilkaskoversicherung mit 150 € Selbstbeteiligung und eine Vollkaskoversicherung mit einer Selbstbeteiligung von 500 € ab.

§ 6 Reparaturen/Unfälle

Der Mitarbeiter ist verpflichtet, für die rechtzeitige Durchführung der vom Hersteller empfohlenen oder sonst notwendig erscheinenden Maßnahmen, wie Inspektionen, Reparaturen, Ölwechsel, Reinigung usw. zu sorgen. Er ist für rechtzeitiges Auftanken und für die Kontrolle des Ölstands und des Reifendrucks verantwortlich. Er verpflichtet sich, das Fahrzeug stets schonend zu behandeln und ist für die Einhaltung der Verkehrsvorschriften und den verkehrssicheren Zustand des Dienstwagens verantwortlich.

Notwendige Reparaturen hat der Mitarbeiter in Absprache mit dem Arbeitgeber in einer vom Hersteller autorisierten Vertragswerkstatt ausführen zu lassen. Der Mitarbeiter ist verpflichtet und berechtigt, Gewährleistungsansprüche bei Vertragswerkstätten des Herstellers rechtzeitig geltend zu machen.

§ 7 Haftung

Verschuldet der Mitarbeiter auf einer Privatfahrt einen Unfall, so hat er dem Arbeitgeber sämtliche hierdurch eintretenden Schäden zu ersetzen. Der Mitarbeiter haftet auch für sämtliche Schäden, die im Zusammenhang mit der unberechtigten Überlassung des Dienstwagens an Dritte stehen. Verschuldet der Mitarbeiter auf einer Dienstfahrt einen Unfall, so haftet er grundsätzlich uneingeschränkt, wenn er den Schaden infolge grober Fahrlässigkeit oder vorsätzlich verursacht hat. Anderenfalls richtet sich die Haftung des Mitarbeiters nach dem Grad des Verschuldens.

§ 8 Widerruf des Nutzungsrechts

Der Arbeitgeber behält sich das Recht vor, die Zusage zur Überlassung eines Dienstwagens jederzeit aus wichtigem Grund zu widerrufen. Dies gilt insbesondere im Falle einer wesentlichen Änderung des Aufgabengebiets des Mitarbeiters, bei einer Reduzierung seiner Arbeitszeit um mehr als 25%, des Verlusts der Fahrerlaubnis, sowie während des Ruhens des Arbeitsverhältnisses von mehr als zwei Wochen (insbesondere im Fall der Freistellung des Arbeitnehmers). Macht der Arbeitgeber von dem Widerrufsrecht Gebrauch, so hat er dem Arbeitnehmer den gem. § 2 zu ermittelnden geldwerten Vorteil der Privatnutzung als zusätzliche Bruttovergütung auszubezahlen.

§ 9 Herausgabe/Ersetzungsrecht

Der Arbeitgeber kann den Dienstwagen jederzeit ohne Einhaltung einer Frist herausverlangen oder durch einen anderen ersetzen. Der Arbeitnehmer hat im Falle der Kündigung den Dienstwagen nebst Papieren unverzüglich an den Arbeitgeber herauszugeben. Ein Zurückbehaltungsrecht kann der Arbeitnehmer in keinem Falle geltend machen.

§ 10 Schlussbestimmungen

Der Vertrag ist Bestandteil des Arbeitsvertrages vom ...... Wird dieser beendet, so endet zugleich auch der Kfz-Überlassungsvertrag. Die Ungültigkeit einer oder mehrerer Bestimmungen dieses Vertrages berührt die Wirksamkeit der übrigen nicht. Unwirksame Bestimmungen sind vielmehr durch wirksame Regelungen zu ergänzen, die der unwirksamen Bestimmung unter Auslegung des sich aus diesem Vertrag ergebenden Parteiwillens am nächsten kommen. Änderungen und Ergänzungen dieses Vertrages bedürfen der Schriftform. Dies gilt auch für die Änderung des Schriftformerfordernisses selbst.

Direktionsrecht

I. Begriff

Unter dem Direktionsrecht versteht man das Recht des Arbeitgebers, die Einzelheiten der vom Arbeitnehmer aufgrund des Arbeitsvertrags zu erbringenden Arbeitsleistungen näher zu bestimmen. Dem Direktionsrecht kommt in der betrieblichen Praxis eine erhebliche Bedeutung zu, da die Aufgabenstellungen der täglichen Arbeit im Einzelnen nicht vertraglich festgelegt werden können.

Auf der Grundlage des Direktionsrechts kann der Arbeitgeber Anweisungen zu Zeit, Ort und Art der Arbeitsleistung erteilen. Ferner kann er das Verhalten zur Durchführung der Arbeit sowie gegenüber den Arbeitskollegen regeln. Auch die Zuweisung oder Zurücknahme bestimmter Funktionen und Aufgaben kann im Rahmen des Direktionsrechts erfolgen.

Soweit eine Weisung des Arbeitgebers im Rahmen des Direktionsrechts liegt, braucht das Einverständnis des Arbeitnehmers hierzu nicht eingeholt werden. Die einseitige Weisung ist für den Arbeitnehmer verbindlich.

II. Inhalt und Grenzen des Direktionsrechts

Selbstverständlich ist die Weisungsbefugnis des Arbeitgebers nicht grenzenlos. Das Direktionsrecht stellt vielmehr den Rahmen dar, in dem der Arbeitgeber verbindliche Weisungen erteilen kann.

ACHTUNG!

Das LAG Schleswig-Holstein hatte in seiner Entscheidung v. 27.9.2022, Az. 1 Sa 30 öD/22 angenommen, dass ein Arbeitnehmer in seiner Freizeit das Recht auf Unerreichbarkeit habe und bereits das Lesen einer SMS mit einer Dienstplanänderung für den Folgetag als Arbeitszeit zu werten sei, auch wenn dies nur einen minimalen Aufwand darstelle. In seinem Urteil v. 23.8.2023, Az. 5 AZR 349/22 hat der BAG dies in dem zugrunde liegenden Fall jedoch als rechtsfehlerhaft zurückgewiesen und darauf erkannt, dass Arbeitnehmern das Lesen einer dienstlichen SMS ihres Arbeitgebers über den Beginn einer zuvor eingeteilten Arbeitsschicht auch in ihrer Freizeit zuzumuten sei.

1. Rechtlicher Rahmen (Allgemeine Grenzen)

1.1 Arbeitsvertrag

Inhalt und Grenzen des Direktionsrechts ergeben sich in erster Linie aus dem Arbeitsvertrag selbst. Der Arbeitnehmer schuldet seine Arbeitspflicht nur, soweit dies vereinbart wurde. Der Arbeitgeber darf dem Arbeitnehmer keine Arbeit zuweisen, die dieser nach dem Arbeitsvertrag nicht schuldet. Will der Arbeitgeber eine nach dem Arbeitsvertrag nicht geschuldete Arbeitsverpflichtung erreichen, muss er den Arbeitsvertrag durch Vereinbarung mit dem Arbeitnehmer ändern oder eine → *Änderungskündigung* aussprechen.

Ausschlaggebend für Inhalt und Grenzen des Direktionsrechts ist somit die Frage, was im Arbeitsvertrag vereinbart wurde. Hierbei gilt folgender Grundsatz:

Je konkreter die vom Arbeitnehmer zu erbringenden Leistungen im Arbeitsvertrag bestimmt sind, um so enger ist der Rahmen, innerhalb dessen der Arbeitgeber Weisungen erteilen kann.

Beispiel:

Wurde im Arbeitsvertrag eine Wochenarbeitszeit vereinbart, kann der Arbeitgeber deren Lage – in den Grenzen des Arbeitszeitgesetzes – selbst bestimmen. Wurde jedoch auch die Lage der täglichen Arbeitszeit im Arbeitsvertrag vorgesehen, kann der Arbeitgeber hiervon grundsätzlich keine Abweichungen verfügen.

Der Arbeitgeber kann sich im Arbeitsvertrag jedoch ausdrücklich vorbehalten, bestimmte Arbeitsbedingungen (aus betrieblichen Gründen) einseitig zu ändern.

Haben sich seit Abschluss des Arbeitsvertrags hinsichtlich der vom Arbeitnehmer geschuldeten Tätigkeit Änderungen ergeben (z. B. durch Beförderung), sind die geänderten Umstände zur Bestimmung des Direktionsrechts heranzuziehen. Maßgeblich ist, welche Tätigkeit der Arbeitnehmer zum Zeitpunkt der Weisung schuldet.

ACHTUNG!

Die langfristige Beschäftigung eines Arbeitnehmers auf einem bestimmten Arbeitsplatz kann zu einer Einschränkung des Direktionsrechts führen (= Konkretisierung), wenn besondere Umstände hinzutreten, die die Annahme rechtfertigen, dass der Arbeitnehmer künftig nur noch diese Tätigkeit schuldet.

Beispiel:

Einer angestellten Immobilienkauffrau, die bislang für Vermietung und Verkauf von Immobilien zuständig war und hierdurch auch Provisionsansprüche erworben hat, die rund das Doppelte der Grundvergütung ausmachen, kann mangels Gleichwertigkeit im Wege des Direktionsrechts keine Tätigkeit im Bereich von Hausverwaltungen übertragen werden, wenn dort unstreitig keine Provisionsansprüche erworben werden können (LAG Köln v. 28.2.2020, Az. 4 Sa 326/19).

1.2 Kollektivrechtliche Vereinbarungen

Das Direktionsrecht des Arbeitgebers kann auch durch kollektivrechtliche Vereinbarungen – also Tarifvertrag oder Betriebsvereinbarungen – beeinflusst werden. Werden z. B. – wie im öffentlichen Dienst (BAT/TVöD) – bestimmte Eingruppierungsmerkmale festgelegt, kann der Arbeitgeber durch Weisungen hiervon nicht abweichen. Sein Direktionsrecht wäre hierdurch überschritten.

Allerdings können kollektivrechtliche Vereinbarungen auch eine Erweiterung des Direktionsrechts vorsehen.

WICHTIG!

Bei der Prüfung, wie weit das Direktionsrecht des Arbeitgebers reicht, müssen einschlägige Tarifverträge und Betriebsvereinbarungen beachtet werden.

1.3 Billiges Ermessen

Das Direktionsrecht des Arbeitgebers findet auch dort seine Grenze, wo die Ausführung der erteilten Weisung dem Arbeitnehmer nach „Billigkeitsgrundsätzen" nicht mehr zugemutet werden kann (§ 315 Abs. 2 BGB). Auch wenn der Arbeitgeber mit einer Weisung nicht gegen Arbeitsvertrag, Tarifvertrag oder Betriebsvereinbarungen verstößt, kann der Grundsatz des „billigen Ermessens" dazu führen, dass eine erteilte Weisung unzulässig ist. Dies ist immer dann der Fall, wenn die schützenswerten Interessen des Arbeitnehmers im Rahmen einer Interessenabwägung denen des Arbeitgebers vorgehen. Dies ist z. B. der Fall, wenn

- der Arbeitnehmer in einen vermeidbaren Gewissenskonflikt gerät (z. B. überzeugte Tierschützerin wird in die Pelzabteilung eines Kaufhauses versetzt);
- der Gleichbehandlungsgrundsatz ohne sachlichen Grund verletzt wird (z. B. jüngstes Mitglied einer Arbeitsgruppe muss immer die unangenehmsten Arbeiten verrichten);
- die Weisung willkürlicher oder schikanöser Natur ist (z. B. geschiedene Ehefrau wird Ex-Gatten als Sekretärin zugewiesen).

Je nach arbeitsrechtlichem Bezug der erteilten Weisung (Tätigkeit, Verhalten, Zeit oder Ort der Arbeitsleistung) ergeben sich besondere Umstände, die in der anzustellenden Interessenabwägung zu berücksichtigen sind.

1.4 Gesetzliche Verbote

Unter keinen Umständen darf der Arbeitgeber mit seiner Weisung gegen gesetzliche Verbote oder die guten Sitten verstoßen. So wäre z. B. eine Weisung, die die Begehung einer Straftat zum Inhalt hat, unzulässig.

Beispiel:

Der Arbeitgeber darf einen bei ihm angestellten Autoverkäufer nicht anweisen, gegenüber den Kunden die Eigenschaft eines Unfallfahrzeugs arglistig zu verschweigen. Hierin könnte ein (versuchter) Betrug i. S. d. § 263 StGB liegen. Eine solche Weisung ist rechtswidrig.

Auch aus den Schutzbestimmungen des Mutterschutzgesetzes, des Jugendarbeitsschutzgesetzes und des Arbeitszeitgesetzes ergeben sich Einschränkungen, die der Arbeitgeber im Rahmen seines Direktionsrechts zu berücksichtigen hat. Ein Verstoß gegen Beschäftigungsverbote führt zwangsläufig zu einer Überschreitung des Direktionsrechts. Eine entsprechende Weisung ist rechtswidrig.

1.5 Betriebliche Mitbestimmung

Soweit ein Betriebsrat vorhanden ist, muss ein Arbeitgeber bei der Erteilung von Weisungen auch die betriebsverfassungsrechtlichen Beteiligungsrechte beachten. So muss z. B. bei Versetzungen gemäß § 99 BetrVG eine Beteiligung des Betriebsrats erfolgen. Auch die in § 87 BetrVG geregelten Mitbestimmungsrechte betreffen solche Bereiche, in denen der Arbeitgeber typischerweise ein Direktionsrecht hat.

WICHTIG!

Betriebliches Mitbestimmungserfordernis prüfen!

ACHTUNG!

Bindet der Arbeitgeber sich bei der Ausübung seines Direktionsrechts dahingehend, den Arbeitnehmer bei Vorliegen der fachlichen und persönlichen Voraussetzungen in bestimmter Weise einzusetzen, ist er nicht gehindert, von dem Einsatz abzusehen, falls der Betriebsrat formal wirksam seine erforderliche Zustimmung zu einer damit verbundenen Versetzung verweigert. Der Arbeitgeber ist (dann) nicht verpflichtet, ein Zustimmungsersetzungsverfahren durchzuführen (BAG v. 16.3.2010, Az. 3 AZR 31/09).

2. Weisungen zur Tätigkeit

2.1 Zulässige Weisungen

Im Rahmen der vertraglich geschuldeten Arbeitsleistung steht dem Arbeitgeber das Direktionsrecht zu, die Art der von dem Arbeitnehmer zu leistenden Tätigkeit näher zu bestimmen. Je ungenauer die vertragliche Leistungsbestimmung im Arbeitsvertrag erfolgt ist, umso weiter reicht das Bestimmungsrecht des Arbeitgebers. Erfolgt etwa eine Einstellung für einen fachlich umschriebenen Bereich (z. B. Sekretärin, Verkäufer, Fahrer, Kfz-Mechaniker), so kann der Arbeitgeber kraft seines Direktionsrechts sämtliche Arbeiten innerhalb dieses vereinbarten Berufsbilds zuweisen.

Beispiel:

Eine als „Verkäuferin" eingestellte Arbeitnehmerin kann aufgrund einseitiger Arbeitgeberweisung von der Kinder- in die Herrenabteilung eines Kaufhauses umgesetzt werden (LAG Köln v. 26.10.1984, NZA 1985, 258).

Der Arbeitgeber kann mit dem Arbeitnehmer den Rahmen für die Zuweisung von Tätigkeiten vertraglich erweitern. Hierzu kann im Arbeitsvertrag eine sog. Direktions- oder Vorbehaltsklausel vereinbart werden, wonach der Arbeitgeber bei entsprechenden betrieblichen Bedürfnissen berechtigt sein soll, dem Arbeitnehmer auch eine andere, außerhalb der konkret umschriebenen Tätigkeit liegende und nach Qualifikation sowie Eignung zumutbare Tätigkeit zuweisen. Die dem Arbeitgeber so vermittelte einseitige Weisungsmöglichkeit darf den Arbeitnehmer wiederum nicht unangemessen benachteiligen, sie darf nicht uneingeschränkt bestehen. Klauseln, die dem Arbeitgeber insoweit einen zu weiten Spielraum einräumen, sind daher unwirksam. Vom Direktionsrecht umfasst ist die Zuweisung einer neuen Tätigkeit, die mit der vertraglich vereinbarten Tätigkeit **gleichwertig** ist (BAG v. 9.5.2006, Az. 9 AZR 424/05).

Formulierungsbeispiel:

Der Arbeitgeber behält sich unter Wahrung der Interessen des Arbeitnehmers das Recht vor, dem Arbeitnehmer andere gleichwertige Tätigkeiten zuzuweisen. Der Arbeitnehmer kann an einen anderen Arbeitsplatz mit gleichwertiger Tätigkeit versetzt werden.

ACHTUNG!

Je größer das Einsatzspektrum eines Arbeitnehmers im Arbeitsvertrag ausgestaltet ist, umso mehr Arbeitnehmer sind im Falle einer Kündigung in die soziale Auswahl mit einzubeziehen.

2.2 Unzulässige Weisungen

Ist ein Arbeitnehmer für eine bestimmte Tätigkeit eingestellt worden oder wurde der Tätigkeitsbereich im Arbeitsvertrag durch eine zusätzliche Stellenbeschreibung detailliert beschrieben, so ist auch der Arbeitgeber hieran gebunden. Im Rahmen des Direktionsrechts darf keine andere Tätigkeit zugewiesen werden.

Beispiel:

Wird ein Arbeitnehmer nach den arbeitsvertraglichen Bestimmungen mit einer Tätigkeit betraut, die einer bestimmten, tarifvertraglich geregelten Wertigkeit entspricht („überwiegend als Redakteur"), werden ihm jedoch zum vertraglich vorgesehenen Zeitpunkt des Inkrafttretens der arbeitsvertraglichen Regelung ohne Einschränkung Aufgaben zugewiesen, die einer höherwertigen Tätigkeit entsprechen (Redaktionsleitung), wird diese Tätigkeit zum Inhalt des Arbeitsvertrags. Die Frage der Beschränkung des Direktionsrechts stellt sich in diesem Falle nicht (LAG München v. 4.11.2011, Az. 3 Sa 322/11). Eine Versetzung im Rahmen des Direktionsrechts auf die im Arbeitsvertrag genannte geringwertigere Position ist in einem solchen Fall unzulässig. Eine als „Verkaufsberaterin in der Kinderabteilung" eingestellte Arbeitnehmerin kann aufgrund einseitiger Arbeitgeberweisung nicht in eine andere Abteilung des Kaufhauses umgesetzt werden.

ACHTUNG!

Eine Einschränkung des Direktionsrechts kann sich auch aus geänderten Umständen (z. B. Beförderung) ergeben.

Grundsätzlich unzulässig ist die Umsetzung eines Arbeitnehmers auf einen geringerwertigen Arbeitsplatz. Dies gilt selbst dann, wenn die ursprünglich für den höherwertigen Arbeitsplatz vereinbarte Vergütung weiter gezahlt wird.

Nur in Notfällen darf der Arbeitgeber seinen Arbeitnehmern ausnahmsweise auch solche Tätigkeiten zuweisen, die mit der arbeitsvertraglich geschuldeten Leistung nichts zu tun haben. Nur wenn der Arbeitgeber die Situation nicht durch rechtzeitige Personal- oder sonstige Bedarfsplanung bewältigen kann, liegt ein Notfall vor.

Generell ist festzuhalten, dass ein Arbeitgeber kraft Direktionsrechts keinen Eingriff in die ursprüngliche Entgeltvereinbarung vornehmen darf. Unzulässig sind daher insbesondere:

- Herabstufungen in eine andere Lohngruppe;
- Streichung von Bereitschaftsdiensten;
- Übergang vom Leistungs- zum Zeitlohn oder umgekehrt;
- Streichung von Provisionen, Tantiemen, Prämien etc.

Auch die Zuweisung von sog. Nebenarbeiten – also solchen Tätigkeiten, die mit dem arbeitsvertraglich geschuldeten Aufgabenbereich nicht unmittelbar zusammenhängen – (z. B. Beschaffen von Material, Pflegearbeiten an Betriebsinventar, Werkzeugen oder Maschinen, Aufräumen des Arbeitsplatzes, Pflege der Arbeitskleidung, Kaffeekochen etc.) wird grundsätzlich nicht durch das Direktionsrecht gedeckt.

WICHTIG!

Nur die im Arbeitsvertrag bestimmten Nebenarbeiten dürfen vom Arbeitnehmer verlangt werden.

3. Weisungen zum Verhalten

Über die eigentliche Zuweisung einer konkreten Tätigkeit kann der Arbeitgeber im Rahmen des Direktionsrechts auch Weisungen zum Verhalten seiner Arbeitnehmer erteilen.

3.1 Zulässige Weisungen

Insbesondere in Fragen der Betriebsordnung kann der Arbeitgeber kraft Direktionsrechts Verhaltensmaßregeln aufstellen. Dies gilt selbst dann, wenn der Arbeitsvertrag oder kollektivrechtliche Vereinbarungen (Tarifvertrag, Betriebsvereinbarung) hierzu nichts vorsehen. Zulässig sind in der Regel:

- Rauchverbote zum Schutz anderer Arbeitnehmer (oder der Produktion);
- Absolutes Alkoholverbot;
- Anordnungen zum Tragen von Schutzkleidung (auch Mund-Nasen-Schutz);
- Anordnungen zur Unterbringung von Kleidungsstücken oder Wertgegenständen;
- Anordnungen zur Nutzung von Computern und Telefon;
- Anordnungen zum Arbeits-, Hygiene- und Infektionsschutz;
- Anordnungen über Tor- oder Sicherheitskontrollen.

WICHTIG!

Selbst ohne eine zwingende Coronaschutz-Verordnung ist die Anordnung zum Tragen der Mund-Nasen-Schutzmaske grundsätzlich vom Direktionsrecht umfasst und im Einzelfall auch angemessen. So führt z. B. das LAG Köln v. 12.4.2021, Az. 2 SaGa 1/21 aus: „Das Tragen einer FFP2-Maske dient dem Infektionsschutz in beide Richtungen. Sowohl andere Mitarbeiter und Besucher des Rathauses mit Termin sollen vor Aerosolen geschützt werden, die der Kläger ausstoßen könnte und die potentiell tödlich sein könnten, wenn er sich ohne Maske im Rathaus bewegen dürfte. Die Maske verringert die Anzahl der abgegebenen Aerosole und verändert deren Ausbreitungsverhalten. Die Beklagte muss aber auch den Gesundheitsschutz des Klägers im Auge behalten. Auch hier hilft das Tragen der Maske, Infektionen durch das Einatmen von krankmachenden oder potenziell tödlichen Aerosolen zu vermeiden, die selbst bei aller Sorgfalt und Hygiene vorhanden sein könnten. Die Anordnung ist auch verhältnismäßig unter Berücksichtigung der Tatsache, dass der Kläger an einer psychischen Erkrankung leidet, die es ihm unmöglich macht, der Maskenpflicht nachzukommen. Denn das Interesse der Beklagten, den Ausstoß von Aerosolen im Rathaus auf dem geringstmöglichen Niveau zu halten, geht in der Abwägung dem Interesse des Klägers, ohne Maske arbeiten zu können, vor. Dabei durfte die Beklagte auch berücksichtigen, dass der Kläger aufgrund einer psychischen Erkrankung die Maske nicht tragen kann und deshalb Anspruch auf Entgeltfortzahlung und Krankengeld hat, der in der Regel ausreichend ist, um eine Heilung zu ermöglichen" (LAG Köln v. 12.4.2021, Az. 2 SaGa 1/21; vgl. ArbG Siegburg v. 16.12.2020, Az. 4 Ga 18/20).

3.2 Unzulässige Weisungen

Soweit die Weisung des Arbeitgebers mit der arbeitsvertraglich geschuldeten Tätigkeit bzw. der Betriebszugehörigkeit überhaupt nichts zu tun hat, ist sie unzulässig. Der Arbeitgeber darf den Arbeitnehmern keine Weisungen zur privaten Lebensführung erteilen (vgl. z. B. BAG v. 23.8.2012, Az. 8 AZR 804/11: Verpflichtung die Steuererklärung durch einen vom Arbeitgeber beauftragten Steuerberater erstellen zu lassen). Durch entsprechende Anordnungen wäre das „billige Ermessen" überschritten, da keine schutzwürdigen Interessen des Arbeitgebers erkennbar sind.

Nur in Ausnahmefällen können die Pflichten des Arbeitnehmers auch in den außerdienstlichen Bereich hineinreichen.

Beispiel:

Bei kirchlichen Betrieben ist die christliche Lebensführung auch im Privatleben der im Glaubensauftrag tätigen Arbeitnehmer vorauszusetzen.

4. Weisungen zur Arbeitszeit

Die Dauer der regelmäßigen → *Arbeitszeit* ist in aller Regel in einem Arbeitsvertrag, Tarifvertrag oder in einer Betriebsvereinbarung geregelt. Innerhalb dieses Rahmens kommen für den Arbeitgeber auch Weisungen zur konkreten Ausgestaltung der Arbeitszeit in Betracht.

4.1 Zulässige Weisungen

Soweit nichts anderes vereinbart ist, kann der Arbeitgeber grundsätzlich einseitig die wöchentliche Arbeitszeit auf die einzelnen Wochentage verteilen, Beginn und Ende der täglichen Arbeitszeit sowie die Pausen festlegen.

WICHTIG!

Wenn ein Betriebsrat existiert, besteht ein erzwingbares Mitbestimmungsrecht (§ 87 Abs. 1 Nr. 3 BetrVG).

Soweit die Lage der täglichen Arbeitszeit, also auch die Zuordnung zu bestimmten Schichten, im Arbeitsvertrag nicht vereinbart wurde, darf der Arbeitgeber kraft Direktionsrechts die zeitliche Lage und die Einteilung in Schichten frei bestimmen (LAG Köln v. 14.2.1997, NZA-RR 1997, 391). Dies gilt auch für die Einteilung zu Spätschichten (LAG Niedersachsen v. 26.7.2001, Az. 7 Sa 1813/00).

ACHTUNG!

Die zwingenden Vorschriften des ArbZG sind einzuhalten.

Über den vertraglich geschuldeten Umfang der Arbeit (also regelmäßig die vereinbarten Wochenstunden) hinaus darf der Arbeitgeber Überstunden aufgrund seines Direktionsrechts nur dann anordnen, wenn er sich dieses Recht im Arbeitsvertrag vorbehalten hat.

Auch aufgrund eines Tarifvertrags oder aufgrund einer Betriebsvereinbarung kann dem Arbeitgeber das Recht zustehen, die regelmäßige betriebliche Arbeitszeit einseitig zu verlängern oder wieder auf die tarifliche Arbeitszeit zu verkürzen (§ 7 ArbZG). Die Festlegung dieses Arbeitszeitrahmens muss der Arbeitgeber dann nach billigem Ermessen (also unter Berücksichtigung der Arbeitnehmerinteressen) vornehmen.

In Notfällen darf der Arbeitgeber auch dann Überstunden anordnen, wenn dies vertraglich zwar nicht vorgesehen, aber zur Abwehr von Schäden dringend notwendig ist. Ein Notfall liegt vor, wenn plötzlich eingetretene Umstände nicht mehr durch rechtzeitige Personal- oder sonstige Bedarfsplanung bewältigt werden können (z. B. Umwelt- oder Naturkatastrophen, epidemieähnlicher Ausfall von Arbeitskräften).

4.2 Unzulässige Weisungen

Der Arbeitgeber darf Überstunden nicht anordnen, wenn dies nicht einzelvertraglich oder kollektivvertraglich vorgesehen ist. Etwas anderes gilt nur in Notfällen (s. o. 4.1).

Auch eine Verkürzung der Arbeitszeit (und damit auch der Vergütung) darf der Arbeitgeber einseitig nicht vornehmen. Nach Auffassung des BAG kann sich der Arbeitgeber eine solche einseitige Verkürzung auch vertraglich nicht vorbehalten.

Auch die einseitige Anordnung von Kurzarbeit ist im Regelfall unzulässig. Allerdings können Tarifverträge oder Betriebsvereinbarungen sie zulässig machen. Eine besondere gesetzliche Ermächtigungsgrundlage ist in § 19 KSchG geregelt. Hiernach ist der Arbeitgeber bei bevorstehenden Massenentlassungen berechtigt, bis zum Zeitpunkt des Wirksamwerdens der Kündigungen Kurzarbeit anzuordnen.

5. Weisungen zum Arbeitsort

5.1 Zulässige Weisungen

Der Ort der Arbeitsleistung ergibt sich regelmäßig aus dem Arbeitsvertrag. Üblicherweise wird ein Arbeitnehmer für einen bestimmten Betrieb eingestellt. Soweit der Arbeitsvertrag nichts anderes vorsieht, kann der Arbeitgeber den Arbeitnehmer jederzeit auf einen anderen Arbeitsplatz innerhalb des Betriebs versetzen.

Der Arbeitgeber kann dem Arbeitnehmer grundsätzlich auch einen Arbeitsplatz im Ausland zuweisen, wenn die möglichen Arbeitsorte nicht durch Arbeitsvertrag, Betriebsvereinbarung, Tarifvertrag oder gesetzliche Vorschriften auf das Inland begrenzt sind. Eine Beschränkung des Weisungsrechts auf Arbeitsorte in der Bundesrepublik Deutschland ist dem Arbeitsvertrag als solchem nicht immanent. Die Zuweisung eines Arbeitsorts im Ausland unterliegt wie jede Ausübung des Weisungsrechts des Arbeitgebers nach § 106 Satz 1 GewO, § 315 Abs. 1 BGB einer gerichtlichen Billigkeitskontrolle. Sofern die Weisung auf einer unternehmerischen Entscheidung beruht, kommt dieser besonderes Gewicht zu, ohne dass das unternehmerische Konzept auf seine Zweckmäßigkeit zu überprüfen wäre (BAG v. 30.11.2022, Az. 5 AZR 336/21).

Wird der Betrieb des Arbeitgebers innerhalb des gleichen Orts verlegt, ist es dem Arbeitnehmer auch grundsätzlich zuzumuten, seine Arbeit in der neuen Betriebsstätte zu verrichten. Dienstreisen können generell angeordnet werden, sofern und soweit diese üblicherweise von der vertraglich vereinbarten Tätigkeit umfasst sind. Eine länger andauernde Entsendung ins Ausland geht i. d. R. über das Direktionsrecht des Arbeitgebers hinaus und bedarf der Zustimmung des Arbeitnehmers.

Wenn kein fester Arbeitsort vereinbart wurde (wie z. B. bei Fahrern, Personal in Reinigungsunternehmen, Montagearbeitern), kann der Arbeitgeber grundsätzlich jeden Arbeitsort innerhalb des räumlichen Einzugsbereichs des Betriebs zuweisen.

In Arbeits- oder Tarifverträgen wird dem Arbeitgeber oftmals eine Versetzungsbefugnis vorbehalten. Die dem Arbeitgeber so vermittelte einseitige Weisungsmöglichkeit darf den Arbeitnehmer wiederum nicht unangemessen benachteiligen, sie darf nicht uneingeschränkt bestehen. Klauseln, die dem Arbeitgeber insoweit einen zu weiten Spielraum einräumen, sind daher unwirksam. Von § 106 GewO umfasst ist die Zuweisung einer neuen Tätigkeit, die mit der vertraglich vereinbarten Tätigkeit **gleichwertig** ist (BAG v. 9.5.2006, Az. 9 AZR 424/05).

Formulierungsbeispiel:

Der Arbeitgeber behält sich unter Wahrung der Interessen des Arbeitnehmers das Recht vor, dem Arbeitnehmer andere gleichwertige Tätigkeiten zuzuweisen. Der Arbeitnehmer kann an einen anderen Arbeitsplatz mit gleichwertiger Tätigkeit versetzt werden. Der Arbeitnehmer kann ebenso an einen anderen Betriebsort innerhalb des Unternehmens mit gleichwertiger Tätigkeit versetzt werden."

5.2 Unzulässige Weisungen

Gerade hinsichtlich der Versetzungsbefugnis eines Arbeitgebers (auch wenn diese vertraglich vorbehalten wurde) spielt die Abwägung der beiderseitigen Interessen (im Rahmen des billigen Ermessens) eine erhebliche Rolle. Hierbei sind insbesondere folgende Umstände zu berücksichtigen:

- wirtschaftliche und soziale Bindung des Arbeitnehmers an den bisherigen Arbeitsort;
- familiäre Situation des Arbeitnehmers;
- Lebensalter des Arbeitnehmers;
- Verfügbarkeit anderer – weniger schutzwürdiger oder freiwilliger – Arbeitnehmer für die Tätigkeit an dem anderen Arbeitsort.

WICHTIG!

Die Berücksichtigung schutzwürdiger Belange des Arbeitnehmers anlässlich der Ausübung des Direktionsrechts kann eine personelle Auswahlentscheidung des Arbeitgebers erfordern, wenn mehrere Arbeitnehmer betroffen sind. Die Leistungsbestimmung ist dann gegenüber demjenigen Arbeitnehmer zu treffen, dessen Interessen weniger schutzwürdig sind. Eine soziale Auswahl wie im Fall des § 1 Abs. 3 KSchG findet aber nicht statt (BAG v. 10.7.2013, Az. 10 AZR 915/12).

Generell unzulässig ist die Versetzung an einen Arbeitsort, den der Arbeitnehmer nur unter besonderen Schwierigkeiten erreichen kann. Auch ein Auslandseinsatz darf vom Arbeitgeber nicht angeordnet werden, wenn die möglichen Arbeitsorte nicht durch Arbeitsvertrag, Betriebsvereinbarung, Tarifvertrag oder gesetzliche Vorschriften auf das Inland begrenzt sind.

Der Arbeitgeber ist auch nicht allein aufgrund seines arbeitsvertraglichen Weisungsrechts berechtigt, dem Arbeitnehmer Telearbeit im Homeoffice zuzuweisen. Das LAG Berlin-Brandenburg führt hierzu aus: *„Die Umstände einer ausschließlich in der eigenen Wohnung zu verrichtenden Arbeit sind mit einer Tätigkeit, die in einer Betriebsstätte zusammen mit weiteren Mitarbeitern des Arbeitgebers auszuüben ist, nicht zu vergleichen. Der Arbeitnehmer verliert den unmittelbaren Kontakt zu seinen Kollegen und die Möglichkeit, sich mit ihnen auszutauschen, wird deutlich verringert. Auch werden die Grenzen von Arbeit und Freizeit fließend. Der Arbeitnehmer ist für die betriebliche Interessenvertretung und die im Betrieb vertretenen Gewerkschaften schwerer erreichbar. Dass Arbeitnehmer gleichwohl z. B. zur besseren Vereinbarkeit von Familie und Beruf an einer Telearbeit interessiert sein können, ändert nichts daran, dass diese Form der Arbeit einem Arbeitnehmer in aller Regel nicht einseitig von dem Arbeitgeber zugewiesen werden kann."* (LAG Berlin-Brandenburg v. 10.10.2018, Az. 17 Sa 562/18).

WICHTIG!

Auch während der Corona-Pandemie besteht kein allgemeiner Anspruch auf eine Arbeit im Home-Office – und zwar weder seitens des Arbeitgebers noch seitens des Arbeitnehmers, soweit und solange hierzu keine einschlägige Verpflichtung besteht (vgl. LAG München v. 26.8.2021, Az. 3 SaGa 13/21; LAG v. 12.4.2021, Az. 2 SaGa 1/21). Aufgrund der am 24.11.2021 in Kraft getretenen Fassung des Infektionsschutzgesetzes besteht zwar eine (bis zum 19.3.2022 befristete) Home-Office-Pflicht derart, dass der Arbeitgeber seinen Arbeitnehmern im Fall von Büroarbeit oder vergleichbaren Tätigkeiten Home-Office anbieten muss, wenn dem nicht zwingende betriebliche Gründe entgegenstehen. Solche Gründe können z. B. sein, dass die Betriebsabläufe aus technischen oder organisatorischen Gründen erheblich eingeschränkt oder gar nicht aufrechterhalten werden können. Die Arbeitnehmer müssen dieses (gesetzlich angeordnete) Home-Office-Angebot aber nicht annehmen, wenn ihnen dies (z. B. wegen räumlicher Enge, lauter Umgebung, Störung durch Dritte, unzureichender technischer Ausstattung) nicht möglich ist.

Auch grundsätzlich zulässige Weisungen zu Arbeitsort und Arbeitszeit können im Einzelfall aus Gründen des Überschreitens des billigen Ermessens unzulässig sein.

Beispiel:

Eine Weisung des Arbeitgebers, nach Rücknahme einer Kündigung sich am nächsten Tag um 07:00 Uhr früh an einem 170 km entfernten Ort zur Arbeitsaufnahme einzufinden, kann unwirksam, da unzumutbar sein (LAG Berlin-Brandenburg v. 17.11.2017, Az. 2 Sa 965/17).

III. Rechte des Arbeitnehmers

1. Beschwerde

In Betrieben, in denen ein Betriebsrat besteht, kann sich der Arbeitnehmer über die Weisung des Arbeitgebers nach § 84 BetrVG beschweren.

2. Arbeitsverweigerung

Überschreitet der Arbeitgeber sein Direktionsrecht, so ist der Arbeitnehmer zur Verweigerung der Weisung berechtigt. Diese Arbeitsverweigerung stellt keine Verletzung der Arbeitspflicht dar, weil die unberechtigte Weisung nicht verbindlich ist. Der Arbeitnehmer trägt allerdings im Falle der Arbeitsverweigerung das Risiko, dass die Weisung letztendlich doch von dem Direktionsrecht des Arbeitgebers gedeckt ist.

3. Arbeitsgerichtliche Klärung

Oftmals fällt es dem Arbeitnehmer schwer, eine sichere Beurteilung über die Rechtmäßigkeit der Weisung anzustellen. Um das Risiko einer unberechtigten Arbeitsverweigerung zu vermeiden, kann der Arbeitnehmer die Weisung unter dem Vorbehalt der Rechtmäßigkeit bzw. einer gerichtlichen Überprüfung annehmen. Er hat dann zunächst die Weisung des Arbeitgebers zu befolgen.

Stellt sich bei der anschließenden arbeitsgerichtlichen Klärung heraus, dass die Weisung nicht vom Direktionsrecht des Arbeitgebers gedeckt war, kann er diese als gegenstandslos betrachten und Weiterbeschäftigung zu den ursprünglichen Arbeitsbedingungen verlangen.

ACHTUNG!

Nach bisheriger Rechtsauffassung des 5. Senats beim BAG war der Arbeitnehmer an eine Weisung des Arbeitgebers, die nicht aus sonstigen Gründen unwirksam ist, vorläufig gebunden, bis durch ein rechtskräftiges Urteil gem. § 315 Abs. 3 Satz 2 BGB die Unverbindlichkeit bzw. Unbilligkeit der Leistungsbestimmung festgestellt wird (vgl. BAG v. 22.2.2012, Az. 5 AZR 249/11). Auf Anfrage des 10. Senats des BAG v. 14.6.2017 (Az. 10 AZR 330/16) gilt nun, dass ein Arbeitnehmer eine unbillige Weisung des Arbeitgebers auch dann nicht befolgen muss, wenn (noch) keine dementsprechende rechtskräftige Entscheidung vorliegt (BAG v. 14.9.2017, Az. 5 AS 7/17).

Auch wenn sich der Arbeitnehmer folglich über eine unbillige Weisung des Arbeitgebers hinwegsetzen darf, so trägt er selbstverständlich das Risiko einer unzutreffenden Beurteilung. Stellt sich im Nachhinein die Rechtmäßigkeit bzw. Billigkeit der Weisung heraus, so drohen ggfs. Rechtsfolgen aus dem Gesichtspunkt der Arbeitsverweigerung.

Soweit durch die Weisung des Arbeitgebers Leistungen des Arbeitnehmers gekürzt wurden, kann der Arbeitnehmer beim Arbeitsgericht auf Leistung (Zahlung) klagen. In einem solchen Verfahren wird die Berechtigung der Weisung ebenfalls überprüft.

WICHTIG!

Ist ein Arbeitnehmer der (irrtümlichen) Auffassung, wegen unzureichender Vergütung ein Zurückbehaltungsrecht zu haben, und weigert er sich daraufhin, die ihm zugewiesene Arbeit auszuführen, riskiert er eine fristlose Kündigung. Ein Irrtum schützt ihn nicht (LAG Schleswig-Holstein v. 17.10.2013, Az. 5 Sa 111/13).

IV. Reaktionsmöglichkeiten des Arbeitgebers

Die Reaktionsmöglichkeiten des Arbeitgebers hängen davon ab, wie die Rechtmäßigkeit seiner Weisung zu beurteilen ist.

1. Zulässige Weisungen

Kann von der Zulässigkeit der Weisung ausgegangen werden, kommen im Falle der Arbeitsverweigerung folgende Möglichkeiten in Betracht:

1.1 Abmahnung

Die unberechtigte Arbeitsverweigerung stellt einen schwerwiegenden Verstoß gegen die arbeitsvertraglichen Pflichten dar. Der Arbeitgeber hat in diesem Fall das Recht, den Arbeitnehmer wegen der unberechtigten Arbeitsverweigerung abzumahnen und ihn zur Befolgung der Anweisung aufzufordern (→ *Abmahnung*).

ACHTUNG!

Stellt sich die Weisung nachträglich als rechtswidrig heraus, kann der Arbeitnehmer auch gegen die Abmahnung gerichtlich vorgehen.

1.2 Kündigung

Bei nachhaltiger Weigerung des Arbeitnehmers ist der Arbeitgeber – die Berechtigung seiner Weisung vorausgesetzt – befugt, das Arbeitsverhältnis außerordentlich zu kündigen (→ *Kündigung*). So kann z. B. die beharrliche Verweigerung eines Arbeitnehmers, bei der Ausübung seiner Tätigkeit bei den Kunden den vom Arbeitgeber angeordneten und von dem Kunden verlangten Mund-Nasen-Schutz (während der Corona-Pandemie) zu tragen, eine außerordentliche Kündigung rechtfertigen (ArbG Köln v. 17.6.2021, Az. 12 Ca 450/21). Die durch das Nichttragen verbundenen Risiken während der Pandemiehochphase im Januar 2021 für den Kläger selbst sowie für die Kunden wurden als offenkundig unterstellt. Eine Rechtfertigung hierzu aufgrund des vorgelegten Attests ergab sich aus verschiedenen Gründen nicht. Zum einen war das Attest zum Zeitpunkt seiner Vorlage bereits fast ein halbes Jahr alt und damit nicht mehr aktuell. Zudem enthielt das formularmäßige Attest nur einen Satz und keinerlei Begründung, aufgrund welcher gesundheitlicher Gründe das Tragen einer Mund-Nasen-Bedeckung für den Arbeitnehmer nicht möglich bzw. zumutbar sein soll. Es fehlt an der konkreten Diagnose eines Krankheitsbildes. Ein derartiges Attest ist nicht hinreichend aussagekräftig und zur Glaubhaftmachung gesundheitlicher Gründe, die eine Befreiung von der Maskenpflicht rechtfertigen, nicht ausreichend (ArbG Köln, a. a. O.; vgl. auch OVG NRW v. 24.9.2020, Az. 13 B 1368/20; Bayerischer VGH v. 8.12.2020, Az. 20 CE 20.2875).

TIPP!

Der außerordentlichen Kündigung sollte zumindest eine Abmahnung vorausgehen.

1.3 Schadensersatz

Soweit dem Arbeitgeber durch die rechtswidrige Arbeitsverweigerung ein Schaden entsteht (z. B. Produktionsausfall), kann er vom Arbeitnehmer Schadensersatz verlangen. Führt die Arbeitsverweigerung zur außerordentlichen Kündigung, besteht ein zusätzlicher Schadensersatzanspruch gemäß § 628 Abs. 2 BGB. Hiernach hat der Arbeitnehmer auch den Schaden zu ersetzen, der durch die Aufhebung des Arbeitsverhältnisses entsteht (Kosten einer Ersatzkraft unter Abzug der ersparten Vergütung des Gekündigten, Kosten der Stellenausschreibung etc.).

2. Zweifelhafte Fälle

Nicht immer kann die Rechtmäßigkeit einer Weisung eindeutig geklärt werden. Insbesondere die Frage des „billigen Ermessen" wird im Streitfall letztendlich durch das Arbeitsgericht entschieden. Aus diesem Grunde sollte ein Arbeitgeber in zweifelhaften Fällen nicht ohne Weiteres eine → *Abmahnung* aussprechen oder gar kündigen.

2.1 Rücknahme der Weisung

Will es der Arbeitgeber nicht auf einen Rechtsstreit über die Wirksamkeit der von ihm erteilten Weisung ankommen lassen, kann er diese – anders als eine → *Kündigung* – jederzeit zurücknehmen.

TIPP!

Die Rücknahme bzw. Gegenstandslosigkeit der Weisung sollte aus Beweisgründen schriftlich erklärt werden.

2.2 Änderungsvertrag

Ist sich der Arbeitgeber bereits im Vorfeld seiner Weisung nicht sicher, ob diese vom Direktionsrecht umfasst ist, sollte er dem Arbeitnehmer zunächst einen Änderungsvertrag anbieten. Die einvernehmliche Änderung der Arbeitsbedingungen ist jederzeit möglich, auch wenn die einseitige Verfügung im Wege des Direktionsrechts unzulässig wäre. Für den Fall, dass der Arbeitnehmer mit dem Angebot nicht einverstanden ist, kann der Arbeitgeber bereits frühzeitig die Notwendigkeit einer entsprechenden Weisung oder eines Änderungsangebots hervorheben.

Formulierungsbeispiel:

„Für den Fall, dass Sie mit dem vorgeschlagenen Angebot zur Änderung des Arbeitsverhältnisses nicht einverstanden sind, müssten wir dies im Wege des Direktionsrechts einseitig verfügen und hilfsweise eine Änderungskündigung erklären."

2.3 Änderungskündigung

Schließlich hat der Arbeitgeber noch die Möglichkeit, die Änderung der Arbeitsbedingungen bzw. die Zuweisung einer neuen Tätigkeit, eines neuen Arbeitsorts oder einer neuen → *Arbeitszeit* im Wege einer → *Änderungskündigung* durchzusetzen. Voraussetzung hierfür ist, dass die Änderung der Arbeitsbedingungen sozial gerechtfertigt ist.

V. Checkliste Direktionsrecht

I. Weisungen zur Tätigkeit

1. Welche Tätigkeit wurde im Arbeits- und/oder Tarifvertrag vereinbart?
2. Haben sich zwischenzeitlich Veränderungen im Tätigkeitsbereich ergeben (z. B. durch Beförderung)?
3. Welche Tätigkeit wird vom Arbeitnehmer derzeit geschuldet?
4. Liegt die neue Tätigkeit außerhalb des geschuldeten Tätigkeitsbereichs?
   - ❑ Ja → es handelt sich um eine Versetzung, die vom Direktionsrecht nicht gedeckt ist
   - ❑ Ja, aber der Arbeitgeber hat sich die Zuweisung einer anderen Tätigkeit im Arbeits- oder Tarifvertrag ausdrücklich vorbehalten → weiter mit Frage 5
   - ❑ Nein → weiter mit Frage 5
5. Ist die neue Tätigkeit gleichwertig mit der bisher ausgeübten?
   - ❑ Ja → weiter mit Frage 6
   - ❑ Nein → Direktionsrecht überschritten, Änderungskündigung erforderlich!

6. Ist die Beschäftigung des Arbeitnehmers auf dem neuen Arbeitsplatz gesetzlich verboten?
   - ❑ Ja → Direktionsrecht überschritten, keine Zuweisung möglich!
   - ❑ Nein → weiter mit Frage 7
7. Stehen den betrieblichen Interessen überwiegende Nachteile auf Seiten des Arbeitnehmers gegenüber?
   - ❑ Ja → Direktionsrecht überschritten, Änderungskündigung erforderlich!
   - ❑ Vielleicht → Zuweisung vorsichtshalber mit Änderungskündigung verbinden!
   - ❑ Nein → Zuweisung der neuen Tätigkeit wirksam und verbindlich
8. Wenn ein Betriebsrat existiert: Beteiligungsrechte prüfen!

II. Weisungen zum Verhalten

1. Werden mit der Anordnung betriebliche Zwecke verfolgt?
   - ❑ Nein → Direktionsrecht überschritten, keine Anordnung möglich!
   - ❑ Ja → weiter mit Frage 2
2. Verstößt die Anordnung gegen gesetzliche Verbote?
   - ❑ Ja → Direktionsrecht überschritten, keine Anordnung möglich!
   - ❑ Nein → weiter mit Frage 3
3. Stehen den betrieblichen Interessen überwiegende Nachteile auf Seiten des Arbeitnehmers gegenüber?
   - ❑ Ja → Direktionsrecht überschritten, Änderungskündigung erforderlich!
   - ❑ Vielleicht → Zuweisung vorsichtshalber mit Änderungskündigung verbinden!
   - ❑ Nein → Zuweisung der neuen Tätigkeit wirksam und verbindlich
4. Wenn ein Betriebsrat existiert: Beteiligungsrechte prüfen!

III. Weisungen zur Arbeitszeit

1. Was wurde zur Arbeitszeit in Arbeits- und/oder Tarifvertrag bzw. Betriebsvereinbarung geregelt?
2. Liegt die Anordnung in dem Rahmen dieser Regelungen?
   - ❑ Nein → Direktionsrecht überschritten, Änderungskündigung erforderlich!
   - ❑ Ja, aber der Arbeitgeber hat sich die Anordnung anderer oder neuer Arbeitszeit im Arbeits- oder Tarifvertrag ausdrücklich vorbehalten → weiter mit Frage 3
   - ❑ Ja → weiter mit Frage 3
3. Verstößt die Anordnung gegen gesetzliche Verbote (insbes. ArbZG, JArbSchG, MuSchG, SGB IX)?
   - ❑ Ja → Direktionsrecht überschritten, keine Anordnung möglich!
   - ❑ Nein → weiter mit Frage 4
4. Stehen den betrieblichen Interessen überwiegende Nachteile auf Seiten des Arbeitnehmers gegenüber?
   - ❑ Ja → Direktionsrecht überschritten, Änderungskündigung erforderlich!
   - ❑ Vielleicht → Anordnung vorsichtshalber mit Änderungskündigung verbinden!
   - ❑ Nein → Anordnung wirksam und verbindlich
5. Wenn ein Betriebsrat existiert: Beteiligungsrechte prüfen!

IV. Weisungen zum Arbeitsort

1. Welcher Arbeitsort wurde im Arbeitsvertrag vereinbart?
2. Wo ist die Arbeitsleistung vom Arbeitnehmer derzeit zu erbringen?
3. Befindet sich der neue Arbeitsort in dem vertraglich vereinbarten Bereich?
   - ❑ Nein → es handelt sich um eine Versetzung, die vom Direktionsrecht nicht gedeckt ist (weitere Prüfung der Rechtmäßigkeit unter Versetzung)
   - ❑ Nein, aber der Arbeitgeber hat sich die Zuweisung eines anderen Arbeitsorts im Arbeits- oder Tarifvertrag ausdrücklich vorbehalten → weiter mit Frage 4
   - ❑ Ja → weiter mit Frage 4
4. Stehen den betrieblichen Interessen überwiegende Nachteile auf Seiten des Arbeitnehmers gegenüber (familiäre Situation, Lebensalter, soziale und wirtschaftliche Bindungen)?
   - ❑ Ja → Direktionsrecht überschritten, Änderungskündigung erforderlich!
   - ❑ Vielleicht → Zuweisung vorsichtshalber mit Änderungskündigung verbinden!
   - ❑ Nein → Zuweisung der neuen Tätigkeit wirksam und verbindlich
5. Steht ein anderer versetzungswilliger oder weniger schutzwürdiger Arbeitnehmer zur Verfügung?
   - ❑ Ja → Direktionsrecht überschritten, Änderungskündigung erforderlich!
   - ❑ Nein → Anordnung wirksam und verbindlich
6. Wenn ein Betriebsrat existiert: Beteiligungsrechte prüfen!

Einigungsstelle

I. Begriff und Zuständigkeit

Zur Beilegung von Meinungsverschiedenheiten zwischen den Betriebspartnern (Arbeitgeber und → *Betriebsrat*) sieht § 76 BetrVG die Bildung einer betrieblichen Einigungsstelle vor. Wenn sich beide Seiten nicht im vorrangigen Weg von Verhandlungen verständigen können, soll durch die Einigungsstelle als innerbetriebliche Schlichtungsstelle der Konflikt gelöst werden.

Ist in einer Streitfrage die Zuständigkeit des Gesamtbetriebsrats oder Konzernbetriebsrats gegeben, kann auch hier die Einigungsstelle zur Schlichtung errichtet werden. Dagegen ist sie nicht einsetzbar für die Lösung von Konflikten zwischen Arbeitgeber und einer vom Betriebsrat nach § 28a BetrVG eingesetzten Arbeitsgruppe und von Konflikten zwischen Arbeitgeber und → *Jugend- und Auszubildendenvertretung*. Ebenso wenig dient sie der Schlichtung von Streitigkeiten zwischen Arbeitgeber und Arbeitnehmern oder auch zwischen Betriebsrat und Arbeitnehmern.

1. Erzwingbares Einigungsstellenverfahren

In Fällen, in denen das Gesetz die Regelung einer Angelegenheit zwingend dem Mitbestimmungsrecht des Betriebsrats unterwirft, wird die Einigungsstelle bereits auf Antrag nur einer Seite (Betriebsrat oder Arbeitgeber) tätig. Die durch Spruch verkündete Entscheidung der Einigungsstelle ist für beide Seiten verbindlich. In der Zwangsschlichtung liegt die hauptsächliche Bedeutung der Einigungsstelle. Diese Fälle sind im Betriebsverfassungsgesetz genau genannt.

- Teilnahme von Betriebsratsmitgliedern und Mitgliedern der Jugend- und Auszubildendenvertretung an Schulungs- und Bildungsveranstaltungen (§§ 37, 65 BetrVG);
- Freistellung von Betriebsratsmitgliedern von der Arbeit (§ 38 BetrVG);
- Festlegung von Zeit und Ort der Sprechstunden des Betriebsrats und der Jugend- und Auszubildendenvertretung (§§ 39, 69 BetrVG);
- Herabsetzung der Zahl der Gesamt- und Konzernbetriebsratsmitglieder sowie der Jugend- und Auszubildendenvertretung (§§ 47, 55, 72 BetrVG);
- → *Beschwerde* eines Arbeitnehmers, die der Betriebsrat für berechtigt erachtet (§ 85 BetrVG);
- Mitbestimmung in sozialen Angelegenheiten (§ 87 BetrVG);
- Ausgleichsmaßnahmen bei Änderung von Arbeitsablauf oder Arbeitsumgebung (§ 91 BetrVG);
- Mitbestimmung bei der Einführung von Maßnahmen der betrieblichen Berufsbildung (§ 97 Abs. 2 BetrVG);
- Mitbestimmung bei Personalfragebögen, persönlichen Angaben in Formulararbeitsverträgen und bei Aufstellung allgemeiner Beurteilungsgrundsätze (§ 94 BetrVG);
- Mitbestimmung über Richtlinien für Einstellung, Versetzung, Umgruppierung und Kündigung von Arbeitnehmern (§ 95 BetrVG);
- Mitbestimmung bei der Durchführung betrieblicher Bildungsmaßnahmen und bei der Auswahl der Teilnehmer (§ 98 BetrVG);
- Auskunft über wirtschaftliche Angelegenheiten an den Wirtschaftsausschuss (§ 109 BetrVG);
- Aufstellung eines Sozialplans bei → *Betriebsänderungen* (§ 112 BetrVG);
- Bestellung und Abberufung der Betriebsärzte und Fachkräfte für Arbeitssicherheit sowie Erweiterung oder Einschränkung ihres Aufgabenbereichs (§ 9 ASiG).

Durch eine tarifvertragliche Regelung kann dieser Katalog erweitert werden. Arbeitgeber und Betriebsrat können zudem vereinbaren, dass Kündigungen – über die gesetzlich vorgesehene Anhörung und das gesetzlich geregelte Widerspruchsrechts hinaus – der Zustimmung des Betriebsrats bedürfen und dass bei Meinungsverschiedenheiten über die Berechtigung der Nichterteilung der Zustimmung die Einigungsstelle entscheidet (§ 102 Abs. 6 BetrVG).

2. Freiwilliges Einigungsstellenverfahren

Neben den Angelegenheiten, in denen ein erzwingbares Einigungsstellenverfahren vorgesehen ist, können der Einigungsstelle auch sonstige Meinungsverschiedenheiten zwischen Arbeitgeber und Betriebsrat, Gesamt- oder Konzernbetriebsrat vorgelegt werden. In diesen Fällen handelt es sich um ein sog. freiwilliges Einigungsstellenverfahren. Voraussetzung ist lediglich, dass die zu verhandelnde Angelegenheit in die Zuständigkeit des Betriebsrats fällt und die Betriebsparteien über sie verfügungsbefugt sind.

Beispiele:

Einführung einer Personalplanung; Regelung des Beschwerdeverfahrens; soziale Angelegenheiten, die nicht bereits gesetzlich dem erzwingbaren Mitbestimmungsrecht des Betriebsrats unterliegen (z. B. Errichtung von Sozialeinrichtungen, Maßnahmen zur Förderung der Vermögensbildung).

Das freiwillige Einigungsstellenverfahren wird durchgeführt, wenn beide Seiten es beantragen oder zumindest mit dem Tätigwerden der Einigungsstelle einverstanden sind. Auch in einer Betriebsvereinbarung über eine mitbestimmungspflichtige oder auch nicht mitbestimmungspflichtige Angelegenheit kann vereinbart werden, dass im Fall von Meinungsverschiedenheiten die Einigungsstelle entscheidet. Dies gilt auch dann, wenn Gegenstand einer im Konfliktfall anzurufenden Einigungsstelle keine Regelungs-, sondern eine Rechtsfrage ist, für die die Einigungsstelle normalerweise keine Entscheidungsbefugnis hat (BAG v. 23.2.2016, Az. 1 ABR 5/14).

Der Spruch der Einigungsstelle hat zunächst nur die Bedeutung eines Vorschlags, wenn sich nicht beide Parteien dem Spruch bereits im Voraus – etwa auch in einer Betriebsvereinbarung – unterworfen haben. Fehlt es an einer vorhergehenden Unterwerfung, wird der Spruch erst durch beiderseitige nachträgliche Annahme wirksam. Gleiches gilt für eine teilmitbestimmte Angelegenheit: Soll die Einigungsstelle diese nach dem ausdrücklichen Willen der Betriebsparteien abschließend regeln und sich damit gerade nicht im gesetzlich mitbestimmungspflichtigen Rahmen halten, bedarf der Spruch der Einigungsstelle für seine Verbindlichkeit ebenfalls der wirksamen Unterwerfung oder der nachträglichen Annahme beider Betriebsparteien (BAG v. 11.12.2018, Az. 1 ABR 17/17).

Die entsprechenden Erklärungen können formlos erfolgen, setzen jedoch auf Betriebsratsseite einen wirksamen Beschluss voraus (BAG v. 11.12.2018, Az. 1 ABR 17/17). Beide Parteien haben nicht nur das Recht, den Schiedsspruch abzulehnen, sondern jede Seite kann jederzeit durch Zurückziehung der von ihr benannten Beisitzer (s. u. II.2.2) das Verfahren beenden.

Eine Besonderheit gilt bei der Erstellung eines Interessenausgleichs. Hier wird die Einigungsstelle bereits – wie beim erzwingbaren Einigungsstellenverfahren – auf Antrag nur einer Seite tätig, doch hat der Spruch – wie beim freiwilligen Einigungsstellenverfahren – nur dann bindende Wirkung, wenn sich beide Seiten dem Spruch vorher unterworfen haben bzw. ihn nachträglich annehmen.

II. Bildung der Einigungsstelle

1. Errichtung

Eine Einigungsstelle kann grundsätzlich erst dann errichtet werden, wenn die Betriebsparteien in vorangegangenen Verhandlungen über eine Angelegenheit keine Einigung erzielt haben.

Etwas anderes gilt dann, wenn eine Partei innerbetriebliche Verhandlungen von vornherein ablehnt, aber auch schon dann, wenn eine Betriebspartei davon ausgehen kann, dass man aus eigener Kraft nicht mehr in der Lage ist, eine einvernehmliche Regelung zu finden. Diese Situation kann sich ergeben, wenn die Umstände, z. B. das schlechte Verhandlungsklima, eine Seite zu der Überzeugung gelangen lassen, dass außerhalb des Einigungsstellenverfahrens eine Verständigung nicht zu erzielen sein wird. Kurzfristige inhaltliche Gegenvorschläge oder weitere Verhandlungsangebote stehen der Errichtung nicht entgegen. Andernfalls hätte es die verhandlungsunwillige Seite in der Hand, durch Verzögerungstaktiken die Einsetzung einer Einigungsstelle längere Zeit zu blockieren.

Beispiele:

Der Arbeitgeber, der eine Auswahlrichtlinie zur Sozialauswahl bei betriebsbedingten Kündigungen herbeiführen möchte, ist nicht verpflichtet, von diesem eingeschränkten Regelungsgegenstand Abstand zu nehmen, wenn der Betriebsrat im Gegenzug umfassende Verhandlungen über Auswahlrichtlinien nach § 95 BetrVG fordert. Die Verhandlungen können vom Arbeitgeber für gescheitert erklärt werden (LAG Rheinland-Pfalz v. 8.3.2012, Az. 11 TaBV 5/12). Ebenso wenig kann ein Betriebsrat im Einsetzungsverfahren nach § 98 ArbGG entgegenhalten, der Arbeitgeber habe ihn nicht ordnungsgemäß unterrichtet, wenn er zuvor Dokumente erhalten, der Arbeitgeber einen Fragenkatalog des Betriebsrats beantwortet und der Betriebsrat Verhandlungstermine mit dem Arbeitgeber abgelehnt hat (LAG Rheinland-Pfalz v. 8.3.2012, Az. 11 TaBV 12/12).

Letztlich liegt es in der subjektiven Entscheidungssphäre jeder Betriebspartei, ob sie einen Antrag auf Errichtung einer Einigungsstelle stellt. Der Verhandlungsanspruch muss vor Einleitung des Verfahrens nach § 100 ArbGG nicht objektiv erschöpft sein. Es reicht aus, wenn eine Betriebspartei nach ihrer nicht offensichtlich unbegründeten subjektiven Einschätzung aufgrund des bisherigen Verhaltens der Gegenseite die weiteren Erörterungen für aussichtslos hält. Das Rechtsschutzinteresse für die gerichtliche Bestellung entfällt nicht, wenn die Gegenseite erst während des Beschlussverfahrens überhaupt Verhandlungsbereitschaft signalisiert (LAG Rheinland-Pfalz v. 10.10.2024, Az. 5 TaBV 15/24). Das Gericht muss also nicht aufklären und ist auch nicht dazu befugt, bis ins letzte Detail zu prüfen, ob im konkreten Fall noch Verhandlungsmöglichkeiten bestanden haben; ihm obliegt lediglich eine Missbrauchskontrolle (LAG Hamm v. 14.5.2014, Az. 7 TaBV 21/14). Wurde also zuvor nicht einmal der nach § 74 Abs. 1 Satz 2 BetrVG notwendige Versuch einer Einigung mit Vorschlägen zur Beilegung der Meinungsverschiedenheiten unternommen, fehlt einem Antrag auf gerichtliche Einsetzung einer Einigungsstelle grundsätzlich das Rechtsschutzbedürfnis (LAG Düsseldorf v. 16.7.2019, Az. 3 TaBV 36/19; LAG Nürnberg v. 17.7.2023, Az. 4 TaBV 10/23). Wenn im Vorfeld des gerichtlichen Verfahrens allerdings bereits beiderseits Regelungsentwürfe ausgetauscht wurden, über die in einem gemeinsamen Gespräch diskutiert wurde, so ist ein Versuch einer Einigung auch dann anzunehmen, wenn eine Seite an ihrem Vorschlag festhalten will und eine Einigung in absehbarer Zeit nicht für möglich hält. Die Verhandlungsobliegenheit nach § 74 Abs. 1 Satz 2 BetrVG geht nicht so weit, dass eine Betriebspartei von ihrer bisherigen Position abrücken müsste, um damit Verhandlungen aufrechtzuerhalten (LAG Düsseldorf v. 7.4.2020, Az. 3 TaBV 1/20).

Das Gebot der vertrauensvollen Zusammenarbeit gebietet es dem Betriebsrat bei der Bestellung von Einigungsstellen, nur solche Kosten zulasten des Arbeitgebers auszulösen, die er bei gewissenhafter Berücksichtigung aller Umstände für erforderlich halten darf. Danach kann es erforderlich sein, an sich selbstständige, aber parallel liegende und sachlich miteinander zusammenhängende mitbestimmungspflichtige Angelegenheiten nicht in einer Vielzahl einzelner Einigungsstellen, sondern in einer einheitlichen Einigungsstelle zu verhandeln (LAG Hessen v. 1.3.2016, Az. 4 Ta BV 258/15). Auch darf sich das Verlangen nach Einsetzung einer Einigungsstelle nicht als unzulässige Rechtsausübung und als Rechtsmissbrauch darstellen. Dies ist etwa dann der Fall, wenn der Antrag zur Regelung einer bestimmten Angelegenheit von einem nur noch gem. § 22 BetrVG geschäftsführungsbefugtem Betriebsrat gestellt ist, der bewusst und gewollt seiner Verpflichtung nach § 13 Abs. 2 Nr. 2 BetrVG, unverzüglich einen Wahlvorstand zu bestellen, zuwiderhandelt, indem er die Bestellung in erheblichem Maße hinauszögert (LAG Niedersachsen v. 24.3.2025, Az. 8 TaBV 85/24).

Die Errichtung einer Einigungsstelle erfolgt grundsätzlich nur zur Beilegung der konkreten Meinungsverschiedenheit. Durch eine freiwillige → *Betriebsvereinbarung* kann zwar eine ständige Einigungsstelle errichtet werden, doch empfiehlt sich dies nur ausnahmsweise, z. B. dann, wenn häufiger dem Mitbestimmungsrecht des Betriebsrats unterliegende Angelegenheiten zu entscheiden sind. Die Einrichtung einer ständigen Einigungsstelle kann nicht – im verbindlichen Einigungsstellenverfahren – gegen oder ohne den Willen einer der Betriebsparteien angeordnet werden. In der Praxis finden sich ständige Einigungsstellen nur selten.

Die Einigungsstelle entsteht durch die Einigung beider Parteien auf die Person eines Vorsitzenden und die Anzahl der Beisitzer. Kommt es auch insoweit zu keiner Einigung, kann die Einsetzung einer Einigungsstelle beim Arbeitsgericht beantragt werden. Beim erzwingbaren Einigungsstellenverfahren können Arbeitgeber **oder** Betriebsrat den Antrag stellen; beim freiwilligen Einigungsstellenverfahren müssen **beide** Parteien den Antrag stellen.

Im Einigungsstellenbestellungsverfahren muss der Antragsteller nicht den Inhalt der von ihm angestrebten Regelung darlegen, wohl aber hinreichend konkret angeben, über welchen Gegenstand in der Einigungsstelle verhandelt werden soll. Eine pauschale Bezugnahme auf ein oder mehrere Mitbestimmungsrechte genügt dazu in der Regel nicht, solange sich weder aus dem Antrag noch aus der Begründung ableiten lässt, welcher Regelungsgegenstand oder welche Regelungsgegenstände der Zuständigkeitsrahmen der Einigungsstelle umfassen soll (LAG Hessen v. 11.9.2012, Az. 4 TaBV 192/12). Ein unklarer Regelungsauftrag (z. B. „Umfassende Erledigung aller Themen des Gesundheitsschutzes") vermittelt der Einigungsstelle keine Spruchkompetenz (BAG v. 28.3.2017, Az. 1 ABR 25/15).

Die Bestellung mehrerer Einigungsstellen mit (gegebenenfalls teilweise) demselben Regelungsgegenstand ist nicht zulässig, auch wenn beide Einigungsstellen von demselben Vorsitzenden geleitet werden sollen (LAG Hessen v. 21.1.2020, Az. 4 TaBV 141/19). Im Übrigen richtet das Arbeitsgericht die Einigungsstelle nur dann nicht ein, wenn die Einigungsstelle offensichtlich nicht zuständig ist. Dies ist dann anzunehmen, wenn ein Mitbestimmungsrecht des Betriebsrats schon auf den ersten Blick unter keinem rechtlichen Gesichtspunkt in Frage kommt oder bereits eine abschließende Betriebsvereinbarung in einer bestimmten Angelegenheit besteht. Hiernach sind Tatsachenfeststellungen im Ergebnis auf eine Schlüssigkeitsprüfung beschränkt. Eine Beweiserhebung erfolgt nicht, da Tatsachen, die erst durch Beweiserhebung ermittelt werden müssten, nicht offensichtlich im Sinne von § 100 Abs. 1 Satz 2 ArbGG sind (LAG Hessen v. 30.8.2024, Az. 5 TaBV 85/24).

Entscheidend ist somit der jeweilige Vortrag. Fordert etwa der Betriebsrat einen Interessenausgleich und Sozialplan, so muss er im Rahmen eines Einsetzungsverfahrens nach § 100 ArbGG Tatsachen vortragen, die eine Betriebsänderung zumindest möglich erscheinen lassen. Ist aus dem Vortrag des Betriebsrats nicht erkennbar, dass Änderungen in der Betriebsorganisation grundlegend sind, ist die Einigungsstelle offensichtlich unzuständig (LAG Berlin-Brandenburg v. 7.11.2016, Az. 1 TaBV 1310/16).

Beispiele:

Offensichtliche Unzuständigkeit bei:

- Beschwerden, deren Gegenstand ein Rechtsanspruch ist, den die Einigungsstelle gemäß § 85 Abs. 2 Satz 3 BetrVG nicht behandeln darf (vgl. LAG Köln v. 6.8.2021, Az. 9 TaBV 26/21; LAG Hessen v. 6.6.2024, Az. 5 TaBV 54/24), und damit auch bei Beschwerden eines Arbeitnehmers gegen eine Abmahnung (LAG Berlin-Brandenburg v. 17.2.2025, Az. 10 TaBV 29/25);
- Beschwerde eines Arbeitnehmers, dass der Arbeitgeber für den Betrieb, in dem er tätig ist, anders als für andere Betriebe desselben Unternehmens, bisher keine betriebliche Altersversorgung eingeführt hat (LAG Köln v. 7.5.2008, Az. 7 TaBV 20/08);
- Beschwerde eines Arbeitnehmers, über die der Betriebsrat mit dem Arbeitgeber nicht verhandelt hat (sofern dieser sich nicht von vornherein verhandlungsunwillig zeigt und die Verhandlungsbemühungen des Betriebsrats boykottiert – LAG Berlin-Brandenburg v. 9.4.2014, Az. 4 TaBV 638/14);
- Vorliegen einer bereits rechtskräftigen Entscheidung zwischen Arbeitgeber und Betriebsrat, dass das geltend gemachte Mitbestimmungsrecht nicht besteht;
- der Frage, ob ein Wirtschaftsausschuss zu bestellen ist (LAG Hessen v. 1.8.2006, Az. 4 TaBV 111/06);
- einem vom Betriebsrat geltend gemachten Mitbestimmungsrechts, wenn rechtlich die Zuständigkeit des Gesamtbetriebsrats begründet ist oder der Betriebsrat den Gesamtbetriebsrat mit der Behandlung einer Angelegenheit beauftragt hat (LAG Mecklenburg-Vorpommern v. 25.2.2020, Az. 5 TaBV 1/20);
- vorhandener Betriebsvereinbarung, die weder gekündigt, noch für unwirksam erklärt ist oder erachtet wird (LAG Köln v. 7.4.2016, Az. 12 Ta BV 86/15);
- geforderten Interessenausgleichsverhandlungen zur Schließung eines Standorts, wenn eine Verpflichtung des Arbeitgebers zur Sicherung des Standorts besteht (LAG Köln v. 11.5.2017, Az. 8 TaBV 32/17) oder wenn die zugrunde liegende Betriebsänderung durch den Ausspruch von Kündigungen bereits durchgeführt ist (LAG Baden-Württemberg v. 9.3.2022, Az. 19 TaBV 1/22; vgl. auch LAG Rheinland-Pfalz v. 27.4.2017, Az. 6 TaBV 26/16);
- geforderten Interessenausgleichsverhandlungen, wenn kein wesentlicher Betriebsteil stillgelegt, sondern nur eingeschränkt wird und der Personalabbau selbst die Zahlengrößen des § 17 Abs. 1 KSchG bezogen auf den Betrieb nicht erreicht (LAG Baden-Württemberg v. 9.3.2022, Az. 19 TaBV 1/22);
- gefordertem Sozialplan, wenn ein Personalabbau zwar die Schwellenwerte des § 112a BetrVG übersteigt, die Arbeitsverhältnisse jedoch nicht aufgrund von Entlassungen i.S.v. § 112a BetrVG erfolgen, sondern im Wege des Ablaufens vereinbarter Befristungen (LAG Berlin-Brandenburg v. 6.10.2017, Az. 7 TaBV 1215/17);
- geforderter Regelung des Ortes, dessen Erreichen oder Verlassen für den Zeitpunkt des Beginns und Endes der Arbeitszeit maßgebend sein soll (LAG Köln v. 1.7.2025, Az. 9 TaBV 25/25);
- geforderter Mitbestimmung eines (Gesamt-)Betriebsrats hinsichtlich des Inhalts und der Nutzung eines Personalfragebogens, wenn der Fragebogen nach Konzernvorgaben unternehmensübergreifend eingeführt wird, da in diesem Fall dem Arbeitgeber eine Regelung auf Unternehmens-/Betriebsebene subjektiv unmöglich ist (LAG Köln v. 28.1.2025, Az. 9 TaBV 29/84).

Keine offensichtliche Unzuständigkeit ist dagegen anzunehmen, wenn eine Arbeitszeit-Betriebsvereinbarung besteht, in der aber nur Beginn und Ende der Arbeitszeit, Pausen und die Verteilung der Arbeitszeit auf die einzelnen Wochentage geregelt ist und der Arbeitgeber nun eine weitere Flexibilisierung der Arbeitszeit erreichen will, er etwa geregelt haben will, ob Mehrarbeit in ein Arbeitszeitkonto eingestellt werden kann. Mangels abschließender Regelung kann der Arbeitgeber hier die Einsetzung einer Einigungsstelle beantragen (LAG Hamm v. 10.9.2007, Az. 10 TaBV 85/07).

Auch besteht keine offensichtliche Unzuständigkeit, wenn eine strittige Mitbestimmungsfrage noch nicht höchstrichterlich entschieden wurde und in der instanzgerichtlichen Rechtsprechung und in der Literatur nach wie vor umstritten ist, ob für den strittigen Regelungsgegenstand ein Mitbestimmungsrecht besteht (BAG v. 19.9.2006, Az. 1 ABR 53/05). Dementsprechend soll auch eine Einigungsstelle zum Thema „Mobbing“ nicht offensichtlich unzuständig sein (LAG München v. 20.10.2005, Az. 4 TaBV 61/05; LAG Hamm v. 5.10.2009, Az. 10 TaBV 63/09) oder auch eine Einigungsstelle zum Thema „Abberufung der Fachkraft für Arbeitssicherheit“ (LAG Berlin-Brandenburg v. 5.11.2019, Az. 30 BV 10381/19).

Kann eine Betriebsänderung im Sinne von § 111 BetrVG nicht von vornherein ausgeschlossen werden, scheitert die Einsetzung einer Einigungsstelle auch nicht daran, dass es gegebenenfalls an ausgleichspflichtigen Nachteilen fehlt. Im Rahmen des Interessenausgleichsversuchs sind wirtschaftliche Nachteile gesetzlich unterstellt. Die abschließende Prüfung hat die Einigungsstelle vorzunehmen; dabei kann die Aufstellung eines Sozialplans unterbleiben, wenn tatsächlich keine wirtschaftlichen Nachteile eingetreten sind (LAG Niedersachsen v. 5.5.2009, Az. 1 TaBV 28/09).

Auch die Auseinandersetzung über die Existenz eines Wirtschaftsausschusses führt in den Fällen, in denen ein konkretes Auskunftsverlangen des Wirtschaftsausschusses zwischen den Betriebsparteien streitig ist, nicht zur offensichtlichen Unzuständigkeit der Einigungsstelle, da die Existenz bzw. die wirksame Bildung des Wirtschaftsausschusses von der Einigungsstelle im Rahmen des § 109 BetrVG als Bestandteil ihrer Zuständigkeitsprüfung mit zu behandeln ist (LAG Köln v. 27.5.2016, Az. 10 Ta BV 28/16).

Fasst der Betriebsrat eine Vielzahl verschiedener Regelungskomplexe, für die die Einigungsstelle zum Teil offensichtlich nicht zuständig ist, unter einem Regelungsgegenstand im Antrag zusammen (etwa: „organisatorische Regelungen des Arbeitsschutzausschusses“), kommt die Einsetzung einer Einigungsstelle zu dem beantragten Regelungsgegenstand nicht in Betracht. Ob dann einzelne Regelungsgegenstände aus dem Antrag „herausgelöst“ werden und zum Thema einer Einigungsstelle gemacht werden können, hängt von den Umständen des Einzelfalls und insbesondere dem erkennbaren oder artikulierten Willen des Antragstellers ab (LAG Schleswig-Holstein v. 21.1.2014, Az.1 TaBV 47/13).

Liegt keine offensichtliche Unzuständigkeit vor, bestellt das Arbeitsgericht einen Vorsitzenden und/oder legt die Anzahl der Beisitzer fest.

Das Arbeitsgericht ist bei der Bestellung des Einigungsstellenvorsitzenden nicht an die Anträge der Beteiligten gebunden, es sei denn, beide Seiten haben gegen eine vorgeschlagene Person keine Einwände. Substantielle Bedenken einer Seite, d. h. stichhaltige Gründe für fehlendes Vertrauen gegenüber einem vorgeschlagenen Vorsitzenden reichen dagegen aus, um einen anderen zu bestellen, der Gewähr dafür bietet, das Einigungsstellenverfahren zeitnah, zügig und unabhängig durchzuführen. So kann etwa die Tatsache, dass der Einigungsstellenspruch eines vom Arbeitgeber vorgeschlagenen Arbeitsrichters in einem vergleichbaren Fall wegen Tarifwidrigkeit gerichtlich aufgehoben wurde, ausreichende subjektive Vorbehalte des Betriebsrats begründen. Dagegen gehört es nicht notwendig zu der erforderlichen Sach- und Rechtskunde einer Person, die zum Vorsitzenden einer Einigungsstelle bestellt werden soll, dass sie bereits eine andere Einigungsstelle zu einem entsprechenden Thema geleitet hat (LAG Baden-Württemberg v. 17.9.2019, Az. 15 TaBV 4/19).

Rein subjektive Vermutungen können nicht zu einer Ablehnung eines vorgeschlagenen Einigungsstellenvorsitzenden führen. So kann etwa allein der Einwand des Betriebsrats gegen einen vom Arbeitgeber vorgeschlagenen Vorsitzenden, dieser referiere eindeutig mehr auf Arbeitgeberseminaren, während er Betriebsratsschulungen so gut wie überhaupt nicht abhalte, keine Bedenken gegen die Neutralität begründen. Ebenso wenig drängen sich Bedenken gegen die Unparteilichkeit einer vorgeschlagenen Person auf, wenn eine Seite im Vorfeld des gerichtlichen Verfahrens bereits Kontakt mit dem vorgeschlagenen Vorsitzenden aufgenommen hat, um dessen Bereitschaft zur Übernahme des Vorsitzes und seine zeitliche Verfügbarkeit abzusprechen (LAG Rheinland-Pfalz v. 8.3.2012, Az. 11 TaBV 5/12).

Fehlt es an durch Tatsachen begründete Bedenken, so bestellt das Arbeitsgericht den im Antrag auf Einsetzung einer Einigungsstelle genannten Vorsitzenden. Insoweit gilt das „Windhund-Prinzip" (vgl. zuletzt LAG Baden-Württemberg v. 17.9.2019, Az. 15 TaBV 4/19 oder auch LAG Köln v. 24.2.2017, Az. 9 TaBV 11/17, wonach das Auswahlermessen des Gerichts dann eingeschränkt sein kann, wenn die antragstellende Betriebspartei eine bestimmte grundsätzlich geeignete Person für den Vorsitz vorgeschlagen hat, von der anderen Betriebspartei keine oder keine nachvollziehbaren Einwände erhoben werden und sich auch dem Gericht keine Bedenken hinsichtlich der Geeignetheit aufdrängen).

TIPP!

Ist eine Auseinandersetzung um die Person des Einigungsstellenvorsitzenden zu erwarten, sollte nicht bereits im Vorfeld oder in der Antragsschrift derjenige vorgeschlagen werden, den man gern als Einigungsstellenvorsitzenden sehen würde. Der Erstgenannte ist in der Regel „verbrannt". Taktisch geschickter ist es, den gewünschten Vorsitzenden erst dann – möglichst überraschend – zu präsentieren, wenn ein erster „Schlagabtausch" mit gegenseitiger Ablehnung des jeweils Vorgeschlagenen stattgefunden hat.

Nur vereinzelt wird dagegen in der Rechtsprechung auch die Auffassung vertreten, dass bereits ein schlichtes „Nein" einer Seite genügen soll, dass das Arbeitsgericht einen Dritten als Vorsitzenden einsetzt. Argumentiert wird dies damit, dass auch dann, wenn keine konkreten Einwendungen gegen den Kandidaten der jeweiligen Gegenseite vorgebracht würden, mit der Einsetzung eines Dritten eine Belastung des Einigungsstellenverfahrens vermieden werden könne (LAG Düsseldorf v. 9.6.2020, Az. 3 TaBV 31/20; LAG Hamburg v. 27.11.2019, Az. 5 TaBV 11/19 „bis zur Grenze des Rechtsmissbrauchs"; wohl auch LAG Berlin-Brandenburg v. 1.3.2019, Az. 2 TaBV 277/19). Folgt man dieser Auffassung, so gilt für den Fall, dass sich die Parteien nicht auf einen von ihnen jeweils präferierten Einigungsstellenvorsitzenden einigen können, sie sich aber hilfsweise mit einer dritten Person als Einigungsstellenvorsitzendem einverstanden erklären, dass das Auswahlermessen des Arbeitsgerichts dahingehend gebunden ist, diese Person zum Vorsitzenden zu bestimmen (LAG Düsseldorf, a. a. O.).

Im Einsetzungsverfahren, das einem besonderen Beschleunigungsgrundsatz unterliegt, kann nicht gleichzeitig die Feststellung der Unzuständigkeit der Einigungsstelle beantragt werden (LAG Hamm v. 7.7.2003, Az. 10 TaBV 85/03). Es ist jedoch jederzeit möglich, parallel zum Einsetzungsverfahren oder auch nachträglich in einem gesonderten Verfahren vom Arbeitsgericht klären zu lassen, ob die Einigungsstelle tatsächlich zuständig ist. Nur in diesem Verfahren erfolgt eine umfassende Prüfung. Die eingerichtete Einigungsstelle kann das Einigungsverfahren bis zu dieser Entscheidung aussetzen, ist dazu aber nicht verpflichtet.

2. Personelle Zusammensetzung

Die Einigungsstelle besteht aus der gleichen Anzahl von Beisitzern des Arbeitgebers und des Betriebsrats und einem Vorsitzenden. Sie hat deshalb eine ungerade Zahl von Mitgliedern.

2.1 Vorsitzender

Der Vorsitzende der Einigungsstelle muss unparteiisch sein. Haben sich Arbeitgeber und Betriebsrat auf einen Vorsitzenden geeinigt, ist von seiner Unabhängigkeit auszugehen. Die Einigung auf einen Betriebsangehörigen als Vorsitzenden ist zulässig, unbedingt empfehlenswert ist es jedoch, einen nicht betriebsangehörigen Dritten zu wählen. Für die Praxis empfiehlt sich i.d.R. die Benennung eines Arbeitsrichters, der allerdings – um einen Interessenkonflikt bei einer möglichen späteren gerichtlichen Überprüfung des Spruchs der Einigungsstelle zu vermeiden, kein Richter an dem Arbeitsgericht sein sollte, das für den Betrieb örtlich zuständig ist. Neben einem – auch pensionierten – Arbeitsrichter kommen auch Beamte des Arbeitsministeriums oder Hochschullehrer als Einigungsstellenvorsitzende in Betracht, da auch diese sowohl die notwendigen arbeitsrechtlichen Kenntnisse als auch die erforderliche Unparteilichkeit erwarten lassen. Die für den Vorsitz der Einigungsstelle vorgesehene Person ist **nicht** verpflichtet, das Amt des Einigungsstellenvorsitzenden anzunehmen.

WICHTIG!

Da dem Vorsitzenden wegen der ungeraden Mitgliederzahl eine Schlüsselrolle zukommt, sollte seine Auswahl mit großer Sorgfalt erfolgen. Neben der Unparteilichkeit und den Fach- und Rechtskenntnissen sind insbesondere seine Einsichtsfähigkeit und sein Verhandlungsgeschick von großer Bedeutung.

Ergeben sich während des Verfahrens Zweifel an der Unparteilichkeit, können die Beteiligten den Vorsitzenden auch zu diesem Zeitpunkt noch wegen der Besorgnis der Befangenheit ablehnen und die Abberufung gegebenenfalls gerichtlich zu beantragen. Im Zusammenhang mit der Ablehnung finden die Vorschriften über die Ablehnung eines Schiedsrichters nach §§ 1036 ff. ZPO entsprechende Anwendung (BAG v. 17.11.2010, Az. 7 ABR 100/09). Das Ablehnungsrecht verliert nur derjenige, der sich auf die Verhandlung der Einigungsstelle rügelos einlässt, obwohl ihm die Ablehnungsgründe bekannt sind.

2.2 Beisitzer

Die Beisitzer werden je zur Hälfte von Arbeitgeber und Betriebsrat benannt. Ihre Anzahl ist gesetzlich nicht festgelegt und bleibt deshalb den Parteien überlassen. Maßgebliche Kriterien für die Anzahl stellen die Schwierigkeit des Streitfalls, die Anzahl der betroffenen Arbeitnehmer oder Arbeitnehmergruppen, die Zumutbarkeit der Einigungsstellenkosten sowie die notwendigen Fachkenntnisse und Erfahrungen dar. So kann insbesondere bei schwierigen und komplexen Streitfällen oder bei Streitfällen mit weitreichenden Auswirkungen eine höhere Beisitzerzahl erforderlich sein.

In der Praxis haben Einigungsstellen mit durchschnittlichem Schwierigkeitsgrad in der Regel zwei Beisitzer für jede Seite (Regelbesetzung). Diese Zahl erhöht sich ausnahmsweise auf drei bis vier Beisitzer bei schwierigen Streitfällen, kann sich aber bei einfachen Streitigkeiten auch auf einen Beisitzer pro Seite beschränken, wie etwa bei einer Einigungsstelle über die Berechtigung der Beschwerde eines Arbeitnehmers gemäß § 85 Abs. 2 BetrVG (LAG Hessen v. 3.11.2009, Az. 4 TaBV 185/09). Im Falle einer Nichteinigung über die Zahl der Beisitzer entscheidet das Arbeitsgericht bei erzwingbaren Einigungsstellenverfahren auf entsprechenden Antrag einer Seite, bei freiwilligen Einigungsstellenverfahren nur auf Antrag beider Seiten. Der Betriebspartner, der im erzwingbaren Einigungsstellenverfahren ein Abweichen von der Regelbesetzung fordert, hat hierfür „nachprüfbare" Tatsachen anzuführen (z. B. Komplexität des zu regelnden Sachverhalts, Anzahl der betroffenen Arbeitnehmer oder Arbeitnehmergruppen, mit dem Regelungsgegenstand verbundene schwierige Rechtsfragen oder Zumutbarkeit der Einigungsstellenkosten (LAG Rheinland-Pfalz v. 7.10.2010, Az. 11 TaBV 45/09). Allein der Umstand, dass es um eine Betriebsänderung geht und die Erarbeitung eines Interessenausgleichs und Sozialplans ansteht, rechtfertigt noch kein Abweichen von der Regelbesetzung (LAG Niedersachsen v. 8.7.2007, Az. 1 TaBV 63/07).

Arbeitgeber und Betriebsrat treffen jeweils allein die Entscheidung über die Personen, die sie auf ihrer Seite als Beisitzer in die Einigungsstelle entsenden. Besondere Voraussetzungen müssen die Beisitzer nicht erfüllen. Als Beisitzer können sowohl Betriebsangehörige als auch Betriebsfremde wie Gewerkschaftsfunktionäre, Vertreter eines Arbeitgeberverbands oder

Rechtsanwälte bestimmt werden. Es können auch ausschließlich Betriebsfremde als Beisitzer herangezogen werden. Dabei verletzt in Unternehmen mit mehreren Betrieben/Betriebsräten ein Betriebsratsmitglied durch die Wahrnehmung des Amtes als Beisitzer von Einigungsstellen anderer Betriebe des Arbeitgebers für sich genommen nicht seine arbeitsvertragliche Pflicht zur Rücksichtnahme nach § 241 Abs. 2 BGB (BAG v. 13.5.2015, Az. 2 ABR 38/14).

Der Arbeitgeber kann nicht verlangen, dass der Betriebsrat nur Betriebsangehörige in die Einigungsstelle entsendet. Für den Betriebsrat ist es grundsätzlich möglich, auch mehrere honorarberechtigte Beisitzer zu benennen. Der Grundsatz der Erforderlichkeit für die Besetzung der Einigungsstelle mit externen Beisitzern gilt nicht. Maßgeblich ist allein das Vertrauen des Betriebsrats, dass diese Person(en) die Interessen der Belegschaft angemessen vertreten wird/werden. Nur dann, wenn der Beisitzerbestellung offenkundig sachwidrige Motive zugrunde liegen, etwa weil es dem Betriebsrat darum geht, mit der Kostenerhöhung Druck auf den Arbeitgeber auszuüben, oder ein offensichtlich ungeeigneter Beisitzer benannt wird, entfällt der Vergütungsanspruch. Üblich ist in der Praxis die Auswahl sowohl interner wie auch außerbetrieblicher Beisitzer auf jeder Seite. Dabei bietet die Mitwirkung der betriebsangehörigen Beisitzer den Vorteil der Sachnähe und Kenntnis der betrieblichen Gegebenheiten, die Mitwirkung der außerbetrieblichen Beisitzer den Vorteil der Wahrnehmung der Interessen der entsendenden Betriebspartei in rechtlicher bzw. sonstiger fachlicher Hinsicht.

Für den Beisitzer gilt – anders als für den Vorsitzenden einer Einigungsstelle – nicht das Gebot der Unparteilichkeit. Der Grundsatz der vertrauensvollen Zusammenarbeit verpflichtet die Betriebsparteien, keine Einigungsstellenbeisitzer zu benennen, die hinsichtlich ihrer Kenntnisse und Erfahrungen offensichtlich ungeeignet sind, über die der Einigungsstelle zugrunde liegende Regelungsmaterie zu entscheiden. Gleiches gilt, wenn die Person in der Einigungsstelle ihre Funktion aus anderen Gründen offenkundig nicht ordnungsgemäß ausüben kann. Dabei soll der Arbeitgeber jedoch nicht einmal dann den Ausschluss eines vom Betriebsrat benannten Beisitzers erwirken können, wenn unstreitig Gründe für eine außerordentliche Kündigung des Arbeitsverhältnisses vorliegen (BAG v. 28.5.2014, Az. 7 ABR 36/12). Im Ergebnis heißt dies für die Praxis, dass der Arbeitgeber trotz des vom BAG zunächst bemühten Grundsatzes der vertrauensvollen Zusammenarbeit jeden vom Betriebsrat benannten Beisitzer hinnehmen muss. So kann es zwar gegen den Grundsatz der vertrauensvollen Zusammenarbeit verstoßen, wenn eine Besetzung sachwidrig erfolgt, etwa indem der Betriebsrat neben einem Vertreter der Gewerkschaft und einem Rechtsanwalt der ihn vertretenden Kanzlei einen weiteren gleich qualifizierten Rechtsanwalt der gleichen Kanzlei als Beisitzer einer Einigungsstelle mit je drei Beisitzern bestellt, doch lasse dies – so die Rechtsprechung – den Vergütungsanspruch der Beisitzer nach § 76a Abs. 3 BetrVG unberührt. Allenfalls komme ein Regressanspruch gegen die sachwidrig handelnden Betriebsratsmitglieder oder gegen den den Betriebsrat beratenden Anwalt wegen Falschberatung in Betracht (so LAG Nürnberg v. 19.9.2017, Az. 2 TaBV 75/16).

Betriebsratsmitglieder dürfen ebenso wie der Arbeitgeber selbst Beisitzer sein. Die Beisitzer üben ihr Amt höchstpersönlich aus und können daher für ihre Tätigkeit in der Einigungsstelle Dritten keine Verfahrensvollmacht erteilen. Sie können jedoch – ohne Zustimmung der jeweils anderen Betriebspartei – von den Parteien kurzfristig abberufen und durch andere ersetzt werden. Benennt eine Seite überhaupt keine Mitglieder, entscheidet die Einigungsstelle allein mit den Mitgliedern der anderen Seite und dem Vorsitzenden.

WICHTIG!

Keine Partei kann die von der anderen Seite benannten Beisitzer ablehnen. Dies gilt auch dann, wenn mit der Benennung einer bestimmten Person durch den Betriebsrat Kosten entstehen.

2.3 Stellung der Mitglieder der Einigungsstelle

Die Beisitzer haben ebenso wie der Vorsitzende nur nach bestem Wissen und Gewissen zu entscheiden, ohne an Weisungen oder Aufträge gebunden zu sein. Sie sind in dieser Funktion keine Vertreter des Arbeitgebers oder des Betriebsrats. Sie dürfen in der Ausübung ihrer Tätigkeit nicht gestört oder behindert werden. Ein vorsätzlicher Verstoß ist strafbar, doch wird die Tat nur auf Antrag verfolgt. Bei groben Verstößen kommt nach § 23 Abs. 3 BetrVG auch ein Antrag beim Arbeitsgericht auf Unterlassung des beanstandeten Verhaltens in Betracht.

Alle Mitglieder der Einigungsstelle unterliegen derselben Geheimhaltungspflicht wie der Betriebsrat.

III. Verfahren vor der Einigungsstelle

Das Verfahren vor der Einigungsstelle ist im Betriebsverfassungsgesetz (§§ 76 ff. BetrVG) nur unvollständig geregelt. Die Einigungsstelle bestimmt deshalb weitgehend selbst über das von ihr einzuhaltende Verfahren, wenn nicht die Betriebsparteien zuvor die Einzelheiten des Verfahrens in einer → *Betriebsvereinbarung* festgelegt haben.

1. Verfahrensgrundsätze

Der Freiraum zur Gestaltung des Verfahrensablaufs ist aber nicht unbegrenzt. Vielmehr sind die wenigen vorhandenen Verfahrensregelungen ebenso zwingend zu berücksichtigen wie die allgemein anerkannten elementaren Verfahrensgrundsätze. Sind Ort und Zeit einer Sitzung ausnahmsweise nicht zwischen allen Mitgliedern abgesprochen, hat der Vorsitzende zunächst für die rechtzeitige Einladung der Beisitzer zu sorgen. Dabei ist zu beachten, dass § 76 Abs. 3 Satz 1 BetrVG im Interesse einer Beschleunigung und zur Verhinderung von Verzögerungstaktiken vorschreibt, dass die Einigungsstelle unverzüglich tätig werden muss. Fehlt es an einer ordnungsgemäßen Einladung und haben nicht alle Beisitzer an der Sitzung teilgenommen, ist ein beschlossener Spruch der Einigungsstelle unwirksam.

Im ersten Sitzungstermin hat die Einigungsstelle die Frage ihrer Zuständigkeit zu prüfen. Verneint sie diese, ist die Einstellung des Verfahrens zu beschließen. Etwaige Verfahrensfehler sind dabei unerheblich; sie sind nur dann zu prüfen, wenn die Einigungsstelle eine der Mitbestimmung unterliegende Angelegenheit nach bejahter Zuständigkeit materiell ausgestaltet (BAG v. 26.9.2017, Az. 1 ABR 57/15).

Mit Bejahung der Zuständigkeit wird der Streitfall umfassend erörtert. Die Einigungsstelle ist dabei nicht an die Anträge der Beteiligten gebunden, sondern verpflichtet, den Streitfall umfassend zu prüfen und den Konflikt vollständig zu lösen. Sie kann Beweise erheben, insbesondere Zeugen und Sachverständige vernehmen.

Die Einigungsstelle muss sowohl dem Arbeitgeber als auch dem Betriebsrat Gelegenheit zur Stellungnahme geben. Dabei verstößt sie jedoch nicht gegen den Anspruch auf rechtliches Gehör, wenn sie einen vom Betriebsrat begehrten Sachverständigen nicht hinzuzieht (BAG v. 7.5.2019, Az. 1 ABR 54/17). Beide Seiten müssen die Möglichkeit erhalten, ihre Ansicht vorzutragen und Vorschläge zur Beilegung der Meinungsverschiedenheit zu machen. Sie können sich dabei durch Verbandsvertreter oder Rechtsanwälte vertreten lassen.

WICHTIG!

Der Arbeitgeber muss die Kosten des vom Betriebsrat beauftragten Rechtsanwalts tragen, durch den sich dieser vor der Einigungsstelle vertreten lässt. Dies gilt jedenfalls dann, wenn schwierige Rechtsfragen zu erörtern sind und kein Betriebsratsmitglied über den zur sachgerechten Interessenswahrnehmung notwendigen juristischen Sachverstand verfügt. In diesem Fall darf der Betriebsrat dem von ihm ausgewählten Rechtsanwalt auch ein Honorar in Höhe der Vergütung eines betriebsfremden Beisitzers (s. u. V.2.) zusagen, wenn dieser nur gegen eine derartige Zahlung zur Mandatsübernahme bereit ist.

An den Sitzungen der Einigungsstelle dürfen nur der Arbeitgeber und der Betriebsrat bzw. deren Vertreter teilnehmen. Dies jedoch aber auch nur bis zum Zeitpunkt des Schlusses der Verhandlung vor der Einigungsstelle, also bis zur Aufnahme der internen Beratung, an der nur die Mitglieder der Einigungsstelle teilnehmen dürfen; ein Verstoß führt zur Unwirksamkeit des Spruchs der Einigungsstelle (BAG v. 18.1.1994, Az. XXX 43/93).

Die Einigungsstelle kann erforderlichenfalls Beweise erheben, z. B. Zeugen vernehmen oder ein Sachverständigengutachten einholen (BAG v. 7.12.2021, Az. 1 ABR 25/20). Zwangsmittel zur Aufklärung des Sachverhalts stehen der Einigungsstelle jedoch weder gegen die Parteien noch gegenüber anderen Personen zur Verfügung. Keiner der Befragten ist zur Aussage verpflichtet; eine eidliche Vernehmung ist ausgeschlossen. Wird ein Arbeitnehmer des Betriebs als Zeuge vernommen, muss ihn der Arbeitgeber bei voller Lohnfortzahlung für diese Zeit freistellen.

2. Beschlussfassung

Die Einigungsstelle fasst ihre Beschlüsse nach mündlicher Beratung. Die Beschlussfassung muss dabei immer in Abwesenheit der Parteien erfolgen. Andernfalls ist der Spruch der Einigungsstelle unwirksam. Die vorhergehenden Sitzungen der Einigungsstelle dürften dagegen auch mittels Video- oder Telefonkonferenz stattfinden können, solange keine Beschlussfassung erfolgt. Abschließend geklärt ist diese Frage indes nicht, unabhängig davon, ob nicht Präsenzsitzungen ohnehin regelmäßig zu einem schnelleren Ergebnis führen. Unstrittig dürfte jedoch auf jeden Fall sein, dass die Wirksamkeit einer Betriebsvereinbarung, die im Rahmen von Einigungsstellensitzungen einvernehmlich geschlossen wird, nicht von vorausgehenden Sitzungsformaten der Einigungsstelle berührt wird.

Der Spruch wird mit der Mehrheit der Stimmen gefasst. Die Entscheidung muss folglich die Zustimmung der Mehrheit der Mitglieder der Einigungsstelle gefunden haben. Bleiben die von einer Seite benannten Beisitzer trotz rechtzeitiger Einladung der Sitzung fern oder hat eine Seite gar keine Beisitzer benannt, so entscheiden die erschienenen Beisitzer der anderen Seite und der Vorsitzende allein.

Bei der ersten Abstimmung muss sich der Vorsitzende der Stimme enthalten. Kommt eine Stimmenmehrheit – und damit eine Einigung unter den Parteien – nicht zustande, folgt eine weitere Beratung, die noch in der gleichen Sitzung stattfinden kann. An der sich anschließenden zweiten Abstimmung nimmt nunmehr auch der Vorsitzende teil. Stimmenthaltungen, insbesondere des Vorsitzenden, dessen Stimme nach der gesetzlichen Konzeption den Ausschlag geben soll, sind nicht möglich. Erfolgen trotzdem Stimmenthaltungen, sind sie unberücksichtigt zu lassen und nicht als Ablehnung zu werten. Dem Vorsitzenden ist es jedoch gestattet, gegen alle zur Abstimmung gestellten Anträge zu stimmen. Andernfalls wäre er gezwungen, wenn alle zur Abstimmung anstehenden Anträge aus seiner Sicht mit höherrangigem Recht unvereinbar sind oder die Grenzen des Mitbestimmungsrechts überschreiten, einem Ergebnis zur Mehrheit zu verhelfen, dessen Anfechtbarkeit oder gar Nichtigkeit er erkennt. Macht er von dieser Möglichkeit Gebrauch, liegt keine verfahrensbeendende Sachentscheidung vor und das Verfahren ist fortzusetzen.

Der Beschluss der Einigungsstelle ist schriftlich abzufassen, vom Vorsitzenden zu unterschreiben und dem Arbeitgeber sowie dem Betriebsrat unverzüglich zuzuleiten. Alternativ besteht für den Einigungsstellenvorsitzenden die Möglichkeit, den Beschluss in elektronischer Form niederzulegen, ihn mit qualifizierter elektronischer Signatur zu versehen und ihn sodann den Betriebsparteien zuzuleiten. Insbesondere dann, wenn eine gerichtliche Auseinandersetzung um den Beschluss zu erwarten ist, sollte dieser begründet werden. Sind die von der Einigungsstelle durch Spruch getroffenen Regelungen in mehreren Schriftstücken niedergelegt, erfordert § 76 Abs. 3 BetrVG, dass beiden Betriebsparteien jeweils alle Bestandteile des Spruchs zugeleitet werden. Fehlt es hieran, ist der Einigungsstellenspruch unwirksam (BAG v. 13.8.2019, Az. 1 ABR 6/18). Gleiches gilt, wenn der Einigungsstellenbeschluss nicht vom Vorsitzenden der Einigungsstelle unterzeichnet ist (BAG v. 14.9.2010, Az. 1 ABR 30/09; BAG v. 5.10.2010, Az. 1 ABR 31/09), sofern er nicht alternativ den Weg der qualifizierten elektronischen Signatur gewählt hat. Es genügt nicht, dass der Vorsitzende die unterzeichnete Fassung des Spruchs zu seinen Unterlagen nimmt; ebenso wenig reicht die Zuleitung einer Text-Datei per E-Mail (BAG v. 13.3.2012, Az. 1 ABR 78/10). Vielmehr muss er den Betriebsparteien ein von ihm unterzeichnetes Exemplar zuleiten, wobei ein in Form einer pdf-Datei übermittelter Einigungsstellenspruch den Anforderungen auch dann nicht genügt, wenn sich die Unterschrift des Einigungsstellenvorsitzenden darin in eingescannter Form befindet (BAG v. 10.12.2013, Az. 1 ABR 45/12).

Eine nachträgliche, rückwirkende Heilung der Verletzung des Zuleitungsgebots und Unterschriftserfordernisses ist nicht möglich, da das Einigungsstellenverfahren mit Zugang des mit Zuleitungswillen übermittelten Einigungsstellenspruchs abgeschlossen ist (BAG v. 10.12.2013, Az. 1 ABR 45/12; BAG v. 13.8.2019, Az. 1 ABR 6/18). Ausdrücklich offen gelassen hat das BAG allerdings, ob eine unverzügliche Unterzeichnung des Einigungsstellenspruchs nach seiner Zuleitung an die Betriebsparteien den Formmangel noch beseitigen kann (BAG v. 5.10.2010, Az. 1 ABR 31/09).

Nimmt ein Einigungsstellenspruch auf Anlagen Bezug, muss er insgesamt dem Schriftformerfordernis der §§ 126 BGB, 77 Abs. 2 BetrVG genügen. Das ist nicht der Fall, wenn in dem unterzeichneten Spruch der Einigungsstelle auf umfangreiche Anlagen verwiesen wird, die aber mit dem Spruch weder körperlich verbunden noch ihrerseits unterzeichnet oder paraphiert sind und eine Rückbeziehung der Anlagen auf den Einigungsstellenspruch nicht vorliegt (LAG Niedersachsen v. 1.8.2012, Az. 2 TaBV 52/11). Ebenso gilt, dass ein von der Einigungsstelle beschlossener Spruch, der den Betriebsparteien vom Vorsitzenden der Einigungsstelle nicht in allen seinen Bestandteilen zugeleitet wird, nach § 76 Abs. 3 Satz 4 BetrVG unwirksam ist (BAG v. 20.5.2025, Az. 1 ABR 11/24).

Auch wenn die Einigungsstelle grundsätzlich mit einem Spruch beendet ist, steht dies einer Reaktivierung der Einigungsstelle mit dem Ziel der Ergänzung des Einigungsstellenspruchs nicht entgegen, wenn die Einigungsstelle erkennt, dass die Regelung der Mitbestimmungsmaterie nicht vollständig erfolgt ist (LAG Hamburg v. 15.1.2013, Az. 2 TaBV 13/11).

Enthält ein schriftlich abgefasster und den Betriebsparteien zugeleiteter Beschluss einen inhaltlichen Fehler, weicht er also vom tatsächlich Beschlossenen ab, so kann er nicht vom Einigungsstellenvorsitzenden berichtigt werden, sondern nur durch eine Beschlussfassung der Einigungsstelle (BAG v. 10.12.2013, Az. 1 ABR 45/12).

IV. Rechtswirkungen des Einigungsstellenspruchs

Im erzwingbaren Einigungsstellenverfahren ersetzt der Spruch der Einigungsstelle die fehlende Einigung zwischen Arbeitgeber und Betriebsrat. Wurde die Einigungsstelle durch das Arbeitsgericht eingesetzt, ist allerdings zu beachten, dass der gerichtliche Einsetzungsbeschluss formell rechtskräftig sein muss. Wird die Einigungsstelle ausnahmsweise in eiligen Fällen vor der Rechtskraft des gerichtlichen Einsetzungsbeschlusses abschließend tätig, kann ihr Spruch die fehlende Einigung zwischen Betriebsrat und Arbeitgeber nicht ersetzen (LAG Köln v. 16.5.2024, Az. 9 TaBv 24/24).

Der Spruch der Einigungsstelle hat im Übrigen die gleiche Wirkung, als wenn sich die Parteien auf ihn geeinigt hätten. Der Arbeitgeber ist verpflichtet, den Spruch so durchzuführen, wie dieser es festlegt.

War ein Regelungsstreit (insbesondere bei den mitbestimmungspflichtigen sozialen Angelegenheiten, z. B. Fragen der betrieblichen Ordnung, der Lage der Arbeitszeit, der betrieblichen Lohngestaltung usw.) Gegenstand des Einigungsstellenverfahrens und ist im Spruch eine Regelung festgelegt, hat er die Bedeutung einer → *Betriebsvereinbarung*. Ergeben sich aus dem Spruch Rechtsansprüche zugunsten der einzelnen Arbeitnehmer, können diese vor dem Arbeitsgericht eingeklagt werden.

Handelt es sich dagegen um einen Spruch im freiwilligen Einigungsstellenverfahren, ersetzt der Spruch die Einigung der Betriebsparteien nur dann, wenn beide Seiten sich dem Spruch im Voraus unterworfen haben oder ihn nachträglich angenommen haben.

V. Kosten der Einigungsstelle

1. Allgemeine Verfahrenskosten

Die Kosten der Einigungsstelle trägt der Arbeitgeber. Hierzu gehören zunächst die Kosten der Einigungsstelle selbst, d. h. der Aufwand, der infolge der Durchführung des Einigungsstellenverfahrens entsteht. Zu diesem Geschäftsaufwand gehören insbesondere die Kosten für Räume, sachliche Mittel (etwa Schreibmaterial) und Büropersonal. Der Arbeitgeber trägt außerdem die Aufwendungen und Auslagen der Mitglieder der Einigungsstelle, die durch die Tätigkeit in der Einigungsstelle bedingt und erforderlich sind. Dies sind u. a. Reisekosten, Übernachtungs- und Verpflegungskosten sowie Telefon- und Portokosten. Dabei sind auch die Fahrtkosten eines betriebsangehörigen Beisitzers zur Einigungsstelle zu ersetzen, wenn dieser etwa auf Basis einer Betriebsvereinbarung oder seines Anstellungsvertrags am Tag der Einigungsstelle im Home Office gearbeitet hätte und nur für die Einigungsstelle in den Betrieb fährt. In diesem Fall handelt es sich um notwendige Auslagen der Einigungsstelle und nicht um nicht erstattungsfähige Kosten, die für Fahrten zur Arbeitsstelle entstehen (LAG Schleswig-Holstein v. 26.7.2022, Az. 2 TaBV 8/22).

Wenn die Einigungsstelle eine Sachverständigen-Anhörung zur sachgerechten und vernünftigen Erledigung des Verfahrens für erforderlich erachtet, sind auch diese Kosten vom Arbeitgeber zu tragen. Dies wird insbesondere immer dann zu bejahen sein, wenn die Mitglieder der Einigungsstelle das nötige spezielle Fachwissen nicht oder nicht ausreichend besitzen. Die Kosten des Sachverständigen müssen angemessen sein.

Der Betriebsrat ist auch berechtigt, auf Kosten des Arbeitgebers einen Rechtsanwalt mit der Wahrnehmung seiner Interessen vor der Einigungsstelle zu beauftragen. Voraussetzung ist jedoch, dass der Streitfall schwierige Rechtsfragen aufweist und kein Mitglied des Betriebsrats über das notwendige Fachwissen verfügt. Insbesondere dann, wenn der Betriebsrat bereits einen Rechtsanwalt als Beisitzer der Einigungsstelle benannt hat, wird er sehr sorgfältig die Erforderlichkeit eines weiteren Rechtsanwalts als Verfahrensbevollmächtigter zu prüfen haben.

Die Freistellung des Betriebsrats von Rechtsanwaltskosten für die Vertretung in einem Einigungsstellenverfahren setzt in diesem Fall keine an ihn adressierte Rechnung voraus. Eine solche Rechnungsstellung ist nicht Tatbestandsvoraussetzung für den Freistellungsanspruch. Vielmehr entsteht der Anspruch des Betriebsrats auf Freistellung von den durch die Beauftragung eines Verfahrensbevollmächtigten vor der Einigungsstelle verursachten erforderlichen Kosten prinzipiell mit der Beauftragung durch den Betriebsrat. Richtet demnach der Verfahrensbevollmächtigte seine Rechnung direkt an den Arbeitgeber und wird diese nicht vom Arbeitgeber beglichen, so kann der Betriebsrat auch in diesem Fall in einem von ihm eingeleiteten Beschlussverfahren vom Arbeitgeber die Freistellung von den Kosten verlangen (BAG v. 8.3.2023, Az. 7 ABR 10/22).

2. Vergütung der Mitglieder und des Vorsitzenden

Hinsichtlich der Vergütung der Mitglieder der Einigungsstelle unterscheidet das Gesetz zwischen den betriebsangehörigen Beisitzern einerseits und dem Vorsitzenden und den betriebsfremden Beisitzern andererseits. Die betriebsangehörigen Beisitzer erhalten für ihre Tätigkeit keine Vergütung. Sie üben ein unentgeltliches Ehrenamt aus, haben jedoch einen Anspruch darauf, für die Zeit der Mitwirkung in der Einigungsstelle von ihrer beruflichen Tätigkeit ohne Lohnkürzungen freigestellt zu werden.

Der Vorsitzende und die betriebsfremden Beisitzer der Einigungsstelle haben dagegen einen gesetzlichen Vergütungsanspruch gegenüber dem Arbeitgeber.

WICHTIG!

Der Betriebsrat kann auch mehrere oder sogar ausschließlich betriebsfremde Beisitzer bestellen. Der Arbeitgeber muss die Benennung betriebsfremder Beisitzer durch den Betriebsrat hinnehmen und ihre Vergütung in jedem Fall zahlen, ohne dass die Zahlungsverpflichtung davon abhängig wäre, ob der Betriebsrat die Benennung eines oder mehrerer betriebsfremder Beisitzer für erforderlich halten durfte (BAG v. 19.11.2019, Az. 7 ABR 52/17). So steht insbesondere auch einem vom Betriebsrat als Beisitzer bestellten Rechtsanwalt oder auch einem hauptamtlichen Gewerkschaftsfunktionär der Vergütungsanspruch zu. Nur dann, wenn der Bestellungsbeschluss des Betriebsrats schwerwiegend gegen die Grundsätze der vertrauensvollen Zusammenarbeit nach § 2 Abs. 1 BetrVG verstößt, weil er auf offenkundig sachwidrigen Motiven beruht, kann sich der Beisitzer, der dies erkennen musste, nicht auf eine wirksame Bestellung durch den Betriebsrat berufen und hat ausnahmsweise keinen Vergütungsanspruch gegen den Arbeitgeber (BAG, a. a. O.).

Die Höhe der Vergütung ist im Einzelfall festzulegen. Wird eine Vergütungsabrede mit dem Einigungsstellenvorsitzenden vorab getroffen, ist bei Bezahlung nach Sitzungstagen ein Honorar zwischen 1.000 € und 2.500 € pro Sitzungstag und bei einer Vergütung nach Stunden ein Honorar von 150 € bis 300 € pro Stunde zu veranschlagen (LAG Rheinland-Pfalz v. 19.6.2017, Az. 3 TaBV 3/17: „300 Euro sind angemessen.").

Sofern sich Arbeitgeber und Einigungsstellenvorsitzender nicht auf eine Vergütung verständigt haben, kann der Vorsitzende die Vergütung nach billigem Ermessen festsetzen. Dabei hat er den erforderlichen Zeitaufwand (einschließlich der Vorbereitungs- und Nacharbeitszeiten für Protokollanfertigung, Spruchbegründung usw.), die Schwierigkeit der Streitigkeit sowie einen etwaigen Verdienstausfall zu berücksichtigen.

TIPP!

Es empfiehlt sich, die Frage des Honorars offen zu lassen und erst nachträglich ein Pauschalhonorar zu vereinbaren. Kommt eine Einigung dann nicht zustande, setzt der Vorsitzende dieses zwar selbst

fest, muss aber damit rechnen, dass der Arbeitgeber die Festsetzung gerichtlich überprüfen lässt. Dabei könnte deutlich weniger herauskommen. Zudem lässt gerade der Verweis auf die erst abschließend zu regelnde Honorarfrage so manchen Vorsitzenden eher vorsichtig und korrekt agieren.

Alternativ (insbesondere wenn der Vorsitzende auf eine vorherige Festsetzung des Honorars drängt) kann sich eine Honorarvereinbarung als sinnvoll erweisen, die sich mit jedem Verhandlungstag schrittweise reduziert. So könnte am ersten Tag das Honorar voll gezahlt werden, am zweiten Tag nur noch 75 % am dritten Tag 50 % usw. Eine derartige Honorarvereinbarung zwingt die Einigungsstelle gewissermaßen, effektiv und zügig zu arbeiten und schnell ein Ergebnis herbeizuführen.

Die Vergütung der betriebsfremden Beisitzer muss im Falle der Festsetzung niedriger bemessen sein als die des Vorsitzenden (§ 76a Abs. 4 Satz 4 BetrVG). Dabei wird regelmäßig eine Vergütung in Höhe von $^{7}/_{10}$ des Vorsitzendenhonorars als angemessen erachtet. Dies gilt auch für der Einigungsstelle angehörende Rechtsanwälte.

Dessen ungeachtet ist es dem Arbeitgeber jedoch nicht untersagt, einem betriebsfremden Beisitzer im Wege einer ausdrücklich zu treffenden Vereinbarung auch ein höheres Honorar zuzusagen als dem Vorsitzenden der Einigungsstelle.

Die Geltendmachung von Umsatzsteuer durch betriebsfremde Beisitzer bedarf in keinem Fall der vorherigen Vereinbarung mit dem Arbeitgeber; diese ist vom Vergütungsanspruch umfasst. Dies gilt auch bei Beisitzern, die als sog. Kleinunternehmer die Voraussetzungen des § 19 Abs. 1 UStG erfüllen, jedoch von der Option nach § 19 Abs. 2 UStG Gebrauch gemacht und auf die Anwendung des § 19 Abs. 1 UStG verzichtet haben (BAG v. 18.9.2019, Az. 7 ABR 15/18).

VI. Anfechtung des Einigungsstellenspruchs

Etwaige Mängel eines Einigungsstellenspruchs können vom Arbeitgeber oder vom Betriebsrat mit einem entsprechenden Antrag vor dem Arbeitsgericht geltend gemacht werden. Bis zu einer rechtskräftigen gerichtlichen Feststellung seiner Unwirksamkeit oder einer gegenteiligen Vereinbarung mit dem Betriebsrat ist er jedoch im Betrieb durchzuführen (BAG v. 18.11.2014, Az. 1 ABR 21/13). Nur bei besonders krassen und offensichtlichen Rechtsverstößen kann der Vollzug eines Einigungsstellenspruchs durch das Arbeitsgericht im Wege der einstweiligen Verfügung vorläufig ausgesetzt werden. Im Falle eines behaupteten Ermessensfehlers genügen Zweifel an der Einhaltung der Ermessensgrenzen nicht; es bedarf vielmehr der gerichtlichen Überzeugung, dass diese Grenzen überschritten sind (ArbG Gera v. 13.1.2025, Az. 1 BVGa 5/24).

Bei der Formulierung eines entsprechenden Antrags ist besondere Sorgfalt geboten, um zu vermeiden, dass der Antrag nicht schon als unzulässig abgewiesen wird. So muss sich etwa bei einem Antrag des Betriebsrats, mit dem er einen Unzuständigkeitsbeschluss der Einigungsstelle anfechten will, eindeutig ergeben, für welche betriebliche Angelegenheit oder bei welcher Maßnahme des Arbeitgebers er mitbestimmen will (BAG v. 23.2.2016, Az. 1 ABR 18/14).

Bei möglichen Mängeln eines Einigungsstellenspruchs ist zu unterscheiden zwischen Rechts- und Ermessensfehlern.

1. Rechtsfehler

Wird ein Rechtsverstoß (z. B. Formfehler, Überschreitung der Zuständigkeit, Fehler bei der Rechtsanwendung) geltend gemacht, ist der Antrag nicht an eine bestimmte Frist gebunden.

Beispiele für Rechtsfehler:

- Die Einigungsstelle kommt ihrem Regelungsauftrag nicht oder nicht vollständig nach (LAG Berlin-Brandenburg v. 7.7.2016, Az. 21 TaBV 195/16) – etwa indem sie ihren Regelungsauftrag ohne Einvernehmen durch die Betriebsparteien auf nur einen Aspekt einschränkt (LAG Köln v. 23.0.2025, Az. 9 TaBV 80/24) – oder übt ein Mitbestimmungsrecht des Betriebsrats in unzulässiger Weise so aus, dass sie dem Arbeitgeber das Recht einräumt, den mitbestimmungspflichtigen Tatbestand im Wesentlichen allein zu gestalten:

  So kann sich etwa eine Regelung zum Tragen von Dienstkleidung nicht darauf beschränken, dass diese Pflicht für alle „dienstkleidungspflichtigen Mitarbeiter" gilt. Die Einigungsstelle muss den Kreis der Verpflichteten eindeutig bestimmen (BAG v. 17.1.2012, Az. 1 ABR 45/10). Ebenso darf der Arbeitgeber nicht durch Einigungsstellenspruch ermächtigt werden, eine mitbestimmungspflichtige Maßnahme (etwa einen Schichtplan) ohne Zustimmung des Betriebsrats bis zur Entscheidung durch die Einigungsstelle vorläufig durchzuführen (BAG v. 9.7.2013, Az. 1 ABR 19/12) oder auch Dienstpläne aufzustellen, ohne dass zugleich im Spruch festgelegt wird, welche Regelungen bei der Aufstellung eines konkreten Dienstplans und für die Heranziehung von Arbeitnehmern zu beachten sind (LAG Baden-Württemberg v. 7.11.2013, Az. 21 TaBV 3/13).
- Die Einigungsstelle entscheidet über eine Angelegenheit, obwohl der Regelungsgegenstand nicht hinreichend bestimmt ist (z. B. „umfassende Erledigung aller Themen des Gesundheitsschutzes") und ihr daher keine Spruchkompetenz zukommt (BAG v. 28.3.2017, Az. 1 ABR 25/15; BAG v. 7.12.2021, Az. 1 ABR 25/20).
- Die Einigungsstelle berücksichtigt nicht vorrangiges Recht – insbesondere einen Tarifvertrag oder eine gesetzliche Regelung – (vgl. dazu LAG Niedersachsen v. 19.12.2017, Az. 10 TaBV 108/16).
- Die Einigungsstelle verstößt gegen § 75 Abs. 1 Satz 1 BetrVG, wenn sie ohne hinreichende Rechtfertigung schwerwiegende Beeinträchtigungen des durch Art. 2 Abs. 1 GG geschützten allgemeinen Persönlichkeitsrechts der im Betrieb Beschäftigten vorsieht (vgl. LAG Hamm v. 3.9.2021, Az. 13 TaBV 16/21).
- Die Einigungsstelle überschreitet ihre Regelungsbefugnis:

  Die Einigungsstelle kann im Hinblick auf das erzwingbare Mitbestimmungsrecht nach § 87 Abs. 2 Nr. 1 BetrVG (betriebliche Ordnung) nur bestimmen, ob die Arbeitnehmer zum Zwecke eines einheitlichen Erscheinungsbildes während der Arbeit eine bestimmte Kleidung tragen sollen und wer die Kleidung zu beschaffen hat, sie kann jedoch nicht regeln, wer die Kosten für die Personalkleidung zu tragen hat (BAG v. 13.2.2007, Az. 1 ABR 18/06). Ebenso wenig kann eine Einigungsstelle Regelungen über die Teilnahme des Betriebsarztes und der Fachkraft für Arbeitssicherheit an den gesetzlich vorgesehenen Mindestsitzungen des Arbeitsschutzausschusses beschließen, da ihre Teilnahmepflicht gesetzlich vorgegeben ist (LAG Rheinland-Pfalz v. 7.4.2016, Az. 5 TaBV 21/15). Ein erzwingbarer Sozialplan kann wiederum nur dann durch eine Einigungsstelle beschlossen werden, wenn eine konkrete Betriebsänderung im Sinne von § 111 BetrVG vorliegt (BAG v. 22.3.2016, Az. 1 ABR 12/14).
- Die Einigungsstelle beschließt Regelungen über Art und Weise einer Arbeitsschutz-Unterweisung nach § 12 ArbSchG, ohne dass eine Gefährdungsbeurteilung iSv. § 5 ArbSchG vorliegt, aufgrund derer sich aber erst erkennen lässt, welche Schutzmaßnahmen erforderlich sind. Allgemeine Bestimmungen über die Unterweisung zu Gefahren am Arbeitsplatz können nicht durch eine Einigungsstelle beschlossen werden (BAG v. 11.1.2011, Az. 1 ABR 104/09).
- Die Einigungsstelle untersagt generell Krankenrückkehrgespräche ohne mitbestimmungsfreie Individualmaßnahmen auszunehmen, die allein in der Person einzelner Arbeitnehmer begründet sind und die übrige Belegschaft nicht berühren (LAG Köln v. 2.9.2022, Az. 9 TaBV 16/22).
- Die Einigungsstelle erfüllt ihren Regelungsauftrag nach § 122 Abs. 4 BetrVG nicht, wenn sie lediglich Bestimmungen über die Verteilung eines möglichen Sozialplanvolumens trifft, ohne dass sie auch den Umfang der vom Unternehmen zur Verfügung zu stellenden Finanzmittel festlegt (BAG v. 26.5.2009, Az. 1 ABR 12/08).
- Die Einigungsstelle gibt Mindestbesetzungsregelungen mit Blick auf Gefährdungen für die Gesundheit von Beschäftigten vor und greift damit – unter Überschreitung dessen, was nach § 87 Abs. 1 Nr. 7 BetrVG i. V. m. § 3 Abs. 1 Satz 1 BetrVG erzwingbar ist – in die nicht der zwingenden Mitbestimmung des Betriebsrats unterliegende Personalplanung des Arbeitgebers ein (LAG Schleswig-Holstein v. 25.4.2018, Az. 6 TaBV 21/17).

Stellt das Arbeitsgericht einen Rechtsverstoß fest, wird der Spruch der Einigungsstelle für rechtsunwirksam erklärt. Die Betriebsparteien müssen einen neuen Einigungsversuch unternehmen, ggf. erneut über die Einigungsstelle. Sind nur einzelne Bestimmungen eines Einigungsstellenspruchs unwirksam (Teilnichtigkeit), so führt dies jedoch nicht zur Gesamtnichtigkeit, wenn der verbleibende Teil noch eine in sich geschlossene und sinnvolle Regelung darstellt (BAG v. 26.8.2008, Az. 1 ABR 16/07).

Weist das Arbeitsgericht dagegen den Antrag auf Feststellung der Unwirksamkeit des Einigungsstellenspruchs rechtskräftig zurück, steht damit endgültig fest, dass der Spruch wirksam ist. Die Verbindlichkeit der formell rechtskräftigen gerichtlichen Feststellung zur Wirksamkeit des Einigungsstellenspruchs ist unabhängig davon, ob in dem Wirksamkeitsprüfungsverfahren alle Unwirksamkeitsgründe thematisiert worden sind. Diese Grundsätze gelten auch dann, wenn in dem Einigungsstellenspruch wegen Fehlen eines Mitbestimmungsrechts des Betriebsrats und einer beidseitigen Unterwerfung oder nachträglichen Annahme des Einigungsstellenspruchs seitens Betriebsrat und Arbeitgeber eine Regelung nicht hätte ergehen dürfen (LAG Berlin-Brandenburg v. 23.6.2023, Az.12 TaBV 638/22).

2. Ermessensfehler

Neben der Rechtskontrolle kann das Arbeitsgericht auf Antrag auch eine sog. Ermessenskontrolle vornehmen. Hier wird geprüft, ob die Einigungsstelle ihre Beschlüsse unter angemessener Berücksichtigung der Belange des Betriebs und der betroffenen Arbeitnehmer gefasst hat (BAG v. 14.1.2014, Az. 1 ABR 49/12), insbesondere auch dahingehend, ob der Verhältnismäßigkeitsgrundsatz gewahrt ist (vgl. hierzu LAG Schleswig-Holstein v. 29.8.2013, Az. 5 TaBV 6/13). Ist dies der Fall und hält sich die Entscheidung der Einigungsstelle innerhalb der betrieblichen Gestaltungsspielräume – insbesondere auch innerhalb eines tariflichen Entscheidungsspielraums – liegt ohne Hinzutreten weiterer Umstände regelmäßig kein Ermessensfehler vor (BAG v. 9.11.2010, Az. 1 ABR 75/09). Insbesondere kommt es für die Frage, ob die Einigungsstelle die ihr gezogenen Grenzen des Ermessens eingehalten hat, nur auf den Inhalt des von ihr gefassten Spruchs und damit auf die getroffene Regelung an, nicht jedoch darauf, ob die von ihr angenommenen Erwägungen zutreffend sind (BAG v. 7.5.2019, Az. 1 ABR 54/17).

Beispiel für einen Ermessensfehler:

Ein Arbeitgeber will eine freiwillige Zusatzleistung einführen, mit der die Übernahme von Führungsverantwortung auf einer bestimmten Leitungsebene honoriert werden soll. Der Betriebsrat macht sein Mitbestimmungsrecht geltend; es kommt zu keiner Einigung. Die daraufhin angerufene Einigungsstelle will die Gewährung der Leistung von einer mindestens 10-jährigen Konzernzugehörigkeit abhängig machen. Sachfremd erscheint diese Regelung schon allein deshalb, weil die Dauer der Konzernzugehörigkeit letztlich nichts mit der Übernahme von Führungsverantwortung zu tun hat. Damit aber hat die Einigungsstelle ihr Ermessen überschritten (LAG Köln v. 13.7.2005, Az. 7 TaBV 74/04).

Ermessensfehler können nur innerhalb einer Frist von zwei Wochen durch einen entsprechenden Antrag beim Arbeitsgericht geltend gemacht werden. Die Frist beginnt mit der Zustellung des Einigungsstellenbeschlusses.

ACHTUNG!

Die Zwei-Wochen-Frist darf nicht versäumt werden, sonst erlischt das Anfechtungsrecht endgültig.

VII. Haftung des Einigungsstellenvorsitzenden

Der Einigungsstellenvorsitzende darf in Regelungsfragen mit seiner Stimme nur einen rechts- und ermessensfehlerfreien Spruch herbeiführen. Er muss darauf achten, dass wesentliche Verfahrensgrundsätze, die eine Unwirksamkeit des Einigungsstellenspruchs zur Folge haben, nicht verletzt werden. Kommt er diesen Verpflichtungen nicht nach, haftet er für eintretende Schäden. Regelmäßig besteht der ersatzfähige Schaden in den Kosten für die arbeitsgerichtliche Anfechtung des rechts- oder ermessensfehlerhaften Einigungsstellenspruchs und in den Mehrkosten für die weitere, ordnungsgemäße Durchführung des Einigungsstellenverfahrens. Schränken die fehlerhaften Teile des Einigungsstellenspruchs den Personaleinsatz im Betrieb deshalb ein, weil der Betriebsrat bis zur gerichtlichen Klärung auf der Einhaltung dieser scheinbar wirksamen Teile besteht, können auch die durch den gesetzten Rechtsschein verursachten Produktionsausfälle zu ersetzen sein. Umstritten ist jedoch, ob der Einigungsstellenvorsitzende nur für Vorsatz und grobe Fahrlässigkeit, oder auch bereits für einfache Fahrlässigkeit haftet.

Elternzeit

I. Begriff

Die Elternzeit (früher Erziehungsurlaub genannt; der Europäische Gerichtshof hat sich ausführlich mit den Begriffen „Elternurlaub“, „Vaterschaftsurlaub“ und „Mutterschaftsurlaub“ im Unionsrecht befasst, EuGH v. 16.5.2024, Az. C-673/22) ist im Bundeserziehungsgeld- und Elternzeitgesetz (BEEG) geregelt. Zweck des Gesetzes ist es, die Betreuung und Erziehung von Kindern in den ersten Lebensjahren dadurch zu fördern, dass den Eltern die Möglichkeit eingeräumt wird, sich unbezahlt von der Arbeit freistellen zu lassen. Dies gilt unabhängig davon, ob die Eltern verheiratet sind oder in einer nichtehelichen Lebensgemeinschaft leben oder ob der jeweilige Elternteil alleinerziehend ist. Der Anspruch auf Elternzeit kann nicht im Arbeitsvertrag ausgeschlossen oder beschränkt werden.

Zur weiteren Umsetzung der europäischen Vereinbarkeitsrichtlinie in Deutschland hat die Bundesregierung einen Gesetzentwurf auf den Weg gebracht. Dabei geht es um verbindliche Standards zur Vereinbarkeit von Beruf und Privatleben.

Die Richtlinie der Europäischen Union (EU) zur **Vereinbarkeit von Beruf und Privatleben für Eltern und pflegende Angehörige** legt europaweit verbindliche Standards fest. Ziel ist, dadurch die Gleichstellung von Männern und Frauen bei ihren Arbeitsmarktchancen und bei der Behandlung am Arbeitsplatz weiter zu fördern.

In Deutschland gibt es mit Elternzeit, Elterngeld, Pflegezeit und Familienpflegezeit bereits umfassende Erleichterungen für Familien mit Kindern oder pflegebedürftigen Angehörigen. Zur vollständigen Umsetzung der Richtlinie sind folgende weitere Regelungen vorgesehen:

Antragsablehnungen auf flexible Arbeitsregelungen in der Elternzeit begründen

Arbeitgeber müssen künftig unabhängig von der Betriebsgröße die Ablehnung eines Antrags auf flexible Arbeitsregelungen in der Elternzeit begründen.

Das „Gesetz zur Umsetzung der Richtlinie zur Vereinbarkeit von Beruf und Privatleben für Eltern und pflegende Angehörige (RL (EU) 2019/1158), in Kraft getreten am 24.12.2022, sieht eine Begründungspflicht für die Ablehnung vor. Die Begründungspflicht gilt auch für Kleinbetriebe. Diese müssen die Begründung jedoch nicht schriftlich abgeben. Der Verstoß gegen die Begründungspflicht hat jedoch keine rechtlichen Konsequenzen. In Kleinbetrieben gibt es auch keine Zustimmungsfiktion für den Fall, dass der Arbeitgeber die Ablehnung nicht rechtzeitig erklärt.

Freistellungsanträge für Pflegezeiten fristgerecht beantworten

Arbeitgeber von Kleinbetrieben müssen Anträge der Beschäftigten auf den Abschluss einer Vereinbarung über eine Freistellung nach dem Pflegezeit- sowie dem Familienpflegezeitgesetz innerhalb von vier Wochen nach Zugang des Antrags beantworten und im Fall der Ablehnung begründen.

Für Beschäftigte in Kleinbetrieben, die mit ihrem Arbeitgeber eine Freistellung nach dem Pflegezeit- oder dem Familienpflegezeitgesetz vereinbaren, gelten die damit verbundenen Rechte und Rechtsfolgen, insbesondere haben sie auch einen Kündigungsschutz für die Dauer der vereinbarten Freistellung. Auch hier hat der Gesetzgeber eine nationale Regelung geschaffen (siehe i. E. → *Pflegezeit*), auch bei der Familienpflegezeit (siehe i. E. → *Familienpflegezeit*).

Eigenes Gesetz für zusätzliche bezahlte Auszeit bei Geburten

Die ebenfalls in der EU-Richtlinie vorgegebene zehntägige bezahlte Auszeit für den zweiten Elternteil rund um die Geburt des Kindes muss Deutschland aufgrund seiner umfassenden Regelungen zu Elternzeit und Elterngeld nicht umsetzen. Die Koalitionspartner haben sich im Koalitionsvertrag (S. 79) jedoch dazu bekannt, eine zweiwöchige Partnerfreistellung nach Geburt einzuführen.

Der gesetzliche Anspruch auf Elterngeld lässt die hier dargestellten Grundzüge der Elternzeit unberührt.

Der Arbeitgeber hat die Pflicht, auf Antrag eine Bescheinigung auszustellen, die folgende Angaben enthält:

- Höhe des Arbeitsentgelts,
- Höhe der abgeführten Lohnsteuer,
- Höhe des Arbeitnehmeranteils der Sozialversicherungsbeiträge,
- Länge der Arbeitszeit.

Die ersten drei Punkte ergeben sich problemlos aus der Entgeltabrechnung. Die Arbeitszeit ist nur dann zu bescheinigen, wenn der Arbeitnehmer während des Bezuges von Elterngeld arbeitet. Während der Erwerbstätigkeit ist der Bezug von Elterngeld nämlich nur dann möglich, wenn der Arbeitnehmer seine Arbeitszeit im Durchschnitt eines Lebensmonats des Kindes auf höchstens 32 Wochenstunden reduziert. Dies führt zu Problemen, da der Arbeitgeber die Arbeitszeit auf der Basis des Kalendermonats gestaltet. Daher muss der Arbeitgeber die tatsächliche wöchentliche Arbeitszeit des Arbeitnehmers erfassen und ihm bestätigen. Der Arbeitgeber ist auch verpflichtet, Auskünfte für vergangene Zeiträume zu erteilen.

WICHTIG!

Der Arbeitgeber – auch der private – muss die Lohnunterlagen über den bisherigen Zeitraum aufbewahren, um auch bei späteren Anfragen Auskünfte erteilen zu können.

Das „Elterngeld Plus" enthält folgende Regelungen:

Sozialrechtliche Regelungen

- Eltern können während der Teilzeittätigkeit doppelt so lange die Förderung durch das Elterngeld in Anspruch nehmen.
- Sind beide Elternteile gleichzeitig für mindestens vier aufeinanderfolgende Monate zwischen 25 und 32 Stunden erwerbstätig, gibt es einen „Partnerschaftsbonus" von vier zusätzlichen Monaten Elterngeld pro Person.
- Paare können bis zu 14 Monate gleichzeitig Elterngeld beziehen und bis zu ab dem 1.9.2021 zweiunddreißig (vorher dreißig) Wochenstunden arbeiten.
- Alleinerziehende können das Elterngeld in gleichem Maße allein nutzen wie Paare und zusammen mit den Partnermonaten bis zu 28 Monate Elterngeld Plus beziehen.

Arbeitsrechtliche Regelungen

- Eltern können eine nicht beanspruchte Elternzeit von bis zu 24 Monaten zwischen dem dritten Geburtstag und dem vollendeten achten Lebensjahr des Kindes nehmen. **Wichtig!** Eine **Zustimmung** des Arbeitgebers hierzu ist **nicht nötig.**
- Die **Anmeldefrist** für die Inanspruchnahme der Elternzeit zwischen dem dritten Geburtstag und der Vollendung des achten Lebensjahres beträgt **dreizehn Wochen.**
- Die Elternzeit kann in drei statt wie früher zwei Abschnitte aufgeteilt werden.
- Wenn der Arbeitgeber nicht innerhalb einer bestimmten Frist dem arbeitnehmerseitigen Teilzeitbegehren in Textform widerspricht, gilt sowohl die Verkürzung der Arbeitszeit als auch deren Verteilung als genehmigt. Die Frist beträgt vier Wochen in den ersten drei Lebensjahren des Kindes und acht Wochen für die Zeit vom dritten Geburtstag bis zum achten Lebensjahr.

Mehrlingsgeburten

- Bei Mehrlingsgeburten wird klargestellt, dass pro Geburt nur ein Anspruch auf Elterngeld besteht. Dafür gibt es für jedes Mehrlingsgeschwisterkind einen Zuschlag von 300,– Euro.

II. Anspruch auf Elternzeit

Anspruchsberechtigt sind:

- Arbeitnehmerinnen und Arbeitnehmer,
- Teilzeitbeschäftigte,

- Auszubildende,
- in Heimarbeit Beschäftigte und Gleichgestellte, wenn sie am Stück arbeiten,

wenn sie mit einem Kind im Haushalt leben,

- für das ihnen die Personensorge zusteht oder
- für das dem Ehepartner oder dem gleichgeschlechtlichen Partner die Personensorge obliegt oder
- das sie mit dem Ziel der Adoption in ihre Obhut genommen haben oder
- wenn ein Härtefall im Sinne von § 1 Abs. 4 BEEG vorliegt, der ausnahmsweise zum Bezug von Elterngeld berechtigt

und dieses Kind selbst erziehen.

Der Anspruch ist jedoch **ausgeschlossen**, solange

- die Mutter bis zum Ablauf der Frist von acht Wochen nach der Entbindung nicht beschäftigt werden darf (der Vater kann als Arbeitnehmer bereits ab der Geburt Elternzeit verlangen).

Die Mutter kann ausnahmsweise während der ersten acht Wochen nach der Geburt Elternzeit in Anspruch nehmen, wenn ein Kind in Adoptionspflege genommen wurde oder wenn wegen eines anderen Kindes Elternzeit genommen wurde.

Für den Anspruch auf Elternzeit ist es unerheblich, ob der Arbeitnehmer auch einen Anspruch auf Erziehungsgeld hat.

TIPP!

Sollten Zweifel daran bestehen, ob der Arbeitnehmer einen Anspruch auf Elternzeit hat, kann der Arbeitgeber mit dessen Zustimmung eine Anfrage an die Erziehungsgeldstelle richten, die dann dazu Stellung nimmt.

Dies ist jedoch keine verbindliche Entscheidung. Letztlich können nur die Arbeitsgerichte abschließend entscheiden.

Auch Großeltern können eine Freistellung erlangen. Folgende Voraussetzungen müssen erfüllt sein:

- der Großelternteil muss mit dem Enkelkind in einem Haushalt leben und dieses betreuen;
- ein Elternteil ist minderjährig oder befindet sich im letzten oder vorletzten Jahr einer Ausbildung, die er vor Vollendung des 18. Lebensjahres begonnen hatte und
- diese Ausbildung muss die Arbeitskraft des Elternteils im Allgemeinen vollständig in Anspruch nehmen.

WICHTIG!

In dieser Zeit darf aber keiner der Elternteile Elternzeit in Anspruch nehmen.

Nach der Gesetzesbegründung soll auch der Besuch einer Hochschule eine Ausbildung in diesem Sinne sein. Dies hat im Gesetzestext aber keinen klaren Niederschlag gefunden.

Die Rechte und Pflichten der Großeltern in dieser Zeit entsprechen im Wesentlichen denen der Eltern.

III. Verlangen des Arbeitnehmers

Die Elternzeit wird nur auf Verlangen des Arbeitnehmers gewährt. Der Arbeitgeber kann auch nicht anordnen, dass ein Arbeitnehmer sie nimmt. Das Verlangen muss mindestens sieben Wochen vor dem beabsichtigten Beginn der Elternzeit in Textform beim Arbeitgeber eingehen (§ 16 Abs. 1 BEEG). Das früher geltende strenge Schriftformerfordernis ist ab dem 1.5.2025 dem Textformgebot gewichen.

WICHTIG!

Zu beachten ist jedoch die Übergangsvorschrift des § 28 BEEG. Hiernach gilt das BEEG für vor dem 1.5.2025 geborene Kinder (jeweils abhängig vom Geburtsdatum) weiterhin in einer Altfassung.

Textform: Gem. § 126b BGB muss die Erklärung auf einem dauerhaften Datenträger abgegeben werden. Dieses muss dem Empfänger ermöglichen, die an ihn persönlich gerichtete Erklärung so aufzubewahren oder zu speichern, dass sie ihm während eines für ihren Zweck angemessenen Zeitraums zugänglich und geeignet ist, die Erklärung unverändert wiederzugeben. In Betracht kommen also Fax, E-Mail, USB-Medium u. ä. Nicht ausreichend ist die Wiedergabe auf einer Internet-Seite, deren Text nicht heruntergeladen werden kann.

WICHTIG!

Wird Elternzeit für die Zeit nach dem 3. Geburtstag des Kindes begehrt, beträgt die Frist drei Monate (§ 16 Abs. 1 Satz 1 Nr. 2 BEEG).

Bei einem späteren Eingang verschiebt sich der Beginn der Elternzeit. Es kann auch früher gestellt werden, auch schon vor der Geburt des Kindes. Bei dringenden Gründen ist ausnahmsweise auch eine angemessene kürzere Frist möglich. Kann ein Arbeitnehmer die Frist aus einem von ihm nicht zu vertretenden Grund nicht einhalten, kann er das Verlangen innerhalb einer Woche nach Wegfall des Hindernisses nachholen (§ 16 Abs. 2 BEEG).

In dem Verlangen muss gleichzeitig angegeben werden, für welche Zeiten innerhalb von zwei Jahren die Elternzeit beansprucht wird (§ 16 Abs. 1 Satz 1 BEEG). Ein Antrag ohne diese Festlegung ist unbeachtlich. Spätestens sieben Wochen (für Geburten ab dem 1.7.2015 dreizehn Wochen) vor Ablauf der Zweijahresfrist muss dann mitgeteilt werden, ob von dem Recht auf Verlängerung um ein weiteres Jahr im unmittelbaren Anschluss Gebrauch gemacht (keine Zustimmung des Arbeitgebers nötig) oder der Antrag auf Übertragung dieses Jahres auf einen späteren Zeitpunkt gestellt wird (Zustimmung des Arbeitgebers war für bis zum 30.6.2015 geborenen Kinder erforderlich).

Frühestmöglicher Beginn der Elternzeit ist der Tag der Geburt. Dies kommt für die Mutter selbst jedoch nicht in Betracht, da sie eine achtwöchige Schutzfrist nach der Geburt hat, während der die Elternzeit nicht angetreten werden kann. Die Elternzeit verlängert sich dadurch aber nicht (§ 15 Abs. 2 Satz 3 BEEG), denn die Höchstdauer ist auf die Vollendung des dritten Lebensjahres begrenzt. Der Vater kann bereits ab dem Tag nach der Geburt maximal bis zu dem eben genannten Zeitpunkt Elternzeit verlangen.

Das Verlangen nach Elternzeit muss in Textform gestellt werden.

Das Begehren muss Angaben zu dem geplanten Zeitraum oder den geplanten Zeiträumen enthalten, in denen die Elternzeit genommen werden soll. Dieser muss sich nicht unmittelbar an die Mutterschutzfrist anschließen. Es müssen nur die geplanten Zeiträume innerhalb der ersten zwei Jahre der Elternzeit angegeben werden. Die Eltern können auch die Festlegungen bereits für drei Jahre bindend vornehmen, müssen das aber nicht von vornherein. Das LAG München hat entschieden, dass ein formwirksames Teilzeitverlangen nicht vorliegt, wenn die Arbeitnehmerin die Verteilung ihrer verringerten Arbeitszeit weder selbst bestimmt noch dem Direktionsrecht des Arbeitgebers überlässt (LAG München v. 9.2.2023, Az. 3 Sa 194/22).

Grundsätzlich sind diese Festlegungen bindend. Gem. § 16 Abs. 3 BEEG kann die Elternzeit aber vorzeitig beendet oder im Rahmen von § 15 Abs. 2 BEEG verlängert werden, wenn der Arbeitgeber zustimmt. Ohne Zustimmung des Arbeitgebers ist eine vorzeitige Beendigung nur möglich wenn eine besondere Härte vorliegt. Diese kann etwa gegeben sein, wenn die wirtschaftliche Existenz des Arbeitnehmers erheblich gefährdet ist. Der Antrag kann auch mündlich gestellt werden. Der Arbeitgeber kann die vorzeitige Beendigung nur innerhalb von vier Wochen ab Antragstellung schriftlich (!) ablehnen. Für die Ablehnung muss ein dringender betrieblicher Grund vorliegen. Eine Ablehnung, die Form und/oder Frist nicht wahrt, ist unbeachtlich, d. h. die Elternzeit wird allein durch die Erklärung der Arbeitnehmerin beendet. Diese kann den nicht verbrauchten Teil der Elternzeit mit Zustimmung des Arbeitgebers (s. unter IV.1.) verschieben. Dieser Teil der Elternzeit geht also nicht unter. Das wirksame Verlangen nach Verkürzung hebt lediglich die Bindungswirkung des ursprünglichen Antrages auf. Das Gleiche gilt, wenn eine Arbeitnehmerin wegen einer erneuten Geburt die Elternzeit verkürzen möchte (§ 16 Abs. 3 BEEG). Hierfür ist erforderlich, dass tatsächlich eine Entbindung vorliegt. Die Beendigung kann nicht mit Wirkung zu einem Zeitpunkt herbeigeführt werden, der noch in der Schwangerschaft mit dem weiteren Kind liegt (BAG v. 8.5.2018, Az. 9 AZR 8/18). Liegen die Voraussetzungen vor, ist die Verkürzung ohne Zustimmung des Arbeitgebers möglich. Die Arbeitnehmerin muss dies aber rechtzeitig mitteilen.

Beispiel:

Eine Arbeitnehmerin hat für zwei Jahre Elternzeit genommen. Nach einem Jahr stirbt ihr Ehemann, sodass sie in erhebliche wirtschaftliche Schwierigkeiten gerät. Deshalb beantragt sie beim Arbeitgeber, die Elternzeit abzubrechen und ihre Arbeit möglichst bald wieder aufnehmen zu können. Der Arbeitgeber muss innerhalb von vier Wochen in Textform widersprechen, wenn er das verhindern will, und es muss ein gewichtiger Grund vorliegen. Das wäre z. B. dann der Fall, wenn für den Betrieb ohnehin Kurzarbeit angeordnet werden musste.

Eine besondere Härte kann auch bei schwerer Krankheit, Behinderung oder Tod eines Elternteils vorliegen (§ 1 Abs. 4 BEEG).

Bei einer erneuten Schwangerschaft kann die Elternzeit auch ohne Zustimmung des Arbeitgebers vorzeitig beendet werden, um die Schutzfristen des Mutterschutzgesetzes in Anspruch zu nehmen. In diesen Fällen soll die Arbeitnehmerin dem Arbeitgeber die Beendigung der Elternzeit rechtzeitig mitteilen (§ 16 Abs. 3 Satz 3 BEEG). Die vorzeitige Beendigung der angemeldeten Elternzeit auch ohne Zustimmung des Arbeitgebers zur Inanspruchnahme von Mutterschutzfristen kann für die Arbeitnehmerin im Hinblick auf das Mutterschaftsgeld finanziell attraktiv sein.

Hat der Arbeitnehmer Elternzeit verlangt, kann er das nicht mehr widerrufen. Dies liegt daran, dass der Arbeitgeber die Elternzeit gar nicht genehmigen muss und auch nicht ablehnen kann, wenn die gesetzlichen Voraussetzungen vorliegen. Sie tritt ohne weiteres Dazutun des Arbeitgebers ein.

Beispiel:

Eine alleinerziehende Mutter verlangt mit Schreiben vom 1.4. Elternzeit für ein Jahr ab dem 1.5. Der Arbeitgeber äußert sich hierzu nicht. Am 2.5. erscheint sie zur Arbeit und erklärt, dass sie es sich anders überlegt habe, zumal der Arbeitgeber der Elternzeit auch gar nicht zugestimmt hat. Hier ist das Arbeitsverhältnis durch die Elternzeit suspendiert, der Arbeitgeber kann die Arbeitnehmerin nach Hause schicken. Umgekehrt könnte er ihr trotz seiner fehlenden Zustimmung nicht etwa eine Abmahnung erteilen, wenn sie ab dem 2.5. nicht mehr zur Arbeit kommt.

IV. Dauer

1. Kein einheitlicher Zeitraum

Die Gesamtdauer der Elternzeit beträgt drei Jahre. Bei Mehrlingsgeburten verlängert sie sich nicht. Sie beginnt grundsätzlich mit dem von der Mutter oder dem Vater gewählten Zeitpunkt, der auch innerhalb der Schutzfrist liegen kann. Die gleichzeitige Elternzeit von Vater und Mutter zählt einfach.

Beispiel:

Vater und Mutter wollen die Elternzeit in vollem Umfang gemeinsam nehmen. Jedem stehen die vollen drei Jahre zu.

Bei mehreren Kindern besteht der Anspruch für jedes Kind. Dies gilt auch dann, wenn sich die Dreijahreszeiträume (bzw. bei teilweiser Übertragung die Achtjahreszeiträume) überschneiden (§ 15 Abs. 2 Satz 3 BEEG).

Beispiel:

Das erste Kind wird am 4.12.2016 geboren, das zweite am 24.12.2018. Zunächst wurde für das erste Kind der volle Dreijahreszeitraum an Elternzeit in Anspruch genommen, also der Zeitraum bis zum 3.12.2019. Dasselbe wird für das zweite Kind gemacht, also bis zum 23.12.2021. Die Elternzeit des ersten und zweiten Kindes überschneidet sich. Daher können die Eltern mit Einverständnis des Arbeitgebers einen Anteil von bis zu 12 Monaten für das zweite Kind auf einen späteren Zeitraum bis zu dessen achten Lebensjahr übertragen.

Diese Regelung gilt nicht nur für die leiblichen Eltern, sondern auch für alle anderen Anspruchsberechtigten (s. unter II.).

Die Elternzeit muss nicht in einem einheitlichen Zeitraum genommen werden. Der Arbeitnehmer kann auch mehrere Zeiträume in Anspruch nehmen und sich mit dem anderen Elternteil abwechseln (§ 16 Abs. 1 BEEG).

Die Elternzeit kann auf jeweils drei (früher zwei) Zeiträume pro berechtigter Person aufgeteilt werden. Eine weitere Aufteilung ist auch ohne Zustimmung des Arbeitgebers zulässig. Verlangt ein Elternteil aber Elternzeit für das dritte Lebensjahr des Kindes, bedurfte dies schon bisher nicht der Zustimmung des Arbeitgebers. Ein Jahr der Elternzeit muss aber nicht bis zum 3. Lebensjahr des Kindes genommen werden, sondern ist bis zur Vollendung des 8. Lebensjahrs übertragbar (§ 15 Abs. 2 Satz 1 BEEG). Dabei ist wiederum die Ankündigungsfrist von früher sieben und jetzt 13 Wochen einzuhalten (für Geburten ab 1.7.2015).

Beispiel:

Die Arbeitnehmerin hat vor der Geburt mitgeteilt, dass sie das erste Jahr nach der Geburt Elternzeit in Anspruch nimmt und ihr Ehemann das zweite. Sie kann dem Arbeitgeber sieben Wochen vor dem Ende des zweiten Jahrs mitteilen, dass sie im dritten Jahr die restliche Elternzeit nimmt. Es ist aber auch möglich, dass dieser restliche Teil bis zur Vollendung des 8. Lebensjahrs hinausgeschoben wird. Für Geburten ab dem 1.7.2015 gelten 13 Wochen.

WICHTIG!

Diese Möglichkeit setzt nicht mehr das Einverständnis des Arbeitgebers voraus.

2. Verlängerung

Der Arbeitnehmer hat Anspruch auf Verlängerung der Elternzeit, wenn der vorgesehene Wechsel unter den berechtigten Elternteilen aus wichtigem Grund nicht erfolgen kann. Dabei reicht es aber nicht aus, wenn der Partner unerwartet eine besser dotierte Stelle angeboten bekommt und mit Rücksicht darauf nun doch keine Elternzeit nehmen möchte. Es müssen gravierende Gründe sein, die das Interesse des Arbeitgebers an einer Planungssicherheit in den Hintergrund treten lassen. Der Arbeitgeber muss billiges Ermessen walten lassen (BAG v. 18.10.2011, Az. 9 AZR 315/10).

Beispiel:

Im obigen Beispiel wird der Ehemann der Arbeitnehmerin eine Woche vor Ablauf der Elternzeit der Mutter in Untersuchungshaft genommen. Ihm droht die Verhängung einer mehrjährigen Haftstrafe. Hier kann die Arbeitnehmerin eine Verlängerung der Elternzeit verlangen. Sie braucht dabei nicht die Ankündigungsfrist von vier Wochen einzuhalten, muss aber dem Arbeitgeber unverzüglich die Änderung mitteilen. Der Arbeitgeber kann ihr nicht entgegenhalten, dass eine Betreuung des Kindes z. B. bei den Großeltern möglich sei. Auch bei der Verlängerung der Elternzeit muss der Arbeitgeber nicht sein Einverständnis erklären, sondern sie tritt schon durch das (begründete) Verlangen ein.

WICHTIG!

Die Ankündigung, die Elternzeit im unmittelbaren Anschluss für ein drittes Jahr nehmen zu wollen, stellt kein Verlängerungsverlangen in diesem Sinne dar. Es ist an keine Voraussetzungen außer an die Wahrung der Ankündigungsfrist gebunden (LAG Berlin-Brandenburg v. 19.12.2018, Az. 21 Sa 390/18).

Liegt kein wichtiger Grund für eine Verlängerung vor, endet die Elternzeit zu dem ursprünglich vorgesehenen Termin. Der Arbeitnehmer bleibt dann unberechtigt der Arbeit fern. Der Arbeitgeber kann in diesem Fall eine Abmahnung erteilen. Kommt der Arbeitnehmer daraufhin immer noch nicht zur Arbeit, kann verhaltensbedingt gekündigt werden.

WICHTIG!

Die Verlängerung von Elternzeit bedarf stets einer Zustimmung des Arbeitgebers, § 16 Abs. 3 Satz 1 BEEG. Anders als § 15 Abs. 7 Satz 5 BEEG für Anträge auf Teilzeit während der Elternzeit sieht das Gesetz bei der Elternzeitverlängerung keine Zustimmungsfiktion vor (BAG v. 5.9.2023, Az. 9 AZR 329/22).

3. Ende

Die Elternzeit endet spätestens mit dem Ablauf des Tages, der dem dritten Geburtstag des Kindes vorangeht, wenn die Eltern von der Möglichkeit der Verschiebung des letzten Jahrs keinen Gebrauch gemacht haben.

Beispiel:

Das Kind wird am 11.4.2021 geboren. Die Elternzeit kann höchstens bis zum 10.4.2022 genommen werden. Die Höchstdauer muss aber nicht ausgeschöpft werden.

Bei Adoptivkindern beträgt die Höchstdauer der Elternzeit ebenfalls drei Jahre, endet aber erst mit der Vollendung des 7. Lebensjahres des Kindes. Um die Höchstfrist auszunutzen, muss die Elternzeit also spätestens am vierten Geburtstag angetreten werden.

4. Geburt eines weiteren Kindes

Die Elternzeit wird jeweils in Bezug auf ein Kind gewährt. Die Geburt eines weiteren Kindes während der Elternzeit hat keinen Einfluss auf deren Dauer (Ausnahme: Das erste Kind wurde nach dem 1.1.2001 geboren und der Arbeitnehmer beantragt die Verkürzung, s. o. III.). Für das weitere Kind kann aber erneut Elternzeit verlangt werden, sodass sich die Höchstfrist von drei Jahren erheblich verlängern kann (zur Übertragung s. o. unter IV.1.).

Beispiel:

Eine Arbeitnehmerin bekommt am 1.8.2019 ein Kind und verlangt Elternzeit für den Höchstzeitraum ab Ende der Schutzfrist. Diese Elternzeit würde also am 31.7.2022 enden. Am 1.6.2022 bekommt sie ein weiteres Kind. Hier kann sie für das zweite Kind wieder Elternzeit verlangen, bis dieses das dritte Lebensjahr vollendet hat, also bis zum 31.5.2025.

Es läuft aber keineswegs immer eine Dreijahresfrist ab dem Ende der ersten Elternzeit. Vielmehr ist maßgeblich, wann das weitere Kind das dritte Lebensjahr vollendet.

Verlangt eine Arbeitnehmerin, die zunächst nach der Geburt ihres Kindes Elternzeit von zwei Jahren beansprucht hat, sofort anschließend die weitere Elternzeit bis zur Vollendung des 3. Lebensjahres des Kindes, stellt dies keine zustimmungspflichtige Verlängerung der Elternzeit dar. Nur das fristgemäß und formgerecht erklärte Verlangen bewirkt, dass sich die Arbeitnehmerin auch für diesen Zeitraum in Elternzeit befindet.

5. Tod des Kindes

Stirbt das Kind während der Elternzeit, endet diese spätestens drei Wochen nach dem Sterbefall. Das Ende der Elternzeit tritt also nicht unmittelbar nach dem Tod des Kindes ein, sondern grundsätzlich erst drei Wochen danach (ArbG Bonn v. 15.12.2016, Az. 3 Ca 1935/16). Allerdings kann vorher arbeitnehmerseitig eine Beendigung der Elternzeit herbeigeführt werden. Liegt der Tag, an dem das Kind sein drittes Lebensjahr vollendet hätte, noch vor dem Ablauf der Dreiwochenfrist, endet die Elternzeit schon zu diesem Zeitpunkt. Der Sterbefall muss dem Arbeitgeber unverzüglich mitgeteilt werden. Stirbt das Kind bereits vor Antritt der Elternzeit, tritt diese nicht ein. Das gilt auch dann, wenn der Arbeitnehmer schon ein entsprechendes Verlangen gestellt hatte.

V. Auswirkungen der Elternzeit auf das Arbeitsverhältnis

1. Allgemeine Rechte und Pflichten

Während der Elternzeit besteht das Arbeitsverhältnis fort, die Rechte und Pflichten hieraus ruhen aber grundsätzlich. § 15 Abs. 2 Satz 6 BEEG verbietet nicht nur Regelungen, die den Anspruch auf Elternzeit unmittelbar einschränken, sondern auch solche, die sich auf die arbeitsrechtliche Stellung der Arbeitnehmer vor oder nach der Elternzeit, sei es auch nur mittelbar, nachteilig auswirken. Diese Vorschrift steht daher sämtlichen, auch tarifvertraglichen Regelungen entgegen, die die von Art. 6 GG geschützte Freiheit, sich für die Elternzeit zu entscheiden, um Familie und Beruf vereinbaren zu können, beeinträchtigen, sofern sich der Nachteil nicht allein aus der gesetzlichen Ausgestaltung der Elternzeit als ruhendes Arbeitsverhältnis ergibt (BAG v. 12.4.2016, Az. 6 AZR 731/13). Im Einzelnen gilt Folgendes:

- **Abfindung:**

  Bei der einseitigen Beendigung eines Arbeitsvertrags während der Elternzeit ist die Entschädigung auf Grundlage des arbeitsvertraglichen und nicht des reduzierten Gehalts zu berechnen. So hat der EuGH im Rahmen eines Vorabentscheidungsverfahrens die Elternzeitrichtlinie (96/34/EG) ausgelegt (EuGH v. 27.2.2014, Az. C 588/12). Damit dürfte der Anwendungsbereich der BAG-Entscheidung v. 22.9.2009, Az. 1 AZR 316/08 eingeschränkt sein. Dort hatte das BAG entschieden, dass Sozialpläne regeln können, dass in Fällen, in denen sich die individuelle Arbeitszeit in der näheren Vergangenheit wesentlich geändert hat, nicht das letzte Entgelt, sondern eine die gesamte Betriebszugehörigkeit einbeziehende Durchschnittsberechnung maßgeblich ist. Hiernach wäre es also auch zulässig, auf Teilzeitbeschäftigung keine Rücksicht zu nehmen. Diese Ansicht dürfte durch die o. g. Entscheidung des EuGH nicht mehr haltbar sein.

- **Altersversorgung:**

  Ein Ausschluss von Steigerungen der Anwartschaft während der Elternzeit ist zulässig (BAG v. 20.4.2010, Az. 3 AZR 370/08). Ein Tarifvertrag darf bei der Ablösung eines Versorgungssystems, nach welchem Ansprüche auf Versorgung voraussetzten, dass die Arbeitnehmer eine ausreichende Anzahl vergüteter Monate bei der Arbeitgeberin gearbeitet haben (sog. Wartezeit), auch für die Einführung einer hierauf bezogenen Besitzstandskomponente danach unterscheiden, ob die Arbeitnehmer die Wartezeit erfüllt haben. Erziehungs- oder Elternzeiten ohne Vergütungsansprüche müssen dabei in die Wartezeit nicht einbezogen werden (BAG v. 6.5.2025, Az. 3 AZR 65/24).

- **Arbeitsentgelt:**

  Es ist nicht zu zahlen. Dies gilt für sämtliche laufende Bezüge, auch für Sachbezüge. Die Elternzeit darf bei Entgeltbestandteilen, die auf das aktive Arbeitsverhältnis abstellen, anspruchsmindernd berücksichtigt werden (BAG v. 27.1.2011, Az. 6 AZR 526/09).

- **Arbeitsunfähigkeit:**

  Sie führt nicht zum Anspruch auf Entgeltfortzahlung und verändert die Lage der Elternzeit nicht, auch nicht, wenn sie am Anfang auftritt (z. B.: Der Arbeitnehmer hat Elternzeit ab dem 1.7. beantragt. Am 10.6. erkrankt er arbeitsunfähig bis zum 3.8. Er hat nur bis zum 30.6. Anspruch auf Entgeltfortzahlung.).

- **Auszubildende:**

  Das Ausbildungsverhältnis verlängert sich um die Zeitdauer der Elternzeit, auch dann, wenn der Auszubildende darin Teilzeitarbeit geleistet hat.

- **Betriebliche Altersversorgung:**

  Die Unverfallbarkeitsfrist läuft weiter, Arbeitgeberbeiträge sind nicht zu entrichten.

- **Betriebsrat:**

  Der Arbeitnehmer behält das aktive und passive Wahlrecht und verliert auch nicht das Betriebsratsamt (BAG v. 30.6.2021, Az. 7 ABR 24/20). Während der Elternzeit gilt er nicht ohne weiteres als verhindert. Dies gilt jedenfalls dann, wenn er nicht bekundet, dass er das Amt trotzdem wahrnehmen möchte. Bis dahin hat er auch Anspruch auf Ersatz der Fahrtkosten, z. B. zu Betriebsratssitzungen.

- **Betriebsversammlung:**

  Der Arbeitnehmer hat ein Zutrittsrecht und kann für die dort verbrachte Zeit Vergütung verlangen.

- **Bewährungszeiten:**

  Sie werden unterbrochen, wenn sie dem Zweck dienen, dass der durch die Tätigkeit erzielte Qualifikationszuwachs berücksichtigt werden soll (BAG v. 27.1.2011, Az. 6 AZR 526/09 für die Stufenlaufzeit nach dem TVöD). Allerdings ist eine Regelung unwirksam, nach der die Inanspruchnahme von Elternzeit nur bis zu einer Gesamtdauer von fünf Jahren als unschädlich angesehen wurde und längere Unterbrechungszeiträume zum Verlust der gesamten bis dahin zurückgelegten Bewährungszeit führten (§ 23a Satz 2 Nr. 4 Satz 2 Buchst. d BAT, BAG v. 12.4.2016, Az. 6 AZR 731/13).

- **Dienstwagen:**

  Er muss dem Arbeitgeber zurückgegeben werden, auch wenn im Arbeitsvertrag ein Recht zur privaten Nutzung vereinbart worden ist.

- **Gratifikationen und Jahressonderleistungen:**

  Bei Sonderleistungen, die auf einem Tarifvertrag, einer Betriebsvereinbarung oder den Vereinbarungen im Einzelarbeitsvertrag beruhen, ist zu prüfen, ob diese Kürzungsregelungen für die Elternzeit enthalten. Derartige Vereinbarungen sind zulässig. Fehlt es hieran, muss man den Grund für die Sonderzahlung prüfen: Wenn sie als Gegenleistung zur tatsächlich erbrachten Arbeitsleistung des Arbeitnehmers anzusehen ist, braucht sie während der Elternzeit nicht gezahlt zu werden. Auch ein vertraglich vereinbartes 13. Monatsgehalt muss nicht weitergezahlt werden. Wenn die Zuwendung aber z. B. nur die Betriebstreue belohnen soll, fällt sie auch während der Elternzeit an. Sieht der Arbeitsvertrag eine Rückzahlung der Weihnachtsgratifikation nur dann vor, wenn der Arbeitnehmer bis zu einem bestimmten Datum des Folgejahres aus von ihm zu vertretenden Gründen ausscheidet, steht das Ruhen des Arbeitsverhältnisses aufgrund von Inanspruchnahme von Elternzeit dem Anspruch auf Zahlung der Gratifikation nicht entgegen. Die Kürzung des aufgrund betrieblicher Übung gewährten Urlaubsgeldes wegen Fehlzeiten im Zusammenhang mit von Beschäftigten genommener Elternzeit kommt jedenfalls dann nicht in Betracht, wenn das Urlaubsgeld als saisonale Sonderzahlung unabhängig von der tatsächlichen Urlaubsnahme im Betrieb gewährt wird (LAG Saarland v. 22.4.2015, Az. 2 Sa 103/14).

- **Inflationsausgleichsprämie:**

  Die Tarifvertragsparteien dürfen Beschäftigte in Elternzeit von dem Bezug der Inflationsausgleichsprämie ausnehmen (LAG Düsseldorf v. 14.8.2024, Az. 14 SLa 303/24, nicht rechtskräftig, Revision anhängig unter 10 AZR 261/24). Es sind noch mehrere Revisionsverfahren zu anderen Tarifverträgen anhängig.

- **Kündigungsschutzgesetz:**

  Die Wartezeit von sechs Monaten (§ 1 Abs. 1 KSchG) läuft auch während der Elternzeit.

- **Massenentlassung:**

  Beschäftigte in Elternzeit sind bei einer Massenentlassung unabhängig vom Zeitpunkt des Zugangs der Kündigungserklärung in den Schutz des § 17 KSchG einzubeziehen (BVerfG v. 8.6.2016, Az. 1 BvR 3634/13). Bereits der Eingang des Antrages auf Zustimmung der Kündigung bei der Behörde ist eine „Entlassung" i. S. v. § 17 KSchG (BAG v. 26.1.2017, Az. 6 AZR 442/16).

- **Sozialplanabfindung:**

  Eine Gleichbehandlung von Teilzeitbeschäftigten und Elternzeitbeschäftigten bei der Bemessung der Höhe der Sozialplanabfindung ist nicht grundsätzlich geboten. Der besondere Schutz der Eltern kann deren Besserstellung rechtfertigen (BAG v. 5.5.2015, Az. 1 ABR 826/13). Bei der Berechnung der Sozialplanabfindung eines Arbeitnehmers, der im Referenzmonat Teilzeit während einer Elternzeit leistet, ist dasjenige Bruttomonatsgehalt maßgebend, das ihm arbeitsvertraglich zugestanden hätte, wenn er sich im Referenzmonat nicht in Elternzeit befunden hätte (BAG v. 15.5.2018, Az. 1 AZR 20/17).

- **Urlaubsgeld:**

  Eine Kürzung des aufgrund betrieblicher Übung gewährten Urlaubsgeldes wegen Fehlzeiten im Zusammenhang mit von Beschäftigten genommener Elternzeit kommt jedenfalls dann nicht in Betracht, wenn das Urlaubsgeld als saisonale Sonderzahlung unabhängig von der tatsächlichen Urlaubsnahme im Betrieb gewährt wird (LAG Saarland v. 22.4.2015, Az. 2 Sa 103/14).

- **Vermögenswirksame Leistungen:**

  Sie sind nicht zu zahlen.

- **Werkwohnung:**

  Sie muss vom Arbeitnehmer nicht geräumt werden. Ist sie im Hinblick auf das Arbeitsverhältnis verbilligt überlassen worden, kann der Arbeitgeber für die Dauer der Elternzeit den ortsüblichen Mietzins verlangen.

- **Zeugnis:**

  Die Elternzeit darf in einem Zeugnis nur erwähnt werden, wenn sie eine wesentliche Unterbrechung der Tätigkeit darstellt. Das ist dann gegeben, wenn bei einem möglichen späteren Arbeitgeber der falsche Eindruck entstünde, die Beurteilung beruhe auf der gesamten Dauer des rechtlichen Bestandes des Arbeitsverhältnisses, während der Beurteilungszeitraum in Wahrheit durch die Elternzeit erheblich verkürzt worden ist.

2. Sonderfall: Erholungsurlaub

Der Arbeitgeber kann den Erholungsurlaub des Arbeitnehmers für jeden vollen Kalendermonat der Elternzeit um ein Zwölftel kürzen (§ 17 Abs. 1 BEEG). Deshalb entstehen auch in der Elternzeit Urlaubsansprüche (BAG v. 17.5.2011, Az. 9 AZR 197/10). Die Regelung ist mit europäischem Recht vereinbar (EuGH v. 4.10.2018, Az. C-12/17) LAG Berlin-Brandenburg v. 15.6.2018, Az. 3 Sa 42/18; LAG Hamm v. 30.5.2018, Az. 5 Sa 1516/17). Für angebrochene Kalendermonate gibt es keine Kürzungsmöglichkeit, auch nicht anteilmäßig. Bei einer Elternzeit vom 3.5. bis 29.6. wäre also gar keine Kürzung möglich. In welchem Umfang die Kürzung zulässig ist, muss für jedes Kalenderjahr extra berechnet werden. Die Kürzung des Erholungsurlaubs tritt nicht automatisch ein, der Arbeitgeber muss dem Arbeitnehmer eine entsprechende Mitteilung machen. Das Fristenregime des § 7 Abs. 3 BGB findet während der Elternzeit keine Anwendung. § 17 Abs. 1 Satz 1 und § 17 Abs. 2 BEEG gehen jenen Regelungen vor. Eine Quotelungsklausel, die eine anteilige Kürzung im Falle des Ausscheidens aus dem Arbeitsverhältnis in der zweiten Jahreshälfte vorsieht und nicht zugleich den gesetzlichen Mindesturlaub garantiert, ist gemäß § 13 Abs. 1 BUrlG nichtig. Insofern kommt weder eine geltungserhaltende Reduktion noch eine ergänzende Vertragsauslegung in Betracht (BAG v. 5.7.2022, Az. 9 AZR 341/21).

WICHTIG!

Der Arbeitgeber kann das Kürzungsrecht nach § 17 Abs. 1 Satz 1 BEEG nur im bestehenden Arbeitsverhältnis durch Abgabe einer rechtsgeschäftlichen Erklärung ausüben. Eine solche rechtsgeschäftliche Erklärung muss dem Arbeitnehmer auch zugehen (LAG München v. 12.1.2023, Az. 3 Sa 358/22). Der Arbeitgeber muss den Zugang erforderlichenfalls beweisen. Er kann den Urlaub vor, während und nach dem Ende der Elternzeit kürzen, nicht jedoch vor der Erklärung des Arbeitnehmers, Elternzeit in Anspruch zu nehmen (LAG Niedersachsen v. 27.2.2024, Az. 10 Sa 586/23; LAG Rheinland-Pfalz v. 17.2.2021, Az. 7 Sa 245/20). Auch nach Beendigung des Arbeitsverhältnisses ist eine Kürzung nicht mehr möglich, weil dann kein Urlaubsanspruch, sondern ein Urlaubsabgeltunganspruch besteht (BAG v. 16.4.2024, Az. 9 AZR 165/23 und BAG v. 19.3.2019, Az. 9 AZR 495/17). Der Wille des Arbeitgebers zur Kürzung muss sich auch mit hinreichender Deutlichkeit aus seinen Äußerungen ergeben (LAG Hamm v. 30.5.2018, Az. 5 Sa 1516/17). Dabei kann es nach einer in der Rechtsprechung vertretenen Auffassung genügen, dass eine abschließende Entgeltabrechnung einen Urlaubsanspruch von „Null" ausweist (LAG Baden-Württemberg v. 16.9.2021, Az. 4 Sa 62/20). Die Tarifnorm des § 26 Abs. 2c TVöD enthält oder ersetzt nicht die nach § 17 Abs. 1 Satz 1 BEEG erforderliche Erklärung des Arbeitgebers, den Erholungsurlaub für jeden vollen Kalendermonat der Elternzeit um ein Zwölftel zu kürzen (LAG Niedersachsen v. 27.2.2024, Az. 10 Sa 586/23).

Formulierungsbeispiel:

„Sie befinden sich in der Zeit vom 1.3. bis 30.9. dieses Jahres in Elternzeit. Gem. § 17 Abs. 1 BEEG kürzen wir hiermit den Ihnen zustehenden Jahresurlaub von 30 Tagen um ein Zwölftel pro Monat der Elternzeit, also um sieben Zwölftel. Statt des Jahresurlaubs von 30 Tagen stehen Ihnen somit nur 12,5 Tage zu."

Hat ein Arbeitnehmer Anspruch auf Urlaub, der weniger als einen halben Urlaubstag beträgt, ist der Anspruch weder auf volle Urlaubstage auf- noch auf volle Urlaubstage abzurunden, sofern nicht gesetzliche, tarif- oder arbeitsvertragliche Bestimmungen Abweichendes regeln. Es verbleibt bei dem Anspruch auf den bruchteiligen Urlaubstag (BAG v. 23.1.2018, Az. 9 AZR 200/17).

WICHTIG!

Diese Erklärung muss dem Arbeitnehmer auch zugehen (BAG v. 5.7.2022, Az. 9 AZR 341/21). Der Arbeitgeber ist hierfür beweispflichtig. Hier ist dieselbe Sorgfalt geboten wie bei der Übermittlung von Kündigungserklärungen.

Eine Kürzung gilt auch dann als erfolgt, wenn der Arbeitnehmer von vornherein nur den kürzeren Urlaub beantragt und der Arbeitgeber ihm diesen bewilligt. Hat der Arbeitgeber ihm jedoch auf seinen Antrag hin gleich den vollen Urlaub gewährt, kann er die Kürzung später nicht mehr vornehmen.

ACHTUNG!

Diese Kürzungsmöglichkeit besteht nicht, wenn der Arbeitnehmer während der Dauer der Elternzeit Teilzeitarbeit bei seinem Arbeitgeber leistet (§ 17 Abs. 1 BEEG). Wird die Teilzeitarbeit jedoch bei einem anderen Arbeitgeber geleistet, kann gekürzt werden.

Hat der Arbeitnehmer bei Beginn der Elternzeit noch restliche Ansprüche auf Erholungsurlaub, muss dieser Resturlaub nach Ende der Elternzeit entweder im laufenden oder im folgenden Jahr gewährt werden. Das Fristenregime des § 7 Abs. 3 BUrlG findet während der mutterschutzrechtlichen Beschäftigungsverbote und der Elternzeit keine Anwendung. Während der Elternzeit gehen die gesetzlichen Sonderregelungen in § 17 Abs. 1 Satz 1 und Abs. 2 BEEG den allgemeinen Befristungsregelungen in § 7 Abs. 3 BUrlG vor (BAG v. 16.4.2024, Az. 9 AZR 165/23). Der Urlaub verfällt also nicht mit Ablauf des Kalenderjahres bzw. des Übertragungszeitraums bis Ende März des Folgejahres. Erst für das auf das Ende der Elternzeit folgende Jahr gelten dann die Regelungen des § 7 Abs. 3 BUrlG. Das bedeutet, dass der Urlaub grundsätzlich in diesem Kalenderjahr genommen werden muss, aber in die ersten drei Monate des folgenden Kalenderjahrs übertragen werden kann, wenn dringende betriebliche oder in der Person des Arbeitnehmers liegende Gründe dies rechtfertigen (BAG v. 15.12.2015, Az. 9 AZR 52/15).

Beispiel:

Der Entscheidung des BAG lag folgender Fall zugrunde: Die Arbeitnehmerin hatte im Jahr der Entbindung (2011) keinen Urlaub. Die Elternzeit endete im Dezember 2012. Danach war sie bis Ende 2013 arbeitsunfähig erkrankt. Sie hatte auch Anspruch auf Urlaubsabgeltung für 2011. Maßgeblich für das Fristenregime des § 7 Abs. 3 BUrlG ist das Jahr 2013, also das Folgejahr der Beendigung der Elternzeit. Da die Arbeitnehmerin in diesem Jahr wegen der Erkrankung keinen Urlaub nehmen konnte, war der Urlaub aus 2011 jedenfalls bis zum 31.3.2014 zu übertragen. Auch in seiner aktuellen Entscheidung vom 19.3.2019 betont das BAG, dass Urlaub, der nach § 17 Abs. 1 Satz 1 BEEG für jeden vollen Kalendermonat der Elternzeit um ein Zwölftel gekürzt werden kann, während der Elternzeit nicht gemäß § 7 Abs. 3 BUrlG mit Ablauf des Urlaubsjahres oder des Übertragungszeitraums verfällt (BAG v. 19.3.2019, Az. 9 AZR 495/17).

WICHTIG!

Der Erholungsurlaub ist nur so weit übertragbar, soweit er ohne die Elternzeit hätte gewährt werden können. Wird das Arbeitsverhältnis im Anschluss an die Elternzeit nicht fortgesetzt, sondern zum Ende der letzten Elternzeit beendet, oder endet das Arbeitsverhältnis während der Elternzeit, hat der Arbeitgeber den noch nicht gewährten Urlaub abzugelten, § 17 Abs 3 BEEG. Kann Urlaub wegen Beendigung des Arbeitsverhältnisses ganz oder teilweise nicht mehr gewährt werden, so ist er nach § 7 Abs 4 BurlG abzugelten (LAG München v. 12.1.2023, Az. 3 Sa 358/22).

Tritt z. B. der Arbeitnehmer am 15.3. die Elternzeit an, dann können von dem vierwöchigen Resturlaub aus dem Vorjahr nur zwei Wochen übertragen werden. Ohne die Elternzeit hätte der Arbeitnehmer nämlich auch nur bis zum Ende des Übertragungszeitraums am 31.3. (Tarifverträge können hier etwas anderes bestimmen) Urlaub erhalten.

ACHTUNG!

Der vor der ersten Elternzeit bestehende Anspruch auf Erholungsurlaub wird auf die Zeit nach einer weiteren Elternzeit übertragen, die sich unmittelbar an die frühere Elternzeit anschließt. Dieser Anspruch wurde einer Klägerin auch in einem Fall zugesprochen, in dem zwischen den beiden Elternzeiten ein Zeitraum von 10 Monaten lag (BAG v. 23.1.2018, Az. 9 AZR 200/17). Scheidet der Arbeitnehmer nach der Elternzeit aus dem Arbeitsverhältnis aus, muss der Erholungsurlaub abgegolten werden, wenn er sonst übertragen worden wäre. Auch wenn das Arbeitsverhältnis über das Ende der Elternzeit hinaus zunächst fortgesetzt und dann zu einem späteren Zeitpunkt beendet wird, sind Urlaubsansprüche, die nach § 17 Abs. 2 BEEG übertragen worden sind und wegen der Beendigung des Arbeitsverhältnisses nicht mehr genommen werden können, gemäß § 7 Abs. 4 BUrlG abzugelten. § 6 BUrlG führt nicht dazu, dass der Urlaubsanspruch gegen Altarbeitgeber bei Beendigung des

Arbeitsverhältnisses in der 2. Jahreshälfte um die Urlaubstage, die in einem neuen Arbeitsverhältnis entstehen, zu kürzen ist (LAG Mecklenburg-Vorpommern v. 16.6.2017, Az. 4 Sa 7/17). Die Arbeitnehmerin im obigen Beispiel würde also auch keine Abgeltung ihres Erholungsurlaubs erhalten, wenn sie zum Ende ihrer Elternzeit ausscheiden würde. Urlaubsgeld ist nur dann zu zahlen, wenn überhaupt Urlaub hätte gewährt werden können. Wird das Arbeitsverhältnis im Anschluss an die Elternzeit nicht fortgesetzt, sondern zum Ende der letzten Elternzeit beendet, oder endet das Arbeitsverhältnis während der Elternzeit, hat der Arbeitgeber den noch nicht gewährten Urlaub abzugelten, § 17 Abs. 3 BEEG. Kann Urlaub wegen Beendigung des Arbeitsverhältnisses ganz oder teilweise nicht mehr gewährt werden, so ist er nach § 7 Abs. 4 BurlG abzugelten (LAG München v. 12.1.2023, Az. 3 Sa 358/22).

Ergänzend hat das BAG entschieden, dass § 24 Satz 2 MuSchG, (danach kann eine Frau den vor Beginn eines Beschäftigungsverbots nicht [vollständig] erhaltenen Urlaub nach Ende des Beschäftigungsverbots im laufenden oder im nächsten Urlaubsjahr nehmen), auch einem Verfall solcher Urlaubsansprüche entgegensteht, die während mehrerer unmittelbar aufeinanderfolgender mutterschutzrechtlicher Beschäftigungsverbote entstanden sind. Während § 3 Abs. 1 BUrlG die Zahl der Urlaubstage ausgehend vom Erholungszweck grundsätzlich in Abhängigkeit von der Anzahl der Tage mit Arbeitspflicht bestimmt, stellt § 24 Satz 1 MuSchG Ausfallzeiten wegen eines Beschäftigungsverbots bei der Urlaubsberechnung Zeiten tatsächlicher Arbeitsleistung gleich. Diese Ausnahmeregelung umfaßt nicht nur den gesetzlichen Mindesturlaub, sondern auch einen diesen übersteigenden Mehrurlaub (BAG v. 20.8.2024, Az. 9 AZR 226/23). Zu demselben Ergebnis kommt das LAG Hamm. Es hat festgestellt, dass § 24 Satz 2 MuSchG und § 17 Abs. 2 BEEG keine Verlängerung des dreimonatigen Übertragungszeitraums des § 7 Abs. 3 Satz 3 BUrlG beinhalten, sondern eine eigenständige, von § 7 Abs. 3 BUrlG abweichende Regelung des Urlaubsjahres. Vor Ablauf des danach zu bestimmenden Urlaubsjahres könne daher ein Verfall von Urlaubsansprüchen nicht eintreten (LAG Hamm v. 11.9.2025, Az. 13 SLa 316/25).

Wenn der Arbeitnehmer bei Beginn der Elternzeit bereits mehr Erholungsurlaub erhalten hat, als ihm nach der Kürzung zustünde, kann der Arbeitgeber den Erholungsurlaub nach dem Ende der Elternzeit entsprechend kürzen. Wird das Arbeitsverhältnis zum Ende der Elternzeit beendet, gibt es aber keine Möglichkeit, das zu viel gezahlte Urlaubsentgelt zurückzufordern. Zur Höhe der Urlaubsabgeltung hat das BAG folgende Grundsätze aufgestellt: „Hat der Arbeitnehmer im Referenzzeitraum seine Arbeit unverschuldet versäumt, ist sein gewöhnlicher Arbeitsverdienst für die nach dem Arbeitsvertrag geschuldete regelmäßige Arbeitszeit zugrunde zu legen. Verdienstkürzungen, die im Berechnungszeitraum infolge von Kurzarbeit, Arbeitsausfällen oder unverschuldeter Arbeitsversäumnis eintreten, führen nach § 11 Abs. 1 Satz 3 BUrlG zu keiner Minderung des Abgeltungsanspruchs. Zu den Zeiten unverschuldeter Arbeitsversäumnis zählen auch Abwesenheitszeiten infolge Elternzeit" (BAG v. 16.4.2024, Az. 9 AZR 165/23).

3. Sonderfall: Teilzeitbeschäftigung

Jeder Elternteil kann während der Elternzeit einer Teilzeitbeschäftigung nachgehen, die bislang nicht mehr als 32 Stunden pro Woche umfasst (§ 15 Abs. 4 BEEG). Durch Gesetz vom 15.2.2021 (BGBl. Teil I, 239) ist diese Grenze mit Wirkung ab 1.9.2021 auf 32 Stunden angehoben worden. Die Höchstgrenze von 32 Stunden je Elternteil gilt auch dann, wenn der andere Elternteil seine Höchstgrenze nicht voll ausschöpft. Es kann also nicht ein Elternteil 35 Stunden arbeiten und der andere 27, sondern beide maximal 32 Stunden.

Diese 32-Stunden-Grenze ist flexibel: Nach § 15 Abs. 4 Satz 1 BEEG ist maßgeblich, dass die Erwerbstätigkeit 32 Wochenstunden im Durchschnitt des Monats nicht übersteigt. Ab dem 1.5.2025 gilt die Beschränkung auf 32 Wochenstunden nicht für die Tätigkeit einer im Sinne der §§ 23 und 43 SGB VIII geeigneten Kindertagespflegeperson.

Besteht bereits ein Teilzeitarbeitsverhältnis, kann dieses in der Elternzeit mit bis zu 32 Wochenstunden fortgesetzt werden (§ 15 Abs. 5 BEEG). Dies kann der Arbeitnehmer einseitig in Anspruch nehmen. Für dieses Verlangen gelten dieselben Regeln wie für die Inanspruchnahme der Elternzeit generell.

WICHTIG!

Der ab dem 1.5.2025 in Textform, nicht mehr unbedingt schriftlich zu stellende Antrag muss inhaltlich hinreichend präzise sein. Es reicht nicht aus, wenn die gewünschte wöchentliche Stundenzahl mit der Einschränkung „voraussichtlich" angegeben wird (LAG Düsseldorf v. 26.3.2021, Az. 6 Sa 756/20). Er kann frühestens mit der Inanspruchnahme der Elternzeit gestellt werden (LAG Rheinland-Pfalz v. 18.5.2022, Az. 7 Sa 405/21).

Der Antrag kann mit der Mitteilung nach Abs. 7 Nr. 5 (Lebensalter des Kindes) in Textform verbunden werden.

Der Anspruch des Arbeitnehmers auf Teilzeit besteht für zwei Zeiträume innerhalb der Elternzeit.

Beispiel:

Der Arbeitnehmer verlangt zunächst für das erste Jahr nach der Geburt die Reduzierung der Arbeitszeit auf 20 Stunden pro Woche. Er kann danach z. B. ein halbes Jahr voll arbeiten und dann erneut eine Reduzierung für den Rest der Elternzeit beantragen.

Das Gesetz unterscheidet zwischen dem Konsensverfahren gemäß § 15 Abs. 5 Satz 1 und Satz 2 BEEG und dem Anspruchsverfahren nach § 15 Abs. 6 i. V. m. Abs. 7 BEEG. Im Konsensverfahren sollen sich der Arbeitgeber und der Arbeitnehmer oder die Arbeitnehmerin über den Antrag auf Verringerung der Arbeitszeit während der Elternzeit einigen (§ 15 Abs. 5 Satz 2 BEEG). Wenn eine Einigung nicht möglich ist, hat die Arbeitnehmerseite gem. § 15 Abs. 6 BEEG zweimal Anspruch auf Verringerung der Arbeitszeit (Anspruchsverfahren). Hierzu hat das BAG entschieden, dass im Konsensverfahren einvernehmlich getroffene Elternteilzeitregelungen nicht auf den Anspruch gemäß § 15 Abs. 6 i. V. m. Abs. 7 BEEG auf zweimalige Verringerung der Arbeitszeit anzurechnen sind. Wenn also Einvernehmen darüber erzielt wurde, dass der Arbeitnehmer in einem bestimmten Zeitraum in Teilzeit arbeitet, kann er auch gegen den Willen des Arbeitgebers für zwei weitere Zeiträume die Reduzierung der Arbeitszeit verlangen, wenn die sonstigen Voraussetzungen hierfür vorliegen. Dabei erstreckt sich der Anspruch auf Vertragsänderung aus § 15 Abs. 6 i. V. m. Abs. 7 BEEG auch auf die Verteilung der verringerten Arbeitszeit (BAG v. 19.2.2013, Az. 9 AZR 461/11).

WICHTIG!

Der Anspruch auf Verringerung der Arbeitszeit erstreckt sich auch auf die Verteilung, wenn dies arbeitnehmerseitig im Antrag angegeben wird. Bei einer solchen Verbindung besteht kein Anspruch auf Verringerung, wenn schon der Verteilung dringende betriebliche Gründe entgegenstehen (BAG v. 19.2.2013, Az. 9 AZR 461/11).

Diese Grundsätze gelten auch, wenn der Arbeitnehmer in der Elternzeit zunächst nicht gearbeitet hat und nun eine Teilzeitbeschäftigung aufnehmen möchte. Wenn der Arbeitgeber jedoch bereits eine Vollzeitvertretungskraft eingestellt hat, kann er dagegen u. U. betriebliche Gründe einwenden.

ACHTUNG!

Der Arbeitnehmer kann das Teilzeitverhältnis mit bis zu 32 Wochenstunden auch durch einseitige Erklärung während der Elternzeit fortsetzen. Er kann auch verlangen, zunächst für einige Monate vollständig freigestellt zu werden und dann die Fortsetzung der Teilzeitarbeit für den restlichen Teil der Elternzeit zu verlangen. Auch hierbei muss er allerdings Form und Frist wahren (s. dazu unter III.).

Der Arbeitnehmer muss sich zwischen einer vollständigen Befreiung von der Arbeitspflicht und einer Beschäftigung mit mindestens 15 und höchstens 32 Wochenstunden im Durchschnitt des Monats entscheiden.

WICHTIG!

Der Arbeitgeber hat die Obliegenheit, fristgemäß der Teilzeit zu widersprechen, wenn er diese nicht möchte. Die Frist beträgt vier Wochen bei einem Teilzeitbegehren innerhalb der ersten drei Lebensjahre des Kindes und acht Wochen danach. Dies gilt auch für die Verteilung der verringerten Arbeitszeit (§ 15 Abs. 7 Satz 6 BEEG). Die Ablehnung muss in Textform erfolgen. In seinem Ablehnungsschreiben muss der Arbeitgeber den wesentlichen Kern der betrieblichen Hinderungsgründe benennen, also muss die Tatsachen mitteilen, die für die Ablehnung maßgeblich sind. Im Prozess kann er sich auch nur auf diese Gründe berufen (BAG v. 11.12.2018, Az. 9 AZR 298/18). Widerspricht er nicht rechtzeitig in Textform, gilt das Zustimmungsverlangen als genehmigt. Die Rechtslage ist also der beim Teilzeitanspruch nach dem TzBfG angenähert worden mit der Folge, dass der Arbeitnehmer im Verfahren auf Erlass einer einstweiligen Verfügung unmittelbar einen Antrag auf Beschäftigung zu den geänderten Bedingungen stellen kann (LAG Hessen v. 17.7.2019, Az. 10 SaGa 738/19).

Der Antrag auf Verringerung der Arbeitszeit muss so präzise gefasst sein, dass der Arbeitgeber darauf mit einem einfachen „Ja" antworten können muss (BAG v. 16.4.2013, Az. 9 AZR 535/11; LAG Berlin-Brandenburg v. 11.1.2017, Az. 24 Sa 1412-14).

Hinsichtlich der Rechtsfolgen ist danach zu unterscheiden, wo gearbeitet wird:

3.1 Tätigkeit beim bisherigen Arbeitgeber

Sie führt nicht zur Begründung eines neuen Arbeitsverhältnisses, sondern das bisherige wird modifiziert (BAG v. 15.5.2018, Az. 1 AZR 20/17). Dabei kann auch vereinbart werden, dass der Arbeitnehmer eine andere Tätigkeit ausübt. Die Teilzeitbeschäftigung führt dazu, dass der Arbeitnehmer Anspruch auf Urlaubsgewährung und Entgeltfortzahlung im Krankheitsfall hat, jedoch nur auf der Basis der geringeren Vergütung. Beim Urlaub ist aber zu beachten, dass die auf der Grundlage der Vollzeitbeschäftigung erworbenen Ansprüche fortbestehen.

Ein solcher Anspruch auf Teilzeitbeschäftigung besteht unter folgenden Voraussetzungen:

- Bei dem Arbeitgeber sind in der Regel mehr als 15 Arbeitnehmer beschäftigt (Auszubildende zählen nicht mit, auf die Arbeitszeit der Arbeitnehmer kommt es nicht an, nur auf die Kopfzahl); beschäftigt der Arbeitgeber im konkreten Betrieb weniger Arbeitnehmer, ist dies dann unschädlich, wenn er insgesamt mehr als 15 Arbeitnehmer beschäftigt. Noch nicht entschieden ist die Frage, ob der Arbeitnehmer Teilzeit beanspruchen kann, wenn der Arbeitgeber weniger als die notwendige Arbeitnehmerzahl beschäftigt, aber zusammen mit anderen einen Gemeinschaftsbetrieb unterhält, in dem der Grenzwert überschritten wird.
- Das Arbeitsverhältnis des Arbeitnehmers besteht (ohne Unterbrechung) bereits länger als sechs Monate.
- Die bisherige Arbeitszeit soll für mindestens zwei Monate auf einen Umfang zwischen 15 und 32 Wochenstunden verringert werden.
- Es stehen keine dringenden betrieblichen Gründe entgegen.

Nur dringende betriebliche Gründe sind erheblich. Damit stellt der Gesetzgeber eine gegenüber dem TzBfG eingeschränkte Ablehnungsmöglichkeit. Diese trägt dem Umstand Rechnung, dass der Schutz der Familie Verfassungsrang hat und die Elternzeit daher einen besonders starken Schutz erfordert. Als Grundlage können aber die betrieblichen Erfordernisse des § 8 Abs. 4 TzBfG herangezogen werden (s. hierzu unter dem Stichwort → *Teilzeit*). Zusätzlich muss dann jedoch noch eine umfassende Interessenabwägung zwischen Arbeitgeber und Arbeitnehmer stattfinden. Das Teilzeitbegehren kann nur dann zurückgewiesen werden, wenn das Interesse des Arbeitgebers deutlich stärker zu gewichten ist als das des Arbeitnehmers an der Reduzierung der Arbeitszeit. Ob dringende betriebliche Gründe in Form der Unteilbarkeit des Arbeitsplatzes entgegenstehen, ist regelmäßig in drei Stufen zu prüfen (LAG Berlin-Brandenburg v. 28.2.2020, Az. 12 Sa 1656/19). Zunächst ist festzustellen, ob der vom Arbeitgeber als erforderlich angesehenen Arbeitszeitregelung überhaupt ein betriebliches Organisationskonzept zugrunde liegt und – wenn das zutrifft – um welches Konzept es sich handelt (erste Stufe). In der Folge ist zu untersuchen, inwieweit die aus dem Organisationskonzept folgende Arbeitszeitregelung dem Arbeitszeitverlangen tatsächlich entgegensteht (zweite Stufe). Schließlich ist das Gewicht der entgegenstehenden betrieblichen Gründe zu prüfen (dritte Stufe). Maßgeblich für das Vorliegen der betrieblichen Gründe ist der Zeitpunkt der Ablehnung des Arbeitszeitwunschs durch den Arbeitgeber. Wendet er ein, keine Ersatzkraft zu finden, muss er im Einzelnen darzulegen, welche Anstrengungen er hierzu unternommen hat. Eine Nachfrage bei der zuständigen Agentur für Arbeit ist nur im Ausnahmefall entbehrlich (BAG v. 24.9.2019, Az. 9 AZR 435/18). Allein der Wunsch des Arbeitgebers, die Tätigkeit nur durch eine Vollzeitkraft ausführen zu lassen, reicht auch bei Führungspositionen nicht aus. Die betrieblichen Gründe müssen zwingende Hindernisse für die begehrte Verkürzung und Umverteilung der Arbeitszeit sein (LAG Rheinland-Pfalz v. 10.7.2018, Az. 6 Sa 521/17; LAG Hessen v. 29.2.2016, Az. 16 Sa 689/15; LAG Berlin-Brandenburg v. 11.1.2017, Az. 24 Sa 1412-14, das eine Begründung ähnlich der bei einer betriebsbedingten Kündigung verlangt). Es ist unerheblich, wenn der Arbeitnehmer bei einer Betriebsänderung in einer Namensliste der zu kündigenden Arbeitnehmer aufgeführt ist. Die gesetzliche Vermutung in § 1 Abs. 5 Satz 1 KSchG ist auf betriebsbedingte Kündigungen beschränkt, die gegenüber einem im Interessenausgleich namentlich bezeichneten Arbeitnehmer ausgesprochen werden. Unterbleibt der Ausspruch einer betriebsbedingten Kündigung aus Rechtsgründen, lässt sich die Vorschrift nach der Rechtsprechung des BAG nicht dahin auslegen, dass auch das Vorliegen eines dringenden betrieblichen Grunds zu vermuten ist, der einem Teilzeitverlangen entgegengehalten werden könnte (BAG v. 5.9.2023, Az. 9 AZR 329/22). In diesem Zusammenhang ist zu beachten, dass der Arbeitgeber gegen die völlige Freistellung des Arbeitnehmers während der Elternzeit gar nichts einwenden kann. Von daher ist der Einwand, keine Ersatzkraft finden zu können, nur dann erheblich, wenn der Arbeitgeber vorträgt, dass eine solche nur für eine Vollzeitstelle zu finden sei. Auf eine fehlende Beschäftigungsmöglichkeit kann sich der Arbeitgeber dann nicht berufen, wenn er bereits vor der fristgemäßen Erklärung des Arbeitnehmers über die Zeiten der beanspruchten Elternzeit unbefristet eine Ersatzkraft einstellt. Liegt die vom Arbeitnehmer begehrte Arbeitszeit jedoch außerhalb der betriebsüblichen, können dringende betriebliche Gründe vorliegen. Solche Gründe liegen auch vor, wenn kein zusätzlicher Beschäftigungsbedarf des Arbeitgebers vorhanden ist. Bei der Einstellung einer Ersatzkraft ist der Arbeitgeber nicht verpflichtet, eine Ersatzeinstellung für einen in Elternzeit abwesenden Arbeitnehmer auf die konkret beantragte Elternzeit zu befristen. Es besteht keine gesetzliche Vorschrift, die es dem Arbeitgeber gebieten würde, sich hinsichtlich einer möglichen Verlängerung der Elternzeit und eines möglichen Teilzeitwunsches des Arbeitnehmers „offen aufzustellen". Auch die allgemeine Fürsorgepflicht begründet keine Verpflichtung des Arbeitgebers, entsprechend den jeweiligen Elternzeitbegehren und den Teilzeitwünschen des Arbeitnehmers neue Ersatzkräfte einzuarbeiten und einzustellen. Daher kann der Arbeitgeber hier dringend betriebliche Gründe geltend machen (LAG Baden-Württemberg v. 14.4.2015, Az. 8 Sa 49/14). Auch wenn keine gleichwertigen Arbeitsstellen absehbar frei sind, auf denen der Arbeitnehmer mit einer (reduzierten) Arbeitszeit von

30 Wochenstunden beschäftigt werden kann, nachdem die bisherige Arbeitsaufgabe entfallen ist, kann der Arbeitgeber die Verringerung der Arbeitszeit ablehnen (LAG Köln v. 10.11.2021, Az. 11 Sa 138/21). Maßgeblicher Zeitpunkt für die Beurteilung der Frage, ob dringende betriebliche Gründe vorliegen, ist der Zeitpunkt der Ablehnung des Teilzeitbegehrens.

WICHTIG!

Wenn zwei Arbeitnehmer sich um einen Arbeitsplatz bewerben, von denen sich einer in Elternzeit befindet, ist nicht etwa eine Sozialauswahl vorzunehmen. Vielmehr hat der Arbeitgeber seine Beschäftigungspflicht gegenüber dem anderen Arbeitnehmer zu erfüllen und diesem die Stelle zu übertragen.

Liegen die o. g. Voraussetzungen alle vor, muss der Arbeitgeber dem Verlangen nach Teilzeit stattgeben. Der Anspruch muss ihm spätestens vier bzw. acht (ab dem 3. Geburtstag des Kindes) – bei Geburten nach dem 1.7.2015 sieben bzw. 13 – Wochen vor dem beabsichtigten Beginn der Teilzeitarbeit in Textform mitgeteilt werden. Der Antrag kann auch frühestens zu dem Zeitpunkt gestellt werden, in dem erklärt wird, dass die Elternzeit genommen werden soll (LAG Rheinland-Pfalz v. 22.11.2011, Az. 3 Sa 305/11). Mündliche Anträge sind unwirksam und brauchen nicht besonders abgelehnt zu werden. Auch die Textform ist nicht ausreichend, es bedarf der persönlichen Unterschrift auf dem Original-Dokument. Auch Telefax und elektronische Mitteilung reichen nicht aus. Bei Letzterer kann allerdings eine elektronische Signatur nach dem Signatur-Gesetz die Form wahren. Versäumt der Arbeitnehmer die o. g. Frist, ist der Antrag unzulässig. Der Gesetzgeber hat in der Gesetzesbegründung zu erkennen gegeben, dass er hier nicht lediglich den Beginn der Reduzierung verschieben will.

Beispiel:

Der Arbeitnehmer macht am 15.7. die Verringerung der Arbeitszeit ab dem 1.8. geltend. Dieser Antrag wirkt nicht etwa zum 1.10., sondern ist insgesamt unwirksam.

TIPP!

Bis diese Frage abschließend von der höchstrichterlichen Rechtsprechung geklärt ist, sollte der Arbeitgeber vorsichtshalber innerhalb der Ablehnungsfrist von vier Wochen dem Antrag widersprechen.

Der Arbeitnehmer kann dann einen neuen Antrag stellen, mit dem er die Frist wahrt.

Der Antrag auf Teilzeit muss nicht bereits mit dem Verlangen auf Elternzeit gestellt werden. Vielmehr kann auch der Arbeitnehmer den Antrag stellen, der sich bereits in der Elternzeit befindet und eine gewisse Zeit nicht gearbeitet hat. Dem kann der Arbeitgeber jedoch dringende betriebliche Gründe entgegenhalten, wenn er für diese Zeit bereits eine Vollzeitvertretung eingestellt hat, die nicht bereit ist, ihre Arbeitszeit zu reduzieren und auch sonst keine Beschäftigungsmöglichkeiten vorhanden sind.

WICHTIG!

Die Teilzeitarbeit gilt als genehmigt, wenn ihr nicht fristgemäß widersprochen worden ist. Dies bezieht sich auch auf die Verteilung der Arbeitszeit. Hat der Arbeitgeber das Teilzeitbegehren abgelehnt, kann der Arbeitnehmer seinen Verteilungswunsch ab diesem Zeitpunkt nicht mehr ändern (BAG v. 24.9.2019, Az. 9 AZR 435/18).

Hat der Arbeitnehmer bei seinem Teilzeitwunsch keine Wünsche bezüglich der Verteilung geäußert, liegt die Verteilung grundsätzlich beim Arbeitgeber im Rahmen seines Direktionsrechts. Allerdings muss er dies gem. § 106 Satz 1 GewO nach billigem Ermessen ausüben. Bezogen auf den Erziehungsurlaub bedeutet dies, dass er die Arbeitszeit so legen muss, dass der mit der Reduzierung verfolgte Zweck auch eintreten kann.

Beispiel:

Der Arbeitnehmer hat die Arbeitszeit um sechs Stunden reduziert mit dem ausdrücklichen Hinweis, er brauche einen freien Freitag, um das Kind in dieser Zeit betreuen zu können. Hier ist der Arbeitgeber grundsätzlich auch verpflichtet, dies so einzurichten, wenn es ihm irgend möglich ist. Bei dringenden betrieblichen Erfordernissen hat der Arbeitnehmer jedoch keinen Anspruch auf diese Verteilung der Arbeitszeit.

Die Einigung über die Arbeitszeitverminderung sollte innerhalb von vier Wochen ab Antragstellung erfolgen. Lehnt der Arbeitgeber den Antrag ab, muss er das innerhalb von vier Wochen dem Arbeitnehmer gegenüber schriftlich erklären. In dieser Ablehnung müssen die dringenden betrieblichen Gründe eindeutig beschrieben werden. Allein die Wiedergabe des Gesetzestextes genügt hierfür nicht. Der Arbeitgeber kann sich im Rechtsstreit nur auf die entgegenstehenden dringende betriebliche Gründe stützen, die er im Ablehnungsschreiben näher beschrieben hat (BAG v. 24.9.2019, Az. 9 AZR 435/18). Verweigert er unberechtigt die Zustimmung, kann er vom Arbeitnehmer hierauf verklagt werden.

Verweigert der Arbeitgeber die Teilzeitbeschäftigung, kommt auch der Erlass einer einstweiligen Verfügung in Betracht (LAG Köln v. 4.6.2021, Az. 5 Ta 71/21). Nach Auffassung des Hessischen Landesarbeitsgerichts kann dies jedoch nur ausnahmsweise gelten (Hessisches LAG v. 13.1.2025, Az. 16 GLa 1182/24).

Bei der Bestimmung der Lage der Arbeitszeit muss der Arbeitgeber nach Möglichkeit auch auf die Personensorgepflichten des Arbeitnehmers Rücksicht nehmen, sofern betriebliche Gründe oder berechtigte Belange anderer Arbeitnehmer nicht entgegenstehen. Dass es anderen Mitarbeitern gelingt, ihre arbeitsvertraglichen und ihre familiären Pflichten miteinander zu vereinbaren, rechtfertigt es nicht, diese durch die vermehrte Zuweisung ungünstiger Schichten zusätzlich zu belasten und gegenüber einer alleinerziehenden Arbeitnehmerin zu benachteiligen (LAG Mecklenburg-Vorpommern v. 13.7.2023, Az. 5 Sa 139/22).

Beschäftigte, die während der Elternzeit bei ihrem Arbeitgeber in Teilzeit arbeiten, können nach dem Tarifvertrag über eine einmalige Corona-Sonderzahlung vom 29.11.2021 (TV Corona-Sonderzahlung) einen Anspruch auf Corona-Sonderzahlung in voller Höhe haben, wenn sie vor Beginn der Elternzeit in Vollzeit tätig waren (LAG Mecklenburg-Vorpommern v. 13.7.2023, Az. 5 Sa 163/22, bestätigt durch BAG v. 4.7.2024, Az. 6 AZR 206/23).

3.2 Tätigkeit bei anderem Arbeitgeber

Der Arbeitnehmer kann auch eine Teilzeitbeschäftigung bei einem anderen Arbeitgeber aufnehmen. Damit der Arbeitgeber vor einer Arbeitsaufnahme z. B. bei der Konkurrenz geschützt wird, muss er dieser Tätigkeit zustimmen. Dazu muss der Arbeitnehmer zunächst die Zustimmung beantragen (LAG Köln v. 28.2.2020, Az. 4 Sa 326/19 – Anzeige reicht nicht) und genau darlegen, bei welchem anderen Arbeitgeber er welche Tätigkeit ausüben will. Will der Arbeitgeber die Aufnahme der Tätigkeit verhindern, muss er vier bzw. acht (ab dem 3. Geburtstag des Kindes) Wochen nach Eingang des Antrags schriftlich widersprechen. Dieses Schreiben muss eine Darlegung der dringenden betrieblichen Interessen enthalten, die zu der Verweigerung geführt haben (§ 15 Abs. 4 BEEG). Neben Wettbewerbsgründen kann der Arbeitgeber seine Weigerung auch damit begründen, dass er selbst die Arbeitskraft des Arbeitnehmers benötige.

Wenn der Arbeitgeber die Verweigerungserklärung nicht innerhalb der Frist oder nicht in Textform erklärt oder keine Begründung abgibt, kann der Arbeitnehmer die Tätigkeit nach Fristablauf aufnehmen. Unterlässt er das nur deshalb, weil der

Arbeitgeber nicht wie geschildert ordnungsgemäß reagiert hat, hat er keine Schadensersatzansprüche gegen den Arbeitgeber.

Weigert sich der Arbeitgeber jedoch mit einer unzutreffenden Begründung, die Zustimmung zu erteilen, so kommen Schadensersatzansprüche des Arbeitnehmers in Betracht, wenn er nicht erkennen konnte, dass die Verweigerungsgründe in Wahrheit nicht bestanden. Die Versagung der Zustimmung sollte deshalb immer gründlich geprüft werden.

Übt der Arbeitnehmer eine Konkurrenztätigkeit aus, kann der Arbeitgeber ihn mittels einer einstweiligen Verfügung daran hindern. Er kann außerdem versuchen, eine Zustimmung der Aufsichtsbehörde zur außerordentlichen Kündigung zu erwirken (s. u. VI.2.) und Schadensersatzansprüche geltend machen.

3.3 Selbstständige Tätigkeit

Der Arbeitnehmer kann im zulässigen Zeitrahmen von durchschnittlich 32 Wochenstunden statt einer abhängigen Beschäftigung auch eine selbstständige Tätigkeit ausüben. Sie richtet sich nach denselben Regeln wie die Beschäftigung bei einem anderen Arbeitgeber.

VI. Sonderkündigungsschutz

1. Voraussetzungen und Wirkungen

Der Arbeitnehmer hat einen besonderen → *Kündigungsschutz* (d. h., es besteht ein Kündigungsverbot) ab dem Zeitpunkt, zu dem er die Elternzeit verlangt. Dieser setzte bisher frühestens acht Wochen vor dem Beginn der Elternzeit ein. Für Geburten ab dem 1.7.2015 gilt die Acht-Wochen-Frist nur für die ersten drei Lebensjahre des Kindes. Ab dem dritten Geburtstag gilt eine Frist von 14 Wochen. Der Kündigungsschutz ab dem Zeitpunkt des Verlangens der Elternzeit findet bei einer Aufteilung der Elternzeit auf jeden einzelnen Zeitabschnitt Anwendung (LAG Mecklenburg-Vorpommern v. 13.4.2021, Az. 2 Sa 300/20). Durch eine noch frühere Geltendmachung kann der Arbeitnehmer also den Beginn des Kündigungsschutzes nicht nach vorne verlagern (BAG v. 12.5.2011, Az. 2 AZR 384/10). Allerdings darf der Arbeitgeber auch in diesen Fällen nicht gerade deswegen kündigen, weil der Arbeitnehmer Elternzeit beantragt hat (§ 612a BGB). Die Achtwochenfrist ist nicht vom tatsächlichen Geburtstermin, sondern nach dem zur Zeit des Verlangens vom Arzt prognostizierten Entbindungstermin zu berechnen, selbst wenn dieser vor dem Tag der tatsächlichen Geburt liegt. Der Kündigungsschutz besteht nicht, wenn der Arbeitnehmer die Elternzeit nur unter der Bedingung beansprucht, dass der Arbeitgeber Elternteilzeit gewährt, und der Arbeitgeber das Teilzeitbegehren vor dem prognostizierten Geburtstermin wirksam ablehnt (BAG v. 12.5.2011, Az. 2 AZR 384/10).

Der Sonderkündigungsschutz endet mit dem Ende der Elternzeit, und zwar unabhängig davon, ob das Ende regulär erfolgt oder vorzeitig, z. B. beim Tod des Kindes.

WICHTIG!

Wenn die Voraussetzungen für die Elternzeit gar nicht vorliegen, weil der Arbeitnehmer z. B. gar nicht in einem Haushalt mit dem zu betreuenden Kind lebt, greift der besondere Kündigungsschutz nicht ein. Er entfällt auch, sobald eine der materiellen Voraussetzungen der Elternzeit gem. § 15 Abs. 1, 1a BEEG nachträglich wegfällt (z. B. wegen Wechsels der Betreuungsperson). Einer arbeitgeberseitigen Zustimmung zur Beendigung bedarf es nicht (LAG Baden-Württemberg v. 17.9.2021, Az. 12 Sa 23/21).

Es müssen also sämtliche Voraussetzungen für die Elternzeit erfüllt sein, damit der Kündigungsschutz entsteht. Auch wenn der Arbeitnehmer nur die Ankündigungsfrist nicht eingehalten oder keine Angaben zur Gesamtdauer der Elternzeit gemacht hat, steht er unter dem besonderen Kündigungsschutz. Der besondere Kündigungsschutz eines Elternteils endet, wenn der Partner statt seiner in Elternzeit geht.

Großeltern haben grundsätzlich denselben Sonderkündigungsschutz wie Eltern. Nur im Fall von § 18 Abs. 2 Nr. 2 BEEG (Teilzeitarbeit ohne Inanspruchnahme von Elternzeit) besteht der Schutz nur, wenn die Großeltern ausnahmsweise selbst kindergeldberechtigt sind. Dies kann der Fall sein, wenn die Großeltern wegen einer schweren Erkrankung der Eltern die Betreuung übernommen haben (§ 1 Abs. 4 BEEG).

Das Kündigungsverbot gilt auch bei Teilzeitbeschäftigten mit nicht mehr als 32 Wochenstunden, die Anspruch auf Elternzeit hätten, sie aber nicht nehmen, weil sie ohnehin im bisherigen Umfang weiterarbeiten wollen. Der Kündigungsschutz gilt hier für die Höchstbezugsdauer des Elterngeldes von 12 bzw. 14 Monaten (§ 18 Abs. 2 Nr. 2 i. V. m. § 4 BEEG). Natürlich gilt die Regelung auch für die Arbeitnehmer, die sonst vollbeschäftigt sind und während der Elternzeit von der Möglichkeit der Teilzeitbeschäftigung bei ihrem bisherigen oder einem anderen Arbeitgeber Gebrauch machen. Wenn für den Arbeitgeber eine mögliche Unwirksamkeit der Kündigung nach § 18 BEEG nicht erkennbar ist, muss sich die elternzeitberechtigte Person in analoger Anwendung des § 17 Abs. 1 Satz 1 Halbs. 2 MuSchG unverzüglich innerhalb von 2 Wochen auf den Unwirksamkeitsgrund berufen.

WICHTIG!

Der besondere Kündigungsschutz gilt nur für das bisherige Arbeitsverhältnis. Nimmt der Arbeitnehmer während der Elternzeit eine Teilzeitbeschäftigung bei einem anderen Arbeitgeber auf, ist er dort nicht vor einer Kündigung geschützt.

Vom Sonderkündigungsschutz erfasst und damit unwirksam sind sämtliche → *Kündigungen*, also

- Beendigungskündigungen, egal ob fristlos oder fristgemäß,
- Änderungskündigungen,
- vorsorgliche Kündigungen, auch zum Ablauf der Schutzfrist,
- Kündigungen im Insolvenzverfahren.

Maßgeblich ist der Zeitpunkt, zu dem die Kündigung zugeht. Somit ist auch eine Kündigung unwirksam, die zum Ende der Elternzeit erklärt wird.

Vom Sonderkündigungsschutz **nicht** erfasst sind folgende Beendigungen:

- Ablauf der Befristung des Arbeitsvertrags (→ *Befristetes Arbeitsverhältnis*),
- → *Anfechtung* des Arbeitsvertrags wegen arglistiger Täuschung oder Irrtums,
- Berufung auf die Nichtigkeit des Arbeitsvertrags,
- → *Aufhebungsvertrag*,
- Eigenkündigung des Arbeitnehmers, die mit einer Frist von drei Monaten zum Ende der Elternzeit möglich ist, wenn nicht ohnehin eine kürzere Frist gilt (§ 19 BEEG),
- → *Kündigung*, die dem Arbeitnehmer vor seinem Verlangen nach Elternzeit oder mehr als sechs Wochen vor deren Beginn zugeht, selbst wenn der Beendigungszeitpunkt während der Elternzeit liegt,
- → *Kündigungen*, die unmittelbar nach dem Ende der Elternzeit zugehen; es besteht kein nachwirkender Kündigungsschutz. Daher kann die Kündigung bereits an dem auf das Ende der Elternzeit folgenden Tag ausgesprochen werden (VGH München v. 5.11.2019, Az. 12 ZB 19.1222).

2. Ausnahmegenehmigungen

Die für den Arbeitsschutz zuständige oberste Arbeitsbehörde oder eine von ihr bestimmte Stelle kann in besonderen Fällen die Kündigung für zulässig erklären. Die Zuständigkeit ist in den einzelnen Bundesländern unterschiedlich geregelt. Im Allgemeinen ist die Behörde zuständig, die auch die Kündigung gem. § 17 Abs. 2 MuSchG für zulässig erklären kann (→ *Mutterschutz VIII.4.*).

Hierfür hat das Bundesarbeitsministerium Richtlinien erlassen. Danach ist die Zustimmung zu erteilen, wenn das Interesse des Arbeitnehmers am Fortbestand des Arbeitsverhältnisses wegen außergewöhnlicher Umstände zurücktreten muss. Denkbar wären hier Kündigungen wegen schwerer Pflichtverstöße gegen den Arbeitgeber. Ein „besonderer Fall" im Sinne von § 18 Abs. 1 Satz 2 BEEG kann nur dann angenommen werden, wenn außergewöhnliche Umstände es rechtfertigen, die vom Gesetz grundsätzlich als vorrangig angesehenen Interessen des Arbeitnehmers hinter die Interessen des Arbeitgebers an der Auflösung des Arbeitsverhältnisses zurücktreten zu lassen (BayVGH v. 7.10.2015, Az. 12 ZB 15.239). Der Grund muss noch schwerer wiegen als der „wichtige Grund" für die außerordentliche Kündigung nach § 626 Abs. 1 BGB (VGH München v. 5.11.2019, Az. 12 ZB 19.1222). Hier kommt insbesondere eine unerlaubte Konkurrenztätigkeit während der Elternzeit in Betracht (VG Augsburg v. 25.9.2012, Az. Au 3 K 12.677), nicht hingegen eine Verdachtskündigung (OVG Nordrhein-Westfalen v. 13.6.2013, Az. 12 A 1659/12). Bei betriebsbedingten Kündigungsgründen rechtfertigt eine geplante Betriebsschließung oder Betriebsteilstilllegung, die Verlegung von Betrieben oder Teilen sowie eine Existenzgefährdung des Arbeitgebers die Zustimmung zur Kündigung. So wurde die Schließung einer Arztpraxis als ausreichender Grund angesehen (OVG NRW v. 12.1.2017, Az. 12 E 896/16). Auch die Zustimmung zu einer Änderungskündigung bei einer Betriebsteilschließung wurde gebilligt (BayVGH v. 13.8.2014, Az. 12 ZB 14.1225). Es ist auch nicht zu beanstanden, dass der Insolvenzverwalter die Kündigung mit der Mindestkündigungsfrist des § 113 Satz 2 InsO ausspricht (BAG v. 27.2.2014, Az. 6 AZR 301/12). Eine Abfindung bei betriebsbedingten Kündigungen muss sich bei einer wegen der Elternzeit reduzierten Arbeitszeit an der früheren Arbeitszeit orientieren. Die Zulässigkeitserklärung der Behörde muss zum Zeitpunkt der Kündigung vorliegen, aber noch nicht bestandskräftig sein. An einen bestandskräftigen Bescheid ist das Arbeitsgericht gebunden. Hinsichtlich der Parallelfrage bei schwerbehinderten Menschen hat das Bundesarbeitsgericht entschieden, dass die einmal erteilte Zustimmung solange ihre Wirkung entfaltet, bis sie rechtskräftig aufgehoben wird (BAG v. 22.7.2021, Az. 2 AZR 193/21). Dies muss entgegen der bisher von den Landesarbeitsgerichten vertretenen Auffassung auch bei Elternzeitkündigungen gelten. Bislang wurde dies von den Landesarbeitsgerichten anders gesehen (so z. B. LAG Mecklenburg-Vorpommern v. 11.5.2021, Az. 5 Sa 263/20). Beispiel: Die Behörde erteilt die Zustimmung zur Kündigung, die der Arbeitgeber auch gleich ausspricht. Der Arbeitnehmer erhält vor dem Widerspruchsausschuss Recht, der Bescheid wird aufgehoben. Jetzt klagt der Arbeitgeber gegen diesen Bescheid vor dem Verwaltungsgericht. Solange dieser Rechtsstreit noch nicht rechtskräftig entschieden worden ist, scheitert die Kündigung jedenfalls nicht an der behördlichen Zustimmung.

ACHTUNG!

Die Zustimmung heilt jedoch nicht rückwirkend eine Kündigung, sondern muss vor ihrem Ausspruch vorliegen. Wenn die Zustimmung vorliegt, ist die Kündigung betriebsbedingt auch dann wirksam, wenn sie während des Mutterschutzes der Arbeitnehmerin getroffen wurde und die Tätigkeit bereits während der Elternzeit entfallen ließ. Diese Organisationsmaßnahme des Arbeitgebers ist nicht unsachlich oder willkürlich (LAG Berlin-Brandenburg v. 5.7.2022, Az. 16 Sa 1750/21).

Wird sie erteilt, muss die Kündigung unverzüglich ausgesprochen werden. In den Fällen, in denen eine Arbeitnehmerin, die sich in Elternzeit befindet, erneut schwanger wird, muss der Arbeitgeber sowohl die Zustimmung nach § 17 Abs. 2 MuSchG als auch die nach § 18 Abs. 1 BEEG einholen. Wie bei der Zustimmung nach dem Mutterschutzgesetz kann das zu einer Zweigleisigkeit des Verfahrens vor den Arbeits- und den Verwaltungsgerichten führen (→ *Mutterschutz VIII.4.*).

Besonderheiten ergeben sich, wenn der Sonderkündigungsschutz nicht nur nach dem BEEG, sondern auch wegen einer Schwerbehinderung besteht. Hat der Arbeitgeber die Zustimmung nach dem SGB IX rechtzeitig innerhalb der Monatsfrist des § 88 Abs. 3 SGB IX beantragt, kann die Kündigung noch nach Fristablauf wirksam ausgesprochen werden. Dies gilt jedenfalls in den Fällen, in denen der Arbeitgeber die Kündigung unverzüglich erklärt, nachdem die Zulässigkeitserklärung nach § 18 BErzGG vorliegt (BAG v. 24.11.2011, Az. 2 AZR 429/10).

WICHTIG!

In allen Fällen, in denen behördliche Genehmigungen eingeholt werden müssen, sollte die Kündigung sofort nach Vorliegen der Genehmigung zugestellt werden. Die zweiwöchige Kündigungserklärungsfrist des § 626 Abs. 2 BGB ist gewahrt, wenn der Arbeitgeber im Falle von Mutterschutz oder Elternzeit die behördliche Zulässigkeitserklärung innerhalb der Zwei-Wochen-Frist beantragt hat, gegen die Versagung der Zulässigkeitserklärung rechtzeitig Widerspruch bzw. Klage erhoben hat und sodann die außerordentliche Kündigung unverzüglich nach Kenntnisnahme vom Wegfall des Zustimmungserfordernisses (Ende des Mutterschutzes oder der Elternzeit) ausspricht (LAG Mecklenburg-Vorpommern v. 15.3.2022, Az. 5 Sa 122/21).

Etwaige Fehler bei der Beteiligung des Gleichstellungsbeauftragten vor Ausspruch einer Kündigung führen nicht zu einer Unwirksamkeit der Kündigung (LAG Baden-Württemberg v. 8.5.2024, Az. 4 Sa 35/23).

VII. Befristungen von Vertretungen

Für die Dauer der Elternzeit oder eines Beschäftigungsverbots während des Mutterschutzes ist es zulässig, ein befristetes Arbeitsverhältnis mit einer Vertretungskraft einzugehen (§ 21 Abs. 1 BEEG). Dies gilt auch für notwendige Zeiten einer Einarbeitung (§ 21 Abs. 2 BEEG). Dabei muss die zu vertretende Stammkraft zum Zeitpunkt des Vertragsschlusses der Vertretungskraft noch nicht ein formwirksames Elternzeitverlangen geäußert haben. Es reicht aus, dass die Stammkraft die Elternzeit angekündigt hat (BAG v. 9.9.2015, Az. 7 AZR 148/14). Der Arbeitgeber darf regelmäßig damit rechnen, dass der Stammarbeitnehmer seine Arbeit wieder aufnimmt (LAG Hamm v. 23.2.2023, Az. 11 Sa 794/22).

Die Dauer der Befristung muss dabei nicht genau mit der Dauer der Elternzeit übereinstimmen. Das Zurückbleiben der Befristungsdauer hinter der gewährten Elternzeit stellt nicht etwa den Befristungsgrund in Frage (LAG Rheinland-Pfalz v. 6.2.2013, Az. 8 Sa 207/12). Der Vertreter muss auch nicht exakt die Tätigkeiten des Arbeitnehmers ausüben, der sich in Elternzeit befindet. Ihm können auch andere, gleichwertige Tätigkeiten zugewiesen werden (LAG Schleswig-Holstein v. 22.8.2013, Az. 5 Sa 95/13). Der Arbeitgeber muss dann aber zur Darstellung des Kausalzusammenhangs grundsätzlich die Vertretungskette zwischen dem Vertretenen und dem Vertreter darlegen können, wobei dem Arbeitnehmer auch der Missbrauchseinwand zusteht (LAG Rheinland-Pfalz v. 25.1.2023, Az. 7 Sa 195/22). Bei einer vollständigen Neuverteilung der Aufgaben muss der Arbeitgeber den Vertreter aber bei Einstellung zumindest gedanklich dem zu Vertretenden zuordnen (LAG Rheinland-Pfalz v. 7.11.2012, Az. 8 Sa 243/12). Daher empfiehlt sich die Aufnahme einer entsprechenden Klausel im Arbeitsvertrag.

Formulierungsbeispiel:

Die Einstellung erfolgt wegen der elternzeitbedingten Abwesenheit von Frau/Herrn ... Der Arbeitnehmer kann jedoch auch mit anderen Aufgaben als den von Frau/Herrn ... bislang ausgeübten betraut werden.

Entgeltfortzahlung

I. Entgeltfortzahlung bei Arbeitsunfähigkeit

Wenn der Arbeitnehmer aufgrund einer zur → *Arbeitsunfähigkeit* führenden Erkrankung schuldlos an der Arbeitsleistung gehindert ist, kann ihm ein Anspruch auf Fortzahlung seines Arbeitsentgelts zustehen. Die Voraussetzungen sind im Entgeltfortzahlungsgesetz (EntgFG) geregelt. Dabei werden Arbeiter und Angestellte gleichbehandelt. Ambulante Behandlungen sind jedoch weitgehend von der Entgeltfortzahlung ausgenommen. Allerdings kann nach der Rechtsprechung des BAG auch bei einer in Abständen von ein bis zwei Wochen vorbeugend durchgeführten ambulanten Bestrahlung gegen eine in unberechenbaren Schüben auftretende Krankheit Arbeitsunfähigkeit gegeben sein. Das gilt selbst dann, wenn der Arbeitnehmer zwar bei den einzelnen Behandlungen nicht arbeitsunfähig ist, in absehbar naher Zeit aber die Arbeitsunfähigkeit drohen würde, falls die Behandlung nicht durchgeführt wird.

Die Grundsätze für die Entgeltfortzahlung gelten auch bei Kur- oder Heilverfahren, die jetzt „Maßnahmen der medizinischen Vorsorge oder Rehabilitation" genannt werden; dabei steht mit der Bewilligung der Maßnahme durch den Sozialleistungsträger im Allgemeinen auch fest, dass diese medizinisch notwendig ist. Der Anspruch gesetzlich Versicherter auf Entgeltfortzahlung während einer Kur setzt voraus, dass die Behandlung in einer Einrichtung der medizinischen Vorsorge oder Rehabilitation i. S. d. § 107 Abs. 2 SGB V erfolgt. Der Arbeitnehmer muss jedoch in der Einrichtung nicht auch untergebracht und verpflegt werden (BAG v. 25.5.2016, Az. 5 AZR 298/15). Keine medizinischen Vorsorge- oder Rehabilitationsmaßnahmen im Sinne des § 9 Abs. 1 EFZG sind sogenannte Erholungskuren, die ohne akuten Krankheitsanlass nur der Vorbeugung gegen allgemeine Abnutzungserscheinungen oder der bloßen Verbesserung des Allgemeinbefindens dienen bzw. die in einem urlaubsmäßigen Zuschnitt verbracht werden können (LAG Niedersachsen v. 27.3.2015, Az. 10 Sa 1005/14).

Der Anspruch kann nicht arbeitsvertraglich ausgeschlossen werden. Es sind auch keine Regelungen möglich, mit denen z. B. eine nicht ausreichende Gutschrift auf ein Arbeitszeitkonto erfolgt. Auch eine Verpflichtung zur Nacharbeit kann nicht vereinbart werden. Das BAG hat auch entschieden, dass eine arbeitsvertragliche Regelung, nach der ein Zeitungszusteller einerseits Zeitungsabonnenten täglich von Montag bis Samstag zu beliefern hat, andererseits Arbeitstage des Zustellers lediglich solche Tage sind, an denen Zeitungen im Zustellgebiet erscheinen, gegen den Grundsatz der Unabdingbarkeit des gesetzlichen Anspruchs auf Entgeltzahlung an Feiertagen verstößt (BAG v. 17.10.2019, Az. 5 AZR 352/18). Der Anspruch auf Entgeltfortzahlung im Krankheitsfall kann grundsätzlich einer Ausschlussfrist unterworfen werden. Lediglich in Höhe des gesetzlichen Mindestlohns ist dies unzulässig, und zwar auch in Tarifverträgen (BAG v. 20.6.2018, Az. 5 AZR 377/17). Die Beweislast für das Vorliegen der Arbeitsunfähigkeit liegt beim Arbeitnehmer, und zwar auch für den Zeitpunkt des Beginns und des Endes der Arbeitsunfähigkeit (BAG v. 25.5.2016, Az. 5 AZR 318/15). In der Regel genügt die ärztliche Arbeitsunfähigkeitsbescheinigung. Einer Arbeitsunfähigkeitsbescheinigung, die in einem Land außerhalb der Europäischen Union, konkret ging es um Tunesien, ausgestellt wurde, kommt grundsätzlich der gleiche Beweiswert wie einer in Deutschland ausgestellten Bescheinigung zu. Die Bescheinigung muss jedoch erkennen lassen, dass der ausländische Arzt zwischen einer bloßen Erkrankung und einer mit Arbeitsunfähigkeit verbundenen Krankheit unterschieden und damit eine den Begriffen des deutschen Arbeits- und Sozialversicherungsrechts entsprechende Beurteilung vorgenommen hat (BAG v. 15.1.2025, Az. 5 AZR 284/24).

Wenn der Arbeitgeber Zweifel an der Richtigkeit der Arbeitsunfähigkeitsbescheinigung hat, muss er nicht etwa beweisen, dass der Arbeitnehmer nicht arbeitsunfähig war. Er muss nur Tatsachen vortragen, die den Beweiswert der ärztlichen Bescheinigung erschüttern. Bei der Bewertung der Umstände des Einzelfalls dürfen an den Vortrag des Arbeitgebers zur Erschütterung des Beweiswerts der Arbeitsunfähigkeitsbescheinigung keine überhöhten Anforderungen gestellt werden, weil er nur über eingeschränkte Erkenntnismöglichkeiten verfügt (LAG Niedersachsen v. 30.7.2024, Az. 10 Sa 699/23). Das Bundesarbeitsgericht hat entschieden, dass es den Beweiswert der Arbeitsunfähigkeitsbescheinigung erschüttern kann, wenn diese nach der Kündigung des Arbeitnehmers exakt für die restliche Dauer des Arbeitsverhältnisses erteilt wurde (BAG v. 8.9.2021, Az. 5 AZR 149/21; LAG Mecklenburg-Vorpommern v. 7.5.2024, Az. 5 Sa 98/23). Dabei ist er unerheblich, ob der Arbeitgeber oder der Arbeitnehmer gekündigt hat und ob eine oder mehrere Bescheinigungen vorgelegt wurden. Maßgeblich sind die Gesamtumstände des Einzelfalls (BAG v. 13.12.2023, Az. 5 AZR 137/23). So kann auch der Text einer Eigenkündigung i. V. m. einer bereits kurz zuvor eingereichten Arbeitsunfähigkeitsbescheinigung den Beweiswert einer Arbeitsunfähigkeitsbescheinigung erschüttern (LAG Schleswig-Holstein v. 2.5.2023, Az. 2 Sa 203/22). Die Kündigung muss nicht vor der Krankmeldung zugegangen sein, damit Zweifel an der Arbeitsunfähigkeit begründet sind. Maßgeblich ist, dass der Arbeitnehmer zu einem Zeitpunkt, zu dem feststeht, dass das Arbeitsverhältnis enden soll, arbeitsunfähig wird und bis zum Ablauf der Kündigungsfrist bleibt (BAG v. 21.8.2024, Az. 5 AZR 248/23). Bei der gerichtlichen Würdigung von durch den Arbeitgeber vorgetragenen tatsächlichen Umständen in Bezug auf Zweifel an einer bescheinigten Arbeitsunfähigkeit ist nach der Rechtsprechung des BAG „eine Gesamtwürdigung rechtlich geboten. Das Zusammentreffen von mehreren ungewöhnlichen Umständen, die isoliert betrachtet unverfänglich sein mögen, kann in der Gesamtschau ernsthafte Zweifel am Beweiswert einer Arbeitsunfähigkeitsbescheinigung begründen. Zweifel an der sachlichen Richtigkeit einer Arbeitsunfähigkeitsbescheinigung können sich auch daraus ergeben, dass einem Arbeitnehmer bereits in der Vergangenheit mehrfach im Zusammenhang mit gewährtem Erholungsurlaub eine Arbeitsunfähigkeit bestätigt worden ist" (BAG v. 15.1.2025, Az. 5 AZR 284/24). Die Rechtsprechung der Landesarbeitsgerichte kommt dabei aber auch in bestimmten Fällen zu dem Ergebnis, dass der Beweiswert nicht hinreichend erschüttert ist und der Entgeltfortzahlungsanspruch besteht (LAG Mecklenburg-Vorpommern v. 21.3.2022, Az. 2 Sa 156/22; LAG Niedersachsen v. 22.2.2023, Az. 8 Sa 713/22). So hat das LAG Mecklenburg-Vorpommern trotz dieser BAG-Rechtsprechung entschieden, dass der Beweiswert einer Arbeitsunfähigkeitsbescheinigung nicht allein deshalb erschüttert sei, weil diese einen Zeitraum innerhalb der Kündigungsfrist, insbesondere gegen Ende der Kündigungsfrist betrifft. Auch eine zu Beginn der Erkrankung angetretene rund zehnstündige Bahnfahrt eines Arbeitnehmers zum Familienwohnsitz, um dort die Hausärztin aufzusuchen, lasse ohne Hinzutreten weiterer Umstände die attestierte Arbeitsunfähigkeit nicht fragwürdig erscheinen (LAG Mecklenburg-Vorpommern v. 13.7.2023, Az. 5 Sa 1/23). Auch das LAG Köln hat der Klage einer Arbeitnehmerin stattgegeben, die nach Ausspruch der Eigenkündigung eine Arbeitsunfähigkeitsbescheinigung einreichte (LAG Köln v. 10.8.2023, Az. 6 Sa 682/22; in diese Richtung auch LAG Thüringen v. 31.5.2023, Az. 4 Sa 131/19, das auf die Verursachung der Krankheit durch Probleme am Arbeitsplatz abstellt). Das LAG Düsseldorf hat gleichfalls ausdrücklich, trotz der o. g. BAG-Entscheidung, einer Klage stattgegeben, bei der durchaus Zweifel an der Arbeitsunfähigkeit bestanden (LAG Düsseldorf v. 3.1.2023, Az. 3 Sa 468/22). Auch die Reihenfolge der Geschehnisse ist von Bedeutung: Meldet sich der Arbeitnehmer zunächst krank und erhält er erst sodann eine arbeitgeberseitige Kündigung, fehlt es an dem für die Erschütterung des Beweiswertes der Arbeitsunfähigkeitsbescheinigung notwendigen Kausalzusammenhang, d. h. der Beweis der Arbeitsunfähigkeit ist erbracht (LAG Niedersachsen v. 8.3.2022, Az. 8 Sa 859/22).

WICHTIG!

Auch wenn der Beweiswert der Arbeitsunfähigkeitsbescheinigug erschüttert ist, kann der Arbeitnehmer seine krankheitsbedingte Arbeitsunfähigkeit auf andere Art beweisen. Er muss dann konkret darlegen, welche gesundheitlichen Beeinträchtigungen mit welchen Auswirkungen auf seine Arbeitsfähigkeit bestanden haben und welche Verhaltensmaßregeln oder Medikamente ärztlich verordnet worden sind (LAG Mecklenburg-Vorpommern v. 7.5.2024, Az. 5 Sa 98/23; LAG Berlin-Brandenburg v. 5.7.2024, Az. 12 Sa 1266/23; LAG Niedersachsen v. 8.7.2024, Az. 15 SLa 127/24; s. zur Fortsetzungserkrankung Sächsisches LAG v. 20.9.2024, Az. 4 Sa 241/22). Diese Behauptungen kann er dann z. B. durch ein ärztliches Gutachten oder die Aussage des behandelnden Arztes als sachverständigen Zeugen beweisen. Diesen muss er von der Schweigepflicht entbinden. Für die Bewertung der Zeugenaussage des Arztes gelten folgende Maßstäbe:

„Das Gericht muss die Überzeugung davon gewinnen, dass der Feststellung der streitigen Arbeitsunfähigkeit überhaupt eine ärztliche Untersuchung vorangegangen ist, die in der Regel unmittelbar persönlich erfolgt sein muss. Insofern kann aufgrund des oft hohen Patientenandrangs in Arztpraxen schon eine Untersuchungszeit von wenigen Minuten genügen.

Je nach Art der diagnostizierten Erkrankung muss das Gericht sich zudem davon überzeugen, dass der Arzt den körperlichen, geistigen und seelischen Gesundheitszustand des Arbeitnehmers bei der Diagnosestellung berücksichtigt hat. Es muss insbesondere ausgeschlossen werden, dass es sich bei der Arbeitsunfähigkeitsbescheinigung um ein „Gefälligkeitsattest" handelt, dessen Vorlage dem Arbeitnehmer lediglich einen Weg eröffnen sollte, der Arbeit mit formaler „Entschuldigung" fernzubleiben.

Die Beweisaufnahme muss dem Gericht ferner die hinreichende Gewissheit hinsichtlich einer durch die festgestellte Erkrankung hervorgerufenen Arbeitsunfähigkeit des Arbeitnehmers vermitteln. Die Vernehmung muss insoweit erkennen lassen, dass auch der Arzt die Notwendigkeit eines entsprechenden Ursachenzusammenhangs erkannt und er die Ursächlichkeit bezogen auf die vom Arbeitnehmer konkret auszuübende Tätigkeit aufgrund hinreichender tatsächlicher Anhaltspunkte bejaht hat. Der ärztlichen Diagnose muss daher regelmäßig eine Befragung des Arbeitnehmers zur ausgeübten Tätigkeit sowie den damit verbundenen Anforderungen und Belastungen vorausgegangen sein, wobei die insoweit gewonnenen Erkenntnisse vom Arzt bei der Festlegung von Grund und Dauer der Arbeitsunfähigkeit berücksichtigt worden sein müssen" (ArbG Berlin v. 19.3.2024, Az. 22 Ca 8667/23).

WICHTIG!

Bei den Angaben in der ärztlichen Arbeitsunfähigkeitsbescheinigung handelt es sich um sog. sensitive Daten im Sinne von § 46 Nr. 13 BDSG und Art. 4 Nr. 15 DSGVO. Hierzu hat das LAG Rheinland-Pfalz entschieden: „Das allgemeine Persönlichkeitsrecht schützt den Arbeitnehmer vor der Offenlegung personenbezogener Daten und zwar auch solcher, von denen der Arbeitgeber in zulässiger Weise Kenntnis erlangt hat. Arbeitgeber sind zur vertraulichen Aufbewahrung der ärztlichen Arbeitsunfähigkeitsbescheinigungen verpflichtet, die ihnen von den Arbeitnehmern in Erfüllung ihrer Nachweispflichten gem. § 5 Abs. 1 Satz 2 EFZG vorgelegt werden. Da es sich um besonders sensible personenbezogene Daten handelt, sind die Bescheinigungen sorgfältig vor unbefugten Zugriffen zu schützen und der Inhalt nicht an Dritte weiterzugeben. Das allgemeine Persönlichkeitsrecht begründet eine besondere Schutzbedürftigkeit des Arbeitnehmers gegenüber der Ausweitung des informationsberechtigten Personenkreises im Hinblick auf seine Gesundheitsdaten. Den Arbeitgeber trifft eine spezifische Schutzpflicht." Der Arbeitgeber wurde wegen der Weitergabe einer Diagnose an den Zweitarbeitgeber zu einem Schmerzensgeld von 1.500,– € verurteilt (LAG Rheinland-Pfalz v. 13.6.2019, Az. 5 Sa 438/18). Auch wenn ein Arbeitgeber einen Arbeitnehmer wegen des Verdachts einer vorgetäuschten Arbeitsunfähigkeit durch eine Detektei überwachen läßt und dokumentiert dabei den sichtbaren Gesundheitszustand des Arbeitnehmers (konkret ging es um ein Hinken), handelt es sich um die Verarbeitung von Gesundheitsdaten im Sinne der Datenschutz-Grundverordnung (BAG v. 25.7.2024, Az. 8 AZR 225/23).

1. Anspruchsvoraussetzungen

1.1 Wartefrist

Es muss ein Arbeitsverhältnis vorliegen. Wenn der gekündigte Arbeitnehmer nach Ablauf der Kündigungsfrist zur Abwendung der Zwangsvollstreckung aus einem titulierten allgemeinen Weiterbeschäftigungsanspruch vorläufig weiterbeschäftigt wird, bestehen keine Ansprüche auf Entgeltfortzahlung im Krankheitsfall und Entgeltzahlung an Feiertagen, wenn sich nachträglich die Kündigung als wirksam erweist (BAG v. 27.5.2020, Az. 5 AZR 247/19).

Der Arbeitnehmer kann nur dann Entgeltfortzahlung beanspruchen, wenn das Arbeitsverhältnis vier Wochen lang ununterbrochen bestanden hat (§ 3 Abs. 3 EntgFG).

Beispiel:

Der Arbeitnehmer ist befristet für vier Wochen als Aushilfe eingestellt worden. Nach drei Wochen reicht er eine Arbeitsunfähigkeitsbescheinigung ein. Er hat keinen Anspruch auf Entgeltfortzahlung. Dauert das Arbeitsverhältnis jedoch länger als vier Wochen, hat er ab dem ersten Tag der fünften Woche einen Anspruch.

Besteht jedoch zwischen einem beendeten und einem neuen Arbeitsverhältnis bei demselben Arbeitgeber ein enger zeitlicher und sachlicher Zusammenhang, beginnt die Wartefrist nicht erneut.

Maßgebend für die Wartefrist ist der rechtliche, also der vertraglich vereinbarte Arbeitsbeginn. Wann die Arbeit tatsächlich aufgenommen wurde, ist gleichgültig. Unterbrechungen durch Urlaub, Krankheit, unentschuldigtes Fehlen etc. bleiben ebenfalls unberücksichtigt.

Beispiel:

Das Arbeitsverhältnis beginnt laut Vertrag am Mittwoch, dem 1.5. Hier endet die Wartefrist mit dem Ablauf des Dienstags in vier Wochen. Ab dem darauffolgenden Mittwoch kann der Arbeitnehmer Entgeltfortzahlung beanspruchen, auch wenn er am 1.5. wegen des Feiertags nicht gearbeitet hat.

WICHTIG!

Die Wartezeit beginnt nicht neu zu laufen, wenn ein Auszubildender im unmittelbaren Anschluss an das Ausbildungsverhältnis in ein Arbeitsverhältnis übernommen wird. Daher hat er bereits in den ersten vier Wochen des Arbeitsverhältnisses einen Anspruch auf Entgeltfortzahlung.

Erkrankt der Arbeitnehmer während eines **ruhenden Arbeitsverhältnisses,** wird die Zeit des Ruhens nicht auf den Sechswochenzeitraum des § 3 Abs. 1 Satz 1 EntgFG angerechnet. Der Sechswochenzeitraum beginnt mit der Aktualisierung des Arbeitsverhältnisses. Dies gilt auch im Falle der **Elternzeit.**

Mit einer Freistellungsvereinbarung wird regelmäßig kein Rechtsgrund für eine Entgeltzahlungspflicht des Arbeitgebers geschaffen, die über die gesetzlich geregelten Fälle der Entgeltfortzahlung bei krankheitsbedingter Arbeitsunfähigkeit hinausgeht. Ist ein Arbeitnehmer also – z. B. während der Kündigungsfrist – unter Fortzahlung des Entgelts von der Arbeitsleistung freigestellt worden, kann er nur für sechs Wochen Entgeltfortzahlung beanspruchen. Er steht somit genau so da wie in einem aktiven Beschäftigungsverhältnis (LAG Rheinland-Pfalz v. 23.2.2012, Az. 10 Sa 583/11).

1.2 Ursächlichkeit

Die krankheitsbedingte → *Arbeitsunfähigkeit* muss die alleinige Ursache für den Ausfall der Arbeitsleistung sein (BAG v. 15.2.2012, Az. 7 AZR 774/10; LAG Rheinland-Pfalz v. 15.1.2013, Az. 1 Sa 363/12). Ansonsten besteht kein Anspruch nach dem EntgFG. Aus anderen Gesetzen wie z. B. dem Mutterschutzgesetz können sich aber auch hier im Einzelfall Ansprüche ergeben.

Ein Anspruch auf Entgeltfortzahlung besteht auch dann, wenn die Krankheit für sich allein noch keine Arbeitsunfähigkeit zur Folge hat, sondern lediglich Ursache für eine stationäre oder ambulante Behandlung ist.

In anderen Fällen einer ambulanten Behandlung von Krankheiten, die für sich allein die Arbeitsleistung noch nicht verhindern, besteht dagegen kein Entgeltfortzahlungsanspruch nach dem EntgFG. Dem Arbeitnehmer kann hier aber ein Anspruch wegen persönlicher Arbeitsverhinderung nach § 616 BGB zustehen (s. u. II.).

Im Insolvenzverfahren gilt Folgendes: Entscheidet sich der starke vorläufige Insolvenzverwalter für die Inanspruchnahme der Arbeitskraft eines Arbeitnehmers, hat er alle Verpflichtungen aus dem Arbeitsverhältnis als Masseverbindlichkeiten zu erfüllen („Gesamtpaket"). Hiervon umfasst sind auch Ansprüche, denen keine Wertschöpfung für die Masse gegenübersteht (z. B. Entgeltfortzahlung im Krankheitsfall, Erholungsurlaub). Die Insolvenzordnung sieht insoweit keine Einschränkung der Arbeitgeberpflichten zugunsten der Masse vor (BAG v. 25.11.2021, Az. 6 AZR 94/19 und v. 10.9.2020, Az. 6 AZR 94/19).

Kein Anspruch besteht, wenn

- der Arbeitnehmer bereits vor Krankheitsbeginn ungerechtfertigt seiner Arbeitspflicht nicht nachgekommen ist und davon auszugehen ist, dass er ohne die Krankheit weiterhin arbeitsunwillig geblieben wäre. Hier muss der Arbeitnehmer vortragen und ggf. beweisen, dass er während der Zeit der krankheitsbedingten Arbeitsunfähigkeit arbeitswillig war; In diesem Zusammenhang wurde entschieden, dass die Weigerung des Arbeitnehmers, sich einem rechtmäßig angeordneten regelmäßigen Corona-Test zu unterziehen, dazu führt, dass der Arbeitgeber nicht in Annahmeverzug gerät und auch keine Entgeltfortzahlung leisten muss. Im konkreten Fall wurde angenommen, dass die bescheinigte Arbeitsunfähigkeit nicht die alleinige Ursache für die Nichtausübung der Arbeit war. Vielmehr hätte der Arbeitnehmer auch dann nicht gearbeitet, wenn er nicht arbeitsunfähig gewesen wäre (LAG Mecklenburg-Vorpommern v. 14.9.2022, Az. 3 Sa 46/22). Entsprechend hat das Hessische LAG entschieden: „Solange der Arbeitnehmer die gesetzlichen Tätigkeitsvoraussetzungen gemäß § 20a Abs. 1 Satz 1, Abs. 2 Satz 1 IfSG nicht erfüllt, ist der Arbeitgeber berechtigt, ihn durch Ausübung seines arbeitsvertraglichen Direktionsrechts nach Maßgabe der §§ 106 GewO, 315 BGB von der Erbringung seiner Arbeitsleistung bis 31.12.2022 freizustellen." (Hessisches LAG v. 11.8.2022, Az. 5 SaGa 728/22).
- Der Arbeitnehmer ist darlegungs- und beweispflichtig dafür, dass es ihm aus gesundheitlichen Gründen unzumutbar ist, eine Maske zu tragen, deren Tragen rechtmäßig vom Arbeitnehmer angeordnet worden ist. Ein ärztliches Attest erbringt keinen Anscheinsbeweis (LAG Berlin-Brandenburg v. 26.4.2022, Az. 7 Sa 106/22).
- die gegenseitigen Pflichten aus dem Arbeitsverhältnis ruhen. Dies ist z. B. beim Wehr- oder Zivildienst der Fall, aber auch beim Erziehungsurlaub; das Bundesarbeitsgericht hat dies auch für das sog. Wiedereingliederungsverhältnis angenommen; „Arbeitgeber und Arbeitnehmer sind, weil die Arbeitsunfähigkeit des Arbeitnehmers andauert, während des Wiedereingliederungsverhältnisses weiterhin von den Hauptleistungspflichten des Arbeitsverhältnisses befreit. Es besteht deshalb kein Anspruch auf die arbeitsvertraglich vereinbarte Vergütung, es sei denn, der Arbeitgeber hat sich bei Abschluss der Wiedereingliederungsvereinbarung ausdrücklich oder stillschweigend zu einer Zahlung verpflichtet" (BAG v. 24.9.2014, Az. 5 AZR 611/12);
- der Arbeitnehmer sich an einem Streik beteiligt und dann arbeitsunfähig erkrankt; hier hätte er auch dann nicht gearbeitet, wenn er gesund gewesen wäre. Wenn er aber bei Beginn des Streiks bereits erkrankt war, behält er seinen Anspruch. Etwas anderes gilt, wenn er ausdrücklich erklärt, sich auch vom Krankenlager aus am Streik beteiligen zu wollen oder dem Arbeitgeber eine Beschäftigung nicht möglich oder zumutbar gewesen wäre. Hier steht noch eine endgültige Klärung durch das BAG aus;
- dem Arbeitnehmer unbezahlter **Sonderurlaub** gewährt wurde;
- im Betrieb des Arbeitgebers aufgrund der Anordnung von **Kurzarbeit** nicht gearbeitet wird; hier erhält der Arbeitnehmer Krankengeld. Bei einer Verkürzung der täglichen Arbeitszeit kann nur für die Zeit Entgeltfortzahlung beansprucht werden, in der ansonsten gearbeitet worden wäre; war der Arbeitnehmer bereits vor Beginn der Kurzarbeit erkrankt, besteht kein Anspruch auf Kurzarbeitergeld (BAG v. 5.12.2023, Az. 9 AZR 364/22);
- bezahlte **Freischichten** vereinbart werden und ein Arbeitnehmer während dieser Zeit (z. B. zwischen Weihnachten und Neujahr) arbeitsunfähig krank wird oder bei für arbeitsfrei erklärten Tagen die maßgebliche Arbeitszeit vor- oder nachgearbeitet wird;

- während der Arbeitsunfähigkeit des Arbeitnehmers im Betrieb des Arbeitgebers die Arbeitsleistung aus zwingenden, von der Agentur für Arbeit anerkannten Witterungsgründen ausfällt. Der Arbeitgeber ist berechtigt in dieser Zeit auf dem Ausgleichskonto gutgeschriebenen Lohn auszuzahlen, § 3 Ziff. 1.43 BRTV-Bau (LAG München v. 29.4.2020, Az. 10 Sa 432/19).
- Bei Corona gilt Folgendes:

  Einerseits hat das BAG entschieden, dass ein Entgeltfortzahlungsanspruch nicht besteht, wenn durch das Gesundheitsamt nach § 20a Abs. 5 Satz 3 IfSG in der Fassung vom 16.9.2022 (aF) ein Verbot erlassen wird, wonach dem Arbeitnehmer untersagt wird, seine Tätigkeit in der Einrichtung/dem Unternehmen des Arbeitgebers auszuüben sowie die Einrichtung/das Unternehmen zu betreten und der Arbeitnehmer in diesem Zeitraum arbeitsunfähig erkrankt. Das behördliche Verbot nach § 20a Abs 5 Satz 3 IfSG aF ist seinerseits nicht unmittelbare Folge der Erkrankung, sondern beruht auf der fehlenden Vorlage eines Nachweises nach § 20a Abs. 5 Satz 1 IfSG aF. Es ist ein weiterer, paralleler Umstand, der für sich allein gesehen Grund der Arbeitsverhinderung war. Mit Zugang der Verfügung über ein Betretungs- und Tätigkeitsverbot ist ein zuvor bestehender Anspruch auf Entgeltfortzahlung erloschen, da mit dem Wirksamwerden des Tätigkeits- und Betretungsverbots eine zuvor bestehende Arbeitsunfähigkeit nicht mehr die alleinige und ausschließliche Ursache für den Arbeitsausfall und damit den Verlust des Vergütungsanspruchs ist (BAG v. 19.6.2024, Az. 5 AZR 241/23).

  Andererseits hat der 5. Senat entschieden, dass Arbeitsunfähigkeit auch dann vorliegt, wenn der Arbeitnehmer wegen der Erkrankung aus rechtlichen Gründen die Arbeitsleistung nicht erbringen kann, etwa weil für ihn aufgrund der Erkrankung ein Beschäftigungsverbot besteht. Gleiches gilt, wenn gegenüber einem Arbeitnehmer aufgrund einer ansteckenden Infektionskrankheit gemäß § 30 Abs. 1 Satz 2 i. V. m. § 28 Abs. 1 Satz 1 IfSG in der im Streitzeitraum geltenden Fassung behördlich die Isolierung (Quarantäne) oder Absonderung verfügt wurde. Auch in einem solchen Fall war dem Arbeitnehmer die Erbringung der Arbeitsleistung aus krankheitsbedingten Gründen rechtlich unmöglich, weil eine Zuwiderhandlung gegen die angeordnete Absonderung nach § 73 Abs 1a IfSG bußgeldbewehrt und unter weiteren Voraussetzungen sogar nach § 74 IfSG strafbewehrt war (BAG v. 20.3.2024, Az. 5 AZR 235/23). Das Unionsrecht verlangt nicht, dass ein Arbeitnehmer, der während seines bezahlten Jahresurlaubs (während der Covid-19-Pandemie) unter Quarantäne gestellt worden ist, den Jahresurlaub auf einen späteren Zeitraum übertragen kann. Die Quarantäne ist nicht mit einer Krankheit vergleichbar (EuGH v. 14.12.2023, Az. C 206/22; so auch BAG v. 28.5.2024, Az. 9 AZR 76/22 – Urlaubsgewährung bleibt trotz Quarantäne wirksam, zu den Einzelheiten s. Stichwort → *Urlaub*).

  Weiter wurde vom BAG Folgendes entschieden:

  Der Arbeitgeber trägt nicht das Risiko des Arbeitsausfalls, wenn die behördlich verfügte Betriebsschließung im Rahmen allgemeiner Maßnahmen staatlicher Stellen zur Pandemiebekämpfung erfolgt und – betriebsübergreifend – zum Schutz der Bevölkerung vor schweren und tödlichen Krankheitsverläufen infolge von SARS-CoV-2-Infektionen die sozialen Kontakte auf ein Minimum reduziert und nahezu flächendeckend alle nicht für die Versorgung der Bevölkerung notwendigen Einrichtungen geschlossen werden. Für die Einordnung eines Risikos als Betriebsrisiko kommt es auf – mögliche – nachgelagerte Ansprüche, zum Beispiel aufgrund staatlicher Ausgleichsmaßnahmen, nicht an (BAG v. 13.10.2021, Az. 5 AZR 211/21). Für die Risikoverteilung unerheblich ist, ob der Arbeitgeber das Betriebsrisiko „abmildern" könnte, etwa durch Abbau von Überstunden und Gleitzeitguthaben oder die Gewährung von Urlaub (BAG v. 4.5.2022, Az. 5 AZR 366/21).

  Der Arbeitgeber gerät aber in Annahmeverzug mit der angebotenen Arbeitsleistung, wenn er einem Arbeitnehmer, der aus einem SARS-CoV-2-Risikogebiet zurückkehrt, ein 14-tägiges Betretungsverbot für das Betriebsgelände erteilt, obwohl dieser gemäß den verordnungsrechtlichen Vorgaben bei der Einreise aufgrund der Vorlage eines aktuellen negativen PCR-Tests und eines ärztlichen Attests über Symptomfreiheit keiner Absonderungspflicht (Quarantäne) unterliegt. Der Arbeitgeber schuldet dann gemäß § 615 Satz 1, § 611a Abs. 2 BGB grundsätzlich Fortzahlung der Vergütung (BAG v. 10.8.2022, Az. 5 AZR 154/22).

  Neben dem Anspruch aus dem Entgeltfortzahlungsgesetz kommt auch ein solcher aus § 616 BGB in Betracht (s. i. E. unter II). Es ist umstritten, ob selbst bei 14-tägiger oder noch länger andauernder Quarantäne noch ein verhältnismäßig nicht erheblicher Verhinderungszeitraum angenommen werden kann. Diese Rechtsfrage ist höchstrichterlich noch ungeklärt. Diese Regelung kann jedoch arbeitsvertraglich wirksam abbedungen oder modifiziert werden.

  Zum Rechtsweg wurde Folgendes entschieden: „Bei der Zahlungsklage einer Arbeitnehmerin gegen ihren Arbeitgeber für den Zeitraum einer coronabedingten Absonderung nach § 30 Abs. 1 IFSG die Zuständigkeit der Arbeitsgerichte dann anzunehmen sein, wenn neben dem infektionsschutzrechtlichen Entschädigungsanspruch aus § 56 Abs. 1 Satz 2, Abs. 5 Satz 1 IFSG auch arbeitsrechtliche Anspruchsgrundlagen nicht offensichtlich ausgeschlossen sind. Das betrifft vor allem die Anspruchsgrundlage aus § 616 BGB. Da umstritten ist, ob selbst bei 14-tägiger oder noch länger andauernder Quarantäne noch ein verhältnismäßig nicht erheblicher Verhinderungszeitraum angenommen werden kann und die Rechtsfrage höchstrichterlich ungeklärt ist, scheidet die Anspruchsgrundlage jedenfalls nicht offensichtlich aus. Ist § 616 BGB wirksam abbedungen worden und auch sonst offensichtlich keine arbeitsrechtliche Anspruchsgrundlage einschlägig, ist für die Zahlungsklage einer Arbeitnehmerin, mit der sie von ihrem Arbeitgeber eine Entschädigung nach § 56 Abs. 1 Satz 2 IFSG für die Zeit der coronabedingten Absonderung nach § 30 Abs. 1 IFSG einfordert, aufgrund der spezialgesetzlichen Sonderzuweisung des § 68 Abs. 1 IFSG die Zuständigkeit der Verwaltungsgerichte gegeben." (LAG Düsseldorf v.10.10.2022, Az. 3 Ta 278/22).

  Auch zu der Frage, ob die Quarantäne der Gewährung von Urlaub entgegensteht, gibt es kontroverse Urteile von Landesarbeitsgerichten. Das BAG hat diese Frage jetzt dem EuGH vorgelegt (BAG, Vorlagebeschluss v. 16.8.2022, Az. 9 AZR 76/22 (A). Mit Wirkung ab 17.9.2022 ist dieses urlaubsrechtliche Problem durch eine Neufassung von § 59 Abs. 1 IfSG dahin geregelt worden, dass die Tage der Absonderung nicht als Urlaub gelten.

  § 56 Abs. 5 IfSG verpflichtet den Arbeitgeber, für die ersten sechs Wochen die Entschädigung anstelle der zuständigen Behörde auszuzahlen. Er hat dann gegen die Behörde einen Erstattungsanspruch.

Beispiel:

Wird die für den 24. und 31.12. vorgesehene Arbeit aufgrund einer Betriebsvereinbarung vorgezogen, hat der Arbeitnehmer, der an den freigestellten Tagen arbeitsunfähig krank ist oder eine Kur durchführt, keinen Anspruch auf Entgeltfortzahlung für die freigestellten Tage, weil Ursache des Arbeitsausfalls nicht die Krankheit des Arbeitnehmers ist, sondern die anderweitige Verteilung der Arbeitszeit.

Dies gilt auch für Freischichttage nach sog. Freischichtmodellen.

Beispiel:

Wird die Planwochenarbeitszeit auf die vier Tage Montag bis Donnerstag unter Freistellung des Freitags verteilt, scheiden für den Freitag Entgeltfortzahlungsansprüche aus.

Das Bundesverwaltungsgericht hat entschieden, dass Arbeitgeber vom Staat keine Erstattung von Zahlungen verlangen können, die sie an ihre Arbeitnehmer für einen Zeitraum geleistet haben, in dem diese sich wegen des Verdachts der Ansteckung mit dem Coronavirus SARS-CoV-2 in häuslicher Quarantäne befanden, wenn den Arbeitnehmern ein Anspruch auf Weiterzahlung ihres Arbeitsentgelts zustand. Ein solcher Anspruch konnte sich aus § 616 Satz 1 BGB ergeben, wenn der Arbeitnehmer für eine verhältnismäßig nicht erhebliche Zeit an der Arbeitsleistung gehindert war; dies war im Frühsommer 2020 bei einer Quarantänedauer von bis zu 14 vollen Tagen der Fall (BVerwG v. 6.12.2024, Az. 3 C 7.23).

Bei Arbeitszeitverlegungen, die keinen Einfluss auf die Gehaltszahlung haben, bleibt der Anspruch auf Entgeltfortzahlung erhalten, so z. B., wenn Überstunden nicht bezahlt, sondern durch Freizeitausgleich abgegolten werden. Der arbeitsunfähige Arbeitnehmer erhält also auch für die Zeit des Freizeitausgleichs seine Vergütung weiter. Ist der Arbeitnehmer für die Zeit der Arbeitsunfähigkeit in einem Schichtplan zur Arbeit eingeteilt, ist ein Arbeitszeitkonto entsprechend den Einsätzen fortzuführen, die der Arbeitnehmer nach dem Schichtplan zu leisten gehabt hätte.

Gleiches gilt bei Arbeitszeitverkürzungen in Kombination mit besonderen Arbeitszeitverteilungen, z. B. bei der Einführung einer verkürzten Jahresarbeitszeit durch Arbeitsfreistellung von mehreren Wochen unter Beibehaltung der Normalarbeitszeit während der übrigen Zeiten. Wird in solchen Fällen durchgehend, auch während der arbeitsfreien Zeit, Gehalt bezahlt, bestehen im Krankheitsfall Entgeltfortzahlungsansprüche sowohl während der Arbeitszeitperioden als auch während der arbeitsfreien Zeit.

Erkrankt der Arbeitnehmer im Erholungsurlaub, führt dies zu einer Unterbrechung des Urlaubs (§ 9 BUrlG). Anstelle der Urlaubsvergütung ist Entgeltfortzahlung zu leisten. Das Gleiche gilt beim Bildungsurlaub. Bei einem Beschäftigungsverbot gem. § 3 MuSchG ist Entgeltfortzahlung zu leisten, wenn die Arbeitnehmerin arbeitsunfähig erkrankt ist. Die Abgrenzung zu den Voraussetzungen des Beschäftigungsverbots ist aber sehr schwierig (s. dazu i. E. → *Mutterschutz VII.1.*).

1.3 Kein Verschulden des Arbeitnehmers

Der Arbeitnehmer hat nur dann Anspruch auf Entgeltfortzahlung, wenn ihn an der Arbeitsunfähigkeit kein Verschulden trifft. An den Arbeitnehmer können dabei aber keine besonderen Verhaltensanforderungen zur Vermeidung von Gesundheitsstörungen gestellt werden. Nicht jede Unvernunft ist daher als Verschulden zu werten.

Verschulden liegt nur dann vor, wenn der Arbeitnehmer in besonders grober Weise gegen die von einem verständigen Menschen im eigenen Interesse zu erwartende Verhaltensweise verstößt (BAG v. 18.3.2015, Az. 10 AZR 99/14). Dieses besonders leichtfertige oder gar vorsätzliche Handeln kann auch darin bestehen, dass der Arbeitnehmer in grober Weise Anordnungen mißachtet, die der Sicherheit der Arbeitnehmer dienen (LAG Köln v. 19.4.2013, Az. 7 Sa 1204/11). Der Arbeitgeber muss ein Verschulden des Arbeitnehmers beweisen, wenn er eine Entgeltfortzahlung aus diesem Grund ablehnen will (LAG Rheinland-Pfalz v. 15.1.2019, Az. 8 Sa 247/18).

Einzelfälle:

- **Ansteckende Krankheit:**
  Eine Krankheit ist auch dann unverschuldet, wenn sie auf eine Erkältungs- oder Infektionskrankheit zurückgeht. Dies gilt auch bei einer Aids-Infektion oder einer Geschlechtskrankheit. Etwas anderes gilt nur dann, wenn die Infektion durch ungeschützten Verkehr mit einer Person entstanden ist, von der der Arbeitnehmer wusste, dass sie infiziert ist oder dies annehmen musste.
- **Arbeitsunfall:**
  Hier kommt grobe Fahrlässigkeit in Betracht, wenn der Arbeitnehmer gegen ausdrückliche Anordnungen des Arbeitgebers oder gegen Unfallverhütungsvorschriften der Berufsgenossenschaften verstößt.
- **Heilungswidriges Verhalten:**
  Bei heilungswidrigem Verhalten, das den Genesungsprozess verzögert oder eine Verschlimmerung des Krankheitszustands herbeiführt: Verschulden liegt vor, wenn ärztliche Anweisungen grob missachtet werden.
- **Künstliche Befruchtung:**
  Die dadurch verursachte Arbeitsunfähigkeit gilt nicht als Verschulden des Arbeitnehmers. Wird aber erst durch eine In-vitro-Fertilisation willentlich und vorhersehbar eine Arbeitsunfähigkeit bedingende Erkrankung herbeigeführt, ist von einem vorsätzlichen Verstoß gegen das Eigeninteresse eines verständigen Menschen, Gesundheit zu erhalten und zur Arbeitsunfähigkeit führende Erkrankungen zu vermeiden, auszugehen und ein Entgeltfortzahlungsanspruch wegen Verschuldens im Sinne von § 3 Abs. 1 Satz 1 Halbs. 2 EntgFG ausgeschlossen. Anders ist es, wenn im Rahmen einer In-vitro-Fertilisation, die nach allgemein anerkannten medizinischen Standards vom Arzt oder auf ärztliche Anordnung vorgenommen wird, eine zur Arbeitsunfähigkeit führende Erkrankung auftritt, mit deren Eintritt nicht gerechnet werden musste (BAG v. 26.10.2016, Az. 5 AZR 167/16).
- **Nebentätigkeit:**
  Wird der Arbeitnehmer bei Ausübung einer Nebentätigkeit arbeitsunfähig, liegt kein Verschulden vor. Etwas anderes kann nur dann in Betracht kommen, wenn er dabei gegen gesetzliche Vorschriften, z. B. das Arbeitszeitgesetz verstoßen hat.
- **Organspenden:**
  § 3a EntgFG bestimmt, dass wenn ein Arbeitnehmer durch Arbeitsunfähigkeit infolge der Spende von Organen oder Geweben, die nach den §§ 8 und 8a des Transplantationsgesetzes erfolgt, an seiner Arbeitsleistung verhindert ist, er Anspruch auf Entgeltfortzahlung durch den Arbeitgeber für die Zeit der Arbeitsunfähigkeit bis zur Dauer von sechs Wochen hat. Dem Arbeitgeber sind von der gesetzlichen Krankenkasse des Empfängers von Organen oder Geweben das an den Arbeitnehmer nach Absatz 1 fortgezahlte Arbeitsentgelt sowie die hierauf entfallenden vom Arbeitgeber zu tragenden Beiträge zur Sozialversicherung und zur betrieblichen Alters- und Hinterbliebenenversorgung auf Antrag zu erstatten.
- **Schlägereien:**
  Dabei müssen die konkreten Umstände des jeweiligen Einzelfalls beachtet werden. Allein der Umstand, dass sich der Arbeitnehmer etwa in einen berüchtigten Stadtteil begeben hat, reicht hierfür nicht aus. Die berühmte Frage, wer angefangen hat, wird jedoch meist vom Arbeitgeber, der ja hier die Beweislast hat, nicht zu klären sein. Wenn gegen den Arbeitnehmer ein Strafverfahren eingeleitet wurde, kann der Arbeitgeber versuchen, durch Akteneinsicht über einen Rechtsanwalt nähere Informationen zu erhalten. Das LAG Köln hat in diesem Zusammenhang Folgendes entschieden: „Von einem solchen Verschulden ist nicht auszugehen, wenn ein junger männlicher Arbeitnehmer ein freundschaftliches Gerangel beginnt und sich selbst im Rahmen dieses Gerangels verletzt" (LAG Köln v. 30.1.2020, Az. 6 Sa 647/19).

- **Schwangerschaftsabbruch:**
  Ist er nicht rechtswidrig, führt er zur Entgeltfortzahlung.
- **Selbsttötungsversuch:**
  Die hierdurch verursachte Arbeitsunfähigkeit ist in der Regel unverschuldet.
- **Sportunfälle:**
  Sie sind grundsätzlich unverschuldet. Etwas anderes gilt nur, wenn es sich um eine besonders gefährliche Sportart handelt. Eine solche liegt vor, wenn das Verletzungsrisiko so groß ist, dass auch ein gut ausgebildeter Sportler bei sorgfältiger Beachtung aller Regeln dieses Risiko nicht vermeiden kann. Die Rechtsprechung legt den Begriff sehr eng aus: Selbst Sportarten wie Kickboxen gelten nicht als besonders gefährlich. Auch eine beim Fingerhakeln verursachte Arbeitsunfähigkeit führt nicht zum Ausschluss des Anspruchs.

  Unabhängig davon ist die Arbeitsunfähigkeit jedoch dann verschuldet, wenn sich der Arbeitnehmer in einer seine Kräfte und Fähigkeiten deutlich übersteigenden Weise betätigt oder wenn er in erheblicher Weise gegen anerkannte Regeln oder Sicherheitsvorkehrungen verstoßen hat. Dies gilt auch für einen Skiunfall, der während der Dauer einer Arbeitsunfähigkeit wegen Hirnhautentzündung mit Konzentrationsstörungen passiert. In einem so extremen Fall kann sogar fristlos gekündigt werden.
- **Sterilisation:**
  Ist sie nicht rechtswidrig, führt sie zur Entgeltfortzahlung.
- **Suchterkrankungen:**
  Suchterkrankungen (Alkohol, Drogen, Medikamente, Nikotin) stellen Krankheiten im medizinischen Sinne dar und gelten im Allgemeinen als nicht verschuldet. Auch bei einem Rückfall nach einer erfolgreich durchgeführten Therapie ist nicht automatisch von einem schuldhaften Verhalten im entgeltfortzahlungsrechtlichen Sinn auszugehen. Dies kann aber auch nicht ausgeschlossen werden, sodass nur ein fachmedizinisches Gutachten genauen Aufschluss über die willentliche Herbeiführung des Rückfalls geben kann (BAG v. 18.3.2015, Az. 10 AZR 99/14).

  Wie bei allen anderen Erkrankungen auch, muss der Arbeitgeber das Verschulden des Arbeitnehmers an der Suchterkrankung beweisen. Den Arbeitnehmer trifft jedoch eine Mitwirkungspflicht. Er muss auf Verlangen nach bestem Wissen die zur Erkrankung führenden Umstände offenbaren und erforderlichenfalls Untersuchungen durch Sachverständige dulden oder die behandelnden Ärzte von der Schweigepflicht entbinden. Maßgeblicher Zeitpunkt für das Verschulden ist der Beginn der Suchterkrankung, nicht der Beginn der Arbeitsunfähigkeit. Verursacht der suchtkranke Arbeitnehmer die Arbeitsunfähigkeit durch ein steuerbares Verhalten wie z. B. eine Verletzung durch einen Verkehrsunfall bei Führen eines KFZ im Zustand der Trunkenheit oder Beteiligung an einer Schlägerei kommen ihm die o. g. Grundsätze nicht zugute, d. h. diese Arbeitsunfähigkeit ist verschuldet (LAG Köln v. 16.1.2014, Az. 13 Sa 516/13).
- **Tätowierung:**
  Nach einer Tätowierung muss damit gerechnet werden, dass sich die tätowierte Hautstelle entzündet. Diese Komplikation wird bei Einwilligung in die Tätowierung billigend in Kauf genommen. Führt diese Komplikation zur Arbeitsunfähigkeit, besteht kein Anspruch auf Entgeltfortzahlung im Krankheitsfall, da den Arbeitnehmer ein Verschulden an der Arbeitsunfähigkeit trifft (LAG Schleswig-Holstein v. 22.5.2025, Az. 5 Sa 284 a/24).
- **Unfälle:**
  Sie gelten als verschuldet, wenn der Arbeitnehmer grob fahrlässig gehandelt hat, der Unfall also z. B. auf erhebliche Alkoholisierung des Arbeitnehmers zurückzuführen ist (z. B.: Der Arbeitnehmer zündet in der Silvesternacht alkoholisiert Knaller an, die er in der Hand behält).
- **Verkehrsunfälle:**
  Verursacht der Arbeitnehmer bei der Teilnahme am öffentlichen Straßenverkehr einen Verkehrsunfall, kommt ein Ausschluss der Entgeltfortzahlung nur dann in Betracht, wenn ein grobes Verschulden vorliegt. Damit muss er in besonders eindeutiger Weise gegen Regeln verstoßen, also entweder vorsätzlich oder in besonders grober Weise fahrlässig seine Pflichten als Verkehrsteilnehmer missachtet haben. Ein solches Verschulden liegt z. B. vor, wenn der Arbeitnehmer ohne angelegten Sicherheitsgurt fährt und die Verletzungen darauf zurückzuführen sind. Auch eine erhebliche Überschreitung der zulässigen Höchstgeschwindigkeit kann darunter fallen, ebenso das Telefonieren während der Fahrt. Entschieden wurde auch, dass einem Arbeitnehmer, der trotz eines ausdrücklichen Verkehrszeichens mit dem Zusatz der als solcher ausgeschilderte Fußweg sei für Radfahrer nicht geeignet, seine Fahrt fortsetzt und dann auf einer sich an den Weg hinter einer Kurve anschließenden Treppe zu Fall kommt, kein Anspruch auf Entgeltfortzahlung zusteht (LAG Schleswig-Holstein v. 1.4.2019, Az. 1 Ta 29/19).

  Bei Alkoholisierung im Straßenverkehr liegt ein Verschulden vor, wenn Alkohol die alleinige Ursache z. B. für einen Verkehrsunfall darstellt. Dabei kann auch der alkoholkranke Arbeitnehmer schuldhaft handeln, wenn er in noch steuerungsfähigem Zustand sein Auto für den Weg zur Arbeitsstelle benutzt, während der Arbeitszeit in erheblichem Maße Alkohol zu sich nimmt und bald nach Dienstende im Zustand der Trunkenheit einen Verkehrsunfall verursacht, bei dem er verletzt wird.
- **Wutausbruch:**
  Ein Entgeltfortzahlungsanspruch besteht auch dann, wenn sich der Arbeitnehmer bei einem Wutausbruch im Betrieb selbst verletzt, wenn z. B. ein Mitarbeiter aus Wut über eine Anweisung mit der Faust auf ein Verkaufsschild schlägt und sich dabei die Hand bricht.

2. Höhe der Entgeltfortzahlung

2.1 Grundsatz

Der Arbeitgeber muss dem Arbeitnehmer das Arbeitsentgelt fortzahlen, das er sonst erhalten würde (§ 4 Abs. 1 EntgFG). Es ist also zu prüfen, was der Arbeitnehmer zu beanspruchen gehabt hätte, wenn er nicht erkrankt wäre. Dabei ist der Grundsatz der vollen Entgeltfortzahlung zu beachten. So muss auch Besitzstandszulage bei der Berechnung der Entgeltfortzahlung berücksichtigt werden. Hiervon darf auch nicht durch Tarifvertrag abgewichen werden (BAG v. 27.4.2016, Az. 5 AZR 229/15). Bei Festsetzung eines Mindestlohnes durch Rechtsverordnung gemäss § 7 AEntG ist der Mindestlohn Berechnungsgrundlage für die Entgeltfortzahlungstatbestände der §§ 2, 3 und 4 EntgfG und der Urlaubsabgeltung (LAG Niedersachsen v. 20.11.2013, Az. 2 Sa 667/13). Bei einer Anwendbarkeit des Tarifvertrags zur Regelung des Mindestlohns für pädagogisches Personal verlangt das grundsätzlich maßgebliche Entgeltausfallprinzip, den Mindestlohn nach § 3 Nr. 1 TV Mindestlohn für pädagogisches Personal als Geldfaktor in die Berechnung des Entgeltfortzahlungsanspruchs einzustellen (BAG v. 13.5.2015, Az. 10 AZR 191/14). Dies dürfte auch für den Mindestlohn nach dem Mindestlohngesetz gelten. Der Anspruch umfaßt auch etwaige Zuschläge, die der Arbeitnehmer erhalten hätte, wäre er nicht arbeitsunfähig erkrankt gewesen. Maßgeblich ist der jeweilige Tarifvertrag, der eine von der gesetzlichen Regelung abweichende Höhe festsetzen kann (BAG v. 23.4.2024, Az. 5 AZR 178/23). Diese Abweichungsmöglichkeit gilt aber nur für Tarifverträge, nicht hingegen für Arbeitsvertragsrichtlinien, die auf dem sog. „Dritten Weg" zustande gekommen sind (BAG v. 5.10.2023, Az. 6 AZR 210/22).

Welche Arbeitszeit während der Dauer der Arbeitsunfähigkeit zu vergüten ist, richtet sich nach der konkreten Arbeitszeit, die der jeweils betroffene Arbeitnehmer leisten muss. Im Rahmen der Arbeitszeitflexibilisierung kommt es nur auf die tatsächliche individuelle Arbeitszeit des konkreten Arbeitnehmers an. In einem Tarifvertrag kann aber bestimmt werden, dass statt der individuellen Arbeitszeit die regelmäßige tarifliche Arbeitszeit zugrunde gelegt wird. Dies gilt auch dann, wenn der Arbeitnehmer dadurch weniger Entgeltfortzahlung erhält.

Problematisch sind die Fälle, in denen der erkrankte Arbeitnehmer zu einer effektiven täglichen Arbeitszeit von acht Stunden verpflichtet ist und wegen der Differenz zur tariflich vorgesehenen durchschnittlichen Arbeitszeit von wöchentlich weniger als 40 Stunden einen entsprechenden unbezahlten Freizeitausgleich erhält. Für die Entgeltfortzahlung ist maßgeblich, ob sie für einen Tag der Arbeitsunfähigkeit verlangt wird, an dem der betreffende Arbeitnehmer ohne die Krankheit hätte arbeiten müssen oder für den eine unbezahlte Freischicht vorgesehen war. Im ersten Fall hat der Arbeitnehmer Anspruch auf Entgeltfortzahlung auf der Grundlage von acht ausgefallenen Arbeitsstunden; im zweiten Fall kommt eine Entgeltfortzahlung nicht in Betracht, da keine Arbeitszeit ausgefallen ist. Es kann durch Betriebsvereinbarung geregelt werden, dass eine bereits zugeteilte Freischicht durch Krankheit verbraucht ist. Hätte der Arbeitnehmer an einer Sonderschicht teilgenommen, ist ihm diese auch während der Krankheit zu vergüten.

Beispiel:

Der Arbeitnehmer muss regulär 36,5 Stunden pro Woche arbeiten. Aufgrund betrieblicher Notwendigkeiten muss er aber an fünf Tagen der Woche je acht Stunden arbeiten. Der Ausgleich erfolgt in der Weise, dass in bestimmten Abständen ein freier Tag eingeschoben wird, damit die reguläre Arbeitszeit im Monat nicht überschritten wird. Erkrankt er an diesem Tag, erhält er hierfür auch keine Entgeltfortzahlung. Hätte er am Tag der Erkrankung arbeiten müssen, dann erhält er auch für die vollen acht Stunden Entgeltfortzahlung.

Wenn nicht genau gesagt werden kann, wie viel der Arbeitnehmer gearbeitet hätte, wenn er nicht erkrankt wäre, kann man die durchschnittliche Arbeitszeit der zurückliegenden zwölf Monate berücksichtigen. Das Bundesarbeitsgericht hält den bislang häufig verwendeten Zeitraum von drei Monaten nicht mehr für ausreichend, um Zufallsergebnisse zu vermeiden. Hat das Arbeitsverhältnis noch kein Jahr angedauert, ist die gesamte Dauer des Arbeitsverhältnisses zu berücksichtigen.

Wenn der Arbeitnehmer ein Leistungsentgelt erhält, also eine auf das Ergebnis der Arbeit abstellende Vergütung, ist der von ihm in der für ihn maßgebenden regelmäßigen Arbeitszeit erzielbare Durchschnittsverdienst fortzuzahlen (§ 4 Abs. 1a, Abs. 2 EntgFG). Beim Gruppenakkord ist auf den Verdienst der weiterarbeitenden Kollegen abzustellen. Besteht die Gruppe nur aus zwei Arbeitnehmern, ist für die Höhe der Entgeltfortzahlung allein der Verdienst des anderen Arbeitnehmers maßgeblich.

Ein angestellter Handelsvertreter (§ 65 HGB), dessen Vergütung sich aus einem monatlichen Grundgehalt und Provisionen zusammensetzt, kann im Krankheitsfall nicht nur die Fortzahlung des Grundgehalts verlangen, sondern ihm steht auch die Zahlung der Provisionen zu, die er in dieser Zeit ohne krankheitsbedingte Arbeitsverhinderung wahrscheinlich verdient hätte. Das LAG Berlin-Brandenburg hat hier eine Durchschnittsberechnung analog zur Berechnung des Urlaubsentgeltes vorgenommen (LAG Berlin-Brandenburg v. 13.3.2020, Az. 2 Sa 2184/19). Nach der Rechtsprechung des LAG Hamm muss der Arbeitnehmer nicht nur in dem Zeitraum, in dem er unentschuldigt fehlt, über einen Geldbetrag verfügen können, der dem in Zeiten mit Arbeitsleistung vergleichbar sein muss, sondern er soll auch nicht in der Folgezeit geringere Einkünfte beziehen, da zum Beispiel eine fehlende Möglichkeit für Vertragsabschlüsse und zu verdienende Provisionen in einem späteren Zeitraum ein geringeres Entgelt bewirken. „Provisionen, die der Arbeitgeber als einzige Gegenleistung oder neben einem Fixum schuldet, sind Arbeitsverdienste i. S. d. § 11 BUrlG und daher in die Berechnung des Urlaubsgeldes einzustellen. Eine an die jeweilige Arbeitsleistung anknüpfende Umsatzbeteiligung ist wie eine Provision zu behandeln. Bei der Berechnung des Urlaubsentgelts außer Betracht zu bleiben haben auf das gesamte Jahr bezogene Leistungen wie Gratifikationen oder Jubiläumsgelder oder sonstige Vergütungen für Leistungen während eines Gesamtzeitraums, die ohne Rücksicht darauf abgegolten werden, welche Tätigkeit erbracht wurde, d. h. mit denen ein Erfolg belohnt werde, der von einer Arbeitsleistung weitgehend unabhängig ist" (LAG Hamm v. 30.9.2020, Az.5 Sa 878/20).

Überstunden werden bei der Entgeltfortzahlung nicht berücksichtigt (§ 4 Abs. 1a EntgFG). Dies gilt sowohl für den zusätzlich für Überstunden gezahlten Stundenlohn als auch für etwaige Überstundenzuschläge. Wenn in einem festen Monatsentgelt ein pauschaler Überstundenzuschlag enthalten ist, muss dieser aus dem Monatsentgelt herausgerechnet werden. Allerdings rechnen auch dauerhaft anfallende Überstunden mit.

Beispiel:

Im Arbeitsvertrag ist vereinbart, dass das Monatsentgelt auch fünf Überstunden einschließlich der tariflichen Zuschläge abdeckt. Wenn der Arbeitnehmer erkrankt, kann der Arbeitgeber diesen Anteil aus der Entgeltfortzahlung herausrechnen.

Das Entgeltausfallprinzip erhält dem Arbeitnehmer grundsätzlich die volle Vergütung einschließlich etwaiger Zuschläge. Dies gilt auch für eine monatliche Prämienzahlung an einen Kraftfahrer, die bei Ausbleiben von Fehltagen, Schäden an Fahrzeug und Fracht und bei ordnungsgemäßer Fahrzeugpflege gewährt wird und die 25 Prozent der Gesamtvergütung ausmacht (LAG Rheinland-Pfalz v. 26.8.2014, Az. 6 Sa 84/14). Eine Regelung im Tarifvertrag kann auch nicht bestimmen, dass übertarifliche Vergütungen im Krankheitsfall nicht zu zahlen sind (BAG v. 27.4.2016, Az. 5 AZR 229/15). Lediglich Leistungen, die nicht an die Erbringung der Arbeitsleistung in einem bestimmten Zeitabschnitt gekoppelt sind, sondern hiervon unabhängig aus besonderem Anlass gezahlt werden, bleiben unberücksichtigt. Ebenfalls nicht unter die Entgeltfortzahlungspflicht fallen Zahlungen für Aufwendungen des Arbeitnehmers, die nicht die Arbeitsleistung als solche vergüten, sondern Belastungen ausgleichen sollen, die für den Arbeitnehmer aufgrund der Arbeit entstehen. Hierzu zählt z. B. die Schmutzzulage.

2.2 Einzelfälle

Folgende Entgeltbestandteile müssen fortgezahlt werden:

- Anwesenheitsprämie: Sie kann gem. § 4a Satz 1 EFZG durch vertragliche Vereinbarung auch für den Fall krankheitsbedingter Arbeitsunfähigkeit gekürzt werden, aber die Kürzung darf ein Viertel des Arbeitsentgeltes nicht überschreiten, das im Jahresdurchschnitt auf einen Arbeitstag entfällt. Eine im zurückliegenden Bezugszeitraum gezahlte Prämie ist jedenfalls dann nicht zu berücksichtigen, wenn die Kürzungsregelung nicht auf das individuell erzielte Arbeitsentgelt abstellt, sondern bestimmten Einkommensstufen feste Kürzungsbeträge zuordnet mit der Folge, dass der ausgewiesene Kürzungsbetrag bei einem Arbeitnehmer, der wegen hoher Fehlzeiten im Bezugszeitraum keine Prämie erhalten hat, die zulässige Kürzungsgrenze von ¼ des durchschnittlichen Tagesverdienstes überschreitet (LAG Hamm v. 21.2.2013, Az. 8 Sa 1588/12).

- **Aufwendungsersatz**, sofern er pauschal und unabhängig von konkreten Aufwendungen gezahlt wird.
- **Dienstwagen**: Ist dieser auch zur privaten Nutzung überlassen worden, muss er auch während des Entgeltfortzahlungszeitraums überlassen werden, jedoch nicht darüber hinaus (BAG v. 14.12.2010, Az. 9 AZR 631/09).
- **Erschwerniszulagen**
- **Fahr- und Wegegelder**, wenn sie auch dann gezahlt werden, wenn konkret nichts verauslagt wurde.
- **Fernauslösungen**, aber nur dann, wenn damit Aufwendungen abgegolten werden sollen, die dem Arbeitnehmer auch während der Arbeitsunfähigkeit entstehen.
- **Gefahrenzulagen**
- **Inkassoprämien** für Auslieferungsfahrer
- **Kinderzulagen**
- **Leistungszulagen**
- **Mankogelder**, wenn sie nicht zum Ausgleich tatsächlich entstandener Aufwendungen vereinbart worden sind.
- **Mietbeihilfen**
- **Nahauslösungen**: Sie werden meist nicht zum Ausgleich konkreter Aufwendungen vereinbart und müssen daher fortgezahlt werden; maßgeblich sind jedoch die tariflichen Bestimmungen.
- **Nachtarbeitszuschläge**, wenn der Arbeitnehmer in der fraglichen Zeit in Nachtschichten gearbeitet hätte.
- **Ortszuschläge**
- **Prämien**, auch Pünktlichkeitsprämien sowie Punktprämien bei Berufsfußballern.
- **Provisionen**: Hierzu hat das LAG Rheinland-Pfalz entschieden, dass der Arbeitnehmer die Provisionen beanspruchen kann, die er in dieser Zeit ohne Arbeitsunfähigkeit wahrscheinlich verdient hätte. „Zur Berechnung der hypothetischen Vergütung ist die Methode zu wählen, die dem Entgeltausfallprinzip am besten gerecht wird. Dabei sind die Besonderheiten des jeweiligen Vergütungsbestandteils zu berücksichtigen. Gegebenenfalls ist bei schwankenden Bezügen eine Schätzung nach den Grundsätzen des § 287 Abs 2 ZPO vorzunehmen. Die Festlegung eines Referenzzeitraumes muss „unter Würdigung aller Umstände" geschehen. Bei starken Schwankungen kann auf die letzten zwölf abgerechneten Monate vor Beginn einer krankheitsbedingten Arbeitsunfähigkeit abgestellt werden." (LAG Rheinland-Pfalz v. 20.1.2022, Az. 5 Sa 204/21); s. auch die oben referierte Entscheidung des LAG Hamm v. 30.9.2020, Az. 5 Sa 878/20).
- **Umkleidezeiten**: Wenn der Arbeitgeber nach einem anwendbaren Tarifvertrag verpflichtet ist, dem Arbeitnehmer für das An- und Ablegen der Schutzkleidung vor Dienstbeginn und nach Dienstende pauschal zwölf Minuten pro geleisteter Schicht auf dem Arbeitszeitkonto gutzuschreiben, gilt dies auch in Zeiten der Arbeitsunfähigkeit (BAG v. 14.5.2025, Az. 5 AZR 215/24).
- **Sonntagszuschläge**, wenn der Arbeitnehmer im Krankheitszeitraum sonntags gearbeitet hätte.
- **Sozialzulagen**
- **Tantiemen**, die laufend gewährt werden.
- **Tarifverträge** können eine vom Gesetz abweichende Bemessungsgrundlage festlegen; dies muss aber mit einer eindeutigen und klaren Regelung erfolgen (BAG v. 20.1.2010, Az. 5 AZR 53/09).

  Der Arbeitgeber ist verpflichtet, dem Arbeitnehmer für das An- und Ablegen der Schutzkleidung vor Dienstbeginn und nach Dienstende gemäß Tarifvertrag pauschal 12 Minuten pro geleisteter Schicht auf dem Arbeitszeitkonto nicht nur bei tatsächlicher Arbeit, sondern auch bei Abwesenheit wegen Krankheit und Urlaub auf dem Arbeitszeitkonto gutzuschreiben (BAG v. 14.5.2025 – 5 AZR 215/24).
- **Urlaubsgeld**: Die Kürzung eines arbeitsvertraglich vereinbarten Urlaubsgelds auf bis zu einem Viertel des Arbeitsentgelts für jeden krankheitsbedingten Abwesenheitstag ist nach § 4a EntgFG grundsätzlich zulässig (LAG Mecklenburg-Vorpommern v. 14.12.2021, Az. 5 Sa 101/21).
- **Vermögenswirksame Leistungen**.

Folgende Entgeltbestandteile müssen **nicht** fortgezahlt werden:

- **Fernauslösungen**: Sie werden in der Regel als Ersatz für konkrete Aufwendungen gezahlt und müssen daher meist nicht auch während der Arbeitsunfähigkeit gewährt werden; maßgeblich sind jedoch die tariflichen Bestimmungen.
- **Reisekostenvergütungen**
- **Schmutzzulage**
- **Sonderzahlungen, die Vergütungsleistungen sind** (LAG Rheinland-Pfalz v. 22.2.2017, Az. 4 Sa 460/15; LAG Köln v. 12.1.2017, Az. 7 Sa 618/16), aber wenn der Arbeitnehmer das vereinbarte Ziel für eine arbeitsleistungsbezogene Sonderzahlung in einem bestimmten Zeitraum erreicht hat, wirken sich Arbeitsunfähigkeitszeiten ohne Entgeltfortzahlungsverpflichtung des Arbeitgebers, die später während dieses Zeitraums auftreten, nicht anspruchsmindernd aus. Dies gilt jedenfalls dann, wenn die Arbeitsvertragsparteien keine gesonderte Regelung über eine Kürzungsmöglichkeit bei später auftretenden Fehlzeiten getroffen haben (LAG Hamm v. 30.7.2020, Az. 18 Sa 1936/19). Der Arbeitgeber ist nicht berechtigt, eine Sonderzahlung, welche nicht ausschließlich der Vergütung erbrachter Arbeitsleistung dient, aufgrund fortdauernder Arbeitsunfähigkeit nach Ablauf des Entgeltfortzahlungszeitraums einseitig zu kürzen. Vielmehr setzt eine Kürzung das Vorliegen einer individualrechtlichen oder kollektivrechtlichen Vereinbarung i. S. v. § 4a EntgFG voraus (BAG v. 25.1.2023, Az. 10 AZR 116/22; so bereits LAG Niedersachsen v. 17.1.2019, Az. 7 Sa 490/18).
- **Trennungsentschädigungen**
- **Trinkgelder**.

Eine Vertragsklausel, mit der ein erkrankter Arbeitnehmer zur Übernahme der Leasingkosten für den Zeitraum nach Ablauf der sechswöchigen Entgeltfortzahlung verpflichtet wird, stellt eine unangemessene Benachteiligung i. S. v. § 307 BGB dar und ist unwirksam (ArbG Osnabrück v. 2.12.2019, Az. 3 Ca 229/19). In Zeiten ohne Entgeltfortzahlung müssen Arbeitnehmer die Leasing-Raten ihres Dienst-Fahrrades selber zahlen (ArbG Aachen v. 2.9.2023, Az. 8 Ca 2199/22).

3. Dauer der Entgeltfortzahlung

Der Zeitraum der Entgeltfortzahlung ist auf die ersten sechs Wochen (also 42 Kalendertage) der Arbeitsunfähigkeit begrenzt (§ 3 Abs. 1 Satz 1 EntgFG). (Zum betrieblichen Eingliederungsmanagement nach sechs Wochen s. unter Schwerbehinderte Menschen.) Beim Beginn der Frist ist grundsätzlich der Tag, an dem die Arbeitsunfähigkeit eingetreten ist, nicht mitzurechnen, auch, wenn die Arbeitsunfähigkeit während der Arbeit eintritt. Eine Ausnahme gilt nur dann, wenn die Arbeitsunfähigkeit vor dem Beginn der Arbeitzeit des konkret betroffenen Arbeitnehmers eintritt. Hier zählt schon dieser Tag als Beginn des Fortzahlungszeitraums.

Beispiel:

Der Arbeitnehmer bricht am Montag die Arbeitsleistung wegen der auftretenden Erkrankung ab. Hier beginnt die Entgeltfortzahlung erst am Dienstag (der Montag muss aber gleichwohl voll bezahlt werden). Anders, wenn er die Arbeit am Montag erst gar nicht aufgenommen hatte, auch wenn die Krankheit erst kurz vor Schichtbeginn aufgetreten ist. Hier zählt bereits der Montag als erster Tag.

Wenn die Arbeitsunfähigkeit zu einem Zeitpunkt eintritt, in dem das Arbeitsverhältnis ruht, z. B. während des Erziehungsurlaubs, beginnt der Sechswochenzeitraum erst mit dem Ende des Ruhenszeitraums.

Beispiel:

Der Arbeitnehmer ist bis einschließlich 31.7. im Erziehungsurlaub. Am 15.6. erkrankt er. Die Arbeitsunfähigkeit dauert insgesamt zwei Monate. Folge: Der Entgeltfortzahlungszeitraum beginnt am 1.8., und endet am 11.9. (weil die Arbeitsunfähigkeit ja schon vor Beginn der Arbeitszeit am 1.8. vorlag).

Ist der Arbeitnehmer arbeitsunfähig erkrankt, und tritt dann erst das Ruhen des Arbeitsverhältnisses ein, wird der Sechswochenzeitraum unterbrochen.

Beispiel:

Der Arbeitnehmer erkrankt am 8.5.2020. Für die Zeit vom 28.5. bis 6.6.2020 (jeweils einschließlich) war ihm unbezahlter Sonderurlaub bewilligt worden. Er ist ununterbrochen bis einschließlich 10.7.2020 arbeitsunfähig krank. Folge: Er erhält Entgeltfortzahlung bis einschließlich 29.6.2020. Insgesamt hat er Anspruch auf 42 Kalendertage Entgeltfortzahlung. Die Frist beginnt am 9.5., wenn die Erkrankung nicht schon vor Arbeitsantritt am 8.5. aufgetreten war. Bis zum Beginn des Sonderurlaubs müssen 19 Kalendertage bezahlt werden. Der Sonderurlaub zählt nicht mit. Somit geht die Berechnung am 7.6. weiter. Es müssen weitere 23 Kalendertage bezahlt werden.

Der Entgeltfortzahlungsanspruch endet, wenn

- der Arbeitnehmer wieder arbeitsfähig ist oder
- die Sechs-Wochen-Frist abgelaufen ist oder
- das Arbeitsverhältnis endet (anders nur, wenn aus Anlass der Arbeitsunfähigkeit gekündigt wurde, s. u. 6.).

Das Ende des Sechswochenzeitraums wird wie folgt berechnet: Man beginnt mit dem Tag, an dem die Erkrankung eintrat (Ausnahme: Erkrankung tritt vor Arbeitsbeginn auf, dann beginnt man mit dem Tag davor) und zählt dann im Kalender sechs Wochen fort.

Beispiel:

Der Arbeitnehmer wird am Donnerstag, dem 8.10.2020, während der Arbeitsschicht krank. Die Sechswochenfrist beginnt am Freitag, dem 9.10.2020 und endet am Donnerstag, dem 19.11.2020. Bestand die Arbeitsunfähigkeit bereits vor Beginn der Arbeit, endet die Frist einen Tag früher.

4. Mehrfacherkrankungen

Jede neue Erkrankung führt grundsätzlich zu einem weiteren Anspruch auf Entgeltfortzahlung. Diese Pflicht des Arbeitgebers kann also mehrfach hintereinander entstehen.

4.1 Wiederholte Arbeitsunfähigkeit wegen neuer Krankheit

Ein neuer Anspruch auf Entgeltfortzahlung setzt jedoch voraus, dass es sich um verschiedene, voneinander unabhängige Krankheiten handelt, die nacheinander auftreten. Wenn der Arbeitnehmer noch **während** seiner zuerst aufgetretenen Arbeitsunfähigkeit an einem neuen Leiden erkrankt, beginnt hierfür kein neuer Entgeltfortzahlungszeitraum. Die Gerichte sprechen hier von dem Grundsatz der „Einheit des Verhinderungsfalls“.

Beispiel:

Ein Mitarbeiter erleidet einen Herzanfall. Im Krankenhaus infiziert er sich und bekommt zusätzlich eine Lungenentzündung. Hier gilt eine Gesamtfrist von sechs Wochen für die Entgeltfortzahlung. Mit der Lungenentzündung beginnt keine neue Frist zu laufen.

WICHTIG!

Die Grundsätze der „Einheit des Verhinderungsfalls“ gelten auch im Verhältnis einer Maßnahme der medizinischen Vorsorge und Rehabilitation nach § 9 Abs. 1 EntgFG. Beruhen beide Maßnahmen auf einem gemeinsamen Grundleiden, wird dem Arbeitgeber insgesamt nur eine Entgeltfortzahlungspflicht für die Dauer von sechs Wochen zugemutet (BAG v. 10.9.2014, Az. 10 AZR 651/12).

Der Arbeitnehmer ist beweispflichtig dafür, dass eine neue Erkrankung aufgetreten ist. Ein einheitlicher Verhinderungsfall ist regelmäßig dann anzunehmen, wenn zwischen einer „ersten“ krankheitsbedingten Arbeitsunfähigkeit und einer dem Arbeitnehmer im Wege der „Erstbescheinigung“ attestierten weiteren Arbeitsunfähigkeit ein enger zeitlicher Zusammenhang besteht. Das liegt regelmäßig dann vor, wenn die bescheinigten Arbeitsverhinderungen zeitlich entweder unmittelbar aufeinanderfolgen oder zwischen ihnen lediglich ein für den erkrankten Arbeitnehmer arbeitsfreier Tag oder ein arbeitsfreies Wochenende liegt (BAG v. 11.12.2019, Az. 5 AZR 505/18). Nur wenn der Arbeitgeber gewichtige Indizien dafür vorbringt, dass sich die Erkrankungen, hinsichtlich derer dem Arbeitnehmer jeweils Arbeitsunfähigkeit attestiert worden ist, überschneiden, so ist der Beweiswert der dem Arbeitnehmer hinsichtlich der „neuen“ Krankheit ausgestellten „Erstbescheinigung“ erschüttert (LAG Berlin-Brandenburg v. 17.11.2022, Az. 10 Sa 1471/21). Ein hinreichend gewichtiges Indiz für das Vorliegen eines einheitlichen Verhinderungsfalls und damit für die mögliche Erschütterung des Beweiswertes der ärztlichen Arbeitsunfähigkeitsbescheinigung ist regelmäßig dann gegeben, wenn sich an eine erste Arbeitsverhinderung im engen zeitlichen Zusammenhang eine weitere Arbeitsunfähigkeit anschließt. Daher ist der Beweiswert eines ärztlichen Attestes erschüttert, wenn zwischen dem Ende einer ärztlich attestierten Arbeitsunfähigkeit und der erstellten Erstbescheinigung einer Neuerkrankung lediglich ein Wochenende liegt. Der Arbeitnehmer hat nunmehr Umstände und Tatsachen vorzutragen, die eine Neuerkrankung glaubhaft machen. Dies kann zunächst in der Schilderung der akut auftretenden Gesundheitsbeschwerden liegen, in deren Folge die als Zeugin benannte behandelnde Ärztin vom Gericht vernommen werden muss. Das Ende der alten Arbeitsunfähigkeit kann der Arbeitnehmer durch ärztliche Befund- und Entlassungsberichte nachweisen (Sächsisches LAG v. 20.9.2024, Az. 4 Sa 241/22).

Wenn die neue Erkrankung auftritt, nachdem der Arbeitnehmer von der ersten Krankheit wieder genesen war, beginnt die Sechswochenfrist wieder von neuem zu laufen. Dies gilt auch dann, wenn der Arbeitnehmer die Arbeit noch nicht wieder aufgenommen hatte und nur für Stunden arbeitsfähig war (LAG Köln v. 9.2.2015, Az. 5 Sa 831/14; LAG Mecklenburg-Vorpommern v. 14.12.2021, Az. 5 Sa 101/21 für den Fall, dass der Arbeitnehmer zwischenzeitlich gearbeitet hat). Es gibt auch keinen Erfahrungssatz, wonach eine Arbeitsunfähigkeit, deren Ende von einem Arzt für einen Freitag bescheinigt ist, erst am folgenden Sonntag endet. Mithin beginnt ein neuer Entgeltfortzahlungszeitraum, wenn am Montag eine weitere Arbeitsunfähigkeit attestiert wird (LAG Baden-Württemberg v. 29.2.2012, Az. 13 Sa 117/11).

Beispiel:

Der Arbeitnehmer ist bis einschließlich Freitag, den 13.5. krankgeschrieben. Am Montag, dem 16.5. lässt er eine erneute Arbeitsunfähigkeitsbescheinigung überbringen, bei der das Feld „Erstbescheinigung“ angekreuzt ist. Hier besteht erneut für sechs Wochen Anspruch auf Entgeltfortzahlung. Maßgeblich ist, dass sich die beiden Krankheitszeiten nicht überschneiden.

Liegen in einem Abrufarbeitsverhältnis zwischen bescheinigten Arbeitsunfähigkeitszeiträumen mehrtägige und nicht nur das Wochenende umfassende Zeiten ohne bescheinigte Arbeitsunfähigkeiten, so kann aus der bloßen Tatsache, dass in diesen Zeiten keine Dienstplaneinteilungen bestanden haben, kein Indiz für das Vorliegen einer Einheit des Verhinderungsfalls abgeleitet werden (LAG Baden-Württemberg v. 28.2.2024, Az. 4 Sa 32/23). Hat der Arbeitnehmer einen missglückten Arbeitsversuch unternommen, der deswegen scheitert, weil die Krankheit noch nicht ausgeheilt ist, handelt es sich um eine Fortdauer der bisherigen Erkrankung. Die Sechswochenfrist beginnt nicht erneut.

Beispiel:

Der Arbeitnehmer ist vom 1. bis 15.3.2019 wegen einer Bronchitis krankgeschrieben. Am 16.3. nimmt er die Arbeit wieder auf, bricht jedoch zusammen, weil er sich übernommen hatte. Folge: Der missglückte Arbeitsversuch führt nicht dazu, dass eine neue Krankheit vorliegt. Der Arbeitnehmer hat hier also nur Anspruch auf insgesamt sechs Wochen Entgeltfortzahlung.

4.2 Wiederholte Arbeitsunfähigkeit wegen derselben Krankheit

Eine Besonderheit gilt dann, wenn eine erneute → *Arbeitsunfähigkeit* auf dieselbe, nicht auskurierte Krankheit zurückzuführen ist (sog. Fortsetzungserkrankung).

WICHTIG!

Wenn die Krankheit vollständig ausgeheilt war und dann wieder auftritt, handelt es sich um eine neue Krankheit und nicht um eine Fortsetzungserkrankung. Auch ist eine Vorerkrankung, die lediglich zu einer bereits auf einer anderen Erkrankung beruhenden Arbeitsunfähigkeit hinzutritt, ohne selbst einen Entgeltanspruch auszulösen nicht als Fortsetzungserkrankung bei der Berechnung des 6-wöchigen Entgeltfortzahlungszeitraumes des § 3 Abs. 1 EZFG zu berücksichtigen (LAG Berlin-Brandenburg v. 17.4.2015, Az. 6 Sa 2098/14).

Zu den Fortsetzungserkrankungen zählen typischerweise Krankheiten wie Rheumatismus, Allergien, Multiple Sklerose oder Bronchialasthma. Maßgeblich ist, dass die erneute Erkrankung auf demselben Grundleiden beruht. Dies kann auch durchaus in verschiedenen Ausprägungen auftreten. Für das Vorliegen einer Fortsetzungserkrankung iSv § 3 EntgFG bedarf es keines stets identischen Krankheitsbildes, sondern es genügt, wenn die Krankheitssymptome auf demselben Grundleiden beruhen (LAG Rheinland-Pfalz v. 27.1.2020, Az. 3 Sa 313/19, LAG Köln v. 22.1.2020, Az. 11 Sa 688/19).

Beispiele:

Ein Epileptiker erleidet in unregelmäßigen Abständen Anfälle, die jeweils zu unterschiedlichen Verletzungen führen. Einmal stürzt er die Treppe herunter und bricht sich den Arm, ein andermal beißt er sich in die Zunge, beim dritten Mal stürzt er vom Fahrrad und erleidet eine Kopfverletzung. Es liegen jeweils Fortsetzungserkrankungen vor, auch wenn die Erscheinungsform jeweils ganz unterschiedlich ist.

Treten während einer Schwangerschaft durch diese bedingte Beschwerden auf, die zu einer Arbeitsunfähigkeit führen, kann eine Schwangerschaft für die Dauer ihres irregulären Verlaufs einem nicht ausgeheilten Grundleiden gleichzusetzen sein. Hierbei ist nicht erforderlich, dass die einzelnen Beschwerden untereinander in einem Fortsetzungszusammenhang stehen. Entscheidend ist, ob sie auf dieselbe Schwangerschaft zurückzuführen sind. Das Landesarbeitsgericht Köln hat der Arbeitnehmerin hier keinen weiteren Anspruch auf Entgeltfortzahlung zugesprochen (LAG Köln v. 21.9.2023, Az. 8 Sa 184/23).

Im Fall einer solchen Fortsetzungserkrankung hat der Arbeitnehmer nur einen Anspruch auf Entgeltfortzahlung für sechs Wochen. Dabei werden die einzelnen Zeiten der Arbeitsunfähigkeit zusammengerechnet, die auf derselben Krankheit beruhen.

Beispiel:

Der o. g. Epileptiker ist wegen der verschiedenen Folgen seines Leidens vom 1.3. bis 15.3., vom 3.4. bis 13.4. und vom 2.5. bis 3.6. arbeitsunfähig. Folge: Es besteht ein Anspruch auf Entgeltfortzahlung für die ersten beiden Zeiträume (zusammen 24 Kalendertage) und für 18 weitere Kalendertage des dritten Krankheitszeitraums. Ab dem 21.5. besteht also kein Anspruch mehr.

Von diesem Grundsatz bestehen **zwei Ausnahmen** (§ 3 Abs. 1 Satz 2 EntgFG):

- **Erste Ausnahme:**

  Wenn zwischen dem Ende der letzten und dem Beginn der neuen Arbeitsunfähigkeit aufgrund desselben Grundleidens eine längere Zeit als sechs Monate liegt, dann hat der Arbeitnehmer einen erneuten Anspruch auf Entgeltfortzahlung für sechs Wochen. Dabei kommt es nicht auf die Kalendermonate an, sondern es ist ein Zeitraum von sechs aufeinander folgenden Monaten gemeint. Vom Beginn der erneuten Arbeitsunfähigkeit sind also sechs Monate zurückzurechnen. War der Arbeitnehmer in dieser Zeit nicht wegen derselben Krankheit arbeitsunfähig, besteht der Anspruch.

  Beispiel:

  Die Arbeitsunfähigkeit dauerte wegen derselben Krankheit einmal vom 1.3. bis 30.4. und dann wieder vom 3.10. bis 18.11. Folge: Für die zweite Periode besteht kein Anspruch. Rechnet man nämlich vom 3.10. sechs Monate zurück, kommt man auf den 3.4. Hier war der Arbeitnehmer aber noch gerade wegen dieser Krankheit arbeitsunfähig. Wäre die erneute Arbeitsunfähigkeit jedoch erst am 5.11. aufgetreten, müsste der Arbeitgeber erneut zahlen.

  Es kommt aber nur auf die Frage an, ob der Arbeitnehmer gerade wegen dieser Krankheit während des Zeitraums von sechs Monaten arbeitsunfähig war. Wenn er wegen anderer Leiden krankgeschrieben war, ist das unerheblich.

- **Zweite Ausnahme:**

  Nach zwölf Monaten, gerechnet ab der ersten Erkrankung, hat der Arbeitnehmer einen erneuten Anspruch auf Entgeltfortzahlung für sechs Wochen, und zwar vollkommen unabhängig davon, wie oft er in der Zwischenzeit wegen dieser Krankheit arbeitsunfähig gewesen ist. Ausgenommen sind lediglich die Krankheiten, die ununterbrochen länger als zwölf Monate dauern. Hier ist nicht das Kalenderjahr gemeint, sondern eine Frist von zwölf Kalendermonaten. Sie beginnt mit dem Tag, an dem die Fortsetzungserkrankung zum ersten Mal zur Arbeitsunfähigkeit führte. Der Anspruch setzt aber voraus, dass der Arbeitnehmer nach Ablauf der Zwölfmonatsfrist erneut arbeitsunfähig erkrankt. Der Anspruch besteht nicht, wenn er vor Ablauf dieser Frist erneut erkrankt und die Arbeitsunfähigkeit sich über das Ende der Frist hinaus erstreckt.

Beispiel:

Der Arbeitnehmer wird am 18.2. erstmals wegen eines Rückenleidens für sechs Wochen krankgeschrieben. Am 20.5. und 28.9. des laufenden Jahres erfolgen weitere Krankschreibungen für jeweils drei Wochen. Am 20.2. des Folgejahres reicht der Arbeitnehmer eine erneute Arbeitsunfähigkeitsbescheinigung für nochmals sechs Wochen ein. Folge: Der Arbeitnehmer erhält Entgeltfortzahlung für den ersten Krankheitszeitraum. Für die weiteren Ausfallzeiten in diesem Jahr besteht kein Anspruch. Im Folgejahr besteht ab dem 18.2. wieder der Anspruch auf volle sechs Wochen Entgeltfortzahlung.

Wenn der Arbeitnehmer nach sechs Monaten einen neuen Anspruch auf Entgeltfortzahlung erwirbt, weil er in dieser Zeit nicht wegen des Grundleidens arbeitsunfähig war, so beginnt für ihn eine neue Zwölfmonatsfrist zu laufen. War er also vom 15.3. bis 30.4. wegen eines Rückenleidens arbeitsunfähig, so muss der Arbeitgeber zwar erneut zahlen, wenn er erstmals am 2.12. wieder deswegen fehlt. Der Arbeitnehmer kann dann aber nicht z. B. am 17.3. des Folgejahres mit dem Argument kommen, es seien jetzt zwölf Monate seit der ersten Erkrankung vergangen.

4.3 Beweislast

Der Arbeitnehmer muss zunächst behaupten, dass keine Fortsetzungserkrankung vorgelegen habe. Dabei kann er sich auf die Arbeitsunfähigkeitsbescheinigung stützen. Bringt der Arbeitgeber gewichtige Indizien dafür vor, dass die erneute Arbeitsunfähigkeit auf einer Krankheit beruht, die bereits vor dem attestierten Beginn der Arbeitsunfähigkeit bestanden hat, und zu einer Krankheit hinzugetreten ist, wegen derer der Arbeitnehmer bereits durchgehend sechs Wochen arbeitsunfähig war, muss der Arbeitnehmer den Beginn der „neuen" krankheitsbedingten Arbeitsverhinderung beweisen, z. B. durch die Zeugenaussage des behandelnden Arztes (BAG v. 25.5.2016, Az. 5 AZR 318/15). Diese abgestufte Darlegungs- und Beweislast ist auch mit Europarecht vereinbar. Es verstößt auch nicht gegen das allgemeine Persönlichkeitsrecht des Arbeitnehmers, wenn er die Krankheitsbilder offenlegen muss (LAG Schleswig-Holstein v. 2.5.2023, Az. 2 Sa 203/22).

Beispiel:

Die Arbeitnehmerin war seit dem 7.2.2017 infolge eines psychischen Leidens arbeitsunfähig. Die Arbeitgeberin leistete Entgeltfortzahlung im Krankheitsfall bis einschließlich 20.3.2017. Im Anschluss bezog die Arbeitnehmerin auf der Grundlage von Folgebescheinigungen ihrer Hausärzte, die zuletzt am 5.5.2017 eine bis einschließlich 18.5.2017 fortbestehende Arbeitsunfähigkeit attestierten, Krankengeld. Am 19.5.2017 unterzog sich die Klägerin wegen eines gynäkologischen Leidens einer seit längerem geplanten Operation. Ihre niedergelassene Frauenärztin bescheinigte am 18.5.2017 als „Erstbescheinigung" eine Arbeitsunfähigkeit vom 19.5.2017 bis zum 16.6.2017 und durch Folgebescheinigung eine fortbestehende Arbeitsunfähigkeit bis einschließlich 30.6.2017. Hierzu hat das BAG entschieden, dass die Arbeitnehmerin beweisen muss, dass die vorangegangene Arbeitsunfähigkeit im Zeitpunkt des Eintritts der weiteren Arbeitsverhinderung geendet hatte, wenn die Arbeitnehmerin krankheitsbedingt arbeitsunfähig ist und sich daran in engem zeitlichen Zusammenhang eine im Wege der „Erstbescheinigung" attestierte weitere Arbeitsunfähigkeit anschließt. Das konnte sie auch durch Vernehmung der Ärzte nicht, deswegen wurde ihre Klage abgewiesen (BAG v. 11.12.2019, Az. 5 AZR 505/18).

Der Arbeitnehmer ist zur Mitwirkung verpflichtet, z. B. indem er den Arzt oder das Krankenhaus von der Schweigepflicht entbindet (jedoch nur hinsichtlich der Frage, ob eine Fortsetzungserkrankung vorliegt, nicht aber hinsichtlich des Befunds). Hat die Krankenkasse mitgeteilt, dass keine Fortsetzungserkrankung vorliegt, ist das bloße Bestreiten des Arbeitgebers „ins Blaue hinein" nicht ausreichend. Er muss vielmehr durch Tatsachen begründete Zweifel an der Richtigkeit der Mitteilung der Krankenkasse vortragen. Erst dann ist der Arbeitnehmer gehalten, zu den Diagnosen vorzutragen (LAG Baden-Württemberg v. 8.6.2016, Az. 4 Sa 70/15). Es gilt also eine abgestufte Darlegungs- und Beweislast (LAG Rheinland-Pfalz v. 13.6.2019, Az. 5 Sa 438/18).

5. Verweigerung der Entgeltfortzahlung

Gemäß § 7 Abs. 1 EntgFG ist der Arbeitgeber berechtigt, die Fortzahlung des Arbeitsentgelts zu verweigern, solange der Arbeitnehmer die Arbeitsunfähigkeitsbescheinigung nicht vorlegt. Dies bringt den Anspruch jedoch nicht dauerhaft zu Fall. Reicht der Arbeitnehmer die AU-Bescheinigung nach, muss Entgeltfortzahlung geleistet werden. Ein Verweigerungsrecht besteht auch, wenn der Arbeitnehmer bei Krankheit im Ausland dem Arbeitgeber nicht schnellstmöglich die voraussichtliche Dauer sowie seine Adresse im Ausland mitteilt.

Darüber hinaus kann der Arbeitgeber die Entgeltfortzahlung verweigern, solange der Arbeitnehmer den Sozialversicherungsausweis trotz Verlangens nicht hinterlegt (§ 100 Abs. 2 SGB IV). Dies gilt allerdings nur, wenn diese Regelung auf das Arbeitsverhältnis Anwendung findet, also bei Betrieben im Bau-, Schausteller- und Gebäudereinigerhandwerk sowie beim Messebau. Legt der Arbeitnehmer den Sozialversicherungsausweis nachträglich vor, muss der Arbeitgeber zahlen. Dies gilt unabhängig davon, ob die Vorlage noch während der Arbeitsunfähigkeit oder danach erfolgt. Selbst dann, wenn die Vorlage nach der Beendigung des Arbeitsverhältnisses erfolgt, ist der Arbeitgeber zur Zahlung verpflichtet.

Verweigert der Arbeitgeber die Entgeltfortzahlung mit der Begründung, dass der Arbeitnehmer bisher nicht den Sozialversicherungsausweis hinterlegt habe, muss er in einem eventuellen Prozess beweisen, dass er den Arbeitnehmer hierzu aufgefordert hat.

TIPP!

Der Arbeitnehmer sollte in derartigen Fällen immer schriftlich aufgefordert werden, den Sozialversicherungsausweis zu hinterlegen. Diese Aufforderung sollte am besten durch Boten überbracht werden.

Beruht die Arbeitsunfähigkeit auf dem Verschulden eines Dritten, und hat der Arbeitnehmer nun gegen diesen einen Schadensersatzanspruch, geht der Anspruch auf den Arbeitgeber über. Er kann die Entgeltfortzahlung verweigern, solange der Arbeitnehmer diesen Übergang verhindert (§§ 6 und 7 EntgFG).

Beispiel:

Der Arbeitnehmer war schuldlos in einen Verkehrsunfall verwickelt. Hier ist der Arbeitgeber zwar zur Entgeltfortzahlung verpflichtet, der Schadensersatzanspruch des Arbeitnehmers gegen den Schädiger geht aber auf ihn über. Um ihn geltend machen zu können, benötigt der Arbeitgeber präzise Angaben über den Schädiger und den Unfallhergang. Er kann die Entgeltfortzahlung so lange verweigern, bis der Arbeitnehmer ihm die entsprechenden Auskünfte erteilt.

6. Entgeltfortzahlung über das Ende des Arbeitsverhältnisses hinaus

Ausnahmsweise hat der Arbeitnehmer Anspruch auf Entgeltfortzahlung über das Ende des Arbeitsverhältnisses hinaus (§ 8 EntgFG). Dies ist dann der Fall, wenn der Arbeitgeber wegen der Arbeitsunfähigkeit kündigt oder mit dem Arbeitnehmer die einvernehmliche → *Beendigung des Arbeitsverhältnisses* vereinbart.

Dies gilt nicht, wenn der Arbeitgeber während der ersten vier Wochen wegen der Erkrankung kündigt und die Arbeitsunfähigkeit nicht über diese ersten vier Wochen hinaus andauert.

Die Aufrechterhaltung des Entgeltfortzahlungsanspruchs setzt in jedem Fall voraus, dass die Kündigung **aus Anlass** der krankheitsbedingten Arbeitsunfähigkeit erfolgt (sog. Anlasskündigung). Daran fehlt es stets in den Fällen, in denen die Kündigung **vor** Eintritt der krankheitsbedingten Arbeitsunfähigkeit ausgesprochen worden ist. Es reicht auch nicht aus, dass die Arbeitsunfähigkeit nur einer von mehreren Kündigungsgründen ist. Das LAG Nürnberg hat hierzu ausgeführt: „Eine Kündigung aus Anlass der Arbeitsunfähigkeit kann nur dann angenommen werden, wenn die – unterstellte – Krankheit auch den entscheidenden Anstoß zum Ausspruch der Kündigung gegeben hat. Auch bei solcher Fallgestaltung ist es nicht ausgeschlossen, dass der Arbeitgeber Gründe für die Kündigung anführen kann, die ein solches Gewicht haben, dass die Krankheit als entscheidende Ursache auszuscheiden hat." (LAG Nürnberg v. 25.11.2022, Az. 3 Sa 67/21). Der Arbeitnehmer trägt die Beweislast dafür, dass die Kündigung aus Anlass der Arbeitsunfähigkeit ausgesprochen wurde. Notwendige Voraussetzung dafür ist, dass der Arbeitgeber überhaupt Kenntnis von der Arbeitsunfähigkeit hat.

Die Rechtsprechung hat hier eine Beweiserleichterung für den Arbeitnehmer eingeführt: Wenn der Arbeitgeber im zeitlichen Zusammenhang mit der Krankmeldung eines Arbeitnehmers kündigt, geht man zunächst davon aus, dass die Arbeitsunfähigkeit der Grund hierfür war. Gleiches gilt für die Mitteilung, dass eine bekannte Arbeitsunfähigkeit fortdauert. Es ist in der Praxis dann für den Arbeitgeber sehr schwierig, die Gerichte vom Gegenteil zu überzeugen. Insbesondere wird er häufig nicht mit dem Einwand gehört, er habe nicht wegen der Krankheit, sondern wegen der Verletzung der Anzeige- oder Nachweispflicht gekündigt.

Beispiel:

Der Arbeitnehmer ist seit dem 1.5. beschäftigt. Innerhalb der Probezeit wird er am 1.8. arbeitsunfähig krank. Der Arbeitgeber kündigt ihm eine Woche danach mit einer Frist von zwei Wochen. Die Arbeitsunfähigkeit dauert insgesamt sechs Wochen. Der erste Anschein spricht dafür, dass der Arbeitgeber hier aus Anlass der Arbeitsunfähigkeit gekündigt hat. Er muss daher das Gehalt auch über das Ende des Arbeitsverhältnisses hinaus bis zum Ablauf der Sechs-Wochen-Frist zahlen. Dem kann er nur entgehen, wenn er ganz präzise darlegen und auch beweisen kann, dass er aus anderen Gründen gekündigt hat.

7. Entgeltfortzahlungsversicherung

Da die Verpflichtung zur Entgeltfortzahlung insbesondere für Kleinbetriebe eine erhebliche Belastung darstellen kann, hat der Gesetzgeber im Aufwendungsausgleichsgesetz (AAG) Erstattungsansprüche vorgesehen. Arbeitgeber, die in der Regel nicht mehr als 30 Arbeitnehmer beschäftigen, erhalten im Rahmen des sog. U 1-Verfahrens 80 % ihrer Aufwendungen für die Entgeltfortzahlung im Krankheitsfall und für die hierauf entfallenden Sozialversicherungsbeiträge erstattet. An diesem Verfahren nehmen auch Arbeitgeber teil, die nur Auszubildende beschäftigen (§ 1 Abs. 3 AAG). Bei der Frage, ob die Grenze von 30 Arbeitnehmern überschritten wird, zählen die Auszubildenden allerdings nicht mit.

Beispiel:

Der Arbeitgeber beschäftigt 30 Arbeitnehmer und zusätzlich noch zwei Auszubildende. Er kann die Erstattung verlangen.

WICHTIG!

Auch schwerbehinderte Menschen im Sinne des SGB IX bleiben außer Ansatz (§ 3 Abs. 1 Satz 5 AAG).

Für Teilzeitbeschäftigte gilt Folgendes: Arbeiten sie regelmäßig nicht mehr als 10 Stunden pro Woche, zählen sie mit 0,25, bei nicht mehr als 20 Stunden 0,5 und mit 0,75, wenn sie nicht mehr als 30 Stunden arbeiten. Arbeiten sie mehr als 30 Stunden, zählen sie voll. Wenn die Stundenzahl schwankt, ist auf den Durchschnitt des Kalenderjahres abzustellen, das dem Ausgleichsjahr vorangeht. Entsprechendes gilt generell für die Feststellung der Arbeitnehmer-Höchstgrenze; hier darf der Arbeitgeber im vorangegangenen Kalenderjahr für einen Zeitraum von mindestens acht vollen (nicht unbedingt zusammenliegenden) Kalendermonaten nicht mehr als 30 Arbeitnehmer beschäftigt haben. Ein Anspruch des Arbeitgebers auf Aufwendungsersatz nach § 1 Abs. 1 Nr. 1 AAG besteht auch dann erst nach Ablauf der vierwöchigen Wartezeit gem. § 3 Abs. 3 EntgFG, wenn der Anspruch des Arbeitnehmers auf Entgeltfortzahlung tarif- oder arbeitsvertraglich keine Wartezeit voraussetzt (BSG v. 18.8.2022, Az. B 1 KR 24/21 R).

Der Arbeitgeber muss die Entgeltfortzahlung zunächst leisten und kann dann die Erstattung des jeweiligen Teilbetrags beantragen. Entsprechende Formulare sind bei den Sozialversicherungsträgern erhältlich. Zuständig für die Auszahlung ist die Krankenkasse der Arbeitnehmer. Bei geringfügig Beschäftigten ist die Deutsche Rentenversicherung Knappschaft-Bahn-See als Träger der knappschaftlichen Versicherung zuständig. Gehört der Arbeitnehmer aktuell keiner Krankenkasse an, ist die Kasse zuständig, bei der er zuletzt versichert war.

Wegen der weiteren Einzelheiten der lohnsteuer- und sozialversicherungsrechtlichen Behandlung, insbesondere auch für das Umlageverfahren, wird auf das im selben Verlag erschienene Lexikon für das Lohnbüro verwiesen.

II. Entgeltfortzahlung bei persönlicher Arbeitsverhinderung

1. Anspruchsvoraussetzungen

Der Arbeitnehmer behält seinen Vergütungsanspruch, wenn er für eine nur unerhebliche Zeit unverschuldet aus persönlichen Gründen nicht arbeiten kann (§ 616 BGB). Dazu zählt nicht die Erkrankung, denn die ist ja im Entgeltfortzahlungsgesetz geregelt.

TIPP!

Diese Vorschrift ist nicht zwingend. Sie kann im Arbeitsvertrag ausgeschlossen werden, z. B. mit der Formulierung: „Die Vorschrift des § 616 BGB über den Vergütungsanspruch bei persönlicher Verhinderung findet keine Anwendung." Es können aber auch konkrete Vereinbarungen getroffen werden, wonach der Arbeitnehmer Anspruch nur auf Freistellung in ganz bestimmten, exakt geregelten Fällen hat.

Es gibt jedoch häufig in Tarifverträgen spezielle Regelungen, in denen z. B. festgelegt ist, dass der Arbeitnehmer bei der Eheschließung, dem Tod naher Angehöriger oder für den Umzug eine bestimmte Anzahl freier Tage erhält.

ACHTUNG!

Wenn der Tarifvertrag auf das Arbeitsverhältnis anwendbar ist, müssen diese Tage auch dann gewährt werden, wenn § 616 BGB im Arbeitsvertrag ausgeschlossen worden ist.

Die Verhinderung muss aus persönlichen Gründen bestehen, wie z. B. bei

- der kirchlichen oder standesamtlichen Eheschließung,
- Arztbesuchen, wenn der Termin zwingend innerhalb der Arbeitszeit liegen muss,
- Todesfällen, Begräbnissen und Geburten im engen Familienkreis,
- schwerwiegender Erkrankung naher Angehöriger, insbesondere von Kindern,
- amtsärztlicher Untersuchung, z. B. im Lebensmittelbereich,
- Beschäftigungsverbot nach dem Bundesseuchengesetz,
- Einberufung zum Laienrichteramt,
- Ladung zu Behörden oder zu Gerichtsterminen,
- schuldlos erlittener kurzzeitiger Untersuchungshaft,
- Ausübung politischer, öffentlicher oder religiöser Pflichten,
- Ablegung von Prüfungen, auch von Fahrprüfungen,
- Versagen des Autos, eigenem Autounfall (auch Wartepflicht, wenn man selbst an dem Unfall beteiligt sein könnte),
- persönlichen Unglücksfällen wie Brand, Einbruch etc.,
- Stellensuche nach Kündigung des Arbeitsverhältnisses (§ 629 BGB),
- dreitägigen Wehrübungen deutscher Arbeitnehmer oder solcher aus EU-Staaten (§ 11 ArbPlSchG),
- Erfassung, Musterung etc. bei der Bundeswehr (§ 14 ArbPlSchG).

Nicht vergütet werden muss die Zeit, in der der Arbeitnehmer aus objektiven Gründen nicht arbeiten konnte, z. B. bei

- allgemeinen Verkehrssperren oder Zusammenbruch der öffentlichen Verkehrsmittel,
- Fahrverbot bei Smogalarm,
- Straßensperrung wegen Verkehrsunfalls, Überschwemmung, Erdrutsch, Schnee und Glatteis,
- Fehlen der Berufsausübungserlaubnis.

Beispiel:

Der Arbeitnehmer ist nach Österreich in den Skiurlaub gefahren. Der Abgang einer Lawine schneidet den Ort von der Außenwelt ab, sodass er erst drei Tage nach Ende des Urlaubs seine Arbeit aufnehmen kann. Da es sich hier um ein objektives Hindernis handelt, das nichts mit der Person des Arbeitnehmers zu tun hat, muss der Arbeitgeber keine Entgeltfortzahlung leisten.

2. Verschulden

Die Verhinderung darf vom Arbeitnehmer nicht verschuldet sein. Ein Verschulden ist nur dann anzunehmen, wenn er grob dem zuwiderhandelt, was ein verständiger Mensch als angemessen ansehen würde.

Beispiel:

> Der Arbeitnehmer kommt zu spät, weil sein Auto nicht angesprungen ist. Hier kann ein Verschulden nicht darin gesehen werden, dass er nicht rechtzeitig seine Batterie kontrolliert hat.

3. Dauer der Entgeltfortzahlung

Die vom Arbeitnehmer versäumte Zeit darf nur einen „verhältnismäßig unerheblichen" Zeitraum umfassen. Wie lange dieser ist, sagt das Gesetz nicht. Wenn auf das Arbeitsverhältnis kein Tarifvertrag anwendbar ist (z. B. weil der Arbeitgeber nicht im Arbeitgeberverband ist), kann man aus den Regelungen des am nächsten liegenden Tarifvertrags Anhaltspunkte dafür finden, welche Freistellungen branchenüblich sind. An folgenden Werten kann man sich orientieren, hat jedoch keine Gewissheit, dass dies auch immer vom Arbeitsgericht so akzeptiert wird:

Niederkunft der Ehefrau	ein Arbeitstag
Tod des Ehegatten, eines Kindes oder Elternteils	zwei Arbeitstage
Umzug aus dienstlichem oder betrieblichem Grund an einen anderen Ort	ein Arbeitstag
25-, 40- und 50-jähriges Arbeitsjubiläum	ein Arbeitstag
schwere Erkrankung	
▸ eines Angehörigen, soweit er im selben Haushalt lebt	ein Arbeitstag im Kalenderjahr
▸ eines Kindes, das das 12. Lebensjahr noch nicht vollendet hat, wenn im laufenden Kalenderjahr kein Anspruch nach § 45 SGB V besteht oder bestanden hat	bis zu vier Arbeitstage im Kalenderjahr
▸ einer Betreuungsperson, wenn der Angestellte deshalb die Betreuung seines Kindes, das das 8. Lebensjahr noch nicht vollendet hat oder wegen körperlicher, geistiger oder seelischer Behinderung dauernd pflegebedürftig ist, übernehmen muss	bis zu vier Arbeitstage im Kalenderjahr.

Eine Freistellung erfolgt nur, soweit eine andere Person zur Pflege oder Betreuung nicht sofort zur Verfügung steht und der Arzt bei der Erkrankung des Angehörigen bzw. des Kindes die Notwendigkeit der Anwesenheit des Angestellten zur vorläufigen Pflege bescheinigt. Die Freistellung darf insgesamt 5 Arbeitstage im Kalenderjahr nicht übersteigen. Der Angestellte ist auch für die Dauer einer ärztlichen Behandlung einschließlich der Wegezeiten freizustellen, wenn diese während der Arbeitszeit erfolgen muss.

4. Sonderfall: Betreuung erkrankter Kinder

Gesetzlich krankenversicherte Arbeitnehmer haben Anspruch auf Krankengeld, wenn es erforderlich ist, dass sie zur Beaufsichtigung, Betreuung oder Pflege ihres erkrankten und versicherten Kindes der Arbeit fernbleiben (§ 45 SGB V). Notwendig ist eine ärztliche Bescheinigung über die Krankheit. Außerdem darf das Kind das 12. Lebensjahr noch nicht vollendet haben. Der Anspruch besteht dann nicht, wenn eine andere im Haushalt lebende Person die Betreuung vornehmen kann.

Die Dauer des Anspruchs beträgt pro Kalenderjahr und Kind zehn Arbeitstage, bei Alleinerziehenden 20 Arbeitstage. Bei mehreren Kindern beträgt er insgesamt 25 Arbeitstage pro Kalenderjahr, bei Alleinerziehenden 50. In diesem Umfang hat der Arbeitnehmer auch einen – vertraglich nicht auszuschließenden – Anspruch auf Freistellung. Dies gilt nur für einen Elternteil. Sind beide Eltern bei einem Arbeitgeber beschäftigt, müssen sie die berechtigten Interessen des Arbeitgebers bei der Frage berücksichtigen, wer beim Kind bleibt.

Der Freistellungsanspruch nach § 45 SGB V regelt nur die Frage, ob der Arbeitnehmer der Arbeit überhaupt fernbleiben darf. Er besagt nicht, dass der Arbeitgeber diese Zeit auch bezahlen muss (dafür gibt es ja den Anspruch auf Krankengeld). Nur wenn der Arbeitnehmer z. B. aufgrund eines Tarifvertrags Anspruch auf bezahlte Freistellung hat, oder wenn der Anspruch nach § 616 BGB besteht, muss der Arbeitgeber diese Zeit vergüten.

Beispiel:

> Ein Arbeitnehmer muss sein krankes Kind betreuen. Der Tarifvertrag sieht vor, dass ihm hierfür bis zu sechs Kalendertage im Jahr bezahlte Freistellung gewährt werden müssen. Das Kind ist zehn Tage pflegebedürftig. In den ersten sechs Tagen besteht der tarifvertragliche Anspruch auf bezahlte Freistellung. Für die restlichen vier Tage ist der Arbeitnehmer zwar auch freizustellen, erhält jedoch kein Gehalt vom Arbeitgeber, sondern Krankengeld.

5. Pflichten des Arbeitnehmers

Der Arbeitnehmer hat, wie bei der Erkrankung, dem Arbeitgeber unverzüglich anzuzeigen, dass er verhindert ist. Er muss ihm auch mitteilen, wie lange die Verhinderung voraussichtlich andauern wird. Schließlich muss er auch beweisen, dass eine Verhinderung aus persönlichen Gründen vorlag, wenn der Arbeitgeber dies bestreitet.

6. Höhe der Entgeltfortzahlung

Es gilt wie bei der krankheitsbedingten Verhinderung das Entgeltausfallprinzip. Der Arbeitnehmer muss also im Wesentlichen so gestellt werden, als habe er gearbeitet (s. o. I.2.).

III. Checkliste Entgeltfortzahlung

I. Entgeltfortzahlung bei Arbeitsunfähigkeit

1. Anspruchsvoraussetzungen
   - ❑ Ist die Wartefrist von vier Wochen erfüllt?
   - ❑ Ist die Erkrankung die alleinige Ursache für den Arbeitsausfall – hätte also der Arbeitnehmer gearbeitet, wenn er nicht krank gewesen wäre?
   - ❑ Hat der Arbeitnehmer durch grobes Verschulden die Erkrankung herbeigeführt?
2. Höhe der Entgeltfortzahlung
   - ❑ Was hätte der Arbeitnehmer zu beanspruchen gehabt, wenn er gearbeitet hätte?
   - ❑ Welche Entgeltbestandteile sollen konkrete Aufwendungen ausgleichen und sind daher nicht fortzuzahlen?
   - ❑ Besteht eine tarifvertragliche Regelung, die einen bestimmten Berechnungsmodus enthält?
3. Dauer der Entgeltfortzahlung
   - ❑ Grundsätzlich sechs Wochen (= 42 Kalendertage)
   - ❑ Unterbrechung, wenn das Arbeitsverhältnis zwischenzeitlich ruht

- ❑ Bei neuer Erkrankung grundsätzlich Anspruch auf weitere sechs Wochen Fortzahlung, jedoch nicht, wenn neue Krankheit zur alten hinzutritt
- ❑ Bei Fortsetzungskrankheit nur einmal Anspruch auf sechs Wochen Fortzahlung; neuer Anspruch nur dann, wenn Arbeitnehmer sechs Monate lang nicht wegen der Fortsetzungserkrankung gefehlt hat; nach zwölf Monaten jedoch unabhängig von solchen Fehlzeiten neuer Anspruch, es sei denn, die Arbeitsunfähigkeit bestand durchgängig

4. **Verweigerung der Entgeltfortzahlung möglich, wenn:**
   - ❑ der Arbeitnehmer die Arbeitsunfähigkeitsbescheinigung nicht beibringt
   - ❑ Sozialversicherungsausweis trotz entsprechender Verpflichtung nicht hinterlegt wird
   - ❑ der Arbeitnehmer über einen Schadensersatzanspruch, der auf den Arbeitgeber übergegangen ist, keine ausreichenden Angaben macht
5. **Entgeltfortzahlung über das Ende des Arbeitsverhältnisses hinaus**
   - ❑ Nur bei Kündigung aus Anlass der Arbeitsunfähigkeit, wenn diese über das Ende des Arbeitsverhältnisses hinaus andauert
   - ❑ Anscheinsbeweis zugunsten des Arbeitnehmers bei engem zeitlichen Zusammenhang zwischen Krankheit und Kündigung
   - ❑ Der Arbeitgeber muss dann sehr eingehend vortragen, aus welchen anderen Gründen gekündigt wurde

II. Entgeltfortzahlung bei persönlicher Arbeitsverhinderung

- ❑ Kann im Arbeitsvertrag ausgeschlossen werden, aber: häufig tarifvertragliche Regelungen (diese gehen vor!)
- ❑ Nur Verhinderung aus Gründen, die im persönlichen Bereich des Arbeitnehmers liegen, führen zum Anspruch
- ❑ Den Arbeitnehmer darf kein Verschulden treffen
- ❑ Dauer wird häufig durch Tarifvertrag festgelegt; wenn nicht, kann ein Tarifvertrag Anhaltspunkte geben
- ❑ Sonderregelung für die Betreuung kranker Kinder
- ❑ Anzeigepflichten des Arbeitnehmers wie bei Arbeitsunfähigkeit
- ❑ Höhe der Entgeltfortzahlung wie bei Arbeitsunfähigkeit

Entsendung

I. Begriff und Rechtsgebiete

Der Begriff einer Entsendung variiert je nach Rechtsgebiet. Es gibt bislang keine allgemeingültige gesetzliche Definition, die für alle Rechtsgebiete gilt. Entsprechend gibt es im Zusammenhang mit grenzüberschreitenden Dienstreisen oftmals bereits begriffliche Schwierigkeiten.

Es ist daher notwendig, einen Überblick zu haben, welche Rechtsgebiete betroffen sind. Die wichtigsten Aspekte fasst die nachfolgende Übersicht zusammen:

WICHTIG!

Die Frage, ob eine Dienstreise eine Entsendung ist, variiert je nach Rechtsgebiet. Es ist zu beachten, dass es Verzahnungen zwischen den Rechtsgebieten gibt. So bestimmt beispielsweise die Wahl der arbeitsvertraglichen Konstellation (Entsendevereinbarung oder lokaler Vertrag), die betriebsverfassungsrechtliche und sozialversicherungsrechtliche Stellung des Arbeitnehmers während seiner Auslandsbeschäftigung.

Wie sich aus der Übersicht ergibt, sind bei einer Entsendung mehr Rechtsgebiete betroffen, als oft angenommen wird. Nachfolgend wird ein Überblick über die wichtigsten Punkte gegeben:

II. Arbeitsrecht

1. Vertragsgestaltung

1.1 Internationales Arbeitsrecht

Sowohl bei der Vertragsgestaltung als auch bei Konfliktfällen (z. B. Abmahnung, Kündigung) während des laufenden Arbeitsverhältnisses ist die Frage zu klären, welches Recht für den entsandten Arbeitnehmer Anwendung findet. Die hiermit zusammenhängenden Probleme werden an folgendem Beispiel deutlich: Ein deutsches Unternehmen stellt einen Arbeitnehmer ein und entsendet diesen für fünf Jahre in die USA. Dort erfüllt der Arbeitnehmer jedoch nicht die an ihn gestellten Erwartungen, sodass sich die Frage stellt, nach welchem Recht das Arbeitsverhältnis kündbar ist.

Die Frage, welche Rechtsordnung anzuwenden ist, richtet sich nach dem internationalen Arbeitsrecht. In der Praxis stellt sich hier das Problem, dass es kein weltweit gültiges internationales Arbeitsrecht gibt und jeder Fall separat beleuchtet und geprüft werden muss. Einheitliche Regelungen gibt es nur innerhalb der EU (Rom-I-Verordnung). Maßgeblich sind hier insbesondere Art. 8 Rom-I-Verordnung sowie Art. 9 Rom-I-Verordnung.

Diese Frage sollte bei grenzüberschreitenden Sachverhalten mit einem Nicht-EU-Staat im Vorfeld berücksichtigt werden und kann für die Wahl der Vertragsgestaltung eine entscheidende Rolle spielen.

1.2 Überblick über die Gestaltungsformen

Neben der anwendbaren Rechtsordnung spielen bei der Vertragsgestaltung auch die Rechtsbeziehung zu dem Heimatarbeitgeber und die Frage, ob das inländische Arbeitsverhältnis ruht oder nicht, eine maßgebliche Rolle.

Die Gestaltungspraxis ist sehr vielseitig. Oft spielen auch Aspekte anderer Rechtsgebiete (beispielsweise Aufenthaltsrecht) für die Wahl der Vertragsgestaltung eine Rolle. So gibt es beispielsweise Länder (z. B. China, Thailand), in denen man keinen Aufenthaltstitel bekommt, wenn man keinen lokalen Arbeitsvertrag hat. Auch sozialversicherungsrechtliche Überlegungen sollten bereits bei der Vertragsgestaltung angestellt werden.

WICHTIG!

Sozialversicherungsrechtliche oder aufenthaltsrechtliche Erwägungen können für die Wahl der Vertragsgestaltung maßgebend sein.

Aus arbeitsrechtlicher Sicht lassen sich grob folgende drei Fallgruppen unterscheiden:

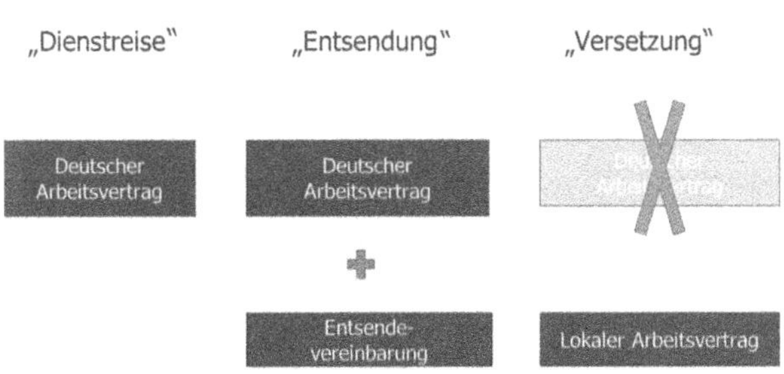

WICHTIG!

Unter einer Entsendung im arbeitsrechtlichen Sinne versteht man die Vertragsgestaltungsform, in der der deutsche Arbeitsvertrag bestehen bleibt und mittels einer Zusatz- oder Änderungsvereinbarung eine Entsendevereinbarung mit dem Heimatarbeitgeber geschlossen wird. Durch die europäische Arbeitnehmer-Entsenderichtlinie und deren deutsche Umsetzung ist seit dem 30.7.2020 zu beachten, dass für Beschäftigte aus dem Ausland nach 12 Monaten zusätzlich zu den ohnehin bislang einzuhaltenden Arbeitsbedingungen, alle Arbeitsbedingungen, die in den deutschen Rechts- und Verwaltungsvorschriften geregelt sind, Anwendung finden. Die entsprechende Regelung findet sich in § 13b Abs. 1 Satz 1 AEntG und gilt unabhängig davon, welches Recht ansonsten auf das Arbeitsverhältnis Anwendung findet. Entsprechende Regelungen gibt es auch in den anderen Mitgliedstaaten.

Arbeitsrechtlich gelten bei grenzüberschreitenden Sachverhalten und Entsendungen seit dem 1.8.2022 neue bußgeldbewehrte Nachweispflichten. Die Neuregelungen wurden durch die Änderungen des Nachweisgesetzes eingeführt und finden sich in § 2 Abs. 2 und 3 des Nachweisgesetzes. Dieses regelt, welche expliziten Vorgaben zu machen sind.

So sind nun Mitarbeiter*innen bei Auslandsentsendungen mit einer Dauer von länger als vier aufeinanderfolgenden Wochen außerhalb der Bundesrepublik Deutschland vor deren Abreise gem. § 2 Abs. 2 Nachweisgesetz über Folgendes zu unterrichten:

- über das Land oder die Länder, in dem oder in denen die Arbeit geleistet werden soll und die geplante Dauer,
- die Währung, in der die Entlohnung erfolgt,
- sofern vereinbart, mit dem Auslandsaufenthalt verbundene Geld- oder Sachleistungen, insbesondere Entsendezulagen und zu erstattende Reise-, Verpflegungs- und Unterbringungskosten,
- die Angabe, ob eine Rückkehr der Mitarbeiter*innen vorgesehen ist, und ggf. die diesbezüglichen Bedingungen.

Nach § 2 Abs. 3 Nachweisgesetz sind bei Entsendungen im Sinne der europäischen Entsenderichtlinie zusätzlich folgende Angaben notwendig:

- Zur Vergütung, die der/die Mitarbeiter*in nach den geltenden Regelungen im Zielland beanspruchen darf, sowie
- ein Link zu der offiziellen nationalen Website des Ziellands.

Auch wenn die Neuerungen des Nachweisgesetzes auf den ersten Blick nicht gravierend erscheinen, sollte diesbezüglich sorgfältig gearbeitet werden, da eine Verletzung der vorstehenden Nachweispflichten als Ordnungswidrigkeit mit einem in bis zu vierstelliger Höhe bewehrten Bußgeld geahndet werden kann.

Aus der vorstehenden Grafik ergibt sich, dass bei der Vertragsgestaltung relevant ist, wer Arbeitgeber des Arbeitnehmers während des Auslandseinsatzes sein soll. Insoweit unterscheiden sich die Grundmodelle der „Entsendung" und „Dienstreise" von der „Versetzung". Zudem ist in Bezug auf die Abgrenzung „Dienstreise" zu „Entsendung" zu überlegen, ob es Änderungen an dem deutschen Arbeitsvertrag bedarf.

Nachfolgend werden die drei Grundkonstellationen dargestellt. Insbesondere in Konzernsachverhalten sind komplexere Verträge, beispielsweise 3-seitige Verträge, denkbar.

a. Dienstreise

In der Regel wird bei einer kurzen Dienstreise keine Änderung des deutschen Arbeitsvertrags notwendig sein. Aus deutscher Sicht ist der Abschluss eines weiteren Vertrags oder eine Änderung des bestehenden Vertrags nicht erforderlich, wenn der Auslandseinsatz nicht länger als vier aufeinanderfolgende Wochen dauert (§ 2 Abs. 2 Nachweisgesetz).

Dennoch können sich auch bei einer kurzen Dienstreise von wenigen Tagen arbeitsrechtliche Fragen stellen. Eine solche ist z. B., ob der Arbeitnehmer, der nicht ins Ausland reisen möchte, hierzu von seinem Arbeitgeber angewiesen werden kann.

Dies richtet sich nach der vertraglich vereinbarten Tätigkeit und der Frage, wie weit das Direktionsrecht des Arbeitgebers geht. Sollten Zweifel daran bestehen, empfiehlt es sich, eine Klarstellung in den Vertrag aufzunehmen.

Relevant wird in diesem Zusammenhang oft das Thema Arbeitszeit, nämlich sowohl im öffentlich-rechtlichen Sinne und damit der Frage, ob bzw. welche Reisezeit zu der zulässigen werktäglichen Höchstarbeitszeit zählt als auch im vergütungsrechtlichen Sinne und der Frage, welche Zeit hier zu vergüten ist. Weitere Ausführungen hierzu finden sich unter „Ziffer 2. Sonderthema: Arbeitszeit bei Dienstreisen".

b. Entsendung

(i) Vertragliche Konstruktion

Arbeitsrechtlich versteht man unter einer Entsendung die Konstellation, dass der deutsche Arbeitsvertrag fortbesteht und durch eine Entsendevereinbarung ergänzt wird. In diesen Konstellationen besteht keine vertragliche Bindung des Arbeitnehmers zu dem Unternehmen im Ausland. Vielmehr wird die Anbindung an das Heimatunternehmen fortgesetzt. Das heißt sowohl der Vergütungsanspruch richtet sich weiter gegen das Heimatunternehmen als auch die Weisungsgebundenheit.

Bei der Entsendevereinbarung handelt es sich nicht um einen eigenständigen Arbeitsvertrag, sondern um einen Zusatz- bzw. Änderungsvertrag, der dem Maßstab einer AGB-Kontrolle standhalten muss. Für die Praxis bedeutet das, dass die Entsendevereinbarung nicht separat gekündigt werden kann (Verbot der Teilkündigung).

Allerdings könnte die Entsendevereinbarung befristet werden. Soweit deutsches Recht gilt, bedarf es für die Befristung der Entsendevereinbarung eines Sachgrunds analog § 14 TzBfG.

(ii) Typische Regelungsgegenstände

Da es sich bei der Entsendevereinbarung um einen Zusatzvertrag zu dem ohnehin bereits bestehenden Arbeitsvertrag handelt, können die Entsendevereinbarungen grundsätzlich „schlank" gehalten werden. Wichtig ist, insbesondere, dass die Vorgaben des Nachweisgesetzes eingehalten werden und dass sich im Falle der Befristung diese in der Entsendevereinbarung wiederfindet.

Auch hinsichtlich der weiteren Arbeitsbedingungen sollten klarstellende Regelungen in die Entsendevereinbarung aufgenommen werden, soweit diese von dem Arbeitsvertrag abweichen. Hierzu gehören bspw. Regelungen zu

- Zulagen (sog. Allowances)
- Aufwendungsersatz (z. B. Flugkosten, Umzugskosten etc.)
- Rückrufklauseln
- Rückkehrgarantien bzw. Re-Entry-Klauseln, die klarstellen, dass der Arbeitnehmer auch nach dem Auslandseinsatz seine bisherige Position (falls dies möglich ist) oder eine gleichwertige Position erhält.

In der Praxis stellt sich insbesondere bei längeren Auslandseinsätzen das Problem, dass es die frühere Position nicht mehr gibt.

WICHTIG!

Bei der Vertragsgestaltung ist in Bezug auf Rückrufklauseln darauf zu achten, dass diese einer AGB-Kontrolle unterliegen. Insoweit gelten hier ähnliche Grundsätze wie die, die für Widerrufsklauseln entwickelt wurden, da in der Regel mit dem Auslandseinsatz die Gewährung von Geld oder Sachleistungen verbunden ist, sodass sich z. B. auch die Höhe der (zusätzlichen) Leistungen auf die Rückrufklausel auswirken kann. Es sollte insbesondere darauf geachtet werden, dass die Fälle, in denen Arbeitnehmer mit dem Rückruf nach Deutschland rechnen müssen, klar geregelt und exemplarisch aufgezählt sind.

Zudem ist bei Entsendungen innerhalb der EU darauf zu achten, dass selbst bei unterstellter Anwendbarkeit des deutschen Rechts, im Anwendungsbereich der Entsenderichtlinie (RL 96/71 EG) die im jeweiligen Einsatzland geltenden (Mindest-)Arbeitsbedingungen nicht unterschritten werden dürfen. Dies kann neben der Vergütung z. B. für den Urlaubsanspruch des Arbeitnehmers relevant werden. Aber auch für Feiertagsregelungen.

Die Europäische Arbeitnehmerentsenderichtlinie wurde reformiert und zum 30.7.2020 in den jeweiligen Mitgliedstaaten in nationales Recht umgesetzt. In Deutschland erfolgte die nationale Umsetzung durch Änderungen des Arbeitnehmerentsendegesetzes (AEntG). Wesentlich ist hierbei, dass die Mindestarbeitsbedingungen bislang nicht flächendeckend, sondern nur in bestimmten Branchen – u. a. der Baubranche – über die Mindeststandards (z. B. gesetzlicher Mindestlohn; Mindestjahresurlaub) hinausgingen. Durch die Änderungen im AEntG wurde der Anwendungsbereich der Regelungen ausgeweitet und das Lohnniveau dahingehend angehoben, als nach Deutschland entsandte Arbeitnehmer künftig stärker als bisher von den deutschen Arbeitsbedingungen und den Regelungen in allgemeinverbindlichen Tarifverträgen profitieren. Keine Änderungen gab es jedoch in den sozialversicherungsrechtlichen Regeln.

WICHTIG!

Unabhängig von der Vertragsgestaltung ist die Fürsorgepflicht des Arbeitgebers zu beachten. Die konkrete Fürsorgepflicht hängt vom Einzelfall ab. Grundsätzlich ist jedoch an den Abschluss von Versicherungen zu denken. Auch können Fälle eintreten, in denen den Arbeitgeber eine Rückrufpflicht trifft, obwohl dies im Vertrag nicht ausdrücklich genannt ist.

c. Versetzung

(i) Vertragliche Konstruktion

Bei der Versetzung besteht – im Gegensatz zu einer Entsendungsvereinbarung – eine vertragliche Anbindung an das Unternehmen im Ausland. Hierbei spielt es keine Rolle, ob es sich um ein externes Unternehmen oder um eine andere Konzerngesellschaft handelt. Das heißt, die jeweilige Auslandsgesellschaft wird Arbeitgeber des Arbeitnehmers. Eine Versetzung ins Ausland kann auch durch Weisungsrecht des Arbeitgebers (§ 106 GewO) erfolgen, wenn z. B. kein bestimmter Arbeitsort im Inland fest vereinbart ist, sondern ausdrücklich eine unternehmensweite Versetzungsmöglichkeit vorgesehen ist (vgl. BAG v. 30.11.2022, Az. 5 AZR 336/21).

WICHTIG!

Dies hat Folgen für die Sozialversicherung, da eine Entsendung im Sinne der Europäischen Verordnung (EGVO) 883/04 nur vorliegt, wenn eine Anbindung an den Heimatarbeitgeber in Deutschland fortbesteht. Das heißt, im Fall der Versetzung kann Art. 12 EGVO 883/04, der die Arbeitnehmerentsendung regelt, keine Anwendung finden. In diesem Fall käme gegebenenfalls der Abschluss einer Ausnahmevereinbarung (Art. 16 EGVO 883/04) in Betracht. Auch steuerrechtlich kann die lokale Anstellung im Ausland Konsequenzen haben.

Die Versetzung wird auch 2-Vertragsmodell genannt. Das Arbeitsverhältnis zum Heimatarbeitgeber wird entweder ruhend gestellt oder aufgehoben. Letzteres wäre sicherlich der einfachste Fall. Anderenfalls besteht eine Parallelität zwischen einem ruhenden Arbeitsverhältnis, aus dem sich in der Regel Nebenpflichten (beispielsweise Berichtspflichten) ergeben, und dem Arbeitsverhältnis im Ausland.

Für die Arbeitnehmer ist in diesem Zusammenhang oft relevant, dass – ohne eine besondere vertragliche Regelung – für den lokalen Vertrag das anzuwendende Recht des Ziellands im Ausland gilt. Dies schreckt Arbeitnehmer oft davor ab, einen Vertrag nach ausländischem Recht abzuschließen.

Sollte das Arbeitsverhältnis mit dem Heimatunternehmen ruhend gestellt werden, ist es notwendig, dass die Ruhensvereinbarung und der lokale Arbeitsvertrag aufeinander abgestimmt sind. Wichtig ist dies bezüglich aller Punkte, die eine Koppelung der Verträge voraussetzen. Eine solche Konstellation ist typischerweise in Konfliktfällen (Rückruf nach Deutschland, Kündigung des ausländischen Arbeitsverhältnisses etc.) gegeben.

WICHTIG!

Soweit Rückrufrechte in der Ruhensvereinbarung des Heimatarbeitgebers vorgesehen sind, ist es erforderlich, eine entsprechende Regelung in den lokalen Arbeitsvertrag im Ausland aufzunehmen (z. B. muss sich der ausländische Arbeitgeber verpflichten, seine Zustimmung zur Aufhebung des lokalen Arbeitsvertrags zu geben, wenn der Heimatarbeitgeber den Arbeitnehmer zurückruft). Anderenfalls geht das Rückrufrecht des Heimatarbeitgebers ins Leere, da der Arbeitnehmer aufgrund des lokalen Vertrags gegenüber dem Arbeitgeber im Ausland verpflichtet ist, seine Arbeitsleistung im Ausland zu erbringen. Zudem könnte eine Pflicht des Arbeitnehmers in der Ruhensvereinbarung aufgenommen werden, dass er im Falle des Rückrufs durch den deutschen Heimatarbeitgeber, das ausländische Arbeitsverhältnis kündigt. Zwar ist über die hierdurch konstruierte Kopplung noch nicht höchstrichterlich entschieden, eine solche wäre jedoch notwendig, um die parallelen Verträge aufeinander abzustimmen.

Gleiches gilt beispielsweise in Bezug auf Kündigungsfälle, in denen das lokale Arbeitsverhältnis im Ausland gekündigt wird und sich die Frage stellt, welche Auswirkungen dies auf das wieder auflebende Arbeitsverhältnis in Deutschland hat.

(ii) Typische Regelungsgegenstände

In Bezug auf die Ruhensvereinbarung sind typische Regelungsgegenstände

- die Anrechnung der Auslandstätigkeit auf die Betriebszugehörigkeit im Heimatland
- die Fortführung der vertraglichen Vergütung als „Schattengehalt"
- Regelungen zum vorzeitigen Rückruf
- gegebenenfalls Regelungen bei Weisungskollisionen
- Regelungen zur Tätigkeit nach Rückkehr aus dem Ausland bzw. eine Re-Entry-Klausel.

d. Entsendung vs. Versetzung

Die Entsendung war in der Vergangenheit der klassische Weg, wie Unternehmen in der Praxis mit Auslandseinsätzen umgegangen sind. Aus Arbeitnehmersicht hat dies den Vorteil, dass die Bindung zu dem Heimatarbeitgeber bestehen bleibt, er weiterhin in der betrieblichen Organisation des Heimatarbeitgebers eingegliedert ist und auch seine übrigen Arbeitsbedingungen in der Regel verbessert weitergelten.

Zudem hat diese Konstruktion sozialversicherungsrechtlich den Vorteil, dass es eine Anbindung an den deutschen Arbeitgeber gibt. Dies ist für das Vorliegen einer Auslandsentsendung im sozialversicherungsrechtlichen Sinne des Art. 12 EGVO 883/04, aber auch in Fällen, in denen es um die Frage der Ausstrahlung geht, notwendig.

In der Praxis hat die Konstruktion mittels der Entsendevereinbarung jedoch den Nachteil, dass die räumliche Distanzierung auch teilweise mit einer Lockerung der Weisungsgebundenheit einhergeht und es tatsächlich so ist, dass die Direktionsrechte nicht mehr von dem Heimatarbeitgeber, sondern von dem Unternehmen im Ausland ausgeübt werden. Insbesondere in Fällen, in denen der Auslandseinsatz dem ausländischen Unternehmen dient und dieses letztlich die Kosten im Wege der unternehmensinternen Verrechnung trägt, kann die Entsendevereinbarung von dem tatsächlich Gelebten abweichen. (Weitere Ausführungen hierzu finden sich unter Punkt 3. – Sonderthema: Abgrenzung Entsendung vs. grenzüberschreitende Arbeitnehmerüberlassung.)

Die Variante der Versetzung wurde hingegen bislang oft nur gewählt, wenn es sich um verhältnismäßig lange Auslandseinsätze gehandelt hat und man eine saubere Lösung haben wollte oder atmosphärische bzw. aufenthaltsrechtliche Gründe dies erfordern.

Dennoch spricht viel dafür, dass die Vertragsgestaltung der Versetzung auf dem Vormarsch ist. Dies nicht zuletzt durch die umgesetzte Reform der Entsenderichtlinie, die dazu führt, dass es bei Überschreiten des 12-monatigen Aufenthalts im Ausland zu einer Parallelität der anwendbaren Rechtsordnungen kommen kann. Weitere Ausführungen hierzu finden sich unter „IV. Reform der Entsenderichtlinie".

1.3 Mitbestimmung des Betriebsrats

Auch aus betriebsverfassungsrechtlicher Sicht kann der grenzüberschreitende Arbeitnehmereinsatz relevant werden. Dies gilt beispielsweise in Bezug auf die Mitbestimmungsrechte nach § 99 BetrVG, wenn es um die Versetzung eines Mitarbeiters/einer Mitarbeiterin ins Ausland oder zurück geht.

Gleiches gilt im Konfliktfall (Ausspruch einer Kündigung). Hier kann sich die Frage stellen, ob der Betriebsrat gemäß § 102 BetrVG zu beteiligen ist oder nicht.

2. Sonderthema: Arbeitszeit bei Dienstreisen

Im Zusammenhang mit der Entsendung kann sich aus arbeitsrechtlicher Sicht auch die Frage nach der Vergütung der Reisezeit stellen. Dies ist gerade bei Dienstreisen ein Klassiker.

Das Thema Dienstreisezeit betrifft zwei unterschiedliche Aspekte, die vollkommen unabhängig voneinander zu bewerten sind: Zum einen geht es um die öffentlich-rechtliche Arbeitszeit im Sinne des Arbeitszeitgesetzes, die hier nicht näher beleuchtet werden soll. Zum anderen geht es um die vergütungsrechtliche Frage, ob die Zeit, die ein Arbeitnehmer für die Dienstreise aufwendet (Reisezeit), zu vergüten ist.

Zu Letzterem – der vergütungsrechtlichen Frage – hat das BAG (Urteil vom 17.10.2018, Az. 5 AZR 553/17) in einem grenzüberschreitenden Fall entschieden. Grundsätzlich gilt: reist ein Arbeitnehmer innerhalb seiner regulären Arbeitszeit, kann er für die Reisezeit eine Vergütung erwarten. Reist ein Arbeitnehmer außerhalb der regulären Arbeitszeit, kommt es auf die Umstände des betreffenden Einzelfalls an. In dem BAG-Fall aus dem Jahr 2018 ging es um einen Arbeitnehmer, der vorübergehend auf eine Baustelle ins Ausland entsandt wurde. Das BAG stellte klar, dass, wenn die Reise zur auswärtigen Arbeitsstelle und zurück ausschließlich im Interesse des Arbeitgebers erfolgt, diese Reisezeit – soweit keine vertraglich abweichende Regelung getroffen wurde – wie Arbeitszeit zu vergüten ist.

WICHTIG!

Dem BAG lag ein Fall zugrunde, in dem es keine arbeitsvertraglichen oder tariflichen Regelungen zur Vergütung von Reisezeiten gab. Eine abweichende vertragliche Gestaltung (z. B. Abgeltung oder Pauschalierung) ist daher möglich. Auch kann eine Vergütung für Reisezeiten ausgeschlossen werden, sofern hierdurch nicht der Mindestlohn in Bezug auf die tatsächlich aufgewendete öffentlich-rechtliche Arbeitszeit unterschritten wird.

3. Sonderthema: Abgrenzung Entsendung vs. grenzüberschreitende Arbeitnehmerüberlassung

Bei der Abgrenzung Entsendung von einer grenzüberschreitenden Arbeitnehmerüberlassung handelt es sich um eine weitere wichtige, in der Praxis oft übersehene Frage. Diese Abgrenzung ist mit Blick auf das arbeitgeberseitige Risiko sehr wichtig. Bei Vorliegen einer grenzüberschreitenden Arbeitnehmerüberlassung wären die Regelungen beider beteiligten Länder zu beachten. Soll nun ein Mitarbeiter/eine Mitarbeiterin z. B. von Deutschland in die Schweiz verliehen werden, ist dies rechtlich bereits nicht möglich, da nach dem Schweizer Recht eine grenzüberschreitende Arbeitnehmerüberlassung verboten ist.

Auch das deutsche Arbeitnehmerüberlassungsgesetz (AÜG) gilt grundsätzlich für jede Überlassung von Arbeitnehmern, die in der Bundesrepublik Deutschland erfolgt, selbst wenn der Verleiher seinen Sitz im Ausland hat. D. h. auch für den umgekehrten Fall, dass ein in der Schweiz ansässiger Arbeitnehmer nach Deutschland verliehen werden soll, ist dies relevant. Grenzüberschreitende Arbeitnehmerüberlassung nach Deutschland hinein setzt grundsätzlich eine deutsche Arbeitnehmerüberlassungserlaubnis voraus, andernfalls würde eine illegale Arbeitnehmerüberlassung vorliegen.

Für das Beantragungsverfahren sollte ein gewisser zeitlicher Vorlauf einkalkuliert werden. Ausländische Arbeitnehmerüberlasser haben es leichter, wenn sie bereits in ihrem Heimatland über eine Arbeitnehmerüberlassungserlaubnis verfügen.

3.1 Unterschied zwischen Arbeitnehmerüberlassung und Entsendung

Eine Entsendung liegt vor, wenn dem Auslandseinsatz ein Dienst- oder Werkvertrag zugrunde liegt. Wichtig ist hierbei, dass es nicht darauf ankommt, welche Vertragsart gewählt wurde, sondern auf welche Art und Weise der Personaleinsatz **tatsächlich erfolgt.** Dabei sind alle Umstände des konkreten Einzelfalls heranzuziehen.

Hauptkriterien für die Abgrenzung sind das **Weisungsrecht** und die **Eingliederung** in den Betrieb. Dies bedeutet, dass bei der Auftragsdurchführung insbesondere darauf zu achten ist, wer wem welche Anweisungen gibt. Die vertraglichen Regelungen sind insoweit irrelevant. Zudem ist darauf zu achten, dass sich eine zu Beginn des Vertragsverhältnisses eingeführte Trennung nicht im Laufe der Zeit auflöst. Dies stellt in der Praxis ein großes Risiko für das Vorliegen einer illegalen Arbeitnehmerüberlassung dar.

3.2 Einsatz von ausländischen Subunternehmern

Das vorbeschriebene Risiko einer illegalen grenzüberschreitenden Arbeitnehmerüberlassung besteht auch bei dem Einsatz von ausländischen Subunternehmern. Hier ist besonders darauf zu achten, dass es sich um eine Entsendung aufgrund eines Dienst- oder Werkvertrags und nicht um eine Arbeitnehmerüberlassung handelt. D. h. geschuldet darf nur die Erbringung einer bestimmten Leistung bzw. eines Werks sein. Es geht jedoch nicht um die Zurverfügungstellung von Personal.

Andernfalls besteht u. a. das Risiko, dass ein Arbeitsverhältnis zwischen dem deutschen Unternehmen und dem Arbeitnehmer des ausländischen Subunternehmers als zustande gekommen gilt („fingiertes Arbeitsverhältnis", § 10 Abs. 1 AÜG).

Der „Leiharbeitnehmer" hätte zwar die Möglichkeit, der Entstehung eines solchen Arbeitsverhältnisses zu widersprechen und zu erklären, dass er an seinem bisherigen Vertragsverhältnis des ausländischen Subunternehmers festhalten möchte – inwieweit von dieser Möglichkeit jedoch Gebrauch gemacht wird, erscheint fraglich.

Auf die Darstellung der übrigen Konsequenzen einer illegalen Arbeitnehmerüberlassung wird an dieser Stelle verzichtet.

3.3 Beauftragung eines Employer of Record (EOR)

Im Rahmen des grenzüberschreitenden Personaleinsatzes hat sich in letzter Zeit eine weitere neue Entwicklung abgezeichnet – der Einsatz von sog. „Employer of Record (EOR)". Dabei handelt es sich um Dienstleister, die sich für ihre Kunden (z. B. deutsche Unternehmen) um die Einstellung und die damit zusammenhängenden Themen von Mitarbeiter*innen im Ausland kümmern. Das heißt, die Mitarbeiter*innen, die im Ausland wohnen und ihren Wohnsitz nicht nach Deutschland verlegen (wollen), werden im Ausland bei dem EOR angestellt. Die Idee dahinter ist, dass die betreffenden Mitarbeiter*innen jedoch nicht für den EOR arbeiten, sondern für den Kunden des EOR (z. B. deutsches Unternehmen). Damit werden die betreffenden Mitarbeiter*innen z. B. an in Deutschland ansässige Unternehmen überlassen.

Der Vorteil für den Kunden des EOR ist, dass sich dieser nicht um die administrativen und rechtlichen Themen im Ausland kümmern muss. Damit wird der Aufwand für inländische Unternehmen geringer und es können einfacher qualifizierte Arbeitnehmer im Ausland gewonnen werden. Neben dem Bewerbungsprozess kümmern sich EORs typischerweise unter anderem um die Gehaltsabrechnung vor Ort, das Abführen von Steuern und Sozialabgaben, die Einhaltung des lokalen Rechts oder auch, sofern erforderlich, um die Beantragung von Aufenthaltstiteln.

Allerdings werden bei dem Einsatz von EORs zwei Themen oft übersehen:

Zum einen handelt es sich bei der vorbeschriebenen Konstellation um eine typische Arbeitnehmerüberlassung, auf die das deutsche Arbeitnehmerüberlassungsgesetz (AÜG) Anwendung finden kann. Dies ist eine Frage des Anwendungsbereichs, die derzeit umstritten ist. Hierbei geht es um Folgendes: Obwohl das AÜG keine Anwendung auf den Fall findet, dass Mitarbeiter*innen durch einen ausländischen Verleiher an einen inländischen Entleiher (hier: deutsches Unternehmen) verliehen werden und die Mitarbeiter*innen ausschließlich im Ausland eingesetzt werden, besteht ein Risiko, dass die Anwendbarkeit des deutschen AÜG in EOR-Konstellationen angenommen wird. Das Risiko realisiert sich jedenfalls dann, wenn der Mitarbeiter/die Mitarbeiterin nach Deutschland reist (vgl. BSG v. 29.6.2016, Az. B 12 R 8/14 R, BSGE 121, 275–283, SozR 4-2400 § 28e Nr. 5, SozR 4-7815 § 10 Nr. 1, Rn. 16), z. B. auch nur im Rahmen von Dienstreisen. Klargestellt hat die Bundesagentur für Arbeit (BA) am 1. Oktober 2025 in ihren fachlichen Weisungen, dass die Beschäftigung von ausländischen Remote-Arbeitskräften (= EOR-Konstellationen) jedenfalls nicht erlaubnispflichtig ist. Anders ist es, wenn die im Ausland von einem ausländischen Verleiher angestellten Leiharbeitnehmer tatsächlich an ein Unternehmen mit Sitz in Deutschland überlassen werden und der Arbeitseinsatz in Präsenz in Deutschland erfolgt.

In den fachlichen Weisungen heißt es nun unter Ziffer 1.2.3 Abs. 2:

Der Verleiher sitzt im EU/EWR-Ausland (oder einem Drittstaat). Der Entleiher sitzt in Deutschland. Der Leiharbeitnehmer bleibt im EU/EWR-Ausland (oder einem Drittstaat) und wird ausschließlich online für Entleiher in Deutschland tätig, ohne auch nur einmal nach Deutschland zu reisen, um dort zu arbeiten. Der Erlaubnisvorbehalt des § 1 Abs. 1 S. 1 AÜG erstreckt sich mangels ausreichenden Inlandsbezugs nicht auf diese Fälle.

Zum anderen können EOR-Konstellationen praktische Schwierigkeiten mit sich bringen. Diese entstehen dadurch, dass der Kunde des EOR (hier: deutsches Unternehmen), gegenüber dem/der betreffenden Mitarbeiter*in kein disziplinarisches Weisungsrecht oder andere rechtliche Zugriffsmöglichkeiten hat. Denn die Mitarbeiter*innen stehen ausschließlich mit dem EOR in einem Vertragsverhältnis. Dies kann insbesondere dann zu Schwierigkeiten führen, wenn der/die betreffende Mitarbeiter*in nicht die gewünschte Leistung erbringt und es um die Erteilung von Abmahnungen oder den Ausspruch von Kündigungen geht.

4. Sonderthema: Mobilarbeit im Ausland und Workation dank Corona?

Die Corona-Pandemie hat im Arbeitsleben schlagartig zu mehr Freiheiten für Mitarbeiter*innen geführt. Arbeitsbedingungen sind flexibler geworden und die physische Anwesenheit im Büro ist oft nicht mehr zwingend nötig. Mitarbeiter*innen können von jedem beliebigen Ort arbeiten. Hierbei beschränkt sich der Tätigkeitsort oftmals nicht auf Deutschland.

Für Mitarbeiter*innen, die grundsätzlich bei einem Arbeitgeber in Deutschland angestellt sind und grundsätzlich in Deutschland ihre Arbeitsleistung erbringen (= anders als in einer EOR-Konstellation), gilt, dass sich bei Mobilarbeit im Ausland die gleichen Themen stellen wie bei Dienstreisen und Entsendungen ins Ausland. (Abzugrenzen ist diese Konstellation von Fällen, in denen die Mitarbeiter*innen dauerhaft aus dem Ausland arbeiten und dort beispielsweise recruitet werden.) Soweit also in Deutschland tätige Mitarbeiter*innen darüber nachdenken, ihren Sommerurlaub zu verlängern und eine Zeit lang aus dem Ausland zu arbeiten, gilt Folgendes:

Selbst im Fall von Mobilarbeit im Ausland bzw. Workation müssen während der Zeit im Ausland die durch die Entsenderichtlinie etablierten (Mindest-)Arbeitsbedingungen (siehe IV.) des jeweiligen Landes eingehalten werden. Dies gilt zum Beispiel auch für die jeweils vor Ort geltenden Arbeitszeit- und Ruhezeitregelungen, deren Einhaltung bzw. Nachweis von ausländischen Behörden kontrolliert werden können.

Auch ist in diesem Fall die Frage der Registrierungspflicht zu klären (siehe III.).

Sozialversicherungsrechtlich wird im Zusammenhang mit Mobilarbeit im Ausland häufig der Schluss gezogen, dass in diesem Fall eine A1-Bescheinigung (siehe V.) nicht erforderlich sei, da sie – anders als bei Dienstreisen oder Entsendungen – in der Regel nicht auf Veranlassung des Arbeitgebers, sondern auf eigenen Wunsch des Arbeitnehmers erfolge.

Der GKV Spitzenverband der gesetzlichen Krankenkassen und die Deutsche Verbindungsstelle Krankenversicherung Ausland (DVKA) hatten im Juli 2021 klargestellt, dass allein die Tatsache, dass die Tätigkeit im Ausland aufgrund der Initiative des Mitarbeiters/der Mitarbeiterin erfolgt, nicht das Vorliegen einer sozialversicherungsrechtlichen Entsendung im Sinne der Verordnung ausschließe. Jedenfalls soweit der Arbeitgeber mit der vorübergehenden Auslandstätigkeit einverstanden ist, er die Leistung des Mitarbeiters/der Mitarbeiterin entgegennimmt und hierfür das Gehalt weiterzahlt, sind die wesentlichen Kriterien schon erfüllt. Daher macht es letztlich keinen Unterschied, ob der Arbeitgeber Mitarbeiter*innen auf Auslandsdienstreisen schickt oder die Mitarbeiter*innen auf eigenen Wunsch im Ausland (mobil) arbeiten. Das BMAS hat im November 2022 ein Merkblatt zu der Homeoffice-Tätigkeit bei Grenzgänger*innen veröffentlicht und darin Stellung zu der sozialversicherungsrechtlichen Behandlung von Workation genommen. Darin wird die bisherige Auffassung bestätigt, sodass auch hiernach bei einer ausnahmsweisen begrenzten Tätigkeit von einem anderen EU-Mitgliedstaat/EWR-Staat/Schweiz (z. B. Ferienhaus) von einer sozialversicherungsrechtlichen Entsendung auszugehen ist. Die Beantragung einer A1-Bescheinigung ist auch in diesen Fällen ratsam.

Auch sind bei Mobilarbeit im Ausland steuerrechtliche Themen zu beachten, insbesondere das Risiko der Begründung einer Betriebsstätte im Ausland.

Zudem können sich weitere Fragen stellen, beispielsweise wenn Mitarbeiter*innen für ihre Tätigkeit bestimmte Programme nutzen, deren vereinbarte Nutzungslizenzen aber möglicherweise auf bestimmte Gebiete oder Länder beschränkt sind.

III. Registrierungspflichten und anderes innerhalb der EU

1. Registrierungs-/Meldepflichten

Für viele Unternehmen ist es überraschend, dass selbst innerhalb der EU bei dem grenzüberschreitenden Personaleinsatz zahlreiche Registrierungspflichten einzuhalten sind. Registrierungspflicht bedeutet u. a., dass jeder grenzüberschreitende Einsatz von Mitarbeitern*innen im Vorfeld über ein Meldeportal des jeweiligen Landes online zu registrieren ist. Über die erfolgreiche Registrierung erhält man eine Bestätigung, die den entsandten Arbeitnehmern mitzugeben ist.

Die Einhaltung dieser Pflichten erweist sich für Arbeitgeber als schwierig, da die Umsetzung der Registrierungspflichten den einzelnen Mitgliedstaaten obliegt und damit je nach Zielstaat variiert. Probleme tauchen dabei in der Praxis bereits bei der Frage auf, wann ein registrierungspflichtiger Auslandseinsatz vorliegt bzw. wann sich ein Arbeitgeber auf eine Ausnahme berufen kann.

In der Regel lassen sich folgende Fallgruppen bilden:

- **Internationale Dienstleistungen:** Hierunter werden Fälle verstanden, in denen ein deutsches Unternehmen im Europäischen Ausland einen Vertragspartner hat und zur Erfüllung dieser Vertragsbeziehung Arbeitnehmer über die Grenze schickt. Dies können Tätigkeiten auf Baustellen, Montagearbeiten oder auch die Lieferungen von eigenen Waren sein.
- **Gruppeninterne Leistungen:** Auch gruppeninterne Leistungen können eine Meldepflicht auslösen. Hierunter fällt beispielsweise der Fall, dass ein Revisionsteam aus Deutschland in die Konzerngesellschaft im EU-Ausland geschickt wird, um Prüfungen durchzuführen.
- **Leistungen auf eigene Rechnungen:** Auch Fallkonstellationen, in denen es keinen Auftraggeber im Zielland gibt, können eine Meldepflicht auslösen. Hierzu zählen Geschäftsreisen, Kundenbesuche sowie die Teilnahme an Messen.
- **Arbeitnehmerüberlassung:** In den meisten Ländern ist bei einer grenzüberschreitenden Arbeitnehmerüberlassung stets eine Meldepflicht auszuführen.

WICHTIG!

Ob tatsächlich eine Meldepflicht in dem jeweiligen Zielland besteht, ist im Einzelfall zu prüfen. In der Regel ist jedenfalls in den Fallgruppen 1, 2 und 4 eine solche gegeben.

Auch die Sanktionierung bei möglichen Verstößen variiert je nach Zielland. Werden die Registrierungspflichten nicht erfüllt, drohen den Arbeitgebern hohe Bußgelder, sogar bis in sechsstelliger Höhe. Außerdem können bei wiederholten Verstößen die Aussetzung der Tätigkeit in dem jeweiligen Land sowie den einzelnen Mitarbeitern*innen sogar Zugangsverbote zu den Betrieben drohen.

WICHTIG!

Es sollte unbedingt vor jedem Aufenthalt eines Mitarbeiters/einer Mitarbeiterin im Ausland geprüft werden, ob Registrierungs- bzw. Meldepflichten im Einzelfall eingehalten werden müssen.

2. Mitzuführende Unterlagen

Erschwerend kommt hinzu, dass die im Ausland tätigen Mitarbeiter*innen meist bestimmte Unterlagen mitführen müssen. Hierzu zählen beispielsweise Arbeitsverträge, Lohnunterlagen und Aufzeichnungen der Arbeitszeiten. Viele Mitgliedstaaten fordern im Falle der Kontrolle eine Übersetzung der Unterlagen in der jeweiligen Landessprache (z. B. Frankreich). Dies ist aus Arbeitgebersicht im Vorfeld zu beachten.

Auch ist die Benennung einer Kontaktperson, die die erforderlichen Unterlagen vor Ort aufbewahrt, in vielen Ländern erforderlich. Diese Person muss oftmals bereits während der Onlineregistrierung angegeben werden.

Hinzu kommen meist noch besondere Regelungen für spezielle Branchen wie das Bau- oder Transportgewerbe.

WICHTIG!

Arbeitgeber müssen sich rechtzeitig mit den Voraussetzungen in den jeweiligen Ländern auseinandersetzen und diese – auch bei nur kurzfristigen und kurzzeitigen Dienstreisen – beachten.

IV. Reform der Entsenderichtlinie

Die arbeitsrechtlichen Besonderheiten bei dem Einsatz von Mitarbeitern*innen innerhalb der EU gehen auf die Arbeitnehmer-Entsenderichtlinie 96/71/EG zurück. Diese ist durch die Änderungsrichtlinie 2018/957/EU reformiert worden. Dennoch sind die damit einhergehenden Regelungen weitgehend unbekannt. Die Mitgliedstaaten mussten die diesbezüglichen Änderungen bis zum **30.7.2020** in innerstaatliches Recht umsetzen. Hierdurch verschärfte sich die Komplexität von grenzüberschreitenden Auslandseinsätzen weiter.

WICHTIG!

Die Regelungen des deutschen Arbeitnehmer-Entsendegesetzes gelten für den Fall, dass ausländische Unternehmen Mitarbeiter*innen nach Deutschland entsenden. Das deutsche AEntG ist nicht auf Arbeitgeber mit Sitz innerhalb der EU beschränkt, sondern gilt auch für Unternehmen aus Drittstaaten. Dies gilt insbesondere für die allgemeinen Arbeitsbedingungen, wie:

- **Vergütung, einschließlich der Überstundensätze,**
- **bezahlter Mindesturlaub,**
- **Höchstarbeitszeiten und Mindestruhezeiten,**
- **die Bedingungen für die Überlassung von Arbeitskräften,**
- **die Arbeitsschutz- und Gesundheitsschutzvorschriften sowie die Anforderungen an die Unterkünfte, die entsandten Mitarbeitern*innen zur Verfügung gestellt werden,**
- **Schutzmaßnahmen bzw. Regelungen gegenüber Schwangeren, Kindern und Jugendlichen,**
- **Gleichbehandlung der Geschlechter sowie Diskriminierungsverbote und**
- **die Zulage oder Kostenerstattung zur Deckung der Reise, Unterbringungs- und Verpflegungskosten für Arbeitnehmer, die entsandt werden.**

Soweit deutsche Unternehmen Mitarbeiter*innen in das EU-Ausland entsenden, sind die jeweils nationalen Umsetzungen des betreffenden Mitgliedstaates zu beachten. Im Wesentlichen sind diese jedoch den deutschen Regelungen sehr ähnlich.

Die maßgeblichen Änderungen durch die reformierte Entsenderichtlinie betreffen dabei insbesondere die Entlohnung entsandter Arbeitnehmer (einschließlich der Unterauftragsvergabe), die Vorschriften für Leiharbeitnehmer sowie Entsendungen über zwölf Monate.

Mit den neuen Regelungen sollen künftig die gleichen Vergütungsgrundsätze wie für lokale Arbeitnehmer in dem jeweiligen Einsatzstaat gelten. Das soll damit erreicht werden, dass auch zusätzliche Lohnbestandteile wie z. B. Zulagen, Weihnachtsgeld oder Mehrarbeitsvergütung in die Vergütung der entsandten Arbeitnehmer mit einzubeziehen sind und entsandte Arbeitnehmer dadurch das gleiche Vergütungsniveau wie lokale Arbeitnehmer erhalten. Auch für Leiharbeitnehmer gelten die gleichen Beschäftigungs- und Arbeitsbedingungen, die auch lokalen Arbeitnehmern zustehen. Interessant wird, wie sich die Europäische Entgelttransparenzrichtlinie auf Entsende-Konstellationen auswirken wird.

Zudem ist seit dem 30.7.2020 eine zeitliche Frist zu beachten: Es wird danach unterschieden, ob die Entsendung länger oder kürzer als zwölf Monate (in Ausnahmefällen bis zu 18 Monate) andauert oder nicht.

Bei Entsendungen bis zu zwölf Monaten sind für den entsandten Arbeitnehmer weiterhin die Arbeitsbedingungen des jeweiligen Mitgliedstaats zu beachten, in den er entsandt wird. Daneben unterliegt er jedoch weiterhin den nationalen Rechtsvorschriften seines Heimatlandes. Erst ab einer Entsendung, die länger als zwölf (bzw. 18) Monate dauert, unterliegt er nicht nur in Bezug auf die Arbeitsbedingungen, sondern auch in Bezug auf alle sonstigen Angelegenheiten der ausländischen Rechtsordnung.

Im Überblick ergeben sich folgende wichtige Änderungen:

- **Vergütung:** Bis zum 30.7.2020 musste entsandten Arbeitnehmern lediglich die Mindestvergütung des Ziellands gewährt werden. Bei einer Entsendung von Arbeitnehmern nach Deutschland war dies insbesondere der gesetzliche Mindestlohn und bei allgemeinverbindlichen Tarifverträgen in bestimmten Branchen der Grundlohn. Seit dem 30.7.2020 erstreckt sich die Gleichbehandlung der entsandten Arbeitnehmer auch auf weitere Lohnbestandteile, wie beispielsweise Prämien, Zulagen (z. B. Weihnachtsgeld, Mehrarbeitsvergütung).
- **Allgemeinverbindliche Tarifverträge:** Diese gelten künftig für entsandte Arbeitnehmer aller Wirtschaftszweige. Bisher konnten die Mitgliedstaaten selbst entscheiden, ob allgemeinverbindliche Tarifverträge auf entsandte Arbeitnehmer angewandt werden. In Deutschland beispielsweise erfolgte dies nur in bestimmten Wirtschaftszweigen (beispielsweise Bau). Nach § 3 AEntG haben nach Deutschland entsandte Arbeitnehmer seit dem 30.7.2020 Anspruch auf den Tariflohn, wenn sie in den Anwendungsbereich eines allgemeinverbindlichen Tarifvertrages mit bundesweiter Geltung fallen. D. h. bundesweit allgemeinverbindliche Tarifverträge gelten nicht mehr nur z. B. im Baugewerbe, sondern in allen Branchen für Arbeitgeber mit Sitz im Ausland, wenn diese Arbeitnehmer im Inland beschäftigen. Durch die Anknüpfung an den Beschäftigungsort (Deutschland) wird sichergestellt, dass Ausländerdiskriminierung ausgeschlossen wird. D. h., allgemeinverbindliche Tarifverträge können international anwendbar sein. Dies hat für Arbeitgeber die Konsequenz, dass bei Entsendungen genau geprüft werden muss, welche gesetzlichen und tariflichen Arbeits- und Beschäftigungsbedingungen in dem jeweiligen Land existieren. Für deutsche Unternehmen, die Mitarbeiter*innen ins EU-Ausland entsenden, gilt das Gleiche entsprechend.
- **Leiharbeitnehmer:** Gleichbehandlung von Leiharbeitnehmern und lokalen Arbeitnehmern, was in Deutschland auch schon vorher galt.
- **Zeitliche Beschränkung:** Zeitliche Begrenzung der Entsendung auf maximal zwölf Monate (ausnahmsweise maximal 18 Monate). Anschließend geltend für den entsandten Arbeitnehmer sämtliche Arbeitsbedingungen des Entsendestaats mit Ausnahmen von Verfahrensvorschriften, Formalitäten, Bedingungen für den Abschluss und die Beendigung eines Arbeitsvertrags sowie zusätzliche betriebliche Systeme der Altersversorgung.

WICHTIG!

Arbeitgeber, die Arbeitnehmer in das EU-Ausland entsenden, müssen sich im Vorfeld mit den geltenden Regelungen des jeweiligen Ziellands vertraut machen.

V. Sozialversicherungsrecht innerhalb der EU/EWR und der Schweiz

WICHTIG!

Die Reform der Arbeitnehmer-Entsenderichtlinie hat keine Auswirkungen auf das geltende Sozialversicherungsrecht.

1. Grundsatz: Territorialprinzip

Bei grenzüberschreitenden Sachverhalten innerhalb der EU/EWR und der Schweiz finden immer nur die Regelungen eines Staates Anwendung. Doppelversicherungen sollen damit grundsätzlich vermieden werden.

Insoweit gilt das Territorialitätsprinzip, das heißt für Arbeitnehmer, dass die Rechtsvorschriften des Staates anzuwenden sind, in dem die Beschäftigung tatsächlich ausgeübt wird.

Dies würde bei dem grenzüberschreitenden Arbeitnehmereinsatz konsequenterweise dazu führen, dass jede grenzüberschreitende Tätigkeit einen Wechsel des Arbeitnehmers in das jeweilige Sozialversicherungssystem des Einsatzlandes mit sich bringen würde. Diese Rechtsfolge widerspräche der Freizügigkeit der Arbeitnehmer sowie den Interessen von Arbeitgebern und Arbeitnehmern. Daher sieht die Europäische Verordnung Nr. 883/04 Ausnahmen für diesen Grundsatz vor, die nachfolgend dargestellt werden.

2. Ausnahme vom Territorialprinzip – Entsendung

Die wichtigste Ausnahme ist die Arbeitnehmerentsendung. Handelt es sich um eine solche, unterliegen grenzüberschreitend tätige Arbeitnehmer weiterhin den Rechtsvorschriften ihres Heimatlandes. Eine Entsendung liegt vor, wenn sich ein im Inland beschäftigter Arbeitnehmer auf Weisung seines Arbeitgebers in einen anderen Staat der EU begibt, um dort für diesen zeitweise eine Beschäftigung auszuüben. Anders als bisher im Arbeitsrecht gibt es insoweit eine zeitliche Befristung. Die voraussichtliche Dauer der Entsendung darf nicht mehr als 24 Monate betragen.

WICHTIG!

Aus sozialversicherungsrechtlicher Sicht gilt – anders als aus arbeitsrechtlicher Sicht (siehe zeitliche Beschränkung von 12 bzw. 18 Monaten unter Ziffer IV) – eine Maximaldauer für eine Entsendung von 24 Monaten.

Ist von Anfang an absehbar, dass die maximale Entsendungsdauer überschritten wird, liegt von vorneherein keine Entsendung im Sinne des Art. 12 der EGVO 883/04 vor. In diesem Fall bleibt dann die Möglichkeit, den Abschluss einer Ausnahmevereinbarung gemäß Art. 16 der EGVO 883/04 zu beantragen.

Liegen hingegen die Voraussetzungen für eine Arbeitnehmerentsendung vor, kann der Verbleib in dem Sozialversicherungssystem des Heimatlandes durch eine sogenannte A1-Bescheinigung belegt werden.

Die A1-Bescheinigung weist nach, in welchem Land die Sozialversicherungsbeiträge abgeführt werden. Wird also ein Mitarbeiter/eine Mitarbeiterin, der üblicherweise in Deutschland tätig ist, nach Österreich geschickt, um dort Werk- oder Dienstleistungen zu erfüllen, belegt eine mitgeführte A1-Bescheinigung, dass trotz der Tätigkeit in Österreich weiterhin die Sozialversicherungsbeiträge in Deutschland gezahlt werden.

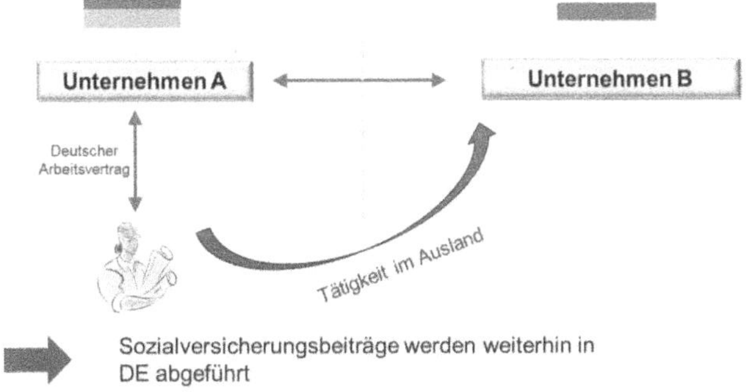

Arbeitgeber sind durch die Vorlage einer A1-Bescheinigung geschützt, weil einige Mitgliedstaaten wie Österreich, Frankreich und die Schweiz angedroht haben, Bußgelder zu verhängen, wenn eine A1-Bescheinigung nicht mitgeführt wird. Konkrete Einzelfälle sind bisher nicht bekannt.

WICHTIG!

Arbeitgeber sollten selbst bei kurzen Dienstreisen dafür sorgen, dass ihre Mitarbeiter*innen eine A1-Bescheinigung mitführen. Ist dies aus zeitlichen Gründen nicht möglich, sollte die A1-Bescheinigung zumindest vor Reiseantritt beantragt werden und ein entsprechender Nachweis über die Beantragung mitgeführt werden.

Nach Art. 11 bis 16 EGVO 883/2004 bedarf es grundsätzlich bei jeder Beschäftigung oder Tätigkeit im Ausland für die Festlegung des anzuwendenden Rechts eines Nachweises. Dies gilt nicht nur für Entsendungen abhängig Beschäftigter oder selbstständig Tätiger, sondern u. a. auch für Beamte und Beschäftigte des öffentlichen Dienstes.

Nach den Regelungen des EU-Rechts ist eine A1-Bescheinigung grundsätzlich im Voraus zu beantragen für die konkrete ausgeübte Beschäftigung/Tätigkeit. Aus der offenen Formulierung des Art. 15 EUVO 987/2009 – „Wann immer dies möglich ist" – kann im Zweifel der Rückschluss gezogen werden, dass bei kurzfristigen bzw. kurzzeitigen Dienst- und Geschäftsreisen von bis zu 7 Tagen von einer vorherigen Beantragung einer A1-Bescheinigung abgesehen werden kann. Allerdings besteht dann das Risiko, dass man sich in einer etwaigen Kontrollsituation rechtfertigen muss. Im Übrigen hat der Europäische Gerichtshof (EuGH) in der Rechtssache „Alpenrind" – C-527/16 – bestätigt, dass eine A1-Bescheinigung auch nach Ablauf der Beschäftigung ausgestellt werden kann. Der Bundesrat hat im Übrigen die Bundesregierung aufgefordert, auf eine flexible Handhabung des A1-Verfahrens bei Dienst- und Geschäftsreisen hinzuwirken.

Dieser ausdrücklichen Empfehlung sind die Rentenversicherungsträger für die bei ihnen beschäftigten Mitarbeiter*innen bei kurzfristigen und kurzzeitigen Dienstreisen gefolgt, in dem keine A1-Bescheinigung im Voraus beantragt wird. Die Gefahr von Sozialdumpig ist in diesen Fällen ausgeschlossen.

Es gibt sowohl auf europäischer Ebene als auch auf nationaler Ebene immer wieder Bestrebungen, die A1-Bescheinigung – jedenfalls für kurzzeitige Dienstreisen ins Ausland – abzuschaffen, die A1-Bescheinigung z. B. durch Einführung eines europäischen elektronischen Echtzeitregisters zu ersetzen oder eine A1-Bescheinigung erst ab einer bestimmten Einsatzdauer zu verlangen (vgl. Änderungsvorschlag zur Revision des europäischen Koordinierungsrechts (Trilog-Verfahren) oder auch Koalitionsvertrag 2021 der Ampel-Koalition für die Jahre 2021–2025). Das wäre begrüßenswert, da vor allem bei dieser Art von Dienstreisen nicht von Sozialdumping auszugehen ist. Insgesamt würde dies zu einem erheblichen Bürokratieabbau führen. Bis dahin müssen Mitarbeiter*innen A1-Bescheinigungen aber bei jeder – auch nur kurzzeitigen – Auslandsreise mitführen. Nur so können Haftungsrisiken reduziert werden.

Anträge auf eine A1-Bescheinigung sind an die zuständigen Träger zu richten; das sind die gesetzlichen Krankenkassen für die in der gesetzlichen Krankenversicherung pflicht- oder freiwillig versicherten Personen. Berufsständisch Versorgte beantragen die A1-Bescheinigung bei der Arbeitsgemeinschaft Berufsständischer Versorgungseinrichtungen (ABV). Die Träger der Rentenversicherung sind für Personen zuständig, die privat krankenversichert und nicht berufsständisch versorgt sind. Dazu zählen auch Beamte, Personen, die wegen des Überschreitens der Beitragsbemessungsgrenze nicht gesetzlich krankenversichert sind, sowie privat versicherte Selbstständige.

Seit dem 1.7.2019 sind Anträge auf Ausstellung einer A1-Bescheinigung für einen entsandten Arbeitnehmer ausschließlich elektronisch zu übermitteln (§ 106 SGB IV). Das elektronische Verfahren basiert auf den bestehenden Regelungen zur Entgeltabrechnung sowie Meldungen der Arbeitgeber zur Sozialversicherung. Der Arbeitgeber hat die Ausstellung der A1-Bescheinigung durch Datenübertragung auf einem Programm oder mittels einer Ausfüllhilfe zu beantragen.

WICHTIG!

Die Pflicht zur Beantragung der A1-Bescheinigung gibt es schon seit 2010. Seit 1.1.2019 besteht die Pflicht zur elektronischen Beantragung.

Die zunehmende Anzahl von Anträgen, insbesondere von Papieranträgen, die auch im engen Zusammenhang mit der Einführung des elektronischen Verfahrens steht, hat den Gesetzgeber auf Anregung der Sozialleistungsträger bewogen, möglichst umfassend den betroffenen Personenkreis in ein elektronisches Antragsverfahren einzubeziehen.

Mit dem Entwurf eines Siebten Gesetzes zur Änderung des Vierten Buches Sozialgesetzbuch und anderer Gesetze (7. SGB-IV-ÄndG) wird § 106 SGB IV modifiziert und ein neuer § 106a SGB IV eingeführt. Danach sollen dann u. a. Arbeitgeber von Beamten und Beschäftigten des öffentlichen Dienstes und von Personen, die in Deutschland leben und ausschließlich bei einem in Deutschland ansässigen Arbeitgeber beschäftigt sind und ihre Beschäftigung in mehreren Mitgliedstaaten ausüben auch das elektronische Verfahren nutzen. Über § 106a SGB IV wird die Nutzung des elektronischen Verfahrens auf die selbstständig Erwerbstätigen ausgedehnt. Die Regelungen sollen zu unterschiedlichen Zeitpunkten in Kraft treten.

Darüber hinaus sollen A1-Bescheinigungen künftig digital zur Verfügung gestellt und nicht mehr ausgedruckt werden.

3. Ausnahmen vom Territorialprinzip – Abschluss einer Ausnahmevereinbarung

Eine weitere Möglichkeit, trotz eines grenzüberschreitenden Arbeitnehmereinsatzes weiterhin dem Sozialversicherungssystem des Heimatlandes zu unterliegen, besteht in dem Abschluss einer sog. Ausnahmevereinbarung.

Bei der Ausnahmevereinbarung handelt es sich um einen Vertrag, der zwischen den jeweiligen Sozialversicherungsträgern der beteiligten Mitgliedstaaten geschlossen wird und dazu führt, dass auch bei längeren Tätigkeiten (mehr als 24 Monate) im Ausland die Sozialversicherungspflicht des Heimatlandes fortbesteht. Ist eine solche längere Tätigkeit absehbar (oder wird dies nach Beginn des Entsendungszeitraum klar), muss ein Antrag bei der deutschen Verbindungsstelle Krankenkasse-Ausland (DVKA) bzw. bei der zuständigen Behörde des Mitgliedstaates, dessen Rechtsvorschriften der Arbeitnehmer unterliegen möchte, gestellt werden.

Als Vertrag ist für den Abschluss der Ausnahmevereinbarung die Zustimmung beider Sozialversicherungsträger der beteiligten Mitgliedstaaten erforderlich. Ob die Sozialversicherungsträger ihre Zustimmung erteilen, steht dabei in deren jeweiligem Ermessen. Einen Anspruch auf den Abschluss einer Ausnahmevereinbarung gibt es nicht. Die Erteilung einer rückwirkenden Genehmigung ist nur in seltenen Ausnahmefällen möglich.

Wird kein Antrag gestellt oder keine Vereinbarung der betreffenden Staaten zur Verlängerung der Anwendung der Rechtsvorschriften des Entsendestaates abgeschlossen, kommen unmittelbar nach Ablauf des Entsendezeitraums die Rechtsvorschriften des Mitgliedstaats zur Anwendung, in dem der Arbeitnehmer tatsächlich tätig ist.

Voraussetzung für die Erteilung einer Ausnahmevereinbarung ist, dass der Auslandseinsatz zeitlich befristet (maximal fünf Jahre) ist.

4. Ausnahmen vom Territorialprinzip – Unselbstständige Tätigkeiten in mehreren Mitgliedstaaten bei einem Arbeitgeber

4.1 Grundsatz

Ein weiterer Fall, in dem das Territorialprinzip nicht mit der grenzüberschreitenden Dienstleistungsfreiheit in Einklang zu bringen ist, liegt vor, wenn Arbeitnehmer gewöhnlich in zwei oder mehr Mitgliedstaaten innerhalb der EU tätig sind. Das betrifft häufig Mitarbeiter*innen, die in einem anderen Mitgliedstaat wohnen als der Arbeitgeber seinen Sitz hat und regelmäßig aus dem „Homeoffice“ tätig werden. Die Frage, welchem Sozialversicherungssystem die Arbeitnehmer in diesem Fall unterliegen, kann recht komplex sein. Im Zweifel empfiehlt es sich, den jeweiligen Sachverhalt der deutschen Verbindungsstelle Krankenkasse-Ausland (DVKA) mitzuteilen und von dieser beurteilen zu lassen. Wenn der betroffene Arbeitnehmer mindestens 25 % seiner Tätigkeit im Wohnmitgliedstaat ausübt, unterliegt er insgesamt weiterhin den Rechtsvorschriften dieses Landes. Übt er hingegen weniger als 25 % seiner Tätigkeit im Wohnmitgliedstaat aus, sind mehrere Lösungen denkbar.

Sollte die DVKA zu dem Ergebnis kommen, dass trotz dieser Mehrstaatlertätigkeit die deutschen Vorschriften weitergelten, wird auch in diesem Fall eine A1-Bescheinigung ausgestellt.

4.2 Multilaterales Rahmenübereinkommen bei gewöhnlicher grenzüberschreitender Telearbeit

Seit 1.7.2023 kann aufgrund eines multilateralen Rahmenübereinkommens (über die Anwendung von Artikel 16 Absatz 1 der EGVO 883/04 bei gewöhnlicher grenzüberschreitender Telearbeit) auf Antrag auch bei einer „Homeoffice“-Tätigkeit von Grenzgänger*innen von bis zu 49,99 % das Recht des Mitgliedstaates für anwendbar erklärt werden, in dem der Arbeitgeber seinen Sitz hat. Dies ist aus Arbeitgebersicht eine erhebliche Erleichterung und begünstigt, dass Grenzgänger*innen mehr als 1 Tag/Woche (in der Regel entspricht 1 Tag 20 % der Arbeitszeit) eingeräumt werden kann.

Wird ein entsprechender Antrag nicht gestellt, entsteht die Sozialversicherungspflicht andernfalls bereits ab Überschreiten einer „Homeoffice“-Tätigkeit von mehr als 25% im Wohnsitzstaat des/der Mitarbeiter*in. Dies ist wiederum mit einem entsprechenden Aufwand für den Arbeitgeber verbunden.

Unterfällt ein Mitarbeiter/eine Mitarbeiterin der Ausnahme nach dem Rahmenübereinkommen, wird ihm eine entsprechende A1-Bescheinigung ausgestellt (max. für drei Jahre).

Das Rahmenübereinkommen gilt nur für die Unterzeichnerstaaten, darunter auch Deutschland. Es ist zunächst für fünf Jahre abgeschlossen und verlängert sich dann automatisch um weitere fünf Jahre. Zu beachten ist außerdem, dass es ausschließlich den sozialversicherungsrechtlichen Bereich abdeckt und nicht für steuer- oder arbeitsrechtliche Fragen gilt.

VI. Aufenthaltsrechtliche Aspekte

Ein weiterer Aspekt, der bei Auslandseinsätzen von Arbeitnehmern häufig unterschätzt wird, sind die aufenthaltsrechtlichen Anforderungen, die eingehalten werden müssen.

Sollten Drittstaatsangehörige in andere EU-Mitgliedstaaten gesandt werden, ist dieser Aspekt in zwei Richtungen zu betrachten: Zum einen ist zu prüfen, ob dies aufenthaltsrechtlich nach den Regelungen des jeweiligen Ziellandes möglich ist. Zum anderen ist zu prüfen, ob durch die Abwesenheit in Deutschland gegebenenfalls der Aufenthaltstitel hier verfällt.

ACHTUNG!
Die Beschäftigung von Ausländern ohne Genehmigung stellt nach deutschem Recht eine Ordnungswidrigkeit dar, für die eine Geldbuße von bis zu 500.000,– Euro pro Fall verhängt werden kann.

Wichtig wird dies beispielsweise bei Spezialisten, die an unterschiedlichen Standorten innerhalb der EU eingesetzt werden. Denkt man nur an den Fall des indischen Spezialisten, der zunächst legal in Deutschland arbeitet und im Anschluss bei der französischen Tochtergesellschaft aushelfen soll. Dass der indische Spezialist legal in Deutschland gearbeitet hat, führt nicht dazu, dass dies auch automatisch für Frankreich gilt. Dies ist vielmehr nach französischem Recht zu prüfen.

VII. Weitere Rechtsbereiche

Eine Entsendung bzw. ein grenzüberschreitender Arbeitnehmereinsatz kann zudem weitere Rechtsfragen aufwerfen. In Bezug auf zulassungspflichtige Handwerksberufe ist beispielsweise zu prüfen, ob diese grenzüberschreitend ausgeübt werden dürfen oder nicht. Teilweise ist es notwendig, dass die grenzüberschreitende Dienstleistungserbringung jedenfalls im Vorfeld angezeigt wird (sog. Dienstleistungsanzeige).

Die grenzüberschreitenden Sachverhalte sind auch steuerlich zu bewerten. Wichtig ist zu wissen, dass die 183-Tage-Regelung, die viele Unternehmer kennen, unterschiedliche Bezugspunkte haben kann. Nur teilweise bezieht sich diese 183-Tage-Regelung auf das Kalenderjahr. Es gibt auch abweichende Steuerjahre oder es gibt die Betrachtungsweise anhand des sogenannten 12-Monats-Zeitraums. Welche Regelung Anwendung findet, ergibt sich aus dem jeweiligen Doppelbesteuerungsabkommen.

ACHTUNG!
Maßgeblich für die 183 Tage ist jeder Tag, an dem sich der Mitarbeiter/die Mitarbeiterin im jeweiligen Staat aufgehalten hat, unabhängig davon, ob der Aufenthalt privat oder beruflich veranlasst war.

Eine immer größere Bedeutung gewinnen auch datenschutzrechtliche Themen – und dies selbst in Workation-Konstellationen. Unternehmen sind verpflichtet, ihre Mitarbeiter entsprechend zu schulen und geeignete Maßnahmen zu treffen, um Datenpannen zu verhindern.

Zudem gibt es Branchenbesonderheiten. So beispielsweise in Bezug auf die Baubranche. Als Beispiels kann hier die Bauurlaubskasse genannt werden. Unterfällt ein Unternehmen in Deutschland bereits der SOKA-Bau-Beitragspflicht, kann sich dieses Unternehmen für die Bauurlaubskassen im Ausland freistellen lassen.

VIII. Fazit

Jeder Auslandseinsatz von Arbeitnehmern muss in vielerlei Hinsicht präzise und frühzeitig vorbereitet werden. Bei der Einhaltung aller Anforderungen stehen die Arbeitgeber vor einem großen „Flickenteppich", da jedes Land verschiedene Voraussetzungen bei grenzüberschreitenden Dienstreisen/Entsendungen aufstellt. Teilweise können Legal Tech Lösungen hier helfen.

Die Risiken bei Nichteinhaltung werden häufig unterschätzt. Aufgrund der verstärkten Kontrollen in den Mitgliedstaaten ist die Gefahr der Aufdeckung von nicht ordnungsgemäßen Entsendungen hoch, der Arbeitgeber muss mit empfindlichen Strafen rechnen. Aufgrund der ständigen Neuerungen und der erfolgten Umsetzung der Reform der Entsenderichtlinie ist es an der Zeit, das System der Auslandsentsendungen im eigenen Unternehmen auf den Prüfstand zu stellen und im besten Fall ein diesbezügliches Compliance-System zu entwickeln.

Erwerbsminderung

I. Erwerbsminderungsrente

Anspruch auf eine Rente wegen Erwerbsminderung haben Arbeitnehmer und versicherungspflichtige Selbstständige, wenn sie

- voll oder teilweise erwerbsgemindert sind und in den letzten fünf Jahren vor Eintritt der Erwerbsminderung drei Jahre Pflichtbeiträge für eine versicherte Beschäftigung oder selbstständige Tätigkeit haben und
- vor Eintritt der Erwerbsminderung die allgemeine Wartezeit von fünf Jahren erfüllt haben.

II. Voraussetzungen

1. Volle Erwerbsminderung

Eine Rente wegen voller Erwerbsminderung wird gezahlt, wenn ein Arbeitnehmer oder versicherungspflichtiger Selbstständiger wegen Krankheit oder Behinderung

- täglich weniger als drei Stunden arbeiten kann oder
- täglich mindestens drei, aber weniger als sechs Stunden arbeiten kann **und** innerhalb eines Jahres ein leistungsgerechter Teilzeitarbeitsplatz nicht angeboten werden kann
- als Behinderter in einer Behindertenwerkstatt arbeitet oder
- als Behinderter an einer nicht erfolgreichen Eingliederung teilnimmt.

2. Teilweise Erwerbsminderung

Eine Rente wegen teilweiser Erwerbsminderung wird gezahlt, wenn ein Arbeitnehmer oder versicherungspflichtiger Selbstständiger wegen Krankheit oder Behinderung nur noch täglich zwischen drei und sechs Stunden arbeiten kann.

Welche Leistungsminderungen vorliegen, die zu einer vollen oder teilweisen Erwerbsminderung führen, beurteilen die Rentenversicherungsträger auf Basis ärztlicher Unterlagen.

3. Allgemeine Wartezeit

Für die Erfüllung der allgemeinen Wartezeit werden alle Pflichtbeitragszeiten und Zeiten mit freiwilligen Beiträgen sowie Ersatzzeiten wie z. B. Zeiten der politischen Verfolgung in der DDR angerechnet.

TIPP!

Die Wartezeit kann auch zusammen oder allein mit Zeiten aus einem durchgeführten Versorgungsausgleich oder aus einem Rentensplitting erfüllt werden.

In Ausnahmefällen kann, auch wenn die allgemeine Wartezeit von fünf Jahren nicht erfüllt ist, eine Rente wegen Erwerbsminderung gezahlt werden. Dies betrifft beispielsweise die Fälle, in denen der Arbeitnehmer oder der versicherungspflichtige Selbstständige wegen eines Arbeitsunfalls oder einer Berufskrankheit erwerbsgemindert ist oder innerhalb von sechs Jahren nach Beendigung seiner Ausbildung voll erwerbsgemindert geworden ist. Voraussetzung ist dann jedoch, dass entweder bei Eintritt des Arbeitsunfalls oder der Berufskrankheit Versicherungspflicht bestand oder in den letzten zwei Jahren vor dem Eintritt des Arbeitsunfalls oder der Berufskrankheit mindestens für ein Jahr Pflichtbeiträge für eine versicherte Beschäftigung oder selbstständige Tätigkeit vorhanden sind.

WICHTIG!

Für den Fall, dass die volle Erwerbsminderung innerhalb von sechs Jahren nach der Beendigung einer Ausbildung eintritt, muss das eine Jahr an Pflichtbeiträgen für eine versicherte Beschäftigung oder selbstständige Tätigkeit in den letzten zwei Jahren vor Eintritt der vollen Erwerbsminderung liegen. Dieser Zeitraum verlängert sich unter bestimmten Voraussetzungen um Zeiten einer schulischen Ausbildung.

4. Pflichtbeiträge

Zu den drei Jahren Pflichtbeiträge für eine versicherte Beschäftigung oder selbstständige Tätigkeit in den letzten fünf Jahren vor Eintritt der Erwerbsminderung zählen auch Pflichtbeiträge aus

- Kindererziehungszeiten,
- Zeiten mit Pflichtbeiträgen aufgrund einer nicht erwerbsmäßigen Pflege eines Pflegebedürftigen,
- Zeiten mit Pflichtbeiträgen aufgrund des Bezugs von Krankengeld oder Arbeitslosengeld sowie Arbeitslosengeld II vom 1.1.2005 bis 31.12.2010,
- Zeiten mit Pflichtbeiträgen aus einer geringfügigen Beschäftigung.

ACHTUNG!

Zeiten aus einem durchgeführten Versorgungsausgleich oder Rentensplitting werden hierbei nicht berücksichtigt.

Der Zeitraum der letzten fünf Jahre verlängert sich, wenn in dieser Zeit Anrechnungszeiten wie z. B. der Besuch einer Schule, Fach- oder Hochschule nach dem vollendeten 17. Lebensjahr oder Kinderberücksichtigungszeiten vorliegen.

III. Rentenzahlung

Die Rente wegen Erwerbsminderung wird im Regelfall zunächst befristet gezahlt. Die Befristung erfolgt für längstens drei Jahre und kann bis zur Gesamtdauer von neun Jahren wiederholt werden. Besteht die Erwerbsminderung danach fort, wird die Rente unbefristet gezahlt. Es verbleibt allerdings auch nach diesen neun Jahren bei einer befristeten Rente, wenn nur wegen der bestehenden Arbeitslosigkeit eine Rente wegen voller Erwerbsminderung gezahlt wird (s. o. II.1.). Die Zahlung der befristeten Rente beginnt regelmäßig frühestens mit dem siebten Kalendermonat nach dem Eintritt der Erwerbsminderung. Dies ist nicht immer gleichbedeutend mit einer zuvor eingetretenen → *Arbeitsunfähigkeit*.

Von Beginn an unbefristet wird die Rente wegen Erwerbsminderung ausnahmsweise dann gezahlt, wenn sie nicht aufgrund von Arbeitslosigkeit gezahlt wird und es unwahrscheinlich ist, dass die Minderung der Erwerbsfähigkeit behoben werden kann.

WICHTIG!

Wird eine Rente wegen Erwerbsminderung vor der Vollendung des 63. Lebensjahres gezahlt, kommt es zu Abschlägen bei der Rente. Für jeden Kalendermonat, für den die Rente wegen Erwerbsminderung vor der Vollendung des 63. Lebensjahres gezahlt wird, beträgt der Rentenabschlag 0,3 %. Beginnt die Rente vor der Vollendung des 60. Lebensjahres, wird der Rentenabschlag auf insgesamt 10,8 % begrenzt. Ab dem 1.1.2012 bis 31.12.2023 werden die Altersgrenzen von 60 und 63 Lebensjahren schrittweise auf das 62. und 65. Lebensjahr angehoben. Dies gilt nicht für erwerbsgeminderte Personen, mit 35 Jahren Pflichtbeitragszeiten ohne Arbeitslosigkeit und Berücksichtigungszeiten. Bei einem Rentenbeginn ab dem 1.1.2024 sind dann 40 Jahre Pflichtbeitragszeiten ohne Arbeitslosigkeit und Berücksichtigungszeiten erforderlich.

Bezieher einer Erwerbsminderungsrente oder einer sich daran anschließenden Alters -oder Hinterbliebenenrente erhalten einen Zuschlag zu ihrer Rente, wenn die Erwerbsminderungsrente zwischen 2001 und 2008 begonnen hat. Eine Antragstellung ist nicht notwendig. Das Auszahlungsverfahren erfolgt in zwei Stufen. In der ersten Stufe wird der Zuschlag von Juli 2024 bis November 2025 getrennt von der Rente ausgezahlt. Ab Dezember 2025 wird in der zweiten Stufe der Zuschlag in einer Summe mit der Rente ausgezahlt. Dieser wird auf der Grundlage der persönlichen Entgeltpunkte berechnet.

IV. Hinzuverdienst

Neben einer Erwerbsminderungsrente darf nur in einem begrenzten Umfang hinzuverdient werden, ohne dass die Rente verloren geht. Mit Erreichen der Regelaltersgrenze darf unbegrenzt hinzuverdient werden, weil dann die Erwerbsminderungsrente in eine Regelaltersrente umgewandelt wird.

Abhängig von der Höhe des Hinzuverdiensts kann eine Erwerbsminderungsrente ganz oder nur anteilig gezahlt werden.

1. Rente wegen voller Erwerbsminderung

Als Hinzuverdienst bei einer Rente wegen voller Erwerbsminderung gilt nicht nur der Bezug von Arbeitsentgelt, Arbeitseinkommen und vergleichbarem Einkommen wie beispielsweise Vorruhestandsgeld, sondern auch der Bezug von folgenden Sozialleistungen:

- Verletztengeld aus der gesetzlichen Unfallversicherung,
- Übergangsgeld aus der gesetzlichen Unfallversicherung.

In diesen Fällen ist die der Sozialleistung zugrunde liegende beitragspflichtige Einnahme als Hinzuverdienst zu berücksichtigen.

2. Rente wegen teilweiser Erwerbsminderung

Wird eine Rente wegen teilweiser Erwerbsminderung gezahlt, werden neben dem Arbeitsentgelt, Arbeitseinkommen und vergleichbarem Einkommen wie beispielsweise Vorruhestandsgeld folgende Leistungen als Hinzuverdienst gewertet:

- Krankengeld oder Versorgungskrankengeld, das aufgrund einer → *Arbeitsunfähigkeit* gezahlt wird, die nach dem Beginn der Rente eingetreten ist;
- Krankengeld, das aufgrund einer stationären Behandlung gezahlt wird, die nach dem Beginn der Rente begonnen hat;

- bis zum 31.12.2023: Versorgungskrankengeld, das während einer stationären Behandlung gezahlt wird, wenn diesem ein nach Beginn der Rente erzieltes Arbeitsentgelt oder Arbeitseinkommen zugrunde liegt,
- ab 1.1.2024: Krankengeld der Sozialen Entschädigung nach dem SGB XIV, das aufgrund einer Arbeitsunfähigkeit geleistet wird, die nach dem Beginn der Rente eingetreten ist, oder das während einer stationären Behandlungsmaßnahme geleistet wird, wenn diesem ein nach Beginn der Rente erzieltes Arbeitsentgelt oder Arbeitseinkommen zugrunde liegt,
- seit 1.1.2025: Krankengeld der Soldatenentschädigung nach § 19 des Gesetzes über die Entschädigung der Soldatinnen und Soldaten (Soldatenentschädigungsgesetz – SEG), das aufgrund einer Arbeitsunfähigkeit geleistet wird, die nach dem Beginn der Rente eingetreten ist, oder das während einer stationären Behandlungsmaßnahme geleistet wird, wenn diesem ein nach Beginn der Rente erzieltes Arbeitsentgelt oder Arbeitseinkommen zugrunde liegt,
- Krankengeld bei Erkrankung eines Kindes,
- Übergangsgeld, dem ein nach dem Beginn der Rente erzieltes Arbeitsentgelt oder Arbeitseinkommen zugrunde liegt; Übergangsgeld aus der gesetzlichen Unfallversicherung in jedem Fall;
- Erwerbsersatzeinkommen wie z. B.
  - Verletztengeld, das aus der gesetzlichen Unfallversicherung gezahlt wird,
  - Kurzarbeitergeld,
  - Saison-Kurzarbeitergeld,
  - Transferkurzarbeitergeld,
  - Arbeitslosengeld,
  - Qualifizierungsgeld bei beruflicher Weiterbildung.

Als Hinzuverdienst ist die der Sozialleistung zugrunde liegende beitragspflichtige Einnahme zu berücksichtigen.

ACHTUNG!

Auch der Bezug von Sozialleistungen von einer Stelle mit Sitz im Ausland gilt als Hinzuverdienst, wenn diese den oben genannten Leistungen gleicht.

3. Hinzuverdienstgrenze

ACHTUNG!

Bis zum 31.12.2022 betrug die kalenderjährliche Hinzuverdienstgrenze für eine Rente wegen voller Erwerbsminderung € 6.300.

Ab dem 1.1.2023 ist die Hinzuverdienstgrenze dynamisch angelegt und wird anhand der Bezugsgröße, die sich jährlich ändert, errechnet. Die Bezugsgröße spiegelt das Durchschnittsentgelt in der gesetzlichen Rentenversicherung im vorvergangenen Kalenderjahr wider.

Ab dem 1.1.2026 liegt die kalenderjährliche Hinzuverdienstgrenze für eine Rente wegen voller Erwerbsminderung bei monatlicher Bezugsgröße € 20.763,75. Bei Renten wegen teilweiser Erwerbsminderung liegt die Hinzuverdienstgrenze ab 1.1.2026 bei monatlicher Bezugsgröße € 41.527,50

Überschreitet der Hinzuverdienst die geltenden Grenzen, wird der die Grenze übersteigende Hinzuverdienst zu 40 % auf die Rente angerechnet.

WICHTIG!

Anstelle der bisherigen € 6.300 jährlich bleibt nunmehr neben der Rente wegen voller Erwerbsminderung ein erheblicher höherer Hinzuverdienst anrechnungsfrei. Es ist allerdings zu beachten, dass eine volle Erwerbsminderung nur vorliegt, wenn aus gesundheitlichen Gründen nicht mehr mindestens drei Stunden täglich gearbeitet werden kann. Wird täglich drei Stunden und mehr gearbeitet, kann die Rente entfallen.

V. Rentenunschädliche Einkünfte

Folgende Einkünfte können ohne Auswirkung für den Bezug einer Erwerbsminderungsrente erzielt werden:

- Betriebsrenten,
- Einkünfte aus Vermietung und Verpachtung, sofern sie steuerrechtlich keine Berücksichtigung finden,
- Einkünfte aus Vermögen, sofern sie steuerrechtlich als Einkünfte aus Kapitalvermögen oder als sonstige Einkünfte gewertet werden,
- Entgelt, das ein behinderter Mensch von einem Träger einer in § 1 Satz 1 Nr. 2 SGB VI genannten Einrichtung erhält,
- Leistungen nach dem SGB II wie beispielsweise Bürgergeld, Sozialgeld, Einstiegsgeld,
- Sozialhilfe nach dem SGB XII,
- Elterngeld, das nach dem BEEG (Bundeselterngeld- und Elternzeitgesetz) gezahlt wird,

VI. Eingliederungsversuch im Rahmen einer Arbeitserprobung

Bezieher einer Erwerbsminderungsrente können zunächst erproben, ob sie wieder mindestens drei Stunden (bei der Rente wegen voller Erwerbsminderung) oder mindestens sechs Stunden (bei der Rente wegen teilweiser Erwerbsminderung) arbeiten können. Während dieser Arbeitserprobung besteht der Anspruch auf die gewährte Rente weiter. Lediglich der erzielte Hinzuverdienst ist zu berücksichtigen.

Diese Möglichkeit der Arbeitserprobung ist ab 1.1.2024 ausdrücklich gesetzlich festgelegt. Danach besteht der Anspruch auf die Erwerbsminderungsrente für einen Zeitraum von regelmäßig sechs Monaten weiter, wenn eine abhängige Beschäftigung oder eine selbstständige Tätigkeit aufgenommen wird, deren Umfang das der Rentengewährung zugrunde liegende Leistungsvermögen überschreitet.

Im Einzelfall ist auch ein kürzerer oder längerer Zeitraum möglich. War eine Arbeitserprobung zum Beispiel aus gesundheitlichen Gründen nicht erfolgreich, können darüber hinaus weitere Erprobungen in Betracht kommen. Dies prüfen die Rentenversicherungsträger im Einzelfall.

Es muss vorab kein Antrag auf Arbeitserprobung gestellt werden. Der jeweilige Rentenversicherungsträger sollte aber vorab über den zeitlichen Umfang, die Art der Tätigkeit und den voraussichtlichen Verdienst informiert werden. Besteht Unterstützungsbedarf bei der Arbeitserprobung (zum Beispiel durch begleitende Leistungen zur Teilhabe am Arbeitsleben nach § 16 SGB VI), helfen die Rentenversicherungsträger gern.

VII. Wegfall der Rente

Die Rente wird nicht mehr gezahlt, wenn sich der Gesundheitszustand des Rentners soweit bessert, dass er mindestens sechs Stunden täglich arbeiten kann. Bei der Aufnahme einer abhängigen Beschäftigung oder einer selbstständigen Tätigkeit prüft der Rentenversicherungsträger, ob und ggf. in welcher Höhe eine Rente wegen verminderter Erwerbsfähigkeit auch zukünftig zu zahlen ist.

Von einer Entscheidung, ob die Rente wegen verminderter Erwerbsfähigkeit nach der Aufnahme einer abhängigen Beschäftigung oder einer selbständigen Tätigkeit weiterhin zu zahlen ist, kann sich der Rentenbezieher zunächst erproben (s.o. Abschnitt VI.)

WICHTIG!

Die Aufnahme einer abhängigen Beschäftigung oder einer selbstständigen Tätigkeit sollte dem Rentenversicherungsträger sofort mitgeteilt werden. Unterbleibt die Meldung, kann die Rentenzahlung auch nachträglich vom Rentner zurückverlangt werden.

VIII. Vorrang von Leistungen zur Teilhabe

Die Rentenversicherungsträger prüfen bei jedem Rentenantrag wegen Erwerbsminderung, ob die Erwerbsminderung durch Leistungen zur Teilhabe, z. B. ein stationäres Heilverfahren oder eine Leistung zur Teilhabe am Arbeitsleben (u. a. Umschulung), abgewendet oder behoben werden kann.

IX. Antragstellung

Eine Erwerbsminderungsrente ist bei den Rentenversicherungsträgern zu beantragen.

X. Übergangsregelungen

Ist ein Arbeitnehmer vor dem 2.1.1961 geboren und berufsunfähig, erhält er eine teilweise Erwerbsminderungsrente wegen Berufsunfähigkeit, wenn er die o. unter II.3. und 4. genannten Voraussetzungen erfüllt. Berufsunfähigkeit liegt vor, wenn ein Arbeitnehmer wegen Krankheit oder Behinderung im Vergleich zu anderen Arbeitnehmern mit ähnlicher Ausbildung und Fähigkeiten weniger als sechs Stunden täglich arbeiten kann. Welche Leistungsminderungen vorliegen, die zu einer Berufsunfähigkeit führen, beurteilen die Rentenversicherungsträger auf der Basis ärztlicher Unterlagen. Für diese Renten gelten die sonstigen Regelungen für die Rente wegen teilweiser Erwerbsminderung (s. o. III. bis VIII.).

ACHTUNG!

Renten wegen Berufs- und Erwerbsunfähigkeit nach dem bis zum 31.12.2000 gültigen Recht gelten seit dem 1.7.2017 als Renten wegen voller oder teilweiser Erwerbsminderung. Für die weitere Zahlung der Renten wegen Berufs- und Erwerbsunfähigkeit reicht es seither aus, wenn entweder Berufs- oder Erwerbsunfähigkeit nach dem bis 31.12.2000 gültigen Recht oder teilweise oder volle Erwerbsminderung (s. o. II.) vorliegen. Für Bezieher einer Rente wegen Erwerbsunfähigkeit bedeutet dies beispielsweise, dass sie seit dem 1.7.2017 neben dem Rentenbezug auch selbstständig sein können.

Familienpflegezeit

I. Grundsätze

Das Familienpflegezeitgesetz (FPfZG) soll Betroffenen ermöglichen, ihre Arbeitszeit zwecks Pflege naher Angehöriger zu reduzieren, ohne allzu hohe Einkommenseinbußen zu erleiden. Das Gesetz ergänzt das bereits zuvor erlassene Pflegezeitgesetz. Der Rechtsanspruch bei der Familienpflegezeit ist auf eine Reduzierung der Arbeitszeit gerichtet, wohingegen das Pflegezeitgesetz zu einer vollständigen Freistellung führen kann (s. dazu unter → *Pflegezeit*). Beide Gesetze sind durch das „Gesetz zur Umsetzung der Richtlinie zur Vereinbarkeit von Beruf und Privatleben für Eltern und pflegende Angehörige (RL (EU) 2019/1158) geändert worden, das am 24.12.2022 in Kraft getreten ist (BGBl. I, 2510). Dabei ist § 2a Abs. 1 Satz 6 FPfZG redaktionell neu gefasst worden. Durch das Vierte Bürokratieentlastungsgesetz vom 29.10.2024 (BGBl. I, Nr. 323) ist die Schriftform durch die Textform ersetzt worden. Die Vorschrift lautet jetzt: „Wird eine Freistellung nach § 3 Absatz 1 oder Absatz 5 des Pflegezeitgesetzes nach einer Familienpflegezeit in Anspruch genommen, ist diese in unmittelbarem Anschluss an die Familienpflegezeit zu beanspruchen; sie ist dem Arbeitgeber spätestens acht Wochen vor Beginn in Textform anzukündigen." Eine inhaltliche Änderung ist dadurch nicht eingetreten.

Übersichtsartig stellen sich die verschiedenen gesetzgeberischen Maßnahmen wie folgt dar:

- Pflegezeitgesetz
  - Kurzzeitige Arbeitsverhinderung bei akut auftretender Pflegesituation, dabei Bezug einer Lohnersatzleistung möglich (sog. Pflegeunterstützungsgeld, wird von der Pflegekasse des Angehörigen bezahlt); keine Ankündigungsfrist, gilt bei allen Arbeitgebern unabhängig von der Unternehmensgröße
  - Pflegezeit; Bis zu sechs Monaten vollständige oder teilweise Freistellung; dabei Rechtsanspruch auf zinsloses Darlehen beim Bundesamt für Familie und zivilgesellschaftliche Aufgaben, das in monatlichen Raten ausgezahlt und nach dem Ende der Pflegezeit auch in Raten wieder zurückgezahlt wird; Rechtsanspruch auch für die außerhäusliche Betreuung eines minderjährigen Kindes. Pflegezeit kann nur bei Arbeitgebern genommen werden, die mehr als 15 Arbeitnehmer beschäftigen und muss vorher angekündigt werden.
  - Betreuung in der letzten Lebensphase: Dreimonatige vollständige oder teilweise Freistellung, auch hier Darlehensanspruch; die Zeit wird auf die Familienpflegezeit bzw. Pflegezeit angerechnet.
- Familienpflegezeit
  - Zeitlich darüber hinausgehend, nämlich bis zu 24 Monaten, aber kein Anspruch auf vollständige Freistellung, sondern nur auf Teilzeitarbeit mit mindestens 15 Stunden pro Woche
  - Darlehensanspruch wie bei der Pflegezeit
  - Geht nur bei Arbeitgebern mit mehr als 25 Arbeitnehmern und muss vorher angekündigt werden
- Sonderkündigungsschutz bei allen Formen der Pflegezeit und Familienpflegezeit

- Die Familienpflegezeit kann im Anschluss an die Pflegezeit genommen werden und umgekehrt. Der Anschluss muss jedoch nahtlos erfolgen und acht Wochen bzw. drei Monate vorher angekündigt werden. Die Gesamtdauer von zwei Jahren darf auch bei der Addition nicht überschritten werden.

Seit der Gesetzesänderung von 2015 besteht in Betrieben mit mindestens 25 Beschäftigten ein Rechtsanspruch auf die Gewährung von Familienpflegezeit, es sei denn, dem stehen dringende betriebliche Gründe entgegen.

Folgende Kernpunkte sind wichtig:

- Beschäftigte haben einen Rechtsanspruch auf eine Reduzierung der Arbeitszeit, um einen Angehörigen zu pflegen; die Mindeststundenzahl von 15 Wochenstunden wurde beibehalten. Bei unterschiedlichen wöchentlichen Arbeitszeiten oder einer unterschiedlichen Verteilung der wöchentlichen Arbeitszeit darf die wöchentliche Arbeitszeit im Durchschnitt eines Zeitraumes von bis zu einem Jahr 15 Stunden nicht unterschreiten. Das Verringerungsverlangen kann im Einzelfall auch rechtsmissbräuchlich sein. Verlangt ein Arbeitnehmer, dass seine Arbeitszeit gemäß §§ 2 und 2a FPfZG nur geringfügig reduziert wird, deutet das aber nicht zwingend auf einen Rechtsmissbrauch hin (LAG Hamm v. 28.12.2016, Az. 6 SaGa 17/16).
- Die Inanspruchnahme der Familienpflegezeit muss mindestens acht Wochen vorher in Textform angekündigt werden.
- In dieser Erklärung ist auch anzugeben, für welchen Zeitraum und in welchem Umfang innerhalb dieser Gesamtdauer die Freistellung von der Arbeitsleistung in Anspruch genommen werden soll. Auch die gewünschte Verteilung der Arbeitszeit ist anzugeben.
- Familienpflegezeit kann für einen Zeitraum von höchstens zwei Jahren in Anspruch genommen werden. Diese Höchstdauer darf auch nicht durch eine Addition von Pflegezeit und Familienpflegezeit überschritten werden.
- Wird die Familienpflegezeit bezogen auf denselben Angehörigen nach einer Freistellung nach dem Pflegezeitgesetz gewünscht, muss sich diese unmittelbar anschließen.
- Um die Einkommenseinbußen, die durch die Reduzierung der Arbeitszeit entstehen, abzufedern, erhalten die Arbeitnehmer einen Anspruch auf ein zinsloses Darlehen von der Bundesanstalt für Familie und zivilgesellschaftliche Aufgaben.

Freistellung zur Betreuung Minderjähriger: § 5 FPfZG ist neu gefasst worden: „Beschäftigte sind von der Arbeitsleistung für längstens 24 Monate (Höchstdauer) teilweise freizustellen, wenn sie einen minderjährigen pflegebedürftigen nahen Angehörigen in häuslicher oder außerhäuslicher Umgebung betreuen. Die Inanspruchnahme dieser Freistellung ist jederzeit im Wechsel mit der Freistellung nach Absatz 1 im Rahmen der Gesamtdauer nach Absatz 2 möglich. Absatz 1 Satz 2 bis 4 und die Absätze 2 bis 4 gelten entsprechend. Beschäftigte können diesen Anspruch wahlweise statt des Anspruchs auf Familienpflegezeit nach Absatz 1 geltend machen."

II. Betroffene

1. Arbeitgeber-Unternehmensgröße

Das Gesetz sieht einen Anspruch nur gegenüber den Arbeitgebern vor, die in der Regel mindestens 26 Beschäftigte haben. Der Gesetzgeber hat dabei nicht wie in anderen Gesetzen eine nur anteilige Berücksichtigung der Teilzeitarbeitnehmer vorgesehen. Daher ist die Kopfzahl der Beschäftigten maßgeblich. Auch Teilzeitbeschäftigte, selbst geringfügig Beschäftigte, zählen voll mit. Da das Gesetz nur von „Beschäftigten" und nicht von „Arbeitnehmern" spricht, fallen auch arbeitnehmerähnliche Personen einschließlich der Heimarbeiter unter das Gesetz. Die zu ihrer Berufsbildung Beschäftigten werden jedoch nicht berücksichtigt (§ 2 Abs. 1 Satz 4 PfZG).

Beispiel:

Der Arbeitnehmer beschäftigt in der Regel 20 geringfügig Beschäftigte, vier Heimarbeiter und zwei Vollzeitbeschäftigte. Die Voraussetzungen für die Mindestbeschäftigtenzahl sind erfüllt.

Maßgeblich ist die Anzahl der Personen, die „in der Regel" beschäftigt werden. Es kommt also auf die Zahl an, die „im Normalbetrieb" prägend ist und nicht auf die Beschäftigtenzahl in besonderen Situationen.

Beispiel 1:

Der Arbeitgeber beschäftigt normalerweise 27 Arbeitnehmer. Zwei davon haben gekündigt, ein Ersatz ist noch nicht gefunden. Hier besteht der Anspruch, denn es soll auf die für den Betrieb prägende Beschäftigtenzahl ankommen.

Beispiel 2:

Der Arbeitgeber beschäftigt normalerweise 21 Arbeitnehmer. Er erhält einen größeren Auftrag und stellt fünf weitere für drei Monate befristet ein. Hier besteht kein Anspruch, wenn der Arbeitnehmer gerade in diesen drei Monaten Familienpflegezeit begehrt.

Beispiel 3:

Der Arbeitgeber beschäftigt 25 Arbeitnehmer und vier Auszubildende. Die Auszubildenden zählen nicht mit, also besteht kein Anspruch.

Es kommt auf die Beschäftigtenzahl bei dem konkreten Arbeitgeber an und nicht auf die des Betriebes, in dem der Arbeitnehmer arbeitet.

Beispiel:

Die X-GmbH hat drei Betriebe mit insgesamt 30 Arbeitnehmern. Diese sind grundsätzlich anspruchsberechtigt, denn es kommt allein darauf an, wie viele Arbeitnehmer die GmbH beschäftigt, nicht darauf, wie viele davon in dem jeweiligen Betrieb tätig sind.

WICHTIG!

Nach der Änderung des FPfZG Ende 2022 erhalten Beschäftigte von Arbeitgebern mit in der Regel 25 oder weniger ausschließlich der zu ihrer Berufsbildung Beschäftigten im Fall der einvernehmlichen Vereinbarung einer Freistellung das Recht, gemäß § 3 Abs. 1 Satz 2 FPfZG für die Dauer der Freistellung ein zinsloses Darlehen beantragen zu können. Mit Satz 1 des neuen § 2a Abs. 5a FPfZG wird zudem klargestellt, dass diese Beschäftigten bei ihrem Arbeitgeber den Abschluss einer Vereinbarung über eine Familienpflegezeit oder eine Freistellung nach § 2 Abs. 5 Satz 1 FPfZG beantragen können. § 2a Abs. 5a FPfZG ist entsprechend dem neu eingeführten § 3 Abs. 6a des PflegeZG formuliert.

§ 5a FPfZG lautet wie folgt: „Beschäftigte von Arbeitgebern mit in der Regel 25 oder weniger Beschäftigten ausschließlich der zu ihrer Berufsbildung Beschäftigten können bei ihrem Arbeitgeber den Abschluss einer Vereinbarung über eine Familienpflegezeit nach § 2 Absatz 1 Satz 1 bis 3 oder eine Freistellung nach § 2 Absatz 5 Satz 1 beantragen. Der Arbeitgeber hat den Antrag nach Satz 1 innerhalb von vier Wochen nach Zugang zu beantworten. Eine Ablehnung des Antrags ist zu begründen. Wird eine Freistellung nach Satz 1 vereinbart, gelten § 2 Absatz 2 bis Absatz 4 sowie § 2a Absatz 1, 4 und 6, 1. Halbsatz, Absatz 2 Satz 1, Absatz 3 Satz 1, Absatz 4 und Absatz 5 entsprechend."

Wichtig daran ist, dass die Ablehnung des Antrages zu begründen ist.

Nach § 3 Abs. 1 Satz 1 FPfZG gewährt für die Dauer der Freistellungen nach § 2 FPfZG oder nach § 3 PflegeZG das Bundesamt für Familie und zivilgesellschaftliche Aufgaben Beschäftigten auf Antrag ein in monatlichen Raten zu zahlendes zinsloses Darlehen. In dem neugefassten § 3 FPfZG Satz 2 wird klargestellt, dass der Anspruch auf das zinslose Darlehen auch für Vereinbarungen über Freistellungen von der Arbeitsleistung nach § 2a Abs. 5a FPfZG besteht.

2. Arbeitnehmer und Angehörige

Anspruchsberechtigt sind „Beschäftigte", also Arbeitnehmer und arbeitnehmerähnliche Personen einschließlich der Heimarbeiter und der ihnen Gleichgestellten und die Auszubildenden

(Legaldefinition in § 7 Abs. 1 Nr. 1 PflegeZG). Bei Auszubildenden wird die Familienpflegezeit nicht auf die Ausbildungszeit angerechnet, sondern diese verlängert sich entsprechend.

Beispiel:

Der Arbeitnehmer beschäftigt in der Regel 20 geringfügig Beschäftigte, vier Heimarbeiter und zwei Vollzeitbeschäftigte. Der Heimarbeiter begehrt Familienpflegezeit. Er ist grundsätzlich anspruchsberechtigt.

Notwendig ist die Betreuung „pflegebedürftiger naher Angehöriger in häuslicher Umgebung". Das Familienpflegezeitgesetz sieht hierfür keine eigene Definition vor, sondern verweist auf § 7 Abs. 3 und 4 des Pflegezeitgesetzes (PfZG).

Auch Stiefeltern, Schwägerinnen und Schwäger sowie Personen in lebenspartnerschaftsähnlichen Gemeinschaften sind vom Gesetz umfasst. Auch deren Pflegebedürftigkeit wirkt daher anspruchsbegründend. Dies gilt auch für die Betreuung minderjähriger pflegebedürftiger Angehöriger außerhalb der häuslichen Umgebung.

ACHTUNG!

Der Anspruch auf Familienpflegezeit besteht auch in den ersten sechs Monaten des Arbeitsverhältnisses, also vor dem Eingreifen des Kündigungsschutzgesetzes. Hier kann der besondere Kündigungsschutz nach dem FPfZG eingreifen mit der Folge, dass am Ende dieser Phase der reguläre Kündigungsschutz nach dem KSchG besteht.

III. Prozedere

1. Fristgemäße Ankündigung des Arbeitnehmers

Gem. § 2a Abs. 1 FPfZG muss der Arbeitnehmer spätestens acht Wochen vor dem Beginn die Inanspruchnahme der Familienpflegezeit in Textform ankündigen. Die Schriftform ist nicht mehr erforderlich. Gleichzeitig muss er erklären, für welchen Zeitraum und in welchem Umfang er innerhalb der Höchstdauer von zwei Jahren die Reduzierung der Arbeitszeit wünscht. Auch die gewünschte Verteilung der Arbeitszeit ist anzugeben.

WICHTIG!

Ist dem Begehren nicht eindeutig zu entnehmen, ob der Arbeitnehmer Pflegezeit oder Familienpflegezeit möchte und liegen die Voraussetzungen für beides vor, gilt die Erklärung als Ankündigung von Pflegezeit (§ 2a Abs. 1 Satz 3 FPfZG).

Es ist auch möglich, die Familienpflegezeit zu nehmen, nachdem bereits für denselben Angehörigen Pflegezeit in Anspruch genommen worden ist. Die Summe beider Zeiträume darf jedoch nicht die Höchstgrenze von zwei Jahren übersteigen.

Beispiel:

Der Arbeitnehmer hat zur Pflege seiner Mutter bereits sechs Monate Pflegezeit gem. § 4 Abs. 1 Satz 1 PfZG in Anspruch genommen. Er kann jetzt für weitere 18 Monate eine Reduzierung seiner Arbeitszeit nach dem FPfZG verlangen, wenn die sonstigen Anspruchsvoraussetzungen erfüllt sind.

Die Familienpflegezeit muss sich aber unmittelbar an die Pflegezeit anschließen.

WICHTIG!

In diesem Fall soll der Arbeitnehmer möglichst frühzeitig erklären, ob er die Familienpflegezeit in Anspruch nimmt. Die Ankündigung muss hier nicht acht Wochen, sondern drei Monate vor dem Beginn der Familienpflegezeit erfolgen. Für den umgekehrten Fall, also erst Familienpflegezeit und dann Pflegezeit, gilt jedoch die Achtwochenfrist. § 2a Abs. 1 Satz 6 FPfZG ist redaktionell neu gefasst worden und durch das Vierte Bürokratieentlastungsgesetz vom 29.10.2024 (BGBl. I, Nr. 323) ist die Schriftform durch die Textform ersetzt worden. Die Vorschrift lautet jetzt:

„Wird eine Freistellung nach § 3 Absatz 1 oder Absatz 5 des Pflegezeitgesetzes nach einer Familienpflegezeit in Anspruch genommen, ist diese in unmittelbarem Anschluss an die Familienpflegezeit zu beanspruchen; sie ist dem Arbeitgeber spätestens acht Wochen vor Beginn in Textform anzukündigen."

Der Inhalt des geltenden Rechts hat sich nicht geändert.

2. Vereinbarung mit dem Arbeitgeber

§ 2a Abs. 2 FPfZG bestimmt, dass Arbeitgeber und Beschäftigter über die Verringerung der Arbeitszeit eine schriftliche Vereinbarung zu treffen haben.

WICHTIG!

Auf diese Vereinbarung hat der Beschäftigte einen Rechtsanspruch, es sei denn, der Arbeitgeber hat dringende betriebliche Gründe, die dem entgegenstehen.

Der Begriff „dringende betriebliche Gründe" wird auch in § 15 Abs. 4 Satz 4 BEEG verwandt. Die Voraussetzungen der Ablehnung der Teilzeitarbeit in der Familienpflegezeit sind also dieselben wie bei der Ablehnung der Teilzeitarbeit in der Elternzeit. Das Interesse des Arbeitgebers muss also deutlich stärker sein als das des Arbeitnehmers. Es gilt also die Rechtsprechung zur Elternzeit entsprechend (s. dazu unter → *Elternzeit* 3.1). Dabei ist auch zu beachten, dass sich die dringenden betrieblichen Gründe nicht nur auf die Reduzierung als solche, sondern auch auf die Verteilung der Arbeitszeit beziehen können.

Verweigert der Arbeitgeber die Zustimmung (Textform genügt, es ist keine Schriftform nötig), kann der Arbeitnehmer hierauf klagen. Eine einstweilige Verfügung ist möglich (LAG Berlin-Brandenburg v. 20.9.2017, Az. 15 SaGa 823/17), jedoch wird vertreten, dass sie nur in besonders dringenden Fällen in Betracht kommt (LAG Hamm v. 28.12.2016, Az. 6 SaGa 17/16). Bezogen auf die Elternteilzeit wird aber auch vertreten, dass geringere Anforderungen an einen Antrag auf Erlass einer einstweiligen Verfügung zu stellen sind (LAG Hessen v. 18.5.2015, Az. 16 SaGa 376/15). Maßgeblich sind immer die Umstände des Einzelfalls.

Bei einem Betriebsübergang tritt der Erwerber in diese Vereinbarung ein.

3. Nachweis der Pflegebedürftigkeit

Der Angehörige muss pflegebedürftig sein. Eine schwere Erkrankung allein reicht nicht aus. Für den Nachweis ist die Bescheinigung der Pflegekasse oder des medizinischen Dienstes der Krankenkassen notwendig. Bei Pflegebedürftigen, die in einer privaten Pflegekasse versichert sind, muss ein entsprechender Nachweis erbracht werden.

WICHTIG!

Wenn eine Pflegezeitvereinbarung getroffen wurde, besteht gem. § 18 Abs. 3 und 5 SGB XI ein Anspruch darauf, dass die Begutachtung zur Feststellung der Pflegebedürftigkeit im Falle eines Krankenhausaufenthaltes innerhalb von einer Woche, ansonsten innerhalb von zwei Wochen erfolgt.

IV. Ende der Familienpflegezeit und Verlängerung

Der Pflegephase der Familienpflegezeit endet grundsätzlich mit dem Ablauf der vereinbarten Zeit. Verändern sich in dieser Zeit die Umstände, kann das Auswirkungen auf die Länge der Familienpflegezeit haben.

1. Verkürzung

Ist der Angehörige nicht mehr pflegebedürftig oder die häusliche Pflege nicht mehr möglich, endet die Familienpflegezeit vier Wochen nach dem Eintritt der veränderten Umstände. Gleiches gilt beim Tod des Pflegebedürftigen. Der Arbeitgeber ist unverzüglich von der Veränderung der Umstände zu unterrichten.

Beispiel:

Die Familienpflegezeit ist bis zum 30.9.2024 vereinbart worden. Am 16.6.2024 stirbt der zu pflegende Angehörige. Die Familienpflegezeit endet bereits am 14.7.2024 und der Arbeitnehmer hat einen Anspruch, wieder voll zu arbeiten.

Im Übrigen ist eine Verkürzung der Familienpflegezeit nur mit Zustimmung des Arbeitgebers möglich (§ 2a Abs. 5 FPfZG).

2. Verlängerung

Eine Verlängerung einer einmal vereinbarten Familienpflegezeit bedarf der Zustimmung des Arbeitgebers.

WICHTIG!

Auf diese Verlängerung besteht ein Rechtsanspruch, wenn ein vorgesehener Wechsel in der Person des Pflegenden aus einem wichtigen Grund nicht erfolgen kann (§ 2a Abs. 3 FPfZG).

Die Verlängerung kann dann bis zur gesetzlichen Höchstdauer von zwei Jahren oder für einen kürzeren Zeitraum verlangt werden. Wird nur ein kürzerer Zeitraum begehrt und bewilligt, braucht der Beschäftigte für ein erneutes Begehren auf Verlängerung wieder einen wichtigen Grund. Dabei ist zu beachten, dass der Arbeitgeber Planungssicherheit benötigt. Daher sind bei einem erneuten Verlängerungsverlangen strengere Anforderungen an die Unvorhersehbarkeit der Unmöglichkeit des Wechsels des Pflegenden zu stellen.

V. Rechtswirkungen

Das Arbeitsverhältnis besteht während der Familienpflegezeit als Teilzeitarbeitsverhältnis fort. Die Betriebszugehörigkeit läuft weiter. Allerdings wird die Familienpflegezeit nicht auf Berufsbildungszeiten angerechnet (§ 2 Abs. 4 FPfZG).

Der Inhalt des Arbeitsverhältnisses ist dahin modifiziert, dass die Dauer der wöchentlichen Arbeitszeit entsprechend der Vereinbarung vermindert ist. In gleichem Maße sinkt der Vergütungsanspruch. Hinsichtlich der variablen Entgeltbestandteile und des Urlaubsanspruches gelten dieselben Grundsätze wie bei sonstigen Teilzeitarbeitsverhältnissen (s. hierzu unter → *Teilzeitarbeit* IV. 1.). Die Mindestarbeitszeit beträgt 15 Stunden pro Woche. Bei unterschiedlichen wöchentlichen Arbeitszeiten oder einer unterschiedlichen Verteilung der wöchentlichen Arbeitszeit darf die wöchentliche Arbeitszeit im Durchschnitt eines Zeitraumes von bis zu einem Jahr 15 Stunden nicht unterschreiten. Bei Sozialplanabfindungen ist dasjenige Bruttomonatsgehalt maßgebend, dass dem Arbeitnehmer arbeitsvertraglich zugestanden hätte, wenn er sich im Referenzmonat nicht in Familienpflegezeit befunden hätte (BAG v. 15.5.2018, Az. 1 AZR 20/17).

Die Auslegung von § 2 Abs 1 Satz 2 FPfZG ergibt nach Auffassung des Arbeitsgerichts Bonn, dass dieser einen Anspruch auf Familienpflegezeit im „Blockmodell" nicht vorsieht. Unter anderem besagt der Wortlaut des § 2 Abs 1 Satz 1 FPfZG, dass der Arbeitnehmer „teilweise" von der Arbeitsleistung freizustellen ist. Der Begriff teilweise steht synonym für „nicht ganz", „nicht uneingeschränkt" oder „nicht vollständig" (ArbG Bonn v. 27.4.2022, Az. 4 Ca 211921).

VI. Sonderkündigungsschutz

Gemäß § 2 Abs. 3 FPfZG sind die §§ 5 bis 8 des Pflegezeitgesetzes entsprechend anzuwenden. Danach darf der Arbeitgeber das Arbeitsverhältnis ab der Ankündigung (höchstens jedoch zwölf Wochen vor dem angekündigten Termin) und während der Familienpflegezeit nicht kündigen.

Der so in Bezug genommene § 5 PfZG mit seinem Abs. 1 ist mit einem neuen angehängten Satz um den Kündigungsschutz in Kleinbetrieben erweitert worden:

„Im Fall einer Vereinbarung über eine Freistellung nach § 3 Abs. 6a dieses Gesetzes oder nach § 2a Abs. 5a des Familienpflegezeitgesetzes beginnt der Kündigungsschutz mit dem Beginn der Freistellung."

Damit soll sichergestellt werden, dass auch Beschäftigte von Arbeitgebern mit in der Regel 15 oder weniger Beschäftigten während einer mit ihrem Arbeitgeber vereinbarten Pflegezeit oder sonstigen Freistellung nach § 3 Abs. 5 Satz 1 oder Abs. 6 Satz 1 PflegeZG vor einer Kündigung geschützt sind. Dieser Schutz ist zugleich auf Beschäftigte von Arbeitgebern mit in der Regel 25 oder weniger ausschließlich der zu ihrer Berufsbildung Beschäftigten ausgedehnt worden, wenn diesen während einer vereinbarten Familienpflegezeit oder Freistellung nach § 2 Abs. Satz 1 FPfZG gekündigt wird. Der Zeitraum, in dem das Beschäftigungsverhältnis vom Arbeitgeber nicht gekündigt werden darf, erstreckt sich vom Beginn der Freistellung bis zu deren Ende.

Bezogen auf das Pflegezeitgesetz wurde entschieden, dass der Kündigungsschutz ab Ankündigung einer Pflegezeit nicht zeitlich auf eine Höchstfrist vor deren Beginn begrenzt ist und nicht gegen Grundrechte der Arbeitgeber verstößt. Einen eventuellen Rechtsmissbrauch muss der Arbeitgeber beweisen (LAG Thüringen v. 2.10.2014, Az. 6 Sa 345/13). In „besonderen Fällen" kann durch die zuständige Behörde ausnahmsweise die Kündigung für zulässig erklärt werden. Nach dem Wortlaut kommt somit nicht nur eine außerordentliche Kündigung in Betracht wie bei der Schwangerschaft und in der Elternzeit, sondern auch sonstige Gründe können ausreichen, um eine Zulässigkeitserklärung zu rechtfertigen. Es ist also eine Interessenabwägung erforderlich, deren Ergebnis schwer zu prognostizieren ist.

WICHTIG!

Die Zulässigkeitserklärung muss vor Ausspruch der Kündigung vorliegen.

VII. Befristete Verträge zur Vertretung

§ 6 des Pflegezeitgesetzes gilt entsprechend (§ 9 Abs. 5 FPfZG), d. h. es liegt ein sachlicher Grund für die Befristung des Arbeitsverhältnisses einer Vertretungskraft vor, wenn diese zur Vertretung des Arbeitnehmers eingestellt wird, der die Familienpflegezeit in Anspruch nimmt (im Einzelnen → *Pflegezeit* VII.).

Feiertage

I. Verbot der Sonn- und Feiertagsarbeit

Grundsätzlich besteht an Sonntagen und gesetzlichen (nicht rein kirchlichen) Feiertagen ein Beschäftigungsverbot (§ 9 ArbZG). Ein Dienstplanschema, welches grundsätzlich auch für Tage eine Arbeitspflicht vorsieht, an denen diese wegen des Feiertags nicht erbracht wird und die Arbeitspflicht auf einen anderen Tag verlagert, ist offensichtlich rechtswidrig und mit den unabdingbaren Vorschriften des Entgeltfortzahlungsgesetzes unvereinbar (LAG Sachsen v. 6.2.2023, Az. 2 Sa 170/21), Gesetzliche Feiertage sind sowohl die bundeseinheitlichen Feiertage als auch die Feiertage in den einzelnen Bundesländern.

- **Bundeseinheitliche Feiertage:**
  Neujahr, Karfreitag, Ostermontag, 1. Mai, Christi Himmelfahrt, Pfingstmontag, 3. Oktober, 1. und 2. Weihnachtsfeiertag.
- **Landesgesetzliche Feiertage:**
  - **Heilige Drei Könige** (6. Januar) in Baden-Württemberg, Bayern und Sachsen-Anhalt;
  - **Frauentag** (8. März) in Berlin und Mecklenburg-Vorpommern;
  - **Fronleichnam** in Baden-Württemberg, Bayern, Hessen, Nordrhein-Westfalen, Rheinland-Pfalz, Saarland, in einigen Gemeinden der sächsischen Landkreise Bautzen, Hoyerswerda und Kamenz sowie in Gebieten mit überwiegend katholischer Bevölkerung in Thüringen;
  - **Mariä Himmelfahrt** in bayerischen Gebieten mit überwiegend katholischer Bevölkerung;
  - **Ostersonntag** in Brandenburg;
  - **Pfingstsonntag** in Brandenburg;
  - **Reformationstag** (31. Oktober) in Brandenburg, Bremen, Hamburg, Mecklenburg-Vorpommern, Niedersachsen, Sachsen, Sachsen-Anhalt und Thüringen;
  - **Allerheiligen** (1. November) in Baden-Württemberg, Bayern, Nordrhein-Westfalen, Rheinland-Pfalz, Saarland und in den Gebieten Thüringens mit überwiegend katholischer Bevölkerung;
  - **Buß- und Bettag** in Sachsen.

Bei landesgesetzlichen Feiertagen ist allein der Arbeitsort für die Frage maßgeblich, ob Feiertagsarbeit vorliegt oder nicht. Dies gilt grundsätzlich auch für tarifvertragliche Regelungen. Abweichende Regelungen müssen deutlich erkennbar sein (BAG v. 1.8.2024, Az. 6 AZR 38/24). **Keine Feiertage** sind Heiligabend und Silvester, ebenso wenig Ostersonntag (BAG v. 17.3.2010, Az. 5 AZR 317/09) und Pfingstsonntag (BAG v. 17.8.2011, Az. 10 AZR 347/10). Aber: Nach bestimmten Tarifverträgen haben Arbeitnehmer Anspruch auf einen Feiertagszuschlag für Arbeit an sogenannten hohen Feiertagen, also auch am Ostersonntag und Pfingstsonntag. Die Tarifauslegung des BAG ergibt deutliche Anhaltspunkte dafür, dass ein tariflicher Feiertagszuschlag auch für Arbeit am Ostersonntag und Pfingstsonntag zu zahlen ist, obwohl es sich nicht um bundesgesetzliche Feiertage handelt (BAG v. 24.2.2021, Az. 10 AZR 130/19).

Dieses Beschäftigungsverbot gilt in der Zeit von 0 bis 24 Uhr. In mehrschichtigen Betrieben mit Tag- und Nachtschicht kann der Beginn oder das Ende der Sonn- und Feiertagsruhe um bis zu sechs Stunden vor- oder zurückverlegt werden. Eine beschäftigungsfreie Zeit von 24 Stunden muss jedoch gewährleistet sein.

Für Kraftfahrer kann im Hinblick auf das Ende des Sonntagsfahrverbots um 22 Uhr die Sonn- und Feiertagsruhe um zwei Stunden vorverlegt werden.

1. Ausnahmen ohne behördliche Genehmigung

1.1 Zulässigkeit

Für Arbeiten in bestimmten Bereichen lässt das Arbeitszeitgesetz Ausnahmen vom Beschäftigungsverbot zu; es muss sich aber dabei um Arbeiten handeln, die nicht an Werktagen ausgeführt werden können (§ 10 ArbZG). Eine Genehmigung der Aufsichtsbehörde ist nicht erforderlich; sie prüft jedoch, ob die Voraussetzungen des § 10 ArbZG eingehalten sind. Die zuständige Behörde ist auch dazu verpflichtet, Supermarktketten zu einem Ladenschluss ihrer Berliner Filialen vor Sonn- und Feiertagen anzuhalten, wonach sie am nachfolgenden Sonntag oder einem Wochenfeiertag (ab 0.00 Uhr) geschlossen sind, d. h. auch keine Kunden mehr bedient oder Abschlussarbeiten durchgeführt werden (Oberverwaltungsgericht Berlin-Brandenburg v. 3.4.2014, Az. OVG 1 B 1.12). Auf Länderebene können Ausnahmeverordnungen erlassen werden, deren Wirksamkeit von den Verwaltungsgerichten überprüfbar ist (BVerwG v. 26.11.2014, Az. 6 CN 1.13 zur teilweisen Unwirksamkeit der hessischen Bedarfsgewerbeverordnung). Ist ein → *Tarifvertrag* anwendbar, müssen auch dessen Bestimmungen beachtet werden. Diese können sowohl eine Erweiterung der zulässigen Feiertagsarbeit enthalten als auch Einschränkungen.

Folgende Ausnahmen sind vorgesehen:

WICHTIG!
Der Arbeitgeber muss über die an Sonn- und Feiertagen geleisteten Arbeitsstunden Aufzeichnungen führen und diese zwei Jahre lang aufbewahren.

- in Not- und Rettungsdiensten sowie bei der Feuerwehr,
- zur Aufrechterhaltung der öffentlichen Sicherheit und Ordnung sowie der Funktionsfähigkeit von Gerichten und Behörden und für Zwecke der Verteidigung,
- in Krankenhäusern und anderen Einrichtungen zur Behandlung, Pflege und Betreuung von Personen,
- in Gaststätten und anderen Einrichtungen zur Bewirtung und Beherbergung sowie im Haushalt,
- bei Musikaufführungen, Theatervorstellungen, Filmvorführungen, Schaustellungen, Darbietungen und anderen ähnlichen Veranstaltungen,
- bei nichtgewerblichen Aktionen und Veranstaltungen der Kirchen, Religionsgesellschaften, Verbände, Vereine, Parteien und anderer ähnlicher Vereinigungen,
- beim Sport und in Freizeit-, Erholungs- und Vergnügungseinrichtungen, beim Fremdenverkehr sowie in Museen und wissenschaftlichen Präsenzbibliotheken,
- beim Rundfunk, bei der Tages- und Sportpresse, bei Nachrichtenagenturen sowie bei den der Tagesaktualität dienenden Tätigkeiten für andere Presseerzeugnisse einschließlich des Austragens, bei der Herstellung von Satz, Filmen und Druckformen für tagesaktuelle Nachrichten und Bilder, bei tagesaktuellen Aufnahmen auf Ton- und Bildträger sowie beim Transport und Kommissionieren von Presseerzeugnissen, deren Ersterscheinungstag am Montag oder am Tag nach einem Feiertag liegt,
- bei Messen, Ausstellungen und Märkten i. S. d. §§ 64 bis 71d der Gewerbeordnung sowie bei Volksfesten,
- in Verkehrsbetrieben sowie beim Transport und Kommissionieren von leicht verderblichen Waren i. S. d. § 30 Abs. 3 Nr. 2 der Straßenverkehrsordnung,
- in den Energie- und Wasserversorgungsbetrieben sowie in Abfall- und Abwasserentsorgungsbetrieben,

- in der Landwirtschaft und in der Tierhaltung sowie in Einrichtungen zur Behandlung und Pflege von Tieren,
- im Bewachungsgewerbe und bei der Bewachung von Betriebsanlagen,
- bei der Reinigung und Instandhaltung von Betriebseinrichtungen, soweit hierdurch der regelmäßige Fortgang des eigenen oder eines fremden Betriebs bedingt ist, bei der Vorbereitung der Wiederaufnahme des vollen werktägigen Betriebs sowie bei der Aufrechterhaltung der Funktionsfähigkeit von Datennetzen und Rechnersystemen,
- zur Verhütung des Verderbens von Naturerzeugnissen (die Ausnahmeregelung des § 10 Abs. 1 Nr. 10 ArbZG bezweckt nicht nur die Verhinderung des Verderbens oder des Qualitätsverlustes von Frischwaren, sondern dient zugleich der Befriedigung eines Bedürfnisses des Verbrauchers nach Frischwaren bereits am Montagmorgen bzw. am Morgen nach einem Feiertag [OVG NRW v. 11.12.2017, Az. 4 B 634/17]) oder Rohstoffen oder des Misslingens von Arbeitsergebnissen sowie bei kontinuierlich durchzuführenden Forschungsarbeiten,
- zur Vermeidung einer Zerstörung oder erheblichen Beschädigung der Produktionseinrichtungen.

TIPP!

Besteht Unklarheit darüber, ob eine bestimmte Tätigkeit zulässig ist, kann man vorab die Feststellung der Zulässigkeit und hilfsweise die ausdrückliche Genehmigung bei der zuständigen Aufsichtsbehörde beantragen. Welche Behörde in dem jeweiligen Bundesland zuständig ist, teilt die Landesregierung mit.

1.2 Ausgleichsansprüche der Arbeitnehmer

Ordnet der Arbeitgeber nach § 10 ArbZG zulässigerweise Sonn- und Feiertagsarbeit an, haben die Arbeitnehmer folgende Ausgleichsansprüche:

- Jeder betroffene Arbeitnehmer muss mindestens 15 Sonntage im Jahr frei haben.
- Für die Arbeit an einem Sonntag muss ein Ersatzruhetag innerhalb der nächsten zwei Wochen gewährt werden, für die Arbeit an einem Feiertag innerhalb der nächsten acht Wochen.
- Hierzu hat das BAG entschieden, dass, wenn Arbeitnehmer an einem auf einen Werktag fallenden Feiertag beschäftigt werden, sie gem. § 11 Abs. 3 Satz 2 ArbZG einen Ersatzruhetag haben müssen. Ein Ersatzruhetag in diesem Sinn ist ein Werktag, an dem der Arbeitnehmer von 00:00 Uhr bis 24:00 Uhr keine Arbeitsleistung erbringt. Ein davon abweichender individueller Zeitraum mit einer Dauer von 24 Stunden genügt nicht. In einem Tarifvertrag kann vereinbart werden, dass abweichend von § 11 Abs. 3 Satz 2 ArbZG keine Ersatzruhetage gewährt werden müssen. (§ 12 Satz 1 Nr. 2 ArbZG). Einen solchen Willen müssen die Tarifvertragsparteien aber zumindest ansatzweise zum Ausdruck bringen. Allein die Regelung eines Feiertagszuschlags rechtfertigt nicht die Annahme, der Zuschlag solle „statt" oder „anstelle" eines Ersatzruhetages gezahlt werden. Wenn Arbeitnehmer in einer Fünf-Tage-Woche beschäftigt werden, kann ein ohnehin arbeitsfreier Werktag der Ersatzruhetag i. S. v. § 11 Abs. 3 Satz 2 ArbZG sein. Auch kann durch einen Schichtplan ein Ersatzruhetag „gewährt" werden, ohne dass er ausdrücklich als solcher bezeichnet werden müsste (BAG v. 8.12.2021, Az. 10 AZR 641/19).

Bei dem Ersatzruhetag muss es sich nicht um einen Tag handeln, an dem der Arbeitnehmer ansonsten gearbeitet hätte. So kann Sonn- und Feiertagsarbeit bei einer Fünf-Tage-Woche auch durch einen ohnehin arbeitsfreien Samstag ausgeglichen werden.

2. Ausnahmen mit behördlicher Genehmigung

Auf Antrag eines Unternehmens kann die Aufsichtsbehörde weitere Ausnahmen vom Beschäftigungsverbot zulassen. Sie kann insbesondere Sonn- und Feiertagsarbeit zur Sicherung der Beschäftigung genehmigen, wenn bei längeren Betriebszeiten oder anderen Arbeitsbedingungen im Ausland eine nachweisbare Beeinträchtigung der Konkurrenzfähigkeit vorliegt, die aus der Sicht des betroffenen Unternehmens nicht zumutbar ist. Das Arbeitszeitgesetz räumt auch den Arbeitnehmern subjektive Rechte hinsichtlich des Verbots ein, Arbeitnehmer an Sonn- und Feiertagen zu beschäftigen. Auch sie können daher im Einzelfall gegen die Verweigerung der Erlaubnis vor dem Verwaltungsgericht um Rechtsschutz nachsuchen. Das Rechtsschutzbedürfnis könnte allenfalls entfallen, wenn arbeitsrechtlich sichergestellt wäre, dass der Arbeitgeber die Arbeit zumindest für den konkreten Arbeitnehmer nicht einführt (VG Meiningen v. 5.11.2012, Az. 2 E 423/12). Der Schutz der Gesundheit der Arbeitnehmer und die Arbeitssicherheit stehen als öffentliche Belange nicht zur Disposition einzelner Beschäftigter oder Belegschaften, sodass deren Einverständnis keinen Anspruch auf eine Ausnahmegenehmigung des Arbeitgebers begründet. Es nicht ermessensfehlerhaft, wenn die Behörde grundsätzlich den Belangen des Schutzes der Sicherheit und Gesundheit der Arbeitnehmer den Vorrang vor den betrieblichen Interessen gibt (Bayerischer Verwaltungsgerichtshof v. 13.3.2014, Az. 22 ZB 14.344). Eine Sonntagsöffnung darf nicht auf eine weitgehende Gleichstellung mit den Werktagen und ihrer geschäftigen Betriebsamkeit hinauslaufen (OVG Nordrhein-Westfalen v. 7.10.2022, Az. 4 B 1115/22.NE). Das BVerwG hat entschieden, dass keine Notwendigkeit für die Sonntagsöffnung von Videotheken, Bibliotheken, Callcentern und Lottogesellschaften besteht (BVerwG v. 26.11.2014, Az. 6 CN 1.13). Demgegenüber hat das Sächsische Oberverwaltungsgericht entschieden, dass die Gewerkschaft keinen Unterlassungsanspruch bezüglich der Feiertagsarbeit eines Callcenters habe, da für eine unzumutbare Beeinträchtigung der Konkurrenzfähigkeit eine Existenzgefährdung des Unternehmens nicht erforderlich sei (Sächsisches OVG v. 16.8.2021, Az. 6 B 63/21).

Grundsätzlich müssen folgende Voraussetzungen vorliegen:

- Das antragstellende Unternehmen muss die gesetzlich zulässigen wöchentlichen Betriebszeiten von 144 Stunden bereits weitgehend ausschöpfen.
- Ausländische Konkurrenten des Unternehmens müssen mehr als 144 Stunden in der Woche produzieren.
- Die Konkurrenzfähigkeit des deutschen Betriebs muss unzumutbar beeinträchtigt sein; beruft sich der Unternehmer auf vorübergehende Sondersituationen, die eine außerbetriebliche Ursache haben, dürfen diese nicht von ihm selbst geschaffen sein (BVerwG v. 27.1.2021, Az. 8 C 3/20).
- Ohne Genehmigung von Sonn- und Feiertagsarbeit müssen Arbeitsplätze verloren gehen.

Bei der Einführung muss neben der Genehmigung noch Folgendes beachtet werden:

- Zu prüfen ist zunächst, ob ein → *Tarifvertrag* Einschränkungen vorsieht. Er kann durch die Genehmigung nicht ausgehebelt werden!
- Da es um die Verteilung der → *Arbeitszeit* geht, ist die Zustimmung des Betriebsrats erforderlich (§ 87 Abs. 1 Nr. 2 BetrVG).
- Geprüft werden muss weiter, ob nach den bestehenden Arbeitsverträgen die Anordnung von Sonn- und Feiertagsarbeit überhaupt möglich ist. Gegebenenfalls bedarf es der Änderung der Arbeitsverträge.
- Auch bei der genehmigungspflichtigen Feiertagsarbeit bestehen Ausgleichsansprüche der Arbeitnehmer (s. o. 1.2).

Wenn der Arbeitgeber von der Behörde eine Ausnahmegenehmigung für Sonn- und Feiertagsarbeit erhalten hat, kann der Betriebsrat dagegen nicht vor dem Verwaltungsgericht vorgehen (Schleswig-Holsteinisches Verwaltungsgericht v. 24.9.2014, Az. 12 A 219/13).

3. Beschäftigung von Schwangeren und stillenden Müttern

Die Arbeit von Schwangeren und stillenden Müttern an Sonn- und Feiertagen darf nur erfolgen, wenn

- sich die Frau dazu ausdrücklich bereit erklärt,
- eine Ausnahme vom allgemeinen Verbot der Arbeit an Sonn- und Feiertagen nach § 10 des Arbeitszeitgesetzes zugelassen ist,
- der Frau in jeder Woche im Anschluss an eine ununterbrochene Nachtruhezeit von mindestens elf Stunden ein Ersatzruhetag gewährt wird und
- insbesondere eine unverantwortbare Gefährdung für die schwangere Frau oder ihr Kind durch Alleinarbeit ausgeschlossen ist (§ 6 Abs. 1 MuSchG).

Die Einverständniserklärung kann jederzeit mit Wirkung für die Zukunft widerrufen werden (§ 6 Abs. 1 Satz 2 MuSchG). Eine entsprechende Regelung gilt für die Ausbildung an Sonn- und Feiertagen (§ 6 Abs. 2 MuSchG). Die zuständige Behörde kann die Arbeit verbieten (§ 29 Abs. 3 Satz 2 Nr. 2b MuSchG).

II. Vergütung von Feiertagen

1. Grundsätze

Der Arbeitgeber muss dem Arbeitnehmer die Arbeitszeit vergüten, die wegen eines gesetzlichen Feiertags ausfällt (§ 2 EntgFG). Maßgeblich sind die gesetzlichen Feiertage, die am Betriebssitz gelten. Der Anspruch besteht für alle Arbeitnehmer, auch für Teilzeitbeschäftigte und geringfügig Beschäftigte sowie für ausländische Arbeitnehmer an einem deutschen Feiertag. An gesetzlichen Feiertagen muss kein Urlaub genommen werden, wenn der Arbeitnehmer nicht zur Arbeit eingeteilt ist (LAG Berlin-Brandenburg v. 15.7.2024, Az. 10 Sa 1023/23, nicht rechtskräftig, Revision anhängig unter 9 AZR 216/24).

ACHTUNG!

Vereinbarungen, wonach die durch den Feiertag ausgefallene Arbeit ohne zusätzlichen Lohn nachgeholt werden muss, sind unzulässig. Die geleistete Arbeit muss dann zusätzlich vergütet werden.

Wird am Feiertag selbst gearbeitet, hat der Arbeitnehmer Anspruch auf seine reguläre Vergütung. In Tarifverträgen oder Einzelarbeitsverträgen wird darüber hinaus häufig vereinbart, dass noch ein zusätzlicher Feiertagszuschlag zu zahlen ist. Hierzu hat das BAG entschieden, dass tarifvertragliche Regelungen über die Zahlung eines Zuschlags für Feiertagsarbeit zwar regelmäßig an die gesetzlichen Feiertage am Beschäftigungsort anknüpften. Das schließe aber nicht aus, dass die Tarifvertragsparteien auch andere Tage mit einem Feiertagszuschlag belegten. Dies müsse nur deutlich erkennbar sein (BAG v. 20.7.2022, Az. 10 AZR 220/20). Diesbezüglich hat das BAG entschieden, dass die Tarifverträge des öffentlichen Dienstes der Länder keine solche Ausnahme geregelt haben. Hier gilt vielmehr, dass ein Anspruch auf den Feiertagszuschlag besteht, wenn am regelmäßigen Beschäftigungsort ein gesetzlicher Feiertag ist (BAG v. 1.8.2024, Az. 6 AZR 38/24).

Ein Anspruch auf Feiertagsbezahlung kann auch dann bestehen, wenn die Arbeit nicht an dem Feiertag selbst ausfällt.

Beispiel 1:

Ein Zeitungszusteller kann am 2. Mai keine Zeitungen austragen, weil diese wegen des vorangegangenen Feiertags nicht produziert wurden. Er erhält auch für den 2. Mai Feiertagsvergütung, obwohl der Arbeitsausfall nicht an einem gesetzlichen Feiertag erfolgte. Gleiches gilt, wenn der Arbeitnehmer bei einem Zeitungsverlag in die Sonntagsschicht eingeteilt wurde, die ausfiel, weil der folgende Montag ein gesetzlicher Feiertag war. Man kann auch nicht wirksam vereinbaren, dass Arbeitstage des Zustellers nur die Tage sind, an denen die Zeitung erscheint. Vielmehr hat ein Arbeitnehmer, dessen Arbeitszeit an einem gesetzlichen Feiertag ausfällt, Anspruch auf Entgeltzahlung, wenn der Feiertag die alleinige Ursache für den Arbeitsausfall ist. Diese Voraussetzung ist bei einem Zeitungszusteller erfüllt, wenn wegen des Feiertags keine Zeitung hergestellt wird und er deshalb an dem Feiertag von seinem Arbeitgeber nicht beschäftigt wird, während dies ohne den Feiertag erfolgt wäre (BAG v. 16.10.2019, Az. 5 AZR 352/18).

Beispiel 2:

Eine Schicht reicht bis morgens 2 Uhr. Wegen des Feiertags am 3. Oktober fällt die am 2.10. beginnende Schicht aus. Auch hier kann der Arbeitnehmer Feiertagsvergütung verlangen, obwohl nur ein Teil der Arbeitszeit am Feiertag lag. Entscheidend ist, dass die Ursache für den Arbeitsausfall in dem Feiertag lag.

Die „Kontrollfrage" lautet also: Hätte der Arbeitnehmer gearbeitet, wenn der entsprechende Tag kein Feiertag gewesen wäre? (LAG Berlin-Brandenburg v. 20.8.2020, Az. 21 Sa 1792/19).

Beispiel:

Ein Arbeiter hätte am 3. Oktober ohnehin nicht arbeiten müssen, weil er nicht für eine der Schichten dieses Tages eingeteilt war. Er hat keinen Anspruch auf Feiertagslohn; den hätte er nur, wenn der Schichtplan extra wegen des Feiertags geändert worden wäre.

Der Feiertag muss die alleinige Ursache dafür sein, dass die Arbeit an diesem Tag ausfällt (§ 2 Abs. 1 EntgFG; ArbG Gera v. 1.8.2023, Az. 3 Ca 1536/22 unter Bezugnahme auf BAG v. 26.10.2016, Az. 5 AZR 456/15). Kein Entgeltfortzahlungsanspruch besteht, wenn sich die Freistellung aus einem Planschema ergibt, das von der gesetzlichen Feiertagsruhe unabhängig ist, etwa weil der betriebliche Bedarf an der Arbeitsleistung durch den Feiertag nicht oder nicht wesentlich geringer ist (BAG v. 27.3.2014, Az. 6 AZR 621/12). Eine davon abweichende tarifliche Bestimmung des Ursachenzusammenhangs zwischen Arbeitsausfall und Feiertag ist unwirksam. Daher kann nicht in einem Tarifvertrag bestimmt werden, dass die am Tag vor dem Feiertag ausfallende Nachtschicht bzw. die an den Sonntagen vor den Oster- und Pfingstmontagen beginnenden und in die Feiertage hineinreichenden Schichten keine Feiertagsschichten sind, wenn der Feiertag der alleinige Grund für den Arbeitsausfall ist (BAG v. 15.5.2013, Az. 5 AZR 139/12). Auch während des bezahlten Urlaubs ist der Feiertagslohn zu zahlen, nicht hingegen bei unbezahltem Sonderurlaub auf eigenen Wunsch des Arbeitnehmers. Bei → *Kurzarbeit* ist Feiertagslohn in Höhe des Kurzarbeitergelds zu zahlen (§ 2 Abs. 2 EntgFG). Der Anspruch besteht nicht, wenn der Betrieb von einem → *Streik* betroffen ist, der auch am Feiertag andauert. Auch während des bezahlten Urlaubs ist der Feiertagslohn zu zahlen (BAG v. 26.10.2016, Az. 5 AZR 456/15). Zuschläge für Arbeit an Sonn- und Feiertagen sind mindestlohnwirksam und unterliegen keiner besonderen gesetzlichen Zweckbestimmung (BAG v. 17.1.2018, Az. 5 AZR 69/17 und v. 24.5.2017, Az. 5 AZR 431/16). Sie sind sind Erschwerniszulagen i. S. v. § 850a Nr. 3 ZPO und damit im Rahmen des Üblichen (§ 3b EStG) unpfändbar (BGH v. 20.9.2018, Az. IX ZB 41/16; BAG v. 23.8.2017, Az. 10 AZR 859/16).

2. Unentschuldigtes Fehlen

Der Anspruch auf Feiertagsbezahlung entfällt, wenn der Arbeitnehmer am letzten Arbeitstag vor dem Feiertag oder dem ersten Arbeitstag danach unentschuldigt fehlt (§ 2 Abs. 3 EntgFG). Dabei kommt es immer auf den Tag an, an dem der jeweilige Arbeitnehmer zuletzt vor dem Feiertag oder zuerst danach hätte arbeiten müssen. Als unentschuldigtes Fehlen gilt bereits, wenn der Arbeitnehmer mehr als die Hälfte der Arbeitszeit nicht ableistet.

Beispiel:

Der Arbeitnehmer hatte für Donnerstag, den 2. Oktober → *Urlaub* genommen. Am 1. Oktober hätte er von 9 bis 16.30 Uhr arbeiten müssen, ging aber bereits unentschuldigt um 12 Uhr, um in den verlängerten Wochenendurlaub zu fahren. Er kann für den Feiertag 3. Oktober keine Bezahlung verlangen, denn er hat an seinem letzten Arbeitstag vor dem Feiertag „blau gemacht" und mehr als die Hälfte der Arbeitszeit an diesem Tag versäumt. Natürlich hat er auch keinen Anspruch auf Bezahlung für den 1. Oktober.

Das Fehlen an einem Tag kann auch zur Folge haben, dass die Vergütung für mehrere Feiertage entfällt.

Beispiel:

Der Arbeitnehmer hätte am Ostersamstag arbeiten müssen, blieb der Arbeit aber unentschuldigt fern. Er kann weder für Karfreitag noch für Ostermontag Bezahlung verlangen.

Der Anspruch ist jedoch nur dann ausgeschlossen, wenn der Arbeitnehmer schuldhaft der Arbeit ferngeblieben ist. Kann er z. B. witterungsbedingt seinen Arbeitsplatz nicht erreichen, hat das keine Auswirkung.

Beispiel:

Der Arbeitnehmer kommt am 2. Januar nicht zur Arbeit, weil sein Heimatort vollkommen eingeschneit und ein Herauskommen unmöglich ist. Er hat zwar keinen Anspruch auf Bezahlung für den 2. Januar, denn er trägt das Risiko, zu seinem Arbeitsplatz zu gelangen (sog. Wegerisiko). Der Anspruch auf die Feiertagsvergütung für Neujahr bleibt ihm jedoch erhalten, da er keine Schuld an seinem Fehlen hatte.

3. Höhe der Feiertagsvergütung

Der Arbeitgeber muss dem Arbeitnehmer das Arbeltsentgelt fortzahlen, das er sonst erhalten hätte. Es ist also zu prüfen, was der Arbeitnehmer zu beanspruchen gehabt hätte, wenn die Arbeit nicht wegen des Feiertags ausgefallen wäre (Lohnausfallprinzip).

Erhält der Arbeitnehmer eine nach Wochen oder Monaten berechnete Vergütung, ergeben sich keine Probleme; der Lohn wird einfach weitergezahlt. Bei einer Vergütung, die auf die jeweils geleisteten Stunden abstellt oder variable Bestandteile enthält, muss man differenzieren: Die Länge der Arbeitszeit, die am Feiertag zu vergüten ist, richtet sich nach der konkreten Arbeitszeit, die der jeweils betroffene Arbeitnehmer an dem Feiertag hätte leisten müssen. Es ist eine hypothetische Betrachtung vorzunehmen, welches Arbeitsentgelt der Arbeitnehmer ohne den feiertagsbedingten Arbeitsausfall verdient hätte. Bei variablen Entgeltbestandteilen kommt eine Schätzung in Betracht (BAG v. 16.10.2019, Az. 5 AZR 352/18; LAG Köln v. 8.5.2020, Az. 4 Sa 662/19). Im Rahmen der Arbeitszeitflexibilisierung kommt es nur auf die tatsächliche individuelle Arbeitszeit des konkreten Arbeitnehmers an.

Lässt sich nicht genau sagen, wie viel der Arbeitnehmer an dem Feiertag verdient hätte, kann man auf den Durchschnittsverdienst der letzten 13 Wochen zurückgreifen. Hätte der Arbeitnehmer Überstunden zu leisten gehabt, wenn die Arbeit nicht wegen des Feiertags ausgefallen wäre, müssen sowohl der zusätzlich für Überstunden gezahlte Stundenlohn als auch etwaige Überstundenzuschläge gezahlt werden. Die Rechtslage ist hier also anders als bei der → *Entgeltfortzahlung* im Krankheitsfall.

Zulagen für Aufwendungen des Arbeitnehmers, die nicht die Arbeitsleistung als solche vergüten, sondern Belastungen ausgleichen sollen, die für den Arbeitnehmer aufgrund der Arbeit entstehen, müssen für den Feiertag nicht gezahlt werden. Hierzu zählt z. B. die Schmutzzulage. Zuschläge für Feiertagsarbeit sind Arbeitsentgelt und erfüllen die Zwecke der PflegeArbbV. Sie sind daher auf das Mindestentgelt anzurechnen (BAG v. 18.11.2015, Az. 5 AZR 761/13).

Fürsorgepflicht

I. Begriff

Die Fürsorgepflicht des Arbeitgebers ist eine Nebenpflicht aus dem Arbeitsverhältnis. Sie korrespondiert mit der Treuepflicht des Arbeitnehmers (so die herkömmliche Terminologie; die heutige Rechtsprechung benutzt eher den Terminus Rücksichtnahmepflicht). Nach der Rechtsprechung des BAG beinhaltet jedes Arbeitsverhältnis die Nebenpflicht des Arbeitgebers, die im Zusammenhang mit dem Arbeitsverhältnis stehenden Interessen des Arbeitnehmers so zu wahren, wie dies unter Berücksichtigung der Interessen und Belange beider Vertragspartner nach Treu und Glauben verlangt werden kann. Daraus können sich zum einen Hinweis- und Informationspflichten des Arbeitgebers ergeben. Zum anderen hat er, wenn er seinen Arbeitnehmern bei der Wahrnehmung ihrer Interessen behilflich ist, zweckentsprechend zu verfahren und sie vor drohenden Nachteilen zu bewahren. Der Arbeitgeber ist auch dafür verantwortlich, dass sich alle Beschäftigten, insbesondere auch die Arbeitnehmerinnen, in der betrieblich-beruflichen Sphäre belästigungsfrei bewegen können. Dabei sind allerdings neben den Interessen des betroffenen Arbeitnehmers auch die des Betriebs und der Gesamtbelegschaft zu berücksichtigen. Es muss also immer eine Gesamtabwägung stattfinden. Die Fürsorgepflicht besteht in jedem Arbeitsverhältnis, auch wenn dies nicht besonders vereinbart wurde. Sie kann auch nicht vertraglich ausgeschlossen werden. In § 241 Abs. 2 BGB ist klargestellt, dass auch die sog. Schutzpflichten, Rücksichtnahmepflichten, Inhalt des Schuldverhältnisses sein können („Das Schuldverhältnis kann nach seinem Inhalt jeden Teil zur Rücksicht auf die Rechte, Rechtsgüter und Interessen des anderen Teils verpflichten."). Aus dieser Norm ergibt sich allerdings keine Ausweitung der Nebenpflichten (LAG Rheinland-Pfalz v. 15.4.2019, Az. 3 Sa 411/18). Allerdings folgt daraus auch ein Gebot des fairen Verhandelns etwa bei Aufhebungsverträgen (BAG v. 7.2.2019, Az. 6 AZR 76/18). Bei einem Leiharbeitsverhältnis trifft den Verleiher die allgemeine arbeitsrechtliche Fürsorgepflicht. Daneben bestehen aber auch Fürsorgepflichten des Entleihers, insbesondere was die Arbeitssicherheit und den Schutz vor Anfeindungen im Betrieb betrifft. Bestimmte Fürsorgepflichten lassen sich auch aus dem allgemeinen Gleichbehandlungsgesetz ableiten. So muss der Arbeitnehmer vor einer Diskriminierung wegen der im AGG genannten Merkmale geschützt werden (zu den Einzelheiten s. unter → *Gleichbehandlung*).

II. Geltungsdauer

Die Fürsorgepflicht setzt bereits vor Beginn des Arbeitsverhältnisses ein. Der Arbeitgeber ist verpflichtet, die persönlichen Bewerbungsunterlagen des künftigen Arbeitnehmers sorgfältig zu verwahren. Er muss ihn auch darauf hinweisen, dass in dem beabsichtigten Arbeitsverhältnis z. B. besondere Risiken oder Leistungsanforderungen bestehen. Auch nach dem Ende des Arbeitsverhältnisses besteht eine nachvertragliche Fürsorgepflicht. Danach ist der Arbeitgeber u. a. verpflichtet, Auskünfte z. B. an Firmen, bei denen sich der ehemalige Arbeitnehmer beworben hat, wahrheitsgemäß zu erteilen.

Beispiel:

Der Arbeitgeber hat ein wohlwollendes Zeugnis erteilt, weil er bestimmte Vorwürfe gegen den Arbeitnehmer nicht beweisen kann. Wenn der Personalleiter eines anderen Betriebs, bei dem sich der ehemalige Arbeitnehmer beworben hat, anruft, um sich näher zu erkundigen, darf der frühere Arbeitgeber ihm nicht die Bewerbung „verderben", indem er von den nicht belegbaren Vorwürfen berichtet. Es gibt jedoch ein Urteil, wonach er durchaus grundsätzlich berechtigt ist, Auskünfte zu erteilen, aber nur solche, die Leistung und Verhalten des Arbeitnehmers während des Arbeitsverhältnisses betreffen (LAG Rheinland-Pfalz v. 5.7.2022, Az. 6 Sa 54/22).

Die nachvertragliche Fürsorgepflicht wird auch dann verletzt, wenn der frühere Arbeitgeber ohne ausreichenden sachlichen Grund darauf hinwirkt, dass sein ehemaliger Arbeitnehmer mit sofortiger Wirkung von seinem neuen Arbeitgeber von einer Baustelle abgezogen wird (LAG Niedersachsen v. 14.4.2016, Az. 7 Sa 340/15). Aus der nachvertraglichen Fürsorgepflicht kann auch ein Wiedereinstellungsanspruch des z. B. im Rahmen einer Verdachtskündigung entlassenen Arbeitnehmers resultieren, wenn sich später im Strafverfahren seine Unschuld herausstellt (→ *Kündigungsschutz*). Die nachwirkenden Schutzpflichten gebieten es aber dem Arbeitgeber, auf Wunsch und im Interesse des Arbeitnehmers Dritten gegenüber Auskünfte über diesen zu erteilen (LAG Köln v. 23.8.2023, Az. 1 Sa 27/23).

Die Fürsorgepflicht besteht auch, wenn der gekündigte Arbeitnehmer seine vorläufige Weiterbeschäftigung erzwungen hat.

Beispiel:

Der Arbeitnehmer gewinnt den Kündigungsschutzprozess in erster Instanz. Das Arbeitsgericht verurteilt den Arbeitgeber auch, den Arbeitnehmer bis zum rechtskräftigen Abschluss des Verfahrens weiterzubeschäftigen. Dem kommt der Arbeitgeber nach, um die Verhängung eines Zwangsgelds zu vermeiden. In der nächsten Instanz, dem Landesarbeitsgericht, wird die Klage endgültig abgewiesen. Den Arbeitgeber trifft in der Zwischenzeit der Beschäftigung die Fürsorgepflicht in demselben Umfang wie bei einem ungekündigten Arbeitsverhältnis.

III. Inhalt

Der Inhalt der Fürsorgepflicht lässt sich nicht generell-abstrakt für alle möglichen Fälle bestimmen, sondern richtet sich immer nach den Verhältnissen des Einzelfalls. Es gibt jedoch einige Fälle, in denen sich der konkrete Inhalt der Fürsorgepflicht aus dem Gesetz ableiten lässt oder in denen die Rechtsprechung Festlegungen vorgenommen hat:

- **Ärztliche Untersuchungen:**

  Der Arbeitgeber muss sie veranlassen, wenn dies je nach den Gefahren für Sicherheit und Gesundheit notwendig ist (§ 11 ArbSchG).

- **Arbeitsschutz:**

  Der Arbeitgeber ist gemäß § 618 BGB, dem Arbeitsschutzgesetz, der Gefahrstoffverordnung und den Unfallverhütungsvorschriften der Berufsgenossenschaften verpflichtet, Arbeitsverfahren, Arbeitsstoffe, Geräte, Gebäude etc. nach den dortigen Festlegungen so zu gestalten, dass Gefahren vermieden werden. Dazu muss er in geeigneten Fällen auch Schutzausrüstungen zur Verfügung stellen. Darunter fällt auch Hygienekleidung, wenn sie dem Schutz des Arbeitnehmers dient (BAG v. 14.6.2016, Az. 9 AZR 181/15). Er ist auch zu Unterweisungen über Sicherheit und Gesundheitsschutz verpflichtet (§ 12 ArbSchG; zu den Einzelheiten s. unter → *Arbeitsschutz*).

- **Arbeitszeitvorschriften:**

  Die Vorschriften des Arbeitszeitgesetzes sind nicht nur einzuhalten, sondern es ist auch zu prüfen, ob der Gesundheitsschutz es bei besonders belastenden Arbeiten erfordert, z. B. zusätzliche Pausen zu gestatten.

- **Aufklärungspflichten:**

  Diese hat der Arbeitgeber z. B. beim Abschluss eines Aufhebungsvertrags. Hier muss er zwar nicht im Einzelnen die Konsequenzen für das Arbeitslosengeld prüfen, aber den Arbeitnehmer darauf hinweisen, dass sich negative Folgerungen daraus ergeben könnten. Der Arbeitnehmer ist auch über das Bestehen betrieblicher Sozialleistungen aufzuklären. Der Arbeitgeber muss ihn aber nicht darauf hinweisen, dass eine tarifliche Ausschlussfrist abzulaufen droht. Der Arbeitgeber muss nicht auf sämtliche für den Zweck des Arbeitsverhältnisses bedeutsamen Umstände hinweisen. Seine Aufklärungspflicht bezieht sich nur auf besondere atypische Risiken für den Arbeitnehmer. Die Aufklärungs- und Informationsverpflichtung darf keine übermäßige Belastung des Arbeitgebers begründen. Je größer das erkennbare Informationsbedürfnis des Arbeitnehmers und je leichter ihm die entsprechende Information möglich ist, desto eher ergeben sich Auskunfts- und Informationspflichten für den Arbeitgeber. Jüngst hat das BAG auch das Gebot des fairen Verhandelns etwa bei Aufhebungsverträgen postuliert (BAG v. 7.2.2019, Az. 6 AZR 76/18).

- **Beschäftigungspflicht:**

  Das Persönlichkeitsrecht des Arbeitnehmers und die Fürsorgepflicht des Arbeitgebers führen zu einem Beschäftigungsanspruch des Arbeitnehmers während der Dauer des Arbeitsverhältnisses. Der Arbeitgeber darf ihn also nicht ohne besonderen Grund von der Arbeitsleistung suspendieren, selbst wenn er ihm für diese Zeit das Entgelt weiterzahlt. Die Verletzung der vertraglichen Beschäftigungspflicht und Ausgrenzung des Arbeitnehmers aus dem betrieblichen Geschehensablauf durch ein sogenanntes „Kaltstellen", mit dem Ziel diesen von der Beendigung des Arbeitsverhältnisses zu überzeugen, kann einen schwerwiegenden Eingriff in das Persönlichkeitsrecht des Arbeitnehmers darstellen. Dieser Verstoß gegen die Fürsorgepflicht kann auch einen Schmerzensgeldanspruch begründen (LAG Berlin-Brandenburg v. 15.6.2021, Az. 7 Sa 185/21, 10.000 Euro als Entschädigung wegen Verletzung des allgemeinen Persönlichkeitsrechts der Klägerin nach § 823 Abs. 1 i. V. m. Art. 2 Abs. 1, Art. 1 Abs. 1 GG, gefordert waren 40.000,– Euro). Gründe für eine sofortige Suspendierung können z. B. sein der Verrat von Geschäftsgeheimnissen, der Verstoß gegen ein → *Wettbewerbsverbot* oder der Verdacht strafbarer Handlungen. Es ist umstritten, ob im Arbeitsvertrag vereinbart werden kann, dass der Arbeitgeber berechtigt ist, den Arbeitnehmer für die Dauer der Kündigungsfrist von der Arbeitsleistung freizustellen. Hat der Betriebsrat beim Arbeitsgericht einen Beschluss erwirkt, wonach dessen Einstellung aufzuheben ist, kann dieser nicht verlangen, noch weiterhin beschäftigt zu werden (LAG Hamm v. 12.5.2014, Az. 14 Sa 904/14). Die vertragliche Rücksichtnahmepflicht nach § 241 Abs. 2 BGB begründet keine Verpflichtung des Arbeitgebers, ein gerichtliches Zustimmungsersetzungsverfahren durchzuführen, wenn der Betriebsrat die nach § 99 Abs. 1 Satz 1 BetrVG erforderliche Zustimmung zur Einstellung des Arbeitnehmers verweigert (BAG v. 21.2.2017, Az. 1 AZR 367/15).

- **Familie:**

  Auch aus der Rücksichtnahmepflicht des Arbeitgebers erwächst auch unter Berücksichtigung des grundrechtlichen Schutzes von Ehe und Familie bzw. Pflege und Erziehung der Kinder (Art. 6 Abs. 1, Abs. 2 GG) kein Anspruch auf einen befristeten Halbtagsarbeitsplatz an einem anderen Arbeitsort oder in einem zu Hause eingerichteten Büro (LAG Rheinland-Pfalz v. 18.12.2014, Az. 5 Sa 378/14).

Aber: Bei der Bestimmung der Lage der Arbeitszeit muss der Arbeitgeber nach Möglichkeit auch auf die Personensorgepflichten des Arbeitnehmers Rücksicht nehmen, sofern betriebliche Gründe oder berechtigte Belange anderer Arbeitnehmer nicht entgegenstehen. Geht es um die Personensorge für ein Kind, hat der Arbeitnehmer eine durch Art. 6 GG geschützte Rechtsposition, was seine Rechtsposition in der Abwägung verstärkt. Bei der Interessenabwägung ist jedoch auch die ebenfalls grundrechtlich geschützte unternehmerische Freiheit des Arbeitgebers (Art. 12, Art. 14 und Art. 2 Abs. 1 GG) zu berücksichtigen, zu der es gehört, die betrieblichen Abläufe unter Berücksichtigung wirtschaftlicher Gesichtspunkte und Anforderungen festzulegen. Im Übrigen sind nicht nur die Interessen einzelner Beschäftigter, sondern diejenigen aller betroffenen Mitarbeiter zu berücksichtigen. Dabei darf sich der Arbeitgeber bei der Abwägung auf die ihm ohne weiteres nachvollziehbaren persönlichen Umstände der Beschäftigten beschränken, ohne die familiären Verhältnisse in ihren Einzelheiten näher erforschen zu müssen (LAG Mecklenburg-Vorpommern v. 13.7.2023, Az. 5 Sa 139/22 unter Bezugnahme auf LAG Schleswig-Holstein v. 20.10.2020, Az. 1 SaGa 4/20 und LAG Köln v.12.5.2021, Az. 11 Sa 465/20).

- **Freiheitsstrafe:**

  Ist ein Arbeitnehmer zu einer Freiheitsstrafe verurteilt worden, kann der Arbeitgeber aufgrund seiner Fürsorgepflicht verpflichtet sein, daran mitzuwirken, dass dieser den Freigängerstatus erhält.

- **Gesundheitsschutz:**

  Im Zusammenhang mit der Covid-Pandemie hat das BAG entschieden, dass es zu den Pflichten des Arbeitgebers gehört, die Arbeitnehmer davor zu schützen, dass sie durch Ansteckungen anderer Arbeitnehmer in ihrer Gesundheit gefährdet werden (BAG v. 10.8.2022, Az. 5 AZR 154/22). Dies gilt insbesondere, wenn die Isolationspflicht von Infizierten aufgehoben worden ist. Hier muss der Arbeitgeber sorgfältig abwägen, in welchen Bereichen und unter welchen Vorsichtsmaßnahmen eine Beschäftigung möglich ist, ohne andere Arbeitnehmer zu infizieren.

- **Hund:**

  Das LAG Rheinland-Pfalz hat die Klage einer Arbeitnehmerin abgewiesen, mit der sie geltend gemacht hatte, der Arbeitgeber sei infolge seiner Fürsorgepflicht gehalten, ihr die Mitnahme eines Hundes an den Arbeitsplatz zu gestatten (LAG Rheinland-Pfalz v. 8.9.2022, Az. 2 Sa 490/21). Das Thema „Bürohund" hat die Rechtsprechung schon länger beschäftigt. Hierzu hatte das LAG Düsseldorf schon 2014 entschieden, dass ein Verbot auch dann begründet ist, wenn sich andere Mitarbeiter vor dem Hund fürchten. Auf dessen objektive Gefährlichkeit komme es nicht an (LAG Düsseldorf v. 23.4.2014, Az. 9 Sa 1207/13). Hier ist zu beachten, dass die Fürsorgepflicht des Arbeitgebers nicht nur gegenüber dem Hundehalter besteht, sondern auch gegenüber den anderen Arbeitnehmern. Verbietet der Arbeitgeber generell das Mitbringen von Hunden, kommt ein Mitbestimmungsrecht des Betriebsrates gem. § 87 Abs. 1 Nr. 1 BetrVG in Betracht.

- **Obhutspflicht:**

  Sie trifft den Arbeitgeber hinsichtlich bestimmter persönlich unentbehrlicher Sachen, die der Arbeitnehmer in den Betrieb mitbringt. Dabei handelt es sich z. B. um Straßenkleidung, Uhr und einen kleineren Geldbetrag. Er muss ihm ermöglichen, diese in einem abschließbaren Behältnis zu verwahren. Dies gilt auch für unmittelbar der Arbeit dienende Sachen, wie z. B. Fachbücher und Arbeitskleidung, die der Arbeitnehmer selbst angeschafft hat. Bringt der Arbeitnehmer jedoch wertvolle Sachen wie z. B. teuren Schmuck mit zur Arbeit, geschieht dies auf eigenes Risiko. Auch eine Feuerversicherung muss vom Arbeitgeber nicht abgeschlossen werden.

- **Parkplätze:**

  Der Arbeitgeber ist nicht verpflichtet, einen Firmenparkplatz zur Verfügung zu stellen. Wenn er aber einen solchen eingerichtet hat, hat er auch eine Verkehrssicherungspflicht. Er muss also für eine angemessene Beleuchtung sorgen, im Winter streuen und erforderlichenfalls Verkehrsregeln erlassen, die dann für die Arbeitnehmer verbindlich sind (z. B. „Auf dem Firmenparkplatz gilt die StVO"). Die Verkehrssicherungspflicht gilt auch für Fußgänger auf dem Betriebsgelände.

- **Persönlichkeitsrecht:**

  Der Arbeitgeber muss das Persönlichkeitsrecht des Arbeitnehmers achten. Er muss z. B. bei sexueller Belästigung am Arbeitsplatz und bei sonstigen Belästigungen eingreifen. Dies gilt sowohl für das Verhalten anderer Arbeitnehmer als auch für Eingriffe sonstiger Personen, auf deren Verhalten der Arbeitgeber Einfluss hat. Er darf keine unbefugte Telefonüberwachung oder Videoüberwachung durchführen, keine üble Nachrede betreiben und nicht unbefugt Daten aus der Personalakte an Dritte weitergeben. Der Arbeitgeber muss den Arbeitnehmer auch vor Gesundheitsgefahren am Arbeitsplatz schützen. Dazu gehört auch die Gefahr psychischer Schäden durch ein von Einschüchterungen, Anfeindungen, Erniedrigungen, Entwürdigungen oder Beleidigungen gekennzeichnetes Umfeld (BAG v. 28.10.2010, Az. 8 AZR 546/09; LAG Rheinland-Pfalz v. 6.6.2016, Az. 1 Sa 189/15). Das LAG Mecklenburg-Vorpommern hat die diesbezüglichen Pflichten des Arbeitgebers besonders prägnant zusammengefaßt: „Nach § 241 Abs. 2 BGB ist der Arbeitgeber verpflichtet, auf das Wohl und die berechtigten Interessen des Arbeitnehmers Rücksicht zu nehmen, ihn vor Gesundheitsgefahren, auch psychischer Art, zu schützen und ihn keinem Verhalten auszusetzen, das bezweckt oder bewirkt, dass seine Würde verletzt oder ein von Einschüchterungen, Anfeindungen, Erniedrigungen, Entwürdigungen oder Beleidigungen gekennzeichnetes Umfeld geschaffen wird. Bei der Zusammenarbeit in einem Betrieb kommt es typischerweise zu Konflikten und Meinungsverschiedenheiten, ohne dass die dabei zutage tretenden Verhaltensweisen des Arbeitgebers oder der Vorgesetzten bzw. von Kollegen des Arbeitnehmers zwangsläufig zu einer widerrechtlichen Beeinträchtigung der Rechtsgüter des Arbeitnehmers führen oder einen Verstoß gegen die arbeitsvertragliche Rücksichtnahmepflicht bedeuten. Ob die Rücksichtnahmepflicht verletzt ist, richtet sich danach, wie das Verhalten des Arbeitgebers, von Vorgesetzten oder von Kollegen bei objektiver Betrachtung zu bewerten ist, nicht aber danach, wie der betroffene Arbeitnehmer dies subjektiv empfindet" (LAG Mecklenburg-Vorpommern v. 24.6.2025, Az. 5 SLa 20/25). Hierbei ist insbesondere zu beachten, dass der Arbeitgeber eine Fürsorgepflicht gegenüber den Personen hat, die Opfer sexueller Belästigung geworden sind (s. § 12 des Allgemeinen Gleichbehandlungsgesetzes), erst recht, wenn dies im Rahmen eines Über-/Unterordnungsverhältnisses geschehen ist (LAG Niedersachsen v. 29.4.2025, Az. 11 SLa 472/24). Die Fürsorgepflicht geht nicht soweit, dass der Arbeitgeber verpflichtet wäre, dem Arbeitnehmer den Namen eines Kollegen mitzuteilen, der Mitteilung über eine Dienstpflichtverletzung gemacht hat (LAG Berlin-Brandenburg v. 28.1.2016, Az. 18 Sa 1738/15).

Das Persönlichkeitsrecht des Arbeitnehmers gewinnt in höchstrichterlichen Entscheidungen eine immer größere Bedeutung. So hat das Bundesarbeitsgericht entschieden, dass eine elektronische Belastungsstatistik, die das wesentliche Aufgabenspektrum des Arbeitnehmers auf elektronischem Wege anhand einer Vielzahl von quantitativen Kriterien durchgehend detailliert erfasst und einer Auswertung zuführt unzulässig ist (BAG v. 25.4.2017, Az. 1 ABR 46/15). Auch ein elektronisches Programm, das sämtliche Tastatureingaben des Arbeitnehmers erfasst und speichert und regelmäßig Bildschirmphotos speichert ist unzulässig (BAG v. 27.7.2017, Az. 2 AZR 681/16). Sogar der große Senat des Europäischen Gerichtshofes für Menschenrechte hat sich mit dieser Problematik befassen müssen und ist zu einem ähnlichen Ergebnis gekommen (EGMR v. 5.9.2017, Beschwerde Nr. 61496/08). Die Einzelheiten sind jedoch streitig und es muss jeder Einzelfall gesondert bewertet werden.

- **Rauchen:**

  Der Arbeitgeber ist gem. § 618 BGB i. V. m. § 5 ArbStättV verpflichtet, Arbeitnehmern einen tabakrauchfreien Arbeitsplatz zur Verfügung zu stellen (→ *Rauchverbot*). Für Spielcasinos hat das BAG aber entschieden, dass der Arbeitnehmer dort nicht unbedingt einen Anspruch auf einen tabakrauchfreien Arbeitsplatz hat. Vielmehr müsse eine Abwägung zwischen der unternehmerischen Betätigungsfreiheit und den Schutzpflichten des Arbeitgebers vorgenommen werden (BAG v. 10.5.2016, Az. 9 AZR 347/15).

- **Tätigkeitsbeschreibung:**

  Aus der Fürsorgepflicht kann sich ein Anspruch des Arbeitnehmers ergeben, dass die Beschäftigungsdienststelle eine korrigierte Tätigkeitsdarstellung zwecks zutreffender tariflicher Bewertung und förmlicher Übertragung der aktuellen Aufgaben und Funktionen der für die Personalführung zuständigen Stelle vorlegt (LAG Köln v. 28.3.2013, Az. 6 Sa 577/12).

- **Umsetzung:**

  Kann der Arbeitnehmer aus gesundheitlichen Gründen auf seinem bisherigen Arbeitsplatz nicht mehr beschäftigt werden, hat er einen Anspruch auf Zuweisung eines leidensgerechten Arbeitsplatzes, wenn ein solcher frei ist. Er kann aber nicht verlangen, auf einem bestimmten, von ihm ausgewählten Arbeitsplatz beschäftigt zu werden. Auch auf eine Beförderung besteht aus der Fürsorgepflicht heraus kein Anspruch.

- **Vermögensrechtliche Belange des Arbeitnehmers:**

  Sie sind zu beachten; so folgt z. B. die Verpflichtung zur richtigen Berechnung und Abführung der Lohnsteuer und der Sozialversicherungsbeiträge auch aus der Fürsorgepflicht. So muss der Arbeitgeber den Arbeitnehmer rechtzeitig über den Erlass eines Haftungsbescheides des Finanzamtes unterrichten, um ihm die Inanspruchnahme seiner Rechtsschutzmöglichkeiten zu ermöglichen. Ferner hat der Arbeitgeber das Finanzamt auf erkennbare Unstimmigkeiten bei der Berechnung der Lohnsteuer hinzuweisen und im Interesse des Arbeitnehmers auf eine Korrektur hinzuwirken (LAG Düsseldorf v. 10.12.2014, Az. 4 Sa 400/14). Aus dem Grundsatz von Treu und Glauben kann auch ein Anspruch des Arbeitnehmers auf Auskunftserteilung bestehen, denn die arbeitsrechtlichen Nebenpflichten des Arbeitgebers beschränken sich nicht darauf, den Arbeitnehmern keine falschen und unvollständigen Auskünfte zu erteilen. Vielmehr kann der Arbeitgeber zur Vermeidung von Rechtsnachteilen der Arbeitnehmer verpflichtet sein, von sich aus geeignete Hinweise zu geben, obwohl grundsätzlich jede Partei für die Wahrnehmung ihrer Interessen selbst zu sorgen hat. Gesteigerte Informationspflichten können den Arbeitgeber vor allem dann treffen, wenn eine nachteilige Vereinbarung – etwa über die Beendigung des Arbeitsverhältnisses – auf seine Initiative und in seinem Interesse getroffen wird (BAG v. 15.4.2014, Az. 3 AZR 288/12). Maßgeblich sind immer die Umstände des Einzelfalls. So gebietet es die Fürsorgepflicht beispielsweise nicht, den Arbeitnehmer auf den drohenden Verfall seiner Ansprüche hinzuweisen, wenn vertragliche oder tarifliche Ausschlussfristen abzulaufen drohen (LAG Rheinland-Pfalz v. 17.4.2014, Az. 2 Sa 537/13). Die Rücksichtnahmepflicht des Arbeitgebers gebietet es nicht, den Arbeitnehmer auf die entgeltrechtlichen Auswirkungen einer von ihm selbst ausgelösten Herabgruppierung hinzuweisen. In diesem Zusammenhang hat das BAG nochmals klargestellt, dass keine allgemeine Pflicht des Arbeitgebers besteht, die Vermögensinteressen des Arbeitnehmers wahrzunehmen (BAG v. 5.10.2023, Az. 6 AZR 333/22). Dem Arbeitgeber obliegt es auch nicht, einen geringfügig Beschäftigten darauf hinzuweisen, dass er nicht von der Möglichkeit im Rahmen des § 40a Abs. 2 EStG Gebrauch macht, statt der „normalen" individuellen Besteuerung die Pauschalbesteuerung zu wählen. Legt der Arbeitnehmer besonderen Wert darauf, dass diese Sonderbesteuerungsart für sein Arbeitsverhältnis zur Anwendung kommt, hat er die Möglichkeit, von sich aus nachzufragen und ggf. eine entsprechende Vereinbarung vorzuschlagen (BAG v. 13.11.2014, Az. 8 AZR 817/13). Den Arbeitgeber trifft jedoch aus dem Arbeitsverhältnis die Nebenpflicht, im sozialrechtlichen Verwaltungsverfahren über die Bewilligung von Kurzarbeitergeld die Interessen der von Kurzarbeit betroffenen Arbeitnehmer zu wahren (LAG Berlin-Brandenburg v. 26.8.2022, Az. 12 Sa 297/22).

  Siehe weiter auch unter → *Haftung des Arbeitgebers*.

IV. Rechtsfolgen

Verletzt der Arbeitgeber seine Fürsorgepflicht, kann der Arbeitnehmer die Arbeit niederlegen, wenn ihm die Weiterarbeit wegen dieses Umstands nicht zumutbar ist (Zurückbehaltungsrecht).

Beispiel:

Der Arbeitnehmer hat erhebliche gesundheitliche Probleme an seinem Arbeitsplatz. Ein anderer Arbeitsplatz, der diese Belastungen nicht mit sich bringt und der auf dem bisherigen Niveau des Arbeitnehmers liegt, ist frei. Weigert sich der Arbeitgeber ohne ausreichenden Grund, ihn dort zu beschäftigen, muss der Betroffene vorerst nicht weiterarbeiten. Nicht ausreichend für eine Arbeitsniederlegung wäre es dagegen, wenn der Arbeitgeber z. B. nur seiner Verkehrssicherungspflicht auf dem Parkplatz nicht nachkommt.

Ist die Verletzung der Fürsorgepflicht schuldhaft erfolgt, können auf den Arbeitgeber auch Schadensersatzansprüche zukommen (→ *Haftung des Arbeitgebers*). Darüber hinaus kann der Arbeitnehmer in Einzelfällen auch den Erlass einer einstweiligen Verfügung beantragen, um den Arbeitgeber zu veranlassen, ihn nicht mit minderwertigen Tätigkeiten zu beschäftigen, sondern mit vertragsgemäßen Aufgaben (s. hierzu auch → *Haftung des Arbeitgebers*).

Wird durch die Verletzung der Fürsorgepflicht auch in das Persönlichkeitsrecht des Arbeitnehmers eingegriffen, kommt auch ein Schmerzensgeldanspruch in Betracht.

Beispiel:

Der Arbeitgeber bezeichnet die Arbeitnehmerin in einer von ihm vertriebenen Zeitung als „Deutschlands faulste Arbeitnehmerin", die noch nicht einmal wisse, von wem sie schwanger sei. Hier haftet der Arbeitgeber auch auf Schmerzensgeld.

Der Arbeitgeber kann vom Arbeitnehmer auch auf die Vornahme der Handlungen verklagt werden, die aus der Fürsorgepflicht resultieren.

Beispiel:

Der Arbeitgeber weigert sich, den Arbeitnehmer zu beschäftigen, ohne dass ein ausreichender Grund vorliegt. Der Arbeitnehmer kann dann eine Klage auf tatsächliche Beschäftigung erheben. Es kommt sogar der Erlass einer einstweiligen Verfügung in Betracht, mit der der Arbeitgeber noch vor einer endgültigen Entscheidung zur vorläufigen Weiterbeschäftigung verpflichtet wird.

Schließlich kann dem Arbeitnehmer auch ein Zurückbehaltungsrecht an der Arbeitsleistung zustehen, wenn der Arbeitgeber fortgesetzt seine Fürsorgepflicht verletzt. Dies wurde in einem Fall bejaht, in dem dem Arbeitgeber eine grundlose Reduzierung des Stundenlohns eines Arbeitnehmers ohne Rücksicht auf den Pfändungsschutz aus § 850c ZPO und das Aufrechnungsverbot aus § 394 BGB und damit verbunden die Auszahlung eines Entgeltes unterhalb des gesetzlichen Existenzminimums, sowie das fehlerhafte Ausstellen einer Arbeitsbescheinigung gegenüber der gesetzlichen Krankenversicherung und die unterlassene Auszahlung von Lohn trotz ausdrücklicher Freistellung von der Arbeitsleistung vorzuhalten waren (LAG Köln v. 13.5.2020, Az. 6 Sa 663/19).

Gehaltserhöhung

I. Grundsätze

Bei Abschluss des Arbeitsvertrags verständigen sich Arbeitgeber und Arbeitnehmer auf die Höhe der Arbeitsvergütung. Dabei muss der Arbeitgeber insbesondere den Mindestlohn nach dem Mindestlohngesetz (MiLoG) beachten; sind beide tarifgebunden, muss der Arbeitgeber zudem mindestens die tarifliche → *Vergütung* der einschlägigen tariflichen Lohn-/Gehaltsgruppe zahlen.

Bereits zum Zeitpunkt des Vertragsschlusses können die Parteien eine Vereinbarung über zukünftige Gehaltserhöhungen treffen. So finden sich in Arbeitsverträgen häufig Regelungen, nach denen das Gehalt nach Ablauf der Probezeit erhöht wird. Ebenso ist es denkbar, feste Gehaltserhöhungen an andere Kriterien zu knüpfen (z. B. bei späterer Übernahme einer zusätzlichen, im Vertrag bereits beschriebenen Aufgabe). Unüblich sind dagegen Vereinbarungen, nach denen das Gehalt jährlich um einen bestimmten Prozentsatz erhöht wird. Von ihnen kann im Hinblick auf die nicht vorhersehbare Entwicklung des Arbeitsverhältnisses, der Leistungen des Arbeitnehmers, der Arbeitsmarktlage und der Lebenshaltungskosten auch nur abgeraten werden. Gleiches gilt auch ausdrücklich für die häufiger in tarifungebundenen Unternehmen zu findende einzelvertragliche Vereinbarung der Anwendung eines bestimmten Lohn-/Gehaltstarifvertrags in seiner jeweils aktuellen Fassung (dynamische Inbezugnahme).

ACHTUNG!

Eine Vertragsklausel, nach der die Vergütung regelmäßig nach Ablauf von drei Jahren zu überprüfen und gegebenenfalls zu erhöhen ist, eröffnet nicht bloß einen ergebnisoffenen Verhandlungsanspruch, sondern begründet nach Auffassung des LAG Berlin-Brandenburg (23.3.2012, Az. 6 Sa 40/12) einen Anspruch des Arbeitnehmers auf eine entsprechende Leistungsbestimmung. Ist etwa eine derartige Vereinbarung mit einem außertariflich angestellten Mitarbeiter getroffen und haben sich im 3-Jahres-Zeitraum die tariflichen Gehälter erhöht, so ergibt sich aufgrund der Vertragsklausel auch ein entsprechender Anspruch auf Erhöhung für den AT-Mitarbeiter.

Wenn keine ausdrückliche Regelung hinsichtlich zukünftiger Gehaltserhöhungen getroffen wurde, hat der Arbeitnehmer – abgesehen von den nachfolgend dargestellten Ausnahmen – auch keinen Anspruch auf eine Erhöhung.

II. Anspruch des Arbeitnehmers

1. Erhöhung auf den Mindestlohn

Mit der Einführung des Mindestlohns durch das MiLoG zum 1.1.2015 hat der Arbeitnehmer einen Anspruch auf eine Stundenvergütung zumindest in Höhe des geltenden Mindestlohns. Dieser wird im Abstand von zwei Jahren angepasst. Sollte danach eine vereinbarte Vergütung unterhalb des Mindestlohns liegen, ist der Arbeitgeber gesetzlich verpflichtet, den Stundensatz mindestens auf das Niveau des Mindestlohns anzuheben. Gleiches gilt, wenn für das Arbeitsverhältnis ein durch Rechtsverordnung festgesetzter Mindestlohn auf Basis des AEntG oder auf Basis von § 5 TVG verbindlich ist. Im Rahmen der Arbeitnehmerüberlassung ist die Lohnuntergrenze nach dem AÜG zu beachten, bei deren Anpassung ebenfalls ein Anspruch der Leiharbeitnehmer auf Erhöhung besteht, sofern die Untergrenze nicht mehr eingehalten wird (vgl. dazu im Einzelnen zum Thema Mindestlohn das Stichwort → *Vergütung* III.2 und 3).

2. Tariflohnerhöhung

Bei Arbeitsverhältnissen, die vom Geltungsbereich eines Tarifvertrags erfasst sind, muss der Arbeitgeber die tariflichen Erhöhungen umsetzen, wenn er ausschließlich Tarifgehalt zahlt. Dort, wo er übertarifliche Zulagen gewährt, kann er diese auf die Tariferhöhung anrechnen. Er ist nicht verpflichtet, auch diesen Mitarbeitern die Tariferhöhung weiterzugeben, wenn die übertarifliche Zulage gleich hoch oder höher ist. Ist die übertarifliche Zulage bei einigen Arbeitnehmern niedriger als die Tariferhöhung, muss er nur den Differenzbetrag als Erhöhung an die Betreffenden weitergeben.

Eine Anrechnung ist nur dann nicht möglich, wenn der individuelle Arbeitsvertrag ein Anrechnungsverbot enthält, indem eine Zulage z. B. als „tariffest" oder als „nicht anrechenbar" bezeichnet wird.

Die Möglichkeit der Anrechnung muss nicht ausdrücklich im Arbeitsvertrag erwähnt werden. Da sie jedoch regelmäßig bei den betroffenen Arbeitnehmern auf Unverständnis stößt und Diskussionen auslöst, sollte der Arbeitsvertrag einen ausdrücklichen Hinweis beinhalten.

Formulierungsbeispiel:

„Der das Tarifgehalt übersteigende Betrag in Höhe von zur Zeit € . . . . gilt als frei vereinbarte, auf Tariferhöhungen anrechenbare übertarifliche Zulage."

Der Betriebsrat hat bei der Anrechnung kein Mitbestimmungsrecht, wenn der Arbeitgeber die Tariflohnerhöhung vollständig und gleichmäßig auf die übertariflichen Zulagen anrechnet.

Bleibt dagegen bei der Entscheidung des Arbeitgebers über die Anrechnung Entscheidungsspielraum, muss er den Betriebsrat nach § 87 Abs. 1 Nr. 10 BetrVG beteiligen. Das ist der Fall, wenn der Arbeitgeber eine Tarifgehaltserhöhung nur teilweise auf die übertariflichen Zulagen anrechnet (BAG v. 10.3.2009, Az. 1 AZR 55/08).

ACHTUNG!

Verletzt der Arbeitgeber das Mitbestimmungsrecht des Betriebsrats, führt dies insgesamt zur Unwirksamkeit der Anrechnung (BAG, a. a. O.).

3. Gleichbehandlungsgrundsatz

Ein Anspruch des Arbeitnehmers auf eine Gehaltserhöhung kann sich aus dem Gleichbehandlungsgrundsatz ergeben (→ *Gleichbehandlung*). Erhöht der Arbeitgeber allgemein (d. h. bei 80 bis 90 % der Belegschaft) die Gehälter und Löhne, darf er einzelne Arbeitnehmer nicht ausnehmen, wenn die Erhöhung auch dem Kaufkraftausgleich dient.

Da die Rechtsprechung jedenfalls einen Teilbetrag der Erhöhung regelmäßig als Kaufkraftausgleich bewertet, führt dies im Ergebnis oft dazu, dass bei einer breit angelegten Gehaltserhöhung kein Arbeitnehmer gänzlich ausgelassen werden darf. Dies gilt auch dann, wenn die Erhöhungen zu verschiedenen Zeitpunkten und in individuell unterschiedlicher Höhe erfolgen. Inwieweit in den Erhöhungen ein Grundbetrag zum Ausgleich der Preissteigerungen liegt, soll durch Schätzung ermittelt werden, ggf. auch durch Rückgriff auf den Preisindex.

Nur dann, wenn der Arbeitgeber darlegt, dass er mit einer Gehaltserhöhung einen ganz konkreten anderen Zweck verfolgt und er die Arbeitnehmer auf diese Zwecksetzung auch ausdrücklich hingewiesen hat, ist eine andere Beurteilung gerechtfertigt. So ist kein Verstoß gegen den Gleichbehandlungsgrundsatz anzunehmen, wenn Gehaltsreduzierungen ausgeglichen werden sollen, auf die sich ein Teil der Mitarbeiter in den Monaten zuvor eingelassen hatte, und ihre Einkommenslage nach der Erhöhung der früheren Situation wieder näher gekommen ist (BAG v. 15.7.2009, Az. 5 AZR 486/08; BAG v. 23.2.2011, Az. 5 AZR 84/10). Gleiches gilt für den Fall, dass der Arbeitgeber erkennbar mit der nur einem Teil der Mitarbeiter gewährten Erhöhung ausschließlich eine Angleichung der Arbeitsbedingungen vornehmen will. In diesem Fall steht der Gleichbehandlungsgrundsatz der Wirksamkeit ebenso wenig entgegen, wie der Umstand, dass eine Lohnerhöhung zwingend auch immer einen Ausgleich für die – alle Arbeitnehmer treffende – Geldentwertung darstellt (BAG v. 14.3.2007, Az. 5 AZR 420/06; BAG v. 27.7.2010, Az. 1 AZR 874/08). Dabei darf er allerdings bestehende Vergütungsunterschiede nicht überkompensieren. Gegenüberzustellen ist das Arbeitsentgelt, das der nicht begünstigte Arbeitnehmer aufgrund der für ihn geltenden arbeitsvertraglichen Regelungen tatsächlich verdient, und dasjenige Arbeitsentgelt, das er erhalten würde, wenn er zu den Konditionen der begünstigten Arbeitnehmer arbeiten würde (BAG v. 3.9.2014, Az. 5 AZR 6/13).

Beispiel:

Für einen Teil der Mitarbeiter gilt die 37,5-Stunden-Woche, für einen anderen Teil die 40-Stunden-Woche. Stellt sich dabei heraus, dass die Mitarbeiter mit der 40-Stunden-Woche auf eine niedrigere Stundenvergütung kommen, als die Mitarbeiter mit der 37,5-Stunden-Woche, so kann der Arbeitgeber die Monatsgehälter der auf 40-Stunden-Basis arbeitenden Mitarbeiter maximal soweit erhöhen, bis der gleiche Stundensatz erreicht ist, den die auf 37,5-Stunden-Basis tätigen Mitarbeiter erzielen. Wenn damit zugleich die Mitarbeiter mit der 37,5-Stunden-Woche keine Gehaltserhöhung erhalten, führt dies nicht zu einem Verstoß gegen den Gleichbehandlungsgrundsatz (BAG v. 17.3.2010, Az. 5 AZR 168/09).

Arbeitnehmer, die eine ihnen vorgeschlagene Änderung ihres Arbeitsvertrags ablehnen, können sich ebenfalls nicht erfolgreich auf den Gleichbehandlungsgrundsatz berufen, wenn der Arbeitgeber ihnen nicht die Gehaltserhöhung gewährt, die er den anderen Arbeitnehmern vertraglich schuldet, die ein entsprechendes Änderungsangebot angenommen haben (BAG v. 14.12.2011, Az. 5 AZR 675/10).

Beispiel:

Ein tarifungebundener Arbeitgeber bietet seinen Mitarbeitern, die eine vertragliche Bezugnahme auf einen Tarifvertrag haben, einen neuen Arbeitsvertrag an, in dem die tarifliche Bezugnahme entfällt, der dafür aber ein um 3 % höheres Gehalt vorsieht. Der Anspruch auf Erhöhung steht dann auch nur den Mitarbeitern zu, die den geänderten Vertrag unterschreiben; die übrigen Mitarbeiter können einen Erhöhungsanspruch dann auch nicht über den Gleichbehandlungsgrundsatz durchsetzen.

Kritisch ist es dagegen, wenn der Arbeitgeber einer Gruppe von Mitarbeitern, die sich zuvor auf eine Lohnkürzung und eine Verlängerung ihrer Arbeitszeit eingelassen haben, unterschiedliche Erhöhungen gewährt. Er gibt damit zu erkennen, dass er nicht nur den Nachteil ausgleichen, sondern auch bestimmte Leistungen honorieren will. Er muss damit nicht nur den Gleichbehandlungsgrundsatz innerhalb der Gruppe der Begünstigten beachten, sondern auch die Mitarbeiter einbeziehen, die keiner Verschlechterung ihrer Arbeitsbedingungen zugestimmt haben. Der Arbeitgeber ist dabei zur Offenlegung sämtlicher Kriterien verpflichtet, die er einer leistungsabhängigen Entgelterhöhung zugrunde gelegt hat. Kommt er dieser Verpflichtung nicht nach, können die nicht begünstigten Arbeitnehmer Gleichbehandlung nach Maßgabe der begünstigten Gruppe verlangen und bei unterschiedlichen Erhöhungen einen gewichteten Durchschnittswert beanspruchen (BAG v. 23.2.2011, Az. 5 AZR 84/10).

Einen Verstoß gegen den Gleichbehandlungsgrundsatz stellt es dar, wenn der Arbeitgeber die Höherverdienenden ohne sachlichen Grund von einer Gehaltserhöhung ausschließt. Ebenso wenig darf er erkrankte Arbeitnehmer bei einer Gehaltserhöhung durch vertragliche Einheitsregelung grundsätzlich unberücksichtigt lassen.

Ohne sachlichen Grund ist es auch unzulässig, bei tariflichen Lohnerhöhungen eine unterschiedliche Anrechnung auf die Effektivlöhne vorzunehmen. Soweit der Arbeitgeber bei einer Mehrheit der Arbeitnehmer von einer Anrechnung absieht, darf er nicht bei Einzelnen ohne nachvollziehbare Erwägungen eine vollständige oder auch nur teilweise Anrechnung vornehmen.

Differenziert der Arbeitgeber bei Gehaltserhöhungen nach einem oder mehreren Kriterien, die bei allen Begünstigten vorliegen, so können sich Mitarbeiter, die ebenfalls die Voraussetzungen erfüllt haben, aber übergangen worden sind, auf den Gleichbehandlungsgrundsatz berufen. Die Frage ist in diesen Fällen, wie der übergangene Mitarbeiter nachweisen kann, dass der Arbeitgeber bestimmte Kriterien angelegt hat. Hier soll der Arbeitgeber in einem möglichen Rechtsstreit darlegen müssen, wie groß der begünstigte Personenkreis ist, wie er sich zusammensetzt, wie er abgegrenzt ist und warum der übergangene Mitarbeiter nicht dazugehört. Der Mitarbeiter muss sodann darlegen, dass er die vom Arbeitgeber vorgegebenen Voraussetzungen erfüllt hat.

Der Gleichbehandlungsgrundsatz kommt dagegen dann nicht zur Anwendung, wenn es sich um individuell vereinbarte Löhne und Gehälter handelt und der Arbeitgeber nur einzelne Arbeitnehmer besser stellt. Ist die Anzahl der begünstigten Arbeitnehmer im Verhältnis zur Gesamtzahl der betroffenen Arbeitnehmer sehr gering (kleiner als 5 %), kann ein nicht begünstigter Arbeitnehmer aus dem Gleichbehandlungsgrundsatz keinen Anspruch auf Vergütung herleiten.

Beispiel:

Der Arbeitgeber erhöht bei 4 AT-Angestellten die Gehälter um 3 %, nimmt aber eine entsprechende Erhöhung bei den weit über 100 übrigen AT-Angestellten nicht vor. Die nicht begünstigten Arbeitnehmer haben hier keinen Anspruch aus dem Gleichbehandlungsgrundsatz.

Ebenso kann der Arbeitgeber einem später eingestellten, mit gleichen Aufgaben betrauten Arbeitnehmer ein deutlich höheres Gehalt zahlen als einem zuvor eingestellten Arbeitnehmer, insbesondere dann, wenn der neu eingestellte Arbeitnehmer über höherwertigere Berufsabschlüsse oder größere Berufserfahrung verfügt. Aus dem arbeitsrechtlichen Gleichbehandlungsgrundsatz ergibt sich regelmäßig kein Anspruch des zuvor eingestellten Arbeitnehmers auf eine höhere Vergütung (LAG Mecklenburg-Vorpommern v. 28.1.2025, Az. 5 SLa 159/24).

Der Arbeitgeber ist nicht verpflichtet, die Gründe einer von ihm vorgenommenen Differenzierung gegenüber einem Arbeitnehmer allein auf dessen Verlangen nach Gleichbehandlung zu nennen. Es reicht aus, wenn er diese erst in einem möglichen Prozess darlegt. Hier muss er dann jedoch sämtliche Zwecke seiner freiwilligen Leistung als auch die Grundsätze ihrer Verteilung substantiiert offenlegen (BAG v. 12.1.2011, Az. 7 ABR 15/09; BAG v. 23.2.2011, Az. 5 AZR 84/10).

4. Erheblicher Anstieg der Lebenshaltungskosten

Die Höhe der Arbeitsvergütung wird nicht zuletzt von den zum Zeitpunkt des Vertragsschlusses bestehenden Lebenshaltungskosten bestimmt. Erhöhen sich diese Kosten im Laufe des Arbeitsverhältnisses in erheblichem Umfang, kann dies dazu führen, dass das Gehalt den neuen Umständen anzupassen ist.

Voraussetzung ist in jedem Fall, dass infolge der Inflation ein grobes Missverhältnis zwischen den beiderseitigen vertraglichen Leistungspflichten entstanden ist. Ob eine Anpassung erfolgen muss und wie diese auszusehen hat, richtet sich dabei nach den Umständen des Einzelfalls. Auf der einen Seite ist die wirtschaftliche Leistungsfähigkeit des Arbeitgebers zu berücksichtigen, auf der anderen Seite ist es von erheblicher Bedeutung, wie lange das Gehalt unverändert geblieben ist.

5. Betriebliche Übung

Ein Anspruch auf Gehaltserhöhung aus → *betrieblicher Übung* besteht nicht. Auch wenn ein Arbeitgeber das Gehalt seiner Arbeitnehmer in der Vergangenheit in jedem Jahr erhöht hat, folgt daraus kein Anspruch auf eine Fortsetzung in der Zukunft. Gleiches gilt für den Fall, dass ein nicht-tarifgebundener Arbeitgeber wiederholt Tariflohnerhöhungen an seine Mitarbeiter weitergegeben hat. Ohne deutliche Anhaltspunkte, dass er auf Dauer die von den Tarifvertragsparteien ausgehandelten Tariflohnerhöhungen übernehmen will, kann eine betriebliche Übung der Erhöhung der Löhne und Gehälter entsprechend der Tarifentwicklung in einem bestimmten Tarifgebiet nicht entstehen. Vielmehr ist davon auszugehen, dass ein solcher Arbeitgeber gerade deshalb nicht Mitglied eines Arbeitgeberverbands ist, weil er sich nicht für die Zukunft der Regelungsmacht der Verbände unterwerfen will. Die nicht vorhersehbare Dynamik der Lohnentwicklung und die hierdurch verursachten Personalkosten sprechen grundsätzlich gegen einen objektiv erkennbaren rechtsgeschäftlichen Willen des Arbeitgebers für eine dauerhafte Entgeltanhebung entsprechend der Tarifentwicklung in einem bestimmten Tarifgebiet (BAG v. 19.10.2011, Az. 5 AZR 359/10; vgl. aber auch BAG v. 19.9.2018, Az. 5 AZR 439/17: Hier hat das BAG in der konkreten Fallkonstellation deutliche Ansatzpunkte für einen Bindungswillen erkannt und damit einen Anspruch aus betrieblicher Übung bejaht).

Ebenso wenig haben außertarifliche Angestellte, die in jeweiliger Anlehnung an die tarifliche Entwicklung eine Gehaltserhöhung erhalten haben, einen Anspruch auf eine Fortsetzung dieser Vorgehensweise in der Zukunft (vgl. aber auch BAG v. 27.2.2019, Az. 5 AZR 354/18: Hier hat das BAG in der konkreten Fallkonstellation eine betriebliche Übung erkannt).

TIPP!

Ein tarifgebundener Arbeitgeber, der in der Vergangenheit über Jahre keine Anrechnung der Tariferhöhungen auf die übertariflichen Zulagen vorgenommen hat, ist nicht daran gehindert, diese Praxis anlässlich einer neuen Tariferhöhung aufzugeben.

Gewinnbeteiligung

I. Begriff und Abgrenzung

Die Gewinnbeteiligung (Tantieme) ist eine Erfolgsvergütung, die an die Arbeitnehmer eines Unternehmens oder Unternehmensteils (z. B. Filiale, Betrieb, Betriebsabteilung) gezahlt wird, um sie am Geschäftsergebnis teilhaben zu lassen. Es handelt sich um eine zusätzliche → *Vergütung*. Oft sind nur einzelne Arbeitnehmer – in der Regel leitende Angestellte – gewinnbeteiligungsberechtigt, weil sie eine für das Unternehmen oder den Unternehmensteil zentrale Tätigkeit ausüben.

Die Gewinnbeteiligung richtet sich im Allgemeinen nach dem jährlichen Gewinn des Unternehmens oder Unternehmensteils, von dem ein bestimmter Prozentsatz an die Arbeitnehmer ausgeschüttet wird.

Von der Gewinnbeteiligung ist die → *Provision* zu unterscheiden, durch die der Provisionsberechtigte eine Beteiligung an dem Wert derjenigen Geschäfte erhält, die durch ihn zustande gekommen sind (Vermittlungsprovision).

Um eine Mischform zwischen Gewinnbeteiligung und → *Provision* handelt es sich schließlich bei der Umsatzprovision als Beteiligung an dem Wert sämtlicher Geschäfte eines Unternehmens oder Unternehmensteils. Von der Gewinnbeteiligung unterscheidet sie sich dadurch, dass sie sich am Umsatz und nicht am Gewinn ausrichtet, von der Vermittlungsprovision dadurch, dass sie sich nicht am Erfolg des einzelnen Arbeitnehmers bemisst.

II. Grundlage

Rechtsgrundlage einer Gewinnbeteiligung kann der Arbeitsvertrag sein. Dies ist regelmäßig dann der Fall, wenn eine Gewinnbeteiligung nicht allen Arbeitnehmern, sondern nur einzelnen, insbesondere leitenden Arbeitnehmern zugesagt wird. Darüber hinaus kommen als Anspruchsgrundlage eine Gesamtzusage, → *Betriebsvereinbarung* oder eine tarifvertragliche Regelung in Betracht.

WICHTIG!

Wenn der Arbeitgeber eine Gewinnbeteiligung nicht mit einzelnen Arbeitnehmern individuell aushandelt, sondern diese einheitlich für den ganzen Betrieb, einzelne Betriebsabteilungen oder Arbeitnehmergruppen aufstellt, muss er den Gleichbehandlungsgrundsatz beachten (BAG v. 24.10.2006, Az. 9 AZR 681/05).

III. Inhalt einer Gewinnbeteiligungszusage

Unabhängig davon, auf welcher Rechtsgrundlage eine Gewinnbeteiligung gewährt wird, muss für folgende Punkte eine Regelung getroffen werden:

1. Art und Weise der Berechnung/Abrechnungs- und Auszahlungszeitpunkt

Zentraler Punkt einer Gewinnbeteiligungszusage ist die Frage der Berechnung, die konkret festgelegt werden muss. So kann etwa bestimmt werden, dass eine Ausschüttung erst im Fall eines Gewinns von mindestens .... % vom Netto-Umsatz vor/nach Steuern erfolgt. Zudem müssen der Betrachtungszeitraum – i.d.R. das Geschäftsjahr – und die Gesamtausschüttung (X % des Gewinns) benannt und der Zeitpunkt der Abrechnung und Auszahlung – wie etwa drei Monate nach Vorlage der von den Wirtschaftsprüfern erstellten Bilanzen – bestimmt sein.

2. Anspruchsberechtigte

Ebenso ist eindeutig zu klären, wer einen Anspruch auf die Gewinnbeteiligung hat. Dabei spielen etwa folgende Fragen eine Rolle: Wie lange muss ein Arbeitnehmer im jeweiligen Geschäftsjahr beschäftigt sein, um überhaupt anspruchsberechtigt zu sein? Sind vorübergehend tätige Aushilfen sowie Praktikanten und Werkstudenten ausgenommen?

Da es sich bei der Tantieme um einen Teil des Entgelts für die vertragliche geschuldete Arbeitsleistung handelt, dürfen Mitarbeiter, die im Laufe des Geschäftsjahres ausscheiden, nicht ausgeschlossen werden, sondern müssen zumindest eine anteilige Gewinnbeteiligung erhalten. Das gilt auch dann, wenn die Tantieme erst im Folgejahr ausgezahlt werden soll.

3. Verteilung der Ausschüttungssumme auf die Anspruchsberechtigten

Hinsichtlich der Verteilung der Ausschüttungssumme muss geklärt sein, ob die Verteilung in Abhängigkeit von der Höhe des Einkommens oder nach Köpfen ohne Unterscheidung nach Position, Höhe des Einkommens, Betriebszugehörigkeit oder Ähnlichem erfolgen soll. Festgelegt werden muss zudem, ob und gegebenenfalls, wie die Arbeitnehmer berücksichtigt werden, die nicht im gesamten Betrachtungszeitraum im Unternehmen tätig waren (z. B. $^1/_{12}$ für jeden bezahlten vollen Kalendermonat). Auch für Teilzeitbeschäftigte sollte eine Regelung vereinbart werden, wonach z. B. ein Anspruch auf Gewinnbeteiligung im Verhältnis ihrer vertraglichen Arbeitszeit zur Arbeitszeit eines Vollzeitbeschäftigten besteht.

4. Sonderfälle

Für häufiger auftretende Konstellationen, wie etwa Krankheit und unbezahlten Urlaub sollte ebenfalls eine Regelung getroffen werden:

Dabei bestehen keine Bedenken, wenn für Zeiten unbezahlten Urlaubs ein Anspruch auf Gewinnbeteiligung ausgeschlossen wird. Gleiches gilt für Zeiten, in denen das Arbeitsverhältnis aus anderen Gründen ruht, wie insbesondere bei Elternzeit oder auch bei Pflegezeiten nach dem Pflegezeitgesetz.

Im Falle der Arbeitsunfähigkeit wegen Krankheit kann vereinbart werden, dass nur die Zeit der Lohnfortzahlung (in der Regel sechs Wochen), nicht aber darüber hinausgehende Krankheitszeiten bei der Berechnung der Gewinnbeteiligung berücksichtigt werden.

IV. Auskunftsanspruch

Ist dem Arbeitnehmer eine Gewinnbeteiligung zugesagt worden, hat er gegen den Arbeitgeber zugleich einen Anspruch auf die erforderlichen Auskünfte, damit er die vom Arbeitgeber vorgenommene Berechnung nachvollziehen kann.

WICHTIG!

Der Arbeitgeber ist nicht verpflichtet, dem Arbeitnehmer die Bilanzen, Gewinn- und Verlustrechnungen vorzulegen.

Im Streitfall muss er die Unterlagen jedoch einem unparteiischen Wirtschaftsprüfer vorlegen, damit die Berechnung der Gewinnbeteiligung überprüft werden kann.

V. Fälligkeit

Wenn der Arbeitgeber den Auszahlungszeitpunkt nicht ausdrücklich in der Gewinnbeteiligungszusage festgelegt hat (s. o. III.), wird der Anspruch auf die Tantieme fällig, sobald die Bilanz festgestellt ist oder bei ordnungsgemäßem Geschäftsgang hätte festgestellt sein sollen.

Sind nach der Gewinnbeteiligungszusage auch Arbeitnehmer gewinnbeteiligungsberechtigt, die im Laufe des Geschäftsjahres ausscheiden, muss der Arbeitgeber keine Zwischenbilanz aufstellen. Maßgebend ist auch für diese Arbeitnehmer die Jahresbilanz, wobei sich ihr Anspruch allerdings auf den Gewinnanteil mindert, der dem Zeitraum der Beschäftigung entspricht.

VI. Beteiligung des Betriebsrats

Es liegt in der freien Entscheidung des Arbeitgebers, ob er in seinem Unternehmen eine Gewinnbeteiligung einführen will oder nicht. Der Betriebsrat hat in dieser Frage kein Mitbestimmungsrecht. Insbesondere kann er die Einführung einer Gewinnbeteiligung nicht über ein Einigungsstellenverfahren erzwingen.

Hat der Arbeitgeber sich jedoch für die Einführung einer Gewinnbeteiligung entschieden, hat der Betriebsrat bei der Ausgestaltung ein erzwingbares Mitbestimmungsrecht (§ 87 Abs. 1 Nr. 10 BetrVG). Dieses erzwingbare Beteiligungsrecht wird regelmäßig durch Abschluss einer → *Betriebsvereinbarung* ausgeübt. Dabei handelt es sich um eine sog. teilmitbestimmte Betriebsvereinbarung.

Bestehen bereits einzelvertragliche Zusagen auf eine Gewinnbeteiligung, so ist diese Zusage Teil der vereinbarten vertraglichen Gesamtvergütung. Bietet der Arbeitgeber später allen anspruchsberechtigten Arbeitnehmern für die Beseitigung des Anspruchs auf die Gewinnbeteiligung eine Einmalzahlung an, so ändert er damit die bis dahin geltenden Entlohnungsgrundsätze und muss damit den Betriebsrat zwingend beteiligen. Dabei muss er selbst dann eine erzwingbare Einigung mit ihm erzielen, wenn die anstelle der Gewinnbeteiligung angebotene Einmalzahlung für den einzelnen Arbeitnehmer günstiger ist (BAG v. 14.1.2014, Az. 1 ABR 57/12).

VII. Muster: Betriebsvereinbarung – Gewinnbeteiligung

Musterschreiben und Vertragsgestaltungen müssen den jeweiligen Notwendigkeiten und den individuellen Bedürfnissen der Arbeitsvertragsparteien Rechnung tragen. Die in diesem Werk abgebildeten Muster können hierbei nur eine Hilfe sein. Deshalb ist im Einzelfall zu prüfen, inwieweit hier vorgeschlagene Formulierungen sinnvoll oder entbehrlich sind. Die Anpassung an den jeweiligen Einzelfall ist daher zwingend notwendig.

[weiteres Formulierungsbeispiel unter → *Arbeitsvertrag*]

1. Die nach den nachfolgenden Regelungen berechtigten Mitarbeiter werden ab dem Geschäftsjahr .... an der erzielten Umsatzrendite beteiligt. Die Umsatzrendite ist der Anteil des Gewinns am Umsatz. Mit der Gewinnbeteiligung sollen sie am Erfolg der Gesellschaft teilhaben.
2. Gewinnbeteiligt sind alle Mitarbeiter, die im jeweiligen Geschäftsjahr ununterbrochen als Arbeitnehmer bei der Gesellschaft beschäftigt sind. Mitarbeiter, die im Laufe des Geschäftsjahres ihre Tätigkeit aufgenommen haben, erhalten eine anteilige Gewinnbeteiligung und zwar pro vollem Kalendermonat ein Zwölftel des sich nach Nr. 3 errechnenden Gewinnanteils.

   Bei Mitarbeitern, deren Arbeitsverhältnis aufgrund unbezahlten Urlaubs, Elternzeit, Pflegezeit nach dem Pflegezeitgesetz im Geschäftsjahr zeitweise ruht, wird die Gewinnbeteiligung für den gesamten Ruhenszeitraum anteilig gekürzt. Fehlzeiten wegen Erkrankung führen nur insoweit zu einer Kürzung der Gewinnbeteiligung als sie Zeiten der Lohnfortzahlung überschreiten.
3. Der Gewinnanteil jedes Mitarbeiters richtet sich nach der im Geschäftsjahr erreichten Umsatzrendite. Beträgt die Umsatzrendite weniger als 3 %, entfällt eine Leistung. Liegt sie bei 3 % oder darüber, wird die Leistung in Höhe eines Prozentsatzes der Monatsbezüge der einzelnen Mitarbeiter nach folgender Staffel gewährt:

Umsatzrendite	Gewinnbeteiligung im Prozentsatz der Monatsbezüge
3 – 4 %	10 – 20 %
4 – 5 %	20 – 30 %
5 – 6 %	30 – 40 %
7 – 8 %	40 – 50 %
über 8 %	50 %

   Die Monatsbezüge der berechtigten Mitarbeiter sind das jeweilige Brutto-Grundgehalt ohne Überstundenvergütung, Tantiemen, Gratifikationen, Urlaubsgeld, Weihnachtsgeld und sonstige nicht monatlich regelmäßig anfallende Zahlungen. Für die Berechnung wird auf den letzten Monat des Beteiligungsjahres abgestellt. Die Monatsbezüge werden bis zu einem Höchstbetrag von € 5.000 berücksichtigt.
4. Die Gewinnanteile sind zur Auszahlung fällig spätestens sechs Monate nach Abschluss des Geschäftsjahres oder drei Monate nach Feststellung des Jahresabschlusses (Bilanz, Gewinn- und Verlustrechnung). Der Gewinnanteil wird nach Abzug gesetzlicher Abgaben mit den Bezügen abgerechnet, die im Fälligkeitsmonat zur Abrechnung kommen.
5. Gegen die Berechnung des Gewinnanteils können nur innerhalb einer Ausschlussfrist von drei Monaten nach Fälligkeit Einwendungen erhoben werden. Diese müssen in Textform erfolgen.

Gleichbehandlung

I. Begriff

Die Gleichbehandlung von Arbeitnehmern ist ein sehr wichtiger Grundsatz des Arbeitsrechts. So findet sich in Art. 3 Abs. 1 GG der allgemeine Gleichheitssatz: „Alle Menschen sind vor dem Gesetz gleich." Dieser wird ergänzt durch den Gleichberechtigungssatz in Art. 3 Abs. 2 GG, also die Gleichberechtigung von Männern und Frauen und die speziellen Diskriminierungsverbote in Art. 3 Abs. 3 GG wegen des Geschlechts, der Abstammung, der Rasse, der Sprache, der Heimat, der Herkunft, des Glaubens, der religiösen oder politischen Anschauungen oder der Behinderung. Zwar wirken die Grundrechte im Arbeitsverhältnis nicht unmittelbar, allerdings finden sich die Grundgedanken dieser verfassungsrechtlichen Normen auch in zivilrechtlichen Grundsätzen und Gesetzen wieder. Insbesondere aber der allgemeine arbeitsrechtliche Gleichbehandlungsgrundsatz (s. III.) verankert den verfassungsrechtlichen Gleichbehandlungsgrundsatz im Arbeitsrecht.

Aber auch auf einfach-gesetzlicher Ebene gibt es Verbotsnormen, die Diskriminierungen untersagen. Hier ist insbesondere das in Umsetzung mehrerer EU-Richtlinien 2006 in Kraft getretene Allgemeine Gleichbehandlungsgesetz (AGG) zu erwähnen. Ziel dieses Gesetzes ist es, in allen Bereichen des Arbeitsrechts eine Benachteiligung von Beschäftigten wegen ihres Geschlechts, ihrer Rasse oder ethnischen Herkunft, ihrer Religion oder Weltanschauung, ihres Alters, ihrer Behinderung und/oder ihrer sexuellen Identität zu verhindern oder zu beseitigen. Dieses Gesetz regelt umfassend verschiedene Arten von Diskriminierungen, die im Umfeld eines Arbeitsverhältnisses eine Rolle spielen können. Deshalb ist das AGG Schwerpunkt der nachfolgenden Ausführungen.

Aber auch auf betriebsverfassungsrechtlicher Ebene hat der Gedanke der Gleichbehandlung seinen Niederschlag gefunden.

So haben Arbeitgeber und Betriebsrat gemäß dem in § 75 BetrVG geregelten betriebsverfassungsrechtlichen Gleichbehandlungsgrundsatz dafür zu sorgen, dass jedwede Diskriminierung wegen der oben genannten Merkmale unterbleibt. Dies gilt insbesondere für Betriebsvereinbarungen.

Beispiel:

Eine Betriebsvereinbarung, die das Tragen einer einheitlichen Dienstkleidung für Arbeitnehmergruppen unterschiedlich regelt, benötigt für diese Ungleichbehandlung eine sachliche Rechtfertigung, die dem Regelungszweck entspricht. Dies ist nicht der Fall, wenn für das Cockpitpersonal in dem der Öffentlichkeit zugänglichen Flughafenbereich das Tragen einer „Cockpit-Mütze" nur für männliche, nicht aber auch für weibliche Cockpitmitglieder vorgeschrieben ist. Denn das Ziel der Betriebsvereinbarung, durch die einheitliche Dienstkleidung das Cockpitpersonal in der Öffentlichkeit als hervorgehobene Repräsentanten des Luftfahrtunternehmens kenntlich zu machen, rechtfertigt keine unterschiedliche Behandlung. Diese Betriebsvereinbarung verstößt gegen den betriebsverfassungsrechtlichen Gleichbehandlungsgrundsatz und ist unwirksam. Deshalb musste nicht mehr entschieden werden, ob auch eine Benachteiligung wegen des Geschlechts vorlag (BAG v. 30.9.2014, Az. 1 AZR 1083/12).

II. Allgemeines Gleichbehandlungsgesetz (AGG)

1. Ziel

Ziel des am 18.8.2006 in Kraft getretenen Allgemeinen Gleichbehandlungsgesetzes (AGG) ist es, eine Benachteiligung von Beschäftigten wegen

- ihres Geschlechts,
- ihrer Rasse oder ethnischen Herkunft,
- ihrer Religion oder Weltanschauung,
- ihres Alters,
- ihrer Behinderung und/oder
- ihrer sexuellen Identität

zu verhindern oder zu beseitigen.

2. Anwendungsbereich

Das AGG findet in sämtlichen Bereichen des Arbeitsrechts Anwendung.

Beschäftigte im Sinne des AGG sind:

- Arbeitnehmer,
- Auszubildende,
- Bewerber,
- Leiharbeitnehmer,
- arbeitnehmerähnliche Personen,
- Heimarbeiter und ihnen Gleichgestellte, sowie
- ausgeschiedene Beschäftigte.

WICHTIG!

Soweit es den Zugang zur Erwerbstätigkeit oder den beruflichen Aufstieg betrifft, können sich auf die Vorschriften des AGG auch Selbstständige und Organmitglieder (Geschäftsführer und Vorstände) berufen. Nach der dem AGG zugrunde liegenden Richtlinie 2000/43/EG werden auch potenzielle Bewerber von dem Gleichbehandlungsgrundsatz ohne Unterschied der Rasse oder der ethnischen Herkunft geschützt. Die öffentliche Äußerung eines Arbeitgebers, er werde keine Arbeitnehmer einer bestimmten ethnischen Herkunft oder Rasse einstellen, begründet nach Auffassung des EuGH eine unmittelbare Diskriminierung bei der Einstellung, da solche Äußerungen bestimmte Bewerber ernsthaft davon abhalten können, ihre Bewerbungen einzureichen, und damit ihren Zugang zum Arbeitsmarkt behindern (EuGH v. 10.7.2008, Az. C-54/07 [Feryn]).

Die Regelungen des Gesetzes richten sich an Arbeitgeber als natürliche und juristische Personen sowie rechtsfähige Personengesellschaften, Entleiher, Auftraggeber und Zwischenmeister.

3. Diskriminierungsverbote

3.1 Übersicht

Das Gesetz verbietet sowohl unmittelbare wie auch mittelbare Benachteiligungen.

Eine unmittelbare Benachteiligung liegt nach § 3 Abs. 1 AGG vor, wenn eine Person wegen der in § 1 AGG (s. o. 1.) genannten Gründe eine weniger günstige Behandlung erfährt, als eine andere Person in der vergleichbaren Situation erfährt, erfahren hat oder erfahren würde. Für die Beurteilung kommt es jedoch nicht auf das subjektive Empfinden der betroffenen Person an. Vielmehr ist darauf abzustellen, ob aus Sicht eines vernünftigen Dritten in vergleichbarer Situation des Betroffenen die fragliche Handlung als Zurücksetzung empfunden werden kann.

In einem Anfang 2016 entschiedenen Fall hat das BAG jedoch klargestellt, dass eine weniger günstige Behandlung von über 60-jährigen Arbeitnehmern nicht vorliegt, wenn der Arbeitgeber aufgrund eines Konzepts „60+" diesen Arbeitnehmern ein Angebot auf Beendigung des Arbeitsverhältnisses macht, über welches diese frei entscheiden können. Hier hat der Arbeitnehmer die freie Entscheidung, ob er von der zusätzlichen Möglichkeit, das Arbeitsverhältnis früher zu beenden, Gebrauch machen will oder nicht (BAG v. 17.3.2016, Az. 8 AZR 677/14).

WICHTIG!

Die unmittelbare Benachteiligung muss in vergleichbarer Situation geschehen. Ist der „Beschäftigte" erst Bewerber, so muss seine Bewerbung mit der anderer Bewerber vergleichbar sein. Dies ist nach dem vom Arbeitgeber entwickelten Anforderungsprofil zu beurteilen, wenn dieses nach der allgemeinen Verkehrsanschauung plausibel erscheint und der Arbeitgeber sich auch daran hält (BAG v. 19.8.2010, Az. 8 AZR 466/09).

Beispiel:

Die Ausschreibung einer Stelle für eine „junge und dynamische Mitarbeiterin" kann eine unmittelbare Benachteiligung gegenüber Älteren und Männern darstellen. Das BAG hat eine unmittelbare Benachteiligung wegen des Alters angenommen, als in einer Stellenausschreibung eine Tätigkeit „mit einem jungen dynamischen Team" angeboten wurde (BAG v. 11.8.2016, Az. 8 AZR 406/14). Anders beurteilte das BAG hingegen eine Stellenausschreibung, die den Hinweis auf ein „junges, dynamisches Unternehmen" enthielt. Bezugspunkt war hier nicht ein konkretes „Team", sondern das „Unternehmen" insgesamt. Nach Auffassung des BAG sagt das Alter eines Unternehmens nichts darüber aus, wie alt die dort Beschäftigten sind. Deshalb lässt sich aus der Bezeichnung als „junges, dynamisches Unternehmen" auch keine bestimmte Erwartung an das Lebensalter des/der Stellenbewerbers/in ableiten, weshalb auch kein Verstoß gegen das Verbot der Altersdiskriminierung angenommen wurde (BAG v. 23.11.2017, Az. 8 AZR 604/16).

ACHTUNG!

Nach einer Entscheidung des EuGH (Urteil v. 17.7.2008, Az. C-303/06) handelt es sich auch um eine unmittelbare Diskriminierung, wenn ein Arbeitnehmer, der nicht selbst behindert ist, wegen der Behinderung seines Kindes durch einen Arbeitgeber eine weniger günstige Behandlung erfährt als ein anderer Arbeitnehmer.

Eine mittelbare Benachteiligung liegt vor, wenn dem Anschein nach neutrale Vorschriften, Kriterien oder Verfahren Personen wegen einer der vorgenannten Diskriminierungsgründe gegenüber anderen Personen in besonderer Weise benachteiligen können, soweit die betreffenden Vorschriften, Kriterien oder Verfahren nicht durch ein rechtmäßiges Ziel sachlich gerechtfertigt und die Mittel zur Erreichung dieses Zieles angemessen und erforderlich sind.

Beispiel:

Benachteiligungen von Teilzeitkräften z. B. durch eine niedrigere Vergütung im Verhältnis zu Vollzeitkräften stellt eine mittelbare Benachteiligung dar, da in der Regel vorwiegend Frauen in Teilzeit arbeiten.

Auch in einem neuen BAG-Urteil vom 18.1.2023 (Az. 5 AZR 108/22) wurde eine mittelbare Benachteiligung von Teilzeitkräften bejaht.

Das BAG entschied, dass geringfügig Beschäftigte, die in Bezug auf Umfang und Lage der Arbeitszeit keinen Weisungen des Arbeitgebers unterliegen, jedoch Wünsche anmelden können, denen dieser allerdings nicht nachkommen muss, bei gleicher Qualifikation für die identische Tätigkeit keine geringere Stundenvergütung erhalten dürfen als vollzeitbeschäftigte Arbeitnehmer, die durch den Arbeitgeber verbindlich zur Arbeit eingeteilt werden.

Der Kläger war als Rettungsassistent im Rahmen eines geringfügigen Beschäftigungsverhältnisses beim Unternehmen tätig. Das Unternehmen beschäftigt sog. „hauptamtliche" Rettungsassistenten in Voll- und Teilzeit, mit einer Stundenvergütung von 17 EUR brutto und sog. „nebenamtliche" Rettungsassistenten (geringfügig Beschäftigte), mit einer Stundenvergütung von 12 EUR brutto und begründet diese Differenzierung damit, dass mit den hauptamtlichen Rettungsassistenten größere Planungssicherheit und weniger Planungsaufwand herrsche. Hierin hat das BAG zu Recht eine mittelbare Diskriminierung gesehen. Das Unternehmen hat die Höhe der Stundenvergütung nicht unmittelbar am Umfang der Arbeitszeit angeknüpft. Eine mittelbare Ungleichbehandlung liegt aber darin, dass den nebenamtlichen Rettungsassistenten, die nicht in Dienstpläne eingeteilt werden, eine geringere Stundenvergütung gezahlt wird. Davon sind ausschließlich Teilzeitbeschäftigte betroffen.

Auch Belästigungen (Einschüchterung, Anfeindung, Erniedrigung, Entwürdigung und Beleidigung), sexuelle Belästigung (unerwünschtes, sexuell bestimmtes Verhalten, Bemerkungen sexuellen Inhalts usw.) und Anweisungen hierzu gelten als Benachteiligung im Sinne des Gesetzes. Eine sexuelle Belästigung kann „an sich" einen geeigneten wichtigen Grund für eine außerordentliche Kündigung darstellen. Sie liegt vor, wenn ein unerwünschtes, sexuell bestimmtes Verhalten, wozu auch sexuell bestimmte körperliche Berührungen und Bemerkungen sexuellen Inhalts gehören, bezweckt oder bewirkt, dass die Würde der betreffenden Person verletzt wird. Im Unterschied zu § 3 Abs. 3 AGG können auch einmalige sexuell bestimmte Verhaltensweisen den Tatbestand einer sexuellen Belästigung erfüllen (BAG v. 29.6.2017, Az. 2 AZR 302/16). Ob die Kündigung jedoch verhältnismäßig ist, muss in jedem Einzelfall separat geprüft werden (BAG v. 20.11.2014, Az. 2 AZR 651/13). Allerdings setzt die sexuelle Belästigung keine sexuelle Motivation voraus. Die absichtliche Berührung primärer oder sekundärer Geschlechtsmerkmale eines anderen ist sexuell bestimmt im Sinne von § 3 Abs. 4 AGG. Es handelt sich um einen Eingriff in die körperliche Intimsphäre (BAG v. 29.6.2017, Az. 2 AZR 302/16). Ein sexualbezogener Übergriff liegt aber auch dann vor, wenn bspw. die Genitalien eines anderen zwar nicht berührt, aber unter Missachtung seines Rechts auf Selbstbestimmung, wem gegenüber und in welcher Situation er sich unbekleidet zeigen möchte, entblößt werden. Auch ein solches Verhalten hat das Geschlechtliche im Menschen zum unmittelbaren Gegenstand. Für das „Bewirken" eines sexuell bestimmten Verhaltens i. S. v. § 3 Abs. 4 AGG genügt der bloße Eintritt der Belästigung. Gegenteilige Absichten oder Vorstellungen der für dieses Ergebnis aufgrund ihres Verhaltens objektiv verantwortlichen Person spielen auch hier dann keine Rolle mehr (BAG v. 20.5.2021, Az. 2 AZR 596/20).

Benachteiligungen aus einem der o. g. Gründe sind gem. § 2 Abs. 1 Nr. 1–4 AGG unzulässig in Bezug auf:

- die Bedingungen, einschließlich Auswahlkriterien und Einstellungsbedingungen, für den Zugang zu unselbstständiger und selbstständiger Erwerbstätigkeit, unabhängig von Tätigkeitsfeld und beruflicher Position, sowie für den beruflichen Aufstieg;
- die Beschäftigungs- und Arbeitsbedingungen einschließlich Arbeitsentgelt und Entlassungsbedingungen, insbesondere in individual- und kollektivrechtlichen Vereinbarungen und Maßnahmen bei der Durchführung und Beendigung eines Beschäftigungsverhältnisses sowie beim beruflichen Aufstieg;
- den Zugang zu allen Formen und allen Ebenen der Berufsberatung, der Berufsbildung einschließlich der Berufsausbildung, der beruflichen Weiterbildung und der Umschulung sowie der praktischen Berufserfahrung sowie
- die Mitgliedschaft und Mitwirkung in einer Beschäftigten- oder Arbeitgebervereinigung oder einer Vereinigung, deren Mitglieder einer bestimmten Berufsgruppe angehören, einschließlich der Inanspruchnahme der Leistungen solcher Vereinigungen.

Nicht jede unterschiedliche Behandlung ist jedoch eine verbotene Diskriminierung. So erlauben die §§ 8, 9 und 10 AGG eine unterschiedliche Behandlung unter bestimmten Voraussetzungen, z. B. wegen unterschiedlicher beruflicher Anforderungen.

Eine mittelbare Benachteiligung liegt nicht vor, wenn die unterschiedliche Behandlung durch ein rechtmäßiges Ziel sachlich gerechtfertigt ist und die Mittel zur Erreichung dieses Ziels angemessen und erforderlich sind. Rechtmäßige Ziele i. S. d. § 3 Abs. 2 AGG können alle nicht ihrerseits diskriminierenden und auch sonst legalen Ziele sein. Dazu gehören auch privatautonom bestimmte Ziele des Arbeitgebers, z. B. betriebliche Notwendigkeiten und Anforderungen an persönliche Fähigkeiten des Arbeitnehmers. Als rechtmäßiges Ziel kommt auch die möglichst optimale Erledigung der anfallenden Arbeit in Betracht (BAG v. 28.1.2010, Az. 2 AZR 764/08).

Religionsgemeinschaften oder Tendenzbetriebe können bei Beschäftigungsverhältnissen von der Pflicht zur Gleichbehandlung in Bezug auf Religion oder Weltanschauung abweichen, wenn und soweit die Religion oder Weltanschauung einer Person nach der Art der Tätigkeit eine gerechtfertigte berufliche Anforderung darstellt.

Allerdings hatte das BAG dem EuGH in diesem Zusammenhang mehrere Fragen vorgelegt. Es wollte wissen, ob nach EU-Recht ein kirchlicher Arbeitgeber verbindlich selbst bestimmen kann, ob eine bestimmte Religion eines Bewerbers nach der Art der Tätigkeit oder der Umstände ihrer Ausübung eine wesentliche rechtmäßige und gerechtfertigte berufliche Anforderung angesichts seines/ihres Ethos darstellt. Sofern diese Frage verneint wird: Muss eine rechtfertigende Vorschrift wie § 9 Abs. 1 Alt. 1 AGG in einem Rechtsstreit, ob die Konfession – vorliegend Konfessionslosigkeit – bei der Einstellung berücksichtigt werden darf, unangewendet bleiben? Sofern die erste Frage verneint wird, wollte das BAG weiterhin wissen, welche Anforderungen an die Art der Tätigkeit oder die Umstände ihrer Ausübung als wesentliche, rechtmäßige und gerechtfertigte berufliche Anforderungen angesichts des Ethos der Organisation nach EU-Recht zu stellen sind (BAG v. 17.3.2016, Az. 8 AZR 501/14 [A]). Zwischenzeitlich wurden diese Vorlagefragen vom EuGH mit Urteil vom 17.4.2018 entschieden (Az. C-414/16 Vera Egenberger/Evangelisches Werk für Diakonie und Entwicklung eV). Zunächst ist es den nationalen Gerichten erlaubt zu prüfen, ob das Erfordernis der Konfessionszugehörigkeit für das Anstellungsverhältnis bei einer Religionsgemeinschaft wesentlich, rechtmäßig und gerechtfertigt ist. Bei dieser wesentlichen, rechtmäßigen und gerechtfertigten beruflichen Anforderung handele es sich um eine Anforderung, die notwendig und angesichts des Ethos der betreffenden Religionsgemeinschaft aufgrund der Art der in Rede stehenden beruflichen Tätigkeit oder der Umstände ihrer Ausübung objektiv geboten sein müsse und keine sachfremden Erwägungen ohne Bezug zu diesem Ethos oder dem Recht dieser Religionsgemeinschaft auf Autonomie enthalten dürfe. Da der Verhältnismäßigkeitsgrundsatz hierbei zu wahren sei, müssten die nationalen Gerichte eine Interessenabwägung vornehmen zwischen dem Recht auf Autonomie der Kirchen und dem Recht der Arbeitnehmer, nicht wegen der Religionszugehörigkeit diskriminiert zu werden.

ACHTUNG!

Erfolgt eine unterschiedliche Behandlung wegen mehrerer der in § 1 AGG genannten Gründe, so kann diese unterschiedliche Behandlung gerechtfertigt werden, wenn sich die Rechtfertigung auf alle diese Gründe erstreckt, derentwegen die unterschiedliche Behandlung erfolgt.

Positive Ungleichbehandlungen sind gem. § 5 AGG zulässig, wenn darauf gerichtete Maßnahmen geeignet und angemessen sind, bestehende Nachteile wegen eines in § 1 AGG genannten Grundes zu verhindern oder auszugleichen.

Beispiel:

Spezielle Fördermaßnahmen zum Ausgleich bestehender Nachteile (z. B. Frauenförderung, Maßnahmen für Behinderte)

3.2 Diskriminierung wegen des Geschlechts

Geschützt ist die biologische Zuordnung zum männlichen oder weiblichen Geschlecht. Auch die Transsexualität ist durch das AGG vor Diskriminierung geschützt. Das BAG hat Ende 2015 entschieden, dass die Transsexualität zwar nicht als solche zu den in § 1 AGG genannten Gründen gehört, an die das Benachteiligungsverbot in § 7 Abs. 1 AGG anknüpft. Sie kann allerdings sowohl beim Grund „Geschlecht" als auch beim Grund „sexuelle Identität" (s. u. 3.7) von Bedeutung sein (BAG v. 17.12.2015, Az. 8 AZR 421/14).

ACHTUNG!

Derzeit offen ist die Frage, ob auch ein drittes Geschlecht gem. den Bestimmungen des AGG vor Benachteiligungen zu schützen ist.

Mit Beschluss vom 10.10.2017 (Az. 1 BvR 2019/16) hat das BVerfG entschieden, dass Personen, die sich dauerhaft weder dem männlichen noch dem weiblichen Geschlecht zuordnen lassen, in ihren Grundrechten verletzt werden, wenn das Personenstandsrecht dazu zwingt, das Geschlecht zu registrieren, aber keinen anderen positiven Geschlechtseintrag als weiblich oder männlich zulässt.

Zwar erging die obige Entscheidung des BVerfG zum Geburtenregister. Eine Übertragung der darin enthaltenen Grundsätze auf das Arbeitsrecht erscheint jedoch nicht undenkbar. Insbesondere auf die Frage einer geschlechtsneutralen Stellenausschreibung könnte der Beschluss Auswirkungen haben, da bei der Verwendung bloß des Zusatzes (m/w) eine Benachteiligung des dritten Geschlechts nun indiziert sein könnte. Zur Vermeidung dieser Problematik empfiehlt sich daher eine Anpassung des in Stellenbeschreibungen meist enthaltenen Zusatzes bspw. in (m/w/d*) [*diverse] oder (gn*) [*geschlechtsneutral]. In diesem Zusammenhang wurde nun zumindest in zweiter Instanz entschieden, dass bspw. die Verwendung eines Gendersternchens in einer Stellenausschreibung mehrgeschlechtlich geborene Menschen nicht diskriminiert (LAG Schleswig-Holstein v. 22.6.2021, Az. 3 Sa 37 öD/21). So sei das Ziel des Gendersternchens gerade, niemanden zu diskriminieren und die Vielfalt der Geschlechter deutlich zu machen. Die Verwendung der Formulierung „schwerbehinderte Bewerber*innen" anstelle der Formulierung „schwerbehinderte Menschen" stelle mithin keine Diskriminierung wegen des Geschlechts dar.

Ein Arbeitgeber darf einen Arbeitnehmer insbesondere bei der Arbeitsplatzausschreibung, der Begründung des Arbeitsverhältnisses, beim beruflichen Aufstieg, bei einer Weisung oder im Falle einer Kündigung nicht wegen seines Geschlechts benachteiligen.

WICHTIG!

Bereits am 6.7.2017 ist das Entgelttransparenzgesetz (siehe hierzu unter dem Stichwort „Vergütung") in Kraft getreten. Laut Gesetzgeber soll es die Transparenz über Entgeltregelungen und geschlechtsspezifische Entgeltstrukturen fördern, um auch mittelbare, verdeckte Benachteiligungen bei der Vergütung von Männern und Frauen zu erkennen und zu beseitigen. In diesem Zusammenhang wurde nun durch das BAG mit Urteil vom 21.1.2021 (Az. 8 AZR 488/19) entschieden, dass wenn eine Frau auf gleiches Entgelt für gleiche oder gleichwertige Arbeit klagt, der Umstand, dass ihr Entgelt geringer ist als das vom Arbeitgeber nach §§ 10 ff. EntgTranspG mitgeteilte Vergleichsentgelt (Median-Entgelt) der männlichen Vergleichsperson(en), regelmäßig die – vom Arbeitgeber widerlegbare – Vermutung begründet, dass die Benachteiligung beim Entgelt wegen des Geschlechts erfolgt ist. Bestehe eine solche Vermutung, so habe der Arbeitgeber zur Widerlegung dieser vorzutragen und gegebenenfalls zu beweisen, dass die festgestellte unterschiedliche Vergütung durch objektive Faktoren, die nichts mit einer Diskriminierung aufgrund des Geschlechts zu tun hätten, zu erklären sei und dass die Ungleichbehandlung auch tatsächlich ausschließlich auf anderen Gründen als dem unterschiedlichen Geschlecht der Arbeitnehmer, also auf einem geschlechtsunabhängigen Unterschied beruhe. Auf Kriterien und Faktoren, die im Ergebnis Frauen stärker nachteilig beträfen als Männer, könne eine Entgeltdifferenzierung nur gestützt werden, wenn sie der Art der Arbeit geschuldet seien und zu den (legitimen) Bedürfnissen und Zielen des Unternehmens in Beziehung stünden. Bloße allgemeine Behauptungen des Arbeitgebers genügten indes nicht, eine entsprechende Vermutung zu widerlegen.

Dies gilt nicht nur für vertragliche Bestimmungen, sondern auch für sonstige Maßnahmen des Arbeitgebers (wie z. B. die Nichtverlängerung eines befristeten Arbeitsvertrags wegen Mutterschutzes).

Die Bestimmung schützt vor unmittelbarer und mittelbarer Diskriminierung. Um eine mittelbare Diskriminierung handelt es sich, wenn

- eine Regelung vorliegt, durch die eine bestimmte Gruppe von Arbeitnehmern ausgeschlossen wird und
- durch diese Regelung wesentlich mehr Personen des einen als des anderen Geschlechts betroffen werden.

Mit Urteil vom 16.2.2023 (Az. 8 AZR 450/21) hat das BAG entschieden, dass eine Frau Anspruch auf gleiches Entgelt für gleiche oder gleichwertige Arbeit hat, wenn der Arbeitgeber männlichen Kollegen aufgrund des Geschlechts ein höheres Entgelt zahlt. Daran ändert sich nichts, wenn der männliche Kollege ein höheres Entgelt fordert und der Arbeitgeber dieser Forderung nachgibt.

Die Arbeitnehmerin erhielt von Januar bis Oktober 2017 1.000 Euro monatlich weniger Gehalt als ihr männlicher Kollege. Ab Juli 2018 betrug die monatliche Differenz 500 Euro. Das BAG gestand der Arbeitnehmerin die vollständige Differenzzahlung sowie eine Entschädigung in Höhe von 2.000 EUR aufgrund der Diskriminierung wegen Ihres Geschlechts zu.

Neu: Das BAG hat mit Urteil vom 23.10.2025 (Az. 8 AZR 300/24) die Anforderungen an die Darlegungslast weiter präzisiert. Danach genügt künftig bereits der Vergleich mit einem einzelnen männlichen Kollegen, um die gesetzliche Vermutung einer geschlechtsbezogenen Entgeltbenachteiligung nach § 22 AGG auszulösen. Arbeitgeber können diese Vermutung nur noch durch den Nachweis eines objektiven, geschlechtsneutralen Grundes widerlegen, etwa wenn die höhere Vergütung auf messbare Leistungs-, Qualifikations- oder Erfahrungsunterschiede zurückgeht. Damit stärkt das Gericht die Durchsetzung des Equal-Pay-Grundsatzes erheblich: Der früher häufig geforderte Median- oder Gruppenvergleich ist nicht mehr erforderlich.

TIPP!

Ein besseres Verhandlungsgeschick ist demnach kein objektives Kriterium, das eine unterschiedliche Vergütung rechtfertigen kann. Unterschiedliche Gehälter sind natürlich weiterhin möglich. Hierbei sollte aber immer auf objektive Kriterien abgestellt werden, z. B. einschlägige Berufserfahrung, Qualifikationen, Fremdsprachenkenntnisse. Dies sollte dokumentiert werden, insbesondere bei intransparenten Entgeltsystemen. Beispiel für zulässige Rechtfertigung: Das Unternehmen stellt auf Mandarin-Kenntnisse des männlichen Vertriebsleiters ab, der für die Stelle im asiatischen Raum wichtige Zusatzkenntnisse und damit eine höhere Vergütung erhalten darf als seine lediglich Englisch sprechende Kollegin.

WICHTIG!

Der Ausschluss von Teilzeitbeschäftigten von bestimmten Leistungen ist ein Fall der mittelbaren Diskriminierung, da Teilzeitbeschäftigte vorwiegend Frauen sind. Eine Ungleichbehandlung kann u. U. auch dann vorliegen, wenn die Regelungen für Vollzeit- und Teilzeitbeschäftigte auf den ersten Blick identisch sind. Wird z. B. für alle Beschäftigten vereinbart, dass die Mehrarbeit von bis zu drei Stunden im Monat nicht extra vergütet wird, so werden nach Auffassung des EuGH (EuGH v. 27.5.2004, Az. C-285/02 Elsner-Lakeberg/Land Nordrhein-Westfalen) hiervon Teilzeitbeschäftigte stärker belastet als vollzeitbeschäftigte Arbeitnehmer.

Eine unterschiedliche Behandlung wegen des Geschlechts ist nur möglich, wenn gemäß § 8 Abs. 1 AGG das Geschlecht wegen der Art der auszuübenden Tätigkeit eine wesentliche und entscheidende berufliche Anforderung darstellt, sofern der Zweck rechtmäßig und die Anforderungen angemessen sind (vgl. BAG v. 14.8.2007, Az. 9 AZR 943/06).

So hat das BAG in seiner Entscheidung vom 28.5.2009, Az. 8 AZR 536/08 die Entschädigungsklage eines männlichen Bewerbers auf die Stelle einer „Erzieherin" in einem Mädcheninternat abgewiesen, da ein nicht unerheblicher Teil der Arbeitszeit (25 %) im Nachtdienst (mit der Überwachung von Schlaf-, Wasch- und Toilettenräumen) zu verrichten war. Eine Gemeinde darf bei der Besetzung der Stelle der kommunalen Gleichstellungsbeauftragten die Bewerberauswahl auf Frauen beschränken, wenn ein Schwerpunkt der Tätigkeit in Projekt- und Beratungsangeboten liegt, deren Erfolg bei Besetzung der Stelle mit einem Mann gefährdet wäre. Ein solcher Fall liegt vor, wenn sich die Angebote an Frauen in Problemlagen richten, in denen die Betroffene typischerweise zu einer weiblichen Gleichstellungsbeauftragten leichter Kontakt aufnehmen kann und sich ihr besser offenbaren kann oder ausreichende Lösungskompetenzen nur einer Frau zutraut (BAG v. 18.3.2010, Az. 8 AZR 77/09).

ACHTUNG!

Bloße Zweckmäßigkeitserwägungen reichen für eine Ungleichbehandlung wegen des Geschlechts aber nicht aus.

Verstößt der Arbeitgeber bei der Begründung eines Arbeitsverhältnisses gegen das Benachteiligungsverbot, hat der benachteiligte Bewerber Anspruch auf eine angemessene Entschädigung.

Die frühere Beschränkung der Entschädigung auf drei Monatsverdienste ist aufgehoben worden. Sie gilt nur, wenn der Bewerber auch bei benachteiligungsfreier Auswahl nicht eingestellt worden wäre. Der Arbeitgeber trägt die Darlegungs- und Beweislast, dass er den Bewerber auch bei benachteiligungsfreier Auswahl nicht eingestellt hätte.

Der benachteiligte und nicht eingestellte Bewerber hat jedoch nur Anspruch auf Entschädigung und keinen Anspruch auf Abschluss eines Arbeitsvertrags. Auch im Falle der Diskriminierung beim beruflichen Aufstieg kann der Arbeitnehmer lediglich Entschädigung und nicht Erfüllung einklagen (außer, er hat auf den Aufstieg einen Rechtsanspruch, z. B. laut Vertrag).

Der Arbeitnehmer muss im Prozess lediglich die Ungleichbehandlung darlegen und beweisen. Macht er eine geschlechtsbezogene Ungleichbehandlung soweit glaubhaft, muss der Arbeitgeber dann die unterschiedliche Behandlung rechtfertigen bzw. nachweisen, dass er den Bewerber auch bei benachteiligungsfreier Auswahl nicht eingestellt hätte.

Beispiele:

Bewirbt sich eine schwangere Arbeitnehmerin um eine Beförderungsstelle und besetzt der Arbeitgeber, dem die Schwangerschaft bekannt ist, diese Stelle mit einem männlichen Mitbewerber, so hat die Arbeitnehmerin eine geschlechtsspezifische Benachteiligung dann glaubhaft gemacht, wenn sie außer der Schwangerschaft weitere Tatsachen vorträgt, welche eine Benachteiligung wegen ihres Geschlechts vermuten lassen. An diesen weiteren Tatsachenvortrag sind keine strengen Anforderungen zu stellen (BAG v. 27.1.2011, Az. 8 AZR 483/09). Hierbei sind etwa auch Behauptungen zu berücksichtigen, die Arbeitnehmerin sei die Vertreterin für den zu besetzenden Posten gewesen und die Person, die diesen Posten vorher innehatte, habe ihr seine Nachfolge in Aussicht gestellt. Ebenso ist die Behauptung zu berücksichtigen, die Arbeitnehmerin sei bei der Mitteilung ihrer Nichtberücksichtigung damit getröstet worden, dass sie sich auf ihr Kind freuen solle (BAG v. 24.4.2008, Az. 8 AZR 257/07). Allein das Vorliegen einer Schwangerschaft bei der gegenüber einem männlichen Mitbewerber nicht berücksichtigten Bewerberin um eine Beförderungsstelle reicht für die Glaubhaftmachung einer geschlechtsbedingten Benachteiligung nicht aus. Wenn hingegen das befristete Arbeitsverhältnis einer schwangeren Mitarbeiterin nicht verlängert worden ist, während die befristeten Arbeitsverträge aller vergleichbaren Kollegen verlängert wurden, so liegen ausreichende Indiztatsachen für die Beweislastumkehr gem. § 22 AGG vor (LAG Köln v. 6.4.2009, Az. 5 Ta 89/09).

Wenn aber der Arbeitgeber keine Kenntnis von der Schwangerschaft einer Arbeitnehmerin hat und in Unkenntnis dessen eine Kündigung ausspricht, so ist weder die Kündigung selbst, noch ein „Festhalten" an dieser Kündigung ein Indiz für eine Benachteiligung wegen des Geschlechts (BAG v. 17.10.2013, Az. 8 AZR 742/12). Wird aber unter Verstoß gegen das Mutterschutzgesetz einer schwangeren Arbeitnehmerin eine Kündigung erklärt, stellt dies eine Benachteiligung wegen des Geschlechts dar und kann einen Anspruch auf Entschädigung auslösen (BAG v. 12.12.2013, Az. 8 AZR 838/12). Auch bei einer Kündigung wegen der beabsichtigten Durchführung einer In-vitro-Fertilisation und der damit einhergehenden Möglichkeit einer Schwangerschaft liegt eine Diskriminierung wegen des Geschlechts vor (BAG v. 26.3.2015, Az. 2 AZR 237/14). Auch das für eine Einstellung bestehende Erfordernis einer bestimmten Mindestkörpergröße kann eine unerlaubte Diskriminierung von Frauen darstellen, wenn hiermit eine viel höhere Zahl von Personen weiblichen Geschlechts als männlichen Geschlechts benachteiligt wird und dies für die Erreichung des rechtmäßigen Ziels auch nicht geeignet und erforderlich ist (EuGH v. 18.10.2017, Az. C-409/16 Ypourgos Esoterikon, Ypourgos Ethnikis paideias kai Thriskevmaton/Maria-Eleni Kalliri).

Ein Indiz für eine unmittelbare Benachteiligung einer Bewerberin wegen des Geschlechts kann vorliegen, wenn auf dem mit dem Absageschreiben zurückgesandten Lebenslauf bei der Angabe „ein Kind" handschriftlich „7 Jahre alt!" hinzugefügt wurde und der ganze Schriftzug unterstrichen ist (BAG v. 18.9.2014, Az. 8 AZR 753/13).

TIPP!

Es sollte generell unterlassen werden, auf Bewerbungsunterlagen, die von Bewerbern im Original zugeschickt und die im Falle einer Absage an den Bewerber zurückgeschickt werden, Vermerke, Hervorhebungen oder Kommentare vorzunehmen. Diese können ein Indiz für eine Benachteiligung darstellen und erschweren somit einen möglichen Entschädigungsprozess aufgrund der Umkehrung der Darlegungs- und Beweislast erheblich.

ACHTUNG!

Besondere Vorsicht ist bereits bei der Stellenausschreibung geboten, die grundsätzlich geschlechtsneutral zu formulieren ist. So wurden z. B. Arbeitgeber wegen einer geschlechtsbedingten Benachteiligung auf Entschädigungszahlungen verurteilt, die per Stellenanzeige einen

„branchenkundigen Außendienstverkäufer" oder eine „routinierte und stresserprobte Sekretärin" gesucht und einen jeweils andersgeschlechtlichen Bewerber abgelehnt haben. Auch der Begriff des „Geschäftsführers" ist nicht geschlechtsneutral, sondern eine männliche Berufsbezeichnung und sollte daher in Stellenausschreibungen mindestens mit dem Zusatz (m/w) versehen werden. Um jedoch die Frage zu vermeiden, ob hierdurch ein drittes Geschlecht benachteiligt wird (s.o.), empfiehlt sich die Verwendung des Zusatzes (m/w/d*) [*diverse] oder (gn*) [*geschlechtsneutral].

In diesem Zusammenhang kommt es grundsätzlich auch nicht darauf an, welche Motive den Stellenausschreiber dazu veranlasst haben, einen anderen Bewerber einzustellen (z. B. Nachweis der besseren Qualifikation), es sei denn, er kann die gesetzliche Vermutung einer geschlechtsbezogenen Benachteiligung durch konkrete Nachweise zur Überzeugung des Arbeitsgerichts widerlegen. Für die Geltendmachung einer Entschädigung reicht es aus, dass ein tragfähiges Indiz (hier die Stellenanzeige) für einen Diskriminierungswillen des Stellenausschreibers spricht, und zwar auch dann, wenn neben der verbotenen Benachteiligung auch andere Gründe (sog. Motivbündel) für die Ablehnung des Bewerbers entscheidend waren.

Allerdings handelt es sich bei der verpflichtenden Angabe der Anrede „Frau" oder „Herr" in einem Online-Bewerbungsformular nicht um ein Indiz für eine Benachteiligung wegen des Geschlechts. Die Auswahlmöglichkeit lässt nicht darauf schließen, dass beispielsweise Bewerbungen von Frauen nicht erwünscht sind (BAG v. 15.12.2016, Az. 8 AZR 418/15).

Eine mittelbare Diskriminierung wegen des Geschlechts kann auch dann vorliegen, wenn eine Entschädigungszahlung im Falle der betriebsbedingten Kündigung einer Mitarbeiterin, die während der Elternzeit ihrer Arbeit beim bisherigen Arbeitgeber in Teilzeit nachgeht, nicht auf Basis des Vollzeitgehalts berechnet wird, da nach der Geburt eines Kindes deutlich mehr Frauen als Männer in Teilzeit arbeiten. So hat der EuGH hierzu unlängst entschieden (EuGH v. 8.5.2019, Az. C-486/18), dass die Entlassungsentschädigung einer unbefristet in Vollzeit angestellten Arbeitnehmerin, der während einer Elternteilzeit gekündigt wird, vollständig auf der Grundlage des Vollzeitentgelts zu zahlen ist. So verstoße die vom Arbeitgeber vorgenommene Berücksichtigung des während der Elternzeit erzielten (geringeren) Teilzeitentgelts gegen die Rahmenvereinbarung über den Elternurlaub. Denn anderenfalls bestehe die Gefahr, dass Arbeitnehmer/-innen davon abgehalten würden, Elternurlaub zu nehmen. Arbeitgeber hingegen könnten sich dazu veranlasst sehen, bevorzugt diejenigen Arbeitnehmer/-innen zu entlassen, die sich im Elternurlaub befinden, um so eine geringere Entlassungsentschädigung entrichten zu müssen. Das wiederum liefe jedoch unmittelbar dem Zweck der Rahmenvereinbarung über den Elternurlaub zuwider, zu deren Zielen insbesondere eine bessere Vereinbarkeit von Familien- und Berufsleben gehöre.

Keine Diskriminierung aufgrund des Geschlechts liegt laut BAG dagegen bei einer aufgrund der Elternzeit gehemmten Stufenlaufzeit vor. Eine im öffentlichen Dienst beschäftigte Frau klagte darauf, dass ihre Elternzeit für die Berechnung ihres Altersstufenaufstiegs mit eingerechnet werden müsse. Die Hemmung der Stufenlaufzeit während der Inanspruchnahme von Elternzeiten durch § 17 Abs. 3 Satz 2 TVöD-AT ist nach Auffassung des BAG (Urteil vom 22.2.2024, Az. 6 AZR 126/23) mit höherrangigem Recht vereinbar. Die Klägerin wird durch die Regelung des § 17 Abs. 3 Satz 2 Halbs. 2 TVöD-AT nicht wegen ihres Geschlechts diskriminiert, da die Bestimmung weder unmittelbar noch mittelbar geschlechtsdiskriminierende Wirkung entfalte. Des Weiteren gebiete, so das Gericht weiter, auch die Regelung des § 15 Abs. 2 Satz 6 BEEG nicht die Berücksichtigung der Elternzeit für den Stufenaufstieg im Entgeltsystem des TVöD. Insbesondere müssten die Tarifvertragsparteien nicht für einen Ausgleich der Nachteile sorgen, die sich für die Beschäftigten daraus ergaben, dass nach der gesetzlichen Ausgestaltung das Arbeitsverhältnis in der Zeit des Erziehungsurlaubs ruht.

Auch in Zusammenhang mit Regelungen zur betrieblichen Altersversorgung kann die Frage nach der unzulässigen Diskriminierung wegen des Geschlechts eine Rolle spielen. So hatte sich das BAG mit Urteil vom 3.6.2020 (3 AZR 480/18) unter anderem genau mit dieser Frage zu befassen. Hintergrund war ein bei der Beklagten kraft Gesamtbetriebsvereinbarung geltender Pensionsplan, welcher einen Anspruch auf vorgezogene Pension ab dem 55. Lebensjahr vorsah. Die Höhe des Ruhegelds bestimmte sich nach der anrechnungsfähigen Dienstzeit und dem Gehalt der letzten fünf Dienstjahre. Bei Mitarbeitern, die im Laufe ihrer Betriebszugehörigkeit abschnittsweise teilzeitbeschäftigt waren, wurde ein durchschnittlicher Beschäftigungsgrad für das gesamte Arbeitsverhältnis berechnet und ins Verhältnis zum Beschäftigungsgrad bei durchgehender Vollzeitbeschäftigung gesetzt. Da die Klägerin während ihres Arbeitsverhältnisses auch in Teilzeit tätig war, ergab sich gemäß den zugrunde liegenden Regelungen eine Reduzierung des bei ihr zu berücksichtigenden ruhegeldfähigen Arbeitseinkommens entsprechend ihres durchschnittlichen Teilzeitgrads auf 71,5 %. Dennoch bestehe nach Auffassung des BAG in diesem Vorgehen keine mittelbare Benachteiligung wegen des Geschlechts nach §§ 1, 3 Abs. 2, 7 AGG. Zwar läge gem. § 3 Abs. 2 AGG eine mittelbare Benachteiligung immer dann vor, wenn dem Anschein nach neutrale Vorschriften, Kriterien oder Verfahren Personen wegen eines in § 1 AGG genannten Grundes – u. a. wegen des Geschlechts – gegenüber anderen Personen in besonderer Weise benachteiligen können. Allerdings gelte dies dann nicht, wenn die betreffenden Vorschriften, Kriterien oder Verfahren durch ein rechtmäßiges Ziel sachlich gerechtfertigt und die Mittel zur Erreichung dieses Ziels angemessen und erforderlich seien. Eine unzulässige mittelbare Benachteiligung wegen des Geschlechts i. S. d. § 3 Abs. 2 AGG liege nicht darin, dass die Mehrzahl der Teilzeitarbeitnehmer der Beklagten weiblichen Geschlechts sind und daher in besonderer Weise von der Bildung eines Beschäftigungsquotienten nach der entsprechenden Regelung des Pensionsplans betroffen sind. Eine mittelbare Diskriminierung scheidet insoweit bereits deshalb aus, weil der pro-rata-temporis-Grundsatz gewahrt sei. Es fehle daher an einer Benachteiligung i. S. d. § 3 AGG.

3.3 Diskriminierung aus Gründen der Rasse oder der ethnischen Herkunft

§ 1 AGG schützt umfassend vor ethnisch motivierter Benachteiligung. Die beiden Merkmale sind daher sehr weit auszulegen. Nachdem der Gesetzgeber die Existenz von Rassen ausdrücklich ablehnt, erfolgt eine Diskriminierung aus Gründen der Rasse, wenn der Arbeitgeber rassistisch motiviert handelt. Wenn er also einen Arbeitnehmer ungünstiger behandelt, da er ihn z. B. wegen Hautfarbe, Physiognomie oder Körperbau zu einer bestimmten Gruppe rechnet.

Insgesamt ist eine Abgrenzung der beiden Merkmale schwierig. Die ethnische Herkunft erfasst die Unterscheidungskriterien, anhand derer die unterschiedliche Herkunft von Menschen festgestellt werden kann. Die Geschichte einer Gruppe, deren kulturelle Tradition, feste Gebräuche und Sitten, aber auch äußerliche Merkmale, wie die Physiognomie, können hier herangezogen werden. Eine gemeinsame Sprache oder ein Dialekt können ein Indiz für eine gemeinsame ethnische Herkunft darstellen. Daher kann selbst die Unterscheidung nach Bayern, Schwaben oder Badener an die ethnische Herkunft anknüpfen. Ob Ostdeutsche an sich eine eigene Ethnie darstellen, ist umstritten, wurde aber vom Arbeitsgericht Stuttgart verneint (ArbG Stuttgart v. 15.4.2010, Az. 17 Ca 8907/09 (-) OSSI).

Beispiel:

Die öffentliche Äußerung eines Arbeitgebers, er werde keine Arbeitnehmer einer bestimmten ethnischen Herkunft oder Rasse einstellen, begründet eine unmittelbare Diskriminierung bei der Einstellung, da solche Äußerungen bestimmte Bewerber davon abhalten können, ihre

Bewerbungen einzureichen, und damit ihren Zugang zum Arbeitsmarkt behindern. Öffentliche Äußerungen dieser Art reichen aus, um eine Vermutung für das Vorliegen einer unmittelbaren diskriminierenden Einstellungspolitik zu begründen. Es obliegt dann diesem Arbeitgeber zu beweisen, dass keine Verletzung des Gleichbehandlungsgrundsatzes vorgelegen hat. Er kann dies dadurch tun, dass er nachweist, dass die tatsächliche Einstellungspraxis des Unternehmens diesen Äußerungen nicht entspricht (EuGH v. 10.7.2008, Az. C-54/07 [Feryn]).

Allein der Umstand, dass ein abgelehnter Bewerber ausländischer Herkunft ist, stellt für sich genommen noch keine verbotene Benachteiligung dar. Auch die Nichtberücksichtigung eines ausländischen Stellenbewerbers bzw. eines Bewerbers mit Migrationshintergrund wegen mangelnder Kenntnisse der deutschen Sprache stellt per se keine Diskriminierung wegen der ethnischen Herkunft dar. Die Anforderung eines Arbeitgebers an die Arbeitnehmer, die deutsche Schriftsprache zu beherrschen, knüpft nicht an eines der in § 1 AGG genannten Merkmale an. Die deutsche Schriftsprache kann unabhängig von der Zugehörigkeit zu einer Ethnie beherrscht werden. Wenn ein Arbeitgeber also Arbeitsanweisungen erteilt, deren Befolgung Kenntnisse der deutschen Schriftsprache verlangt, um die optimale Erledigung der im Betrieb anfallenden Arbeiten zu sichern, so ist eine damit verbundene Benachteiligung nicht ausreichend sprachkundiger Arbeitnehmer nach § 3 Abs. 2 AGG gerechtfertigt (BAG v. 28.1.2010, Az. 2 AZR 764/08).

Auch die Aufforderung durch den Arbeitgeber, an einem Deutschkurs teilzunehmen, um arbeitsnotwendige Sprachkenntnisse zu erwerben, stellt als solche keinen Verstoß gegen das Allgemeine Gleichbehandlungsgesetz dar. Der Arbeitgeber kann das Absolvieren von Sprachkursen verlangen, wenn die Arbeitsaufgabe die Beherrschung der deutschen (oder einer fremden) Sprache erfordert. Die Aufforderung, dies auf eigene Kosten und außerhalb der Arbeitszeit zu tun, kann im Einzelfall gegen den Arbeitsvertrag oder Regeln eines Tarifvertrages verstoßen. Ein solcher Verstoß stellt aber keine unzulässige Diskriminierung wegen der ethnischen Herkunft dar, der Entschädigungsansprüche auslöst (BAG v. 22.6.2011, Az. 8 AZR 48/10).

Auch die Anforderung sehr guter Deutsch- und guter Englischkenntnisse in Wort und Schrift in einer Stellenanzeige bewirkt weder eine unmittelbare noch eine mittelbare Benachteiligung wegen der ethnischen Herkunft i. S. v. § 3 AGG, da das Vorhandensein solch ausreichender Sprachkenntnisse nicht untrennbar mit der ethnischen Herkunft verbunden ist (BAG v. 23.11.2017, Az. 8 AZR 372/16). Wird in einer Stellenanzeige eines Redakteurs allerdings die Anforderung „Deutsch als Muttersprache“ ausgewiesen, handelt es sich bei der „Muttersprache“ um die Sprache, die man von Kind auf/als Kind (typischerweise von den Eltern) gelernt hat. Dieser Begriff betrifft den primären Spracherwerb. Die erworbene Muttersprache ist typischerweise mittelbar mit der Herkunft und damit auch mit dem in § 1 AGG genannten Grund „ethnische Herkunft“ verknüpft. Allerdings stellt diese Tatsache dann kein Indiz für eine Benachteiligung eines Bewerbers wegen seiner ethnischen Herkunft dar, wenn das dem Anschein nach neutrale Anforderungskriterium der Stellenanzeige „Deutsch als Muttersprache“, das Bewerber wegen des in § 1 AGG genannten Grundes „ethnische Herkunft“ gegenüber anderen Personen in besonderer Weise benachteiligen kann, durch ein rechtmäßiges Ziel sachlich gerechtfertigt wäre und die Mittel zur Erreichung dieses Ziels angemessen und erforderlich wären. Zwar handelt es sich bei der qualifizierten Unterstützung eines Redakteurs durch das Verfassen eigener Texte mit profunder Sprachkenntnis um ein objektives Ziel, das selbst nichts mit einer Diskriminierung aufgrund des verbotenen Anknüpfungsgrundes nach § 1 AGG zu tun hat. Ohne weitere Angaben ist jedoch nicht ersichtlich, weshalb es zur Erreichung dieses Ziels erforderlich und angemessen ist, von den Bewerbern zu verlangen, dass sie „Deutsch als Muttersprache“ beherrschen (BAG v. 29.6.2017, Az. 8 AZR 402/15).

3.4 Diskriminierung wegen der Religion oder der Weltanschauung

§ 1 AGG verbietet auch eine unterschiedliche Behandlung des geschützten Personenkreises (Arbeitnehmer, Bewerber, Auszubildende, s. o. 2.) wegen dessen Religion oder Weltanschauung.

Die Religion legt nach der Rechtsprechung eine den Menschen überschreitende und umgreifende „transzendente“ Wirklichkeit zugrunde, während sich die Weltanschauung auf innerweltliche „immanente“ Bezüge beschränkt.

Anerkannt sind die großen Weltreligionen, aber auch kleinere religiöse Gemeinschaften. Sowohl die Problematik um die Anerkennung von Scientology als auch die Frage der Zugehörigkeit zu einer politischen Partei sind bislang nicht endgültig entschieden. Letzteres hat das BAG bislang ausdrücklich offengelassen (BAG v. 21.9.2011, Az. 7 AZR 150/10). Insofern sollten Arbeitgeber insbesondere im Umgang mit Bewerbern Vorsicht walten lassen.

Die bloße Sympathie für ein Land, seine Regierung bzw. die regierende Partei, z. B. für die Volksrepublik China, ist keine vom Allgemeinen Gleichbehandlungsgesetz geschützte „Weltanschauung“ (BAG v. 20.6.2013, Az. 8 AZR 482/12).

Religionsgemeinschaften oder Tendenzbetriebe können bei Beschäftigungsverhältnissen von der Pflicht zur Gleichbehandlung in Bezug auf Religion oder Weltanschauung abweichen, wenn und soweit die Religion oder Weltanschauung einer Person nach der Art der Tätigkeit oder wegen des religiösen Selbstverständnisses der Einrichtung eine gerechtfertigte berufliche Anforderung darstellt. So kann beispielsweise der Austritt eines Sozialpädagogen, der Mitarbeiter einer von einem katholischen Caritasverband getragenen Kinderbetreuungsstätte ist, aus der katholischen Kirche, die Kündigung seines Arbeitsverhältnisses rechtfertigen (BAG v. 25.4.2013, Az. 2 AZR 579/12). Einrichtungen in konfessioneller Trägerschaft, z. B. kirchliche Krankenhäuser, dürfen von den Beschäftigten gemäß § 9 Abs. 2 AGG loyales Verhalten verlangen.

ACHTUNG!

Mit Urteil vom 25.10.2018 (Az. 8 AZR 501/14) hatte das BAG über die Frage der Zahlung einer Entschädigung wegen einer Benachteiligung aufgrund der Religion zu entscheiden. In dem zugrunde liegenden Sachverhalt hatte die evangelische Diakonie eine konfessionslose Bewerberin wegen der fehlenden Religionszugehörigkeit abgelehnt. Diese verlangte unter Verweis auf eine Benachteiligung wegen der Religion klagweise eine Entschädigung.

Das BAG gab der Klägerin Recht und setzte die Entschädigung der Höhe nach auf zwei Bruttomonatsverdienste fest. Insbesondere konnte das BAG keine ausnahmsweise Rechtfertigung der Benachteiligung nach § 9 Abs. 1 Alt. 2 AGG erkennen, da hiernach – in unionsrechtskonformer Auslegung – eine unterschiedliche Behandlung wegen der Religion nur dann zulässig sei, wenn die Religion nach der Art der Tätigkeiten oder den Umständen ihrer Ausübung eine wesentliche, rechtmäßige und gerechtfertigte berufliche Anforderung angesichts des Ethos der Religionsgemeinschaft bzw. Einrichtung darstelle. Allerdings hatte das BAG erhebliche Zweifel an der Wesentlichkeit der beruflichen Anforderung. Jedenfalls war nach Auffassung des BAG die berufliche Anforderung nicht gerechtfertigt, weil im konkreten Fall keine wahrscheinliche und erhebliche Gefahr bestand, dass das Ethos der evangelischen Diakonie beeinträchtigt würde. Dies wurde im Wesentlichen aus dem Umstand gefolgert, dass der jeweilige Stelleninhaber – wie auch aus der Stellenausschreibung ersichtlich – in einen internen Meinungsbildungsprozess bei der Diakonie eingebunden war und deshalb in Fragen, die das Ethos der Diakonie betrafen, nicht unabhängig handeln konnte.

Mitte 2016 hatte das BAG über die Kündigung eines katholischen Chefarztes in einem katholischen Krankenhaus wegen eines nach Kirchenrecht schwerwiegenden Loyalitätsverstoßes zu entscheiden. Der Chefarzt hatte nach der Scheidung von seiner ersten Ehefrau ein zweites Mal standesamtlich geheiratet. Bei evangelischen Chefärzten wäre nach der zugrunde liegenden Vorschrift die Wiederheirat ohne arbeitsrechtliche Folgen geblieben. Das BAG hatte daher dem EuGH die Frage vorgelegt, ob die Kirchen nach dem Unionsrecht bei einem an Arbeitnehmer in leitender Stellung gerichteten Verlangen nach loyalem und aufrichtigem Verhalten unterscheiden dürfen zwischen Arbeitnehmern, die der Kirche angehören und solchen, die einer anderen oder keiner Kirche angehören (BAG v. 28.7.2016, Az. 2 AZR 746/14 (A)). Mit Urteil vom 11.9.2018 hat der EuGH diese Vorlagefrage zwischenzeitlich entschieden (Az. C-68/17). Die Entscheidung einer Kirche, die eine Klinik betreibt, an ihre leitend tätigen Beschäftigten je nach deren Konfession oder Konfessionslosigkeit unterschiedliche Anforderungen an das loyale und aufrichtige Verhalten im Sinne dieses Ethos zu stellen, ist demnach vollständig gerichtlich überprüfbar. Im Rahmen einer solch gerichtlichen Kontrolle habe das BAG sicherzustellen, dass die Religion oder die Weltanschauung im Hinblick auf die Art der betreffenden beruflichen Tätigkeiten oder die Umstände ihrer Ausübung eine wesentliche, rechtmäßige und gerechtfertigte berufliche Anforderung angesichts des fraglichen Ethos ist, weshalb die Klärung dieser Frage nun wieder beim BAG liegt.

Allerdings ließ der EuGH bereits anklingen, dass die Kündigung des Chefarztes wegen der erneuten Eheschließung eine verbotene Diskriminierung wegen der Religion darstellen könne. So erscheine es für den EuGH mehr als zweifelhaft, dass die Akzeptanz des katholischen Eheverständnisses für die berufliche Tätigkeit eines Chefarztes eine wesentliche Anforderung der beruflichen Tätigkeit darstellt. Vielmehr sei anzunehmen, dass die Befolgung des katholischen Eheverständnisses für die Ausübung der ärztlichen Tätigkeit nicht notwendig ist. Dies werde dadurch erhärtet, dass ähnliche Stellen Beschäftigten anvertraut worden seien, die nicht katholisch seien und folglich nicht derselben Anforderung, sich loyal und aufrichtig im Sinne des Ethos der Klinik zu verhalten, unterworfen gewesen seien. Aus all diesen Gründen sei die vom Krankenhaus gestellte Anforderung nach der dem EuGH vorliegenden Akte als nicht gerechtfertigt anzusehen. Allerdings müsse das BAG prüfen, ob die Klinik in Anbetracht der Umstände des vorliegenden Falls dargetan habe, dass die Gefahr einer Beeinträchtigung ihres Ethos oder ihres Rechts auf Autonomie wahrscheinlich und erheblich ist. Zwischenzeitlich wurde die Frage, ob diese Kriterien unter Berücksichtigung der Vorgaben des EuGH im konkreten Fall erfüllt sind, durch das BAG geklärt (BAG v. 20.2.2019, Az. 2 AZR 746/14). So verneinte das BAG im Hinblick auf die Tätigkeit des Klägers als Chefarzt der Abteilung „Innere Medizin" das Vorliegen der oben genannten Voraussetzungen. Soweit seine Tätigkeiten die Beratung und medizinische Pflege in einem Krankenhaus sowie die Leitung der medizinischen Abteilung „Innere Medizin" als Chefarzt zum Gegenstand haben, wirke der Kläger dadurch weder an der Bestimmung des Ethos der Beklagten mit, noch leiste er einen Beitrag zu deren Verkündigungsauftrag. Nach Ansicht des BAG war die Kündigung damit weder durch Gründe im Verhalten noch in der Person des Klägers bedingt. Die Revision der Beklagten hatte im Ergebnis keinen Erfolg.

Die Anweisung, sich während der Arbeitszeit neutral zu verhalten und kein islamisches Kopftuch zu tragen, ist laut BAG in einer kirchlichen Einrichtung grundsätzlich rechtmäßig (BAG v. 24.9.2014, Az. 5 AZR 611/12).

Einige Bundesländer regeln, dass Lehrer und pädagogische Mitarbeiter während der Arbeitszeit keine religiösen Bekundungen abgeben dürfen, die geeignet sind, die Neutralität des Landes oder den religiösen Schulfrieden zu gefährden. Das Bundesverfassungsgericht hat jedoch Anfang 2015 das allgemeine Verbot des Kopftuchtragens an Schulen in NRW nach dem dortigen Schulgesetz für verfassungswidrig erklärt (BVerfG v. 27.1.2015, Az. 1 BvR 471/10). Vor diesem Hintergrund überrascht auch eine hierzu ergangene Entscheidung des BAG vom 27.8.2020 nicht (Az. 8 AZR 62/19), in der sich eine Kopftuch tragende Muslima auf eine Stelle als Lehrkraft in Berlin bewarb. Bereits im Bewerbungsgespräch gab die Bewerberin an, das Kopftuch auch während des Unterrichts nicht ablegen zu wollen. Nachdem sich das Land in der Folge auf das Berliner Neutralitätsgesetz berief und die Bewerbung erfolglos geblieben war, nahm die Klägerin das beklagte Land in der Folge zur Zahlung einer Entschädigung nach dem AGG in Anspruch. Das BAG gab der Klägerin Recht und sprach ihr die begehrte Entschädigung zu. Für die Richter begründe der zugrunde liegende Sachverhalt die Vermutung, dass die Klägerin wegen der Religion benachteiligt wurde. Die Benachteiligung sei wiederum nicht nach § 8 Abs. 1 AGG gerechtfertigt. So führe eine Regelung, die das Tragen eines Kopftuchs durch eine Lehrkraft im Dienst ohne Weiteres, d. h. schon wegen der bloßen abstrakten Eignung zur Begründung einer Gefahr für den Schulfrieden oder die staatliche Neutralität in einer öffentlichen bekenntnisoffenen Gemeinschaftsschule, verbiete, zu einem unverhältnismäßigen Eingriff in die Religionsfreiheit nach Art. 4 GG, sofern das Tragen des Kopftuchs – wie hier der Fall – nachvollziehbar auf ein als verpflichtend verstandenes religiöses Gebot zurückzuführen sei. Die Regelung des Berliner Neutralitätsgesetzes sei daher verfassungskonform dahin auszulegen, dass das Verbot des Tragens des Kopftuchs nur im Fall einer konkreten Gefahr für den Schulfrieden oder die staatliche Neutralität gelte. Eine solche konkrete Gefahr habe das beklagte Land indes nicht dargetan, weshalb die Klägerin Anspruch auf die begehrte Entschädigung habe.

2017 hat der EuGH klargestellt, dass die Regelung eines Unternehmens, die das Tragen jedes politischen, weltanschaulichen und religiösen Zeichens verbietet, keine unmittelbare Diskriminierung darstellt. Wenn die neutrale Regelung dazu führt, dass Personen mit einer bestimmten Religion – im entschiedenen Fall ging es um das Tragen eines islamischen Kopftuches – oder Weltanschauung in besonderer Weise benachteiligt werden, ist dies eine mittelbare Diskriminierung. Diese kann aber gerechtfertigt sein, wenn mit dem Verbot das Ziel, einer politischen, weltanschaulichen und religiösen Neutralität im Verhältnis zu den Kunden verfolgt werden soll. Allerdings muss diese Neutralität tatsächlich einheitlich und systematisch umgesetzt werden (EuGH v. 14.3.2017, Az. C-157/15).

In einer weiteren Entscheidung vom gleichen Tag hat der EuGH entschieden, dass eine Diskriminierung vorliege, wenn nach einer Beschwerde durch einen Kunden das Nichttragen eines islamischen Kopftuches als berufliche Anforderung für die Ausübung der Tätigkeit festgeschrieben wird (Az. C-188/15). Denn ein Merkmal, das mit der Religion in Zusammenhang steht, kommt nur unter sehr eingeschränkten Bedingungen als wesentliche und entscheidende berufliche Anforderung in Betracht. Diese Anforderung muss von der Art der betreffenden beruflichen Tätigkeit oder den Bedingungen ihrer Ausübung objektiv vorgegeben sein. Auf subjektive Erwägungen des Arbeitgebers, den besonderen Wünschen seiner Kunden zu entsprechen, kann sich dieser Begriff nicht erstrecken.

Trotz der bereits dargestellten Entscheidungen kommt dieser Thematik in der Praxis nach wie vor große Bedeutung zu. So hatte das BAG Anfang des Jahres 2019 über eine Weisung eines Arbeitgebers zu entscheiden, mit welcher dieser eine Mitarbeiterin muslimischen Glaubens, die als Verkäuferin in einer Verkaufsfiliale beschäftigt wurde, aufforderte, das von ihr getragene Kopftuch am Arbeitsplatz abzulegen. Der Arbeitgeber stützte die Zulässigkeit seiner entsprechenden Anweisung insbesondere auf eine für alle Verkaufsfilialen geltende Kleiderordnung, nach der das Tragen auffälliger großflächiger religiöser, politischer und sonstiger weltanschaulicher Zeichen am Arbeitsplatz verboten ist. Hiergegen erhob die Arbeitnehmerin Klage und begehrte die Feststellung, dass die darauf beruhende Weisung des Arbeitgebers, sie müsse ihr Kopftuch am Arbeitsplatz ablegen, unwirksam sei. Als Grund führte sie an, hierdurch wegen ihrer Religionsfreiheit diskriminiert zu sein. Der Arbeitgeber hingegen berief sich auf seine unternehmerische Freiheit und den Schutz der negativen Religionsfreiheit seiner Kunden und Arbeitnehmer. Die Vorinstanzen hatten der Klage stattgegeben. Das BAG setzte das Verfahren hingegen mit Beschluss vom 30.1.2019 (Az. 10 AZR 299/18 [A]) aus und rief im Wege des Vorabentscheidungsverfahrens den EuGH an. Mit Urteilen vom 15.7.2021 (Az. C-804/18, Az. C-341/19) entschied der EuGH nun, dass in solch einer internen Regel eines Unternehmens, die es verbietet, am Arbeitsplatz sichtbare Zeichen politischer, weltanschaulicher oder religiöser Überzeugungen zu tragen, eine mittelbare Diskriminierung wegen der Religion oder der Weltanschauung liege. Die Neutralitätspolitik des Unternehmens könne allerdings ein rechtmäßiges Ziel für eine sachliche Rechtfertigung der Diskriminierung sein. Dann sei jedoch zu prüfen, ob die Unternehmenspolitik der Neutralität einem wirklichen Bedürfnis des Unternehmens entspreche. Zwar könne sowohl die Verhinderung sozialer Konflikte als auch ein neutrales Auftreten des Arbeitgebers gegenüber den Kunden einem wirklichen Bedürfnis des Arbeitgebers entsprechen. Allerdings sei dann zu prüfen, ob die interne Regel, nach der das Tragen jedes auffälligen großflächigen Zeichens politischer, weltanschaulicher und religiöser Überzeugungen verboten ist, geeignet sei, das verfolgte Ziel zu erreichen und ob sich dieses Verbot auf das unbedingt Erforderliche beschränke. Eine solche Neutralitätspolitik könne also nur dann wirksam verfolgt werden, wenn überhaupt keine sichtbaren Bekundungen politischer, weltanschaulicher oder religiöser Überzeugungen erlaubt seien, wenn und soweit die Arbeitnehmer mit Kunden oder untereinander in Kontakt stünden. Denn bereits das Tragen jedes noch so kleinen Zeichens könne die Eignung der Maßnahme zur Erreichung des angeblich verfolgten Ziels beeinträchtigen und damit die Kohärenz dieser Politik der Neutralität selbst in Frage stellen. Ferner seien nach Auffassung des EuGH bei der Abwägung, ob eine mittelbare Ungleichbehandlung wegen der Religion oder Weltanschauung angemessen ist, auch die nationalen Vorschriften zum Schutz der Religionsfreiheit zu beachten. Daraus folge, dass in Mitgliedsstaaten, in denen die Religionsfreiheit besonders stark ausgeprägt sei, die entsprechenden nationalen Vorschiften als günstigere Vorschriften gegenüber dem Unionsrecht berücksichtigt werden dürften.

Damit bestätigte der EuGH im Ergebnis zwar, dass es sich bei dem Wunsch von Unternehmen nach religiöser Neutralität ihrer Beschäftigten grds. um ein berechtigtes Interesse handle. Allerdings wurde auch klargestellt, dass in Mitgliedsstaaten, in denen – wie bspw. in der Bundesrepublik Deutschland der Fall – der Religionsfreiheit eine besonders große Bedeutung zukomme, die nationalen Gerichte dies bei der Abwägung im Einzelfall zu berücksichtigen hätten. Damit dürfte auch weiterhin jedenfalls ein pauschales Kopftuchverbot unzulässig bleiben. Erst dort, wo seitens des Arbeitsgebers entsprechende Bedürfnisse nach einer Neutralität dargelegt werden, erscheint ein Verbot überhaupt denkbar. Damit bestätigt der EuGH die bisher hierzu ergangene BAG-Rechtsprechung im Ergebnis.

3.5 Diskriminierung wegen Alters

Das AGG verbietet auch die Benachteiligung von Beschäftigten wegen des Alters. Hierunter ist nicht unbedingt die Benachteiligung älterer Personen zu verstehen. Auch die Benachteiligung jüngerer Personen gegenüber älteren ist grundsätzlich unzulässig.

Beispiel:

Nach einer Entscheidung des BAG v. 22.10.215 ist eine Herabsetzung der regelmäßigen wöchentlichen Arbeitszeit von 38 Stunden auf 36,5 bzw. 35 Stunden unter Fortzahlung des Vollzeitentgelts ab dem 40. bzw. dem 50. Lebensjahr für jüngere Beschäftigte unmittelbar benachteiligend wegen des Alters gegenüber den älteren Beschäftigten. Die Differenzierung ist nicht gemäß § 10 AGG gerechtfertigt (Az. 8 AZR 168/14). Bis zur Wiederherstellung der Gleichbehandlung kann bei Bestehen einer diskriminierenden Regelung der Grundsatz der Gleichbehandlung laut BAG nur dadurch gewährleistet werden, dass den jüngeren Beschäftigten dieselben Vorteile gewährt werden, wie den älteren Beschäftigten. Das BAG nimmt hier mal wieder eine Anpassung „nach oben" vor.

Ein weiteres Beispiel für eine unmittelbare, nicht gerechtfertigte Diskriminierung wegen Alters stellte das BAG in seinem Urteil vom 20.3.2012 (Az. 9 AZR 529/10) in der Regelung des § 26 Abs. 1 Satz 2 TVöD fest. Hiernach haben Beschäftigte nach der Vollendung ihres 40. Lebensjahres in jedem Kalenderjahr Anspruch auf 30 Arbeitstage Urlaub, während der Urlaubsanspruch bis zur Vollendung des 30. Lebensjahres nur 26 Arbeitstage und bis zur Vollendung des 40. Lebensjahres nur 29 Arbeitstage beträgt. Eine sich bis zum 40. Lebensjahr vollziehende Urlaubsstaffelung sei altersdiskriminierend, da eine Staffelung in so jungen Jahren sich noch nicht mit einem gesteigerten Erholungsbedürfnis rechtfertigen ließe. Das BAG führt zur Beseitigung der Diskriminierung die kritikwürdige „Anpassung nach oben" durch und passte den Urlaubsanspruch der jüngeren Arbeitnehmer ebenfalls auf 30 Arbeitstage im Kalenderjahr an.

Das gleiche „Schicksal" ereilte nunmehr die Regelung des Art. III § 1 TV zu § 71 BAT i. V. m. § 4 Abs. 1 Satz 2 HUrlVO 1982. Hierzu entschied das BAG mit Urteil vom 11.12.2018, dass diese Regelung gleichfalls gegen das Benachteiligungsverbot des § 7 Abs. 1 AGG i. V. m. § 1 AGG verstößt, soweit sie Arbeitnehmern, die das 50. Lebensjahr noch nicht vollendet haben, einen um mindestens drei Tage geringeren Urlaubsanspruch einräumt als älteren Arbeitnehmern. Im Ergebnis sah das BAG eine nicht gerechtfertigte unmittelbare Benachteiligung wegen des Alters als erwiesen an. Diese Diskriminierung könne nur im Wege einer „Anpassung nach oben" beseitigt werden, was wiederum dazu führe, dass der benachteiligte Arbeitnehmer bereits vor Vollendung seines 50. Lebensjahres in jedem Kalenderjahr Anspruch auf 33 Arbeitstage Urlaub hat.

Ebenfalls auf eine Anpassung „nach oben" entschied das BAG im Fall einer tarifvertraglichen Regelung zur Anrechnung von Einkommenserhöhungen auf eine tariflich gewährte Einkommenssicherungszulage, welche nach dem Lebensalter differenziert. Die Differenzierung nach Betriebszugehörigkeit ist zulässig, die Anknüpfung ans Lebensalter bewertet das BAG hingegen als altersdiskriminierend und damit unzulässig und führt zur Beseitigung der Diskriminierung für die Vergangenheit die Anpassung „nach oben" durch, da den bislang Begünstigten die erhaltene Zulage nachträglich nicht mehr entzogen werden kann (BAG v. 18.2.2016, Az. 6 AZR 700/14). Diese Rechtsprechung zur Anpassung „nach oben" führte das BAG auch 2017 fort. Es entschied, dass wenn eine altersdiskriminierende Wirkung ausschließlich auf einer Altersstaffelung beruhe, dass dann nur eine Anpassung „nach oben" in Betracht komme und eine Anpassung nach unten ausscheidet (BAG v. 27.4.2017, Az. 6 AZR 119/16).

Allerdings nimmt das BAG nicht in allen Fällen eine „Anpassung nach oben" vor. In einem 2013 entschiedenen Fall verstieß eine Betriebsvereinbarung über die Grundsätze der Dienstplangestaltung gegen das Verbot der Altersdiskriminierung. Die Regelungen benachteiligten die jüngeren Arbeitnehmer unmittelbar gegenüber den älteren Arbeitnehmern. Trotzdem entschied das BAG, dass die benachteiligten (jüngeren) Arbeitnehmer keinen Anspruch darauf haben, künftig ebenso wie die begünstigten (älteren) Arbeitnehmer behandelt zu werden. Es wurde lediglich die Unwirksamkeit der benachteiligenden Klausel festgestellt, allerdings unter der Einschränkung, dass im konkreten Fall ansonsten der Betrieb zum Erliegen gekommen wäre und eine Arbeitsleistung nicht mehr hätte in Anspruch genommen werden können (BAG v. 14.5.2013, Az. 1 AZR 44/12).

Eine unterschiedliche Behandlung wegen des Alters gem. § 10 AGG ist dann zulässig, wenn sie objektiv, angemessen und durch ein legitimes Ziel gerechtfertigt ist. Die Mittel zur Erreichung dieses Ziels müssen dabei angemessen und erforderlich sein. § 10 Satz 3 AGG zählt nicht abschließend Beispiele für zulässige Differenzierungen auf:

- die Festlegung besonderer Bedingungen für den Zugang zur Beschäftigung und zur beruflichen Bildung sowie besonderer Beschäftigungs- und Arbeitsbedingungen, einschließlich der Bedingungen für Entlohnung und Beendigung des Beschäftigungsverhältnisses, um die berufliche Eingliederung von Jugendlichen, älteren Beschäftigten und Personen mit Fürsorgepflichten zu fördern oder ihren Schutz sicherzustellen,
- die Festlegung von Mindestanforderungen an das Alter, die Berufserfahrung oder das Dienstalter für den Zugang zur Beschäftigung oder für bestimmte mit der Beschäftigung verbundene Vorteile,
- die Festsetzung eines Höchstalters für die Einstellung aufgrund der spezifischen Ausbildungsanforderungen eines bestimmten Arbeitsplatzes oder aufgrund der Notwendigkeit einer angemessenen Beschäftigungszeit vor dem Eintritt in den Ruhestand,
- die Festsetzung von Altersgrenzen bei den betrieblichen Systemen der sozialen Sicherheit als Voraussetzung für die Mitgliedschaft oder den Bezug von Altersrente oder von Leistungen bei Invalidität einschließlich der Festsetzung unterschiedlicher Altersgrenzen im Rahmen dieser Systeme für bestimmte Beschäftigte oder Gruppen von Beschäftigten und die Verwendung von Alterskriterien im Rahmen dieser Systeme für versicherungsmathematische Berechnungen,
- eine Vereinbarung, die die Beendigung des Beschäftigungsverhältnisses ohne Kündigung zu einem Zeitpunkt vorsieht, zu dem der oder die Beschäftigte eine Rente wegen Alters beantragen kann,
- Differenzierungen von Leistungen in Sozialplänen im Sinne des Betriebsverfassungsgesetzes, wenn die Parteien eine nach Alter oder Betriebszugehörigkeit gestaffelte Abfindungsregelung geschaffen haben, in der die wesentlich vom Alter abhängenden Chancen auf dem Arbeitsmarkt durch eine verhältnismäßig starke Betonung des Lebensalters erkennbar berücksichtigt worden sind, oder Beschäftigte von den Leistungen des Sozialplans ausgeschlossen haben, die wirtschaftlich abgesichert sind, weil sie, gegebenenfalls nach Bezug von Arbeitslosengeld, rentenberechtigt sind.

Beispiel:

In einem Ende 2014 vom BAG entschiedenen Fall gewährte ein nicht tarifgebundener Arbeitgeber Arbeitnehmern in seinem Produktionsbetrieb der Schuhfertigung nach Vollendung ihres 58. Lebensjahres zwei Urlaubstage mehr als den jüngeren Arbeitnehmern. Das BAG entschied, dass diese unterschiedliche Behandlung wegen des Alters unter dem Gesichtspunkt des Schutzes älterer Beschäftigter nach § 10 Satz 3 Nr. 1 AGG zulässig sei. Diesbezüglich dürfe der Arbeitgeber eine auf die konkrete Situation in seinem Unternehmen bezogene Entscheidung treffen und die Überlegung, dass ältere Arbeitnehmer wegen der körperlich ermüdenden und schweren Arbeit längerer Erholungszeiten bedürften, sei nicht zu beanstanden. Die Klage jüngerer Arbeitnehmer auf eine ebensolche Gewährung der weiteren zwei Urlaubstage wurde daher abgewiesen (BAG v. 21.10.2014, Az. 9 AZR 956/12). Nicht zulässig hingegen ist laut BAG die Anknüpfung an das 50. Lebensjahr für die Gewährung von drei weiteren Urlaubstagen (BAG v. 12.4.2016, Az. 9 AZR 659/14; BAG v. 18.10.2016, Az. 9 AZR 123/16). Dies gilt auch für Tarifvertragsparteien. Das BAG hat klargestellt, dass ein Erfahrungssatz, dass in Folge einer Abnahme der physischen Belastbarkeit bei Beschäftigten, die das 50. Lebensjahr vollendet haben, generell von einem erhöhten Urlaubsbedürfnis und einer längeren Regenerationszeit auszugehen sei, in dieser Allgemeinheit nicht existiere (BAG v. 15.11.2016, Az. 9 AZR 534/15 u. Az. 9 AZR 695/15).

Der den Betriebsparteien durch § 10 Satz 3 Nr. 6 AGG eingeräumte Gestaltungs- und Beurteilungsspielraum führt dazu, dass Arbeitnehmer in einem Sozialplan von Abfindungsleistungen ausgeschlossen werden können, die nach dem Bezug von Arbeitslosengeld I nahtlos die Regelaltersrente beanspruchen können und zuvor die Fortsetzung des Arbeitsverhältnisses an einem anderen Unternehmensstandort abgelehnt haben (BAG v. 9.12.2014, Az. 1 AZR 102/13).

Altersgrenzen für die Beschäftigung auf bestimmten Arbeitsplätzen können immer dann zulässig sein, wenn sie zum Schutz besonders wichtiger Gemeinschaftsgüter erlassen werden.

Das BAG hat mit Urteil vom **8. Mai 2025 (Az. 8 AZR 299/24)** entschieden, dass ein Arbeitgeber, der an eine tarifvertragliche Altersgrenzenregelung gebunden ist, die auf das Erreichen der Regelaltersgrenze in der gesetzlichen Rentenversicherung abstellt, einen erstmaligen Bewerber, der diese Altersgrenze überschreitet, zugunsten eines jüngeren Bewerbers ablehnen kann. Dies stellt zwar eine Benachteiligung des älteren Arbeitnehmers dar. Diese ist aber gerechtfertigt, wenn sich der Arbeitgeber auf die Wertungen der tarifvertraglichen Regelung beruft. Damit stärkt das Bundesarbeitsgericht das Prinzip der Generationengerechtigkeit.

Mit Urteil vom 18.12.2012 (Az. 7 AZR 112/08) hat das BAG allerdings festgestellt, dass die tarifliche Altersgrenze für Piloten bei Vollendung des 60. Lebensjahres gegen das Benachteiligungsverbot wegen Alters verstößt und daher nach § 7 Abs. 2 AGG unwirksam ist. Zuvor hatte der EuGH, auf Vorlage des BAG am 13.9.2011 (Az. C-447/09 Prigge u. a.) entschieden, dass die tarifvertragliche Regelung für das Cockpitpersonal der Deutschen Lufthansa, die mit dem Ziel die Flugsicherheit zu gewährleisten, eine Altersgrenze für Piloten vorsieht, nach der diese mit Vollendung des 60. Lebensjahres ihrer Tätigkeit nicht mehr nachgehen dürfen, gegen das Verbot der Altersdiskriminierung der RL 2000/78/EG verstößt. Das unionsrechtliche Diskriminierungsverbot ist auch von den Sozialpartnern beim Abschluss von Tarifverträgen zu beachten. Das Ziel, die Sicherheit des Flugverkehrs zu gewährleisten, ist zwar ein legitimes Ziel, das eine Ungleichbehandlung rechtfertigen kann. Allerdings ist das Berufsausübungsverbot zur Erreichung des Ziels nicht erforderlich. Es hätte vielmehr ausgereicht, die Berufsausübung zu beschränken. Die internationalen und die deutschen Stellen sind der Ansicht, dass Piloten bis zum Alter von 65 über die erforderlichen körperlichen Fähigkeiten zum Führen eines Flugzeugs verfügen. Somit stellt die Altersgrenze von 60 Jahren, die die Sozialpartner für das Führen eines Verkehrsflugzeugs vorgesehen haben, eine unverhältnismäßige Anforderung dar. Dieser Argumentation des EuGH schloss sich das BAG daraufhin in seinem Urteil vom 18.1.2012 an.

Anfang 2016 hatte das BAG dem EuGH aber die Frage vorgelegt, ob die Regelung, wonach ein Inhaber einer Pilotenlizenz, der das Alter von 65 Jahren erreicht hat, nicht als Pilot eines Luftfahrzeugs im gewerblichen Luftverkehr tätig sein darf, mit der Charta der Grundrechte der Europäischen Union vereinbar sei (BAG v. 27.1.2016, Az. 5 AZR 263/15 (A)). Hierauf entschied der EuGH, dass das unionsrechtliche Verbot der Pilotentätigkeit im Gewerbebetrieb zum Schutz der Flugsicherheit mit den Vorgaben der EU-Grundrechtecharta, insbesondere mit dem Verbot der Altersdiskriminierung vereinbar sei (EuGH v. 5.7.2017, Az. C-190/16).

Tarifvertragliche Altersgrenzen, die die Beendigung des Arbeitsverhältnisses für den Zeitpunkt des Erreichens der sozialversicherungsrechtlichen Regelaltersgrenze vorsehen, hält das BAG jedoch grundsätzlich für zulässig (BAG v. 18.6.2008, Az. 7 AZR 116/07). Auch der EuGH hat entschieden, dass die automatische Beendigung des Arbeitsverhältnisses bei Erreichen des gesetzlichen Rentenalters des Beschäftigten nicht notwendig diskriminierend sei. Eine solche Klausel führe nicht eine zwingende Regelung des Eintritts in den Ruhestand ein, sondern habe die Art und Weise der Beendigung des Arbeitsverhältnisses wegen Erreichens des Rentenalters unabhängig von einer Kündigung zum Inhalt und kann u. a. aus sozial- und arbeitsmarktpolitischen Gründen gerechtfertigt sein (EuGH v. 12.10.2010, Az. C-45/09 Rosenbladt). Auch eine nationale Regelung, wonach Universitätsprofessoren mit Vollendung des 68. Lebensjahrs zwangsweise in den Ruhestand versetzt werden und ihre Tätigkeit ab Vollendung des 65. Lebensjahrs nur aufgrund eines auf ein Jahr befristeten und höchstens zweimal verlängerbaren Vertrags fortsetzen können, verstoße nicht gegen europarechtliche Vorgaben. Zumindest dann, wenn mit dieser Regelung ein legitimes Ziel insbesondere im Zusammenhang mit der Beschäftigungs- und der Arbeitsmarktpolitik verfolgt wird und sofern sie ermöglicht, dieses Ziel durch angemessene und erforderliche Mittel zu erreichen (EuGH v. 18.11.2010, Az. verb. Rs. C-250/09 und C-268/09 Georgiev). Eine nationale Regelung, die einem Arbeitgeber erlaubt, zur Förderung des Zugangs jüngerer Menschen zur Beschäftigung Arbeitnehmer zu kündigen, die einen Anspruch auf Alterspension erworben haben, stelle jedoch eine verbotene unmittelbare Diskriminierung aufgrund des Geschlechts dar, wenn Frauen diesen Anspruch in einem Alter erwerben, das fünf Jahre niedriger ist als das Alter, in dem der Anspruch für Männer entsteht (EuGH v. 18.11.2010, Az. C-356/09 Kleist).

Anfang 2013 hat das BAG klargestellt, dass auch in Betriebsvereinbarungen Altersgrenzen vereinbart werden können, nach denen das Arbeitsverhältnis mit Erreichen der sozialversicherungsrechtlichen Regelaltersgrenze endet (BAG v. 5.3.2013, Az. 1 AZR 417/12). Diese Regelung verstoße nicht gegen das Verbot der Altersdiskriminierung, sondern diese Benachteiligung wegen des Alters sei nach § 10 Satz 3 Nr. 5 AGG zulässig. Mit dieser Altersgrenze soll, über eine bessere Beschäftigungsverteilung zwischen den Generationen, der Zugang zur Beschäftigung gefördert werden und daher ist sie als Instrument der Arbeitsmarktpolitik anerkannt. Diese Altersgrenze ist auch erforderlich und angemessen im Sinne des AGG. Denn die Betriebsparteien dürfen davon ausgehen, dass das Ausscheiden von rentenbezugsberechtigten Arbeitnehmern eine sichere Personalplanung ermöglicht. Außerdem trägt dies zur Gewährleistung einer ausgewogenen Altersstruktur der Belegschaft bei und fördert die Einstellungschancen von jüngeren Arbeitnehmern.

Ist in einer Betriebsvereinbarung geregelt, dass Arbeitsverhältnis mit der Vollendung des 65. Lebensjahres endet, ist diese, nach der Anhebung des Regelrentenalters regelmäßig dahingehend auszulegen, dass die Beendigung des Arbeitsverhältnisses erst mit der Vollendung des für den Bezug einer Regelaltersrente maßgeblichen Lebensalters erfolgen soll (BAG v. 13.10.2015, Az. 1 AZR 853/13).

Das BAG hat Anfang 2017 weitere Vorgaben dafür gemacht, wenn die Betriebsparteien eine Betriebsvereinbarung mit einer Altersgrenze schließen, nach welcher die Arbeitsverhältnisse jeweils mit Erreichen der sozialversicherungsrechtlichen Regelaltersgrenze enden. Aus Gründen des Vertrauensschutzes muss eine solche Betriebsvereinbarung Übergangsregelungen für die bei Inkrafttreten der Betriebsvereinbarung bereits rentennahen Arbeitnehmer vorsehen (BAG v. 21.2.2017, Az. 1 AZR 292/15).

WICHTIG!

Ende 2015 hat das BAG nun auch Altersgrenzen in Arbeitsverträgen gebilligt, die auf das Erreichen des Regelrentenalters bezogen sind (BAG v. 9.12.2015, Az. 7 AZR 68/14). Das BAG sieht hierin keine unzulässige Altersdiskriminierung. Ältere Arbeitsverträge, die noch auf die Vollendung des 65. Lebensjahres des Arbeitnehmers abstellen, sind laut BAG nach Anhebung des Regelrentenalters regelmäßig dahingehend auszulegen, dass das Arbeitsverhältnis erst mit der Vollendung des für den Bezug einer Regelaltersrente maßgeblichen Lebensalters enden soll.

Mit Urteil vom 27.5.2020 (Az. 5 AZR 258/19) entschied das BAG, dass eine tarifvertragliche Regelung für das Kabinenpersonal der Deutschen Lufthansa AG, wonach bei Mitarbeitern, die wegen der Höhe ihres Einkommens nicht krankenversicherungspflichtig sind, die Berechnung des Krankengeldzuschusses unter Abzug des Krankengeldhöchstsatzes der gesetzlichen Pflichtkrankenkasse erfolgt, nicht gegen das Verbot der Altersdiskriminierung verstoße. Dass weder eine unmittelbare, noch eine mittelbare Benachteiligung wegen des Alters i. S. d. § 7 Abs. 1 AGG vorliege, wurde damit begründet, dass die tarifliche Regelung weder unmittelbar an das Alter anknüpfe, noch durch das BAG festgestellt werden konnte, dass wesentlich mehr Mitarbeiter höheren Alters von der Zahlung eines tariflichen Krankengeldzuschusses erfasst werden. Ferner sei nicht festzustellen gewesen, dass entsprechend hohe Einkommen typischerweise bei erheblich mehr älteren Arbeitnehmern gezahlt würden. Selbst wenn dies der Fall wäre, so bewirke die tarifliche Vorschrift eine Gleichstellung von pflichtversicherten und nicht pflichtversicherten Arbeitnehmern, indem der Berechnung der gleiche Maßstab zugrunde gelegt werde. Darüber hinaus verstoße die tarifliche Vorschrift auch nicht gegen den allgemeinen Gleichbehandlungsgrundsatz aus Art. 3 Abs. 1 GG. Ein sachlich vertretbarer Grund für die Regelung liege darin begründet, dass diese der Sicherung des Zwecks des tariflichen Krankengeldzuschusses, namentlich das Krankengeld zu ergänzen, ohne den Arbeitnehmer zu begünstigen, diene.

Ein Sozialplan kann regeln, dass die Abfindungen mit zunehmender Betriebszugehörigkeit ansteigen, weil ältere Arbeitnehmer auf dem Arbeitsmarkt typischerweise größere Schwierigkeiten haben eine Anschlussbeschäftigung zu finden als jüngere. Die konkrete Ausgestaltung der Altersstufen im Sozialplan unterliegt nach § 10 Satz 2 AGG einer Verhältnismäßigkeitsprüfung. Sie muss geeignet und erforderlich sein, das von § 10 Satz 3 Nr. 6 AGG verfolgte Ziel tatsächlich zu fördern und darf die Interessen der benachteiligten Altersgruppen nicht unangemessen vernachlässigen. Das ist mit dem Verbot der Altersdiskriminierung im Recht der Europäischen Union vereinbar. Die Betriebsparteien dürfen danach beispielsweise davon ausgehen, dass die Arbeitsmarktchancen der über 40-jährigen Mitarbeiter typischerweise schlechter sind als die der 30- bis 39-jährigen (BAG v. 12.4.2011, Az. 1 AZR 764/09). Sieht ein Sozialplan vor, dass die Arbeitnehmer zusätzlich zu der sich nach der Dauer der Betriebszugehörigkeit und dem Arbeitsverdienst errechnenden Grundabfindung mit dem Erreichen des 45. und des 50. Lebensjahres der Höhe nach gestaffelte Alterszuschläge erhalten, werden auch hierdurch jüngere Arbeitnehmer in der Regel nicht unzulässig wegen ihres Lebensalters benachteiligt (BAG v. 12.4.2011, Az. 1 AZR 743/09). Dies stellt ebenso wenig eine altersbedingte Diskriminierung dar, wie die Regelung in einem Sozialplan, wonach Arbeitnehmer, die – und sei es nach dem Bezug von Arbeitslosengeld – vorzeitig Altersrente in Anspruch nehmen können, geringere Abfindungen erhalten (BAG v. 26.5.2009, Az. 1 AZR 198/08). Nach Auffassung des EuGH stellt es jedoch eine unmittelbare Diskriminierung aufgrund des Alters dar, wenn einem Arbeitnehmer eine Entlassungsabfindung allein aus dem Grund vorenthalten wird, dass er eine Altersrente beziehen kann. Zwar verfolgt eine solche Regelung legitime sozialpolitische Ziele; sie kann aber nicht gerechtfertigt werden. Die Regelung geht insofern über das hinaus, was zur Erreichung der Ziele erforderlich ist, als sie bewirkt, dass nicht nur all diejenigen Arbeitnehmer von der Entlassungsabfindung ausgeschlossen werden, die eine Altersrente ihres Arbeitgebers tatsächlich erhalten werden, sondern auch all die, die zum Bezug einer solchen Rente berechtigt sind, aber ihre berufliche Laufbahn weiter verfolgen möchten (EuGH v. 12.10.2010, Az. C-499/08 Andersen). In der Rechtssache „Odar" hat der EuGH entschieden, dass die Vereinbarung einer geringeren Sozialplanabfindung für rentennahe Arbeitnehmer grundsätzlich keine Altersdiskriminierung darstellt (EuGH v. 6.12.2012, Az. C-152/11). Es ist zumindest sachlich gerechtfertigt, diese Arbeitnehmer ungünstiger zu behandeln, da die in der Zukunft liegenden wirtschaftlichen Nachteile durch den Verlust des Arbeitsplatzes, für deren Überbrückung die Sozialplanleistungen gedacht sind, diese Arbeitnehmer weniger stark treffen, als rentenferne Arbeitnehmer. Wird aber hierbei auf eine vorzeitige Altersrente wegen einer Behinderung abgestellt, dann liegt eine nicht gerechtfertigte Ungleichbehandlung wegen der Behinderung vor. Das BAG hat im Nachgang zu dieser „Odar"-Entscheidung dann noch klargestellt, dass die Betriebsparteien unionsrechtlich nicht dazu gezwungen sind, in einem Sozialplan für rentennahe Arbeitnehmer einen wirtschaftlichen Ausgleich vorzusehen, der mindestens die Hälfte der Abfindung rentenferner Arbeitnehmer betragen muss (BAG v. 26.3.2013, Az. 1 AZR 813/11).

In einer Entscheidung zum dänischen Recht hat der EuGH 2016 entschieden, dass eine nationale Regelung, nach der rentenberechtigte Arbeitnehmer – unabhängig davon, ob sie sich dafür entscheiden, auf dem Arbeitsmarkt zu verbleiben, oder beschließen, in Rente zu gehen – keine Entlassungsabfindung beziehen können, gegen das Verbot der Altersdiskriminierung verstößt (EuGH v. 19.4.2016, Az. C-441/14 „Dansk Industri"). Diese Entscheidung wird die Diskussion um die bislang ungeklärte Frage erneut anheizen, ob ein vollständiger Ausschluss rentenberechtigter Arbeitnehmer von Sozialplanabfindungen mit dem Unionsrecht vereinbar ist. Da die finanzielle Ausstattung eines Sozialplanes begrenzt ist, wird man diese Frage v. a. wegen des Unterschieds zum entschiedenen Fall, in welchem es um gesetzlich vorgeschriebene Abfindungen ging, bis zu einer gegenteiligen höchstrichterlichen Rechtsprechung auch künftig bejahen können. Allerdings sollte bei der Aufstellung von Sozialplänen diese Diskussion weiterverfolgt werden.

Ferner ist es möglich, innerhalb eines Sozialplans rentennahe Beschäftigte von den Leistungen eines Sozialplans insgesamt auszuschließen. In einem Mitte 2019 vom BAG entschiedenen Fall entschloss sich der Arbeitgeber, seinen Betrieb zum Ende des Jahres 2016 stillzulegen. Der hierzu im Rahmen eines Einigungsstellenverfahrens durch Spruch des Einigungsstellenvorsitzenden getroffene Sozialplan sah dabei für die Berechnung der Abfindungen folgende Formel vor: „Betriebszugehörigkeit × Bruttomonatsgehalt × Faktor". Der Faktor reichte dabei (altersgestaffelt) von 0,15 bis maximal 0,32. Arbeitnehmer, die nach dem Ausscheiden oder einem Bezug von Arbeitslosengeld I eine gekürzte oder ungekürzte Altersrente in Anspruch nehmen konnten, sollten hingegen keine Abfindung erhalten. Jüngst hat das BAG durch Urteil vom 8.12.2022, Az. 6 AZR 31/22, entschieden, dass bei der Gewichtung des Lebensalters im Rahmen einer Sozialauswahl zu Lasten des Arbeitnehmers berücksichtigt werden kann, dass er bereits eine Rente wegen Alters abschlagsfrei bezieht. Das gleiche gilt, wenn der Arbeitnehmer rentennah ist, weil er eine solche abschlagsfreie Rente spätestens innerhalb von zwei Jahren nach dem in Aussicht genommenen Ende des Arbeitsverhältnisses beziehen kann.

Nachdem der Betriebsrat diesen Spruch angefochten hatte, stellte das BAG nunmehr klar, dass der Ausschluss von rentennahen Arbeitnehmern im Sozialplan weder zu einer Ermessensüberschreitung noch zu einer Verletzung des betriebsverfassungsrechtlichen Gleichbehandlungsgrundsatzes (§ 75 Abs. 1 BetrVG i. V. m. §§ 1, 4 Abs. 1 AGG) führe. Vielmehr läge es im Ermessen der Einigungsstelle, ob und welche Nachteile ganz oder teilweise ausgeglichen und welche lediglich gemildert werden sollten. Zwar bewirke der im Sozialplan vorgesehene Ausschluss solcher Arbeitnehmer, die direkt oder nach Bezug von Arbeitslosengeld I eine gekürzte oder ungekürzte Altersrente in Anspruch nehmen können, deren unmittelbare Benachteiligung wegen des Alters i. S. v. § 3 Abs. 1 AGG. Die Benachteiligung sei jedoch nach § 10 Satz 3 Nr. 6 AGG i. V. m. § 10 Satz 2 AGG gerechtfertigt, weil diese Beschäftigten andernfalls entgegen dem Zweck der Sozialplanleistungen überproportional begünstigt worden wären. So seien jüngere Arbeitnehmer nach dem Ende des Bezugs von Arbeitslosengeld I typischerweise auf die Grundsicherung für Arbeitsuchende nach dem SGB II angewiesen. Einen solchen Nachteil hätten rentennahe Arbeitnehmer hingegen nicht. Aus diesem Grund habe die Einigungsstelle nach Ansicht des BAG im konkreten Fall auch von einer hinreichenden Absicherung der rentenberechtigten Mitarbeiter ausgehen dürfen – trotz ggf. zu erwartender etwaiger Rentenabschläge (BAG v. 7.5.2019, Az. 1 ABR 54/17).

Ferner benachteiligt eine Regelung in einem Sozialplan, die für Abfindungen einen Höchstbetrag vorsieht (sog. Höchstbetragsregelung), ältere Arbeitnehmer regelmäßig nicht im Sinne von § 3 II AGG mittelbar, wenn die Abfindung die durch den Verlust des Arbeitsplatzes entstehenden Nachteile spürbar abmildert und nur die Begünstigung begrenzt, die diese Arbeitnehmergruppe durch eine besondere Berücksichtigung der Betriebszugehörigkeit im Rahmen der Abfindungsberechnung erfahren hat (BAG v. 8.2.2022, Az. 1 AZR 252/21; Gleichlautende Entscheidung: BAG v. 7.12.2021, Az. 1 AZR 562/20.

Die Berücksichtigung des Lebensalters bei der Sozialauswahl i. S. d. § 1 Abs. 3 Satz 1 KSchG verstößt nicht gegen das Verbot der Altersdiskriminierung gem. §§ 1, 2 Abs. 1 Nr. 2 AGG. Das BAG hat in diesem Zusammenhang klargestellt, dass ein Arbeitnehmer, der bereits Regelaltersrente beziehen kann, in einer Sozialauswahl hinsichtlich des Kriteriums „Lebensalter" deutlich weniger schutzbedürftig ist, als ein Arbeitnehmer, der noch keine Regelaltersrente beanspruchen kann (BAG v. 27.4.2017, Az. 2 AZR 67/16). Auch die Bildung von Altersgruppen bei der Sozialauswahl zur Erhaltung der Altersstruktur ist grundsätzlich zulässig. Ausdrücklich gebilligt hat das BAG (BAG v. 6.11.2008, Az. 2 AZR 523/07) folgende Altersgruppenbildung:

- bis zum vollendeten 25. Lebensjahr,
- älter als 25 Jahre bis zum vollendeten 35. Lebensjahr,
- älter als 35 Jahre bis zum vollendeten 45. Lebensjahr,
- älter als 45 Jahre bis zum vollendeten 55. Lebensjahr,
- älter als 55 Jahre.

Zudem verlangt das BAG jedoch, dass sich die unterschiedliche Behandlung bei der Altersgruppenbildung nach bestimmten, in der Sache begründeten Proportionen richtet. Das ist der Fall, wenn eine solche Anzahl von Mitarbeitern in den einzelnen Altersgruppen gekündigt wird, dass der bisherige prozentuale Anteil der Altersgruppe an der Gesamtbelegschaft in etwa erhalten bleibt (BAG v. 6.11.2008, Az. 2 AZR 523/07). Eine Verletzung dieses Proporzes hat zur Folge, dass die Altersgruppenbildung insgesamt unwirksam ist (BAG v. 26.3.2015, Az. 2 AZR 478/13).

ACHTUNG!

Allerdings fordert das BAG auch, dass sich die Bildung von Altersgruppen zur Sicherung der bestehenden Altersstruktur eignen muss. Betrifft die Entlassung mehrere Gruppen jeweils vergleichbarer Arbeitnehmer, muss innerhalb der jeweiligen Vergleichsgruppe eine proportionale Berücksichtigung der Altersgruppen an den Entlassungen möglich sein. Die proportionale Beteiligung der Altersgruppen innerhalb der einzelnen Vergleichsgruppen muss zur betriebsweiten Sicherung der bestehenden Altersstruktur führen (BAG v. 22.3.2012, Az. 2 AZR 167/11).

Die Betriebsparteien können in einer Auswahlrichtlinie nach § 95 BetrVG und einer Namensliste nach § 1 Abs. 5 Satz 1 KSchG auch das Lebensalter als Auswahlkriterium durchgehend „linear" berücksichtigen und müssen nicht zuvor nach Altersgruppen differenzieren (BAG v. 5.11.2009, Az. 2 AZR 676/08). Werden allerdings Altersgruppen gebildet, so müssen diese auch hier zur Sicherung der bestehenden Altersstruktur der Belegschaft geeignet sein (BAG v. 19.7.2012, Az. 2 AZR 352/11).

Ein Verstoß gegen das Verbot der Altersdiskriminierung bei der Aufstellung einer Namensliste i. S. d. § 1 Abs. 5 Satz 1 KSchG lässt die gesetzliche Vermutung des Vorliegens dringender betrieblicher Bedürfnisse für die betreffenden Kündigungen nicht entfallen. Der Verstoß kann allerdings zu einer groben Fehlerhaftigkeit der Sozialauswahl i. S. d. § 1 Abs. 5 Satz 2 KSchG führen.

Auch im Kleinbetrieb ist bei Kündigungen Vorsicht geboten. Das BAG hat entschieden, dass eine altersdiskriminierende Kündigung im Kleinbetrieb gemäß § 134 BGB in Verbindung mit den Vorschriften des AGG unwirksam ist. Wird in der Kündigungserklärung des Arbeitgebers die „Pensionsberechtigung" des betroffenen Arbeitnehmers erwähnt, lässt dies eine unmittelbare Benachteiligung wegen des Lebensalters nach § 22 AGG vermuten (BAG v. 23.7.2015, Az. 6 AZR 457/14).

Die Begrenzung einer innerbetrieblichen Stellenausschreibung auf Arbeitnehmer im ersten Berufsjahr kann eine unzulässige mittelbare Benachteiligung wegen des Alters darstellen. Arbeitnehmer mit mehreren Berufsjahren weisen typischerweise gegenüber Arbeitnehmern im ersten Berufsjahr ein höheres Lebensalter auf. Eine solche Beschränkung kann gerechtfertigt sein, wenn der Arbeitgeber mit ihr ein rechtmäßiges Ziel verfolgt und sie zur Erreichung dieses Ziels angemessen und erforderlich ist. Sind die hierfür vom Arbeitgeber angeführten Gründe offensichtlich ungeeignet, verstößt er gegen seine Pflicht zur diskriminierungsfreien Stellenausschreibung (BAG v. 18.8.2009, Az. 1 ABR 47/08).

Dies gilt auch für öffentliche Stellenausschreibungen. So hat das BAG in zwei Urteilen entschieden, dass die Formulierungen „Berufsanfänger/in oder Kollege/in mit kürzerer Berufserfahrung gesucht" bzw. „als Berufsanfänger oder Kollegen mit 1–3 Jahren Berufserfahrung" eine Benachteiligung wegen des Alters im Sinne von § 3 Abs. 2 AGG darstellen könne, da mittelbar an das Lebensalter angeknüpft werde (BAG v. 19.5.2016, Az. 8 AZR 583/14 u. Az. 8 AZR 477/14). Auch die Formulierung, dass eine Person gesucht werde, die „gerade frisch gebacken aus einer kaufmännischen Ausbildung kommt", begründet die Vermutung einer mittelbaren Diskriminierung wegen des Alters (BAG v. 15.12.2016, Az. 8 AZR 454/15).

Das BAG hat zwar Anfang 2017 auch entschieden, dass wenn eine Stellenausschreibung dahingehend auslegbar ist, dass nicht „Berufsanfänger" an sich gesucht werden, also nicht nur Personen eines bestimmten Lebensalters angesprochen werden und andere ausgeschlossen werden sollen, dass die Stelle dann nicht unter Verstoß gegen das Verbot der Diskriminierung wegen Alters ausgeschrieben wurde (BAG v. 26.1.2017, Az. 8 AZR 73/16). Dennoch empfiehlt es sich, auf solche Signalwörter in Stellenausschreibungen ganz zu verzichten.

Insgesamt muss bei Stellenausschreibungen darauf geachtet werden, dass kein Indiz für eine Altersbenachteiligung geschaffen wird. Werden in einer an „Berufsanfänger" gerichteten Stellenanzeige für ein Trainee-Programm „Hochschulabsolventen/ Young Professionals" gesucht, kann dies laut BAG ein Indiz für eine Altersbenachteiligung darstellen (BAG v. 24.1.2013, Az. 8 AZR 429/11).

Eine Benachteiligung wegen des Alters kann auch dann vorliegen, wenn ein Arbeitnehmer seinen Wunsch nach Erhöhung der Arbeitszeit angezeigt hat und der Arbeitgeber es pflichtwidrig unterlassen hat, eine Mitteilung nach § 7 Abs. 2 a. F. (§ 7 Abs. 3 TzBfG n. F.) zu machen. Deshalb sprach das BAG mit Urteil vom 21.1.2021 (Az. 8 AZR 195/19) einer Beschäftigten auch eine Entschädigung nach § 15 Abs. 2 AGG i. H. v. 3.000 € zu. Hintergrund war, dass die langjährig in Teilzeit beschäftigte Klägerin mehrfach die Erhöhung ihrer Arbeitszeit beantragt hatte. Die Anträge wurden seitens des beklagten Arbeitgebers einerseits mit der Begründung abgelehnt, dass keine entsprechenden freien Stellen vorhanden wären. Andererseits wurden zeitgleich mehrere auf zwei Jahre befristete Neueinstellungen von „jungen qualifizierten Nachwuchskräften" vorgenommen sowie die Organisationsentscheidung getroffen, Arbeitsverhältnisse von drei Beschäftigten zu entfristen, um junge Nachwuchskräfte zu fördern. Damit hatte die Beklagte allerdings selbst eingeräumt, dass das Lebensalter der Klägerin für deren Nichtberücksichtigung bei der Stellenbesetzung mitursächlich war.

Das BAG nahm in seiner Entscheidung deshalb eine unmittelbare Benachteiligung i. S. v. § 3 Abs. 1 AGG wegen des Alters der Klägerin an. Ob eine unmittelbare Benachteiligung wegen des Alters nach § 10 AGG mit der Begründung gerechtfertigt werden könne, der Arbeitgeber strebe mit der Einstellung jüngerer Arbeitnehmer eine ausgewogene Altersstruktur an, lies das BAG jedoch offen. So habe die Beklagte nach Auffassung des BAG nicht substantiiert dargetan, dass sie mit der Förderung junger Nachwuchskräfte ein legitimes Ziel i. S. v. § 10 Satz 1 AGG verfolgt habe. Sie hätte hierfür zunächst vortragen müssen, aus welchen Gründen sie welche konkrete Altersstruktur schaffen oder erhalten wolle. Schlagwortartige Bezeichnungen würden dafür nicht jedenfalls nicht genügen. Andernfalls könne nicht überprüft werden, ob die Ungleichbehandlung durch das verfolgte Ziel gerechtfertigt sei. Zwar ist diese Entscheidung noch zur Rechtslage vor der Änderung des TzBfG zum 1.1.2019 ergangen. Allerdings behält diese ihre Bedeutung auch nach aktuell geltendem Recht, da durch die Änderungen materiell nicht in die §§ 7, 9 TzBfG eingegriffen wurde.

WICHTIG!

Bei der Berechnung der Beschäftigungsdauer wurden früher – entsprechend des Gesetzeswortlauts in § 622 Abs. 2 Satz 2 BGB a. F. – Zeiten, die vor der Vollendung des fünfundzwanzigsten Lebensjahres des Arbeitnehmers liegen, nicht berücksichtigt. Mit seiner Entscheidung v. 19.1.2010 hat der EuGH festgestellt, dass die gesetzliche Regelung in § 622 Abs. 2 Satz 2 BGB gegen das Verbot der Altersdiskriminierung verstößt und daher von den nationalen Gerichten nicht länger angewendet werden darf (EuGH v. 19.1.2010, Az. C-555/07 Kücükdeveci). Daher sind fortan bei der Berechnung der gesetzlichen Kündigungsfrist auch solche Beschäftigungszeiten anzurechnen, die vor der Vollendung des 25. Lebensjahres liegen. Dies gilt auch für tarifvertragliche Regelungen, die auf § 622 Abs. 2 Satz 2 BGB verweisen (BAG v. 29.9.2011, Az. 2 AZR 177/10). § 622 Abs. 2 Satz 2 BGB wurde in der Konsequenz ersatzlos aus dem Gesetzestext gestrichen.

Keine Altersdiskriminierung stellt jedoch die Differenzierung der Kündigungsfristen nach der Dauer der Betriebszugehörigkeit in § 622 Abs. 2 Satz 1 BGB dar. Diese Regelung führt zwar zu einer mittelbaren Benachteiligung jüngerer Arbeitnehmer. Sie verfolgt allerdings das rechtmäßige Ziel, länger beschäftigten und damit betriebstreuen, typischerweise älteren Arbeitnehmern durch längere Kündigungsfristen einen verbesserten Kündigungsschutz zu gewähren. Zur Erreichung dieses Ziels ist die Verlängerung der Kündigungsfristen auch in ihrer konkreten Staffelung angemessen und erforderlich (BAG v. 18.9.2014, Az. 6 AZR 636/13).

Die Berücksichtigung der Dauer des Arbeitsverhältnisses und seines störungsfreien Verlaufs bei der Interessenabwägung im Rahmen einer außerordentlichen Kündigung gem. § 626 Abs. 1 BGB, stellt ebenfalls keine unzulässige Altersdiskriminierung dar (BAG v. 7.7.2011, Az. 2 AZR 355/10).

ACHTUNG!

Das AGG gilt trotz des Verweises in § 2 Abs. 2 AGG auch in der betrieblichen Altersversorgung (siehe auch Stichwort „→ *Betriebliche Al-*

***tersversorgung*"), soweit das Betriebsrentengesetz nicht vorrangige Sonderregelungen enthält (BAG v. 11.12.2007, Az. 3 AZR 249/06). Die Sonderregelungen des Betriebsrentengesetzes gelten z. B. hinsichtlich der an das Merkmal „Alter" anknüpfenden Vorschriften zur gesetzlichen Unverfallbarkeit (BAG a. a. O.).**

Mit Urteil vom 11.12.2018 (Az. 3 AZR 400/17) entschied das BAG, dass auch eine Regelung innerhalb einer Versorgungsordnung nicht gegen das im AGG enthaltene Diskriminierungsmerkmal des Alters verstößt, wenn diese vorsieht, das die Hinterbliebenenversorgung eines jüngeren hinterbliebenen Ehepartners für jedes volle über zehn Jahre hinausgehende Jahr des Altersunterschieds der Ehegatten um 5 % gekürzt wird. Zwar bewirke eine solche Altersabstandsklausel eine unmittelbare Benachteiligung wegen des Alters. Allerdings sei diese gerechtfertigt, da der Arbeitgeber, der eine Hinterbliebenenversorgung zusage, ein legitimes Interesse daran habe, das hiermit verbundene finanzielle Risiko zu begrenzen. Die Altersabstandsklausel sei auch angemessen und erforderlich. Sie führe nicht zu einer übermäßigen Beeinträchtigung der legitimen Interessen der versorgungsberechtigten Arbeitnehmer, die von der Klausel betroffen sind. Bei einem Altersabstand von elf Jahren, ab dem die Klausel greife, sei der gemeinsame Lebenszuschnitt der Ehepartner darauf angelegt, dass der Hinterbliebene einen Teil seines Lebens ohne den Versorgungsberechtigten verbringe. Zudem würden wegen des Altersabstands von mehr als zehn Jahren nur solche Ehegatten von dem Ausschluss erfasst, deren Altersabstand zum Ehepartner den üblichen Abstand erheblich übersteige. Die Versorgungsregelung sehe keinen vollständigen Ausschluss bereits ab dem elften Jahr des Altersunterschieds vor, sondern eine maßvolle schrittweise Reduzierung und bewirke damit einen vollständigen Ausschluss erst bei einem Altersabstand von mehr als 30 Jahren.

Ferner entschied das BAG in diesem Zusammenhang in zwei Parallelentscheidungen am 22.1.2019 (Az. 3 AZR 560/17 sowie Az. 3 AZR 293/17), dass eine Spätehenklausel, die einem Arbeitnehmer Hinterbliebenenversorgung für seinen Ehegatten nur für den Fall zusagt, dass die Ehe vor Vollendung des 62. Lebensjahres des Arbeitnehmers geschlossen ist, nur dann nicht gegen das Verbot der Diskriminierung wegen des Alters verstoße, wenn die Versorgungsordnung die Vollendung des 62. Lebensjahres als feste Altersgrenze vorsehe.

Eine Spätehenklausel, die eine Hinterbliebenenversorgung ausschließt, wenn die Ehe nach Vollendung des 62. Lebensjahres des Arbeitnehmers geschlossen wurde, benachteilige den Arbeitnehmer nach §§ 1, 3 Abs. 1 Satz 1 AGG hingegen dann unzulässig wegen des Alters, wenn die festgelegte Altersgrenze keinem betriebsrentenrechtlichen Strukturprinzip – etwa dem Ausscheiden aus dem Arbeitsverhältnis oder einer festen, in der Versorgungsordnung festgeschriebenen Altersgrenze – folge (BAG v. 19.2.2019, Az. 3 AZR 215/18).

Eine vergleichbare Entscheidung des BAG erging ebenfalls mit Urteil vom 19.2.2019 (Az. 3 AZR 198/18). Streitgegenständlich war eine Spätehenklausel in einer Versorgungsordnung, die den Anspruch auf eine Hinterbliebenenversorgung ausschloss, wenn die Ehe nach der Vollendung des 63. Lebensjahres des versorgungsberechtigten Arbeitnehmers geschlossen wurde. Eine solche Klausel könne nach Auffassung des BAG eine nach §§ 1, 3 Abs. 1 Satz 1 AGG unzulässige Benachteiligung wegen des Alters darstellen. Zwar unterfalle eine solche Regelung grds. einer zulässigen Differenzierung nach § 10 Satz 3 Nr. 4 AGG. Allerdings sei diese nur dann nach § 10 Satz 2 AGG angemessen, wenn der Ausschluss der Hinterbliebenenversorgung an ein betriebsrentenrechtliches Strukturprinzip wie etwa das Erreichen der festen Altersgrenze, den Eintritt eines Versorgungsfalls oder das Ende des Arbeitsverhältnisses anknüpfe.

In einer weiteren Entscheidung rund um die Frage einer möglichen Altersdiskriminierung im Rahmen einer Hinterbliebenenversorgung entschied das BAG (BAG v. 3.6.2020, Az. 3 AZR 226/19), dass der vertragliche Ausschluss der Hinterbliebenenversorgung in AGB für eine erst nach dem Eintritt in den vorzeitigen Ruhestand geschlossene Ehe zumindest dann wirksam sei, wenn der Arbeitnehmer ohne Kürzung seiner Pensionsansprüche vorzeitig in den Ruhestand tritt. Der Entscheidung des BAG lag dabei eine Klausel zugrunde, nach welcher gem. Ziff. 5 ein Arbeitnehmer immer dann in den vorzeitigen Ruhestand treten kann, wenn er sein 50. Lebensjahr vollendet und mindestens 10 anrechenbare Dienstjahre bei dem Arbeitgeber zurückgelegt hat. Die Pension wird dabei sofort ungekürzt gezahlt, wenn das Arbeitsverhältnis auf Veranlassung des Arbeitgebers endet. Ferner war in der Pensionsordnung geregelt, dass „Die Witwe [...] keine Pension [erhält], (...) wenn die Ehe von einem Angestellten erst nach seiner vorzeitigen Pensionierung gem. Ziff. 5 dieser Pensionsordnung geschlossen worden ist (...)". Nachdem der Kläger aufgrund einer Aufhebungsvereinbarung auf Veranlassung der Beklagten aus dem Arbeitsverhältnis ausgeschieden war und Leistungen nach der Pensionsordnung der Beklagten bezog, verstarb dessen erste Ehefrau. In der Folge heiratete der Kläger erneut. Die Beklagte lehnte die Anerkennung einer möglichen Hinterbliebenenversorgung für die zweite Ehefrau des Klägers mit Verweis auf die Pensionsordnung jedoch ab. Nach Auffassung des BAG benachteilige die in Ziff. 5 enthaltene Klausel den Kläger zwar unmittelbar wegen des Alters. Allerdings sei diese unmittelbare Benachteiligung gem. § 10 Satz 1, 2 AGG gerechtfertigt, weil mit dem in Ziff. 10 enthaltenen Ausschluss von der Hinterbliebenenversorgung jedenfalls unter Berücksichtigung des vorliegenden Einzelfalles ein legitimes Ziel, namentlich die Begrenzung der mit der Gewährung einer Hinterbliebenenversorgung verbundenen finanziellen Risiken, verfolgt würde. Unter dem Gesichtspunkt der Kompensation rechtfertige sich ein solcher Ausschluss daher insbesondere für auf Veranlassung des Arbeitgebers in den vorzeitigen Ruhestand übergetretene Arbeitnehmer. Die Pension werde ohne Kürzung wesentlich länger gezahlt als im Falle des regulären Ruhestands und ermögliche so eine eigene Vorsorgeabsicherung der Hinterbliebenen. Zudem erlaube die Regelung auch eine anderweitige Tätigkeit des Arbeitnehmers bei ungekürztem Pensionsbezug.

Ferner kann der Arbeitgeber in Allgemeinen Geschäftsbedingungen eine zugesagte Hinterbliebenenversorgung ausschließen, wenn die Ehe bis zum Versterben des Versorgungsberechtigten nicht mindestens zwölf Monate gedauert hat und die Hinterbliebene die Möglichkeit hat, darzulegen und ggf. zu beweisen, dass der Berechtigte aufgrund eines erst nach der Eheschließung erlittenen Unfalls oder einer erst später eingetretenen Krankheit gestorben ist. Sie benachteiligt den Kläger nicht unzulässig mittelbar wegen des Alters oder wegen eines anderen Merkmals i. S. d. § 1 AGG. Der Ausschluss kann sich jedenfalls auf ein rechtmäßiges Ziel stützen, ist sachlich gerechtfertigt und die Mittel sind zur Erreichung dieses Ziels angemessen und erforderlich. Dies hat das BAG jüngst entschieden (BAG v. 2.12.2021, Az. 3 AZR 254/21).

ACHTUNG!

Das Bundesarbeitsgericht hat den Europäischen Gerichtshof (EuGH) um Vorabentscheidung zu der Frage ersucht, ob eine unmittelbare Benachteiligung wegen des Alters aufgrund der Beachtung von Rechten von Menschen mit Behinderungen gerechtfertigt werden kann (BAG, EuGH-Vorlage vom 24. Februar 2022, Az. 8 AZR 208/21. Das Verfahren ist beim Gerichtshof der Europäischen Union unter dem Aktenzeichen C-518/22 anhängig).

Die Parteien streiten über die Zahlung einer Entschädigung nach § 15 Abs. 2 AGG.

Die Beklagte ist ein Assistenzdienst. Sie bietet Menschen mit Behinderungen Beratung, Unterstützung sowie Assistenzleistungen in verschiedenen Bereichen des Lebens (sog. Persönliche Assistenz) an.

Im Auftrag einer 28 Jahre alten behinderten Studentin suchte die Beklagte in einer Stellenanzeige „weibliche Assistentinnen" in allen Lebensbereichen des Alltags, die „am besten zwischen 18 und 30 Jahre alt sein" sollten. Die 50-jährige Klägerin bewarb sich ohne Erfolg auf diese Stellenausschreibung.

Mit ihrer Klage verlangt sie eine Entschädigung nach § 15 Abs. 2 AGG. Die ausdrücklich an Assistentinnen im Alter „zwischen 18 und 30" Jahren gerichtete Stellenausschreibung der Beklagten begründe die Vermutung, dass sie bei der Stellenbesetzung wegen ihres höheren Alters nicht berücksichtigt worden sei. Die Beklagte hält demgegenüber die Ungleichbehandlung für gerechtfertigt. Sie trage dem Wunsch- und Wahlrecht des behinderten Menschen (§ 8 Abs. 1 SGB IX) Rechnung, das sich völkerrechtlich auf die UN-Behindertenrechtskonvention (UN-BRK) zurückführen lasse.

Zur Überzeugung des BAG hängt die Entscheidung des Rechtsstreits davon ab, ob die durch die Stellenausschreibung bewirkte unmittelbare Benachteiligung gerechtfertigt ist. Im Hinblick auf die Auslegung des AGG in Übereinstimmung mit den Vorgaben der Richtlinie 2000/78/EG stellen sich Fragen der Auslegung von Unionsrecht. Der Achte Senat hat den EuGH daher um Vorabentscheidung ersucht zu der Frage:

Können Art. 4 Abs. 1, Art. 6 Abs. 1, Art. 7 und/oder Art. 2 Abs. 5 der Richtlinie 2000/78/EG – im Licht der Vorgaben der Charta der Grundrechte der Europäischen Union (Charta) sowie im Licht von Art. 19 des Übereinkommens der Vereinten Nationen über die Rechte von Menschen mit Behinderungen (UN-BRK) – dahin ausgelegt werden, dass in einer Situation wie der des Ausgangsverfahrens eine unmittelbare Benachteiligung wegen des Alters gerechtfertigt werden kann?

3.6 Diskriminierung wegen Behinderung

Durch das am 1.7.2001 in Kraft getretene Neunte Buch Sozialgesetzbuch (SGB IX) wurde ein Benachteiligungsverbot für Schwerbehinderte eingeführt (§ 164 Abs. 2 SGB IX).

Diese Vorschrift enthält einen direkten Verweis auf die Bestimmungen des AGG, welches den betroffenen Personenkreis (s. o. 2.) auch vor Benachteiligungen wegen Behinderungen schützt.

ACHTUNG!

Der Begriff „Behinderung" i. S. d. AGG setzt – im Gegensatz zu der Definition des Schwerbehinderten im SGB IX – keinen bestimmten Grad der Behinderung oder die Gleichstellung mit einem Schwerbehinderten voraus. Der Begriff einer „Behinderung" erfasst allgemein Einschränkungen, die auf physische, geistige oder psychische Beeinträchtigungen zurückzuführen sind, sofern diese ein Hindernis des Betroffenen für die Teilhabe am Berufsleben darstellen und es wahrscheinlich ist, dass diese Einschränkungen von langer Dauer sind (vgl. BAG v. 3.4.2007, Az. 9 AZR 823/06). Der Schutz des AGG geht somit weiter als der nach SGB IX.

WICHTIG!

Ende 2013 hat das BAG entschieden, dass ein Arbeitnehmer, der an einer symptomlosen HIV-Infektion erkrankt ist, behindert im Sinne des AGG ist. Kündigt der Arbeitgeber das Arbeitsverhältnis eines solchen Arbeitnehmers in der gesetzlichen Wartezeit des § 1 KSchG wegen der HIV-Infektion, ist die Kündigung im Regelfall diskriminierend und damit unwirksam, wenn der Arbeitgeber durch angemessene Vorkehrungen den Einsatz des Arbeitnehmers trotz seiner Behinderung ermöglichen kann (BAG v. 19.12.2013, Az. 6 AZR 190/12).

Sollen Ansprüche nach dem AGG wegen einer Diskriminierung aufgrund einer Behinderung geltend gemacht werden, muss eine Benachteiligung wegen der Behinderung glaubhaft gemacht werden. Es reicht in diesem Zusammenhang, wenn das Gericht von der überwiegenden Wahrscheinlichkeit einer entsprechenden Benachteiligung überzeugt ist. Anfang 2017 hat das BAG allerdings erneut bestätigt, dass hierfür Indizien bewiesen werden müssen, die gerade mit überwiegender Wahrscheinlichkeit und nicht nur möglicherweise darauf schließen lassen, dass die Behinderung für die Benachteiligung mitursächlich ist (BAG v. 26.1.2017, Az. 8 AZR 736/15). Sofern dem Betroffenen dies gelingt, kann diese Vermutung durch den Arbeitgeber nur durch einen Beweis derart widerlegt werden, dass keine vernünftigen Zweifel daran verbleiben, dass andere, sachliche Gründe die ungleiche Behandlung rechtfertigen.

Ein solches Indiz, dass mit überwiegender Wahrscheinlichkeit darauf schließen lässt, dass der schwerbehinderte Arbeitnehmer wegen seiner Schwerbehinderung benachteiligt wurde, stellt die Tatsache dar, wenn es ein Arbeitgeber entgegen § 178 Abs. 2 Satz 1 SGB IX unterlässt, die Schwerbehindertenvertretung zu beteiligen.

Eine derartige Diskriminierung setzt allerdings voraus, dass der Arbeitgeber Kenntnis von der Behinderung hat. Daher muss ein schwerbehinderter Bewerber, will er sich auf den Diskriminierungsschutz berufen, bei der Bewerbung deutlich und zwar grundsätzlich im Bewerbungsschreiben selbst, den Arbeitgeber über die Behinderung informieren (BAG v. 26.9.2013, Az. 8 AZR 650/12). Erfolgt der Hinweis im Lebenslauf, muss dies deutlich hervorgehoben werden und auch bei jeder einzelnen neuen Bewerbung wiederholt angegeben werden (BAG v. 18.9.2014, 8 AZR 759/13). Bei einem Betriebsübergang muss sich der Betriebsübernehmer die Kenntnis des Betriebsveräußerers von der Schwerbehinderteneigenschaft eines Arbeitnehmers zurechnen lassen (BAG v. 11.12.2008, Az. 2 AZR 395/07).

Gemäß § 164 Abs. 1 Satz 1 u. Satz 2 SGB IX muss der Arbeitgeber prüfen, ob freie Arbeitsplätze mit schwerbehinderten Menschen, insbesondere mit bei der Agentur für Arbeit arbeitslos oder arbeitsuchend gemeldeten schwerbehinderten Menschen, besetzt werden können. Dazu muss er frühzeitig Verbindung mit der Agentur für Arbeit aufnehmen. Unterlässt der Arbeitgeber dies, liegt grundsätzlich ein Indiz für eine Benachteiligung wegen der Behinderung vor (BAG Urt. v. 25.11.2021, Az. 8 AZR 313/20: Hier wurden dem schwerbehinderten Bewerber aufgrund der unterlassenen Prüf- und Meldepflichten und der darin vermuteten Diskriminierung, die der Arbeitgeber nicht widerlegen konnte, 1,5 Bruttomonatsgehälter Entschädigung zugesprochen.).

ACHTUNG!

Das Unterlassen der ordnungsgemäßen Meldung im Sinne der Erteilung eines Vermittlungsauftrags bei der Agentur für Arbeit begründet die Vermutungswirkung nach § 22 AGG, dass eine Diskriminierung aufgrund der Schwerbehinderung vorliegt. Auch das Vorhandensein etwaiger weiterer, auch gegebenenfalls besser qualifizierter Kandidaten kann ein solches Indiz nicht widerlegen, da es allein auf die Wahrung der Schutzvorschriften zum Schutz schwerbehinderter Menschen auch im Rahmen des Stellenausschreibungsverfahrens ankommt und bereits die bloße Verletzung einer solchen Verfahrensvorschrift das Indiz für die Diskriminierung begründet, ohne dass es darauf ankommt, ob der schwerbehinderte Bewerber letztlich auch eingestellt worden wäre oder nicht. In der Praxis belaufen sich Entschädigungszahlungen aufgrund der Diskriminierung häufig auf ca. 1,5–3 Bruttomonatsgehälter. Gemäß § 15 Abs. 2 AGG darf die Entschädigung bei einer Nichteinstellung drei Monatsgehälter nicht übersteigen, wenn der oder die Beschäftigte auch bei benachteiligungsfreier Auswahl nicht eingestellt worden wäre.

Keine Diskriminierung wegen einer Schwerbehinderung liegt hingegen vor, wenn der Arbeitgeber es unterlässt, ein Präventionsverfahren nach § 167 Abs. 1 SGB IX in den ersten sechs Monaten des Arbeitsverhältnisses durchzuführen. Insofern besteht deswegen auch kein Anspruch auf Entschädigung gemäß § 15 Abs. 2 AGG (BAG v. 21.4.2016, Az. 8 AZR 402/14).

Nachdem eine Krankheit durchaus eine Behinderung i. S. d. AGG darstellen (oder potenziell dazu führen) kann, stellt sich die Frage, ob die Erkundigung des Arbeitgebers bei der Einstellung nach bestehenden Krankheiten bereits für sich genommen eine Benachteiligung wegen einer Behinderung darstellt. Seit Inkrafttreten des AGG können laut BAG (Urteil v. 17.12.2009, Az. 8 AZR 670/08) Fragen nach Erkrankungen im Hinblick auf das Vorliegen einer Behinderung tatsächlich diskriminierungsrelevant sein.

In der Bewerbungssituation nachzufragen, welche Einschränkungen sich aus einer in den Bewerbungsunterlagen angegebenen Behinderung ergeben, ist nur unter der Voraussetzung unbedenklich, dass vom Arbeitgeber „angemessene Vorkehrungen" getroffen werden können. So könnten z. B. verschiedene Barrieren beseitigt werden, um Menschen mit Behinderung die Teilhabe am Berufsleben zu ermöglichen. Zumindest dann, wenn dies noch als verhältnismäßig angesehen werden kann (BAG v. 26.6.2014, 8 AZR 547/13).

Im Bewerbungsverfahren muss unterschieden werden, ob der Arbeitgeber die Beschäftigungsquote von schwerbehinderten Menschen nach § 154 SGB IX erfüllt oder nicht. Wenn er diese erfüllt, muss er die Beteiligten nicht unverzüglich über die Gründe seiner Auswahlentscheidung bei Bewerbungen unterrichten. Ein diesbezüglicher Schadensersatzanspruch wegen Benachteiligung im Bewerbungsverfahren ist nur begründet, wenn Indizien die Benachteiligung vermuten lassen (BAG v. 21.2.2013, Az. 8 AZR 180/12).

ACHTUNG!

§ 164 Abs. 1 SGB IX legt dem Arbeitgeber im Hinblick auf die Bewerbung schwerbehinderter Menschen besondere Pflichten auf. Unterrichtet der Arbeitgeber den abgelehnten schwerbehinderten Bewerber nicht unverzüglich, kann dies die Vermutung einer Benachteiligung wegen einer Schwerbehinderung begründen. Allerdings besteht diese Unterrichtungspflicht nur, wenn gegen die gesetzliche Pflicht zur Beschäftigung schwerbehinderter Menschen verstoßen wird und die Schwerbehindertenvertretung oder eine in § 176 SGB IX genannte Vertretung mit der beabsichtigten Einstellungsentscheidung des Arbeitgebers nicht einverstanden ist (BAG v. 28.9.2017, Az. 8 AZR 492/16).

ACHTUNG!

Nach einer Entscheidung des EuGH (Urteil v. 17.7.2008, Az. C-303/06 „Coleman") handelt es sich auch um eine unmittelbare Diskriminierung, wenn ein Arbeitnehmer, der nicht selbst behindert ist, wegen der Behinderung seines Kindes durch einen Arbeitgeber eine weniger günstige Behandlung erfährt als ein anderer Arbeitnehmer.

Der EuGH hat sich in seiner Entscheidung vom 11.7.2006 (Az. C-13/05 Navas) mit der Frage befasst, ob eine Kündigung wegen Krankheit eine Diskriminierung wegen Behinderung im Sinne der (dem AGG zugrunde liegenden) Gleichbehandlungsrichtlinie darstellt, und ist zu folgenden Ergebnissen gekommen:

- Eine Person, der von ihrem Arbeitgeber **ausschließlich** wegen Krankheit gekündigt worden ist, wird **nicht** von dem durch die Richtlinie 2000/78/EG des Rates vom 27.11.2000 zur Festlegung eines allgemeinen Rahmens für die Verwirklichung der Gleichbehandlung in Beschäftigung und Beruf zur Bekämpfung der Diskriminierung wegen einer Behinderung geschaffenen allgemeinen Rahmen erfasst.
- Krankheit als solche kann nicht als ein weiterer Grund neben denen angesehen werden, derentwegen Personen zu diskriminieren nach der Richtlinie verboten ist.

2013 hat der EuGH entschieden, dass eine Krankheit auch eine „Behinderung" ist, wenn sie eine Einschränkung mit sich bringt, die den Betreffenden an der vollen Teilhabe am Berufsleben hindern kann und von langer Dauer ist. Dies gilt unabhängig davon, ob es sich um eine heilbare oder unheilbare Krankheit handelt und auch davon, ob die einzige Einschränkung darin besteht, dass der Betreffende ohne sonstigen Einschränkungen zu unterliegen, allein zu einer vollzeitigen Tätigkeit außerstande ist (EuGH v. 11.4.2013, Az. C-335/11, Az. C-337/11 – „Ring/Werge").

Ende 2014 hat der EuGH aufgrund einer dänischen Vorlagefrage entschieden, dass es keinen allgemeinen Grundsatz des Unionsrechts gibt, der Diskriminierungen wegen Adipositas (Fettleibigkeit) verbietet. Allerdings kann Adipositas dann unter den Begriff „Behinderung" fallen, wenn sie unter bestimmten Bedingungen den Betreffenden an der vollen und wirksamen Teilhabe am Berufsleben, gleichberechtigt mit den anderen Arbeitnehmern, hindert (EuGH v. 18.12.2014, Az. C-354/13). Dies ist insbesondere dann der Fall, wenn der Arbeitnehmer lang andauernden Einschränkungen unterliegt, z. B. aufgrund eingeschränkter Mobilität oder dem Auftreten von Krankheitsbildern, die ihn an der Verrichtung seiner Arbeit hindern oder zu einer Beeinträchtigung der Ausübung seiner beruflichen Tätigkeit führen.

WICHTIG!

Vorsicht bei der Aufstellung von Sozialplänen: wird in der Vereinbarung einer geringeren Sozialplanabfindung für rentennahe Arbeitnehmer auf eine vorzeitige Altersrente wegen einer Behinderung abgestellt, dann liegt nach der Entscheidung des EuGH in der Rechtssache „Odar" eine nicht gerechtfertigte Ungleichbehandlung wegen der Behinderung vor.

Bereits Ende 2015 hat das BAG ebenso entschieden. Eine unmittelbar an das Merkmal der Behinderung knüpfende Bemessung einer Sozialplanabfindung ist unwirksam, wenn sie schwerbehinderte Arbeitnehmer gegenüber anderen Arbeitnehmern, die in gleicher Weise wie sie von einem sozialplanpflichtigen Arbeitsplatzverlust betroffen sind, schlechter stellt (BAG v. 17.11.2015, Az. 1 AZR 938/13). Mit Entscheidung vom 21.11.2017 (Az. 9 AZR 141/17) stellte das BAG fest, dass eine Regelung, bei der die Laufzeit eines Vorruhestandsverhältnisses mit einem Anspruch auf vorzeitige Altersrente für schwerbehinderte Menschen verknüpft wird, schwerbehinderte Arbeitnehmer unmittelbar gegenüber nicht schwerbehinderten Arbeitnehmern benachteiligt, die sich in einer vergleichbaren Situation befinden und die erst mit einem höheren Lebensalter Leistungen der gesetzlichen Rentenversicherung beanspruchen können. Diese Rechtsprechung wurde in jüngster Vergangenheit nun in mehreren Entscheidungen vom BAG konsequent fortgeführt. Mit Entscheidung vom 16.7.2019 (BAG v. 16.7.2019, Az. 1 AZR 842/16) stellte das BAG fest, dass eine in einem Sozialplan enthaltene Regelung, die zur Berechnung der Höhe einer Abfindung auf den „frühestmöglichen" Bezug einer gesetzlichen Rente abstellt, schwerbehinderte Menschen jedenfalls mittelbar benachteilige. Zwar verfolge die Regelung ein legitimes Ziel, namentlich einen pauschalierten Ausgleich für das bis zum frühestmöglichen Renteneintritt entfallende Arbeitsentgelt. Allerdings gehe die Regelung über das zur Erreichung dieses legitimen Ziels Erforderliche hinaus. So werde das Abstellen auf das neutrale Kriterium „frühestmöglicher Wechsel" nicht durch objektive Faktoren, die nichts mit der Behinderung zu tun haben, gerechtfertigt. Diese Auffassung hielt das BAG auch in der Folge aufrecht (BAG v. 28.7.2020, Az. 1 AZR 590/18). So enthalte eine Regelung in einem Sozialplan, wonach bei der Berechnung des als Abfindung zu zahlenden fiktiven Differenzbetrags auf den frühestmöglichen Renteneintritt abgestellt wird, eine mittelbare Ungleichbehandlung für schwerbehinderte Arbeitnehmer. Diese Benachteiligung sei in der Folge dann nicht gerechtfertigt, wenn sie nicht durch objektive Faktoren gerechtfertigt ist, die nichts mit der Behinderung zu tun haben. In beiden Entscheidungen führte dieses im Sozialplan enthaltene Tatbestandsmerkmal zu einer übermäßigen Beeinträchtigung der legitimen Interessen der schwerbehinderten Arbeitnehmer und somit dazu, dass den benachteiligten Arbeitnehmern ein Anspruch auf eine höhere Sozialplanabfindung zustehe (sog. „Anpassung nach oben").

3.7 Diskriminierung wegen der sexuellen Identität

Der vom AGG geschützte Personenkreis (s. o. 2.) ist auch in Bezug auf Benachteiligungen wegen ihrer sexuellen Identität geschützt. Dieser Schutz vor Benachteiligung betrifft auch die sexuelle Ausrichtung. Geschützt werden somit homosexuelle und bisexuelle Menschen.

Das BAG hat Ende 2015 entschieden, dass die Transsexualität zwar nicht als solche zu den in § 1 AGG genannten Gründen gehört, an die das Benachteiligungsverbot in § 7 Abs. 1 AGG anknüpft. Sie kann allerdings sowohl beim Grund „Geschlecht" (s. o. 3.2) als auch beim Grund „sexuelle Identität" (s. u. 3.7) von Bedeutung sein (BAG v. 17.12.2015, Az. 8 AZR 421/14).

Das BAG hat in seiner Entscheidung v. 14.1.2009, Az. 3 AZR 20/07 entschieden, dass Überlebende einer eingetragenen Lebenspartnerschaft aus Gründen der Gleichbehandlung einen Anspruch auf Hinterbliebenenrente haben können, wenn für Ehegatten im Rahmen der betrieblichen Altersversorgung eine dahingehende Zusage besteht.

4. Pflichten des Arbeitgebers

Nach den §§ 11 und 12 AGG ist der Arbeitgeber verpflichtet, geeignete und erforderliche Maßnahmen zum Schutz vor Diskriminierungen zu treffen. Er hat in geeigneter Art und Weise auf die Unzulässigkeit solcher Benachteiligungen, insbesondere im Rahmen der beruflichen Aus- und Fortbildung, hinzuweisen und darauf hinzuwirken, dass diese unterbleiben. Hat der Arbeitgeber seine Beschäftigten in geeigneter Weise zum Zwecke der Verhinderung von Benachteiligung geschult, gilt dies als Erfüllung seiner Pflichten zum Schutz vor Benachteiligung.

Welche Maßnahmen im Einzelnen geeignet und erforderlich sind, hängt insbesondere von der Art, Größe und Struktur des Betriebes ab. Entscheidend ist, ob der Arbeitgeber alle ihm zuzumutenden Mittel ergriffen hat, um durch organisatorische Maßnahmen und Aufklärung unzulässige Benachteiligungen zu verhindern und zu beseitigen.

TIPP!

Zur Feststellung möglicher Benachteiligungen sollte (ggf. gemeinsam mit dem Betriebsrat) zunächst eine umfassende Analyse der vielfältigen betrieblichen Abläufe, insbesondere der gesamten Personalarbeit, erfolgen, um so etwaigen Handlungsbedarf zu erkennen. Eine sorgfältige Dokumentation aller organisatorischen Maßnahmen, die im Zusammenhang mit der Vermeidung und Beseitigung von Diskriminierungen stehen, ist ebenso wichtig, wie die geeignete Schulung von Führungskräften und Mitarbeitern.

Ferner ist eine zuständige Stelle im Betrieb (z. B. Vorgesetzter, Gleichstellungsbeauftragter oder betriebliche Beschwerdestelle) einzurichten, die Beschwerden (s. u. 5.) zu prüfen und das Ergebnis dem Beschwerdeführer mitzuteilen hat.

Verstoßen beschäftigte Arbeitskollegen gegen das Benachteiligungsverbot, hat der Arbeitgeber die im Einzelfall geeigneten, erforderlichen und angemessenen Maßnahmen zur Unterbindung der Diskriminierung – wie Abmahnung, Umsetzung, Versetzung oder Kündigung – zu ergreifen.

ACHTUNG!

Von mehreren geeigneten Mitteln zur Unterbindung von Diskriminierungen ist immer das mildeste zu wählen.

Der Arbeitgeber ist nach dem Gesetz auch dazu verpflichtet, geeignete und angemessene Maßnahmen zum Schutz seiner Beschäftigten zu ergreifen, wenn diese bei der Ausübung ihrer Tätigkeit durch Dritte (z. B. Kunden, Lieferanten) benachteiligt werden.

Der Arbeitgeber muss die gesetzlichen Vorschriften einschließlich der maßgeblichen Klagefrist des § 61b ArbGG (s. u. 5.) im Betrieb durch Aushang oder Auslegung an geeigneter Stelle oder mittels der üblichen Informations- und Kommunikationstechniken bekannt machen. Zugleich ist über die vorhandene, für die Behandlung von Beschwerden zuständige Stelle zu informieren.

5. Rechte der Beschäftigten

Ein Beschäftigter i. S. d. AGG (s. o. 2.) kann sich zunächst bei einer der bereits bestehenden zuständigen Stellen des Betriebs, des Unternehmens oder der Dienststelle beschweren, wenn er sich im Zusammenhang mit seinem Beschäftigungsverhältnis vom Arbeitgeber, von Vorgesetzten, anderen Beschäftigten oder Dritten wegen eines in § 1 AGG genannten Grundes benachteiligt fühlt.

ACHTUNG!

Macht ein Bewerber geltend, er sei bei der Besetzung einer ausgeschriebenen Stelle unter Verstoß gegen das AGG benachteiligt worden, so setzt dies grundsätzlich voraus, dass seine Bewerbung um die Stelle schon im Zeitpunkt der Besetzungsentscheidung vorlag. Andernfalls liegt keine Benachteiligung eines „Beschäftigten" i. S. d. AGG vor, sofern jedenfalls eine diskriminierende Gestaltung des Bewerbungsverfahrens nicht ersichtlich ist (BAG v. 19.8.2010, Az. 8 AZR 370/09). Etwas anderes kann gelten, wenn ein Arbeitgeber die Stelle vor Ablauf einer von ihm selbst gesetzten Bewerbungsfrist besetzt und die Bewerbung erst nach der Besetzung, aber noch innerhalb der Bewerbungsfrist beim Arbeitgeber eingeht (BAG v. 17.8.2010, Az. 9 AZR 839/08).

2013 entschied das BAG noch, dass grundsätzlich eine unmittelbare oder mittelbare Benachteiligung ausscheidet, wenn der Arbeitgeber einen Bewerber nicht zu einem Vorstellungsgespräch einlädt, wenn dieser für eine ausgeschriebene Stelle objektiv nicht geeignet ist. Selbst wenn der Arbeitgeber von dieser Nichteignung nichts wusste, stand dem abgelehnten, objektiv ungeeigneten Bewerber, kein Entschädigungsanspruch gemäß § 15 Abs. 2 AGG zu (BAG v. 14.11.2013, Az. 8 AZR 997/12). Das Kriterium der objektiven Eignung hinterfragte das BAG bereits in seiner Entscheidung vom 22.10.2015 (Az. 8 AZR 384/14), konnte diese Frage aber im konkreten Fall offen lassen. 2016 hat das BAG dann in mehreren Entscheidungen klargestellt, dass die „objektive Eignung" des Bewerbers keine Voraussetzung für einen Entschädigungs-/Schadensersatzanspruch nach § 15 Abs. 1 und Abs. 2 AGG ist (BAG v. 19.5.2016, Az. 8 AZR 470/14; v. 11.8.2017, Az. 8 AZR 4/15 u. Az. 8 AZR 809/14).

Weiterhin hat das BAG in diesen Entscheidungen klargestellt, dass das AGG einen formalen Bewerberbegriff enthält. Auf die „subjektive Ernsthaftigkeit" der Bewerbung kommt es nicht an. Die Frage, ob eine Bewerbung „nicht ernsthaft" war, weil eine Person sich nicht beworben hat, um die ausgeschriebene Stelle zu erhalten, sondern um eine Entschädigung geltend zu machen, betrifft vielmehr die Frage, ob diese sich unter Verstoß gegen Treu und Glauben den formalen Status als Bewerber verschafft hat und damit für sich den persönlichen Anwendungsbereich des AGG treuwidrig eröffnet hat. Der Ausnutzung dieser Rechtsposition könnte der durchgreifende Rechtsmissbrauchseinwand entgegenstehen.

ACHTUNG!

Auf Vorlagefrage des BAG hat der EuGH Mitte 2016 entschieden, dass wenn eine Person nicht eine bestimmte Stelle, sondern nur den formalen Status als Bewerber erlangen möchte, um Entschädigungsansprüche geltend zu machen, diese Person nicht im Sinne des EU-Rechts den „Zugang zu Beschäftigung oder zu abhängiger Erwerbstätigkeit" sucht. Sie genießt damit nicht den Schutz der Diskriminierungsrichtlinien. Ihr Verhalten kann als Rechtsmissbrauch gewertet werden (EuGH v. 28.7.2016, Az. C-423/15). In Umsetzung dieser EuGH-Entscheidung hat das BAG sehr hohe Anforderungen an den Einwand des Rechtsmissbrauchs aufgestellt. Es müssen im Einzelfall besondere Umstände vorliegen, die ausnahmsweise den Schluss auf ein rechtsmissbräuchliches Verhalten rechtfertigen. Ein solcher ist möglich, wenn dem Bewerbungsschreiben selbst oder in Verbindung mit weiteren Umständen zu entnehmen ist, dass der Bewerber eine Ablehnung seiner Bewerbung nur provozieren wollte

mit dem ausschließlichen Ziel, Entschädigungs- und Schadensersatzansprüche geltend zu machen (BAG v. 26.1.2017, Az. 8 AZR 848/13). Oder wenn es sich um eine Art „Geschäftsmodell" handelt, sich also ein systematisches und zielgerichtetes Vorgehen des Bewerbers feststellen lässt, das auf der Erwägung beruht, bei wirtschaftlicher Betrachtungsweise werde letztlich ein auskömmlicher „Gewinn" verbleiben, weil der Arbeitgeber – sei es bereits unter dem Druck einer angekündigten Entschädigungsklage oder im Verlaufe eines Entschädigungsprozesses – freiwillig die Forderung erfüllt oder sich vergleichsweise auf eine Entschädigungszahlung einlässt (BAG v. 11.8.2017, Az. 8 AZR 4/15).

Nach § 15 AGG kann ein benachteiligter Beschäftigter einen Anspruch auf eine angemessene Entschädigung in Geld für immaterielle Schäden (Schmerzensgeld) und Schadensersatz für materielle Schäden geltend machen. Der materielle Schadenersatzanspruch – anders als die Entschädigung für immaterielle Schäden – entsteht nur, wenn der Arbeitgeber die Pflichtverletzung zu vertreten hat, also vorsätzlich oder fahrlässig gehandelt hat.

Erfolgen Benachteiligungen durch die Anwendung kollektivrechtlicher Vereinbarungen, trifft den Arbeitgeber eine Entschädigungspflicht nur, wenn er vorsätzlich oder grob fahrlässig handelt. Diese Grundsätze greifen auch dann, wenn – mangels Tarifbindung – die Geltung von Tarifverträgen im Arbeitsvertrag vereinbart ist, ferner wenn ein Tarifvertrag für allgemeinverbindlich erklärt ist.

Nach § 15 Abs. 2 Satz 2 AGG darf die Entschädigung bei einer Nichteinstellung drei Monatsgehälter nicht übersteigen, wenn der oder die Beschäftigte auch bei benachteiligungsfreier Auswahl nicht eingestellt worden wäre. Zudem besitzt die Entschädigung nach § 15 Abs. 2 AGG eine Doppelfunktion – sie dient einerseits der vollen Schadenskompensation und andererseits der Prävention, wobei jeweils der Grundsatz der Verhältnismäßigkeit zu wahren ist. Bei der Bezifferung einer angemessenen Entschädigung sind alle Umstände des Einzelfalles zu berücksichtigen. Zu diesen zählen etwa die Schwere und Art der Benachteiligung, ihre Dauer und Folgen, der Anlass und der Beweggrund des Handelns, der Grad der Verantwortlichkeit des Arbeitgebers, etwa geleistete Wiedergutmachung oder erhaltene Genugtuung und das Vorliegen eines Wiederholungsfalles. Ferner ist der Sanktionszweck der Norm zu berücksichtigen, sodass die Höhe auch danach zu bemessen ist, was zur Erzielung einer abschreckenden Wirkung erforderlich ist. Der Arbeitgeber soll von künftigen Diskriminierungen abgehalten werden, wobei die Entschädigung in einem angemessenen Verhältnis zum erlittenen Schaden stehen muss (BAG v. 22.1.2009, Az. 8 AZR 906/07; BAG v. 18.3.2010, Az. 8 AZR 1044/08). Im „Normalfall" einer verbotenen Benachteiligung bei der Einstellungsentscheidung, bei welcher dem Arbeitgeber kein höherer Grad von Verschulden zur Last zu legen ist, ist nach Auffassung des BAG in der Regel ein Betrag i. H. v. 1,5 Bruttomonatsentgelten als Entschädigung angemessen (BAG v. 28.5.2020, Az. 8 AZR 170/19).

ACHTUNG!

Aufgrund der Entscheidung des BAG vom 28.5.2020 (Az. 8 AZR 170/19) ist zu vermuten, dass in der künftigen Praxis bei der Bemessung einer Entschädigung für einen „Normalfall" einer verbotenen Benachteiligung ein Richtwert von 1,5 Bruttomonatsentgelten angesetzt werden dürfte. Aufgrund der Ausführungen des BAG dürfte eine Abweichung nach unten wohl kaum begründbar sein. Andererseits ist eine Abweichung nach oben wohl nur dann denkbar, wenn auf Seiten des Arbeitgebers ausnahmsweise ein höherer Verschuldensgrad festzustellen ist.

Für die Geltendmachung eines Schadensersatz- oder Entschädigungsanspruches müssen Betroffene, die sich auf eine Benachteiligung berufen, zunächst den Vollbeweis führen, dass sie gegenüber einer anderen Person ungünstiger behandelt worden sind. Für die Behauptung, dass diese Ungleichbehandlung auf einem nach § 1 AGG unzulässigen Grund beruht, müssen Indizien vorliegen. Dann ist es Sache des Arbeitgebers, diese Indizien für eine Benachteiligung durch entsprechende Beweise zu entkräften, oder sachliche Gründe für die Ungleichbehandlung oder einen Rechtfertigungsgrund darlegen und beweisen.

ACHTUNG!

Der EuGH hat am 19.4.2012 (Az. C-415/10 Meister) auf eine Vorlagefrage des BAG entschieden, dass die europäischen Richtlinien keinen Anspruch eines abgelehnten Bewerbers auf Auskunft darüber vorsehen, ob der Arbeitgeber am Ende des Einstellungsverfahrens einen anderen Bewerber eingestellt hat. Allerdings könne die Verweigerung jedes Zugangs zu Informationen ein Gesichtspunkt sein, der im Rahmen des Nachweises von Tatsachen, die das Vorliegen einer Diskriminierung vermuten lassen, heranzuziehen sei. Im Anschluss an den EuGH hat das BAG nunmehr entschieden, dass allein die Verweigerung einer Auskunft durch den Arbeitgeber für sich genommen keine Vermutung für eine Benachteiligung begründet. Vielmehr muss der abgelehnte Bewerber Anhaltspunkte schlüssig darlegen, aus denen er folgert, erst die geforderte, aber verweigerte Auskunft werde es ihm ermöglichen, eine gegen § 7 AGG verstoßende Benachteiligung entsprechend der Beweislastregel des § 22 AGG nachzuweisen. Oder er muss schlüssig dartun, aus welchen Gründen gerade die Verweigerung der Auskunft für sich allein betrachtet eine Benachteiligung begründet (BAG v. 25.4.2013, Az. 8 AZR 287/08). Das BAG-Urteil verdeutlicht nochmals, wie wichtig es für den Arbeitgeber ist, im Bewerbungsverfahren die Auswahlentscheidung vollständig zu dokumentieren, damit er im Streitfall nachweisen kann, dass sachliche Kriterien zur Auswahlentscheidung geführt haben.

Begründet der Arbeitgeber hingegen seine Maßnahme gegenüber dem Arbeitnehmer, so muss diese Auskunft zutreffen. Ist sie dagegen nachweislich falsch oder steht sie im Widerspruch zum Verhalten des Arbeitgebers, so kann dies ein Indiz für eine Diskriminierung bedeuten (BAG v. 21.6.2012, Az. 8 AZR 364/11).

Enthält eine Stellenausschreibung eine Eingrenzung, dass Mitarbeiter eines bestimmten Alters gesucht werden („suchen wir ... Mitarbeiter (...) zwischen 25 und 35 Jahren"), so kann schon durch die Nichteinladung zum Vorstellungsgespräch, im Gegensatz zu einem anderen, eingeladenen Bewerber, eine unmittelbare Benachteiligung im Sinne von § 7 AGG vorliegen. Dass der Arbeitgeber letztendlich überhaupt keinen Arbeitnehmer eingestellt hat, führt nicht dazu, dass ein Entschädigungsanspruch nach dem AGG bereits deswegen scheitert (BAG v. 23.8.2012, Az. 8 AZR 285/11).

Eine Klage auf Entschädigung wegen Verstößen gegen das Allgemeine Gleichbehandlungsgesetz gemäß § 15 Abs. 2 AGG richtet sich ausschließlich gegen den Arbeitgeber. Wird bei einer Stellenausschreibung ein Personalvermittler eingeschaltet, haftet dieser für solche Ansprüche nicht (BAG v. 23.1.2014, Az. 8 AZR 118/13).

WICHTIG!

Bei groben Verstößen des Arbeitgebers gegen das Benachteiligungsverbot können der Betriebsrat oder eine im Betrieb vertretene Gewerkschaft auch ohne Zustimmung des Betroffenen gegen den Arbeitgeber auf Unterlassung, Duldung oder Vornahme einer Handlung klagen, um die Diskriminierung zu beseitigen. Dies bedeutet allerdings nicht, dass der Betriebsrat oder die Gewerkschaft individuelle Ansprüche wie Schmerzensgeld des Benachteiligten im Wege einer Prozessstandschaft geltend machen kann.

Die Geltendmachung von Schadensersatz- oder Entschädigungsansprüchen muss gem. § 15 Abs. 4 AGG schriftlich innerhalb einer Frist von zwei Monaten erfolgen. Die Frist beginnt im Falle einer Bewerbung oder eines beruflichen Aufstiegs mit dem Zugang der Ablehnung und Kenntnis des Beschäftigten und in den sonstigen Fällen einer Benachteiligung zu dem Zeitpunkt, in dem der Beschäftigte von der Benachteiligung Kenntnis erlangt. Eine Ablehnung durch den Arbeitgeber i. S. v. § 15 Abs. 4 Satz 2 AGG setzt dabei eine auf den Beschäftigten bezogene ausdrückliche oder konkludente Erklärung des Arbeitgebers voraus, aus der sich für den Beschäftigten aus Sicht eines objektiven Erklärungsempfängers eindeutig ergibt, dass seine Bewerbung keine Aussicht (mehr) auf Erfolg hat. Durch ein Schweigen oder sonstiges Untätigbleiben des Arbeitgebers wird die Frist nicht in Lauf gesetzt (BAG v. 29.6.2017, Az. 8 AZR 402/15). Die Frist ist laut einer Entscheidung des BAG vom 15.3.2012 (Az. 8 AZR 160/11) wirksam und begegnet nach europäischem Recht keinen Bedenken.

ACHTUNG!

Die Frist kann in einem Tarifvertrag abweichend vom Gesetz geregelt werden.

Die nach § 15 Abs. 4 AGG erforderliche Schriftform zur Geltendmachung der Schadensersatz- und Entschädigungsansprüche kann nunmehr auch durch eine Klage gewahrt werden. Das BAG hat seine 2012 geäußerte Rechtsauffassung aufgegeben und entschieden, dass § 167 ZPO Anwendung findet. Das heißt, es genügt der rechtzeitige Eingang der Klage bei Gericht, wenn die Klage „demnächst" zugestellt wird (BAG v. 22.5.2014, Az. 8 AZR 662/13). Allerdings findet laut BAG § 167 ZPO auf die Wahrung einer in einem Tarifvertrag geregelten und durch ein einfaches Schreiben einzuhaltenden Ausschlussfrist weiterhin keine Anwendung (BAG v. 16.3.2016, Az. 4 AZR 421/15).

Ist der Anspruch innerhalb von zwei Monaten schriftlich geltend gemacht worden, so muss danach eine Klage auf Entschädigung gemäß § 61b Abs. 1 ArbGG innerhalb von drei Monaten erhoben werden.

III. Allgemeiner Gleichbehandlungsgrundsatz

1. Inhalt

Durch den allgemeinen Gleichbehandlungsgrundsatz ist die willkürliche Schlechterstellung einzelner Arbeitnehmer im Vergleich zu anderen in vergleichbarer Lage unabhängig von dem Benachteiligungsgrund verboten. Werden vergleichbare Arbeitnehmer unterschiedlich behandelt, muss hierfür ein sachlicher Grund vorliegen. Der Gleichbehandlungsgrundsatz im Arbeitsrecht beschränkt die Gestaltungsmacht des Arbeitgebers. Wird er verletzt, muss der Arbeitgeber die von ihm gesetzte Regel entsprechend korrigieren (BAG v. 3.9.2014, Az. 5 AZR 6/13).

WICHTIG!

Der arbeitsrechtliche Gleichbehandlungsgrundsatz findet nicht nur dann Anwendung, wenn der Arbeitgeber Leistungen nach einem bestimmten erkennbaren und generalisierenden Prinzip gewährt, sondern grundsätzlich auch dann, wenn er – nicht auf besondere Einzelfälle beschränkt – nach Gutdünken oder nach nicht sachgerechten oder nicht bestimmbaren Kriterien leistet. Begrenzt der Arbeitgeber seine verteilende Entscheidung nicht auf den einzelnen Betrieb, sondern bezieht er sie auf einen oder mehrere Betriebe seines Unternehmens, ist er aufgrund des arbeitsrechtlichen Gleichbehandlungsgrundsatzes verpflichtet, eine Gleichbehandlung betriebsübergreifend zu gewährleisten. Eine Unterscheidung zwischen den einzelnen Betrieben erfordert dann sachliche Gründe (BAG v. 27.4.2021, Az. 9 AZR 662/19).

2. Voraussetzungen

2.1 Vergleichbare Gruppe

Es muss sich aus der Belegschaft eine Gruppe vergleichbarer Arbeitnehmer bilden lassen. Bei der Gruppenbildung sind gemeinsame Merkmale wie Tätigkeit, Alter und Betriebszugehörigkeit zu berücksichtigen. Hier geht es nicht darum, dass die Lage der Arbeitnehmer identisch ist, sondern im Wesentlichen übereinstimmt.

Beispiel:

Bedienungspersonal in einem Restaurant

Möchte der Arbeitgeber Leistungen gewähren, ist ihm bei der Festlegung der Anspruchsvoraussetzungen eine Gruppenbildung untersagt, für die sich kein vernünftiger, aus dem Zweck der Leistung ergebender oder sonstiger sachlich einleuchtender Grund finden lässt (BAG v. 25.6.2015, Az. 6 AZR 383/14).

ACHTUNG!

Allein die Einstufung in dieselbe Vergütungs- oder Tätigkeitsgruppe führt noch nicht zur Vergleichbarkeit (EuGH v. 26.6.2001, Az. C-381/99).

Es muss sich um Arbeitnehmer desselben Betriebs oder derselben Dienststelle handeln. Ausnahme: Wenn überbetriebliche Arbeitsbedingungen gelten, gilt die Gleichbehandlungspflicht innerhalb des gesamten Unternehmens. Dies gilt jedoch nicht innerhalb eines Konzerns. Hier können die verschiedenen Konzerngesellschaften Differenzierungen vornehmen.

Bezüglich der Größe der Gruppe gibt es keine festen zahlenmäßigen Vorgaben. Ist die Anzahl von begünstigten Arbeitnehmern im Verhältnis zur Gesamtzahl der betroffenen Arbeitnehmer sehr gering, lässt dies jedoch nicht auf eine entsprechende Gruppenbildung schließen. Entschieden wurde dies vom BAG schon einmal bei einer Betroffenheit von weniger als 5 % der insgesamt betroffenen Arbeitnehmer. Die Begünstigung einzelner Arbeitnehmer wird vom Gleichbehandlungsgrundsatz nicht verhindert (BAG 13.2.2002, Az. 5 AZR 713/00).

2.2 Kollektive Regelung

Es muss eine kollektive Regelung (z. B. arbeitsvertragliche Einheitsregelung) für die bestimmte Gruppe von Arbeitnehmern gelten. Der Gleichbehandlungsgrundsatz bezieht sich also **nicht** auf individuell ausgehandelte Einzelvertragsverhältnisse, sondern auf Maßnahmen bzw. Leistungen, die für mehrere (vergleichbare) Arbeitnehmer gelten.

Beispiele:

Bonuspläne, Aktienoptionen, Weihnachtsgratifikationen

Trotz des Grundsatzes der Vertragsfreiheit gilt der Gleichbehandlungsgrundsatz auch im Bereich der Entgeltzahlung, sofern die Vergütung aufgrund eines bestimmten erkennbaren und generalisierenden Prinzips erfolgt (BAG v. 19.11.2014, Az. 4 AZR 845/12; v. 21.5.2014, Az. 4 AZR 50/13).

Zu beachten, dass Unterschiede in der Behandlung von Arbeitnehmern, die sich aus den Regelungen eines Tarifvertrags ergeben, nicht als Verstoß gegen den Gleichbehandlungsgrundsatz gewertet werden, da diese Unterschiede auf kollektivrechtlichen Vereinbarungen basieren und nicht auf willkürlichen Entscheidungen des Arbeitgebers. Dies ist ständige Rechtsprechung des Bundesarbeitsgerichts (BAG v. 14.11.2017, Az. 3 AZR 515/16 – Rn. 21, BAGE 161, 47; BAG v. 11.7.2017, Az. 3 AZR 691/16 – Rn. 30 jeweils m. w. N.) und wurde mit Urteil vom 2.7.2024, Az. 3 AZR 244/23 jüngst bestätigt.

3. Sachlicher Grund

Findet der allgemeine Gleichbehandlungsgrundsatz Anwendung, darf der Arbeitgeber Arbeitnehmer in der betroffenen Gruppe nur dann unterschiedlich behandeln, wenn er hierfür einen sachlichen Grund hat. Es ist eine Vielzahl von Gründen denkbar. Wichtig ist v. a., dass der Arbeitgeber für jedermann erkennbar machen kann, dass die Schlechterstellung einzelner Arbeitnehmer in der Gruppe nicht willkürlich war.

Eine sachfremde Benachteiligung liegt nicht vor, wenn sich nach dem Leistungszweck Gründe ergeben, die es unter Berücksichtigung aller Umstände rechtfertigen, diesen Arbeitnehmern die den anderen gewährte Leistung vorzuenthalten. Die Zweckbestimmung ergibt sich vorrangig aus den tatsächlichen und rechtlichen Voraussetzungen, von deren Vorliegen und Erfüllung die Leistung abhängig gemacht wird (BAG v. 15.7.2009, Az. 5 AZR 486/08).

Die Differenzierung zwischen der begünstigten Gruppe und den benachteiligten Arbeitnehmern ist dann sachfremd, wenn es für die unterschiedliche Behandlung keine billigenswerten Gründe gibt. Die Gründe müssen auf vernünftigen, einleuchtenden Erwägungen beruhen und dürfen nicht gegen höherrangige Wertentscheidungen verstoßen. Die Gruppenbildung ist nur dann gerechtfertigt, wenn die Unterscheidung einem legitimen Zweck dient und zur Erreichung dieses Zwecks erforderlich und angemessen ist. Die unterschiedliche Leistungsgewährung muss stets im Sinne materieller Gerechtigkeit sachgerecht sein (BAG a. a. O.).

Beispiel 1:

Leistet Arbeitgeber eine Gehaltserhöhung nur an seine Stammbelegschaft, nicht aber an die aufgrund eines Betriebsübergangs übernommenen Arbeitnehmer, findet der allgemeine Gleichbehandlungsgrundsatz Anwendung. Unterschiedliche Arbeitsvertrags- und Vergütungssysteme bei der Stammbelegschaft einerseits und den übernommenen Arbeitnehmern andererseits rechtfertigen als solche keine unterschiedliche Behandlung bei der Gehaltserhöhung. Ein sachlicher Grund für die Differenzierung kann jedoch in der Angleichung der Arbeitsbedingungen liegen (BAG v. 14.3.2007, Az. 5 AZR 420/06).

Beispiel 2:

Der Arbeitgeber ist berechtigt, eine freiwillige Sonderzahlung nur an diejenigen Arbeitnehmer zu zahlen, die durch Lohnverzicht zur Sanierung des Unternehmens beigetragen haben. Dies setzt allerdings voraus, dass die Leistung ausschließlich dem Zweck dient, die erlittenen Einbußen auszugleichen. Leistet der Arbeitgeber eine Sonderzahlung, mit der er auch andere Zwecke verfolgt, darf er Arbeitnehmer, die nicht auf Lohn verzichtet haben, nicht von der Zahlung ausnehmen (BAG v. 26.9.2007, Az. 10 AZR 568/06).

Beispiel 3:

Wenn ein Arbeitnehmer eine Gehaltserhöhung mit der Begründung begehrt, andere Arbeitnehmer hätten eine solche bekommen, kann sich der Arbeitgeber für seine Differenzierung darauf berufen, die begünstigten Arbeitnehmer hätten in der Vergangenheit eine Gehaltsminderung hingenommen. Es kann jedoch eine Ungleichbehandlung vorliegen, wenn entweder vor der Gehaltserhöhung Gehaltsunterschiede nicht bestanden oder nach der Gehaltserhöhung zuvor bestehende Unterschiede nicht nur ausgeglichen, sondern dergestalt überkompensiert wurden, dass die zunächst weniger Verdienenden eine höhere Vergütung erhalten als die von der Gehaltserhöhung ausgenommenen Arbeitnehmer (BAG v. 17.3.2010, Az. 5 AZR 168/09).

Beispiel 4:

Wird im Wege einer Betriebsänderung der Arbeitsbereich von Arbeitnehmern an einen anderen Standort verlegt, so ist eine abfindungsmäßige Gleichbehandlung von Arbeitnehmern, die ein Arbeitsangebot an dem neuen Standort wegen der weiten Entfernung ablehnen und selbst kündigen und solcher, die für einen befristeten Zeitraum zunächst den Arbeitsplatz an dem neuen Standort erproben und dann innerhalb einer bestimmten Frist selbst kündigen, zulässig. Insbesondere verstößt eine derartige Gruppenbildung und Gleichbehandlung nicht gegen den betriebsverfassungsrechtlichen Gleichbehandlungsgrundsatz (BAG v. 20.4.2010, Az. 1 AZR 988/08).

Beispiel 5:

Wenn Arbeitgeber und Betriebsrat eine Betriebsvereinbarung über eine Sonderzahlung abschließen, die den Zweck hat, die Arbeitsleistung und die Betriebstreue der Arbeitnehmer zusätzlich zu honorieren und in dieser dann bei der Höhe der Sonderzahlung zwischen einer Personengruppe, den Fernfahrern und „allen anderen Mitarbeitern" unterscheiden, ist diese Differenzierung nicht gerechtfertigt. Es liegt ein Verstoß gegen den betriebsverfassungsrechtlichen Gleichbehandlungsgrundsatz vor. Die benachteiligte Gruppe der Arbeitnehmer, die Fernfahrer, können die ihnen vorenthaltene Leistung beanspruchen (BAG v. 26.4.2016, Az. 1 AZR 435/14).

4. Rechtsfolgen bei Verstoß

Wenn eine Regelung gegen den Gleichbehandlungsgrundsatz verstößt, ist sie unwirksam. Die dadurch entstehende Regelungslücke muss durch ergänzende Vertragsauslegung geschlossen werden. In der Regel wird die benachteiligte Gruppe mit einbezogen, es erfolgt somit eine Anpassung „nach oben".

Für die **Vergangenheit** erhalten die von der Leistung ausgeschlossenen Arbeitnehmer die gleichen Ansprüche wie diejenigen, die die Leistung erhalten haben. Es findet also eine Anhebung statt.

Für die **Zukunft** kommt es darauf an, ob der Arbeitgeber die gewährte Leistung unter einen wirksamen Widerrufsvorbehalt gestellt hat. Wenn ja, und die Widerrufsgründe auch vorliegen, kann er die Leistung künftig allen Arbeitnehmern versagen bzw. die Leistungen einheitlich kürzen. Wenn nein, muss er allen vergleichbaren Arbeitnehmern die zugesagten Leistungen gewähren.

Gratifikation

I. Begriff und Abgrenzung

Gratifikationen sind Sonderzuwendungen des Arbeitgebers, die neben dem vertraglich vereinbarten Gehalt gezahlt werden. Sie werden aus einem bestimmten Anlass (z. B. Weihnachten, Urlaub oder Jubiläen) gewährt und bezwecken eine Belohnung der bisherigen Betriebstreue und einen Anreiz für die künftige Betriebstreue.

Von der Gratifikation im klassischen Sinne sind sonstige Sonderzuwendungen zu unterscheiden, die fest in das Vergütungsgefüge eingebunden sind, häufig aber auch (fälschlich) als Gratifikationen bezeichnet werden. Dies ist in erster Linie das sog. 13. Gehalt, das die erbrachte Arbeitsleistung zusätzlich vergütet.

Häufig werden mit einer Sonderzuwendung auch beide Zwecke verfolgt, d. h. eine zusätzliche → *Vergütung* der Arbeitsleistung **und** eine Belohnung der Betriebstreue. In diesen Fällen handelt es sich um eine Sonderzuwendung mit Mischcharakter.

Ob im Einzelfall eine Gratifikation im klassischen Sinne oder ein 13. Gehalt vorliegt, richtet sich nach dem Zweck der Zuwendung. Die Bezeichnung der Sonderzuwendung ist dabei nicht maßgebend. Der Zweck ergibt sich vielmehr aus den Voraussetzungen, von deren Erfüllung die Leistung abhängig gemacht wird. Will der Arbeitgeber die Betriebstreue belohnen, wird er die Zusage regelmäßig mit einer Wartefrist, einer Mindestbeschäftigungszeit oder auch einem Stichtag verbinden, an dem der Arbeitnehmer noch dem Betrieb angehören muss. Knüpft er die Zahlung hingegen nicht an weitere Voraussetzungen, so ist im Zweifel davon auszugehen, dass lediglich eine zusätzliche Vergütung für geleistete Arbeit innerhalb des Bezugszeitraums bezweckt wird.

II. Grundlage

1. Allgemeines

Der Arbeitgeber ist grundsätzlich nur dann zur Zahlung einer Gratifikation verpflichtet, wenn eine besondere Rechtsgrundlage besteht. Als solche kommen in erster Linie ein → *Tarifvertrag* oder eine → *Betriebsvereinbarung* in Betracht. Der Arbeitgeber kann sich zur Zahlung einer Gratifikation aber auch in Form einer Gesamtzusage verpflichten. Dabei handelt es sich um eine einseitige Zusage an alle Arbeitnehmer oder zumindest an Teile der Belegschaft.

Beispiele:

Zusage durch Anschlag am Schwarzen Brett, Rundschreiben, mündliche Erklärung auf einer Betriebsversammlung.

Häufig findet sich eine Gratifikationszusage auch unmittelbar im Arbeitsvertrag, wobei sie nur selten einzelvertraglich individuell ausgehandelt ist. In den meisten Fällen existiert eine gleich lautende Regelung in den Verträgen aller Arbeitnehmer bzw. bestimmter Arbeitnehmergruppen ohne Rücksicht auf die Besonderheiten des Einzelfalls. In diesem Fall spricht man von einer arbeitsvertraglichen Einheitsregelung.

Eine gesetzliche Regelung zur Zahlung einer Gratifikation besteht demgegenüber nicht; insbesondere ergibt sich auch keine Verpflichtung aus der Fürsorgepflicht des Arbeitgebers gegenüber seinen Arbeitnehmern.

ACHTUNG!

Vorsicht ist bei der vorbehaltlosen Zahlung einer Gratifikation geboten. Die dreimalige vorbehaltlose Zahlung einer Gratifikation (z. B. Zahlung einer Weihnachtsgratifikation in drei aufeinander folgenden Jahren) begründet entweder eine sog. betriebliche Übung oder bei Fehlen einer kollektiven Komponente einen individuellen vertraglichen Anspruch, die den Arbeitnehmern bzw. dem Arbeitnehmer einen Rechtsanspruch auf Zahlung auch in Zukunft gibt. Dies gilt nach geänderter Rechtsprechung des BAG nunmehr auch dann, wenn die Zahlungen in unterschiedlicher Höhe erfolgten. Der Arbeitnehmer hat nach dreimaliger Zahlung einen Anspruch auf eine Fortsetzung der Zahlung, deren Höhe der Arbeitgeber einseitig nach billigem Ermessen festsetzt (BAG v. 13.5.2015, Az. 10 AZR 266/14; BAG v. 23.1.2023, Az. 10 AZR 109/22).

Der Anspruch besteht in den Fällen der betrieblichen Übung auch bei unterjährigem Ausscheiden, da die fehlende Benennung jeglicher Anspruchsvoraussetzungen nicht nur für eine Leistung zur Belohnung der Betriebstreue spricht, sondern für den Charakter der Sonderleistung als zusätzliches Entgelt (vgl. LAG Hamm v. 21.11.2013, Az. 15 Sa 1092/13).

Soll der Anspruch auf eine zugesagte Gratifikation im Falle einer längeren Arbeitsunfähigkeit oder bei Ruhen des Arbeitsverhältnisses (z. B. wegen Elternzeit oder Wehrdienst) eingeschränkt oder ausgeschlossen werden, ist hierfür eine ausdrückliche Regelung erforderlich (BAG v. 1.4.2009, Az. 10 AZR 353/08; BAG v. 10.10.2022, Az. 10 AZR 496/21).

Formulierungsbeispiel:

„Die Firma zahlt an den Mitarbeiter eine Weihnachtsgratifikation in Höhe eines 13. Monatsgehalts brutto zum 30. November eines jeden Kalenderjahres. Im Jahr des Eintritts bzw. Austritts erfolgt diese Zahlung pro rata temporis. Darüber hinaus verkürzt jeder Monat, für den der Mitarbeiter im laufenden Arbeitsverhältnis keine Bezüge erhalten hat – z. B. in Krankheitszeiten ohne Entgeltfortzahlungsverpflichtung und im ruhenden Arbeitsverhältnis – die Höhe der Gratifikation um $1/12$."

Andernfalls haben selbst Arbeitnehmer, die während des gesamten Bezugszeitraums arbeitsunfähig krank waren bzw. deren Arbeitsverhältnis während des gesamten Zeitraums geruht hat, einen Anspruch auf die Gratifikation in voller Höhe (LAG Köln v. 2.11.2007, Az. 11 Sa 550/07). Dies jedenfalls dann, wenn eine Auslegung der Zusage ergibt, dass es sich nicht (auch) um ein zusätzliches Entgelt für tatsächlich erbrachte Arbeitsleistungen (sog. Entgelt im engeren Sinne), sondern ausschließlich um eine von der eigentlichen Vergütung unabhängige Zahlung (sog. Entgelt im weiteren Sinne = Treueprämie") handelt (vgl. auch LAG München v. 20.5.2009, Az. 3 Sa 1089/08; LAG Köln v. 22.7.2010, Az. 7 Sa 1283/09). Ist dagegen das Weihnachtsgeld eindeutig als zusätzliches Arbeitsentgelt zu bewerten, besteht in diesen Fällen auch ohne ausdrückliche Vereinbarung kein Anspruch (LAG Hamm v. 19.1.2012, Az. 8 Sa 1205/11).

Hat sich der Arbeitgeber im Rahmen seiner Zusage verpflichtet, die Obergrenze einer Gratifikation regelmäßig (etwa alle zwei Jahre) zu überprüfen, so begründet dies regelmäßig eine Überprüfungspflicht und auch eine Pflicht zur Mitteilung des Ergebnisses der Prüfung. Aus der Zusage erwächst jedoch keine Verpflichtung des Arbeitgebers, die Bemessungsobergrenze regelmäßig anzupassen, sofern nicht ergänzende Anhaltspunkte bestehen (BAG v. 27.2.2019, Az. 10 AZR 341/18).

2. Gleichbehandlungspflicht

Wenn eine Gratifikationszusage nicht ausnahmsweise einzelvertraglich ausgehandelt ist, sind alle Arbeitnehmer bei der Gewährung einer Gratifikation gleich zu behandeln. Einzelne Arbeitnehmer oder Arbeitnehmergruppen dürfen nicht willkürlich von der Zahlung einer Gratifikation ausgeschlossen werden (BAG v. 26.9.2007, Az. 10 AZR 569/06). Nur dann, wenn sachliche Gründe vorliegen, ist eine Ungleichbehandlung zulässig (→ *Gleichbehandlung*).

Beispiele:

- **Ein Zeitungsvertrieb darf den Innendienstmitarbeitern ein Weihnachtsgeld gewähren, die Zeitungszusteller aber davon ausschließen. Die Rechtfertigung folgt daraus, dass die Zusteller die Möglichkeit haben, zur Weihnachtszeit von den Abonnenten ein nicht unerhebliches Trinkgeld zu erhalten.**
- **Ein Arbeitgeber darf einen Arbeitnehmer, der eine berechtigte Abmahnung erhalten hat, von einer Jahressonderzahlung ausnehmen, sofern diese Vorgehensweise betrieblicher Übung entspricht. Der Arbeitnehmer kann dann einen Anspruch auf die Jahressonderzahlung nicht aus dem Gleichbehandlungsgrundsatz mit dem Argument herleiten, bestimmte andere Arbeitnehmer hätten ebenfalls eine Abmahnung verdient gehabt (LAG Köln v. 3.8.2005, Az. 7 Sa 1459/04).**
- **Wird mit einer Leistung allein eine zusätzliche Motivation der Arbeitnehmer für eine bessere Zusammenarbeit in der Zukunft bezweckt, so kann der Arbeitgeber Mitarbeiter ausnehmen, die das Unternehmen demnächst verlassen. Ein Verstoß gegen den Gleichbehandlungsgrundsatz liegt nicht vor (BAG v. 14.2.2007, Az. 10 AZR 181/06).**

Fehlt ein sachlicher Grund, sind alle Arbeitnehmer gleich zu behandeln, d. h. die benachteiligten Arbeitnehmer können verlangen, nach Maßgabe der begünstigten behandelt zu werden (vgl. zuletzt BAG v. 23.1.2023, Az. 10 AZR 29/22).

So können z. B. auch Teilzeitbeschäftigte nicht unter Hinweis auf ihr geringeres Arbeitspensum von der Zahlung einer Gratifikation gänzlich ausgeschlossen werden; sie haben zumindest einen anteiligen Anspruch entsprechend ihrer Arbeitszeit. Ebenso wenig dürfen befristet beschäftigte Mitarbeiter von einer Gratifikation ausgeschlossen werden (§ 4 Abs. 2 TzBfG).

Auch gewerbliche Beschäftigte und Angestellte dürfen nicht ungleich behandelt werden, wenn nicht ausnahmsweise sachliche Gründe vorliegen, die nachvollziehbar und plausibel sind.

Beispiel:

Eine unterschiedliche Behandlung von gewerblichen Beschäftigten und Angestellten wird von der Rechtsprechung akzeptiert, wenn ein Weggang der Angestellten zu besonderen Belastungen führt und der Arbeitgeber diese Beschäftigtengruppe mit einer höheren Gratifikationszahlung an den Betrieb binden will (so etwa dann, wenn Angestellte mit dem erforderlichen Anforderungsprofil auf dem Arbeitsmarkt faktisch nicht zu finden sind und neu eingestellte Angestellte zunächst eine $2\frac{1}{2}$- bis 3-jährige interne Ausbildung durchlaufen müssen, während gewerbliche Mitarbeiter auf dem Arbeitsmarkt ohne Probleme zu finden sind und nur einer kurzen Einarbeitungszeit bedürfen).

Dagegen genügt die allgemeine, nicht auf den Betrieb bezogene subjektive Einschätzung des Arbeitgebers, Angestellte seien aufgrund ihres weitaus höheren Bildungs- und Qualifikationsstandes auf dem Arbeitsmarkt begehrter als gewerbliche Arbeitnehmer, nicht, um eine Ungleichbehandlung zu rechtfertigen (BAG v. 12.10.2005, Az. 10 AZR 640/04). Ebenso wenig kann eine Gruppe mit dem Hinweis darauf, sie habe aufgrund ihrer längeren Arbeitszeiten einen generell höheren Verdienst, ausgeschlossen werden, da der höhere Verdienst ein Äquivalent für entsprechend größere Arbeitsleistung ist (BAG v. 26.4.2016, Az. 1 AZR 435/14).

Bei Bestreiten des Arbeitnehmers trägt der Arbeitgeber für die geltend gemachten Tatsachen, aus denen er die sachliche Begründung der Differenzierung ableitet, die Beweislast.

Der Arbeitgeber kann eine Ungleichbehandlung nicht damit begründen, dass die begünstigte Gruppe kleiner als die nichtbegünstigte sei oder dass die Fluktuation bei einer der beiden Gruppen größer als bei der anderen sei. Zulässig ist eine unterschiedliche Höhe der Gratifikation dann, wenn diese mit erhöhten Krankheitszeiten bei einer der beiden Gruppen zu begründen ist. Sofern der höhere Krankenstand nicht auf gesundheitsschädlichen Arbeitsbedingungen beruht, kann der Arbeitgeber also eine im Betrieb gewährte jährliche Gratifikation in unterschiedlicher Höhe an die Angestellten auf der einen und die Arbeiter auf der anderen Seite zahlen.

ACHTUNG!

Bei der Zweckbestimmung einer Sonderzuwendung muss sehr sorgfältig und eindeutig formuliert werden, um der Gleichbehandlungsproblematik zu entgehen. Das BAG sieht es als durchaus zulässig an, dass der Arbeitgeber bei einer Sonderzuwendung unterschiedliche Arbeitsbedingungen von Arbeitnehmern berücksichtigt und er den Zweck verfolgt, mit einer Sonderzahlung die geringere Vergütung einer Gruppe von Arbeitnehmern teilweise oder vollständig auszugleichen. Dabei darf es jedoch nicht zu einer Überkompensation kommen. Im Umfang der Überkompensation besteht kein sachlicher Grund, der anderen Gruppe diese Leistung vorzuenthalten.

So kann ein Arbeitgeber Arbeitnehmern, die nicht bereit waren, im Rahmen eines Standortsicherungskonzepts Änderungsverträge mit für sie ungünstigeren Arbeitsbedingungen abzuschließen, die Sonderzuwendung vorenthalten (vgl. BAG v. 20.9.2017, Az. 10 AZR 610/15). Erschöpft sich der Zweck jedoch nicht in einer Kompensation geringerer laufender Arbeitsvergütung, sondern verfolgt der Arbeitgeber zusätzlich noch andere Ziele, wie z. B. die Honorierung vergangener und künftiger Betriebstreue, ist es sachlich nicht mehr gerechtfertigt, die Gruppe dieser Arbeitnehmer auszunehmen. Wird also die Auszahlung der Leistung daran geknüpft, dass der Arbeitnehmer den Änderungsvertrag akzeptiert hat und sich zu einem Datum X in einem ungekündigten Arbeitsverhältnis befindet, haben automatisch auch die Arbeitnehmer einen Anspruch, die nicht den Änderungsvertrag unterschrieben haben (so jedenfalls BAG v. 5.8.2009, Az. 10 AZR 666/08 und auch schon in einem ähnlich gelagerten Fall BAG v. 1.4.2009, Az. 10 AZR 353/08). Dagegen ist es rechtlich unbedenklich, eine Sonderzuwendung, die als Ausgleich für die Vereinbarung schlechterer Arbeitsbedingungen vorgesehen ist, daran zu knüpfen, dass bestimmte Unternehmensziele erreicht werden. Mit einer solchen Verknüpfung werde kein zusätzlicher Leistungszweck begründet, bei dessen Eintritt auch die Mitarbeiter einen Anspruch auf die Sonderzahlung hätten, die den schlechteren Arbeitsbedingungen nicht zugestimmt hätten (BAG v. 13.4.2011, Az. 10 AZR 88/10).

III. Vorbehalt der Freiwilligkeit/des Widerrufs

Der Arbeitgeber kann eine Gratifikation, die ausschließlich einer Belohnung der bisherigen Betriebstreue und einem Anreiz für die zukünftige Betriebstreue dient (also keine zusätzliche Vergütung für geleistete Arbeit darstellt), zunächst in der Weise vereinbaren, dass er ausdrücklich festlegt, über die Höhe der Gratifikation jährlich jeweils neu zu entscheiden. Er behält damit einen erheblichen Handlungsspielraum und verstößt nicht gegen das Transparenzverbot oder benachteiligt die Arbeitnehmer dadurch in unangemessener Weise (BAG v. 16.1.2013, Az. 10 AZR 26/12).

Ebenso ist es zulässig, eine Gratifikation, die ausschließlich der Betriebstreue dient, ausdrücklich mit einem sog. Freiwilligkeitsvorbehalt zu gewähren (BAG v. 18.3.2009, Az. 10 AZR 289/08). Dem Arbeitgeber ist es dann möglich, sich von einer zugesagten Gratifikation jederzeit wieder zu lösen, ohne dass er eine → *Änderungskündigung* aussprechen oder mit jedem einzelnen Arbeitnehmer eine Änderungsvereinbarung abschließen müsste.

Die Wirksamkeit eines Freiwilligkeitsvorbehalts hängt nicht von der Höhe und dem Zweck der Leistung ab. Insbesondere kann er auch eine Sonderzahlung, die über 25 % des Gesamtgehalts ausmacht, wirksam erfassen (BAG, a. a. O.).

Der Freiwilligkeitsvorbehalt muss eindeutig gefasst sein.

Formulierungsbeispiel:

„Es wird ausdrücklich darauf hingewiesen, dass die Gewährung von Gratifikationen (wie etwa Weihnachtsgeld) durch den Arbeitgeber freiwillig erfolgt mit der Maßgabe, dass hierauf auch nach wiederholter Zahlung kein Rechtsanspruch erwächst. Ausgenommen sind spätere Individualvereinbarungen, die gegenüber diesem Hinweis rechtlich vorrangig sind." (vgl, dazu BAG v. 23.1.2023, Az. 10 AZR 109/22)

Die Formulierung „Außerdem erhält der Arbeitnehmer folgende freiwillige Leistungen" genügt nicht (BAG v. 20.2.2013, Az. 10 AZR 177/12). Dementsprechend begründet die Vereinbarung in einem Formulararbeitsvertrag, dass „die Zahlung eines 13. Gehalts eine freiwillige Leistung der Firma ist, die anteilig als Urlaubs- und Weihnachtsgeld gewährt werden kann", bei Anwendung der Unklarheitenregelung des § 305c Abs. 2 BGB einen unbedingten Anspruch auf Zahlung (BAG v. 17.4.2013, Az. 10 AZR 281/12).

Ebenso inhaltlich unklar ist eine Regelung, in der es heißt: „Sämtliche Sonderzahlungen sind freiwillige Zuwendungen, für die kein Rechtsanspruch besteht (z. B. Weihnachtsgratifikation und Urlaubsgeld richten sich nach den Bestimmungen des BAT)." Das BAG (20.1.2010, Az. 10 AZR 914/08) hält zwei verschiedene Auslegungen dieser unklaren Klausel für möglich, mit der Folge, dass der Freiwilligkeitsvorbehalt unwirksam ist und die Mitarbeiter einen Rechtsanspruch auf die Leistungen haben.

Dagegen bestehen gegen eindeutig formulierte Freiwilligkeitsvorbehalte keine rechtlichen Bedenken im Hinblick auf die gesetzlichen Vorschriften zur Verwendung von AGB-Klauseln (BAG v. 30.7.2008, Az. 10 AZR 606/07).

ACHTUNG!

Ein vertraglicher Freiwilligkeitsvorbehalt, der alle zukünftigen Leistungen unabhängig von ihrer Art und ihrem Entstehungsgrund erfasst, benachteiligt den Arbeitnehmer regelmäßig unangemessen. Dies hat zur Folge, dass ein Arbeitgeber, der über Jahre ein 13. Monatsgehalt als Gratifikation gezahlt hat, diese Zahlung aber nicht ausdrücklich im Arbeitsvertrag vereinbart hat, von dieser Praxis nicht mehr unter Hinweis auf den allgemeinen und sehr weit gefassten Freiwilligkeitsvorbehalt in den Arbeitsverträgen abrücken kann (BAG v. 14.9.2011, Az. 10 AZR 526/10). Wenn er die jährlichen Zahlungen nicht jedes Mal neu ausdrücklich mit dem Freiwilligkeitsvorbehalt versehen hat, muss er die Zahlungen fortsetzen.

Sofern der Freiwilligkeitsvorbehalt wirksam erklärt worden ist, entsteht auch kein Anspruch aus betrieblicher Übung, auch wenn der Arbeitnehmer jahrelang die Gratifikation in einer bestimmten Höhe erhalten hat. Mangels eines Anspruchs bedarf es in einem solchen Fall weder einer Ankündigung des Arbeitgebers, keine Gratifikation zu zahlen, noch einer Begründung des Arbeitgebers, aus welchen Gründen er nunmehr von der Zahlung der Gratifikation absieht (BAG v. 21.1.2009, Az. 10 AZR 219/08).

Auf der sicheren Seite ist der Arbeitgeber, wenn er zu der Sonderzahlung im Arbeitsvertrag gar nichts sagt, sondern die Auszahlung jeweils mit dem Freiwilligkeitsvorbehalt verbindet. Will er dennoch einen Anreiz auf die Leistung im Arbeitsvertrag geben, muss er bei der Formulierung besonders vorsichtig sein, damit der Freiwilligkeitsvorbehalt wirksam ist. Insbesondere ist zu vermeiden, einerseits einen Anspruch zuzusagen („Sie erhalten jährlich einen Bonus.") und diesen anschließend unter einen Freiwilligkeitsvorbehalt zu stellen („Dies ist eine freiwillige Leistung, auf die kein Anspruch für die Zukunft besteht."). Das BAG (30.7.2008, Az. 10 AZR 606/07; 20.2.2013, Az. 10 AZR 177/12) sieht hier einen Widerspruch zwischen den beiden Aussagen und erachtet damit den Vorbehalt für komplett wirkungslos.

TIPP!

Sofern die Gratifikationszusage und der Freiwilligkeitsvorbehalt nicht bereits in den Arbeitsvertrag aufgenommen worden sind, sondern im Wege einer Gesamtzusage gewährt werden, muss jedoch sichergestellt sein, dass jeder Mitarbeiter bei jeder gewährten Gratifikation Kenntnis vom Freiwilligkeitsvorbehalt erlangt. Eine Veröffentlichung am Schwarzen Brett kann bereits problematisch sein; am günstigsten ist es, wenn der Vorbehaltstext in diesen Fällen der Lohnabrechnung, die die Gratifikation enthält, beigefügt wird.

Der Freiwilligkeitsvorbehalt gibt dem Arbeitgeber aber nicht die Möglichkeit, die Gleichbehandlungspflicht zu umgehen. Besteht kein sachlicher Grund für eine Ungleichbehandlung, muss der Arbeitgeber entweder allen Arbeitnehmern die Gratifikation gewähren oder sie im Hinblick auf den Freiwilligkeitsvorbehalt generell nicht zahlen.

Vom Freiwilligkeitsvorbehalt ist der Vorbehalt des Widerrufs zu unterscheiden. Dem Vorbehalt der Freiwilligkeit sollte der Vorzug gegeben werden.

ACHTUNG!

Es darf keine Kombination beider Formen (Freiwilligkeits- und Widerrufsvorbehalt) vorgenommen werden, wie etwa:

„Es wird ausdrücklich darauf hingewiesen, dass die Gratifikation freiwillig gezahlt wird und hierauf auch nach wiederholter Zahlung kein Rechtsanspruch erwächst. Der jederzeitige Widerruf bleibt vorbehalten."

Hier sind entsprechend der aktuellen Rechtsprechung beide Vorbehalte (Freiwilligkeits- wie Widerrufsvorbehalt) wegen Verstoßes gegen das Transparenzgebot des § 307 Abs. 1 Satz 2 BGB unwirksam (BAG v. 30.7.2008, Az. 10 AZR 606/07; BAG v. 8.12.2010, Az. 10 AZR 671/09), mit der Folge, dass der Arbeitgeber sich nur durch Änderungskündigungen von der Gratifikationszusage lösen kann.

Soll entgegen der hier gegebenen Empfehlung in einem besonderen Fall keine Freiwilligkeitsklausel, sondern eine Widerrufsklausel aufgenommen werden, ist zu beachten, dass der Widerruf nur bei Vorliegen von Gründen erfolgen kann. Nach dem Transparenzgebot muss zudem bereits in der Zusage hinreichend genau beschrieben werden, unter welchen Voraussetzungen der Widerruf ausgeübt werden kann. Dazu muss zumindest die Richtung angegeben werden, aus der der Widerruf möglich sein soll, z. B. wirtschaftliche Gründe, Leistung oder Verhalten des Arbeitnehmers (BAG v. 24.1.2017, Az. 1 AZR 774/14). Fehlt es daran, ist die Widerrufsklausel unwirksam, mit der Folge, dass sich der Arbeitgeber nicht bzw. nur durch Änderungskündigungen von der Gratifikationszusage lösen kann. Im Übrigen hat der Arbeitnehmer so lange einen Anspruch auf eine vertraglich vereinbarte, mit einem Widerruf versehene Leistung, bis der Arbeitgeber das vorbehaltene Widerrufsrecht ausübt (BAG v. 1.3.2006, Az. 5 AZR 363/05). Dies bedeutet, dass bereits fällig gewordene Leistungen von einem Widerruf nicht erfasst werden können.

IV. Stichtagsregelung

Die Zusage einer Gratifikation kann weiterhin an einen Stichtag gekoppelt werden, zu dem das Arbeitsverhältnis bestehen oder auch ungekündigt sein muss, um den Anspruch entstehen zu lassen. Hinsichtlich der Wirksamkeit einer solchen Stichtagsregelung ist zu prüfen, ob es sich bei der Sonderzuwendung ausschließlich um eine Honorierung der Betriebstreue („Treueprämie") oder um eine Zuwendung handelt, mit der (auch) die geleistete Arbeit vergütet werden soll.

Soll mit der Gratifikation ausschließlich die Betriebstreue honoriert werden, ist eine Stichtagsregelung, nach der das Arbeitsverhältnis am Stichtag ungekündigt sein muss, zulässig. Der Stichtag darf dabei nicht so weit in der Zukunft liegen, dass der Arbeitnehmer in seiner durch Art. 12 GG garantierten Berufsfreiheit behindert wird (bejaht wurde eine solche Behinderung bei einem Festhalten von mehr als fünf Jahren – LAG Nürnberg v. 1.7.2016, Az. 3 Sa 426/15).

Unerheblich ist, ob die Beendigung des Arbeitsverhältnisses durch Kündigung des Arbeitnehmers oder des Arbeitgebers erfolgt (a. A. LAG Nürnberg a. a. O.).

Beispiel:

Ein Arbeitnehmer erhält ein monatliches, nachträglich zu zahlendes Gehalt. Vertraglich vereinbart ist, dass er mit der Vergütung für den Monat November zusätzlich eine Weihnachtsgratifikation als Treueprämie in Höhe eines Monatsgehalts erhält, sofern das Arbeitsverhältnis zu diesem Zeitpunkt ungekündigt besteht. Kündigt er in diesem Fall etwa am 23. November zum 31. März des Folgejahres, entfällt der Anspruch vollständig (BAG v. 18.1.2012, Az. 10 AZR 667/10).

Ist die Zahlung eines Weihnachtsgeldes vom Bestand des Arbeitsverhältnisses am 1. Dezember des jeweiligen Jahres abhängig, steht der Wirksamkeit auch nicht der Einwand der Altersdiskriminierung entgegen. Zwar erhalten damit Mitarbeiter, die im Laufe des Jahres wegen Erreichens der Altersgrenze ausscheiden, keine Zahlung, doch gilt Gleiches für Mitarbeiter, die im Laufe des Jahres wegen Ablauf eines befristeten Vertrags oder wegen einer Kündigung ausscheiden. Damit aber kann nicht davon ausgegangen werden, dass ältere Arbeitnehmer überproportional von einer solchen Regelung betroffen werden (BAG v. 12.12.2012, Az. 10 AZR 718/11).

Sieht ein Formulararbeitsvertrag pro genommenem Urlaubstag die Zahlung eines Urlaubsgeldes etwa in Höhe eines bestimmten Prozentsatzes des monatlichen Bruttoentgelts vor, verbunden mit der Auszahlungsvoraussetzung, dass das Arbeitsverhältnis ungekündigt besteht, so wird der Arbeitnehmer hierdurch nicht unangemessen benachteiligt. In dieser Ausgestaltung dient das Urlaubsgeld nicht (auch) der Vergütung erbrachter Arbeitsleistungen, sondern ausschließlich der Honorierung von Betriebstreue (BAG v. 22.7.2014, Az. 9 AZR 981/12).

Dient die Gratifikation dagegen (auch) einer zusätzlichen Honorierung geleisteter Dienste, wurde der Leistungszweck vor dem Stichtag zumindest teilweise erbracht. Damit aber ist eine Stichtagsregelung – in einem Arbeitsvertrag wie in einer Betriebsvereinbarung –, die einen vollständigen Entfall der Sonderzuwendung vorsieht, nicht vereinbar und damit unwirksam (BAG v. 7.6.2011, Az. 1 AZR 807/09; BAG v. 13.11.2013, Az. 10 AZR 848/12; BAG v. 13.5.2015, Az. 10 AZR 266/14). Zulässig ist allein die Vereinbarung einer zeitanteiligen Kürzung, sofern der Stichtag im Bezugszeitraum liegt.

Wie eine Sonderzahlung zu bewerten ist – entweder als eine solche mit Entgelt- oder Mischcharakter oder als reine Honorierung der Betriebstreue –, ist stets genau zu prüfen. Sind die Höhe einer Sonderzahlung und der Beschäftigungsgrad miteinander verknüpft (z. B. 2.000 € für einen Vollzeitmitarbeiter und 1.000 € für einen zu 50 % beschäftigten Mitarbeiter), so soll bereits daraus abgeleitet werden können, dass es sich bei der Zahlung (auch) um eine Gegenleistung für erbrachte Arbeitsleistung handelt, die nicht an einen Stichtag geknüpft werden darf (BAG v. 21.5.2025, Az. 10 AZR 121/24).

Ob anders als in Arbeitsverträgen in Betriebsvereinbarungen eine Sonderzahlung mit Mischcharakter in voller Höhe vom Bestand des Arbeitsverhältnisses innerhalb des Bezugszeitraums abhängig gemacht werden kann, ist noch nicht abschließend entschieden (bejahend LAG Berlin-Brandenburg v. 29.1.2020, Az. 4 Sa 1456/19).

WICHTIG!

Vor dem Hintergrund der Differenzierung „Treueprämie – zusätzliche Vergütung – Mischcharakter" sollte ganz eindeutig festgelegt werden, dass es sich bei der Gratifikation ausschließlich um eine „Treueprämie" handelt, etwa indem ausdrücklich der Begriff „Treueprämie" oder auch „Halteprämie" verwendet wird.

V. Rückzahlungsklauseln

Die Zahlung einer Gratifikation, die keinen Entgeltcharakter hat, also keine zusätzliche Vergütung darstellt, sondern ausschließlich anderen Zwecken dient („Treueprämie"), kann unter dem Vorbehalt der Rückzahlung erfolgen, falls der Arbeitnehmer nach Ablauf des Bezugszeitraums zeitnah ausscheidet. Eine entsprechende Rückzahlungsklausel kann in einem Tarifvertrag, einer Betriebsvereinbarung, einer Gesamtzusage oder auch einer arbeitsvertraglichen Regelung enthalten sein.

ACHTUNG!

Die Rückzahlungsklausel muss präzise und eindeutig verfasst und darf nicht intransparent sein. Erfüllt sie diese Anforderungen nicht, besteht keine Rückzahlungspflicht. Unwirksam ist etwa folgende Formulierung: „Die Gratifikation ist zurückzuzahlen, wenn das Arbeitsverhältnis aus vom Arbeitnehmer zu vertretenden Gründen innerhalb von drei Monaten nach dem Zeitpunkt der Auszahlung aufgelöst wird." Nach Auffassung des LAG Düsseldorf (22.4.2009, Az. 7 Sa 1628/08) könne die Formulierung bedeuten, dass der Mitarbeiter nur dann zur Zurückzahlung verpflichtet ist, wenn er schuldhaft die Ursache für die Beendigung seines Arbeitsverhältnisses setzt – z. B. durch eine unberechtigte fristlose Kündigung oder dadurch, dass er Anlass zu einer verhaltensbedingten Kündigung gibt. Die Formulierung könne aber auch so verstanden werden, dass eine Rückzahlungspflicht schon dann begründet sein soll, wenn das Arbeitsverhältnis – verschuldensunabhängig – aus einem in der Sphäre des Arbeitnehmers liegenden Grund endet, so z. B. wenn der Arbeitnehmer eine rechtmäßige fristgerechte Eigenkündigung ausspricht.

Wenn eine Rückzahlungsklausel nur für den Fall der → *Kündigung* festgelegt ist, besteht im Falle eines Aufhebungsvertrags keine Rückzahlungspflicht, es sei denn, er ist ausschließlich auf Wunsch des Arbeitnehmers und aufgrund seiner eigenen Interessen erfolgt. Der → *Aufhebungsvertrag* sollte daher stets mit erwähnt werden.

Die Rückzahlungsverpflichtung kann neben der arbeitnehmerseitigen Kündigung auch die arbeitgeberseitige Kündigung erfassen, jedoch nur dann, wenn der Arbeitnehmer sie durch sein Verhalten veranlasst hat (LAG Düsseldorf v. 19.7.2011, Az. 16 Sa 607/11).

Formulierungsbeispiel:

„Der Arbeitnehmer ist verpflichtet, die Gratifikation („Treueprämie") zurückzuzahlen, wenn er aufgrund einer eigenen Kündigung oder aufgrund außerordentlicher oder ordentlicher verhaltensbedingter Kündigung des Arbeitgebers bis zum ... des auf die Auszahlung folgenden Kalenderjahres oder, sofern die Gratifikation € ... übersteigt, bis zum ... des auf die Auszahlung folgenden Kalenderjahres ausscheidet.

Die Rückzahlungsverpflichtung gilt entsprechend, wenn das Arbeitsverhältnis innerhalb des vorgenannten Zeitraums durch Aufhebungsvertrag beendet wird und Anlass des Aufhebungsvertrags ein Recht zur außerordentlichen oder verhaltensbedingten Kündigung des Arbeitgebers oder ein Aufhebungsbegehren des Arbeitnehmers ist.

Der Arbeitgeber ist berechtigt, die Rückzahlungsforderung mit den noch fällig werdenden Vergütungsansprüchen aufzurechnen."

Wurde eine Rückzahlungsklausel entsprechend dem Formulierungsbeispiel verwendet, bedeutet dies, dass eine betriebsbedingte Kündigung des Arbeitgebers oder der Ablauf eines befristeten Arbeitsvertrags dem Anspruch auf die Gratifikation nicht entgegensteht und – sofern die Gratifikation bereits ausgezahlt wurde – auch kein Rückzahlungsanspruch besteht (vgl. BAG v. 28.3.2007, Az. 10 AZR 261/06).

WICHTIG!

Sämtliche vom Arbeitgeber gewünschten Anspruchsvoraussetzungen für eine freiwillige Sonderzahlung und sämtliche Gründe für eine Rückzahlungsverpflichtung müssen ausdrücklich vereinbart sein. Andere, als die vertraglich vereinbarten Umstände kann der Arbeitgeber nicht anführen, um die Auszahlung zu verweigern bzw. um Rückzahlungsansprüche geltend zu machen.

Die Rückzahlungsklausel darf den Arbeitnehmer nicht übermäßig lang binden; sie muss für ihn zumutbar und überschaubar sein. Dabei gelten folgende Grundsätze:

- Bei Kleingratifikationen darf keine Rückzahlung verlangt werden. Das BAG wertet einen Betrag bis 100 € als Kleingratifikation.
- Weihnachtsgratifikationen, die über 100 €, aber unter einem Monatsgehalt liegen, dürfen zu keiner längeren Bindungsfrist als dem 31.3. des Folgejahres führen (BAG v. 25.4.2007, Az. 10 AZR 634/06). Der Arbeitnehmer kann also in jedem Fall zum 1.4. eine neue Stelle annehmen, ohne Nachteile hinsichtlich der Gratifikation in Kauf nehmen zu müssen.
- Beträgt die Weihnachtsgratifikation ein volles Monatsgehalt oder mehr, ist es dem Arbeitnehmer nach der Rechtsprechung des BAG zuzumuten, über den 31.3. des Folgejahres hinaus zu bleiben und erst zum nächstmöglichen Kündigungstermin nach dem 31.3. zu kündigen. Bei einer Kündigungsfrist von einem Monat zum Monatsende kann der Arbeitnehmer damit im März zum 30.4. kündigen, ohne dass der Arbeitgeber einen Rückforderungsanspruch geltend machen kann. Ist hingegen eine Kündigungsfrist von drei Monaten zum Quartalsende vereinbart, kann der Arbeitgeber mit dem Arbeitnehmer eine Bindung bis zum 30.6. des Folgejahres vereinbaren. Kündigt der Arbeitnehmer im letztgenannten Fall im März zum 30.6., so führt dies zu keinem Rückzahlungsanspruch, da er erst mit Ablauf dieses Datums ausscheidet.

Bei Weihnachtsgratifikationen – egal, wie hoch sie sind – sind Bindungen über den 30.6. des Folgejahres hinaus unwirksam.

Ist vereinbart, dass der Arbeitnehmer eine Gratifikation in Höhe eines Monatsgehalts erhält, die je zur Hälfte im Juni und im November zu zahlen ist, so kann der Arbeitnehmer durch eine vertragliche Rückzahlungsklausel längstens bis zum Ende des auf den jeweiligen Zahlungszeitpunkt folgenden Quartals gebunden werden. Kündigt der Arbeitnehmer zum 31.3. des folgenden Kalenderjahres, muss er die Gratifikation folglich weder voll noch zur Hälfte zurückzahlen. Dies gilt selbst dann, wenn die Parteien erst im laufenden Arbeitsverhältnis die Aufsplittung einer Gratifikation verabreden, die ursprünglich als einmalige Zahlung zum Jahresende vereinbart war. Dabei soll es nicht einmal darauf ankommen, ob die Änderung der Zahlungsmodalitäten auf Wunsch des Arbeitnehmers erfolgte (LAG Schleswig-Holstein v. 8.2.2005, Az. 5 Sa 435/04).

ACHTUNG!

Sind zu lange Fristen vereinbart worden, sind diese nichtig. In der Regel, d. h. bei Verwendung eines Formulararbeitsvertrags, besteht damit nach den gesetzlichen AGB-Vorschriften gar keine Rückzahlungsverpflichtung (LAG Rheinland-Pfalz v. 10.2.2009, Az. 3 Sa 537/08). Nur dann, wenn der Vertrag individuell ausgehandelt worden ist, erfolgt eine Reduzierung der Bindungsfrist auf ein zulässiges Maß.

VI. Abschaffung/Änderung von Gratifikationen

Der Arbeitgeber kann sich von einer Gratifikation immer dann problemlos lösen, wenn er sie mit einem Freiwilligkeitsvorbehalt (s. o. III.) verbunden hat. Er kann jedoch von dem Freiwilligkeitsvorbehalt nicht einfach durch schlichte Nichtleistung Gebrauch machen, sondern ist verpflichtet, den Arbeitnehmer angemessene Zeit vor dem vereinbarten Fälligkeitstermin darauf hinzuweisen, dass er die vertraglich avisierte Leistung „diesmal nicht" oder jedenfalls nicht in der avisierten Höhe erhalten werde (vgl. LAG Köln v. 6.12.2006, Az. 7 Sa 989/06).

Fehlt ein wirksamer Vorbehalt, hängt die Lösung davon ab, auf welcher Rechtsgrundlage die Gratifikation beruht:

Eine durch Arbeitsvertrag, arbeitsvertragliche Einheitsregelung oder Gesamtzusage begründete Gratifikationszusage kann der Arbeitgeber nicht für die Zukunft einseitig beseitigen oder ändern. Vielmehr muss er eine → *Änderungskündigung* aussprechen oder eine Vertragsänderung mit den Arbeitnehmern vereinbaren. Dies gilt auch bei Gewährung einer Gratifikation aufgrund betrieblicher Übung; eine Kürzung oder ein vollständiger Wegfall des Anspruchs aus Gründen der Treuepflicht des Arbeitnehmers wird allgemein abgelehnt. Ohne besondere Anhaltspunkte kann das Wirtschaftsrisiko des Arbeitgebers auch nicht als Geschäftsgrundlage der Gratifikationszusage gesehen werden (LAG Hamm v. 13.9.2004, Az. 8 Sa 721/04).

Besteht in einem Unternehmen ein Betriebsrat, ist dem Arbeitgeber die Veränderung einer Gratifikation zudem in all den Fällen, in denen die Zusage auf einer arbeitsvertraglichen Einheitsregelung (Formulararbeitsvertrag), einer Gesamtzusage oder betrieblicher Übung beruht, auch durch den Abschluss einer verschlechternden Betriebsvereinbarung möglich. Das BAG sieht Zusagen auf diesen drei Grundlagen – anders als eine Zusage, die Gegenstand einer einzelvertraglichen individuellen Vereinbarung ist! – als betriebsvereinbarungsoffen an (BAG v. 5.3.2013, Az. 1 AZR 417/12; BAG v. 11.12.2018, Az. 3 AZR 380/17; BAG v. 10.7.2019, Az. 6 AZR 40/17; LAG Düsseldorf v. 14.12.2018, Az. 10 Sa 96/18; vgl. auch LAG Rheinland-Pfalz v. 30.11.2021, Az. 8 Sa 110/21).

Eine durch Tarifvertrag oder Betriebsvereinbarung begründete Gratifikationszusage kann durch Abschluss eines neuen Tarifvertrags bzw. einer neuen Betriebsvereinbarung beseitigt oder geändert werden. Im Falle der Kündigung des Tarifvertrags wirkt dieser nach, bis er durch eine andere Abmachung ersetzt wird (§ 4 Abs. 5 TVG). Die Kündigung der Betriebsvereinbarung führt hingegen unmittelbar zu einem Wegfall der Gratifikation, wenn der Arbeitgeber sich von ihr vollständig lösen will. Soll mit der Kündigung dagegen nur eine Änderung des Volumens oder des Verteilungsschlüssels bewirkt werden, wirkt auch die Betriebsvereinbarung bis zu einer neuen Abmachung nach.

TIPP!

Der Nachwirkung der Betriebsvereinbarung kann sich der Arbeitgeber entziehen, indem er bereits in der Betriebsvereinbarung ausdrücklich festlegt, dass es sich um eine freiwillige Leistung handelt, aus deren Zahlung kein Anspruch für zukünftige Jahre abgeleitet werden kann.

VII. Mitbestimmung des Betriebsrats

Wenn die Zahlung einer Gratifikation aufgrund tarifvertraglicher Verpflichtung erfolgt, besteht grundsätzlich kein Mitbestimmungsrecht des Betriebsrats bei ihrer Verteilung. Nur dann, wenn die tarifvertragliche Regelung nicht abschließend ist, sondern Teilfragen und Modalitäten offen gelassen sind, kann eine ergänzende → *Betriebsvereinbarung* geschlossen werden.

Im Übrigen hat der Betriebsrat bei der Festlegung genereller Regelungen zur Verteilung von Gratifikationen ein über die → *Einigungsstelle* erzwingbares Mitbestimmungsrecht (§ 87 Abs. 1 Nr. 10 BetrVG). Der Arbeitgeber ist zwar in seiner Entscheidung frei, ob überhaupt und in welchem Umfang er Mittel für die Gewährung von Gratifikationen zur Verfügung stellen will. Wenn er sich jedoch für die Gewährung entschieden hat, kann der Betriebsrat bei der Aufstellung der Verteilungsgrundsätze mitbestimmen. Auch aus diesem Grund hat er nach § 80 Abs. 2 Satz 1 BetrVG einen Anspruch gegen den Arbeitgeber auf Auskunft, an welche Arbeitnehmer, in welcher Höhe, auf welcher Grundlage und nach welchen Kriterien Gratifikationen etc. gezahlt werden (LAG Hessen v. 10.12.2018, Az. 16 TaBV 130/18).

Haftung des Arbeitgebers

I. Grundsätze

Eine Haftung des Arbeitgebers kommt in Betracht sowohl für Aufwendungen, die der Arbeitnehmer im Zusammenhang mit seiner Tätigkeit für den Betrieb hatte als auch für Schäden, die er hierbei erleidet. Ausgeschlossen ist eine Haftung des Arbeitgebers für Personenschäden, die bei Arbeitsunfällen eingetreten sind. Hier bestimmt der sowohl mit dem Grundgesetz als auch mit Europarecht vereinbare § 104 SGB VII, dass der Arbeitnehmer nur Ansprüche gegen die gesetzliche Unfallversicherung hat. Die Norm bezieht sich auf alle Haftungsgründe des bürgerlichen Rechts (LAG Köln v. 10.10.2024, Az. 8 SLa 32/24). Feststellungen des Unfallversicherungsträgers sind bindend (LAG Hamm v. 17.3.2015, Az. 7 Sa 1316/14). Ansprüche gegen den Arbeitgeber auf Ersatz der Heilbehandlungskosten sind ebenso ausgeschlossen wie Ansprüche auf Schmerzensgeld. Dabei ist nicht maßgeblich, ob tatsächlich ein Arbeitsvertrag besteht. Entscheidend ist, dass die entsprechende Person wie ein Arbeitnehmer in den Betrieb eingegliedert ist. Allerdings kann allein aus der Zugehörigkeit des Schädigers zum Betrieb und einem Handeln im Betrieb des Arbeitgebers noch nicht auf eine Schadensverursachung durch eine betriebliche Tätigkeit geschlossen werden, denn nicht jede Tätigkeit im Betrieb des Arbeitgebers muss zwingend betriebsbezogen sein. Auch führt allein die Benutzung eines Betriebsmittels nicht zur Annahme einer betrieblichen Tätigkeit. Es kommt darauf an, zu welchem Zweck die zum Schadensereignis führende Handlung bestimmt war (BAG v. 19.3.2015, Az. 8 AZR 67/14).

Beispiel:

Ein Arbeitnehmer eines Nachbarbetriebs hilft, ohne dass der Arbeitgeber das weiß, seinen Kollegen bei der Arbeit. Wenn dieser bei einem Arbeitsunfall verletzt wird, kann er kein Schmerzensgeld verlangen, sondern muss sich an die Berufsgenossenschaft wenden.

ACHTUNG!

Dieses Haftungsprivileg kommt dem Arbeitgeber nicht zugute, wenn sich der Arbeitnehmer noch nicht im sog. „Gefahrenbereich des Betriebes" bewegt hat. Verletzt der Arbeitgeber also im Winter seine Streu- und Räumpflicht auf dem öffentlichen Straßenland vor dem Betrieb, haftet er einer zu Fall gekommenen Arbeitnehmerin genauso wie jedem anderen Fußgänger (OLG Koblenz v. 29.4.2015, Az. 5 U 1479/14).

Von dem Haftungsausschluss ausgenommen sind nur Personenschäden, die auf einer vorsätzlichen Verletzung beruhen oder auf dem Weg von der Arbeit oder zur Arbeitsstätte eintreten. Der Begriff des Vorsatzes ist eng auszulegen. Er liegt nur dann vor, wenn der Unternehmer den Versicherungsfall und den Schaden zumindest als möglich voraussieht und ihn für den Fall des Eintritts billigend in Kauf nimmt. Der Vorsatz muss sich nicht nur auf die schädigende Handlung als solche, sondern auch auf den Schadenseintritt und die damit verbundenen Schadensfolgen beziehen (BAG v. 28.11.2019, Az. 8 AZR 35/19). Die vorsätzliche Pflichtverletzung mit einer ungewollten Unfallfolge reicht daher nicht aus (LAG Berlin-Brandenburg v. 20.9.2018, Az. 26 Sa 682/18 und 26 Sa 898/18). Der „doppelte Vorsatz" muss auch den Verletzungserfolg umfassen (LAG Köln v. 2.11.2021, Az. 4 Sa 279/21). Diese Grundsätze beziehen sich auch auf Arbeitsunfälle in Form des möglichen Eintritts einer anerkannten Berufskrankheit, z. B. wegen der Verarbeitung asbesthaltiger Bauteile. Die Krankheit ist nur dann vorsätzlich herbeigeführt, wenn dies gewollt war oder der Eintritt billigend in Kauf genommen wurde. Der Vorsatz des Arbeitgebers muss nicht nur die Verletzungshandlung, sondern auch den Verletzungserfolg umfassen (LAG Sachsen-Anhalt v. 15.3.2012, Az. 3 Sa 313/11). Eine vorsätzliche Missachtung der Unfallverhütungsvorschriften führt zwar zur bewussten Fahrlässigkeit, rechtfertigt aber nicht die Annahme bedingten Vorsatzes (LAG Köln v. 10.10.2024, Az. 8 SLa 32/24). Dies zeigt die sehr hohen Anforderungen, die an den Vorsatz gestellt werden. Wer eine zugunsten von Arbeitnehmern bestehende Schutzvorschrift missachtet, nimmt damit noch nicht automatisch eine mögliche Berufskrankheit des Arbeitnehmers billigend in Kauf. Es kommt immer auf die Umstände des Einzelfalles an (BAG v. 20.6.2013, Az. 8 AZR 471/12 für den Fall der Asbestbelastung).

Diese Haftungsprivilegien kommen dann nicht voll zum Tragen, wenn der Arbeitgeber als Fachkraft für Arbeitssicherheit einen selbstständigen, nicht in die Betriebsorganisation eingebundenen externen Unternehmer tätig werden lässt. Dieser kann bei Fehlern, die zu einem Arbeitsunfall führen, in einem bestimmten Rahmen zur Haftung herangezogen werden (OLG Nürnberg v. 17.6.2014, Az. 4 U 1706/12).

WICHTIG!

Wenn der Arbeitgeber z. B. Bauarbeiten ohne entsprechenden Sicherheitsvorkehrungen und unter Verstoß gegen Unfallverhütungsvorschriften hat ausführen lassen und er den Unfall damit grob fahrlässig verursacht hat, ist er gegenüber der Berufsgenossenschaft zur Erstattung der von ihr geleisteten unfallbedingten Aufwendungen für die schweren Verletzungen gem. § 110 Abs. 1 SGB VII verpflichtet (OLG Oldenburg v. 23.10.2014, Az. 14 U 34/14).

II. Vom Arbeitgeber verursachte Schäden

1. Sachschäden

Der Arbeitgeber haftet für rechtswidrig schuldhaft verursachte Verletzungen am Eigentum des Arbeitnehmers.

Beispiel:

Durch eine unzureichend gesicherte Maschine wird die Kleidung des Arbeitnehmers beschädigt.

Darüber hinaus kommt eine Haftung in Betracht, wenn der Arbeitgeber die ihm auferlegten gesetzlichen Pflichten verletzt.

Schafft der Arbeitgeber im Arbeitsverhältnis eine Gefahrenlage – gleich welcher Art –, ist er grundsätzlich verpflichtet, die notwendigen und zumutbaren Vorkehrungen zu treffen, um eine Schädigung der Beschäftigten möglichst zu verhindern. Er muss die Maßnahmen ergreifen, die ein umsichtiger und verständiger, in vernünftigen Grenzen vorsichtiger Arbeitgeber für notwendig und ausreichend hält, um andere vor Schäden zu bewahren (BAG v. 21.12.2017, Az. 8 AZR 853/16 – keine Haftung für Impfschäden nach einer vom Arbeitgeber empfohlenen Impfung; nach dieser Rechtsprechung haftet der Arbeitgeber auch nicht für Folgen einer von ihm empfohlenen Covid-19 Impfung). Der Arbeitgeber muss aus seiner Fürsorgepflicht heraus auch dafür Sorge tragen, dass die Gegenstände geschützt werden, die ein Arbeitnehmer typischerweise mit in den Betrieb nimmt. Ein Betriebsparkplatz muss wegen der Verkehrssicherungspflicht des Arbeitgebers so gestaltet sein, dass Schäden an den dort abgestellten Fahrzeugen der Arbeitnehmer vermieden werden. So muss der Arbeitgeber dort befindliche Großmüllbehälter so sichern, dass sie auch bei einem angekündigten Sturm nicht umherfliegen. Tut er dies nicht, spricht der Anscheinsbeweis für einen Ursachenzusammenhang zwischen der Pflichtverletzung und der eingetretenen Beschädigung (LAG Düsseldorf v. 11.9.2017, Az. 9 Sa 42/17).

Es besteht keine generelle Pflicht, eine Feuerversicherung abzuschließen, die auch die vom Arbeitnehmer mitgebrachten Sachen umfasst. Nicht ersatzfähig sind „arbeitsadäquate" Sachschäden, mit denen der Arbeitnehmer nach der Art des Betriebs oder der Arbeit zu rechnen hat (LAG Rheinland-Pfalz v. 27.6.2016, Az. 3 Sa 88/16).

2. Verletzungen des Persönlichkeitsrechts

Jeder Arbeitnehmer hat ein Persönlichkeitsrecht, dessen Verletzung zu Unterlassungsansprüchen und in gravierenden Fällen sogar zu Schmerzensgeldansprüchen führen kann (BAG v. 25.7.2024, Az. 8 AZR 225/23 zur Überwachung durch Detektei; LAG Mecklenburg-Vorpommern v. 24.6.2025, Az. 5 SLa 20/25). Dies gilt auch im Verhältnis zum Arbeitgeber. Dieser muss den Arbeitnehmer vor Gesundheitsgefahren am Arbeitsplatz schützen. Dazu gehört auch die Gefahr psychischer Schäden in einem durch Einschüchterungen, Anfeindungen, Erniedrigungen, Entwürdigungen oder Beleidigungen gekennzeichneten Umfeld (BAG v. 28.10.2010, Az. 8 AZR 546/09).

Beispiel:

Ein Verlag bezeichnet eine schwangere Arbeitnehmerin in einer von ihm herausgegebenen Zeitung als „Deutschlands faulste Arbeitnehmerin", die „schräg und unehrlich" sei und noch nicht einmal wisse, von wem sie schwanger sei. Das BAG hat den Arbeitgeber hier nicht nur zum Schadensersatz, sondern auch zur Zahlung eines erheblichen Schmerzensgeldes verurteilt.

Das Persönlichkeitsrecht des Arbeitnehmers gewinnt in höchstrichterlichen Entscheidungen eine immer größere Bedeutung. So hat das Bundesarbeitsgericht entschieden, dass eine elektronische Belastungsstatistik, die das wesentliche Aufgabenspektrum des Arbeitnehmers auf elektronischem Wege anhand einer Vielzahl von quantitativen Kriterien durchgehend detailliert erfasst und einer Auswertung zuführt, unzulässig ist (BAG v. 25.4.2017, Az. 1 ABR 46/15). Auch ein elektronisches Programm, das sämtliche Tastatureingaben des Arbeitnehmers erfasst und speichert und regelmäßig Bildschirmphotos speichert ist unzulässig (BAG v. 27.7.2017, Az. 2 AZR 681/16). Sogar der große Senat des Europäischen Gerichtshofes für Menschenrechte hat sich mit dieser Problematik befassen müssen und ist zu einem ähnlichen Ergebnis gekommen (EGMR v. 5.9.2017, Beschwerde Nr. 61496/08). Die Einzelheiten sind jedoch streitig und es muss jeder Einzelfall gesondert bewertet werden. Die unbefugte Weitergabe von Gesundheitsdaten an einen Zweitarbeitgeber hat zu einer Verurteilung des Arbeitgebers zu einem Schmerzensgeld von 1.500,– Euro geführt (LAG Rheinland-Pfalz v. 13.6.2019, Az. 5 Sa 438/18). Das LAG Thüringen hat sogar die Erfassung der Mobiltelefonnummer eines Arbeitnehmers als einen „äußerst schwerwiegenden Eingriffs in das allgemeine Persönlichkeitsrecht" angesehen (LAG Thüringen v. 16.5.2018, Az. 6 Sa 442/17). Grundsätzlich unzulässig ist die heimliche Ortung von Arbeitnehmern, es sei denn, diese ist zwingend erforderlich, um etwa den substantiierten Verdacht auf Arbeitszeitbetrug zu verifizieren (Verwaltungsgericht Wiesbaden v. 17.1.2022, Az. 6 K 1164/21).

Dem Arbeitnehmer kann ein Anspruch auf Schadensersatz zustehen, wenn der Arbeitgeber schuldhaft seine Rücksichtnahmepflichten dadurch verletzt hat, dass er dem Arbeitnehmer nicht durch Neuausübung seines Direktionsrechts einen leidensgerechten Arbeitsplatz zuweist (LAG Berlin-Brandenburg v. 6.6.2012, Az. 4 Sa 2152/11). Der Ausspruch einer ungerechtfertigten Kündigung kann grundsätzlich auch eine Ersatzpflicht des Arbeitgebers auslösen. Dies gilt aber dann nicht, wenn der Arbeitgeber mit vertretbaren Gründen von der Wirksamkeit der Kündigung ausgehen durfte, auch wenn das Gericht die Kündigung letztlich nicht anerkennt (LAG Düsseldorf v. 15.4.2011, Az. 9 Sa 1734/10). Der Anspruch kann sich auch auf entgangene Trinkgelder beziehen.

3. Sonstiges

Der Arbeitgeber haftet nicht für Schäden, die der Arbeitnehmer erleidet, weil er entgegen § 2 Abs. 2 Satz 2 Nr. 3 SGB III nicht darauf hingewiesen worden ist, dass er sich unverzüglich arbeitssuchend melden muss. Erteilt der Arbeitgeber im Rahmen von Verhandlungen über einen Aufhebungsvertrag falsche Auskünfte über die Steuerfreiheit bestimmter Zahlungen, so haftet er für diese Fehler. Generell gilt, dass, wenn der Arbeitgeber Auskünfte erteilt, diese richtig, eindeutig und vollständig sein müssen. Der Arbeitgeber haftet dem Arbeitnehmer deshalb gem. § 241 Abs. 2 i. V. m. § 280 Abs. 1 BGB für Schäden, für die eine von ihm schuldhaft erteilte fehlerhafte Auskunft ursächlich war. Allerdings liegt eine Auskunft, die zu einem Schadenersatzanspruch führen kann, nur dann vor, wenn der Arbeitgeber den Arbeitnehmer entweder auf dessen ausdrückliches Verlangen nach Information falsch informiert oder wenn er im Rahmen von Vertragsverhandlungen, die der Arbeitgeber initiiert hat, den Arbeitnehmer falsch berät. Grundsätzlich hat jeder selbst für die Wahrnehmung der eigenen Interessen zu sorgen (BAG v. 15.12.2016, Az. 6 AZR 578/15). Den Arbeitgeber trifft jedoch aus dem Arbeitsverhältnis die Nebenpflicht, im sozialrechtlichen Verwaltungsverfahren über die Bewilligung von Kurzarbeitergeld die Interessen der von Kurzarbeit betroffenen Arbeitnehmer zu wahren (LAG Berlin-Brandenburg v. 26.8.2022, Az. 12 Sa 297/22).

Der Arbeitgeber haftet dem Arbeitnehmer auf Schadensersatz, wenn er bei der Einbehaltung und Abführung der Lohnsteuern und Sozialversicherungsbeiträge schuldhaft Nebenpflichten verletzt, dadurch Schäden des Arbeitnehmers verursacht und dem Arbeitnehmer kein Mitverschulden zur Last gelegt werden kann (LAG Mecklenburg-Vorpommern v. 10.5.2022, Az. 2 Sa 249/21). Wenn aber der Arbeitgeber zu wenig Lohnsteuer von den Einkünften des Arbeitnehmers einbehalten und an das Finanzamt abgeführt hat, kann er bis zur Inanspruchnahme durch das Finanzamt vom Arbeitnehmer Freistellung von etwaigen Nachforderungen verlangen und nach Inanspruchnahme die Erstattung der gezahlten Lohnsteuern im Wege des Gesamtschuldnerausgleichs verlangen. Im Rahmen des Gesamtschuldnerausgleichs haftet der Arbeitnehmer im Innenverhältnis voll (LAG Baden-Württemberg v. 10.2.2023, Az. 12 Sa 50/22). Die Lohnsteuer selbst stellt dabei jedoch keinen ersatzfähigen Schadensposten dar.

Der Arbeitgeber kann auch verpflichtet sein, eine wegen der Corona-Pandemie eingeführte staatliche Zuwendung für Mehraufwendungen bei Pendlern aus Polen zu beantragen. Diese Pflicht ist jedoch nicht verletzt, wenn rechtlich zweifelhaft ist, ob alle Voraussetzungen für die Auszahlung der Zuwendung erfüllt sind. Der Arbeitgeber muss sich nicht dem Risiko einer Haftung gegenüber dem Zuwendungsgeber aussetzen. Im konkreten Fall wurde die Schadensersatzklage abgewiesen (LAG Mecklenburg-Vorpommern v. 28.9.2021, Az. 5 Sa 65/21). Im Zusammenhang mit der Covid-Pandemie hat das BAG entschieden, dass es zu den Pflichten des Arbeitgebers gehört, die Arbeitnehmer davor zu schützen, dass sie durch Ansteckungen anderer Arbeitnehmer in ihrer Gesundheit gefährdet werden (BAG v. 10.8.2022, Az. 5 AZR 154/22).

Bei der illegalen Beschäftigung von Ausländern, auch im Rahmen eines Probearbeitsverhältnisses, droht dem Arbeitgeber die Erstattungspflicht hinsichtlich der Abschiebungskosten gem. § 66 Abs. 4 Satz 1 Nr. 1 AufenthG in der Fassung v. 21.2.2024 (BVerwG v. 16.10.2012, Az. 10 C 6/12; VG Hamburg v. 18.5.2011, Az. 15 K 2446/10 – vorrangige Haftung des unmittelbaren Arbeitgebers; VG Hamburg v. 12.10.2016, Az. 17 K 4024/15 – Haftung nur des Arbeitgebers im zivilrechtlichen Sinne und nicht des Gesellschafter-Geschäftsführers).

WICHTIG!

Im Falle eines Verstoßes gegen die Vorschriften des Mindestlohngesetzes haftet nicht nur der direkte Arbeitgeber, auch der Auftraggeber hat u. U. für die Zahlung des Mindestlohns der Sub- oder Nachunternehmen einzustehen (§ 13 MiLoG; s. hierzu i. E. unter → *Vergütung*).

III. Durch Dritte verursachte Schäden

1. Schäden durch Arbeitskollegen

Eine Ersatzpflicht des Arbeitgebers kann auch dann eintreten, wenn ein Arbeitnehmer durch Verschulden eines anderen einen Sachschaden erleidet. Dies setzt voraus, dass der Arbeitgeber diesen Arbeitnehmer entweder falsch ausgewählt oder mangelhaft überwacht hat.

Beispiel:

Der Arbeitgeber setzt einen Arbeitnehmer als Kranführer ein, der schon mehrfach dadurch aufgefallen ist, dass er während der Arbeit angetrunken war und Fehler gemacht hat. Eine besondere Überwachung findet auch nicht statt. Durch eine unachtsame Führung des Kranauslegers beschädigt der Kranführer das auf dem Betriebsgelände abgestellte Motorrad eines Kollegen. Hier haftet der Arbeitgeber, denn er hätte angesichts der vorangegangenen Vorkommnisse darauf achten müssen, dass der Kranführer zumindest regelmäßig im Hinblick auf eine mögliche Alkoholisierung überwacht wird.

2. Sonstige Schäden

Es besteht keine generelle Haftung des Arbeitgebers für Schäden, die Arbeitnehmer im Betrieb erleiden (LAG Rheinland-Pfalz v. 27.6.2016, Az. 3 Sa 88/16). Wenn der Arbeitgeber aber eine Gefahrenlage, gleich welcher Art verursacht, muss er grundsätzlich die notwendigen und zumutbaren Vorkehrungen treffen, um eine Schädigung der Beschäftigten so weit wie möglich zu verhindern. Hierzu muss er die Maßnahmen ergreifen, die ein umsichtiger und verständiger, in vernünftigen Grenzen vorsichtiger Arbeitgeber für notwendig und ausreichend halten darf, um die Beschäftigten vor Schäden zu bewahren (BAG v. 21.12.2017, Az. 8 AZR 853/16). Der Arbeitgeber haftet in bestimmten Fällen auch für Schäden, die einem Arbeitnehmer bei der Erfüllung seiner Arbeitsleistung entstehen. Voraussetzung ist, dass sich durch den Schaden das tätigkeitsspezifische Risiko verwirklicht, das mit der Ausübung dieser Arbeit verbunden ist. Es muss sich also um einen außergewöhnlichen Schaden handeln, der im Zusammenhang mit der Arbeitsleistung entstanden und durch den Lohn nicht abgedeckt ist (zu besonderen Zulagen s. u. IV.2.).

Beispiel:

Dem Pfleger in einer psychiatrischen Anstalt wird durch einen Patienten die Brille heruntergerissen und zerstört. Dies ist dem Risikobereich des Arbeitgebers zuzurechnen. Die Zahlung einer „Psychiatriezulage" an den Arbeitnehmer deckt dieses Risiko nicht ab.

Dieser Risikobereich ist abzugrenzen von dem allgemeinen Lebensrisiko. Dazu gehört z. B. die normale Abnutzung von Kleidung während der Arbeitstätigkeit, das Risiko von Impfschäden, aber auch das allgemeine Diebstahlrisiko.

Beispiel:

Der Arbeitnehmer muss mit dem Zug eine Dienstreise unternehmen. Während er schläft, wird ihm seine Brieftasche mit Bargeld gestohlen. Dies gehört zum allgemeinen Lebensrisiko, weil hier nur eine eher zufällige Bindung an die berufliche Tätigkeit vorliegt.

2.1 Kraftfahrzeug

Benutzt der Arbeitnehmer seinen PKW, um zur Arbeit zu gelangen, trägt er das Risiko eines Unfalls oder einer Beschädigung selbst. Auch wenn der Arbeitgeber einen Parkplatz zur Verfügung stellt, haftet er nicht für Beschädigungen, die auch auftreten können, wenn der Wagen auf der Straße geparkt wird. Lediglich bei besonderen Gefahren wie etwa in einer psychiatrischen Anstalt kommt eine Haftung in Betracht. Setzt der Arbeitnehmer jedoch seinen privaten PKW auf Weisung des Arbeitgebers ein, um seine Arbeitspflicht zu erfüllen, dann haftet der Arbeitgeber für Schäden, die bei diesem Einsatz ohne Verschulden des Arbeitnehmers entstehen (LAG Rheinland-Pfalz v. 11.1.2023, Az. 7 Sa 151/22). Dies gilt auch ohne ausdrückliche Anweisung, wenn der Arbeitnehmer den Einsatz seines PKW für erforderlich halten durfte. Ein Defekt am Fahrzeug oder ein Fehlverhalten des Arbeitnehmers kann als Mitverschulden zu berücksichtigen sein.

Beispiel:

Der Arbeitgeber weist den Arbeitnehmer an, mit seinem Privatwagen einen Kunden aufzusuchen oder billigt dies. Während der Wagen dort abgestellt ist, zerkratzen Unbekannte den Lack. Hierfür haftet der Arbeitgeber. Dies gilt auch, wenn der Wagen zwischen zwei Einsätzen in der Nähe des Betriebs abgestellt wird. Kennt der Arbeitnehmer den Schädiger, muss er sich aber zunächst an diesen halten.

Das Gleiche gilt, wenn zwar keine ausdrückliche Weisung gegeben wurde, der Einsatz des eigenen Wagens für den Arbeitnehmer jedoch unabweisbar notwendig ist, der Arbeitgeber den Einsatz billigt bzw. vorschlägt. Auch wenn ein Arzt im Rahmen seiner Rufbereitschaft in die Klinik kommen muss, haftet der Arbeitgeber grundsätzlich für Unfallschäden auf der Fahrt dorthin. Kommt es bei einem solchen Einsatz zu einem Verkehrsunfall, muss sich der Arbeitnehmer häufig, auch wenn ihn kein Verschulden trifft, die sog. Betriebsgefahr seines Fahrzeugs anrechnen lassen. Er muss also auch ohne sein Verschulden einen Teil seines eigenen Schadens selber tragen und auch dem Unfallgegner einen Teil des Schadens ersetzen. In diesen Fällen kann er vom Arbeitgeber Ersatz des Schadens am eigenen Wagen verlangen. Dies ist nicht durch die Zahlung einer Kilometerpauschale abgegolten und der Arbeitnehmer ist auch nicht verpflichtet, eine Vollkaskoversicherung abzuschließen. Verlangt der Arbeitnehmer den Ersatz des vollen Schadens, muss er beweisen, dass er allenfalls leicht fahrlässig gehandelt hat (BAG v. 28.10.2010, Az. 8 AZR 647/09).

Der Arbeitgeber ist verpflichtet, den Sachschaden zu ersetzen. Dazu gehört auch die Nutzungsausfallentschädigung, es sei denn, dass diese in einer Vereinbarung ausdrücklich ausgeschlossen wurde.

Formulierungsbeispiel:

„Der Arbeitgeber ist bei einer Beschädigung des PKW des Arbeitnehmers im Zusammenhang mit der dienstlichen Tätigkeit nicht verpflichtet, einen Nutzungsausfallschaden zu ersetzen."

Wird der Arbeitnehmer in seiner Kfz-Haftpflichtversicherung herabgestuft, muss der Arbeitgeber dies nicht ersetzen.

Diese Grundsätze gelten auch, wenn der Arbeitnehmer seinen PKW für die Ausübung seiner Aufgaben als Mitglied des Betriebsrats unabweisbar benötigt und der Arbeitgeber dessen Benutzung ausdrücklich gewünscht hat oder die Benutzung unbedingt erforderlich war, um die Aufgaben zu erfüllen.

2.2 Bußgelder, Geldstrafen, Prozesskosten

Der Arbeitnehmer hat keinen Anspruch auf die Erstattung von Bußgeldern oder Geldstrafen, die gegen ihn in Ausübung seiner Tätigkeit verhängt worden sind. Dies gilt auch dann, wenn der Arbeitgeber z. B. die Terminvorgaben so gestaltet, dass sie nur unter Verletzung gesetzlicher Bestimmungen erfüllt werden können.

Beispiel:

Ein Spediteur teilt den Tourenplan so ein, dass er nur unter ständigem Verstoß gegen die zulässige Höchstgeschwindigkeit eingehalten werden kann. Wird ein LKW bei einer Radarkontrolle erwischt, hat der Fahrer keinen Anspruch auf Ersatz des Bußgelds. Auch für Verteidigerkosten muss der Arbeitgeber nicht aufkommen. Er kann allerdings u. U. wegen Anstiftung zu einer rechtswidrigen Handlung selbst belangt werden.

Verursacht jedoch ein LKW-Fahrer schuldlos einen schweren Verkehrsunfall und wird daraufhin ein Ermittlungsverfahren wegen fahrlässigen Totschlags eingeleitet, muss ihm der Arbeitgeber die Verteidigerkosten erstatten. Dasselbe gilt, wenn der Arbeitnehmer rechtsstaatswidrigen Verfolgungsmaßnahmen im Ausland ausgesetzt ist.

Beispiel:

Ein Fernfahrer wird wegen des falschen Verdachts des Drogenhandels in Tschetschenien in Untersuchungshaft genommen. Die Kaution von 40.000,– Euro bringt er über seine Ehefrau durch Aufnahme eines Kredits auf. Der Arbeitgeber ist zur Erstattung verpflichtet. Der Arbeitgeber wurde auch zur Erstattung einer Kaution verurteilt, die der Arbeitnehmer aufgewandt hatte, um den wegen Verstößen gegen Lenkzeitbestimmungen in Frankreich sichergestellten LKW auszulösen.

Der Arbeitnehmer hat keinen Erstattungsanspruch wegen der Kosten für eine Meldebescheinigung und ein Lichtbild für die Fahrerkarte zum digitalen Tachographen.

Der Arbeitgeber kann auch zur Erstattung von Verfahrenskosten verpflichtet sein, die in Zivilprozessen gegen Arbeitnehmer anfallen.

Beispiel:

Der Redakteur einer Zeitung wird von einem Prominenten verklagt, weil er über ihn in einer vermeintlich unangemessenen Weise berichtet hat. Er kann von seinem Arbeitgeber die Erstattung seiner Prozesskosten verlangen, wenn er seine journalistischen Sorgfaltspflichten beachtet hat.

IV. Haftungsbeschränkung

1. Mitverschulden des Arbeitnehmers

Der Schadensersatzanspruch des Arbeitnehmers vermindert sich, wenn ihn am Eintritt des Schadens ein Mitverschulden trifft.

Beispiel:

Der Zeitungsredakteur im obigen Fall verliert nur deswegen den Prozess, weil er seinen Bericht schlecht recherchiert hatte. Hier ist sein Verschulden so groß, dass der Arbeitgeber noch nicht einmal anteilig für die Prozesskosten aufkommen muss.

Auch eine grobe Fahrlässigkeit des Arbeitnehmers führt nicht immer zu einem vollständigen Ausschluss der Haftung. Hat z. B. der Arbeitgeber das Betriebsrisiko durch eigenes Verhalten erhöht, so kann er dem Arbeitnehmer nicht unter Hinweis auf dessen grobe Fahrlässigkeit jede Erstattung des Schadens verweigern.

Beispiel:

Der Verleger drängt einen Redakteur, unbedingt für die nächste Ausgabe einen Artikel über eine prominente Persönlichkeit zu verfassen, obwohl keine Zeit für ausreichende Recherchen zur Verfügung steht. Er muss dann jedenfalls teilweise für den Schaden aufkommen, der durch den Prozess entsteht.

2. Pauschalen

Vielfach erhalten Arbeitnehmer Pauschalen, mit denen besondere Belastungen oder Risiken der Tätigkeit ausgeglichen werden sollen. Es muss dann stets geprüft werden, ob mit der Zulage das Risiko abgegolten wird, das sich gerade verwirklicht hat. Dazu ist auf den Zweck abzustellen, den die Zulage jeweils hat.

Beispiel:

Erhält ein Arbeitnehmer eine Schmutzzulage, kann er nicht noch Ersatz für die wegen Verunreinigung notwendig gewordene Reinigung seiner Kleidung verlangen. Die Zulage hat genau dieses Risiko abgedeckt. Anders bei der Kilometerpauschale; hiermit soll nur die allgemeine Abnutzung des Autos ausgeglichen werden. Kommt es jedoch zu einem Verkehrsunfall, ist der Schaden nicht dadurch abgedeckt. Will der Arbeitgeber auch dieses Risiko sichern, kann er z. B. eine Dienstrahmenversicherung gegen Unfallschäden abschließen.

Auch die sog. Psychiatriezulage soll nur die besonderen Belastungen des Pflegepersonals bei der ständigen Betreuung Geisteskranker ausgleichen, nicht hingegen konkrete Sachschäden, die durch Patienten verursacht werden.

3. Haftungsausschlüsse

Der Arbeitgeber kann sich nicht einseitig von seiner Haftung befreien, indem er z. B. einen Aushang am Schwarzen Brett macht, wonach er nicht für Schäden auf dem Betriebsparkplatz hafte. Will der Arbeitgeber eine Einschränkung seiner Haftung herbeiführen, muss er eine Vereinbarung mit dem Arbeitnehmer treffen.

Beispiel:

Der Arbeitgeber eröffnet einen neuen Betriebsparkplatz, möchte jedoch nicht für Schäden haften, die durch dessen Benutzung entstehen. Er kann die Unterzeichnung folgender Erklärung zur Voraussetzung der Benutzung machen: „Der Arbeitnehmer erkennt an, dass der Arbeitgeber für Schäden, die bei der Benutzung des Betriebsparkplatzes entstehen, nicht haftet. Ausgenommen hiervon sind nur die Schäden, die durch Vorsatz oder grobe Fahrlässigkeit des Arbeitgebers entstanden sind."

Die Wirkung einer solchen Erklärung sind allerdings begrenzt. Die Arbeitsgerichte prüfen, ob der Haftungsausschluss im Einzelfall angemessen und interessengerecht sind. Im Zweifel sind die Erklärungen eng auszulegen. In dem o. g. Parkplatzfall sind durch die Erklärung nicht die Ansprüche ausgeschlossen, die durch die Betriebsgefahr der Fahrzeuge des Arbeitgebers verursacht werden. Auch Schäden, die z. B. durch vom Haus herabfallende Ziegel entstehen, sind davon nicht erfasst. Von der Haftung für grobe Fahrlässigkeit und Vorsatz kann sich der Arbeitgeber nicht generell befreien. Auch einzelvertragliche Ausschlussfristen umfassen die Haftung hierfür nicht (BAG v. 20.6.2013, Az. 8 AZR 280/12 für die vorsätzliche Schädigung durch Psychoterror).

4. Beweislast

Der Arbeitnehmer muss beweisen, dass ein ordnungswidriger Zustand vorgelegen hat, der geeignet war, den eingetretenen Schaden herbeizuführen. Dabei kann ihm eine Erleichterung der Beweisführung nach den Grundsätzen zum Beweis des erstens Anscheins zugutekommen. Gemäß § 280 Abs. 1 Satz 2 BGB ist es dann Sache des Arbeitgebers, darzulegen und ggf. zu beweisen, dass er nicht schuldhaft gehandelt hat (LAG Rheinland-Pfalz v. 21.7.2020, Az. 8 Sa 69/19).

Haftung des Arbeitnehmers

I. Grundsätze

Eine Haftung des Arbeitnehmers kann immer dann eintreten, wenn er bei seiner Tätigkeit für den Betrieb Pflichtverletzungen begeht, die zu Schäden führen. Im Einzelnen zählen dazu die Verursachung von

- Personenschäden,
- Schäden an Arbeitgebereigentum,
- Schäden am Eigentum von Kunden oder Lieferanten,
- Schlechtarbeit, z. B. Produktion von Ausschuss.

Dabei ist zu beachten, dass eine solche Schlechtleistung den Arbeitgeber nicht berechtigt, den Lohn zu mindern, sondern nur zu Schadensersatzansprüchen führt. Eine besondere Kategorie bildet die Mankohaftung (s. u. IX.). Zur Haftung des Arbeitnehmers für einen Vertragsbruch, also z. B. die nicht fristgemäße Beendigung des Arbeitsverhältnisses → *Arbeitspflicht.* Die Grundsätze der Arbeitnehmerhaftung gelten auch für arbeitnehmerähnliche Personen, die in den Betrieb eingegliedert sind, und für Auszubildende (BAG v. 19.3.2015, Az. 8 AZR 67/14).

II. Personenschäden

Arbeitnehmer haften nicht für Personenschäden, die sie durch einen → *Arbeitsunfall* bei Kollegen oder ihrem Arbeitgeber verursachen (§ 105 SGB VII). Ein derartige Haftungsausschluss ist auch europarechtlich zulässig (LAG München v. 12.11.2020, Az. 3 Sa 387/20). Nur bei einer vorsätzlichen Körperverletzung oder einem Wegeunfall, der auf dem Weg von oder zu der Arbeitsstätte geschieht, kommt eine Verpflichtung zur Zahlung von Schadensersatz für die Heilkosten und Schmerzensgeld in Betracht. Die vorsätzliche Missachtung von Unfallverhütungsvorschriften allein genügt nicht, um ein vorsätzliches Handeln bezogen auf den Arbeitsunfall anzunehmen (BAG v. 28.4.2011, Az. 8 AZR 769/09; LAG Rheinland-Pfalz v. 27.6.2014, Az. 7 Sa 112/14).

Beispiel:

Ein Arbeitnehmer fährt mit einem Gabelstapler in der Lagerhalle mit zu hohem Tempo um einen Palettenstapel herum und erfasst deshalb einen Kollegen, der dabei Verletzungen erleidet. Hier kann der verletzte Kollege weder Schadensersatz noch Schmerzensgeld verlangen, sondern muss sich mit seinen Ansprüchen an die Berufsgenossenschaft wenden. Dies gilt auch, wenn auf diese Weise der Arbeitgeber selbst verletzt wird. Nimmt der Arbeitnehmer aber einen Kollegen in seinem Auto mit zur Arbeit, haftet er bei einem von ihm verschuldeten Verkehrsunfall auch auf Schmerzensgeld.

Dieser Haftungsausschluss tritt nur dann ein, wenn Arbeitnehmer geschädigt wurden, die im gleichen Betrieb arbeiten. Allerdings muss nicht notwendigerweise ein Arbeitsverhältnis beider Personen, also von Geschädigtem und Schädiger, zu demselben Arbeitgeber bestehen. Es reicht aus, dass der verletzte Arbeitnehmer in die Arbeitsabläufe des Betriebs eingegliedert worden ist.

Beispiel:

Ein LKW-Fahrer hilft den Arbeitnehmern des Betriebs, den er beliefert hat, nach dem Entladen die Spanngurte der Euro-Paletten zu lösen. Dabei wird er durch Fahrlässigkeit einer dieser Arbeitnehmer verletzt. Hier haftet dieser Arbeitnehmer dem LKW-Fahrer nicht auf Schadensersatz und Schmerzensgeld. Anders wäre es, wenn der LKW-Fahrer unbeteiligt daneben steht und verletzt wird.

Die Einzelheiten sind sehr kompliziert. Das LAG Nürnberg hat entschieden, dass eine „gemeinsame" Betriebsstätte mehr sei als „dieselbe" Betriebsstätte. Das bloße Zusammentreffen von Risikosphären mehrerer Unternehmen erfülle den Tatbestand noch nicht. Parallele Tätigkeiten, die sich beziehungslos nebeneinander vollziehen, genügten ebenso wenig wie eine bloße Arbeitsberührung. Eine Gefahrengemeinschaft i. S. v. § 106 Abs. 3 SGB VII sei dadurch gekennzeichnet, dass jeder, der in enger Berührung miteinander Tätigen, sowohl zum Schädiger als auch zum Geschädigten werden könne. Diese setze nicht voraus, dass im konkreten Fall jeder der auf der Betriebsstätte eingesetzten Arbeitnehmer in gleicher Weise verletzt werden könnte. Es reiche die Möglichkeit aus, dass durch das enge Zusammenwirken Verletzungen von der einen und der anderen Seite in gleicher Weise aufeinander bezogen herbeigeführt werden könnten (LAG Nürnberg v. 10.10.2024, Az. 5 SLa 26/24).

Allerdings kann allein aus der Zugehörigkeit des Schädigers zum Betrieb und einem Handeln im Betrieb des Arbeitgebers noch nicht auf eine Schadensverursachung durch eine betriebliche Tätigkeit geschlossen werden, denn nicht jede Tätigkeit im Betrieb des Arbeitgebers muss zwingend betriebsbezogen sein. Auch führt allein die Benutzung eines Betriebsmittels zur Annahme einer betrieblichen Tätigkeit. Es kommt darauf an, zu welchem Zweck die zum Schadensereignis führende Handlung bestimmt war. Dies führt dazu, dass etwa ein bei „gefahrträchtige Spielerei, Neckerei oder Schlägerei" eingetretener Schaden nicht in Ausführung einer betriebsbezogenen Tätigkeit verursacht wird (BAG v. 19.3.2015, Az. 8 AZR 67/14). Es kommt auch eine Haftung des Arbeitnehmers für Schäden in Betracht, die er anderen Arbeitnehmern zugefügt hat. So wurde eine Arbeitnehmerin zu einem Schmerzensgeld von 3.000,– Euro verurteilt, weil sie ein Nacktfoto eines Kollegen unbefugt weitergeleitet hatte (LAG Rheinland-Pfalz v. 8.8.2023, Az. 9 Sa 332/22). Ein Unfall auf einem Betriebsweg, für den die Haftungsprivilegierung des § 104 Abs. 1 SGB VII gilt, liegt auch dann vor, wenn sich der Unfall zwischen zwei Betriebsangehörigen ereignet, die in verschiedenen Fahrzeugen im Rahmen ihrer betrieblichen Tätigkeit am allgemeinen Straßenverkehr teilnehmen (OLG Nürnberg v. 15.4.2024, Az. 13 U 186/23).

III. Sachschäden und sonstige Schäden

Ein Schadensersatzanspruch des Arbeitgebers für Sachschäden setzt voraus:

- eine Pflichtverletzung des Arbeitnehmers,
- ein Verschulden des Arbeitnehmers hieran, also Vorsatz oder Fahrlässigkeit,
- den Eintritt eines Schadens beim Arbeitgeber und
- einen ursächlichen Zusammenhang zwischen der Pflichtverletzung und dem Eintritt des Schadens.

Als Pflichtverletzung kommt der Verstoß gegen jegliche arbeitsvertragliche Pflicht in Betracht. Dabei ist es unerheblich, ob der Arbeitnehmer gegen ausdrücklich im Arbeitsvertrag vorgesehene Pflichten verstößt oder gegen ungeschriebene Pflichten.

Beispiel:

Der Arbeitnehmer stellt eine Butangasflasche entgegen den ausdrücklichen Bestimmungen der Arbeitssicherheitsrichtlinien in die Nähe eines offenen Feuers. Hier liegt ein klarer Verstoß gegen Vorschriften vor. Ein Pflichtverstoß ist aber auch dann gegeben, wenn er sich während der Autofahrt durch ein Telefonat derart ablenken lässt, dass er einen Verkehrsunfall verursacht.

Eine Schadensersatzpflicht kommt auch in Betracht, wenn der Arbeitnehmer Ausschuss produziert und dabei Material des Arbeitgebers verdirbt. Hier muss er aber nur die Materialkosten ersetzen, nicht etwa den Aufwand für eine Nachbesserung der Arbeit.

Beispiel:

Ein Arbeitnehmer kehrt den Hof schlecht. Der Arbeitgeber kann von ihm nicht die Kosten erstattet verlangen, die dadurch entstehen, dass ein anderer noch einmal fegen muss. Wenn er aber ein Werkstück falsch in die Maschine einführt, sodass es danach als Altmetall entsorgt werden muss, kommt eine Schadensersatzpflicht dafür in Betracht.

Es kommt auch eine Ersatzpflicht hinsichtlich der Kosten für die Neuerstellung der Buchhaltung in Betracht, wenn der Arbeitnehmer zumindest bedingt vorsätzlich Falschbuchungen vorgenommen hat oder der Kosten für die Neuprogrammierung einer Schließanlage nach Verlust des Senders und des Schlüssels.

WICHTIG!

Verursacht ein Dritter einen Schaden, den der Arbeitnehmer pflichtwidrig nicht verhindert hat, besteht nach Treu und Glauben grundsätzlich die Verpflichtung des Arbeitgebers, vorrangig den unmittelbar schädigenden Dritten in Anspruch zu nehmen, bevor er Ansprüche gegenüber dem mitverantwortlichen Arbeitnehmer geltend macht. Dies gilt nach der neueren Rechtsprechung des BAG allerdings nur dann, wenn es dem geschädigten Arbeitgeber bei klarer Rechtslage ohne Weiteres möglich ist, den eigentlichen Schädiger mit rechtlichem und wirtschaftlichem Erfolg in Anspruch zu nehmen (BAG v. 7.6.2018, Az. 8 AZR 96/17).

Bei einem vom Arbeitgeber behaupteten Verstoß gegen vertragliche Pflichten muss deren Umfang durch eine Auslegung des Arbeitsvertrages ermittelt werden (LAG Rheinland-Pfalz v. 8.2.2024, Az. 5 Sa 150/23). Will ein Arbeitgeber Schadensersatzansprüche aus einer Überschreitung der Befugnisse des Arbeitnehmers ableiten, der mit Wirkung gegen den Arbeitgeber Geschäfte getätigt hat, muss er im Einzelnen Umfang und Grenzen der vereinbarten Befugnisse darlegen und beweisen. Aus den gesetzlichen Vertretungsregeln allein können die Grenzen der internen Befugnisse nicht abgeleitet werden. Soweit die Grenzen nicht ausdrücklich geregelt sind, können sie sich aus der Stellung des Arbeitnehmers ergeben. Der Arbeitnehmer muss sich nicht von einer Vertragspflichtverletzung entlasten, sondern es ist Aufgabe des Arbeitgebers, eine Arbeitsvertragspflichtverletzung darzulegen und zu beweisen. Sehr schwierig ist es auch, Ersatzansprüche bei einer Falschkalkulation des Arbeitnehmers zu begründen. Hat dieser zu niedrige Preise kalkuliert, muss der Arbeitgeber u. a. beweisen, dass er den Auftrag auch dann bekommen hätte, wenn er dem Kunden die höheren Preise genannt hätte. Ein Schadensersatzanspruch des Arbeitgebers wegen des Straftatbestandes „Untreue" setzt voraus, dass der Arbeitnehmer eine ihm obliegende

Vermögensbetreuungspflicht verletzt. Der Verstoß gegen die Pflicht, sich vertragsgemäß zu verhalten, ist als solcher noch keine Untreue (LAG Rheinland-Pfalz v. 7.2.2019, Az. 5 Sa 261/18).

Bei der Frage des Verschuldens gelten im Arbeitsrecht besondere Maßstäbe. Der Arbeitnehmer würde für Sachschäden nach den Vorschriften des BGB bereits dann voll haften, wenn ihm auch nur leichteste Fahrlässigkeit zur Last fiele. Dies erscheint deshalb nicht sachgerecht, weil der Arbeitnehmer häufig mit Gegenständen umgehen muss, deren Wert in keinem Verhältnis zu seinem Einkommen steht, und er Gefahr liefe, wegen einer leichten Pflichtverletzung Schadensersatzansprüche auszulösen, die ihn in seiner Existenz bedrohen.

Beispiel:

Ein Arbeitnehmer mit einem Monatsgehalt von 1.900,– Euro brutto bedient eine CNC-Maschine im Wert von 200.000,– Euro. Infolge eines leichten Bedienungsfehlers kommt es zu Schäden, deren Beseitigung 50.000,– Euro kostet. Würde der Arbeitnehmer – wie im sonstigen Zivilrecht – voll für den Schaden haften, wäre er auf Jahre hinaus verschuldet.

Weil auch dem sehr sorgfältig arbeitenden Arbeitnehmer einmal Fehler unterlaufen können, hat die Rechtsprechung Haftungserleichterungen entwickelt, die auch als „innerbetrieblicher Schadensausgleich" bezeichnet werden. Dies muss getrennt werden von einem darüber hinaus möglichen Mitverschulden des Arbeitgebers am Schadenseintritt (LAG Mecklenburg-Vorpommern v. 25.10.2022, Az. 5 Sa 27/22 – Mitwirkendes Verschulden hat das Gericht stets von Amts wegen zu berücksichtigen; LAG Rheinland-Pfalz v. 7.2.2019, Az. 5 Sa 261/18). Die Erleichterungen gelten nur bei einem „betrieblich veranlassten Handeln des Arbeitnehmers". Nach der Rechtsprechung des Bundesarbeitsgerichts sind nur solche Tätigkeiten des Arbeitnehmers betrieblich veranlasst, „die ihm arbeitsvertraglich übertragen worden sind oder die er im Interesse des Arbeitgebers für den Betrieb ausführt. Die Tätigkeit muss in nahem Zusammenhang mit dem Betrieb und seinem betrieblichen Wirkungskreis stehen. Eine betriebliche Tätigkeit in diesem Sinne liegt nicht nur vor, wenn eine Aufgabe verrichtet wird, die in den engeren Rahmen des dem Arbeitnehmer zugewiesenen Aufgabenkreises fällt, denn der Begriff der betrieblichen Tätigkeit ist nicht eng auszulegen. Sie umfasst auch die Tätigkeiten, die in nahem Zusammenhang mit dem Betrieb und seinem betrieblichen Wirkungskreis stehen. Wie eine Arbeit ausgeführt wird – sachgemäß oder fehlerhaft, vorsichtig oder leichtsinnig –, ist nicht entscheidend dafür, ob es sich um eine betriebliche Tätigkeit handelt" (BAG v. 22.3.2018, Az. 8 AZR 779/16).

Beispiel:

Ist ein Klempner mit dem Firmenwagen zu einem Kunden unterwegs, kommt ihm das Haftungsprivileg bei einem Unfall zugute. Hat ein Fernfahrer die Höchstlenkzeit erreicht und macht einen kleinen Umweg, um in seiner Wohnung eine Pause einzulegen, besteht ebenfalls noch ein innerer Zusammenhang mit der betrieblichen Tätigkeit. Dies gilt hingegen nicht, wenn er z. B. in eine andere Stadt fährt, um seine Freundin zu besuchen. Wird ein vom Arbeitgeber an den Arbeitnehmer überlassenes Fahrzeug für die Fahrten zwischen der Wohnung und der Betriebsstätte zur Verfügung gestellt, liegt hinsichtlich der Fahrzeugnutzung kein betrieblich veranlasstes Handeln vor. Die Grundsätze der beschränkten Arbeitnehmerhaftung finden dann keine Anwendung. Dabei gehört es zu den Pflichten des Arbeitnehmers, das ihm überlassene Fahrzeug pfleglich zu behandeln und keine Schäden zu verursachen, die über die üblichen Gebrauchsspuren hinausgehen (LAG Köln v. 14.1.2025, Az. 7 SLa 174/24, das i. Ü. meint, dass es keines ausdrücklichen Rauchverbots bedurft hätte, da es eine Selbstverständlichkeit darstelle, dass man fremdes Eigentum sorgsam und pfleglich behandelt).

Bei derartigen Tätigkeiten wird die Haftung nach einem Dreistufenmodell verteilt, bei dem der Grad des Verschuldens des Arbeitnehmers maßgeblich ist:

- bei **leichtester Fahrlässigkeit** haftet der Arbeitnehmer gar nicht,
- bei **mittlerer Fahrlässigkeit** wird der Schaden geteilt,
- bei **grober Fahrlässigkeit** sowie bei Vorsatz haftet grundsätzlich der Arbeitnehmer voll.

1. Leichteste Fahrlässigkeit

Leichteste Fahrlässigkeit liegt dann vor, wenn es sich um geringfügige Pflichtwidrigkeiten handelt, die leicht entschuldbar sind und jedem unterlaufen können.

Beispiel:

Der Arbeitnehmer drückt an einer Maschine einen falschen Knopf, der dicht neben dem richtigen liegt und leicht verwechselt werden kann. Hier haftet er nicht für den daraus entstehenden Schaden.

2. Grobe Fahrlässigkeit

Grobe Fahrlässigkeit liegt vor bei einer besonders schwerwiegenden Pflichtverletzung, die auch subjektiv unentschuldbar ist. Der Arbeitnehmer muss hier die elementaren Sorgfaltspflichten außer Acht gelassen haben, deren Bedeutung jedem verständigen Menschen ohne weiteres klar ist. Das LAG Niedersachsen hat es wie folgt umschrieben: „Grobe Fahrlässigkeit erfordert eine objektiv schwere und subjektiv unentschuldbare Pflichtverletzung, die das in § 276 II BGB bestimmte Maß an Fahrlässigkeit erheblich übersteigt. Die verkehrserforderliche Sorgfalt muss dabei in ungewöhnlich hohem Maß verletzt und es muss dasjenige unbeachtet geblieben sein, was im gegebenen Fall jedem hätte einleuchten müssen. Ein objektiv grober Pflichtenverstoß rechtfertigt dabei für sich allein noch nicht den Schluss auf ein entsprechend gesteigertes personales Verschulden, nur weil ein solches häufig damit einherzugehen pflegt. Vielmehr sind auch Umstände zu berücksichtigen, die die subjektive, personale Seite der Verantwortlichkeit betreffen. In aller Regel ist es erforderlich, nicht nur zur objektiven Schwere der Pflichtverletzung, sondern auch zur subjektiven (personalen) Seite konkrete Feststellungen zu treffen" (LAG Niedersachsen v. 4.4.2025, Az. 14 SLa 729/24 unter Hinweis auf BGH v. 26.7.2016, Az. VI ZR 322/15). Es kommt also immer auf die Umstände des Einzelfalls an. Die Rechtsprechung hat z. B. folgende Fälle grober Fahrlässigkeit anerkannt:

- Autofahren im alkoholisierten Zustand,
- Unfallverursachung durch Telefonieren während der Fahrt,
- Überfahren einer Ampel bei Rotlicht,
- Vertauschen von Blutkonserven durch eine Ärztin,
- Nichtanziehen der Handbremse bei Abstellen auf abschüssiger Strecke,
- Aufbewahrung von Wertgegenständen in einem vom Arbeitnehmer auf der Straße abgestellten und dann unbeaufsichtigt zurückgelassenen Fahrzeug (LAG Berlin-Brandenburg v. 28.2.2017, Az. 7 Sa 1010/16).

Beispiel:

Der Leiter eines Zugrestaurants lässt die Geldtaschen mit ca. 3.000,– Euro liegen und entfernt sich, um zu telefonieren. Dies rechtfertigt den vollen Schadensersatzanspruch. Eine Verkäuferin in einem Autohaus übergab ein Fahrzeug mit Schlüsseln und Fahrzeugbrief an einen Unbekannten, der dieses an einen gutgläubigen Käufer veräußerte. Erst ein Jahr später erstattete sie Strafanzeige. Das LAG Köln hat sie zur Zahlung des von dem Dritten geleisteten Kaufpreises von 4.000,– Euro verurteilt (LAG Köln v. 28.4.2017, Az. 4 Sa 793/17). Ein Arbeitnehmer, der eine Rechnung als sachlich und rechnerisch richtig zeichnet, ohne eine dementsprechende Prüfung durchgeführt zu haben bzw. in dem Wissen, dass dieses nicht zutrifft, haftet grundsätzlich für einen Schaden, der durch die Begleichung der Rechnungssumme entsteht (LAG Mecklenburg-Vorpommern v. 12.5.2020, Az. 2 Sa 178/19).

Grundsätzlich haftet der Arbeitnehmer hier auf den vollen Schadensersatz. Dies ist aber nicht zwingend: Im Einzelfall kommt auch hier eine Schadensteilung in Betracht. Die Rechtsprechung hat aber auch in diesen Fällen eine Haftungsminderung vorgenommen, wenn ein erhebliches Missverhältnis zwischen dem eingetretenen Schaden und der Höhe des Verdienstes des Arbeitnehmers besteht, sofern die Existenz des Arbeitnehmers durch die Schadensersatzforderung bedroht ist.

Beispiel:

Ein Arbeitnehmer verursachte auf dem Betriebsgelände mit einem Fahrzeug einen Schaden von 75.000,– Euro, als er mit einer Blutalkoholkonzentration von 1,4 Promille am Steuer einschlief. Der monatliche Nettoverdienst betrug 1.250,– Euro. Hier hat das BAG trotz der groben Fahrlässigkeit nur einen Schadensersatzanspruch des Arbeitgebers in Höhe von umgerechnet 10.000,– Euro anerkannt, weil der volle Schadensersatz zu einer Existenzgefährdung des Arbeitnehmers führen würde.

Liegt der Schaden nur geringfügig über dem Monatsgehalt des Arbeitnehmers, ist eine Haftungsminderung bei grober Fahrlässigkeit nicht angebracht. Es wird auch vertreten, dass die Haftung bei grober Fahrlässigkeit etwa bei Verkehrsunfällen grundsätzlich auf das dreifache Bruttoeinkommen des Arbeitnehmers zu beschränken sei. Das BAG hat auch den Begriff der „gröbsten Fahrlässigkeit" geprägt, die z. B. dann vorliegt, wenn gleich mehrfach und in einer auch subjektiv nicht zu entschuldigenden Weise gegen Sicherheitsvorschriften verstoßen wird, die tödlichen Gefahren entgegenwirken sollen. Hier haftet der Arbeitnehmer uneingeschränkt so, als hätte er vorsätzlich gehandelt.

Beispiel:

Eine Ärztin, die gleich mehrere Sicherheitsvorschriften außer Acht ließ und deshalb Blutkonserven vertauschte, wurde wegen „gröbster Fahrlässigkeit" zu umgerechnet 65.000,– Euro Schadensersatz verurteilt. Auch hier ist jedoch eine Haftungsminderung nicht grundsätzlich ausgeschlossen (BAG v. 28.10.2010, Az. 8 AZR 418/09; LAG Mecklenburg-Vorpommern v. 17.4.2014, Az. 3 Sa 305/11; s. aber LAG Niedersachsen v. 29.7.2024, Az. 4 Sa 531/23 – grob fahrlässiger Verstoß gegen Sicherheitsanweisungen kann sogar die fristlose Kündigung rechtfertigen).

Ein Vorsatz des Arbeitnehmers ist nicht bereits dann gegeben, wenn er z. B. vorsätzlich gegen eine Anweisung verstößt. Es reicht nicht aus, dass er den eingetretenen Schaden als möglich vorhergesehen, aber darauf vertraut hat, er werde nicht eintreten. Der Vorsatz muss sich auch auf den Eintritt des Schadens beziehen. In diesem Fall haftet der Arbeitnehmer ohne jede Einschränkung für den Schaden. Vertraut er darauf, dass der Schaden schon nicht eintreten werde, haftet der Arbeitnehmer nach den Grundsätzen der groben Fahrlässigkeit. Dies kann zwar auch zur vollen Haftung führen, dies ist jedoch nicht zwingend. So handelt etwa ein Berufskraftfahrer grob fahrlässig, wenn er einen 18 Meter langen, voll beladenen 40 Tonnen schweren Gliederzug, bestehend aus Lkw und Anhänger mit 1,49 Promille Blutalkoholkonzentration auf der Autobahn führt. Aber allein das Wissen, Alkohol konsumiert zu haben und nicht mehr fahren zu dürfen, reicht nicht aus, den Vorsatz hinsichtlich der Fahruntüchtigkeit zu bejahen. Auch hier wurde eine Haftungserleichterung angenommen (LAG Rheinland-Pfalz v. 18.1.2014, Az. 7 Sa 84/13).

WICHTIG!

Das BAG lehnt es nach wie vor ab, eine starre Höchstgrenze für die Arbeitnehmerhaftung etwa in Höhe von drei Monatsverdiensten, festzulegen, da hierzu nur der Gesetzgeber befugt ist. Der Umfang der Beteiligung des Arbeitnehmers an den Schadensfolgen ist durch eine Abwägung der Gesamtumstände zu bestimmen. Dabei sind folgende Faktoren zu berücksichtigen:

- Schadensanlass
- Schadensfolgen
- Billigkeits- und Zumutbarkeitsgesichtspunkte
- Gefahrgeneigtheit der Arbeit
- Schadenshöhe
- ein vom Arbeitgeber einkalkuliertes Risiko
- eine Risikodeckung durch eine Versicherung
- die Stellung des Arbeitnehmers im Betrieb und die Höhe der Vergütung, die möglicherweise eine Risikoprämie enthalten kann
- die persönlichen Verhältnisse des Arbeitnehmers
- die Umstände des Arbeitsverhältnisses, wie die Dauer der Betriebszugehörigkeit, das Lebensalter, die Familienverhältnisse und sein bisheriges Verhalten (so auch LAG Niedersachsen v. 1.4.2025, Az. 10 SLa 693/24).

Grundsätzlich können auch bei einer groben Fahrlässigkeit im Einzelfall Haftungserleichterungen in Betracht kommen (BAG v. 15.11.2012, Az. 8 AZR 705/11).

3. Mittlere Fahrlässigkeit

Bei der mittleren Fahrlässigkeit liegt das Verschulden des Arbeitnehmers zwischen diesen beiden Bereichen der leichtesten und der groben Fahrlässigkeit. Hier kommt es zu einer Aufteilung des Schadens zwischen Arbeitgeber und Arbeitnehmer. Diese Teilung muss aber keineswegs in der Mitte erfolgen. Vielmehr sind eine Vielzahl von Faktoren zu berücksichtigen, die den Haftungsanteil des Arbeitnehmers beeinflussen. Von Bedeutung sind zum einen Umstände beim Entstehen des Schadens. Dabei ist insbesondere zu berücksichtigen, wie groß die Gefahr ist, dass bei der konkreten Tätigkeit ein Fehler unterläuft, der zu einem Schaden führt. Man nennt dies die „Gefahrgeneigtheit" der Arbeit, die eher als bei anderen Tätigkeiten zu Schadensfällen führt.

Beispiel:

Ein Baggerfahrer hat ein erhebliches Risiko, trotz größter Sorgfalt z. B. ein Stromkabel zu beschädigen. Ähnlich riskant ist die Tätigkeit des Kranführers oder die des Fernfahrers. Dies ist bei der Verteilung des Haftungsrisikos zugunsten des Arbeitnehmers zu berücksichtigen.

Weiter sind die konkreten Umstände zu berücksichtigen, also z. B. ob der Arbeitgeber einen Termindruck erzeugt hat, nicht haltbare Zeitvorgaben bei LKW-Fahrern gemacht hat oder den Arbeitnehmer sonst überfordert hat. Die Höhe des Schadens ist ebenfalls in die Erwägungen einzubeziehen. Auch sind die persönlichen Umstände des Arbeitnehmers zu berücksichtigen. Beschädigt der Arbeitnehmer beim Rückwärtsfahren auf dem Firmenparkplatz ein anderes Fahrzeug, muss er sich mittlere Fahrlässigkeit im oberen Bereich zurechnen lassen, da das Rückwärtsfahren besondere Sorgfalt und Aufmerksamkeit erfordert (LAG Niedersachsen v. 10.4.2024, Az. 2 Sa 642/23).

Der Arbeitgeber muss es sich auch zurechnen lassen, wenn er es unterlassen hat, den Arbeitnehmer auf die Möglichkeit eines besonders hohen Schadens hinzuweisen.

Beispiel:

Der Arbeitnehmer erhält einen Schlüssel für die Werkstatt. Man sagt ihm aber nicht, dass dies ein Zentralschlüssel ist und bei Verlust sämtliche Schlösser ausgetauscht werden müssen. Hier kann der Arbeitnehmer nur zum Ersatz der Kosten für die Auswechselung eines Schlosses herangezogen werden.

Schließlich kann den Arbeitgeber auch ein erhebliches Mitverschulden treffen (BAG v. 21.5.2015, Az. 8 AZR 116/14), wenn er z. B. erkennt, dass ein LKW-Fahrer im angetrunkenen Zustand die Fahrt antritt und ihn nicht daran hindert. Die Berücksichtigung aller möglichen Faktoren führt dazu, dass man nicht genau vorhersagen kann, wie ein Prozess ausgehen wird. Häufig kommt es zu einer Schadensersatzpflicht des Arbeitnehmers, die unterhalb von 50 % liegt. So wurde eine Arbeitnehmerin, die auf eine Betrugsmasche hereingefallen war, nur zum hälftigen Schadensersatz verurteilt, weil der Arbeitgeber keine ausreichenden Schutzmaßnahmen hiergegen ergriffen hatte (LAG Sachsen v. 13.6.2017, Az. 3 Sa 556/16).

Ist der Arbeitnehmer gegen das Risiko versichert, gilt Folgendes: Wenn eine gesetzliche Pflichtversicherung für den Schaden aufkommt (z. B. bei Kraftfahrzeugen), kann eine Haftungsminderung nicht vorgenommen werden. Dies gilt aber nicht bei einer privaten Haftpflichtversicherung, die freiwillig abgeschlossen worden ist. Hier würde es zu Zufallsergebnissen kommen, je nachdem, ob der Arbeitnehmer sich freiwillig versichert hat oder nicht. Daher sind die Grundsätze der Haftungsminderung hier anzuwenden.

IV. Ursächlichkeit der Handlung für den Schaden

Der Schaden muss durch das pflichtwidrige Verhalten des Arbeitnehmers verursacht worden sein. Anders ausgedrückt: Man muss sich einmal das Verhalten des Arbeitnehmers wegdenken und sich fragen, ob dann auch der Schaden entfallen wäre.

Beispiel:

Ein Baggerführer beschädigt fahrlässig eine Stromleitung. Zuvor war jedoch bereits durch einen Kurzschluss im Umspannwerk der Strom ausgefallen. Hier ist die Pflichtwidrigkeit des Arbeitnehmers nicht ursächlich dafür, dass die Stromkunden Schäden erlitten haben. Hätte er nämlich das Stromkabel nicht beschädigt, hätten sie trotzdem keinen Strom gehabt.

An der Ursächlichkeit fehlt es auch dann, wenn die Kosten ohnehin, nur etwas später eingetreten wären. Überdies sagt allein der Umstand, dass ein Arbeitsergebnis nicht erreicht wird, nichts über eine Beteiligung des Arbeitnehmers an möglichen Schadensfolgen aus. Der Arbeitgeber muss genau darlegen, welchen konkreten Fehler der Arbeitnehmer begangen haben soll (LAG Hamm v. 30.6.2022, Az. 5 Sa 1367/21).

WICHTIG!

Der Arbeitgeber muss im Prozess die schädigende Handlung und ihre Ursächlichkeit für den eingetretenen Schaden präzise nach Inhalt, Ort, Zeitpunkt und beteiligten Personen darlegen.

V. Berechnung des Schadensersatzanspruchs

Bei der Berechnung des Schadens ist zunächst zu prüfen, ob der Arbeitgeber den eingetretenen Schaden nicht hätte versichern können. Wenn es üblich und zumutbar ist, eine entsprechende Versicherung abzuschließen, kann der Arbeitgeber von vornherein nicht den vollen Schaden seiner Berechnung zugrunde legen. Unterlässt er z. B. den Abschluss einer üblichen Feuerversicherung, Betriebshaftpflichtversicherung oder Kfz-Kaskoversicherung, dann geht dies nicht zulasten des Arbeitnehmers. Dessen Haftung ist auf die Selbstbeteiligung beschränkt, die der Arbeitgeber bei einer Versicherung zu tragen hätte.

Beispiel:

Ein Spediteur schließt für seine LKW keine Kaskoversicherung ab. Bei einem Unfall, den der Arbeitnehmer durch mittlere Fahrlässigkeit verschuldet hat, entsteht ein Schaden von 35.000,– Euro. Der Arbeitgeber kann hier maximal den Betrag der Selbstbeteiligung von 1.000,– Euro sowie den Verlust des Schadensfreiheitsrabatts geltend machen. Dieser Schaden ist dann entsprechend dem Verschulden des Arbeitnehmers und den sonstigen Umständen aufzuteilen.

Ansonsten muss ermittelt werden, wieweit das Vermögen des Arbeitgebers durch die schädigende Handlung vermindert worden ist. Zu ersetzen ist/sind

- der Substanzschaden, also z. B. die Kosten für die Reparatur einer Maschine,
- die Wertminderung, die der beschädigte Gegenstand trotz Reparatur erleidet,
- Sachverständigenkosten, wenn sie z. B. bei der Prüfung, ob andere Bereiche in Mitleidenschaft gezogen worden sind, anfallen,
- der durch Produktionsausfall entgangene Gewinn, wenn z. B. die Maschine in der Zeit Waren produziert hätte, deren Abnahme der Kunde nun wegen Verspätung verweigert,
- die sog. Vorhaltekosten, d. h. die anteiligen Kosten, die der Arbeitgeber dafür aufgewandt hat, dass Schäden dieser Art z. B. nicht zu einem Maschinenstillstand führen,
- Ansprüche der Kunden wegen verspäteter Lieferung, z. B. Konventionalstrafen,
- mittelbare Schäden, z. B. für die Auswechselung der gesamten Schließanlage bei Verlust eines Zentralschlüssels,
- Kosten für die Neuerstellung der Buchhaltung, wenn der Arbeitnehmer zumindest bedingt vorsätzlich Falschbuchungen vorgenommen hat.

Ist der Arbeitgeber zum Abzug der Vorsteuer berechtigt, muss er diese bei der Schadensberechnung außer Acht lassen. Er muss sich auch Steuervorteile anrechnen lassen, die aus Anlass des Schadens entstehen.

VI. Sonderfall: Detektivkosten

Bisweilen sehen Arbeitgeber die Notwendigkeit, das Verhalten ihrer Arbeitnehmer durch Detektive überwachen zu lassen. Grundsätzlich sind die Kosten hierfür vom Arbeitgeber zu tragen. Nur wenn der Arbeitnehmer schuldhaft zu einer solchen Maßnahme Anlass gegeben hat, kommt ein Schadensersatzanspruch in Betracht.

Beispiel:

Der Arbeitnehmer meldet sich krank, nachdem er im Streit mit seinem Vorgesetzten angekündigt hatte, „blau zu machen". Der Arbeitgeber beauftragt eine Detektei mit der Beobachtung des Mitarbeiters. Diese findet heraus, dass er als Aushilfskellner im Lokal seiner Ehefrau arbeitet. Hier kann der Arbeitgeber seine Kosten erstattet verlangen.

Ein Arbeitgeber kann die durch das Tätigwerden eines Detektivs entstandenen notwendigen Kosten ersetzt verlangen, wenn er den Detektiv anlässlich eines konkreten Tatverdachts mit der Überwachung des Arbeitnehmers beauftragt hat und der Arbeitnehmer dann einer vorsätzlichen Vertragspflichtverletzung überführt wird. Dabei handelt es sich nicht um Vorsorgekosten, die unabhängig von konkreten schadensstiftenden Ereignissen als ständige Betriebsausgabe vom Arbeitgeber zu tragen sind, sondern um notwendige Aufwendungen zur Abwehr drohender Nachteile. Die Kostenerstattungspflicht des Arbeitnehmers bezieht sich auf die Maßnahmen, die notwendig sind, um die Kündigungsgründe zu ermitteln. Der Arbeitnehmer hat dem Arbeitgeber grundsätzlich die durch das Tätigwerden einer spezialisierten Anwaltskanzlei entstandenen notwendigen Kosten zu ersetzen, wenn der Arbeitgeber diese anlässlich eines konkreten Verdachts einer erheblichen Verfehlung des Arbeitnehmers mit Ermittlungen gegen den Arbeitnehmer beauftragt hat und der Arbeitnehmer einer schwerwiegenden vorsätzlichen Vertragspflichtverletzung überführt wird (BAG v. 29.4.2021, Az. 8 AZR 276/20). In dieser Entscheidung betont das BAG, dass nur der Ersatz von Aufwendungen verlangt werden kann, die der Abwehr drohender Nachteile dienen. Als Beispiele wurden genannt die Beseitigung einer Störung oder eines Schadens oder der Verhinderung eines konkret drohenden Schadens. Der Arbeitgeber muss darauf achten, die Kosten so gering wie möglich zu halten. Der Einsatz einer Detektei muss notwendig sein, um die begehrten Informationen zu bekommen. Daran fehlt es, wenn etwa bereits feststeht, dass der Arbeitnehmer eine Konkurrenztätigkeit ausgeübt hat. Für die nachfolgende Observierung hat der Arbeitgeber keinen Ersatzanspruch, wenn er damit nicht das Ziel verfolgt, eine Vertragsstörung zu beseitigen oder weitere Schäden zu verhindern. Die Ermittlungsmaßnahmen müssen sich aus Sicht eines vernünftigen, wirtschaftlich denkenden Arbeitgebers hinsichtlich Art und Umfang als zweckmäßig und erforderlich zur Störungsbeseitigung oder Schadensverhütung darstellen. Wenn die Kosten für externe Ermittlungsmaßnahmen des Arbeitgebers höher als solche eigener Ermittlungen sind, sind diese nur ersatzfähig, wenn eigene Ermittlungen unzumutbar waren. (BAG v. 29.4.2021, Az. 8 AZR 276/20). Überdies muss der Arbeitgeber die preisgünstigste Detektei auswählen. Zahlt der Arbeitgeber dem Hausdetektiv eine Fangprämie, so muss der beim Diebstahl erwischte Arbeitnehmer diese erstatten. Die Höhe dieser Prämie muss allerdings in einem angemessenen Verhältnis zum Schaden stehen.

Die Übernahme der Kosten für die Videoüberwachung durch den Arbeitnehmer setzt voraus, dass ein konkreter Tatverdacht gegen den Arbeitnehmer besteht, der Arbeitnehmer der vorsätzlichen Pflichtverletzung überführt wird und diese Art der Observierung überhaupt zulässig ist. Diese Kosten sind von den nicht erstattungsfähigen Vorsorgekosten abzugrenzen.

VII. Schäden bei Dritten

Wenn der Arbeitnehmer das Eigentum eines Kunden, Lieferanten oder Leasinggebers beschädigt, ist er diesem zu vollem Schadensersatz verpflichtet. Es ist Sache des Geschädigten, ob er an den Arbeitnehmer herantritt, der den Schaden konkret verursacht hat, oder an dessen Arbeitgeber als Vertragspartner. Die volle Schadensersatzpflicht des Arbeitnehmers im Verhältnis zu dem Geschädigten gilt unabhängig vom Grad seines Verschuldens, denn die Haftungsminderung im Arbeitsverhältnis wirkt nicht gegenüber Außenstehenden.

Die Rechtsprechung verpflichtet daher den Arbeitgeber, den Arbeitnehmer von der Haftung gegenüber Dritten freizustellen (BAG v. 15.9.2016, Az. 8 AZR 187/15). Diese Freistellung geht soweit, wie der Arbeitgeber seinen Schaden selbst tragen müsste, wenn er in seinem Eigentum eingetreten wäre. Man muss sich also immer fragen, in welchem Umfang der Arbeitnehmer haften würde, wenn der Schaden nicht bei dem Dritten, sondern beim Arbeitgeber selbst eingetreten wäre.

Beispiel:

Der Arbeitgeber hat eine EDV-Anlage geleast. Durch mittlere Fahrlässigkeit entsteht ein Schaden an der Hardware der im Eigentum des Leasinggebers stehenden Anlage. Wäre der Arbeitgeber selbst Eigentümer der Anlage, hätte er aufgrund der Umstände die Hälfte seines Schadens vom Arbeitnehmer ersetzt verlangen können. Der Leasinggeber nimmt nun denjenigen in Anspruch, der den Schaden konkret verursacht hat, also den Arbeitnehmer. Dieser hat Anspruch darauf, dass ihn sein Arbeitgeber zur Hälfte von der Haftung freistellt, diese also im Außenverhältnis zum Leasinggeber übernimmt.

Auch hier muss der Arbeitgeber immer prüfen, ob nicht der Abschluss einer Betriebshaftpflichtversicherung möglich und zumutbar gewesen wäre.

VIII. Beweislast

Der Arbeitgeber hat die volle Beweislast dafür, dass der Arbeitnehmer durch pflichtwidriges Verhalten einen Schaden verursacht hat und in welchem Maße dies schuldhaft geschah, also vom Arbeitnehmer auch zu vertreten ist (LAG Mecklenburg-Vorpommern v. 2.11.2023, Az. 5 Sa 14/23; LAG Rheinland-Pfalz v. 30.6.2016, Az. 5 Sa 222/15 unter Hinweis auf BAG v. 21.5.2015, Az. 8 AZR 116/14; ArbG Berlin v. 27.7.2017, Az. 42 Ca 1087/17). Dies gilt auch, wenn dem Arbeitnehmer vorgeworfen wird, einen Virus beim Arbeitgeber installiert zu haben, der einen Schaden verursacht hat (LAG Mecklenburg-Vorpommern v. 27.4.2016, Az. 3 Sa 115/15). Auch ein pflichtwidriges Unterlassen von Hilfspersonen ist dem Arbeitgeber zuzurechnen (§ 619a BGB, BAG v. 21.5.2015, Az. 8 AZR 116/14). Die Beweislast erstreckt sich auch auf die Schadenshöhe (LAG Mecklenburg-Vorpommern v. 16.11.2022, Az. 3 Sa 204/21). In gewissen Fällen kommt dem Arbeitgeber dabei jedoch der sog. „Beweis des ersten Anscheins" zugute, insbesondere wenn das schädigende Ereignis „näher am Arbeitnehmer als am Arbeitgeber" lag. Der Arbeitnehmer hat sich im Rahmen einer abgestuften Darlegungslast präzise zu äußern, sofern der Arbeitgeber Indizien vorträgt, die auf ein haftungsbegründendes Verschulden des Arbeitnehmers hinweisen (LAG Mecklenburg-Vorpommern v. 20.10.2020, Az. 5 Sa 48/20).

Beispiel:

Der Fahrer eines Sattelschleppers kommt auf gerader Strecke und bei normalen Witterungs- und Verkehrsbedingungen von der Straße ab. Hier spricht der Anscheinsbeweis dafür, dass der Arbeitnehmer mit mindestens normaler Fahrlässigkeit gehandelt hat. Ebenso gilt der Anscheinsbeweis, wenn ein Fahrzeug auf abschüssiger Strecke ins Rollen kommt, ohne dass ein Bremsdefekt vorlag. Es gibt jedoch keinen Anscheinsbeweis bei der Abgrenzung der mittleren von der groben Fahrlässigkeit.

Wenn der Arbeitnehmer für sein Verhalten strafrechtlich verurteilt wurde, bewirkt dies allein noch keine Umkehr der Beweislast. Ein dort abgelegtes Geständnis kann jedoch auch im arbeitsgerichtlichen Verfahren zu seinen Lasten gewertet werden.

Behauptet der Arbeitgeber eine Überschreitung der Kompetenzen des Arbeitnehmers, ist es nicht Aufgabe des Arbeitnehmers, sich von einer Vertragspflichtverletzung zu entlasten, sondern der Arbeitgeber muss eine Arbeitsvertragspflichtverletzung darlegen und beweisen.

Auch die Höhe des Schadens ist vom Arbeitgeber genau zu berechnen und zu beweisen. Dabei ist größte Sorgfalt anzuwenden. Nur wenn es trotzdem nicht möglich ist, den Schaden genau zu beziffern, kommt eine Schätzung der Höhe in Betracht (§ 287 ZPO).

IX. Sonderfall: Mankohaftung

Ein besonderes Feld der Arbeitnehmerhaftung ist die Haftung für Kassenfehlbeträge. Hier ist zu unterscheiden zwischen den Fällen, in denen keine besonderen Vereinbarungen hierüber getroffen worden sind und den Fällen der sog. Mankovereinbarung.

1. Haftung ohne Vereinbarung

Wenn der Arbeitsvertrag keine Regelungen über die Haftung für Fehlgeld enthält, muss der Arbeitgeber sowohl beweisen, dass der Arbeitnehmer pflichtwidrig gehandelt hat, als auch, dass dies mit mindestens mittlerer Fahrlässigkeit geschehen ist. Bei der Frage des Verschuldens gilt eine abgestufte Darlegungs- und Beweislast: Der Arbeitgeber hat zwar grundsätzlich die Beweislast; jedoch muss der Arbeitnehmer seinerseits zur Sachverhaltsaufklärung beitragen, indem er die Umstände vorträgt, unter denen es zum Schaden gekommen ist.

Beispiel:

Dem Verkaufsfahrer fehlt bei der Rückkehr auf das Firmengelände ein bestimmter Geldbetrag in der Kasse. Grundsätzlich muss der Arbeitgeber ihm ein Verschulden an dem Auftreten des Fehlbetrags beweisen. Der Arbeitnehmer muss aber seinerseits genau vortragen, wie sich die Verkaufstour gestaltet hat und wo das Geld abhanden gekommen sein könnte (ähnlich entschieden vom LAG Hamm am 16.5.2012, Az. 3 Sa 1229/11).

Zwar kommt auch im Bereich der Mankohaftung ein Anscheinsbeweis in Betracht. Dies führt aber nur bei besonders gelagerten Fällen, wie z. B. der überstürzten Abreise des Arbeitnehmers, der erhebliche Summen von Firmengeldern bei sich hat, zum Erfolg. Ansonsten muss z. B. der Arbeitgeber die Behauptung eines Geldtransportfahrers widerlegen, dass er eine Geldkassette an seinen Vorgesetzten weitergegeben hat. Gleiches gilt, wenn eine Kassenprüfung erst zwei Wochen nach dem Ausscheiden des Arbeitnehmers stattfindet; hier kann eine Verantwortung des Arbeitnehmers nicht mehr festgestellt werden, wenn die danach liegenden Vorgänge für ihn unbeeinflussbar waren. Dieselbe Folge tritt ein, wenn mehrere Arbeitnehmer Zugang zur Kasse hatten und keine dokumentierte Übergabe stattgefunden hat. Daher ist die Mankohaftung ohne eine entsprechende Vereinbarung in der Praxis oft schwer durchzusetzen. Selbst wenn der Arbeitgeber ein Verschulden des Arbeitnehmers beweisen kann, führt dies in vielen Fällen nur zu einer anteiligen Haftung. Eine Ausnahme gilt nur, wenn der Arbeitnehmer wirtschaftlich selbstständig ist und er z. B. Preise selbstständig kalkuliert oder eigene Vertriebsbemühungen anstellen muss. Hier haftet er verschärft.

2. Haftung bei Mankovereinbarung

Aufgrund der oben geschilderten Schwierigkeiten wird bei Arbeitnehmern mit Kassenzugriff häufig eine besondere vertragliche Vereinbarung getroffen, die die Haftung für Fehlbeträge ohne Rücksicht auf das Verschulden regelt.

Eine solche Vereinbarung ist nur zulässig, wenn

- der Arbeitnehmer für das Haftungsrisiko einen angemessenen wirtschaftlichen Ausgleich (Mankogeld oder Fehlgeldentschädigung) erhält und
- er den alleinigen Zugang zum Kassenbestand hat.

Eine besondere Bedeutung kommt dabei dem Verhältnis der Höhe des Mankogelds und der des Risikos zu: Das Mankogeld muss so bemessen sein, dass der Arbeitnehmer eine Kassendifferenz notfalls voll aus diesem Geld abdecken kann. Umgekehrt muss er die Chance haben, durch ein besonders aufmerksames Verhalten einen Überschuss zu erzielen. Aufgrund der Mankoabrede haftet der Arbeitnehmer nur für Schäden, die die Höhe des Mankogelds nicht übersteigen. Dabei ist aber nicht immer das Mankogeld für einen Monat maßgeblich. Es können auch längere Ausgleichszeiträume vereinbart werden, wie z. B. ein Jahr.

Formulierungsbeispiel:

„Der Arbeitnehmer übernimmt die Kasse X und hat alleinigen Zugang hierzu. Kommt es an dieser Kasse zu einem Fehlbestand, haftet er hierfür unabhängig vom Verschulden. Hierfür erhält er ein monatliches Mankogeld von 225,– Euro. Die Haftung ist begrenzt auf den Jahresbetrag der Mankohaftung."

Will der Arbeitnehmer einen höheren Schadensersatzanspruch geltend machen, muss er ein Verschulden beweisen, das eine entsprechende Haftung auslöst.

Trotz der an sich verschuldensunabhängigen Mankohaftung kann der Arbeitnehmer nicht für Schäden verantwortlich gemacht werden, die sich seiner Einflussmöglichkeit entziehen.

Beispiel:

Die Kassiererin in einem Supermarkt erhält ein Mankogeld. Wird sie Opfer eines bewaffneten Raubüberfalls, muss sie dafür nicht haften.

Der Arbeitgeber muss also im Prozess beweisen, dass

- eine wirksame Mankoabrede getroffen wurde,
- der Arbeitnehmer den alleinigen Zugang zum Kassenbestand hatte,
- tatsächlich ein realer und nicht bloß buchmäßiger Fehlbetrag vorliegt,
- der geltend gemachte Fehlbetrag das Mankogeld nicht übersteigt.

X. Durchsetzung des Schadensersatzanspruchs

Die einfachste Art der Durchsetzung der Schadensersatzansprüche besteht in dem Abzug des entsprechenden Betrags von den laufenden Lohnzahlungen. Dabei sind jedoch die Pfändungsfreigrenzen nach der Lohnpfändungstabelle (→ *Lohnpfändung*) zu beachten (LAG Hamm v. 30.6.2022, Az. 5 Sa 1367/21), sodass u. U. nur ein geringer Betrag jeden Monat einbehalten werden kann. Um in andere Objekte oder Forderungen vollstrecken zu können, braucht der Arbeitgeber einen gerichtlichen Titel. Deshalb muss zumindest das gerichtliche Mahnverfahren eingeleitet werden.

TIPP!

Da der Ausgang eines derartigen Verfahrens häufig sehr unsicher ist, sollte man möglichst unmittelbar nach dem Schadenseintritt versuchen, mit dem Arbeitnehmer Einigkeit über die Höhe des Schadensersatzes zu erzielen und ihm durch eine angemessene Ratenzahlungsregelung ermöglichen, den Schaden zu begleichen.

Die Haftung für Kartellbußen kann nicht vor dem Arbeitsgericht durchgesetzt werden, sondern vor den Kartellgerichten (BAG v. 28.3.2019, Az. 8 AZR 366/16).

Schadensersatzforderungen unterliegen häufig tariflichen oder einzelvertraglichen Ausschlussfristen. Es ist daher immer zu prüfen, ob solche bestehen. So wird z. B. ein Schadensersatzanspruch des Arbeitgebers gegen den Arbeitnehmer wegen Beschädigung eines Firmenwagens während eines unerlaubten privaten Abstechers bei Rückkehr von einem auswärtigen Einsatz von einer tarifvertraglichen Verfallfrist für Ansprüche erfasst, die mit dem Arbeitsverhältnis in Verbindung stehen.

Wenn die Frist abzulaufen droht, der Schaden aber noch nicht beziffert werden kann, sollte man vorsorglich den Schadensersatzanspruch dem Grunde nach geltend machen. Die Ausschlussfrist beginnt erst zu laufen, wenn dem Arbeitgeber alle Tatsachen bekannt sind, die seinen Ersatzanspruch begründen.

Formulierungsbeispiel:

„Sie haben am ... schuldhaft mit unserem Lieferwagen einen Verkehrsunfall verursacht, wobei ein erheblicher Sachschaden entstanden ist. Die Höhe des Schadens ist derzeit noch nicht genau zu beziffern. Schon jetzt machen wir aus dem Schadensereignis Ersatzforderungen geltend, deren Höhe wir Ihnen mitteilen werden, sobald die Schadenshöhe feststeht."

Heimarbeit

I. Begriff

Heimarbeit wird nicht im Rahmen eines Arbeitsverhältnisses geleistet, weil der Heimarbeiter weder persönlich abhängig noch in eine Betriebsorganisation eingebunden ist, sondern vielmehr Arbeitszeit und -ort selbst bestimmen kann. Das Bundesarbeitsgericht definiert die Heimarbeit wie folgt: „Heimarbeiter ist, wer in selbstgewählter Arbeitsstätte (eigene Wohnung oder Betriebsstätte) allein oder mit seinen Familienangehörigen im Auftrag von Gewerbetreibenden oder Zwischenmeistern erwerbsmäßig arbeitet, jedoch die Verwertung der Arbeitsergebnisse dem unmittelbar oder mittelbar auftraggebenden Gewerbetreibenden überlässt" (BAG v. 14.6.2016, Az. 9 AZR 305/15). Bejaht wurde der Heimarbeiter auch für einen EDV-Programmierer. Somit erscheint eine Renaissance des Heimarbeiterrechts in Zeiten zunehmender Digitalisierung durchaus möglich. So hat beispielsweise der Kläger in der Entscheidung des BAG v. 20.8.2019, Az. 9 AZR 41/19 als selbstständiger Bauingenieur und Programmierer Leistungen in Heimarbeit erbracht (so auch LSG Hessen v. 18.6.2020, Az. L 8 BA 36/19). Vor diesem Hintergrund hat das BAG entschieden, dass sog. Crowdworker in einem Arbeitsverhältnis stehen können, wenn „der Crowdworker zur persönlichen Leistungserbringung verpflichtet ist, die geschuldete Tätigkeit ihrer Eigenart nach einfach gelagert und ihre Durchführungen inhaltlich vorgegeben sind sowie die Auftragsvergabe und die konkrete Nutzung der Online-Plattform im Sinne eines Fremdbestimmens durch den Crowdsourcer gelenkt wird" (BAG v. 1.12.2020, Az. 9 AZR 102/20); hierzu ist sogar eine Dissertation erschienen (Knop, Arbeitsrechtliche Fragen der Plattformarbeit, 2023). Es wird zunehmend über Fälle berichtet, in denen der Sozialversicherungsträger bei Außenprüfungen Personen als Arbeitnehmer kategorisiert hat, die als freie Mitarbeiter geführt wurden, was zu erheblichen Nachzahlungsforderungen führen kann (s. nur Bay. LSG v. 18.8.2023, Az. L 7 BA 72/23 B ER für einen Fitnesstrainer).

WICHTIG!

Heimarbeit im Sinne des Heimarbeitsgesetzes ist etwas ganz anderes als die Arbeit, die mit Zustimmung des Arbeitgebers im häuslichen Büro geleistet wird. Dies kann vertraglich vereinbart werden (unterliegt aber dem Weisungsrecht des Arbeitgebers, LAG Hamm v. 16.3.2023, Az. 18 Sa 832/22), ändert aber nichts daran, dass ein Arbeitsverhältnis besteht. Deswegen kann im Anschluss an ein Heimarbeitsverhältnis im Sinne des HAG auch ein sachgrundlos befristeter Arbeitsvertrag abgeschlossen werden (BAG v. 24.8.2016, Az. 7 AZR 342/1). Die gesetzliche Definition für Heimarbeit lautet: „Heimarbeiter sind sonstige Personen, die in ihrer eigenen Arbeitsstätte im Auftrag oder für Rechnung von Gewerbetreibenden, gemeinnützigen Unternehmen oder öffentlich-rechtlichen Körperschaften erwerbsmäßig arbeiten, auch wenn sie die Roh- oder Hilfsstoffe selbst beschaffen; sie gelten als Beschäftigte" (§ 12 Abs. 2 SGB IV). Als deren Arbeitgeber gilt gem. § 12 Abs. 3 SGB IV derjenige, der „die Arbeit unmittelbar an sie vergibt." Als Auftraggeber bezeichnet das Gesetz den, der in dessen Auftrag oder Rechnung sie arbeiten. Herauszuheben ist in sozialversicherungsrechtlicher Hinsicht die gesetzliche Bestimmung, dass Heimarbeiter „als Beschäftigte gelten". Auch in betriebsverfassungsrechtlichem Sinne gelten sie als zu dem Betrieb gehörig, für den sie arbeiten (s. unter 9.).

Prägend für die Heimarbeit im Sinne des HAG sind folgende Faktoren:

- Auf Dauer angelegte Tätigkeit außerhalb des Betriebs des Auftraggebers an einem beliebigen Ort (meist die eigene Wohnung),
- Tätigkeit häufig für mehrere Auftraggeber,
- häufig Beschäftigung von Hilfskräften, z. B. Familienangehörigen,
- wirtschaftliche Abhängigkeit von den Auftraggebern,
- keine persönliche Abhängigkeit, keinen Weisungen unterworfen.

Wem die Maschinen und Werkzeuge gehören, mit denen gearbeitet wird, ist unerheblich. Das Gleiche gilt für die Rohstoffe. Auch qualifizierte Angestelltentätigkeiten können Heimarbeit i. S. v. § 2 Abs. 1 Satz 1 HAG sein, wenn sie unter den Bedingungen der Heimarbeit ausgeführt werden. Diese ist nicht auf gewerbliche oder diesen vergleichbare Tätigkeiten beschränkt (BAG v. 14.6.2016, Az. 9 AZR 305/15). Auch qualifizierte Angestelltentätigkeiten können Heimarbeit i. S. v. § 2 Abs. 1 Satz 1 HAG sein, wenn sie unter den Bedingungen der Heimarbeit ausgeführt werden. Heimarbeit ist nicht auf gewerbliche oder diesen vergleichbare Tätigkeiten beschränkt (BAG v. 14.6.2016, Az. 9 AZR 305/15 für einen Programmierer).

Der Heimarbeiter steht als arbeitnehmerähnliche Person rechtlich zwischen Arbeitnehmer und Selbstständigem. Bei Streitigkeiten aus dem Heimarbeitsverhältnis sind die Gerichte für Arbeitssachen zuständig (§ 5 Abs.1 Satz 1 ArbGG, BAG v. 11.7.2024, Az. 9 AZB 9/24). Dies bedeutet jedoch nicht, dass auch das materielle Arbeitsrecht in vollem Umfang darauf anwendbar wäre. Vielmehr richten sich die Rechte und Pflichten in erster Linie nach dem Heimarbeitsgesetz (HAG). Arbeitsrechtliche Vorschriften sind nur dann auf das Heimarbeitsverhältnis anwendbar, wenn dies jeweils konkret und ausdrücklich angeordnet wird. Anwendbar sind z. B. das Pflegezeitgesetz und das Familienpflegezeitgesetz. Von Heimarbeitern im Sinne dieses Gesetzes abzugrenzen sind Arbeitnehmer, die kraft vertraglicher Vereinbarung ihre Arbeitsleistung ganz oder teilweise von zu Hause aus erbringen dürfen (s. hierzu unter Telearbeit). Heimarbeiter unterfallen nicht dem Geltungsbereich der Regeln des TzBfG über die eingeschränkte Zulässigkeit befristeter Arbeitsverträge (BAG v. 24.8.2016, Az. 7 AZR 625/15).

Den Heimarbeitern können Personen gleichgestellt werden, bei denen dies wegen ihrer Schutzbedürftigkeit gerechtfertigt erscheint. Von dieser Möglichkeit ist z. B. bei Büroheimarbeitern Gebrauch gemacht worden. Als Zwischenmeister bezeichnet man Personen, die die Heimarbeit vom Auftraggeber an den Heimarbeiter weiterreichen, ohne Arbeitnehmer zu sein. Sie unterfallen nicht dem Heimarbeitsgesetz, können aber auf Antrag gleichgestellt werden. Ob eine Schutzbedürftigkeit vorliegt, entscheidet nur der Heimarbeitsausschuss und nicht das Arbeitsgericht (LAG Köln v. 14.2.2012, Az. 11 Sa 1380/10).

Von besonderer Bedeutung ist der Heimarbeitsausschuss; dieser wird von der zuständigen Arbeitsbehörde errichtet und besteht aus je drei Beisitzern der Auftraggeberseite und der Seite der Heimarbeiter sowie einem von der Arbeitsbehörde bestimmten Vorsitzenden (§ 4 Abs. 1 HAG). Der Ausschuss kann für bestimmte Bereiche oder einzelne Heimarbeitsverhältnisse verbindliche Vorgaben z. B. über die Arbeitsmenge machen. Verstöße gegen das Heimarbeitsgesetz werden vielfach mit Strafen und Bußgeldern geahndet (§§ 31 ff. HAG). Bei wiederholten Verstößen kommt auch ein Verbot der Ausgabe von Heimarbeit in Betracht (§ 30 HAG).

II. Pflichten des Auftraggebers

Den Auftraggeber von Heimarbeitern treffen spezielle Pflichten, die aus der besonderen Natur des Heimarbeitsverhältnisses resultieren:

1. Listenführung

Der Auftraggeber von Heimarbeit muss die Heimarbeiter in Listen erfassen und diese in den Ausgaberäumen gut sichtbar aushängen. Je drei Kopien sind halbjährlich an das Gewerbeaufsichtsamt einzusenden (§ 6 Satz 2 HAG). Bislang besagte diese Formulierung, dass die Listen in Schriftform einzusenden seien. Durch das Vierte Bürokratieentlastungsgesetz vom 29.10.2024 (BGBl. I, Nr. 323) ist das Gesetz dahin geändert worden, dass die Listen nunmehr „übermittelt" werden müssen, was auch die elektronische Form einschließt.

2. Entgeltverzeichnisse

In den Ausgaberäumen müssen ferner Entgeltverzeichnisse und Nachweise über sonstige Vertragsbedingungen offen ausliegen (§ 8 HAG). Auf eine Änderung der Bedingungen kann sich der Auftraggeber erst berufen, wenn er sie ausgehängt hat.

3. Entgeltbücher

Der Auftraggeber muss jedem in Heimarbeit Beschäftigten ein Entgeltbuch aushändigen, in dem Art und Umfang der Arbeit sowie die Entgelte einzutragen sind (§ 9 HAG); das → *Nachweisgesetz* ist nicht anwendbar, d. h. die wesentlichen Arbeitsbedingungen müssen darüber hinaus nicht schriftlich festgelegt und dem Heimarbeiter keine Niederschrift ausgehändigt werden.

4. Gefahrenschutz

Die Arbeitsstätten der Heimarbeiter müssen so beschaffen sein, dass keine Gefahren entstehen (§ 12 HAG); dies sicherzustellen, obliegt aber dem Heimarbeiter selbst und nicht dem Auftraggeber.

5. Unterrichtungspflicht

Wer Heimarbeit ausgibt, muss die Heimarbeiter vor Aufnahme der Tätigkeit über die Art und Weise der zu verrichtenden Tätigkeit, die Unfall- und Gesundheitsgefahren, die damit verbunden sind sowie über die dagegen getroffenen Abwehrmaßnahmen informieren. Der Erhalt dieser Informationen muss vom Heimarbeiter schriftlich bestätigt werden (§ 7a HAG).

6. Arbeitszeitschutz

Das Arbeitszeitgesetz findet keine Anwendung auf Heimarbeiter. Wenn der Heimarbeiter jedoch seinerseits Arbeitnehmer beschäftigt, fallen diese unter den Schutz des Arbeitszeitgesetzes.

Zum Schutz der Heimarbeiter muss unnötiger Zeitverlust bei der Ausgabe von Heimarbeit vermieden werden (§ 10 HAG). Wird die Heimarbeit an mehrere Personen verteilt, soll die Arbeitsmenge gleichmäßig unter Berücksichtigung der Leistungsfähigkeit auf die Heimarbeiter aufgeteilt werden (§ 11 Abs. 1 HAG). Erfolgt dies nicht, kann der Heimarbeitsausschuss für einzelne Gewerbezweige oder Arten von Heimarbeit die Arbeitsmenge festsetzen, die für einen bestimmten Zeitraum auf dem Entgeltbeleg eines einzelnen Heimarbeiters ausgegeben werden darf (§ 11 Abs. 2 HAG). Dabei ist die Arbeitsmenge so zu bemessen, dass sie durch eine vollwertige Arbeitskraft ohne Hilfskräfte in der für vergleichbare Betriebsarbeiter üblichen Arbeitszeit bewältigt werden kann.

7. Entgeltregelung

Auch für Heimarbeiter können kollektive Regelungen abgeschlossen werden, die wie Tarifverträge wirken. Weiter kann der Heimarbeitsausschuss sog. bindende Festsetzungen treffen, die die Wirkung allgemein verbindlicher Tarifverträge haben, also für alle Heimarbeiter gelten, die ein bestimmtes Produkt herstellen. Die bindende Festsetzung im Heimarbeitsrecht erfordert lediglich die Zustimmung der zuständigen Arbeitsbehörde (§ 19 HAG), nicht die des Ministers oder Staatssekretärs. Dem Heimarbeitsausschuss obliegt allein und ausschließlich die Regelungsbefugnis über den Inhalt von bindenden Festsetzungen (Hess. LAG v. 20.3.2025, Az. 13 Sa 260/25).

Beispiel:

Die bindende Festsetzung für die Herstellung und Bearbeitung von Eisen- und Elektroartikeln enthält Entgeltgruppen für die verrichteten Arbeiten und weitere Regelungen, nach denen der Auftraggeber den Heimarbeitern z. B. keine Transportkosten in Rechnung stellen darf.

In der Regel sind die Entgelte für Heimarbeiter als Stückentgelte festgesetzt. Ist das nicht möglich, sind Zeitentgelte festzusetzen. Zur wirksamen Überwachung der Entgelte und sonstigen Vertragsbedingungen werden durch die jeweilige oberste Arbeitsbehörde des Landes Entgeltprüfer eingesetzt (§ 23 HAG). Diese können den Auftraggeber auffordern, das in der einschlägigen Regelung vorgesehene Entgelt an den Heimarbeiter zu zahlen. Kommt er dem nicht nach, kann das Land den Auftraggeber auf Zahlung an den Heimarbeiter verklagen. Wenn und soweit Heimarbeiter von Betriebsänderungen betroffen sind, müssen sie auch in Sozialpläne einbezogen werden. Hierbei können aber niedrigere Abfindungen als für Arbeitnehmer vorgesehen werden.

8. Urlaub

→ *Urlaub* wird nicht wie bei Arbeitsverhältnissen durch die Gewährung von bezahlter Freizeit erteilt, sondern durch Zahlung eines gewissen Prozentsatzes auf das in einer bestimmten Zeit verdiente Entgelt (§ 12 Nr. 1 bis 6 BUrlG). Entsprechendes gilt für die Entgeltfortzahlung bei Arbeitsunfähigkeit und an Feiertagen (§§ 10, 11 EFZG). Durch Tarifvertrag kann aber festgelegt werden, dass Heimarbeiter, die nur für einen Auftraggeber arbeiten, Urlaub wie Betriebsarbeiter zu erhalten haben (§ 12 BUrlG). Das Bundesarbeitsgericht hat entschieden, dass Heimarbeiter nach Maßgabe des Heimarbeitsgesetzes eine Sicherung des Entgelts für die Dauer der Kündigungsfrist sowie Urlaubsabgeltung nach dem Bundesurlaubsgesetz zu beanspruchen haben (BAG v. 20.8.2019, Az. 9 AZR 41/19).

9. Betriebsrat

Heimarbeiter gelten als Beschäftigte im Sinne des Betriebsverfassungsgesetzes, wenn sie in der Hauptsache für den Betrieb arbeiten (§ 5 Abs. 1 Satz 1 BetrVG). Deren Eingruppierung unterliegt der Mitbestimmung nach § 99 BetrVG. Der Wahlvorstand hat einen Anspruch auf Herausgabe der Post-Anschriften sowie der E-Mail-Adressen der in Heimarbeit Beschäftigten (ArbG Cottbus v. 13.4.2023, Az. 3 BVGa 5/23, einstweilige Verfügung).

III. Kündigung

1. Kündigungsschutz

Auf das Heimarbeitsverhältnis ist das Kündigungsschutzgesetz nicht anwendbar. Die besonderen Kündigungsbeschränkungen des Mutterschutzgesetzes und des Bundeserziehungsgeldgesetzes gelten jedoch auch für Heimarbeiter. Frauen dürfen während der Schwangerschaft und bis zu vier Monaten nach der Niederkunft nicht gegen ihren Willen von der Vergabe von Heimarbeit ausgeschlossen werden.

Der besondere Schutz des Schwerbehindertengesetzes gilt ebenso wie der des Arbeitsplatzschutzgesetzes.

Das Betriebsverfassungsgesetz ist nur dann auf Heimarbeiter anzuwenden, wenn diese in der Hauptsache für den Betrieb arbeiten, die Beschäftigung für diesen Betrieb also einen größeren Umfang einnimmt als die für andere Betriebe (§ 6 Abs. 2 BetrVG). Nur in diesem Fall kann ein Heimarbeiter in den Betriebsrat gewählt werden und dann den → *Kündigungsschutz* für Betriebsratsmitglieder (§ 29a HAG) beanspruchen. Entsprechend ist der Betriebsrat vor der → *Kündigung* eines Heimarbeiters nur dann anzuhören, wenn er in der Hauptsache für den Betrieb arbeitet.

2. Kündigungsfristen

Für die Kündigungsfristen gilt Folgendes: Heimarbeitern, die für mehrere Auftraggeber tätig sind, ohne dass eine Beschäftigung überwiegt, kann das Beschäftigungsverhältnis an jedem Tag für den Ablauf des nächsten Tages gekündigt werden. Ist der Heimarbeiter länger als vier Wochen beschäftigt, beträgt die Kündigungsfrist zwei Wochen (§ 29 Abs. 2 HAG). Diese Fristen können nicht entsprechend auf arbeitnehmerähnliche Personen angewandt werden.

Bei Heimarbeitern, die **überwiegend** durch einen Auftraggeber oder Zwischenmeister **beschäftigt** werden, beträgt die beiderseitige Kündigungsfrist vier Wochen zum 15. oder zum Ende eines Kalendermonats.

Während einer vereinbarten Probezeit (höchstens für sechs Monate!) beträgt die beiderseitige Kündigungsfrist zwei Wochen. Die Frist verlängert sich für den Auftraggeber oder Zwischenmeister auf einen Monat zum Ende des Kalendermonats, wenn das Beschäftigungsverhältnis zwei Jahre bestanden hat. Die weiteren Verlängerungen der Kündigungsfrist entsprechen der für Arbeitnehmer geltenden Regelung des § 622 Abs. 2 BGB. Zum 1.1.2019 wurde § 29 Abs. 4 Satz 2 HAG aufgehoben, wonach bei der für die Berechnung der Kündigungsfrist maßgeblichen Beschäftigungsdauer die Zeiten, die vor der Vollendung des 25. Lebensjahrs des Arbeitnehmers liegen, nicht berücksichtigt wurden.

Eine **überwiegende Beschäftigung** bei einem Auftraggeber oder Zwischenmeister liegt vor, wenn bei zwei oder mehr Heimarbeitsverhältnissen mehr als die Hälfte der Zeit für das Beschäftigungsverhältnis bei diesem Auftraggeber oder Zwischenmeister aufgewandt wird. Ein daneben bestehendes Arbeitsverhältnis ist unerheblich, ebenso der Bezug von Rente.

Beispiel:

Der Heimarbeiter ist seit zwei Jahren für einen Auftraggeber tätig. Daneben arbeitet er in einem geringeren Umfang noch für einen Zwischenmeister. Wenn der Auftraggeber kündigt, muss er eine Frist von einem Monat zum Monatsende einhalten. Dies müsste er auch dann, wenn der Heimarbeiter nur dieses eine Beschäftigungsverhältnis in einem geringen Umfang hätte und daneben noch Rente beziehen würde. Der Zwischenmeister kann das Heimarbeiterverhältnis hier jedoch mit einer Frist von zwei Wochen kündigen, da die Tätigkeit bei ihm zeitlich geringer ist.

Für die außerordentliche Kündigung des Heimarbeitsverhältnisses ist die auch für Arbeitsverhältnisse geltende Regelung § 626 BGB anzuwenden (→ *Kündigung B.III.*).

IV. Entgeltsicherung

Das Heimarbeitsgesetz sieht einen besonderen Schutz vor der Aushöhlung des Heimarbeitsverhältnisses durch eine geringere Zuteilung von Arbeitsaufträgen während der Kündigungsfrist vor. Für die Dauer der Kündigungsfrist hat der Heimarbeiter auch bei Ausgabe einer geringeren Arbeitsmenge Anspruch auf Vergütung eines bestimmten Prozentsatzes des Gesamtbetrags, den der Heimarbeiter in den 24 Monaten vor der Kündigung erhalten hat (§ 29 Abs. 7 HAG). Im Einzelnen sind zu zahlen

- $^{1}/_{12}$ bei einer Kündigungsfrist von zwei Wochen,
- $^{2}/_{12}$ bei einer Kündigungsfrist von vier Wochen,
- $^{3}/_{12}$ bei einer Kündigungsfrist von einem Monat,
- $^{4}/_{12}$ bei einer Kündigungsfrist von zwei Monaten,
- $^{6}/_{12}$ bei einer Kündigungsfrist von drei Monaten,
- $^{8}/_{12}$ bei einer Kündigungsfrist von vier Monaten,
- $^{10}/_{12}$ bei einer Kündigungsfrist von fünf Monaten,
- $^{12}/_{12}$ bei einer Kündigungsfrist von sechs Monaten und
- $^{14}/_{12}$ bei einer Kündigungsfrist von sieben Monaten.

Weiter kann ein Anspruch auf Schadensersatz bestehen, wenn der Auftraggeber zugesichert hat, dass der Heimarbeiter auch künftig mit einer bestimmten Auftragsmenge rechnen kann.

Das Gesetz beugt auch einer „Aushungerung" des Heimarbeiters ohne Kündigung vor. Wenn der Auftraggeber die an einen Heimarbeiter mindestens ein Jahr lang (bei kürzeren Beschäftigungsverhältnissen während der gesamten Dauer) ausgegebene Arbeitsmenge um mehr als ¼ verringert, so muss er die Kündigungsfristen einhalten. Dies gilt nicht in den Fällen, in denen die Verminderung auf einer Kürzung durch den Heimarbeitsausschuss oder auf → *Kurzarbeit* beruht (§ 29 Abs. 8 HAG). Ein Zwischenmeister hat einen Ersatzanspruch, wenn ihm die Kürzung der Arbeitsmenge nicht rechtzeitig mitgeteilt wurde und er deshalb seinen Heimarbeitern ohne Einhaltung der Kündigungsfrist nur eine geringere Arbeitsmenge zuteilen kann (§ 29 Abs. 8 HAG).

WICHTIG!

Das Entgelttransparenzgesetz gilt auch für in Heimarbeit Beschäftigte sowie die ihnen Gleichgestellten (§ 5 Abs. 2 Nr. 6 EntgTranspG).

V. Mutterschutz

Das Mutterschutzgesetz gilt gem. § 1 Abs. 2 Satz 1 Nr. 6 MuSchG auch für Frauen, die in Heimarbeit beschäftigt sind, und ihnen Gleichgestellte im Sinne von § 1 Absatz 1 und 2 des Heimarbeitsgesetzes, soweit sie am Stück mitarbeiten, jedoch mit der Maßgabe, dass die §§ 10 (Beurteilung der Arbeitsbedingungen; Schutzmaßnahmen) und 14 (Dokumentation und Information durch den Arbeitgeber) auf sie nicht anzuwenden sind und § 9 (Gestaltung der Arbeitsbedingungen; unverantwortbare Gefährdung) Abs. 1 bis 5 MuSchG auf sie entsprechend anzuwenden ist. Für eine in Heimarbeit beschäftigte Frau und eine ihr Gleichgestellte tritt an die Stelle des Beschäftigungsverbots das Verbot der Ausgabe von Heimarbeit nach den §§ 3, 8, 13 Abs. 2 und § 16 MuSchG. In § 8 MuSchG ist Folgendes geregelt: „Der Auftraggeber oder Zwischenmeister darf Heimarbeit an eine schwangere in Heimarbeit beschäftigte Frau oder an eine ihr Gleichgestellte nur in solchem Umfang und mit solchen Fertigungsfristen ausgeben, dass die Arbeit werktags während einer achtstündigen Tagesarbeitszeit ausgeführt werden kann." An eine stillende in Heimarbeit beschäftigte Frau oder an eine ihr Gleichgestellte darf Arbeit nur in solchem Umfang und mit solchen Fertigungsfristen ausgeben werden, dass die Arbeit werktags während einer siebenstündigen Tagesarbeitszeit ausgeführt werden kann. Weiter darf keine Heimarbeit an schwangere oder stillende Frauen ausgeben werden, wenn unverantwortbare Gefährdungen nicht durch Schutzmaßnahmen nach Absatz 1 Nummer 1 ausgeschlossen werden können (§ 13 Abs. 2 MuSchG). Auch bei einem individuellen ärztlichen Beschäftigungsverbot darf keine Beschäftigung erfolgen (§ 16 MuSchG).

Heimarbeit darf vom Auftraggeber oder Zwischenmeister nicht an schwangere oder stillende Frauen ausgegeben werden, wenn unverantwortbare Gefährdungen nicht durch geeignete Schutzmaßnahmen ausgeschlossen werden können (§ 14 Abs. 2 MuSchG).

Für eine in Heimarbeit beschäftigte Frau oder eine ihr Gleichgestellte muss der Auftraggeber oder Zwischenmeister in den Räumen der Ausgabe oder Abnahme von Heimarbeit eine Kopie des MuSchG an geeigneter Stelle zur Einsicht auslegen oder aushängen, es sei denn, er hat es in einem elektronischen Verzeichnis jederzeit zugänglich gemacht (§ 26 Abs. 2 MuSchG).

Insolvenz

I. Begriff

Insolvenz bedeutet Zahlungsunfähigkeit. Im Wege des in der Insolvenzordnung (InsO) geregelten Insolvenzverfahrens sollen die Gläubiger eines zahlungsunfähigen Schuldners befriedigt werden, indem das Vermögen des Schuldners verwertet und der Erlös verteilt wird. Zur Stellung des Antrags auf Eröffnung des Insolvenzverfahrens beim zuständigen Insolvenzgericht ist der Schuldner selbst berechtigt, doch kann auch ein Gläubiger die Eröffnung beantragen, um seine Forderungen auszugleichen. Dazu muss er seine Forderungen wie auch den Eröffnungsgrund dem Insolvenzgericht gegenüber glaubhaft machen. Als Gründe für einen Insolvenzantrag durch den Gläubiger gelten Zahlungsunfähigkeit des Schuldners, bei juristischen Personen auch die Überschuldung. Bei drohender Zahlungsunfähigkeit – d. h. wenn abzusehen ist, dass der Schuldner seine Zahlungsverpflichtungen in der nächsten Zeit nicht aus eigener Kraft decken kann – darf nur der Schuldner das Insolvenzverfahren beantragen.

Mit Eröffnung des Insolvenzverfahrens rückt der vom Gericht bestellte Insolvenzverwalter in die Arbeitgeberstellung ein und nimmt sämtliche hiermit verbundenen Rechte und Pflichten wahr. Der Schuldner behält nur ausnahmsweise dann seine Arbeitgeberstellung, wenn das Insolvenzgericht die Eigenverwaltung (§ 270 InsO) anordnet. Bei diesem besonderen Insolvenzverfahren bleibt der Schuldner berechtigt, sein Vermögen zu verwalten und Verfügungen zu treffen.

Der Arbeitnehmer muss weiterhin seine Arbeitsleistung erbringen und der Insolvenzverwalter ihn dafür entlohnen. Die Insolvenz des Arbeitgebers hat grundsätzlich keinen Einfluss auf die Fortgeltung des allgemeinen Arbeitsrechts, insbesondere des Kündigungsschutz- und Betriebsverfassungsrechts. Um die Überlebenschancen eines insolventen Unternehmens zu erhöhen, finden sich jedoch in der Insolvenzordnung (InsO) einige Sonderregelungen.

II. Lohn- und Gehaltsansprüche

Für die Arbeitnehmer des insolventen Unternehmens stellt sich in erster Linie die Frage, ob und in welchem Umfang ihre Lohn- und Gehaltsansprüche erfüllt werden. Dabei ist zwischen Ansprüchen aus der Zeit vor und nach Eröffnung des Insolvenzverfahrens zu unterscheiden:

1. Ansprüche aus der Zeit vor dem Insolvenzverfahren

Lohn- und Gehaltsansprüche (inkl. Ansprüche aus positiven Arbeitszeitkonten), die aus der Zeit vor Eröffnung des Insolvenzverfahrens stammen, sind sog. **einfache Insolvenzforderungen** i. S. d. § 38 InsO. Gleiches gilt für

- Ansprüche auf Urlaubsentgelt für Urlaubszeiten vor der Insolvenzeröffnung sowie Urlaubsabgeltungsansprüche, wenn das Arbeitsverhältnis bereits vor Insolvenzeröffnung geendet hat.
- Nachteilsausgleichansprüche – sofern der Arbeitgeber eine Betriebsänderung noch vor der Eröffnung des Insolvenzverfahrens durchgeführt hat, ohne mit dem Betriebsrat einen Interessenausgleich versucht zu haben – (vgl. BAG v. 7.11.2017, Az. 1 AZR 712/16),
- Vergütungsansprüche in der Freistellungsphase der Altersteilzeit, soweit im Altersteilzeitarbeitsverhältnis Arbeit während der Arbeitsphase des Blockmodells vor der Eröffnung des Insolvenzverfahrens geleistet wurde,
- Abfindungen, die zwischen dem Insolvenzschuldner (Arbeitgeber) und dem Arbeitnehmer vor Insolvenzeröffnung vereinbart wurden.

Diese Forderungen stehen neben allen sonstigen bei Verfahrenseröffnung bestehenden Insolvenzforderungen und werden in einer bestimmten Reihenfolge – jedoch nicht bevorzugt – aus der Insolvenzmasse befriedigt. Die Arbeitnehmer müssen ihre Ansprüche als Insolvenzgläubiger innerhalb einer vom Insolvenzgericht festgelegten Frist unter Angabe von Grund und Betrag beim Insolvenzverwalter schriftlich anmelden.

Insolvenzforderungen können seitens der öffentlichen Hand – beispielsweise im Rahmen einer Betriebsprüfung nach § 28p Abs. 1 Satz 3, 5 SGB IV – nicht durch Verwaltungsakt festgesetzt werden (vgl. BSG v. 13.5.2025, Az. B 12 BA 3/24 R). Rückständige Sozialversicherungsbeiträge können lediglich von den Einzugsstellen angemeldet werden.

2. Ansprüche nach Eröffnung des Insolvenzverfahrens

Lohn- und Gehaltsansprüche für die Zeit nach Eröffnung des Insolvenzverfahrens sind ebenso wie Ansprüche auf Urlaub und Urlaubsabgeltung – auch soweit sie aus Kalenderjahren vor der Insolvenzeröffnung stammen – sog. Masseverbindlichkeiten und als solche **vor** den Insolvenzforderungen zu erfüllen. Im Falle von Masseunzulänglichkeit – und der damit vorzunehmenden Unterscheidung von Alt- und Neumasseforderungen – ist Urlaub bzw. ein Urlaubsabgeltungsanspruch im Falle der Freistellung als nachrangige Altmasseforderung zu bewerten, während beide vollumfänglich als Neumasseforderung zu bewerten sind, wenn ein vorläufiger starker Insolvenzverwalter bestellt war und dieser – gegebenenfalls auch nur zeitweise – Arbeitsleistung in Anspruch genommen hat (BAG v. 16.2.2021, Az. 9 AS 1/21; BAG v. 25.11.2021, Az. 6 AZR 94/19).

Auch Abfindungsansprüche, die nach Eröffnung des Insolvenzverfahrens mit dem Insolvenzverwalter vereinbart wurden, gehören zu den Masseverbindlichkeiten (BAG v. 12.6.2002, Az. 10 AZR 180/01). Gleiches gilt für eine durch Auflösungsurteil zuerkannte Abfindung, wenn der Insolvenzverwalter das durch § 9 Abs. 1 KSchG eingeräumte Gestaltungsrecht selbst ausgeübt hat, indem er erstmals den Auflösungsantrag gestellt oder diesen erstmals prozessual wirksam in den Prozess eingeführt hat. Um eine bloße Insolvenzforderung i. S. d. § 38 InsO handelt es sich demgegenüber, wenn der Insolvenzverwalter lediglich den von ihm vorgefundenen, bereits rechtshängigen Antrag des Schuldners weiterverfolgt und an dem so schon von diesem gelegten Rechtsgrund festhält (BAG v. 13.3.2019, Az. 6 AZR 4/18).

Bonuszahlungen oder jährliche Sonderzahlungen, die Entgelt für geleistete Arbeit sind, sind insoweit Masseforderungen, wie sie nach Eröffnung des Insolvenzverfahrens entstanden sind. Dabei gilt, dass sie regelmäßig zeitanteilig verteilt auf den Bezugszeitraum anfallen. Werden sie erst nach dem Insolvenzfall fällig, werden sie damit nicht vollständig zu Masseforderungen, sondern nur entsprechend zeitanteilig. Honoriert eine Bonuszahlung bzw. eine jährliche Sonderzahlung dagegen ausschließlich die Betriebstreue oder ist sie eine Halteprämie, so ist sie in voller Höhe eine Masseforderung, wenn der Stichtag, an dem der Anspruch auf die Prämie entsteht, nach Eröffnung des Insolvenzverfahrens liegt (BAG v. 14.11.2012, Az. 10 AZR 793/11; BAG v. 23.3.2017, Az. 6 AZR 264/16). Liegt der Stichtag vor Eröffnung des Insolvenzverfahrens, handelt es sich dementsprechend nur um eine einfache Insolvenzforderung i. S. d. § 38 InsO (BAG v. 12.9.2013, Az. 6 AZR 953/11). Für Lohn- und Gehaltsansprüche, die nach der Eröffnung des Insolvenzverfahrens entstehen, ist es unerheblich, ob der Arbeitnehmer tatsächlich weitergearbeitet hat oder ob er vom Insolvenzverwalter gekündigt und bis zum Ablauf der Kündigungsfrist freigestellt worden ist. Nur dann, wenn die Masse nicht ausreicht, um die Masseverbindlichkeiten zu erfüllen, ist zu unterscheiden: Diejenigen, die ihre Arbeitsleistung tatsächlich erbracht haben, werden bezüglich ihrer Gehaltsansprüche gegenüber den freigestellten Arbeitnehmern bevorzugt behandelt.

Ist in einem Altersteilzeitvertrag vereinbart, dass der Arbeitnehmer im Falle einer vorzeitigen Beendigung für die bereits erbrachte Arbeitsleistung die Differenz zwischen bisheriger Vergütung und den bereits geleisteten Zahlungen erhalten soll und wird er nach Insolvenzeröffnung (zeitweise) weiterbeschäftigt, bevor das Arbeitsverhältnis durch Kündigung des Insolvenzverwalters endet, so handelt es sich bei dem Differenzvergütungsanspruch um eine Masseverbindlichkeit (BAG v. 27.7.2017, Az. 6 AZR 801/16).

Führt der Insolvenzverwalter eine Betriebsänderung durch, ohne zuerst einen Interessenausgleich mit dem Betriebsrat nach § 111 BetrVG versucht zu haben, so beruht der sich daraus ergebende Nachteilsausgleich nach § 113 Abs. 3 BetrVG auf einer Handlung des Insolvenzverwalters und ist damit ebenfalls Masseforderung.

III. Kündigungen

1. Kündigungen durch den Insolvenzverwalter

Mit Eröffnung des Insolvenzverfahrens ist nur noch der Insolvenzverwalter zu Kündigungen berechtigt. Kündigungen, die in dieser Phase noch vom Schuldner ausgesprochen werden, ohne dass der Insolvenzverwalter ihm eine Vertretungsbefugnis erteilt hat, gelten als Kündigungen durch einen Nichtberechtigten. Sie können auch noch außerhalb der Klagefrist nach § 4 KSchG von gekündigten Arbeitnehmern angegriffen werden (BAG v. 26.3.2009, Az. 2 AZR 403/07).

Durch die Insolvenz werden die kündigungsschutzrechtlichen Bestimmungen nicht aufgehoben. So ist auch hier für eine ordentliche → *Kündigung* ein Kündigungsgrund im Sinne des Kündigungsschutzgesetzes erforderlich; grundsätzlich ist auch der Insolvenzverwalter verpflichtet, die Regeln über die Sozialauswahl (§ 1 Abs. 3 KSchG) einzuhalten. Ebenso gilt der → *Kündigungsschutz* für besondere Fälle wie werdende Mütter und Schwerbehinderte ohne Einschränkungen weiter. Allein die Eröffnung des Insolvenzverfahrens rechtfertigt noch keine betriebsbedingte Kündigung. Erst dann, wenn Rationalisierungsmaßnahmen umgesetzt werden oder die Stilllegung von Betrieben oder Betriebsteilen beschlossen ist, können dringende betriebliche Erfordernisse für eine Kündigung vorliegen. Im Ausnahmefall kann zudem eine betriebsbedingte Druckkündigung in Betracht kommen, wenn eine Bank oder Sparkasse eine für die Fortführung des Betriebs erforderliche Verlustübernahmeerklärung nicht abgibt, wenn ein bestimmter Arbeitnehmer nicht gekündigt wird (BAG v. 18.7.2013, Az. 6 AZR 420/12).

Die Kündigung bedarf auch in der Insolvenz der Schriftform nach § 623 BGB. Sofern ein Betriebsrat vorhanden ist, muss dieser entsprechend § 102 BetrVG beteiligt werden.

Eine Kündigungserleichterung besteht jedoch im Hinblick auf die Kündigungsfristen: Nach § 113 InsO kann das Arbeitsverhältnis vom Insolvenzverwalter sowie vom Arbeitnehmer mit einer Frist von drei Monaten zum Monatsende gekündigt werden, wenn nicht ohnehin eine kürzere Kündigungsfrist für das Arbeitsverhältnis gilt. Insbesondere steht es dem Insolvenzverwalter auch zu, ein noch nicht aufgenommenes Arbeitsverhältnis, d. h. vor Dienstantritt zu kündigen. Die Kündigungsfrist beginnt dann mit dem Zugang der Kündigungserklärung (BAG v. 23.2.2017, Az. 6 AZR 665/15). Auch ein bereits gekündigtes Arbeitsverhältnis kann er nach Insolvenzeröffnung erneut mit der Frist des § 113 InsO kündigen.

WICHTIG!

Die dreimonatige Kündigungsfrist, die auch für Änderungskündigungen gilt, verdrängt alle entgegenstehenden längeren Fristen, unabhängig davon, ob sie in einem anderen Gesetz, einem Tarifvertrag, einer Betriebsvereinbarung oder einzelvertraglich vorgesehen sind. Die Regelung in § 113 InsO ermöglicht den Ausspruch einer ordentlichen Kündigung selbst dann, wenn diese in einer Betriebsvereinbarung oder einem Tarifvertrag ausgeschlossen ist. Auch befristete Anstellungsverhältnisse, für die keine ordentliche Kündigungsfrist während der Laufzeit vereinbart ist, können mit dieser Frist gekündigt werden. Vereinbarungen, die die Anwendung von § 113 InsO von vornherein ausschließen oder beschränken, sind unwirksam (§ 119 InsO).

Ist im Rahmen einer Altersteilzeitvereinbarung die ordentliche Kündigung ausgeschlossen, so ist auch diese Vereinbarung nicht insolvenzfest. Eine ordentliche Kündigung aufgrund des § 113 InsO ist möglich, sofern zu einem Zeitpunkt vor Ablauf der Arbeitsphase (Blockmodell) gekündigt wird.

Kündigt der Insolvenzverwalter mit der Höchstfrist des § 113 Satz 2 InsO, unterliegt diese Wahl der Kündigungsfrist keiner Billigkeitskontrolle nach § 315 Abs. 3 BGB. Mit dem das Insolvenzrecht beherrschenden Grundsatz der Gläubigergleichbehandlung ist es nicht vereinbar, die Kündigungsfrist von der Interessenlage eines Kündigungsempfängers im konkreten Fall abhängig zu machen. Arbeitnehmer mit einer längeren regulären Kündigungsfrist haben damit auch bei Vorliegen besonderer Umstände keinen Anspruch darauf, dass der Insolvenzverwalter auf die Möglichkeit verzichtet, mit der Frist von drei Monaten zum Monatsende zu kündigen (BAG v. 27.2.2014, Az. 6 AZR 301/12).

Bei einer Kündigung im Rahmen der verkürzten Kündigungsfrist kann der Arbeitnehmer wegen der vorzeitigen Beendigung Schadensersatz (sog. Verfrühungsschaden) verlangen, der u. a. den Verdienstausfall bis zum Ablauf der (fiktiv) einschlägigen längeren Kündigungsfrist erfasst. Bei einer solchen Schadensersatzforderung des Arbeitnehmers handelt es sich um eine Insolvenz-, nicht um eine Masseforderung. Sie wird also nicht bevorzugt behandelt.

Will sich ein Arbeitnehmer gegen die Kündigung wehren, muss er die Kündigungsschutzklage zwingend innerhalb von drei Wochen nach Zugang der Kündigung erheben. Die Kündigungsschutzklage ist an den Insolvenzverwalter als Partei kraft Amtes zu richten. Eine Klage gegen den Arbeitgeber macht den Insolvenzverwalter nicht zur Partei und wahrt deshalb nicht die Klagefrist (BAG v. 18.10.2012, Az. 6 AZR 41/11). Allerdings lässt das BAG bei einer Kündigung durch den Insolvenzverwalter und einer nachfolgend gegen den Schuldner, d. h. den bisherigen Arbeitgeber, gerichteten Kündigungsschutzklage eine großzügige Auslegung zu: Selbst bei äußerlich eindeutiger, aber offenkundig unrichtiger Bezeichnung sei grundsätzlich diejenige Person als Partei angesprochen, die durch die Parteibezeichnung betroffen werden solle. Es komme darauf an, welcher Sinn der gewählten Parteibezeichnung bei objektiver Würdigung des Erklärungsinhalts beizulegen sei. Wenn aus dem der Klageschrift beigefügten Kündigungsschreiben ersichtlich sei, dass die Kündigung vom Insolvenzverwalter ausgesprochen wurde, so sei die unrichtige Beklagtenbezeichnung in der Klageschrift dahin auszulegen, dass sich die Klage gegen den Insolvenzverwalter richte.

2. Kündigungen durch die Arbeitnehmer

Grundsätzlich gilt für den Arbeitnehmer auch in der Insolvenz des Arbeitgebers die vertraglich vereinbarte Kündigungsfrist. Ist der Arbeitgeber aber mit zwei Monatsbezügen im Rückstand oder ist er zahlungsunfähig, kann der Arbeitnehmer das Anstellungsverhältnis fristlos kündigen. Der Arbeitgeber kann dem Arbeitnehmer damit in der Praxis in aller Regel die Aufnahme der tatsächlichen Beschäftigung bei einem anderen Unternehmen, selbst wenn es ein Konkurrenzunternehmen ist, nicht verweigern und es können auch keine Vertragsstrafen geltend gemacht werden.

IV. Zeugnisansprüche

Die Vollstreckung eines Zeugnisanspruchs richtet sich, wenn ein entsprechender Titel vorliegt, auch nach dem Insolvenzereignis weiterhin gegen den Schuldner, d. h. den bisherigen Arbeitgeber und nicht gegen den Insolvenzverwalter. Ist zum Zeitpunkt der Eröffnung des Insolvenzverfahrens ein Rechtsstreit gegen den Schuldner, d. h. den bisherigen Arbeitgeber anhängig, wird dieser nicht gemäß § 240 ZPO unterbrochen, weil der Anspruch nicht die Insolvenzmasse betrifft. Der Rechtsstreit ist fortzusetzen und zwar gegen den Schuldner, nicht gegen den Insolvenzverwalter.

Arbeitnehmer, die vor Eröffnung des Insolvenzverfahrens aus dem Arbeitsverhältnis ausgeschieden sind, haben einen Anspruch auf ein Zeugnis allein gegen den bisherigen Arbeitgeber.

Führt der Insolvenzverwalter den Betrieb fort, haben die Arbeitnehmer, die **nach** diesem Ereignis ausscheiden, einen Anspruch allein gegen den Insolvenzverwalter und zwar auch für die Zeiten vor der Eröffnung des Insolvenzverfahrens. Hierzu hat der Insolvenzverwalter entsprechende Auskünfte beim Schuldner bzw. den Vorgesetzten des Arbeitnehmers einzuholen.

V. Urlaubsansprüche

Arbeitnehmer, die für einen insolventen Arbeitgeber unverändert weiterarbeiten, haben grundsätzlich einen Anspruch auf Urlaubsgewährung in natura. Die Zurückweisung eines Urlaubswunsches setzt auch in der Insolvenz gemäß § 7 Abs. 1 Satz 1 BUrlG entgegenstehende dringende betriebliche Belange oder Urlaubsansprüche, anderer, unter sozialen Gesichtspunkten vorzuziehender Arbeitnehmer voraus.

Durch kurzfristig notwendige Inventurarbeiten und/oder auch durch (erste) Eigenkündigungen von Arbeitnehmern kann in der Insolvenz eines Unternehmens bereits eine sehr angespannte Situation bestehen. Ein hinzukommender Urlaub eines Arbeitnehmers vermag daher im Einzelfall erhebliche betriebliche Störungen hervorzurufen. Vermag der Arbeitnehmer in dieser Konstellation nicht außergewöhnliche Gründe für seinen Urlaubswunsch vorzubringen, dürften hier die Interessen des Arbeitgebers überwiegen und eine Ablehnung gerechtfertigt sein.

Wurde ein Urlaub jedoch bereits genehmigt, so kann die Festlegung nur im gegenseitigen Einvernehmen aufgehoben werden. Bei der Insolvenz handelt es sich nicht um einen Notfall, in dem der Arbeitnehmer aus vertraglicher Rücksichtnahmepflicht von seinem Urlaub zurücktreten müsste.

VI. Betriebsvereinbarungen in der Insolvenz

Betriebsvereinbarungen, die Leistungen für die Arbeitnehmer vorsehen und damit die Insolvenzmasse belasten, sind mit einer dreimonatigen Kündigungsfrist kündbar, wenn sich der Insolvenzverwalter und der Betriebsrat nicht auf eine einvernehmliche Herabsetzung der Leistungen verständigen können. Die dreimonatige Frist verdrängt eine in der → *Betriebsvereinbarung* festgelegte längere Kündigungsfrist ebenso wie eine Regelung, nach der eine Betriebsvereinbarung für einen bestimmten Zeitraum überhaupt nicht kündbar sein soll. Findet sich in der Betriebsvereinbarung eine kürzere Kündigungsfrist, so gilt diese.

WICHTIG!

Soweit die Betriebsvereinbarung einen Bereich der erzwingbaren Mitbestimmung regelt, ändert die verkürzte Kündigungsfrist nichts an der Nachwirkung der Betriebsvereinbarung.

VII. Betriebsänderung/Interessenausgleich

Die Insolvenz eines Unternehmens führt häufig zu → *Betriebsänderungen*, die mit wesentlichen Nachteilen für die Belegschaft verbunden sind. Diese Veränderungen lösen wie Betriebsänderungen aus anderen Anlässen die Pflicht zum Interessenausgleich und zum Sozialplan aus. Im Interesse einer Beschleunigung ist jedoch das Verfahren zum Interessenausgleich im Vergleich zur Regelung im Betriebsverfassungsgesetz verkürzt (§§ 121, 122 InsO). Gemäß § 122 InsO kann der Insolvenzverwalter unmittelbar die Zustimmung des Arbeitsgerichts zu einer Betriebsänderung – ohne das ansonsten obligatorische, oft langwierige Einigungsstellenverfahren! – beantragen, falls nicht innerhalb von drei Wochen nach Verhandlungsbeginn ein Interessenausgleich zustande kommt. Gleiches gilt, falls nach schriftlicher Aufforderung zur Aufnahme von Verhandlungen diese nicht binnen drei Wochen begonnen werden.

TIPP!

Nimmt der Betriebsrat eine Verweigerungshaltung ein und lehnt kategorisch Verhandlungen über einen Interessenausgleich ab, kann unmittelbar das Gerichtsverfahren nach § 122 InsO eingeleitet werden, da die 3-Wochen-Frist nicht im Zeitpunkt der Antragstellung, sondern erst im Zeitpunkt der Entscheidung des Gerichts abgelaufen sein muss.

Die Interessenausgleichspflicht setzt die Existenz eines Betriebsrats voraus und zwar in dem Zeitpunkt, in dem sich der Arbeitgeber bzw. der Insolvenzverwalter zu der Durchführung der Betriebsänderung entschlossen hat. Einem später gewählten Betriebsrat stehen keine Beteiligungsrechte zu. Dies gilt selbst dann, wenn dem Insolvenzverwalter im Planungsstadium bekannt war, dass sich ein Betriebsrat konstituieren wird.

Hat der Betriebsrat bereits vor der Eröffnung des Insolvenzverfahrens nach § 111 Abs. 1 Satz 2 BetrVG oder nach § 80 Abs. 3 BetrVG einen Rechtsanwalt als Berater oder Sachverständigen hinzugezogen und dauerte dessen Tätigkeit bis nach der Insolvenzeröffnung an, sind die Honoraransprüche für die bis zur Insolvenzeröffnung erbrachten Beratungsleistungen keine Masseverbindlichkeiten, sondern Insolvenzforderungen (BAG v. 9.12.2009, Az. 7 ABR 90/07).

Nach Abschluss eines Interessenausgleichs kann der Insolvenzverwalter die vorgesehene → *Betriebsänderung* einleiten. Da jedoch der → *Kündigungsschutz* der Arbeitnehmer durch den Interessenausgleich nicht berührt wird, folgt allein aus der Beschleunigung des Interessenausgleichsverfahrens noch nicht unmittelbar eine zügige Anpassungsmöglichkeit der gesamten betrieblichen Umstände an die wirtschaftliche Notsituation des Unternehmens.

§ 125 InsO sieht deshalb neben einem Interessenausgleich nach dem Betriebsverfassungsgesetz einen besonderen Interessenausgleich vor, in dem der Insolvenzverwalter und der Betriebsrat die zu kündigenden Arbeitnehmer namentlich bezeichnen können.

WICHTIG!

Der auswahlrelevante Personenkreis darf sich dabei nicht auf einzelne Geschäftsbereiche beschränken; vielmehr ist die Sozialauswahl auch für den Fall einer geplanten Teilstilllegung bei gleichzeitig ins Auge gefasstem Betriebsübergang auf den gesamten Betrieb zu erstrecken.

§ 125 InsO ermöglicht keine Einbeziehung von nach § 15 KSchG vor ordentlichen Kündigungen geschützten Betriebsratsmitgliedern in den auswahlrelevanten Personenkreis (BAG v. 17.11.2005, Az. 6 AZR 118/05).

Kommt es zu einer Vereinbarung nach § 125 InsO, gilt die Vermutung, dass die Kündigung der in der Liste genannten Arbeitnehmer durch dringende betriebliche Erfordernisse veranlasst ist (vgl. dazu auch BAG v. 17.8.2023, Az. 6 AZR 56/23). Diese Vermutungswirkung erstreckt sich – nach allerdings umstrittener Auffassung – auch auf das Nichtvorliegen anderweitiger Beschäftigungsmöglichkeiten im Unternehmen. Die Beweislast wird damit umgekehrt. Nicht der Insolvenzverwalter muss die Tatsachen beweisen, die die Kündigung bedingen, sondern der Arbeitnehmer muss beweisen, dass es an dringenden betrieblichen Erfordernissen fehlt.

Zugleich wird durch den Abschluss dieses besonderen Interessenausgleichs die gerichtliche Überprüfung der Sozialauswahl eingeschränkt. In einem eventuellen Kündigungsrechtsstreit prüft das Arbeitsgericht diese nur auf die Dauer der Betriebszugehörigkeit, das Lebensalter und die Unterhaltspflichten und auch insoweit nur auf grobe Fehlerhaftigkeit. Selbst ein mangelhaftes Auswahlverfahren kann, solange es nicht grob fehlerhaft ist, zu einem nicht angreifbaren Auswahlergebnis führen. Ausdrücklich gesetzlich geregelt ist, dass die Sozialauswahl nicht als grob fehlerhaft anzusehen ist, wenn eine ausgewogene Personalstruktur erhalten oder geschaffen wird (§ 125 Abs. 1 Nr. 2 Halbsatz 2 InsO). Die Erfolgsaussichten einer Kündigungsschutzklage sind damit relativ gering; die Maßnahmen zum Unternehmenserhalt werden durch diese Unsicherheit nur begrenzt belastet.

Voraussetzung für die Erleichterungen des § 125 InsO ist jedoch stets die Einhaltung der in § 112 Abs. 1 Satz 1 BetrVG vorgesehenen Schriftform und das Vorliegen einer Betriebsänderung im Sinne von § 111 BetrVG. Für beide Umstände ist der Insolvenzverwalter darlegungs- und beweispflichtig.

Auch ist der Insolvenzverwalter mit einem vereinbarten Interessenausgleich mit Namensliste nach § 125 InsO nicht von der Pflicht befreit, einem Arbeitnehmer auf dessen Verlangen die Gründe für die soziale Auswahl anzugeben (vgl. § 1 Abs. 3 Satz 1 2. Halbsatz KSchG). Kommt er dieser Pflicht nicht oder nicht ausreichend nach, führt dies ohne Weiteres zur Sozialwidrigkeit der Kündigung (ArbG Stuttgart v. 24.7.2012, Az. 16 Ca 2422/12, nicht rechtskräftig).

Hat der Betrieb keinen Betriebsrat oder einigen sich der Insolvenzverwalter und der Betriebsrat nicht auf einen Interessenausgleich nach § 125 InsO, kann der Insolvenzverwalter ein arbeitsgerichtliches Beschlussverfahren einleiten. Er kann dort die Feststellung beantragen, dass die Kündigung der Arbeitsverhältnisse bestimmter, im Antrag näher bezeichneter Arbeitnehmer durch dringende betriebliche Erfordernisse bedingt und sozial gerechtfertigt ist (§ 126 InsO). Das Arbeitsgericht prüft in diesem Verfahren umfänglich, ob tatsächlich dringende betriebliche Gründe für die Kündigung der näher bezeichneten Arbeitnehmer vorliegen und ob die Sozialauswahl im Hinblick auf die Betriebszugehörigkeit, das Lebensalter und die Unterhaltspflichten korrekt durchgeführt wurde. Gibt das Arbeitsgericht dem Antrag des Insolvenzverwalters statt, ist diese Entscheidung im Kündigungsschutzprozess des einzelnen Arbeitnehmers, der im Verzeichnis nach § 126 InsO aufgeführt ist, verbindlich. Dies gilt nur dann nicht, wenn sich die Sachlage nach dem Beschluss wesentlich geändert hat. In der Praxis hat das Verfahren bislang kaum Relevanz erlangt, da es aufgrund der Vielzahl der beteiligten Personen – insbesondere der zu kündigenden Arbeitnehmer – nicht die beabsichtigte Beschleunigung und zügige Erledigung bewirkt.

VIII. Betriebsübergang

§ 128 InsO regelt die Problematik der Betriebsveräußerung in der Insolvenz. Danach stehen auch dem Erwerber die Kündigungserleichterungen zu, die dem Insolvenzverwalter bei einer → *Betriebsänderung* gesetzlich eingeräumt werden (s. o. VI.). Der Erwerber kann also ohne nachteilige Folgen den Betrieb übernehmen, noch bevor der Insolvenzverwalter die Betriebsänderungen vollzogen hat.

Auch im Falle der Insolvenz gehen die Arbeitsverträge auf den Erwerber über (§ 613a BGB). Damit sind insbesondere Kündigungen, die wegen des Übergangs ausgesprochen werden, unwirksam. Haben sich jedoch der Insolvenzverwalter oder der Erwerber mit dem Betriebsrat auf einen besonderen Interessenausgleich nach § 125 InsO geeinigt, gilt die Vermutung, dass die Kündigung nicht wegen des Betriebsübergangs, sondern aufgrund dringender betrieblicher Erfordernisse erfolgt ist. Ein Arbeitnehmer, der in einem Kündigungsschutzprozess dennoch behauptet, die Kündigung sei wegen des Betriebsübergangs erfolgt, müsste diese Behauptung beweisen.

Im Übrigen haftet ein Erwerber, der in der Insolvenz nach § 613a BGB in Arbeitsverhältnisse eintritt, die mit Wirkung für die Masse nach § 108 InsO fortbestehen, nur für Masseverbindlichkeiten, nicht jedoch für Insolvenzforderungen.

IX. Sozialplan in der Insolvenz

Das Volumen eines Sozialplans ist in der Insolvenz auf einen Gesamtbetrag von zweieinhalb Monatsverdiensten der von der Entlassung betroffenen Arbeitnehmer begrenzt. Zudem darf für Sozialplanforderungen nicht mehr als ein Drittel der Masse verwendet werden, die ohne einen Sozialplan für die Insolvenzgläubiger zur Verfügung stünde. Übersteigt das Sozialplanvolumen diesen Wert, sind die jeweiligen Ansprüche anteilig zu kürzen. Die Sozialplanforderungen sind als Masseforderungen vorrangig zu befriedigende Forderungen.

Ein Sozialplan, der **vor** der Eröffnung des Insolvenzverfahrens, jedoch nicht früher als drei Monate vor dem Eröffnungsantrag aufgestellt worden ist, kann sowohl vom Insolvenzverwalter als auch vom Betriebsrat widerrufen werden. Erfolgt kein Widerruf, sind die Ansprüche aus dem Sozialplan – unabhängig von ihrer Höhe – nur dann Masseverbindlichkeiten, wenn der Sozialplan von einem starken vorläufigen Insolvenzverwalter abgeschlossen wurde. Andernfalls sind sie nur einfache Insolvenzforderungen gemäß § 38 InsO. Leistungen aus diesem Sozialplan, die bereits an Arbeitnehmer erbracht worden sind, können jedoch nicht zurückgefordert werden.

X. Insolvenzgeld

Zum Schutz des vorleistungspflichtigen Arbeitnehmers (erfasst sind damit auch Leitende Angestellte, Auszubildende, Praktikanten, geringfügig Beschäftige) vor dem Lohnausfallrisiko bei Zahlungsunfähigkeit des Arbeitgebers hat der Beschäftigte einen Anspruch gegen die Bundesagentur für Arbeit auf die Zahlung von Insolvenzgeld. Darüber hinaus zahlt die Agentur für Arbeit auf Antrag der zuständigen Einzugsstelle (Krankenkasse) auch für den Insolvenzgeldzeitraum rückständige Pflichtbeiträge zur gesetzlichen Kranken-, Renten- und Pflegeversicherung sowie die Beiträge zur Arbeitsförderung. Die Zeit während der Zahlung des Insolvenzgeldes ist damit nicht beitragsfrei gestellt.

1. Insolvenzereignis

Insolvenzereignisse sind gemäß § 165 Abs. 1 Satz 2 Nr. 1 bis 3 SGB III:

- Der Tag der Eröffnung des Insolvenzverfahrens über das Vermögen des Arbeitgebers durch das Insolvenzgericht oder
- der Tag der Abweisung des Antrags auf Eröffnung des Insolvenzverfahrens über das Vermögen des Arbeitgebers mangels Masse oder
- der Tag der Beendigung der Betriebstätigkeit im Inland, wenn bis zu diesem Zeitpunkt ein Antrag auf Eröffnung des Insolvenzverfahrens nicht gestellt worden ist und ein Insolvenzverfahren offensichtlich mangels Masse nicht in Betracht kam.

2. Zahlungszeitraum

Insolvenzgeld wird in der Regel für die dem Insolvenzereignis vorausgehenden letzten drei Monate des Arbeitsverhältnisses gezahlt (sog. Insolvenzgeld-Zeitraum); der Tag des Insolvenzereignisses (Insolvenztag) wird nicht mitgerechnet. Maßgeblich sind immer die letzten drei Monate „des Arbeitsverhältnisses", selbst wenn das Arbeitsverhältnis zum Insolvenzzeitpunkt bereits beendet war.

Beispiele:

- **Insolvenzereignis am 12.6. = Insolvenzgeldzeitraum 12.3. bis 11.6.**
- **Kündigung zum 30.6., Insolvenzereignis 15.7. = Insolvenzgeldzeitraum 1.4. bis 30.6.**

Für Ansprüche nach Eröffnung der Insolvenz kann der Arbeitnehmer dagegen kein Insolvenzgeld mehr beanspruchen. Hatte der Arbeitnehmer jedoch keine Kenntnis vom Insolvenzereignis und hat deshalb weitergearbeitet bzw. die Arbeit aufgenommen, besteht sein Anspruch für die dem Tag der Kenntnisnahme vorausgehenden drei Monate des Arbeitsverhältnisses.

WICHTIG!

Hat durch einen Arbeitgeberwechsel ein Betriebsübergang vor dem Insolvenzereignis stattgefunden, endet der Insolvenzgeld-Zeitraum mit der Betriebsübernahme. Die Agentur für Arbeit zahlt Insolvenzgeld nur für den entgangenen Lohnanspruch gegenüber dem insolventen Arbeitgeber, nicht jedoch für Ansprüche gegenüber dem solventen Betriebsübernehmer.

3. Antragstellung

Die Zahlung von Insolvenzgeld muss vom Arbeitnehmer innerhalb von zwei Monaten nach dem Insolvenzereignis beantragt werden (§ 324 Abs. 3 Satz 3 SGB III). Wird diese Frist schuldlos versäumt, kann der Antrag innerhalb von zwei Monaten nach Wegfall des Hinderungsgrunds nachgeholt werden (§ 324 Abs. 3 Satz 3 SGB III).

Für die Antragstellung bieten die Agenturen für Arbeit alle notwendigen Antragsformulare und Vorlagen sowie ausführliche Merkblätter auf ihren Internetseiten zum Download an (www.arbeitsagentur.de). Der Antrag kann aber auch formlos bei jeder Agentur für Arbeit oder jedem anderen Sozialleistungsträger (z. B. bei den gesetzlichen Krankenkassen) gestellt werden. Er wird dann von diesen Stellen an die zuständige Agentur für Arbeit weitergeleitet. Insbesondere zur Einhaltung der Zweimonatsfrist können auch Sammelanträge der Arbeitnehmer gestellt werden. Die Form ist durch die Arbeitnehmer oder ihre Bevollmächtigten (z. B. Betriebsrat, Gewerkschaft, Arbeitgeber, Insolvenzverwalter) mit der Agentur für Arbeit zu vereinbaren.

Mit der Stellung des Antrags auf Insolvenzgeld gehen Ansprüche auf Arbeitsentgelt auf die Agentur für Arbeit über (§ 169 SGB III). Soweit dem Antrag jedoch nicht oder nur zum Teil stattgegeben wird, fällt der Anspruch an den Arbeitnehmer zurück.

Internet und mobile Kommunikation

I. Allgemeine Grundsätze

Zum Zweck der betrieblichen Kommunikation werden diverse elektronische Kommunikationsmittel eingesetzt. Hierzu gehören u. a. Telefon und Internet sowie die damit ermöglichten Telekommunikationsdienste wie E-Mail, SMS, Instant Messaging und Voice-over-IP. Mit dem Einsatz solcher Kommunikationsmittel und -dienste sind neben dem betrieblichen Nutzen auch spezifische Gefahren für den Betrieb verbunden. Solche können z. B. sein:

- Einschleppen von Computerviren und hierdurch bedingter Datenverlust;
- Systembeeinträchtigung durch die Installation fremder Programme;
- Einschleppen von sog. Trojanern, die den unberechtigten Zugriff auf den internen Datenbestand ermöglichen;
- Verbreitung rufschädigender Äußerungen über die Kontaktadresse (Telefonnummer, IP, E-Mail-Adresse etc.) des Arbeitgebers;
- absichtliche oder versehentliche (unverschlüsselte) Übermittlung von Daten- und/oder Betriebsgeheimnissen an unberechtigte Empfänger;
- durch die private Nutzung bedingte Vergeudung von Arbeitszeit und
- Kosten durch Inanspruchnahme von Kommunikationsdienstleistungen und sonstigen kostenpflichtigen Angeboten.

Einige dieser Gefahren können durch den Einsatz technischer Hilfsmittel (z. B. Virenschutzprogramme, sog. Firewalls und Zugangsbeschränkungen) reduziert werden. Dies gewährt jedoch nur bedingt Schutz vor ungewünschten Beeinträchtigungen des Betriebs. Daher hat der Arbeitgeber regelmäßig ein großes Interesse an der Regelung und Kontrolle der Nutzung durch seine Mitarbeiter. Hierbei sind arbeitsrechtliche Grundsätze ebenso wie datenschutzrechtliche Bestimmungen zu beachten. Besondere Anforderungen ergeben sich, wenn der Arbeitgeber seinen Mitarbeitern die private Nutzung der elektronischen Kommunikationsmittel gestattet oder diese stillschweigend duldet. Daher kommt der Unterscheidung zwischen einer privaten und betrieblichen Nutzung erhebliche Bedeutung zu.

WICHTIG!

Nicht zuletzt um seiner gesetzlichen Verantwortung zum Schutz personenbezogener Daten (DSGVO, BDSG) und von Geschäfts- und Betriebsgeheimnissen (GeschGehG) gerecht zu werden, muss der Arbeitgeber technische und organisatorische Maßnahmen treffen. Der Einsatz betrieblicher Kommunikationsmittel muss durch den Arbeitgeber daher unbedingt konkret geregelt werden. Dies kann durch Richtlinien, Betriebsvereinbarungen oder Klauseln im Arbeitsvertrag geschehen. Hierbei ist auf die speziellen Belange des Unternehmens und die konkreten Kommunikationsmittel und -dienste, sowie auf die Anwendung von Schutz- und Kontrollsystemen detailliert einzugehen. Eine Übernahme von Standardformulierungen ist grundsätzlich zu vermeiden, da die fehlende Abstimmung auf die tatsächlichen betrieblichen Verhältnisse nahezu zwingend zu gefährlichen Regelungslücken und/oder Widersprüchen führt.

Besonderheiten ergeben sich aus der Bereitstellung mobiler Geräte (Notebooks, Tablets und Smartphones), da diese regelmäßig auch in betriebsfremder Umgebung eingesetzt werden und damit in erhöhtem Umfang dem potenziellen Zugang Dritter ausgesetzt sind.

Einen zunehmenden Stellenwert hat in diesem Zusammenhang auch die gestattete betriebliche Nutzung von mobilen Geräten, die im Eigentum der jeweiligen Mitarbeiter stehen („Bring your own device"). Das Gefahrenpotenzial wird hierbei noch dadurch verstärkt, dass den Mitarbeitern die private Nutzung ihrer mobilen Geräte nicht untersagt werden kann. Während der Arbeitgeber einerseits die volle Kontrolle über seine geschäftlichen und personenbezogenen Daten behalten muss, hat er andererseits die Persönlichkeitsrechte seiner Mitarbeiter (und deren Rechte als Eigentümer der mitgebrachten Geräte) zu wahren.

II. Dienstliche Nutzung betrieblicher Kommunikationsmittel

1. Begriff

Immer dann, wenn ein Bezug zu den dienstlichen Aufgaben besteht, liegt eine dienstliche Nutzung vor. Ob der Einsatz des Kommunikationsmittels im konkreten Fall zweckmäßig ist oder nicht, spielt keine Rolle. Für die dienstliche Nutzung reicht es aus, dass ein dienstlicher Anlass besteht, also die Arbeit vorangebracht werden soll.

WICHTIG!

Ein dienstlicher Anlass ist auch gegeben, wenn sich ein betrieblicher Umstand auf den privaten Lebensbereich des Arbeitnehmers auswirkt (z. B. Mitteilung der verspäteten Heimkehr an Lebenspartner per E-Mail, SMS oder Telefon).

2. Regelungsmöglichkeiten

Der Arbeitgeber kann den Rahmen der dienstlichen Nutzung

- einseitig vorgeben oder
- mit dem Betriebsrat per Betriebsvereinbarung regeln oder
- mit jedem Arbeitnehmer selbst vereinbaren.

Um die betriebstypischen Anforderungen zu ermitteln und praktisch umsetzbare Regelungen zu erreichen, empfiehlt sich die Bildung einer entsprechenden Arbeitsgruppe. Folgende Punkte sollten geregelt werden:

Von besonderer Bedeutung sind allgemeine Sicherheitsbestimmungen. Hierbei geht es sowohl um den Schutz des eigenen Datenbestands (gegen Verlust, Beschädigung, Manipulation und Vernichtung) als auch um die Verhinderung einer unberechtigten Ausspähung, Weitergabe, Nutzung oder sonstigen Kenntnisnahme durch Dritte.

Neben der Auferlegung von klaren Verschwiegenheitsverpflichtungen, die ggf. über die generellen Bestimmungen im Arbeitsvertrag hinausgehen, sollten Vorschriften zur Anwendung von Virenschutzprogrammen und Zugangsbestimmungen erlassen werden. In diesem Zusammenhang sind auch die Zuteilung und der verantwortliche Umgang mit Passwörtern zu regeln.

Vertrauliche Dokumente (insbesondere Anlagen) sollten klassifiziert und verschlüsselt werden und die Mitarbeiter sollten zur Verwendung einheitlicher E-Mail-Formulare (in denen ggf. Vertraulichkeitshinweise angebracht sind) angehalten werden. Sowohl von versandten als auch von eingegangenen E-Mails sollten immer Sicherungskopien angefertigt werden.

Kettenbriefe via E-Mail bergen besondere Sicherheitsrisiken. Das Öffnen, Versenden oder Weiterleiten dieser Briefe sollte deshalb kategorisch verboten werden.

E-Mails werden in aller Regel von den Absendern selbst geschrieben (und nicht nach Diktat), was zumindest bei ungeübten Verfassern einen erhöhten Zeitaufwand erfordert. Gerade im innerbetrieblichen Einsatz wird gerne und häufig von diesem Kommunikationsmittel Gebrauch gemacht. Dies liegt nicht zuletzt daran, dass eine elektronische Nachricht ohne zeitliche Verzögerungen gleichzeitig an mehrere Empfänger übermittelt werden kann. Diese Umstände führen oft dazu, dass innerbetrieblich eine Flut von Nachrichten zu bearbeiten ist. Die Mitarbeiter sollten deshalb angewiesen werden, den Inhalt von E-Mails kurz und prägnant zu fassen („KISS" = keep it short and simple) und Kopien (nur) an die Personen zu übermitteln, die der Inhalt auch etwas angeht (Verteilerregelung).

E-Mails und sonstige elektronische Nachrichten (SMS, Textnachrichten etc.), die personenbezogene Daten beinhalten, müssen immer verschlüsselt werden (Art. 32 Abs. 1 DSGVO).

Im Umgang mit externen Empfängern sollte der Arbeitgeber darauf hinwirken, dass trotz des einfachen Übermittlungswegs keine vorschnellen Erklärungen abgegeben werden. Die Mitarbeiter sollten deshalb darauf hingewiesen werden, dass rechtsgeschäftliche Äußerungen per E-Mail oder SMS genauso verbindlich sein können wie schriftliche per Brief, sofern nicht zwingend die Schriftform gesetzlich oder vertraglich vorgeschrieben ist. Sie sollten außerdem aufgefordert werden, auch bei der Korrespondenz über die elektronischen Kommunikationsmittel ihre Erklärungskompetenzen einzuhalten.

Auch der Ausdruck von E-Mails stellt sich immer wieder als problematisch heraus. Entweder werden die ausgedruckten Schriftstücke nicht richtig zugeordnet oder sie werden vorschnell entsorgt. Der Arbeitgeber sollte daher zum sorgfältigen Umgang mit ausgedruckten E-Mails entweder durch Zuordnung in die betreffende Akte oder durch Vernichtung per Shredder auffordern.

Das Surfen im Internet kann aus dienstlichen Gründen erforderlich sein. Etliche Informationen sind dabei nur kostenpflichtig erhältlich. Damit diese Kosten bei der Flut der im Internet zur Verfügung stehenden Informationen nicht ausufern, empfiehlt es sich, die in Frage kommenden Anbieter vorher auszuwählen und den Zugriff nur auf diese Websites zu begrenzen.

Um das Sicherheitsrisiko beim Herunterladen von Daten zu minimieren, sollte ein Virenschutzprogramm zwischengeschaltet werden und das Herunterladen von ungescannten Programmen generell verboten werden.

3. Mobile Geräte

Die vorgenannten Grundsätze gelten auch für die dienstliche Nutzung mobiler Geräte (Notebooks, Tablets und Smartphones) des Arbeitgebers. Im Gegensatz zu den „stationären“ Betriebsmitteln ergeben sich jedoch bei der Nutzung mobiler Geräte besondere Gefahren. Diese resultieren gerade aus dem mit der Mobilität verbundenen Risiko des physischen Verlusts (oder Diebstahls) und deren Nutzung über öffentliche Netzwerke und Schnittstellen (WLAN, Bluetooth etc.). Über diese Schnittstellen kann Zugriff auf die mobilen Geräte genommen und Schadstoffsoftware installiert werden. Neben dem Risiko des physischen Verlusts besteht die Gefahr des damit verbundenen Datenverlusts bzw. der unberechtigten Nutzung, Ausspähung und Verwendung von Daten. Schließlich ist zu bedenken, dass mobile Geräte heutzutage oftmals über einen GPS-Empfänger verfügen, durch den eine Lokalisierung sowie die Aufzeichnung von Bewegungsprofilen erfolgen kann.

Aus den vorgenannten Gründen sollten Sicherheitseinstellungen für die Nutzung mobiler Geräte, soweit möglich, zentral vorgegeben und technisch verriegelt werden. Administratorenrechte sollten ausschließlich beim Arbeitgeber verbleiben, sodass nur dieser (oder von diesem eigens hierfür bestimmte Personen) Änderungen an den Sicherheitseinstellungen vornehmen können. In diesem Zusammenhang ist natürlich auch die Wartung und die Installation von Softwareupdates/Sicherheitspatches zentral durch den Arbeitgeber vorzunehmen bzw. vorzugeben. Zum Schutz vor Datenverlust sollten Datensicherungen (Backups) regelmäßig, zentral und automatisiert erfolgen. Auch Verschlüsselungs- oder Kryptomechanismen für Verbindungen mit dem Betrieb (z. B. Email, Kalender- und Adressdaten) müssen installiert und zentral auf ihre Aktualität (Stand der Technik) hin überwacht werden. Soweit technisch möglich, sollte die Installation von Software, die vom Arbeitgeber nicht explizit freigegeben wurde, dem Benutzer unmöglich gemacht werden. Und selbstverständlich sollte jedes mobile Gerät durch Passwörter und PINs geschützt werden. Für den Fall des Verlusts sollte eine Lokalisierung des Geräts (Theft-Recovery) und jedenfalls ein ferngesteuertes Löschen der Gerätedaten (Remote Wipe) ermöglicht sein.

Trotz mannigfaltiger technischer Möglichkeiten, im Rahmen des sog. Mobile Device Managements die unbefugte Nutzung von mobilen Geräten einzuschränken, ist neben einer entsprechend sorgfältigen Konfiguration des Systems/Geräts auch die Einhaltung von Sicherheitsvorschriften durch die jeweiligen Benutzer/Mitarbeiter unerlässlich. Die Mitarbeiter müssen die besonderen Risiken mobiler Geräte kennen, die vom Arbeitgeber festzulegenden Sicherheitsvorgaben einhalten und für alle die Sicherheitsmaßnahmen, die nicht zentral umgesetzt werden können, Sorge tragen. Hierzu sollte das Personal über die Gefahren im Umgang mit mobilen Geräten fachkundig geschult werden.

Ferner sollten zumindest folgende Vorgaben in einer Richtlinie oder Betriebsvereinbarung verfasst werden:

- Jedes Gerät ist durch Passwörter und PINs gegen den Zugriff Dritter zu sichern. Die Weitergabe von Passwörten und PINs an Dritte ist strengstens untersagt. Der Mitarbeiter hat Sorge dafür zu tragen, dass die Passwörter und PINs auch nicht von Dritten ausgespäht werden (insbes. bei der Eingabe). Für die Erstellung der Passwörter müssen Regeln aufgestellt werden, die diese möglichst sicher gestalten (Anzahl und Art der Zeichen, begrenzte Geltungsdauer etc.).
- Bildschirmschoner oder ähnliche Zugriffssperren, die sich nach kurzer Zeit (max. fünf Minuten) automatisch einschalten und nur durch eine erneute Eingabe eines Passwortes wieder aufheben lassen, müssen aktiviert bleiben.
- Das mobile Gerät muss beaufsichtigt oder sicher gelagert werden, sodass die Gefahr eines Verlusts oder Diebstahls möglichst gering gehalten wird. Ein Ausleihen des Geräts an Dritte ist nicht gestattet. Sollte das Gerät dennoch in die Hände Dritter geraten, so ist es danach auf etwaige Abweichungen vom Regelzustand hin zu überprüfen. Im Zweifelsfall muss eine Überprüfung durch den Systemadministrator erfolgen. Jeder Verlust ist dem Systemadminstrator umgehend zu melden, damit durch diesen eine Lokalisierung bzw. ein Remote-Wipe erfolgen kann.
- Sämtliche Wartungs- und Reparaturmaßnahmen dürfen ausschließlich vom Systemadministrator oder auf dessen Weisung hin vorgenommen werden (so z. B. auch die laufende Aktualisierung des Betriebssystems). Sollte trotzdem eine Weitergabe an Dritte erfolgen (z. B. im Garantiefall an den Hersteller), so hat zuvor eine vollständige Datensicherung und ein Zurücksetzen des Gerätes auf die Grundeinstellungen (Factory-Reset) zu erfolgen.
- Eine direkte Kopplung mit anderen Geräten über WLAN, Bluetooth etc. setzt voraus, dass der Inhaber des anderen Geräts dem Mitarbeiter persönlich bekannt und vertrauenswürdig ist. Soweit derartige Dienste nicht genutzt werden, sind sie auf dem Gerät zu deaktivieren.
- Es dürfen nur Anwendungen (Programme, Apps) installiert werden, die vom Systemadministrator freigegeben sind. Eine entsprechende Liste wird ständig aktualisiert. Soweit vom Hersteller des Geräts Sperren eingerichtet sind, dürfen diese (durch ein sog. Jailbreaking) nicht umgangen werden.

Hinzu kommen noch solche Regelungen, die sich allgemein aus der dienstlichen Nutzung eines betrieblichen Kommunikationsmittels ergeben (s. o. 2.).

III. Private Nutzung betrieblicher Kommunikationsmittel

1. Begriff

Immer dann, wenn die Nutzung der betrieblichen Kommunikationsmittel nicht dienstlich veranlasst ist, liegt eine private Nutzung vor. Der Arbeitgeber kann grundsätzlich frei darüber entscheiden, ob und ggf. in welchem Rahmen er seinen Mitarbeitern eine private Nutzung gestatten will. Für die private Nutzung ist also die Genehmigung des Arbeitgebers erforderlich.

WICHTIG!

Die Weisungsbefugnis des Arbeitgebers besteht nur hinsichtlich der privaten Nutzung betrieblicher – also der vom Arbeitgeber zur Verfügung gestellten Kommunikationsgeräte und -dienste. Die private Nutzung eigener Geräte des Arbeitnehmers im Betrieb (wie z. B. Smartphone) kann nicht einschränkungslos untersagt werden. Hier muss in jedem Fall eine Interessenabwägung getroffen werden. So kann das Mitbringen von Smartphones (mit audio-visuellen Aufzeichnungsmöglichkeiten) in sicherheitsempfindliche Bereiche (z. B. in Entwicklungsabteilungen) gänzlich untersagt werden, wenn dies zur Sicherung von Betriebsgeheimnissen erforderlich ist. Einem generellen Verbot zur privaten Handynutzung, das auch die Pausen umfasst, liegen regelmäßig keine ausreichenden Arbeitgeberinteressen zugrunde. Da es sich bei dem Verbot der Nutzung eigener Geräte im Betrieb um eine Angelegenheit der betrieblichen Ordnung handelt, besteht diesbezüglich ein Mitbestimmungsrecht des Betriebsrates.

Die Genehmigung zur privaten Nutzung betrieblicher Kommunikationsmittel kann allgemein, z. B. im Wege einer Betriebsvereinbarung, erteilt oder mit jedem Arbeitnehmer einzeln vereinbart werden. Sie kann aber auch durch eine Richtlinie oder stillschweigend gestattet werden.

ACHTUNG!

Ein Anspruch auf die Gestattung der privaten Nutzung kann sich auch aus einer betrieblichen Übung ergeben, z. B. wenn die private Nutzung über einen längeren Zeitraum hinweg vom Arbeitgeber gebilligt wird. Ist erst einmal eine betriebliche Übung entstanden, so kann der Arbeitgeber diese nicht einfach wieder beseitigen. Hierzu bedarf es der Zustimmung der Mitarbeiter oder einer Änderungskündigung. Eine ablösende Betriebsvereinbarung, mit der die private Nutzung betrieblicher Kommunikationsmittel einfach untersagt wird, kommt dann nicht (mehr) in Betracht. Mehr zum Thema: s. → *Betriebliche Übung*.

Die Gestattung der privaten Nutzung der betrieblichen Kommunikationsmittel bringt erhebliche datenschutzrechtliche Konsequenzen mit sich, da – zumindest nach Auffassung der Datenschutzaufsichtsbehörden – der Arbeitgeber insoweit als Anbieter von Telemedien und Telekommunikationsdienstleistungen i. S. d. gesetzlichen Bestimmungen (TKG, TMG) einzustufen ist. Vor einer Gestattung der privaten Nutzung sollte sich der Arbeitgeber also genau überlegen, ob er die hiermit einhergehenden Auflagen erfüllen will und kann (s. hierzu mehr unter IV. Datenschutz und Fernmeldegeheimnis).

WICHTIG!

Eine Vielzahl von Arbeitsgerichten (vgl. LAG Berlin-Brandenburg v. 14.1.2016, Az. 5 Sa 657/15 und v. 16.2.2016, Az. 4 Sa 2132/10) teilt die Auffassung der Datenschutzaufsichtsbehörden nicht und gelangt zu dem Ergebnis, dass der Arbeitgeber keine geschäftsmäßigen Telekommunikationsleistungen erbringt und somit kein Diensteanbieter i. S. d. § 3 Nr. 6 TKG sei. Die Erhebung, Verarbeitung oder Nutzung von personenbezogenen Daten eines Beschäftigten sei daher im Rahmen des § 32 BDSG (seit 25.5.2018 ersetzt durch § 26 BDSG) auch ohne dessen Einwilligung zulässig (LAG Berlin-Brandenburg v. 14.1.2016, Az. 5 Sa 657/15). Hieran dürfte sich auch nach der Einführung der DSGVO nichts geändert haben, wobei selbstverständlich die Rahmenbedingungen (Zweckbindung, Datensparsamkeit etc.) zu beachten sind.

2. Regelungsmöglichkeiten

Wenn der Arbeitgeber die private Nutzung betrieblicher Kommunikationsmittel gestatten will, sollte er die Rahmenbedingungen auf jeden Fall so genau wie möglich regeln.

Zunächst sollte der Umfang der erlaubten privaten Nutzung exakt bestimmt werden. Allein der Hinweis auf eine „Angemessenheit" der erlaubten Nutzung reicht i. d. R. nicht aus, um hieraus Ansprüche gegen einen Mitarbeiter herzuleiten. Vielmehr sollten klare Grenzen gesetzt werden. So kann z. B. die private Nutzung betrieblicher Kommunikationsmittel während der Arbeitszeit generell verboten bzw. die Erlaubnis auf die private Nutzung in Arbeitspausen beschränkt werden. Auch können zeitliche Grenzen für die Dauer der privaten Nutzung vorgegeben werden. Das Führen von Auslandstelefonaten oder die Inanspruchnahme von kostenpflichtigen Angeboten sollte zu privaten Zwecken generell verboten werden.

Für die private Nutzung von E-Mails, Messaging-Diensten oder SMS sind neben den allgemeinen Vorgaben (zur dienstlichen Nutzung) besondere Vorschriften zu erlassen.

Der Arbeitgeber ist gesetzlich dazu verpflichtet, Handelsbriefe (gem. § 238 Abs. 2 HGB) und sonstige Korrespondenz mit steuerlichem Bezug (§ 147 AO) zu archivieren. Hierzu gehören u. U. auch E-Mails und sonstige Textnachrichten (nebst Anlagen). Andererseits darf der Arbeitgeber aber auf private E-Mails und Textnachrichten des Arbeitnehmers nicht ohne weiteres zugreifen oder diese speichern. Deshalb muss der Arbeitgeber entweder aufwendige technische Lösungen betreiben, die in der Lage sind, die privaten Nachrichten von den dienstlichen zu trennen. Oder er macht die Privatnutzung ausdrücklich davon abhängig, dass die Arbeitnehmer den Zugriff auf und die Archivierung von privaten Nachrichten schriftlich gestatten.

Verboten werden sollte auf jeden Fall die private Übersendung betriebsinterner (nicht nur vertraulicher) und personenbezogener Daten sowie der Versand von Nachrichten, die einen anstößigen oder strafbaren Inhalt haben (z. B. ausländerfeindliche Parolen) oder die in irgendeiner Weise das Ansehen des Arbeitgebers schädigen könnten.

Aus Sicherheits- und Kostengründen empfiehlt es sich im Zusammenhang mit der Nutzung von Computer und Internet,

- das Herunterladen von Dateien und Programmen zur privaten Nutzung,
- das Installieren privater oder fremder Software,
- den Aufruf kostenpflichtiger Websites und
- den Besuch von Internetseiten mit anstößigem oder strafbarem Inhalt (egal, ob kostenpflichtig oder nicht)

generell zu verbieten.

TIPP!

Der Arbeitgeber sollte die Erlaubnis zur privaten Nutzung betrieblicher Kommunikationsmittel davon abhängig machen, dass sich der Arbeitnehmer mit einem vom Arbeitgeber eingeführten Kontrollsystem sowie der Archivierung und dem Zugriff auf private E-Mails schriftlich einverstanden erklärt.

3. Mobile Geräte

Unter Berücksichtigung der besonderen Risiken, die sich bereits aus der betrieblichen Nutzung mobiler Geräte ergeben (s. II.3.), birgt die Gestattung der privaten Nutzung eines solchen Geräts noch weitere Gefahren und macht zusätzliche Regelungen erforderlich. Der Arbeitgeber ist nämlich – als Verantwortlicher gem. Art. 4 Nr. 7, 24 ff. DSGVO – schon aus datenschutzrechtlichen Gründen dazu verpflichtet, die Verarbeitung von personenbezogenen Daten umfassend zu kontrollieren. Andererseits müssen aus persönlichkeitsrechtlichen Gründen private Daten des Arbeitnehmers von einer solchen Kontrolle grundsätzlich ausgenommen bleiben. Wird dem Arbeitnehmer also gestattet, ein mobiles Gerät auch privat zu nutzen, so stellt sich jeder Zugriff auf dieses Gerät seitens des Arbeitgebers potenziell auch als Eingriff in die Privatsphäre des Arbeitnehmers dar. Hierdurch werden die Kontrollmöglichkeiten erheblich eingeschränkt.

ACHTUNG!
Zwingende Voraussetzung für die Gestattung der privaten Nutzung mobiler Geräte ist daher, dass auf dem Gerät eine strikte Trennung von privaten und betrieblichen Daten erfolgt.

Die Kontrolle betrieblicher Anwendungen und Daten sollte im Rahmen eines Mobil-Device-Managements (MDM) bereits so weitreichend sein, dass neben den ohnehin erforderlichen Sicherheitsvorgaben (s. o. II.2. f.) in erster Linie nur noch die Besonderheiten der privaten Nutzung zu regeln sind. Hierzu gehören:

- die Einwilligung des Arbeitnehmers, dass die nach den datenschutzrechtlichen Bestimmungen erforderlichen Kontrollen jederzeit und einschränkungslos durchgeführt werden können;
- die Verpflichtung des Arbeitnehmers, dass eine strikte Trennung von privaten und betrieblichen Daten, Anwendungen und Benutzeraccounts erfolgt;
- die Einwilligung des Arbeitnehmers, dass bei Verlust des Gerätes auch eine Ortung (Theft-Recovery) und Sperrung sowie ggfs. eine Fernlöschung sämtlicher Daten (Remote-Wipe) erfolgt;
- Gebot, dass der Arbeitnehmer selbst für die Sicherung seiner privaten Daten Sorge zu tragen hat, bei der jedoch keine gleichzeitige Sicherung der betrieblichen Daten auf anderen als den vom Arbeitgeber vorgegebenen Datenträgern erfolgen darf;
- Verbot der Nutzung nicht-autorisierter Software, Apps, Netzwerke und Cloud-Dienste;
- Verbot der Nutzung eigener Software, Apps, Netzwerke, Clouds und Benutzeraccounts für dienstliche Zwecke.

Hinzu kommen noch solche Regelungen, die sich allgemein aus der dienstlichen Nutzung eines betrieblichen mobilen Geräts ergeben (s. o. II.2. u. 3.)

4. Rücknahme einer Erlaubnis

Wird die private Internet-Nutzung gestattet, liegt hierin grundsätzlich eine freiwillige Leistung des Arbeitgebers. Zur Klarstellung sollte der Arbeitgeber die Gestattung ausdrücklich unter den Vorbehalt der Freiwilligkeit stellen. Erst einmal entstandene Ansprüche des Arbeitnehmers, sei es durch Regelungen im Arbeitsvertrag, durch Betriebsvereinbarung oder durch betriebliche Übung, können ohne einen entsprechenden Vorbehalt nicht mehr ohne Weiteres zurückgenommen werden.

Formulierungsbeispiel:

„Dem Arbeitnehmer wird freiwillig und ohne Begründung eines Rechtsanspruchs gestattet, die am Arbeitsplatz vorhandenen Kommunikationsmittel – nach Maßgabe weiterer Anordnungen des Arbeitgebers – privat zu nutzen."

IV. Bring your own device

1. Begriff

Unter dem Begriff „Bring your own device", kurz auch „BYOD" genannt, versteckt sich das unternehmerische Ziel, Arbeitnehmern die dienstliche Nutzung ihrer privaten (i. d. R. mobilen) Geräte zu gestatten und diesen Zugriff auf die IT-Ressourcen des Unternehmens zu gewähren. Auf den ersten Blick hat dieses Verfahren einige Vorteile für beide Seiten. Der Arbeitnehmer kann ein (meist attraktives) Gerät seiner Wahl für private und dienstliche Zwecke einsetzen und benötigt kein weiteres mehr. Die hiermit einhergehende Zufriedenheit und Motivation des Arbeitnehmers kommt dem Arbeitgeber ebenso zugute, wie eine bessere Erreichbarkeit des Arbeitnehmers, der sein selbst ausgewähltes Gerät auch privat nutzt. Ob sich der Arbeitgeber wegen der vom Arbeitnehmer selbst gezahlten Geräte Kosten spart, mag unter Berücksichtigung des erforderlichen zusätzlichen Aufwandes für Administrations- und Sicherheitsmaßnahmen in Frage gestellt bleiben.

Die Sicherheitsanforderungen und Regelungsgegenstände entsprechen inhaltlich denen, die beim Einsatz betrieblicher mobiler Geräte, die auch zur privaten Nutzung zugelassen sind (s. o. III.3. m. w. N.), gelten. Durch den Umstand, dass das Gerät jedoch nicht im Eigentum des Arbeitgebers steht, sondern Privateigentum des Arbeitnehmers ist, ergeben sich besondere rechtliche Aspekte, die zusätzlich zu beachten sind.

2. Rechtliche Aspekte

Auch wenn der Arbeitgeber nicht Eigentümer des Geräts ist, muss er schon aus datenschutzrechtlichen Gründen die Verarbeitung von personenbezogenen Daten vollständig unter seiner Kontrolle haben. In dieser Konstellation wird sogar diskutiert, ob der Arbeitnehmer mit seinem Gerät nicht als eigenständiger Datenverarbeiter des Arbeitgebers anzusehen ist, es sich also um eine sog. Auftragsverarbeitung handelt, bei der ein formbedürftiger Vertrag nach Art. 28 Abs. 3 DSGVO erforderlich ist. Selbst wenn man diese Auffassung nicht teilt, steht fest, dass aus datenschutzrechtlicher Sicht nur eine freiwillige Nutzung von BYOD möglich ist, da der Arbeitgeber hinsichtlich der erforderlichen Einräumung von Kontrollrechten durch den Eigentümer des Geräts (= dem Arbeitnehmer) auf dessen Kooperation angewiesen ist.

ACHTUNG!
Eine Verweigerung von Kontrollmaßnahmen muss zwangsläufig zum Ausschluss des Mitarbeiters vom BYOD-Programm, also der Nichtgestattung der dienstlichen Nutzung des privaten Geräts, führen.

Die personenbezogenen Daten sowie die Gewährleistung der Vertraulichkeit und Integrität informationstechnischer Systeme des betroffenen Arbeitnehmers müssen bei den Kontrollen aber ebenfalls beachtet werden. Die durchzuführenden Kontrollen sollten sich daher auf ein Mindestmaß beschränken. Voraussetzung für eine angemessene Umsetzung ist auch in diesem Zusammenhang eine strikte Trennung von betrieblichen und persönlichen Daten. Die MDM (s. o.) ermöglicht jedoch auch die Erhebung, Löschung, Sperrung und Veränderung privater Daten. Ist auch eine Ortung zum „Theft-Recovery" mittels GPS-Daten möglich, entstehen zwangsläufig Bewegungsprofile. Der Arbeitnehmer muss auf seine diesbezüglichen Rechte verzichten, bevor er sein Gerät dienstlich nutzen darf. Andererseits kann der Arbeitgeber den BYOD-Einsatz gegen den Willen des Arbeitnehmers auch nicht erzwingen. Das Direktionsrecht erfasst nicht das private Eigentum des Arbeitnehmers.

WICHTIG!
Zur Umsetzung der erforderlichen Sicherheitsvorkehrungen und Regelungen (s. o. II. u. III.) muss also mit dem Arbeitnehmer eine entsprechende vertragliche Vereinbarung getroffen werden.

Eine BYOD-Vereinbarung mit dem Arbeitnehmer sollte zumindest folgende Punkte enthalten:

- Zusicherung, dass das Gerät im alleinigen Eigentum des Arbeitnehmers steht und ausschließlich von diesem genutzt wird;
- Verpflichtung zur strikten Trennung von privaten und betrieblichen Daten und Anwendungen;
- Ausdrückliche Einwilligung zur Erhebung, Verarbeitung und Nutzung aller personenbezogenen Daten, die sich auf dem Gerät befinden (sofern keine strikte Trennung erfolgt oder möglich ist);

- Verpflichtung, dass Sicherheitspatches und Softwareupdates unverzüglich nach Veröffentlichung installiert werden;
- Verpflichtung, dass Virenschutzprogramme eingesetzt und ständig aktualisiert werden; und
- der Zugriff auf das Gerät durch starke Passwörter und Bildschirmschoner geschützt wird;
- Verpflichtung, dass alle lokal gespeicherten Daten verschlüsselt werden;
- Verpflichtung, eine Sicherung der betrieblichen Daten ausschließlich nach den Vorgaben des Arbeitgebers vorzunehmen;
- Verpflichtung, dass der Verlust des Gerätes unverzüglich gemeldet wird und Erklärung, dass mit der Ortung (Theft Recovery), Sperrung und Löschung sämtlicher Daten Einverständnis besteht;
- Verpflichtung, im Falle einer Weitergabe des Geräts an Dritte (auch im Garantiefall etc.) sämtliche betrieblichen Daten zu löschen;
- Erklärung, dass nur vom Hersteller zertifizierte Anwendungen auf dem Gerät genutzt werden und ausdrücklich vom Arbeitgeber verbotene Anwendungen nicht verwendet werden;
- Einschränkung auf ausdrücklich erlaubte Synchronisationsdienste;
- Verbot, die Endgeräte zu rooten, einen Jailbreak oder sonstige tiefergehende Eingriffe in das Gerät vorzunehmen oder vornehmen zu lassen;
- Gestattung von automatisierten Scans der Geräte im Rahmen von Netzzugangskontrollen;
- Verbot der Nutzung betrieblicher Daten in privaten Anwendungen, nicht-kontrollierten Applikationen, Netzwerken oder Clouds;
- Verpflichtung zum Zugang auf unternehmensinterne Web-Portale ausschließlich über einen eigenen, sicheren Browser, der die Kommunikation zwischen Portal und mobilem Gerät zusätzlich verschlüsselt;
- Regelung zur unverzüglichen Löschung/Herausgabe der betrieblichen Daten bei Vertragsbeendigung.

Grundsätzlich ist es Sache des Arbeitgebers, die notwendigen Betriebsmittel zur Verfügung zu stellen. Arbeitnehmerseitige Aufwendungen für die Anschaffung und Wartung der BYOD-Geräte können vom Arbeitgeber (zumindest anteilig) erstattet und als Betriebsausgaben geltend gemacht werden. Kommt die Kostenübernahme dem Arbeitnehmer auch privat zugute, so ist ein entsprechender Anteil als geldwerter Vorteil lohnsteuerpflichtig. Um eine Weitergabe des Geräts an ein externes Wartungsunternehmen zu unterbinden, bietet es sich an, dass der Arbeitgeber hierfür eine Kostenübernahme vorsieht, wenn die Wartung durch ihn zuverlässig organisiert wird. Ferner ist es zweckmäßig, wenn der Arbeitgeber dem Arbeitnehmer die Kosten einer Geräteversicherung erstattet, da er bei Verlust oder Beschädigung des Geräts im Zweifel zur Zahlung eines Aufwendungsersatzes verpflichtet ist.

Durch die Nutzung der sich auf den Geräten befindlichen Software ergeben sich lizenzrechtliche Probleme nahezu zwangsläufig, wenn Software des Unternehmens für private Zwecke und Software, die der Arbeitnehmer privat erworben hat, für betriebliche Zwecke eingesetzt werden. Bei der Verwendung von Software zu anderen als den vertraglich vereinbarten Zwecken kann es nämlich zu Nutzungshandlungen kommen, die urheberrechtliche Unterlassungs- und ggfs. sogar Schadensersatzansprüche auslösen. Auch wenn der Arbeitgeber hiervon keine Kenntnis hat, kann er für einen entsprechenden Verstoß durch seinen Mitarbeiter haftbar gemacht werden. Zur Reduzierung von Haftungsrisiken sind sämtliche Unternehmenslizenzen darauf zu überprüfen, ob von ihnen auch eine Nutzung auf privaten Geräten des Arbeitnehmers umfasst ist. Ferner ist der Arbeitnehmer darauf hinzuweisen, dass er eigene Software nicht zu Betriebszwecken verwenden soll.

V. Datenschutz und Fernmeldegeheimnis

1. Übersicht

Um die Einhaltung der Bestimmungen zur Nutzung der betrieblichen Kommunikationsmittel effektiv zu überwachen, sind technische Einrichtungen erforderlich, die unmittelbar an die technischen Übertragungsvorgänge anknüpfen, also z. B. erfassen, wann welcher Arbeitnehmer welche E-Mail abgesandt oder erhalten hat. Es gibt in diesem Bereich eine Vielzahl von Systemen, deren Einsatzmöglichkeiten vom im Betrieb verwendeten EDV-System abhängen.

ACHTUNG!

Solche Überwachungseinrichtungen sind nicht uneingeschränkt zulässig! Bei ihrer Einführung und Nutzung müssen die Persönlichkeitsrechte des Arbeitnehmers, der Datenschutz, das Fernmeldegeheimnis und eventuelle Mitbestimmungsrechte des Betriebsrats beachtet werden.

Auch wenn keine besonderen technischen Überwachungseinrichtungen installiert werden, muss der Arbeitgeber zwingende gesetzliche Regelungen zur Speicherung und dem Abruf von Daten beachten.

2. Dienstliche Nutzung

Dem Interesse des Arbeitgebers an der Erhebung und weiteren Verarbeitung von Daten zum Zwecke der Sicherung seiner betrieblichen Kommunikationsmittel und -dienste steht das verfassungsrechtlich geschützte Recht des Arbeitnehmers auf informationelle Selbstbestimmung gegenüber. In diesem Zusammenhang sind die Bestimmungen der Datenschutzgrundverordnung (DSGVO) und des ergänzenden Bundesdatenschutzgesetzes (BDSG) über den Umgang mit personenbezogenen Daten zu beachten. Personenbezogene Daten sind alle Informationen, die sich auf eine identifizierte oder identifizierbare natürliche Person beziehen. Als identifizierbar wird eine natürliche Person angesehen, die direkt oder indirekt, insbesondere mittels Zuordnung zu einer Kennung wie einem Namen, zu einer Kennnummer, zu Standortdaten, zu einer Online-Kennung oder zu einem oder mehreren besonderen Merkmalen identifiziert werden kann. Immer dann, wenn die Überwachung Rückschlüsse auf das Verhalten einer bestimmten Person zulässt (also kein anonymer Telefon-, Internet- oder E-Mail-Zugang verwendet wird), ist von der Verarbeitung personenbezogener Daten auszugehen.

Nach § 26 Abs. 1 BDSG (neu) ist die Verarbeitung von den personenbezogenen Daten zulässig, die für die Begründung, Durchführung oder Beendigung des Arbeitsverhältnisses erforderlich sind. Der Gesetzgeber verpflichtet die Unternehmen, zu prüfen, ob die Datenverarbeitung für die Zwecke des Beschäftigungsverhältnisses erforderlich und der Umfang der Datenverarbeitung verhältnismäßig ist. Wichtig ist, dass die Legitimation nur dann besteht, wenn kein Grund zur Annahme gegeben ist, dass schutzwürdige Interessen des Arbeitnehmers dem Interesse des Arbeitgebers an der Verarbeitung personenbezogener Daten vorgehen (s. hierzu vertiefend „Datenschutz"). Ferner bedarf es eines konkreten Zwecks, zu dem die Datenvereinbarung erfolgt.

Die nachfolgenden Ausführungen basieren noch auf der Rechtsprechung vor dem 25.5.2018 (DSGVO, BDSG neu). Es kann jedoch davon ausgegangen werden, dass sich diese im Wesentlichen auch unter der neuen Rechtslage fortsetzt.

Einen hinreichend konkretisierten Zweck kann die Erfassung von Zeit- und Verbindungsdaten zur Abrechnung des eingerichteten Telekommunikationssystems darstellen. Ein ausreichender Grund zur stichprobenweisen Feststellung des Nutzungsumfanges kann auch darin liegen, dass der Arbeitgeber die Wirtschaftlichkeit der eingesetzten Kommunikationsmittel und -dienste analysieren und ggf. optimieren will. Zu diesem Zweck können etwa die dienstlich angewählten Telefonnummern, Internetadressen und die Verbindungsdaten von dienstlichen E-Mails (z. B. Uhrzeit und Datum) erhoben und gespeichert werden.

Den konkreten Zweck der Datenerfassung hat der Arbeitgeber im Streitfall darzulegen und zu beweisen. Nicht zuletzt aus diesem Grund ist zu empfehlen, die schriftliche Einwilligung des Arbeitnehmers mit der Internet-, E-Mail- und IP-Überwachung einzuholen, und zwar auch dann, wenn sich diese ausschließlich auf die Erfassung „äußerer" Daten (z. B. E-Mail-Adressen, Zeit und Dauer der Verbindungen oder Größe der übermittelten Dateien) beschränkt. Dies gilt unabhängig davon, ob die Internet-Nutzung auch zu privaten Zwecken gestattet ist oder nicht.

TIPP!

Im Gegenzug zur Erlaubnis der privaten Internet-Nutzung sollte von jedem einzelnen Arbeitnehmer die schriftliche Einwilligung zu einem solchen Überwachungssystem verlangt werden.

Ein solches Einverständnis sollte nicht zu allgemein gehalten sein, sondern im direkten Bezug auf das Überwachungssystem abgegeben werden. Am besten ist es, die Überwachungsbedingungen auf dem Blatt, das die Erklärung und Unterschrift des Arbeitnehmers enthält, detailliert aufzuführen. Die Erklärung des Arbeitnehmers sollte darauf Bezug nehmen.

Formulierungsbeispiel:

Siehe Anlage B Einwilligungserklärung zur privaten Nutzung des betrieblichen Internetzugangs.

Wenn diese schriftliche Einverständniserklärung nicht vorliegt, sollte sich ein betriebliches Überwachungssystem auf die abstrakte Erfassung der „äußeren" Daten (wie. z. B. E-Mail-Adressen, Zeit und Dauer der Verbindungen sowie Größe der übermittelten Dateien) beschränken, ohne die Inhalte der E-Mails zu überprüfen. Ein Zugriff auf die übermittelten Inhalte ist nach dem Bundesdatenschutzgesetz auch bei rein dienstlicher Nutzung grundsätzlich nur dann gestattet, wenn auf Seiten des Arbeitgebers ein begründeter Verdacht auf missbräuchliche Handlungen, insbesondere den Verrat von Betriebs- oder Geschäftsgeheimnissen besteht.

ACHTUNG!

Bloße Mutmaßungen reichen hierfür nicht aus. Es müssen konkrete Indizien oder Beweise für eine missbräuchliche Handlung (z. B. Zeit und Dauer der Verbindungen sowie Größe der übermittelten Dateien) vorliegen. Zur Feststellung eines Kündigungssachverhalts darf der Arbeitgeber dann auch den Browserverlauf des Dienstrechners eines Arbeitnehmers auswerten, ohne dass hierzu dessen Zustimmung vorliegen muss. Die Verwertung der so erlangten Daten ist statthaft (LAG Berlin-Brandenburg v. 14.1.2016, Az. 5 Sa 657/15).

In diesem Zusammenhang kann die Filterung von dienstlichen E-Mails nach bestimmten Schlüsselworten (Key-Words) sinnvoll sein. So können z. B. neue (geheime) Produktnamen, bestimmte Empfängerdaten (Namen von Konkurrenzunternehmen) oder Worte wie „vertraulich" oder „geheim" als Auswahlkriterien des Überwachungssystems eingegeben werden. Je nach der technischen Ausgestaltung solcher Programme kommen auch die Domäne-Namen von Internet-Seiten mit anstößigem oder strafbarem Inhalt hierfür in Frage. Wenn ein entsprechender Begriff in den E-Mails auftaucht, wird die Nachricht automatisch ausgesondert. Bevor dann jedoch Zugriff auf den Inhalt genommen wird, sollte zunächst überprüft werden, ob sich aus der Gesamtheit der so ermittelten Daten hinreichende Verdachtsmomente für eine unzulässige oder strafbare Nutzung des Internets ergeben.

Ferner sollte sichergestellt werden, dass die Einsichtnahme bei konkretem Verdacht nur durch besonders zur Verschwiegenheit verpflichtete Personen erfolgt.

Eine Überwachung unter Beachtung dieser gerade genannten Punkte dürfte allerdings nur dann zulässig sein, wenn der Arbeitnehmer hierzu sein schriftliches Einverständnis erteilt hat.

Es ist auch möglich, die genannten Überwachungssysteme parallel anzuwenden: Wird anhand eines Schlüsselbegriffs der Verdacht einer unzulässigen E-Mail oder Internet-Nutzung wach, ist zunächst zu überprüfen, ob sich der betreffende Arbeitnehmer für diesen Fall mit einer Einsichtnahme einverstanden erklärt hat. Ist dies nicht der Fall, müssen weitere Verdachtsmomente hinzukommen (z. B. Empfängerdaten), damit der Arbeitgeber Zugriff auf den Inhalt der E-Mail nehmen darf.

Bei der Überwachung von Telefonaten werden folgende Einzelmaßnahmen unterschieden:

- Abhören: Hier schaltet sich der Arbeitgeber in die Leitung ein und kann die Äußerungen beider Teilnehmer über seinen Apparat hören.
- Mithören: Hier ist der Arbeitgeber bei einem Teilnehmer anwesend und kann mittels eines Lautsprechers nicht nur dessen Äußerungen, sondern auch die des anderen hören.
- Mitschneiden: Hier werden Gesprächsinhalte aufgezeichnet.
- Elektronische Erfassung von Gesprächen nach zeitlicher Lage, Dauer und Zielnummer.

Die Rechtsprechung hat die Zulässigkeit dieser Maßnahmen wie folgt beurteilt:

Unzulässige Maßnahmen

Unzulässig ist:

- das unbemerkte Abhören von dienstlichen und privaten Telefonaten des Arbeitnehmers ohne dessen Einwilligung;
- das heimliche Mitschneiden eines Telefonats (nur in extremen Ausnahmefällen wie z. B. einer Erpressung ist es ausnahmsweise erlaubt);
- das vom anderen Teilnehmer unbemerkte Mithörenlassen eines Gesprächs, und zwar auch bei einem rein geschäftlichen Telefonat.

ACHTUNG!

Die unzulässigen Maßnahmen führen i. d. R. auch zu dem Verbot, die hierdurch gewonnen Erkenntnisse in einem gerichtlichen Zivilverfahren zu verwerten (Beweisverwertungsverbot). Konnte jedoch ein Dritter zufällig, ohne dass der beweispflichtige Arbeitgeber dazu etwas beigetragen hat, ein Telefonat mithören, gilt dieses Beweisverwertungsverbot nicht. Der Dritte darf in diesen Fällen als Zeuge vernommen werden (BAG v. 23.4.2009, Az. 6 AZR 189/08).

Zulässige Maßnahmen

Zulässig ist:

- das Abhören von Telefonaten mit Einverständnis des Arbeitnehmers, wenn dieser Eingriff in das Persönlichkeitsrecht des Arbeitnehmers nach Inhalt, Form und Begleitumständen verhältnismäßig ist. Bejaht wurde dies vom BAG für die Überwachung von Gesprächen eines Auszubildenden in einer Reservierungszentrale. Die Rechtsprechung der unteren Gerichte steht einer generellen Abhörmöglichkeit eher kritisch gegenüber; im Zweifel sollte in diesen Fällen deshalb nicht abgehört werden;

- das Mithören, wenn der Arbeitnehmer konkret und bezogen auf dieses Telefonat zugestimmt hat (die bloße Kenntnis des Arbeitnehmers von derartigen Praktiken reicht nicht aus);
- das sog. Aufschalten, mit dem sich ein Dritter deutlich wahrnehmbar in ein Telefonat einschaltet;
- das Mitschneiden von Gesprächsinhalten, sofern der Arbeitnehmer und der andere Gesprächspartner hierzu ihre Zustimmung erteilt haben und berechtigte Interessen des Arbeitgebers dies rechtfertigen (z. B. im Call-Center, beim Telefonmarketing etc.);
- die Aufzeichnung von Gesprächsdaten durch die EDV, und zwar auch bei Ferngesprächen des Betriebsrats, nicht jedoch bei Ortsgesprächen und hausinternen Telefonaten. Vielfach werden die letzten zwei bis vier Ziffern der Zielnummer bei der Speicherung weggelassen, um noch nicht abschließend geklärten datenschutzrechtlichen Bedenken zuvorzukommen. Einschränkungen gelten z. B. beim Betriebspsychologen. Hier dürfen die Zielnummern nicht gespeichert werden. Technisch ist es auch möglich, durch eine bestimmte Vorwahl zwischen geschäftlichen und privaten Telefonaten zu differenzieren. Dann dürfen die Zielnummern der privaten Telefonate nicht gespeichert werden.

3. Private Nutzung

Gestattet der Arbeitgeber dem Arbeitnehmer die private Nutzung seines Telefon- und E-Mail-Anschlusses, so muss er u. U. neben den datenschutzrechtlichen Bestimmungen (s. o. 2.) für alle Inhalte und die näheren Umstände dieser privaten Telekommunikation auch das Fernmeldegeheimnis gem. § 88 Telekommunikationsgesetz (TKG) wahren. Dem Fernmeldegeheimnis unterliegen der Inhalt der Telekommunikation und die Tatsache, dass jemand an einem Telekommunikationsvorgang beteiligt ist oder war. Nur soweit es zum Zwecke der Bereitstellung, Abrechnung und Sicherstellung eines geregelten Kommunikationsablaufes notwendig ist, dürfen Nutzerdaten erfasst und verwendet werden.

Entsprechendes könnte für die erlaubte private Nutzung des Internets gelten. Hier ist der Arbeitgeber u. U. als „Anbieter" von Telemedien im Sinne des Telemediengesetzes (TMG) einzustufen. Da dann ein Anbieter-Nutzer-Verhältnis zwischen ihm und seinem Arbeitnehmer bestünde, hätte der Arbeitgeber die datenschutzrechtlichen Bestimmungen des TMG zu beachten. In Bezug auf die äußeren Daten der Internetnutzung (besuchte Seiten im Internet, Verweildauer, Uhrzeiten) bedeutet dies, dass der Arbeitgeber personenbezogene Daten eines Nutzers nur insoweit erheben und verwenden darf, soweit dies erforderlich ist, um die Inanspruchnahme von Telemedien zu ermöglichen und abzurechnen. Erlaubt wäre demnach nur eine Datenerhebung zu Abrechnungszwecken oder zur Sicherung der Dienstleistung bzw. für die Fehlersuche und -behebung. Nach § 15 VI TMG darf eine Abrechnung aber nicht Zeitpunkt, Dauer, Art, Inhalt und Häufigkeit bestimmter, von einem Nutzer in Anspruch genommener Telemedien erkennen lassen. Wenn der Arbeitgeber Daten der Privatnutzung verwenden will, die nicht ausschließlich Abrechnungszwecken dienen, so hätte er eine Einwilligung der Arbeitnehmer einzuholen.

WICHTIG!

Ein sog. Anbieter-Nutzer-Verhältnis nach den Vorschriften des TKG und TMG ist umstritten. Nach Auffassung der Datenschutzaufsichtsbehörden bestünde ein solches überhaupt nur dann, wenn der Arbeitgeber die private Nutzung der betrieblichen Kommunikationseinrichtungen gestattet oder zumindest duldet und somit als Anbieter von Telemedien und Telekommunikationsdiensten auftritt. Bei einer verbotenen Privatnutzung finden diese Vorschriften keine Anwendung. Eine Vielzahl von Arbeitsgerichten (vgl. LAG Berlin-Brandenburg v. 14.1.2016, Az. 5 Sa 657/15 und v. 16.2.2016, Az. 4 Sa 2132/10) teilt die Auffassung der Datenschutzaufsichtsbehörden nicht und gelangt zu dem Ergebnis, dass der Arbeitgeber keine geschäftsmäßigen Telekommunikationsleistungen erbringt und somit grundsätzlich kein Diensteanbieter i. S. d. § 3 Nr. 6 TKG sei. Die Erhebung, Verarbeitung oder Nutzung von personenbezogenen Daten eines Beschäftigten sei daher im Rahmen des § 32 BDSG (seit 25.5.2018 ersetzt durch § 26 BDSG) auch ohne dessen Einwilligung zulässig (LAG Berlin-Brandenburg v. 14.1.2016, Az. 5 Sa 657/15).

Betriebliche und private Kommunikation sollten strikt voneinander getrennt werden. Dies gilt auch für die Verkehrsdaten (der Arbeitnehmer und Dritter) aus den erfolgten Kommunikationen (E-Mails, Telefonanrufe, etc). Die entsprechenden privat veranlassten Kommunikationsinhalte und -daten sollten durch angemessene technische Vorkehrungen geschützt (§ 109 I Nr. 1 TKG) und geheim gehalten werden (§ 88 II TKG). Dies erfordert organisatorisch und technisch eine entsprechende Trennung der privat veranlassten von den sonstigen Kommunikationsinhalten und Verkehrsdaten, um insbesondere aus dem Fernmeldegeheimnis die private Telekommunikation (etwa über E-Mails) der Arbeitnehmer und ihrer externen Kommunikationspartner gegen Einsichtnahme zu schützen. Auch Inhalte der von Arbeitnehmern privat heruntergeladenen Webseiten darf der Arbeitgeber nicht zur Kenntnis nehmen bzw. prüfen, selbst wenn die private Veranlassung des Downloads nicht klar erkennbar ist. Für E-Mail-Systeme kann dies durch Einrichten getrennter, privater E-Mail-Accounts erfolgen, für Internet-Zugänge durch Zuweisen arbeitnehmereigener Zugangsberechtigungen und Passwörter.

ACHTUNG!

Nimmt der Arbeitgeber keine derartige Trennung betrieblicher und privater Telekommunikation der Arbeitnehmer vor, könnte das Fernmeldegeheimnis auch auf betriebliche Kommunikationen ausstrahlen, die dann wie private Kommunikationen zu behandeln wären. Soweit sich also etwa private E-Mails im E-Mail-System des Unternehmens nicht klar von betrieblichen E-Mails unterscheiden lassen, müssten auch die betrieblich veranlassten E-Mails wie private E-Mails der Arbeitnehmer behandelt werden. Dieses Problem könnte durch ein ausdrückliches (schriftliches) Einverständnis des Arbeitnehmers mit der Erhebung, Verarbeitung und Nutzung seiner personenbezogenen Daten, die sich auf den betrieblich genutzten Geräten befinden, umgangen werden.

Wenn der Arbeitgeber die private Nutzung von Kommunikationsmitteln gestattet, muss er jedenfalls auch die Vertraulichkeit des (gesprochenen oder geschriebenen) Worts beachten. In einer Entscheidung des Europäischen Gerichtshofes für Menschenrechte EGMR (Application no. 62617/00, Case of Copland v. United Kingdom) wurde klargestellt, dass eine Überwachung der Internetnutzung am Arbeitsplatz jedenfalls dann gegen das Gebot zur Achtung der Privatsphäre (Art. 8 EMRK) verstößt, wenn dies ohne Zustimmung des Arbeitnehmers geschieht und keine hinreichende Rechtfertigung hierfür gegeben ist.

4. Beteiligung des Betriebsrats

Die Einführung und Anwendung von technischen Einrichtungen, die dazu bestimmt sind, das Verhalten oder die Leistung des Arbeitnehmers zu überwachen, ist mitbestimmungspflichtig (§ 87 Abs. 1 Nr. 6 BetrVG). Hierzu gehören auch technische Einrichtungen, die die Nutzung von Telefon, des Internets bzw. des E-Mail-Systems überwachen. Dies gilt unabhängig davon, ob die Nutzung zu rein dienstlichen oder auch zu privaten Zwecken erfolgt oder ob sich die Überwachung nur auf die Erfassung der „äußeren" Daten beschränkt. In jedem Fall lässt die Nutzung ja Rückschlüsse auf das Verhalten am Arbeitsplatz zu, sodass der Betriebsrat zustimmen muss. Nach der Rechtsprechung des BAG ist auch die Einführung und Anwendung eines Telefondatenerfassungssystems mitbestimmungspflichtig, wenn das System die Nebenstelle, den Tag, die Uhrzeit, die Zielnummer und die Dauer eines vom Betrieb aus geführten externen Gespräches aufzeichnet. Dies gilt auch für Anlagen, die ein Aufschalten oder Mithören ermöglichen.

Hat der Betriebsrat der Erfassung von Daten nicht zugestimmt, müssen diese umgehend wieder gelöscht werden. Außerdem ist eine Verwertung der Überwachungsergebnisse dem Arbeitnehmer gegenüber unzulässig.

ACHTUNG!

Die Zustimmung des Betriebsrats zu einer datenschutzrechtlich unzulässigen Maßnahme macht diese nicht rechtmäßig!

VI. Möglichkeiten des Arbeitgebers bei Zuwiderhandlungen des Arbeitnehmers

Hat der Arbeitgeber die private Nutzung weder ausdrücklich noch stillschweigend gestattet und liegt auch keine betriebliche Übung vor, darf der Arbeitnehmer die betrieblichen Kommunikationsmittel und -dienste ausschließlich dienstlich nutzen. Auch hierbei muss er die Vorgaben des Arbeitgebers beachten. Tut er dies nicht, verstößt er gegen seine arbeitsvertraglichen Pflichten. Dies gilt insbesondere für eine unerlaubte private Nutzung oder die Vergeudung von Arbeitszeit.

Die unerlaubte private Nutzung berechtigt den Arbeitgeber im Falle eines Verstoßes zu einer → *Abmahnung*, es sei denn, der Arbeitnehmer hat einen Entschuldigungsgrund (z. B. private Notlage). Im Wiederholungsfall kann der Arbeitgeber eine verhaltensbedingte (ordentliche) → *Kündigung* aussprechen.

Eine außerordentliche → *Kündigung* kommt immer nur dann in Betracht, wenn ein schwerwiegender Verstoß gegen die arbeitsvertraglichen Pflichten vorliegt. Dies kann z. B. bei der Verbreitung von Betriebsgeheimnissen via Internet oder bei der Inanspruchnahme von unsittlichen oder strafbaren Internet-Programmen der Fall sein.

Grundsätzlich kann die private Nutzung der betrieblichen Kommunikationsmittel am Arbeitsplatz nur dann zu einer außerordentlichen Kündigung führen, wenn diese vom Arbeitgeber zuvor ausdrücklich verboten wurde. Nutzt der Arbeitnehmer jedoch während der Arbeitszeit die Kommunikationsmittel in erheblichem zeitlichem Umfang („ausschweifend") zu privaten Zwecken, so kann er auch bei Fehlen eines ausdrücklichen Verbots grundsätzlich nicht darauf vertrauen, der Arbeitgeber werde dies tolerieren. In diesen Fällen kann auch eine fristlose Kündigung ohne vorherige Abmahnung gerechtfertigt sein (BAG v. 31.5.2007, Az. 2 AZR 200/06; BAG v. 7.7.2005, Az. 2 AZR 581/04).

Beispiele:

„Lädt ein Arbeitnehmer während der Arbeitszeit pornografisches Bildmaterial aus dem Internet, das er auf Datenträgern des Arbeitgebers speichert und nutzt er den Internetzugang zum Einrichten einer Web-Page sexuellen Inhalts, rechtfertigt dies eine außerordentliche Kündigung" (Leitsatz eines Urteils des ArbG Hannover v. 1.12.2000, Az. 1 Ca 504/00 B). Installiert ein Arbeitnehmer verbotswidrig sog. Anonymisierungssoftware, die eine Kontrolle der technischen Betriebsmittel des Arbeitgebers erheblich erschwert oder vereitelt, kann eine außerordentliche Kündigung ohne vorherige Abmahnung gerechtfertigt sein (BAG v. 12.1.2006, Az. 2 AZR 179/05). Die unbefugte Übermittlung vertraulicher oder geheimer Daten des Arbeitgebers durch den Arbeitnehmer auf sein privates E-Mail-Postfach kann einen wichtigen Grund darstellen, der den Arbeitgeber sogar während einer Freistellung des Arbeitnehmers vor dem in einem Aufhebungsvertrag vereinbarten Ende des Arbeitsverhältnisses noch zu einer außerordentlichen Kündigung berechtigt (vgl. LAG Hessen v. 29.8.2011, Az. 7 Sa 248/11). Ein Grund zur fristlosen Kündigung eines Arbeitsverhältnisses kann auch darin liegen, dass ein Arbeitnehmer privat beschaffte Bild- oder Tonträger während der Arbeitszeit unter Verwendung seines dienstlichen Computers unbefugt und zum eigenen oder kollegialen Gebrauch auf dienstliche „DVD-" bzw. „CD-Rohlinge" kopiert. Das gilt unabhängig davon, ob darin zugleich ein strafbewehrter Verstoß gegen das Urheberrechtsgesetz liegt (BAG v. 16.7.2015, Az. 2 AZR 85/15).

Der Arbeitgeber hat im Streitfall konkret zu

- dem zeitlichen Umfang der Privatnutzung während der Arbeitszeit,
- der transferierten Datenmenge,
- der Gefährdung oder Beeinträchtigung des betrieblichen IT-Systems,
- den durch die Privatnutzung angefallenen zusätzlichen Kosten und
- einer etwaig verursachten Rufschädigung des Arbeitgebers oder der Beeinträchtigung anderer Personen

vorzutragen und etwaige Beweise zu erbringen.

Entsteht dem Arbeitgeber durch das unerlaubte Verhalten des Arbeitnehmers (z. B. Nichteinhaltung von Sicherheitsbestimmungen und hierdurch resultierenden Datenverlust oder Ansehensschädigung des Arbeitgebers) ein Schaden, kann er Schadensersatzanspruch nach den allgemeinen Regeln geltend machen (→ *Haftung des Arbeitnehmers*).

VII. Checkliste/Muster Internet/ Telekommunikation

A. Inhalt einer betrieblichen Richtlinie zur Internet-Nutzung

Eine betriebsinterne Richtlinie zur Internet-Nutzung sollte folgende Punkte enthalten:

I. Allgemeine Sicherheitsregeln

- ❑ Vorschrift zur Anwendung von Virenschutzprogrammen
- ❑ Verbot des Installierens privater oder betriebsfremder Software und Anwendungen
- ❑ Aufforderung zur Anfertigung von Sicherungskopien empfangener und versendeter E-Mails
- ❑ Klassifizierung und Verschlüsselung vertraulicher Dokumente
- ❑ Verwendung einheitlicher E-Mail-Formulare (ggf. mit Vertraulichkeitshinweisen)
- ❑ Verbot des Öffnens, Versendens oder Weiterleitens von Kettenbriefen

II. Dienstliche Nutzung

1. E-Mail und SMS

- ❑ Der Inhalt muss kurz gefasst werden („KISS" = keep it short and simple)
- ❑ Belehrung über die Verbindlichkeit rechtsgeschäftlicher Äußerungen per E-Mail/SMS
- ❑ Aufforderung zur Einhaltung der Erklärungskompetenzen
- ❑ Kopien dürfen nur an Personen übermittelt werden, die vom Inhalt betroffen sind
- ❑ Aufforderung zum sorgfältigen Umgang mit ausgedruckten E-Mails, entweder durch Zuordnung in die betreffende Akte oder durch Vernichtung per Shredder

2. Surfen im Internet

- ❑ Vorauswahl bestimmter Internetanbieter mit kostenpflichtigen Angeboten
- ❑ Anwendung eines Virenschutzprogramms
- ❑ Verbot des Herunterladens von ungescannten Programmen

III. Private Nutzung

1. E-Mail und SMS

- ❑ Darf das E-Mail privat genutzt werden?
- ❑ Wenn die private Nutzung erlaubt wird:
  - ▶ In welchem Ausmaß?
  - ▶ Ist die Nutzung während der Arbeitszeit gestattet?
- ❑ Verbot der privaten Übersendung betriebsinterner Daten
- ❑ Verbot der Weiterleitung von Nachrichten, die einen anstößigen oder strafbaren Inhalt haben oder die das Ansehen des Arbeitgebers schädigen können
- ❑ Einverständnis mit der Erhebung, Verarbeitung und Nutzung aller personenbezogenen Daten, die sich auf den vom Arbeitnehmer betrieblich genutzten Geräten befinden.

2. Surfen im Internet

- ❑ Darf zu Privatzwecken gesurft werden?
- ❑ Wenn ja:
  - ▶ In welchem Ausmaß?
  - ▶ Darf während der Arbeitszeit gesurft werden?
- ❑ Verbot des Herunterladens von Programmen und Dateien zur privaten Nutzung
- ❑ Verbot der Inanspruchnahme kostenpflichtiger Internetanbieter
- ❑ Verbot des Besuchens von Internetseiten mit anstößigem oder strafbarem Inhalt
- ❑ Einverständnis mit der Erhebung, Verarbeitung und Nutzung aller personenbezogenen Daten, die sich auf den vom Arbeitnehmer betrieblich genutzten Geräten befinden.

B. Einwilligungserklärung zur privaten Nutzung des betrieblichen Internetzugangs

Mit den vorgenannten Bedingungen zur Überwachung der Nutzung betrieblicher Kommunikationsmittel – insbesondere mit der Erfassung, Speicherung und Verwertung meiner hierdurch veranlassten personenbezogenen Daten und der Einsichtnahme in die über mein E-Mail-Postfach laufenden Mitteilungen – erkläre ich mich einverstanden.

Hiermit willige ich – in jederzeit widerruflicher Weise – ein, dass der Arbeitgeber meine private Nutzung des betrieblichen E-Mail- und Internetzugangs protokolliert und auswertet und die Daten nutzt, wie in der vorstehend abgedruckten Richtlinie beschrieben.

Mir ist bekannt, dass ich insbesondere bei einer privaten Nutzung des betrieblichen E-Mail- und Internetzugangs keine Vertraulichkeit oder Geheimhaltung erwarten kann.

Diese Einwilligung ist freiwillig. Erteile ich sie nicht, entstehen mir keine weiteren Nachteile, als dass ich den betrieblichen Internetzugang nicht privat nutzen darf. Der betriebliche E-Mail-Zugang darf unabhängig von einer Einwilligung nicht privat genutzt werden.

Ich kann diese Einwilligung jederzeit mit Wirkung für die Zukunft widerrufen. Durch einen Widerruf entfällt die Berechtigung zur privaten Nutzung des betrieblichen Internetzugangs.

Ein Widerruf der Einwilligung ist ausgeschlossen, soweit er sich auf Daten und Informationen bezieht, die vor dem Widerruf entstanden sind, und ein Widerruf lässt gesetzliche Erlaubnistatbestände für die Datenverarbeitung unberührt. Damit kann der Arbeitgeber insbesondere auch nach einem Widerruf die in § XX der Richtlinie beschriebenen Kontrollen durchführen und Konsequenzen bei Verstößen ziehen, soweit der Zeitraum vor meinem Widerruf betroffen ist. Der Ausschluss des Widerrufsrechts gilt nur, soweit ihm auch unter Berücksichtigung der berechtigten Interessen von dem Unternehmen meine berechtigten Interessen nicht entgegenstehen.

Die Kontrolle der dienstlichen Nutzung von E-Mail- und Internetzugang richtet sich nach gesetzlichen bzw. kollektivvertraglichen Vorschriften.

Ich weise den Arbeitgeber zudem an, nach meinem Ausscheiden aus dem Arbeitsverhältnis auf meinem betrieblichen E-Mail-Account eingehende und gespeicherte Nachrichten privater Natur zu löschen, sofern und soweit ich im Einzelfall nicht ausdrücklich eine andere Weisung erteile.

Jugend- und Auszubildendenvertretung

I. Begriff

Die Jugend- und Auszubildendenvertretung nimmt die besonderen Belange der jugendlichen und der zu ihrer Ausbildung beschäftigten Arbeitnehmer wahr. Sie trägt Sorge dafür, dass die Interessen dieser Mitarbeiter im Rahmen der Betriebsratsarbeit angemessen und sachgerecht berücksichtigt werden. Anders als der → *Betriebsrat* ist sie kein eigenständiger Repräsentant und steht daher auch nicht gleichberechtigt neben dem Betriebsrat.

II. Wahl

Die Jugend- und Auszubildendenvertretung ist eine gesetzlich vorgeschriebene betriebsverfassungsrechtliche Einrichtung

(§§ 60 ff. BetrVG). Sind die Voraussetzungen für ihre Errichtung gegeben, ist der Betriebsrat verpflichtet, die Wahl vorzubereiten und durchzuführen. Fehlt es dagegen an einem Betriebsrat, ist die Errichtung einer Jugend- und Auszubildendenvertretung nicht möglich.

Eine Jugend- und Auszubildendenvertretung ist zu wählen, wenn dem Betrieb in der Regel mindestens fünf Arbeitnehmer angehören,

- die das 18. Lebensjahr noch nicht vollendet haben oder
- die – unabhängig von ihrem Alter – zu ihrer Berufsausbildung beschäftigt sind (§ 60 Abs. 1 BetrVG). Neben Berufsausbildungsverhältnissen im Sinne von § 3 BBiG werden auch Umschulungsverhältnisse, die Rechtsverhältnisse von Anlernlingen, Volontären und Krankenpflegeschülern sowie Teilnehmer an berufsvorbereitenden betriebsinternen Ausbildungsmaßnahmen erfasst. Praktikanten, die im Rahmen einer schulischen oder universitären Ausbildung in einem Berufspraktikum beschäftigt werden, sind demgegenüber keine Auszubildenden im Sinne der Vorschrift.

Nicht entscheidend ist, ob gerade im Zeitpunkt der Einleitung der Wahl oder am Wahltag die Zahl von fünf erreicht wird.

Wahlberechtigt sind alle diese Arbeitnehmer; wählbar sind alle Auszubildenden – unabhängig von ihrem Alter – und alle anderen Arbeitnehmer bis zum vollendeten 25. Lebensjahr. Maßgebend für die Frage des Alters und damit für die Frage der Wählbarkeit ist der Tag des Beginns der Amtszeit. Nicht erforderlich ist, dass der Arbeitnehmer dem Betrieb vor der Wahl bereits eine bestimmte Zeit angehört. Mitglieder des Betriebsrats können nicht zu Jugend- und Auszubildendenvertretern gewählt werden.

Die „nur wählbaren" Mitarbeiter zur Jugend- und Auszubildendenvertretung, also diejenigen Arbeitnehmer, die das 25. Lebensjahr noch nicht vollendet haben, aber nicht zu ihrer Berufsausbildung beschäftigt sind, müssen nicht in die Wählerliste aufgenommen werden. Vielmehr reicht es aus, dass diese Arbeitnehmer in der Wahlausschreibung als zu wählende Personen zur Jugend- und Auszubildendenvertretung – zutreffend – bezeichnet werden (ArbG Köln v. 22.9.2017, Az. 1 BV 122/17).

In Betrieben mit in der Regel fünf bis 20 Jugendlichen und Auszubildenden besteht die Jugend- und Auszubildendenvertretung aus einer Person. Beschäftigt der Betrieb in der Regel 21 bis 50 Jugendliche und Auszubildende, steigt die Zahl der Mitglieder der Jugend- und Auszubildendenvertreter auf drei, bei 51 bis 150 auf fünf und bei 151 bis 300 auf sieben. Größere Betriebe mit mehr als 301 bis 500/501 bis 700/701 bis 1000 Jugendlichen und Auszubildenden haben eine Jugend- und Auszubildendenvertretung mit neun/elf/dreizehn Mitgliedern. Bei mehr als 1000 Jugendlichen und Auszubildenden besteht die Jugend- und Auszubildendenvertretung aus 15 Mitgliedern.

Die Jugend- und Auszubildendenvertretung soll sich möglichst aus Mitgliedern der verschiedenen Beschäftigungsarten und Ausbildungsberufe zusammensetzen. Dabei muss das Geschlecht, das unter den Jugendlichen und Auszubildenden in der Minderheit ist, mindestens entsprechend seinem zahlenmäßigen Verhältnis in der Jugend- und Auszubildendenvertretung vertreten sein, wenn diese aus mindestens drei Mitgliedern besteht.

Die Jugend- und Auszubildendenvertretung wird in geheimer und unmittelbarer Wahl gewählt.

Die regelmäßige Amtszeit der Jugend- und Auszubildendenvertretung beträgt zwei Jahre. Sie beginnt mit der Bekanntgabe des Wahlergebnisses bzw. bei bereits bestehender Jugend- und Auszubildendenvertretung mit Ablauf ihrer Amtszeit. Die Wahlen werden alle zwei Jahre (das nächste Mal im Jahr 2026) in der Zeit vom 1.10. bis zum 30.11. durchgeführt. Vollendet ein Mitglied der Jugend- und Auszubildendenvertretung während der Amtszeit das 25. Lebensjahr, verliert er sein Amt in der laufenden Amtszeit nicht. Gleiches gilt für einen Auszubildenden, wenn er – und zwar unabhängig von seinem Alter – in der Amtszeit seine Ausbildung beendet.

III. Geschäftsführung und Rechte

Die Geschäftsführung der Jugend- und Auszubildendenvertretung ist weitgehend in Anlehnung an die des Betriebsrats geregelt. Im Hinblick auf ihre besondere Stellung insbesondere auch zum → *Betriebsrat* gibt es aber folgende Sonderregelungen:

1. Organisation

Die Jugend- und Auszubildendenvertretung hat einen Vorsitzenden und einen stellvertretenden Vorsitzenden. Diese werden von der Jugend- und Auszubildendenvertretung aus ihrer Mitte gewählt. Die Wahl hat getrennt zu erfolgen. Derjenige, der bei der Wahl zum Vorsitzenden den zweiten Rang belegt, ist damit nicht automatisch dessen Stellvertreter.

Der Vorsitzende vertritt die Jugend- und Auszubildendenvertretung im Rahmen der von ihr gefassten Beschlüsse. Für Erklärungen, die gegenüber der Jugend- und Auszubildendenvertretung abzugeben sind, ist er bzw. im Falle seiner Verhinderung sein Stellvertreter zur Entgegennahme berechtigt.

2. Sitzungen

Die Jugend- und Auszubildendenvertretung kann eigene Sitzungen abhalten. Diese können ebenso wie Betriebsratssitzungen unter den dort genannten Voraussetzungen auch per Video oder Telefonkonferenz durchgeführt werden (§ 65 Abs. 1 BetrVG i. V. m. § 30 Abs. 2 BetrVG). Vor einer solchen Sitzung muss sie rechtzeitig den Betriebsrat verständigen, der seinerseits in Person des Vorsitzenden oder eines beauftragten Betriebsratsmitglieds teilnehmen kann. Ob eine Sitzung anberaumt wird, liegt grundsätzlich im Ermessen des Vorsitzenden der Jugend- und Auszubildendenvertretung. Er muss sie aber einberufen, wenn dies ein Viertel der Jugend- und Auszubildendenvertreter oder der Arbeitgeber verlangt. Zugleich hat er den Gegenstand, dessen Beratung beantragt ist, auf die Tagesordnung zu setzen.

Der Arbeitgeber kann zu den Sitzungen eingeladen werden; wenn eine Sitzung auf sein Verlangen einberufen wird, muss er sogar eingeladen werden. Er kann einen Vertreter des Arbeitgeberverbands hinzuziehen. Die Jugend- und Auszubildendenvertretung kann ihrerseits einen Gewerkschaftsbeauftragten zu einer Sitzung einladen. Voraussetzung ist, dass mindestens ein Jugend- und Auszubildendenvertreter der betreffenden Gewerkschaft angehört. Sonstige Personen haben kein Teilnahmerecht.

WICHTIG!

Die Sitzungen finden in der Regel während der Arbeitszeit statt. Bei der Ansetzung muss der Vorsitzende der Jugend- und Auszubildendenvertretung jedoch auf die betrieblichen Notwendigkeiten Rücksicht nehmen. Der Arbeitgeber muss vom Zeitpunkt der Sitzung vorher verständigt werden.

3. Beschlüsse

Für Beschlüsse der Jugend- und Auszubildendenvertretung genügt grundsätzlich die einfache Stimmenmehrheit. Die absolute Stimmenmehrheit ist bei Auflösung der Jugend- und Auszubildendenvertretung durch Beschluss, bei Festlegung der Geschäftsordnung und bei Beauftragung der Gesamt-Jugend- und Auszubildendenvertretung erforderlich.

Darüber hinaus ist absolute Stimmenmehrheit erforderlich bei einem Antrag auf Aussetzung eines Betriebsratsbeschlusses. Die Aussetzung kann dann beantragt werden, wenn die Jugend- und Auszubildendenvertretung einen Beschluss des Betriebsrats als eine erhebliche Beeinträchtigung der durch sie vertretenden Arbeitnehmer erachtet. Der Betriebsrat muss auf einen solchen Beschluss der Jugend- und Auszubildendenvertretung den eigenen Beschluss für eine Woche aussetzen, damit in dieser Zeit eine Verständigung – ggf. unter Einbeziehung der im Betrieb vertretenen Gewerkschaften – versucht wird. Nach Ablauf der Verständigungsfrist hat der Betriebsrat über die Angelegenheit erneut zu beschließen. Bei Bestätigung des ersten Beschlusses kann nicht ein erneuter Aussetzungsantrag gestellt werden.

Stimmberechtigt sind nur die Mitglieder der Jugend- und Auszubildendenvertretung, nicht der an der Sitzung teilnehmende Betriebsratsvorsitzende bzw. das beauftragte Betriebsratsmitglied.

4. Sprechstunden

In Betrieben, in denen in der Regel mehr als 50 Jugendliche oder Auszubildende tätig sind, kann die Jugend- und Auszubildendenvertretung Sprechstunden während der Arbeitszeit einrichten. Über die Einführung entscheidet allein die Jugend- und Auszubildendenvertretung. Die Festlegung von Ort und Zeit erfolgt dagegen durch Vereinbarung zwischen Arbeitgeber und Betriebsrat. Diese Vereinbarung ist für die Jugend- und Auszubildendenvertretung bindend. Der Betriebsratsvorsitzende oder ein anderes beauftragtes Betriebsratsmitglied ist berechtigt, an den Sprechstunden der Jugend- und Auszubildendenvertretung teilzunehmen.

Der Arbeitgeber muss der Jugend- und Auszubildendenvertretung die erforderlichen Räume für die Sprechstunden und andere sachliche Mittel zur Verfügung stellen. Die Mitglieder der Jugend- und Auszubildendenvertretung, die die Sprechstunden abhalten, behalten für diese Zeit ebenso ihren Anspruch auf Arbeitsentgelt wie die Arbeitnehmer, die die Sprechstunde besuchen.

5. Schulungs- und Bildungsveranstaltungen

Ebenso wie der Betriebsrat hat auch die Jugend- und Auszubildendenvertretung einen Freistellungsanspruch für erforderliche Schulungs- und Bildungsveranstaltungen (§ 65 i. V. m. § 37 Abs. 5 BetrVG). Über die zeitliche Lage und die Teilnahme an einer konkreten Schulungsveranstaltung entscheidet der örtliche zuständige Betriebsrat im Wege eines Beschlusses, nicht aber die Jugend- und Auszubildendenvertretung selbst, die jedoch an der Beschlussfassung zu beteiligen ist (BAG v. 15.1.1992, Az. 7 ABR 23/90). Als ausreichend wird es dabei auch bewertet, wenn der Betriebsrat auf einen Beschluss der Jugend- und Auszubildendenvertretung Bezug nimmt und dieser Beschluss seitens des Betriebsrats bestätigt wird (LAG Niedersachsen v. 31.1.2019, Az. 10 TaBVGa 6/19).

Die Erforderlichkeit der Teilnahme an einer Schulungs- und Bildungsveranstaltung für Jugend- und Auszubildendenvertreter bestimmt sich insbesondere danach, inwieweit die dort vermittelten Kenntnisse für die Tätigkeit der Jugend- und Auszubildendenvertretung im Hinblick auf die nur zweijährige Amtszeit notwendig sind. Dabei verringern sich die zur Aufgabenerledigung erforderlichen Kenntnisse im Hinblick auf die im Vergleich zum Betriebsrat sehr viel eingeschränktere Arbeit der Jugend- und Auszubildendenvertretung entsprechend; generell ist von einem kleineren notwendigen Wissensumfang auszugehen. Besonders für erstmalig in die Jugend- und Auszubildendenvertretung gewählte Mitglieder sind jedoch allgemeine Grundkenntnisse des BetrVG als erforderlich einzustufen. Gleiches gilt für Kenntnisse über die Aufgaben der Jugend- und Auszubildendenvertretung und ihre Rechte gegenüber dem Betriebsrat. Die Schulung muss sich speziell an die Jugend- und Auszubildendenvertretungen richten. Da der Aufgabenbereich im Vergleich zum Betriebsrat begrenzter ist, dürfte im Regelfall eine reine Betriebsratsschulung von vornherein nicht erforderlich sein. Dabei ist entscheidend auf den Inhalt der Schulung abzustellen. Ist dieser im Einzelnen nur auf Aufgaben, Rechte und Pflichten des Betriebsrats und der Betriebsratsmitglieder ausgerichtet, so kommt es nicht auf die Eignungswidmung des Schulungsveranstalters an, selbst wenn dieser seine Veranstaltung als für Betriebsräte, Jugend- und Auszubildendenvertretungen und Vertrauensleute nach § 37 Abs. 6 BetrVG als besonders geeignet deklariert (LAG München v. 24.1.1995, Az. TaBV 42/84). Im Hinblick auf das im Betriebsrat vorhandene Wissen sind Schulungen, die allgemeines Grundwissen zum Arbeitsrecht vermitteln, ebenso wenig erforderlich wie Schulungen über das Jugendarbeitsschutzgesetz und zum Berufsbildungsgesetz; entsprechende Grundkenntnisse können zudem durch Selbststudium erworben werden. Auch besteht kein Anspruch auf Schulungen zu den Themen Rhetorik (vgl. ArbG Frankfurt v. 29.6.2022, Az. 9 BV 284/22), Konflikte, Konfliktmanagement oder Grundlagen der Kommunikation, wie sie von Seminarveranstaltern häufig angeboten werden.

Ist eine Schulung erforderlich, so ist das Mitglied der Jugend- und Auszubildendenvertretung ohne Minderung des Arbeitsentgelts von seiner Tätigkeit zu befreien, damit es an der Schulung teilnehmen kann. Die Kosten der Schulung (Fahrtkosten, Verpflegung, Übernachtungskosten, Schulungsgebühr) trägt der Arbeitgeber.

6. Teilnahmerecht an Betriebsratssitzungen

Die Jugend- und Auszubildendenvertretung hat das Recht, zu allen Betriebsratssitzungen einen Vertreter zu entsenden. Dies gilt unabhängig davon, ob in der jeweiligen Sitzung Jugend- und Berufsausbildungsfragen behandelt werden. Der Betriebsrat darf keine Sitzungen unter Ausschluss der Jugend- und Auszubildendenvertretung abhalten. Werden in einer Betriebsratssitzung Angelegenheiten behandelt, die besonders die Jugendlichen oder Auszubildenden betreffen, hat zu diesem Tagungsordnungspunkt die gesamte Jugend- und Auszubildendenvertretung ein Teilnahmerecht. Bei Beschlüssen, die überwiegend die Jugendlichen oder Auszubildenden betreffen, haben die Jugend- und Auszubildendenvertreter Stimmrecht.

7. Teilnahmerecht an gemeinsamen Besprechungen

Der Betriebsrat hat die Jugend- und Auszubildendenvertretung zu Besprechungen mit dem Arbeitgeber hinzuzuziehen, wenn der Besprechungsgegenstand die Jugendlichen oder Auszubildenden betrifft. Die Verpflichtung zur Hinzuziehung trifft allein den Betriebsrat, nicht den Arbeitgeber.

IV. Aufgaben der Jugend- und Auszubildendenvertretung

Der Jugend- und Auszubildendenvertretung sind durch das Betriebsverfassungsgesetz verschiedene Aufgaben zugewiesen. Sie hat beim Betriebsrat Maßnahmen zu beantragen, die den jugendlichen oder auszubildenden Arbeitnehmern dienen. Hierzu gehören z. B. Maßnahmen in Fragen der Berufsbildung und der Übernahme der Auszubildenden in ein Beschäftigungsverhältnis, weiterhin aber auch die Festlegung der täglichen → *Arbeitszeit* unter Berücksichtigung der Jugendarbeitsschutzbestimmungen, die Schaffung besonderer Sozialeinrichtungen (Aufenthaltsräume, Sportplatz usw.) oder auch die Aufstellung von Urlaubsgrundsätzen unter Berücksichtigung des Jugendarbeitsschutzgesetzes. Darüber hinaus hat die Jugend- und Auszubildendenvertretung Maßnahmen zur Durchsetzung der tatsächlichen Gleichstellung der weiblichen und männlichen Jugendlichen und Auszubildenden sowie Maßnahmen zur Integration der ausländischen Jugendlichen und Auszubildenden beim Betriebsrat zu beantragen. Nicht zuletzt muss sie darüber wachen, dass vom Arbeitgeber die zugunsten der Jugendlichen und Auszubildenden geltenden Vorschriften (Gesetze, Verordnungen, Unfallverhütungsvorschriften, Tarifverträge und Betriebsvereinbarungen) beachtet werden. Die Überwachungspflicht erstreckt sich dabei nicht nur auf solche Vorschriften, die ausschließlich für diese Arbeitnehmer gelten, sondern auf auch solche, die diese wie auch andere Arbeitnehmer erfassen. Zur Wahrnehmung dieses Rechts kann die Jugend- und Auszubildendenvertretung mit Zustimmung des Betriebsrats die Arbeitsplätze der jugendlichen Arbeitnehmer aufsuchen, ohne dass sie einen konkreten Verdacht der Nichtbeachtung der Vorschriften darlegen muss.

WICHTIG!

Mit dieser Aufgabe wird die Jugend- und Auszubildendenvertretung nicht zu einem dem Arbeitgeber übergeordneten Kontrollorgan. Insbesondere kann sie nicht verlangen, dass untersucht wird, wie in jedem einzelnen Fall eine Vorschrift erfüllt wird.

Anregungen von jugendlichen oder auszubildenden Arbeitnehmern sind von der Jugend- und Auszubildendenvertretung entgegenzunehmen. Sie muss sich in einer Sitzung mit der Anregung befassen und, wenn sie diese für berechtigt hält, beim Betriebsrat auf eine Erledigung hinwirken.

Die für die Durchführung ihrer Aufgaben erforderlichen Informationen erhält die Jugend- und Auszubildendenvertretung vom Betriebsrat. Der Arbeitgeber ist nicht verpflichtet, die Jugend- und Auszubildendenvertretung über sie berührende Umstände zu unterrichten. Seine Pflicht ist ausschließlich auf die Unterrichtung des Betriebsrats gerichtet.

V. Rechte der Jugend- und Auszubildendenvertreter

Die Jugend- und Auszubildendenvertreter dürfen wegen ihrer Tätigkeit weder benachteiligt noch begünstigt werden. Dies gilt auch für ihre berufliche Entwicklung. Um die Unabhängigkeit der Amtsausübung zu sichern, gelten folgende Sonderregelungen:

1. Besonderer Kündigungsschutz

Die Jugend- und Auszubildendenvertreter genießen einen besonderen → *Kündigungsschutz* (§ 15 KSchG). Ihnen kann während der Amtszeit und innerhalb eines Jahres nach ihrer Beendigung nicht ordentlich, sondern nur außerordentlich bei Vorliegen eines wichtigen Grunds gekündigt werden. Darüber hinaus ist erforderlich, dass der Betriebsrat seine Zustimmung erteilt hat oder diese Zustimmung durch eine vom Arbeitgeber beantragte gerichtliche Entscheidung ersetzt ist (→ *Betriebliche Mitbestimmung*).

2. Weiterbeschäftigungsanspruch

Wenn der Arbeitgeber einen Auszubildenden, der Mitglied der Jugend- und Auszubildendenvertretung ist, nach Beendigung des Berufsausbildungsverhältnisses nicht in ein unbefristetes Arbeitsverhältnis übernehmen will, muss er dies dem Auszubildenden spätestens drei Monate vor Beendigung der Ausbildung schriftlich mitteilen (§ 78a Abs. 1 BetrVG). Tut er das nicht, geht das Berufsausbildungsverhältnis zwar nicht in ein Arbeitsverhältnis über, es können aber Schadensersatzansprüche des Auszubildenden entstehen, z. B. dann, wenn er wegen nicht rechtzeitiger Mitteilung der Nichtübernahme eine ihm anderweitig angebotene Stelle ausgeschlagen hat.

Der Auszubildende kann seinerseits innerhalb der letzten drei Monate vor Beendigung des Berufsausbildungsverhältnisses schriftlich vom Arbeitgeber seine Weiterbeschäftigung verlangen, spätestens am letzten Tag des Ausbildungsverhältnisses (§ 78a Abs. 2 BetrVG).

WICHTIG!

§ 78a BetrVG findet nur auf staatlich anerkannte Ausbildungsberufe sowie auf andere Vertragsverhältnisse i. S. d. BBiG Anwendung, die eine geordnete Ausbildung von mindestens zwei Jahren vorsehen. Auf vom Unternehmen geförderte Berufsbildungen, die parallel zur Tätigkeit im Unternehmen in berufsqualifizierenden oder vergleichbaren Studiengängen an Hochschulen auf der Grundlage des Hochschulrahmengesetzes und der Hochschulgesetze der Länder durchgeführt werden, ist die Vorschrift nicht anwendbar. Studierenden fehlt es an der besonderen Schutzwürdigkeit, die das Gesetz Auszubildenden i. S. d. BBiG beimisst (BAG v. 17.6.2020, Az. 7 ABR 46/18).

Maßgeblich ist der Zugang beim Arbeitgeber. Für die Berechnung der Drei-Monats-Frist bei vorzeitigem Ende des Ausbildungsverhältnisses durch Bestehen der Abschlussprüfung ist auf den Zeitpunkt der Bekanntgabe der Ergebnisse durch den Prüfungsausschuss abzustellen (§ 21 Abs. 2 BBiG).

ACHTUNG!

Allein mit Zugang der Erklärung – und möglicherweise gegen den Willen des Arbeitgebers – entsteht kraft Gesetzes im Anschluss an das Berufsausbildungsverhältnis ein unbefristetes Arbeitsverhältnis.

Die Mitteilungspflicht des Arbeitgebers nach § 78a Abs. 1 BetrVG und der Anspruch des Auszubildenden nach § 78a Abs. 2 BetrVG erstreckt sich nach § 78a Abs. 3 BetrVG auch auf Auszubildende deren Berufsausbildungsverhältnis vor Ablauf eines Jahres nach Beendigung der Amtszeit der Jugend- und Auszubildendenvertretung endet. Ein in die Jugend- und Auszubildendenvertretung vorübergehend nachgerücktes Ersatzmitglied besitzt jedoch keinen nachwirkenden Schutz gemäß § 78a Abs. 3 i. V. m. Abs. 2 Satz 1 BetrVG, wenn es während der Vertretungszeit keine konkreten JAV-Aufgaben wahrgenommen hat (LAG Hamm v. 4.4.2014, Az. 13 Sa 40/14).

Ein Weiterbeschäftigungsverlangen, das früher als drei Monate vor Beendigung des Berufsausbildungsverhältnisses gestellt wird, ist unwirksam (BAG v. 15.12.2011, Az. 7 ABR 40/10). Nur wenn außergewöhnliche besondere Umstände hinzutreten, kann sich der Arbeitgeber nicht auf die Nichteinhaltung der Frist berufen. Das ist dann der Fall, wenn das Verhalten des Arbeitgebers darauf abzielt, den Auszubildenden von der form- und fristgerechten Geltendmachung des Weiterbeschäftigungsverlangens abzuhalten, obwohl die entstehenden Nachteile für den Arbeitgeber vorhersehbar waren und es ihm möglich und zumutbar gewesen wäre, sie abzuwenden (BAG v. 5.12.2012, Az. 7 ABR 38/11).

Der Auszubildende muss nach § 78a Abs. 2 Satz 1 BetrVG **schriftlich** verlangen, weiterbeschäftigt zu werden. Die Schriftform setzt eine eigenhändige Unterschrift unter den Antrag voraus; damit ist ein Antrag, der nur per E-Mail erfolgt, unwirksam (BAG v. 15.12.2011, Az. 7 ABR 40/10). Mit dem schriftlichen Verlangen der Weiterbeschäftigung macht der Auszubildende die Begründung eines Arbeitsverhältnisses nicht nur des Amtes willens geltend, sondern auch und gerade, um Geld zu verdienen. Damit genügt der Antrag auch einer einstufigen tariflichen Ausschlussfrist hinsichtlich des Anspruchs auf Vergütung wegen Annahmeverzugs (BAG v. 19.8.2015, Az. 5 AZR 1000/13; BAG v. 24.8.2016, Az. 5 AZR 853/15), wenn der Arbeitgeber dem Antrag rechtsunwirksam nicht stattgibt und den ehemaligen Auszubildenden nach Abschluss seiner Prüfung nicht beschäftigt.

§ 78a BetrVG gibt dem Arbeitgeber im Falle eines wirksam gestellten Weiterbeschäftigungsverlangens nur die Möglichkeit, sich durch das Arbeitsgericht von der Übernahme des Auszubildenden in ein Arbeitsverhältnis befreien zu lassen. Voraussetzung ist jedoch, dass er einen entsprechenden Antrag spätestens bis zum Ablauf von zwei Wochen nach Beendigung des Berufsausbildungsverhältnisses stellt und dass Tatsachen vorliegen, aufgrund derer ihm unter Berücksichtigung aller Umstände eine Weiterbeschäftigung nicht zugemutet werden kann.

Die Unzumutbarkeit einer Weiterbeschäftigung kann aus verhaltensbedingten Gründen folgen. Zu denken ist hier an grobe Verstöße gegen die ausbildungsvertraglichen Pflichten während der Ausbildung, wie etwa Arbeitsverweigerung, häufige Arbeitsversäumnis, mangelhafte Leistungen, Verstöße gegen die betriebliche Ordnung, Tätlichkeiten gegen Dritte im Betrieb, sonstige Straftaten mit betrieblicher Relevanz usw.

Am häufigsten ergibt sich eine Unzumutbarkeit in der Praxis jedoch aus dringenden betrieblichen Gründen. Dabei ist dem Arbeitgeber eine Weiterbeschäftigung dann unzumutbar, wenn bei Beendigung des Berufsausbildungsverhältnisses oder – sofern eine sofortige Neubesetzung nicht durch dringende betriebliche Erfordernisse erforderlich ist – innerhalb von drei Monaten vor der vertraglich vereinbarten Beendigung des Ausbildungsverhältnisses kein freier Arbeitsplatz vorhanden ist. § 78a Abs. 2 BetrVG begründet nur einen Anspruch auf eine ausbildungsgerechte Beschäftigung in einem unbefristeten Vollzeitarbeitsverhältnis. Ein Jugend- und Auszubildendenvertreter kann daher nicht verlangen, dass der Arbeitgeber ihn auf einer Teilzeitstelle, einer befristeten Stelle oder einem gegebenenfalls freien, aber nicht seinem Ausbildungsberuf entsprechenden Arbeitsplatz weiterbeschäftigt.

Nur wenn der Jugend- und Auszubildendenvertreter sich bereits mit seinem Übernahmeverlangen zumindest hilfsweise bereits erklärt hat, eine Beschäftigung auch auf einer Teilzeitstelle, einer befristeten Stelle oder zu anderen Bedingungen als in seinem Ausbildungsberuf zu übernehmen, muss der Arbeitgeber prüfen, ob ihm dies möglich und zumutbar ist (BAG v. 16.7.2008, Az. 7 ABR 13/07). Der Auszubildende muss die angedachte Beschäftigungsmöglichkeit seinerseits so konkret beschreiben, dass der Arbeitgeber erkennen kann, wie sich der Auszubildende seine Weiterarbeit vorstellt. Eine pauschale Einverständniserklärung zu jeglicher Weiterarbeit genügt nicht (LAG Hamm v. 14.1.2011, Az. 10 TaBV 58/10). Die konkrete Darlegung einer nicht ausbildungsadäquaten Beschäftigungsmöglichkeit muss durch den Auszubildenden unverzüglich – spätestens nach der Nichtübernahmeerklärung des Arbeitgebers auf einen ausbildungsadäquaten Arbeitsplatz – erfolgen. Eine Konkretisierung erst im Beschlussverfahren nach § 78a BetrVG genügt nicht (BAG v. 8.9.2010, Az. 7 ABR 33/09).

Fehlt es an einem freien Arbeitsplatz, ist der Arbeitgeber weder verpflichtet, durch eine Änderung seiner Arbeitsorganisation einen neuen, (nicht benötigten) Arbeitsplatz zu schaffen, noch ist er gehalten, einen Arbeitsplatz durch Kündigung eines anderen Arbeitnehmers frei zu machen. Auch fehlt es an einem Beschäftigungsbedarf, wenn der Arbeitgeber den Entschluss gefasst hat, keine neuen Arbeitsplätze zu schaffen, sondern eine bestimmte, vorhandene Arbeitsmenge durch Mehrarbeit der bereits im Betrieb beschäftigten Mitarbeiter durchführen zu lassen. Die Berufung des Arbeitgebers auf eine fehlende Beschäftigungsmöglichkeit des Jugend- und Auszubildendenvertreters kann jedoch rechtsmissbräuchlich und daher unbeachtlich sein, wenn der Arbeitgeber die fehlende Beschäftigungsmöglichkeit durch eine Änderung seiner Arbeitsorganisation oder seiner Personalplanung mit der Absicht herbeigeführt hat, seiner Übernahmeverpflichtung zu entgehen (BAG v. 8.9.2010, Az. 7 ABR 33/09).

Die Entscheidung eines Arbeitgebers, künftig den Personalbedarf durch den Einsatz von Leiharbeitnehmern zu decken, führt nicht zur Unzumutbarkeit der Weiterbeschäftigung (BAG v. 16.7.2008, Az. 7 ABR 13/07). Beschäftigt der Arbeitgeber auf dauerhaft eingerichteten, ausbildungsadäquaten Arbeitsplätzen Leiharbeitnehmer kann es ihm nach Auffassung des Bundesarbeitsgerichts (BAG v. 17.2.2010, Az. 7 ABR 89/08) sogar zumutbar sein, einen solchen Arbeitsplatz für den zu übernehmenden Jugend- und Auszubildendenvertreter freizumachen. Die Zumutbarkeit richtet sich dabei nach den Umständen des Einzelfalls. So können etwa berechtigte betriebliche Interessen an der Weiterbeschäftigung gerade dieses Leiharbeitnehmers oder vertragliche Verpflichtungen des Arbeitgebers gegenüber dem Verleiher von Bedeutung sein.

TIPP!

Innerhalb des Zeitraums von drei Monaten vor dem Ende eines Ausbildungsverhältnisses sollte es der Arbeitgeber unterlassen, einschlägige freie Arbeitsplätze auszuschreiben oder mit Leiharbeitnehmern zu besetzen, wenn er mit dem Übernahmeverlangen eines Jugend- und Auszubildendenvertreters rechnet und dieses abwehren will.

Allein der Umstand, dass der Arbeitgeber zum Zeitpunkt der Beendigung des Berufsausbildungsverhältnisses zahlreiche Arbeitnehmer beschäftigt, führt dagegen nicht zur Annahme, dass freie Arbeitsplätze vorhanden sind. Erforderlich ist, dass die Leiharbeitnehmer auf einem ausbildungsadäquaten Arbeitsplatz eingesetzt sind (LAG Hamm v. 14.1.2011, Az. 10 TaBV 58/10).

Stellt der Arbeitgeber einen gerichtlichen Auflösungsantrag nach § 78a Abs. 4 BetrVG – und wehrt sich damit gegen ein Übernahmeverlangen eines Jugend- und Auszubildendenvertreters –, so entbindet ihn dies nicht von der Pflicht, den ehemaligen Auszubildenden bis zur rechtskräftigen Entscheidung des Arbeitsgerichts zu beschäftigen. Bis zur Entscheidung gilt ein Arbeitsverhältnis als begründet und es ist eine entsprechende Vergütung zu zahlen. Beschäftigt der Arbeitgeber den ehemaligen Auszubildenden in dieser Zeit entgegen seiner Verpflichtung nicht, so ist ein tatsächliches Angebot der Arbeitsleistung regelmäßig entbehrlich. Es genügt zur Begründung des Annahmeverzugs des Arbeitgebers, wenn das Mitglied der Jugend- und Auszubildendenvertretung gegen die Ablehnung seiner Arbeitsleistung protestiert (BAG v. 24.8.2016, Az. 5 AZR 853/15).

VI. Gesamt-Jugend- und Auszubildendenvertretung

In Unternehmen, in denen mehrere Jugend- und Auszubildendenvertretungen bestehen, sind Gesamt-Jugend- und Auszubildendenvertretungen zu errichten. In die Gesamtvertretung entsendet jede Jugend- und Auszubildendenvertretung ein Mitglied. Die Gesamtvertretung ist zuständig für Angelegenheiten, die das Gesamtunternehmen oder mehrere Betriebe betreffen und nicht durch die einzelnen Jugend- und Auszubildendenvertretungen geregelt werden können. Sie ist ebenso zuständig in Angelegenheiten, die ihr von einer Jugend- und Auszubildendenvertretung mit der Mehrheit ihrer Stimmen übertragen worden sind. Durch die Gesamt-Jugend- und Auszubildendenvertretung werden auch die Betriebe vertreten, die selbst keine Jugend- und Auszubildendenvertretung haben.

VII. Konzern-Jugend- und Auszubildendenvertretung

In Konzernen, in denen mehrere Gesamt-Jugend- und Auszubildendenvertretungen bestehen, kann durch Beschluss der einzelnen Gesamt-Jugend- und Auszubildendenvertretungen eine Konzern-Jugend- und Auszubildendenvertretung errichtet werden. Die Initiative kann von jeder Gesamtvertretung ausgehen. Die Errichtung erfordert indes die Zustimmung der Gesamtvertretungen der Konzernunternehmen, in denen insgesamt 75 % der Jugendlichen und Auszubildenden beschäftigt sind. In die Konzern-Jugend- und Auszubildendenvertretung entsendet jede Gesamt-Jugend- und Auszubildendenvertretung eines ihrer Mitglieder.

Kündigung

A. Allgemeine Regeln

I. Begriff und Abgrenzung

Die Kündigung ist eine einseitige Erklärung des Arbeitgebers oder des Arbeitnehmers, mit der ein bestehendes Arbeitsverhältnis beendet wird.

Von der Kündigung zu unterscheiden ist die → *Anfechtung*, die den Arbeitsvertrag von Anfang an nichtig werden lässt. Wegen ihrer Einseitigkeit unterscheidet sich die Kündigung auch vom → *Aufhebungsvertrag*, in dem Arbeitgeber und Arbeitnehmer die Beendigung des Arbeitsverhältnisses beidseitig beschließen.

II. Wirksamkeitsvoraussetzungen

1. Inhalt

Eine Kündigungserklärung muss den Kündigungswillen deutlich und zweifelsfrei zum Ausdruck bringen. Hierbei kommt es auf die Wortwahl nicht an. Das Wort „Kündigung" muss nicht verwendet werden. Es muss sich lediglich aus dem Zusammenhang einwandfrei ergeben, dass eine Beendigung des Arbeitsverhältnisses gewollt ist.

Der Beendigungswille kann auch stillschweigend zum Ausdruck gebracht werden, wie z. B. durch die kommentarlose Zusendung der Arbeitspapiere durch den Arbeitgeber oder das Verlassen des Arbeitsplatzes und die verlangte Herausgabe der Arbeitspapiere durch den Arbeitnehmer.

Die Mitteilung durch den Arbeitgeber, der Arbeitnehmer habe die Arbeit zu einem bestimmten Zeitpunkt eingestellt und deswegen betrachte er (der Arbeitgeber) das Arbeitsverhältnis zu diesem Zeitpunkt als beendet, ist keine Kündigung. Auch wenn dem Arbeitnehmer nur geraten wird, sich eine andere Arbeitsstelle zu suchen, ist das keine Kündigung.

ACHTUNG!

Eine Kündigung muss bestimmt und unmissverständlich erklärt werden. Der Empfänger einer ordentlichen Kündigungserklärung muss erkennen können, wann das Arbeitsverhältnis enden soll. Regelmäßig genügt hierfür die Angabe des Kündigungstermins oder der Kündigungsfrist. Ausreichend ist aber auch ein Hinweis auf die maßgeblichen gesetzlichen Fristenregelungen, wenn der Erklärungsempfänger hierdurch unschwer ermitteln kann, zu welchem Termin das Arbeitsverhältnis enden soll (BAG v. 12.6.2013, Az. 4 AZR 969/11).

Unklarheiten der Kündigungserklärung gehen immer zu Lasten des Kündigenden. Eine Kündigung darf auch nicht an Bedingungen geknüpft werden (Ausnahme: Änderungskündigung).

Beispiel:

Führt der Arbeitgeber im Kündigungsschreiben aus: „Sollte sich die Auftragslage bis zum (Zeitpunkt X) bessern, beschäftigen wir Sie selbstverständlich weiter. Die Kündigung wird dann gegenstandslos", so ist die Kündigung auch dann unwirksam, wenn die Besserung der Auftragslage nicht eintritt (BAG v. 15.3.2001, Az. 2 AZR 705/99).

Grundsätzlich ist es nicht erforderlich, dass in der Kündigung der Kündigungsgrund angegeben wird. Von diesem Grundsatz gibt es aber Ausnahmen. Gemäß § 22 Abs. 3 BBiG muss die Kündigung eines Berufsausbildungsverhältnisses nach der Probezeit im Kündigungsschreiben begründet werden. Auch § 9 Abs. 3 Satz 2 MuSchG verlangt die Angabe des Kündigungsgrunds.

WICHTIG!

Zur Angabe des Kündigungsgrunds können besondere Vereinbarungen in Tarif-, Einzelarbeitsverträgen oder Betriebsvereinbarungen enthalten sein, die vom Arbeitgeber beachtet werden müssen.

Darüber hinaus kann bei einer außerordentlichen Kündigung der Kündigungsempfänger verlangen, dass der Kündigungsgrund unverzüglich schriftlich mitgeteilt wird (§ 626 Abs. 2 Satz 3 BGB).

Bei einer betriebsbedingten Kündigung muss der Arbeitgeber auf Verlangen des Arbeitnehmers die Gründe angeben, die zu der getroffenen sozialen Auswahl geführt haben (§ 1 Abs. 3 Satz 1 KSchG).

Oftmals wird mit der Kündigungserklärung auch eine Freistellung des Arbeitnehmers von seiner Arbeitspflicht verbunden (s. zur Freistellung ausführlich auch → *Aufhebungsvertrag* III.3.). Hierbei sollen in der Regel offene Urlaubs- und ggfs. Freizeitausgleichsansprüche des Arbeitnehmers mit abgegolten werden. Ein Recht auf (einseitige) Suspendierung hat der Arbeitgeber jedoch nur in solchen Fällen, in denen die Weiterbeschäftigung des Arbeitnehmers (z. B. wegen Verdachts strafbarer Handlungen oder Wegfall des Arbeitsplatzes) unzumutbar bzw. unmöglich ist.

Formulierungsbeispiel:

„Hiermit stellen wir Sie ab sofort unter Anrechnung Ihres gesamten Resturlaubs von .... Tagen in der Zeit von .... bis .... (*optional*: sowie Ihrer Freizeitausgleichsansprüche für geleistete Mehrarbeit von .... Tagen in der Zeit von .... bis ....) bis zur rechtlichen Beendigung des Arbeitsverhältnisses am .... unwiderruflich von Ihrer Pflicht zur Erbringung Ihrer Arbeitsleistung unter Fortzahlung Ihrer vertragsgemäßen Vergütung frei."

ACHTUNG!

Wird ein Mitarbeiter nach einer Kündigung vom Arbeitgeber bis zum Vertragsende von der Erbringung seiner Arbeitsleistung freigestellt, so ist damit nicht automatisch der ihm noch zustehende Resturlaub (und ggfs. Freizeitausgleichsanspruch) abgegolten (BAG v. 9.6.1998, Az. 9 AZR 43/97). Will der Arbeitgeber den Arbeitnehmer während des Laufs der Kündigungsfrist zum Zwecke der Gewährung von Erholungsurlaub (und ggfs. Freizeitausgleich) von der Verpflichtung zur Erbringung der Arbeitsleistung freistellen, muss der Arbeitnehmer als Adressat der Erklärung hinreichend deutlich erkennen können, in welchem Umfang der Arbeitgeber die Urlaubs- und ggfs. Freizeitausgleichsansprüche des Arbeitnehmers erfüllen will. Erklärt sich der Arbeitgeber nicht mit der erforderlichen Deutlichkeit, geht dies zu seinen Lasten. Dies gilt insbesondere dann, wenn der Arbeitnehmer nicht erkennen kann, ob der Arbeitgeber mit der Freistellung in der Kündigungsfrist nur den gekürzten Vollurlaub oder den Vollurlaub gewähren will (BAG v. 17.5.2011, Az. 9 AZR 189/10). Ferner ist eine Anrechnung von Urlaubs- und ggfs. Freizeitausgleichsansprüchen nur im Falle einer unwiderruflichen **Freistellung möglich. Entsprechendes gilt für Ansprüche des Arbeitnehmers auf Freizeitausgleich zum Abbau seines Arbeitszeitkontos. Eine Freistellungsvereinbarung erfüllt den Anspruch des Arbeitnehmers auf Freizeitausgleich zum Abbau des Arbeitszeitkontos nur dann, wenn in der Vereinbarung hinreichend deutlich zum Ausdruck kommt, dass mit der Freistellung auch ein Positivsaldo auf dem Arbeitszeitkonto ausgeglichen werden soll (BAG v. 20.11.2019, Az. 5 AZR 578/18).**

Die Erklärung eines Arbeitgebers, einen Arbeitnehmer unter Anrechnung auf dessen Urlaubsansprüche nach der Kündigung von der Arbeitsleistung freizustellen, ist nach den §§ 133, 157 BGB aus Sicht des Arbeitnehmers auszulegen. Die Freistellung des Arbeitnehmers zum Zwecke der Gewährung von Erholungsurlaub erfolgt durch einseitige, empfangsbedürftige Willenserklärung des Arbeitgebers. Die Erklärung muss für den Arbeitnehmer hinreichend deutlich erkennen lassen, in welchem Umfang der Arbeitgeber die Urlaubsansprüche des Arbeitnehmers erfüllen will. Zweifel gehen zu Lasten des Arbeitgebers. Denn als Erklärender hat er es in der Hand, den Umfang der Freistellung eindeutig festzulegen (BAG v. 17.5.2011, Az. 9 AZR 189/10). Europarechtlich ist die Anrechnung von Erholungsurlaub bzw. Urlaubsabgeltungsansprüchen auf einen vereinbarten Freistellungszeitraum grundsätzlich nicht zu beanstanden, es sei denn, der Urlaub konnte wegen Krankheit nicht genommen werden (EuGH v. 20.7.2016, Az. C-341/15 [Maschek]).

Entsprechendes gilt für die Anrechnung von Freizeitausgleichsansprüchen. Die Freistellung des Arbeitnehmers von der Arbeitspflicht in einer Freistellungsvereinbarung ist nur dann geeignet, den Anspruch auf Freizeitausgleich zum Abbau von Überstunden auf dem Arbeitszeitkonto zu erfüllen, wenn der Arbeitnehmer erkennen kann, dass der Arbeitgeber ihn zur Erfüllung des Anspruchs auf Freizeitausgleich von der Arbeitspflicht freistellen will (BAG v. 20.11.2019, Az. 5 AZR 578/18). Dem genügt die Klausel, der Arbeitnehmer werde unwiderruflich von der Pflicht zur Erbringung der Arbeitsleistung freigestellt, nicht.

ACHTUNG!

Kündigt ein Arbeitgeber das Arbeitsverhältnis fristlos sowie hilfsweise ordentlich unter Wahrung der Kündigungsfrist und erklärt er im Kündigungsschreiben, dass der Arbeitnehmer für den Fall der Unwirksamkeit der außerordentlichen Kündigung unter Anrechnung der Urlaubsansprüche von der Verpflichtung zur Arbeitsleistung freigestellt wird, wird der Anspruch des Arbeitnehmers auf bezahlten Erholungsurlaub nicht erfüllt, wenn die außerordentliche Kündigung unwirksam ist (BAG v. 10.2.2015, Az. 9 AZR 455/13).

2. Form

Eine Kündigung muss in jedem Fall schriftlich erfolgen (§ 623 BGB). Dies bedeutet, dass die Kündigungserklärung von dem Kündigenden (oder seinem Vertreter, s. u. 3.) eigenhändig unterschrieben sein muss. Stempel, Kopien, Faksimile oder digitale Unterschriften reichen hierzu ebenso wenig, wie die bloße Paraphierung mit einem Namenskürzel. Fehlt die eigenhändige Unterschrift, ist die Kündigung unwirksam. Auch wenn es auf die Lesbarkeit des Namenszuges nicht ankommt, so muss nach dem äußeren Erscheinungsbild erkennbar sein, dass der Unterzeichner seinen vollen Namen und nicht nur eine Abkürzung hat niederschreiben wollen.

ACHTUNG!

Sind in einem Kündigungsschreiben einer Gesellschaft bürgerlichen Rechts alle Gesellschafter sowohl im Briefkopf als auch maschinenschriftlich in der Unterschriftszeile aufgeführt, so bedarf es zur Wahrung der Schriftform der Unterschrift aller Gesellschafter (BAG v. 21.4.2005, Az. 2 AZR 162/04).

Zusätzliche Formerfordernisse können sich aus Tarifvertrag, Betriebsvereinbarung oder Arbeitsvertrag ergeben. So kann z. B. geregelt werden, dass in der (schriftlichen) Kündigung der Kündigungsgrund anzugeben ist. Im Zweifel hat eine Nichteinhaltung dieses zusätzlichen Formerfordernisses die Unwirksamkeit der Kündigung zur Folge (vgl. BAG v. 25.10.2012, Az. 2 AZR 845/11). Die Vereinbarung geringerer als der gesetzlichen Formerfordernisse ist unzulässig. Eine Kündigung muss daher immer (also auch wenn dies anders vereinbart wurde) schriftlich erklärt werden.

WICHTIG!

Dies gilt auch, wenn eine Kündigung in aller Deutlichkeit mündlich ausgesprochen wurde und der Arbeitnehmer daraufhin den Arbeitsplatz verlässt. Trotz des erklärten Willens, das Arbeitsverhältnis kündigen zu wollen, kann sich der Erklärende hinterher darauf berufen, dass das Schriftformerfordernis nicht eingehalten wurde und die Kündigung daher unwirksam ist (BAG v. 16.9.2004, Az. 2 AZR 659/03).

3. Kündigungsberechtigte Person

Die Kündigung kann durch den Kündigenden selbst oder durch einen von ihm bevollmächtigten Vertreter erfolgen. Wenn die Kündigung durch einen Bevollmächtigten des Arbeitgebers erklärt wird, ist eine schriftliche Vollmacht **im Original** beizufügen; eine Fotokopie oder beglaubigte Abschrift der Vollmachtsurkunde reicht nicht! Geschieht dies nicht, kann der Kündigungsempfänger die Kündigung gemäß § 174 BGB zurückweisen. Diese Zurückweisung muss unverzüglich – unter Berücksichtigung einer gewissen Zeit zur Überlegung und zur Einholung eines Rechtsrats – erfolgen.

ACHTUNG!

Eine Fotokopie oder nur beglaubigte Abschrift der Vollmachtsurkunde reicht nicht. Die Voraussetzungen für die Wirksamkeit einer Bevollmächtigung bestimmen sich nach dem Recht des Wirkungsortes (BAG v. 13.12.2012, Az. 6 AZR 608/11). Nach den in Deutschland geltenden Bestimmungen (§ 174 Abs. 1 BGB) muss das Original der Vollmachtsurkunde spätestens mit der Kündigung vorgelegt werden, um dem Erklärungsempfänger Gewissheit über die Kündigungsberechtigung des Erklärenden zu verschaffen. Dies gilt grundsätzlich für jede einseitige, empfangsbedürftige Willenserklärung, es sei denn, dass der Vertretene in der Vollmachtsurkunde deutlich macht, dass er auch später notwendig werdende, einseitige Rechtsgeschäfte (z. B. Folgekündigungen), die der Bevollmächtigte vornimmt, gegen bzw. für sich gelten lassen will (BAG v. 24.9.2015, Az. 6 AZR 492/14).

Genügt der Nachweis der Vertretungsmacht nicht den vorgenannten Erfordernissen, kann der Kündigungsempfänger die Erklärung gem. § 174 Abs. 2 BGB zurückweisen.

Erfolgt die Zurückweisung, die ebenfalls eine einseitige, empfangsbedürftige Willenserklärung darstellt, wiederum durch einen Vertreter des Arbeitnehmers (z. B. Rechtsanwalt), so ist dem Zurückweisungsschreiben selbst eine Originalvollmacht des Arbeitnehmers beizufügen. Andernfalls kann der Arbeitgeber die Zurückweisungserklärung des Kündigungsempfängers gem. § 174 BGB zurückweisen (BAG v. 8.12.2011, Az. 6 AZR 354/10).

Die Möglichkeit der Zurückweisung der Kündigung gem. § 174 Satz 1 BGB besteht nicht bei Vertretungsmacht auf gesetzlicher Grundlage (Geschäftsführer einer GmbH, Vorstand einer Aktiengesellschaft) und grundsätzlich auch nicht im Falle organschaftlicher Vertretung.

WICHTIG!

Dass die Person des Vertreters aus dem Kündigungsschreiben wegen Unleserlichkeit der Unterschrift und fehlender Angabe des Namens in lesbarer Form nicht erkennbar ist, steht dem Ausschluss des Zurückweisungsrechts nicht entgegen (BAG v. 20.9.2006, Az. 6 AZR 82/06). Unterzeichnet ein Angestellter des Arbeitgebers auf einem Briefbogen mit dem Briefkopf des Arbeitgebers eine Kündigung, spricht dies dafür, dass der Angestellte als Vertreter des Arbeitgebers und nicht als dessen Bote gehandelt hat. Daran ändert der Zusatz „i. A." vor der Unterschrift in der Regel nichts (BAG v. 13.12.2007, Az. 6 AZR 145/07).

Nach § 174 Abs. 2 BGB ist die Zurückweisung der Kündigung ausgeschlossen, wenn der Arbeitgeber den Arbeitnehmer von der Bevollmächtigung in Kenntnis gesetzt hat. Dies ist beispielsweise dann der Fall, wenn der Arbeitgeber dem Arbeitnehmer mitgeteilt hat, ein bestimmter Vorgesetzter sei kündigungsberechtigt. Dies kann sich auch aus den Umständen des Einzelfalls ergeben. So wird der Leiter der Personalabteilung grundsätzlich als kündigungsberechtigt angesehen werden können. Hierfür reicht allerdings die bloße Übertragung einer solchen Funktion nicht aus, wenn diese Funktionsübertragung aufgrund der Stellung des Bevollmächtigten im Betrieb nicht ersichtlich ist und auch keine sonstige Bekanntmachung erfolgt. Vielmehr ist es erforderlich, dass der Erklärungsempfänger davon in Kenntnis gesetzt wird, dass der Erklärende diese Stellung tatsächlich innehat. So auch bei einem Direktor eines Hotels, das Teil einer von dem Arbeitgeber betriebenen Hotelkette ist. Dieser ist nicht ohne Weiteres als kündigungsberechtigt anzusehen (vgl. LAG Rheinland-Pfalz v. 25.6.2015, Az. 8 Sa 643/14).

WICHTIG!

Die bloße Mitteilung im Arbeitsvertrag, dass der jeweilige Inhaber einer bestimmten Stelle kündigen dürfe, reicht demnach nicht aus, um den Arbeitnehmer von dessen Bevollmächtigung in Kenntnis zu setzten. Erforderlich ist vielmehr ein zusätzliches Handeln des Vollmachtgebers, aufgrund dessen es vor Zugang der Kündigungserklärung dem Arbeitnehmer möglich ist, der ihm genannten Funktion, mit der das Kündigungsrecht verbunden ist, die Person des jeweiligen Stelleninhabers zuzuordnen (BAG v. 14.4.2011, Az. 6 AZR 727/09).

TIPP!

In Zweifelsfällen sollte der Arbeitgeber die Kündigung selbst erklären bzw. unterzeichnen oder seinen Vertreter anweisen, eine von ihm unterzeichnete Vollmachtsurkunde im Original beizufügen.

Kündigt ein vollmachtsloser Vertreter oder ein Nichtberechtigter das Arbeitsverhältnis, so liegt grundsätzlich keine Kündigung des Arbeitgebers vor. Der Arbeitgeber kann aber, sofern nicht eine unverzügliche Zurückweisung der Kündigung durch den Arbeitnehmer nach § 174 BGB erfolgt ist, die Kündigung nachträglich genehmigen.

ACHTUNG!

Die dreiwöchige Frist, innerhalb derer ein Arbeitnehmer die Unwirksamkeit einer Kündigung gerichtlich geltend machen kann, fängt in solchen Fällen aber erst mit dem Zugang der Genehmigung durch den Arbeitgeber an zu laufen (BAG v. 6.9.2012, Az. 2 AZR 858/11).

4. Zugang der Kündigung

Die Kündigungserklärung wird erst dann wirksam, wenn sie dem Kündigungsempfänger zugeht.

WICHTIG!

Entscheidend ist der Zugang des Originals, auf dem sich die eigenhändige Unterschrift des Kündigenden befindet. Eine Kopie, Faxkopie oder E-Mail genügen dem gesetzlichen Schriftformerfordernis nicht. Wenn allerdings nach dem Zugang – also der Kenntnisnahme – des Originals versehentlich eine Kopie ausgehändigt wird, so ist dies ausreichend (LAG Hamm v. 4.12.2003, Az. 4 Sa 900/03).

Hinsichtlich des Zugangs unterscheidet das Gesetz danach, ob die Kündigung gegenüber einem „Anwesenden“ oder gegenüber einem „Abwesenden“ erfolgt.

Eine Kündigung unter Anwesenden liegt vor, wenn der Kündigungsempfänger die (schriftliche) Kündigungserklärung direkt vom Kündigenden entgegennimmt. In diesem Fall gilt die Kündigungserklärung unmittelbar als zugegangen.

Lehnt der Empfänger grundlos die Entgegennahme eines Schreibens ab, muss er sich nach § 242 BGB jedenfalls dann so behandeln lassen, als sei es ihm im Zeitpunkt der Ablehnung zugegangen, wenn er im Rahmen vertraglicher Beziehungen mit der Abgabe rechtserheblicher Erklärungen durch den Absender rechnen musste. Bei der persönlichen Übergabe eines Kündigungsschreibens z. B. im Personalgespräch genügt die Aushändigung und Übergabe, sodass der Arbeitnehmer in der Lage ist, vom Inhalt der Erklärung Kenntnis zu nehmen (BAG v. 4.11.2004, Az. 2 AZR 17). Das Schreiben muss so in seine tatsächliche Verfügungsgewalt gelangen, dass für ihn die Möglichkeit der Kenntnisnahme besteht. Der Zugang einer verkörperten Willenserklärung unter Anwesenden ist daher auch dann bewirkt, wenn das Schriftstück dem Empfänger mit der für ihn erkennbaren Absicht, es ihm zu übergeben, angereicht und, falls er die Entgegennahme ablehnt, so in seiner unmittelbaren Nähe abgelegt wird, dass er ohne Weiteres hierüber verfügen und von seinem Inhalt Kenntnis nehmen kann. Auf die tatsächliche Kenntnisnahme kommt es nicht an (vgl. Hessisches LAG v. 30.5.2025, Az. 10 GLa 337/25). Es geht dagegen nicht zu, wenn es dem Empfänger zum Zwecke der Übergabe zwar angereicht, aber von dem Erklärenden oder Überbringer wieder an sich genommen wird, weil der Empfänger die Annahme abgelehnt hat. In diesem Fall ist das Schreiben zu keinem Zeitpunkt in dessen tatsächliche Verfügungsgewalt gelangt (vgl. BAG v. 26.3.2015, Az. 483/14; LAG Düsseldorf v. 3.7.2018, Az. 8 Sa 175/18).

TIPP!

Der Arbeitgeber sollte sich den Zugang der Kündigungserklärung vom Arbeitnehmer schriftlich bestätigen lassen. Soweit dies nicht möglich ist oder der Arbeitnehmer sich weigert, reicht auch die Übergabe vor Zeugen (z. B. einem Betriebsratsmitglied) aus.

Problematischer stellt sich die Situation bei einer Kündigung unter Abwesenden dar. Hier muss die Kündigungserklärung erst noch an den Kündigungsempfänger übermittelt werden (z. B. auf dem Postwege). Ein in den Briefkasten geworfenes Kündigungsschreiben geht danach in dem Zeitpunkt zu, in dem der Briefkasten üblicherweise geleert wird. Dies kann zu Problemen führen.

Beispiel:

Die Kündigungsfrist beträgt sechs Monate zum Quartalsende. Behauptet der Arbeitnehmer, das am Nachmittag des 30.6. in den Briefkasten geworfene Kündigungsschreiben erst am Vormittag des 1.7. vorgefunden zu haben, so wirkt die Kündigung nicht mehr zum 31.12., sondern erst zum 31.3. des Folgejahres.

Entscheidend ist immer, wann der Kündigungsempfänger unter normalen Umständen das Kündigungsschreiben erhalten hätte. Dies gilt auch, wenn das Schreiben einem sog. Empfangsboten (z. B. Familienangehöriger, Lebensgefährte, Haushaltsangehörige, Dienstmädchen, Zimmervermieter) übergeben wird. Leitet der Empfangsbote das Kündigungsschreiben nicht oder nicht rechtzeitig weiter, so ist dies nur für den Erklärungsempfänger problematisch; die Kündigung gilt zu dem Zeitpunkt als zugegangen, zu dem normalerweise mit einer Weitergabe zu rechnen gewesen wäre (vgl. BAG v. 9.6.2011, Az. 6 AZR 687/09).

WICHTIG!

Der Absender muss im Streitfall den Zugang beweisen. Daher sollte die Übermittlung per Einschreiben mit Rückschein, Postzustellungsurkunde oder per Boten erfolgen. Der schriftliche Zugangsnachweis sollte unbedingt zur → *Personalakte* genommen werden.

Ein Übergabe-Einschreiben geht erst dann zu, wenn es vom Postboten ausgehändigt wird. Trifft der Postbote niemanden an, hinterlässt er einen Benachrichtigungsschein im Briefkasten. Die Zustellung erfolgt dann erst, wenn das Einschreiben abgeholt wird. Dadurch kann sich beim Übergabe-Einschreiben der Zugang des Kündigungsschreibens und damit auch das Wirksamwerden der Kündigung erheblich verzögern. Anders verhält es sich beim Einwurf-Einschreiben, welches vom Postboten in den Briefkasten des Empfängers eingeworfen wird. Hierbei wird der Zeitpunkt des Einwurfs, und damit des Zugangs, genau festgehalten. Auch beim Einwurfeinschreiben erhält der Absender auf Wunsch – neben der telefonischen Auskunft – eine Reproduktion des elektronisch archivierten Auslieferungsbelegs. Bei Einhaltung dieses Verfahrens ist der Schluss gerechtfertigt, dass die eingelieferte Sendung tatsächlich in den Briefkasten des Empfängers gelangt ist. Für den Absender gilt daher beim Einwurfeinschreiben nach Vorlage des Einlieferungsbelegs zusammen mit der Reproduktion des ordnungsgemäß unterzeichneten Auslieferungsbelegs der Beweis des ersten Anscheins dafür, dass die Sendung durch Einlegen in den Briefkasten bzw. das Postfach innerhalb der postüblichen Zustellungszeiten zugegangen ist, wenn das vorbeschriebene Verfahren eingehalten wurde (BAG v. 20.6.2024, Az. 2 AZR 213/23; BGH v. 27.9.2016, Az. II ZR 299/15; LAG Schleswig-Holstein v. 18.1.2022, Az. 1 Sa 159/21). Etwas anderes gilt aber, wenn neben dem Einlieferungsbeleg kein Auslieferungsbeleg bzw. eine Reproduktion hiervon, sondern nur ein „Sendungsstatus“ vorgelegt wird. Die Aussagekraft des Sendungsstatus „die Sendung wurde am xxx zugestellt“ reicht nicht aus, um auf ihn den Anscheinsbeweis des Zugangs zu gründen (BAG v. 30.1.2025, Az. 2 AZR 68/24). Dies gilt auch dann, wenn eine Reproduktion des Auslieferungsnachweises deshalb nicht vorgelegt werden kann, weil ein solches vom Versandunternehmen (z. B. wegen Ablaufs der Antragsfrist) nicht mehr zur Verfügung gestellt wird (LAG Baden-Württemberg v. 28.7.2021, Az. 4 Sa 68/20 m. w. N.). Das LAG Hamburg geht in einer – zur Revision zugelassenen – Entscheidung sogar soweit, dass auch bei Vorlage des Auslieferungsnachweises, der vom Zusteller durch Scannen eines Strichcodes bei Ablieferung erstellt worden ist, kein Anscheinsbeweis für den Zugang des Schreibens begründet werden soll. Im Leitsatz führt es aus:

Sind auf der Reproduktion des Zustellbelegs bei einem Einwurf-Einschreiben die Art der Sendung (Einschreiben Einwurf), die Sendungsnummer, die Postleitzahl und der Zustellbezirk erfasst, stehen unter der Kategorie Empfangsberechtigter zum Ankreuzen die Möglichkeiten „Empf“, „EmpfBev“ und „And.EmpfBer“ zur Verfügung und steht hinter dem Titel Empfangsbestätigung der Text „Ich habe die o. g. Sendung dem Empfangsberechtigten übergeben, bzw. das Einschreiben Einwurf in die Empfangsvorrichtung des Empfängers eingelegt“, streitet bei Übersendung eines Schriftstücks per Einwurf-Einschreiben und gleichzeitiger Vorlage des Einlieferungsbelegs und der Reproduktion des Auslieferungsbelegs nicht der Beweis des ersten Anscheins für den Zugang dieses Schriftstücks bei dem Empfänger (LAG Hamburg v. 14.7.2025, Az. 4 SLa 26/24).

Beim nachgewiesenen Einwurf kommt es dann grundsätzlich nicht mehr darauf an, wann der Empfänger das Schreiben aus dem Briefkasten geholt hat, sondern vielmehr, wann üblicherweise mit der Entleerung zu rechnen ist. Nach allgemeiner Verkehrsanschauung ist dies unmittelbar nach Abschluss der üblichen Postzustellzeiten der Fall (vgl. BAG v. 22.8.2019, Az. 2 AZR 111/19).

Beispiel:

Wenn die Post üblicherweise um 11:00 Uhr morgens eingeworfen wird, so wäre es bei einer Zustellung um 13:25 Uhr Sache des Arbeitgebers, darzulegen und zu beweisen, warum mit einer Entleerung an diesem Tag noch bis 13:25 Uhr (oder später) zu rechnen ist. Kann er dies nicht, so gilt das Schreiben erst zum Zeitpunkt der nächsten

(üblichen) Entleerung des Briefkastens als zugegangen (vgl. BAG v. 22.8.2019, Az. 2 AZR 111/19).

Besondere Probleme bei der Zustellung ergeben sich immer, wenn sich der Kündigungsempfänger (z. B. wegen Urlaub, Krankheit, Kur oder Umzug) nicht an seinem gewöhnlichen Aufenthaltsort aufhält. Der Arbeitgeber kann – selbst wenn er von der Abwesenheit des Arbeitnehmers Kenntnis hat – das Kündigungsschreiben an dessen Heimatanschrift schicken. Wie auch sonst gilt das Schreiben dann am nächsten Werktag als zugegangen, selbst wenn der Arbeitnehmer keinen Nachsendeantrag gestellt hat und erst Wochen später wieder heimkehrt. Er hat dann allerdings die Möglichkeit, einen Antrag auf nachträgliche Zulassung der Kündigungsschutzklage gemäß § 5 KSchG zu stellen (→ *Arbeitsgerichtsverfahren*). Dies geht jedoch nur dann, wenn er nicht mit einer Kündigung während seiner Abwesenheit rechnen musste. Muss der Arbeitnehmer mit einer bevorstehenden Kündigung rechnen oder ist er länger ortsabwesend, muss er einen Nachsendeantrag stellen oder sonstige Vorkehrungen für eine zeitnahe Kenntnisnahme seiner eingehenden Post im aufrechterhaltenen Briefkasten treffen (vgl. BVerfG v. 23.7.2019, Az. 1 BvR 2032/18; BAG v. 25.4.2018, Az. 2 AZR 493/17).

ACHTUNG!

Hat der Arbeitgeber vom Arbeitnehmer die „neue" Anschrift erfahren, muss er die Kündigung auch an diese Adresse schicken. Eine Übermittlung an die „verwaiste" Heimatadresse bewirkt einen Zugang erst zum Zeitpunkt der Rückkehr des Arbeitnehmers.

Verhindert der Empfänger durch eigenes Verhalten (z. B. bewusste Angabe einer falschen Anschrift) den Zugang einer Willenserklärung, muss er sich so behandeln lassen, als sei ihm die Erklärung bereits zum Zeitpunkt des Übermittlungsversuchs zugegangen. Nach Treu und Glauben ist es ihm verwehrt, sich auf den späteren tatsächlichen Zugang zu berufen, wenn er selbst für die Verspätung die alleinige Ursache gesetzt hat (BAG v. 18.2.1977, Az. 2 AZR 770/75; BAG v. 26.3.2015, Az. 483/55).

Voraussetzung dafür, dass der Adressat eine Erklärung als früher zugegangen gegen sich gelten lassen muss, ist es, dass der Erklärende seinerseits alles Zumutbare dafür getan hat, dass seine Erklärung den Adressaten erreicht (BAG v. 22.9.2005, Az. 2 AZR 366/04; BAG v. 26.3.2015, Az. 483/55).

Die gegenüber einem Geschäftsunfähigen abgegebene Kündigung (= Willenserklärung) wird gem. § 131 Abs. 1 BGB nicht wirksam, bevor sie **dem gesetzlichen Vertreter** zugeht. Ein Zugang bei dem gesetzlichen Vertreter i. S. v. § 131 Abs. 1 BGB setzt voraus, dass die Willenserklärung nicht nur – zufällig – in dessen Herrschaftsbereich gelangt ist, sondern auch an ihn gerichtet oder zumindest für ihn bestimmt ist. Die Willenserklärung muss mit dem erkennbaren Willen abgegeben werden, dass sie den gesetzlichen Vertreter erreicht (BAG v. 28.10.2010, Az. 2 AZR 794/09).

WICHTIG!

Dies gilt auch für beschränkt Geschäftsfähige. Somit ist z. B. eine Kündigung des mit einem Minderjährigen bestehenden Ausbildungsverhältnisses an dessen Erziehungsberechtigte zu adressieren. Wird ein Kündigungsschreiben an den Auszubildenden, gesetzlich vertreten durch seine Eltern, adressiert, lässt dies den Willen des Ausbildenden, dass das Kündigungsschreiben die Eltern des Minderjährigen als dessen gesetzliche Vertreter erreichen soll, noch hinreichend erkennen. Der Ausbildende trägt allerdings bei einer solchen Adressierung das Risiko, dass bei postalischer Übermittlung die Zusteller ein solches Schreiben in einen eventuell vorhandenen eigenen Briefkasten des Minderjährigen einwerfen. Will der Ausbildende dieses Risiko vermeiden, muss er das Kündigungsschreiben an die Eltern als gesetzliche Vertreter des Auszubildenden adressieren (BAG v. 8.12.2011, Az. 6 AZR 354/10).

III. Kündigungsfristen

Eine ordentliche Kündigung des Arbeitsverhältnisses kann nur unter Einhaltung der einschlägigen Kündigungsfrist erfolgen. Das Gesetz schreibt Mindestkündigungsfristen vor, von denen nur in den nachfolgend ausgeführten Fällen abgewichen werden kann.

1. Gesetzliche Kündigungsfristen

Das Gesetz sieht in § 622 Abs. 1 BGB eine Kündigungsfrist von vier Wochen zum 15. oder zum Ende eines Kalendermonats vor. Je nach Dauer der Beschäftigung verlängert sich die gesetzliche Kündigungsfrist für eine Kündigung durch den Arbeitgeber ab dem zweiten Jahr der Beschäftigung im Betrieb des Arbeitgebers wie folgt:

Beschäftigungsdauer	Kündigungsfrist zum Monatsende
mehr als 2 Jahre	1 Monat
mehr als 5 Jahre	2 Monate
mehr als 8 Jahre	3 Monate
mehr als 10 Jahre	4 Monate
mehr als 12 Jahre	5 Monate
mehr als 15 Jahre	6 Monate
mehr als 20 Jahre	7 Monate

Diese gesetzlichen Kündigungsfristen gelten nur für eine Kündigung durch den Arbeitgeber. Für den Arbeitnehmer bleibt es auch bei längeren Beschäftigungsverhältnissen bei der Vierwochenfrist des § 622 Abs. 1 BGB.

WICHTIG!

Für Kündigungen des Arbeitgebers verlängert sich die Kündigungsfrist also aufgrund gesetzlicher Bestimmungen je nach Dauer des Beschäftigungsverhältnisses ab dem zweiten Jahr, sofern keine der nachfolgend aufgeführten Ausnahmen gelten. Bei der Berechnung der Beschäftigungsdauer wurden – entsprechend dem Gesetzeswortlaut in § 622 Abs. 2 Satz 2 BGB – Zeiten, die vor der Vollendung des fünfundzwanzigsten Lebensjahres des Arbeitnehmers liegen, nicht berücksichtigt. Mit seiner Entscheidung v. 19.1.2010 hat der EuGH festgestellt, dass die gesetzliche Regelung in § 622 Abs. 2 Satz 2 BGB gegen das Verbot der Diskriminierung wegen des Alters (RL 2000/78) verstößt und daher von den nationalen Gerichten nicht länger angewendet werden darf (EuGH v. 19.1.2010, Az. C-555/07 Kücükdeveci). Daher sind für Kündigungen nach dem 2.12.2006 (vgl. BAG v. 9.9.2010, Az. 2 AZR 714/08) bei der Berechnung der gesetzlichen Kündigungsfrist auch solche Beschäftigungszeiten anzurechnen, die vor der Vollendung des fünfundzwanzigsten Lebensjahres liegen. Die Verlängerung der gesetzlichen Kündigungsfrist je nach Dauer der Betriebszugehörigkeit stellt hingegen keine verbotene Altersdiskriminierung dar (BAG v. 18.9.2014, Az. 6 AZR 636/13), obwohl hierdurch ältere Arbeitnehmer mittelbar begünstigt werden.

Für Kündigungen des Arbeitgebers verlängert sich die Kündigungsfrist also aufgrund gesetzlicher Bestimmungen je nach Dauer des Beschäftigungsverhältnisses ab dem zweiten Jahr, sofern keine der nachfolgend aufgeführten Ausnahmen gelten. § 622 Abs. 2 Satz 2 BGB, wonach bei der Berechnung der Kündigungsfrist Beschäftigungszeiten vor Vollendung des 25. Lebensjahres unberücksichtigt bleiben, ist für Kündigungen nach dem 2.12.2006 nicht anzuwenden (BAG v. 9.9.2010, Az. 2 AZR 714/08). Verweist eine tarifvertragliche Regelung, die Bestimmungen zu Kündigungsfristen und Kündigungsterminen enthält, hinsichtlich der Berechnung der Kündigungsfrist rein deklaratorisch auf die gesetzliche Anrechnungsvorschrift des § 622 Abs. 2 Satz 2 BGB, geht dieser Verweis für Kündigungen, die nach dem 2.12.2006 erklärt wurden, ins Leere. Die Regelung des § 622 Abs. 2 Satz 2 BGB ist mit Unionsrecht unvereinbar und in dessen Geltungsbereich unanwendbar (BAG v. 29.9.2011, Az. 2 AZR 177/10). Eine Kündigung muss bestimmt und unmissverständlich erklärt werden. Der Empfänger einer ordentlichen Kündigungserklärung muss erkennen können, wann das Arbeitsverhältnis enden soll. Regelmäßig genügt hierfür die Angabe des Kündigungstermins oder der Kündigungsfrist. Ausreichend ist

aber auch ein Hinweis auf die maßgeblichen gesetzlichen Fristenregelungen, wenn der Erklärungsempfänger hierdurch unschwer ermitteln kann, zu welchem Termin das Arbeitsverhältnis enden soll (BAG v. 12.6.2013, Az. 4 AZR 969/11).

Eine Kündigung muss bestimmt und unmissverständlich erklärt werden. Der Empfänger einer ordentlichen Kündigungserklärung muss erkennen können, wann das Arbeitsverhältnis enden soll. Regelmäßig genügt hierfür die Angabe des Kündigungstermins oder der Kündigungsfrist. Ausreichend ist aber auch ein Hinweis auf die maßgeblichen gesetzlichen Fristenregelungen, wenn der Erklärungsempfänger hierdurch unschwer ermitteln kann, zu welchem Termin das Arbeitsverhältnis enden soll (BAG v. 12.6.2013, Az. 4 AZR 969/11).

Während einer **vereinbarten** Probezeit gilt gemäß § 622 Abs. 3 BGB eine zweiwöchige Kündigungsfrist. Ein Kündigungstermin ist hierbei nicht einzuhalten. Die Probezeit darf allerdings nicht für länger als sechs Monate vereinbart werden.

WICHTIG!

Sieht der Arbeitsvertrag eine Probezeit von längstens sechs Monaten vor, kann das Arbeitsverhältnis gemäß § 622 Abs. 3 BGB ohne weitere Vereinbarung von beiden Seiten mit einer Frist von zwei Wochen gekündigt werden. Ist jedoch in einem vom Arbeitgeber vorformulierten Arbeitsvertrag in einer weiteren Klausel eine längere Kündigungsfrist festgelegt, ohne unmissverständlich deutlich zu machen, dass diese längere Frist erst nach dem Ende der Probezeit gelten soll, ist dies vom Arbeitnehmer regelmäßig dahin zu verstehen, dass der Arbeitgeber schon während der Probezeit nur mit der vereinbarten längeren Frist kündigen kann (BAG v. 23.3.2017, Az. 6 AZR 705/15).

„Die ersten sechs Monate gelten als Probezeit. Während dieser Zeit kann das Arbeitsverhältnis mit einer Frist von zwei Wochen gekündigt werden. Nach Ablauf der Probezeit kann das Arbeitsverhältnis von beiden Seiten unter Einhaltung der gesetzlichen Kündigungsfristen gem. § 622 Abs. 2 BGB gekündigt werden."

Von den gesetzlichen Kündigungsfristen kann nur durch Tarifvertrag oder durch einzelvertragliche Vereinbarung abgewichen werden.

2. Tarifvertragliche Kündigungsfristen

Nach § 622 Abs. 4 BGB können durch Tarifvertrag kürzere oder längere als die gesetzlich vorgesehenen Kündigungsfristen vereinbart werden. Der Arbeitgeber ist daran gebunden.

3. Einzelvertragliche Kündigungsfristen

Auch durch den einzelnen Arbeitsvertrag kann von den gesetzlichen Mindestkündigungsfristen abgewichen werden, allerdings nur innerhalb der Vorgaben des § 622 Abs. 5 BGB.

3.1 Verkürzung der gesetzlichen Kündigungsfrist

Eine kürzere Kündigungsfrist kann nur dann vereinbart werden, wenn

- ein Arbeitnehmer zur vorübergehenden Aushilfe eingestellt ist (§ 622 Abs. 5 Nr. 1 BGB). Dauert das Arbeitsverhältnis aber länger als drei Monate, gilt wieder die Mindestkündigungsfrist von vier Wochen; oder wenn
- der Arbeitgeber in der Regel nicht mehr als 20 Arbeitnehmer (Auszubildende sind nicht mitzurechnen) beschäftigt. Bei der Feststellung der Zahl der beschäftigten Arbeitnehmer sind teilzeitbeschäftigte Arbeitnehmer mit einer regelmäßigen wöchentlichen Arbeitszeit von nicht mehr als 20 Stunden mit 0,5 und nicht mehr als 30 Stunden mit 0,75 zu berücksichtigen.

3.2 Verlängerung der gesetzlichen Kündigungsfrist

Der Arbeitgeber hat in der Regel ein Interesse daran, sich vor kurzfristigen Kündigungen seiner Mitarbeiter zu schützen. Die einzelvertragliche Verlängerung der gesetzlichen Kündigungsfristen ist ebenso wie der vertragliche Ausschluss der ordentlichen Kündigung für einen längeren Zeitraum grundsätzlich zulässig. Die Frist für den Arbeitnehmer darf aber nicht länger als die für die Kündigung des Arbeitgebers sein (§ 622 Abs. 6 BGB).

ACHTUNG!

Wird die gesetzliche Kündigungsfrist für den Arbeitnehmer in Allgemeinen Geschäftsbedingungen (vorformulierten Arbeitsverträgen) erheblich verlängert, kann darin auch dann eine unangemessene Benachteiligung entgegen den Geboten von Treu und Glauben im Sinn von § 307 Abs. 1 Satz 1 BGB liegen, wenn die Kündigungsfrist für den Arbeitgeber in gleicher Weise verlängert wird (z. B. bei einer dreijährigen Kündigungsfrist BAG v. 26.10.2017, Az. 6 AZR 158/16).

Zu beachten ist auch, dass die mit längerer Beschäftigungsdauer automatisch eintretende Verlängerung der gesetzlichen Kündigungsfristen in § 622 Abs. 2 BGB nur für eine Arbeitgeberkündigung gilt. Der Arbeitnehmer könnte also auch nach Jahrzehnten mit einer Kündigungsfrist von vier Wochen kündigen. Deshalb ist jedem Arbeitgeber dringend zu empfehlen, die Geltung gleich langer Kündigungsfristen vertraglich zu vereinbaren.

Formulierungsbeispiel:

„Die gesetzlichen Kündigungsfristen in § 622 BGB finden unter der Maßgabe Anwendung, dass die verlängerten Kündigungsfristen (§ 622 Abs. 2 BGB) auch für die Kündigung des Arbeitsverhältnisses durch den Arbeitnehmer gilt."

4. Rechtsfolgen einer falschen Fristberechnung

Soweit die einschlägige Kündigungsfrist nicht eingehalten wurde, führt dies streng genommen zur Unwirksamkeit der Kündigung. Nachdem es sich jedoch bei der Kündigungserklärung um eine einseitige Willenserklärung handelt, ist auch der tatsächliche Wille des Erklärenden zugrunde zu legen. In aller Regel besteht die Vermutung, dass der Kündigende das Arbeitsverhältnis in jedem Fall beenden will, wenn schon nicht mit der gewählten, dann doch wenigstens mit der tatsächlich möglichen Kündigungsfrist. Aus diesem Grund wird eine unwirksame Kündigung mit fehlerhafter Kündigungsfrist i. d. R. in eine wirksame Kündigung mit tatsächlicher Kündigungsfrist umgedeutet; sie wird dann zu diesem (späteren) Zeitpunkt wirksam.

Eine solche Umdeutung ist jedoch nicht zwingend. Das BAG hat in seiner Entscheidung v. 15.5.2013, Az. 5 AZR 130/12 ausdrücklich offen gelassen, ob eine ordentliche Kündigung mit objektiv fehlerhafter Kündigungsfrist im Regelfall als eine solche mit rechtlich zutreffender Kündigungsfrist ausgelegt werden kann. Fehlen jegliche Anhaltspunkte für die Auslegung, dass der Kündigende mit der Kündigung das Arbeitsverhältnis jedenfalls – auch zu einem späteren Zeitpunkt – beenden wollte, so kommt im Zweifel keine Umdeutung der (unwirksamen) Kündigung zu einem bestimmten Datum in eine (wirksame) Kündigung zu einem anderen Datum in Betracht. Eine vom Arbeitgeber mit zu kurzer Kündigungsfrist zu einem bestimmten Datum erklärte ordentliche Kündigung, die den Zusatz „fristgemäß zum" enthält, kann als Kündigung zum richtigen Kündigungstermin ausgelegt werden, wenn es dem Arbeitgeber für den Arbeitnehmer erkennbar wesentlich um die Einhaltung der maßgeblichen Kündigungsfrist ging und sich das in die Kündigungserklärung aufgenommene Datum lediglich als das Ergebnis einer fehlerhaften Berechnung der zutreffenden Kündigungsfrist erweist (vgl. sehr ausführlich zur Thematik der Umdeutung BAG v. 15.5.2013, Az. 5 AZR 130/12).

ACHTUNG!

Die Unwirksamkeit einer Kündigung muss der Arbeitnehmer grundsätzlich innerhalb der Klagefrist des § 4 KSchG (3-Wochen-Frist) geltend machen. Will er aber lediglich festgestellt wissen, dass die vom Arbeitgeber bekanntgegebene Frist zur ordentlichen Kündigung (z. B. wegen der unterbliebenen Berücksichtigung von Beschäftigungszeiten vor Vollendung des 25. Lebensjahres) unzutreffend berechnet wurde, so kann er dies – innerhalb der Grenzen der

Verwirkung – auch nach Ablauf der 3-Wochen-Frist noch gerichtlich geltend machen, sofern sich aus dem Kündigungsschreiben ergibt, dass der Arbeitgeber die objektiv einzuhaltende Kündigungsfrist wahren wollte (BAG v. 9.9.2010, Az. 2 AZR 714/08). Scheidet jedoch eine Umdeutung aus den o. g. Gründen aus, so muss die aus der unzureichenden Kündigungsfrist herrührende Unwirksamkeit der Kündigung innerhalb der Klagefrist des § 4 KSchG geltend gemacht werden; andernfalls gilt die mit zu kurzer Frist ausgesprochene Kündigung nach § 7 KSchG als rechtswirksam und beendet das Arbeitsverhältnis zum „falschen Termin" (BAG v. 15.5.2013, Az. 5 AZR 130/12). Eine Kündigungsschutzklage wahrt die Klagefrist des § 4 KSchG auch für eine Folgekündigung, die vor dem oder zeitgleich mit dem Beendigungstermin der ersten Kündigung wirksam werden soll, jedenfalls dann, wenn der Arbeitnehmer ihre Unwirksamkeit noch vor Schluss der mündlichen Verhandlung erster Instanz geltend macht (BAG v. 18.12.2014, Az. 2 AZR 163/14). Dies gilt auch dann, wenn der Arbeitnehmer zunächst nur einen Änderungsschutzantrag gem. § 4 Satz 2 KSchG gestellt hat und noch vor Schluss der mündlichen Verhandlung erster Instanz mit einem Antrag nach § 4 Satz 1 KSchG Kündigungsschutz (bezgl. der Folgekündigung) geltend macht (BAG v. 24.5.2018, Az. 2 AZR 67/18).

IV. Rücknahme der Kündigung

Durch den Zugang der Kündigungserklärung tritt automatisch die Beendigung des Arbeitsverhältnisses ein. Eine Rücknahme der Kündigung kann nicht mehr einseitig, sondern allenfalls noch durch Vereinbarung erfolgen. Für eine einvernehmliche Kündigungsrücknahme ist keine Form vorgeschrieben. Hierzu genügt beiderseitiges einvernehmliches Handeln. Dies kann beispielsweise auch dadurch geschehen, dass dem Verlangen des Arbeitnehmers auf Weiterbeschäftigung stattgegeben wird.

Wird die einvernehmliche Rücknahme der Kündigung vor Ablauf der Kündigungsfrist vereinbart, besteht das Arbeitsverhältnis unverändert zu den alten Bedingungen fort. Geschieht dies jedoch erst nach Ablauf der Kündigungsfrist (wenn der Arbeitnehmer also nicht mehr arbeitet), liegt in der Rücknahme der Kündigung grundsätzlich eine rückwirkend erfolgte Verlängerung des ursprünglichen Arbeitsverhältnisses mit der Folge, dass zwischen Beendigung und Fortsetzung des Arbeitsverhältnisses keine rechtliche Lücke besteht. Der Arbeitnehmer hat also für die Zeit, in der er nicht beschäftigt wurde, einen Anspruch auf Zahlung des Gehalts (§ 615 BGB).

Auch nach Klageerhebung im Rahmen eines Kündigungsschutzprozesses kann eine Kündigung nicht einseitig, sondern nur durch beidseitigen Vertrag „zurückgenommen" werden. Dem Arbeitgeber bleibt jedoch die Möglichkeit, die Kündigungsschutzklage anzuerkennen.

WICHTIG!

Bei Anerkennung der Klage durch den Arbeitgeber ist der Arbeitnehmer nicht mehr verpflichtet, dort weiter zu arbeiten, wenn er inzwischen ein neues Arbeitsverhältnis eingegangen ist und deshalb die Fortsetzung der Beschäftigung beim ursprünglichen Arbeitgeber verweigert (§ 12 KSchG).

B. Kündigung durch den Arbeitgeber

I. Besonderheiten der Arbeitgeberkündigung

1. Arbeitnehmerschutz

Aus der ursprünglichen Überlegung heraus, dass ein Arbeitnehmer in besonderer Weise von der Erhaltung seines Arbeitsplatzes und damit vom Arbeitgeber abhängig ist, wurde der Fortbestand eines Arbeitsverhältnisses unter → *Kündigungsschutz* gestellt. Je nach den Umständen des Einzelfalls sind Kündigungen durch den Arbeitgeber verboten (Kündigungsverbote) oder nur unter bestimmten Voraussetzungen zulässig (Kündigungsbeschränkungen).

2. Kündigungsverbote

Kündigungsverbote ergeben sich aus folgenden Vorschriften.

- § 9 MuSchG, wonach die Kündigung während der Schwangerschaft bis zum Ablauf von vier Monaten nach der Entbindung grundsätzlich unzulässig ist;
- § 18 BEGG, der die Kündigung des Arbeitsverhältnisses durch den Arbeitgeber während der Elternzeit verbietet;
- § 5 Abs. 1 PflegeZG, wonach eine Kündigung des Beschäftigungsverhältnisses von der Ankündigung bis zur Beendigung einer Pflegezeit ausgeschlossen ist;
- § 15 Abs. 1 u. 2 KSchG, welcher die Kündigung eines Mitglieds des Betriebsrats, einer Personalvertretung bzw. einer Jugend- und Auszubildendenvertretung während ihrer Amtszeit und innerhalb eines Zeitraums von einem Jahr nach deren Beendigung verbietet, soweit nicht ein wichtiger Grund für eine außerordentliche Kündigung vorliegt;
- § 15 Abs. 3 KSchG, der die Kündigung eines Wahlvorstandsmitglieds bei Betriebsrats- und Personalratswahlen vom Zeitpunkt seiner Bestellung an bis zum Ablauf von sechs Monaten nach Bekanntgabe des Wahlergebnisses verbietet, es sei denn, es liegt ein wichtiger Grund zur außerordentlichen Kündigung vor;
- § 22 Abs. 2 BBiG, wonach der Arbeitgeber ein Berufsausbildungsverhältnis nach Ablauf der Probezeit nur bei Vorliegen eines wichtigen Grundes außerordentlich kündigen darf;
- § 2 ArbPlSchG, wonach von dem Zeitpunkt der Zustellung des Einberufungsbescheides bis zur Beendigung des Grundwehrdienstes sowie während einer Wehrübung von Arbeitgeberseite nicht ordentlich gekündigt werden darf;
- § 2 Abs. 1 EÜG, wonach die ordentliche Kündigung durch den Arbeitgeber während einer Eignungsprüfung untersagt ist;
- § 78 ZDG i. V. m. § 2 ArbPlSchG, wonach der Arbeitgeber auch während der Durchführung des Zivildienstes nicht ordentlich kündigen darf;
- § 26 ArbGG bzw. § 20 SGG, wodurch die Kündigung eines ehrenamtlichen Richters in der Arbeits- und Sozialgerichtsbarkeit wegen Übernahme oder Ausübung des Richteramts verboten ist;
- § 96 SGB IX Abs. 3 i. V. m. § 15 Abs. 2 KSchG, wonach die Kündigung eines Schwerbehindertenvertreters während seiner Amtszeit und innerhalb eines Zeitraums von einem Jahr nach deren Beendigung unzulässig ist, soweit nicht ein wichtiger Grund für eine außerordentliche Kündigung vorliegt;
- § 38 Abs. 2 BDSG i. V. m. § 6 Abs. 4 BDSG, wonach die Kündigung eines (nach Art. 37 DSGVO pflichtgemäß zu benennenden) betrieblichen Datenschutzbeauftragten während seiner Amtszeit und innerhalb eines Zeitraums von einem Jahr nach deren Beendigung unzulässig ist, soweit nicht ein wichtiger Grund für eine außerordentliche Kündigung vorliegt (Achtung: s. Vorlagebeschluss BAG v. 30.7.2020, Az. 2 AZR 225/20 (A) zur Frage der Vereinbarkeit mit Unionsrecht [DSGVO]);
- § 58 Abs. 2 BImSchG, wonach die Kündigung eines betrieblichen Immissionsschutzbeauftragten während seiner Amtszeit und innerhalb eines Zeitraums von einem Jahr nach deren Beendigung unzulässig ist, soweit nicht ein wichtiger Grund für eine außerordentliche Kündigung vorliegt;
- § 134 BGB, wonach eine Kündigung nicht gegen gesetzliche Verbote verstoßen darf (z. B. gegen das Benachteiligungsverbot gem. § 7 Abs. 1 AGG → *Gleichbehandlung*);

- § 138 BGB, wonach eine Kündigung nicht in extremer Weise gegen grundlegende Wertungen der Rechtsordnung verstößt und damit sittenwidrig ist;
- § 242 BGB, wonach eine Kündigung nicht gegen Treu und Glauben verstoßen darf und damit treuwidrig ist.

3. Kündigungsbeschränkungen

Kündigungsbeschränkungen ergeben sich aus folgenden Vorschriften:

- § 85 SGB IX, der die Kündigung des Arbeitsverhältnisses eines Schwerbehinderten von der vorherigen Zustimmung des Integrationsamts (früher: Hauptfürsorgestelle) abhängig macht;
- § 1 KSchG, wonach der Arbeitgeber eine Kündigung sozial zu rechtfertigen hat (→ *Kündigungsschutz*);
- § 102 BetrVG, wonach der Betriebsrat vor Ausspruch einer Kündigung anzuhören ist;
- § 242 BGB, wonach auch bei der Kündigung, die nicht unter den Kündigungsschutz fällt, eine soziale Rücksichtnahme zu wahren ist.

ACHTUNG!

Darüber hinaus sehen viele Tarifverträge Kündigungsbeschränkungen und Kündigungsverbote vor.

Auch in Betriebsvereinbarungen kann die Unkündbarkeit von Arbeitnehmern festgelegt werden, soweit ein einschlägiger Tarifvertrag hierzu nichts regelt oder den Abschluss ergänzender Betriebsvereinbarungen ausdrücklich zulässt (§ 77 Abs. 3 BetrVG).

Darüber hinaus können auch in Einzelarbeitsverträgen Kündigungsverbote und Kündigungsbeschränkungen vereinbart werden. So gilt in einem befristeten Arbeitsverhältnis der Grundsatz, dass eine ordentliche Kündigung für die Dauer der Befristung ausgeschlossen ist, soweit nichts anderes vereinbart wurde. Nicht beschränkt werden kann das in § 626 BGB gesetzlich geregelte Recht zur außerordentlichen Kündigung.

4. Anhörung des Betriebsrats

In einem Betrieb mit Betriebsrat muss dieser vor jeder Kündigung gemäß § 102 Abs. 1 BetrVG angehört werden, es sei denn, bei dem zu kündigenden Mitarbeiter handelt es sich um einen leitenden Angestellten gem. § 5 Abs. 3 BetrVG.

TIPP!

Bestehen Zweifel darüber, ob die gesetzlichen Voraussetzungen eines leitenden Angestellten vorliegen, sollte auch in diesen Fällen vorsichtshalber eine Anhörung des Betriebsrats erfolgen.

Die ordnungsgemäße Anhörung ist bei der ordentlichen Kündigung und bei der außerordentlichen Kündigung erforderlich. Dies gilt auch bei einer Kündigung während der Probezeit oder bei einer → *Änderungskündigung*.

ACHTUNG!

Auch im Falle eines sog. unechten Abwicklungsvertrages, bei dem die Parteien von vornherein eine Kündigung mit anschließendem Abwicklungsvertrag vereinbaren, um sozialversicherungsrechtliche Nachteile für den Arbeitnehmer zu vermeiden, muss der Betriebsrat gem. § 102 BetrVG zur Kündigung angehört werden (BAG v. 28.6.2005, Az. 1 ABR 25/04).

Eine Kündigung ohne die ordnungsgemäße Betriebsratsanhörung ist unwirksam. Es kommt in diesem Zusammenhang auch nicht darauf an, ob Kündigungsgründe vorliegen oder nicht.

ACHTUNG!

Selbst wenn besonders schwerwiegende Kündigungsgründe vorliegen, führt die fehlerhafte oder unterlassene Anhörung des Betriebsrats gemäß § 102 Abs. 1 BetrVG zur Unwirksamkeit der Kündigung. Die Anhörung muss vor jeder Kündigung erfolgen. Das Anhörungsverfahren nach § 102 BetrVG entfaltet nur für die Kündigung Wirkungen, für die es eingeleitet worden ist. Will der Arbeitgeber nach Zugang der (etwa womöglich formell unwirksamen) Kündigung eine weitere Kündigung „nachschieben“, muss der Betriebsrat selbst dann erneut angehört werden, wenn sich die neuerliche Kündigung auf den gleichen Sachverhalt stützt (vgl. LAG Schleswig-Holstein v. 3.5.2014, Az. 6 Sa 354/13). Lediglich dann, wenn der Arbeitgeber seinen Kündigungsentschluss noch nicht verwirklicht hat, das frühere Anhörungsverfahren ordnungsgemäß war, der Betriebsrat der Kündigung vorbehaltlos zugestimmt hat und eine Wiederholungskündigung in angemessenem zeitlichen Zusammenhang ausgesprochen wird, kann das Erfordernis einer erneuten Anhörung entfallen (vgl. BAG v. 10.11.2005, Az. 2 AZR 623/04).

Das Anhörungsverfahren ist nur dann ordnungsgemäß eingeleitet, wenn der Arbeitgeber den Betriebsrat über die Person des zu kündigenden Arbeitnehmers, die Kündigungsart (ordentliche oder außerordentliche Kündigung, Beendigungs- oder Änderungskündigung, Tat- oder Verdachtskündigung) und die Kündigungsgründe unter näherer Umschreibung des zugrunde liegenden Sachverhalts informiert. Auch die für die Berechnung der Kündigungsfrist und des Kündigungstermin erforderlichen Informationen sind dem Betriebsrat mitzuteilen.

WICHTIG!

Der Arbeitgeber kann keinen (ungefähren) Endtermin nennen, wenn er vor Erklärung der Kündigung noch die Zustimmung oder Zulässigerklärung einer anderen Stelle (z. B. Integrationsamt, Agentur für Arbeit etc.) einzuholen hat. In diesem Fall reicht es aus, wenn er den Betriebsrat auf die noch einzuholende Zustimmung oder Zulässigerklärung hinweist oder sie dem Betriebsrat bekannt ist. Dann braucht der Arbeitgeber den Betriebsrat bei unverändertem Kündigungssachverhalt nicht erneut zu beteiligen, selbst wenn das Zustimmungs- oder Zulässigerklärungsverfahren jahrelang andauert. Die Betriebsratsanhörung kann bereits vor der Zustimmung oder Zulässigerklärung der zuständigen Behörde erfolgen (BAG v. 25.4.2013, Az. 6 AZR 49/12).

Die Anhörung kann schriftlich, in Textform, mündlich oder sogar telefonisch erfolgen. Der Arbeitgeber kann sich hierzu auch Boten und/oder Vertretern bedienen. Eine Zurückweisung wegen fehlenden Vollmachtsnachweises gem. § 174 BGB ist ausgeschlossen. Hat der Betriebsrat Zweifel an der Boten- oder Vertretereigenschaft, kann er sich nach dem Gebot der vertrauensvollen Zusammenarbeit unmittelbar gegenüber dem Arbeitgeber äußern (BAG v. 13.12.2012, Az. 6 AZR 348/11). Dies gilt auch, wenn es sich bei dem Boten oder Vertreter um eine betriebsfremde Person (z. B. Rechtsanwalt) handelt (vgl. auch BAG v. 13.12.2012, Az. 6 AZR 608/11).

WICHTIG!

Aus Beweisgründen sollte die Anhörung schriftlich erfolgen. Zur Entgegennahme von Erklärungen, die dem Betriebsrat gegenüber abzugeben sind, ist der Vorsitzende des Betriebsrats oder im Fall seiner Verhinderung sein Stellvertreter berechtigt. Grundsätzlich sollte ein Anhörungsschreiben innerhalb des Betriebs übergeben werden. Ein Betriebsratsvorsitzender kann (muss aber nicht) ein Anhörungsschreiben des Arbeitgebers zu einer beabsichtigten Kündigung für den Betriebsrat aber auch außerhalb des Betriebs entgegennehmen (BAG v. 7.7.2011, Az. 6 AZR 248/10). Soll hilfsweise auch eine andere Kündigungsart (z. B. außerordentliche und hilfsweise ordentliche Kündigung) erklärt werden, muss der Betriebsrat auch zu dieser angehört werden.

Will der Arbeitgeber einem Arbeitnehmer wegen einer Straftat kündigen, sollte er den Betriebsrat zugleich zu einer Verdachtskündigung anhören. Nur dann kann er später – sollte sich die Straftat nicht nachweisen lassen – auf eine Verdachtskündigung zurückgreifen, denn die Anhörung zu einer Kündigung wegen einer Straftat umfasst nicht automatisch die Anhörung zu einer Verdachtskündigung.

Sofern für die Kündigung auch vorangegangene Abmahnungen erheblich sind, sollten diese dem Betriebsrat mitgeteilt oder besser zusammen mit dem Anhörungsschreiben vorgelegt werden.

Im Rahmen der Anhörung zu einer krankheitsbedingten Kündigung sind die krankheitsbedingten Fehlzeiten sowie die hierdurch entstandenen und zukünftig zu erwartenden betrieblichen Auswirkungen darzulegen. Ebenso ist die voraussichtliche Krankheitsprognose nach dem Kenntnisstand des Arbeitgebers mitzuteilen.

Im Falle einer betriebsbedingten Kündigung sind dem Betriebsrat die betrieblichen Gründe detailliert vorzutragen. Es ist insbesondere auch auszuführen, warum diese Gründe die Kündigung des betreffenden Arbeitnehmers erfordern. Hat der Arbeitgeber eine soziale Auswahl durchzuführen, muss er dem Betriebsrat darlegen, wie er diese vorgenommen hat.

WICHTIG!

Im Falle einer vollständigen Betriebsstilllegung muss der Arbeitgeber keine Sozialauswahl durchführen, wenn er alle Arbeitnehmer entlässt. Daher bedarf es in diesen Fällen auch nicht der Mitteilung sozialer Auswahlentscheidungen, insbesondere auch nicht des Familienstandes und der Unterhaltspflichten der zu kündigenden Arbeitnehmer (BAG v. 13.5.2004, Az. 2 AZR 329/03). Wenn jedoch ein Teil der Belegschaft von einem Schwesterunternehmen übernommen wird und die Arbeitsverhältnisse mit diesem fortgesetzt werden, somit ein „gewillkürter Eintritt" in die Arbeitsverhältnisse des stillzulegenden Betriebs stattfindet, so ist eine Sozialauswahl vorzunehmen (BAG v. 21.5.2015, Az. 8 AZR 409/13).

Die Informationspflicht gegenüber dem Betriebsrat ist geringer, als die Darlegungspflicht im arbeitsgerichtlichen Kündigungsschutzprozess. Der Arbeitgeber ist nicht verpflichtet, Unterlagen oder Beweismittel zur Verfügung zu stellen. Er muss lediglich diejenigen Gründe mitteilen, die nach seiner subjektiven Auffassung die Kündigung rechtfertigen und für seinen Kündigungsentschluss maßgeblich sind. Diese Gründe muss er unter Angabe von Tatsachen so detailliert beschreiben, dass der Betriebsrat ohne zusätzliche eigene Nachforschungen in der Lage ist, die Stichhaltigkeit der Gründe zu prüfen und sich ein eigenes Bild zu verschaffen.

ACHTUNG!

Eine bewusst fehlerhafte Mitteilung der für den Arbeitgeber maßgebenden Kündigungsgründe führt zu einer fehlerhaften und damit unwirksamen Anhörung.

Nach dem sog. Grundsatz der subjektiven Determinierung ist der Betriebsrat ordnungsgemäß angehört worden, wenn ihm der Arbeitgeber die aus seiner Sicht tragenden Gründe mitgeteilt hat. Hierbei sind jedoch auch Umstände darzulegen, die den Arbeitnehmer entlasten bzw. die sich zugunsten des Arbeitnehmers auswirken können. Der Arbeitgeber kann solche Kündigungsgründe, die ihm im Zeitpunkt der Unterrichtung des Betriebsrates bereits bekannt waren, die er aber dem Betriebsrat nicht mitgeteilt hatte, im Prozess nicht nachschieben (vgl. BAG v. 18.6.2015, Az. 2 AZR 256/14). Um ein zulässiges Nachschieben von Kündigungsgründen handelt es sich dann, wenn der Arbeitgeber die dem Betriebsrat mitgeteilten Kündigungsgründe im Prozess nur weiter erläutert und konkretisiert, ohne dass dies den Kündigungssachverhalt wesentlich verändert (vgl. LAG Rheinland-Pfalz v. 4.7.2006, Az. 2 Sa 144/06). Hat der Arbeitgeber dem Betriebsrat bestimmte Kündigungsgründe nicht mitgeteilt, ist sein entsprechender Sachvortrag im Prozess gleichwohl verwertbar, wenn der Arbeitnehmer die ordnungsgemäße Anhörung des Betriebsrats erklärtermaßen nicht rügt (BAG v. 20.6.2013, Az. 2 AZR 546/12).

Die Mitteilungspflicht des Arbeitgebers im Rahmen von § 102 Abs. 1 Satz 2 BetrVG reicht nicht so weit wie seine Darlegungslast im Prozess (BAG v. 26.3.2015, Az. 2 AZR 417). Der notwendige Inhalt der Unterrichtung richtet sich vielmehr nach Sinn und Zweck des Beteiligungsrechts. Dieser besteht darin, den Betriebsrat durch die Unterrichtung in die Lage zu versetzen, sachgerecht, d. h. ggf. zugunsten des Arbeitnehmers auf den Arbeitgeber einzuwirken. Der Betriebsrat soll die Stichhaltigkeit und Gewichtigkeit der Kündigungsgründe beurteilen und sich über sie eine eigene Meinung bilden können.

Die Anhörung muss dem Betriebsrat hingegen nicht die selbstständige – objektive – Überprüfung der rechtlichen Wirksamkeit der beabsichtigten Kündigung ermöglichen (vgl. BAG 22.9.2016, Az. 2 AZR 700/15). Somit muss der Arbeitgeber den Betriebsrat im Hinblick auf eine vorrangig beabsichtigte außerordentliche fristlose Kündigung z. B. nicht darüber unterrichten, dass der Arbeitnehmer – möglicherweise – einen besonderen Kündigungsschutz genießt. Ungeachtet der Frage, ob ein solcher überhaupt zu den „Gründen für die Kündigung" i. S. d. § 102 Abs. 1 Satz 2 BetrVG gehören kann, muss ein Arbeitgeber, der außerordentlich fristlos kündigen möchte, dem Betriebsrat auch nicht mitteilen, dass dem Arbeitnehmer ein Sonderkündigungsschutz zukommt, der zwar eine ordentliche Kündigung weitgehend ausschließt, die Möglichkeit einer „fristlosen" Kündigung aber ausdrücklich „unberührt" lässt (BAG v. 7.5.2020, Az. 2 AZR 678/19). Auch die Wahrung der Kündigungserklärungsfrist des § 626 Abs. 2 BGB gehört nicht zu den „Gründen für die Kündigung" i. S. d. § 102 Abs. 1 Satz 2 BetrVG, über die der Arbeitgeber den Betriebsrat unterrichten muss (BAG v. 7.5.2020, Az. 2 AZR 678/19).

WICHTIG!

Zu den mitzuteilenden Gründen der Kündigung gehören auch solche, die den Arbeitnehmer entlasten oder für ihn sprechen. Der Arbeitgeber darf dem Betriebsrat in diesem Zusammenhang auch die ihm bekannten Umstände, die sich bei objektiver Betrachtung zugunsten des Arbeitnehmers auswirken können, nicht mit der Begründung vorenthalten, dass diese für seinen eigenen Kündigungsentschluss nicht von Bedeutung seien (BAG v. 16.7.2015, Az. 2 AZR 15/15).

Beispiel:

Vor einer Kündigung wegen Diebstahls oder des Verdachts eines Diebstahls muss der Arbeitgeber dem Betriebsrat grundsätzlich nicht nur die konkreten von ihm festgestellten Fakten mitteilen, aus denen sich der Verdacht des Diebstahls ergibt. Der Arbeitgeber muss den Betriebsrat in der Anhörung auch über Abmahnungen, Ermahnungen usw. informieren und schildern, welche Gesichtspunkte er vor seinem Kündigungsentschluss wie gegeneinander abgewogen habe.

ACHTUNG!

Teilt der Arbeitgeber dem Betriebsrat im Anhörungsverfahren besondere Kündigungsbedingungen mit, z. B. dass eine Kündigung erst nach Abschluss von Interessenausgleich und Sozialplan ausgesprochen werde, so führt die Nichteinhaltung dieser Bedingungen zur Unwirksamkeit der Kündigung (vgl. BAG v. 27.11.2003, Az. 2 AZR 654/02).

Hat der Betriebsrat gegen eine ordentliche Kündigung Bedenken, muss er diese unter Angabe der Gründe spätestens innerhalb einer Woche dem Arbeitgeber schriftlich mitteilen. Äußert er sich innerhalb dieser Wochenfrist nicht, gilt seine Zustimmung gemäß § 102 Abs. 2 BetrVG als erteilt.

Hat der Betriebsrat gegen eine außerordentliche Kündigung Bedenken, muss er angesichts der Eilbedürftigkeit die Bedenken dem Arbeitgeber unverzüglich, spätestens innerhalb von drei Tagen schriftlich mitteilen. Hierbei soll der Betriebsrat, soweit dies erforderlich erscheint, vor seiner Stellungnahme den betroffenen Arbeitnehmer hören.

Der Betriebsrat kann dem Arbeitgeber jegliche Bedenken gegen die Kündigung mitteilen. Der Arbeitgeber muss sich aus dem Grundsatz der vertrauensvollen Zusammenarbeit auch mit diesen Bedenken auseinandersetzen. Ein Widerspruchsrecht steht dem Betriebsrat jedoch nur in folgenden Fällen zu:

- Der Arbeitgeber hat bei der Auswahl des zu kündigenden Arbeitnehmers soziale Gesichtspunkte nicht oder nicht ausreichend berücksichtigt;
- die Kündigung verstößt gegen eine mit Zustimmung des Betriebsrats aufgestellte Richtlinie (über Kündigungen);

- der zu kündigende Arbeitnehmer kann im selben Betrieb oder in einem anderen Betrieb des Unternehmens weiterbeschäftigt werden;
- die Weiterbeschäftigung des Arbeitnehmers ist nach zumutbaren Umschulungs- oder Fortbildungsmaßnahmen möglich;
- eine Weiterbeschäftigung unter geänderten Vertragsbedingungen ist möglich und der Arbeitnehmer ist hiermit einverstanden.

Wenn der Betriebsrat einer ordentlichen Kündigung frist- und ordnungsgemäß widersprochen hat, kann der gekündigte Arbeitnehmer sich hierauf auch im Rahmen einer Kündigungsschutzklage berufen. Er kann dann seine Weiterbeschäftigung zu veränderten Arbeitsbedingungen verlangen (§ 102 Abs. 5 BetrVG).

Auch vor Ablauf der gesetzlichen Anhörungsfristen kann sich der Betriebsrat zu der beabsichtigten Kündigung erklären. Soweit aus dieser Erklärung hervorgeht, dass es sich um eine abschließende Stellungnahme handelt, braucht die gesetzliche Anhörungsfrist nicht mehr abgewartet zu werden. Dies gilt sowohl im Falle einer ausdrücklichen Zustimmung zur Kündigung als auch im Falle einer abschließenden Kenntnisnahme. Es muss sich nur aus der Erklärung des Betriebsrats ergeben, dass eine weitere Stellungnahme zu der beabsichtigten Kündigung bis zum Ablauf der Frist des § 102 Abs. 2 Satz 1 und Abs. 3 BetrVG nicht mehr erfolgen wird (vgl. BAG v. 25.5.2016, Az. 2 AZR 345/15). Damit ist das Anhörungsverfahren abgeschlossen. Der Arbeitgeber kann auch vor Ablauf der Anhörungsfrist die Kündigung ordnungsgemäß erklären.

5. Hinweispflicht des Arbeitgebers

Der Arbeitgeber ist im Rahmen seiner Fürsorgepflicht dazu verpflichtet, Arbeitnehmer frühzeitig vor der Beendigung des Arbeitsverhältnisses über die Notwendigkeit eigener Aktivitäten bei der Suche nach einer anderen Beschäftigung sowie über die Verpflichtung zur Meldung der Beendigung bei der zuständigen Agentur für Arbeit zu informieren.

Diese Belehrung sollte bereits mit der Kündigungserklärung schriftlich erfolgen.

Formulierungsbeispiel:

„Wir weisen Sie darauf hin, dass Sie gem. § 38 SGB III verpflichtet sind, sich spätestens drei Monate vor Beendigung des Arbeitsverhältnisses persönlich bei der Agentur für Arbeit zu melden ...“

oder (wenn zwischen Kenntnis des Beendigungszeitpunktes und der Beendigung weniger als drei Monate liegen):

„Wir weisen Sie darauf hin, dass Sie gem. § 38 SGB III verpflichtet sind, sich innerhalb von drei Tagen nach Kenntnis des Beendigungszeitpunktes, also nach Erhalt dieses Schreibens, persönlich bei der Agentur für Arbeit zu melden ...“

und (in beiden Fällen):

„... Andernfalls kann Ihr Anspruch auf Arbeitslosengeld verkürzt werden. Sie sind ferner dazu verpflichtet, selbst bei der Suche nach einem anderen Arbeitsplatz aktiv zu werden.“

II. Ordentliche Kündigung

Die ordentliche Kündigung beendet ein auf unbestimmte Zeit abgeschlossenes Arbeitsverhältnis nach Ablauf der gesetzlich, tarifvertraglich oder einzelvertraglich vorgeschriebenen Kündigungsfrist. Befristete Arbeitsverhältnisse hingegen enden mit Ablauf der Befristung; eine vorherige Beendigung des Arbeitsverhältnisses durch ordentliche Kündigung ist nur dann möglich, wenn dies im Arbeitsvertrag ausdrücklich vereinbart ist.

Abgesehen von den einschlägigen Arbeitnehmerschutzvorschriften (→ *Kündigungsschutz*) und der ordnungsgemäßen Anhörung des Personal- bzw. Betriebsrats sind im Zusammenhang mit der außerordentlichen Kündigung keine weiteren Besonderheiten zu beachten.

1. Zulässigkeit

Die Zulässigkeit einer ordentlichen Kündigung ist davon abhängig, ob gesetzliche, tarifvertragliche, betriebsverfassungsrechtliche oder einzelvertragliche Kündigungsbeschränkungen oder Kündigungsverbote (s. o. I.2.) bestehen. Besonderheiten ergeben sich bei einem befristeten Arbeitsverhältnis, das auch ohne Kündigung durch Ablauf der vereinbarten Dauer automatisch endet.

ACHTUNG!

Ein befristetes Arbeitsverhältnis endet mit Zeitablauf, ohne dass es einer Kündigung bedarf. In diesem Fall ist die ordentliche Kündigung – wenn nichts anderes vereinbart wurde – ausgeschlossen.

Die Arbeitsvertragsparteien können jedoch auch in einem befristeten Arbeitsverhältnis die Möglichkeit vereinbaren, dass dieses ordentlich gekündigt werden kann. Diese Kündigungsmöglichkeit muss dann aber auch dem Arbeitnehmer eingeräumt werden, da andernfalls die Vereinbarung nach § 622 Abs. 5 BGB unwirksam wäre. Enthält die Befristungsabrede keinen Hinweis auf die vorzeitige Kündigungsmöglichkeit, ist davon auszugehen, dass die Vertragspartner die ordentliche Kündigung für die Vertragsdauer ausschließen wollten.

2. Kündigungsfrist

Die gesetzliche Kündigungsfrist von vier Wochen zum 15. oder zum Ende eines Kalendermonats (s. o. A.III.1.) gilt für den Arbeitgeber nur, wenn das Beschäftigungsverhältnis zum Zeitpunkt des Kündigungszugangs noch keine zwei Jahre bestanden hat.

Danach beträgt die gesetzliche Kündigungsfrist:

Beschäftigungsdauer	Kündigungsfrist zum Monatsende
mehr als 2 Jahre	1 Monat
mehr als 5 Jahre	2 Monate
mehr als 8 Jahre	3 Monate
mehr als 10 Jahre	4 Monate
mehr als 12 Jahre	5 Monate
mehr als 15 Jahre	6 Monate
mehr als 20 Jahre	7 Monate

WICHTIG!

Für Kündigungen des Arbeitgebers verlängert sich die Kündigungsfrist also aufgrund gesetzlicher Bestimmungen je nach Dauer des Beschäftigungsverhältnisses ab dem zweiten Jahr, sofern keine der nachfolgend aufgeführten Ausnahmen gelten. Bei der Berechnung der Beschäftigungsdauer wurden – entsprechend dem Gesetzeswortlaut in § 622 Abs. 2 Satz 2 BGB – Zeiten, die vor der Vollendung des fünfundzwanzigsten Lebensjahres des Arbeitnehmers liegen, nicht berücksichtigt. Mit seiner Entscheidung v. 19.1.2010 hat der EuGH festgestellt, dass die gesetzliche Regelung in § 622 Abs. 2 Satz 2 BGB gegen das Verbot der Diskriminierung wegen des Alters (RL 2000/78) verstößt und daher von den nationalen Gerichten nicht länger angewendet werden darf (EuGH v. 19.1.2010, Az. C-555/07 Kücükdeveci). Daher sind für Kündigungen nach dem 2.12.2006 (vgl. BAG v. 9.9.2010, Az. 2 AZR 714/08) bei der Berechnung der gesetzlichen Kündigungsfrist auch solche Beschäftigungszeiten anzurechnen, die vor der Vollendung des fünfundzwanzigsten Lebensjahres liegen. Die Verlängerung der gesetzlichen Kündigungsfrist je nach Dauer der Betriebszugehörigkeit stellt hingegen keine verbotene Altersdiskriminierung dar (BAG v. 18.9.2014, Az. 6 AZR 636/13), obwohl hierdurch ältere Arbeitnehmer mittelbar begünstigt werden.

Diese gesetzlichen Kündigungsfristen gelten nur für eine Kündigung durch den Arbeitgeber. Für den Arbeitnehmer bleibt es auch bei längeren Beschäftigungsverhältnissen bei der Vierwochenfrist des § 622 Abs. 1 BGB.

Von den gesetzlichen Kündigungsfristen kann durch → *Tarifvertrag* oder Einzelarbeitsvertrag abgewichen werden. Die hierbei zu beachtenden Grenzen ergeben sich aus § 622 BGB (s. o. A.III.2. und 3.).

ACHTUNG!

Eine Kündigung mit einer zu kurzen Kündigungsfrist ist rechtsunwirksam, es sei denn, eine Umdeutung der Kündigung zum zulässigen Termin ist möglich. Eine solche Umdeutung setzt jedoch voraus, dass sich aus dem Kündigungsschreiben ergibt, dass der Arbeitgeber (zumindest hilfsweise) die objektiv einzuhaltende Kündigungsfrist wahren wollte (BAG v. 9.9.2010, Az. 2 AZR 714/08). Scheidet eine Umdeutung aus den o. g. Gründen aus, so muss die aus der unzureichenden Kündigungsfrist herrührende Unwirksamkeit der Kündigung innerhalb der Klagefrist des § 4 KSchG geltend gemacht werden; andernfalls gilt die mit zu kurzer Frist ausgesprochene Kündigung nach § 7 KSchG als rechtswirksam und beendet das Arbeitsverhältnis zum „falschen Termin" (BAG v. 15.5.2013, Az. 5 AZR 130/12).

Sofern die einzelvertraglich vereinbarte Kündigungsfrist die gesetzliche Mindestfrist unterschreitet, gilt letztere. In Zweifelsfällen ist für die Beurteilung ein abstrakter Vergleich anzustellen, mit welcher Frist der Arbeitnehmer günstiger gestellt wird (abstrakter Günstigkeitsvergleich).

Beispiel:

Einzelvertragliche Kündigungsfrist von sechs Monaten zum 30.6. oder 31.12. ist günstiger als gesetzliche Kündigungsfrist von sieben Monaten zum Kalendermonatsende (vgl. LAG Berlin-Brandenburg v. 5.3.2014, Az. 15 Sa 1552/13).

WICHTIG!

Eine Kündigung muss bestimmt und unmissverständlich erklärt werden. Der Empfänger einer ordentlichen Kündigungserklärung muss erkennen können, wann das Arbeitsverhältnis enden soll. Regelmäßig genügt hierfür die Angabe des Kündigungstermins oder der Kündigungsfrist. Ausreichend ist aber auch ein Hinweis auf die maßgeblichen gesetzlichen Fristenregelungen, wenn der Erklärungsempfänger hierdurch unschwer ermitteln kann, zu welchem Termin das Arbeitsverhältnis enden soll (BAG v. 12.6.2013, Az. 4 AZR 969/11). Auch die Kündigung „zum nächstmöglichen Termin" reicht insoweit aus (BAG v. 20.6.2013, Az. 6 AZR 805/11; BAG v. 20.1.2016, Az. 6 AZR 782/14).

3. Kündigungsgrund

Grundsätzlich kann eine Kündigung grundlos erklärt werden. Eine Vielzahl von gesetzlichen und tarifvertraglichen Regelungen setzten jedoch das Vorliegen eines Kündigungsgrundes voraus. Wenn das Kündigungsschutzgesetz Anwendung findet (→ *Kündigungsschutz*) kann nur aus betriebsbedingten, verhaltensbedingten oder personenbedingten Gründen gekündigt werden. Eine außerordentliche Kündigung kann nur aus wichtigem Grund (s. u. III.) erfolgen. Eine Kündigung wegen → *Betriebsübergang* ist hingegen immer unwirksam. Deshalb ist dringend zu empfehlen, jede beabsichtigte Kündigung bereits im Vorfeld darauf hin zu überprüfen, ob ein Kündigungsgrund vorliegt und wie dieser nachgewiesen werden kann.

Die Angabe von Kündigungsgründen in dem Kündigungsschreiben selbst ist nur in den Fällen des § 22 Abs. 3 BBiG (Kündigung eines Auszubildenden nach Ablauf der Probezeit) und des § 9 Abs. 3 Satz 2 MuSchG (Kündigung einer Schwangeren) gesetzlich vorgeschrieben. Auch Tarifverträge oder Betriebsvereinbarungen können die Angabe der Kündigungsgründe mit der Kündigungserklärung vorsehen. In allen anderen Fällen ist die Angabe der Kündigungsgründe nicht erforderlich.

ACHTUNG!

Reden ist Silber, Schweigen ist Gold!

Wenn unnötigerweise Kündigungsgründe angegeben werden, so können diese auch Hinweise auf eine Treuwidrigkeit (§ 242 BGB) oder eine Gesetzeswidrigkeit (§ 134 BGB) enthalten. Dies kann u. U. zur Unwirksamkeit einer Kündigung führen, bei der gar keine Gründe anzugeben wären.

So kann z. B. der Hinweis auf die „Pensionsberechtigung" einer Arbeitnehmerin in einem Kleinbetrieb (für den das Kündigungsschutzgesetz nicht anwendbar ist und somit keine soziale Rechtfertigung der Kündigung erfolgen muss) auf eine verbotene Altersdiskriminierung gem. § 7 Abs. 1 AGG schließen lassen, welche eine Unwirksamkeit der Kündigung gem. § 134 BGB zur Folge hat (vgl. BAG v. 23.7.2015, Az. 6 AZR 457/14).

Auch braucht eine Kündigung eines Berufsausbildungsverhältnisses während der Probezeit gemäß § 22 Abs. 1 BBiG nicht begründet werden. Ergibt sich aber, dass Gründe vorliegen, die eine Diskriminierung darstellen können (hier: Benachteiligung wegen Behinderung), ist jedoch zu prüfen, ob die Kündigung gegen das Benachteiligungsverbot des § 7 Abs. 1 AGG verstößt. Eine ordentliche Kündigung, die einen Arbeitnehmer, auf den das Kündigungsschutzgesetz keine Anwendung findet, aus einem der in § 1 AGG genannten Gründe diskriminiert, ist nach § 134 BGB i. V. m. § 7 Abs. 1, §§ 1, 3 AGG unwirksam (LAG Baden-Württemberg v. 12.1.2024, Az. 9 Sa 16/23).

Eine Kündigung kann hingegen nicht rückwirkend sittenwidrig (§ 138 BGB) oder treuwidrig (§ 242 BGB) werden, weil der Arbeitgeber sie vor dem Arbeitsgericht mit unwahren Behauptungen zu rechtfertigen versucht (vgl. BAG v. 5.12.2019, Az. 2 AZR 107/19).

III. Außerordentliche Kündigung

Alle Dienst- und Arbeitsverhältnisse können von jedem Vertragsteil aus wichtigem Grund außerordentlich gekündigt werden (§ 626 BGB). Der Unterschied zur ordentlichen Kündigung liegt darin, dass eben keine Kündigungsfrist einzuhalten ist. Aus diesem Grunde wird die außerordentliche Kündigung auch als fristlose Kündigung bezeichnet. Unabhängig davon kann die außerordentliche Kündigung auch mit einer sog. sozialen Auslauffrist ausgesprochen werden. Dies kann unter Umständen im eigenen Interesse des Arbeitgebers sein, etwa weil er zunächst keine Ersatzkraft hat (BAG v. 9.2.1960, Az. 2 AZR 585/57).

WICHTIG!

Der Arbeitnehmer braucht eine soziale Auslauffrist nicht anzunehmen, sondern kann auf die sofortige Beendigung des Arbeitsverhältnisses mit dem Zugang der Kündigung bestehen. Bei verhaltensbedingten außerordentlichen Kündigungen ordentlich unkündbarer Arbeitnehmer ist eine soziale Auslauffrist unzulässig, da sich der Arbeitgeber hiermit im Hinblick auf die Unzumutbarkeit einer Weiterbeschäftigung widersprüchlich verhält (vgl. BAG v. 21.6.2012, Az. 2 AZR 343/11; LAG Baden-Württemberg v. 25.6.2014, Az. 4 Sa 35/14).

Eine außerordentliche Kündigung setzt unbedingt voraus, dass sie als solche gekennzeichnet ist. Der Arbeitnehmer muss klar erkennen, dass es sich nicht um eine ordentliche, sondern um eine außerordentliche Kündigung handelt.

1. Wichtiger Grund

Ein wichtiger Grund im Sinne des § 626 BGB liegt immer dann vor, wenn dem Kündigenden unter Berücksichtigung aller Umstände des Einzelfalls und unter Abwägung der Interessen beider Vertragsteile die Fortsetzung des Arbeitsverhältnisses bis zum Ablauf der Kündigungsfrist oder bis zur vereinbarten Beendigung des Arbeitsverhältnisses nicht zugemutet werden kann.

Ob ein wichtiger Grund vorliegt, ist hiernach in zwei Stufen zu prüfen. Zunächst ist zu untersuchen, ob die Tatsachen selbst **objektiv geeignet** sind, einen wichtigen Grund für die Kündigung darzustellen.

Ist dies der Fall, ist weiter zu prüfen, ob unter Berücksichtigung aller Umstände des Falles und der **Abwägung der Interessen** beider Vertragsteile die Fortsetzung des Arbeitsverhältnisses bis zum Ablauf der Kündigungsfrist oder zur vertraglich vereinbarten Beendigung des Arbeitsverhältnisses zuzumuten ist.

Bei der Prüfung, ob dem Arbeitgeber eine Weiterbeschäftigung des Arbeitnehmers trotz Vorliegens einer erheblichen Pflichtverletzung jedenfalls bis zum Ablauf der Kündigungsfrist zumutbar ist, ist in einer Gesamtwürdigung das Interesse des Arbeitgebers an der sofortigen Beendigung des Arbeitsverhältnisses gegen das Interesse des Arbeitnehmers an dessen Fortbestand abzuwägen. Es hat eine Bewertung des Einzelfalls unter Beachtung des Verhältnismäßigkeitsgrundsatzes zu erfolgen. Die Umstände, anhand derer zu beurteilen ist, ob dem Arbeitgeber die Weiterbeschäftigung jedenfalls bis zum Ablauf der Kündigungsfrist zumutbar ist oder nicht, lassen sich nicht abschließend festlegen. Zu berücksichtigen sind aber regelmäßig das Gewicht und die Auswirkungen einer Vertragspflichtverletzung – etwa im Hinblick auf das Maß eines durch sie bewirkten Vertrauensverlusts und ihre wirtschaftlichen Folgen –, der Grad des Verschuldens des Arbeitnehmers, eine mögliche Wiederholungsgefahr sowie die Dauer des Arbeitsverhältnisses und dessen störungsfreier Verlauf (BAG v. 9.6.2011, Az. 2 AZR 281/10).

Zur Abwägung der Interessen beider Vertragsparteien ist darauf abzustellen, ob die Interessen des Arbeitgebers an der → *Beendigung des Arbeitsverhältnisses* die Interessen des Arbeitnehmers an seiner Fortsetzung überwiegen. Hierbei sind die Dauer der Betriebszugehörigkeit, die ordentliche Kündigungsfrist, die Art und Schwere der Verfehlung, der Verschuldensgrad, die Wiederholungsgefahr, das Lebensalter des Arbeitnehmers, die Betriebsgröße und die Folgen der Auflösung des Arbeitsverhältnisses zu berücksichtigen.

WICHTIG!

Für die Zumutbarkeit der Weiterbeschäftigung kann es von erheblicher Bedeutung sein, ob der Arbeitnehmer bereits geraume Zeit in einer Vertrauensstellung beschäftigt war, ohne vergleichbare Pflichtverletzungen begangen zu haben. Das gilt auch bei Pflichtverstößen im unmittelbaren Vermögensbereich. Eine für lange Jahre ungestörte Vertrauensbeziehung zweier Vertragspartner wird nicht notwendig schon durch eine erstmalige Vertrauensenttäuschung vollständig und unwiederbringlich zerstört. Je länger eine Vertragsbeziehung ungestört bestanden hat, desto eher kann die Prognose berechtigt sein, dass der dadurch erarbeitete Vorrat an Vertrauen durch einen erstmaligen Vorfall nicht vollständig aufgezehrt wird. Dabei kommt es nicht auf die subjektive Befindlichkeit und Einschätzung des Arbeitgebers oder bestimmter für ihn handelnder Personen an. Entscheidend ist ein objektiver Maßstab (vgl. Fall Emmely, BAG v. 10.6.2010, Az. 2 AZR 541/09).

Bei der Interessenabwägung sind auch mildere Mittel wie → *Abmahnung*, → *Änderungskündigung*, Versetzung und ordentliche Kündigung in Betracht zu ziehen. Nach der Rechtsprechung des BAG muss der Arbeitgeber dem Arbeitnehmer von sich aus sogar eine beiden Parteien zumutbare Weiterbeschäftigung auf einem freien Arbeitsplatz zu geänderten Bedingungen anbieten, wenn dies nicht unzumutbar ist (BAG v. 27.9.1984, Az. 2 AZR 62/83).

ACHTUNG!

Eine außerordentliche Kündigung kommt nur in Betracht, wenn es keinen angemessenen Weg gibt, das Arbeitsverhältnis (zumindest bis zum Ablauf der ordentlichen Kündigungsfrist) fortzusetzen, weil dem Arbeitgeber sämtliche mildere Reaktionsmöglichkeiten (wie z. B. Abmahnung, ordentliche Kündigung, Versetzung) unzumutbar sind. Einer Abmahnung bedarf es in Ansehung des Verhältnismäßigkeitsgrundsatzes nur dann nicht, wenn eine Verhaltensänderung in Zukunft selbst nach Abmahnung nicht zu erwarten steht oder es sich um eine so schwere Pflichtverletzung handelt, dass eine Hinnahme durch den Arbeitgeber offensichtlich – auch für den Arbeitnehmer erkennbar – ausgeschlossen ist (vgl. BAG v. 9.6.2011, Az. 2 AZR 281/10; BAG v. 25.10.2012, Az. 2 AZR 495/11). Kommt z. B. ein Arbeitnehmer an drei von vier aufeinander folgenden Arbeitstagen erheblich zu spät oder gar nicht zur Arbeit, kann dies je nach den Umständen des Einzelfalls den Rückschluss auf ein hartnäckiges und uneinsichtiges Fehlverhalten zulassen, sodass er vor Ausspruch einer Kündigung keiner ausdrücklichen Abmahnung mehr bedarf (vgl. LAG Schleswig-Holstein v. 31.8.2021, Az. 1 Sa 70 öD/21).

Spricht der Arbeitgeber wegen einer bestimmten Vertragspflichtverletzung eine Abmahnung aus, so kann er wegen des darin gerügten Verhaltens des Arbeitnehmers (also dieses konkreten Vorfalls) das Arbeitsverhältnis nicht mehr – außerordentlich oder ordentlich – kündigen. Treten anschließend weitere Pflichtverletzungen zu den abgemahnten hinzu oder werden frühere Pflichtverletzungen dem Arbeitgeber erst nach Ausspruch der Abmahnung bekannt, kann er auf diese zur Begründung einer Kündigung zurückgreifen und dabei die bereits abgemahnten Verstöße unterstützend heranziehen (BAG v. 26.11.2009, Az. 2 AZR 751/08). Mehr hierzu s. u. → *Abmahnung*.

2. Einzelne Kündigungsgründe (Beispiele aus der Rechtsprechung)

Wie unter 1. dargelegt, muss **in jedem Einzelfall** abgewogen werden, ob ein wichtiger Grund zur außerordentlichen Kündigung vorliegt. Die nachfolgend aufgeführten Rechtsprechungsbeispiele können also lediglich zur Orientierung dienen, ob eine außerordentliche Kündigung überhaupt in Betracht kommt.

2.1 Abkehrwille/Abwerbung

Die Vorbereitungen eines Arbeitnehmers, das Arbeitsverhältnis von sich aus zu lösen und ein neues Arbeitsverhältnis zu begründen oder sich selbstständig zu machen (Abkehrwille), stellen für sich allein keinen Grund zur Kündigung dar (LAG Baden-Württemberg v. 31.5.1961, Az. 4 Sa 70/60). Ein Arbeitnehmer darf bereits während des Arbeitsverhältnisses Vorbereitungen für den künftigen eigenen Geschäftsbetrieb treffen (LAG Baden-Württemberg v. 24.2.1969, Az. 4 Sa 114/68). Wirkt er hierbei jedoch nachhaltig auf Arbeitskollegen ein, um sie zum Wechsel des Arbeitsplatzes unter Vertragsbruch, d. h. ohne Einhaltung von Kündigungsfristen zu bewegen, so liegt ein wichtiger Grund für die außerordentliche Kündigung vor (vgl. BAG v. 22.11.1965, Az. 3 AZR 130/65).

2.2 Alkohol- und Drogenmissbrauch/Alkoholismus

Schon der einmalige Verstoß gegen ein betriebliches oder gesetzliches Alkoholverbot kann eine außerordentliche Kündigung bei solchen Arbeitnehmern rechtfertigen, deren Tätigkeit im Zustand der Alkoholisierung Gefahren für andere Arbeitnehmer oder Dritte mit sich bringt, z. B. Kraftfahrer, Kranführer, Gerüstbauer, Chirurgen etc. (vgl. BAG v. 14.11.1984, Az. 7 AZR 474/83). Wird ein als Kraftfahrer beschäftigter Arbeitnehmer bei einer privaten Trunkenheitsfahrt von der Polizei ertappt und verliert infolgedessen seine Fahrerlaubnis, kann dies eine ordentliche Kündigung rechtfertigen, da dem Arbeitnehmer durch die Entziehung der Fahrerlaubnis die Erbringung der geschuldeten Leistung unmöglich geworden ist. Auch eine lange Betriebszugehörigkeit steht der Kündigung in einem solchen Fall nicht entgegen. Eine Kündigung ist jedoch dann unverhältnismäßig, wenn zum Zeitpunkt der Kündigung mit der Wiedererlangung der Fahrerlaubnis in absehbarer Zeit zu rechnen ist (BAG v. 20.6.2024, Az. 2 AZR 134/23).

Ein Berufskraftfahrer darf seine Fahrtüchtigkeit auch nicht durch die Einnahme von Substanzen wie Amphetamin oder Methamphetamin („Crystal Meth") gefährden. Ein Verstoß gegen diese Verpflichtung kann die außerordentliche Kündigung seines Arbeitsverhältnisses rechtfertigen. Dabei macht es keinen Unterschied, ob die Droge vor oder während der Arbeitszeit konsumiert wurde (BAG v. 20.10.2016, Az. 6 AZR 471/15).

Auch nach Inkrafttreten des Cannabisgesetzes am 1.4.2024 bleiben Arbeitnehmer gegenüber dem Arbeitgeber gem. § 241 Abs. 2 BGB dazu verpflichtet, die Grenzen und Verbote des Gesetzes wie § 2 und § 5 KCanG sowie ein betriebliches Cannabisverbot auf dem Weg zur Arbeit und während des Aufenthalts auf dem Betriebsgelände einzuhalten. Verstöße können zu einem Beschäftigungsverbot und im Einzelfall auch zu einer verhaltens- oder personenbedingten Kündigung führen.

Vom Alkoholmissbrauch zu unterscheiden ist die krankhafte Trunksucht, der Alkoholismus. Hierbei handelt es sich um eine

Krankheit, sodass dem Arbeitnehmer kein Schuldvorwurf gemacht werden kann (vgl. BAG v. 18.3.2015, Az. 10 AZR 99/14) und allenfalls eine krankheitsbedingte Kündigung (s. u. 2.15) in Betracht kommt (vgl. auch LAG Berlin-Brandenburg v. 12.8.2014, Az. 7 Sa 852/14). Nur wenn ein Arbeitnehmer ordentlich nicht mehr kündbar ist, kann ausnahmsweise eine außerordentliche Kündigung aus krankheitsbedingten Gründen gerechtfertigt sein (vgl. BAG v. 9.9.1992, Az. 2 AZR 190/92; BAG v. 23.1.2014, Az. 2 AZR 582/13).

2.3 Anzeige gegen den Arbeitgeber

Grundsätzlich galten bereits vor Inkrafttreten des Hinweisgeberschutzgesetzes (s. u.) folgende Grundsätze:

Anzeigen des Arbeitnehmers gegen den Arbeitgeber (auch „Whistleblowing" genannt) stellen immer dann einen wichtigen Grund zur außerordentlichen Kündigung dar, wenn sie wissentlich oder leichtfertig falsche Angaben enthalten und ausschließlich zum Zwecke der Schädigung und nicht aus eigenen oder übergeordneten berechtigten Interessen heraus erstattet werden (vgl. LAG Sachsen v. 27.6.2024, Az. 4 Sa 245/23). Ein wichtiger Grund liegt grundsätzlich nicht vor, wenn die Anzeige objektiv gerechtfertigt ist und der Arbeitnehmer berechtigte Interessen verfolgt. Aus seiner vertraglichen Rücksichtnahmepflicht heraus ist ein Arbeitnehmer aber grundsätzlich dazu gehalten, vor Herausgabe einer Strafanzeige eine innerbetriebliche Klärung zu versuchen. Eine vorherige innerbetriebliche Meldung und Klärung ist dem Arbeitnehmer jedoch unzumutbar, wenn er Kenntnis von Straftaten erhält, durch deren Nichtanzeige er sich selbst einer Strafverfolgung aussetzen würde. Entsprechendes gilt auch bei schwerwiegenden Straftaten oder vom Arbeitgeber selbst begangenen Straftaten. Hier tritt regelmäßig die Pflicht des Arbeitnehmers zur Rücksichtnahme auf die Interessen des Arbeitgebers zurück. Den anzeigenden Arbeitnehmer trifft auch keine Pflicht zur vorherigen innerbetrieblichen Klärung, wenn Abhilfe berechtigterweise nicht zu erwarten ist und der Arbeitgeber oder sein gesetzlicher Vertreter selbst (und nicht etwa nur ein Vorgesetzter) strafbar handelt (BAG v. 3.7.2003, Az. 2 AZR 235/02). Für die Frage, ob die Erstattung der Strafanzeige einen Kündigungsgrund bilden kann, kommt es nicht entscheidend darauf an, ob diese zu einer Verurteilung führt oder nicht (BAG v. 7.12.2006, Az. 2 AZR 400/05). Bei der erforderlichen Interessenabwägung ist vielmehr von Bedeutung, ob an der Information ein öffentliches Interesse besteht und ob sie fundiert ist. Jeder, der Informationen weitergeben will, muss grundsätzlich prüfen, ob sie genau und zuverlässig sind. Außerdem muss der mögliche Schaden für den Arbeitgeber berücksichtigt werden, die Gründe für die Information und die Art der Sanktion. Zudem ist bei der Prüfung der Tatsache Rechnung zu tragen, ob der Arbeitnehmer den zugrunde liegenden Sachverhalt bereits zuvor in Hinweisen an den Arbeitgeber offengelegt hat und weitere innerbetriebliche Beschwerden wirkungslos gewesen wären. Ferner ist zugunsten des Arbeitnehmers zu berücksichtigen, wenn er nicht wissentlich oder leichtfertig falsche Angaben gemacht hat. Ob es tatsächlich zu einer Anklage gegen den Arbeitgeber kommt, kann der Arbeitnehmer allerdings nicht voraussehen. Die Tatsache, dass die Ermittlungen eingestellt werden, darf daher nicht zwangsläufig zu Ungunsten des Arbeitnehmers Berücksichtigung finden (EGMR v. 21.7.2011, Az. 28274/08).

Mit dem am 2.7.2023 in Kraft getretenen „Gesetz für einen besseren Schutz hinweisgebender Personen" (kurz: Hinweisgeberschutzgesetz – HinSchG) hat der deutsche Gesetzgeber die EU-Whistleblower-Richtlinie zum Schutz von Personen, die Verstöße gegen das Unionsrecht melden, (RL EU 2019/1937 v. 23.10.2019) in nationales Recht umgesetzt. Hierdurch sollen alle natürlichen Personen geschützt werden, die im Zusammenhang mit ihrer beruflichen Tätigkeit oder im Vorfeld einer beruflichen Tätigkeit Informationen über Verstöße erlangt haben und diese an die nach diesem Gesetz vorgesehenen Meldestellen melden oder offenlegen. Das Aufdecken von Missständen, namentlich einer rechtswidrigen Handlung oder eines beruflichen oder sonstigen Fehlverhaltens, wenn die Erlangung, Nutzung oder Offenlegung geeignet ist, das allgemeine öffentliche Interesse zu schützen, ist bereits nach dem Gesetz zum Schutz von Geschäftsgeheimnissen (GeschGehG) privilegiert (s. u. Verschwiegenheitspflicht).

§ 2 HinSchG enthält einen abschließenden Katalog der Tatbestände, die Gegenstand einer Meldung sein können. Ein Whistleblower kann also unter anderem melden:

- Straftatbestände;
- Ordnungswidrigkeiten, soweit es um den Schutz von Leben, Leib oder Gesundheit oder den Schutz der Rechte von Beschäftigten oder deren Vertretungen geht, sowie
- bestimmte weitere Rechtsvorschriften auf Bundes-, Landes- oder EU-Ebene, die in § 2 HinSchG einzeln benannt werden, u. a.: Vorschriften zur Geldwäsche-Bekämpfung, Vorgaben zur Produktsicherheit, Vorgaben zum Umweltschutz, Datenschutz.

Das HinSchG unterscheidet zwischen internen und externen Meldestellen:

- Interne Meldestellen sind vom Arbeitgeber selbst eingerichtete Stellen, an die sich Hinweisgeber wenden können.
- Externe Meldestellen, die vom Bund oder den Ländern betrieben werden.

ACHTUNG!

Alle Arbeitgeber mit 50 oder mehr Beschäftigten sind gem. § 12 HinSchG zur Einrichtung interner Meldestellen verpflichtet. Die Zählung der Beschäftigten erfolgt als reine „Kopfzahl". Teilzeitbeschäftigte werden also nicht nur anteilig berücksichtigt, sondern jeweils voll gezählt. Eine interne Meldestelle kann eingerichtet werden, indem eine bei dem jeweiligen Beschäftigungsgeber oder bei der jeweiligen Organisationseinheit beschäftigte Person, eine aus mehreren beschäftigten Personen bestehende Arbeitseinheit oder ein Dritter mit den Aufgaben einer internen Meldestelle betraut wird. Die mit der Aufgabe der internen Meldestelle beauftragten Personen sind in der Ausübung dieser Tätigkeit unabhängig, also bei der Erfüllung der Aufgaben nach dem HinSchG nicht weisungsgebunden.

Abgesehen von der Kontaktierung einer internen oder externen Meldestelle benennt das HinSchG auch die „Offenlegung von Informationen". Damit ist die Veröffentlichung von Informationen, etwa über die Presse, gemeint. Die Offenlegung ist aber nach dem HinSchG nur in eng umrissenen Ausnahmefällen als „letztes Mittel" zulässig (§ 32 HinSchG), etwa, wenn zuvor nach einer externen Meldung keine ausreichenden Folgemaßnahmen ergriffen wurden oder hinreichender Grund zu der Annahme besteht, dass andernfalls irreversible Schäden eintreten.

Voraussetzungen für den besonderen Schutz nach dem HinSchG vor Repressalien (wie auch einer Kündigung) sind, dass die hinweisgebende Person zum Zeitpunkt der Meldung oder Offenlegung hinreichenden Grund zu der Annahme hatte, dass die von ihr gemeldeten oder offengelegten Informationen der Wahrheit entsprechen, und die Informationen Verstöße betreffen, die in den o. g. Anwendungsbereich des HinSchG fallen, oder die hinweisgebende Person zum Zeitpunkt der Meldung oder Offenlegung hinreichenden Grund zu der Annahme hatte, dass dies der Fall sei.

ACHTUNG!

§ 36 Abs. 2 HinSchG sieht eine Beweislastumkehr vor: Erleidet eine hinweisgebende Person eine Benachteiligung im Zusammenhang mit ihrer beruflichen Tätigkeit und macht sie geltend, diese Benachteiligung infolge einer Meldung oder Offenlegung nach diesem Gesetz erlitten zu haben, so wird vermutet, dass diese Benachteiligung eine Repressalie für diese Meldung oder Offenlegung ist. In diesem Fall hat die Person, die die hinweisgebende Person benachteiligt

hat, zu beweisen, dass die Benachteiligung auf hinreichend gerechtfertigten Gründen basierte oder dass sie nicht auf der Meldung oder Offenlegung beruhte. Der Arbeitgeber hat in diesem Fall also darzulegen und zu beweisen, dass eine Personalmaßnahme, wie z. B. eine Kündigung, nicht im Zusammenhang mit einer Meldung nach dem HinSchG erfolgt ist.

2.4 Arbeitserlaubnis

Die Nichtverlängerung der Arbeitserlaubnis eines Ausländers kann auch dann einen wichtigen Grund zur außerordentlichen Kündigung darstellen, wenn der Arbeitnehmer gegen den Bescheid der Agentur für Arbeit Rechtsmittel eingelegt hat (vgl. BAG v. 16.12.1976, Az. 3 AZR 716/75; BAG v. 13.1.1977, Az. 2 AZR 423/75).

2.5 Arbeitskampf

Ein von der Gewerkschaft beschlossener rechtmäßiger Streit berechtigt nicht zur außerordentlichen Kündigung einzelner Arbeitnehmer. Die Teilnahme an einem rechtswidrigen Streik stellt zwar grundsätzlich einen Arbeitsvertragsbruch dar, der zur außerordentlichen Kündigung berechtigt. Handelt der Arbeitnehmer jedoch ausschließlich aus Loyalität gegenüber seinen Kollegen und enthält er sich sonstiger Rechtsverletzung (wie z. B. Nötigungen oder Beleidigungen), so wird nicht von einem ausreichendem Grund für eine außerordentliche Kündigung auszugehen sein. Entsprechendes gilt, wenn er sich im Irrtum über die Rechtmäßigkeit des Streiks befindet (BAG v. 29.11.1983, Az. 1 AZR 469/82). Ein Arbeitnehmer, der einen Arbeitskampf organisiert, obwohl Gewerkschaft und Betriebsrat noch über die erstrebte Lohnerhöhung verhandeln, kann jedoch fristlos entlassen werden (BAG v. 28.4.1966, Az. 2 AZR 176/65). Auch ein mehrstündiger Sitzstreik im Vorgesetztenbüro zur Durchsetzung einer Gehaltserhöhung stellt eine schwerwiegende Pflichtverletzung dar und kann eine außerordentliche Kündigung rechtfertigen (LAG Schleswig-Holstein v. 6.5.2015, Az. 3 Sa 354/17).

2.6 Arbeitspapiere

Weigert sich der Arbeitnehmer trotz mehrfacher Aufforderungen, dem Arbeitgeber seine Arbeitspapiere vorzulegen, so kann eine außerordentliche Kündigung gerechtfertigt sein (LAG Düsseldorf v. 23.2.1961, Az. 2 Sa 3/61).

2.7 Arbeitsschutz

Die wiederholte Verletzung von Arbeitsschutzbestimmungen kann eine außerordentliche Kündigung rechtfertigen, wenn hierdurch eine erhebliche Gefahr heraufbeschworen wird. Grundsätzlich ist jedoch eine vorherige → *Abmahnung* erforderlich (LAG Düsseldorf DB 1953, 108; LAG Köln v. 17.3.1993 LAGE § 626 BGB Nr. 71).

Das LAG Berlin-Brandenburg hat die außerordentliche Kündigung eines brandenburgischen Lehrers, der die Pflicht zum Tragen eines Mund-Nasen-Schutzes (während der Corona-Pandemie) ablehnte, (s. Pressemitteilung Nr. 37/21) für wirksam erachtet und die Kündigungsschutzklage unter Abänderung der arbeitsgerichtlichen Entscheidung abgewiesen. Zur Begründung hat das Landesarbeitsgericht ausgeführt, die Kündigung sei aufgrund der Äußerungen gegenüber der Schulelternsprecherin in E-Mails an diese gerechtfertigt. Eine E-Mail enthielt neben Ausführungen zur allgemeinen Bewertung der Maskenpflicht in der Schule („bin ich der Meinung, dass diese „Pflicht" eine Nötigung, Kindesmissbrauch, ja sogar vorsätzliche Körperverletzung bedeutet."), auch die Aufforderung an die Eltern, mit einem vorformulierten zweiseitigen Schreiben gegen die Schule vorzugehen. Eine Abmahnung liege vor, der Kläger selbst verweise auf eine Erklärung des beklagten Landes, er müsse mit einer Kündigung rechnen, wenn er nicht von seinem Verhalten Abstand nehme. Im Folgenden habe der Kläger jedoch mit einer erneuten Erklärung per E-Mail gegenüber der Elternvertreterin und weiteren Stellen an seinen Äußerungen festgehalten. Als weiteren Kündigungsgrund nannte das Landesarbeitsgericht die beharrliche Weigerung des Klägers, im Schulbetrieb einen Mund-Nasen-Schutz zu tragen. Das dann vorgelegte, aus dem Internet bezogene Attest eines österreichischen Arztes rechtfertige keine Befreiung. Das Landesarbeitsgericht hat die Revision zum Bundesarbeitsgericht nicht zugelassen (LAG Berlin-Brandenburg v. 7.10.2021, Az. 10 Sa 867/21; Pressemitteilung Nr. 39/21 v. 8.10.2021). Entsprechendes gilt für die Vorlage gefälschter Gesundheitszeugnisse, z. B. Attest zur Befreiung von der Maskenpflicht (vgl. LAG Berlin-Brandenburg v. 7.10.2021, Az. 10 Sa 867/21), Impfnachweis bei einrichtungsbezogener Impfpflicht gegen COVID-19 (vgl. LAG Düsseldorf v. 4.10.2022, Az. 8 Sa 326/22) oder Attest über die vorläufige Impfunfähigkeit (vgl. BAG v. 14.12.2023, Az. 2 AZR 55/23). Wurde das entsprechende Gesundheitszeugnis (aus dem Internet) von einem Arzt bezogen, gegen den bereits wegen der Ausstellung unrichtiger Gesundheitszeugnisse gem. § 278 StGB ermittelt wird, kann eine Verdachtskündigung in Betracht kommen.

Das vorsätzliche, provokante Anhusten eines Arbeitskollegen unter Missachtung der im Zusammenhang mit der Corona-Pandemie erlassenen behördlichen wie betrieblichen Arbeitsschutzregeln kann einen wichtigen Grund zur außerordentlichen Kündigung des Arbeitsverhältnisses darstellen (LAG Düsseldorf v. 27.4.2021, Az. 3 Sa 646/20). Denn der vorsätzlich und provokant handelnde „Corona-Anhuster" nimmt zumindest billigend in Kauf, den von seiner Tat betroffenen Arbeitskollegen entweder objektiv der tatsächlichen, konkreten Gefahr einer lebensbedrohlichen Infektion und Erkrankung oder jedenfalls subjektiv dem entsprechend konkreten Angstgefühl auszusetzen. Mit beidem geht – ohne dass es auf die Frage der Strafbarkeit eines solchen Verhaltens im Einzelnen ankäme – eine massive Störung des Betriebsfriedens ebenso wie die Verletzung der sich aus § 241 Abs. 2 BGB ergebenden Nebenpflicht zur Rücksichtnahme auf die berechtigten Interessen des Arbeitgebers einher (LAG Düsseldorf a. a. O.).

2.8 Arbeitsverweigerung

Weigert sich ein Arbeitnehmer beharrlich, die von ihm vertraglich geschuldete Arbeit zu leisten, so kann dies eine außerordentliche Kündigung rechtfertigen (BAG v. 31.1.1985, Az. 2 AZR 486/83). Voraussetzung für eine Kündigung ist jedoch, dass der Arbeitnehmer arbeitsvertraglich verpflichtet war, die ihm zugewiesene (und verweigerte) Arbeit zu verrichten. Dies ist dann nicht der Fall, wenn der Arbeitgeber sein → *Direktionsrecht* überschreitet. So ist z. B. die Kündigung eines Arbeitsverhältnisses wegen einer „Arbeitsverweigerung" aufgrund einer behördlich angeordneten häuslichen Quarantäne des Arbeitnehmers zum Zwecke des Infektionsschutzes aufgrund der COVID-19-Pandemie auch außerhalb der Anwendbarkeit des Kündigungsschutzgesetzes regelmäßig rechtsunwirksam (ArbG Köln v. 15.4.2021, Az. 8 Ca 7334/20). Hingegen kann die beharrliche Verweigerung eines Arbeitnehmers, bei der Ausübung seiner Tätigkeit bei den Kunden den vom Arbeitgeber angeordneten und von dem Kunden verlangten Mund-Nasen-Schutz zu tragen, eine außerordentliche Kündigung rechtfertigen (ArbG Köln v. 17.6.2021, Az. 12 Ca 450/21). Die durch das Nichttragen verbundenen Risiken während der Pandemiehochphase im Januar 2021 für den Kläger selbst sowie für die Kunden wurden als offenkundig unterstellt. Eine Rechtfertigung hierzu aufgrund des vorgelegten Attests ergab sich aus verschiedenen Gründen nicht. Zum einen war das Attest zum Zeitpunkt seiner Vorlage bereits fast ein halbes Jahr alt und damit nicht mehr aktuell. Zudem enthielt das formularmäßige Attest nur einen Satz und keinerlei Begründung, aufgrund welcher gesundheitlicher Gründe das Tragen einer Mund-

Nasen-Bedeckung für den Arbeitnehmer nicht möglich bzw. zumutbar sein soll. Es fehlt an der konkreten Diagnose eines Krankheitsbildes. Ein derartiges Attest ist nicht hinreichend aussagekräftig und zur Glaubhaftmachung gesundheitlicher Gründe, die eine Befreiung von der Maskenpflicht rechtfertigen, nicht ausreichend (ArbG Köln, a. a. O.; vgl. auch OVG NRW v. 24.9.2020, Az. 13 B 1368/20; Bayerischer VGH v. 8.12.2020, Az. 20 CE 20.2875).

Ist ein Arbeitnehmer der (irrtümlichen) Auffassung, (z. B. wegen unzureichender Vergütung oder „Psychoterror") ein Zurückbehaltungs- oder Leistungsverweigerungsrecht zu haben, und weigert er sich daraufhin, die ihm zugewiesene Arbeit auszuführen, riskiert er eine fristlose Kündigung (BAG v. 22.10.2015, Az. 2 AZR 569/14). Ein Irrtum schützt ihn nicht (BAG a. a. O.; BAG v. 29.8.2013, Az. 2 AZR 273/12).

Eine beharrliche Arbeitsverweigerung liegt auch vor, wenn ein Arbeitnehmer längere Zeit nach Beendigung seiner ärztlichen Krankschreibung die Arbeit nicht aufnimmt (LAG Stuttgart DB 1966, 908).

Die schuldhafte Verletzung der Anzeigepflicht bei Arbeitsunfähigkeit ist grundsätzlich geeignet, die Interessen des Arbeitgebers zu beeinträchtigen und kann daher – je nach den Umständen des Einzelfalls – einen zur **ordentlichen** Kündigung berechtigenden Grund im Verhalten des Arbeitnehmers i. S. d. § 1 Abs. 2 Satz 1 KSchG darstellen (BAG v. 7.5.2020, Az. 2 AZR 619/19; BAG v. 16.8.1991, Az. 2 AZR 604/90; BAG v. 31.8.1989, Az. 2 AZR 13/89); mehr dazu s. unter 2.18 „Krankmeldung".

Eine außerordentliche Kündigung ist grundsätzlich gerechtfertigt, wenn der Arbeitnehmer sich eine Arbeitsbefreiung erschleicht, um einer beruflichen Nebentätigkeit nachzugehen (BAG v. 26.8.1993, Az. 2 AZR 154/93). Verweigert ein Arbeitnehmer mehrfach die ihm angetragenen Überstunden, kann ebenfalls eine außerordentliche Kündigung gerechtfertigt sein (ArbG Frankfurt, Az. 10 Ca 9795/04). Dies gilt nicht, wenn die Überstunden ohne dringenden betrieblichen Grund nur kurzfristig (= wenige Stunden zuvor) angeordnet wurden (Hessisches LAG v. 13.1.2006, Az. 2222/04).

Weigert sich der Arbeitnehmer **aus Glaubensgründen,** eine vom arbeitsvertraglich vereinbarten Leistungsspektrum umfasste Arbeitsleistung zu erbringen, kann dies – je nach den Umständen des Einzelfalls – eine Kündigung rechtfertigen. Der Arbeitgeber darf dem Arbeitnehmer regelmäßig keine Arbeit zuweisen, die diesen in einen nachvollziehbar dargelegten, ernsthaften und unüberwindbaren Glaubenskonflikt brächte. Beruft sich der Arbeitnehmer erstmals nach erteilter Weisung auf einen unüberwindbaren inneren Glaubenskonflikt, kann der Arbeitgeber nach den vorstehenden Grundsätzen verpflichtet sein, erneut von seinem Direktionsrecht Gebrauch zu machen und dem Arbeitnehmer – soweit möglich und zumutbar – eine andere Arbeit zuzuweisen. War das Beharren des Arbeitgebers auf die Vertragserfüllung ermessensfehlerhaft, stellt die Weigerung des Arbeitnehmers, der Weisung nachzukommen, keine vorwerfbare Vertragspflichtverletzung dar. Sie kann aber geeignet sein, eine Kündigung aus Gründen in der Person des Arbeitnehmers zu rechtfertigen, wenn es dem Arbeitgeber nicht ohne größere Schwierigkeiten möglich ist, den Arbeitnehmer anderweitig sinnvoll einzusetzen (BAG v. 24.2.2011, Az. 2 AZR 636/09).

Beispiel:

Ein als „Ladenhilfe" in einem Einzelhandelsmarkt beschäftigter Arbeitnehmer muss mit der Zuweisung von Arbeitsaufgaben rechnen, die den Umgang mit Alkoholika erfordern. Macht er geltend, aus religiösen Gründen an der Ausübung vertraglich geschuldeter Tätigkeiten gehindert zu sein, muss er dem Arbeitgeber mitteilen, worin genau die religiösen Gründe bestehen und aufzeigen, an welchen Tätigkeiten er sich gehindert sieht. Besteht für den Arbeitgeber im Rahmen der von ihm zu bestimmenden betrieblichen Organisation die Möglichkeit einer vertragsgemäßen Beschäftigung, die den religionsbedingten Einschränkungen Rechnung trägt, muss er dem Arbeitnehmer diese Tätigkeit zuweisen.

2.9 Ausländerfeindlichkeit/Rassismus

Ausländerfeindliche und rassistische Äußerungen im Betrieb sind generell geeignet, eine außerordentliche Kündigung zu rechtfertigen (BAG v. 14.2.1996, Az. 2 AZR 274/95; LAG Baden-Württemberg v. 5.12.2019, Az. 17 Sa 3/19), wenngleich auch hier in der zweiten Stufe eine Interessenabwägung zu erfolgen hat.

Selbst gravierende menschen- und lebensverachtende Äußerungen können – trotz ihrer grundsätzlichen Eignung für eine außerordentliche Kündigung – bei einer Abwägung aller Umstände des Einzelfalles (z. B. der langjährigen beanstandungsfreien Beschäftigung, des Lebensalters, einer Schwerbehinderung sowie der „einfachen Persönlichkeit" des Arbeitnehmers) im Ergebnis unzureichend für eine fristlose Beendigung des Arbeitsverhältnisses sein (vgl. LAG Baden-Württemberg v. 15.1.2020, Az. 4 Sa 19/19).

Bei ausländerfeindlichen Verlautbarungen des Arbeitnehmers in seiner Freizeit (s. 2.10 „Außerdienstliches Verhalten") oder in sozialen Netzwerken (s. 2.26 „Soziale Netzwerke") kommt es in besonderer Weise darauf an, ob diese unmittelbar mit dem Arbeitgeber in Verbindung gebracht werden können. Bei Arbeitnehmern, die sich in einer übergeordneten Stellung befinden und den Arbeitgeber repräsentieren, wird eine derartige Verbindung häufiger der Fall sein als bei solchen, deren Bezug zum Arbeitgeber im Zusammenhang mit dem ausländerfeindlichen Verhalten nicht erkennbar wird.

2.10 Außerdienstliches Verhalten

Das Verhalten eines Arbeitnehmers im privaten Lebensbereich steht grundsätzlich außerhalb der Einflusssphäre des Arbeitgebers. Ein rechtswidriges außerdienstliches Verhalten des Arbeitnehmers ist jedoch dann geeignet, eine ordentliche oder außerordentliche verhaltensbedingte Kündigung zu rechtfertigen, wenn dadurch Interessen des Arbeitgebers im Sinne des § 241 Abs. 2 BGB beeinträchtigt werden. Dies ist anzunehmen, wenn das Verhalten des Arbeitnehmers negative Auswirkungen auf den Betrieb oder einen Bezug zu seinen arbeitsvertraglichen Verpflichtungen oder zu seiner Tätigkeit hat und dadurch berechtigte Interessen des Arbeitgebers oder anderer Arbeitnehmer verletzt werden. Ob eine betriebliche Auswirkung gegeben ist, bestimmt sich vor allem nach der Art des Arbeitsverhältnisses und der Tätigkeit des Arbeitnehmers (LAG Niedersachsen v. 21.3.2019, Az. 13 Sa 371/18). Eine solche Beeinträchtigung kann sich z. B. dadurch ergeben, dass durch die Begehung einer Straftat das für das Arbeitsverhältnis erforderliche Vertrauen erschüttert wird, z. B. bei einem außerdienstlichen Diebstahl durch einen Kassierer oder bei dem strafbaren Besitz von Kinderpornographie bei einem Lehrer (BVerwG v. 24.10.2019, Az. 2 C 3.18). Wird ein als Kraftfahrer beschäftigter Arbeitnehmer bei einer privaten Trunkenheitsfahrt von der Polizei ertappt und verliert infolgedessen seine Fahrerlaubnis, kann dies eine Kündigung rechtfertigen, da dem Arbeitnehmer durch die Entziehung der Fahrerlaubnis die Erbringung der geschuldeten Leistung unmöglich geworden ist. Auch eine Erkrankung des Arbeitnehmers sowie eine lange Betriebszugehörigkeit stehen der Kündigung in einem solchen Fall nicht entgegen. Als Kraftfahrer muss der Arbeitnehmer die tatsächlichen und rechtlichen Risiken eines Alkoholkonsums im Straßenverkehr kennen (vgl. auch ArbG Düsseldorf v. 12.7.2016, Az. 15 Ca 1769/16). Auch die Tatsache, dass der Arbeitnehmer die Fahrerlaubnis später wieder erlangt, steht der Kündigung nicht entgegen (Hessisches LAG v. 1.7.2011, Az. 10 Sa 245/11). Arbeitnehmer des öffentlichen Dienstes müssen ein bestimmtes Maß an Verfassungstreue aufbringen, das sich nach ihrer vertraglich geschuldeten Tätigkeit sowie nach der Aufgabenstellung des öffentlichen Arbeitgebers richtet. Eine Mitgliedschaft in der NPD oder ihrer Jugendorganisation (JN) sowie Aktivitäten für diese Organisationen stehen regelmäßig nicht schon als solche einer Weiterbeschäftigung im öffentlichen Dienst entgegen, selbst wenn die Verfassungsfeindlichkeit der Organisationen unterstellt wird. Allerdings dürfen auch Beschäftigte, die keiner „gesteigerten", beamtenähnlichen Loyalitätspflicht unterliegen, nicht darauf ausgehen, den Staat oder die Verfassung und deren Organe zu beseitigen, zu beschimpfen oder verächtlich zu machen. Entfaltet ein Arbeitnehmer inner- oder außerdienstlich Aktivitäten dieser Art, kann dies ein Grund für eine Kündigung durch seinen Arbeitgeber sein. Dies gilt auch dann, wenn das Verhalten nicht strafbar ist (BAG v. 6.9.2012, Az. 2 AZR 372/11). Auch Tätowierungen, wie sie in rechtsradikalen Kreisen verwendet werden, können im Einzelfall eine außerordentliche Kündigung rechtfertigen (LAG Berlin-Brandenburg v. 12.5.2021, Az. 8 Sa 1655/20). Ein tätlicher Angriff auf einen Vorgesetzten oder einen Arbeitskollegen ist – auch wenn dieser außer Dienst erfolgt – stets geeignet, eine außerordentliche Kündigung zu rechtfertigen (vgl. LAG Rheinland-Pfalz v. 30.1.2014, Az. 5 Sa 433/13). Ein Chefarzt kann fristlos gekündigt werden, wenn sich herausstellt, dass die bei seiner Einstellung abgegebene Erklärung zu fehlenden Vorstrafen und laufenden Ermittlungsverfahren falsch war und er entgegen seiner Angaben in der Vergangenheit wegen einer im Zusammenhang mit seiner Tätigkeit stehenden Straftat verurteilt worden war (LAG Hessen v. 5.12.2011, Az. 7 Sa 524/11). Entsprechendes gilt für unwahre Angaben im Bewerbungsverfahren, die die Eignung für die zu besetzende Stelle betreffen – hier: mit Plagiaten behaftete Veröffentlichungen der Bewerberin für die Stelle als Universitätsprofessorin (LAG Köln v. 16.5.2025, Az. 10 SLa 289/24). Zunehmende Beachtung findet auch das außerdienstliche Verhalten von Arbeitnehmern bei der Benutzung von sozialen Netzwerken (social media) wie z. B. Facebook, Xing etc. Siehe hierzu 2.26 „Soziale Netzwerke".

2.11 Äußerungen, Beleidigung etc.

Dem Recht der freien Meinungsäußerung gem. Art. 5 GG, Art. 10 EMRK stehen die Rechte des Arbeitgebers, der Arbeitskollegen oder sonstiger Dritter gegenüber. Das Grundrecht der Meinungsfreiheit muss regelmäßig zurücktreten, wenn sich die Äußerung als Angriff auf die Menschenwürde oder als Formalbeleidigung oder eine Schmähung darstellt (BAG v. 24.11.2005, Az. 2 AZR 584/04; vgl. auch BVerfG v. 30.5.2018, Az. 1 BvR 1149/17). Auch die verfassungsrechtlich geschützte wirtschaftliche Betätigungsfreiheit des Arbeitgebers, die insbesondere durch eine Störung des Arbeitsablaufs und des Betriebsfriedens berührt werden kann sowie die Pflicht zur gegenseitigen Rücksichtnahme auf die Rechte, Rechtsgüter und Interessen der anderen Vertragspartei gem. § 241 Abs. 2 BGB, bilden Schranken der Meinungsfreiheit. Arbeitnehmer sind zwar berechtigt, unternehmensöffentlich auch Kritik am Arbeitgeber und den betrieblichen Verhältnissen zu äußern, unter Umständen auch in überspitzter oder polemischer Form; in grobem Maße unsachliche Angriffe, die beispielsweise unter anderem zur Untergrabung der Position eines Vorgesetzten führen können, muss der Arbeitgeber demgegenüber nicht hinnehmen. Ehrenrührige Behauptungen eines Arbeitnehmers über Vorgesetzte und Kollegen (etwa die Behauptung, dass es während der Arbeitszeit zu Alkoholexzessen und sexuellen Handlungen gekommen sei), können daher jedenfalls eine ordentliche Kündigung des Arbeitsverhältnisses rechtfertigen (LAG Berlin-Brandenburg v. 4.2.2014, Az. 19 Sa 322/13).

Eine außerordentliche Kündigung rechtfertigen können Äußerungen in sozialen Netzwerken, die eine grobe Beleidigung des Arbeitgebers oder seiner Vertreter und Repräsentanten oder von Arbeitskollegen darstellen, die nach Form und Inhalt eine erhebliche Ehrverletzung für den Betroffenen bedeuten. Entsprechendes gilt, wenn der Arbeitnehmer bewusst unwahre Tatsachenbehauptungen über seinen Arbeitgeber oder Vorgesetzte bzw. Kollegen aufstellt, insbesondere wenn die Erklärungen den Tatbestand der üblen Nachrede (s. hierzu auch Rufschädigungen 2.24) erfüllen (BAG v. 27.9.2012, Az. 2 AZR 646/11). Entscheidend ist, ob dem Arbeitgeber nach dem gesamten Sachverhalt die Fortsetzung des Arbeitsverhältnisses noch zuzumuten ist. Bei der rechtlichen Würdigung sind die Umstände zu berücksichtigen, unter denen die betreffenden Äußerungen gefallen sind. Geschah dies in einem vertraulichen Gespräch zwischen Arbeitskollegen, vermögen sie eine Kündigung des Arbeitsverhältnisses nicht ohne Weiteres zu begründen. Vertrauliche Äußerungen unterfallen dem Schutzbereich des allgemeinen Persönlichkeitsrechts. Die vertrauliche Kommunikation in der Privatsphäre ist Ausdruck der Persönlichkeit und grundrechtlich gewährleistet. Der Arbeitnehmer darf in diesem Fall regelmäßig darauf vertrauen, seine Äußerungen würden nicht nach Außen getragen. Etwas anderes gilt dann, wenn der Arbeitnehmer selbst die Vertraulichkeit aufhebt (BAG v. 10.12.2009, Az. 2 AZR 534/08).

Äußert sich ein Arbeitnehmer, in einer aus sieben Mitgliedern bestehenden privaten WhatsApp-Chatgruppe in stark beleidigender, rassistischer, sexistischer und zu Gewalt aufstachelnder Weise über Vorgesetzte und andere Kollegen, so kann er sich gegen eine darauf begründete außerordentliche Kündigung nur im Ausnahmefall auf eine berechtigte Vertraulichkeitserwartung berufen. Das BAG bejahte in diesem Fall das Vorliegen eines wichtigen Grundes, da eine Vertraulichkeitserwartung des Arbeitnehmers nur dann berechtigt sei, wenn die Mitglieder der Chatgruppe den besonderen persönlichkeitsrechtlichen Schutz einer Sphäre vertraulicher Kommunikation in Anspruch nehmen können. Das wiederum sei abhängig von dem Inhalt der ausgetauschten Nachrichten sowie der Größe und personellen Zusammensetzung der Chatgruppe. Dabei bedürfe es einer besonderen Darlegung des Arbeitnehmers, weshalb er erwarten durfte, die von ihm geäußerten beleidigenden und menschenverachtenden Äußerungen über Betriebsangehörige, würden von keinem Gruppenmitglied an einen Dritten weitergegeben (BAG v. 24.8.2023, Az. 2 AZR 17/23). Auch ein Beitrag in einer privaten Facebook-Gruppe, der mit einer Fotomontage versehen ist, die als konkrete Bedrohung von Beschäftigten des Arbeitgebers verstanden werden kann, ist geeignet, ohne vorherige Abmahnung eine verhaltensbedingte Kündigung zu rechtfertigen (ArbG Berlin v. 7.10.2024, Az. 59 Ca 8733/24).

Allein die mehrfache Verweigerung des Grußes gegenüber dem Vorgesetzten (auf dessen vorherigen Gruß) stellt keine grobe Beleidigung dar (LAG Köln v. 29.11.2005, Az. 9(7) Sa 657/05). Beleidigende Äußerungen in Sozialen Netzwerken (social media) wie z. B. Facebook, Xing etc. sind grundsätzlich nicht anders zu behandeln, wie solche, die direkt und unmittelbar erfolgen. Siehe hierzu 2.26 „Soziale Netzwerke". So können beleidigende Äußerungen („Menschenschinder und Ausbeuter") sowie „dämliche Scheiße für Mindestlohn –20 % erledigen" auf dem Facebook-Profil eines Auszubildenden auch unter Berücksichtigung der Besonderheiten des Ausbildungsverhältnisses eine außerordentliche Kündigung rechtfertigen (LAG Hamm v. 10.10.2012, Az. 3 Sa 644/12). Die Bezeichnung der Geschäftsführer als „soziale Arschlöcher" kann auch in einem langjährigen Arbeitsverhältnis in einem familiengeführten Kleinbetrieb ohne vorherige Abmahnung die außerordentliche Kündigung rechtfertigen (LAG Schleswig-Holstein v. 24.1.2017, Az. 3 Sa 244/16).

Nennt ein Kraftfahrer einen Kundenvertreter mehrfach „Arschloch", rechtfertigt dies nicht immer eine fristlose Kündigung. Zwar stellt das grob beleidigende Arbeitnehmerverhalten grundsätzlich einen erheblichen Verstoß gegen die Pflichten aus dem Arbeitsverhältnis dar. Die notwendige Einzelfallprüfung und Interessenabwägung kann jedoch auch dann, wenn das beanstandete Verhalten des Arbeitnehmers die Geschäftsbeziehungen des Arbeitgebers gefährdet, zu dem Ergebnis führen, dass dennoch eine Abmahnung ausreicht. Dies gilt jedenfalls, wenn der Arbeitnehmer nicht wusste, wer sein beleidigtes Gegenüber war und dass es sich bei diesem um einen Repräsentanten des Kunden handelte (LAG Schleswig-Holstein v. 8.4.2010, Az. 4 Sa 474/09).

Das LAG Berlin-Brandenburg hat die außerordentliche Kündigung eines brandenburgischen Lehrers, der die Pflicht zum Tragen eines Mund-Nasen-Schutzes (während der Corona-Pandemie) ablehnte, (s. Pressemitteilung Nr. 37/21) für wirksam erachtet und die Kündigungsschutzklage unter Abänderung der arbeitsgerichtlichen Entscheidung abgewiesen. Zur Begründung hat das Landesarbeitsgericht ausgeführt, die Kündigung sei aufgrund der Äußerungen gegenüber der Schulelternsprecherin in E-Mails an diese gerechtfertigt. Eine E-Mail enthielt neben Ausführungen zur allgemeinen Bewertung der Maskenpflicht in der Schule („bin ich der Meinung, dass diese „Pflicht" eine Nötigung, Kindesmissbrauch, ja sogar vorsätzliche Körperverletzung bedeutet."), auch die Aufforderung an die Eltern, mit einem vorformulierten zweiseitigen Schreiben gegen die Schule vorzugehen. Eine Abmahnung liege vor, der Kläger selbst verweise auf eine Erklärung des beklagten Landes, er müsse mit einer Kündigung rechnen, wenn er nicht von seinem Verhalten Abstand nehme. Im Folgenden habe der Kläger jedoch mit einer erneuten Erklärung per E-Mail gegenüber der Elternvertreterin und weiteren Stellen an seinen Äußerungen festgehalten. Als weiteren Kündigungsgrund nannte das Landesarbeitsgericht die beharrliche Weigerung des Klägers, im Schulbetrieb einen Mund-Nasen-Schutz zu tragen. Das dann vorgelegte, aus dem Internet bezogene Attest eines österreichischen Arztes rechtfertige keine Befreiung. Das Landesarbeitsgericht hat die Revision zum Bundesarbeitsgericht nicht zugelassen (LAG Berlin-Brandenburg v. 7.10.2021, Az. 10 Sa 867/21; Pressemitteilung Nr. 39/21 v. 8.10.2021).

2.12 Bestechung/Schmiergeld

Die Annahme von Schmiergeld stellt einen Verstoß gegen die Treuepflichten dar, selbst wenn der Arbeitnehmer sich nicht zu einem pflichtwidrigen Verhalten verleiten lässt. Wer sich als Arbeitnehmer bei der Ausführung seiner vertraglichen Aufgaben Vorteile versprechen lässt oder entgegennimmt, die dazu bestimmt oder geeignet sind, ihn in seinem geschäftlichen Verhalten zugunsten Dritter oder zum Nachteil seines Arbeitgebers zu beeinflussen, verletzt die Treuepflicht zu seinem Arbeitgeber. Es reicht aus, dass der gewährte Vorteil allgemein die Gefahr begründet, der Arbeitnehmer werde nicht mehr allein die Interessen seines Arbeitgebers vertreten.

Die Entgegennahme von Geldgeschenken oder besonderen Zuwendungen kann einen wichtigen Grund zur außerordentlichen Kündigung darstellen, wenn die zu kündigende Person hierdurch in den Verdacht der Vorteilsnahme oder Bestechung gerät. Dies ist regelmäßig dann der Fall, wenn die betroffene Person mit der Vergabe von Aufträgen beschäftigt ist (so für einen Zentraleinkäufer (LAG Köln v. 4.1.1984, Az. 5 Sa 1217/83). Unerheblich ist in solchen Fällen, ob der Arbeitgeber durch die Handlungsweise des Arbeitnehmers Schaden erlitten hat oder ob eine Wiederholungsgefahr besteht (BAG v. 17.8.1972, Az. 2 AZR 415/71). Soweit lediglich ein begründeter Verdacht des Arbeitgebers besteht, finden die Grundsätze der Verdachtskündigung Anwendung.

2.13 Dienstwagen und Privatfahrten

Benutzt ein Arbeitnehmer ein Dienstfahrzeug trotz eines ausdrücklichen, streng überwachten Verbots für eine Privatfahrt, kann ein wichtiger Grund für die außerordentliche Kündigung vorliegen. Dies gilt insbesondere dann, wenn das Dienstfahrzeug deshalb für längere Zeit zu betrieblichen Zwecken nicht zur Verfügung steht. Auch eine verbotene Wochenendheimfahrt mit dem Dienstwagen kann für eine außerordentliche Kündigung ausreichen (BAG v. 9.3.1961, Az. 2 AZR 129/60). Der unbefugte Gebrauch des Fahrzeugs erfüllt regelmäßig den Straftatbestand des § 248b StGB, da durch Verbrauch des Treibstoffs und Abnutzung des Fahrzeugs das Vermögen des Arbeitgebers verletzt wird. War die private Nutzung des Fahrzeugs – wenn auch nur in Einzelfällen – zuvor gestattet oder wurde diese geduldet, so setzt die verhaltensbedingte Kündigung wegen unerlaubter Privatnutzung des Dienstwagens eine Abmahnung voraus (LAG Mecklenburg-Vorpommern v. 21.6.2022, Az. 5 Sa 245/21). Die private Nutzung einer Tankkarte entgegen den Regelungen einer Dienstwagenrichtlinie kann eine außerordentliche Kündigung ohne vorherige Abmahnung rechtfertigen (LAG Niedersachsen v. 29.3.2023, Az. 2 Sa 313/22).

2.14 Drohungen gegenüber dem Arbeitgeber und Arbeitskollegen

Eine ernstliche Drohung des Arbeitnehmers mit Gefahren für Leib oder Leben von Vorgesetzten oder Arbeitskollegen, für die kein allgemeiner Rechtfertigungsgrund eingreift, kommt „an sich" als wichtiger Grund für eine außerordentliche Kündigung gem. § 626 Abs. 1 BGB in Betracht (BAG v. 28.2.2023, Az. 2 AZR 194/22; BAG v. 29.6.2017, Az. 2 AZR 47/16). Im Falle einer Bedrohung von Kollegen handelt es sich um eine erhebliche Verletzung der Pflicht zur Rücksichtnahme auf die Interessen des Arbeitgebers gemäß § 241 Abs. 2 BGB. Der Arbeitgeber hat ein eigenes schutzwürdiges Interesse daran, dass seine Arbeitnehmer untereinander respektvoll umgehen und gedeihlich zusammenarbeiten (BAG, Urt. v. 20.5.2021, Az. 2 AZR 596/20). Ob auch im Falle einer ernsthaften Bedrohung für Leib und Leben eines Kollegen vor Ausspruch einer fristlosen Kündigung eine vorherige Abmahnung erforderlich ist, hängt von den Gesamtumständen des Einzelfalls ab (vgl. LAG Schleswig-Holstein v. 13.7.2023, Az. 5 Sa 5/23).

Droht der Arbeitnehmer dem Arbeitgeber, dessen Vertretern oder Repräsentanten mit einem empfindlichen Übel, um die Erfüllung eigener streitiger Forderungen zu erreichen, kann darin – je nach den Umständen des Einzelfalls – ein erheblicher, die fristlose Kündigung des Arbeitsverhältnisses rechtfertigender Verstoß gegen seine Pflicht zur Wahrung von dessen Interessen liegen (vgl. ArbG Düsseldorf v. 15.8.2016, Az. 7 Ca 415/15 m. w. N.). Entsprechendes kann gelten, wenn der Arbeitnehmer dem Arbeitgeber nachteilige Folgen mit dem Ziel androht, dieser solle von einer beabsichtigten oder bereits erklärten Kündigung Abstand nehmen. Eine auf ein solches Verhalten gestützte Kündigung setzt regelmäßig die Widerrechtlichkeit der Drohung voraus. Unbeachtlich ist demgegenüber, ob das Verhalten den Straftatbestand der Nötigung (§ 240 StGB) oder Bedrohung (§ 241 StGB) erfüllt. Auch eine nicht strafbare, gleichwohl erhebliche Verletzung arbeitsvertraglicher Pflichten kann einen wichtigen Grund i. S. v. § 626 Abs. 1 BGB bilden (BAG v. 21.6.2012, Az. 2 AZR 694/11 m. w. N.). Droht der Arbeitnehmer dem Vorgesetzten – und seiner Familie – mit Gefahren für Leib und Leben und greift hierfür kein allgemeiner Rechtfertigungsgrund, so stellt dieses Verhalten in der Regel eine massive Störung oder jedenfalls eine konkrete Gefährdung des Betriebsfriedens dar und kommt mithin als wichtiger Grund i. S. v. § 626 Abs. 1 BGB in Betracht (LAG Düsseldorf v. 19.1.2022, Az. 12 Sa 705/21). Bedroht ein Sachbearbeiter des

Landeskriminalamtes seinen Vorgesetzten mit den Worten „Ich stech dich ab", so ist dem Land seine Weiterbeschäftigung nicht weiter zumutbar. Aufgrund der Schwere der Pflichtverletzung ist eine vorherige Abmahnung entbehrlich. Dies gilt selbst dann, wenn die Äußerung aufgrund ggf. eingeschränkter Steuerungsfähigkeit zum Tatzeitpunkt schuldlos erfolgt sein sollte (LAG Düsseldorf v. 8.6.2017, Az. 11 Sa 823/16). Auch die glaubhafte Ankündigung eines Arbeitnehmers gegenüber einer Kollegin, dass er beabsichtige, seinen Vorgesetzten „aus dem Fenster zu schmeißen" und er „kurz vorm Amoklauf stehe" kann eine fristlose Kündigung rechtfertigen (AG Siegburg v. 4.11.2021, Az. 5 Ca 254/21).

An einer Widerrechtlichkeit der Drohung fehlt es, wenn der Arbeitnehmer zur Verteidigung seiner Rechte berechtigte Interessen wahrnimmt. Ein Prozessbeteiligter darf auch starke, eindrückliche Ausdrücke und sinnfällige Schlagworte benutzen, um seine Rechtsposition zu unterstreichen, selbst wenn er seinen Standpunkt vorsichtiger hätte formulieren können. Das gilt jedenfalls so lange, wie er die Grenzen der Wahrheitspflicht achtet (vgl. BAG v. 8.5.2014, Az. 2 AZR 249/13; BAG v. 24.3.2011, Az. 2 AZR 674/09; BAG v. 9.9.2010, Az. 2 AZR 482/09).

2.15 Druckkündigung

Wird von einem Dritten (Arbeitskollegen, Betriebsrat, Gewerkschaft, Kunden etc.) unter Androhung von Nachteilen für den Arbeitgeber die Entlassung eines bestimmten Arbeitnehmers verlangt, so kann eine außerordentliche Druckkündigung berechtigt sein.

Vor Ausspruch der Kündigung muss der Arbeitgeber sich aber schützend vor den Arbeitnehmer stellen und versuchen, den Dritten von der Realisierung seiner Drohungen abzubringen (BAG v. 18.9.1975, Az. 2 AZR 311/74; BAG v. 31.1.1996, Az. 2 AZR 158/95; LAG Hessen v. 27.8.2012, Az. 16 Sa 442/12; LAG Niedersachsen v. 13.5.2025, Az. 10 SLa 687/24). Hierbei muss der Arbeitgeber selbst in schützender Weise agieren und darf nicht aktiv dazu beitragen, die ablehnende Haltung anderer Arbeitnehmer gegenüber dem betroffenen Arbeitnehmer zu schaffen oder zu verstärken (vgl. LAG Nürnberg v. 12.12.2023, Az. 7 Sa 61/23). Bleibt dem Arbeitgeber nur noch die Wahl, den Arbeitnehmer zu entlassen oder die angedrohten schweren wirtschaftlichen Nachteile hinzunehmen, kann die außerordentliche Kündigung gerechtfertigt sein. Hierbei ist zu unterscheiden:

Ein Fall der „unechten Druckkündigung" liegt vor, wenn das Verlangen des Dritten gegenüber dem Arbeitgeber durch ein Verhalten des Arbeitnehmers oder einen personenbedingten Grund objektiv gerechtfertigt sein kann. Die Kündigung wird in diesen Fällen nicht primär wegen des durch den Dritten erzeugten Drucks erklärt, sondern wegen des personen- oder verhaltensbedingten Kündigungsgrundes.

Fehlt es hingegen an einer solchen objektiven Rechtfertigung der Drohung, so kommt eine Kündigung aus betriebsbedingten Gründen in Betracht (vgl. BAG v. 18.7.2013, Az. 6 AZR 420/12). An die Zulässigkeit einer sogenannten „echten Druckkündigung" sind allerdings strenge Anforderungen zu stellen. Der Arbeitgeber hat sich in diesem Fall zunächst schützend vor den betroffenen Arbeitnehmer zu stellen. Das Ausmaß der Bemühungen des Arbeitgebers, sich schützend vor den Arbeitnehmer zu stellen, ist auch davon abhängig, in welchem Umfang der Arbeitnehmer zu dem eingetretenen tiefgreifenden Zerwürfnis mit anderen Arbeitnehmern und Dritten einen Verursachungsbeitrag geleistet hat (vgl. LAG Baden-Württemberg v. 26.8.2016, Az. 1 Sa 14/16).

Nur wenn auf diese Weise die Drohung nicht abgewendet werden kann und bei Verwirklichung der Drohung schwere wirtschaftliche Schäden für den Arbeitgeber drohen, kann die Kündigung sozial gerechtfertigt sein. Dabei ist jedoch Voraussetzung, dass die Kündigung das einzig praktisch in Betracht kommende Mittel ist, um die Schäden abzuwenden. Zu berücksichtigen ist hierbei auch, inwieweit der Arbeitgeber die Drucksituation selbst in vorwerfbarer Weise herbeigeführt hat. Typische Fälle einer echten Druckkündigung sind Drohungen der Belegschaft mit Streik oder Massenkündigungen oder die Androhung des Abbruchs von Geschäftsbeziehungen für den Fall der Weiterbeschäftigung eines bestimmten Arbeitnehmers.

Beispiele:

Verweigern Beschäftigte die Arbeit, weil der Arbeitgeber einem – unberechtigten – Kündigungsverlangen (hier gegenüber eines Hafenarbeiters, der wegen sexuellen Missbrauchs eines Kindes verurteilt wurde) nicht nachkommt, ist eine Kündigung des Betroffenen nicht als sog. „echte" Druckkündigung sozial gerechtfertigt, wenn der Arbeitgeber den Druck und die dadurch drohenden wirtschaftlichen Nachteile nicht zumindest dadurch abzuwehren versucht, dass er die Beschäftigten auf die Rechtswidrigkeit der Arbeitsniederlegung hinweist und für weitere Zuwiderhandlungen arbeitsrechtliche Maßnahmen (wie z. B. Abmahnungen, Gehaltskürzungen oder sogar Kündigungen) in Aussicht stellt (BAG v. 15.12.2016, Az. 2 AZR 431/15).

Kündigungen gegenüber Bankmitarbeitern auf Druck der New Yorker Finanzaufsichtsbehörde (NYDFS) sind nicht generell gerechtfertigt. Eine solche Kündigung ist jedenfalls dann unwirksam, wenn die zur Kündigung verpflichtende „Consent Order" ausdrücklich unter dem Vorbehalt steht, dass die Kündigung durch ein deutsches Gericht überprüfbar ist (LAG Hessen v. 13.7.2016, Az. 18 Sa 1498/15).

Von der Druckkündigung zu unterscheiden sind die Fälle, in denen der Arbeitgeber auf Antrag des Betriebsrats in einem Verfahren nach § 104 Satz 2 BetrVG rechtskräftig aufgegeben wird, einen betriebsstörenden Arbeitnehmer zu entlassen. In diesen Fällen liegt für eine ordentliche Kündigung dieses Arbeitnehmers ein dringendes betriebliches Erfordernis i. S. d. § 1 Abs. 2 Satz 1 KSchG vor (BAG v. 28.3.2017, Az. 2 AZR 551/16).

2.16 Internetnutzung

Durch die unbefugte Nutzung des Internets am Arbeitsplatz können sich folgende Probleme ergeben:

- Einschleppen von Computerviren und hierdurch bedingter Datenverlust;
- Systembeeinträchtigung durch die Installation fremder Programme;
- Einschleppen von sog. Trojanern, die den unberechtigten Zugriff auf den internen Datenbestand ermöglichen;
- Verbreitung rufschädigender Äußerungen über die Kontaktadresse (Telefonnummer, IP, E-Mail-Adresse etc.) des Arbeitgebers;
- absichtliche oder versehentliche (unverschlüsselte) Übermittlung von Betriebsgeheimnissen an unberechtigte Empfänger;
- durch die private Nutzung bedingte Vergeudung von Arbeitszeit und
- Verursachung von Kosten durch Inanspruchnahme von Kommunikationsdienstleistungen und sonstigen kostenpflichtigen Angeboten.

Grundsätzlich kann die private Nutzung des Internets am Arbeitsplatz nur dann zu einer außerordentlichen Kündigung führen, wenn diese vom Arbeitgeber zuvor ausdrücklich verboten wurde. Nutzt der Arbeitnehmer jedoch während der Arbeitszeit das Internet in erheblichem zeitlichem Umfang („ausschweifend") zu privaten Zwecken, so kann er auch bei Fehlen eines ausdrücklichen Verbots grundsätzlich nicht darauf vertrauen, der Arbeitgeber werde dies tolerieren. In diesen Fällen kann auch eine fristlose Kündigung ohne vorherige Abmahnung gerechtfertigt sein (BAG v. 7.7.2005, Az. 2 AZR 581/04; BAG v. 31.5.2007, Az. 2 AZR 200/06). Zur Feststellung eines Kündigungssachverhalts darf der Arbeitgeber auch den Browserverlauf des Dienstrechners eines Arbeitnehmers auswerten, ohne dass hierzu dessen Zustimmung vorliegen muss. Die Verwertung der so erlangten (personenbezogenen) Daten ist statthaft (LAG Berlin-Brandenburg v. 14.1.2016, Az. 5 Sa 657/15).

Lädt ein Arbeitnehmer während der Arbeitszeit pornografisches Bildmaterial aus dem Internet, das er auf Datenträgern des Arbeitgebers speichert und nutzt er den Internetzugang zum Einrichten einer Web-Page sexuellen Inhalts, rechtfertigt dies eine außerordentliche Kündigung (ArbG Hannover v. 1.12.2000, Az. 1 Ca 504/00 B). Allein das Aufrufen von Pornoseiten im Internet reicht nicht ohne Weiteres für eine fristlose Kündigung (LAG Rheinland-Pfalz v. 13.5.2004, Az. 4 Sa 1288/03).

Ein Grund zur fristlosen Kündigung eines Arbeitsverhältnisses kann auch darin liegen, dass ein Arbeitnehmer privat beschaffte Bild- oder Tonträger während der Arbeitszeit unter Verwendung seines dienstlichen Computers unbefugt und zum eigenen oder kollegialen Gebrauch auf dienstliche „DVD-" bzw. „CD-Rohlinge" kopiert. Das gilt unabhängig davon, ob darin zugleich ein strafbewehrter Verstoß gegen das Urheberrechtsgesetz liegt (BAG v. 16.7.2015, Az. 2 AZR 85/15; LAG Sachsen-Anhalt v. 26.5.2016, Az. 6 Sa 23/16).

Die unbefugte Übermittlung vertraulicher oder geheimer Daten des Arbeitgebers durch den Arbeitnehmer auf sein privates E-Mail-Postfach kann einen wichtigen Grund darstellen, der den Arbeitgeber sogar während einer Freistellung des Arbeitnehmers vor dem in einem Aufhebungsvertrag vereinbarten Ende des Arbeitsverhältnisses noch zu einer außerordentlichen Kündigung berechtigt (vgl. LAG Hessen v. 29.8.2011, Az. 7 Sa 248/11). Entsprechendes gilt für die unbefugte Löschung von Daten des Arbeitgebers oder tätigkeitsbezogenen E-Mails (vgl. LAG Hessen v. 5.8.2013, Az. 7 Sa 1060/10). Auch das Lesen und Weiterleiten privater E-Mails und Chats des Vorgesetzten kann als Verletzung des allgemeinen Persönlichkeitsrechts sowie als rechtswidrige Datenverarbeitung zur außerordentlichen Kündigung berechtigen (LAG Köln v. 2.11.2021, Az. 4 Sa 290/21).

Installiert ein Arbeitnehmer verbotswidrig sog. Anonymisierungssoftware, die eine Kontrolle der technischen Betriebsmittel des Arbeitgebers erheblich erschwert oder vereitelt, kann eine außerordentliche Kündigung ohne vorherige Abmahnung gerechtfertigt sein (BAG v. 12.1.2006, Az. 2 AZR 179/05).

ACHTUNG!

Der Einsatz eines Software-Keyloggers, mit dem alle Tastatureingaben an einem dienstlichen Computer für eine verdeckte Überwachung und Kontrolle des Arbeitnehmers aufgezeichnet werden, ist nach § 32 Abs. 1 BDSG a. F. unzulässig, wenn kein auf den Arbeitnehmer bezogener, durch konkrete Tatsachen begründeter Verdacht einer Straftat oder einer anderen schwerwiegenden Pflichtverletzung besteht (BAG v. 27.7.2017, Az. 2 AZR 681/16).

2.17 Krankheit

Die Krankheit eines Arbeitnehmers stellt grundsätzlich keinen Grund für eine außerordentliche Kündigung dar. Etwas anderes kann nur ausnahmsweise gelten, wenn eine ordentliche Kündigung arbeitsvertraglich oder tarifvertraglich ausgeschlossen ist und dem Arbeitgeber die dauerhafte Fortsetzung des Arbeitsverhältnisses nicht zuzumuten ist, weil das Arbeitsverhältnis wegen extremer Ausfallzeiten „sinnentleert" ist. Die prognostizierten Fehlzeiten und die sich aus ihnen ergebende Beeinträchtigung der betrieblichen Interessen müssen deutlich über das Maß einer ordentlichen Kündigung hinausgehen (s. hierzu: → *Kündigungsschutz A.IV.3.*). Es bedarf eines gravierenden Missverhältnisses zwischen Leistung und Gegenleistung. Ein solches ist gegeben, wenn zu erwarten steht, dass der Arbeitgeber bei Fortsetzung des Arbeitsverhältnisses – ggf. über Jahre hinweg – erhebliche Entgeltzahlungen zu erbringen hätte, ohne dass dem eine nennenswerte Arbeitsleistung gegenüberstünde. Auch können Häufigkeit und Dauer der krankheitsbedingten Fehlzeiten im Einzelfall dazu führen, dass ein Einsatz des Arbeitnehmers nicht mehr sinnvoll und verlässlich geplant werden kann und dieser damit zur Förderung des Betriebszwecks faktisch nicht mehr beiträgt. Die Aufrechterhaltung eines solchermaßen „sinnentleerten" Arbeitsverhältnisses kann dem Arbeitgeber auch im Falle eines ordentlich nicht kündbaren Arbeitnehmers unzumutbar sein (vgl. BAG 12.1.2006, Az. 2 AZR 242/05; BAG v. 18.1.2001, Az. 2 AZR 616/99; BAG v. 23.1.2014, Az. 2 AZR 582/13). Häufige Kurzerkrankungen können hierbei einen Dauertatbestand darstellen, der den Lauf der Frist des § 626 Abs. 2 BGB ständig neu in Gang setzt, sobald und solange wie sie den Schluss auf eine dauerhafte Krankheitsanfälligkeit zulassen und damit eine negative Gesundheitsprognose begründen (BAG v. 23.1.2014, Az. 2 AZR 582/13).

ACHTUNG!

Bei einer außerordentlichen krankheitsbedingten Kündigung eines ordentlich unkündbaren Arbeitnehmers muss der Arbeitgeber dem Arbeitnehmer eine soziale Auslauffrist gewähren, die der Dauer der ordentlichen Kündigungsfrist entspricht (vgl. BAG v. 23.1.2014, Az. 2 AZR 582/13 m. w. N.; BAG v. 25.4.2018, Az. 2 AZR 6/18).

Die Kündigung eines Arbeitsverhältnisses wegen einer behördlich angeordneten häuslichen Quarantäne des Arbeitnehmers zum Zwecke des Infektionsschutzes aufgrund der COVID-19-Pandemie ist auch außerhalb der Anwendbarkeit des Kündigungsschutzgesetzes regelmäßig rechtsunwirksam (ArbG Köln v. 15.4.2021, Az. 8 Ca 7334/20).

2.18 Krankmeldung und die Verwendung falscher Gesundheitszeugnisse

Die Pflicht zur unverzüglichen Mitteilung der Arbeitsunfähigkeit und deren voraussichtlicher Dauer ergibt sich aus dem Gesetz (§ 5 Abs. 1 Satz 1 EFZG). Die Anzeigepflicht soll den Arbeitgeber in die Lage versetzen, sich auf das Fehlen des arbeitsunfähig erkrankten Arbeitnehmers möglichst frühzeitig einstellen zu können. Dieses Bedürfnis besteht auch bei einer Fortdauer der Arbeitsunfähigkeit über den zunächst mitgeteilten Zeitraum hinaus und grundsätzlich auch unabhängig davon, ob der Arbeitgeber noch zur Entgeltfortzahlung verpflichtet ist (vgl. BAG v. 7.5.2020, Az. 2 AZR 619/19). Sie besteht unabhängig von der Pflicht zur Vorlage einer ärztlichen Arbeitsunfähigkeitsbescheinigung und gilt auch für die Fortdauer einer bereits angezeigten Arbeitsunfähigkeit (BAG v. 16.8.1991, Az. 2 AZR 604/90).

Die schuldhafte Verletzung der Anzeigepflicht bei Arbeitsunfähigkeit ist grundsätzlich geeignet, die Interessen des Arbeitgebers zu beeinträchtigen und kann daher – je nach den Umständen des Einzelfalls – einen zur ordentlichen Kündigung berechtigenden Grund im Verhalten des Arbeitnehmers i. S. d. § 1 Abs. 2 Satz 1 KSchG darstellen (BAG v. 7.5.2020, Az. 2 AZR 619/19; BAG v. 16.8.1991, Az. 2 AZR 604/90; BAG v. 31.8.1989, Az. 2 AZR 13/89). Eine außerordentliche Kündigung kommt i. d. R. nur bei wiederholter Verletzung der Anzeigepflicht in Betracht. Bei der Interessenabwägung sind neben der Dauer der Betriebszugehörigkeit des Arbeitnehmers insbesondere die Anzahl der Pflichtverstöße des Arbeitnehmers trotz erhaltener Abmahnungen zu berücksichtigen. Zudem kann die Eigenart des Betriebes (enge zeitliche Vorgaben für die Personaleinsatzplanung) sowie die betriebliche Position des Arbeitnehmers (z. B. Vorarbeiter) bei der Interessenabwägung eine Rolle spielen (vgl. zur Interessenabwägung BAG v. 7.5.2020, Az. 2 AZR 619/19).

Das Vortäuschen einer Krankheit stellt grundsätzlich einen wichtigen Grund dar, der eine außerordentliche Kündigung rechtfertigt. Von einer vorgetäuschten Krankheit ist auszugehen, wenn der Arbeitnehmer während seiner ärztlich attestierten Arbeitsunfähigkeit einer Nebentätigkeit bei einem anderen Arbeitgeber nachgeht oder Tätigkeiten verrichtet, die im Widerspruch zu der Krankheit stehen. Auch ein schwerer Verstoß gegen das erforderliche Genesungsverhalten kann eine fristlose Kündigung rechtfertigen. Im Falle eines ärztlichen Gutachters für Arbeitsunfähigkeitsbescheinigungen bei einem Medizinischen Dienst hat das BAG eine fristlose Kündigung für wirksam erachtet, weil der Gutachter während seiner eigenen längeren Arbeitsunfähigkeit trotz erkannter Krankheitssymptome im Hochgebirge Ski gelaufen ist (BAG v. 2.3.2006, Az. 2 AZR 53/05). Auch im Falle der Teilnahme an einem Turnlehrgang nach einer spontanen Krankmeldung nach abgelehntem Urlaub, kann der Beweiswert einer Arbeitsunfähigkeitsbescheinigung erschüttert und eine außerordentliche Kündigung berechtigt sein (LAG Niedersachsen v. 8.7.2024, Az. 15 SLa 127/24). Entsprechendes kann gelten, wenn ein Arbeitnehmer während seiner Krankschreibung einer anderweitigen Arbeit nachgeht. Dies kann sowohl ein Hinweis darauf sein, dass der Arbeitnehmer die Krankheit nur vorspiegelt, als auch eine pflichtwidrige Verzögerung der Heilung darstellen (BAG v. 3.4.2008, Az. 2 AZR 965/06).

Ein Arbeitnehmer kann auch fristlos entlassen werden, wenn er seinen fehlenden Arbeitswillen eindeutig kundgibt, sich aber dann krankmeldet, um einer Kündigung zuvorzukommen. Entsprechendes gilt, wenn sich der Arbeitnehmer krankmeldet, um einer unangenehmen Arbeit oder einer Versetzung zu entgehen versucht oder Urlaub erzwingen will (LAG Köln 17.4.2002, Az. 7 Sa 462/01). Bereits die Ankündigung einer zukünftigen, im Zeitpunkt der Ankündigung nicht bestehenden Erkrankung durch den Arbeitnehmer für den Fall, dass der Arbeitgeber einem unberechtigten Verlangen auf Gewährung von Urlaub nicht entsprechen sollte, ist ohne Rücksicht auf eine später tatsächlich auftretende Krankheit an sich geeignet, einen wichtigen Grund zur außerordentlichen Kündigung abzugeben (vgl. BAG 12.3.2009, Az. 2 AZR 251/07; BAG v. 5.11.1992, Az. 2 AZR 147/92; BAG v. 17.6.2003, Az. 2 AZR 123/02). Die Pflichtwidrigkeit der Ankündigung einer Krankschreibung bei objektiv nicht bestehender Erkrankung im Zeitpunkt der Ankündigung liegt in erster Linie darin, dass der Arbeitnehmer mit einer solchen Erklärung zum Ausdruck bringt, er sei notfalls bereit, seine Rechte aus dem Entgeltfortzahlungsrecht zu missbrauchen, um sich einen unberechtigten Vorteil zu verschaffen (LAG Mecklenburg-Vorpommern v. 13.12.2011, Az. 5 Sa 63/11). Erklärt der Arbeitnehmer, er werde krank, wenn der Arbeitgeber ihm den im bisherigen Umfang bewilligten Urlaub nicht verlängere, obwohl er im Zeitpunkt dieser Ankündigung nicht krank war und sich aufgrund bestimmter Beschwerden auch nicht krank fühlen konnte, so ist ein solches Verhalten ohne Rücksicht darauf, ob der Arbeitnehmer später tatsächlich erkrankt, an sich geeignet, einen wichtigen Grund zur Kündigung abzugeben.

ACHTUNG!

Der Arbeitgeber kann den Beweiswert der Arbeitsunfähigkeitsbescheinigung dadurch erschüttern, dass er tatsächliche Umstände darlegt und im Bestreitensfall beweist, die Zweifel an der Erkrankung des Arbeitnehmers ergeben, mit der Folge, dass der ärztlichen Bescheinigung kein Beweiswert mehr zukommt (BAG v. 28.6.2023, Az. 5 AZR 335/22; BAG v. 8.9.2021, Az. 149/21; vgl. auch LAG Niedersachsen v. 31.5.2024, Az. 14 Sa 618/23). Bloßes Bestreiten der Arbeitsunfähigkeit mit Nichtwissen reicht hierfür ebenso wenig aus (LAG Niedersachsen v. 18.4.2024, Az. 6 Sa 416/23) wie pauschale und unsubstantiierte Behauptungen des Arbeitgebers (LAG Sachsen v. 30.5.2024, Az. 4 Sa 17/23).

Der Beweiswert von (Folge-)Arbeitsunfähigkeitsbescheinigungen kann erschüttert sein, wenn der arbeitsunfähige Arbeitnehmer nach Zugang der Kündigung eine oder mehrere Folgebescheinigungen vorlegt, die passgenau die Dauer der Kündigungsfrist umfassen, und er unmittelbar nach Beendigung des Arbeitsverhältnisses eine neue Beschäftigung aufnimmt (BAG v. 18.9.2024, Az. 5 AZR 29/24; BAG v. 13.12.2023, Az. 5 AZR 137/22; vgl. auch LAG Nürnberg v. 5.3.2024, Az. 7 Sa 223/23; LAG Mecklenburg-Vorpommern v. 7.5.2024, Az. 5 Sa 98/23; LAG Berlin-Brandenburg v. 5.7.2024, Az. 12 Sa 1266/23). Auch im Falle von Verstößen des ausstellenden Arztes gegen die Vorgaben der Arbeitsunfähigkeitsrichtlinie AURL kann der Beweiswert der Arbeitsunfähigkeitsbescheinigung erschüttert sein (BAG v. 28.6.2023, Az. 5 AZR 335/22; LAG Niedersachsen v. 30.7.2024, Az. 10 Sa 699/23). Der Beweiswert einer im Nicht-EU-Ausland ausgestellten Arbeitsunfähigkeitsbescheinigung kann erschüttert sein, wenn nach der vorzunehmenden Gesamtbetrachtung des zu würdigenden Einzelfalls Umstände vorliegen, die zwar für sich betrachtet unverfänglich sein mögen, in der Gesamtschau aber ernsthafte Zweifel am Beweiswert der Bescheinigung begründen. Insoweit gelten die gleichen Grundsätze wie bei einer in Deutschland ausgestellten Arbeitsunfähigkeitsbescheinigung. Maßgeblich für die Beurteilung ist insbesondere eine Gesamtwürdigung der vorgetragenen Umstände (BAG v. 15.1.2025, Az. 5 AZR 284/24).

Gelingt es dem Arbeitgeber, den Beweiswert der ärztlichen Arbeitsunfähigkeitsbescheinigung zu erschüttern, tritt hinsichtlich der Darlegungs- und Beweislast wieder derselbe Zustand ein, wie er vor Vorlage der Bescheinigung bestand. Es ist dann Sache des Arbeitnehmers, konkrete Tatsachen darzulegen und im Bestreitensfall zu beweisen, die den Schluss auf eine bestehende Erkrankung zulassen. Hierzu ist substantiierter Vortrag dazu erforderlich, welche Krankheiten vorgelegen haben, welche gesundheitlichen Einschränkungen bestanden haben und welche Verhaltensmaßregeln oder Medikamente ärztlich verordnet wurden. Der Arbeitnehmer muss zumindest laienhaft bezogen auf den gesamten Entgeltfortzahlungszeitraum schildern, welche konkreten gesundheitlichen Beeinträchtigungen mit welchen Auswirkungen auf seine Arbeitsfähigkeit bestanden haben (BAG a. a. O.; vgl. auch LAG Niedersachsen v. 18.4.2024, Az. 6 Sa 416/23).

Arbeitgeber haben bei Zweifeln auch die Möglichkeit, von der Krankenkasse des Mitarbeiters zu verlangen, dass diese beim Medizinischen Dienst der Krankenversicherung (MDK) eine gutachterliche Stellungnahme zur Beseitigung dieser Zweifel einholt (vgl. § 275 Abs. 1a Satz 3 SGB V). Hegt der Arbeitgeber Zweifel am Vorliegen einer ärztlich bescheinigten Arbeitsunfähigkeit und möchte er den Arbeitnehmer deshalb durch Detektive oder andere Personen beobachten lassen, kann die daraus folgende Verarbeitung von Gesundheitsdaten nach Art. 9 Abs. 2 Buchst. b DSGVO i. V. m. § 26 Abs. 3, § 22 Abs. 2 BDSG nur zulässig sein, wenn der Beweiswert einer vorgelegten ärztlichen Arbeitsunfähigkeitsbescheinigung erschüttert ist und eine Untersuchung durch den Medizinischen Dienst der Krankenkasse nach § 275 Abs. 1a Satz 3 SGB V nicht möglich ist oder objektiv keine Klärung erwarten lässt. Anderenfalls ist die Ermittlung als Datenverarbeitung nicht erforderlich i. S. v. Art. 9 Abs. 2 Buchst. b DSGVO i. V. m. § 26 Abs. 3 Satz 1 BDSG (BAG v. 25.7.2024, Az. 225/23) und stellt einen Verstoß gegen Art. 82 Abs. 1 DSGVO dar.

Die Manipulation eines Krankendokuments durch den Arbeitnehmer rechtfertigt grundsätzlich eine außerordentliche Kündigung (Hessisches LAG v. 28.3.2003, Az. 9 Sa 658/02). Entsprechendes gilt für die Vorlage gefälschter Gesundheitszeugnisse, z. B. Attest zur Befreiung von der Maskenpflicht (vgl. LAG Berlin-Brandenburg v. 7.10.2021, Az. 10 Sa 867/21), Impfnachweis bei einrichtungsbezogener Impfpflicht gegen COVID-19 (vgl. LAG Düsseldorf v. 4.10.2022, Az. 8 Sa 326/22) oder Attest über die vorläufige Impfunfähigkeit (vgl. BAG v. 14.12.2023, Az. 2 AZR 55/23). Wurde das entsprechende Gesundheitszeugnis (aus dem Internet) von einem Arzt bezogen, gegen den bereits wegen der Ausstellung unrichtiger Gesundheitszeugnisse gem. § 278 StGB ermittelt wird, kann eine Verdachtskündigung in Betracht kommen.

ACHTUNG!

Ein Arbeitgeber, der wegen des Verdachts einer vorgetäuschten Arbeitsunfähigkeit einem Detektiv die Observation eines Arbeitnehmers überträgt, handelt rechtswidrig, wenn sein Verdacht nicht auf konkreten Tatsachen beruht. Für dabei heimlich hergestellte Videoaufnahmen oder Fotos gilt dasselbe. Eine solche rechtswidrige Verletzung des allgemeinen Persönlichkeitsrechts kann u. U. sogar Schadensersatzansprüche des Arbeitnehmers begründen (vgl. BAG v. 25.7.2024, Az. 225/23; BAG 19.2.2015, Az. 8 AZR 1007/13 und LAG Rheinland-Pfalz v. 27.4.2017, Az. 5 Sa 449/16).

Jedoch muss für die Rechtmäßigkeit der Observation nicht unbedingt der konkrete Verdacht einer Straftat bestehen; der auf Tatsachen gegründete Verdacht einer schwerwiegenden Pflichtverletzung des Arbeitnehmers kann ausreichend sein (BAG v. 29.6.2017, Az. 2 AZR 597/16). Der Arbeitnehmer hat wegen der Verletzung arbeitsvertraglicher Pflichten (§ 280 Abs. 1 BGB) dem Arbeitgeber die durch das Tätigwerden eines Detektivs entstandenen notwendigen Kosten zu ersetzen, wenn der Arbeitgeber aufgrund eines konkreten Tatverdachts einem Detektiv die Überwachung des Arbeitnehmers überträgt und der Arbeitnehmer einer vorsätzlichen Vertragspflichtverletzung überführt wird (vgl. LAG Köln v. 11.2.2025, Az. 7 Sa 635/23 m. w. N.).

2.19 Lohnpfändung

Eine Vielzahl von Lohnpfändungen reicht grundsätzlich als wichtiger Grund für eine außerordentliche Kündigung nicht aus (BAG v. 4.11.1981, Az. 7 AZR 264/79). Dies gilt selbst dann, wenn durch die zahlreichen Lohnpfändungen erhebliche Unkosten und Verwaltungsarbeiten im Betrieb des Arbeitgebers entstehen.

2.20 Manko

Als Manko wird der Schaden bezeichnet, den ein Arbeitgeber dadurch erleidet, dass ein seinem Arbeitnehmer anvertrauter Warenbestand oder eine von ihm geführte Kasse einen Fehlbetrag aufweist. Werden wiederholt hohe Mankobeträge festgestellt, so ist zunächst zu klären, worauf diese zurückzuführen sind. Steht fest oder besteht zumindest der dringende Verdacht (Verdachtskündigung), dass der Arbeitnehmer die Mankobeträge (mit-)verursacht hat, ist nach vorausgegangener → *Abmahnung* eine außerordentliche Kündigung gerechtfertigt (BAG v. 17.4.1956, Az. 2 AZR 340/55).

2.21 Nebentätigkeit

Grundsätzlich darf ein Arbeitnehmer eine Nebenbeschäftigung ausüben. Wenn jedoch durch die Nebenbeschäftigung die vertraglich geschuldete Leistung konkret beeinträchtigt wird, so kann eine außerordentliche Kündigung gerechtfertigt sein (BAG v. 3.12.1970, Az. 2 AZR 110/70). Eine außerordentliche Kündigung ist auch dann gerechtfertigt, wenn der Arbeitnehmer mit der Nebenbeschäftigung zu seinem Arbeitgeber in Wettbewerb tritt oder wenn die Nebenbeschäftigung berechtigterweise vertraglich ausgeschlossen wurde. Während einer Erkrankung ist eine Nebentätigkeit unzulässig und kann somit einen wichtigen Grund zur außerordentlichen Kündigung darstellen (BAG v. 26.8.1993, Az. 2 AZR 154/93). Darf ein Arbeitnehmer unter Nutzung arbeitgeberseitiger Ressourcen Nebentätigkeiten ausüben und macht er von dieser Möglichkeit zwar in sehr großem Umfang, aber offen und transparent, Gebrauch, so ist eine aus diesem Grund ausgesprochene außerordentliche Kündigung ohne vorherige Abmahnung unwirksam (LAG Düsseldorf v. 21.6.2017, Az. 5 Sa 869/1).

2.22 Politische Betätigung

Der Arbeitnehmer ist grundsätzlich frei, seine politischen Ansichten zu vertreten und Mitglied in politischen Parteien oder in Gewerkschaften zu sein. Eine außerordentliche Kündigung kann nur dann in Betracht kommen, wenn durch provozierende parteipolitische Äußerungen der Betriebsfriede oder der Betriebsablauf konkret gestört werden (vgl. zur „Anti-Strauß-Plakette" BAG v. 9.12.1982, Az. 2 AZR 620/80). Arbeitnehmer dürfen aber im Wahlkampf ihre Vorgesetzten mit drastischen Werturteilen und Meinungsäußerungen angreifen, wenn sie mit ihnen um ein politisches Amt konkurrieren (vgl. BAG v. 18.12.2014, Az. 2 AZR 265/14). Die Betätigung in einer verbotenen oder radikalen Partei kann nur dann eine außerordentliche Kündigung begründen, wenn dadurch das Arbeitsverhältnis konkret beeinträchtigt wird (BAG v. 6.2.1969, Az. 2 AZR 241/63; LAG Hamm v. 6.12.2022, Az. 17 Sa 139/22). Wiederholte parteipolitische Agitation im Betrieb (z. B. Verteilen von Flugblättern), insbesondere mit verfassungsfeindlicher Zielsetzung, die den Betriebsfrieden ernstlich und schwer gefährdet, kann die außerordentliche Kündigung eines Betriebsratsmitglieds rechtfertigen (BAG v. 3.12.1954, Az. 1 AZR 150/54). Arbeitnehmer des öffentlichen Dienstes müssen ein bestimmtes Maß an Verfassungstreue aufbringen, das sich nach ihrer vertraglich geschuldeten Tätigkeit sowie nach der Aufgabenstellung des öffentlichen Arbeitgebers richtet. Eine Mitgliedschaft in der NPD oder ihrer Jugendorganisation (JN) sowie Aktivitäten für diese Organisationen stehen regelmäßig nicht schon als solche einer Weiterbeschäftigung im öffentlichen Dienst entgegen, selbst wenn die Verfassungsfeindlichkeit der Organisationen unterstellt wird. Auch rechtfertigt allein die Teilnahme an Veranstaltungen (hier: Treffen von Rechtsextremisten am 25.11.2023 in Potsdam) i. d. R. keine außerordentliche Kündigung (ArbG Köln v. 3.7.2024, Az. 17 Ca 543/24). Allerdings dürfen auch Beschäftigte, die keiner „gesteigerten", beamtenähnlichen Loyalitätspflicht unterliegen, nicht darauf ausgehen, den Staat oder die Verfassung und deren Organe zu beseitigen, zu beschimpfen oder verächtlich zu machen. Entfaltet ein Arbeitnehmer inner- oder außerdienstlich Aktivitäten dieser Art, kann dies ein Grund für eine Kündigung durch seinen Arbeitgeber sein. Dies gilt auch dann, wenn das Verhalten nicht strafbar ist (BAG v. 6.9.2012, Az. 2 AZR 372/11). Liest ein uniformierter Mitarbeiter eines bezirklichen Ordnungsamtes während der Dienstzeit in einem Pausenraum die Originalausgabe von „Adolf Hitler, Mein Kampf" in einer Fassung mit eingeprägtem Hakenkreuz, so liegt hierin eine schwerwiegende Pflichtverletzung, die auch ohne vorherige Abmahnung eine ordentliche Kündigung rechtfertigt (LAG Berlin-Brandenburg v. 25.9.2017, Az. 10 Sa 899/17).

2.23 Rauchverbot

Die Missachtung eines betrieblichen → *Rauchverbots* stellt immer dann einen wichtigen Grund zur außerordentlichen Kündigung dar, wenn hieraus besondere Gefahren für Leib oder Leben von Arbeitskollegen oder Dritten resultieren z. B. erhöhte Brandgefahr im Umgang mit explosiven Stoffen, Lebensmittelschutz (vgl. BAG v. 27.9.2012, Az. 2 AZR 955/11). Soll durch das betriebliche Rauchverbot lediglich der Schutz gegen Passivrauchen realisiert werden, wird einer außerordentlichen Kündigung im Regelfall eine erfolglose → *Abmahnung* vorauszugehen haben.

2.24 Rufschädigungen

Unwahre Behauptungen des Arbeitnehmers über den Arbeitgeber, die geeignet sind eine Rufschädigung herbeizuführen, berechtigten nach vorangegangener → *Abmahnung* zur außerordentlichen Kündigung. Werden durch die Rufschädigungen Geschäftsbeziehungen mit Auftraggebern oder Kunden konkret beeinträchtigt, kann auch ohne vorangegangene → *Abmahnung* außerordentlich gekündigt werden (LAG Baden-Württemberg v. 16.11.1967, Az. 4 Sa 111/67). Entsprechendes gilt, wenn der Arbeitnehmer bewusst unwahre Tatsachenbehauptungen über seinen Arbeitgeber und/oder Vorgesetzte bzw. Kollegen aufstellt, insbesondere wenn die Erklärungen den Tatbestand der üblen Nachrede erfüllen (BAG v. 27.9.2012, Az. 2 AZR 646/11).

Beispiel:

Verbreitet eine Arbeitnehmerin eine unzutreffende Behauptung, die geeignet ist, den Ruf eines Kollegen erheblich zu beeinträchtigen (hier: die unzutreffende Behauptung, der Kollege sei wegen Vergewaltigung verurteilt worden) per WhatsApp an eine andere Kollegin, kann dies einen Grund darstellen, der den Arbeitgeber auch zur außerordentlichen Kündigung des Arbeitsverhältnisses berechtigt (LAG Baden-Württemberg v. 14.3.2019, Az. 17 Sa 52/18; vgl. aber auch LAG Berlin-Brandenburg v. 19.7.2021, Az. 21 Sa 1291/20 zum Schutz des allgemeinen Persönlichkeitsrechts im Chat auf WhatsApp).

2.25 Schlechtleistung

Auf Pflichtverletzungen beruhende Schlechtleistungen sind geeignet, eine ordentliche Kündigung zu rechtfertigen. Ob eine Leistung als Schlechtleistung anzusehen ist, beurteilt sich nach den vertraglichen Vereinbarungen der Parteien. Ist die Arbeitsleistung im Vertrag, wie meistens, der Menge und der Qualität nach nicht oder nicht näher beschrieben, so richtet sich der Inhalt des Leistungsversprechens zum einen nach dem vom Arbeitgeber durch Ausübung des Direktionsrechts festzulegenden Arbeitsinhalt und zum anderen nach dem persönlichen, subjektiven Leistungsvermögen des Arbeitnehmers. Der Arbeitnehmer muss tun, was er soll, und zwar so gut, wie er kann (LAG Köln v. 3.5.2022, Az. 4 Sa 548/21).

Um eine Kündigung zu rechtfertigen, muss der Arbeitgeber die auf Pflichtverletzungen beruhende Schlechtleistung des Arbeitnehmers darlegen und ggfs. beweisen.

Kennt er lediglich die objektiv messbaren Arbeitsergebnisse, so genügt er seiner Darlegungslast, wenn er Tatsachen vorträgt, aus denen ersichtlich ist, dass die Leistungen des betreffenden Arbeitnehmers deutlich hinter denen vergleichbarer Arbeitnehmer zurückbleiben, also die Durchschnittsleistung erheblich unterschreiten. Davon kann dann gesprochen werden, wenn, gemessen an der durchschnittlichen Leistung der vergleichbaren Arbeitnehmer, das Verhältnis von Leistung und Gegenleistung stark beeinträchtigt ist. Das ist bei einer gegebenen, langfristigen Unterschreitung der Durchschnittsleistung um deutlich mehr als 1/3 ersichtlich der Fall (LAG a. a. O.).

Hat der Arbeitgeber vorgetragen, dass die Leistungen des Arbeitnehmers über einen längeren Zeitraum den Durchschnitt im vorgenannten Sinne unterschritten haben, ist es Sache des Arbeitnehmers, hierauf zu entgegnen, gegebenenfalls das Zahlenwerk und seine Aussagefähigkeit im Einzelnen zu bestreiten und/oder darzulegen, warum er mit seiner deutlich unterdurchschnittlichen Leistung dennoch seine persönliche Leistungsfähigkeit ausschöpft. Hier können altersbedingte Leistungsdefizite, Beeinträchtigungen durch Krankheit, aber auch betriebliche Umstände eine Rolle spielen. Legt der Arbeitnehmer derartige Umstände plausibel dar, so ist es alsdann Sache des Arbeitgebers, sie zu widerlegen. Trägt der Arbeitnehmer hingegen derartige Umstände nicht vor, gilt das schlüssige Vorbringen des Arbeitgebers als zugestanden (§ 138 Abs. 3 ZPO). Es ist dann davon auszugehen, dass der Arbeitnehmer seine Leistungsfähigkeit nicht ausschöpft (LAG Köln v. 3.5.2022, Az. 4 Sa 548/21 m. w. N.).

Schlechtleistungen und unzureichende Arbeitsleistung des Arbeitnehmers rechtfertigen zwar in der Regel nicht dessen außerordentliche Kündigung. Hier werden die Interessen des Arbeitgebers und des Betriebes im Allgemeinen durch den Ausspruch der ordentlichen Kündigung nach vorausgegangener Abmahnung genügend gewahrt, und zwar auch dann, wenn der Arbeitnehmer fahrlässig großen Schaden verursacht (BAG v. 4.7.1991, Az. 2 AZR 79/91). Dies gilt aber nicht uneingeschränkt für alle möglichen Fallkonstellationen. So kann die außerordentliche Kündigung ausnahmsweise bei bereits einmaligem fahrlässigen Versagen (z. B. beim Verstoß gegen Sicherheitsanweisungen) ohne vorausgegangene Abmahnung z. B. zulässig sein, wenn das Versehen eines Arbeitnehmers, der eine besondere Verantwortung übernommen hat, geeignet war, einen besonders schweren Schaden herbeizuführen und der Arbeitgeber das Seine getan hat, die Möglichkeiten für ein solches Versehen und seine Folgen einzuschränken (vgl. BAG a. a. O.; LAG Niedersachen v. 29.7.2024, Az. 4 Sa 531/23).

2.26 Selbstbeurlaubung

Der eigenmächtige Urlaubsantritt ohne Einverständnis des Arbeitgebers rechtfertigt grundsätzlich die außerordentliche Kündigung (BAG v. 20.1.1994, Az. 521/93). Dies gilt grundsätzlich auch dann, wenn der Arbeitnehmer möglicherweise einen Anspruch auf Erteilung von Urlaub oder eine Freistellung gehabt hätte. Der infrage stehende Anspruch kann nicht durch eigenmächtiges Handeln durchgesetzt werden (LAG Mecklenburg-Vorpommern v. 23.11.2021, Az. 5 Sa 88/21). Auch eine unbefugte Überschreitung des Urlaubs kann eine außerordentliche Kündigung begründen. Hierbei kommt es jedoch darauf an, ob die Überschreitung erheblich ist oder ob aus anderen Gründen auf Beharrlichkeit geschlossen werden kann. Ein eigenmächtiger Antritt von zwei unbezahlten Urlaubstagen bei einem ohnehin freigestellten langjährigen Betriebsratsvorsitzenden rechtfertigt nicht in jedem Fall eine fristlose Kündigung. Ein solcher Urlaubsantritt stellt zwar eine Pflichtverletzung dar. Bei einem Zusammenhang zwischen dem Vorwurf an den Arbeitnehmer und dessen Betriebsratstätigkeit ist jedoch der besondere Schutz dieser Tätigkeit zu beachten (ArbG Düsseldorf v. 10.3.2016, Az. 10 BV 253/15).

WICHTIG!

Die Zwei-Wochen-Frist des § 626 Abs. 2 BGB (s. u. 4.) beginnt erst mit der Rückkehr des Arbeitnehmers aus dem eigenmächtig genommenen/verlängerten Urlaub zu laufen (BAG v. 25.2.1983, Az. 2 AZR 298/81).

2.27 Sexuelle Belästigung

Sittliche Verfehlungen und sexuelle Belästigungen stellen grundsätzlich einen wichtigen Grund für eine außerordentliche Kündigung dar (BAG v. 9.6.2011, Az. 2 AZR 323/10; BAG v. 20.11.2014, Az. 2 AZR 651/13). Eine sexuelle Belästigung i. S. v. § 3 Abs. 4 AGG liegt vor, wenn ein unerwünschtes, sexuell bestimmtes Verhalten, wozu auch unerwünschte sexuelle Handlungen und Aufforderungen zu diesen, sexuell bestimmte körperliche Berührungen, Bemerkungen sexuellen Inhalts sowie unerwünschtes Zeigen und sichtbares Anbringen von pornographischen Darstellungen gehören, bezweckt oder bewirkt, dass die Würde der betreffenden Person verletzt wird, insbesondere wenn ein von Einschüchterungen, Anfeindungen, Erniedrigungen, Entwürdigungen oder Beleidigungen gekennzeichnetes Umfeld geschaffen wird. → *Sexuelle Belästigung* am Arbeitsplatz ist nach § 2 Abs. 2 Beschäftigtenschutzgesetz jedes vorsätzliche, sexuell bestimmte Verhalten, das die Würde von Beschäftigten am Arbeitsplatz verletzt. Der Arbeitgeber ist gehalten, solchen Belästigungen mit angemessenen arbeitsrechtlichen Maßnahmen entgegenzutreten. Soweit dies mit einer Umsetzung des Arbeitnehmers oder durch den Ausspruch einer → *Abmahnung* möglich ist, muss einer Kündigung eine entsprechende Maßnahme vorausgehen. In Einzelfällen kann aber eine fristlose Kündigung auch ohne vorherige Abmahnung gerechtfertigt sein, wenn ein langjährig (hier: über 30 Jahre!) beschäftigter Arbeitnehmer unter Ausnutzung seiner Vorgesetztenstellung ihm unterstellte Mitarbeiter(innen) gezielt und wiederholt unerwünscht berührt und ihnen pornografisches Bildmaterial mit der Bemerkung vorlegt, dass er solches auch von ihnen anfertigen könne (LAG v. 27.9.2006, Az. 3 Sa 162/06), oder Bemerkungen sexuellen Inhalts macht (vgl. LAG Niedersachen v. 6.12.2013, Az. 6 Sa 391/13). Belästigt ein Arbeitnehmer eine(n) Kolleg(in/en) sexuell, kann das auch dann eine fristlose Kündigung des langjährigen Arbeitsverhältnisses rechtfertigen, wenn der Vorfall schon über ein Jahr her ist, sich die/der Betroffene aber erst sehr viel später gegenüber dem Arbeitgeber offenbart hat (LAG Schleswig-Holstein v. 10.11.2015, Az. 2 Sa 235/15). Die absichtliche Berührung eines anderen im Genitalbereich, selbst wenn diese nicht sexuell motiviert ist, kann eine außerordentliche Kündigung rechtfertigen (BAG v. 29.6.2017, Az. 2 AZR 302/16), ebenso das Küssen einer Arbeitskollegin gegen ihren Willen (LAG Köln v. 1.4.2021, Az. 8 Sa 798/20) oder ein Klaps auf den Po während einer Betriebsfeier (ArbG Siegburg v. 24.7.2024, Az. 3 Ca 387/24).

2.28 Soziale Netzwerke

Die Nutzung von Sozialen Netzwerken wie Facebook, Xing etc. beschäftigt zunehmend die Arbeitsgerichte. Äußerungen eines Arbeitnehmers auf seinem privaten Facebook-Nutzerkonto, die einen rassistischen und menschenverachtenden Inhalt haben, können jedenfalls dann eine außerordentliche Kündigung des Arbeitgebers rechtfertigen, wenn sich aus dem Facebook-Nutzerkonto ergibt, dass der Arbeitnehmer bei dem Arbeitgeber beschäftigt ist und die Äußerung ruf- und geschäftsschädigend sein kann (ArbG Mannheim v. 19.2.2016, Az. 6 Ca 190/15; ArbG Herne v. 22.3.2016, Az. 5 Ca 2806/15; LAG Sachsen v. 27.2.2018, Az. 1 Sa 515/17). Eine außerordentliche Kündigung rechtfertigen können auch Äußerungen in sozialen Netzwerken, die eine grobe Beleidigung des Arbeitgebers oder seiner Vertreter und Repräsentanten oder von Arbeitskollegen darstellen, die nach Form und Inhalt eine erhebliche Ehrverletzung für den Betroffenen bedeuten. Mehr hierzu s. „2.11 Beleidigung". So können beleidigende Äußerungen („Menschenschinder und Ausbeuter" sowie „dämliche Scheiße für Mindestlohn –20 % erledigen" auf dem Facebook-Profil eines Auszubildenden auch unter Berücksichtigung der Besonderheiten des Ausbildungsverhältnisses eine außerordentliche Kündigung rechtfertigen (LAG Hamm v. 10.10.2012, Az. 3 Sa 644/12). Entsprechendes gilt, wenn der Arbeitnehmer bewusst unwahre Tatsachenbehauptungen über seinen Arbeitgeber oder Vorgesetzte bzw. Kollegen aufstellt, insbesondere wenn die Erklärungen den Tatbestand der üblen Nachrede erfüllen (BAG v. 27.9.2012, Az. 2 AZR 646/11). Bei der rechtlichen Würdigung sind die Umstände zu berücksichtigen, unter denen die betreffenden Äußerungen gefallen sind. Geschah dies in einem vertraulichen Gespräch zwischen Arbeitskollegen, vermögen sie eine Kündigung des Arbeitsverhältnisses nicht ohne Weiteres zu begründen. Vertrauliche Äußerungen unterfallen dem Schutzbereich des allgemeinen Persönlichkeitsrechts. Die vertrauliche Kommunikation in der Privatsphäre ist Ausdruck der Persönlichkeit und grundrechtlich gewährleistet. Der Arbeitnehmer darf in diesem Fall regelmäßig darauf vertrauen, seine Äußerungen würden nicht nach außen getragen (vgl. LAG Berlin-Brandenburg v. 19.7.2021, Az. 21 Sa 1291/20 zum Whats-App-Chat). Etwas anderes gilt dann, wenn der Arbeitnehmer selbst die Vertraulichkeit aufhebt (BAG v. 10.12.2009, Az. 2 AZR 534/08). Bei Verlautbarungen in sozialen Netzwerken kommt es folglich entscheidend darauf an, wer von diesen Kenntnis nehmen konnte. Ist die Äußerung nur im Rahmen einer geschlossenen Gruppe oder nur für die „Freunde" des Accountinhabers sichtbar, so könnte dies für eine vorgenannte Vertraulichkeit der Kommunikation sprechen. Äußert sich ein Arbeitnehmer, in einer aus sieben Mitgliedern bestehenden privaten WhatsApp-Chatgruppe in stark beleidigender, rassistischer, sexistischer und zu Gewalt aufstachelnder Weise über Vorgesetzte und andere Kollegen, so kann er sich gegen eine darauf begründete außerordentliche Kündigung jedoch nur im Ausnahmefall auf eine berechtigte Vertraulichkeitserwartung berufen. Das BAG bejahte in diesem Fall das Vorliegen eines wichtigen Grundes, da eine Vertraulichkeitserwartung des Arbeitnehmers nur dann berechtigt sei, wenn die Mitglieder der Chatgruppe den besonderen persönlichkeitsrechtlichen Schutz einer Sphäre vertraulicher Kommunikation in Anspruch nehmen können. Das wiederum sei abhängig von dem Inhalt der ausgetauschten Nachrichten sowie der Größe und personellen Zusammensetzung der Chatgruppe. Dabei bedürfe es einer besonderen Darlegung des Arbeitnehmers, weshalb er erwarten durfte, die von ihm geäußerten beleidigenden und menschenverachtenden Äußerungen über Betriebsangehörige, würden von keinem Gruppenmitglied an einen Dritten weitergegeben (BAG v. 24.8.2023, Az. 2 AZR 17/23). Auch ein Beitrag in einer privaten Facebook-Gruppe, der mit einer Fotomontage versehen ist, die als konkrete Bedrohung von Beschäftigten des Arbeitgebers verstanden werden kann, ist daher geeignet, ohne vorherige Abmahnung eine verhaltensbedingte Kündigung zu rechtfertigen (ArbG Berlin v. 7.10.2024, Az. 59 Ca 8733/24). Die Spontanität von Handlungen des Arbeitnehmers, wie die vermeintliche Zueignung einer beleidigenden Äußerung Dritter durch den sog. „Gefällt-Mir-Button", sind bei der Einzelfallprüfung entlastend zu berücksichtigen. Besondere Probleme bestreitet die Zurechnung der Äußerung, wenn der Arbeitnehmer bestreitet, die entsprechende Äußerung selbst verfasst und in das soziale Netzwerk eingestellt zu haben (Benutzeraccount wurde gehackt oder auf andere Weise von Dritten benutzt). Hier dürften die allgemeinen Haftungsregeln für die Sicherung und Benutzung von Internetaccounts regelmäßig nicht ausreichen, um eine Tatkündigung zu begründen; ggfs. ist jedoch – nach erforderlicher Anhörung – eine Verdachtskündigung möglich (s. hierzu „Verdachtskündigung" 2.36). Weitere Gründe für eine außerordentliche Kündigung im Zusammenhang mit der Nutzung von sozialen Netzwerken können der Verstoß gegen Verschwiegenheitspflichten (s. 2.37), die unzulässige politische Betätigung (s. 2.22), Ausländerfeindlichkeit im Zusammenhang mit dem Betrieb (s. 2.9), Whistleblowing (s. 2.3) sowie die verbotene Internetnutzung (s. 2.16) sein. In jedem Fall ist unter Berücksichtigung aller Umstände des Einzelfalles eine Interessenabwägung vorzunehmen (s. 1.).

2.29 Spesenbetrug

Vorsätzliche Unkorrektheiten bei der Spesenabrechnung berechtigen den Arbeitgeber zur außerordentlichen Kündigung, es sei denn, dass er entsprechende Verfehlungen in der Vergangenheit bereits hingenommen hat (vgl. BAG v. 2.6.1960, Az. 2 AZR 91/58 und BAG v. 22.11.1962, Az. 2 AZR 42/62). Bei einem Arbeitnehmer in besonderer Vertrauensstellung kann schon ein einmaliger und geringfügiger Fall von Spesenbetrug für eine außerordentliche Kündigung ausreichen.

2.30 Stalking

Ein schwerwiegender Verstoß eines Arbeitnehmers gegen seine vertragliche Nebenpflicht, die Privatsphäre und den deutlichen Wunsch einer Arbeitskollegin zu respektieren, nichtdienstliche Kontaktaufnahmen mit ihr zu unterlassen, kann die außerordentliche Kündigung des Arbeitsverhältnisses rechtfertigen. Ob es zuvor einer einschlägigen Abmahnung bedarf, hängt von den Umständen des Einzelfalls ab (BAG v. 19.4.2012, Az. 2 AZR 258/11).

2.31 Stempelbetrug/Arbeitszeiterfassung

Der vorsätzliche Verstoß eines Arbeitnehmers gegen seine Verpflichtung, die abgeleistete Arbeitszeit korrekt zu dokumentieren, ist an sich geeignet, einen wichtigen Grund i. S. v. § 626 Abs. 1 BGB darzustellen (BAG v. 9.6.2011, Az. 2 AZR 281/10; LAG Berlin-Brandenburg v. 14.10.2016, Az. 2 Sa 985/16). Dies gilt für den vorsätzlichen Missbrauch einer Stempeluhr ebenso wie für das wissentliche und vorsätzlich falsche Ausstellen entsprechender Formulare. Dabei kommt es nicht entscheidend auf die strafrechtliche Würdigung an, sondern auf den mit der Pflichtverletzung verbundenen schweren Vertrauensbruch. Der Arbeitgeber muss auf eine korrekte Dokumentation der Arbeitszeit seiner Arbeitnehmer vertrauen können. Überträgt er den Nachweis der geleisteten Arbeitszeit den Arbeitnehmern selbst und füllt ein Arbeitnehmer die dafür zur Verfügung gestellten Formulare wissentlich und vorsätzlich falsch aus, so stellt dies in aller Regel einen schweren Vertrauensmissbrauch dar (BAG v. 13.12.2018, Az. 2 AZR 370/18). Eine Stempeluhr ist vom Arbeitnehmer persönlich zu bedienen. Wenn er dies durch einen Kollegen vornehmen lässt, kann eine außerordentliche Kündigung gerechtfertigt sein (BAG v. 23.1.1963, Az. 2 AZR 278/62). Das bewusste, kollusive Zusammenwirken mit anderen Beschäftigten zum Nachteil des Arbeitgebers kann bei der Interessenabwägung zulasten des

Arbeitnehmers zu berücksichtigen sein (BAG v. 13.12.2018, Az. 2 AZR 370/18). Ein wichtiger Grund für eine außerordentliche Kündigung liegt auch vor, wenn der Arbeitnehmer die Stempeluhr verstellt oder nach der Betätigung den Betrieb wieder heimlich verlässt (BAG v. 27.1.1977, Az. 2 ABR 77/76). Sucht ein im Außendienst beschäftigter Arbeitnehmer während seiner Arbeitszeit die Privatwohnung auf, ohne eine entsprechende Korrektur in der Arbeitszeiterfassung vorzunehmen, ist im Regelfall eine verhaltensbedingte Kündigung ohne vorherige Abmahnung gerechtfertigt (LAG Hamm v. 30.5.2005, Az. 8(17) Sa 1773/04; LAG Hessen v. 17.2.2014, Az. 16 Sa 1299/13). Eine systematische Manipulation von Zeiterfassungsdaten erweist sich als schwerwiegende arbeitsvertragliche Pflichtverletzung, die grundsätzlich geeignet ist, eine fristlose Kündigung zu rechtfertigen (z. B. BAG v. 9.6.2011, Az. 2 AZR 381/10). Dies gilt auch dann, wenn der Arbeitnehmer einen anderen anweist, die Zeiterfassung zu manipulieren, um selbst eine höhere Vergütung zu erzielen. Auch das beharrliche Überschreiten der zulässigen Zahl von Minusstunden kann ein wichtiger Grund für eine fristlose Kündigung (hier: eines ordentlich nicht mehr kündbaren) Angestellten sein. Die Beendigung des Arbeitsverhältnisses wird dann auch im Rahmen der Interessenabwägung nicht mehr verhindert, wenn sich dieser Vertragsverstoß als Glied in einer Reihe weiterer Vertragsverstöße darstellt und Abmahnungen vorliegen, die Verstöße gegen Arbeitszeitbestimmungen rügen (LAG Hamburg v. 2.11.2016, Az. 5 Sa 19/16). Letztendlich sind immer die Umstände des Einzelfalls zu berücksichtigen. Ist das der Kündigung zugrunde liegende Verhalten lediglich als eine verhältnismäßig geringfügige Verletzung zu beurteilen, reicht es nicht aus, um eine außerordentliche Kündigung zu rechtfertigen. So kann z. B. auch eine Alkoholabhängigkeit eines Arbeitnehmers zu Falschangaben führen, die dann (zumindest bei Therapiewilligkeit des Betroffenen) keine Kündigung rechtfertigen (vgl. LAG Thüringen v. 3.3.2021, Az. 4 Sa 154/19). Um eine fehlerhafte Arbeitszeiterfassung zu vermeiden ist jedenfalls eine präzise Anweisung zur Nutzung der Zeiterfassung für die verschiedenen Arbeiten durch den Arbeitgeber erforderlich (LAG Schleswig-Holstein v. 29.3.2011, Az. 2 Sa 533/10).

2.32 Straftaten (Tatkündigung)

Straftaten während des Arbeitsverhältnisses stellen – abhängig von der Art und der Schwere des begangenen Delikts – grundsätzlich einen wichtigen Grund zur außerordentlichen Kündigung dar. Dies gilt insbesondere bei Straftaten gegenüber dem Arbeitgeber (z. B. Diebstahl, Spesenbetrug, Körperverletzung). Wer z. B. private Briefe auf Firmenkosten verschickt, riskiert die fristlose Kündigung. Dies gilt auch dann, wenn es sich nur um einzelne Briefe handelt und der entsprechende Schaden für das Unternehmen gering ist. Das Verhalten des Arbeitnehmers wird als ein strafrechtlich relevantes „Erschleichen von Leistungen" gewertet, das auch ohne vorherige Abmahnung Grund zur fristlosen Kündigung gibt. Ein Beschäftigter muss auch ohne ausdrücklichen Hinweis der Vorgesetzten wissen, dass er das Unternehmen nicht mit den Kosten seiner privaten Briefkorrespondenz belasten darf (ArbG Frankfurt a. M. v. 26.7.2006, Az. 22 Ca 966/06).

WICHTIG!

Rechtswidrige und vorsätzliche Handlungen des Arbeitnehmers, die sich unmittelbar gegen das Vermögen des Arbeitgebers richten, können auch dann ein wichtiger Grund zur außerordentlichen Kündigung sein, wenn die Pflichtverletzung Sachen von nur geringem Wert betrifft oder nur zu einem geringfügigen, möglicherweise gar keinem Schaden geführt hat. Umgekehrt ist nicht jede unmittelbar gegen die Vermögensinteressen des Arbeitgebers gerichtete Vertragspflichtverletzung ohne Weiteres ein Kündigungsgrund. (Fall Emmely BAG v. 10.6.2010, Az. 2 AZR 41/09). Maßgeblich ist § 626 Abs. 1 BGB. Danach kann eine fristlose Kündigung nur aus „wichtigem Grund" erfolgen. Das Gesetz kennt in diesem Zusammenhang keine „absoluten Kündigungsgründe". Ob ein „wichtiger Grund" vorliegt, muss vielmehr nach dem Gesetz „unter Berücksichtigung aller Umstände des Einzelfalls und unter Abwägung der Interessen beider Vertragsteile" beurteilt werden. Dabei sind alle für das jeweilige Vertragsverhältnis in Betracht kommenden Gesichtspunkte zu bewerten. Dazu gehören das gegebene Maß der Beschädigung des Vertrauens, das Interesse an der korrekten Handhabung der Geschäftsanweisungen, das vom Arbeitnehmer in der Zeit seiner unbeanstandeten Beschäftigung erworbene „Vertrauenskapital" ebenso wie die wirtschaftlichen Folgen des Vertragsverstoßes; eine abschließende Aufzählung ist nicht möglich. Insgesamt muss sich die sofortige Auflösung des Arbeitsverhältnisses als angemessene Reaktion auf die eingetretene Vertragsstörung erweisen. Unter Umständen kann eine Abmahnung als milderes Mittel zur Wiederherstellung des für die Fortsetzung des Vertrags notwendigen Vertrauens in die Redlichkeit des Arbeitnehmers ausreichen (BAG a. a. O.).

Eine vorherige → *Abmahnung* ist in solchen Fällen dann i. d. R. nicht erforderlich, wenn die Straftaten des Arbeitnehmers die Vertrauensgrundlage des Arbeitsverhältnisses zerstören. Straftaten im Privatbereich hingegen können nur dann eine außerordentliche Kündigung rechtfertigen, wenn hierdurch das Arbeitsverhältnis konkret beeinträchtigt wird, z. B. Vermögensdelikte eines Angestellten in besonderer Vertrauensstellung (LAG Düsseldorf BB 1956, 434; LAG Baden-Württemberg DB 1967, 1076; LAG Frankfurt BB 1972, 880; LAG Berlin BB 1990, 286), Diebstahl während der Freizeit bei einem mit dem Arbeitgeber in enger vertrauensvoller Zusammenarbeit stehenden Vertragspartner (LAG Nürnberg v. 29.8.1985). Vor dem Ausspruch einer außerordentlichen Kündigung sollte in solchen Fällen immer geprüft werden, ob der schädigende Einfluss der außerdienstlichen Straftat nicht dadurch gemildert oder aufgehoben werden kann, dass der Arbeitnehmer auf einen anderen Arbeitsplatz versetzt wird.

Einzelfälle aus der Rechtsprechung:

Beispiel 1:

Der Betrug über drei Schrauben im Wert von 28 Cent zulasten des Arbeitgebers kann grundsätzlich einen wichtigen Grund für eine fristlose Kündigung darstellen. Dabei ist jedoch der konkrete Einzelfall zu würdigen und insbesondere eine lange Betriebszugehörigkeit zugunsten des Arbeitnehmers zu berücksichtigen. Daher wies das ArbG die Kündigung eines Betriebsratsvorsitzenden, der bereits seit mehr als 30 Jahren für den Arbeitgeber tätig ist, zurück (ArbG Bonn v. 21.10.2010, Az. 1 BV 47/10).

Beispiel 2:

Die fristlose Kündigung eines seit 17 Jahren beschäftigten Verkäufers mit Kassentätigkeit, dem zur Last gelegt worden war, manuell Pfandbons erstellt zu haben, ohne dass dem ein tatsächlicher Kassiervorgang gegenübergestanden hätte, und das entsprechende Geld an sich genommen zu haben, ist nach Ansicht des ArbG Berlin wirksam. In der Interessenabwägung seien zwar die 17 Jahre Beschäftigungszeit zugunsten des Angestellten zu berücksichtigen gewesen. Jedoch habe maßgeblich gegen ihn gesprochen, dass er als Verkäufer mit Kassiertätigkeit im originären Kernbereich seiner Tätigkeit derartige dringende Verdachtsmomente gesetzt habe. Auch der relativ geringe Schadensbetrag (2,00 EUR und 4,06 EUR) könne nicht zu seinen Gunsten berücksichtigt werden (ArbG Berlin v. 28.9.2010, Az. 1 Ca 5421/10).

Beispiel 3:

Der Missbrauch von Bonuspunkten durch einen Mitarbeiter berechtigt nicht immer ohne Abmahnung zum Ausspruch einer außerordentlichen oder ordentlichen Kündigung. Auch wenn die Zweckrichtung des Bonussystems es selbstverständlich macht, dass keine fremden Kundenumsätze auf eigene Karten bzw. Karten von Arbeitskollegen gutgeschrieben werden dürfen, ist – auch im Hinblick auf die nach dem dem Rechtsstreit zugrunde liegenden System teilweise zulässigen Umbuchungen – eine Abmahnung notwendig, um dem Mitarbeiter die Gelegenheit zu geben, sein Verhalten entsprechend auszurichten. Eine uneinsichtige Fortsetzung des Fehlverhaltens durch den Mitarbeiter kann nicht angenommen werden. Der Hinweis auf ein den Mitarbeitern überlassenes mehr als 30-seitiges Bedienerhandbuch stellt keinen ausreichenden Hinweis dar (LAG Hessen v. 4.8.2010, Az. 2 Sa 422/10).

Beispiel 4:

Verzehrt ein in einem Krankenhaus langjährig beschäftigter und bislang unbescholtener Arbeitnehmer ein Stück einer für Patienten bestimmten Pizza sowie einen nicht verbrauchten Rest einer für Patienten bestimmten Portion Gulasch, rechtfertigt dies in aller Regel nicht dessen fristlose Kündigung ohne vorherige Abmahnung (LAG Schleswig-Holstein v. 29.9.2010, Az. 3 Sa 233/10).

Beispiel 5:

Der unerlaubte Verzehr von Pommes Frites und Frikadellen in einem Betrieb der Campus-Gastronomie an einer Universität ist kein wichtiger Grund, der zur fristlosen Kündigung eines Mitarbeiters mit 19-jähriger Betriebszugehörigkeit und besonderem tarifvertraglichem Kündigungsschutz ohne vorherige Abmahnung berechtigt (LAG Hamm v. 4.11.2010, Az. 8 Sa 711/10). Auch die Entwendung von acht belegten Brötchenhälften nach 23 Dienstjahren, in denen es nicht zu Beanstandungen gekommen ist, reicht für eine Kündigung nicht aus (ArbG Hamburg v. 1.7.2015, Az. 27 Ca 87/15).

Beispiel 6:

Eine systematische Manipulation von Zeiterfassungsdaten erweist sich als schwerwiegende arbeitsvertragliche Pflichtverletzung, die grundsätzlich geeignet ist, eine fristlose Kündigung zu rechtfertigen. Dies gilt auch dann, wenn der Arbeitnehmer einen anderen anweist, die Zeiterfassung zu manipulieren, um selbst eine höhere Vergütung zu erzielen. Ist das der Kündigung zugrunde liegende Verhalten jedoch lediglich als eine verhältnismäßig geringfügige Verletzung zu beurteilen, reicht es nicht aus, um eine außerordentliche Kündigung zu rechtfertigen. Ferner ist eine präzise Anweisung zur Nutzung der Zeiterfassung für die verschiedenen Arbeiten durch den Arbeitgeber erforderlich (LAG Schleswig-Holstein v. 29.3.2011, Az. 2 Sa 533/10).

Beispiel 7:

Entwendet eine Verkäuferin Zigarettenpackungen aus dem Warenbestand des Arbeitgebers, kann dies auch nach längerer – im Streitfall zehnjähriger – Betriebszugehörigkeit eine Kündigung des Arbeitsverhältnisses rechtfertigen. Führte eine verdeckte Videoüberwachung zur Überführung der Täterin, kann das auf diese Weise gewonnene Beweismaterial im Bestreitensfall prozessual allerdings nicht ohne Weiteres verwertet werden. Das entsprechende Interesse des Arbeitgebers hat gegenüber dem Schutz des informationellen Selbstbestimmungsrechts der Arbeitnehmerin nur dann höheres Gewicht, wenn die Art der Informationsbeschaffung trotz der mit ihr verbundenen Persönlichkeitsbeeinträchtigung als schutzbedürftig zu qualifizieren ist. Dies ist bei heimlicher Videoüberwachung nur dann der Fall, wenn der konkrete Verdacht einer strafbaren Handlung oder einer anderen schweren Verfehlung zu Lasten des Arbeitgebers bestand, es keine Möglichkeit zur Aufklärung durch weniger einschneidende Maßnahmen (mehr) gab und die Videoüberwachung insgesamt nicht unverhältnismäßig war (BAG v. 21.6.2012, Az. 2 AZR 153/11; vgl. auch BAG v. 28.3.2019, Az. 8 AZR 421/17).

Beispiel 8:

Auch mehrere Anrufe bei einer kostenpflichtigen Sondernummer zur Teilnahme an einem Gewinnspiel über den dienstlichen Telefonanschluss rechtfertigen nicht ohne Weiteres eine außerordentliche Kündigung. Jedenfalls, wenn die Anrufe außerhalb der Arbeitszeit erfolgen und das private Telefonieren am Arbeitsplatz gestattet, der Umfang der erlaubten Privatnutzung aber nicht betrieblich geregelt ist, hat die Pflichtverletzung nicht das erforderliche Gewicht (LAG Düsseldorf v. 16.9.2015, Az. 12 Sa 639/15).

Beispiel 9:

Nimmt ein auf einer für Touristen wichtigen Buslinie eingesetzte Busfahrer von auswärtigen Fahrgästen Geld entgegen, ohne hierfür ein Ticket auszudrucken, rechtfertigt dies eine fristlose Kündigung ohne vorherige Abmahnung (LAG Berlin-Brandenburg v. 16. 8 2018, Az. 10 Sa 469/18).

Beispiel 10:

Der Diebstahl einer Literflasche Desinfektionsmittel kann auch bei einem langjährigen Beschäftigungsverhältnis eine außerordentliche Kündigung ohne vorherige Abmahnung rechtfertigen, insbesondere in einer Zeit der Pandemie, in der Desinfektionsmittel Mangelware ist (LAG Düsseldorf v. 14.1.2021, Az. 5 Sa 483/20).

Beispiel 11:

Nimmt ein Arbeitnehmer im Anschluss an eine Firmenfeier in Absprache mit seinen Kollegen übrig gebliebenes Grillgut im Wert von ca. € 50 zur Eigenverwendung mit nach Hause, so ist eine fristlose Kündigung ohne vorherige Abmahnung i. d. R. nicht gerechtfertigt, wenn der Arbeitnehmer bei einer unklaren Weisungslage annehmen durfte, es sei gestattet (Hessisches LAG v. 4.11.2022, Az. 10 Sa 778/22).

Von der Kündigung wegen einer Straftat (sog. Tatkündigung) ist die Kündigung wegen des begründeten Verdachts einer Straftat (sog. Verdachtskündigung, s. u. 2.34) zu unterscheiden. Bei der Tatkündigung muss durch den Arbeitgeber ggf. nachgewiesen werden, dass die Straftat tatsächlich begangen worden ist. Wird ein Arbeitnehmer diesbezüglich von einem Strafgericht freigesprochen oder wird das Verfahren eingestellt, so stellt sich die entsprechende Kündigung im Regelfall als unwirksam heraus. Bei der Verdachtskündigung kommt es hingegen nur darauf an, dass ein begründeter Verdacht zum Zeitpunkt der Kündigungserklärung vorlag.

Beispiel 12:

Liegt der begründete Verdacht vor, dass ein bei einer Polizeidienststelle eingesetzter Pförtner gefundenes und bei ihm abgegebenes Geld (hier 100 Euro) unterschlagen habe, kann dies (auch bei einem langjährigen Beschäftigungsverhältnis) eine fristlose Verdachtskündigung ohne vorherige Abmahnung rechtfertigen (LAG Düsseldorf v. 28.6.2019, Az. 6 Sa 994/18).

Die Verbüßung einer mehrjährigen Freiheitsstrafe ist grundsätzlich geeignet, die Kündigung des Arbeitsverhältnisses zu rechtfertigen. Haben die der strafgerichtlichen Verurteilung zugrunde liegenden Taten keinen Bezug zum Arbeitsverhältnis, kommt regelmäßig nur eine ordentliche personenbedingte Kündigung (BAG v. 24.3.2011, Az. 2 AZR 790/09) oder – bei tariflich ordentlicher Unkündbarkeit – eine außerordentliche Kündigung mit Auslauffrist (BAG v. 22.10.2015, Az. 2 AZR 381/14) in Betracht. Allerdings kann nicht jede Freiheitsstrafe ohne Rücksicht auf ihre Dauer und ihre Auswirkungen ein Kündigungsrecht begründen. Da der Arbeitgeber im Fall der haftbedingten Arbeitsunfähigkeit des Arbeitnehmers typischerweise von der Lohnzahlungspflicht befreit ist, hängt es von Art und Ausmaß der betrieblichen Auswirkungen ab, ob die Inhaftierung geeignet ist, eine Kündigung zu rechtfertigen. Jedenfalls dann, wenn der Arbeitnehmer im Kündigungszeitpunkt noch eine Freiheitsstrafe von mehr als zwei Jahren zu verbüßen hat und ein Freigängerstatus oder seine vorzeitige Entlassung aus der Haft vor Ablauf von zwei Jahren nicht sicher zu erwarten steht, braucht der Arbeitgeber den Arbeitsplatz für ihn nicht frei zu halten. Überbrückungsmaßnahmen sind dem Arbeitgeber angesichts der Dauer der zu erwartenden Fehlzeit und in Anbetracht der vom Arbeitnehmer typischerweise zu vertretenden Arbeitsverhinderung regelmäßig nicht zumutbar (BAG v. 25.11.2010, Az. 2 AZR 984/08; BAG v. 24.3.2011, Az. 2 AZR 790/09; LAG Hessen v. 21.11.2017, Az. 8 Sa 146/16).

ACHTUNG!

Vor einer Kündigung wegen Diebstahls oder des Verdachts eines Diebstahls muss der Arbeitgeber dem Betriebsrat grundsätzlich nicht nur die konkreten von ihm festgestellten Fakten mitteilen, aus denen sich der Verdacht des Diebstahls ergibt. Der Arbeitgeber muss den Betriebsrat in der Anhörung auch über Abmahnungen, Ermahnungen usw. informieren und schildern, welche Gesichtspunkte er vor seinem Kündigungsentschluss wie gegeneinander abgewogen habe (LAG Schleswig-Holstein v. 10.1.2012, Az. 2 Sa 305/11).

Ein Chefarzt kann fristlos gekündigt werden kann, wenn sich herausstellt, dass die bei seiner Einstellung abgegebene Erklärung zu fehlenden Vorstrafen und laufenden Ermittlungsverfahren falsch war und er entgegen seiner Angaben in der Vergangenheit wegen einer im Zusammenhang mit seiner Tätigkeit stehenden Straftat verurteilt worden war (LAG Hessen v. 5.12.2011, Az. 7 Sa 524/11). Aber eine Kündigung, die allein auf die wahrheitswidrig beantwortete Frage nach Ermittlungsverfahren gestützt wird, ist gemäß § 138 Abs. 1 BGB unwirksam, wenn die Frage nach Ermittlungsverfahren unzulässig war. Die Kündigung verstößt in einem solchen Fall gegen die objektive Wertordnung des Grundgesetzes (namentlich gegen das Recht auf informationelle Selbstbestimmung aus Art. 2 Abs. 1 GG). Eine unspezifische Frage an einen Stellenbewerber nach eingestellten strafrechtlichen Ermittlungsverfahren verstößt gegen Datenschutzrecht und die Wertentscheidungen des § 53 Bundeszentralregistergesetz (BZRG) und ist daher unzulässig. Beantwortet ein Stellenbewerber eine solche in unzulässiger Weise gestellte Frage des Arbeitgebers wahrheitswidrig, so nimmt er sein Recht auf informationelle Selbstbestimmung wahr. Auf die wahrheitswidrige Beantwortung der Frage kann eine spätere Kündigung des Arbeitsverhältnisses daher nicht gestützt werden (BAG v. 15.11.2012, Az. 6 AZR 339/11).

2.33 Tätliche Auseinandersetzung

Tätliche Auseinandersetzungen im Betrieb rechtfertigen grundsätzlich eine außerordentliche Kündigung des angreifenden Arbeitnehmers (BAG v. 30.9.1993, Az. 2 AZR 188/93). Ein tätlicher Angriff auf einen Vorgesetzten oder einen Arbeitskollegen ist – auch wenn dieser außer Dienst erfolgt – stets geeignet, eine außerordentliche Kündigung zu rechtfertigen (vgl. LAG Rheinland-Pfalz v. 30.1.2014, Az. 5 Sa 433/13). Die Tätlichkeit gegenüber einem Vorgesetzten kann eine außerordentliche Kündigung auch dann rechtfertigen, wenn sie nicht mit erheblicher Gewaltanwendung erfolgt. Reagiert ein Arbeitnehmer auf die Ansprache eines Vorgesetzten wegen der pflichtwidrigen Nutzung eines privaten Smartphones mit den Worten „Hau ab hier", stösst ihn weg und tritt nach ihm, ist eine Abmahnung vor dem Ausspruch einer außerordentlichen Kündigung entbehrlich (LAG Niedersachsen v. 25.8.2025, Az. 15 SLa 315/25). Auch das Einsperren eines Kollegen auf der Toilette, sodass sich dieser nur noch durch das Eintreten der Toilettentür befreien kann, rechtfertigt i. d. R. eine außerordentliche Kündigung (ArbG Siegburg v. 11.2.2021, Az. 5 Ca 1397/20). Das vorsätzliche, provokante Anhusten eines Arbeitskollegen unter Missachtung der im Zusammenhang mit der Corona-Pandemie erlassenen behördlichen wie betrieblichen Arbeitsschutzregeln kann einen wichtigen Grund zur außerordentlichen Kündigung des Arbeitsverhältnisses darstellen (LAG Düsseldorf v. 27.4.2021, Az. 3 Sa 646/20). Denn der vorsätzlich und provokant handelnde „Corona-Anhuster" nimmt zumindest billigend in Kauf, den von seiner Tat betroffenen Arbeitskollegen entweder objektiv der tatsächlichen, konkreten Gefahr einer lebensbedrohlichen Infektion und Erkrankung oder jedenfalls subjektiv dem entsprechend konkreten Angstgefühl auszusetzen. Mit beidem geht – ohne dass es auf die Frage der Strafbarkeit eines solchen Verhaltens im Einzelnen ankäme – eine massive Störung des Betriebsfriedens ebenso wie die Verletzung der sich aus § 241 Abs. 2 BGB ergebenden Nebenpflicht zur Rücksichtnahme auf die berechtigten Interessen des Arbeitgebers einher (LAG Düsseldorf a.a.O.).

2.34 Telefongespräche

Private, unerlaubte Telefongespräche können grundsätzlich erst nach erfolgloser Abmahnung eine außerordentliche Kündigung rechtfertigen (LAG Düsseldorf BB 1963, 732). Voraussetzung hierfür ist regelmäßig ein ausdrückliches betriebliches Verbot, Diensttelefone für private Telefonate zu benutzen. Entsprechendes gilt für die unerlaubte Anfertigung von privaten Fotokopien.

ACHTUNG!

In Ausnahmefällen kann die übermäßige Privatnutzung eines Diensthandys auch ohne vorhergehende Abmahnung die Kündigung des Arbeitnehmers rechtfertigen. Dies gilt nach Auffassung des Hessischen Landesarbeitsgerichts auch dann, wenn dem Mitarbeiter die Privatnutzung des Telefons vorher nicht ausdrücklich untersagt wurde (Hess. LAG v. 25.1.2005, Az. 5 Sa 1299/04). Auch bei kostenträchtigen Auslandsgesprächen und der Anwahl von 0190er-Nummern kann eine Abmahnung entbehrlich sein (LAG Hamm v. 30.5.2005, Az. 8(17) Sa 1773/04).

Grundsätzlich ist es dem Arbeitgeber untersagt, ohne Einwilligung des Arbeitnehmers Telefongespräche abzuhören bzw. von Dritten mithören zu lassen. Durch das zielgerichtete heimliche Abhören bzw. Mithörenlassen von Telefongesprächen wird das allgemeine Persönlichkeitsrecht des Betroffenen verletzt. Hieraus resultiert grundsätzlich ein sog. Beweisverwertungsverbot; d. h. ein Gericht darf die so erlangten Beweise nicht verwerten. Konnte jedoch ein Dritter zufällig, ohne dass der beweispflichtige Arbeitgeber dazu etwas beigetragen hat, ein Telefonat mithören, gilt dieses Beweisverwertungsverbot nicht. Der Dritte darf in diesen Fällen als Zeuge vernommen werden (BAG v. 23.4.2009, Az. 6 AZR 189/08).

2.35 Unpünktlichkeit

Häufige Unpünktlichkeit trotz mehrfacher → *Abmahnung* kann Grund zur außerordentlichen Kündigung sein (BAG v. 17.8.1988, Az. 2 AZR 576/87). In einer herausragenden Entscheidung hat das BAG die außerordentliche Kündigung eines Arbeitnehmers, der in 1½ Jahren einhundertviermal verspätet zur Arbeit kam und sechsmal abgemahnt worden ist, nicht ohne Weiteres als außerordentlichen Kündigungsgrund anerkannt, sondern eine durch die Verspätungen verursachte betriebliche Störung verlangt (BAG v. 17.1.1991, Az. 2 AZR 375/90).

2.36 Verdachtskündigung

Besteht der begründete Verdacht, dass ein Arbeitnehmer eine Straftat oder einen sonstigen schwerwiegenden Pflichtverstoß begangen hat, kann allein der Verdacht einen wichtigen Grund zur außerordentlichen Kündigung darstellen, wenn hierdurch das zur Fortsetzung des Arbeitsverhältnisses notwendige Vertrauen in die Rechtschaffenheit des Arbeitnehmers zerstört ist oder in anderer Hinsicht eine unerträgliche Belastung des Arbeitsverhältnisses entsteht (vgl. BAG v. 3.4.1986, Az. 2 AZR 324/85). Der Hintergrund einer Verdachtskündigung ist also nicht die eigentliche Tat des Arbeitnehmers, sondern allein die durch den begründeten Verdacht herbeigeführte Zerstörung des Vertrauensverhältnisses.

Beispiel 1:

Lässt sich ein Kundendienstmonteur dahin ein, er habe die von ihm über das Internetauktionshaus ebay verkauften Telekommunikationsartikel der gleichen Art, wie er sie bei seiner dienstlichen Tätigkeit zu verwenden hat, von unbekannten Personen auf Flohmärkten erworben und in öffentlichen Müllbehältern gefunden, so handelt es sich nach Auffassung des LAG Köln um eine in solchen Fällen typische Schutzbehauptung. Das Anpreisen der angebotenen Telekommunikationsartikel als „neu" und „originalverpackt", das Einstellen der Artikel mit sehr niedrigen Startpreisen, die fehlende Vorlage von Verkaufsbelegen sowie das Erzielen einer sehr hohen Anzahl von positiven Urteilen in der Bewertungsplattform eines Internetauktionshauses sind als Indizien für einen dringenden Diebstahlsverdacht zu werten (LAG Köln v. 16.1.2007, Az. 9 Sa 1033/06). Dennoch sollte der Arbeitgeber in diesen Fällen nicht wegen der Tat als solcher, sondern wegen des dringenden Tatverdachts kündigen, da er so nicht den Nachweis der Straftat, sondern nur den des zum Kündigungszeitpunkt objektiv begründeten Verdachts führen muss.

Beispiel 2:

Der auf Tatsachen beruhende Verdacht, ein Arbeitnehmer habe mit Fahrzeugen des Arbeitgebers zu Lasten von dessen Haftpflichtversicherung Schäden in Absprache mit den Unfallgegnern verursacht, kann eine außerordentliche Kündigung aus wichtigem Grund rechtfertigen. Voraussetzung hierfür ist jedoch, dass starke Verdachtsmomente vorliegen, die auf objektiven Tatsachen beruhen (BAG v. 29.11.2007, Az. 2 AZR 724/06, 2 AZR 725/06, 2 AZR 1067/06, 2 AZR 1068/06).

Beispiel 3:

Liegt der begründete Verdacht vor, dass ein bei einer Polizeidienststelle eingesetzter Pförtner gefundenes und bei ihm abgegebenes Geld (hier 100 Euro) unterschlagen habe, kann dies (auch bei einem langjährigen Beschäftigungsverhältnis) eine fristlose Verdachtskündigung ohne vorherige Abmahnung rechtfertigen (LAG Düsseldorf v. 28.6.2019, Az. 6 Sa 994/18).

Beispiel 4:

Der dringende Verdacht einer fehlerhaften Arbeitszeiterfassung kann eine personenbedingte Kündigung rechtfertigen, wenn sich ein Arbeitnehmer aller Wahrscheinlichkeit nach von zu Hause aus im Zeiterfassungssystem eingebucht hat, die Arbeit aber erst später im Dienstgebäude aufnimmt (LAG Mecklenburg-Vorpommern v. 28.3.2023, Az. 5 Sa 128/22).

Der wegen eines dringenden Tatverdachts kündigende Arbeitgeber hat im Verfahren vor den Gerichten für Arbeitssachen konkrete Tatsachen darzulegen, die als solche unmittelbar den Schluss zulassen, der Arbeitnehmer sei eines bestimmten, die Kündigung rechtfertigenden Verhaltens dringend verdächtig. Er darf sich zwar Ermittlungsergebnisse der Strafverfolgungsbehörden zu eigen machen, muss diese aber im Arbeitsgerichtsprozess – zumindest durch Bezugnahme – als eigene Behauptungen vortragen. Es genügt nicht, anstelle von unmittelbar verdachtsbegründenden Tatsachen den Umstand vorzutragen, auch die Strafverfolgungsbehörden gingen von einem Tatverdacht aus (BAG v. 25.10.2012, Az. 2 AZR 700/11). Im Ermittlungsverfahren gewonnene Erkenntnisse oder Handlungen der Staatsanwaltschaft und/oder Entscheidungen des Ermittlungsrichters wie Anklageerhebung oder der Erlass eines Haftbefehls können den Verdacht verstärken, der Arbeitnehmer habe eine schwerwiegende Pflichtverletzung begangen. Eine Verdachtskündigung kann aber nicht isoliert auf eine solche Maßnahme gestützt werden. Der Erlass eines Haftbefehls als solcher ist keine „objektive", den Verdacht einer schwerwiegenden Pflichtverletzung begründende „Tatsache". Umgekehrt stellt bei Vorliegen hinreichend verdachtsbegründender Tatsachen die Aufhebung eines Haftbefehls für sich genommen keinen Umstand dar, der zwingend als entlastender Gesichtspunkt zu werten wäre und einen dringenden Tatverdacht notwendig entfallen ließe (BAG v. 24.5.2012, Az. 2 AZR 206/11). Entsprechendes gilt für einen Freispruch im Strafverfahren; dieser führt nicht automatisch und zwingend zu einer Unwirksamkeit der Verdachtskündigung (vgl. BAG v. 2.3.2017, Az. 2 AZR 698/15). Die Gerichte für Arbeitssachen haben von sich aus zu prüfen, ob unstreitige und nachgewiesene Tatsachen zur Rechtfertigung einer Tatkündigung ausreichen. Entscheidungen im Strafverfahren binden die über die Wirksamkeit einer (Verdachts-)Kündigung befindenden Gerichte für Arbeitssachen nicht (BAG a. a. O.).

ACHTUNG!

Eine Verdachtskündigung kommt immer nur dann in Betracht, wenn die dem Arbeitnehmer vorgeworfene Handlung auch im Falle ihrer tatsächlichen Begehung Tatsachen vorliegen, die zugleich eine außerordentliche, fristlose Kündigung rechtfertigen würden (vgl. BAG v. 21.11.2013, Az. 797/11; BAG v. 18.6.2015, Az. 2 AZR 256/14; BAG v. 31.1.2019, Az. 2 AZR 426/18).

Liegen die o. g. Voraussetzungen vor, kann eine Verdachtskündigung auch – ggfs. hilfsweise – als ordentliche Kündigung ausgesprochen werden (z. B. bei Versäumnis der 2-wöchigen Kündigungsfrist gem. § 626 Abs. 2 BGB). Der Verdacht einer Pflichtverletzung kann nämlich eine ordentliche personenbedingte **Kündigung i. S. v. § 1 Abs. 2 KSchG sozial rechtfertigen. Der durch den Verdacht bewirkte Verlust der vertragsnotwendigen Vertrauenswürdigkeit kann einen Eignungsmangel begründen. Anders als für eine außerordentliche Verdachtskündigung besteht keine starre Frist, innerhalb derer der Arbeitgeber das Recht zur ordentlichen Verdachtskündigung ausüben müsste. Allerdings kann ein längeres Zuwarten zu der Annahme berechtigen, die Kündigung sei nicht im Sinne von § 1 Abs. 2 KSchG durch den Verlust des vertragsnotwendigen Vertrauens „bedingt". Daneben kommt eine Verwirkung des Kündigungsrechts nach § 242 BGB in Betracht (vgl. BAG v. 31.1.2019, Az. 2 AZR 426/18).**

Deshalb genügt nicht jeder Verdacht eines pflichtwidrigen Verhaltens, sondern nur ein solcher, der sich auf eine arbeitsvertraglich relevante Pflichtverletzung des Arbeitnehmers richtet (s. o. 2.27). Der Verdacht kann dadurch verstärkt werden, dass mehrere ähnliche Verdachtsfälle in einer kurzen Zeitspanne auftreten (vgl. LAG Berlin-Brandenburg v. 10.12.2019, Az. 7 Sa 557/19). Zur Aufklärung des Sachverhalts muss der Arbeitgeber vor Ausspruch der Verdachtskündigung alle ihm zumutbaren Maßnahmen ergriffen haben; hierzu gehört zwingend die Anhörung des Arbeitnehmers. Im Rahmen der Anhörung muss der Arbeitgeber den Arbeitnehmer mit den Verdachtsumständen konfrontieren und ihm Gelegenheit zur Entlastung geben. Versäumt der Arbeitgeber dies, kann er sich im Prozess nicht auf den Verdacht eines pflichtwidrigen Verhaltens des Arbeitnehmers berufen; die hierauf gestützte Kündigung ist unwirksam (BAG v. 20.3.2014, Az. 2 AZR 1037/12).

Die Anhörung muss sich auf einen greifbaren Sachverhalt beziehen. Der Arbeitnehmer muss die Möglichkeit haben, bestimmte, zeitlich und räumlich eingegrenzte Tatsachen zu bestreiten oder den Verdacht entkräftende Tatsachen zu bezeichnen und so zur Aufhellung der für den Arbeitgeber im Dunkeln liegenden Geschehnisse beizutragen. Dies ist dem Arbeitnehmer regelmäßig nur möglich, wenn er selbst Kenntnis von den gegen ihn erhobenen Vorwürfen hat. Die Kenntnisse oder das Wissen eines von ihm Bevollmächtigten können dem Arbeitnehmer selbst nicht zugerechnet werden. Daher sollte in jedem Fall die Anhörung des Arbeitnehmers persönlich erfolgen. Weiß ein Arbeitnehmer, hinsichtlich welcher Straftaten der Verdacht beim Arbeitgeber besteht, so ist der Arbeitgeber nicht verpflichtet, solange abzuwarten, bis der Arbeitnehmer Ermittlungsakten der Staatsanwaltschaft eingesehen hat (BAG v. 13.3.2008, Az. 2 AZR 961/06). Die Einladung zur Anhörung vor Ausspruch einer Verdachtskündigung muss den Gegenstand des Gespräches beinhalten und den Mitarbeiter in die Lage versetzen, eine Vertrauensperson hinzuzuziehen (LAG Berlin-Brandenburg v. 30.3.2012, Az. 10 Sa 2272/11).

WICHTIG!

Die Anhörung muss einerseits nicht in jeder Hinsicht den Anforderungen genügen, die an eine Anhörung des Betriebsrats nach § 102 Abs. 1 BetrVG gestellt werden. Andererseits reicht es nicht aus, dass der Arbeitgeber den Arbeitnehmer lediglich mit einer allgemein gehaltenen Wertung konfrontiert. Der Arbeitnehmer muss vielmehr erkennen können, zur Aufklärung welchen Sachverhalts ihm Gelegenheit gegeben werden soll. Er muss die Möglichkeit haben, bestimmte, zeitlich und räumlich eingegrenzte Tatsachen ggf. zu bestreiten oder den Verdacht entkräftende Tatsachen aufzuzeigen und so zur Aufhellung der für den Arbeitgeber im Dunkeln liegenden Geschehnisse beizutragen. Um dieser Aufklärung willen wird dem Arbeitgeber die Anhörung abverlangt (BAG v. 20.3.2014, Az. 2 AZR 1037/12).

Das verlangt nicht notwendig, dass der Arbeitgeber hinsichtlich eines für aufklärungsbedürftig gehaltenen Sachverhalts bereits einen (dringenden) Verdacht gegen den Arbeitnehmer hegt und dies überdies im Rahmen der Anhörung ausdrücklich erklärt. Erforderlich ist allein, dass der Arbeitnehmer erkennen kann, welchen Sachverhalt der Arbeitgeber für aufklärungsbedürftig hält, dass er jedenfalls auch seine, des Arbeitnehmers, Verantwortung dafür in Betracht zieht und dass ihm, dem Arbeitnehmer, Gelegenheit gegeben werden soll, zu den aufklärungsbedürftigen Geschehnissen und Verdachtsmomenten Stellung zu nehmen. Dies kann sich hinreichend auch aus den Umständen der Anhörung ergeben (BAG v. 25.4.2018, Az. 2 AZR 611/17; s. a. LAG Hamm v. 24.10.2019, Az. 17 Sa 1038/18).

Will sich der Arbeitgeber die Möglichkeit einer außerordentlichen Verdachtskündigung vorbehalten, muss er die Frist des § 626 Abs. 2 Satz 1 BGB (s. u.) beachten. In Bezug auf die Anhörung bedeutet dies:

Der Arbeitgeber, der bislang nur Anhaltspunkte für einen Sachverhalt hat, der zur außerordentlichen Kündigung berechtigen könnte, kann nach pflichtgemäßem Ermessen weitere Ermittlungen anstellen und den Betroffenen anhören, ohne dass die Frist des § 626 Abs. 2 Satz 1 BGB zu laufen begänne. Dies gilt allerdings nur so lange, wie er aus verständigen Gründen mit der gebotenen Eile Ermittlungen durchführt, die ihm eine umfassende und zuverlässige Kenntnis des Kündigungssachverhalts und der Beweismittel verschaffen sollen.

WICHTIG!

Der Arbeitnehmer hat dem Arbeitgeber grundsätzlich die durch das Tätigwerden einer spezialisierten Anwaltskanzlei entstandenen notwendigen Kosten zu ersetzen, wenn der Arbeitgeber diese anlässlich eines konkreten Verdachts einer erheblichen Verfehlung des Arbeitnehmers mit Ermittlungen gegen den Arbeitnehmer beauftragt hat und der Arbeitnehmer einer schwerwiegenden vorsätzlichen Vertragspflichtverletzung überführt wird (BAG v. 29.4.2021, Az. 8 AZR 276/20).

Soll der Kündigungsgegner angehört werden, muss dies innerhalb einer kurzen Frist erfolgen. Sie darf im Allgemeinen nicht mehr als eine Woche betragen und nur bei Vorliegen besonderer Umstände überschritten werden. Für die übrigen Ermittlungen gilt keine Regelfrist. Bei ihnen ist fallbezogen zu beurteilen, ob sie hinreichend zügig betrieben wurden. Sind die Ermittlungen abgeschlossen und hat der Kündigungsberechtigte eine hinreichende Kenntnis vom Kündigungssachverhalt, beginnt der Lauf der Ausschlussfrist. Unbeachtlich ist, ob die Ermittlungsmaßnahmen tatsächlich zur Aufklärung des Sachverhalts beigetragen haben oder überflüssig waren (BAG v. 27.6.2019, Az. 2 ABR 2/19 m. w. N.).

In der Regel muss die Anhörung also innerhalb einer Woche erfolgen. Bittet der Arbeitnehmer um eine erhebliche Fristverlängerung zur Stellungnahme und ist dem Arbeitgeber die Verzögerung nicht zumutbar, kann er ohne Anhörung kündigen (BAG v. 20.3.2014, Az. 2 AZR 1037/12). Besondere Umstände, die zum Wohl des Arbeitnehmers (z. B. während Krankheit und Genesung, Verlauf einer psychologischen Behandlung etc.) eine vom Arbeitnehmer ersuchte Verzögerung der Anhörung rechtfertigen, sind bei der Beurteilung der Rechtzeitigkeit zu berücksichtigen (vgl. BAG v. 27.6.2019, Az. 2 ABR 2/19).

Die Anhörung kann ausnahmsweise entfallen, wenn der Arbeitnehmer von vorneherein erklärt, er wolle sich zu den gegen ihn erhobenen Verdachtsgründen nicht äußern.

ACHTUNG!

Die Verdachtskündigung ist strikt von der Tatkündigung zu unterscheiden. Aus diesem Grund muss der Arbeitgeber einen vorhandenen → *Betriebsrat* zu der jeweiligen Kündigungsart (oder zu beiden) anhören. Dem Arbeitsgericht ist es jedoch nicht verwehrt, eine als Verdachtskündigung erklärte Kündigung (die z. B. wegen unzureichender Anhörung des Arbeitnehmers unwirksam wäre) als Tatkündigung zu behandeln (BAG v. 2.3.2017, Az. 2 AZR 698/15).

WICHTIG!

Eine heimliche Überwachung des Personals durch technische Einrichtungen (z. B. Videokamera) ist nur unter besonderen Voraussetzungen zulässig. Hierbei ist auch das Mitbestimmungsrecht des Betriebsrats nach § 87 Abs. 1 Nr. 6 BetrVG zu beachten! Der Betriebsrat kann seine Zustimmung hierzu mit der Begründung verweigern, dass durch die Videoüberwachung in unangemessener Weise in die Persönlichkeitsrechte der Arbeitnehmer eingegriffen werde (vgl. BAG v. 29.6.2004, Az. 1 ABR 21/03). Das BAG hat entschieden, dass eine (heimliche) Videoüberwachung im Rahmen des § 26 Abs. 1 BDSG (bzw. § 32 Abs. 1 BDSG a. F.) zulässig sein kann. § 26 Abs. 1 Satz 1 BDSG erlaubt die Verarbeitung personenbezogener Daten eines Beschäftigten für Zwecke des Beschäftigungsverhältnisses, wenn dies für die Entscheidung über die Begründung, die Durchführung oder die Beendigung des Arbeitsverhältnisses erforderlich ist. Dabei gehört zur Durchführung die Kontrolle, ob der Arbeitnehmer seinen Pflichten nachkommt und zur Beendigung im Rahmen der Kündigungsvorbereitung die Aufdeckung einer zur Kündigung berechtigenden Pflichtverletzung (vgl. BAG v. 27.7.2017, Az. 2 AZR 681/16). Erforderlich ist hierbei, dass die Abwägung der widerstreitenden Interessen von Arbeitnehmer und Arbeitgeber zugunsten des Arbeitgebers ausfällt und die Maßnahme verhältnismäßig ist. Da es sich im Fall einer verdeckten Videoüberwachung um einen vergleichbar intensiven Eingriff handelt, muss der auf konkrete Tatsachen begründete Verdacht einer schwerwiegenden, nicht notwendig strafbaren Pflichtverletzung bestehen. Eine Ermittlung „ins Blaue hinein" ist unzulässig (vgl. BAG v. 28.3.2019, Az. 8 AZR 421/17). Für die Aufdeckung von Straftaten kann die Überwachung hingegen unter den Voraussetzungen des § 26 Abs. 1 Satz 2 BDSG zulässig sein. Erforderlich sind auch hier eine Interessenabwägung und die Verhältnismäßigkeit der Maßnahme. Für die Verwertbarkeit der Aufnahmen im Prozess kommt es darauf an, ob ein Eingriff in das Recht auf informationelle Selbstbestimmung des Mitarbeiters vorliegt und ob dieser Eingriff zulässig ist. Das BAG hat entschieden, dass die Datenerhebung und -verwertung dann zulässig ist, wenn sie nach den Bestimmungen des BDSG (bzw. der DSGVO) erfolgen durfte. Andernfalls ist stets zu prüfen, ob die Verwertung im Einzelfall einen Grundrechtsverstoß darstellt und mithin ein Verwertungsverbot vorliegt (vgl. BAG 23.8.2018, Az. 2 AZR 133/18). Dabei kann auch die Verwertung eines „Zufallsfundes" aus einer verdeckten Videoüberwachung kann zulässig sein, sofern diese nach § 26 Abs. 1 Satz 1 BDSG zulässig war (BAG v. 22.9.2016, Az. 2 AZR 848/15). In einem Kündigungsschutzprozess besteht nach Maßgabe der DSGVO und der Zivilprozessordnung grundsätzlich kein Verwertungsverbot in Bezug auf solche Aufzeichnungen aus einer offenen Videoüberwachung, die vorsätzlich vertragswidriges Verhalten des Arbeitnehmers belegen sollen. Das gilt auch dann, wenn die Überwachungsmaßnahme des Arbeitgebers nicht vollständig im Einklang mit den Vorgaben des Datenschutzrechts steht (BAG v. 29.6.2023, Az. 2 AZR 296/22). Den Betriebsparteien fehlt die Regelungsmacht, (in einer Betriebsvereinbarung) ein über das formelle Verfahrensrecht der Zivilprozessordnung hinausgehendes Verwertungsverbot zu begründen, oder die Möglichkeit des Arbeitgebers wirksam zu beschränken, in einem Individualrechtsstreit Tatsachenvortrag über betriebliche Geschehnisse zu halten (BAG a. a. O.).

ACHTUNG!

Nach § 626 Abs. 2 Satz 1 BGB kann die außerordentliche Kündigung nur innerhalb von zwei Wochen erfolgen. Die Frist beginnt nach § 626 Abs. 2 Satz 2 BGB in dem Zeitpunkt, in dem der Kündigungsberechtigte von den für die Kündigung maßgebenden Tatsachen Kenntnis erlangt (s. u. 4.). Geht es um ein strafbares Verhalten des Arbeitnehmers, darf der Arbeitgeber den Aus- oder Fortgang des Ermittlungs- und Strafverfahrens abwarten und in dessen Verlauf zu einem nicht willkürlich gewählten Zeitpunkt kündigen. Dies gilt auch für die Überlegung, ob er eine Verdachtskündigung aussprechen soll. Im Verlauf des Ermittlungs- und Strafverfahrens gewonnene Erkenntnisse oder Handlungen der Strafverfolgungsbehörden können die Annahme verstärken, der Vertragspartner habe die Pflichtverletzung begangen. Eine solche den Verdacht intensivierende Wirkung kann auch die Erhebung der öffentlichen Klage haben, selbst wenn sie nicht auf neuen Erkenntnissen beruht. Der Umstand, dass eine unbeteiligte Stelle mit weiterreichenden Ermittlungsmöglichkeiten als sie dem Arbeitgeber zur Verfügung stehen, einen hinreichenden Tatverdacht bejaht, ist geeignet, den gegen den Arbeitnehmer gehegten Verdacht zu verstärken (BAG v. 27.1.2011, Az. 825/09). Der Arbeitgeber kann eine den Verdacht der Tatbegehung verstärkende Tatsache – wie die Erhebung der öffentlichen Klage – auch dann zum Anlass für den Ausspruch einer Verdachtskündigung nehmen, wenn er eine solche schon zuvor erklärt hatte. Die Frist des § 626 Abs. 2 BGB beginnt mit ausreichender Kenntnis von der verdachtsverstärkenden Tatsache erneut zu laufen. Da die neuerliche Kündigung auf einer weiteren, den Verdacht der Tatbegehung verstärkenden Tatsache beruht, handelt es sich auch nicht um eine unzulässige Wiederholungskündigung. Es gibt nicht lediglich zwei objektiv genau bestimmbare Zeitpunkte, zu denen die Frist des § 626 Abs. 2 BGB zu laufen beginnt, einen Zeitpunkt für den Ausspruch einer Verdachts-, einen weiteren für den Ausspruch einer Tatkündigung. Im Laufe des Aufklärungszeitraums kann es vielmehr mehrere Zeitpunkte geben, in denen der Verdacht „dringend" genug ist, um darauf eine Kündigung zu stützen (BAG v. 27.1.2011, Az. 825/09).

2.37 Verschwiegenheitspflicht

Die grobe Verletzung der arbeitsrechtlichen → *Verschwiegenheitspflicht* kann – abhängig von den Umständen des Einzelfalls – eine außerordentliche Kündigung begründen (BAG v. 4.4.1974, Az. 2 AZR 452/73). Nicht gerechtfertigt ist eine Kündigung, wenn der Arbeitnehmer in Wahrnehmung berechtigter Interessen gehandelt hat.

ACHTUNG!
Mit dem Gesetz zum Schutz von Geschäftsgeheimnissen (GeschGehG) vom 18.4.2019 wurde auch die Verschwiegenheitspflicht von Arbeitnehmern konkretisiert. Gemäß § 4 Abs. 2 GeschGehG darf ein Geschäftsgeheimnis weder genutzt noch offengelegt werden, wenn hierdurch gegen eine Verschwiegenheitsverpflichtung verstoßen wird. Mit dem am 2.7.2023 in Kraft getretenen „Gesetz für einen besseren Schutz hinweisgebender Personen" (kurz: Hinweisgeberschutzgesetz – HinSchG) hat der deutsche Gesetzgeber die EU-Whistleblower-Richtlinie zum Schutz von Personen, die Verstöße gegen das Unionsrecht melden (RL EU 2019/1937 v. 23.10.2019), in nationales Recht umgesetzt. Hierdurch sollen alle natürlichen Personen geschützt werden, die im Zusammenhang mit ihrer beruflichen Tätigkeit oder im Vorfeld einer beruflichen Tätigkeit Informationen über Verstöße erlangt haben und diese an die nach diesem Gesetz vorgesehenen Meldestellen melden oder offenlegen. Das Aufdecken von Missständen, namentlich einer rechtswidrigen Handlung oder eines beruflichen oder sonstigen Fehlverhaltens, wenn die Erlangung, Nutzung oder Offenlegung geeignet ist, das allgemeine öffentliche Interesse zu schützen, ist bereits nach dem Gesetz zum Schutz von Geschäftsgeheimnissen (GeschGehG) privilegiert (s. u. Verschwiegenheitspflicht).

Die unberechtigte Löschung erforderlicher betrieblicher Dateien/E-Mails, sodass diese dem Zugriff des Arbeitgebers entzogen sind, ist grundsätzlich geeignet, einen wichtigen Grund für eine außerordentliche Kündigung abzugeben. Dabei genügt es für den Vortrag des Arbeitgebers allerdings nicht, allein auf Tabellen mit gelöschten Dateien und E-Mails zu verweisen, wenn der Arbeitnehmer sich darauf beruft, es handele sich um überholte Entwurfsfassungen und/oder die Dateien seien in den Projektordnern weiterhin vorhanden oder es handele sich um private E-Mails. Hingegen ist das bloße Kopieren von Daten, ohne dass diese dem Zugriff des Arbeitgebers entzogen oder anderweitig rechtswidrig verwendet werden, an sich nicht ausreichend für einen wichtigen Grund. Anders wiederum sei es, wenn der Arbeitnehmer Kopien betrieblicher Dateien, die er in seinem Besitz hat, pflichtwidrig nicht an die Arbeitgeberin herausgibt. Es ist Sache des Arbeitgebers, einen vom Arbeitnehmer geleisteten konkreten Vortrag zu der von ihm behaupteten Rückgabe kopierter Dateien zu widerlegen und ggf. zu beweisen (LAG Hamburg v. 17.11.2022, Az. 3 Sa 17/22).

2.38 Vollmachtsmissbrauch

Wurde dem Arbeitnehmer von seinem Arbeitgeber Vertretungsmacht eingeräumt, darf er diese nicht überschreiten. Eine geringfügige und einmalige Vollmachtsüberschreitung kann eine Kündigung grundsätzlich nicht rechtfertigen. Bei wiederholten Verstößen ist jedoch eine außerordentliche Kündigung aus wichtigem Grund zulässig (BAG v. 26.11.1964, Az. 2 AZR 211/63). So rechtfertigt auch die eigenmächtige Entnahme eines Gehaltsvorschusses durch eine auszahlungsbevollmächtigte Person die außerordentliche Kündigung (ArbG Solingen DB 1974, 1439).

2.39 Wegfall der Beschäftigungsmöglichkeit

Eine auf betriebliche Gründe gestützte außerordentliche Kündigung kommt ausnahmsweise in Betracht, wenn die Möglichkeit einer ordentlichen Kündigung ausgeschlossen ist und dies dazu führt, dass der Arbeitgeber den Arbeitnehmer andernfalls trotz Wegfalls der Beschäftigungsmöglichkeit unter Umständen noch für Jahre vergüten müsste, ohne dass dem eine entsprechende Arbeitsleistung gegenüberstünde. Ein wichtiger Grund kann sich auch für eine außerordentliche betriebsbedingte Kündigung aus dem Wegfall der Beschäftigungsmöglichkeit aufgrund innerbetrieblicher Maßnahmen ergeben. Die einer solchen Maßnahme zugrunde liegende unternehmerische Entscheidung ist gerichtlich nicht auf ihre sachliche Berechtigung oder ihre Zweckmäßigkeit, sondern nur daraufhin zu überprüfen, ob sie offensichtlich unsachlich, unvernünftig oder willkürlich ist. Der Arbeitgeber muss in der Regel auch dann nicht von einer Fremdvergabe von Tätigkeiten absehen, wenn dadurch einer größeren Zahl ordentlich nicht mehr kündbarer Arbeitsverhältnisse die Grundlage entzogen wird. Bei der Prüfung, ob eine außerordentliche Kündigung mit notwendiger Auslauffrist gegenüber einem tariflich ordentlich unkündbaren Arbeitnehmer zulässig ist, ist zunächst die tarifliche Ausgestaltung des Sonderkündigungsschutzes zu berücksichtigen. Stehen schon danach dem Arbeitgeber bestimmte Reaktionsmöglichkeiten zur Verfügung, um sich bei dringenden betrieblichen Gründen aus einem unzumutbar gewordenen vertraglichen Zustand zu lösen, so hat er zunächst von diesen Gebrauch zu machen. Erst wenn feststeht, dass auch sie versagen, kann eine außerordentliche Kündigung – mit Auslauffrist – gegenüber einem ordentlich unkündbaren Arbeitnehmer in Betracht kommen (BAG v. 22.11.2012, Az. 2 AZR 673/11; vgl. auch BAG v. 24.1.2013, Az. 2 AZR 453/11). Davon ist jedenfalls dann auszugehen, wenn der Sonderkündigungsschutz auf einer tarifvertraglichen Regelung beruht, die den Ausschluss der ordentlichen Kündigung an die Dauer der Betriebszugehörigkeit und das Lebensalter des Arbeitnehmers knüpft. Etwas anderes kann gelten, wenn der (befristete) Ausschluss betriebsbedingter Kündigungen die Gegenleistung des Arbeitgebers für einen Verzicht auf bestimmte Rechtsansprüche durch die Arbeitnehmer darstellt (BAG v. 20.6.2013, Az. 2 AZR 379/12). Ein staatlich angeordnetes Berufsverbot aufgrund der Untersagung von Geschäftsbeziehungen ins Ausland – hier: Russland – rechtfertigt allein keine außerordentliche Kündigung. Es ist nicht erkennbar, weshalb der Arbeitnehmer allein die Nachteile eines solchen Verbots tragen muss, weshalb es im Regelfall keinen Grund gibt von der Einhaltung der ordentlichen Kündigungsfrist abzuweichen (LAG Köln v. 13.6.2023, Az. 4 Sa 17/23).

2.40 Wettbewerb

Der Arbeitnehmer unterliegt während des bestehenden Arbeitsverhältnisses einem → *Wettbewerbsverbot*. Arbeitet der Arbeitnehmer trotz dieses Wettbewerbsverbots für ein Konkurrenzunternehmen, kann eine fristlose Kündigung berechtigt sein (BAG v. 6.8.1987, Az. 226/87; BAG v. 25.4.1991, Az. 2 AZR 624/90). Eine gesellschaftsrechtliche Beteiligung von 50 Prozent an einer juristischen Person eröffnet jedenfalls dann maßgeblichen Einfluss auf den Geschäftsbetrieb, wenn Beschlüsse der Gesellschaft mit Stimmenmehrheit gefasst werden müssen. Agiert diese Gesellschaft unter fünfzigprozentiger Beteiligung des Arbeitnehmers während des Bestehens seines Arbeitsverhältnisses konkurrierend im Handelszweig des Arbeitgebers am Markt, stellt dieses an sich einen wichtigen Grund für eine fristlose Kündigung wegen Verstoßes gegen das vertragliche Wettbewerbsverbot dar (LAG Schleswig-Holstein v. 12.4.2017, Az. 3 Sa 202/16).

Auch in einem gekündigten Arbeitsverhältnis (während des Laufs der Kündigungsfrist) besteht das Wettbewerbsverbot fort. Das BAG hat zunächst offengelassen, ob das Wettbewerbsverbot in diesem Fall in jeder Hinsicht gleich weit reicht wie in einem ungekündigten Arbeitsverhältnis, gleichzeitig aber festgestellt, dass in jedem Fall die Vermittlung von Konkurrenzgeschäften oder das aktive Abwerben von Kunden sowie die Weitergabe von persönlichen Daten von Patienten des Arbeitgebers an ein Konkurrenzunternehmen eine schuldhafte Vertragspflichtverletzung darstellen, die zu einer außerordentlichen Kündigung berechtigt (BAG v. 28.1.2010, Az. 2 AZR 1008/08). Falls die Wettbewerbstätigkeit – nach (unwirksamer) Kündigung – jedoch nicht auf eine dauerhafte Konkurrenz zum bisherigen Arbeitgeber angelegt und dem Arbeitgeber durch die Konkurrenztätigkeit nicht ein unmittelbarer Schaden zugefügt worden ist, ist dies bei der erforderlichen Interessenabwägung zugunsten des Arbeitnehmers zu berücksichtigen (BAG v. 23.10.2014, Az. 2 AZR 644/13). Die bloße Aufnahme einer arbeitsvertraglichen Tätigkeit bei einem potenziellen Wettbewerber während des laufenden

Arbeitsverhältnisses zum alten AG stellt – nach Auffassung des LAG Mecklenburg-Vorpommern – im Fall der vertraglich vereinbarten Wahrnehmung nicht vergleichbarer Arbeitsaufgaben jedenfalls dann kein wettbewerbswidriges Verhalten im Sinne der §§ 60/61 HGB dar, wenn keine sonstigen wettbewerbswidrigen Verhaltensweisen des AN hinzutreten (vgl. LAG Mecklenburg-Vorpommern v. 19.4.2017, Az. 3 SaGa 7/16).

2.41 Zeugenaussage gegen den Arbeitgeber

Sagt ein Arbeitnehmer im Rahmen eines staatsanwaltlichen Ermittlungsverfahrens gegen seinen Arbeitgeber (wahrheitsgemäß) aus und übergibt er auf Aufforderung der Staatsanwaltschaft Unterlagen, so kann ihm deshalb nicht außerordentlich gekündigt werden (BVerfG v. 2.7.2001, Az. 1 BvR 2049/00).

3. Angabe des Kündigungsgrunds

Die Angabe des Kündigungsgrunds ist auch bei der außerordentlichen Kündigung grundsätzlich nicht erforderlich. Der Arbeitnehmer kann jedoch gemäß § 626 Abs. 2 Satz 3 BGB verlangen, dass der Arbeitgeber ihm den Kündigungsgrund unverzüglich schriftlich mitteilt. Der Verstoß gegen diese gesetzliche Verpflichtung führt jedoch nicht zur Unwirksamkeit der Kündigung. Der Arbeitnehmer kann (nur) Schadensersatzansprüche (z. B. wegen vermeidbarer Prozesskosten) geltend machen.

4. Ausschlussfrist

Die außerordentliche Kündigung ist nur wirksam, wenn sie innerhalb von zwei Wochen nach Kenntnis des Kündigungsgrunds erfolgt (§ 626 Abs. 2 Satz 1 BGB). Grob fahrlässige Unkenntnis setzt die Frist nicht in Gang (BAG v. 25.4.2018, Az. 2 AZR 611/17). Maßgeblich hierbei ist die Kenntnis des Kündigungsberechtigten. Dieser muss sich jedoch auch die Kenntnisse von solchen Mitarbeitern oder Personen zurechnen lassen, die eine herausgehobene Position und Funktion im Betrieb innehaben und tatsächlich und rechtlich in der Lage sind, den Sachverhalt so umfassend zu klären, dass aufgrund ihrer Information der Kündigungsberechtigte ohne weitere Nachforschungen seine (Kündigungs-)Entscheidung abgewogen treffen kann (BAG v. 27.2.2020, Az. 2 AZR 570/19).

Der Lauf der zweiwöchigen → *Ausschlussfrist* verlangt sichere Kenntnis vom Kündigungsgrund, sodass er so lange gehemmt ist, wie der Kündigungsberechtigte die zur Aufklärung des Kündigungssachverhalts nach pflichtgemäßem Ermessen notwendig erscheinenden Maßnahmen mit der gebotenen Eile (tatsächlich) durchführt. Es spielt keine Rolle, ob die Ermittlungsmaßnahmen etwas zur Aufklärung des Sachverhalts beigetragen haben oder im Ergebnis überflüssig waren. Es besteht aber für weitere Ermittlungen kein Anlass mehr, wenn der Sachverhalt bereits geklärt ist oder der Gekündigte ihn sogar eingestanden hat. Hat der Kündigungsberechtigte noch Ermittlungen durchgeführt, muss er im Streitfall darlegen, welche Tatsachenbehauptungen unklar und daher ermittlungsbedürftig waren und welche weiteren Ermittlungen – zumindest aus damaliger Sicht – zur Klärung von Zweifeln angestellt worden sind (BAG v. 1.2.2007, Az. 2 AZR 333/06).

Geht es um ein strafbares Verhalten des Arbeitnehmers, darf der Arbeitgeber den Aus- oder Fortgang des Ermittlungs- und Strafverfahrens abwarten und in dessen Verlauf zu einem nicht willkürlich gewählten Zeitpunkt kündigen. Dies gilt auch für die Überlegung, ob er eine Verdachtskündigung aussprechen soll. Im Verlauf des Ermittlungs- und Strafverfahrens gewonnene Erkenntnisse oder Handlungen der Strafverfolgungsbehörden können die Annahme verstärken, der Vertragspartner habe die Pflichtverletzung begangen. Eine solche den Verdacht intensivierende Wirkung kann auch die Erhebung der öffentlichen Klage haben, selbst wenn sie nicht auf neuen Erkenntnissen beruht. Der Umstand, dass eine unbeteiligte Stelle mit weiterreichenden Ermittlungsmöglichkeiten als sie dem Arbeitgeber zur Verfügung stehen, einen hinreichenden Tatverdacht bejaht, ist geeignet, den gegen den Arbeitnehmer gehegten Verdacht zu verstärken (BAG v. 27.1.2011, Az. 825/09). Entsprechendes gilt auch für den Ausgang eines beamtenrechtlichen Disziplinarverfahrens. Der Arbeitgeber darf dieses abwarten, um eine bessere Tatsachen- und Rechtsgrundlage für die in Aussicht genommene außerordentliche Kündigung zu bekommen (vgl. BAG v. 26.9.2013, Az. 2 AZR 741/12).

Wenn der Arbeitgeber zielgerichtet verhindert, dass eine kündigungsberechtigte Person bereits zu einem früheren Zeitpunkt Kenntnis von den für die Kündigung maßgeblichen Tatsachen erlangt, oder ergibt die Abwägung aller Umstände für den Einzelfall, dass sich die späte Kenntniserlangung einer kündigungsberechtigten Person als unredlich darstellt, kann sich der Arbeitgeber gem. § 242 BGB nicht auf die Wahrung der Ausschlussfrist nach § 626 Abs. 2 Satz 1 BGB berufen. Dabei führt nicht schon jegliches Organisationsverschulden zu einer Unredlichkeit des Arbeitgebers, vielmehr muss sich anhand der Umstände des Einzelfalls ein dem Arbeitgeber zurechenbares treuwidriges Verhalten ergeben (BAG v. 5.5.2022, Az. 2 AZR 483/21).

Der Arbeitgeber kann eine den Verdacht der Tatbegehung verstärkende Tatsache – wie die Erhebung der öffentlichen Klage – auch dann zum Anlass für den Ausspruch einer Verdachtskündigung nehmen, wenn er eine solche schon zuvor erklärt hatte. Die Frist des § 626 Abs. 2 BGB beginnt mit ausreichender Kenntnis von der verdachtsverstärkenden Tatsache erneut zu laufen. Da die neuerliche Kündigung auf einer weiteren, den Verdacht der Tatbegehung verstärkenden Tatsache beruht, handelt es sich auch nicht um eine unzulässige Wiederholungskündigung. Es gibt nicht lediglich zwei objektiv genau bestimmbare Zeitpunkte, zu denen die Frist des § 626 Abs. 2 BGB zu laufen beginnt, einen Zeitpunkt für den Ausspruch einer Verdachts-, einen weiteren für den Ausspruch einer Tatkündigung. Im Laufe des Aufklärungszeitraums kann es vielmehr mehrere Zeitpunkte geben, in denen der Verdacht „dringend" genug ist, um darauf eine Kündigung zu stützen (BAG v. 27.1.2011, Az. 825/09; vgl. auch BAG v. 22.11.2012, Az. 2 AZR 732/11).

ACHTUNG!

Nach Ablauf der Zwei-Wochen-Frist des § 626 Abs. 2 BGB kann eine außerordentliche Kündigung nicht mehr erklärt werden. Dem Arbeitgeber bleibt dann allenfalls noch das Recht zur ordentlichen Kündigung mit der einschlägigen Kündigungsfrist.

Der Betriebsrat muss gemäß § 102 BetrVG ausdrücklich darauf hingewiesen werden, dass es sich bei der beabsichtigten Kündigung um eine außerordentliche Kündigung handelt. Die Ausschlussfrist des § 626 Abs. 2 BGB wird durch die Beteiligung des Betriebsrats nicht gehemmt oder verlängert.

5. Umdeutung der unwirksamen außerordentlichen Kündigung

Letztendlich bleibt es im Streitfall einer gerichtlichen Entscheidung überlassen, ob zum Zeitpunkt der Kündigungserklärung tatsächlich ein wichtiger Grund i. S. d. § 626 Abs. 1 BGB vorgelegen hat. Stellt sich hierbei heraus, dass zwar kein wichtiger Grund im Sinne der vorgenannten Vorschrift vorliegt, jedoch eine ordentliche Kündigung berechtigt wäre, ist die unwirksame außerordentliche Kündigung in eine wirksame ordentliche Kündigung umzudeuten, soweit der Arbeitgeber mit der Kündigung zu erkennen gibt, dass er das Arbeitsverhältnis in jedem Fall beenden will. Hiervon wird in der Regel ausgegangen.

Diese Umdeutung führt jedoch dann zu Problemen, wenn der Betriebsrat gemäß § 102 BetrVG nur zur beabsichtigten außerordentlichen Kündigung gehört wurde. Die ansonsten rechtmäßige ordentliche Kündigung wäre im Falle der Umdeutung wegen der fehlerhaften Durchführung des Anhörungsverfahrens unwirksam.

TIPP!

Es ist dringend zu empfehlen, im Falle einer beabsichtigten außerordentlichen Kündigung den Betriebsrat auch zu einer hilfsweise zu erklärenden ordentlichen Kündigung anzuhören.

IV. Reaktionsmöglichkeiten des Arbeitnehmers

1. Arbeitsgerichtliche Überprüfung

Der Arbeitnehmer kann die Wirksamkeit einer Kündigung beim Arbeitsgericht überprüfen lassen. Hierzu muss er im Rahmen einer Kündigungsschutzklage die gerichtliche Feststellung beantragen, dass das Arbeitsverhältnis durch die Kündigung nicht aufgelöst worden ist. Hierbei kann er verschiedene Unwirksamkeitsgründe geltend machen.

In den meisten Fällen wird zur Begründung der Kündigungsschutzklage vorgebracht, dass die Kündigung nicht sozial gerechtfertigt sei, also ein Kündigungsgrund nach dem Kündigungsschutzgesetz nicht vorgelegen hat. Andere Unwirksamkeitsgründe können z. B. sein:

- Kündigung wegen Betriebsübergang;
- Verstoß gegen Kündigungsverbot (s. o. B.I.2.);
- fehlende oder fehlerhafte Anhörung des Betriebsrats;
- fehlende Zustimmung einer Behörde (z. B. Integrationsamt);
- Formmangel;
- kein wichtiger Grund für eine außerordentliche Kündigung;
- Sittenwidrigkeit der Kündigung.

WICHTIG!

In allen Fällen ist zu beachten, dass die Klage, mit der die Feststellung der Unwirksamkeit der Kündigung geltend gemacht wird, gemäß § 4 KSchG innerhalb einer Frist von drei Wochen nach Zugang der Kündigung bei Gericht eingereicht werden muss. Kündigt ein vollmachtloser Vertreter oder ein Nichtberechtigter das Arbeitsverhältnis, so liegt grundsätzlich keine Kündigung des Arbeitgebers vor. Der Arbeitgeber kann aber, sofern nicht eine unverzügliche Zurückweisung der Kündigung durch den Arbeitnehmer nach § 174 BGB erfolgt ist, die Kündigung nachträglich genehmigen. Die dreiwöchige Frist fängt in solchen Fällen aber erst mit dem Zugang der Genehmigung durch den Arbeitgeber an zu laufen (BAG v. 6.9.2012, Az. 2 AZR 858/11). Wird die Klage verspätet erhoben, ohne dass der Arbeitnehmer hierfür einen triftigen Grund hat (s. zur nachträglichen Klagezulassung Arbeitsgerichtsverfahren), so wird die Kündigung gemäß § 7 KSchG auch dann wirksam, wenn der Kündigungsgrund eigentlich nicht ausreichend ist, die Kündigung nicht sozial gerechtfertigt oder aus anderen Gründen unwirksam ist (vgl. BAG v. 28.6.2007, Az. 6 AZR 873/06).

ACHTUNG!

Will der Arbeitnehmer lediglich festgestellt wissen, dass die vom Arbeitgeber bekanntgegebene Frist zur ordentlichen Kündigung unzutreffend berechnet wurde, so kann er dies – innerhalb der Grenzen der Verwirkung – auch nach Ablauf der 3-Wochen-Frist noch gerichtlich geltend machen, sofern sich aus dem Kündigungsschreiben ergibt, dass der Arbeitgeber die objektiv einzuhaltende Kündigungsfrist wahren wollte (BAG v. 9.9.2010, Az. 2 AZR 714/08). Scheidet jedoch eine Umdeutung aus den o. g. Gründen aus, so muss die aus der unzureichenden Kündigungsfrist herrührende Unwirksamkeit der Kündigung innerhalb der Klagefrist des § 4 KSchG geltend gemacht werden; andernfalls gilt die mit zu kurzer Frist ausgesprochene Kündigung nach § 7 KSchG als rechtswirksam und beendet das Arbeitsverhältnis zum „falschen Termin" (BAG v. 15.5.2013, Az. 5 AZR 130/12).

Mehr zur Kündigungsschutzklage unter → *Arbeitsgerichtsverfahren*.

2. Anspruch auf Abfindung

Im Falle einer betriebsbedingten Kündigung kann der Arbeitnehmer seit 1.1.2004 wählen, ob er gegen eine Kündigung Klage erhebt oder sich eine Abfindung gem. § 1a KSchG auszahlen lässt. Voraussetzung hierfür ist eine betriebsbedingte Kündigung, die den Hinweis des Arbeitgebers auf die Möglichkeit des gesetzlichen Abfindungsanspruchs enthält. Liegen die gesetzlichen Voraussetzungen vor (Einzelheiten hierzu s. u. → *Kündigungsschutz A.III.4.*) entsteht der Abfindungsanspruch in Höhe eines halben Monatsverdienstes für jedes Beschäftigungsjahr mit Verstreichenlassen der Klagefrist gem. § 4 KSchG. Die Abfindung wird dann nach Ablauf der Kündigungsfrist zur Zahlung fällig. Die Erhebung einer Kündigungsschutzklage schließt ebenso wie ein Antrag auf nachträgliche Klagezulassung den Abfindungsanspruch aus. Dies gilt auch dann, wenn der Arbeitnehmer seine Klage oder seinen Antrag auf nachträgliche Klagezulassung wieder zurücknimmt. Ungeachtet dessen, können die Parteien sich aber dann selbstverständlich noch gütlich auf die Zahlung der Abfindung einigen.

WICHTIG!

Der Arbeitgeber muss sich bereits bei Ausspruch der Kündigung überlegen, ob er dem Arbeitnehmer durch den Hinweis auf die Möglichkeit der gesetzlichen Abfindung ein entsprechendes Wahlrecht einräumt. Dies ist immer nur dann zu empfehlen, wenn die Wirksamkeit der Kündigung zumindest zweifelhaft ist und dem Arbeitnehmer durch die Abfindungsmöglichkeit die Unterlassung einer Kündigungsschutzklage schmackhaft gemacht werden soll.

Formulierungsbeispiel:

„Wir weisen darauf hin, dass die Kündigung aus dringenden betrieblichen Gründen erfolgt und Ihnen wegen der betriebsbedingten Beendigung ein gesetzlicher Anspruch auf Zahlung einer Abfindung gem. § 1a KSchG zusteht, sofern Sie gegen die Kündigung innerhalb der gesetzlichen Klagefrist keine Klage erheben. Die Höhe der Abfindung beträgt gem. § 1a KSchG 0,5 Monatsverdienste für jedes Jahr des Bestehens des Arbeitsverhältnisses. Als Monatsverdienst gilt gem. § 10 Abs. 3 KSchG was Ihnen bei der für Sie maßgebenden regelmäßigen Arbeitszeit in dem Monat, in dem das Arbeitsverhältnis endet, an Geld und Sachbezügen zusteht. Bei der Ermittlung der Dauer des Arbeitsverhältnisses ist ein Zeitraum von mehr als sechs Monaten auf ein volles Jahr aufzurunden. Sollten Sie also gegen die Kündigung bis zum Ablauf der gesetzlichen Klagefrist keine Klage erheben, steht Ihnen nach Ablauf der Kündigungsfrist eine Abfindung in Höhe von € .... zu."

Eine zutreffende Berechnung der Abfindungshöhe ist an dieser Stelle nicht zwingend erforderlich. Nach § 1a Abs. 1 KSchG setzt der Anspruch auf Zahlung einer Abfindung lediglich voraus, dass die Hinweise auf die zur Rechtfertigung der Kündigung maßgeblichen dringenden betrieblichen Erfordernisse und auf das Verstreichenlassen der Klagefrist nach § 4 Satz 1 KSchG erfolgen. Die für die Berechnung des Anspruchs maßgebliche Vorschrift des § 1a Abs. 2 KSchG muss noch nicht einmal ausdrücklich erwähnt, geschweige denn der sich hieraus ergebende Betrag beziffert werden (vgl. BAG v. 13.12.2007, Az. 2 AZR 807/06).

Der Abfindungsanspruch nach § 1a Abs. 1 KSchG entsteht in der gesetzlichen Höhe auch dann, wenn der Arbeitgeber dem Arbeitnehmer informatorisch einen niedrigeren Abfindungsbetrag mitgeteilt hat. Durch die gesetzliche Abfindungsregelung sind die Arbeitsvertragsparteien zwar nicht daran gehindert, eine geringere Abfindung zu vereinbaren. Will der Arbeitgeber dem Arbeitnehmer allerdings eine geringere Abfindung anbieten, so muss er hierbei unmissverständlich erklären, dass sein Angebot kein solches nach § 1a KSchG sein soll.

WICHTIG!

Auch eine nach der Drei-Wochen-Frist (s. o. 1.) erhobene Kündigungsschutzklage hindert die Entstehung eines Abfindungsanspruchs nach § 1a KSchG. In diesem Zusammenhang ist es auch unerheblich, ob mit der Klage ein Antrag auf nachträgliche Zulassung verbunden ist, oder nicht (BAG v. 20.8.2009, Az. 2 AZR 267/08).

3. Anspruch auf Vergütung

Ist die Kündigung unwirksam und stellt das Arbeitsgericht im Rahmen eines Kündigungsschutzprozesses fest, dass das Arbeitsverhältnis nicht beendet ist, behält der Arbeitnehmer seinen Vergütungsanspruch. Dies gilt grundsätzlich auch dann, wenn er nach dem Ablauf der Kündigungsfrist (während des Kündigungsschutzprozesses) nicht mehr gearbeitet hat. Der Arbeitgeber muss also nach Abschluss des Prozesses u. U. die Vergütung nachzahlen. Dies ergibt sich aus der allgemeinen Regelung des § 615 BGB, die für den Fall einer Kündigung für die Zeit nach der unwirksamen Entlassung durch die spezielle Regelung des § 11 KSchG ergänzt wird.

Voraussetzung hierfür ist, dass der Arbeitgeber mit der Annahme der Arbeitsleistung im Verzug (sog. Annahmeverzug) ist. Im ungekündigten Arbeitsverhältnis gerät er nur dann in Annahmeverzug, wenn der Arbeitnehmer

- leistungsfähig und
- leistungsbereit ist und
- dem Arbeitgeber seine Arbeitsleistung anbietet.

ACHTUNG!

Der Anspruch auf Vergütung wegen Annahmeverzugs setzt ein erfüllbares, d. h. tatsächlich durchführbares Arbeitsverhältnis voraus. Ein (z. B. durch einen vertraglichen Wiedereinstellungsanspruch) rückwirkend begründetes Arbeitsverhältnis genügt dem für die Vergangenheit nicht (BAG v. 19.8.2015, Az. 5 AZR 975/13).

Nach ständiger Rechtsprechung gerät der unwirksam kündigende Arbeitgeber gemäß §§ 293 ff. BGB in Annahmeverzug, ohne dass es eines – auch nur wörtlichen – Arbeitsangebots des Arbeitnehmers bedarf. Denn in der Kündigung des Arbeitgebers liegt zugleich die Erklärung, die Arbeitsleistung des Arbeitnehmers nach Ablauf der Kündigungsfrist bzw. bei der fristlosen Kündigung nach deren Zugang nicht mehr anzunehmen (vgl. BAG v. 29.3.2023, Az. 5 AZR 255/22 m. w. N.).

Gleichzeitig macht der Arbeitnehmer mit der Kündigungsschutzklage (zumindest inzident) seine Annahmeverzugsansprüche geltend. Das Gesamtziel der Kündigungsschutzklage ist nach Auffassung des BAG nämlich in der Regel nicht nur auf den Erhalt des Arbeitsplatzes beschränkt, sondern zugleich auch auf die Sicherung der Ansprüche gerichtet, die durch den Verlust der Arbeitsstelle möglicherweise verloren gehen. Mit der Erhebung einer Kündigungsschutzklage ist der Arbeitgeber ausreichend vom Willen des Arbeitnehmers unterrichtet, die durch die Kündigung bedrohten Einzelansprüche aus dem Arbeitsverhältnis aufrechtzuerhalten (vgl. BAG v. 26.4.2006, Az. 5 AZR 403/05). Jedoch wird durch die Erhebung der Kündigungsschutzklage nicht auch die Verjährung von Annahmeverzugsansprüchen gehemmt (BAG v. 24.6.2015, Az. 5 AZR 509/13).

ACHTUNG!

Im Streit über die Wirksamkeit eines Aufhebungsvertrages werden die Ansprüche des Arbeitnehmers aus Annahmeverzug (sofern überhaupt der Fortbestand des Arbeitsverhältnisses wegen der Unwirksamkeit des Aufhebungsvertrages im Nachhinein festgestellt wird) erst dann ausgelöst, wenn der Arbeitnehmer seine Arbeitsleistung ausdrücklich anbietet. Allein die Erhebung der Feststellungsklage reicht in diesem Zusammenhang nicht (BAG v. 7.12.2005, Az. 5 AZR 19/05).

ACHTUNG!

Hat der Arbeitnehmer jedoch eine bestimmte, an sich mögliche Arbeit abgelehnt, kann der Vergütungsanspruch nicht darauf gestützt werden, der Arbeitgeber hätte diese Arbeit anbieten müssen. Das gilt auch dann, wenn eine Beendigungskündigung des Arbeitgebers rechtskräftig mit der Begründung für unwirksam erklärt worden ist, der Arbeitgeber hätte trotz der Ablehnung seitens des Arbeitnehmers die entsprechende Arbeit im Wege der Änderungskündigung anbieten müssen (BAG v. 27.8.2008, Az. 5 AZR 16/08). Ein Arbeitnehmer, dessen Arbeitsverhältnis während eines Arbeitskampfes fristlos gekündigt wurde, hat im Falle des Obsiegens im Kündigungsschutzprozess keinen Anspruch auf Annahmeverzugsvergütung nach § 615 BGB, wenn er sich in der Zeit vom Zugang der Kündigung bis zur Verkündung des Urteils an einem Streik beteiligt hat. Zwar wird in diesem Fall durch das Urteil festgestellt, dass das Arbeitsverhältnis ununterbrochen fortbestanden hat, dem Anspruch aus § 615 BGB steht jedoch entgegen, dass der Arbeitnehmer wegen der Streikteilnahme leistungsunwillig i. S. v. § 297 BGB war (BAG v. 17.7.2012, Az. 1 AZR 563/11).

Die Erbringung der Arbeitsleistung muss dem Arbeitnehmer tatsächlich und rechtlich möglich sein. Dies ist z. B. nicht der Fall, wenn er arbeitsunfähig erkrankt ist (vgl. BAG v. 4.12.2024, Az. 5 AZR 276/23), eine Freiheitsstrafe verbüßt oder wegen eines gesetzlichen Verbots die Arbeitsleistung (z. B. Kraftfahrer wegen Entzug des Führerscheins) nicht erbringen kann.

Ist der Arbeitnehmer aus gesundheitlichen, rechtlichen oder sonstigen Gründen nicht in der Lage oder gewillt, die vereinbarte Arbeitsleistung zu erbringen, so hat er auch keinen Anspruch auf Vergütungsfortzahlung wegen Annahmeverzugs. Wenn er wegen Urlaub oder sonstigen Gründen von der Arbeitspflicht befreit ist, kann er aus dem Gesichtspunkt des Annahmeverzugs auch keine (zusätzliche) Vergütung verlangen (vgl. BAG v. 23.1.2001, Az. 9 AZR 26/00).

Etwas anderes gilt nur dann, wenn die Möglichkeit der Arbeitsleistung infolge von Umständen ausfällt, für die der Arbeitgeber das Risiko trägt (sog. Betriebsrisiko). In diesen Fällen (z. B. bei Ausfall von Betriebsstoffen oder anderer für den Betriebsablauf notwendiger Betriebsmittel, bei Betriebsstilllegung aufgrund öffentlich-rechtlicher Vorschriften/Anordnungen oder aufgrund eines Geschehens, das von außen auf typische Betriebsmittel einwirkt und sich als höhere Gewalt darstellt) kann der Arbeitnehmer die vereinbarte Vergütung gem. § 615 Satz 3 BGB auch dann verlangen, wenn die tatsächliche Erbringung der Arbeitsleistung aus Gründen, die in der Risikosphäre des Arbeitgebers liegen, unmöglich geworden ist (vgl. zur Abgrenzung BAG v. 23.9.2015, Az. 5 AZR 146/14). Auch begründet ein vom Auftraggeber oder Kunden unter Berufung auf vertragliche Pflichten an den Arbeitgeber gerichtetes Verbot, einen bestimmten Arbeitnehmer einzusetzen, kein Unvermögen dieses Arbeitnehmers, seine Arbeitsleistung zu erbringen (BAG v. 21.10.2015, Az. 5 AZR 843/14).

Muss der Arbeitgeber seinen Betrieb hingegen aufgrund eines staatlich verfügten allgemeinen „Lockdowns" zur Bekämpfung der Corona-Pandemie vorübergehend schließen, trägt er nicht das Risiko des Arbeitsausfalls und ist nicht verpflichtet, den Beschäftigten Vergütung unter dem Gesichtspunkt des Annahmeverzugs zu zahlen. In einem solchen Fall realisiert sich nicht ein in einem bestimmten Betrieb angelegtes Betriebsrisiko. Die Unmöglichkeit der Arbeitsleistung ist vielmehr Folge eines hoheitlichen Eingriffs zur Bekämpfung einer die Gesellschaft insgesamt treffenden Gefahrenlage. Es ist Sache des Staates, gegebenenfalls für einen adäquaten Ausgleich der den Beschäftigten durch den hoheitlichen Eingriff entstehenden finanziellen Nachteile – wie es zum Teil mit dem erleichterten Zugang zum Kurzarbeitergeld erfolgt ist – zu sorgen (BAG v. 13.10.2021, Az. 5 AZR 211/21).

ACHTUNG!

Ein Arbeitnehmer ist nicht stets schon dann leistungsunfähig, wenn er aus Gründen, die in seiner Person liegen, nicht mehr alle Arbeiten verrichten kann, die zu den vertraglich vereinbarten Tätigkeiten gehören. Ist es dem Arbeitgeber möglich und zumutbar, dem krankheitsbedingt nur eingeschränkt leistungsfähigen Arbeitnehmer leidensgerechte und vertragsgemäße Arbeiten zuzuweisen, ist die Zuweisung anderer Arbeiten unbillig. Die Einschränkung der Leistungsfähigkeit des Arbeitnehmers steht dann dem Annahmeverzug des Arbeitgebers nicht entgegen (BAG v. 8.11.2006, Az. 5 AZR 51/06).

Ausnahmsweise kommt ein Arbeitgeber trotz Nichtannahme der angebotenen Arbeitsleistung nicht in Annahmeverzug, wenn sich der Arbeitnehmer so verhält, dass der Arbeitgeber nach Treu und Glauben und unter Berücksichtigung der Gepflogenheiten des Arbeitslebens die Annahme der Leistung zu Recht ablehnt. Dies kann der Fall sein, wenn bei Annahme der angebotenen Dienste strafrechtlich geschützte Interessen des Arbeitgebers, seiner Angehörigen oder anderer Betriebsangehöriger unmittelbar und nachhaltig so gefährdet werden, dass die Abwehr dieser Gefährdung Vorrang vor dem Interesse des Arbeitnehmers an der Erhaltung seines Verdienstes haben muss (BAG v. 16.4.2014, Az. 5 AZR 736/11 m. w. N.). Hierzu muss jedoch ein ungewöhnlich schwerer Verstoß gegen allgemeine Verhaltenspflichten vorliegen.

3.1 Außerordentliche Kündigung

Liegt eine außerordentliche Kündigung vor, reicht es für den Annahmeverzug aus, dass der Arbeitnehmer leistungsfähig und leistungsbereit ist. Es ist nicht erforderlich, dass er dem Arbeitgeber seine Arbeitsleistung ausdrücklich anbietet. Will der Arbeitgeber in solchen Fällen den Annahmeverzug vermeiden, muss er von sich aus den Arbeitnehmer zur Wiederaufnahme der Arbeit auffordern. Etwas anderes gilt, wenn der Arbeitnehmer bereits vor Ausspruch der Kündigung die Arbeit verweigert hatte. In diesem Fall muss er dem Arbeitgeber seine Arbeitsleistung tatsächlich anbieten, um dessen Annahmeverzug zu begründen (BAG v. 22.2.2012, Az. 5 AZR 249/11).

Dabei besteht jedoch ein erhebliches Risiko für die Argumentation im Kündigungsschutzprozess: Der Arbeitgeber kann nicht einerseits die Unzumutbarkeit der Fortsetzung des Beschäftigungsverhältnisses behaupten und andererseits den Arbeitnehmer – zur Vermeidung des Vergütungsrisikos – zur Wiederaufnahme seiner Tätigkeit auffordern. Liegt eine verhaltensbedingte Kündigung vor, braucht der Arbeitnehmer der Aufforderung ohnehin nicht Folge zu leisten, da er zur Wiederherstellung seines Ansehens zunächst den Ausgang des Kündigungsrechtsstreits abwarten darf (vgl. hierzu auch BAG v. 29.3.2023, Az. 5 AZR 255/22).

WICHTIG!

Aus den genannten Gründen sollte bei der außerordentlichen Kündigung grundsätzlich von einer Aufforderung zur Wiederaufnahme der Tätigkeit abgesehen werden.

Die Ablehnung einer ausdrücklich angebotenen Weiterbeschäftigung kann der Arbeitgeber u. U. mit einem ungewöhnlich schweren Verstoß gegen allgemeine Verhaltenspflichten begründen, der eine unmittelbare und nachhaltige Gefährdung von strafrechtlich geschützten Interessen des Arbeitgebers, seiner Angehörigen oder anderer Betriebsangehöriger befürchten lässt (s. o. 3. a. E.).

3.2 Ordentliche Kündigung

Auch bei einer ordentlichen Kündigung braucht der Arbeitnehmer seine Arbeitsleistung grundsätzlich nicht anzubieten, es sei denn, dass er bereits vor Ausspruch der Kündigung die Arbeit verweigert hatte (BAG v. 22.2.2012, Az. 5 AZR 249/11). Der Arbeitgeber gerät in Annahmeverzug, wenn er den Arbeitnehmer nach Ablauf der Kündigungsfrist nicht beschäftigt, obwohl dieser hierzu fähig und bereit ist.

Wenn nicht gerade verhaltensbedingte Gründe zur Kündigung geführt haben, bietet es sich hier zur Vermeidung des Vergütungsrisikos grundsätzlich an, dem Arbeitnehmer bis zum rechtskräftigen Abschluss des Kündigungsrechtsstreits eine befristete Weiterbeschäftigung anzubieten.

ACHTUNG!

Der Arbeitgeber muss immer prüfen, ob er sich mit einem solchen Angebot nicht in Widerspruch zu den behaupteten Kündigungsgründen setzt. Dies kann auch bei einer ordentlichen betriebsbedingten Kündigung der Fall sein, da der Arbeitsplatz ja angeblich weggefallen ist.

Allein die Aufforderung zur Wiederaufnahme der Arbeit reicht nicht dazu aus, den Annahmeverzug zu unterbrechen, wenn die Kündigung als solche aufrechterhalten bleibt (BAG v. 7.11.2002, Az. 2 AZR 650/00). Schlägt aber der Arbeitnehmer das Angebot einer bis zum Abschluss des Kündigungsrechtsstreits befristeten Weiterbeschäftigung (ggf. auf einem anderen Arbeitsplatz) aus, so verwirkt er u. U. einen etwaigen Anspruch auf Vergütungsfortzahlung aus dem Gesichtspunkt des böswilligen Unterlassens anderweitigen Erwerbs (§ 615 Satz 2 BGB; s. u. 3.3). Dies ist immer dann der Fall, wenn ihm die Annahme des befristeten Weiterbeschäftigungsangebots zumutbar gewesen wäre (vgl. LAG Köln v. 21.6.2005, Az.13 Sa 179/05).

ACHTUNG!

Bei der bis zum Abschluss des Kündigungsrechtsstreits befristeten Weiterbeschäftigung handelt es sich um ein neues Arbeitsverhältnis, das nur unter den gesetzlichen Voraussetzungen befristet werden darf (s. → *Befristetes Arbeitsverhältnis*). Ist eine Vereinbarung über die Weiterbeschäftigung während des Kündigungsschutzprozesses nicht schriftlich abgeschlossen worden, so ist die Befristung unwirksam und hat zur Folge, dass das „neue" Arbeitsverhältnis unbefristet fortbesteht, und zwar selbst dann, wenn die Wirksamkeit der streitigen Kündigung (des „alten" Arbeitsverhältnisses) rechtskräftig festgestellt wird (LAG Hamm v. 16.1.2003, Az. 16 Sa 1126/02). Dies gilt selbstverständlich nicht, wenn der Arbeitnehmer wegen des Weiterbeschäftigungsanspruchs nach § 102 Abs. 5 BetrVG (s. u. 4.1) bis zum rechtskräftigen Abschluss des Kündigungsrechtsstreits weiterbeschäftigt werden muss. Erfolgt jedoch eine zweite Kündigung, so beendet diese das (erste) Weiterbeschäftigungsverhältnis zu dem darin genannten Entlassungstermin. In diesem Fall gelten dann für eine darüber hinausgehende Beschäftigung wieder die vorbenannten Befristungsvoraussetzungen (LAG Nürnberg v. 25.6.2004, Az. 9 Sa 151/04).

3.3 Umfang der Vergütung

Nach § 615 Satz 1 BGB muss der Arbeitnehmer für den Zeitraum des Annahmeverzugs vergütungsmäßig so gestellt werden, als ob er ganz normal gearbeitet hätte. Die vom Arbeitgeber nachzuzahlende Vergütung umfasst neben der Grundvergütung auch sonstige Leistungen mit Entgeltcharakter (z. B. Provisionen, Tantiemen, Jahresabschlussvergütungen, Sonderzahlungen). Nicht dagegen zu berücksichtigen sind Leistungen mit Aufwendungscharakter (z. B. Essens- und Fahrtkostenzuschüsse, Kleidergeld etc.).

Der Arbeitnehmer muss sich auf die fortzuzahlende Vergütung das anrechnen lassen, was er während des Annahmeverzugs dadurch gespart hat, dass er seine Arbeitsleistung nicht erbracht hat. Hierbei kommen insbesondere Fahrtkosten und sonstige berufsbezogene Aufwendungen in Betracht.

Darüber hinaus muss er sich gemäß § 615 Satz 2 BGB (und für die Zeit nach der unwirksamen Entlassung gemäß § 11 KSchG) den Verdienst aus einer anderweitigen Arbeit (sog. Zwischenverdienst) anrechnen lassen. Zur Höhe des anderweitigen Verdienst hat der Arbeitgeber gegenüber dem Arbeitnehmer einen Auskunftsanspruch (vgl. z. B. ArbG Aachen v. 13.2.2014, 8 Ca 128/12 d). Der Zwischenverdienst ist auf den Vergütungsanspruch wegen Annahmeverzugs in dem Umfang anzurechnen, wie er dem Verhältnis der beim Arbeitgeber ausgefallenen Arbeitszeit zu der im neuen Dienstverhältnis geleisteten entspricht (BAG v. 24.2.2016, Az. 5 AZR 425/15).

WICHTIG!

Der Anspruch auf Urlaub besteht nach § 6 Abs. 1 BUrlG nicht, soweit dem Arbeitnehmer für das laufende Kalenderjahr bereits von einem früheren Arbeitgeber Urlaub gewährt worden ist. Die Vorschrift regelt den Urlaubsanspruch, wenn der Arbeitnehmer während des Urlaubsjahres den Arbeitgeber wechselt. Sie erfasst jedoch nicht den

Fall, dass ein Arbeitnehmer nach einer Kündigung des Arbeitgebers ein anderweitiges Arbeitsverhältnis eingegangen ist und festgestellt wird, dass das Arbeitsverhältnis durch die Kündigung nicht aufgelöst ist. In einem solchen Fall liegt ein Doppelarbeitsverhältnis vor. Hätte der Arbeitnehmer seine Pflichten aus beiden Arbeitsverhältnissen nicht gleichzeitig erfüllen können und hat der Arbeitgeber, mit dem er während des Kündigungsrechtsstreits ein Arbeitsverhältnis eingegangen ist, ihm für ein laufendes Kalenderjahr Urlaub gewährt, hat er im Umfang des ihm erteilten Urlaubs grundsätzlich keinen weiteren Urlaubsanspruch für dieses Jahr. Einem doppelten Urlaubsanspruch des Arbeitnehmers steht entgegen, dass dieser im Falle eines Obsiegens im Kündigungsrechtsstreit grundsätzlich so zu stellen ist, als hätte keine tatsächliche Unterbrechung des Arbeitsverhältnisses stattgefunden. Zwar handelt es sich beim Urlaub nicht um Entgelt für geleistete Dienste, sodass die Anrechnungsvorschriften des § 11 Nr. 1 KSchG und § 615 Satz 2 BGB keine unmittelbare Anwendung finden. Wegen der Gleichheit der Interessenlage ist jedoch eine analoge Anwendung dieser Bestimmungen geboten (BAG v. 21.2.2012, Az. 9 AZR 487/10).

Hat der Arbeitnehmer während des Annahmeverzugs Einkünfte aus selbstständiger Tätigkeit erzielt, kann der Arbeitgeber sogar die Vorlage des Einkommensteuerbescheids verlangen. Solange der Arbeitnehmer die geschuldete Auskunft nicht erteilt hat, kann der Arbeitgeber die Zahlung der Vergütung verweigern.

Ist die erteilte Auskunft in einzelnen Punkten unvollständig, kann der Arbeitgeber verlangen, dass der Arbeitnehmer die Vollständigkeit und Richtigkeit der Auskunft an Eides statt versichert.

Unterlässt der Arbeitnehmer böswillig die Annahme einer zumutbaren anderweitigen Arbeit, muss er sich nach § 615 Satz 2 BGB das anrechnen lassen, was er durch die anderweitige Arbeit hätte verdienen können. Besteht das Arbeitsverhältnis nach der Entscheidung des Arbeitsgerichts fort, gilt für die Zeit nach der Entlassung (also i. d. R. nach Ablauf der Kündigungsfrist) die spezielle Regelung gemäß § 11 KSchG. Beide Regelungen stellen darauf ab, ob dem Arbeitnehmer nach Treu und Glauben sowie unter Beachtung des Grundrechts auf freie Arbeitsplatzwahl die Aufnahme einer anderweitigen Arbeit zumutbar ist. Von einer böswilligen Nichtannahme kann immer dann ausgegangen werden, wenn ein Arbeitnehmer trotz Kenntnis aller objektiven Umstände vorsätzlich untätig bleibt, und eine ihm nach Treu und Glauben unter Beachtung des Grundrechts auf freie Arbeitsplatzwahl nach Art. 12 GG zumutbare anderweitige Tätigkeit nicht aufnimmt oder die Aufnahme der Arbeit bewusst verhindert (vgl. BAG v. 8.9.2021, Az. 5 AZR 205/21 m. w. N.; BAG v. 7.2.2024, Az. 5 AZR 177/23). Böswilligkeit kann auch dann vorliegen, wenn sich der Arbeitnehmer im Hinblick auf die Zahlungspflicht des Arbeitgebers vorsätzlich mit einer zu geringen Vergütung zufrieden gibt (BAG v. 24.1.2024, Az. 5 AZR 331/22 m. w. N.).

ACHTUNG!

Kündigt der Arbeitgeber das Arbeitsverhältnis ordentlich und stellt den Arbeitnehmer trotz dessen Beschäftigungsanspruchs von der Arbeit frei, unterlässt der Arbeitnehmer in der Regel nicht böswillig i. S. d. § 615 Satz 2 BGB anderweitigen Verdienst, wenn er nicht schon vor Ablauf der Kündigungsfrist ein anderweitiges Beschäftigungsverhältnis eingeht (vgl. BAG v. 12.2.2025, Az. 5 AZR 127/24).

Die Unzumutbarkeit einer anderweitigen Arbeit kann sich unter verschiedenen Gesichtspunkten ergeben, sie kann etwa ihren Grund in der Person des Arbeitgebers, der Art der Arbeit oder den sonstigen Arbeitsbedingungen haben. Erforderlich für die Beurteilung der Böswilligkeit ist stets eine unter Bewertung aller Umstände des konkreten Falls vorzunehmende Gesamtabwägung der beiderseitigen Interessen (BAG v. 19.5.2021, Az. 5 AZR 420/20).

ACHTUNG!

Nach der Rechtsprechung des BAG darf der Arbeitnehmer auch nicht vorsätzlich verhindern, dass ihm eine zumutbare Arbeit überhaupt angeboten wird. Nach § 38 Abs. 1 SGB III ist ein Arbeitnehmer verpflichtet, sich fristgerecht bei der Agentur für Arbeit als arbeitsuchend zu melden – und zwar unabhängig davon, ob der Fortbestand des Arbeitsverhältnisses gerichtlich geltend gemacht wird. Die Verletzung dieser Pflicht, auf die ein Arbeitgeber in seiner Kündigung hinweisen sollte, hat im Rahmen der durchzuführenden Gesamtabwägung ebenso Beachtung zu finden, wie unterlassene Bemühungen des Arbeitnehmers (z. B. durch Bewerbungen und die Wahrnehmung von Vermittlungsmöglichkeiten), eine anderweitige Beschäftigung zu finden (vgl. BAG v. 12.10.2022, Az. 5 AZR 30/22). „Scheinbewerbungen", in denen der Arbeitnehmer durch den Inhalt seiner Bewerbung direkt oder konkludent zum Ausdruck bringt, an einer Arbeitsaufnahme überhaupt nicht interessiert zu sein, können ebenfalls als böswilliges Unterlassen zu werten sein. Gibt es ausreichende Indizien, dass der Arbeitnehmer solche „Scheinbewerbungen" abgegeben hat, muss er dem Arbeitgeber, von dem er Annahmeverzugslohn begehrt, auf Verlangen auch Auskunft über den Inhalt seiner Bewerbungen geben (vgl. LAG Köln v. 7.1.2025, Az. 7 SLa 78/24).

Von einem böswilligen Unterlassen ist immer dann auszugehen, wenn der Arbeitnehmer vorsätzlich verhindert, dass ihm eine zumutbare Arbeit überhaupt angeboten wird oder er grundlos eine zumutbare Beschäftigung ablehnt. Meldet sich der Arbeitnehmer nach einer Kündigung des Arbeitsverhältnisses bei der Agentur für Arbeit arbeitsuchend und geht er deren Vermittlungsangeboten nach, wird ihm regelmäßig keine vorsätzliche Untätigkeit vorzuwerfen sein. Aus § 11 Nr. 2 KSchG kann allerdings nicht abgeleitet werden, der Arbeitnehmer dürfe in jedem Fall ein zumutbares Angebot der Agentur für Arbeit abwarten. Vielmehr kann die Abwägung der Interessen im Einzelfall für ihn auch die Obliegenheit begründen, ein eigenes Angebot abzugeben, wenn sich ihm eine realistische zumutbare Arbeitsmöglichkeit bietet (BAG v. 22.3.2017, Az. 5 AZR 337/16). Auch darf der Arbeitnehmer nicht vorsätzlich die Ursache dafür setzen, dass ihm seitens der Agentur für Arbeit trotz ordnungsgemäßer Meldung keine Vermittlungsangebote unterbreitet werden (vgl. BAG v. 7.2.2024, Az. 5 AZR 177/23).

Unzumutbar ist dem Arbeitnehmer grundsätzlich die Übernahme einer erheblich geringwertigeren Arbeit. Andererseits darf der Arbeitnehmer ein Änderungsangebot mit verminderter Vergütung nicht kategorisch und vorbehaltslos ablehnen (vgl. BAG v. 16.6.2004, Az. 5 AZR 508/03). Ein Arbeitnehmer muss auch eine deutliche Verschlechterung seiner Arbeitsbedingungen nicht akzeptieren, solange er berechtigte Aussichten hat, rechtzeitig eine günstigere Arbeit zu finden. Je länger Arbeitsangebot und vorgesehene Arbeitsaufnahme auseinander liegen, desto weniger wird es dem Arbeitnehmer im Regelfall vorzuwerfen sein, wenn er das Angebot ablehnt und sich stattdessen um eine für ihn günstigere Arbeit bemüht. Im Streitfall hat das Arbeitsgericht genau zu prüfen, ob dem Arbeitnehmer nach Treu und Glauben (§ 242 BGB) und unter Beachtung des Grundrechts auf freie Arbeitsplatzwahl (Art. 12 GG) die neue Tätigkeit zu den geänderten Bedingungen zumutbar ist. Demnach können auch erhebliche Abweichungen in Dauer und Lage der Arbeitszeit, Arbeitsort, Art und Umfang der Sozialleistungen, Größe des Unternehmens, Gefährlichkeit der Arbeit, wirtschaftliche Lage des Arbeitgebers und eine erschwerte Rückkehr an den bisherigen Arbeitsplatz die Unzumutbarkeit einer anderweitigen Beschäftigung begründen. Die anderweitige Tätigkeit darf auch nicht mit den Pflichten aus dem gekündigten Arbeitsverhältnis kollidieren, weshalb beispielsweise die Aufnahme einer gegen ein Wettbewerbsverbot verstoßenden Konkurrenztätigkeit unzumutbar wäre (BAG v. 7.2.2024, Az. 5 AZR 177/23). Inwieweit der Arbeitnehmer eine Verschlechterung der Arbeitsbedingungen sowohl der Art, der Arbeitszeit und des Ortes der anderweitigen Beschäftigung sowie des Verdienstes hinnehmen muss, beurteilt sich nach den konkreten Umständen des Einzelfalls. Die Unzumutbarkeit der Arbeit folgt nicht allein schon aus einem geringeren Verdienst bei einer anderweitigen Tätigkeit bei einem anderen Arbeitgeber (vgl. BAG v. 7.2.2024, Az. 5 AZR 177/23). Entsprechendes gilt für eine Tätigkeit bei dem bisherigen Arbeitgeber, der mit Ausspruch einer Änderungskündigung die Fortsetzung derselben oder einer anderen Arbeit zu einer geringeren Vergütung anbietet (vgl. BAG v. 19.1.2022, Az. 5AZR 346/21; BAG v. 16.6.2004, Az. 5 AZR 508/03). Jedenfalls ist eine Tätigkeit, bei der der zu erzielende Nettoverdienst unter dem Arbeitslosengeld I liegt, während des Bezugszeitraums dieser Leistung nicht als zumutbar anzusehen (BAG v. 15.1.2025, Az. 5 AZR 135/24; BAG v. 7.2.2024, Az. 5 AZR 177/23).

WICHTIG!

Der Arbeitnehmer unterlässt böswillig anderweitigen Erwerb auch dann, wenn er eine zumutbare Arbeit beim bisherigen Arbeitgeber ablehnt. Die von einem Arbeitgeber im unstreitig bestehenden Arbeitsverhältnis über sein Weisungsrecht hinaus zugewiesene Arbeit ist nicht ohne Weiteres als unzumutbar anzusehen. Vielmehr sind auch hier alle Umstände des Einzelfalles zu berücksichtigen. Neben der Art der Arbeit und den sonstigen Arbeitsbedingungen ist zu prüfen, aus welchen Gründen der Arbeitgeber keine vertragsgemäße Arbeit anbietet und der Arbeitnehmer die zugewiesene Arbeit ablehnt (BAG v. 7.2.2007, Az. 5 AZR 422/06). Das Fehlen dringender Gründe für das Angebot des Arbeitgebers, den Arbeitnehmer bis zum rechtskräftigen Abschluss des Kündigungsschutzprozesses nicht mit der arbeitsvertraglich geschuldeten, sondern einer anderen Tätigkeit zu beschäftigen, schließt böswilliges Unterlassen anderweitigen Erwerbs i. S. v. § 11 Satz 1 Nr. 2 KSchG nicht aus (BAG v. 17.11.2011, Az. 5 AZR 564/10), weil das Angebot vertragsgerechter Arbeit zur Erfüllung des bestehenden Arbeitsvertrags ja bereits den Annahmeverzug beenden würde (BAG v. 19.1.2022, Az. 5 AZR 346/21).

Hat der gekündigte Arbeitnehmer im Kündigungsschutzprozess jedoch ein (vorläufig) vollstreckbares Weiterbeschäftigungsurteil erstritten, muss der Arbeitgeber seiner sich hieraus ergebenden Verpflichtung zur Weiterbeschäftigung nachkommen, um das Annahmeverzugsrisiko zu mindern. Der Arbeitnehmer ist in diesem Fall nicht verpflichtet, ein Angebot des Arbeitgebers zu einer vertraglichen Gestaltung der Weiterbeschäftigung während des Kündigungsschutzprozesses (befristetes Prozessarbeitsverhältnis) anzunehmen, und zwar selbst dann nicht, wenn dies seiner Art nach an sich eine dem Arbeitnehmer zumutbare Arbeit vorsieht (BAG v. 8.9.2021, Az. 5 AZR 205/21).

Lehnt der Arbeitnehmer es ab, für die Dauer des Kündigungsschutzprozesses bei seinem bisherigen Arbeitgeber weiterzuarbeiten, indiziert dies allein nicht fehlenden Leistungswillen i. S. d. § 297 BGB. Die möglichen Rechtsfolgen der Ablehnung einer Prozessbeschäftigung richten sich ausschließlich nach § 11 Nr. 2 KSchG (BAG v. 29.3.2023, Az. 5 AZR 255/22). Der Arbeitgeber hatte in diesem Fall die fristlose Kündigung erklärt und dem Arbeitnehmer sodann die Weiterbeschäftigung für die Dauer des Kündigungsschutzprozesses angeboten. Das BAG entschied, dieses Verhalten des Arbeitgebers sei widersprüchlich, weshalb das Beschäftigungsangebot nicht ernst gemeint sein könne. Überdies sei Bezugspunkt für den Leistungswillen des Arbeitnehmers die von ihm zu bewirkende Arbeitsleistung, somit jene im ungekündigten Arbeitsverhältnis. Mithin endet der Annahmeverzug nicht, solange der Arbeitgeber bei seiner Arbeitsaufforderung die Kündigung aufrecht erhält.

Der Arbeitgeber muss die Umstände, aus denen sich die Böswilligkeit ergibt, darlegen und beweisen (BAG v. 6.9.1990, Az. 2 AZR 165/90; BAG v. 25.10.2007, Az. 8 AZR 917/06). Den Arbeitnehmer trifft dann unter Berücksichtigung der aus § 138 Abs. 1 und Abs. 2 ZPO folgenden Pflicht, sich zu den vom Arbeitgeber behaupteten Tatsachen wahrheitsgemäß und vollständig zu erklären, eine sekundäre Darlegungslast, wenn der primär darlegungsbelastete Arbeitgeber keine nähere Kenntnis der maßgeblichen Umstände und auch keine Möglichkeit zur weiteren Sachverhaltsaufklärung hat, während dem klagenden Arbeitnehmer nähere Angaben dazu ohne Weiteres möglich und zumutbar sind (vgl. BAG v. 7.2.2024, Az. 5 AZR 177/23 und BGH v. 8.2.2024, Az. IX ZR 107/22). Der Arbeitgeber kann daher – ggfs. auch im Wege einer Widerklage – vom Arbeitnehmer Auskunft über die von der Agentur für Arbeit und dem Jobcenter übermittelten Stellenangebote verlangen (BAG v. 27.5.2020, Az. 5 AZR 387/19). Trotz ordnungsgemäßer Auskunftserteilung über die Vermittlungsvorschläge, kann Böswilligkeit dann angenommen werden, wenn der Arbeitnehmer durch fehlende Quantität und Qualität der übermittelten Bewerbungen versucht einen anderweitigen Erwerb zu umgehen (vgl. BAG v. 7.2.2024, Az. 5 AZR 177/23; LAG Köln v. 16.1.2025, Az. 6 Sa 633/23).

4. Weiterbeschäftigungsanspruch

Eine Weiterbeschäftigung des Arbeitnehmers während des Kündigungsrechtsstreits kann für den Arbeitgeber von Interesse sein, da er auf diese Weise das Risiko, dem Arbeitnehmer aus dem Gesichtspunkt des Annahmeverzugs die weitere Vergütung bezahlen zu müssen, ohne eine Arbeitsleistung zu erhalten, verhindern kann. Andererseits kann die Weiterbeschäftigung des Arbeitnehmers für den Arbeitgeber mit erheblichen Nachteilen verbunden sein, wenn z. B. weitere Vertragsverletzungen oder betriebliche Störungen zu erwarten sind.

Gegen den Willen des Arbeitgebers kann der gekündigte Arbeitnehmer bis zum rechtskräftigen Abschluss des Kündigungsrechtsstreits eine Weiterbeschäftigung nur dann durchsetzen, wenn ihm ein kollektivrechtlicher oder ein allgemeiner arbeitsvertraglicher Weiterbeschäftigungsanspruch zusteht.

ACHTUNG!

Ein gekündigter Mitarbeiter, der seine Weiterbeschäftigung gerichtlich durchsetzen will, muss seine Tätigkeiten und Kompetenzen so konkret wie möglich beschreiben. Andernfalls ist selbst eine erfolgreiche Klage dann nicht durchsetzbar bzw. vollstreckbar, wenn nicht hinreichend klar ist, welche Funktionen der betroffene Arbeitnehmer eines Unternehmens überhaupt hatte (LAG Rheinland-Pfalz v. 6.10.2005, Az. 2 Ta 23/05). Hat der gekündigte Arbeitnehmer im Kündigungsschutzprozess ein (vorläufig) vollstreckbares Weiterbeschäftigungsurteil erstritten, muss der Arbeitgeber seiner sich hieraus ergebenden Verpflichtung zur Weiterbeschäftigung nachkommen, um das Annahmeverzugsrisiko zu mindern. Der Arbeitnehmer ist in diesem Fall nicht verpflichtet, ein Angebot des Arbeitgebers zu einer vertraglichen Gestaltung der Weiterbeschäftigung während des Kündigungsschutzprozesses (befristetes Prozessarbeitsverhältnis) anzunehmen, und zwar selbst dann nicht, wenn dies seiner Art nach an sich eine dem Arbeitnehmer zumutbare Arbeit vorsieht (BAG v. 8.9.2021, Az. 5 AZR 205/21).

4.1 Kollektivrechtlicher Anspruch

Der sog. kollektivrechtliche Weiterbeschäftigungsanspruch ergibt sich aus § 102 Abs. 5 BetrVG, wenn der Betriebsrat gegen eine ordentliche Kündigung form- und fristgerecht Widerspruch eingelegt hat. Der Arbeitgeber ist dann verpflichtet, den gekündigten Arbeitnehmer auf dessen Verlangen bis zum rechtskräftigen Abschluss des Kündigungsrechtsstreits bei unveränderten Arbeitsbedingungen tatsächlich weiter zu beschäftigen (§ 102 Abs. 5 Satz 1 BetrVG).

Hiergegen kann sich der Arbeitgeber mit einer einstweiligen Verfügung zur Wehr setzen, wenn

- die Kündigungsschutzklage keine hinreichenden Erfolgsaussichten hat oder mutwillig erscheint oder
- die Weiterbeschäftigung des Arbeitnehmers zu einer unzumutbaren wirtschaftlichen Belastung des Arbeitgebers führen würde oder
- der Widerspruch des Betriebsrats offensichtlich unbegründet ist.

ACHTUNG!

Der Weiterbeschäftigungsanspruch gem. § 102 Abs. 5 BetrVG besteht immer nur im Zusammenhang mit der Kündigung, welcher der Betriebsrat form- und fristgerecht widersprochen hat. Erfolgt eine neue Kündigung, welcher der Betriebsrat nicht widerspricht, so endet der Weiterbeschäftigungsanspruch zum Entlassungstermin der neuen Kündigung. Wird das Arbeitsverhältnis darüber hinaus fortgesetzt, so droht hierdurch die Begründung eines neuen unbefristeten Arbeitsverhältnisses (s. o. 3.2 a. E.).

4.2 Arbeitsvertraglicher Anspruch

Gesetzlich nicht geregelt ist der sog. allgemeine arbeitsvertragliche Weiterbeschäftigungsanspruch, der immer dann besteht, wenn die Kündigung unwirksam ist und überwiegende schutzwerte Interessen des Arbeitgebers einer solchen Weiterbeschäftigung des Arbeitnehmers nicht entgegenstehen.

Grundsätzlich kann davon ausgegangen werden, dass das Interesse des Arbeitgebers an der Nichtbeschäftigung des gekündigten Arbeitnehmers während der Dauer des Kündigungsschutzprozesses überwiegt. Dies gilt so lange, bis durch ein Urteil des Arbeitsgerichts oder des Landesarbeitsgerichts die Unwirksamkeit der Kündigung festgestellt wird. Bis zu diesem Zeitpunkt kann ein Arbeitnehmer nur dann den allgemeinen Weiterbeschäftigungsanspruch durchsetzen, wenn

- die Kündigung offensichtlich unwirksam ist oder
- schon die vorübergehende Unterbrechung der Beschäftigung für den Arbeitnehmer mit außergewöhnlichen und schwer wiedergutzumachenden Nachteilen verbunden wäre.

Ein derartiger Ausnahmefall kann z. B. vorliegen, wenn ohne die Weiterbeschäftigung die Erhaltung oder Erlangung einer beruflichen Qualifikation ernsthaft in Frage gestellt werden würde. Dies dürfte allerdings nur bei herausragenden Tätigkeiten der Fall sein, bei denen die Fähigkeiten des Arbeitnehmers im Falle einer Arbeitsunterbrechung zu „verkümmern“ drohen.

Wird jedoch in einem Urteil die Unwirksamkeit der Kündigung festgestellt, sind die Beschäftigungsinteressen des Arbeitnehmers grundsätzlich höher zu bewerten, als die gegenläufigen Belange des Arbeitgebers. In solchen Fällen wird der Arbeitgeber nur dann nicht zur Weiterbeschäftigung verpflichtet sein, wenn schwerwiegende Pflichtverstöße des Arbeitnehmers und die Gefahr erheblicher Schädigung des Arbeitgebers (z. B. Untreue-/Eigentumsdelikte, Geheimnisverrat) drohen.

C. Kündigung durch den Arbeitnehmer

I. Ordentliche Kündigung

Für eine Kündigung von Seiten des Arbeitnehmers gelten die allgemeinen Regeln (s. o. A.).

Auch der Arbeitnehmer muss eine Kündigung gemäß § 623 BGB schriftlich erklären. Die gesetzliche Kündigungsfrist beträgt gemäß § 622 BGB vier Wochen zum 15. oder zum Ende eines Kalendermonats bzw. in der Probezeit zwei Wochen. Diese Kündigungsfrist kann durch Arbeitsvertrag, Betriebsvereinbarung oder Tarifvertrag verlängert werden. Es darf allerdings für die Kündigung des Arbeitsverhältnisses durch den Arbeitnehmer keine längere Frist vereinbart werden, als für die Kündigung durch den Arbeitgeber.

ACHTUNG!

Die „Rücknahme“ einer Kündigung ist als ein Antrag auf einvernehmliche Fortsetzung des Arbeitsverhältnisses im Sinne von § 145 BGB zu verstehen. Einen solchen Antrag muss der Vertragspartner, dem gegenüber die Kündigung erklärt worden war, nicht annehmen. Beschäftigt der Arbeitgeber einen Arbeitnehmer, der eine Eigenkündigung erklärt und kurz darauf „zurückzieht“, danach bis zum Ablauf einer mehrmonatigen Kündigungsfrist weiter, liegt allein in der Beschäftigung keine Annahme des Angebots, das Arbeitsverhältnis trotz der Kündigung einvernehmlich fortzusetzen (LAG Thüringen v. 17.1.2023, Az. 5 Sa 243/22).

II. Außerordentliche Kündigung

1. Wichtiger Grund

Eine außerordentliche Kündigung durch den Arbeitnehmer setzt das Vorliegen eines wichtigen Grundes voraus. Dies kann z. B. eine wiederholte Vertragsverletzung durch den Arbeitgeber sein.

Kommt der Arbeitgeber nämlich seinen Pflichten aus dem Arbeitsverhältnis nicht nach, so kann der Arbeitnehmer – in der Regel nach einer vorherigen → *Abmahnung* – eine außerordentliche Kündigung erklären. Beispiele aus der Rechtsprechung hierfür sind:

- Nichterfüllung der Beschäftigungspflicht (BAG v. 19.8.1976, Az. 3 AZR 173/75);
- die unberechtigte Suspendierung eines leitenden Angestellten von der Arbeit (BAG v. 8.3.1956, Az. 2 AZR 622/54);
- der Entzug eines wesentlichen Teils des vertraglich zugesicherten Reisebezirks eines Provisionsreisenden (LAG Bremen DB 1964, 845);
- die Weigerung, eine zugesagte Prokura zu erteilen (BAG v. 17.9.1970, Az. 2 AZR 439/69).

Lohn- und Gehaltsrückstände sind nur dann ein wichtiger Grund für eine außerordentliche Kündigung, wenn der Arbeitgeber entweder über einen längeren Zeitraum wiederholt oder mit einem erheblichen Betrag in Verzug kommt. Der Arbeitnehmer muss den Arbeitgeber aber zuvor erfolglos zur Zahlung aufgefordert und ggf. abgemahnt haben (vgl. ArbG Frankfurt a. M. v. 23.8.2004, Az. 9 Ca 2241/03). Bestreitet der Arbeitgeber den geforderten Lohn dem Grund oder der Höhe nach, so wird dem Arbeitnehmer in der Regel vor Ausspruch der außerordentlichen Kündigung eine arbeitsgerichtliche Klärung zuzumuten sein.

Die ständige Missachtung zwingender Normen des Arbeitsschutzrechts (z. B. das ständige Verlangen unzulässiger → *Mehrarbeit*) kann eine außerordentliche Kündigung rechtfertigen.

Eine Verletzung der Beschäftigungspflicht und mithin ein wichtiger Grund gem. § 626 BGB kann vorliegen, wenn der Arbeitgeber einer Führungskraft und stellvertretenden Geschäftsführerin die Kommunikation über ihre Aufgaben, sowohl intern als auch extern untersagt (LAG Köln v. 24.1.2023, Az. 4 SaGa 16/22). Die Angestellte hatte zuvor ihren Arbeitgeber abgemahnt und aufgefordert ihr ihren Aufgabenbereich zu kommunizieren, sowie ihr den Zugang zu betrieblichen Kommunikationsmitteln zu eröffnen.

Kein wichtiger Grund ist hingegen ein einmaliges und außergewöhnliches Jobangebot durch einen anderen Arbeitgeber. Hierauf kann sich der Arbeitnehmer auch dann nicht berufen, wenn es sich um eine außergewöhnliche Chance für sein berufliches Fortkommen handelt. Zunächst muss er den Arbeitsvertrag mit seinem bisherigen Arbeitgeber ordnungsgemäß erfüllen. Nur in ganz besonderen Ausnahmefällen (insbesondere bei außergewöhnlich langer Vertragsbindung) kann eine außerordentliche Kündigung in Betracht kommen.

Letztendlich ist es Sache der Arbeitsgerichte, das Vorliegen eines wichtigen Grundes anhand der konkreten Umstände des Einzelfalls zu prüfen.

WICHTIG!

Die spätere Geltendmachung der Unwirksamkeit einer schriftlich erklärten fristlosen Eigenkündigung durch den Arbeitnehmer ist regelmäßig treuwidrig und unzulässig (BAG v. 12.3.2009, Az. 2 AZR 894/07).

2. Ausschlussfrist

Auch der Arbeitnehmer ist an die in § 626 Abs. 2 BGB geregelte → *Ausschlussfrist* gebunden. Er muss eine außerordentliche Kündigung also innerhalb von zwei Wochen nach Kenntniserlangung des Kündigungsgrunds erklären.

WICHTIG!

Der Arbeitnehmer muss auf Verlangen des Arbeitgebers den Kündigungsgrund schriftlich mitteilen.

III. Schadensersatzansprüche des Arbeitgebers

Im Fall einer unwirksamen Kündigung durch den Arbeitnehmer kann der Arbeitgeber Schadensersatz verlangen. Hierunter fallen insbesondere die Kosten für die Beschaffung (Inseratskosten und sonstige erforderliche Aufwendungen) sowie die Kosten für die Beschäftigung einer Ersatzkraft. Auf der anderen Seite muss sich der Arbeitgeber aber die ersparten Aufwendungen anrechnen lassen, die er für den vertragsbrüchigen Kündigenden ohnehin hätte zahlen müssen.

D. Checkliste Kündigung

I. Vorüberlegungen

1. Bestehen Kündigungsverbote oder -beschränkungen?
2. Besteht allgemeiner oder besonderer Kündigungsschutz? (s. → *Checklisten Kündigungsschutz*)
3. Gibt es im Betrieb eine Richtlinie zur Personalauswahl bei Entlassungen, die es zu beachten gilt?
4. Ist eine außerordentliche Kündigung möglich?

   Wichtiger Grund:

   - ❑ Ist der Arbeitnehmer wegen eines gleichartigen Sachverhalts bereits abgemahnt worden?
   - ❑ Wenn nein: Warum kann definitiv nicht damit gerechnet werden, dass der Arbeitnehmer nach einer Abmahnung sein Verhalten bessert?
   - ❑ Wann würde das Arbeitsverhältnis im Falle einer ordentlichen Kündigung, oder wenn diese ausgeschlossen ist, durch Zeitablauf enden?
   - ❑ Warum ist die Fortsetzung bis zu diesem Zeitpunkt unzumutbar?
   - ❑ Warum kann der Kündigungsgrund nicht durch mildere Maßnahmen (wie Umsetzung, Versetzung oder Änderungskündigung) beseitigt werden?

   Zweiwochenfrist (§ 626 BGB):

   - ❑ Wann hat der Kündigungsberechtigte von dem Kündigungsgrund erfahren?
   - ❑ Die außerordentliche Kündigung muss dem Arbeitnehmer innerhalb von zwei Wochen nach diesem Zeitpunkt zugehen!

- ❑ Berechnung der Kündigungsfrist

  Zu beachten sind:

  - ❑ Arbeitsvertrag
  - ❑ Tarifvertrag
  - ❑ Betriebsvereinbarung
  - ❑ Gesetz

  Bei unterschiedlichen Fristen ist im Regelfall die für den Arbeitnehmer günstigste Variante, also die längere Frist anzuwenden.

II. Maßnahmen vor Ausspruch der Kündigung

Anhörung des Betriebsrats

Mitzuteilende Umstände:

1. Personalien des Arbeitnehmers
2. Art und Gründe der Kündigung
3. Kündigungsfrist und Beendigungszeitpunkt

Handlungsmöglichkeiten des Betriebsrats:

1. Zustimmung
2. Abschließende Äußerung, dass keine Stellungnahme zur Kündigung abgegeben wird
3. Keine Erklärung
4. Äußerung von Bedenken
5. Widerspruch gemäß § 102 Abs. 3 BetrVG

Ende der Äußerungsfrist:

Die Kündigung darf erst erklärt werden, wenn

- ❑ der Betriebsrat eine abschließende Erklärung zur Kündigung abgegeben hat, oder
  - ❑ nach Ablauf von drei Tagen bei einer außerordentlichen Kündigung, bzw.
  - ❑ nach Ablauf einer Woche bei einer ordentlichen Kündigung (auch wenn diese nur hilfsweise zur außerordentlichen Kündigung erklärt wurde).
- ❑ Einholung einer behördlichen Zustimmung
  - ❑ bei Schwerbehinderten (§§ 85, 87 ff. SGB IX)
  - ❑ bei Schwangeren während Schwangerschaft oder nach Entbindung (§ 9 Abs. 3 MuSchG)
  - ❑ bei Erziehungsurlaub (§ 18 BErzGG)
- ❑ Anzeige bei Behörden
  - ❑ bei Massenentlassungen (§ 17 KSchG)
- ❑ Bei betriebsbedingter Kündigung prüfen, ob dem Arbeitnehmer ein Wahlrecht zur Beanspruchung der gesetzlichen Abfindung gem. § 1a KSchG für den Fall des Klageverzichts eingeräumt werden soll.

III. Kündigungserklärung

- ❑ Kündigung unbedingt schriftlich erklären (§ 623 BGB)
- ❑ Briefpapier des im Arbeitsvertrag genannten Vertragspartners verwenden, es sei denn der Betrieb ist zwischenzeitlich auf eine andere Person übergegangen (Rechtsnachfolge)
- ❑ Inhalt: Kündigungsart und Kündigungsfrist bzw. Beendigungszeitpunkt
- ❑ **Optional bei betriebsbedingter Kündigung:** Hinweis auf betriebsbedingte Gründe und die Möglichkeit zur Inanspruchnahme einer Abfindung gem. § 1a KSchG bei Verzicht auf Erhebung einer Kündigungsschutzklage
- ❑ Belehrung über Pflichten gem. § 38 SGB III
- ❑ Angabe des Kündigungsgrundes nur in Berufsausbildungsverhältnissen und bei der Kündigung einer Schwangeren erforderlich
- ❑ Eigenhändige Unterzeichnung der Kündigungserklärung durch Kündigungsberechtigten selbst, oder
- ❑ Eigenhändige Unterzeichnung durch bevollmächtigten Vertreter unter Vorlage einer Originalvollmacht

IV. Übermittlung der Kündigungserklärung

- ❑ Persönliche Aushändigung des Originals an Empfänger gegen Empfangsbestätigung
- ❑ Wenn Unterzeichnung verweigert wird: Zugang durch Zeugen sichern (Aktennotiz)
- ❑ Sonst Einschreiben/Rückschein

E. Muster: Kündigung

Musterschreiben und Vertragsgestaltungen müssen den jeweiligen Notwendigkeiten und den individuellen Bedürfnissen der Arbeitsvertragsparteien Rechnung tragen. Die in diesem Werk abgebildeten Muster können hierbei nur eine Hilfe sein. Deshalb ist im Einzelfall zu prüfen, inwieweit hier vorgeschlagene Formulierungen sinnvoll oder entbehrlich sind. Die Anpassung an den jeweiligen Einzelfall ist daher zwingend notwendig.

I. Ordentliche Kündigung

Sehr geehrter Herr ..../Sehr geehrte Frau ....,

hiermit kündigen wir das seit .... bestehende Arbeitsverhältnis unter Einhaltung der einschlägigen Kündigungsfrist von .... Wochen/Monaten ordentlich zum ....

Der Betriebsrat wurde zu dieser Kündigung angehört. Die Stellungnahme des Betriebsrats ist in Anlage beigefügt [oder: *Der Betriebsrat wurde zu dieser Kündigung angehört und hat ihr nicht widersprochen*].

„Wir weisen Sie darauf hin, dass gem. § 38 SGB III verpflichtet sind, sich spätestens drei Monate vor Beendigung des Arbeitsverhältnisses persönlich bei der Agentur für Arbeit zu melden ..."

oder (wenn zwischen Kenntnis des Beendigungszeitpunktes und der Beendigung weniger als drei Monate liegen):

„Wir weisen Sie darauf hin, dass Sie gem. § 38 SGB III verpflichtet sind, sich innerhalb von drei Tagen nach Kenntnis des Beendigungszeitpunktes, also nach Erhalt dieses Schreibens, persönlich bei der Agentur für Arbeit zu melden ..."

und (in beiden Fällen):

„... Andernfalls kann Ihr Anspruch auf Arbeitslosengeld verkürzt werden. Sie sind ferner dazu verpflichtet, selbst bei der Suche nach einem anderen Arbeitsplatz aktiv zu werden."

Optional bei betriebsbedingter Kündigung: *Wir weisen ferner darauf hin, dass die Kündigung aus dringenden betrieblichen Gründen erfolgt und Ihnen wegen der betriebsbedingten Beendigung ein gesetzlicher Anspruch auf Zahlung einer Abfindung gem. § 1a KSchG zusteht, sofern Sie gegen die Kündigung innerhalb der gesetzlichen Klagefrist keine Klage erheben. Die Höhe der Abfindung beträgt gem. § 1a KSchG 0,5 Monatsverdienste für jedes Jahr des Bestehens des Arbeitsverhältnisses. Als Monatsverdienst gilt gem. § 10 Abs. 3 KSchG was Ihnen bei der für Sie maßgebenden regelmäßigen Arbeitszeit in dem Monat, in dem das Arbeitsverhältnis endet, an Geld und Sachbezügen zusteht. Bei der Ermittlung der Dauer des Arbeitsverhältnisses ist ein Zeitraum von mehr als sechs Monaten auf ein volles Jahr aufzurunden. Sollten Sie also gegen die Kündigung bis zum Ablauf der gesetzlichen Klagefrist keine Klage erheben, steht Ihnen nach Ablauf der Kündigungsfrist eine Abfindung in Höhe von € .... zu.*

Optional mit Freistellung: *„Hiermit stellen wir Sie ab sofort unter Anrechnung Ihres gesamten Resturlaubs von .... Tagen in der Zeit von .... bis .... (optional: sowie Ihrer Freizeitausgleichsansprüche für geleistete Mehrarbeit von .... Tagen in der Zeit von .... bis ....) bis zur rechtlichen Beendigung des Arbeitsverhältnisses am .... unwiderruflich von Ihrer Pflicht zur Erbringung Ihrer Arbeitsleistung unter Fortzahlung Ihrer vertragsgemäßen Vergütung frei."*

Bitte bestätigen Sie uns den Erhalt dieses Schreibens auf der in Anlage beigefügten Empfangsbestätigung. Für Rückfragen steht Ihnen Herr/Frau .... gerne zur Verfügung.

Mit freundlichen Grüßen

....	....
Ort, Datum	*Kündigungsberechtigter oder bevollmächtigte Person*

Anlagen:

- *Kündigungsvollmacht (Original)*
- *Stellungnahme des Betriebsrats vom ....* [Eine Stellungnahme des Betriebsrats ist dem Kündigungsschreiben nur im Falle des Widerspruchs zwingend beizufügen.]
- *Formular Empfangsbestätigung*

II. Außerordentliche Kündigung

Sehr geehrter Herr ..../Sehr geehrte Frau ....,

hiermit kündigen wir das seit .... bestehende Arbeitsverhältnis außerordentlich und fristlos [oder: *zum ....*].

Der Betriebsrat wurde über diese Kündigung ordnungsgemäß unterrichtet.

In Anlage erhalten Sie Ihr Arbeitszeugnis und eine Zwischenbescheinigung für die Sozialversicherung. Die Lohnsteuerkarte und den Versicherungsnachweis erhalten Sie, sobald wir eine endgültige Lohnabrechnung erstellen konnten.

Wir weisen Sie darauf hin, dass Sie nach § 38 SGB III verpflichtet sind, sich nach Kenntnis des Beendigungszeitpunktes, also nach Erhalt dieses Schreibens, innerhalb von drei Tagen bei der Agentur für Arbeit persönlich arbeitssuchend zu melden. Andernfalls kann Ihr Anspruch auf Arbeitslosengeld gemindert werden. Sie sind in diesem Zusammenhang ferner dazu verpflichtet, selbst bei der Suche nach einem anderen Arbeitsplatz aktiv zu werden.

Bitte bestätigen Sie uns den Erhalt dieses Schreibens auf der in Anlage beigefügten Empfangsbestätigung. Für Rückfragen steht Ihnen Herr/Frau .... gerne zur Verfügung.

Mit freundlichen Grüßen

....	....
Ort, Datum	*Kündigungsberechtigter oder bevollmächtigte Person*

Anlagen:

- *Kündigungsvollmacht (Original)*
- *Empfangsbestätigung (Formular)*
- *Zwischenbescheinigung*
- *Arbeitszeugnis*

III. Anhörung des Betriebsrats

An den Betriebsrat

z. Hd. Frau/Herrn Betriebsratsvorsitzende/n

Die Betriebsleitung beabsichtigt, den/die Arbeitnehmer/in

Name, Vorname ....
Personalnummer ....
geb. am .... *in* ....
wohnhaft in der .... *-Straße in* ....
Familienstand ....
.... *unterhaltspflichtige Kinder*
beschäftigt in unserem Unternehmen seit ....
zuletzt als .... *in Abteilung* ....

nach Abschluss des Anhörungsverfahrens unter Einhaltung der Kündigungsfrist von .... Wochen/ .... Monaten ordentlich zum ....

[oder: *außerordentlich mit sofortiger Wirkung und hilfsweise ordentlich zum ....*]

[oder: *für den Fall der Nichtannahme der Vertragsänderung ordentlich zum ....*]

zu kündigen.

Der beabsichtigten Kündigung liegt im Einzelnen folgender Sachverhalt zugrunde: ....

[An dieser Stelle sind sämtliche Umstände anzugeben, die für die Kündigungsentscheidung des Arbeitgebers maßgeblich sind. Der Betriebsrat muss durch diese Schilderung in die Lage versetzt werden, ohne eigene Nachforschungen die Stichhaltigkeit der Kündigungsgründe zu überprüfen. Die Angaben müssen vollständig und wahrheitsgemäß sein.]

Der Betriebsrat wird gebeten, schnellstmöglich die unten bereits formularmäßig vorbereitete Stellungnahme abzugeben.

....

Ort, Datum *Kündigungsberechtigter*

Anlagen:

- *Personalakte*
- *Entwurf des Kündigungsschreibens*
- *Abmahnungen vom*
- *Stellungnahme des Arbeitnehmers vom*

Stellungnahme des Betriebsrats

Der Betriebsrat hat dieses Anhörungsschreiben am .... erhalten und zur Kenntnis genommen.

Der Betriebsrat stimmt der/den beabsichtigten Kündigung(en) zu.

- *Der Betriebsrat hat die auf einem gesonderten Beiblatt formulierten Bedenken.*
- *Der Betriebsrat erhebt gegen die beabsichtigte(n) Kündigung(en) Widerspruch. Die Gründe sind auf einem gesonderten Beiblatt aufgeführt.*

Der Betriebsrat wird keine weiteren Erklärungen hierzu abgeben.

....

Ort, Datum *Betriebsratsvorsitzende/r*

Kündigungsschutz

A. Allgemeiner Kündigungsschutz (Kündigungsschutzgesetz)

I. Begriff und Abgrenzung
II. Anwendungsbereich
  1. Persönlicher Anwendungsbereich
    1.1 Arbeitnehmer
    1.2 Wartezeit
  2. Betrieblicher Anwendungsbereich
    2.1 Betriebsbegriff
    2.2 Anzahl der beschäftigten Arbeitnehmer
III. Betriebsbedingte Kündigung
  1. Dringende betriebliche Erfordernisse
    1.1 Freie Unternehmerentscheidung
    1.2 Außerbetriebliche Ursachen
    1.3 Innerbetriebliche Ursachen
    1.4 Keine anderweitige Beschäftigungsmöglichkeit
  2. Soziale Auswahl
    2.1 Personenkreis
    2.2 Auswahlkriterien
    2.3 Auswahlverfahren
  3. Massenentlassungen
    3.1 Rechtsgrundlagen und Rechtsprechung
    3.2 Anzeigepflicht
    3.3 Form, Frist und Inhalt der Anzeige
    3.4 Folgen der korrekten Anzeige
    3.5 Folgen der unvollständigen oder unterlassenen Anzeige
    3.6 Beteiligung des Betriebsrats/Konsultationsverfahren
  4. Anspruch auf Abfindung gem. § 1a KSchG
IV. Personenbedingte Kündigung
  1. Allgemeine Voraussetzungen
    1.1 Fähigkeiten und Eignung
    1.2 Beeinträchtigung betrieblicher Interessen
    1.3 Interessenabwägung
  2. Einzelfälle
    2.1 Minderleistung
    2.2 Alkoholismus und Drogensucht
    2.3 Fehlende Arbeitserlaubnis
    2.4 Wegfall der Sozialversicherungsfreiheit
    2.5 Fehlende behördliche Erlaubnis
    2.6 Druckkündigung
    2.7 Sektenzugehörigkeit
    2.8 Freiheitsstrafe
    2.9 Verdachtskündigung
  3. Krankheit
    3.1 Begriff und Abgrenzung
    3.2 Negative Gesundheitsprognose
    3.3 Beeinträchtigung von betrieblichen Interessen
    3.4 Interessenabwägung
    3.5 Lang andauernde Krankheit
    3.6 Häufige Kurzerkrankungen
    3.7 Krankheitsbedingte Eignungs- und Leistungsminderung
    3.8 Krankheitsbedingte dauernde Leistungsunfähigkeit
V. Verhaltensbedingte Kündigung

B. Besonderer Kündigungsschutz

I. Begriff und Abgrenzung
II. Schwerbehinderte
  1. Zustimmungsfreie Beendigungsmöglichkeiten
  2. Beginn des Kündigungsschutzes
  3. Verfahren vor dem Integrationsamt
    3.1 Antrag
    3.2 Entscheidungsgrundlagen
    3.3 Entscheidung
    3.4 Besonderheiten bei der fristlosen Kündigung
  4. Anhörung von Betriebsrat und Vertrauensperson
  5. Kündigungsfrist
  6. Kündigungsschutzverfahren
III. Mutterschutz
  1. Anwendungsbereich
  2. Mitteilungspflicht der Schwangeren
  3. Beweislast
  4. Behördliche Zustimmung zur Kündigung
IV. Elternzeit
  1. Anwendungsbereich
  2. Ausnahmegenehmigungen
V. Pflegezeit
VI. Familienpflegezeit
VII. Auszubildende
  1. Ordentliche Kündigung durch den Auszubildenden
  2. Außerordentliche Kündigung
  3. Form und Frist

A. Allgemeiner Kündigungsschutz (Kündigungsschutzgesetz)

I. Begriff und Abgrenzung

Beim Kündigungsschutz ist zwischen dem allgemeinen Kündigungsschutz und dem besonderen Kündigungsschutz zu unterscheiden. Soweit die Anwendungsvoraussetzungen vorliegen, greift der allgemeine Kündigungsschutz – unabhängig von der Person des Arbeitnehmers und der Art des Arbeitsverhältnisses – bei sämtlichen Arbeitsverhältnissen. Der besondere Kündigungsschutz hingegen setzt bestimmte persönliche Merkmale des Arbeitnehmers oder des Arbeitsverhältnisses voraus.

Der Bestand eines Arbeitsverhältnisses wird zugunsten von Arbeitnehmern gesetzlich und tarifvertraglich geschützt. Der Kündigungsschutz wird durch Kündigungsbeschränkungen und Kündigungsverbote realisiert. Soweit Kündigungen des Arbeitgebers hiergegen verstoßen, hat dies regelmäßig die Unwirksamkeit der Kündigung zur Folge.

Der allgemeine Kündigungsschutz ist im Kündigungsschutzgesetz (KSchG) geregelt. Nach § 1 KSchG ist eine Kündigung nur dann wirksam, wenn sie sozial gerechtfertigt ist. Dies bedeutet, dass für jede Kündigung ein Kündigungsgrund erforderlich ist. Hierbei kommen Gründe in der Person oder im Verhalten des Arbeitnehmers sowie dringende betriebliche Kündigungsgründe in Betracht. Nur wenn diese vorliegen und der Weiterbeschäftigung des Arbeitnehmers in dem Betrieb entgegenstehen, ist eine Kündigung sozial gerechtfertigt.

II. Anwendungsbereich

Der allgemeine Kündigungsschutz setzt nach § 23 Abs. 1 KSchG voraus, dass

- das Arbeitsverhältnis zum Kündigungszeitpunkt im Betrieb oder Unternehmen des Arbeitgebers ohne Unterbrechung länger als sechs Monate bestanden hat (persönlicher Anwendungsbereich) **und**
- im Betrieb in der Regel mehr als zehn Arbeitnehmer, ausschließlich der Auszubildenden, beschäftigt werden (betrieblicher Anwendungsbereich).

ACHTUNG!

Der Schwellenwert von zehn Arbeitnehmern gilt nur für Neueinstellungen, die seit dem 1.1.2004 erfolgen/erfolgt sind. Für Arbeitnehmer, die bereits länger bei einem Betrieb beschäftigt sind, findet der allgemeine Kündigungsschutz Anwendung, wenn in dem Betrieb regelmäßig mehr als fünf Arbeitnehmer beschäftigt werden (Einzelheiten hierzu s. u. 2.).

1. Persönlicher Anwendungsbereich

1.1 Arbeitnehmer

Der Geschäftsführer einer GmbH wird für diese in aller Regel auf der Grundlage eines freien Dienstvertrags, nicht eines Arbeitsvertrags tätig. Auch gegenüber einem Geschäftsführer als freiem Dienstnehmer steht der Gesellschaft ein unternehmerisches Weisungsrecht zu. Eine Weisungsgebundenheit des GmbH-Geschäftsführers, die so stark ist, dass sie auf einen Status als Arbeitnehmer schließen lässt, kommt allenfalls in extremen Ausnahmefällen in Betracht (BAG v. 21.1.2019, Az. 9 AZB 23/18; BAG v. 11.6.2020, Az. 2 AZR 374/19). Das Kündigungsschutzgesetz gilt für alle Arbeitnehmer. Die Art des Arbeitsverhältnisses ist hierbei unerheblich, sodass auch Teilzeit-, Probe- und Aushilfsarbeitsverhältnisse davon umfasst sind. Auch Auszubildende zählen zu den Arbeitnehmern; für sie hat das Kündigungsschutzgesetz jedoch nur eingeschränkte Bedeutung, da sie nach Ablauf der höchstens auf vier Monate begrenzten Probezeit unter besonderen Kündigungsschutz (s. u. B.V.) gestellt sind.

Auch leitende Angestellte sind vom Anwendungsbereich des Kündigungsschutzgesetzes umfasst. Für sie gilt jedoch die Besonderheit, dass sie beim Betriebsrat keinen Einspruch gegen die Kündigung einlegen können und das Arbeitsverhältnis ohne Begründung auf Antrag des Arbeitgebers im Kündigungsschutzverfahren gegen Zahlung einer angemessenen Abfindung aufgelöst wird (§ 14 Abs. 2 KSchG i. V. m. § 9 KSchG).

WICHTIG!

Der Begriff des „leitenden Angestellten" ist in § 5 Abs. 3 BetrVG näher umschrieben. Nach dieser Vorschrift bestimmt sich auch, ob vor dem Ausspruch einer Kündigung der Betriebsrat gem. § 102 BetrVG anzuhören ist oder nicht. Die Einschränkung des Kündigungsschutzes von leitenden Angestellten gem. § 14 Abs. 2 KSchG i. V. m. § 9 KSchG, wonach der Arbeitgeber (auch bzw. gerade bei einer unwirksamen Kündigung) einen Auflösungsantrag – ohne Begründung – stellen kann, setzt jedoch – anders als § 5 Abs. 3 BetrVG – zwingend voraus, dass der leitende Angestellte zur selbstständigen Einstellung oder Entlassung von Arbeitnehmern berechtigt ist. Diese Befugnis muss auch im Außenverhältnis bestehen. Von einer Berechtigung zur selbstständigen Einstellung kann nicht die Rede sein, wenn der Angestellte informellen Einfluss ausüben kann, aber letztlich auf die Befugnis beschränkt ist, Vorschläge zu unterbreiten. Der leitende Angestellte i. S. d. § 14 Abs. 2 KSchG muss also auch die Rechtsmacht haben, den Arbeitgeber selbstständig zu verpflichten (BAG v. 14.4.2011, Az. 2 AZR 167/10). Außerdem muss diese Befugnis entweder eine bedeutende Anzahl von Arbeitnehmer erfassen (BAG v. 24.3.2011, Az. 2 AZR 674/09) oder eine gewisse Anzahl bedeutender Arbeitnehmer (BAG v. 14.4.2011, Az. 2 AZR 167/10). Entscheidend für den Inhalt der Personalkompetenz ist, welchen Stellenwert die Tätigkeit der Mitarbeiter, die der Betreffende einstellt oder entlässt, für das Unternehmen hat. Die Voraussetzungen des § 14 Abs. 2 Satz 1 KSchG können deshalb auch dann erfüllt sein, wenn sich die personellen Entscheidungskompetenzen des Angestellten auf eine abgeschlossene Gruppe beziehen, die für das Unternehmen, insbesondere für dessen unternehmerischen Erfolg, von Gewicht ist. Die Personalkompetenz muss einen wesentlichen Teil der Tätigkeit des Angestellten ausmachen und darf nicht „nur auf dem Papier stehen". Sie muss tatsächlich ausgeübt werden (BAG a. a. O.).

Keine Arbeitnehmer sind:

- gesetzliche Vertreter oder Organmitglieder einer juristischen Person, wie Vorstandsmitglieder einer AG oder Geschäftsführer einer GmbH (§ 14 Abs. 1 Nr. 1 KSchG);
- zur Vertretung von Personengesamtheiten berufene Personen, wie die vertretungsberechtigten Gesellschafter einer

OHG, KG oder einer Gesellschaft des bürgerlichen Rechts (§ 14 Abs. 1 Nr. 2 KSchG);

- Personen, die aufgrund gesellschaftsrechtlicher, vereinsrechtlicher oder genossenschaftlicher Verpflichtung tätig werden;
- selbstständige Berufs- oder Erwerbstätige, wie freie Mitarbeiter oder selbstständige Handelsvertreter;
- arbeitnehmerähnliche Personen, wie Heimarbeiter oder Firmenvertreter i. S. d. § 92a HGB;
- Personen, deren Beschäftigung nicht in erster Linie ihrem Erwerb, sondern vorwiegend ihrer Heilung, Wiedereingewöhnung, sittlichen Besserung oder Erziehung dient (§ 5 Abs. 2 Nr. 4 BetrVG) oder durch Beweggründe religiöser oder karitativer Art bestimmt ist (§ 5 Abs. 2 Nr. 3 BetrVG);
- Beamte, Richter, Soldaten, Wehr- und Zivildienstleistende, selbst wenn die Beamtenernennung zurückgenommen wird (BAG NZA 1997, 1045).

WICHTIG!

Der Geschäftsführer einer GmbH wird für diese in aller Regel auf der Grundlage eines freien Dienstvertrags, nicht eines Arbeitsvertrags tätig. Auch gegenüber einem Geschäftsführer als freiem Dienstnehmer steht der Gesellschaft ein unternehmerisches Weisungsrecht zu. Eine Weisungsgebundenheit des GmbH-Geschäftsführers, die so stark ist, dass sie auf einen Status als Arbeitnehmer schließen lässt, kommt allenfalls in extremen Ausnahmefällen in Betracht (BAG v. 21.1.2019, Az. 9 AZB 23/18; BAG v. 11.6.2020, Az. 2 AZR 374/19). Das Kündigungsschutzgesetz gilt für die Kündigung eines Geschäftsführers jedenfalls dann nicht, wenn die organschaftliche Stellung als Geschäftsführer zum Zeitpunkt des Zugangs der Kündigung noch besteht (BAG v. 21.9.2017, Az. 2 AZR 865/16). Mit dem Beschluss der Gesellschafterversammlung einer GmbH und dem Zugang einer entsprechenden Erklärung, einen Geschäftsführer abzuberufen, endet die gesetzliche Fiktion des § 5 Abs. 1 Satz 3 ArbGG, wonach dieser kein Arbeitnehmer ist (BAG v. 22.10.2014, Az. 10 AZB 46/14). Wenn der abberufene Geschäftsführer sodann Ansprüche aus seinem Anstellungsverhältnis auf ein (vermeintliches) Arbeitsverhältnis stützt, ist der Rechtsweg zu den Arbeitsgerichten eröffnet (BAG a. a. O.).

Das Geschäftsführeranstellungsverhältnis wird durch den Abberufungsakt zwar nicht automatisch in ein Arbeitsverhältnis umgewandelt. Es ist jedoch möglich, dass nach der Abberufung eine solche Umwandlung stattfindet, und zwar insbesondere dann, wenn ein vor der Organstellung bestehendes Arbeitsverhältnis nach deren Beendigung mangels formwirksamer Aufhebung (§ 623 BGB) wieder auflebt (BAG v. 26.10.2012, Az. 10 AZB 3/12). Der Ausschluss vom Kündigungsschutz gem. § 14 Abs. 1 Nr. 1 KSchG kommt jedenfalls dann nicht in Betracht, wenn im Zeitpunkt des Zugangs der Kündigung die organschaftliche Stellung des Arbeitnehmers nicht mehr bestanden hat, sich der Arbeitgeber in dem Arbeitsvertrag, der als einzige Vertragsgrundlage der Bestellung des Arbeitnehmers als Geschäftsführer zugrunde gelegen hat, eine anderweitige Beschäftigung des Arbeitnehmers vorbehalten hat und zwischen Entfall der organschaftlichen Stellung und der Kündigung mehrere Wochen vergangen sind, in denen der Arbeitgeber nach einer anderweitigen Beschäftigungsmöglichkeit für den Arbeitnehmer gesucht hat (Hessisches LAG v. 29.2.2025, Az. 14 SLa 578/24).

Auch kann die Auslegung der tatsächlichen Durchführung eines Anstellungsvertrages dazu führen, dass ein Geschäftsführer als Arbeitnehmer anzusehen ist. Ein Mitglied der Unternehmensleitung einer Kapitalgesellschaft, das dieser gegenüber Leistungen erbringt, in sie eingegliedert ist, seine Tätigkeiten für eine bestimmte Zeit nach der Weisung oder unter Aufsicht eines anderen Organs dieser Gesellschaft ausübt und als Gegenleistung für die Tätigkeit ein Entgelt erhält, ist Arbeitnehmer im Sinne der RL 92/85/EWG (EuGH v. 11.11.2010, Az. C-232/09 Danosa).

1.2 Wartezeit

Der Kündigungsschutz beginnt nach § 1 Abs. 1 KSchG erst, wenn das Arbeitsverhältnis im Zeitpunkt des Zugangs der Kündigung länger als sechs Monate bestanden hat.

ACHTUNG!

Das Kündigungsschutzgesetz findet auch dann Anwendung, wenn eine Probezeit von mehr als sechs Monaten vereinbart wurde. Für den Kündigungsschutz ist die Probezeit als solche nicht maßgeblich.

Innerhalb der sechsmonatigen Wartezeit kann der Arbeitgeber grundsätzlich frei kündigen. Er braucht seine Kündigung nicht zu begründen. Jedoch darf er sich mit der Wartezeitkündigung nicht rechtsmissbräuchlich (z. B. gegen das Maßregelungsverbot gem. § 612a BGB, vgl. Hessisches LAG v. 28.3.2025, Az. 10 SLa 916/24) oder widersprüchlich verhalten (vgl. LAG Düsseldorf v. 14.1.2025, Az. 3 SLa 317/24).

Für die Wartezeit ist allein der **rechtliche** Bestand des Arbeitsverhältnisses maßgebend. Unabhängig von der Dauer und der Lage der Arbeitszeit, also auch bei Teilzeitarbeit, Abrufarbeit und Job-Sharing, tritt der allgemeine Kündigungsschutz nach Ablauf der Sechs-Monats-Frist automatisch ein. Es kommt nicht darauf an, ob der Arbeitnehmer in dieser Zeit auch tatsächlich gearbeitet hat. Deshalb verlängert sich die Wartezeit auch nicht durch tatsächliche Unterbrechungen, wie z. B. Urlaub, Erziehungsurlaub, Krankheit, Streik oder Freistellung. Auch wenn der Arbeitnehmer die Arbeit (z. B. wegen Krankheit) später als vereinbart antritt, läuft die Sechs-Monats-Frist ab dem vereinbarten Arbeitsbeginn.

Eine Unterbrechung der Wartezeit erfolgt aber grundsätzlich dann, wenn eine **rechtliche** Unterbrechung des Arbeitsverhältnisses eingetreten ist. Dies kann z. B. der Fall sein, bei einer vorangegangenen Beendigung und einer nachfolgenden Wiederaufnahme des Arbeitsverhältnisses. Trotz einer rechtlichen Unterbrechung des Arbeitsverhältnisses ist die Zeit eines vorangegangenen Arbeitsverhältnisses mit demselben Arbeitgeber aber ausnahmsweise dann anzurechnen, wenn die Unterbrechung verhältnismäßig kurz war und zwischen beiden Arbeitsverhältnissen ein enger sachlicher Zusammenhang besteht (BAG v. 7.7.2011, Az. 2 AZR 12/10, BAG v. 20.6.2013, Az. 2 AZR 790/11). Zu berücksichtigen sind neben der absoluten Dauer auch mögliche Besonderheiten des Arbeitsverhältnisses oder der betreffenden Branche. Ob ein sachlicher Zusammenhang anzunehmen ist, hängt insbesondere von Anlass der Unterbrechung und Art der Weiterbeschäftigung ab. Je länger die zeitliche Unterbrechung gedauert hat, desto gewichtiger müssen die für einen sachlichen Zusammenhang sprechenden Umstände sein. Die Darlegungs- und Beweislast für das Vorliegen der persönlichen Voraussetzungen des allgemeinen Kündigungsschutzes trägt der Arbeitnehmer. Dazu gehört auch die Obliegenheit darzulegen, dass das Arbeitsverhältnis im Zeitpunkt des Zugangs der Kündigung mindestens sechs Monate „ohne Unterbrechung" bestanden hat. Liegt unstreitig eine Unterbrechung vor, hat der Arbeitnehmer die Umstände darzulegen und ggf. zu beweisen, aus denen sich ein enger sachlicher Zusammenhang ergibt (BAG a. a. O.).

Die Wartezeit ist auch dann erfüllt, wenn sich zwischenzeitlich die Arbeitsbedingungen geändert haben, z. B. wenn der Arbeitnehmer vorher als Arbeiter und jetzt als Angestellter beschäftigt wird oder wenn er in verschiedenen Betrieben gearbeitet hat, die im Zeitpunkt der Versetzung zum selben Unternehmen gehören.

WICHTIG!

Ein Betrieb im kündigungsschutzrechtlichen Sinne setzt keine räumliche Einheit voraus. Eine Anrechnung von Beschäftigungszeiten aus einem vorangegangenen Arbeitsverhältnis kommt nach Sinn und Zweck der Wartezeitregelung auch dann in Betracht, wenn das frühere Vertragsverhältnis nicht deutschem, sondern ausländischem Arbeitsvertragsstatut unterlag (BAG v. 7.7.2011, Az. 2 AZR 12/10). Für die Wartezeit kommt es nicht auf die Konzern-, sondern auf die Unternehmenszugehörigkeit an.

Bei der Wartezeit sind ausschließlich Vorbeschäftigungen als Arbeitnehmer zu berücksichtigen, nicht aber anderweitige Tätigkeiten (wie z. B. die Dienstzeit als vertretungsberechtigtes Organmitglied oder freier Mitarbeiter).

Die vorherige Beschäftigungsdauer eines Leiharbeitnehmers zählt nicht zur Wartezeit, wenn dieser im Anschluss mit dem Entleiher ein eigenständiges Arbeitsverhältnis begründet.

Auszubildende sind genauso zu behandeln wie sonstige Arbeitnehmer, sodass die im Betrieb oder Unternehmen zurückgelegte Ausbildungszeit voll auf die Wartezeit anzurechnen ist. Dies gilt jedoch nur dann, wenn zwischen der Beendigung des Ausbildungsverhältnisses und der Übernahme in das Arbeitsverhältnis keine rechtliche Unterbrechung (von mehr als drei Wochen) eingetreten ist.

Betriebsübergang oder Umwandlung des Unternehmens führen nicht zu einer rechtlichen Unterbrechung der Wartezeit.

Um die Wartezeit praktisch zu verlängern, kommt es in der Praxis immer wieder vor, dass innerhalb der gesetzlichen Wartezeit eine Kündigung mit einer verlängerten Auslauffrist erklärt oder ein Aufhebungsvertrag geschlossen wird, womit der Beendigungszeitpunkt „nach hinten" verlegt wird. Der Arbeitgeber kann sich dann innerhalb der so verlängerten Auslauffrist überlegen, ob er dem Arbeitnehmer nicht vielleicht doch einen unbefristeten Arbeitsvertrag oder einen befristeten Arbeitsvertrag mit Sachgrund anbietet. Wird bei solchen Aufhebungsverträgen die einschlägige Kündigungsfrist um ein Vielfaches überschritten, kann in einer solchen Vereinbarung eine nachträgliche Befristung des Arbeitsverhältnisses gesehen werden. Eine solche Befristung ist dann unzulässig, wenn hierfür kein Sachgrund vorliegt (s. u. „Befristung"). Gegen eine solche Auslegung und die damit vermutete Umgehung des gesetzlichen Kündigungsschutzes kann sprechen, dass in dem Aufhebungsvertrag eine Freistellung des Arbeitnehmers vereinbart wird. Ob es sich in einer solchen Konstellation um einen tatsächlichen Aufhebungsvertrag oder um eine nachträgliche Befristung des Arbeitsverhältnisses handelt, ist jedoch in jedem Einzelfall anhand konkreter Umstände zu ermitteln.

Wird nach Zugang einer ordentlichen Arbeitgeberkündigung vor Ablauf der Klagefrist eine Beendigung des Arbeitsverhältnisses mit einer Verzögerung von zwölf Monaten vereinbart, so handelt es sich dabei in der Regel nicht um eine nachträgliche Befristung des Arbeitsverhältnisses, sondern um einen Aufhebungsvertrag, wenn nach der Vereinbarung keine Verpflichtung zur Arbeitsleistung bestehen soll (= „Kurzarbeit Null") und zugleich Abwicklungsmodalitäten wie Abfindung, Zeugniserteilung und Rückgabe von Firmeneigentum geregelt werden (BAG v. 15.2.2007, Az. 6 AZR 286/06).

Auch eine kurz vor Ablauf der kündigungsschutzrechtlichen Wartezeit vereinbarte Verlängerung der Kündigungsfrist auf sechs Monate ist nicht rechtsmissbräuchlich, wenn dem Arbeitnehmer damit eine Bewährungschance eingeräumt werden soll (Hessisches LAG v. 29.4.2024, Az. 8 Sa 1057/23).

2. Betrieblicher Anwendungsbereich

Das Kündigungsschutzgesetz gilt seit dem 1.1.2004 nur für Betriebe und Verwaltungen, in denen in der Regel mehr als zehn Arbeitnehmer beschäftigt sind (= Schwellenwert, § 23 Abs. 1 Satz 2 KSchG). Bis zum 31.12.2003 betrug dieser Schwellenwert fünf Arbeitnehmer. Um die vor Inkrafttreten der gesetzlichen Neuregelung bereits bei einem Betrieb beschäftigten Arbeitnehmer nicht zu benachteiligen, hat der Gesetzgeber festgelegt, dass für Arbeitsverhältnisse, die vor dem 1.1.2004 begonnen haben, der allgemeine Kündigungsschutz anwendbar bleibt, wenn in dem Betrieb zum Kündigungszeitpunkt regelmäßig mehr als fünf Arbeitnehmer beschäftigt werden.

Bei der Feststellung des betrieblichen Anwendungsbereichs ist daher zwischen Neueinstellungen nach dem 31.12.2003 und älteren Arbeitsverhältnissen zu unterscheiden.

Beispiel 1:

Ein Betrieb beschäftigt zum Kündigungszeitpunkt zehn Arbeitnehmer. Hiervon waren am 31.12.2003 bereits fünf Arbeitnehmer beschäftigt. Die übrigen Arbeitnehmer wurden nach dem 31.12.2003 eingestellt. In diesem Fall gilt das KSchG nicht, da der Schwellenwert (von fünf bzw. zehn Arbeitnehmern) weder nach der alten noch nach der neuen Rechtslage überschritten wird.

Beispiel 2:

Wie Beispiel 1; jedoch waren von den zehn Arbeitnehmern am 31.12.2003 bereits sechs in dem Betrieb beschäftigt. In diesem Fall haben die (sechs) alten Arbeitnehmer allgemeinen Kündigungsschutz, da für sie der alte Schwellenwert (fünf) gilt. Die (vier) Neueinstellungen haben keinen Kündigungsschutz, da der für sie geltende Schwellenwert (zehn) nicht überschritten wird.

ACHTUNG!

Bei der Ermittlung des Schwellenwerts ist es unerheblich, ob die „Alt-Arbeitnehmer" am 31.12.2003 bereits ihre Wartezeit von sechs Monaten (persönlicher Anwendungsbereich; s. o. 1.2) erfüllt haben. Der abgesenkte Schwellenwert des § 23 Abs. 1 Satz 2 KSchG kann auch dann maßgeblich sein, wenn es nach dem 31.12.2003 zwar rechtliche Unterbrechungen des zuvor begründeten Arbeitsverhältnisses gegeben hat, der Arbeitnehmer aber – zusammen mit einer ausreichenden Anzahl anderer „Alt-Arbeitnehmer" – ununterbrochen in den Betrieb eingegliedert war (BAG v. 23.5.2013, Az. 2 AZR 54/12).

Beispiel 3:

Wird das Arbeitsverhältnis eines Arbeitnehmers von den im Beispiel 2 genannten (sechs) „Alt-Arbeitnehmern" nach dem 31.12.2003 beendet, so entfällt der allgemeine Kündigungsschutz aller übrigen (fünf) „Alt-Arbeitnehmer", da dann der (alte) Schwellenwert von fünf Arbeitnehmern nicht mehr überschritten wird. Dies gilt auch dann, wenn für ausgeschiedene (Alt-)Arbeitnehmer Ersatzeinstellungen vorgenommen wurden (BAG v. 21.9.2006, Az. 2 AZR 840/05).

Bei der Feststellung der Zahl der regelmäßig beschäftigten Arbeitnehmer sind teilzeitbeschäftigte Arbeitnehmer mit einer regelmäßigen Arbeitszeit von nicht mehr als 20 Wochenstunden mit 0,5 und nicht mehr als 30 Stunden mit 0,75 zu berücksichtigen.

WICHTIG!

Bei der Berechnung der Schwellenwerte ist die zu kündigende Person grundsätzlich mitzurechnen, und zwar auch dann, wenn der betreffende Arbeitsplatz aufgrund einer freien Unternehmerentscheidung nicht mehr besetzt werden soll. Nicht mitzurechnen sind (Fremd-)Geschäftsführer einer GmbH, da die von ihnen geleisteten Dienste nach ihrer sozialen Typik nicht mit denen eines Arbeitnehmers vergleichbar sind (BAG 21.1.2019, Az. 9 AZB 23/18; BAG v. 27.4.2021, Az. 2 AZR 540/20). Dies gilt selbst dann, wenn diese nach § 7 Abs. 1 SGB IV als „Beschäftigte" angesehen werden und der Sozialversicherungspflicht unterliegen (vgl. BSG v. 8.7.2020, Az. B 12 R 2/19 R). Eine generelle Ausdehnung des Arbeitnehmerbegriffs des § 23 Abs. 1 Satz 3 KSchG auf Fremdgeschäftsführer einer GmbH – unabhängig davon, ob ihr Beschäftigungsverhältnis (ausnahmsweise) die Kriterien eines Arbeitsverhältnisses erfüllt – ist nach der Auffassung des BAG weder verfassungsrechtlich noch unionsrechtlich geboten (BAG v. 27.4.2021, Az. 2 AZR 540/20). Leiharbeitnehmer **sind hingegen bei der Ermittlung des Schwellenwerts dann zu berücksichtigen, wenn ihr Einsatz „auf einem in der Regel vorhandenem Personalbedarf" beruht (vgl. BAG v. 24.1.2013, Az. 140/12).**

Kleinbetriebe, in denen die Schwellenwerte nicht überschritten werden, fallen nicht unter die Beschränkungen des Kündigungsschutzgesetzes. Kleinbetriebe können also frei (und grundlos) kündigen.

WICHTIG!

Im Falle eines Betriebsüberganges gehen grundsätzlich sämtliche Rechte und Pflichten aus dem Arbeitsverhältnis von dem Betriebsveräußerer auf den Betriebserwerber über. Dies gilt allerdings nicht für den beim Betriebsveräußerer aufgrund der Zahl der beschäftigten Arbeitnehmer erwachsenen Kündigungsschutz. Wenn beim Be-

triebserwerber also die Schwellenwerte nach einem Betriebsübergang nicht überschritten werden, so haben die übergegangenen Arbeitnehmer dort keinen allgemeinen Kündigungsschutz (mehr) (BAG v. 15.2.2007, Az. 8 AZR 397/06).

2.1 Betriebsbegriff

Zur Berechnung der Arbeitnehmerzahl kommt es ausschließlich auf den Betrieb des Arbeitgebers an. Der Betriebsbegriff ist gesetzlich nicht definiert. Hierunter ist nach der Rechtsprechung eine organisatorische Einheit zu verstehen, innerhalb derer ein Unternehmer allein oder gemeinsam mit seinen Mitarbeitern mit Hilfe von sächlichen und immateriellen Mitteln bestimmte arbeitstechnische Zwecke dauernd verfolgt.

Es muss also geprüft werden, ob der Betrieb für sich allein eine funktionsfähige organisatorische Einheit bildet. Dies ist z. B. dann nicht der Fall, wenn ein Arbeitgeber über mehrere einheitlich und zentral gelenkte Verkaufsstellen verfügt. Hier setzt sich der Betrieb aus den gesamten Verkaufsstellen und der entsprechenden Verwaltung zusammen.

WICHTIG!

§ 23 Abs. 1 KSchG erfasst nur Betriebe, die in der Bundesrepublik Deutschland liegen (st. Rspr., BAG v. 26.3.2009, Az. 2 AZR 883/07; 17.1.2008, Az. 2 AZR 902/06, BAG v. 24.5.2018, Az. 2 AZR 54/18). Die im Ausland beschäftigten Arbeitnehmer sind den in Deutschland beschäftigten Arbeitnehmern selbst dann nicht hinzuzurechnen, wenn das ausländische Unternehmen mit dem deutschen Betrieb einen Gemeinschaftsbetrieb bilden sollte.

Soweit jedoch Nebenbetriebe oder Betriebsteile über eine eigene Organisation und Verwaltung verfügen, ist davon auszugehen, dass die Ermittlung der maßgeblichen Arbeitnehmerzahl nur innerhalb dieser Betriebsteile oder Nebenbetriebe selbst erfolgt. Auch wenn ein Unternehmer mehrere Kleinbetriebe unterhält, werden die Zahlen der dort Beschäftigten nicht automatisch zusammengerechnet, wenn es sich tatsächlich um organisatorisch hinreichend verselbstständigte Einheiten und deshalb um selbstständige Betriebe handelt. Es ist aber sicherzustellen, dass damit aus dem Geltungsbereich des Gesetzes nicht auch Einheiten größerer Unternehmen herausfallen, auf die die typischen Merkmale des Kleinbetriebs (enge persönliche Zusammenarbeit etc.) nicht zutreffen. Das wiederum ist nicht stets schon dann der Fall, wenn dem Betrieb auch nur eines dieser typischen Merkmale fehlt. Maßgebend sind vielmehr die Umstände des Einzelfalls (BAG v. 28.10.2010, Az. 2 AZR 392/08).

Ein gemeinsamer Betrieb mehrerer Unternehmen liegt vor, wenn die in einer Betriebsstätte vorhandenen materiellen und immateriellen Betriebsmittel mehrerer Unternehmen zu arbeitstechnischen Zwecken zusammengefasst, geordnet und gezielt eingesetzt werden und der Einsatz der menschlichen Arbeitskraft von einem einheitlichen Leitungsapparat betriebsbezogen gesteuert wird. Die beteiligten Unternehmen müssen sich zumindest stillschweigend zu einer gemeinsamen Führung rechtlich verbunden haben, sodass der Kern der Arbeitgeberfunktionen im sozialen und personellen Bereich von derselben institutionellen Leitung ausgeübt wird. Eine lediglich unternehmerische Zusammenarbeit genügt nicht (st. Rspr., z. B. BAG v. 27.6.2019, Az. 2 AZR 38/19; BAG v. 20.5.2021, Az. 2 AZR 560/20).

Führen mehrere Unternehmen gemeinsam verschiedene Betriebe, werden die Betriebe (allein) durch die gemeinsame Führung nicht zu einem gemeinsamen Betrieb (BAG v. 18.1.2012, Az. 7 ABR 72/10; BAG v. 20.5.2021, Az. 2 AZR 560/20). Auch wenn die Personalangelegenheiten mehrerer Betriebe durch personenidentische Geschäftsführer erledigt werden, bedarf es für die Annahme eines gemeinsamen Betriebs zusätzlicher Anhaltspunkte, wie z. B. der Anordnung unternehmensübergreifender Personaleinsätze oder der Ermächtigung von Vorgesetzten, auf das Personal des anderen Betriebs unmittelbar zuzugreifen (BAG v. 20.5.2021, Az. 2 AZR 560/20). Ein Luftverkehrsbetrieb gemäß § 24 Abs. 2 KSchG wird aus der Gesamtheit der an inländischen Flughäfen stationierten Luftfahrzeugen eines Luftverkehrsunternehmens gebildet (BAG v. 1.6.2023, Az. 2 AZR 150/22).

Die Darlegungs- und Beweislast dafür, dass im Kündigungszeitpunkt ein gemeinsamer Betrieb bestanden hat, trägt der Arbeitnehmer (BAG v. 24.10.2013, Az. 2 AZR 1057/12; BAG v. 24.5.2012, Az. 2 AZR 62/11; BAG v. 20.5.2021, Az. 2 AZR 560/20).

2.2 Anzahl der beschäftigten Arbeitnehmer

Zur maßgeblichen Beschäftigtenzahl zählen ausschließlich Arbeitnehmer. Beschäftigte, die keine Arbeitnehmer (s. o. 1.1) sind, und Auszubildende werden bei der Ermittlung des Schwellenwerts nicht berücksichtigt. Auch sog. Ein-Euro-Jobber i. S. d. § 16 Abs. 3 Satz 2 SGB II gelten nicht als Arbeitnehmer.

Teilzeitbeschäftigte werden abhängig von ihrer wöchentlichen Arbeitszeit berücksichtigt (§ 23 Abs. 1 Satz 3 KSchG). Beträgt die wöchentliche Arbeitszeit 20 Stunden oder weniger, zählt ein Teilzeitbeschäftigter als 0,5 Arbeitnehmer, beträgt sie mehr als 21 und höchstens 30 Stunden, zählt er als 0,75 Arbeitnehmer. Bei mehr als 30 Stunden gilt er als vollzeitbeschäftigter Arbeitnehmer.

Entscheidend ist die Belegschaftsstärke im Zeitpunkt des Zugangs der Kündigung, also nicht im Zeitpunkt der Beendigung des Arbeitsverhältnisses nach Ablauf der Kündigungsfrist. Es kommt jedoch nicht darauf an, wie viele Arbeitnehmer konkret bei Kündigungszugang beschäftigt waren, sondern wie viele Arbeitnehmer in der Regel, also im Normalfall, beschäftigt werden. Es ist hierbei nicht auf eine durchschnittliche jährliche Arbeitnehmerzahl, sondern auf die für den Betrieb charakteristische Belegschaftsgröße abzustellen. Hierbei hat nach Auffassung des BAG auch eine Einschätzung der künftigen Entwicklung zu erfolgen. Maßgebend ist somit die Beschäftigungslage, die im Allgemeinen für den Betrieb kennzeichnend ist. Es kommt nicht auf die zufällige tatsächliche Anzahl der Beschäftigten im Zeitpunkt des Kündigungszugangs an. Es bedarf vielmehr eines Rückblicks auf die bisherige personelle Stärke des Betriebs und einer Einschätzung seiner zukünftigen Entwicklung; Zeiten außergewöhnlich hohen oder niedrigen Geschäftsanfalls sind dabei nicht zu berücksichtigen (BAG v. 24.1.2013, Az. 2 AZR 140/12).

ACHTUNG!

Im Betrieb eingesetzte Leiharbeitnehmer sind bei der Bestimmung der Betriebsgröße mitzuzählen, soweit mit ihnen ein regelmäßiger Beschäftigungsbedarf abgedeckt wird (BAG v. 24.1.2013, Az. 2 AZR 140/12).

Will ein Arbeitnehmer im Kündigungsschutzprozess geltend machen, eine Kündigung sei sozial ungerechtfertigt und deshalb unwirksam, so muss er darlegen und beweisen, dass die nach § 23 Abs. 1 KSchG erforderliche Beschäftigtenzahl erreicht ist. Der Arbeitnehmer genügt seiner Darlegungslast bereits dann, wenn er die ihm bekannten Anhaltspunkte dafür vorträgt (und ggf. beweist), dass kein Kleinbetrieb vorliegt. Dann muss sich der Arbeitgeber vollständig zur Anzahl der Beschäftigten erklären (vgl. hierzu BAG v. 2.3.2017, Az. 2 AZR 427/16). Bleibt auch nach Beweiserhebung unklar, ob die für den Kündigungsschutz erforderliche Beschäftigtenzahl erreicht ist, geht dieser Zweifel zu Lasten des Arbeitnehmers (BAG v. 26.6.2008, Az. 2 AZR 264/07).

III. Betriebsbedingte Kündigung

Eine ordentliche, betriebsbedingte Kündigung ist sozial gerechtfertigt, wenn

- sie durch dringende betriebliche Erfordernisse bedingt ist **und**
- keine anderweitige Beschäftigungsmöglichkeit im Betrieb des Arbeitgebers besteht **und**
- der Arbeitgeber bei der Auswahl des Arbeitnehmers soziale Gesichtspunkte hinreichend berücksichtigt hat.

1. Dringende betriebliche Erfordernisse

Ein dringendes betriebliches Erfordernis zum Ausspruch der ordentlichen Kündigung liegt immer nur dann vor, wenn es zum **Wegfall des Arbeitsplatzes** führt. Dieser kann seine Ursache sowohl im außerbetrieblichen wie im innerbetrieblichen Bereich haben. Immer muss dem Wegfall von Arbeitsplätzen eine Unternehmerentscheidung zugrunde liegen. Eine betriebsbedingte Kündigung ist immer unzulässig, wenn der Arbeitsplatz des gekündigten Arbeitnehmers mit einem anderen Arbeitnehmer besetzt werden soll.

ACHTUNG!

Eine auf betriebliche Gründe gestützte außerordentliche Kündigung kommt ausnahmsweise in Betracht, wenn die Möglichkeit einer ordentlichen Kündigung ausgeschlossen ist und dies dazu führt, dass der Arbeitgeber den Arbeitnehmer andernfalls trotz Wegfalls der Beschäftigungsmöglichkeit unter Umständen noch für Jahre vergüten müsste, ohne dass dem eine entsprechende Arbeitsleistung gegenüberstünde. Ein wichtiger Grund kann sich auch für eine außerordentliche betriebsbedingte Kündigung aus dem Wegfall der Beschäftigungsmöglichkeit aufgrund innerbetrieblicher Maßnahmen ergeben. Die einer solchen Maßnahme zugrunde liegende unternehmerische Entscheidung ist gerichtlich nicht auf ihre sachliche Berechtigung oder ihre Zweckmäßigkeit, sondern nur daraufhin zu überprüfen, ob sie offensichtlich unsachlich, unvernünftig oder willkürlich ist. Der Arbeitgeber muss in der Regel auch dann nicht von einer Fremdvergabe von Tätigkeiten absehen, wenn dadurch einer größeren Zahl ordentlich nicht mehr kündbarer Arbeitsverhältnisse die Grundlage entzogen wird. Bei der Prüfung, ob eine außerordentliche Kündigung mit notwendiger Auslauffrist gegenüber einem tariflich ordentlich unkündbaren Arbeitnehmer zulässig ist, ist zunächst die tarifliche Ausgestaltung des Sonderkündigungsschutzes zu berücksichtigen. Stehen schon danach dem Arbeitgeber bestimmte Reaktionsmöglichkeiten zur Verfügung, um sich bei dringenden betrieblichen Gründen aus einem unzumutbar gewordenen vertraglichen Zustand zu lösen, so hat er zunächst von diesen Gebrauch zu machen. Besteht irgendeine Möglichkeit, das Arbeitsverhältnis sinnvoll fortzuführen, wird er den Arbeitnehmer in der Regel entsprechend einzusetzen haben. Erst wenn sämtliche denkbaren Alternativen ausscheiden, kann ein wichtiger Grund zur außerordentlichen Kündigung vorliegen (BAG v. 22.11.2012, Az. 2 AZR 673/11; vgl. auch BAG v. 24.1.2013, 2 AZR 453/11; BAG v. 27.6.2019, Az. 2 AZR 50/19). Die Sozialauswahl nach § 1 Abs. 3 KSchG stellt bei einer ordentlichen Kündigung zwingendes Recht dar. Sie kann weder durch einzelvertragliche noch durch kollektivrechtliche Vereinbarungen abbedungen werden. Dies gilt auch für eine außerordentliche Kündigung aus betrieblichen Gründen (BAG v. 27.6.2019, Az. 2 AZR 50/19).

Der Arbeitgeber hat im Kündigungsschutzverfahren grundsätzlich die dringenden betrieblichen Erfordernisse, die zum Wegfall des Arbeitsplatzes geführt haben, darzulegen und zu beweisen.

WICHTIG!

Nach § 1 Abs. 5 Satz 1 KSchG wird gesetzlich vermutet, dass die Kündigung durch dringende betriebliche Erfordernisse i. S. d. § 1 Abs. 2 KSchG bedingt ist, wenn die Arbeitnehmer, denen aufgrund einer Betriebsänderung i. S. d. § 111 BetrVG gekündigt werden soll, in einem Interessenausgleich zwischen Arbeitgeber und Betriebsrat namentlich bezeichnet sind. Die Vermutung bezieht sich sowohl auf den Wegfall der bisherigen Beschäftigung als auch auf das Fehlen anderer Beschäftigungsmöglichkeiten im Betrieb. Es ist sodann Sache des Arbeitnehmers darzulegen und im Bestreitensfall zu beweisen, dass in Wirklichkeit eine Beschäftigungsmöglichkeit für ihn weiterhin besteht. Eine bloße Erschütterung der Vermutung reicht nicht aus. Es ist substantiierter Tatsachenvortrag erforderlich, der den gesetzlich vermuteten Umstand nicht nur in Zweifel zieht, sondern ausschließt. Dem Arbeitnehmer können bei der Führung des Gegenbeweises gewisse Erleichterungen nach den Regeln der sog. abgestuften Darlegungs- und Beweislast zugutekommen. Das entbindet ihn regelmäßig aber nicht von der Verpflichtung, zumindest greifbare Anhaltspunkte für einen fortbestehenden Beschäftigungsbedarf zu benennen. Hat der Arbeitnehmer keinen Einblick in die Geschehensabläufe und ist ihm deshalb die Beweisführung erschwert, kann er auch solche Umstände unter Beweis stellen, die er aufgrund greifbarer Anhaltspunkte nur vermuten kann (BAG v. 27.9.2012, Az. 2 AZR 516/11).

Von einer wesentlichen Änderung der Sachlage ist auszugehen, wenn die Betriebsänderung, auf die sich der Interessenausgleich bezieht, nicht mehr durchgeführt wird oder die Zahl der dort vorgesehenen Kündigungen erheblich verringert wird (Einzelheiten hierzu s. u. → *„Betriebsänderung“ III.3.2*). Die Beweislastumkehr gilt nicht bei außerordentlichen Kündigungen; und zwar auch dann nicht wenn diese betriebsbedingt sind und z. B. deshalb erfolgen, weil die im Interessenausgleich genannten Arbeitnehmer ordentlich unkündbar sind (BAG v. 28.5.2009, Az. 2 AZR 844/07).

1.1 Freie Unternehmerentscheidung

Durch die freie unternehmerische Entscheidung können die Voraussetzungen für betriebsbedingte Kündigungen geschaffen werden. Die Kündigung selbst muss nach dem Kündigungsschutzgesetz eine Folge der gestaltenden Unternehmerentscheidung sein. Der Entschluss des Unternehmers, Arbeitsplätze abbauen zu wollen, kann ein dringendes betriebliches Bedürfnis nicht begründen.

Die Entscheidungsfreiheit des Unternehmers umfasst deshalb sowohl wirtschaftliche, technische und organisatorische wie auch personalpolitische Entscheidungen, nicht jedoch die Kündigung selbst.

Um eine betriebsbedingte Kündigung begründen zu können, muss geprüft werden,

- ob die unternehmerische Entscheidung in ihrer Umsetzung den Abbau von Arbeitsplätzen bedingt und
- ob diese unternehmerische Entscheidung tatsächlich umgesetzt worden ist.

Erst die tatsächliche Umsetzung der unternehmerischen Entscheidung im Betrieb kann zum Wegfall von Arbeitsplätzen führen, was wiederum zwingende Voraussetzung für die soziale Rechtfertigung einer betriebsbedingten Kündigung ist.

Die freie unternehmerische Entscheidung kann von den Arbeitsgerichten nur daraufhin überprüft werden, ob

- sie ernsthaft getroffen wurde und bereits konkrete Formen angenommen hat,
- ihrer Durchführung gesetzliche oder vertragliche Pflichten oder Verbote entgegenstehen,
- sie einer Missbrauchskontrolle standhält,
- der Wegfall von Arbeitsplätzen durch sie bedingt wird und
- die ihr zugrunde liegenden außerbetrieblichen Umstände tatsächlich vorliegen.

Eine weitergehende Prüfung ist den Arbeitsgerichten untersagt. Das bedeutet, dass eine unternehmerische Entscheidung, die den oben genannten Kriterien entspricht, von den Arbeitsgerichten als dringendes betriebliches Erfordernis akzeptiert werden muss, auch wenn sich hieraus für den Arbeitnehmer besondere Härten ergeben. So ist insbesondere eine Reorganisation eines Betriebes als freie Unternehmerentscheidung von den Arbeitsgerichten nicht auf ihre organisatorische oder betriebswirtschaftliche Zweckmäßigkeit hin zu überprüfen.

Beispiel:

Kündigt der Arbeitgeber einem Orchestermusiker, weil er das Orchester verkleinern will, so können die Arbeitsgerichte diese Entscheidung nicht auf ihre künstlerische Zweckmäßigkeit hin überprüfen. Wenn die Verkleinerung des Orchesters aus nachvollziehbaren wirtschaftlichen Erwägungen erfolgte und nicht missbräuchlich darauf zielte, einzelne, etwa unliebsame, Musiker aus dem Arbeitsverhältnis zu drängen, ist die Entscheidung des Arbeitgebers, das Orchester zu verkleinern keiner weiteren arbeitsgerichtlichen Kontrolle zugänglich (BAG v. 27.1.2011, Az. 2 AZR 9/10).

1.2 Außerbetriebliche Ursachen

Von außerbetrieblichen Ursachen wird immer dann gesprochen, wenn sich bei unveränderter Betriebsorganisation äußere Umstände auf den Arbeitsanfall und den Arbeitskräftebedarf auswirken. Die außerbetrieblichen Gründe können Anlass für innerbetriebliche Maßnahmen sein. In jedem Fall ist eine unternehmerische Entscheidung zu treffen.

Als außerbetriebliche Ursachen kommen z. B. in Betracht:

- **Absatzrückgang:**

  Verringert sich die Menge der vom Betrieb veräußerten Produkte aufgrund einer zurückgegangenen Nachfrage am Markt, kann es geboten sein, die Produktionsmenge zu reduzieren. Auf der Grundlage einer entsprechenden Unternehmerentscheidung können Arbeitskräfte freigesetzt werden und somit Arbeitsplätze wegfallen. Die Absatzschwierigkeiten können somit mittelbare Ursache für eine betriebsbedingte Kündigung sein.

- **Auftragsrückgang:**

  Reichen die vorhandenen Aufträge nicht aus, um die gegebene personelle Kapazität des Betriebs auszulasten und entsteht hierdurch im Tätigkeitsbereich des zu kündigenden Arbeitnehmers ein Arbeitskräfteüberhang, so kann der Arbeitgeber dem Auftragsrückgang durch eine Personalreduzierung entgegentreten. Auch in diesem Fall kann ein Auftragsrückgang nur mittelbar – also nach einer entsprechenden Unternehmerentscheidung – zu einer betriebsbedingten Kündigung führen.

- **Fremdfinanzierung:**

  Werden Arbeitsplätze mit finanziellen Mitteln Dritter finanziert, führt die Einschränkung oder die Streichung dieser Mittel nicht unmittelbar zum Wegfall von Arbeitsplätzen. Entschließt sich der Arbeitgeber jedoch, den fremdfinanzierten Unternehmenszweig wegen der Streichung einzustellen oder einzuschränken und fallen hierdurch Arbeitsplätze weg, so stellt dies einen betriebsbedingten Kündigungsgrund dar.

- **Haushaltsplan:**

  Stelleneinsparungen in einem Haushaltsplan können eine betriebsbedingte Kündigung unmittelbar rechtfertigen, wenn sie nach sachlichen Merkmalen bezeichnet sind. Werden lediglich allgemeine Einsparungen für bestimmte Dienststellen oder Betriebe angeordnet, können diese eine betriebsbedingte Kündigung nicht unmittelbar begründen. Nur wenn hierauf vom Arbeitgeber mit einer konkreten innerbetrieblichen Maßnahme reagiert wird, die ihrerseits zum Arbeitsplatzwegfall führt, kann eine betriebsbedingte Kündigung gerechtfertigt sein.

- **Lohneinsparungen:**

  Die Absicht des Arbeitgebers, betriebsbedingt notwendige Lohneinsparungen zu erzielen, kann für sich allein noch keine betriebsbedingte Kündigung rechtfertigen. Auch hier gilt, dass der Unternehmer erst konkrete Maßnahmen entscheiden muss, die wiederum zum Wegfall von Arbeitsplätzen führen. Nur die konkret veranlassten Maßnahmen können dann zur Rechtfertigung einer betriebsbedingten Kündigung dienen.

- **Rohstoffmangel:**

  Kann ein Betrieb seine ursprüngliche Produktion in Ermangelung von Rohstoffen, Energie oder sonstigen materiellen Gütern nicht mehr aufrechterhalten und ist auch keine Verlagerung der Produktion in Bereiche möglich, die nicht unter diesem Mangel leiden, kann eine betriebsbedingte Kündigung gerechtfertigt sein.

- **Umsatzrückgang:**

  Eine Verringerung des Umsatzes, die nicht nur kurzfristig und unerheblich ist, kann dazu führen, dass der Arbeitgeber eine Anpassung der betrieblichen Strukturen an den verringerten Umsatz entscheidet und hierdurch Arbeitsplätze wegfallen. Die konkreten betrieblichen Maßnahmen, mit denen auf den Umsatzrückgang reagiert wird, stellen dann einen Grund zur betriebsbedingten Kündigung dar.

- **Witterungsgründe:**

  Sofern die Witterung einen unmittelbaren Einfluss auf den Betriebsablauf hat (z. B. bei Baubetrieben) können Witterungsumstände eine betriebsbedingte Kündigung mittelbar rechtfertigen. Auch hier ist es erforderlich, dass der Arbeitgeber auf die Witterungsumstände durch eine unternehmerische Entscheidung reagiert, die wiederum den Wegfall von Arbeitsplätzen zur Folge hat. Dies kann z. B. durch eine Einstellung konkreter Projekte während der Schlechtwetterphase sein. Eine betriebsbedingte Kündigung kommt in diesem Zusammenhang immer nur dann in Betracht, wenn die witterungsbedingte Stilllegung längerfristiger Natur ist.

1.3 Innerbetriebliche Ursachen

Innerbetriebliche Ursachen sind technische, organisatorische oder wirtschaftliche Maßnahmen des Arbeitgebers, die vor allem Art und Form von Produkten oder Dienstleistungen, Betriebsumfang, Arbeits- und Fertigungsmethoden, Arbeitsmittel und Fähigkeiten der einzusetzenden Arbeitskräfte betreffen. Die innerbetrieblichen Veränderungen beruhen immer auf einer sog. gestaltenden Unternehmerentscheidung.

Als innerbetriebliche Ursachen kommen z. B. in Betracht:

- **Betriebseinschränkungen:**

  Die Verringerung der Betriebskapazitäten (z. B. Reduzierung der Schichten, Stilllegung von Anlagen oder Auflösung von Organisationseinheiten) kann zum Wegfall von Arbeitsplätzen führen. Werden etwa einzelne Maschinen nicht mehr betrieben oder entfallen ganze Schichten, so steht fest, dass die dort ursprünglich vorhandenen Arbeitsplätze nicht mehr zur Verfügung stehen. In diesen Fällen ist eine betriebsbedingte Kündigung der entsprechenden Arbeitnehmer gerechtfertigt. Soll jedoch der gesamte Betrieb mit verminderter Leistung fortgeführt werden, ist der Wegfall einzelner Arbeitsplätze weniger offensichtlich. In solchen Fällen muss der Arbeitgeber den Nachweis erbringen, dass die betrieblichen Ziele nach der Betriebseinschränkung von der Belegschaft auch ohne die von einer Kündigung betroffenen Arbeitnehmer erbracht werden können.

- **Betriebsstilllegung:**

  Die Stilllegung des gesamten Betriebes gehört zu den dringenden betrieblichen Erfordernissen i. S. d. § 1 Abs. 2 Satz 1 KSchG, die einen Grund zur sozialen Rechtfertigung einer betriebsbedingten Kündigung abgeben können. Erforderlich ist, dass der Arbeitgeber zum Zeitpunkt des Kündigungsausspruches den ernsthaften und endgültigen Entschluss gefasst hat, den Betrieb endgültig und nicht nur vorübergehend stillzulegen (BAG v. 16.2.2012, Az. 8 AZR 693/10). Die Stilllegung eines Betriebs setzt voraus, dass der Arbeitgeber ernstlich und endgültig entschlossen ist, die Betriebs- und Produktionsgemeinschaft für eine unbestimmte, wirtschaftlich nicht unerhebliche Zeitspanne aufzugeben. Hat der Arbeitgeber zum Zeitpunkt der Kündigung die Betriebsstilllegung definitiv beschlossen, so ist die Kündigung aus betriebsbedingten Gründen wirksam. Wird zum Zeitpunkt der Kündigung jedoch noch ernsthaft über eine Veräußerung des Betriebs oder der Gesellschaftsanteile verhandelt, kann eine betriebsbedingte Kündigung wegen Betriebsstilllegung (noch) nicht ausgesprochen werden. Eine Betriebsstilllegung und ein Betriebsübergang schließen sich gegenseitig aus. Die Fortführung des Betriebes durch einen Betriebserwerber begründet eine gegen die Stilllegungsabsicht sprechende Vermutung, die der Arbeitgeber dadurch widerlegen kann, dass er substantiiert darlegt, die Veräußerung zum Zeitpunkt des Ausspruches der Kündigung war weder voraussehbar noch geplant. Dabei ist es ohne Belang, ob die Betriebsfortführung vor oder nach Ablauf der Kündigungsfrist stattgefunden hat (BAG v. 16.2.2012, Az. 8 AZR 693/10). Kommt es innerhalb der Kündigungsfrist zu einer Betriebsveräußerung, so spricht nach Auffassung des BAG (BAG DB 1985, 1399) eine tatsächliche Vermutung gegen eine endgültige Stilllegungsabsicht des Unternehmers im Zeitpunkt der Kündigung. Der Arbeitgeber braucht mit der Kündigung nicht zu warten, bis der Betrieb bereits stillgelegt ist oder ein entsprechender gesellschaftsrechtlicher Auflösungsbeschluss vorliegt. Es genügt, wenn im Zeitpunkt des Ausspruchs der Kündigung aufgrund einer vernünftigen betriebswirtschaftlichen Betrachtung davon auszugehen ist, dass zum Zeitpunkt der Entlassung der Betrieb stillgelegt sein wird. Dies setzt voraus, dass die Stilllegungsabsicht bereits greifbare Formen angenommen hat. Die zum Zeitpunkt der Kündigung bestehende Absicht zur Betriebs- oder Abteilungsstilllegung liegt insbesondere dann vor, wenn die unternehmerische Organisationsentscheidung bereits getroffen wird und sich diese zum Ablauf der Kündigungsfrist auch realisiert (BAG v. 23.2.2010, Az. 2 AZR 268/08). In den Fällen, in denen zwar bei Zugang der Kündigung noch eine Möglichkeit der Beschäftigung besteht, aber die für den künftigen Wegfall des Beschäftigungsbedürfnisses maßgeblichen Entscheidungen bereits gefallen sind, kommt es darauf an, ob der Arbeitnehmer bis zum Kündigungstermin voraussichtlich entbehrt werden kann (BAG a. a. O.).

- **Rationalisierungsmaßnahmen:**

  Die Einführung neuer, arbeitssparender Maschinen oder effektiverer Fertigungstechniken oder die Durchführung von organisatorischen Veränderungen sind Rationalisierungsmaßnahmen, die entweder dazu dienen können, bei gleichem Aufwand ein höheres Ergebnis oder mit geringerem Aufwand ein gleiches Ergebnis zu erzielen. Eine betriebsbedingte Kündigung kann nur dann in Betracht kommen, wenn durch die Rationalisierungsmaßnahme Arbeitsplätze wegfallen. Soll der betriebliche Aufwand unverändert bleiben, so kann sich dies auf den Bestand der Arbeitsplätze nicht auswirken. Nur eine Rationalisierung, die zu einem verringerten Bedarf an Arbeitsplätzen führt, kann eine betriebsbedingte Kündigung begründen.

- **Umwandlung einer Angestellten- in eine Beamtenstelle:**

  Wird eine Angestelltenstelle des öffentlichen Arbeitgebers in eine Beamtenstelle umgewandelt, so kann dies ein dringendes betriebliches Erfordernis zur Kündigung des Angestellten darstellen, wenn dieser nicht die Voraussetzungen für eine Übernahme in das Beamtenverhältnis erfüllt (BAG v. 21.9.2000, Az. 2 AZR 440/99).

- **Vergabe von Arbeiten an Fremdunternehmen:**

  Der Arbeitgeber ist berechtigt, bestimmte Arbeiten an Fremdunternehmen zu vergeben, wobei es grundsätzlich nicht darauf ankommt, ob hierdurch tatsächlich Kosten gespart werden oder ob die zugrunde liegende unternehmerische (Organisations-)Entscheidung dringend war. Dabei ist auch eine Aufgabenverlagerung auf ein konzernangehöriges Drittunternehmen im Ausland von der Entscheidungsfreiheit gedeckt (BAG v. 28.2.2023. Az. 2 AZR 227/22). Sollen eigene Arbeitnehmer durch Leiharbeitnehmer einer Fremdfirma ausgetauscht werden, sind betriebsbedingte Kündigungen hingegen nicht gerechtfertigt (BAG v. 26.9.1996, Az. 2 AZR 200/96). Entschließt sich jedoch ein Arbeitgeber, bisher von Arbeitnehmern ausgeübte Tätigkeiten in Zukunft nicht mehr durch Arbeitnehmer, sondern durch selbstständige Unternehmer ausführen zu lassen, so entfällt in diesem Umfang das bisherige Beschäftigungsbedürfnis von Arbeitnehmern und ein betriebsbedingter Kündigungsgrund liegt vor.

- **Verselbstständigung:**

  Ein Arbeitgeber ist grundsätzlich berechtigt, betriebliche Funktionen künftig nicht mehr durch angestellte Arbeitnehmer, sondern durch selbstständige Mitarbeiter (z. B. Handelsvertreter, Franchisenehmer, Dienst- oder Auftragnehmer) ausführen zu lassen. Dies kann eine Kündigung der bislang angestellten Arbeitnehmer aus betriebsbedingten Gründen rechtfertigen (BAG v. 9.5.1996, Az. 2 AZR 438/95). Unzulässig ist es jedoch, die Arbeitnehmer durch Scheinselbstständige (Scheinselbstständigkeit) zu ersetzen.

WICHTIG!

Die unternehmerische Entscheidung des Arbeitgebers, seinen Betrieb umzuorganisieren, kann von den Gerichten nur in Fällen offensichtlicher Unvernunft oder Willkür beanstandet werden. Auf die Zweckmäßigkeit der Maßnahmen kommt es nicht an. Entscheidend ist i. d. R., ob außer- oder innerbetriebliche Umstände zu einer dauerhaften Reduzierung des betrieblichen Arbeitskräftebedarfs führen. Die tatsächliche Durchführung einer innerbetrieblichen Maßnahme begründet die Vermutung, dass diese nicht unsachlich, unvernünftig oder willkürlich ist. Auch die Schließung eines funktionierenden Betriebs ist im Grundsatz von der Unternehmerfreiheit gem. Art. 2 Abs. 1, 12 Abs. 1, 14 Abs. 1 GG, geschützt (LAG Köln v. 20.3.2025, Az. 8 SLa 310/24). Der Arbeitgeber hat die Tatsachen näher darzulegen, aus denen sich ergeben soll, dass zukünftig auf Dauer mit einem reduzierten Arbeitsvolumen und Beschäftigungsbedarf zu rechnen ist; das Vorliegen von möglicherweise nur kurzfristigen Produktions- oder Auftragsschwankungen muss ausgeschlossen sein. Der Arbeitgeber hat den dauerhaften Rückgang des Arbeitsvolumens nachvollziehbar darzustellen, in dem er die einschlägigen Daten aus repräsentativen Referenzperioden miteinander vergleicht. Ein nur vorübergehender Arbeitsmangel kann eine betriebsbedingte Kündigung nicht rechtfertigen. Wird im Betrieb Kurzarbeit geleistet, spricht dies gegen einen dauerhaft gesunkenen Beschäftigungsbedarf (BAG v. 23.2.2012, Az. 2 AZR 548/10). Dies gilt grundsätzlich auch, wenn der Rückgang des Arbeitsvolumens auf eine pandemische Lage zurückzuführen ist (LAG München v. 5.5.2021, Az. 5 Sa 938/20). Die Erklärung, man habe nicht anders auf einen starken Umsatzrückgang reagieren können, als eine Anzahl von Kündigungen auszusprechen, ist keine ausreichende Begründung zur Rechtfertigung einer betriebsbedingten Kündigung (vgl. ArbG Berlin v. 25.8.2020, Az. 34 Ca 6664/20, 34 Ca 6667/20, 34 Ca 6668/20).

Beispiel 1:

Entschließt sich ein Arbeitgeber zu einer betrieblichen Umorganisation, die zu einer anderen zeitlichen Lage und Herabsetzung der Dauer der Arbeitszeit führt, so handelt es sich dabei um eine im Ermessen des Arbeitgebers stehende unternehmerische Entscheidung, die von den Arbeitsgerichten nicht auf ihre Zweckmäßigkeit, sondern lediglich auf offenbare Unvernunft oder Willkür zu überprüfen ist. Ein Missbrauch der unternehmerischen Organisationsfreiheit liegt nicht dann schon vor, wenn der Arbeitgeber die Möglichkeit hat, auf die Reorganisation zu verzichten (BAG v. 10.5.2007, Az. 2 AZR 626/05).

Beispiel 2:

Läuft die unternehmerische Entscheidung auf den Abbau einer Hierarchieebene verbunden mit einer Umverteilung der dem betroffenen Arbeitnehmer bisher zugewiesenen Aufgaben hinaus, muss der Arbeitgeber genau erläutern, in welchem Umfang und aufgrund welcher Maßnahmen die Tätigkeiten für den Arbeitnehmer zukünftig entfallen. Er muss die Auswirkungen seiner unternehmerischen Vorgaben auf die zukünftige Arbeitsmenge anhand einer schlüssigen Prognose darstellen und angeben, wie die anfallenden Arbeiten vom verbliebenen Personal ohne überobligationsmäßige Leistungen erledigt werden können (BAG v. 16.12.2010, Az. 2 AZR 770/09). In diesem Zusammenhang muss er auch verdeutlichen, wer die Aufgaben zukünftig erledigen soll. In welcher Weise dabei ein Arbeitgeber dar-

legt, dass die Umverteilung von Arbeitsaufgaben nicht zu einer überobligatorischen Beanspruchung der im Betrieb verbliebenen Arbeitnehmer führt, bleibt ihm überlassen. Es kann je nach Einlassung des Arbeitnehmers ausreichend sein, wenn der Arbeitgeber die getroffenen Vereinbarungen zu Umfang und Verteilung der Arbeitszeit darstellt und Anhaltspunkte dafür darlegt, dass Freiräume für die Übernahme zusätzlicher Aufgaben vorhanden sind (BAG v. 24.5.2012, Az. 2 AZR 124/11; LAG Köln v. 13.10.2017, Az. 4 Sa 109/17).

1.4 Keine anderweitige Beschäftigungsmöglichkeit

Ein dringendes betriebliches Erfordernis für eine betriebsbedingte Kündigung ist dann nicht gegeben, wenn der Arbeitnehmer auf einem anderen freien, gleichwertigen Arbeitsplatz im Unternehmen weiter beschäftigt werden kann.

WICHTIG!

Hierbei erstreckt sich die Prüfung freier Arbeitsplätze nicht nur auf den Beschäftigungsbetrieb, sondern auch auf andere Betriebe desselben Unternehmens.

Eine Weiterbeschäftigungspflicht auf freien Arbeitsplätzen eines anderen Unternehmens kommt in Betracht, wenn das kündigende Unternehmen mit dem anderen Unternehmen einen Gemeinschaftsbetrieb führt. Eine unternehmensübergreifende Weiterbeschäftigungspflicht besteht demgegenüber nicht, wenn der Gemeinschaftsbetrieb bei Zugang der Kündigung als solcher bereits nicht mehr existiert. Eine konzernbezogene Weiterbeschäftigungspflicht kann ausnahmsweise bestehen, wenn sich ein anderes Konzernunternehmen ausdrücklich zur Übernahme des Arbeitnehmers bereit erklärt hat oder eine Unterbringungsverpflichtung unmittelbar aus dem Arbeitsvertrag, einer sonstigen vertraglichen Absprache oder der in der Vergangenheit geübten Praxis folgt. Weitere Voraussetzung einer unternehmensübergreifenden Weiterbeschäftigungspflicht ist ein bestimmender Einfluss des vertragsschließenden Unternehmens auf die „Versetzung" (BAG v.18.10.2012, Az. 6 AZR 41/11). Die Weiterbeschäftigungspflicht bezieht sich aber grundsätzlich nicht auf freie Arbeitsplätze in einem im Ausland gelegenen Betrieb des Arbeitgebers. Der Erste Abschnitt des Kündigungsschutzgesetzes ist gemäß § 23 Abs. 1 KSchG nur auf Betriebe anzuwenden, die in der Bundesrepublik Deutschland liegen. In diesem Sinne muss auch der Betriebsbegriff in § 1 Abs. 2 Satz 1, Satz 2 KSchG verstanden werden. Ob dies der Berücksichtigung von Beschäftigungsmöglichkeiten im Ausland entgegensteht, falls der Arbeitgeber seinen Betrieb als Ganzen oder einen Betriebsteil unter Wahrung der Identität verlagert, hat das BAG offengelassen (BAG v. 29.8.2013, Az. 2 AZR 809/12). Auch kann eine „Selbstbindung" des Arbeitgebers im Einzelfall dazu führen, dass eine Beschäftigungsmöglichkeit in einem im Ausland liegenden Betrieb anzubieten ist (BAG v. 24.9.2015, Az. 2 AZR 3/14).

Bei der Prüfung der Weiterbeschäftigungsmöglichkeiten sind alle **zumutbaren** freien Arbeitsplätze im Unternehmen zu untersuchen. Der Arbeitgeber muss also keinen höherwertigen Arbeitsplatz anbieten. Er ist auch nicht verpflichtet, einen neuen Arbeitsplatz zu schaffen, um die Kündigung zu vermeiden. Entscheidend ist, ob und ggf. welche Arbeitsplätze, auf denen der zu kündigende Mitarbeiter eingesetzt werden kann, zum Ablauf der Kündigungsfrist oder in absehbaren Zeit nach ihrem Ablauf tatsächlich frei sind. Wurde ein freier geeigneter Arbeitsplatz vor dem Zugang der Kündigung besetzt, so ist es dem Arbeitgeber verwehrt, sich auf den Wegfall von anderweitigen Beschäftigungsmöglichkeiten im Kündigungszeitpunkt zu berufen, wenn dieser Wegfall von ihm treuwidrig herbeigeführt wurde (BAG v. 5.6.2008, Az. 2 AZR 107/07). Ob die Beschäftigung von Leiharbeitnehmern die Annahme rechtfertigt, im Betrieb oder Unternehmen des Arbeitgebers seien „freie" Arbeitsplätze vorhanden, hängt von den Umständen des Einzelfalls ab. Werden Leiharbeitnehmer lediglich zur Abdeckung von „Auftragsspitzen" eingesetzt, liegt darin keine alternative Beschäftigungsmöglichkeit i. S. d. § 1 Abs. 2 Satz 2 KSchG. Der Arbeitgeber kann in einem solchen Fall typischerweise nicht davon ausgehen, dass er für die Auftragsabwicklung dauerhaft Personal benötige. An einem „freien" Arbeitsplatz fehlt es in der Regel außerdem, wenn der Arbeitgeber Leiharbeitnehmer als „Personalreserve" zur Abdeckung von Vertretungsbedarf beschäftigt (BAG v. 15.12.2011, Az. 2 AZR 42/10).

ACHTUNG!

Über die Zumutbarkeit des angebotenen freien Arbeitsplatzes hat grundsätzlich der Arbeitnehmer selbst zu entscheiden. Nur er kann beurteilen, ob er Einbußen und Nachteile akzeptiert. Ein neues Vertragsangebot kann daher nur in Extremfällen unterbleiben. So muss z. B. dem bisherigen Personalchef nicht der freie Arbeitsplatz eines Pförtners angeboten werden (BAG v. 21.4.2005, Az. 2 AZR 244/04). Zumutbar kann jedoch das Angebot eines freien Arbeitsplatzes sein, bei dem sich das Jahresgehalt des zu kündigenden Mitarbeiters um 50 % (in dem vom BAG entschiedenen Fall von 140 000 € auf 70 000 €) reduziert. Nach Auffassung des BAG müsse der Mitarbeiter selbst beurteilen, ob er die freie Stelle trotz der finanziellen Einbußen annehmen wolle (BAG v. 21.4.2005, Az. 2 AZR 132/04). Eine Änderungskündigung kann nur in „Extremfällen" unterbleiben, d. h. wenn der Arbeitgeber bei vernünftiger Betrachtung nicht mit einer Annahme des neuen Vertragsangebots durch den Arbeitnehmer rechnen konnte und ein derartiges Angebot vielmehr beleidigenden Charakter haben würde. Eine solche Situation kann u. U. gegeben sein, wenn der betroffene Arbeitnehmer selbst so weit in der Personalhierarchie zurückgestuft würde, dass viele seiner bisher Untergebenen ihm nunmehr Weisungen unterteilen könnten (BAG v. 21.9.2006, Az. 2 AZR 607/05). Andererseits hat der Arbeitnehmer eine betriebsbedingte Änderung der Arbeitsbedingungen durch Änderungskündigung, mit der der Arbeitgeber eine sonst aus wirtschaftlichen Gründen erforderliche Beendigungskündigung vermeidet, nach dem Verhältnismäßigkeitsgrundsatz stets billigerweise hinzunehmen. Steht z. B. im Kündigungszeitpunkt fest, dass der Arbeitnehmer aufgrund seines Widerspruchs gegen einen Betriebsübergang bei seinem Arbeitgeber nicht mehr weiterbeschäftigt werden kann, verstößt das Angebot des Arbeitgebers, den Arbeitnehmer an den Betriebserwerber auszuleihen, damit er dort wie bisher weiterarbeiten kann, regelmäßig nicht gegen den Verhältnismäßigkeitsgrundsatz (BAG v. 29.3.2007, Az. 2 AZR 31/06). Dies gilt selbst dann, wenn der Arbeitgeber dem Arbeitnehmer die Fortsetzung des Arbeitsverhältnisses nur zu dem geringeren Entgelt anbietet, das der Betriebserwerber nach den in seinem Betrieb einschlägigen Tarifverträgen seinen Arbeitnehmern zahlt (BAG a. a. O.).

Die Versetzung des Arbeitnehmers hat immer dann im Wege einer Änderungskündigung zu erfolgen, wenn sie nicht mehr vom Direktionsrecht des Arbeitgebers gedeckt ist.

WICHTIG!

Die Änderungskündigung hat Vorrang vor der Beendigungskündigung. Eine Änderungskündigung wird nur dann überflüssig, wenn der Arbeitnehmer den angebotenen Arbeitsplatz eindeutig und vorbehaltlos abgelehnt hat. Die Überflüssigkeit wäre dann vom Arbeitgeber zu beweisen. Gelingt ihm dies nicht, fehlt es an der sozialen Rechtfertigung der Kündigung (vgl. LAG Nürnberg v. 13.9.2004, Az. 6 Sa 869/03). Daher sollte im Zweifel immer ein anderweitiger freier Arbeitsplatz im Wege einer Änderungskündigung angeboten werden.

Daraus folgt, dass der Arbeitgeber vor Ausspruch einer Beendigungskündigung prüfen muss, ob er den Arbeitnehmer auf einem anderen, ggf. auch schlechteren Arbeitsplatz einsetzen kann. Kann der Arbeitnehmer auf dem bisherigen Arbeitsplatz nur in Teilzeit weiterbeschäftigt werden, muss ihm dies ebenfalls angeboten werden.

ACHTUNG!

Der Arbeitgeber kann den Arbeitnehmer nur im Wege einer Änderungskündigung auf einen schlechteren Arbeitsplatz umsetzen. Sind mehrere schlechtere Arbeitsplätze frei, muss der Arbeitgeber denjenigen anbieten, der im Vergleich zur bisherigen Position mit den geringsten Nachteilen verbunden ist.

Wenn der Arbeitnehmer umschulungsfähig und umschulungswillig ist, muss der Arbeitgeber ihm auch einen neuen Arbeitsplatz anbieten, der nur nach einer Einarbeitung oder Umschulung ausgefüllt werden kann.

Für das Fehlen einer anderweitigen Weiterbeschäftigungsmöglichkeit ist gem. § 1 Abs. 2 Satz 4 KSchG der Arbeitgeber darlegungs- und beweispflichtig. Dabei gilt eine abgestufte Darlegungslast. Bestreitet der Arbeitnehmer lediglich den Wegfall seines bisherigen Arbeitsplatzes, genügt der Vortrag des Arbeitgebers, wegen der betrieblichen Notwendigkeiten sei eine Weiterbeschäftigung zu den gleichen Bedingungen nicht möglich. Will der Arbeitnehmer vorbringen, es sei eine Beschäftigung an anderer Stelle möglich, obliegt es ihm darzulegen, wie er sich seine anderweitige Beschäftigung vorstellt. Erst daraufhin muss der Arbeitgeber eingehend erläutern, aus welchen Gründen eine Umsetzung nicht möglich war (BAG v. 25.10.2012, Az. 2 AZR 552/11). Die Verpflichtung des Arbeitgebers, den Arbeitnehmer zur Vermeidung einer Beendigungskündigung an einem anderen – freien – Arbeitsplatz zu beschäftigen, erstreckt sich grundsätzlich nicht auf Arbeitsplätze in einem im Ausland gelegenen Betrieb oder Betriebsteil des Unternehmens (BAG v. 24.9.2015, Az. 2 AZR 3/14).

2. Soziale Auswahl

Trotz des Vorliegens von dringenden betrieblichen Erfordernissen kann eine betriebsbedingte Kündigung sozial ungerechtfertigt sein, wenn der Arbeitgeber bei der Auswahl des Arbeitnehmers die in § 1 Abs. 3 Satz 1 KSchG festgelegten sozialen Gesichtspunkte nicht oder nicht ausreichend berücksichtigt hat.

2.1 Personenkreis

Bei der Beurteilung des auswahlrelevanten Personenkreises sind alle Arbeitnehmer zu berücksichtigen, die innerhalb des Betriebs miteinander vergleichbar sind. Nicht zu berücksichtigen sind Arbeitnehmer, deren Arbeitsverhältnis nicht ordentlich betriebsbedingt gekündigt werden kann (vgl. BAG v. 21.4.2005, Az. 2 AZR 241/04) und solche, die noch keine sechs Monate in dem Betrieb sind (kein Kündigungsschutz!).

WICHTIG!

Auch wenn der Sonderkündigungsschutz von Mitarbeitern kurz nach dem Kündigungszeitpunkt auslaufen wird (z. B. wegen auslaufender Elternzeit oder Ablauf des Schutzes von Mitgliedern des Betriebsrats), sind diese Personen nicht mit in die soziale Auswahl mit einzubeziehen (BAG v. 21.4.2005, Az. 2 AZR 241/04).

Tarifliche Regelungen über den Ausschluss ordentlicher Kündigungen erweisen sich in Auswahlsituationen nur dann als angemessen und gesetzeskonform im Sinne von § 10 Satz 1 AGG bzw. § 1 Abs. 3 KSchG, wenn sie zumindest grobe Auswahlfehler vermeiden. Die Auslegung der einschlägigen Tarifbestimmung kann ergeben, dass der Ausschluss ordentlicher Kündigungen nicht gilt, falls er bei der Sozialauswahl zu einem grob fehlerhaften Auswahlergebnis führen würde (BAG v. 20.6.2013, Az. 2 AZR 295/12).

Eine Vergleichbarkeit (s. o. „gleiches Anforderungsprofil") von teilzeitbeschäftigten und vollzeitbeschäftigten Arbeitnehmern ist nur dann gegeben, wenn es dem Arbeitgeber lediglich um die Reduzierung des Arbeitszeitvolumens geht. Andernfalls kann eine Sozialauswahl zwischen Vollzeitkräften und Teilzeitbeschäftigten mit unterschiedlichen Arbeitszeiten entfallen (BAG v. 15.7.2004, Az. 2 AZR 376/03).

Der Arbeitgeber hat in die Sozialauswahl diejenigen Arbeitnehmer einzubeziehen, die objektiv miteinander vergleichbar sind. Vergleichbar sind Arbeitnehmer, die – bezogen auf die Merkmale des Arbeitsplatzes – sowohl aufgrund ihrer Fähigkeiten und Kenntnisse als auch nach dem Inhalt der von ihnen vertraglich geschuldeten Aufgaben austauschbar sind. Dies ist nicht nur bei identischen Arbeitsplätzen der Fall, sondern auch dann, wenn der Arbeitnehmer aufgrund seiner Tätigkeit und Ausbildung die zwar andere, aber gleichwertige Tätigkeit ausüben kann. An einer Vergleichbarkeit fehlt es, wenn der Arbeitgeber den Arbeitnehmer aus Rechtsgründen nicht einseitig auf den fraglichen anderen Arbeitsplatz um- oder versetzen kann (BAG v. 20.6.2013, Az. 2 AZR 271/12). Die Vergleichbarkeit kann in diesen Fällen auch nicht dadurch herbeigeführt werden, dass der Arbeitsvertrag eines von dem betrieblichen Ereignis betroffenen Arbeitnehmers erst anlässlich dieses Ereignisses einvernehmlich oder im Wege der Änderungskündigung entsprechend abgeändert wird (BAG v. 18.10.2006, Az. 2 AZR 676/05).

Die Sozialauswahl ist auf Arbeitnehmer desselben Betriebs beschränkt. Ein Betrieb ist die organisatorische Einheit, innerhalb derer der Arbeitgeber allein oder mit seinen Arbeitnehmern durch Einsatz technischer und immaterieller Mittel bestimmte arbeitstechnische Zwecke fortgesetzt verfolgt, die sich nicht in der Befriedigung von Eigenbedarf erschöpfen. Da mit und in einem Betrieb mehrere Zwecke verfolgt werden können, ist in erster Linie auf die Einheit der Organisation, nicht auf die Einheit der arbeitstechnischen Zweckbestimmung abzustellen. Erforderlich ist ein Leitungsapparat, um insbesondere in personellen und sozialen Angelegenheiten wesentliche Entscheidungen selbstständig treffen zu können.

WICHTIG!

Zum Betrieb eines Verleiherunternehmens gehören alle unter einer einheitlichen Leitung zusammengefassten, zu dem Zweck ihrer Überlassung an Dritte beschäftigten Arbeitnehmer. Der Betrieb umfasst nicht nur die einsatzfreien, sondern auch die im Einsatz befindlichen Arbeitnehmer jedenfalls dann, wenn die Austauschbarkeit im Einsatz befindlicher Arbeitnehmer im Verhältnis zum Entleiher weder vertraglich noch nach Treu und Glauben (§ 242 BGB) ausgeschlossen ist, sind diese, sofern sie nach sonstigen arbeitsplatzbezogenen Kriterien vergleichbar sind, in die Sozialauswahl im Betrieb eines Verleiharbeitgebers einzubeziehen (BAG v. 20.6.2013, Az. 2 AZR 271/12).

Arbeitnehmer, deren Weiterbeschäftigung im berechtigten betrieblichen Interesse liegt, sind in die soziale Auswahl nicht mit einzubeziehen (§ 1 Abs. 3 Satz 2 KSchG). Dies gilt insbesondere, wenn die Weiterbeschäftigung bestimmter Arbeitnehmer wegen ihrer Kenntnisse, Fähigkeiten und Leistungen im berechtigten betrieblichen Interesse liegt oder zur Sicherung einer ausgewogenen Personalstruktur im Betrieb dient. Der Arbeitgeber kann solche Personen also bei der Entscheidung über etwaige betriebsbedingte Kündigungen bevorzugen, und zwar selbst dann, wenn diese weniger sozial schutzwürdig sind als andere Arbeitnehmer mit vergleichbarer Arbeit (sog. „Leistungsträger").

Beispiel 1:

So kann die Mitgliedschaft eines Arbeitnehmers in der freiwilligen Feuerwehr für eine Gemeinde, die gesetzlich zum Brandschutz verpflichtet ist, ein ausschlaggebendes Kriterium dafür sein, diesen Mitarbeiter wegen eines berechtigten betrieblichen Interesses von der (sozialen) Auswahl der zu kündigenden Mitarbeiter auszuschließen (BAG v. 7.12.2006, Az. 2 AZR 748/05).

Gemäß § 1 Abs. 3 Satz 2 KSchG kann die Sozialauswahl zur Sicherung einer ausgewogenen Altersstruktur auch innerhalb von Altersgruppen vorgenommen werden. Das Lebensalter ist dann nur im Rahmen der jeweiligen Gruppe von Bedeutung. Der Altersaufbau der Belegschaft bleibt auf diese Weise weitgehend erhalten. Der gesetzliche Regelungskomplex der Sozialauswahl verstößt nicht gegen das unionsrechtliche Verbot der Altersdiskriminierung und dessen Ausgestaltung durch die RL 2000/78/EG. Er führt zwar zu einer unterschiedlichen Behandlung wegen des Alters. Diese ist aber durch rechtmäßige Ziele aus den Bereichen Beschäftigungspolitik und Arbeitsmarkt im Sinne von Art. 6 I 1, 2 Buchst. a) der Richtlinie gerechtfertigt. Einerseits tragen die Regelungen den mit steigendem Lebensalter regelmäßig sinkenden Chancen auf dem Arbeitsmarkt Rechnung. Andererseits wirken sie durch die Möglichkeit der Bildung von Altersgruppen der ausschließlich linearen Berücksichtigung des ansteigenden Lebensalters und einer mit ihr einhergehenden Benachteiligung jüngerer Arbeitnehmer entgegen. Das Ziel, ältere Arbeitnehmer zu schützen, und das Ziel, die berufliche Eingliederung jüngerer Arbeitnehmer sicherzustellen, werden zu einem angemessenen Ausgleich gebracht. Dies dient zugleich der sozialpolitisch erwünschten Generationengerechtigkeit und der Vielfalt im Bereich der Beschäftigung (BAG v. 15.12.2011, Az. 2 AZR 42/10).

Beispiel 2:

Ein berechtigtes betriebliches Bedürfnis an der Erhaltung einer ausgewogenen Altersstruktur kann insbesondere dann vorliegen, wenn bei einer Massenentlassung die Gefahr besteht, dass es durch eine Auswahl allein nach sozialen Gesichtspunkten zu erheblichen Ver-

schiebungen in der Altersstruktur des Betriebes kommt, die im betrieblichen Interesse nicht hinnehmbar sind (BAG v. 6.7.2006, Az. 2 AZR 442/05).

Beispiel 3:

Die besonders hohe Krankheitsanfälligkeit eines Arbeitnehmers begründet bei der Sozialauswahl für sich noch kein berechtigtes betriebliches Interesse, einen anderen vergleichbaren und weniger schutzbedürftigen Arbeitnehmer weiterzubeschäftigen. Der „sozial schutzwürdigere" Arbeitnehmer ist daher nicht schon deshalb aus der Sozialauswahl auszunehmen, weil er besonders krankheitsanfällig ist (BAG v. 31.5.2007, Az. 2 AZR 306/06).

2.2 Auswahlkriterien

Im Rahmen der sozialen Auswahl ist unter mehreren vergleichbaren Arbeitnehmern derjenige zu entlassen, der nach seinen Sozialdaten des geringsten Schutzes bedarf. Die seit 1.1.2004 abschließend geltenden Auswahlgesichtspunkte sind:

- Dauer der Betriebszugehörigkeit,
- Lebensalter des Arbeitnehmers,
- Unterhaltsverpflichtungen des Arbeitnehmers und
- Schwerbehinderung des Arbeitnehmers.

Bei der Berechnung der Dauer der Betriebszugehörigkeit ist neben der aktuellen Beschäftigungszeit auch eine frühere Beschäftigung beim gleichen Arbeitgeber zu berücksichtigen, wenn diese zu einer Anrechnung auf die Wartezeit nach § 1 Abs. 1 KSchG führen würde. Unterhaltszahlungen finden insoweit Berücksichtigung, wie eine gesetzliche Unterhaltsverpflichtung besteht. Dabei kommt es nicht nur auf die Anzahl der Unterhaltsberechtigten an, sondern darauf, in welcher Höhe der Arbeitnehmer diesen Unterhaltsberechtigten tatsächlich zum Unterhalt verpflichtet ist.

ACHTUNG!

Andere als die vorgenannten (und in § 1 Abs. 3 KSchG festgelegten) Auswahlkriterien sind nicht (mehr) zu berücksichtigen! Mittlerweile ist auch höchstrichterlich geklärt, dass die Diskriminierungsverbote des AGG (s. → *Gleichbehandlung*) bei der Auslegung der Kündigungsschutzvorschriften zu beachten sind. Andererseits ist es auch nach Inkrafttreten des AGG grundsätzlich zulässig, Punktetabellen zur Sozialauswahl aufzustellen und eine Altersgruppenbildung zur Erhaltung der ausgewogenen Altersstruktur vorzunehmen. Um eine Diskriminierung von Arbeitnehmern z. B. wegen des Alters oder wegen Behinderung zu vermeiden, müssen hierbei jedoch sachlich begründete Anforderungen eingehalten werden (s. u.). Die Berücksichtigung des Lebensalters bei der Sozialauswahl i. S. d. § 1 Abs. 3 Satz 1 KSchG verstößt nicht gegen das Verbot der Altersdiskriminierung gem. §§ 1, 2 Abs. 1 Nr. 2 AGG. Die Betriebsparteien können in einer Auswahlrichtlinie nach § 95 BetrVG und einer Namensliste nach § 1 Abs. 5 Satz 1 KSchG auch das Lebensalter als Auswahlkriterium durchgehend „linear" berücksichtigen und müssen nicht zuvor nach Altersgruppen differenzieren (BAG v. 5.11.2009, Az. 2 AZR 676/08). Ein Arbeitnehmer, der Regelaltersrente beziehen kann, ist bei der Sozialauswahl im Hinblick auf sein Alter allerdings weniger schutzbedürftig, als nicht rentenberechtigte jüngere Arbeitnehmer (vgl. BAG v. 27.4.2017, Az. 2 AZR 67/16). Das Gleiche gilt, wenn der Arbeitnehmer rentennah ist, weil er eine solche abschlagsfreie Rente oder die Regelaltersrente spätestens innerhalb von zwei Jahren nach dem in Aussicht genommenen Ende des Arbeitsverhältnisses beziehen kann. Lediglich eine Altersrente für schwerbehinderte Menschen darf insoweit nicht berücksichtigt werden (BAG v. 8.12.2022, Az. 6 AZR 31/22).

Ein Sozialplan kann regeln, dass die Abfindungen mit zunehmender Betriebszugehörigkeit ansteigen. Dies stellt ebenso wenig eine altersbedingte Diskriminierung dar, wie die Regelung in einem Sozialplan, wonach Arbeitnehmer, die – und sei es nach dem Bezug von Arbeitslosengeld – vorzeitig Altersrente in Anspruch nehmen können, geringere Abfindungen erhalten (BAG v. 26.5.2009, Az. 1 AZR 198/08). Auch die Bildung von Altersgruppen bei der Sozialauswahl zur Erhaltung der Altersstruktur ist grundsätzlich zulässig. Ausdrücklich gebilligt hat das BAG (BAG v. 6.11.2008, Az. 2 AZR 523/07) folgende Altersgruppenbildung:

- älter als 25 Jahre bis zum vollendeten 35. Lebensjahr,
- älter als 35 Jahre bis zum vollendeten 45. Lebensjahr,
- älter als 45 Jahre bis zum vollendeten 55. Lebensjahr,
- älter als 55 Jahre.

ACHTUNG!

Zudem verlangt das BAG jedoch, dass sich die unterschiedliche Behandlung bei der Altersgruppenbildung nach bestimmten, in der Sache begründeten Proportionen richtet. Das ist der Fall, wenn eine solche Anzahl von Mitarbeitern in den einzelnen Altersgruppen gekündigt wird, dass der bisherige prozentuale Anteil der Altersgruppe an der Gesamtbelegschaft in etwa erhalten bleibt (BAG v. 6.11.2008, Az. 2 AZR 523/07; BAG v. 19.7.2012, Az. 2 AZR 352/11). Bei einer Sozialauswahl muss jede Altersgruppe gleich stark von betriebsbedingten Kündigungen betroffen sein, da die Altersstruktur sonst verändert wird (BAG v. 26.3.2015, Az. 2 AZR 478/13). Der Arbeitgeber muss schließlich auch ein berechtigtes betriebliches Interesse an der Beibehaltung der bisherigen Altersstruktur i. S. d. § 1 Abs. 3 Satz 2 KSchG konkret darlegen (BAG v. 18.3.2010, Az. 2 AZR 468/08). Er hat aufzuzeigen, welche konkreten Nachteile sich ergäben, wenn die Sozialauswahl allein nach Maßgabe von § 1 Abs. 3 Satz 1 KSchG vorgenommen würde. Dies verlangt nicht nur darzulegen, dass sich die Altersstruktur überhaupt in nennenswertem Ausmaß nachteilig verändern würde, sondern auch aufzuzeigen, welche konkreten Nachteile sich dadurch – beispielsweise im Hinblick auf die Verwirklichung des Betriebszwecks – ergäben. Ob sich das Interesse an der Beibehaltung der bestehenden Altersstruktur aus anzuerkennenden Sachgründen ableitet, ist gerichtlich uneingeschränkt und nicht nur auf Plausibilität hin überprüfbar (BAG a. a. O.).

Nach § 1 Abs. 4 KSchG kann in einem Tarifvertrag, einer Betriebsvereinbarung oder einer Auswahlrichtlinie nach den Personalvertretungsgesetzen festgelegt werden, wie die sozialen Gesichtspunkte im Verhältnis zueinander zu bewerten sind. Wenn sich der Arbeitgeber an die Auswahlrichtlinie hält, kann die soziale Auswahl vor den Arbeitsgerichten nur auf grobe Fehlerhaftigkeit hin überprüft werden.

Entsprechendes gilt, wenn bei einer Betriebsänderung die zu kündigenden Arbeitnehmer in einem Interessenausgleich namentlich benannt werden. Auch hier kann die soziale Auswahl nur beanstandet werden, wenn sie jede Ausgewogenheit vermissen lässt. Einzelheiten zum Interessenausgleich s. u. → *„Betriebsänderung" III.3.*

Die Aufnahme einer solchen Namensliste in den Interessenausgleich führt zu erheblichen Kündigungserleichterungen. Zum einen führt dies zu einer sog. Beweislastumkehr; d. h. der gekündigte (in der Namensliste genannte) Arbeitnehmer muss in einem Kündigungsschutzprozess beweisen, dass die „gesetzlich vermuteten" dringenden betrieblichen Gründe für die Kündigung nicht vorliegen. Dies wird ihm i. d. R. kaum gelingen. Zum anderen kann die von den Betriebsparteien (Arbeitgeber und Betriebsrat) zugrunde gelegte soziale Auswahl der betroffenen Arbeitnehmer nur dann arbeitsgerichtlich beanstandet werden, wenn sie „jede Ausgewogenheit" (so der Gesetzgeber) vermissen lässt.

Die Erfolgsaussichten einer Kündigungsschutzklage werden durch diese gesetzlichen Regelungen bei Betriebsänderungen erheblich reduziert. Nur wenn der Arbeitnehmer beweisen kann, dass sich die Sachlage nach Zustandekommen des Interessenausgleichs wesentlich geändert hat, gelten die Kündigungserleichterungen nicht (§ 1 Abs. 5 Satz 3 KSchG) und die Beweislast für die Kündigungsgründe und die soziale Auswahl verbleibt (wie bei anderen betriebsbedingten Kündigungen) beim Arbeitgeber.

Die beim Vorliegen einer entsprechenden Namensliste eingreifende Vermutung der Betriebsbedingtheit der Kündigung umfasst grundsätzlich auch das Fehlen einer anderweitigen Beschäftigungsmöglichkeit in einem anderen Betrieb des Unternehmens (BAG v. 6.9.2007, Az. 2 AZR 715/06; BAG v. 15.12.2011, Az. 2 AZR 42/10).

ACHTUNG!

Die Beweislastumkehr gilt nicht bei außerordentlichen Kündigungen; und zwar auch dann nicht wenn diese betriebsbedingt sind und z. B. deshalb erfolgen, weil die im Interessenausgleich genannten Arbeitnehmer ordentlich unkündbar sind (BAG v. 28.5.2009, Az. 2 AZR 844/07).

Ein Interessenausgleich über eine geplante Betriebsänderung ist schriftlich niederzulegen und vom Unternehmer und vom Betriebsrat zu unterschreiben.

ACHTUNG!

Das gesetzliche Schriftformerfordernis ist bezüglich der Namensliste jedoch auch dann erfüllt, wenn diese gemeinsam mit dem Interessenausgleich eine Urkunde bildet. Ausreichend ist es jedenfalls, wenn die Haupturkunde (= der Interessenausgleich) unterschrieben, in ihr auf die nicht unterschriebene Anlage ausdrücklich Bezug genommen wird und die Haupturkunde und die nachfolgende Anlage (= Namensliste) mittels Heftmaschine körperlich derart zu einer einheitlichen Urkunde verbunden wird, dass eine Lösung nur durch Gewaltanwendung (Lösen der Heftklammer) möglich ist (BAG v. 6.7.2006, Az. 2 AZR 520/05). Im Augenblick der Unterzeichnung müssen die beiden Schriftstücke jedoch als einheitliche Urkunde äußerlich erkennbar werden. Die erst nach Unterzeichnung erfolgte Zusammenheftung genügt daher dem Schriftformerfordernis nicht (BAG a. a. O.).

2.3 Auswahlverfahren

Die Sozialauswahl muss anhand folgender Fragen getroffen werden:

- Welcher Arbeitsplatz mit welchem Anforderungsprofil ist weggefallen?
- Welche Arbeitnehmer sind auf Arbeitsplätzen mit gleichem Anforderungsprofil beschäftigt?
- Welche Arbeitnehmer sind wegen eines berechtigten betrieblichen Interesses weiterzubeschäftigen, also aus der Sozialauswahl herauszunehmen?
- Welcher der verbleibenden Arbeitnehmer ist am wenigsten sozial schutzbedürftig?
- Wie sieht der arbeitsvertragliche Funktionsbereich dieses Arbeitnehmers aus?

Deckt sich der arbeitsvertragliche Funktionsbereich dieses Arbeitnehmers mit dem vom Wegfall der Arbeitsplätze betroffenen betrieblichen Funktionsbereich, so ist die soziale Auswahl beendet. Der ermittelte Arbeitnehmer ist derjenige, dem betriebsbedingt gekündigt werden kann.

Deckt sich der arbeitsvertragliche Funktionsbereich nicht mit dem betrieblichen Funktionsbereich, muss eine weitere Sozialauswahl zwischen dem ermittelten Arbeitnehmer und allen nach Maßgabe seines Arbeitsvertrags vergleichbaren Arbeitnehmern stattfinden. Dem hierbei ermittelten Arbeitnehmer ist die betriebsbedingte Kündigung auszusprechen.

WICHTIG!

Vor Ausspruch einer betriebsbedingten Kündigung ist eine auf den gesamten Betrieb bezogene Sozialauswahl durchzuführen. Dies gilt auch dann, wenn ein Betriebsteil stillgelegt und der andere Betriebsteil auf einen Erwerber übertragen werden soll (BAG v. 28.12.2004, Az. 8 AZR 391/03). Die räumliche Entfernung zwischen Hauptbetrieb und Niederlassung steht einer betriebsbezogenen Sozialauswahl ebenso wenig entgegen wie eine mögliche betriebsverfassungsrechtliche Eigenständigkeit einzelner Betriebsteile. Entscheidend ist, ob ein Betrieb i. S. d. § 23 KSchG gegeben ist (BAG v. 3.6.2004, Az. 2 AZR 577/03). Die Betriebsbezogenheit der Sozialauswahl gilt selbst dann, wenn sich der Arbeitgeber ein betriebsübergreifendes (unternehmen- oder konzernweites) Versetzungsrecht vorbehalten hat (BAG v. 2.6.2005, Az. 2 AZR 158/04).

Oftmals wird vom Arbeitgeber zur Bewertung der Auswahlkriterien eine Punktetabelle erstellt. Hierbei wird anhand der von den einzelnen Arbeitnehmern mit Punkten bewerteten sozialen Kriterien eine Rangfolge der zur Kündigung anstehenden Mitarbeiter erstellt. Dies dient der Objektivierung und Durchschaubarkeit der Auswahlentscheidung.

WICHTIG!

Unterläuft bei der Ermittlung der Punktzahlen ein Fehler mit der Folge, dass auch nur einem Arbeitnehmer, der bei richtiger Ermittlung der Punktzahlen zur Kündigung angestanden hätte, nicht gekündigt wird, so wurden nach der bisherigen Rechtsprechung die Kündigungen aller gekündigten Arbeitnehmer als unwirksam angesehen (sog. Domino-Prinzip). Nach neuerer Rechtsprechung des BAG gilt nun in derartigen Fällen, dass nur die Kündigungen unwirksam sind, die bei richtiger Ermittlung der Punktzahlen unterblieben wären. Kann der Arbeitgeber aufzeigen, dass die Kündigung auch bei richtiger Anwendung der Punktetabelle ausgesprochen worden wäre, kann sich der betroffene Arbeitnehmer nicht auf eine fehlerhafte Sozialauswahl berufen (BAG v. 9.11.2006, Az. 2 AZR 812/05).

ACHTUNG!

Ein Punkteschema für die soziale Auswahl ist mitbestimmungspflichtig gem. § 95 Abs. 1 BetrVG. Dies gilt auch dann, wenn der Arbeitgeber das Punkteschema nicht generell auf alle künftigen betriebsbedingten Kündigungen, sondern nur auf konkrete bevorstehende Kündigungen anwenden will. Ein Verstoß gegen die betriebsverfassungsrechtliche Mitbestimmung allein führt aber nicht zur Unwirksamkeit von Kündigungen, bei denen der Arbeitgeber ein von ihm mitbestimmungswidrig aufgestelltes Punkteschema anwendet (BAG v. 6.7.2006, Az. 2 AZR 443/05).

3. Massenentlassungen

3.1 Rechtsgrundlagen und Rechtsprechung

Gemäß § 17 Abs. 1 KSchG besteht eine Pflicht des Arbeitgebers zur Anzeige von (dort definierten) Massenentlassungen bei der Agentur für Arbeit. Ferner hat der Arbeitgeber einen in dem betroffenen Betrieb vorhandenen Betriebsrat zu konsultieren und der Agentur für Arbeit gemäß § 17 Abs. 3 KSchG der Massenentlassungsanzeige eine Abschrift der Mitteilung an den Betriebsrat und dessen Stellungnahme beizufügen.

Auf europäischer Ebene ist die Richtlinie 98/59/EG des Rates vom 20. Juli 1998 zur Angleichung der Rechtsvorschriften der Mitgliedstaaten über Massenentlassungen (Massenentlassungsrichtlinie) einschlägig. Im Gegensatz zu EU-Verordnungen (z. B. DSGVO) sind EU-Richtlinien nicht unmittelbar verbindlich, sondern müssen durch nationale Rechtsakte umgesetzt werden. Die entsprechenden nationalen Vorschriften sind dann jedoch von den Gerichten richtlinienkonform auszulegen.

WICHTIG!

Die zum Thema Massenentlassung ergangenen Gerichtsentscheidungen des EuGH und des BAG sind umfangreich und äußerst dynamisch. Aufgrund neuster Entwicklungen deutet sich eine wesentliche Änderung der Rechtsprechung zu der Frage an, ob und ggfs. inwieweit Fehler im Anzeigeverfahren zu einer Unwirksamkeit der gegenüber von Massenentlassungen betroffenen Arbeitnehmern ausgesprochenen Kündigungen führen. Bislang hat das BAG im Falle einer unterlassenen oder unwirksamen Massenentlassungsanzeige die in diesem Zusammenhang ausgesprochenen Kündigungen wegen eines Verstoßes gegen ein gesetzliches Verbot gemäß § 134 BGB für nichtig erachtet. Derzeit ist unklar, ob Fehler im Anzeigeverfahren gemäß § 17 Abs. 1 KSchG und § 17 Abs. 3 KSchG auch zukünftig zur Unwirksamkeit der Kündigungen gemäß § 134 BGB führen. Bis auf weiteres hängt diese Frage von der Umsetzung der Entscheidung des EuGH v. 30.10.2025, Az. C-134/24 durch das Bundesarbeitsgericht ab (vgl. BAG v. 1.2.2024, Az. 2 AS 22/23).

3.2 Anzeigepflicht

Ein Arbeitgeber, der in einem Zeitraum von 30 Kalendertagen eine größere Anzahl von Arbeitnehmern entlassen will, muss dies **vorher** bei der Agentur für Arbeit anzeigen. Die Anzeigepflicht besteht nicht in jedem Fall, sondern ist abhängig von der Betriebsgröße (Anzahl der insgesamt beschäftigten Arbeitnehmer) und der Anzahl der zu entlassenden Arbeitnehmer (§ 17 Abs. 1 KSchG). Anzeigepflicht besteht für Betriebe mit

- 21 bis 59 Arbeitnehmern bei der Entlassung von mehr als fünf Arbeitnehmern,
- 60 bis 499 Arbeitnehmern bei der Entlassung von mehr als 25 Arbeitnehmern oder mindestens 10 % der Belegschaft,
- 500 bis 599 Arbeitnehmern bei der Entlassung von mehr als 30 Arbeitnehmern,
- 600 und mehr Arbeitnehmern bei der Entlassung von mehr als 5 % der Belegschaft.

Die für die Schwellenwerte des § 17 Abs. 1 Satz 1 KSchG maßgebliche Betriebsgröße ist nicht stichtagsbezogen zu ermitteln. Maßgeblich ist vielmehr diejenige Personalstärke, die bei regelmäßigem Geschäftsgang für den Betrieb kennzeichnend ist (BAG v. 11.5.2023, Az. 6 AZR 157/22).

ACHTUNG!

Der Begriff des „Betriebs" ist unionsrechtlich auszulegen. Besteht ein Unternehmen aus mehreren Einheiten (z. B. Mini-Verkaufsstellen von Einzelhandelsketten), so bezieht sich der Betriebsbegriff auf die Einheit, der die von der Entlassung betroffenen Arbeitnehmer zur Erfüllung ihrer Aufgaben zugewiesen sind (EuGH v. 30.4.2015, Az. C-80/14 „USDAW und Wilson"; EuGH v. 13.5.2015, Az. C-182/12 „Lyttle u. a."; vgl. auch BAG v. 27.2.2020, Az. 8 AZR 215/19). Produktionseinheiten, die über eine eigene Ausstattung und eigenes Fachpersonal sowie einen Produktionsleiter, der die richtige Durchführung der Arbeit und die Kontrolle des Gesamtbetriebs der Einrichtungen der Einheit sowie die Lösung technischer Probleme sicherstellt, stellen gem. EuGH v. 15.2.2007, Az. C-270/05 eigenständige Betriebe im Sinne der europäischen Massenentlassungsrichtlinie dar, wenn der Betrieb der einzelnen Produktionseinheit nicht von anderen abhängt. Bei der Berechnung von Schwellenwerten für die Beschäftigtenzahl bei Massenentlassungen dürfen bestimmte Gruppen von Arbeitnehmern nicht unberücksichtigt bleiben (EuGH v. 18.1.2007, Az. C-385/05). Auch der Begriff „Arbeitnehmer" ist unionsrechtlich auszulegen, sodass hiervon i. S. d. RL 98/59/EG alle Personen umfasst sind, die während einer bestimmten Zeit für eine andere nach deren Weisung Leistungen erbringen und für die sie als Gegenleistung eine Vergütung erhalten. Hiernach sind auch Leitungspersonen, wie z. B. GmbH-Geschäftsführer, die jederzeit gegen ihren Willen abberufen werden können und die Weisungen der Gesellschafterversammlung unterliegen, als Arbeitnehmer bei der Berechnung der Schwellenwerte zu berücksichtigen (EuGH v. 9.7.2015, Az. C-229/14 „Balkaya"). Entsprechendes gilt für Personen, die im Rahmen eines Praktikums oder einer Berufsausbildung beim Arbeitgeber praktisch mitarbeiten, um Kenntnisse zu erwerben oder zu vertiefen, und zwar auch dann, wenn die zur Vergütung eingesetzten Mittel durch öffentliche Stellen gefördert werden (EuGH a. a. O.).

Bei der Anzahl der beabsichtigten Entlassungen sind außer den Kündigungen des Arbeitgebers auch sonstige Vertragsbeendigungen in dem 30-Tage-Zeitraum zu berücksichtigen, sofern diese auf Veranlassung des Arbeitgebers erfolgt sind. Auch Aufhebungsverträge oder Eigenkündigungen von Arbeitnehmern zählen daher mit, wenn hierdurch einer Kündigung des Arbeitgebers zuvorgekommen werden soll (vgl. BAG v. 19.3.2015, Az. 8 AZR 119/14 m. w. N.). Auch Änderungskündigungen sind Entlassungen i. S. d. § 17 KSchG, und zwar unabhängig davon, ob der Arbeitnehmer das ihm mit der Kündigung unterbreitete Änderungsangebot ablehnt oder – sei es auch unter Vorbehalt – annimmt (BAG v. 20.2.2014, Az. 2 AZR 346/12). Dies gilt auch für Änderungskündigungen, die nur einzelne Arbeitsbedingungen (z. B. Entgeltbedingungen) zum Gegenstand haben (vgl. EuGH v. 21.9.2017, Az. C-429/16 und C-149/16). Hingegen sind individuelle Beendigungen von sachlich oder zeitlich befristeten Arbeitsverträgen aufgrund der Vertragsklauseln (und nicht auf Initiative des Arbeitgebers) nicht für die Feststellung einer Massenentlassung zu berücksichtigen (EuGH v. 13.5.2015, Az. C-392/13 „Rabal Canas").

WICHTIG!

Außerordentliche Kündigungen sind nicht anzeigepflichtig und daher bei der Ermittlung der beabsichtigten Entlassungen auch nicht zu berücksichtigen (§ 17 Abs. 4 KSchG).

Für den Schutz bei Massenentlassungen nach § 17 KSchG kommt es maßgeblich darauf an, dass die Entlassung im Rahmen der Massenentlassung, d. h. innerhalb des nach § 17 Abs. 1 Satz 1 KSchG relevanten 30-Tage-Zeitraums erfolgt. Ob eine Entlassung innerhalb dieses Zeitraums erfolgte, ist nach der Rechtsprechung des BAG nach dem Zeitpunkt des Zugangs der Kündigung zu bestimmen (BAG v. 25.4.2013, Az. 6 AZR 49/12). Daraus ergibt sich insbesondere in Fällen der Betriebsstilllegung ein geringeres Schutzniveau für Personen, die sich zum Zeitpunkt der Kündigung in Elternzeit befinden. Nach § 18 BEEG ist die Kündigung dieser Personen nur mit Zustimmung der zuständigen obersten Landesbehörde zulässig. Im Falle einer Betriebsstilllegung wird diese allerdings regelmäßig erteilt. Jedoch führt die Einschaltung der obersten Landesbehörde zu einer Verzögerung, sodass die Kündigungserklärung der betroffenen Person regelmäßig erst außerhalb des nach § 17 Abs. 1 Satz 1 KSchG maßgebenden 30-Tage-Zeitraums zugeht. Die Anknüpfung des BAG an den Zugang der Kündigungserklärung führte damit zu einer faktischen Benachteiligung wegen des Geschlechts, da Elternzeit jedenfalls bislang in evident höherem Maß von Frauen in Anspruch genommen wird. Diese faktische Schlechterstellung wegen des Geschlechts lässt sich verfassungsrechtlich nicht rechtfertigen und verstößt daher gegen Art. 3 Abs. 1 GG i. V. m. Art. 6 Abs. 1 GG. § 17 Abs. 1 Satz 1 KSchG ist daher verfassungskonform dahingehend auszulegen, dass bei Beschäftigten mit Sonderkündigungsschutz der 30-Tage-Zeitraum auch dann als gewahrt gilt, wenn die Antragstellung bei der zuständigen Behörde innerhalb der Frist erfolgt ist (BVerfG v. 8.6.2016, Az. 1 BvR 3634/13). Das BAG hat die Vorgaben des BVerfG mittlerweile entsprechend umgesetzt. Bei Arbeitnehmern in Elternzeit ist Entlassung i. S. d. § 17 KSchG somit bereits der Eingang des Antrags auf Zustimmung zur Kündigung bei der zuständigen Behörde (BAG v. 26.1.2017, Az. 6 AZR 442/16).

3.3 Form, Frist und Inhalt der Anzeige

Liegen die genannten Voraussetzungen vor, muss der Arbeitgeber vor den Entlassungen seine Absicht der für seinen Betrieb örtlich zuständigen Agentur für Arbeit schriftlich anzeigen. Die Anzeige muss schriftlich – also eigenhändig unterschrieben – bei der Agentur für Arbeit eingehen. Für die Übermittlung der eigenhändig unterschriebenen Anzeige ist jedoch abweichend von § 126 BGB ein Telefax ausreichend (LAG Düsseldorf v. 15.12.2022, Az. 12 Sa 347/21), da es sich auch um eine Verfahrenshandlung handelt. Die Anzeige muss folgende Angaben enthalten (§ 17 Abs. 3 KSchG):

- Name des Arbeitgebers,
- Sitz und Art des Betriebs,
- Anzahl und Berufsgruppen der in der Regel beschäftigten Arbeitnehmer,
- Anzahl der zu entlassenden Arbeitnehmer,
- Kriterien für deren Auswahl und die Berechnung etwaiger Abfindungen,
- Gründe für die Entlassungen,
- Zeitraum der Entlassungen.

ACHTUNG!

Fehlt auch nur eine der genannten Angaben, ist die Anzeige unwirksam! Es empfiehlt sich, die von der Agentur für Arbeit herausgegebenen Formblätter zu verwenden.

Beispiel für unwirksame Anzeige (BAG v. 13.2.2020, Az. 6 AZR 146/19):

Die Massenentlassungsanzeige nach der Bestimmung des § 17 Abs. 1 KSchG, die im Einklang mit Art. 3 der Richtlinie 98/59/EG auszulegen ist, ist bei der Agentur für Arbeit zu erstatten, in deren Bezirk die Auswirkungen der Massenentlassung auftreten. Ausgehend von dem durch die Richtlinie 98/59/EG determinierten Betriebsbegriff handelt es sich bei den Stationen der Air Berlin um Betriebe i. S. d. § 17 Abs. 1 KSchG. Folglich hätte die Massenentlassungsanzeige für das der Station Düsseldorf zugeordnete Cockpit-Personal bei der dafür zuständigen Agentur für Arbeit in Düsseldorf erfolgen müssen. Die Anzeige hätte zudem nicht auf Angaben zum Cockpit-Personal beschränkt sein dürfen. Die nach § 17 Abs. 3 Satz 4 KSchG zwingend erforderlichen Angaben hätten vielmehr auch das der Station Düsseldorf etwa zugeordnete Boden-Personal und das dieser Station zugeordnete Kabinen-Personal erfassen müssen. Die Anzeige bei der örtlich unzuständigen Agentur für Arbeit Berlin-Nord, die zudem nicht die erforderlichen Angaben enthielt, bewirkt die Unwirksamkeit der streitgegenständlichen Kündigung nach § 17 Abs. 1 KSchG, § 134 BGB (BAG v. 13.2.2020, Az. 6 AZR 146/19).

Der Arbeitgeber muss dem Betriebsrat die beabsichtigten Entlassungen (mit sämtlichen oben genannten Angaben) schriftlich mitteilen (zu den Einzelheiten s. u. 3.5).

Gemäß § 17 Abs. 3 Satz 5 KSchG **sollen** in der Anzeige im Einvernehmen mit dem Betriebsrat für die Arbeitsvermittlung Angaben über Geschlecht, Alter, Beruf und Staatsangehörigkeit der zu entlassenden Arbeitnehmer gemacht werden. Umstritten war, ob auch fehlende Soll-Angaben nach § 17 Abs. 3 Satz 5 KSchG zu einer Unwirksamkeit der Kündigung führen. Hierfür sprach sich das LAG Hessen unter anderem mit Urteil vom 25.6.2021 aus (LAG Hessen v. 25.6.2021; Az. 14 Sa 1225/20). Dagegen entschied das LAG Düsseldorf (LAG Düsseldorf v. 15.12.2021, Az. 12 Sa. 349/21). Nunmehr hat das BAG entschieden, dass Verstöße gegen die Soll-Vorschrift des § 17 Abs. 3 Satz 5 KSchG allein **nicht** zur Unwirksamkeit der Kündigung führen (BAG v. 19.5.2022, Az. 2 AZR 467/21).

Fraglich war zudem, ob ein Verstoß gegen § 17 Abs. 3 Satz 1 KSchG die Unwirksamkeit einer Kündigung begründen kann. Nach dieser Vorschrift hat der Arbeitgeber gleichzeitig der Agentur für Arbeit eine Abschrift der Mittteilung an den Betriebsrat zuzuleiten, welche zumindest die Angaben nach § 17 Abs. 2 Satz 1 Nr. 1 bis 5 KSchG enthält. Der BAG hat diese Frage mit Beschluss vom 27.1.2022 (BAG v. 27.1.2022, Az. 6 AZR 155/21) dem EuGH zur Entscheidung vorgelegt. Dieser entschied, dass Art. 2 Abs. 3 Unterabs. 2 der Richtlinie 98/59/EG vom 20.7.1998 zur Angleichung der Rechtsvorschriften der Mitgliedstaaten über Massenentlassungen dahin auszulegen ist, dass die Verpflichtung des Arbeitgebers, der zuständigen Behörde eine Abschrift zumindest der in ihrem Art. 2 Abs. 3 Unterabs. 1 Buchst. B Ziff. i bis v genannten Bestandteile der schriftlichen Mitteilung zu übermitteln, nicht den Zweck hat den von Massenentlassungen betroffenen Arbeitnehmern Individualschutz zu gewähren (EuGH v. 13.7.2023, Az. C-134/22). Mithin führt auch der Verstoß gegen die aus dieser Vorschrift der Richtlinie resultierende Übermittlungspflicht gemäß § 17 Abs. 3 Satz 1 KSchG nicht zur Unwirksamkeit der Kündigung (BAG v. 23.5.2024, Az. 6 AZR 155/21).

Umstritten war auch, wann die Anzeige herauszugeben ist. Das BAG ist in ständiger Rechtsprechung davon ausgegangen, dass die Anzeige vor der tatsächlichen Beendigung der Arbeitsverhältnisse, nicht jedoch vor Ausspruch der Kündigungen bei der Agentur für Arbeit eingehen muss. In seinem Urteil vom 27.1.2005 (C-188/03 Irmtraut Junk/Wolfgang Kühnel) gelangte der EuGH zu der Auslegung der Richtlinie 98/59/EG, dass mit dem Wort „Entlassung" der Ausspruch der Kündigung gemeint sein muss. Demnach müsste die Beteiligung des Betriebsrats und die Anzeige an die Agentur für Arbeit jedenfalls vor **Zugang der Kündigungen** erfolgen. Andernfalls wären diese unwirksam. Unter Aufgabe seiner bisherigen Rechtsprechung hat sich das BAG der Entscheidung des EuGH angeschlossen, sodass nunmehr Massenentlassungen immer vor Ausspruch der Kündigungen bei der zuständigen Agentur für Arbeit anzuzeigen sind (BAG v. 23.3.2006, Az. 2 AZR 343/05). Unerheblich ist in diesem Zusammenhang, wann die Kündigungen vorbereitet, an- und ausgefertigt werden. Der Ausspruch erfolgt mit Zugang beim Kündigungsempfänger (vgl. BAG v. 13.6.2019, Az. 6 AZR 459/18). Zu diesem Zeitpunkt muss die Anzeige bei der zuständigen Agentur für Arbeit eingegangen sein.

Fraglich war ferner in diesem Zusammenhang, ob sich die Arbeitgeber, die auf den Bestand der Rechtsprechung des BAG vertraut und die Massenentlassungsanzeige erst nach Ausspruch der Kündigung abgegeben haben, auf einen Vertrauensschutz berufen können. Das BAG hat hierzu nun entschieden, dass das schutzwürdige Vertrauen des Arbeitgebers auf die Rechtsprechung des BAG nicht bereits mit dem Bekanntwerden der gegenteiligen Rechtsprechung des EuGH (Urteil vom 27.1.2005, Az. C-188/03) zur Massenentlassungsrichtlinie 98/59/EG entfallen sei, danach aber dann, wenn die zuständige Agentur für Arbeit ihre frühere der Rechtsprechung des BAG entsprechende Rechtsauffassung geändert hat und dies dem Arbeitgeber bekannt sein musste (BAG v. 13.7.2006, Az. 6 AZR 198/06).

Spätestens nach Veröffentlichung der vorgenannten Entscheidung des BAG v. 23.3.2006 (Az. 2 AZR 343/05) kann sich nun niemand mehr auf die ursprüngliche Rechtsprechung berufen.

3.4 Folgen der korrekten Anzeige

Mit dem Eingang der Anzeige bei der Agentur für Arbeit beginnt automatisch der Lauf einer Sperrfrist. Anzeigepflichtige Entlassungen werden erst nach Ablauf eines Monats wirksam, es sei denn, die zuständige Agentur für Arbeit erteilt vorher ihre Zustimmung (§ 18 Abs. 1 KSchG). Eine Verkürzung der Sperrfrist muss bei der Agentur für Arbeit beantragt werden. Diese kann dann auch rückwirkend bis zum Zeitpunkt der Antragstellung erteilt werden.

Die Agentur für Arbeit kann aber von sich aus eine Verlängerung der Sperrfrist (bis zum Ablauf von zwei Monaten nach Eingang der Anzeige) verfügen. Gegen die Entscheidungen der Agentur für Arbeit sind Widerspruch und (nach dessen Scheitern) Klage zum örtlich zuständigen Sozialgericht zulässig.

Nach Ablauf der automatischen bzw. der von der Agentur für Arbeit festgesetzten Sperrfrist muss der Arbeitgeber innerhalb eines Monats die angezeigten Entlassungen durchführen. Nach Ablauf der Freifrist muss der Arbeitgeber eine erneute Anzeige erstatten, wenn er von der Möglichkeit des Ausspruchs der Kündigung – bis dahin – keinen Gebrauch gemacht hat (BAG v. 23.2.2010, Az. 2 AZR 268/08).

TIPP!

Die Anzeige sollte daher zeitlich so eingereicht werden, dass der Ausspruch der Kündigungen frühestens einen und spätestens zwei Monate nach Zugang der Anzeige bei der Agentur für Arbeit erfolgt. Die Kündigungen können schon unmittelbar nach Eingang der Anzeige bei der Agentur für Arbeit ausgesprochen werden. § 18 KSchG verbietet nur das Ausscheiden der gekündigten Arbeitnehmer – also den Eintritt der Beendigungswirkung einer Kündigung – vor Ablauf der Sperrfrist (BAG v. 6.11.2008, Az. 935/07). Die durch eine ordnungsgemäße Massenentlassungsanzeige gem. § 17 KSchG eröffnete Kündigungsmöglichkeit wird mit der Erklärung dieser Kündigung verbraucht. Für jede weitere Kündigung ist unter den Voraussetzungen des § 17 Abs. 1 KSchG eine neue Massenentlassungsanzeige erforderlich (BAG v. 22.4.2010, Az. 6 AZR 948/08).

3.5 Folgen der unvollständigen oder unterlassenen Anzeige

Eine unvollständige oder gänzlich unterlassene Anzeige führt **nach dem bisherigen Stand der Rechtsprechung** zur vorläufigen Unwirksamkeit der anzeigepflichtigen Entlassungen. Der Arbeitgeber kann die fehlenden Angaben jedoch jederzeit nachholen. Erst nach vollständiger Anzeige fängt die Sperrfrist an zu laufen. Wurden vorher bereits Kündigungen erklärt, werden diese endgültig unwirksam, wenn bis zum Ablauf der Kündigungsfrist keine vollständige Anzeige bei der Agentur für Arbeit vorliegt. Diese Rechtsfolgen treten jedoch nur ein, wenn sich der Arbeitnehmer hierauf ausdrücklich beruft.

WICHTIG!

Ist eine Massenentlassungsanzeige des Arbeitgebers nach § 17 KSchG fehlerhaft, weil er beispielsweise der Anzeige keine Stellungnahme des Betriebsrats bzw. ersatzweise den geschlossenen Interessenausgleich mit Namensliste beigefügt hat, führte dies nach dem bisherigen Stand der Rechtsprechung **zur Unwirksamkeit der Kündigung. Ergeht trotz der fehlerhaften Massenentlassungsanzeige ein bestandskräftiger Bescheid der Agentur für Arbeit, wird die fehlerhafte Anzeige durch diesen Bescheid nicht geheilt. Die Bindungswirkung des Bescheids hat nach dem bisherigen Stand der Rechtsprechung keine Auswirkung auf die Wirksamkeit der Massenentlassungsanzeige (BAG v. 28.6.2012, Az. 6 AZR 780/10).**

Mit Urteil vom 13.7.2023, Az. C-134/22 entschied der EuGH, dass ein Verstoß gegen die Übermittlungspflicht gemäß § 17 Abs. 3 Satz 1 KSchG nicht zur Unwirksamkeit der Kündigung führe, da die entsprechenden Vorschriften in Art. 2 Abs. 3 Unterabsatz 1 Buchstabe b Ziff. I bis v der RL98/59EG (Massenentlassungsrichtlinie) nicht den Zweck haben, den von Massenentlassungen betroffenen Arbeitnehmern Individualschutz zu gewähren. In dem Vorlagebeschluss vom 14.12.2023, Az. 6 AZR 157/22 hat der 6. Senat des BAG daraufhin gegenüber dem 2. Senat des BAG die Absicht zur Änderung seiner bisherigen Rechtsprechung dahingehend angekündigt, Fälle einer unterlassenen oder unwirksamen Anzeige gegenüber der Agentur für Arbeit gem. § 17 Abs. 1 und Abs. 3 KSchG nicht länger als Verstoß gegen Verbotsgesetze anzusehen, die gem. § 134 BGB zur Unwirksamkeit einer Kündigung führen. Der 2. Senat hat daraufhin angekündigt, sich der Auffassung des 6. Senats anschließen zu wollen. Vorab hat er jedoch in seinem Beschuss v. 1.2.2024, Az. 2 AS 22/23 dem EuGH ein Vorabentscheidungsersuchen vorgelegt, um klären zu lassen, ob Art. 4 RL98/59EG (Massenentlassungsrichtlinie) in diesen Fällen nicht doch zwingend die Unwirksamkeit der Kündigung verlange. Mit Beschluss v. 23.5.2024, Az. 6 AZR 152/22 (A) hat das BAG das o. g. Vorabentscheidungsersuchen um die Frage erweitert, ob der Zweck der Massenentlassungsanzeige erfüllt ist, wenn die Agentur für Arbeit eine fehlerhafte Massenentlassungsanzeige nicht beanstandet und sich damit als ausreichend informiert betrachtet. Zur Vorlage des 2. Senats hat der EuGH zwischenzeitlich Stellung genommen (EuGH v. 30.10.2025, Az. C-134/24). Die Umsetzung bzw. beabsichtigte Änderung der bisherigen Rechtsprechung durch das Bundesarbeitsgericht stand bei Redaktionsschluss noch aus.

3.6 Beteiligung des Betriebsrats/ Konsultationsverfahren

Nach § 17 Abs. 2 Satz 1 KSchG hat der Arbeitgeber den Betriebsrat über beabsichtigte Massenentlassungen schriftlich zu unterrichten. Der Zweck dieses Unterrichtungserfordernisses, das seine unionsrechtliche Grundlage in Art. 2 Abs. 3 Unterabs. 1 lit. b) der RL98/59/EG (Massenentlassungsrichtlinie) hat, liegt nach der Auslegung des EuGH darin, dass die Arbeitnehmervertretung konstruktive Vorschläge zur Verhinderung oder Einschränkung von Massenentlassungen unterbreiten kann. Zu konsultierende Arbeitnehmervertretungen sind nur solche, die es nach den Rechtsvorschriften oder der Praxis der Mitgliedstaaten der Europäischen Union sind (BAG v. 18.6.2025, Az. 2 AZR 97/24 (B)).

Der Betriebsrat ist hiernach rechtzeitig über

- die Gründe der geplanten Entlassungen,
- die Zahl und die Berufsgruppen der zu entlassenden Arbeitnehmer,
- die Zahl und die Berufsgruppen der in der Regel beschäftigten Arbeitnehmer,
- den Zeitraum, in dem die Entlassungen vorgenommen werden sollen,
- die vorgesehenen Kriterien für die Auswahl der zu entlassenden Arbeitnehmer und
- die für die Berechnung etwaiger Abfindungen vorgesehenen Kriterien

schriftlich zu unterrichten, wobei nach Rechtsprechung des BAG auch die Textform gem. § 126b BGB ausreichend sein soll (BAG v. 22.9.2016, Az. 2 AZR 276/16). Ferner muss der Arbeitgeber dem Betriebsrat auch weitere zweckdienliche Auskünfte mitteilen und sich mit ihm darüber beraten, ob Möglichkeiten zur Vermeidung der Entlassungen oder Abmilderung ihrer Folgen bestehen (§ 17 Abs. 2 KSchG).

ACHTUNG!

Die Durchführung des Konsultationsverfahrens nach § 17 Abs. 2 KSchG ist auch dann nicht entbehrlich, wenn der Betrieb stillgelegt werden soll und alle Arbeitnehmer entlassen werden sollen (vgl. BAG v. 13.12.2012, Az. 6 AZR 752/11). Allerdings kann in diesen Fällen eine unterbliebene Unterrichtung über die betroffenen Berufsgruppen durch eine abschließende Stellungnahme des Betriebsrats geheilt werden, wenn dieser zu entnehmen ist, dass der Betriebsrat seinen Beratungsanspruch als erfüllt ansieht (BAG v. 9.6.2016, Az. 6 AZR 405/15).

Die Unterrichtung des Betriebsrats i. S. v. § 17 Abs. 2 KSchG muss im Regelfall mindestens zwei Wochen vor der Massenentlassungsanzeige erfolgen. Dies folgt aus § 17 Abs. 3 Satz 3 KSchG. Erklärt der Betriebsrat allerdings das Konsultationsverfahren vor Ablauf von zwei Wochen nach seiner Unterrichtung für abgeschlossen, steht der Erstattung der Massenentlassungsanzeige das Erfordernis einer rechtzeitigen Unterrichtung nicht entgegen. Offen gelassen hat das BAG, ob die Konsultationen zwischen Arbeitgeber und Betriebsrat vor Anzeige der Massenentlassungen abgeschlossen sein müssen. Jedenfalls dann, wenn das Konsultationsverfahren überhaupt nicht durchgeführt worden ist, ist die Massenentlassungsanzeige nach dem bisherigen Stand der Rechtsprechung unwirksam (vgl. BAG v. 13.12.2012, Az. 6 AZR 752/11).

Die Stellungnahme des Betriebsrats muss nicht zwingend in einem eigenständigen Schriftstück niedergelegt sein. Falls zwischen den Betriebsparteien im Zusammenhang mit den beabsichtigten Kündigungen ein Interessenausgleich nach §§ 111, 112 BetrVG zustande gekommen ist, kann die Stellungnahme in diesen integriert werden. Dazu bedarf es einer ausdrücklichen abschließenden Erklärung, die erkennen lässt, dass sich der Betriebsrat mit den angezeigten Kündigungen befasst hat (BAG v. 22.11.2012, Az. 2 AZR 371/11), seine Beteiligungsrechte als gewahrt ansieht und er eine abschließende Meinung zu den vom Arbeitgeber beabsichtigten Kündigungen geäußert hat (BAG v. 26.2.2015, Az. 2 AZR 955/13).

Ein Arbeitgeber darf das Konsultationsverfahren nach § 17 Abs. 2 KSchG als beendet ansehen, wenn der Betriebsrat keine weitere Verhandlungsbereitschaft über Maßnahmen zur Vermeidung oder Einschränkung von Massenentlassungen erkennen lässt (BAG v. 22.9.2016, Az. 2 AZR 276/16).

Wenn der Arbeitgeber dem Betriebsrat die nach § 17 Abs. 2 Satz 1 KSchG erforderlichen Angaben in einem nicht unterzeichneten Text mitgeteilt hat, wird ein eventueller Formmangel jedenfalls durch die abschließende Stellungnahme des Betriebsrats zu den Entlassungen geheilt, denn der Zweck des Unterrichtungserfordernisses wird dadurch erreicht (BAG v. 20.9.2012, Az. 6 AZR 155/11).

Der Anzeige bei der Agentur für Arbeit ist eine Abschrift dieser Mitteilung sowie eine Stellungnahme des Betriebsrats zu den

Entlassungen beizufügen. Hat der Betriebsrat keine schriftliche Stellungnahme abgegeben, muss der Arbeitgeber gegenüber der Agentur für Arbeit glaubhaft machen (hierzu reicht eine Empfangsbestätigung des Betriebsratsvorsitzenden oder eine eidesstattliche Versicherung des Arbeitgebers), dass er den Betriebsrat mindestens zwei Wochen vor Erstattung der Anzeige über die vorgenannten Angaben schriftlich unterrichtet hat, und den Stand der Beratungen mitteilen. Andernfalls ist die Anzeige unwirksam.

WICHTIG!

Die Konsultationspflicht entsteht bereits dann, wenn der Arbeitgeber erwägt, Massenentlassungen vorzunehmen oder einen Plan zur Massenentlassung aufstellt. Da die Konsultationspflicht insbesondere dazu dient, dem Betriebsrat bzw. der Arbeitnehmervertretung Gelegenheit dazu einzuräumen, auf die Arbeitgeberentscheidung Einfluss zu nehmen, brauchen die vorgenannten Angaben zu Beginn der Konsultation nur dem Stand der Arbeitgeberplanungen und -erwägungen widerspiegeln. Es ist also nicht erforderlich, dass der Arbeitgeber sämtliche vorgenannten Informationen zu Beginn der Konsultation liefert; es reicht, wenn er diese im Verlauf der Konsultationen erteilt (EuGH v. 10.9.2009, Az. C-44/08 – AEK/Fujitsu Siemens). Wird zuvor kein Konsultationsverfahren nach § 17 Abs. 2 KSchG durchgeführt, ist eine im Rahmen einer Massenentlassung ausgesprochene Kündigung – unabhängig von dem Erfordernis einer ordnungsgemäßen Anzeige bei der Agentur für Arbeit nach § 17 Abs. 1, Abs. 3 KSchG – wegen Verstoßes gegen ein gesetzliches Verbot i. S. v. § 134 BGB rechtsunwirksam. Die Durchführung des Konsultationsverfahrens ist ein eigenständiges Wirksamkeitserfordernis für die Kündigung (BAG v. 21.3.2013, Az. 2 AZR 60/12). Die Pflicht zur Konsultation des Betriebsrats und die Anzeigepflicht gegenüber der Agentur für Arbeit sind zwei getrennt durchzuführende Verfahren, die in unterschiedlicher Weise der Erreichung des mit dem Massenentlassungsschutz nach § 17 KSchG verfolgten Ziels dienen und jeweils eigene Wirksamkeitsvoraussetzungen enthalten. Aus jedem dieser beiden Verfahren kann sich ein eigenständiger Unwirksamkeitsgrund für die im Zusammenhang mit einer Massenentlassung erfolgte Kündigung ergeben. Darum ist der Arbeitnehmer, der erstinstanzlich lediglich Mängel hinsichtlich des einen Verfahrens rügt, bei ordnungsgemäß erteiltem Hinweis in zweiter Instanz mit Rügen von Mängeln hinsichtlich des anderen Verfahrens präkludiert (BAG v. 20.1.2016, Az. 6 AZR 601/14).

Bei einer Betriebsänderung ersetzt ein Interessenausgleich mit Namensliste (s. u. → *„Betriebsänderung" III.3.*) die Stellungnahme des Betriebsrats. Dies gilt jedoch nicht für einen Interessenausgleich ohne Namensliste (BAG v. 21.3.2012, Az. 6 AZR 596/10). Auch die schriftliche Unterrichtung des Betriebsrates wird durch einen Interessenausgleich mit Namensliste nicht entbehrlich (BAG v. 18.1.2012, Az. 6 AZR 407/10).

Eine Beteiligung des Betriebsrats kann bei Massenentlassungen auch nach

- § 92 BetrVG (Personalplanung),
- § 99 BetrVG (Mitbestimmung in Personalmaßnahmen),
- § 106 BetrVG (Unterrichtung des Wirtschaftsausschusses) und
- § 111 ff. BetrVG (Betriebsänderungen)

in Betracht kommen.

ACHTUNG!

In jedem Fall muss der Betriebsrat (auch) gemäß § 102 BetrVG zu den einzelnen Kündigungen angehört werden. Eine Pflicht die einzelnen betroffenen Arbeitnehmer zu konsultieren, wenn diese keine Arbeitnehmervertreter (keinen Betriebsrat) benannt haben, besteht nicht (EuGH v. 5.10.2023, Az. C-496/22).

4. Anspruch auf Abfindung gem. § 1a KSchG

Im Falle einer betriebsbedingten Kündigung kann der Arbeitnehmer wählen, ob er gegen eine Kündigung Klage erhebt oder sich eine Abfindung gem. § 1a KSchG auszahlen lässt. Voraussetzung hierfür ist eine betriebsbedingte Kündigung, die den Hinweis des Arbeitgebers auf die Möglichkeit des gesetzlichen Abfindungsanspruchs enthält.

Formulierungsbeispiel:

„Wir weisen darauf hin, dass die Kündigung aus dringenden betrieblichen Gründen erfolgt und Ihnen wegen der betriebsbedingten Beendigung ein gesetzlicher Anspruch auf Zahlung einer Abfindung gem. § 1a KSchG zusteht, sofern Sie gegen die Kündigung innerhalb der gesetzlichen Klagefrist keine Klage erheben. Die Höhe der Abfindung beträgt gem. § 1a Abs. 2 KSchG 0,5 Monatsverdienste für jedes Jahr des Bestehens des Arbeitsverhältnisses. Als Monatsverdienst gilt gem. § 10 Abs. 3 KSchG, was Ihnen bei der für Sie maßgebenden regelmäßigen Arbeitszeit in dem Monat, in dem das Arbeitsverhältnis endet, an Geld und Sachbezügen zusteht. Bei der Ermittlung der Dauer des Arbeitsverhältnisses ist ein Zeitraum von mehr als sechs Monaten auf ein volles Jahr aufzurunden. Sollten Sie also gegen die Kündigung bis zum Ablauf der gesetzlichen Klagefrist keine Klage erheben, steht Ihnen nach Ablauf der Kündigungsfrist eine Abfindung in Höhe von € .... zu."

Eine zutreffende Berechnung der Abfindungshöhe ist an dieser Stelle nicht zwingend erforderlich. Nach § 1a Abs. 1 KSchG setzt der Anspruch auf Zahlung einer Abfindung lediglich voraus, dass die Hinweise auf die zur Rechtfertigung der Kündigung maßgeblichen dringenden betrieblichen Erfordernisse und auf das Verstreichenlassen der Klagefrist nach § 4 Satz 1 KSchG erfolgen. Die für die Berechnung des Anspruchs maßgebliche Vorschrift des § 1a Abs. 2 KSchG muss noch nicht einmal ausdrücklich erwähnt, geschweige denn der sich hieraus ergebende Betrag beziffert werden (vgl. BAG v. 13.12.2007, Az. 2 AZR 807/06).

Liegen die gesetzlichen Voraussetzungen vor, entsteht der Abfindungsanspruch in Höhe eines halben Monatsverdienstes für jedes Beschäftigungsjahr mit Verstreichenlassen der Klagefrist gem. § 4 KSchG. Die Abfindung wird dann nach Ablauf der Kündigungsfrist zur Zahlung fällig. Aus diesem Grunde ist der Abfindungsanspruch gem. § 1a KSchG auch erst mit Ablauf der Kündigungsfrist und nicht vorher vererblich (BAG v. 10.5.2007, Az. 2 AZR 45/06). Die Erhebung einer Kündigungsschutzklage schließt ebenso wie ein Antrag auf nachträgliche Klagezulassung den Abfindungsanspruch aus. Dies gilt auch dann, wenn der Arbeitnehmer seine Klage oder seinen Antrag auf nachträgliche Klagezulassung wieder zurücknimmt. Ungeachtet dessen, können die Parteien sich aber dann selbstverständlich noch gütlich auf die Zahlung der Abfindung einigen.

WICHTIG!

Durch eine – der Kündigung nebst Abfindungsangebot gem. § 1a KSchG nachfolgende – vertragliche Einigung über die Höhe des Abfindungsanspruchs (z. B. in einem Abwicklungsvertrag) kann der zunächst entstandene gesetzliche Anspruch gem. § 1a KSchG untergehen bzw. hierauf verzichtet werden (vgl. LAG Rheinland-Pfalz v. 18.1.2017, Az. 7 Sa 210/16).

Als Monatsverdienst gilt gem. § 10 Abs. 3 KSchG, was dem Arbeitnehmer bei der für ihn maßgebenden regelmäßigen Arbeitszeit in dem Monat, in dem das Arbeitsverhältnis endet, an Geld und Sachbezügen zusteht. Bei der Ermittlung der Dauer des Arbeitsverhältnisses ist ein Zeitraum von mehr als sechs Monaten auf ein volles Jahr aufzurunden.

Der Abfindungsanspruch nach § 1a Abs. 1 KSchG entsteht in der gesetzlichen Höhe auch dann, wenn der Arbeitgeber dem Arbeitnehmer informatorisch einen niedrigeren Abfindungsbetrag mitgeteilt hat. Durch die gesetzliche Abfindungsregelung sind die Arbeitsvertragsparteien zwar nicht daran gehindert, eine geringere Abfindung zu vereinbaren. Will der Arbeitgeber dem Arbeitnehmer allerdings eine geringere Abfindung anbieten, so muss er hierbei unmissverständlich erklären, dass sein Angebot kein solches nach § 1a KSchG sein soll.

WICHTIG!

Der Arbeitgeber muss sich bereits bei Ausspruch der Kündigung überlegen, ob er dem Arbeitnehmer durch den Hinweis auf die Möglichkeit der gesetzlichen Abfindung ein entsprechendes Wahlrecht

einräumt. Dies ist immer nur dann zu empfehlen, wenn die Wirksamkeit der Kündigung zumindest zweifelhaft ist und dem Arbeitnehmer durch die Abfindungsmöglichkeit die Unterlassung einer Kündigungsschutzklage schmackhaft gemacht werden soll. Steht die betriebsbedingte Kündigung im Zusammenhang mit einem Betriebsübergang, sollte von der Anwendung der Abfindungsregelung gem. § 1a KSchG nicht Gebrauch gemacht werden, da der Arbeitnehmer u. U. den Fortbestand des Arbeitsverhältnisses ggf. im Zusammenhang mit einem Widerspruch gegen den Betriebsübergang bei dem Arbeitgeber geltend machen kann, der die Kündigung nicht ausgesprochen hat. In dieser Konstellation kann es also dazu kommen, dass der Arbeitnehmer seinen Anspruch auf die gesetzliche Abfindung gegenüber dem kündigenden Arbeitgeber geltend macht und gegenüber dem anderen Arbeitgeber gleichzeitig den Fortbestand des Arbeitsverhältnisses beansprucht. In diesen Fällen ist zu empfehlen, dass der Arbeitgeber einen echten Vertrag mit dem Arbeitnehmer schließt, dessen Inhalt an die besondere Situation anzupassen ist.

ACHTUNG!

Wenn ein Abfindungsanspruch aus einem Sozialplan besteht, sollte nicht zusätzlich eine Abfindung gem. § 1a KSchG angeboten werden, da dann u. U. ein doppelter Abfindungsanspruch entsteht (vgl. BAG v. 19.7.2016, Az. 2 AZR 536/15). In diesen Fällen sollte im Kündigungsschreiben jedenfalls auf eine entsprechend klare Formulierung geachtet werden.

IV. Personenbedingte Kündigung

1. Allgemeine Voraussetzungen

Voraussetzung für eine personenbedingte Kündigung ist, dass der Arbeitnehmer aufgrund seiner persönlichen Fähigkeiten und Eigenschaften nicht mehr in der Lage ist, künftig seine arbeitsvertraglichen Verpflichtungen zu erfüllen. Ein Verschulden des Arbeitnehmers ist nicht erforderlich. Vertragswidriges, vom Arbeitnehmer gesteuertes Verhalten ist kein personen-, sondern ein verhaltensbedingter Kündigungsgrund.

1.1 Fähigkeiten und Eignung

Für eine personenbedingte Kündigung müssen die persönlichen Fähigkeiten und Eignungen des Arbeitnehmers fehlen oder gemindert sein. Die Eignung als solche bezieht sich nicht nur auf die Arbeitsleistung, ihren Umfang und Qualität, sondern auch auf das im Arbeitsverhältnis nötige soziale Verhalten (wie z. B. Verhältnis zu Vorgesetzten, Arbeitskollegen, Kunden etc.). Nur ausnahmsweise kann sich die private Lebensführung auf die Eignung des Arbeitnehmers auswirken (z. B. Kirchenaustritt oder Wiederverheiratung bei kirchlichen Arbeitsverhältnissen vgl. BVerfG v. 22.10.2014, Az. 2 BvR 661/12; BAG v. 20.2.2019, Az. 2 AZR 746/14 m. w. N. Für den Fall des Kirchenaustritts hat das BAG ein Vorabentscheidungsersuchen beim EuGH mit der Frage eingereicht, ob es mit Unionsrecht, insbesondere der Richtlinie 2000/78/EG des Rates vom 27.11.2000 zur Festlegung eines allgemeinen Rahmens für die Verwirklichung der Gleichbehandlung in Beschäftigung und Beruf (RL 2000/78/EG) im Licht von Art. 10 Abs. 1 und Art. 21 Abs. 1 der Charta der Grundrechte der Europäischen Union (Charta), vereinbar ist, wenn eine nationale Regelung vorsieht, dass eine private Organisation, deren Ethos auf religiösen Grundsätzen beruht, von den für sie arbeitenden Personen verlangen kann, während des Arbeitsverhältnisses nicht aus einer bestimmten Kirche auszutreten oder den Fortbestand des Arbeitsverhältnisses davon abhängig machen darf, dass eine für sie arbeitende Person, die während des Arbeitsverhältnisses aus einer bestimmten Kirche ausgetreten ist, dieser wieder beitritt, wenn sie von den für sie arbeitenden Personen im Übrigen nicht verlangt, dieser Kirche anzugehören und die für sie arbeitende Person sich nicht öffentlich wahrnehmbar kirchenfeindlich betätigt (BAG v. 1.2.2024, Az. 2 AZR 196/22 (A)).

1.2 Beeinträchtigung betrieblicher Interessen

Das Fehlen oder die Minderung von Fähigkeiten oder Eignung muss so gewichtig sein, dass durch sie betriebliche oder wirtschaftliche Interessen des Arbeitgebers in unzumutbarer Weise beeinträchtigt werden.

Die Beurteilung richtet sich nach den zukünftigen Verhältnissen (sog. Zukunftsprognose). Nur wenn davon auszugehen ist, dass die Mängel auch in Zukunft fortbestehen, kommt eine personenbedingte Kündigung in Betracht.

1.3 Interessenabwägung

Eine personenbedingte Kündigung kann nur dann ausgesprochen werden, wenn mildere Maßnahmen zur Behebung der betrieblichen Beeinträchtigungen nicht zur Verfügung stehen. Insbesondere ist zu prüfen, ob der Arbeitnehmer nicht an einem anderen freien Arbeitsplatz weiterbeschäftigt werden kann, an dem sich die Mängel voraussichtlich nicht oder nur in hinnehmbarem Maße auswirken.

Ferner ist stets zu prüfen, ob sich die Kündigung nicht durch Überbrückungsmaßnahmen vermeiden lässt oder zumutbare Umschulungs- oder Fortbildungsmaßnahmen in Betracht kommen.

Da die personenbedingte Kündigung kein Verschulden des Arbeitnehmers voraussetzt, wird an die Interessenabwägung ein strenger Maßstab angelegt. Auf Seiten des **Arbeitnehmers** sind zu berücksichtigen

- Lebensalter des Arbeitnehmers,
- Dauer der Betriebszugehörigkeit,
- Verlauf des Arbeitsverhältnisses,
- Ursache der fehlenden Eignung des Arbeitnehmers,
- erhöhtes soziales Schutzbedürfnis (Unterhaltspflichten, wirtschaftliche Verhältnisse, Gesundheitszustand).

Auf Seiten des **Arbeitgebers** sind alle vom Arbeitnehmer ausgehenden betrieblichen oder wirtschaftlichen Beeinträchtigungen zu berücksichtigen.

Eine personenbedingte Kündigung, die auf einen Eignungs- oder Befähigungsmangel gestützt wird, der zu einer Störung des Arbeitsverhältnisses führt, ist nur verhältnismäßig, wenn der Eignungs- oder Befähigungsmangel nach einer vorzunehmenden Prognose nicht in einem vertretbaren Zeitraum behoben werden kann. Die Nichterfüllung der Arbeitspflicht muss sich außerdem nachteilig auf das Arbeitsverhältnis auswirken, wobei zu berücksichtigen ist, dass der Arbeitgeber typischerweise von der Vergütungspflicht befreit ist, wenn der Arbeitnehmer die geschuldete Arbeitsleistung nicht mehr vertragsgerecht erbringen kann. Diese Voraussetzungen gelten auch bei dem Verlust oder Fehlen einer öffentlich-rechtlichen Befugnis (Erlaubnis) bzw. Bestehen eines damit einhergehenden Beschäftigungsverbots. Die soziale Rechtfertigung einer darauf gestützten personenbedingten Kündigung setzt voraus, dass im Zeitpunkt des Zugangs der Kündigung mit der Erteilung einer neuen Erlaubnis in absehbarer Zeit nicht zu rechnen ist (vgl. BAG v. 20.6.2024, Az. 2 AZR 134/23 m. w. N.).

2. Einzelfälle

2.1 Minderleistung

Erbringt ein Arbeitnehmer über einen längeren Zeitraum nur 50 bis 60 Prozent der Leistung vergleichbarer Arbeitnehmer, so kann eine personenbedingte Kündigung gerechtfertigt sein. Mit seiner Entscheidung vom 11.12.2003 hat das BAG (BAG v. 11.12.2003, Az. 2 AZR 667/02) eine Minderleistung entsprechend definiert und die Zulässigkeit sowohl einer verhaltensbedingten – wie auch einer personenbedingten Kündigung bestätigt. Voraussetzung für eine personenbedingte Kündigung ist in diesen Fällen allerdings, dass

- auch für die Zukunft mit einer „schweren Störung des Vertragsgleichgewichts" (= Minderleistung in dem genannten Ausmaß) zu rechnen ist;
- ein milderes Mittel (z. B. Abmahnung, Umsetzung) zur Wiederherstellung des Vertragsgleichgewichts nicht zur Verfügung steht; und
- dem Schutz älterer, langjährig beschäftigter und erkrankter Arbeitnehmer ausreichend Rechnung getragen wird.

Die verhaltensbedingte Kündigung gegenüber einem leistungsschwachen Arbeitnehmer kann nach § 1 Abs. 2 KSchG gerechtfertigt sein, wenn der Arbeitnehmer seine arbeitsvertraglichen Pflichten dadurch vorwerfbar verletzt, dass er fehlerhaft arbeitet. Ein Arbeitnehmer genügt – mangels anderer Vereinbarungen – seiner Vertragspflicht, wenn er unter angemessener Ausschöpfung seiner persönlichen Leistungsfähigkeit arbeitet. Er verstößt gegen seine Arbeitspflicht nicht allein dadurch, dass er die durchschnittliche Fehlerhäufigkeit aller Arbeitnehmer überschreitet. Allerdings kann die längerfristige deutliche Überschreitung der durchschnittlichen Fehlerquote je nach tatsächlicher Fehlerzahl, Art, Schwere und Folgen der fehlerhaften Arbeitsleistung ein Anhaltspunkt dafür sein, dass der Arbeitnehmer vorwerfbar seine vertraglichen Pflichten verletzt. Legt der Arbeitgeber dies im Prozess dar, so muss der Arbeitnehmer erläutern, warum er trotz erheblicher unterdurchschnittlicher Leistungen seine Leistungsfähigkeit ausschöpft (BAG v. 17.1.2008, Az. 2 AZR 536/06; LAG München v. 3.3.2011, Az. 3 Sa 764/10).

Liegt eine krankheitsbedingte Eignungs- oder Leistungsminderung des Arbeitnehmers vor, so scheidet eine verhaltensbedingte Kündigung deswegen aus. In diesen Fällen kommt eine personenbedingte (krankheitsbedingte) Kündigung in Betracht (s. u. 3.).

2.2 Alkoholismus und Drogensucht

Bei Alkoholismus und Drogensucht handelt es sich medizinisch gesehen um behandlungsbedürftige Krankheiten. Abzugrenzen hiervon ist der einfache – nicht krankheitsbedingte – Alkoholmissbrauch. Da eine verhaltensbedingte Kündigung willensgesteuerte Pflichtverstöße des Arbeitnehmers voraussetzt, die krankheitsbedingte Sucht aber durch einen weitgehenden Ausschluss der Selbstkontrolle gekennzeichnet ist, scheidet in derartigen Fällen eine verhaltensbedingte Kündigung aus. Für die personenbedingte Kündigung gelten die Grundsätze zur krankheitsbedingten Kündigung.

Es müssen also folgende Voraussetzungen gegeben sein (s. auch u. 3.):

- Im Zeitpunkt des Kündigungszugangs müssen Tatsachen vorliegen, die die Prognose eines fortdauernden Alkoholismus des Arbeitnehmers rechtfertigen (negative **Gesundheitsprognose**).
- Der prognostizierte anhaltende Alkoholismus des Arbeitnehmers muss zu einer erheblichen **Beeinträchtigung der betrieblichen Interessen** führen, die sich nicht durch geeignete mildere Mittel vermeiden lässt.
- Die **Interessenabwägung** muss ergeben, dass der Arbeitgeber die Beeinträchtigungen unter Berücksichtigung der Besonderheiten des Einzelfalls nicht mehr hinnehmen muss (unzumutbare Belastung des Betriebs).

Von wesentlicher Bedeutung ist die Therapiebereitschaft des Arbeitnehmers. Die bei einer krankheitsbedingten Kündigung anzustellende negative Gesundheitsprognose ist immer dann zu bejahen, wenn der Arbeitnehmer zum Zeitpunkt des Kündigungszugangs zu einer Entziehungsmaßnahme nicht bereit ist. Von einer fehlenden Therapiebereitschaft kann nur dann ausgegangen werden, wenn der Arbeitnehmer dies durch Äußerungen oder sein Verhalten unmissverständlich zum Ausdruck gebracht hat.

TIPP!

Der Arbeitgeber sollte vor Ausspruch der personenbedingten Kündigung in einem Gespräch die Einsichtsfähigkeit und Therapiebereitschaft des Arbeitnehmers klären!

Bricht der Arbeitnehmer eine Therapie vorzeitig ab oder wird er wenige Wochen nach ihrem Abschluss rückfällig, so spricht dies für eine negative Gesundheitsprognose.

2.3 Fehlende Arbeitserlaubnis

Fehlt die nach § 284 SGB III erforderliche Arbeitserlaubnis oder erlischt sie, besteht ein gesetzliches Beschäftigungsverbot. Der Arbeitsvertrag wird jedoch nicht automatisch beendet. Zur Auflösung des Arbeitsverhältnisses bedarf es einer personenbedingten Kündigung.

Eine personenbedingte Kündigung ist gerechtfertigt, wenn die Behörde die erforderliche Erlaubnis rechtskräftig und damit endgültig verweigert hat. Stehen dem Arbeitnehmer noch Rechtsmittel gegen die ablehnende Entscheidung zu, ist eine personenbedingte Kündigung dann nicht gerechtfertigt, wenn dem Arbeitgeber zugemutet werden kann, den Ausgang des Verfahrens abzuwarten. Dies hängt insbesondere von den Erfolgsaussichten des Rechtsmittels und der voraussichtlichen Dauer des Verfahrens ab.

Die soziale Rechtfertigung einer auf die fehlende Erlaubnis gestützten personenbedingten Kündigung setzt voraus, dass im Zeitpunkt des Zugangs der Kündigung mit der Erteilung einer neuen Erlaubnis in absehbarer Zeit nicht zu rechnen ist (vgl. BAG v. 20.6.2024, Az. 2 AZR 134/23 m. w. N.).

WICHTIG!

Wird ein Arbeitnehmer wegen des Beschäftigungsverbots nicht eingesetzt, so gerät der Arbeitgeber nicht in Annahmeverzug. Dem Arbeitnehmer steht nach § 615 BGB kein Vergütungsanspruch zu.

2.4 Wegfall der Sozialversicherungsfreiheit

Der nachträgliche Wegfall der Sozialversicherungsfreiheit (z. B. wegen überlanger Studiendauer) stellt kein notwendiges Eignungsmerkmal für die geschuldete Arbeitsleistung und somit keine persönliche Eigenschaft des Arbeitnehmers dar. Daher kann in solchen Fällen nicht wegen des Wegfalls der Sozialversicherungsfreiheit personenbedingt gekündigt werden (BAG v. 18.1.2007, Az. 2 AZR 731/05).

2.5 Fehlende behördliche Erlaubnis

Wie bei der Arbeitserlaubnis kann auch der Wegfall sonstiger für die Berufsausübung erforderlicher Erlaubnisse den Arbeitgeber zur personenbedingten Kündigung berechtigen, z. B.

- die Approbation eines Arztes,
- die Fluglizenz eines Piloten,
- die Fahrerlaubnis eines Kraftfahrers,
- die polizeiliche Befugnis für Wachpersonen,
- die schulaufsichtliche Genehmigung für Lehrer.

ACHTUNG!

Eine Beendigungskündigung ist auch in den genannten Fällen immer unzulässig, wenn der Arbeitnehmer an einem anderen freien (gleich- oder geringerwertigen) Arbeitsplatz ohne die behördliche Erlaubnis weiterbeschäftigt werden kann und dies dem Arbeitgeber auch zumutbar ist. Eine personenbedingte Kündigung, die auf einen Eignungs- oder Befähigungsmangel gestützt wird, der zu einer Störung des Arbeitsverhältnisses führt, ist nur verhältnismäßig, wenn der Eignungs- oder Befähigungsmangel nach einer vorzunehmenden Prognose nicht in einem vertretbaren Zeitraum behoben werden kann.

Die Nichterfüllung der Arbeitspflicht muss sich außerdem nachteilig auf das Arbeitsverhältnis auswirken, wobei zu berücksichtigen ist, dass der Arbeitgeber typischerweise von der Vergütungspflicht befreit ist, wenn der Arbeitnehmer die geschuldete Arbeitsleistung nicht mehr vertragsgerecht erbringen kann. Diese Voraussetzungen gelten auch bei dem Verlust oder Fehlen einer öffentlich-rechtlichen Befugnis (Erlaubnis) bzw. Bestehen eines damit einhergehenden Beschäftigungsverbots. Die soziale Rechtfertigung einer darauf gestützten personenbedingten Kündigung setzt voraus, dass im Zeitpunkt des Zugangs der Kündigung mit der Erteilung einer neuen Erlaubnis in absehbarer Zeit nicht zu rechnen ist (vgl. BAG v. 20.6.2024, Az. 2 AZR 134/23 m. w. N.).

2.6 Druckkündigung

Wird von einem oder mehreren Dritten (Arbeitskollegen, Betriebsrat, Gewerkschaft, Kunden etc.) unter Androhung von Nachteilen für den Arbeitgeber die Entlassung eines bestimmten Arbeitnehmers verlangt, so kann eine Druckkündigung berechtigt sein. Vor Ausspruch der Kündigung muss der Arbeitgeber sich aber schützend vor den Arbeitnehmer stellen und versuchen, den Dritten von der Realisierung seiner Drohungen abzubringen (BAG v. 18.9.1975, Az. 2 AZR 311/74). Das gilt erst recht, wenn das Verlangen des Dritten sachlich ungerechtfertigt ist. Bleibt dem Arbeitgeber nur noch die Wahl, den Arbeitnehmer zu entlassen oder die angedrohten schweren wirtschaftlichen Nachteile hinzunehmen, ist eine Kündigung gerechtfertigt. Hierbei ist zu unterscheiden:

Besteht in der Person des zu Kündigenden ein sachlicher Grund für das Kündigungsverlangen des Dritten (z. B. unangemessener Führungsstil, mangelnde Teamfähigkeit), so handelt es sich um eine personenbedingte Kündigung.

Besteht dieser sachliche Grund nicht, so kann – zur Vermeidung der angedrohten schweren wirtschaftlichen Nachteile für den Betrieb – betriebsbedingt gekündigt werden.

Stellt sich die Einhaltung der ordentlichen Kündigungsfrist – angesichts der drohenden Nachteile – für den Arbeitgeber als unzumutbar dar, muss er außerordentlich (fristlos) kündigen.

WICHTIG!

Die Kündigung muss zur Abwendung der drohenden Nachteile das letzte Mittel des Arbeitgebers sein. Kommen andere Maßnahmen zur Beseitigung des Konflikts in Betracht (z. B. Abmahnung, Versetzung oder Änderungskündigung), muss der Arbeitgeber diese Mittel zunächst ausschöpfen.

Zu den Voraussetzungen der Druckkündigung: → *Kündigung B.III.2 „Druckkündigung"*

2.7 Sektenzugehörigkeit

Auch die Zugehörigkeit zu einer Sekte (z. B. Scientology) kann die mangelnde Eignung im Sinne einer personenbedingten Kündigung begründen. Dies gilt insbesondere dann, wenn die Mitgliedschaft in der Sekte zu einer möglichen Gefährdung anderer Personen führen kann oder die Berufstätigkeit zur Beeinflussung (z. B. von Arbeitskollegen oder Kunden) genutzt wird.

2.8 Freiheitsstrafe

Die Verbüßung einer mehrjährigen Freiheitsstrafe ist grundsätzlich geeignet, die ordentliche Kündigung des Arbeitsverhältnisses zu rechtfertigen. Haben die der strafgerichtlichen Verurteilung zugrunde liegenden Taten keinen Bezug zum Arbeitsverhältnis, kommt regelmäßig nur eine ordentliche personenbedingte Kündigung in Betracht (BAG v. 24.3.2011, Az. 2 AZR 790/09). Nur wenn es dem Arbeitgeber unzumutbar ist, das Arbeitsverhältnis auch nur bis zum Termin einer ordentlichen Kündigung fortzusetzen, kann eine außerordentliche Kündigung begründet sein (vgl. BAG v. 26.3.2015, Az. 2 AZR 517/14). Da der Arbeitgeber im Fall der haftbedingten Arbeitsunfähigkeit des Arbeitnehmers typischerweise von der Lohnzahlungspflicht befreit ist, hängt es von Art und Ausmaß der betrieblichen Auswirkungen ab, ob die Inhaftierung geeignet ist, eine Kündigung zu rechtfertigen. Jedenfalls dann, wenn der Arbeitnehmer im Kündigungszeitpunkt noch eine Freiheitsstrafe von mehr als zwei Jahren zu verbüßen hat und ein Freigängerstatus oder seine vorzeitige Entlassung aus der Haft vor Ablauf von zwei Jahren nicht sicher zu erwarten steht, braucht der Arbeitgeber den Arbeitsplatz für ihn nicht freizuhalten. Überbrückungsmaßnahmen sind dem Arbeitgeber angesichts der Dauer der zu erwartenden Fehlzeit und in Anbetracht der vom Arbeitnehmer typischerweise zu vertretenden Arbeitsverhinderung regelmäßig nicht zumutbar (BAG v. 24.3.2011, Az. 2 AZR 790/09). Allerdings kann nicht jede Freiheitsstrafe ohne Rücksicht auf ihre Dauer und ihre Auswirkungen ein Kündigungsrecht begründen. Da der Arbeitgeber im Fall der haftbedingten Arbeitsunfähigkeit des Arbeitnehmers typischerweise von der Lohnzahlungspflicht befreit ist, hängt es von Art und Ausmaß der betrieblichen Auswirkungen ab, ob die Inhaftierung geeignet ist, eine Kündigung zu rechtfertigen. Jedenfalls dann, wenn der Arbeitnehmer im Kündigungszeitpunkt noch eine Freiheitsstrafe von mehr als zwei Jahren zu verbüßen hat und ein Freigängerstatus oder seine vorzeitige Entlassung aus der Haft vor Ablauf von zwei Jahren nicht sicher zu erwarten steht, braucht der Arbeitgeber den Arbeitsplatz für ihn nicht freizuhalten. Überbrückungsmaßnahmen sind dem Arbeitgeber angesichts der Dauer der zu erwartenden Fehlzeit und in Anbetracht der vom Arbeitnehmer typischerweise zu vertretenden Arbeitsverhinderung regelmäßig nicht zumutbar (BAG v. 25.11.2010, Az. 2 AZR 984/08; BAG v. 23.5.2013, Az. 2 AZR 120/12).

2.9 Verdachtskündigung

Der Verdacht einer Pflichtverletzung kann eine ordentliche **personenbedingte** Kündigung i. S. v. § 1 Abs. 2 KSchG sozial rechtfertigen (s. → *Kündigung B.III.2. „Verdachtskündigung"*). Der durch den Verdacht bewirkte Verlust der vertragsnotwendigen Vertrauenswürdigkeit kann einen Eignungsmangel in der Person des Arbeitnehmers begründen (vgl. BAG v. 31.1.2019, Az. 2 AZR 426/18).

ACHTUNG!

Eine Verdachtskündigung (auch als ordentliche Kündigung) kommt aber immer nur dann in Betracht, wenn bei der dem Arbeitnehmer vorgeworfenen Pflichtverletzung auch im Falle ihrer tatsächlichen Begehung Tatsachen vorliegen, die zugleich eine außerordentliche, fristlose Kündigung rechtfertigen würden (vgl. BAG v. 21.11.2013, Az. 797/11; BAG v. 18.6.2015, Az. 2 AZR 256/14; BAG v. 31.1.2019, Az. 2 AZR 426/18).

Zu den Voraussetzungen der Verdachtskündigung: → *Kündigung B.III.2. „Verdachtskündigung"*

3. Krankheit

3.1 Begriff und Abgrenzung

Immer dann, wenn die Krankheit eines Arbeitnehmers Anlass zu einer personenbedingten Kündigung gibt, spricht man von einer sog. krankheitsbedingten Kündigung. Hierbei sind vier Fallgruppen zu unterscheiden:

- lang anhaltende Krankheit,
- häufige Kurzerkrankungen,
- dauernde Arbeitsunfähigkeit,
- krankheitsbedingte Eignungs- oder Leistungsminderung.

ACHTUNG!

Nicht die Krankheit als solche, sondern nur deren störende Auswirkungen auf den Betrieb des Arbeitgebers können eine krankheitsbedingte Kündigung rechtfertigen.

Ob eine krankheitsbedingte Kündigung sozial gerechtfertigt ist, muss in drei Stufen geprüft werden:

- Im Zeitpunkt des Kündigungszugangs müssen Tatsachen vorliegen, die die Prognose einer fortdauernden Krankheit des Arbeitnehmers rechtfertigen (negative **Gesundheitsprognose**).

- Der prognostizierte Gesundheitszustand des Arbeitnehmers muss zu einer erheblichen **Beeinträchtigung der betrieblichen Interessen** führen, die sich nicht durch geeignete mildere Mittel vermeiden lässt.
- Die **Interessenabwägung** muss ergeben, dass der Arbeitgeber die Beeinträchtigungen unter Berücksichtigung der Besonderheiten des Einzelfalls nicht mehr hinnehmen muss (unzumutbare Belastung des Betriebs).

ACHTUNG!

Eine Kündigung ist entsprechend dem das ganze Kündigungsrecht beherrschenden Verhältnismäßigkeitsgrundsatz unverhältnismäßig und damit rechtsunwirksam, wenn sie durch andere Mittel vermieden werden kann, d. h., wenn sie zur Beseitigung der betrieblichen Beeinträchtigungen bzw. der eingetretenen Vertragsstörung nicht erforderlich ist. Dabei kommt bei einer krankheitsbedingten Kündigung nicht nur eine Weiterbeschäftigung auf einem anderen, freien Arbeitsplatz in Betracht. Der Arbeitgeber hat vielmehr alle gleichwertigen, leidensgerechten Arbeitsplätze, auf denen der betroffene Arbeitnehmer unter Wahrnehmung des Direktionsrechts einsetzbar wäre, in Betracht zu ziehen und ggf. „freizumachen" (vgl. BAG v. 12.7.2007, Az. 2 AZR 716/06; v. 10.12.2009, Az. 2 AZR 400/08).

Der Arbeitgeber hat zur Vermeidung einer krankheitsbedingten Kündigung das **Betriebliche Eingliederungsmanagement (BEM)** gem. § 84 Abs. 2 SGB IX durchzuführen, und zwar grundsätzlich auch dann, wenn keine betriebliche Interessenvertretung besteht. Durch die gemeinsame Anstrengung aller Beteiligten soll ein betriebliches Eingliederungsmanagement geschaffen werden, das durch geeignete Gesundheitsprävention das Arbeitsverhältnis möglichst dauerhaft sichert (BT-Drs.15/1783 S. 16). Die Gesetzesbegründung nennt die betriebliche Interessenvertretung ausdrücklich nur als eine von mehreren Beteiligten, mit denen eine gemeinsame Klärung möglicher Maßnahmen erfolgen soll, um kurzfristig Beschäftigungshindernisse zu überwinden und den Arbeitsplatz durch Leistungen und Hilfen zu erhalten. Durch die dem Arbeitgeber gemäß § 84 Abs. 2 SGB IX auferlegten besonderen Verhaltenspflichten soll damit möglichst frühzeitig einer Gefährdung des Arbeitsverhältnisses eines kranken Menschen begegnet und die dauerhafte Fortsetzung der Beschäftigung erreicht werden (vgl. BAG v. 12.7.2007, Az. 2 AZR 716/06; v. 10.12.2009, Az. 2 AZR 400/08).

Das BEM stellt zwar keine formelle Wirksamkeitsvoraussetzung für eine Kündigung dar. Es hat jedoch Auswirkungen auf die Verteilung der Darlegungs- und Beweislast im Kündigungsschutzprozess wegen krankheitsbedingter Kündigung. Das BAG (BAG v. 10.12.2009, Az. 2 AZR 400/08) führt hierzu aus:

- Hat der Arbeitgeber vor Ausspruch der Kündigung kein BEM durchgeführt, hat er von sich aus darzulegen, weshalb denkbare oder vom Arbeitnehmer aufgezeigte Alternativen zu den bestehenden Beschäftigungsbedingungen mit der Aussicht auf eine Reduzierung der Ausfallzeiten nicht in Betracht kommen. Das Gleiche gilt, wenn ein Verfahren durchgeführt wurde, das nicht den gesetzlichen Mindestanforderungen an ein BEM genügt.
- Hat das ordnungsgemäß durchgeführte BEM zu einem negativen Ergebnis geführt, genügt der Arbeitgeber seiner Darlegungslast, wenn er auf diesen Umstand hinweist und vorträgt, es bestünden keine anderen Beschäftigungsmöglichkeiten. Es ist Sache des Arbeitnehmers im Einzelnen darzutun, dass es entgegen dem Ergebnis des BEM weitere Alternativen gebe, die entweder dort trotz ihrer Erwähnung nicht behandelt worden seien oder sich erst nach dessen Abschluss ergeben hätten.
- Hat ein BEM stattgefunden und zu einem positiven Ergebnis geführt, ist der Arbeitgeber grundsätzlich verpflichtet, die betreffende Empfehlung umzusetzen. Kündigt er das Arbeitsverhältnis, ohne dies zumindest versucht zu haben, muss er von sich aus darlegen, warum die Maßnahme entweder undurchführbar war oder selbst bei einer Umsetzung nicht zu einer Reduzierung der Ausfallzeiten geführt hätte.
- Bedarf es zur Umsetzung der Empfehlung einer Einwilligung oder Initiative des Arbeitnehmers, kann der Arbeitgeber dafür eine angemessene Frist setzen. Bei ergebnislosem Fristablauf ist eine Kündigung nicht wegen Missachtung der Empfehlung unverhältnismäßig, wenn der Arbeitgeber die Kündigung für diesen Fall angedroht hat.

ACHTUNG!

Es ist Sache des Arbeitgebers, die Initiative zur Durchführung eines BEM zu ergreifen. Hat der Arbeitgeber die gebotene Initiative nicht ergriffen, darf er sich im Kündigungsschutzprozess nicht darauf beschränken, pauschal vorzutragen, es gebe keine leidensgerechten Arbeitsplätze, die der erkrankte Arbeitnehmer trotz seiner Erkrankung ausfüllen könne. Er hat vielmehr von sich aus denkbare oder vom Arbeitnehmer (außergerichtlich) bereits genannte Alternativen zu würdigen und im Einzelnen darzulegen, aus welchen Gründen sowohl eine Anpassung des bisherigen Arbeitsplatzes an dem Arbeitnehmer zuträgliche Arbeitsbedingungen als auch die Beschäftigung auf einem anderen – leidensgerechten – Arbeitsplatz ausscheidet (BAG v. 30.9.2010, Az. 2 AZR 88/09). Ferner hat der Arbeitgeber darzulegen, dass künftige Fehlzeiten ebenso wenig durch gesetzlich vorgesehene Hilfen oder Leistungen der Rehabilitationsträger in relevantem Umfang hätten vermieden werden können (BAG v. 20.11.2014, Az. 2 AZR 755/13). Ein betriebliches Eingliederungsmanagement BEM ist schon dann durchzuführen, wenn die krankheitsbedingten Fehlzeiten des Arbeitnehmers innerhalb eines Jahres insgesamt mehr als sechs Wochen betragen haben. Nicht erforderlich ist, dass es eine einzelne Krankheitsperiode von durchgängig mehr als sechs Wochen gab (BAG v. 24.3.2011, Az. 2 AZR 170/10).

Zwingende Voraussetzung für die Durchführung eines BEM ist das Einverständnis des Betroffenen. Dabei gehört zu einem regelkonformen Ersuchen des Arbeitgebers um Zustimmung des Arbeitnehmers die Belehrung nach § 84 Abs. 2 Satz 3 SGB IX über die Ziele des BEM sowie über Art und Umfang der hierfür erhobenen und verwendeten Daten. Sie soll dem Arbeitnehmer die Entscheidung ermöglichen, ob er ihm zustimmt oder nicht. Stimmt der Arbeitnehmer trotz ordnungsgemäßer Aufklärung nicht zu, ist das Unterlassen eines BEM „kündigungsneutral" (BAG a. a. O.).

3.2 Negative Gesundheitsprognose

Der Gesundheitsprognose sind die objektiv vorliegenden Tatsachen im Zeitpunkt des Kündigungszugangs zugrunde zu legen. Es kommt in diesem Zusammenhang darauf an, an welchen Krankheiten der Arbeitnehmer leidet, welche Behandlungen möglich und ggf. eingeleitet worden sind und inwieweit der Arbeitnehmer bereit und in der Lage ist, durch sein Verhalten und die Änderung seiner Lebensgewohnheiten zur Wiedergenesung beizutragen.

Der Arbeitnehmer ist verpflichtet, auch ohne entsprechende Vereinbarung an der Feststellung seines Gesundheitszustands mitzuwirken, wenn

- Anhaltspunkte dafür bestehen, dass der Arbeitnehmer gesundheitlich für die arbeitsvertragliche Tätigkeit ungeeignet ist;
- der Arbeitgeber nach den ihm bekannten Tatsachen damit rechnen muss, dass der Arbeitnehmer durch seinen Gesundheitszustand andere gefährdet (wie z. B. bei einer ansteckenden Krankheit);
- der Arbeitgeber für seine weiteren betrieblichen Dispositionen Informationen darüber benötigt, wann der Arbeitnehmer voraussichtlich wieder gesund und einsatzbereit sein wird.

Ist der Arbeitnehmer zur Mitwirkung verpflichtet, braucht er nur die unbedingt notwendigen Informationen mitzuteilen. Wenn die Auskünfte unzureichend sind oder der Arbeitgeber berechtigte Zweifel an ihrer Vollständigkeit und Richtigkeit hat, muss der Arbeitnehmer entweder seine Ärzte von der Schweigepflicht entbinden oder ein ärztliches Attest vorlegen.

Aus gesetzlichen Vorschriften, dem Arbeitsvertrag oder dem Tarifvertrag kann sich die Verpflichtung des Arbeitnehmers ergeben, sich auf Wunsch des Arbeitgebers untersuchen zu lassen. Schmerzhafte und risikobeladene Untersuchungen können dem Arbeitnehmer aber nicht zugemutet werden. Der Arbeitnehmer kann den Arzt frei wählen, wenn das nach dem Untersuchungszweck möglich ist. Die Kosten der Untersuchung hat der Arbeitgeber zu tragen.

Verweigert der Arbeitnehmer die Mitwirkung, kommt nach vorheriger Abmahnung eine verhaltensbedingte Kündigung in Betracht.

3.3 Beeinträchtigung von betrieblichen Interessen

Krankheitsbedingte Ausfallzeiten können die betrieblichen Interessen des Arbeitgebers in zweifacher Hinsicht beeinträchtigen und deshalb eine krankheitsbedingte Kündigung rechtfertigen:

- Zum einen können durch die Ausfallzeiten schwerwiegende Störungen im Betriebsablauf (z. B. Produktionsausfall oder -minderung, erforderlicher Abzug von benötigten Arbeitnehmern aus anderen Arbeitsbereichen) entstehen.
- Zum anderen können sie zu erheblichen wirtschaftlichen Belastungen des Arbeitgebers führen. Eine solche Belastung kann z. B. in Mehraufwendungen für die Beschäftigung von Aushilfskräften oder in außergewöhnlich hohen Lohnfortzahlungskosten liegen.

3.4 Interessenabwägung

Wenn die krankheitsbedingten Betriebsstörungen durch Überbrückungsmaßnahmen (wie z. B. Einstellung von Aushilfskräften, Anordnung von Überstunden oder Mehrarbeit, personelle Umstellungen, organisatorische Änderungen) gemildert bzw. aufgefangen werden können, kommt eine krankheitsbedingte Kündigung nicht in Betracht. Das Gleiche gilt, wenn ein Arbeitsausfall oder eine Arbeitsverzögerung mit den vorhandenen Mitteln ohne zusätzliche Kosten vermieden werden kann.

Ob und wieweit der Arbeitgeber verpflichtet ist, weitergehende Überbrückungsmaßnahmen einzuleiten, muss in jedem Einzelfall durch die Interessenabwägung geklärt werden. Hierbei sind die allgemeinen Grundsätze einer Interessenabwägung bei einer personenbedingten Kündigung entsprechend anzuwenden (s. o. 1.3).

Auf Seiten des **Arbeitnehmers** sind zu berücksichtigen:

- Ursachen der Krankheit,
- Dauer der Betriebszugehörigkeit,
- Lebensalter,
- Tätigkeit und Stellung im Betrieb.

Die persönlichen Verhältnisse des Arbeitnehmers bleiben unberücksichtigt, soweit sie keinen konkreten Bezug zur Krankheit oder zum Arbeitsverhältnis haben.

Auf Seiten des **Arbeitgebers** sind zu berücksichtigen:

- Durchführung des Betrieblichen Eingliederungsmanagements (BEM) gem. § 84 Abs. 2 SGB IX (s. o. 3.1),
- Aktivitäten des Arbeitgebers zur Senkung des Krankenstands (z. B. Vorsorge- und Rehabilitationsmaßnahmen, Verbesserung der Arbeitsplatzbedingungen, Krankengespräche),
- allgemeine organisatorische Maßnahmen zur Verhinderung oder Eindämmung fehlzeitenbedingter Betriebsstörungen (z. B. Schaffung einer Personalreserve).

3.5 Lang andauernde Krankheit

Eine Kündigung wegen lang andauernder Krankheit kommt immer nur dann in Betracht, wenn der Arbeitnehmer bei Kündigungszugang arbeitsunfähig erkrankt war und das Ende der Arbeitsunfähigkeit nicht abzusehen ist.

WICHTIG!

Die Kündigung wegen lang anhaltender Krankheit setzt nicht voraus, dass der Arbeitnehmer bereits seit längerer Zeit arbeitsunfähig erkrankt ist.

Kündigungsgrund ist nicht die bisherige Krankheit, sondern die betriebliche Beeinträchtigung durch künftige lange Arbeitsunfähigkeit. Die Wiedergenesung muss entweder nicht absehbar sein oder voraussichtlich noch längere Zeit dauern. Welche Dauer der Arbeitgeber hier hinzunehmen hat, hängt vom Ausmaß der Betriebsstörung und vom Umfang der wirtschaftlichen Belastungen des Arbeitgebers ab. Dauert die Arbeitsunfähigkeit nicht länger als drei Monate, wird eine Kündigung nur in Ausnahmefällen möglich sein. Bei einer dauerhaften Arbeitsunfähigkeit ist ein Arbeitgeber grundsätzlich dazu verpflichtet, diesen an einen geeigneten Arbeitsplatz umzusetzen, sofern ein solcher vorhanden ist (EuGH v. 18.1.2024, Az. C-631/22).

WICHTIG!

Wegen lang anhaltender Krankheit kann generell nicht gekündigt werden, wenn der Arbeitnehmer wahrscheinlich noch vor Ablauf der Kündigungsfrist wieder arbeitsfähig wird.

3.6 Häufige Kurzerkrankungen

Eine krankheitsbedingte Kündigung wegen häufiger Kurzerkrankungen kommt in Betracht, wenn objektive Tatsachen die Besorgnis begründen, dass in Zukunft mit überdurchschnittlich häufiger krankheitsbedingter Arbeitsunfähigkeit zu rechnen ist. Hohe Fehlzeiten in der Vergangenheit bieten dafür einen Anhaltspunkt. Aufschlussreich können hierbei vor allem Art, Dauer und Häufigkeit der bisherigen Erkrankungen sein. Insbesondere bei chronischen Erkrankungen kann aus den bisherigen Krankheitszeiten unmittelbar auf zukünftige Fehlzeiten geschlossen werden (im Sinne einer negativen Gesundheitsprognose); vgl. BAG v. 10.11.2005, Az. 2 AZR 44/05.

Zu den Betriebsbeeinträchtigungen, die sich durch häufige Kurzerkrankungen ergeben können, zählen neben den Kosten für die Beschäftigung von Aushilfskräften in erster Linie die Lohnfortzahlungskosten, die jährlich für einen Zeitraum von mehr als sechs Wochen aufzuwenden sind. Ist zu erwarten, dass die Lohnfortzahlungskosten künftig für mehr als sechs Wochen jährlich anfallen werden, ist dies ein Grund für die krankheitsbedingte Kündigung.

ACHTUNG!

Eine Voraussetzung für eine Kündigung wegen häufiger Kurzerkrankungen ist, dass der Arbeitnehmer über einen Zeitraum von drei Jahren vor Ausspruch der Kündigung in jedem Jahr deutlich länger als sechs Wochen krankheitsbedingt ausgefallen ist.

Auch können Häufigkeit und Dauer der krankheitsbedingten Fehlzeiten im Einzelfall dazu führen, dass ein Einsatz des Arbeitnehmers nicht mehr sinnvoll und verlässlich geplant werden kann und dieser damit zur Förderung des Betriebszwecks faktisch nicht mehr beiträgt (vg. BAG v. 18.1.2001, Az. 2 AZR 616/99; BAG v. 23.1.2014, Az. 2 AZR 582/13).

Bei gleichzeitiger Störung des Betriebsablaufs können schon jährliche Ausfallzeiten von weniger als sechs Wochen kündigungsrelevant sein. Entscheidend sind dabei die Kosten des Arbeitsverhältnisses und nicht die Gesamtbelastung des Unternehmens mit Lohnfortzahlungskosten.

3.7 Krankheitsbedingte Eignungs- und Leistungsminderung

Führt die Krankheit zu einer erheblichen Leistungsminderung oder beeinträchtigt sie die Eignung des Arbeitnehmers, kommt eine krankheitsbedingte Kündigung auch dann in Betracht, wenn Ausfallzeiten hierdurch nicht begründet werden (vgl. BAG v. 20.12.2012, Az. 2 AZR 32/11). Im Einzelnen müssen folgende Voraussetzungen gegeben sein:

- Die Leistungsfähigkeit oder Eignung des Arbeitnehmers muss voraussichtlich in Zukunft eingeschränkt sein (negative Gesundheitsprognose).
- Hierdurch muss eine erhebliche Beeinträchtigung betrieblicher Interessen entstehen. Hierfür genügt nicht jede geringfügige Minderleistung. Der Leistungsunterschied zu der arbeitsvertraglich geschuldeten Arbeitsleistung muss deutlich sein.
- Es muss eine Interessenabwägung vorgenommen werden.

In solchen Fällen ist genau zu prüfen, ob sich die Beeinträchtigungen betrieblicher Interessen ohne Kündigung durch anderweitige, zumutbare Mittel auf ein hinnehmbares Maß verringern lassen. In Betracht kommen insoweit organisatorische Maßnahmen oder eine anderweitige Beschäftigung des Arbeitnehmers. Der Arbeitgeber hat zur Vermeidung einer krankheitsbedingten Kündigung dem Arbeitnehmer auch geeignete freie Arbeitsplätze mit schlechteren Arbeitsbedingungen anzubieten. Dies muss im Wege der Änderungskündigung erfolgen.

3.8 Krankheitsbedingte dauernde Leistungsunfähigkeit

Steht fest, dass der Arbeitnehmer seine vertragliche Leistungspflicht überhaupt nicht mehr erfüllen kann, ergibt sich bereits daraus die auf das einzelne Arbeitsverhältnis bezogene betriebliche Beeinträchtigung, die zu einer krankheitsbedingten Kündigung berechtigt.

Verfügt jedoch der Arbeitnehmer noch über ausreichende Eignung und Leistungsfähigkeit für einen anderen freien Arbeitsplatz, so ist ihm dieser – auch wenn er mit schlechteren Arbeitsbedingungen verknüpft ist – anzubieten. In diesem Zusammenhang ist dem Arbeitgeber auch zuzumuten, angemessene Umschulungs- und Fortbildungsmaßnahmen zu veranlassen. Im Rahmen der Prüfung anderweitiger Beschäftigungsmöglichkeiten kommen jedoch nach der ständigen Rechtsprechung des BAG nur solche in Betracht, die entweder gleichwertig mit der bisherigen Beschäftigung sind oder geringer bewertet sind. Das Kündigungsschutzgesetz schützt das Vertragsverhältnis in seinem Bestand und seinem bisherigen Inhalt, verschafft aber keinen Anspruch auf Beförderung (BAG v. 19.4.2007, Az. 2 AZR 239/06).

WICHTIG!

Krankheitsbedingte dauernde Leistungsunfähigkeit liegt auch dann vor, wenn der Arbeitnehmer bereits seit längerer Zeit arbeitsunfähig erkrankt ist und die Wiederherstellung seiner Arbeitsfähigkeit völlig ungewiss ist.

ACHTUNG!

Eine Krankheit kann u. U. auch eine Behinderung i. S. d. AGG (s. → *Gleichbehandlung II. 3.6*) darstellen, sodass eine hierauf gestützte Kündigung möglicherweise als unzulässige Benachteiligung wegen Behinderung unwirksam ist. Allerdings greift das AGG nur dort, wo nicht vorrangig Kündigungsschutzgesetze anwendbar sind (§ 2 Abs. 4 AGG; vgl. auch BAG v. 19.12.2013, Az. 6 AZR 190/12).

Der EuGH hat sich in seiner Entscheidung vom 11.7.2006 (Az. C-13/05 Chacon Navas) mit der Frage befasst, ob eine Kündigung wegen Krankheit eine Diskriminierung wegen Behinderung im Sinne der (dem AGG zugrunde liegenden) Gleichbehandlungsrichtlinie darstellt, und ist zu folgenden Ergebnissen gekommen:

- **Eine Person, der von ihrem Arbeitgeber ausschließlich wegen Krankheit gekündigt worden ist, wird nicht von dem durch die Richtlinie 2000/78/EG des Rates vom 27.11.2000 zur Festlegung eines allgemeinen Rahmens für die Verwirklichung der Gleichbehandlung in Beschäftigung und Beruf zur Bekämpfung der Diskriminierung wegen einer Behinderung geschaffenen allgemeinen Rahmen erfasst.**
- **Das Verbot der Diskriminierung wegen einer Behinderung bei Entlassungen steht der Entlassung wegen einer Behinderung entgegen, die unter Berücksichtigung der Verpflichtung, angemessene Vorkehrungen für Menschen mit Behinderung zu treffen, nicht dadurch gerechtfertigt ist, dass die betreffende Person für die Erfüllung der wesentlichen Funktionen ihres Arbeitsplatzes nicht kompetent, fähig oder verfügbar ist.**
- **Krankheit als solche kann nicht als ein weiterer Grund neben denen angesehen werden, derentwegen Personen zu diskriminieren nach der Richtlinie verboten ist.**

Eine Kündigung (während der Wartezeit) wegen einer symptomlosen HIV-Infektion ist daher nicht nur unwirksam, sondern stellt darüber hinaus eine verbotene Diskriminierung wegen Behinderung dar, die zu Entschädigungsansprüchen des Arbeitnehmers führt (BAG v. 19.12.2013, Az. 6 AZR 190/12).

V. Verhaltensbedingte Kündigung

Eine Kündigung ist aus Gründen im Verhalten des Arbeitnehmers gem. § 1 Abs. 2 Satz 1 Alt. 2 KSchG sozial gerechtfertigt, wenn der Arbeitnehmer seine vertraglichen Haupt- oder Nebenpflichten erheblich und in der Regel schuldhaft verletzt hat, eine dauerhaft störungsfreie Vertragserfüllung in Zukunft nicht mehr zu erwarten steht und die Lösung des Arbeitsverhältnisses in Abwägung der Interessen beider Vertragsteile angemessen erscheint.

ACHTUNG!

Eine Pflichtverletzung ist dem Arbeitnehmer nur dann vorwerfbar, wenn dieser seine ihr zugrunde liegende Handlungsweise steuern konnte. Ein Verhalten ist steuerbar, wenn es vom Willen des Arbeitnehmers beeinflusst werden kann. Dies ist nicht der Fall, wenn dem Arbeitnehmer die Pflichterfüllung aus von ihm nicht zu vertretenden Gründen subjektiv nicht möglich ist. Ist dies vorübergehend nicht der Fall, ist er für diese Zeit von der Pflichterfüllung befreit. Will der Arbeitnehmer geltend machen, er sei aus von ihm nicht zu vertretenden Gründen gehindert gewesen, seine Pflichten ordnungsgemäß zu erfüllen, muss er diese Gründe genau angeben. Beruft er sich dazu auf eine Krankheit, kann es erforderlich sein, dass er substantiiert darlegt, woran er erkrankt war und weshalb er deshalb seine Pflichten nicht ordnungsgemäß erfüllen konnte, und ihn behandelnde Ärzte ggf. von der Schweigepflicht befreit (BAG v. 3.11.2011, Az. 2 AZR 748/10).

Eine Kündigung kann sozial gerechtfertigt sein, wenn sie durch Gründe, die in dem Verhalten des Arbeitnehmers liegen, bedingt ist (§ 1 Abs. 2 Satz 1 KSchG).

Verhaltensbedingte Kündigungsgründe können Vertragsverletzungen, dienstliches und außerdienstliches Verhalten, Umstände aus dem Verhältnis des Arbeitnehmers zu betrieblichen und überbetrieblichen Einrichtungen, Organisationen und Behörden sein.

In Betracht kommen insbesondere Vertragsverletzungen

- im Leistungsbereich: Hierzu gehören Pflichtverletzungen des Arbeitnehmers bei Schlecht- und Minderleistung, Arbeitsverweigerung und Arbeitsversäumnis;
- bei Einstellungsverhandlungen durch Verletzung von Auskunftspflichten oder Vorspiegelung nicht vorhandener Eigenschaften und Fähigkeiten;
- bei betrieblichen und außerbetrieblichen Verhaltenspflichten (betriebliche Ordnung);
- im persönlichen Vertrauensbereich, z. B. durch Annahme von Schmiergeldern und Straftaten;
- bei vertraglichen Nebenpflichten, z. B. Verletzung von Treue- und Rücksichtspflichten.

Eine verhaltensbedingte Kündigung ist immer nur dann gerechtfertigt, wenn das Verhalten des Arbeitnehmers für das betriebliche Geschehen von Bedeutung ist. Hat das Verhalten des Arbeitnehmers keine Auswirkung auf das Arbeitsverhältnis, wie z. B. in aller Regel sein außerdienstliches Verhalten, so kommt eine Kündigung deswegen nicht in Betracht.

Auch bei der Kündigung aus verhaltensbedingten Gründen ist eine Abwägung der Interessen von Arbeitgeber und Arbeitnehmer durchzuführen. Hierbei sind auf Seiten des **Arbeitgebers** u. a. zu berücksichtigen:

- Arbeits- und Betriebsdisziplin,
- Aufrechterhaltung der Funktionsfähigkeit des Betriebs oder Unternehmens,
- Eintritt eines Vermögensschadens,
- Wiederholungsgefahr,
- Schädigung des Ansehens des Arbeitgebers oder Unternehmens,
- Schutz der übrigen Belegschaft oder sonstiger Vertragspartner des Arbeitgebers.
- Einhaltung kirchenrechtlicher Moralvorschriften (vgl. BVerfG v. 22.10.2014, Az. 2 BvR 661/12; BAG v. 20.2.2019, Az. 2 AZR 746/14 m. w. N.).

Auf Seiten des **Arbeitnehmers** sind zu berücksichtigen:

- Art, Schwere und Dauer des Verstoßes,
- Dauer der Betriebszugehörigkeit,
- Lebensalter,
- Umfang der Unterhaltsverpflichtungen,
- Lage auf dem Arbeitsmarkt,
- Versetzungsmöglichkeit.

ACHTUNG!

In aller Regel muss der verhaltensbedingten Kündigung eine erfolglose Abmahnung vorausgehen. Einer Abmahnung bedarf es in Ansehung des Verhältnismäßigkeitsgrundsatzes nur dann nicht, wenn eine Verhaltensänderung in Zukunft selbst nach Abmahnung nicht zu erwarten steht oder es sich um eine so schwere Pflichtverletzung handelt, dass eine Hinnahme durch den Arbeitgeber offensichtlich – auch für den Arbeitnehmer erkennbar – ausgeschlossen ist (vgl. BAG v. 9.6.2011, Az. 2 AZR 281/10; BAG v. 25.10.2012, Az. 2 AZR 495/11). Kommt z. B. ein Arbeitnehmer an drei von vier aufeinander folgenden Arbeitstagen erheblich zu spät oder gar nicht zur Arbeit, kann dies je nach den Umständen des Einzelfalls den Rückschluss auf ein hartnäckiges und uneinsichtiges Fehlverhalten zulassen, sodass er vor Ausspruch einer Kündigung keiner ausdrücklichen Abmahnung mehr bedarf (vgl. LAG Schleswig-Holstein v. 31.8.2021, Az. 1 Sa 70 öD/21).

Spricht der Arbeitgeber wegen einer bestimmten Vertragspflichtverletzung eine Abmahnung aus, so kann er wegen des darin gerügten Verhaltens des Arbeitnehmers (also dieses konkreten Vorfalls) das Arbeitsverhältnis nicht mehr – außerordentlich oder ordentlich – kündigen. Treten anschließend weitere Pflichtverletzungen zu den abgemahnten hinzu oder werden frühere Pflichtverletzungen dem Arbeitgeber erst nach Ausspruch der Abmahnung bekannt, kann er auf diese zur Begründung einer Kündigung zurückgreifen und dabei die bereits abgemahnten Verstöße unterstützend heranziehen (BAG v. 26.11.2009, Az. 2 AZR 751/08). Mehr hierzu s. u. → *Abmahnung*.

An eine verhaltensbedingte ordentliche Kündigung sind weniger strenge Maßstäbe als an eine außerordentliche Kündigung zu stellen. Immer dann, wenn ein wichtiger Grund für eine außerordentliche Kündigung nicht ausreicht, kommt eine verhaltensbedingte Kündigung als mildere Reaktionsmöglichkeit des Arbeitgebers auf das pflichtwidrige Verhalten des Arbeitnehmers in Betracht.

Zu den einzelnen Kündigungsgründen → *Kündigung B.III.2.*

ACHTUNG!

Der Verdacht einer Pflichtverletzung stellt gegenüber dem verhaltensbezogenen Vorwurf, der Arbeitnehmer habe die „Tat" begangen, einen eigenständigen Kündigungsgrund dar. Der Verdacht kann eine ordentliche personenbedingte Kündigung i. S. v. § 1 Abs. 2 KSchG sozial rechtfertigen (s. → *Kündigung B.III.2.* „Verdachtskündigung"). Der durch den Verdacht bewirkte Verlust der vertragsnotwendigen Vertrauenswürdigkeit kann einen Eignungsmangel in der Person des Arbeitnehmers begründen (vgl. BAG v. 31.1.2019, Az. 2 AZR 426/18). Eine Verdachtskündigung (auch als ordentliche Kündigung) kommt aber immer nur dann in Betracht, wenn bei der dem Arbeitnehmer vorgeworfenen Pflichtverletzung auch im Falle ihrer tatsächlichen Begehung Tatsachen vorliegen, die zugleich eine Kündigung rechtfertigen würden (vgl. BAG v. 21.11.2013, Az. 797/11; BAG v. 18.6.2015, Az. 2 AZR 256/14; BAG v. 31.1.2019, Az. 2 AZR 426/18).

B. Besonderer Kündigungsschutz

I. Begriff und Abgrenzung

Im Gegensatz zum allgemeinen Kündigungsschutz, der für alle Arbeitsverhältnisse gilt, werden vom besonderen Kündigungsschutz nur bestimmte Personengruppen erfasst (s. Übersicht → *Kündigung B.I.2.* und → *3.*). Ein besonderer Kündigungsschutz kann sich auch aus einer einzelvertraglichen oder tarifvertraglichen Vereinbarung ergeben (s. u. XII.).

II. Schwerbehinderte

Die Kündigung eines schwerbehinderten Menschen durch den Arbeitgeber bedarf der vorherigen Zustimmung des Integrationsamtes (§ 168 SGB IX n. F.). Dies gilt auch für die Änderungskündigung (Bayerischer Verwaltungsgerichtshof v. 13.11.2012, Az. 12 B 12.1675).

Der Arbeitgeber soll überdies bei Eintreten von personen-, verhaltens- oder betriebsbedingten Schwierigkeiten im Arbeitsverhältnis, die zur Gefährdung des Arbeitsverhältnisses führen können, möglichst frühzeitig die Schwerbehindertenvertretung und das Integrationsamt einschalten und ein sog. Präventionsverfahren durchführen. In diesem Verfahren sollen alle Möglichkeiten und alle zur Verfügung stehenden Hilfen zur Beratung und mögliche finanzielle Leistungen erörtert werden, mit denen die Schwierigkeiten beseitigt werden können und das Arbeitsverhältnis möglichst dauerhaft fortgesetzt werden kann (§ 167 Abs. 1 SGB IX). Arbeitgeber sind während der ersten sechs Monate des Arbeitsverhältnisses jedoch nicht verpflichtet, vor Ausspruch einer ordentlichen Kündigung ein Präventionsverfahren gemäß § 167 Abs. 1 SGB IX durchzuführen (BAG v. 3.4.2025, Az. 2 AZR 178/24).

1. Zustimmungsfreie Beendigungsmöglichkeiten

Keine Zustimmung ist erforderlich, wenn das Arbeitsverhältnis aus einem der folgenden Gründe enden soll:

- Ablauf der Befristung des Arbeitsvertrags,
- Anfechtung des Arbeitsvertrags wegen arglistiger Täuschung oder Irrtums,
- Berufung auf die Nichtigkeit des Arbeitsvertrags,
- Aufhebungsvertrag, wobei der schwerbehinderte Mensch kein Recht zur Anfechtung hat, wenn er bei Abschluss noch nichts von seiner Schwerbehinderung wusste; die Zustimmung des Integrationsamtes ist aber dann erforderlich, wenn die Beendigung im Fall der Berufsunfähigkeit oder der Erwerbsunfähigkeit auf Zeit erfolgt,
- Eigenkündigung des schwerbehinderten Menschen,
- Kündigung durch den Arbeitgeber innerhalb der ersten sechs Monate des Arbeitsverhältnisses, die dem Integrationsamt innerhalb von vier Tagen angezeigt werden muss,
- Kündigung durch den Arbeitgeber, wenn der Arbeitnehmer bereits das 58. Lebensjahr vollendet hat und Anspruch auf eine Abfindung o. Ä. aufgrund eines Sozialplans oder auf

Knappschaftsausgleichsleistungen hat, wenn der Arbeitgeber ihm die Kündigungsabsicht rechtzeitig mitgeteilt hat und er nicht bis zum Ausspruch der Kündigung widersprochen hat,

- Kündigung durch den Arbeitgeber aus witterungsbedingten Gründen, wenn die Wiedereinstellung des schwerbehinderten Menschen bei der Wiederaufnahme der Arbeit gewährleistet ist,
- Ende des Arbeitsvertrages durch Tarifvertrag nach Eintritt der unbefristeten vollen Erwerbsminderung (LAG Berlin-Brandenburg v. 26.10.2011, Az. 4 Sa 1720/11).

2. Beginn des Kündigungsschutzes

Innerhalb der ersten sechs Monate des Arbeitsverhältnisses bedarf die Kündigung nicht der Zustimmung des Integrationsamtes. Auf diese Wartezeit sind Zeiten eines früheren Arbeitsverhältnisses bei demselben Arbeitgeber anzurechnen, wenn das neue Arbeitsverhältnis in einem engen sachlichen Zusammenhang mit dem bisherigen steht. Gem. § 173 Abs. 2a SGB IX n. F. bedarf es keiner Zustimmung des Integrationsamtes, wenn zum Zeitpunkt der Kündigung die Eigenschaft als schwerbehinderter Mensch nicht nachgewiesen ist. Dies betrifft den Fall, dass der Arbeitnehmer tatsächlich als schwerbehindert anerkannt ist. In diesem Fall besteht eine Obliegenheit des Arbeitnehmers, dem Arbeitgeber den Bescheid über die Schwerbehinderung bzw. den Schwerbehindertenausweis vor dem Zugang der Kündigung vorzulegen. Der Sonderkündigungsschutz besteht auch dann, wenn der Arbeitgeber nichts von der Schwerbehinderteneigenschaft wusste, sofern der Arbeitnehmer bereits einen Anerkennungsbescheid oder zumindest einen entsprechenden Antrag beim Versorgungsamt gestellt hatte. Der Antrag des Arbeitnehmers muss mindestens drei Wochen vor der Kündigung mit den erforderlichen Angaben beim Integrationsamt eingegangen sein. Wenn der Arbeitgeber von einer Schwerbehinderung des Arbeitnehmers nichts wissen konnte, weil diese nicht offenkundig war, kommt einem Antrag auf Anerkennung einer Schwerbehinderung kündigungsschutzrechtlich allein keine Bedeutung zu, sondern er muss im Fall seiner Stattgabe gemäß § 90 Abs. 2a SGB IX mindestens drei Wochen vor Zugang der Kündigung gestellt worden sein (LAG Berlin-Brandenburg v. 27.1.2012, Az. 6 Sa 2062/11). Der Arbeitnehmer muss dies binnen einer angemessenen Frist nach Zugang der Kündigung dem Arbeitgeber mitteilen. Ausreichend ist auch, wenn dem Arbeitgeber die Schwerbehinderung im Zeitpunkt der Mitteilung über die Beendigung des Arbeitsverhältnisses wegen Rentengewährung bekannt geworden ist (LAG Hamm v. 11.3.2014, Az. 7 Sa 1277/13). Bei einem Betriebsübergang muss sich der Betriebsübernehmer die Kenntnis des Betriebsveräußerers von der Schwerbehinderteneigenschaft eines Arbeitnehmers zurechnen lassen. Der Nachweis der Schwerbehinderteneigenschaft gegenüber dem Arbeitgeber ist dann entbehrlich, wenn die Schwerbehinderung offenkundig ist. Dabei muss jedoch nicht nur das Vorliegen einer oder mehrerer Beeinträchtigungen offenkundig sein, sondern auch, dass der Grad der Behinderung auf wenigstens 50 in einem Feststellungsverfahren festgesetzt würde (LAG Rheinland-Pfalz v. 12.1.2017, Az. 5 Sa 361/16).

ACHTUNG!

Diese Mitteilungsfrist beträgt drei Wochen (BAG v. 9.6.2011, Az. 2 AZR 703/09). Es ist also dringend zu raten, dem Arbeitgeber binnen drei Wochen nach Zugang der Kündigung die Schwerbehinderteneigenschaft mitzuteilen, da ansonsten der Verlust des Sonderkündigungsrechts droht. Nur bei Vorliegen besonderer Umstände kann die Frist durchbrochen werden. Eine gerichtliche Geltendmachung mit der Klageschrift innerhalb der Dreiwochenfrist reicht nicht unbedingt aus (überholt BAG v. 23.2.2010, Az. 2 AZR 659/08); vielmehr muss der entsprechende Schriftsatz bzw. die Mitteilung der Schwerbehinderung dem Arbeitgeber auch innerhalb der Drei-Wochen-Frist zugehen (vgl. BAG v. 22.9.2016, Az. 2 AZR 700/15). Wenn der Arbeitnehmer dem Arbeitgeber vor Zugang der Kündigung mitgeteilt hat, er habe bei einem bestimmten Versorgungsamt einen Antrag auf „Feststellung über das Vorliegen einer Behinderung" gestellt, ist der Arbeitgeber hinreichend informiert und muss damit rechnen, dass die beabsichtigte Kündigung zustimmungspflichtig ist (BAG v. 9.6.2011, Az. 2 AZR 703/09). Bei einem Betriebsübergang reicht es aus, wenn der bisherige Arbeitgeber Kenntnis von der Schwerbehinderung hatte. Der Arbeitnehmer ist nicht verpflichtet, den neuen Arbeitgeber zu informieren.

Die zweite Variante der gesetzlichen Regelung betrifft den Fall, dass der Arbeitnehmer die Schwerbehinderteneigenschaft nicht nachweisen kann, weil das Verfahren auf Anerkennung als Schwerbehinderter (nicht als Gleichgestellter) noch nicht abgeschlossen ist. Hier kann sich der Arbeitnehmer nur auf den besonderen Kündigungsschutz berufen, wenn er an den Feststellungen des Versorgungsamtes fristgemäß mitwirkt. Er kann also nicht mehr den aussichtslosen Antrag auf Anerkennung stellen und das Anerkennungsverfahren durch fehlende Mitwirkung in die Länge ziehen, um hieraus Vorteile im Kündigungsschutzprozess zu erlangen. Ist er aber seinen Verpflichtungen nachgekommen, wirkt der Kündigungsschutz auf den Zeitpunkt der Antragstellung zurück. Der Arbeitnehmer muss aber den Arbeitgeber nach der Kündigung binnen angemessener Frist über die Antragstellung unterrichten. Die Zustimmung des Integrationsamtes ist nicht nach § 173 Abs. 3 SGB IX n. F. entbehrlich, wenn im Zeitpunkt der Kündigung eine – nicht rechtskräftige und später aufgehobene – Entscheidung des Versorgungsamtes vorliegt, mit der ein unter 50 liegender Grad der Behinderung festgestellt wird. Ein Negativattest muss vor Ausspruch der Kündigung vorliegen.

WICHTIG!

Zur Vorbereitung von Kündigungen darf der Arbeitgeber nach einer Schwerbehinderung fragen, wenn das Arbeitsverhältnis länger als sechs Monate angedauert hat. Verneint der Arbeitnehmer diese Frage wahrheitswidrig, kann er sich im Kündigungsschutzprozess nicht mehr mit Erfolg auf den Sonderkündigungsschutz berufen (BAG v. 16.2.2012, Az. 6 AZR 553/10). Die Freistellung eines schwerbehinderten Mitarbeiters kann grundsätzlich ohne vorherige Zustimmung des Integrationsamtes erfolgen (ArbG Düsseldorf v. 3.11.2016, Az. 7 Ga 71/16).

Gem. § 175 SGB IX n. F. bedarf die Beendigung des Arbeitsverhältnisses eines schwerbehinderten Menschen auch dann der vorherigen Zustimmung des Integrationsamtes, wenn sie im Falle des Eintritts einer teilweisen Erwerbsminderung, der Erwerbsminderung auf Zeit, der Berufsunfähigkeit oder der Erwerbsunfähigkeit auf Zeit ohne Kündigung erfolgt. Das Arbeitsverhältnis endet in diesen Fällen nicht durch Kündigung des Arbeitgebers, sondern durch Eintritt einer auflösenden Bedingung; nach den Regelungen des § 21 TzBfG i. V. m. § 15 Abs. 2 TzBfG jedoch frühestens zwei Wochen nach Zugang einer schriftlichen Mitteilung des Arbeitgebers über die bevorstehende Beendigung.

Die diesbezügliche Klagefrist von drei Wochen nach Beendigung des Arbeitsverhältnisses läuft nicht, wenn der Arbeitgeber um die Schwerbehinderung weiß und trotzdem die Zustimmung des Integrationsamtes nicht einholt (BAG v. 9.2.2011, Az. 7 AZR 221/10).

ACHTUNG!

Eine (automatische) Beendigung gem. § 175 SGB IX erfordert die vorherige Zustimmung des Integrationsamts, wenn bei Zugang der schriftlichen Unterrichtung des Arbeitnehmers durch den Arbeitgeber über den Eintritt der auflösenden Bedingung nach §§ 21,15 Abs. 2 TzBfG die Anerkennung der Schwerbehinderung oder die Gleichstellung mit einem schwerbehinderten Menschen erfolgt ist oder die entsprechende Antragstellung mindestens drei Wochen zurückliegt. Auf den Zeitpunkt des Rentenbescheids kommt es insoweit nicht an (BAG v. 16.1.2018, Az. 7 AZR 622/15).

Bei den schwerbehinderten Menschen gleichgestellten Personen wird der Schutz durch die Gleichstellung erst begründet, also mit dem Tag des Eingangs des Antrags wirksam (BAG v. 10.4.2014, Az. 2 AZR 647/13).

Bei einem mit einem schwerbehinderten Menschen abgeschlossenen Werkstattvertrag ist nicht nur die Lösung, sondern auch die Kündigung gem. § 138 Abs. 7 SGB IX schriftlich zu erklären, und es sind Gründe der Kündigung schriftlich anzugeben (BAG v. 17.3.2015, Az. 9 AZR 994/13).

3. Verfahren vor dem Integrationsamt

3.1 Antrag

WICHTIG!

Die Kündigung des Arbeitsverhältnisses eines schwerbehinderten Menschen, die ein Arbeitgeber ohne Anhörung der Schwerbehindertenvertretung ausspricht, ist gem. § 95 Abs. 2 Satz 3 SGB IX in der vom 30. Dezember 2016 bis zum 31. Dezember 2017 geltenden Fassung (seit dem 1. Januar 2018: § 178 Abs. 2 Satz 3 SGB IX) unwirksam. Der erforderliche Inhalt der Anhörung und die Dauer der Frist für eine Stellungnahme der Schwerbehindertenvertretung richten sich nach den für die Anhörung des Betriebsrats geltenden Grundsätzen (§ 102 BetrVG). Die Kündigung ist nicht allein deshalb unwirksam, weil der Arbeitgeber die Schwerbehindertenvertretung entgegen § 95 Abs. 2 Satz 1 SGB IX a. F. (seit dem 1. Januar 2018: § 178 Abs. 2 Satz 1 SGB IX) nicht unverzüglich über seine Kündigungsabsicht unterrichtet oder ihr das Festhalten an seinem Kündigungsentschluss nicht unverzüglich mitgeteilt hat (BAG v. 13.12.2018, Az. 2 AZR 378/18).

Der Arbeitgeber muss die Zustimmung des Integrationsamtes schriftlich in doppelter Ausfertigung beantragen. Dort liegen auch Formulare bereit, deren Verwendung sinnvoll, aber nicht vorgeschrieben ist. Zuständig ist die Behörde, in deren Zuständigkeitsbereich der Betrieb liegt, in dem der schwerbehinderte Mensch beschäftigt wird. Der Antrag sollte ausführlich begründet werden und mindestens folgende Angaben enthalten:

- Name des zu Kündigenden, Geburtsdatum, Familienstand, Unterhaltspflichten,
- genaue Schilderung der Kündigungsgründe,
- Beweismittel,
- Darlegungen, dass die Kündigung entweder nicht im Zusammenhang mit der Schwerbehinderung steht oder warum sie trotzdem unvermeidlich ist.

3.2 Entscheidungsgrundlagen

Die Behörde holt sodann die Stellungnahme der zuständigen Agentur für Arbeit, des Betriebsrats und der Schwerbehindertenvertretung ein und hört den schwerbehinderten Arbeitnehmer zu der beabsichtigten Kündigung an. Danach trifft sie die Entscheidung nach pflichtgemäßem Ermessen, d. h. sie nimmt eine Abwägung zwischen den Interessen des Arbeitgebers und denen des schwerbehinderten Mitarbeiters vor, wobei die Zielsetzungen des SGB IX zu berücksichtigen sind. Das Gesetz nennt einige Fälle, in denen die Zustimmung erteilt werden muss, nämlich bei Kündigungen in Betrieben, die

- nicht nur vorübergehend eingestellt oder aufgelöst werden,
- nicht nur vorübergehend wesentlich eingeschränkt werden, wenn die Gesamtzahl der verbleibenden schwerbehinderten Arbeitnehmer ausreicht, um die gesetzliche Mindestbeschäftigtenzahl zu erfüllen,

wenn zwischen dem Tag der Kündigung und dem Tag, bis zu dem Arbeitsentgelt gezahlt wird, mindestens drei Monate liegen und keine Weiterbeschäftigung auf einem anderen Arbeitsplatz desselben Betriebs oder einem freien Arbeitsplatz im Unternehmen möglich und für den Arbeitgeber zumutbar ist. Der Begriff des Betriebes entspricht dabei dem in Betriebsverfassungsrecht üblichen. Besteht daher für mehrere räumlich getrennte Betriebsteile ein einheitlicher Betriebsrat und damit auch betriebsverfassungsrechtlich ein einheitlicher Betrieb, bildet dieser für das Integrationsamt den maßgeblichen Bezugspunkt für die Prüfung (Bayerischer Verwaltungsgerichtshof v. 20.6.2013, Az. 12 ZB 12.230).

Das Integrationsamt „soll" die Zustimmung erteilen, wenn dem schwerbehinderten Arbeitnehmer ein anderer angemessener und zumutbarer Arbeitsplatz gesichert ist (§ 177 SGB IX n. F.). Hier ist die Behörde i. d. R. gehalten, die Zustimmung zu erteilen, wenn nicht im Ausnahmefall entgegenstehende Gesichtspunkte überwiegen.

Auch einer personenbedingten Kündigung aus Krankheitsgründen kann das Integrationsamt zustimmen. Dabei hat es unter anderem zu prüfen, welche Fehlzeiten voraussichtlich in Zukunft auftreten werden, ob die zu erwartenden Fehlzeiten eine erhebliche Beeinträchtigung der betrieblichen Interessen bedeuten und ob diese Beeinträchtigung dem Arbeitgeber noch zugemutet werden kann (Verwaltungsgericht des Saarlandes v. 6.9.2013, Az. 3 K 407/13).

Wenn die Kündigung des Arbeitsverhältnisses zumindest teilweise auf Gründe gestützt wird, die in der Behinderung selbst ihre Ursache haben, reicht nicht jeder als Kündigungsgrund geltend gemachte Umstand aus, um die Zumutbarkeitsgrenze für den Arbeitgeber zu überschreiten. Der Kündigungsgrund muss nach Art und Umfang ein besonderes Gewicht haben, um im Rahmen der Ermessensabwägung die besonders hohen Anforderungen an die für den Arbeitgeber geltende Zumutbarkeitsgrenze signifikant überschreiten zu können. Der Schwerbehindertenschutz gewinnt an Gewicht, wenn die Kündigung des Arbeitsverhältnisses auf Gründe gestützt wird, die in der Behinderung selbst ihre Ursache haben (VG Düsseldorf v. 18.3.2014, Az. 13 K 2980/13). Das Oberverwaltungsgericht für das Land Nordrhein-Westfalen hat es z. B. nicht ausreichen lassen, dass der Arbeitnehmer ein Schreiben mit beleidigendem Inhalt verschickt und einmal Akten im Auto hat liegen lassen (Beschluss vom 22.3.2013, Az. 12 A 2792/12). Für die Ermessensentscheidung des Integrationsamtes ist unerheblich, ob der Arbeitgeber die Beschäftigungsquote erfüllt hat. Es darf auch nicht die arbeitsrechtliche Wirksamkeit der beabsichtigten Kündigung in die Bewertung einfließen lassen, es sei denn, die Kündigung wäre evident unwirksam (OVG Hamburg v. 10.12.2014, Az. 4 Bf 159/12).

3.3 Entscheidung

Das Integrationsamt hat binnen eines Monats eine Entscheidung zu treffen, wenn ein Betrieb oder eine Dienststelle nicht nur vorübergehend vollständig eingestellt oder aufgelöst und das Arbeitsentgelt mindestens drei Monate fortgezahlt wird. Wenn hier die Entscheidung nicht fristgemäß ergeht, wird die Zustimmung fingiert. Der Arbeitgeber kann dann also ohne eine ausdrückliche Zustimmung kündigen. Dies gilt auch, wenn das Insolvenzverfahren über das Vermögen des Arbeitgebers eröffnet worden ist. In den übrigen Fällen (Ausnahme: fristlose Kündigung, s. u. 3.4) bleibt die Nichteinhaltung der Monatsfrist durch das Integrationsamt ohne rechtliche Folgen. Die Entscheidung kann folgenden Inhalt haben:

- **Zustimmung:** Erteilt das Integrationsamt seine Zustimmung zur ordentlichen Kündigung, muss der Arbeitgeber eine ordentliche Kündigung innerhalb eines Monats nach Zustellung des Bescheids (nicht schon vorher) erklären. Innerhalb dieser Frist können auch mehrere ordentliche Kündigungen ausgesprochen werden, wenn z. B. Zweifel darüber bestehen, ob die erste Kündigung formal korrekt war. Bei außerordentlichen Kündigungen muss die Kündigung unverzüglich nach Erteilung der Zustimmung erklärt werden. Gegen die Zustimmung kann der Arbeitnehmer Widerspruch einlegen. Hierüber befindet der Widerspruchsausschuss. Weist der Widerspruchsausschuss den Widerspruch zurück, kann der Arbeitnehmer hiergegen Anfechtungsklage vor dem Verwaltungsgericht erheben. Gemäß § 171 Abs. 4 SGB IX haben Widerspruch und Anfechtungsklage gegen die Zustimmung des Integrationsamts keine aufschiebende Wirkung. Das bedeutet, dass die durch das Integrationsamt einmal erteilte Zustimmung zur Kündigung – vorbehaltlich ihrer Nichtigkeit – so lange Wirksamkeit entfaltet, wie sie nicht rechtskräftig aufgehoben ist. Für die Berechtigung des Arbeitgebers, auf der Grundlage des Zustimmungsbescheids die Kündigung zunächst zu erklären, ist es folglich ohne Bedeutung, ob die Zustimmung vom Widerspruchsausschuss oder einem Gericht aufgehoben wird, solange die betreffende Entscheidung nicht bestands- bzw. rechtskräftig ist (vgl. BAG 23.5.2013, Az. 2 AZR 991/11, BAG v. 22.7.2021, Az. 2 AZR 193/21). Wird die Zustimmungsentscheidung erst nach rechtskräftiger Abweisung der Kündigungsschutzklage bestands- oder rechtskräftig aufgehoben, steht dem Arbeitnehmer ggf. die Restitutionsklage nach § 580 ZPO offen (BAG a. a. O.). Wenn die Anfechtungsklage des Arbeitnehmers rechtskräftig zurückgewiesen wird, ist die Kündigung jedenfalls nicht nach den Bestimmungen des SGB IX unwirksam. Die Zustimmung allein bedeutet jedoch nicht, dass die Kündigung im Übrigen wirksam ist. So begründet etwa die Zustimmung des Integrationsamts zu einer krankheitsbedingten Kündigung nicht die Vermutung, dass ein (unterbliebenes) betriebliches Eingliederungsmanagement die Kündigung nicht hätte verhindern können (BAG v. 15.12.2022, Az. 2 AZR 162/22).

- **Zurückweisung:** Weist das Integrationsamt den Antrag zurück, kann die Kündigung zunächst nicht ausgesprochen werden. Der Arbeitgeber kann gegen diesen Bescheid innerhalb eines Monats ab Zustellung der Entscheidung schriftlich bei dem Integrationsamt Widerspruch einlegen, über den der Widerspruchsausschuss befindet. Erteilt dieser die Zustimmung, muss der Arbeitgeber innerhalb eines Monats die ordentliche Kündigung aussprechen. Die außerordentliche muss unverzüglich ausgesprochen werden. Der Arbeitnehmer kann die Zustimmung vor dem Verwaltungsgericht angreifen. Wird der Widerspruch zurückgewiesen, kann der Arbeitgeber Verpflichtungsklage vor dem Verwaltungsgericht erheben.
- **Negativattest:** Erteilt das Integrationsamt ein Negativattest (d. h. stellt es fest, dass der Arbeitnehmer gar nicht unter das SGB IX fällt), kann der Arbeitgeber die Kündigung aussprechen. Der Arbeitnehmer kann gegen die Entscheidung Widerspruch einlegen, über den der Widerspruchsausschuss entscheidet. Gegen dessen Entscheidung kann die unterlegene Partei vor dem Verwaltungsgericht vorgehen.
- **Verstreichenlassen der Frist:** Durch die bloße Ankündigung des Integrationsamtes, es sei beabsichtigt, die Frist des § 171 Abs. 1 SGB IX n. F. verstreichen zu lassen, wird klargestellt, dass das Integrationsamt innerhalb der Frist des § 171 SGB IX n. F. keine positive Entscheidung über den Zustimmungsantrag des Arbeitgebers treffen will. Wird bereits im Laufe des Tages, an dem zu Mitternacht die Frist des § 171 Abs. 1 SGB IX verstreicht, die betreffende Kündigung ausgesprochen, ist diese rechtsunwirksam.

3.4 Besonderheiten bei der fristlosen Kündigung

Gem. § 626 Abs. 2 BGB muss die außerordentliche Kündigung innerhalb von zwei Wochen ab Kenntnis des Kündigungsberechtigten erklärt werden. Dies wird bei Schwerbehinderten meist nicht möglich sein, weil das Verfahren vor dem Integrationsamt nicht abgeschlossen ist. Daher muss der Antrag auf Zustimmung zu einer außerordentlichen Kündigung innerhalb von zwei Wochen ab dem Zeitpunkt gestellt werden, an dem der Arbeitgeber Kenntnis von den Kündigungsgründen erlangt.

Beispiel:

Ein schwerbehinderter Arbeitnehmer begeht am 28.3. einen Diebstahl, den ein Kollege beobachtet. Er teilt dies am 1.4. dem Personalleiter mit. Der Antrag auf Zustimmung muss bis zum 14.4. bei dem Integrationsamt eingehen.

Wenn die Behörde zugestimmt hat, beginnt nicht etwa erneut eine Zweiwochenfrist zu laufen, sondern die Kündigung muss unverzüglich ausgesprochen werden (BAG v. 19.4.2012, Az. 2 AZR 118/11).

Entsprechend der Legaldefinition des § 121 Abs. 1 BGB bedeutet „unverzüglich" auch im Rahmen von § 91 Abs. 5 SGB IX a. F. (§ 174 Abs. 5 SGB IX n. F.) „ohne schuldhaftes Zögern". Schuldhaft ist ein Zögern, wenn das Zuwarten durch die Umstände des Einzelfalls nicht geboten ist. Da „unverzüglich" weder „sofort" bedeutet noch damit eine starre Zeitvorgabe verbunden ist, kommt es auf eine verständige Abwägung der beiderseitigen Interessen an (BAG v. 27.2.2020, Az. 2 AZR 390/19; BAG v. 19.4.2012, Az. 2 AZR 118/11; BAG v. 1.2.2007, Az. 2 AZR 333/06). Nach einer Zeitspanne von mehr als einer Woche ist ohne das Vorliegen besonderer Umstände grundsätzlich keine Unverzüglichkeit mehr gegeben (vgl. BAG v. 8.12.2011, Az. 6 AZR 354/10).

Diese Grundsätze gelten auch für außerordentliche Kündigungen mit einer sozialen Auslauffrist bei Arbeitnehmern, die durch Tarifvertrag ordentlich nicht mehr kündbar sind. Ein verspäteter Antrag wird als unzulässig zurückgewiesen, sodass keine wirksame Kündigung ausgesprochen werden kann. Das Integrationsamt muss innerhalb von zwei Wochen über den Antrag entscheiden.

WICHTIG!

Die Zustimmung ist „erteilt", sobald eine solche Entscheidung innerhalb der Frist des § 91 Abs. 3 Satz 1 SGB IX a. F. (§ 174 Abs. 3 Satz 1 SGB IX n. F.) getroffen und der antragstellende Arbeitgeber hierüber in Kenntnis gesetzt oder wenn eine Entscheidung innerhalb der Frist des § 91 Abs. 3 Satz 1 SGB IX a. F. (§ 174 Abs. 3 Satz 1 SGB IX n. F.) nicht getroffen worden ist; in diesem Fall gilt die Zustimmung mit Ablauf der Frist gem. § 91 Abs. 3 Satz 2 SGB IX a. F. (§ 174 Abs. 3 Satz 2 SGB IX n. F.) als erteilt (BAG v. 19.4.2012, Az. 2 AZR 118/11).

Das Schweigen der Behörde wird also genauso behandelt, als hätte sie dem Antrag ausdrücklich stattgegeben. Es kommt aber nicht auf den Zugang des Bescheids beim Arbeitgeber an, sondern nur darauf, ob eine Entscheidung innerhalb der Frist überhaupt ergangen ist. Der Arbeitgeber sollte sich daher unbedingt am letzten Tag der Frist telefonisch bei dem Integrationsamt erkundigen, ob dieses eine Entscheidung getroffen hat. Ist dies nicht der Fall oder wurde dem Antrag zugestimmt, muss der Arbeitgeber dann unverzüglich die Kündigung aussprechen (BAG v. 19.4.2012, Az. 2 AZR 118/11). Das Integrationsamt ist aber nur verpflichtet, fernmündlich mitzuteilen, ob überhaupt eine Entscheidung getroffen wurde. Es muss nicht den Inhalt wiedergeben. Teilt das Integrationsamt lediglich mit, dass es innerhalb der Frist eine Entscheidung getroffen habe, darf der Arbeitgeber die Zustellung des entsprechenden Bescheids eine gewisse Zeit abwarten. Diese darf jedoch, wie das BAG es formuliert, nicht „gänzlich ungewöhnlich lang" sein (BAG v. 19.4.2012, Az. 2 AZR 118/11). Liegt die Zustimmung des Integrationsamtes im Einzelfall schon vor Ablauf der Zweiwochenfrist vor, so kann der Arbeitgeber diese voll ausschöpfen, muss also nicht unverzüglich kündigen. Dies dürfte jedoch kaum vorkommen.

Das Integrationsamt „soll" seine Zustimmung zur außerordentlichen Kündigung erteilen, wenn die Kündigungsgründe nicht im Zusammenhang mit der Schwerbehinderung stehen. Es prüft also nicht, ob die Kündigungsgründe ausreichend sind, sondern nur, ob das Verhalten des Arbeitnehmers sich aus seiner Schwerbehinderung heraus ergeben hat. Dabei ist von den Gründen auszugehen, mit denen der Arbeitgeber die Kündigung begründet hat (Oberverwaltungsgericht Nordrhein-Westfalen v. 28.1.2013, Az. 12 A 1635/10). Wenn die Kündigungsgründe jedoch offenkundig unzureichend sind, kann die Behörde den Antrag zurückweisen.

Der Arbeitgeber kann die außerordentliche Kündigung bereits dann erklären, wenn das Integrationsamt die zustimmende Entscheidung getroffen und den Arbeitgeber mündlich oder fernmündlich davon in Kenntnis gesetzt hat. Der schriftliche Bescheid muss noch nicht vorliegen. Wird die Zustimmung erst durch den Widerspruchsausschuss erteilt, muss die außerordentliche Kündigung unverzüglich ausgesprochen werden, nachdem der Arbeitgeber sichere Kenntnis von der Entscheidung bekommen hat. Hierfür reicht die mündliche Bekanntgabe aus, dass dem Widerspruch stattgegeben wird.

4. Anhörung von Betriebsrat und Vertrauensperson

Auch vor der Kündigung von schwerbehinderten Arbeitnehmern muss der **Betriebsrat angehört** werden. Die Anhörung kann vor dem Antrag bei dem Integrationsamt erfolgen, aber auch erst während der Dauer des Verfahrens oder dann, wenn die Zustimmung erteilt worden ist. Wurde der Betriebsrat vor Stellung des Antrags bei dem Integrationsamt angehört, ist auch dann keine erneute Anhörung erforderlich, wenn die Zustimmung erst nach einem jahrelangen verwaltungsgerichtlichen Verfahren erteilt wurde. Eine Ausnahme gilt nur dann, wenn sich der Sachverhalt in der Zwischenzeit verändert hat. Ist jedoch eine Kündigung, zu der der Betriebsrat angehört worden ist, wegen der fehlenden Zustimmung des Integrationsamtes unwirksam, muss der Arbeitgeber ihn erneut anhören, wenn er eine neue Kündigung aussprechen will, zu der dann die Zustimmung vorliegt.

Beispiel:

Der Arbeitgeber hat nach Anhörung des Betriebsrats eine Kündigung ausgesprochen. Danach erfährt er, dass der Arbeitnehmer schon vorher einen Antrag auf einen Schwerbehindertenausweis gestellt hatte, dem später auch stattgegeben wurde. Die Kündigung ist unwirksam, denn die Anerkennung wirkt auf den Zeitpunkt der Antragstellung zurück. Wenn der Arbeitgeber jetzt die Zustimmung des Integrationsamtes zu einer neuen Kündigung einholt, muss er den Betriebsrat selbst dann anhören, wenn sich an den Kündigungsgründen nichts geändert hat.

Hat der Arbeitgeber den Betriebsrat zu einer fristlosen Kündigung noch nicht angehört, muss er das Anhörungsverfahren sofort nach Erteilung der Zustimmung einleiten.

WICHTIG!

Eine ohne Beteiligung der Schwerbehindertenvertretung ausgesprochene Kündigung ist nach der seit dem 30.12.2106 geltenden Rechtslage unwirksam (§ 178 Abs. 2 Satz 3 SGB IX n. F.). Das Gesetz regelt aber nicht, wie die Beteiligung konkret auszusehen hat. Für die Praxis empfiehlt es sich, die Beteiligung analog der Betriebsratsanhörung auszugestalten. Der Schwerbehindertenvertretung sollte ein Schreiben mit demselben Inhalt zugeleitet werden wie dem Betriebsrat, verbunden mit der Aufforderung, binnen drei bzw. sieben Tagen Stellung zu nehmen. Der Zustimmungsantrag an das Integrationsamt sollte erst nach der Beteiligung der Schwerbehindertenvertretung gestellt werden, denn ansonsten kann der Antrag zurückgewiesen werden. Die Schwerbehindertenvertretung ist über die endgültige Entscheidung des Arbeitgebers zu unterrichten.

Auch wenn die Kündigung nicht der Zustimmung des Integrationsamtes bedarf, ist die Schwerbehindertenvertretung zu beteiligen. Der Beteiligung bedarf es jedoch nicht, wenn der Arbeitgeber zum Zeitpunkt des Zugangs der Kündigung die Schwerbehinderteneigenschaft nicht kannte, diese nicht offensichtlich war und der Arbeitnehmer ihm diese auch nicht bis spätestens drei Wochen nach der Kündigung mitgeteilt hat. Dies gilt auch, wenn der Arbeitgeber nach einem mindestens sechsmonatigen Bestand des Arbeitsverhältnisses gefragt hatte, ob der Arbeitnehmer schwerbehindert sei und dieser das wahrheitswidrig verneint hatte. Eine Beteiligung ist auch dann nicht nötig, wenn bei der Kündigung noch kein Anerkennungs-bzw. Gleichstellungsbescheid vorgelegen hat, es sei denn, die Schwerbehinderung ist offensichtlich oder der Arbeitnehmer hat mindestens drei Wochen vor Zugang der Kündigung einen Antrag auf Anerkennung gestellt, dem später mit Rückwirkung entsprochen wird.

5. Kündigungsfrist

Die Kündigungsfrist beträgt bei der Kündigung eines schwerbehinderten Menschen, dessen Arbeitsverhältnis wenigstens sechs Monate bestanden hat, mindestens vier Wochen (§ 169 SGB IX n. F.), und zwar auch dann, wenn die Frist z. B. nach dem Tarifvertrag kürzer wäre. Innerhalb der ersten sechs Monate des Arbeitsverhältnisses gilt die gesetzliche bzw. tarifliche Kündigungsfrist.

6. Kündigungsschutzverfahren

In dem Verfahren vor dem Integrationsamt wird nur geklärt, ob der Kündigung die besonderen Schutzvorschriften des SGB IX entgegenstehen. Die Frage, ob die Kündigung auch nach dem Kündigungsschutzgesetz Bestand hat, ist hiervon strikt zu trennen. Hierüber entscheidet das Arbeitsgericht in einem Kündigungsschutzverfahren. Dieses ist innerhalb einer Frist von drei Wochen ab Zugang der Kündigung einzuleiten. Kündigt der Arbeitgeber trotz Kenntnis von der Schwerbehinderteneigenschaft ohne Zustimmung, gilt die Dreiwochenfrist nicht.

Beispiel:

Das Integrationsamt erteilt die Zustimmung zur ordentlichen betriebsbedingten Kündigung. Der Arbeitnehmer greift diese Entscheidung nicht an, sondern wehrt sich gegen die ausgesprochene Kündigung vor dem Arbeitsgericht. Dieses muss nur davon ausgehen, dass die Kündigung nicht nach den Bestimmungen des SGB IX unwirksam ist. Ob tatsächlich betriebsbedingte Kündigungsgründe bestanden oder der Betriebsrat ordnungsgemäß angehört worden ist, prüft das Arbeitsgericht aber genau wie in anderen Kündigungsschutzverfahren.

Die anzuerkennenden Kündigungsgründe richten sich grundsätzlich zunächst wie bei sonstigen Kündigungen auch nach § 1 KSchG. In bestimmten Fällen, insbesondere bei krankheitsbedingten Kündigungen, ist jedoch eine besondere Schutzpflicht des Arbeitgebers zu beachten (leidensgerechte Umgestaltung des Arbeitsplatzes bzw. Präventionsmaßnahmen). So sind z. B. an die Bemühungen des Arbeitgebers, für den zur Kündigung anstehenden ordentlich unkündbaren Arbeitnehmer eine andere Beschäftigungsmöglichkeit zu finden, erhebliche Anforderungen zu stellen. Der Arbeitgeber muss angemessene Vorkehrungen treffen, um dem Behinderten die Ausübung des Berufs zu ermöglichen (BAG v. 19.12.2013, Az. 6 AZR 190/12). Der Arbeitnehmer darf diese Bemühungen jedoch nicht dadurch zunichte machen, dass er über einen längeren Zeitraum hinweg die verschiedenartigsten Angebote des Arbeitgebers zur Weiterbeschäftigung an einem anderen Arbeitsplatz ablehnt. Hat der Arbeitgeber ein Betriebliches Eingliederungsmanagement (BEM) unterlassen, kann er dem Gericht darlegen, dass ein solches Verfahren, z. B. aus gesundheitlichen Gründen, nicht zu einer Beschäftigungsmöglichkeit geführt hätte. Es bedarf eines umfassenden konkreten Sachvortrags des Arbeitgebers zu einem nicht mehr möglichen Einsatz des Arbeitnehmers auf dem bisher innegehabten Arbeitsplatz. Sodann muss dargelegt werden, warum andererseits eine leidensgerechte Anpassung und Veränderung ausgeschlossen ist oder der Arbeitnehmer nicht auf einem (alternativen) anderen Arbeitsplatz bei geänderter Tätigkeit eingesetzt werden kann (LAG Schleswig-Holstein v. 17.12.2013, Az. 1 Sa 175/13). Das BEM ist ein nicht formalisiertes Verfahren, das den Beteiligten jeden denkbaren Spielraum lässt. So soll erreicht werden, dass keine der vernünftigerweise in Betracht kommenden Möglichkeiten ausgeschlossen wird. Die Einbeziehung von Arbeitgeber, Arbeitnehmer, Betriebsrat und externen Stellen sowie die abstrakte Beschreibung des Ziels sollen ausreichen, um die Vorstellungen der Betroffenen sowie internen und externen Sachverstand in ein faires und sachorientiertes Gespräch einzubringen. Es geht, so das BAG, um die Etablierung eines unverstellten, verlaufs- und ergebnisoffenen Suchprozesses. Also muss man inhaltlich nach einer Lösung suchen, ohne dass bestimmte formale Vorgaben bestehen. Der Arbeitgeber ist aber grundsätzlich verpflichtet, einen Vorschlag, auf den sich die Teilnehmer eines BEM verständigt haben, auch umzusetzen, ehe er eine Kündigung ausspricht. Es besteht keine grundsätzliche Pflicht des Arbeitgebers zu Gesprächen im Rahmen des BEM einen Rechtsbeistand des Arbeitnehmers hinzuzuziehen (LAG Rheinland-Pfalz v. 18.12.2014, Az. 5 Sa 518/14; LAG Hamm v. 13.11.2014, Az. 15 Sa 979/14).

Im bestehenden Arbeitsverhältnis können Schwerbehinderte nach § 164 Abs. 4 SGB IX (bis 31. Dezember 2017: § 81 Abs. 4 SGB IX a. F.) von ihrem Arbeitgeber bis zur Grenze der Zumutbarkeit die Durchführung des Arbeitsverhältnisses entsprechend ihrer gesundheitlichen Situation verlangen. Dies gibt schwerbehinderten Menschen jedoch keine Beschäftigungsgarantie. Der Arbeitgeber kann eine unternehmerische Entscheidung treffen, welche den bisherigen Arbeitsplatz des Schwerbehinderten durch eine Organisationsänderung entfallen lässt. Dessen besonderer Beschäftigungsanspruch ist dann erst bei der Prüfung etwaiger Weiterbeschäftigungsmöglichkeiten auf einem anderen freien Arbeitsplatz zu berücksichtigen (BAG v. 16.5.2019, Az. 6 AZR 329/18).

Wenn das Widerspruchsverfahren oder das Verfahren vor dem Verwaltungsgericht noch läuft, während das Kündigungsschutzverfahren schon begonnen hat, kann das Arbeitsgericht den Rechtsstreit aussetzen, bis über die Wirksamkeit der Zustimmung entschieden worden ist. Das geschieht jedoch nur dann, wenn es hierauf ankommt, weil die Kündigung ansonsten für wirksam angesehen wird. Die Aussetzung steht im Ermessen des Arbeitsgerichts, bei dessen Ausübung auch die voraussichtliche Dauer des Verfahrens vor den Gerichten für Verwaltungssachen zu berücksichtigen ist. Diese ist oft erheblich länger als vor den Gerichten für Arbeitssachen. So hat das OVG Nordrhein-Westfalen z. B. erst im Januar 2013 rechtskräftig über die Zustimmung zu einer fristlosen Kündigung vom Juni 2008 entschieden (Beschluss v. 28.1.2013, Az. 12 A 1635/10). Die Gerichte für Arbeitssachen sind daher sehr zurückhaltend mit dem Aussetzen des Kündigungsschutzverfahrens. Es wird regelmäßig als ermessensfehlerhaft angesehen, ein Kündigungsschutzverfahren bis zum rechtskräftigen Abschluss des Widerspruchs- bzw. Klageverfahrens gegen die vom Integrationsamt erteilte Zustimmung zur Kündigung auszusetzen (LAG Schleswig-Holstein v. 17.3.2017, Az. 5 Ta 8/17).

Beispiel:

Das Integrationsamt erteilt die Zustimmung zur Kündigung. Hiergegen legt der Arbeitnehmer Widerspruch ein und erhebt Kündigungsschutzklage. Wenn das Arbeitsgericht zu dem Ergebnis kommt, dass die vom Arbeitgeber vorgetragenen Kündigungsgründe nicht ausreichend sind oder der Betriebsrat nicht ordnungsgemäß angehört worden ist, gibt es der Kündigungsschutzklage statt. Die Zustimmung des Integrationsamtes spielt keine Rolle, denn diese prüft nur, ob der Kündigung spezielle mit der Schwerbehinderung im Zusammenhang stehende Aspekte entgegenstehen.

III. Mutterschutz

1. Anwendungsbereich

Vom Beginn der Schwangerschaft an (280 Tage vor dem vom Arzt prognostizierten Entbindungstermin) besteht ein Kündigungsverbot (Mutterschutz), vgl. BAG v. 24.11.2022, Az. 2 AZR 11/22. Maßgeblich ist das Datum des Zugangs der Kündigung; liegt dies nach Eintritt der Schwangerschaft, besteht der besondere Kündigungsschutz. Es gibt hier auch keine Wartefrist, sondern der Schutz beginnt am ersten Tag des Arbeitsverhältnisses. Der Kündigungsschutz gilt auch bei einer Bauchhöhlenschwangerschaft, nicht hingegen bei der irrtümlichen Annahme des Arztes, die Arbeitnehmerin sei schwanger. Unzulässig ist gemäß § 9 MuSchG jede Kündigung, also insbesondere

- Beendigungskündigungen, egal ob fristlos oder fristgemäß,
- Änderungskündigungen,
- vorsorgliche Kündigungen, auch zum Ablauf der Schutzfrist,
- Kündigungen im Insolvenzverfahren.

ACHTUNG!

Das Kündigungsverbot gegenüber einer schwangeren Arbeitnehmerin gemäß § 17 Abs. 1 Satz 1 Nr. 1 MuSchG gilt auch für eine Kündigung vor der vereinbarten Tätigkeitsaufnahme (BAG v. 27.2.2020, Az. 2 AZR 498/19).

Nicht vom Kündigungsverbot umfasst ist die Beendigung des Arbeitsverhältnisses aus anderen Gründen. Das Arbeitsverhältnis einer Schwangeren kann also beendet werden durch

- Ablauf der Befristung des Arbeitsvertrags (es sei denn, die Nichtverlängerung erfolgt nur aufgrund der Schwangerschaft),
- Anfechtung des Arbeitsvertrags wegen arglistiger Täuschung oder Irrtums,
- Berufung auf die Nichtigkeit des Arbeitsvertrags,
- Aufhebungsvertrag, wobei die Schwangere kein Recht zur Anfechtung hat, wenn sie ihre Schwangerschaft bei Abschluss noch nicht kannte,
- Eigenkündigung der Schwangeren, von der die Aufsichtsbehörde unverzüglich zu informieren ist,
- Kündigung, die der Arbeitnehmerin vor dem Eintritt der Schwangerschaft zugeht, auch wenn der Ablauf der Kündigungsfrist danach liegt.

Das Kündigungsverbot endet vier Monate nach der Entbindung. Bei der Berechnung geht man einfach vom Entbindungsdatum aus und addiert vier Monate hinzu.

Beispiel:

Die Entbindung war am 17.5., also endet das Kündigungsverbot mit dem Ablauf des 17.9. Eine Kündigung darf frühestens am 18.9. zugehen.

Eine Entbindung in diesem Sinne liegt bei jeder Lebendgeburt vor, auch wenn es sich um eine Frühgeburt handelt. Im Fall einer Fehlgeburt nach der 12. Schwangerschaftswoche endet das Kündigungsverbot vier Monate nach der Fehlgeburt. Stirbt das Kind nach der Entbindung, so bleibt der Kündigungsschutz vier Monate lang erhalten. Tritt innerhalb der vier Monate eine erneute Schwangerschaft ein, wird das Ende der Schutzfrist nahtlos hinausgeschoben.

2. Mitteilungspflicht der Schwangeren

Der Kündigungsschutz greift nur dann ein, wenn der Arbeitgeber von der Schwangerschaft, der Fehlgeburt nach der 12. Schwangerschaftswoche oder der Entbindung Kenntnis hat. Hierbei reicht es nicht aus, wenn er das Vorliegen der Schwangerschaft lediglich vermutet. Er muss sich auch nicht bei Vorliegen von Anhaltspunkten danach erkundigen. Die Arbeitnehmerin muss den Arbeitgeber jedoch nicht unbedingt vor der Kündigung über ihren Zustand informieren. Es reicht aus, wenn er innerhalb einer Frist von zwei Wochen nach Zugang der Kündigung hiervon in Kenntnis gesetzt wird, auch wenn dies nur mit den Worten erfolgt, dass sie „wahrscheinlich" schwanger sei.

Erlangt die Arbeitnehmerin schuldlos erst nach Ablauf der Klagefrist des § 4 Satz 1 KSchG Kenntnis von einer bei Zugang der Kündigung bereits bestandenen Schwangerschaft, ist die verspätet erhobene Kündigungsschutzklage auf ihren form- und fristgerechten Antrag gemäß § 5 Abs. 1 Satz 2 KSchG nachträglich zuzulassen (BAG v. 3.4.2025, Az. 2 AZR 156/24).

Zur Mitteilung der Schwangerschaft genügt auch ein ärztliches Attest, das medizinische Fachausdrücke enthält. Der Arbeitgeber muss sich über deren Bedeutung informieren. Die Zweiwochenfrist beginnt mit dem Zugang der Kündigung zu laufen. Sie endet an dem Wochentag zwei Wochen später, der dieselbe Bezeichnung trägt wie der des Zugangs der Kündigung.

Beispiel:

Die Kündigung geht am Dienstag, dem 13.11. zu. Die Arbeitnehmerin hat somit bis Dienstag, den 27.11. Zeit, ihren Arbeitgeber zu informieren.

Auf Verlangen des Arbeitgebers muss ein ärztliches Attest über die Schwangerschaft vorgelegt werden. Der Kündigungsschutz ist jedoch nicht davon abhängig.

Beispiel:

Die Arbeitnehmerin erklärt, schwanger zu sein, weigert sich aber, ein Attest beizubringen. In der Annahme, dass die Behauptung unrichtig sei, kündigt der Arbeitgeber. Nunmehr bringt die Arbeitnehmerin das gewünschte Attest. Die Kündigung ist unwirksam.

Hat die Arbeitnehmerin die Zweiwochenfrist zur Mitteilung der Schwangerschaft versäumt, ist die Kündigung trotzdem unwirksam, wenn sie dieses Versäumnis nicht verschuldet hat und die Mitteilung unverzüglich nachholt (BAG v. 26.9.2002, Az. 2 AZR 392/01). Sie handelt schuldhaft, wenn sie trotz zwingender Hinweise auf eine Schwangerschaft eine Abklärung durch einen Arzt unterlässt. Dessen Fehldiagnose muss sie sich jedoch nicht zurechnen lassen. Sie darf auch die Bestätigung durch einen Arzt abwarten, bevor sie die Mitteilung macht. Ein Verschulden liegt auch nicht vor, wenn die Arbeitnehmerin zwar frühzeitig von ihrer Schwangerschaft erfährt, nicht aber von der Kündigung, weil sie z. B. im Urlaub ist. Sie muss die Mitteilung dann unverzüglich nachholen. Unverzüglich bedeutet „ohne schuldhaftes Zögern", also so schnell wie möglich. Die Schwangere darf sich jedoch vorher noch den rechtlichen Rat eines Anwalts einholen, sofern dies und die nachfolgende Mitteilung schnellstmöglich passiert. Im Normalfall kann man davon ausgehen, dass ihr hierzu eine Woche zur Verfügung steht.

Beispiel:

Die Arbeitnehmerin weiß seit dem 15.5. von ihrer Schwangerschaft. Am 3.6. fliegt sie für einen Monat in den Urlaub. Während ihrer Abwesenheit wird ihr am 6.6. das Kündigungsschreiben in den Hausbriefkasten geworfen. An ihrem ersten Arbeitstag, dem 4.7. informiert sie ihren Arbeitgeber von der Schwangerschaft. Hier ist die Zweiwochenfrist zwar versäumt, aber ohne Verschulden der Arbeitnehmerin. Die Kündigung ist unwirksam.

Die Arbeitnehmerin muss die Information nicht selbst übermitteln. Es reicht aus, wenn sie eine andere Person, z. B. ihren Ehemann damit beauftragt. Ein Verschulden des Bevollmächtigten braucht sich die Schwangere nicht zurechnen zu lassen.

Die Mitteilung muss entweder gegenüber dem Arbeitgeber persönlich – bei juristischen Personen gegenüber dem gesetzlichen Vertreter – erfolgen oder gegenüber einer Person, die für die Entgegennahme derartiger Erklärungen zuständig ist. In Betracht kommt hier der Personalleiter, die Personalsachbearbeiterin, kündigungsberechtigte Vorgesetzte oder der Prokurist. Die Kenntnis von Kollegen oder des Werksarztes ist aber nicht ausreichend; sie ist dem Arbeitgeber nicht zuzurechnen.

Beispiel:

Die Arbeitnehmerin erhält eine Kündigung. Zehn Tage später führt der Werksarzt bei ihr eine Routineuntersuchung durch. Dabei berichtet sie ihm von ihrer Schwangerschaft. Nach weiteren zehn Tagen erhebt sie Klage gegen die Kündigung, die dem Arbeitgeber eine Woche später zugestellt wird. Hier besteht kein Sonderkündigungsschutz, denn der Werksarzt ist nicht der Arbeitgeber oder sein Repräsentant.

ACHTUNG!

Die Kündigung einer schwangeren Arbeitnehmerin unter Verstoß gegen das Mutterschutzgesetz ist zugleich eine unmittelbare Benachteiligung wegen des Geschlechts i. S. v. § 3 Abs. 1 Satz 2 AGG. Sie kann einen Entschädigungsanspruch nach § 15 Abs. 2 AGG begründen (BAG v. 12.12.2013, Az. 8 AZR 838/12). Dies gilt jedoch nicht, wenn der Arbeitgeber zum Zeitpunkt des Zugangs der Kündigungserklärung (noch) keine Kenntnis von der bestehenden Schwangerschaft hatte. Auch ein „Festhalten" an der Kündigung nach (nachträglicher) Mitteilung der Schwangerschaft ist kein Indiz für eine geschlechtsbedingte Diskriminierung (BAG v. 17.10.2013, Az. 8 AZR 742/12). Eine (unwirksame) Folgekündigung, bei der der Arbeitgeber – trotz vorheriger Kenntnis der Schwangerschaft – erneut ohne Zustimmung gem. § 9 Abs. 3 MuSchG kündigt, kann eine verbotene Benachteiligung wegen des Geschlechts gem. § 7 Abs. 1 AGG darstellen und Entschädigungsansprüche auslösen (LAG Berlin-Brandenburg v. 16.9.2015, Az. 23 Sa 1045/15). Bei einer Kündigung wegen der beabsichtigten Durchführung einer In-vitro-Fertilisation und der damit einhergehenden Möglichkeit einer Schwangerschaft kann eine Diskriminierung wegen des Geschlechts vorliegen (BAG v. 26.3.2015, Az. 2 AZR 237/14). Der besondere Kündigungsschutz greift in den Fällen einer In-vitro-Fertilisation bereits ab dem Zeitpunkt der Einsetzung der befruchteten Eizelle (sog. Embryonentransfer) und nicht erst mit ihrer erfolgreichen Einnistung (Nidation).

3. Beweislast

Die Arbeitnehmerin muss im Kündigungsschutzprozess beweisen, dass sie zum Zeitpunkt der Kündigung

- schwanger war, eine Fehlgeburt nach der 12. Schwangerschaftswoche erlitten oder entbunden hat, **und**
- der Arbeitgeber hiervon bei Ausspruch der Kündigung Kenntnis gehabt hat **oder**
- sie ihn innerhalb von zwei Wochen nach Zugang der Kündigung informiert hat **oder**
- sie ohne ihr Verschulden daran gehindert war, die Frist einzuhalten, und die Mitteilung unverzüglich nachgeholt hat.

4. Behördliche Zustimmung zur Kündigung

Die zuständige Aufsichtsbehörde kann auf Antrag des Arbeitgebers (Muster s. u. D.I.) ausnahmsweise ihre Zustimmung zur Kündigung erteilen. Die Anforderungen an den Grund hierfür sind sehr hoch. Es reicht nicht aus, dass der Arbeitgeber einen wichtigen Grund vorträgt, der nach § 626 BGB geeignet wäre, eine fristlose Kündigung zu rechtfertigen. Vielmehr müssen noch weitere besondere Umstände hinzutreten. In Betracht kommen z. B.

- schwerwiegende Vertragsverstöße,
- schwere Vermögensdelikte,
- Tätlichkeiten gegenüber dem Arbeitgeber,
- Betriebsstilllegung,
- Existenzgefährdung des Betriebs bei Fortdauer des Arbeitsverhältnisses.

WICHTIG!

Die europäische Mutterschutzrichtlinie (Richtlinie 92/85/EWG) steht einer nationalen Regelung nicht entgegen, nach der die Kündigung einer schwangeren Arbeitnehmerin aufgrund einer Massenentlassung zulässig ist (EuGH v. 22.2.2018, Az. C-103/16). Diese europäische Entscheidung hat in Deutschland Signalwirkung derart, dass in Fällen einer Kündigung im Rahmen von Massenentlassungen, in denen der Arbeitgeber schriftlich berechtigte Kündigungsgründe anführt, die mit der Schwangerschaft nichts zu tun haben, eher mit einer behördlichen Zustimmung gerechnet werden kann.

In manchen Bundesländern gibt es Verwaltungsvorschriften, die Einzelheiten regeln. Wenn eine Kündigung beabsichtigt ist, sollte man sich bei der zuständigen Behörde danach erkundigen.

WICHTIG!

Wenn der Arbeitgeber eine außerordentliche Kündigung aussprechen will, muss der Antrag innerhalb von zwei Wochen nach Kenntnis vom Kündigungsgrund bei der Behörde eingegangen sein und die Kündigung nach Zustellung des die Kündigung für zulässig erklärenden Bescheids unverzüglich ausgesprochen werden (LAG Mecklenburg-Vorpommern v. 15.3.2022, Az. 5 Sa 122/21).

Wenn sich die Arbeitnehmerin gleichzeitig in der Elternzeit befindet, muss neben dieser Zustimmung auch noch die Zulässigkeitserklärung nach § 18 Abs. 1 BEEG eingeholt werden; zuständig ist in der Regel die Behörde, die auch die Ausnahmegenehmigung nach § 9 MuSchG erteilt.

Wenn der Arbeitgeber die Zustimmung der Behörde erhält, muss er unverzüglich die Kündigung aussprechen und der Arbeitnehmerin zustellen.

ACHTUNG!

Eine vorher ausgesprochene und damit unwirksame Kündigung wird auch durch die Zustimmung nicht mehr wirksam.

Die Arbeitnehmerin kann gegen die behördliche Zustimmung Widerspruch einlegen. Wenn diesem stattgegeben wird, ist die Kündigung unwirksam. Dies ändert aber nichts daran, dass der Arbeitgeber erst einmal unverzüglich nach der Erteilung der Zustimmung kündigen muss.

Beispiel:

Die Zustimmung zur Kündigung geht dem Arbeitgeber am 16.8. zu. Gleichzeitig erhält die Arbeitnehmerin diesen Bescheid und legt am selben Tag Widerspruch ein. Der Arbeitgeber stellt am nächsten Tag die Kündigung zu. Wird der Widerspruch zurückgewiesen, ist die Kündigung wirksam. Würde der Arbeitgeber erst die Entscheidung über den Widerspruch abwarten, käme die Kündigung auf jeden Fall zu spät.

Gegen die Zurückweisung des Widerspruchs kann die Arbeitnehmerin Klage beim Verwaltungsgericht erheben. Da sie nach Ausspruch der Kündigung auch eine Kündigungsschutzklage beim Arbeitsgericht erheben muss, kann es zu einer Zweigleisigkeit des Rechtsschutzes kommen. Wird die Zustimmung zur Kündigung vom Verwaltungsgericht aufgehoben, ist die Kündigung auf jeden Fall unwirksam. Wenn die Zustimmung jedoch bestätigt wird, prüft das Arbeitsgericht nunmehr, ob die Kündigung auch unter anderen Aspekten wirksam ist.

Beispiel:

Die Zustimmung zur Kündigung wurde erteilt, Widerspruch und Klage der Arbeitnehmerin vor dem Verwaltungsgericht blieben erfolglos. Im Kündigungsschutzprozess vor dem Arbeitsgericht ist nun z. B. zu prüfen, ob die Kündigung auch unter arbeitsrechtlichen Gesichtspunkten Bestand hat, ob z. B. der Betriebsrat ordnungsgemäß angehört worden ist.

Wird der Antrag des Arbeitgebers auf Zustimmung zur Kündigung zurückgewiesen, kann er seinerseits dagegen Widerspruch einlegen. Wenn dieser Erfolg hat, kann und muss er die Kündigung unverzüglich aussprechen. Wird sein Widerspruch zurückgewiesen, kann er zwar dagegen vor dem Verwaltungsgericht klagen. Angesichts der extrem langen Verfahrensdauer vor den Verwaltungsgerichten ist jedoch kaum damit zu rechnen, dass dieser Prozess vor dem Ende der Schutzfrist abgeschlossen sein wird. Die positive Entscheidung des Verwaltungsgerichts kann aber Bedeutung haben, wenn die Arbeitnehmerin innerhalb der Frist von vier Monaten nach der Entbindung erneut schwanger wird.

IV. Elternzeit

1. Anwendungsbereich

Arbeitnehmer haben unter den in §§ 15, 16 BEEG genannten Voraussetzungen Anspruch auf Elternzeit (→ *Elternzeit*). Der Arbeitgeber darf das Arbeitsverhältnis ab dem Zeitpunkt, von dem Elternzeit verlangt worden ist, nicht kündigen.

Der Kündigungsschutz beginnt frühestens acht Wochen vor Beginn einer Elternzeit bis zum vollendeten dritten Lebensjahr des Kindes und frühestens 14 Wochen vor Beginn einer Elternzeit zwischen dem dritten Geburtstag und dem vollendeten achten Lebensjahr des Kindes.

Durch eine verfrühte Geltendmachung kann der Arbeitnehmer den Beginn des besonderen Kündigungsschutzes nicht nach vorne verlagern. Allerdings darf der Arbeitgeber auch in diesen Fällen nicht gerade deswegen kündigen, weil der Arbeitnehmer Elternzeit beantragt hat (§ 612a BGB).

Der Sonderkündigungsschutz endet mit dem Ende der Elternzeit, und zwar unabhängig davon, ob das Ende regulär erfolgt oder vorzeitig, z. B. beim Tod des Kindes.

WICHTIG!

Wenn die Voraussetzungen für die Elternzeit gar nicht vorliegen, weil der Arbeitnehmer z. B. gar nicht in einem Haushalt mit dem zu betreuenden Kind lebt, greift der besondere Kündigungsschutz nicht ein. Die Elternzeit und damit das Kündigungsverbot während der Elternzeit enden, sobald eine der materiellen Voraussetzungen der Elternzeit gem. § 15 Abs. 1, 1a BEEG nachträglich wegfällt – z. B. wegen Wechsels der Betreuungsperson (LAG Baden-Württemberg v. 17.9.2021, Az. 12 Sa 23/21).

Es müssen also sämtliche Voraussetzungen für die Elternzeit erfüllt sein, damit der Kündigungsschutz entsteht. Im Einzelfall kann es aber auch rechtsmissbräuchlich sein, wenn der Arbeitgeber sich etwa auf die fehlende Schriftform des Antrags beruft, obwohl er es zuvor hingenommen hat, dass der Arbeitnehmer seine „Elternzeit" nimmt (BAG v. 26.6.2008, Az. 2 AZR 23/07). Auch wenn der Arbeitnehmer nur die Ankündigungsfrist nicht eingehalten oder keine Angaben zur Gesamtdauer der Elternzeit gemacht hat, steht er unter dem besonderen Kündigungsschutz. Der besondere Kündigungsschutz eines Elternteils endet, wenn der Partner statt seiner in Elternzeit geht (vgl. LAG Baden-Württemberg v. 17.9.2021, Az. 12 Sa 23/21).

Großeltern haben nur dann Sonderkündigungsschutz, wenn sie ausnahmsweise selbst kindergeldberechtigt sind. Dies kann der Fall sein, wenn die Großeltern wegen einer schweren Erkrankung der Eltern die Betreuung übernommen haben (§ 1 Abs. 4 BEEG).

Auch wenn der Elternteil, der die Elternzeit in Anspruch nimmt, wechselt, endet sein besonderer Kündigungsschutz. Hat der Arbeitnehmer jedoch nur die Ankündigungsfrist nicht eingehalten oder keine Angaben zur Gesamtdauer der Elternzeit gemacht, steht er unter dem besonderen Kündigungsschutz.

Das Kündigungsverbot gilt auch bei Teilzeitbeschäftigten mit nicht mehr als 30 Wochenstunden, die Anspruch auf Elternzeit hätten, sie aber nicht nehmen, weil sie ohnehin in dem bisherigen Umfang weiterarbeiten wollen. Natürlich gilt die Regelung auch für die Arbeitnehmer, die sonst vollbeschäftigt sind und während der Elternzeit von der Möglichkeit der Teilzeitbeschäftigung bei ihrem bisherigen oder einem anderen Arbeitgeber Gebrauch machen.

ACHTUNG!

Der besondere Kündigungsschutz gilt nur für das bisherige Arbeitsverhältnis. Nimmt der Arbeitnehmer während der Elternzeit eine Teilzeitbeschäftigung bei einem anderen Arbeitgeber auf, besteht dort dieser besondere Kündigungsschutz nicht (BAG v. 2.2.2006, Az. 2 AZR 596/05).

Vom Sonderkündigungsschutz erfasst und damit unwirksam sind sämtliche Kündigungen, also

- Beendigungskündigungen (egal ob fristlos oder fristgemäß),
- Änderungskündigungen,
- vorsorgliche Kündigungen (auch zum Ablauf der Schutzfrist),
- Kündigungen im Insolvenzverfahren.

Maßgeblich ist der Zeitpunkt, an dem die Kündigung zugeht. Somit ist auch eine Kündigung unwirksam, die zum Ende der Elternzeit erklärt wird.

Vom Sonderkündigungsschutz **nicht** erfasst sind folgende Beendigungen:

- Ablauf der Befristung des Arbeitsvertrags,
- Anfechtung des Arbeitsvertrags wegen arglistiger Täuschung oder Irrtums,
- Berufung auf die Nichtigkeit des Arbeitsvertrags,
- Aufhebungsvertrag, Eigenkündigung des Arbeitnehmers, die mit einer Frist von drei Monaten zum Ende der Elternzeit möglich ist, wenn nicht ohnehin eine kürzere Frist gilt (§ 19 BEEG),
- Kündigung, die dem Arbeitnehmer vor seinem Verlangen nach Elternzeit oder mehr als acht Wochen vor dessen Beginn zugeht, selbst wenn der Beendigungszeitpunkt während der Elternzeit liegt.

2. Ausnahmegenehmigungen

Die für den Arbeitsschutz zuständige oberste Arbeitsbehörde oder eine von ihr bestimmte Stelle kann in besonderen Fällen die Kündigung für zulässig erklären. Die Zuständigkeit ist in den einzelnen Bundesländern unterschiedlich geregelt. Im Allgemeinen ist die Behörde zuständig, die auch die Kündigung gemäß § 9 MuSchG für zulässig erklären kann (→ *Mutterschutz VIII.4.*).

ACHTUNG!

Liegt ein wichtiger Grund für eine außerordentliche Kündigung i. S. d. § 626 BGB vor, muss der Antrag innerhalb von zwei Wochen nach Kenntnis des Kündigungsgrundes gestellt werden und die Kündigung unverzüglich nach Zugang der behördlichen Zulässigkeitserklärung ausgesprochen werden.

Der Antrag sollte folgende Daten enthalten:

- Anschrift des Arbeitgebers,
- Anschrift der Arbeitnehmerin,
- Art und Dauer des Arbeitsverhältnisses,
- Tag der voraussichtlichen oder erfolgten Entbindung,
- Angabe der Kündigungsgründe.

Zum Antragsverfahren hat das Bundesarbeitsministerium Richtlinien erlassen. Danach ist die Zustimmung zu erteilen, wenn das Interesse des Arbeitnehmers am Fortbestand des Arbeitsverhältnisses wegen außergewöhnlicher Umstände zurücktreten muss. Denkbar wären hier Kündigungen wegen schwerer Pflichtverstöße gegen den Arbeitgeber (hier dürfte insbesondere eine unerlaubte Konkurrenztätigkeit während der Elternzeit in Betracht kommen), eine geplante Betriebsschließung oder Betriebsteilstilllegung, die Verlegung von Betrieben oder Teilen sowie eine Existenzgefährdung des Arbeitgebers.

Die Zulässigkeitserklärung muss zum Zeitpunkt des Ausspruchs der Kündigung vorliegen, aber noch nicht bestandskräftig sein (LAG Hamm v. 4.3.2005, Az. 10 Sa 1832/04). An einen bestandskräftigen Bescheid der Behörde ist das Arbeitsgericht gebunden (BAG v. 18.10.2012, Az. 6 AZR 41/11).

ACHTUNG!

Die Zustimmung heilt jedoch nicht rückwirkend eine Kündigung, sondern muss vor ihrem Ausspruch vorliegen. Beantragt ein Arbeitgeber, die Kündigung des Arbeitsverhältnisses einer Arbeitnehmerin in Elternzeit für zulässig zu erklären, weil er seinen Betrieb stillgelegt habe, darf die zuständige Behörde die Zulässigkeitserklärung nicht mit der Begründung verweigern, es liege ein Betriebsübergang vor. Diese Entscheidung ist den Arbeitsgerichten vorbehalten (BAG v. 18.10.2012, Az. 6 AZR 41/11).

Wird sie erteilt, muss die Kündigung unverzüglich ausgesprochen werden. In den Fällen, in denen eine Arbeitnehmerin, die sich in Elternzeit befindet, erneut schwanger wird, muss der Arbeitgeber sowohl die Zustimmung nach § 9 Abs. 3 MuSchG als auch die nach § 18 Abs. 1 BEEG einholen. Wie bei der Zustimmung nach dem Mutterschutzgesetz kann das zu einer Zweigleisigkeit des Verfahrens vor den Arbeits- und den Verwaltungsgerichten führen.

V. Pflegezeit

Am 1.7.2008 ist das Gesetz zur Förderung der häuslichen Pflege naher Angehöriger (PflegeZG) verabschiedet worden. Hiernach haben Beschäftigte das Recht, bis zu 10 Arbeitstage der Arbeit fernzubleiben, wenn dies erforderlich ist, um für einen pflegebedürftigen nahen Angehörigen in einer akut auftretenden Pflegesituation eine bedarfsgerechte Pflege zu organisieren oder eine pflegerische Versorgung in dieser Zeit sicherzustellen (kurzzeitige Arbeitsverhinderung). In Betrieben mit regelmäßig mehr als 15 Beschäftigten können Arbeitnehmer darüber hinaus eine teilweise oder vollständige Freistellung von der Arbeit bis zu 6 Monaten beanspruchen, wenn sie einen pflegebedürftigen nahen Angehörigen in häuslicher Umgebung pflegen (Pflegezeit).

Während der kurzzeitigen Arbeitsverhinderung oder der Pflegezeit darf ein Arbeitgeber das Beschäftigungsverhältnis nicht kündigen (§ 5 PflegeZG). Nur in besonderen Fällen kann eine Kündigung von der für den Arbeitsschutz zuständigen obersten Landesbehörde oder der von ihr bestimmten Stelle ausnahmsweise für zulässig erklärt werden.

ACHTUNG!

Der besondere Kündigungsschutz beginnt bereits mit der Ankündigung einer kurzzeitigen Arbeitsverhinderung nach § 2 PflegeZG oder der Pflegezeit nach § 3 PflegeZG. Eine ausdrückliche Begrenzung dieser Frist ist gesetzlich nicht geregelt!

Maßgeblicher Zeitpunkt ist der Zugang der Kündigungserklärung, nicht der Tag des Ablaufs der Kündigungsfrist. Eine Kündigung verstößt demnach nicht gegen § 5 PflegeZG, wenn sie dem Beschäftigten zugeht, bevor dieser die kurzzeitige Arbeitsbefreiung bzw. die Pflegezeit angekündigt hat. Endet das Arbeitsverhältnis in diesem Fall innerhalb des geschützten Zeitraumes, so ist dies rechtlich unbeachtlich.

Muss der Arbeitgeber für die Pflegezeit eine Ersatzkraft einstellen, kann er dies im Wege eines befristeten Arbeitsverhältnisses (mit Sachgrund) für die Dauer der kurzzeitigen Arbeitsverhinderung und/oder der Pflegezeit tun. Eine solche Vertretung ist in § 6 PlegeZG ausdrücklich als Sachgrund für eine Befristung vorgesehen. Über diese Dauer der Vertretung hinaus ist die Befristung für notwendige Zeiten einer Einarbeitung zulässig.

ACHTUNG!

Zu dem von § 5 PflegeZG geschützten Personenkreis gehören auch Personen, die wegen ihrer wirtschaftlichen Unselbstständigkeit als Arbeitnehmer ähnliche Personen anzusehen sind sowie die in Heimarbeit beschäftigten und die diesen gleichgestellten Personen. Die vorgenannten Bestimmungen finden im Übrigen auch auf sämtliche Arbeitsverhältnisse und Berufsausbildungsverhältnisse Anwendung.

Mehr hierzu s. u. → *Pflegezeit*.

VI. Familienpflegezeit

Um einen pflegebedürftigen nahen Angehörigen in häuslicher Umgebung zu pflegen, kann ein Arbeitnehmer von 2015 an für die Dauer von maximal 24 Monaten die Verringerung seiner Arbeitszeit auf bis zu 15 Wochenstunden geltend machen. Unter den in § 3 FPfZG genannten Voraussetzungen wird die Hälfte des hiermit verbundenen Verdienstausfalls durch das Bundesamt für Familie und zivilgesellschaftliche Aufgaben (BAFzA) über ein zinsloses Bundesdarlehen übernommen und im Anschluss an die Familienpflegezeit durch den Arbeitgeber zurückgezahlt. Dies setzt u. a. eine entsprechende, mit der Arbeitszeitverringerung verbundene Entgeltaufstockung voraus.

Beispiel:

Im Falle der Reduzierung der Arbeitszeit um 50 % erhält der Arbeitnehmer während der Familienpflegezeit 75 % seines bisherigen (Vollzeit-)Bruttoeinkommens.

Im Anschluss an die Familienpflegezeit erfolgt der Ausgleich eines sich hierdurch für den Arbeitgeber ergebenden Wertguthabens in der Weise, dass bei jeder Entgeltabrechnung derjenige Betrag einbehalten wird, um den das Arbeitsentgelt in dem entsprechenden Zeitraum während der Familienpflegezeit aufgestockt wurde. In diesen Fällen erhält der Arbeitnehmer also weiterhin bei voller Arbeitszeit nur das reduzierte Gehalt (im Beispielsfall: 75 %), bis ein vollständiger Ausgleich erfolgt ist.

Der Ausgleich eines Arbeitszeitguthabens erfolgt in der Weise, dass in jedem Monat die monatlich während der Familienpflegezeit entnommene Arbeitszeit nachgearbeitet wird.

Der Zeitraum bis zum Ausgleich des Wert- oder Arbeitszeitguthabens wird als Nachpflegephase bezeichnet.

Der Arbeitgeber darf das Beschäftigungsverhältnis während der Inanspruchnahme der Familienpflegezeit und der Nachpflegephase nicht kündigen. In besonderen Fällen kann ausnahmsweise eine Kündigung für zulässig erklärt werden. Die Zulässigkeitserklärung erfolgt durch die für den Arbeitsschutz zuständige oberste Landesbehörde oder die von ihr bestimmte Stelle.

Das dem Arbeitgeber vertraglich eingeräumte Recht, das Arbeitsentgelt in der Nachpflegephase teilweise einzubehalten, wird nicht dadurch berührt, dass der Arbeitnehmer seine Arbeitszeit verringert, auch wenn dies aufgrund anderer gesetzlicher oder kollektivvertraglicher Bestimmungen erfolgt. Bei Kurzarbeit vermindert sich der Anspruch auf Einbehaltung von Arbeitsentgelt um den Anteil, um den die Arbeitszeit durch die Kurzarbeit vermindert ist; die Nachpflegephase verlängert sich entsprechend.

Kann wegen vorzeitiger Beendigung des Beschäftigungsverhältnisses ein Ausgleich des Wertguthabens durch Einbehaltung von Arbeitsentgelt nicht mehr erfolgen und erfolgt keine Übertragung des Wertguthabens auf andere Arbeitgeber nach § 7f SGB IV, kann der Arbeitgeber, soweit er nicht durch eine Familienpflegezeitversicherung nach § 4 Abs. 1 FPfZG Befriedigung erlangen kann, von dem Arbeitnehmer einen Ausgleich in Geld verlangen. Soweit keine Aufrechnung gegen Forderungen des Arbeitnehmers aus dem Beschäftigungsverhältnis erfolgen kann, ist der Ausgleich in entsprechenden Raten zu zahlen.

Der Ausgleichsanspruch erlischt, soweit keine Aufrechnung gegen Forderungen des Arbeitnehmers aus dem Beschäftigungsverhältnis erfolgen kann und der Arbeitgeber das Beschäftigungsverhältnis mit Zustimmung der zuständigen Stelle aus Gründen, die nicht in dem Verhalten der oder des Beschäftigten liegen, gekündigt hat.

Kann ein Ausgleich des Wertguthabens wegen Freistellung von der Arbeitsleistung nicht durch Einbehaltung von Arbeitsentgelt erfolgen, kann der Arbeitgeber von dem Arbeitnehmer einen Ausgleich in Geld verlangen.

VII. Auszubildende

Während der Probezeit kann das Ausbildungsverhältnis von beiden Seiten jederzeit ohne Einhaltung einer Frist gekündigt werden (§ 22 Abs. 1 BBiG). Auch braucht eine Kündigung während der Probezeit nicht begründet werden. Ergibt sich aber, dass Gründe vorliegen, die eine Diskriminierung darstellen, z. B. Benachteiligung wegen Behinderung, ist jedoch zu prüfen, ob die Kündigung gegen das Benachteiligungsverbot des § 7 Abs. 1 AGG verstößt. Eine ordentliche Kündigung, die einen Arbeitnehmer, auf den das Kündigungsschutzgesetz keine Anwendung findet, aus einem der in § 1 AGG genannten Gründe diskriminiert, ist nach § 134 BGB i. V. m. § 7 Abs. 1, §§ 1, 3 AGG unwirksam (LAG Baden-Württemberg v. 12.1.2024, Az. 9 Sa 16/23).

Nach Ablauf der Probezeit kann der Arbeitgeber nur noch aus wichtigem Grund außerordentlich kündigen. Eine ordentliche Kündigung durch den Arbeitgeber ist bis zur Beendigung des Berufsausbildungsverhältnisses nicht möglich (§ 22 Abs. 2 Nr. 1 BBiG).

WICHTIG!

Die Dauer eines vorausgegangenen Praktikums ist nicht auf die Probezeit in einem folgenden Berufsausbildungsverhältnis anzurechnen. Auf den Inhalt und die Zielsetzung des Praktikums kommt es nicht an. Durch die zwingende Anordnung einer Probezeit zu Beginn des Berufsausbildungsverhältnisses soll beiden Vertragspartnern ausreichend Gelegenheit gegeben werden, die für die Ausbildung im konkreten Ausbildungsberuf wesentlichen Umstände eingehend zu prüfen, was nur unter den Bedingungen des Berufsausbildungsverhältnisses mitsamt seiner spezifischen Pflichten möglich ist (BAG v. 19.11.2015, Az. 6 AZR 844/14).

1. Ordentliche Kündigung durch den Auszubildenden

Der Auszubildende kann das Ausbildungsverhältnis mit einer Frist von vier Wochen ordentlich kündigen, wenn er die Berufsausbildung aufgeben oder sich für einen anderen Beruf ausbilden lassen will.

ACHTUNG!

§ 22 Abs. 2 Nr. 2 BBiG legt keine zwingende Kündigungsfrist fest, die vom Auszubildenden nicht überschritten werden darf. Deshalb darf der Auszubildende bei einer Berufswechselkündigung das Ausbildungsverhältnis zu dem von ihm beabsichtigten Zeitpunkt der Aufgabe der Berufsausbildung auch mit einer längeren als der gesetzlich normierten Frist von vier Wochen kündigen (BAG v. 22.2.2018, Az. 6 AZR 50/17).

Diese Kündigung ist nur dann wirksam, wenn der Auszubildende im Kündigungsschreiben die Kündigungsgründe ausdrücklich mitteilt.

WICHTIG!

Täuscht der Auszubildende eine Berufsaufgabe oder einen Berufswechsel vor, um sich in Wahrheit von einem Konkurrenzbetrieb weiter ausbilden zu lassen, macht er sich schadensersatzpflichtig!

2. Außerordentliche Kündigung

Der wichtige Grund für die außerordentliche Kündigung gemäß § 22 Abs. 2 Nr. 1 BBiG entspricht dem der außerordentlichen Kündigung gemäß § 626 Abs. 1 BGB. Im Rahmen der anzustellenden Interessenabwägung ist jedoch besonders zu berücksichtigen, dass der meist noch jugendliche Auszubildende eine weniger gefestigte Persönlichkeitsstruktur hat, als ein „normaler" Arbeitnehmer.

Bei einem bereits weit fortgeschrittenen Ausbildungsverhältnis werden besonders strenge Maßstäbe an eine außerordentliche Kündigung des Ausbildenden angelegt (BAG v. 10.5.1973, Az. 2 AZR 328/72). Sie wird daher nur in besonderen Ausnahmefällen, wenn ihm nämlich eine Fortsetzung bis zum Ausbildungsende objektiv unzumutbar ist, zulässig sein. Ist dies der Fall, kann sogar eine außerordentliche Kündigung nur wegen des dringenden Verdachts einer schwerwiegenden Pflichtverletzung des Auszubildenden (s. → *Verdachtskündigung*) gerechtfertigt sein.

Beispiel:

Bei Feststellung eines Kassenfehlbestands gibt der Auszubildende von sich aus die Höhe des Fehlbetrags (hier: 500 Euro) an, obwohl er vom Arbeitgeber nur auf eine unbezifferte Kassendifferenz angesprochen wurde. In diesem Fall führt der dringende Verdacht einer Straftat zu Lasten des Arbeitgebers – auch unter Berücksichtigung der Besonderheiten des Ausbildungsverhältnisses – wegen des damit einhergehenden Vertrauensbruchs zur objektiven Unzumutbarkeit einer Fortsetzung der Ausbildung (BAG v. 12.2.2015, Az. 6 AZR 845/13).

3. Form und Frist

Die außerordentliche Kündigung des Berufsausbildungsverhältnisses muss schriftlich erfolgen. In dem Kündigungsschreiben müssen die Kündigungsgründe angegeben werden (§ 22 Abs. 3 BBiG).

ACHTUNG!

Nur die im Kündigungsschreiben angegebenen Kündigungsgründe können in einem nachfolgenden Rechtsstreit vorgebracht werden. Ein Nachschieben von Kündigungsgründen ist nicht möglich.

Die Kündigung muss innerhalb einer Frist von zwei Wochen nach Kenntniserlangung des Kündigungsgrunds erklärt werden. Das Kündigungsschreiben muss dem Empfänger innerhalb dieser Frist zugehen. Die zweiwöchige Ausschlussfrist ist zwingend, d. h. sie kann weder tarifrechtlich noch durch entsprechende Regelungen im Ausbildungsvertrag verlängert oder verkürzt werden.

ACHTUNG!

Wird die Kündigung verspätet erklärt, ist sie unwirksam.

VIII. Betriebsratsmitglieder

1. Ordentliche Kündigung

Die ordentliche Kündigung eines Mitglieds des Betriebsrats, der Jugendvertretung oder anderer Arbeitnehmervertretungen ist während der Amtszeit unzulässig, es sei denn, der Betrieb wird stillgelegt (§ 15 Abs. 1 KSchG).

Der vom Kündigungsverbot geschützte Personenkreis umfasst die Mitglieder

- des Betriebsrats,
- der Jugendvertretung (§ 60 BetrVG),
- der Bordvertretung (§ 115 BetrVG),
- des Seebetriebsrats (§ 116 BetrVG),
- einer durch Tarifvertrag bestimmten anderen Arbeitnehmervertretung (§ 3 Abs. 1 Nr. 2 BetrVG),
- des Wahlvorstands und der Wahlbewerber für eine Wahl, deren gewählte Kandidaten dann vom betriebsverfassungsrechtlichen Kündigungsschutz erfasst werden (§ 15 Abs. 3 KSchG).

ACHTUNG!

Das Kündigungsverbot gilt auch für die Arbeitnehmer, die zu einer Betriebs-, Wahl- oder Bordversammlung einladen oder die die Bestellung eines Wahlvorstands beantragen (§ 15 Abs. 3a KSchG). Das Kündigungsverbot beginnt mit dem Zeitpunkt der Einladung oder des Antrags und endet mit der Bekanntgabe der Wahlergebnisse. Der besondere Kündigungsschutz von Mitgliedern des Wahlvorstands und der Wahlbewerber endet nach der in § 18 Satz 1 WO vorgesehenen förmlichen Bekanntgabe des Wahlergebnisses. Ist die förmliche Bekanntgabe des Wahlergebnisses unterblieben, so endet der Schutz nach § 15 Abs. 3 Satz 1 KSchG mit dem Zusammentreten des gewählten Betriebsrats zu einer konstituierenden Sitzung (BAG v. 5.11.2009, Az. 2 AZR 487/08).

Entsprechendes gilt gem. § 15 Abs. 3b KSchG für die Kündigung eines Arbeitnehmers, der Vorbereitungshandlungen zur Errichtung eines Betriebsrats oder einer Bordvertretung unternimmt und eine öffentlich beglaubigte Erklärung mit dem Inhalt abgegeben hat, dass er die Absicht hat, einen Betriebsrat oder eine Bordvertretung zu errichten. Der sog. Kündigungsschutz für Vorfeldinitiatoren findet aber in den ersten sechs Monaten eines Arbeitsverhältnisses keine Anwendung. Darüber hinaus gilt der besondere Kündigungsschutz als verwirkt, wenn der Arbeitnehmer den Arbeitgeber nicht innerhalb von drei Wochen nach Erhalt der Kündigung, jedenfalls aber nicht innerhalb von drei Monaten nach Abgabe der öffentlich beglaubigten Absichtserklärung über das Vorliegen der Voraussetzungen des § 15 Abs. 3b KSchG informiert hat (LAG München v. 20.8.2025, Az. 10 Sia 2/25).

Das Kündigungsverbot gilt auch für den Vertrauensmann oder die Vertrauensfrau der Schwerbehinderten sowie die in Heimarbeit beschäftigten Mitglieder eines Betriebsrats, einer Jugendvertretung, eines Wahlvorstands oder Wahlbewerber.

Der Sonderkündigungsschutz für Wahlbewerber nach § 15 Abs. 3 Satz 1 KSchG beginnt, sobald ein Wahlvorstand für die Wahl bestellt ist und für den Kandidaten ein Wahlvorschlag vorliegt, der die nach dem Betriebsverfassungsgesetz erforderliche Mindestzahl von Stützunterschriften aufweist. Sind diese Voraussetzungen gegeben, greift der Sonderkündigungsschutz für Wahlbewerber auch dann ein, wenn im Zeitpunkt der Anbringung der letzten – erforderlichen – Stützunterschrift die Frist zur Einreichung von Wahlvorschlägen noch nicht angelaufen war. Voraussetzung für einen gültigen Wahlvorschlag ist die Wählbarkeit des Bewerbers nach § 8 BetrVG. Fehlt es hieran, darf der Vorschlag vom Wahlvorstand nicht berücksichtigt werden. Für den besonderen Kündigungsschutz nach § 15 Abs. 3 Satz 1 KSchG reicht es aus, dass die Voraussetzungen des § 8 BetrVG im Zeitpunkt der Wahl vorliegen. Der Arbeitnehmer kann sich nur dann nicht auf den besonderen Kündigungsschutz als Wahlbewerber berufen, wenn bei Zugang der Kündigung keinerlei Aussicht bestanden hat, dass er bei der durchzuführenden Wahl wählbar sein würde (BAG v. 7.7.2011, Az. 2 AZR 377/10). Die Antragsberechtigung für ein Verfahren auf Bestellung des Wahlvorstands entfällt bei Kündigung des Arbeitsverhältnisses und fehlender Beschäftigung (LAG München v. 7.12.2011, Az. 11 TaBV 74/11). Bewerber für das Amt des Wahlvorstands genießen allein aufgrund ihrer Kandidatur keinen besonderen Kündigungsschutz nach § 15 Abs. 3 KSchG, § 103 BetrVG. Sie sind keine Wahlbewerber i. S. dieser Bestimmungen (BAG v. 31.7.2014, Az. 2 AZR 505/13).

Der besondere Kündigungsschutz für Mitglieder der Arbeitnehmervertretung endet erst ein Jahr nach Beendigung der Amtszeit. Dieser nachwirkende Kündigungsschutz gilt auch für Ersatzmitglieder, und zwar unabhängig davon, ob sie endgültig in den Betriebsrat nachgerückt oder nur vorübergehend als Stellvertreter für ein zeitweilig verhindertes Betriebsratsmitglied tätig geworden sind. Ersatzmitglieder vertreten ordentliche Mitglieder des Betriebsrats nicht nur in einzelnen Amtsgeschäften. Sie rücken gemäß § 25 Abs. 1 Satz 2 BetrVG für die Dauer der Verhinderung eines Betriebsratsmitglieds in den Betriebsrat nach. Der Eintritt des Ersatzmitglieds vollzieht sich automatisch mit Beginn des Verhinderungsfalls. Er hängt nicht davon ab, dass die Verhinderung des ordentlichen Mitglieds dem Ersatzmitglied bekannt ist. Während der Vertretungszeit und für deren Dauer steht dem Ersatzmitglied der – volle – Sonderkündigungsschutz aus § 15 Abs. 1 Satz 1 KSchG zu. Dieser Schutz ist regelmäßig nicht auf Zeiten beschränkt, in denen Betriebsratstätigkeit tatsächlich anfällt. Ein Rechtsmissbrauch der Schutzvorschriften zugunsten des Ersatzmitglieds kann u. U. dazu führen, dass die Berufung auf den besonderen Kündigungsschutz im Einzelfall ausgeschlossen ist. Davon ist etwa auszugehen, wenn ein Verhinderungsfall im kollusiven Zusammenwirken mit einem ordentlichen Betriebsratsmitglied zu dem Zweck herbeigeführt wurde, dem Ersatzmitglied den besonderen Kündigungsschutz zu verschaffen (BAG v. 8.9.2011, Az. 2 AZR 388/10).

WICHTIG!

Die Kündigung eines Mandatsträgers kann nach § 15 Abs. 5 KSchG ausnahmsweise zulässig sein, wenn die Betriebsabteilung, in welcher er beschäftigt ist, stillgelegt wird. § 15 Abs. 5 Satz 1 KSchG verpflichtet den Arbeitgeber in diesem Fall jedoch, dem dort beschäftigten Mandatsträger eine möglichst gleichwertige Stellung in einer anderen Betriebsabteilung anzubieten. Ist ein gleichwertiger Arbeitsplatz in einer anderen Abteilung nicht vorhanden, ist der Arbeitgeber verpflichtet, dem Betriebsratsmitglied vor Ausspruch einer Beendigungskündigung die Beschäftigung auf einem geringerwertigen Arbeitsplatz anzubieten und hierzu ggf. eine Änderungskündigung auszusprechen. Der Arbeitgeber ist jedoch nicht verpflichtet, dem Mandatsträger die Beschäftigung auf einem höherwertigen Arbeitsplatz anzubieten; und zwar grundsätzlich selbst dann nicht, wenn das Betriebsratsmitglied das Anforderungsprofil einer entsprechenden Beförderungsstelle erfüllt (BAG v. 23.2.2010, Az. 2 AZR 656/08). Eine Betriebsabteilung ist laut ständiger Rspr. des BAG, ein räumlich und organisatorisch abgegrenzter Teil des Betriebs, der eine personelle Einheit erfordert, dem eigene technische Betriebsmittel zur Verfügung stehen und der einen eigenen Betriebszweck verfolgt, auch wenn dieser in einem bloßen Hilfszweck für den arbeitstechnischen Zweck des Gesamtbetriebs besteht (BAG v. 23.2.2010, Az. 2 AZR 656/08). Dabei reicht es für die Annahme einer Betriebsabteilung bei der Beschäftigung in einer Matrix-Struktur nicht bereits aus, dass nur ein einzelner Arbeitnehmer aus einer betriebsübergreifenden Organisationseinheit im Betrieb des Vertragsarbeitgebers beschäftigt ist, da es sich bei Matrix-Strukturen lediglich um Arbeitsorganisationen handelt, welche keinen Rückschluss auf das Vorliegen einer Betriebsabteilung zulassen (LAG Niedersachsen v. 24.7.2023, Az. 15 Sa 906/22).

Das Kündigungsverbot gilt auch für ordentliche Änderungskündigungen. Selbst wenn der Arbeitgeber aus betriebsbedingten Gründen allen oder der Mehrzahl der Arbeitnehmer des Betriebs kündigt und ihnen eine Weiterarbeit zu schlechteren Arbeitsbedingungen anbietet, rechtfertigt ein solcher Massentatbestand auch nicht ausnahmsweise eine ordentliche Änderungskündigung gegenüber Betriebsratsmitgliedern und den anderen durch § 15 KSchG geschützten Amtsträgern (BAG v. 7.10.2004, Az. 2 AZR 81/04).

2. Außerordentliche Kündigung

Eine außerordentliche Kündigung nach § 626 BGB bleibt zulässig. Dabei ist zwischen der Amtspflichtverletzung und der Verletzung der Pflichten aus dem Arbeitsverhältnis zu unterscheiden. Selbst ein grober Verstoß gegen die Amtspflichten rechtfertigt nicht ohne Weiteres eine außerordentliche Kündigung. Solche Verstöße können nach § 23 Abs. 1 BetrVG durch Ausschluss aus dem Betriebsrat geahndet werden. Erst wenn in der Amtspflichtverletzung zugleich eine die außerordentliche Kündigung rechtfertigende grobe Verletzung arbeitsvertraglicher Pflichten liegt, ist die fristlose Kündigung zulässig. Die außerordentliche Kündigung eines durch § 15 Abs. 1 Satz 2, Abs. 3 Satz 2 KSchG geschützten Arbeitnehmers ist also unzulässig, wenn diesem ausschließlich eine Amts- und nicht zugleich eine Vertragspflichtverletzung vorzuwerfen ist. Eine Kündigung kommt dagegen in Betracht, wenn in dem Verhalten zugleich eine Vertragspflichtverletzung zu sehen ist. In solchen Fällen ist an die Berechtigung der fristlosen Entlassung ein „strengerer" Maßstab anzulegen als bei einem Arbeitnehmer, der den Betriebsrat nicht angehört (BAG v. 5.11.2009, Az. 2 AZR 487/08).

Liegt ein wichtiger Grund vor, muss vor Ausspruch der Kündigung die vorherige Zustimmung des Betriebsrats eingeholt werden (§ 103 Abs. 1 BetrVG). Dieser muss spätestens innerhalb von drei Tagen über die Zustimmung entscheiden.

ACHTUNG!

Gibt der Betriebsrat binnen drei Tagen keine Erklärung ab, gilt die Zustimmung als verweigert!

Der Arbeitgeber kann dann beim Arbeitsgericht die gerichtliche Ersetzung der Zustimmung beantragen (§ 103 Abs. 2 BetrVG). Das Arbeitsgericht muss die Zustimmung ersetzen, wenn die außerordentliche Kündigung unter Berücksichtigung aller Umstände gerechtfertigt ist. Die gerichtliche Entscheidung im Verfahren nach § 103 Abs. 2 BetrVG ersetzt – unabhängig von dem im Kündigungszeitpunkt ausgeübten betriebsverfassungsrechtlichen Amt – die Zustimmung des Betriebsrats im Hinblick auf die vom Arbeitgeber geltend gemachten Kündigungsgründe (BAG v. 16.11.2017, Az. 2 AZR 14/17).

Beabsichtigt der Arbeitgeber, das Arbeitsverhältnis mit einem Betriebsratsmitglied unter Berufung auf verhaltensbedingte Gründe außerordentlich zu kündigen und schließen Arbeitgeber und Betriebsratsmitglied nach Einleitung eines Verfahrens zur Ersetzung der Zustimmung des Betriebsrats zu der Kündigung und nach vorausgegangenen Verhandlungen eine Vereinbarung über die Beendigung des Arbeitsverhältnisses gegen Zahlung einer Abfindung und ggf. andere Zuwendungen, so liegt darin regelmäßig keine nach § 78 Satz 2 BetrVG unzulässige Begünstigung des Betriebsratsmitglieds (BAG v. 21.3.2018, Az. 7 AZR 590/16).

WICHTIG!

Der besondere Kündigungsschutz gem. § 15 Abs. 1 Satz 1 KSchG i. V. m. § 103 BetrVG erstreckt sich auch auf Ersatzmitglieder, die wegen einer zeitweiligen Verhinderung eines regulären Betriebsratsmitglieds gem. § 25 Abs. 1 Satz 2 BetrVG tätig waren. Das Zustimmungserfordernis i. S. d. § 103 BetrVG besteht indes nur, wenn das Ersatzmitglied entweder endgültig für ein ausgeschiedenes Mitglied eingerückt ist oder wenn und solange es ein zeitweilig verhindertes Mitglied vertritt. Ersatzmitglieder, die nach Beendigung der Vertretungszeit wieder aus dem Betriebsrat ausgeschieden sind, haben nur noch nachwirkenden Kündigungsschutz gem. § 15 Abs. 1 Satz 2 KSchG (BAG v. 5.11.2009, Az. 2 AZR 487/08).

Da die Kündigung dem Arbeitnehmer innerhalb von zwei Wochen, nachdem der Arbeitgeber vom Kündigungsgrund Kenntnis erlangt hat, zugehen muss, kann der Arbeitgeber hier in erhebliche Zeitnot geraten. Er muss deshalb den Betriebsrat so rechtzeitig um Zustimmung ersuchen, dass bei einer Verweigerung noch innerhalb der Zwei-Wochen-Frist die Ersetzung beim Arbeitsgericht beantragt werden kann.

Durch den Antrag des Arbeitgebers auf Ersetzung wird die Zwei-Wochen-Frist gehemmt, also vorläufig „stillgelegt". Der Arbeitgeber muss aber nach der Ersetzung durch das Gericht unverzüglich die Kündigung aussprechen.

WICHTIG!

Die fristlose Kündigung ist auch dann wirksam, wenn dem Kündigungsschreiben nicht die nach § 103 Abs. 1 BetrVG erforderliche Zustimmung des Betriebsrats beigefügt ist (BAG v. 4.3.2004, Az. 2 AZR 147/03).

IX. Sonstige Amtsträger im Unternehmen

Besonderer Kündigungsschutz für gesetzlich zu bestellende Amtsträger innerhalb eines Unternehmens gilt ferner aufgrund folgender Vorschriften:

- § 179 SGB IX Abs. 3 i. V. m. § 15 Abs. 2 KSchG, wonach die Kündigung eines **Schwerbehindertenvertreters** während seiner Amtszeit und innerhalb eines Zeitraums von einem Jahr nach deren Beendigung unzulässig ist, soweit nicht ein wichtiger Grund für eine außerordentliche Kündigung vorliegt;
- § 38 Abs. 2 BDSG i. V. m. § 6 Abs. 4 BDSG, wonach die Kündigung eines betrieblichen **Datenschutzbeauftragten,** sofern dieser gem. Art. 37 Abs. 1 DSGVO, § 38 Abs. 1 BDSG bestellt werden muss, während seiner Amtszeit und innerhalb eines Zeitraums von einem Jahr nach deren Beendigung unzulässig ist, soweit nicht ein wichtiger Grund für eine außerordentliche Kündigung vorliegt. Das BAG hatte diese Regelung dem EuGH vorgelegt, um deren Vereinbarkeit mit

Unionsrecht (DSGVO) zu klären (BAG v. 30.7.2020, Az. 2 AZR 225/20 [A]). Der EuGH entschied, dass die Regelung des § 38 Abs. 2 BDSG i. V. m. § 6 Abs. 4 BDSG mit Unionsrecht vereinbar sei. Art. 38 Abs. 3 Satz 2 DSGVO sei so auszulegen, dass er einer nationalen Regelung nicht entgegensteht, nach welcher einem betrieblichen Datenschutzbeauftragten nur aus wichtigem Grund gekündigt werden kann, selbst wenn die Kündigung nicht mit der Erfüllung seiner datenschutzrechtlichen Aufgaben zusammenhängt, sofern diese Regelung die Verwirklichung der Ziele der DSGVO nicht beeinträchtigt (EuGH v. 22.6.2022, Az. C-534/20);

- § 58 Abs. 2 BImSchG, wonach die Kündigung eines betrieblichen **Immissionsschutzbeauftragten** während seiner Amtszeit und innerhalb eines Zeitraums von einem Jahr nach deren Beendigung unzulässig ist, soweit nicht ein wichtiger Grund für eine außerordentliche Kündigung vorliegt.

X. Betriebsübergang

Für den Fall, dass ein bestehender Betrieb oder Betriebsteil auf einen anderen Inhaber infolge rechtsgeschäftlicher Veräußerung übergeht, enthält § 613a BGB ein eigenständiges Kündigungsverbot: Die Kündigung eines Arbeitsverhältnisses, die **wegen** des Betriebsübergangs erfolgt, durch den bisherigen oder den neuen Arbeitgeber ist unwirksam. Dieses Verbot gilt auch für solche Arbeitsverhältnisse, für die nach dem Kündigungsschutzgesetz kein allgemeiner Kündigungsschutz besteht (also z. B. auch für Arbeitnehmer, die noch keine sechs Monate im Betrieb sind).

ACHTUNG!

Bereits die Ausgliederung einer bestimmten Funktion aus einem bestehenden Betrieb, ohne dass zugleich irgendwelche Betriebsmittel übertragen werden (sog. „Outsourcing") kann einen Betriebsübergang darstellen.

Das Kündigungsverbot gilt auch für leitende Angestellte, die häufig aus Anlass eines Betriebsübergangs ausgetauscht werden sollen.

Von dem Kündigungsverbot sind sowohl ordentliche als auch außerordentliche Beendigungs- sowie Änderungskündigungen umfasst.

WICHTIG!

Die Arbeitsvertragsparteien können das Arbeitsverhältnis im Zusammenhang mit einem Betriebsübergang wirksam durch Aufhebungsvertrag auflösen, wenn die Vereinbarung auf das endgültige Ausscheiden eines Arbeitnehmers aus dem Betrieb gerichtet ist. Ein Aufhebungsvertrag ist jedoch wegen gesetzwidriger Umgehung der Rechtsfolgen des § 613a Bürgerliches Gesetzbuch (BGB) unwirksam, wenn zugleich ein neues Arbeitsverhältnis zum Betriebsübernehmer vereinbart oder zumindest verbindlich in Aussicht gestellt wird. Dies gilt auch dann, wenn es beim Abschluss eines Aufhebungsvertrages nur darum geht, die Kontinuität des Arbeitsverhältnisses zu unterbrechen, wodurch der Arbeitnehmer die bisher erdienten Besitzstände verlieren soll. Unwirksam sind auch Eigenkündigungen oder Aufhebungsverträge, zu denen die Arbeitnehmer unter Hinweis auf eine Einstellungsgarantie beim potentiellen Erwerber – regelmäßig zu schlechteren Arbeitsbedingungen – veranlasst wurden (BAG v. 18.8.2005, Az. 8 AZR 523/04). Dem steht jedoch nicht entgegen, dass der neue Arbeitgeber in engem zeitlichem Zusammenhang zu dem Betriebsübergang mit einem Arbeitnehmer einzelvertraglich eine Absenkung des bisherigen Gehalts vereinbart. Eine solche Abrede bedarf auch keines sachlichen Grundes. Der Arbeitnehmer, der diese Vereinbarung aus freien Stücken unterschreibt, kann sich später nicht auf die Schutzvorschrift des § 613a Abs. 4 BGB berufen (BAG v. 7.11.2007, Az. 5 AZR 1007/06).

Eine Kündigung ist nur insoweit verboten, als sie **wegen** des Betriebsübergangs erfolgt. Dies bedeutet nicht, dass alle Kündigungen, die in zeitlichem oder funktionellem Zusammenhang mit einem Betriebsübergang stehen, grundsätzlich rechtsunwirksam sind. Dies ist vielmehr nur dann der Fall, wenn der Betriebsübergang das entscheidende Motiv für die Kündigung darstellt, also für die Kündigung kein sonstiger hinreichender Grund vorliegt.

Unabhängig davon ist, ob der Betriebsübergang bereits stattgefunden hat oder lediglich beabsichtigt ist. Auch wenn der Arbeitgeber kündigt, um einen geplanten Betriebsübergang vorzubereiten, findet das Kündigungsverbot Anwendung. Ein späteres Scheitern des geplanten Betriebsübergangs, wie eine unerwartete spätere Betriebsfortführung oder Betriebsstilllegung sind für die Unwirksamkeit unerheblich.

Die Grenze zu einer betriebsbedingten Kündigung ist hierbei fließend. Will ein Betriebsveräußerer Rationalisierungsmaßnahmen zur Optimierung des Betriebs durchführen, um hierdurch die Verkaufschancen zu erhöhen, so kann eine betriebsbedingte Kündigung gerechtfertigt sein. Hintergrund einer solchen Kündigung ist nach Auffassung des BAG nicht der Betriebsübergang, sondern die Rationalisierungsabsicht (BAG v. 26.5.1983, Az. 2 AZR 477/81; BAG v. 18.7.1996, Az. 8 AZR 127/94).

Der Übergang eines Arbeitsverhältnisses setzt voraus, dass der betroffene Arbeitnehmer dem übertragenen Betrieb oder Betriebsteil zugeordnet ist. Für die Zuordnung des Arbeitnehmers ist darauf abzustellen, ob er in den übergegangenen Betrieb oder Betriebsteil tatsächlich eingegliedert war. Es reicht nicht aus, dass er Tätigkeiten für den übergegangenen Teil verrichtete, ohne in dessen Struktur eingebunden gewesen zu sein.

Für die Behauptung, dass die Kündigung aus Anlass des Betriebsübergangs erfolgt ist, ist der Arbeitnehmer im Streitfall darlegungs- und beweispflichtig. Wird ein Betrieb jedoch von einem Erwerber fortgesetzt, obliegt es dem Arbeitgeber darzulegen und zu beweisen, dass andere Gründe für die Kündigung maßgebend waren.

XI. Wehr- und Zivildienst

1. Ordentliche Kündigung

§ 2 ArbPlSchG schützt den Arbeitnehmer während des Wehr- und Zivildienstes vor der ordentlichen Kündigung:

WICHTIG!

Mit dem am 1.7.2011 in Kraft getretenen Wehrrechtsänderungsgesetz wurde die allgemeine Wehrpflicht ausgesetzt. Die bisherigen Regelungen der §§ 3 bis 53 Wehrpflichtgesetz gelten nur noch für den Spannungs- oder Verteidigungsfall. Stattdessen wurde in den §§ 54 ff. ein „Freiwilliger Wehrdienst" eingeführt, zu dem sich Frauen und Männer, die Deutsche i. S. d. Grundgesetzes sind, verpflichten können. Dieser besteht aus sechs Monaten freiwilligem Wehrdienst als Probezeit und bis zu 17 Monaten anschließendem freiwilligem zusätzlichem Wehrdienst. Gemäß § 16 ArbPlSchG (n. F.) gilt das Arbeitsplatzschutzgesetz auch im Falle des freiwilligen Wehrdienstes mit der Maßgabe, dass die Vorschriften über den Grundwehrdienst anzuwenden sind. Regelungen, die an die Einberufung zum Wehrdienst anknüpfen, sind auf den nun geregelten Bescheid zum Dienstantritt entsprechend anzuwenden. Wenn also nachfolgend vom „Grundwehrdienst" und „Einberufungsbescheid" die Rede ist, gelten die Ausführungen gleichermaßen für den freiwilligen Wehrdienst und den Dienstantrittsbescheid.

Vom Zeitpunkt der Zustellung des Einberufungsbescheids bis zur Beendigung des Grundwehr- bzw. Zivildienstes ist die ordentliche Kündigung durch den Arbeitgeber verboten. Bei der Wehrübung besteht dieses Verbot nur während der Wehrübung selbst.

Kündigt der Arbeitgeber trotz des Verbots, ist die Kündigung unwirksam.

Eine Einschränkung dieses Kündigungsverbots gilt für Kleinbetriebe mit in der Regel fünf oder weniger Arbeitnehmern (Auszubildende zählen hierbei nicht mit; Teilzeitbeschäftigte werden anteilig nach ihrer wöchentlichen Arbeitszeit berücksichtigt: Beträgt die wöchentliche Arbeitszeit 20 Stunden oder weniger, zählt ein Teilzeitbeschäftigter als 0,5 Arbeitnehmer, beträgt sie mehr als 21 und höchstens 30 Stunden, zählt er als 0,75 Arbeitnehmer. Bei mehr als 30 Stunden gilt er als vollzeitbeschäftigter Arbeitnehmer).

In diesen Kleinbetrieben kann der Arbeitgeber unverheirateten Arbeitnehmern, die zum Grundwehr- oder Zivildienst für mehr als sechs Monate einberufen worden sind, zum Ende des Wehrdienstes kündigen, wenn er eine Ersatzkraft eingestellt hat und ihm die Weiterbeschäftigung des Arbeitnehmers nicht zugemutet werden kann (§ 2 Abs. 3 ArbPlSchG).

ACHTUNG!

Die Kündigung ist spätestens zwei Monate vor Beendigung des Grundwehr- bzw. Zivildienstes auszusprechen, sonst geht das Kündigungsrecht verloren.

2. Außerordentliche Kündigung

Eine außerordentliche Kündigung aus wichtigem Grund bleibt auch während des Wehrdienstes möglich, so z. B. wenn der Arbeitgeber erst während des bereits begonnenen Wehrdienstes von einem wichtigen Grund Kenntnis erlangt.

ACHTUNG!

In einem solchen Fall ist die außerordentliche Kündigung während des Wehrdienstes nicht nur zulässig, sondern wegen der zweiwöchigen Frist (§ 626 Abs. 2 BGB) sogar erforderlich.

Die Einberufung selbst ist aber kein wichtiger Grund zur außerordentlichen Kündigung.

Bei Arbeitnehmern, die unter das Kündigungsschutzgesetz fallen, beginnt die Klagefrist erst zwei Wochen nach der Beendigung des Wehrdienstes, wenn die Kündigung nach der Zustellung des Einberufungsbescheides oder nach Beginn des Wehrdienstes erfolgte.

3. Vor- und Nachwirkungen des Kündigungsschutzes

Auch außerhalb der direkten Wehrdienstzeit sind Kündigungen aus Anlass des Wehrdienstes nicht zulässig. „Aus Anlass“ erfolgt eine Kündigung, wenn der Wehrdienst direkt oder indirekt Motivation für die Kündigung ist. Dabei ist der Begriff Wehrdienst weit auszulegen, er umfasst z. B. auch die Musterung.

Auch bei der ordentlichen betriebsbedingten Kündigung, die vor oder nach dem Wehrdienstzeitraum ausgesprochen wird, besteht ein weiterer Schutz: Fällt der Arbeitnehmer unter das Kündigungsschutzgesetz, darf der Wehrdienst bei der Sozialauswahl nicht zum Nachteil des Arbeitnehmers berücksichtigt werden.

XII. Vertraglicher Ausschluss der ordentlichen Kündigung

Eine Vielzahl von Tarifverträgen sieht den Ausschluss einer ordentlichen Kündigung für langjährig Beschäftigte vor. So ist z. B. in § 34 Abs. 2 TVöD geregelt, dass Arbeitsverhältnisse von Beschäftigten, die das 40. Lebensjahr vollendet haben nach einer Beschäftigungszeit von mehr als 15 Jahren durch den Arbeitgeber nur noch aus einem wichtigen Grund gekündigt werden können. Ein solcher Ausschluss der arbeitgeberseitigen ordentlichen Kündigung bei langjährigen Beschäftigungsverhältnissen kann auch einzelvertraglich vereinbart werden.

Der Ausschluss der ordentlichen Kündigung – auch durch Tarifvertrag – ist ein Unwirksamkeitsgrund für eine Kündigung, der nach §§ 4 ff. KSchG rechtzeitig geltend gemacht werden muss. Hat ein Arbeitnehmer rechtzeitig nach § 4 Satz 1 KSchG Kündigungsschutzklage erhoben, so kann er sich nach § 6 KSchG bis zum Schluss der mündlichen Verhandlung erster Instanz auch auf andere, bisher nicht geltend gemachte Gründe für die Unwirksamkeit der Kündigung berufen. Es reicht nicht aus, dass der Arbeitnehmer im Prozess zwar die Anwendung eines Tarifvertrages auf das Arbeitsverhältnis erwähnt, aber den tarifvertraglichen Ausschluss der ordentlichen Kündigung nicht geltend macht. Ein entsprechender Tatsachenvortrag des Arbeitnehmers kann allerdings unter Umständen eine Hinweispflicht des Arbeitsgerichts auslösen (BAG v. 8.11.2007, Az. 2 AZR 314/06).

ACHTUNG!

Tarifliche Regelungen über den Ausschluss ordentlicher Kündigungen erweisen sich in Auswahlsituationen nur dann als angemessen und gesetzeskonform im Sinne von § 10 Satz 1 AGG bzw. § 1 Abs. 3 KSchG, wenn sie zumindest grobe Auswahlfehler vermeiden. Die Auslegung der einschlägigen Tarifbestimmung kann ergeben, dass der Ausschluss ordentlicher Kündigungen nicht gilt, falls er bei der Sozialauswahl zu einem grob fehlerhaften Auswahlergebnis führen würde (BAG v. 20.6.2013, Az. 2 AZR 295/12).

C. Checkliste Kündigungsschutz

I. Betriebsbedingte Kündigung

- ❑ Fallen Arbeitsplätze weg?
  - → Wenn nein, kann nicht betriebsbedingt gekündigt werden.
- ❑ Besteht ein sachlicher Grund für den Arbeitsplatzwegfall?
  - → Wenn nein, kann nicht betriebsbedingt gekündigt werden.
- ❑ Welche Arbeitnehmer sind vertraglich auf diesen Arbeitsplätzen beschäftigt?
  - → Auswahl der vergleichbaren Arbeitnehmer
- ❑ Besteht für einzelne Arbeitnehmer Sonderkündigungsschutz?
  - → Wenn ja, kann diesen Personen nur unter engen Voraussetzungen gekündigt werden.
- ❑ Besteht ein berechtigtes betriebliches Interesse an der Weiterbeschäftigung bestimmter Arbeitnehmer, insbesondere wegen ihrer Fähigkeiten, Kenntnisse oder Leistungen oder zur Sicherung einer ausgewogenen Personalstruktur?
  - → Wenn ja: Herausnahme dieser Arbeitnehmer aus der sozialen Auswahl.
- ❑ Sind alle (übrigen) vergleichbaren Arbeitnehmer betroffen?
  - → Wenn nein, Auswahl nach den in § 1 Abs. 3 Satz 1 KSchG festgelegten sozialen Gesichtspunkten, es sei denn, die zu kündigenden Arbeitnehmer sind in einem Interessenausgleich namentlich benannt.
- ❑ Kann den am wenigsten sozial schutzwürdigen Arbeitnehmern eine andere vertraglich vorgesehene, gleichwertige Tätigkeit im Unternehmen angeboten werden?
  - → Wenn ja: Versetzung statt Kündigung
- ❑ Besteht im Unternehmen eine andere, vertraglich nicht vorgesehene Weiterbeschäftigungsmöglichkeit?
  - → Wenn ja: Änderungskündigung statt Beendigungskündigung
- ❑ Soll dem zu kündigenden Arbeitnehmer ein Wahlrecht zur Beanspruchung der gesetzlichen Abfindung gem. § 1a KSchG für den Fall des Klageverzichts eingeräumt werden?
  - → Wenn ja: *In der Kündigung* Hinweis auf betriebsbedingte Gründe und die Möglichkeit zur Inanspruchnahme einer Abfindung gem. § 1a KSchG bei Verzicht auf Erhebung einer Kündigungsschutzklage.

Weiter mit Checkliste Kündigung!

II. Verhaltensbedingte Kündigung

- ❑ Welches Verhalten (Pflichtverstoß) wird dem Arbeitnehmer vorgeworfen?
- ❑ Sind die betrieblichen Interessen hierdurch beeinträchtigt oder gefährdet?
  → Wenn nein, kann nicht verhaltensbedingt gekündigt werden.
- ❑ Ist der Sachverhalt hinreichend aufgeklärt und sind die Beweise gesichert?
  → Wenn nein: weitere Ermittlungen anstellen und Beweismittel sichern.
- ❑ Wurde wegen eines gleichartigen Verhaltens in der nahen Vergangenheit (höchstens zwei Jahre zurück) eine wirksame Abmahnung ausgesprochen?
  → Wenn nein: Abmahnung statt Kündigung
- ❑ Ist die Fortführung des Arbeitsverhältnisses aufgrund des vorgeworfenen Verhaltens bis zum Ablauf der Kündigungsfrist für den Arbeitgeber unzumutbar?
  → Wenn ja: außerordentliche Kündigung
- ❑ Kann eine Wiederholung des Verhaltens durch andere Maßnahmen (z. B. Versetzung) ausgeschlossen werden?
  → Wenn ja, haben diese Maßnahmen Vorrang vor einer Kündigung.
- ❑ Besteht für den Arbeitnehmer Sonderkündigungsschutz?
  → Wenn ja, kann nur unter engen Voraussetzungen gekündigt werden.

Weiter mit Checkliste Kündigung!

III. Personenbedingte Kündigung

- ❑ Ist der Arbeitnehmer schon seit längerer Zeit arbeitsunfähig erkrankt und ist das Ende der Erkrankung nicht absehbar? **oder**
- ❑ Ist der Arbeitnehmer aufgrund einer Erkrankung dauerhaft nicht in der Lage, seine vertraglich geschuldete Arbeitsleistung zu erbringen? **oder**
- ❑ Ist der Arbeitnehmer in den letzten drei Jahren an mehr als 14 % der Arbeitstage arbeitsunfähig erkrankt (häufige Kurzerkrankungen) und ist auch in Zukunft mit entsprechenden Fehlzeiten zu rechnen?
  → Wenn keiner der drei Fälle zutrifft, kann nicht krankheitsbedingt gekündigt werden.
- ❑ Führen die krankheitsbedingten Ausfälle zu erheblichen betrieblichen Beeinträchtigungen (z. B. Betriebsablaufstörungen oder erheblichen wirtschaftlichen Belastungen)?
  → Wenn nein, kann nicht krankheitsbedingt gekündigt werden.
- ❑ Können diese erheblichen betrieblichen Beeinträchtigungen mit milderen Mitteln (z. B. Um- oder Versetzung, Änderungskündigung, Umschulung oder befristete Neueinstellung) beseitigt werden?
  → Wenn ja, kann nicht krankheitsbedingt gekündigt werden.
- ❑ Sind zugunsten des Arbeitnehmers besondere Umstände (z. B. betrieblicher Anlass der Erkrankung, lange Betriebszugehörigkeit) zu berücksichtigen?
  → Wenn ja, ist eine Interessenabwägung erforderlich.
- ❑ Besteht für den Arbeitnehmer Sonderkündigungsschutz?
  → Wenn ja, kann nur unter engen Voraussetzungen gekündigt werden.

Weiter mit Checkliste Kündigung!

D. Muster: Kündigungsschutz

Musterschreiben und Vertragsgestaltungen müssen den jeweiligen Notwendigkeiten und den individuellen Bedürfnissen der Arbeitsvertragsparteien Rechnung tragen. Die in diesem Werk abgebildeten Muster können hierbei nur eine Hilfe sein. Deshalb ist im Einzelfall zu prüfen, inwieweit hier vorgeschlagene Formulierungen sinnvoll oder entbehrlich sind. Die Anpassung an den jeweiligen Einzelfall ist daher zwingend notwendig.

I. Antrag auf Zulassung der Kündigung nach dem Mutterschutzgesetz

An ....

....

....

Antrag auf Zulassung der Kündigung von Frau ....

bei uns beschäftigt seit .... *zuletzt als* ....

Voraussichtlicher Termin der Entbindung ist am: ....

Die Elternzeit wird voraussichtlich in Anspruch genommen/nicht in Anspruch genommen. Sie beginnt voraussichtlich am ....

Die Kündigung ist aus folgenden [wahlweise: *betriebsbedingten* oder *verhaltensbedingten* oder *personenbedingten* oder *wichtigen*] *Gründen erforderlich* [Beweismittel angeben]:

....

....

....

Eine Stellungnahme des Betriebsrats ist beigefügt.

....

Ort, Datum *Unterschrift*

II. Antrag auf Zulassung der Kündigung nach dem Bundeselterngeld- und Elternzeitgesetz

An ....

....

....

Antrag auf Zulassung der Kündigung von Frau/Herrn ....

bei uns beschäftigt seit .... *zuletzt als* ....

Der/Die Arbeitnehmer/in hat Elternzeit am .... *verlangt.*

Die Elternzeit wird in Anspruch genommen von .... *bis* ....

Der/Die Arbeitnehmer/in leistet während der Elternzeit Teilzeitarbeit von .... *Wochenstunden.*

Der/Die Arbeitnehmer/in leistet Teilzeitarbeit von .... *Wochenstunden, ohne Elternzeit in Anspruch zu nehmen; die Elternzeit könnte von* .... *bis* .... *in Anspruch genommen werden.*

Die Kündigung ist aus folgenden [wahlweise: *betriebsbedingten* oder *verhaltensbedingten* oder *personenbedingten* oder *wichtigen*] *Gründen erforderlich* [Beweismittel angeben]:

....

....

....

Eine Stellungnahme des Betriebsrats ist beigefügt.

....

Ort, Datum *Unterschrift*

III. Antrag auf Zulassung der Kündigung eines Schwerbehinderten

An das

Integrationsamt

....

....

Antrag auf Zustimmung zur ordentlichen/außerordentlichen Kündigung/Änderungskündigung/Beendigung des Arbeitsverhältnisses gemäß §§ 168 ff. SGB IX, des/der Schwerbehinderten/Gleichgestellten .... bei uns beschäftigt seit .... zuletzt als ....

Das Bruttogehalt des/der Schwerbehinderten/Gleichgestellten betrug zuletzt monatlich € ....

Der Grad der Behinderung beträgt .... v. H. gemäß eigenen Angaben/Schwerbehindertenausweis/Bescheinigung des Versorgungsamts.

Zurzeit werden bei uns insgesamt .... Arbeitnehmer beschäftigt, davon .... schwerbehindert/gleichgestellt.

Die Kündigung ist beabsichtigt zum .... unter Einhaltung einer Kündigungsfrist von .... Wochen/Monaten.

Die Kündigung ist aus folgenden [wahlweise: *betriebsbedingten* oder *verhaltensbedingten* oder *personenbedingten* oder *wichtigen*] *Gründen erforderlich* [Beweismittel angeben]:

....

....

....

Eine Stellungnahme des Betriebsrats und der Schwerbehindertenvertretung ist beigefügt.

....

Ort, Datum *Unterschrift*

Kurzarbeit

I. Begriff

Die vorübergehende Verkürzung der betriebsüblichen normalen → *Arbeitszeit* wird als Kurzarbeit bezeichnet. Unerheblich ist dabei, ob einzelne Stunden, bestimmte Wochentage oder ganze Arbeitswochen entfallen. Mit der aus der Kurzarbeit resultierenden Senkung der Personalkosten soll ein Betrieb unter Erhaltung der Arbeitsplätze vorübergehend wirtschaftlich entlastet werden. Bei vorübergehender vollständiger Einstellung der Arbeit wird von sog. „Kurzarbeit Null" gesprochen.

II. Einführung von Kurzarbeit

Der Arbeitgeber ist nicht zur einseitigen Einführung von Kurzarbeit berechtigt. Wenn er von der einzelvertraglich vereinbarten Stundenzahl nach unten abweichen will, benötigt er dazu eine besondere Rechtsgrundlage. Als solche kommen in erster Linie ein Tarifvertrag, eine Betriebsvereinbarung oder auch individuelle vertragliche Vereinbarungen mit jedem einzelnen Mitarbeiter in Betracht.

1. Gesetz

Eine generelle gesetzliche Regelung für die Einführung von Kurzarbeit gibt es nicht. Nur im Falle einer beabsichtigten Massenentlassung nach dem KSchG kann die zuständige Agentur für Arbeit unter Berücksichtigung tarifvertraglicher Vorgaben die Einführung von Kurzarbeit zulassen. In diesem Fall ist der Arbeitgeber zu Lohnkürzungen ausdrücklich berechtigt. Diese Regelung gilt jedoch nur für die Sperrfrist des § 18 Abs. 1 und 2 KSchG, die die individuelle Kündigungsfrist eines zu entlassenden Arbeitnehmers überschreitet.

2. Tarifvertrag

In Tarifverträgen finden sich häufig Kurzarbeitsklauseln, die im Einzelnen sehr unterschiedlich ausgestaltet sind. Sie legen die Voraussetzungen fest, unter denen ein Arbeitgeber Kurzarbeit einführen kann. Mindestinhalte müssen Ankündigungsfristen, Voraussetzungen, Umfang und Höchstdauer der Einführung von Kurzarbeit sein. Andernfalls ist eine tarifliche Regelung wegen Verstoßes gegen zwingende kündigungsschutzrechtliche Bestimmungen über den Bestandsschutz unwirksam (BAG v. 10.10.2006, Az. 1 AZR 811/05).

3. Betriebsvereinbarung

Bei Fehlen bzw. Nichtgeltung eines Tarifvertrags im Unternehmen kommt als Rechtsgrundlage für die Einführung von Kurzarbeit eine → *Betriebsvereinbarung* in Betracht. Da diese unmittelbar auf die Arbeitsverhältnisse einwirkt, sind keine weiteren einzelvertraglichen Vereinbarungen mit den Arbeitnehmern erforderlich. Allein durch die Betriebsvereinbarung wird die Arbeitszeit und die Lohnzahlungspflicht für die Dauer der Kurzarbeitsperiode geändert. Der einzelne Arbeitnehmer kann sich nicht auf seine vertraglich vereinbarte Arbeitszeit und sein vertraglich vereinbartes Gehalt berufen.

Voraussetzung ist jedoch, dass in der Betriebsvereinbarung selbst festgelegt ist, in welchem konkreten Zeitraum für welche betroffenen Arbeitnehmer in welchem konkreten Umfang die Arbeit wegen Kurzarbeit ausfallen soll (Gebot der Normenklarheit). In der Betriebsvereinbarung müssen Beginn und Dauer der Kurzarbeit, die Lage und Verteilung der Arbeitszeit, die Auswahl der von Kurzarbeit betroffenen Arbeitnehmer oder die betroffene Abteilung sowie die Zeiträume, in denen die Arbeit ganz ausfallen soll, festgelegt sein (BAG v. 18.11.2015, Az. 2 AZR 562/14); die Festlegung allein in einer ergänzenden Regelungsabrede genügt nicht (LAG Hamm v. 19.11.2014, Az. 4 Sa 1108/14).

Beim Abschluss einer Betriebsvereinbarung über Kurzarbeit ist der Arbeitgeber auf die Akzeptanz des Betriebsrats angewiesen. Solange keine Einigung erzielt ist, fehlt es an einer Rechtsgrundlage für die Einführung von Kurzarbeit. Als letzte Möglichkeit verbleibt dem Arbeitgeber, die Einigungsstelle anzurufen. Da dies aber zu einem ganz erheblichen Zeitverzug führt, der möglicherweise die Existenz des Unternehmens infrage stellt, wird immer zu versuchen sein, eine Lösung mit dem Betriebsrat zu finden. Oft ist dies mit Zugeständnissen verbunden – und so finden sich in Betriebsvereinbarungen regelmäßig insbesondere Regelungen zum Ausschluss betriebsbedingter Kündigungen und Regelungen zu einer Aufstockung des von der Agentur für Arbeit gewährten Kurzarbeitergeldes auf einen Prozentsatz zwischen 70 und 100 %. Auch wenn der Betriebsrat über die Einigungsstelle Entsprechendes nicht erzwingen kann, so wird doch immer abzuwägen sein, ob ein Zugeständnis an dieser Stelle oder der deutlich längere Weg über die Einigungsstelle vorteilhafter ist.

4. Vereinbarung mit jedem Arbeitnehmer

Fehlt es an einer der drei genannten Rechtsgrundlagen, kann der Arbeitgeber Kurzarbeit nur mit Zustimmung der einzelnen Arbeitnehmer einführen. Eine entsprechende Vereinbarung kann entweder aus konkretem Anlass oder bereits vorher bei Abschluss des Arbeitsvertrags getroffen werden. Eine Regelung im Arbeitsvertrag ist allerdings nur dann wirksam, wenn die Voraussetzungen für die Einführung von Kurzarbeit darin genau festgelegt sind. Dazu muss ausdrücklich eine Ankündigungsfrist vorgesehen werden und es müssen Regelungen über Umfang und Ausmaß der Kurzarbeit, den betroffenen Personenkreis sowie Art und Weise der Einbeziehung des Personenkreises enthalten sein (LAG Berlin-Brandenburg v. 7.10.2010, Az. 2 Sa 1230/10). Im Hinblick auf die existenzsichernde Funktion des Arbeitsentgelts geht es daher auch zu weit, wenn sich der Arbeitgeber vorbehält, die Arbeitszeit ohne Einhaltung einer Ankündigungsfrist „wöchentlich anzupassen" sowie die Kurzarbeit „sofort" abzubrechen und den Arbeitnehmer „jederzeit zur Wiederaufnahme der vollen Tätigkeit zurückrufen" zu können (LAG Niedersachsen v. 4.2.2025, Az. 10 SLa 470/24).

ACHTUNG!

Auch eine arbeitsvertragliche Regelung, in der es lediglich heißt: „Der Arbeitgeber ist berechtigt, bei Bedarf Kurzarbeit anzuordnen." ist gemäß § 307 Abs. 1 BGB unwirksam. Eine solche Regelung verstößt gegen zwingende Bestimmungen des Kündigungsschutzgesetzes.

Materiell darf eine arbeitsvertragliche Rahmenregelung über die Anordnung von Kurzarbeit keine unangemessene Benachteiligung des Arbeitnehmers bewirken (§ 307 Abs. 1 Satz 1 BGB). Liegen jedoch die sozialversicherungsrechtlichen Voraussetzungen für den Bezug von Kurzarbeitergeld vor, wird in der Regel ein überwiegendes Interesse des Arbeitgebers an der Einführung von Kurzarbeit vorliegen. Dies bedeutet aber auch zugleich, dass eine arbeitsvertragliche Vereinbarung unter dem Gesichtspunkt des Transparenzgebots aus § 307 Abs. 1 Satz 2 BGB die Klarstellung erfordert, dass nur bei Vorliegen der Voraussetzungen für den Bezug von Kurzarbeitergeld nach den sozialversicherungsrechtlichen Bestimmungen eine einseitige Anordnung von Kurzarbeit durch den Arbeitgeber möglich ist und Umfang und Dauer durch diese begrenzt werden.

Ist nichts vereinbart worden, leisten die Arbeitnehmer aber auf Weisung des Arbeitgebers Kurzarbeit und nehmen die Lohnkürzungen widerspruchslos hin, so kann auch im Wege einer stillschweigenden, einvernehmlichen Änderung des Arbeitsvertrags Kurzarbeit eingeführt sein.

5. Änderungskündigung

Verweigern die Arbeitnehmer ihre Zustimmung zur Kurzarbeit, so bleibt dem Arbeitgeber bei fehlender anderer Rechtsgrundlage (Tarifvertrag oder Betriebsvereinbarung) nur die Möglichkeit der → *Änderungskündigung*, die jedoch an strenge Voraussetzungen geknüpft ist. Mit Blick auf üblicherweise unterschiedlich lange Kündigungsfristen der Arbeitnehmer kann Kurzarbeit auf diesem Wege zudem nicht zum gleichen Zeitpunkt für alle eingeführt werden; auch zahlt der Arbeitgeber im gesamten Zeitraum der Kündigungsfrist unverändert die volle bisherige Vergütung weiter. In der Praxis dürfte die Änderungskündigung zur Einführung von Kurzarbeit daher kaum praktische Bedeutung haben. Sollten tatsächlich individualvertragliche Regelungen nicht zu treffen sein, wird der Arbeitgeber je nach wirtschaftlicher Situation stattdessen zumindest bei einem Teil seiner Arbeitnehmer zum Mittel der Beendigungskündigung greifen oder aber – sofern wirtschaftlich leistbar – mögliche Zugeständnisse bei der konkreten Regelung der Kurzarbeit machen, insbesondere in Form einer Aufstockung des Kurzarbeitergeldes, um doch noch einzelvertragliche Lösungen zu finden.

III. Beteiligung des Betriebsrats

In Betrieben mit einem Betriebsrat muss dieser der Einführung von Kurzarbeit zustimmen. Der Arbeitgeber kann also – auch wenn ein Tarifvertrag die Kurzarbeit regelt – nicht einseitig Kurzarbeit anordnen. Dies gilt selbst dann, wenn er auf Grundlage der Ermächtigung der Bundesagentur für Arbeit nach § 19 KSchG die Kurzarbeit einführen will. Sind im Falle einer tariflichen Regelung alle tarifvertraglichen Voraussetzungen erfüllt, bezieht sich das Mitbestimmungsrecht des Betriebsrats auf verbleibende Regelungsspielräume.

Eine Änderung der Einzelarbeitsverträge hinsichtlich der Arbeitszeit und der Lohnzahlungspflicht für die Dauer der Kurzarbeitsperiode ohne Rücksicht auf den Willen der Arbeitnehmer kann nur durch eine förmliche Betriebsvereinbarung nach § 77 Abs. 2 BetrVG herbeigeführt werden. Nur sie wirkt unmittelbar und zwingend auf die Arbeitsverhältnisse ein (LAG Rheinland-Pfalz v. 12.8.2010, Az. 10 Sa 172/10).

ACHTUNG!

Führt der Arbeitgeber einseitig ohne Zustimmung des Betriebsrats Kurzarbeit ein, bleibt es zugunsten des Arbeitnehmers bei der vertraglich vereinbarten regelmäßigen Arbeitszeit. Der Arbeitnehmer behält seinen vollen Anspruch auf Vergütung, wenn er dem Arbeitgeber seine Leistung anbietet und dieser sie ablehnt.

Der Betriebsrat kann sogar von sich aus die Einführung von Kurzarbeit anregen und ggf. eine Entscheidung der → *Einigungsstelle* über diese Frage herbeiführen (BAG v. 4.3.1986, Az. 1 ABR 15/84). Er wird von seinem Initiativrecht dann Gebrauch machen, wenn er Entlassungen aus betriebsbedingten Gründen durch die vorübergehende Einführung von Kurzarbeit für vermeidbar hält.

WICHTIG!

Will der Arbeitgeber frühzeitig die Kurzarbeit wieder einstellen und zur betriebsüblichen Arbeitszeit zurückkehren, kann er dies einseitig anordnen.

IV. Folgen für das Arbeitsverhältnis

Kurzarbeit führt zu einer (teilweisen) Suspendierung der Hauptleistungspflichten aus dem Arbeitsverhältnis. Der Arbeitnehmer wird von der Verpflichtung zur Arbeitsleistung (teilweise) befreit, verliert aber gleichzeitig seinen entsprechenden Vergütungsanspruch. Als Ausgleich erhält er dafür einen Anspruch auf Kurzarbeitergeld. Sämtliche Nebenpflichten aus dem Arbeitsverhältnis bestehen dagegen unverändert weiter.

1. Urlaub

Urlaubsansprüche entstehen grundsätzlich auch während der Kurzarbeitsperiode. Die Kurzarbeit kann jedoch Einfluss auf die Anzahl der Urlaubstage haben. Dies ist der Fall, wenn im Rahmen der Kurzarbeit an bestimmten Tagen in der Woche überhaupt nicht gearbeitet wird. Für einen Zeitraum mit „Kurzarbeit Null" entstehen damit folgerichtig keine Urlaubsansprüche (EuGH v. 8.11.2012, Az. C-229/11, C-230/11).

Verdienstkürzungen infolge von Kurzarbeit bleiben bei der Berechnung des gesetzlichen Urlaubsentgelts außer Betracht. Auch in Tarifverträgen kann dazu nicht wirksam eine anderweitige Regelung getroffen werden, die dazu führt, dass der Arbeitnehmer für die Dauer des ihm zustehenden Mindestjahresurlaubs eine Urlaubsvergütung erhält, die geringer ist als sein gewöhnliches Arbeitsentgelt (EuGH v. 13.12.2018, Az. C-385/17).

2. Lohnfortzahlung bei Krankheit

Bei Krankheit während der Kurzarbeitsperiode hat der Arbeitnehmer Anspruch nur auf diejenige Vergütung, die er erhalten würde, wenn er nicht arbeitsunfähig wäre. Die Höhe der Lohnfortzahlung bemisst sich also nach der gekürzten Arbeitszeit. Dies gilt unabhängig davon, ob die Kurzarbeit bereits vor Eintritt der Arbeitsunfähigkeit oder erst während der Arbeitsunfähigkeit begonnen hat. Im Fall von „Kurzarbeit Null", bei der die Arbeit im Betrieb vollständig ruht, führt dies dazu, dass der erkrankte Arbeitnehmer keinerlei Entgeltfortzahlung gegenüber dem Arbeitgeber beanspruchen kann.

3. Weihnachts-/Urlaubsgeld

Besteht eine Vereinbarung, nach der zeitweise nicht beschäftigten Mitarbeitern nur so viele Zwölftel des Weihnachts-/Urlaubsgelds zustehen, wie sie im Kalenderjahr volle Monate bei dem Unternehmen gearbeitet haben, kann der Arbeitgeber das Weihnachts-/Urlaubsgeld im Hinblick auf Zeiten, in denen Kurzarbeit mit „Null-Stunden"-Arbeitszeit angeordnet war, kürzen.

Fällt die Kurzarbeit in den für die Berechnung einer Sonderzahlung maßgeblichen Zeitraum, führt dies zu einer Kürzung dieser Zahlungen.

Beispiel:

Beträgt eine Sonderzahlung nach der zugrunde liegenden Vereinbarung 50 % des in den Monaten August, September und Oktober durchschnittlich erzielten Monatslohns, führt Kurzarbeit im Monat September zu einer entsprechend niedrigeren Zahlung.

4. Kündigung

Auch während eines Kurzarbeitszeitraums ist der Arbeitgeber zum Ausspruch von verhaltens- und personenbedingten Kündigungen berechtigt. Betriebsbedingte Kündigungen sind möglich, wenn er während der Kurzarbeitsphase feststellt, dass entgegen seiner bisherigen Erwartung doch ein Umstand vorliegt, der zu einem dauerhaften Arbeitsausfall führt, wie etwa das Ausbleiben einer erwarteten Stabilisierung der Auftragslage (LAG Hamm v. 24.6.2010, Az. 8 Sa 1488/09). In diesen Fällen steht die geleistete Kurzarbeit, für die ein nur vorübergehender Arbeitsmangel Voraussetzung ist, einer betriebsbedingten Kündigung zwar nicht ausdrücklich entgegen, doch darf nicht übersehen werden, dass die Einführung von Kurzarbeit zunächst gegen einen dauerhaft gesunkenen Beschäftigungsbedarf spricht (BAG v. 23.2.2012, Az. 2 AZR 548/10). In der Praxis muss daher davon ausgegangen werden, dass die Gerichte in derartigen Fällen das Vorliegen der Voraussetzungen der betriebsbedingten Kündigung besonders sorgfältig prüfen werden. Dem ist durch eine umfassende und genaue Dokumentation zur unternehmerischen Entscheidung Rechnung zu tragen.

Zu beachten ist zudem, dass zahlreiche Tarifverträge, aber auch Betriebsvereinbarungen bei Anordnung von Kurzarbeit den Ausschluss betriebsbedingter Kündigungen vorsehen. In diesen Fällen kann der Arbeitgeber erst nach der Kurzarbeit betriebsbedingte Kündigungen einleiten.

Wechselt der Arbeitgeber von der Kurzarbeit zum Personalabbau, verlieren die zu entlassenden Mitarbeiter den Anspruch auf das Kurzarbeitergeld (dazu unten V.), haben aber zugleich wieder Anspruch auf das reguläre Gehalt. Der Anspruch auf Kurzarbeitergeld entfällt, sobald feststeht, dass der Zweck der Kurzarbeit nicht mehr erreicht werden kann.

V. Kurzarbeitergeld

Mit der Einführung von Kurzarbeit werden der Arbeitgeber von seiner Vergütungspflicht und die Arbeitnehmer von der Verpflichtung zur Arbeitsleistung (teilweise) befreit. Zur Milderung der mit der Kurzarbeit verbundenen wirtschaftlichen Nachteile haben die Arbeitnehmer einen Anspruch auf Kurzarbeitergeld von grundsätzlich bis zu zwölf Monaten, das von den Agenturen für Arbeit gezahlt wird.

Aufgrund der aktuell schwierigen wirtschaftlichen Gesamtlage in Deutschland wurde jedoch – wie auch schon in den Vorjahren – kurzfristig per Verordnung festgelegt, die maximale Bezugsdauer von Kurzarbeitergeld auf 24 Monate zu verdoppeln. Die Maßnahme ist zunächst befristet bis Ende 2026. Anschließend gilt wieder die reguläre Bezugsdauer von maximal 12 Monaten. Ein Anspruch, der über 12 Monate hinausgehen würde, verfällt am 31.12.2026.

Zur Berechnung des Kurzarbeitergelds s. das im selben Verlag erschienene Lexikon für das Lohnbüro, „Kurzarbeitergeld".

WICHTIG!

Bei rückwirkendem Widerruf einer zunächst bewilligten Zahlung von Kurzarbeitergeld durch die Agentur für Arbeit ist der Arbeitgeber zur Zahlung eines Verdienstausfalls in Höhe des Kurzarbeitergelds verpflichtet. Das zunächst von den Arbeitsagenturen übernommene Wirtschaftsrisiko geht damit wieder auf den Arbeitgeber über.

Kurzarbeitergeld wird auf Anzeige gezahlt, wenn ein erheblicher Arbeitsausfall vorliegt und die betrieblichen und persönlichen Voraussetzungen für die Zahlung gegeben sind.

1. Erheblicher Arbeitsausfall

Ein Arbeitsausfall ist erheblich, wenn er auf wirtschaftlichen Gründen oder einem unabwendbaren Ereignis (dies kann auch eine behördlich angeordnete Betriebsschließung sein) beruht.

Wirtschaftliche Gründe sind dabei in erster Linie konjunkturelle Schwankungen. Sie liegen aber auch dann vor, wenn der Arbeitsausfall durch eine Veränderung der betrieblichen Strukturen verursacht wird, die wiederum durch die allgemeine wirtschaftliche Entwicklung bedingt ist, auf deren Verlauf der Betrieb keinen Einfluss hat. Bei einer Rationalisierung, die dagegen allein der Steigerung der Wirtschaftlichkeit dient, besteht kein Anspruch auf Kurzarbeitergeld.

Regelfall für ein unabwendbares Ereignis ist ein unüblicher Witterungsverlauf, wie Frost, Hochwasser. Ebenso sind aber auch behördlich angeordnete Betriebseinschränkungen – etwa wie im Rahmen der Covid-19-Pandemie (Corona) oder wie auch bei einer Smog-Wetterlage – oder auch behördliche Straßensperrungen als unabwendbares Ereignis zu werten. Dagegen stellt eine Erkrankung des Arbeitgebers kein unabwendbares Ereignis im Sinne von § 96 Abs. 1 Nr. 1 SGB II dar (BSG v. 11.12.2014, Az. B 11 AL 3/14 R).

Der Arbeitsausfall darf nur vorübergehend sein. Es muss sich aus den Gesamtumständen des Einzelfalls ergeben, dass mit einer gewissen Wahrscheinlichkeit in absehbarer Zeit wieder mit dem Übergang zur Vollarbeit zu rechnen ist. Das Gesetz nennt keine feste Dauer, doch liefert die gesetzliche Dauer für Kurzarbeitergeld gemäß §§ 104, 109 SGB III einen Anhaltspunkt. Jedenfalls handelt es sich nicht mehr um eine absehbare Zeit, wenn die Bezugsfrist deutlich überschritten wird (BSG v. 17.5.1983, Az. 7 Rar 13/82).

Wird während eines Kurzarbeitergeld-Bezugszeitraums eine neue unternehmerische Entscheidung getroffen, die überwiegende Zahl der Arbeitnehmer abzubauen bzw. die Funktionsfähigkeit des Betriebs oder der betroffenen Betriebsabteilung aufzuheben, so endet die Leistung des Kurzarbeitergeldes durch die Bundesagentur für Arbeit. Eine Rückforderung der bis dahin gezahlten Leistungen kommt dann in Betracht, wenn die Zahlungen auf einer arglistigen Täuschung oder mindestens auf grob fahrlässig gemachten falschen Angaben beruhten. War dagegen die Prognose eines nur vorübergehenden Arbeitsausfalls bis zum Zustandekommen einer neuen unternehmerischen Entscheidung über einen dauerhaften Personalabbau zutreffend, so wurde das Kurzarbeitergeld bis zu diesem Zeitpunkt zu Recht beantragt und gewährt. Ein Rückforderungsanspruch der Bundesagentur für Arbeit besteht in diesem Fall nicht.

Weiterhin muss der Arbeitsunfall unvermeidbar sein, d. h. der Arbeitgeber muss alle zumutbaren Vorkehrungen getroffen haben, um den Arbeitsausfall zu verhindern.

Als vermeidbar gelten Arbeitsausfälle, die

- hauptsächlich auf branchenüblichen, betriebsüblichen, betriebsorganisatorischen oder saisonbedingten Gründen beruhen,
- durch Abbau von Zeitguthaben (Überstunden), Aufbau negativer Arbeitszeitsalden oder bezahltem Erholungsurlaub ganz oder teilweise verhindert werden können.

Den erforderlichen Umfang des Arbeitsausfalls beziffert § 96 Abs. 1 Satz 1 Nr. 4 SGB III: Danach muss in den betroffenen Kalendermonaten mindestens ein Drittel der in dem Betrieb oder der Betriebsabteilung beschäftigten Arbeitnehmer jeweils weniger als 90 % des ihnen monatlich zustehenden Bruttolohns erhalten haben. Für den Arbeitgeber bedeutet dies, dass er entscheiden muss, ob er als Anknüpfungspunkt den Gesamtbetrieb inklusive aller dort beschäftigten Arbeitnehmer oder nur eine bestimmte Betriebsabteilung wählt. Der Schwellenwert von einem Drittel der Beschäftigten muss dann entweder bezogen auf den gesamten Betrieb oder aber nur bezogen auf eine/mehrere ausgewählte Abteilungen erfüllt sein. Es empfiehlt sich dabei regelmäßig, Kurzarbeit für jede betroffene Betriebsabteilung separat anzumelden, da der abteilungsbezogene Ansatz eine größere Flexibilität ermöglicht. Sinkt nämlich die Anzahl der von Kurzarbeit betroffenen Mitarbeiter aufgrund insgesamt besserer Auftragslage unter den auf den Gesamtbetrieb bezogenen Schwellenwert kann die Arbeitsagentur die Zahlung von Kurzarbeitergeld von einem Monat auf den anderen für alle Mitarbeiter einstellen, selbst wenn in einzelnen Abteilungen weiterhin ein erheblicher Arbeitsausfall vorliegt. Insofern ist auch die – wenn auch nicht durchgängige – Praxis der Arbeitsagentur zu beachten, wonach eine Anmeldung von Kurzarbeit für den Gesamtbetrieb nicht nachträglich auf eine Betriebsabteilung reduziert werden kann. Zudem empfiehlt es sich, Kurzarbeit möglichst zu Beginn eines Kalendermonats einzuführen, da somit hinsichtlich des weiteren Erfordernisses zur Gewährung von Kurzarbeitergeld „Entgeltausfall von mehr als 10 % des monatlichen Bruttogehalts“ mehr Flexibilität besteht. Wie nämlich die ausfallende Arbeitszeit auf den Monat verteilt wird, spielt keine Rolle, solange nur am Ende des Monats die 10 %-Schwelle übertroffen wird.

2. Betriebliche Voraussetzungen

Kurzarbeitergeld wird in Betrieben ohne Rücksicht auf ihre Größe und Rechtsform gewährt, sofern in dem Betrieb mindestens eine Arbeitnehmerin oder ein Arbeitnehmer beschäftigt wird. Als Betrieb gilt nach § 171 Satz 2 SGB III auch eine Betriebsabteilung. Dies ermöglicht die Gewährung von Kurzarbeitergeld in Teilen eines Betriebs; der erhebliche Arbeitsausfall muss dann nur in einer Betriebsabteilung gegeben sein.

3. Persönliche Voraussetzungen

Der Arbeitnehmer muss nach Beginn des Arbeitsausfalls seine versicherungspflichtige Beschäftigung fortsetzen oder aufnehmen. Das Arbeitsverhältnis darf nicht durch eine Kündigung oder einen Aufhebungsvertrag aufgelöst worden sein. Der Arbeitnehmer darf auch nicht vom Bezug des Kurzarbeitergelds ausgeschlossen worden sein. Ausgeschlossen sind Arbeitnehmer, die

- Anspruch auf eine Regelaltersrente haben,
- eine Rente wegen voller Erwerbsminderung beziehen,
- eine unständige Beschäftigung berufsmäßig ausüben,
- Unterhaltsgeld oder Übergangsgeld wegen der Teilnahme an einer beruflichen Weiterbildungsmaßnahme erhalten,
- Krankengeld beziehen,
- nicht an einer Arbeitsvermittlung durch die Agentur für Arbeit mitwirken.

4. Anzeige

Der Arbeitsausfall muss vom Arbeitgeber oder dem Betriebsrat der Agentur für Arbeit, in dessen Bezirk der Betrieb liegt, online oder schriftlich mitgeteilt werden. Hierbei muss glaubhaft gemacht werden, dass es sich um einen erheblichen Arbeitsausfall handelt und dass die betrieblichen Voraussetzungen für die Zahlung vorliegen (s. o. 2. und 3.). Die Monate, für die Kurzarbeitergeld bezogen wird, müssen dabei nicht direkt aufeinanderfolgen, sondern können auch unterbrochen werden. Arbeitgeber können Arbeitnehmer z. B. vorübergehend wieder voll beschäftigen, um einen neuen Auftrag zu bearbeiten. Erst ab einer Unterbrechung von drei Monaten muss eine (weitere) Kurzarbeit erneut bei der Agentur für Arbeit angezeigt werden.

Der Anzeige ist eine schriftliche Stellungnahme des Betriebsrats beizufügen. Fehlt die Stellungnahme des Betriebsrats, ist die Anzeige nicht unwirksam, da dadurch nicht die zu schützenden Rechte der Arbeitnehmer vernichtet werden sollen (BSG v. 30.5.1978, Az. 7/12 Rar 100/76). Die Bundesagentur gibt in diesem Fall von sich aus dem Betriebsrat die Möglichkeit zur Stellungnahme, bevor sie über den Antrag entscheidet. Da sich jedoch das Verfahren dadurch erheblich verzögert, sollte die Stellungnahme unbedingt dem Antrag beigefügt werden.

WICHTIG!

Der Arbeitgeber trägt das Risiko des rechtzeitigen Zugangs der Anzeige über Arbeitsausfall bei der Agentur für Arbeit bei Postversand. Er hat die Möglichkeit der elektronischen Anzeige und der persönlichen Abgabe. Nutzt er stattdessen den weniger sicheren Übermittlungsweg per Post und überwacht sodann nicht den rechtzeitigen Eingang, so hat er die mit einem unerwartet späten Anzeigezugang verbundenen negativen Folgen für den Anspruch auf Kurzarbeitergeld selbst zu verantworten (LSG NRW v. 13.5.2024, Az. L 20 AL 201/22).

Unterlässt der Arbeitgeber vollständig die Anzeige, kann er sich schadensersatzpflichtig machen.

5. Folgen fehlerhaft gewährten Kurzarbeitergeldes

Das Kurzarbeitergeld wird grundsätzlich vorläufig bewilligt und ausgezahlt. Ist die Kurzarbeit beendet, prüft die Agentur für Arbeit im Rahmen einer Abschlussprüfung abschließend, ob die Voraussetzungen für die Kurzarbeit tatsächlich erfüllt waren und in der richtigen Höhe gewährt wurde und erlässt einen entsprechenden Prüfbescheid. Es verbleibt damit für den Arbeitgeber bis zur Abschlussprüfung ein gewisses Restrisiko: Wurde zu viel Kurzarbeitergeld gewährt, wird die Agentur den Betrag zurückfordern. Wurde zu wenig Kurzarbeitergeld ausbezahlt, wird der fehlende Betrag im Rahmen eines Korrekturantrags nachgezahlt. In beiden Fällen sind die Entgeltabrechnungen jeweils zu korrigieren.

Lohnabtretung

I. Begriff

Der Arbeitnehmer kann seine Vergütungsansprüche gegen den Arbeitgeber an einen Dritten abtreten. Der Arbeitgeber darf, sobald ihm die Abtretung bekannt ist, das Entgelt nicht mehr an den Arbeitnehmer, sondern muss es an den Abtretungsempfänger (= neuer Gläubiger) auszahlen. Die Lohnabtretung hat in der Praxis große Bedeutung. Banken sichern auf diesem Wege ihre Ansprüche auf Rückzahlung von Darlehen. Versandhäuser oder auch Einzelhandelsgeschäfte erhalten mit der Abtretung eine Sicherung ihrer Kaufpreisforderungen.

II. Prüfungspflicht des Arbeitgebers

Der Arbeitgeber darf nur dann an den neuen Gläubiger zahlen, wenn die Abtretung wirksam ist. Er muss dies in eigener Verantwortung prüfen. Sofern in einem für das Arbeitsverhältnis verbindlichen Tarifvertrag, in einer Betriebsvereinbarung oder im Einzelarbeitsvertrag die Lohnabtretung ausgeschlossen ist (dazu unten V.), darf er sie auch nicht berücksichtigen.

Aber auch über diesen ersten Prüfungspunkt hinaus muss er sich sehr sorgfältig mit einer behaupteten Lohnabtretung befassen, will er nicht Gefahr laufen, an den falschen Gläubiger zu zahlen. Dazu sollte er stets die Aushändigung der Abtretungsurkunde (zumindest in Kopie) verlangen und diese Urkunde intensiv auf ihre Wirksamkeit prüfen (lassen). Dabei sind folgende Punkte zu beachten:

▸ Bestimmtheit der abgetretenen Forderung

Der vom Schuldner (Arbeitnehmer) zur Sicherheit abgetretene Anspruch muss seiner Art nach genau bezeichnet sein. Ist die Art der Forderung in der Klausel nicht ausdrücklich genannt, so ist dieser Anspruch auch nicht wirksam abgetreten.

Spricht eine formularmäßige Lohn- und Gehaltsabtretung lediglich von Lohn-, Gehalts-, Pensions- und sonstigen Entgeltansprüchen sowie von Provisions- und sonstigen Entgeltansprüchen, so sind Abfindungen nicht erfasst. Bei Abfindungen handelt es sich nicht um Entgeltansprüche. Die Auslegung einer solchen Formularformulierung über den Wortlaut hinaus ist nicht möglich; Zweifel bei der Auslegung dieser allgemeinen Geschäftsbedingung gehen gem. § 305c Abs. 2 BGB zu Lasten des Verwenders (LAG Köln v. 27.3.2006, Az. 14(9) Sa 1335/05).

▸ Bestimmtheit des zu sichernden Anspruchs

Der Anspruch des Gläubigers (z. B. der Bank) gegen den Schuldner (Arbeitnehmer) muss genau bezeichnet sein (z. B. Anspruch aus Darlehensvertrag Nr. ... vom ...).

▸ Begrenzung des Umfangs der Abtretung

Um eine unverhältnismäßige Übersicherung des Gläubigers zu verhindern, muss der Umfang der Abtretung (betragsmäßig) begrenzt sein, z. B. dadurch, dass dem Bruttokredit ein Pauschalbetrag für etwaige Rechtsverfolgungs- und Verzugskosten in der Größenordnung von 10–20 % zugeschlagen wird.

▸ Voraussetzungen der Offenlegung

Die Voraussetzungen der Offenlegung der Abtretung (z. B. Verzug mit Ratenzahlung) müssen in der Abtretungserklärung genau bezeichnet sein, da es zum Schutz des Schuldners nicht in das Belieben des Gläubigers gestellt sein darf, wann er die Forderung offen legt, d. h. an den Arbeitgeber herantritt.

So ist eine Regelung unzulässig, nach der die Abtretung bereits dann offen gelegt werden kann, wenn der Darlehensnehmer mit einem Betrag in Höhe von zwei Raten in Verzug ist. Nach der gesetzlichen Verbraucherschutzregelung ist eine Kündigung nach § 498 BGB nämlich erst möglich, wenn nicht nur Verzug hinsichtlich zwei aufeinander folgender Teilzahlungen eingetreten ist, sondern auch der ausstehende Betrag einen Mindestprozentsatz der Gesamtkreditsumme erreicht und zusätzlich der Darlehensnehmer eine zweiwöchige Frist zur Zahlung des rückständigen Betrages hat verstreichen lassen.

▸ Ankündigung der Offenlegung

Um dem Schuldner wegen der weitreichenden Bedeutung der Offenlegung Gelegenheit zu geben, eine solche Offenlegung durch Vorbringen von Einwendungen oder durch Bezahlung der rückständigen Raten noch abzuwenden, muss die Abtretungserklärung eine Klausel enthalten, aus der hervorgeht, dass dem Schuldner die Offenlegung rechtzeitig vorher angekündigt wird.

ACHTUNG!

Eine Lohnabtretungsklausel ist schon dann (mit großer Wahrscheinlichkeit) insgesamt unwirksam, wenn nur eine der fünf genannten Voraussetzungen nicht erfüllt ist.

Zur Verhinderung der Übersicherung sollte die Abtretung auch eine ausdrückliche Freigabeverpflichtung enthalten, in der berücksichtigt ist, dass das Sicherungsbedürfnis des Kreditgebers mit fortschreitender Tilgung des Kredits sinkt. Fehlt es an einer ausdrücklichen Freigeberegelung oder ist nur eine ermessensabhängig ausgestaltete Freigaberegelung enthalten, so führt dies jedoch nicht zur Unwirksamkeit der Abtretung, weil auch ohne ausdrückliche Regelung die Pflicht des Kreditgebers besteht, Sicherheiten freizugeben, wenn und soweit er sie endgültig nicht mehr benötigt.

III. Zahlungspflicht des Arbeitgebers

Bei den Folgen der Lohnabtretung für den Arbeitgeber ist zwischen einer wirksamen und einer unwirksamen Lohnabtretung zu unterscheiden.

1. Unwirksame Abtretung

Eine unwirksame Lohnabtretung hat keine Wirkungen.

Ist die Unwirksamkeit der Abtretung für den Arbeitgeber eindeutig, kann er sich gegenüber dem Gläubiger auf die Unwirksamkeit berufen und den Lohn vollständig an den Arbeitnehmer auszahlen. Es ist dann Sache des Gläubigers, Klage gegen den Arbeitgeber beim Arbeitsgericht zu erheben, das als Vorfrage die Wirksamkeit der Abtretung prüft. Dieser Weg ist aber nur zu empfehlen, wenn der Arbeitgeber sich absolut sicher ist, dass die Abtretung unwirksam ist.

TIPP!

Ist sich der Arbeitgeber nicht sicher, ob die Abtretung wirksam ist, kann er den Lohn beim Amtsgericht hinterlegen. Er muss dazu beim zuständigen Amtsgericht (in der Regel das des Arbeitsorts) einen Hinterlegungsantrag stellen (§ 372 BGB). Der Antrag kann mündlich oder schriftlich gestellt werden. Die Amtsgerichte halten in der Regel einen entsprechenden Vordruck bereit, in dem der zu hinterlegende Betrag, die sich streitenden Parteien (Arbeitnehmer und Gläubiger) sowie eine kurze Begründung für die Möglichkeit der Unwirksamkeit der Abtretung anzugeben sind.

2. Wirksame Abtretung

Ist die Abtretung unzweifelhaft wirksam, muss der Arbeitgeber den abgetretenen Teil des Lohns an den Gläubiger auszahlen. Er darf nicht mehr an den Arbeitnehmer zahlen. Tut er dies doch, kann der Gläubiger nochmalige Zahlung an sich verlangen.

3. Höhe der Zahlung

Abgetreten werden kann immer nur der Teil des Arbeitsentgelts, der nach der Lohnpfändungstabelle pfändbar ist (vgl. Lohnpfändung). Auch dann, wenn in der Abtretungsvereinbarung ein höherer Betrag oder pauschal „der gesamte Arbeitslohn" genannt ist, ist die Abtretung nur hinsichtlich des pfändbaren Teils wirksam.

ACHTUNG!

Der Arbeitgeber darf nur diesen pfändbaren Teil an den neuen Gläubiger auszahlen. Zahlt er mehr, kann der Arbeitnehmer (nochmalige) Zahlung an sich verlangen.

Der Arbeitgeber kann dem neuen Gläubiger die Einwendungen entgegensetzen, die er gegenüber dem Arbeitnehmer gehabt hätte. So kann er z. B. auch gegenüber dem neuen Gläubiger mit Gegenforderungen (z. B. Schadensersatzansprüchen gegen den Arbeitnehmer) aufrechnen.

IV. Kündigung wegen Lohnabtretung

Auch mehrere Lohnabtretungen rechtfertigen grundsätzlich keine Kündigung des Arbeitsverhältnisses durch den Arbeitgeber. Zwar kann die Bearbeitung zahlreicher Lohnabtretungen oder auch Lohnpfändungen zu einer erheblichen Belastung insbesondere in der Lohnbuchhaltung führen, doch wird diese nur in den seltensten Fällen ein solches Ausmaß erreichen, dass der Arbeitgeber sie nicht mehr hinnehmen muss. Erst dann, wenn ein derart großer Arbeitsaufwand verursacht wird, dass es zu wesentlichen Störungen des Betriebsablaufs kommt, kann ausnahmsweise eine Kündigung möglich sein. In diesem Fall ist auch eine Abmahnung nicht mehr erforderlich, BAG v. 4.11.1981, Az. 7 AZR 264/79. In einem Kündigungsrechtsstreit muss der Arbeitgeber sämtliche Umstände detailliert vortragen und beweisen.

V. Abtretungsverbot

Arbeitgeber und Arbeitnehmer können vereinbaren, dass der Arbeitnehmer seine Lohnansprüche gegen den Arbeitgeber nicht an einen Dritten abtreten darf (LAG Niedersachsen v. 16.6.2014, Az. 13 Sa 1327/13). § 399 BGB 2. Alt. BGB lässt auch die Vereinbarung eines Lohn- und Gehaltabtretungsausschlusses zwischen Gläubiger und Schuldner zu. Eine entsprechende Regelung kann bereits in den Arbeitsvertrag aufgenommen werden oder Gegenstand einer gesonderten Absprache sein. Aus Beweisgründen sollte stets die Schriftform gewählt werden.

Formulierungsbeispiel:

„Die Abtretung sowie die Verpfändung von Vergütungsansprüchen durch den Arbeitnehmer ist ausgeschlossen."

Auch im Rahmen einer mit dem Betriebsrat abzuschließenden Betriebsvereinbarung kann ein Lohnabtretungsverbot festgelegt werden. Ein auf diese Weise eingeführtes Verbot erfasst sowohl die zum Zeitpunkt des Abschlusses der Betriebsvereinbarung dem Betrieb bereits angehörenden Mitarbeiter als auch diejenigen Arbeitnehmer, die erst nach Abschluss der Betriebsvereinbarung in den Betrieb eintreten. Weder der Arbeitgeber noch der Betriebsrat können den Abschluss einer entsprechenden Betriebsvereinbarung über die Einigungsstelle erzwingen. Der Abschluss kann nur in Form einer sog. freiwilligen Betriebsvereinbarung nach § 88 BetrVG erfolgen. Gelegentlich finden sich auch Abtretungsverbote in Tarifverträgen. Diese erfassen alle Ansprüche, die nach Inkrafttreten des Tarifvertrags entstehen und fällig werden.

Ob sich allerdings die Einführung eines generellen Lohnabtretungsverbots im Betrieb empfiehlt, lässt sich nicht pauschal beantworten. Zwar entfällt einerseits für den Arbeitgeber bei bestehendem Lohnabtretungsverbot die gelegentlich schwierige Prüfung der Wirksamkeit einer behaupteten Abtretung, doch wird er andererseits häufiger mit arbeitsintensiven Lohnpfändungen rechnen müssen. Diese Vor- und Nachteile muss der Arbeitgeber jeweils für sich gegeneinander abwägen.

Lohnpfändung

I. Begriff

Kommt ein Arbeitnehmer seinen finanziellen Verpflichtungen gegenüber seinen Gläubigern nicht nach, können diese im Wege der Lohnpfändung Zugriff auf sein Arbeitseinkommen nehmen. Der Arbeitgeber als sog. Drittschuldner darf bei Vorliegen einer wirksamen Pfändung den Lohn nicht mehr an den Arbeitnehmer auszahlen, sondern muss ihn dem Betreiber der Pfändung – dem Gläubiger – aushändigen.

Da der Arbeitnehmer seinen Lebensunterhalt aber oftmals allein aus seinem Arbeitseinkommen bestreitet, ist der Zugriff nicht unbegrenzt; es bestehen vielmehr umfassende gesetzliche Bestimmungen, die die unterschiedlichen Interessen beider Seiten ausgleichen.

II. Voraussetzungen

1. Pfändungs- und Überweisungsbeschluss/Pfändungs- und Einziehungsverfügung

Voraussetzung einer jeden von Privatpersonen/Unternehmen betriebenen Pfändung ist ein sog. Pfändungs- und Überweisungsbeschluss. Dieser beinhaltet zwei gerichtliche Anordnungen:

Mit der **Pfändung** wird dem Drittschuldner (dem Arbeitgeber) durch das Gericht untersagt, die pfändbaren Anteile des Arbeitseinkommens an den Schuldner – den Arbeitnehmer – auszuzahlen; dem Schuldner wird aufgegeben, nicht über das pfändbare Arbeitseinkommen zu verfügen, d. h., dessen Auszahlung zu verlangen oder es abzutreten.

Durch die angeordnete **Überweisung** wird der Gläubiger ermächtigt, die pfändbaren Anteile des Arbeitseinkommens gegen den Drittschuldner (den Arbeitgeber) geltend zu machen, d. h. die Auszahlung zu verlangen.

Öffentlich-rechtliche Gläubiger, insbesondere Finanzämter, erreichen den gleichen Zweck durch Bekanntgabe einer Pfändungs- und Einziehungsverfügung (z. B. §§ 309, 314 AO).

1.1 Antrag des Gläubigers auf einen Pfändungs- und Überweisungsbeschluss

Der Pfändungs- und Überweisungsbeschluss wird nur auf Antrag des Gläubigers beim Vollstreckungsgericht (einer Abteilung des Amtsgerichts) erlassen. Dazu benötigt der Gläubiger einen gegen den Arbeitnehmer erwirkten Vollstreckungstitel, bei dem es sich in der Regel um ein Urteil oder einen im Mahnverfahren ergangenen Vollstreckungsbescheid handelt. Denkbar sind aber auch Verwaltungsbescheide oder notarielle Urkunden, aus denen sich die Verbindlichkeiten des Arbeitnehmers ergeben. Im Antrag müssen der Gläubiger, der Schuldner (der Arbeitnehmer), der Drittschuldner (der Arbeitgeber) und die Forderung aufgeführt sein, in die vollstreckt werden soll.

1.2 Inhalt des Pfändungs- und Überweisungsbeschlusses

Im Pfändungs- und Überweisungsbeschluss müssen der Gläubiger und Schuldner genau mit Vor- und Nachnamen, Anschrift und Beruf bezeichnet sein. Ungenauigkeiten oder Fehler können zur Unwirksamkeit des Beschlusses führen, mit der Folge, dass der Arbeitgeber ihn dann nicht beachten muss. Dies gilt insbesondere dann, wenn der Name oder die Adresse des Schuldners (des Arbeitnehmers) falsch angegeben sind, sofern es sich nicht nur um geringfügige Schreibfehler handelt.

Auch der Drittschuldner (der Arbeitgeber) ist im Beschluss zu nennen. Wird er unrichtig bezeichnet, führt dies allein jedoch nicht zur Unwirksamkeit des Beschlusses, wenn seine Identität zweifelsfrei feststeht, etwa weil es keine Firmen mit ähnlichem oder gleichem Namen gibt. Abgrenzungskriterium ist damit, ob der Arbeitgeber trotz der fehlerhaften Schreibweise oder sonstigen Angaben sofort und ohne weiteren Ermittlungsaufwand erkennbar ist und eine Verwechslung ausgeschlossen ist.

Beispiel:

Ein Pfändungs- und Überweisungsbeschluss ist nicht deshalb unwirksam, weil der Drittschuldner – die Firma A – fälschlicherweise als A-KG und nicht als A-GmbH bezeichnet ist.

Der Pfändungs- und Überweisungsbeschluss muss schließlich auch die Forderung des Arbeitnehmers gegen den Arbeitgeber angeben, in die vollstreckt werden soll. Auf dem in der Praxis üblicherweise verwendeten Aufdruck findet sich folgende Formulierung: „Anspruch auf Zahlung des gesamten gegenwärtigen und künftigen Arbeitseinkommens (einschließlich des Geldwerts von Sachbezügen) unter Berücksichtigung der Pfändungsfreigrenze gemäß §§ 850 ff. ZPO."

Erfasst wird damit nicht nur das wiederkehrende (klassische) Arbeitseinkommen, sondern alle wiederkehrenden oder einmalig zu leistenden Vergütungen, die der Arbeitnehmer aufgrund seiner Arbeitsleistung vom Arbeitgeber erhält (z. B. Urlaubs- und Weihnachtsgeld, Lohnfortzahlung bei Krankheit, Urlaubsabgeltung, Abfindungen). Ebenso erfasst werden aber auch Naturalleistungen. Zu Letzteren gehört die Überlassung eines dienstlichen PKW zur privaten Nutzung. Der Wert beträgt dabei 1 % des Listenpreises. Keine Naturalleistung stellt dagegen der nach § 8 Abs. 2 Satz 3 EStG anzusetzende geldwerte Vorteil für die Nutzung des Fahrzeugs auf dem Weg von der Wohnung zum Betrieb in Höhe von monatlich 0,03 % des Listenpreises für jeden Entfernungskilometer dar (BAG v. 31.5.2023, Az. 5 AZR 273/22). In die Pfändung einbezogen werden des Weiteren Betriebsrenten (BAG v. 23.2.2016, Az. 9 AZR 226/15), aber auch Schadensersatzforderungen des Arbeitnehmers gegen den Arbeitgeber, sofern diese an die Stelle von Vergütungsansprüchen getreten sind (so BAG v. 6.5.2009, Az. 10 AZR 834/08 – für eine Schadensersatzforderung wegen Verstoßes gegen das Nachweisgesetz, einer daraus folgenden Unkenntnis einer tariflichen Ausschlussfrist und einer deshalb nicht rechtzeitigen Geltendmachung von Vergütungsansprüchen). Trinkgelder gehören dagegen nicht zum Arbeitseinkommen.

1.3 Zustellung

Der Pfändungs- und Überweisungsbeschluss wird dem Arbeitgeber vom Gerichtsvollzieher zugestellt. Dies geschieht entweder durch den Gerichtsvollzieher selbst oder durch die von ihm beauftragte Post. Behörden stellen ihre Pfändungs- und Einziehungsverfügungen fast immer per Post zu. Über die Zustellung wird eine Urkunde erstellt.

2. Bestehendes Arbeitsverhältnis

Neben einem Pfändungs- und Überweisungsbeschluss bzw. einer Pfändungs- und Einziehungsverfügung ist Voraussetzung der Lohnpfändung, dass ein Arbeitsverhältnis zwischen dem Schuldner und dem Drittschuldner besteht. Dabei ist nicht entscheidend, ob das Arbeitsverhältnis rechtswirksam ist, sondern nur, ob es tatsächlich durchgeführt wird (sog. faktisches Arbeitsverhältnis). Ist das Arbeitsverhältnis zum Zeitpunkt der Pfändung bereits beendet und der Lohn an den Arbeitnehmer ausgezahlt worden, geht die Lohnpfändung ins Leere.

Tritt der Arbeitnehmer nach Beendigung eines Arbeitsverhältnisses erneut in ein Arbeitsverhältnis mit demselben Arbeitgeber ein, erstreckt sich die Lohnpfändung auch auf dieses neue Arbeitsverhältnis, wenn es innerhalb von neun Monaten nach Beendigung des vorangehenden Arbeitsverhältnisses begründet wird (§ 833 Abs. 2 ZPO).

III. Pflichten des Arbeitgebers

Liegt dem Arbeitgeber ein wirksamer Pfändungs- und Überweisungsbeschluss bzw. im Falle eines öffentlich-rechtlichen Gläubigers eine Einziehungsverfügung vor, muss er auf Verlangen des Gläubigers die sog. Drittschuldnererklärung abgeben sowie das pfändbare Nettoeinkommen ermitteln und dieses an den Gläubiger abführen.

1. Drittschuldnererklärung

Der Arbeitgeber ist auf Verlangen des Gläubigers verpflichtet, diesem innerhalb von zwei Wochen nach Zustellung des Überweisungsbeschlusses Auskünfte zu geben. Die sog. Drittschuldnererklärung (Muster s. u. XIII.1.) dient der Information des Gläubigers, damit dieser über die Erfolgsaussichten seiner Pfändung unterrichtet ist. Der Arbeitgeber darf die Abgabe der Drittschuldnererklärung nicht mit dem Hinweis auf Geheimhaltungspflichten oder den Datenschutz verweigern. Der Betriebsrat ist bei der Abgabe der Drittschuldnererklärung nicht zu beteiligen; er hat weder ein Mitbestimmungs- noch ein Informationsrecht.

Der Auskunftsanspruch des Gläubigers erstreckt sich dabei auf folgende Fragen (§ 840 ZPO):

- ob und inwieweit der Arbeitgeber die gepfändete Forderung (d. h. den Gehaltsanspruch) als begründet anerkennt und zur Zahlung bereit ist,
- ob und welche Ansprüche andere Personen an die Forderung (d. h. den Gehaltsanspruch) geltend machen (Hauptbeispiel: Die Forderung ist vom Arbeitnehmer bereits an eine andere Person abgetreten worden.),
- ob und wegen welcher Ansprüche die Forderung (d. h. der Gehaltsanspruch) bereits für andere Gläubiger gepfändet wurde.

Verweigert der Arbeitgeber die Auskunft oder gibt er keine ordnungsgemäße Auskunft, kann der Gläubiger die Abgabe der Drittschuldnererklärung nicht gerichtlich erzwingen.

ACHTUNG!

Der Arbeitgeber macht sich in diesem Fall aber schadensersatzpflichtig. Er muss dem Gläubiger den Schaden ersetzen, der ihm durch eine verweigerte, verspätete oder unrichtige Drittschuldnererklärung entsteht. Klagt der Gläubiger z. B. die Forderung ein und stellt sich im Prozess heraus, dass die gepfändete Forderung gar nicht besteht, so hat der Arbeitgeber als Schadensersatz die dem Gläubiger entstandenen Prozesskosten (Gerichtskosten und Kosten des gegnerischen Anwalts!) zu tragen. Unterlässt der Gläubiger es dagegen, wegen einer unterbliebenen oder unrichtigen Auskunft Maßnahmen gegen den Schuldner einzuleiten, so erstreckt sich der Schadensersatzanspruch gegen den Arbeitgeber auf diesen Ausfall, wenn die ansonsten eingeleiteten Maßnahmen zum Erfolg geführt hätten.

Stellt sich nach Abgabe der Erklärung heraus, dass diese unrichtig oder unvollständig war, muss der Arbeitgeber seine Auskunft ergänzen bzw. korrigieren.

Beispiel:

Erst nach Abgabe der Drittschuldnererklärung legt der Arbeitnehmer dem Arbeitgeber eine Lohnabtretung vor, die vor dem Zeitpunkt der Pfändung vorgenommen wurde.

Zu weiteren Auskünften ist der Arbeitgeber **nicht** verpflichtet. Er muss also insbesondere keine Auskunft über den Brutto- bzw. Nettolohn, die Steuerklasse oder die Zahl der Unterhaltsberechtigten des Arbeitnehmers geben. Dennoch kann es sinnvoll sein, eine Lohnabrechnung an den Gläubiger zu erteilen, um Rückfragen vorwegzunehmen und Auseinandersetzungen – insbesondere eine Drittschuldnerklage – zu vermeiden.

WICHTIG!

Der Arbeitgeber kann vom Gläubiger keinen Ersatz der Kosten verlangen, die durch die Erteilung der Drittschuldnerauskunft entstehen. Zur möglichen Abwälzung der Kosten auf den Arbeitnehmer vgl. unten X.

2. Abführung der pfändbaren Beträge

Bei Vorliegen eines wirksamen Pfändungs- und Überweisungsbeschlusses bzw. einer Pfändung- und Einziehungsverfügung eines öffentlich-rechtlichen Gläubigers ist der Arbeitgeber verpflichtet, die **pfändbaren** Vergütungsbestandteile an den Gläubiger auszuzahlen. Er darf sie keinesfalls mehr an den Arbeitnehmer zahlen.

ACHTUNG!

Zahlt der Arbeitgeber ungeachtet des Beschlusses an den Arbeitnehmer, kann der Gläubiger weiterhin von ihm die Zahlung verlangen. Damit ist er doppelt in Anspruch genommen und kann sich nicht darauf berufen, bereits an den Arbeitnehmer gezahlt zu haben. Gegen diesen hat er dann zwar einen Rückzahlungsanspruch, der jedoch möglicherweise nur mit großen Schwierigkeiten durchzusetzen ist. Die Berechnung des pfändbaren Einkommens muss der Arbeitgeber in eigener Verantwortung vornehmen. Dazu muss er zunächst das für die Pfändung maßgebende Nettoeinkommen ermitteln. Anhand dieses Einkommens kann er dann den an den Gläubiger zu zahlenden Betrag aus der Pfändungstabelle ablesen.

3. Berechnung des pfändbaren Nettoeinkommens

Das Nettoeinkommen im Sinne der Lohnpfändung ist nicht gleichzusetzen mit dem, was üblicherweise unter dem Begriff „Nettoeinkommen" (Betrag, der dem Arbeitgeber nach Abzug der Steuern und Sozialabgaben bleibt) verstanden wird. Bei der Lohnpfändung sind bestimmte Einkommensbestandteile gänzlich unpfändbar, d. h. der Gläubiger hat darauf keinen Zugriff. Diese Teile (+ Steuern und Sozialabgaben) muss der Arbeitgeber vom Bruttoeinkommen abziehen und erhält dann erst das für die Pfändung maßgebliche Nettoeinkommen.

Nicht zum Bruttoeinkommen zählen hier:

- Vermögenswirksame Leistungen
- Arbeitnehmersparzulage
- Beiträge zur betrieblichen Altersversorgung – und dies selbst dann nicht, wenn die Entgeltumwandlungsvereinbarung erst nach Zustellung eines Pfändungs- und Überweisungsbeschlusses getroffen wurde (vgl. dazu BAG v. 14.10.2021, Az. 8 AZR 96/20)
- Lohn-/Einkommensteuererstattungsansprüche
- Kindergeld
- Mutterschaftsgeld
- Erziehungsgeld
- Ausbildungsvergütung
- Trinkgelder
- Insolvenzausfallgeld
- Wintergeld.

Dagegen gehören Natural-/Sachleistungen – wie etwa die private Nutzung eines Dienstwagens, deren Sachwert mit der von der Finanzverwaltung vorgegeben 1 %-Regelung anzusetzen ist (BAG v. 31.5.2023, Az. 5 AZR 273/22) – zum Bruttoeinkommen. Ausdrücklich bestimmt § 850e Nr. 3 Satz 1 ZPO, dass Geld- und Naturalleistungen zusammenzurechnen sind.

Der Berechnungsweg läuft wie folgt:

Bruttoeinkommen (incl. aller Zulagen, Überstundenvergütung, Weihnachtsgeld etc.) ....

zzgl. Natural-/Sachleistungen (Dienstwagen etc.) ....

abzgl. unpfändbare Einkommensteile (Brutto):

- Überstundenvergütung (d. h. der Stundenlohn an sich sowie Zuschläge für Mehrarbeitsstunden) zur Hälfte ....
- Urlaubsgeld, nicht aber Urlaubsentgelt! ....

- Weihnachtsvergütung (bis zur Hälfte des mtl. Einkommens, höchstens aber 500 €), wobei stets genau zu prüfen ist, ob es sich um Weihnachtsvergütung in diesem Sinne handelt – nämlich eine Leistung, die typischerweise zur Deckung des zur Weihnachtszeit erhöhten Aufwands erbracht wird (BAG v. 18.5.2016, Az. 10 AZR 233/15) und nicht nur um eine zusätzliche Vergütung für erbrachte Arbeitsleistungen. Insbesondere dann, wenn eine Sonderzahlung nicht zu Weihnachten, sondern in ratierlicher Zahlung zu einem großen Teil vor Weihnachten gezahlt wird und ihre Höhe von der erbrachten Arbeitsleistung abhängig ist, handelt es sich nicht um eine (teilweise) unpfändbare Weihnachtsvergütung. ....
- Jubiläumszuwendungen, Treuegelder ....
- Aufwandsentschädigungen (Erstattung von Reisekosten oder -spesen, Tage- und Übernachtungsgelder, Erstattung von Umzugskosten etc.) ....
- Auslösungsgelder ....
- Zulagen für auswärtige Beschäftigung ....
- Gefahren-, Schmutz-, Erschwerniszulagen, zu denen auch Nachtarbeitszuschläge (BGH v. 29.6.2016, Az. VII ZB 4/15; BAG v. 20.7.2016, Az. 10 AZR 859/16) sowie Feiertags- und Sonntagszuschläge gehören, nicht aber Zulagen für Schicht-, Samstags- oder sog. Vorfestarbeit (BAG, a. a. O.; BGH v. 20.9.2018, Az. IX ZB 41/16). ....
- Entgelt für selbst gestelltes Arbeitsmaterial ....
- Beihilfen (Heirats-, Geburts- oder Studienbeihilfen)..........
- Sterbe- und Gnadenbezüge ....
- Blindenzulagen ....

abzgl. Steuern und Sozialabgaben, die auf das Bruttoeinkommen ohne die unpfändbaren Bezüge berechnet werden (sog. **Nettomethode** – vgl. BAG v. 17.4.2013, Az. 10 AZR 59/12):

- Lohnsteuer ....
- Solidaritätszuschlag ....
- Kirchensteuer ....
- Sozialversicherungsbeiträge (Kranken-, Renten-, Pflege-, Arbeitslosenversicherung) ....
- Beiträge zur privaten Krankenversicherung, jedoch nur, soweit sie den Rahmen des Üblichen nicht übersteigen ....

Maßgebliches Nettoeinkommen: ....

4. Ermittlung des Pfändungsbetrags

Nach der Berechnung des Nettoeinkommens muss der Arbeitgeber ermitteln, wie vielen Personen der Arbeitnehmer zum Unterhalt verpflichtet ist. Er kann hierbei auf die lohnsteuerlichen Angaben des Arbeitnehmers zurückgreifen, es sei denn, dass er konkrete Anhaltspunkte zu Zweifeln an der Richtigkeit dieser Angaben und damit an der Zahl der unterhaltsberechtigten Personen hat (LAG Hamm v. 15.4.2015, Az. 2 Sa 1325/14).

TIPP!

Da die Zahl der Personen, denen der Arbeitnehmer zum Unterhalt verpflichtet ist, von den lohnsteuerlichen Angaben häufig abweicht, empfiehlt es sich für den Arbeitgeber jedoch unabhängig von seiner rechtlichen Verpflichtung zur Vermeidung späterer Auseinandersetzungen mit dem Gläubiger, sich vom Arbeitnehmer schriftlich bestätigen zu lassen, wie vielen Personen gegenüber er tatsächlich unterhaltsberechtigt ist.

Als Unterhaltsberechtigte gelten nur der Ehegatte und die gradlinigen Verwandten (Kinder, Enkelkinder, Eltern), wenn den Arbeitnehmer diesen gegenüber eine gesetzliche Unterhaltspflicht trifft. Vertraglich vereinbarte Unterhaltspflichten sind nicht zu berücksichtigen.

Beispiel:

Legt der Arbeitnehmer dem Arbeitgeber eine Vereinbarung vor, nach der er seiner Lebensgefährtin (nicht ehelichen Partnerin) Unterhalt schuldet, darf der Arbeitgeber diese nicht berücksichtigen. Dies gilt auch dann, wenn die nicht eheliche Partnerin kein eigenes Einkommen hat und der Arbeitnehmer deshalb mit seinem Einkommen die nicht eheliche Gemeinschaft unterhält.

Wird dem Arbeitgeber von seinem Arbeitnehmer mitgeteilt, dass er verheiratet ist und eine bestimmte Zahl minderjähriger Kinder zu unterhalten hat, so kann er im Falle von Pfändungs- und Überweisungsbeschlüssen bei der Berechnung des pfändbaren Teils des Arbeitseinkommens von einer entsprechenden Zahl unterhaltsberechtigter Personen ausgehen, ohne irgendwelche Nachforschungen anstellen zu müssen.

Nur wenn der Arbeitnehmer volljährige oder verheiratete Kinder oder sonstige Angehörige als unterhaltsberechtigte Personen berücksichtigt wissen will, muss der Arbeitgeber prüfen, ob entsprechende Unterhaltsansprüche bestehen (BAG v. 26.11.1986, Az. 4 AZR 786/85).

Der Arbeitgeber muss auch klären, ob der Arbeitnehmer seinen Pflichten nachkommt und tatsächlich Unterhalt zahlt. Dabei darf er sich jedoch grundsätzlich auf die Angaben des Arbeitnehmers und die von ihm beigebrachten Nachweise verlassen, solange er nicht sichere Anhaltspunkte für die Unrichtigkeit der Angaben seines Arbeitnehmers hat. So ist bei Ehegatten, die in häuslicher Gemeinschaft leben, grundsätzlich davon auszugehen, dass Unterhalt geleistet wird, während bei getrennt lebenden Ehegatten der Arbeitnehmer nachweisen muss, dass er tatsächlich Unterhalt leistet (BAG v. 28.8.2013, Az. 10 AZR 323/12).

Anhand des Nettoeinkommens und der Anzahl der Unterhaltsberechtigten ist der pfändbare Betrag aus der Pfändungstabelle abzulesen (s. u. XIV.). Die Tabelle ist untergliedert in monatliche/wöchentliche/tägliche Lohnzahlung und nach der Zahl der Unterhaltsberechtigten.

Beispiel:

Der Arbeitnehmer hat ein monatliches Nettoeinkommen von 2.930 €, ist verheiratet und hat zwei kleine Kinder (also drei Unterhaltsberechtigte). Nach der Tabelle sind 41,31 € pfändbar.

Die Obergrenze bei der Zahl der Unterhaltsberechtigten liegt bei fünf. Ist der Arbeitnehmer mehr als fünf Personen zum Unterhalt verpflichtet, ändert sich der pfändbare Betrag dadurch nicht mehr.

Wenn das Nettoeinkommen unter einer bestimmten Grenze liegt, ist laut Tabelle nichts pfändbar. Diese sog. Pfändungsfreigrenze liegt bei einem Arbeitnehmer ohne Unterhaltsverpflichtungen bei 1599,99 € monatlich (bzw. 359,99 € wöchentlich und 71,99 € täglich). Sie erhöht sich je nach der Zahl der Unterhaltsberechtigten.

Beispiel:

Der Arbeitnehmer hat ein monatliches Nettoeinkommen von 2.790 €, ist verheiratet und hat zwei Kinder. Nach der Tabelle ist nichts pfändbar.

Übersteigt das Nettoeinkommen den Betrag von 4.766,99 € monatlich (bzw. 1097,05 € wöchentlich und 219,42 € täglich), ist der übersteigende Rest voll pfändbar, und zwar unabhängig von der Zahl der Unterhaltsberechtigten.

Beispiel:

Der Schuldner ist verheiratet und hat zwei Kinder. Sein Nettoeinkommen beträgt 5.000 € pro Monat. Nach der Tabelle sind zunächst bei drei Unterhaltsberechtigten 590,31 € pfändbar. Dazu kommt nun der Differenzbetrag zwischen 5.000 € und 4.766,99 €= 233,01 €. Pfändbar sind also 823,32 €.

IV. Besonderheiten bei Pfändung wegen Unterhaltsansprüchen

Bei der Pfändung wegen Unterhaltsansprüchen ist die Pfändungstabelle **nicht** anwendbar. Der unpfändbare Betrag, der dem Arbeitnehmer bleiben muss, wird hier vom Gericht im Pfändungs- und Überweisungsbeschluss festgesetzt. Der Arbeitgeber muss diesen Betrag vom errechneten Nettoeinkommen abziehen und den Rest an den Gläubiger zahlen.

Die Berechnung des Nettoeinkommens läuft wie die Berechnung bei der Pfändung wegen „normaler" Ansprüche (s. o. III.3.), abgesehen von einigen Ausnahmen: Vom Bruttoeinkommen sind abzuziehen

- bei der **Überstundenvergütung:** nicht 50 %, sondern nur **25 %**
- beim **Weihnachtsgeld:** nicht 50 %, sondern nur **25 %** (höchstens 250 €)
- beim **Urlaubsgeld:** nicht der volle Betrag, sondern nur **50 %**
- bei **Jubiläumszuwendungen/Treuegeldern:** nicht der volle Betrag, sondern nur **50 %.**

V. Mehrere Pfändungen

Wird der Lohn des Arbeitnehmers von mehreren Gläubigern gepfändet, darf der Arbeitgeber nicht alle Pfändungen gleich behandeln; er muss vielmehr eine bestimmte Rangfolge beachten. Hierbei kommt es darauf an, ob es sich um „normale" Pfändungen oder um privilegierte Forderungen handelt, d. h. Pfändungen wegen Unterhaltsansprüchen oder Pfändungen wegen einer Forderung aus einer vorsätzlich begangenen unerlaubten Handlung (§ 805f Abs. 2 ZPO) – also z. B. Schmerzensgeld oder Schadensersatz wegen einer Körperverletzung.

Treffen mehrere normale Pfändungen zusammen, kommt es auf den Zeitpunkt der Zustellung der einzelnen Pfändungs- und Überweisungsbeschlüsse an. Die früher zugestellte Pfändung hat den Vorrang; erst, wenn dieser Gläubiger den gesamten geschuldeten Betrag erhalten hat, kommen die anderen, wiederum in der Reihenfolge des Eingangs der Pfändungs- und Überweisungsbeschlüsse beim Arbeitgeber zum Zug. Der Arbeitgeber muss daher alle eingegangenen Beschlüsse sorgfältig vormerken. Zieht er (versehentlich) nachrangige Gläubiger vor, macht er sich den anderen gegenüber schadensersatzpflichtig.

Treffen mehrere Pfändungen wegen Unterhaltsansprüchen zusammen, richtet sich die Rangfolge **nicht** nur nach der zeitlichen Zustellung der Beschlüsse, sondern zusätzlich nach dem Unterhaltsrecht des BGB. Auch wenn eine oder mehrere normale Pfändungen mit einer oder mehreren Pfändungen wegen Unterhaltsansprüchen zusammentreffen, wird die Ermittlung der Rangfolge für den Arbeitgeber sehr kompliziert.

TIPP!

Wenn mehrere Pfändungen zusammentreffen, ist der Arbeitgeber berechtigt, den pfändbaren Betrag beim Amtsgericht zu hinterlegen (s. u. VIII.). Davon sollte er Gebrauch machen, um kein Haftungsrisiko einzugehen.

VI. Zusammentreffen von Pfändung und Abtretung

Auch die Rangfolge zwischen → *Lohnabtretung* und Lohnpfändung wird von der zeitlichen Reihenfolge bestimmt. Entscheidend ist, ob zuerst der Abtretungsvertrag geschlossen oder der Pfändungs- und Überweisungsbeschluss zugestellt worden ist. Für den Arbeitgeber bedeutet dies, dass er das Datum der Abtretungsvereinbarung zwischen dem Arbeitnehmer und dem Dritten ermitteln muss.

WICHTIG!

Nicht entscheidend ist, wann dem Arbeitgeber die Abtretung mitgeteilt worden ist.

Ihm gegenüber nicht offen gelegte Abtretungen kann der Arbeitgeber zwar bis zur Bekanntgabe nicht berücksichtigen (und er darf dementsprechend den Lohn an den pfändenden Gläubiger des Arbeitnehmers auszahlen), doch ist eine zeitlich vor der Pfändung erfolgte Abtretung ab dem Zeitpunkt ihrer Bekanntgabe vorrangig zu behandeln.

VII. Aufrechnung

Hat der Arbeitgeber seinerseits Ansprüche gegen den Arbeitnehmer, kann er damit gegen die Lohnforderung des Arbeitnehmers aufrechnen (im Normalfall in jedem Abrechnungszeitraum allerdings nur bis zur Höhe des nach der Lohnpfändungstabelle pfändbaren Betrags!).

Diese Möglichkeit kann er auch gegenüber dem Gläubiger geltend machen. Dabei muss unterschieden werden, ob die Aufrechnung vor oder nach der Pfändung erfolgt:

1. Aufrechnung vor Pfändung

Mit der Aufrechnung erlischt der Lohnanspruch des Arbeitnehmers in Höhe des Aufrechnungsbetrags. Dieser Betrag steht damit auch dem Gläubiger nicht mehr zur Verfügung.

Ist der Aufrechnungsbetrag größer als der pfändbare Betrag, ist also durch die Aufrechnung der gesamte pfändbare Teil des Einkommens „aufgebraucht", muss der Arbeitgeber die Pfändung vormerken, und, sobald die Aufrechnung erledigt ist, den frei werdenden Betrag an den Gläubiger auszahlen. Ist der Aufrechnungsbetrag geringer als der pfändbare Betrag, ist die Differenz an den Gläubiger auszuzahlen.

2. Aufrechnung nach Pfändung

Liegt eine Pfändung vor, kann der Arbeitgeber nur dann aufrechnen, wenn seine Forderung **vor** der Zustellung des Pfändungs- und Überweisungsbeschlusses entstanden **und** fällig geworden ist. Wann der Arbeitgeber die Aufrechnung erklärt, spielt keine Rolle.

Ist die Arbeitgeber-Forderung zwar vor der Zustellung des Pfändungs- und Überweisungsbeschlusses entstanden, aber erst nachher fällig geworden, kann mit dieser Forderung nur gegen solche Lohnansprüche aufgerechnet werden, die gleichzeitig oder erst nach der Arbeitgeber-Forderung fällig werden.

VIII. Hinterlegung

1. Zulässigkeit

Treffen mehrere Pfändungen bzw. Pfändungen und Abtretungen zusammen, ist für den Arbeitgeber nicht immer zweifelsfrei zu ermitteln, an wen er den pfändbaren Lohn auszahlen muss. Die Wirksamkeit von mündlich abgeschlossenen Abtretungsvereinbarungen wird er kaum überprüfen können. Insbesondere aber dann, wenn ihm nach der Zustellung eines Pfändungs- und Überweisungsbeschlusses eine Abtretungsvereinbarung vorgelegt wird, die auf einen Zeitpunkt datiert ist, der vor der Zustellung des Beschlusses liegt, ist Vorsicht geboten. Der Arbeitgeber ist in seinem Vertrauen auf die Richtigkeit des Abtretungszeitpunkts nicht geschützt. Zahlt er an den Abtretungsempfänger und stellt sich später heraus, dass die Abtretungserklärung zurückdatiert wurde, muss er den pfändbaren Lohn nochmals an den Gläubiger auszahlen.

Im Hinblick auf diese Unsicherheiten gibt ihm das Gesetz die Möglichkeit, den pfändbaren Betrag beim zuständigen Amtsgericht (dies ist in der Regel das des Arbeitsorts) zu hinterlegen. Er wird damit von seiner Pflicht zur Zahlung frei; die beteiligten Gläubiger und der Arbeitnehmer müssen dann untereinander klären, wem der hinterlegte Betrag zusteht.

Die Hinterlegung ist aber nur möglich bei mehreren Pfändungen bzw. beim Zusammentreffen von Pfändung und Abtretung oder aber wenn der Arbeitgeber Zweifel an der Richtigkeit einer

Pfändung oder Abtretung hat. Probleme bei der Berechnung des pfändbaren Einkommens reichen nicht aus.

2. Verfahren

Der Arbeitgeber muss beim Amtsgericht (Hinterlegungsstelle) einen Antrag auf Erlass einer sog. „Annahmeanordnung" stellen. Die Gerichte halten in der Regel dafür einen entsprechenden Vordruck bereit. In diesem müssen der zu hinterlegende Betrag, die Gläubiger und der Arbeitnehmer genannt werden sowie die Gründe für die Hinterlegung.

Es gibt zwei Arten der Hinterlegung, je nachdem, aus welchem Grund hinterlegt wird:

2.1 Hinterlegung nach § 372 BGB

Nach § 372 BGB kann der Arbeitgeber hinterlegen, wenn er Zweifel an der Richtigkeit der Pfändung hat und nicht weiß, ob er an den Arbeitnehmer oder an den Gläubiger auszahlen muss, oder wenn eine Pfändung und Abtretung/en zusammentreffen und der Arbeitgeber Zweifel an der Wirksamkeit oder am zeitlichen Vorrang der Abtretung/en hat.

Hierbei muss der Arbeitgeber

- im Antrag ausdrücklich auf das Recht zur Rücknahme verzichten, sonst bleibt er weiterhin zur Zahlung verpflichtet,
- die Hinterlegung den Gläubigern und dem Arbeitnehmer mitteilen (tut er das nicht, macht er sich schadensersatzpflichtig; Muster s. u. XIII.2.),
- die Hinterlegungsstelle benachrichtigen, wenn noch weitere Gläubiger pfänden und diesen Gläubigern auch die Hinterlegung mitteilen.

2.2 Hinterlegung nach § 853 ZPO

Nach § 853 ZPO kann der Arbeitgeber immer dann hinterlegen, wenn mehrere Pfändungen zusammentreffen. Das Vorliegen einer zweifelhaften Rechtslage, wem tatsächlich der pfändbare Betrag zusteht, ist dazu nicht erforderlich.

Der Arbeitgeber muss hierbei auf das Recht zur Rücknahme nicht ausdrücklich verzichten, er muss die Hinterlegung auch nicht den Gläubigern und dem Arbeitnehmer mitteilen (um eventuelle Auseinandersetzungen zu vermeiden, ist die Mitteilung trotzdem zu empfehlen). Er muss aber stattdessen

- die Hinterlegung dem Vollstreckungsgericht anzeigen, dessen Pfändungs- und Überweisungsbeschluss ihm zuerst zugestellt wurde (Muster s. u. XIII.2.4),
- die Hinterlegungsstelle und das Vollstreckungsgericht benachrichtigen, wenn noch weitere Gläubiger pfänden.

IX. Vorpfändung (Vorläufiges Zahlungsverbot)

Vor der eigentlichen Lohnpfändung auf der Grundlage eines Pfändungs- und Überweisungsbeschlusses kann der Gläubiger des Arbeitnehmers dem Arbeitgeber durch den Gerichtsvollzieher eine Vorpfändung zustellen lassen. Er kann damit verhindern, dass ihm andere Gläubiger bei der Pfändung der Arbeitsvergütung zuvorkommen.

In diesem Papier, das zumeist vom Gläubiger oder dessen Anwalt, manchmal auch vom Gerichtsvollzieher ausgestellt ist (jedoch nicht vom Gericht!) wird dem Arbeitgeber mitgeteilt, dass eine Lohnpfändung wegen eines Gläubigeranspruchs, für den ein Vollstreckungstitel besteht, unmittelbar bevorsteht. Der Arbeitgeber als Drittschuldner wird zugleich aufgefordert, nicht mehr an den Schuldner zu leisten. Der Lohn ist damit vom Arbeitgeber einstweilen einzubehalten.

Folgt die eigentliche Lohnpfändung innerhalb eines Monats nach der Zustellung der Vorpfändung, wird sie so behandelt, als wäre sie zum Zeitpunkt der Zustellung der Vorpfändung wirksam geworden. Der Arbeitgeber muss den zurückbehaltenen Lohn dann an den Gläubiger auszahlen.

Dagegen entfällt die Wirkung der Vorpfändung rückwirkend, wenn dem Arbeitgeber nicht innerhalb der Frist der Pfändungs- und Überweisungsbeschluss zugestellt wird. Der zurückbehaltene Lohn ist dann an den Arbeitnehmer auszuzahlen.

X. Weiterbelastung der Kosten an den Arbeitnehmer

Grundsätzlich hat der Arbeitgeber die Kosten der Lohnpfändung zu tragen; ein gesetzlicher Kostenerstattungsanspruch existiert nicht. Regelungen in freiwilligen Betriebsvereinbarungen, die dem Arbeitgeber die Möglichkeit geben, die Kosten auf den Arbeitnehmer abzuwälzen, sind nach der Rechtsprechung des BAG unwirksam (BAG v. 18.7.2006, Az. 1 AZR 578/05). Ob der Arbeitgeber die Kosten im Rahmen einer Vereinbarung, die in der Form von Allgemeinen Geschäftsbedingungen getroffen wird, dem Arbeitnehmer auferlegen kann, ist vom BAG bisher nicht entschieden. Der BGH hat jedoch bereits für nicht arbeitsrechtliche Konstellationen die Wirksamkeit vergleichbarer Regelungen im Hinblick auf die gesetzlichen AGB-Vorschriften verneint. Es ist zu erwarten, dass das BAG dieser Auffassung für den Bereich der Lohnpfändung folgen wird.

Es kann daher allenfalls eine Vereinbarung getroffen werden, die nicht den Charakter einer Standardklausel hat und nicht Teil eines standardisierten Anstellungsvertrags ist.

Formulierungsbeispiel:

„Herr/Frau ...... trägt die dem Unternehmen durch eine Lohnpfändung entstehenden tatsächlichen Auslagen. Diese werden mit € 15 pauschaliert. Weist das Unternehmen höhere Aufwendungen nach, sind auch diese zu erstatten. Herrn/Frau .... wird der Nachweis gestattet, ein Schaden oder ein Aufwand sei überhaupt nicht entstanden oder wesentlich niedriger als der Pauschbetrag."

Nur die unmittelbaren Kosten der Lohnpfändung (Papier, Kopien, Telefon, Porto usw.) könnten damit – vorausgesetzt eine individualvertragliche Regelung wäre tatsächlich als individualvertragliche Regelung anzusehen und hielte einer gerichtlichen Kontrolle stand – dem Arbeitnehmer auferlegt werden. Dagegen können unter keinen Umständen die allgemeinen Geschäftskosten oder das Gehalt des mit der Lohnpfändung befassten Mitarbeiters der Personalabrechnung geltend gemacht werden.

XI. Kündigung wegen Lohnpfändung

Auch mehrere Lohnpfändungen rechtfertigen grundsätzlich keine Kündigung des Arbeitsverhältnisses durch den Arbeitgeber. Zwar kann die Bearbeitung einer Vielzahl von Lohnpfändungen zu einer erheblichen Belastung insbesondere in der Lohnbuchhaltung führen, doch wird diese nur in den seltensten Fällen ein solches Ausmaß erreichen, dass der Arbeitgeber sie nicht mehr hinnehmen muss. Erst dann, wenn ein derart großer Arbeitsaufwand verursacht wird, dass es zu wesentlichen Störungen des Betriebsablaufs kommt, kann ausnahmsweise eine andere Beurteilung gerechtfertigt sein. In diesem Fall soll auch keine Abmahnung mehr erforderlich sein (BAG v. 4.11.1981, Az. 7 AZR 264/79). In einem Kündigungsrechtsstreit muss der Arbeitgeber sämtliche Umstände detailliert vortragen und beweisen.

Lohnpfändungen können auch dann eine Kündigung begründen, wenn der Arbeitnehmer eine Vertrauensstellung hat und sich aus der Vielzahl der Lohnpfändungen schließen lässt, dass er nicht über die persönliche Eignung für die ihm übertragene Vertrauensstellung verfügt.

Pfändungstabelle gültig ab 1. Juli 2025

Auszahlung für Monate

Euro	Pfändbarer Betrag bei Unterhaltspflicht für . . . Personen					
Nettolohn monatlich	0	1	2	3	4	5 und mehr
bis 1 559,99	–	–	–	–	–	–
1 560,00 bis 1 569,99	3,50	–	–	–	–	–
1 570,00 bis 1 579,99	10,50	–	–	–	–	–
1 580,00 bis 1 589,99	17,50	–	–	–	–	–
1 590,00 bis 1 599,99	24,50	–	–	–	–	–
1 600,00 bis 1 609,99	31,50	–	–	–	–	–
1 610,00 bis 1 619,99	38,50	–	–	–	–	–
1 620,00 bis 1 629,99	45,50	–	–	–	–	–
1 630,00 bis 1 639,99	52,50	–	–	–	–	–
1 640,00 bis 1 649,99	59,50	–	–	–	–	–
1 650,00 bis 1 659,99	66,50	–	–	–	–	–
1 660,00 bis 1 669,99	73,50	–	–	–	–	–
1 670,00 bis 1 679,99	80,50	–	–	–	–	–
1 680,00 bis 1 689,99	87,50	–	–	–	–	–
1 690,00 bis 1 699,99	94,50	–	–	–	–	–
1 700,00 bis 1 709,99	101,50	–	–	–	–	–
1 710,00 bis 1 719,99	108,50	–	–	–	–	–
1 720,00 bis 1 729,99	115,50	–	–	–	–	–
1 730,00 bis 1 739,99	122,50	–	–	–	–	–
1 740,00 bis 1 749,99	129,50	–	–	–	–	–
1 750,00 bis 1 759,99	136,50	–	–	–	–	–
1 760,00 bis 1 769,99	143,50	–	–	–	–	–
1 770,00 bis 1 779,99	150,50	–	–	–	–	–
1 780,00 bis 1 789,99	157,50	–	–	–	–	–
1 790,00 bis 1 799,99	164,50	–	–	–	–	–
1 800,00 bis 1 809,99	171,50	–	–	–	–	–
1 810,00 bis 1 819,99	178,50	–	–	–	–	–
1 820,00 bis 1 829,99	185,50	–	–	–	–	–
1 830,00 bis 1 839,99	192,50	–	–	–	–	–
1 840,00 bis 1 849,99	199,50	–	–	–	–	–
1 850,00 bis 1 859,99	206,50	–	–	–	–	–
1 860,00 bis 1 869,99	213,50	–	–	–	–	–
1 870,00 bis 1 879,99	220,50	–	–	–	–	–
1 880,00 bis 1 889,99	227,50	–	–	–	–	–
1 890,00 bis 1 899,99	234,50	–	–	–	–	–
1 900,00 bis 1 909,99	241,50	–	–	–	–	–
1 910,00 bis 1 919,99	248,50	–	–	–	–	–
1 920,00 bis 1 929,99	255,50	–	–	–	–	–
1 930,00 bis 1 939,99	262,50	–	–	–	–	–
1 940,00 bis 1 949,99	269,50	–	–	–	–	–
1 950,00 bis 1 959,99	276,50	–	–	–	–	–
1 960,00 bis 1 969,99	283,50	–	–	–	–	–
1 970,00 bis 1 979,99	290,50	–	–	–	–	–
1 980,00 bis 1 989,99	297,50	–	–	–	–	–
1 990,00 bis 1 999,99	304,50	–	–	–	–	–
2 000,00 bis 2 009,99	311,50	–	–	–	–	–
2 010,00 bis 2 019,99	318,50	–	–	–	–	–
2 020,00 bis 2 029,99	325,50	–	–	–	–	–
2 030,00 bis 2 039,99	332,50	–	–	–	–	–

Euro	Pfändbarer Betrag bei Unterhaltspflicht für . . . Personen					
Nettolohn monatlich	0	1	2	3	4	5 und mehr
2 040,00 bis 2 049,99	339,50	–	–	–	–	–
2 050,00 bis 2 059,99	346,50	–	–	–	–	–
2 060,00 bis 2 069,99	353,50	–	–	–	–	–
2 070,00 bis 2 079,99	360,50	–	–	–	–	–
2 080,00 bis 2 089,99	367,50	–	–	–	–	–
2 090,00 bis 2 099,99	374,50	–	–	–	–	–
2 100,00 bis 2 109,99	381,50	–	–	–	–	–
2 110,00 bis 2 119,99	388,50	–	–	–	–	–
2 120,00 bis 2 129,99	395,50	–	–	–	–	–
2 130,00 bis 2 139,99	402,50	–	–	–	–	–
2 140,00 bis 2 149,99	409,50	–	–	–	–	–
2 150,00 bis 2 159,99	416,50	4,89	–	–	–	–
2 160,00 bis 2 169,99	423,50	9,89	–	–	–	–
2 170,00 bis 2 179,99	430,50	14,89	–	–	–	–
2 180,00 bis 2 189,99	437,50	19,89	–	–	–	–
2 190,00 bis 2 199,99	444,50	24,89	–	–	–	–
2 200,00 bis 2 209,99	451,50	29,89	–	–	–	–
2 210,00 bis 2 219,99	458,50	34,89	–	–	–	–
2 220,00 bis 2 229,99	465,50	39,89	–	–	–	–
2 230,00 bis 2 239,99	472,50	44,89	–	–	–	–
2 240,00 bis 2 249,99	479,50	49,89	–	–	–	–
2 250,00 bis 2 259,99	486,50	54,89	–	–	–	–
2 260,00 bis 2 269,99	493,50	59,89	–	–	–	–
2 270,00 bis 2 279,99	500,50	64,89	–	–	–	–
2 280,00 bis 2 289,99	507,50	69,89	–	–	–	–
2 290,00 bis 2 299,99	514,50	74,89	–	–	–	–
2 300,00 bis 2 309,99	521,50	79,89	–	–	–	–
2 310,00 bis 2 319,99	528,50	84,89	–	–	–	–
2 320,00 bis 2 329,99	535,50	89,89	–	–	–	–
2 330,00 bis 2 339,99	542,50	94,89	–	–	–	–
2 340,00 bis 2 349,99	549,50	99,89	–	–	–	–
2 350,00 bis 2 359,99	556,50	104,89	–	–	–	–
2 360,00 bis 2 369,99	563,50	109,89	–	–	–	–
2 370,00 bis 2 379,99	570,50	114,89	–	–	–	–
2 380,00 bis 2 389,99	577,50	119,89	–	–	–	–
2 390,00 bis 2 399,99	584,50	124,89	–	–	–	–
2 400,00 bis 2 409,99	591,50	129,89	–	–	–	–
2 410,00 bis 2 419,99	598,50	134,89	–	–	–	–
2 420,00 bis 2 429,99	605,50	139,89	–	–	–	–
2 430,00 bis 2 439,99	612,50	144,89	–	–	–	–
2 440,00 bis 2 449,99	619,50	149,89	–	–	–	–
2 450,00 bis 2 459,99	626,50	154,89	–	–	–	–
2 460,00 bis 2 469,99	633,50	159,89	–	–	–	–
2 470,00 bis 2 479,99	640,50	164,89	1,49	–	–	–
2 480,00 bis 2 489,99	647,50	169,89	5,49	–	–	–
2 490,00 bis 2 499,99	654,50	174,89	9,49	–	–	–
2 500,00 bis 2 509,99	661,50	179,89	13,49	–	–	–
2 510,00 bis 2 519,99	668,50	184,89	17,49	–	–	–
2 520,00 bis 2 529,99	675,50	189,89	21,49	–	–	–
2 530,00 bis 2 539,99	682,50	194,89	25,49	–	–	–
2 540,00 bis 2 549,99	689,50	199,89	29,49	–	–	–
2 550,00 bis 2 559,99	696,50	204,89	33,49	–	–	–

Euro	Pfändbarer Betrag bei Unterhaltspflicht für . . . Personen					
Nettolohn monatlich	0	1	2	3	4	5 und mehr
2 560,00 bis 2 569,99	703,50	209,89	37,49	–	–	–
2 570,00 bis 2 579,99	710,50	214,89	41,49	–	–	–
2 580,00 bis 2 589,99	717,50	219,89	45,49	–	–	–
2 590,00 bis 2 599,99	724,50	224,89	49,49	–	–	–
2 600,00 bis 2 609,99	731,50	229,89	53,49	–	–	–
2 610,00 bis 2 619,99	738,50	234,89	57,49	–	–	–
2 620,00 bis 2 629,99	745,50	239,89	61,49	–	–	–
2 630,00 bis 2 639,99	752,50	244,89	65,49	–	–	–
2 640,00 bis 2 649,99	759,50	249,89	69,49	–	–	–
2 650,00 bis 2 659,99	766,50	254,89	73,49	–	–	–
2 660,00 bis 2 669,99	773,50	259,89	77,49	–	–	–
2 670,00 bis 2 679,99	780,50	264,89	81,49	–	–	–
2 680,00 bis 2 689,99	787,50	269,89	85,49	–	–	–
2 690,00 bis 2 699,99	794,50	274,89	89,49	–	–	–
2 700,00 bis 2 709,99	801,50	279,89	93,49	–	–	–
2 710,00 bis 2 719,99	808,50	284,89	97,49	–	–	–
2 720,00 bis 2 729,99	815,50	289,89	101,49	–	–	–
2 730,00 bis 2 739,99	822,50	294,89	105,49	–	–	–
2 740,00 bis 2 749,99	829,50	299,89	109,49	–	–	–
2 750,00 bis 2 759,99	836,50	304,89	113,49	–	–	–
2 760,00 bis 2 769,99	843,50	309,89	117,49	–	–	–
2 770,00 bis 2 779,99	850,50	314,89	121,49	–	–	–
2 780,00 bis 2 789,99	857,50	319,89	125,49	–	–	–
2 790,00 bis 2 799,99	864,50	324,89	129,49	–	–	–
2 800,00 bis 2 809,99	871,50	329,89	133,49	2,31	–	–
2 810,00 bis 2 819,99	878,50	334,89	137,49	5,31	–	–
2 820,00 bis 2 829,99	885,50	339,89	141,49	8,31	–	–
2 830,00 bis 2 839,99	892,50	344,89	145,49	11,31	–	–
2 840,00 bis 2 849,99	899,50	349,89	149,49	14,31	–	–
2 850,00 bis 2 859,99	906,50	354,89	153,49	17,31	–	–
2 860,00 bis 2 869,99	913,50	359,89	157,49	20,31	–	–
2 870,00 bis 2 879,99	920,50	364,89	161,49	23,31	–	–
2 880,00 bis 2 889,99	927,50	369,89	165,49	26,31	–	–
2 890,00 bis 2 899,99	934,50	374,89	169,49	29,31	–	–
2 900,00 bis 2 909,99	941,50	379,89	173,49	32,31	–	–
2 910,00 bis 2 919,99	948,50	384,89	177,49	35,31	–	–
2 920,00 bis 2 929,99	955,50	389,89	181,49	38,31	–	–
2 930,00 bis 2 939,99	962,50	394,89	185,49	41,31	–	–
2 940,00 bis 2 949,99	969,50	399,89	189,49	44,31	–	–
2 950,00 bis 2 959,99	976,50	404,89	193,49	47,31	–	–
2 960,00 bis 2 969,99	983,50	409,89	197,49	50,31	–	–
2 970,00 bis 2 979,99	990,50	414,89	201,49	53,31	–	–
2 980,00 bis 2 989,99	997,50	419,89	205,49	56,31	–	–
2 990,00 bis 2 999,99	1 004,50	424,89	209,49	59,31	–	–
3 000,00 bis 3 009,99	1 011,50	429,89	213,49	62,31	–	–
3 010,00 bis 3 019,99	1 018,50	434,89	217,49	65,31	–	–
3 020,00 bis 3 029,99	1 025,50	439,89	221,49	68,31	–	–
3 030,00 bis 3 039,99	1 032,50	444,89	225,49	71,31	–	–
3 040,00 bis 3 049,99	1 039,50	449,89	229,49	74,31	–	–
3 050,00 bis 3 059,99	1 046,50	454,89	233,49	77,31	–	–
3 060,00 bis 3 069,99	1 053,50	459,89	237,49	80,31	–	–
3 070,00 bis 3 079,99	1 060,50	464,89	241,49	83,31	–	–

Euro	Pfändbarer Betrag bei Unterhaltspflicht für . . . Personen					
Nettolohn monatlich	0	1	2	3	4	5 und mehr
3 080,00 bis 3 089,99	1 067,50	469,89	245,49	86,31	–	–
3 090,00 bis 3 099,99	1 074,50	474,89	249,49	89,31	–	–
3 100,00 bis 3 109,99	1 081,50	479,89	253,49	92,31	–	–
3 110,00 bis 3 119,99	1 088,50	484,89	257,49	95,31	–	–
3 120,00 bis 3 129,99	1 095,50	489,89	261,49	98,31	0,33	–
3 130,00 bis 3 139,99	1 102,50	494,89	265,49	101,31	2,33	–
3 140,00 bis 3 149,99	1 109,50	499,89	269,49	104,31	4,33	–
3 150,00 bis 3 159,99	1 116,50	504,89	273,49	107,31	6,33	–
3 160,00 bis 3 169,99	1 123,50	509,89	277,49	110,31	8,33	–
3 170,00 bis 3 179,99	1 130,50	514,89	281,49	113,31	10,33	–
3 180,00 bis 3 189,99	1 137,50	519,89	285,49	116,31	12,33	–
3 190,00 bis 3 199,99	1 144,50	524,89	289,49	119,31	14,33	–
3 200,00 bis 3 209,99	1 151,50	529,89	293,49	122,31	16,33	–
3 210,00 bis 3 219,99	1 158,50	534,89	297,49	125,31	18,33	–
3 220,00 bis 3 229,99	1 165,50	539,89	301,49	128,31	20,33	–
3 230,00 bis 3 239,99	1 172,50	544,89	305,49	131,31	22,33	–
3 240,00 bis 3 249,99	1 179,50	549,89	309,49	134,31	24,33	–
3 250,00 bis 3 259,99	1 186,50	554,89	313,49	137,31	26,33	–
3 260,00 bis 3 269,99	1 193,50	559,89	317,49	140,31	28,33	–
3 270,00 bis 3 279,99	1 200,50	564,89	321,49	143,31	30,33	–
3 280,00 bis 3 289,99	1 207,50	569,89	325,49	146,31	32,33	–
3 290,00 bis 3 299,99	1 214,50	574,89	329,49	149,31	34,33	–
3 300,00 bis 3 309,99	1 221,50	579,89	333,49	152,31	36,33	–
3 310,00 bis 3 319,99	1 228,50	584,89	337,49	155,31	38,33	–
3 320,00 bis 3 329,99	1 235,50	589,89	341,49	158,31	40,33	–
3 330,00 bis 3 339,99	1 242,50	594,89	345,49	161,31	42,33	–
3 340,00 bis 3 349,99	1 249,50	599,89	349,49	164,31	44,33	–
3 350,00 bis 3 359,99	1 256,50	604,89	353,49	167,31	46,33	–
3 360,00 bis 3 369,99	1 263,50	609,89	357,49	170,31	48,33	–
3 370,00 bis 3 379,99	1 270,50	614,89	361,49	173,31	50,33	–
3 380,00 bis 3 389,99	1 277,50	619,89	365,49	176,31	52,33	–
3 390,00 bis 3 399,99	1 284,50	624,89	369,49	179,31	54,33	–
3 400,00 bis 3 409,99	1 291,50	629,89	373,49	182,31	56,33	–
3 410,00 bis 3 419,99	1 298,50	634,89	377,49	185,31	58,33	–
3 420,00 bis 3 429,99	1 305,50	639,89	381,49	188,31	60,33	–
3 430,00 bis 3 439,99	1 312,50	644,89	385,49	191,31	62,33	–
3 440,00 bis 3 449,99	1 319,50	649,89	389,49	194,31	64,33	–
3 450,00 bis 3 459,99	1 326,50	654,89	393,49	197,31	66,33	0,56
3 460,00 bis 3 469,99	1 333,50	659,89	397,49	200,31	68,33	1,56
3 470,00 bis 3 479,99	1 340,50	664,89	401,49	203,31	70,33	2,56
3 480,00 bis 3 489,99	1 347,50	669,89	405,49	206,31	72,33	3,56
3 490,00 bis 3 499,99	1 354,50	674,89	409,49	209,31	74,33	4,56
3 500,00 bis 3 509,99	1 361,50	679,89	413,49	212,31	76,33	5,56
3 510,00 bis 3 519,99	1 368,50	684,89	417,49	215,31	78,33	6,56
3 520,00 bis 3 529,99	1 375,50	689,89	421,49	218,31	80,33	7,56
3 530,00 bis 3 539,99	1 382,50	694,89	425,49	221,31	82,33	8,56
3 540,00 bis 3 549,99	1 389,50	699,89	429,49	224,31	84,33	9,56
3 550,00 bis 3 559,99	1 396,50	704,89	433,49	227,31	86,33	10,56
3 560,00 bis 3 569,99	1 403,50	709,89	437,49	230,31	88,33	11,56
3 570,00 bis 3 579,99	1 410,50	714,89	441,49	233,31	90,33	12,56
3 580,00 bis 3 589,99	1 417,50	719,89	445,49	236,31	92,33	13,56
3 590,00 bis 3 599,99	1 424,50	724,89	449,49	239,31	94,33	14,56

Euro	Pfändbarer Betrag bei Unterhaltspflicht für . . . Personen					
Nettolohn monatlich	0	1	2	3	4	5 und mehr
3 600,00 bis 3 609,99	1 431,50	729,89	453,49	242,31	96,33	15,56
3 610,00 bis 3 619,99	1 438,50	734,89	457,49	245,31	98,33	16,56
3 620,00 bis 3 629,99	1 445,50	739,89	461,49	248,31	100,33	17,56
3 630,00 bis 3 639,99	1 452,50	744,89	465,49	251,31	102,33	18,56
3 640,00 bis 3 649,99	1 459,50	749,89	469,49	254,31	104,33	19,56
3 650,00 bis 3 659,99	1 466,50	754,89	473,49	257,31	106,33	20,56
3 660,00 bis 3 669,99	1 473,50	759,89	477,49	260,31	108,33	21,56
3 670,00 bis 3 679,99	1 480,50	764,89	481,49	263,31	110,33	22,56
3 680,00 bis 3 689,99	1 487,50	769,89	485,49	266,31	112,33	23,56
3 690,00 bis 3 699,99	1 494,50	774,89	489,49	269,31	114,33	24,56
3 700,00 bis 3 709,99	1 501,50	779,89	493,49	272,31	116,33	25,56
3 710,00 bis 3 719,99	1 508,50	784,89	497,49	275,31	118,33	26,56
3 720,00 bis 3 729,99	1 515,50	789,89	501,49	278,31	120,33	27,56
3 730,00 bis 3 739,99	1 522,50	794,89	505,49	281,31	122,33	28,56
3 740,00 bis 3 749,99	1 529,50	799,89	509,49	284,31	124,33	29,56
3 750,00 bis 3 759,99	1 536,50	804,89	513,49	287,31	126,33	30,56
3 760,00 bis 3 769,99	1 543,50	809,89	517,49	290,31	128,33	31,56
3 770,00 bis 3 779,99	1 550,50	814,89	521,49	293,31	130,33	32,56
3 780,00 bis 3 789,99	1 557,50	819,89	525,49	296,31	132,33	33,56
3 790,00 bis 3 799,99	1 564,50	824,89	529,49	299,31	134,33	34,56
3 800,00 bis 3 809,99	1 571,50	829,89	533,49	302,31	136,33	35,56
3 810,00 bis 3 819,99	1 578,50	834,89	537,49	305,31	138,33	36,56
3 820,00 bis 3 829,99	1 585,50	839,89	541,49	308,31	140,33	37,56
3 830,00 bis 3 839,99	1 592,50	844,89	545,49	311,31	142,33	38,56
3 840,00 bis 3 849,99	1 599,50	849,89	549,49	314,31	144,33	39,56
3 850,00 bis 3 859,99	1 606,50	854,89	553,49	317,31	146,33	40,56
3 860,00 bis 3 869,99	1 613,50	859,89	557,49	320,31	148,33	41,56
3 870,00 bis 3 879,99	1 620,50	864,89	561,49	323,31	150,33	42,56
3 880,00 bis 3 889,99	1 627,50	869,89	565,49	326,31	152,33	43,56
3 890,00 bis 3 899,99	1 634,50	874,89	569,49	329,31	154,33	44,56
3 900,00 bis 3 909,99	1 641,50	879,89	573,49	332,31	156,33	45,56
3 910,00 bis 3 919,99	1 648,50	884,89	577,49	335,31	158,33	46,56
3 920,00 bis 3 929,99	1 655,50	889,89	581,49	338,31	160,33	47,56
3 930,00 bis 3 939,99	1 662,50	894,89	585,49	341,31	162,33	48,56
3 940,00 bis 3 949,99	1 669,50	899,89	589,49	344,31	164,33	49,56
3 950,00 bis 3 959,99	1 676,50	904,89	593,49	347,31	166,33	50,56
3 960,00 bis 3 969,99	1 683,50	909,89	597,49	350,31	168,33	51,56
3 970,00 bis 3 979,99	1 690,50	914,89	601,49	353,31	170,33	52,56
3 980,00 bis 3 989,99	1 697,50	919,89	605,49	356,31	172,33	53,56
3 990,00 bis 3 999,99	1 704,50	924,89	609,49	359,31	174,33	54,56
4 000,00 bis 4 009,99	1 711,50	929,89	613,49	362,31	176,33	55,56
4 010,00 bis 4 019,99	1 718,50	934,89	617,49	365,31	178,33	56,56
4 020,00 bis 4 029,99	1 725,50	939,89	621,49	368,31	180,33	57,56
4 030,00 bis 4 039,99	1 732,50	944,89	625,49	371,31	182,33	58,56
4 040,00 bis 4 049,99	1 739,50	949,89	629,49	374,31	184,33	59,56
4 050,00 bis 4 059,99	1 746,50	954,89	633,49	377,31	186,33	60,56
4 060,00 bis 4 069,99	1 753,50	959,89	637,49	380,31	188,33	61,56
4 070,00 bis 4 079,99	1 760,50	964,89	641,49	383,31	190,33	62,56
4 080,00 bis 4 089,99	1 767,50	969,89	645,49	386,31	192,33	63,56
4 090,00 bis 4 099,99	1 774,50	974,89	649,49	389,31	194,33	64,56
4 100,00 bis 4 109,99	1 781,50	979,89	653,49	392,31	196,33	65,56
4 110,00 bis 4 119,99	1 788,50	984,89	657,49	395,31	198,33	66,56

Euro	Pfändbarer Betrag bei Unterhaltspflicht für . . . Personen					
Nettolohn monatlich	0	1	2	3	4	5 und mehr
4 120,00 bis 4 129,99	1 795,50	989,89	661,49	398,31	200,33	67,56
4 130,00 bis 4 139,99	1 802,50	994,89	665,49	401,31	202,33	68,56
4 140,00 bis 4 149,99	1 809,50	999,89	669,49	404,31	204,33	69,56
4 150,00 bis 4 159,99	1 816,50	1 004,89	673,49	407,31	206,33	70,56
4 160,00 bis 4 169,99	1 823,50	1 009,89	677,49	410,31	208,33	71,56
4 170,00 bis 4 179,99	1 830,50	1 014,89	681,49	413,31	210,33	72,56
4 180,00 bis 4 189,99	1 837,50	1 019,89	685,49	416,31	212,33	73,56
4 190,00 bis 4 199,99	1 844,50	1 024,89	689,49	419,31	214,33	74,56
4 200,00 bis 4 209,99	1 851,50	1 029,89	693,49	422,31	216,33	75,56
4 210,00 bis 4 219,99	1 858,50	1 034,89	697,49	425,31	218,33	76,56
4 220,00 bis 4 229,99	1 865,50	1 039,89	701,49	428,31	220,33	77,56
4 230,00 bis 4 239,99	1 872,50	1 044,89	705,49	431,31	222,33	78,56
4 240,00 bis 4 249,99	1 879,50	1 049,89	709,49	434,31	224,33	79,56
4 250,00 bis 4 259,99	1 886,50	1 054,89	713,49	437,31	226,33	80,56
4 260,00 bis 4 269,99	1 893,50	1 059,89	717,49	440,31	228,33	81,56
4 270,00 bis 4 279,99	1 900,50	1 064,89	721,49	443,31	230,33	82,56
4 280,00 bis 4 289,99	1 907,50	1 069,89	725,49	446,31	232,33	83,56
4 290,00 bis 4 299,99	1 914,50	1 074,89	729,49	449,31	234,33	84,56
4 300,00 bis 4 309,99	1 921,50	1 079,89	733,49	452,31	236,33	85,56
4 310,00 bis 4 319,99	1 928,50	1 084,89	737,49	455,31	238,33	86,56
4 320,00 bis 4 329,99	1 935,50	1 089,89	741,49	458,31	240,33	87,56
4 330,00 bis 4 339,99	1 942,50	1 094,89	745,49	461,31	242,33	88,56
4 340,00 bis 4 349,99	1 949,50	1 099,89	749,49	464,31	244,33	89,56
4 350,00 bis 4 359,99	1 956,50	1 104,89	753,49	467,31	246,33	90,56
4 360,00 bis 4 369,99	1 963,50	1 109,89	757,49	470,31	248,33	91,56
4 370,00 bis 4 379,99	1 970,50	1 114,89	761,49	473,31	250,33	92,56
4 380,00 bis 4 389,99	1 977,50	1 119,89	765,49	476,31	252,33	93,56
4 390,00 bis 4 399,99	1 984,50	1 124,89	769,49	479,31	254,33	94,56
4 400,00 bis 4 409,99	1 991,50	1 129,89	773,49	482,31	256,33	95,56
4 410,00 bis 4 419,99	1 998,50	1 134,89	777,49	485,31	258,33	96,56
4 420,00 bis 4 429,99	2 005,50	1 139,89	781,49	488,31	260,33	97,56
4 430,00 bis 4 439,99	2 012,50	1 144,89	785,49	491,31	262,33	98,56
4 440,00 bis 4 449,99	2 019,50	1 149,89	789,49	494,31	264,33	99,56
4 450,00 bis 4 459,99	2 026,50	1 154,89	793,49	497,31	266,33	100,56
4 460,00 bis 4 469,99	2 033,50	1 159,89	797,49	500,31	268,33	101,56
4 470,00 bis 4 479,99	2 040,50	1 164,89	801,49	503,31	270,33	102,56
4 480,00 bis 4 489,99	2 047,50	1 169,89	805,49	506,31	272,33	103,56
4 490,00 bis 4 499,99	2 054,50	1 174,89	809,49	509,31	274,33	104,56
4 500,00 bis 4 509,99	2 061,50	1 179,89	813,49	512,31	276,33	105,56
4 510,00 bis 4 519,99	2 068,50	1 184,89	817,49	515,31	278,33	106,56
4 520,00 bis 4 529,99	2 075,50	1 189,89	821,49	518,31	280,33	107,56
4 530,00 bis 4 539,99	2 082,50	1 194,89	825,49	521,31	282,33	108,56
4 540,00 bis 4 549,99	2 089,50	1 199,89	829,49	524,31	284,33	109,56
4 550,00 bis 4 559,99	2 096,50	1 204,89	833,49	527,31	286,33	110,56
4 560,00 bis 4 569,99	2 103,50	1 209,89	837,49	530,31	288,33	111,56
4 570,00 bis 4 579,99	2 110,50	1 214,89	841,49	533,31	290,33	112,56
4 580,00 bis 4 589,99	2 117,50	1 219,89	845,49	536,31	292,33	113,56
4 590,00 bis 4 599,99	2 124,50	1 224,89	849,49	539,31	294,33	114,56
4 600,00 bis 4 609,99	2 131,50	1 229,89	853,49	542,31	296,33	115,56
4 610,00 bis 4 619,99	2 138,50	1 234,89	857,49	545,31	298,33	116,56
4 620,00 bis 4 629,99	2 145,50	1 239,89	861,49	548,31	300,33	117,56
4 630,00 bis 4 639,99	2 152,50	1 244,89	865,49	551,31	302,33	118,56

Euro	Pfändbarer Betrag bei Unterhaltspflicht für . . . Personen					
Nettolohn monatlich	0	1	2	3	4	5 und mehr
4 640,00 bis 4 649,99	2 159,50	1 249,89	869,49	554,31	304,33	119,56
4 650,00 bis 4 659,99	2 166,50	1 254,89	873,49	557,31	306,33	120,56
4 660,00 bis 4 669,99	2 173,50	1 259,89	877,49	560,31	308,33	121,56
4 670,00 bis 4 679,99	2 180,50	1 264,89	881,49	563,31	310,33	122,56
4 680,00 bis 4 689,99	2 187,50	1 269,89	885,49	566,31	312,33	123,56
4 690,00 bis 4 699,99	2 194,50	1 274,89	889,49	569,31	314,33	124,56
4 700,00 bis 4 709,99	2 201,50	1 279,89	893,49	572,31	316,33	125,56
4 710,00 bis 4 719,99	2 208,50	1 284,89	897,49	575,31	318,33	126,56
4 720,00 bis 4 729,99	2 215,50	1 289,89	901,49	578,31	320,33	127,56
4 730,00 bis 4 739,99	2 222,50	1 294,89	905,49	581,31	322,33	128,56
4 740,00 bis 4 749,99	2 229,50	1 299,89	909,49	584,31	324,33	129,56
4 750,00 bis 4 759,99	2 236,50	1 304,89	913,49	587,31	326,33	130,56
4 760,00 bis 4 766,99	2 243,50	1 309,89	917,49	590,31	328,33	131,56
Der Mehrbetrag über 4 766,99 Euro ist voll pfändbar.						

Auszahlung für Wochen

Euro	Pfändbarer Betrag bei Unterhaltspflicht für . . . Personen					
Nettolohn wöchentlich	0	1	2	3	4	5 und mehr
bis 359,99	–	–	–	–	–	–
360,00 bis 362,49	1,49	–	–	–	–	–
362,50 bis 364,99	3,24	–	–	–	–	–
365,00 bis 367,49	4,99	–	–	–	–	–
367,50 bis 369,99	6,74	–	–	–	–	–
370,00 bis 372,49	8,49	–	–	–	–	–
372,50 bis 374,99	10,24	–	–	–	–	–
375,00 bis 377,49	11,99	–	–	–	–	–
377,50 bis 379,99	13,74	–	–	–	–	–
380,00 bis 382,49	15,49	–	–	–	–	–
382,50 bis 384,99	17,24	–	–	–	–	–
385,00 bis 387,49	18,99	–	–	–	–	–
387,50 bis 389,99	20,74	–	–	–	–	–
390,00 bis 392,49	22,49	–	–	–	–	–
392,50 bis 394,99	24,24	–	–	–	–	–
395,00 bis 397,49	25,99	–	–	–	–	–
397,50 bis 399,99	27,74	–	–	–	–	–
400,00 bis 402,49	29,49	–	–	–	–	–
402,50 bis 404,99	31,24	–	–	–	–	–
405,00 bis 407,49	32,99	–	–	–	–	–
407,50 bis 409,99	34,74	–	–	–	–	–
410,00 bis 412,49	36,49	–	–	–	–	–
412,50 bis 414,99	38,24	–	–	–	–	–
415,00 bis 417,49	39,99	–	–	–	–	–
417,50 bis 419,99	41,74	–	–	–	–	–
420,00 bis 422,49	43,49	–	–	–	–	–
422,50 bis 424,99	45,24	–	–	–	–	–
425,00 bis 427,49	46,99	–	–	–	–	–
427,50 bis 429,99	48,74	–	–	–	–	–
430,00 bis 432,49	50,49	–	–	–	–	–
432,50 bis 434,99	52,24	–	–	–	–	–
435,00 bis 437,49	53,99	–	–	–	–	–

Euro	Pfändbarer Betrag bei Unterhaltspflicht für . . . Personen					
Nettolohn wöchentlich	0	1	2	3	4	5 und mehr
437,50 bis 439,99	55,74	–	–	–	–	–
440,00 bis 442,49	57,49	–	–	–	–	–
442,50 bis 444,99	59,24	–	–	–	–	–
445,00 bis 447,49	60,99	–	–	–	–	–
447,50 bis 449,99	62,74	–	–	–	–	–
450,00 bis 452,49	64,49	–	–	–	–	–
452,50 bis 454,99	66,24	–	–	–	–	–
455,00 bis 457,49	67,99	–	–	–	–	–
457,50 bis 459,99	69,74	–	–	–	–	–
460,00 bis 462,49	71,49	–	–	–	–	–
462,50 bis 464,99	73,24	–	–	–	–	–
465,00 bis 467,49	74,99	–	–	–	–	–
467,50 bis 469,99	76,74	–	–	–	–	–
470,00 bis 472,49	78,49	–	–	–	–	–
472,50 bis 474,99	80,24	–	–	–	–	–
475,00 bis 477,49	81,99	–	–	–	–	–
477,50 bis 479,99	83,74	–	–	–	–	–
480,00 bis 482,49	85,49	–	–	–	–	–
482,50 bis 484,99	87,24	–	–	–	–	–
485,00 bis 487,49	88,99	–	–	–	–	–
487,50 bis 489,99	90,74	–	–	–	–	–
490,00 bis 492,49	92,49	–	–	–	–	–
492,50 bis 494,99	94,24	–	–	–	–	–
495,00 bis 497,49	95,99	1,22	–	–	–	–
497,50 bis 499,99	97,74	2,47	–	–	–	–
500,00 bis 502,49	99,49	3,72	–	–	–	–
502,50 bis 504,99	101,24	4,97	–	–	–	–
505,00 bis 507,49	102,99	6,22	–	–	–	–
507,50 bis 509,99	104,74	7,47	–	–	–	–
510,00 bis 512,49	106,49	8,72	–	–	–	–
512,50 bis 514,99	108,24	9,97	–	–	–	–
515,00 bis 517,49	109,99	11,22	–	–	–	–
517,50 bis 519,99	111,74	12,47	–	–	–	–
520,00 bis 522,49	113,49	13,72	–	–	–	–
522,50 bis 524,99	115,24	14,97	–	–	–	–
525,00 bis 527,49	116,99	16,22	–	–	–	–
527,50 bis 529,99	118,74	17,47	–	–	–	–
530,00 bis 532,49	120,49	18,72	–	–	–	–
532,50 bis 534,99	122,24	19,97	–	–	–	–
535,00 bis 537,49	123,99	21,22	–	–	–	–
537,50 bis 539,99	125,74	22,47	–	–	–	–
540,00 bis 542,49	127,49	23,72	–	–	–	–
542,50 bis 544,99	129,24	24,97	–	–	–	–
545,00 bis 547,49	130,99	26,22	–	–	–	–
547,50 bis 549,99	132,74	27,47	–	–	–	–
550,00 bis 552,49	134,49	28,72	–	–	–	–
552,50 bis 554,99	136,24	29,97	–	–	–	–
555,00 bis 557,49	137,99	31,22	–	–	–	–
557,50 bis 559,99	139,74	32,47	–	–	–	–
560,00 bis 562,49	141,49	33,72	–	–	–	–
562,50 bis 564,99	143,24	34,97	–	–	–	–
565,00 bis 567,49	144,99	36,22	–	–	–	–

Euro	Pfändbarer Betrag bei Unterhaltspflicht für . . . Personen					
Nettolohn wöchentlich	0	1	2	3	4	5 und mehr
567,50 bis 569,99	146,74	37,47	–	–	–	–
570,00 bis 572,49	148,49	38,72	0,96	–	–	–
572,50 bis 574,99	150,24	39,97	1,96	–	–	–
575,00 bis 577,49	151,99	41,22	2,96	–	–	–
577,50 bis 579,99	153,74	42,47	3,96	–	–	–
580,00 bis 582,49	155,49	43,72	4,96	–	–	–
582,50 bis 584,99	157,24	44,97	5,96	–	–	–
585,00 bis 587,49	158,99	46,22	6,96	–	–	–
587,50 bis 589,99	160,74	47,47	7,96	–	–	–
590,00 bis 592,49	162,49	48,72	8,96	–	–	–
592,50 bis 594,99	164,24	49,97	9,96	–	–	–
595,00 bis 597,49	165,99	51,22	10,96	–	–	–
597,50 bis 599,99	167,74	52,47	11,96	–	–	–
600,00 bis 602,49	169,49	53,72	12,96	–	–	–
602,50 bis 604,99	171,24	54,97	13,96	–	–	–
605,00 bis 607,49	172,99	56,22	14,96	–	–	–
607,50 bis 609,99	174,74	57,47	15,96	–	–	–
610,00 bis 612,49	176,49	58,72	16,96	–	–	–
612,50 bis 614,99	178,24	59,97	17,96	–	–	–
615,00 bis 617,49	179,99	61,22	18,96	–	–	–
617,50 bis 619,99	181,74	62,47	19,96	–	–	–
620,00 bis 622,49	183,49	63,72	20,96	–	–	–
622,50 bis 624,99	185,24	64,97	21,96	–	–	–
625,00 bis 627,49	186,99	66,22	22,96	–	–	–
627,50 bis 629,99	188,74	67,47	23,96	–	–	–
630,00 bis 632,49	190,49	68,72	24,96	–	–	–
632,50 bis 634,99	192,24	69,97	25,96	–	–	–
635,00 bis 637,49	193,99	71,22	26,96	–	–	–
637,50 bis 639,99	195,74	72,47	27,96	–	–	–
640,00 bis 642,49	197,49	73,72	28,96	–	–	–
642,50 bis 644,99	199,24	74,97	29,96	–	–	–
645,00 bis 647,49	200,99	76,22	30,96	0,71	–	–
647,50 bis 649,99	202,74	77,47	31,96	1,46	–	–
650,00 bis 652,49	204,49	78,72	32,96	2,21	–	–
652,50 bis 654,99	206,24	79,97	33,96	2,96	–	–
655,00 bis 657,49	207,99	81,22	34,96	3,71	–	–
657,50 bis 659,99	209,74	82,47	35,96	4,46	–	–
660,00 bis 662,49	211,49	83,72	36,96	5,21	–	–
662,50 bis 664,99	213,24	84,97	37,96	5,96	–	–
665,00 bis 667,49	214,99	86,22	38,96	6,71	–	–
667,50 bis 669,99	216,74	87,47	39,96	7,46	–	–
670,00 bis 672,49	218,49	88,72	40,96	8,21	–	–
672,50 bis 674,99	220,24	89,97	41,96	8,96	–	–
675,00 bis 677,49	221,99	91,22	42,96	9,71	–	–
677,50 bis 679,99	223,74	92,47	43,96	10,46	–	–
680,00 bis 682,49	225,49	93,72	44,96	11,21	–	–
682,50 bis 684,99	227,24	94,97	45,96	11,96	–	–
685,00 bis 687,49	228,99	96,22	46,96	12,71	–	–
687,50 bis 689,99	230,74	97,47	47,96	13,46	–	–
690,00 bis 692,49	232,49	98,72	48,96	14,21	–	–
692,50 bis 694,99	234,24	99,97	49,96	14,96	–	–
695,00 bis 697,49	235,99	101,22	50,96	15,71	–	–

Euro	Pfändbarer Betrag bei Unterhaltspflicht für . . . Personen					
Nettolohn wöchentlich	0	1	2	3	4	5 und mehr
697,50 bis 699,99	237,74	102,47	51,96	16,46	–	–
700,00 bis 702,49	239,49	103,72	52,96	17,21	–	–
702,50 bis 704,99	241,24	104,97	53,96	17,96	–	–
705,00 bis 707,49	242,99	106,22	54,96	18,71	–	–
707,50 bis 709,99	244,74	107,47	55,96	19,46	–	–
710,00 bis 712,49	246,49	108,72	56,96	20,21	–	–
712,50 bis 714,99	248,24	109,97	57,96	20,96	–	–
715,00 bis 717,49	249,99	111,22	58,96	21,71	–	–
717,50 bis 719,99	251,74	112,47	59,96	22,46	–	–
720,00 bis 722,49	253,49	113,72	60,96	23,21	0,46	–
722,50 bis 724,99	255,24	114,97	61,96	23,96	0,96	–
725,00 bis 727,49	256,99	116,22	62,96	24,71	1,46	–
727,50 bis 729,99	258,74	117,47	63,96	25,46	1,96	–
730,00 bis 732,49	260,49	118,72	64,96	26,21	2,46	–
732,50 bis 734,99	262,24	119,97	65,96	26,96	2,96	–
735,00 bis 737,49	263,99	121,22	66,96	27,71	3,46	–
737,50 bis 739,99	265,74	122,47	67,96	28,46	3,96	–
740,00 bis 742,49	267,49	123,72	68,96	29,21	4,46	–
742,50 bis 744,99	269,24	124,97	69,96	29,96	4,96	–
745,00 bis 747,49	270,99	126,22	70,96	30,71	5,46	–
747,50 bis 749,99	272,74	127,47	71,96	31,46	5,96	–
750,00 bis 752,49	274,49	128,72	72,96	32,21	6,46	–
752,50 bis 754,99	276,24	129,97	73,96	32,96	6,96	–
755,00 bis 757,49	277,99	131,22	74,96	33,71	7,46	–
757,50 bis 759,99	279,74	132,47	75,96	34,46	7,96	–
760,00 bis 762,49	281,49	133,72	76,96	35,21	8,46	–
762,50 bis 764,99	283,24	134,97	77,96	35,96	8,96	–
765,00 bis 767,49	284,99	136,22	78,96	36,71	9,46	–
767,50 bis 769,99	286,74	137,47	79,96	37,46	9,96	–
770,00 bis 772,49	288,49	138,72	80,96	38,21	10,46	–
772,50 bis 774,99	290,24	139,97	81,96	38,96	10,96	–
775,00 bis 777,49	291,99	141,22	82,96	39,71	11,46	–
777,50 bis 779,99	293,74	142,47	83,96	40,46	11,96	–
780,00 bis 782,49	295,49	143,72	84,96	41,21	12,46	–
782,50 bis 784,99	297,24	144,97	85,96	41,96	12,96	–
785,00 bis 787,49	298,99	146,22	86,96	42,71	13,46	–
787,50 bis 789,99	300,74	147,47	87,96	43,46	13,96	–
790,00 bis 792,49	302,49	148,72	88,96	44,21	14,46	–
792,50 bis 794,99	304,24	149,97	89,96	44,96	14,96	–
795,00 bis 797,49	305,99	151,22	90,96	45,71	15,46	0,23
797,50 bis 799,99	307,74	152,47	91,96	46,46	15,96	0,48
800,00 bis 802,49	309,49	153,72	92,96	47,21	16,46	0,73
802,50 bis 804,99	311,24	154,97	93,96	47,96	16,96	0,98
805,00 bis 807,49	312,99	156,22	94,96	48,71	17,46	1,23
807,50 bis 809,99	314,74	157,47	95,96	49,46	17,96	1,48
810,00 bis 812,49	316,49	158,72	96,96	50,21	18,46	1,73
812,50 bis 814,99	318,24	159,97	97,96	50,96	18,96	1,98
815,00 bis 817,49	319,99	161,22	98,96	51,71	19,46	2,23
817,50 bis 819,99	321,74	162,47	99,96	52,46	19,96	2,48
820,00 bis 822,49	323,49	163,72	100,96	53,21	20,46	2,73
822,50 bis 824,99	325,24	164,97	101,96	53,96	20,96	2,98
825,00 bis 827,49	326,99	166,22	102,96	54,71	21,46	3,23

Euro	Pfändbarer Betrag bei Unterhaltspflicht für . . . Personen					
Nettolohn wöchentlich	0	1	2	3	4	5 und mehr
827,50 bis 829,99	328,74	167,47	103,96	55,46	21,96	3,48
830,00 bis 832,49	330,49	168,72	104,96	56,21	22,46	3,73
832,50 bis 834,99	332,24	169,97	105,96	56,96	22,96	3,98
835,00 bis 837,49	333,99	171,22	106,96	57,71	23,46	4,23
837,50 bis 839,99	335,74	172,47	107,96	58,46	23,96	4,48
840,00 bis 842,49	337,49	173,72	108,96	59,21	24,46	4,73
842,50 bis 844,99	339,24	174,97	109,96	59,96	24,96	4,98
845,00 bis 847,49	340,99	176,22	110,96	60,71	25,46	5,23
847,50 bis 849,99	342,74	177,47	111,96	61,46	25,96	5,48
850,00 bis 852,49	344,49	178,72	112,96	62,21	26,46	5,73
852,50 bis 854,99	346,24	179,97	113,96	62,96	26,96	5,98
855,00 bis 857,49	347,99	181,22	114,96	63,71	27,46	6,23
857,50 bis 859,99	349,74	182,47	115,96	64,46	27,96	6,48
860,00 bis 862,49	351,49	183,72	116,96	65,21	28,46	6,73
862,50 bis 864,99	353,24	184,97	117,96	65,96	28,96	6,98
865,00 bis 867,49	354,99	186,22	118,96	66,71	29,46	7,23
867,50 bis 869,99	356,74	187,47	119,96	67,46	29,96	7,48
870,00 bis 872,49	358,49	188,72	120,96	68,21	30,46	7,73
872,50 bis 874,99	360,24	189,97	121,96	68,96	30,96	7,98
875,00 bis 877,49	361,99	191,22	122,96	69,71	31,46	8,23
877,50 bis 879,99	363,74	192,47	123,96	70,46	31,96	8,48
880,00 bis 882,49	365,49	193,72	124,96	71,21	32,46	8,73
882,50 bis 884,99	367,24	194,97	125,96	71,96	32,96	8,98
885,00 bis 887,49	368,99	196,22	126,96	72,71	33,46	9,23
887,50 bis 889,99	370,74	197,47	127,96	73,46	33,96	9,48
890,00 bis 892,49	372,49	198,72	128,96	74,21	34,46	9,73
892,50 bis 894,99	374,24	199,97	129,96	74,96	34,96	9,98
895,00 bis 897,49	375,99	201,22	130,96	75,71	35,46	10,23
897,50 bis 899,99	377,74	202,47	131,96	76,46	35,96	10,48
900,00 bis 902,49	379,49	203,72	132,96	77,21	36,46	10,73
902,50 bis 904,99	381,24	204,97	133,96	77,96	36,96	10,98
905,00 bis 907,49	382,99	206,22	134,96	78,71	37,46	11,23
907,50 bis 909,99	384,74	207,47	135,96	79,46	37,96	11,48
910,00 bis 912,49	386,49	208,72	136,96	80,21	38,46	11,73
912,50 bis 914,99	388,24	209,97	137,96	80,96	38,96	11,98
915,00 bis 917,49	389,99	211,22	138,96	81,71	39,46	12,23
917,50 bis 919,99	391,74	212,47	139,96	82,46	39,96	12,48
920,00 bis 922,49	393,49	213,72	140,96	83,21	40,46	12,73
922,50 bis 924,99	395,24	214,97	141,96	83,96	40,96	12,98
925,00 bis 927,49	396,99	216,22	142,96	84,71	41,46	13,23
927,50 bis 929,99	398,74	217,47	143,96	85,46	41,96	13,48
930,00 bis 932,49	400,49	218,72	144,96	86,21	42,46	13,73
932,50 bis 934,99	402,24	219,97	145,96	86,96	42,96	13,98
935,00 bis 937,49	403,99	221,22	146,96	87,71	43,46	14,23
937,50 bis 939,99	405,74	222,47	147,96	88,46	43,96	14,48
940,00 bis 942,49	407,49	223,72	148,96	89,21	44,46	14,73
942,50 bis 944,99	409,24	224,97	149,96	89,96	44,96	14,98
945,00 bis 947,49	410,99	226,22	150,96	90,71	45,46	15,23
947,50 bis 949,99	412,74	227,47	151,96	91,46	45,96	15,48
950,00 bis 952,49	414,49	228,72	152,96	92,21	46,46	15,73
952,50 bis 954,99	416,24	229,97	153,96	92,96	46,96	15,98
955,00 bis 957,49	417,99	231,22	154,96	93,71	47,46	16,23

Euro	Pfändbarer Betrag bei Unterhaltspflicht für . . . Personen					
Nettolohn wöchentlich	0	1	2	3	4	5 und mehr
957,50 bis 959,99	419,74	232,47	155,96	94,46	47,96	16,48
960,00 bis 962,49	421,49	233,72	156,96	95,21	48,46	16,73
962,50 bis 964,99	423,24	234,97	157,96	95,96	48,96	16,98
965,00 bis 967,49	424,99	236,22	158,96	96,71	49,46	17,23
967,50 bis 969,99	426,74	237,47	159,96	97,46	49,96	17,48
970,00 bis 972,49	428,49	238,72	160,96	98,21	50,46	17,73
972,50 bis 974,99	430,24	239,97	161,96	98,96	50,96	17,98
975,00 bis 977,49	431,99	241,22	162,96	99,71	51,46	18,23
977,50 bis 979,99	433,74	242,47	163,96	100,46	51,96	18,48
980,00 bis 982,49	435,49	243,72	164,96	101,21	52,46	18,73
982,50 bis 984,99	437,24	244,97	165,96	101,96	52,96	18,98
985,00 bis 987,49	438,99	246,22	166,96	102,71	53,46	19,23
987,50 bis 989,99	440,74	247,47	167,96	103,46	53,96	19,48
990,00 bis 992,49	442,49	248,72	168,96	104,21	54,46	19,73
992,50 bis 994,99	444,24	249,97	169,96	104,96	54,96	19,98
995,00 bis 997,49	445,99	251,22	170,96	105,71	55,46	20,23
997,50 bis 999,99	447,74	252,47	171,96	106,46	55,96	20,48
1 000,00 bis 1 002,49	449,49	253,72	172,96	107,21	56,46	20,73
1 002,50 bis 1 004,99	451,24	254,97	173,96	107,96	56,96	20,98
1 005,00 bis 1 007,49	452,99	256,22	174,96	108,71	57,46	21,23
1 007,50 bis 1 009,99	454,74	257,47	175,96	109,46	57,96	21,48
1 010,00 bis 1 012,49	456,49	258,72	176,96	110,21	58,46	21,73
1 012,50 bis 1 014,99	458,24	259,97	177,96	110,96	58,96	21,98
1 015,00 bis 1 017,49	459,99	261,22	178,96	111,71	59,46	22,23
1 017,50 bis 1 019,99	461,74	262,47	179,96	112,46	59,96	22,48
1 020,00 bis 1 022,49	463,49	263,72	180,96	113,21	60,46	22,73
1 022,50 bis 1 024,99	465,24	264,97	181,96	113,96	60,96	22,98
1 025,00 bis 1 027,49	466,99	266,22	182,96	114,71	61,46	23,23
1 027,50 bis 1 029,99	468,74	267,47	183,96	115,46	61,96	23,48
1 030,00 bis 1 032,49	470,49	268,72	184,96	116,21	62,46	23,73
1 032,50 bis 1 034,99	472,24	269,97	185,96	116,96	62,96	23,98
1 035,00 bis 1 037,49	473,99	271,22	186,96	117,71	63,46	24,23
1 037,50 bis 1 039,99	475,74	272,47	187,96	118,46	63,96	24,48
1 040,00 bis 1 042,49	477,49	273,72	188,96	119,21	64,46	24,73
1 042,50 bis 1 044,99	479,24	274,97	189,96	119,96	64,96	24,98
1 045,00 bis 1 047,49	480,99	276,22	190,96	120,71	65,46	25,23
1 047,50 bis 1 049,99	482,74	277,47	191,96	121,46	65,96	25,48
1 050,00 bis 1 052,49	484,49	278,72	192,96	122,21	66,46	25,73
1 052,50 bis 1 054,99	486,24	279,97	193,96	122,96	66,96	25,98
1 055,00 bis 1 057,49	487,99	281,22	194,96	123,71	67,46	26,23
1 057,50 bis 1 059,99	489,74	282,47	195,96	124,46	67,96	26,48
1 060,00 bis 1 062,49	491,49	283,72	196,96	125,21	68,46	26,73
1 062,50 bis 1 064,99	493,24	284,97	197,96	125,96	68,96	26,98
1 065,00 bis 1 067,49	494,99	286,22	198,96	126,71	69,46	27,23
1 067,50 bis 1 069,99	496,74	287,47	199,96	127,46	69,96	27,48
1 070,00 bis 1 072,49	498,49	288,72	200,96	128,21	70,46	27,73
1 072,50 bis 1 074,99	500,24	289,97	201,96	128,96	70,96	27,98
1 075,00 bis 1 077,49	501,99	291,22	202,96	129,71	71,46	28,23
1 077,50 bis 1 079,99	503,74	292,47	203,96	130,46	71,96	28,48
1 080,00 bis 1 082,49	505,49	293,72	204,96	131,21	72,46	28,73
1 082,50 bis 1 084,99	507,24	294,97	205,96	131,96	72,96	28,98
1 085,00 bis 1 087,49	508,99	296,22	206,96	132,71	73,46	29,23

Euro	Pfändbarer Betrag bei Unterhaltspflicht für . . . Personen					
Nettolohn wöchentlich	0	1	2	3	4	5 und mehr
1 087,50 bis 1 089,99	510,74	297,47	207,96	133,46	73,96	29,48
1 090,00 bis 1 092,49	512,49	298,72	208,96	134,21	74,46	29,73
1 092,50 bis 1 094,99	514,24	299,97	209,96	134,96	74,96	29,98
1 095,00 bis 1 097,05	515,99	301,22	210,96	135,71	75,46	30,23
Der Mehrbetrag über 1 097,05 Euro ist voll pfändbar.						

Auszahlung für Tage

Euro	Pfändbarer Betrag bei Unterhaltspflicht für . . . Personen					
Nettolohn täglich	0	1	2	3	4	5 und mehr
bis 71,99	–	–	–	–	–	–
72,00 bis 72,49	0,30	–	–	–	–	–
72,50 bis 72,99	0,65	–	–	–	–	–
73,00 bis 73,49	1,00	–	–	–	–	–
73,50 bis 73,99	1,35	–	–	–	–	–
74,00 bis 74,49	1,70	–	–	–	–	–
74,50 bis 74,99	2,05	–	–	–	–	–
75,00 bis 75,49	2,40	–	–	–	–	–
75,50 bis 75,99	2,75	–	–	–	–	–
76,00 bis 76,49	3,10	–	–	–	–	–
76,50 bis 76,99	3,45	–	–	–	–	–
77,00 bis 77,49	3,80	–	–	–	–	–
77,50 bis 77,99	4,15	–	–	–	–	–
78,00 bis 78,49	4,50	–	–	–	–	–
78,50 bis 78,99	4,85	–	–	–	–	–
79,00 bis 79,49	5,20	–	–	–	–	–
79,50 bis 79,99	5,55	–	–	–	–	–
80,00 bis 80,49	5,90	–	–	–	–	–
80,50 bis 80,99	6,25	–	–	–	–	–
81,00 bis 81,49	6,60	–	–	–	–	–
81,50 bis 81,99	6,95	–	–	–	–	–
82,00 bis 82,49	7,30	–	–	–	–	–
82,50 bis 82,99	7,65	–	–	–	–	–
83,00 bis 83,49	8,00	–	–	–	–	–
83,50 bis 83,99	8,35	–	–	–	–	–
84,00 bis 84,49	8,70	–	–	–	–	–
84,50 bis 84,99	9,05	–	–	–	–	–
85,00 bis 85,49	9,40	–	–	–	–	–
85,50 bis 85,99	9,75	–	–	–	–	–
86,00 bis 86,49	10,10	–	–	–	–	–
86,50 bis 86,99	10,45	–	–	–	–	–
87,00 bis 87,49	10,80	–	–	–	–	–
87,50 bis 87,99	11,15	–	–	–	–	–
88,00 bis 88,49	11,50	–	–	–	–	–
88,50 bis 88,99	11,85	–	–	–	–	–
89,00 bis 89,49	12,20	–	–	–	–	–
89,50 bis 89,99	12,55	–	–	–	–	–
90,00 bis 90,49	12,90	–	–	–	–	–
90,50 bis 90,99	13,25	–	–	–	–	–
91,00 bis 91,49	13,60	–	–	–	–	–
91,50 bis 91,99	13,95	–	–	–	–	–

Euro	Pfändbarer Betrag bei Unterhaltspflicht für . . . Personen					
Nettolohn täglich	0	1	2	3	4	5 und mehr
92,00 bis 92,49	14,30	–	–	–	–	–
92,50 bis 92,99	14,65	–	–	–	–	–
93,00 bis 93,49	15,00	–	–	–	–	–
93,50 bis 93,99	15,35	–	–	–	–	–
94,00 bis 94,49	15,70	–	–	–	–	–
94,50 bis 94,99	16,05	–	–	–	–	–
95,00 bis 95,49	16,40	–	–	–	–	–
95,50 bis 95,99	16,75	–	–	–	–	–
96,00 bis 96,49	17,10	–	–	–	–	–
96,50 bis 96,99	17,45	–	–	–	–	–
97,00 bis 97,49	17,80	–	–	–	–	–
97,50 bis 97,99	18,15	–	–	–	–	–
98,00 bis 98,49	18,50	–	–	–	–	–
98,50 bis 98,99	18,85	–	–	–	–	–
99,00 bis 99,49	19,20	0,25	–	–	–	–
99,50 bis 99,99	19,55	0,50	–	–	–	–
100,00 bis 100,49	19,90	0,75	–	–	–	–
100,50 bis 100,99	20,25	1,00	–	–	–	–
101,00 bis 101,49	20,60	1,25	–	–	–	–
101,50 bis 101,99	20,95	1,50	–	–	–	–
102,00 bis 102,49	21,30	1,75	–	–	–	–
102,50 bis 102,99	21,65	2,00	–	–	–	–
103,00 bis 103,49	22,00	2,25	–	–	–	–
103,50 bis 103,99	22,35	2,50	–	–	–	–
104,00 bis 104,49	22,70	2,75	–	–	–	–
104,50 bis 104,99	23,05	3,00	–	–	–	–
105,00 bis 105,49	23,40	3,25	–	–	–	–
105,50 bis 105,99	23,75	3,50	–	–	–	–
106,00 bis 106,49	24,10	3,75	–	–	–	–
106,50 bis 106,99	24,45	4,00	–	–	–	–
107,00 bis 107,49	24,80	4,25	–	–	–	–
107,50 bis 107,99	25,15	4,50	–	–	–	–
108,00 bis 108,49	25,50	4,75	–	–	–	–
108,50 bis 108,99	25,85	5,00	–	–	–	–
109,00 bis 109,49	26,20	5,25	–	–	–	–
109,50 bis 109,99	26,55	5,50	–	–	–	–
110,00 bis 110,49	26,90	5,75	–	–	–	–
110,50 bis 110,99	27,25	6,00	–	–	–	–
111,00 bis 111,49	27,60	6,25	–	–	–	–
111,50 bis 111,99	27,95	6,50	–	–	–	–
112,00 bis 112,49	28,30	6,75	–	–	–	–
112,50 bis 112,99	28,65	7,00	–	–	–	–
113,00 bis 113,49	29,00	7,25	–	–	–	–
113,50 bis 113,99	29,35	7,50	–	–	–	–
114,00 bis 114,49	29,70	7,75	0,19	–	–	–
114,50 bis 114,99	30,05	8,00	0,39	–	–	–
115,00 bis 115,49	30,40	8,25	0,59	–	–	–
115,50 bis 115,99	30,75	8,50	0,79	–	–	–
116,00 bis 116,49	31,10	8,75	0,99	–	–	–
116,50 bis 116,99	31,45	9,00	1,19	–	–	–
117,00 bis 117,49	31,80	9,25	1,39	–	–	–
117,50 bis 117,99	32,15	9,50	1,59	–	–	–

Euro	Pfändbarer Betrag bei Unterhaltspflicht für . . . Personen					
Nettolohn täglich	0	1	2	3	4	5 und mehr
118,00 bis 118,49	32,50	9,75	1,79	–	–	–
118,50 bis 118,99	32,85	10,00	1,99	–	–	–
119,00 bis 119,49	33,20	10,25	2,19	–	–	–
119,50 bis 119,99	33,55	10,50	2,39	–	–	–
120,00 bis 120,49	33,90	10,75	2,59	–	–	–
120,50 bis 120,99	34,25	11,00	2,79	–	–	–
121,00 bis 121,49	34,60	11,25	2,99	–	–	–
121,50 bis 121,99	34,95	11,50	3,19	–	–	–
122,00 bis 122,49	35,30	11,75	3,39	–	–	–
122,50 bis 122,99	35,65	12,00	3,59	–	–	–
123,00 bis 123,49	36,00	12,25	3,79	–	–	–
123,50 bis 123,99	36,35	12,50	3,99	–	–	–
124,00 bis 124,49	36,70	12,75	4,19	–	–	–
124,50 bis 124,99	37,05	13,00	4,39	–	–	–
125,00 bis 125,49	37,40	13,25	4,59	–	–	–
125,50 bis 125,99	37,75	13,50	4,79	–	–	–
126,00 bis 126,49	38,10	13,75	4,99	–	–	–
126,50 bis 126,99	38,45	14,00	5,19	–	–	–
127,00 bis 127,49	38,80	14,25	5,39	–	–	–
127,50 bis 127,99	39,15	14,50	5,59	–	–	–
128,00 bis 128,49	39,50	14,75	5,79	–	–	–
128,50 bis 128,99	39,85	15,00	5,99	–	–	–
129,00 bis 129,49	40,20	15,25	6,19	0,14	–	–
129,50 bis 129,99	40,55	15,50	6,39	0,29	–	–
130,00 bis 130,49	40,90	15,75	6,59	0,44	–	–
130,50 bis 130,99	41,25	16,00	6,79	0,59	–	–
131,00 bis 131,49	41,60	16,25	6,99	0,74	–	–
131,50 bis 131,99	41,95	16,50	7,19	0,89	–	–
132,00 bis 132,49	42,30	16,75	7,39	1,04	–	–
132,50 bis 132,99	42,65	17,00	7,59	1,19	–	–
133,00 bis 133,49	43,00	17,25	7,79	1,34	–	–
133,50 bis 133,99	43,35	17,50	7,99	1,49	–	–
134,00 bis 134,49	43,70	17,75	8,19	1,64	–	–
134,50 bis 134,99	44,05	18,00	8,39	1,79	–	–
135,00 bis 135,49	44,40	18,25	8,59	1,94	–	–
135,50 bis 135,99	44,75	18,50	8,79	2,09	–	–
136,00 bis 136,49	45,10	18,75	8,99	2,24	–	–
136,50 bis 136,99	45,45	19,00	9,19	2,39	–	–
137,00 bis 137,49	45,80	19,25	9,39	2,54	–	–
137,50 bis 137,99	46,15	19,50	9,59	2,69	–	–
138,00 bis 138,49	46,50	19,75	9,79	2,84	–	–
138,50 bis 138,99	46,85	20,00	9,99	2,99	–	–
139,00 bis 139,49	47,20	20,25	10,19	3,14	–	–
139,50 bis 139,99	47,55	20,50	10,39	3,29	–	–
140,00 bis 140,49	47,90	20,75	10,59	3,44	–	–
140,50 bis 140,99	48,25	21,00	10,79	3,59	–	–
141,00 bis 141,49	48,60	21,25	10,99	3,74	–	–
141,50 bis 141,99	48,95	21,50	11,19	3,89	–	–
142,00 bis 142,49	49,30	21,75	11,39	4,04	–	–
142,50 bis 142,99	49,65	22,00	11,59	4,19	–	–
143,00 bis 143,49	50,00	22,25	11,79	4,34	–	–
143,50 bis 143,99	50,35	22,50	11,99	4,49	–	–

Euro	Pfändbarer Betrag bei Unterhaltspflicht für . . . Personen					
Nettolohn täglich	0	1	2	3	4	5 und mehr
144,00 bis 144,49	50,70	22,75	12,19	4,64	0,09	–
144,50 bis 144,99	51,05	23,00	12,39	4,79	0,19	–
145,00 bis 145,49	51,40	23,25	12,59	4,94	0,29	–
145,50 bis 145,99	51,75	23,50	12,79	5,09	0,39	–
146,00 bis 146,49	52,10	23,75	12,99	5,24	0,49	–
146,50 bis 146,99	52,45	24,00	13,19	5,39	0,59	–
147,00 bis 147,49	52,80	24,25	13,39	5,54	0,69	–
147,50 bis 147,99	53,15	24,50	13,59	5,69	0,79	–
148,00 bis 148,49	53,50	24,75	13,79	5,84	0,89	–
148,50 bis 148,99	53,85	25,00	13,99	5,99	0,99	–
149,00 bis 149,49	54,20	25,25	14,19	6,14	1,09	–
149,50 bis 149,99	54,55	25,50	14,39	6,29	1,19	–
150,00 bis 150,49	54,90	25,75	14,59	6,44	1,29	–
150,50 bis 150,99	55,25	26,00	14,79	6,59	1,39	–
151,00 bis 151,49	55,60	26,25	14,99	6,74	1,49	–
151,50 bis 151,99	55,95	26,50	15,19	6,89	1,59	–
152,00 bis 152,49	56,30	26,75	15,39	7,04	1,69	–
152,50 bis 152,99	56,65	27,00	15,59	7,19	1,79	–
153,00 bis 153,49	57,00	27,25	15,79	7,34	1,89	–
153,50 bis 153,99	57,35	27,50	15,99	7,49	1,99	–
154,00 bis 154,49	57,70	27,75	16,19	7,64	2,09	–
154,50 bis 154,99	58,05	28,00	16,39	7,79	2,19	–
155,00 bis 155,49	58,40	28,25	16,59	7,94	2,29	–
155,50 bis 155,99	58,75	28,50	16,79	8,09	2,39	–
156,00 bis 156,49	59,10	28,75	16,99	8,24	2,49	–
156,50 bis 156,99	59,45	29,00	17,19	8,39	2,59	–
157,00 bis 157,49	59,80	29,25	17,39	8,54	2,69	–
157,50 bis 157,99	60,15	29,50	17,59	8,69	2,79	–
158,00 bis 158,49	60,50	29,75	17,79	8,84	2,89	–
158,50 bis 158,99	60,85	30,00	17,99	8,99	2,99	–
159,00 bis 159,49	61,20	30,25	18,19	9,14	3,09	0,05
159,50 bis 159,99	61,55	30,50	18,39	9,29	3,19	0,10
160,00 bis 160,49	61,90	30,75	18,59	9,44	3,29	0,15
160,50 bis 160,99	62,25	31,00	18,79	9,59	3,39	0,20
161,00 bis 161,49	62,60	31,25	18,99	9,74	3,49	0,25
161,50 bis 161,99	62,95	31,50	19,19	9,89	3,59	0,30
162,00 bis 162,49	63,30	31,75	19,39	10,04	3,69	0,35
162,50 bis 162,99	63,65	32,00	19,59	10,19	3,79	0,40
163,00 bis 163,49	64,00	32,25	19,79	10,34	3,89	0,45
163,50 bis 163,99	64,35	32,50	19,99	10,49	3,99	0,50
164,00 bis 164,49	64,70	32,75	20,19	10,64	4,09	0,55
164,50 bis 164,99	65,05	33,00	20,39	10,79	4,19	0,60
165,00 bis 165,49	65,40	33,25	20,59	10,94	4,29	0,65
165,50 bis 165,99	65,75	33,50	20,79	11,09	4,39	0,70
166,00 bis 166,49	66,10	33,75	20,99	11,24	4,49	0,75
166,50 bis 166,99	66,45	34,00	21,19	11,39	4,59	0,80
167,00 bis 167,49	66,80	34,25	21,39	11,54	4,69	0,85
167,50 bis 167,99	67,15	34,50	21,59	11,69	4,79	0,90
168,00 bis 168,49	67,50	34,75	21,79	11,84	4,89	0,95
168,50 bis 168,99	67,85	35,00	21,99	11,99	4,99	1,00
169,00 bis 169,49	68,20	35,25	22,19	12,14	5,09	1,05
169,50 bis 169,99	68,55	35,50	22,39	12,29	5,19	1,10

Euro	Pfändbarer Betrag bei Unterhaltspflicht für . . . Personen					
Nettolohn täglich	0	1	2	3	4	5 und mehr
170,00 bis 170,49	68,90	35,75	22,59	12,44	5,29	1,15
170,50 bis 170,99	69,25	36,00	22,79	12,59	5,39	1,20
171,00 bis 171,49	69,60	36,25	22,99	12,74	5,49	1,25
171,50 bis 171,99	69,95	36,50	23,19	12,89	5,59	1,30
172,00 bis 172,49	70,30	36,75	23,39	13,04	5,69	1,35
172,50 bis 172,99	70,65	37,00	23,59	13,19	5,79	1,40
173,00 bis 173,49	71,00	37,25	23,79	13,34	5,89	1,45
173,50 bis 173,99	71,35	37,50	23,99	13,49	5,99	1,50
174,00 bis 174,49	71,70	37,75	24,19	13,64	6,09	1,55
174,50 bis 174,99	72,05	38,00	24,39	13,79	6,19	1,60
175,00 bis 175,49	72,40	38,25	24,59	13,94	6,29	1,65
175,50 bis 175,99	72,75	38,50	24,79	14,09	6,39	1,70
176,00 bis 176,49	73,10	38,75	24,99	14,24	6,49	1,75
176,50 bis 176,99	73,45	39,00	25,19	14,39	6,59	1,80
177,00 bis 177,49	73,80	39,25	25,39	14,54	6,69	1,85
177,50 bis 177,99	74,15	39,50	25,59	14,69	6,79	1,90
178,00 bis 178,49	74,50	39,75	25,79	14,84	6,89	1,95
178,50 bis 178,99	74,85	40,00	25,99	14,99	6,99	2,00
179,00 bis 179,49	75,20	40,25	26,19	15,14	7,09	2,05
179,50 bis 179,99	75,55	40,50	26,39	15,29	7,19	2,10
180,00 bis 180,49	75,90	40,75	26,59	15,44	7,29	2,15
180,50 bis 180,99	76,25	41,00	26,79	15,59	7,39	2,20
181,00 bis 181,49	76,60	41,25	26,99	15,74	7,49	2,25
181,50 bis 181,99	76,95	41,50	27,19	15,89	7,59	2,30
182,00 bis 182,49	77,30	41,75	27,39	16,04	7,69	2,35
182,50 bis 182,99	77,65	42,00	27,59	16,19	7,79	2,40
183,00 bis 183,49	78,00	42,25	27,79	16,34	7,89	2,45
183,50 bis 183,99	78,35	42,50	27,99	16,49	7,99	2,50
184,00 bis 184,49	78,70	42,75	28,19	16,64	8,09	2,55
184,50 bis 184,99	79,05	43,00	28,39	16,79	8,19	2,60
185,00 bis 185,49	79,40	43,25	28,59	16,94	8,29	2,65
185,50 bis 185,99	79,75	43,50	28,79	17,09	8,39	2,70
186,00 bis 186,49	80,10	43,75	28,99	17,24	8,49	2,75
186,50 bis 186,99	80,45	44,00	29,19	17,39	8,59	2,80
187,00 bis 187,49	80,80	44,25	29,39	17,54	8,69	2,85
187,50 bis 187,99	81,15	44,50	29,59	17,69	8,79	2,90
188,00 bis 188,49	81,50	44,75	29,79	17,84	8,89	2,95
188,50 bis 188,99	81,85	45,00	29,99	17,99	8,99	3,00
189,00 bis 189,49	82,20	45,25	30,19	18,14	9,09	3,05
189,50 bis 189,99	82,55	45,50	30,39	18,29	9,19	3,10
190,00 bis 190,49	82,90	45,75	30,59	18,44	9,29	3,15
190,50 bis 190,99	83,25	46,00	30,79	18,59	9,39	3,20
191,00 bis 191,49	83,60	46,25	30,99	18,74	9,49	3,25
191,50 bis 191,99	83,95	46,50	31,19	18,89	9,59	3,30
192,00 bis 192,49	84,30	46,75	31,39	19,04	9,69	3,35
192,50 bis 192,99	84,65	47,00	31,59	19,19	9,79	3,40
193,00 bis 193,49	85,00	47,25	31,79	19,34	9,89	3,45
193,50 bis 193,99	85,35	47,50	31,99	19,49	9,99	3,50
194,00 bis 194,49	85,70	47,75	32,19	19,64	10,09	3,55
194,50 bis 194,99	86,05	48,00	32,39	19,79	10,19	3,60
195,00 bis 195,49	86,40	48,25	32,59	19,94	10,29	3,65
195,50 bis 195,99	86,75	48,50	32,79	20,09	10,39	3,70

Euro	Pfändbarer Betrag bei Unterhaltspflicht für . . . Personen					
Nettolohn täglich	0	1	2	3	4	5 und mehr
196,00 bis 196,49	87,10	48,75	32,99	20,24	10,49	3,75
196,50 bis 196,99	87,45	49,00	33,19	20,39	10,59	3,80
197,00 bis 197,49	87,80	49,25	33,39	20,54	10,69	3,85
197,50 bis 197,99	88,15	49,50	33,59	20,69	10,79	3,90
198,00 bis 198,49	88,50	49,75	33,79	20,84	10,89	3,95
198,50 bis 198,99	88,85	50,00	33,99	20,99	10,99	4,00
199,00 bis 199,49	89,20	50,25	34,19	21,14	11,09	4,05
199,50 bis 199,99	89,55	50,50	34,39	21,29	11,19	4,10
200,00 bis 200,49	89,90	50,75	34,59	21,44	11,29	4,15
200,50 bis 200,99	90,25	51,00	34,79	21,59	11,39	4,20
201,00 bis 201,49	90,60	51,25	34,99	21,74	11,49	4,25
201,50 bis 201,99	90,95	51,50	35,19	21,89	11,59	4,30
202,00 bis 202,49	91,30	51,75	35,39	22,04	11,69	4,35
202,50 bis 202,99	91,65	52,00	35,59	22,19	11,79	4,40
203,00 bis 203,49	92,00	52,25	35,79	22,34	11,89	4,45
203,50 bis 203,99	92,35	52,50	35,99	22,49	11,99	4,50
204,00 bis 204,49	92,70	52,75	36,19	22,64	12,09	4,55
204,50 bis 204,99	93,05	53,00	36,39	22,79	12,19	4,60
205,00 bis 205,49	93,40	53,25	36,59	22,94	12,29	4,65
205,50 bis 205,99	93,75	53,50	36,79	23,09	12,39	4,70
206,00 bis 206,49	94,10	53,75	36,99	23,24	12,49	4,75
206,50 bis 206,99	94,45	54,00	37,19	23,39	12,59	4,80
207,00 bis 207,49	94,80	54,25	37,39	23,54	12,69	4,85
207,50 bis 207,99	95,15	54,50	37,59	23,69	12,79	4,90
208,00 bis 208,49	95,50	54,75	37,79	23,84	12,89	4,95
208,50 bis 208,99	95,85	55,00	37,99	23,99	12,99	5,00
209,00 bis 209,49	96,20	55,25	38,19	24,14	13,09	5,05
209,50 bis 209,99	96,55	55,50	38,39	24,29	13,19	5,10
210,00 bis 210,49	96,90	55,75	38,59	24,44	13,29	5,15
210,50 bis 210,99	97,25	56,00	38,79	24,59	13,39	5,20
211,00 bis 211,49	97,60	56,25	38,99	24,74	13,49	5,25
211,50 bis 211,99	97,95	56,50	39,19	24,89	13,59	5,30
212,00 bis 212,49	98,30	56,75	39,39	25,04	13,69	5,35
212,50 bis 212,99	98,65	57,00	39,59	25,19	13,79	5,40
213,00 bis 213,49	99,00	57,25	39,79	25,34	13,89	5,45
213,50 bis 213,99	99,35	57,50	39,99	25,49	13,99	5,50
214,00 bis 214,49	99,70	57,75	40,19	25,64	14,09	5,55
214,50 bis 214,99	100,05	58,00	40,39	25,79	14,19	5,60
215,00 bis 215,49	100,40	58,25	40,59	25,94	14,29	5,65
215,50 bis 215,99	100,75	58,50	40,79	26,09	14,39	5,70
216,00 bis 216,49	101,10	58,75	40,99	26,24	14,49	5,75
216,50 bis 216,99	101,45	59,00	41,19	26,39	14,59	5,80
217,00 bis 217,49	101,80	59,25	41,39	26,54	14,69	5,85
217,50 bis 217,99	102,15	59,50	41,59	26,69	14,79	5,90
218,00 bis 218,49	102,50	59,75	41,79	26,84	14,89	5,95
218,50 bis 218,99	102,85	60,00	41,99	26,99	14,99	6,00
219,00 bis 219,42	103,20	60,25	42,19	27,14	15,09	6,05
Der Mehrbetrag über 219,42 Euro ist voll pfändbar.						

Mehrarbeit

I. Begriff und Zulässigkeit

Unter Mehrarbeit versteht man üblicherweise die Zeit, die ein Arbeitnehmer über die im Arbeitszeitgesetz vorgesehenen acht Stunden pro Tag hinaus arbeitet. Der Begriff wird auch auf die Überschreitung der regelmäßigen tariflichen Arbeitszeit angewandt (s. BAG v. 26.6.2013, Az. 5 AZR 231/12). Überarbeit (Überstunden) ist dagegen die Arbeit, die für sein Arbeitsverhältnis geltende → *Arbeitszeit* hinaus arbeitet (für Teilzeitbeschäftigte s. unter → *Teilzeitarbeit IV.2.*). Dabei ist als Vergleichsmaßstab auf die regelmäßige Arbeitszeit abzustellen, die nach Tarifvertrag, Betriebsvereinbarung oder Einzelarbeitsvertrag gilt. Meist enthalten Tarifverträge detaillierte Regelungen über Mehrarbeit. Wenn ein Tarifvertrag auf das konkrete Arbeitsverhältnis anwendbar ist, müssen die dort getroffenen Regelungen angewandt werden. Im Jahr 2024 haben nur 6 % der Beschäftigten angegeben, nie Überstunden zu leisten (statista 2025, zitiert nach Personalmagazin 2025, S. 14). Das zeigt die hohe Praxisrelevanz dieses Themas.

Das Arbeitszeitgesetz regelt nur die Höchstarbeitszeit von acht Stunden pro Werktag, die auf zehn Stunden verlängert werden kann, wenn innerhalb von sechs Kalendermonaten oder von 24 Wochen acht Stunden pro Werktag nicht überschritten werden. Um die Einhaltung dieser Bestimmung kontrollieren zu können, sind die Arbeitgeber verpflichtet, die über acht Stunden pro Werktag hinausgehende Arbeitszeit zu notieren (§ 16 Abs. 2 ArbZG). Diese Aufzeichnungen müssen zwei Jahre lang aufbewahrt werden.

WICHTIG!

Die Vorschrift über die Aufzeichnung sollte unbedingt eingehalten werden, da ansonsten Bußgelder von bis zu 15.000,– Euro verhängt werden können (§ 22 Abs. 1 Nr. 9 ArbZG).

II. Pflicht zur Mehrarbeit

Ohne eine einzelvertragliche oder tarifvertragliche Regelung bzw. eine entsprechende Betriebsvereinbarung ist der Arbeitgeber nicht berechtigt, Überstunden bzw. Mehrarbeit anzuordnen (LAG Rheinland-Pfalz v. 15.12.2011, Az. 2 Sa 559/11). Nur in Notfällen besteht eine entsprechende Verpflichtung des Arbeitnehmers.

Beispiel:

Ein Betriebsgelände ist vom Hochwasser bedroht. Hier ist der Arbeitnehmer auch ohne ausdrückliche vertragliche Verpflichtung gehalten, an den Maßnahmen zur Gefahrenbekämpfung auch außerhalb seiner Arbeitszeit mitzuwirken.

Ein Notfall und damit eine Arbeitspflicht außerhalb der vereinbarten Arbeitszeit besteht jedoch nicht, wenn ein unerwarteter Auftrag hereinkommt, der sehr schnell abgearbeitet werden muss.

Deshalb ist es empfehlenswert (und auch üblich), eine entsprechende Klausel in den Arbeitsvertrag aufzunehmen. Zur Vermeidung von Streitigkeiten sollte hier auch geregelt werden, wie der Ausgleich erfolgt (s. u. III.2.).

Formulierungsbeispiel:

„Die regelmäßige wöchentliche Arbeitszeit beträgt 36,5 Stunden. Der Arbeitnehmer verpflichtet sich, auf Anforderung auch Über- und Mehrarbeit sowie Wochenend-, Sonn- und Feiertagsarbeit im jeweils gesetzlich zulässigen Rahmen zu leisten. Überstunden können angeordnet werden, wenn ein betrieblicher Bedarf für zusätzliche Arbeitsstunden besteht, insbesondere bei unvorhersehbaren Ereignissen, wie z. B. der Erkrankung anderer Arbeitnehmer, erhöhtem Arbeitsaufkommen, Termindruck oder aufgrund von Veranstaltungen. Bei der Anforderung berücksichtigt der Arbeitgeber nach billigem Ermessen die persönlichen Belange der in Betracht kommenden Arbeitnehmer."

Die einseitig vom Arbeitgeber abrufbare Mehrarbeit darf nicht mehr als 25 % der vereinbarten wöchentlichen Mindestarbeitszeit betragen. Dies ergibt sich aus dem Rechtsgedanken des § 12 Abs. 2 TzBfG für Abrufarbeitsverhältnisse. Schwerbehinderte Arbeitnehmer sind auf Verlangen von der Mehrarbeit, also hier der über acht Stunden werktäglich hinausgehenden Arbeit, freizustellen (§ 124 SGB IX). Zur Mehrarbeit von Teilzeitbeschäftigten s. unter → *Teilzeitarbeit*.

Jugendliche dürfen nicht mehr als acht Stunden täglich und 40 Stunden in der Woche beschäftigt werden (§ 8 Abs. 1 JArbSchG). Die darüber hinausgehende Anordnung von Überstunden ist unzulässig.

Für werdende und stillende Mütter gilt gem. § 4 Abs. 1 MuSchG Folgendes:

Der Arbeitgeber darf eine schwangere oder stillende Frau, die 18 Jahre oder älter ist, nicht mit einer Arbeit beschäftigen, die die Frau über achteinhalb Stunden täglich oder über 90 Stunden in der Doppelwoche hinaus zu leisten hat. Eine schwangere oder stillende Frau unter 18 Jahren darf der Arbeitgeber nicht mit einer Arbeit beschäftigen, die die Frau über acht Stunden täglich oder über 80 Stunden in der Doppelwoche hinaus zu leisten hat. In die Doppelwoche werden die Sonntage eingerechnet. Der Arbeitgeber darf eine schwangere oder stillende Frau nicht in einem Umfang beschäftigen, der die vertraglich vereinbarte wöchentliche Arbeitszeit im Durchschnitt des Monats übersteigt. Bei mehreren Arbeitgebern sind die Arbeitszeiten zusammenzurechnen. Die Behörde kann gem. § 29 Abs. 3 Satz 1 Ziff. 1 MuSchG in „besonders begründeten Einzelfällen" eine Ausnahme erteilen.

Der Arbeitgeber muss bei der Anordnung von Mehrarbeit bzw. Überstunden die Interessen der betroffenen Arbeitnehmer angemessen berücksichtigen.

Beispiel:

Aufgrund betrieblicher Notwendigkeiten ordnet der Arbeitgeber für fünf Arbeitnehmerinnen Überstunden an. Eine davon bittet darum, nicht gerade an diesem Tag Überstunden leisten zu müssen, da sie ihr Kind abholen muss. Eine andere Arbeitnehmerin steht für die benötigte Arbeitsleistung zur Verfügung. Hier darf der Arbeitgeber nicht auf seiner formalen Rechtsposition beharren, sondern muss den Interessen seiner Mitarbeiterin mit Kind den Vorrang gewähren.

Der einzelne Arbeitnehmer hat grundsätzlich keinen Anspruch darauf, Überstunden leisten zu können. Selbst wenn der Arbeitgeber ihn in der Vergangenheit häufig so beschäftigt und er sich auf einen höheren Verdienst eingestellt hat, kann stattdessen ein weiterer Arbeitnehmer eingestellt werden, sodass die Notwendigkeit von Überstunden entfällt. Der Arbeitgeber darf einen einzelnen Arbeitnehmer jedoch nicht von Mehrarbeit ausschließen, die er für vergleichbare Arbeitnehmer angeordnet hat. Die

Gleichbehandlungspflicht gebietet es in Einzelfällen, auch diesen arbeitswilligen Arbeitnehmer wie die anderen auch zur Mehrarbeit heranzuziehen. Macht der Arbeitgeber dies nicht, riskiert er, die nicht geleistete Mehrarbeit trotzdem bezahlen zu müssen, weil er sich im sog. Annahmeverzug befindet.

III. Vergütung oder Ausgleich der Mehrarbeit

1. Anordnung oder Duldung der Mehrarbeit

Der Arbeitgeber muss die Mehrarbeit bzw. Überstunden nur dann vergüten, wenn er sie angeordnet oder zumindest geduldet hat.

Beispiel:

Ein Arbeitnehmer bleibt abends zwei Stunden länger, weil er mit seiner Arbeit nicht fertig geworden ist. Sein Vorgesetzter weiß davon nichts. Der Arbeitnehmer kann für die zwei Stunden keine Vergütung verlangen. Er hätte vielmehr mitteilen müssen, dass er seine Aufgaben nicht geschafft hat. Die Entscheidung darüber, ob er Überstunden macht oder die Arbeit am nächsten Tag fortsetzt, liegt dann beim Arbeitgeber, der sich Mehrarbeit nicht aufdrängen lassen muss (LAG Schleswig-Holstein v. 24.2.2021, Az. 6 Sa 278/20). Allerdings muss der Arbeitgeber in geeigneten Fällen Vorkehrungen treffen, um die unerwünschte freiwillige Ableistung von Überstunden zu verhindern. Eine Dozentin kann nicht einfach ihr Lehrdeputat mit 2,5 multiplizieren und so eine Vergütung für die häusliche Vor- und Nacharbeit begründen (LAG Köln v. 27.2.2015, Az. 9 Sa 482/14).

Die Rechtslage ist anders zu beurteilen, wenn der Arbeitgeber eine Aufgabe zur sofortigen Erledigung stellt, von der ohne Weiteres klar ist, dass sie nicht innerhalb der normalen Arbeitszeit geschafft werden kann. Hier kann sich der Arbeitgeber nicht darauf berufen, von den Überstunden nicht gewusst zu haben (LAG Rheinland-Pfalz v. 22.4.2015, Az. 4 Sa 577/14).

Beispiel:

Der Arbeitgeber gibt einem Angestellten eine Stunde vor Feierabend einen Auftrag, dessen Erledigung der Kunde noch heute erwartet, der aber mindestens drei Arbeitsstunden erfordert. Hier muss er die Überstunden bezahlen, auch wenn er sie weder ausdrücklich angeordnet hat noch bei der Mehrarbeit dabei war. Er muss sich dabei auch das Wissen zurechnen lassen, das sich z. B. aus Zeiterfassungssystemen ergibt.

WICHTIG!

Die Vereinbarung von Vertrauensarbeitszeit schließt einen Abgeltungsanspruch eines aus Mehrarbeit des Arbeitnehmers resultierenden Zeitguthabens nicht aus. Vertrauensarbeitszeit bedeutet auch nicht, dass ein Anspruch auf Vergütung von Überstunden generell nicht bestünde. Wenn der Arbeitnehmer es durch den Umfang der vom Arbeitgeber zugewiesenen Arbeit schlichtweg nicht mehr in der Hand hat, „Überstunden" durch die Selbstbestimmung von Beginn und Ende der täglichen Arbeitszeit „auszugleichen", sind diese – soweit sie nicht auf einem Arbeitszeitkonto gutgeschrieben werden, zu vergüten (BAG v. 26.6.2019, Az. 5 AZR 452/18; dem folgend LAG Rheinland-Pfalz v. 23.1.2023, Az. 3 Sa 207/22). Der Betriebsrat kann Auskunft über Arbeitszeiten von Außendienstmitarbeitern verlangen, für die nach einer Gesamtbetriebsvereinbarung Vertrauensarbeitszeit gelten soll (LAG München v. 11.7.2022, Az. 4 TaBV 9/22).

Ein Anspruch auf Vergütung besteht auch dann, wenn der Arbeitgeber die Überstunden zwar nicht von vornherein genehmigt, sie aber im Nachhinein gebilligt hat (ArbG Paderborn v. 20.10.2022, Az. 1 Ca 1101/21).

Betriebsratsmitglieder haben auch im Restmandat keinen Anspruch auf Vergütung ihrer Betriebsratstätigkeit. Für die nach der Beendigung ihrer Arbeitsverhältnisse zur Erfüllung ihrer Betriebsratsaufgaben geleisteten Freizeitopfer können sie kein Entgelt verlangen (BAG v. 7.5.2010, Az. 7 AZR 728/08).

2. Beweislast

Ob der Arbeitnehmer im arbeitsgerichtlichen Verfahren eine Überstundenvergütung zugesprochen bekommt, hängt stark davon ab, was man von ihm als Sachvortrag verlangt und was er beweisen muss. Hierzu hat die Rechtsprechung die folgenden Grundzüge entwickelt:

- Der Arbeitnehmer muss vortragen und im Bestreitensfall beweisen, dass er Arbeit verrichtet hat, die über das normalerweise geschuldete Maß hinausgeht, also präzise angeben, an welchen Tagen er unter Berücksichtigung der geschuldeten Tätigkeit von wann bis wann gearbeitet hat. Er muss in dieser Phase des Gerichtsverfahrens keine konkreten Angaben zum Inhalt der behaupteten Tätigkeit machen. Es reicht auch aus, wenn er sich zur rechten Zeit am rechten Ort bereitgehalten hat, um Arbeitsanweisungen zu befolgen (BAG v. 12.2.2025, Az. 5 AZR 51/24). Wenn die Arbeitszeit elektronisch erfasst wird und der Arbeitgeber oder ein Vorgesetzter des Arbeitnehmers die entsprechenden Arbeitszeitnachweise abzeichnet, reicht es im Prozess aus, dass der Arbeitnehmer die vom Arbeitgeber abgezeichneten Arbeitsstunden und den sich ergebenden Saldo vorträgt. Der Arbeitgeber hat diese Überstunden dann jedenfalls gebilligt (BAG v. 26.6.2019, Az. 5 AZR 452/18). Auf einem elektronischen Arbeitszeitkonto erfasste Überstunden bewirken nur dann eine Erleichterung der Darlegungslast, wenn diese vom Arbeitgeber streitlos gestellt wurden (LAG Mecklenburg-Vorpommern v. 5.11.2019, Az. Sa 73/19). Ein Kraftfahrer, dem vom Arbeitgeber bestimmte Touren zugewiesen werden, kann seiner Darlegungslast bereits dadurch genügen, dass er vorträgt, an welchen Tagen er welche Tour wann begonnen und wann beendet hat (LAG Mecklenburg-Vorpommern v. 20.10.2020, Az. 5 Sa 48/20). Arbeit an einem Feiertag unter der Woche führt nicht notwendigerweise zu Mehrarbeit (LAG Berlin-Brandenburg v. 20.8.2020, Az. 21 Sa 179219).

WICHTIG!

Vom Erfordernis der arbeitgeberseitigen Veranlassung ist auch nicht wegen der Entscheidung des Gerichtshofs der Europäischen Union zur Pflicht des Arbeitgebers zur Einrichtung eines Systems zur Erfassung der täglichen effektiven Arbeitszeit (EuGH 14.5.2019, Az. C-55/18 – [CCOO]) abzurücken. Der Arbeitnehmer kann sich also nicht einfach darauf berufen, der Arbeitgeber habe es versäumt, die Arbeitszeit zu erfassen und deshalb die Beweislast (BAG v. 4.5.2022, Az. 5 AZR 359/21). In dieser Entscheidung hat das BAG auch noch einmal die aktuelle Rechtslage zusammengefasst. Es heißt dort: „Gibt der Arbeitnehmer im Prozess um Überstundenvergütung für jeden einzelnen Tag des Streitzeitraums an, von wann bis wann er gearbeitet haben will, und trägt er vor, keinerlei Pause gemacht zu haben, behauptet er im Sinne der ihm obliegenden Darlegungslast in zunächst ausreichender Weise, dass sämtliche von ihm angegebenen Zeiten Arbeitszeiten im vergütungsrechtlichen Sinne seien. Die Beurteilung der Glaubhaftigkeit des Sachvortrags und der Glaubwürdigkeit des Arbeitnehmers obliegt den Tatsacheninstanzen. Erbringt der Arbeitnehmer Arbeit in einem die Normalarbeitszeit übersteigenden zeitlichen Umfang, ist der Arbeitgeber zu deren Vergütung nur verpflichtet, wenn er die Leistung von Überstunden veranlasst hat oder sie ihm zumindest zuzurechnen ist. Der Arbeitnehmer kann sich nicht über die vertraglichen Vereinbarungen hinaus selbst Arbeit „geben" und seinen Arbeitsumfang erhöhen." (so auch bestätigt bei BAG v. 12.2.2025, Az. 5 AZR 51/24). In der Instanzrechtsprechung ergeben sich aber durchaus Nuancierungen. So hat das LAG Rheinland-Pfalz entschieden, dass der Arbeitnehmer die den behaupteten Arbeitszeitsaldo begründenden Tatsachen im Einzelnen darlegen müsse, selbst wenn er sich zur Begründung seines Anspruchs auf Arbeitsvergütung für Überstunden auf selbstgefertigte Arbeitszeitaufstellungen beruft, die sich der Arbeitgeber nicht zu eigen macht und gemacht hat (LAG Rheinland-Pfalz v. 23.1.2023, Az. 3 Sa 207/22). Das LAG Niedersachsen hat entschieden, dass zwar keine Verschiebung der Beweislast auf der ersten Stufe vorliegt, der Arbeitgeber aber in der Lage sei, dem konkreten Vorbringen der Klägerseite zu ihrer Arbeitszeit konkretes Vorbringen entgegenzusetzen. Es gebe keinen Grund, warum es der Arbeitgeberin im Hinblick auf eine ohnehin bestehende Verpflichtung zur Arbeitsaufzeichnung nicht zumutbar sein

soll, ihre hieraus gewonnenen Erkenntnisse dem Arbeitnehmer im Überstundenprozess entgegenzuhalten (LAG Niedersachsen v. 9.12.2024, Az. 4 SlA 52/24 Rz. 53 am Ende).

An der grundsätzlichen Rechtslage hat sich auch durch den Beschluss des 1. Senats des BAG nichts geändert, in dem festgestellt wurde, dass der Arbeitgeber bereits bei unionsrechtskonformer Auslegung von § 3 Abs. 2 Nr. 1 ArbSchG gesetzlich verpflichtet ist, die Arbeitszeiten der Arbeitnehmer zu erfassen (BAG v. 13.9.2022, Az. 1 ABR 22/21). Auch die geplante Änderung des Arbeitszeitgesetzes betrifft nur den durch das Gesetz bezweckten Gesundheitsschutz und nicht Fragen der Vergütung.

- Nun ist der Arbeitgeber dran: Er muss im Rahmen einer abgestuften Darlegungslast vortragen, welche Arbeit er dem Arbeitnehmer zugewiesen hat und von wann bis wann er diesen Weisungen entweder nachgekommen ist oder nicht. Es reicht nicht, dass der Arbeitgeber mit Nichtwissen bestreitet, dass der Arbeitnehmer durchgängig, d. h. ohne Pausen zu machen gearbeitet habe (BAG v. 12.2.2025, Az. 5 AZR 51/24). Besonders problematisch sind die Fälle, in denen der Arbeitgeber die tatsächliche Ableistung der Arbeitszeit schwer kontrollieren kann, weil sie nicht im Betrieb geleistet wird. Das BAG (BAG v. 21.12.2016, Az. 5 AZR 362/16) meint aber auch in diesen Fällen, dass es Sache des Arbeitgebers sei, allgemein oder im konkreten Einzelfall den Zeitaufwand für die Erledigung der zugewiesenen Arbeiten zu ermitteln. Für diesen Sachvortrag kann sich der Arbeitgeber bei Kraftfahrern auch der gem. § 21a Abs. 7 Satz 1 ArbZG korrekt zu erstellenden Aufzeichnungen bedienen, die – weitergehend als § 16 Abs. 2 ArbZG – alle Arbeitszeiten eines Kraftfahrers enthalten müssen. Diese mindestens zwei Jahre lang aufzubewahrenden Aufzeichnungen haben also nicht nur eine öffentlich-rechtliche Funktion, sondern sind auch ein geeignetes Hilfsinstrument bei der Rekonstruktion und Darlegung der Arbeitszeit. Der Nachweis der Unrichtigkeit der Aufzeichnungen bleibt aber möglich. Wenn diese Aufzeichnungen nicht ausreichen oder der beklagte Arbeitgeber der Redlichkeit seines Beschäftigten misstraut, obliegt es ihm, durch geeignete organisatorische Maßnahmen oder Erkundigungen sicherzustellen, dass er z. B. Informationen darüber hat, bei welchem Auftrag wie lange Wartezeiten beim Be- und Entladen angefallen sind. Ferner ist es grundsätzlich seine Sache, im Voraus die Ruhepausen festzulegen und damit Kenntnis davon zu haben, an welchen Tagen der Arbeitnehmer zu welchen Zeiten weder Arbeit leisten noch sich dafür bereithalten musste und frei über die Nutzung des Zeitraums bestimmen konnte. Der Arbeitgeber kann auch darlegen, dass die zugewiesene Tour unter Beachtung der Rechtsordnung innerhalb der Normalarbeitszeit gefahren werden kann. Erst dann muss der Arbeitnehmer besondere Umstände darlegen, die zur Überschreitung der Normalarbeitszeit führten. Schwierigkeiten bei der Kontrolle von Überstunden entlasten den Arbeitgeber also nicht pauschal, sondern er muss alle Informationsquellen nutzen, um einen substantiierten Sachvortrag zu unterbreiten.
- Wenn dieses Vorbringen erheblich ist, muss der Arbeitnehmer auf einer dritten Stufe substantiiert vortragen, welche Überstunden vom Arbeitgeber angeordnet, gebilligt oder geduldet wurden oder zur Erledigung der angeordneten Tätigkeiten notwendig waren (BAG v. 21.12.2016, Az. 5 AZR 362/16; LAG Berlin-Brandenburg v. 28.4.2016, Az. 5 Sa 79/16). Zur Darlegung einer Billigung der Mehrarbeit muss der Arbeitnehmer im Einzelnen vortragen, wer wann auf welche Weise zu erkennen gegeben habe, mit der Leistung welcher Überstunden einverstanden zu sein. Eine Duldung von Überstunden liegt dann vor, wenn der Arbeitgeber in Kenntnis einer Überstundenleistung diese hinnimmt und keine Vorkehrungen trifft, die Leistung von Überstunden künftig zu unterbinden, er also nicht gegen die Leistung von Überstunden einschreitet, sie vielmehr weiterhin entgegennimmt (LAG Rheinland-Pfalz v. 23.4.2018, Az. 3 Sa 266/17). Dazu muss der Arbeitnehmer darlegen, von welchen wann geleisteten Überstunden der Arbeitgeber auf welche Weise wann Kenntnis erlangt haben soll und dass es im Anschluss daran zu einer weiteren Überstundenleistung gekommen ist. Erst wenn dieses feststeht, ist es Sache des Arbeitgebers darzulegen, welche Maßnahmen er zur Unterbindung der von ihm nicht gewollten Überstundenleistung ergriffen hat (BAG v. 10.4.2013, Az. 5 AZR 122/12). Wenn der Arbeitgeber dem Arbeitnehmer gegenüber regelmäßig über den Stand eines Arbeitszeitkontos abrechnet, gilt nach Auffassung des LAG Mecklenburg-Vorpommern ein Arbeitszeitkonto zumindest als konkludent vereinbart. Den dort ausgewiesenen Saldenstand kann der Arbeitnehmer ohne weitere Darlegungen geltend machen (LAG Mecklenburg-Vorpommern v. 10.7.2018, Az. 2 Sa 33/18).

  Behauptet der Arbeitnehmer, der Arbeitgeber habe die Mehrarbeit durch schlüssiges Verhalten („konkludent“) angeordnet, muss er die Umstände präzise darlegen, aus denen er diesen Schluss zieht. Diesbezüglich hat das LAG Hamburg entschieden, dass die pauschale Behauptung, dass die Vielzahl der Aufgaben nicht in der vertraglichen monatlichen Arbeitszeit erledigt werden konnten, nicht genüge, um eine konkludente Anordnung von Überstunden durch den Arbeitgeber darzulegen. Es werde nicht deutlich, welche einzelnen Tätigkeiten in einem bestimmten Zeitraum (Tag, Woche, Monat) aufgrund der Aufgabenzuweisung durch die Arbeitgeberin von dem Arbeitnehmer zu erledigen waren, welche Zeit diese Tätigkeiten im Einzelnen beanspruchten und weshalb es nicht möglich war, die anfallenden Aufgaben innerhalb der vertraglich geschuldeten Arbeitszeit zu erledigen. Auch ergebe sich aus der bloßen Kenntnis der Geschäftsführerin der Arbeitgeberin von Stunden- und Arbeitsnachweisen noch kein Einverständnis mit der Leistung von Überstunden. Die widerspruchslose Entgegennahme der vom Arbeitnehmer gefertigten Arbeitszeitaufzeichnungen reiche für die Billigung von Überstunden nicht aus (LAG Hamburg v. 6.2.2024, Az. 6 Sa 14/23).

Steht fest, dass der Arbeitnehmer Überstunden geleistet hat, ist das Gericht befugt, die Mindestzahl angefallener Überstunden zu schätzen. Dabei bedarf es aber einer hinreichenden Tatsachengrundlage. Eine Schätzung „ins Blaue hinein“ ist nicht zulässig (BAG v. 13.12.2016, Az. 9 AZR 574/15 und v. 25.3.2015, Az. 5 AZR 602/13).

Diese komplexen Ausführungen machen deutlich, dass der Ausgang eines auf Mehrarbeitsvergütung gerichteten Verfahrens schwer vorherzusagen ist.

3. Höhe der Mehrarbeitsvergütung, Ausgleich durch Freizeit, Teilzeit

Eine gesetzliche Regelung über die Vergütung von Überstunden und Mehrarbeit besteht nicht. Die Tarifverträge enthalten jedoch meist detaillierte Bestimmungen über Zulässigkeit und Vergütung. Hier wird meist auch ein besonderer Zuschlag für die Überstunden vereinbart. Wenn kein Tarifvertrag anwendbar ist, gelten die Regelungen des Einzelarbeitsvertrags. Hier kann nicht nur vereinbart werden, dass Überstunden angeordnet werden können, sondern auch, wie sie zu vergüten sind.

Formulierungsbeispiel:

„Die vom Arbeitgeber ausdrücklich angeordneten Überstunden sollen binnen zwei Monaten durch Freizeit ausgeglichen werden. Dabei ist bis zu vier Überstunden pro Woche je eine Stunde Freizeit zu gewähren. Für darüber hinausgehende Überstunden ist je eine Stunde und 15 Minuten Freizeit zu gewähren. Ist eine Abgeltung der Mehrarbeit durch Freizeitgewährung nicht möglich, so sind sie zu vergüten. Dabei beträgt die Vergütung für bis zu vier Überstunden pro Woche EUR .... Für die darüber hinausgehende Zeit ist ein Zuschlag von 25 % zu zahlen.“

Ist ein Arbeitszeitkonto vereinbart, kann der Arbeitnehmer darauf klagen, diesem Konto Stunden „hinzuzufügen", wenn er Überstunden geleistet hat (LAG Schleswig-Holstein v. 7.8.2013, Az. 3 Sa 72/12). Ein Arbeitszeitguthaben steht dem Vergütungsanspruch des Arbeitnehmers gleich (LAG Rheinland-Pfalz v. 25.11.2014, Az. 6 Sa 310/14). Eine Korrektur des Arbeitszeitkontos kommt aber nicht mehr nach dem Ende des Arbeitsverhältnisses in Betracht (BAG v. 26.6.2013, Az. 5 AZR 428/12). In den Arbeitsverträgen mit außertariflichen Angestellten wird häufig vereinbart, dass mit dem Gehalt eine bestimmte Anzahl von Überstunden abgegolten ist. Deren Anzahl muss allerdings im Vertrag festgelegt werden. Eine solche vertragliche Regelung ist dann sinnvoll, wenn ohnehin ein übertarifliches Entgelt gezahlt werden soll und die Tätigkeit voraussichtlich Überstunden erforderlich macht. Zur notwendigen Transparenz von derartigen Klauseln sagt das Bundesarbeitsgericht: „Eine die pauschale Vergütung von Überstunden regelnde Klausel ist nur dann klar und verständlich, wenn sich aus dem Arbeitsvertrag selbst ergibt, welche Arbeitsleistungen in welchem zeitlichen Umfang von ihr erfasst werden sollen. Der Arbeitnehmer muss bereits bei Vertragsschluss erkennen können, was ggf. „auf ihn zukommt" und welche Leistung er für die vereinbarte Vergütung maximal erbringen muss" (Urteil v. 18.11.2015, Az. 5 AZR 751/13). Auch eine Klausel, wonach der Arbeitnehmer „verpflichtet ist, im Schnitt 150 Stunden zu arbeiten", ist wegen Intransparenz unwirksam (BAG v. 21.6.2011, Az. 9 AZR 238/10), ebenso die Bestimmung, wonach sich die Arbeitszeit nach „dem jeweiligen Arbeitsanfall" richtet (LAG Düsseldorf v. 17.4.2012, Az. 8 Sa 1334/11). Das BAG hat aber auch entschieden: „Eine Klausel in Allgemeinen Geschäftsbedingungen, nach der in dem monatlichen (Grund-)Gehalt die ersten zwanzig Überstunden im Monat „mit drin" sind, ist klar und verständlich." (BAG v. 16.5.2012, Az. 5 AZR 331/11). Auch wurde eine Arbeitsvertragsklausel, nach der die Leistung von 10 Überstunden pro Monat mit der vereinbarten Vergütung abgegolten ist, von der Rechtsprechung für wirksam gehalten (LAG Mecklenburg-Vorpommern v. 14.9.2021, Az. 2 Sa 26/21).

Formulierungsbeispiel:

„Der Arbeitgeber ist berechtigt, pro Monat bis zu ... Überstunden anzuordnen. Der Arbeitnehmer erhält hierfür eine Überstundenpauschale von ... Euro."

Bei einem nicht tarifgebundenen Arbeitgeber wurde eine arbeitsvertragliche Regelung für wirksam gehalten, in der sich der Arbeitnehmer zur Ableistung von bis zu 20 Überstunden pro Monat verpflichtet hat, die mit der normalen Vergütung abgegolten waren. Es darf allerdings kein Lohnwucher eintreten, der bei einer Vergütung unter ⅔ der in der betreffenden Branche und Wirtschaftsregion üblichen Vergütung vorliegt. Bei Angestellten, die einem Tarifvertrag unterliegen, ist eine Pauschalregelung nur dann zulässig, wenn ihnen eine übertarifliche Zulage gewährt wird. Durch die Regelung darf die tarifliche Vergütung nicht unterschritten werden.

Beispiel:

Das tarifliche Grundgehalt beträgt 2.250,– Euro pro Monat bei einer Arbeitszeit von 174 Stunden. Im Arbeitsvertrag wird vereinbart, dass mit dem Verdienst pauschal zehn Überstunden pro Monat abgegolten sind. Somit beträgt der tarifliche Stundensatz, der nicht unterschritten werden darf, 12,93 Euro. Der Arbeitnehmer muss also ein Gehalt bekommen, das um 129,30 Euro (zehn Überstunden × 12,93 Euro) über dem Tarifniveau liegt. Ansonsten würde er bei einem Ausschöpfen des Überstundendeputats, das pauschal abgegolten wird, unter seinem tariflichen Mindestniveau liegen. Diese Grundsätze gelten auch für die Anwendung des gesetzlichen Mindestlohnes.

Natürlich darf auch das Niveau des Mindestlohnes nach dem Mindestlohngesetz nicht unterschritten werden. Wenn auch keine einzelvertragliche Vereinbarung getroffen wurde, hat der Arbeitnehmer mindestens Anspruch darauf, die Überstunden wie normale Arbeitszeit vergütet zu bekommen. Wenn ein Stundenlohn vereinbart wurde, ist dieser zu zahlen, bei einer Monatsvergütung ist das Monatsgehalt durch die Anzahl der vereinbarten Stunden zu teilen. Daraus ergibt sich der Stundensatz.

Beispiel:

Der Arbeitnehmer erhält ein Monatsgehalt von 2.150,– Euro bei 174 Stunden Arbeit. An fünf Tagen arbeitet er jeweils zweieinhalb Stunden über der regulären Arbeitszeit. Er hat mindestens einen Anspruch auf Zahlung von zweieinhalb Stunden × 12,35 Euro × 5 = 154,37 Euro.

Darüber hinaus müssen Zuschläge dann gezahlt werden, wenn sie entweder im Betrieb oder in der Branche üblich sind (§ 612 Abs. 2 BGB). Es gibt aber keinen generellen Grundsatz, wonach ein Überstundenzuschlag von etwa 25 % allgemein üblich wäre. Die Branchenüblichkeit kann sich aber aus einem Tarifvertrag ergeben.

Beispiel:

Ein Arbeitgeber der Metallindustrie im Tarifgebiet Berlin-Brandenburg ist nicht tarifgebunden. Der einschlägige Tarifvertrag sieht einen Überstundenzuschlag von 15 % vor. Hier ist von einem branchenüblichen Zuschlag auszugehen, wenn keine anderen Umstände dagegen sprechen, wie z. B. ein sehr geringer Organisationsgrad der Arbeitgeber in diesem Tarifgebiet. Daher muss der Arbeitgeber die Überstunden mit diesem Zuschlag vergüten, wenn er keine andere einzelvertragliche Regelung getroffen hat. In dem obigen Beispiel wären also noch weitere 23,16 Euro zu zahlen.

Eine tarifvertragliche Regelung, die unabhängig von der individuellen Arbeitszeit für Überstundenzuschläge das Überschreiten der regelmäßigen Arbeitszeit eines Vollzeitbeschäftigten voraussetzt, behandelt teilzeitbeschäftigte Arbeitnehmer wegen der Teilzeit schlechter als vergleichbare Vollzeitbeschäftigte (BAG v. 5.12.2024, Az. 8 AZR 370/20 und 372/20). Damit folgt das BAG einer Entscheidung des Europäischen Gerichtshofes (EuGH v. 19.10.2023, Az. C 660/22 für Flugzeugführer) und wendet sie konkret im nationalen Recht an. Eine solche tarifvertragliche Regelung verstößt gegen das Verbot der Diskriminierung Teilzeitbeschäftigter (§ 4 Abs. 1 TzBfG), wenn die in ihr liegende Ungleichbehandlung nicht durch sachliche Gründe gerechtfertigt ist. Fehlen solche sachlichen Gründe, liegt regelmäßig zugleich eine gegen Vorschriften des Allgemeinen Gleichbehandlungsgesetzes (§ 7 Abs. 1 AGG) verstoßende mittelbare Benachteiligung wegen des (weiblichen) Geschlechts vor, wenn innerhalb der betroffenen Gruppe der Teilzeitbeschäftigten erheblich mehr Frauen als Männer vertreten sind.

In einer weiteren Entscheidung hatte der EuGH entschieden, dass es auch eine mittelbare Frauendiskriminierung darstelle, wenn eine nationale Regelung, nach der die Zahlung von Überstundenzuschlägen an Teilzeitbeschäftigte nur für die Arbeitsstunden vorgesehen ist, die über die regelmäßige Arbeitszeit von sich in einer vergleichbaren Lage befindenden vollzeitbeschäftigten Arbeitnehmern hinaus gearbeitet werden, eine mittelbare Diskriminierung aufgrund des Geschlechts darstelle, wenn erwiesen sei, dass diese Regelung einen signifikant höheren Anteil von Personen weiblichen Geschlechts als Personen männlichen Geschlechts benachteiligt. Dabei muss die Gruppe der durch diese Regelung nicht benachteiligten Arbeitnehmer – die Vollzeitbeschäftigten – nicht gleichzeitig aus erheblich mehr Männern als Frauen bestehen. Eine solche Diskriminierung könne nicht dadurch gerechtfertigt werden, dass auf der einen Seite das Ziel verfolgt wird, den Arbeitgeber davon abzuhalten, für Arbeitnehmer Überstunden anzuordnen, die über die individuell in ihren Arbeitsverträgen vereinbarte Arbeitszeit hinausgehen, und auf der anderen Seite das Ziel, zu verhindern, dass Vollzeitbeschäftigte gegenüber Teilzeitbeschäftigten schlechter behandelt werden (EuGH v. 29.7.2024, Az. C 184/22 und C 185/22).

WICHTIG!

Die Rechtsfolge wurde bislang immer darin gesehen, dass eine Anpassung „nach oben" erfolgt, d. h. dass die schlechter gestellte Gruppe dieselben Leistungen zu beanspruchen hat wie die besser gestellte. Das Bundesverfassungsgericht hat aber nunmehr ent-

schieden, dass dies nicht automatisch gilt, sondern dass zunächst die Tarifvertragspartner selber entscheiden müssen, wie sie die gegen den Gleichbehandlungsgrundsatz (Art. 3 GG) verstoßende Regelung durch eine andere ersetzen (BVerfG v. 11.12.2024, Az. 1 BvR 1109/21, Aufhebung der Entscheidung des BAG v. 9.12.2020, Az. 10 AZR 334/20 zum Thema Nachtarbeitszuschlag). Ob diese Rechtsprechung des BVerfG auch auf die Mehrarbeitszuschläge Anwendung findet, ist noch nicht entschieden worden. Die Präsidentin des BAG verneint dies, weil hier nicht nur ein Verstoß gegen Art. 3 GG vorliegt, sondern zugleich ein Verstoß gegen das AGG, weil wesentlich mehr Frauen in Teilzeit arbeiten und deshalb wegen des Geschlechts benachteiligt werden (Präs. BAG Gallner in der FAZ v. 12.3.2025, S. 17; so auch LAG Berlin-Brandenburg v. 16.5.2025, Az. 12 Sa 1016/24, nicht rechtskräftig, Revision anhängig unter 5 AZR 122/25; das LAG Düsseldorf meint, dass bei einem Verstoß gegen europäisches Recht nach wie vor eine Anpassung „nach oben" stattfinden müsse, Urteil v. 16.4.2025, Az. 9 SLa 431/24, nicht rechtskräftig, Revision anhängig unter 5 AZR 142/25).

Für den Schwellenwert für **Mehrarbeitszuschläge** zählen nicht nur die tatsächlich geleisteten Arbeitsstunden, sondern **auch bezahlte Urlaubsstunden,** entschied der Europäische Gerichtshof (EuGH v. 13.1.2022, Az. C 514/20). Dem folgend hat das BAG entschieden, dass eine tarifvertragliche Regelung, nach der für die Berechnung eines Schwellenwerts, ab dem Mehrarbeitszuschläge zu zahlen sind, Arbeitszeit, in der der Arbeitnehmer bezahlten Jahresurlaub in Anspruch genommenen hat, nicht als geleistete Arbeitsstunden berücksichtigt wird, gegen § 1 BUrlG verstößt (BAG v. 16.11.2022, Az. 10 AZR 210/19).

Hinzuweisen ist hier auch auf die Rechtsprechung, wonach nach Deutschland in einen Privathaushalt entsandte ausländische Betreuungskräfte Anspruch auf den gesetzlichen Mindestlohn nicht nur für Vollarbeit, sondern auch für Bereitschaftsdienst haben, soweit nicht der Anwendungsbereich der Verordnung über zwingende Arbeitsbedingungen für die Pflegebranche eröffnet ist (BAG v. 24.6.2021, Az. 5 AZR 505/20).

Bei einer Klage auf die Zahlung zeitabhängiger Vergütung gehört zur erforderlichen Bezeichnung des Streitgegenstands regelmäßig die Angabe, für welche konkreten Zeitabschnitte Vergütung in welcher bestimmten Höhe verlangt wird (LAG Köln v. 27.1.2016, Az. 11 Sa 597/15).

WICHTIG!

Eine Mehrarbeitsvergütung muss nur dann gezahlt werden, wenn die Leistung den Umständen nach nur gegen eine Vergütung zu erwarten ist. Es gibt keinen allgemeinen Rechtsgrundsatz, dass jede Mehrleistung zusätzlich zu vergüten ist. Die Vergütungserwartung ist stets anhand eines objektiven Maßstabs unter Berücksichtigung der Verkehrssitte, der Art, des Umfangs und der Dauer der Dienstleistung sowie der Stellung der Beteiligten zueinander festzustellen, ohne dass es auf deren persönliche Meinung ankommt (BAG v. 23.9.2015, Az. 5 AZR 626/13).

Insbesondere bei Diensten höherer Art gibt es keinen Grundsatz, dass Überstunden bzw. Mehrarbeit oder eine längere Anwesenheit stets zu vergüten sind. So hat das Bundesarbeitsgericht die Klage eines angestellten Rechtsanwaltes abgewiesen, der ohne wirksame vertragliche Vereinbarung viele Überstunden geleistet hatte. Dies geschah aber nicht in der Erwartung einer Vergütung, sondern er erhoffte sich dadurch die Aufnahme in die Sozietät des Arbeitgebers. Diese Hoffnung war aber nicht schützenswert. Gleiches gilt, wenn der Arbeitnehmer neben seiner Zeitvergütung in nicht unerheblichem Umfang Provisionen erhält. Hier kann er ohne besondere Umstände nicht erwarten, dass Mehrarbeit bzw. Überarbeit vergütet wird (BAG v. 27.6.2012, Az. 5 AZR 530/11).

Bei vielen Angestellten wird häufig durch eine entsprechende Klausel im Arbeitsvertrag verdeutlicht, dass Überstunden durch die normale Vergütung abgegolten sind. Eine solche pauschale Regelung ist unwirksam, und zwar auch, wenn lediglich „Reisezeiten" pauschal abgegolten werden sollen, die nicht näher definiert werden. Eine die pauschale Vergütung von Überstunden regelnde Klausel ist nur dann klar und verständlich, wenn sich aus dem Arbeitsvertrag selbst ergibt, welche Arbeitsleistungen in welchem zeitlichen Umfang von ihr erfasst werden sollen. Häufig werden Arbeitsverträge mit leitenden Anstellten aber im Einzelnen ausgehandelt, sodass sich dieses Problem nicht stellt. Bei bestehenden Betriebsvereinbarungen kann eine generelle formularmäßige Vereinbarung auch einen Verstoß gegen das Mitbestimmungsrecht des Betriebsrats darstellen. Betriebsvereinbarungen dürfen aber nicht gegen die Regelungssperre von § 77 Abs. 3 BetrVG verstoßen, wenn ein Tarifvertrag etwa vergütungspflichtige Fahrzeiten regelt (BAG v. 18.3.2020, Az. 5 AZR 36/19).

Ob statt der Überstundenvergütung bzw. Mehrarbeitsvergütung ein Freizeitausgleich erfolgen kann, richtet sich nach dem Tarifvertrag und nach den Festlegungen des Arbeitsvertrags. Sind hier keine derartigen Regelungen vorhanden, ist der Arbeitgeber nicht befugt, einen bereits entstandenen Anspruch auf Mehrarbeitsvergütung einseitig durch Freizeit abzugelten. Macht er dies trotzdem, riskiert er, neben dem Freizeitausgleich zusätzlich noch die Mehrarbeitsvergütung zahlen zu müssen.

Die pauschale Vergütung von Bereitschaftszeiten ist zulässig, wenn die Pauschale zu der tatsächlich anfallenden Arbeit in angemessenem Verhältnis steht. Die Gewährung von Freizeitausgleich für Bereitschaftsdienste für Teilzeitbeschäftigte richtet sich nach den oben dargestellten Grundsätzen, die der Europäische Gerichtshof aufgestellt hat.

Ist im Anschluss an die reguläre Arbeitszeit Bereitschaftsdienst angeordnet worden, kann der Arbeitgeber diesen in Anspruch nehmen, um die Erledigung noch anstehender Arbeiten anzuordnen. Er muss hierfür keine Überstunden in Anspruch nehmen.

Wenn Arbeitgeber und Arbeitnehmer in einem gerichtlich protokollierten Vergleich vereinbaren, dass der klagende Arbeitnehmer unwiderruflich unter Fortzahlung der Vergütung sowie unter Anrechnung auf etwaig noch offene Urlaubs- und Freizeitausgleichsansprüche bis zum Ende des Arbeitsverhältnisses freigestellt wird, werden in einem weiten Verständnis des Begriffs „Freizeitausgleichsansprüche" auch etwaige Ansprüche auf Überstundenvergütung erfasst (LAG Hamm v. 24.3.2022, Az. 1 Sa 1217/22).

IV. Beteiligung des Betriebsrats

Bei der Anordnung von Mehrarbeit besteht ein Mitbestimmungsrecht des Betriebsrats (§ 87 Abs. 1 Nr. 3 BetrVG). Der Betriebsrat muss der Anordnung also vorher zustimmen, und zwar auch dann, wenn ein Eilfall vorliegt. Bei bestehenden Betriebsvereinbarungen kann eine generelle formularmäßige Vereinbarung, wonach Mehrarbeit bzw. Überstunden mit dem Entgelt abgegolten sind, einen Verstoß gegen das Mitbestimmungsrecht des Betriebsrats darstellen. Wird das Beteiligungsverfahren nicht eingehalten, können die betroffenen Arbeitnehmer die geforderte Leistung verweigern. Dem Betriebsrat kann daneben auch ein Unterlassungsanspruch zustehen (BAG v. 7.2.2012, Az. 1 ABR 77/10 zur Anordnung von Arbeitsleistung während dienstplanmäßiger Pausen). Dieser kann auch mit einer einstweiligen Verfügung durchgesetzt werden (LAG Hamm v. 15.7.2016, Az. 13 TaBVGa 2/16).

Beispiel:

Der Arbeitgeber ordnet an, dass die Arbeitnehmer einer Abteilung zwei Stunden länger als die tarifliche Arbeitszeit arbeiten, damit ein Auftrag noch an diesem Tag fertiggestellt wird. Der Betriebsrat wurde vorher nicht gefragt. Zwei der fünf betroffenen Arbeitnehmer gehen pünktlich zum Ende ihrer regulären Arbeitszeit nach Hause. Hier kann der Arbeitgeber keine Abmahnung aussprechen.

Der Arbeitgeber braucht aber auch dann die Zustimmung des Betriebsrats, wenn die Arbeitnehmer von sich aus die Überstunden anbieten. Dabei deutet schon die positive Kenntnis des Arbeitgebers von Überstundenleistungen durch Arbeitnehmer ohne Ergreifen von Gegenmaßnahmen regelmäßig auf deren Duldung hin (BAG v. 28.7.2020, Az. 1 ABR 18/19).

Beispiel:

Im obigen Fall bieten die Mitarbeiter von sich aus an, den Auftrag noch an diesem Tag ohne Rücksicht auf das reguläre Ende der Arbeitszeit auszuführen. Der Betriebsrat ist dagegen, weil er meint, dass ohnehin zu viel Mehrarbeit geleistet wird. Wenn der Arbeitgeber die Mehrarbeit annimmt, kann der Betriebsrat ein Verfahren vor dem Arbeitsgericht einleiten, um ihm dies künftig untersagen zu lassen.

Einzelne Mitbestimmungsrechte des Betriebsrats sind während eines Arbeitskampfs eingeschränkt, wenn bei deren vollständiger Aufrechterhaltung die ernsthafte Gefahr besteht, dass der Betriebsrat eine dem Arbeitgeber sonst mögliche Arbeitskampfmaßnahme verhindert und dadurch zwangsläufig zu dessen Nachteil in das Arbeitskampfgeschehen eingreift. Diese haben aber nur insoweit zurückzustehen, wie deren Ausübung die Kampffähigkeit des Arbeitgebers ernsthaft gefährdet. Ordnet der Arbeitgeber Mehrarbeit gegenüber allen dienstplanmäßig eingeteilten Arbeitnehmern zur Aufarbeitung streikbedingter Arbeitsrückstände nach Beendigung der Arbeitsniederlegung an, ist das Mitbestimmungsrecht nicht suspendiert. Gleiches gilt, wenn mit der Mehrarbeitsanordnung in einer von Warnstreiks begleiteten Verhandlungsphase der Tarifvertragsparteien dem Streikdruck vorgebeugt werden soll und der Arbeitgeber nicht deutlich macht, dass er die Maßnahme auf arbeitswillige, einem gewerkschaftlichen Streikaufruf nicht Folge leistende Arbeitnehmer beschränkt (BAG v. 20.3.2018, Az. 1 ABR 70/16).

Regelungen über Mehrarbeit in Betriebsvereinbarungen müssen hinreichend bestimmt sein, ansonsten sind sie unwirksam (BAG v. 26.6.2019, Az. 5 AZR 452/18).

Der Betriebsrat kann Auskunft über Arbeitszeiten von Außendienstmitarbeitern verlangen, für die nach einer Gesamtbetriebsvereinbarung Vertrauensarbeitszeit gelten soll (LAG München v. 11.7.2022, Az. 4 TaBV 9/22).

V. Checkliste Mehrarbeit

I. Anordnung der Mehrarbeit bzw. Überstunden

1. Vom Arbeitsvertrag oder vom Tarifvertrag gedeckt?
   - ❑ **Ja** → Anordnung ist wirksam
   - ❑ **Nein** → Anordnung ist unwirksam
2. Sind Sonderrechte zu beachten (Jugendliche, Schwangere etc.)?
   - ❑ **Ja** → prüfen, ob Anordnung den Schutzbestimmungen entspricht
   - ❑ **Nein** → weiter mit Frage 3
3. Liegt Zustimmung des Betriebsrats vor?
   - ❑ **Ja** → Mehrarbeit kann angeordnet werden, wenn auch die Punkte 1 und 2 erfüllt sind
   - ❑ **Nein** → Zustimmung muss eingeholt werden, bei Verweigerung muss Ersetzung durch das Arbeitsgericht beantragt werden

II. Anspruch auf Mehrarbeits-/Überstundenvergütung

1. Wurde Mehrarbeit/Überarbeit geleistet?
   - ❑ **Ja** → weiter mit Frage 2
   - ❑ **Nein** → kein Anspruch
2. Wurde sie angeordnet?
   - ❑ **Ja** → Anspruch besteht; Ausnahme: Dienste höherer Art, bei denen keine Vergütungserwartung besteht
   - ❑ **Nein** → weiter mit Frage 3
3. Wurde die Mehrarbeit/Überarbeit geduldet?
   - ❑ **Ja** → Anspruch besteht; Ausnahme: Dienste höherer Art, bei denen keine Vergütungserwartung besteht
   - ❑ **Nein** → weiter mit Frage 4
4. War die Arbeitsaufgabe nur mit Mehrarbeit zu schaffen?
   - ❑ **Ja** → Anspruch besteht; Ausnahme: Dienste höherer Art, bei denen keine Vergütungserwartung besteht
   - ❑ **Nein** → kein Anspruch

III. Höhe der Mehrarbeits-/Überstundenvergütung

1. Ist ein Tarifvertrag anwendbar, der die Höhe der Mehrarbeitsvergütung festlegt?
   - ❑ **Ja** → Höhe ergibt sich aus Tarifvertrag
   - ❑ **Nein** → weiter mit Frage 2
2. Ist die Höhe im Einzelarbeitsvertrag vereinbart?
   - ❑ **Ja** → Höhe ergibt sich aus den dortigen Festlegungen
   - ❑ **Nein** → weiter mit Frage 3
3. Ist ein Zuschlag branchenüblich?
   - ❑ **Ja** → Anspruch besteht
   - ❑ **Nein** → kein Anspruch
4. Ist eine pauschale Abgeltung von Überstunden im Arbeits- oder Tarifvertrag vorgesehen?
   - ❑ **Ja** → kein Anspruch auf besondere Vergütung, wenn der dort genannte Rahmen nicht überschritten wird
   - ❑ **Nein** → Regelung gemäß Fragen 1 bis 3

Mobbing

I. Begriff und Abgrenzung

Der Begriff „Mobbing" kommt aus dem Englischen (to mob = über jemanden lärmend herfallen, angreifen, attackieren) und beschreibt im betrieblichen Alltag das systematische Anfeinden, Schikanieren oder Diskriminieren von Arbeitnehmern untereinander oder durch Vorgesetzte. Eine bestimmte Mindestfrequenz oder Mindestlaufzeit ist für die Beurteilung der Einzelakte in ihrer zusammenfassenden Beschreibung als Mobbing nicht erforderlich, solange den Handlungen oder Unterlassungen eine Systematik im vorbeschriebenen Sinne zu entnehmen ist.

Die feindseligen Handlungen betreffen in der Regel die Kommunikation am Arbeitsplatz unter Kollegen oder zwischen Vorgesetzten und Untergebenen und haben immer das Ziel, die angegriffene Person aus dem Arbeitsverhältnis auszustoßen.

Den Mobbing-Handlungen liegt meist ein sozialer Konflikt zugrunde. Im Gegensatz zu einer „normalen" Konfliktbewältigung entsteht bei Mobbing eine Täter-Opfer-Beziehung, bei der die Auseinandersetzung mit der betroffenen Person (und nicht mit den Ursachen des Konflikts) im Vordergrund steht. Hierdurch ist es für Außenstehende oder auch die betroffene Person in Mobbing-Fällen kaum möglich, den dahinter stehenden Konflikt überhaupt noch zu erkennen. An die Stelle einer konstruktiven Beseitigung des Konflikts tritt auf Seiten des Täters nur noch das Ziel, den „Gemobbten" durch Unterdrückung, Schikane, Rufmord und Ausgrenzung zu schwächen und ihn hierdurch zur Aufgabe des Arbeitsplatzes zu veranlassen.

Ursache für ein solches Verhalten können auf Seiten des Täters Ängste, Vorurteile oder Befürchtungen sein, die dieser als Bedrohung seiner eigenen Interessen oder seiner eigenen Person empfindet. Diese Bedrohung muss für den Täter so gravierend sein, dass er eine offene und faire Auseinandersetzung für aussichtslos oder zu riskant einschätzt und daher Mobbing für gerechtfertigt hält.

Im Wesentlichen beziehen sich die feindseligen Handlungen gegen das Opfer auf dessen

- Möglichkeit sich mitzuteilen (z. B. ständige Kritik und Abwertung, wie Luft behandeln),
- zwischenmenschliche Beziehungen (z. B. soziale Isolation),
- Ehre oder persönliches Ansehen (z. B. Beleidigungen, Verleumdungen, Intrigen oder Scherze),
- Qualität der Beschäftigung (z. B. Unter- oder Überforderung, sinnlose oder aussichtslose Aufgabenstellungen).

Eine besondere Form des Mobbings stellt das sog. „Cybermobbing" dar. Hierbei findet die Mobbing-Handlung nicht am Arbeitsplatz, sondern über digitale Medien (z. B. Facebook) statt.

Oft kommt es beim Mobbing-Opfer zu einem Verlust des Selbstvertrauens, psychischen und psychosomatischen Gesundheitsstörungen und sogar zu hierdurch verursachten körperlichen Beschwerden. Vereinzelt sind diese Beeinträchtigungen so stark, dass sie über eine lang anhaltende Arbeitsunfähigkeit hinaus bis hin zum Selbstmord führen können.

Auf Seiten des Arbeitgebers kann Mobbing zu folgenden betrieblichen Belastungen führen:

- Verschlechterung des Betriebsklimas,
- Minderung der Motivation und Leistungsbereitschaft bis hin zur „inneren Kündigung",
- Steigerung krankheitsbedingter Fehlzeiten,
- Häufung von Betriebsunfällen,
- Berechtigte Arbeitsverweigerung durch das Mobbing-Opfer,
- Schadensersatzanspruch des Mobbing-Opfers gegen den Arbeitgeber wegen Verletzung der „Fürsorgepflicht" (bis hin zum Anspruch auf Schmerzensgeld);
- außerordentliche Kündigung durch das Mobbing-Opfer;
- Personalfluktuation,
- Ansehens- und Rufschädigungen bei Geschäftspartnern.

WICHTIG!

Nicht jedes den Arbeitnehmer belastende Verhalten des Arbeitgebers oder eines seiner Repräsentanten (§ 278 BGB) stellt einen Eingriff in die Persönlichkeitsrechte des Arbeitnehmers oder eine Verletzung vertraglicher Pflichten zur Rücksichtnahme (§ 241 Abs. 2 BGB) dar. Persönlichkeitsrechte werden nicht allein dadurch verletzt, dass im Arbeitsleben übliche Konflikte auftreten, die sich durchaus über einen längeren Zeitraum erstrecken können. Sozial- und rechtsadäquates Verhalten muss aufgrund der gebotenen objektiven Betrachtungsweise – d. h. ohne Rücksicht auf das subjektive Empfinden des betroffenen Arbeitnehmers – von der rechtlichen Bewertung ausgenommen werden. Mangels entsprechender Systematik und Zielrichtung werden keine Rechte des Arbeitnehmers beeinträchtigt, wenn er von verschiedenen Vorgesetzten, die nicht zusammenwirken und die zeitlich aufeinanderfolgen, in seiner Arbeitsleistung kritisiert oder schlecht beurteilt wird. Entschädigungsansprüche gegen den Arbeitgeber wegen Mobbing scheiden aus, sofern sich weder die ihm vorgeworfenen Verhaltensweisen – jede für sich gesehen – als inadäquat darstellen, noch eine Gesamtschau aller einzubeziehenden Verhaltensweisen den Schluss darauf zulassen, sie bewirkten aufgrund der ihnen zugrunde liegenden Systematik und Zielrichtung eine Beeinträchtigung der Rechtsgüter des Arbeitnehmers (vgl. LAG Hamm v. 12.2.2021, Az. 1 Sa 1220/20). Dies gilt insbesondere dann, wenn seine Arbeitsleistung nicht nur beanstandet oder ignoriert, sondern auch positiv gewürdigt wird. Ebenso müssen Verhaltensweisen von Arbeitgebern oder Vorgesetzten unberücksichtigt bleiben, die lediglich eine Reaktion auf Provokationen durch den vermeintlich „gemobbten" Arbeitnehmer darstellen. Insoweit fehlt es an der eindeutigen Täter-Opfer-Konstellation (BAG 16.5.2007, Az. 8 AZR 709/06).

II. Rechtliche Bewertung

Die rechtliche Besonderheit des Mobbings liegt darin, dass nicht eine einzelne, abgrenzbare Handlung, sondern die Zusammenfassung mehrerer Einzelakte zu einer Verletzung des Persönlichkeitsrechts oder der Gesundheit des betroffenen Arbeitnehmers führen kann, wobei die einzelnen Teilakte jeweils für sich betrachtet rechtlich wiederum „neutral" sein können.

Meist kommt es erst im Falle einer Eskalation zu strafrechtlich einschlägigen Einzelakten. Folgende Straftatbestände sind im Zusammenhang mit Mobbing häufig gegeben:

- Beleidigung (§ 185 StGB),
- Üble Nachrede (§ 186 StGB),
- Verleumdung (§ 187 StGB),
- Beleidigung trotz Wahrheitsbeweises (§ 192 StGB),
- Nötigung (§ 240 StGB),
- Vorsätzliche Körperverletzung (§ 223 StGB),
- Fahrlässige Körperverletzung (§ 229 StGB),
- Tötung in mittelbarer Täterschaft (§§ 211, 212, 25 Abs. 1 Satz 2 StGB),
- Straftaten gegen Betriebsverfassungsorgane und ihre Mitglieder (§ 119 BetrVG).

Wird dem Mobbing-Opfer vorsätzlich oder fahrlässig ein Schaden (an Leib, Leben, Freiheit oder Eigentum) zugefügt, so kann es auf zivilrechtlichem Wege gegen den Täter folgende Ansprüche geltend machen:

- Schadensersatz wegen unerlaubter Handlung (§ 823 BGB),
- Schmerzensgeld, wobei sich die Höhe nicht nach dem Monatseinkommen richtet, sondern an dem Gewicht der Handlungen und Folgen orientiert (BAG v. 25.10.2007, Az. 8 AZR 593/06),
- Widerruf und Unterlassung der verletzenden Äußerungen (§§ 1004, 823 BGB),
- Unterlassung von Mobbing-Handlungen (§§ 1004, 823 BGB).

In diesen Fällen muss das Mobbing-Opfer beweisen, dass der eingetretene Schaden auf das verletzende Verhalten des Täters ursächlich zurückzuführen ist.

Auch wenn den Einzelakten keine eigenständige rechtliche Relevanz zukommen sollte, kann deren Gesamtheit Schadensersatzpflichten wegen der Verletzung des Persönlichkeitsrechts oder der Gesundheit des betroffenen Arbeitnehmers auslösen.

WICHTIG!

Führt ein schuldhaftes dienstliches Verhalten eines Vorgesetzten dazu, das ein ihm unterstellter Mitarbeiter psychisch erkrankt, so hat der Mitarbeiter gegen seinen Arbeitgeber jedenfalls Anspruch auf eine billige Entschädigung in Geld (Schmerzensgeld), wenn sich der Arbeitgeber des Vorgesetzten als Erfüllungsgehilfen bedient (BAG v. 25.10.2007, Az. 8 AZR 593/06). Der Arbeitgeber kann ebenso wie der eigentliche Täter auch zur strafrechtlichen Verantwortung gezogen werden, wenn er den Täter anstiftet (§ 26 StGB), ihm vorsätzlich Hilfe leistet (§ 27 StGB) oder bei der Begehung von Straftaten (wenn er davon weiß) untätig bleibt (§ 13 StGB). Ferner kommt eine Strafbarkeit wegen unterlassener Hilfeleistung (§ 323c StGB) in Betracht.

Ein Arbeitnehmer, der sein Arbeitsverhältnis wegen Beleidigungen oder Nötigungen durch einen Kollegen selbst kündigt, hat nach Ansicht des BAG keinen Anspruch auf Schadensersatz wegen des Verdienstausfalls gegen diesen Kollegen (BAG v. 18.1.2007, Az. 8 AZR 234/06).

WICHTIG!

Auf Mobbing gestützte Schmerzensgeldansprüche können vor Ablauf der gesetzlichen Verjährungsfrist verwirken. Für das Zeitmoment kommt es entscheidend auf die letzte Mobbinghandlung an. Um eine effektive Rechtsverteidigung zu ermöglichen, entspricht es regelmäßig dem Interesse des Anspruchsgegners (= Arbeitgebers), sich zeitnah gegen Mobbingvorwürfe zur Wehr setzen zu können. Allein die längere Untätigkeit (Zeitelement) führt jedoch nicht zu einer Verwirkung. Eine Verwirkung setzt darüber hinaus noch besondere Umstände (Umstandselement) voraus (BAG v. 11.12.2014, Az. 8 AZR 838/13). Im Anwendungsbereich einer Ausschlussfrist sind die Besonderheiten des Mobbings insofern zu beachten, als dass eine Gesamtschau vorzunehmen ist, ob einzelne Verletzungen des allgemeinen Persönlichkeitsrechts ein übergreifendes systematisches Vorgehen darstellen. Länger zurückliegende Vorfälle sind auch im Anwendungsbereich einer Ausschlussfrist zu berücksichtigen, soweit sie in einem Zusammenhang mit den späteren Mobbing-Handlungen stehen (BAG v. 16.5.2007, Az. 8 AZR 709/06).

III. Pflichten des Arbeitgebers

Aufgrund seiner vertraglichen Fürsorgepflicht muss der Arbeitgeber die Arbeitnehmer vor Mobbing der Kollegen oder Vorgesetzten schützen. Der Arbeitgeber ist nämlich im Rahmen seiner Fürsorgepflicht auch dafür verantwortlich, dass die bei ihm beschäftigten Arbeitnehmer nicht in ihren verfassungsrechtlich geschützten Ansprüchen auf Achtung der Menschenwürde, auf freie Entfaltung ihrer Persönlichkeit und ihrer körperlichen Unversehrtheit (Gesundheit) beeinträchtigt werden (vgl. BAG v. 25.10.2007, Az. 8 AZR 593/06). Verletzt der Arbeitgeber die Fürsorgepflicht, kann der Arbeitnehmer Schadensersatzansprüche geltend machen, seine Arbeitsleistung (bei voller Entgeltfortzahlung) bis zur Beseitigung der Verletzung einstellen und/oder das Arbeitsverhältnis von sich aus außerordentlich kündigen. Außerdem droht die strafrechtliche (Mit-)Verantwortung des Arbeitgebers wegen Anstiftung, Beihilfe oder unterlassener Hilfeleistung. Ergibt die Gesamtschau der Einzelhandlungen, dass der Dienstherr seine Fürsorgepflicht dadurch verletzt, dass er Mobbing zulässt, kann ein Beamter Schadensersatzansprüche gegen seinen Dienstherren haben, da der beamtenrechtliche Schadensersatzanspruch wegen Verletzung der Fürsorgepflicht auch Ersatz für immaterielle Schäden umfasst (BVerwG v. 28.3.2023, Az. 2 C 6.21).

WICHTIG!

Liegt kein Mobbing vor und ist ein Arbeitnehmer der irrtümlichen Auffassung, wegen „Psychoterror" oder vermeintlichen Mobbings ein Zurückbehaltungs- oder Leistungsverweigerungsrecht zu haben, und weigert er sich daraufhin, die ihm zugewiesene Arbeit auszuführen, riskiert er eine fristlose Kündigung (BAG v. 22.10.2015, Az. 2 AZR 569/14). Ein Irrtum schützt ihn nicht (BAG a. a. O.; BAG v. 29.8.2013, Az. 2 AZR 273/12).

Die Verpflichtung des Arbeitgebers, zum Schutz des Persönlichkeitsrechts des Arbeitnehmers aktiv tätig zu werden, erfordert grundsätzlich kein Eingreifen bei Meinungsverschiedenheiten zwischen Arbeitnehmern und Vorgesetzten über Sachfragen wie Beurteilungen, Inhalt des Weisungsrechts, Bewertung von Arbeitsergebnissen. Dies gilt auch dann, wenn der Ton der Auseinandersetzung die Ebene der Sachlichkeit im Einzelfall verlassen sollte, jedoch Anhaltspunkte dafür, dass die Meinungsverschiedenheit über das im Arbeitsleben sozial Übliche hinausgeht, nicht vorliegen. Vor dem Hintergrund, dass der Umgang von Arbeitnehmern untereinander und mit Vorgesetzten im Arbeitsalltag zwangsläufig mit Konflikten verbunden ist, können keine überspannten Anforderungen an Inhalt und Reichweite der Schutzpflicht gestellt werden. Das gilt auch für mögliche Überschreitungen des Direktionsrechts, denen jedoch sachlich nachvollziehbare Erwägungen im Einzelfall zugrunde liegen. Auch einzelnen Handlungen verschiedener Vorgesetzter, die nicht gezielt zusammenwirken, fehlt es in der Regel an der für das Mobbing typischen zusammenfassenden Systematik. Zudem können Verhaltensweisen von Arbeitgebern oder Vorgesetzten nicht in die Prüfung einbezogen werden, die lediglich eine Reaktion auf Provokationen durch den vermeintlich gemobbten Arbeitnehmer darstellen. Schließlich kann es an einer einheitlichen Rechtsverletzung fehlen, wenn zwischen den einzelnen Verletzungshandlungen lange zeitliche Zwischenräume liegen (vgl. BAG v. 16.5.2007, Az. 8 AZR 709/06).

Eine Verpflichtung des Arbeitgebers zum Einschreiten kann sich auch aus § 12 Abs. 3 AGG ergeben (vgl. z. B. ArbG Berlin v. 15.8.2019, Az. 44 Ca 8580/18). Diese Vorschrift gibt dem Arbeitnehmer einen einklagbaren Anspruch gegen den Arbeitgeber, im Falle einer Benachteiligung die im Einzelfall geeigneten, erforderlichen und angemessenen Maßnahmen zur Unterbindung der Benachteiligung zu ergreifen. Beispielhaft nennt das Gesetz die Möglichkeiten der Abmahnung, Umsetzung, Versetzung oder Kündigung des Täters (vgl. BAG v. 25.10.2007, Az. 8 AZR 593/06).

Gemeinsam mit dem Betriebsrat muss der Arbeitgeber darüber wachen, dass alle im Betrieb tätigen Personen nach den Grundsätzen von Recht und Billigkeit behandelt werden. Er muss die Arbeitsbedingungen so gestalten, dass die Arbeitnehmer ihre Persönlichkeit frei entfalten können (§ 75 BetrVG).

Ferner muss der Arbeitgeber die von einem Mobbing-Opfer eingereichte → *Beschwerde* sorgfältig behandeln und in begründeten Fällen für Abhilfe sorgen.

IV. Reaktionsmöglichkeiten des Arbeitgebers

Um seinen Pflichten gerecht zu werden, muss der Arbeitgeber Mobbing in seinem Betrieb so weit wie möglich verhindern und in bereits bestehenden Mobbing-Fällen mit allen ihm zur Verfügung stehenden Mitteln reagieren.

1. Maßnahmen gegenüber dem Täter

Ein Arbeitnehmer ist aufgrund seiner arbeitsvertraglichen Treuepflicht gehalten, sich für den Arbeitgeber und die betrieblichen Interessen einzusetzen und alles zu unterlassen, was diese Interessen beeinträchtigen könnte. Durch Mobbing wird dem Arbeitgeber immaterieller (z. B. Verschlechterung des Betriebsklimas, Rufschädigung etc.) ebenso wie finanzieller Schaden (z. B. durch → *Entgeltfortzahlung* bei Arbeitsunfähigkeit oder berechtigter Arbeitsverweigerung, Leistungseinbußen oder Schadensersatzansprüchen des Opfers) zugefügt.

Stehen die Ursachen und insbesondere die Verursacher des Mobbings fest, kann der Arbeitgeber gegen die Täter mit folgenden Mitteln vorgehen:

- Ermahnung,
- → *Abmahnung*,
- Versetzung (ggf. im Wege der → *Änderungskündigung*),
- verhaltensbedingte ordentliche → *Kündigung*,
- außerordentliche → *Kündigung*.

Der Arbeitgeber muss vorher aber den Sachverhalt abschließend klären, Beweise für die Vorwürfe sichern (z. B. durch schriftliche Zeugenaussagen) und prüfen, ob nicht mildere Mittel zur Beseitigung der Mobbing-Situation in Betracht kommen.

Soweit dies möglich ist, sollte der Arbeitgeber daneben versuchen, die konkreten Ursachen des Mobbings zu ermitteln und zur Lösung des Konflikts durch gemeinsame Gespräche und ggf. weitere Maßnahmen beizutragen. Vom Mobbing-Opfer kann zur Beweisführung nicht verlangt werden, dass es tagebuchartige Aufzeichnungen über die belastenden Vorgänge führt und lückenlose Nachweise hierfür erbringt. Das LAG Thüringen hält es sogar für ausreichend, dass das Opfer oder Zeugen ihre zur Gedächtnisstütze gefertigten Notizen und erst recht zu diesem Zwecke gefertigte eidesstattliche Versicherungen vorlegen (LAG Thüringen v. 15.2.2000, Az. 5 Sa 102/2000). Hinsichtlich der Mobbingfolgen kommt einem ärztlichen Bericht, der dem Opfer „mobbingtypische" Befunde bescheinigt, besonderer Beweiswert zu. In diesem Fall wird unterstellt, dass die in diesem Zusammenhang stehenden Mobbinghandlungen ursächlich für die gesundheitlichen Beeinträchtigungen gewesen sind.

WICHTIG!

Wenn der Täter eindeutig erkennt, dass das Mobbing zu einer Erkrankung des Opfers geführt hat und er dennoch die Handlungen mit uneingeschränkter Intensität fortsetzt, so ist eine außerordentliche Kündigung durch den Arbeitgeber auch ohne vorherige Abmahnung gerechtfertigt.

2. Vorbeugende Maßnahmen

Um Mobbing zu vermeiden und um ein gesundes Betriebsklima zu fördern, sollte der Arbeitgeber in besonderer Weise auf offene Kommunikation, Information und Aufklärung bestehender Konflikte hinwirken. Dies kann durch eine vorausschauende Personalentwicklung, den Ausbau von Teamarbeit, die Schaffung effizienter Kommunikationsstrukturen und -abläufe sowie durch einen kooperativen Führungsstil geschehen.

Zur Früherkennung von Mobbing-Fällen empfiehlt es sich, gemeinsam mit dem Betriebsrat eine betriebliche Anlaufstelle für Arbeitnehmer zu schaffen. Dies kann auch in Form eines speziellen Arbeitskreises gegen Mobbing geschehen. Die Rechte und Pflichten dieser Mobbing-Beauftragten sollten klar formuliert werden, z. B.

- Ort, Ausstattung und Sprechzeiten,
- Verfahren bei Konfliktgesprächen,
- Recht auf Information durch Beschäftigte und Vorgesetzte,
- Einschaltung des Betriebsrats,
- Berichtspflicht gegenüber dem Arbeitgeber,
- Verschwiegenheitspflichten,
- Fort- und Weiterbildungspflichten.

Die Mobbing-Beauftragten sollten speziell geschult werden. Auch eine betriebsumfassende Schulung oder Information im Rahmen einer Betriebsversammlung, die an eine generelle Umfrage zum Betriebsklima gekoppelt werden kann, bietet sich an. Schließlich kann ein „Anti-Mobbing-Programm" auch im Wege einer Betriebsvereinbarung (z. B. „Betriebsvereinbarung zur Konfliktbewältigung am Arbeitsplatz" oder besser: „Betriebsvereinbarung für einen partnerschaftlichen Umgang am Arbeitsplatz") beschlossen werden. Hierin sollten folgende Aspekte Berücksichtigung finden:

- Definition von Mobbing bzw. Verhaltensweisen, die am Arbeitsplatz nicht geduldet werden,
- Ausstattung, Aufgaben, Rechte und Pflichten von Mobbing-Beauftragten,
- Konflikterkennungs- und -lösungsverfahren,
- Durchführung regelmäßiger Informationsveranstaltungen.

Mutterschutz

I. Allgemeines

Während der Schwangerschaft und nach der Entbindung werden die Rechte und Pflichten im Arbeitsverhältnis in erheblichem Umfang durch das Mutterschutzgesetz (MuSchG) bestimmt, das dem in Art. 6 GG festgelegten Anspruch der Mutter auf Schutz und Fürsorge der Gemeinschaft Rechnung trägt. Ergänzt wird der Schutz bezogen auf Gefahrstoffe durch die Mutterschutzverordnung. Der Arbeitgeber muss in dieser Zeit den Arbeitsplatz in einer Weise gestalten, die dem Mutterschutz entspricht, Beschäftigungsverbote beachten und Entgeltrisiken tragen. Die Aufsichtsbehörde hat ein Recht auf Information und Zutritt zum Betrieb und kann besondere Schutzmaßnahmen im Einzelfall verhängen.

Verstöße des Arbeitgebers gegen Bestimmungen des Mutterschutzgesetzes können als Ordnungswidrigkeit oder sogar als Straftat verfolgt werden (§§ 32 ff. MuSchG, § 9 Abs. 2 OWiG). Der Mutterschutz wird ergänzt durch einen besonderen → *Kündigungsschutz* (§ 17 MuSchG), der nur in extremen Ausnahmefällen durch behördliche Genehmigung durchbrochen werden kann. Das Mutterschutzgesetz muss in Betrieben, in denen regelmäßig mehr als drei Frauen beschäftigt werden, an geeigneter Stelle zur Einsicht ausliegen oder ausgehändigt werden, es sei denn, es wird in einem elektronischen Verzeichnis jederzeit zugänglich gemacht (§ 26 Abs. 1 MuSchG).

Umstritten war der Mutterschutz nach einer Fehlgeburt. Eine „Auszeit" war nur bei einer Fehlgeburt nach der 23 Schwangerschaftswoche möglich. Im Koalitionsvertrag heißt es: „Den Mutterschutz und die Freistellung für den Partner bzw. die Partnerin soll es bei Fehl- bzw. Totgeburten künftig nach der 20. Schwangerschaftswoche geben." Auch dies wurde teilweise als unzureichend empfunden, weswegen eine Verfassungsbeschwerde eingereicht wurde. Der Gesetzgeber und das Bundesverfassungsgericht sind nunmehr tätig geworden. Das BVerfG hat zwar eine Verfassungsbeschwerde zum Mutterschutz nach Fehlgeburten, die sich gegen § 3 Abs. 2 bis 4 MuSchG richtete, als unzulässig zurückgewiesen. In den Entscheidungsgründen hat das BVerfG aber moniert, dass der Gesetzgeber den Begriff der „Entbindung" weder im Mutterschutzrecht noch in den zugehörigen sozialrechtlichen Bestimmungen konkretisiert habe (BverfG v. 21.8.2024, Az. 1 BVR 2106/22).

WICHTIG!

Neue gesetzliche Regelung!

Der Gesetzgeber hat nunmehr mit Wirkung zum 1.6.2025 eine Neuregelung geschaffen (Mutterschutzanpassungsgesetz vom 27.2.2025, BGBl. Teil 1 Nr. 59, s. BT Drucksache 20/14241, S. 1 f.). Es wurde jetzt eine gesetzliche Definition des Begriffs „Entbindung" vorgenommen: „Eine Entbindung ist eine Lebend- oder eine Totgeburt. Die Regelungen zur Entbindung finden im Falle einer Fehlgeburt ab der 13. Schwangerschaftswoche entsprechende Anwendung, soweit nicht in diesem oder einem anderen Gesetz Abweichendes geregelt ist." (§ 2 Abs. 6 MuSchG n. F.)

Des weiteren sind gestaffelte Mutterschutzfristen nach einer Fehlgeburt ab der 13. Schwangerschaftswoche eingeführt worden. Gem. des § 3 Abs. 5 MuSchG n. F. bestehen folgende Beschäftigungsverbote bei einer Fehlgeburt ab der

- **13. Schwangerschaftswoche: bis zum Ablauf von zwei Wochen;**
- **17. Schwangerschaftswoche: bis zum Ablauf von sechs Wochen;**
- **20. Schwangerschaftswoche: bis zum Ablauf von acht Wochen.**

Während der gesamten Schutzfristen haben Frauen Anspruch auf Mutterschaftsleistungen. Die Dauer der Leistung richtet sich nach der Schutzfrist.

Diese Beschäftigungsverbote nach der Fehlgeburt gelten allerdings nur dann, wenn sich die betroffene Frau nicht ausdrücklich zur Arbeit bereit erklärt. Eine solche Erklärung kann die Frau gem. § 3 Abs. 5 Satz 2 MuSchG n. F. jederzeit mit Wirkung für die Zukunft widerrufen. Die Betroffenen sollen nicht auf eine Krankschreibung eines Arztes nach einer Fehlgeburt angewiesen sein.

Für den Fall, dass ein Kind tot zur Welt kommt, gelten gem. § 3 Abs. 2 Satz 2 MuSchG (n. F.) die regulären Schutzfristen nach der Geburt aus § 3 Abs. 2 MuSchG, also acht Wochen nach der Entbindung oder zwölf Wochen, falls sich die Entbindung eher als in der 37. Woche ereignete. Die betroffene Frau kann trotz der Schutzfrist früher wieder mit der Arbeit beginnen.

Das Mutterschutzgesetz ist aushangpflichtig.

II. Geltungsbereich des Mutterschutzgesetzes

1. Allgemein

Das Mutterschutzgesetz **gilt für**

- Arbeitnehmerinnen (Beschäftigte im Sinne von § 7 Absatz 1 des SGB IV), und zwar auch mit befristetem Arbeitsvertrag, zur Probe oder als Aushilfe oder als Teilzeitkraft, auch auf 450-EUR-Basis,
- Frauen in betrieblicher Berufsbildung und Praktikantinnen im Sinne von § 26 des Berufsbildungsgesetzes,
- Frauen, die in Heimarbeit beschäftigt sind, und ihnen Gleichgestellte im Sinne von § 1 Absatz 1 und 2 des Heimarbeitsgesetzes, soweit sie am Stück mitarbeiten, jedoch mit der Maßgabe, dass die §§ 10 und 14 auf sie nicht anzuwenden sind und § 9 Absatz 1 bis 5 auf sie entsprechend anzuwenden ist,
- Frauen mit Behinderung, die in einer Werkstatt für behinderte Menschen beschäftigt sind,
- Frauen, die als Entwicklungshelferinnen im Sinne des Entwicklungshelfer-Gesetzes tätig sind, jedoch mit der Maßgabe, dass die §§ 18 bis 22 auf sie nicht anzuwenden sind,
- Frauen, die als Freiwillige im Sinne des Jugendfreiwilligendienstegesetzes oder des Bundesfreiwilligendienstgesetzes tätig sind,
- Frauen, die als Mitglieder einer geistlichen Genossenschaft, Diakonissen oder Angehörige einer ähnlichen Gemeinschaft auf einer Planstelle oder aufgrund eines Gestellungsvertrages für diese tätig werden, auch während der Zeit ihrer dortigen außerschulischen Ausbildung,
- Frauen, die wegen ihrer wirtschaftlichen Unselbstständigkeit als arbeitnehmerähnliche Person anzusehen sind, jedoch mit der Maßgabe, dass die §§ 18, 19 Absatz 2 und § 20 (Mutterschutzlohn, Mutterschutzgeld und Zuschlag hierauf) auf sie nicht anzuwenden sind;
- Schülerinnen und Studentinnen, soweit die Ausbildungsstelle Ort, Zeit und Ablauf der Ausbildungsveranstaltung verpflichtend vorgibt oder die ein im Rahmen der schulischen oder hochschulischen Ausbildung verpflichtend vorgegebenes Praktikum ableisten, jedoch mit der Maßgabe, dass die §§ 17 bis 24 (Kündigungsverbot, Mutterschutzlohn, Mutterschutzgeld und Zuschlag hierauf, Erholungsurlaub u. a.) auf sie nicht anzuwenden sind.

Das Mutterschutzgesetz **gilt nicht für**

- Organmitglieder von juristischen Personen, z. B. Geschäftsführerinnen der GmbH, wenn nicht gleichzeitig ein Arbeitsvertrag besteht (nach der sog. Danosa-Entscheidung des EuGH kann aber die Abberufung europarechtlich unwirksam sein, Urteil v. 11.11.2010, Az. 232/09),
- mithelfende Familienangehörige,
- Frauen in ehrenamtlicher Tätigkeit.

2. Besonderheiten für Auszubildende

Gem. § 3 Abs. 3 MuSchG darf die Ausbildungsstelle eine Auszubildende bereits in der Schutzfrist nach der Entbindung im

Rahmen der schulischen oder hochschulischen Ausbildung tätig werden lassen, wenn sie dies ausdrücklich gegenüber ihrer Ausbildungsstelle verlangt. Die Auszubildende darf nicht zwischen 20 Uhr und 6 Uhr im Rahmen der schulischen oder hochschulischen Ausbildung tätig werden. Bis 22 Uhr darf die Ausbildungsstelle sie an Ausbildungsveranstaltungen teilnehmen lassen, wenn sich die Frau dazu ausdrücklich bereit erklärt, die Teilnahme zu Ausbildungszwecken zu dieser Zeit erforderlich ist und insbesondere eine unverantwortbare Gefährdung für die schwangere Frau oder ihr Kind durch Alleinarbeit ausgeschlossen ist (§ 5 Abs. 2 MuSchG). Gleiches gilt für die Ausbildung an Sonn- und Feiertagen (§ 6 Abs. 2 MuSchG). Die jeweiligen Erklärungen der Frau können jederzeit mit Wirkung für die Zukunft widerrufen werden.

III. Zeitlicher Rahmen des Mutterschutzes

Die Vorschriften des Mutterschutzgesetzes gelten zunächst während der Schwangerschaft. Diese beginnt 280 Tage vor dem voraussichtlichen Tag der Entbindung, wie ihn der Arzt in der Bescheinigung festgelegt hat. Das BAG hält trotz Kritik auch in der neuesten Rechtsprechung an dieser Berechnung fest. Es gehe nicht um die Bestimmung des tatsächlichen – naturwissenschaftlichen – Beginns der Schwangerschaft im konkreten Fall, sondern um eine Berechnungsmethode für die Bestimmung des Kündigungsverbots wegen Schwangerschaft, der prognostische Elemente innewohnen und die am verfassungsrechtlich gebotenen Schutzauftrag orientiert sei. Daher sei vom frühestmöglichen Zeitpunkt des Vorliegens einer Schwangerschaft auszugehen, um die Sicherheit und den Schutz von schwangeren Arbeitnehmerinnen zu gewährleisten (BAG v. 24.11.2022, Az. 2 AZR 11/22; LAG Köln v. 17.4.2025, Az. 6 SLa 542/24, auch dann, wenn die Schwangerschaft zu diesem Zeitpunkt biologisch ausgeschlossen ist). Ob die Geburt tatsächlich an diesem Tag erfolgt, ist unerheblich. Bei der In-Vitro-Fertilisation soll die Schwangerschaft bereits mit dem Einsetzen der befruchteten Eizelle in die Gebärmutter der Frau beginnen (BAG v. 26.3.2015, Az. 2 AZR 237/14). Grundsätzlich kommt der ärztlichen Bescheinigung ein hoher Beweiswert zu. Der Arbeitgeber kann allerdings diesen Beweiswert erschüttern, wenn er Tatsachen vorträgt, nach denen nicht zu dem genannten Termin mit der Niederkunft zu rechnen war. Die Schwangerschaft endet mit der Niederkunft. Danach läuft die Schutzfrist acht Wochen. Bei Früh- oder Mehrlingsgeburten kann sie bis auf zwölf Wochen verlängert werden.

Als Frühgeburt gilt nicht nur ein Kind mit einem Geburtsgewicht von weniger als 2.500 Gramm. Vielmehr liegt diese auch dann vor, wenn es wegen noch nicht voll ausgebildeter Reifezeichen oder verfrühter Beendigung der Schwangerschaft einer wesentlich erweiterten Pflege bedarf.

WICHTIG!

Wenn die Schwangere vor dem vom Arzt prognostizierten Termin niederkommt, ist die Zeit der Sechswochenfrist, die sie quasi nicht ausgenutzt hat, hinzuzurechnen.

Beispiel:

Der Arzt hat den voraussichtlichen Entbindungstermin auf den 15.6. festgelegt. Das Kind kommt bereits am 1.6. auf die Welt. Hier verlängert sich die Frist nach der Geburt um zwei Wochen.

IV. Obliegenheiten der Schwangeren

Sobald die Arbeitnehmerin von ihrer Schwangerschaft erfährt, soll sie den Arbeitgeber hiervon und von dem voraussichtlichen Tag der Entbindung unterrichten (§ 15 Abs. 1 MuSchG). Eine Pflicht hierzu besteht nach dem MuSchG aber nicht. In Ausnahmefällen ist die Arbeitnehmerin jedoch aus ihrer allgemeinen Treuepflicht heraus gehalten, diese Mitteilungen zu machen.

Beispiel:

Eine Arbeitnehmerin leitet ein Projekt, das in einem Jahr fertiggestellt sein soll. Sie erfährt, dass sie im zweiten Monat schwanger ist. Wegen der komplizierten Materie braucht eine Vertreterin eine mehrwöchige Einarbeitungszeit. Hier muss sie dem Arbeitgeber so rechtzeitig Mitteilung machen, dass er in der Lage ist, eine Ersatzkraft zu finden und einzuarbeiten. Unterlässt die Arbeitnehmerin die Mitteilung, kann der Arbeitgeber u. U. Schadensersatz verlangen.

Die Mitteilung muss an den Arbeitgeber gehen, seine Stellvertretung oder sonstige Personen, die Personalverantwortung tragen (z. B. der Personalleiter oder der Filialleiter). Nicht ausreichend ist die Mitteilung z. B. an den Vorarbeiter, an einen sonstigen Kollegen oder ein Betriebsratsmitglied. Auf Verlangen des Arbeitgebers soll die Schwangere das Zeugnis eines Arztes oder einer Hebamme vorlegen. Die Kosten hierfür sind vom Arbeitgeber zu tragen.

V. Pflichten des Arbeitgebers

Die Pflichten des Arbeitgebers gegenüber der Schwangeren treten in dem Moment ein, in dem er, sein Vertreter oder ein Personalverantwortlicher über die Schwangerschaft unterrichtet wurde.

1. Mitteilungspflichten und -rechte

Der Arbeitgeber **muss** unverzüglich die Aufsichtsbehörde über die Schwangerschaft informieren (§ 27 Abs. 1 Satz 1 MuSchG). Dies ist in den meisten Bundesländern das Gewerbeaufsichtsamt, für Nürnberg und Südbayern das Gewerbeaufsichtsamt München-Land, für Nordbayern das Gewerbeaufsichtsamt Nürnberg. Für bergbauliche Betriebe sind die besonderen Bergämter zuständig. In Berlin ist zuständig das Landesamt für Arbeitsschutz, Gesundheitsschutz und technische Sicherheit Berlin (LAGetSi), in Brandenburg, Hamburg und Thüringen das Amt für Arbeitsschutz und in Hessen das Staatliche Amt für Arbeitsschutz und Sicherheit.

ACHTUNG!

Die Verletzung der Mitteilungspflicht ist eine Ordnungswidrigkeit und kann mit einer Geldbuße von bis zu EUR 5.000 geahndet werden (§ 32 Abs. 2 MuSchG).

Aufgrund des Persönlichkeitsrechts der Schwangeren und in Ansehung des verschärften Datenschutzrechtes **darf** der Arbeitgeber weitere Personen oder Institutionen nur dann informieren, wenn dies aus betrieblichen Gründen erforderlich ist. Er kann die für die Arbeitssicherheit im Betrieb zuständigen Personen, also Betriebsarzt oder Sicherheitsfachkraft, informieren, ebenso wie den unmittelbaren Vorgesetzten, damit der Arbeitsplatz entsprechend dem Zustand der Arbeitnehmerin gestaltet werden kann.

Der Betriebsrat hingegen darf nicht ohne Weiteres über die Schwangerschaft informiert werden. Wenn er konkret nachfragt, bedarf der Arbeitgeber nicht des Einverständnisses der Schwangeren (BAG v. 9.4.2019, Az. 1 ABR 51/17). Der Betriebsrat muss aber im Einzelnen darlegen, warum er Auskunft über Schwangerschaften begehrt. Der bloße Hinweis, er müsse seiner Aufgabe nachkommen, die Einhaltung von Gesetzen zu kontrollieren, reicht nicht aus. Überdies muss der Betriebsrat auch darlegen, wie er diese besonders sensible Information schützt (BAG v. 9.4.2019, Az. 1 ABR 51/17).

TIPP!

Nach Eingang der Mitteilung über die Schwangerschaft sollte die Arbeitnehmerin gefragt werden, ob sie eine Benachrichtigung des Betriebsrats oder sonstiger Personen wünscht.

Nur wenn der Arbeitgeber betriebsbedingte Kündigungen aussprechen will und die Schwangere in die Sozialauswahl einbezogen werden müsste, kann er dem Betriebsrat darlegen, dass sie wegen des Sonderkündigungsschutzes des § 17 MuSchG nicht gekündigt werden kann.

2. Freistellung für Untersuchungen

Der Arbeitgeber muss die Schwangere zur Durchführung der Untersuchungen freistellen, die im Rahmen der Leistungen der gesetzlichen Krankenversicherung bei Schwangerschaft und Mutterschaft erforderlich sind (§ 7 MuSchG). Das Gehalt muss für diese Zeit fortgezahlt werden.

3. Gefahrenanalyse

Um Gefahren für Leben und Gesundheit von Mutter und Kind abzuwehren, die durch den Arbeitsplatz bedingt sind, muss der Arbeitgeber eine Beurteilung der Arbeitsbedingungen vornehmen, §§ 9 ff. MuSchG. Die Pflichten des Arbeitgebers sind sehr umfassend ausgestaltet. § 10 MuSchG schreibt vor, dass der Arbeitgeber im Rahmen der Beurteilung der Arbeitsbedingungen nach § 5 des Arbeitsschutzgesetzes für jede Tätigkeit die Gefährdungen nach Art, Ausmaß und Dauer zu beurteilen hat, denen eine schwangere oder stillende Frau oder ihr Kind ausgesetzt ist oder sein kann. Dies gilt unabhängig davon, ob dort eine Schwangere oder eine Frau beschäftigt ist. Sodann ist zu ermitteln, ob für eine schwangere oder stillende Frau oder ihr Kind voraussichtlich keine Schutzmaßnahmen erforderlich sein werden, eine Umgestaltung der Arbeitsbedingungen erforderlich sein wird oder eine Fortführung der Tätigkeit der Frau an diesem Arbeitsplatz nicht möglich sein wird. Gibt es mehrere gleichartige Arbeitsplätze oder Tätigkeiten, reicht die einmalige Beurteilung (§ 10 Abs. 1 Satz 2 MuSchG). Der Betriebsrat ist in die Gefährdungsbeurteilung einzubeziehen.

WICHTIG!

Durch das Vierte Bürokratieentlastungsgesetz vom 29.10.2024 (BGBl. I, Nr. 323) ist das Gesetz dahin geändert worden, dass „die Verpflichtung des Arbeitgebers nach Satz 1 entfällt, wenn gemäß einer zu diesem Zweck nach § 30 Absatz 4 veröffentlichten Regel oder Erkenntnis des Ausschusses für Mutterschutz eine schwangere oder stillende Frau die Tätigkeit nicht ausüben oder einer Arbeitsbedingung nicht ausgesetzt sein darf."

Diese allgemein auch ohne konkreten Anlass vorzunehmende Gefährdungsbeurteilung konkretisiert sich nach Abs. 2, wenn eine Frau dem Arbeitgeber mitgeteilt hat, dass sie schwanger ist oder stillt. Jetzt muss der Arbeitgeber unverzüglich die nach Maßgabe der durchgeführten Gefährdungsbeurteilung erforderlichen Schutzmaßnahmen festlegen und der Frau ein Gespräch über weitere Anpassungen ihrer Arbeitsbedingungen anbieten. Weiter darf der Arbeitgeber gem. Abs. 3 die schwangere oder stillende Frau nur diejenigen Tätigkeiten ausüben lassen, für die er die erforderlichen Schutzmaßnahmen getroffen hat. Auch hier ist das Gesetz geändert worden. Die erforderlichen Schutzmaßnahmen sind jetzt nach Maßgabe von Absatz 1 „oder nach Maßgabe des § 13" festzulegen.

In § 11 MuSchG sind die Tätigkeiten aufgeführt, mit denen die Schwangere nicht beschäftigt werden darf, weil sie bei ihnen in einem Maß Gefahrstoffen ausgesetzt ist oder sein kann, dass dies für sie oder für ihr Kind eine unverantwortbare Gefährdung darstellt.

4. Arbeitsplatzgestaltung

Der Arbeitsplatz und die Tätigkeit der Schwangeren sind ebenso wie die Umgebung, also z. B. Wasch- und Toilettenräume, Kantine und Zugangswege mit deren besonderen Bedürfnissen in Einklang zu bringen. Dabei sind die Ergebnisse einer vorher zu erstellenden Gefahrenanalyse (s. o. 3.) zu berücksichtigen. Diese Erkenntnisse aus der Gefährdungsbeurteilung sind wie folgt umzusetzen: Bei der Gestaltung der Arbeitsbedingungen sind alle aufgrund der Gefährdungsbeurteilung nach § 10 MuSchG erforderlichen Maßnahmen für den Schutz der physischen und psychischen Gesundheit der Frau sowie der ihres Kindes zu treffen. Der Arbeitgeber muss überdies die Maßnahmen auf ihre Wirksamkeit überprüfen und erforderlichenfalls den sich ändernden Gegebenheiten anpassen. Er muss die Arbeitsbedingungen so gestalten, dass Gefährdungen einer schwangeren oder stillenden Frau oder ihres Kindes möglichst vermieden werden und eine unverantwortbare Gefährdung ausgeschlossen wird. Soweit es nach den Vorschriften des MuSchG verantwortbar ist, muss der Arbeitgeber der Frau auch während der Schwangerschaft, nach der Entbindung und in der Stillzeit die Fortführung ihrer Tätigkeiten ermöglichen (§ 9 Abs. 1 Satz 3 MuSchG). Dabei muss er die Möglichkeit kurzer Unterbrechungen einräumen. Gem. § 10 Abs. 4 MuSchG müssen alle hier dargestellten Maßnahmen des Arbeitgebers dem Stand der Technik, der Arbeitsmedizin und der Hygiene sowie den sonstigen gesicherten wissenschaftlichen Erkenntnissen entsprechen.

Bei Arbeiten, die ständig im Sitzen oder Gehen verrichtet werden, sind Sitzgelegenheiten zum kurzen Ausruhen zur Verfügung zu stellen (§ 9 Abs. 3 MuSchG). Bei Arbeiten, die ständig im Sitzen verrichtet werden, muss Gelegenheit für eine kurze Arbeitsunterbrechung gegeben werden.

Darüber hinaus richten sich die Verpflichtungen des Arbeitgebers nach den konkreten Umständen. Der Arbeitgeber ist z. B. verpflichtet, notwendige Schutzkleidung zur Verfügung zu stellen und bei der Zuteilung der Arbeit Rücksicht auf die geminderte Leistungsfähigkeit der Schwangeren zu nehmen. Im Einzelfall kann auch die Aufsichtsbehörde anordnen, welche Vorkehrungen und Maßnahmen zu treffen sind.

WICHTIG!

Gem. § 10 Abs. 5 MuSchG kann der Arbeitgeber zuverlässige und fachkundige Personen schriftlich damit beauftragen, ihm obliegende Aufgaben nach diesem Unterabschnitt in eigener Verantwortung wahrzunehmen.

Verstöße gegen die genannten Pflichten können mit einer Geldbuße von bis zu 5.000,– € geahndet werden (§ 32 Abs. 2, 2. Variante MuSchG). Weiter ist eine Entschädigungsforderung nach den Vorschriften des AGG möglich. Diesbezüglich hat der Europäische Gerichtshof entschieden, dass bei einer unzureichenden oder gar nicht durchgeführten Gefährdungsbeurteilung eine unmittelbare Diskriminierung der betroffenen Frauen vorliege und dass daher die Arbeitnehmerin nach § 22 AGG lediglich Indizien vortragen müsse, dass die Gefährdungsbeurteilung für den konkreten Arbeitsplatz oder aber auch für ihre konkrete Situation nicht oder nicht ausreichend durchgeführt wurde (EuGH v. 19.10.2017, Az. C 531/15).

5. Dokumentation

§ 14 MuSchG legt dem Arbeitgeber umfangreiche Dokumentations- und Informationspflichten auf, die sich auf die Gefährdungsbeurteilung beziehen. Deren Verletzung kann mit einer Geldbuße von bis zu 5.000,– Euro geahndet werden (§ 32 Abs. 1 Nr. 9 i. V. m. § 32 Abs. 2 MuSchG).

VI. Beschäftigungsverbote

1. Generelle Beschäftigungsverbote

1.1 Ab Beginn der Schwangerschaft

Vom Beginn der Schwangerschaft an gilt Folgendes:

- Mehrarbeit: § 4 Abs. 1 MuSchG regelt Folgendes: Der Arbeitgeber darf eine schwangere oder stillende Frau, die 18 Jahre oder älter ist, nicht mit einer Arbeit beschäftigen, die die Frau über achteinhalb Stunden täglich oder über 90 Stunden in der Doppelwoche hinaus zu leisten hat. Eine schwangere oder stillende Frau unter 18 Jahren darf der Arbeitgeber nicht mit einer Arbeit beschäftigen, die die Frau über acht Stunden täglich oder über 80 Stunden in der Doppelwoche hinaus zu leisten hat. In die Doppelwoche werden die Sonntage eingerechnet. Der Arbeitgeber darf eine schwangere oder stillende Frau nicht in einem Umfang beschäftigen, der die vertraglich vereinbarte wöchentliche Arbeitszeit im Durchschnitt des Monats übersteigt. Bei mehreren Arbeitgebern sind die Arbeitszeiten zusammenzurechnen. Die Behörde kann gem. § 29 Abs. 3 Satz 1 Ziff. 1 MuSchG in „besonders begründeten Einzelfällen" eine Ausnahme erteilen.

- Nachtarbeit in der Zeit von 20 bis 22 Uhr: Neben einem Unbedenklichkeitszeugnis des Arztes, dem Ausschluss von Alleinarbeit und der Genehmigung der Aufsichtsbehörde muss sich die Frau ausdrücklich zu dieser Arbeit bereit erklären. Diese Bereitschaft kann die Frau jederzeit mit Wirkung für die Zukunft widerrufen (§ 28 Abs. 1 MuSchG).

TIPP!

Erklärt sich die Schwangere zur Arbeitsleistung in diesem Zeitraum bereit, sollte diese Erklärung unbedingt schriftlich erfolgen. Da die Erklärung jederzeit ohne Einhaltung einer Frist widerrufen werden kann, sollte stets für eine Vertretung gesorgt werden.

WICHTIG!

Nach Antragstellung darf der Arbeitgeber die Schwangere so lange in der Zeit von 20 bis 22 Uhr beschäftigen, bis die Behörde den Antrag ablehnt. Lehnt die Aufsichtsbehörde den Antrag nicht innerhalb von sechs Wochen nach Eingang des vollständigen Antrags ab, gilt die Genehmigung als erteilt, was dem Arbeitgeber auf Antrag zu bescheinigen ist. Die Beschäftigung kann vorläufig untersagt werden, soweit dies erforderlich ist, um den Schutz der Gesundheit der Frau oder ihres Kindes sicherzustellen.

- Nachtarbeit in der Zeit von 22 bis 6 Uhr: Eine Beschäftigung in der Zeit von 22 bis 6 Uhr ist nur zulässig, wenn die Behörde vorher zustimmt und die sonstigen o. g. Voraussetzungen vorliegen. Die Ausnahmegenehmigung kann die Behörde in „besonders begründeten Einzelfällen" erteilen (§ 29 Abs. 3 Satz 1 Ziff. 1 MuSchG). Der besondere Schutz gilt auch, wenn nur ein Teil der Arbeitszeit in die Nachtstunden fällt (EuGH v. 19.9.2018, Az. C 41/17).
- Arbeit an Sonn- und Feiertagen darf nur erfolgen, wenn
  - sich die Frau dazu ausdrücklich bereit erklärt,
  - eine Ausnahme vom allgemeinen Verbot der Arbeit an Sonn- und Feiertagen nach § 10 des Arbeitszeitgesetzes zugelassen ist,
  - der Frau in jeder Woche im Anschluss an eine ununterbrochene Nachtruhezeit von mindestens elf Stunden ein Ersatzruhetag gewährt wird und
  - insbesondere eine unverantwortbare Gefährdung für die schwangere Frau oder ihr Kind durch Alleinarbeit ausgeschlossen ist (§ 6 Abs. 1 MuSchG).

  Die Einverständniserklärung kann jederzeit widerrufen werden. Die zuständige Behörde kann die Arbeit verbieten (§ 29 Abs. 3 Satz 2 Nr. 2b MuSchG).
- Gefahrstoffe: Der Arbeitgeber darf eine schwangere Frau keine Tätigkeiten ausüben lassen und sie keinen Arbeitsbedingungen aussetzen, bei denen sie in einem Maß Gefahrstoffen ausgesetzt ist oder sein kann, dass dies für sie oder für ihr Kind eine unverantwortbare Gefährdung darstellt. In § 11 Abs. 1 Satz 2 MuSchG sind die Gefahrstoffe aufgeführt, für die das insbesondere gilt, in Absatz 2 die entsprechenden Biostoffe.
- Schwere körperliche Arbeiten: Verboten sind Arbeitsbedingungen, bei denen sie körperlichen Belastungen oder mechanischen Einwirkungen in einem Maß ausgesetzt ist oder sein kann, dass dies für sie oder für ihr Kind eine unverantwortbare Gefährdung darstellt. Dies gilt insbesondere für Tätigkeiten, bei denen
  1. sie ohne mechanische Hilfsmittel regelmäßig Lasten von mehr als 5 Kilogramm Gewicht oder gelegentlich Lasten von mehr als 10 Kilogramm Gewicht von Hand heben, halten, bewegen oder befördern muss,
  2. sie mit mechanischen Hilfsmitteln Lasten von Hand heben, halten, bewegen oder befördern muss und dabei ihre körperliche Beanspruchung der von Arbeiten nach Nummer 1 entspricht,
  3. sie nach Ablauf des fünften Monats der Schwangerschaft überwiegend bewegungsarm ständig stehen muss und wenn diese Tätigkeit täglich vier Stunden überschreitet,
  4. sie sich häufig erheblich strecken, beugen, dauernd hocken, sich gebückt halten oder sonstige Zwangshaltungen einnehmen muss,
  5. sie auf Beförderungsmitteln eingesetzt wird, wenn dies für sie oder für ihr Kind eine unverantwortbare Gefährdung darstellt,
  6. Unfälle, insbesondere durch Ausgleiten, Fallen oder Stürzen, oder Tätlichkeiten zu befürchten sind, die für sie oder für ihr Kind eine unverantwortbare Gefährdung darstellen,
  7. sie eine Schutzausrüstung tragen muss und das Tragen eine Belastung darstellt oder
  8. eine Erhöhung des Drucks im Bauchraum zu befürchten ist, insbesondere bei Tätigkeiten mit besonderer Fußbeanspruchung (§ 11 Abs. 5 Satz 2 MuSchG).

Weiter sind Akkordarbeit verboten und sonstige Arbeiten, bei denen durch ein gesteigertes Arbeitstempo ein höheres Entgelt erzielt werden kann, Fließarbeit und getaktete Arbeit mit vorgeschriebenem Arbeitstempo, wenn die Art der Arbeit oder das Arbeitstempo für die schwangere Frau oder für ihr Kind eine unverantwortbare Gefährdung darstellt.

1.2 In den letzten sechs Wochen vor der Entbindung

Der Arbeitgeber darf eine schwangere Frau in den letzten sechs Wochen vor der Entbindung nicht beschäftigen, soweit sie sich nicht zur Arbeitsleistung ausdrücklich bereit erklärt. Diese Erklärung kann sie jederzeit mit Wirkung für die Zukunft widerrufen. Von dem Tag, der in der ärztlichen Bescheinigung als voraussichtlicher Entbindungstermin genannt wurde, sind sechs Wochen zurückzurechnen. Dabei ist auf den konkreten Wochentag abzustellen. Entbindet eine Frau nicht am voraussichtlichen Tag, verkürzt oder verlängert sich die Schutzfrist vor der Entbindung entsprechend (§ 1 Abs. 1 Satz 4 MuSchG).

Beispiel:

Ist in der ärztlichen Bescheinigung Montag, der 11.10.2021 als voraussichtlicher Entbindungstermin angegeben, beginnt das Beschäftigungsverbot am Montag, den 31.8.2021.

Für eine in Heimarbeit beschäftigte Frau und eine ihr Gleichgestellte tritt an die Stelle des Beschäftigungsverbots das Verbot der Ausgabe von Heimarbeit nach den §§ 3, 8, 13 Absatz 2 und § 16.

1.3 In den ersten acht Wochen nach der Entbindung

Bis zum Ablauf von acht Wochen nach der Entbindung dürfen Mütter nicht beschäftigt werden. Diese Frist verlängert sich auf zwölf Wochen bei Frühgeburten, bei Mehrlingsgeburten und wenn vor Ablauf von acht Wochen nach der Entbindung bei dem Kind eine Behinderung im Sinne von § 2 Abs. 1 Satz 1 SGB IX ärztlich festgestellt wird. Bei vorzeitiger Entbindung verlängert sich die Schutzfrist nach der Entbindung um den Zeitraum der Verkürzung der Schutzfrist vor der Entbindung. Die Verlängerung der Schutzfrist wegen der Geburt eines behinderten Kindes tritt nur ein, wenn die Frau dies beantragt (§ 3 Abs. 2 Satz 4 MuSchG).

Nach dem Tod des Kindes darf die Beschäftigung bereits nach Ablauf der ersten zwei Wochen nach der Entbindung erfolgen, wenn die Frau dies ausdrücklich verlangt und nach ärztlichem Zeugnis nichts dagegen spricht (§ 3 Abs. 4 Satz 1 MuSchG). Die Erklärung kann jederzeit mit Wirkung für die Zukunft widerrufen werden.

1.4 Stillende Mütter

Der Arbeitgeber darf stillende Mütter keine Tätigkeiten ausüben lassen und sie keinen Arbeitsbedingungen aussetzen, bei denen sie in einem Maß Gefahrstoffen, physikalischen Einwirkungen oder einer belastenden Arbeitsumgebung ausgesetzt sind oder sein können, dass dies für sie oder für ihr Kind eine unverantwortbare Gefährdung darstellt. Die Einzelheiten sind in § 12 Abs. 1 Satz 2 und Abs. 2 bis 4 MuSchG geregelt. Weiter darf der Arbeitgeber eine stillende Frau weder mit Akkordarbeit oder sonstigen Arbeiten, bei denen durch ein gesteigertes Arbeitstempo ein höheres Entgelt erzielt werden kann, noch mit Fließarbeit oder getakteter Arbeit mit vorgeschriebenem Arbeitstempo beschäftigen, wenn die Art der Arbeit oder das Arbeitstempo für die stillende Frau oder für ihr Kind eine unverantwortbare Gefährdung darstellt (§ 12 Abs. 5 MuSchG).

1.5 Rangfolge der Schutzmaßnahmen

In § 13 MuSchG ist näher geregelt, in welcher Rangfolge die Schutzmaßnahmen zu ergreifen sind. Zunächst hat der Arbeitgeber die Arbeitsbedingungen für die schwangere oder stillende Frau durch Schutzmaßnahmen nach Maßgabe des § 9 Abs. 2 MuSchG umzugestalten, d. h. so, dass Gefährdungen einer schwangeren oder stillenden Frau oder ihres Kindes möglichst vermieden werden und eine unverantwortbare Gefährdung ausgeschlossen wird. Kann dies nicht gewährleistet werden, hat er sie an einem anderen geeigneten Arbeitsplatz einzusetzen, wenn er einen solchen Arbeitsplatz zur Verfügung stellen kann und dieser Arbeitsplatz der schwangeren oder stillenden Frau zumutbar ist (s. i. E. unter 3.). Ist auch dies nicht möglich, darf er die Frau nicht beschäftigen.

Heimarbeit darf vom Auftraggeber oder Zwischenmeister nicht an schwangere oder stillende Frauen ausgegeben werden, wenn unverantwortbare Gefährdungen nicht durch geeignete Schutzmaßnahmen ausgeschlossen werden können (s. i. E. unter → *Heimarbeit*).

2. Individuelle Beschäftigungsverbote

Sowohl werdende als auch stillende Mütter dürfen nicht mit Arbeiten beschäftigt werden, die die Aufsichtsbehörde im Einzelfall untersagt hat. Darüber hinaus ist das Ergebnis einer Gefahrenanalyse zu beachten (s. o. V.3.). Hat diese ergeben, dass die Sicherheit von Mutter und Kind durch die dort genannten Faktoren gefährdet ist, darf die Arbeitnehmerin mit diesen Tätigkeiten nicht betraut werden. In den ersten Monaten nach der Entbindung dürfen Frauen, die nach ärztlichem Zeugnis nicht voll leistungsfähig sind, auch nicht zu einer Arbeit herangezogen werden, die ihre Leistungsfähigkeit übersteigt (§ 16 Abs. 2 MuSchG).

Über diese Maßnahmen hinaus kann der Arzt feststellen, dass Leben oder Gesundheit von Mutter oder Kind bei einer Fortdauer der Beschäftigung gefährdet ist und ein Beschäftigungsverbot verhängen (§ 16 Abs. 1 MuSchG). Dies kann auch ab dem ersten Tag des Arbeitsverhältnisses geschehen und dazu führen, dass der Arbeitgeber Entgelt zu zahlen hat, ohne dass je eine Leistung erfolgt ist (LAG Berlin-Brandenburg v. 30.9.2016, Az. 9 Sa 917/16). Auf welchen Ursachen diese Gefährdung beruht ist unerheblich. Auch psychische Belastungen können ein Beschäftigungsverbot begründen. Die Bescheinigung einer Hebamme genügt nicht. Ausnahmsweise kann der Arzt auch ein vorläufiges Beschäftigungsverbot aussprechen, wenn ernst zu nehmende Anhaltspunkte für eine Gefährdung vorliegen und weder die Aufsichtsbehörde noch der Arbeitgeber eine fachkundige Überprüfung des Arbeitsplatzes vornehmen.

Der Umfang des Beschäftigungsverbots ergibt sich aus dem ärztlichen Attest, das die Arbeitnehmerin unverzüglich vorlegen muss. Der Arzt kann hier sowohl ein völliges Beschäftigungsverbot verhängen als auch ein auf bestimmte Tätigkeiten beschränktes. Er muss dem Arbeitgeber auf dessen Fragen mitteilen, welche behebbaren Arbeitsumstände für das Verbot maßgeblich sind. Eine Entbindung von der ärztlichen Schweigepflicht ist hierfür nicht nötig. Allerdings darf er ohne Einverständnis seiner Patientin keine Angaben über deren Gesundheitszustand oder den Verlauf der Schwangerschaft machen. Der Arbeitgeber soll lediglich in die Lage versetzt werden, die Arbeit wenn möglich so umzugestalten, dass die Schwangere wieder beschäftigt werden kann.

Der ärztlichen Bescheinigung kommt ein hoher Beweiswert zu. Die Arbeitnehmerin kann sich zunächst ausschließlich auf dieses berufen. Wenn der Arbeitgeber berechtigte Zweifel an der Berechtigung des Beschäftigungsverbots hat, kann er eine Nachuntersuchung verlangen. Das ärztliche Attest kann auch dadurch widerlegt werden, dass der Arbeitgeber falsche Angaben der Arbeitnehmerin zu ihrem Arbeitsumfeld nachweist. Der Arbeitgeber, der ein Beschäftigungsverbot anzweifelt, kann vom ausstellenden Arzt Auskünfte über die Gründe für das Attest verlangen, soweit diese nicht der ärztlichen Schweigepflicht unterliegen. Der Arzt hat dem Arbeitgeber mitzuteilen, von welchen tatsächlichen Arbeitsbedingungen der Arbeitnehmerin er bei Erteilung seines Zeugnisses ausgegangen ist. Legt die Arbeitnehmerin keine solche ergänzende ärztliche Bescheinigung vor, ist der Beweiswert des ursprünglichen, nicht näher begründeten Attestes erschüttert. Es reicht auch nicht aus, wenn die Arbeitnehmerin pauschal Psychoterror am Arbeitsplatz behauptet. Auch das bloße Vorliegen einer Risikoschwangerschaft begründet das Beschäftigungsverbot nicht. Wenn der Arbeitgeber die Arbeitsbedingungen ändert, um eine Beschäftigung der Schwangeren zu ermöglichen, ist es seine Sache, auf eigene Kosten eine erneute Überprüfung zu veranlassen.

Beispiel:

Der Arzt verhängt ein völliges Beschäftigungsverbot. Auf Nachfrage erklärt er, dass seine Patientin ihm geschildert habe, die Tätigkeit sei mit bestimmten körperlichen Belastungen verbunden, die so in Wahrheit gar nicht auftreten. Hier steht der Arbeitnehmerin keine Vergütung zu. Allerdings muss der Arbeitgeber beweisen, dass eine solche Fehlinformation vorlag. Hierfür kann er Informationen vom Arzt verlangen.

3. Umsetzungen

Kann eine Arbeitnehmerin wegen eines Beschäftigungsverbots mit bestimmten Tätigkeiten nicht beschäftigt werden, so hat der Arbeitgeber das Recht, ihr eine andere Tätigkeit zuzuweisen oder die Arbeitszeit nach Lage und Dauer zu ändern. Er muss dabei allerdings die Grenzen beachten, die sich aus dem Arbeitsvertrag ergeben.

Beispiel:

Eine Arbeitnehmerin ist als medizinisch-technische Assistentin eingestellt worden und kann wegen der dabei auftretenden bakteriellen Gefahren während der Schwangerschaft nicht beschäftigt werden. Hier ist der Arbeitgeber nicht berechtigt, ihr für diese Zeit eine minderwertigere Tätigkeit zuzuweisen (s. ArbG Hagen v. 11.9.2024, Az. 2 Ga 22/24, einstweilige Verfügung auf Unterlassung der Zuweisung bestimmter Tätigkeiten).

Die anderweitige Beschäftigung muss auch zumutbar sein. Die Grenze der Zumutbarkeit ist von Fall zu Fall zu bestimmen. Einer Flugbegleiterin kann es z. B. zuzumuten sein, bis zum sechsten Schwangerschaftsmonat eine auswärtige Beschäftigung auszuüben.

ACHTUNG!

Stellt die Zuweisung der anderen Arbeit gleichzeitig eine Versetzung i. S. d. § 99 BetrVG dar, muss der Betriebsrat dem zustimmen.

Bei schwangeren Auszubildenden ist zu beachten, dass ihnen keine ausbildungsfremden Tätigkeiten übertragen werden dürfen (§ 6 Abs. 2 BBiG).

4. Stillzeiten

Unabhängig von den genannten Beschäftigungsverboten muss der Arbeitgeber stillende Mütter auf ihr Verlangen während der ersten zwölf Monate nach der Entbindung für die zum Stillen erforderliche Zeit freizustellen, mindestens aber zweimal täglich für eine halbe Stunde oder einmal täglich für eine Stunde. Bei einer zusammenhängenden Arbeitszeit von mehr als acht Stunden soll auf Verlangen der Frau zweimal eine Stillzeit von mindestens 45 Minuten oder, wenn in der Nähe der Arbeitsstätte keine Stillgelegenheit vorhanden ist, einmal eine Stillzeit von mindestens 90 Minuten gewährt werden. In diesem Sinne gilt eine Arbeitszeit als zusammenhängend, wenn sie nicht durch eine Ruhepause von mehr als zwei Stunden unterbrochen wird (§ 2 Abs. 2 MuSchG). Die Behörde kann gem. § 29 Abs. 3 Satz 2 Nr. 3 MuSchG. Einzelheiten zur Freistellung zum Stillen und zur Bereithaltung von zum Stillen geeigneten Räumlichkeiten anordnen.

VII. Entgeltansprüche

1. Mutterschutzlohn

Kommt es **außerhalb** der Mutterschutzfristen (sechs Wochen vor und acht Wochen nach der Entbindung) zu einem Beschäftigungsverbot, weil die Arbeit körperlich anstrengend, mit dem Umgang mit gesundheitsgefährdenden Stoffen verbunden ist oder der Arzt ein individuelles Beschäftigungsverbot ausgesprochen hat, hat die Arbeitnehmerin Anspruch auf Mutterschutzlohn (§ 18 MuSchG). Dies gilt auch dann, wenn eine Reduzierung der Arbeitstätigkeit durch das Verbot der Mehrarbeit bzw. der Nacht- und Sonntagsarbeit entstanden ist oder die Arbeitnehmerin nach dem achtwöchigen Wochenbett gemäß ärztlichem Attest noch nicht wieder voll leistungsfähig ist. Bei einer In-vitro-Fertilisation kommt ein Anspruch auf Mutterschutzlohn für Zeiträume nach dem Embryonentransfer, der als Beginn der Schwangerschaft anzusehen ist, in Betracht, soweit nach ärztlichem Zeugnis Leben oder Gesundheit von Mutter oder Kind bei Fortdauer der Beschäftigung gefährdet ist (BAG v. 26.10.2016, Az. 5 AZR 167/16).

Durch die schwangerschaftsbedingten Einschränkungen soll die Arbeitnehmerin keine finanziellen Einbußen erleiden. Daher muss der Arbeitgeber den Durchschnittslohn der letzten drei Monate vor dem Beginn der Schwangerschaft weiterzahlen. Dies gilt auch, wenn wegen dieses Verbots die Beschäftigung oder die Entlohnungsart wechselt (§ 18 Abs. 1 Satz 3 MuSchG). Beginnt das Beschäftigungsverhältnis erst nach Eintritt der Schwangerschaft, ist gem. § 18 Abs. 1 Satz 4 MuSchG das durchschnittliche Arbeitsentgelt aus dem Arbeitsentgelt der ersten drei Monate der Beschäftigung zu berechnen. Bei der Berechnung ist zunächst das laufende Arbeitsentgelt zu berücksichtigen. Einmalige Zuwendungen bleiben jedoch außer Betracht, ebenso Aufwandsentschädigungen, Übernachtungsgelder etc. Gehören Sachbezüge zum Arbeitsentgelt und sind sie nicht frei widerruflich, so sind sie der Arbeitnehmerin regelmäßig auch während der Mutterschutzfristen zu gewähren (LAG Schleswig-Holstein v. 19.3.2014, Az. 3 Sa 388/13). Auch eine tarifliche Regelung, nach der Mutterschutzfristen nicht in die Bemessungsgrundlage eines ergebnisbezogenen Entgelts einbezogen werden, ist unwirksam. Deutsches Recht geht daher über die Mindestvorgaben nach europäischem Recht hinaus. Wenn sich aus dem zugrunde zu legenden Dreimonatszeitraum der Durchschnittsverdienst deshalb nicht korrekt ableiten lässt, weil eine vertraglich vereinbarte Arbeitszeitreduzierung einer Arbeitnehmerin erst durch sogenannte Teilzeittage eines vollen Jahres ausgeglichen ist und sich daher bei Zugrundelegung des Referenzzeitraums ein vom Durchschnittsverdienst erkennbar abweichender Verdienst ergibt, ist für den Verdienst während des Beschäftigungsverbots der die gesamte Arbeitszeitreduzierung berücksichtigende Jahreszeitraum vor Beginn der Schwangerschaft zugrunde zu legen (LAG Köln v. 21.12.2011, Az. 8 Sa 1328/10). Bei tariflichen Jahresarbeitszeitmodellen mit saisonal stark schwankender variabler Vergütung kann § 18 Satz 2 MuSchG extensiv dahingehend auszulegen sein, dass zur Ermittlung des als Mutterschutzlohn zu zahlenden durchschnittlichen Arbeitsentgelts auf einen zwölfmonatigen Referenzzeitraum abzustellen ist (BAG v. 31.5.2023, Az. 5 AZR 305/22).

Das LAG Niedersachsen hat wie folgt entschieden: „Als Mutterschutzlohn ist nach § 18 Satz 2 MuSchG in der seit 1.1.2018 geltenden Fassung das durchschnittliche Arbeitsentgelt der letzten drei abgerechneten Kalendermonate vor dem Eintritt der Schwangerschaft zu leisten. Die Berechnung des Mutterschutzlohns nach § 18 Satz 1 MuSchG erfordert nach § 18 Satz 2 MuSchG grundsätzlich ein Abstellen auf das durchschnittliche Arbeitsentgelt der letzten drei abgerechneten Kalendermonate vor Eintritt der Schwangerschaft. Dies ist auch für den Fall anzunehmen, dass ein Vergütungsteil variabel ist und auf provisionspflichtigen Geschäften basiert. Provisionen, deren Fälligkeit erst während eines ärztlichen Beschäftigungsverbots nach § 16 MuSchG eintritt, sind lediglich dann und nur in dem Umfang auszuzahlen, wie sie den nach § 18 Satz 2 MuSchG errechneten Mutterschutzlohn übersteigen" (LAG Niedersachsen v. 20.2.2023, Az. 1 Sa 702/22).

Nach Auffassung des LAG Köln steht einer Arbeitnehmerin kein Mutterschutzlohn nach dem Mutterschutzgesetz mehr zu, wenn durch die Coronakrise sämtliche Beschäftigungsmöglichkeiten im Betrieb ihres Arbeitgebers entfallen sind (LAG Köln v. 29.3.2021, Az. 2 Sa 1230/20). Da die Gefährdung der Schwangeren nicht der einzige Grund für das Aussetzen mit der Arbeit ist, gelten die allgemeinen Regeln für Kurzarbeit und Annahmeverzug.

Eine unzulässige einseitige Reduzierung der Arbeitszeit und damit des Arbeitsentgelts ist keine dauerhafte Änderung der Arbeitszeit im Sinne des § 21 Abs. 4 MuSchG. Dies gilt auch, wenn der Arbeitgeber die Arbeitnehmerin aufgrund einer bestehenden Schwangerschaft oder gesundheitlichen Einschränkungen aufgrund der Schwangerschaft kürzer beschäftigen möchte als zuvor. Beim Mutterschutzlohn handelt es sich ebenso wie bei dem Zuschuss zum Mutterschaftsgeld um Entgeltfortzahlungstatbestände, die durch den gesetzlichen Mindestlohn mitgestaltet werden. Entsprechend gebietet es der Schutzzweck des § 3 Satz 1 MiLoG, diese Ansprüche in Höhe des gesetzlichen Mindestlohns entsprechend zu sichern (LAG Berlin-Brandenburg v. 5.5.2023, Az. 2 Sa 7/23).

Es gibt keine Höchstgrenze für den Zeitraum, für den Mutterschutzlohn zu zahlen ist. So kann z. B. der Arzt ab dem Beginn der Schwangerschaft bis zum Eintritt der Schutzfrist ein Beschäftigungsverbot verhängen. Der Lohn ist dann für den gesamten Zeitraum zu zahlen. Anders als bei der Arbeitsunfähigkeit gibt es keine Begrenzung auf sechs Wochen. Dies gilt aber nur dann, wenn tatsächlich keine Arbeitsunfähigkeit vorlag. Das Beschäftigungsverbot wird sozusagen vorbeugend ausgesprochen, damit ein Schaden für Mutter und Kind gar nicht erst entsteht. Bei der Arbeitsunfähigkeit ist die Arbeitnehmerin jedoch aufgrund einer bereits bestehenden Krankheit außerstande, ihre Arbeitsleistung zu erbringen.

Von dem Begriff „Krankheit" ist hier **nicht** die normal verlaufende Schwangerschaft erfasst. Die mit außergewöhnlichen Beschwerden verlaufende Schwangerschaft kann jedoch als ein Grundleiden aufgefasst werden. Dies hat zur Folge, dass die Arbeitnehmerin wegen der im Einzelnen auftretenden Symptome, die sie an der Arbeitsleistung hindern, keinen Anspruch auf Mutterschutzlohn hat, sondern auf → *Entgeltfortzahlung*. Dieser Anspruch ist dann auf sechs Wochen begrenzt. Bewirkt eine bestehende Krankheit erst bei Fortführung der Beschäftigung eine Verschlechterung des Gesundheitszustands, tritt die Arbeitsunfähigkeit also letztlich als Folge der aus medizinischer Sicht unvertretbaren Arbeitsleistung ein, gilt Folgendes: Es kommt darauf an, ob die Ursache hierfür ausschließlich in der Schwangerschaft liegt – dann Mutterschutzlohn – oder ob es sich um eine sonstige Erkrankung handelt – dann Entgeltfortzahlung. Treten während einer Schwangerschaft durch diese bedingte Beschwerden auf, die zu einer Arbeitsunfähigkeit führen, kann eine Schwangerschaft für die Dauer ihres irregulären Verlaufs einem nicht ausgeheilten Grundleiden gleichzusetzen sein. Hierbei ist nicht erforderlich, dass die einzelnen Beschwerden untereinander in einem Fortsetzungszusammenhang stehen. Entscheidend ist, ob sie auf dieselbe Schwangerschaft zurückzuführen sind (LAG Köln v. 21.9.2023, Az. 8 Sa 184/23).

In diesen Fällen ist die Abgrenzung jedoch häufig sehr schwierig und nur mit medizinischen Gutachten vorzunehmen. Treten zur Schwangerschaft Krankheiten hinzu, die mit dieser in keinem Zusammenhang stehen, ist die Abgrenzung einfacher.

Beispiel:

Eine Arbeitnehmerin wird im dritten Monat der Schwangerschaft mit einem ärztlichen Beschäftigungsverbot belegt, das bis zum Beginn der Mutterschutzfrist läuft. Einen Monat später erkrankt sie an einer Lungenentzündung und ist zwei Monate lang arbeitsunfähig. Der Arbeitgeber muss nur die ersten sechs Wochen der Arbeitsunfähigkeit den Lohn fortzahlen.

WICHTIG!

Zahlt der Arbeitgeber während der schwangerschaftsbedingten Arbeitsunfähigkeit und des ärztlichen Beschäftigungsverbots nur das Grundgehalt fort und nicht das nach § 4 EntgFG sowie nach §§ 21, 18 MuSchG zu zahlende durchschnittliche Arbeitsentgelt vor dem Eintritt der Schwangerschaft, kann dies auch eine Entschädigungsforderung nach dem AGG auslösen (LAG Rheinland-Pfalz v. 4.3.2021, Az. 5 Sa 266/20, Entschädigung von 1.000,– Euro). Weiter haftet der Arbeitgeber aus dem Gesichtspunkt des Verzuges für der Arbeitnehmerin entgangenes Elterngeld, wenn aufgrund der verspäteten Zahlung der Mutterschutzlohn lohnsteuerrechtlich als sog. „sonstiger Bezug" eingeordnet wird und deshalb für die Berechnung des Elterngeldes gemäß § 2c Abs. 1 Satz 2 BEEG nicht berücksichtigt wird (LAG Düsseldorf v. 27.5.2020, Az. 12 Sa 716 19).

2. Mutterschaftsgeld

Während der Schutzfristen sechs Wochen vor und acht Wochen nach der Entbindung besteht kein Anspruch auf Zahlung von Arbeitslohn, wenn die Arbeitnehmerin mit der Arbeit aussetzt. Auch der Anspruch auf Sachbezüge ruht in dieser Zeit. Die Arbeitnehmerin erhält zur finanziellen Absicherung Leistungen der Krankenversicherung (Mutterschaftsgeld) und einen Zuschuss des Arbeitgebers. Das von der Krankenversicherung gezahlte Mutterschaftsgeld ist auf 13,– Euro pro Kalendertag begrenzt. Es setzt voraus, dass die Arbeitnehmerin zwischen dem zehnten und dem vierten Monat vor der Entbindung mindestens zwölf Wochen in einem versicherungspflichtigen Beschäftigungsverhältnis gestanden hat.

Privat krankenversicherte Arbeitnehmerinnen erhalten auch Mutterschaftsgeld, jedoch nur bis zum Gesamtbetrag von 200,– Euro. Eine in einer betriebsorganisatorisch selbstständigen Einheit mit Kurzarbeit 0 Stunden geführte Arbeitnehmerin hat keinen Anspruch auf Mutterschaftsgeld. Ebenso wenig hat eine „Tagesmutter" die nach §§ 22 ff., § 43 SGB VIII in ihrem Haushalt als Tagespflegeperson Kinder in der Kindertagespflege betreut einen solchen Anspruch (BAG v. 23.5.2018, Az. 5 AZR 263/17).

3. Zuschuss zum Mutterschaftsgeld

Wenn das Nettoentgelt der Arbeitnehmerin den Höchstbetrag des Mutterschaftsgelds übersteigt, muss der Arbeitgeber während der Mutterschutzfrist einen steuer- und beitragsfreien Zuschuss zahlen, und zwar in Höhe des Unterschiedsbetrags zwischen dem auf einen Kalendertag entfallenden Nettoentgelt und dem Mutterschaftsgeld von 13,– Euro. Dies gilt auch für die privat krankenversicherten Arbeitnehmerinnen, wenn der Höchstbetrag bereits ausgezahlt worden ist. Bei der Berechnung des Zuschusses zum Mutterschaftsgeld ist bei einer privat krankenversicherten Arbeitnehmerin, die von ihrem Arbeitgeber einen Zuschuss zur privaten Krankenversicherung erhält, das durchschnittliche kalendertägliche Arbeitsentgelt nicht um den von der versicherten Arbeitnehmerin zu tragenden Anteil am Krankenversicherungsbeitrag zu kürzen. Der Anspruch auf Zuschuss zum Mutterschaftsgeld entfällt nicht für den gesamten Zeitraum der Schutzfristen, wenn das Arbeitsverhältnis bei Beginn der Schutzfrist wegen Elternzeit geruht hat. Der Anspruch auf Zuschuss zum Mutterschaftsgeld ist vielmehr nur bis zum Ende der Elternzeit ausgeschlossen (BAG v. 22.8.2012, Az. 5 AZR 652/11). Wurde die Elternzeit gem. § 16 Abs. 3 BEEG vorzeitig abgebrochen, besteht der Anspruch auf Zuschuss ab diesem Zeitpunkt. Wird eine selbstständige „Tagesmutter", die nach §§ 22 ff., § 43 SGB VIII als Tagespflegeperson Kinder in der Kindertagespflege betreut, schwanger, hat sie keinen Anspruch auf Zuschuss zum Mutterschaftsgeld (BAG v. 23.5.2018, Az. 5 AZR 263/17).

Als Berechnungsgrundlage gilt das durchschnittliche kalendertägliche Arbeitsentgelt der letzten drei Kalendermonate vor dem Beginn der Schutzfrist. Dabei sind vom Brutto-Arbeitsentgelt die gesetzlichen Abzüge abzuziehen, also Lohn- und Kirchensteuer, Solidaritätszuschlag und die Arbeitnehmeranteile zur gesetzlichen Kranken-, Pflege-, Renten- und Arbeitslosenversicherung. Auch vermögenswirksame Leistungen gehören hierzu, nicht hingegen die Beitragszuschüsse zur Sozialversicherung. Wenn während der Schutzfristen Erhöhungen des Entgelts in Kraft treten, z. B. eine Erhöhung des Tariflohns, so sind sie in die Berechnung des Zuschusses einzubeziehen. Der erhöhte Zuschuss ist ab dem Zeitpunkt zu zahlen, an dem auch die Lohnerhöhung wirksam geworden wäre.

Nach der Rechtsprechung des BAG gilt für die Berechnung des Zuschusses zum Mutterschaftsgeld nach § 20 Abs. 1 Satz 2 MuSchG die Lohnbezugsmethode. Bei einer der Mutterschutzfrist unmittelbar vorangehenden Elternzeit ist auf das in den letzten drei Kalendermonaten vor der Elternzeit abgerechnete Arbeitsentgelt abzustellen. Dabei liegt kein Rechtsmissbrauch bei Erstwahl der Lohnsteuerklasse in Bezug auf den Zuschuss zum Mutterschaftsgeld vor, wenn der verheiratete Arbeitnehmer die Steuerklasse III wählt (BAG v. 19.5.2021, Az. 5 AZR 378/20). Die zugrunde zu legenden drei abgerechneten Kalendermonate vor Beginn der Schutzfrist müssen dieser nicht unmittelbar vorausgegangen sein (BAG v. 19.5.2021, Az. 5 AZR 378/20). Bei tariflichen Jahresarbeitszeitmodellen mit saisonal stark schwankender variabler Vergütung kann § 18 Satz 2 MuSchG extensiv dahingehend auszulegen sein, dass zur Ermittlung für den Referenzzeitraum zur Berechnung des Zuschusses zum Mutterschaftsgeld nach § 20 Abs. 1 Satz 2 MuSchG auf einen zwölfmonatigen Referenzzeitraum abzustellen ist (BAG v. 31.5.2023, Az. 5 AZR 305/22).

Zu dem im Bezugszeitraum verdienten Arbeitsentgelt rechnet jede geldwerte Gegenleistung des Arbeitgebers für die Erfüllung der arbeitsvertraglichen Pflichten durch die Arbeitnehmerin im Berechnungszeitraum, genau wie bei dem Begriff des „Durchschnittsverdienstes" in § 18 Abs. 1 Satz 21 MuSchG. Ob Provisionsansprüche bei der Berechnung der Höhe des Zuschusses zum Mutterschaftsgeld zu berücksichtigen sind, hängt nicht davon ab, ob sie während des Berechnungszeitraums fällig geworden sind, sondern entscheidend ist vielmehr, ob ein Provisionsanspruch in dem Berechnungszeitraum aufschiebend bedingt entstanden ist (BAG v. 14.12.2011, Az. 5 AZR 439/10). Hat die Arbeitnehmerin vor der Elternzeit in Vollzeit gearbeitet und während der Elternzeit in Teilzeit und bricht sie diese dann vorzeitig wegen einer erneuten Schwangerschaft ab, ist m. E. der Zuschuss zum Mutterschaftsgeld auf der Basis der Vergütung der Vollzeittätigkeit zu berechnen, da die Arbeitnehmerin sonst schlechter stünde, als wenn sie überhaupt nicht gearbeitet hätte. Diese Frage ist aber noch nicht gerichtlich geklärt. Zu den Einzelheiten der Berechnung mit ausführlichen Beispielen s. das im selben Verlag erschienene Lexikon für das Lohnbüro, → *Mutterschaftsgeld*).

4. Erstattung bei Kleinbetrieben

Arbeitgeber haben unabhängig von der Betriebs- und Unternehmensgröße einen Erstattungsanspruch gegen die Krankenkasse nach den Regelungen des Aufwendungsausgleichsgesetzes (AAG). An diesem Verfahren nehmen auch Arbeitgeber teil, die nur Auszubildende beschäftigen (§ 1 Abs. 3 AAG). Gemäß § 1 Abs. 2 AAG erstatten die Krankenkassen mit Ausnahme der landwirtschaftlichen Krankenkassen dem Arbeitgeber im Rahmen des sog. U 2-Verfahrens folgende Aufwendungen:

- Arbeitgeberzuschuss zum Mutterschaftsgeld während der Schutzfristen,
- Weiterzahlung des Arbeitsentgelts für die Dauer von Beschäftigungsverboten,
- Arbeitgeberanteil zur Sozialversicherung für das weitergezahlte Arbeitsentgelt, soweit er von § 1 Abs. 2 Nr. 3 AAG erfasst wird.

Die Erstattung erfolgt zu 100 %.

Der Arbeitgeber muss den Zuschuss zum Mutterschaftsgeld zunächst zahlen und kann dann die Erstattung beantragen. Entsprechende Formulare sind bei den Sozialversicherungsträgern erhältlich. Zuständig für die Auszahlung ist die Krankenkasse der Arbeitnehmerin. Bei geringfügig Beschäftigten ist die Deutsche Rentenversicherung Knappschaft-Bahn-See als Träger der knappschaftlichen Versicherung zuständig. Gehört die Arbeitnehmerin aktuell keiner Krankenkasse an, ist die Kasse zuständig, bei der sie zuletzt versichert war.

5. Urlaub

Gem. § 24 MuSchG gelten für die Berechnung des Anspruchs auf bezahlten Erholungsurlaub die Ausfallzeiten wegen eines Beschäftigungsverbots als Beschäftigungszeiten. Das Fristenregime des § 7 Abs 3 BUrlG findet während der mutterschutzrechtlichen Beschäftigungsverbote und der Elternzeit keine Anwendung. § 24 Satz 2 MuSchG, dem zufolge die Arbeitnehmerin den vor Beginn der Beschäftigungsverbote nicht oder nicht vollständig erhaltenen Erholungsurlaub auch noch nach Ablauf der Verbote im laufenden Jahr oder im Folgejahr nehmen kann, steht einem Verfall von Urlaub während der Mutterschutzfristen entgegen. Die Vorschrift regelt das für das Fristenregime des § 7 Abs. 3 BUrlG maßgebliche Urlaubsjahr (BAG v. 16.4.2024, Az. 9 AZR 165/23; LAG Hamm v. 11.9.2025, Az. 13 SLa 316/25). Hat eine Frau ihren Urlaub vor Beginn eines Beschäftigungsverbots nicht oder nicht vollständig erhalten, kann sie nach dem Ende des Beschäftigungsverbots den Resturlaub im laufenden oder im nächsten Urlaubsjahr beanspruchen. § 24 Satz 2 MuSchG, dem zufolge eine Frau den vor Beginn eines Beschäftigungsverbots nicht (vollständig) erhaltenen Urlaub nach Ende des Beschäftigungsverbots im laufenden oder im nächsten Urlaubsjahr nehmen kann, steht auch einem Verfall solcher Urlaubsansprüche entgegen, die während mehrerer unmittelbar aufeinanderfolgender mutterschutzrechtlicher Beschäftigungsverbote entstanden sind. Diese Ausnahmeregelung erfaßt nicht nur den gesetzlichen Mindesturlaub, sondern auch einen diesen übersteigenden Mehrurlaub (BAG v. 20.8.2024, Az. 9 AZR 226/23). Ob der Arbeitgeber den Erholungsurlaub während der Dauer eines ärztlichen Beschäftigungsverbotes gewähren kann, ist umstritten. Das Kürzungsrecht des Arbeitgebers bezieht sich auf den Urlaub, nicht hingegen auf die Urlaubsabgeltung. Hat die Arbeitnehmerin im Referenzzeitraum ihre Arbeit unverschuldet versäumt, etwa wegen Mutterschutzes oder Elternzeit, ist ihr gewöhnlicher Arbeitsverdienst für die nach dem Arbeitsvertrag geschuldete regelmäßige Arbeitszeit zugrunde zu legen. Verdienstkürzungen, die im Berechnungszeitraum infolge von Kurzarbeit, Arbeitsausfällen oder unverschuldeter Arbeitsversäumnis eintreten, führen nach § 11 Abs. 1 Satz 3 BUrlG zu keiner Minderung des Abgeltungsanspruchs. (BAG v. 16.4.2024, Az. 9 AZR 165/23).

6. Sonstiges

Nach der Rechtsprechung des EuGH verbietet das Europarecht eine Regelung, die eine Frau im Mutterschaftsurlaub von einer Berufsausbildung ausschließt, die Teil ihres Beschäftigungsverhältnisses und vorgeschrieben ist, um in den Genuss verbesserter Beschäftigungsbedingungen gelangen zu können. Dies gilt auch dann, wenn sie an der nächsten organisierten Ausbildung teilnehmen könnte, deren Zeitpunkt jedoch ungewiss ist (EuGH v. 6.3.2014, Az. C 595/12). Diese Entscheidung ist zwar zum italienischen Beamtenrecht ergangen, zeigt jedoch die Stringenz des europarechtlichen Mutterschutzrechts, die auch auf das deutsche Individualarbeitsrecht Auswirkungen hat.

VIII. Kündigungsschutz

1. Grundsätze

Vom Beginn der Schwangerschaft an (280 Tage vor dem vom Arzt prognostizierten Entbindungstermin) besteht ein Kündigungsverbot, und zwar auch schon vor Dienstantritt (BAG v. 27.2.2020, Az. 2 AZR 498/19). Das BAG hält trotz Kritik auch in der neuesten Rechtsprechung an dieser Berechnung fest. Es gehe nicht um die Bestimmung des tatsächlichen – naturwissenschaftlichen – Beginns der Schwangerschaft im konkreten Fall, sondern um eine Berechnungsmethode für die Bestimmung des Kündigungsverbots wegen Schwangerschaft, der prognostische Elemente innewohnen und die am verfassungsrechtlich gebotenen Schutzauftrag orientiert sei. Daher sei vom frühestmöglichen Zeitpunkt des Vorliegens einer Schwangerschaft auszugehen, um die Sicherheit und den Schutz von schwangeren Arbeitnehmerinnen zu gewährleisten (BAG v.

24.11.2022, Az. 2 AZR 11/22). Maßgeblich ist das Datum des Zugangs der Kündigung; liegt dieses nach Eintritt der Schwangerschaft, besteht der besondere → *Kündigungsschutz*. Es gibt hier auch keine Wartefrist, sondern der Schutz beginnt am ersten Tag des Arbeitsverhältnisses. Der Kündigungsschutz gilt auch bei einer Bauchhöhlenschwangerschaft, nicht hingegen bei der irrtümlichen Annahme des Arztes, die Arbeitnehmerin sei schwanger. Unzulässig ist gemäß § 17 MuSchG jede Kündigung, also insbesondere

- Beendigungskündigungen, egal ob fristlos oder fristgemäß,
- Änderungskündigungen,
- vorsorgliche Kündigungen, auch zum Ablauf der Schutzfrist,
- Kündigungen im Insolvenzverfahren.

WICHTIG!

In § 17 Abs. 1 Satz 3 MuSchG hat der Gesetzgeber festgelegt, dass das mutterschutzrechtliche Kündigungsverbot „entsprechend für Vorbereitungsmaßnahmen des Arbeitgebers, die er im Hinblick auf eine Kündigung der Frau trifft" gilt. Eine nähere Definition hat er nicht getroffen. Jedenfalls sind damit Maßnahmen wie Betriebsratsanhörung und Beteiligung der Schwerbehindertenvertretung gemeint. Diese dürfen nach neuem Recht erst nach Ablauf der Schutzfristen vorgenommen werden. Das führt dazu, dass der Arbeitgeber in den entsprechenden Betrieben nicht unmittelbar nach Ablauf der Schutzfrist kündigen kann, sondern erst nach dem Ablauf die Anhörungen durchführen kann. Die Gesetzesbegründung führt jedoch weitergehend aus, dass schon die „Suche und Planung eines endgültigen Ersatzes für die Arbeitnehmerin" unzulässig sein sollen. Was damit im Einzelnen gemeint ist, bleibt unklar. Nach Ansicht des Verfassers dürfte dies aber nur dann gelten, wenn die Maßnahmen zielgerichtet auf eine geschützte Arbeitnehmerin gerichtet sind. Allgemeine Planungen wie etwa eine Betriebsänderung, bei der letztlich auch der Arbeitsplatz der Frau wegfällt, dürften zulässig sein. Unzulässig dürfte aber eine Anhörung der Arbeitnehmerin zur Vorbereitung einer Verdachtskündigung sein. Von der Rechtsprechung sind viele Fragen in diesem Zusammenhang zu klären. Kann etwa der Arbeitgeber eine Anhörung der Arbeitnehmerin durchführen, um eine behördliche Ausnahmegenehmigung für eine Kündigung während der Schutzfrist zu erwirken? Wann beginnt die Zwei-Wochen-Frist für eine außerordentliche Kündigung in diesen Fällen zu laufen? Der EuGH hat entschieden, dass gegen die Kündigung einer Schwangeren auch ein präventiver Schutz möglich sein muss (EuGH v. 22.2.2018, Az. C 103/16). Danach wäre sogar eine einstweilige Verfügung gegen die beabsichtigte Kündigung nicht ausgeschlossen.

Nicht vom Kündigungsverbot umfasst ist die Beendigung des Arbeitsverhältnisses aus anderen Gründen. Das Arbeitsverhältnis einer Schwangeren kann also beendet werden durch

- Ablauf der Befristung des Arbeitsvertrags (LAG Mecklenburg-Vorpommern v. 16.3.2021, Az. 5 Sa 295/20), es sei denn, die Nichtverlängerung erfolgt nur aufgrund der Schwangerschaft,
- Anfechtung des Arbeitsvertrags wegen arglistiger Täuschung oder Irrtums,
- Berufung auf die Nichtigkeit des Arbeitsvertrags,
- → *Aufhebungsvertrag*, wobei die Schwangere kein Recht zur Anfechtung hat, wenn sie ihre Schwangerschaft bei Abschluss noch nicht kannte,
- Eigenkündigung der Schwangeren, von der die Aufsichtsbehörde unverzüglich zu informieren ist,
- Kündigung, die der Arbeitnehmerin vor dem Eintritt der Schwangerschaft zugeht, auch wenn der Ablauf der Kündigungsfrist danach liegt.

Zum Befristungsrecht hat jedoch das Arbeitsgericht Gera folgendes entschieden: „Für den Fall eines befristeten Arbeitsvertrages, für den feststeht, dass eine Arbeitnehmerin aufgrund einer Schwangerschaft einen wesentlichen Teil des Beschäftigungszeitraums nicht werde arbeiten können, und bei welchem die Arbeitnehmerin bei Vertragsschluss ihre Kenntnis von der Schwangerschaft nicht mitteilt, ist eine Entlassung als nicht mit der Richtlinie EGRL 73/2002 in Einklang stehend anzusehen. Eine Arbeitnehmerin ist weder verpflichtet ihre Schwangerschaft selbst noch die damit verbundene, zum mutterschutzrechtlichen Beschäftigungsverbot führende Leistungsunfähigkeit für eine vereinbarte Tätigkeit zu offenbaren (ArbG Gera v. 24.1.2023, Az. 3 Ca 1074/22).

Das Kündigungsverbot endet vier Monate nach der Entbindung. Bei der Berechnung geht man einfach vom Entbindungsdatum aus und addiert vier Monate dazu. Eine Verfassungsbeschwerde gegen § 3 Abs. 2 bis 4 MuSchG 2018 wurde nicht zur Entscheidung angenommen (BVerfG v. 21.8.2024, Az. 1 BvR 210622).

Beispiel:

Die Entbindung war am 17.5., also endet das Kündigungsverbot mit dem Ablauf des 17.9. Eine Kündigung darf frühestens am 18.9. zugehen.

Eine Entbindung in diesem Sinne liegt bei jeder Lebendgeburt (Herzschlag, Pulsieren der Nabelschnur oder natürliche Lungenatmung, § 31 PStV) vor, auch wenn es sich um eine Frühgeburt handelt. Liegt keines der Merkmale des § 31 PStV vor, gilt das Kind als tot geboren oder in der Geburt verstorben, wenn das Gewicht mindestens 500 Gramm beträgt. Auch dies ist eine Entbindung im Sinne des Mutterschutzgesetzes (BAG v. 12.12.2013, Az. 8 AZR 838/12). Die Fehlgeburt ist hingegen keine Entbindung i. S. v. § 9 Abs. 1 Satz 1 MuSchG. Hier hat der Gesetzgeber jedoch in § 17 Abs. 2 Nr. 1 MuSchG eine besondere Schutzregel geschaffen. Im Fall einer Fehlgeburt bis zur 12. Schwangerschaftswoche endet der Kündigungsschutz mit diesem Ereignis, ebenso nach einem Schwangerschaftsabbruch. Nach der 12. Schwangerschaftswoche setzt der Kündigungsschutz ein, d. h. ebenso wie bei dem Tod des Kindes nach der Entbindung bleibt der Kündigungsschutz vier Monate lang erhalten. Tritt innerhalb der vier Monate eine erneute Schwangerschaft ein, wird das Ende der Schutzfrist nahtlos hinausgeschoben.

2. Mitteilungspflicht der Schwangeren

Der Kündigungsschutz greift nur dann ein, wenn der Arbeitgeber von der Schwangerschaft Kenntnis hat. Hierbei reicht es nicht aus, wenn er das Vorliegen der Schwangerschaft lediglich vermutet. Er muss sich auch nicht bei Vorliegen von Anhaltspunkten danach erkundigen. Die Arbeitnehmerin muss den Arbeitgeber jedoch nicht unbedingt vor der Kündigung über ihren Zustand informieren. Es reicht aus, wenn er innerhalb einer Frist von zwei Wochen hiervon in Kenntnis gesetzt wird, auch wenn dies nur mit den Worten erfolgt, dass sie „wahrscheinlich" schwanger sei. Auch die Mitteilung einer vermuteten oder möglichen Schwangerschaft ist ausreichend, um den Sonderkündigungsschutz auszulösen (LAG Berlin-Brandenburg v. 15.3.2018, Az. 10 Sa 1509/17).

Zur Mitteilung der Schwangerschaft genügt auch ein ärztliches Attest, das medizinische Fachausdrücke enthält. Der Arbeitgeber muss sich über deren Bedeutung informieren. Die Zwei-Wochen-Frist beginnt mit dem Zugang der Kündigung zu laufen. Sie endet an dem Wochentag zwei Wochen später, der dieselbe Bezeichnung trägt wie der des Zugangs der Kündigung.

Beispiel:

Die Kündigung geht am Dienstag, dem 19.3.2019 zu. Die Arbeitnehmerin hat somit bis Dienstag, den 2.4.2019 Zeit, ihren Arbeitgeber zu informieren.

Auf Verlangen des Arbeitgebers muss ein ärztliches Attest über die Schwangerschaft vorgelegt werden. Der Kündigungsschutz ist jedoch nicht davon abhängig.

Beispiel:

> **Der Arbeitnehmerin erklärt, schwanger zu sein, weigert sich aber, ein Attest beizubringen. In der Annahme, dass die Behauptung unrichtig sei, kündigt der Arbeitgeber. Nunmehr bringt die Arbeitnehmerin das gewünschte Attest. Die Kündigung ist unwirksam.**

Einen Entschädigungsanspruch nach dem AGG hat die Arbeitnehmerin nicht, wenn der Arbeitgeber in Unkenntnis der Schwangerschaft kündigt und auch nach Kenntniserlangung nicht zu einer einvernehmlichen Regelung bereit ist, um die Rechtsfolgen der zugegangenen Kündigung im Vertragsweg zu beseitigen (BAG v. 17.10.2013, Az. 8 AZR 742/12). Anders ist es, wenn der Arbeitgeber in Kenntnis der Schwangerschaft noch einmal kündigt (ArbG Berlin v. 8.5.2015, Az. 28 Ca 18485/14).

Hat die Arbeitnehmerin die Zwei-Wochen-Frist zur Mitteilung der Schwangerschaft versäumt, so ist die Kündigung trotzdem unwirksam, wenn sie dieses Versäumnis nicht verschuldet hat und die Mitteilung unverzüglich nachholt. Die Fristüberschreitung ist von der schwangeren Frau dann i. S. d. § 17 Abs. 1 Satz 2 MuSchG zu vertreten, wenn sie auf einem gröblichen Verstoß gegen das von einem ordentlichen und verständigen Menschen im eigenen Interesse zu erwartende Verhalten zurückzuführen ist (BAG v. 24.11.2022, Az. 2 AZR 11/22), etwa, wenn sie trotz zwingender Hinweise auf eine Schwangerschaft eine Abklärung durch einen Arzt unterlässt. Dessen Fehldiagnose muss sie sich jedoch nicht zurechnen lassen. Bei der Schwangerschaftsmitteilung gibt es keine Zurechnung des Verschuldens Dritter (BAG v. 24.11.2022, Az. 2 AZR 11/22). Sie darf auch die Bestätigung durch einen Arzt abwarten, bevor sie die Mitteilung macht. Ein Verschulden liegt auch nicht vor, wenn die Arbeitnehmerin zwar frühzeitig von ihrer Schwangerschaft erfährt, nicht aber von der Kündigung, weil sie z. B. im Urlaub ist. Sie muss die Mitteilung dann unverzüglich nachholen. Unverzüglich bedeutet „ohne schuldhaftes Zögern", also so schnell wie möglich, nicht aber sofort. Die Schwangere darf sich jedoch vorher noch den rechtlichen Rat eines Anwalts einholen, sofern dies und die nachfolgende Mitteilung schnellstmöglich passiert. In Normalfall kann man davon ausgehen, dass ihr hierzu eine Woche zur Verfügung steht. Im Einzelfall kann jedoch auch ein längerer Zeitraum noch unschädlich sein.

Beispiel:

> **Die Arbeitnehmerin weiß seit dem 15.5. von ihrer Schwangerschaft. Am 3.6. fliegt sie für einen Monat in den Urlaub. Während ihrer Abwesenheit wird ihr am 6.6. das Kündigungsschreiben in den Hausbriefkasten geworfen. An ihrem ersten Arbeitstag, dem 4.7. informiert sie ihren Arbeitgeber von der Schwangerschaft. Hier ist die Zwei-Wochen-Frist zwar versäumt, aber ohne Verschulden der Arbeitnehmerin. Die Kündigung ist unwirksam.**

Die Arbeitnehmerin muss die Information nicht selbst übermitteln. Es reicht aus, wenn sie eine andere Person, z. B. ihren Ehemann damit beauftragt. Ein Verschulden des Bevollmächtigten braucht sich die Schwangere nicht zurechnen zu lassen.

Die Mitteilung muss entweder gegenüber dem Arbeitgeber persönlich – bei juristischen Personen gegenüber dem gesetzlichen Vertreter – erfolgen oder gegenüber einer Person, die für die Entgegennahme derartiger Erklärungen zuständig ist. In Betracht kommt hier der Personalleiter, die Personalsachbearbeiterin, kündigungsberechtigte Vorgesetzte oder der Prokurist. Die Kenntnis von Kollegen oder des Werksarztes ist aber nicht ausreichend; sie ist dem Arbeitgeber nicht zuzurechnen. Das LAG Sachsen-Anhalt lässt es aber ausreichen, wenn der Arbeitgeber über die Schwangerschaft einer Arbeitnehmerin durch eine weitere Arbeitnehmerin unmittelbar nach Zugang der Kündigung informiert wird, auch wenn dieser keine personalrechtlichen Befugnisse ggü. der schwangeren Arbeitnehmerin zustehen (LAG Sachsen-Anhalt v. 9.12.2014, Az. 6 Sa 539/13).

Beispiel:

> **Die Arbeitnehmerin erhält eine Kündigung. Zehn Tage später führt der Werksarzt bei ihr eine Routineuntersuchung durch. Dabei berichtet sie ihm von ihrer Schwangerschaft. Nach weiteren zehn Tagen erhebt sie Klage gegen die Kündigung, die dem Arbeitgeber eine Woche später zugestellt wird. Hier besteht kein Sonderkündigungsschutz, denn der Werksarzt ist nicht der Arbeitgeber oder sein Repräsentant.**

3. Beweislast

Die Arbeitnehmerin muss im Kündigungsschutzprozess beweisen, dass

- sie schwanger ist,
- der Arbeitgeber hiervon bei Ausspruch der Kündigung Kenntnis gehabt hat **oder**
- sie ihn innerhalb von zwei Wochen nach Zugang der Kündigung informiert hat **oder**
- sie ohne ihr Verschulden daran gehindert war, die Frist einzuhalten und die Mitteilung unverzüglich nachgeholt hat.

4. Behördliche Zustimmung zur Kündigung

Die zuständige Aufsichtsbehörde kann auf Antrag des Arbeitgebers (Muster → *Kündigungsschutz D.I.*) ausnahmsweise ihre Zustimmung zur Kündigung erteilen. Die Anforderungen an den Grund hierfür sind sehr hoch. Es reicht nicht aus, dass der Arbeitgeber einen wichtigen Grund vorträgt, der nach § 626 BGB geeignet wäre, eine fristlose Kündigung zu rechtfertigen. Vielmehr müssen noch weitere besondere Umstände hinzutreten. In Betracht kommen z. B.

- schwerwiegende Vertragsverstöße,
- schwere Vermögensdelikte,
- Tätlichkeiten gegenüber dem Arbeitgeber,
- Betriebsstilllegung,
- Existenzgefährdung des Betriebs bei Fortdauer des Arbeitsverhältnisses.

Beispielhaft für derartige außergewöhnliche Umstände nennt die nach § 18 Abs. 1 Satz 4 BEEG erlassene Allgemeine Verwaltungsvorschrift zum Kündigungsschutz bei Elternzeit (BAnz. 2007, Nr. 5 S. 247) neben der Stilllegung bzw. Verlagerung eines Betriebs oder eines Betriebsteils und der wirtschaftlichen Existenzgefährdung des Betriebs durch Aufrechterhaltung des Arbeitsverhältnisses in Ziffer 2.1.6 besonders schwere Verstöße des Arbeitnehmers gegen arbeitsvertragliche Pflichten oder vorsätzliche strafbare Handlungen des Arbeitnehmers, die dem Arbeitgeber die Aufrechterhaltung des Arbeitsverhältnisses unzumutbar machen. Bei einer Verletzung arbeitsvertraglicher Nebenpflichten kommt die Annahme eines gravierenden Pflichtenverstoßes indes nur in extremen Ausnahmefällen in Betracht (BayVGH v. 7.10.2015, Az. 12 ZB 15.239). In diesem Zusammenhang hat das OLG Berlin-Brandenburg eine Zustimmung für rechtmäßig erklärt, nachdem der Arbeitnehmerin unentschuldigtes Fernbleiben von der Arbeit und mangelnde Kontaktaufnahme zum Arbeitgeber vorgeworfen worden waren. Die durch die Nichtvorlage der Arbeitsunfähigkeitsbescheinigungen und die mangelnde Kontaktaufnahme zu dem Arbeitgeber während der Schwangerschaft gegebenen Pflichtverletzungen rechtfertigen nur dann den Schluss, sie stünden im Zusammenhang mit der Schwangerschaft, wenn dargelegt würde, dass die Arbeitnehmerin infolge der Schwangerschaft gehindert war, diese Pflichten zu beachten (OVG Berlin-Brandenburg v. 27.8.2015, Az. OVG 6 M 49.15). Das Verwaltungsgericht Frankfurt verlangt hingegen einen Kündigungsgrund, der das Gewicht einer vorsätzlichen Straftat hat (VG Frankfurt/M. v. 28.1.2015, Az. 7 K 4016/14.F). Für die Kündigung in der Elternzeit wurde entschieden, dass insbesondere eine unerlaubte Konkurrenztätigkeit während der Elternzeit als Zustimmungsgrund in Betracht kommt (VG Augsburg v. 25.9.2012, Az. Au 3 K 12.677), nicht hingegen eine Verdachtskündigung (OVG Nordrhein-Westfalen v. 13.6.2013, Az. 12 A 1659/12). In manchen Bundesländern gibt es Verwaltungsvorschriften, die Einzelheiten regeln. Wenn eine Kündigung beabsichtigt ist, sollte man sich bei der zuständigen Behörde danach erkundigen.

WICHTIG!

Wenn der Arbeitgeber eine außerordentliche Kündigung aussprechen will, muss der Antrag innerhalb von zwei Wochen nach Kenntnis vom Kündigungsgrund bei der Behörde eingegangen sein. Hierzu hat das LAG Mecklenburg-Vorpommern folgende Leitsätze aufgestellt: „Die zweiwöchige Kündigungserklärungsfrist des § 626 Abs. 2 BGB ist gewahrt, wenn der Arbeitgeber im Falle von Mutterschutz oder Elternzeit die behördliche Zulässigkeitserklärung innerhalb der Zwei-Wochen-Frist beantragt hat, gegen die Versagung der Zulässigkeitserklärung rechtzeitig Widerspruch bzw. Klage erhoben hat und sodann die außerordentliche Kündigung unverzüglich nach Kenntnisnahme vom Wegfall des Zustimmungserfordernisses (Ende des Mutterschutzes oder der Elternzeit) ausspricht.“ (LAG Mecklenburg-Vorpommern v. 15.3.2022, Az. 5 Sa 122/21)

Wenn sich die Arbeitnehmerin gleichzeitig im Erziehungsurlaub befindet, muss neben dieser Zustimmung auch noch die Zulässigkeitserklärung nach § 18 Abs. 1 BEEG eingeholt werden, denn mit der Erlaubnis nach dem Mutterschutzgesetz wird nur § 17 MuSchG „entsperrt“ (LAG Berlin-Brandenburg v. 6.4.2011, Az. 15 Sa 2454/10 auch für das Insolvenzverfahren); zuständig ist in der Regel die Behörde, die auch die Ausnahmegenehmigung nach § 17 Abs. 2 MuSchG erteilt. Hat der Arbeitgeber die Zustimmung zur Kündigung während der Schwangerschaft beantragt, hat sich dieser Antrag durch die Entbindung erledigt. Wenn die Arbeitnehmerin danach Elternzeit nimmt, muss ein neuer Antrag nach § 18 Abs. 1 BEEG gestellt werden (VG Frankfurt/M. v. 28.1.2015, Az. 7 K 4016/14.F).

Wenn der Arbeitgeber die Zustimmung der Behörde erhält, muss er unverzüglich die Kündigung aussprechen und der Arbeitnehmerin zustellen.

WICHTIG!

Die Kündigung bedarf nicht nur der Schriftform, sondern muss auch den Kündigungsgrund angeben (§ 17 Abs. 2 Satz 2 MuSchG).

ACHTUNG!

Eine vorher ausgesprochene und damit unwirksame Kündigung wird auch durch die Zustimmung nicht mehr wirksam.

Die Arbeitnehmerin kann gegen die behördliche Zustimmung Widerspruch einlegen. Wenn diesem stattgegeben wird, ist die Kündigung unwirksam. Dies ändert aber nichts daran, dass der Arbeitgeber erst einmal unverzüglich nach der Erteilung der Zustimmung kündigen darf und muss.

Beispiel:

Die Zustimmung zur Kündigung geht dem Arbeitgeber am 16.8. zu. Gleichzeitig erhält die Arbeitnehmerin diesen Bescheid und legt am selben Tag Widerspruch ein. Der Arbeitgeber stellt am nächsten Tag die Kündigung zu. Wird der Widerspruch zurückgewiesen, ist die Kündigung wirksam. Würde der Arbeitgeber erst die Entscheidung über den Widerspruch abwarten, käme die Kündigung auf jeden Fall zu spät.

Gegen die Zurückweisung des Widerspruchs kann die Arbeitnehmerin Klage beim Verwaltungsgericht erheben. Da sie nach Ausspruch der Kündigung auch eine Kündigungsschutzklage beim Arbeitsgericht erheben muss, kann es zu einer Zweigleisigkeit des Rechtsschutzes kommen. Wird die Zustimmung zur Kündigung vom Verwaltungsgericht aufgehoben, ist die Kündigung auf jeden Fall unwirksam. Wenn die Zustimmung jedoch bestätigt wird, prüft das Arbeitsgericht nunmehr, ob die Kündigung auch unter anderen Aspekten wirksam ist.

Beispiel:

Die Zustimmung zur Kündigung wurde erteilt, Widerspruch und Klage der Arbeitnehmerin vor dem Verwaltungsgericht blieben erfolglos. Im Kündigungsschutzprozess vor dem Arbeitsgericht ist nun z. B. zu prüfen, ob die Kündigung auch unter arbeitsrechtlichen Gesichtspunkten Bestand hat, ob z. B. hinreichende Kündigungsgründe bestehen oder der Betriebsrat ordnungsgemäß angehört worden ist.

WICHTIG!

Die Arbeitnehmerin muss innerhalb von drei Wochen beim Arbeitsgericht die Kündigungsschutzklage erheben. Die Frist beginnt grundsätzlich ab Zugang der Kündigung zu laufen. Erfährt eine Arbeitnehmerin nach Erhalt einer Kündigung ohne von ihr zu vertretenden Gründen erst kurz vor Ablauf der Klagefrist von ihrer Schwangerschaft, muss ihr eine Überlegungszeit von drei Werktagen zugebilligt werden, um abzuwägen, ob sie angesichts der für sie neuen Situation und des nun entstandenen Sonderkündigungsschutzes Kündigungsschutzklage erheben will. Die Klage muss dann nachträglich zugelassen werden.

WICHTIG!

Der EuGH hat seine diesbezügliche Rechtsprechung präzisiert. Einer schwangeren Arbeitnehmerin muss eine angemessene Frist eingeräumt werden, um ihre Kündigung vor Gericht anfechten zu können. Eine Frist von zwei Wochen für den Antrag auf Zulassung einer verspäteten Klage – wie im deutschen Recht – kann u. U. zu kurz sein (EuGH v. 27.6.2024, Az. C 284/23). Daran knüpft die neueste Rechtsprechung des Bundesarbeitsgerichts an. Die Frist zur Klageerhebung (§ 4 Satz 4 KSchG) findet keine Anwendung, wenn der Arbeitgeber bei Zugang der Kündigung keine Kenntnis von den den Sonderkündigungsschutz gemäß § 17 Abs. 1 Satz 1 Nr. 1 MuSchG begründenden Umständen hat. Das gilt auch, wenn die Arbeitnehmerin zunächst selbst nicht um ihre Schwangerschaft weiß. Wenn die Arbeitnehmerin schuldlos erst nach Ablauf der Klagefrist Kenntnis von einer Schwangerschaft hat, die bei Zugang der Kündigung bereits bestandenen hatte, ist die verspätet erhobene Kündigungsschutzklage auf ihren form- und fristgerechten Antrag gemäß § 5 Abs. 1 Satz 2 KSchG nachträglich zuzulassen. Die Arbeitnehmerin ist nicht schon aufgrund einer entsprechenden Vermutung oder bloß vager Anhaltspunkte gehalten, sich unverzüglich Gewissheit über das Vorliegen einer Schwangerschaft im Kündigungszeitpunkt zu verschaffen. Sobald sie einen Schwangerschaftstest mit positivem Ergebnis durchgeführt hat, könnte sie jedoch die Obliegenheit treffen, sich ohne schuldhaftes Zögern um eine frauenärztliche Untersuchung zu bemühen. Dies musste das BAG jedoch nicht abschließend entscheiden. Die zweiwöchige Antragsfrist beginnt erst nach Ablauf der dreiwöchigen Klagefrist zu laufen und tritt zu dieser hinzu, was zu einer erheblichen Verlängerung führen kann. Die Antragsfrist fängt erst an zu laufen, wenn die Arbeitnehmerin nicht nur Kenntnis von ihrer Schwangerschaft als solcher hat, sondern auch um den Beginn dieser Schwangerschaft weiß. Das wird in aller Regel erst der Fall sein, wenn sie ein entsprechendes ärztliches Zeugnis erhalten hat. Besonders bedeutsam sind die Ausführungen des BAG, wonach einer Arbeitnehmerin, die kurz vor Ablauf der Klagefrist von ihrer Schwangerschaft bereits im Kündigungszeitpunkt Kenntnis erlangt hat, eine gewisse Zeit zugestanden werden muss, um sich darüber klar zu werden, ob sie eine Kündigungsschutzklage erheben möchte. Wenn durch die Inanspruchnahme dieser Überlegungszeit die Klagefrist versäumt wird, ist die vor Ablauf der Bedenkzeit erhobene Kündigungsschutzklage auf Antrag der Arbeitnehmerin gemäß § 5 Abs. 1 Satz 1 KSchG nachträglich zuzulassen (BAG v. 3.4.2025, Az. 2 AZR 156/24).

Die Entscheidung ist von enormer praktischer Relevanz. Mit der vom BAG gewählten Auslegung, wonach es auf die Kenntnis einer „kündigungsrelevanten Schwangerschaft“ **ankommt, genügt die deutsche Rechtsordnung auch dem in der Mutterschutzrichtlinie geforderten effektiven Kündigungsschutz. Das BAG konnte im Ergebnis offenlassen, ob nach einem positiven Schwangerschaftstest eine Obliegenheit dahingehend besteht, sich möglichst umgehend frauenärztlich untersuchen und feststellen zu lassen, ob die Schwangerschaft bereits zum Kündigungszeitpunkt bestand. In der Praxis ist dies schon aus Gründen der Vorsorge ratsam, um dem Vorwurf zu entgehen, sie habe eine verspätete Kenntniserlangung von der Schwangerschaft zu vertreten.**

Wird die behördliche Zustimmung ihr erst später bekannt gegeben, läuft die Frist erst ab diesem Zeitpunkt (§ 4 Satz 4 KSchG). Wurde gar keine Zustimmung eingeholt, kann die Arbeitnehmerin ohne Fristbindung das Arbeitsgericht anrufen. Die Grenze ist erst bei der Verwirkung erreicht.

Wird der Antrag des Arbeitgebers auf Zustimmung zur Kündigung zurückgewiesen, kann er seinerseits dagegen Widerspruch einlegen. Wenn dieser Erfolg hat, kann und muss er die Kündigung unverzüglich aussprechen. Wird sein Widerspruch zurückgewiesen, kann er zwar dagegen vor dem Verwaltungsgericht klagen. Angesichts der extrem langen Verfahrensdauer vor den Verwaltungsgerichten ist jedoch kaum damit zu rechnen, dass dieser Prozess vor dem Ende der Schutzfrist abgeschlossen sein wird. Die positive Entscheidung des Verwaltungsgerichts kann aber Bedeutung haben, wenn die Arbeitnehmerin innerhalb der Frist von vier Monaten nach der Entbindung erneut schwanger wird.

WICHTIG!

Eine unter Verstoß gegen das MuSchG ausgesprochene Kündigung ist nicht nur unwirksam, sondern kann auch Ansprüche auf Entschädigung nach dem AGG auslösen (BAG v. 12.12.2013, Az. 8 AZR 838/12; ArbG Berlin v. 8.5.2015, Az. 28 Ca 18485/14). Dabei indiziert die Missachtung der besonderen Schutzvorschriften des Mutterschutzgesetzes eine Benachteiligung der Frau wegen ihrer Schwangerschaft und damit wegen ihres Geschlechts. Diese Indizwirkung kann jedoch widerlegt werden (LAG Mecklenburg-Vorpommern v. 16.8.2022, Az. 5 Sa 6/22), → *Gleichbehandlung II 3.2.*

Nachweisgesetz

ACHTUNG!

Die am 31.7.2019 in Kraft getretene Richtlinie (EU) 2019/1152 des Europäischen Parlaments und des Rates vom 20.6.2019 über transparente und vorhersehbare Arbeitsbedingungen in der Europäischen Union im Bereich des Zivilrechts (Arbeitsbedingungen-Richtlinie) ist von den Mitgliedstaaten bis zum 1.8.2022 in nationales Recht umzusetzen. Sie löst die seit 1991 bestehende Nachweisrichtlinie 91/533/EWG (NachwRL) ab, die in Deutschland im Wesentlichen durch das Nachweisgesetz (NachwG) sowie die Informationspflichten im Arbeitnehmerüberlassungsgesetz (AÜG) und im Berufsbildungsgesetz (BBiG) umgesetzt worden waren.

Das Gesetz zur Umsetzung der aktuellen Richtlinienvorgaben wurde am 23. Juni 2022 vom Bundestag verabschiedet und ist am 1. August 2022 in Kraft getreten. Es sieht insbesondere im Nachweisgesetz eine Erweiterung der arbeitgeberseitigen Pflichten zur schriftlichen Niederschrift der wesentlichen Arbeitsbedingungen vor. Diese Veränderungen – fast ausschließlich Verschärfungen für die Arbeitgeber – waren nach Auffassung der EU notwendig, weil Nachweise von Beschäftigten zu selten eingefordert wurden und es zu geringe Auswirkungen nach sich zog, wenn Nachweise nicht oder nicht rechtzeitig erbracht wurden.

Betroffen sind unter anderem die Angaben zur Arbeit auf Abruf, zu den Anforderungen an das bei einer Kündigung einzuhaltende Verfahren, zusätzliche Angaben im Zusammenhang mit Zeitarbeit, zur Vergütung von Überstunden, der Dauer und den Bedingungen der Probezeit sowie zu etwaigen Ansprüchen des Beschäftigten auf vom Arbeitgeber bereitgestellte Fortbildungen. Weiter wurden Veränderungen in Bezug auf die Fristen, innerhalb derer die Nachweispflichten zu erbringen sind, vorgenommen.

Ferner enthalten die neuen Regelungen Mindestanforderungen an die Arbeitsbedingungen in Bezug auf die Höchstdauer von Probezeiten, die Mindestvorhersehbarkeit der Arbeit, das Ersuchen eines Beschäftigten um einen Übergang in eine andere Arbeitsform (Arbeitnehmerüberlassung) sowie Pflichtfortbildungen.

I. Begriff

Das Nachweisgesetz verpflichtet den Arbeitgeber, die wesentlichen Bedingungen des Arbeitsverhältnisses innerhalb einer bestimmten Frist schriftlich niederzulegen und dieses Dokument dem Arbeitnehmer auszuhändigen. Eine Abweichung von diesen Vorschriften zuungunsten des Arbeitnehmers ist – auch wenn er einverstanden ist – nicht zulässig und führt u. U. zu Nachteilen für den Arbeitgeber (s. u. V.).

II. Anwendungsbereich

Das Nachweisgesetz gilt für **alle** Arbeitnehmer, auch für die leitenden Angestellten. Erfasst werden daher sowohl Teilzeitarbeitskräfte wie auch die geringfügig Beschäftigten i. S. d. § 8 SGB IV. Der Anwendungsbereich des NachwG wurde erweitert. Nach § 1 NachwG waren bisher diejenigen Beschäftigten ausgenommen, die nur zur vorübergehenden Aushilfe von höchstens einem Monat eingestellt wurden. Diese Ausnahme wurde im Rahmen der Umsetzung der Arbeitsbedingungen-Richtlinie gestrichen.

Die Regelungen des Nachweisgesetzes finden nunmehr Anwendung auf jeden Beschäftigten, unabhängig von der Art und der Dauer der Beschäftigung.

Gemäß § 1 Satz 2 NachwG fallen auch *„Praktikanten, die gemäß § 22 Absatz 1 des Mindestlohngesetzes als Arbeitnehmer gelten"* unter den Anwendungsbereich des Nachweisgesetzes.

III. Nachweispflicht im Arbeitsverhältnis

1. Neues Arbeitsverhältnis

- Frist

  Bei der Neubegründung eines Arbeitsverhältnisses muss der Arbeitgeber dem Arbeitnehmer die Niederschrift mit den Angaben zu den Vertragsparteien, dem Arbeitsentgelt und der Arbeitszeit spätestens am ersten Arbeitstag, die Niederschrift mit den Angaben zum Beginn des Arbeitsverhältnisses, zur Befristung, dem Arbeitsort, der Tätigkeit und zur Probezeit spätestens am siebten Kalendertag nach dem vereinbarten Beginn des Arbeitsverhältnisses und die Niederschrift mit den übrigen Angaben nach § 2 Abs. 1 Satz 2 (Urlaub, Fortbildung, bAV, Kündigung, Verweis auf TV/BV) spätestens einen Monat nach dem vereinbarten Beginn des Arbeitsverhältnisses aushändigen.

  WICHTIG!

  Die Frist läuft immer ab dem Zeitpunkt der vereinbarten und nicht der tatsächlichen Arbeitsaufnahme. Ob der Arbeitnehmer die Arbeit erst später aufnimmt (z. B. wegen Krankheit), spielt keine Rolle.

- Form

  Die Niederschrift muss **in Textform** erfolgen.

  Seit dem **1. Januar 2025** (Bürokratieentlastungsgesetz IV) ist die elektronische Form zulässig. Damit hat der Gesetzgeber die bisherige Pflicht zur **Schriftform** (§ 126 BGB) aufgehoben und die **Textform** (§ 126b BGB) eingeführt.

  Der Nachweis kann nun z. B. per E-Mail, als PDF-Dokument, über ein elektronisches Personalportal oder in einem digitalen Onboarding-System bereitgestellt werden, sofern der Arbeitnehmer die Informationen dauerhaft speichern und ausdrucken kann.

  Die Nachweispflicht gilt weiterhin inhaltlich unverändert. Der Arbeitgeber muss die Angaben vollständig, klar verständlich und rechtzeitig übermitteln. Bei einem Verstoß droht ein Bußgeld (s. u. V.).

  WICHTIG!

  Das Erfordernis der Textform nach dem Nachweisgesetz hat keinen Einfluss auf die grundsätzliche Formfreiheit beim Abschluss von Arbeitsverträgen.

  Ein Arbeitsvertrag kann auch weiterhin formfrei, also digital oder mündlich, geschlossen werden.

  Gerade im Hinblick auf die bußgeldbewährten Nachweispflichten nach dem NachwG sollte jedoch ein schriftlich oder in Textform dokumentierter Vertragsschluss verstärkt in Betracht gezogen werden, um alle wesentlichen Arbeitsbedingungen eindeutig festzuhalten.

  Nach § 2 Abs. 5 NachwG kann der Arbeitgeber seine Nachweispflichten bereits vor Beginn des Arbeitsverhältnisses erfüllen, sofern der in Textform vorliegende Arbeitsvertrag die in § 2 Abs. 1 Satz 2 NachwG genannten Inhalte vollständig enthält.

2. Bestehendes Arbeitsverhältnis

Hat das Arbeitsverhältnis bereits vor dem 1.8.2022 bestanden, muss der Arbeitgeber den Nachweis nur dann ausstellen, wenn er vom Arbeitnehmer (mündlich oder schriftlich) dazu aufgefordert wird. Der Nachweis ist spätestens am siebten Tag nach Zugang der Aufforderung beim Arbeitgeber mit den Angaben nach § 2 Abs. 1 Satz 2 Nrn. 1 bis 10 auszuhändigen; der Nachweis mit den übrigen Angaben nach § 2 Abs. 1 Satz 2 ist spätestens einen Monat nach Zugang der Aufforderung auszuhändigen (§ 5 NachwG).

WICHTIG!

Der Arbeitgeber muss bei vor dem 1. August 2022 bestehenden Arbeitsverhältnissen also nicht von sich aus, sondern nur auf ausdrückliches Verlangen des Beschäftigten hin tätig werden.

Das LAG Baden-Württemberg hat in seiner Entscheidung vom 12.7.2023, Az. 10 Sa 78/22 das Vorbringen eines Arbeitnehmers, dass die Nachweispflicht bzgl. des bei der Kündigung eines Arbeitsverhältnisses von Arbeitgeber und Arbeitnehmer einzuhaltenden Verfahrens bei bereits vor dem 1. August 2022 bestehenden Arbeitsverhältnissen gelte und § 5 NachwG somit europarechtswidrig sei, zurückgewiesen. Laut dem LAG Baden-Württemberg entspricht das nationale Recht in der Übergangsvorschrift des § 5 Satz 1 Halbs. 2 NachwG dem Art. 22 der Richtlinie 2019/1152/EU. Eine Unionsrechtswidrigkeit sei offensichtlich ausgeschlossen, einer Vorlage an den EuGH bedürfe es nicht („acte clair", vgl. dazu nur BAG v. 27.9.2022, Az. 9 AZR 468/21 – Rn. 58).

3. Änderung der Vertragsbedingungen

Bei einer Änderung der wesentlichen Vertragsbedingungen ist diese dem Beschäftigten nunmehr gemäß § 3 NachwG bereits spätestens an dem Tag, an dem die Änderung wirksam werden soll, mitzuteilen, und zwar unabhängig davon, ob ein schriftlicher → *Arbeitsvertrag* vorliegt oder früher schon einmal ein Nachweis ausgehändigt worden ist.

Die Nachweispflicht besteht **nur** bei der Änderung von vertraglich vereinbarten Bedingungen, nicht bei der Änderung von gesetzlichen Vorschriften, Tarifverträgen oder Betriebsvereinbarungen.

Wurde für ein Arbeitsverhältnis, das bereits vor dem 1.8.2022 bestanden hat, noch kein Nachweis erstellt, besteht für den Arbeitgeber nach der Änderung erst dann eine Nachweispflicht, wenn der Arbeitnehmer den Nachweis verlangt. Der Nachweis ist dann spätestens am siebten Tag nach Zugang der Aufforderung beim Arbeitgeber mit den Angaben nach § 2 Abs. 1 Satz 2 Nrn. 1 bis 10 auszuhändigen; der Nachweis mit den übrigen Angaben nach § 2 Abs. 1 Satz 2 ist spätestens einen Monat nach Zugang der Aufforderung auszuhändigen.

4. Entsendung ins Ausland

Bei der Entsendung ins Ausland muss dem Arbeitnehmer **vor** der Abreise ein Nachweis über zusätzliche Vereinbarungen ausgehändigt werden, wenn diese nicht in einem früheren schriftlichen → *Arbeitsvertrag* oder Nachweis enthalten waren (s. u. IV.3, 4)

5. Ausnahme: Arbeitsvertrag

Wird bei der Neubegründung eines Arbeitsverhältnisses ein → *Arbeitsvertrag* erstellt, ist ein gesonderter Nachweis nicht erforderlich, wenn der Arbeitsvertrag sämtliche erforderlichen Angaben (s. u. IV.) enthält, vgl. § 2 Abs. 5 NachwG.

Enthält der Arbeitsvertrag nicht sämtliche geforderten Angaben, ist er also unvollständig, besteht die Nachweispflicht nur für die nicht enthaltenen Angaben.

IV. Inhalt der Niederschrift

Der notwendige Inhalt der Niederschrift ist in § 2 NachwG aufgelistet. § 2 Abs. 1 gilt für Arbeitnehmer, der neu eingefügte Absatz 1a gilt für Praktikanten. Im Fall der Arbeitnehmerentsendung ins Ausland sind neben den grundsätzlichen noch weitere Angaben (s. u. IV.3, 4.) erforderlich.

WICHTIG!

Die Niederschrift muss nichts enthalten, was nicht auch tatsächlich vereinbart worden ist. Das Nachweisgesetz stellt also keine neuen Anforderungen an den Inhalt des Arbeitsvertrags, sondern es verlangt lediglich einen schriftlichen Nachweis darüber, was Inhalt des Arbeitsverhältnisses geworden ist.

Keine Besonderheiten bestehen im Rahmen eines Leiharbeitsverhältnisses. Dem Leiharbeitnehmer sind nur die Vertragsbedingungen, die in seinem Vertragsverhältnis zum Verleiher, also seinem Arbeitgeber, gelten nachzuweisen. Eine Pflicht des Verleihers, die wesentlichen Arbeitsbedingungen des Entleiherbetriebs nachzuweisen, besteht nicht; allerdings muss der Entleiher dem Leiharbeitnehmer nach § 13 AÜG Auskunft erteilen (BAG v. 25.3.2015, Az. 5 AZR 368/13).

1. Grundinhalt bei Arbeitnehmern

1.1 Vertragsparteien

Die Niederschrift muss die Namen und Anschriften der Vertragsparteien enthalten. Beim Arbeitnehmer sind Vor- und Zuname anzugeben, beim Arbeitgeber der volle Firmenname.

1.2 Beginn des Arbeitsverhältnisses

Hier ist stets der **vereinbarte** Beginn anzugeben. Gemeint ist hier also nicht der Zeitpunkt des Vertragsabschlusses, sondern vielmehr der Beginn der Vertragslaufzeit. Nimmt der Arbeitnehmer – egal, aus welchem Grund – die Arbeit später auf, ist das unerheblich.

1.3 Enddatum oder die Dauer des Arbeitsverhältnisses bei Befristung

Da gemäß § 14 Abs. 4 TzBfG die Befristung eines Arbeitsvertrages zu ihrer Wirksamkeit der Schriftform bedarf, ist die Vorgabe des § 2 Abs. 1 Nr. 3 NachwG, bei befristeten Arbeitsverhältnissen die vorhersehbare Dauer des Arbeitsverhältnisses niederzulegen, seit dem 1.1.2001 praktisch bedeutungslos. Soll also eine wirksame Befristung vereinbart werden, ist der Abschluss eines schriftlichen Arbeitsvertrages vor Arbeitsbeginn zwingend erforderlich.

1.4 Arbeitsort

Es genügt die Angabe des Betriebsorts. Soll der Arbeitnehmer an verschiedenen Orten eingesetzt werden, ist darauf hinzuweisen. Nunmehr ist auch ausdrücklich mitaufzunehmen, wenn der Beschäftigte seinen Arbeitsort frei wählen kann.

WICHTIG!

Der Gesetzesbegründung ist nicht zu entnehmen, ob auch die Möglichkeit, die Tätigkeit im Homeoffice bzw. im Rahmen der mobilen Arbeit zu erbringen, erfasst sein soll.

Es ist daher zu empfehlen, als Arbeitsort zunächst nur den Standort der Betriebsstätte als Arbeitsort anzugeben. Sofern zusätzlich eine (umfassende) schriftliche Vereinbarung zur mobilen Arbeit oder dem Homeoffice geschlossen wird, genügt diese, um das Erfordernis des § 2 Abs. 1 Satz 2 Nr. 4 NachwG sodann zu erfüllen.

1.5 Tätigkeit

Die vom Arbeitnehmer zu leistende Tätigkeit muss bezeichnet oder allgemein beschrieben werden. Eine detaillierte und abschließende Beschreibung muss also nicht angefertigt werden. Es genügt vielmehr, das für die Tätigkeit charakteristische Berufsbild anzugeben (Beispiel: „Der Arbeitnehmer wird als Kfz-Mechaniker eingestellt.")

1.6 Dauer der Probezeit

Neu aufgenommen ist die arbeitgeberseitige Verpflichtung, den Beschäftigten auch über die Dauer der Probezeit zu unterrichten, sofern eine solche vereinbart wurde.

Die Angaben zur Dauer der Probezeit können gem. § 2 Abs. 4 NachwG durch einen Hinweis auf die auf das Arbeitsverhältnis anwendbaren Tarifverträge, Betriebs- oder Dienstvereinbarungen ersetzt werden, sofern in diesen die konkrete Dauer der Probezeit geregelt ist (s. u. IV.5).

1.7 Arbeitsentgelt

Die Zusammensetzung und die Höhe des Arbeitsentgelts einschließlich der Zuschläge, Zulagen, Prämien, Sonderzahlungen und anderer (ggf. „freiwilliger") Bestandteile wie z. B. Urlaubs- und Weihnachtsgeld und deren Fälligkeit sind anzugeben. Beim Akkordlohn und sonstigen nicht fixen Entgelten reicht die Angabe der Berechnungsgrundlage. Ferner ist nunmehr auch die Vergütung von Überstunden mitzuteilen.

Weiter sieht das Gesetz vor, dass die einzelnen Bestandteile des Arbeitsentgeltes getrennt anzugeben und die Art der Auszahlung auszuweisen sind.

Setzt sich das Entgelt des Beschäftigten aus mehreren Bestandteilen zusammen, ist die Nennung lediglich eines „Gesamtentgeltes" ohne Hinweis auf die einzelnen Bestandteile zukünftig nicht mehr ausreichend. In Bezug auf die Art der Auszahlung genügt der Hinweis, ob etwa eine Barauszahlung oder die Überweisung vereinbart ist. Ergibt sich das Arbeitsentgelt aus Tarifvertrag, Betriebsvereinbarung oder einer ähnlichen Regelung (Gesamtzusage oder einzelvertragliche Vereinbarung, nach der ein bestimmter Tarifvertrag anzuwenden ist), genügt der Hinweis auf diese Regelung (s. u. IV.5).

1.8 Geplante Arbeitszeit und Ruhepausen/-zeit, Schichtsysteme

Gemeint ist die wöchentliche oder tägliche regelmäßige Arbeitszeit. Ist eine regelmäßige wöchentliche Arbeitszeit nicht vereinbart, ist die durchschnittlich auf eine Woche entfallende Arbeitszeit maßgeblich. Ergibt sich die Arbeitszeit aus Tarifvertrag, Betriebsvereinbarung oder einer ähnlichen Regelung, gilt das unter 1.7 Ausgeführte.

Künftig ist der Arbeitgeber außerdem verpflichtet, auch vereinbarte Ruhepausen und vereinbarte tägliche und wöchentliche Ruhezeiten mitzuteilen. Es ist wohl davon auszugehen, dass Angaben zu Ruhepausen und Ruhezeiten nur zu machen sind, sofern sie entsprechend dem Wortlaut des Nachweisgesetzes „vereinbart" sind, also eine individuelle oder kollektive Vereinbarung zwischen Arbeitgeber und Beschäftigtem/Betriebsrat vorliegt. Die Wiedergabe des Arbeitszeitgesetzes dürfte nicht notwendig sein, da dessen Anwendung zwingend ist und nicht zwischen Arbeitgeber und Beschäftigtem vereinbart wird. Zudem hat der Gesetzgeber einen Verweis auf gesetzliche Regelungen hinsichtlich der Arbeitszeit nicht zugelassen (vgl. § 2 Abs. 4 NachwG). Ein Verweis auf einschlägige kollektive Regelungen ist möglich.

Darüber hinaus ist bei vereinbarter Schichtarbeit neben dem konkreten Schichtsystem auch der Schichtrhythmus sowie die Voraussetzungen für Schichtänderungen bereits zu Beginn des Beschäftigungsverhältnisses nachzuweisen.

Gefordert sind hier generelle Informationen zur vereinbarten Schichtarbeit, etwa „die Arbeit erfolgt im Drei-Schicht-System" (Schichtsystem) oder „es erfolgt ein wöchentlicher Wechsel von Früh-, Spät- und Nachtschicht" (Schichtrhythmus). Allerdings können auch diese Angaben gem. § 2 Abs. 4 NachwG durch einen Hinweis auf die auf das Arbeitsverhältnis anwendbaren Tarifverträge, Betriebs- oder Dienstvereinbarungen ersetzt werden (s. u. IV.5).

WICHTIG!

Insbesondere bei den Nachweispflichten zur Arbeitszeit zeigt sich das Problem von verbindlichen Angaben im Arbeitsvertrag und diese praktisch abzuändern. Aus diesem Grund ist nicht zu empfehlen, Angaben zu den Ruhepausen, zur Ruhezeit oder zu einem Schichtsystem direkt im Arbeitsvertrag aufzunehmen, sondern diese betrieblich zu regeln und infolge auf diese Regelungen zu verweisen.

ACHTUNG!

Aufgrund des Anwendungsbereichs des Nachweisgesetzes unterliegen auch „AT-Arbeitsverträge" den Vorgaben der Dokumentationsverpflichtung. In die vom Arbeitgeber zu fertigende Niederschrift über die wesentlichen Vertragsbedingungen ist also auch für außertarifliche Beschäftigten gemäß § 2 Abs. 1 Satz 1 Nr. 8 NachwG eine Angabe über die mit dem Arbeitnehmer vereinbarte Arbeitszeit aufzunehmen (BAG v. 18.11.2020, Az. 5 AZR 21/20). Dies verlangt wiederum zumindest eine abstrakte Mitteilung über die Dauer der Arbeitszeit. Soweit diese Vorgaben nicht eingehalten sind und sich zur Arbeitszeit keinerlei Regelung im Arbeitsvertrag findet, kann ein AT-Arbeitnehmer, der mit dem Arbeitgeber ein Vollzeitarbeitsverhältnis begründet, redlicherweise davon ausgehen, dass er in gleichem Umfang wie andere Vollzeitarbeitnehmer des Arbeitgebers zur Arbeitsleistung verpflichtet ist und für ihn daher der betriebsübliche Umfang der für vergleichbare Vollzeitmitarbeiter geltenden Arbeitszeit maßgeblich ist (BAG v. 15.5.2013, Az. 10 AZR 325/12).

1.9 Arbeit auf Abruf

Neu eingefügt wurden die Regelungen des § 2 Satz 2 Nr. 9 NachwG zu den zwingenden Angaben bei Arbeit auf Abruf nach § 12 TzBfG. Danach hat der Arbeitgeber die Vereinbarung, dass der Beschäftigte seine Arbeitsleistung entsprechend dem Arbeitsanfall zu erbringen hat, die Zahl der mindestens zu vergütenden Stunden, den Zeitrahmen, der für die Erbringung der Arbeitsleistung festgelegt ist (bestimmt durch Referenztage und -stunden), und die Frist, innerhalb derer der Arbeitgeber die Lage der Arbeitszeit im Voraus mitzuteilen hat, anzugeben.

1.10 Anordnung von Überstunden

In dem neuen § 2 Satz 2 Nr. 10 NachwG wird – sofern die Leistung von Überstunden vereinbart ist – gefordert, dass die Möglichkeit der Anordnung und deren Voraussetzungen zeitnah nach Vertragsschluss nachgewiesen werden.

Gem. § 2 Abs. 4 NachwG ist auch hier die Ersetzung durch einen Hinweis auf die auf das Arbeitsverhältnis anwendbaren Tarifverträge, Betriebs- oder Dienstvereinbarungen möglich (s. u. IV.5).

1.11 Jährlicher Erholungsurlaub

Ist der gesetzliche Urlaub vereinbart, reicht ein Hinweis auf das Bundesurlaubsgesetz aus. Darüber hinaus sind – je nach Personengruppe – ggf. noch weitere, den gesetzlichen Mindesturlaub ergänzende Sondervorschriften zu beachten (vgl. § 19 JArbSchG, § 208 SGB IX). Wenn sich die Dauer anhand von unterschiedlichen Faktoren berechnet, genügt die Angabe der Berechnungsmodalitäten (z. B. Dauer der Betriebszugehörigkeit). Ergibt sich der Urlaub aus Tarifvertrag, Betriebsvereinbarung oder einer ähnlichen Regelung, gilt das unter IV.5 Ausgeführte.

2017 hat das BAG festgestellt, dass das Nachweisgesetz nur die Angabe der Urlaubsdauer, nicht hingegen die Angabe weiterer Modalitäten der Urlaubsgewährung oder der Befristung des Urlaubsanspruchs verlangt (BAG v. 24.5.2017, Az. 5 AZR 251/16).

1.12 Fortbildungsanspruch

Gem. § 2 Abs. 1 Satz 2 Nr. 12 NachwG ist der Arbeitgeber außerdem dazu verpflichtet, sofern denn vereinbart, einen etwaigen Anspruch auf vom Arbeitgeber bereitgestellte Fortbildungen darzustellen.

Besteht ein Anspruch auf Fortbildung, ist der Arbeitgeber verpflichtet, den Beschäftigten darüber bereits zu Beginn des Beschäftigungsverhältnisses in Kenntnis zu setzen. Ein entsprechender Anspruch kann sich aus Individual- oder Kollektivvertrag oder aus dem Gesetz ergeben. Die Information über den Fortbildungsanspruch kann gem. § 2 Abs. 4 NachwG durch einen Hinweis auf die auf das Arbeitsverhältnis anwendbaren Tarifverträge, Betriebs- oder Dienstvereinbarungen ersetzt werden (hierzu unter IV.5).

In Bezug auf Pflichtfortbildungen, die durch Gesetz oder Tarifvertrag vorgesehen sind, gilt zudem § 111 GewO, welcher insbesondere Regelungen zu der Frage der Kostentragung sowie der Durchführung von Pflichtfortbildungen während oder außerhalb der regelmäßigen Arbeitszeit enthält.

1.13 Betriebliche Altersvorsorge

Sofern der Beschäftigte einen Anspruch auf eine betriebliche Altersversorgung über einen externen Versorgungsträger hat, so hat der Arbeitgeber dem Beschäftigten mindestens den Namen und die Anschrift des Versorgungsträgers innerhalb der Fristen des § 2 NachwG zu nennen. Die Verpflichtung besteht nicht, wenn bereits der Versorgungsträger zu dieser Information verpflichtet ist. Bei Pensionsfonds, Pensionskassen und Lebensversicherungsunternehmen ergibt sich diese Verpflichtung aus dem Versicherungsaufsichtsgesetz in Verbindung mit der VAG-Informationspflichtenverordnung.

1.14 Kündigungsmodalitäten

Nach den neuen Regelungen des § 2 Abs. 1 Satz 2 Nr. 14 NachwG hat der Arbeitgeber dem Beschäftigten neben den Fristen für die Kündigung des Beschäftigungsverhältnisses nunmehr auch Informationen zum einzuhaltenden Verfahren bereitzustellen. Der Arbeitgeber entspricht seiner Nachweispflicht in diesem Punkt, wenn er den Beschäftigten über die folgenden Punkte informiert:

- Kündigungsfristen,
- Schriftformerfordernis der Kündigung,
- Frist zur Erhebung einer Kündigungsschutzklage.

Ist eine Probezeit vereinbart, hat die Unterrichtung auch die verkürzte Kündigungsfrist nach § 622 Abs. 3 BGB zu umfassen.

Hinsichtlich der Kündigungsfristen reicht aus, wenn die vereinbarten Berechnungsmodalitäten angegeben werden, zum Beispiel bei einer Staffelung der Kündigungsfristen nach der Dauer der Betriebszugehörigkeit.

Die Informationen nach § 2 Abs. 1 Satz 2 Nr. 14 NachwG können gem. § 2 Abs. 4 NachwG ebenfalls durch einen Hinweis auf die auf das Arbeitsverhältnis anwendbaren Tarifverträge, Betriebs- oder Dienstvereinbarungen ersetzt werden (hierzu unter IV.5). Sofern die jeweilige gesetzliche Regelung maßgeblich ist, kann auch hierauf verwiesen werden.

WICHTIG!

Ein nicht ordnungsgemäßer Nachweis in Bezug auf die Frist zur Erhebung der Kündigungsschutzklage führt nicht dazu, dass die Kündigung von Beginn an unwirksam ist. § 7 KSchG findet auch bei einem nicht ordnungsgemäßen Nachweis Anwendung mit der Folge, dass eine Kündigung als von Anfang an rechtswirksam gilt, wenn ihre Rechtsunwirksamkeit nicht rechtzeitig geltend gemacht wird

1.15 Anwendbarkeit weiterer Regelungen

Abschließend wird ein allgemeiner Hinweis auf die sonstigen Regelungen gefordert, die auf das Arbeitsverhältnis Anwendung finden, nämlich Tarifverträge und Betriebsvereinbarungen. Dem Erfordernis zur Angabe anwendbarer Regelungen wird hinreichend entsprochen, wenn allgemein auf die für das Arbeitsverhältnis einschlägigen und anwendbaren Tarifverträge und Betriebsvereinbarungen verwiesen wird.

Ferner muss auf Regelungen paritätisch besetzter Kommissionen hingewiesen werden, die auf der Grundlage kirchlichen Rechts Arbeitsbedingungen für den Bereich kirchlicher Arbeitgeber festlegen.

2. Praktikanten

Wird ein Praktikant eingestellt, so müssen **unverzüglich** nach Abschluss des Praktikumsvertrages, spätestens **vor Aufnahme** der Praktikantentätigkeit, die wesentlichen Vertragsbedingungen schriftlich niedergelegt werden. Diese Niederschrift muss unterzeichnet und dem Praktikanten ausgehändigt werden. Zukünftig muss also jedem Praktikanten vor dessen Tätigkeitsbeginn eine Niederschrift übergeben werden. Diese Pflicht tritt somit gegenüber Praktikanten früher ein als gegenüber Arbeitnehmern (s. o. III.1).

2.1 Mindestinhalt

Die Niederschrift für Praktikanten muss mindestens enthalten:

1. den Namen und die Anschrift der Vertragsparteien,
2. die mit dem Praktikum verfolgten Lern- und Ausbildungsziele,
3. den Beginn und die Dauer des Praktikums,
4. die Dauer der regelmäßigen täglichen Praktikumszeit,
5. die Zahlung und die Höhe der Vergütung
6. die Dauer des Urlaubs
7. einen in allgemeiner Form gehaltenen Hinweis auf die Tarifverträge, Betriebs- oder Dienstvereinbarungen, die auf das Praktikumsverhältnis anzuwenden sind.

Die wichtigste Neuerung besteht darin, dass künftig die mit dem Praktikum verfolgten Lern- und Ausbildungsziele vorab schriftlich niedergelegt werden müssen.

Es ist davon auszugehen, dass für Praktikanten die Vorschrift des § 2 Abs. 4 NachwG entsprechend angewandt werden kann, sodass ein schriftlicher Praktikumsvertrag, der die oben genannten Mindestangaben enthält, die Verpflichtung zur Niederschrift entfallen lässt.

3. Zusätzliche Angaben bei Auslandsaufenthalt

Hat der Arbeitnehmer seine Arbeitsleistung länger als vier aufeinanderfolgende Wochen im Ausland zu erbringen, sind **zusätzlich** folgende Angaben erforderlich:

3.1 Das Land und die geplante Dauer der Arbeit

- Zum einen ist das Land des geplanten Auslandsaufenthalts anzugeben bzw. die Länder, sofern der Aufenthalt in verschiedenen Destinationen erfolgen soll.

Ist ein fester Zeitraum vereinbart, muss dieser genannt werden. Ist das Ende des Auslandseinsatzes noch nicht mit einem Datum bestimmbar (z. B. weil nicht absehbar ist, wie lange eine bestimmte Maßnahme dauern wird), genügt die Angabe der durchzuführenden Aufgabe.

3.2 Währung

Es muss angegeben werden, in welcher Währung die Entlohnung während des Auslandseinsatzes gezahlt wird.

3.3 Mit dem Auslandsaufenthalt verbundene Geld- oder Sachleistungen

Sofern vereinbart müssen mit dem Auslandsaufenthalt verbundene Geld- oder Sachleistungen, insbesondere Entsendezulagen und zu erstattende Reise-, Verpflegungs- und Unterbringungskosten angegeben werden.

3.4 Angabe, ob Rückkehr vorgesehen ist, und ggf. Rückkehrbedingungen

Schließlich muss in den Nachweis aufgenommen werden, ob eine Rückkehr des Beschäftigten vorgesehen ist und gegebenenfalls welche Bedingungen für die Rückkehr des Arbeitnehmers vereinbart worden sind (z. B. Ersatz der Reisekosten, Weiterbeschäftigung nach der Rückkehr).

Wie bei inländischen Beschäftigungsverhältnissen müssen die genannten Angaben auch hier nicht zwingend in einem einzigen Dokument niedergeschrieben und ausgehändigt werden.

In Fällen, in denen der Beschäftigte aufeinanderfolgende Aufträge in verschiedenen Ländern zu erbringen hat, erfolgt eine Erleichterung. Hier können die Angaben bezüglich aller Arbeitsaufträge zusammengefasst und dann entsprechend niedergeschrieben werden.

4. Zusätzliche Angaben bei Auslandsentsendung

Der neu eingefügte Absatz 3 bildet zusätzliche Angaben für Auslandsaufenthalte nach Absatz 2, die unter den Anwendungsbereich der Richtlinie 96/71/EG fallen, die im Falle der Arbeitnehmerentsendung neben den oben genannten Informationen zusätzlich in der vorgeschriebenen Niederschrift aufzunehmen sind. Dazu gehören

- die Entlohnung, auf die der Beschäftigte nach dem Recht des Mitgliedstaats oder der Mitgliedstaaten, in dem oder in denen der Beschäftigte seine Arbeit leisten soll, Anspruch hat,
- den Link zu der einzigen offiziellen nationalen Website, die der Mitgliedstaat, in dem der Beschäftigte seine Arbeit leisten soll, über die Entsendung von Beschäftigten betreibt.

In Bezug auf die Niederschrift gilt auch hier wie bei den inländischen Regelungen, dass die verschiedenen Angaben nicht zwingend in einem Dokument ausgehändigt werden müssen.

5. Verweis auf Gesetz, Tarifvertrag, Betriebsvereinbarungen

Darüber hinaus besteht gemäß § 2 Abs. 4 NachwG die Möglichkeit, den Nachweis der zwingenden Angaben des § 2 Abs. 1 Satz 2 NachwG durch Verweis auf die auf das Beschäftigungsverhältnis anwendbaren einschlägigen Tarifverträge, Betriebs- oder Dienstvereinbarungen zu ersetzen.

Ein Verweis ist möglich bei Angaben zu:

- Dauer der Probezeit (§ 2 Abs. 1 Satz 2 Nr. 6 NachwG),
- Entlohnung (§ 2 Abs. 1 Satz 2 Nr. 7 NachwG),
- vereinbarten Arbeitszeit, Ruhepausen/-zeit, Schichtsysteme (§ 2 Abs. 1 Satz 2 Nr. 8 NachwG),
- Anordnung von Überstunden (§ 2 Abs. 1 Satz 2 Nr. 10 NachwG),
- Urlaubsdauer (§ 2 Abs. 1 Satz 2 Nr. 11 NachwG),
- Fortbildungsanspruch (§ 2 Abs. 1 Satz 2 Nr. 12 NachwG),
- Betrieblicher Altersversorgung (§ 2 Abs. 1 Satz 2 Nr. 13 NachwG),
- Kündigungsmodalitäten (§ 2 Abs. 1 Satz 2 Nr. 14 NachwG).

Sofern in Bezug auf die Urlaubsdauer und die Kündigungsmodalitäten die gesetzlichen Regelungen Anwendung finden, kann hierauf verwiesen werden.

WICHTIG!

Es kann aktuell nicht davon ausgegangen werden, dass ein allgemein gehaltener Globalverweis auf Tarifverträge etc. irgendwo im Arbeitsvertrag ausreichend sein dürfte. Bereits nach bisheriger Rechtslage ist es erforderlich, dass die Vertragsbedingung selbst im Nachweis genannt wird und die einschlägige Kollektivvereinbarung genau bezeichnet wird.

Auch die Angaben nach § 2 Abs. 2 und 3 NachwG können durch Verweis auf einschlägigen Rechts- und Verwaltungsvorschriften und Satzungen oder Tarifverträge, Betriebs- oder Dienstvereinbarungen ersetzt werden. Hier ist jedoch ebenfalls zu beachten, dass sich der Verweis nicht lediglich allgemein auf eine Rechts-/Verwaltungsvorschrift oder Tarifverträge, Betriebs- oder Dienstvereinbarungen beziehen darf, sondern die einschlägige Regelung genannt werden muss.

V. Folgen der Nichtbeachtung

Schon bislang waren z. B. im Ausnahmefall etwa eine Schadensersatzpflicht bei unterbliebenem Hinweis oder Beweiserleichterungen denkbar (s. u.).

Neu geregelt wurde nunmehr ein Bußgeldtatbestand:

Mit dem neuen § 4 NachwG wird Ordnungswidrigkeitstatbestand geschaffen, der Verstöße gegen die Nachweispflichten ahndet.

Ordnungswidrig handelt danach, wer

1. entgegen § 2 Abs. 1 Satz 1 eine in § 2 Abs. 1 Satz 2 genannte wesentliche Vertragsbedingung nicht, nicht richtig, nicht vollständig, nicht in der vorgeschriebenen Weise oder nicht rechtzeitig aushändigt,
2. entgegen § 2 Abs. 2, auch in Verbindung mit Abs. 3, eine dort genannte Niederschrift nicht, nicht richtig, nicht vollständig oder nicht rechtzeitig aushändigt oder
3. entgegen § 3 Satz 1 eine Mitteilung nicht, nicht richtig, nicht vollständig, nicht in der vorgeschriebenen Weise oder nicht rechtzeitig macht.

Liegt eine Ordnungswidrigkeit vor, so kann diese mit einer Geldbuße von bis zu zweitausend Euro geahndet werden.

Im Rahmen der Bußgeldbemessung soll bei der Berücksichtigung der wirtschaftlichen Verhältnisse die wirtschaftliche Situation von kleinen und mittleren Unternehmen besonders einbezogen werden.

Die Zuständigkeit liegt dabei bei den Landratsämtern/Gewerbeaufsicht. Derzeit ist nicht bekannt, ob es hier ggf. im Hinblick auf die gesetzliche Neuregelung in § 4 NachwG eine anderweitige Zuständigkeit geben wird.

Nach § 31 Abs. 2 Nr. 3 OwiG i. V. m. § 4 NachwG verjährt ein Verstoß i. S. d. § 4 NachwG nach einem Jahr.

Das Fehlen oder die Unvollständigkeit einer Niederschrift kann im Streitfall aber auch zu Beweisnachteilen auf Seiten des Arbeitgebers führen. Viele Arbeitsgerichte gehen davon aus, dass ein fehlender oder unvollständiger Nachweis von wesentlichen Arbeitsbedingungen dazu führt, dass der Arbeitgeber eine vom Vortrag des Arbeitnehmers abweichende Vereinbarung beweisen muss.

Beispiel:

Gelingt dem Arbeitnehmer der Beweis seiner Behauptung des Abschlusses einer bestimmten Entgeltvereinbarung nicht, ist das Gericht aber auch nicht davon überzeugt, dass die Behauptung des Arbeitnehmers unwahr ist, so geht die Unmöglichkeit der Tatsachenaufklärung zu Lasten des Arbeitgebers, wenn dieser entgegen § 2 NachwG dem Arbeitnehmer keinen Nachweis der wesentlichen Vertragsbedingungen erteilt hat (LAG Rheinland-Pfalz v. 1.6.2012, Az. 9 Sa 279/11).

Auch Schadensersatzansprüche des Arbeitnehmers gegen den Arbeitgeber sind denkbar. So hat z. B. das BAG in einem Urteil (BAG v. 17.4.2002, Az. 5 AZR 89/01) entschieden, dass der Arbeitgeber entgangene Vergütungsansprüche des Arbeitnehmers als Schadensersatz zu leisten hat, wenn er sich auf eine tarifvertragliche Ausschlussfrist beruft, einen Nachweis auf den anzuwendenden Tarifvertrag jedoch unterlassen hat. Aus den genannten Gründen ist die Erstellung und Aushändigung eines vollständigen Nachweises über die wesentlichen Arbeitsbedingungen in jedem Fall empfehlenswert.

WICHTIG!

Verstößt der Arbeitgeber gegen seine Pflicht aus § 2 Abs. 1 Satz 2 Nr. 11 NachwG 2022, den Arbeitnehmer über seinen Urlaubsanspruch zu informieren, und nimmt der Arbeitnehmer deshalb keinen Urlaub, kann ein Schadensersatzanspruch nach § 280 Abs. 1 BGB entstehen.

Der ersatzfähige Schaden besteht allerdings nur darin, dass der Arbeitnehmer keinen Urlaub genommen hat – nicht darin, dass ein späterer Urlaubsabgeltungsanspruch aufgrund tariflicher Ausschlussfristen verfällt.

Das LAG Baden-Württemberg stellte klar, dass die Vermutung aufklärungsgerechten Verhaltens nicht die fristgerechte Geltendmachung des Abgeltungsanspruchs umfasst.

Ein Verstoß gegen das Nachweisgesetz führt also nicht automatisch dazu, dass der Arbeitgeber für den Verfall des Urlaubsabgeltungsanspruchs haftet (LAG Baden-Württemberg v. 3.2.2025, Az. 9 Sa 34/24).

TIPP!

Um beweisen zu können, dass die Nachweispflicht erfüllt worden ist, sollte der Arbeitgeber eine Kopie der Niederschrift vom Arbeitnehmer unterschreiben lassen und zur Personalakte nehmen. Wenn möglich sollte der Arbeitnehmer durch seine Unterschrift nicht nur den Erhalt sondern auch den Inhalt der Niederschrift ausdrücklich bestätigen. Will der Arbeitnehmer überhaupt nicht unterschreiben, sollte die Niederschrift vor Zeugen ausgehändigt und ein entsprechender Vermerk darüber zur Personalakte genommen werden.

Nebentätigkeit

I. Begriff

Eine Nebentätigkeit liegt immer dann vor, wenn der Arbeitnehmer seine Arbeitskraft außerhalb seines Hauptarbeitsverhältnisses noch anderweitig verwertet. Nebentätigkeiten sind somit:

- Arbeitsverhältnisse bei demselben oder anderen Arbeitgebern,
- selbstständige Erwerbstätigkeiten,
- Ehrenämter,
- unentgeltliche Tätigkeiten für Dritte.

Ob und wieweit der Arbeitnehmer neben seinem Hauptarbeitsverhältnis eine Nebentätigkeit ausüben darf, richtet sich danach, was mit dem Hauptarbeitgeber vereinbart ist. Der Umfang einer Nebentätigkeit kann auch Hinweise darauf geben, ob der Rechtsweg zu den Gerichten für Arbeitssachen gegeben ist oder ob eine selbstständige Tätigkeit vorliegt (BAG v. 11.7.2024, Az. 9 AZB 9/24 – Nebentätigkeit hat hier nicht die Vermutung der Selbsttändigkeit ausgelöst, da sie unter die Kleinunternehmerregelung des § 19 UstG fiel und der Kläger daher nicht einmal umsatzsteuerpflichtig war).

II. Zulässigkeit

1. Anzeigepflicht

Grundsätzlich fällt auch die Nebentätigkeit in den Schutzbereich der Berufsfreiheit nach Art. 12 GG (BAG v. 19.12.2019, Az. 6 AZR 23/19). Besteht **keine Vereinbarung,** kann der Arbeitnehmer grundsätzlich eine oder mehrere Nebentätigkeiten aufnehmen. Er braucht dazu keine Genehmigung des Hauptarbeitgebers. Er muss die Aufnahme der Nebentätigkeit dem Hauptarbeitgeber aber mitteilen, wenn dessen betriebliche Interessen davon berührt sein könnten. Der Arbeitgeber muss dann entscheiden, ob er seine Position tatsächlich beeinträchtigt sieht.

Beispiel:

Der Arbeitnehmer übernimmt gegen Entgelt den Vorsitz des örtlichen Kaninchenzüchtervereins, was ihn jeweils zwei Stunden am Wochenende in Anspruch nimmt. Dies ist zwar eine Nebentätigkeit, jedoch scheint hier eine Kollision mit Arbeitgeberinteressen ausgeschlossen, sodass keine Mitteilung erfolgen muss. Möchte er dagegen regelmäßig abends Staubsauger an der Haustür verkaufen, muss er das dem Arbeitgeber mitteilen, damit dieser prüfen kann, ob seine Interessen berührt sind.

Sind die Arbeitgeberinteressen berührt, muss als Nächstes geprüft werden, ob die Unterlassung der Nebentätigkeit verlangt werden kann.

Der Arbeitnehmer muss die Nebentätigkeit nicht anzeigen, wenn es sich beim Hauptarbeitsverhältnis um eine geringfügige Beschäftigung handelt und er eine zweite derartige Beschäftigung aufnehmen möchte, mit der er dann die Geringfügigkeitsgrenze überschreiten würde.

Der Betriebsrat hat keinen Anspruch darauf, dass ihm der Arbeitgeber Informationen gibt, welche Arbeitnehmer Nebentätigkeiten ausüben.

2. Anspruch des Arbeitgebers auf Unterlassung

Der Arbeitgeber kann nicht in jedem Fall die Aufgabe der Nebentätigkeit verlangen. Ein generelles Verbot jedweder Nebentätigkeit verstößt gegen das Grundrecht der Berufsfreiheit nach Art. 12 GG und ist unwirksam. Dies gilt auch für Klauseln, nach denen der Arbeitnehmer seine ganze Arbeitskraft ausschließlich in die Dienste eines Arbeitgebers stellt. Der Arbeitnehmer muss die Nebentätigkeit nur dann unterlassen, wenn sie seiner → *Arbeitspflicht* zuwiderläuft. Dies ist z. B. der Fall, wenn die Nebentätigkeit während der Arbeitszeit des Hauptarbeitsverhältnisses ausgeübt wird.

Beispiel:

Ein Angestellter vermittelt nebenher Lebensversicherungsverträge. Er darf seine Arbeitszeit nicht dazu benutzen, Kollegen diesbezüglich zu beraten.

Der Arbeitnehmer hat jede Nebentätigkeit zu unterlassen, die mit seiner Arbeitspflicht nicht in Einklang steht. Das ist der Fall, wenn sie gleichzeitig mit der Haupttätigkeit ausgeübt werden soll oder bei nicht gleichzeitiger Ausübung dann, wenn die vertragliche vereinbarte Arbeitsleistung unter ihr leidet. Derartige Nebentätigkeiten stellen eine Verletzung der Arbeitspflicht dar. Zu unterlassen sind Nebentätigkeiten, die einen Interessenwiderstreit hervorrufen, der geeignet ist, dass Vertrauen des Arbeitgebers in die Loyalität und Integrität des Arbeitnehmers zu zerstören oder berechtigte Interessen des Arbeitgebers beeinträchtigen und diese der Ausübung seiner Nebentätigkeit nach den tarifvertraglichen Vorschriften entgegenstehen (LAG Hessen v. 5.2.2024, Az. 7 Sa 1737/22 unter Bezugnahme auf BAG v. 19.12.2019, Az. 6 AZR 23/19 und BAG v. 13.5.2015, Az. 2 ABR 38/14). Eine Kollision mit der Arbeitspflicht kann vorliegen, wenn die Nebentätigkeit zwar außerhalb der Arbeitszeit ausgeführt wird, aber Auswirkungen auf die Arbeitsleistung hat.

Beispiel:

Ein Arbeitnehmer trägt morgens Zeitungen aus. Das frühe Aufstehen belastet ihn so sehr, dass er regelmäßig am späten Vormittag unaufmerksam wird und seine Arbeit nur unvollkommen erledigen kann. Auch hier kann der Hauptarbeitgeber die Aufgabe der Nebentätigkeit verlangen.

Ein Verstoß gegen arbeitsvertragliche Pflichten kann auch dann vorliegen, wenn der Arbeitnehmer erhebliche Gelder erhält, für die keine Gegenleistung ersichtlich ist (zu den Folgen s. u. IV.). Eine in einem Steuerberatungsbüro beschäftigte Arbeitnehmerin darf keine geringfügige Beschäftigung bei einem anderen Steuerberater aufnehmen, auch wenn diese nur in einer Verwaltungstätigkeit besteht.

Unabhängig davon kann der Arbeitgeber die Unterlassung von Nebentätigkeiten verlangen, mit denen ihm der Arbeitnehmer Konkurrenz macht (§ 60 HGB, → *Wettbewerbsverbot*). Das Wettbewerbsverbot ist nicht darauf beschränkt, dass sich ein Arbeitnehmer selbstständig macht oder ein Unternehmen leitet und Geschäfte abschließt. Nach der Rechtsprechung des Bundesarbeitsgerichts (BAG v. 30.5.2018, Az. 10 AZR 780/16) soll der Arbeitgeber „durch das Wettbewerbsverbot auch davor geschützt werden, dass ein Arbeitnehmer seine Kenntnisse und Fähigkeiten sowie etwaige Kundenkontakte zugunsten eines Wettbewerbers einsetzt und diesen dadurch fördert". Maßgebender Anknüpfungspunkt ist somit eine Konkurrenzsituation zwischen dem Arbeitgeber und dem Dritten, für den der Arbeitnehmer Dienste oder Leistungen erbringt. Das LAG Köln hat es auf folgende prägnante Formel gebracht: „Für die Annahme einer Wettbewerbssituation genügt, dass der konkrete Bedarf des Kunden durch jeden der beiden Konkurrenten befriedigt und damit das vom Wettbewerber angebotene Produkt verdrängt oder ersetzt werden kann. Ist dies der Fall, bewegt sich der Arbeitnehmer im geschützten Handelszweig des Arbeitgebers, selbst wenn sich die Geschäftsbereiche der Unternehmen nur in einem vergleichsweise geringen, aber nicht völlig unbedeutenden Umfang überschneiden. Hierfür genügt eine Schnittmenge von 10 %" (LAG Köln v. 6.11.2024, Az. 4 Sa 623/23). Die fristlose Kündigung einer Journalistin wegen der Veröffentlichung einer Kolumne bei einem anderen Verlag wurde für wirksam erachtet (LAG Köln v. 20.11.2024, Az. 4 Sa 655/23). Es gibt jedoch auch Einschränkungen. So muss im Rahmen einer Gesamtwürdigung aller Umstände des Einzelfalls und unter Berücksichtigung der Berufsfreiheit des Arbeitnehmers festgestellt werden, ob die anderweitige Tätigkeit zu einer Gefährdung oder Beeinträchtigung der Interessen des Arbeitgebers führt. So kann eine Nebentätigkeit als Immobilienmakler eines Finanzierungs- und Bausparberaters durchaus eine unzulässige konkurrierende Betätigung darstellen (LAG Berlin v. 1.3.2011, Az. 12 Sa 2452/10). Es spricht aber viel dafür, dass bloße Hilfstätigkeiten ohne Wettbewerbsbezug nicht erfasst werden (BAG v. 24.3.2010, Az. 10 AZR 66/09). Das Wettbewerbsverbot gilt grundsätzlich auch, wenn das Arbeitsverhältnis gekündigt ist, der Kündigungsschutzprozess aber noch läuft (LAG Düsseldorf v. 19.8.2022, Az. 12 SaGa 11/22 unter Bezugnahme auf BAG v. 23.10.2014, Az. 2 AZR 644/13 und v. 28.1.2010, Az. 2 AZR 1008/08). Das Bundesarbeitsgericht lässt aber offen, ob das Nebentätigkeitsverbot in diesem Stadium noch genauso weit geht wie im ungekündigten Arbeitsverhältnis (Urteil v. 28.1.2010, Az. 2 AZR 1008/08, Anspruch auf Nebentätigkeitsgenehmigung einer Postzustellerin für das Austragen von Zeitschriften). Das früher absolut bestehende Verbot der Unterstützung von Mitbewerbern im Rahmen einer Nebentätigkeit ist also deutlich gelockert worden. Grundsätzlich gilt das Konkurrenzverbot auch während der Kündigungsfrist. Ob es aber während der Kündigungsfrist genauso weit reicht wie im ungekündigten Arbeitsverhältnis, wird vom BAG offengelassen (BAG v. 28.1.2010, Az. 1008/08), in der Instanzrechtsprechung aber bezweifelt. Das LAG Hamm hat eine einschränkende Auslegung des Konkurrenzverbotes vorgenommen. Danach reicht es nicht aus, dass der Arbeitnehmer seine Arbeitskraft außerhalb eines bestehenden Arbeitsverhältnisses einem anderen Unternehmen zur Verfügung stellt. Vor dem Hintergrund der verfassungsrechtlich geschützten Berufsausübungsfreiheit des Arbeitnehmers komme es darauf an, ob seine Tätigkeit außerhalb des Arbeitsverhältnisses den Interessen seines Arbeitgebers aus Gründen des Wettbewerbs zuwiderlaufe. Beide Unternehmen müssten sich als Anbieter an einen im wesentlichen gleichen Abnehmerkreis im selben Marktbereich wenden. Ein Wettbewerbsverhältnis i. S. d. § 60 HGB lasse sich nicht aus dem örtlich entgrenzten Gesichtspunkt eines Nachfragewettbewerbs bezüglich hochqualifizierter Arbeitnehmer herleiten (LAG Hamm v. 15.12.2022, Az. 18 SaGa 16/22). Der Arbeitnehmer darf mit seiner Nebentätigkeit auch nicht die nach dem Arbeitszeitgesetz zulässigen Höchstarbeitszeiten überschreiten. Bei der Ermittlung der zulässigen Höchstarbeitszeiten sind die Beschäftigungszeiten aller Arbeitsverhältnisse zusammenzurechnen. Sobald sie erreicht sind, muss der Arbeitnehmer die Arbeit einstellen.

Beispiel:

Trägt der Arbeitnehmer morgens drei Stunden Zeitungen aus, darf er nur noch fünf Stunden in seinem Hauptarbeitsverhältnis arbeiten. Sieht sein Arbeitsvertrag eine regelmäßige Arbeitszeit von siebeneinhalb Stunden vor, kann er seine Pflichten aus dem Hauptarbeitsverhältnis nicht erfüllen. Der Arbeitgeber kann die Unterlassung der Nebenbeschäftigung verlangen.

Beide Arbeitsverträge sind jedoch in vollem Umfang wirksam. Für einen Übergangszeitraum lässt das Arbeitszeitgesetz auch eine Erhöhung auf durchschnittlich zehn Stunden pro Tag zu, wenn innerhalb von sechs Monaten ein Ausgleich durch Freizeitgewährung geschaffen wird. Welcher Arbeitgeber den Ausgleich zu leisten hat, war noch nicht Gegenstand der Rechtsprechung. Es erscheint jedoch sachgerecht, wenn der Anspruch gegen beide Arbeitgeber entsprechend der Länge der jeweiligen → *Arbeitszeit* besteht.

Ist der Arbeitnehmer arbeitsunfähig krankgeschrieben, muss er während einer Krankheit Nebentätigkeiten unterlassen, die den Heilungsprozess verzögern könnten. Das bedeutet nicht das Verbot jeglicher Nebentätigkeit während der Dauer der → *Arbeitsunfähigkeit*. Entscheidend ist, ob die Nebentätigkeit mit der Krankheit zu vereinbaren ist.

Beispiel:

Ein Arbeitnehmer hat sich bei einem Skiunfall ein Bein gebrochen und kann sich daher nur mit Einschränkungen in der Wohnung bewegen. Er vermittelt in einer Nebenbeschäftigung telefonisch Krankenversicherungsverträge. Diese Tätigkeit ist mit seiner Krankheit vereinbar. Anders wäre es, wenn er das Bein nicht belasten dürfte und im Rahmen seiner Nebentätigkeit die Kunden aufsuchen muss.

Während des Erholungsurlaubs darf der Arbeitnehmer keine Erwerbstätigkeit ausüben, die dem Erholungszweck zuwiderläuft (§ 8 BUrlG).

Beispiel:

Der Arbeitnehmer darf während des Urlaubs nicht gegen Entgelt schwere körperliche Arbeit ausüben, in dem er z. B. vollschichtig auf dem Bau arbeitet. Arbeiten am eigenen Einfamilienhaus sind jedoch zulässig.

III. Nebentätigkeitsverbote

Regelungen über Nebentätigkeiten finden sich bisweilen in Tarifverträgen. Diese sind grundsätzlich verfassungskonform (BAG v. 19.12.2019, Az. 6 AZR 23/19 zu § 3 Abs. 4 Satz 2 TV-L). Sie unterliegen der Auslegung. § 3 Abs. 3 TVöD-V enthält bei erfolgter Anzeige einer Nebentätigkeit kein Verbot mit Erlaubnisvorbehalt, sondern eine generelle Erlaubnis mit Verbotsvorbehalt. Für eine Leistungsklage auf Erteilung einer Genehmigung zur Ausübung der angezeigten Nebentätigkeit besteht deshalb kein Rechtsschutzbedürfnis. In der Verweigerung der Genehmigung einer Nebentätigkeit kann regelmäßig nicht zugleich die (konkludente) Untersagung dieser Nebentätigkeit erblickt werden (LAG Baden-Württemberg v. 5.5.2023, Az. 12 Sa 11/22). Auch einzelvertraglich können Nebentätigkeitsverbote vereinbart werden (LAG Köln v. 20.11.2024, Az. 4 Sa 655/24 unter Bezugnahme auf BAG v. 11.12.2001, Az. 9 AZR 964/00). Der Arbeitgeber kann jedoch nicht jede Nebentätigkeit verbieten, sondern nur solche, die zu einer Vernachlässigung der Pflichten des Arbeitnehmers im Hauptarbeitsverhältnis führen würden. Das Arbeitsgericht Hamm hat entschieden, dass die kirchlichen Arbeitgeber berechtigt sind, dem Arbeitnehmer Schwangerschaftsabbrüche in der Klinik sowie – vorsorglich – auch in der von ihm privat betriebenen Arztpraxis durch Beschränkung der Nebentätigkeitsgenehmigung zu untersagen (ArbG Hamm v. 8.8.2025, Az. 2 Ca 182/25, nicht rechtskräftig, Berufung beim LAG Hamm anhängig unter 18 SLa 685/25). Es kann aber eine generelle Pflicht des Arbeitnehmers zur Anzeige der Nebentätigkeit vertraglich vereinbart werden. Darüber hinaus kann vereinbart werden, dass für jede Nebentätigkeit die Zustimmung des Arbeitgebers erforderlich ist.

Formulierungsbeispiel:

„Der Arbeitnehmer verpflichtet sich, dem Arbeitgeber unverzüglich schriftlich die beabsichtigte Aufnahme einer Nebentätigkeit anzuzeigen. Dies gilt für jedwede Tätigkeit, also auch für entgeltliche und unentgeltliche, selbstständige und unselbstständige. Derzeit übt er die folgenden Tätigkeiten aus: ... Diese Aufzählung muss vollständig sein.

Die Aufnahme der Tätigkeit ist nur nach vorheriger schriftlicher Zustimmung des Arbeitgebers zulässig. Der Arbeitgeber kann diese verweigern, wenn und soweit seine berechtigten Interessen beeinträchtigt werden. Trifft der Arbeitgeber binnen zwei Wochen nach Eingang der Anzeige keine Entscheidung, gilt die Genehmigung als erteilt. Maßgeblich ist der Zugang einer Entscheidung beim Arbeitnehmer.

Der Arbeitnehmer ist verpflichtet, Änderungen der Nebentätigkeiten anzuzeigen, die zu einem Interessenkonflikt mit dem Hauptarbeitsverhältnis führen könnten. Der Arbeitgeber ist berechtigt, die Nebentätigkeitsgenehmigung zu widerrufen, wenn ein solcher Konflikt vorliegt. Dabei ist dem Arbeitnehmer eine angemessene Auslauffrist zu gewähren."

Verbote in Tarifverträgen finden sich z. B. in § 13 Abs. 3 des Manteltarifvertrags für Redakteurinnen/Redakteure an Zeitschriften, dass der Redakteur zur anderweitigen Verwertung der ihm bei seiner Tätigkeit für den Verlag bekannt gewordenen Nachrichten der schriftlichen Einwilligung des Verlags bedarf. Dies hat das LAG Düsseldorf aber als mit der Meinungsfreiheit unvereinbar angesehen (LAG Düsseldorf v. 26.6.2019, Az. 4 Sa 979/18). Das Bundesarbeitsgericht hat in der Revisionsentscheidung (Urteil v. 15.6.2021, Az. 10 AZR 413/19) eine einschränkende Auslegung des entsprechenden Tarifvertrages vorgenommen.

Der Arbeitgeber **ist verpflichtet, die Nebentätigkeitsgenehmigung zu erteilen**, wenn keine berechtigten Arbeitgeberinteressen berührt sind. Dies ist eine Frage des Einzelfalls. Dem Arbeitnehmer in einem geringfügigen Beschäftigungsverhältnis kann nicht untersagt werden, ein weiteres solches Beschäftigungsverhältnis einzugehen. Die Berufsfreiheit des Arbeitnehmers geht hier den Interessen des Arbeitgebers vor. Generell steht die Erteilung der Nebentätigkeitsgenehmigung nicht im Ermessen des Arbeitgebers. Er muss sie vielmehr erteilen, wenn er kein berechtigtes Interesse an der Unterlassung hat. Der Arbeitgeber muss eine Prognose treffen. Es genügt die nicht fernliegende, objektiv nachvollziehbare Gefahr einer Beeinträchtigung berechtigter Arbeitgeberinteressen. Im Streitfall trägt der Arbeitgeber die Darlegungs- und Beweislast für die objektive Eignung der Nebentätigkeit für eine solche Beeinträchtigung seiner berechtigten Interessen. Eine Versagung der Genehmigung ist i.d.R. dann gerechtfertigt, wenn sich Nebentätigkeiten der Beschäftigten negativ auf die Wahrnehmung des Arbeitgebers in der Öffentlichkeit auswirken. Durch die Übernahme einer Nebentätigkeit darf die Integrität des Arbeitgebers nicht in Frage gestellt werden (BAG v. 19.12.2019, Az. 6 AZR 23/19). Ein Widerruf der Nebentätigkeitsgenehmigung kann nur erfolgen, wenn der Arbeitgeber nunmehr an der Unterlassung ein berechtigtes Interesse hat. Ansonsten darf der Arbeitnehmer auf den Bestand der Genehmigung vertrauen (LAG Düsseldorf v. 10.9.2014, Az. 12 Sa 505/14).

IV. Folgen der unzulässigen Nebentätigkeit

Übt der Arbeitnehmer eine unzulässige Nebentätigkeit aus, kann der Arbeitgeber

- Unterlassung verlangen, wobei er ihm eine Auslauffrist gewähren muss (Ausnahme: Konkurrenztätigkeit oder sonstige schwere Interessenkollision, hier kann sofortige Unterlassung verlangt werden, die mit einer einstweiligen Verfügung durchgesetzt werden kann, ArbG Gera v. 26.6.2024, Az. 4 Ga 8/24; LAG Hamm v. 17.7.2015, Az. 10 SaGa 17/15),
- eine → *Abmahnung* erteilen,
- ordentlich kündigen, wenn der Arbeitnehmer trotz der grundsätzlich notwendigen (LAG Köln v. 4.12.2013, Az. 11 Sa 350/13) Abmahnung die Nebentätigkeit weiterhin ausübt (LAG Hessen v. 5.2.2024, Az. 7 Sa 1737/22),
- außerordentlich fristlos kündigen, wenn der Arbeitnehmer ihm mit der Nebentätigkeit Konkurrenz macht (LAG Köln v. 20.11.2024, Az. 4 Sa 655/24, v. 6.11.2024, Az. 4 Sa 623/23 und v. 14.11.2023, Az. 4 Sa 11/23; LAG Hamm v. 23.6.2016, Az. 11 Sa 23/16). Auch die parallele Ausübung und Abrechnung einer nicht genehmigten Nebentätigkeit in Form von Notarzteinsätzen während bestehender und vergüteter Rufbereitschaft für einen anderen Arbeitgeber kann eine Kündigung rechtfertigen (ArbG Nordhausen v. 22.2.2024, Az. 3 Ca 78/23, nicht rechtskräftig, Berufung beim LAG Thüringen unter Az. 2 Sa 43/24 anhängig), ebenso, wenn er mit seiner Tätigkeit in erheblicher Weise gegen seine Pflicht zu einem genesungsfördernden Verhalten während der Krankschreibung verstößt, allerdings kann es nach einer rund fünfjährigen vollständigen Freistellung zulässig sein, im Rahmen einer Nebentätigkeit an anwaltlichen Mandaten gegen die Arbeitgeberin mitzuwirken, wenn ein Missbrauch vertraulicher Informationen aus dem Arbeitsverhältnis und eine Einflussnahme auf Entscheidungsträger zugunsten der Mandantschaft ausgeschlossen ist (LAG Mecklenburg-Vorpommern v. 12.8.2025, Az. 5 SLa 128/24),
- Schadensersatzansprüche geltend machen oder bei einem Verstoß gegen das → *Wettbewerbsverbot* die Herausgabe der Vergütung verlangen (§ 61 Abs. 1 HGB).

Im Einzelfall kann auch ordentliche verhaltensbedingte Kündigung wegen unklarer Verhältnisse bei der Ausübung einer Nebentätigkeit gerechtfertigt sein. So war die Kündigung eines Wirtschaftsredakteurs wirksam, der mehr als 50.000,– Euro Honorareinkünfte erzielt hatte, für die keine gleichwertige Gegenleistung erkennbar war. Bei einer Bewerbung im öffentlichen Dienst kann ein Verstoß gegen ein Nebentätigkeitsverbot in einem vorangegangenen Arbeitsverhältnis Zweifel an der persönlichen Eignung des Bewerbers begründen (LAG Hamm v. 28.4.2022, Az. 11 SaGa 2/22).

Bei einem Streit über die Zulässigkeit einer Nebenbeschäftigung muss der Arbeitgeber auch damit rechnen, dass der Arbeitnehmer beim Arbeitsgericht eine Feststellungsklage erhebt, um diese Frage verbindlich klären zu lassen. Der Arbeitnehmer, der mit der Ausübung einer rechtmäßigen Nebentätigkeit nicht bis zu einer gerichtlichen Entscheidung abwartet, handelt unter Berücksichtigung seiner Grundrechte aus Art. 12 Abs. 1 GG und Art. 2 Abs. 1 GG auch dann nicht pflichtwidrig, wenn die Ausübung der Nebentätigkeit unter einem arbeitsvertraglichen Erlaubnisvorbehalt steht (BAG v. 13.5.2015, Az. 2 ABR 38/14).

V. Rechte im Nebentätigkeitsverhältnis

Geht der Arbeitnehmer ein weiteres Arbeitsverhältnis ein, so gelten hierfür die allgemeinen arbeitsrechtlichen Grundsätze und Bestimmungen. Insbesondere ist zu beachten

- der allgemeine → *Kündigungsschutz*,
- der besondere → *Kündigungsschutz* z. B. nach dem Mutterschutzgesetz oder dem SGB IX für schwerbehinderte Menschen,
- das Bundesurlaubsgesetz,
- das Entgeltfortzahlungsgesetz,
- der Gleichbehandlungsgrundsatz.

Der Nebenarbeitgeber darf dem Arbeitnehmer nicht wegen dieses Umstands einen geringeren Lohn zahlen oder ihm kündigen, weil er z. B. lieber einen Arbeitslosen einstellen möchte. Es handelt sich um ein vollwertiges Arbeitsverhältnis. Dies führt dazu, dass der Arbeitnehmer seinerseits den → *Arbeitsvertrag* voll erfüllen muss und sich seinen Verpflichtungen nicht mit Hinweis auf seine Pflichten aus dem Hauptarbeitsverhältnis entziehen kann. Ob ein Beamter für eine Nebentätigkeit eine Erlaubnis seines Dienstherrn hat, ist für das Nebentätigkeitsverhältnis unerheblich. Es kann lediglich beamtenrechtliche Konsequenzen haben (ArbG Berlin v. 12.10.2017, Az. 38 Ca 6121/17; BAG v. 21.4.2016, Az. 2 AZR 609/15).

Personalakte

I. Begriff

Der Begriff der Personalakte ist gesetzlich nicht definiert. Letztendlich ist eine Personalakte eine Sammlung von Urkunden und Vorgängen, die sich auf die persönlichen und dienstlichen Verhältnisse des Arbeitnehmers beziehen und in einem Zusammenhang zum Arbeitsverhältnis stehen. Durch die Aufbewahrung soll der Werdegang des Arbeitnehmers im Unternehmen möglichst aussagekräftig und detailliert nachvollziehbar und abrufbar gemacht werden.

Aus diesem Grund setzt das Betriebsverfassungsrecht die Personalakte, die beim Arbeitgeber geführt wird, voraus und gewährt in § 83 BetrVG dem Arbeitnehmer lediglich ein Einsichtsrecht. Dies bedeutet aber auch, das Einsichtsrecht besteht nur, soweit ein Betrieb im Rahmen des § 1 BetrVG betriebsratsfähig ist, also mindestens fünf ständig wahlberechtigte Arbeitnehmer (aktives Wahlrecht) beschäftigt, von denen drei (passives Wahlrecht) wählbar sind. In nicht betriebsratsfähigen Betrieben wird man das Einsichtsrecht aus der allgemeinen Fürsorgepflicht des Arbeitgebers ableiten können.

Der Arbeitgeber ist nicht verpflichtet, eine Personalakte zu führen, tut er dies aber, ergeben sich Rechte und Pflichten im Umgang mit derselben. Er hat ohnehin bezüglich einiger Unterlagen (insbesondere aufgrund steuer- und sozialversicherungsrechtlicher Vorschriften) → *Aufbewahrungspflichten*, sodass sich schon aus diesem Grund das Anlegen einer Personalakte empfiehlt.

Moderne Personalakten werden verstärkt in elektronischer Form geführt. Dies aus Platz- und Speichergesichtspunkten

WICHTIG!

Zu den gesetzlichen Aufbewahrungs- und Aufzeichnungspflichten vgl. unter → *Aufbewahrungs- und Aufzeichnungspflichten*.

Arbeitnehmerdaten sind personenbezogene Daten im Sinne des Datenschutzrechts und entsprechend den allgemeinen Regeln der Datenschutzgrundverordnung und des Beschäftigtendatenschutzgesetzes zu behandeln (vgl. Stichwort → *Datenschutz*).

Grundsätzlich steht es dem Arbeitgeber also frei, welche Unterlagen er zur Personalakte nimmt. Zulässig ist die Aufbewahrung aber nur dann, wenn der Arbeitgeber ein berechtigtes betriebliches Interesse an der Aufbewahrung hat. Im Streitfalle wären die Gründe des Arbeitgebers für die Aufbewahrung mit dem Recht des Arbeitnehmers auf Unverletzlichkeit seiner Persönlichkeit gegeneinander abzuwägen. Der Umfang der aufzunehmenden Unterlagen deckt sich in etwa mit dem Katalog der Fragen, die dem Arbeitnehmer bei einer Bewerbung zulässigerweise gestellt werden dürfen.

ACHTUNG!

Bei der Gestaltung und Pflege der Personalakte sollte arbeitgeberseits auf Vollständigkeit und Richtigkeit Wert gelegt werden, da z. B. spätere Änderungen der Arbeitsbedingungen nach § 3 NachwG dem Arbeitnehmer schriftlich mitzuteilen sind und im Streitfall erhebliche Bedeutung erlangen.

Da in der Personalakte überwiegend personenbezogene Daten des Beschäftigten gespeichert sind, findet auf die Personalakte das Datenschutzrecht vollumfänglich Anwendung. Auskunfts- und Informationsrechte des Beschäftigten bestehen, der Arbeitgeber ist zur Löschung verpflichtet, wenn kein berechtigtes Interesse zur Speicherung mehr besteht.

II. Inhalt

Da der Arbeitgeber nicht verpflichtet ist, eine Personalakte zu führen, gibt es auch keine Regelungen, was zum Inhalt üblicherweise gehört. Führt er allerdings eine Personalakte, so sollte diese auch vollständig sein und nicht versucht werden, in „Nebenakten" oder anderen Ablagen weitere Unterlagen über Mitarbeiter aufzubewahren. Üblicherweise werden in Personalakten u. a. aufbewahrt:

- Bewerbungsunterlagen,
- Personalfragebogen,
- Arbeitsverträge und spätere Ergänzungen,
- Unterlagen über die Arbeitsunfähigkeit,
- Mitteilungen und Diagnosen von Betriebsärzten,
- Zeugnisse,
- Führungs- und Leistungsbeurteilungen,
- Nachweise der Aus- und Weiterbildung,
- Abmahnungen,
- Lohnsteuerkarte und Entgeltbelege,
- Pensionszusagen,
- Versetzungsmitteilungen,
- Potenzialanalysen,
- Fort- und Weiterbildungsnachweise,
- Zielvereinbarungen.

Zur Personalakte gehören hingegen nicht reine Gedankenskizzen oder unstrukturierte Notizen, die im Verfahrensgang zur Unterstützung der eigenen Entscheidung angefertigt werden. Gleiches gilt aufgrund ihres allgemeinen Charakters für interne oder standardisierte verfahrensbegleitende Maßnahmen, die das Unternehmen im Rahmen der Arbeitsorganisation durchführt. Auch bloße Listen, Aufstellungen und Statistiken, die mehrere Arbeitnehmer betreffen, sind nicht Teil der Personalakte eines einzelnen Arbeitnehmers.

III. Einsichtnahme durch Dritte

Aufgrund seiner Fürsorgepflicht ist der Arbeitgeber verpflichtet, vertraulich mit der Personalakte umzugehen und sie vor dem Zugriff oder auch nur der Einsichtnahme Dritter zu bewahren. Dritte haben keinerlei Einsichtsrecht in die Personalakte, sofern der Arbeitnehmer nicht zustimmt bzw. aufgrund einer gesetzlichen Vorschrift die Einsichtnahme ausnahmsweise gerechtfertigt ist.

Erlangen Dritte unrechtmäßig Kenntnis von sensiblen Daten, beispielsweise solchen aus der Personalakte, und droht dadurch eine schwerwiegende Beeinträchtigung der Rechte und schutzwürdigen Interessen des Betroffenen, so besteht für den Arbeitgeber gem. Art. 33, 34 Datenschutzgrundverordnung eine Informationspflicht gegenüber dem Betroffenen und der zuständigen Aufsichtsbehörde.

IV. Einsichtsrecht des Arbeitnehmers

Arbeitnehmer haben jederzeit das Recht (auch ohne besonderen Anlass), in ihre Personalakte Einsicht zu nehmen (§ 83 Abs. 1 BetrVG bzw. § 26 Abs. 2 SprAuG für leitende Angestellte). Der Arbeitgeber ist verpflichtet, dem Arbeitnehmer die Personalakte vollständig vorzulegen. Sollte es Nebenakten oder andere Ablagen geben, wie z. B. Personalinformationssysteme, die u. a. zum Zwecke des Führens einer Personalakte eingesetzt werden, kann der Arbeitnehmer auch in diese Einsicht verlangen.

Der Arbeitnehmer hat gemäß § 83 Abs. 2 BetrVG das Recht, die Personalakte zu vervollständigen oder ihr eigene Erklärungen hinzuzufügen. Der Arbeitgeber ist aus Fürsorge gegenüber dem Arbeitnehmer verpflichtet, auch dessen abweichende Vorstellungen bzw. Gegendarstellungen der Personalakte zuzuführen. Das Recht des Arbeitnehmers ist dabei nicht auf Erklärungen beschränkt, sondern ermöglicht die Befugnis, eigene Unterlagen zur Personalakte zuzuführen. Wird dem Arbeitnehmer gegenüber eine Abmahnung ausgesprochen, kann dieser verlangen, dass entweder die Gegendarstellung oder auch das

Ergebnis einer möglichen arbeitsgerichtlichen Auseinandersetzung der Personalakte zugeführt wird.

Das Datenschutzrecht (siehe Kapitel Datenschutz) gibt dem Arbeitnehmer weitere Rechte wie z. B. die Benachrichtigung über die erstmalige Speicherung von Daten, das Auskunftsrecht über die gespeicherten Daten, den Anspruch auf Korrektur unrichtiger Daten, den Anspruch auf Sperrung falscher Daten, den Anspruch auf Löschung nicht mehr benötigte Daten.

Das LAG Niedersachsen hat am 4.5.2021 (11 Sa 1180/20) zu Recht festgestellt, dass der Anspruch des Arbeitnehmers auf Entfernung der Abmahnung aus der Personalakte dann nicht mehr besteht, wenn das Arbeitsverhältnis beendet worden ist.

Arbeitnehmer haben ein Recht darauf, sich Notizen und Abschriften anzufertigen. Ebenso dürfen sie auf eigene Kosten Fotokopien fertigen. Die Einsicht muss dem Arbeitnehmer grundsätzlich während der Arbeitszeit gewährt werden, er behält für diesen Zeitraum seinen Vergütungsanspruch. Das Einsichtsrecht besteht während des gesamten Arbeitsverhältnisses. Nach Beendigung muss der Arbeitnehmer ein besonderes Interesse nachweisen.

WICHTIG!

Der Arbeitnehmer kann Dritte hinzuziehen, z. B. ein Betriebsratsmitglied (vgl. § 83 Abs. 1 Satz 2 BetrVG) seiner Wahl. Diese haben daraufhin ebenfalls ein Einsichtsrecht.

Aber: Weder der Betriebsrat noch der Sprecherausschuss haben ein **eigenes** Recht auf Einsicht in die Personalakte. Andererseits darf der Arbeitgeber die Kontrollrechte des Betriebsrats nicht dadurch unterlaufen, dass er Unterlagen zur Personalakte nimmt.

In diesem Kontext hat das LAG Baden-Württemberg am 28.8.2023 (15 TA 9/23) beschlossen, dass auch eine nicht bemittelte Partei die Entfernung einer Abmahnung aus der Personalakte verlangen kann. Dies ist nicht als mutwillig zu bezeichnen, da nicht in jedem Fall des arbeitgeberseitigen Obsiegens klar ist, dass dieser freiwillig die betreffenden Informationen aus der Personalakte entfernt.

V. Beendigung des Arbeitsverhältnisses

Der Arbeitgeber hat bei der Beendigung des Arbeitsverhältnisses sämtliche Arbeitspapiere wie z. B. den Sozialversicherungsausweis dem Arbeitnehmer auszuhändigen. Erforderlich ist allerdings das Aufbewahren von Unterlagen über die (unverfallbaren) Anwartschaften des ausgeschiedenen Mitarbeiters auf eine Betriebsrente. Sinnvoll ist sicherlich auch das Aufbewahren von Arbeitszeugnissen, da es in der Praxis häufiger einmal zu Nachfragen von ausgeschiedenen Mitarbeitern kommt, ob noch ein Zugriff möglich wäre.

Das LAG Niedersachsen hat am 4.5.2021 (11 Sa 1180/20) zu Recht festgestellt, dass der Anspruch des Arbeitnehmers auf Entfernung der Abmahnung aus der Personalakte dann nicht mehr besteht, wenn das Arbeitsverhältnis beendet worden ist. Dem ist das Sächsische LAG mit Urteil vom 31.3.2023 (4 SA 117/21) entgegengetreten. Das Recht auf Entfernung einer Abmahnung aus der Personalakte wurde nach Beendigung des Arbeitsverhältnisses verneint.

ACHTUNG!

Nach § 14 TzBfG darf ein Arbeitgeber ohne Sachgrund eine zulässige Befristung des Arbeitsverhältnisses nur dann vereinbaren, wenn mit diesem Arbeitnehmer erstmals ein Arbeitsverhältnis begründet wird. Auch wenn Arbeitnehmer Offenbarungspflichten treffen, sollten arbeitgeberseits Unterlagen über die Begründung von Arbeitsverhältnissen (z. B. auch über eine Beschäftigung als Werksstudent) auch nach dessen Beendigung dauerhaft aufbewahrt werden, damit später ggf. geprüft werden kann, ob es sich tatsächlich um eine Neueinstellung handelt.

VI. Verstöße und Rechtsfolgen

Wenn der Arbeitgeber ungerechtfertigt (sensible) personenbezogene Daten eines Beschäftigten, z. B. über Erkrankungen, in der Personalakte aufbewahrt bzw. an Dritte weiterleitet oder auch nur deren Zugriff duldet, hat der Arbeitnehmer sowohl Schadensersatz- als auch Schmerzensgeldansprüche.

Arbeitnehmerdaten sind personenbezogene Daten im Sinne des Datenschutzrechts und entsprechend den allgemeinen Regeln der Datenschutzgrundverordnung und des Beschäftigtendatenschutzgesetzes zu behandeln (vgl. Stichwort → *Datenschutz*).

Beinhaltet die Personalakte falsche Informationen (z. B. eine unberechtigte → *Abmahnung*) oder sind die Informationen für den Arbeitgeber nicht (mehr) von betrieblichem Interesse, kann der Arbeitnehmer die Berichtigung der Personalakte oder die Entfernung entsprechender Unterlagen verlangen. Diese Ansprüche sind gerichtlich einklagbar.

VII. Elektronische Personalakte

Es ist unerheblich, in welcher Form der Arbeitgeber die Personalakte anlegt und führt, sodass auch EDV-gestützte Dateien, die personenbezogene Daten enthalten, Teil der Personalakte bzw. die Personalakte als elektronische Personalakte sein können. Sollen Personalakten in Papierform vollständig in elektronische Personalakten umgewandelt werden, so sind bei der Umwandlung die datenschutzrechtlichen Bestimmungen zu beachten (z. B. für den Fall, dass eine Firma mit dem Einscannen der Akten beauftragt wird), da die Personalakten personenbezogene Daten enthalten. Der Betriebsrat hat bei der Frage der Umwandlung der Personalakte in eine elektronische Form je nach deren Inhalt nach § 87 Abs. 1 Nr. 6 Betriebsverfassungsgesetz mitzubestimmen. Zudem müssen weiterhin Aufbewahrungsfristen eingehalten werden (z. B. gem. § 28f SGB IV). Schließlich ist der Hinweis wichtig, dass es im Streitfall gegebenenfalls zu Beweisschwierigkeiten kommen kann, wenn die Vorlage eines Originales für den Urkundenbeweis erforderlich ist. Es empfiehlt sich daher, Erklärungen oder Verträge, die der Schriftform bedürfen, weiterhin im Original aufzubewahren.

Personalrecruiting

I. Begriff

Unter dem Begriff „Personalrecruiting" wird nachfolgend das gesamte Verfahren verstanden, das – beginnend mit der Anbahnung des Arbeitsverhältnisses durch die Stellenausschreibung – zum Abschluss des → *Arbeitsvertrags* führt. Enger ist der Begriff der Einstellung in § 99 BetrVG. Unter Einstellung im Sinne des § 99 BetrVG wird nach herrschender Meinung die Aufnahme der tatsächlichen Beschäftigung im Betrieb verstanden.

II. Stellenausschreibung

Stellenausschreibungen sollten überblicksartig die allgemeinen Anforderungen an die zu besetzende Stelle beinhalten (z. B. vorausgesetzte Qualifikationen, Darstellung des zu besetzenden Arbeitsplatzes und der auszuübenden Tätigkeit, geplanter Termin der Einstellung, ggf. Ansprechpartner im Unternehmen und Ende der Bewerbungsfrist, ...). Arbeitgeber sollten bei der Formulierung und Veröffentlichung von Stellenausschreibungen besonders darauf achten, dass die Stellenausschreibungen ein klares Bild der zu besetzenden Stelle vermitteln, sie weder irreführend sind, noch falsche Erwartungen bei den Bewerbern wecken. Andernfalls kann dem Arbeitgeber eine Vertrauenshaftung eines Bewerbers drohen.

ACHTUNG!

Zur Vermeidung von Diskriminierungsklagen müssen Stellenausschreibungen frei von sämtlichen Diskriminierungsaspekten und unbedingt geschlechtsneutral formuliert sein. Ein Arbeitgeber darf eine Stelle nicht nur für Männer oder nur für Frauen ausschreiben, es sei denn, dass ein bestimmtes Geschlecht unverzichtbare Voraussetzung für den zu besetzenden Arbeitsplatz ist (z. B. wenn für eine Theaterrolle ein männlicher Schauspieler gesucht wird). Die subjektive Vorstellung des Arbeitgebers, dass z. B. körperlich sehr belastende Stellen nicht von Frauen ausgeübt werden könnten, reicht als Differenzierungskriterium nicht aus.

Weiterhin ist unbedingt auf eine geschlechtsneutrale Stellenausschreibung durch die Beifügung des Buchstabens „d" (Abkürzung für „divers") zu achten.

Formulierungsbeispiel:

„ABC GmbH sucht einen/eine Verkäufer/in (m/w/d). Die Person sollte ..."

Sind Stellenausschreibungen nicht geschlechtsneutral ausgeschrieben, könnte die Ausschreibung später als Indiz für die ungerechtfertigte Benachteiligung wegen des Geschlechts herangezogen werden (s. u. IV.1.2).

Ferner darf die Stellenausschreibung keine Benachteiligung wegen der Rasse oder ethnischer Herkunft, Religion oder Weltanschauung, Alter, Behinderung und/oder der sexuellen Identität eines Bewerbers indizieren. Andernfalls drohen dem Arbeitgeber Entschädigungs- und/oder Schadensersatzansprüche. Verletzt der Arbeitgeber das Gebot der neutralen Stellenausschreibung, stellt dies ein Indiz für eine Benachteiligung dar.

Gemäß § 7 Abs. 1 TzBfG hat der Arbeitgeber eine Stelle auch als Teilzeitarbeitsplatz auszuschreiben, wenn sich die Stelle dafür eignet.

Der Arbeitgeber kann die Stelle sowohl innerbetrieblich als auch außerbetrieblich ausschreiben. Besteht ein Betriebsrat, kann dieser verlangen, dass die Stelle im konkreten Einzelfall (auch) innerhalb des Betriebs ausgeschrieben wird, § 93 BetrVG. Ebenso kann der Betriebsrat verlangen, dass generell alle Stellen vor ihrer Besetzung zunächst innerbetrieblich ausgeschrieben werden. Wie der Arbeitgeber die innerbetriebliche Ausschreibung vornimmt (also z. B. als Aushang am Schwarzen Brett, in einem Rundschreiben etc.), kann er selbst bestimmen, es sei denn, dass eine Betriebsvereinbarung ein bestimmtes Verfahren vorschreibt.

ACHTUNG!

Unterbleibt die innerbetriebliche Ausschreibung trotz Verlangen des Betriebsrats, kann der Betriebsrat der Einstellung eines Bewerbers widersprechen (§ 99 Abs. 2 Nr. 5 BetrVG).

Der Betriebsrat kann jedoch nicht verlangen, dass die Stelle mit einem innerbetrieblichen Bewerber besetzt wird. Hält der Arbeitgeber einen externen Bewerber für geeigneter, steht es ihm frei, diesen einzustellen, statt einen innerbetrieblichen Bewerber auf die ausgeschriebene Stelle zu versetzen.

ACHTUNG!

Entgegen häufiger Argumentation von Betriebsräten stellt die Nichtberücksichtigung eines internen Bewerbers keine „Benachteiligung" des innerbetrieblichen Bewerbers im Sinne des § 99 Abs. 3 Nr. 2 BetrVG dar. Der Betriebsrat ist daher nicht berechtigt, die Zustimmung zur Einstellung eines externen Bewerbers zu verweigern, wenn er der Auffassung ist, dass ein interner Bewerber die erforderliche Qualifikation ebenfalls aufweist.

ACHTUNG!

Auch Arbeitsplätze, die der Arbeitgeber nicht mit eigenen Arbeitnehmern, sondern mit Leiharbeitnehmern besetzen will, müssen nach einschlägiger Rechtsprechung des BAG auf Verlangen des Betriebsrats zuvor innerbetrieblich ausgeschrieben werden.

III. Prüfung der Besetzung mit schwerbehinderten Menschen

§ 164 Abs. 1 Satz 1 SGB IX sieht vor, dass Arbeitgeber verpflichtet sind zu prüfen, ob freie Arbeitsplätze mit schwerbehinderten Menschen, insbesondere mit bei der Agentur für Arbeit arbeitslos oder arbeitsuchend gemeldeten schwerbehinderten Menschen, besetzt werden können. Dazu müssen Arbeitgeber frühzeitig Verbindung mit der Agentur für Arbeit aufnehmen. Kommt der Arbeitgeber dieser Verpflichtung nicht nach, kann der Betriebsrat die Zustimmung zur Einstellung desjenigen Bewerbers, für den sich der Arbeitgeber entschieden hat, mit der Begründung verweigern, die Einstellung verstoße gegen eine gesetzliche Vorschrift (§ 99 Abs. 1 Nr. 1 BetrVG). Zudem kann aus der Verletzung von Verfahrens- und Förderpflichten zugunsten schwerbehinderter Menschen des SGB IX die Vermutungswirkung des § 22 Halbs. 1 AGG – also eine Diskriminierung von schwerbehinderten Bewerbern – abgeleitet werden. Eine solche Pflichtverletzung kann geeignet sein, den Anschein zu erwecken, an der Beschäftigung schwerbehinderter Menschen uninteressiert zu sein und sogar möglichen Vermittlungsvorschlägen und Bewerbungen von arbeitsuchenden schwerbehinderten Menschen aus dem Weg gehen zu wollen (BAG v. 26.6.2014, Az. 8 AZR 547/13). Gemäß § 164 Abs. 1 Satz 4 SGB IX hat der Arbeitgeber die Schwerbehindertenvertretung und die in § 176 SGB IX genannten Vertretungen (Betriebs-, Personal-, Richter-, Staatsanwalts- und Präsidialrat) über die Vermittlungsvorschläge und vorliegende Bewerbungen von schwerbehinderten Menschen unmittelbar nach Eingang zu unterrichten. Weiterhin sind nach § 164

Abs. 1 Satz 9 SGB IX alle Beteiligten vom Arbeitgeber über die getroffene Entscheidung unter Darlegung der Gründe unverzüglich zu unterrichten. Beteiligte sind der betroffene Bewerber, die Schwerbehindertenvertretung und die in § 176 genannten Vertretungen. Dem schwerbehinderten Bewerber soll nach der Rechtsprechung des BAG dadurch ermöglicht werden, die Entscheidungsgründe des Arbeitgebers gerichtlich nachprüfen zu lassen. Teilt der Arbeitgeber gar keine Gründe mit, kann dies dazu führen, dass eine Benachteiligung wegen der Schwerbehinderteneigenschaft widerleglich vermutet wird. Voraussetzung ist jedoch, dass der Arbeitgeber Kenntnis von der Schwerbehinderteneigenschaft bzw. Gleichstellung hatte oder sie ihm aufgrund der Bewerbungsunterlagen hätte bekannt sein müssen.

IV. Vorverhandlungen

In den Verhandlungen vor Abschluss des Arbeitsvertrags kommt ein vertragsähnliches Verhältnis zwischen dem Arbeitgeber und dem Bewerber zustande. Dies begründet sowohl Pflichten für den Arbeitgeber als auch für den Bewerber.

1. Pflichten des Arbeitgebers

1.1 Mitteilungspflichten

- **Besondere Anforderungen an die zukünftig zu erbringende Tätigkeit:**

  Gehen die Anforderungen an den künftigen Arbeitnehmer über den für die Stelle üblichen und erwartbaren Rahmen hinaus, muss der Arbeitgeber dem Bewerber diese Anforderungen im Konkreten mitteilen. Dies gilt insbesondere, wenn die Anforderungen mit einer besonderen gesundheitlichen Belastung verbunden sind oder häufige Dienstreisen ins Ausland erforderlich sind.

  Um der Mitteilungsverpflichtung nachzukommen und spätere Unsicherheiten zu vermeiden, empfiehlt sich die schriftliche Erstellung eines Anforderungsprofils, das die wesentlichen Anforderungen und Erwartungen auflistet. Im Anforderungsprofil sollte ausdrücklich vermerkt werden, dass es nicht abschließend ist und dass spätere Änderungen dem Arbeitgeber vorbehalten bleiben.

  ACHTUNG!

  Die vom Arbeitgeber vorgegebenen Anforderungen wirken sich in der Regel bei Geltung eines betrieblichen oder tariflichen Entgeltsystems auf den Wert der Tätigkeit und damit auf die Eingruppierung des Arbeitnehmers aus.

- **Falsche Erwartungen:**

  Der Arbeitgeber muss besonders darauf achten, dass er in dem Bewerber nicht die Annahme erweckt, dass es zum Abschluss des Arbeitsvertrags kommen wird, sodass der Bewerber im Vertrauen darauf z. B. schon eine Kündigung ausspricht, obwohl die Entscheidung des Arbeitgebers sich noch ändern kann. Ein Arbeitsvertrag bedarf zu seiner Wirksamkeit keiner schriftlichen Vereinbarung, sodass ein wirksamer Vertrag auch schon durch eine mündliche Zusage zustande kommen kann.

1.2 Benachteiligungsverbot

Im Einstellungsverfahren muss der Arbeitgeber, wie bereits oben dargestellt, besonders darauf achten, dass er Bewerber nicht wegen ihres Geschlechts, ihrer Rasse oder ethnischen Herkunft, ihrer Religion oder Weltanschauung, ihres Alters, ihrer Behinderung oder ihrer sexuellen Identität ungerechtfertigt benachteiligt. Dies gilt vom Moment der Stellenausschreibung an bis hin zur Auswahl des Bewerbers und zum Vertragsabschluss sowie auch im laufenden Arbeitsverhältnis. Siehe hierzu weiterführend: → *Gleichbehandlung*.

Wird ein Bewerber wegen eines der vorgenannten Merkmale benachteiligt (also nicht eingestellt), ohne dass es hierfür sachliche Gründe gibt (z. B. der Bewerber eines Geschlechts mehr Berufserfahrung aufweist und daher schneller einsetzbar ist als ein Bewerber eines anderen Geschlechts), kann der Benachteiligte eine Entschädigung vom Arbeitgeber verlangen. Im Streitfall können als Beweis sämtliche Indizien herangezogen werden, die auf eine evtl. Benachteiligung hindeuten. Lässt sich hierdurch eine Benachteiligung aufgrund von Indizien vermuten, muss der Arbeitgeber beweisen, dass die Benachteiligung gerechtfertigt war. Diese Grundsätze gelten für sämtliche Benachteiligungen wegen einem der o. g. Diskriminierungsmerkmale. Siehe hierzu weiterführend: → *Gleichbehandlung*.

1.3 Bewerbungsunterlagen

Mit den Bewerbungsunterlagen übermittelt der Bewerber personenbezogene Daten an den Arbeitgeber. Personenbezogene Daten sind gemäß Art. 4 Nr. 1 DSGVO alle Informationen, die sich auf eine identifizierte oder identifizierbare natürliche Person beziehen; als identifizierbar wird eine natürliche Person angesehen, die direkt oder indirekt, insbesondere mittels Zuordnung zu einer Kennung wie einem Namen, zu einer Kennnummer, zu Standortdaten, zu einer Online-Kennung oder zu einem oder mehreren besonderen Merkmalen identifiziert werden kann, die Ausdruck der physischen, physiologischen, genetischen, psychischen, wirtschaftlichen, kulturellen oder sozialen Identität dieser natürlichen Person sind. Der Arbeitgeber muss diese Daten daher konform den Vorgaben der DSGVO und des BDSG verarbeiten. Wichtig ist hierbei insbesondere, dass die Verarbeitung der Daten zweckgebunden erfolgt und die Daten zu löschen sind, sobald sie nicht mehr erforderlich sind. Hierzu benötigt der Arbeitgeber ein entsprechendes Löschkonzept. Es ist insbesondere sicherzustellen, dass die Daten bei allen Beteiligten (z. B. Personalabteilung, Fachvorgesetztem usw.) gelöscht werden.

Der Arbeitgeber muss die Bewerbungsunterlagen sorgfältig behandeln und sicher aufbewahren. Es sollte vermieden werden, Kommentare auf die Unterlagen zu schreiben, insbesondere solche, die evtl. auf eine Diskriminierung schließen lassen könnten.

ACHTUNG!

Vorsicht bei der Verwendung von „post-it"-Zetteln auf Bewerbungsunterlagen. Beim Beschreiben können diese auch später noch sichtbare Abdrücke erzeugen, die u. U. als Indiz für Diskriminierungen herangezogen werden können.

Auch muss der Arbeitgeber Stillschweigen über den Inhalt der Bewerbungsunterlagen bewahren. Unterlagen aus einem Bewerbungsverfahren sind dem Bewerber grundsätzlich zurückzuschicken (bzw. zu löschen) und beim Arbeitgeber vorhandene Unterlagen zu vernichten bzw. zu löschen, sofern der Arbeitgeber kein berechtigtes Interesse an der Aufbewahrung hat (z. B. aufgrund einer zu erwartenden Rechtsstreitigkeit aus der Ablehnung der Bewerbung).

2. Mitteilungspflichten des Bewerbers/Fragen des Arbeitgebers

Der Bewerber muss von sich aus ungefragt dem Arbeitgeber bestimmte Tatsachen offenbaren, wenn er erkennt, dass diese Tatsachen eine erhebliche Bedeutung für die beabsichtige Tätigkeit haben. Dies gilt beispielsweise, wenn der Bewerber weiß, dass er aufgrund einer anstehenden, länger andauernden Haftstrafe die vorgesehene Tätigkeit mit hoher Wahrscheinlichkeit nicht dauerhaft ausüben kann.

Neben dieser Offenbarungspflicht des Bewerbers hat der Arbeitgeber ein Fragerecht zur Person und zu den Fähigkeiten des Bewerbers. Diese Fragen werden regelmäßig im Bewerbungsverfahren (s. u. 3.) gestellt werden. Grundsätzlich darf der Arbeitgeber solche Fragen stellen, die im Zusammenhang mit dem Arbeitsverhältnis stehen und an deren Beantwortung er ein berechtigtes Interesse hat. Die Rechtsprechung hat jedoch dem Informationsbedürfnis des Arbeitgebers – so viel wie möglich über den Bewerber zu erfahren – zum Schutz des Persönlichkeitsrechts des Bewerbers enge Grenzen gesetzt. Dies führt dazu, dass bestimmte Fragen unzulässig sind und der Bewerber sie deshalb nicht wahrheitsgemäß beantworten muss. Man spricht hier von einem sog. „Recht zur Lüge". Hat der Bewerber auf eine unzulässige Frage gelogen, kann der Arbeitgeber den später zustande gekommenen Arbeitsvertrag nicht wegen arglistiger Täuschung anfechten. Weiter kann eine unzulässige Frage ein Indiz für eine Diskriminierung sein und damit Ansprüche nach dem AGG auslösen.

Das BAG hat generell Folgendes festgestellt: „Die falsche Beantwortung einer dem Arbeitnehmer bei der Einstellung zulässigerweise gestellten Frage kann den Arbeitgeber dazu berechtigen, den Arbeitsvertrag wegen arglistiger Täuschung anzufechten. Das setzt voraus, dass die Täuschung für den Abschluss des Arbeitsvertrags ursächlich war. Wirkt sich die Täuschung im Arbeitsverhältnis weiterhin aus, kann zudem eine Kündigung gerechtfertigt sein." (BAG v. 7.7.2011, Az. 2 AZR 396/10).

ACHTUNG!

Die Rechtsprechung hat die Anforderungen an die Fragen, die einem Bewerber im Bewerbungsverfahren gestellt werden können, aus diskriminierungsrechtlichen und aus datenschutzrechtlichen Gründen zunehmend verschärft. Dies gilt insbesondere im Hinblick auf Fragen, die sich auf Rasse und ethnische Herkunft, Geschlecht, Religion und Weltanschauung, Behinderung, Alter und sexuelle Identität beziehen. Diese Fragen können ein Indiz für eine Benachteiligung darstellen und zu Entschädigungsansprüchen gegen den Arbeitgeber führen, wenn keine Einstellung des jeweiligen Bewerbers erfolgt (s. hierzu unter → *Gleichbehandlung*). Vor diesem Hintergrund sollte mit Fragen in diesem Kontext äußerst zurückhaltend umgegangen werden.

Die nachfolgende Liste enthält für den Arbeitgeber bei der Einstellung potenziell wichtige Klärungspunkte.

- **Berufliche Fähigkeiten bzw. Erfahrung:**

  Fragen zu den beruflichen Fähigkeiten des Bewerbers sind uneingeschränkt zulässig. Der Arbeitgeber hat ein berechtigtes Interesse daran, sich einen Überblick über Ausbildung, Berufserfahrung und frühere Tätigkeit/en des Bewerbers zu verschaffen.

- **Höhe der bisherigen Vergütung:**

  Sie ist unzulässig, wenn die bisherige → *Vergütung* keine Aussagekraft für die erstrebte Stelle hat (BAG v. 19.5.1983, Az. 2 AZR 171/81). Vom Grundsatz her gesehen ist ein früheres Einkommen der Privatsphäre des Bewerbers zuzurechnen, damit sind Fragen hiernach als unzulässig anzusehen sind. Dies dürfte der Regelfall sein. Ausnahmsweise und in sehr engen Grenzen darf der Arbeitgeber nach Vergütung fragen, wenn die bisherige und angestrebte Position zumindest vergleichbare Kenntnisse und Fähigkeiten voraussetzen oder der Bewerber eine erfolgsabhängige Vergütung (wie z. B. Gewinnbeteiligung) bekommen hat.

- **Aufenthalts- und Arbeitserlaubnis:**

  Die Frage nach einer Aufenthalts- und Arbeitserlaubnis ist nach dem Inkrafttreten des AGG problematisch, da diese ausschließlich ausländische Bewerber betrifft und damit ein Indiz für die Benachteiligung aufgrund der „Rasse" oder „ethnischen Herkunft" sein kann. Der Arbeitgeber kann also allenfalls nach dem Vorliegen einer erforderlichen Aufenthalts- oder Arbeitserlaubnis die Grundvoraussetzung für die legale Beschäftigung eines Arbeitnehmers darstellt, fragen.

- **Gesundheitszustand:**

  Fragen zum Gesundheitszustand sind nur höchst ausnahmsweise und sehr begrenzt mit einer besonderen Rechtfertigung zulässig, wenn und soweit das Fehlen bestimmter Erkrankungen Voraussetzung für die Ausübung der vorgesehenen Tätigkeit ist. Zu unterscheiden ist zwischen einer früheren und einer bestehenden Krankheit:

  Fragen zu einer früheren Krankheit muss der Bewerber nur wahrheitsgemäß beantworten, wenn die Krankheit für den Betrieb, die Arbeit und den Rest der Belegschaft (noch) von Bedeutung ist. Eine bestehende Krankheit muss entweder im Zusammenhang mit dem einzugehenden Arbeitsverhältnis stehen (BAG v. 7.6.1984, Az. 2 AZR 270/83), ansteckend sein (also eine Gefahr für den Rest der Belegschaft darstellen) oder bedeuten, dass in absehbarer Zeit eine Arbeitsunfähigkeit (z. B. wegen einer anstehenden Operation) eintreten wird.

  Ausgeschlossen sind Fragen nach ausgeheilten Erkrankungen und bekannten genetischen Veranlagungen.

  Grundsätzlich sollten Fragen nach dem Gesundheitszustand des Bewerbers immer mit dem Hinweis auf die konkreten Anforderungen der Tätigkeiten verbunden werden, um zu erläutern, warum der Arbeitgeber ein berechtigtes Interesse an der wahrheitsgemäßen Beantwortung der Frage hat.

- **Schwerbehinderteneigenschaft:**

  Die Frage nach einer Schwerbehinderung oder Gleichstellung ist unzulässig.

  Nach der Einführung des Diskriminierungsverbots in § 164 Abs. 2 SGB IX und dem Inkrafttreten des Allgemeinen Gleichbehandlungsgesetzes (AGG) muss daher von entsprechenden Fragen Abstand genommen werden, um jeglichen Anschein einer potenziellen Diskriminierung zu vermeiden.

- **Alkohol- und/oder Drogenabhängigkeit:**

  Alkohol- und/oder Drogengewohnheiten eines Bewerbers sind grundsätzlich dessen Privatsphäre zuzurechnen. Daher sind Fragen hiernach in aller Regel unzulässig. Nur wenn das Fehlen einer Alkohol- und/oder Drogenabhängigkeit eine zwingende Anforderung an die auszuübende Tätigkeit darstellt (z. B. bei einem Kraftfahrer), ist die Frage nach Alkohol- und/oder Drogenabhängigkeit zulässig. In allen anderen Fällen sollte von einer entsprechenden Frage Abstand genommen werden.

- **Schwangerschaft:**

  Bei einem Arbeitsverhältnis ist die Frage nach der Schwangerschaft wegen der darin zum Ausdruck kommenden Geschlechter-Diskriminierung unzulässig.

  Nach Auffassung des BAG gilt dies selbst dann, wenn eine Arbeitnehmerin die vereinbarte Tätigkeit während der Schwangerschaft wegen eines mutterschutzrechtlichen Beschäftigungsverbotes zunächst nicht ausüben kann (BAG v. 6.2.2003, Az. 2 AZR 621/01). Der Arbeitnehmerin steht in diesen Fällen sogar das Recht zur Lüge zu; d. h. bei falscher Beantwortung dieser Frage hat der Arbeitgeber nicht das Recht, den Arbeitsvertrag wegen arglistiger Täuschung anzufechten.

  Wegen der mit dieser Frage verbundenen Gefahr, im Falle einer Ablehnung der Bewerberin wegen einer geschlechtsbezogenen Diskriminierung auf Entschädigung in Anspruch genommen zu werden, darf die Frage nach der Schwangerschaft im Rahmen der Vertragsanbahnung nicht gestellt werden.

- **Heiratsabsicht und Kinderwunsch, Familienstand:**

  Fragen nach Heiratsabsichten oder nach eventuellem Kinderwunsch sind wegen der Gefahr einer Diskriminierung nicht zulässig und sollten unter keinen Umständen gestellt werden, da sie ebenfalls aufgrund möglicher Rückschlüsse auf die sexuelle Orientierung zu einem Entschädigungsanspruch führen können.

- **Sexuelle Orientierung:**

  Die Frage nach der sexuellen Orientierung steht nicht im Zusammenhang mit der beruflichen Qualifikation eines Bewerbers für eine bestimmte Tätigkeit. Diese Frage ist daher unzulässig. Im Falle einer Ablehnung eines Bewerbers wegen seiner sexuellen Neigungen liegt der Tatbestand einer unzulässigen Diskriminierung wegen der sexuellen Orientierung vor.

- **Gewerkschaftszugehörigkeit:**

  Die Frage nach der Gewerkschaftszugehörigkeit ist nicht zulässig.

- **Religions- und Parteizugehörigkeit:**

  Die Frage nach Religions- und Parteizugehörigkeit ist unzulässig. Auch hier drohen im Falle der Ablehnung Entschädigungsansprüche. Ausnahmen gelten aber für sog. „Tendenzbetriebe" wie z. B. kirchliche Einrichtungen oder politische Parteien.

- **Vermögensverhältnisse:**

  Die Frage nach den Vermögensverhältnissen des Bewerbers ist grundsätzlich unzulässig. Dies gilt allerdings nicht für Bewerber, die in einer besonderen Vertrauensstellung beschäftigt werden sollen. Dies ist insbesondere der Fall, wenn der Arbeitnehmer mit Fremdgeldern umgehen soll (z. B. als Bankangestellter eingestellt wird). Eine Offenbarungspflicht von sich aus hat der Bewerber aber nicht.

- **Vorstrafen:**

  Die Frage des Arbeitgebers nach Vorstrafen und Ermittlungsverfahren des Bewerbers ist nur zulässig und berechtigt den Arbeitgeber im Falle der wahrheitswidrigen Beantwortung zu einer Anfechtung des Arbeitsvertrages, wenn sie sich auf solche Delikte beschränkt, die für die Eignung des Bewerbers für die in Aussicht genommene Tätigkeit bedeutend sind. Der Bewerber hat auch nur solche einschlägigen Vorstrafen und Ermittlungsverfahren dem Arbeitgeber ungefragt zu offenbaren. Bejaht wurde dies beispielsweise im Hinblick auf Vorstrafen aus Straßenverkehrsdelikten bei einem Bewerber auf die Stelle eines Fahrers der Geschäftsleitung (BAG v. 6.9.2012, Az. 2 AZR 270/11).

  Auch im öffentlichen Dienst besteht in der Regel kein berechtigtes Interesse des Arbeitgebers an der Frage nach eingestellten staatsanwaltlichen Ermittlungsverfahren gegenüber potenziellen Bewerbern (so BAG v. 15.11.2012, Az. 6 AZR 339/11).

  Stellt der Arbeitgeber berechtigterweise die Frage nach Vorstrafen, müssen solche, die im Bundeszentralregister bereits getilgt sind, grundsätzlich nicht angegeben werden (BAG v. 20.3.2014, Az. 2 AZR 1071/12).

- **Wettbewerbsverbote:**

  Ein Bewerber darf uneingeschränkt danach gefragt werden, ob ein nachvertragliches → *Wettbewerbsverbot* mit einem früheren Arbeitgeber geschlossen worden ist. Er muss ungefragt von sich aus auf ein solches Wettbewerbsverbot hinweisen, wenn es die Arbeit im Unternehmen des neuen Arbeitgebers ausschließt.

3. Vorstellungsgespräch

Bei der Auswahl der einzuladenden Bewerber muss der Arbeitgeber darauf achten, dass diese frei von Diskriminierungen erfolgt.

Um die ersten spontanen Eindrücke festzuhalten, kann überlegt werden, während des Vorstellungsgesprächs oder unmittelbar danach einen Beurteilungsbogen auszufüllen (Muster s. u. V.2.).

Wenn der Arbeitgeber den Bewerber zur persönlichen Vorstellung eingeladen hat (eine Stellenanzeige ist noch keine Aufforderung!), dann ist er zur Erstattung der Vorstellungskosten verpflichtet (§§ 662 ff. BGB), es sei denn, er hat klar zum Ausdruck gebracht, dass er die Vorstellungskosten nicht ersetzen wird.

TIPP!

In der Einladung zum Vorstellungsgespräch sollte der Umfang der Kostenerstattung genau festgelegt werden (Muster s. u. V.1.).

4. Weitere Erkenntnismöglichkeiten für Arbeitgeber

Die Suche nach weiteren Informationen über einen Bewerber kann auch noch andere Formen annehmen wie z. B. eine Internetrecherche oder das Einholen von behördlichen Informationen.

Insbesondere die Internetrecherche zu Bewerbern ist in der Praxis zwischenzeitlich weit verbreitet. Dieses Vorgehen ist zumindest grundsätzlich kritisch zu sehen, weil es sich hierbei faktisch um eine Datenverarbeitung handelt. Es sollte daher unbedingt darauf geachtet werden, dass die gefundenen Informationen nicht im Rahmen eines sog. Profilings benutzt werden.

5. Ärztliche Untersuchungen

Nur in Fällen, in denen die vorgesehene Tätigkeit besondere gesundheitliche Anforderungen stellt und eine gesetzliche Grundlage besteht, kann ausnahmsweise eine betriebsärztliche Untersuchung im Bewerbungsverfahren veranlasst werden. Die Kosten der Untersuchung trägt der Arbeitgeber.

Da eine ärztliche Untersuchung auf Verlangen des Arbeitgebers einen erheblichen Eingriff in das Persönlichkeitsrecht des Bewerbers darstellt, sollte diese nur in Ausnahmefällen in Betracht gezogen werden. Die Untersuchung muss dann arbeitsplatzbezogen und verhältnismäßig sein. Aus datenschutzrechtlichen Gründen muss hierzu eine schriftliche Einwilligung des Bewerbers eingeholt werden.

Der Arzt darf dem Arbeitgeber aber in jedem Fall nur mitteilen, ob der Bewerber für den vorgesehenen Arbeitsplatz „tauglich", „bedingt tauglich" oder „untauglich" ist. Diagnostische Feststellungen oder detaillierte Untersuchungsergebnisse dürfen dem Arbeitgeber nicht mitgeteilt werden.

6. Einholung von Auskünften

Ein Bewerber fügt seinen Unterlagen in der Regel ein Zeugnis von seinem ehemaligen Arbeitgeber bei. Tut er das nicht oder ist das Zeugnis für den neuen Arbeitgeber nicht aussagekräftig genug, sollte unbedingt davon Abstand genommen werden, eine Auskunft vom ehemaligen Arbeitgeber einzuholen. Hierbei begeht der neue Arbeitgeber einen sanktionsrelevanten Datenschutzverstoß. Der ehemalige Arbeitgeber ist weder berechtigt noch verpflichtet, dem neuen Arbeitgeber Auskünfte zu erteilen, da dies datenschutzrechtlich unzulässig wäre. Eine Nachfrage beim vorherigen Arbeitgeber des Bewerbers wäre dem zukünftigen Arbeitgeber allenfalls dann möglich, wenn der Bewerber hierzu eine datenschutzrechtlich wirksame, schriftliche Einwilligung erteilt.

7. Auswahl des Bewerbers

Grundsätzlich hat der einstellende Arbeitgeber unter den Bewerbern freie Auswahl. Etwas anderes kann gelten, wenn mit Zustimmung des Betriebsrats Auswahlrichtlinien mit zwingend zu beachtenden und bindenden Kriterien aufgestellt wurden.

V. Abschluss des Arbeitsvertrags

Das Einstellungsverfahren endet in der Regel mit dem Abschluss des Arbeitsvertrags. Siehe hierzu weiterführend: → *Arbeitsvertrag*.

1. Zustandekommen und Form des Arbeitsvertrags

Der Arbeitsvertrag kann grundsätzlich schriftlich oder mündlich abgeschlossen werden oder auch „stillschweigend", indem der Arbeitnehmer die Arbeit aufnimmt und der Arbeitgeber nicht widerspricht. Ist durch Tarifvertrag die Schriftform vorgeschrieben, muss der Vertrag auch schriftlich geschlossen werden.

Befristete Arbeitsverträge müssen in jedem Fall schriftlich geschlossen werden (§ 14 Abs. 4 TzBfG). Dies bedeutet, dass zumindest die Befristungsvereinbarung in einer Urkunde sowohl vom Arbeitgeber (bzw. einer vertretungsberechtigten Person) als auch vom Arbeitnehmer vor Aufnahme der Arbeit eigenhändig unterzeichnet sein muss. Kopien, E-Mails oder Telefaxschreiben reichen hierzu ebenso wenig aus wie ein originalschriftlicher Schriftwechsel, auf dem jeweils nur eine Unterschrift der Parteien erfolgt ist. Näheres hierzu s. unter → *„Befristetes Arbeitsverhältnis" III.*

Es empfiehlt sich auch sonst in jedem Fall, den Arbeitsvertrag schriftlich zu formulieren. Nach dem Nachweisgesetz ist der Arbeitgeber ohnehin verpflichtet, arbeitsvertragliche Bedingungen zumindest in Textform nach § 126b BGB festzuhalten und dem Arbeitnehmer auszuhändigen.

2. Abschlussverbote

Wenn ein Arbeitsvertrag gegen ein Abschlussverbot verstößt, ist er nichtig. Abschlussverbote ergeben sich aus Gesetz, Tarifvertrag oder Betriebsvereinbarung.

Beispiele:

Nichtig sind z. B.:

- Arbeitsverträge, die gegen das Gesetz zur Bekämpfung der Schwarzarbeit verstoßen;
- Arbeitsverträge mit Kindern unter 14 Jahren;
- Arbeitsverträge, die eine Verpflichtung zur Vornahme strafbarer Tätigkeiten beinhalten.

Im Falle von Betriebsvereinbarungen können sich Abschlussverbote z. B. aus den Auswahlrichtlinien bei Einstellungen, Versetzungen usw. ergeben.

3. Beschäftigungsverbote

Von Abschlussverboten sind Beschäftigungsverbote zu unterscheiden. Wird gegen ein Beschäftigungsverbot verstoßen, ist nicht der Arbeitsvertrag nichtig, sondern lediglich die Beschäftigung des Arbeitnehmers in dem bestimmten Bereich ist unzulässig.

Beispiel:

Beschäftigungsverbote für werdende Mütter (§§ 3, 4 MuSchG).

4. Vertretung

Der Arbeitgeber wird sich in der Regel (insbesondere in größeren Betrieben) bei Vertragsabschluss vertreten lassen (z. B. vom Personalleiter). Der Vertreter muss erkennen lassen, dass er im Namen des Arbeitgebers handelt und hierzu auch ermächtigt ist.

Der Arbeitnehmer wird sich in den seltensten Fällen bei Abschluss eines Arbeitsvertrags vertreten lassen; die Vertretung ist aber zulässig. Jugendliche können Arbeitsverträge selbst abschließen, wenn ihre gesetzlichen Vertreter (dies sind in der Regel die Eltern) es genehmigen.

5. Mitwirkung des Betriebsrats

In Unternehmen mit in der Regel mehr als zwanzig wahlberechtigten Arbeitnehmern hat der Arbeitgeber den Betriebsrat gemäß § 99 Abs. 1 Satz 1 BetrVG vor jeder Einstellung, Eingruppierung, Umgruppierung und Versetzung zu unterrichten, ihm die erforderlichen Bewerbungsunterlagen vorzulegen und Auskunft über die Person der Beteiligten zu geben; er hat dem Betriebsrat unter Vorlage der erforderlichen Unterlagen Auskunft über die Auswirkungen der geplanten Maßnahme zu geben und die Zustimmung des Betriebsrats zu der geplanten Maßnahme einzuholen (vgl. hierzu → *„Betriebliche Mitbestimmung"*).

Unter Einstellung im Sinne des § 99 BetrVG wird nach überwiegender Meinung der Abschluss eines Arbeitsvertrags als Begründung des Arbeitsverhältnisses und auch die tatsächliche Arbeitsaufnahme verstanden.

Der Arbeitgeber hat den Betriebsrat rechtzeitig und umfassend unter Vorlage der entsprechenden Unterlagen (z. B. Bewerbungsunterlagen, Zeugnisse, Testergebnisse usw.) über die Person der Beteiligten zu unterrichten.

Empfehlung: Aus Beweis- und Dokumentationsgründen sollte die Unterrichtung nach § 99 BetrVG schriftlich erfolgen.

Der Betriebsrat kann nach § 99 Abs. 2 BetrVG die Zustimmung verweigern, wenn

- die personelle Maßnahme gegen ein Gesetz, eine Verordnung, eine Unfallverhütungsvorschrift oder gegen eine Bestimmung in einem Tarifvertrag oder in einer Betriebsvereinbarung oder gegen eine gerichtliche Entscheidung oder eine behördliche Anordnung verstoßen würde,
- die personelle Maßnahme gegen eine Richtlinie nach § 95 verstoßen würde,
- die durch Tatsachen begründete Besorgnis besteht, dass infolge der personellen Maßnahme im Betrieb beschäftigte Arbeitnehmer gekündigt werden oder sonstige Nachteile erleiden, ohne dass dies aus betrieblichen oder persönlichen Gründen gerechtfertigt ist; als Nachteil gilt bei unbefristeter Einstellung auch die Nichtberücksichtigung eines gleich geeigneten befristet Beschäftigten,
- der betroffene Arbeitnehmer durch die personelle Maßnahme benachteiligt wird, ohne dass dies aus betrieblichen oder in der Person des Arbeitnehmers liegenden Gründen gerechtfertigt ist,
- eine nach § 93 erforderliche Ausschreibung im Betrieb unterblieben ist oder
- die durch Tatsachen begründete Besorgnis besteht, dass der für die personelle Maßnahme in Aussicht genommene Bewerber oder Arbeitnehmer den Betriebsfrieden durch gesetzwidriges Verhalten oder durch grobe Verletzung der in § 75 Abs. 1 enthaltenen Grundsätze, insbesondere durch rassistische oder fremdenfeindliche Betätigung, stören werde.

6. Vorlage von Arbeitspapieren

Bei Abschluss eines Arbeitsvertrags muss der Arbeitnehmer dem Arbeitgeber einige Papiere vorlegen (Lohnsteuerkarte, Sozialversicherungsausweis und -nachweisheft sowie – je nach Einzelfall – weitere Unterlagen wie z. B. Gesundheitszeugnis, Arbeitserlaubnis etc.).

Für den wirksamen Abschluss des Arbeitsvertrags hat dies jedoch keine Bedeutung. Der Vertrag kommt auch ohne Vorlage der Papiere zustande.

VI. Muster: Personalrecruiting

Musterschreiben und Vertragsgestaltungen müssen den jeweiligen Notwendigkeiten und den individuellen Bedürfnissen der Arbeitsvertragsparteien Rechnung tragen. Die in diesem Werk abgebildeten Muster können hierbei nur eine Hilfe sein. Deshalb ist im Einzelfall zu prüfen, inwieweit hier vorgeschlagene Formulierungen sinnvoll oder entbehrlich sind. Die Anpassung an den jeweiligen Einzelfall ist daher zwingend notwendig.

1. Einladung zum Vorstellungsgespräch

Anrede, ...,

gerne bestätigen wir den Erhalt Ihres Bewerbungsschreibens vom ....

Wir würden Sie gerne persönlich kennenlernen und möchten Sie zu einem Vorstellungsgespräch bei uns einladen. Wir würden uns freuen, wenn Sie am .... um .... Uhr bei Herrn/Frau .... erscheinen könnten. Wir bitten um eine kurze Bestätigung dieses Termins.

Die Ihnen entstehenden Kosten zur Wahrnehmung dieses Vorstellungstermins werden wir im folgenden Umfang gerne ersetzen:

Fahrtkosten bei Nutzung des privaten Pkw nach einer Kilometerpauschale von € [0,30] je gefahrenem Kilometer. Bei Anreise mit der Bundesbahn oder dem Flugzeug erstatten wir gegen Vorlage der Fahrkarten die Kosten für die 2. bzw. Economy-Klasse.

Wenn Sie eine Übernachtung benötigen, bitten wir um rechtzeitige Mitteilung, sodass das Erforderliche auf unsere Kosten vor Ort veranlasst werden kann.

Verpflegungskosten in Höhe von maximal € .... übernehmen wir gegen Vorlage von Quittungen.

Weitere Vorstellungskosten werden von uns nicht übernommen.

Mit freundlichen Grüßen

....

2. Beurteilungsbogen

Name: ....

Angestrebte Position: ....

Erscheinungsbild:

- ❑ *sehr unordentlich*
- ❑ *unordentlich*
- ❑ *ordentlich*
- ❑ *gepflegt*
- ❑ *sehr gepflegt*

Auftreten:

- ❑ *sehr gehemmt*
- ❑ *unsicher*
- ❑ *nervös*
- ❑ *selbstsicher*
- ❑ *sehr sicher*

Verbindlichkeit:

- ❑ *sehr zurückhaltend*
- ❑ *zurückhaltend*
- ❑ *etwas reserviert*
- ❑ *verbindlich*
- ❑ *sehr verbindlich*

Aussprache:

- ❑ *schwerfällig*
- ❑ *stockend*
- ❑ *zögernd*
- ❑ *gut/angenehm*
- ❑ *sehr gut*

Kommunikationsvermögen/Ausdrucksweise:

- ❑ *sehr schweigsam*
- ❑ *schweigsam/undeutlich*
- ❑ *durchschnittlich*
- ❑ *klar*
- ❑ *sehr klar/deutlich*

Auffassungsvermögen:

- ❑ *versteht schlecht*
- ❑ *versteht nicht alles*
- ❑ *braucht länger*
- ❑ *gut*
- ❑ *sehr gut*

Eignung vom Typ her:

- ❑ *nicht geeignet*
- ❑ *nur bedingt*
- ❑ *durchschnittlich*
- ❑ *gut*
- ❑ *sehr gut*

Fachliche Eignung:

- ❑ *sehr gering*
- ❑ *gering*
- ❑ *Grundkenntnisse*
- ❑ *gut*
- ❑ *sehr gut*

Berufserfahrung:

- ❑ *keine*
- ❑ *kaum*
- ❑ *etwas*
- ❑ *einige*
- ❑ *viel*

Einstellung des Bewerbers zur Position:

- ❑ *sehr negativ*
- ❑ *wenig Interesse*
- ❑ *gleichgültig*
- ❑ *positiv/interessiert*
- ❑ *sehr positiv/sehr interessiert*

Gesamteindruck:

- ❑ *nicht geeignet*
- ❑ *weniger geeignet*
- ❑ *noch geeignet*
- ❑ *gute Eignung*
- ❑ *sehr gute Eignung*

Weitere Bemerkungen: ....

Pflegezeit

I. Begriff

Ziel des seit 1.7.2008 existierenden Pflegezeitgesetzes ist es, die Vereinbarkeit von Beruf und familiärer Pflege zu verbessern (§ 1 PflegeZG). Hierfür sieht das PflegeZG dem Grunde nach zwei unterschiedliche Ansprüche des Beschäftigten vor. Zum einen besteht danach das Recht, kurzzeitig, d. h. bis zu zehn Arbeitstage, der Arbeit fernzubleiben, um die bedarfsgerechte Pflege eines nahen Angehörigen in einer akut aufgetretenen Pflegesituation zu organisieren bzw. eine pflegerische Versorgung sicherzustellen (§ 2 PflegeZG), zum anderen gewährt das PflegeZG einen Anspruch auf die eigentliche Pflegezeit, d. h. eine vollständige oder teilweise Freistellung von der Arbeit bis zu einer Dauer von sechs Monaten (§§ 3, 4 PflegeZG). Das am 1.1.2015 in Kraft getretene Gesetz zur besseren Vereinbarkeit von Familie, Pflege und Beruf brachte einige Neuregelungen sowohl im Familienpflegezeit- (s. → *dort*) als auch im Pflegezeitgesetz. Beide Gesetze bestehen derzeit nebeneinander, verweisen aber in zahlreichen Vorschriften aufeinander. Eingeführt wurde insbesondere der Anspruch auf Freistellung von der Arbeit bis zu einer Dauer von drei Monaten zur Sterbebegleitung eines nahen Angehörigen §§ 3 Abs. 6, 4 Abs. 3 Satz 2 PflegeZG.

Die letzte Änderung des Pflegezeitgesetzes erfolgte am 23.10.2024. Folgende Änderungen sind ursprünglich befristet, nun aber auf Dauer im Gesetz:

- In § 3 PflegeZG ist geregelt, dass die Pflegezeit im Anschluss an die Familienpflegezeit genommen werden kann.
- Ergänzend ist in § 6 PflegeZG geregelt, dass in kleinen Unternehmen, wenn Arbeitgeber weniger als 15 Beschäftigte haben, eine freiwillige Vereinbarung über Pflegezeit möglich ist.
- In § 5 PflegeZG ist geregelt, dass der Kündigungsschutz mit dem Beginn der Freistellung gegeben ist.

II. Anwendungsbereich

Die Regierungskoalition aus SPD, Grünen und FDP hatte beabsichtigt, das Familienpflege- und das Pflegezeitgesetz zusammenzuführen. Ein politischer Vorschlag, der mit dem Ende der Ampelregierung sein Ende gefunden hat.

1. Persönlicher Anwendungsbereich

Beschäftigte i. S. d. Gesetzes sind nach § 7 Abs. 1 PflegeZG:

- Arbeitnehmerinnen und Arbeitnehmer,
- die zu ihrer Berufsbildung Beschäftigten,
- Personen, die wegen ihrer wirtschaftlichen Unselbstständigkeit als arbeitnehmerähnliche Personen anzusehen sind; zu diesen gehören auch die in Heimarbeit Beschäftigten und die ihnen Gleichgestellten.

ACHTUNG!

Der Gesetzgeber hat nur den Begriff „Bildung" verwendet, sodass neben Auszubildenden auch andere zur Berufsbildung Beschäftigte wie Praktikanten oder Volontäre erfasst sind.

Bei zur Berufsbildung Beschäftigten verlängert sich die Berufsbildungszeit um die Pflegezeit (§ 4 Abs. 1 Satz 5 PflegeZG).

ACHTUNG!

Das Gesetz sieht keine Wartezeit für das Entstehen des Anspruchs auf kurzzeitige Arbeitsbefreiung (§ 2 PflegeZG) oder Pflegezeit (§§ 3, 4 PflegeZG) vor, sodass auch Arbeitnehmer in der „Probezeit" diesen Anspruch haben. Der Sonderkündigungsschutz nach § 5 PflegeZG (s. VI) ist nicht von der Vollendung der Wartezeit abhängig.

2. Nahe Angehörige

Nahe Angehörige sind nach § 7 Abs. 3 Pflegezeitgesetz:

- Großeltern, Eltern, Schwiegereltern, Stiefeltern,
- Ehegatten, Lebenspartner, Partner einer eheähnlichen oder lebenspartnerschaftsähnlichen Gemeinschaft, Geschwister, Schwägerinnen und Schwäger,
- Kinder; Adoptiv- oder Pflegekinder; die Kinder, Adoptiv- oder Pflegekinder des Ehegatten oder Lebenspartners; Schwiegerkinder und Enkelkinder.

Die Aufzählung ist abschließend.

3. Pflegebedürftigkeit

Pflegebedürftig i. S. d. Gesetzes sind Personen, die die Voraussetzungen nach den §§ 14 und 15 SGB XI erfüllen. Pflegebedürftig i. S. v. § 2 PflegeZG (kurzzeitige Arbeitsverhinderung) sind auch die Personen, die die Voraussetzungen nach den §§ 14 und 15 SGB XI **voraussichtlich** erfüllen, § 7 Abs. 4 Satz 2 PflegeZG.

III. Kurzzeitige Freistellung (§ 2 PflegeZG)

§ 2 Abs. 1 PflegeZG erlaubt es Mitarbeitern, bis zu zehn Arbeitstage der Arbeit fernzubleiben, wenn dies erforderlich ist, um für einen nahen Angehörigen in einer akut aufgetretenen Pflegesituation eine bedarfsgerechte Versorgung zu organisieren oder eine pflegerische Versorgung in dieser Zeit sicherzustellen. Dieser Anspruch besteht unabhängig von einer bestimmten Betriebsgröße oder Betriebszugehörigkeit des Beschäftigten.

Das Gesetz knüpft diesen Anspruch an das Vorliegen bestimmter Voraussetzungen:

1. Pflegebedürftigkeit eines nahen Angehörigen

Das Recht zum Fernbleiben setzt die Pflegebedürftigkeit eines nahen Angehörigen voraus. Hierzu müssen die Voraussetzungen der §§ 14, 15 SGB XI erfüllt bzw. voraussichtlich erfüllt sein. Nach §§ 14, 15 SGB XI ist derjenige pflegebedürftig, der wegen einer körperlichen, geistigen oder seelischen Krankheit oder Behinderung für die gewöhnlich oder regelmäßig wiederkehrenden Verrichtungen im Ablauf des täglichen Lebens auf Dauer, voraussichtlich für mindestens sechs Monate, in erheblichem oder höherem Maße Hilfe bedarf. Diese Voraussetzungen erfüllen die Personen, bei denen mindestens die Pflegestufe 1 festgestellt ist (§ 15 SGB XI). Um den unterschiedlichen Bedarf an Pflegeleistungen genau ermitteln zu können, werden seit Inkrafttreten des zweiten Pflegestärkungsgesetzes am 1.1.2017 fünf Pflegegrade unterschieden. Eine Tabelle als Hilfsmittel zur Ermittlung des Pflegegrades ist unter dem folgenden Link zu finden: http://www.pflege-grad.org/tabellen.html

ACHTUNG!

Zu den Pflegebedürftigen i. S. v. § 2 PflegeZG zählen bereits die Personen, bei denen die Voraussetzungen der §§ 14, 15 SGB XI voraussichtlich erfüllt sind, vgl. § 7 Abs. 4 Satz 2 PflegeZG. Die bloße Möglichkeit einer Pflegebedürftigkeit dürfte hierfür jedoch nicht ausreichend sein; erforderlich sind zumindest Tatsachen, aufgrund derer der Eintritt der Pflegebedürftigkeit als (überwiegend) wahrscheinlich erscheint.

2. Akut aufgetretene Pflegesituation

Der Freistellungsanspruch setzt eine akut aufgetretene Pflegesituation voraus. Nicht ausreichend ist eine in absehbarer Zeit drohende Pflegebedürftigkeit oder eine bereits bestehende, bei der keine wesentlichen Änderungen eingetreten sind. Nur bei der akut aufgetretenen Pflegesituation besteht ein Bedürfnis des berufstätigen Angehörigen, der Arbeit mit sofortiger Wirkung fernzubleiben.

3. Erforderlichkeit der Freistellung

Der Freistellungsanspruch des Beschäftigten setzt voraus, dass die Freistellung erforderlich ist, um eine Pflege zu organisieren bzw. eine pflegerische Versorgung sicherzustellen. Dies ist nicht der Fall, wenn bereits eine andere Person für den Pflegebedürftigen eine bedarfsgerechte Pflege organisiert bzw. die pflegerische Versorgung sicherstellt. Diese Erforderlichkeitsmaxime gilt nicht nur hinsichtlich der Frage des „ob" der Freistellung, sondern auch hinsichtlich der Frage des „wie lange", wobei § 2 PflegeZG eine Freistellung von bis zu zehn Arbeitstagen zulässt.

4. Anzeige- und Nachweispflicht

§ 2 Abs. 2 PflegeZG bestimmt, dass Beschäftigte verpflichtet sind, dem Arbeitgeber ihre Verhinderung an der Arbeitsleistung und deren voraussichtliche Dauer unverzüglich mitzuteilen. Dem Arbeitgeber ist auf Verlangen eine ärztliche Bescheinigung über die (voraussichtliche) Pflegebedürftigkeit des nahen Angehörigen und die Erforderlichkeit der zu treffenden Maßnahme vorzulegen. Es ist nicht erforderlich, dass dem Arbeitgeber Angaben zur Art und Ursache der Pflegebedürftigkeit gemacht werden.

ACHTUNG!

§ 2 Abs. 2 PflegeZG geht hinsichtlich der Anzeigepflicht davon aus, dass dem Arbeitgeber auch die voraussichtliche Dauer der Verhinderung an der Arbeitsleistung mitzuteilen ist. Dieses Erfordernis sieht das Gesetz hinsichtlich der Nachweispflicht nicht vor, sodass der Nachweis über die Pflegebedürftigkeit und die Erforderlichkeit der Maßnahme ausreichend ist.

5. Rechtsfolge

Das Gesetz sieht ein sofortiges Leistungsverweigerungsrecht des Beschäftigten ohne weitere Ankündigungsfrist vor. Der Beschäftigte ist berechtigt der Arbeit fernzubleiben, ohne dass hierfür die Zustimmung des Arbeitgebers erforderlich ist. Der Beschäftigte ist lediglich verpflichtet, dem Arbeitgeber unverzüglich die Verhinderung und deren voraussichtliche Dauer mitzuteilen. Damit der Arbeitgeber von seinem Recht, die Vorlage einer ärztlichen Bescheinigung zu verlangen, Gebrauch machen kann, muss der Beschäftigte diesem den Grund der Leistungsverweigerung mitteilen.

Die Erfüllung der Anzeige- und Nachweispflicht ist jedoch keine Tatbestandsvoraussetzung, d. h. auch ohne Erfüllung dieser Verpflichtungen besteht das Leistungsverweigerungsrecht. Allerdings kann eine Pflichtverletzung in diesem Bereich Schadensersatzansprüche des Arbeitgebers und – das jedenfalls nach vorheriger Abmahnung – eine verhaltensbedingte Kündigung rechtfertigen. Zudem gewährt § 5 PflegeZG (s. VI.) dem Beschäftigten einen Sonderkündigungsschutz, welcher allerdings erst ab dem Zeitpunkt der Ankündigung greift.

§ 2 PflegeZG sieht keinen eigenständigen Entgeltfortzahlungsanspruch des Beschäftigten während der kurzzeitigen Arbeitsverhinderung vor, sondern verweist in Abs. 3 lediglich auf andere gesetzliche Vorschriften bzw. auf eine Vereinbarung, wobei als solche sowohl individual- als auch kollektivrechtliche Vereinbarungen in Betracht kommen. Als gesetzlicher Anspruch kommt insbesondere § 616 BGB in Betracht, der einen Vergütungsanspruch des Dienstverpflichteten für den Fall annimmt, dass dieser für eine verhältnismäßig nicht erhebliche Zeit durch einen in seiner Person liegenden Grund ohne sein Verschulden an der Dienstleistung verhindert wird. Die Pflege naher Angehöriger ist als Verhinderungsgrund im Rahmen des § 616 BGB anerkannt, wobei der unbestimmte Rechtsbegriff „für eine nicht erhebliche Zeit" keine Festlegung auf einen bestimmten Zeitraum ermöglicht. Als nicht erhebliche Zeit dürfte jedoch ein Zeitraum von bis zu fünf Arbeitstagen gelten (BAG v. 19.4.1978, Az. 5 AZR 834/76).

ACHTUNG!

§ 616 BGB ist dispositives Recht. So sieht z. B. § 11 des Manteltarifvertrages für die Arbeitnehmer der Metall- und Elektroindustrie für das Land Hessen bei akuter schwerer Erkrankung des Ehegatten oder der eigenen Kinder unter 14 Jahren unter den dort genannten Voraussetzungen einen bezahlten Freistellungsanspruch für einen Tag vor, jedoch nur soweit kein anderweitiger Zahlungsanspruch besteht.

ACHTUNG!

Für Auszubildende enthält § 19 Abs. 1 Nr. 2b BBiG eine Sonderregelung, welche dem § 616 BGB entspricht, jedoch unabdingbar ist. Auszubildende haben hiermit einen Anspruch auf Vergütung, wenn sie aufgrund der Pflege eines nahen Angehörigen bis zu zehn Tage nicht zur Arbeit kommen können.

WICHTIG!

Beschäftigte haben bei kurzzeitiger Arbeitsverhinderung einen Anspruch auf Pflegeunterstützungsgeld gemäß § 44a Abs. 3 SGB XI, vgl. § 2 Abs. 3 Satz 2 PflegeZG. Der Anspruch ist nachrangig und besteht insbesondere dann nicht, sofern Entgeltfortzahlung vom Arbeitgeber beansprucht werden kann.

IV. Pflegezeit (§§ 3, 4 PflegeZG)

Beschäftigte sind nach § 3 Abs. 1 Satz 1 PflegeZG von der Arbeitsleistung vollständig oder teilweise freizustellen, wenn sie einen pflegebedürftigen nahen Angehörigen in häuslicher Umgebung pflegen (Pflegezeit).

1. Pflegebedürftiger naher Angehöriger

Voraussetzung für die Inanspruchnahme der Pflegezeit durch einen Beschäftigten ist die Pflegebedürftigkeit eines nahen Angehörigen. Anders als die kurzzeitige Arbeitsverhinderung, für welche gemäß § 7 Abs. 4 PflegeZG eine voraussichtliche Pflegebedürftigkeit ausreichend ist, setzt der Anspruch des Beschäftigten auf Pflegezeit nach § 3 PflegeZG die bereits bestehende Pflegebedürftigkeit voraus (§ 7 Abs. 4 Satz 1 PflegeZG). Notwendig ist demnach, dass der Pflegebedürftige die Voraussetzungen der §§ 14, 15 SGB XI – also mindestens Pflegegrad 1 – erfüllt.

2. Pflege in häuslicher Umgebung

Beschäftigte haben nur dann einen Anspruch auf Pflegezeit, wenn sie einen nahen Angehörigen in häuslicher Umgebung pflegen. Der Beschäftigte muss demnach subjektiv die Absicht haben, den nahen Angehörigen zu pflegen und objektiv dazu in der Lage sein. Darüber hinaus muss die Pflege in „häuslicher Umgebung“ erfolgen, wobei unter „häuslicher Umgebung“ nicht ausschließlich der Haushalt des Pflegebedürftigen zu verstehen ist. Ausreichend ist es, dass der Pflegebedürftige durch nahe Angehörige „in vertrauter Umgebung“ gepflegt wird, sodass beispielsweise auch der Haushalt der Pflegeperson in Betracht kommen kann. Seit 1.1.2015 bestehen zwei Ausnahmen von diesem Grundsatz. Seitdem werden auch die außerhäusliche Betreuung eines minderjährigen pflegebedürftigen nahen Angehörigen (§ 3 Abs. 5 PflegeZG) und die Begleitung von nahen Angehörigen in der letzten Lebensphase (§ 3 Abs. 6 PflegeZG) in das Pflegezeitgesetz einbezogen.

3. Unternehmensgröße

Besteht der Anspruch auf kurzzeitige Freistellung nach § 2 PflegeZG unabhängig von einer konkreten Unternehmensgröße, so besteht der Anspruch auf Pflegezeit nicht gegenüber Arbeitgebern mit in der Regel 15 oder weniger Beschäftigten (§ 3 Abs. 1 Satz 2 PflegeZG). Maßgeblich ist die Beschäftigtenzahl, die im Allgemeinen für das Unternehmen kennzeichnend ist. § 3 Abs. 1 Satz 2 PflegeZG stellt auf die „Beschäftigten“ ab, sodass sämtliche unter § 7 Abs. 1 Nr. 1–3 PflegeZG aufgeführten Personen unter diese Vorschrift fallen. Auf den Umfang der Beschäftigung kommt es nicht an, da – anders als beispielsweise in § 23 Abs. 1 Satz 4 KSchG – eine Beschränkung fehlt.

Beispiel:

Beschäftigt ein Arbeitgeber zehn Vollzeitarbeitnehmer, drei Arbeitnehmer in Teilzeit und drei zur Berufsausbildung Beschäftigte, so sind die Voraussetzungen an die Unternehmensgröße erfüllt.

4. Dauer der Pflegezeit

Die Pflegezeit beträgt für jeden pflegebedürftigen nahen Angehörigen maximal sechs Monate (§ 4 Abs. 1 Satz 1 PflegeZG), d. h. bei mehreren Pflegebedürftigen kann der Anspruch auch mehrfach geltend gemacht werden.

ACHTUNG!

Für die Freistellung nach § 3 Abs. 6 PflegeZG (Sterbebegleitung) gilt demgegenüber eine Höchstdauer von drei Monaten je naher Angehöriger, § 4 Abs. 3 Satz 2 PflegeZG.

Nach der Entscheidung des BAG vom 15.11.2011 (9 AZR 348/10) eröffnet das Pflegezeitgesetz dem Arbeitnehmer nur die Möglichkeit, durch **einmalige** Erklärung bis zu sechs Monate lang Pflegezeit in Anspruch zu nehmen. Danach ist er gehindert, von seinem Recht erneut Gebrauch zu machen, sofern sich die Pflegezeit auf denselben Angehörigen bezieht.

Darüber hinaus lässt das Gesetz die Verlängerung der Pflegezeit bis zur Maximaldauer von sechs Monaten nur dann zu, wenn diese zunächst nur für einen kürzeren Zeitabschnitt genommen wurde und der Arbeitgeber dieser Verlängerung zustimmt. Die Zustimmung kann formfrei erklärt werden. Sie ist nicht fristgebunden. Ein Anspruch auf Zustimmung des Arbeitgebers zur Verlängerung bis zur Höchstdauer von sechs Monaten besteht dann, wenn die Pflegezeit zunächst nur für einen verkürzten Zeitraum genommen wurde und ein vorgesehener Wechsel in der Person des Pflegenden aus einem wichtigen Grund nicht erfolgen kann.

Eine „Splittung“ der Pflegezeit in mehrere Zeitabschnitte, beispielsweise um die urlaubsbedingte Abwesenheit der Pflegekraft zu überbrücken, ist im Gesetz nicht vorgesehen; dieses spricht nur von einer Verlängerung in den oben dargestellten Fällen. So zu Recht unter Verweis auf den eindeutigen Wortlaut der Norm auch das ArbG Bonn vom 27.4.2022 (4 Ca 2119/21)

Dagegen dürfte die Möglichkeit, einen pflegebedürftigen Angehörigen durch mehrere Beschäftigte pflegen zu lassen, vom Gesetzeszweck – Beschäftigten, die in häuslicher Umgebung einen pflegebedürftigen Angehörigen pflegen oder in der letzten Phase seines Lebens begleiten wollen – gedeckt sein.

Beispiel:

Ein Beschäftigter beantragt bei seinem Arbeitgeber Pflegezeit für den Zeitraum vom 1.1.2018 bis zum 30.4.2018. Sein Bruder hat – ungeachtet dessen, dass für den pflegebedürftigen Angehörigen bereits eine viermonatige Pflegezeit genommen wurde – nunmehr die Möglichkeit, eine ungekürzte Pflegezeit, beispielsweise ab dem 1.5.2018, zu beantragen.

WICHTIG!

In § 4 Abs. 1 Satz 4 PflegeZG wird klargestellt, dass Pflegezeit und Familienpflegezeit nach § 2 FPfZG gemeinsam die Gesamtdauer von 24 Monaten je pflegebedürftiger naher Angehöriger nicht überschreiten dürfen.

WICHTIG!

Gem. § 4 Abs. 4 PflegeZG kann der Arbeitgeber den Erholungsurlaub, der dem Beschäftigten für das Urlaubsjahr zusteht, für jeden vollen Kalendermonat der vollständigen Freistellung von der Arbeitsleistung um ein Zwölftel kürzen.

5. Beginn der Pflegezeit

Wer Pflegezeit beanspruchen will, muss dies dem Arbeitgeber spätestens zehn Arbeitstage vor Beginn schriftlich ankündigen und gleichzeitig erklären, für welchen Zeitraum und in welchem Umfang die Freistellung von der Arbeitsleistung in Anspruch genommen werden soll (§ 3 Abs. 3 Satz 1 PflegeZG). Grundvoraussetzung für den Anspruch ist, dass zu diesem Zeitpunkt ein naher Angehöriger pflegebedürftig ist. Die voraussichtliche Pflegebedürftigkeit ist hier **nicht** ausreichend.

WICHTIG!

Wird die Pflegezeit in unmittelbarem Anschluss an eine Familienpflegezeit genommen, beträgt die Ankündigungsfrist acht Wochen, vgl. § 3 Abs. 3 Satz 6 PflegeZG.

Wird die Schriftform nicht eingehalten, so wurde die Pflegezeit nicht wirksam beansprucht. Die Rechtsfolge – die Freistellung von der Arbeit – tritt in diesem Fall nicht ein, sodass ein Fernbleiben des Beschäftigten als unberechtigt zu werten ist.

Wird die Pflegezeit seitens des Beschäftigten mit einer zu kurz bemessenen Ankündigungsfrist angezeigt, so führt dies zu einer Verschiebung des Beginns der Pflegezeit um den entsprechenden Zeitraum der Fristversäumnis.

Nach § 3 Abs. 3 Satz 2 PflegeZG ist für den Fall, dass nur eine teilweise Freistellung in Anspruch genommen wird, vom Beschäftigten auch die gewünschte Verteilung der Arbeitszeit anzugeben. Arbeitgeber und Beschäftigter haben in diesem Fall eine schriftliche Vereinbarung über die Verringerung und die Verteilung der Arbeitszeit zu treffen, wobei der Arbeitgeber den Wünschen des Beschäftigten zu entsprechen hat, es sei denn, dass dringende betriebliche Gründe dem entgegenstehen (§ 3

Abs. 4 PflegeZG). Dringende betriebliche Gründe können sowohl der Arbeitszeitverringerung als auch der Verteilung der Arbeitszeit entgegenstehen.

ACHTUNG!

Die entgegenstehenden dringenden betrieblichen Gründe sind seitens des Arbeitgebers darzulegen und zu beweisen.

WICHTIG!

Enthält die Ankündigung keine eindeutige Festlegung, ob der Beschäftigte Pflegezeit oder Familienpflegezeit nach § 2 FPfZG in Anspruch nehmen will und liegen die Voraussetzungen beider Freistellungsansprüche (ab 15 Stunden Wochenarbeitszeit im Jahresdurchschnitt) vor, gilt die Erklärung als Ankündigung von Pflegezeit, vgl. § 3 Abs. 3 Satz 3 PflegeZG.

6. Ende der Pflegezeit

Die Pflegezeit endet nach dem Zeitraum, für den der Beschäftigte Pflegezeit beansprucht hat, spätestens mit Ablauf der sechsmonatigen Höchstdauer. Für den Fall dass der nahe Angehörige nicht mehr pflegebedürftig ist oder die häusliche Pflege unmöglich oder unzumutbar geworden ist, endet die Pflegezeit vier Wochen nach dem Eintritt der veränderten Umstände (§ 4 Abs. 2 PflegeZG). Der Arbeitgeber ist über die veränderten Umstände unverzüglich zu unterrichten. Da eine bestimmte Form der Unterrichtung nicht vorgesehen ist, kann diese formfrei erfolgen. Liegen diese Umstände nicht vor, so kann die Pflegezeit nur mit Zustimmung des Arbeitgebers vorzeitig beendet werden.

7. Nachweispflicht

§ 3 Abs. 2 PflegeZG sieht vor, dass der Beschäftigte die Pflegebedürftigkeit des nahen Angehörigen durch Vorlage einer Bescheinigung der Pflegekasse oder des Medizinischen Dienstes der Krankenversicherung nachzuweisen hat. Bei in der privaten Pflegepflichtversicherung versicherten Pflegebedürftigen ist ein entsprechender Nachweis zu erbringen. Aufgrund des Wortlautes von § 3 Abs. 2 PflegeZG ist es ausreichend, wenn der Nachweis die Tatsache der Pflegebedürftigkeit und den namentlich benannten Angehörigen enthält.

ACHTUNG!

Eine Angabe darüber, wann die Bescheinigung vorzulegen ist, enthält das Gesetz nicht. Laut Begründung des Gesetzesentwurfs durch die Bundesregierung ist diese allerdings weder bei Ankündigung noch bei Beginn der Pflegezeit notwendigerweise vorzulegen, sondern es ist anzunehmen, dass diese nachgereicht werden kann.

V. Rechtsfolgen

Bei der kurzzeitigen Arbeitsverhinderung nach § 2 PflegeZG kann der Beschäftigte ohne Zustimmung des Arbeitgebers bis zur Dauer von zehn Tagen der Arbeit fernbleiben. Im Gegenzug entfällt sein Vergütungsanspruch, es sei denn, ein solcher ergibt sich aus sonstigen gesetzlichen Vorschriften (z. B. § 44a Abs. 3 SGB XII) oder aus einer individual- (§ 616 BGB) bzw. kollektivrechtlichen Vereinbarung. Bei einer unberechtigten Leistungsverweigerung stehen dem Arbeitgeber neben Schadensersatzansprüchen die üblichen arbeitsrechtlichen Maßnahmen, d. h. Abmahnung bzw. im Wiederholungsfall Kündigung zur Verfügung.

Bei Inanspruchnahme der Pflegezeit ist der Beschäftigte berechtigt, bis zur Dauer von sechs Monaten der Arbeit fernzubleiben. Im Gegenzug entfällt auch hier der Vergütungsanspruch, bei der vollständigen Freistellung ganz, bei der teilweisen Freistellung anteilig. Hinsichtlich der arbeitsrechtlichen Konsequenzen bei unberechtigter Inanspruchnahme der Pflegezeit gilt das oben Gesagte.

WICHTIG!

Beschäftigte, die sich nach dem Pflegezeitgesetz für eine bis zu sechsmonatige Freistellung entscheiden, haben Anspruch auf Förderung durch ein zinsloses Darlehen, das sie beim Bundesamt für Familie beantragen können. Der Anspruch auf Förderung richtet sich gem. § 3 Abs. 7 PflegezG nach den entsprechenden Regelungen des Familienpflegezeitgesetzes *(s. → dort)*.

VI. Sonderkündigungsschutz

Gemäß § 5 Abs. 1 PflegeZG darf der Arbeitgeber das Beschäftigungsverhältnis von der Ankündigung, höchstens jedoch zwölf Wochen vor dem angekündigten Beginn bis zur Beendigung der kurzzeitigen Arbeitsverhinderung nach § 2 PflegeZG oder der Freistellung nach § 3 PflegeZG nicht kündigen.

Dieser Sonderkündigungsschutz entsteht auch bei einer kurzfristigen Arbeitsverhinderung oder Inanspruchnahme der Pflegezeit in der Wartezeit.

In besonderen Fällen kann eine Kündigung von der für Arbeitsschutz zuständigen obersten Landesbehörde oder der von ihr bestimmten Stelle ausnahmsweise für zulässig erklärt werden (§ 5 Abs. 2 PflegeZG).

Maßgeblicher Zeitpunkt ist der Zugang der Kündigungserklärung, nicht der Tag des Ablaufs der Kündigungsfrist. Eine Kündigung verstößt demnach nicht gegen § 5 PflegeZG, wenn sie dem Beschäftigten zugeht, bevor dieser die kurzzeitige Arbeitsbefreiung bzw. die Pflegezeit angekündigt hat. Endet das Arbeitsverhältnis in diesem Fall innerhalb des geschützten Zeitraums des § 5 PflegeZG, so ist dies unbedenklich.

Der Sonderkündigungsschutz gilt für alle in § 7 Abs. 1 PflegeZG genannten Beschäftigten, damit auch für solche Personen, die wegen ihrer wirtschaftlichen Unselbstständigkeit als arbeitnehmerähnliche Personen anzusehen sind, wie beispielsweise die in Heimarbeit Beschäftigten.

VII. Ersatzeinstellung

Wenn zur Vertretung eines Beschäftigten für die Dauer der kurzfristigen Arbeitsverhinderung nach § 2 PflegeZG oder der Freistellung nach § 3 PflegeZG ein Arbeitnehmer eingestellt wird, liegt hierin ein Grund für die Befristung des Arbeitsverhältnisses (§ 6 PflegeZG). Über die sich aus § 6 Abs. 1 Satz 1 PflegeZG ergebende Höchstdauer kann eine Befristung um die für die Einarbeitung notwendige Zeit verlängert werden (§ 6 Abs. 1 Satz 2 PflegeZG). Die Dauer der Befristung des Arbeitsvertrages muss kalendermäßig bestimmt oder bestimmbar sein oder der oben genannte Zweck muss zu entnehmen sein.

ACHTUNG!

Das übrige Befristungsrecht ist zu beachten, insbesondere das Schriftformerfordernis des § 14 Abs. 4 TzBfG.

Kehrt der Pflegende nach § 4 Abs. 2 PflegeZG wegen Unmöglichkeit oder Unzumutbarkeit der weiteren Pflege vorzeitig in die Beschäftigung zurück, so steht dem Arbeitgeber gemäß § 6 Abs. 3 PflegeZG hinsichtlich des Vertreters ein Sonderkündigungsrecht mit einer Frist von zwei Wochen zu. Das Kündigungsschutzgesetz ist in diesen Fällen nicht anzuwenden.

Stellt der Arbeitgeber zur Vertretung des Pflegenden eine Vertretungskraft ein, so stellt § 6 Abs. 4 PflegeZG sicher, dass bei der Ermittlung von Schwellenwerten in anderen arbeitsrechtlichen Gesetzen oder Verordnungen der Vertretene nicht mitgerechnet wird. Auf diesem Weg soll eine Doppelberücksichtigung vermieden werden.

Das Recht der Kettenbefristung ist zu beachten. Diese gilt dann, wenn die Ersatzeinstellung nacheinander für eine Vielzahl von Pflegefällen geschieht. Mit Urteil vom 16.10.2016 hat der BGH im Anschluss an den EuGH vom 26.1.2012 klargestellt, dass auch Kettenbefristungen einer Missbrauchskontrolle unterliegen. Dies gilt dann, wenn die Gesamtdauer des befristeten Arbeitsvertrages acht Jahre überschreitet oder inhaltlich mehr als zwölf Verlängerungen vereinbart worden sind.

VIII. Unabdingbarkeit

Nach § 8 PflegeZG kann von den Vorschriften dieses Gesetzes nicht zuungunsten der Beschäftigten abgewichen werden.

Politische Betätigung

I. Grundsätze

Das Grundrecht der Meinungsfreiheit (Art. 5 Abs. 1 Satz 1 GG) gilt auch für Arbeitnehmer am Arbeitsplatz. Die Wahrnehmung dieses Grundrechts kann jedoch zu Konflikten im Arbeitsleben führen. Diese können zum einen darin begründet sein, dass der Arbeitnehmer wegen der politischen Betätigung seine eigene Arbeit unzureichend ausführt und darüber hinaus andere bei der Erbringung der Arbeit stört. Darüber hinaus kann es zu Konflikten mit anderen Arbeitnehmern oder dem Arbeitgeber kommen, die eine andere Überzeugung haben. Daher muss die Möglichkeit zur politischen Betätigung im Betrieb Grenzen haben. Wie diese im Einzelfall zu ziehen sind, ist nicht immer klar zu bestimmen. Die Rechtsprechung hat einige Grundzüge herausgearbeitet, die jedoch stets auf den konkreten Einzelfall angepasst werden müssen.

Eine Kündigung wegen öffentlicher diffamierender und bloßstellender Äußerungen über den eigenen Arbeitgeber, welche von einer aggressiven und feindlichen Stellung diesem gegenüber geprägt sind und nicht mehr vom Recht auf freie Meinungsäußerung nach Art. 5 Abs. 1 Satz 1 GG gedeckt sind kann durchaus Wirksamkeit entfalten, denn wer Missstände bei seinem Arbeitgeber öffentlich machen will, ist zunächst verpflichtet, die Tatsachen, die er öffentlich machen will, selbst zunächst einer sorgfältigen Prüfung zu unterziehen, bevor er damit an die Öffentlichkeit geht (LAG Thüringen v. 19.4.2023, Az. 4 Sa 269/22). Außerhalb des Betriebes können Arbeitnehmer sich politisch im Rahmen der geltenden Gesetze frei betätigen. So gelten etwa auch für Lehrer im Privatbereich grundsätzlich die gleichen Rechte auf Meinungsfreiheit wie für andere Menschen (LAG Berlin-Brandenburg v. 15.6.2023, Az. 10 Sa 1143/22). Auch eine kritische Berichterstattung in sozialen Medien ist Betriebsratsmitgliedern durchaus gestattet und stellt keinen Kündigungsgrund dar (LAG Sachsen v. 17.3.2023, Az. 4 Sa 78/22). Ein Kündigungsgrund kann aber darin liegen, dass der konkrete Inhalt oder die konkrete Art der Betätigung den Schluss auf die fehlende Eignung des Arbeitnehmers für seine Tätigkeit zulässt. Wenn der Arbeitgeber das Arbeitsverhältnis außerordentlich fristlos wegen eines Dauertatbestands (Bekleidung hoher Ämter in der NPD) kündigt, nachdem er zunächst nur die fristgemäße Kündigung erklärt hat, muss er darlegen, warum ihm nun die Einhaltung der Kündigungsfrist unzumutbar sein soll (LAG Hessen v. 26.2.2016, Az. 14 Sa 1772/14). Für den öffentlichen Dienst hat das LAG Hamm folgende Leitsätze aufgestellt: „Bei Betätigung eines Beschäftigten des öffentlichen Dienstes für eine verfassungsfeindliche Partei oder Organisation kommt eine Kündigung sowohl unter verhaltensbedingten als auch unter personenbedingten Gesichtspunkten in Betracht. Eine verhaltensbedingte Kündigung setzt einen Verstoß gegen die politische Treuepflicht und eine dadurch eintretende konkrete Störung des Arbeitsverhältnisses voraus. Das Maß der einem Beschäftigten des öffentlichen Dienstes abzuverlangenden Loyalität gegenüber der Verfassung bestimmt sich nach der Stellung und dem Aufgabenkreis, der dem Beschäftigten laut Arbeitsvertrag übertragen ist. Dieser schuldet lediglich ein solches Maß an politischer Loyalität, das für die funktionsgerechte Verrichtung seiner Tätigkeit unverzichtbar ist. Unterliegt der Arbeitnehmer nur einer einfachen politischen Loyalitätspflicht, verletzt er diese Pflicht nicht schon dadurch, dass er verfassungsfeindliche Ziele einer Partei oder Organisation für richtig hält und dies durch eine Mitgliedschaft und andere Aktivitäten zum Ausdruck bringt“ (LAG Hamm v. 16.12.2022, Az. 17 Sa 139/22; ähnlich auch ArbG Köln v. 3.7.2024, Az. 17 Ca 543/24). Ausnahmsweise kann auch ein außerdienstliches Verhalten arbeitsrechtlich bedeutsam sein. So hat das LAG Düsseldorf entschieden, dass Äußerungen eines Arbeitnehmers auf seinem öffentlich zugänglichen privaten Facebook-Account im Zusammenhang mit dem Angriff der Hamas-Terroristen auf Israel im Oktober 2023, mit denen in jedenfalls teilweise auch strafrechtlich relevanter Weise Gewalttaten verherrlicht und volksverhetzend zum Hass gegen Israelis und/oder Juden aufgestachelt wird, einen wichtigen Grund zur fristlosen Kündigung des Arbeitsverhältnisses darstellen können, wenn ein Bezug zum Arbeitgeber durch die Statusmitteilung „Beschäftigt seit ... bei der ... AG“ hergestellt wird. Damit verstößt der Arbeitnehmer schwerwiegend gegen seine Rücksichtnahmepflicht, indem er den Arbeitgeber u. a. der Gefahr einer erheblichen Rufschädigung aussetzt. Auf die strafrechtliche Bewertung kommt es nicht entscheidend an. Es ist eine Frage des Einzelfalls, ob eine vorherige Abmahnung erforderlich ist (hier bejaht, LAG Düsseldorf v. 8.10.2024, Az. 3 SLa 313/24).

Besonderheiten bei Gewerkschaften: Zu der von Art. 9 Abs. 3 GG gewährleisteten Betätigungsfreiheit gehört auch die Entscheidung der Gewerkschaft, in welcher Art und Weise sie Werbung betreiben oder Dritte über ihre Aktivitäten informieren will. Ihre Entscheidung, Mitgliederwerbung unmittelbar im Betrieb zu betreiben und dort über ihre Tätigkeiten zu informieren, unterfällt damit ebenfalls dem Schutzbereich von Art. 9 Abs. 3 GG. Darüber hinaus hat auch das einzelne Mitglied einer Vereinigung das Recht, aktiv an der verfassungsrechtlich geschützten Koalitionstätigkeit teilzunehmen und sich damit koalitionsspezifisch zu betätigen. Da der Arbeitgeber z. B. nicht den Abbau eines gewerkschaftlichen Informationsstandes anordnen kann, besteht auch kein diesbezügliches Mitbestimmungsrecht des Betriebsrates (BAG v. 28.7.2020, Az. 1 ABR 41/18).

II. Verstoß gegen den Betriebsfrieden

Mit diesem Begriff werden alle Faktoren bezeichnet, die das Zusammenleben und Zusammenwirken der Betriebsangehörigen ermöglichen oder erleichtern. Jeden Arbeitnehmer trifft eine ungeschriebene vertragliche Nebenpflicht, diesen Betriebsfrieden nach Möglichkeit zu wahren. Es stellt einen Verstoß gegen diese Pflicht dar, wenn der Arbeitnehmer sich provozierend parteipolitisch betätigt, sodass andere Belegschaftsangehörige sich belästigt fühlen und dadurch eine Störung des Betriebsablaufs eintritt.

Der Arbeitnehmer **darf** also **nicht**

- die eigene Arbeitspflicht zugunsten der politischen Betätigung verletzen,
- andere dadurch von der Arbeit abhalten oder deren Arbeit erschweren,
- Mitarbeiter so provozieren, dass erhebliche Unruhe in der Belegschaft hervorgerufen wird,
- durch überspitzte politische Äußerungen Kunden und/oder Lieferanten provozieren.

Dabei ist es unerheblich, in welcher Weise die Arbeitsabläufe gestört werden oder die Unruhe hervorgerufen wird. Dies kann sowohl durch verbale Äußerungen als auch durch Aufkleber, Plaketten und Aufnäher geschehen.

Beispiel:

Ein rechtsradikaler Arbeitnehmer trägt einen Aufnäher mit dem Text „Ich bin stolz, ein Deutscher zu sein" auf seiner Arbeitskleidung. Dies kann der Arbeitgeber untersagen, wenn es daraufhin zu erheblicher Unruhe z. B. unter den ausländischen Mitarbeitern kommt. Gemäß § 12 Abs. 1 AGG ist er sogar verpflichtet, Schutzmaßnahmen – auch vorbeugender Art – gegen Benachteiligungen zu treffen. Auch wurde eine Kündigung für wirksam angesehen, die ausgesprochen wurde, weil ein Mitarbeiter des Ordnungsamtes im Pausenraum in einer Originalausgabe von „Mein Kampf" gelesen hatte, auf dessen Rücken das Hakenkreuz geprägt war (LAG Berlin-Brandenburg v. 25.9.2017, Az. 10 Sa 899/17). Auch die öffentliche Äußerung einer Arbeitnehmerin, welche als Referentin bei einer KZ-Gedenkstätte arbeitet, wonach die staatlichen Maßnahmen in Zusammenhang mit der Bekämpfung der Corona-Pandemie zur schärfsten Faschisierung in Staat und Gesellschaft geführt hätten und dass der Staat reaktionär, faschistoid sei, ist geeignet, eine verhaltensbedingte Kündigung zu rechtfertigen (LAG München v. 18.7.2023, Az. 7 Sa 71/23).

Ebenso kann durch Aufkleber auf einem auf dem Firmenparkplatz abgestellten Privatfahrzeug eine Störung des Betriebsfriedens hervorgerufen werden.

Diese Grundsätze gelten auch für ethnische Konflikte. Arbeiten z. B. in einem Betrieb Araber und Mitglieder der jüdischen Gemeinde, so dürfen sie die politischen Konflikte jedenfalls nicht in einer Weise am Arbeitsplatz austragen, die das Zusammenarbeiten konkret stört.

Sachliche Meinungsäußerungen sind jedoch auch im Betrieb von der Meinungsfreiheit geschützt. Die bloße abstrakte Möglichkeit, dass sie zu Störungen führen können, reicht nicht aus, um hiergegen vorzugehen. Es muss vielmehr eine konkrete Störung vorliegen oder unmittelbar bevorstehen. Maßgeblich sind die Umstände des Einzelfalls. So wurde etwa eine Unterschriftenaktion, mit der der Wunsch auf Wiedereinführung einer 35-Stunden-Woche zum Ausdruck gebracht wurde, für nicht grundsätzlich unzulässig erklärt. Ein Arbeitnehmer, der eine solche Unterschriftenaktion initiiere, begehe auch dann keine Vertragspflichtverletzung, wenn er während der Arbeitszeit Arbeitskollegen zum Zweck der Unterschriftsleistung anspricht, solange dies einen gewissen zeitlichen Rahmen nicht überschreite, die Arbeitsleistung nicht darunter leide und der Arbeitsablauf nichts ins Stocken gerate (LAG Hamm v. 3.9.2014, Az. 4 Sa 235/14).

Die Rechtsprechung ist stark von Einzelfällen geprägt. Das LAG Sachsen hat z. B. entschieden, dass das Recht auf Meinungsfreiheit auch durch Betriebsvereinbarungen eingeschränkt werden könne und der Arbeitgeber das Verteilen von Druckerzeugnissen im Betrieb einem generellen Genehmigungsvorbehalt unterwerfen dürfe, auch dann, wenn die Verteilung von einem Arbeitnehmer in der Funktion als Betriebsratsmitglied wahrgenommen wird. Grundsätzlich dürfe der Arbeitnehmer bei einer Meinungsäußerung der Tendenz des Arbeitgebers entgegentreten und dabei auch Kritik an der Unternehmenspolitik üben (Sächsisches LAG v. 24.2.2022, Az. 2 Sa 453/20).

Bei der Beurteilung von Meinungsäußerungen sind auch die Wertungen des AGG zu beachten.

Die Tätowierung der Losung „Meine Ehre heißt Treue" stellt einen Verfassungstreuepflichtverstoß von Lehrkräften dar, der eine personenbedingte Kündigung rechtfertigt (LAG Berlin-Brandenburg v. 11.5.2021, Az. 8 Sa 1655/20).

Eine gesteigerte Pflicht zur Rücksichtnahme besteht bei sog. **Tendenzbetrieben.** Dazu gehören

- politische Parteien
- Arbeitgeberverbände
- Gewerkschaften
- Unternehmen mit konfessionellen, karitativen, erzieherischen, wissenschaftlichen oder künstlerischen Zielen
- Medien.

Hier müssen Arbeitnehmer, die als Tendenzträger fungieren, bei ihrer politischen Betätigung auf die jeweilige Tendenz des Betriebs Rücksicht nehmen. Dies gilt auch für den öffentlichen Dienst, in dem zwar auch die Meinungsfreiheit gilt. Zu Tendenzträgern gehören die Arbeitnehmer, die unmittelbar in der Lehre tätig sind, also inhaltlich auf die Tendenzverwirklichung Einfluss nehmen, und zwar insbesondere durch eigene Veröffentlichungen oder durch Vorträge und Vorlesungen. Bei diesen Arbeitnehmern bestehen gesteigerte Rücksichtnahmepflichten, insbesondere sind sie verpflichtet, sowohl bei ihrer Arbeitsleistung als auch im außerbetrieblichen Bereich nicht gegen die Tendenz zu verstoßen (ArbG Halle (Saale) v. 10.12.2024, Az. 1 Ca 378/24, nicht rechtskräftig, Berufung anhängig beim LAG Sachsen-Anhalt unter 4 SLa 39/25). Bei politischer Betätigung eines Beschäftigten des öffentlichen Dienstes für eine verfassungsfeindliche Partei oder Organisation, insbesondere bei einem Eintreten für deren verfassungsfeindliche Ziele, kann jedoch eine Kündigung sowohl unter verhaltensbedingten als auch unter personenbedingten Gesichtspunkten in Betracht kommen, und zwar unabhängig davon, ob die Verfassungswidrigkeit der Partei durch das Bundesverfassungsgericht festgestellt wurde. Auch das politische Engagement für eine nicht verbotene, gleichwohl verfassungsfeindliche Organisation kann kündigungsrechtlich beachtlich sein (LAG Köln v. 23.7.2020, Az. 8 Sa 57/20). Die Meinungsfreiheit rechtfertigt auch weder Formalbeleidigungen noch Schmähkritik (BAG v. 18.12.2014, Az. 2 AZR 265/14). Es müssen jedoch immer die beiderseitigen Interessen gegeneinander abgewogen werden. So bestimmt z. B. § 13 Abs. 3 des Manteltarifvertrags für Redakteurinnen/Redakteure an Zeitschriften, dass der Redakteur zur anderweitigen Verwertung der ihm bei seiner Tätigkeit für den Verlag bekannt gewordenen Nachrichten der schriftlichen Einwilligung des Verlags bedarf. Dies hat das LAG Düsseldorf aber als mit der Meinungsfreiheit unvereinbar angesehen (LAG Düsseldorf v. 26.6.2019, Az. 4 Sa 970/18). Das Bundesarbeitsgericht hat in der Revisionsentscheidung (Urteil v. 15.6.2021, Az. 10 AZR 413/19) eine einschränkende Auslegung des entsprechenden Tarifvertrages vorgenommen.

III. Straftaten

Die politische Betätigung im Betrieb ist auf jeden Fall unzulässig, wenn dabei Straftaten begangen werden. Typische Fälle sind hier

- Sachbeschädigung durch Aufsprühen oder sonstiges Bemalen von Firmeneigentum (§ 303 Abs. 1 StGB),
- Beleidigung (§ 185 StGB),

- Körperverletzung (§ 123 StGB),
- Nötigung (§ 240 StGB),
- Verwendung von Kennzeichen verfassungsfeindlicher Organisationen (§ 86a StGB), wozu auch das Zeigen des „Hitler-Grußes“ gehört,
- Verbreiten von Propagandamaterial verfassungsfeindlicher Organisationen (§ 86 StGB),
- Volksverhetzung (§ 130 StGB),
- Aufstachelung zum Rassenhass (§ 131 StGB).

Teilweise ist aber die aktuelle Rechtsprechung der Strafgerichte insbesondere im Zusammenhang mit dem israelisch-palästinensischen Konflikt nicht einheitlich.

IV. Reaktionsmöglichkeiten des Arbeitgebers

Eine unzulässige politische Betätigung des Arbeitnehmers stellt einen Verstoß gegen seine arbeitsvertraglichen Pflichten dar. Der Arbeitgeber kann somit

- das Entgelt kürzen für den Zeitraum, in dem der Arbeitnehmer nicht gearbeitet, sondern sich politisch betätigt hat,
- den Arbeitnehmer abmahnen und
- im Wiederholungsfall kündigen, wenn der Verstoß gravierend genug ist. In bestimmten Fällen kommt auch eine Kündigung ohne vorherige Abmahnung in Betracht.

Welche Reaktion im Einzelfall die angemessene ist, hängt von den jeweiligen Umständen ab. Das BAG hat z. B. die fristlose Kündigung eines Auszubildenden für rechtmäßig erachtet, der über dem Arbeitsplatz eines Kollegen ein Schild „Arbeit macht frei“ befestigt hatte. Eine Abmahnung wurde für entbehrlich gehalten, ebenso wie bei einem Lehrer, der einen „Judenwitz“ im Unterricht wiedergab. Das bloße Weiterreichen eines ausländerfeindlichen Flugblattes wurde in einem Einzelfall nicht als Kündigungsgrund anerkannt, nachdem der Arbeitnehmer glaubhaft dargelegt hatte, nur die Eingangssätze gelesen zu haben.

WICHTIG!
In bestimmten Fällen wie den oben genannten kann der Arbeitgeber nicht nur berechtigt, sondern auch verpflichtet sein, gegen unzulässige politische Betätigung vorzugehen.

Eine solche Pflicht kann aus dem Diskriminierungsverbot des Art. 3 Abs. 3 Satz 1 GG abgeleitet werden, wonach niemand wegen seines Geschlechts, seiner Abstammung, seiner Rasse, seiner Sprache, seiner Heimat und Herkunft, seines Glaubens, seiner religiösen oder politischen Anschauung benachteiligt werden darf. Nach Inkrafttreten des AGG gilt dies in besonderem Maße für die dort genannten Diskriminierungsmerkmale.

Fühlt sich ein Arbeitnehmer durch die politische Betätigung eines anderen Mitarbeiters beeinträchtigt, kann er beim Betriebsrat Beschwerde einlegen, der diese dann mit dem Arbeitgeber zu erörtern hat (§ 85 Abs. 1 BetrVG). In schwerwiegenden Fällen hat der Betriebsrat gem. § 104 BetrVG ein Initiativrecht und kann die Entlassung des störenden Arbeitnehmers aus dem Betrieb verlangen. Kommt der Arbeitgeber in diesem Fall dem Verlangen des Betriebsrats nicht nach, kann er sich mit einem Verfahren vor der → *Einigungsstelle* oder einem Beschlussverfahren vor dem Arbeitsgericht konfrontiert sehen. Wird im Beschlussverfahren dem Antrag des Betriebsrates rechtskräftig stattgegeben, begründet dies ein dringendes betriebliches Erfordernis i. S. d. § 1 Abs. 2 Satz 1 KSchG für eine ordentliche arbeitgeberseitige Kündigung (BAG v. 28.3.2017, Az. 2 AZR 551/16). Dies mindert die Erfolgsaussichten des auf Veranlassung des Betriebsrates gekündigten Arbeitnehmers im Kündigungsschutzverfahren erheblich. Der Arbeitnehmer, der sich gestört fühlt, kann außerdem im Einzelfall das Recht haben, selbst fristlos zu kündigen.

V. Parteipolitische Betätigung von Betriebsrat und Arbeitgeber

Die parteipolitische Betätigung von Arbeitgeber und Betriebsrat im Betrieb ist ausdrücklich verboten (§ 74 Abs. 2 Satz 2 und 3 BetrVG). Dieses Verbot gilt nicht erst, wenn eine konkrete Beeinträchtigung des Betriebsfriedens zu befürchten ist, sondern generell. Das Verbot gilt für

- Mitglieder des Betriebsrats, sofern sie in dieser Funktion handeln; ansonsten gelten die für die sonstigen Arbeitnehmer geltenden Regeln,
- Mitglieder des Gesamtbetriebsrats,
- Mitglieder des Konzernbetriebsrats,
- den Jugend- und Auszubildendenvertreter,
- den Arbeitgeber, bei einer juristischen Person für deren gesetzlichen Vertreter.

Verboten ist nur die parteipolitische, nicht die allgemeinpolitische Betätigung (BAG v. 17.3.2010, Az. 7 ABR 95/08). Parteien in diesem Sinne sind nicht nur in der Bundesrepublik Deutschland zugelassene Organisationen, sondern auch verbotene oder im Ausland agierende Parteien.

Das Verbot ist räumlich auf den Betrieb beschränkt, wobei auch unselbstständige Betriebsteile und Nebenbetriebe erfasst sind. Mitglieder des Betriebsrats eines Betriebs können somit vor den Toren eines anderen Betriebs desselben Arbeitgebers parteipolitische Flugblätter verteilen, ohne gegen die Vorschrift zu verstoßen. Wenn der Betriebsrat gegen das Verbot parteipolitischer Betätigung verstößt, kann der Arbeitgeber ihn nicht durch ein Beschlussverfahren zur Unterlassung zwingen (BAG v. 28.5.2014, Az. 7 ABR 36/12 und v. 17.3.2010, Az. 7 ABR 95/08). Er kann aber die gerichtliche Feststellung verlangen, dass die Betätigung rechtswidrig war. Dies soll nach Auffassung des 7. Senats des Bundesarbeitsgerichts grundsätzlich auch durch eine feststellende einstweilige Verfügung möglich sein (BAG v. 28.5.2014, Az. 7 ABR 36/12). In groben Fällen oder im Wiederholungsfall kann auch die Auflösung des Betriebsrates gem. § 23 Abs. 1 BetrVG beantragt werden. Dies dürfte insbesondere dann in Betracht kommen, wenn dem Betriebsrat gegenüber schon einmal gerichtlich festgestellt wurde, dass sein Verhalten rechtswidrig ist.

Praktikanten

I. Begriff

Der Begriff des Praktikanten wurde im Mindestlohngesetz (MiLoG) im Hinblick auf dessen Anwendbarkeit definiert. Es erfolgte nach § 22 MiLoG eine Klarstellung, unter welchen Voraussetzungen der Praktikant als Arbeitnehmer, bei denen das MiLoG Anwendung findet, in Abgrenzung zu echten Praktikumsverhältnissen anzusehen ist, bei denen das MiLoG keine Anwendung findet (für weitere Einzelheiten s. unter V). Auch von § 26 BBiG werden Praktikumsverhältnisse erfasst. Darüber hinaus wurde der Begriff des Praktikanten jedoch gesetzlich nicht näher definiert. Charakteristisch für die Ausbildung eines Praktikanten ist,

- dass sie vorübergehend ist,
- keine systematische Berufsausbildung in einem Ausbildungsberuf beinhaltet.

Das Praktikum zielt vielmehr auf die Erlangung von praktischen Kenntnissen und Erfahrungen in einem Betrieb ab. Es dient regelmäßig der Vorbereitung eines späteren Eintritts in den angestrebten Beruf oder dem Nachweis praktischer Erfahrungen auf einem bestimmten Gebiet.

Häufig ist das Absolvieren eines Praktikums auch Zulassungsvoraussetzung z. B. für ein Studium oder auch für eine Abschlussprüfung. Damit faktisch nicht von einem Arbeitsverhältnis auszugehen ist, muss der Ausbildungszweck und nicht die Erbringung von Arbeitsleistungen im Vordergrund stehen.

Abzugrenzen ist das Praktikantenverhältnis insbesondere vom

- → *Berufsausbildungsverhältnis* (dient dem erfolgreichen Abschluss in einem gesetzlich anerkannten Ausbildungsberuf),
- Volontärverhältnis (in der Regel nicht zwingend vorgeschrieben für späteren Hauptberuf, kann tarifvertraglich geregelt sein; meist über einen längeren Zeitraum vertiefte Vermittlung von praktischen Kenntnissen und Erfahrungen),
- Anlernverhältnis (die Arbeitsleistung gegen Entgelt steht im Vordergrund, auch wenn der Anzulernende erst noch die erforderlichen Kenntnisse sammeln soll bzw. muss),
- Schulpraktikum (kein Praktikant mit Arbeitnehmereigenschaft, da es sich um eine im Betrieb stattfindende schulische Veranstaltung handelt),
- (Fach-)Hochschulpraktikum (kein Praktikant mit Arbeitnehmereigenschaft, da das Praktikum Bestandteil der Fach-/Hochschulausbildung ist),
- Werkstudenten (die entgeltliche Arbeitsleistung steht im Vordergrund; deshalb handelt es sich um ein „normales" Arbeitsverhältnis mit sozialversicherungs- und steuerrechtlichen Besonderheiten).

Die Abgrenzung muss im Rahmen einer Gesamtschau erfolgen. Alle Kriterien des Vertragsverhältnisses müssen herangezogen werden. Eine Bewertung erfolgt nach dem tatsächlichen Verhalten der Beteiligten und dem Inhalt des Vertragsverhältnisses. Allein die Vertragsbezeichnung ist nur von untergeordneter Bedeutung.

II. Praktikantenvertrag

Für das Praktikantenverhältnis gelten die Vorschriften des Berufsbildungsgesetzes über Beginn und Beendigung, Rechte und Pflichten sowie Vergütung mit folgenden Ausnahmen (vgl. § 26 BBiG):

- Die gesetzliche Probezeit kann abgekürzt werden,
- auf die Niederschrift des Vertrags kann verzichtet werden,
- ein Schadensersatz bei vorzeitiger Auflösung des Vertrags nach Ablauf der Probezeit kann nicht verlangt werden, weder vom Ausbilder noch vom Praktikanten.

Ist die praktische Ausbildung aber Teil eines Fachhochschul- oder Hochschulstudiums und in der Studienordnung geregelt bzw. handelt es sich bei dem Praktikum um ein sog. schulisches Betriebs- oder Schülerpraktikum, findet § 26 BBiG keine Anwendung. Die rechtlichen Einzelheiten ergeben sich in diesen Fällen aus den jeweiligen hochschul- oder schulrechtlichen Vorgaben.

Besteht für eine Person, die ein Praktikum ableistet, ein Anspruch auf Zahlung von Mindestlohn, ist diese Person Arbeitnehmer und für sie gilt das Nachweisgesetz.

Ist zwischen dem Unternehmen und dem Praktikanten ein Vertrag geschlossen, besteht zugunsten des Praktikanten ein aktives Wahlrecht aus § 7 BetrVG zur Beteiligung an der Betriebsratswahl. Dies gilt auch dann, wenn das Praktikum zur Vorbereitung einer Berufsausbildung dient, denn auch Auszubildende haben das Recht, sich an einer Betriebsratswahl zu beteiligen (BAG v. 15.3.2006, Az. 7 ABR 39/05).

Lediglich in Fällen, in denen das Praktikum als universitäre oder schulische Prüfungsleistung vorgeschrieben ist, besteht kein Recht, sich an der Betriebsratswahl zu beteiligen, da der Arbeitnehmerbegriff mangels Integration in den betrieblichen Ablauf zu verneinen ist.

Auch wenn der Praktikantenvertrag mündlich abgeschlossen werden kann, empfiehlt es sich, die wesentlichen Vereinbarungen schriftlich festzuhalten.

WICHTIG!

Bei minderjährigen Praktikanten müssen auch die gesetzlichen Vertreter (in der Regel die Eltern) den Praktikantenvertrag unterschreiben.

Vor der → *Einstellung* eines Praktikanten muss der Betriebsrat beteiligt werden (§ 99 BetrVG).

III. Rechte und Pflichten im Praktikantenverhältnis

1. Pflichten des Ausbilders

Der Ausbilder muss dem Praktikanten diejenigen Kenntnisse und Erfahrungen vermitteln, die zum Erreichen des vereinbarten Praktikumsziels erforderlich sind. Diese Vermittlung von Wissen steht im Mittelpunkt des Praktikantenverhältnisses. Darüber hinaus muss er dem Praktikanten

- Arbeitsmittel kostenlos zur Verfügung stellen,
- eine angemessene Vergütung zahlen,
- nach Abschluss des Praktikums ein Zeugnis ausstellen, aus dem sich die vermittelten Kenntnisse sowie die Leistung und Führung des Praktikanten ergeben.

Das LAG Niedersachsen hat am 20.6.2022 (12 Sa 434/21) entschieden, dass auch ein langjährig beschäftigter Arbeitnehmer, der fortgesetzt eine oder mehrere Praktikantinnen belästige, ohne einschlägige Abmahnung gekündigt werden kann. Das LAG führt weiter aus, dass die entsprechende Pflichtverletzung aus dem Praktikantenverhältnis resultiere. Es sei egal, ob ein Beschäftigter oder ein Praktikant von der Belästigung betroffen sei.

2. Pflichten des Praktikanten

Der Praktikant ist in erster Linie verpflichtet, die sich aus dem vereinbarten Ausbildungsziel ergebenden Fertigkeiten und Kenntnisse zu erwerben. Darüber hinaus ist er verpflichtet,

- den Weisungen des Ausbilders Folge zu leisten,
- die beim Ausbilder einschlägige Betriebsordnung einzuhalten und besondere Verhaltenspflichten (z. B. Benutzung von Schutzvorrichtungen) zu befolgen,

- die ihm zur Verfügung gestellten Arbeitsmittel pfleglich zu behandeln,
- die ihm übertragenen Arbeiten und Aufgaben durchzuführen,
- die → *Verschwiegenheitspflicht*, insbesondere im Hinblick auf Geschäfts- und Betriebsgeheimnisse, zu wahren.

IV. Beendigung des Praktikums

1. Kündigung

Praktikantenverhältnisse werden befristet abgeschlossen. Wenn eine Probezeit vereinbart wurde, ist eine → *Kündigung* während der Probezeit jederzeit ohne Einhaltung einer Kündigungsfrist möglich. Die Probezeit im Praktikantenverhältnis beträgt mindestens einen Tag und darf höchstens vier Monate betragen.

Nach Ablauf der Probezeit kann das Praktikantenverhältnis nur noch außerordentlich, d. h. bei Vorliegen eines wichtigen Grundes gekündigt werden (→ *Kündigung*).

WICHTIG!

Die Möglichkeit der ordentlichen Kündigung kann vereinbart werden.

Zusätzlich kann der Praktikant mit einer vierwöchigen Frist kündigen, wenn er den Zweck des Praktikums nicht weiter verfolgen will (also z. B. das Studienfach wechselt oder sein Studium aufgibt).

WICHTIG!

Bei einer Kündigung durch den Ausbilder ist der Betriebsrat vorher gemäß § 102 BetrVG anzuhören.

Die Kündigung sowohl durch den Ausbilder als auch durch den Praktikanten muss in jedem Fall schriftlich erfolgen, sonst ist sie unwirksam (§ 22 BBiG, § 623 BGB). Der Ausbilder muss außerdem die Kündigungsgründe angeben.

2. Aufhebungsvertrag

Die einvernehmliche Beendigung des Praktikantenverhältnisses durch → *Aufhebungsvertrag* ist jederzeit möglich. Der Aufhebungsvertrag ist nur wirksam, wenn er schriftlich abgeschlossen wird (§ 22 BBiG, § 623 BGB). Fristen müssen hierbei nicht beachtet werden. Bei Minderjährigen ist die Zustimmung der gesetzlichen Vertreter (in der Regel die Eltern) erforderlich.

V. Auswirkungen des Mindestlohngesetzes

Das am 16.8.2014 in Kraft getretene MiLoG gilt gem. § 22 Abs. 1 für Arbeitnehmer. Praktikanten i. S. d. § 26 BBiG gelten nach § 22 Abs. 1 Satz 2 grundsätzlich als Arbeitnehmer und fallen daher in der Regel unter den persönlichen Anwendungsbereich des Gesetzes.

Ausnahmen sind in § 22 Abs. 1 Satz 2 Ziffer 1–4 vorgesehen.

So haben z. B. Praktikanten, die ein Praktikum verpflichtend aufgrund einer schulrechtlichen Bestimmung, einer Ausbildungsordnung, einer hochschulrechtlichen Bestimmung oder im Rahmen einer Ausbildung an einer gesetzlich geregelten Berufsakademie leisten, keinen Mindestlohnanspruch (§ 22 Abs. 1 Nr. 1 MiLoG).

Dies hat das BAG mit Urteil vom 19.1.2022 (5 AZR 217/41) bestätigt und für ein „Vorpraktikum" ausgeführt, dass von der Pflicht zur Zahlung einer Vergütung des gesetzlichen Mindestlohns in Anwendung der Ausnahmeregelung für Praktikanten des § 22 Abs. 1 Satz 2 MiloG auch ein Vorpraktikum ausgenommen ist, das nach einer hochschulrechtlichen Bestimmung Zulassungsvoraussetzungen für die Aufnahme eines Studiums ist.

Auch sog. Orientierungspraktika und freiwillige studienbegleitende Praktika von bis zu drei Monaten fallen nicht unter das MiLoG. Orientierungspraktika können aus Gründen in der Person des Praktikanten unterbrochen und um die Dauer der Unterbrechungszeit verlängert werden, wenn zwischen den einzelnen Abschnitten ein sachlicher und zeitlicher Zusammenhang besteht und die Höchstdauer von drei Monaten insgesamt nicht überschritten wird (BAG v. 30.1.2019, Az. 5 AZR 556/17). Bei den freiwilligen studienbegleitenden Praktika darf ein solches nicht bereits zuvor mit demselben Ausbildenden bestanden haben.

Einzelheiten zum MiLoG s. unter → *Vergütung*.

Provision

I. Begriff und Abgrenzung

Die Provision ist eine Erfolgsvergütung. Sie ist die typische → *Vergütung* des Handelsvertreters, der nicht Arbeitnehmer ist, sondern selbstständig Geschäfte vermittelt und abschließt. Sie ist in den §§ 87 bis 87c HGB gesetzlich geregelt. Arbeitet ein Arbeitnehmer auf Provisionsbasis, gelten diese Regelungen für ihn entsprechend (§ 65 HGB).

Im Allgemeinen werden im Arbeitsverhältnis Provisionsvereinbarungen in Verbindung mit einem Fixum getroffen. Die Vereinbarung einer ausschließlich erfolgsorientierten Provisionsvergütung ist jedoch im Hinblick auf die ausdrückliche gesetzliche Regelung in § 65 HGB auch im Arbeitsverhältnis grundsätzlich zulässig. Dies gilt jedenfalls so lange, wie die Grenzen der Sittenwidrigkeit und des MiLoG eingehalten werden. Kann ein Arbeitnehmer trotz vollen Einsatzes seiner Arbeitskraft kein ausreichendes Einkommen erzielen, etwa weil das zur Verfügung gestellte Adressenmaterial oder eine andere geschuldete Mitwirkung des Arbeitgebers nicht ausreichend ist (vgl. dazu LAG Köln v. 16.2.2009, Az. 2 Sa 824/08), ist die Regelung sittenwidrig. Gleiches gilt, wenn zwischen Leistung und Gegenleistung ein auffälliges Missverhältnis (Vergütung erreicht nicht ⅔ eines in der betreffenden Branche und Wirtschaftsregion üblichen Tariflohns) besteht (BAG v. 16.2.2012, Az. 8 AZR 242/11).

Werden auf eine Provisionsvereinbarung – wie in der Praxis üblich – Provisionsvorschüsse gezahlt, so sind diese zurückzuzahlen, soweit sie nicht ins Verdienen gebracht werden. Voraussetzung ist jedoch eine klare und keine widersprüchliche vertragliche Regelung.

Beispiel:

Widersprüchlich ist etwa folgende Regelung:

„Der Arbeitnehmer wird vom Arbeitgeber für seine Tätigkeit ausschließlich auf Provisionsbasis vergütet. Er erhält jeweils pro Monat als Vorauszahlung zum Monatsanfang ein Fixum von 750 €, welches auf die gesamte monatliche Vergütung verrechnet wird."

„Fixum" auf der einen Seite bedeutet, dass ein fester monatlicher Betrag gezahlt wird; „Provision" kennzeichnet dagegen eine variable Vergütung. Diesen Widerspruch hat das LAG Niedersachsen (5.6.2012, Az. 1 Sa 5/12) so aufgelöst, dass es die Verrechnung strich, sodass eine Mindestvergütung von 750 € – unabhängig von den erzielten Provisionen – stehen blieb.

Anspruchsgrundlage für die Rückforderung ist die Vorschussvereinbarung selbst, nicht § 812 BGB. Dabei werden vom Rückforderungsanspruch auch die Arbeitnehmeranteile zur Sozialversicherung erfasst, doch besteht insoweit gegen den Arbeitnehmer nur ein Anspruch auf Abtretung des gegen den Sozialversicherungsträger bestehenden Erstattungsanspruchs (BAG v. 21.1.2015, Az. 10 AZR 84/14).

Nicht zurückzuzahlen ist ein Provisionsvorschuss, wenn der Arbeitgeber seiner Verpflichtung zur Rücksichtnahme nicht nachkommt und die Vermittlungs- und Abschlussbemühungen nicht unterstützt und nicht fördert (LAG Hamm v. 3.2.2009, Az. 14 Sa 361/08).

Mit der Provision wird der Arbeitnehmer an dem Wert derjenigen Geschäfte beteiligt, die durch ihn zustande gekommen sind (Vermittlungsprovision). Dabei besteht kein Anspruch, dass der Arbeitgeber mit Rücksicht auf das Einkommen des Arbeitnehmers ein bestimmtes Vertriebssystem oder eine bestimmte Struktur auf Dauer unverändert beibehält (BAG v. 16.2.2012, Az. 8 AZR 242/11). Die Gestaltung des Vertriebssystems, also des Betriebs, liegt grundsätzlich im Bereich der unternehmerischen Freiheit eines Unternehmens. Dies kann im Ergebnis dazu führen, dass ein Arbeitnehmer nach einer Umstrukturierung nur noch eine erheblich geringere Provision erzielen kann.

Ist dem Arbeitnehmer im Rahmen seiner Tätigkeit ein bestimmter Bezirk oder Kundenkreis zugeteilt worden, kann auch eine sog. Bezirksprovision vereinbart werden. Danach erhält er eine Provision für diejenigen Geschäfte, die im zugewiesenen Bezirk oder mit dem zugeteilten Kundenstamm abgeschlossen werden, und zwar unabhängig davon, ob er am konkreten Geschäftsabschluss mitgewirkt hat.

Von der Vermittlungs- und Bezirksprovision sind die Umsatzprovision und die → *Gewinnbeteiligung* (Tantieme) zu unterscheiden. Umsatzprovisionen sind auf den Gesamtumsatz des Unternehmens oder eines Betriebs oder Betriebsteils bezogen. Wie die Gewinnbeteiligung, die auf den Gewinn des Unternehmens oder eines Betriebs oder Betriebsteils bezogen ist, ist sie nicht an die konkrete Tätigkeit des einzelnen Arbeitnehmers geknüpft.

Rechtsgrundlage einer Provision können der Arbeitsvertrag, eine Gesamtzusage, Betriebsvereinbarung oder eine tarifvertragliche Regelung sein.

ACHTUNG!

Wenn der Arbeitgeber eine Provision nicht mit einzelnen Arbeitnehmern individuell aushandelt, sondern diese einheitlich für den ganzen Betrieb, einzelne Betriebsabteilungen oder Arbeitnehmergruppen einführt, muss er den Gleichbehandlungsgrundsatz beachten.

II. Voraussetzungen

Ein Provisionsanspruch besteht nur unter den folgenden Voraussetzungen:

1. Bestehendes Arbeitsverhältnis

Im Zeitpunkt des Geschäftsabschlusses muss ein rechtswirksamer → *Arbeitsvertrag* bestehen. Stellt sich im Nachhinein heraus, dass der Arbeitsvertrag nichtig ist oder wird er rechtswirksam angefochten, so hat dies nur Auswirkungen für die Zukunft. Der für bereits getätigte Geschäftsabschlüsse entstandene Provisionsanspruch bleibt bestehen.

Das provisionspflichtige Geschäft muss **während** des bestehenden Arbeitsverhältnisses abgeschlossen worden sein (§ 87 Abs. 1 HGB). Ohne Bedeutung ist dabei, ob das vermittelte Geschäft noch während oder erst nach Beendigung des Arbeitsverhältnisses ausgeführt wird. § 87 Abs. 1 Satz 1 HGB begründet einen Provisionsanspruch auch für solche Geschäfte, die vor Beendigung des Vertragsverhältnisses abgeschlossen, aber erst danach ausgeführt worden sind (sog. Überhangsprovision). Ob diese Überhangsprovision durch eine arbeitsvertragliche Regelung ausgeschlossen werden kann, wenn ein sachlicher Grund vorliegt, ist zuletzt vom Bundesarbeitsgericht ausdrücklich offen gelassen worden. Eine vom Arbeitgeber vorformulierte Klausel, nach der dem Arbeitnehmer als Überhangsprovision nur die Hälfte der vereinbarten Provision zusteht, ist jedenfalls zu weit gefasst, benachteiligt den Arbeitnehmer unangemessen und ist daher unwirksam (BAG v. 20.2.2008, Az. 10 AZR 125/07).

Für ein **nach** Beendigung des Anstellungsverhältnisses zustande gekommenes Geschäft entsteht nur dann ein Provisionsanspruch, wenn der Arbeitnehmer es noch während des bestehenden Arbeitsvertrags vermittelt, eingeleitet und so vorbereitet hat, dass es überwiegend auf seine Tätigkeit zurückzuführen ist (§ 87 Abs. 3 Nr. 1 HGB). Das Geschäft muss außerdem innerhalb eines angemessenen Zeitraums nach Beendigung des Arbeitsverhältnisses abgeschlossen werden. Die Angemessenheit ergibt sich jeweils aus der Eigenart des Geschäfts; bei Saisonwaren muss z. B. der Abschluss innerhalb der Saison erfolgen.

Ein Provisionsanspruch besteht auch dann, wenn der Kunde noch vor Beendigung des Arbeitsverhältnisses ein Angebot zum Vertragsabschluss abgegeben hat (§ 87 Abs. 3 Nr. 2 HGB).

WICHTIG!

Die Zusage einer Provision kann nicht mit einer Bindungsklausel verbunden werden, nach der das Arbeitsverhältnis auch noch für einen bestimmten Zeitraum nach Abschluss des Geschäfts bestehen muss. Dies würde eine unzulässige Kündigungserschwerung für den Arbeitnehmer bedeuten.

Der Provisionsanspruch entfällt nicht deshalb, weil er bei Vertragsbeendigung zwar entstanden, aber noch nicht fällig war. Ist z. B. vereinbart, dass eine Provision in monatlichen Raten ausgezahlt werden soll, entfällt der Anspruch des Arbeitnehmers nicht, wenn er im Zeitraum der Ratenzahlungen ausscheidet. Eine entgegenstehende Vereinbarung ist unzulässig.

2. Geschäftsabschluss zwischen Arbeitgeber und Kunden

Da der Arbeitnehmer die Provision nicht allein für seine Tätigkeit erhält, sondern für die Herbeiführung eines Erfolgs – nämlich den Abschluss eines Geschäfts –, muss es auch tatsächlich zu einem rechtswirksamen Geschäftsabschluss zwischen dem Arbeitgeber und dem Kunden kommen.

ACHTUNG!

Der Arbeitgeber ist zwar berechtigt, den Abschluss eines vom Arbeitnehmer angebahnten oder vermittelten Geschäfts abzulehnen, doch macht er sich gegenüber dem Arbeitnehmer, für den mit der Ablehnung die Provision entfällt, in Höhe der Provision schadensersatzpflichtig. Das Gleiche gilt für den Fall, dass der Arbeitgeber – schuldhaft oder nicht schuldhaft – von vorneherein nicht in der Lage ist, die vom Arbeitnehmer akquirierten Geschäfte zu erfüllen.

Der Provisionsanspruch besteht nur für diejenigen Geschäfte, mit deren Vermittlung der Arbeitnehmer beauftragt worden ist. Vermittelt der Arbeitnehmer ein anderes Geschäft als vertraglich vereinbart, so gibt ihm dies nur dann einen Provisionsanspruch, wenn dieser ausdrücklich vereinbart worden ist.

Bei Verträgen, die mehrere, einander nachfolgende Lieferungen vorsehen (sog. Sukzessivlieferungsverträge), besteht die Provisionspflicht unmittelbar dann, wenn die Nachlieferungen schon fest vereinbart sind. Sind dagegen für nachfolgende Lieferungen innerhalb eines Rahmenvertrags jeweils neue Lieferverträge erforderlich, entsteht der jeweilige Provisionsanspruch erst mit dem Abschluss dieser Verträge.

3. Ursachenzusammenhang

Der Arbeitnehmer hat nur dann einen Anspruch auf die vereinbarte Provision, wenn das Geschäft auf seine Tätigkeit zurückzuführen ist. Dies ist dann der Fall, wenn das Geschäft ohne ihn nicht zustande gekommen wäre. Dabei braucht der Arbeitnehmer jedoch nicht die alleinige Ursache zum Geschäftsabschluss gegeben zu haben; es reicht aus, wenn sein Tätigwerden mitursächlich ist. Will der Arbeitgeber den Provisionsanspruch beschränken bzw. daran knüpfen, dass der Beitrag des Arbeitnehmers überwiegen oder gar allein ursächlich sein muss, so muss dies klar und unzweifelhaft ausdrücklich im Rahmen der Provisionsvereinbarung festgelegt werden (LAG Köln v. 23.10.2006, Az. 14 Sa 459/06).

Ein enger zeitlicher Zusammenhang zwischen der Tätigkeit des Arbeitnehmers und dem Geschäftsabschluss muss nicht bestehen; die Tätigkeit muss lediglich fortwirken und so der Vertragsschluss zustande kommen.

Auf die Mitwirkung des Arbeitnehmers kommt es nur dann nicht an, wenn er zuvor einen Kunden **neu** geworben hat und dieser später gleichartige Geschäfte mit dem Arbeitgeber abschließt. Der Provisionsanspruch erstreckt sich dann auch auf diese Geschäfte (§ 87 Abs. 1 HGB).

TIPP!

Die Erstreckung des Provisionsanspruchs auf spätere gleichartige Geschäfte, die ohne Mitwirkung des Arbeitnehmers abgeschlossen werden, kann vertraglich ausgeschlossen werden.

Formulierungsbeispiel:

„Die Provision wird einmalig für den ersten Geschäftsabschluss mit einem neuen vom Arbeitnehmer gewonnenen Kunden gewährt. Schließt die Firma nachfolgend weitere gleichartige Geschäfte mit demselben Kunden ab, begründen diese keine weiteren Provisionsansprüche.“

4. Bezirksvertretung

Auch im Rahmen eines Arbeitsverhältnisses kann vereinbart werden, dass der Arbeitnehmer eine Provision für sämtliche Geschäfte mit Kunden eines bestimmten Bezirks oder mit einem bestimmten Kundenkreis erhält (§ 87 Abs. 2 HGB). Der Arbeitnehmer hat dann bei jedem Vertragsabschluss des Arbeitgebers mit diesen Kunden einen Provisionsanspruch und zwar unabhängig davon, ob er am Zustandekommen des Vertrags beteiligt war. Die Provision muss also auch dann gezahlt werden, wenn der Arbeitnehmer krank oder im Urlaub ist.

ACHTUNG!

Eine Bezirkszuweisung sollte unter dem ausdrücklichen Vorbehalt der Zuweisung eines anderen Bezirks erfolgen. Nur dann kann der Arbeitgeber dem Arbeitnehmer im Wege des Direktionsrechts einen anderen Bezirk zuweisen, wobei er allerdings einen vergleichbaren Bezirk auswählen muss.

Formulierungsbeispiel:

„Der Arbeitnehmer wird für den Bezirk .... eingestellt. Änderungen des Aufgabengebiets und der Organisation behält sich die Firma ebenso vor wie die Zuweisung eines anderen Bezirks. Über Veränderungen in diesem Zusammenhang und eine vorgesehene Versetzung wird der Arbeitnehmer mindestens einen Monat vorher unterrichtet. Das neue Aufgabengebiet muss gleichwertig bzw. der neue Bezirk muss mit dem bisherigen vergleichbar sein.“

5. Ausführung des Geschäfts

Der Anspruch auf eine vereinbarte Position setzt schließlich voraus, dass das vom Arbeitnehmer vermittelte Geschäft auch tatsächlich ausgeführt wird (§ 87a Abs. 1 HGB). Der Arbeitgeber hat das Geschäft ausgeführt, wenn er die sich aus dem Vertrag mit dem Kunden ergebende Leistung erbracht hat.

Führt der Arbeitgeber das Geschäft **nicht** aus, hängt der Provisionsanspruch davon ab, ob die Nichtausführung auf Gründen beruht, die er zu vertreten oder nicht zu vertreten hat. Muss er sie vertreten, erwirbt der Arbeitnehmer trotz Nichtausführung des Geschäfts einen Provisionsanspruch; muss er sie nicht vertreten, entfällt der Anspruch. Gleiches gilt für den Fall, dass der Arbeitgeber ein vermitteltes Geschäft vertragswidrig nur teilweise, verspätet oder mangelhaft ausführt und es deshalb letztlich nicht zur Vertragsdurchführung kommt.

Der Arbeitgeber hat eine Nicht-/Teilausführung bzw. eine nicht vertragsgemäße Ausführung in aller Regel zu vertreten. Nur in zwei Fällen hat er sie **nicht** zu vertreten:

- Die Ausführung des Geschäfts wird nach Vertragsschluss unmöglich, ohne dass dem Arbeitgeber Vorsatz oder Fahrlässigkeit vorzuwerfen wäre.

Beispiel:

Nach Abschluss des Vertrags mit dem Kunden brennt aufgrund eines Blitzeinschlags die allen Sicherheitsbestimmungen genügende Lagerhalle des Arbeitgebers ab, in der die verkaufte Ware gelagert wird. Der Arbeitnehmer hat in diesem Fall keinen Anspruch auf die Provision.

- Eine Ausführung des Geschäfts ist dem Arbeitgeber unzumutbar, weil beim Kunden ein wichtiger Grund für die Nichtausführung besteht.

Beispiel:

Der Arbeitgeber lehnt das Geschäft wegen Insolvenz des Kunden ab; in diesem Fall hat der Arbeitnehmer keinen Provisionsanspruch. Demgegenüber ist eine Vertragsausführung nicht bereits dann als unzumutbar anzusehen, wenn der Kunde sich von seiner vertraglichen Verpflichtung zu lösen versucht.

WICHTIG!

Eine Vereinbarung, nach der der Provisionsanspruch auch dann entfallen soll, wenn der Arbeitgeber die Nichtausführung des Geschäfts zu vertreten hat, ist unwirksam (§ 87a Abs. 5 HGB).

Steht fest, dass der Kunde seiner vertraglichen Verpflichtung nicht nachkommt, insbesondere nicht zahlt, entfällt nach § 87a Abs. 2 HGB der Anspruch auf die Provision. Eine bereits ausgezahlte Provision muss der Arbeitnehmer zurückzahlen. Der Arbeitgeber ist jedoch zu sog. „zumutbaren Nachbearbeitungsmaßnahmen“ verpflichtet. So muss er den Kunden bei fehlender Zahlungsbereitschaft mehrmalig durch Mahnschreiben zur Vertragserfüllung auffordern. Ebenso kann er verpflichtet sein, den Kunden zu verklagen, wenn eine Klage Aussicht auf Erfolg hat und nicht unzumutbar ist (unzumutbar wäre sie z. B. dann, wenn sie – etwa bei Insolvenz des Kunden – wirtschaftlich sinnlos ist).

ACHTUNG!

Nimmt der Arbeitgeber diese Maßnahmen nicht vor, bleibt der Provisionsanspruch bestehen, auch wenn der Kunde den Vertrag nicht erfüllt.

III. Höhe des Provisionsanspruchs

Die Höhe der Provision kann zwischen Arbeitgeber und Arbeitnehmer frei vereinbart werden. I. d. R. wird vertraglich festgelegt, dass der Provisionssatz in Prozenten vom Geschäftswert berechnet werden soll (x % von y). Möglich sind jedoch auch andere Kriterien. So kann etwa vereinbart werden, dass die Provision nach Stückzahl oder Gewicht der verkauften Ware (x € je Stück bzw. je Tonne) ermittelt wird.

Wurde nichts vereinbart, gilt der übliche Satz als vereinbart (§ 87b Abs. 1 HGB), d. h. die Provision, die von vergleichbaren Unternehmen für Geschäfte dieser Art am Sitz des Arbeitsverhältnisses an Arbeitnehmer gezahlt wird. Zur Ermittlung des üblichen Satzes kann auch ein Gutachten der Industrie- und Handelskammer angefordert werden.

Bestimmt ein Tarifvertrag, dass eine bestimmte Entgelthöhe erreicht werden muss, so genügt es, wenn diese durch Fixum und Garantieprovision belegt ist.

Ein vertraglich vereinbarter Provisionssatz kann nur durch eine → *Änderungskündigung* oder eine einverständliche Vertragsänderung verändert werden.

TIPP!

Die Provisionsvereinbarung sollte daher befristet abgeschlossen werden. Als einzelne Arbeitsbedingung unterliegt sie nicht den Regelungen im Teilzeit- und Befristungsgesetz. Hierdurch wird eine regelmäßige Überprüfung und Flexibilisierung möglich.

Möglich, aber im Hinblick auf die restriktive Rechtsprechung zum Widerruf nicht empfehlenswert ist auch eine Provisionszusage unter dem Vorbehalt des jederzeitigen Widerrufs, sofern die Provisionszusage als widerruflicher Teil unter 25 % des Gesamtverdiensts liegt (vgl. dazu auch LAG München v. 22.8.2007, Az. 11 Sa 1168/06). Dazu bedarf es in der Vereinbarung einer präzisen Nennung aller denkbaren Widerrufsgründe. Zudem ist zwingend erforderlich, dass die daneben vereinbarte Festvergütung angemessen ist (dies ist insbesondere dann anzunehmen, wenn sie zumindest die Höhe eines in der jeweiligen Branche üblichen tariflichen Gehalts hat) und nicht den Mindestlohn nach dem MiLoG unterschreitet.

Im Krankheitsfalle erhält der Arbeitnehmer die Provisionen weitergezahlt, die er in dieser Zeit ohne Krankheit verdient hätte. Zur Ermittlung dieses Betrags ist auf einen vorangegangenen vergleichbaren Zeitabschnitt abzustellen. Entsprechendes gilt für die Vergütung an Feiertagen. Auch in Urlaubszeiten des Arbeitnehmers muss der Arbeitgeber die durchschnittliche Provision weiterleisten. Gemäß § 11 BUrlG ist dabei der Durchschnitt der letzten 13 Wochen heranzuziehen. Sofern die Provisionshöhe (etwa saisonbedingt) sehr unregelmäßig ausfällt, kann unter Umständen aber auch auf einen längeren Zeitraum oder einen anderen Zeitabschnitt abgestellt werden (vgl. dazu auch EuGH v. 22.5.2014, Az. C-539/12).

IV. Abrechnung des Provisionsanspruchs

1. Anspruch auf Abrechnung/Fälligkeit

Zur Sicherung und Aufklärung seiner Provisionsansprüche hat der provisionsberechtigte Arbeitnehmer gegen den Arbeitgeber einen Anspruch auf Abrechnung. Dazu muss ihm der Arbeitgeber die Namen oder Kennziffern der Kunden, die Art und Menge der verkauften Waren bzw. Dienstleistungen, den Wert der Geschäfte, die Geschäftsausführung sowie die Höhe und die Fälligkeit der Provisionen angeben.

Grundsätzlich ist über alle Provisionsansprüche – und zwar unabhängig davon, ob die Geschäfte bereits ausgeführt sind – monatlich gleichzeitig abzurechnen; der Abrechnungszeitraum kann durch vertragliche Vereinbarung auf höchstens drei Monate erstreckt werden. Über die Provisionen für bereits ausgeführte Geschäfte muss unverzüglich, spätestens zum Ablauf des Monats abgerechnet werden, der dem Monat folgt, in dem der Anspruch entstanden ist (§ 87c Abs. 1 HGB).

Beispiel:

Ein Vertriebsmitarbeiter hat im August einen Vertrag mit einem Kunden abgeschlossen, der aufgrund dieses Vertrags seine Zahlungen im Laufe des Septembers erbringt. Im September erbringt auch der Unternehmer bzw. Arbeitgeber seine vertraglich geschuldete Leistung. Ist der Abrechnungszeitraum für die Abrechnung der Provision nicht vertraglich auf zwei oder drei Monate verlängert worden, ist die Abrechnung spätestens bis Ende Oktober zu erstellen.

Wenn das Geschäft durch den Arbeitgeber ausgeführt ist, wird der Anspruch auf die Provision am letzten Tag des Monats fällig, in dem er gegenüber dem Arbeitnehmer abzurechnen ist, im o. g. Beispielsfall also Ende Oktober.

2. Prüfung durch den Arbeitnehmer

Zur Überprüfung der vom Arbeitgeber vorgenommenen Provisionsabrechnung kann der Arbeitnehmer einen Auszug aus den Handelsbüchern über all diejenigen Geschäfte verlangen, für die ihm Provisionsansprüche zustehen (§ 87c Abs. 2 HGB). Dabei reicht es zur Begründung aus, dass er darlegt, dass nach den vertraglichen Vereinbarungen provisionspflichtige Geschäfte zustande gekommen sein könnten. Der Anspruch ist nur dann ausgeschlossen, wenn der Arbeitgeber bei jedem Einzelgeschäft einen Einzelbuchauszug erteilt oder wenn sich die Parteien bereits über die Richtigkeit der Abrechnung **ausdrücklich** geeinigt haben. Allein die stillschweigende Hinnahme einer Provisionsabrechnung kann nicht als Einverständnis des Arbeitnehmers mit der Abrechnung verstanden werden.

ACHTUNG!

Erteilt der Arbeitgeber auf Verlangen des Arbeitnehmers keinen Buchauszug oder nur verspätet, macht er sich schadensersatzpflichtig.

Wenn nicht alle für die Provisionsberechnung wesentlichen Umstände aus den Handelsbüchern zu ersehen sind, hat der Arbeitnehmer außerdem einen Anspruch auf eine Mitteilung zu diesen Umständen (§ 87c Abs. 3 HGB).

Weigert sich der Arbeitgeber, einen Buchauszug zu erteilen, oder hat der Arbeitnehmer begründete Zweifel an der Richtigkeit und Vollständigkeit der Abrechnung, kann er Einsicht in die Geschäftsbücher und Geschäftsunterlagen verlangen. Dabei kann der Arbeitgeber bestimmen, ob er dem Arbeitnehmer oder einem von diesem zu bestimmenden Wirtschaftsprüfer oder vereidigten Buchsachverständigen die Einsicht gestattet (§ 87c Abs. 4 HGB). Die Kosten der Einsichtnahme trägt der Arbeitnehmer, es sei denn, dass sich der Arbeitgeber mit der Erteilung eines richtigen oder vollständigen Buchauszugs in Verzug befand.

WICHTIG!

Eine Vereinbarung, nach der das Einverständnis des Arbeitnehmers mit einer Provisionsabrechnung als erteilt gilt, wenn er dieser nicht innerhalb einer bestimmten Frist widerspricht, ist unwirksam (§ 87c Abs. 5 HGB).

V. Beteiligung des Betriebsrats

Es liegt in der alleinigen Entscheidung des Arbeitgebers, ob er eine Provision einführen will oder nicht. Der Betriebsrat hat in dieser Frage kein Mitbestimmungsrecht. Insbesondere kann er die Einführung nicht über ein Einigungsstellenverfahren erzwingen.

Hat der Arbeitgeber sich jedoch für die Einführung einer Provision entschieden, hat der Betriebsrat bei der Ausgestaltung ein erzwingbares Mitbestimmungsrecht (§ 87 Abs. 1 Nr. 10 BetrVG). Dieses erstreckt sich insbesondere auf das Verhältnis der Provision zur Festvergütung, auf das Verhältnis der Provisionen zueinander, auf die Festsetzung der Bezugsgrößen (z. B. ob bei Erreichen einer bestimmten Umsatzgrenze die

Provisionssätze linear, progressiv oder degressiv verlaufen) und schließlich auch auf die abstrakte Staffelung der Provisionssätze. Ausgeübt wird das Beteiligungsrecht regelmäßig durch Abschluss einer → *Betriebsvereinbarung*. Dabei handelt es sich um eine sog. teilmitbestimmte Betriebsvereinbarung.

VI. Muster: Befristete Provisionsvereinbarung

Musterschreiben und Vertragsgestaltungen müssen den jeweiligen Notwendigkeiten und den individuellen Bedürfnissen der Arbeitsvertragsparteien Rechnung tragen. Die in diesem Werk abgebildeten Muster können hierbei nur eine Hilfe sein. Deshalb ist im Einzelfall zu prüfen, inwieweit hier vorgeschlagene Formulierungen sinnvoll oder entbehrlich sind. Die Anpassung an den jeweiligen Einzelfall ist daher zwingend notwendig.

1. Provisionsanspruch

Der Arbeitnehmer erhält befristet für alle während des Zeitraums vom ..... bis ..... abgeschlossenen Geschäfte, die ausschließlich auf seine Tätigkeit zurückzuführen sind, eine Provision in Höhe von .... %. Dabei gelten folgende Ausnahmen:

1. *Der Provisionsanspruch ist ausgeschlossen für Geschäfte mit solchen Kunden, die bei Inkrafttreten des Vertrags mit der Firma bereits in ständiger Geschäftsbeziehung stehen, soweit sie in den letzten zwölf Monaten eine Bestellung aufgegeben haben.*
2. *Die Provision wird einmalig für den ersten Geschäftsabschluss mit einem vom Arbeitnehmer neu gewonnenen bzw. wiedergewonnenen Kunden gewährt. Schließt die Firma nachfolgend weitere gleichartige Geschäfte mit demselben Kunden ab, begründen diese keine weiteren Provisionsansprüche.*
3. *Der Provisionsanspruch ist ausgeschlossen für Verträge, die vom Arbeitnehmer zwar noch im Befristungszeitraum und bestehenden Arbeitsverhältnis vermittelt, jedoch erst drei Monate (oder später) nach* → *Beendigung* des Arbeitsverhältnisses ausgeführt werden.

Wirken mehrere Arbeitnehmer bei der Vermittlung des Geschäfts zusammen, entsteht die Provision nur einmal und wird zu gleichen Teilen auf die beteiligten Arbeitnehmer verteilt.

2. Berechnung der Provision

Die Provision wird vom Netto-Verkaufspreis berechnet. Bei Vertragsabschluss eingeräumte Preisnachlässe (Skonti usw.) sind in die Provisionsberechnung einzubeziehen. Sie mindern den Provisionsanspruch.

Die im Brutto-Verkaufspreis enthaltenen, gesondert ausgewiesenen Nebenkosten (Steuern, Fracht, Verpackung usw.) bleiben bei der Provisionsabrechnung unberücksichtigt. Sie sind nicht provisionspflichtig.

Für den Fall der Arbeitsunfähigkeit und der gesetzlichen Entgeltfortzahlungspflicht nach dem EFZG erhält der Arbeitnehmer auch hinsichtlich der während dieses Zeitraums nicht verdienten Provisionen Entgeltfortzahlung. Die Höhe der Entgeltfortzahlung für während der Arbeitsunfähigkeit nicht verdiente Provisionen wird als Pauschale gewährt. Die Höhe der Pauschale ergibt sich aus dem Durchschnitt der an den Mitarbeiter in den letzten sechs Monaten vor der Arbeitsunfähigkeit gezahlten Provisionen.

Für Zeiten des Urlaubs erfolgt die Berechnung der Provision nach § 11 BUrlG.

3. Abrechnung und Auszahlung der Provision

Abrechnung und Auszahlung der Provision erfolgt am Schluss des Monats, der der Ausführung des Geschäfts durch den Kunden folgt.

4. Fortfall der Provision

Der Anspruch auf die Provision entfällt, wenn der Kunde auch nach wiederholter Aufforderung und Mahnung ganz oder teilweise nicht leistet. Die Firma ist nur dann zur Durchführung eines Rechtsstreits verpflichtet, wenn Aussicht auf Erfolg besteht. Insbesondere im Falle der Zahlungsunfähigkeit des Kunden kann der Arbeitnehmer nicht die Durchführung eines Rechtsstreits verlangen.

5. Beendigung

Mit Ablauf des unter Ziff. 1 1. genannten Zeitraums endet die Provisionszusage, ohne dass es einer Kündigung bedarf. Nach diesem Zeitraum abgeschlossene Geschäfte begründen keine Provisionsansprüche.

Rauchverbot

I. Begriff

Mit dem zunehmenden Schutz des Nichtrauchers ist das Rauchverbot am Arbeitsplatz verstärkt ins Blickfeld des öffentlichen Interesses gerückt. Die Mitbestimmung des Betriebsrats (unten V.) ist gesetzlich klar geregelt, hängt in der Praxis vielfach davon ab, ob im Betriebsrat selbst Raucher sind.

Im Jahr 2007 ist das Bundesnichtraucherschutzgesetz in Kraft getreten. Damit ist seitdem das Rauchen in Einrichtungen des Bundes sowie der Verfassungsorgane des Bundes, in Verkehrsmitteln des öffentlichen Personenverkehrs sowie in Personenbahnhöfen weitgehend untersagt. Auch auf Länderebene wurde durch Nichtrauchergesetze das Rauchen an zahlreichen Orten untersagt. Insbesondere die unterschiedlichen Regelungen zum Nichtraucherschutz in Gaststätten standen lange Zeit im Mittelpunkt der Rechtsprechung der Verfassungsgerichte. Derzeit ordnen weder das Bundesnichtraucherschutzgesetz noch die unterschiedlichen Landesgesetze ein generelles Rauchverbot für privatrechtliche Betriebe an. Allerdings verpflichtet § 5 Arbeitsstättenverordnung den Arbeitgeber – soweit erforderlich – ein allgemeines oder auf einzelne Bereiche der Arbeitsstätte beschränktes Rauchverbot zu erlassen.

In Betracht kommt ein Rauchverbot

- aufgrund gesetzlicher Vorschriften (z. B. im Gewerbe- und Gefahrstoffrecht, im Lebensmittelrecht, im Atom- und Gentechnikrecht, im Bundesnichtraucherschutzgesetz),
- aufgrund von Vorschriften der Unfallversicherungsträger (z. B. aus feuer- oder gesundheitspolizeilichen Gründen),
- aus betrieblichen Gründen.

Begrifflich ist zu unterscheiden zwischen dem absoluten Rauchverbot, das im gesamten Betrieb für alle Arbeitnehmer gilt und dem Rauchverbot, das nur bestimmte Betriebe/Betriebsteile oder Arbeitnehmergruppen erfasst.

Das LAG Köln hat mit Urteil vom 5.12.2024 (6 SLa 73/24) entschieden, dass der Nichtraucherschutz aus Art. 5 Abs. 1 ArbStättV bereits dann eintritt, wenn der Rauchgeruch am Arbeitsplatz wahrnehmbar ist. Der Arbeitnehmer, der vom Arbeitgeber Abhilfe fordert, trägt hierfür die Beweislast.

II. Anordnung des Arbeitgebers

1. Vereinbarung im Arbeitsvertrag

Die Vereinbarung eines Rauchverbots im Arbeitsvertrag ist eher unüblich; teilweise wird eine solche Regelung durch einen Verweis auf die jeweilige Arbeits- oder Betriebsordnung getroffen.

Bei einem im Arbeitsvertrag angeordneten Rauchverbot ist zunächst darauf zu achten, dass die entsprechende Regelung nicht nur in den Verträgen einzelner Mitarbeiter enthalten ist. Dies hätte die Unwirksamkeit des Verbots wegen eines Verstoßes gegen den Gleichbehandlungsgrundsatz zur Folge. Ist ein → *Betriebsrat* vorhanden, kann bei einem Rauchverbot im üblicherweise verwendeten Arbeitsvertragsformular ein Mitbestimmungsrecht bestehen (§ 87 Abs. 1 Nr. 1 BetrVG, s. u. V.).

2. Rauchverbot als Nebenpflicht

Auch wenn das Nichtrauchen nicht im Arbeitsvertrag vereinbart ist, kann sich ein Rauchverbot aus arbeitsvertraglichen Nebenpflichten ergeben. Dies ist der Fall, wenn

- der Arbeitgeber im Bereich der kundenorientierten Dienstleistungen auf rauchfreie Zonen angewiesen ist (z. B. Schalterdienst, Zug- oder Flugbegleiter),
- für den Betrieb gesetzliche Rauchverbote gelten (z. B. in feuergefährdeten gewerblichen Betrieben),
- das Eigentum des Arbeitgebers geschützt werden soll (z. B. Vorführwagen als Nichtraucherfahrzeug).

3. Direktionsrecht

Im Rahmen seines Direktionsrechts kann der Arbeitgeber ein Rauchverbot anordnen, wenn damit die zu erbringende Arbeitsleistung konkretisiert werden soll.

Beispiel:

In der Chipfertigung würde das Rauchen zu einer Verunreinigung des Arbeitsergebnisses führen; das Nichtrauchen gehört damit zur Arbeitsleistung „an sich".

III. „Recht" auf Rauchverbot?

Der Arbeitgeber ist verpflichtet, Räume so einzurichten und zu unterhalten, dass der Arbeitnehmer bestmöglich gegen Gesundheitsgefahren geschützt ist (§ 618 BGB, § 62 HGB). Er muss die Arbeit so organisieren, dass die nicht rauchenden Arbeitnehmer nicht durch tabakrauchdurchsetzte Atemluft gesundheitlich gefährdet sind. Zum 1.9.2007 ist die Änderung der Arbeitsstättenverordnung (ArbStättV) zum Nichtraucherschutz am Arbeitsplatz in Kraft getreten. § 5 Abs. 2 ArbStättV wurde zuletzt mit Wirkung vom 3.12.2016 durch die Änderung der Arbeitsstättenverordnung vom 30.11.2016 modifiziert.

§ 5 ArbStättV zum Nichtraucherschutz lautet wie folgt:

(1) Der Arbeitgeber hat die erforderlichen Maßnahmen zu treffen, damit die nichtrauchenden Beschäftigten in Arbeitsstätten wirksam vor den Gesundheitsgefahren durch Tabakrauch geschützt sind. Soweit erforderlich, hat der Arbeitgeber ein allgemeines oder auf einzelne Bereiche der Arbeitsstätte beschränktes Rauchverbot zu erlassen.

(2) In Arbeitsstätten mit Publikumsverkehr hat der Arbeitgeber beim Einrichten und Betreiben von Arbeitsräumen der Natur des Betriebes entsprechende und der Art der Beschäftigung angepasste technische oder organisatorische Maßnahmen nach Absatz 1 zum Schutz der nichtrauchenden Beschäftigten zu treffen.

Bereits nach der bis zum 31.8.2007 geltenden Rechtslage war der Arbeitgeber verpflichtet, zum Gesundheitsschutz der nichtrauchenden Beschäftigten wirksame Maßnahmen in der Arbeitsstätte zu ergreifen. Neben z. B. technischen oder organisatorischen Maßnahmen waren damit schon bisher Rauchverbote möglich. Der seit dem 1.9.2007 eingefügte Satz soll zum Ausdruck bringen, dass insbesondere ein allgemeines Rauchverbot für den gesamten Betrieb oder ein auf einzelne Bereiche der Arbeitsstätte beschränktes Rauchverbot geeignete Maßnahmen i. S. d. Verordnung sind. Der neu formulierte § 5 Abs. 2 ArbStättV sieht dagegen zwar nicht die Möglichkeit eines Rauchverbotes in Arbeitsstätten mit rauchendem Publikumsverkehr vor, allerdings die Verpflichtung des Arbeitgebers, unter den dort genannten Voraussetzungen zumindest angepasste technische oder organisatorische Maßnahmen zum Schutz der nichtrauchenden Beschäftigten zu treffen.

IV. Raucherräume und Raucherpausen

Der Arbeitgeber muss bei der Anordnung des Rauchverbots auch die Interessen von Rauchern angemessen berücksichtigen. Dies führt z. B. dazu, dass den Rauchern Gelegenheit gegeben wird, unter menschenwürdigen Umständen zu rauchen. Ob den Rauchern ein Raucherraum oder nur ein überdachter Unterstand im Freien zur Verfügung gestellt werden muss, hängt von den Gegebenheiten des Betriebs ab.

Ein gesetzlicher Anspruch auf einen Raucherraum oder eine Raucherecke ist im Arbeitsrecht nicht vorgesehen. Genauso wenig haben Raucher ein Recht auf Zigarettenpausen, da die arbeitsrechtlich festgelegten Pausen grundsätzlich der Erholung und damit dem Gesundheitsschutz dienen. Zeitlich kann das Rauchen trotzdem in diesen Pausen erfolgen.

Sofern tarifliche oder vertragliche Regelungen nichts Gegenteiliges bestimmen, besteht für (Rauch-)Pausen kein Anspruch auf Vergütung. Zudem ist der Arbeitgeber zukünftig verpflichtet, die Arbeitszeiten systematisch zu erfassen. Grund dafür ist die Entscheidung des EuGH mit Urteil vom 14.5.2019 (C-55/18). Noch steht diesbezüglich die Umsetzung durch den Bundesgesetzgeber im deutschen Arbeitszeitrecht aus. Teile der arbeitsgerichtlichen Rechtsprechung halten die systematische Erfassung der Arbeitszeit jedoch auch ohne eine solche Umsetzung bereits für erforderlich, sodass ein Abwarten für den Arbeitgeber (zwar nicht beim Beispiel Raucherpausen, jedoch generell) risikobehaftet ist. Spätestens nach der Umsetzung ins nationale Recht müssen auch Raucherpausen systematisch erfasst werden.

V. Beteiligung des Betriebsrats

Ordnet das Gesetz oder eine Unfallverhütungsvorschrift zwingend ein Rauchverbot an, besteht kein Mitbestimmungsrecht. Das Gleiche gilt, wenn die Arbeitsleistung nur in einer rauchfreien Umgebung erbracht werden kann, das Nichtrauchen also zur Arbeit an sich gehört.

Beispiele:

Rauchverbot im Lebensmittelgeschäft oder in der Computerchipfertigung.

Hat der Arbeitgeber in den zuvor genannten Fällen noch einen Spielraum bei der Ausgestaltung, hat der Betriebsrat bei der Ausgestaltung ein erzwingbares Mitbestimmungsrecht (§ 87 Abs. 1 Nr. 7 BetrVG).

Wenn das Rauchverbot weder vom Gesetz noch durch Unfallverhütungsvorschriften vorgeschrieben ist und auch nicht zur Arbeitsleistung an sich gehört, sondern aus Gründen der betrieblichen Ordnung erlassen werden soll, kann dem Betriebsrat ein erzwingbares Mitbestimmungsrecht sowohl bei der Anordnung als auch bei der Ausgestaltung zukommen (§ 87 Abs. 1 Nr. 1 BetrVG).

So auch das LAG Mecklenburg-Vorpommern im Beschluss vom 29.3.2022 (5 Ta Bv 12/21). Danach unterliegt die Anordnung des Unternehmens, dass Rauchen nur in festgelegten Pausen gestattet ist, regelmäßig nicht der Mitbestimmung des Betriebsrats, da die Anordnung die Einhaltung der Arbeitszeit sicherstellen soll. Damit sei nicht das Ordnungsverhalten, vielmehr das Arbeitsverhalten der Beschäftigten betroffen. Inhaltlich wird eine Anweisung erlassen, die die Arbeitspflicht unmittelbar konkretisiert.

Beispiel:

Arbeitgeber und → *Betriebsrat* können regeln, wo und wie häufig Rauchpausen genommen werden können.

Besteht ein Mitbestimmungsrecht, kann ein Rauchverbot nur im Wege der → *Betriebsvereinbarung* oder durch eine Regelungsabrede mit entsprechender einzelvertraglicher Umsetzung ausgesprochen werden. Der Betriebsrat kann hier von sich aus aktiv werden; kommt keine Einigung zustande, entscheidet die → *Einigungsstelle*.

Darüber hinaus hat der Betriebsrat die Aufgabe, die freie Persönlichkeitsentwicklung der Arbeitnehmer (d. h. Nichtraucher und Raucher!) zu schützen und zu fördern (§ 75 Abs. 2 BetrVG). Er muss daher entsprechende Beschwerden behandeln (§ 82 ff. BetrVG).

VI. Verstöße gegen das Rauchverbot

Raucht ein Arbeitnehmer trotz eines wirksamen Rauchverbots, kann der Arbeitgeber nach erfolgter → *Abmahnung* im Wiederholungsfall verhaltensbedingt ordentlich kündigen. Ob auch eine fristlose → *Kündigung* möglich ist, hängt von der Schwere des Verstoßes und damit von den Umständen ab, die das betriebliche Rauchverbot bedingt haben. Bei erheblicher Brandgefahr im Betrieb oder bei der Verarbeitung von Lebensmitteln wird es dem Arbeitgeber wohl nicht zumutbar sein, die Kündigungsfrist abzuwarten.

Nach § 28 Abs. 1 Nr. 12, Abs. 5 Jugendschutzgesetz können diejenigen, die Tabak an Jugendliche unter 18 Jahren abgeben oder ihnen das Rauchen gestatten mit einer Geldbuße von bis zu 50 000,– Euro belegt werden. Vom Arbeitgeber ist dies beispielsweise beim Verkauf von Zigaretten in der Kantine zu beachten.

Das Verwaltungsgericht Bremen hat mit Beschluss vom 6.8.2021 entschieden, dass ein Zeitsoldat entlassen werden darf, wenn er mehrfach unerlaubt auf der Wohnstube raucht. Im entschiedenen Sachverhalt wurde sogar eine fristlose Kündigung als rechtmäßig anerkannt, da der Soldat zusätzlich Rauchmelder abmontiert hat. Dies hat das Gericht als ernstliche Gefährdung der militärischen Ordnung i. S. d. § 55 Soldatengesetzes angesehen.

Das Rauchverbot ist auch in den Fällen von Bedeutung, in denen dem Beschäftigten ein Dienst-Pkw zur Verfügung gestellt wird. Mit Urteil des 14.1.2025 (7 SLa 175/24) hat das LAG Köln entschieden, dass bei Rückgabe eines „verrauchten" PKWs ein Schadensersatzanspruch des Arbeitgebers begründet sein kann. Hierzu ist mit Auffassung des LAG Köln der Ausspruch eines ausdrücklichen Rauchverbotes nicht erforderlich. Denn es stelle eine Selbstverständlichkeit dar, mit fremdem Eigentum pfleglich und sorgsam umzugehen.

Rufbereitschaft

I. Begriff und Abgrenzung

Rufbereitschaft verpflichtet den Arbeitnehmer, für den Arbeitgeber jederzeit erreichbar zu sein, um auf Abruf die Arbeit unverzüglich alsbald aufnehmen zu können. Anders als bei der Einteilung zum Bereitschaftsdienst kann der zur Rufbereitschaft eingeteilte Arbeitnehmer sich an einem selbstbestimmten Ort, z. B. in der eigenen Wohnung oder in einem Restaurant, aufhalten.

Bei modernen Datenkommunikationsmöglichkeiten kommt es darauf an, was Inhalt der Rufbereitschaft ist. Bei einen IT-Spezialisten kann die Arbeit von zu Hause erfolgen. Bei vielen anderen Arbeitnehmern muss die Arbeit im Werk erledigt werden. Die Rechtsprechung sieht auch bei den inaktiven Zeiten der Rufbereitschaft die „Freiwilligkeit des Arbeitens" als nicht gegeben an. Aus diesem Grund wird vielfach auf die Entfernung des Aufenthaltsorts der inaktiven Zeit zur Arbeit zum Arbeitsort abgestellt.

Wichtig ist, dass bei der Rufbereitschaft zwischen der Arbeitszeit im arbeitsschutzrechtlichen Sinne und der Arbeitszeit im vergütungsrechtlichen Sinne differenziert wird. Kommt es bei der Arbeitszeit nur auf die Einhaltung des Arbeitszeitgesetzes an, ist bei der Vergütung zu fragen, ob die reguläre Vergütung zu zahlen ist, ein geringerer Vergütungssatz oder ein Pauschalbetrag.

Er ist dementsprechend aufgrund der heutigen modernen Kommunikationsmöglichkeiten in der Wahl des Aufenthaltsortes während der Rufbereitschaft frei und schuldet nur die jederzeitige Erreichbarkeit. Rufbereitschaft in einer Zeit, in der es noch keine Mobiltelefone gegeben hat, setzte zwingend voraus, dass der Arbeitnehmer zu Hause auf Anrufe auf seinem Festnetzanschluss warten musste.

Die Wahl des Aufenthaltsortes ist allerdings so zu treffen, dass im Bedarfsfalle die rechtzeitige Arbeitsaufnahme gewährleistet ist. Als Ausgangspunkt wäre es z. B. möglich, die Strecke Arbeitsplatz zur Wohnung als Grundlage für die Entfernung Arbeitsplatz und Aufenthaltsort während der Rufbereitschaft zu vereinbaren.

TIPP!

Wichtig ist aber, dass keine zu kurze zeitliche Beschränkung bei der Wahl des Aufenthaltsortes gewährt wird. Anderenfalls liegt keine Rufbereitschaft mehr vor, sondern vollumfänglich auf Mindestlohnniveau vergütungspflichtiger Bereitschaftsdienst. Eine Zeitspanne von nur acht Minuten bis zur Arbeitsaufnahme führt dabei in jedem Fall zur Annahme von Bereitschaftsdienst (EuGH v. 21.2.2018, Az. C-518/15), aber auch Zeitspannen darüber hinaus bis zu 20 Minuten sind sehr kritisch zu sehen (vgl. BAG v. 31.1.2002, Az. 6 AZR 214/00). Entscheidend ist stets eine Gesamtbetrachtung aller relevanten Umstände.

Das europäische Recht hat die Vorgaben weiter verschärft. So hat der EuGH am 9.3.2021 (C-344-19) beschlossen, dass Rufbereitschaft als Arbeitszeit auch dann vorliegt, wenn der Arbeitnehmer über (Mobil-)Telefon innerhalb von 60 Minuten seinen Einsatzort erreichen muss. Die Möglichkeit, eine Dienstunterkunft während der Rufbereitschaft zu benutzen, ist dann ohne Bedeutung, wenn für den Arbeitnehmer eine Pflicht zur Nutzung nicht besteht. Zu beurteilen sind alle Umstände des Einzelfalls, dies sind insbesondere die Zeitvorgaben und ggf. auch die durchschnittliche Häufigkeit von Einsätzen während der Bereitschaftszeit. Letztlich ist zu prüfen, ob für den Arbeitnehmer die Möglichkeit besteht, die Zeit frei und nach seinen Bedürfnissen zu gestalten oder ob er sich doch – unter Einschränkung persönlicher Belange – für den Arbeitgeber zur Verfügung halten muss.

In einer weiteren Entscheidung vom 11.11.2021 (C-114/20) hat der EuGH entschieden, dass Rufbereitschaft dann als Arbeitszeit zu bewerten ist, wenn der Beschäftigte seinen Einsatzort in rund 20 Minuten erreichen muss. Dies resultiert aus einer Gesamtbeurteilung aller Umstände des Einzelfalles. Der Beschäftigte habe keine Möglichkeit, sich frei zu bewegen und seinen eigenen Interessen zu widmen, sondern sei zeitnah verpflichtet, seinen Einsatzort zu erreichen.

Das LAG Düsseldorf ergänzt mit Urteil vom 16.4.2024 (3 SLa 10/24) das nicht nur die zeitliche Dauer des Einsatzes und die Wegezeiten von entscheidender Bedeutung sind, auch die Häufigkeit des tatsächlichen Einsatzes muss berücksichtigt werden.

II. Anordnung der Rufbereitschaft

Rufbereitschaft ist eine Arbeitsleistung, die regelmäßig außerhalb der regulären Arbeitszeit erbracht wird. Der Arbeitgeber kann die Ableistung von Rufbereitschaft dann anordnen, wenn er mit den betroffenen Arbeitnehmern eine entsprechende Regelung einzelvertraglich vereinbart hat. Häufig finden sich auch in Tarifverträgen diesbezügliche Ermächtigungsvorschriften. Wenn dem Arbeitgeber einzelvertraglich oder tarifvertraglich das Recht zur Anordnung von Rufbereitschaft überlassen ist, kann er die Einteilung zur Rufbereitschaft unter angemessener Berücksichtigung der beiderseitigen Interessen festlegen. Für Teilzeitbeschäftigte gilt das Gleiche.

Streitig ist die Möglichkeit zur Anordnung von Rufbereitschaft, wenn keine solche Rechtsgrundlage besteht. Das LAG Mecklenburg-Vorpommern hat mit Urteil vom 23.7.2021 (3 Sa 28/21) entschieden, dass die Leistung von Rufbereitschaft dann vom Arbeitgeber unter dem Gesichtspunkt des Direktionsrechts i. S. d. § 106 GewO abgefordert werden kann, wenn die Rufbereitschaft zum Berufsbild des betroffenen Arbeitnehmers gehört, dessen Leistung der Arbeitnehmer arbeitsvertraglich schuldet. Dies gilt in der Pflege und vor allem in Berufsbildern, die im Krankenhaus erbracht werden.

Auch die Möglichkeit des Widerrufs als actus contrarius ist umstritten. Das LAG Rheinland-Pfalz hat mit Urteil vom 24.10.2024 (5 SLa 76/24) entschieden, dass auch die Möglichkeit des Widerrufs der Rufbereitschaft im Vertrag vorbehalten werden sollte.

Die Arbeitnehmer haben aber keinen Anspruch auf Einteilung zur Rufbereitschaft, auch wenn ihre mögliche Heranziehung arbeits- bzw. tarifvertraglich vereinbart ist. Dennoch ist in diesem Zusammenhang der arbeitsrechtliche Gleichbehandlungsgrundsatz seitens des Arbeitgebers zu beachten.

TIPP!

Bei der Einteilung zur Rufbereitschaft sollte genau festgelegt werden, in welchen Kostenstellen, für welchen Zeitraum und an welchen Wochentagen wie viele Mitarbeiter pro Kostenstelle zur Rufbereitschaft heranzuziehen sind.

III. Vergütung

Lediglich die Zeiten der Inanspruchnahme während der Rufbereitschaft gelten als vergütungspflichtige Arbeitszeit. Arbeitnehmer, die Rufbereitschaft leisten, haben daher Anspruch auf Vergütung mindestens in Höhe des Mindestlohns für die tatsächlich geleistete Arbeitszeit im Fall einer Inanspruchnahme. Eine davon abweichende Vergütung beispielsweise unter Einberechnung der Wegezeiten ist häufig tarifvertraglich oder in Betriebsvereinbarungen über die Rufbereitschaft geregelt. Die Vergütung kann auch unter Berücksichtigung der erfahrungsgemäß tatsächlich anfallenden Arbeit während der Rufbereitschaft pauschaliert werden, wobei üblicherweise unterschiedliche Pauschalen für Rufbereitschaft an Wochentagen, Samstagen oder Sonn- und Feiertagen anzusetzen sind. Häufiger wird die Einteilung zur Rufbereitschaft gesondert bezahlt (Tagessatz) und sofern es zu tatsächlichen Arbeitseinsätzen während der Rufbereitschaft kommt, diese als Arbeitszeit gesondert erfasst (Vergütung oder Freizeitausgleich), zum Teil sogar als Mehrarbeit inklusive Mehrarbeitszuschläge. Hintergrund ist, dass der Arbeitnehmer statt der arbeitsvertraglich geschuldeten eine andere, zusätzliche Leistung erbringt. Er muss seinen Aufenthaltsort so wählen, dass er bei Bedarf die Arbeit aufnehmen kann. Eine pauschale Vergütung der Zeit der Rufbereitschaft dient daher allenfalls dem Ausgleich des Eingriffs in die Freizeitgestaltung. Wird eine solche Pauschale berechnet, müssen die Zeiten der Rufbereitschaft, in denen keine tatsächliche Arbeitsleistung erbracht wird, jedenfalls nicht als mindestlohnpflichtig berücksichtigt werden.

Gerade in Fällen, in denen die Rufbereitschaft mit dem Betriebsrat vereinbart wird, kommt in der Praxis sehr häufig vor, dass sich die Kosten der Rufbereitschaft erheblich verteuern.

IV. Beteiligung des Betriebsrats

Der Betriebsrat darf bei der Einführung und Gestaltung von Rufbereitschaft mitbestimmen, soweit nicht ausnahmsweise eine tarifliche Regelung besteht, die alle Einzelheiten detailliert regelt.

Die Beteiligung des Betriebsrats in sozialen Angelegenheiten gemäß § 87 BetrVG bietet eine Reihe von Mitbestimmungsrechten bei der Ein- und Durchführung sowie der Beendigung von Rufbereitschaft. Voraussetzung ist jedoch, dass die Rufbereitschaft einen kollektiven Rechtscharakter hat, also für eine unbestimmte Vielzahl von Arbeitnehmern gilt. In diesen Fällen greift die Mitbestimmung aus § 87 BetrVG in folgenden Bereichen:

- Die Ordnung des Betriebs aus Ziff. 1 ist tangiert, wenn die arbeitsvertraglichen Verpflichtungen im Betrieb oder außerhalb des Betriebes erbracht werden sollen.
- Die Lage der Arbeitszeit aus Ziff. 2 und 3 ist tangiert, wenn die Rufbereitschaft zu Zeiten erfolgt soll, die nicht der betrieblichen Arbeitszeit entsprechen.
- Die Überwachung des Arbeitnehmers aus Ziff. 6 ist tangiert, wenn die Rufbereitschaft mit mobilen Datenverarbeitungsgeräten wie Mobiltelefonen erfolgen soll.
- Der Gesundheitsschutz aus Ziff. 7 ist tangiert, wenn es um Lage und Dauer der Rufbereitschaft geht.

Hat der Arbeitgeber sich nur einzelvertraglich vorbehalten, Rufbereitschaft anzuordnen, muss er in jedem Fall den Betriebsrat beteiligen. Eine Anordnung allein auf der Grundlage einer einzelvertraglichen Vereinbarung ist unwirksam. Kommen Arbeitgeber und Betriebsrat zu keiner Einigung, können beide Seiten die Einigungsstellen anrufen, die eine verbindliche Entscheidung trifft.

TIPP!

Sofern eine Betriebsvereinbarung zur Rufbereitschaft abgeschlossen werden soll, könnte vereinbart werden, dass der Betriebsrat monatlich eine Kopie aller Meldungen aus den Fachabteilungen über alle tatsächlich in diesem Monat zur Rufbereitschaft eingeteilten Mitarbeiter und deren Einsatzzeiten erhält. Diese Liste ist die Basis für die Entgeltabrechnung zur Abgeltung der Rufbereitschaft.

V. Schutzvorschriften

1. Schutz aus dem Arbeitszeitgesetz

Rufbereitschaft gilt nicht als Arbeitszeit im Sinne des Arbeitszeitgesetzes, sondern ist abzüglich der tatsächlich geleisteten Arbeit im Fall einer Inanspruchnahme Ruhezeit. Auch die Urteile des EuGH vom 9.9.2003 zum Bereitschaftsdienst und vom 21.2.2018 zur Rufbereitschaft haben hieran nichts geändert. Macht der Arbeitgeber allerdings zu enge zeitliche oder geographische Vorgaben, die den Arbeitnehmer stark in seiner Freizeitgestaltung einschränken, kann nicht mehr von Rufbereitschaft ausgegangen werden, selbst wenn sich der Arbeitnehmer zu Hause aufhält. Vielmehr handelt es sich dann um Bereitschaftsdienst und damit um Arbeitszeit. Wird der Arbeitnehmer im Rahmen der eingeteilten Rufbereitschaft tätig, kommt es also zu einem Arbeitseinsatz während der Rufbereitschaft, so ist dies außerdem eine Unterbrechung der vom Arbeitszeitgesetz vorgeschriebenen Ruhezeit von elf Stunden nach Beendigung der täglichen Arbeitszeit. Dies hat zur Folge, dass die elfstündige Ruhezeit nach Abschluss des Arbeitseinsatzes neu einsetzt. Soweit dies dazu führt, dass der Arbeitnehmer seiner regelmäßigen Arbeit nicht nachkommen kann, hat er bei Fehlen einer ausdrücklichen (z. B. tarifvertraglichen oder betrieblichen) Regelung keinen Lohnanspruch.

2. Schutz für Schwerbehinderte

Das Arbeitsrecht bietet einen besonderen Schutz von schwerbehinderten Beschäftigten, verankert im SGB IX. Dort ist in § 164 Abs. 4 SGB IX geregelt, dass Arbeitgeber besondere Rücksichtnahmeverpflichtungen gegenüber schwerbehinderten Beschäftigten treffen. So bestimmt

- Ziff. 1, dass schwerbehinderte Beschäftigte so zu beschäftigen sind, dass sie ihre Fähigkeiten und Kenntnisse möglichst voll verwerten und weiterentwickeln können.
- Ziff. 2, dass schwerbehinderte Beschäftigte bei innerbetrieblichen Maßnahmen der beruflichen Bildung zur Förderung des beruflichen Fortkommens zu bevorzugen sind.
- Ziff. 3, dass schwerbehinderte Beschäftigte Erleichterungen bei der Teilnahme an außerbetrieblichen Maßnahmen der beruflichen Bildung genießen müssen.
- Ziff. 4, dass schwerbehinderte Beschäftigte Anspruch darauf haben, dass die Einrichtung der Arbeitsstätte einschließlich der Betriebsanlagen, Maschinen und Geräte sowie die Gestaltung der Arbeitsplätze, des Arbeitsumfelds, der Arbeitsorganisation und der Arbeitszeit entsprechend den Behinderungsumständen zu erfolgen hat.
- Ziff. 5, dass schwerbehinderte Beschäftigte Anspruch auf Ausstattung ihres Arbeitsplatz mit den erforderlichen technischen Arbeitshilfen haben.

Das BAG hat am 27.7.2021 (9 AZR 448/20) im Kontext mit der Rufbereitschaft eines schwerbehinderten Beschäftigten entschieden, dass sich aus dem Zusammenhang des § 164 SGB IX zugunsten von schwerbehinderten Arbeitnehmern ein einklagbarer Anspruch ergibt, nicht (mehr) zu Bereitschaftszeiten in Form von Rufbereitschaft eingeteilt zu werden, wenn der schwerbehinderte Arbeitnehmer diese wegen seiner Behinderung nicht mehr ausüben kann. Die 9. Senat des BAG sieht den Arbeitnehmer als beweisbelastet: Er muss vortragen, inwieweit Art und Schwere seiner Behinderung den Bereitschaftsdienst nicht mehr ermöglichen.

Scheinselbstständigkeit

I. Begriff und Abgrenzung

Unter den sog. Scheinselbstständigen werden erwerbsmäßig tätige Personen verstanden, die mit den Auftraggebern Verträge schließen, die sie als selbstständig tätige Personen ausweisen, mit der Folge, dass keine Sozialversicherungsbeiträge abgeführt werden. Bei näherer Betrachtung der tatsächlichen Verhältnisse ist dann jedoch festzustellen, dass entgegen den vereinbarten vertraglichen Regelungen der Betroffene nach den Maßstäben der Rechtsprechung in Wirklichkeit ein abhängig Beschäftigter ist. Dies kommt insbesondere häufig in den Fällen vor, in denen ein zuvor bestehendes abhängiges Beschäftigungsverhältnis aufgelöst wird und dann ein Auftragsverhältnis zwischen dem bisherigen Arbeitnehmer und Arbeitgeber vereinbart wird.

Beispiel:

Ein in einer Spedition beschäftigter LKW-Fahrer löst im Einvernehmen mit dem Spediteur sein Arbeitsverhältnis und erhält dann vom Spediteur einen Auftrag, für diesen als „selbstständiger" LKW-Fahrer (ohne eigene Fahrzeuge) mit dessen Fahrzeugen Fuhraufträge durchzuführen.

Für die Frage, ob ein abhängiges Beschäftigungsverhältnis vorliegt, ist eine umfassende Bewertung der Verträge sowie der tatsächlichen Verhältnisse erforderlich.

II. Feststellung des Erwerbsstatus

Bestehen Zweifel, ob im konkreten Fall ein Beschäftigungsverhältnis oder eine selbstständige Tätigkeit vorliegt, kann ein Feststellungsverfahren bei der Clearingstelle der Deutschen Rentenversicherung Bund beantragt werden.

ACHTUNG!

Institutionen mit der Bezeichnung Clearingstelle, die nicht zur Deutschen Rentenversicherung Bund gehören, können das gesetzlich geregelte Feststellungsverfahren nicht durchführen.

WICHTIG!

Ab dem 1.4.2022 können die Beteiligten bereits vor der Aufnahme der Tätigkeit bei der Clearingstelle die Entscheidung beantragen (Prognoseentscheidung), festzustellen, ob eine Beschäftigung oder eine selbständige Tätigkeit vorliegt. Hierfür müssen sie die schriftlichen Vereinbarungen vorlegen und die beabsichtigten Umstände der Vertragsdurchführung darlegen. Ändern sich die schriftlichen Vereinbarungen oder die Umstände der Vertragsdurchführung bis zu einem Monat nach Aufnahme der Tätigkeit, müssen die Beteiligten dies unverzüglich der Clearingstelle mitteilen.

1. Beteiligte

Sowohl der Auftragnehmer als auch der Auftraggeber sind berechtigt, das Feststellungsverfahren bei der Deutschen Rentenversicherung Bund zu beantragen.

WICHTIG!

Ab dem 1.4.2022 stellt die Clearingstelle auf Antrag umfassend fest, ob ein Beschäftigungsverhältnis auch zu dem Dritten besteht, wenn die vereinbarte Tätigkeit für einen Dritten erbracht wird und es Anhaltspunkte dafür gibt, dass der Auftragnehmer in die dessen Arbeitsorganisation eingegliedert ist und dessen Weisungen unterliegt. Der Dritte ist ebenfalls berechtigt, ein Feststellungsverfahren zu beantragen.

Das Feststellungsverfahren erfolgt schriftlich oder elektronisch unter Beteiligung von Auftraggeber und -nehmer (Beteiligte). Ist das Feststellungsverfahren eingeleitet worden, setzt die Deutsche Rentenversicherung Bund den Beteiligten eine angemessene Frist, um Tatsachen anzugeben, die für die Klärung des sozialversicherungsrechtlichen Status erforderlich sind. Die Deutsche Rentenversicherung Bund entscheidet über den Antrag im Feststellungsverfahren durch einen Bescheid.

Haben Einzugsstellen oder andere Rentenversicherungsträger bereits schriftlich das Vorliegen einer selbstständigen Tätigkeit festgestellt und ist seitdem keine Änderung in den tatsächlichen Verhältnissen eingetreten, hat die Entscheidung weiterhin Bestand.

2. Eintritt der Versicherungspflicht

Entscheidet die Deutsche Rentenversicherung Bund im Rahmen des Feststellungsverfahrens, dass eine abhängige Beschäftigung vorliegt, beginnt die Versicherungspflicht grundsätzlich mit der Aufnahme der Beschäftigung. Es gibt jedoch folgende Ausnahme:

Die Versicherungspflicht tritt bei Antragstellung innerhalb eines Monats nach Aufnahme der Tätigkeit erst mit der Bekanntgabe der Entscheidung der Deutschen Rentenversicherung Bund ein, wenn

- der Beschäftigte nach der Entscheidung, dass eine Beschäftigung vorliegt, gegenüber der Deutschen Rentenversicherung Bund dem späteren Beginn der Sozialversicherungspflicht zustimmt und
- er für den Zeitraum zwischen Aufnahme der Beschäftigung und der Bekanntgabe der Entscheidung der Deutschen Rentenversicherung Bund eine Absicherung gegen das finanzielle Risiko von Krankheit und zur Altersvorsorge vorgenommen hat, die der Art nach den Leistungen der gesetzlichen Kranken- und Rentenversicherung entspricht.

Die Absicherung gegen das finanzielle Risiko von Krankheit kann durch eine freiwillige Versicherung in der gesetzlichen Krankenversicherung oder durch eine private Krankenversicherung erfolgen. Dabei muss die private Krankenversicherung Leistungen anbieten, die den Leistungen der gesetzlichen Krankenversicherung entsprechen.

Eine Absicherung zur Altersvorsorge kann ebenfalls durch eine freiwillige Versicherung in der gesetzlichen Rentenversicherung oder durch eine private Lebens- oder Rentenversicherung für den Fall des Erlebens des 60. oder eines höheren Lebensjahres erfolgen. Ein ausreichender sozialer Schutz liegt vor, wenn für die private Versicherung Prämien gezahlt werden, die dem jeweiligen freiwilligen Mindestbeitrag zur gesetzlichen Rentenversicherung entsprechen (im Jahr 2026 – € 112,16).

III. Auswirkungen

Da den Auftraggeber die Pflichten eines Arbeitgebers treffen können und er eventuell Sozialversicherungsbeiträge für den Auftragnehmer rückwirkend bis zu vier Jahren zu zahlen hat, sollten bestehende sowie neu zu vergebende Aufträge unter dem Gesichtspunkt der Scheinselbstständigkeit überprüft werden.

TIPP!

Wenn nach der Selbsteinschätzung Zweifel am Status der Selbstständigkeit bestehen, ist das Feststellungsverfahren bei der Clearingstelle der Deutschen Rentenversicherung Bund zu empfehlen.

1. Bestehende Verträge

Zunächst ist anhand der vorhandenen Auftragsunterlagen, sonstiger Vereinbarungen und der tatsächlichen Verhältnisse der Auftragsdurchführung zu prüfen, ob der Auftragnehmer eine echte selbstständige Tätigkeit ausübt.

ACHTUNG!

Wenn die vom Auftragnehmer zu erbringende Tätigkeit im Betrieb des Auftraggebers geleistet wird, kann ein Scheinvertrag vorliegen (→ *Werkvertrag*).

Wurde ein Vertrag an eine selbstständig tätige Einzelperson oder eine Ein-Mann-GmbH vergeben, bieten die Kriterien der Checkliste (s. Checkliste VII.) erste Anhaltspunkte für die Prüfung der Feststellung, ob der Auftragnehmer ein Beschäftigter des Betriebes des Auftraggebers oder ein außerhalb des Betriebes stehender Selbstständiger ist.

Kommen der Auftraggeber und der Auftragnehmer nach eingehender Prüfung der Kriterien der Checkliste (s. Checkliste VII.) sowie der bestehenden Verhältnisse zu dem Ergebnis, dass eindeutig eine selbstständige Tätigkeit des Auftragnehmers vorliegt, ist für den Auftraggeber gegenüber den Krankenkassen als Einzugsstellen für den Gesamtsozialversicherungsbeitrag nichts weiter zu veranlassen, da Meldepflichten nur bei abhängig Beschäftigten bestehen.

TIPP!

Die Prüfung der Kriterien (s. Checkliste VII.) und das Gesamtergebnis sollte unbedingt schriftlich festgehalten und zu den Auftragsunterlagen genommen werden. Sie dokumentieren für eine spätere Betriebsprüfung, dass der Auftraggeber sich gewissenhaft mit der Frage des Vorliegens einer Beschäftigung auseinandergesetzt hat, sodass jedenfalls keine wissentliche Unterschlagung von Sozialversicherungsbeiträgen angenommen werden kann. Eine vorsätzliche Unterschlagung von Sozialversicherungsbeiträgen ist eine Straftat (§ 266a StGB) und dehnt den Rückforderungszeitraum für Beiträge von vier auf 30 Jahre aus.

2. Neue Aufträge

Bei neuen Aufträgen muss der Auftraggeber einschätzen können, ob sein Vertragspartner sozialversicherungspflichtig wird oder nicht und ob ggf. Beiträge an die Krankenkasse zu zahlen sind.

Bei der Vergabe neuer Aufträge an Einzelpersonen können ebenfalls die Kriterien der Checkliste (s. Checkliste VII.) als Anhaltspunkte herangezogen werden. Je einfacher die Art der Tätigkeit und je größer das Weisungsrecht, das sich der Auftraggeber vorbehält, desto eher wird ein Beschäftigungsverhältnis vorliegen. Bei der Vertragsgestaltung muss klar erkennbar sein, dass ein selbstständiger Auftragnehmer für den Auftraggeber tätig werden soll.

WICHTIG!

Wird vor Vertragsabschluss ein Feststellungsverfahren bei der Deutschen Rentenversicherung Bund beantragt, kann kein Bescheid erteilt werden, da tatsächlich noch kein Vertragsverhältnis besteht. In Zweifelsfällen sollte jedoch unmittelbar nach Vertragsabschluss ein Feststellungsverfahren eingeleitet werden.

3. Beendete Vertragsverhältnisse

Auch wenn das Vertragsverhältnis bereits beendet ist, besteht die Möglichkeit ein Feststellungsverfahren zu beantragen.

4. Gruppenfeststellung

Ab dem 1.4.2022 können sowohl der Auftraggeber als auch der Auftragnehmer eine gutachterliche Äußerung bei der Deutschen Rentenversicherung Bund zu dem Erwerbsstatus von Auftragnehmern in gleichen Auftragsverhältnissen beantragen, wenn die Deutsche Rentenversicherung Bund bereits in einem Einzelfall über den Erwerbsstatus entschieden hat. Die Auftragsverhältnisse sind gleich, wenn die vereinbarten Tätigkeiten ihrer Art und Umständen der Ausübung nach übereinstimmen und ihnen einheitliche Vereinbarungen zugrunde liegen.

WICHTIG!

Bei dem Abschluss eines gleichen Auftragsverhältnisses hat der Auftraggeber dem Auftragnehmer eine Kopie der gutachterlichen Äußerung auszuhändigen.

ACHTUNG!

Wird das Auftragsverhältnis innerhalb von zwei Jahren nach der gutachterlichen Äußerung geschlossen, tritt die Versicherungspflicht mit der Bekanntgabe der Entscheidung der Deutschen Rentenversicherung Bund ein.

Formulierungsbeispiele für selbstständige Tätigkeit:

„Der Auftragnehmer .... darf auch für andere Unternehmen tätig werden."

„Der Auftragnehmer .... darf ohne Zustimmung des Auftraggebers .... eigenes Personal beschäftigen."

„Der Auftragnehmer .... entscheidet, ob er eigene Geschäfts-/ Betriebs- oder Büroräume unterhält. Der Auftraggeber .... gewährt keine Kostenbeteiligung an den Betriebskosten des Auftragnehmers ...."

„Der Auftragnehmer .... entscheidet, ob und in welchem Umfang er seine Arbeitskraft dem Auftraggeber .... zur Verfügung stellt."

„Der Auftragnehmer .... ist nicht an die Arbeitszeiten des Auftraggebers .... gebunden. Er ist nicht in seinen Dienstplänen eingeteilt und nicht verpflichtet, während der üblichen Bürostunden anwesend zu sein."

„Der Auftragnehmer .... hat keinen Anspruch auf Lohnfortzahlung im Krankheitsfall und kann sich in diesem Fall von einem Dritten vertreten lassen."

„Der Auftragnehmer .... hat keinen Anspruch auf bezahlten → *Urlaub*."

„Der Auftragnehmer .... wird für den Auftraggeber .... während der Projektdauer von .... Monaten tätig."

ACHTUNG!

Der Vertrag muss auch entsprechend der vereinbarten Regelungen tatsächlich „gelebt" werden. Die Sozialversicherungsträger beurteilen das Vorliegen einer Beschäftigung nicht nur aufgrund des Vertrags, sondern ausschlaggebend sind bei Abweichungen letztendlich die tatsächlichen Verhältnisse (vergleiche auch die Definition des Arbeitnehmerbegriffs ab dem 1.1.2017 im § 611a Bürgerliches Gesetzbuch).

5. Anhörungsrecht

Im Widerspruchsverfahren können die Beteiligten nach der Begründung des Widerspruchs eine mündliche Anhörung beantragen, die gemeinsam mit den anderen Beteiligten erfolgt.

6. Auskunftspflicht des Auftragnehmers

Zur Bestimmung, ob tatsächlich ein Beschäftigungsverhältnis vorliegt, kann der Auftraggeber in Zweifelsfällen vom Auftragnehmer nach § 28o SGB IV die Auskünfte einholen, die er für diese Entscheidung benötigt und die er selbst nicht beeinflussen kann.

TIPP!

Der Auftraggeber sollte insbesondere zu den Merkmalen in der Checkliste (s. u. VII.) eine wahrheitsgemäße Auskunft vom Auftragnehmer verlangen.

Der Auftraggeber darf in regelmäßigen Abständen den Auftragnehmer nach den für die Versicherungspflicht maßgeblichen Tatsachen fragen. Eine Offenbarungspflicht des Auftragnehmers, ungefragt zu den genannten Punkten Angaben zu machen, besteht nicht.

Auch bei der Vergabe neuer Aufträge ist der Auftraggeber auf die Informationen des Auftragnehmers angewiesen, da er nicht wissen kann, ob der Auftragnehmer eigene Arbeitnehmer beschäftigt bzw. einstellen will und ob er für andere Auftraggeber tätig ist/sein wird. Das Informationsrecht des Arbeitgebers/Auftraggebers nach § 28o SGB IV besteht auch vor Begründung eines Beschäftigungs-/Auftragsverhältnisses.

IV. Folgen der Fehlbeurteilung für den Auftraggeber

Ergibt eine spätere → *Betriebsprüfung*, dass die Einschätzung im Feststellungsverfahren nicht richtig war, gilt Folgendes:

Der Arbeitgeber hat rückwirkend den Gesamtsozialversicherungsbeitrag zu zahlen, und zwar vom Zeitpunkt der Aufnahme der Beschäftigung an, aber höchstens für den gesetzlichen Verjährungszeitraum von vier Jahren. Die nicht abgeführten Arbeitnehmerbeitragsanteile sind nur für die letzten drei Lohn- und Gehaltsabrechnungen nachzuzahlen. Zusätzlich zu den nachzuzahlenden Gesamtsozialversicherungsbeiträgen muss der Arbeitgeber Säumniszuschläge zahlen. Ein Anspruch auf Ersatz der gezahlten Arbeitgeberanteile bestand nach der Rechtsprechung bisher nicht. Er konnte auch nicht vertraglich vereinbart werden, da eine solche Vertragsklausel nach § 32 SGB I immer unwirksam war.

- **Wahrheitsgemäße Angaben des Auftragnehmers**

  Hat der Auftragnehmer wahrheitsgemäß Auskunft gegeben (s. o. III.4.), hat der Auftraggeber gegen ihn einen Anspruch auf Ersatz der nachgezahlten Arbeitnehmeranteile. Die Erstattung kann nur im Lohnabzugsverfahren erfolgen, d. h. der Anspruch besteht sozialversicherungsrechtlich nur, solange ein Beschäftigungsverhältnis besteht.

- **Unrichtige Angaben des Auftragnehmers**

  Verstößt der Auftragnehmer jedoch gegen die Verpflichtung, auf Fragen des Auftraggebers wahrheitsgemäß zu antworten, bzw. antwortet er gar nicht, kann der Auftraggeber nach § 28g Satz 3 SGB IV von ihm die Erstattung der geforderten Arbeitnehmeranteile zur Sozialversicherung verlangen, ohne auf das Lohnabzugsverfahren beschränkt zu sein. Der Auftragnehmer ist also auch dann noch zur Zahlung verpflichtet, wenn er nicht mehr für den Auftraggeber/ Arbeitgeber tätig ist.

V. Häufig betroffene Branchen

Bei folgenden Tätigkeitsbereichen treten häufig Probleme der Scheinselbstständigkeit auf:

- Ärzte im Rettungsdienst und in Krankenhäusern
- Bedienungspersonal in Gastronomiebetrieben

- Dozenten/Lehrkräfte
- EDV-Berater, Programmierer und Web-Designer (IT-Branche allgemein)
- Frachtführer/Unterfrachtführer
- Franchising
- Kurierdienstfahrer
- Messehostess
- Notdienst der kassenärztlichen Vereinigungen
- Personen der Toiletten-Service-Betriebe
- Personen im Baubereich
- Personen in sozialen Berufen (z. B. Familienhelfer, Eingliederungshelfer, Einzelfallhelfer)
- Pflegepersonen, Physiotherapeuten
- Promoter
- Regalauffüller bzw. Platzierungshilfen
- Taxifahrer
- Teleheimarbeit
- Telefonvermittler
- Verkaufsfahrer
- Werbedamen/Propagandisten
- Zerleger, Ausbeiner, Kopfschlächter.

Wichtig für Dozenten

Das „Herrenberg-Urteil" des BSG vom 28.6.2022 (B 12 R 3/20 R) hat die Abgrenzung zwischen selbstständiger Tätigkeit und abhängiger Beschäftigung weiterentwickelt. Betroffen war die Bildungsbranche. Das BSG hat nun festgestellt, dass die Arbeitsbedingungen an Musikschulen – so wie sie in der Regel strukturiert sind – aufgrund der starken Eingliederung und des fehlenden Unternehmerrisikos keine echte Selbstständigkeit bedeuten sondern eine abhängige Beschäftigung. Besonders hervorzuheben ist, dass aus Sicht des BSG der Erwerbsstatus im Zweifelsfall nicht allein vom Willen der Beteiligten abhängt, sondern vom konkreten Organisationsmodell.

VI. Betriebsprüfungen durch die Rentenversicherungsträger

Die Rentenversicherungsträger kontrollieren regelmäßig alle vier Jahre, ob die Arbeitgeber/Auftraggeber ihre Meldepflichten für die Beschäftigten zur Sozialversicherung erfüllen (§ 28a SGB IV) und die Beiträge richtig abgeführt haben (§ 28e SGB IV). Die Prüfung umfasst neben sämtlichen Lohnunterlagen die gesamte Finanzbuchhaltung. Damit kann festgestellt werden, ob Scheinselbstständige oder freie Mitarbeiter, für die es kein Lohnkonto gibt, ggf. über Werkverträge, tatsächlich beschäftigt worden sind (→ *Betriebsprüfung*).

VII. Checkliste Scheinselbstständigkeit

Folgende Indizien sprechen für eine selbstständige Tätigkeit:

1. Derzeitige selbstständige Tätigkeit

- ❑ Der Auftragnehmer hat noch weitere Auftraggeber
- ❑ Der Auftragnehmer ist Handelsvertreter i. S. v. § 84 Abs. 1 HGB, d. h. er kann seine Tätigkeit im Wesentlichen frei gestalten und seine Arbeitszeit frei bestimmen
- ❑ Der Auftragnehmer beschäftigt eigene versicherungspflichtige Arbeitnehmer
- ❑ Eigene Geschäfts-/Betriebs- oder Büroräume des Auftragnehmers mit gegebenenfalls selbstständiger Betriebsorganisation
- ❑ Tragung sämtlicher Betriebskosten wie Miete, Strom, Wasser, Telefon, Büromaterial, Porto, Reinigung der Geschäftsräume, Telefonbucheintrag, Eintrag in den gelben Seiten durch den Auftragnehmer
- ❑ Der Auftragnehmer hat sich mit anderen Selbstständigen zu einer Gesellschaft (z. B. Sozietät, Praxis- oder Bürogemeinschaft, Partnerschaftsgemeinschaft, GmbH) zusammengeschlossen

2. Vergütung

- ❑ Der Auftragnehmer erhält eine Provision oder erfolgsabhängige Vergütung
- ❑ Der Auftragnehmer hat keinen Anspruch auf Gratifikation oder sonstige Zuwendungen durch den Auftraggeber
- ❑ Der Auftragnehmer erhält keine Erstattung von Auslagen für die Benutzung des eigenen PKW, Fax, PC, Reise- und Übernachtungsspesen, Versicherungsbeiträge
- ❑ Der Auftragnehmer hat keinen Anspruch auf Entgeltfortzahlung im Krankheitsfall; er ist nicht verpflichtet, sich beim Auftraggeber „krankzumelden"
- ❑ Der Auftragnehmer hat keinen Anspruch auf bezahlten Urlaub

3. Persönliche Abhängigkeit

- ❑ Der Auftragnehmer arbeitet (überwiegend) in eigenen Büroräumen, jedenfalls nicht (überwiegend) in den Büroräumen eines Auftraggebers
- ❑ Der Auftragnehmer ist nicht an feste Arbeitszeiten/Kernzeiten/Arbeitszeiterfassung mit eigenem Zeitkonto gebunden
- ❑ Für den Auftragnehmer besteht keine ständige Dienst-/Abrufbereitschaft
- ❑ Der Auftragnehmer führt nicht identische Tätigkeiten wie andere Arbeitnehmer des Auftraggebers aus
- ❑ Der Auftragnehmer wird nicht in Dienstpläne eingeteilt, es wird von ihm keine Anwesenheit während der üblichen Bürostunden erwartet
- ❑ Der Auftragnehmer ist nicht zur Benutzung bestimmter Arbeitsmittel wie Dienstkleidung oder Firmenfahrzeug verpflichtet
- ❑ Der Auftragnehmer hat weitestgehende freie Verfügungsmöglichkeit in rechtlicher und tatsächlicher Hinsicht über die eigene Arbeitskraft (ob und wie)
- ❑ Der Auftragnehmer hat die rechtliche Möglichkeit, sich im Krankheits- oder Urlaubsfall durch eine Ersatzkraft vertreten zu lassen
- ❑ Der Auftragnehmer bestimmt sein Einsatzgebiet selber

4. Unternehmerisches Handeln

- ❑ Dem Auftragnehmer sind eigene Akquisitionsmaßnahmen, Werbung erlaubt
- ❑ Der Auftragnehmer setzt eigenes Kapital ein
- ❑ Der Auftragnehmer erhält keine Finanzierungshilfen (z. B. Darlehen) durch den Auftraggeber
- ❑ Der Auftragnehmer hat die Möglichkeit und das Recht, angetragene Aufträge abzulehnen
- ❑ Der Auftragnehmer gibt ein konkretes Kalkulationsangebot in Konkurrenz zu anderen beim Auftraggeber ab
- ❑ Der Auftragnehmer gestaltet seine Preise selbst
- ❑ Der Auftragnehmer trägt die Ungewissheit hinsichtlich des Erfolgs der eingesetzten Arbeitskraft
- ❑ Der Auftragnehmer erbringt die Leistung ausschließlich im eigenen Namen und auf eigene Rechnung

Schwarzarbeit

I. Allgemeines

Nach dem allgemeinen Sprachgebrauch leistet derjenige Schwarzarbeit, der seinen Steuer- und Sozialversicherungspflichten nicht nachkommt. Dies kann von der Nichtanmeldung einer Tätigkeit (s. dazu das im selben Verlag erschienene Lexikon für das Lohnbüro, → *„Meldepflichten in der Sozialversicherung“*) bis zur Nichtabführung von Steuern bzw. Sozialversicherungsbeiträgen reichen.

Folgende Formen der Manipulation von Geschäftsunterlagen zur Umgehung der Sozialversicherungspflicht treten in der Praxis sehr häufig auf:

- Lohnsplitting, d. h. in den Lohnunterlagen werden neben den tatsächlich Beschäftigten auch Scheinarbeitsverhältnisse geführt. Die Lohnsummen werden so verteilt, dass sie in allen Fällen die Grenzen für geringfügig entlohnte Beschäftigungen nicht übersteigen.
- Streckung von Arbeitsentgelten für kurze Arbeitszeiträume auf längere fiktive Zeiträume.
- Bruttoarbeitsentgelt wird nicht in voller Höhe in den Lohnunterlagen ausgewiesen – der Restlohn wird gesondert „schwarz“ ausgezahlt.
- (Schein-)Rechnungen erdachter Subunternehmer.
- Bekannte und Verwandte der Beschäftigten unterschreiben Blankoarbeitsverträge und -quittungen, ohne je in dem Betrieb gearbeitet zu haben.

ACHTUNG!

Illegale Beschäftigung von Ausländerinnen und Ausländern aus Ländern, die nicht zur EU gehören, unterscheidet sich von der Schwarzarbeit. Illegale Beschäftigung übt aus, wer

- **als Arbeitgeber Ausländer unerlaubt beschäftigt oder als Entleiher unerlaubt tätig werden lässt,**
- **als Ausländer unerlaubt eine Erwerbstätigkeit ausübt,**
- **als Arbeitgeber Arbeitnehmer ohne erforderliche Erlaubnis bzw. entgegen der formellen Bestimmungen nach dem Arbeitnehmerüberlassungsgesetz überlässt oder für sich tätig werden lässt,**
- **die Schutzvorschriften nach dem Gesetz zur Sicherung von Arbeitnehmerrechten in der Fleischwirtschaft missachtet,**
- **als Arbeitgeber Arbeitnehmer beschäftigt, ohne Einhaltung der Arbeitsbedingungen nach Maßgaben des Mindeslohngesetzes, des Arbeitnehmer-Entsendegesetzes oder des Arbeitnehmerüberlassungsgesetzes,**
- **als Arbeitgeber Arbeitnehmer zu ausbeuterischen Arbeitsbedingungen beschäftigt oder**
- **als Inhaber oder Dritter Personen entgegen § 6a Abs. 2 des Gesetzes zur Sicherung von Arbeitnehmerrechten in der Fleischwirtschaft tätig werden lässt.**

Illegale Beschäftigung kann unter Umständen mit einer Geldbuße von bis zu € 500.000 oder mit einer Freiheitsstrafe von bis zu fünf Jahren geahndet werden.

II. Gesetz zur Intensivierung der Bekämpfung der Schwarzarbeit

1. Begriff

Schwarzarbeit im Sinne des Gesetzes zur Bekämpfung der Schwarzarbeit und illegalen Beschäftigung (SchwarzArbG) leistet derjenige, der Dienst- oder Werkleistungen in erheblichem Umfang erbringt und dabei seinen gesetzlichen Melde-, Aufzeichnungs- und Zahlungspflichten nach Steuerrecht und Sozialgesetzbuch nicht nachkommt. Er begeht damit eine Ordnungswidrigkeit.

Leistungen, die von Angehörigen wie z. B. Ehegatten, Verlobten, Geschwistern (vgl. § 15 Abgabenordnung) oder Lebenspartnern oder aus Gefälligkeit, Nachbarschaftshilfe oder als Selbsthilfe im Sinne des 2. Wohnungsbaugesetzes erbracht werden und nicht nachhaltig auf Gewinn ausgerichtet sind, sind keine Schwarzarbeit. Als nicht nachhaltig auf Gewinn ausgerichtet ist insbesondere eine Tätigkeit, die gegen geringes Entgelt erbracht wird.

ACHTUNG!

Die Rechtsfolgen der Schwarzarbeit betreffen nicht nur den Schwarzarbeiter, sondern auch den Auftraggeber, wenn er Dienst- oder Werkleistungen in erheblichem Umfang von Schwarzarbeitern ausführen lässt und er z. B. weiß, dass der Schwarzarbeiter seinen gesetzlichen Mitwirkungspflichten nicht nachkommt (s. u. 1.3). Auch der Auftraggeber begeht damit eine Ordnungswidrigkeit und u. U. eine Straftat.

1.1 Dienst- oder Werkleistungen

Der Schwarzarbeiter muss Dienst- oder Werkleistungen erbringen. Dies liegt vor allem dann vor, wenn er aufgrund eines Dienst- oder Werkvertrags für den Auftraggeber tätig wird. Aber auch andere Vertragsarten kommen in Betracht (z. B. Werklieferungsvertrag, Reisevertrag, Geschäftsbesorgungsvertrag, Maklervertrag, Speditionsvertrag).

ACHTUNG!

Unternehmer müssen bei Werklieferungs- oder sonstigen Leistungen im Zusammenhang mit einem Grundstück wie z. B. Bauleistungen, Gartenarbeiten, Instandhaltungsarbeiten in und an Gebäuden, Fensterputzen, die mit einem privaten Leistungsempfänger vereinbart werden, Rechnungen ausstellen. Der private Leistungsempfänger muss diese Rechnungen zwei Jahre aufbewahren. Ansonsten droht ein Bußgeld von bis zu € 5000.

1.2 Erheblicher Umfang

Für den erheblichen Umfang kommt es auf den objektiven wirtschaftlichen Wert der Dienst- oder Werkleistung an: Ein erheblicher Umfang liegt dann vor, wenn die Einnahmen aus der Schwarzarbeit Auswirkungen auf die Lebensführung, die Bildung von Ersparnissen oder eine Erwerbstätigkeit außerhalb des Schwarzarbeitverhältnisses haben. Nicht nachhaltig auf Gewinn gerichtet sind – im Rahmen gesellschaftlicher Gepflogenheiten – Hilfeleistungen, bei denen Hilfsbereitschaft und Gefälligkeit deutlich im Vordergrund stehen.

Für die Bekämpfung der Schwarzarbeit sind in erster Linie die einzelnen Bundesländer zuständig. Es gibt von ihnen keine gemeinsame Festlegung, ab welchem Vergütungsbetrag ein „erheblicher Umfang" vorliegt. Teilweise wurde die Grenze auf € 150, teilweise auf € 325 pro Monat festgelegt. Diese Beträge können jedoch nicht als abschließender Maßstab herangezogen werden, weil die Gerichte im Streitfall daran nicht gebunden sind. Nachfolgend als Anhaltspunkt zwei Beispiele, in denen der „erhebliche Umfang" eindeutig ist.

Beispiele:

Friseur A bezieht Arbeitslosengeld in Höhe von € 400 monatlich. Er frisiert – ohne dies der Agentur für Arbeit zu melden – regelmäßig wöchentlich fünf Kundinnen in deren Wohnungen gegen $^{2}/_{3}$ des in Friseurgeschäften üblichen Preises. Hierdurch erzielt A Einnahmen aus der Schwarzarbeit in für ihn erheblichem Umfang.

Der Besitzer B einer Erdbeerplantage beauftragt 30 Arbeitslosengeldbezieher für vier Stunden mit Erdbeerpflücken gegen einen Stundenlohn von € 2,50 und freien Verzehr von Erdbeeren. Bei den einzelnen Arbeitslosen liegt kein erheblicher Umfang vor, wohl aber bei B.

1.3 Verletzung einer Mitwirkungspflicht

Eine Mitwirkungspflicht verletzt der Arbeitgeber, Unternehmer oder versicherungspflichtige Selbstständige, der seinen sich aufgrund der Dienst- oder Werkleistungen ergebenden sozialversicherungspflichtigen Melde-, Beitrags- oder Aufzeichnungspflichten nicht nachkommt. Daneben wird auch der Steuerpflichtige erfasst, der seine sich aufgrund der erbrachten Dienst- oder Werkleistungen ergebenden steuerlichen Pflichten nicht erfüllt.

Nach § 60 SGB I muss der Empfänger einer Sozialleistung (z. B. Arbeitslosengeld, Arbeitslosengeld II, Vorruhestandsleistungen, Krankengeld, Unfallrenten, gesetzliche Altersrenten, Renten wegen Erwerbsminderung, Sozialhilfe) dem Leistungsträger jede Änderung in seinen Verhältnissen, die für die Leistung erheblich ist oder über die im Zusammenhang mit der Leistung Erklärungen abgegeben worden sind, unverzüglich mitteilen.

Hierzu gehört auch die Mitteilung über Einkünfte aus einer Erwerbstätigkeit gegenüber dem jeweiligen Leistungsträger (Agentur für Arbeit, Krankenkasse, Rentenversicherungsträger, Sozialamt). Unterlässt der Betroffene die Mitteilung vorsätzlich, begeht er eine Ordnungswidrigkeit. Täuscht er den Sozialversicherungsträger über seine Einkünfte, kann der Straftatbestand des Betruges erfüllt sein.

Auch die Verletzung folgender Pflichten führt zur Schwarzarbeit:

- Meldepflicht nach § 8a Asylbewerberleistungsgesetz;
- Anzeigepflicht bei Aufnahme eines stehenden Gewerbes (§ 14 GewO);
- Nichterwerb einer erforderlichen Reisegewerbekarte bei der Aufnahme einer Tätigkeit (§ 55 GewO);
- Betreiben eines Handwerks als stehendes Gewerbe ohne die vorgeschriebene Eintragung in die Handwerksrolle (§ 1 HandwO).

1.4 Besonderheiten im Baubereich

Im Baubereich haften Generalunternehmer, wenn von ihnen direkt beauftragte Subunternehmer keine Sozialversicherungsbeiträge abführen (vgl. § 28e Abs. 3a–f SGB IV). Dies gilt für Arbeiten an Bauwerken, bei denen der Wert der Bauleistungen € 275.000 übersteigt. Für den Mindestlohn, der an die Beschäftigten des Subunternehmers gezahlt werden muss, haftet der Generalunternehmer ebenfalls. Für Subunternehmer der zweiten Stufe (Subsubunternehmer) haftet der Generalunternehmer nur dann, wenn er einen „Strohmann" als ersten Subunternehmer zwischengeschaltet hat.

1.5 Ausweis- und Meldepflichten in neun Branchen

Die Arbeitgeber der Branchen

Bau,

Gaststätten- und Beherbergung,

Personenbeförderung,

Speditions-, Transportgewerbe und Logistik,

Schausteller,

Forstwirtschaft,

Gebäudereiniger,

Messe- und Ausstellungsbau,

Fleischwirtschaft,

Prostitutionsgewerbe,

Wach- und Sicherheitsgewerbe,

Friseursalons,

Barbershops,

Kosmetik- und Nagelstudios und

plattformbasierte Lieferdienste

sind verpflichtet, neue Beschäftigte sofort (und nicht erst mit der ersten Lohn- oder Gehaltsabrechnung) bei der Deutschen Rentenversicherung elektronisch zu melden. Die Sofortmeldung muss den Familien- und Vornamen, die Versicherungsnummer, die Betriebsnummer des Arbeitgebers und den Tag der Beschäftigungsaufnahme enthalten. Der Arbeitnehmer muss zwecks Personenidentifikation eindeutige Personaldokumente (z. B. Personalausweis, Reisepass) mitführen. Der Sozialversicherungsausweis oder Führerschein reichen nicht mehr aus, da diese Papiere nicht fälschungssicher sind. Der Arbeitgeber hat seine Beschäftigten schriftlich über die Mitführungs- und Vorlagepflicht von Personaldokumenten zu belehren und hat diese Belehrung auch nachzuweisen. Bei Verletzung der Pflichten zur Aufbewahrung und Vorlage der Belehrung sind Geldbußen zu zahlen. Ebenso besteht die Verpflichtung aus dem Mindestlohngesetz, Aufzeichnungen über die tägliche Arbeitszeit zu führen und vorzulegen sowie Meldungen in Entsendefällen abzugeben.

2. Rechtsfolgen für den Schwarzarbeiter

2.1 Geldbuße

Schwarzarbeit wird als Ordnungswidrigkeit mit Geldbußen zwischen € 1000 und € 500.000 geahndet.

2.2 Nichtigkeit des Schwarzarbeitervertrags

Der Vertrag zwischen dem Auftraggeber und dem Schwarzarbeiter kann wegen Verstoßes gegen das SchwarzArbG nichtig sein. Dies ist jedenfalls bei beiderseitigem Verstoß gegen das SchwarzArbG der Fall. In diesen Fällen kann der Schwarzarbeiter für seine Leistung keine Bezahlung verlangen.

ACHTUNG!
Dies gilt auch, wenn ein gültiger Vertrag nachträglich ganz oder teilweise in eine „Ohne-Rechnung-Abrede" abgeändert wird (BGH v. 16.3.2017, Az. VII ZR 197/16) oder ein Zivilgericht aufgrund von Indizien von einer solchen Abrede überzeugt ist, auch wenn beide Partner diese übereinstimmend bestreiten (OLG Hamm v. 6.3.2.4, Az. 124127/22).

Das Risiko bei einer beiderseitigen Verabredung zur Schwarzarbeit trägt faktisch derjenige, der zuerst seine Leistung erbringt (BGH vom 10.4.2014, Az. VII ZR 214/13).

2.3 Kündigung

Schwarzarbeit kann die → *Kündigung* durch den Arbeitgeber rechtfertigen, wobei es nicht unbedingt auf einen Verstoß gegen das SchwarzArbG ankommt. Verstößt der Arbeitnehmer gegen das SchwarzArbG, kann der Arbeitgeber nach → *Abmahnung* außerordentlich kündigen. Dieses Recht zur außerordentlichen Kündigung wird auch in einigen Tarifverträgen konkretisiert.

Auch in weiteren Fällen kann der Arbeitgeber u. U. wegen Schwarzarbeit kündigen: Tritt der Arbeitnehmer z. B. durch die Schwarzarbeit mit dem Arbeitgeber in Konkurrenz, ist das ein Verstoß gegen das → *Wettbewerbsverbot* und der Arbeitgeber ist zur außerordentlichen Kündigung berechtigt. Ist ein Verbot der → *Nebentätigkeit* arbeitsvertraglich wirksam vereinbart, kann die Schwarzarbeit ebenfalls eine außerordentliche Kündigung durch den Arbeitgeber rechtfertigen.

2.4 Schwarzarbeit während des Urlaubs

Einer bezahlten Tätigkeit während des Urlaubs darf der Arbeitnehmer nicht nachgehen, wenn sie dem Urlaubszweck widerspricht (§ 8 BUrlG) oder die ggf. erforderliche Nebentätigkeitserlaubnis nicht erteilt wurde (→ *Urlaub*). Dies gilt für legale Tätigkeiten ebenso wie für Schwarzarbeiten. Verstößt der Arbeitnehmer gegen das in § 8 BUrlG enthaltene Verbot, verliert er zwar nicht seinen Anspruch auf Urlaubsentgelt; der Arbeitgeber kann aber Unterlassung verlangen (z. B. durch einstweilige Verfügung) oder, ggf. nach → *Abmahnung*, dem Arbeitnehmer ordentlich kündigen.

3. Rechtsfolgen für den Auftraggeber

3.1 Geldbuße

Gegen einen Auftraggeber kann eine Geldbuße von bis zu € 500 000 verhängt werden, wenn er jemanden beauftragt, Leistungen unter Verstoß gegen das SchwarzArbG zu erbringen.

3.2 Öffentliche Aufträge

Bewerber für öffentliche Liefer-, Bau- oder Dienstleistungsaufträge können bis zu drei Jahre ausgeschlossen werden, wenn sie gegen das SchwarzArbG verstoßen haben, wegen illegaler Beschäftigung bestraft wurden oder Beiträge zur Sozialversicherung vorenthalten haben.

3.3 Nichtigkeit des Schwarzarbeitervertrags

Verstößt der Auftraggeber gegen das SchwarzArbG, führt dies zur Nichtigkeit des Werk- oder Dienstvertrags und dem Auftraggeber stehen keine Gewährleistungsansprüche bei Schlechtleistung (so auch BGH vom 1.8.2013/Az. VII ZR 6/13) oder Schadensersatzansprüche bei Vertragsbruch zu.

3.4 Beitragsabführung

Hat der Arbeitnehmer mit Zustimmung seines Arbeitgebers in dessen Betrieb Schwarzarbeit geleistet, kann das dazu führen, dass der Arbeitgeber die Beiträge in der Sozialversicherung, d. h. auch die Arbeitnehmerbeiträge, allein zu tragen hat.

III. Schwarzarbeit und Sozialversicherung

Folgen für den Arbeitgeber

Führt der Arbeitgeber den von ihm geschuldeten Gesamtsozialversicherungsbeitrag (Arbeitgeber- und Arbeitnehmeranteil) nicht ab, z. B. weil er der Einzugsstelle (gesetzliche Krankenkassen) zu sozialversicherungsrechtlich erheblichen Tatsachen unrichtige oder unvollständige Angaben macht oder er sie darüber in Unkenntnis lässt, hat dies folgende Konsequenzen:

1. Sozialversicherungsrechtliche Folgen

Entscheidet die zuständige Krankenkasse als Einzugsstelle über die Versicherungspflicht eines Schwarzarbeiters, kann sie rückwirkend für vier Jahre bzw. ab Beginn der Beschäftigung den Gesamtsozialversicherungsbeitrag (also auch den Arbeitnehmeranteil) einschließlich Säumniszuschlägen vom Arbeitgeber verlangen. Kann die Krankenkasse dem Arbeitgeber Vorsatz nachweisen, kann sie Beiträge rückwirkend ab Beschäftigungsbeginn für die letzten 30 Jahre verlangen (Betriebsprüfung).

ACHTUNG!
Der Arbeitgeber kann sich vom Arbeitnehmer dessen Anteile zur Nachzahlung von Sozialversicherungsbeiträgen (aufgrund schuldhaft unterbliebener Abzüge) nur begrenzt zurückholen – nämlich nur von den drei nächsten Lohn- oder Gehaltszahlungen nach Bekanntgabe des Bescheids durch den Sozialversicherungsträger.

2. Strafrechtliche Folgen

Führt der Arbeitgeber Beiträge nicht ordnungsgemäß ab, kann er sich strafbar machen. Hat er sich durch die Beitragshinterziehung bereichert oder zu bereichern versucht, kann neben einer Geldstrafe eine Freiheitsstrafe verhängt werden.

3. Nebenpflichten

Der Arbeitnehmer ist nicht mehr verpflichtet, bei Beginn der Beschäftigung dem Arbeitgeber seinen Sozialversicherungsausweis vorzulegen. Seit dem 1.1.2023 existiert ein elektronisches Abrufverfahren bei der Deutschen Rentenversicherung. Der Arbeitgeber ist nunmehr verpflichtet, die Sozialversicherungsnummer des Arbeitnehmers über dieses Verfahren abzurufen.

Schwerbehinderte Menschen

I. Grundsätze

Der Schutz von schwerbehinderten Menschen ist umfassend im Sozialgesetzbuch IX geregelt. Die außerordentliche Bedeutung dieses Schutzes wird auch durch das „Übereinkommen über die Rechte von Menschen mit Behinderungen" (*UN-Behindertenrechtskonvention*, BRK) deutlich, deren Vorgaben von der Europäischen Union übernommen worden sind. Die nationalen Gesetze zum Schutz schwerbehinderter Menschen sind vor diesem Hintergrund auszulegen. Entsprechend hat der EuGH entschieden, dass der Schutz der Rechte behinderter Personen vor indirekter Diskriminierung am Arbeitsplatz sich auch auf die Eltern behinderter Kinder erstreckt. Die Beschäftigungs- und Arbeitsbedingungen sind so anzupassen, dass diese Eltern sich ohne die Gefahr einer mittelbaren Diskriminierung um ihr Kind kümmern können (EuGH v. 11.9.2025, Az. C-38/24).

Das SGB IX wurde 2018 umfassend neu geregelt. Dies hat auch zu einer Änderung der Paragraphen-Angaben geführt. Daher ist bei der Verwendung älterer Rechtsprechung und Literatur Aufmerksamkeit geboten.

Das deutsche Schwerbehindertenrecht ist z. T. außerordentlich kompliziert abgefasst. Seine Anwendbarkeit ist vielfach auch deswegen problematisch, weil es zu einem Nebeneinander von Arbeitsrecht, Sozialrecht und Verwaltungsrecht kommt und arbeitsgerichtliche Entscheidungen bisweilen davon abhängen, wie das Verwaltungsgericht bestimmte Vorfragen entscheidet.

Es kommt hinzu, dass § 1 AGG eine Benachteiligung aus Gründen der Behinderung verbietet und Entschädigungsansprüche für den Fall der Zuwiderhandlung androht. Der Diskriminierungsschutz gilt auch für Praktikanten (BAG v. 23.11.2023, Az. 8 AZR 212/22).

Ein wegen seiner Schwerbehinderung diskriminierter Bewerber, der auch bei benachteiligungsfreier Auswahl die Stelle nicht erhalten hätte, hat einen gesetzlichen Anspruch auf Entschädigung von bis zu drei Monatsentgelten. Eine Diskriminierung wird vermutet, wenn der Arbeitgeber die Schwerbehindertenvertretung entgegen seiner gesetzlichen Verpflichtung (§ 178 Abs. 2 Satz 4 SGB IX) nicht über die Bewerbung informiert hat. Auch die Verletzung der Pflicht der Prüfung, ob freie Arbeitsplätze mit schwerbehinderten Menschen besetzt werden können, kann Entschädigungsansprüche auslösen, auch dann, wenn sich der Arbeitgeber bei der Besetzung eines frei werdenden oder neu geschaffenen Arbeitsplatzes von vornherein auf eine interne Stellenbesetzung festgelegt hat. Dies gilt aber nur für schwerbehinderte Menschen und Gleichgestellte, nicht für einfach behinderte Bewerber. Fragt der Arbeitgeber einen Bewerber im Vorstellungsgespräch nach Krankheiten, die häufig zu einer Behinderung führen, kann bei Ablehnung des Bewerbers eine Diskriminierung wegen vermuteter Behinderung vorliegen. Nach § 7 Abs. 1 Hs. 2 AGG liegt eine unzulässige Diskriminierung auch vor, wenn der Arbeitgeber das Vorliegen eines Diskriminierungsmerkmals (z. B. einer Behinderung) nur annimmt. Auch die Formulierung in einem Arbeitsvertragsformular, wonach der Arbeitnehmer nicht schwerbehindert ist, stellt eine Benachteiligung dar (LAG Hamburg v. 30.11.2017, Az. 7 Sa 90/17). Ein Entschädigungsanspruch entsteht nach dem SGB IX allerdings nicht, wenn ein relevanter Grad der Behinderung erst nach dem Vorstellungsgespräch festgestellt wurde, zu dem der Bewerber nicht eingeladen wurde. Allerdings kommt hier ein Anspruch nach dem AGG in Betracht (s. i. E. → *Gleichbehandlung II 3.6*). Wenn ein schwerbehinderter Arbeitnehmer Tatsachen glaubhaft macht, die eine Benachteiligung wegen der Behinderung vermuten lassen, trägt der Arbeitgeber die Beweislast dafür, dass nicht auf die Behinderung bezogene, sachliche Gründe eine unterschiedliche Behandlung rechtfertigen oder eine bestimmte körperliche Funktion, geistige Fähigkeit oder seelische Gesundheit wesentliche und entscheidende berufliche Anforderung für diese Tätigkeit ist (BAG v. 26.6.2014, Az. 8 AZR 547/13). Die Regelung in einem Sozialplan, welche bei der Ermittlung eines als Abfindung zu zahlenden „fiktiven Differenzbetrags" in einem Faktor auf den „frühestmöglichen Renteneintritt" des anspruchsberechtigten Arbeitnehmers abstellt, bewirkt eine mittelbar auf dem Kriterium der Behinderung beruhende Benachteiligung. Diese ist nicht gerechtfertigt, wenn sie über das zur Erreichung eines legitimen Ziels Erforderliche hinausgeht. Die Rechtsfolge ist eine „Anpassung nach oben", d. h., dem benachteiligten Arbeitnehmer steht ein Anspruch auf eine höhere Sozialplanabfindung zu (BAG v. 28.7.2020, Az. 1 AZR 590/18).

Besonderheiten gelten für den öffentlichen Dienst. Wird ein Schwerbehinderter von einem öffentlichen Arbeitgeber, zu dem kirchliche Körperschaften des öffentlichen Rechts nicht gehören (BAG v. 25.1.2024, Az. 8 AZR 318/22), entgegen § 165 Satz 3 SGB IX nicht zum Vorstellungsgespräch eingeladen, ist zunächst von einer Diskriminierung auszugehen (BAG v. 20.1.2016, Az. 8 AZR 194/14; LAG Rheinland-Pfalz v. 21.7.2022, Az. 5 Sa 10/22), auch bei internen Stellenbesetzungen (BAG v. 25.4.2024, Az. 8 AZR 143/23). Nur wenn der Bewerber offensichtlich ungeeignet ist, kann die Ladung unterbleiben (BAG v. 16.2.2012, Az. 8 AZR 697/10). Dies trifft nur auf den Bewerber zu, der unzweifelhaft nicht dem Anforderungsprofil der zu vergebenden Stelle entspricht. Bloße Zweifel an der fachlichen Eignung rechtfertigen es nicht, von einer Einladung abzusehen, weil sich Zweifel im Vorstellungsgespräch ausräumen lassen können (LAG Mecklenburg-Vorpommern v. 30.7.2019, Az. 5 Sa 82/18). Maßgeblich ist das vom öffentlichen Arbeitgeber mit der Stellenausschreibung bekannt gemachte Anforderungsprofil zu messen (LAG Rheinland-Pfalz v. 10.2.2015, Az. 6 Sa 465/14). Ein zwar fachlich, aber persönlich nicht geeigneter Bewerber muss nicht eingeladen werden (LAG Düsseldorf v. 27.6.2018, Az. 12 Sa 135/18). Eine „objektive Eignung" ist nicht mehr Voraussetzung für einen Entschädigungsanspruch (BAG v. 19.5.2016, Az. 8 AZR 470/14). Ein Bewerber, der seine Schwerbehinderung bei einer Bewerbung berücksichtigt wissen will, muss den Arbeitgeber hierüber in den Bewerbungsunterlagen in Kenntnis setzen, soweit dieser nicht ausnahmsweise bereits über diese Information verfügt. Ein Hinweis in den Bewerbungsunterlagen kann insbesondere bei internen Bewerbungen entbehrlich sein. Etwas anderes kann gelten, wenn bei einem Arbeitgeber mit zahlreichen Arbeitnehmern das Bewerbungsverfahren dezentral von einer Stelle durchgeführt wird, die für den Bewerber erkennbar keine Kenntnis von der Schwerbehinderung hat (BAG v. 25.4.2024, Az. 8 AZR 143/23). Die Pflicht zur Einladung eines schwerbehinderten Bewerbers besteht nicht, wenn der Bewerber die Regelaltersgrenze überschritten hat und die Ablehnung seiner Bewerbung aus diesem Grund eine nach § 10 Satz 1 AGG und § 10 Satz 2 AGG gerechtfertigte Benachteiligung wegen des Alters darstellt (BAG v. 8.5.2025, Az. 8 AZR 299/24).

Die Pflicht des öffentlichen Arbeitgebers zur Einladung schwerbehinderter Menschen zu einem Vorstellungsgespräch nach § 165 Satz 3 SGB IX beinhaltet auch das Erfordernis, einen Ersatztermin anzubieten, wenn der sich bewerbende schwerbehinderte Mensch seine Verhinderung vor der Durchführung des vorgesehenen Termins unter Angabe eines hinreichend gewichtigen Grundes mitteilt und dem Arbeitgeber die Durchführung eines Ersatztermins zumutbar ist (BAG v. 23.11.2023, Az. 8 AZR 164/22).

Initiativbewerbungen, d. h. Bewerbungen ohne Anlass, lösen eine Einladungspflicht nur dann aus, wenn eine zur „Blindbewerbung" passende Stelle beim öffentlichen Arbeitgeber zu besetzen ist (Sächsisches LAG v. 22.8.2022, Az. 2 AZR 144/21).

WICHTIG!

Diese Sonderregel für den öffentlichen Dienst ist nicht auf andere Bereiche übertragbar. Der private Arbeitgeber ist also nicht verpflichtet, schwerbehinderte Bewerber zum Vorstellungsgespräch einzuladen (BAG v. 16.5.2019, Az. 8 AZR 315/18).

Auch die fehlende Information der Schwerbehindertenvertretung von der Bewerbung eines schwerbehinderten Menschen kann ein Indiz für eine Diskriminierung sein, selbst wenn eine Vereinbarung mir der Schwerbehindertenvertretung getroffen wurde, wonach diese nur über die in die nähere Auswahl kommenden Bewerber informiert werden musste. Zur Widerlegung der auf den Verstoß gegen § 164 Abs. 1 Satz 4 SGB IX gestützten Kausalitätsvermutung reicht es nicht aus, wenn der öffentliche Arbeitgeber Tatsachen vorträgt und beweist, aus denen sich ergibt, dass ausschließlich andere Gründe als die Behinderung für die Benachteiligung des Bewerbers ausschlaggebend waren, sondern es muss auch hinzukommen, dass diese Gründe nicht die fachliche Eignung des Bewerbers betreffen (BAG v. 20.1.2016, Az. 8 AZR 194/14). Ein öffentlicher Arbeitgeber ist nicht verpflichtet, eine ermessensfehlerfrei unbeschränkt ausgeschriebene Stelle außerhalb des durchzuführenden Bewerbungs- und Auswahlverfahrens vorab einem schwerbehinderten Arbeitnehmer zuzuweisen, um dessen Anspruch auf leidensgerechte Beschäftigung zu erfüllten (BAG v. 3.12.2019, Az. 9 AZR 78/19).

Ansprüche nach dem AGG müssen innerhalb einer Frist von zwei Monaten geltend gemacht werden. Diese beginnt spätestens dann zu laufen, wenn der Betreffende Kenntnis von den Umständen hat, die eine Beweislastumkehr begründen. Bei erfolglosen Bewerbungen beginnt die Ausschlussfrist grundsätzlich mit dem Zugang der Ablehnung, nicht jedoch vor dem Zeitpunkt, ab dem der Bewerber Kenntnis von seiner Benachteiligung erlangt. Die Erhebung einer Entfristungsklage wahrt die Klagefrist nach dem AGG nicht. Eine Regelung über die Laufzeit eines Vorruhestandsverhältnisses in einer Vorruhestandsvereinbarung ist insoweit unwirksam, als sie für den schwerbehinderten Arbeitnehmer, der vorzeitige Altersrente in Anspruch nehmen kann, zu einer gegenüber nicht schwerbehinderten Menschen kürzeren Laufzeit führt. Im Ergebnis besteht das Vorruhestandsverhältnis wie bei einem vergleichbaren nicht schwerbehinderten Arbeitnehmer (BAG v. 21.11.2017, Az. 9 AZR 141/17).

Eine Diskriminierung kann auch bei Sozialplänen und Tarifverträgen erfolgen, wenn etwa auf den frühestmöglichen Renteneintritt abgestellt wird, der bei Schwerbehinderten gem. §§ 236a Abs. 1 Satz 2 SGB VI mit Abschlägen bereits mit der Vollendung des 60. Lebensjahres möglich ist. Kommt es dadurch zu geringeren Abfindungszahlungen als bei nicht schwerbehinderten Menschen, liegt eine Diskriminierung vor (BAG v. 16.7.2019, Az. 1 AZR 842/16 und v. 17.11.2015, Az. 1 AZR 938/13; LAG Hamm v. 2.6.2016, Az. 11 Sa 1344/15; Hessisches LAG v. 30.3.2015, Az. 17 Sa 948/14 jew. unter Berufung auf die sog. Odar-Entscheidung des EuGH v. 6.12.2012, Az. C 152/11). Wenn der Arbeitgeber in einem solchen Fall den Begünstigten für die Vergangenheit die gewährten Leistungen nicht mehr entziehen kann, ist eine zur Beseitigung der Diskriminierung erforderliche „Anpassung nach oben" selbst dann gerechtfertigt, wenn sie zu erheblichen finanziellen Belastungen des Arbeitgebers führt (BAG v. 16.7.2019, Az. 1 AZR 537/19).

Bei Betriebsrenten kann ein Abschlag zulässig sein (BAG v. 13.10.2016, Az. 3 AZR 439/15).

Die sog. Integrationsfachdienste haben ihre Aufgaben u. a. in der Information und Beratung von Arbeitgebern.

II. Betroffener Personenkreis

Als schwerbehindert gelten Personen mit einem Grad der Behinderung von mindestens 50, die ihren Wohnsitz, ihren gewöhnlichen Aufenthalt oder ihre Beschäftigung auf einem Arbeitsplatz rechtmäßig im Geltungsbereich des SGB IX haben (§ 2 Abs. 2 SGB IX). Behinderung im Sinne des Gesetzes sind die Auswirkungen einer nicht nur vorübergehenden Beeinträchtigung von körperlichen Funktionen. Der Grad der Behinderung lässt keine Rückschlüsse auf eine Einschränkung der Leistungsfähigkeit zu.

Beispiel:

Eine Software-Entwicklerin ist schwerbehindert, weil sie stark gehbehindert ist. Die Schwerbehinderung hat keinerlei Auswirkungen auf ihre berufliche Leistungsfähigkeit.

Maßgeblich ist das objektive Vorliegen einer solchen Behinderung, nicht die Feststellung durch die Behörde. Üblicherweise wird jedoch die Schwerbehinderteneigenschaft in einem Verwaltungsverfahren geprüft und der schwerbehinderte Mensch erhält einen Ausweis, mit dem er diese Eigenschaft nachweisen kann. Personen mit einem Grad der Behinderung von weniger als 50, jedoch mindestens 30, können auf Antrag den schwerbehinderten Menschen gleichgestellt werden. Voraussetzung ist eine besondere Schutzwürdigkeit: sie müssen infolge der Behinderung ohne die Gleichstellung einen geeigneten Arbeitsplatz (§ 156 SGB IX) nicht erlangen oder nicht behalten können (§ 2 Abs. 3 SGB IX). Der Arbeitgeber kann die Gleichstellung nicht mit Rechtsmitteln angreifen. In der Sprache des Gesetzes werden diese Personen „gleichgestellte behinderte Menschen" genannt. Im Unterschied zu den kraft Gesetzes geschützten Personen, bei denen durch die Anerkennung als schwerbehinderter Mensch ein bestehender Rechtsschutz nur festgestellt wird, wird der Schutz des Behinderten durch die Gleichstellung erst begründet, also mit dem Tag des Eingangs des Antrags wirksam (BAG v. 10.4.2014, Az. 2 AZR 647/13). Auch behinderte Menschen im Sinne von § 2 Abs. 1 SGB IX werden gleichgestellt, wenn sie sich in einem Ausbildungsverhältnis befinden und die Agentur für Arbeit eine Schwerbehinderung feststellt. Dieser Schutz ist aber nur eingeschränkt und auf die Dauer des Ausbildungsverhältnisses beschränkt. Im Sinne des Europarechts hat der EuGH entschieden, dass auch eine Krankheit von langer Dauer Schutzpflichten begründen kann (Entscheidung v. 11.4.2013, Az. C 335/11). Starkes Übergewicht (Adipositas) stellt nicht per se eine Form der Schwerbehinderung dar. Bei schweren und lang andauernden Fällen kann dies jedoch der Fall sein, insbesondere dann, wenn der Arbeitnehmer aufgrund seiner Adipositas an der vollen und wirksamen Teilhabe am Berufsleben, gleichberechtigt mit den anderen Arbeitnehmern, gehindert wäre (EuGH v. 18.12.2014, Az. C 354/13). Die Beweislast hierfür trägt der Arbeitnehmer.

Der Diskriminierungsschutz gilt auch für Praktikanten (BAG v. 23.11.2023, Az. 8 AZR 212/22). Der Fortbildungsvertrag einer Rehabilitandin im Sinne von §§ 33 ff. SGB IX mit einer gemeinnützigen Einrichtung der beruflichen Rehabilitation, der „eine verbesserte Vermittlungsfähigkeit in Arbeit bzw. die Entscheidung für eine weiterführende Qualifizierungsmassnahme" zum Ziel hat und dies dadurch zu erreichen versucht, dass „die vorhandenen beruflichen Kenntnisse und Fertigkeiten und die individuelle Situation des/der Teilnehmers/-er erfasst und erweitert" wird, begründet weder ein Berufsausbildungsverhältnis noch ein Umschulungsverhältnis. Für Streitigkeiten aus dem Vertrag sind daher die Arbeitsgerichte nicht zuständig (LAG Köln v. 18.1.2019, Az. 7 Ta 200/17).

III. Beginn und Ende des Schutzes

Der Schutz des SGB IX beginnt mit dem objektiven Vorliegen der Schwerbehinderung, also nicht erst, wenn nach behördlicher Anerkennung ein Schwerbehindertenausweis ausgestellt worden ist. Der Arbeitnehmer muss jedoch dem Arbeitgeber nachweisen, dass er schwerbehindert ist und tut dies i. d. R. durch Vorlage des Ausweises.

WICHTIG!

Der besondere Kündigungsschutz für schwerbehinderte Menschen beginnt erst, nachdem das Arbeitsverhältnis bereits sechs Monate ununterbrochen bestanden hat. Dies gilt auch für die verlängerte Mindestkündigungsfrist.

Die Rechtslage ist bei den Arbeitnehmern, die den schwerbehinderten Menschen gleichgestellt sind, grundlegend anders. Hier ist nicht das objektive Vorliegen der Behinderung massgeblich, sondern die Entscheidung der Behörde. Die Gleichstellung wirkt jedoch auf den Zeitpunkt der Antragstellung zurück.

Beispiel:

Der Arbeitnehmer beantragt am 1.6. seine Gleichstellung. Am 15.6. erklärt der Arbeitgeber die Kündigung. Mit Bescheid vom 1.7. wird der Arbeitnehmer gleichgestellt. Die Kündigung ist unwirksam, weil die Zustimmung des Integrationsamtes nicht vorlag und die Gleichstellung auf den 1.6. zurückwirkt. Der Arbeitgeber kann also nur eine neue Kündigung aussprechen. Hierfür muss er zuvor die Zustimmung beantragt und erhalten haben.

Wenn der Grad der Behinderung auf weniger als 50 absinkt, stellt die Behörde dies in einem Bescheid fest. Der Schutz des SGB IX erlischt am Ende des dritten Kalendermonats nach Eintritt der Unanfechtbarkeit dieses Bescheids (§ 199 Abs. 1 SGB IX).

Beispiel:

Die Behörde erlässt am 15.1. einen Bescheid, in dem der Wegfall der Schwerbehinderteneigenschaft festgestellt wird. Der Bescheid wird dem Arbeitnehmer am 20.1. zugestellt. Er hat einen Monat Zeit, hiergegen Widerspruch einzulegen. Unterlässt er dies, wird der Bescheid am 20.2. rechtswirksam. Am 31.5. endet daher der Schutz des SGB IX.

Legt der Arbeitnehmer Widerspruch ein und wird dieser zurückgewiesen, gilt ab der Zustellung dieses Bescheids die gleiche Frist.

Das Integrationsamt kann einem schwerbehinderten Menschen auch vorübergehend den Schutz für bis zu sechs Monate entziehen, wenn er z. B. einen zumutbaren Arbeitsplatz ohne berechtigten Grund zurückweist oder aufgibt oder sonst durch sein Verhalten die Eingliederung in Arbeit und Beruf schuldhaft vereitelt. Der schwerbehinderte Mensch verliert in dieser Zeit sämtliche Rechte nach dem Gesetz, zählt aber bei der Pflichtzahl der im Betrieb zu beschäftigenden schwerbehinderten Menschen weiterhin mit.

Bei gleichgestellten behinderten Menschen entfällt der besondere Schutz durch Widerruf oder Rücknahme der Gleichstellung, aber auch hier erst am Ende des dritten Kalendermonats nach Eintritt der Unanfechtbarkeit.

Geschützt sind nicht nur schwerbehinderte Menschen, die bereits in einem Arbeitsverhältnis stehen. Vielmehr können auch dem erfolglosen Bewerber Ansprüche zustehen, wenn der Arbeitgeber seine Pflicht zur bevorzugten Einstellung schwerbehinderter Menschen nicht genügt. Hier kann gegen ihn ein gesetzlicher Entschädigungsanspruch erhoben werden. Dieser ist nicht nur bei erfolglosen Bewerbungen vorgesehen, sondern auch bei der ungerechtfertigten Verweigerung eines innerbetrieblichen Aufstiegs oder einer innerbetrieblichen Fortbildungsmassnahme gegenüber einem schwerbehinderten Arbeitnehmer. Die Regelung orientiert sich an § 611a BGB, der einen Entschädigungsanspruch bei beruflicher Benachteiligung wegen des Geschlechts vorsieht. Es entsteht jedoch kein echter Schadensersatzanspruch, sondern nur eine Art pauschalierter Entschädigungsanspruch bis zu einer Höhe von drei Monatsverdiensten. Einen Anspruch auf Abschluss eines Arbeitsverhältnisses sieht das Gesetz ausdrücklich nicht vor. Der Anspruch muss innerhalb von zwei Monaten nach dem Zugang der Ablehnung der Bewerbung geltend gemacht werden.

IV. Die Schwerbehindertenvertretung

1. Wahl und Rechtsstellung

In Betrieben, in denen mindestens fünf schwerbehinderte Menschen nicht nur vorübergehend beschäftigt sind, werden eine Vertrauensperson der schwerbehinderten Menschen und mindestens ein Stellvertreter gewählt. Die Zahl erhöht sich **nicht** bei größeren Betrieben. Auch in einem Gemeinschaftsbetrieb, der von mehreren Unternehmen gebildet wird, findet eine solche Wahl statt.

WICHTIG!

Die Amtszeit der Schwerbehindertenvertretung endet nicht automatisch, wenn die Anzahl der schwerbehinderten Menschen im Verlauf der Wahlperiode unter fünf sinkt (BAG v. 19.10.2022, Az. 7 ABR 27/21).

Beispiel:

Die A-GmbH und die B-GmbH & Co. KG betreiben ein Büro unter einheitlicher Leitung. In dem einen Unternehmen werden drei schwerbehinderte Menschen, in dem anderen zwei beschäftigt. Hier findet die Wahl einer Vertrauensperson statt.

Das Wahlverfahren ist dasselbe wie bei der Betriebsratswahl. Die Amtszeit beträgt vier Jahre. Wahlberechtigt sind alle in dem Betrieb beschäftigten schwerbehinderten Arbeitnehmer. Nach Auffassung des LAG München ist die tatsächliche überwiegende Beschäftigung im betreffendem Betrieb massgeblich und nicht das Bestehen eines Arbeitsvertrages mit dem Betriebsinhaber. So sind auch ABM-Kräfte, Personen mit einer Beschäftigung aus karitativen oder religiösen Gründen oder überwiegend zu ihrer Heilung, Wiedereingewöhnung oder Erziehung Tätige wahlberechtigt ebenso wie schwerbehinderte Menschen, die an Maßnahmen zur Rehabilitation in einem privatwirtschaftlichen Berufsbildungswerk teilnehmen (Rehabilitanden). Gleichgestellte sind vom Zeitpunkt der Gleichstellung an ebenfalls wahlberechtigt. Die Wahlberechtigung setzt auch keine bestimmte Dauer eines Tätigwerdens im Betrieb voraus. Zur Wahl stellen können sich alle Arbeitnehmer des Betriebs, auch wenn sie nicht schwerbehindert sind. Sie müssen nur am Wahltag das 18. Lebensjahr vollendet haben und dem Betrieb seit mindestens sechs Monaten angehören. Leitende Angestellte können nicht in dieses Amt gewählt werden. Die Vertrauensperson und das stellvertretende Mitglied der Schwerbehindertenvertretung werden in getrennten Wahlgängen gewählt, die unabhängig voneinander angefochten werden können (BAG v. 23.10.2024, Az. 7 ABR 36/23). Wenn es einen Gesamtbetriebsrat gibt, wählen die Schwerbehindertenvertretungen der Betriebe eine Gesamtschwerbehindertenvertretung. Die Abgrenzung der Zuständigkeit zwischen der örtlichen SBV und einer GSBV erfolgt gemäß § 180 Abs. 6 Satz SGB IX. Das gilt auch, soweit auf der personalvertretungsrechtlichen Ebene für die

Angelegenheit nicht der örtliche Personalrat, sondern der Gesamtpersonalrat zuständig ist. Danach ist die Zuständigkeit der GSBV nur gegeben, wenn die Angelegenheit das Gesamtunternehmen oder mehrere Dienststellen betrifft und – kumulativ – von der Schwerbehindertenvertretung der einzelnen Dienststelle nicht geregelt werden kann (LAG Niedersachsen v. 25.1.2024, Az. 6 TaBV 48/23). § 180 Abs. 6 Satz 1 SGB IX sieht eine Vertretung durch die Gesamtschwerbehindertenvertretung im Wege des sog. erstreckten Mandats vor für die Interessen der schwerbehinderten Menschen, die in einem Betrieb oder in einer Dienststelle tätig sind, für die keine Schwerbehindertenvertretung gewählt wurde. Hierbei nimmt die Gesamtschwerbehindertenvertretung die Rechtsstellung der Schwerbehindertenvertretung ein, für die sie tätig wird. Dieser kommt ein Teilnahmerecht an Betriebs- oder Personalversammlungen zu, was bereits der (Ersatz-)Mandatszuweisung nach § 180 Abs. 6 Satz 1 Alt. 2 SGB IX zu entnehmen ist. Unter Berücksichtigung dieser Grundsätze hat die Gesamtschwerbehindertenvertretung im Unternehmen der Arbeitgeberin aufgrund der ihr nach § 180 Abs. 6 Satz 1 Alt. 2 SGB IX zugewiesenen Kompetenz gemäß § 178 Abs. 8 SGB IX ein Teilnahmerecht an den vom Betriebsrat der betreffenden Filiale einberufenen Betriebsversammlungen (BAG v. 12.12.2023, Az. 7 ABR 23/22).

Eine Konzernschwerbehindertenvertretung kann nur gebildet werden, wenn zum Zeitpunkt ihrer Wahl ein Konzernbetriebsrat existiert (LAG Schleswig-Holstein v. 9.5.2018, Az. 6 TaBV 18/17). Im Vorfeld der Wahl kann sich der erforderliche Aufgabenbezug eines Auskunftsbegehrens des Betriebsrates bezogen auf die Anzahl und Namen der im Betrieb beschäftigten schwerbehinderten/diesen gleichgestellten Menschen aus der geplanten Einberufung einer Wahlversammlung durch den Betriebsrat zur Wahl eines Wahlvorstandes im Vorfeld der geplanten Wahl einer Schwerbehindertenvertretung ergeben. Der Betriebsrat hat aber den Schutz der sensitiven Daten sicherzustellen (LAG Baden-Württemberg v. 20.5.2022, Az. 12 TaBV 4/21). Bei der schriftlichen Stimmabgabe wird die Wahrung des Wahlgeheimnisses nach § 11 Abs. 3 Satz 1 Nr. 1 SchwbWO dadurch gewährleistet, dass der Wähler den Stimmzettel unbeobachtet persönlich kennzeichnet und in den Wahlumschlag einlegt. Auf das Wahlgeheimnis kann auch nicht verzichtet werden (BAG v. 21.3.2018, Az. 7 ABR 29/16). Die Vertrauensperson darf ebenso wenig wie ein Betriebsratsmitglied bei der Ausübung des Amts behindert werden und genießt den gleichen Kündigungsschutz. Zur Wahrnehmung ihres Amts und zu notwendigen Schulungsmassnahmen muss sie ohne Minderung des Entgelts von der Arbeitsleistung freigestellt werden. Sie kann eine bestimmte Vergütung beanspruchen, wenn eine geringere Vergütung sie wegen ihres Amts benachteiligen würde. Dabei sind die Grundsätze des Bundesarbeitsgerichts für Betriebsratsmitglieder zu § 78 Satz 2 BetrVG entsprechend anzuwenden. Die Vertrauensperson trägt grundsätzlich die Darlegungs- und Beweislast für eine unzulässige Benachteiligung wegen des Amtes der Schwerbehindertenvertretung. Die Grundsätze der abgestuften Darlegungs- und Beweislast gelten auch für die höhere Dotierung der Stelle, auf die sich der geltend gemachte fiktive Beförderungsanspruch bezieht. Der fiktive Beförderungsanspruch muss sich auf eine Stelle beziehen, die zum Zeitpunkt der verlangten fiktiven Beförderung frei war (BAG v. 25.2.2025, Az. 9 AZR 5/24). Eine Schulung der Vertrauensperson der Schwerbehindertenvertretung nach § 179 Abs. 4 Satz 3 SGB IX muss keine spezifische behindertenbezogene Thematik zum Inhalt haben; notwendig ist aber die Vermittlung von Kenntnissen, die für die Arbeit der Schwerbehindertenvertretung erforderlich ist. Die Teilnahme der Vertrauensperson an einer Rhetorikschulung kann erforderlich i. S. v. § 179 Abs. 4 Satz 3 SGB IX sein. Hierzu bedarf es jedoch besonderer Darlegungen im Einzelfall (BAG v. 8.6.2016, Az. 7 ABR 39/14). All dies gilt auch für das mit der höchsten Stimmenzahl gewählten stellvertretenden Mitglied sowie in den Fällen des § 178 Absatz 1 Satz 5 SGB IX auch für das jeweils mit der nächsthöheren Stimmenzahl gewählte weitere stellvertretende Mitglied.

WICHTIG!

Die Vertrauensperson ist auf ihren Wunsch freizustellen, wenn in dem Betrieb i. d. R. wenigstens 100 schwerbehinderte Menschen beschäftigt sind (§ 179 Abs. 4 Satz 2 SGB IX).

Die von §§ 1, 4 BetrVG abweichend durch Tarifvertrag festgelegten Organisationseinheiten, in denen Betriebsräte gewählt werden, sind auch die Organisationseinheiten, in denen Schwerbehindertenvertretungen gewählt werden. Wenn ein Gesamtbetriebsrat errichtet worden ist, wählen die Schwerbehindertenvertretungen der einzelnen Betriebe eine Gesamtschwerbehindertenvertretung; das Gleiche gilt auch für eine Konzernvertretung. Die Zuständigkeit der einzigen im Konzern bestehenden Schwerbehindertenvertretung erstreckt sich nicht auf die Wahrnehmung der Aufgaben der Konzernschwerbehindertenvertretung (BAG v. 4.11.2015, Az. 7 ABR 62/13).

Die Wahl kann nur innerhalb von zwei Wochen nach Bekanntgabe des Ergebnisses angefochten werden (§ 19 Abs. 2 BetrVG, BAG v. 23.7.2014, Az. 7 ABR 23/12). Die Vorschriften über die Wahlanfechtung sind bei der Wahl des Betriebsrats entsprechend anzuwenden, d. h., dass ein Abbruch der Wahl aufgrund von Mängeln des Wahlverfahrens nur in Betracht kommt, wenn die Wahl voraussichtlich nichtig wäre; die Verkennung des Betriebsbegriffs führt nicht zur Nichtigkeit der Wahl (LAG Hessen v. 2.7.2018, Az. 16 TaBVGa 135/18).

Die persönlichen Rechte der Mitglieder der Schwerbehindertenvertretung ergeben sich aus § 179 SBG IX. Sie sind weitgehend denen der Mitglieder des Betriebsrates angeglichen. Dies gilt insbesondere für den besonderen Kündigungsschutz (179 Abs. 3 Satz 1 SGB IX).

Hinsichtlich der gerichtlichen Rechtsschutzmöglichkeiten können sich parallele Zuständigkeiten der kirchlichen und der staatlichen Gerichtsbarkeit ergeben, wenn die Schwerbehindertenvertretung ein Rechtsschutzziel sowohl auf eine kirchliche als auch auf eine staatliche Rechtsgrundlage stützt (BAG v. 30.4.2012, Az. 7 ABR 30/12).

Die SBV bedarf auch dann keines Mobiltelefons, wenn sie zur Hälfte der Arbeitszeit im Außendienst tätig ist (LAG Mecklenburg-Vorpommern v. 24.10.2017, Az. 5 TaBV 9/17). Der Arbeitgeber hat der SBV im erforderlichen Umfang Büropersonal zur Verfügung zu stellen. Die Erforderlichkeit dürfte jedoch nur in größeren Betrieben gegeben sein. Kosten für Berater und Sachverständige der Schwerbehindertenvertretung im Zusammenhang mit einer freiwillig vom Arbeitgeber zu Verhandlungen mit dem Betriebsrat hinzugezogenen Schwerbehindertenvertretung sind nicht erstattungsfähig (LAG Hessen v. 25.8.2020, Az. 16 TaBVGa 92/20).

Es stellt keine gesetzliche Aufgabe und Amtstätigkeit der Schwerbehindertenvertretung dar, Arbeitsunfähigkeitsbescheinigungen schwerbehinderter Menschen und ihnen gleichgestellter Menschen des Betriebs an die Arbeitgeberin weiterzuleiten (LAG München v. 5.12.2024, Az. 3 TaBV 56/24).

Das für Betriebsräte bei einer Betriebsspaltung geltende Übergangsmandat gilt nach der neuen Gesetzeslage auch für die SBV (§ 177 Abs. 8 SGB IX).

2. Pflichten des Arbeitgebers gegenüber der Vertretung und dem Betriebsrat

2.1 Allgemeine Pflichten

Der Arbeitgeber muss einen Beauftragten bestellen, der ihn in den Angelegenheiten der schwerbehinderten Menschen vertritt. Dieser soll möglichst auch schwerbehindert sein. Wesentlicher Ansprechpartner ist die Schwerbehindertenvertretung, die die Eingliederung schwerbehinderter Menschen zu fördern und ihre Interessen zu vertreten hat und insbesondere über die Einhaltung der Schutzgesetze wachen muss. Nimmt ein schwerbehinderter Mensch Einsicht in seine Personalakte, kann er dabei die Schwerbehindertenvertretung hinzuziehen. Bei Sitzungen des Betriebsrats und des Gesamtbetriebsrats steht der Vertretung ein Teilnahmerecht zu, ebenso bei den Monatsgesprächen zwischen Arbeitgeber und Betriebsrat.

Von besonderer Bedeutung sind die Beratungs- und Unterrichtungsrechte, die gegenüber dem Arbeitgeber bestehen. Dieser muss in allen Angelegenheiten, die einen oder mehrere schwerbehinderte Menschen betreffen (insbesondere bei Einstellungen, Versetzungen oder Kündigungen), die Vertretung rechtzeitig und umfassend unterrichten und vor einer Entscheidung anhören (§ 178 Abs. 2 SGB IX). Die Unterrichtungspflicht gilt in allen Angelegenheiten, die einen einzelnen oder die schwerbehinderten Menschen als Gruppe berühren, jedoch nur dann, wenn die spezifischen Belange schwerbehinderter Menschen betroffen sind, also nicht in Angelegenheiten, die alle Arbeitnehmer gleichermassen betreffen (BAG v. 26.6.2025, Az. 8 AZR 275/24). Die spezifischen Pflichten gelten auch nicht für einfach behinderte Arbeitnehmer, die ihre Gleichstellung beantragt haben, ohne dass hierüber schon entschieden worden ist (BAG v. 22.1.2020, Az. 7 ABR 18/18). Eine Kopie der Anzeige zur Berechnung des Umfangs der Beschäftigung schwerbehinderter Menschen durch den Arbeitgeber einschließlich der Überwachung der Beschäftigungspflicht und der Ausgleichsabgabe (§ 163 Abs. 2 SGB IX) sowie der Verzeichnisse über die in den einzelnen Betrieben beschäftigten schwerbehinderten Menschen (§ 163 Abs. 1 SGB IX) muss sowohl dem Betriebsrat als auch der SBV übermittelt werden, bei mehreren Betrieben dem Gesamtbetriebsrat (BAG v. 20.3.2018, Az. 1 ABR 11/17). Bei einer anstehenden Stellenbesetzung ist sie nicht bereits vor der Stellenausschreibung gem. § 164 Abs. 1 Satz 6, § 178 Absatz 2 zu beteiligen, muss auch nicht bei der Formulierung der Stellenausschreibung beteiligt werden und hat aus § 164 Abs. 1 SGB IX kein Beteiligungsrecht hinsichtlich Art und Inhalt der Ausschreibung (LAG Rheinland-Pfalz v. 28.6.2012, Az. 10 TaBV 4/12).

Bewerben sich schwerbehinderte Menschen um einen Arbeitsplatz oder werden vom Arbeitsamt entsprechende Vermittlungsvorschläge gemacht, muss die Schwerbehindertenvertretung unmittelbar nach Eingang hiervon unterrichtet werden (§ 164 Abs. 1 Satz 4 SGB IX). Erfüllt der Arbeitgeber die Schwerbehindertenquote nicht und ist die Schwerbehindertenvertretung mit der beabsichtigten Entscheidung nicht einverstanden, muss diese mit ihr erörtert werden (§ 164 Abs. 1 Satz 7 SGB IX). Dabei sind die Gründe darzulegen. Der betroffene schwerbehinderte Mensch ist anzuhören. Der Arbeitgeber muss seine Entscheidung den Betroffenen unter Darlegung der Gründe unverzüglich mitteilen (§ 164 Abs. 1 Satz 9 SGB IX). Die im Betrieb tätige Schwerbehindertenvertretung ist im Einzelfall auch dazu berechtigt, die Bewerbungsunterlagen eines nicht schwerbehinderten Stellenbewerbers einzusehen (§ 178 Abs. 2 Satz 3 SGB IX) und zwar auch dann, wenn der Arbeitgeber bei einer internen Stellenbesetzung auf eine Ausschreibung der Stelle verzichtet hat und von sich aus einen schwerbehinderten Arbeitnehmer als Bewerber in seine Auswahlentscheidung einbezogen hat (BAG v. 16.9.2020, Az. 7 ABR 2/20). An Vorstellungsgesprächen darf die Schwerbehindertenvertretung teilnehmen, wenn sich innerhalb der Bewerbungsfrist ein schwerbehinderter oder gleichgestellter Mensch bewirbt (BAG v. 19.12.2018, Az. 7 ABR 80/16). Es besteht jedoch keine Verpflichtung der Schwerbehindertenvertretung zur Teilnahme. Verstößt der Arbeitgeber gegen seine Verpflichtung, bleibt die Maßnahme gegenüber dem betroffenen Arbeitnehmer wirksam. Der Arbeitgeber muss aber die Maßnahme zunächst aussetzen und die Anhörung binnen sieben Tagen nachholen. Darüber hinaus kann gegen ihn wegen einer Ordnungswidrigkeit ein Bußgeld von bis zu 2.500,– Euro festgesetzt werden. Verletzt der Arbeitgeber seine Verpflichtung zur bevorzugten Einstellung eines schwerbehinderten Stellenbewerbers, kann gegen ihn darüber hinaus ein gesetzlicher Entschädigungsanspruch erhoben werden (§ 164 Abs. 2 SGB IX, der auf das AGG verweist). Die Schwerbehindertenvertretung ist selbst dann zu beteiligen, wenn die Vertrauensperson der Schwerbehinderten zu den Bewerbern gehört (BAG v. 22.8.2013, Az. 8 AZR 574/12). Wenn bei Stellenbesetzungsverfahren im öffentlichen Dienst nach den einschlägigen personalvertretungsrechtlichen Vorschriften der Gesamtpersonalrat zu beteiligen ist, folgt aus dem Prinzip des Gleichlaufs der Beteiligungsebenen auch im Bereich der einstufigen Verwaltung für die schwerbehindertenvertretungsrechtliche Beteiligung die Zuständigkeit der Gesamtschwerbehindertenvertretung (BAG v. 18.6.2025, Az. 7 ABR 6/24).

ACHTUNG!

Die Vorschriften über die Bewerbung von schwerbehinderten Menschen sind strikt einzuhalten, ansonsten drohen Entschädigungsansprüche (§ 164 Abs. 2 SGB IX).

Beispiel:

Der Arbeitgeber stellt einen schwerbehinderten Menschen nicht ein, weil er in seinem Betrieb keine solchen Arbeitnehmer beschäftigen möchte. Der abgelehnte Bewerber kann einen Entschädigungsanspruch gem. § 164 Abs. 2 Satz 2 SGB IX in Verbindung mit dem AGG geltend machen. Nun muss der Arbeitgeber beweisen, dass der schwerbehinderte Bewerber aufgrund seines Zustandes für die Tätigkeit offensichtlich nicht infrage kam.

Der Arbeitgeber muss die Schwerbehindertenvertretung unverzüglich von dem Abschluss eines Aufhebungsvertrages unterrichten. Der Zeitpunkt der Unterrichtung liegt aber nicht notwendig vor dem Abschluss des Aufhebungsvertrags. Er ist nicht verpflichtet, die Schwerbehindertenvertretung vor dem Abschluss eines Aufhebungsvertrags mit einem schwerbehinderten Menschen anzuhören (BAG v. 14.3.2012, Az. 7 ABR 67/10). Der Betriebsrat kann seine Zustimmung zu einer Versetzung nach § 99 Abs. 2 Nr. 1 BetrVG nicht mit der Begründung verweigern, im Stellenbesetzungsverfahren seien gesetzliche Beteiligungsrechte der Schwerbehindertenvertretung nach §§ 164 Abs. 1 Satz 4, 178 Abs. 2 SGB IX verletzt worden. Es ist vielmehr allein Sache der Schwerbehindertenvertretung, ihre Beteiligungsrechte einzufordern und deren Beachtung mittels Ausübung der ihr hierzu durch den Gesetzgeber speziell eingeräumten Befugnisse zu sichern, wenn sie dies für erforderlich hält. Hält sie es nicht für erforderlich, steht es nicht dem Betriebsrat zu, ersatzweise die Verletzung ihrer Rechte über die Ausübung eines Zustimmungsverweigerungsrechts aus § 99 Abs. 2 Nr. 1 BetrVG zu sanktionieren (LAG Düsseldorf v. 14.5.2024, Az. 3 TaBV 37/23).

In den Versammlungen der schwerbehinderten Arbeitnehmer berichtet der Arbeitgeber über alle Angelegenheiten im Zusammenhang mit der Eingliederung schwerbehinderter Menschen (§ 166 Abs. 4 SGB IX). Die örtliche Schwerbehindertenvertretung hat ein Anhörungs- und Unterrichtungsrecht, wenn Leistungsbeurteilungszweitgespräche mit Minderung in der Leistungsbeurteilung durchgeführt werden, die zu einer Minderung der tariflichen Leistungszulage führen. Werden diese Rechte nicht gewahrt, ist die Durchführung bzw. Vollziehung der Leistungszweitbeurteilung auszusetzen (LAG München, v. 26. Januar 2017, Az. 3 TaBV 95/16). Das LAG Hamm hat Anträge der Schwerbehindertenvertretung abgewiesen, die auf die Entfernung von einem schwerbehinderten Arbeitnehmer gegenüber erklärten Abmahnungen und der Unterlassung von

Abmahnungen ohne vorherige ordnungsgemäße Unterrichtung und Anhörung der Schwerbehindertenvertretung gerichtet waren (LAG Hamm v. 23.4.2021, Az. 13 TaBV 62/20).

Der Arbeitgeber ist verpflichtet, die Schwerbehindertenvertretung vor Mitteilung der nach Betriebsvereinbarung geschuldeten Leistungsbeurteilung an einen schwerbehinderten oder gleichgestellten behinderten Arbeitnehmer hierüber zu unterrichten und sie hierzu anzuhören. Er kann Art und Weise der Unterrichtung der Schwerbehindertenvertretung i. S. v. § 178 Absatz 2 Satz 1 SGB IX festlegen. Die Schwerbehindertenvertretung kann keine Unterrichtung durch Einsichtnahme in bestimmte Unterlagen verlangen. Aus § 178 Abs. 2 Satz 1 SGB IX folgt kein generelles Einsichtnahmerecht in Unterlagen (LAG Hamburg v. 22.5.2022, Az. 7 TaBV 8/21).

Der Arbeitgeber hat die durch die Tätigkeit der Schwerbehindertenvertretung entstehenden Kosten zu tragen (§ 179 Abs. 8 Satz 1 SGB IX). Nach § 179 Abs. 8 Satz 3 SGB IX sind davon auch die Kosten der Bürokräfte der Schwerbehindertenvertretung erfasst. Die Schwerbehindertenvertretung entscheidet selbstständig und eigenverantwortlich, was insoweit erforderlich und vertretbar ist. Diese Entscheidung unterliegt der arbeitsgerichtlichen Kontrolle, welche sich auf die Prüfung beschränkt, ob das geforderte Büropersonal im begehrten Umfang aufgrund der konkreten Situation in der Dienststelle der Erledigung gesetzlicher Aufgaben der Schwerbehindertenvertretung dient und die Schwerbehindertenvertretung bei ihrer Entscheidung nicht nur die Interessen der Belegschaft berücksichtigt, sondern auch den berechtigten Belangen des Arbeitgebers Rechnung getragen hat (LAG Berlin-Brandenburg v. 3.11.2022, Az. 26 TaBV 751/22).

WICHTIG!

Der Arbeitgeber hat im Hinblick auf schwerbehinderte Menschen nicht nur Pflichten gegenüber der Schwerbehindertenvertretung, sondern auch gegenüber dem Betriebsrat. Dieser hat nach § 80 Abs. 1 Nr. 4 BetrVG i. V. m. § 176 SGB IX die Aufgabe, die Eingliederung schwerbehinderter Menschen zu fördern. Diese Aufgabe umfasst auch die leitenden Angestellten. Daher besteht ein Auskunftsanspruch über die Namen der schwerbehinderten und ihnen gleichgestellten Arbeitnehmer. Dafür bedarf es weder des Einverständnisses der betroffenen Arbeitnehmer noch stehen dem datenschutzrechtliche Bedenken entgegen (BAG v. 9.5.2023, Az. 1 ABR 14/22).

In Bezug auf mit dem Betriebsrat abgeschlossene Sozialplanvereinbarungen hat das BAG entschieden, dass es gegen den betriebsverfassungsrechtlichen Gleichbehandlungsgrundsatz verstößt, wenn die Betriebsparteien in einem Sozialplan grundsätzlich die Gewährung eines zusätzlichen Abfindungsbetrags zum Ausgleich der durch eine Schwerbehinderung bedingten wirtschaftlichen Nachteile infolge des Arbeitsplatzverlusts vorsehen, dessen Zahlung aber wegen einer im Sozialplan vorgesehenen Höchstbetragsregelung bei älteren schwerbehinderten Arbeitnehmern unterbleibt (BAG v. 11.10.2022, Az. 1 AZR 129/21).

2.2 Inklusionsvereinbarung

Der Arbeitgeber muss eine Vereinbarung mit der Schwerbehindertenvertretung treffen, die Regelungen im Zusammenhang mit der Eingliederung schwerbehinderter Menschen vorsieht. Zu regeln sind insbesondere

- Personalplanung,
- Arbeitsplatzgestaltung,
- Gestaltung des Arbeitsumfelds,
- Arbeitsorganisation und
- Arbeitszeit.

Es besteht kein Anspruch auf Abschluss einer bestimmten Inklusionsvereinbarung nach § 166 SGB IX. Bei der Personalplanung sind besondere Regelungen zur Beschäftigung eines angemessenen Anteils von schwerbehinderten Frauen vorzusehen. Über diese sog. „verbindliche Inklusionsvereinbarung" wird auf Antrag der Schwerbehindertenvertretung verhandelt, die auch Vertreter des Integrationsamtes zu den Verhandlungen einladen kann.

2.3 Inklusionsbeauftragter

Gem. § 181 SGB IX muss der Arbeitgeber einen Inklusionsbeauftragten bestellen, sobald er einen schwerbehinderten Arbeitnehmer beschäftigt. Er muss dies auch dann tun, wenn keine Schwerbehindertenvertretung besteht. Bei der Auswahl ist er frei, es soll sich jedoch möglichst um einen schwerbehinderten oder ihm gleichgestellten behinderten Menschen handeln. Er kann jederzeit ohne Angabe von Gründen von seinen Aufgaben entbunden werden. Seine Aufgabe besteht darin, in Zusammenarbeit mit Arbeitgeber, Betriebsrat und Schwerbehindertenvertretung auf die Einhaltung der einschlägigen gesetzlichen Vorschriften zu achten und Verbindung zur Bundesagentur für Arbeit zu halten. Die Nichtbestellung kann ein Indiz i. S. v. § 22 AGG für den kausalen Zusammenhang zwischen der Schwerbehinderung und einer Benachteiligung begründen. Das setzt jedoch voraus, dass durch die benachteiligende Maßnahme die spezifischen Belange schwerbehinderter Menschen betroffen sind. Die unterlassene Bestellung eines Inklusionsbeauftragten stellt nicht selbst eine Benachteiligung dar, die einen Entschädigungsanspruch auslösen könnte (BAG v. 26.6.2025, Az. 8 AZR 276/24).

2.4 Prävention

Der Arbeitgeber soll überdies bei Eintreten von personen-, verhaltens- oder betriebsbedingten Schwierigkeiten im Arbeitsverhältnis, die zur Gefährdung des Arbeitsverhältnisses führen können, möglichst frühzeitig die Schwerbehindertenvertretung einschalten. Mit ihr sollen alle Möglichkeiten und alle zur Verfügung stehenden Hilfen zur Beratung und mögliche finanzielle Leistungen erörtert werden, mit denen die Schwierigkeiten beseitigt werden können und das Arbeitsverhältnis möglichst dauerhaft fortgesetzt werden kann (§ 167 Abs. 1 SGB IX). Die Pflicht zum Präventionsverfahren gilt jedoch nicht in den ersten sechs Monaten des Arbeitsverhältnisses (BAG v. 21.4.2016, Az. 8 AZR 402/14).

V. Beschäftigungspflicht

Die Arbeitgeber sind verpflichtet zu prüfen, ob freie Arbeitsplätze mit schwerbehinderten Menschen, insbesondere mit solchen, die bei der Agentur für Arbeit gemeldet sind, besetzt werden können und müssen hierzu frühzeitig Verbindung mit der Agentur für Arbeit aufnehmen. Die Einstellung einer Stelle in die Online-Jobbörse der BA genügt nicht, solange damit nicht zugleich ein betreuter Vermittlungsauftrag auf den Weg gebracht wird. Auch die neueste Rechtsprechung des BAG verlangt die Erteilung eines Vermittlungsauftrags. Ein Verstoß gegen diese Pflicht kann die Vermutung einer Benachteiligung wegen Schwerbehinderung i. S. v. § 22 AGG begründen. Diese Vermutung kann widerlegt werden, wenn der Arbeitgeber im Einzelnen darlegen und beweisen kann, dass das Auswahlverfahren bereits abgeschlossen war, bevor die Bewerbung des Klägers bei ihm eingegangen ist. Dessen Schwerbehinderung kann dann im Regelfall nicht „Bestandteil eines Motivbündels" gewesen sein, das die Entscheidung des Arbeitgebers zumindest mitbeeinflusst hat. Maßgeblich ist Zeitpunkt der Entscheidung, die Stelle nicht mit dem unterlegenen Bewerber zu besetzen (BAG v. 27.3.2025, Az. 8 AZR 123/24). Die Agentur für Arbeit hat den Arbeitgebern geeignete schwerbehinderte Menschen vorzuschlagen. Der Gesetzgeber hat den Arbeitgebern nicht nur eine Prüfungspflicht, sondern auch eine Pflicht zur Beschäftigung einer bestimmten Mindestanzahl von schwerbehinderten Menschen auferlegt.

WICHTIG!

Arbeitgeber, die über mindestens 20 Arbeitsplätze verfügen, müssen mindestens auf 5 % dieser Arbeitsplätze schwerbehinderte Menschen beschäftigen. Dabei sind in angemessenem Umfang schwerbehinderte Frauen zu berücksichtigen (§ 154 Abs. 1 Satz 2 SGB IX). Ist der Arbeitgeber eine GbR, so zählen dessen schwerbehinderte Mitglieder nicht dazu. Erfüllt der Arbeitgeber die Schwerbehindertenquote, muss er die Beteiligten nicht gem. § 164 Abs. 1 Satz 9 SGB IX über die Gründe seiner Auswahlentscheidung bei Bewerbungen unterrichten (BAG v. 21.2.2013, Az. 8 AZR 180/12).

VI. Ausgleichsabgabe

Erfüllt der Arbeitgeber die Beschäftigungspflicht nicht, muss er eine **Ausgleichsabgabe** zahlen.

WICHTIG!

Die Ausgleichsabgabe:

Die Abgabe wird auf der Grundlage einer jahresdurchschnittlichen Beschäftigungsquote ermittelt, indem aus den monatlichen Beschäftigungsdaten der Mittelwert der Beschäftigungsquote eines Kalenderjahres gebildet wird (§ 160 Abs. 1 Satz 3 SGB IX).

Die Ausgleichsabgabe beträgt pro Monat und unbesetztem Pflichtarbeitsplatz

- 125,– Euro bei einer jahresdurchschnittlichen Beschäftigungsquote von 3 % bis weniger als dem geltenden Pflichtsatz,
- 220,– Euro bei einer jahresdurchschnittlichen Beschäftigungsquote von 2 % bis weniger als 3 %,
- 320,– Euro bei einer jahresdurchschnittlichen Beschäftigungsquote von weniger als 2 %.

Mit Wirkung vom 1.1.2024 hat der Gesetzgeber bestimmt, dass die Ausgleichsabgabe 720,– Euro beträgt, wenn die Erfüllquote bei 0 Prozent liegt.

Bei Veränderungen der Bezugsgröße ändert sich auch die Höhe der Ausgleichsabgabe, was vom Bundesministerium für Arbeit bekannt gegeben wird. Für kleinere und mittlere Betriebe sind besondere Regelungen getroffen worden. So müssen Arbeitgeber mit jahresdurchschnittlich bis zu 39 zu berücksichtigenden Arbeitsplätzen 105,– Euro zahlen, wenn sie im Jahresdurchschnitt weniger als einen schwerbehinderten Menschen beschäftigen. Arbeitgeber, die im Jahresdurchschnitt über bis zu 59 Arbeitsplätzen verfügen, müssen bei einer jahresdurchschnittlichen Beschäftigung von weniger als zwei Schwerbehinderten 105,– Euro und von weniger als einem Schwerbehinderten 180,– Euro zahlen. Das Integrationsamt kann in begründeten Fällen davon absehen, beim Arbeitgeber einen Säumniszuschlag zu erheben, wenn es um die verspätete (bis zum 31.3. eines jeden Kalenderjahres fällige) Entrichtung der Ausgleichsabgabe geht (§ 160 Abs. 4 SGB IX). Dies ermöglicht eine gewisse Flexibilität der Integrationsämter, jedoch besteht kein Rechtsanspruch auf einen solchen Verzicht.

VII. Pflichten im Arbeitsverhältnis

1. Allgemeine Pflichten

Der Arbeitgeber hat gegenüber schwerbehinderten Arbeitnehmern besondere Pflichten. Er muss

- eine Beschäftigung bieten, bei der sie ihre Fähigkeiten und Kenntnisse möglichst voll verwerten und weiterentwickeln können,
- sie bevorzugt bei innerbetrieblichen Maßnahmen der beruflichen Bildung zur Förderung ihres beruflichen Fortkommens berücksichtigen,
- Erleichterungen im zumutbaren Umfang zur Teilnahme an außerbetrieblichen Maßnahmen der beruflichen Bildung gewähren,
- die Einrichtung und Unterhaltung der Arbeitsstätten, einschließlich der Betriebsanlagen, Maschinen und Geräte sowie der Gestaltung der Arbeitsplätze, des Arbeitsumfelds, der Arbeitsorganisation und der Arbeitszeit behindertengerecht vornehmen und dabei besonders die Unfallgefahr berücksichtigen,
- den Arbeitsplatz von behinderten Menschen mit den erforderlichen technischen Arbeitshilfen versehen.

Der Arbeitgeber ist aufgrund seiner gesteigerten Fürsorgepflicht Menschen auch verpflichtet, die dem schwerbehinderten Menschen verbliebenen körperlichen und geistigen Fähigkeiten und damit seine behindertengerechten Einsatzmöglichkeiten feststellen zu lassen, es sei denn, insoweit bestehen keinerlei Unklarheiten (§ 164 Abs. 4 Satz 1 Ziff. 1 SGB IX). Er muss versuchen, den Anspruch auf eine behindertengerechte Beschäftigung ggf. auch durch Umorganisation zu erfüllen und ggf. von seinem Weisungsrecht erneut Gebrauch machen und dem leistungsgeminderten Arbeitnehmer innerhalb des arbeitsvertraglich vereinbarten Rahmens eine Tätigkeit übertragen, zu deren Erbringung dieser noch in der Lage ist. Voraussetzung ist, dass dem Arbeitgeber die entsprechende Neubestimmung der auszuübenden Tätigkeit rechtlich möglich und zumutbar ist. Es gibt aber keinen Anspruch auf unterwertige Tätigkeit bei gleichbleibender Vergütung (LAG Hessen v. 16.12.2022, Az. 10 SaGa 1364/22). Das LAG Berlin-Brandenburg hat folgendes entschieden: „Bei beschränkter Leistungsfähigkeit aufgrund einer Behinderung ist der Arbeitgeber nach § 106 Satz 3 GewO verpflichtet, im Rahmen der Ausübung seines Direktionsrechts auf Behinderungen des Arbeitnehmers Rücksicht zu nehmen. Ist es deshalb dem Arbeitgeber möglich und zumutbar, dem nur eingeschränkt leistungsfähigen Arbeitnehmer Arbeiten zuzuweisen, die seiner verbleibenden Leistungsfähigkeit entsprechen, ist die Zuweisung anderer Arbeiten nach § 106 Satz 1 GewO unbillig“ (LAG Berlin-Brandenburg v. 30.6.2023, Az. 12 Sa 331/23, nicht rechtskräftig, Revision anhängig unter 9 AZR 207/23). Insoweit kann er auch verpflichtet sein, durch Umorganisation, also durch Ausübung seines Direktionsrechts einen behindertengerechten Arbeitsplatz zu schaffen, an dem der vertragliche Beschäftigungsanspruch erfüllt werden kann. Tut er dies nicht, kann er in den sog. Annahmeverzug geraten, wenn der schwerbehinderte Arbeitnehmer aufgrund seiner Erkrankung nicht in der Lage ist, die Tätigkeit zu den bisherigen Bedingungen auszuüben (LAG Sachsen v. 21.11.2024, Az. 4 Sa 275/23). Dabei muss er sich um die möglicherweise erforderliche Zustimmung des Betriebsrates bemühen (BAG v. 20.11.2014, Az. 2 AZR 664/13). Am 28.6.2025 ist das Barrierefreiheitsstärkungsgesetz (BFSG) in Kraft getreten. Aus den neuen Vorschriften ergeben sich zwar keine unmittelbaren Handlungspflichten für Arbeitgeber in Bezug auf Arbeitnehmer oder Bewerber. Wichtig ist aber, die generellen Pflichten zur Schaffung barrierefreier Arbeits- und Beschäftigungsbedingungen im Auge zu behalten.

Die Einrichtung eines zusätzlichen Arbeitsplatzes zur Ermöglichung der behindertengerechten Beschäftigung ist jedoch nicht zumutbar, ebenso wenig eine Beschäftigung, die nur mit unverhältnismäßig hohen Aufwendungen verbunden ist (LAG Rheinland-Pfalz v. 21.4.2016, Az. 5 Sa 243/15) oder die Einrichtung eines sonst nicht vorgesehenen häuslichen Arbeitsplatzes (LAG Köln v. 12.1.2022, Az. 3 Sa 540/21). Ein öffentlicher Arbeitgeber ist nicht verpflichtet, eine ermessensfehlerfrei unbeschränkt ausgeschriebene Stelle außerhalb des durchzuführenden Bewerbungs- und Auswahlverfahrens vorab einem schwerbehinderten Arbeitnehmer zuzuweisen, um dessen

Anspruch auf leidensgerechte Beschäftigung zu erfüllten (BAG v. 3.12.2019, Az. 9 AZR 78/19). Auch das Freikündigen eines Arbeitsplatzes ist grundsätzlich nicht zumutbar (LAG Rheinland-Pfalz v. 21.2.2025, Az. 2 SLa 138/24). Es kann nur dann geboten sein, wenn der betroffene Stelleninhaber seinerseits nicht behindert ist und eine Kündigung für diesen keine besondere Härte darstellt (BAG v. 20.11.2014, Az. 2 AZR 664/13). Der Arbeitnehmer muss seinerseits detailliert darlegen, welche leidensgerechte Tätigkeit er noch ausüben und welchen konkreten Arbeitsplatz er ausfüllen kann (BAG v. 3.12.2019, Az. 9 AZR 78/19; LAG Nürnberg v. 18.4.2018, Az. 2 Sa 408/17). Dabei muss er seine persönlichen und fachlichen Qualifikationen darlegen und diese in Bezug zu dem konkret ins Auge gefassten Arbeitsplatz bringen (LAG Berlin-Brandenburg v. 13.11.2015, Az. 9 Sa 1297/15). Gem. § 167 Abs. 1 SGB IX muss der Arbeitgeber bei Eintreten von personen-, verhaltens- oder betriebsbedingten Schwierigkeiten im Arbeitsverhältnis, die zu dessen Gefährdung führen können, möglichst frühzeitig die Schwerbehindertenvertretung und andere Institutionen i. S. v. § 163 SGB IX einschalten. Die Pflicht zum Präventionsverfahren gilt jedoch nicht in den ersten sechs Monaten des Arbeitsverhältnisses (BAG v. 21.4.2016, Az. 8 AZR 402/14). Weiter muss der Arbeitgeber schwerbehinderten Arbeitnehmern ebenso wie anderen Arbeitnehmern, die länger als sechs Wochen innerhalb eines Jahres ununterbrochen oder wiederholt arbeitsunfähig sind, ein betriebliches Eingliederungsmanagement § 167 Abs. 2 SGB IX anbieten. Allerdings haben die Arbeitnehmer keinen einklagbaren Anspruch auf das BEM (BAG v. 7.9.2021, Az. 9 AZR 571/20). Es ist dem Arbeitgeber auch ohne eine datenschutzrechtliche Einwilligung möglich und zumutbar, zunächst mit dem beabsichtigten BEM zu beginnen. In einem Erstgespräch kann der mögliche Verfahrensablauf besprochen und versucht werden, bestehende Vorbehalte auszuräumen (BAG v. 15.12.2022, Az. 2 AZR 162/22). Es ist ihm also nicht gestattet, vom BEM Abstand zu nehmen, nur weil eine datenschutzrechtliche Einwilligung nicht von vornherein vorlag.

WICHTIG!

Die Pflicht zur Durchführung eines neuen BEM besteht grundsätzlich auch, wenn der Arbeitnehmer innerhalb eines Jahres nach Abschluss eines BEM erneut länger als sechs Wochen durchgängig oder wiederholt arbeitsunfähig erkrankt war, und zwar auch dann, wenn nach dem zuvor durchgeführten BEM noch nicht wieder ein Jahr vergangen ist (LAG Baden-Württemberg v. 10.2.2022, Az. 17 Sa 57/21, Revision anhängig unter 2 AZR 162/22). Die Folgen treffen den Arbeitgeber aber mittelbar, denn ohne BEM sind krankheitsbedingte Kündigungen nur sehr schwer durchsetzbar. Zwar kann der Arbeitgeber unabhängig davon, ob bereits ein zuvor durchgeführtes BEM Rückschlüsse auf die Nutzlosigkeit eines weiteren erlaubt, geltend machen, dass die Durchführung eines (weiteren) BEM keine positiven Ergebnisse hätte zeitigen können. Er muss von sich aus zum Fehlen alternativer Beschäftigungsmöglichkeiten oder zur Nutzlosigkeit anderer, ihm zumutbarer Maßnahmen vortragen, jedoch „nur im Rahmen des ihm Möglichen und des nach den Umständen des Streitfalls Veranlassten". Auch hat die Zustimmung des Integrationsamts zur Kündigung eines schwerbehinderten Arbeitnehmers keine Vermutungswirkung dahingehend, dass ein BEM eine Kündigung nicht hätte verhindern können (BAG v. 15.12.2022, Az. 2 AZR 162/22). Den Mitarbeitervertretungen ist hingegen in § 167 Abs. 2 Satz 6 SGB IX ein durchsetzbares Initiativrecht ausdrücklich zugebilligt worden. Das Teilhabestärkungsgesetz (BGBl. 2021, Teil I, Seite 1395) bestimmt in dem mit Wirkung zum 10.6.2021 eingefügten § 167 Abs. 2 Satz 2 SGB IX, dass Beschäftigte bei der Durchführung des betrieblichen Eingliederungsmanagements „zusätzlich eine Vertrauensperson eigener Wahl hinzuziehen" dürfen. Dies kann auch ein Rechtsanwalt sein. In der Einladung muss der Arbeitgeber auf die Möglichkeit der Hinzuziehung einer Vertrauensperson hinweisen. Sonst ist nicht ordnungsgemäß eingeladen und das BEM fehlerhaft eingeleitet.

Die Versetzung von der Nachtschicht in Wechselschicht erfordert kein betriebliches Eingliederungsmanagement (BAG v. 18.10.2017, Az. 10 AZR 47/17).

WICHTIG!

Ein Anspruch auf Beschäftigung entsprechend den Fähigkeiten und Kenntnissen, auf behinderungsgerechte Einrichtung und Gestaltung der Arbeitsstätten und auf Ausrüstung mit den notwendigen technischen Arbeitshilfen besteht nicht, wenn dies dem Arbeitgeber nicht zumutbar oder mit unverhältnismäßigen Aufwendungen verbunden wäre. Der Arbeitgeber muss aber im Einzelnen darlegen können, warum die Beschäftigung unzumutbar ist. Er kann z. B. nicht zum Verzicht auf eine bestimmte bürger- bzw. kundenfreundliche Dienstleistung gezwungen werden, weil der einzelne schwerbehinderte Arbeitnehmer den hierbei auftretenden körperlichen Belastungen nicht gewachsen ist. Eine behinderungsgerechte Beschäftigung ist dann nicht geschuldet, wenn diese unzumutbar oder mit unverhältnismäßig hohen Aufwendungen verbunden ist. Allerdings muss der Arbeitgeber in einem Prozess im Einzelnen darlegen, warum dies nicht der Fall sein soll. Er ist grundsätzlich auch zu einer Umgestaltung der Arbeitsorganisation verpflichtet. Eine Verpflichtung des Arbeitgebers zu einer vertragsfremden Beschäftigung des Arbeitnehmers besteht grundsätzlich nicht. Der Arbeitgeber kann im Rahmen der Rücksichtnahmepflicht lediglich gehalten sein, dem Wunsch des Arbeitnehmers nach einer Vertragsanpassung nachzukommen, insbesondere wenn anderenfalls ein dauerhaftes Unvermögen des Arbeitnehmers droht (BAG v. 3.12.2019, Az. 9 AZR 78/19.

Weist der Arbeitgeber keinen leidensgerechten Arbeitsplatz zu, kann er zum Schadensersatz herangezogen werden. Der Arbeitgeber muss die Unzumutbarkeit der leidensgerechten Beschäftigung eines Arbeitnehmers darlegen und beweisen, es sei denn, der Arbeitgeber ist seinen Pflichten zur rechtzeitigen Beteiligung des Integrationsamtes und der Schwerbehindertenvertretung im Präventionsverfahren nachgekommen. Allein die Behauptung, der Arbeitnehmer könne 75 % seiner bisherigen Tätigkeit nicht mehr ausführen, lässt nach Auffassung des LAG Berlin-Brandenburg nicht darauf schließen, dass eine vertragsgerechte Beschäftigung im Rahmen der übrigen 25 % nicht möglich ist (LAG Berlin-Brandenburg v. 26.10.2016, Az. 15 Sa 936/16).

Eine Benachteiligung wegen der Behinderung ist unzulässig. Bei Bewerbungen dürfte auch die Frage danach nicht statthaft sein. Der Arbeitgeber hat jedoch nach einem sechsmonatigen Bestand des Arbeitsverhältnisses, wenn der Arbeitnehmer also den besonderen Kündigungsschutz erworben hat, die Befugnis für eine solche Frage. Dies gilt insbesondere, wenn sie der Vorbereitung von Kündigungen dient (BAG v. 16.2.2012, Az. 6 AZR 553/10).

Der Arbeitgeber kann verpflichtet sein, an einer stufenweisen Wiedereingliederung eines schwerbehinderten Beschäftigten in das Erwerbsleben dergestalt mitzuwirken, dass er diesen entsprechend den Vorgaben eines Wiedereingliederungsplans beschäftigt. Hierzu muss eine ärztliche Bescheinigung des behandelnden Arztes auf einem Vordruck des Sozialversicherungsträgers vorgelegt werden. Diese muss eine auf die Erkrankung und Behinderung des Arbeitnehmers und seine Tätigkeit abgestellte Empfehlung über die Art und Weise der Beschäftigung enthalten und eine Prognose zur Arbeitsfähigkeit nach Durchführung der Wiedereingliederungsmassnahme. Anderenfalls kann der Arbeitgeber nicht beurteilen, ob er an der stufenweisen Wiedereingliederung mitwirken muss oder wegen der Art oder der voraussichtlichen Dauer der Maßnahme berechtigt ist, sie als unzumutbar abzulehnen (BAG v. 16.5.2019, Az. 8 AZR 530/17). Die Durchführung eines betrieblichen Eingliederungsmanagements ist keine Voraussetzung für die Wirksamkeit einer Versetzung oder einer anderen Ausübung des Weisungsrechts durch den Arbeitgeber, und zwar auch in den Fällen nicht, in denen die Anordnung des Arbeitgebers (auch) auf Gründe gestützt wird, die im Zusammenhang mit dem Gesundheitszustand des Arbeitnehmers stehen (BAG v. 18.10.2017, Az. 10 AZR 47/17).

2. Anspruch auf Teilzeitarbeit

Schwerbehinderte Menschen haben einen Anspruch auf Teilzeitbeschäftigung, wenn die kürzere Arbeitszeit wegen Art oder Schwere der Behinderung notwendig ist (§ 164 Abs. 5 Satz 3 SGB IX).

Die Ansprüche nach dem SGB IX und dem Teilzeit- und Befristungsgesetz stehen unverbunden nebeneinander. Man muss also für jedes Gesetz getrennt prüfen, ob die jeweiligen Voraussetzungen erfüllt sind.

Beispiel:

Ein Arbeitgeber beschäftigt in der Regel nicht mehr als 15 Arbeitnehmer. Damit kommt für die dort tätigen Arbeitnehmer eine Arbeitszeitreduzierung nach dem Teilzeitgesetz nicht in Betracht. Ist ein Arbeitnehmer aber als Schwerbehinderter anerkannt, kann er grundsätzlich einen solchen Anspruch nach dem SGB IX geltend machen. Der Arbeitnehmer muss darlegen, dass wegen der Art oder der Schwere seiner Behinderung eine Reduzierung der Arbeitszeit angezeigt ist. Der Arbeitgeber kann dem wiederum entgegenhalten, dass eine Teilzeitbeschäftigung für ihn nicht zumutbar oder mit unverhältnismäßigen Aufwendungen verbunden wäre.

Anspruchsberechtigt sind nur schwerbehinderte Menschen im Sinne von § 2 Abs. 2 SGB IX also Menschen mit einem Grad der Behinderung von mindestens 50 oder Gleichgestellte gem. § 2 Abs. 3 SGB IX. Anders als nach dem TzBfG ist der Anspruch nicht an eine bestimmte Mindestanzahl von Beschäftigten geknüpft. Der Arbeitnehmer muss auch, anders als beim TzBfG und bei der Elternzeit, keine Mindestbeschäftigungsdauer aufweisen, um den Anspruch geltend zu machen.

Beispiel:

Eine schwerbehinderte Arbeitnehmerin kann nach diesen Grundsätzen einen Anspruch auf Verkürzung der Arbeitszeit geltend machen, selbst wenn der Arbeitgeber nur sieben Arbeitnehmer beschäftigt und sie erst seit drei Monaten dort tätig ist.

Im Gesetz nicht geregelt ist die Frage, ob der schwerbehinderte Mensch nur dann eine Verkürzung beanspruchen kann, wenn er zuvor vollzeitig beschäftigt war oder ob er auch eine weitere Verkürzung seiner Teilzeitarbeit verlangen kann. Nach Sinn und Zweck des Gesetzes kann nach Ansicht des Verfassers die Arbeitszeitreduzierung auch dann beansprucht werden, wenn der Arbeitnehmer bereits in Teilzeit beschäftigt ist. Die Verringerung der Arbeitszeit soll dann erfolgen, wenn dies „wegen Art oder Schwere der Behinderung notwendig ist". Dies kann beim Teilzeitbeschäftigten genauso gegeben sein wie beim Vollzeitarbeitnehmer.

Beispiel:

Infolge einer schweren Erkrankung, die zur Anerkennung als schwerbehinderter Mensch führt, hat die Konzentrationsfähigkeit des Arbeitnehmers so nachgelassen, dass er höchstens vier Stunden am Tag seiner Tätigkeit nachgehen kann. Hier kann es für den Anspruch auf Arbeitszeitverringerung keinen Unterschied machen, ob der Arbeitnehmer bislang mit $^3/_4$ der normalen Arbeitszeit beschäftigt war oder vollzeitig.

Gesetzlich nicht geregelt ist auch die Frage, ob auch ein befristet beschäftigter schwerbehinderter Arbeitnehmer den Anspruch geltend machen kann. Das Fehlen einer entsprechenden Ausschlussklausel zwingt nach Ansicht des Verfassers zu der Annahme, dass auch befristet Beschäftigte anspruchsberechtigt sind, zumal diese gem. § 4 Abs. 2 Satz 1 TzBfG grundsätzlich nicht wegen der Befristung schlechter behandelt werden dürfen als vergleichbare unbefristet beschäftigte Arbeitnehmer.

Die Notwendigkeit der Reduzierung muss sich gerade aus der Art oder Schwere der Behinderung ergeben. Es ist also ein ursächlicher Zusammenhang zwischen der Schwerbehinderung und der Notwendigkeit der Verringerung der Arbeitszeit nötig. Die Schwerbehinderung muss somit dazu führen, dass er die an sich geschuldete Tätigkeit (entweder Vollzeit oder Teilzeit mit einer längeren als der gewünschten Arbeitszeit) nicht ausüben kann oder dies zu einer Verschlechterung seines Gesundheitszustandes führen würde. Der Arbeitgeber kann dem Begehren aber entgegenhalten, dass er ihn mit anderen, ebenfalls vertragsgemäßen Tätigkeiten beschäftigt, die er noch ausüben kann.

Beispiel:

In dem o. g. Beispiel kann der Arbeitgeber ihm ab der vierten Arbeitsstunde am Tag eine Tätigkeit zuweisen, die keine besondere Konzentration verlangt, sofern es nach dem Arbeitsvertrag zulässig ist. Dann entfiele die Notwendigkeit einer Verringerung der Arbeitszeit.

Der Anspruch besteht nicht, wenn die Verringerung der Arbeitszeit dem Arbeitgeber nicht zumutbar oder mit unverhältnismäßigen Aufwendungen verbunden wäre. Der Gesetzgeber hat keine genaueren Voraussetzungen aufgestellt, sodass eine umfassende Interessenabwägung stattfinden muss. Die „betrieblichen Gründe", die den Arbeitgeber nach § 4 Abs. 2 TzBfG (s. hierzu unter → *Teilzeit*) zur Ablehnung berechtigten, können auch hier zunächst als Anhaltspunkte herangezogen werden, bilden aber nicht den alleinigen Maßstab. Vielmehr ist das betriebliche Interesse des Arbeitgebers gegen das Interesse des schwerbehinderten Menschen abzuwägen.

Kriterien der **Unzumutbarkeit** können sein:

- Der Arbeitsplatz des schwerbehinderten Menschen ist aufgrund der Art der Tätigkeit nicht teilbar, weil z. B. den ganzen Tag ein Ansprechpartner vorhanden sein muss.
- Auf dem Arbeitsmarkt ist kein Arbeitnehmer zu finden, der bereit wäre, die verbleibende Teilzeittätigkeit auszuführen.
- Organisatorisch wäre die Teilung des Arbeitsplatzes mit schweren betrieblichen Ablaufstörungen verbunden.

Unverhältnismäßige Aufwendungen können vorliegen, wenn

- der Betrieb wirtschaftlich nicht leistungsfähig genug ist, um die o. g. Änderungen der Organisation tragen zu können;
- die Kosten für die Einrichtung des Teilzeitarbeitsplatzes in keinem vernünftigen Verhältnis zu den positiven Auswirkungen für den schwerbehinderten Menschen stehen.

Anders als beim Teilzeitgesetz hat der Gesetzgeber kein besonderes Verfahren vorgesehen, in dem der Anspruch geltend zu machen ist. Insbesondere gibt es auch keine Frist, innerhalb derer sich der Arbeitgeber äußern muss. Somit kommt es auch nicht zu einer automatischen Reduzierung der Arbeitszeit, wenn der Arbeitgeber nicht reagiert. Der schwerbehinderte Arbeitnehmer muss vielmehr seinen Anspruch vor Gericht geltend machen.

Beispiel:

Ein schwerbehinderter Arbeitnehmer begehrt am 1.3. wegen der Art seiner Behinderung eine Reduzierung der Arbeitszeit um 30 % zum 1.6. Der Arbeitgeber reagiert nicht. Nach dem Teilzeitgesetz wäre automatisch eine Reduzierung eingetreten. Das SGB IX kennt diese Folge nicht, sodass das Arbeitsverhältnis am 1.6. zu den bisherigen Bedingungen, also mit der vollen Arbeitszeit fortbesteht. Der Arbeitnehmer muss vor Gericht auf eine Reduzierung der Arbeitszeit klagen.

Da es um eine dauerhafte Veränderung der Dauer der Arbeitszeit geht, ist hier wie beim TzBfG eine Verurteilung auf Abgabe einer Willenserklärung, erforderlichenfalls verbunden mit dem Antrag auf entsprechende Beschäftigung zu beantragen.

Es ist jedoch nicht immer einfach zu erkennen, nach welchem Gesetz der Arbeitnehmer die Reduzierung der Arbeitszeit geltend macht.

Beispiel:

Der schwerbehinderte Arbeitnehmer macht ohne Angabe von Gründen einen Anspruch auf Reduzierung der Arbeitszeit geltend. Hier kommt sowohl die Anwendung des Teilzeitgesetzes als auch die des SGB IX in Betracht.

Stellt sich letztlich heraus, dass der Anspruch nach dem Teilzeitgesetz geltend gemacht wurde, kann das Schweigen des Arbeitgebers zur automatischen Verringerung der Arbeitszeit führen.

TIPP!

Der Arbeitgeber sollte, wenn er der Arbeitszeitverringerung nicht zustimmen möchte, immer bis spätestens einen Monat vor der gewünschten Verringerung schriftlich widersprechen und dieses Schreiben nachweisbar zustellen.

Der schwerbehinderte Arbeitnehmer hat einen Anspruch auf Reduzierung der Arbeitszeit, der nach Ansicht des Verfassers rechtlich nicht anders zu behandeln ist wie der Anspruch nach § 8 Abs. 1 TzBfG. Die Arbeitszeit verringert sich somit nicht automatisch, sondern es bedarf einer Zustimmung des Arbeitgebers, auf die ggf. ein Rechtsanspruch besteht.

ACHTUNG!

Mit der Reduzierung der Arbeitszeit des Schwerbehinderten wird der Arbeitnehmer zum Teilzeitbeschäftigten im Sinne des Teilzeitgesetzes. Er kann daher sämtliche Rechte aus diesem Gesetz in Anspruch nehmen.

Dies betrifft insbesondere das Diskrimierungsverbot und den Gleichbehandlungsgrundsatz, aber auch die Regelungen zur Aus- und Weiterbildung (§ 10 TzBfG).

Das SGB IX spricht nur von einem „Anspruch auf Teilzeitbeschäftigung", ohne dass klargestellt würde, ob sich die Arbeitszeit auf Dauer oder nur vorübergehend verringert. Nach Ansicht des Verfassers liegt es nahe, hier eine dauerhafte Vertragsänderung anzunehmen, durch die die Arbeitszeit auf Dauer reduziert wird. Daher besteht grundsätzlich kein Recht auf Rückkehr zur vorherigen Arbeitszeit. Allerdings kann er sich wie jeder Teilzeitbeschäftigte auf § 9 TzBfG berufen.

WICHTIG!

Der nunmehr teilzeitbeschäftigte Arbeitnehmer ist, wenn er später einmal eine Verlängerung der Arbeitszeit wünscht, bei gleicher Eignung bevorzugt bei der Stellenbesetzung zu berücksichtigen. Etwas anderes gilt nur, wenn dringende betriebliche Gründe oder die berechtigten Interessen anderer Teilzeitbeschäftigter entgegenstehen (§ 9 TzBfG).

Die Folgen für das Arbeitsentgelt und die Nebenleistungen sind dieselben wie bei einer Reduzierung nach dem Teilzeitgesetz.

Die Vorschrift des SGB IX betrifft, anders als das Teilzeitgesetz, nur die Reduzierung der Arbeitszeit, nicht hingegen deren Lage. Hier kann der Arbeitgeber von seinem Direktionsrecht Gebrauch machen, wobei er jedoch die Interessen des Arbeitnehmers zu berücksichtigen hat (§ 106 GewO). Dabei hat er auch auf Behinderungen des Arbeitnehmers Rücksicht zu nehmen (§ 106 Satz 3 GewO).

Beispiel:

Der schwerbehinderte Arbeitnehmer setzt vor Gericht eine Reduzierung der Arbeitszeit um 1/5 durch. Der Arbeitnehmer möchte gerne freitags nicht arbeiten. Hat der Arbeitgeber betriebliche Interessen, die eine Arbeitsleistung am Freitag notwendig erscheinen lassen, kann er dies ablehnen und einen anderen Tag festlegen. Er darf aber nicht willkürlich den vom Arbeitnehmer gewünschten Tag ablehnen.

3. Anzeige- und Mitwirkungspflichten

Der Arbeitgeber muss für jeden Betrieb ein Verzeichnis mit den dort beschäftigten schwerbehinderten Menschen und gleichgestellten behinderten Menschen erstellen und den Vertretern des Integrationsamtes und des Arbeitsamts auf Verlangen vorzeigen. Bis zum 31.3. eine jeden Jahres muss der Arbeitgeber unaufgefordert dem Arbeitsamt eine Liste mit diesen Angaben einreichen. Dabei muss auch eine ggf. geschuldete Ausgleichsabgabe angegeben werden. Eine Kopie ist für das Integrationsamt beizufügen. Weitere Kopien sind dem Betriebsrat, der Schwerbehindertenvertretung und dem Schwerbehindertenbeauftragten auszuhändigen. In einem Betrieb, der zu einem Unternehmen mit mehreren Betrieben gehört, für das ein Gesamtbetriebsrat gewählt wurde, hat der örtliche Betriebsrat keinen Anspruch auf Übermittlung einer Kopie des Verzeichnisses i. S. d. § 163 Abs. 1 SGB IX, bezogen auf das Gesamtunternehmen (BAG v. 20.3.2018, Az. 1 ABR 66/16). Kommt der Arbeitgeber bis zum 30. Juni eines Kalenderjahres seinen Anzeigepflichten etwa über die Anzahl der beschäftigten schwerbehinderten Menschen nicht nach, kann das Integrationsamt gem. § 163 Abs. 3 SGB IX einen Feststellungsbescheid u. a. über die Zahl der mit schwerbehinderten Menschen zu besetzenden Pflichtarbeitsplätze erlassen. Gem. § 80 Abs. 2 Satz 1 BetrVG ist der Arbeitgeber verpflichtet, dem Betriebsrat über die Arbeitnehmer zu informieren, die innerhalb eines Jahres länger als sechs Wochen arbeitsunfähig krank waren und bei denen daher ein betriebliches Eingliederungsmanagement durchzuführen ist. Dabei bedarf es nicht der Zustimmung dieser Arbeitnehmer.

Über diese Anzeigepflichten hinaus hat der Arbeitgeber auch Mitwirkungspflichten. Er muss den Vertretern des Integrationsamtes Einblick in den Betrieb gewähren und alle Auskünfte erteilen, die für die Durchführung des Gesetzes notwendig sind. Kündigt der Arbeitgeber einem schwerbehinderten Arbeitnehmer innerhalb der ersten sechs Monate, muss er dies innerhalb von vier Tagen nach der Kündigung dem Integrationsamt mitteilen. Ein Verstoß gegen diese Pflicht hat jedoch nicht die Unwirksamkeit der Kündigung zur Folge (zum Zustimmungserfordernis bei sonstigen Kündigungen s. u. VIII.2.). Bei Abschluss eines auf bis zu sechs Monate befristeten Arbeitsvertrags muss die Mitteilung innerhalb von vier Tagen ab Arbeitsaufnahme erfolgen.

4. Zusatzurlaub

Schwerbehinderte Menschen (nicht aber gleichgestellte behinderte Menschen) haben einen Anspruch auf einen bezahlten zusätzlichen Urlaub von fünf Arbeitstagen (nicht Werktagen wie beim BUrlG) pro Kalenderjahr. Die Vorschriften des Bundesurlaubsgesetzes hinsichtlich der Wartezeit von sechs Monaten und der Zwölftelung bei einer darunter liegenden Beschäftigungszeit sind auch hier anzuwenden.

ACHTUNG!

Liegt die Schwerbehinderteneigenschaft nicht während des gesamten Kalenderjahres vor, hat der Arbeitnehmer nicht mehr Anspruch auf den vollen, sondern nur noch auf den anteiligen Sonderurlaub. Bruchteile, die einen halben Tag überschreiten, sind aufzurunden. Darunter liegende Bruchteile sind nicht abzurunden, sondern in dem Umfang des Bruchteils zu gewähren. Wird die Schwerbehinderteneigenschaft rückwirkend festgestellt, kann kein Zusatzurlaub aus den vergangenen Jahren verlangt werden, da der Urlaub grundsätzlich im laufenden Kalenderjahr genommen werden muss (§ 208 Abs. 3 SGB IX).

Dieser Urlaubsanspruch tritt zu dem normalen Anspruch hinzu, den der Arbeitnehmer sonst auch hätte. Auch ein tarifvertragliches Urlaubsgeld kann für den Zusatzurlaub zu beanspruchen sein (BAG v. 10.3.2020, Az. 9 AZR 109/19). Der Zusatzurlaub verfällt ebenso wie der Erholungsurlaub, wenn er nicht im Urlaubsjahr genommen wird.

WICHTIG!

Der Zusatzurlaub ist ebenso wie der Mindesturlaub nach dem Ende des Arbeitsverhältnisses abzugelten, wenn er nicht gewährt werden konnte, weil der Arbeitnehmer arbeitsunfähig erkrankt war (BAG v. 23.3.2010, Az. 9 AZR 128/09). Damit überträgt das BAG die Rechtsprechung des EuGH nicht nur auf den gesetzlichen Mindesturlaub, sondern auch auf den Zusatzurlaub (so auch LAG Rheinland-Pfalz v. 22.4.2021, Az. 2 Sa 59/20). Die Zusatzurlaubsansprüche verfallen 15 Monate nach Ende des Urlaubsjahres (BAG v. 7.8.2012, Az. 9 AZR 353/10). Wenn der Arbeitgeber keine Kenntnis von der Schwerbehinderung hat, muss und kann er den Arbeitnehmer auch nicht „anlasslos und gleichsam prophylaktisch" auf den Zusatzurlaub hinweisen, sodass aufgestaute Urlaubsansprüche verfallen können (LAG Rhein-

land-Pfalz v. 22.4.2021, Az. 2 Sa 59/20 und v. 14.1.2021, Az. 5 Sa 267/19). Entsprechendes gilt, wenn der Arbeitnehmer einen Antrag auf Anerkennung der Eigenschaft als schwerbehinderter Mensch gestellt hat, ohne seinen Arbeitgeber darüber zu unterrichten und ohne dass die Schwerbehinderung offensichtlich ist (BAG v. 26.4.2022, Az. 9 AZR 367/21). Der Arbeitgeber muss den Arbeitnehmer auch hinsichtlich es Zusatzurlaubs durch Erfüllung seiner Aufforderungs- und Hinweisobliegenheiten in die Lage versetzt haben, den Urlaubsanspruch zu verwirklichen. Nur wenn er keine Kenntnis von der Schwerbehinderung des Arbeitnehmers hat und diese nicht offenkundig ist, verfällt der Anspruch auf Zusatzurlaub auch dann gem. § 7 Abs. 3 BUrlG mit Ablauf des Urlaubsjahrs oder eines zulässigen Übertragungszeitraums, wenn der Arbeitgeber seinen Aufforderungs- und Hinweisobliegenheiten nicht nachgekommen ist (BAG v. 30.11.2021, Az. 9 AZR 143/21 und v. 26.4.2022, Az. 9 AZR 367/21). Der Arbeitgeber hat regelmäßig keinen Anlass, vorsorglich auf etwaigen Zusatzurlaub hinzuweisen und den Arbeitnehmer aufzufordern, diesen ggf. in Anspruch zu nehmen. Er kann aber regelmäßig erwarten, dass ein Arbeitnehmer ihm seine Schwerbehinderteneigenschaft mitteilt, wenn er den Zusatzurlaub wahrnehmen möchte. Unterlässt der Arbeitnehmer diese Mitteilung, kann er – obwohl der gesetzliche Zusatzurlaub nach § 13 BUrlG nicht disponibel und ein wirksamer Verzicht auf diesen nicht möglich ist – seine Rechte aus § 208 Abs. 1 Satz 1 SGB 9 bzw. § 125 Abs. 1 Satz 1 SGB 9 2018 nicht in Anspruch nehmen (BAG v. 30.11.2021, Az. 9 AZR 143/21).

ACHTUNG!

Problematisch ist folgende Konstellation: Der dem Arbeitgeber bekannte Antrag auf Anerkennung der Schwerbehinderung wird durch behördlichen Bescheid zunächst zurückgewiesen. Später wird die Schwerbehinderung aufgrund eines vom Arbeitnehmer eingelegten Rechtsbehelfs oder Rechtsmittels rückwirkend festgestellt wird. Hierzu hat das BAG entschieden, dass die Aufforderungs- und Hinweisobliegenheiten des Arbeitgebers zunächst bis zu der ablehnenden Entscheidung der zuständigen Behörde bestehen. Wenn der Arbeitgeber vor dem Erlass des ablehnenden Bescheids seinen Mitwirkungsobliegenheiten nicht rechtzeitig nachgekommen ist, unterliegt der Zusatzurlaubsanspruch, über den der Arbeitgeber den Arbeitnehmer bis dahin hätte rechtzeitig belehren können, nicht dem Fristenregime des § 7 Abs. 3 BUrlG. Der Ablehnungsbescheid ändert daran nichts mehr. Ansprüche auf Zusatzurlaub, hinsichtlich derer der Arbeitgeber nicht rechtzeitig vor Ablehnung des Antrags seinen Mitwirkungsobliegenheiten nachkommen konnte, erlöschen – auch ohne dass der Arbeitgeber zuvor seine Mitwirkungsobliegenheit erfüllt hat – mit Ablauf der gesetzlichen Verfallfristen, wenn der Arbeitnehmer den Arbeitgeber nicht rechtzeitig über den weiteren Gang des Anerkennungsverfahrens unterrichtet. Dem Arbeitnehmer obliegt es, den Arbeitgeber unverzüglich über die ablehnende Entscheidung der zuständigen Behörde sowie darüber zu informieren, ob er dagegen einen Rechtsbehelf eingelegt hat oder dies beabsichtigt (BAG v. 26.4.2022, Az. 9 AZR 367/21).

Wenn der Arbeitgeber ohne weitere Erklärungen den Urlaub gewährt, stellt sich die Frage, welchen Urlaubsanspruch er zuerst erfüllen möchte. In Betracht kommt der gesetzliche Anspruch, der darüber hinausgehende Anspruch aus Tarifvertrag oder Arbeitsvertrag und der Zusatzurlaub für schwerbehinderte Menschen. Hierzu hat das BAG wie folgt entschieden: „Stehen dem Arbeitnehmer im Kalenderjahr Ansprüche auf Erholungsurlaub zu, die auf unterschiedlichen Anspruchsgrundlagen beruhen und für die unterschiedliche Regelungen gelten, findet § 366 BGB Anwendung, wenn die Urlaubsgewährung durch den Arbeitgeber nicht zur Erfüllung sämtlicher Urlaubsansprüche ausreicht. Nimmt der Arbeitgeber dabei keine Tilgungsbestimmung i. S. v. § 366 Abs. 1 BGB vor, findet die in § 366 Abs. 2 BGB vorgegebene Tilgungsreihenfolge mit der Maßgabe Anwendung, dass zuerst gesetzliche Urlaubsansprüche und erst dann den gesetzlichen Mindesturlaub übersteigende Urlaubsansprüche erfüllt werden. Bei der Erfüllung von Ansprüchen auf Erholungsurlaub aus demselben Urlaubsjahr, die auf verschiedenen Anspruchsgrundlagen beruhen, ist § 366 BGB zwar nicht unmittelbar anzuwenden, weil zwischen gesetzlichem Mindesturlaub und dem sich überschneidenden arbeits- bzw. tarifvertraglichem Mehrurlaub teilweise Anspruchskonkurrenz gegeben ist. Die Vorschrift bedarf aber einer entsprechenden Anwendung, soweit der Tarifurlaub eigenständigen Regelungen unterliegt und den gesetzlichen Mindesturlaub übersteigt. Anders als bei einer arbeits- oder tarifvertraglichen Regelung, die hinsichtlich des Umfangs des Urlaubsanspruchs nicht zwischen gesetzlichen und übergesetzlichen Urlaubsansprüchen differenziert und dadurch beide Ansprüche – soweit sie sich überlappen – zu einem einheitlichen Anspruch auf Erholungsurlaub verbindet, erhöht sich der dem Arbeitnehmer ohne Berücksichtigung seiner Schwerbehinderung zustehende Gesamturlaub um den Zusatzurlaub." (BAG v. 1.3.2022, Az. 9 AZR 353/21)

Hat der Arbeitnehmer die Anerkennung als schwerbehinderter Mensch beantragt und ist hierüber bis zum Ende des Kalenderjahres nicht entschieden worden, ist der Arbeitgeber nicht zur Übertragung des Zusatzurlaubs auf den gesetzlichen oder tariflichen Übertragungszeitraum verpflichtet.

Beispiel:

Der Arbeitnehmer hat im September die Anerkennung als schwerbehinderter Mensch beantragt. Kurz vor Weihnachten bittet er den Arbeitgeber, den Zusatzurlaub von fünf Tagen auf den gesetzlichen Übertragungszeitraum zu übertragen, der bis zum 31.3. des Folgejahres läuft. Er verweist darauf, dass die Anerkennung sicher sei. Hierauf muss sich der Arbeitgeber nicht einlassen.

Fragen der Kürzung des Zusatzurlaubs schwerbehinderter Menschen sind in § 208 Abs. 2 SGB IX abschließend geregelt. Danach ist eine anteilige Kürzung des Urlaubsanspruchs im Jahr des Ausscheidens nicht vorgesehen. Der Anspruch auf Zusatzurlaub nach § 208 Abs. 1 SGB IX besteht daher im Jahr des Ausscheidens in voller Höhe, auch wenn das Arbeitsverhältnis bereits im Laufe des Jahres nach dem 30. Juni geendet hat (LAG Mecklenburg-Vorpommern v. 24.6.2014, Az. 5 Ca 221/13).

Auf folgende Entscheidung des BAG zum Zusatzurlaub ist besonders hinzuweisen. Der 9. Senat hat folgendes entschieden: „Die Befristung des Anspruchs auf Zusatzurlaub für schwerbehinderte Menschen nach IX setzt grundsätzlich voraus, dass der Arbeitgeber den Arbeitnehmer durch Erfüllung seiner Aufforderungs- und Hinweisobliegenheiten in die Lage versetzt hat, den Urlaubsanspruch zu verwirklichen. Hat der Arbeitgeber keine Kenntnis von der Schwerbehinderung des Arbeitnehmers und ist diese nicht offenkundig, verfällt der Anspruch auf Zusatzurlaub auch dann gem. § 7 Abs. 3 BUrlG mit Ablauf des Urlaubsjahrs oder eines zulässigen Übertragungszeitraums, wenn der Arbeitgeber seinen Aufforderungs- und Hinweisobliegenheiten nicht nachgekommen ist. Der Arbeitgeber hat unter diesen Voraussetzungen keinen Anlass, vorsorglich auf einen Zusatzurlaub hinzuweisen und den Arbeitnehmer aufzufordern, diesen in Anspruch zu nehmen. Entsprechendes gilt, wenn der Arbeitnehmer einen Antrag auf Anerkennung der Eigenschaft als schwerbehinderter Mensch gestellt hat, ohne seinen Arbeitgeber darüber zu unterrichten und ohne dass die Schwerbehinderung offensichtlich ist. Unterrichtet der (objektiv schwerbehinderte) Arbeitnehmer den Arbeitgeber über seinen (noch nicht beschiedenen) Antrag auf Anerkennung der Schwerbehinderteneigenschaft, setzen Befristung und Verfall des Anspruchs auf Zusatzurlaub grundsätzlich die Erfüllung der Aufforderungs- und Hinweisobliegenheiten durch den Arbeitgeber voraus. Besonderheiten ergeben sich, wenn der dem Arbeitgeber bekannte Antrag auf Anerkennung der Schwerbehinderung zunächst durch behördlichen Bescheid zurückgewiesen und die Schwerbehinderung aufgrund eines vom Arbeitnehmer eingelegten Rechtsbehelfs oder Rechtsmittels später rückwirkend festgestellt wird. Die Aufforderungs- und Hinweisobliegenheiten des Arbeitgebers bestehen in einem solchen Fall zunächst bis zu der ablehnenden Entscheidung der zuständigen Behörde. Ist der Arbeitgeber vor dem Erlass des ablehnenden Bescheids seinen Mitwirkungsobliegenheiten nicht rechtzeitig nachgekommen, unterliegt der Zusatzurlaubsanspruch, über den der Arbeitgeber den Arbeitnehmer bis dahin hätte rechtzeitig belehren können, nicht dem Fristenregime des § 7 Abs. 3 BUrlG. Der Ablehnungsbescheid ändert daran nichts mehr. Ansprüche auf Zusatzurlaub, hinsichtlich derer der Arbeitgeber nicht rechtzeitig vor Ablehnung des Antrags seinen Mitwirkungsobliegenheiten nachkommen konnte, erlöschen – auch ohne dass der Arbeitgeber zuvor seine Mitwirkungsobliegenheit erfüllt hat – mit Ablauf der gesetzlichen Verfallfristen, wenn der Arbeitnehmer den Arbeitgeber nicht rechtzeitig über den weiteren Gang des Anerkennungsverfahrens unterrichtet. Dem Arbeitnehmer obliegt es, den Arbeitgeber unverzüglich über die ablehnende Entscheidung der zuständigen Behörde sowie darüber zu informieren, ob er dagegen einen Rechtsbehelf eingelegt hat oder dies beabsichtigt." (BAG v. 26.4.2022, Az. 9 AZR 36/21).

Ist dem Arbeitgeber die Schwerbehinderung des Arbeitnehmers weder bekannt, noch ist diese offensichtlich, ist dem Arbeitgeber die Erfüllung von Aufforderungs- und Hinweisobliegenheiten in Bezug auf den Zusatzurlaub nach § 208 Abs. 1 SGB IX 2018 unmöglich (LAG Rheinland-Pfalz v. 30.3.2023, Az. 5 Sa 71/22).

5. Mehrarbeit

Schwerbehinderte Menschen müssen auf Verlangen von Mehrarbeit freigestellt werden (§ 207 SGB IX). Mehrarbeit im Sinne des § 207 SGB IX ist jede über acht Stunden täglich hinausgehende Arbeitszeit. Rufbereitschaft wird hiervon grundsätzlich nicht umfasst, solange ein Abruf nicht erfolgt. Das Verbot der Mehrarbeit in § 207 SGB IX erfasst darüber hinaus nicht Sonntags-, Feiertags- und Nachtarbeit als solche, denn mit der Norm soll sichergestellt werden, dass die Leistungsfähigkeit schwerbehinderter Menschen nicht durch zu lange tägliche Arbeitszeiten überbeansprucht und deren Teilhabe am Leben in der Gesellschaft gefördert werden. Rufbereitschaft ist dann Arbeitszeit und damit Mehrarbeit im Sinne des § 207 SGB IX, wenn der Arbeitgeber den Arbeitnehmer anweist, innerhalb der Rufbereitschaft die Arbeit in einer derart kurzen Zeit aufzunehmen, dass der Arbeitnehmer seinen Aufenthaltsort während der Rufbereitschaftszeit nicht mehr frei bestimmen kann. Der Arbeitnehmer hat keinen Anspruch darauf, gänzlich von der Einteilung zur Rufbereitschaft befreit zu werden (BAG v. 27.7.2021, Az. 9 AZR 448/20).

VIII. Besonderer Kündigungsschutz

Die Kündigung eines schwerbehinderten Menschen durch den Arbeitgeber bedarf der vorherigen Zustimmung des Integrationsamtes (§ 168 SGB IX). Dies gilt auch für die Änderungskündigung (Bayerischer Verwaltungsgerichtshof v. 13.11.2012, Az. 12 B 12.1675). Die tarifvertraglich begründete Beendigung des Arbeitsverhältnisses ohne Kündigung aufgrund des Eintritts einer teilweisen Erwerbsminderung erfordert bei einem schwerbehinderten oder ihm gleichgestellten Menschen die vorherige Zustimmung des Integrationsamts, wenn bei Zugang der schriftlichen Unterrichtung des Arbeitnehmers durch den Arbeitgeber über den Eintritt der auflösenden Bedingung die Anerkennung der Schwerbehinderung oder die Gleichstellung mit einem schwerbehinderten Menschen erfolgt ist oder die entsprechende Antragstellung mindestens drei Wochen zurückliegt. Dies hat das BAG zum SGB in seiner alten Fassung entschieden (BAG v. 16.1.2018, Az. 7 AZR 622/15). Es gilt jedoch genauso für § 175 SGB IX.

Die aktuellen Voraussetzungen für das Eingreifen des Sonderkündigungsschutzes fasst das BAG wie folgt zusammen: „Das Eingreifen des Sonderkündigungsschutzes für schwerbehinderte und ihnen gleichgestellte behinderte Menschen setzt grundsätzlich voraus, dass im Zeitpunkt des Kündigungszugangs entweder die Schwerbehinderung festgestellt oder eine Gleichstellung erfolgt ist oder die Stellung des Antrags auf Feststellung der Eigenschaft als schwerbehinderter Mensch oder auf Gleichstellung mindestens drei Wochen zurückliegt. Eine Schwerbehinderung ist dann „offensichtlich" beziehungsweise „offenkundig", wenn sie unzweifelhaft für jeden besteht. Dabei muss nicht nur das Vorliegen der Beeinträchtigung offenkundig sein, sondern auch, dass der Grad der Behinderung in einem Feststellungsverfahren auf wenigstens 50 festgesetzt würde. Das Vorliegen einer zeitweiligen Betreuung i. S. v. § 1896 BGB deutet nicht ohne Weiteres offensichtlich oder offenkundig auf eine vorliegende (Schwer)Behinderung hin, da die Betreuung eine solche nicht zwingend voraussetzt." (BAG v. 2.6.2022, Az. 8 AZR 191/21)

Der Arbeitgeber ist nicht verpflichtet, vor einer ordentlichen Kündigung während der Wartezeit, also innerhalb der ersten sechs Monate des Arbeitsverhältnisses ein Präventionsverfahren i. S. d. § 167 Abs. 1 SGB IX durchzuführen (BAG v. 3.4.2025, Az. 2 AZR 178/24).

1. Zustimmungsfreie Beendigungsmöglichkeiten

Keine Zustimmung ist erforderlich, wenn das Arbeitsverhältnis aus einem der folgenden Gründe enden soll:

- Ablauf der Befristung des Arbeitsvertrags,
- Anfechtung des Arbeitsvertrags wegen arglistiger Täuschung oder Irrtums,
- Berufung auf die Nichtigkeit des Arbeitsvertrags,
- Aufhebungsvertrag, wobei der schwerbehinderte Mensch kein Recht zur Anfechtung hat, wenn er bei Abschluss noch nichts von seiner Schwerbehinderung wusste; die Zustimmung des Integrationsamtes ist aber dann erforderlich, wenn die Beendigung im Fall der Berufsunfähigkeit oder der Erwerbsunfähigkeit auf Zeit erfolgt,
- Eigenkündigung des schwerbehinderten Menschen,
- Kündigung durch den Arbeitgeber innerhalb der ersten sechs Monate des Arbeitsverhältnisses, die dem Integrationsamt innerhalb von 4 Tagen angezeigt werden muss,
- Kündigung durch den Arbeitgeber, wenn der Arbeitnehmer bereits das 58. Lebensjahr vollendet hat und Anspruch auf eine Abfindung o. Ä. aufgrund eines Sozialplans oder auf Knappschaftsausgleichsleistungen hat, wenn der Arbeitgeber ihm die Kündigungsabsicht rechtzeitig mitgeteilt hat und er nicht bis zum Ausspruch der Kündigung widersprochen hat,
- Kündigung durch den Arbeitgeber aus witterungsbedingten Gründen, wenn die Wiedereinstellung des schwerbehinderten Menschen bei der Wiederaufnahme der Arbeit gewährleistet ist.

2. Beginn des Kündigungsschutzes

Innerhalb der ersten sechs Monate des Arbeitsverhältnisses bedarf die Kündigung nicht der Zustimmung des Integrationsamtes. Auf diese Wartezeit sind Zeiten eines früheren Arbeitsverhältnisses bei demselben Arbeitgeber anzurechnen, wenn das neue Arbeitsverhältnis in einem engen sachlichen Zusammenhang mit dem bisherigen steht.

ACHTUNG!

Nach der neuesten Rechtsprechung des Europäischen Gerichtshofes kann ein Arbeitnehmer mit Behinderung einen Anspruch auf Verwendung an einem anderen Arbeitsplatz haben, für den er die notwendige Kompetenz, Fähigkeit und Verfügbarkeit aufweist. Dies gilt auch für denjenigen, der nach seiner Einstellung eine Probezeit absolviert und für ungeeignet befunden wurde, die wesentlichen Funktionen seiner bisherigen Stelle zu erfüllen. Eine solche Maßnahme darf den Arbeitgeber aber nicht unverhältnismäßig belasten (EuGH v. 10.2.2022, Az. C 485/20). Unter Bezugnahme auf diese Entscheidung ist nach Auffassung des Arbeitsgerichts Köln eine durch § 164 Abs. 2 SGB IX verbotene Diskriminierung indiziert, wenn der Arbeitgeber gegen seine Verpflichtung aus § 167 Abs. 1 SGB IX verstößt. Arbeitgeber sind auch während der Wartezeit des § 1 Abs. 1 KSchG verpflichtet, ein Präventionsverfahren nach § 167 Abs. 1 SGB IX durchzuführen. Die Kündigung wurde für unwirksam erklärt (ArbG Köln v. 20.12.2023, Az. 18 Ca 3954/23). Das LAG Köln

hat die Entscheidung geändert und die Klage abgewiesen. Die Rechtsgrundsätze wurden allerdings bestätigt, jedoch mit der Maßgabe, dass wegen der spezifischen Probleme, ein Präventionsverfahren vor Ablauf der „Probezeit" zum Abschluss zu bringen, für die Widerlegung der Vermutung ein abgesenktes Maß der Darlegungs- und Beweislast gilt. Deshalb wurde im konkreten Fall die Vermutung der Benachteiligung als widerlegt angesehen (LAG Köln v. 12.9.2024, Az. 6 SLa 76/24, nicht rechtskräftig, Revision anhängig unter 2 AZR 271/24).

Die Kündigung eines Berufsausbildungsverhältnisses in der Probezeit ist unwirksam, wenn sie eine Benachteiligung wegen einer Behinderung des Auszubildenden darstellt. Eine Benachteiligung wegen der Behinderung des Auszubildenden liegt vor, wenn das Ausbildungsverhältnis gekündigt wird, weil die Mutter, zugleich Betreuerin des Auszubildenden, vom Arbeitgeber im Hinblick auf die Behinderung ihres Sohnes besondere Maßnahmen verlangt (LAG Baden-Württemberg v. 12.1.2024, Az. 9 Sa 16/23, nicht rechtskräftig, Revision anhängig unter 2 AZR 59/24).

Gem. § 173 Abs. 2a SGB IX bedarf es keiner Zustimmung des Integrationsamtes, wenn zum Zeitpunkt der Kündigung die Eigenschaft als schwerbehinderter Mensch nicht nachgewiesen ist. Dies betrifft den Fall, dass der Arbeitnehmer tatsächlich als schwerbehindert anerkannt ist. In diesem Fall besteht eine Obliegenheit des Arbeitnehmers, dem Arbeitgeber den Bescheid über die Schwerbehinderung bzw. den Schwerbehindertenausweis vor dem Zugang der Kündigung vorzulegen. Der Sonderkündigungsschutz besteht auch dann, wenn der Arbeitgeber nichts von der Schwerbehinderteneigenschaft wusste, sofern der Arbeitnehmer bereits einen Anerkennungsbescheid oder zumindest einen entsprechenden Antrag beim Versorgungsamt gestellt hatte. Der Antrag des Arbeitnehmers muss mindestens drei Wochen vor der Kündigung mit den erforderlichen Angaben beim Integrationsamt eingegangen sein. Der Antrag muss auch ordnungsgemäß mit allen erforderlichen Angaben gestellt worden sein, sodass eine positive Entscheidung vor Ausspruch der Kündigung bei ordnungsgemäßer Bearbeitung möglich gewesen wäre (LAG Berlin-Brandenburg v. 21.2.2019, Az. 18 Sa 1073/18, unter Hinweis auf BAG v. 1.3.2007, Az. 2 AZR 217/06. Wenn der Arbeitgeber von einer Schwerbehinderung des Arbeitnehmers nichts wissen konnte, weil diese nicht offenkundig war, kommt einem Antrag auf Anerkennung einer Schwerbehinderung kündigungsschutzrechtlich allein keine Bedeutung zu, sondern er muss im Fall seiner Stattgabe gemäß § 173 Abs. 3 SGB IX mindestens drei Wochen vor Zugang der Kündigung gestellt worden sein (LAG Berlin-Brandenburg v. 27.1.2012, Az. 6 Sa 2062/11). Der Arbeitnehmer muss dies binnen einer angemessenen Frist nach Zugang der Kündigung dem Arbeitgeber mitteilen. Ausreichend ist auch, wenn dem Arbeitgeber die Schwerbehinderung im Zeitpunkt der Mitteilung über die Beendigung des Arbeitsverhältnisses wegen Rentengewährung bekannt geworden ist (LAG Hamm v. 11.3.2014, Az. 7 Sa 1277/13). Bei einem Betriebsübergang muss sich der Betriebsübernehmer die Kenntnis des Betriebsveräußerers von der Schwerbehinderteneigenschaft eines Arbeitnehmers zurechnen lassen. Der Nachweis der Schwerbehinderteneigenschaft gegenüber dem Arbeitgeber ist dann entbehrlich, wenn die Schwerbehinderung offenkundig ist. Dabei muss jedoch nicht nur das Vorliegen einer oder mehrerer Beeinträchtigungen offenkundig sein, sondern auch, dass der Grad der Behinderung auf wenigstens 50 in einem Feststellungsverfahren festgesetzt würde (LAG Rheinland-Pfalz v. 12.1.2017, Az. 5 Sa 361/16).

ACHTUNG!

Diese Mitteilungsfrist beträgt drei Wochen (BAG v. 9.6.2011, Az. 2 AZR 703/09). Es ist also dringend zu raten, dem Arbeitgeber binnen drei Wochen nach Zugang der Kündigung die Schwerbehinderteneigenschaft mitzuteilen, da ansonsten der Verlust des Sonderkündigungsrechts droht. Nur bei Vorliegen besonderer Umstände kann die Frist durchbrochen werden. Eine gerichtliche Geltendmachung mit der Klageschrift innerhalb der Dreiwochenfrist reicht in der Regel aus (BAG v. 23.2.2010, Az. 2 AZR 659/08; LAG Berlin-Brandenburg v. 26.7.2011, Az. 3 Sa 633/11). Wenn der Arbeitnehmer dem Arbeitgeber vor Zugang der Kündigung mitgeteilt hat, er habe bei einem bestimmten Versorgungsamt einen Antrag auf „Feststellung über das Vorliegen einer Behinderung" gestellt, ist der Arbeitgeber hinreichend informiert und muss damit rechnen, dass die beabsichtigte Kündigung zustimmungspflichtig ist (BAG v. 9.6.2011, Az. 2 AZR 703/09). Bei einer wesentlichen Änderung des Sachverhalts, die sich z. B. im Verfahren vor dem Integrationsamt zeigt, muss der Betriebsrat hierüber informiert werden, auch wenn er seine Stellungnahme schon abgegeben hat (BAG v. 22.9.2016, Az. 2 AZR 700/16). Bei einem Betriebsübergang reicht es aus, wenn der bisherige Arbeitgeber Kenntnis von der Schwerbehinderung hatte. Der Arbeitnehmer ist nicht verpflichtet, den neuen Arbeitgeber zu informieren.

Die zweite Variante der gesetzlichen Regelung betrifft den Fall, dass der Arbeitnehmer die Schwerbehinderteneigenschaft nicht nachweisen kann, weil das Verfahren auf Anerkennung als Schwerbehinderter (nicht als Gleichgestellter) noch nicht abgeschlossen ist. Hier kann sich der Arbeitnehmer nur auf den besonderen Kündigungsschutz berufen, wenn er an den Feststellungen des Versorgungsamtes fristgemäß mitwirkt. Er kann also nicht mehr den aussichtslosen Antrag auf Anerkennung stellen und das Anerkennungsverfahren durch fehlende Mitwirkung in die Länge ziehen, um hieraus Vorteile im Kündigungsschutzprozess zu erlangen. Ist er aber seinen Verpflichtungen nachgekommen, wirkt der Kündigungsschutz auf den Zeitpunkt der Antragstellung zurück. Der Arbeitnehmer muss aber den Arbeitgeber nach der Kündigung binnen angemessener Frist über die Antragstellung unterrichten. Die Zustimmung des Integrationsamtes ist nicht nach § 173 Abs. 3 SGB IX entbehrlich, wenn im Zeitpunkt der Kündigung eine – nicht rechtskräftige und später aufgehobene – Entscheidung des Versorgungsamtes vorliegt, mit der ein unter 50 GdB liegender Grad der Behinderung festgestellt wird. Ein Negativattest muss vor Ausspruch der Kündigung vorliegen.

WICHTIG!

Zur Vorbereitung von Kündigungen darf der Arbeitgeber nach einer Schwerbehinderung fragen, wenn das Arbeitsverhältnis länger als sechs Monate angedauert hat. Verneint der Arbeitnehmer diese Frage wahrheitswidrig, kann er sich im Kündigungsschutzprozess nicht mehr mit Erfolg auf den Sonderkündigungsschutz berufen (BAG v. 16.2.2012, Az. 6 AZR 553/10). Die Freistellung eines schwerbehinderten Mitarbeiters kann grundsätzlich ohne vorherige Zustimmung des Integrationsamtes erfolgen (ArbG Düsseldorf v. 3.11.2016, Az. 7 Ga 71/16).

Gemäß § 175 SGB IX bedarf die Beendigung des Arbeitsverhältnisses eines schwerbehinderten Menschen auch dann der vorherigen Zustimmung des Integrationsamtes, wenn sie im Falle des Eintritts einer teilweisen Erwerbsminderung, der Erwerbsminderung auf Zeit, der Berufsunfähigkeit oder der Erwerbsunfähigkeit auf Zeit ohne Kündigung erfolgt. Dies betrifft die auflösende Bedingung des Arbeitsverhältnisses. Die diesbezügliche Klagefrist von drei Wochen nach Beendigung des Arbeitsverhältnisses läuft nicht, wenn der Arbeitgeber um die Schwerbehinderung weiß und trotzdem die Zustimmung des Integrationsamtes nicht einholt (BAG v. 9.2.2011, Az. 7 AZR 221/10).

Bei den schwerbehinderten Menschen gleichgestellten Personen wird der Schutz durch die Gleichstellung erst begründet, also mit dem Tag des Eingangs des Antrags wirksam (BAG v. 10.4.2014, Az. 2 AZR 647/13).

Bei einem mit einem schwerbehinderten Menschen abgeschlossenen Werkstattvertrag ist nicht nur die Lösung, sondern auch die Kündigung gem. § 138 Abs. 7 SGB IX schriftlich zu erklären, und es sind Gründe der Kündigung schriftlich anzugeben (BAG v. 17.3.2015, Az. 9 AZR 994/13).

3. Verfahren vor dem Integrationsamt

3.1 Antrag

WICHTIG!

Eine Kündigung ist unwirksam, wenn der Arbeitgeber nicht vorher die Schwerbehindertenvertretung beteiligt hat (§ 178 Abs. 2 Satz 3 SGB IX). Das Gesetz sieht keine Frist vor, innerhalb derer sich die Schwerbehindertenvertretung äußern kann. Man greift daher auf die Vorschrift des § 102 BetrVG für die Betriebsratsbeteiligung zurück (eine Woche für die ordentliche Kündigung, drei Tage für die außerordentliche, BAG v. 13.12.2018, Az. 2 AZR 378/18). Der Arbeitgeber muss also erst die Schwerbehindertenvertretung beteiligen, kann dabei gleichzeitig den Betriebsrat anhören (dabei ist auf die noch ausstehende Zustimmung des Integrationsamtes hinzuweisen) und dann erst den Antrag beim Integrationsamt stellen.

Der Arbeitgeber muss die Zustimmung des Integrationsamtes schriftlich in doppelter Ausfertigung beantragen. Dort liegen auch Formulare bereit, deren Verwendung sinnvoll, aber nicht vorgeschrieben ist. Zuständig ist die Behörde, in deren Zuständigkeitsbereich der Betrieb liegt, in dem der schwerbehinderte Mensch beschäftigt wird.

Der fehlende Antrag hat nicht nur die Unwirksamkeit der Kündigung zur Folge. Vielmehr begründet die Kündigung eines schwerbehinderten Arbeitnehmers ohne vorherige Einholung der Zustimmung des Integrationsamtes die Vermutung i. S. v. § 22 AGG, dass er wegen seiner Schwerbehinderung benachteiligt worden ist (BAG v. 2.6.2022, Az. 8 AZR 191/21; LAG Baden-Württemberg v. 17.5.2021, Az. 10 Sa 49/20). Der Arbeitgeber kann hier also auch zur Zahlung einer Entschädigung verurteilt werden.

Der Antrag sollte ausführlich begründet werden und mindestens folgende Angaben enthalten:

- Name des zu Kündigenden, Geburtsdatum, Familienstand, Unterhaltspflichten,
- genaue Schilderung der Kündigungsgründe,
- Beweismittel,
- Darlegungen, dass die Kündigung entweder nicht im Zusammenhang mit der Schwerbehinderung steht oder warum sie trotzdem unvermeidlich ist.

WICHTIG!

Der Arbeitgeber ist im Kündigungsschutzverfahren an die Gründe gebunden, die er dem Integrationsamt mitgeteilt hat. Er kann keine weiteren Gründe nachschieben (LAG Köln v. 15.7.2000, Az. 3 Sa 738/19).

3.2 Entscheidungsgrundlagen

Die Behörde holt sodann die Stellungnahme der zuständigen Agentur für Arbeit, des Betriebsrats und der Schwerbehindertenvertretung ein und hört den schwerbehinderten Arbeitnehmer zu der beabsichtigten Kündigung an. Danach trifft sie die Entscheidung nach pflichtgemäßem Ermessen, d. h. sie nimmt eine Abwägung zwischen den Interessen des Arbeitgebers und denen des schwerbehinderten Mitarbeiters vor, wobei die Zielsetzungen des SGB IX zu berücksichtigen sind. Das Gesetz nennt einige Fälle, in denen die Zustimmung erteilt werden muss, nämlich bei Kündigungen in Betrieben, die

- nicht nur vorübergehend eingestellt oder aufgelöst werden,
- nicht nur vorübergehend wesentlich eingeschränkt werden, wenn die Gesamtzahl der verbleibenden schwerbehinderten Arbeitnehmern ausreicht, um die gesetzliche Mindestbeschäftigtenzahl zu erfüllen,

wenn zwischen dem Tag der Kündigung und dem Tag, bis zu dem Arbeitsentgelt gezahlt wird, mindestens drei Monate liegen und keine Weiterbeschäftigung auf einem anderen Arbeitsplatz desselben Betriebs oder einem freien Arbeitsplatz im Unternehmen möglich und für den Arbeitgeber zumutbar ist. Der Begriff des Betriebes entspricht dabei dem in Betriebsverfassungsrecht üblichen. Besteht daher für mehrere räumlich getrennte Betriebsteile ein einheitlicher Betriebsrat und damit auch betriebsverfassungsrechtlich ein einheitlicher Betrieb, bildet dieser für das Integrationsamt den massgeblichen Bezugspunkt für die Prüfung (Bayerischer Verwaltungsgerichtshof v. 20.6.2013, Az. 12 ZB 12.230).

Das Integrationsamt „soll" die Zustimmung erteilen, wenn dem schwerbehinderten Arbeitnehmer ein anderer angemessener und zumutbarer Arbeitsplatz gesichert ist (§ 177 SGB IX). Hier ist die Behörde i. d. R. gehalten, die Zustimmung zu erteilen, wenn nicht im Ausnahmefall entgegenstehende Gesichtspunkte überwiegen.

Bei den betriebsbedingten Kündigungsgründen ist zu beachten, dass der Arbeitgeber bis zur Grenze des Rechtsmissbrauchs eine unternehmerische Entscheidung treffen darf, die den bisherigen Arbeitsplatz eines schwerbehinderten Menschen durch eine Organisationsänderung entfallen lässt. Die in § 164 Abs. 4 SGB IX vorgesehenen Ansprüche schwerbehinderter Menschen sind lediglich bei der Prüfung einer Weiterbeschäftigungsmöglichkeit zu berücksichtigen (BAG v. 16.5.2019, Az. 6 AZR 329/18).

Auch einer personenbedingten Kündigung aus Krankheitsgründen kann das Integrationsamt zustimmen. Dabei hat es unter anderem zu prüfen, welche Fehlzeiten voraussichtlich in Zukunft auftreten werden, ob die zu erwartenden Fehlzeiten eine erhebliche Beeinträchtigung der betrieblichen Interessen bedeuten und ob diese Beeinträchtigung dem Arbeitgeber noch zugemutet werden kann (Verwaltungsgericht des Saarlandes v. 6.9.2013, Az. 3 K 407/13).

Wenn die Kündigung des Arbeitsverhältnisses zumindest teilweise auf Gründe gestützt wird, die in der Behinderung selbst ihre Ursache haben, reicht nicht jeder als Kündigungsgrund geltend gemachte Umstand aus, um die Zumutbarkeitsgrenze für den Arbeitgeber zu überschreiten. Der Kündigungsgrund muss nach Art und Umfang ein besonderes Gewicht haben, um im Rahmen der Ermessensabwägung die besonders hohen Anforderungen an die für den Arbeitgeber geltende Zumutbarkeitsgrenze signifikant überschreiten zu können. Der Schwerbehindertenschutz gewinnt an Gewicht, wenn die Kündigung des Arbeitsverhältnisses auf Gründe gestützt wird, die in der Behinderung selbst ihre Ursache haben (VG Düsseldorf v. 18.3.2014, Az. 13 K 2980/13). Das Oberverwaltungsgericht für das Land Nordrhein-Westfalen hat es z. B. nicht ausreichen lassen, dass der Arbeitnehmer ein Schreiben mit beleidigendem Inhalt verschickt und einmal Akten im Auto hat liegenlassen (Beschluss vom 22. März 2013, Az. 12 A 2792/12). Für die Ermessensentscheidung des Integrationsamtes ist unerheblich, ob der Arbeitgeber die Beschäftigungsquote erfüllt hat. Es darf auch nicht die arbeitsrechtliche Wirksamkeit der beabsichtigten Kündigung in die Bewertung einfließen lassen, es sei denn, die Kündigung wäre evident unwirksam (OVG Hamburg v. 10.12.2014, Az. 4 Bf 159/12).

3.3 Entscheidung

Das Integrationsamt hat binnen eines Monats eine Entscheidung zu treffen, wenn ein Betrieb oder eine Dienststelle nicht nur vorübergehend vollständig eingestellt oder aufgelöst und das Arbeitsentgelt mindestens drei Monate fortgezahlt wird. Wenn hier die Entscheidung nicht fristgemäß ergeht, wird die Zustimmung fingiert. Der Arbeitgeber kann dann also ohne eine ausdrückliche Zustimmung kündigen. Dies gilt auch, wenn das Insolvenzverfahren über das Vermögen des Arbeitgebers eröffnet worden ist. In den übrigen Fällen (Ausnahme: fristlose Kündigung, s. u. 3.4) bleibt die Nichteinhaltung der Monatsfrist durch das Integrationsamt ohne rechtliche Folgen. Die Entscheidung kann folgenden Inhalt haben:

- **Zustimmung:** Erteilt das Integrationsamt seine Zustimmung zur ordentlichen Kündigung, muss der Arbeitgeber eine ordentliche Kündigung innerhalb eines Monats nach Zustellung des Bescheids (nicht schon vorher) erklären. Innerhalb dieser Frist können auch mehrere ordentliche Kündigungen ausgesprochen werden, wenn z. B. Zweifel darüber bestehen, ob die erste Kündigung formal korrekt war. Bei außerordentlichen Kündigungen muss die Kündigung unverzüglich nach Erteilung der Zustimmung erklärt werden. Gegen die Zustimmung kann der Arbeitnehmer Widerspruch einlegen. Hierüber befindet der Widerspruchsausschuss. Der Widerspruch hat keine aufschiebende Wirkung, d. h. die Zustimmung bleibt zunächst wirksam (§ 171 Abs. 4 SGB IX, VG Düsseldorf v. 7.5.2015, Az. 13 L 1096/15; OVG Lüneburg v. 9.1.2014, Az. 4 ME 311/13). Weist der Widerspruchsausschuss den Widerspruch zurück, kann der Arbeitnehmer hiergegen Anfechtungsklage vor dem Verwaltungsgericht erheben. Wenn dieses die Klage abweist, ist die Kündigung jedenfalls nicht nach den Bestimmungen des SGB IX unwirksam. Hebt der Widerspruchsausschuss die Zustimmung zur Kündigung auf, wird diese rückwirkend unwirksam. Der Arbeitgeber kann seinerseits gegen diesen Bescheid vor dem Verwaltungsgericht klagen. Hat er damit Erfolg, steht das SGB IX der Wirksamkeit der Kündigung nicht entgegen. Wird die Klage abgewiesen, bleibt die Kündigung unwirksam. Wird die Zustimmung erst vom Widerspruchsausschuss erteilt, muss der Arbeitgeber die Kündigung unverzüglich aussprechen.
- **Zurückweisung:** Weist das Integrationsamt den Antrag zurück, kann die Kündigung zunächst nicht ausgesprochen werden. Der Arbeitgeber kann gegen diesen Bescheid innerhalb eines Monats ab Zustellung der Entscheidung schriftlich bei dem Integrationsamt Widerspruch einlegen, über den der Widerspruchsausschuss befindet. Erteilt dieser die Zustimmung, muss der Arbeitgeber innerhalb eines Monats die ordentliche Kündigung aussprechen. die außerordentliche muss unverzüglich ausgesprochen werden. Der Arbeitnehmer kann die Zustimmung vor dem Verwaltungsgericht angreifen. Wird der Widerspruch zurückgewiesen, kann der Arbeitgeber Verpflichtungsklage vor dem Verwaltungsgericht erheben.
- **Negativattest:** Erteilt das Integrationsamt ein Negativattest (d. h. stellt es fest, dass der Arbeitnehmer gar nicht unter das SGB IX fällt), kann der Arbeitgeber die Kündigung aussprechen. Der Arbeitnehmer kann gegen die Entscheidung Widerspruch einlegen, über den der Widerspruchsausschuss entscheidet. Gegen dessen Entscheidung kann die unterlegene Partei vor dem Verwaltungsgericht vorgehen.
- **Verstreichenlassen der Frist:** Durch die bloße Ankündigung des Integrationsamtes, es sei beabsichtigt, die Frist des § 171 Abs. 1 SGB IX verstreichen zu lassen, wird klargestellt, dass das Integrationsamt innerhalb der Frist des § 171 SGB IX keine positive Entscheidung über den Zustimmungsantrag des Arbeitgebers treffen will. Wird bereits im Laufe des Tages, an dem zu Mitternacht die Frist des verstreicht, die betreffende Kündigung ausgesprochen, ist diese rechtsunwirksam.

3.4 Besonderheiten bei der fristlosen Kündigung

Gem. § 626 Abs. 2 BGB muss die außerordentliche Kündigung innerhalb von zwei Wochen ab Kenntnis des Kündigungsberechtigten erklärt werden. Dies wird bei Schwerbehinderten meist nicht möglich sein, weil das Verfahren vor dem Integrationsamt nicht abgeschlossen ist. Daher muss der Antrag auf Zustimmung zu einer außerordentlichen Kündigung innerhalb von zwei Wochen ab dem Zeitpunkt gestellt werden, an dem der Arbeitgeber Kenntnis von den Kündigungsgründen erlangt (BAG v. 27.2.2020, Az. 2 AZR 390/19).

Beispiel:

Ein schwerbehinderter Arbeitnehmer begeht am 28.3. einen Diebstahl, den ein Kollege beobachtet. Er teilt dies am 1.4. dem Personalleiter mit. Der Antrag auf Zustimmung muss bis zum 14.4. bei dem Integrationsamt eingehen.

Wenn die Behörde zugestimmt hat, beginnt nicht etwa erneut eine Zweiwochenfrist zu laufen, sondern die Kündigung muss unverzüglich ausgesprochen werden (BAG v. 19.4.2012, Az. 2 AZR 118/11). Diese Grundsätze gelten auch für außerordentliche Kündigungen mit einer sozialen Auslauffrist bei Arbeitnehmern, die durch Tarifvertrag ordentlich nicht mehr kündbar sind. Ein verspäteter Antrag wird als unzulässig zurückgewiesen, sodass keine wirksame Kündigung ausgesprochen werden kann. Das Integrationsamt muss innerhalb von zwei Wochen über den Antrag entscheiden.

WICHTIG!

Trifft das Integrationsamt seine Entscheidung nicht innerhalb der gesetzlichen Frist, gilt die Zustimmung als erteilt (§ 91 SGB IX).

Das Schweigen der Behörde wird dann genauso behandelt, als hätte sie dem Antrag ausdrücklich stattgegeben. Es kommt aber nicht auf den Zugang des Bescheids beim Arbeitgeber an, sondern nur darauf, ob eine Entscheidung innerhalb der Frist überhaupt ergangen ist. Der Arbeitgeber sollte sich daher unbedingt am letzten Tag der Frist telefonisch bei dem Integrationsamt erkundigen, ob dieses eine Entscheidung getroffen hat. Ist dies nicht der Fall oder wurde dem Antrag zugestimmt, muss der Arbeitgeber dann unverzüglich die Kündigung aussprechen (BAG v. 19.4.2012, Az. 2 AZR 118/11). Das Integrationsamt ist aber nur verpflichtet, fernmündlich mitzuteilen, ob überhaupt eine Entscheidung getroffen wurde. Es muss nicht den Inhalt wiedergeben. Teilt das Integrationsamt lediglich mit, dass es innerhalb der Frist eine Entscheidung getroffen habe, darf der Arbeitgeber die Zustellung des entsprechenden Bescheids eine gewisse Zeit abwarten. Diese darf jedoch, wie das BAG es formuliert, nicht „gänzlich ungewöhnlich lang“ sein (BAG v. 19.4.2012, Az. 2 AZR 118/11). Liegt die Zustimmung des Integrationsamtes im Einzelfall schon vor Ablauf der Zweiwochenfrist vor, so kann der Arbeitgeber diese voll ausschöpfen, muss also nicht unverzüglich kündigen. Dies dürfte jedoch kaum vorkommen. Nach einer Zeitspanne von mehr als einer Woche ist ohne Vorliegen besonderer Umstände grundsätzlich keine Unverzüglichkeit mehr gegeben (BAG v. 27.2.2020, Az. 2 AZR 390/19).

Das Integrationsamt „soll“ seine Zustimmung zur außerordentlichen Kündigung erteilen, wenn die Kündigungsgründe nicht im Zusammenhang mit der Schwerbehinderung stehen. Es prüft also nicht, ob die Kündigungsgründe ausreichend sind, sondern nur, ob das Verhalten des Arbeitnehmers sich aus seiner Schwerbehinderung heraus ergeben hat. Dabei ist von den Gründen auszugehen, mit denen der Arbeitgeber die Kündigung begründet hat (Oberverwaltungsgericht Nordrhein-Westfalen v. 28.1.2013, Az. 12 A 1635/10). Wenn die Kündigungsgründe jedoch offenkundig unzureichend sind, kann die Behörde den Antrag zurückweisen.

Der Arbeitgeber kann die außerordentliche Kündigung bereits dann erklären, wenn das Integrationsamt die zustimmende Entscheidung getroffen und den Arbeitgeber mündlich oder fernmündlich davon in Kenntnis gesetzt hat. Der schriftliche Bescheid muss noch nicht vorliegen. Wird die Zustimmung erst durch den Widerspruchsausschuss erteilt, muss die außerordentliche Kündigung unverzüglich ausgesprochen werden, nachdem der Arbeitgeber sichere Kenntnis von der Entscheidung bekommen hat. Hierfür reicht die mündliche Bekanntgabe aus, dass dem Widerspruch stattgegeben wird. Nach einer Zeitspanne von mehr als einer Woche ist ohne das Vorliegen besonderer Umstände grundsätzlich keine Unverzüglichkeit mehr gegeben (BAG v. 27.2.2020, Az. 2 AZR 390/19).

4. Anhörung von Betriebsrat und Vertrauensperson

Auch vor der Kündigung von schwerbehinderten Arbeitnehmern muss der Betriebsrat angehört werden. Die Anhörung kann vor dem Antrag bei dem Integrationsamt erfolgen, aber auch erst während der Dauer des Verfahrens oder dann, wenn die Zustimmung erteilt worden ist (BAG v. 11.6.2020 – 2 AZR 442/19). Wurde der Betriebsrat vor Stellung des Antrags bei dem Integrationsamt angehört, ist auch dann keine erneute Anhörung erforderlich, wenn die Zustimmung erst nach einem jahrelangen verwaltungsgerichtlichen Verfahren erteilt wurde. Eine Ausnahme gilt nur dann, wenn sich der Sachverhalt in der Zwischenzeit verändert hat. Ist jedoch eine Kündigung, zu der der Betriebsrat angehört worden ist, wegen der fehlenden Zustimmung des Integrationsamtes unwirksam, muss der Arbeitgeber ihn erneut anhören, wenn er eine neue Kündigung aussprechen will, zu der dann die Zustimmung vorliegt.

Beispiel:

Der Arbeitgeber hat nach Anhörung des Betriebsrats eine Kündigung ausgesprochen. Danach erfährt er, dass der Arbeitnehmer schon vorher einen Antrag auf einen Schwerbehindertenausweis gestellt hatte, dem später auch stattgegeben wurde. Die Kündigung ist unwirksam, denn die Anerkennung wirkt auf den Zeitpunkt der Antragstellung zurück. Wenn der Arbeitgeber jetzt die Zustimmung des Integrationsamtes zu einer neuen Kündigung einholt, muss er den Betriebsrat selbst dann anhören, wenn sich an den Kündigungsgründen nichts geändert hat.

Hat der Arbeitgeber den Betriebsrat zu einer fristlosen Kündigung noch nicht angehört, muss er das Anhörungsverfahren unverzüglich nach Erteilung der Zustimmung einleiten.

WICHTIG!

Eine ohne Beteiligung der Schwerbehindertenvertretung ausgesprochene Kündigung ist unwirksam (§ 178 Abs. 2 Satz 3 SGB IX). Wird einem schwerbehinderten Arbeitnehmer in einem Betrieb ohne Schwerbehindertenvertretung gekündigt, so muss zur Vermeidung der Unwirksamkeit der Kündigung damit zuvor die zuständige Gesamtschwerbehindertenvertretung angehört werden (LAG Düsseldorf v. 10.12.2020, Az. 5 Sa 231/20). Der erforderliche Inhalt der Anhörung und die Dauer der Frist für eine Stellungnahme der Schwerbehindertenvertretung richten sich nach den gem. § 102 BetrVG für die Anhörung des Betriebsrats geltenden Grundsätzen (BAG v. 13.12.2018, Az. 2 AZR 378/18). Der Schwerbehindertenvertretung sollte ein Schreiben mit demselben Inhalt zugeleitet werden wie dem Betriebsrat, verbunden mit der Aufforderung, binnen drei bzw. sieben Tagen Stellung zu nehmen. Letzteres ist wichtig, denn für eine Anhörung der Schwerbehindertenvertretung zur Kündigung eines schwerbehinderten Arbeitnehmers genügt es regelmäßig nicht, der Schwerbehindertenvertretung lediglich das an den Personalrat bzw. Betriebsrat gerichtete Anhörungsschreiben zur Kenntnisnahme zuzuleiten (LAG Mecklenburg-Vorpommern v. 7.3.2023, Az. 5 Sa 127/22). Der Schwerbehindertenvertretung muss also deutlich gemacht werden, dass eine Stellungnahme zur beabsichtigten Kündigung erwartet wird. Der Zustimmungsantrag an das Integrationsamt sollte erst nach der Beteiligung der Schwerbehindertenvertretung gestellt werden, denn ansonsten kann der Antrag zurückgewiesen werden. Es wird auch empfohlen, die Beteiligung der Schwerbehindertenvertretung vor der Betriebsratsanhörung durchzuführen. Letztlich muss hier die Entwicklung der Rechtsprechung abgewartet werden.

Die Schwerbehindertenvertretung ist über die endgültige Entscheidung des Arbeitgebers zu unterrichten. Die Kündigung ist nicht allein deshalb unwirksam, weil der Arbeitgeber die Schwerbehindertenvertretung entgegen § 178 Abs. 2 Satz 1 SGB IX nicht unverzüglich über seine Kündigungsabsicht unterrichtet oder ihr das Festhalten an seinem Kündigungsentschluss nicht unverzüglich mitgeteilt hat (BAG v. 13.12.2018, Az. 2 AZR 378/18).

Auch wenn die Kündigung nicht der Zustimmung des Integrationsamtes bedarf, ist die Schwerbehindertenvertretung zu beteiligen. Der Beteiligung bedarf es jedoch nicht, wenn der Arbeitgeber zum Zeitpunkt des Zugangs der Kündigung die Schwerbehinderteneigenschaft nicht kannte, diese nicht offensichtlich war und der Arbeitnehmer ihm diese auch nicht bis spätestens drei Wochen nach der Kündigung mitgeteilt hat. Dies gilt auch, wenn der Arbeitgeber nach einem mindestens sechsmonatigen Bestand des Arbeitsverhältnisses gefragt hatte, ob der Arbeitnehmer schwerbehindert sei und dieser das wahrheitswidrig verneint hatte. Eine Beteiligung ist auch dann nicht nötig, wenn bei der Kündigung noch kein Anerkennungs- bzw. Gleichstellungsbescheid vorgelegen hat, es sei denn, die Schwerbehinderung ist offensichtlich oder der Arbeitnehmer hat mindestens drei Wochen vor Zugang der Kündigung einen Antrag auf Anerkennung gestellt, dem später mit Rückwirkung entsprochen wird.

5. Kündigungsfrist

Die Kündigungsfrist beträgt bei der Kündigung eines schwerbehinderten Menschen, dessen Arbeitsverhältnis wenigstens sechs Monate bestanden hat, mindestens vier Wochen (§ 169 SGB IX), und zwar auch dann, wenn die Frist z. B. nach dem Tarifvertrag kürzer wäre. Innerhalb der ersten sechs Monate des Arbeitsverhältnisses gilt die gesetzliche bzw. tarifliche Kündigungsfrist.

6. Kündigungsschutzverfahren

In dem Verfahren vor dem Integrationsamt wird nur geklärt, ob der Kündigung die besonderen Schutzvorschriften des SGB IX entgegenstehen. Die Frage, ob die Kündigung auch nach dem Kündigungsschutzgesetz Bestand hat, ist hiervon strikt zu trennen. Hierüber entscheidet das Arbeitsgericht in einem Kündigungsschutzverfahren. Dieses ist innerhalb einer Frist von drei Wochen ab Zugang der Kündigung einzuleiten. Kündigt der Arbeitgeber trotz Kenntnis von der Schwerbehinderteneigenschaft ohne Zustimmung, gilt die Dreiwochenfrist nicht.

Beispiel:

Das Integrationsamt erteilt die Zustimmung zur ordentlichen betriebsbedingten Kündigung. Der Arbeitnehmer greift diese Entscheidung nicht an, sondern wehrt sich gegen die ausgesprochene Kündigung vor dem Arbeitsgericht. Dieses muss nur davon ausgehen, dass die Kündigung nicht nach den Bestimmungen des SGB IX unwirksam ist. Ob tatsächlich betriebsbedingte Kündigungsgründe bestanden oder der Betriebsrat ordnungsgemäß angehört worden ist, prüft das Arbeitsgericht aber genau wie in anderen Kündigungsschutzverfahren.

Die anzuerkennenden Kündigungsgründe richten sich grundsätzlich zunächst wie bei sonstigen Kündigungen auch nach § 1 KSchG.

WICHTIG!

Bei einem schwerbehinderten Arbeitnehmer scheitert das Nachschieben von Kündigungsgründen im Kündigungsschutzprozess an der insoweit regelmäßig fehlenden vorherigen Mitteilung dieser Kündigungsgründe an das Integrationsamt. Diese ist anders als die Betriebsratsanhörung nicht nachholbar (LAG Köln v. 15.7.2020, Az. 3 Sa 736/19). Daher muss der Arbeitgeber unbedingt die vollständigen Kündigungsgründe bereits im Verfahren vor dem Integrationsamt vortragen.

In bestimmten Fällen, insbesondere bei krankheitsbedingten Kündigungen, ist jedoch eine besondere Schutzpflicht des Arbeitgebers zu beachten (leidensgerechte Umgestaltung des Arbeitsplatzes bzw. Präventionsmassnahmen). So sind z. B. an die Bemühungen des Arbeitgebers, für den zur Kündigung anstehenden ordentlich unkündbaren Arbeitnehmer eine andere Beschäftigungsmöglichkeit zu finden, erhebliche Anforderungen zu stellen. Der Arbeitgeber muss angemessene Vorkehrungen treffen, um dem Behinderten die Ausübung des Berufs zu ermöglichen (BAG v. 19.12.2013, Az. 6 AZR 190/12). Der Arbeitnehmer darf diese Bemühungen jedoch nicht dadurch zunichte machen, dass er über einen längeren Zeitraum hinweg die verschiedenartigsten Angebote des Arbeitgebers zur Weiterbeschäftigung an einem anderen Arbeitsplatz ablehnt. Allerdings ist die Nichtdurchführung des Präventionsverfahrens nach § 167 Abs. 1 und 2 SGB IX keine formelle Wirksamkeitsvoraussetzung der Kündigung. Hat der Arbeitgeber ein Betriebliches Eingliederungsmanagement (BEM) unterlassen, kann er dem Gericht darlegen, dass ein solches Verfahren, z. B. aus gesundheitlichen Gründen nicht zu einer Beschäftigungsmöglichkeit geführt hätte. Es bedarf eines umfassenden konkreten Sachvortrags des Arbeitgebers zu einem nicht mehr möglichen Einsatz des Arbeitnehmers auf dem bisher innegehabten Arbeitsplatz. Sodann muss dargelegt werden, warum andererseits eine leidensgerechte Anpassung und Veränderung ausgeschlossen ist oder der Arbeitnehmer nicht auf einem (alternativen) anderen Arbeitsplatz bei geänderter Tätigkeit eingesetzt werden kann. Diese erhöhte Darlegungslast entfällt auch nicht, wenn das Integrationsamt der Kündigung zugestimmt hat (BAG v. 25.1.2018, Az. 2 AZR 382/17). Wenn der Arbeitgeber das betriebliche Eingliederungsmanagement an einen externen Dienstleister überträgt und diesem unterlaufen Fehler bei der Durchführung, muss der Arbeitgeber sich diese zurechnen lassen. Es ist Sache des Arbeitgebers, die Initiative zur Durchführung des betrieblichen Eingliederungsmanagements zu ergreifen. Dabei ist es grundsätzlich zulässig, als ersten Schritt ein Informationsgespräch über das betriebliche Eingliederungsmanagement und als zweiten Schritt das – eigentliche – betriebliche Eingliederungsmanagement vorzusehen. Der Arbeitnehmer muss auf die Ziele des bEM hingewiesen werden. Geschieht dies nicht, kann der Arbeitnehmer in der Regel ohne negative Konsequenzen das bEM ablehnen (LAG Baden-Württemberg v. 14.1.2025, Az. 15 Sa 22/24). Bei der Ermessensentscheidung kann zulasten des Arbeitgebers berücksichtigt werden, wenn bei Durchführung des Präventionsverfahrens eine Möglichkeit bestanden hätte, die Kündigung zu vermeiden (OVG Saarland v. 15.7.2021, Az. 2 A 42/21). Das BEM ist ein nicht formalisiertes Verfahren, das den Beteiligten jeden denkbaren Spielraum lässt. So soll erreicht werden, dass keine der vernünftigerweise in Betracht kommenden Möglichkeiten ausgeschlossen wird. Die Einbeziehung von Arbeitgeber, Arbeitnehmer, Betriebsrat und externen Stellen sowie die abstrakte Beschreibung des Ziels sollen ausreichen, um die Vorstellungen der Betroffenen sowie internen und externen Sachverstand in ein faires und sachorientiertes Gespräch einzubringen. Es geht, so das BAG, um die Etablierung eines unverstellten, verlaufs- und ergebnisoffenen Suchprozesses. Also muss man inhaltlich nach einer Lösung suchen, ohne dass bestimmte formale Vorgaben bestehen. Der Arbeitgeber ist aber grundsätzlich verpflichtet, einen Vorschlag, auf den sich die Teilnehmer eines BEM verständigt haben, auch umzusetzen, ehe er eine Kündigung ausspricht. Der Arbeitgeber muss den Betriebsrat hinzuziehen, wenn der Arbeitnehmer nach einem zu erteilenden Hinweis damit einverstanden ist (BAG v. 17.4.2019, 7 AZR 292/17). Der Arbeitgeber muss gemäß § 167 Abs. 2 SGB IX nach einem durchgeführten BEM erneut ein solches durchführen, wenn der Arbeitnehmer nach Abschluss des ersten BEM innerhalb eines Jahres erneut länger als sechs Wochen ununterbrochen oder wiederholt arbeitsunfähig wird. Der Abschluss eines BEM ist dabei der Tag „Null" für einen neuen Referenzzeitraum von einem Jahr. Ein „Mindesthaltbarkeitsdatum" hat ein BEM nach Auffassung des LAG Düsseldorf nicht (LAG Düsseldorf v. 9.1.2020, Az. 12 Sa 554/20). Zu den Einzelheiten des betrieblichen Eingliederungsmanagements wird auf den Beitrag unter diesem Stichwort verwiesen.

Die unternehmerische Entscheidung einen leidensgerechten Arbeitsplatz in Wegfall zu bringen, erweist sich dann als unsachlich bzw. willkürlich, wenn der Arbeitgeber aus § 164 Abs. 4 SGB IX gleich wieder verpflichtet wäre, einen solchen zu schaffen (LAG Berlin-Brandenburg v. 30.3.2010, Az. 7 Sa 58/10). Bei der Sozialauswahl ist zu beachten, dass die Schwerbehinderteneigenschaft eines der vier zu berücksichtigenden Kriterien darstellt.

Der Arbeitgeber ist nicht verpflichtet, vor Ausspruch einer Kündigung des Arbeitsverhältnisses mit einem schwerbehinderten Beschäftigten innerhalb der Wartezeit ein Präventionsverfahren nach § 164 Abs. 1 SGB IX durchzuführen, um diskriminierungsrechtliche Ansprüche zu vermeiden. (BAG v. 21.4.2016, Az. 8 AZR 402/14).

WICHTIG!

Bei einer außerordentlichen Kündigung prüft nur das Integrationsamt, ob die Zweiwochenfrist eingehalten ist. Gem. § 626 Abs. 2 BGB kann die Kündigung ja nur innerhalb von zwei Wochen nach Kenntnis von der Kündigungsgründen ausgesprochen werden. Bei schwerbehinderten Arbeitnehmern tritt an diese Stelle die Pflicht, die Zustimmung beim Integrationsamt innerhalb der Frist zu beantragen (§ 174 Abs. 2 Satz 1 SGB IX). Ob diese gewahrt ist, wird nicht vom Arbeitsgericht geprüft, sondern dies übernimmt nur das Ergebnis des Integrationsamtes. Solange dessen Zustimmung nicht rechtskräftig aufgehoben worden ist, kann die Kündigung ausgesprochen werden (BAG v. 22.7.2021, Az. 2 AZR 193/21). Das Verfahren vor dem Integrationsamt hat also nicht nur die Prüfung zum Inhalt, ob die Kündigung im Zusammenhang mit der Schwerbehinderungserkrankung ausgesprochen wurde, sondern es wird auch die Einhaltung der Frist geprüft. Daher muss dieses Verfahren mit großer Sorgfalt geführt werden, erforderlichenfalls auch vor dem Verwaltungsgericht.

Wenn das Widerspruchsverfahren oder das Verfahren vor dem Verwaltungsgericht noch läuft, während das Kündigungsschutzverfahren schon begonnen hat, kann das Arbeitsgericht den Rechtsstreit aussetzen, bis über die Wirksamkeit der Zustimmung entschieden worden ist. Das geschieht jedoch nur dann, wenn es hierauf ankommt, weil die Kündigung ansonsten für wirksam angesehen wird. Die Aussetzung steht im Ermessen des Arbeitsgerichts, bei dessen Ausübung auch die voraussichtliche Dauer des Verfahrens vor den Gerichten für Verwaltungssachen zu berücksichtigen ist. Diese ist oft erheblich länger als vor den Gerichten für Arbeitssachen. So hat das OVG Nordrhein-Westfalen z. B. erst im Januar 2013 rechtskräftig über die Zustimmung zu einer fristlosen Kündigung vom Juni 2008 entschieden (Beschluss v. 28.1.2013, Az. 12 A 1635/10). Die Gerichte für Arbeitssachen sind daher sehr zurückhaltend mit dem Aussetzen des Kündigungsschutzverfahrens. Es wird regelmäßig als ermessensfehlerhaft angesehen, ein Kündigungsschutzverfahren bis zum rechtskräftigen Abschluss des Widerspruchs- bzw. Klageverfahrens gegen die vom Integrationsamt erteilte Zustimmung zur Kündigung auszusetzen (LAG Schleswig-Holstein v. 17.3.2017, Az. 5 Ta 8/17).

Beispiel:

Das Integrationsamt erteilt die Zustimmung zur Kündigung. Hiergegen legt der Arbeitnehmer Widerspruch ein und erhebt Kündigungsschutzklage. Wenn das Arbeitsgericht zu dem Ergebnis kommt, dass die vom Arbeitgeber vorgetragenen Kündigungsgründe nicht ausreichend sind oder der Betriebsrat nicht ordnungsgemäß angehört worden ist, gibt es der Kündigungsschutzklage statt. Die Zustimmung des Integrationsamtes spielt keine Rolle, denn diese prüft nur, ob der Kündigung spezielle mit der Schwerbehinderung im Zusammenhang stehende Aspekte entgegenstehen.

Selbstständige mit einem Auftraggeber

I. Begriff

1. Versicherungspflichtige Arbeitnehmer
2. Ein Auftraggeber

II. Rentenversicherungspflicht

III. Befreiung von der Rentenversicherungspflicht

1. Jungselbstständige
2. Vollendung des 58. Lebensjahres

I. Begriff

Selbstständige mit nur einem Auftraggeber sind rentenversicherungspflichtig, wenn

- sie keinen versicherungspflichtigen Arbeitnehmer beschäftigen, dessen Arbeitsentgelt mehr als € 603 monatlich beträgt und
- auf Dauer und im Wesentlichen nur für einen Auftraggeber tätig sind.

1. Versicherungspflichtige Arbeitnehmer

Der Selbstständige darf keinen versicherungspflichtigen Arbeitnehmer beschäftigen, dessen Arbeitsentgelt aus diesem Beschäftigungsverhältnis regelmäßig € 603 monatlich übersteigt. Zu den versicherungspflichtigen Arbeitnehmern gehören auch Familienangehörige, Auszubildende und Praktikanten.

WICHTIG!

Die Beschäftigung mehrerer Arbeitnehmer in geringfügigem Umfang, die nur zusammen mehr als € 603 monatlich erhalten, führt zum Wegfall der Versicherungspflicht des Selbstständigen.

Erhält ein Arbeitnehmer weniger als € 603 monatlich und hat aber eine weitere Beschäftigung, sodass er insgesamt wegen der Zusammenrechnung seiner Arbeitsentgelte rentenversicherungspflichtig ist, gilt er nicht als versicherungspflichtiger Arbeitnehmer im Sinne der Regelung.

ACHTUNG!

Geringfügig Beschäftigte (Arbeitsentgelt weniger als € 603 monatlich) gelten in diesem Zusammenhang nicht als versicherungspflichtige Arbeitnehmer.

Beschäftigt eine Personen- oder Kapitalgesellschaft nur einen versicherungspflichtigen Arbeitnehmer, sind die mitarbeitenden Gesellschafter rentenversicherungspflichtig, solange nicht jedem Gesellschafter ein Arbeitsentgeltanteil des beschäftigten Arbeitnehmers von mehr als € 603 monatlich zugeordnet werden kann.

2. Ein Auftraggeber

Der Selbstständige ist auf Dauer und im Wesentlichen nur für einen Auftraggeber tätig, wenn die Tätigkeit im Rahmen eines Dauerauftragsverhältnisses oder eines regelmäßig wiederkehrenden Auftragsverhältnisses zu ein und demselben Auftraggeber erfolgt. Ein Selbstständiger ist im Wesentlichen von einem Auftraggeber abhängig, wenn er mindestens 5/6 seiner gesamten Betriebseinnahmen (nicht Gewinn) aus allen selbstständigen Tätigkeiten allein aus der Tätigkeit für den Auftraggeber bezieht.

ACHTUNG!

Bisher war ein Selbstständiger dann im Wesentlichen von einem Auftraggeber abhängig, wenn er mindestens 5/6 seiner gesamten Einkünfte aus den zu beurteilenden Tätigkeiten allein aus der Tätigkeit für einen Auftraggeber bezogen hat.

Grundsätzlicher Beurteilungszeitraum ist für die Deutsche Rentenversicherung Bund dabei ein Kalenderjahr. Selbstständige Handelsvertreter, die als „Einfirmenvertreter" tätig sind, können unter diese Regelung fallen.

Folgende Indizien sprechen für die Bindung an nur einen Auftraggeber:

- Dauerauftrag,
- vertragliche Verpflichtung zur ausschließlichen Tätigkeit für den Auftraggeber,
- Höhe der Einnahmen aus der Auftragstätigkeit,
- Art der Waren bzw. Dienstleistung dient ausschließlich den Bedürfnissen des Auftraggebers,
- äußeres Auftreten (z. B. Dienstkleidung, Firmenwagen, Firmenlogo).

Bei einer nur vorübergehenden und zeitlich begrenzten Tätigkeit für einen Auftraggeber (insbesondere bei projektbezogenen Tätigkeiten) liegt keine dauerhafte Bindung an einen Auftraggeber vor, wenn die Tätigkeit regelmäßig auf nicht mehr als ein Jahr begrenzt ist. Bei längeren Projektzeiten liegt dann keine Dauerhaftigkeit vor, wenn im Zeitpunkt der Aufnahme des ersten Auftrags die Tätigkeit für mehrere Auftraggeber beabsichtigt ist. Dies ist durch eine vorausschauende Betrachtung zu ermitteln.

II. Rentenversicherungspflicht

Liegen die beiden unter I. genannten Voraussetzungen vor, tritt für den Selbstständigen nur Versicherungspflicht in der gesetzlichen Rentenversicherung ein, nicht jedoch in der Kranken- und Arbeitslosenversicherung. Zuständig für die Feststellung, ob Versicherungspflicht für den Selbstständigen besteht, ist der jeweils kontoführende Rentenversicherungsträger.

Der Selbstständige mit einem Auftraggeber hat die gesetzlichen Rentenversicherungsbeiträge allein zu zahlen, d. h. anders als bei einem abhängigen Beschäftigungsverhältnis ist der Auftraggeber nicht verpflichtet, die Hälfte des Versicherungsbeitrags zu zahlen. Die Höhe des Beitrags bemisst sich nach den beitragspflichtigen Einnahmen (= steuerrechtlicher Gewinn) des Selbstständigen. Es gibt jedoch auch die Möglichkeit, einen einkommensunabhängigen Beitrag (= Regelbeitrag) zu zahlen, der im Jahr 2026 monatlich € 690,57 735,63 beträgt. Liegt das Einkommen unter € 603 monatlich, ist der Mindestbeitrag in Höhe von € 112,16 zu zahlen.

TIPP!

Jungselbstständige können bis zum Ablauf von drei Kalenderjahren nach dem Jahr der Aufnahme der selbstständigen Tätigkeit den halben o. g. Regelbeitrag zahlen.

Die Höhe des Einkommens muss mit dem letzten Steuerbescheid nachgewiesen werden. Wenn für diese Tätigkeit noch kein Einkommensteuerbescheid vorliegt, kann der Nachweis durch eine Bescheinigung des Steuerberaters erbracht werden.

Bestimmte Gruppen von Selbstständigen, wie z. B.

- Lehrer und Erzieher mit keinem versicherungspflichtigen Arbeitnehmer,
- Pflegepersonen in der Kranken-, Wochen-, Säuglings- oder Kinderpflege mit keinem versicherungspflichtigen Arbeitnehmer,
- Hebammen und Entbindungspfleger,
- Künstler und Publizisten,
- Handwerker,

sind bereits nach anderen Vorschriften rentenversicherungspflichtig. Sie werden in dieser Tätigkeit nicht von der Versicherungspflicht als Selbstständige mit nur einem Auftraggeber erfasst, auch wenn sie tatsächlich nur einen Auftraggeber haben.

III. Befreiung von der Rentenversicherungspflicht

Selbstständige mit nur einem Auftraggeber können sich unter bestimmten Voraussetzungen befristet oder auf Dauer von der Rentenversicherungspflicht befreien lassen. Der Antrag muss bei der Deutschen Rentenversicherung gestellt werden.

1. Jungselbstständige

Jungselbstständige können sich für einen Zeitraum von drei Jahren nach der erstmaligen Aufnahme der selbstständigen Tätigkeit, die die Voraussetzungen unter I. erfüllt, befreien lassen. Dies gilt auch für die zweite Existenzgründung, d. h. insgesamt kann die Befreiung längstens sechs Jahre in Anspruch genommen werden.

Die Befreiung von der Versicherungspflicht beginnt mit der Aufnahme der selbstständigen Tätigkeit, wenn die Befreiung innerhalb von drei Monaten nach Beginn der Tätigkeit beantragt wird. Ist der Antrag später gestellt worden, beginnt die Befreiung erst mit dem Tag des Antragseingangs bei dem Sozialversicherungsträger.

TIPP!

Die Befreiung muss nicht für den gesamten Zeitraum in Anspruch genommen werden. Es kann u. U. sinnvoller sein, dass der Selbstständige einen kürzeren Zeitraum wählt. Dies gilt insbesondere für Personen, die vor ihrer selbstständigen Tätigkeit eine versicherungspflichtige Beschäftigung ausgeübt haben und daher für einen bestimmten Zeitraum noch einen Berufs- und Erwerbsunfähigkeitsschutz haben können. Daher sollten sich Jungselbstständige im Rahmen des Befreiungsantrags grundsätzlich über ihre Rentenanwartschaften beraten lassen.

2. Vollendung des 58. Lebensjahres

Selbstständige, die das 58. Lebensjahr vollendet haben, können sich befreien lassen, wenn sie nach einer zuvor ausgeübten selbstständigen Tätigkeit erstmals als Selbstständige mit einem Auftraggeber versicherungspflichtig werden. Dies sind z. B. die Fälle, in denen durch Kündigung eines Arbeitnehmers oder Einschränkung der Tätigkeit auf einen Auftraggeber erstmals Versicherungspflicht eintritt.

Die Befreiung beginnt mit Vorliegen der unter I. genannten Kriterien, wenn die Befreiung innerhalb von drei Monaten nach Eintritt der Rentenversicherungspflicht beantragt wird. Ist der Antrag später gestellt worden, beginnt die Befreiung erst mit dem Tag des Antragseingangs bei dem Sozialversicherungsträger. Sie ist unbefristet und endet mit der Aufgabe dieser selbstständigen Tätigkeit.

WICHTIG!

Die genannten Befreiungsmöglichkeiten gelten nur für Selbstständige mit einem Auftraggeber, nicht für die unter II. genannten sonstigen rentenversicherungspflichtigen Selbstständigen, wie Lehrer, Erzieher oder Krankenpflegepersonen.

Sexuelle Belästigung

I. Begriff

Der Begriff der sexuellen Belästigung wird in § 3 Abs. 4 des Allgemeinen Gleichbehandlungsgesetzes (AGG s. → *Gleichbehandlung II.*) legaldefiniert. Hiernach können bereits Handlungen unterhalb der Strafbarkeitsgrenze eine sexuelle Belästigung darstellen. Zur sexuellen Belästigung gehören auch sonstige unerwünschte sexuelle Handlungen und Aufforderungen zu diesen, sexuell bestimmte körperliche Berührungen, Bemerkungen sexuellen Inhalts (unmittelbar, telefonisch oder in E-Mails) sowie unerwünschtes Zeigen und sichtbares Anbringen von pornographischen Darstellungen, wenn diese Handlungen bezwecken oder bewirken, dass die Würde der betreffenden Person verletzt wird, insbesondere wenn ein von Einschüchterungen, Anfeindungen, Erniedrigungen, Entwürdigungen oder Beleidigungen gekennzeichnetes Umfeld geschaffen wird (§ 3 Abs. 4 AGG).

Zur sexuellen Belästigung gehören ferner die Handlungen, die nach dem Strafrecht unter Strafe gestellt sind. Insbesondere fallen hierunter Straftaten gegen die sexuelle Selbstbestimmung (z. B. sexueller Missbrauch, sexuelle Nötigung, exhibitionistische Handlungen usw.).

Beispiele:

Hinterherpfeifen, sexuelle Bemerkungen über das Äußere, scheinbar zufälliges Berühren, unerwünschtes Küssen und Umarmen, Aufforderungen zu sexuellen Handlungen oder Aufdrängen sexueller Handlungen, Zeigen pornographischer Darstellungen

Eine sexuelle Motivation ist nicht erforderlich, was z. B. bei einem provokativen Griff in den Genitalbereich eines Kollegen durch einen anderen Kollegen relevant sein kann (BAG v. 29.6.2017, Az. 2 AZR 302/16). Auch kann ein sexualbezogener Übergriff ohne Berührung vorliegen, es reicht ein Entblößen (BAG v. 20.5.2021, 2 AZR 596/20) oder ein sog. sexualbezogenes Beschämen (LAG Düsseldorf v. 19.12.2023, Az. 3 Sa 210/23).

Denkbar ist es auch, dass eine sexuelle Belästigung im Rahmen eines WhatsApp-Chats begangen wird (LAG Rheinland-Pfalz v. 23.3.2018, Az. 1 Sa 507/17; LAG Köln v. 9.12.2020, Az. 11 Sa 218/20). Auch sexuelle Diffamierungen und Herabwürdigungen durch Äußerungen stellen sexuelle Belästigungen dar (LAG Köln v. 6.12.2021, Az. 2 Sa 10/21, n. rkr.).

Es reicht bereits eine einmalige sexuell bestimmte Verhaltensweise (BAG v. 29.6.2017, Az. 2 AZR 302/16).

Die sexuelle Belästigung muss nicht am Arbeitsplatz selbst vorgenommen werden, erforderlich ist aber ein Bezug zum Arbeitsverhältnis (LAG Rheinland-Pfalz v. 11.5.2022, Az. 2 Sa 276/20). Ein solcher Bezug kann z. B. bei einer unerwünschten Zusendung pornografischer Videos über WhatsApp außerhalb der Arbeitszeit auf Basis allein des betrieblichen Kontakts gegeben sein (LAG Mecklenburg-Vorpommern v. 5.3.2020, Az. 5 TaBV 9/19). Eine sexuelle Belästigung kann auch im Rahmen einer dienstlich veranlassten Reise begangen werden (LAG Köln v. 1.4.2021, Az. 8 Sa 798/20; LAG Rheinland-Pfalz v. 12.12.2024, Az. 5 SLa 35/24).

II. Rechte der Belästigten

Die Belästigten haben das Recht, sich beim Arbeitgeber zu beschweren, wenn sie sich am Arbeitsplatz von Vorgesetzten, anderen Beschäftigten oder Dritten sexuell belästigt fühlen. Der Arbeitgeber muss dann die Beschwerde prüfen und geeignete Maßnahmen zur Unterbindung von weiteren sexuellen Belästigungen ergreifen (vgl. hierzu III.).

Ergreift der Arbeitgeber keine oder offensichtlich ungeeignete Maßnahmen, sind die Belästigten berechtigt, ihre Tätigkeit am betreffenden Arbeitsplatz ohne Verlust ihrer Bezüge einzustellen, wenn dies zu ihrem Schutz erforderlich ist.

ACHTUNG!

Der belästigte Beschäftigte hat auch Schadensersatzansprüche gegen den Arbeitgeber, wenn dieser nicht auf die Beschwerde reagiert bzw. ungeeignete Maßnahmen gegen die sexuelle Belästigung ergreift.

Allerdings kann der belästigte Beschäftigte nicht die Durchsetzung einer konkreten, von ihm für richtig gehaltenen Maßnahme, gegen den Belästiger verlangen.

III. Maßnahmen bei sexueller Belästigung

Arbeitgeber müssen ihre Beschäftigten vor sexueller Belästigung am Arbeitsplatz schützen (s. § 12 AGG). Dies gilt auch in Bezug auf im Betrieb eingesetzte Leiharbeitnehmer (BAG v. 29.6.2017, Az. 2 AZR 302/16).

1. Einzelne Maßnahmen

Kommt es zu einem Vorwurf der sexuellen Belästigung, muss der Arbeitgeber zunächst unverzüglich den Sachverhalt aufklären, dies ggf. auch im Hinblick auf die Einhaltung der Zwei-Wochen-Frist des § 626 Abs. 2 BGB (vgl. BAG v. 27.6.2019, Az. 2 ABR 2/19). Dabei sollten vom Arbeitgeber Zeugenaussagen protokolliert werden. Der beschuldigte Arbeitnehmer sollte im Hinblick auf einen etwaigen Ausspruch auch einer Verdachtskündigung vom Arbeitgeber in jedem Fall vor dem Ausspruch einer Kündigung im Rahmen einer Verdachtsanhörung mit den Vorwürfen konfrontiert werden. Ferner sollte ihm die Möglichkeit gegeben werden, den Sachverhalt aus seiner Sicht zu schildern. Nach Aufklärung des Sachverhalts müssen unverzüglich die notwendigen Maßnahmen ergriffen werden, wobei sich diese am Verhältnismäßigkeitsgrundsatz messen lassen müssen. Die Maßnahme muss also im konkreten Fall geeignet, erforderlich und angemessen sein.

Einzelne Maßnahmen, die dem Arbeitgeber im Falle der sexuellen Belästigung zur Verfügung stehen, sind in diesem Zusammenhang beispielsweise Ermahnung, → *Abmahnung*, eine Versetzung des Opfers oder des Täters (vgl. BAG v. 9.6.2011, Az. 2 AZR 323/10) oder der Entzug von Führungs- und Leitungsaufgaben (vgl. LAG Rheinland-Pfalz v. 11.4.2019, Az. 5 Sa 339/18). Im Wiederholungsfall oder bei schwerwiegenden Verstößen kann gegebenenfalls auch eine → *Kündigung* ausgesprochen werden.

Die Frage, welche Maßnahmen im Einzelfall zu ergreifen sind, hängt beispielsweise davon ab, wie stark der Eingriff in das Persönlichkeitsrecht des Opfers ist, wie stark das Opfer durch das Verhalten des Täters belastet ist, ob es sich um einen Wiederholungsfall handelt u. Ä.

2. (Außerordentlicher) Kündigungsgrund

Zwar ist eine sexuelle Belästigung i. S. v. § 3 Abs. 4 AGG grds. ein „an sich" geeigneter wichtiger Kündigungsgrund im Sinne des § 626 Abs. 1 BGB (1. Stufe), eine gewichtige Rolle spielt aber auf der 2. Stufe der Prüfung die Interessenabwägung (BAG v. 9.6.2011, Az. 2 AZR 323/10). Nicht jede sexuell belästigende Handlung rechtfertigt also eine (außerordentliche) Kündigung. Letztlich geht es um eine Einzelfallentscheidung (vgl. LAG Hamm v. 23.2.2022, Az. 10 Sa 492/21).

Ein Umarmen mit gleichzeitiger Berührung des Gesäßes und das wiederholte Streicheln über den gesamten Rücken bis hinab zum Hosenbund aus der Position des Nebeneinandersitzens heraus können nach dem BAG unerwünschte, sexuell bestimmte Verhaltensweisen darstellen und grds. eine Kündigung rechtfertigen (vgl. BAG v. 2.3.2017, Az. 2 AZR 698/15). Z. B. das Umlegen eines Arms um die Schultern einer Kollegin wird aber dagegen in der Regel nur eine Abmahnung rechtfertigen. Es kommt alleine darauf an, ob die Unerwünschtheit der Verhaltensweise objektiv erkennbar war und nicht, dass die betroffene Person ihre ablehnende Einstellung zu den fraglichen Verhaltensweisen aktiv verdeutlicht hat (BAG v. 9.6.2011, Az. 2 AZR 323/10). In einer Entscheidung vom 9.6.2011 (Az. 2 AZR 323/10) hat das BAG eine außerordentliche Kündigung als wirksam beurteilt, bei der ein bereits einschlägig abgemahnter Mitarbeiter gegenüber einer Kollegin vier Bemerkungen mit eindeutig sexuellem Inhalt gemacht hatte. Ausreichend für eine Kündigung kann nach Ansicht des BAG (BAG v. 19.4.2012, Az. 2 AZR 258/11) ferner auch sog. „Stalking", also das beharrliche Nachstellen, sein.

Das BAG hebt außerdem hervor, dass dann, wenn die Vertragspflichtverletzung auf steuerbarem Verhalten des Arbeitnehmers beruht, grundsätzlich davon auszugehen ist, dass sein künftiges Verhalten schon durch die Androhung von Folgen für den Bestand des Arbeitsverhältnisses positiv beeinflusst werden kann. Einer Abmahnung bedürfe es nur dann nicht, wenn erkennbar sei, dass eine Verhaltensänderung in Zukunft auch nach Abmahnung nicht zu erwarten stehe, oder es sich um eine so schwere Pflichtverletzung handele, dass selbst deren erstmalige Hinnahme dem Arbeitgeber nach objektiven Maßstäben unzumutbar und damit offensichtlich – auch für den Arbeitnehmer erkennbar – ausgeschlossen sei (BAG v. 20.11.2014, Az. 2 AZR 651/13). So hat das BAG beispielsweise die fristlose Kündigung eines Arbeitnehmers, der zu einer Kollegin gesagt hatte, sie habe „einen schönen Busen" und sie dann am selbigen berührt hatte, für unwirksam erachtet (BAG v. 20.11.2014, Az. 2 AZR 651/13). Zwar wurde in diesem Fall das Vorliegen einer sexuellen Belästigung bejaht. Allerdings sah das BAG keine Anhaltspunkte für eine Wiederholungsgefahr aufgrund der vom Kläger im Nachgang gezeigten Reue, die es durch ein Entschuldigungsschreiben sowie die Zahlung eines Schmerzensgeldes als belegt ansah. Eine Abmahnung hätte in diesem Fall nach dem BAG ausgereicht. Gegenstand einer Kündigung können auch mehrere sexuelle Belästigungen sein (vgl. LAG Niedersachsen v. 29.4.2025, Az. 11 SLa 472/24).

In Einzelfällen kann auch eine fristlose Kündigung ohne vorherige Abmahnung gerechtfertigt sein. Eine solche kann aufgrund der Schwere der Pflichtverletzung entbehrlich sein, was in der Rechtsprechung z. B. bei einem Griff in den Schritt einer Kollegin (LAG Köln v. 19.6.2020, Az. 4 Sa 644/19), einer Zusendung pornografischer Videos über WhatsApp (LAG Mecklenburg-Vorpommern v. 5.3.2020, Az. 5 TaBV 9/19) oder einer monatelangen sexuellen Belästigung einer Mitarbeiterin durch ihren Vorgesetzten (LAG Köln v. 2.3.2018, Az. 6 Sa 952/17) angenommen wurde. Das Ausnutzen einer starken Position kann die Pflichtverletzung noch weiter verstärken und ggf. eine Abmahnung entbehrlich machen (vgl. zu sexuellen Belästigungen einer bzw. mehrerer Praktikantinnen LAG Niedersachsen v. 20.6.2022, Az. 12 Sa 434/21; vgl. LAG Köln v. 9.12.2020, Az. 11 Sa 218/20 und LAG Köln v. 1.4.2021, Az. 8 Sa 798/20; in einem anderen Fall aber enger u. a. mit Hinweis auf eine lange bislang beanstandungsfreie Betriebszugehörigkeit LAG Rheinland-Pfalz v. 25.2.2021, Az. 2 Sa 207/20). Auch wenn eine Verhaltensänderung in Zukunft nicht zu erwarten ist, kann eine Entbehrlichkeit zu bejahen sein. Dies ist z. B. denkbar, wenn der Täter sein Verhalten fortsetzt, trotz dem die Unerwünschtheit zum Ausdruck gebracht wurde (vgl. BAG v. 2.3.2017, Az. 2 AZR 698/15 zum Streicheln über den Rücken).

3. Falsche Verdächtigungen

Stellt sich hingegen heraus, dass der Vorwurf sexueller Belästigung bewusst wahrheitswidrig erhoben wurde, sind arbeitsrechtliche Sanktionen gegenüber demjenigen zu ergreifen, der diese wahrheitswidrigen Vorwürfe erhoben hat. Auch hier besteht die ganze Bandbreite möglicher Sanktionen von einer Ermahnung über eine → *Abmahnung* bis hin zu einer – ggf. fristlosen – → *Kündigung* je nach Umständen des Einzelfalls.

Streik

I. Begriff, Abgrenzung

Der Begriff Streik, auch Arbeitsniederlegung genannt, bezeichnet die gemeinsame planmäßig durchgeführte Einstellung der Arbeit durch eine Vielzahl von Arbeitnehmern. Die Arbeitsniederlegung erfolgt zeitlich befristet; Ziel ist der Abschluss eines → *Tarifvertrags*.

Abzugrenzen ist der Streik von der sog. „Ausübung des Zurückbehaltungsrechts". Zahlt der Arbeitgeber seinen Arbeitnehmern keinen Lohn mehr, können diese – und zwar auch alle gemeinsam – die Fortsetzung der Arbeit so lange verweigern, bis er die offenen Lohnforderungen erfüllt. Dabei handelt es sich aber nicht um einen Streik.

Das Streikrecht ist in Deutschland indirekt durch Art. 9 Abs. 3 GG und die Länderverfassungen geschützt. Eine sonstige gesetzliche Regelung fehlt, dafür gibt es eine Fülle von Urteilen des Bundesverfassungsgerichts und des BAG dazu. Sowohl der Deutsche Gewerkschaftsbund (DGB) als auch der Bundesverband der Deutschen Arbeitgeber (BDA) haben Arbeitskampfrichtlinien erarbeitet, die sich mit konkreten Arbeitskampfmaßnahmen befassen. Ein Streikrecht für Beamte besteht auch nach der Rechtsprechung des Bundesverwaltungsgerichtes nicht (BVerwG v. 26.2.2015, Az. 2 B 6/15 und BVerwG v. 27.2.2014, Az. 2 C 1/13). Es verstößt nicht gegen Art. 11 der Europäischen Menschenrechtskonvention (EGMR v. 14.12.2023, Az. 59433/18).

Ein Streik kann nicht verhindert werden, solange sich die Gewerkschaft an die vom BAG entwickelten Grundsätze hält. Es gibt insbesondere keine Möglichkeit, den Abschluss von Tarifverträgen mittels einer so genannten Zwangsschlichtung zu erzwingen. Es können Schlichtungsabkommen geschlossen werden; scheitern die Verhandlungen, kann es zum Streik kommen.

Problematisch wird die Situation, wenn mehrere Gewerkschaften zuständig sind. Seit das Bundesarbeitsgericht den Grundsatz der Tarifeinheit („ein Betrieb, ein Tarifvertrag") aufgegeben hat, kann sich der Arbeitgeber unterschiedlichen Forderungen konkurrierender Gewerkschaften ausgesetzt sehen. Die Rechtsprechung lässt die Streiks weitgehend zu, selbst wenn zwei im DGB organisierte Gewerkschaften nach ihrer Satzung für denselben Betrieb zuständig sind. Dies soll jedenfalls so lange gelten, wie eine (Schieds-)Entscheidung nach § 16 der DGB-Satzung nicht erfolgt ist (LAG Hamburg v. 21.5.2014, Az. 5 SaGa 1/14). Der Gesetzgeber versucht, mit dem am 10.7.2015 in Kraft getretenen Tarifeinheitsgesetz gegenzusteuern, das den Grundsatz der Tarifeinheit gesetzlich verankert. Es soll sich der Tarifvertrag der Gewerkschaft durchsetzen, die im Betrieb die meisten Mitglieder hat. Die Einzelheiten sind sehr kompliziert und dürften in der Praxis zu erheblichen Problemen führen. Das Bundesverfassungsgericht hat dieses Gesetz im Wesentlichen als verfassungskonform bewertet (BVerfG v. 11.7.2017, Az. 1 BvR 1571/15). Es wurde nur insoweit als verfassungswidrig angesehen, als es keine Schutzvorkehrungen gegen eine einseitige Vernachlässigung der Angehörigen einzelner Berufsgruppen oder Branchen durch die jeweilige Mehrheitsgewerkschaft vorsehen. Es sei nicht auszuschließen, dass der im Betrieb anwendbare Mehrheitstarifvertrag auch im Fall der Nachzeichnung die Arbeitsbedingungen und Interessen der Angehörigen einzelner Berufsgruppen oder Branchen, deren Tarifvertrag verdrängt wird, mangels wirksamer Vertretung dieser Gruppe in der Mehrheitsgewerkschaft in unzumutbarer Weise übergeht. Der Gesetzgeber hat eine diesbezügliche Nachbesserung vorgenommen. Das Streikrecht auch die Minderheitengewerkschaft wird nach dem Diktum des Bundesverfassungsgerichts durch das Tarifeinheitsgesetz nicht angetastet.

Der Europäische Gerichtshof für Menschenrechte hat entschieden, dass ein Streikverbot für Spartengewerkschaften das Recht aus Art. 11 MRK verletzen kann (Entscheidung v. 27.11.2014, Az. 36701/09).

Die Rechtsprechung zum Streikrecht ist sehr dynamisch.

II. Zulässigkeit

Das Grundgesetz schützt nur den rechtmäßigen Streik. Gegen einen illegalen Streik kann der betroffene Arbeitgeber vorgehen.

1. Unzulässige Streikformen

- **Politischer Streik:**

  Nicht jeder von einer Gewerkschaft ausgerufene Streik ist rechtmäßig. Die Gewerkschaft muss mit dem Arbeitskampf auch das Ziel verfolgen, die Arbeitgeberseite zum Abschluss eines Tarifvertrags zu zwingen. Ist das verfolgte Ziel gar nicht durch einen Tarifvertrag regelbar, liegt ein unzulässiger Demonstrationsstreik vor.

- **Wilder Streik:**

  Ein rechtmäßiger Streik muss von der Gewerkschaft geführt werden. Wenn Arbeitnehmer ohne einen Gewerkschaftsbeschluss einfach die Arbeit niederlegen (etwa um gegen die geplante Entlassung eines Betriebsratsmitglieds zu protestieren), ist dies unzulässig (s. hierzu aktuell LAG Berlin-Brandenburg v. 25.4.2023, Az. 16 Sa 868/22, fristlose Kündigung nach wildem Streik wirksam). Damit eine Organisation als Gewerkschaft anzuerkennen ist, muss sie bestimmte Mindestvoraussetzungen erfüllen. Insbesondere muss sie über eine Durchsetzungskraft verfügen, die erwarten lässt, dass sie als Tarifpartner vom sozialen Gegenspieler wahr- und ernstgenommen wird. Der Deutsche Handlungsgehilfen Verband e. V., nunmehr „DHV – Die Berufsgewerkschaft" genannt, ist nicht tariffähig (BAG v. 23.6.2021, Az. 1 ABR 28/20), ebenso wenig die Neue Assekuranz Gewerkschaft (NAG) e. V. (BAG v. 17.11.2015, Az. 1 ABN 39/15). Zuletzt war die sog. Gegnerunabhängigkeit der GdL in Streit. Das Hessische LAG hat es abgelehnt, den Streik der GdL zu verbieten, weil sie wegen eigener wirtschaftlicher Aktivitäten angeblich nicht gegnerunabhängig war (Hessisches LAG v. 9.1.2024, Az. 10 Gla 15/24).

  Vom Streik abzugrenzen ist aber die kollektive Ausübung eines individuellen Zurückbehaltungsrechtes. Wenn der Arbeitgeber z. B. fortwährend trotz Abmahnungen Arbeitssicherheitsvorschriften nicht einhält, kann der einzelne davon betroffene Arbeitnehmer seine Arbeitskraft zurückhalten, also die Arbeit einstellen. Dies gilt auch, wenn der Arbeitgeber über einen erheblichen Zeitraum das Arbeitsentgelt nicht zahlt. Dieses Zurückbehaltungsrecht kann auch von einer Mehrzahl von Arbeitnehmern gleichzeitig ausgeübt werden und kommt dann von der äußeren Erscheinungsform her dem Streik sehr nahe.

- **Streik trotz Friedenspflicht:**

  Während der Laufzeit eines Tarifvertrags gibt es eine relative Friedenspflicht für die Gewerkschaften und Arbeitgeberverbände, die den Vertrag abgeschlossen haben. Gegen einen gleichwohl ausgerufenen Streik kann eine einstweilige Verfügung ergehen (LAG Berlin-Brandenburg v. 11.10.2024, Az. 12 SaGa 886/24). Die Friedenspflicht aus einem Tarifvertrag steht auch einem Arbeitskampf entgegen, der noch während der Laufzeit dieses Tarifvertrages geführt werden soll, auch wenn der zu erkämpfende Tarifvertrag erst nach Laufzeitende in Kraft treten soll (LAG Hamburg v. 15.6.2023, Az. 3 SaGa 1/23). Maßgeblich ist bei mehreren regionalen Tarifverträgen der zuletzt auslaufende. Es gibt auch Schlichtungsabkommen, die nach Ablauf des Tarifvertrags jedwede Arbeitskampfmaßnahmen so lange verbieten, bis das Schlichtungsverfahren durchgeführt worden ist. Ausgenommen hiervon sind lediglich kurzzeitige Warnstreiks. Tritt der Arbeitgeber aus dem Arbeitgeberverband aus, ist er nicht mehr geschützt. Die Gewerkschaft kann ihn bestreiken, um den Abschluss eines Firmentarifvertrags zu erzwingen.

- **Streik gegen unternehmerische Entscheidungen:**

  Ein Arbeitskampf, der um ein tariflich nicht regelbares Ziel geführt wird, ist rechtswidrig. Dies gilt jedenfalls dann, wenn es sich nicht nur um eine bloße Nebenforderung handelt. Die unternehmerische Entscheidung als solche ist kein tariflich regelbares Ziel. Daher kann die Verhinderung ihrer Umsetzung kein tariflich regelbares Ziel sein. Mit dieser Begründung hat das Hessische Landesarbeitsgericht einen Pilotenstreik untersagt, in dem es zwar vordergründig um die Altersversorgung ging, nach Ansicht des Gerichts jedoch die Gründung einer Fluggesellschaft im Ausland verhindert werden sollte (Hess. LAG v. 9.9.2015, Az. 9 SaGa 1082/15). Einen anderen Akzent setzt in diesem Zusammenhang das LAG Berlin-Brandenburg. Es vertritt die Auffassung, die tarifvertragsfreie Unternehmensautonomie gehe nicht so weit, dass die Gewerkschaften darauf beschränkt sind, nur soziale Folgewirkungen unternehmerischer Entscheidungen zu regeln. Das mache deutlich, dass es einen durch einen Arbeitskampf durchsetzbaren Einfluss auf die Arbeitsintensität gibt, der nicht darauf beschränkt ist, eine weitere Arbeitsverdichtung zu verhindern, sondern es auch ermöglicht, Entlastungsregeln zu verlangen (LAG Berlin-Brandenburg v. 25.6.2015, Az. 26 SaGa 1059/15). Nach Auffassung des LAG Baden-Württemberg kann es im Einzelfall ein zulässiges und tariflich regelbares Ziel sein, vom Arbeitgeber eine zeitlich befristete Betriebsfortführung und Beschäftigung der Mitarbeiter über den beabsichtigten Stilllegungszeitpunkt hinaus zu verlangen. Solange die unternehmerische Stilllegungsentscheidung selbst nicht in Frage gestellt wird, ist der tariffreie Kern der unternehmerischen Entscheidungsfreiheit noch nicht berührt (LAG Baden-Württemberg v. 20.2.2019, Az. 4 Sa 40/18). Ein anderer Streik wurde für unzulässig erklärt, weil das Streikziel eine beschäftigungssichernde Maßnahme in Form einer Übernahme der ausscheidenden Arbeitnehmer bei einem anderen Arbeitgeber war (LAG Baden-Württemberg v. 3.8.2016, Az. 4 SaGa 2/16). Es kommt jedoch immer auf den Einzelfall an. So darf z. B. um den Abschluss eines Tarifsozialplanes gestreikt werden, ohne dass unterstellt werden darf, dass tatsächlich andere, unzulässige Streikziele verfolgt würden (LAG Hessen v. 17.7.2018, Az. 16 SaGa 933/18). Die Verfolgung unzulässiger Streikziele muss vielmehr positiv festgestellt werden. Bei der Frage, welche Streikziele die Gewerkschaft im Rahmen eines Arbeitskampfes verfolgt, ist auf den Streikbeschluss abzustellen. Auf andere Umstände, die zeitlich vor dem Streikbeschluss, der durch das satzungsgemäß dafür zuständige Gremium gefasst worden ist, liegen, kann nicht abgestellt werden (Hessisches LAG v. 12.3.2024, Az. 10 Gla 229/24).

- **Unverhältnismäßiger Streik:**

  Auch das Streikrecht unterliegt dem Verhältnismäßigkeitsgrundsatz. Das bedeutet, dass zunächst alle Verhandlungsmöglichkeiten ausgeschöpft werden müssen. Warnstreiks sind jedoch auch während der Verhandlungen zulässig. Der Streik kann jedoch auch wegen der unverhältnismäßig starken Folgen für den Streikgegner und Dritte (Einzelheiten sind hier umstritten) unverhältnismäßig und damit rechtswidrig sein. Für Streiks auf dem Gebiet der Daseinsvorsorge, insbesondere im Bahn- und Luftverkehr gelten keine Sonderregeln. Deshalb ist die Bahn auch bei den GdL-Streiks 2014 mit dem Versuch gescheitert, den Streik mittels einer einstweiligen Verfügung verbieten zu lassen (LAG Hessen v. 7.11.2014, Az. 9 SaGa 1496/14). Der Verhältnismäßigkeitsgrundsatz verbietet jedoch sog. Vernichtungsstreiks, die sich gegen die Existenz des Unternehmens richten. Dies ist nur dann der Fall, wenn sie nach ihrer „objektiven Stoßrichtung“ gegen den betrieblichen Organismus oder die unternehmerische Entscheidungsfreiheit gerichtet sind. Dass aufgrund des Streiks Kunden des Arbeitgebers „abwandern“, hat keine Auswirkungen auf die Rechtmäßigkeit des Arbeitskampfes (Hessisches LAG v. 16.7.2018, Az. 16 SaGa 933/18). Bei Kirchen gelten Sonderregeln: Wenn eine paritätisch besetzte Kommission mit einem neutralen Vorsitzenden existiert, in der die Konflikte geregelt werden, ist ein Streik unzulässig. Das gilt jedoch nur, soweit Gewerkschaften in dieses Verfahren organisatorisch eingebunden sind und das Verhandlungsergebnis für die Dienstgeberseite als Mindestarbeitsbedingung verbindlich ist (BAG v. 20.11.2012, Az. 1 AZR 179/11 und 611/11).

2. Zulässige Streikformen

- **Bummelstreik:**

  Es wird zwar gearbeitet, aber in reduziertem Umfang. Der Vorteil für den Arbeitgeber besteht darin, dass überhaupt Arbeitsleistung erbracht wird. Allerdings lässt sich schwer nachweisen, in welchem Umfang die Arbeit nicht geleistet wird. Darunter kann auch der „Dienst nach Vorschrift“ fallen, bei dem Arbeitsabläufe durch eine sinnwidrige Einhaltung von Vorschriften gestört werden.

- **Generalstreik:**

  Er liegt vor bei vollständiger Arbeitsniederlegung im ganzen Land.

- **Pöbelaktionen:**

  Nach der neueren Rechtsprechung des BAG sind Aktionen gegen Einzelhandelsunternehmen zulässig, bei denen z. B. volle Einkaufswagen stehen gelassen werden oder Personen von der Gewerkschaft aufgefordert werden, massenhaft geringstwertige Artikel zu kaufen, um den Betrieb lahmzulegen. Die hiergegen eingelegte Verfassungsbeschwerde ist nicht zur Entscheidung angenommen worden (BVerfG v. 26.3.2014, Az. 1 BvR 3185/09).

- **Sozialplan:**

  Auch typische Inhalte eines Sozialplans können Ziel eines Streiks sein.

- **Sympathiestreik:**

  Entgegen der früher vorherrschenden Auffassung sind Sympathiestreiks nicht von vornherein unzulässig. Vielmehr ist auch hier der Verhältnismäßigkeitsgrundsatz anzuwenden. Der Sympathiestreik ist nur dann unzulässig, wenn er zur Unterstützung des Hauptarbeitskampfes offensichtlich ungeeignet, nicht erforderlich oder unangemessen ist. Nach der neuesten Rechtsprechung des Europäischen Gerichtshofes für Menschenrechte verstößt ein Verbot des Sympathiestreiks nicht gegen die europäische Menschenrechtskonvention (Europäischer Gerichtshof für Menschenrechte v. 8.4.2014, Az. 31045/10).

- **Schwerpunktstreik:**

  Es wird nicht zum flächendeckenden Streik im gesamten Arbeitskampfgebiet aufgerufen, sondern es werden gezielt die Firmen bestreikt, die Schlüsselfunktionen für die Branche haben, wie z. B. die Zulieferer für die Automobilindustrie.

- **Unterstützungsstreik:**

  Auch ein Unterstützungsstreik kann zulässig sein, wenn er das Gebot der Verhältnismäßigkeit wahrt.

- **Vollstreik:**

  Er umfasst alle Betriebe des Tarifgebiets.

- **Warnstreik:**

  Hierbei handelt es sich um kurzfristige Arbeitsniederlegungen von meist einigen Stunden, um den Forderungen bei laufenden Tarifverhandlungen Nachdruck zu verleihen.

- **Wellenstreik:**

  Es finden in einzelnen Abteilungen und Schichten jeweils zu verschiedenen Zeiten Arbeitsniederlegungen von unterschiedlicher Dauer statt. Diese Arbeitskampfstrategie, bei der ein Betrieb jeweils mit einer kurzen Ankündigungsfrist und jeweils nur an wenigen Tagen bestreikt werden soll, ist auch im Bereich der Daseinsvorsorge grundsätzlich zulässig (Hessisches LAG v. 12.3.2024, Az. 10 Gla 229/24).

III. Unzulässigkeit einzelner Streikmaßnahmen

Auch bei einem an sich rechtmäßigen Streik gibt es Verhaltensweisen, die unzulässig sind, wie z. B.

- **Aufforderung per Intranet:**

  Der Arbeitnehmer darf das dienstliche Intranet nicht zum Streikaufruf nutzen (BAG v. 15.10.2013, Az. 1 ABR 31/12).

- **Betriebsblockaden:**

  Hier werden z. B. die Zufahrten zum Betrieb durch Streikende blockiert, sodass weder Arbeitswillige noch Lieferanten hinein können. Die Streikenden dürfen jedoch nur Überzeugungsarbeit bei ihren Kollegen leisten und sie nicht mit Gewalt an der Arbeit hindern. Eine solche Blockierung der Zufahrt zu einem Betriebsgelände zur Verhinderung der Zufahrt von Lieferanten, Kunden, Besuchern und sonstigen zutrittswilligen Personen ist ein rechtswidriger und nicht im Rahmen des Verhältnismäßigkeitsgrundsatzes gerechtfertigter Eingriff in den von ihr ausgeübten und eingerichteten Gewerbebetrieb und kann mit einer einstweiligen Verfügung untersagt werden (LAG Berlin-Brandenburg v. 15.6.2016, Az. 23 SaGa 968/16).

- **Betriebsbesetzung:**

  Bei dieser Kampfmaßnahme bleiben die Arbeitnehmer im Betrieb und verhindern die Arbeitsleistung ihrer Kollegen aktiv.

  Das Streikrecht umfasst jedoch die Befugnis einer streikführenden Gewerkschaft, die zur Arbeitsniederlegung aufgerufenen Arbeitnehmer unmittelbar vor dem Betreten des Betriebes anzusprechen, um sie für die Teilnahme am Streik zu gewinnen. Eine solche Aktion kann – abhängig von den konkreten örtlichen Gegebenheiten – mangels anderer Mobilisierungsmöglichkeiten auch auf einem vom bestreikten Arbeitgeber vorgehaltenen Firmenparkplatz vor dem Betriebsgebäude zulässig sein (BAG v. 20.11.2018, Az. 1 AZR 189/17, bestätigt durch BVerfG v. 9.7.2020, Az. 1 BvR 719/19).

IV. Was kann der Arbeitgeber bei einem Streik tun?

1. Rechtswidriger Streik

Verlangt ein Arbeitgeber während laufender Tarifvertragsverhandlungen von seinen Arbeitnehmern die Offenlegung ihrer Gewerkschaftszugehörigkeit, handelt es sich um eine gegen die gewerkschaftliche Koalitionsbetätigungsfreiheit gerichtete Maßnahme (BAG v. 18.11.2014, Az. 1 AZR 257/13). Gegen einen rechtswidrigen Streik kann der Arbeitgeber mit einem Antrag auf Erlass einer einstweiligen Verfügung vorgehen und Schadensersatzansprüche geltend machen. Hierbei wird aber in der Regel von der Rechtsprechung verlangt, dass der Streik offensichtlich rechtswidrig ist. Dies ist nicht der Fall, wenn das Streikziel darin besteht, einen gemeinsamen Antrag der Tarifvertragsparteien nach § 5 Abs. 1 TVG auf Allgemeinverbindlichkeitserklärung eines Tarifvertrags zu erreichen (LAG Nürnberg v. 20.7.2023, Az. 3 SaGa 6/23). Interne Mängel bei der Willensbildung der Gewerkschaft sind nicht ausreichend, um den Streik durch einstweilige Verfügung zu untersagen (LAG Hessen v. 6.11.2019, Az. 16 SaGa 1304/19 zum Streikaufruf der Flugbegleitergewerkschaft UFO). Das Landesarbeitsgericht entscheidet im Eilverfahren in letzter Instanz. Das Bundesverfassungsgericht kann erst angerufen werden, wenn zuvor alle Möglichkeiten des einstweiligen Rechtsschutzes bei den Gerichten für Arbeitssachen ausgeschöpft worden sind (BVerfG v. 7.4.2020, Az. 1 BvR 2674/15).

WICHTIG!

Wenn ein Antrag auf Erlass einer einstweiligen Verfügung der Gegenseite erwartet wird, kann eine sog. Schutzschrift hinterlegt werden, in der vorsorglich die eigenen Argumente vorgetragen werden.

Beispiel:

Die Gewerkschaft ruft zum Streik auf, um Bestimmungen eines noch laufenden Tarifvertrags zu verändern. Folge: Der Streik ist wegen der bestehenden Friedenspflicht unzulässig, der Arbeitgeber oder auch sein Verband können eine einstweilige Verfügung auf Unterlassung erwirken. Darüber hinaus kann er gegen die Gewerkschaft Schadensersatzansprüche geltend machen, wenn er durch den Produktionsausfall einen nachweisbaren Schaden erlitten hat (BAG v. 26.7.2016, Az. 1 AZR 160/14). Es findet jedoch grundsätzlich keine gerichtliche Kontrolle des Streikziels statt.

Ob der Streik im Einzelfall unzulässig ist, muss das Gericht in jedem Einzelfall zunächst in einem Eilverfahren entscheiden. Dabei prüft es u. a., ob zulässige Streikziele vorliegen (verneint beim Lokführerstreik der GdL, Hessisches LAG v. 3.9.2021, Az. 16 SaGa 1046/21). Bei der Frage, welche Streikziele die Gewerkschaft im Rahmen eines Arbeitskampfes verfolgt, ist auf den Streikbeschluss abzustellen. Auf andere Umstände, die zeitlich vor dem Streikbeschluss liegen, kann nicht abgestellt werden (Hessisches LAG v. 12.3.2024, Az. 10 GLa 229/24 unter Hinweis auf BVerfG v. 7.4.2020, Az. 1 BvR 2674/15). Weiter ist zu prüfen, ob der Streik verhältnismäßig ist. Beteiligen sich Arbeitnehmer an einem unzulässigen „wilden Streik", kann dies eine außerordentliche Kündigung rechtfertigen (s. hierzu aktuell LAG Berlin-Brandenburg v. 25.4.2023, Az. 16 Sa 868/22).

Auch gegen einzelne unzulässige Streikmaßnahmen kann in dieser Weise vorgegangen werden. Im Einzelfall kann auch die Polizei gerufen werden, wenn etwa Straftaten wie Nötigung oder Hausfriedensbruch begangen werden. Arbeitnehmern, die sich an rechtswidrigen Streiks oder einzelnen Aktionen beteiligen, kann u. U. gekündigt werden, wenn sie erkennen konnten, dass der Streik rechtswidrig ist (→ *Kündigungsschutz*). Es ist aber zu beachten, dass sich auch Arbeitnehmer an einem Streik beteiligen können, die nicht in der Gewerkschaft sind.

WICHTIG!

Einem einzelnen Bahnkunden steht kein Anspruch gegen eine Gewerkschaft gerichtet auf Unterlassung bestimmter Streikmaßnahmen im Bahnverkehr zu (Hess. LAG v. 14.7.2025, Az. 10 Ta 500/25).

2. Rechtmäßiger Streik

Beim rechtmäßigen Streik sind folgende Maßnahmen möglich:

- **Einstellung der Entgeltzahlung:**

  Die Arbeitnehmer, die sich am Streik beteiligen, müssen nicht arbeiten, erhalten aber auch kein Entgelt. Beteiligt sich ein arbeitsunfähig erkrankter Arbeitnehmer nicht an dem Streik so hängt der Entgeltfortzahlungsanspruch nach § 3 EFZG davon ab, ob dem Arbeitgeber die Beschäftigung möglich und zumutbar gewesen wäre. Die Einrichtung eines Notdienstes spricht allein noch nicht für eine solche Beschäftigungsmöglichkeit. Beteiligt sich der Arbeitnehmer nach einer außerordentlichen Kündigung an einem Streik, hat er keinen Anspruch auf Annahmeverzugsentgelt, auch wenn sich die Kündigung später als unwirksam herausstellt (BAG v. 17.7.2012, Az. 1 AZR 563/11). Wenn eine in einer Betriebsvereinbarung geregelte Ausgleichszahlung einen zuvor geleisteten Prämienlohn ersetzt, handelt es sich bei dieser um Arbeitsentgelt für erbrachte Arbeitsleistung, das im Falle einer Streikteilnahme anteilig entfällt (LAG Köln v. 4.2.2025, Az. 8 Sla 27924).

- **Kürzung der → *Anwesenheitsprämie:***

  Für die streikenden Arbeitnehmer müssen vereinbarte Anwesenheitsprämien nicht gezahlt werden.

- **Entscheidung über Betriebsschließung:**

  Bei den Arbeitnehmern, die arbeiten wollen, fällt die Pflicht zur Entgeltzahlung nicht ohne weiteres weg. Der Arbeitgeber kann versuchen, den Betrieb mit den restlichen Arbeitnehmern, u. U. auch aus anderen, nicht bestreikten Betrieben des Unternehmens oder mit leitenden Angestellten aufrechtzuerhalten. Tut er dies, muss er den Arbeitswilligen auch dann die Vergütung zahlen, wenn der Versuch misslingt. Er muss diesen Versuch aber nicht unternehmen; vielmehr kann er auch erklären, dass er sich dem Streikgeschehen beuge und deshalb den Betrieb einstellt. Dann muss er auch an die nicht am Streik beteiligten Arbeitnehmer kein Entgelt zahlen.

  WICHTIG!

  Der Arbeitgeber muss sich aber hier eindeutig entscheiden. Verhält er sich unklar, muss er damit rechnen, dass er allen Arbeitswilligen Entgelt zahlen muss.

- **Notdienstvereinbarung treffen:**

  Die Arbeitnehmer sind trotz des Streiks verpflichtet, Notdienste zu verrichten, die unabweisbar notwendig sind, damit der Betrieb nach dem Streik wieder weitergehen kann (z. B. muss in der Stahlindustrie sichergestellt werden, dass die Hochöfen nicht ausgehen). Diese Notdienstvereinbarungen sind mit der streikführenden Gewerkschaft zu treffen. Häufig macht die Gewerkschaftsseite den Abschluss davon abhängig, dass der Arbeitgeber sich verpflichtet, keine Arbeitswilligen zu beschäftigten. Es können jedoch keine Notdienste angeordnet werden, die etwa dazu führen, dass die Hälfte der Leistungen des Arbeitgebers erbracht werden. Die Gewerkschaften können auch einstweilige Verfügungen gegen die einseitige Notdienstanordnungen beantragen und gegen sonstige Maßnahmen des Arbeitgebers, die rechtswidrig in das Streikrecht eingreifen. Kommt eine Notdienstvereinbarung nicht zustande, ist eine einstweilige Verfügung auf Untersagung des Streiks denkbar (ArbG Berlin v. 20.8.2021, Az. 29 Ga 8464/21 zum Streik in einer Klinik). Der Notdienst kann auch durch das Arbeitsgericht per einstweiliger Verfügung angeordnet werden (LAG Sachsen v. 10.6.2024, Az. 4 Gla 10/24). Das LAG Berlin-Brandenburg hat es aber für ausreichend erachtet, dass der Notdienst in einer Klinik tatsächlich gewährleistet ist und nicht auf eine formelle Notdienstvereinbarung abgestellt (LAG Berlin-Brandenburg v. 20.10.2021, Az. 12 Ta 1310/21).

- **Einstweilige Verfügung auf Einrichtung des Notdienstes:**

  Bei Fehlen einer Vereinbarung der Kampfparteien können im Wege einer einstweiligen Verfügung streikbeschränkende Maßnahmen in Form einer gerichtlich angeordneten Notstandsregelung getroffen werden. Dabei werden in Anwendung des Grundsatzes der Verhältnismäßigkeit die konkurrierenden Grundrechtsgüter zum Ausgleich gebracht (LAG Baden-Württemberg v. 18.7.2023, Az. 4 SaGa 3/23; LAG Schleswig-Holstein v. 26.9.2018, Az. 6 SaGa 7/18). Dies gilt insbesondere, wenn durch Maßnahmen des Arbeitskampfs Gemeinwohlbelange ernsthaft gefährdet werden, was bei einer Beeinträchtigung der Notfallversorgung durch Streik beim Blutspendendienst der Fall ist oder bei der Offenhaltung eines für den Stadtverkehr existenziell wichtigen Tunnels (Elbtunnel Hamburg, LAG Hamburg v. 26.3.2023, Az. 1 Ta 1/2; s. aber s. LAG Sachsen-Anhalt v. 15.2.2024, Az. 2 GLa 2/24, Zurückweisung des Antrags auf Notdienste für einen Tag zur Betreibung zweier Produktionslinien, um die hauseigene Kläranlage mit notwendigem stetigen Zufluss zu versorgen). Der Arbeitgeber ist jedoch nicht befugt, einseitig Arbeitnehmer zu Notdiensten heranzuziehen. Tut er dies dennoch, kann ihm das durch eine einstweilige Verfügung untersagt werden (ArbG Berlin v. 31.7.2017, Az. 19 Ga 8918/17).

- **Streikbruchprämie zahlen:**

  Der Arbeitgeber kann versuchen, streikende Arbeitnehmer zur Wiederaufnahme der Arbeit zu bewegen, indem er ihnen eine besondere Prämie hierfür anbietet. Dies ist grundsätzlich zulässig. Die Streikbruchprämie darf jedoch nicht unverhältnismäßig hoch sein. Dies hat das BAG auch in den Fällen nicht angenommen, in denen sie den Tagesverdienst Streikender um ein Mehrfaches überstieg (BAG v. 14.8.2018, Az. 1 AZR 287/17). Dieses Vorgehen ist aber nicht ohne Risiko, da nach Ende des Streiks regelmäßig sog. Maßregelungsverbote für Streikteilnehmer vereinbart werden. Diese können dazu führen, dass der Arbeitgeber auch an Streikteilnehmer zahlen muss.

- **→ *Aussperrung.***

- **Massenänderungskündigung:**

  Der Arbeitgeber kann auch versuchen, mittels einer massenhaften außerordentlichen → *Änderungskündigung* die Arbeitsbedingungen anzupassen. Dies ist aber eine eher theoretische Möglichkeit. Näher liegt hier die Aussperrung.

Die Aufforderung an die Beschäftigten, ihre Gewerkschaftszugehörigkeit anzugeben, kann unzulässig sein (BAG v. 18.11.2014, Az. 1 AZR 257/13).

ACHTUNG!

Das Arbeitnehmerüberlassungsgesetz enthält eine Regelung des Einsatzes von Leiharbeitnehmern bei Streiks. In § 11 Abs. 5 AÜG heißt es:

„Der Entleiher darf Leiharbeitnehmer nicht tätig werden lassen, wenn sein Betrieb unmittelbar durch einen Arbeitskampf betroffen ist. Satz 1 gilt nicht, wenn der Entleiher sicherstellt, dass Leiharbeitnehmer keine Tätigkeiten übernehmen, die bisher von Arbeitnehmern erledigt wurden, die

1. sich im Arbeitskampf befinden oder

2. ihrerseits Tätigkeiten von Arbeitnehmern, die sich im Arbeitskampf befinden, übernommen haben. Diese Vorschrift ist vom Bundesverfassungsgericht als verfassungsgemäß bestätigt worden (BVerfG v. 19.6.2020, Az. 1 BvR 842/17).

Der Leiharbeitnehmer ist nicht verpflichtet, bei einem Entleiher tätig zu sein, soweit dieser durch einen Arbeitskampf unmittelbar betroffen ist. In den Fällen eines Arbeitskampfes hat der Verleiher den Leiharbeitnehmer auf das Recht, die Arbeitsleistung zu verweigern, hinzuweisen."

Ob den an einem Arbeitskampf beteiligen Gewerkschaften ein Unterlassungsanspruch gegen den entleihenden Arbeitgeber als avisierten Tarifpartner zusteht, ist umstritten. Die wohl überwiegende Literaturauffassung bejaht diesen Anspruch, ebenso das Arbeitsgericht Köln (ArbG Köln v. 13.12.2024, Az. 19 Ga 86/24).

V. Die Rolle des Betriebsrates

Gem. § 74 Abs. 2 Satz 1 BetrVG sind Maßnahmen des Arbeitskampfes zwischen Arbeitgeber und Betriebsrat unzulässig. Dazu gehört auch die Versendung elektronischer Mitteilungen des GBR-Vorsitzenden unter Angabe seiner Funktion, in denen zur Beteiligung an dem Streik und der Verweigerung von Streikbruchtätigkeiten aufgerufen wird. Hiergegen kann der Arbeitgeber mit einem Antrag auf Erlass einer einstweiligen Verfügung vorgehen.

Die einzelnen Betriebsratsmitglieder sind zur Teilnahme am Streik befugt.

Die Beteiligungsrechte des Betriebsrats bleiben auch während des Arbeitskampfes bestehen. Insbesondere besteht auch das Unterrichtungsrecht des § 80 Abs. 2 BetrVG. Ausnahmen gelten nur in den Fällen, in denen ein unmittelbarer Bezug zum Streikgeschehen besteht. Ordnet der Arbeitgeber Mehrarbeit gegenüber allen dienstplanmäßig eingeteilten Arbeitnehmern zur Aufarbeitung streikbedingter Arbeitsrückstände nach Beendigung der Arbeitsniederlegung an, ist das Mitbestimmungsrecht nicht suspendiert. Gleiches gilt, wenn mit der Mehrarbeitsanordnung in einer von Warnstreiks begleiteten Verhandlungsphase der Tarifvertragsparteien dem Streikdruck vorgebeugt werden soll und der Arbeitgeber nicht deutlich macht, dass er die Maßnahme auf arbeitswillige, einem gewerkschaftlichen Streikaufruf nicht Folge leistende Arbeitnehmer beschränkt (BAG v. 20.3.2018, Az. 1 ABR 70/16). Dem Betriebsrat wurde ein Unterlassungsanspruch gem. § 23 Abs. 3 BetrVG bei der Beschäftigung von Leiharbeitnehmern zugesprochen (ArbG Münster v. 12.3.2020, Az. 2 BV 24/19).

Beispiel:

Die Kennzeichnung von Werksausweisen nicht ausgesperrter Arbeitnehmer ist mitbestimmungsfrei, ebenso die Verlängerung oder Verkürzung der Arbeitszeit für arbeitswillige Arbeitnehmer.

VI. Was passiert nach dem Streik?

Nach Ende des Streiks, wenn also eine Einigung über einen → *Tarifvertrag* zustande gekommen ist, leben die wechselseitigen Rechte und Pflichten aus dem Arbeitsverhältnis wieder auf. Die Arbeitnehmer können also Weiterbeschäftigung verlangen, auch ohne eine konkrete Wiedereinstellungsklausel im Tarifvertrag.

In der Regel wird im Tarifvertrag ein sog. Maßregelungsverbot vereinbart, das im Einzelfall unterschiedlich ausgestaltet sein kann.

Meist wird dem Arbeitgeber nicht nur untersagt, für die Arbeitnehmer nachteilige Folgen aus der Teilnahme am Streik zu ziehen. Er wird auch verpflichtet, bereits getroffene Maßnahmen wie etwa eine fristlose Kündigung zurückzunehmen.

Nach einem rechtswidrigen Streik kommen Schadensersatzansprüche der Arbeitgeberseite in Betracht. Diese kann aber regelmäßig nur der direkt vom Streik betroffene Unternehmer geltend machen, nicht hingegen sog. „kampfunbeteiligte Unternehmen" (BAG v. 25.8.2015, Az. 1 AZR 754/13).

VII. Checkliste Streik

I. Rechtmäßigkeit des Streiks

Der Streik ist nur dann rechtmäßig, wenn die folgenden Fragen mit „Ja" beantwortet werden können:

- ❑ Wird der Streik durch eine Gewerkschaft geführt?
- ❑ Ist Ziel des Streiks der Abschluss eines Tarifvertrags?
- ❑ Ist der Streik bzw. sind die einzelnen Streikmaßnahmen mit dem Grundsatz der Verhältnismäßigkeit vereinbar?
- ❑ Besteht keine Friedenspflicht, weil der Tarifvertrag noch läuft oder ein Schlichtungsabkommen besteht (Voraussetzung: Mitgliedschaft im Arbeitgeberverband)?
- ❑ Sind, wenn der Streik an sich rechtmäßig ist, auch die konkreten Maßnahmen vom Streikrecht gedeckt (nicht: Betriebsblockaden, Betriebsbesetzungen)?

II. Gegenmaßnahmen des Arbeitgebers

Bei rechtswidrigem Streik:

- ❑ Einstweilige Verfügung
- ❑ Kündigung
- ❑ bei Straftaten evtl. Polizeieinsatz

Bei rechtmäßigem Streik:

- ❑ Entgeltzahlung für Streikende einstellen
- ❑ Aussperrung
- ❑ Anwesenheitsprämien überprüfen
- ❑ Betriebsschließung prüfen
- ❑ Notdienstvereinbarung anstreben

Tarifvertrag

I. Begriff, Arten

Der Tarifvertrag ist das wichtigste Instrument zur kollektiven Regelung von Arbeitsbedingungen. Es handelt sich dabei um einen schriftlichen Vertrag, in dem Arbeitsbedingungen für eine Vielzahl von Arbeitnehmern vereinbart werden. Auf der einen Seite des Vertrags steht eine Gewerkschaft (oder auch mehrere Gewerkschaften), auf der anderen ein Arbeitgeberverband oder ein einzelner Arbeitgeber.

Nicht jede Gewerkschaft ist allerdings tariffähig. Sie muss eine gewisse Kampfstärke besitzen, um überhaupt Tarifforderungen durchsetzen zu können. Daher sind bisweilen Tarifverträge mit „Mini-Gewerkschaften" unwirksam. So wurde z. B. der „Gewerkschaft Neue Brief- und Zustelldienste" die Anerkennung verweigert, ebenso der „Christlichen Gewerkschaft für Zeitarbeit und Personalserviceagenturen CGZP" (BAG v. 14.12.2010, Az. 1 ABR 19/10) und der im Gesundheitswesen tätigen „medsonet" (BAG v. 11.6.2013, Az. 1 ABR 33/12). Auch der Deutsche Handlungsgehilfen Verband e. V. (DHV, jetzt „DHV – Die Berufsgewerkschaft") ist nicht tariffähig (BAG v. 23.6.2021, Az. 1 ABR 28/20), ebenso wenig die Neue Assekuranz Gewerkschaft (NAG) e. V. (BAG v. 17.11.2015, Az. 1 ABN 39/15). Das Bundesarbeitsgericht hat entschieden, dass die Vereinte Dienstleistungsgewerkschaft (ver.di) tariffähig ist. Sie kann auch Tarifverträge in der Pflegebranche abschließen. Die Tariffähigkeit ist für den beanspruchten Zuständigkeitsbereich einer Vereinigung einheitlich und unteilbar. Eine teilweise, auf bestimmte Branchen, Regionen, Berufskreise oder Personengruppen beschränkte Tariffähigkeit einer Koalition gibt es nicht (BAG v. 13.9.2022, Az. 1 ABR 24/21). Das Hessische LAG hat es abgelehnt, den Streik der GdL zu verbieten, weil sie wegen eigener wirtschaftlicher Aktivitäten angeblich nicht gegnerunabhängig war (Hessisches LAG v. 9.1.2024, Az. 10 Gla 15/24). Der Arbeitgeber ist nicht verpflichtet, einer Gewerkschaft ein digitales Zugangsrecht zum innerbetrieblichen Intranet zu gewähren, damit diese so Mitgliederwerbung betreiben kann (BAG v. 28.1.2025, Az. 1 AZR 33/24).

Das Recht der Tarifpartner, die Arbeitsbedingungen eigenständig zu regeln, wird durch Art. 9 Abs. 3 GG geschützt (Tarifautonomie). Allerdings sind auch die Tarifpartner an höheres Recht gebunden. Sie müssen z. B. den Gleichbehandlungsgrundsatz des Art. 3 GG beachten (BAG v. 16.11.2011, Az. 4 AZR 856/09), ebenso wie europäisches Recht.

Man unterscheidet zwischen dem

- **Flächentarifvertrag,** der für einen ganzen Wirtschaftsbereich gilt, z. B. für die Metall- und Elektroindustrie Nordwürttemberg-Nordbaden, und dem
- **Firmentarifvertrag,** der zwischen der Gewerkschaft und einer einzelnen Firma ausgehandelt wird, die meist nicht im Arbeitgeberverband organisiert ist. Dieser kann auch auf den Flächentarifvertrag dynamisch verweisen. Tritt der Arbeitgeber aus dem Verband aus, bleibt der Haustarifvertrag samt Verweisung wirksam (BAG v. 23.10.2013, Az. 4 AZR 703/11).

Inhaltlich werden Tarifverträge wie folgt unterschieden:

- **Lohn- und Gehaltstarifverträge:**
  Sie enthalten die konkrete Höhe der Vergütung, die für eine bestimmte Lohn- oder Gehaltsgruppe zu zahlen ist. Häufig werden die Vergütungsgruppen in diesem Tarifvertrag auch inhaltlich bestimmt (also z. B. dass Schweißer in die Lohngruppe 4 eingruppiert sind). Diese Festlegungen können aber auch in einem gesonderten Rahmentarifvertrag erfolgen.
- **Manteltarifverträge:**
  Sie regeln die Arbeitsbedingungen außerhalb der Vergütung, wie z. B. die Länge der Kündigungsfristen, befristete Arbeitsverhältnisse, die Arbeitszeit, Ausschlussfristen und die bezahlte Freistellung bei bestimmten Anlässen. Wenn kein gesonderter Urlaubstarifvertrag existiert, können hier auch entsprechende Vereinbarungen getroffen werden; Manteltarifverträge haben in der Regel eine längere Laufzeit als Entgeltverträge.
- **Rahmentarifverträge:**
  Sie regeln die Zuordnung der einzelnen Tätigkeiten zu den Lohngruppen, sofern dies nicht direkt im Lohn- und Gehaltstarifvertrag erfolgt.
- **Urlaubstarifverträge:**
  Sie regeln die Länge des Urlaubs, die Möglichkeiten der Übertragung in das Folgejahr, die rechtliche Behandlung von Arbeitsunfähigkeit während des Urlaubs und alle sonstigen damit im Zusammenhang stehenden Dinge.

Darüber hinaus können auch über sonstige Arbeitsbedingungen Tarifverträge abgeschlossen werden. Häufig sind z. B. Rationalisierungsschutzabkommen, die abgeschlossen werden können, wenn in einer Branche ein grundlegender Wandel der Arbeitsmethoden stattfindet (wie z. B. in der Druckindustrie geschehen bei der Umstellung vom Bleisatz auf die neuen Computertechniken). Durch Tarifvertrag können auch gemeinsame Einrichtungen der Tarifpartner geschaffen werden, die z. B. die betriebliche Altersversorgung sichern oder Lohnausgleichskassen bilden. Einseitige Festlegungen von Arbeitgebern stellen keinen Tarifvertrag dar.

II. Geltung des Tarifvertrags

1. Betriebe

Der Geltungsbereich eines Tarifvertrags wird meist im einleitenden Paragrafen festgelegt. Beim Firmentarifvertrag bereitet dies keine Schwierigkeiten. Beim Flächentarifvertrag wird genau definiert, welche Betriebe erfasst werden. Man unterscheidet nach folgenden Geltungsbereichen:

- **Räumlicher Geltungsbereich,** also das Tarifgebiet (z. B. Berlin und Brandenburg),
- **Fachlicher Geltungsbereich,** z. B. alle Betriebe und/oder Betriebsteile des Groß- und/oder Außenhandels,
- **Persönlicher Geltungsbereich:** Hier kann unterschieden werden zwischen Angestellten und gewerblichen Arbeitnehmern sowie Auszubildenden. Häufig sind auch Klauseln enthalten, die bestimmte höhere Kategorien von Mitarbeitern von der Geltung ausnehmen, also z. B. Prokuristen, Generalbevollmächtigte und leitende Angestellte. Nehmen die Tarifvertragsparteien vom persönlichen Geltungsbereich eines Tarifvertrags Beschäftigte aus, deren geldwerte materielle Arbeitsbedingungen die höchste tarifliche Vergütung regelmäßig überschreiten, genügt dafür jedes – und damit auch ein geringfügiges – Überschreiten (BAG v. 23.10.2024, Az. 5 AZR 82/24).

Wenn für einen Betrieb mehrere Tarifverträge in Betracht kommen (z. B. Baustoffhandel und Einzelhandel), ist eine Zuordnung des Betriebs zur Branche nach seinem überwiegenden Betriebszweck vorzunehmen.

Bei Mischbetrieben, also solchen, die z. B. teilweise Arbeiten ausführen, die zum Bereich des Metalltarifvertrags gehören, und teilweise solche, die zum Chemiebereich gehören, gilt dasselbe. Maßgeblich ist, welche Tätigkeit prägend für den Betrieb ist. Entscheidend ist also die von der Belegschaft überwiegend ausgeübte Tätigkeit. Welcher Betriebsteil den höheren Umsatz erwirtschaftet, spielt keine Rolle.

Beispiel:

In Druckereien werden Schlosser beschäftigt. Auf sie wäre eigentlich aufgrund ihrer Tätigkeit der Metalltarifvertrag anzuwenden. Geprägt wird eine Druckerei jedoch durch die Herstellung von Zeitungen etc. Daher ist hier der Tarifvertrag anzuwenden, der mit der IG Medien abgeschlossen wurde.

WICHTIG!

Das Bundesarbeitsgericht hat den Grundsatz der sog. Tarifeinheit aufgegeben. Wenn nach den o. g. Auslegungskriterien mehrere Tarifverträge auf einen Betrieb anwendbar sind, etwa beim Vorhandensein von Spartengewerkschaften (Pilotenvereinigung Cockpit, Marburger Bund, Lokführergewerkschaften) können diese auch nebeneinander bestehen (Urteil v. 7.7.2010, Az. 4 AZR 549/08). Der Gesetzgeber versucht, mit dem am 10.7.2015 in Kraft getretenen Tarifeinheitsgesetz gegenzusteuern, das den Grundsatz der Tarifeinheit gesetzlich verankert. Es soll sich der Tarifvertrag der Gewerkschaft durchsetzen, die im Betrieb die meisten Mitglieder hat. Die Feststellung der Mehrheitsverhältnisse soll durch einen Notar erfolgen. Diese Grundsätze gelten nur bei Tarifverträgen, die eine identische Zielgruppe betreffen, also bei einer sog. echten Tarifkonkurrenz. Begehrt etwa eine Spartengewerkschaft nur für eine bestimmte Arbeitnehmergruppe einen Tarifvertrag, so kollidiert dies nicht notwendigerweise mit anderen Tarifverträgen. Die Einzelheiten sind sehr kompliziert und dürften in der Praxis zu erheblichen Problemen führen.

Das Bundesverfassungsgericht hat die Regelung im Wesentlichen für verfassungskonform erklärt (BVerfG v. 11.7.2017, Az. 1 BvR 1571/15 u. a.). Der Gesetzgeber musste lediglich bei der Möglichkeit der Minderheitsgewerkschaften, den abgeschlossenen Tarifvertrag nachzuzeichnen, ergänzende Regelungen treffen. Es müssten Schutzvorkehrungen gegen eine einseitige Vernachlässigung der Angehörigen einzelner Berufsgruppen oder Branchen durch die jeweilige Mehrheitsgewerkschaft getroffen werden. Wichtig an der Entscheidung ist die Feststellung, dass das Tarifeinheitsgesetz nicht zu einer Einschränkung des Streikrechts der Minderheitsgewerkschaften führt (s. i. E. unter Streik). Zum 1.1.2019 wurde das Tarifvertragsgesetz dahingehend geändert, dass die Rechte der Arbeitnehmergruppen, die von dem im Fall der Kollision nicht anzuwendenden Tarifvertrag erfasst werden, gestärkt werden: Wurden beim Zustandekommen des Mehrheitstarifvertrags ihre Interessen nicht ernsthaft und wirksam berücksichtigt, findet ihr Tarifvertrag entgegen dem Tarifeinheitsgrundsatz dennoch Anwendung. Die Lokführergewerkschaft GdL hat vergeblich versucht, die Anwendung ihres Tarifvertrages mit einer einstweiligen Verfügung zu erzwingen (LAG Berlin-Brandenburg v. 20.10.2021, Az. 12 Ta 1310/21). Ein Streik, dessen Ziel darin besteht, einen gemeinsamen Antrag der Tarifvertragsparteien nach § 5 Abs. 1 TVG auf Allgemeinverbindlichkeitserklärung eines Tarifvertrags zu erreichen, ist nicht offensichtlich unzulässig und kann daher nicht durch einstweilige Verfügung untersagt werden (LAG Nürnberg v. 20.7.2023, Az. 3 SaGa 6/23). Die gewerkschaftlichen Mehrheitsverhältnisse im Betrieb bei einer nach § 4a Abs. 2 Satz 2 TVG aufzulösenden Tarifkollision sind jeweils zu dem Zeitpunkt zu bestimmen, in dem der letzte kollidierende Tarifvertrag schriftlich abgeschlossen wurde. Auf das Datum eines rückwirkenden Inkrafttretens kommt es nicht an (BAG v. 30.4.2024, Az. 1 ABR 10/23).

Hat ein Arbeitgeber mit unterschiedlichen Gewerkschaften zwei sich in ihrem Geltungsbereich überschneidende Tarifverträge über eine betriebliche Vergütungsordnung abgeschlossen, liegt eine sog. Tarifpluralität vor. Dies bedeutet, dass beide Tarifverträge im jeweiligen Betrieb nebeneinander gelten. Der Arbeitgeber muss hier die Arbeitnehmer unter Beteiligung des Betriebsrats den Entgeltgruppen beider Vergütungsordnungen zuordnen (BAG v. 14.4.2015, Az. 1 ABR 66/13).

Die Regelungsbefugnis der Tarifvertragsparteien erstreckt sich auch auf Betriebsrentner. Gewerkschaftsmitglieder, die Betriebsrentner sind, haben einen Anspruch darauf, an den sie betreffenden Entscheidungen tarifpolitisch ebenso mitzuwirken, wie Gewerkschaftsmitglieder, die noch aktive Arbeitnehmer sind.

Die Parteien eines Tarifvertrags können in diesem nicht wirksam vereinbaren, dass Ansprüche aus dem Tarifvertrag trotz beiderseitiger Tarifgebundenheit nur dann bestehen sollen, wenn die Arbeitsvertragsparteien die Einführung des Tarifwerks durch eine Bezugnahmeklausel auch individualvertraglich nachvollziehen. Dies liegt außerhalb der tariflichen Regelungsmacht der Tarifvertragsparteien (BAG v. 13.5.2020, Az. 4 AZR 489/19).

2. Einzelne Arbeitnehmer

Der Tarifvertrag gilt nicht automatisch für alle Arbeitnehmer in den Betrieben, auf die er anwendbar ist. Er wird von der Gewerkschaft nur für ihre Mitglieder ausgehandelt. Andere Arbeitnehmer haben auch keinen Anspruch auf Gleichbehandlung. Auf der Arbeitgeberseite werden ebenfalls nur die Betriebe erfasst, die Mitglied des entsprechenden Arbeitgeberverbands sind.

Beispiel:

Arbeitnehmer A ist Mitglied der ver.di, die mit dem Einzelhandelsverband in Berlin einen Entgelttarifvertrag ausgehandelt hat. Sein Arbeitgeber ist Mitglied dieses Verbands. A hat also einen Anspruch darauf, mindestens so viel Entgelt zu erhalten, wie nach diesem Tarifvertrag vorgesehen ist. Wäre A nicht Mitglied einer vertragsschließenden Gewerkschaft oder sein Arbeitgeber nicht im Verband, hätte der Tarifvertrag grundsätzlich keine Bedeutung für das Arbeitsverhältnis. A könnte sich auch nicht auf den Gleichbehandlungsgrundsatz berufen.

Eine Ausnahme bilden die sog. Betriebsnormen. Diese regeln Fragen der Ordnung im Betrieb, z. B. Belüftung von Arbeitsräumen, Sicherheitskleidung etc. Auch Regelungen über die Lage der Arbeitszeit gehören dazu. Diese Regelungen gelten, wenn der Arbeitgeber tarifgebunden ist, für alle Arbeitnehmer (unabhängig von einer Mitgliedschaft in der Gewerkschaft), da nur eine einheitliche Handhabung möglich ist (§ 3 Abs. 2 TVG).

Beispiel:

Im Tarifvertrag ist festgelegt, dass der Arbeitgeber einen bestimmten Anteil der Belegschaft mit einer verlängerten → *Arbeitszeit* beschäftigen darf. Diese Regelung gilt für alle Arbeitnehmer, auch wenn nur der Arbeitgeber tarifgebunden ist. Es wäre auch gar nicht möglich, sie nur auf Gewerkschaftsmitglieder anzuwenden.

Häufig hat der Arbeitgeber jedoch ein Interesse daran, dass in einem Betrieb oder Unternehmen einheitliche Arbeitsbedingungen herrschen. In diesem Fall sollte die Geltung des jeweiligen Tarifvertrags im Einzelarbeitsvertrag vereinbart werden. Dabei hat sich die Rechtsprechung des BAG geändert. Früher wurden die Nicht-Gewerkschaftsmitglieder genauso behandelt wie die Gewerkschaftsmitglieder, d. h., bei einem Verbandsaustritt oder -wechsel waren sie in dem gleichen Maße betroffen. Dies gilt nur noch für Arbeitsverträge, in denen bis zum 31.12.2001 der Verweis auf den Tarifvertrag enthalten ist (BAG v. 27.1.2010, Az. 4 AZR 570/08). Für danach abgeschlossene Vereinbarungen gilt (auch für Änderungsverträge, BAG v. 27.3.2018, Az. 4 AZR 208/17), dass sie als einzelvertragliche Abrede ohne Rücksicht auf die tarifliche Situation ihre Wirkung behalten. Deshalb ist auf eine flexible Formulierung zu achten. Bei einem „Altvertrag“ endet die Dynamik der Verweisung mit dem Wegfall der normativen Tarifgebundenheit der Arbeitgeber auch bei einem Anerkennungs-Tarifvertrag (BAG v. 11.12.2013, Az. 4 AZR 473/12; s. weiter BAG v. 11.12.2024, Az. 4 AZR 44/24, ihre Dynamik endet, wenn die Voraussetzungen für die Annahme einer Gleichstellungsabrede entfallen). Bei den Altverträgen kann auch dann eine Gleichstellungsabrede vorliegen, wenn im Arbeitsvertrag nicht auf das gesamte Tarifwerk oder sämtliche Tarifverträge verwiesen wird (BAG v. 13.5.2015, Az. 4 AZR 245/14). Eine Gleichstellungsabrede kann auch dann vorliegen, wenn tarifvertragliche Bestimmungen lediglich „im Übrigen" anzuwenden sind und/oder „soweit nicht abweichende arbeitsvertragliche Regelungen bestehen" (LAG Rheinland-Pfalz v. 30.6.2016, Az. 5 Sa 572/15).

Möglich ist auch eine sog. „große dynamische Verweisung", die auf den jeweils auf den Betrieb anwendbaren Tarifvertrag verweist. So hat das BAG die Formulierung „die für die Gesellschaft jeweils geltenden Tarifverträge in ihrer jeweils geltenden Fassung finden Anwendung" dahin ausgelegt, dass die Tarifverträge auf das Arbeitsverhältnis Anwendung finden sollen, an die der Arbeitgeber normativ gebunden ist (große dynamische Bezugnahmeklausel oder Tarifwechselklausel). Diese erfasst nicht nur benannte Tarifverträge einer Branche oder bestimmter Tarifvertragsparteien, sondern soll – vorsorglich – auch andere Tarifverträge in Bezug nehmen, an die der Arbeitgeber (zukünftig) gebunden ist (BAG v. 24.1.2024, Az. 4 AZR 122/23 und 13.5.2020, Az. 4 AZR 528/19).

Wenn im Arbeitsvertrag auf die jeweils geltenden Tarifverträge einer bestimmten Branche Bezug genommen wird, handelt es sich in der Regel um eine zeitdynamische Bezugnahme auf die entsprechenden Flächentarifverträge. Haustarifverträge eines einzelnen Arbeitgebers werden nicht erfasst (BAG v. 12.12.2018, Az. 4 AZR 123/18 und BAG v. 11.7.2018, Az. 4 AZR 533/17). Die geltenden Tarifverträge können näher bestimmt werden, wenn etwa in der Branche Spartentarifverträge für einzelne Arbeitnehmergruppen existieren. In bestimmten Bereichen sind die Tarifverträge durch die entsprechenden Behörden für allgemeinverbindlich erklärt worden. In diesem Fall gilt der einschlägige Tarifvertrag für jedes Arbeitsverhältnis in seinem Geltungsbereich, völlig unabhängig von Gewerkschafts- und Verbandszugehörigkeit. Solche Allgemeinverbindlichkeitserklärungen gibt es meist in Branchen, die durch eine hohe Fluktuation bei den Arbeitsverhältnissen gekennzeichnet sind, wie etwa im Baubereich oder in der Gastronomie.

WICHTIG!

Tarifverträge unterliegen keiner Inhaltskontrolle nach dem Recht der allgemeinen Geschäftsbedingungen (AGB). Diese Kontrolle ist auf Arbeitsverträge beschränkt. Wenn aber ein Arbeitsvertrag komplett auf einen Tarifvertrag verweist, ist dieser Teil des Arbeitsvertrags von jedweder AGB-Kontrolle ausgenommen. Eine nur beschränkte Verweisung auf einzelne Tarifnormen oder sachlich und inhaltlich zusammenhängende Regelungsbereiche oder -komplexe des Tarifvertrags führt hingegen nicht zu deren Kontrollfreiheit. Hier können diese Regelungen z. B. darauf kontrolliert werden, ob sie den Arbeitnehmer unangemessen benachteiligen (BAG v. 2.7.2025, Az. 10 AZR 162/24).

Die Allgemeinverbindlichkeitserklärung ist in der Regel im öffentlichen Interesse geboten, wenn der Tarifvertrag in seinem Geltungsbereich für die Gestaltung der Arbeitsbedingungen überwiegende Bedeutung erlangt hat oder die Absicherung der Wirksamkeit der tarifvertraglichen Normsetzung gegen die Folgen wirtschaftlicher Fehlentwicklung eine Allgemeinverbindlichkeitserklärung verlangt (§ 5 Abs. 2 TVG). Darüber hinaus kann das Bundesarbeitsministerium bestimmte Tarifverträge über gemeinsame Einrichtungen der Tarifvertragsparteien für allgemeinverbindlich erklären.

Ob ein bestimmter Tarifvertrag für allgemein verbindlich erklärt wurde, erfährt man im Tarifregister, in dem sämtliche Tarifverträge registriert sind. Solche Register werden beim Bundesarbeitsministerium und den Landesarbeitsministerien geführt. Die Einsicht ist jedermann gestattet. Häufig werden auch telefonische Auskünfte erteilt.

3. Zeitliche Geltung

Der Tarifvertrag wird entweder auf bestimmte Zeit abgeschlossen und läuft dann aus oder es wird kein fester Endtermin vereinbart. Dann kann er von einem der Vertragspartner gekündigt werden. Dieses Kündigungsrecht steht aber nicht dem einzelnen Arbeitgeber zu. Dieser kann lediglich aus dem Arbeitgeberverband austreten (zu den Folgen s. u. IV.).

Wird ein neuer Tarifvertrag abgeschlossen, geht er dem alten vor. Dies wird meist auch ausdrücklich dort geregelt. Regelt ein Tarifvertrag einen bestimmten Komplex von Arbeitsbedingungen insgesamt neu, ersetzt er nach dem Ablösungsprinzip den vorangehenden Tarifvertrag derselben Tarifvertragsparteien insoweit grundsätzlich insgesamt. Dieses Ablösungsprinzip können die Tarifvertragsparteien allerdings durch entsprechende Vereinbarungen in den Nachfolgetarifverträgen zur Wahrung eines Besitzstands durchbrechen (BAG v. 24.1.2024, Az. 4 AZR 122/23). Problematisch ist die Lage, wenn der alte Tarifvertrag zwar ausgelaufen, der neue aber noch nicht abgeschlossen ist. Hier gelten die Vorschriften des alten Tarifvertrags solange weiter, bis sie durch eine neue Regelung ersetzt werden (§ 4 Abs. 5 TVG). Diese Nachwirkung gilt jedoch nicht für die Arbeitnehmer, die erst nach Außerkrafttreten des alten Tarifvertrags eingestellt worden waren. Ein Sanierungstarifvertrag, der als firmenbezogener Verbandstarifvertrag zwischen der Gewerkschaft und dem Arbeitgeberverband abgeschlossen worden ist, löst im Umfang seines Geltungsbereichs einen normativ geltenden Flächentarifvertrag auch dann ab, wenn im Arbeitsvertrag eine individualrechtliche Bezugnahmeklausel auf die „Tarifverträge für die Metall-, Elektroindustrie Nordrhein-Westfalens" vereinbart worden ist (LAG Düsseldorf v. 21.4.2023, Az. 5 Sa 656/22).

Wird ein anderer Tarifvertrag vereinbart, können darin auch Verschlechterungen für die Arbeitnehmer enthalten sein.

Beispiel:

In einer Vergütungsgruppe war bislang vorgesehen, dass Arbeitnehmer nach vier Jahren Tätigkeit in eine höhere Vergütungsgruppe aufsteigen, wenn sie sich bei dieser Tätigkeit bewährt haben (Bewährungsaufstieg). Arbeitnehmerin A ist schon drei Jahre in dieser Vergütungsgruppe erfolgreich tätig. Nun wird der Tarifvertrag geändert, der Bewährungsaufstieg entfällt. A bleibt damit in ihrer Vergütungsgruppe, die Tarifpartner konnten die Bestimmungen zu ihren Ungunsten ändern.

Es gibt jedoch auf der anderen Seite „soziale Besitzstände" von Arbeitnehmern, die diese nach früherem Tarifrecht erworben haben und die ihnen nicht mehr genommen werden können.

Der Arbeitgeber kann, wenn noch kein neuer Tarifvertrag abgeschlossen wurde, im Nachwirkungszeitraum einzelvertragliche Abmachungen mit den Arbeitnehmern schließen. Auch der Abschluss eines geänderten Einzelarbeitsvertrags ist eine „andere Vereinbarung" im Sinne des Gesetzes. Besteht also mit den Mitarbeitern Einigkeit über die Änderung von Arbeitsbedingungen, so fällt mit dem Auslaufen des Tarifvertrags das rechtliche Hindernis weg, sie zu vereinbaren. Dies ist insbesondere beim Austritt aus dem Arbeitgeberverband bedeutsam (s. u. IV.).

Solche Modifikationen können auch mit einer → *Änderungskündigung* erreicht werden. Diese werden jedoch vom Arbeitsgericht am strengen Maßstab des Kündigungsschutzgesetzes gemessen.

Mit dem Betriebsrat können keine Regelungen getroffen werden, die üblicherweise in Tarifverträgen enthalten sind (s. u. III.3.).

4. Bindung an höherrangiges Recht

Die Normen eines Tarifvertrages sind an höherrangigem Recht, insbesondere an Gesetzen auf ihre Wirksamkeit zu prüfen. Verstößt eine Tarifnorm gegen höherrangiges Recht, ist sie nichtig. Dabei kann sich insbesondere ergeben, dass einzelne Vorschriften eines Tarifvertrages etwa gegen das Altersdiskriminierungsverbot des AGG verstoßen. Auch vom Grundsatz der vollen Entgeltfortzahlung bei § 3 Abs. 1 EntGFZ darf auch nicht durch Tarifvertrag abgewichen werden. Eine rückwirkende Änderung eines Tarifvertrages ist nur in Ausnahmefällen möglich.

Das BAG hat noch einmal betont, dass wenn die Tarifvertragsparteien Normen setzen, sie keine delegierte Staatsgewalt ausüben, sondern privatautonom ihre Grundrechte aus Art. 9 Abs. 3 GG wahrnehmen. Ihnen kommt dabei ein weiter Gestaltungs-, Beurteilungs- und Ermessensspielraum sowie eine Einschätzungsprärogative zu. Allerdings bildet der allgemeine Gleichheitssatz (Art. 3 Abs. 1 GG) als fundamentale Gerechtigkeitsnorm eine ungeschriebene Grenze der Tarifautonomie. Dies kann dazu führen, dass Arbeitnehmer, die Wechselschicht in der Nacht versehen, gegenüber Arbeitnehmern, die außerhalb von Schichtsystemen Nachtarbeit leisten, gleichheitswidrig schlechter gestellt werden (BAG v. 28.6.2023, Az. 10 AZR 471/21). Jedoch verstößt die Unterscheidung bei der Zuschlagshöhe für Nachtarbeit im Rahmen von Wechselschicht einerseits und für sonstige Nachtarbeit andererseits in § 4 Abschn. II Nr. 1 Buchst. b BMTV nicht gegen den allgemeinen Gleichheitssatz des Art. 3 Abs. 1 GG (BAG v. 22.3.2023, Az. 10 AZR 397/20; so auch LAG Mecklenburg-Vorpommern v. 15.8.2023, Az. 5 Sa 257/21 für den Manteltarifvertrag Milchwirtschaft Ost). Man muss also sehr genau differenzieren, auch was die Motive der Tarifvertragsparteien anbetrifft. Diese sind nicht unmittelbar an die Grundrechte gebunden, jedoch ist die Rechtsprechung durch die Schutzpflichtfunktion der Grundrechte dazu verpflichtet, Tarifregelungen die Durchsetzung zu verweigern, die zu gleichheitswidrigen Differenzierungen führen oder die unangemessene Beschränkung eines grundrechtlichen Freiheitsrechts zur Folge haben. Den Tarifvertragsparteien steht ein weiter Gestaltungsspielraum zu. Sie müssen bei der Regelung ihrer Interessen „nicht die zweckmäßigste, vernünftigste oder gerechteste Lösung wählen, sondern es genügt ein sachlich vertretbarer Grund" (BAG v. 3.7.2019, Az. 1 AZR 300/18). Insbesondere Verstöße gegen die Gleichbehandlungspflicht des Art. 3 GG können aber zur Unwirksamkeit einzelner Tarifnormen führen (LAG Bremen v. 10.4.2019, Az. 3 Sa 12/18).

ACHTUNG!

Das Bundesverfassungsgericht hat die Entscheidungen des BAG v. 9.12.2020, Az. 10 AZR 335/20 und v. 22.3.2024, Az. 10 AZR 600/20 zu den ungleichen Nachtarbeitszuschlägen für Schichtarbeiter und solchen, die nur gelegentlich in der Nachtschicht arbeiten aufgehoben und die Rechtsstreitigkeiten an das BAG zurückverwiesen (BVerfG v. 11.12.2024, Az. 1 BvR 1101/21 und 1422/23). Die Entscheidung stärkt die Freiräume der Tarifvertragsparteien erheblich. Sie haben einen Einschätzungs-, Wertungs- und Gestaltungsspielraum. Dieser begrenzt die richterliche Kontrolldichte, d. h. die Gerichte können hier nur nach einem eher groben Raster prüfen, ob ein Verstoß gegen den Gleichbehandlungsgrundsatz vorliegt. Je näher die Regelungen im Tarifvertrag an der Kernkompetenz von Arbeitgeberverbänden und Gewerkschaften, nämlich der Regelung von Arbeits- und Wirtschaftsbedingungen liegen, desto größer ist ihr Freiraum dabei. Hier haben die Gerichte nur eine Willkürkontrolle vorzunehmen. Ganz besonders wichtig ist in diesem Zusammenhang, dass die Arbeitsgerichte nicht einfach eine „Anpassung nach oben" vornehmen dürfen, wie das bisher gang und gäbe war. Es obliegt vielmehr zunächst den Tarifvertragsparteien, eine Regelung zu finden, die dem Gleichheitssatz hinreichend Rechnung trägt. Wie das in der Praxis funktioniert, wird sich zeigen. Diese Entscheidung hat keine Auswirkung auf die Rechtsprechung bezüglich der Mehrarbeitszuschläge von Teilzeitbeschäftigten (BAG v. 26.11.2025 – 5 AZR 118/23). Bereits am 13.11.2025 hatte der 6. Senat des BAG entschieden, dass dies auch bei einer Diskriminierung befristet Beschäftigter gilt (BAG v. 13.11.2025 – 6 AZR 131/25). In einer zum Recht der betrieblichen Altersversorgung ergangenen Entscheidung hat das BAG hervorgehoben, dass eine zu beachtende Beschränkung auf eine reine Willkürkontrolle nicht die spezialgesetzlichen Benachteiligungsverbote betrifft (BAG v. 6.5.2025, Az. 3 AZR 65/24 Orientierungssatz 1).

III. Wirkung des Tarifvertrags

Der Tarifvertrag besteht aus zwei Teilen. Im ersten Teil werden die Rechte und Pflichten der Tarifpartner geregelt, wie z. B. die Kündigungsmöglichkeit und ein nachfolgendes Schlichtungsverfahren. Der zweite Teil ist für die Praxis weit bedeutsamer. In ihm werden nämlich die Arbeitsbedingungen festgelegt, die für die einzelnen Arbeitnehmer gelten sollen. Dieser Teil wirkt quasi wie ein Gesetz und ist auch so auszulegen. Die Gewerkschaft kann gerichtlich durchsetzen, dass ein Tarifvertrag auch tatsächlich umgesetzt wird (BAG v. 13.10.2021, Az. 4 AZR 403/20). Zurückgewiesen wurden hingegen Anträge der Lokführergewerkschaft GdL, die die Anwendung ihrer Tarifverträge vor dem Hintergrund des Tarifeinheitsgesetz (s. hierzu unter II.) es verlangt hatte (LAG Berlin-Brandenburg v. 20.10.2021, Az. 12 Ta 1310/21).

Bei der Auslegung von Tarifverträgen, auch von Sanierungstarifverträgen, ist Folgendes zu beachten: Die Normen sind grundsätzlich wie Gesetze auszulegen. Eine Bindung an den möglichen Wortsinn besteht nicht, wenn sich aus dem Gesamtzusammenhang der Tarifnormen das Vorliegen eines Redaktionsversehens ergibt. Von einem solchen geht die Rechtsprechung des Bundesarbeitsgerichts aus, wenn die Tarifvertragsparteien lediglich versehentlich einen anderen Ausdruck gewählt oder im Text belassen haben, als sie beabsichtigten (BAG v. 25.5.2022, Az. 4 AZR 454/21).

1. Mindestarbeitsbedingungen/Günstigkeitsprinzip

Im Tarifvertrag werden die Leistungen festgelegt, auf die die Arbeitnehmer Anspruch haben (zu den Mindestarbeitsbedingungen nach dem Mindestlohngesetz s. unter → *Vergütung*). Dies betrifft alle möglichen Bereiche wie z. B. die Vergütung oder die Länge des Urlaubs. Wenn der Tarifvertrag Anwendung findet, dürfen diese Ansprüche nicht unterschritten werden. Der Tarifvertrag wirkt insofern unmittelbar und zwingend auf das Arbeitsverhältnis ein.

Beispiel:

Der Tarifvertrag sieht einen Mindesturlaub von 28 Tagen vor. Auch wenn der Arbeitgeber im Arbeitsvertrag festlegt, dass der Urlaub nur 25 Tage beträgt, hat der Arbeitnehmer trotzdem Anspruch auf den tariflichen Urlaub.

Der Arbeitgeber kann dem Arbeitnehmer aber mehr geben, als er nach dem Tarifvertrag zu beanspruchen hätte (Günstigkeitsprinzip). Dieses Günstigkeitsprinzip kann nicht im Tarifvertrag ausgeschlossen werden. So kann eine Regelung im Tarifvertrag nicht bestimmen, dass übertarifliche Vergütungen im Krankheitsfall nicht zu zahlen sind (BAG v. 27.4.2016, Az. 5 AZR 229/15).

Beispiel:

Im Tarifvertrag ist ein Stundenlohn von 11,50 Euro festgelegt. Der Arbeitgeber vereinbart mit dem Arbeitgeber eine übertarifliche Zulage von 1,25 Euro. Diese Vereinbarung ist wirksam, da sie günstiger ist als der Tarifvertrag.

Problematisch ist es jedoch, wenn eine Regelung günstiger ist als die tarifliche (z. B. mehr Urlaub), die andere jedoch ungünstiger (z. B. ein geringerer Stundenlohn). Hierzu hat das BAG Folgendes entschieden: „Ob ein Arbeitsvertrag abweichende günstigere Regelungen gegenüber dem Tarifvertrag enthält, ergibt sich aus einem Vergleich zwischen der tarifvertraglichen und der arbeitsvertraglichen Regelung. Bei diesem sog. Günstigkeitsvergleich sind die durch Auslegung zu ermittelnden Teilkomplexe der unterschiedlichen Regelungen gegenüberzustellen, die in einem inneren Zusammenhang stehen, sog. Sachgruppenvergleich" (BAG v. 25.1.2023, Az. 4 AZR 171/22).

2. Kein Verzicht möglich

Wenn Arbeitgeber und Arbeitnehmer tarifgebunden sind, kann der Arbeitnehmer auf tarifvertragliche Ansprüche nicht wirksam verzichten (§ 4 Abs. 4 Satz 1 TVG).

Beispiel:

In einem Arbeitsgerichtsprozess klagt der Arbeitnehmer die Gewährung von 28 Tagen Urlaub ein. Beide Parteien sind tarifgebunden und der Urlaubstarifvertrag sieht diese 28 Tage als Mindesturlaub vor. Es wird ein Vergleich geschlossen, wonach der Arbeitnehmer 24 Tage Urlaub erhält. Dieser Vergleich ist unwirksam. Er kann nur dadurch „gerettet" werden, dass die Tarifparteien ihm zustimmen.

TIPP!

Trotz dieses Verbots ist ein sog. Tatsachenvergleich möglich. In obigem Fall wäre es also denkbar, dass man sich darüber einig ist, dass der Arbeitnehmer bereits vier Tage Urlaub erhalten hat und daher nur noch 24 beanspruchen kann. Dem Tatsachenvergleich muss jedoch eine reale Ungewissheit über die tatsächliche Lage zugrunde liegen (LAG Köln v. 11.4.2024, Az. 7 Sa 516/23), denn im bestehenden Arbeitsverhältnis kann ein Arbeitnehmer selbst durch gerichtlichen Vergleich nicht auf seinen gesetzlichen Mindesturlaub „verzichten" (BAG v. 3.6.2025, Az. 9 AZR 104/24).

Wegen dieser Unverzichtbarkeit können tarifvertraglich geschützte Ansprüche auch nicht durch eine formularmäßig gestellte Verfallklausel entfallen. Eine solche Klausel ist aber nicht insgesamt nichtig, sondern es werden nur die tarifvertraglich geschützten Ansprüche vom Erlöschen ausgenommen (BAG v. 30.1.2019, Az. 5 AZR 43/18).

3. Regelungssperre für Betriebsvereinbarungen

Außer durch Tarifvertrag können manche Punkte auch durch eine → *Betriebsvereinbarung* geklärt werden. Um ein Nebeneinander der verschiedenen Normen zu verhindern, schreibt § 77 Abs. 3 BetrVG vor, dass in einer Betriebsvereinbarung keine Regelungen getroffen werden können, die durch Tarifvertrag geregelt sind oder üblicherweise durch Tarifvertrag geregelt werden. Die Gewerkschaften haben einen Beseitigungsanspruch bei tarifwidrigen Regelungen (BAG v. 17.5.2011, Az. 1 AZR 473/09). Die Regelungssperre wirkt auch, wenn der Tarifvertrag erst nach der Betriebsvereinbarung in Kraft tritt (BAG v. 18.5.2017, Az. 2 AZR 384/16).

Beispiel:

Der Stundenlohn beträgt nach Tarifvertrag 14,50 Euro. Betriebsrat und Arbeitgeber vereinbaren einen Lohn von 12,00 Euro pro Stunde, weil sie der Auffassung sind, dass der Betrieb nicht mehr erwirtschaften könne. Die Vereinbarung ist unwirksam, und zwar unabhängig davon, ob der Tarifvertrag tatsächlich Anwendung findet oder ob der Arbeitgeber gar nicht im Verband ist. Es reicht aus, dass solche Vergütungen üblicherweise in Tarifverträgen vereinbart werden.

Dies gilt auch dann, wenn die betriebliche Regelung günstiger ist als die tarifvertragliche (BAG v. 20.5.2025, Az. 1 AZR 120/24, Sperrwirkung auch für solche Regelungen in Betriebsvereinbarungen, deren Inhalt nicht gegen die tariflichen Vorgaben „verstößt"). Auch eine inhaltsgleiche Regelung darf in einer Betriebsvereinbarung nicht getroffen werden (BAG v. 15.8.2018, Az. 1 ABR 75/16). Hintergrund dieser Regelung ist der Umstand, dass die Tarifautonomie der Gewerkschaften nicht durch betriebliche Regelungen gefährdet werden soll. Deswegen können die Gewerkschaften auch gegen solche Betriebsvereinbarungen vorgehen. Von dieser Regel gibt es aber zwei Ausnahmen:

- Im Tarifvertrag kann eine sog. Öffnungsklausel enthalten sein. Sie ermöglicht in speziellen Fällen besondere Regelungen auf betrieblicher Ebene. Der Vorrang tariflicher Regelungen nach § 77 Abs. 3 Satz 1 BetrVG entfällt in einem tarifpluralen Betrieb nur dann, wenn alle Tarifverträge, die diese Sperrwirkung auslösen, eine entsprechende Öffnungsklausel i. S. v. Satz 2 der Vorschrift enthalten. Der Tarifvorbehalt in § 87 Abs. 1 Eingangshalbs. BetrVG für das Mitbestimmungsrecht des Betriebsrats in sozialen Angelegenheiten wird in einem solchen Betrieb durch jede zwingende tarifliche Regelung für alle Arbeitnehmer ausgelöst (BAG v. 25.1.2023, Az. 4 ABR 4/22).

  Das LAG Mecklenburg-Vorpommern hat entschieden, dass eine Betriebsvereinbarung nur dann wegen Verstoßes gegen die Sperrwirkung eines Tarifvertrages ganz oder teilweise unwirksam ist, wenn sie Gegenstände von Tarifverträgen oder deren Anwendbarkeit eigenständig regelt. An einer eigenständigen Regelung (z. B. zur regelmäßigen wöchentlichen Arbeitszeit) fehle es, wenn eine Betriebsvereinbarung eine tarifvertragliche Bestimmung lediglich deklaratorisch wiedergibt und auf dieser Grundlage Festlegungen für den Betrieb (z. B. zur Schichtplanung) trifft (LAG Mecklenburg-Vorpommern v. 13.12.2022, Az. 5 TaBV 10/22).

  Beispiel:

  Im Gehaltstarifvertrag ist ein 13. Monatsgehalt vorgesehen. Darin heißt es: „Arbeitgeber und Betriebsrat können in einer Betriebsvereinbarung eine Reduzierung des 13. Monatsgehalts vereinbaren, wenn sie in der Einschätzung übereinstimmen, dass der Arbeitgeber wirtschaftlich hierzu nicht in der Lage ist. Es müssen jedoch mindestes 50 % eines Monatsentgeltes gezahlt werden." Hier sind die Betriebsparteien zu einer Absenkung um maximal die Hälfte befugt.

- Selbst wenn eine Regelung üblicherweise durch Tarifvertrag erfolgt und der Arbeitgeber nicht tarifgebunden ist, kann eine Betriebsvereinbarung abgeschlossen werden, soweit es um Angelegenheiten geht, die nach § 87 Abs. 1 BetrVG der erzwingbaren Mitbestimmung des Betriebsrats unterliegen (BAG v. 20.5.2025, Az. 1 AZR 35/24).

  Beispiel:

  In einer Branche werden typischerweise tarifvertragliche Regelungen über die Einführungen technischer Einrichtungen zur Überwachung getroffen. Hier kann der Betriebsrat eine Betriebsvereinbarung dazu treffen, wenn kein entsprechender Tarifvertrag Anwendung findet. Dies folgt aus seinem Mitbestimmungsrecht (§ 87 Abs. 1 Nr. 6 BetrVG). Ist aber ein Tarifvertrag anwendbar, der Regelungen dazu enthält, ist eine Betriebsvereinbarung unzulässig (BAG v. 28.3.2017, Az. 1 ABR 1/16).

Eine Umdeutung einer unwirksamen Betriebsvereinbarung in eine wirksame Gesamtzusage ist grundsätzlich möglich. Es müssen jedoch hinreichende Anhaltspunkte für einen entsprechenden hypothetischen Verpflichtungswillen des Arbeitgebers bestehen, d. h. es müssen Anhaltspunkte dafür vorliegen, dass er sich auch für den Fall verpflichten wollte, dass die Betriebsvereinbarung unwirksam ist (BAG v. 18.5.2017, Az. 2 AZR 384/16). Gleiches gilt für Regelungsabreden. Hier erfordert der gewerkschaftliche Anspruch auf Unterlassung tarifwidriger Regelungsabreden und deren einzelvertragliche Umsetzung eine unmittelbare und zwingende Bindung des in Anspruch genommenen Arbeitgebers an die maßgebenden Tarifbestimmungen (BAG v. 7.6.2017, Az. 1 ABR 32/15).

IV. Austritt aus dem Arbeitgeberverband

Vielfach wird die Auffassung vertreten, dass der Flächentarifvertrag zu starr sei, um sinnvolle Regelungen für eine gesamte Branche zu treffen. Nicht alle Unternehmen in einem Tarifbezirk könnten beispielsweise bestimmte Lohnerhöhungen verkraften. Es wird vielfach gefordert, die Möglichkeiten der betrieblichen Regelungen (Öffnungsklauseln) erheblich zu erweitern. Da dies bislang nicht im großen Umfang geschehen ist, erwägen manche Unternehmen den Austritt aus dem Arbeitgeberverband („Flucht aus dem Flächentarifvertrag"). Die Wirkungen sind folgende:

- Die Gewerkschaft kann das Unternehmen auffordern, in Verhandlung über einen Firmentarifvertrag einzutreten. Kommt hierüber keine Einigung zustande, kann das Unternehmen bestreikt werden, und zwar unabhängig vom Abschluss von Flächentarifverträgen in der Region. Die Friedenspflicht aus dem alten Tarifvertrag gilt nicht mehr, da keine Verbandszugehörigkeit mehr besteht (→ *Streik*). Die Friedenspflicht aus einem Tarifvertrag steht auch einem Arbeitskampf entgegen, der noch während der Laufzeit dieses Tarifvertrages geführt werden soll, auch wenn der zu erkämpfende Tarifvertrag erst nach Laufzeitende in Kraft treten soll (LAG Hamburg v. 15.6.2023, Az. 3 SaGa 1/23). Maßgeblich ist bei mehreren regionalen Tarifverträgen der zuletzt auslaufende.

- Der bisher geltende Tarifvertrag ist wegen der in § 3 Abs. 3 TVG angeordneten Fortdauer der Tarifgebundenheit weiterhin anwendbar. Diese Geltung dauert so lange, bis der Tarifvertrag endet. Die Nachbindung an einen Tarifvertrag endet mit jeder Änderung der durch den betreffenden Tarifvertrag normierten materiellen Rechtslage. Diese kann durch die Änderung des betreffenden Tarifvertrags erfolgen, aber auch durch die Vereinbarung einer auf den Tarifinhalt einwirkenden Tarifnorm in einem neuen Tarifvertrag. Bei Tarifverträgen, die auf unbestimmte Zeit abgeschlossen wurden, kann der ausgetretene Arbeitgeber also noch Jahre gebunden sein, bis die Kündigung erfolgt. Dies allein reicht aber nicht, um die Tarifbindung zu beseitigen; der gekündigte Tarifvertrag hat ja seinerseits eine Nachwirkung, sodass die Tarifbindung erst endet, wenn tatsächlich auch ein neuer Tarifvertrag abgeschlossen wird.

Beispiel:

Der Arbeitgeber tritt mit Wirkung zum 1.10. aus dem Arbeitgeberverband aus. Der Tarifvertrag gilt bis zum 1.11. Ein neuer Tarifvertrag wird jedoch erst zum 1.3. des Folgejahres abgeschlossen. Der Arbeitgeber ist hier wegen der doppelten Nachwirkung bis zum 28.2. des Folgejahres an den Tarifvertrag gebunden.

Die Nachwirkung von Tarifnormen erfasst nur solche Arbeitsverhältnisse, für die der betreffende Tarifvertrag zuvor unmittelbar und zwingend galt. Das gilt nicht für erst im Nachwirkungszeitraum begründete Arbeitsverhältnisse, sondern auch für die Fälle, in denen die Tarifgebundenheit – z. B. durch den Gewerkschaftsbeitritt des Arbeitnehmers – erst im Nachwirkungszeitraum begründet wird (BAG 27.9.2017, Az. 4 AZR 630/15).

Die Nachwirkung eines Tarifvertrages für Angestellte erfasst auch das Arbeitsverhältnis eines Angestellten, das während der Laufzeit des Tarifvertrages als Ausbildungsverhältnis bestanden hat und ohne zeitliche Unterbrechung im Nachwirkungszeitraum als Arbeitsverhältnis fortgeführt worden ist.

ACHTUNG!

Der Tarifvertrag wirkt im vollen Umfang unmittelbar und zwingend auf das Arbeitsverhältnis weiter.

Im Gegensatz zur Nachwirkung beim Auslaufen des Tarifvertrags können also keine abweichenden Vereinbarungen mit den Arbeitnehmern getroffen werden. Auch Tariferhöhungen, die für einen Zeitraum wirken, der nach dem Austritt des Arbeitgebers liegt (und derentwegen er möglicherweise gerade ausgetreten ist) sind von dem ausgetretenen Arbeitgeber zu zahlen.

Beispiel:

Die Tarifparteien schließen am 1.3. einen Tarifvertrag, der rückwirkend ab 1.1. eine Erhöhung des Tariflohns um 1,5 % und ab 1.11. eine Erhöhung um 3,5 % vorsieht. Zusätzlich wird ab 1.12. eine Erhöhung des Weihnachtsgelds um 3 % vereinbart. Der Tarifvertrag wurde mit unbestimmter Laufzeit und einer Kündigungsfrist von 3 Monaten abgeschlossen. Ein Arbeitgeber erklärt daraufhin den Austritt aus dem Arbeitgeberverband, der satzungsgemäß zum 31.7 wirksam wird. Folge: Der Arbeitgeber ist nicht nur weiterhin an die Löhne gebunden, die er zum Zeitpunkt seiner Kündigung gezahlt hat, sondern er muss auch die Erhöhung zum 1.11. sowie das erhöhte Weihnachtsgeld zahlen.

Ist der Tarifvertrag für allgemeinverbindlich erklärt worden, hat der Austritt keinerlei Folgen. Endet dieser Tarifvertrag oder wird die Allgemeinverbindlichkeitserklärung aufgehoben, hat er noch für den Nachwirkungszeitraum Geltung.

Beispiel:

Der Arbeitgeber tritt mit Wirkung zum 1.7. aus dem Arbeitgeberverband aus. Der Tarifvertrag läuft auf unbestimmte Zeit und ist für allgemeinverbindlich erklärt worden. Der Austritt ändert somit gar nichts, denn der Tarifvertrag würde ja auch dann gelten, wenn der Arbeitgeber niemals Verbandsmitglied gewesen wäre. Wird aber nun die Allgemeinverbindlichkeit aufgehoben, dann gelten die ganz normalen Folgen der Nachwirkung. Erst wenn eine neue Regelung getroffen wird, endet die Nachwirkung.

Beim sogenannten „Blitzaustritt" des Arbeitgebers gilt folgendes: Gegenüber einer nach Vereins- und Satzungsrecht wirksamen Vereinbarung über die Beendigung der Mitgliedschaft in einem Arbeitgeberverband ohne Einhaltung der satzungsmäßig vorgesehenen Austrittsfrist bestehen Bedenken, wenn durch eine solche Vereinbarung die Funktionsfähigkeit der Tarifautonomie beeinträchtigt wird. Es kommt hier sehr auf den Einzelfall an. Die Rechtsprechung des BAG zum Wechsel in die OT-Mitgliedschaft dürfte auch hier anwendbar sein (s. unter VI.).

V. Wechsel des Arbeitgeberverbands

Die gleichen Folgen treten grundsätzlich auch dann ein, wenn der Arbeitgeber nicht ersatzlos aus dem Verband austritt, sondern gleich einem anderen Verband beitritt. Hat jedoch der neue Arbeitgeberverband auch einen Tarifvertrag abgeschlossen, kommt es für die tarifgebundenen Arbeitnehmer zu einer sog. Tarifkonkurrenz, d. h. es sind eigentlich zwei Tarifverträge anwendbar. In diesem Fall tritt der alte Tarifvertrag hinter dem des neuen Arbeitgeberverbands zurück.

Beispiel:

Ein Unternehmen wechselt vom Arbeitgeberverband für das Schlosserhandwerk zu dem der Metallindustrie. Der Tarifvertrag für das Schlosserhandwerk konkurriert mit dem für die Metallindustrie, beide abgeschlossen mit der IG Metall. Der Tarifvertrag für die Metallindustrie hat den Vorrang.

Die Nachwirkung des Tarifvertrags entfällt bei Auflösung des Arbeitgeberverbands.

VI. OT-Mitgliedschaft

Eine weitere Form der „Flucht aus dem Tarifvertrag" besteht in dem Versuch, bei der Mitgliedschaft in einem Arbeitgeberverband eine Zweiteilung einzuführen; es ist einerseits eine vollwertige Mitgliedschaft möglich, andererseits kann ein Unternehmer Mitglied „ohne Tarifbindung (OT)" werden. In diesem Fall stehen ihm die Serviceleistungen des Arbeitgeberverbandes wie z. B. die Vertretung vor den Arbeitsgerichten zu, er wird jedoch nicht durch die Tarifverträge gebunden, die der Arbeitgeberverband abgeschlossen hat. Grundsätzlich kann der Arbeitgeberverband eine solche Form der Mitgliedschaft rechtswirksam in der Satzung vorsehen. Die OT-Mitgliedschaft kann jedoch erst mit dem Wirksamwerden dieser Satzung eintreten, d. h. ab dem Eintrag in das Vereinsregister. Die Trennung zwischen Vollmitgliedern und OT-Mitgliedern muss hinreichend eindeutig sein. Dies wird vor allem durch Regelungen sichergestellt, die bei Beschlussfassung über Tariffragen und Arbeitskampfmaßnahmen für „Mitglieder ohne Tarifbindung" das Stimmrecht ausschließen (BAG v. 12.2.2014, Az. 4 AZR 450/12). Nicht nur die Wählbarkeit (passives Wahlrecht), sondern auch das aktive Wahlrecht ist allein den tarifgebundenen Mitgliedern des Verbandes vorbehalten, weil nur sie von den zu verhandelnden und abzuschließenden Tarifverträgen betroffen sind (BAG v. 21.1.2015, Az. 4 AZR 797/13). Der Arbeitgeberverband kann jedoch seine Tarifzuständigkeit nicht auf die Vollmitglieder beschränken. Diese Form der Mitgliedschaft schützt den Arbeitgeber nicht vor einem Streik, mit dem eine im Betrieb vertretene Gewerkschaft den Abschluss eines Firmentarifvertrags erzwingen will. Wenn ein Unternehmen innerhalb eines Arbeitgeberverbands während laufender Tarifverhandlungen wirksam von einer Mitgliedschaft mit Tarifbindung in eine OT-Mitgliedschaft wechselt, kann die Gewerkschaft grundsätzlich nicht mehr zur Durchsetzung ausschließlich verbandsbezogener Tarifforderungen zu einem Warnstreik in diesem Unternehmen aufrufen. Dies gilt jedenfalls dann, wenn sie über den Statuswechsel rechtzeitig vor Beginn der beabsichtigten Arbeitskampfmaßnahme unterrichtet wurde (BAG v. 19.6.2012, Az. 1 AZR 775/10). Erfolgt die Information über den Wechsel in die OT-Mitgliedschaft nicht oder nicht rechtzeitig, besteht die Tarifgebundenheit vorübergehend fort, jedoch nur bezogen auf den Tarifvertrag, der Gegenstand der Verhandlungen z. Zt. des Statuswechsels war und nicht auf einen späteren Tarifvertrag (BAG v. 21.11.2012, Az. 4 AZR 27/11).

Teilzeitarbeit

I. Begriff - Grundsätze

1. Allgemeines

Es gibt verschiedene Ansprüche auf Reduzierung der Arbeitszeit, die sich in unterschiedlichen Gesetzen finden. Sowohl von den Voraussetzungen als auch von den Rechtsfolgen her bestehen gravierende Unterschiede. Es gibt den

- allgemeinen Teilzeitanspruch (§ 8 TzBfG)
- Brückenteilzeitanspruch (§ 9a TzBfG)
- Elternteilzeitanspruch (§ 15 BEEG)
- Schwerbehindertenteilzeitanspruch (§ 164 Abs. 5 Satz 3 SGB IV)
- Pflegeteilzeitanspruch (§§ 3,4 PflegeZG)
- Familienpflegeteilzeitanspruch (§ 2 FPfZG)

und die befristete Reduzierung der Arbeitszeit auf der Basis von § 8 TzBfG bei Auflösung eines Wertguthabens (nicht Flexi-Konten) nach § 7c Abs. 1 Nr. 1 lit. c SGB IV.

Darüber hinaus kommen kollektivrechtliche Ansprüche aus Tarifverträgen und Betriebsvereinbarungen in Betracht.

Unter diesem Stichwort wird hier nur das Recht der Teilzeitarbeit im Teilzeit- und Befristungsgesetz (TzBfG) behandelt. Die anderen Ansprüche sind unter den Stichwörtern Elternzeit, Schwerbehinderte Menschen, Pflegezeit und Familienpflegezeit abgehandelt.

Von Teilzeitarbeit spricht man dann, wenn die Wochenarbeitszeit eines Arbeitnehmers kürzer ist als die regelmäßige Arbeitszeit eines vergleichbaren vollbeschäftigten Arbeitnehmers in demselben Betrieb.

WICHTIG!

Wenn die Teilzeitarbeit nicht vereinbart worden ist, wird im Zweifel ein Vollzeitarbeitsverhältnis begründet. Für beide Seiten ist es daher ratsam, sich bei Vertragsschluss darüber im Klaren zu sein, ob man ein Vollzeit- oder ein Teilzeitarbeitsverhältnis begründen möchte. Dies sollte dann auch eindeutig im schriftlichen Arbeitsvertrag fixiert werden.

Vergleichbar ist ein vollzeitbeschäftigter Arbeitnehmer des Betriebs immer dann, wenn er in derselben Art des Arbeitsverhältnisses und der gleichen oder einer ähnlichen Tätigkeit beschäftigt wird. Ist in dem konkreten Betrieb kein vergleichbarer Arbeitnehmer tätig, muss der vergleichbare Vollzeitbeschäftigte anhand des Tarifvertrags bestimmt werden.

Beispiel:

Es wird nur ein Facharbeiter für eine Spezialtätigkeit in dem Betrieb beschäftigt. Er arbeitet 30 Stunden in der Woche. Sieht der auf den Betrieb anwendbare Tarifvertrag die 35-Stunden-Woche vor, so ist er teilzeitbeschäftigt.

Wenn auch kein Tarifvertrag anwendbar ist, muss man ermitteln, was in dem jeweiligen Wirtschaftszweig als vergleichbarer vollzeitbeschäftigter Arbeitnehmer angesehen wird.

Beispiel:

Ist in dem obigen Beispiel kein Tarifvertrag anwendbar, so muss – ggf. durch eine Anfrage bei der örtlichen Industrie- und Handelskammer – geklärt werden, wie lange ein solcher Facharbeiter pro Woche üblicherweise arbeitet, wenn er vollzeitbeschäftigt ist.

Wenn mit dem Arbeitnehmer keine wöchentliche Arbeitszeit vereinbart worden ist, sondern z. B. ein Jahresarbeitszeitkonto, muss man auf die regelmäßige Jahresarbeitszeit eines Vollzeitbeschäftigten abstellen (§ 2 Abs. 1 Satz 2 TzBfG).

WICHTIG!

Die Bestimmungen des TzBfG über Teilzeitarbeit gelten uneingeschränkt auch für geringfügig Beschäftigte (§ 2 Abs. 2 TzBfG).

Die Formen der Teilzeitarbeit sind vielfältig: die Arbeitszeit kann jeden Tag verkürzt, die Arbeit auf einige Tage der Woche beschränkt oder ein Monats- bzw. Jahresstundenkontingent vereinbart sein. Auch die geringfügige Beschäftigung ist ein Teilzeitarbeitsverhältnis im Sinne des Gesetzes. Auf das Teilzeitarbeitsverhältnis finden sämtliche Schutzvorschriften des Arbeitsrechts Anwendung. Es gelten also insbesondere das Kündigungsschutzgesetz, das Mutterschutzgesetz, das SGB IX für schwerbehinderte Arbeitnehmer, das Bundesurlaubsgesetz und das Entgeltfortzahlungsgesetz. Zeiten der Teilzeitbeschäftigung zählen uneingeschränkt zur Dauer der Betriebszugehörigkeit. Das TzBfG enthält spezielle Rechte der

Teilzeitbeschäftigten. Wegen der Inanspruchnahme dieser Rechte dürfen Teilzeitbeschäftigte auch nicht benachteiligt werden (§ 5 TzBfG).

WICHTIG!

Der Arbeitgeber darf das Arbeitsverhältnis nicht kündigen, weil sich der Arbeitnehmer weigert, von einem Vollzeit- in ein Teilzeitarbeitsverhältnis zu wechseln oder umgekehrt (§ 11 TzBfG). Es sind jedoch nur die Kündigungen unwirksam, deren tragendes Motiv die o. g. Weigerung des Arbeitnehmers ist. Es besteht kein Sonderkündigungsschutz für Teilzeitbeschäftigte. Vielmehr lässt das Gesetz ausdrücklich die Kündigung aus anderen Gründen, insbesondere auch betriebsbedingten zu (§ 11 Satz 2 TzBfG).

Beispiel:

Ein Arbeitnehmer reduziert seine Arbeitszeit entsprechend dem Teilzeitgesetz auf die Hälfte. Zu diesem Zeitpunkt gab es keine betrieblichen Gründe, die dem entgegenstanden. Die wirtschaftliche Lage in der Branche entwickelt sich jedoch so gut, dass der Arbeitgeber ihn dringend als Vollzeitkraft braucht. Teilzeitkräfte sind für diese Tätigkeit auf dem Markt nicht zu finden. Für eine weitere Vollzeitkraft reicht das Arbeitsvolumen auch nicht aus, da für 1½ Arbeitnehmer nicht genug zu tun ist. Würde der Arbeitgeber keine Möglichkeit haben, die Arbeitszeit durch Änderungskündigung heraufzusetzen, käme eher eine Beendigungskündigung in Betracht, um eine Vollzeitkraft einstellen zu können. Ob auch diese gegen § 11 TzBfG verstoßen würde oder ob hier ein „sonstiger Grund" vorläge muss die Rechtsprechung noch klären.

Es stellt auch keinen Verstoß gegen das Kündigungsverbot dar, wenn der Arbeitgeber mit der Änderungskündigung eine Verlängerung der Arbeitszeit anstrebt, die unter der Grenze der Vollzeitbeschäftigung bleibt.

Beispiel:

In dem o. g. Beispiel liegt die wöchentliche Arbeitszeit eines Vollzeitarbeitnehmers bei 35,5 Stunden. Der Arbeitgeber erklärt eine Änderungskündigung mit dem Ziel einer 35-Stunden-Woche. Dies verstößt jedenfalls nicht gegen den Wortlaut des Kündigungsverbots.

Ein Teilzeitarbeitsverhältnis kann neben einem Vollzeitarbeitsverhältnis ausgeübt werden. Es ist auch möglich, dass mehrere Teilzeitarbeitsverhältnisse nebeneinander bestehen. Dies darf jedoch nicht dazu führen, dass durch die insgesamt auftretende Arbeitsbelastung Arbeitnehmerschutzrechte verletzt werden.

Beispiel:

Ein Arbeitnehmer arbeitet täglich sechs Stunden bei einem Arbeitgeber. Er geht ein weiteres Teilzeitarbeitsverhältnis bei einem anderen Arbeitgeber ein, bei dem er fünf Stunden am Tag arbeiten muss. Hier wird die gesetzliche Höchstarbeitszeit von acht Stunden überschritten. Der Arbeitnehmer muss daher nach acht Stunden mit der Arbeit aufhören. Hat er für den ersten Arbeitgeber an dem konkreten Tag bereits fünf Stunden gearbeitet, muss er seine Tätigkeit für den zweiten nach zwei Stunden beenden.

Bei der Einstellung hat der Arbeitgeber das Recht, nach bereits bestehenden Teilzeitarbeitsverhältnissen zu fragen. Es kann auch im Arbeitsvertrag vereinbart werden, dass der Arbeitnehmer verpflichtet ist, unverzüglich und ohne Aufforderung Auskunft zu erteilen, wenn er ein weiteres Beschäftigungsverhältnis eingeht.

Formulierungsbeispiel:

„Der Arbeitnehmer versichert, dass er momentan

- nicht in einem anderen Teilzeitarbeitsverhältnis

oder (wahlweise)

- in einem weiteren Teilzeitarbeitsverhältnis bei der Fa. .... mit .... Stunden wöchentlicher Arbeitszeit steht.

Er verpflichtet sich, dem Arbeitgeber unverzüglich und ohne Aufforderung Mitteilung zu machen, sobald er beabsichtigt, ein weiteres Teilzeitarbeitsverhältnis einzugehen. Die Mitteilung muss so rechtzeitig erfolgen, dass der Arbeitgeber Gelegenheit zur Prüfung hat, ob die Arbeitsverhältnisse zusammengenommen gegen Arbeitsschutzvorschriften verstoßen. Der Arbeitnehmer hat dazu sämtliche notwendigen Angaben wie Länge und Lage der Arbeitszeit, Name und Anschrift der Firma, Inhalt der Tätigkeit u. Ä. zu machen. Die Aufnahme der weiteren Tätigkeit ist von einer Genehmigung des Arbeitgebers abhängig. Diese kann versagt werden, wenn berechtigte Interessen des Arbeitgebers verletzt werden."

Wechselt der Arbeitnehmer von der Teilzeit- zu einer Vollzeitbeschäftigung, beginnt die Betriebszugehörigkeit nicht neu zu laufen.

Beispiel:

Ein Arbeitnehmer arbeitet zwei Jahre lang halbtags. Er einigt sich dann mit seinem Arbeitgeber, dass er ab sofort eine Vollzeitstelle einnimmt. Ein neuer schriftlicher Arbeitsvertrag wird ausgefertigt. Nach weiteren drei Jahren sind betriebsbedingte Kündigungen vorzunehmen. Bei der Sozialauswahl ist eine Dauer der Betriebszugehörigkeit von fünf Jahren zugrunde zu legen.

2. Die Pflichten nach dem Teilzeitgesetz

Der Arbeitgeber hat den Arbeitnehmern, und zwar auch solchen, die eine leitende Funktion bekleiden, die Teilzeitbeschäftigung zu ermöglichen, sofern die Voraussetzungen des Gesetzes gegeben sind (§ 6 TzBfG). Insbesondere muss er Arbeitsplätze, die er öffentlich oder im Betrieb ausschreibt, auch als Teilzeitarbeitsplatz ausschreiben, wenn sich der Arbeitsplatz hierfür eignet (§ 7 TzBfG). Dabei reicht eine bloß geringfügige Verringerung der normalen Arbeitszeit aus, also z. B. 35 statt 35,5 Wochenstunden. Es ist aber nicht verpflichtet, auch den Bewerber zu nehmen, der sich auf die Teilzeitstelle beworben hat.

Beispiel:

Der Arbeitgeber schreibt den Arbeitsplatz auch als Teilzeitstelle aus. Ein Bewerber ist an der Vollzeitstelle interessiert, ein andere möchte nur halbtags arbeiten. Der Arbeitgeber ist auch nach dem neuen Gesetz nicht verpflichtet, den Bewerber um die Teilzeitstelle zu nehmen.

Jedoch muss der Arbeitgeber die Arbeitnehmer, die ihren Wunsch nach einer Veränderung von Lage und/oder Dauer der Arbeitszeit angezeigt haben, über entsprechende Stellen zu informieren, die im Betrieb oder Unternehmen besetzt werden sollen (§ 7 Abs. 2 TzBfG).

Weiter muss er dafür Sorge tragen, dass auch teilzeitbeschäftigte Arbeitnehmer an Aus- oder Weiterbildungsmaßnahmen zur Förderung der beruflichen Entwicklung und Mobilität teilnehmen können. Dies gilt jedoch dann nicht, wenn dringende betriebliche Gründe oder die Aus- und Weiterbildungswünsche anderer Arbeitnehmer dem entgegenstehen (§ 10 TzBfG).

Beispiel:

Der Arbeitgeber bietet Wochenendseminare zur Fortbildung an neuen Maschinen an. Er muss auch den Teilzeitbeschäftigten die Teilnahme hieran ermöglichen. Ist jedoch die Teilnehmerzahl begrenzt, hat der Teilzeitbeschäftigte nicht automatisch einen Anspruch auf Teilnahme. Der Arbeitgeber muss dann ein gerechtes Auswahlverfahren durchführen.

Der Arbeitnehmer muss vom Arbeitgeber nicht auf die negativen Auswirkungen der Teilzeitarbeit auf die Leistungen der betrieblichen Altersversorgung hingewiesen werden (LAG Nürnberg v. 21.12.2015, Az. 3 Sa 249/15).

Der Arbeitgeber muss auch den Betriebsrat über Teilzeitarbeit im Betrieb oder Unternehmen informieren. Dazu gehören insbesondere Informationen über

- vorhandene Teilzeitarbeitsplätze
- geplante Teilzeitarbeitsplätze
- Umwandlung von Teilzeit- in Vollzeitarbeitsplätze und umgekehrt.

Dem Betriebsrat sind auch die entsprechenden Unterlagen zur Verfügung zu stellen.

Beispiel:

Der Arbeitgeber möchte beim Aufbau einer neuen Abteilung vorrangig Teilzeitarbeitsplätze einrichten, weil er sich hiervon eine größere Flexibilität verspricht. Er muss den Betriebsrat über seine Absicht informieren. Unabhängig von konkreten Veränderungsplänen kann der Betriebsrat aber auch Auskunft darüber verlangen, wie viel Teilzeitarbeitsplätze im Betrieb insgesamt oder in bestimmten Abteilungen existieren und ob hier Veränderungen geplant sind.

Der Gesetzgeber hat hier eine zusätzliche Informationspflicht geschaffen. Die sonstigen Beteiligungsrechte des Betriebsrats bestehen daneben weiter.

II. Anspruch auf Teilzeitbeschäftigung

1. Voraussetzungen

Das Gesetz über Teilzeitarbeit enthält einen Anspruch auf Verringerung der Arbeitszeit. Die Grundvoraussetzungen sind folgende:

- Das Arbeitsverhältnis muss länger als sechs Monate bestanden haben; der Arbeitnehmer kann die Verringerung der Arbeitszeit grundsätzlich auch dann verlangen, wenn er schon teilzeitbeschäftigt ist (BAG v. 13.11.2012, Az. 9 AZR 259/11).
- Der Arbeitgeber muss in der Regel mehr als 15 Arbeitnehmer beschäftigten. Auszubildende werden dabei nicht mitgerechnet. Teilzeitbeschäftigte zählen jedoch, anders als beim Kündigungsschutzgesetz, voll mit.

Beispiel:

Der Arbeitnehmer beschäftigt zehn Arbeitnehmer mit der vollen Arbeitszeit, drei Halbtagskräfte und drei weitere Arbeitnehmer mit einem Viertel der regelmäßigen Arbeitszeit. Die Vollzeitkräfte haben einen Anspruch auf eine Verringerung der Arbeitszeit, wenn auch die übrigen Voraussetzungen vorliegen.

- Der Arbeitnehmer muss seinen Wunsch nach Verringerung der Arbeitszeit und die gewünschte Verteilung der Arbeit mindestens drei Monate vorher in Textform (§ 8 Abs. 2 Satz 1 TzBfG) geltend machen. Erfolgt die Geltendmachung nicht rechtzeitig, so verschiebt sich der Beginn der Teilzeitarbeit nach hinten.

Beispiel:

Der Arbeitnehmer macht am 1.3. geltend, dass er ab dem 1.4. nur noch mit ¾ der vollen Arbeitszeit tätig sein wolle. Er kann, sofern die übrigen Voraussetzungen vorliegen, erst am 1.6. die Arbeitszeit reduzieren.

- Es dürfen keine betrieblichen Gründe der Arbeitszeitverringerung entgegenstehen. In diesem Fall kann der Arbeitgeber die Zustimmung zur Teilzeitarbeit verweigern. Dabei ist auf den Zeitpunkt abzustellen, zu dem der Arbeitgeber die Ablehnung erklärt. Es handelt sich jedoch um eine Prognoseentscheidung. Wegen der Ankündigungsfrist von drei Monaten muss der Arbeitgeber nicht entscheiden, ob die betrieblichen Gründe heute dagegen stehen, sondern ob sie in drei Monaten zu erwarten sind. Ähnlich wie bei betriebsbedingten Kündigungen müssen bei der Ablehnung greifbare Anhaltspunkte dafür vorliegen, dass der Arbeitszeitreduzierung zum gewünschten Zeitpunkt betriebliche Belange entgegenstehen werden. Die betrieblichen Gründe i. S. d. § 8 Abs. 4 Satz 1 TzBfG sind nicht arbeitsplatz-, sondern betriebsbezogen zu bestimmen. So konnte eine Arbeitnehmerin ihr Teilzeitbegehren durchsetzen, obwohl in ihrer bisherigen Abteilung ihr Teilzeitbegehren aufgrund des Wechselschichtsystems nicht möglich war. Sie hätte in einer anderen Abteilung beschäftigt werden können (LAG Rheinland-Pfalz v. 7.7.2016, Az. 2 Sa 558/15).

Der Gesetzgeber hat nicht definiert, welches Gewicht die betrieblichen Gründe haben müssen. In der Rechtsprechung wurden folgende **Verweigerungsgründe** anerkannt:

- Unverhältnismäßig hohe Kosten. Ein Arbeitgeber ist nicht verpflichtet, für eine weitere Arbeitskraft 70.000,– Euro im Jahr der Einstellung (Ausbildungs-, Einarbeitungs- und Personalbeschaffungskosten) sowie weitere 30.000,– Euro für jedes folgende Beschäftigungsjahr zu tragen. Der Arbeitnehmer drang auch nicht mit dem Argument durch, er könne durch Arbeitsverdichtung das bisherige Arbeitspensum in 30 statt bisher 37,5 Stunden schaffen. Weiter können z. B. lange Einarbeitungszeiten der neu einzustellenden Mitarbeiter oder die Kosten für die Einrichtung des zweiten Arbeitsplatzes einen Verweigerungsgrund darstellen. Hierbei kann es sich sowohl um die Kosten für technische Apparaturen am Arbeitsplatz selber handeln als auch z. B. um Kraftfahrzeuge. Ebenso kommen übermäßig hohe Lohnkosten für Ersatzarbeitnehmer in Betracht. Dazu kann es kommen, wenn die fehlenden Arbeitsstunden durch Überstunden anderer Arbeitnehmer ausgeglichen werden müssen, für die wiederum hohe Zuschläge zu zahlen sind. Ähnliches kann sich im Bereich der Schichtarbeit ergeben. Der Arbeitnehmer kann dem nicht entgegenhalten, dass er selbst durch Arbeitsverdichtung oder Arbeitsbereitschaft das bisherige Arbeitspensum in der verringerten Arbeitszeit erledigen könne.
- Das Kindesinteresse an einer täglichen kontinuierlichen Betreuung durch dasselbe Personal in einem heilpädagogischen Kindergarten. Hier wurden der Leiterin mit Erfolg betriebliche Ablehnungsgründe entgegengehalten.
- Ein arbeitgeberseitiges Gesamtkonzept, in dem er nachvollziehbar darlegt, warum er meint, entweder insgesamt oder in bestimmten Bereichen keine Teilzeitkräfte beschäftigen zu können. Das betriebliche Organisationskonzept ist nicht mit der vom Arbeitgeber als erforderlich angesehenen Arbeitszeitregelung gleichzusetzen, sondern dieser vorgelagert. Ein betrieblicher Grund im Sinne von § 8 Abs. 4 Satz 1 und Satz 2 TzBfG liegt nicht schon allein deshalb vor, weil der konkrete Teilzeitwunsch des Arbeitnehmers sich nicht unter einen vom Arbeitgeber nach eigenem Gutdünken geschaffenen numerus clausus bestimmter Teilzeitformen fassen lässt. Auch ein Teilzeitvergabemodell, das ausschließlich die Bewilligung einer befristeten Reduzierung der Arbeitszeit vorsieht, entspricht nicht den Vorgaben (LAG Köln v. 28.11.2019, Az. 7 Sa 368/19).
- Betriebliche Gründe liegen in diesem Zusammenhang vor, wenn das Teilzeitverlangen nicht in Übereinstimmung mit Organisationsentscheidungen des Arbeitgebers gebracht werden kann und das betriebliche Organisationskonzept sowie die zugrunde liegende unternehmerische Aufgabenstellung wesentlich beeinträchtigt. Dieses Konzept können die Gerichte für Arbeitssachen nicht auf seine Zweckmäßigkeit überprüfen, denn damit würden sie in den Kernbereich der unternehmerischen Organisationskompetenz eingreifen. Sofern das Konzept von plausiblen wirtschaftlichen bzw. unternehmenspolitischen Gründen getragen ist, muss es grundsätzlich der Entscheidungsfindung zugrunde gelegt werden. Es darf jedoch nicht offenkundig willkürlich sein. Die Gerichte können aber überprüfen, ob das Konzept auch tatsächlich die konkret begehrte Teilzeitbeschäftigung ausschließt. Sie können auch überprüfen, ob der Arbeitgeber das Konzept auch voll-

ständig umsetzt. Wenn er sich in Teilbereichen seiner eigenen Organisationsentscheidung zuwider verhält, kann er diese nicht dem Teilzeitbegehren entgegenhalten (LAG Rheinland-Pfalz v. 17.6.2015, Az. 4 Sa 216/14). So kann das Organisationskonzept des Arbeitgebers zur Aufrechterhaltung der ganztägigen Erreichbarkeit für die Kunden darin bestehen, dass neben der Abdeckung des Grundbedarfs durch die Vollzeitkräfte ein variabler Personaleinsatz der Teilzeitkräfte erfolgt, um die Schwankungen im Anrufverhalten der Kunden zu berücksichtigen. Dies kann dem Wunsch des Arbeitnehmers entgegenstehen, nur vormittags beschäftigt zu werden (LAG Rheinland-Pfalz v. 11.10.2012, Az. 10 Sa 302/12).

Beispiel:

Eine Arbeitnehmerin war in einem Teppichhaus beschäftigt, das mindestens wöchentlich 60 Stunden geöffnet ist. Die Arbeitszeit einer Vollzeitkraft dauert im Durchschnitt 37,5 Stunden in der Woche. Sie verlangte eine Verkürzung ihrer durchschnittlichen wöchentlichen Arbeitszeit auf 25 Stunden. Der Arbeitgeber wollte, dass seine Kunden einen festen Ansprechpartner haben, wenn sie zu Rückfragen noch einmal kommen. Dies ist im Prinzip zu billigen. Ist aber auch bei einer Vollzeitbeschäftigung keineswegs sicher, dass die Kunden sie wieder antreffen, liegt kein Verweigerungsgrund vor. Angesichts der 60-stündigen Ladenöffnungszeit werde durch die Teilzeitbeschäftigung das betriebliche Organisationskonzept nicht wesentlich beeinträchtigt. Dadurch erhöht sich lediglich die Wahrscheinlichkeit, dass Kunden sie für Rückfragen nicht antreffen. Der Arbeitgeber musste hier ohnehin Vorkehrungen für den Fall treffen, dass der Kunde den Verkäufer nicht antrifft, an den er sich ursprünglich gewandt hatte.

- Die Verpflichtung einer Leiharbeitsfirma, bei einem Kunden nur Arbeitnehmer mit einer bestimmten Mindeststundenzahl einzusetzen, steht dem Teilzeitbegehren nicht zwingend entgegen. Der Arbeitgeber muss jedenfalls die Möglichkeit eines Ringtausches von Arbeitnehmern prüfen (BAG v. 13.11.2012, Az. 9 AZR 259/11).
- Eine erhebliche Störung des im Betrieb praktizierten Arbeitszeitsystems kann die Ablehnung begründen, wenn entweder der betroffene Arbeitnehmer oder andere nicht mit ihrer gesamten vertraglichen Arbeitszeit eingesetzt werden können. Hierzu vertritt jedoch das LAG Hessen die Auffassung, dass der Umstand, dass die vom Arbeitnehmer begehrte Teilzeit keinem der arbeitgeberseits angebotenen Teilzeitmodellen entspricht, seinem Teilzeitverlangen nicht entgegensteht (LAG Hessen v. 8.5.2023, Az. 17 Sa 1165/22).
- Die Notwendigkeit eines kontinuierlichen Einsatzes desselben Arbeitnehmers über mehrere Tage. Ist etwa bei einer Revision einer komplizierten technischen Anlage ein Bauteil zunächst zu zerlegen und später wieder zusammenzusetzen, so liegt es zweifellos im Rahmen einer zweckmäßigen und sachgerechten Arbeitsorganisation, dass ein und derselbe Arbeitnehmer diese Tätigkeit ganzheitlich erledigt, weil etwa das Zusammensetzen zerlegter Bauteile ohne Kenntnis des früheren Zustandes Fehlermöglichkeiten birgt oder zu Verzögerungen führt. Auch die Besonderheiten des Flugbetriebes rechtfertigen nicht per se die Verweigerung von Teilzeitarbeit (LAG Köln v. 22.7.2016, Az. 4 Sa 1179/15).

- ▸ Die Notwendigkeit intensiver bzw. häufiger Übergabegespräche. Entsprechendes gilt für Team- oder Gruppenarbeit. Die Übergabegespräche müssen aber einen für den Arbeitgeber unzumutbaren Umfang haben. Allein der Umstand, dass sie stattfinden müssen reicht nicht aus, weil ein vielfach mit der Teilzeitarbeit einhergehendes Phänomen ist. Man wird hier aber immer zu beachten haben, dass der Arbeitgeber immer mit einer krankheits- oder urlaubsbedingten Abwesenheit des Arbeitnehmers rechnen muss. Allein der pauschal vorgetragene Wunsch nach einer intensiven Kundenbetreuung reicht daher nicht aus. Vielmehr muss der Arbeitgeber darlegen, warum der Arbeitnehmer bei Krankheit oder Urlaub ersetzbar ist, aber Gründe bestehen, die der Teilzeit entgegenstehen. Dabei kann es darauf ankommen, dass eine vorübergehende Überbrückung möglich ist, nicht aber der dauernde Wechsel des Mitarbeiters, der den jeweiligen Kunden betreut.
- ▸ Betriebsvereinbarungen über die Lage der Arbeitszeit können den Arbeitgeber zur Verweigerung berechtigen, wenn der Arbeitszeitwunsch dagegen verstoßen würde. Dies gilt sowohl bezüglich des Umfangs als auch bezüglich der Verteilung der Arbeitszeit. Zumeist wird es jedoch ein Problem der Verteilung der Arbeitszeit sein. Der Betriebsrat muss aber auch darauf achten, dass die Vereinbarkeit von Familien- und Erwerbstätigkeit gefördert wird. Eine Ausnahme gilt allerdings dann, wenn es sich um einen Einzelfall handelt, bei dem die Interessen anderer Mitarbeiter weder durch Arbeitsverdichtung noch durch Mehrarbeit oder andere Auswirkungen berührt werden.

Beispiel:

Es besteht eine Betriebsvereinbarung, wonach die Arbeitszeit ausnahmslos auf alle fünf Werktage der Woche zu verteilen ist. Ein Arbeitnehmer begehrt eine Arbeitszeitreduzierung und die Verteilung auf vier Wochentage. Der Arbeitgeber kann dieser Verteilung wegen der Betriebsvereinbarung widersprechen, wenn andere Arbeitnehmer dadurch Nachteile hätten. Ob er auch die Arbeitszeitreduzierung widersprechen kann, richtet sich danach, ob er auch hierfür besondere Gründe hat.

Durch eine Betriebsvereinbarung dürfen aber die Teilzeitstellen nicht kontingentiert werden. Es ist auch unzulässig, die gesetzlich zulässige Bandbreite von Teilzeitmodellen durch eine Betriebsvereinbarung einzuschränken (BAG v. 20.1.2015, Az. 9 AZR 735/13).

- ▸ Der Arbeitgeber kann weiter einwenden, dass er auf dem Arbeitsmarkt keinen adäquaten Ersatzarbeitnehmer findet. Hierbei muss er aber genau vortragen, mit welcher Qualifikation der Arbeitnehmer gesucht wird und ob nicht auch ein Arbeitnehmer ohne die spezielle Ausbildung des zu ersetzenden Arbeitnehmers ausreicht.

Beispiel:

In dem o. g. Fall wollte ein Betriebselektriker, der eine bestimmte Ausbildung hat, die Arbeitszeit um die Hälfte reduzieren. Der Arbeitgeber legte nachvollziehbar dar, dass ein Arbeitnehmer mit dieser Sonderqualifikation nicht als Halbtagskraft auf dem Markt zu finden sei. Üblicherweise haben aber Betriebselektriker mit einer solchen Aufgabenstellung nicht diese Zusatzqualifikation. Der Arbeitgeber wird darlegen müssen, dass auch andere geeignete Betriebselektriker auf dem Arbeitskräftemarkt nicht zu finden sind.

Der Arbeitnehmer kann weder verlangen, dass zum Ausgleich seiner verminderten Arbeitszeit eine Vollzeitkraft neu eingestellt und gleichzeitig die Überstunden anderer Arbeitnehmer abgesenkt werden. Er kann auch nicht verlangen, dass die fehlende Zeit durch die vermehrte Leistung von Überstunden anderer Arbeitnehmer kompensiert wird.

- Teilzeitbegehren anderer Mitarbeiter: Dabei lässt sich jedoch keine starre Regelung aufstellen, dass der Arbeitgeber ab einer bestimmten Anzahl von Teilzeitwünschen zur Ablehnung befugt wäre. Insbesondere kann nicht die 5 %-Grenze für die Altersteilzeit (§ 3 Abs. 1 Nr. 3 AltersteilzeitG) analog herangezogen werden. Zu einem betrieblichen Interesse an der Ablehnung kann es kommen, wenn andere Arbeitnehmer in demselben Tätigkeitsbereich ihre Arbeitszeit ähnlich reduzieren wollen und es durch die Lage der Arbeitszeit dann zu Besetzungslücken käme. Gegenüber welcher Mitarbeiterin er dies tut, muss er nach billigem Ermessen (§ 315 BGB) entscheiden. Dabei kommt es u. a. auf die Motive für die gewünschte Lage der Arbeitszeit an (LAG Köln v. 28.11.2019, Az. 7 Sa 368/19). Äußern sich die Arbeitnehmer nicht zu ihren Motiven für die gewünschte Arbeitszeitverkürzung, kann der Arbeitgeber andere Kriterien wie z. B. die Dauer der Betriebszugehörigkeit heranziehen. Er muss aber keine Sozialauswahl im strengen Sinne durchführen. Sind keine konkreten Anhaltspunkte für die Vorzugswürdigkeit eines bestimmten Arbeitnehmers vorhanden, ist er in seiner Entscheidung frei. Das Hessische LAG vertritt die Auffassung, dass der Teilzeitwunsch eines Arbeitnehmers nicht gegenüber den Interessen anderer Arbeitnehmer abzuwägen sei (Hessisches LAG v. 8.5.2023, Az. 17 Sa 1165/22).

- Auch **künstlerische Belange** können die Ablehnung rechtfertigen, denn die Aufzählung der betrieblichen Gründe in § 8 Abs. 4 Satz 2 TzBfG ist nicht abschließend. Dabei kommen auch subjektive künstlerische Vorstellungen in Betracht. An die Darlegung der Beeinträchtigung der Kunstfreiheit des Arbeitgebers durch die begehrte Arbeitszeitreduzierung dürfen keine überzogenen Anforderungen gestellt werden, sie müssen jedoch nachvollziehbar sein. In Orchestern mit nur einer Planstelle für ein Instrument, etwa für die Harfe, kann der Teilzeitanspruch ausgeschlossen sein (LAG Schleswig-Holstein v. 4.12.2024, Az. 6 Sa 211 öD/24, nicht rechtskräftig, Revision anhängig unter 9 AZR 32/25).

- Sicherheit im Betrieb: Der Arbeitgeber kann auch dann die Verringerung der Arbeitszeit ablehnen, wenn dies die Sicherheit im Betrieb wesentlich gefährden würde. Hier muss es gerade die Reduzierung der Arbeitszeit sein, die zu der Sicherheitsgefährdung führt, indem z. B. Unfallverhütungsvorschriften nicht mehr eingehalten werden können. Der Anwendungsbereich dieser Fallgestaltung dürfte aber nicht allzu groß sein. Am ehesten dürfte sich die Vorschrift in den Fällen auswirken, in denen z. B. eine Fachkraft für die Arbeitssicherheit seine Arbeitszeit reduzieren möchte und geeignete Kräfte zur Schließung der Lücke nicht zu finden sind.

- Schulungsveranstaltungen: Der pauschale Hinweis des Arbeitgebers auf die Notwendigkeit von Schulungsveranstaltungen steht dem Teilzeitbegehren nicht entgegen. Vielmehr muss der Arbeitgeber die mit der Verringerung und Neuverteilung der Arbeitszeit des Arbeitnehmers einhergehenden Kosten konkret prognostizieren, damit beurteilt werden kann, ob diese unzumutbar hoch sind. Auch der Hinweis auf die „Besonderheiten des Luftverkehrs" ist nicht ausreichend (BAG v. 20.1.2015, Az. 9 AZR 735/13).

- Schwellenwerte: Umstritten ist die Frage, ob das Überschreiten von Schwellenwerten eine unverhältnismäßige Kostenbelastung darstellen kann. Dies kann eine Rolle spielen bei der Größe des Betriebsrats, der Anzahl freizustellender Betriebsratsmitglieder oder der Frage, ob dem Betriebsrat größere Beteiligungsrechte zustehen. Nach Ansicht des Verfassers kann dies keinen Ablehnungsgrund darstellen. Diese Konsequenzen ergeben sich aus dem Betriebsverfassungsgesetz und sind damit nur eine mittelbare Folge der Arbeitszeitreduzierung. Es sind aber nur solche Kosten zu berücksichtigen, die ihre direkte Ursache in der Arbeitszeitreduzierung haben.

Die „normalen" Belastungen des Arbeitgebers, die typischerweise mit einer Verringerung der Arbeitszeit einhergehen, wie z. B. die größere Belastung des Personalbüros, sind hingegen nicht ausreichend. Es reicht auch nicht aus, dass der Arbeitgeber seine Arbeitsabläufe „bestmöglich und effektiv" gestalten möchte. Es bedarf hier einer genaueren Darlegung. Auch die bloße Vorgabe, die Position der Filialleitung nicht mit Teilzeitbeschäftigten zu besetzen, stellt kein Organisationskonzept im Sinne des § 8 Abs. 4 Satz 2 TzBfG dar. Das gewünschte Arbeitszeitmodell muss sich vielmehr als notwendige Folge aus einem bestimmten Organisationskonzept ableiten lassen. Es wird noch kein Organisationskonzept dargelegt, wenn der Arbeitgeber vorbringt, die Aufgaben sollten nach seiner unternehmerischen Zielsetzung von einer Vollzeitkraft erledigt werden. Das gilt auch für Leitungsfunktionen. Sonst könnte der Arbeitgeber jedem Teilzeitverlangen mit dem Argument entgegnen, er wolle nur Vollzeitarbeitnehmer in bestimmten Positionen beschäftigen (LAG Mecklenburg-Vorpommern v. 26.9.2023, Az. 2 Sa 29/23).

Es ist unerheblich, wenn der Arbeitnehmer bei einer Betriebsänderung in einer Namensliste der zu kündigenden Arbeitnehmer aufgeführt ist. Die gesetzliche Vermutung in § 1 Abs. 5 Satz 1 KSchG ist auf betriebsbedingte Kündigungen beschränkt, die gegenüber einem im Interessenausgleich namentlich bezeichneten Arbeitnehmer ausgesprochen werden. Unterbleibt der Ausspruch einer betriebsbedingten Kündigung aus Rechtsgründen, lässt sich die Vorschrift nach der Rechtsprechung des BAG nicht dahin auslegen, dass auch das Vorliegen eines dringenden betrieblichen Grunds zu vermuten ist, der einem Teilzeitverlangen entgegengehalten werden könnte (BAG v. 5.9.2023, Az. 9 AZR 329/22).

Der Arbeitgeber darf die Teilzeitarbeit auch nicht von der Unterzeichnung eines neuen Arbeitsvertrages abhängig machen, in dem ein anderer Tarifvertrag vereinbart werden soll. Wenn der Arbeitnehmer bisher während der Elternzeit eine Teilzeitbeschäftigung ausgeübt hat, muss der Arbeitgeber im Einzelnen darlegen, warum dies nicht auf Dauer möglich sein soll.

Die Tarifvertragsparteien können auch festlegen, welche Ablehnungsgründe in Betracht kommen. Diese Ablehnungsgründe können zwischen Arbeitnehmer und Arbeitgeber auch dann vereinbart werden, wenn sie nicht tarifgebunden sind, aber grundsätzlich im Geltungsbereich eines solchen Tarifvertrags liegen. Eine Vereinbarung mit dem Betriebsrat kommt hingegen nicht in Betracht (Hessisches LAG v. 25.3.2013, Az. 17 Sa 976/12).

Beispiel:

In einem bestimmten Tarifvertrag ist festgelegt, dass in dort genau definierten Fällen ein Grund für den Arbeitgeber vorliegt, seine Zustimmung zur Teilzeitarbeit zu verweigern. Der Arbeitgeber ist im Geltungsbereich des Tarifvertrags, hat aber nie seinen Beitritt zum Arbeitgeberverband erklärt. Daher gelten die tariflichen Bestimmungen nicht unmittelbar. Er kann jedoch mit einem Arbeitnehmer im Einzelarbeitsvertrag genau die Ablehnungsgründe vereinbaren, die im Tarifvertrag genannt worden sind.

Die Tarifpartner dürfen jedoch nur die gesetzlichen Regelungen konkretisieren und nicht zulasten der Arbeitnehmer davon abweichen (LAG Mecklenburg-Vorpommern v. 26.9.2023, Az. 2 Sa 29/23).

WICHTIG!

§ 8 TzBfG begründet nicht nur für die Verringerung der Arbeitszeit, sondern auch für ihre Verteilung bis zu den Grenzen des Rechtsmissbrauchs (§ 242 BGB) einen Anspruch auf Vertragsänderung. Der Arbeitnehmer kann deshalb nicht nur eine proportionale Verkürzung der Arbeitszeit an fünf Tagen von Montag bis Freitag verlangen. Er hat auch einen Anspruch darauf, in der Viertagewoche statt in der Fünftagewoche zu arbeiten. Aus dem Gesetz lässt aber kein Anspruch darauf herleiten, die durch die Verringerung der Arbeitszeit

auf die Hälfte verbleibende Arbeitszeit in der Weise zu verteilen, dass im Wechsel ein Monat gearbeitet wird und ein Monat arbeitsfrei ist (das LAG Köln hat aber eine Verteilung dahin für möglich gehalten, dass in einzelnen Monaten eine Freistellung erfolgt, Urteil v. 10.10.2012, Az. 5 Sa 445/12; ähnlich auch LAG Köln v. 12.3.2020, Az. 8 Sa 378/19; zu den Besonderheiten im Luftverkehr gibt es aber eine differenzierende Entscheidung des Hessischen LAG v. 17.12.2012, Az. 17 Sa 613/12). In der Folge entschied dieselbe 17. Kammer des LAG Hessen, dass der allgemein gehaltene Hinweis auf die Besonderheiten von Luftfahrtunternehmen nicht ausreiche, um die Annahme zu rechtfertigen, es liege ein entgegenstehender betrieblicher Grund vor. Verlange ein Arbeitnehmer, dass seine Arbeitszeit nur geringfügig reduziert werde, indiziere dies nicht per se einen Rechtsmissbrauch (LAG Hessen v. 4.12.2023, Az. 17 Sa 450/23). Aber: Ein Antrag auf Reduzierung der Arbeitszeit um $^1/_{12}$ mit dem Ziel der dauerhaften Freistellung im Ferienmonat August kann rechtsmissbräuchlich sein, wenn dieser Monat regelmäßig zu den arbeitsintensivsten Monaten zählt und Urlaubswünsche anderer Arbeitnehmer dadurch von vornherein deutlich eingeschränkt würden (LAG Nürnberg, Urt. v. 27.8.2019, Az. 6 Sa 110/19). Es kann auch rechtsmissbräuchlich sein, wenn der Arbeitnehmer lediglich eine geringfügige Verkürzung der Arbeitszeit verlangt und es ihm lediglich um eine Veränderung der Verteilung der Arbeitszeit geht (Hessisches LAG v. 21.9.2017, Az. 11 Sa 1495/16). Hierfür müssen aber besondere Umstände vorliegen (BAG v. 11.6.2013, Az. 9 AZR 786/11). Je geringer die gewünschte Reduzierung des Arbeitszeitvolumens ausfällt, desto geringer ist in der Regel das schutzwürdige Interesse des Arbeitnehmers daran, massiv in die bisherige Lage der Arbeitszeit einzugreifen (ArbG Mannheim v. 14.4.2015, Az. 8 Ca 91/14). Auch die Inanspruchnahme einer verblockten Teilzeit für sechs Sommermonate wurde als rechtsmissbräuchlich angesehen (LAG Köln v. 30.6.2014, Az. 2 Sa 977/13), nicht hingegen der Antrag eines Piloten, in den Schulferien seiner Kinder im Wege der Arbeitszeitverringerung für einen Monat freigestellt zu werden (LAG Berlin-Brandenburg v. 23.2.2017, Az. 5 Sa 1745/16). Das LAG Hamm hat entschieden, dass auch eine im Block erfolgende wiederkehrende, vollständige Freistellung für mehrere Monate im Jahr, z. B. von Mai bis Oktober – Gegenstand eines Verringerungsantrags gemäß § 8 TzBfG sein könne und die tarifvertragliche Arbeitszeit als solche kein Organisationskonzept im Sinne einem Teilzeitverlangen entgegenstehender betrieblicher Belange darstelle (LAG Hamm v. 29.1.2020, Az. 6 Sa 1081/19). Das BAG hat zum einen entschieden, dass die Reduzierung der Arbeitszeit um 3.28 %, verbunden mit der gewünschten Arbeitszeitverteilung, die eine Freistellung immer zwischen dem 22.12. und 2.1. rechtmissbräuchlich sei (BAG v. 11.6.2013, Az. 9 AZR 786/11), zum anderen, dass eine Reduzierung um 8,2 % mit der Freistellung zwischen dem 17.12. und 15.1 grundsätzlich möglich ist (BAG v. 24.6.2008, Az. 9 AZR 313/07; s. weiter LAG Hessen v. 2.3.2023, Az. 11 Sa 1342/22, Rechtsmissbrauch nur, „wenn ihr kein schutzwürdiges Eigeninteresse zugrunde liegt und sie nur als Vorwand zur Erreichung vertragsfremder Zwecke dient."). Die Darstellung dieser unterschiedlichen Entscheidungen zeigt, wie stark einzelfallbezogen die Rechtsprechung ist. Es ist daher schwierig, im Einzelfall den Ausgang eines Verfahrens zu prognostizieren.

Kinderbetreuung: Bei der Bestimmung der Lage der Arbeitszeit muss der Arbeitgeber nach Möglichkeit auch auf die Personensorgepflichten des Arbeitnehmers Rücksicht nehmen, sofern betriebliche Gründe oder berechtigte Belange anderer Arbeitnehmer nicht entgegenstehen. Dass es anderen Mitarbeitern gelingt, ihre arbeitsvertraglichen und ihre familiären Pflichten miteinander zu vereinbaren, rechtfertigt es nicht, diese durch die vermehrte Zuweisung ungünstiger Schichten zusätzlich zu belasten und gegenüber einer alleinerziehenden Arbeitnehmerin zu benachteiligen (LAG Mecklenburg-Vorpommern v. 13.7.2023, Az. 5 Sa 139/22).

2. Prozedere

Der Gesetzgeber hat ein bestimmtes Verfahren vorgeschrieben, das die Arbeitsvertragsparteien einhalten müssen, wenn sie ihre Rechte wahren wollen.

- Der Arbeitnehmer muss drei Monate vor Beginn der Teilzeitarbeit sein Begehren in Textform an den Arbeitgeber herantragen.

  Ein zu kurzfristig gestelltes Begehren ist so auszulegen, dass der Arbeitnehmer die Arbeitszeit zum nächstzulässigen Termin reduzieren möchte. Konkretisiert der Arbeitnehmer sein Verlangen auf Verringerung der Arbeitszeit nicht auf einen bestimmten zeitlichen Umfang und räumt er dem Arbeitgeber kein Recht zur Bestimmung des Umfangs der Verringerung ein, liegt kein wirksames Verlangen vor. Entsprechendes gilt, wenn der Arbeitnehmer die Reduzierung nur zeitlich begrenzt fordert.

WICHTIG!

Der Antrag ist ein Angebot auf eine Änderung des bestehenden Arbeitsvertrages. Er muss daher so formuliert sein, dass er vom Arbeitgeber durch ein schlichtes „Ja" angenommen werden kann, d. h. der Inhalt des Angebots muss so bestimmt sein, dass keine Unklarheiten über den Inhalt des dann geänderten Vertrags bestehen (BAG v. 15.11.2011, Az. 9 AZR 729/07). Nur ein so formulierter Antrag ist geeignet, bei einem Schweigen des Arbeitgebers dessen Zustimmung zu fingieren. An diesen Antrag ist der Arbeitnehmer auch gebunden, ein Widerrufsrecht steht ihm nach Zugang seines Antrags beim Arbeitgeber nicht zu. Dies hat das BAG (Urteil v. 9.3.2021, Az. 9 AZR 312/20) für § 8 TzBfG alter Fassung entschieden, es dürfte aber auch weiterhin gelten.

- Der Arbeitgeber muss dieses Begehren mit dem Arbeitnehmer erörtern, und zwar mit dem Ziel, eine Einigung über die Reduzierung der Arbeitszeit zu erreichen. Die Erörterung muss sich auch auf die Verteilung der Arbeitszeit beziehen. Einklagbar ist diese Verpflichtung jedoch nicht. Im Sinne einer guten Zusammenarbeit und die Aufrechterhaltung der Motivation des Arbeitnehmers wird aber ohnehin jeder verständige Arbeitgeber diese Erörterung vornehmen, sodass die Vorschrift eher einen Appellcharakter hat, zumal der Gesetzgeber keine Konsequenzen für den Fall vorgesehen hat, dass die Erörterung nicht stattfindet. Das Bundesarbeitsgericht hat es auch abgelehnt, derartige Folgen ohne gesetzliche Grundlage zu entwickeln. Insbesondere gilt die Zustimmung nicht etwa als erteilt, wenn der Arbeitgeber den Wunsch ohne jede Verhandlung zurückweist. Der Arbeitgeber verliert dadurch auch nicht etwa sämtliche Ablehnungsgründe. Der Arbeitgeber kann dabei der Verkürzung zustimmen und dann die Verteilung der Arbeitszeit vornehmen. Dies kann der Arbeitnehmer vermeiden, indem er den Wunsch nach Teilzeitarbeit ausdrücklich an die Bedingung knüpft, dass auch die gewünschte Verteilung der Arbeitszeit erreicht wird. Hier kann der Arbeitgeber das Begehren nur insgesamt annehmen oder ablehnen. Der Arbeitnehmer muss den Antrag auf Verteilung der verbleibenden Arbeitszeit spätestens vor diesen Verhandlungen einbringen. Ansonsten kann der Arbeitgeber sie nach billigem Ermessen verteilen.
- Spätestens einen Monat vor dem beabsichtigten Beginn der Teilzeitbeschäftigung muss der Arbeitgeber seine Entscheidung schriftlich mitteilen.

ACHTUNG!

Hat der Arbeitgeber der Arbeitszeitverringerung nicht spätestens einen Monat vor ihrem geplanten Beginn schriftlich widersprochen, verringert sich die Arbeitszeit automatisch in dem vom Arbeitnehmer gewünschten Umfang. Der Arbeitgeber muss sich so behandeln lassen, als hätte er der angetragenen Vertragsänderung zugestimmt (BAG v. 20.1.2015, Az. 9 AZR 860/13). Wenn er Angebot des Arbeitnehmers nur unter Änderungen, Erweiterungen oder sonstigen Änderungen annehmen will, muss er dies in seiner Stellungnahme eindeutig zum Ausdruck bringen. Sonst kommt eine Vertragsänderung mit dem vom Arbeitnehmer gewünschten Inhalt zustande (BAG v. 9.3.2021, Az. 9 AZR 312/20). Es gilt das strenge Schriftformgebot. Es muss also wie bei einer Kündigung eine Unterzeichnung durch eigenhändige Namensunterschrift erfolgen. Die Textform reicht nicht aus (BAG v. 27.6.2017 – 9 AZR 368/16). Der Arbeitgeber muss den Zugang seines Widerspruchs beim Arbeitnehmer beweisen können. Daher ist dieses Schreiben mit derselben Sorgfalt zuzustellen wie eine Kündigung. Hinsichtlich der Verteilung der Arbeitszeit gilt Entsprechendes.

Die Berechnung der Frist erfolgt gem. §§ 187 Abs. 1, 188 Abs. 2, 2. Alt. BGB. Das bedeutet, dass der Tag, an dem der Antrag beim Arbeitgeber eingeht, bei der Fristberechnung nicht mitzuzählen ist.

Beispiel:

Will der Arbeitgeber eine Arbeitszeitreduzierung ab dem 1.7. ablehnen, muss die Ablehnungserklärung spätestens am 31.5. beim Arbeitnehmer eingehen.

Wenn dieser ein Sonnabend, Sonntag oder ein gesetzlicher Feiertag ist, muss der Arbeitnehmer den Antrag noch früher stellen. Nach der gesetzlichen Regelung endet zwar eine Frist, deren Ablauf auf einen dieser Tage fällt erst am Tag darauf. Hier geht es jedoch nicht um das Ende, sondern um den Beginn der Frist. Diesen kann der Arbeitnehmer ohne weiteres selbst beeinflussen, während es ansonsten vom Zufall abhängt, wann sie abläuft.

Beispiel:

Der Arbeitgeber möchte einer Verminderung der Arbeitszeit ab dem 1.8. widersprechen. Die Ablehnung müsste dem Arbeitnehmer spätestens am 30.6. zugehen. Fällt dieser auf einen Sonntag, muss er sie spätestens am 28.6. dem Arbeitnehmer zuleiten.

Die schriftliche Ablehnungserklärung muss nicht begründet werden.

Hat der Arbeitgeber seine Ablehnung rechtzeitig mitgeteilt, bleibt es erst einmal bei der bisherigen Regelung. Der Arbeitnehmer kann jedoch versuchen, die Änderung über das Arbeitsgericht zu erzwingen. Auch die Klage auf eine rückwirkende Reduzierung ist nach der neueren Rechtsprechung des BAG grundsätzlich zulässig (BAG v. 16.12.2014, Az. 9 AZR 915/13). In besonders dringenden Fällen ist auch der Erlass einer einstweiligen Verfügung möglich (LAG Berlin-Brandenburg v. 14.3.2012, Az. 15 SaGa 2286/11). Nach der Ablehnung kann der Arbeitnehmer seinen Wunsch nach einer bestimmten Verteilung nicht mehr ändern (LAG Rheinland-Pfalz v. 12.2.2020, Az. 7 Sa 79/19).

Ein erneutes Verlangen nach Verringerung der Arbeitszeit kann der Arbeitnehmer frühestens nach zwei Jahren verlangen (§ 8 Abs. 6 TzBfG). Die Frist beginnt mit dem Zeitpunkt zu laufen, in dem der Arbeitgeber einer Verringerung zugestimmt oder sie berechtigt abgelehnt hat. Damit trägt der Gesetzgeber dem Interesse des Arbeitgebers an einer Planungssicherheit Rechnung.

Beispiel:

Der Arbeitgeber hat am 1.5.2017 einer Verringerung der Arbeitszeit um ¼ zugestimmt. Der Arbeitnehmer kann frühestens zum 1.5.2019 eine weitere Verringerung verlangen. Der Arbeitgeber muss dann erneut prüfen, ob dringende betriebliche Gründe der weiteren Verringerung der Arbeitszeit entgegenstehen. Ist das der Fall, muss er das Begehren wiederum fristgerecht ablehnen, um zu vermeiden, dass sich die Arbeitszeit automatisch durch Fristablauf vermindert.

Eine Zustimmung im Sinne dieser Vorschrift liegt auch dann vor, wenn der Arbeitgeber dem Veränderungswunsch nicht rechtzeitig widerspricht oder zur Abgabe einer entsprechenden Erklärung verurteilt wird. Die Veränderungssperre wird auch dann ausgelöst, wenn man sich auf eine andere als vom Arbeitnehmer ursprünglich gewünschte Arbeitszeit einigt. Gleiches gilt für den Fall, dass der Arbeitgeber den Wunsch nach Arbeitszeitverringerung berechtigt ablehnt. Darunter sind allerdings nur die Fälle zu fassen, in denen der Arbeitgeber ausreichende betriebliche Gründe geltend gemacht hat. Wenn der Anspruch von vornherein etwa wegen Nichterfüllung der sechsmonatigen Wartezeit gar nicht bestand, wird durch ein derart unberechtigtes Verlangen keine Sperre ausgelöst. Durch eine unberechtigte Ablehnung wird die Sperrzeit nicht ausgelöst. Es kann jedoch schwierig zu klären sein, ob die erste Ablehnung seinerzeit zu Recht erfolgte oder nicht.

Wenn keine wirksame Zustimmung vorliegt, muss der Arbeitnehmer auf Erteilung der Zustimmung klagen. Erst mit Rechtskraft der Entscheidung gilt die Zustimmung als ersetzt. Wegen des langen Zeitraums über mehrere Instanzen wird auch vertreten, dass der Arbeitnehmer einen Hilfsantrag stellen kann, ihn bereits nach einem Obsiegen in der ersten Instanz zu der verringerten Arbeitszeit zu beschäftigen (ArbG Berlin v. 2.11.2020, Az. 19 Ca 9554/20). Es kommt auch der Erlass einer einstweiligen Verfügung in Betracht (LAG Köln v. 4.6.2021, Az. 5 Ta 71/21 für den Anspruch während der Elternzeit).

3. Brückenteilzeit (§ 9a TzBfG)

Durch das Brückenteilzeitgesetz ist das Recht der Teilzeitarbeit wesentlich mit Wirkung ab 1.1.2019 geändert und ergänzt worden.

Die Voraussetzungen von § 9a TzBfG orientieren sich einerseits an denjenigen von § 8 TzBfG, andererseits ist das Gesetz ein Kompromiss der Koalitionspartner, in dem andere Detailregelungen gefunden wurden.

- Ein Anspruch auf Brückenteilzeit setzt voraus, dass das Arbeitsverhältnis vor Antragstellung mehr als sechs Monate bestanden hat und der Arbeitgeber – ungeachtet der zur Berufsbildung Beschäftigten – in der Regel insgesamt mehr als 45 Arbeitnehmer beschäftigt. Brückenteilzeit muss für mindestens ein Jahr und kann höchstens für fünf Jahre beantragt werden. Insoweit sind Abweichungen durch Tarifvertrag (auch zuungunsten des Arbeitnehmers, vgl. § 22 Abs. 1 TzBfG) möglich.
- Das Verlangen nach Brückenteilzeit kann ein Arbeitgeber, der nicht mehr als 200 Arbeitnehmer beschäftigt nicht nur aus betrieblichen Gründen, sondern „auch" ablehnen, wenn zum Zeitpunkt des Beginns der begehrten Verringerung pro angefangene 15 Arbeitnehmer mindestens ein Arbeitnehmer bereits in Brückenteilzeit arbeitet.

  Die Ablehnung kann also erfolgen, wenn bei einer Arbeitnehmerzahl von in der Regel

  - mehr als 45 bis 60 bereits mindestens vier,
  - mehr als 60 bis 75 bereits mindestens fünf,
  - mehr als 75 bis 90 bereits mindestens sechs,
  - mehr als 90 bis 105 bereits mindestens sieben,
  - mehr als 105 bis 120 bereits mindestens acht,
  - mehr als 120 bis 135 bereits mindestens neun,
  - mehr als 135 bis 150 bereits mindestens zehn,
  - mehr als 150 bis 165 bereits mindestens elf,
  - mehr als 165 bis 180 bereits mindestens zwölf,
  - mehr als 180 bis 195 bereits mindestens dreizehn,
  - mehr als 195 bis 200 bereits mindestens vierzehn

  andere Arbeitnehmer bereits ihre Arbeitszeit nach § 9a Abs. 1 TzBfG verringert haben.
- Maßgeblich ist die Unternehmensgröße und nicht die Mitarbeiterzahl des Betriebes. Maßgeblich ist die Kopfzahl, jeder Arbeitnehmer zählt also unabhängig von der Länge seiner Arbeitszeit.
- Es gibt keine gesetzlichen Mindest- oder Höchstgrenzen für die Arbeitszeitreduzierung.
- Der Arbeitnehmer muss sein Begehren nicht begründen oder einen Anlass nachweisen.
- Ein Arbeitnehmer, der nach einer zeitlich begrenzten Verringerung der Arbeitszeit (Brückenteilzeit) zu seiner ursprünglichen vertraglich vereinbarten Arbeitszeit zurückgekehrt ist, kann eine erneute Verringerung der Arbeitszeit nach diesem Gesetz frühestens ein Jahr nach der Rückkehr zur ursprünglichen Arbeitszeit verlangen.
- Scheitert der Antrag aus betrieblichen Gründer (also wie bisher bei der unbefristeten Teilzeit, weil etwa kein Ersatz-

arbeitnehmer gefunden werden kann), ist ein neuer Antrag nach Ablauf von zwei Jahren möglich.

- Wenn dem Arbeitgeber die Brückenteilzeit unzumutbar ist, weil die o. g. Arbeitnehmerzahl nicht erreicht wurde, kann der zurückgewiesene Arbeitnehmer bereits nach einem Jahr einen neuen Antrag stellen.
- Während der Dauer der Brückenteilzeit ist eine (weitere) Verringerung oder Verlängerung der Arbeitszeit nach dem TzBfG ausgeschlossen; Änderungen aufgrund anderer Gesetze (BEEG, PflegeZ usw.) oder Individualvereinbarung bleiben möglich. Das bedeutet, dass eine Kombination mit anderen Teilzeitregelungen möglich ist. Beispiel: Der Arbeitnehmer hat während der Elternzeit die Arbeitszeit reduziert. Nach der Rückkehr zur ursprünglichen Arbeitszeit macht er sofort seinen Anspruch auf Brückenteilzeit für einen Zeitraum von einem bis fünf Jahren geltend. Nach Ablauf von drei Monaten kann er wieder in dem reduzierten Umfang arbeiten. Geht er in diesem Zeitraum erneut in Elternzeit, kann er seine Arbeitszeit weiter nach dem BEEG verringern.

WICHTIG!

Für den Arbeitnehmer ist von großer rechtlicher Bedeutung, nach welcher Vorschrift er einen Teilzeitanspruch geltend macht. Die Anspruchsvoraussetzungen sind sehr unterschiedlich, ebenso die Rechtsfolgen (Sonderkündigungsschutz z. B. beim BEEG).

- Nach Ablauf der Brückenteilzeit kehrt der Arbeitnehmer unbedingt zur Teil- oder Vollzeit, nicht notwendig aber zu seinem alten Arbeitsplatz (§ 106 GewO), zurück.
- Formaler Ablauf:
  - Der Antrag ist drei Monate vor dem Beginn der Reduzierung in Textform zu stellen:
  - Er ist mit dem Arbeitnehmer zu erörtern und spätestens einen Monat vor der beabsichtigten Reduktion schriftlich abzulehnen:
  - Erfolgt diese Ablehnung nicht, gilt die Brückenteilzeit als genehmigt.
  - Hält der Arbeitnehmer die dreimonatige Mindestankündigungsfrist auf zeitlich begrenzte Verringerung der Arbeitszeit nach § 9a TzBfG nicht ein, so kann dies nicht ohne Weiteres als ein zum frühestmöglichen Zeitpunkt wirkendes Angebot verstanden werden. Eine solche Auslegung ist nur möglich, wenn der Arbeitgeber aufgrund greifbarer Anhaltspunkte erkennen kann, ob der Arbeitnehmer die „Brückenteilzeit" verkürzen oder verschieben möchte. Der Arbeitgeber kann auf die Einhaltung der Frist verzichten. Dies muss aber hinreichend deutlich zum Ausdruck kommen (BAG v. 7.9.2021, Az. 9 AZR 595/20).

WICHTIG!

Es gibt folgende Beschränkungen des Teilzeitanspruchs nach vorangegangenen Antragstellungen:

- **Nach einer befristeten Reduzierung gem. § 9a TzBfG kann ein erneuter Antrag erst nach einem Jahr gestellt werden (§ 9a Abs. 5 Satz 1 TzBfG);**
- **nach berechtigter Ablehnung aufgrund betrieblicher Gründe beträgt die Sperrzeit zwei Jahre (Abs. 5 Satz 2 in Verbindung mit § 8 Abs. 6 TzBfG);**
- **nach berechtigter Ablehnung aufgrund der Überforderungsquote beträgt die Sperrfrist ein Jahr (Abs. 5 Satz 3);**
- **im Anschluss an Arbeitszeitreduzierungen nach anderen Gesetzen oder deren Ablehnung gibt es keine Sperrfrist, sondern nur die dreimonatige Ankündigungsfrist.**

III. Die Verlängerung der Arbeitszeit und die Änderung der Lage

§ 9 TzBfG enthält bei der Verlängerung der Arbeitszeit keine Regelungen zum Schicksal der Gegenleistung, also der Vergütung. Dies unterliegt der Vereinbarung der Vertragsparteien. Hierzu hat das BAG Folgendes entschieden: Können sich die Arbeitsvertragsparteien bei der Aufstockung der Arbeitszeit auf Vollzeit über die dafür geschuldete Vergütung nicht einigen, wird der auf die bisherige Teilzeitarbeit zugeschnittene Arbeitsvertrag insoweit lückenhaft und bedarf der Anpassung der Vergütung für den erhöhten zeitlichen Umfang der Arbeitsleistung im Wege der ergänzenden Vertragsauslegung. Bei der Aufstockung von Teilzeit auf Vollzeit wäre zumindest eine quotal dem Umfang der Erhöhung der Arbeitszeit entsprechende Vergütung vereinbart worden (BAG v. 13.12.2023, Az. 5 AZR 168/23).

1. Auf Wunsch des Arbeitgebers

Von der Änderung der vertraglichen Arbeitsbedingungen hinsichtlich der Dauer der Arbeitszeit kann der Arbeitgeber nur durch eine Änderungskündigung abrücken, auch wenn dies nicht ausdrücklich im TzBfG geregelt ist. Eine arbeitgeberseitige Änderungskündigung kann jedoch nur Aussicht auf Erfolg haben, wenn sich die Verhältnisse seit der Reduzierung der Arbeitszeit deutlich geändert haben. Insbesondere kann der Arbeitgeber sich nicht mehr auf die Gründe berufen, aus denen er – vergeblich – die Verkürzung der Arbeitszeit abgelehnt hat. Dies gilt auch für die Gründe, die damals schon vorlagen, aber nicht im Prozess um die Arbeitszeitverringerung vorgetragen wurden. Der Arbeitgeber muss darlegen und beweisen, dass er den Arbeitskräftebedarf nicht mit einem weiteren Teilzeitarbeitnehmer decken kann. Arbeitgeber und Arbeitnehmer können sich jederzeit einvernehmlich auf eine Verlängerung der Arbeitszeit verständigen.

Der Arbeitgeber kann erhöhten Arbeitskräftebedarf durch eine Vereinbarung über die Verlängerung der Arbeitszeit teilzeitbeschäftigter Arbeitnehmer decken. Bei der Auswahl, welcher Teilzeitkraft er zu diesem Zweck eine Vertragsänderung anbietet, ist der Arbeitgeber frei. Der Arbeitgeber ist nicht verpflichtet, das gestiegene Arbeitszeitvolumen anteilig auf alle interessierten Teilzeitbeschäftigten zu verteilen. Bei einer Einsatzsteuerung nach Fremdvorgaben aufgrund mitbestimmter Schichtpläne muss der Arbeitgeber im Fall eines Aufstockungsverlangens nach § 9 TzBfG darlegen, dass eine sinnvolle Schichtplangestaltung bei Zuordnung von Arbeitsstunden zu einem Vollzeitarbeitsverhältnis nicht mehr möglich ist. Er muss auch darlegen, dass alle Verhandlungsmöglichkeiten mit dem Betriebsrat zur Schichtplananpassung an die Arbeitszeitwünsche ausgeschöpft sind.

Vollkommen anders sieht die Rechtslage bei einer erneuten Änderung der Verteilung der Arbeitszeit aus. Hier hat das Gesetz eine Regelung getroffen. Der Arbeitgeber kann die Verteilung der Arbeitszeit – nicht deren Länge – wieder ändern, wenn das betriebliche Interesse daran das Interesse des Arbeitnehmers überwiegt und eine Ankündigungsfrist von einem Monat eingehalten worden ist (§ 8 Abs. 5 Satz 4 TzBfG). Dies gilt aber nicht, wenn eine feste Lage der Arbeitszeit vereinbart wurde, ohne dass der Arbeitnehmer vorher ein Teilzeitverlangen gestellt hätte.

Voraussetzung für eine einseitige Änderung der Lage der Arbeitszeit ist also, dass

- das betriebliche Interesse an der Änderung das Interesse an der Beibehaltung der Regelung durch den Arbeitnehmer überwiegt und
- der Arbeitgeber die Änderung spätestens einen Monat vorher angekündigt hat.

Beispiel:

Arbeitgeber und Arbeitnehmer vereinbaren die Reduzierung der Arbeitszeit auf 4/5, wobei der Freitag frei sein soll. Durch eine Änderung der Produktionsabläufe wird es aber unabdingbar, dass der Arbeitnehmer freitags im Betrieb anwesend ist. Hier kann der Arbeitgeber eine einseitige Änderung der Lage der Arbeitszeit vornehmen, wenn er dies einen Monat vorher ankündigt.

Bei der Änderung der Lage der Arbeitszeit ist es nicht notwendig, dass sich die Sachlage seit der Reduzierung der Arbeitszeit geändert hat.

Beispiel:

Der Arbeitgeber widerspricht der Arbeitszeitreduzierung nicht rechtzeitig. Sowohl Dauer als auch Lage der Arbeitszeit gelten danach als in diesem Sinne festgelegt. Der Arbeitgeber kann jedoch sogleich ankündigen, dass er die Lage der Arbeitszeit wegen eines betrieblichen Interesses wieder ändern wird. Nach einem Monat tritt dann diese Änderung der Lage – nicht der Länge! – der Arbeitszeit ein, wenn die betrieblichen Interessen tatsächlich überwiegen.

Diese Änderungsmöglichkeit besteht auch dann, wenn der Arbeitgeber vom Gericht verurteilt worden ist, einer Änderung der Arbeitszeit zuzustimmen.

Dabei muss aber stets das betriebliche Interesse deutlich schwerwiegender sein als das Interesse des Arbeitnehmers an der Beibehaltung der Regelung. Die beiderseitigen Interessen sind umfassend gegeneinander abzuwägen. Dabei kann auch das Ergebnis herauskommen, dass die Änderung nur in bestimmten Punkten wirksam ist, in anderen hingegen nicht. Das Gesetz enthält keine Regelung für den Fall, dass die Gründe für die Änderung nur vorübergehend sind. Nach Ansicht des Verfassers ist der Arbeitgeber verpflichtet, in diesem Fall auf Wunsch des Arbeitnehmers wieder zu der bisherigen Regelung zurückzukehren. Dies ergibt eine Auslegung des Gesetzes, nach der die Interessen des Arbeitnehmers nur dann zurückstehen müssen, wenn, soweit und solange die des Arbeitgebers überwiegen.

Für die Ankündigung ist keine Schriftform vorgesehen.

2. Auf Wunsch des Arbeitnehmers

Ein Teilzeitbeschäftigter, der einen Wunsch nach einer Verlängerung der Arbeitszeit bekundet hat, ist bei der Besetzung einer entsprechenden freien Stelle bei gleicher Eignung bevorzugt zu berücksichtigen. Die Vorschrift begründet einen einklagbaren Rechtsanspruch. Dies gilt jedoch dann nicht, wenn dem dringende betriebliche Gründe oder die Arbeitszeitwünsche anderer Teilzeitbeschäftigter entgegenstehen (§ 9 TzBfG). Die Rechte des Arbeitnehmers sind hier also deutlich schwächer ausgestaltet als bei der Reduzierung der Arbeitszeit.

Im Einzelnen gilt Folgendes:

Der Anspruch kann von jedem teilzeitbeschäftigten Arbeitnehmer geltend gemacht werden.

Der Antrag kann auch an den zuständigen Fachvorgesetzten gerichtet werden. Er muss sich nur auf die Arbeitszeitverlängerung beziehen, es ist also weder notwendig, dass ein bestimmter Umfang noch ein konkreter Arbeitsplatz angegeben wird. Es muss auch keine Form eingehalten werden. Auch eine Bewerbung einer teilzeitbeschäftigten Arbeitnehmerin auf eine ausgeschriebene Stelle kann gleichzeitig auch ein Verlangen gemäß § 9 TzBfG auf Verlängerung der vertraglich vereinbarten Arbeitszeit darstellen (LAG Niedersachsen v. 27.3.2024, Az. 2 Sa 265/23). Es ist auch nicht notwendig, dass der Arbeitnehmer zuvor die Arbeitszeit reduziert hatte. Auch wenn er von vornherein als Teilzeitkraft eingestellt worden ist, kann er den Wunsch nach Verlängerung der Arbeitszeit anmelden. Dies gilt auch für geringfügig Beschäftigte und Arbeitnehmer mit befristeten Arbeitsverträgen. Anders als bei der Verkürzung der Arbeitszeit besteht keine Wartefrist und es kommt auch nicht auf die Größe des Unternehmens an. Es besteht auch keine Mindestfrist zwischen einer Reduzierung der Arbeitszeit gem. § 8 und der Geltendmachung eines Verlängerungswunsches. Notwendig ist das Vorhandensein eines entsprechenden freien Arbeitsplatzes.

Wann ist ein Arbeitsplatz „frei" im Sinne dieser Vorschrift?

- Bei einer Kündigung des bisherigen Stelleninhabers mit Ablauf der Kündigungsfrist und bei Befristung mit Zeitablauf.
- Bei einer neu geschaffenen Stelle bestimmt der Arbeitgeber den Zeitpunkt, zu dem sie besetzt wird. Problematisch kann es werden, wenn der bisher auf diesem Arbeitsplatz Beschäftigte sich gegen die Beendigung des Arbeitsverhältnisses vor dem Arbeitsgericht wehrt. Hier kommt u. U. die Vereinbarung einer Beschäftigung auf diesem Arbeitsplatz für die Dauer des Prozesses in Betracht.
- Hat der Arbeitgeber zwar einen Arbeitskräftebedarf, aber noch nicht entschieden, ob er hierfür einen Arbeitnehmer einstellt oder den Bedarf auf andere Weise deckt, ist die Stelle nicht frei. Sie wird dies erst, wenn tatsächlich die Neubesetzung entschieden wird.
- Ein Arbeitsplatz ist auch dann nicht frei, wenn der Arbeitgeber einen ursprünglich freien Arbeitsplatz mit einem anderen Arbeitnehmer besetzt (LAG Köln v. 12.8.2015, Az. 11 Sa 115/15). Dies gilt aber nicht, wenn er mit einem Leiharbeitnehmer besetzt ist (LAG Hamm v. 25.2.2014, Az. 14 Sa 1174/13).
- Wenn der Arbeitgeber ein bestimmtes Arbeitszeitvolumen zur Erhöhung der Arbeitszeit bereits beschäftigter Teilzeitarbeitnehmer zur Verfügung stellt, muss er einen teilzeitbeschäftigten Arbeitnehmer, der ihm den Wunsch nach einer Verlängerung der Arbeitszeit angezeigt hat, bei gleicher Eignung nicht bevorzugt berücksichtigen. Er ist grundsätzlich in der Auswahl frei, welchen Teilzeitbeschäftigten er eine Verlängerung der Arbeitszeit anbietet (BAG v. 17.10.2017, Az. 9 AZR 192/17).

Der Verlängerungswunsch verpflichtet den Arbeitgeber nicht automatisch dazu, dem Arbeitnehmer bei der Besetzung eines freien Arbeitsplatzes einen Antrag auf Abschluss eines Arbeitsvertrags mit erhöhter Arbeitszeit zu unterbreiten, sondern der Wunsch des Arbeitnehmers führt lediglich zu der in § 7 Abs. 2 TzBfG bestimmten Pflicht des Arbeitgebers, den Arbeitnehmer über die zu besetzenden Arbeitsplätze zu informieren (BAG v. 27.2.2018, Az. 9 AZR 167/17). Verletzt er diese Pflicht, kann er schadensersatzpflichtig werden. Der Arbeitnehmer muss aber darlegen und erforderlichenfalls beweisen, dass er sich bei erfolgter Information durch den Arbeitgeber auf die Stelle beworben hätte und sie auch tatsächlich hätte erhalten müssen (BAG v. 21.1.2021, Az. 8 AZR 195/19).

WICHTIG!

Wenn der Arbeitgeber neue Teilzeitstellen schaffen möchte, anstatt die Arbeitszeit aufstockungswilliger Arbeitnehmer zu verlängern, braucht er arbeitsplatzbezogene Sachgründe. Fehlen diese, kann der Betriebsrat Neueinstellungen gem. § 99 Abs. 2 Nr. 3 BetrVG widersprechen (LAG Baden-Württemberg v. 21.3.2013, Az. 6 TaBV 9/12).

Der zu besetzende Arbeitsplatz muss zumindest eine längere Arbeitszeit aufweisen als der bisherige, ohne eine Vollzeitstelle sein zu müssen. Er kann sich auch aus der Vereinigung des bisherigen mit einem freigewordenen Arbeitsplatz ergeben. Der Arbeitgeber ist jedoch nicht verpflichtet, dem Wunsch des Arbeitnehmers dadurch nachzukommen, dass er einen Arbeitsplatz schafft oder einen freiwerdenden Arbeitsplatz neu besetzt. Vielmehr liegt dies in seiner unternehmerischen Entscheidungsfreiheit. Der Arbeitgeber ist auch frei in seiner Entscheidung, z. B. den bisherigen Halbtagsarbeitsplatz nur noch mit einem Viertel des Stundendeputats auszuschreiben. Grundsätzlich hat der Arbeitnehmer auch keinen Anspruch darauf, dass ein vorhandener freier Arbeitsplatz so zugeschnitten wird, dass er seinem Arbeitszeitwunsch entspricht. Etwas anderes kann sich unter dem Gesichtspunkt von Treu und Glauben nur ergeben, wenn die Abweichungen minimal sind. Der Arbeitsplatz muss nicht in demselben Betrieb frei sein, in dem der Teilzeitarbeitnehmer derzeit tätig ist, es kann auch ein anderer Betrieb desselben Unternehmens sein. Ein freier Arbeitsplatz in einem anderen Unternehmen desselben Konzerns reicht jedoch nicht aus.

Der Arbeitnehmer muss auch für den freien Arbeitsplatz fachlich und persönlich geeignet sein. Er muss ihn also sogleich und ohne eine zusätzliche Ausbildung oder Fortbildung ausfüllen können. Dabei bleibt eine bloße Einarbeitungszeit außer Betracht. Der Arbeitnehmer hat aber grundsätzlich keinen Anspruch darauf, dass ihm eine Beförderungsstelle angeboten wird. Die freie Stelle muss grundsätzlich so ausgestaltet sein, dass der Arbeitnehmer sie – mit Ausnahme der Dauer der Arbeitszeit – ohne jede Vertragsänderung hätte übernehmen können.

Der Anspruch besteht nicht, wenn dringende betriebliche Gründe dagegen sprechen. Diese sind strenger als die Versagungsgründe bei der Verkürzung. Sie werden in der Regel auch eine andere Struktur haben, denn bei § 8 geht es um die betrieblichen Auswirkungen der Reduzierung der Arbeitszeit, die deswegen eintreten, weil die freigewordene Arbeitszeit von anderen Arbeitnehmern ausgefüllt werden muss und dabei Ablaufprobleme auftreten können. Hier geht es um die Frage, ob für eine Stelle, die ohnehin mit dem vom Arbeitgeber festgelegten Umfang zu besetzen ist, der Teilzeitbeschäftigte oder ein sonstiger Bewerber genommen wird. Die Einwände des Arbeitgebers können also nicht in der Organisation oder dem Arbeitsablauf liegen. Wenn es nicht darum geht, dass der Arbeitgeber den Teilzeitbeschäftigten nicht für geeignet hält (dies ist schon oben zu prüfen), kommen folgende dringende Erfordernisse in Betracht:

- der Teilzeitbeschäftigte ist in seiner bisherigen Tätigkeit schwer ersetzbar;
- der Arbeitgeber hat die begründete und nachvollziehbare Entscheidung getroffen, die offene Stelle mit mehreren Teilzeitbeschäftigten zu besetzen;
- andere Arbeitnehmer haben gleichfalls einen Anspruch auf bevorzugte Berücksichtigung.

Es besteht jedoch keine Verpflichtung des Arbeitgebers, Arbeitsplätze nur deshalb als Vollzeitstellen auszuschreiben, weil auf ihnen Aufgaben anfallen, die zurzeit noch ganz überwiegend von Frauen wahrgenommen werden. Will der Arbeitgeber einem Aufstockungsverlangen entgegenhalten, er wolle nur Teilzeitkräfte beschäftigen, muss dies arbeitsplatzbezogene Gründe haben. Der Arbeitgeber kann das Aufstockungsverlangen ablehnen, wenn der Arbeitnehmer Fehlzeiten aufweist, die eine krankheitsbedingte Kündigung zu rechtfertigen geeignet sind. Unterhalb dieser Schwelle liegende Fehlzeiten reichen nicht aus.

WICHTIG!

Bei der Neufassung von § 9 TzBfG ist nach wie vor kein unbedingter Anspruch vorgesehen, ein entsprechender Teilzeitbeschäftigter ist jedoch auf Antrag bei der Besetzung neuer Stellen bevorzugt zu berücksichtigen. Der Antrag ist in Textform zu stellen. Der Arbeitgeber hat im Falle eines Verlängerungswunsches auch die Darlegungs- und Beweislast für das Fehlen eines entsprechenden freien Arbeitsplatzes sowie die vergleichsweise geringere Eignung des Teilzeitbeschäftigten mit Wunsch nach verlängerter Arbeitszeit. Ein freier zu besetzender Arbeitsplatz liegt nach § 9 Satz 2 TzBfG vor, wenn der Arbeitgeber die Organisationsentscheidung getroffen hat, diesen zu schaffen oder einen unbesetzten Arbeitsplatz neu zu besetzen, mithin nicht automatisch, wenn sich der Arbeitsanfall erhöht.

Berücksichtigt ein Arbeitgeber einen teilzeitbeschäftigten Arbeitnehmer zu Unrecht nicht, geht der Anspruch des Arbeitnehmers auf Verlängerung seiner Arbeitszeit unter, sobald der Arbeitgeber den Arbeitsplatz mit einem anderen Arbeitnehmer besetzt. Auch unter dem Gesichtspunkt des Schadensersatzes hat der Arbeitnehmer keinen Anspruch auf Verlängerung der Arbeitszeit (BAG v. 18.7.2017, Az. 9 AZR 259/16). Ein Schadensersatzanspruch des Arbeitnehmers in Geld ist jedoch möglich (BAG v. 27.2.2018, Az. 9 AZR 167/17; LAG Köln v. 6.12.2018, Az. 7 Sa 217/18).

Beispiel:

Der teilzeitbeschäftigte Arbeitnehmer zeigt seinen Wunsch auf Vollzeitbeschäftigung an. Als ein entsprechender Arbeitsplatz ausgeschrieben wird, macht der Arbeitnehmer ein ganz konkretes Angebot auf Abschluss eines Änderungsvertrages, dass der Arbeitgeber rechtswidrig und schuldhaft ignoriert. Hier kann ein Schadensersatzanspruch in Höhe der Differenzvergütung bestehen.

Wenn ein Arbeitgeber einen freien Arbeitsplatz im Sinne des § 9 TzBfG besetzt und dies zum Untergang des Anspruches des Arbeitnehmers auf Vertragsänderung führt, hat er dem Arbeitnehmer Schadensersatz zu leisten. Voraussetzung ist, dass er das zur Unmöglichkeit führende Verhalten zu vertreten hat. Der Schadensersatzanspruch umfasst den finanziellen Ausgleich derjenigen Nachteile, die der Arbeitnehmer infolge der Stellenbesetzung in kausal-adäquater Weise erleidet (LAG Niedersachsen v. 27.3.2024, Az. 2 Sa 265/23 unter Bezugnahme auf BAG v. 7.2.2018, Az. 9 AZR 167/17).

IV. Reduzierung der Vergütungszahlung und Gleichbehandlungspflicht

1. Grundvergütung und variable Entgeltbestandteile

Die Entgeltleistung des Arbeitgebers ist entsprechend der Reduzierung der Arbeitszeit zu vermindern, auch wenn dies nicht ausdrücklich im Gesetz erwähnt ist (BAG v. 19.4.2016, Az. 3 AZR 526/14). Ist das Arbeitsentgelt monatlich vereinbart, wird die reduzierte Arbeitszeit rechnerisch in das Verhältnis zur vereinbarten Arbeitszeit gesetzt und so kann problemlos das neue Arbeitsentgelt errechnet werden.

WICHTIG!

Geringfügig Beschäftigte, die in Bezug auf Umfang und Lage der Arbeitszeit keinen Weisungen des Arbeitgebers unterliegen, dürfen bei gleicher Qualifikation für die identische Tätigkeit keine geringere Stundenvergütung erhalten als vollzeitbeschäftigte Arbeitnehmer, die durch den Arbeitgeber verbindlich zur Arbeit eingeteilt werden. Teilzeitarbeit unterscheidet sich von Vollzeitarbeit nur in quantitativer, nicht in qualitativer Hinsicht. Das Verbot der Schlechterstellung von Teilzeitbeschäftigten nach § 4 Abs. 1 TzBfG bezieht sich auf vergleichbare Vollzeitkräfte. Vergleichbar ist dabei nach § 2 Abs. 1 Satz 3 TzBfG ein vollzeitbeschäftigter Arbeitnehmer des Betriebs mit derselben Art des Arbeitsverhältnisses und der gleichen oder einer ähnlichen Tätigkeit. Der Arbeitgeber darf zwar durch die Entlohnung die Anpassungsfähigkeit des Arbeitnehmers an unterschiedliche Arbeitszeiten besonders vergüten, wenn er darlegt, dass die zeitliche Flexibilität für die Ausführung der dem Arbeitnehmer übertragenen spezifischen Aufgaben von Bedeutung ist. Die besondere steuer- und sozialversicherungsrechtliche Behandlung geringfügig Beschäftigter stellt jedoch keinen sachlichen Grund für eine geringere Bezahlung dar (BAG v. 18.1.2023, Az. 5 AZR 108/22).

Noch einfacher ist es, wenn eine Stundenvergütung vereinbart worden ist. Der Arbeitnehmer erhält dann eben weniger Stunden zu dem vereinbarten Satz vergütet. Wenn keine feste Arbeitszeit vereinbart wurde, sondern der Arbeitnehmer sich verpflichtet hat, für eine bestimmte monatliche Vergütung dem Arbeitgeber seine gesamte Arbeitskraft zur Verfügung zu stellen, ist nach Ansicht des Verfassers die in der Vergangenheit geleistete Durchschnittsarbeitszeit Basis der Reduzierung. Dies ergibt sich aus einer ergänzenden Vertragsauslegung.

Beispiel:

Der Arbeitnehmer erhält ein Monatsentgelt von 4.500,– Euro. Eine feste Arbeitszeit ist nicht vereinbart. Im Durchschnitt des letzten Jahres hat der Arbeitnehmer 42,3 Stunden pro Woche gearbeitet. Er setzt gegen den Willen des Arbeitgebers im arbeitsgerichtlichen Verfahren eine Reduzierung auf 20 Wochenstunden durch. Nach der hier vertretenen Berechnungsmethode beträgt sein Entgelt jetzt 2.660,– Euro (4.500 × 25/42,3).

Die Durchschnittsberechnung sollte sich auf den Zeitraum von mindestens einem Jahr beziehen, um Zufallsergebnisse oder Manipulationen zu vermeiden. Nur wenn der Durchschnittswert nicht mit hinreichender Sicherheit zu ermitteln ist, muss man auf die Höchstgrenzen des Arbeitszeitgesetzes abstellen. Dann ergäbe sich im Beispielsfall ein Verdienst von lediglich 2.343,75 Euro (4.500 × 25/48).

TIPP!

Auch bei Angestellten ohne eine fest vereinbarte Arbeitszeit sollten beiderseits Aufzeichnungen über die tatsächliche Arbeitszeit geführt werden, um derartige Probleme zu vermeiden.

Dazu ist der Arbeitgeber ohnehin im Verhältnis zum Betriebsrat verpflichtet.

Bei den sonstigen Leistungen ist zu differenzieren.

- Überstunden: Ist eine bestimmte Anzahl von Überstunden vertraglich vereinbart, müssen diese nach Ansicht des Verfassers in demselben Verhältnis reduziert werden wie die Arbeitszeit. Gleiches gilt für die Anzahl von Bereitschaftsdiensten und Rufbereitschaften.

  WICHTIG!

  Die Frage, ob bei Teilzeitbeschäftigten nur dann Mehrarbeit mit der Folge eines entsprechenden Vergütungsanspruches (Zuschlag) vorliegt, wenn die regelmäßige wöchentliche Arbeitszeit eines Vollzeitarbeitnehmers überschritten worden ist, war Gegenstand einer Entscheidung des Europäischen Gerichtshofes. Dieser hat entschieden, dass es eine Ungleichbehandlung von Teilzeitbeschäftigten darstellt, wenn ein teilzeitbeschäftigter Arbeitnehmer die Mehrvergütung nicht mit der ersten Stunde erhält, mit der seine individuelle Auslösegrenze der ersten Stufe überschritten wird, sondern erst dann, wenn die für vergleichbare vollzeitbeschäftigte Arbeitnehmer geltende Auslösegrenze der ersten Stufe überschritten wird. Entsprechendes gilt für die Auslösegrenzen der zweiten und der dritten Stufe. Somit muss der teilzeitbeschäftigte Arbeitnehmer, um die Mehrvergütung zu erhalten, dieselbe Zahl an Arbeitsstunden wie ein Vollzeitbeschäftigter verrichten, ohne dass diese Schwelle nach Maßgabe seiner individuellen Arbeitszeit herabgesetzt wird. Unter diesen Bedingungen erreichen Teilzeitbeschäftigte die für den Anspruch auf die Mehrvergütung erforderlichen Auslösegrenzen entweder nicht oder nur mit deutlich geringerer Wahrscheinlichkeit als Vollzeitbeschäftigte. Somit erfahren die Teilzeitbeschäftigten eine „schlechtere" Behandlung im Sinne des Europarechts (EuGH v. 19.10.2023, Az. C 660/22 für Flugzeugführer).

  In diese Richtung geht auch die Entscheidung des 8. Senats des BAG (BAG v. 5.12.2024, Az. 8 AZR 370/20) Danach behandelt eine tarifvertragliche Regelung, die unabhängig von der individuellen Arbeitszeit für Überstundenzuschläge das Überschreiten der regelmäßigen Arbeitszeit eines Vollzeitbeschäftigten voraussetzt, teilzeitbeschäftigte Arbeitnehmer wegen der Teilzeit schlechter als vergleichbare Vollzeitbeschäftigte. Sie verstößt gegen das Verbot der Diskriminierung Teilzeitbeschäftigter (§ 4 Abs. 1 TzBfG), wenn die in ihr liegende Ungleichbehandlung nicht durch sachliche Gründe gerechtfertigt ist. Fehlen solche sachlichen Gründe, liegt regelmäßig zugleich eine gegen Vorschriften des Allgemeinen Gleichbehandlungsgesetzes (§ 7 Abs. 1 AGG) verstoßende mittelbare Benachteiligung wegen des (weiblichen) Geschlechts vor, wenn innerhalb der betroffenen Gruppe der Teilzeitbeschäftigten erheblich mehr Frauen als Männer vertreten sind.

  In einer weiteren Entscheidung hat der EuGH entschieden, dass es auch eine mittelbare Frauendiskriminierung darstelle, wenn eine nationale Regelung, nach der die Zahlung von Überstundenzuschlägen an Teilzeitbeschäftigte nur für die Arbeitsstunden vorgesehen ist, die über die regelmäßige Arbeitszeit von sich in einer vergleichbaren Lage befindenden vollzeitbeschäftigten Arbeitnehmern hinaus gearbeitet werden, eine mittelbare Diskriminierung aufgrund des Geschlechts darstelle, wenn erwiesen sei, dass diese Regelung einen signifikant höheren Anteil von Personen weiblichen Geschlechts als Personen männlichen Geschlechts benachteiligt. Dabei muss die Gruppe der durch diese Regelung nicht benachteiligten Arbeitnehmer – die Vollzeitbeschäftigten – nicht gleichzeitig aus erheblich mehr Männern als Frauen bestehen. Eine solche Diskriminierung könne nicht dadurch gerechtfertigt werden, dass auf der einen Seite das Ziel verfolgt wird, den Arbeitgeber davon abzuhalten, für Arbeitnehmer Überstunden anzuordnen, die über die individuell in ihren Arbeitsverträgen vereinbarte Arbeitszeit hinausgehen, und auf der anderen Seite das Ziel, zu verhindern, dass Vollzeitbeschäftigte gegenüber Teilzeitbeschäftigten schlechter behandelt werden (EuGH v. 29.7.2024, Az. C 184/22 und C 185/22).

  ACHTUNG!

  Das Bundesverfassungsgericht hat die Entscheidungen des BAG v. 9.12.2020, Az. 10 AZR 335/20 und v. 22.3.2024, Az. 10 AZR 600/20 zum Thema Nachtarbeitszuschläge aufgehoben und die Rechtsstreitigkeiten an das BAG zurückverwiesen. Die Entscheidung stärkt die Freiräume der Tarifvertragsparteien erheblich. Sie haben einen Einschätzungs-, Wertungs- und Gestaltungsspielraum. Dieser begrenzt die richterliche Kontrolldichte, d. h. die Gerichte können hier nur nach einem eher groben Raster prüfen, ob ein Verstoß gegen den Gleichbehandlungsgrundsatz vorliegt. Je näher die Regelungen im Tarifvertrag an der Kernkompetenz von Arbeitgeberverbänden und Gewerkschaften, nämlich der Regelung von Arbeits- und Wirtschaftsbedingungen liegen, desto größer ist ihr Freiraum dabei. Hier haben die Gerichte nur eine Willkürkontrolle vorzunehmen. Ganz besonders wichtig ist in diesem Zusammenhang, dass die Arbeitsgerichte nicht einfach eine „Anpassung nach oben" vornehmen dürfen, wie das bisher gang und gäbe war. Es obliegt vielmehr zunächst den Tarifvertragsparteien, eine Regelung zu finden, die dem Gleichheitssatz hinreichend Rechnung trägt (BVerfG v. 11.12.2024, Az. 1 BvR 1101/21 und 1422/23). Wie das in der Praxis funktioniert, wird sich zeigen (diese Rechtsprechung ablehnend LAG Berlin-Brandenburg v. 16.5.2025, Az.12 Sa 1016/24, nicht rechtskräftig, Revision anhängig unter 5 AZR 122/25). Diese Entscheidung hat keine Auswirkung auf die Rechtsprechung bezüglich der Mehrarbeitszuschläge von Teilzeitbeschäftigten. Vielmehr hat der 5. Senat des BAG auch nach der Entscheidung des BVerfG hervorgehoben, dass die Benachteiligung der Teilzeitbeschäftigten nur dadurch aufgehoben werden könne, dass sie bereits ab der ersten Mehrarbeitsstunde, die über ihr Teilzeitvolumen hinausgeht, den Zuschlag erhalten (BAG v. 26.11.2025, Az. 5 AZR 118/23).

- Tarifvertrag, Stufenaufstieg: Die im MTV Niedersachsen vorgesehene schlechtere Behandlung von Teilzeitbeschäftigten mit einer Arbeitszeit von weniger als 19 Wochenstunden bei der Berechnung der Berufsjahre für einen Stufenaufstieg innerhalb einer Gehaltsgruppe ist sachlich nicht gerechtfertigt. Die Tarifvertragsparteien können den Zweck einer Leistung im Rahmen ihrer durch Art. 9 Abs. 3 GG geschützten Tarifautonomie festlegen. Allein die Tatsache, dass eine schlechtere Behandlung i. S. d. § 4 Abs. 1 Satz 1 TzBfG in einem Tarifvertrag vorgesehen ist, führt aber nicht bereits zur sachlichen Rechtfertigung der Ungleichbehandlung (BAG v. 29.1.2020, Az. 4 ABR 26/19). Arbeitnehmer, die sich zu dem in § 2 Abs. 1 Tarifvertrag über eine einmalige Corona-Sonderzahlung vom 25. Oktober 2020 (TV Corona-Sonderzahlung) festgelegten Stichtag am 1. Oktober 2020 in der Freistellungsphase ihrer Altersteilzeit befanden, können die Corona-Sonderzahlung beanspruchen (BAG v. 25.7.2023, Az. 9 AZR 332/22).
- Sonderzahlungen sind in demselben Verhältnis zu reduzieren.
- Erschwerniszulage: Die Tarifvertragsparteien können den Umfang der Erschwernis definieren, der den Anspruch erst begründet. Liegen diese äußeren Umstände nicht in dem erforderlichen Umfang vor, wird ein Teilzeitbeschäftigter re-

gelmäßig nicht ohne sachlichen Grund beim Arbeitsentgelt gegenüber einem Vollzeitbeschäftigten unterschiedlich behandelt, wenn er die Erschwerniszulage nicht erhält.

- Funktionszulage: Diese muss zeitanteilig gezahlt werden.
- Schichtzulagen sind in voller Höhe auch an Teilzeitbeschäftigte zu leisten, ebenso Provisionen, da diese an den Abschluss eines Geschäftes anknüpfen und nicht an die Arbeitszeit.
- Tantiemen vermindern sich hingegeben in demselben Verhältnis wie die Grundvergütung.
- Bei Zielvereinbarungen ist zu differenzieren. Sie können zum einen als zusätzliche Vergütung für die Erreichung bestimmter Ziele in Betracht kommen, die den Einsatz der gesamten Arbeitskraft voraussetzt. Sie können aber auch Belohnung für das Erreichen eines ganz bestimmten Geschäftserfolges sein und damit einen provisionsähnlichen Charakter haben. Danach richtet sich auch die rechtliche Behandlung. Ist die Zielerreichung wesentlich von der aufgewandten Arbeitszeit abhängig, so ist die Zielvorgabe entsprechend dem Anteil der Arbeitszeitreduzierung zu vermindern. Kommt es mehr auf den Erfolg an, können die Zielvereinbarungen und ihre Konsequenzen u. U. unverändert bleiben. Es ist eine Frage der Auslegung der konkreten Zielvereinbarung, ob durch die Teilzeitregelung ein Anpassungsbedarf besteht. Die konkrete Anpassung richtet sich dann nach einer ergänzenden Vertragsauslegung. Man muss sich also in diesen Fällen fragen, wie die Parteien die Angelegenheit im Arbeitsvertrag geregelt hätten, wenn sie von vornherein die Möglichkeit einer nachträglichen Verringerung der Arbeitszeit im Auge gehabt hätten. Bei dieser Auslegung besteht ein erhebliches Prognoserisiko.
- Konkrete Aufwandserstattungen muss der Arbeitgeber nach wie vor in derselben Höhe wie beim Vollzeitbeschäftigten zahlen. Bei Aufwandspauschalen ist maßgeblich, ob diese im Zusammenhang mit der Arbeitszeit stehen.

Beispiel:

Erhält der Arbeitnehmer eine monatliche Fahrtkostenpauschale für den Weg zur Arbeit und kommt er jetzt nicht mehr an fünf, sondern nur noch an drei Tagen in der Woche zur Arbeitsstätte, ist die Pauschale entsprechend zu kürzen. Anders ist z. B. bei einer Übernachtungspauschale bei Dienstreisen zu verfahren. Diese hat nichts mit der Dauer der Arbeitszeit zu tun.

- Essenszuschlag: Der Ausschluss eines Teilzeitarbeitnehmers mit ¾ der regulären Arbeitszeit von einem pauschalen Essenszuschlag ist unwirksam, wenn alle Beschäftigten diesen erhalten, von denen zu erwarten ist, dass sie typischerweise das Mittagessen während der Arbeitszeit einnehmen und dies auch auf die Teilzeitbeschäftigten zutrifft.
- Dienstwagen: Ist dem Arbeitnehmer ein Dienstwagen auch zur privaten Nutzung vertraglich zugesichert worden, erhöht sich durch die Reduzierung der Arbeitszeit der Anteil der Privatnutzung. Dabei sind mehrere rechtliche Konsequenzen denkbar: Der Arbeitnehmer erhält entweder einen Dienstwagen einer geringeren Kategorie, sofern er nicht aus beruflichen Gründen einen repräsentativen Dienstwagen braucht oder der Dienstwagen steht ihm nach wie vor in vollem Umfang zur Verfügung, er beteiligt sich jedoch anteilig an den Kosten; hat er z. B. einen Sachbezug von 400,– Euro zu versteuern und reduziert er die Arbeitszeit um die Hälfte, dann könnte als Gegenleistung für die weiterhin volle Nutzung 200,– Euro pro Monat zahlen. Weiter ist denkbar, wenn auch schwer praktizierbar, dass der Arbeitnehmer den Wagen nur noch teilweise privat nutzen kann; in dem Umfang, in dem er die Arbeitszeit reduziert, vermindert sich auch die Anzahl der Tage, an denen er das Fahrzeug privat nutzen kann. Schließlich kommt als Lösung in Betracht, dass er den Wagen gar nicht mehr privat nutzen darf und den entsprechenden Anteil zusätzlich zum Arbeitsentgelt erhält. In dem o. g. Beispiel würde er also als Gegenleistung dafür, dass er den Wagen auch nicht entsprechend seiner um die Hälfte reduzierten Arbeitsleistung privat nutzen kann, 200,– Euro brutto pro Monat erhalten. Um welche dieser Möglichkeiten der Vertrag ergänzend ausgelegt wird richtet sich nach den konkreten Umständen des Einzelfalls. Führen auch diese nicht weiter, wird man dem Arbeitgeber ein Auswahlermessen zubilligen müssen, denn die Probleme sind aufgrund der einseitigen Vertragsänderung des Arbeitnehmers entstanden.
- Bei der Dienstwohnung ist zunächst zu prüfen, ob und inwieweit diese mit Rücksicht auf das Arbeitsverhältnis verbilligt überlassen worden ist. In diesem Umfang muss der Arbeitnehmer sie als Sachbezug versteuern. Hier erscheint eine sachgerechte Lösung nur darin zu liegen, dass der Arbeitnehmer einen finanziellen Beitrag dafür leisten muss, dass er die Wohnung trotz Arbeitszeitreduzierung weiter voll nutzen kann. Anders ausgedrückt: die „Subvention" der Wohnung durch den Arbeitgeber sinkt in dem Maße, in dem die Arbeitszeit verringert wird.
- Sozialeinrichtungen: Betreibt der Arbeitgeber Sozialeinrichtungen wie z. B. einen Betriebskindergarten oder Sportanlagen, so ändern sich die Nutzungsbedingungen durch die Reduzierung der Arbeitszeit nicht. Auch der teilzeitbeschäftigte Arbeitnehmer kann diese Einrichtungen in vollem Umfang nutzen.
- Arbeitgeberdarlehen: Auch die Vergabe von solchen günstigen Darlehen ist nicht an die Vollzeitbeschäftigung geknüpft. Vielmehr haben auch teilzeitbeschäftigte Arbeitnehmer einen Anspruch, diese zu denselben Konditionen zu erhalten. Allerdings können die Höchstgrenzen der Kredite von dem jeweiligen Einkommen abhängig gemacht werden. Die Konditionen für den Personaleinkauf dürfen nicht wegen der Teilzeitbeschäftigung verschlechtert werden.
- Betriebliche Altersversorgung: Das BAG hat entschieden, dass eine flexible Gestaltung der Arbeitszeit im Hinblick auf die betriebliche Altersversorgung zu einem nicht gerechtfertigten Verstoß gegen den allgemeinen Gleichheitssatz führen kann (BAG v. 23.2.2021, Az. 3 AZR 618/19). Anders hatte das BAG noch bei der gespaltenen Rentenformel entschieden (BAG v. 3.6.2020, Az. 3 AZR 480/18). Teilzeitarbeitnehmer sind nicht benachteiligt gemäß § 4 Abs. 1 TzBfG, wenn eine Leistungsordnung für Vollzeit- und Teilzeitbeschäftigte gleichermaßen vorsieht, dass eine über 35 Jahre hinausgehende Betriebszugehörigkeit bei der Bemessung des Altersruhegeldes nicht zu berücksichtigen ist und das nach der Leistungsordnung zu gewährende Altersruhegeld (auch) die Honorierung der Betriebszugehörigkeit bezweckt und deshalb auch an die Dauer der Betriebszugehörigkeit anknüpft. Zutreffende Referenzgruppe für einen Vergleich sind Vollzeitbeschäftigte mit derselben Betriebszugehörigkeitszeit wie der betreffende Teilzeitarbeitnehmer (BAG v. 23.3.2021, Az. 3 AZR 24/20).
- Vorruhestandsgeld: Hier hat das BAG in einer aktuellen Leitentscheidung Folgendes entschieden: „Die Betriebsparteien verfügen bei der Ausgestaltung von Sozialplänen über Beurteilungs- und Gestaltungsspielräume, die Typisierungen und Pauschalierungen einschließen. Bei der Ausgestaltung von Sozialplänen haben die Betriebsparteien auch das Verbot der Benachteiligung von in Teilzeit beschäftigten Arbeitnehmern nach § 4 Abs. 1 TzBfG zu beachten. Infolge der Mischrechnung, die den Beschäftigungsgrad anhand des über den gesamten Beschäftigungszeitraum betrachte-

ten Verhältnisses zwischen Voll- und Teilzeitbeschäftigung herleitet, haben Teilzeitbeschäftigte Anspruch auf Vorruhestandsentgelt nur in dem Umfang, der dem Anteil ihrer individuell vereinbarten durchschnittlichen Arbeitszeit an der regelmäßigen Arbeitszeit vergleichbarer Vollzeitbeschäftigter entspricht. Der Teilzeitbeschäftigte erhält „wegen der Teilzeitarbeit" (§ 4 Abs. 1 Satz 1 TzBfG) ein geringeres, nämlich quotiertes Vorruhestandsentgelt, obwohl er über denselben oder sogar längeren Zeitraum in Vollzeit beschäftigt war und insgesamt eine längere Dauer des Arbeitsverhältnisses aufweist als der erstgenannte Arbeitnehmer. Die Ausrichtung des Versorgungsniveaus an dem zu sichernden Lebenszuschnitt in der konkret vorliegenden Ausgestaltung schließt es aus, für die Bemessung des Vorruhestandsentgelts auf den Beschäftigungsgrad während des gesamten Arbeitsverhältnisses abzustellen. Anknüpfungspunkt für die Gewährleistung eines angemessenen Einkommensstandards bis zum Erreichen des gesetzlichen Rentenalters kann in der vorliegend gewählten Ausgestaltung der Leistung und im Unterschied zur betrieblichen Altersversorgung nur das Arbeitsentgelt unter Berücksichtigung des Beschäftigungsgrads in einem bestimmten Zeitraum vor Eintritt in den Vorruhestand sein, und nicht die gesamte „Lebensleistung" im Arbeitsverhältnis" (BAG v. 29.4.2025, Az. 9 AZR 287/24, Orientierungssätze 1–3).

- Soweit Sozialpläne Abfindungsansprüche enthalten, knüpfen diese meist an das Bruttoentgelt des Arbeitnehmers an. Dabei ist es zulässig, dass im Sozialplan nach Zeiten der Voll- und Teilzeitbeschäftigung differenziert wird.

Beispiel:

Ein Arbeitnehmer hat nach Jahren der Teilzeitbeschäftigung zu einer Vollzeitstelle gewechselt und wird dann entlassen. Der Sozialplan sah vor, dass es nicht allein auf den letzten Verdienst ankomme, sondern die Jahre der Teilzeitbeschäftigung mit zu berücksichtigen seien. Dies ist zulässig.

- Im umgekehrten Fall dürfte ebenso zu verfahren sein, denn das BAG hat den Betriebspartnern einen weiten Spielraum zugebilligt, wie sie die sozialen Nachteile ausgleichen. Ob dies uneingeschränkt auch in Extremfällen gelten kann, muss jedoch bezweifelt werden.

Beispiel:

Ein Arbeitnehmer arbeitet 20 Jahre lang voll. Er reduziert seine Arbeitszeit um die Hälfte und wird ein halbes Jahr später im Rahmen einer Betriebsänderung entlassen. Der Sozialplan stellt nur auf das aktuelle Einkommen ab. Hier erscheint es zweifelhaft, ob die Betriebspartner einen durch die langjährige Vollzeitbeschäftigung erworbenen sozialen Besitzstand unberücksichtigt lassen können.

- Der Urlaubsanspruch des Teilzeitbeschäftigten reduziert sich nicht notwendigerweise im Umfang der Arbeitszeitverminderung, sondern bleibt hinsichtlich der Urlaubsdauer erhalten, wenn sich durch die Reduzierung der Arbeitszeit nichts an der Fünftagewoche ändert. Hier hat also ein Arbeitnehmer mit 30 Urlaubstagen nach wie vor insgesamt sechs Wochen Erholungsurlaub. Führt die Teilzeitbeschäftigung dazu, dass der Arbeitnehmer an weniger Wochentagen arbeitet, ist für die Umrechnung des Urlaubs eines Teilzeitbeschäftigten, der mit dem Arbeitgeber eine Jahresarbeitszeit vereinbart hat, auf die im Kalenderjahr möglichen Arbeitstage abzustellen. Der Urlaub des Teilzeitbeschäftigten verringert sich entsprechend. Je geringer die Anzahl der Tage, die der Arbeitnehmer in der Woche arbeiten muss, desto weniger Tage muss er Urlaub nehmen, um auf seinen gesetzlichen Mindesturlaub von vier Wochen zu kommen.

Bei einer ungleichmäßigen Verteilung der Wochenarbeitszeit hat das BAG für den gesetzlichen Urlaubsanspruch folgende Formel entwickelt:

Bei einer Sechstagewoche: Jahresarbeitstage : 312 Arbeitstage pro Jahr × Anzahl Urlaubstage eines Vollzeitbeschäftigten.

Bei einer Fünftagewoche: Jahresarbeitstage : 260 Arbeitstage pro Jahr × Anzahl der Urlaubstage eines Vollzeitbeschäftigten (BAG v. 19.3.2019, Az. 9 AZR 315/17 und 9 AZR 406/17).

Zu den Einzelheiten s. unter Urlaub 3.2.

Beispiel:

Mit einem Arbeitnehmer ist eine 40-Stunden-Woche mit fünf Arbeitstagen vereinbart worden. Der Erholungsurlaub beträgt 30 Tage pro Jahr. Der Arbeitnehmer reduziert die Arbeitsleistung um 20 Stunden und verteilt diese auf Montag bis Mittwoch. Er kann nun nicht etwa nur diese Wochentage als Urlaubstage ansehen und seinen Jahresurlaub auf mehr als sechs Wochen ausdehnen. Er bekommt nur für jeden Arbeitstag einen Urlaubstag.

Arbeitet der Arbeitnehmer an bestimmten Tagen nicht voll, zählt trotzdem pro Arbeitstag ein Urlaubstag, und zwar unabhängig davon, wie viel Arbeit an diesem Tag zu leisten ist.

Beispiel:

Nach der Arbeitszeitreduzierung arbeitet der Arbeitnehmer donnerstags und freitags nur noch halbtags. Diese Tage zählen als volle und nicht etwa als halbe Urlaubstage.

Problematisch ist der während des Urlaubsjahres erfolgte Wechsel zur Teilzeitarbeit. Hierzu hat der Europäische Gerichtshof entschieden, dass die Zahl der Tage bezahlten Jahresurlaubs, die ein vollzeitbeschäftigter Arbeitnehmer im Urlaubsjahr nicht in Anspruch nehmen konnte, wegen des Übergangs dieses Arbeitnehmers zu einer Teilzeitbeschäftigung nicht entsprechend dem Verhältnis gekürzt werden darf, in dem die von ihm vor diesem Übergang geleistete Zahl der wöchentlichen Arbeitstage zu der danach geleisteten Zahl steht. Konkret bedeutet dies, dass der Arbeitnehmer, der für seine Vollzeitarbeit einen Urlaubsanspruch erworben hat, diesen behält, wenn er ihn, etwa wegen Krankheit oder Mutterschaft, nicht nehmen kann. Dies gilt auch dann, wenn er später in Teilzeit geht und der Urlaubsanspruch auf das Folgejahr übertragen oder wegen der Beendigung des Arbeitsverhältnisses abgegolten wird. Der EuGH hat dies aber nur für den Fall entschieden, dass der Urlaub nicht in natura genommen werden konnte (Beschluss v. 13.6.2013, Az. C-415/12).

Bei einer ungleichmäßigen Verteilung der Wochenarbeitszeit hat das BAG für den gesetzlichen Urlaubsanspruch folgende Formel entwickelt:

Bei einer Sechstagewoche: Jahresarbeitstage : 312 Arbeitstage pro Jahr × Anzahl Urlaubstage eines Vollzeitbeschäftigten.

Bei einer Fünftagewoche: Jahresarbeitstage : 260 Arbeitstage pro Jahr × Anzahl der Urlaubstage eines Vollzeitbeschäftigten (BAG v. 19.3.2019, Az. 9 AZR 315/17 und 9 AZR 406/17). Zu den Einzelheiten s. unter Urlaub III.3.2.

Das Bundesarbeitsgericht hat eine tarifvertragliche Vorschrift für unwirksam erklärt, derzufolge sich der Urlaubsanspruch bei einer anderen Verteilung der wöchentlichen Arbeitszeit als auf fünf Tage in der Woche entsprechend erhöht oder vermindert, soweit sie die Anzahl der während einer Vollzeitbeschäftigung erworbenen Urlaubstage mindert. An seiner bisherigen Rechtsprechung, die Urlaubstage seien grundsätzlich umzurechnen, wenn sich die Anzahl der mit Arbeitspflicht belegten Tage verringere, hält das BAG ausdrücklich nicht mehr fest (BAG v. 10.2.2015, Az. 9 AZR 53/14). Dies kann bei einer Reduzierung der Wochentage, an denen gearbeitet wird, zu einem massiven Urlaubsanspruch führen (BAG v. 20.3.2018, Az. 9 AZR 486/17 zum TV-L).

- Zusätzliches Urlaubsgeld ist zeitanteilig zu zahlen.

2. Diskriminierungsverbot

Der Arbeitgeber darf einen teilzeitbeschäftigten Arbeitnehmer nicht wegen der Länge seiner Arbeitszeit schlechter behandeln als einen Vollzeitbeschäftigten (§ 4 Abs. 1 TzBfG). Dieser Diskriminierungsschutz gilt unabhängig von dem allgemeinen Gleichbehandlungsgesetz (AGG). Er betrifft sowohl einseitige Maßnahmen als auch vertragliche Vereinbarungen sowie tarifliche Regelungen und konkretisiert für den Bereich der Teilzeitarbeit den allgemeinen Gleichheitsgrundsatz. Dies gilt auch für tarifvertragliche Regelungen und Betriebsvereinbarungen. Eine schlechtere Behandlung von Teilzeitbeschäftigten gegenüber Vollzeitbeschäftigten ist nur dann i. S. d. § 4 Abs. 1 Satz 1 TzBfG gerechtfertigt, wenn die Ungleichbehandlung einem echten Bedarf entspricht und zur Erreichung des verfolgten Zwecks geeignet und erforderlich ist (BAG v. 29.1.2020, Az. 4 ABR 26/19). Eine unzulässige Diskriminierung kann nur durch eine „Anpassung nach oben" beseitigt werden (BAG v. 9.7.2024, Az. 9 AZR 296/20).

Die Diskriminierung muss nicht beabsichtigt sein. Sie kann sich auch im Laufe des Arbeitsverhältnisses ergeben, auch wenn die Vereinbarung ursprünglich einmal zulässig gewesen ist (BAG v. 14.12.2011, Az. 5 AZR 457/10 für die Erhöhung des Stundendeputats für vollzeitbeschäftigte Lehrer, die einen entsprechenden Anspruch der Teilzeitbeschäftigten zur Folge hat). Maßgeblich ist allein, ob der Teilzeitbeschäftigte objektiv benachteiligt wird und das wesentliche Motiv für die Ungleichbehandlung darstellt. Das Gesetz schreibt keine beiderseitige Gleichbehandlung vor, verbiete also nicht die Besserstellung der Teilzeitbeschäftigten. Ob die Vollzeitbeschäftigten wegen des allgemeinen arbeitsrechtlichen Gleichbehandlungsgrundsatzes im Einzelfall Gleichbehandlung verlangen können, kann nur von Fall zu Fall unter Berücksichtigung aller Umstände entschieden werden. Es gibt also kein absolutes Benachteiligungsverbot, jedoch darf auch der Gestaltungsspielraum der Tarifvertragsparteien nicht dazu führen, das Verbot der Diskriminierung in Teilzeit beschäftigter Arbeitnehmer auszuhöhlen (BAG v. 23.7.2019, Az. 9 AZR 372/18). Eine Schlechterstellung von Teilzeitbeschäftigten kann nur erfolgen, wenn es aus sachlichen Gründen gerechtfertigt ist. So können Teilzeitbeschäftigte z. B. natürlich nicht eine Vergütung in derselben Höhe wie Vollzeitbeschäftigte beanspruchen. Sie müssen jedoch mindestens das anteilige Entgelt eines vollzeitbeschäftigten Arbeitnehmers erhalten (§ 4 Abs. 1 Satz 2 TzBfG).

Beispiel:

Eine vollzeitbeschäftigte Sekretärin erhält eine Bruttovergütung von 3.000,– Euro. Eine Halbtagskraft muss mindestens 1.500,– Euro brutto erhalten. Es ist jedoch zulässig, der Halbtagskraft z. B. 1.800,– Euro zu zahlen.

Dies ist nur so lange unproblematisch, wie es ein festes Entgeltgefüge gibt, bei dem man klar absehen kann, welcher Vollzeit-Arbeitnehmer vergleichbar ist (z. B. durch Tarifvertrag oder Betriebsvereinbarung). Schwierig wird es, wenn mehrere unterschiedlich bezahlte Arbeitskräfte eine vergleichbare Tätigkeit ausüben.

Beispiel:

In dem o. g. Beispiel verdient eine Vollzeitsekretärin 3.000,– Euro, eine andere 3.200,– Euro und eine dritte 3.800,– Euro. Um hier einen Vergleich zu ermöglichen, muss man die genauen Daten der Beschäftigung ermitteln (z. B. Dauer der Betriebszugehörigkeit). Dies führt aber auch nicht immer zu verwertbaren Ergebnissen, denn für die Höhe des Entgelts besteht grundsätzlich Vertragsfreiheit. Der Arbeitgeber kann also die unterschiedliche Vergütung im Beispielsfall nach Gutdünken vereinbaren (s. aber BAG v. 16.2.2023, Az. 8 AZR 450/21, größeres Verhandlungsgeschick der männlichen Vertragspartei schließt geschlechtsbezogene Entgeltbenachteiligung nicht aus). Die Vergleichbarkeit ist in einem solchen Fall schwierig zu ermitteln. Das Entgelttransparenzgesetz ist auch auf Teilzeitbeschäftigte anzuwenden (s. LAG Mecklenburg-Vorpommern v. 28.1.2025, Az. 5 SLa 159/24, „Aus dem arbeitsrechtlichen Gleichbehandlungsgrundsatz ergibt sich regelmäßig kein Anspruch auf eine höhere Vergütung, wenn die Arbeitgeberin später eingestellten, mit gleichen Aufgaben betrauten Arbeitnehmern ein deutlich höheres Gehalt zahlt als einem zuvor eingestellten Arbeitnehmer, insbesondere dann nicht, wenn die neu eingestellten Arbeitnehmer über höherwertigere Berufsabschlüsse oder größere Berufserfahrung verfügen.").

Die so verstandene Gleichbehandlungspflicht gilt nicht nur für das laufende Entgelt, sondern auch z. B. für Jahressonderzahlungen und Urlaubsgeld. Auch geldwerte Leistungen sind anteilig zu gewähren, sofern diese teilbar sind. Das unterschiedliche Arbeitspensum rechtfertigt keine Ungleichbehandlung, etwa eine Musikerin zu verhältnismäßig mehr Proben einzuteilen als vollzeitbeschäftigte Arbeitnehmer.

Beispiel:

Der Arbeitgeber gewährt den Arbeitnehmern regelmäßig Naturalleistungen aus seiner Produktion. Er muss diese auch den Teilzeitbeschäftigten gewähren, allerdings nur in dem Umfang ihrer Tätigkeit.

Das Diskriminierungsverbot ist auch bei den konkreten Arbeitseinsätzen zu beachten. So wurde es als unzulässig angesehen, eine Teilzeitbeschäftigte an jeweils zwei Wochenendtagen im Monat mit derselben Stundenzahl einzusetzen wie Vollzeitbeschäftigte, da dies bezogen auf ihre Gesamtarbeitszeit eine deutlich überproportionale Heranziehung an Wochenenden bedeutet (LAG Berlin-Brandenburg, v. 20.8.2015, Az. 26 Sa 2340/14). Auch die Tarifvertragsparteien und die Betriebspartner sind an den Gleichbehandlungsgrundsatz gebunden (BAG v. 29.1.2020, Az. 4 ABR 26/19). Es kommt daher vor, dass einzelne Bestimmungen in Tarifverträgen und Betriebsvereinbarungen unwirksam sind, soweit sie die Teilzeitbeschäftigten benachteiligen (so z. B. die Nichtgewährung der Ausgleichszulage in § 1 Abs. 3b des Sozial-TV BB). Ihnen sind dann dieselben Leistungen zu gewähren wie den Vollzeitkräften. Soweit das unmittelbare Verhältnis von reduzierter Leistung (Arbeit) zu reduzierter Gegenleistung (Entgelt) betroffen ist, wird auf die Ausführungen unter IV.1. verwiesen.

Im Übrigen ist wie folgt zu unterscheiden:

Zulässige Ungleichbehandlung

- Abfindung: orientiert sich auch bei Sozialplänen an dem geringeren Verdienst des Teilzeitbeschäftigten.

WICHTIG!

Der EuGH hat entschieden, dass dies nicht gilt, wenn es sich um eine Teilzeitvereinbarung nur für die Elternzeit handelt.

- Zu der Frage, ab welcher Arbeitszeit der Teilzeitbeschäftigte einen Überstundenzuschlag verlangen kann s. o. unter IV.1.
- Zulässig ist die nur anteilige Zahlung einer Treueprämie für Teilzeitbeschäftigte.

Unzulässige Ungleichbehandlung

Grundsätzlich: Tarifvertragliche Regelungen müssen mit höherrangigem Recht vereinbar sein. Der Gestaltungsspielraum der Tarifvertragsparteien darf nicht dazu führen, das Verbot der Diskriminierung teilzeitbeschäftigter Arbeitnehmer auszuhöhlen (BAG v. 9.7.2024, Az. 9 AZR 296/20).

- **Arbeitszeitverkürzungen** für Vollzeitbeschäftigte: sind entsprechend auch bei Teilzeitbeschäftigten vorzunehmen.
- **Altersversorgung:** die vollständige Herausnahme der Teilzeitbeschäftigten aus der betrieblichen Altersversorgung ist unzulässig, und zwar auch dann, wenn noch ein weiteres Arbeitsverhältnis besteht; die Altersversorgung ist anteilig zu gewähren; s. i. E. unter → *Betriebliche Altersversorgung*.

- **Arbeitgeberdarlehen:** weder ein kompletter Ausschluss von Teilzeitbeschäftigten noch die Vergabe zu schlechteren Bedingungen ist zulässig.
- **Betriebliche Altersversorgung:** Eine flexible Gestaltung der Arbeitszeit kann im Hinblick auf die betriebliche Altersversorgung zu einem nicht gerechtfertigten Verstoß gegen den allgemeinen Gleichheitssatz führen (BAG v. 23.2.2021, Az. 3 AZR 618/19 und 3 AZR 24/20, so bereits Urteil v. 3.6.2020, Az. 3 AZR 480/18 zur gespaltenen Rentenformel). Auch der vollständige Ausschluss Teilzeitbeschäftigter von der Gewährung bezahlter Altersteilzeit gem. § 2a Ziff. 1 Abs. 2 Satz 1 MTV ist unwirksam (BAG v. 9.7.2024, Az. 9 AZR 296/20). Die Einzelheiten der Rechtsfragen sind hier sehr komplex.
- **Betriebszugehörigkeit:** hier ist die Dauer des Arbeitsverhältnisses zugrunde zu legen; es ist nicht zulässig, bei einer Halbtagskraft etwa nur die Hälfte der Zeit anzurechnen.
- **Bewährungsaufstieg** ist den Teilzeitbeschäftigten nach derselben Anzahl von Dienstjahren zu gewähren wie den Vollzeitbeschäftigten (LAG Köln v. 8.8.2015, Az. 12 Sa 681/15).
- **Freistellungstage:** Unzulässig: § 2a Ziff 1 Abs 2 Satz 1 Manteltarifvertrag für die gewerblichen Arbeitnehmer in der feinkeramischen Industrie der Bundesrepublik Deutschland vom 18. Dezember 2012 (MTV) schließt Teilzeitbeschäftigte – ganz unabhängig vom Umfang der Teilzeit – von der Gewährung der bezahlten tariflichen Altersfreizeit vollständig aus. Den teilzeitbeschäftigten Arbeitnehmern wird entgegen § 4 Abs. 1 Satz 2 TzBfG eine teilbare geldwerte Leistung nicht in dem Umfang gewährt, der dem Anteil ihrer Arbeitszeit an der Arbeitszeit eines vergleichbaren vollzeitbeschäftigten Arbeitnehmers entspricht (Rn. 22). Die Benachteiligung wegen der Teilzeittätigkeit ist nicht durch einen sachlichen Grund gerechtfertigt (BAG v. 9.7.2024, Az. 9 AZR 296/20). Weiter wurde entschieden, dass die in § 3 Ziff 10.2 Abs 2 des Manteltarifvertrags der Metall- und Elektroindustrie für das Tarifgebiet Hamburg und Umgebung, Schleswig-Holstein, Mecklenburg-Vorpommern (MTV) vorgesehene Beschränkung des Freistellungsanspruchs (anstatt eines tariflichen Zusatzgeldes) auf Vollzeitkräfte Teilzeitkräfte unzulässig benachteiligt (LAG Schleswig-Holstein v. 7.2.2024, Az. 6 Sa 114/23, nicht rechtskräftig, Revision anhängig unter 10 AZR 52/24).
- **Gleitzeitregelungen:** dürfen nicht nur Vollzeitbeschäftigten offenstehen.
- **Kündigungsfristen:** die Verlängerung der Kündigungsfristen nach langer Betriebszugehörigkeit richtet sich nach der Dauer der Betriebszugehörigkeit, ohne dass Abstriche wegen der Teilzeitarbeit möglich wären.
- **Lohnerhöhung:** haben Vollzeitbeschäftigte einen Anspruch auf eine Lohnerhöhung, dürfen Teilzeitbeschäftigte nicht davon ausgenommen werden.
- **Nebenberufliche Tätigkeit:** der Teilzeitbeschäftigte darf nicht deswegen schlechter behandelt werden, weil er seine Tätigkeit nur nebenberuflich ausübt und im Hauptberuf eine ausreichende soziale Sicherheit hat; so darf er z. B. nicht deswegen von der Gewährung des an andere Arbeitnehmer ausgezahlten Arbeitgeberdarlehns ausgeschlossen werden, weil er ein solches auch bei seinem anderen Arbeitgeber erhalten könnte.
- **Unkündbarkeit** nach tariflichen Bestimmungen: tritt für Teilzeitbeschäftigte nach derselben Betriebszugehörigkeit ein wie für Vollzeitbeschäftigte; es ist also nicht zulässig, für Halbtagskräfte die doppelte Bewährungszeit anzusetzen.
- **Sozialeinrichtungen** dürfen von Teilzeitbeschäftigten unbeschränkt mitbenutzt werden.

Die Pflicht zur Gleichbehandlung führt aber nicht stets dazu, dass bestimmte Pflichten den Teilzeitarbeitnehmer nur anteilig im Verhältnis zur Länge seiner Arbeitszeit treffen.

Beispiel:

Die Länge der Arbeit an Bildschirmgeräten ist in einem Tarifvertrag beschränkt. Die Regelung bezieht sich nur auf Vollzeitkräfte. Hier kann der Teilzeitbeschäftigte nicht verlangen, dass die Dauer seiner Bildschirmarbeit im Verhältnis zu seiner individuellen Arbeitszeit gekürzt wird. Durch die Regelung soll lediglich der Gesundheitsschutz gewährleistet werden. Es ist also zulässig, dass die Teilzeitbeschäftigten 75 % ihrer Arbeitszeit am Bildschirm verbringen müssen, während es bei den Vollzeitarbeitskräften 50 % sind.

Teilzeitbeschäftigte können nicht zu der gleichen Anzahl von Sonntagsdiensten herangezogen werden wie Vollzeitbeschäftigte.

Eine Ermäßigung der Unterrichtsverpflichtung vollzeitbeschäftigter Lehrer ist teilzeitbeschäftigten Lehrern gleichen Alters anteilig zu gewähren. Eine Pauschalierung dieser Unterrichtsermäßigung bei Teilzeitbeschäftigten muss das Diskriminierungsverbot beachten.

Eine unzulässige Diskriminierung kann nur durch eine „Anpassung nach oben" beseitigt werden (BAG v. 23.7.2019, Az. 9 AZR 372/18).

V. Weisungsrecht

Innerhalb der reduzierten Arbeitszeit hat der Arbeitgeber das gleiche Weisungsrecht wie bei einem Vollzeitbeschäftigten. Problematisch ist nur die Anordnung von Überstunden. Wenn keine vertragliche Vereinbarung besteht, wonach der Teilzeitbeschäftigte in einem bestimmten Umfang Überstunden zu leisten hat, ist die Anordnung jedenfalls dann unwirksam, wenn der Arbeitnehmer auf eigenen Wunsch in Teilzeit beschäftigt wird. Denn: Der Arbeitnehmer hat durch den Abschluss eines Teilzeitarbeitsvertrags zu verstehen gegeben, dass er nur für eine ganz bestimmte Zeit zur Verfügung steht. Daher ist es sinnvoll, eine Überstundenregelung in den Arbeitsvertrag einzufügen.

Formulierungsbeispiel:

„Die Arbeitszeit beträgt 30 Stunden ohne Pause pro Woche, und zwar verteilt auf die Wochentage Montag bis Donnerstag. Der Arbeitnehmer erklärt sich bereit, auf Anforderung auch Über- und Mehrarbeit sowie Wochenend-, Sonn- und Feiertagsarbeit im jeweils gesetzlichen Rahmen zu leisten. Überstunden können angeordnet werden, wenn ein betrieblicher Bedarf für zusätzliche Arbeitsstunden entsteht, insbesondere bei unvorhersehbaren Ereignissen, wie z.B. der Erkrankung anderer Arbeitnehmer, Zeiten erhöhten Arbeitsaufkommens, Termindruck oder aufgrund von Veranstaltungen. Bei der Anforderung berücksichtigt der Arbeitgeber nach billigem Ermessen die persönlichen Belange der in Betracht kommenden Arbeitnehmer.

Optional, wenn ein Mehrarbeitszuschlag vereinbart werden soll:

Ein Mehrarbeitszuschlag von ... % ist erst dann zu leisten, wenn und soweit die Überstunden die betriebsübliche Regelarbeitszeit (derzeit 35 Wochenstunden) übersteigen."

VI. Teilzeit und Betriebsrat

Der Betriebsrat hat ein Mitbestimmungsrecht bei der Einführung und Verteilung der Teilzeitarbeit im Betrieb. Das Teilzeitgesetz hat hier keine Veränderungen vorgenommen. Es kann daher durchaus zu einem Konflikt zwischen den Interessen des Arbeitnehmers, der an einer Teilzeitarbeit interessiert ist, und dem Betriebsrat kommen. Hierzu wird vertreten, dass die Weigerung des Betriebsrats, einer Änderung zuzustimmen für sich allein nicht ausreicht, die Ablehnung zu begründen. Vielmehr seien deren Gründe zu überprüfen.

Beispiel:

Der Arbeitnehmer möchte die Arbeitszeit auf ⅔ reduzieren und sie in einer ganz bestimmten Weise verteilen. Bei der Verteilung der Ar-

beitszeit hat der Betriebsrat ein Mitbestimmungsrecht, mit dem er eine andere Verteilung anstreben kann als der Arbeitnehmer. Hier sieht sich der Arbeitgeber unterschiedlichen Ansprüchen ausgesetzt. Der Gesetzgeber hat keine Lösung des Problems vorgegeben. Vielfach wird es darauf ankommen, ob die konkrete Regelung kollektiven Charakter hat und ein Mitbestimmungsrecht auslöst oder lediglich einzelfallbezogen ist.

Teilzeitarbeitnehmer werden betriebsverfassungsrechtlich wie Vollzeitkräfte behandelt. Sie nehmen an den Wahlen zum Betriebsrat teil und können auch in den Betriebsrat gewählt werden. Wenn ein teilzeitbeschäftigtes Betriebsratsmitglied Aufgaben des Betriebsrats außerhalb seiner individuellen Arbeitszeit wahrnimmt, hat es einen Anspruch auf zusätzliche Vergütung dieser Zeit, wenn ein Freizeitausgleich nicht möglich ist. Er muss aber erst um einen Freizeitausgleich nachsuchen (LAG Berlin-Brandenburg v. 11.6.2010, Az. 6 Sa 675/10). Überstundenzuschläge können jedoch nach der bisher geltenden Rechtslage erst dann verlangt werden, wenn die reguläre (d. h. für alle Arbeitnehmer geltende) Arbeitszeit überschritten wird.

Beispiel:

Betriebsratsmitglied A arbeitet dreieinhalb Stunden am Tag, und zwar jeweils von 9.00 bis 12.30 Uhr. Die reguläre Arbeitszeit geht von 9.00 bis 16.30 Uhr. A nimmt an einer Betriebsratssitzung von 12.00 bis 15.00 Uhr teil. Für die Zeit bis 12.30 Uhr behält er seinen regulären Vergütungsanspruch (§ 37 Abs. 3 Satz 1 BetrVG). Für die Sitzungsdauer bis 12.30 Uhr kann er eine entsprechende Freistellung innerhalb eines Monats verlangen. Ist dies nicht möglich, muss diese Zeit bezahlt werden. Er hat jedoch keinen Anspruch auf Überstundenzuschläge, denn durch die Sitzung wurde die reguläre Arbeitszeit nicht überschritten.

Nimmt ein teilzeitbeschäftigtes Betriebsratsmitglied an einer ganztägigen Schulungsveranstaltung teil, hat es Anspruch auf Vollzeitvergütung (§ 37 Abs. 6 Satz 2 BetrVG).

Teilzeitbeschäftigte zählen auch mit bei der Berechnung der maßgeblichen Betriebsgröße für die Errichtung eines Betriebsrats, dessen Größe und die Notwendigkeit der Errichtung eines Wirtschaftsausschusses.

VII. Sonderfall: Arbeit auf Abruf

Eine besondere Form der Teilzeitarbeit ist die Arbeit auf Abruf. Es wird im Einzelarbeitsvertrag (Betriebsvereinbarungen können nur Einzelheiten hierzu regeln, die Grundabsprache muss individuell erfolgen) vereinbart, dass in einem bestimmten Zeitraum, der nach Wochen, Monaten oder einem Jahr bemessen sein kann, eine im Voraus bestimmte Arbeitszeit geleistet wird, die hinter der Vollzeitarbeit zurückbleibt. Der Arbeitgeber kann die Arbeitsleistung dann abrufen, wenn sie nach seiner subjektiven Einschätzung benötigt wird. Diese Form der Arbeitsleistung ist auch unter der Abkürzung KAPOVAZ (Kapazitätsorientierte variable Arbeitszeit) oder BAVAZ (bedarfsorientierte variable Arbeitszeit) bekannt. Die Vorschrift soll verhindern, dass der Arbeitgeber durch vertragliche Vereinbarung das Risiko der nicht vorhandenen Arbeit einseitig auf die Arbeitnehmer abwälzt.

Sie gilt für alle Teilzeitbeschäftigten mit einer Vereinbarung der Arbeit auf Abruf. Eine bestimmte Mindestanzahl von Beschäftigten ist nicht erforderlich, vielmehr gilt die Vorschrift auch in Kleinbetrieben. Es ist auch möglich, nur einen Teil der Arbeitszeit den Regeln der Arbeit auf Abruf zu unterwerfen, für den dann § 12 gilt. Nicht erfasst werden Arbeitsverhältnisse, bei denen nur eine Rahmenvereinbarung getroffen wird, aber keine Arbeitsverpflichtung besteht.

Beispiel:

Mit einem Studenten wird eine Rahmenvereinbarung über die Ableistung von Nachtdiensten getroffen. Darin ist festgehalten, dass der Student nicht verpflichtet ist, die ihm angebotenen Dienste auch nur teilweise anzunehmen. Dabei ist zunächst die Regelung des § 12 nicht anzuwenden. Werden aber aufgrund dieser Vereinbarung über einen längeren Zeitraum hinweg regelmäßig Nachtdienste erbracht, kann u. U. von einem einheitlichen Abrufarbeitsverhältnis ausgegangen werden. Die Grenzen sind hier fließend.

Rufbereitschaften und Bereitschaftsdienste von Vollzeitbeschäftigten fallen nicht unter § 12, ebenso wenig deren Überstunden.

Um den Schutzzweck zu erreichen, galt bisher eine Mindestarbeitszeit von zehn Wochenstunden, wenn die Parteien die Dauer der Arbeitszeit nicht festgelegt haben (§ 12 Abs. 1 TzBfG). Dies ist nunmehr auf 20 Stunden erhöht worden.

Beispiel:

Im Arbeitsvertrag ist vereinbart, dass sich die Arbeitszeit nach dem jeweiligen Arbeitsanfall richtet. Eine bestimmte Zeit wird nicht genannt. Hier muss der Arbeitgeber zehn Arbeitsstunden pro Woche bezahlen, auch wenn er den Arbeitnehmer mangels einer Beschäftigungsmöglichkeit gar nicht in diesem Umfang beschäftigen kann.

Eine Abweichung davon kann im Wege der ergänzenden Vertragsauslegung nur dann angenommen werden, wenn die gesetzliche Regelung nicht sachgerecht ist und objektive Anhaltspunkte dafür vorliegen, die Parteien hätten bei Vertragsschluss übereinstimmend eine andere Dauer der wöchentlichen Arbeitszeit gewollt (BAG v. 18.10.2023, Az. 5 AZR 22/23). Das LAG Hamm hat hierzu entschieden, dass jedenfalls bei einem nicht gleichförmigen Abruf allein das tatsächliche Abrufverhalten des Arbeitgebers weder eine konkludente vertragliche Vereinbarung ist noch eine ergänzende Vertragsauslegung ermögliche (LAG Hamm v. 12.10.2022, Az. 4 Sa 218/22, nicht rechtskräftig, Revision anhängig unter 5 AZR 57/23).

Die Parteien können aber eine geringere Wochenarbeitszeit als zwanzig Stunden ausdrücklich vereinbaren.

Beispiel:

Im Arbeitsvertrag ist vereinbart, dass die wöchentliche Arbeitszeit 7,5 Stunden beträgt. Dies ist rechtlich wirksam, der Arbeitnehmer hat nur einen Anspruch auf Bezahlung dieser Stunden.

Eine bestimmte Mindestanzahl von Stunden ist im Gesetz nicht vorgesehen.

Die Arbeitsvertragsparteien können vereinbaren, dass über eine vertragliche Mindestarbeitszeit Arbeit auf Abruf geleistet werden muss. Diese darf jedoch nicht mehr als 25 % der vereinbarten wöchentlichen Mindestarbeitszeit betragen. Ist eine Höchstarbeitszeit vereinbart, darf der Arbeitgeber höchstens 20 % der wöchentlichen Arbeitszeit weniger abrufen.

Die Lage der Arbeitszeit kann vom Arbeitgeber bestimmt werden. Er muss dies aber dem Arbeitnehmer, wenn nichts anderes vereinbart ist, mindestens vier Tage vor dem vorgesehenen Einsatz mitteilen, sonst ist der Arbeitnehmer nicht verpflichtet, zur Arbeit anzutreten (§ 12 Abs. 2 TzBfG). Die Aufforderung bedarf keiner Form. Bei der Fristberechnung zählt der Tag der Aufforderung nicht mit.

Im Einzelnen gilt Folgendes:

Arbeitstag	Spätester Termin der Aufforderung
Montag	Mittwoch
Dienstag	Donnerstag
Mittwoch, Donnerstag und Freitag	Freitag
Sonnabend	Montag

Beispiel:

Der Arbeitgeber fordert einen Arbeitnehmer am Donnerstag auf, am Montag zu arbeiten. Damit ist die Frist nicht eingehalten, und der Arbeitnehmer ist nicht verpflichtet, zur Arbeit zu erscheinen.

Das Gesetz enthält auch keine Verpflichtung, das Nichterscheinen vorher anzukündigen. Eine solche Pflicht dürfte sich aber aus der Regel aus Treu und Glauben ergeben. Etwas anderes kann nur gelten, wenn der Arbeitgeber wiederholt vorsätzlich die Frist nicht einhält. Wenn der Arbeitnehmer – berechtigt – nicht kommt, kann er aber auch keine Vergütung verlangen. Anders ist es, wenn der Arbeitgeber die Arbeitsleistung dann nicht annimmt. In diesem Fall muss er die Vergütung als Annahmeverzugsentgelt zahlen, denn er ist an die Aufforderung gebunden.

Beispiel:

Der Arbeitgeber fordert den Arbeitnehmer am Mittwoch zur Arbeit am folgenden Montag auf. Einen Tag vor Arbeitsantritt ergibt sich unvorhergesehen, dass er doch nicht benötigt wird. Der Arbeitgeber muss zahlen, auch wenn er keine Gegenleistung erhält.

Unabhängig von der Ankündigungsfrist muss der Arbeitgeber bei der Festlegung der Lage der Arbeitszeit in jedem Fall auch die berechtigten Interessen des Arbeitnehmers berücksichtigen.

Beispiel:

Eine Arbeitnehmerin wird rechtzeitig am Freitag zur Arbeitsleistung am Mittwoch aufgefordert. Sie bittet darum, nicht an diesem Tag arbeiten zu müssen, da ihr Kind an diesem Tag eingeschult wird. Eine andere Arbeitnehmerin steht für den Mittwoch zur Verfügung. Hier darf der Arbeitgeber nicht auf seiner Rechtsposition beharren, sondern muss den Interessen seiner Mitarbeiterin den Vorrang gewähren.

Wenn nicht von vornherein eine tägliche Arbeitsleistung vertraglich festgelegt ist, muss der Arbeitnehmer mindestens drei Stunden hintereinander beschäftigt werden (§ 12 Abs. 1 Satz 4 TzBfG). Der Arbeitgeber muss in diesem Fall also auf jeden Fall drei Stunden bezahlen, auch wenn er sie nicht in Anspruch nimmt. Aber auch hier kann eine abweichende Vereinbarung im Arbeitsvertrag getroffen werden.

Beispiel:

Im Arbeitsvertrag ist folgende Klausel enthalten: „Die wöchentliche Arbeitszeit beträgt acht Stunden. Sie wird von Montag bis Donnerstag auf jeweils zwei Stunden festgelegt." Der Arbeitgeber muss also auch nur die vereinbarten zwei Stunden bezahlen.

Von den vorstehenden Rechten des Arbeitnehmers kann durch Tarifvertrag auch zuungunsten des Arbeitnehmers abgewichen werden, wenn der Tarifvertrag Regelungen über die tägliche und wöchentliche Arbeitszeit und die Vorankündigungsfrist enthält (§ 12 Abs. 2 TzBfG). Sofern im Einzelfall Arbeitgeber und Arbeitnehmer nicht tarifgebunden sind, können sie die Anwendung dieser tariflichen Regelungen vereinbaren.

Beispiel:

Ein Tarifvertrag enthält die o. g. Regelungen. Er ist aber nicht auf das Arbeitsverhältnis anwendbar, weil der Arbeitgeber nicht Mitglied des Arbeitgeberverbands ist. Im Einzelarbeitsvertrag kann die Geltung dieser tariflichen Bestimmungen vereinbart werden. Dies ist aber nicht möglich, wenn der Tarifvertrag nicht anwendbar ist, weil er z. B. eine andere Branche oder eine andere Region betrifft. Man muss also immer die Kontrollfrage stellen, ob der Tarifvertrag unmittelbar gelten würde, wenn der Arbeitgeber im Arbeitgeberverband und der Arbeitnehmer in der Gewerkschaft wäre.

Wenn der Arbeitnehmer arbeitsunfähig erkrankt ist, hat er Anspruch auf Entgeltfortzahlung. Deren Höhe richtet sich nach der im Vertrag vereinbarten regelmäßigen durchschnittlichen Arbeitszeit. Die Länge des Urlaubs richtet sich nach den allgemeinen Regeln für Teilzeitbeschäftigte.

WICHTIG!

Berechnungsgrundlage für Entgeltfortzahlungsansprüche wegen Krankheit/ gesetzlicher Feiertage ist grundsätzlich die Durchschnittsarbeitszeit der letzten drei Monate vor dem Beginn der Arbeitsunfähigkeit oder dem gesetzlichen Feiertag.

VIII. Geringfügige Beschäftigung

Der Begriff der geringfügigen Beschäftigten stammt aus § 8 SGB IV und kennzeichnet zum einen geringfügig entlohnte Tätigkeiten und zum anderen kurzfristige Tätigkeiten, die nicht länger als drei Monate oder 70 Arbeitstage andauern.

§ 8 Abs. 1a SGB IV lautet in der seit dem 1.10.2022 geltenden Fassung wie folgt: „Die Geringfügigkeitsgrenze im Sinne des Sozialgesetzbuches bezeichnet das monatliche Arbeitsentgelt, das bei einer Arbeitszeit von zehn Wochenstunden zum Mindestlohn nach § 1 Abs. 2 Satz 1 des Mindestlohngesetzes in Verbindung mit der auf der Grundlage des § 11 des Mindestlohngesetzes jeweils erlassenen Ordnung erzielt wird. Sie wird berechnet, indem der Mindestlohn mit 130 vervielfacht, durch drei geteilt und auf volle Euro aufgerundet wird." Für 2026 liegt die Grenze bei 603.– Euro, für 2027 bei 633.– Euro.

Es findet also eine quartalsbezogene Berechnung statt, um Zufallsergebnisse zu vermeiden. Eine unvorhersehbare Überschreitung der Geringfügigkeitsgrenze ist unschädlich, sofern diese innerhalb des für den jeweiligen Entgeltabrechnungszeitraum zu bildenden Zeitjahres in nicht mehr als zwei Kalendermonaten um jeweils einen Betrag bis zur Höhe der Geringfügigkeitsgrenze überschritten wird (§ 8 Abs. 1b SBG IV). Innerhalb eines Jahres, berechnet jeweils ab Beginn des Beschäftigungsverhältnisses, darf also in zwei Monaten ein Arbeitsentgelt von bis zu 1.204,– Euro (2027 sind es 1.266.– Euro) erzielt werden. Sonderzahlungen, die wie etwa Weihnachtsgeld für einen längeren Zeitraum gewährt werden, sind auf den gesamten Zeitraum umzurechnen, für den sie gewährt werden.

Bei Saisonbeschäftigung gilt die Geringfügigkeitsgrenze als nicht überschritten, wenn die Beschäftigung innerhalb eines Kalenderjahres auf längstens drei Monate oder 70 Arbeitstage nach ihrer Eigenart begrenzt zu sein pflegt oder im Voraus vertraglich begrenzt ist, es sei denn, dass die Beschäftigung berufsmäßig ausgeübt wird und die Geringfügigkeitsgrenze übersteigt. Für die Monatsgrenze kommt es auf die Beschäftigungsmonate und nicht auf die Kalendermonate an.

Beispiel:

Die Saisonarbeit dauert vom 15.6. bis 20.9. Hier wird die Grenze überschritten, obwohl innerhalb des Zeitraums nur zwei volle Kalendermonate liegen.

WICHTIG!

Auch der Übergangsbereich (bislang Gleitzone genannt) in Richtung einer voll sozialversicherungspflichtigen Beschäftigung ist neu geregelt worden. Der Übergangsbereich liegt bei einem Beschäftigungsverhältnis vor, wenn das daraus erzielte Arbeitsentgelt ab 1.1.2025 zwischen 556,01 und 2.000,00 Euro im Monat liegt und die Grenze von 2.000,00 Euro im Monat regelmäßig nicht überschreitet. Bei mehreren Beschäftigungsverhältnissen ist das insgesamt erzielte Arbeitsentgelt maßgebend (§ 20 Abs. 2 SGB IV, weitere Einzelheiten unter www.deutsche-rentenversicherung.de).

ACHTUNG!

Bei diesem Betrag endet aber die 2 %-Pauschalsteuer des § 40 Abs. 2 EStG. Wenn der Arbeitnehmer weitere steuerpflichtige Einkünfte hat, muss er das gesamte Einkommen versteuern.

Es ist ratsam, eine Klausel zur Anzeigepflicht im Vertrag aufzunehmen.

Muster:

Die Aufnahme oder Beendigung einer weiteren Beschäftigung, gleich welchen Umfangs und welcher Dauer, hat der Arbeitnehmer unverzüglich in Textform anzuzeigen. Ebenso ist jede Veränderung des Umfangs oder des vereinbarten Entgelts einer anderweitigen Beschäftigung anzuzeigen.

Die Besonderheiten derartiger Beschäftigungsverhältnisse liegen ausschließlich auf sozialversicherungsrechtlichem und steuerrechtlichem Gebiet.

Arbeitsrechtlich handelt es sich um Teilzeitarbeitsverhältnisse, die wie andere auch den gesetzlichen und tariflichen Schutzvorschriften unterliegen (§ 2 Abs. 2 TzBfG). Insbesondere gilt auch hier die Gleichbehandlungspflicht. Die geringfügig Beschäftigen dürfen nicht wegen ihrer verkürzten Arbeitszeit ohne sachlichen Grund schlechter behandelt werden als andere Arbeitnehmer, auch nicht schlechter als andere Teilzeitbeschäftigte. Hierzu hat das BAG klargestellt, dass geringfügig Beschäftigte, die in Bezug auf Umfang und Lage der Arbeitszeit keinen Weisungen des Arbeitgebers unterliegen, bei gleicher Qualifikation für die identische Tätigkeit keine geringere Stundenvergütung erhalten dürfen als vollzeitbeschäftigte Arbeitnehmer, die durch den Arbeitgeber verbindlich zur Arbeit eingeteilt werden. Der Arbeitgeber darf jedoch durch die Entlohnung die Anpassungsfähigkeit des Arbeitnehmers an unterschiedliche Arbeitszeiten besonders vergüten, wenn er darlegt, dass die zeitliche Flexibilität für die Ausführung der dem Arbeitnehmer übertragenen spezifischen Aufgaben von Bedeutung ist. Die besondere steuer- und sozialversicherungsrechtliche Behandlung geringfügig Beschäftigter stellt keinen sachlichen Grund für eine geringere Bezahlung dar (BAG v. 18.1.2023, Az. 5 AZR 108/23).

IX. Arbeitsplatzteilung

Bei der echten Arbeitsplatzteilung teilen sich zwei oder mehr Arbeitnehmer einen Arbeitsplatz, der nicht unbedingt ein Vollzeitarbeitsplatz sein muss. Es handelt sich um eine besondere Form der Teilzeitarbeit, sodass die obigen Ausführungen zum Teilzeitarbeitsverhältnis gelten.

Arbeitsplatzteilung ist nur möglich, wenn eine entsprechende vertragliche Vereinbarung vorliegt (zur Formulierung s. u. XI.). Der Arbeitgeber kann nicht verschiedene bereits bestehende Teilzeitarbeitsverhältnisse durch Ausübung seines Direktionsrechts in ein solches besonderes Arbeitsverhältnis umwandeln.

Die Aufteilung der Arbeitszeit kann unterschiedlich erfolgen; die Arbeitnehmer können nacheinander während einer Schicht an demselben Arbeitsplatz arbeiten, an einigen Tagen vollschichtig und an anderen gar nicht arbeiten oder sich wöchentlich bzw. monatlich abwechseln. Die Arbeitsplatzteilung hat folgende Besonderheiten (§ 12 TzBfG):

- Die Arbeitsverhältnisse bestehen unabhängig voneinander zum Arbeitgeber.
- Zwischen den Arbeitnehmern bestehen keine Rechtsbeziehungen.
- Eine Vertragsklausel, wonach das Arbeitsverhältnis automatisch endet, wenn der andere Teilnehmer ausscheidet, ist unwirksam.
- Der Arbeitgeber darf dem einen Arbeitnehmer nicht kündigen, nur weil der andere Arbeitnehmer seinen Arbeitsvertrag gekündigt hat.
- Die Verteilung der Lage der Arbeitszeit untereinander ist Sache der Arbeitnehmer, der Arbeitgeber darf nur eingreifen, wenn sie sich nicht einigen können.
- Die Arbeitnehmer können – außer bei dringenden betrieblichen Erfordernissen – nicht von vornherein verpflichtet werden, bei einer Erkrankung des anderen Arbeitnehmers diesen stets zu vertreten, sondern es ist eine auf den Einzelfall bezogene Vertretungsregelung erforderlich.
- Für Schäden und Schlechtleistungen haftet der jeweils verantwortliche Arbeitnehmer, es sei denn, die Arbeitnehmer haben vertraglich die gemeinsame Verantwortung für das Arbeitsergebnis übernommen.

Von der Vertretungsregel kann durch Tarifvertrag auch zuungunsten des Arbeitnehmers abgewichen werden, wenn der Tarifvertrag Regelungen über die Vertretung der Arbeitnehmer enthält (§ 13 Abs. 4 TzBfG). Sofern im Einzelfall Arbeitgeber und Arbeitnehmer nicht tarifgebunden sind, können sie die Anwendung dieser tariflichen Regelungen vereinbaren.

X. Turnusarbeitsverhältnis

Ein solches liegt vor, wenn sich Gruppen von Arbeitnehmern auf bestimmten Arbeitsplätzen abwechseln, ohne dass eine Arbeitsplatzteilung in dem unter IX. genannten Sinne vereinbart worden ist. Maßgeblich ist der Wechsel zu festgelegten Zeitabschnitten, also ohne ein freies Bestimmungsrecht der Arbeitnehmer. Auch hier gilt, dass die Arbeitnehmer nicht von vornherein zu einer wechselseitigen Vertretung verpflichtet sind, solange keine dringenden betrieblichen Erfordernisse vorliegen. Auch bleiben die Arbeitsverhältnisse durch das Ausscheiden anderer Arbeitnehmer unberührt.

XI. Muster: Vereinbarung der Arbeitsplatzteilung

Musterschreiben und Vertragsgestaltungen müssen den jeweiligen Notwendigkeiten und den individuellen Bedürfnissen der Arbeitsvertragsparteien Rechnung tragen. Die in diesem Werk abgebildeten Muster können hierbei nur eine Hilfe sein. Deshalb ist im Einzelfall zu prüfen, inwieweit hier vorgeschlagene Formulierungen sinnvoll oder entbehrlich sind. Die Anpassung an den jeweiligen Einzelfall ist daher zwingend notwendig.

Der Arbeitnehmer wird im System der echten Arbeitsplatzteilung eingestellt. Die Arbeitszeit beträgt .... Stunden, die Vergütung EUR .... pro Monat.

Der Arbeitnehmer verpflichtet sich, während der betriebsüblichen Arbeitszeit seinen Arbeitsplatz in Abstimmung mit dem anderen auf diesem Arbeitsplatz Beschäftigten ständig zu besetzen, ohne dass eine gleichzeitige Besetzung durch die Arbeitnehmer erfolgt.

Die am gleichen Arbeitsplatz Beschäftigten haben sich über die Aufteilung der Arbeitszeit im Rahmen der betriebsüblichen Arbeitszeit untereinander abzustimmen. Diese Abstimmung ist jeweils bis zum 20. eines Kalendermonats für den folgenden Kalendermonat schriftlich vorzunehmen und dem Arbeitgeber zur Kenntnis zu geben. Wird der Aufteilungsplan nicht fristgerecht vorgelegt, hat der Arbeitgeber das Recht, eine verbindliche Aufteilung der Arbeitszeit vorzunehmen. Die Abstimmung hat so zu erfolgen, dass jeder Beteiligte im Verlaufe eines Kalendermonats seine vereinbarte Arbeitsleistung erbringt.

Die Übertragung von Arbeitszeitguthaben oder Arbeitszeitschulden bis zu zehn Arbeitsstunden in den Folgemonat ist zulässig. Eine Übertragung von darüber hinausgehender Arbeitszeitsalden ist nur mit Zustimmung des Arbeitgebers zulässig.

Ist ein Arbeitnehmer an der Arbeitsleistung gehindert, können die an demselben Arbeitsplatz Beschäftigten eine Vertretung untereinander regeln. Kommt eine solche Regelung nicht zustande, regelt der Arbeitgeber die Vertretung.

Bei dringenden betrieblichen Erfordernissen (Arbeiten, die so dringend sind, dass sie nicht verschoben werden können, ohne dass erhebliche Nachteile für den Betrieb entstehen und die auch nicht rechtzeitig durch andere Arbeitnehmer erledigt werden könnten) ist der Arbeitnehmer verpflichtet, den anderen auf demselben Arbeitsplatz Beschäftigten zu vertreten, sofern ihm dies im Einzelfall zumutbar ist. Für die Vertretung erhält der Arbeitnehmer .... EUR pro Stunde. Mehrarbeitszuschläge fallen erst an, wenn und soweit die tarifliche Regelarbeitszeit überschritten wird. Zeiten einer solchen Vertretung werden nicht auf die o. g. Arbeitszeit angerechnet.

Telearbeit

I. Begriff

Das Arbeitsleben ist gegenwärtig mehr denn je im Wandel. Arbeitnehmer arbeiten eigenständig und eigenverantwortlich und schulden Erfolge. Wie sie diese realisieren, ist für den Arbeitgeber weitestgehend unerheblich. Dies gilt auch für den Ort, an dem die Arbeitsleistung erzielt wird. Dies, aber auch die bessere Vereinbarkeit von Familie und Beruf sowie die zunehmende Digitalisierung sind die Gründe, warum Telearbeit in einer zunehmend individualisierten Arbeitswelt stetig an Bedeutung gewinnt. Telearbeit im weiteren Sinne liegt bei Erwerbstätigkeiten vor, die für den Arbeitgeber oder einen Auftraggeber außerhalb der bisherigen Betriebsstätten durch Computer und/oder durch den Gebrauch von Telekommunikationsnetzen oder -geräten erbracht werden. In Deutschland gibt es keine speziellen gesetzlichen Regelungen zur Telearbeit.

Telearbeit kann von einem Arbeitnehmer, einem Heimarbeiter, einem Selbstständigen oder auch durch eine arbeitnehmerähnliche Person geleistet werden. Von der Gestaltungsform ist es abhängig, welche gesetzlichen Regelungen Anwendung finden.

Telearbeit kann im Rahmen eines Arbeitsverhältnisses zwischen Arbeitgeber und Arbeitnehmer vereinbart werden. Entscheidend für die korrekte Zuordnung ist allerdings nicht die vertragliche Gestaltung, sondern die tatsächliche Ausgestaltung der zu erbringenden Arbeitsleistung. Die Feststellung, ob die Telearbeit von einem Arbeitnehmer erbracht wird, erfolgt nach den gleichen Kriterien wie die Prüfung des Arbeitnehmerbegriffs nach allgemeinem Arbeitsrecht sonst auch. Hauptkriterien für das Vorliegen eines (Tele-)Arbeitsverhältnisses sind u. a.:

- Grad der persönlichen Abhängigkeit (Telearbeitsplatz ist mit dem Zentralrechner des Arbeitgebers online verbunden),
- vom Arbeitgeber bestimmte Arbeitsorganisation,
- Weisungsgebundenheit.

Telearbeit setzt im Rahmen der Einführung voraus, dass drei unterschiedliche Fragen beantwortet werden:

- Erstens: Sind die vertraglichen Grundlagen zwischen Unternehmen und dem Beschäftigten klar geregelt?
- Zweitens: Vertritt die Arbeitsorganisation für die konkrete Beschäftigungsart die Durchführung in Telearbeit?
- Drittens: Sind die datenschutzrechtlichen Grundlagen geklärt? Dies betrifft vor allem die Verschlüsselung des Datentransports und die Einbindung von mobilen Datengeräten in die Serverstruktur des Unternehmens.

II. Abgrenzung von mobiler Arbeit

Gerade in Zeiten der Corona-Pandemie wurde vielfach versucht, den Ort der Arbeitsleistung insoweit in das Hygienekonzept des Unternehmens zu integrieren, als Arbeitnehmern, wo es möglich ist, die Durchführung der eigenen Arbeitsleistung im häuslichen Bereich angeboten wird. Diese Form der Arbeitsleistung wird als „Mobile Arbeit in Form des Homeoffice" bezeichnet.

Diese Form der Arbeitsleistung hat sich in der Praxis bewährt. Arbeitgeber und Arbeitnehmer wollen auch nach formeller Beendigung der Corona-Pandemie an ihr festhalten. Aus diesem Grund sind in der Praxis im Wege doppelter Freiwilligkeit viele Vereinbarungen zur Arbeit in mobilen Formen getroffen worden.

Der Unterschied zur Telearbeit ist der, dass bei mobiler Arbeit der Arbeitgeber nicht verpflichtet ist, den Arbeitsbereich des Arbeitnehmers einzurichten. Insbesondere gilt die Arbeitsstättenverordnung mit den weitgehenden technischen Ausstattungsverpflichtungen zulasten der Unternehmen nicht. Vielmehr müssen Arbeitnehmer, die Arbeit im Homeoffice leisten wollen, sich selbst und auf eigene Kosten einen geeigneten Arbeitsplatz suchen. Kostenerstattung für Miete und Energie fallen zulasten der Unternehmen verpflichtend nicht an. Lediglich für die technische Ausstattung in Form der Datenverarbeitungsanlagen muss das Unternehmen sorgen. Ein Computer und ein Mobiltelefon sind regelmäßig zu stellen. Dabei sind der betriebliche Workflow, das Datenschutzrecht und die arbeitsvertragliche Gestaltung zu berücksichtigen. Das Unternehmen muss sich immer das Recht vorbehalten, vom Arbeitnehmer zu verlangen, wieder in Betrieb zu arbeiten.

Aufgrund der zulasten der Unternehmen anfallenden erheblichen Kosten der Telearbeit ist nur eine freiwillige Vereinbarung zwischen Arbeitgeber und Arbeitnehmer zur Einführung möglich.

Wie beim betrieblichen Arbeitsplatz muss das Unternehmen nach § 5 ArbSchutzG eine Gefährdungsbeurteilung des Arbeitsplatzes durchführen, den der Arbeitnehmer bei Leistung von Arbeit im Homeoffice einnimmt.

Im Koalitionsvertrag der Bundesregierung, bestehend aus SPD, Bündnis 90/Grüne und FDP ist niedergelegt, dass zugunsten der Arbeitnehmer kein gesetzlicher Anspruch auf Arbeit im Homeoffice geschaffen werden soll. Lediglich sollen die Unternehmen verpflichtet werden, mit den Arbeitnehmern den Wunsch auf Arbeit im Homeoffice zu erörtern, die den Wunsch dem Arbeitnehmer vortragen. Der lange befürchtete Anspruch auf Arbeit im Homeoffice soll – zumindest nach dem Koalitionsvertrag – einem Erörterungsanspruch weichen. Stattdessen wird nunmehr versucht, die finanziellen Aufwendungen, die Unternehmen bei der Telearbeit zu leisten haben, auf mobile Arbeit zumindest in dem Fall zu übertragen, wenn diese aus den eigenen Räumlichkeiten des Beschäftigten (unten IV. 3.) erfolgt.

III. Formen

1. Mobiles Arbeiten oder Telearbeit am Wohnort

Von einigen Sonderformen (z. B. Telehaus/Telezentrum oder Telearbeit in Satellitenbüros) abgesehen, wird Telearbeit unter Berücksichtigung der Arbeitsstättenverordnung im Rahmen eines vom Arbeitgeber eingerichteten Arbeitsplatzes in der eigenen Wohnung des Arbeitnehmers erbracht und arbeitsvertraglich oder im Rahmen einer Zusatzvereinbarung zum Arbeitsvertrag mit dem Arbeitgeber ausdrücklich vereinbart. Diese Form der Flexibilität dient der Vereinbarung von arbeitsvertraglicher Leistungserfüllung mit den persönlichen Bedürfnissen des Beschäftigten, die sich vor allem in der eigenen Familie realisieren.

Davon zu unterscheiden ist das mobile Arbeiten, das nicht wie im gezeigten Sinne (siehe II.) als Arbeit im Homeoffice zu bezeichnen ist. Arbeiten auch in Bereichen darüber hinaus ist möglich.

So in einem Café oder in einem Park, wie in einer Stadt oder Gemeinde. Aufgrund der Flexibilisierungsmöglichkeiten des Arbeitsorts und der Arbeitszeit durch elektronische Kommunikationsmittel gewinnen flexible Arbeitsformen bezüglich des Arbeitsortes und der Arbeitszeit zunehmend an Bedeutung. Die Erbringung der Arbeitsleistung erfolgt ohne festen Arbeitsplatz, z. B. während einer → *Dienstreise* oder im Außendienst unter Zuhilfenahme eines Notebooks oder Smartphones, mit deren Hilfe eine Zugriffsmöglichkeit auf das Firmennetz besteht.

Das ArbG München hat in diesem Kontext mit Urteil vom 27.8.2021 (12 Ga 62/21) entschieden, dass kein Anspruch auf mobile Arbeit im oder aus dem Ausland besteht. Das Urteil bezieht sich auf einen Anspruch auf mobile Arbeit beim Lebensgefährten in der Schweiz.

2. Ausschließliche oder alternierende Telearbeit

Eher selten wird die Arbeitsleistung ausschließlich als Telearbeit in der eigenen Wohnung erbracht, da unter anderem persönliche Kontakte und Besprechungen unter Anwesenden im Betrieb nicht vollständig zu ersetzen sind bzw. ersetzt werden sollen. Dementsprechend wird Telearbeit heute im Regelfall als sog. alternierende Telearbeit erbracht. Dies bedeutet, dass die Arbeit zum Teil am weiter bestehenden Arbeitsplatz im Betrieb wie auch in der eigenen Wohnung, also am häuslichen Arbeitsplatz, erfolgt.

Ausschließliche Formen der Telearbeit entfremden den Beschäftigten von der Arbeit. Dies schadet der Anbindung an das Unternehmen und seinen kollektivrechtlichen Beteiligungsmöglichkeiten.

IV. Das Telearbeitsverhältnis

Wird die Telearbeit im Rahmen eines Arbeitsverhältnisses erbracht, sind im Wesentlichen folgende arbeitsrechtliche Besonderheiten zu beachten:

WICHTIG!

Die inhaltliche Ausgestaltung eines Telearbeitsvertrags ist insbesondere davon abhängig, inwieweit durch Tarifvertrag oder durch Betriebsvereinbarung einschlägige Regelungen zur Telearbeit bereits bestehen.

1. Einführung und Beendigung des Telearbeitsverhältnisses

Wird der Arbeitnehmer direkt als Telearbeitnehmer neu eingestellt, können die Besonderheiten der Telearbeit von vornherein im Arbeitsvertrag klar geregelt werden.

Soll dagegen ein schon bestehendes „normales" Arbeitsverhältnis auf Telearbeit umgestellt werden, kann das nur einvernehmlich durch eine entsprechende Vertragsergänzung geschehen, also nicht ohne Zustimmung des Arbeitnehmers. Dieser ist weder zur Zustimmung verpflichtet, noch hat er selbst einen gesetzlichen Anspruch auf Telearbeit. Selbst wenn der Arbeitsvertrag eine Versetzungsklausel enthält, kann der Arbeitgeber im Wege seines Direktionsrechts nicht verlangen, dass der Arbeitnehmer künftig in der privaten Wohnung arbeitet.

Die Beendigung der Telearbeit sollte regelmäßig einvernehmlich erfolgen. Will der Arbeitgeber die Telearbeit dennoch einseitig beenden, muss er darauf achten, dass er die Interessen des Arbeitnehmers an einem Fortbestand der Telearbeit gebührend berücksichtigt und diesem ggf. einen angemessenen Ausgleich zubilligt. Anderenfalls ist die Beendigung unwirksam. Eine vertragliche Klausel zur Beendigung der Telearbeit muss das zuvor Gesagte berücksichtigen und an betriebliche Erfordernisse anknüpfen. Ansonsten ist die Klausel unwirksam. Schließlich ist zu beachten, dass es sich bei der Beendigung der Telearbeit – da eine (teilweise) Verlagerung des Arbeitsortes erfolgt – um eine Versetzung handelt, die der Zustimmung des Betriebsrats bedarf.

Das LAG Nürnberg hat mit Urteil vom 11.5.2021 (7 Sa 289/20) festgestellt, dass die Beendigung von Telearbeit, die aufgrund einer Betriebsvereinbarung eingeführt worden ist, dann nicht zu beanstanden ist, wenn neben einer Frist die zwingende Voraussetzung eines betrieblichen Grundes statuiert worden ist. Die Möglichkeit einer Teilkündigung von Telearbeit ist folglich gegeben, nach Auffassung des LAG kommt es auf die Voraussetzungen des KSchG nicht an.

2. Arbeitsort und Arbeitszeit

Regelungen einer kündbar gestellten Telearbeitsvereinbarung unterliegen keinem besonderen Kündigungsschutz. Der Arbeitgeber kann im Rahmen seines Direktionsrechts nach § 106 GewO nach Urteil des LAG Hamm vom 16.3.2023 (18 SA 832/22) einseitig das Telearbeitsverhältnis als Anordnung des Ortes der Arbeitsleistung widerrufen.

Bei der alternierenden Telearbeit ist die Besonderheit zu beachten, dass der Telearbeitnehmer die Arbeitsleistung an zwei verschiedenen Arbeitsorten erbringen kann. Ebenso wie im Hinblick auf Verteilung, Beginn und Ende der → *Arbeitszeit* ist es sicherlich nicht sinnvoll, wenn der Arbeitgeber die Zeiten im Betrieb und diejenigen am Telearbeitsplatz im Wege des Direktionsrechts z. B. wöchentlich im Voraus immer wieder neu festlegt. Die eine Möglichkeit besteht darin, feste Zeiten zu bestimmen, an denen der Arbeitnehmer zu Hause arbeitet. Wichtig ist es dann aber zu regeln, unter welchen Voraussetzungen und mit welchem Vorlauf der Arbeitgeber verlangen darf, dass der Arbeitnehmer auch ausnahmsweise im Betrieb erscheint. Eine andere Möglichkeit besteht darin, dem Telearbeitnehmer zu überlassen, an welchen Tagen er im Betrieb und wann in seiner Wohnung arbeiten möchte. Als Arbeitszeitregelungen sind Gleitzeitregelungen oder auch Regelungen über eine Vertrauensarbeitszeit sinnvoll, da der Telearbeitnehmer ohnehin eigenverantwortlich entscheidet, wann und wie er arbeitet (Zeitsouveränität). Klar sollte außerdem sein, ob der Telearbeitnehmer dies zuvor mitteilen muss und ob bestimmte Tage generell nicht für Telearbeit infrage kommen.

WICHTIG!

Der Arbeitgeber ist verpflichtet, auch an Telearbeitsplätzen die Einhaltung der Arbeitszeitvorschriften sicherzustellen. Der Telearbeitnehmer selbst ist angehalten, im Rahmen einer erhöhten Eigenverantwortung, die die Arbeit im eigenen privaten Bereich mit sich bringt, an seinem Telearbeitsplatz diese Vorschriften zu beachten. Insbesondere die Aufzeichnungspflicht des § 16 Abs. 2 ArbZG sollte auf den Telearbeitnehmer übertragen werden.

3. Kostentragung der Arbeitsmittel

Der Arbeitgeber hat sowohl die sich im Zusammenhang mit der Errichtung des Telearbeitsplatzes ergebenden Kosten als auch die im laufenden Betrieb des Telearbeitsplatzes anfallenden Kosten zu tragen, also insbesondere:

- PC-Ausstattung und Telekommunikationseinrichtungen inkl. der Anschlüsse,
- Büroeinrichtung und -mittel,
- Pauschale für Beteiligung an Nebenkosten, die am Telearbeitsplatz entstehen,
- Kosten für die Datenübertragung und -sicherheit.

Im Telearbeitsvertrag sollte unmissverständlich geregelt sein, dass die seitens des Arbeitgebers zur Verfügung gestellte Ausstattung des Telearbeitsplatzes (vollständige Aufstellung z. B. als Anlage) im Eigentum des Arbeitgebers bleiben und bei Beendigung der Telearbeit bzw. des Arbeitsverhältnisses umgehend zurückzugeben sind.

Dagegen ist der Arbeitgeber bei alternierender Telearbeit nicht verpflichtet, die sich aus den Fahrten zwischen den beiden Arbeitsorten ergebenden Kosten zu übernehmen.

Aufgrund der zulasten der Unternehmen anfallenden erheblichen Kosten der Telearbeit ist nur eine freiwillige Vereinbarung zwischen Arbeitgeber und Arbeitnehmer zur Einführung möglich.

4. Datenschutz und Verschwiegenheitspflicht

Besondere Probleme ergeben sich bei einem Telearbeitsplatz im Hinblick auf den Datenschutz wie auch bei der Festlegung besonderer Verschwiegenheits- und Geheimhaltungspflichten für den Telearbeitnehmer, da am häuslichen Arbeitsplatz mit aller Voraussicht größere Zugriffsmöglichkeiten unberechtigter Dritter bestehen. Vereinbart werden sollte daher, dass Arbeitgeber und Arbeitnehmer im Rahmen der Telearbeit die gesetzlichen und betrieblichen Regelungen zum Datenschutz und zur Datensicherheit beachten und anwenden. Da der Arbeitgeber aber nur mit Zustimmung des Telearbeitnehmers Zutritt zum häuslichen Telearbeitsplatz erhalten kann, ist letztendlich auch hier gegenseitiges Vertrauen Voraussetzung für das erfolgreiche Tätigwerden im Rahmen der Telearbeit. Der an Telearbeit interessierte Arbeitgeber sollte davon ausgehen, dass die Telearbeitnehmer sorgfältig mit beruflichen Unterlagen und Daten am Telearbeitsplatz umgehen. Dies wird für den Fall, dass ein Arbeitnehmer Arbeit am Wochenende oder abends mit nach Hause nimmt, auch nicht näher hinterfragt. Sollen am Telearbeitsplatz aber personenbezogene Daten, die einem besonderem Amts- oder Berufsgeheimnis unterliegen, verarbeitet werden, sollte vom Arbeitnehmer verlangt werden, diese mit entsprechenden technischen und organisatorischen Maßnahmen zu schützen. Dabei muss der Arbeitgeber den Arbeitnehmer dann ggf. unterstützen.

5. Arbeitsschutz am Telearbeitsplatz

Auch für einen vom Arbeitgeber fest eingerichteten Bildschirmarbeitsplatz im Privatbereich des Beschäftigten, für die der Arbeitgeber eine mit dem Beschäftigten vereinbarte wöchentliche Arbeitszeit und die Dauer der Einrichtung festgelegt hat (Definition des Telearbeitsplatzes), gelten die Vorschriften des Arbeitsschutzgesetzes sowie diejenigen der Arbeitsstättenverordnung. Die Arbeitsstättenverordnung enthält keine Bestandsschutzregelung, sodass die Regelungen auch für Telearbeitsplätze gelten, die vor dem 3.12.2016 eingerichtet wurden.

ACHTUNG!

Aus diesen Regelungen ergibt sich kein Rechtsanspruch auf Telearbeit.

ACHTUNG!

Ein Telearbeitsplatz ist vom Arbeitgeber erst dann „eingerichtet", wenn die Bedingungen der Telearbeit arbeitsvertraglich oder im Rahmen einer Vereinbarung festgelegt wurden und die benötigte Ausstattung des Telearbeitsplatzes durch den Arbeitgeber oder eine von ihm beauftragte Person im Privatbereich des Beschäftigten bereitgestellt und installiert wurde.

WICHTIG!

Wichtig ist es, den Arbeitnehmer vertraglich zu verpflichten, dem Arbeitgeber entsprechende Zugangsrechte zur Wohnung zu gewähren, damit dieser seinen arbeitsschutzrechtlichen Pflichten, die ein Betreten der Wohnung erfordern, auch nachkommen kann. Denn zum Schutz des Beschäftigten sieht Art. 13 GG die Unverletzlichkeit der Wohnung vor.

Für Telearbeitsplätze gelten lediglich die Regelungen in der Arbeitsstättenverordnung zur Gefährdungsbeurteilung, zur Unterweisung und der Anhang Nr. 6 zur Gestaltung von Bildschirmarbeitsplätzen. Für Telearbeitsplätze muss der Arbeitgeber nach dem Wortlaut der Arbeitsstättenverordnung lediglich bei der erstmaligen Beurteilung der Arbeitsbedingungen und des Arbeitsplatzes eine Gefährdungsbeurteilung durchführen und die sich daraus ggf. ergebende Maßnahmen umsetzen. Die Beurteilung des Telearbeitsplatzes ist dabei nur dann notwendig, soweit der Arbeitsplatz von demjenigen im Betrieb (für den eine Gefährdungsbeurteilung durchgeführt wurde) abweicht. Der Arbeitgeber darf dabei aber die Eigenart der Telearbeitsplätze i. S. v. Arbeiten in Privaträumen berücksichtigen, sodass die Bildschirmarbeitsplätze zuhause nicht ganz genau denjenigen im Betrieb entsprechen müssen.

ACHTUNG!

Der Telearbeitsplatz muss sicher und geeignet für Bildschirmarbeit sein und darf die Gesundheit der Beschäftigten nicht gefährden. Auch der Telearbeitnehmer selbst ist angehalten, im Rahmen einer erhöhten Eigenverantwortung, die die Arbeit im eigenen privaten Bereich mit sich bringt, an seinem Telearbeitsplatz die dort geltenden Arbeitsschutzvorschriften zu beachten.

Nicht der Arbeitsstättenverordnung, wohl aber dem Arbeitsschutzgesetz unterliegt dagegen das „Mobile Arbeiten". Als „Mobiles Arbeiten" gilt das nur gelegentliche Arbeiten von zuhause oder unterwegs ohne feste Absprache. Für die hierfür eventuell vom Arbeitgeber zur Verfügung gestellten Arbeitsmittel gelten die Vorschriften der Betriebssicherheitsverordnung. Danach muss der Arbeitgeber beispielsweise dafür sorgen, dass Beschäftigte nur die Arbeitsmittel verwenden, die er ihnen zur Verfügung gestellt hat oder deren Verwendung er ihnen ausdrücklich gestattet hat (§ 5 Abs. 4 BetrSichV).

IV. Beteiligungsrechte des Betriebsrats

Die Beteiligungsrechte des Betriebsrats aus dem Betriebsverfassungsrecht scheiden dann aus, wenn gemäß § 77 Abs. 3 BetrVG eine Sperrwirkung zugunsten eines Tarifvertrages besteht. Insbesondere wird nach dem Beschluss des BAG vom 20.10.2021 (7 ABR 34/20) kein Individualanspruch eines Arbeitnehmers auf Telearbeit begründet, wenn diese auf einer Betriebsvereinbarung beruht, die aufgrund der Sperrwirkung unwirksam ist.

Da der ausgelagerte Telearbeitsplatz in der häuslichen Wohnung grundsätzlich zum Betrieb i. S. d. Betriebsverfassungsgesetzes zählt, hat der Betriebsrat, bezogen auf Telearbeitnehmer, dieselben Rechte und Pflichten wie gegenüber anderen Arbeitnehmern des Betriebs auch. Insbesondere sind folgende Mitwirkungs- und Mitbestimmungsrechte zu beachten:

Der Wechsel vom betrieblichen Arbeitsplatz auf einen Telearbeitsplatz in der eigenen Wohnung bzw. die Einführung von alternierender Telearbeit für einen bestimmten Arbeitnehmer ebenso wie umgekehrt ist als personelle Einzelmaßnahme eine Versetzung, sodass der Betriebsrat zustimmen muss (§ 99 BetrVG). Dies sieht auch das BAG in seinem Beschluss vom 20.10.2021 (7 ABR 34/20) so. Zur Begründung wird auf den Wechsel von häuslicher Arbeit und Arbeit in der Betriebsstätte abgestellt.

Dem Betriebsrat stehen bei der Einführung von Telearbeit umfangreiche Mitbestimmungsrechte nach § 87 Abs. 1 BetrVG zu, insbesondere deshalb, weil u. a. Regelungen zur Ordnung des Betriebs (§ 87 Abs. 1 Nr. 1), zu Beginn, Ende und Verteilung der Arbeitszeit (§ 87 Abs. 1 Nr. 2), ggf. auch zur Entlohnung (§ 87 Abs. 1 Nr. 10 und 11) getroffen werden müssen. Dementsprechend empfiehlt es sich, direkt bei der Einführung von Telearbeit die betrieblich notwendigen Erfordernisse möglichst vollständig in einer → *Betriebsvereinbarung* zu regeln (z. B. Arbeitszeit, Mehrarbeit, Zeiterfassung, Arbeitsmittel, Aufwendungsersatz, Telefongebühren, Arbeitsschutz, Datenschutz). Die so erzielte Transparenz der Regelungen wird die Akzeptanz der Telearbeit bei den Mitarbeitern sicherlich erhöhen. Auf beidseitige Freiwilligkeit sollte geachtet werden, sodass keine Rechtsansprüche auf Telearbeit begründet werden.

Der Betriebsrat hat außerdem Zugangs- und Kontrollrechte am Arbeitsplatz (§§ 2, 80 und 89 BetrVG).

Bei der Mitbestimmung ist zwischen Telearbeit und mobiler Arbeit zu unterscheiden. Durch das Betriebsrätemodernisierungsgesetz vom 18.6.2021 hat der Gesetzgeber für die Möglichkeit, an flexiblen Orten zu arbeiten zu können, eine neue Mitbestimmungsregel geschaffen. Dies gilt allein für die mobile Arbeit, hingegen nicht für die Telearbeit. So sieht § 87 Abs. 1 Ziffer 14 nunmehr vor, dass der Betriebsrat mitzubestimmen hat, wenn das Unternehmen Beschäftigten das mobile Arbeit mittels Informations- und Kommunikationstechnik ermöglichen möchte. Ein einklagbarer Anspruch des Betriebsrats auf Einführung der Arbeit im Homeoffice wird in dieser Norm nicht geschaffen. Nur dann, wenn der Arbeitgeber das „Ob" positiv entscheidet, soll der Betriebsrat bei der Ausgestaltung, dem „Wie" mitbestimmen können.

Im Juni 2022 ist das BetrVG um einen weiteren Mitbestimmungstatbestand erweitert worden. So sieht § 87 Abs. 1 Ziffer 14 BetrVG vor, dass bei der Ausgestaltung von mobiler Arbeit, die mittels Informations- und Kommunikationstechnik erbracht wird, ein Mitbestimmungsrecht des Betriebsrats besteht. Die Mitbestimmung ist daher auf die mobile Arbeit, gemeint ist von das Homeoffice, beschränkt. Für die Telearbeit gilt diese nicht. Das „Ob" der Einführung von mobiler Arbeit (Arbeit im Homeoffice) ist daher weiter freiwillige Entscheidung des Unternehmens, wird diese bejaht, besteht bei der Ausgestaltung, also dem „Wie" ein Mitbestimmungsrecht.

WICHTIG!

Diese Zugangsrechte sind ausgeschlossen, wenn der Telearbeitnehmer mit dem Betreten des Telearbeitsplatzes in seiner eigenen Wohnung nicht einverstanden ist.

Unfallverhütung

I. Begriff

Aufgabe der gesetzlichen Unfallversicherung ist es, → *Arbeitsunfälle* und Berufskrankheiten sowie andere arbeitsbedingte Gesundheitsgefahren am Arbeitsplatz zu verhüten. Darüber hinaus sind die Unfallversicherungsträger ihren Mitgliedsunternehmen sowie den Versicherten bei der konkreten Durchführung der Unfallverhütungsvorschriften durch entsprechende Beratung behilflich. Im gewerblichen und industriellen Bereich werden diese Aufgaben von den gewerblichen Berufsgenossenschaften wahrgenommen.

Nach einer weiteren Definition versteht man unter Unfallverhütung die Gesamtheit aller vorbeugenden, überwiegend technischen und psychologischen Maßnahmen der Arbeitssicherheit. Im Arbeitsleben ist die Unfallverhütung eine ethische und menschliche Verpflichtung, an die sowohl die Unternehmen wie auch die Beschäftigten selbst gebunden sind.

Unfallverhütungsvorschriften werden von den Trägern der gesetzlichen Unfallversicherung unter Mitwirkung der DGUV erarbeitet und gemäß § 15 SGB VII erlassen. Aufgrund von Überschneidungen, die sich aus der Fusion der beiden Spitzenverbände von Berufsgenossenschaften und öffentlichen Unfallversicherungsträgern ergeben haben, werden die Unfallverhütungsvorschriften seit dem 1.5.2014 als DGUV-Vorschriften bezeichnet. Sie müssen wie die gesetzlichen Vorschriften sowohl vom Arbeitgeber als auch vom Arbeitnehmer beachtet werden.

DGUV-Vorschriften treffen insbesondere Aussagen über

- Einrichtungen, Anordnungen und Maßnahmen, die die Unternehmen zur Verhütung von Arbeitsunfällen zu treffen haben,
- Form und Möglichkeiten der Übertragung dieser Aufgaben auf andere Personen,
- das Verhalten der Versicherten zur Verhütung von Arbeitsunfällen,

DGUV-Vorschriften sind für die Mitgliedsunternehmen der Berufsgenossenschaft (Arbeitgeber) sowie für die Versicherten (Arbeitnehmer der Mitgliedsunternehmen) verbindlich und dementsprechend von allen am Arbeitsleben beteiligten Personen zu beachten (Arbeitgeber, Führungskräfte, → *Betriebsrat* und Arbeitnehmer).

Das OVG NRW hat mit Beschluss vom 14.2.2022 (12 B 1683/21) festgestellt, dass kein Anspruch auf Einbau und Inbetriebnahme von Luftfiltern in einer Grundschule aufgrund bestehender Unfallverhütungsvorschriften existiert.

Insgesamt lässt sich feststellen, dass die Unfallverhütung regelmäßig Aufgabe von Behörden und nicht von einzelnen, regelmäßig selbst betroffenen Beschäftigten ist.

II. Beteiligung des Betriebsrats

1. Erzwingbare Mitbestimmung

Der Betriebsrat hat ein erzwingbares Mitbestimmungsrecht bei Regelungen des Arbeitgebers zur Verhütung von Arbeitsunfällen und Berufskrankheiten sowie zum Gesundheitsschutz im Rahmen der gesetzlichen Vorschriften sowie der Unfallverhütungsvorschriften (§ 87 Abs. 1 Nr. 7 BetrVG). Voraussetzung hierfür ist aber, dass durch die Regelung das Belegschaftsinteresse insgesamt betroffen ist und nicht nur das individuelle Interesse einzelner Arbeitnehmer. Zudem muss die anwendbare Arbeitsschutzvorschrift den Betriebspartnern (also Arbeitgeber und Betriebsrat) überhaupt einen Regelungsspielraum belassen.

Die entscheidende Mitbestimmung des Betriebsrats in diesem Kontext resultiert aus § 87 Abs. 1 Ziffer 7 BetrVG bei der Durchführung einer Gefährdungsbeurteilung der Arbeitsplätze. Arbeitgeber und Betriebsrat müssen gleichberechtigt Modalitäten zur Gefährdungsbeurteilung aussuchen. Die letztendliche Durchführung der Gefährdungsbeurteilung obliegt nach der Rechtsprechung dem Arbeitgeber (BAG vom 13.8.2019, Az. 1 ABR 6/18).

Beispiel:

Betriebsrat und Arbeitgeber vereinbaren, dass in der gesamten Produktion Sicherheitsschuhe und besondere Arbeitskleidung getragen werden müssen.

Ein Mitbestimmungsrecht besteht auch über Einzelheiten der Gefährdungsbeurteilung und Unterweisung im Betrieb.

2. Freiwillige Betriebsvereinbarungen

Durch freiwillige Betriebsvereinbarungen können die Betriebspartner zusätzliche Maßnahmen zur Verhütung von Arbeitsunfällen und Gesundheitsbeschädigungen – also über den gesetzlich zwingend vorgeschriebenen Mindestschutz hinaus – vereinbaren (§ 88 BetrVG).

3. Allgemeine Aufgaben

Der → *Betriebsrat* hat grundsätzlich darüber zu wachen, dass die zugunsten der Arbeitnehmer des Betriebs geltenden Gesetze, Verordnungen, Unfallverhütungsvorschriften, Tarifverträge und Betriebsvereinbarungen ordnungsgemäß angewandt werden (§ 80 Abs. 1 BetrVG). Hierzu muss der Arbeitgeber ihn regelmäßig informieren. Mit den Anregungen und Anträgen des Betriebsrats zu Maßnahmen auf dem Gebiet des Arbeitsschutzes muss sich der Arbeitgeber auseinandersetzen.

4. Arbeitsschutz

Zudem hat sich der Betriebsrat dafür einzusetzen, dass die Vorschriften des Arbeitsschutzes und der Unfallverhütung im Betrieb sowie des betrieblichen Umweltschutzes durchgeführt werden. Er hat bei der Bekämpfung von Unfall- und Gesundheitsgefahren die für den Arbeitsschutz zuständigen Behörden, die Träger der gesetzlichen Unfallversicherung und die sonstigen in Betracht kommenden Stellen durch Anregung, Beratung und Auskunft zu unterstützen (§ 89 Abs. 1 BetrVG).

Arbeitsschutz steht grundsätzlich im Zusammenhang mit dem Gesundheitsschutz der Arbeitnehmer des Betriebes. Aus diesem Grund sind Arbeitsschutzmaßnahmen, die der Arbeitgeber freiwillig durchführen möchte oder nach gesetzlichen Vorschriften durchführen muss, regelmäßig der Mitbestimmung des Betriebsrats aufgrund Gesundheitsschutz nach § 87 Abs. 2 Nr. 7 BetrVG unterstellt.

Die Zentralstelle für den Arbeitsschutz ist beim Bundesministerium des Inneren und für Heimat angesiedelt. Im Übrigen sind in der Regel die Arbeitsschutzbehörden bzw. Gewerbeaufsichtsämter der Länder für den Arbeitsschutz zuständig.

Beispiel:

Tragen von Sicherheitskleidung; Nichtentfernen von Schutzvorrichtungen im Akkordlohn, die den Arbeitsgang verzögern, aber dem Schutz des Mitarbeiters dienen; Unterlassen von Alkoholkonsum am Arbeitsplatz; Einhaltung eines betrieblichen Rauchverbots als Umsetzung von Unfallverhütungsvorschriften.

WICHTIG!

Der Arbeitgeber hat den Betriebsrat daneben auch bei allen im Zusammenhang mit dem betrieblichen Umweltschutz stehenden Besichtigungen und Fragen hinzuziehen und ihm unverzüglich die den Arbeitsschutz, die Unfallverhütung und den betrieblichen Umweltschutz betreffenden Auflagen und Anordnungen der zuständigen Stellen mitzuteilen (§ 89 Abs. 2 Satz 2 BetrVG).

Der Arbeitgeber hat dem Betriebsrat eine Durchschrift der nach § 193 Abs. 5 SGB VII vom Betriebsrat zu unterschreibenden Unfallanzeige auszuhändigen (§ 89 Abs. 6 BetrVG).

III. Rechtsfolgen der Nichtbeachtung

Die Nichtbeachtung von Unfallverhütungsvorschriften durch den Arbeitgeber, Führungskräfte/Vorgesetzte oder Arbeitnehmer kann insbesondere im Schadensfall nachteilige Folgen mit sich bringen. Hat der Arbeitgeber, ein Vorgesetzter oder ein Arbeitskollege einen → *Arbeitsunfall* vorsätzlich oder grob fahrlässig verursacht, können ihn sämtliche Sozialversicherungsträger (d. h. nicht nur der Unfallversicherungsträger!) in Regress nehmen.

ACHTUNG!

Wurde gegen Unfallverhütungsvorschriften verstoßen, wird ein solcher Regressanspruch den Sozialversicherungsträgern von der Rechtsprechung in der Regel zugebilligt.

1. Arbeitgeber

Verantwortlich für die Einhaltung und Durchführung der Unfallverhütungsvorschriften ist der Arbeitgeber, d. h. bei Personengesellschaften der Unternehmer und bei Kapitalgesellschaften deren Organe.

Der Arbeitgeber kann seine Unternehmerpflichten auf Führungskräfte delegieren; tut er dies, treffen ihn aber weiterhin Organisations-, Aufsichts- und Kontrollpflichten.

Handelt ein Arbeitgeber einer Unfallverhütungsvorschrift zuwider, die am Arbeitsplatz eine bestimmte Betriebsgefahr ausschließen soll und kommt es gerade an diesem Arbeitsplatz zu einem → *Arbeitsunfall*, so wird regelmäßig vermutet, dass der Arbeitsunfall bei Beachtung der Unfallverhütungsvorschrift vermieden worden wäre (Beweislastumkehr). Gelingt dem Arbeitgeber der Gegenbeweis nicht, so steht dem geschädigten Arbeitnehmer grundsätzlich ein Schadensersatzanspruch zu, der sich aber im Regelfall auf die eingetretenen Sachschäden beschränkt. Denn wenn der Arbeitgeber den Arbeitsunfall weder auf einem versicherten Weg (Wegeunfall) noch vorsätzlich herbeigeführt hat, greift zu seinen Gunsten der Haftungsausschluss des § 104 SGB VII, wonach dem geschädigten Arbeitnehmer hinsichtlich seiner Personenschäden ausschließlich die im SGB VII geregelten Ansprüche gegen den zuständigen Unfallversicherungsträger zustehen. Auch Schmerzensgeldansprüche sind dann ausgeschlossen.

Die wichtigste Verpflichtung der Unternehmen im Zusammenhang mit der Verhinderung von Arbeitsunfällen sind die Gefährdungsbeurteilungen, die der Arbeitgeber nach § 5 ArbStättV durchzuführen hat. Dies betrifft sowohl den betrieblichen Arbeitsplatz als auch den Arbeitsplatz, der im Rahmen der Telearbeit (siehe Kapitel Telearbeit) oder in Form mobiler Arbeit vom Beschäftigten ausgefüllt wird. Gemessen wird die objektive Gefahr, die vom Arbeitsplatz ausgeht, und nicht die subjektive Gefahr, die aus der Persönlichkeit des Beschäftigten resultiert. Aus diesem Grund können auch Gruppen von Arbeitsplätzen im Rahmen einer Gefährdungsbeurteilung zusammengefasst werden.

Die Nichtbeachtung von Unfallverhütungsvorschriften ist ferner eine Ordnungswidrigkeit und kann mit Bußgeldern bis zu € 10.000 belegt werden (§ 209 Abs. 3 SGB VII). Auch kommt eine strafrechtliche Verantwortlichkeit bei Körperverletzungs- oder Tötungsdelikten (vorsätzlich oder fahrlässig) in Betracht.

2. Führungskräfte/Vorgesetzte

Auch der Vorgesetzte ist unmittelbar in seinem Verantwortungsbereich und insbesondere gegenüber seinen Mitarbeitern für die Einhaltung der Unfallverhütungsvorschriften verantwortlich, sodass er im Falle der Nichtbeachtung ebenfalls mit einem Bußgeld belegt bzw. strafrechtlich zur Verantwortung gezogen werden kann.

Wie auch beim Unternehmer ist privatrechtliche Haftung des Vorgesetzten für Personenschäden eines Versicherten ausgeschlossen, wenn nicht Vorsatz vorliegt oder sich der Unfall auf einem versicherten Weg ereignet hat. Schadensersatzansprüche beschränken sich auf Sachschäden, da für die Personenschäden grundsätzlich der gesetzliche Unfallversicherungsträger einsteht.

3. Arbeitnehmer

Auch die versicherten Arbeitnehmer haben alle Maßnahmen zur Verhütung von Arbeitsunfällen, Berufskrankheiten und arbeitsbedingten Gesundheitsgefahren und damit auch die Einhaltung der im Betrieb einschlägigen Unfallverhütungsvorschriften zu beachten. Dazu dienenden Weisungen des Arbeitgebers bzw. des Vorgesetzten ist Folge zu leisten.

Andererseits ist der Arbeitnehmer bei unmittelbaren Gefahren nicht zur Arbeitsleistung verpflichtet, ohne seinen Anspruch auf die Vergütung zu verlieren. Entspricht sein Arbeitsplatz nicht den Vorgaben von Unfallverhütungsvorschriften und schafft der Arbeitgeber nach entsprechenden Beschwerden beharrlich keine Abhilfe, ist der Arbeitnehmer berechtigt, die zuständige Behörde einzuschalten. Dadurch dürfen ihm keinerlei Nachteile entstehen. Der Arbeitnehmer ist auch nicht verpflichtet, gegen den Arbeitsschutz verstoßende Tätigkeiten (z. B. den Abbau einer vorgeschriebenen Schutzvorrichtung) nach Weisung des Arbeitgebers oder eines Vorgesetzten zu befolgen.

Urheberrechte im Arbeitsverhältnis

I. Begriff, Abgrenzung

Durch Urheberrechte wird der Schöpfer eines (neuen) geistigen Werks vor Nachahmung und unberechtigter Nutzung oder Verwertung seines Arbeitsergebnisses geschützt. Wird ein urheberrechtlich geschütztes Werk im Rahmen eines Arbeitsverhältnisses geschaffen, gelten hierfür besondere Regeln, da dem Arbeitgeber grundsätzlich die Rechte an dem Arbeitsergebnis zustehen. Um die Rechte des Arbeitgebers darzustellen (s. u. II.) muss zunächst geklärt werden, ob und wem in welchem Umfang überhaupt Urheberrechte zustehen.

Von den Urheberrechten abzugrenzen, sind Rechte an Erfindungen nach dem Arbeitnehmererfindungsgesetz (ArbNErfG). Die Anwendung des Rechts der Arbeitnehmererfindung ist an das Patentgesetz gekoppelt. Es erfasst Erfindungen, die patent- oder gebrauchsmusterfähig sind und technische Verbesserungsvorschläge, die diese Kriterien nicht erfüllen. Diese Abgrenzung ist in der Praxis nicht einfach, wie sich am Beispiel von Computerprogrammen zeigt, deren Patentfähigkeit von der Rechtsprechung seit den Jahren 1999 und 2000 zunehmend bejaht werden. Danach sind Computerprogramme patentfähig, wenn die ihnen zugrunde liegende Lehre eine auf technischen Überlegungen beruhende Erkenntnis erfordert. Während also das Patent den Erfindungsgedanken, also die technische Idee schützt, erfasst der urheberrechtliche Schutz die konkrete Form, die der zugrunde liegende Gedanke im Computerprogramm gefunden hat, lässt aber die Idee als solche frei.

WICHTIG!

Nach § 69g UrhG werden bei Computerprogrammen sonstige Rechtsvorschriften, insbesondere die des Erfindungsschutzes, von dem urheberrechtlichen Programmschutz nicht beeinträchtigt. Daher können sich Ansprüche des Arbeitnehmers nebeneinander sowohl aus dem Urheberrecht als auch aus dem ArbNErfG ergeben. Wenn jedoch kein patentfähiges Werk vorliegt, sondern „nur" eine urheberrechtliche Schöpfung, so kann der Arbeitnehmer auch keine Ansprüche wegen eines technischen Verbesserungsvorschlages nach § 20 ArbNErfG geltend machen (BGH v. 23.10.2001, Az. X ZR 72/98).

1. Person des Urhebers

Urheber ist immer derjenige, der eine persönliche geistige Schöpfung erschaffen hat (§ 7 UrhG). Haben mehrere das Werk gemeinsam geschaffen, ohne dass sich ihre Anteile gesondert verwerten lassen, so sind sie Miturheber des Werkes, denen das Recht zur Veröffentlichung und zur Verwertung gemeinsam zusteht.

Beispiel:

Entwickeln mehrere Programmierer gemeinsam oder stufenweise ein neues Computerprogramm, so sind sie Miturheber.

Wird das Werk innerhalb des Arbeitsverhältnisses geschaffen, so ändert dies nichts daran, dass der schöpfende Arbeitnehmer Urheber ist und bleibt. Das Urheberrecht selbst ist auch nicht übertragbar.

2. Urheberrechtlich geschützte Werke

Maßgeblich für die Beurteilung, ob ein Werk eine persönliche geistige Schöpfung darstellt und somit unter den urheberrechtlichen Schutz fällt, ist, ob der Schöpfer aus seinen eigenen Vorstellungen ein neues Werk erschaffen hat und sich nicht nur auf die Nachbildung bereits vorhandener Werke beschränkt. Ausschlaggebend ist hierbei das Arbeitsergebnis, also das geistige Produkt, das eine individuelle Gestaltungsform aufweisen und sich aus der Masse alltäglicher Gebilde hervorheben muss. Die schutzfähigen Werke sind in § 2 UrhG beispielhaft aufgezählt. Hierzu gehören insbesondere:

- Sprachwerke, wie Schriftwerke, Reden und Computerprogramme;
- Werke der Musik;
- Werke der bildenden Künste, einschließlich der Baukunst;
- Fotografien, Lichtbildwerke, pantomimische Werke und Filme;
- Darstellungen wissenschaftlicher oder technischer Art, wie Zeichnungen, Pläne, Karten, Skizzen, Tabellen und plastische Darstellungen.

An Computerprogramme werden in der Rechtsprechung besondere Anforderungen gestellt. Sie unterliegen nur dann dem urheberrechtlichen Schutz, wenn sie im Gesamtvergleich mit bestehenden Anwendungen individuelle Eigenheiten aufweisen, die durchschnittliche Fähigkeiten überragen. Vom Urheberrecht nicht geschützt sind die dem Programm zugrunde liegenden wissenschaftlichen oder technischen Regeln, insbesondere nicht der vorgegebene Algorithmus (wohl aber u. U. vom ArbNErfG, s. u. Arbeitnehmererfindung). Weitere Besonderheiten für Computerprogramme sind in § 69a ff. UrhG geregelt.

3. Inhalt der Urheberrechte

Das Urheberrecht schützt den Urheber in seinen geistigen und persönlichen Beziehungen zum Werk und in dessen Nutzung.

3.1 Urheberpersönlichkeitsrecht

Das Urheberpersönlichkeitsrecht umfasst das Recht des Urhebers zu bestimmen, ob und wie sein Werk zu veröffentlichen ist (§ 12 UrhG). Ferner gehören hierzu das Recht auf Anerkennung und Benennung des Urhebers (§ 13 UrhG) sowie der Schutz gegen Entstellung oder sonstige Änderungen des Werkes (§§ 14, 39 UrhG).

3.2 Verwertungsrechte

Zu den Verwertungsrechten gehören insbesondere Vervielfältigungs- und Verbreitungsrechte. Grundsätzlich stehen die Verwertungsrechte ausschließlich dem Urheber zu.

Beispiel:

Ein Architekt kann seine Baupläne beliebig oft ausdrucken oder kopieren und beliebig vielen Personen anbieten.

Im Arbeitsverhältnis würde dies jedoch zu unhaltbaren Ergebnissen führen. Der angestellte Architekt könnte mit seinen Arbeitsergebnissen ebenso hausieren gehen wie der angestellte Programmierer eines Softwareunternehmens mit dem von ihm entwickelten Computerprogramm. Daher gelten die im Folgenden (s. II.) dargelegten Besonderheiten.

3.3 Nutzungsrechte

Der Urheber kann sein Werk, auch über die Verwertungsrechte hinaus, beliebig nutzen und anderen Personen die Nutzung gestatten. Während also das Urheberrecht selbst nicht auf andere Personen übertragbar ist, so kann das Recht zur Nutzung für einzelne oder alle denkbaren Nutzungsarten vom Urheber an Dritte übertragen werden.

Die vertragliche Einräumung von Nutzungsrechten, auch Lizenz genannt, erfolgt i. d. R. so, dass der Urheber sein Werk selbst weiter nutzen und beliebigen Personen weitere Lizenzen erteilen kann. Man spricht hierbei von einem **(einfachen Nutzungsrecht).** Eine Nutzung durch andere Personen ist in diesen Fällen also nicht ausgeschlossen.

Beispiel:

Dem Nutzer eines im Handel gekauften Computerprogramms wird mit der beigefügten Software-Lizenz ein einfaches Nutzungsrecht für einen Computerarbeitsplatz eingeräumt.

Es kann aber auch vereinbart werden, dass nur noch der Lizenznehmer zu der (evtl. bestimmten) Nutzung des Werkes berechtigt sein soll **(ausschließliches Nutzungsrecht).** In diesem Fall darf der Urheber selbst das Werk nicht weiter nutzen oder weiteren Personen ein Nutzungsrecht einräumen, soweit nicht anderes vereinbart wurde. Das übertragene Nutzungsrecht kann räumlich, zeitlich oder inhaltlich beschränkt werden.

Wird vereinbart, dass sämtliche Nutzungsrechte von dem Urheber auf den Erwerber übergehen sollen, so beinhaltet dies auch das Recht, anderen Personen (einfache oder ausschließliche) Unterlizenzen zu erteilen.

Ausschließliche und einfache Nutzungsrechte bleiben gegenüber später eingeräumten Nutzungsrechten wirksam. Gleiches gilt, wenn der Inhaber des Rechts, der das Nutzungsrecht eingeräumt hat, wechselt oder wenn er auf sein Recht verzichtet.

Auch hinsichtlich der Nutzungsrechte und ihrer Übertragung gelten im Arbeitsverhältnis besondere Regeln (s. u. II.).

II. Rechte des Arbeitgebers

1. Pflichtige Werke

Der Arbeitgeber erwirbt das Eigentum an der als Arbeitsleistung geschuldeten Sache.

Beispiel:

Der Arbeitgeber wird Eigentümer der Diskette, auf der ein Computerprogramm gespeichert wurde, oder des Papiers, auf dem sich Konstruktionszeichnungen befinden.

Auch hinsichtlich des Urheberrechts ist entscheidend, ob das Werk vom Arbeitnehmer in Erfüllung seiner arbeitsvertraglichen Verpflichtungen geschaffen wurde (pflichtiges Werk). Das ist generell der Fall, wenn die Entwicklung in der Arbeitszeit und mit Mitteln des Arbeitgebers erfolgt ist. Nur für diesen Fall bestimmt § 43 i. V. m. § 31 Abs. 5 UrhG, dass dem Arbeitgeber, sofern nichts anderes ausdrücklich vereinbart wurde, die Nutzungsrechte an dem Werk (nur) für die Nutzungsarten zu übertragen sind, wie es dem Zweck des Arbeitsverhältnisses entspricht. Seit 1.7.2002 gilt dieser Grundsatz auch für die Fragen, ob ein Nutzungsrecht eingeräumt wird, ob es sich um ein einfaches oder ausschließliches Nutzungsrecht handelt, wie weit Nutzungsrecht und Verbotsrecht reichen und welchen Einschränkungen das Nutzungsrecht unterliegt. Im Ergebnis dürfte sich durch diese Präzisierung der gesetzlichen Regelung jedoch keine Änderung der bereits einschlägigen Rechtsprechung ergeben.

Beispiel:

Der angestellte Architekt hat seinem Arbeitgeber sämtliche ausschließlichen Nutzungsrechte an den im Arbeitsverhältnis erstellten Bauplänen einzuräumen. Schreibt der Architekt einen Fachaufsatz, so kann der Arbeitgeber grundsätzlich nicht verlangen, dass ihm diesbezüglich irgendwelche Nutzungsrechte eingeräumt werden.

Art und Umfang der übertragenen Nutzungsrechte bestimmen sich also im Einzelfall nach der mit dem Arbeitsvertrag vorgesehenen zweckgerechten Verwertung des Werkes. Im Zweifel soll dem Arbeitgeber nur ein einfaches Nutzungsrecht eingeräumt werden. Der Arbeitgeber muss aber in die Lage versetzt werden, ohne besondere Vereinbarung auf den Fortbestand der erworbenen Rechte über die Beendigung des Arbeitsverhältnisses hinaus vertrauen zu können.

WICHTIG!

Für die Urheberrechte an Computerprogrammen gelten besondere Regeln (§ 69b UrhG). Hiernach erfolgt immer eine vollständige und ausschließliche Übertragung der Nutzungsrechte an den Arbeitgeber; vorausgesetzt, es handelt sich um ein pflichtiges Werk. Ist das Computerprogramm patentfähig, müssen darüber hinaus die Vorschriften über Arbeitnehmererfindungen beachtet werden.

Die Übertragung der Nutzungsrechte an den Arbeitgeber erfolgt i. d. R. stillschweigend mit der Ablieferung des Arbeitsergebnisses. Es ist zu empfehlen, den Umfang der Übertragung bereits im Arbeitsvertrag festzulegen bzw. im Voraus zu vereinbaren (s. u. Formulierungsbeispiel und IV. Muster). Dies ist jederzeit möglich, auch wenn das betroffene Werk noch nicht geschaffen wurde (§ 40 Abs. 1 UrhG).

Formulierungsbeispiel:

„Der Arbeitnehmer überträgt dem Arbeitgeber das ausschließliche, zeitlich und räumlich unbegrenzte Recht zur Nutzung und beliebigen Verwertung der von dem Arbeitnehmer im Rahmen seiner vertraglichen Verpflichtungen erstellten Computerprogramme und sonstigen auf diese bezogenen Arbeitsergebnisse. Der Arbeitnehmer verpflichtet sich hierzu, dem Arbeitgeber auch sämtliche zu dem Programm gehörenden Vorstudien, Quellcodes sowie sonstigen Dokumentationen und Begleitmaterialien zu übergeben. Im Übrigen finden die Vorschriften der §§ 69a bis 69g UrhG sowie die sonstigen zwingenden Vorschriften des Urheberrechtsgesetzes Anwendung."

2. Freie Werke

Sofern der Arbeitnehmer in seiner Freizeit irgendwelche urheberrechtlich geschützten Werke schafft, die nicht Inhalt seiner geschuldeten Arbeitsleistung sind, hat der Arbeitgeber hierauf keine Ansprüche. Steht das in der Freizeit geschaffene Werk jedoch im Zusammenhang mit den im Arbeitsverhältnis erlangten Kenntnissen (Know-how) oder verwendeten Mitteln (z. B. Hard- und Software des Arbeitgebers), so kann der Arbeitnehmer verpflichtet sein, dem Arbeitgeber die Nutzung des in der Freizeit geschaffenen Werkes zu einer angemessenen Vergütung anzubieten.

Entsprechendes gilt für solche Werke, die zwar mit Mitteln des Arbeitgebers geschaffen werden, aber nicht von der eigentlichen Arbeitsleistung des Arbeitnehmers umfasst sind, von ihm also nicht vertraglich geschuldet werden.

Beispiel:

Der Architekt entwickelt mit den Mitteln des Arbeitgebers ein Buchhaltungsprogramm.

Auch in diesen Fällen ist von einer Anbietungspflicht des Arbeitnehmers auszugehen. Die betriebsinterne (einfache und auf die Dauer des Arbeitsverhältnisses begrenzte) Nutzung ist auch ohne besondere Vergütung zulässig. Eine darüber hinausgehende Nutzung (insbes. die gewerbliche Verwertung) kann der Arbeitgeber aber nur gegen Zahlung einer angemessenen Vergütung verlangen.

III. Rechte des Arbeitnehmers

1. Vergütungsanspruch

Am 1.7.2002 ist das „Gesetz zur Stärkung der vertraglichen Stellung von Urhebern und ausübenden Künstlern" in Kraft getreten. Hierdurch wurde das UrhG in wesentlichen Punkten reformiert. Kernstück der Reform ist der neu eingeführte Anspruch des Urhebers auf eine angemessene und eine weitere Vergütung.

Soweit es sich bei dem Werk um das Ergebnis der vertraglich geschuldeten Arbeitsleistung handelte und dem Arbeitgeber aus diesem Grunde das zweckgerichtete Recht zur Nutzung und Verwertung zusteht, galt bis zum 30.6.2002 der Grundsatz, dass dieser Erfolg durch die vereinbarte Arbeitsvergütung abgegolten war. Dies hat sich mit der Reform des UrhG (wenn auch nicht unbedingt im Ergebnis) geändert.

Gemäß § 32 UrhG hat der Urheber (auch im Arbeitsverhältnis) einen gesetzlichen Anspruch auf eine „angemessene" Vergütung. Angemessen ist eine Vergütung, wenn sie entweder

- tarifvertraglich festgelegt ist, oder
- Gegenstand einer gemeinsamen Vergütungsregelung ist, die zwischen Urhebervereinigungen und Nutzervereinigungen oder mit einzelnen Nutzern zustande gekommen ist, oder
- im Zeitpunkt des Vertragsschlusses dem entspricht, was im Geschäftsverkehr nach Art und Umfang der eingeräumten Nutzungsmöglichkeit, insbesondere nach Dauer und Zeitpunkt der Nutzung unter Berücksichtigung aller Umstände üblicher- und redlicherweise zu leisten ist.

Trotz der ausführlichen gesetzlichen Regelung, die beim Fehlen eines einschlägigen Tarifvertrages oder einer „gemeinsamen Vergütungsregelung" auf Branchenüblichkeit (und falls nicht vorhanden auf eine umfassende Interessenabwägung) abstellt bleibt letztendlich unklar, wie hoch eine angemessene Vergütung im Einzelfall anzusetzen ist. Es muss bis zum Vorliegen einschlägiger Rechtsprechung auch nach der Reform davon ausgegangen werden, dass mit der Zahlung eines branchen- und marktüblichen Gehalts grundsätzlich (nur) die zweckgerichtete Übertragung von Nutzungsrechten angemessen vergütet wird.

WICHTIG!

Dies gilt nicht, wenn die Nutzung des Werkes und die Gegenleistung (Arbeitsentgelt) in einem auffälligen Missverhältnis stehen, so z. B. wenn durch das Werk besonders hohe Erträge oder Vorteile erzielt werden. In solchen (sog. Bestseller-)Fällen steht dem Urheber gem. § 32a UrhG eine zusätzliche Vergütung zu. Dies gilt unabhängig davon, ob die Vertragsparteien die Höhe der erzielten Erträge oder Vorteile vorhergesehen haben oder hätten können. Es kommt allein auf die objektive Feststellung des Missverhältnisses an.

Unabhängig von dem „Bestsellerparagraphen" hat ein Arbeitnehmer Anspruch auf die Anpassung der Vergütung, wenn diese nicht angemessen ist. Das kann z. B. der Fall sein, wenn

- Art und Umfang der Nutzung über das (im Sinne der Zweckmäßigkeit) erforderliche Maß hinausgehen, oder
- das Arbeitsentgelt spürbar unter der branchen- und marktgerechten Vergütung liegt, oder
- das Werk eine überobligatorische (also über den Arbeitsvertrag hinausgehende) Leistung des Arbeitnehmers darstellt, oder
- sich aufgrund eines nur sehr kurzen Arbeitsverhältnisses der auf Dauer angelegte Gehaltsanspruch (noch) nicht amortisiert hat.

In diesen Fällen kann der Arbeitnehmer also eine Gehaltsanpassung bis zur Höhe der angemessenen Vergütung verlangen.

WICHTIG!

Weder von dem Recht auf eine angemessene Vergütung noch auf weitere Vergütungsansprüche (im Bestsellerfall) kann im Voraus und zum Nachteil des Arbeitnehmers vertraglich abgewichen oder verzichtet werden. Die gesetzlichen Vorschriften regeln also zwingend die Mindestansprüche des Arbeitnehmers.

Eine besondere Vergütungspflicht ist auch für den Fall anzunehmen, dass der Arbeitgeber ein arbeitsvertraglich nicht geschuldetes und somit freies Werk nutzen möchte. Wenn das Werk nichts mit dem Arbeitsverhältnis zu tun hat, ist der Arbeitnehmer insoweit wie ein Betriebsfremder zu behandeln. Für die Überlassung des Werkes bzw. dessen Nutzung stehen ihm neben dem Gehalt eine angemessene Vergütung nach § 32 UrhG und (im Bestsellerfall) auf eine weitere Vergütung gem. § 32a UrhG zu.

ACHTUNG!

Neben der Vergütung nach dem UrhG können auch Vergütungsansprüche nach dem ArbNErfG entstehen (s. o. I. u. → *Arbeitnehmererfindungen*). Es ist aber davon auszugehen, dass solche Vergütungen gegeneinander anzurechnen sind, also nur die jeweils höhere Vergütung zu zahlen ist.

2. Verbleibende Rechte des Urhebers

Das Nutzungsrecht steht dem Urheber in dem auf den Arbeitgeber übertragenen Umfang nicht mehr zu. Der Arbeitnehmer behält aber sein Recht auf Urheberanerkennung und auf Urheberbenennung. Auf letzteres kann vertraglich verzichtet werden.

Formulierungsbeispiel:

„Der Arbeitnehmer verzichtet auf die Ausübung des Rechtes auf Nennung als Urheber der von ihm erstellten Software."

Änderungen an dem Werk sind nur mit Zustimmung des Arbeitnehmers zulässig. Er kann aber auf sein Änderungsrecht verzichten und diese Befugnis dem Arbeitgeber einräumen. Dies ist aus praktischen Gründen auch dringend zu empfehlen.

Beispiele:

Bei dem vom Softwareentwickler hergestellten Computerprogramm muss dem Arbeitgeber die Möglichkeit verbleiben, dieses Programm geänderten Anforderungen anzupassen. Auch das vom Architekten geplante Bauwerk muss nachträglich den individuellen Ansprüchen des Bauherrn angepasst werden können.

Der Urheber kann aber nicht dazu verpflichtet werden, Entstellungen seines Werkes hinzunehmen, durch die seine berechtigten Interessen beeinträchtigt werden.

Formulierungsbeispiel:

„Es wird vereinbart, dass der Arbeitgeber das Recht hat, die Arbeitsergebnisse unbeschränkt und in jeder denkbaren Weise zu ändern und in gleicher Weise die Änderung zu veröffentlichen bzw. zu ver-

werten, soweit durch die Änderung keine Entstellung des Werkes erfolgt, die gegen die berechtigten Interessen des Arbeitnehmers verstößt."

IV. Muster: Klausel zu Rechten an Arbeitsergebnissen

Musterschreiben und Vertragsgestaltungen müssen den jeweiligen Notwendigkeiten und den individuellen Bedürfnissen der Arbeitsvertragsparteien Rechnung tragen. Die in diesem Werk abgebildeten Muster können hierbei nur eine Hilfe sein. Deshalb ist im Einzelfall zu prüfen, inwieweit hier vorgeschlagene Formulierungen sinnvoll oder entbehrlich sind. Die Anpassung an den jeweiligen Einzelfall ist daher zwingend notwendig.

Rechte an Arbeitsergebnissen und Erfindungen

1. *Sämtliche vom Arbeitnehmer erbrachten Arbeitsergebnisse stehen dem Arbeitgeber zu und gehen vorbehaltlich der nachfolgend in dieser Ziffer X. enthaltenen Regelung in das ausschließliche Eigentum der Arbeitgeber über.*
2. *Soweit den Arbeitsergebnissen Urheberrechtsschutz zukommt, räumt der Arbeitnehmer dem Arbeitgeber das ausschließliche, unbefristete, übertragbare und in jeder Hinsicht unbeschränkte Nutzungsrecht für alle jetzt oder in Zukunft bekannten Nutzungsarten ein; auf ihre Aufzählung wird einvernehmlich verzichtet. Das Nutzungsrecht schließt auch das Recht zur Erteilung von Unterlizenzen ohne die Zustimmung des Arbeitnehmers ein. Es wird vereinbart, dass der Arbeitgeber das Recht hat, die Arbeitsergebnisse unbeschränkt und in jeder denkbaren Weise zu ändern und in gleicher Weise die Änderung zu veröffentlichen bzw. zu verwerten, soweit durch die Änderung keine Entstellung des Werkes erfolgt, die gegen die berechtigten Interessen des Arbeitnehmers verstößt. Das Gleiche gilt für etwaige Rechtsnachfolger. Die vorstehend genannten Nutzungsrechte bestehen über die Beendigung des Arbeitsverhältnisses hinaus zeitlich unbegrenzt fort. Für die Behandlung von Urheberrechten an Computerprogrammen finden die gesetzlichen Regelungen in den §§ 69a bis g Urheberrechtsgesetz ergänzend Anwendung.*
3. *Der Arbeitnehmer wird von einem etwaigen Recht auf Autorennennung keinen Gebrauch machen.*
4. *Vergütungsansprüche für Arbeitsergebnisse sind grundsätzlich mit der Arbeitsvergütung abgegolten; ein Anspruch des Arbeitnehmers auf eine Anpassung der oder die Zahlung einer weiteren Vergütung für die eingeräumten Nutzungsrechte besteht nicht, soweit nicht zwingende Gesetze etwas anderes vorschreiben.*
5. *Nutzungsrechte für vom Arbeitnehmer außerhalb seiner Arbeitsleistung und/oder außerhalb der Arbeitszeit entwickelte Werke/Programme sind dem Arbeitgeber unverzüglich anzubieten. Zur Einbeziehung in die betriebliche Nutzung bedarf es einer gesonderten Vereinbarung. Die Nutzung von Arbeitszeit und Betriebsmitteln für solche Entwicklungen ist nur nach vorheriger Zustimmung des Arbeitgebers zulässig.*
6. *Der Arbeitnehmer verpflichtet sich, dem Arbeitgeber jede von ihm während der Dauer des Arbeitsverhältnisses gemachte Erfindung unverzüglich schriftlich zu melden. Für die Behandlung von Erfindungen und technischen Verbesserungsvorschlägen gelten die Vorschriften des Gesetzes über Arbeitnehmererfindungen in der jeweils gültigen Fassung.*
7. *Für den Fall, dass Schutzrechte im In- und Ausland für den Arbeitgeber erworben werden, ist der Arbeitnehmer zur notwendigen Mitwirkung verpflichtet.*

Urlaub

I. Begriff und Abgrenzung

1. Erholungsurlaub

Urlaub im Sinne des Bundesurlaubsgesetzes ist der Anspruch des Arbeitnehmers auf Befreiung von der Arbeitspflicht für eine bestimmte Zeit (Erholungsurlaub). Die übrigen Haupt- und Nebenleistungspflichten, insbesondere die Vergütungspflicht des Arbeitgebers (Urlaubsentgelt), bleiben während der Dauer des Urlaubs unberührt.

2. Sonstige Arbeitsbefreiungen

Neben dem Anspruch auf Erholungsurlaub gibt es eine Fülle von weiteren Ansprüchen auf Arbeitsbefreiung, die teilweise im Gesetz, darüber hinaus – vor allem bei persönlichen oder familiären Anlässen – vielfach tariflich oder betrieblich geregelt sind.

Beispiele:

Bezahlte Arbeitsbefreiung bei Kur (§ 10 BUrlG, § 9 EFZG); tarifliche oder betriebliche Arbeitsbefreiung bei eigener Eheschließung, Geburtstag oder Tod naher Angehöriger, Niederkunft der Ehefrau.

WICHTIG!

Soweit tarifliche oder betriebliche Regelungen zur Arbeitsbefreiung bei persönlichen oder familiären Anlässen nicht bestehen, muss der Arbeitnehmer Erholungsurlaub beantragen. Ausnahme: kurzzeitige Arbeitsverhinderung im Sinne von § 616 BGB (s. unter → *Entgeltfortzahlung II.1.*).

Eine Betriebsvereinbarung über Kurzarbeit, die die Arbeitszeit auf Null verringert, befreit den Arbeitnehmer auch dann von seiner Arbeitspflicht, wenn der Arbeitgeber vor Einführung der Kurzarbeit für die Zeit der Kurzarbeit Urlaub gewährt hat. Der Urlaub muss also nachgewährt werden.

3. Unbezahlter Urlaub

Unbezahlter Urlaub – z. B. für eine längere Auslandsreise – muss immer zwischen Arbeitnehmer und Arbeitgeber gesondert vereinbart werden; die Vereinbarung sollte zweckmäßigerweise schriftlich erfolgen.

Formulierungsbeispiel:

„Auf Ihren Antrag vom .... gewähren wir Ihnen unbezahlten Urlaub vom .... bis .... Während dieser Zeit ruht das Arbeitsverhältnis. Ansprüche auf Gehalt, Entgeltfortzahlung im Krankheitsfall oder sonstige Entgeltleistungen bestehen während der Zeit des unbezahlten Urlaubs nicht. Ihre Nebenpflichten aus dem Arbeitsverhältnis, insbesondere das Verbot von Konkurrenztätigkeit, bestehen fort.“

Ggf. zusätzlich: Hinweis auf die Folgen für die betriebliche Altersversorgung oder sonstige betriebliche Leistungen, etwa Jahresabschlussvergütungen, Gratifikationen, Jubiläumsgelder etc.

Ein Anspruch des Arbeitnehmers besteht nicht; es liegt also im Ermessen des Arbeitgebers, ob und wie lange er unbezahlten Urlaub gewährt. Allerdings können Tarifverträge einen Anspruch vorsehen.

WICHTIG!

Einen Monat nach Unterbrechung des aktiven Arbeitsverhältnisses erlischt bei Pflichtversicherten die Mitgliedschaft in der gesetzlichen Krankenversicherung. Der Arbeitnehmer muss sich also selbst um Krankenversicherungsschutz bemühen.

Formulierungsbeispiel:

„Wir weisen Sie darauf hin, dass mit Ablauf eines Monats nach Beginn des unbezahlten Urlaubs Ihre Mitgliedschaft in der gesetzlichen Krankenversicherung endet. Bitte tragen Sie daher für die Sicherstellung entsprechenden Krankenversicherungsschutzes Sorge.“

Besteht Streit über das Bestehen eines Anspruchs auf bezahlten Erholungsurlaub, kann der Arbeitnehmer nicht gezwungen werden, den Urlaub erst zu nehmen und dann die Auszahlung der Vergütung für diesen Zeitraum einzuklagen (EuGH v. 29.11.2017, Az. C 214/16).

II. Regelung von Urlaubsfragen im Arbeitsvertrag

Wenn Urlaubsfragen im Arbeitsvertrag geregelt werden sollen, ist Folgendes zu beachten:

- Zunächst ist der einschlägige Tarifvertrag heranzuziehen. Grundsätzlich können die Tarifvertragsparteien Urlaubs- und Urlaubsabgeltungsansprüche, die den Mindestjahresurlaub von vier Wochen übersteigen, frei regeln. Dabei steht es ihnen frei, den Anspruch auf Mehrurlaub als zusätzliche tarifliche Leistung zu beschränken (BAG v. 16.4.2024, Az. 9 AZR 127/23). Von den Bestimmungen des Tarifvertrags kann im Arbeitsvertrag nicht zuungunsten des Arbeitnehmers abgewichen werden.
- Soweit der Tarifvertrag keine Regelungen enthält (oder ein Tarifvertrag nicht besteht), gelten – wenn vorhanden – die betrieblichen Regelungen (Betriebsvereinbarungen, Anweisungen, Rundschreiben, Aushänge), wobei im Rahmen dieser betrieblichen Regelungen wiederum zuungunsten des Arbeitnehmers weder von den Bestimmungen eines einschlägigen Tarifvertrages noch von den Regelungen des BUrlG abgewichen werden kann. Zum Mitbestimmungsrecht des Betriebsrats bei betrieblichen Regelungen s. u. VII.

  ACHTUNG!

  Sofern solche betrieblichen Regelungen für alle Arbeitnehmer oder bestimmte Gruppen bestehen, hat der Einzelne Anspruch darauf, gemäß diesen Regelungen behandelt zu werden (Gleichbehandlungsgrundsatz).

- Schließlich ist bei der Regelung von Urlaubsfragen im Arbeitsvertrag das BUrlG zu beachten. Es enthält – neben weiteren Vorschriften – den Anspruch der Arbeitnehmer auf den gesetzlichen Mindesturlaub von 24 Werktagen (einschließlich der Samstage, also 20 Tage bei einer Fünftagewoche). Auch von den Vorschriften des BUrlG kann im Arbeitsvertrag nicht zuungunsten des Arbeitnehmers abgewichen werden.

ACHTUNG!

Von den Vorschriften des BUrlG kann weder durch betriebliche Regelungen noch durch Arbeitsvertrag zum Nachteil des Arbeitnehmers abgewichen werden. Weder der gesetzliche Anspruch auf bezahlten Erholungsurlaub noch ein erst künftig – mit der rechtlichen

Beendigung des Arbeitsverhältnisses – entstehender Anspruch auf Abgeltung gesetzlichen Mindesturlaubs darf im Voraus ausgeschlossen oder beschränkt werden (BAG v. 3.6.2025, Az. 9 AZR 104/24).

Der über den gesetzlichen und tariflichen Urlaub hinausgehende vertraglich gewährte Urlaub kann inhaltlich weitgehend frei ausgestaltet werden. Dies setzt voraus, dass im Vertrag klar zwischen dem gesetzlichen und dem vertraglichen Urlaub differenziert wird (BAG v. 25.6.2019, Az. 9 AZR 546/17).

Formulierungsbeispiel:

Der gesetzliche Mindesturlaub beträgt derzeit 20 Arbeitstage. Zusätzlich hierzu erhält der Arbeitnehmer einen vertraglichen Zusatzurlaub von acht Arbeitstagen. Sollte sich der gesetzliche Mindesturlaubsanspruch erhöhen, vermindert sich der vertragliche Zusatzurlaub in demselben Maße.

Der Arbeitgeber kann neben den gesetzlichen Ansprüchen vertragliche Ansprüche begründen, z. B. auf Gewährung oder Abgeltung bereits verfallenen Urlaubs (BAG v. 18.10.2011, Az. 9 AZR 303/10). Die auf den Zusatzurlaub bezogenen Regelungen müssen aber bei Formulararbeitsverträgen einer Inhaltskontrolle standhalten, d. h. sie müssen klar formuliert sein und dürfen den Arbeitnehmer nicht ungemessen benachteiligen. So können etwa Regelungen über die Verminderung des Zusatzurlaubs bei langandauernder Krankheit getroffen werden (zum Verfall des Urlaubsanspruchs s. u. XII.2).

Formulierungsbeispiel:

Der Zusatzurlaub vermindert sich für jeden vollen Monat, in dem der Arbeitnehmer arbeitsunfähig erkrankt war und keinen Anspruch auf Entgeltfortzahlung hatte, um ein Zwölftel.

Auch für die Abgeltung des Zusatzurlaubs können Regelungen getroffen werden.

Formulierungsbeispiel:

Der Arbeitnehmer hat keinen Anspruch auf Abgeltung des vertraglichen Zusatzurlaubs, wenn er durch Eigenkündigung oder durch arbeitgeberseitige Kündigung aus verhaltensbedingten Gründen ausgeschieden ist.

Von den vertraglichen Festlegungen zu unterscheiden sind die Mitteilungen über etwa noch bestehende Urlaubsansprüche, die regelmäßig keine eigenständigen Ansprüche begründen (BAG v. 25.6.2019, Az. 9 AZR 546/17, s. dazu i. E. unter IV.3).

III. Voraussetzungen und Berechnung des Urlaubsanspruchs

1. Bestehen eines Arbeitsverhältnisses

Anspruchsberechtigt sind alle Arbeitnehmer und die zu ihrer Berufsausbildung Beschäftigten (Auszubildende, Umschüler, Volontäre, → *Praktikanten*). Arbeitnehmer sind auch Aushilfs- und Teilzeitkräfte sowie die in Ferienarbeit und → *Nebentätigkeit* Beschäftigten. Rentenansprüche (z. B. Erwerbsunfähigkeitsrente) hindern die Entstehung des Urlaubsanspruchs nicht, ebenso wenig die Teilnahme an Maßnahmen der Arbeitsbeschaffung. In Fällen der → *Arbeitnehmerüberlassung* besteht das Arbeitsverhältnis zum Verleiher, daher schuldet dieser den Urlaub. Der Urlaubsanspruch setzt nicht voraus, dass überhaupt eine Arbeitsleistung erfolgt ist. Ansprüche aus Erholungsurlaub entstehen nicht in dem Zeitraum, in dem sich der Arbeitnehmer in einem unbezahlten Sonderurlaub befindet (BAG v. 19.3.2019, Az. 9 AZR 315/15; LAG Berlin-Brandenburg v. 16.2.2024, Az. 1 Sa 1108/23). Das LAG führt ergänzend aus, dass, da der gesetzliche Urlaubsanspruch jahresbezogen zu ermitteln ist, bei einer geringeren völligen Freistellung als 12 Monate der Urlaubsanspruch für das betreffende Jahr nach der Formel Anzahl der Urlaubstage x Anzahl der Tage mit Arbeitspflicht : 312 Werktage bzw. 260 Arbeitstage bei einer 5-Tage-Woche zu errechnen ist.

Während eines Wiedereingliederungsverhältnisses gemäß § 74 SGB V, in dem der Arbeitnehmer nach langer andauernder Erkrankung beschäftigt wird, entstehen keine Urlaubsansprüche, ebenso wenig bei einem Ruhen des Arbeitsverhältnisses auf Initiative des Arbeitnehmers (LAG Schleswig-Holstein v. 21.6.2012, Az. 5 Sa 80/12; s. LAG Köln v. 15.4.2025, Az. 7 SLa 511/24, auch Kursleiter für Integrationskurse können als arbeitnehmerähnliche Person anzusehen sein).

Urlaubsansprüche bestehen grundsätzlich auch gegenüber dem Insolvenzverwalter. Dieser ist berechtigt, zur Sicherung des Urlaubsanspruchs eines Arbeitnehmers nach erfolgter Kündigung diesem Urlaub zu erteilen. Er muss ihm dann aber auch das Urlaubsentgelt zahlen. Nach Auffassung des LAG Hessen besteht aber kein insolvenzspezifisches Freistellungsrecht des Insolvenzverwalters ohne die Verpflichtung zur Zahlung von Urlaubsentgelt (LAG Hessen v. 10.4.2017, Az. 7 Sa 650/16, offengelassen in der bestätigenden Entscheidung des BAG v. 6.9.2018, Az. 9 AZR 367 7/17).

2. Wartezeit

Der volle Urlaubsanspruch wird erstmals nach Ablauf einer sechsmonatigen Wartezeit (berechnet gemäß §§ 187 Abs. 2, 188 Abs. 2 BGB) erworben. Dies bedeutet, dass abgesehen von den Fällen des Teilurlaubs ein Urlaubsanspruch überhaupt erst nach sechs Monaten entsteht, dann aber in voller Höhe.

Beispiel:

Beginn des Arbeitsverhältnisses am 15.11. → Entstehen des vollen Urlaubsanspruchs am 15.5.

Die Rechtswirkungen der erfüllten Wartezeit sollen auch dann eintreten, wenn der Arbeitnehmer gleichzeitig mit Erfüllung der Wartezeit ausscheidet (z. B. Bestehen des Arbeitsverhältnisses vom 1.2. bis 31.7.). Bei einem am 1.7. eines Jahres begründeten Arbeitsverhältnis, das am 31.12. fortbesteht, entsteht kein Vollurlaubsanspruch (BAG v. 17.11.2015, Az. 9 AZR 179/15). Auf die Wartezeit angerechnet werden Teilzeitbeschäftigungsverhältnisse (BAG v. 16.12.2014, Az. 9 AZR 295/13), d. h. auch Zeiten der geringfügigen Beschäftigung, und Ausbildungszeiten, die unmittelbar vor Beginn des Arbeitsverhältnisses beim selben Arbeitgeber zurückgelegt wurden. Nicht angerechnet werden dagegen sonstige Vordienstzeiten, d. h. wenn der Arbeitnehmer beim selben Arbeitgeber bereits früher einmal beschäftigt war (die Anrechnung kann jedoch arbeitsvertraglich vereinbart werden).

Für den Lauf der Wartefrist ist nicht erforderlich, dass tatsächlich gearbeitet wurde; Krankheitszeiten (selbst vom ersten Tag des rechtlichen Bestehens des Arbeitsverhältnisses an) oder sonstige Zeiten, zu denen nicht gearbeitet wurde, dienen also ebenso der Erfüllung der Wartezeit wie Zeiten des Ruhens des Arbeitsverhältnisses. Im Falle des Betriebsübergangs gemäß § 613a BGB werden beim Veräußerer zurückgelegte Wartezeiten angerechnet. Kurzfristige Unterbrechungen (etwa von einem Tag) eines Arbeitsverhältnisses zu demselben Arbeitgeber bei bestehendem sachlichen Zusammenhang lösen den Lauf der Wartezeit nicht erneut aus (LAG Düsseldorf v. 19.2.2014, Az. 1 Sa 1273/13). Bei einer Kündigung ist nicht auf den Zeitpunkt des Ausspruchs der Kündigung abzustellen, sondern auf das Ende des Arbeitsverhältnisses. Somit kann bei einem Probearbeitsverhältnis der volle Urlaubsanspruch entstehen, wenn der Ausspruch der Kündigung vor Erreichen der Wartezeit erfolgt, das Arbeitsverhältnis jedoch wegen der Kündigungsfrist erst nach diesem Zeitpunkt endet (LAG Rheinland-Pfalz v. 26.11.2014, Az. 4 Sa 470/14). Nach Erfüllung der Wartezeit ist in der zweiten Jahreshälfte eine Zwölftelung des Urlaubs nicht mehr zulässig, vielmehr ist der gesamte Urlaubsanspruch entstanden (BAG v. 18.2.2014, Az. 9 AZR 765/12). Das bedeutet, dass z. B. bei einer Beendigung des Arbeitsverhältnisses durch eine wirksame fristlose Kündigung am 15.7. der volle Jahresurlaub abzugelten ist. Bei Beendigung des Arbeitsverhältnisses und Neubegründung bei demselben Arbeitgeber gilt Folgendes: Wird ein Arbeitsverhältnis beendet, entsteht nach § 7 Abs. 4 BUrlG ein Anspruch auf Abgeltung des wegen der Beendigung nicht erfüllten Anspruchs auf Urlaub. Wenn danach ein neues Arbeitsverhältnis mit demselben Arbeitgeber begründet wird, ist dies in der Regel urlaubsrechtlich eigenständig zu behandeln, d. h. der volle Urlaubsanspruch wird erst nach einer erneuten Erfüllung der Wartezeit des § 4 BUrlG erworben und der Teilurlaub gemäß § 5 BUrlG berechnet sich grundsätzlich eigenständig für jedes Arbeitsverhältnis. Wenn aber noch während der Dauer des alten Arbeitsverhältnisses feststeht, dass es mit einer nur kurzen Unterbrechung fortgesetzt wird, entsteht der ungekürzte Vollurlaub (BAG v. 20.10.2015, Az. 9 AZR 224/14).

Die Erfüllung der Wartezeit ist nur bei Beginn des Arbeitsverhältnisses Voraussetzung für die Entstehung des vollen Urlaubsanspruchs; in den Folgejahren kommt es auf die Wartezeit nicht an.

3. Urlaubsdauer

3.1 Vollzeitarbeitsverhältnisse

Die Höhe des jährlichen Urlaubsanspruchs ergibt sich – neben dem Bundesurlaubsgesetz – in aller Regel aus dem anwendbaren Tarifvertrag. Es kann zulässig sein, dass der Arbeitgeber älteren Arbeitnehmern mehr Urlaub gewährt (BAG v. 21.10.2014, Az. 9 AZR 956/12 für die Gewährung von zwei Zusatztagen ab dem 58. Lebensjahr). Allerdings muss er darzulegen, dass mit der Ungleichbehandlung ein legitimes Ziel i. S. v. § 10 Satz 1 AGG angestrebt wird und dass die Mittel zur Erreichung dieses Ziels angemessen und erforderlich sind (BAG v. 12.4.2016, Az. 9 AZR 659/14). Dementsprechend wurde die Altersstaffelung im ehemaligen BAT für unwirksam erklärt. In jedem Fall besteht Anspruch auf den gesetzlichen Mindesturlaub nach dem Bundesurlaubsgesetz von 24 Werktagen (einschließlich der Samstage). Bei weniger Arbeitstagen in der Woche ist die Gesamtdauer des Urlaubs durch 6 zu teilen und mit der für den Arbeitnehmer maßgebenden Anzahl der Arbeitstage in der Woche zu multiplizieren; bei einer Fünf-Tage-Woche ergibt sich also ein Mindesturlaubsanspruch von 20 Arbeitstagen.

WICHTIG!

Arbeitstage, die aufgrund der kurzarbeitsbedingten Neuverteilung der Arbeitszeit ausfallen (Kurzarbeit Null), sind bei einer unterjährigen Neuberechnung des Jahresurlaubs nicht Zeiten mit Arbeitspflicht gleichzustellen. Fallen ganze Urlaubstage aufgrund von Kurzarbeit aus, verringert sich die durch die Erbringung der Arbeitsleistung bedingte Belastung. In diesem Fall steht es im Einklang mit dem Urlaubszweck, den Urlaubsumfang bei der Umrechnung von Werktagen in Arbeitstage an die herabgesetzte Arbeitspflicht des Arbeitnehmers anzupassen (BAG v. 9.11.2021, Az. 9 AZR 225/21). Die Berechnung des Urlaubsanspruchs und dessen Erfüllung hat auf des Grundlage von Arbeitstagen und nicht von Kalendertagen zu erfolgen. Dies gilt auch im Rettungsdienst (BAG v. 19.8.2025, Az. 9 AZR 216/24).

3.2 Teilzeitarbeitsverhältnisse

Bei Teilzeitarbeitsverhältnissen ergeben sich keine Schwierigkeiten, wenn an allen fünf Tagen der Woche gearbeitet wird: Auch hier beträgt der Urlaubsanspruch 20 Arbeitstage.

Ist hingegen die Arbeitszeit auf weniger als fünf Arbeitstage in der Woche verteilt oder wird – z. B. bei rollierenden Systemen – nicht an allen Tagen gearbeitet, muss eine Umrechnung erfolgen. Bei dieser Umrechnung muss stets das gesetzliche Ziel beachtet werden, dem Arbeitnehmer vier Wochen bezahlten gesetzlichen Mindesturlaub zu gewähren.

Auch bei einer Fünftagewoche muss diese Umrechnung erfolgen, denn der Sonnabend ist ein Werktag. Der gesetzliche Anspruch von 24 Werktagen Urlaub wird daher bei einer regelmäßigen Fünftagewoche nach der Formel: 24 (Gesamtanspruch an Werktagen) : 6 (Werktage in einer Woche) × 5 (tatsächliche Wochenarbeitstage) ermittelt. Bei der Fünftagewoche ist der Arbeitnehmer für 20 Tage von der Arbeitsleistung freizustellen, was wiederum zu vier Wochen Erholungsurlaub führt. Bei einer geringeren Anzahl von Arbeitstagen mit dieser zu multiplizieren. Je geringer die Anzahl der Tage, die der Arbeitnehmer in der Woche arbeiten muss, desto weniger Tage muss er Urlaub nehmen, um auf einen Urlaub von vier Wochen zu kommen. Durch Tarifvertrag kann eine andere Berechnungsmethode gewählt werden. Dadurch darf der gesetzliche Mindesturlaub aber nicht unterschritten werden. Sonn- und Feiertage werden nicht auf den Urlaub angerechnet. Eine Ausnahme gilt nur, wenn der Arbeitnehmer regelmäßig an solchen Tagen zur Arbeit verpflichtet ist. Handelt es sich um einen regionalen Feiertag, ist das Feiertagsrecht am Sitz des Betriebes maßgeblich, nicht das des Arbeitsortes.

Bei einer unregelmäßigen Arbeitszeit ist die gesetzliche bzw. tarifliche oder einzelvertragliche Urlaubsdauer anzusetzen geteilt durch die Jahreswerktage (oder bei einem auf Arbeitstage bezogenen Urlaubsanspruch durch die Jahresarbeitstage) multipliziert mit den Tagen, an denen der Arbeitnehmer zur Arbeit verpflichtet ist („24 Werktage Urlaub × Anzahl der Tage mit Arbeitspflicht geteilt durch 312 Werktage").

Bei einer ungleichmäßigen Verteilung der Wochenarbeitszeit hat das BAG für den gesetzlichen Urlaubsanspruch folgende Formel entwickelt:

Bei einer Sechstagewoche: Jahresarbeitstage : 312 Arbeitstage pro Jahr × Anzahl Urlaubstage eines Vollzeitbeschäftigten

Bei einer Fünftagewoche: Jahresarbeitstage : 260 Arbeitstage pro Jahr × Anzahl der Urlaubstage eines Vollzeitbeschäftigten (BAG v. 19.3.2019, Az. 9 AZR 315/17 und 9 AZR 406/17).

WICHTIG!

Bei einem unterjährigen Verlust der Arbeitstage in der Kalenderwoche ist eine Umrechnung vorzunehmen (BAG v. 19.3.2019, Az. 9 AZR 406/17). Geht der Arbeitnehmer von der Vollzeitbeschäftigung in eine Teilzeitbeschäftigung über, bleibt ihm der bis dahin erworbene Urlaubsanspruch voll bestehen (EuGH v. 22.4.2010, Az. C 486/08). Unter Umständen muss die Urlaubsdauer mehrfach berechnet werden. Zu dem während des Urlaubsjahres erfolgten Wechsel zur Teilzeitarbeit hat der Europäische Gerichtshof entschieden, dass die Zahl der Tage bezahlten Jahresurlaubs, die ein vollzeitbeschäftigter Arbeitnehmer im Urlaubsjahr nicht in Anspruch nehmen konnte, wegen des Übergangs dieses Arbeitnehmers zu einer Teilzeitbeschäftigung nicht entsprechend dem Verhältnis gekürzt werden darf, in dem die von ihm vor diesem Übergang geleistete Zahl der wöchentlichen Arbeitstage zu der danach geleisteten Zahl steht. Konkret bedeutet dies, dass der Arbeitnehmer, der für seine Vollzeitarbeit einen Urlaubsanspruch erworben hat, diesen behält, wenn er ihn, etwa wegen Krankheit, nicht nehmen kann. Dies gilt auch dann, wenn er später in Teilzeit geht und der Urlaubsanspruch auf das Folgejahr übertragen oder wegen der Beendigung des Arbeitsverhältnisses abgegolten wird. Der EuGH hat dies aber nur für den Fall entschieden, dass der Urlaub nicht in natura genommen werden konnte (Beschluss v. 13.6.2013, Az. C-415/12). Dem folgend hat das Bundesarbeitsgericht eine tarifvertragliche Vorschrift für unwirksam erklärt, derzufolge sich der Urlaubsanspruch bei einer anderen Verteilung der wöchentlichen Arbeitszeit als auf fünf Tage in der Woche entsprechend erhöht oder vermindert, soweit sie die Anzahl der während einer Vollzeitbeschäftigung erworbenen Urlaubstage mindert. An seiner bisherigen Rechtsprechung, die Urlaubstage seien grundsätzlich umzurechnen, wenn sich die Anzahl der mit Arbeitspflicht belegten Tage verringere, hält das BAG ausdrücklich nicht mehr fest (BAG v. 10.2.2015, Az. 9 AZR 53/14 und v. 20.3.2018, Az. 9 AZR 486/17 zum TV-L).

Dies kann bei einer Reduzierung der Wochentage, an denen gearbeitet wird, zu einem massiven Urlaubsanspruch führen.

Wendet man die Rechtsprechung des BAG an, die infolge der „Schulz-Hoff"-Entscheidung des EuGH ergangen ist, so gilt dies

grundsätzlich auch für die darüber hinausgehenden einzelvertraglichen oder tarifvertraglichen Ansprüche. Ausnahme: der Einzelarbeitsvertrag oder Tarifvertrag unterscheidet zwischen gesetzlichen und übergesetzlichen Urlaubsansprüchen. Hierfür müssen aber deutliche Anhaltspunkte im Vertrag bestehen. Eine ausdrückliche Differenzierung könnte wie folgt lauten:

Formulierungsbeispiel: „Erfolgt ein Wechsel von einer Vollzeittätigkeit in einer Teilzeittätigkeit, so bleibt der Erholungsurlaub, der in der Vollzeittätigkeit entstanden ist, nur in Höhe des gesetzlichen Mindesturlaubs erhalten. Ein darüber hinausgehender tariflicher oder vertraglicher Mehrurlaub ist entsprechend dem Umfang der Teilzeittätigkeit zu kürzen." Nach einer Entscheidung des EuGH sind die Mitgliedsstaaten im Fall einer Erhöhung der von einem Arbeitnehmer geleisteten Arbeitsstunden nicht verpflichtet vorzusehen, dass die Ansprüche auf bezahlten Jahresurlaub, der bereits erworben war und eventuell in Anspruch genommen wurde, nach dem neuen Arbeitsrhythmus dieses Arbeitnehmers rückwirkend nachberechnet werden müssen. Eine Nachberechnung ist jedoch für den Zeitraum vorzunehmen, in dem sich die Arbeitszeit des Arbeitnehmers erhöht hat (EuGH v. 11.11.2015, Az. C 219/14).

3.3 Schichtarbeit

Besondere Urlaubsregelungen können durch Tarifverträge für Schichtarbeit getroffen werden. Wenn der nach dem BUrlG vorgeschriebene Mindesturlaub unberührt bleibt, können sie für Arbeitnehmer in einer Schichtplanung, die alle Wochentage umfasst, ein „gemischtes" System von Urlaubs- und Freischichttagen schaffen. Dabei kann als Zeiteinheit der Kalendertag herangezogen werden, um die Berechnung zu vereinfachen. Die Erfüllung eines Anspruchs auf Erholungsurlaub setzt voraus, dass der Arbeitnehmer durch sog. Freistellungserklärung des Arbeitgebers zu Erholungszwecken von seiner sonst bestehenden Arbeitspflicht befreit wird. Gewährt der Arbeitgeber hingegen „Freischichttage", erfüllt er lediglich Ansprüche auf Zeitausgleich. Daher muss in diesen Fällen die Formulierung sehr sorgfältig gewählt werden.

3.4 Elternzeit

Der Arbeitgeber kann den Erholungsurlaub für jeden vollen Kalendermonat, den der Arbeitnehmer sich in → *Elternzeit* befindet, um 1/12 kürzen, jedoch nicht vor Beginn der Elternzeit (BAG v. 19.3.2019, Az. 9 AZR 495/17). Dies ist auch mit Europarecht vereinbar (LAG Hamm v. 30.5.2018, Az. 5 Sa 1516/17). Die Kürzung kann auch nach dem Ende der Elternzeit erfolgen, auch noch während des Laufs der Kündigungsfrist (BAG v. 19.3.2019, Az. 9 AZR 362/18), jedoch nicht nach Ende des Arbeitsverhältnisses. Auch der Urlaubsabgeltungsanspruch kann nicht gekürzt werden (BAG v. 19.5.2015, Az. 9 AZR 725/13). Das hat zur Konsequenz, dass der Arbeitgeber den gesamten während der Mutterschutzfristen und Elternzeit entstandenen Jahresurlaub abgelten muss, wenn das Arbeitsverhältnis zum Ablauf der Elternzeit gekündigt wird und er während des Arbeitsverhältnisses keine Kürzungserklärung abgegeben hat (BAG v. 21.2.2024, Az. 10 AZR 345/22).

ACHTUNG!

Anders als für die Berechnung des Teilurlaubs kommt es für die Kürzungsmöglichkeit bei Elternzeit auf den Kalendermonat an.

Die Kürzungsmöglichkeit besteht nicht, wenn der Arbeitnehmer bei seinem Arbeitgeber während der Elternzeit → *Teilzeitarbeit* leistet (§ 15 Abs. 4 BEEG). Auf den Umfang der Teilzeitarbeit kommt es nicht an, sodass im Extremfall ein Tag Arbeit zur Aufrechterhaltung des Urlaubsanspruchs für diesen Monat führt. Hat der Arbeitnehmer den ihm zustehenden Urlaub vor Beginn der Elternzeit nicht oder nicht vollständig erhalten, muss der Arbeitgeber den Resturlaub nach der Elternzeit im laufenden oder im nächsten Urlaubsjahr gewähren (§ 17 Abs. 2 BEEG) und bei Beendigung des Arbeitsverhältnisses während oder mit Ende der Elternzeit abgelten (§ 17 Abs. 3 BEEG).

TIPP!

Da sich mehrere Perioden der Elternzeit aneinander anschließen können und die Geltendmachung von Resturlaubs- oder Abgeltungsansprüchen daher möglicherweise erst nach einigen Jahren erfolgt, sind hier die Urlaubskonten besonders sorgfältig aufzuheben. Der vor der ersten Elternzeit liegende Anspruch auf Erholungsurlaub wird auf die Zeit nach einer weiteren Elternzeit übertragen, die sich unmittelbar an die frühere Elternzeit anschließt. Für dieses Kalenderjahr gelten dann die Regelungen des § 7 Abs. 3 BUrlG. Das bedeutet, dass der Urlaub grundsätzlich in diesem Kalenderjahr genommen werden muss, aber in die ersten drei Monate des folgenden Kalenderjahrs übertragen werden kann, wenn dringende betriebliche oder in der Person des Arbeitnehmers liegende Gründe dies rechtfertigen (BAG v. 23.1.2018, Az. 9 AZR 200/17). Wird das Arbeitsverhältnis im Anschluss an die Elternzeit nicht fortgesetzt, sondern zum Ende der letzten Elternzeit beendet, oder endet das Arbeitsverhältnis während der Elternzeit, hat der Arbeitgeber den noch nicht gewährten Urlaub abzugelten, § 17 Abs. 3 BEEG. Kann Urlaub wegen Beendigung des Arbeitsverhältnisses ganz oder teilweise nicht mehr gewährt werden, so ist er abzugelten. § 17 Abs. 3 BEEG erweitert die Fälle, in denen eine Abgeltung des Urlaubs in Geld stattfindet. Er schränkt insbesondere nicht die Abgeltungsmöglichkeit nach § 7 Abs. 4 BUrlG ein. § 17 Abs. 2 BEEG stellt eine Sonderregelung gegenüber § 7 Abs. 3 BUrlG dar. Die Regelung sichert dem Arbeitnehmer, der Elternzeit in Anspruch nimmt, den Urlaubsanspruch über den in § 7 Abs. 3 BUrlG genannten Zeitpunkt hinaus (LAG München v. 12.1.2023, Az. 3 Sa 358/22).

Wenn der Arbeitnehmer vor dem Beginn der Elternzeit mehr Urlaub erhalten hat, als ihm nach dem o. g. Zwölftelungsprinzip zusteht, kann der Arbeitgeber den Urlaub nach dem Ende der Elternzeit kürzen (§ 17 Abs. 4 BEEG).

Wenn für die Arbeitnehmerin ein Beschäftigungsverbot gem. § 4 MuSchG verhängt worden ist, kann der Urlaub in dieser Zeit nicht wirksam gewährt werden. Dies gilt auch dann, wenn der Urlaub schon vorher für diese Zeit festgelegt worden war (BAG v. 9.8.2016, Az. 9 AZR 575/15).

4. Besondere Arbeitnehmergruppen

4.1 Jugendliche

Für den Urlaub Jugendlicher enthält § 19 JArbSchG Sondervorschriften vor allem hinsichtlich der Urlaubsdauer:

Alter am 1.1. des Kalenderjahres	Urlaub für dieses Kalenderjahr
15 Jahre	30 Werktage
16 Jahre	27 Werktage
17 Jahre	25 Werktage

Stichtag ist jeweils der 1. Januar; wer also am 1. Januar oder früher 18 Jahre alt wird, hat für dieses Urlaubsjahr keinen Anspruch nach dem JArbSchG mehr.

Der Urlaub soll Berufsschülern in der Zeit der Berufsschulferien gegeben werden, andernfalls ist für jeden Tag, an dem die Berufsschule während des Urlaubs besucht wird, ein weiterer Urlaubstag zu gewähren. Im Übrigen gelten auch für Jugendliche die Vorschriften des BUrlG mit der Besonderheit, dass in Tarifverträgen hiervon nicht zum Nachteil der Jugendlichen abgewichen werden kann.

4.2 Schwerbehinderte Arbeitnehmer

→ *Schwerbehinderte* Arbeitnehmer haben gemäß § 125 SGB IX Anspruch auf zusätzlichen Urlaub von fünf Arbeitstagen im Kalenderjahr; arbeiten sie regelmäßig an mehr oder weniger als an fünf Arbeitstagen in der Kalenderwoche, erhöht oder vermindert sich der Anspruch entsprechend. Dieser Urlaubsanspruch tritt zu dem normalen Anspruch hinzu, den der Arbeitnehmer sonst auch hätte. Der Zusatzurlaub entsteht bei Vorliegen der Schwerbehinderteneigenschaft; darauf, ob sie bereits behördlich festgestellt oder der Feststellungsbescheid dem Arbeitgeber bekannt ist, kommt es nicht an. Im Übrigen folgt der Zusatzurlaub in seinem Entstehen und Erlöschen denselben Regeln wie der Urlaubsanspruch nach dem BUrlG. Gem. § 208 Abs. 2 Satz 1 SGB IX n. F. entsteht der Anspruch nur anteilig, wenn die Schwerbehinderteneigenschaft erst während des laufenden Jahres eintritt. Damit hat der Gesetzgeber eine frühere Rechtsprechung des BAG korrigiert.

4.3 Urlaubskürzung bei Kurzarbeit

Der Anspruch auf bezahlten Jahresurlaub kann bei in einem Sozialplan vereinbarter Kurzarbeit entsprechend gekürzt werden. Die Betriebspartner können einen Sozialplan vereinbaren, wonach der Anspruch eines Kurzarbeiters auf bezahlten Jahresurlaub im Verhältnis zur Arbeitszeitverkürzung gekürzt wird, insbesondere wenn ein Teil des Jahres gar nicht gearbeitet wird (Kurzarbeit Null). Die Rechtsprechung des Europäischen Gerichtshofes zur Aufrechterhaltung des Mindesturlaubsanspruchs bei längerer Arbeitsunfähigkeit sind auf die Kurzarbeit nicht übertragbar (EuGH v. 8.11.2012, Az. C 229/11). Kurzarbeiter können daher die Dauer des Mindesturlaubs verringern (EuGH v. 13.12.2018, Az. C 385/17). Diese Grundsätze gelten auch außerhalb von Sozialplänen. Durch die Corona-Krise ist die Kurzarbeit ein sehr stark verbreitetes Phänomen geworden. Dabei sind die Grundsätze von § 3 Abs. 1 BUrlG zu beachten, wonach sich die Höhe des Urlaubsanspruches nach der Anzahl der Tage mit Arbeitspflicht bestimmt.

Hierzu hat das BAG entschieden, dass die Umrechnung des nach § 3 Abs. 1 BUrlG in Werktagen bemessenen gesetzlichen Urlaubsanspruchs in Arbeitstage auch dann vorzunehmen ist, wenn die Arbeitspflicht infolge einer wirksam eingeführten Kurzarbeit an ganzen Arbeitstagen entfällt (BAG v. 30.11.2021, Az. 9 AZR 234/21). Arbeitstage, die aufgrund der kurzarbeitsbedingten Neuverteilung der Arbeitszeit ausfallen, sind bei einer unterjährigen Neuberechnung des Jahresurlaubs nicht Zeiten mit Arbeitspflicht gleichzustellen. Wenn ganze Urlaubstage aufgrund von Kurzarbeit ausfallen, verringert sich nach der höchstrichterlichen Rechtsprechung die durch die Erbringung der Arbeitsleistung bedingte Belastung. In diesem Fall steht es im Einklang mit dem Urlaubszweck, den Urlaubsumfang bei der Umrechnung von Werktagen in Arbeitstage an die herabgesetzte Arbeitspflicht des Arbeitnehmers anzupassen. Eine Gleichsetzung der aufgrund von Kurzarbeit ausgefallenen Arbeitstage mit Tagen mit Arbeitspflicht kommt selbst dann nicht in Betracht, wenn der Arbeitgeber ohne die Vereinbarung von Kurzarbeit an sich zur Zahlung von Annahmeverzugsvergütung (§ 615 Satz 1 BGB) verpflichtet gewesen wäre oder das Wirtschafts- bzw. Betriebsrisiko (§ 615 S 3 BGB) zu tragen gehabt hätte (BAG v. 30.11.2021, Az. 9 AZR 225/21). In einer neueren Entscheidung zur Berechnung des Urlaubsumfangs hat das BAG entschieden, dass, wenn der Arbeitnehmer in einem Zeitraum, für den wirksam Kurzarbeit „null" eingeführt worden ist, erkrankt, die ausgefallenen Arbeitstage bei der Berechnung des Urlaubsumfangs nicht Zeiten mit Arbeitspflicht gleichzustellen sind (BAG v. 5.12.2023, Az. 9 AZR 364/22).

TIPP!

Der Arbeitgeber ist nicht berechtigt, Kurzarbeit einseitig durch Ausübung des Direktionsrecht einzuführen. Es bedarf vielmehr stets einer besonderen einzelvertraglichen oder kollektivrechtlichen Grundlage, um die vertragliche Arbeits- und Vergütungspflicht einzuschränken (BAG v. 30.11.2021, Az. 9 AZR 225/21). Daher lässt sich die Kurzarbeit in Betrieben mit Betriebsrat leichter einführen. Dabei ist aber auf eine sorgfältige und präzise Formulierung der Betriebsvereinbarung zu achten. Diese muss die sich daraus ergebenden Rechte und Pflichten so deutlich regeln, dass diese für die Arbeitnehmer zuverlässig zu erkennen sind. Erforderlich sind mindestens die Bestimmung von Beginn und Dauer der Kurzarbeit, die Regelung der Lage und Verteilung der Arbeitszeit sowie die Auswahl der betroffenen Arbeitnehmer (BAG v. 30.11.2021, Az. 9 AZR 234/21).

Die Urlaubskürzung ist entsprechend der BAG-Rechtsprechung bei Sabbaticals vorzunehmen, also „Anzahl der Tage Urlaub × Anzahl der Tage mit Arbeitspflicht : 260 Werktage im Jahr (BAG v. 19.3.2019, Az. 9 AZR 315/17). Entsprechendes gilt für Arbeitnehmer, die gem. § 111 SGB III Transferkurzarbeitergeld in Anspruch nehmen.

WICHTIG!

Obwohl nach dem gegenwärtigen Stand der Rechtsprechung eine Kürzungserklärung nicht zwingend erforderlich ist, erscheint sie ratsam, damit die Arbeitnehmer sich darauf einstellen können und so späterer Unmut vermieden wird.

5. Teilurlaub

In den Fällen, in denen der Arbeitnehmer mangels Erfüllung der Wartezeit den vollen Urlaubsanspruch nicht mehr erwerben kann, hat er gemäß § 5 Abs. 1 Buchst. a BUrlG einen Anspruch auf Teilurlaub (zu den übrigen gesetzlichen Fällen des Teilurlaubs s. u. XIV.1.). Dies ist der Fall, wenn er im laufenden Urlaubsjahr nach dem 30.6. eintritt. Dabei ist zu beachten, dass er in einem vorangegangenen Arbeitsverhältnis Urlaub gehabt haben könnte. Es ist Sache des Arbeitnehmers, die Urlaubsbescheinigung vorzulegen, um seinen Anspruch auf ungekürzten Urlaub im neuen Arbeitsverhältnis zu begründen. Die Urlaubsbescheinigung hat einen hohen Beweiswert. Der Arbeitnehmer kann jedoch auch mit anderen Mitteln beweisen, dass er zuvor keinen Urlaub bekommen hat (BAG v. 16.12.2014, Az. 9 AZR 295/13).

Der Teilurlaub beträgt 1/12 des Jahresurlaubs für jeden Monat des Bestehens des Arbeitsverhältnisses. Es muss sich nicht um volle Kalendermonate handeln; angefangene Monate bleiben außer Betracht.

Beispiele:

Das Arbeitsverhältnis bestand vom 15.12. bis 14.3. des Folgejahres → Anspruch auf ¼ des Jahresurlaubs.

Das Arbeitsverhältnis bestand vom 15.12. bis 13.4. des Folgejahres → Anspruch auf ¼ des Jahresurlaubs.

Scheidet der Arbeitnehmer mit dem 30.6. aus, hat er nur einen Anspruch auf Teilurlaub. Ergeben sich Bruchteile von Urlaubstagen, die mindestens einen halben Tag ergeben, ist auf volle Urlaubstage aufzurunden (§ 5 Abs. 2 BUrlG); wenn die Bruchteile weniger als einen halben Tag ergeben, ist der Urlaub stundenweise zu gewähren oder abzugelten. Die Rundung von Urlaubstagen ist jedoch nur in den Fällen möglich, wenn eine entsprechende Regelung besteht (BAG v. 8.5.2018, Az. 9 AZR 578/17 und v. 23.1.2018, Az. 9 AZR 200/17).

Der Teilurlaub muss erst gewährt werden, wenn feststeht, dass der volle Urlaubsanspruch nicht mehr entsteht.

Folgende Fälle sind zu unterscheiden:

- Das Arbeitsverhältnis beginnt am 1.7. oder danach. Hier kann in diesem Kalenderjahr kein voller Urlaubsanspruch entstehen, da der Anspruch erst nach Ablauf von sechs Monaten begründet wird (BAG v. 17.11.2015, Az. 9 AZR 179/15).
- Beginnt das Arbeitsverhältnis vor dem 1.7. und scheidet der Arbeitnehmer vor Ablauf der Wartezeit aus, hat er gleichfalls nur einen Anspruch auf Gewährung bzw. Abgeltung von Teilurlaub. Nach Ablauf der Wartefrist erwirbt der Arbeitnehmer den Anspruch auf Vollurlaub, auch wenn er nicht zum 1.1. eingetreten ist. Er muss sich aber den Urlaub anrechnen lassen, den er bei einem Vorarbeitgeber genommen hat.

Beispiele:

Der Arbeitnehmer fängt am 1.3. an und möchte Anfang Juli Urlaub haben. Er hat nur einen Anspruch auf Teilurlaub. Ob er überhaupt den vollen Urlaubsanspruch erwirbt, ist noch nicht sicher, denn das Arbeitsverhältnis kann ja vor Ablauf der Wartezeit beendet werden. Im September hat er jedoch den Anspruch auf Vollurlaub, denn die Wartezeit ist abgelaufen. Es ist unerheblich, dass er erst im März

angefangen hat. Der Arbeitgeber sollte aber anhand der Urlaubsbescheinigung prüfen, ob beim vorherigen Arbeitgeber Urlaub genommen oder abgegolten wurde.

- Das Arbeitsverhältnis beginnt am 1.9. Der Arbeitnehmer kündigt zum 30.4. und möchte im April Urlaub haben. Er hat nur einen Anspruch auf Teilurlaub, der in diesem Zusammenhang „gekürzter Vollurlaub" genannt wird. Zwar ist die Wartezeit von sechs Monaten erfüllt, jedoch scheidet er in der ersten Hälfte des Kalenderjahres aus. Scheidet der Arbeitnehmer mit dem 30.6. aus dem Arbeitsverhältnis aus, hat er gleichfalls nur einen Anspruch auf Teilurlaub.
- Nimmt der Arbeitnehmer aber nach erfüllter Wartezeit den vollen Jahresurlaub in der ersten Jahreshälfte und scheidet vor Jahresende aus, kann das gezahlte Arbeitsentgelt nicht zurückgefordert werden (§ 5 Abs. 3 BUrlG).

Der Teilurlaub wird auf Verlangen des Arbeitnehmers, das auch mündlich erklärt werden kann und keiner Begründung bedarf, auf das (gesamte) folgende Kalenderjahr übertragen (§ 7 Abs. 3 Satz 4 BUrlG). Versäumt der Arbeitnehmer dieses Verlangen, erfolgt eine Übertragung lediglich gemäß § 7 Abs. 3 Satz 2 BUrlG mit der Folge, dass dieser Teilurlaub in den ersten drei Kalendermonaten des Folgejahres gewährt und genommen werden muss.

Vertragliche Regelungen können die vorstehend genannten Regelungen für die Entstehung des Teilurlaubsanspruches nicht zulasten des Arbeitnehmers ändern. Zwar kann der darüber hinausgehende einzelvertragliche Urlaubsanspruch frei gestaltet werden. Wird in der Klausel aber nicht zwischen diesen beiden Arten unterschieden, ist sie insgesamt unwirksam und es gelten auch für den vertraglichen Mehranspruch die o. g. gesetzlichen Regeln (BAG v. 16.12.2014, Az. 9 AZR 295/13).

6. Übertragung auf das nächste Kalenderjahr

Grundsätzlich ist der Urlaub auf das Kalenderjahr befristet, d. h., Urlaub, der bis zum Jahresende nicht gewährt und genommen wurde, verfällt ersatzlos (BAG v. 10.7.2012, Az. 9 AZR 11/11). Wenn der Arbeitnehmer im ersten Jahr der Beschäftigung noch keinen vollen Urlaubsanspruch erworben hat, kann er ohne besondere Voraussetzungen die Übertragung in das nächste Kalenderjahr verlangen (§ 7 Abs. 3 Satz 4 BUrlG). Dieses Verlangen muss jedoch in dem Kalenderjahr gestellt werden, in dem der Teilurlaubsanspruch entstanden ist. Der bloße Verzicht auf das Stellen eines Urlaubsantrags reicht nicht aus. In diesem Fall verfällt der Anspruch mit dem Ende des Urlaubsjahres.

Beispiel:

Der Arbeitnehmer fängt am 1.10.2019 an. Bis zum Jahresende erwirbt er 3/12 seines Urlaubsanspruchs. Wenn er bis zum 31.12.2019 die Übertragung verlangt, kann er ihn irgendwann im gesamten Jahr 2020 nehmen, ist also nicht an die ersten drei Monate gebunden. Unterlässt er dies aber, kann er nur noch seinen Urlaub für 2020 verlangen. Der Arbeitgeber muss aber darauf hinwirken, dass er den Urlaub fristgerecht nimmt (s. i. E. unter 6).

Ansonsten, also bei einem bereits entstandenen Vollurlaub, kommt eine Übertragung lediglich bei dringenden betrieblichen oder in der Person des Arbeitnehmers liegenden Gründen in Betracht, und dies nur auf das erste Quartal des nächsten Kalenderjahres (§ 7 Abs. 3 Satz 2 BUrlG). Der Arbeitnehmer ist darlegungs- und beweispflichtig für das Bestehen der Voraussetzungen der Übertragung (LAG Schleswig-Holstein v. 12.5.2015, Az. 1 Sa 359 a/14).

Dringende betriebliche Gründe liegen vor, wenn die Sicherstellung oder Aufrechterhaltung eines ordnungsgemäßen Betriebsablaufs ursächlich für die Nichtgewährung des Urlaubs war.

Beispiele:

Inventur- oder sonstige Jahresschlussarbeiten; besonders reges Jahresendgeschäft; Installation neuer Produktionsmaschinen; krankheitsbedingte Ausfälle anderer Arbeitnehmer.

In der Person des Arbeitnehmers liegende Gründe können alle aus seinen persönlichen Verhältnissen sich ergebenden Umstände sein.

Beispiele:

Krankheit, Durchführung eines Familienurlaubs.

Liegen die Voraussetzungen für eine Übertragung vor, so erfolgt diese auch ohne entsprechenden Antrag des Arbeitnehmers. Der übertragene Urlaub ist in den ersten drei Monaten des Folgejahres zu gewähren und zu nehmen (§ 7 Abs. 3 Satz 3 BUrlG). Am 31.3. des Folgejahres verfällt der übertragene Urlaub also grundsätzlich ersatzlos (zum Sonderfall der Arbeitsunfähigkeit des Arbeitnehmers s. unter XII).

Allerdings können die Tarifvertragspartner sowie wohl auch Arbeitnehmer und Arbeitgeber – auch mündlich – eine längere Übertragung vereinbaren. Es kann auch Gegenstand einer betrieblichen Übung sein, die Übertragung auf das gesamte Folgejahr zu ermöglichen.

Unabhängig davon kann der Urlaub auch nach Ablauf des Übertragungszeitraums noch verlangt werden, wenn der Arbeitgeber den Urlaubsantrag grundlos ablehnt. Dies gilt auch im Fall der Kündigung (BAG v. 6.8.2013, Az. 9 AZR 956/11). Der Arbeitgeber muss überdies konkret und effizient auf die Gewährung von Urlaub hinwirken (EuGH v. 6.11.2018, Az. C 684/16, BAG v. 26.5.2020, Az. 9 AZR 259/19, siehe i. E. unter VI). Der EuGH muss nun entscheiden, ob dies auch dann gilt, wenn der Arbeitnehmer längerfristig arbeitsunfähig erkrankt war (Vorlagebeschluss des BAG v. 7.7.2020, Az. 9 AZR 410/19). Kann der Urlaub wegen der Beendigung des Arbeitsverhältnisses nicht mehr gewährt werden, ist er abzugelten. Der Schadensersatzanspruch auf Ersatzurlaubsgewährung unterliegt der regelmäßigen dreijährigen Verjährungsfrist. Der Arbeitgeber muss aber darauf hinwirken, dass der Urlaub fristgerecht genommen wird (s. i. E. unter 6). Dies gilt nur dann nicht, wenn der Arbeitnehmer seit Beginn des Urlaubsjahres durchgehend bis zum 31. März des zweiten auf das Urlaubsjahr folgenden Kalenderjahres arbeitsunfähig war (BAG v. 31.1.2023, Az. 9 AZR 85/22).

WICHTIG!

Der Anspruch des AN auf den gesetzlichen Mindesturlaub unterliegt gemäß § 194 Abs. 1 BGB der Verjährung. Bei der gebotenen unionsrechtskonformen Auslegung der § 199 Abs. 1 BGB, §§ 1, 3 Abs. 1, § 7 Abs. 1 und Abs. 3 BUrlG beginnt die Verjährung allerdings nicht zwangsläufig mit dem Schluss des Jahres, in dem der Urlaubsanspruch entstanden ist und der AN über die in § 199 Abs. 1 Nr. 2 BGB beschriebene Kenntnis verfügt. Zusätzlich ist erforderlich, dass der AG den AN in die Lage versetzt hat, seinen Urlaubsanspruch tatsächlich wahrzunehmen. Die Vorgaben des Unionsrechts, die der EuGH in seiner Entscheidung vom 22. September 2022 (Rs. C-120/21) präzisiert hat, bedingen einen „anderen Verjährungsbeginn" i. S. d. § 199 Abs. 1 Nr. 1 BGB (BAG v. 31.1.2023, Az. 9 AZR 456/20).

Die Verjährung tritt nur ein, wenn der Arbeitgeber den Arbeitnehmer tatsächlich in die Lage versetzt hat, diesen Anspruch wahrzunehmen (EuGH v. 22.9.2022, Az. C 120/21). Zwei Entscheidungen des BAG präzisieren die Rechtslage. Der gesetzliche Anspruch eines Arbeitnehmers gegen den Arbeitgeber, nicht genommenen Urlaub nach Beendigung des Arbeitsverhältnisses abzugelten, kann nach einem Urteil des BAG vom 31.1.2023, Az. 9 AZR 244/20 – nach Maßgabe einer tarifvertraglichen Ausschlussfrist verfallen. Allerdings gewährt das Gericht Arbeitnehmern eine Art Vertrauensschutz vor dem Hintergrund der Entscheidung des EuGH vom 6.11.2018, Az. C-684/16. In dieser Entscheidung hat das Gericht Regeln für den Verfall von Urlaub vorgesehen. Erst ab dem Zeitpunkt dieser Entscheidung musste nach Ansicht des BAG ein Arbeitnehmer davon ausgehen, dass Urlaubsabgeltungsansprüche tarifvertraglichen Ausschlussfris-

ten unterliegen. Folglich beginnen tarifvertragliche Ausschlussfristen erst ab dem 6.11.2018. Ähnlich hat das BAG in einer weiteren Entscheidung vom selben Tag – 9 AZR 456/20 – geurteilt. Der gesetzliche Anspruch eines Arbeitnehmers gegen den Arbeitgeber, nicht genommenen Urlaub nach der Beendigung des Arbeitsverhältnisses abzugelten, unterliegt demnach auch der Verjährung. Die dreijährige Verjährungsfrist beginnt zwar in der Regel mit dem Ende des Jahres, in dem der Arbeitnehmer aus dem Arbeitsverhältnis ausscheidet. Hat das Arbeitsverhältnis allerdings vor der Entscheidung des EuGH vom 6.11.2018 geendet und war es dem Arbeitnehmer nicht zumutbar, Klage auf Abgeltung zu erheben, beginnt die Verjährung nicht vor dem Ende des Jahres 2018.

IV. Bearbeitung eines Urlaubsantrags

1. Inhalt des Urlaubsantrags

In aller Regel wird der Arbeitgeber ein Formular zur schriftlichen Beantragung und Genehmigung von Erholungsurlaub verwenden (Muster s. u. XIX).

TIPP!

Es sollte eindeutig geregelt werden, wer der für den Mitarbeiter zuständige Ansprechpartner in allen Urlaubsfragen ist (z. B. Vorgesetzter, namentlich benannter Sachbearbeiter der Personalabteilung).

Der Urlaubsantrag des Arbeitnehmers muss folgende eindeutige Angaben enthalten:

- Zeitraum (unter Angabe des ersten und des letzten Urlaubstags);
- die Angabe, dass Erholungsurlaub begehrt wird. Dies ist u. a. von Bedeutung, um späteren Streitigkeiten über den Grund der Abwesenheit vorzubeugen (etwa bei der Behauptung, es hätten auch die Voraussetzungen für eine bezahlte Abwesenheit aus sonstigen Gründen, z. B. Kur, vorgelegen).

Es kann sinnvoll sein, darüber hinaus im Urlaubsantrag Angaben vorzusehen

- über den für das laufende Urlaubsjahr noch bestehenden Resturlaub (dies ist nur eine Wissenserklärung und nicht die Zusage, diesen Resturlaub noch zu gewähren, auch wenn er in Wirklichkeit nicht besteht, BAG v. 25.6.2019, 9 AZR 546/17);
- über besondere soziale Gesichtspunkte, nach denen die Urlaubswünsche des beantragenden Arbeitnehmers gegenüber den Urlaubswünschen anderer Arbeitnehmer vorrangig zu berücksichtigen sind;
- über den Tag des Dienstantritts nach Urlaubsende;
- über die Erreichbarkeit des Arbeitnehmers in Notfällen während des Urlaubs;
- über die Vertretung des Arbeitnehmers während des Urlaubs;
- bei Urlaubsübertragung: warum dringende betriebliche oder in der Person des Arbeitnehmers liegende Gründe eine Übertragung des beantragten Urlaubs auf das nächste Kalenderjahr rechtfertigen (s. o. III.6).

Der Urlaubsantrag ist nach Bearbeitung zur Personalakte zu nehmen.

2. Genehmigung und Ablehnung des Urlaubs

Der Arbeitgeber hat den Urlaub durch Festlegung des Urlaubszeitpunkts zu gewähren. Eine wirksame Urlaubsgewährung setzt voraus, dass für den Arbeitnehmer im Vorhinein erkennbar ist, an welchen Tagen und für welchen Zeitraum er von seiner Arbeitspflicht befreit ist.

WICHTIG!

In einem eventuellen Arbeitsgerichtprozess muss der Arbeitgeber im Einzelnen darlegen und gegebenenfalls beweisen, dass er gegenüber dem Arbeitnehmer eine entsprechende Freistellungserklärung, also Urlaubsgewährung, abgegeben hat und diese Erklärung dem Arbeitnehmer zugegangen ist (LAG Rheinland-Pfalz v. 6.5.2014, Az. 7 Sa 540/13). Der Urlaubsanspruch ist nämlich nicht bereits durch die im Rahmen eines Kündigungsschreibens erfolgte arbeitgeberseitige Freistellung von der Arbeitspflicht erfüllt (LAG Sachsen v. 30.5.2024, Az. 4 Sa 17/23). Sie ist nur dann geeignet, das Erlöschen des Urlaubsanspruchs zu bewirken, wenn der Arbeitnehmer erkennen muss, dass der Arbeitgeber ihn zur Erfüllung des Anspruchs auf Erholungsurlaub von der Arbeitspflicht freistellen will (LAG Mecklenburg-Vorpommern v. 19.3.2024, Az. 5 Sa 68/23). Daher ist die Urlaubsgewährung sorgfältig zu formulieren und zu dokumentieren.

Urlaubswünsche des Arbeitnehmers muss er berücksichtigen. Dies gilt dann nicht, wenn dem Urlaubswunsch

- Urlaubswünsche anderer Arbeitnehmer, die unter sozialen Gesichtspunkten den Vorrang verdienen, entgegenstehen oder
- dringende betriebliche Belange, deren Nichtberücksichtigung zu Betriebsablaufstörungen führen würden, entgegenstehen. Diese entgegenstehenden Belange müssen vom Arbeitgeber dargelegt werden (§ 7 Abs. 1 Satz 1 BUrlG). Der Urlaub ist zwingend zu gewähren, wenn es der Arbeitnehmer im Anschluss an eine Maßnahme der medizinischen Vorsorge oder Rehabilitation verlangt (§ 7 Abs. 1 Satz 2 BUrlG).

TIPP!

Bereits im Urlaubsantrag sollte abgefragt werden, ob der Arbeitnehmer soziale Gesichtspunkte geltend machen will, unter denen sein Urlaubswunsch gegenüber anderen Arbeitnehmern vorrangig zu berücksichtigen ist.

Beispiele:

Vorrangige Urlaubswünsche anderer Arbeitnehmer: Schulferien bei Arbeitnehmern mit schulpflichtigen Kindern; Urlaub im Anschluss an eine Kur im Sinne des § 7 Abs. 1 Satz 2 BUrlG; Urlaub zum Zweck der Fortbildung, insbesondere bei Prüfungen.

Entgegenstehende dringende betriebliche Belange: Personalengpass; in der Zeit des Urlaubs wird eine neue Maschine geliefert, die nur der den Urlaub beantragende Arbeitnehmer einrichten kann; Arbeitnehmer ist Spezialist in einem Projekt, das ohne seine Mitarbeit zum gegenwärtigen Zeitpunkt zum Erliegen käme.

Wenn mehrere Arbeitnehmer für ihre zeitgleichen Urlaubswünsche soziale Gesichtspunkte geltend machen, ist insofern eine Auswahlentscheidung des Arbeitgebers nach billigem Ermessen erforderlich. Hierfür gelten die Grundsätze des → *Direktionsrechts*.

Formulierungsbeispiel:

„Leider können wir den von Ihnen beantragten vierwöchigen Urlaub nicht im gewünschten Zeitraum genehmigen. Die einzig mögliche Vertretung für Ihren Arbeitsplatz ist Ihre Kollegin K, die für uns wegen ihrer Einbindung in das X-Projekt in diesem Jahr zusammenhängend nur einmal für zwei Wochen abkömmlich ist. Frau K hat den nachvollziehbaren Wunsch, diese beiden Wochen mit ihren zwei schulpflichtigen Kindern in deren Ferienzeit (vom .... bis ....) zu verbringen. Dem Urlaubswunsch von Frau K gebührt daher in diesem Fall der Vorrang. Bitte teilen Sie uns mit, ob Sie Ihren Urlaub in den verbleibenden beiden Wochen wie von Ihnen beantragt nehmen möchten."

Der Urlaub ist aus gesundheitspolitischen Gründen grundsätzlich zusammenhängend zu gewähren, es sei denn, dass dringende betriebliche oder in der Person des Arbeitnehmers liegende Gründe eine Teilung erforderlich machen (§ 7 Abs. 2 Satz 1 BUrlG). Der Wunsch des Arbeitnehmers auf einen geteilten Urlaub ist als ein in der Person des Arbeitnehmers liegender Grund im Sinne von § 7 Abs. 2 Satz 1 anzusehen. Ist aus diesen Gründen eine Teilung des Urlaubs erforderlich, muss – bei entsprechend ausreichendem Anspruch des Arbeitnehmers – einer der Urlaubsteile mindestens zwölf aufeinander folgende Werktage (einschließlich der Samstage) umfassen (§ 7 Abs. 2 Satz 2 BUrlG). Hiervon kann allerdings einvernehmlich (also nicht durch einseitige Weisung des Arbeitgebers!) zuungunsten des Arbeitnehmers abgewichen werden (§ 13 Abs. 1 Satz 3 BUrlG).

Beispiel:

Die Arbeitnehmerin ist zusammen mit einer Kollegin in der Telefonzentrale tätig; beide haben sich gegenseitig zu vertreten, eine anderweitige Vertretung ist betrieblich nicht möglich. Beide haben einen Urlaubsanspruch von 30 Werktagen und beide beantragen Urlaub vom 1. bis 30.9. Während die Kollegin bereit ist, ihren 30-tägigen Urlaub erst am 8.9. anzutreten, beharrt die Arbeitnehmerin auf ihrem Wunsch.

Da ein Einvernehmen mit der Arbeitnehmerin über eine weitere Aufteilung ihres Urlaubs nicht erreicht werden kann, muss ihr zumindest für zwölf aufeinanderfolgende Werktage (1.9. bis 14.9.) Urlaub gewährt werden.

Der Arbeitgeber macht sich schadensersatzpflichtig, wenn er den Urlaub trotz Geltendmachung überhaupt nicht oder ohne hinreichende Gründe nicht zum beantragten Zeitpunkt erteilt.

Beispiel:

Der Arbeitnehmer hat für den beantragten Urlaubszeitraum im August bereits eine Reise gebucht. Der Arbeitgeber lehnt den Antrag ab, da er der Meinung ist, dass der Arbeitnehmer in diesem Jahr einmal zu einem anderen Zeitpunkt Urlaub nehmen solle, weil er schon in den letzten Jahren immer im August gegangen sei; weitere (sachliche) Gründe hat der Arbeitgeber nicht.

Hier macht sich der Arbeitgeber schadensersatzpflichtig; der zu ersetzende Schaden besteht (mindestens) in den Stornokosten für die Reise.

Bleibt der Arbeitnehmer nach der Urlaubsgewährung der Arbeit fern, ist davon auszugehen, dass er diese akzeptiert hat. Dies gilt nur dann nicht, wenn die Urlaubsanordnung des Arbeitgebers – etwa wegen fehlender Zustimmung des Betriebsrats in Fällen kollektiven Bezugs bezogen auf einen Betriebsurlaub am 24.12. und 31.12. – unwirksam ist und ein Widerspruch des Arbeitnehmers überflüssig erscheint (LAG Nürnberg v. 21.2.2014, Az. 6 Sa 588/13).

Der Urlaubsanspruch selbst unterliegt anders als der Abgeltungsanspruch keinen tariflichen Ausschlussfristen (BAG v. 12.11.2013, Az. 9 AZR 727/12). Wenn der Arbeitgeber ohne weitere Erklärungen den Urlaub gewährt, stellt sich die Frage, welchen Urlaubsanspruch er zuerst erfüllen möchte. In Betracht kommt der gesetzliche Anspruch, der darüber hinausgehende Anspruch aus Tarifvertrag oder Arbeitsvertrag und der Zusatzurlaub für schwerbehinderte Menschen. Hierzu hat das BAG wie folgt entschieden: „Stehen dem Arbeitnehmer im Kalenderjahr Ansprüche auf Erholungsurlaub zu, die auf unterschiedlichen Anspruchsgrundlagen beruhen und für die unterschiedliche Regelungen gelten, findet § 366 BGB Anwendung, wenn die Urlaubsgewährung durch den Arbeitgeber nicht zur Erfüllung sämtlicher Urlaubsansprüche ausreicht. Nimmt der Arbeitgeber dabei keine Tilgungsbestimmung i. S. v. § 366 Abs. 1 BGB vor, findet die in § 366 Abs. 2 BGB vorgegebene Tilgungsreihenfolge mit der Maßgabe Anwendung, dass zuerst gesetzliche Urlaubsansprüche und erst dann den gesetzlichen Mindesturlaub übersteigende Urlaubsansprüche erfüllt werden (BAG v. 28.3.2023, Az. 9 AZR 488/21). Bei der Erfüllung von Ansprüchen auf Erholungsurlaub aus demselben Urlaubsjahr, die auf verschiedenen Anspruchsgrundlagen beruhen, ist § 366 BGB zwar nicht unmittelbar anzuwenden, weil zwischen gesetzlichem Mindesturlaub und dem sich überschneidenden arbeits- bzw. tarifvertraglichem Mehrurlaub teilweise Anspruchskonkurrenz gegeben ist. Die Vorschrift bedarf aber einer entsprechenden Anwendung, soweit der Tarifurlaub eigenständigen Regelungen unterliegt und den gesetzlichen Mindesturlaub übersteigt. Anders als bei einer arbeits- oder tarifvertraglichen Regelung, die hinsichtlich des Umfangs des Urlaubsanspruchs nicht zwischen gesetzlichen und übergesetzlichen Urlaubsansprüchen differenziert und dadurch beide Ansprüche – soweit sie sich überlappen – zu einem einheitlichen Anspruch auf Erholungsurlaub verbindet, erhöht sich der dem Arbeitnehmer ohne Berücksichtigung seiner Schwerbehinderung zustehende Gesamturlaub um den Zusatzurlaub." (BAG v. 1.3.2022, Az. 9 AZR 353/21)

3. Erklärungen des Arbeitgebers über Urlaubsansprüche

Häufig werden Erklärungen des Arbeitgebers über noch bestehende Urlaubsansprüche in Gehaltsabrechnungen oder sonstigen Mitteilungen abgegeben. Hierzu hat das BAG entschieden, dass diesen ohne Hinzutreten besonderer Umstände nicht die Bedeutung zukommt, der Arbeitgeber wolle den ausgewiesenen Urlaub auch dann gewähren, wenn er diesen gar nicht schuldet (BAG v. 25.6.2019, Az. 9 AZR 546/17; LAG Köln v. 22.2.2024, Az. 8 Sa 444/23). Der Arbeitgeber kann also in der Regel einwenden, sich geirrt zu haben, sodass nur der Urlaub zu gewähren ist, der der wahren Rechtslage entspricht. Die Verjährungsfrist für Urlaubsabgeltungsansprüche wird durch eine solche Erklärung aber unterbrochen (BAG v. 19.3.2019, Az. 9 AZR 881/16).

Aber: Das BAG weist darauf hin, dass der Arbeitgeber durchaus eine Vereinbarung treffen kann, die ihn verpflichtet, Urlaub zu gewähren, obwohl dieser bereits verfallen ist. Gleiches gilt für eine Vereinbarung, die die Abgeltung verfallenen Urlaubs vorsieht. Der Verfall des gesetzlichen Mindesturlaubs bei einer langen Arbeitsunfähigkeit wegen Krankheit kann auch im Arbeitsvertrag ausgeschlossen werden. Anderslautende Arbeitsvertragsrichtlinien wie etwa die der Diakonie Deutschland – AVR-DD müssen nicht zwingend angewendet werden. Bedienen sich die Kirchen jedermann offenstehender privatautonomer Gestaltungsformen, unterliegen sie daher unter Berücksichtigung ihres Selbstverwaltungs- und Selbstbestimmungsrechts den zwingenden Vorgaben staatlichen Arbeitsrechts (BAG v. 15.7.2025, Az. 9 AZR 198/24).

V. Betriebsurlaub

Grundsätzlich möglich, z. B. für Zeiten von Rohstoff- oder Auftragsmangel, ist die Festlegung eines Betriebsurlaubs, zu dem der gesamten oder Teilen der gesamten Belegschaft einheitlich Urlaub erteilt wird (zur Mitbestimmung des Betriebsrats s. u. VIII). Auch in diesen Fällen sind jedoch die Interessen der Arbeitnehmer hinsichtlich der Lage und Dauer des Betriebsurlaubs ausreichend zu berücksichtigen. Es ist z. B. unzulässig, den Betriebsurlaub immer in vollem Umfang in die Wintermonate zu verlegen. Der Arbeitgeber gerät jedoch in Annahmeverzug, wenn er Arbeitnehmer, die noch nicht urlaubsberechtigt, jedoch arbeitsbereit sind, während wegen Betriebsferien stillgelegtem Betrieb nicht beschäftigt. Parteivereinbarungen zu einer solchen Situation sind lediglich zulässig, wenn feststeht, dass der Betrieb während der Betriebsferien stillliegt und dem nicht urlaubsberechtigten Arbeitnehmer keine Gelegenheit zur Weiterarbeit bietet (LAG Rheinland-Pfalz v. 27.4.2017, Az. 5 Sa 497/16).

VI. Urlaub und Kündigung

Grundsätzlich kann der Arbeitgeber dem Arbeitnehmer den Resturlaub in der Kündigungsfrist gewähren. Dieser kann nicht auf einer Urlaubsabgeltung bestehen, da die tatsächliche Gewährung des Urlaubs grundsätzlich den Vorrang hat. Auch durch eine Freistellung während der Kündigungsfrist kann der Urlaubsanspruch erfüllt werden. Dies setzt aber voraus, dass der Arbeitgeber eindeutig erklärt, diese erfolge in Anrechnung auf den Urlaubsanspruch. Die Freistellung muss unwiderruflich erfolgen. Zwischenzeitlich wurden Bedenken geäußert, nach denen die unwiderrufliche Freistellung zu sozialversicherungsrechtlichen Problemen führen könnte. Diese sind jedoch unbegründet. Nach Auffassung des LAG Rheinland-Pfalz ist dem Arbeitgeber die Freistellung des Arbeitnehmers von der Arbeitspflicht – auch unter Anrechnung bestehender Urlaubsansprüche – auch dann noch möglich, wenn der Betrieb oder die Praxis geschlossen worden ist (LAG Rheinland-Pfalz v. 20.10.2016, Az. 7 Sa 171/16).

ACHTUNG!

Wenn die Kündigungsfrist über das Jahresende hinausgeht, muss der Arbeitgeber erklären, für welches Kalenderjahr er Urlaub gewährt. Ansonsten wird nur der Urlaub für das laufende Jahr gewährt, der Rest muss abgegolten werden (BAG v. 17.5.2011, Az. 9 AZR 189/10). Problematisch ist folgender Fall: Der Arbeitgeber hat das Arbeitsverhältnis im Februar zum 30.4. gekündigt und den Arbeitnehmer gleichzeitig „unter Anrechnung der Urlaubsansprüche" von der Arbeitsleistung freigestellt. Die dagegen gerichtete Kündigungsschutzklage hat der Arbeitnehmer gewonnen. Der Arbeitgeber wurde verurteilt, insgesamt den vollen Jahresurlaub zu gewähren. Bezüglich der Freistellung sei nicht eindeutig geklärt worden, dass sie sich auch auf einen im Kündigungsschutzprozess entstandenen Vollurlaub bezieht (LAG Hessen v. 25.3.2015, Az. 2 Sa 1236/14).

Der Urlaub wird auch dann wirksam gewährt, wenn die Freistellungserklärung nicht erkennen lässt, an welchen Tagen der Arbeitgeber den Arbeitnehmer zum Zwecke der Gewährung von Erholungsurlaub und an welchen Tagen er ihn zu anderen Zwecken freistellte. Einer nicht näher bestimmten Urlaubsfestlegung kann der Arbeitnehmer regelmäßig entnehmen, dass der Arbeitgeber es ihm überlässt, die zeitliche Lage seines Urlaubs innerhalb des Freistellungszeitraums festzulegen (BAG v. 20.8.2019, Az. 9 AZR 468/18). Hierzu hat das LAG Schleswig-Holstein präzisierend entschieden: „Stellt der Arbeitgeber nach Ausspruch einer Kündigung bis zum Ende des Arbeitsverhältnisses unwiderruflich frei und fordert ihn auf, seinen noch offenen Resturlaub bis zum Ende des Arbeitsverhältnisses „zu nehmen", kann der Arbeitnehmer davon ausgehen, dass ihm die Wahl der Festlegung des Urlaubszeitraums in der Freistellungsphase überlassen bleibt. Teilt der Arbeitnehmer nach einer entsprechenden Erklärung des Arbeitgebers mit, er sei ab einem bestimmten Datum im Urlaub, macht er von seinem Recht auf Bestimmung der Lage seines Urlaubs Gebrauch. Der Urlaubsanspruch ist dann mit Ablauf des festgelegten Zeitraums erfüllt. Erkrankt der Arbeitnehmer anschließend, kann er nicht den einmal festgelegten Urlaubszeitraum ändern und in den Zeitraum der Arbeitsunfähigkeit legen, um nach Beendigung des Arbeitsverhältnisses eine Urlaubsabgeltung zu beanspruchen." (LAG Schleswig-Holstein v. 26.3.2024, Az. 1 Sa 168/23)

In der Urlaubsgewährung liegt bei einem fortbestehenden Arbeitsverhältnis regelmäßig die Zusage, das Arbeitsentgelt für diesen Zeitraum zu zahlen, wenn nicht konkrete Anhaltspunkte dagegensprechen.

Formulierungsbeispiel:

Wir stellen Sie bis zum Ablauf der Kündigungsfrist unwiderruflich von der Arbeitsleistung frei. Zu Beginn des Freistellungszeitraume erfüllen wir damit Ihre Urlaubsansprüche für das laufende und das folgende Urlaubsjahr und darauf folgend eventuelle sonstige Ansprüche auf Freizeitgewährung. Gleichzeitig wird mit der Freistellung ein eventuell über die bisher entstandenen Urlaubsansprüche hinausgehender Urlaub erfüllt, und zwar sowohl der gesetzliche als auch ein etwa darüber hinausgehender Anspruch.

Der Urlaub kann auch vorsorglich für den Fall gewährt werden, dass eine ordentliche oder außerordentliche Kündigung das Arbeitsverhältnis nicht auflöst. Für den Zeitraum nach dem Zugang einer fristlosen Kündigung gilt dies aber nur, wenn der Arbeitgeber dem Arbeitnehmer die Urlaubsvergütung vor Antritt des Urlaubs zahlt oder vorbehaltlos zusagt (BAG v. 25.8.2020, Az. 9 AZR 612/19).

Formulierungsbeispiel:

Für den Fall der Wirksamkeit der fristlosen Kündigung gelte ich Ihren bis zum Kündigungszeitpunkt nicht genommenen Urlaub ab. Für den Fall der nicht anzunehmenden Unwirksamkeit der fristlosen Kündigung habe ich Ihnen hilfsweise ordentlich gekündigt. In diesem Fall gilt Folgendes: Sie werden Ihren sämtlichen noch nicht genommenen Urlaub direkt im Anschluss an den Zeitpunkt des Zugangs dieser Kündigung vom 19.9.2017 bis 11.10.2017 nehmen. Die gezahlte Abgeltung ist dann als Zahlung des Urlaubsentgeltes für den betreffenden Zeitraum zu verstehen. In jedem Fall sage ich Ihnen für die Zeit Ihres Urlaubs die Urlaubsvergütung vorbehaltlos zu).

Erweist sich eine Kündigung später als unwirksam, steht dem Arbeitnehmer auch ein Urlaubsanspruch bezogen auf die Zeit zwischen dem Tag der Entlassung und der Wiederaufnahme der Tätigkeit zu (EuGH v. 25.6.2020, Az. C 762/18).

Bei einer krankheitsbedingten Arbeitsunfähigkeit des Arbeitnehmers gilt dies nicht, denn während der Krankheit kann kein Urlaub genommen werden (BAG v. 18.3.2014, Az. 9 AZR 669/12; LAG Rheinland-Pfalz v. 22.1.2015, Az. 3 SaGa 6/14). Die Kündigungsschutzklage stellt nicht zugleich eine Aufforderung zur Urlaubsgewährung dar (BAG v. 13.12.2011, Az. 9 AZR 420/10). Die Nichtgewährung beantragten Urlaubs kann auch im Fall der Kündigung Schadensersatzansprüche auslösen. Das bedeutet, dass auch an sich verfallene Urlaubsansprüche noch gewährt werden müssen (BAG v. 6.8.2013, Az. 9 AZR 956/11).

WICHTIG!

Der Europäische Gerichtshof hat entschieden, dass der Arbeitnehmer die ihm zustehenden Urlaubstage und entsprechend seinen Urlaubsabgeltungsanspruch nicht automatisch verlieren darf. Es muss vielmehr geprüft werden, ob er er vom Arbeitgeber z. B. durch angemessene Aufklärung tatsächlich in die Lage versetzt wurde, diesen Anspruch wahrzunehmen. Der Arbeitgeber muss beweisen, dass er mit aller gebotenen Sorgfalt gehandelt hat, um den Arbeitnehmer tatsächlich in die Lage zu versetzen, den ihm zustehenden bezahlten Mindesturlaub zu nehmen. Damit zwingt der EuGH den Arbeitgeber nicht, den Arbeitnehmer quasi in den „Zwangsurlaub" zu schicken. Er darf sich aber auch nicht zurücklehnen und dem Verfall des Urlaubs zuschauen, sondern muss aktiv darauf hinwirken, dass der Urlaub genommen wird. Wichtig ist auch der Hinweis, dass der Arbeitgeber hierfür die Beweislast hat.

Diese Grundsätze hat das Bundesarbeitsgericht jetzt präzisiert. Der Urlaubsanspruch erlischt nur, „wenn der Arbeitgeber den Arbeitnehmer zuvor in die Lage versetzt hat, seinen Urlaubsanspruch wahrzunehmen, und der Arbeitnehmer den Urlaub dennoch aus freien Stücken nicht genommen hat". Er muss „den Arbeitnehmer – erforderlichenfalls förmlich – auffordern, seinen Urlaub zu nehmen, und ihm klar und rechtzeitig mitteilen, dass der Urlaub mit Ablauf des Kalenderjahres oder Übertragungszeitraums verfällt, wenn er ihn nicht beantragt." Der Arbeitgeber ist „grundsätzlich in der Auswahl der Mittel frei, derer er sich zur Erfüllung seiner Mitwirkungsobliegenheiten bedient. Die Mittel müssen jedoch zweckentsprechend sein. Sie müssen geeignet sein, den Arbeitnehmer in die Lage zu versetzen, in Kenntnis aller relevanten Umstände frei darüber zu entscheiden, ob er seinen Urlaub in Anspruch nimmt. Deshalb darf der Arbeitgeber ... den Arbeitnehmer auch nicht in sonstiger Weise daran hindern, den Urlaub in Anspruch zu nehmen". Nach Ansicht des LAG Köln müssen Arbeitgeber auch auf Resturlaubsansprüche aus vorangegangenen Kalenderjahren hinweisen (LAG Köln v. 9.4.2019, Az. 4 Sa 242/18). War der Arbeitnehmer seit Beginn des Urlaubsjahres durchgehend bis zum 31. März des zweiten auf das Urlaubsjahr folgenden Kalenderjahres arbeitsunfähig bzw. voll erwerbsgemindert, verfällt der Urlaubsanspruch weiterhin nach Ablauf der 15-Monatsfrist unabhängig davon, ob der Arbeitgeber seinen Mitwirkungsobliegenheiten nachgekommen ist. Dies gilt jedoch nicht, wenn der Anspruch auf bezahlten Jahresurlaub im Laufe eines Bezugszeitraums erworben wurde, in dem der Arbeitnehmer tatsächlich gearbeitet hat, bevor er voll erwerbsgemindert oder arbeitsunfähig wurde (BAG v. 31.1.2023, Az. 9 AZR 85/22 und BAG v. 20.12.2022, Az. 9 AZR 401/19). Der EuGH hat betont, dass der Ar-

beitnehmer rechtzeitig in die Lage versetzt werden muss, den Urlaub tatsächlich zu nehmen (EuGH v. 22.9.2022, Az. C 727/20).

Allein das juristische Vorwissen eines Arbeitnehmers entbindet den Arbeitgeber nicht von der Pflicht, auf die Urlaubsnahme hinzuwirken (OVG Berlin-Brandenburg v. 23.1.2020, Az. OVG 4 B 12/18). Wichtig sind auch die Präzisierungen der Rechtsfolgen, wenn der Arbeitgeber dies nicht tut. Hierzu sagt das BAG: „Hat der Arbeitgeber seinen Mitwirkungsobliegenheiten nicht entsprochen, tritt der am 31. Dezember des Urlaubsjahres nicht verfallene Urlaub zu dem Urlaubsanspruch hinzu, der am 1. Januar des Folgejahres entsteht. Dieser Teil des Urlaubsanspruchs ist gegenüber dem Teil, den der Arbeitnehmer zu Beginn des aktuellen Urlaubsjahres erworben hat, nicht privilegiert. Für ihn gelten, wie für den neu entstandenen Urlaubsanspruch, die Regelungen des § 7 Abs. 1 Satz 1 und Abs. 3 BUrlG" (BAG v. 19.2.2019, Az. 9 AZR 423/16). Das bedeutet, dass der alte, nicht verfallene Urlaub rechtlich genauso behandelt wird wie der des Folgejahres. Es gilt das Kalenderjahr als Urlaubsjahr, daran schließt sich der Übertragungszeitraum von drei Monaten an. Wenn der Arbeitgeber seinen Mitwirkungsobliegenheiten auch in den Folgejahren nicht nachkommt, kann er die Erfüllung des über die Jahre kumulierten Urlaubsanspruchs nicht unter Berufung auf den Eintritt der Verjährung nach § 214 Abs. 1 BGB verweigern (LAG Düsseldorf v. 2.2.2020, Az. 10 Sa 180/90).

Diese Grundsätze gelten auch für den Zusatzurlaub für schwerbehinderte Menschen (LAG Niedersachsen v. 16.1.2019, Az. 2 Sa 567/18).

Formulierungsbeispiel:

Ihnen steht für das vergangene Kalenderjahr noch ein Urlaubsanspruch von 11 Tagen zu, der übertragen wurde. Dieser verfällt mit dem 31. März. Bitte reichen Sie rechtzeitig einen Urlaubsantrag ein, damit wir Ihnen den gesetzlichen Mindesturlaub gewähren können.

Nach einer fristlosen Kündigung muss der Arbeitnehmer sich nicht darum bemühen, Urlaub zu erhalten, sondern der Arbeitgeber hat diesen durch die Kündigung verweigert. Der Arbeitnehmer kann die Urlaubsabgeltung nach Ablauf des Urlaubsjahres als Schadensersatzanspruch verlangen (LAG Düsseldorf v. 9.4.2014, Az. 12 Sa 1866/12). Wenn das Gericht eine Kündigung für unwirksam erklärt hat und der Arbeitnehmer zwischenzeitlich ein neues Arbeitsverhältnis eingegangen ist, muss der bisherige Arbeitgeber auch die Urlaubsansprüche erfüllen, die während des Kündigungsschutzverfahrens entstanden sind. Wenn der neue Arbeitgeber in der Zeit Urlaub gewährt hat, ist dieser nur dann anzurechnen, wenn der Arbeitnehmer die Pflichten aus beiden Arbeitsverhältnissen nicht gleichzeitig hätte erfüllen können (BAG v. 21.2.2012, Az. 9 AZR 487/10). Soweit ein Arbeitnehmer einer anderweitigen Beschäftigung nachgeht, nachdem er sein ursprüngliches Arbeitsverhältnis gekündigt hat, stehen diesem aus beiden Arbeitsverhältnissen ungekürzte Urlaubsansprüche zu. Um jedoch eine doppelte Inanspruchnahme von Urlaubstagen zu vermeiden, ist analog § 11 Nr. 1 KSchG und § 615 Satz 2 BGB eine kalenderjahresbezogene Anrechnung des von dem neuen Arbeitgeber erworbenen Urlaubsanspruchs auf den Urlaubs- bzw. Urlaubsabgeltungsanspruch gegen den alten Arbeitgeber vorzunehmen (BAG v. 5.12.2023, Az. 9 AZR 230/22).

Beispiel:

Der Arbeitgeber hat zum 31.12. gekündigt. Am 1.2. geht er ein neues Vollzeitarbeitsverhältnis ein. Das Arbeitsgericht entscheidet am 30.6., dass die Kündigung unwirksam ist. Der Arbeitnehmer kann sich nun gem. § 12 Satz 1 KSchG von dem bisherigen Arbeitsverhältnis lossagen, d. h. mit dem Zugang dieser Erklärung erlischt das alte Arbeitsverhältnis. Er kann aber auch das neue Arbeitsverhältnis ordentlich kündigen und das alte fortsetzen. Auf jeden Fall sind im ersten Halbjahr Urlaubsansprüche beim alten Arbeitgeber begründet worden, auch wenn er dort nicht gearbeitet hat. Wenn ihm der neue Arbeitgeber in der Zeit Urlaub gewährt hat, muss er sich dies aber anrechnen lassen. Anders wäre es, wenn er beim alten und beim neuen Arbeitgeber jeweils in einem Halbtagsarbeitsverhältnis stünde.

VII. Rechte des Arbeitnehmers bei abgelehntem Urlaubsantrag

1. Beschwerde beim Betriebsrat

Zunächst kann sich der Arbeitnehmer im Rahmen seines Beschwerderechts gemäß § 85 Abs. 1 BetrVG an den Betriebsrat wenden, wenn er glaubt, ein Urlaubsantrag sei zu Unrecht abgewiesen worden. Der Betriebsrat wird, wenn er die → *Beschwerde* für berechtigt erachtet, beim Arbeitgeber auf Abhilfe hinwirken. Erzwingen kann der Betriebsrat eine abweichende Entscheidung des Arbeitgebers im Rahmen dieses „Beschwerdeverfahrens" jedoch nicht (anders, wenn der Betriebsrat sein Mitbestimmungsrecht gem. § 87 Abs. 1 Nr. 5 BetrVG geltend macht, s. u. VIII). Der Arbeitnehmer kann auch sein Beschwerderecht beim Arbeitgeber gem. § 84 BetrVG ausüben.

2. Klage

Unabhängig von einem Tätigwerden des Betriebsrats kann der Arbeitnehmer den Urlaub durch Klage gerichtlich geltend machen, wenn der Arbeitgeber den Urlaubsantrag nicht oder nicht in vollem Umfang genehmigt oder der Arbeitnehmer die Urlaubsfestlegung des Arbeitgebers für unbillig hält. In Anbetracht der Dauer der Arbeitsgerichtsverfahren erlangt dieses Vorgehen jedoch in der Mehrzahl der Fälle keine praktische Bedeutung, da bis zu einer rechtskräftigen gerichtlichen Entscheidung der Urlaubszeitpunkt in der Regel verstrichen sein wird. Der Arbeitnehmer kann deshalb durch einstweilige Verfügung im gerichtlichen Eilverfahren versuchen, seinen Anspruch durchzusetzen.

TIPP!

Wenn eine einstweilige Verfügung eines Arbeitnehmers zu befürchten ist und der Urlaubszeitpunkt unmittelbar bevorsteht, kann es sinnvoll sein, vorbeugend eine Schutzschrift beim Arbeitsgericht einzureichen, in der dargelegt wird, warum der Urlaub nicht gewährt werden kann. Der Arbeitgeber erreicht hiermit in der Regel zumindest, dass nicht ohne mündliche Verhandlung gegen ihn entschieden wird.

VIII. Beteiligung des Betriebsrats

Unabhängig von einem Tätigwerden des Betriebsrats auf Antrag des Arbeitnehmers ist darüber hinaus das Mitbestimmungsrecht des Betriebsrats gemäß § 87 Abs. 1 Nr. 5 BetrVG zu beachten. Dieses besteht

- bei Festlegung eines Betriebsurlaubs,
- bei Aufstellung allgemeiner Urlaubsgrundsätze oder eines Urlaubsplans. Urlaubsplan ist die verbindliche Festlegung des konkreten Urlaubs der einzelnen Arbeitnehmer auf bestimmte Zeiten. Allgemeine Urlaubsgrundsätze sind Richtlinien, nach denen den Arbeitnehmern im Einzelfall Urlaub zu gewähren ist.

  Beispiele:

  Regelungen über geteilten oder ungeteilten Urlaub, Verteilung des Urlaubs innerhalb des Kalenderjahres, Urlaubssperre für bestimmte Zeiten des Jahres, Regelungen zur Urlaubsvertretung.

- wenn zwischen Arbeitgeber und Arbeitnehmer eine Einigung über die zeitliche Lage des Urlaubs nicht zustande kommt. In diesen Fällen besteht ein Einigungszwang zwischen Arbeitgeber und Betriebsrat. Kommt die Einigung nicht zustande, ist die → *Einigungsstelle*, die von Arbeitgeber und Betriebsrat angerufen werden kann, für die verbindliche Entscheidung zuständig.

TIPP!

Wenn der Betriebsrat im Zusammenhang mit einer Arbeitnehmerbeschwerde vorstellig wird, sollte geklärt werden, ob er lediglich gemäß § 85 Abs. 1 BetrVG tätig wird (dann kein Einigungszwang) oder ob er sein Mitbestimmungsrecht gemäß § 87 Abs. 1 Nr. 5 BetrVG geltend macht (dann Einigungszwang). Entscheidend ist die Beschlusslage des Betriebsrats-Gremiums.

IX. Selbstbeurlaubung

Der Arbeitnehmer hat in keinem Fall ein Recht zur Selbstbeurlaubung. Tritt er den Urlaub eigenmächtig an oder verlängert er einen erteilten Urlaub ohne Genehmigung des Arbeitgebers, begeht er eine Verletzung seiner arbeitsvertraglichen Pflichten, die den Arbeitgeber zu Disziplinarmaßnahmen berechtigt.

Beispiel:

Der Arbeitnehmer verlängert den Urlaub eigenmächtig um zwei Tage, weil er während des Urlaubs erkrankt ist. Hier kann eine Abmahnung erfolgen. Im Wiederholungsfall kommt eine außerordentliche Kündigung in Betracht. Die eigenmächtige Urlaubsnahme ist jedoch kein absoluter Kündigungsgrund, sondern auch hier muss eine umfassende Interessenabwägung stattfinden.

X. Widerruf des Urlaubs

Der Widerruf eines einmal erteilten Urlaubs ist grundsätzlich nicht möglich. In Extremfällen kommt ein Wegfall der Geschäftsgrundlage in Betracht. Dies kann jedoch nur in Fällen wie etwa Naturkatastrophen in Betracht kommen, nicht hingegen bei einem plötzlich auftretenden Arbeitskräftebedarf.

XI. Rückforderungsverbot bei zu viel gewährtem Urlaub

Hat der Arbeitnehmer bereits mehr Urlaub erhalten, als ihm zusteht, so kann weder zu viel gezahltes Urlaubsentgelt noch zu viel gewährter Urlaub zurückverlangt werden. Dieses Rückforderungsverbot ist gesetzlich geregelt für den Fall zu viel gewährten Teilurlaubs bei Ausscheiden in der ersten Jahreshälfte (§ 5 Abs. 1 Buchst. c BUrlG); es gilt aber auch in den übrigen Fällen zu viel gewährten Urlaubs. Es ist auch nicht möglich, in einem Jahr zu viel gewährten Urlaub auf das Folgejahr anzurechnen. Gewährt der Arbeitgeber dem Arbeitnehmer im Übertragungszeitraum ausdrücklich Resturlaub aus dem Vorjahr und stellt er nach Urlaubsgewährung fest, dass kein Übertragungsgrund vorlag, kann er den zu viel gewährten Urlaub des Vorjahres nicht auf den Urlaubsanspruch im laufenden Urlaubsjahr anrechnen. Dies gilt nicht nur für den gesetzlichen, sondern auch für den tarifvertraglichen Urlaub. Ob das Rückforderungsverbot auch hinsichtlich des über den gesetzlichen oder tariflichen Mindesturlaub hinausgehenden freiwilligen Urlaubs gilt, wurde noch nicht entschieden.

XII. Urlaub und Arbeitsunfähigkeit

Während der Arbeitsunfähigkeit kann kein Urlaub wirksam gewährt werden, egal, ob er sich während der Arbeitsunfähigkeit hätte erholen können (BAG v. 18.3.2014, Az. 9 AZR 669/12). Der Urlaubsanspruch setzt keine Arbeitsleistung im Urlaubsjahr voraus. Daher entstehen gesetzliche Urlaubsansprüche auch dann, wenn der Arbeitnehmer eine befristete Rente wegen Erwerbsminderung bezieht und eine tarifliche Regelung das Ruhen des Arbeitsverhältnisses an den Bezug dieser Rente knüpft (BAG v. 7.8.2012, Az. 9 AZR 353/10; LAG Mecklenburg-Vorpommern v. 10.4.2013, Az. 2 Sa 210/12). Eine tarifliche Regelung, die im Gegensatz dazu bestimmt, dass hier keine Urlaubsansprüche entstehen, ist unwirksam (BAG v. 18.9.2012, Az. 9 AZR 623/1).

Erkrankt der Arbeitnehmer während des Urlaubs, werden die durch ärztliches Attest nachgewiesenen Tage der → *Arbeitsunfähigkeit* nicht auf den Jahresurlaub angerechnet (§ 9 BUrlG). Erforderlich ist also die Vorlage einer Arbeitsunfähigkeitsbescheinigung. Erbringt der Arbeitnehmer den ärztlichen Nachweis, ist der Arbeitgeber zur Nachgewährung der entsprechenden Urlaubstage verpflichtet.

Die Arbeitsunfähigkeitsbescheinigung muss unverzüglich, d. h. ohne schuldhaftes Zögern vorgelegt werden; feste Fristen bestehen hierfür nicht. Der Arbeitgeber muss also den Urlaub auch dann nachgewähren, wenn der Arbeitnehmer die Bescheinigung verspätet vorlegt. Der Urlaub verlängert sich aber nicht automatisch, d. h. der Arbeitnehmer muss nach Urlaubsende wieder zurückkehren, wenn nichts anderes vereinbart ist.

Erkrankt der Arbeitnehmer nach Festlegung des Urlaubs, aber vor Urlaubsantritt, ist der Urlaub neu zu beantragen und festzusetzen. Die ursprüngliche Urlaubsgewährung ist durch die Arbeitsunfähigkeit hinfällig geworden.

WICHTIG!

Dauert die Erkrankung des Arbeitnehmers bis zum Ende des Übertragungszeitraums, erlischt der Urlaubsanspruch nicht mehr, wenn der Arbeitnehmer den Urlaub infolge Krankheit nicht nehmen konnte (BAG v. 24.3.2009, Az. 9 AZR 983/07 nach der Grundsatzentscheidung des EuGH „Schulz-Hoff" v. 20.1.2009, Az. C 350/06). Die Urlaubsansprüche verfallen 15 Monate nach Ende des Urlaubsjahres (BAG v. 20.1.2015, Az. 9 AZR 585/13 und v. 12.11.2013, Az. 9 AZR 646/12; LAG Mecklenburg-Vorpommern v. 13.8.2014, Az. 3 Sa 9/14). Dieses gilt auch für den Fall, dass das Arbeitsverhältnis zum 31. März beendet wird (LAG Rheinland-Pfalz v. 24.11.2016, Az. 2 Sa 258/16). Tarifliche Regelungen, die keine Übertragungsmöglichkeiten bei Arbeitsunfähigkeit vorsehen, sind bezüglich des gesetzlichen Mindesturlaubs, aber nicht bezüglich eines tariflichen Zusatzurlaubs unwirksam (BAG v. 5.8.2014, Az. 9 AZR 77/13). Diese Regelung gilt grundsätzlich unmittelbar nur für den gesetzlichen Mindesturlaub und den Zusatzurlaub für schwerbehinderte Menschen (BAG v. 23.3.2010, Az. 9 AZR 128/09). Der darüber hinausgehende arbeitsvertraglich vereinbarte Urlaubsanspruch ist jedoch grundsätzlich genauso zu behandeln, wenn im Arbeitsvertrag nichts Gegenteiliges steht. Man kann aber hinsichtlich des zusätzlichen Urlaubs Sonderregeln treffen, wenn man im Arbeitsvertrag deutlich macht, dass er besonderen Regeln unterliegen soll (s. o. II). Bezogen auf die o. g. Rechtsprechung des BAG dürften gegen folgende Vereinbarung keine rechtlichen Bedenken bestehen:

Formulierungsbeispiel:

Der vertragliche Zusatzurlaub verfällt am Ende des Kalenderjahres, in dem er entstanden ist. Er kann aufgrund dringender betrieblicher Erfordernisse oder in der Person des Arbeitnehmers liegender Gründe in das Folgejahr übertragen werden, muss aber dann bis zum 31.3. vollständig genommen worden sein. Danach verfällt er, auch wenn der Arbeitnehmer aus nicht von ihm zu vertretenen Gründen gehindert war, ihn zu nehmen.

Tarifverträge können ebenfalls bestimmen, dass bei einem über den gesetzlichen Urlaub hinausgehenden Anspruch der Arbeitnehmer das Risiko trägt, den Urlaub krankheitsbedingt nicht in Anspruch nehmen zu können (BAG v. 12.4.2011, Az. 9 AZR 80/10). Die grundsätzlich sowohl einzelvertraglich wie tarifvertraglich zulässigen (BAG v. 9.3.2021, AZ. 9 AZR 323/20) Ausschlussfristen für die Abgeltung des Urlaubs können auch deutlich kürzer als ein Jahr sein (BAG v. 13.12.2011, Az. 9 AZR 399/10). Dabei müssen die Tarifvertragsparteien nicht ausdrücklich bestimmen, dass der Urlaub früher verfällt. Es reicht aus, wenn im Tarifvertrag ein Fristenregime vereinbart wurde, das von dem des Bundesurlaubsgesetzes abweicht (BAG v. 14.2.2017, Az. 9 AZR 386/16 und Az. 9 AZR 207/16).

WICHTIG!

Wenn der aus dem Vorjahr übertragene Urlaubsanspruch trotz Ablauf des Übertragungszeitraums, etwa wegen andauernder Arbeitsunfähigkeit des Arbeitnehmers, nicht untergegangen ist, erlischt er trotz langwieriger krankheitsbedingter Arbeitsunfähigkeit genau so wie der Anspruch, der zu Beginn des nächsten Urlaubsjahrs neu entstanden ist, wenn der Arbeitnehmer in diesem Kalenderjahr oder im Übertragungszeitraum so rechtzeitig arbeitsfähig wird, dass er in der verbleibenden Zeit seinen Urlaub nehmen kann (BAG v. 9.8.2011, Az. 9 AZR 425/10 und v. 10.7.2012, Az. 9 AZR 11/11). Besteht also eine Arbeitsunfähigkeit auch am 31. März des zweiten auf das Urlaubsjahr folgenden Jahres fort, so gebietet auch das Unionsrecht keine weitere Aufrechterhaltung des Urlaubsanspruchs (BAG v. 11.6.2013, Az. 9 AZR 855/11).

Auch sonst beeinflusst eine langandauernde Krankheit Entstehen und Höhe des gesetzlichen Urlaubsanspruchs nicht, weder hinsichtlich des Ablaufs der Wartefrist noch im länger bestehenden Arbeitsverhältnis. Allerdings können Tarifverträge Sonderregelungen für den tariflichen Zusatzurlaub vorsehen, insbesondere eigene Verfallregelungen. Das führt aber nicht dazu, dass der Arbeitgeber stets angeben müsste, ob eine Urlaubsgewährung im Hinblick auf den gesetzlichen Urlaubsanspruch erfolgt oder auf einen darüber hinausgehenden tariflichen bzw. einzelvertraglichen Anspruch. Es handelt sich um eine einheitliche Forderung. Eine im Formularvertrag vereinbarte Kürzungsregelung muss transparent sein und dem Arbeitnehmer hinreichend klar aufzeigen, in welchem Umfang sein vertraglich vereinbarter Mehrurlaub gekürzt wird, ansonsten ist sie unwirksam (BAG v. 15.10.2013, Az. 374/12). Verlängert eine betriebliche Übung einen tariflichen Übertragungszeitraum, so geht der nur aufgrund der betrieblichen Übung aufrechterhaltene Mehrurlaubsanspruch grundsätzlich am Ende des verlängerten Übertragungszeitraums auch dann unter, wenn der Arbeitnehmer zu diesem Zeitpunkt arbeitsunfähig krank ist (BAG v. 7.8.2012, Az. 9 AZR 760/10). Bezieht der Arbeitnehmer während seiner andauernden Arbeitsunfähigkeit nach dem Ende des Krankengeldbezuges Leistungen der Bundesagentur für Arbeit und ruht das Arbeitsverhältnis deshalb, so entsteht dennoch der gesetzliche Urlaubsanspruch (LAG Schleswig-Holstein v. 6.12.2012, Az. 4 Sa 173/12).

WICHTIG!

Corona-Leitentscheidung des BAG: Bewilligt der Arbeitgeber dem Arbeitnehmer antragsgemäß Urlaub und zahlt an ihn Urlaubsentgelt, erfüllt er den Urlaubsanspruch ungeachtet des Umstands, dass die zuständige Behörde anschließend für denselben Zeitraum die Absonderung des selbst nicht erkrankten Arbeitnehmers in häusliche Quarantäne anordnet, weil er mit einer Person Kontakt gehabt hat, die mit dem Coronavirus SARS-CoV-2 infiziert gewesen ist. Dem Arbeitnehmer ist wegen nachträglichen Eintritts urlaubsstörender Umstände der beeinträchtigte Urlaub nur nachzugewähren, soweit der Gesetzgeber oder die Tarifvertragsparteien das Urlaubsrisiko dem Arbeitgeber auferlegt haben. Die erst am 16. September 2022 neu in das Infektionsschutzgesetz aufgenommene Bestimmung des § 59 Abs 1 IfSG ordnet für die dort genannten Fälle mit Wirkung für die Zukunft an, dass die Tage der Absonderung nicht auf den Jahresurlaub angerechnet werden (BAG v. 28.5.2024, Az. 9 AZR 76/22).

Weiter hat das BAG entschieden, dass, wenn ein Arbeitgeber einen Arbeitnehmer, welcher während der Geltungsdauer des vormaligen § 20a IfSG a. F. die in Abs. 1 aufgestellten Voraussetzungen nicht erfüllt hatte, von der Erbringung der Arbeitsleistung freigestellt hat, die Zeiten dieser unbezahlten Freistellung bei der Berechnung des Jahresurlaubs zu berücksichtigen sind. Dem Arbeitnehmer steht also nur ein anteilig kürzerer Urlaubsanspruch zu. Der Erholungszweck des Anspruchs auf bezahlten Jahresurlaub beruhe nach der Rechtsprechung des EuGH auf der Prämisse, dass der Arbeitnehmer im Lauf des Bezugszeitraums tatsächlich gearbeitet hat. Etwas anderes gelte nur, wenn der Umstand, dass der Arbeitnehmer nicht gearbeitet hat, allein auf Entscheidungen des Arbeitgebers beruht (BAG v. 19.6.2024, Az. 5 AZR 167/23).

Für eine Nichtanrechnung von Urlaubstagen gemäß § 9 BUrlG bedarf es eines ärztlichen Zeugnisses. Eine behördliche Isolierungsanordnung ist nach Auffassung des LAG Köln nicht ausreichend, da keine Beurteilung der Arbeitsfähigkeit des Arbeitnehmers erfolgt (LAG Köln v. 13.12.2021, Az. 2 Sa 488/21; a. A. LAG Hamm v. 27.1.2022, Az. 5 Sa 1030/21). Diesbezüglich hat das Bundesarbeitsgericht ein Vorabentscheidungsersuchen an den Europäischen Gerichtshof gerichtet (BAG v. 16.8.2022, Az. 9 AZR 76/22 (A). Das Verfahren ist dort unter dem Aktenzeichen C-749/22 anhängig. In einem anderen aktuellen Fall hat der EuGH entschieden, dass das Unionsrecht nicht verlange, dass ein Arbeitnehmer, der während seines bezahlten Jahresurlaubs (während der Covid-19-Pandemie) unter Quarantäne gestellt worden ist, den Jahresurlaub auf einen späteren Zeitraum übertragen könne. Die Quarantäne sei nicht mit einer Krankheit vergleichbar (EuGH v. 14.12.2023, Az. C 2026/22).

Das BAG hat entschieden, dass der Arbeitgeber in Annahmeverzug mit der angebotenen Arbeitsleistung gerät, wenn er einem Arbeitnehmer, der aus einem SARS-CoV-2-Risikogebiet zurückkehrt, ein 14-tägiges Betretungsverbot für das Betriebsgelände erteilt, obwohl dieser gemäß den verordnungsrechtlichen Vorgaben bei der Einreise aufgrund der Vorlage eines aktuellen negativen PCR-Tests und eines ärztlichen Attests über Symptomfreiheit keiner Absonderungspflicht (Quarantäne) unterliegt. Der Arbeitgeber schuldet dann gemäß § 615 Satz 1, § 611a Abs. 2 BGB grundsätzlich Fortzahlung der Vergütung (BAG v. 10.8.2022, Az. 9 AZR 154/22).

Im Insolvenzfall gilt für die Urlaubsabgeltung Folgendes: Nimmt ein vorläufiger Insolvenzverwalter mit Verwaltungs- und Verfügungsbefugnis über das Vermögen des Arbeitgebers die Arbeitsleistung eines Arbeitnehmers zum Zeitpunkt der Beendigung des Arbeitsverhältnisses noch in Anspruch, hat er einen Anspruch des Arbeitnehmers auf Urlaubsabgeltung in voller Höhe als Masseverbindlichkeit zu berichtigen (BAG v. 25.11.2021, Az. 6 AZR 94/19).

XIII. Erwerbstätigkeit während des Urlaubs

Nach § 8 BUrlG darf der Arbeitnehmer während des Urlaubs keine dem Urlaubszweck widersprechende Erwerbstätigkeit ausüben. Andererseits ist der Arbeitnehmer nicht verpflichtet, während des Urlaubs seine Erholung zu suchen, er darf vielmehr auch anstrengenden Beschäftigungen nachgehen, wie z. B. einer Abenteuerreise. Verboten ist aber jede selbstständige oder unselbstständige Tätigkeit zum Zweck der Entgelterzielung, wenn sie die Arbeitskraft überwiegend in Anspruch nimmt, es sei denn, die Tätigkeit wäre auch ohne Urlaub als → *Nebentätigkeit* erlaubt.

Bei nachweisbaren Verstößen kommen Ansprüche des Arbeitgebers auf Unterlassung und ggf. Schadensersatz in Betracht; auch sind disziplinarische Maßnahmen bis hin zur → *Kündigung* möglich.

Beispiel:

Der als Maurer tätige Arbeitnehmer nimmt eine auf die Dauer seines Urlaubs befristete Vollzeittätigkeit als Betonarbeiter auf einer Großbaustelle an. Der Arbeitgeber kann hiergegen mit einer Abmahnung einschreiten. Verunglückt der Arbeitnehmer auf der Großbaustelle mit der Folge dauernder vollständiger Erwerbsminderung, und muss der Arbeitgeber deshalb vorübergehend eine teurere Ersatzkraft einstellen, kommt eine Geltendmachung des Lohndifferenzbetrags als Schadensersatz in Betracht.

Allerdings entfallen durch verbotene Erwerbstätigkeiten weder der Urlaubsanspruch noch der Entgeltanspruch (LAG Rheinland-Pfalz v. 23.5.2014, Az. 7 Sa 66/14).

XIV. Wechsel des Arbeitsverhältnisses

1. Teilurlaub

Wenn der Arbeitnehmer aus dem Arbeitsverhältnis

- vor Ablauf der sechsmonatigen Wartezeit ausscheidet (§ 5 Abs. 1 Buchst. b BUrlG) oder
- nach erfüllter Wartezeit, aber in der ersten Hälfte eines Kalenderjahres (spätestens mit dem 30.6.) ausscheidet (§ 5 Abs. 1 Buchst. c BUrlG),

hat er Anspruch auf so viele Zwölftel des Jahresurlaubs, wie das Arbeitsverhältnis volle Monate im Jahr des Ausscheidens bestanden hat (zur Berechnung s. o. III.5). Auch bei einem Beginn des Arbeitsverhältnisses am 1.7. eines Jahres entsteht kein Vollurlaubsanspruch, auch wenn es am 31.12. fortbesteht (BAG v. 17.11.2015, Az. 9 AZR 179/15). Besteht ein Arbeitsverhältnis insgesamt weniger als 6 Monate und fällt in diese Zeit ein Jahreswechsel, entsteht ein einheitlicher Anspruch nach § 5

Abs. 1 lit. b) BUrlG, der unabhängig von § 7 Abs. 3 BurlG auch nicht teilweise wegen des Jahreswechsels verfällt (LAG Thüringen v. 9.3.2017, Az. Sa 242/15).

Zu viel gewährter Urlaub kann nicht zurückverlangt werden (s. o. XI).

2. Urlaubseinbringung

Noch bestehende Urlaubsansprüche werden nach herrschender Meinung nicht von einer Ausgleichsquittung anlässlich der Beendigung des Arbeitsverhältnisses erfasst. Deshalb ist eine Vereinbarung mit dem Arbeitnehmer hier ratsam.

TIPP!

Sobald das Arbeitsverhältnis gekündigt worden ist, sollte mit dem Arbeitnehmer eine Vereinbarung über die Gewährung noch bestehenden Urlaubs getroffen werden.

Wenn der Arbeitnehmer sich nicht äußert, wie der noch bestehende Urlaub gewährt werden soll, kommt eine Freistellung durch einseitige Erklärung des Arbeitgebers unter Anrechnung auf den Erholungsurlaub in Betracht.

Formulierungsbeispiel:

„Hiermit stellen wir Sie unter Anrechnung auf den Erholungsurlaub und zur Erfüllung des Ihnen noch zustehenden Anspruchs von .... Arbeitstagen vom .... bis .... unwiderruflich von Ihrer Verpflichtung zur Arbeitsleistung frei."

Kann der Urlaub wegen Beendigung des Arbeitsverhältnisses nicht mehr gewährt werden, ist er gemäß § 7 Abs. 4 BUrlG abzugelten (Urlaubsabgeltung). Während des Bestehens des Arbeitsverhältnisses besteht keine Möglichkeit der wirksamen Abgeltung des gesetzlichen Urlaubsanspruches (LAG Berlin-Brandenburg v. 9.6.2016, Az. 5 Sa 2310/15). Der Anspruch auf Urlaubsabgeltung entsteht mit dem Ende des Arbeitsverhältnisses als reiner Geldanspruch, auch wenn der Arbeitnehmer über das Ende des Arbeitsverhältnisses hinaus arbeitsunfähig ist (BAG v. 4.5.2010, Az. 9 AZR 183/09).

3. Urlaubsbescheinigung

Der frühere Arbeitgeber muss dem Arbeitnehmer bei Beendigung des Arbeitsverhältnisses eine Bescheinigung über den im laufenden Kalenderjahr gewährten oder abgegoltenen Urlaub aushändigen (§ 6 Abs. 2 BUrlG).

Wird das Arbeitsverhältnis im Laufe eines Jahres beendet, besteht gemäß § 6 Abs. 1 BUrlG der Anspruch auf Urlaub gegen den neuen Arbeitgeber insofern nicht, als der alte Arbeitgeber den Urlaub bereits gewährt hat. Damit soll verhindert werden, dass der Arbeitnehmer durch Wechsel des Arbeitsverhältnisses im Urlaubsjahr einen höheren Urlaubsanspruch erwirbt, als nach dem Bundesurlaubsgesetz vorgesehen. § 6 Abs. 1 BUrlG kommt nur zum Tragen, wenn der Arbeitnehmer im alten Arbeitsverhältnis bereits den vollen Urlaub erhalten hat oder er in den Fällen des Teilurlaubs (s. o. 1) mehr Urlaub erhalten hat, als ihm nach § 5 Abs. 1 BUrlG zusteht. Der Arbeitnehmer muss beweisen, dass er für das laufende Jahr nicht bereits Urlaub vom vorherigen Arbeitgeber bekommen hat (BAG v. 16.12.2014, Az. 9 AZR 295/13).

Erfüllt sind die Urlaubsansprüche nicht nur, wenn der Arbeitnehmer von der Arbeitspflicht befreit worden ist, sondern auch, wenn der alte Arbeitgeber den Urlaub abgegolten hat. Wenn der Arbeitnehmer im alten Arbeitsverhältnis nicht den vollen Jahresurlaub erhalten hat, entsteht der Urlaubsanspruch im neuen Arbeitsverhältnis neu entsprechend den dafür geltenden Vorschriften.

Es ist Sache des Arbeitnehmers, die Urlaubsbescheinigung vorzulegen, um seinen Anspruch auf ungekürzten Urlaub im neuen Arbeitsverhältnis zu begründen. Diese hat einen hohen Beweiswert, ist aber nicht die einzige Möglichkeit, die Nichtgewährung früheren Urlaubs zu beweisen (BAG v. 16.12.2014, Az. 9 AZR 295/13). Eine Urlaubsbescheinigung verhindert aber nicht den Verfall der Ansprüche gemäß vertraglich vereinbarter Ausschlussfristen (LAG Berlin-Brandenburg v. 16.1.2025, Az. 10 Sa 697/24). Der Arbeitgeber, der eine Urlaubsbescheinigung ausgestellt hat, kann also dem Begehren auf Urlaubsabgeltung grundsätzlich entgegenhalten, dass Ausschlußfristen zu deren Geltendmachung bereits abgelaufen sind.

XV. Urlaubsentgelt

1. Begriff, Abgrenzung vom Urlaubsgeld

Das Urlaubsentgelt ist die gewöhnliche Vergütung des Arbeitnehmers, die ihm während des Urlaubs weiterzuzahlen ist. Davon zu unterscheiden ist das sog. Urlaubsgeld (s. u. XVI).

2. Berechnung

2.1 Grundberechnung

Erhält der Arbeitnehmer ein gleichbleibendes Monatsgehalt, ergeben sich bei der Berechnung des Urlaubsentgelts keine Probleme. Das Gehalt wird einfach weitergezahlt. Dies gilt auch bei Teilzeitarbeit. Bei Festsetzung eines Mindestlohnes durch Rechtsverordnung gemäß § 7 AEntG ist der Mindestlohn Berechnungsgrundlage für die Entgeltfortzahlungstatbestände der §§ 2, 3 und 4 EntgeltfortzahlungsG und der Urlaubsabgeltung (LAG Niedersachsen v. 20.11.2013, Az. 2 Sa 667/13).

Problematisch kann die Berechnung werden, wenn das Gehalt Bestandteile enthält, deren Höhe ständig schwankt, wie etwa bei Prämien und Provisionen. Der Akkordlohn ist von vornherein insgesamt ungleichmäßig hoch. In diesen Fällen ist für die Urlaubsvergütung der durchschnittliche Arbeitsverdienst maßgeblich, den der Arbeitnehmer in den letzten 13 Wochen (bei monatlicher Abrechnung entspricht das drei Monaten) vor dem Urlaubsbeginn erhalten hat. Daraus wird das Entgelt pro Urlaubstag ermittelt.

Zum Arbeitsverdienst gehören:

- Grundgehalt bzw. Lohn,
- Überstundenvergütung (hier muss aber nur die reguläre → *Vergütung* gezahlt werden, nicht die Zuschläge),
- Leistungsprämien,
- Nahauslösungen, die in der Regel nicht für konkrete Aufwendungen gezahlt werden,
- Prämien,
- Provisionen (es ist nicht darauf abzustellen, ob gerade an dem betreffenden Ausfalltag ein Provision verdient worden wäre, sondern es ist darauf abzustellen, was der Beschäftigte nach den Regeln der Wahrscheinlichkeit an Provisionen erzielt hätte, wenn keine Ausfalltage eingetreten wären und er hätte arbeiten können. Bei stark schwankenden Provisionen kann unter Umständen ein längerer Referenzzeitraum von bis zu zwölf Monaten angemessen sein. Je stärker die Schwankung ist, desto länger muss der Referenzzeitraum gewählt werden, um ein sachgerechtes Ergebnis zu erzielen (LAG Köln v. 8.5.2020, Az. 4 Sa 662/19),
- Umsatzbeteiligungen,
- Umsatzprovisionen,
- Sachbezüge, die erforderlichenfalls in bar abzugelten sind (z. B. freie Kost),
- Zulagen, die eine Unannehmlichkeit abgelten, die mit der vom Arbeitnehmer geschuldeten Leistung zwingend verbunden ist, müssen weitergezahlt werden, nicht hingegen solche, die lediglich gelegentlich anfallende Kosten oder Nebenkosten abdecken sollen (EuGH v. 15.9.2011, Az. C-155/10).

Nicht zum Arbeitsverdienst gehören:

- Aufwandsentschädigungen, es sei denn die Aufwendungen fallen auch während des Urlaubs an oder die Entschädigung wird pauschal gezahlt,
- Fernauslösungen,
- Provisionen und Gratifikationen, die für das ganze Jahr gezahlt werden, wie z. B. Weihnachtsgeld,
- tarifliche Ausgleichszahlungen, die einmalig gezahlt werden,
- Trinkgelder in der Gastronomie,
- Erfindervergütungen.

  Zahlungen des Arbeitgebers, die unabhängig von der tatsächlichen Arbeitsleistung des Arbeitnehmers monatlich erfolgen, sind in die Berechnung des Urlaubsentgelts nach § 11 Abs. 1 Satz 1 BUrlG grundsätzlich nicht einzustellen, weil es ansonsten zu einer vom Gesetz nicht gewollten doppelten Zahlung kommen würde (BAG v. 10.12.2013, Az. 9 AZR 279/12). Gezahltes Weihnachtsgeld ist bei der Berechnung der Urlaubsabgeltung nicht mit einzubeziehen (LAG Baden-Württemberg v. 29.7.2025, Az. 11 Sa 29/25, nicht rechtskräftig, Revision anhängig unter 9 AZR 170/25).

Der Sonnabend gilt nach dem Bundesurlaubsgesetz als Werktag. Daher muss die Urlaubsvergütung, die pro Urlaubstag zu zahlen ist, umgerechnet werden. Dazu teilt man den Gesamtverdienst der letzten drei Monate durch 65 Werktage – dieses Ergebnis multipliziert man mit der Anzahl der Urlaubstage, bezogen auf die Fünf-Tage-Woche.

Beispiel:

Arbeitnehmer A verdient EUR 2.500 brutto pro Monat, sein Gesamtverdienst der letzten drei Monate beträgt also EUR 7.500. Geteilt durch 65 ergibt 115,38. Möchte A zwei volle Wochen Urlaub nehmen, so ist dieser Betrag x 10 zu nehmen, denn er hätte in dieser Zeit zehn Tage gearbeitet. Er erhält also eine Urlaubsvergütung von EUR 1.153,84.

Bei Teilzeitarbeitnehmern ist die anteilige Arbeitsvergütung Grundlage des Urlaubsentgelts.

Beispiel:

Arbeitnehmer A arbeitet drei Tage in der Woche. Die Urlaubsvergütung berechnet sich wie folgt: Gesamtarbeitsverdienst der letzten drei Monate geteilt durch 39 Werktage x Anzahl der Urlaubstage bezogen auf die Drei-Tage Woche = Urlaubsentgelt. Verdient A also EUR 1.750 brutto pro Monat, beträgt sein Gesamtverdienst der letzten drei Monate EUR 5.250. Geteilt durch 39 ergibt 134,61. Möchte A drei volle Wochen Urlaub nehmen, so ist dieser Betrag x 9 zu nehmen, denn er hätte in dieser Zeit neun Tage gearbeitet. Er erhält also eine Urlaubsvergütung von EUR 1.211,54.

Bei der flexiblen Arbeitszeit sind nur die Tage zu vergüten, an denen der Arbeitnehmer ohne den Urlaub tatsächlich hätte arbeiten müssen. Die zum Zeitausgleich festgesetzten freien Tage, mit denen die regelmäßige wöchentliche Arbeitszeit erreicht wird, zählen nicht mit. Häufig enthalten die Tarifverträge, in denen die flexible Arbeitszeit festgelegt wird, auch Bestimmungen hinsichtlich der Urlaubsberechnung.

TIPP!

Bei Tarifverträgen über flexible Arbeitszeit halten die entsprechenden Arbeitgeberverbände häufig Informationsmaterial mit Berechnungsbeispielen bereit, das von den Mitgliedern angefordert werden kann.

2.2 Verdiensterhöhungen

Bei Verdiensterhöhungen innerhalb des Drei-Monats-Zeitraums, die nicht nur vorübergehend sind, muss als Berechnungsgrundlage für den **gesamten** Zeitraum das höhere Gehalt herangezogen werden (§ 11 Abs. 1 Satz 2 BUrlG). Das gilt auch, wenn die Verdiensterhöhung während des Urlaubs eintritt. Erfasst werden dabei nicht nur vom Arbeitgeber ausdrücklich gewährte Gehaltserhöhungen, sondern auch z. B. Erhöhungen aufgrund einer Verlängerung der Arbeitszeit. Eine Erhöhung des Urlaubsentgelts tritt also auch dann ein, wenn der Arbeitnehmer im Drei-Monats-Zeitraum oder während des Urlaubs von einer Teilzeit- in eine Vollzeitposition wechselt. Ein Anspruch auf Überstundenvergütung bleibt unberücksichtigt (§ 11 Abs. 1 BUrlG).

Beispiel 1:

Arbeitnehmer A erhielt bis zum 31.12. ein Monatsgehalt von EUR 1.650. Ab 1.1. des Folgejahres erhöht der Arbeitgeber das Gehalt um EUR 150 pro Monat. Am 1.2. fährt A für einen Monat in den Urlaub. Berechnungsgrundlage ist hier der Betrag von EUR 5.400 (EUR 1.800 x 3), nicht EUR 4.950 (EUR 1.650 + EUR 1.650 + EUR 1.650).

Beispiel 2:

Die Gehaltserhöhung tritt nicht zum 1.1. ein, sondern zum 15.2., also mitten während des Urlaubs. Auch hier ist das Urlaubsentgelt auf der Basis von EUR 1.650 zu berechnen.

2.3 Verdienstkürzungen

Wenn in dem Drei-Monats-Zeitraum vor dem Urlaub oder während des Urlaubs der Verdienst aufgrund von → *Kurzarbeit*, Arbeitsausfällen oder unverschuldeter Arbeitsversäumnis gekürzt worden ist, darf diese Kürzung das Urlaubsentgelt nicht mindern.

Beispiel 1:

Arbeitnehmer A ist zwei Monate arbeitsunfähig erkrankt. Nach Ablauf der Sechs-Wochen-Frist für die Entgeltfortzahlung erhält er keine Vergütung mehr vom Arbeitgeber, sondern Krankengeld von seiner Kasse. Nach Ende der Krankheit nimmt A drei Wochen Urlaub, um sich weiter zu regenerieren. Die zwei Wochen, in denen er kein Gehalt bekommen hat, dürfen sein Urlaubsentgelt nicht mindern.

Beispiel 2:

Der Arbeitnehmer fehlt drei Tage unentschuldigt am Arbeitsplatz. Für diese Zeit erhält er kein Entgelt. Sechs Wochen später geht er in den Urlaub. Die Verdienstminderung führt hier auch zu einer Reduzierung seiner Urlaubsvergütung, denn der Arbeitsausfall war verschuldet.

Auch Kurzarbeit darf nicht das Entgelt während des gesetzlichen Mindesturlaubs mindern (EuGH v. 13.12.2018, Az. C 385/17). Zur Berechnung des Urlaubsumfangs hat das BAG entschieden, dass, wenn der Arbeitnehmer in einem Zeitraum, für den wirksam Kurzarbeit „null" eingeführt worden ist, erkrankt, die ausgefallenen Arbeitstage bei der Berechnung des Urlaubsumfangs nicht Zeiten mit Arbeitspflicht gleichzustellen sind (BAG v. 5.12.2023, Az. 9 AZR 364/22).

Hat der Arbeitnehmer im Referenzzeitraum seine Arbeit unverschuldet versäumt, ist sein gewöhnlicher Arbeitsverdienst für die nach dem Arbeitsvertrag geschuldete regelmäßige Arbeitszeit zugrunde zu legen. Verdienstkürzungen, die im Berechnungszeitraum infolge von Kurzarbeit, Arbeitsausfällen oder unverschuldeter Arbeitsversäumnis eintreten, führen nach § 11 Abs. 1 Satz 3 BUrlG zu keiner Minderung des Abgeltungsanspruchs. Auch die Inanspruchnahme voller Erwerbsminderungsrente ist nicht vorwerfbar und rechtfertigt daher keine Schmälerung des Urlaubsentgelts. Hat der Arbeitnehmer im Referenzzeitraum seine Arbeit unverschuldet versäumt, ist sein gewöhnlicher Arbeitsverdienst für die nach dem Arbeitsvertrag geschuldete regelmäßige Arbeitszeit zugrunde zu legen. Bei Arbeitnehmern mit gleichmäßiger täglicher Arbeitszeit und konstanter Tagesvergütung bedarf es keiner ins Detail gehenden Berechnung (BAG v. 3.6.2025, Az. 9 AZR 137/24).

3. Auszahlungstermin

Die Urlaubsvergütung ist vor Beginn des Urlaubs auszuzahlen. In der Praxis wird sie jedoch meist wie das normale Entgelt nachträglich gezahlt. Rechtlich zulässig ist dies jedoch nur bei einer entsprechenden tariflichen Regelung.

XVI. Urlaubsgeld

Beim Urlaubsgeld handelt es sich um eine zusätzliche Leistung des Arbeitgebers, die dem Arbeitnehmer für den Urlaub bezahlt wird. Hierfür gibt es keinen gesetzlichen Anspruch. Häufig bestehen aber tarifvertragliche Regelungen. Ein Anspruch auf das zusätzliche Urlaubsgeld kann auch einzelvertraglich vereinbart werden. Rückzahlungsklauseln sind dabei nur eingeschränkt zulässig (BAG v. 22.7.2014, Az. 9 AZR 981/12; s. i. E. → *Gratifikation* V.).

Ein Anspruch auf Urlaubsgeld kann sich auch aus dem Gleichbehandlungsgrundsatz ergeben: Zahlt der Arbeitgeber Urlaubsgeld an alle übrigen Arbeitnehmer, kann der Einzelne Gleichbehandlung verlangen, selbst wenn er keinen vertraglichen Anspruch hat. Wenn der Arbeitgeber mehrere Jahre lang ohne Vorbehalt Urlaubsgeld zahlt, kann sich der Anspruch auch aus einer sog. betrieblichen Übung ergeben. Auch eine Gesamtzusage ist möglich. Eine in dieser enthaltene Kombination von Freiwilligkeits- und Widerrufsvorbehalt ist aber intransparent und damit nach § 307 Abs. 1 BGB unwirksam. Ebenso unwirksam, weil unangemessen benachteiligend i. S. v. § 307 Abs. 1 Satz 1 BGB, ist ein arbeitsvertraglicher Freiwilligkeitsvorbehalt, der so ausgelegt werden kann, dass er auch spätere Individualabreden über Leistungen des Arbeitgebers erfasst (BAG v. 21.2.2024, Az. 10 AZR 345/22).

WICHTIG!

In dieser Entscheidung hat das BAG auch darauf hingewiesen, dass der Arbeitgeber den Betriebsrat gem. § 87 Abs. 1 Nr. 10 BetrVG beteiligen muss, wenn er die Anspruchsvoraussetzungen eines bestehenden Vergütungsbestandteils ändern will. Anderenfalls können die betroffenen Arbeitnehmer eine Vergütung auf Grundlage der zuletzt mitbestimmungsgemäß eingeführten Entlohnungsgrundsätze fordern.

Daher ist es ratsam, solche Zahlungen immer, d. h. bei jeder einzelnen Zahlung, mit einem Freiwilligkeitsvorbehalt zu versehen und ein Einvernehmen mit dem Betriebsrat herzustellen.

Formulierungsbeispiel:

In jedem Jahr ist folgendes Anschreiben an die Arbeitnehmer zu richten: „Die Zahlung des Urlaubsgelds erfolgt auch in diesem Jahr als freiwillige Leistung. Ob ein Urlaubsgeld gezahlt wird oder nicht, wird jedes Jahr neu entschieden. Die Zahlung in diesem Jahr begründet keine Ansprüche auf künftige Zahlungen."

XVII. Urlaubsabgeltung

1. Beendigung des Arbeitsverhältnisses

Der gesetzliche Urlaub dient der Erholung des Arbeitnehmers. Er muss ihm daher auch tatsächlich gewährt werden, und zwar durch bezahlte Freistellung von der Arbeit. Es ist grundsätzlich unzulässig, ihn in Geld abzugelten und ihn damit sozusagen abzukaufen (§ 7 Abs. 4 BUrlG).

Beispiel:

Dem Arbeitnehmer stehen am Ende des Kalenderjahres noch zwei Wochen Urlaub zu. Er möchte diese aber nicht nehmen, sondern lieber weiterarbeiten und sich den Urlaub auszahlen lassen, um mit dem Geld seine Schulden zu vermindern. Dies ist unzulässig, selbst wenn Arbeitnehmer und Arbeitgeber sich darüber einig sind.

Nur wenn der Urlaub nicht mehr gewährt werden kann, weil das Arbeitsverhältnis beendet ist, kommt eine Urlaubsabgeltung in Betracht. Dabei ist völlig gleichgültig, warum das Arbeitsverhältnis geendet hat. Entscheidend ist nur, dass es beendet wurde und der Arbeitnehmer seinen Urlaub nicht nehmen konnte. Bei einem → *Betriebsübergang* besteht das Arbeitsverhältnis fort, nur mit einem anderen Arbeitgeber. Eine Urlaubsabgeltung ist daher nicht möglich.

Beispiel 1:

Das Arbeitsverhältnis endet durch ordentliche Kündigung des Arbeitnehmers am 30.6. Der Arbeitnehmer hat noch einen Urlaubsanspruch von zehn Tagen. Dieser kann ihm wegen der Beendigung des Arbeitsverhältnisses nicht mehr gewährt werden. Daher muss er in Geld abgegolten werden.

Beispiel 2:

Der Arbeitnehmer erhält wegen Diebstahls am 21.9. die fristlose Kündigung. Das Arbeitsgericht weist die Kündigungsschutzklage ab. Auch hier hat der Arbeitnehmer Anspruch auf Abgeltung aller Urlaubsansprüche, die er bis dahin erworben hat.

Beispiel 3:

Der Arbeitnehmer geht in Rente. Wenn er noch Urlaub zu bekommen hat, muss dieser abgegolten werden. Es ist völlig gleichgültig, dass er nun keinen Urlaub mehr braucht, um sich zu erholen.

Der Urlaubsanspruch wandelt sich in diesen Fällen automatisch in einen Abgeltungsanspruch um, der grundsätzlich mit der Beendigung des Arbeitsverhältnisses fällig ist (BAG v. 8.4.2014, Az. 9 AZR 550/12). Dies gilt auch für den sog. Ersatzurlaub (BAG v. 16.5.2017, Az. 9 AZR 575/16).

WICHTIG!

Dieser Anspruch auf Urlaubsabgeltung unterliegt den Ausschlussfristen eines auf das Arbeitsverhältnis anwendbaren Tarifvertrages (BAG v. 1224.5.2022, Az. 9 AZR 461/21), der Ausschlussfrist in den Arbeitsvertragsrichtlinien des Diakonischen Werks der Evangelischen Kirche in Deutschland sowie Ausschlussfristen in Arbeitsverträgen (BAG v. 16.12.2014, Az. 9 AZR 295/13). Man muss aber genau beachten, was unter die tarifliche Ausschlussfrist fällt. Bezieht sich diese ausdrücklich nur auf „Ansprüche aus dem Manteltarifvertrag und den Gehaltstarifverträgen", wird der Anspruch auf Abgeltung des gesetzlichen Mindesturlaubs von dieser Ausschlussfrist nicht erfasst (LAG Hamburg v. 26.3.2014, Az. 6 Sa 104/13). Der Urlaubsabgeltungsanspruch unterliegt also nicht den Fristenregelungen des Urlaubsgewährungsanspruchs (BAG v. 19.6.2012, Az. 9 AZR 652/10). Hierauf durfte der Arbeitnehmer auch nach der „Schultz-Hoff-Entscheidung" des EuGH auch nicht vertrauen (BAG v. 10.12.2013, Az. 9 AZR 494/12). Die Ausschlussfristen für die Abgeltung des Urlaubs können auch deutlich kürzer als ein Jahr sein (BAG v. 13.12.2011, Az. 9 AZR 399/10). Ein Arbeitnehmer macht mit der Erhebung einer Kündigungsschutzklage beim Arbeitsgericht die Urlaubsabgeltungsansprüche geltend und wahrt damit eine arbeitsvertragliche Ausschlussfrist sowohl für die erste Stufe (schriftliche Geltendmachung) als auch für die zweite Stufe (gerichtliche Geltendmachung), LAG Niedersachsen v. 13.8.2013, Az. 9 Sa 138/13.

Vertragliche Ausschlussfristenregelungen können auch den Anspruch eines Arbeitnehmers auf Urlaubsabgeltung umfassen, da er ein reiner Geldanspruch ist (BAG v. 9.3.2021, Az. 9 AZR 323/20). Diese Ausschlussklausel kann jedoch aus anderen Gründen unwirksam sein, etwa weil sie auch die Haftung wegen Vorsatzes begrenzt. Auch eine Klausel, die ohne jede Einschränkung alle beiderseitigen Ansprüche aus dem Arbeitsverhältnis und damit auch den ab dem 1.1.2015 von § 1 des Mindestlohngesetzes garantierten Mindestlohn erfasst, ist insgesamt unwirksam, wenn der Arbeitsvertrag nach dem 31.12.2014 geschlossen wurde. Das betriff auch Urlaubsabgeltungsansprüche (BAG v. 18.9.2018, Az. 9 AZR 162/18).

Ausschlussfristen in Tarifverträgen sind nicht insgesamt unwirksam, sondern nur in Höhe des Mindestlohnanspruchs (BAG v. 20.6.2018, Az. 5 AZR 377/17).

Hinsichtlich eines über den gesetzlichen Mindesturlaubs hinausgehenden Urlaubsanspruchs haben die Arbeitsvertragsparteien Vertragsfreiheit. Sie können neben den gesetzlichen Ansprüchen vertragliche Ansprüche begründen, z. B. auf Gewährung oder Abgeltung bereits verfallenen Urlaubs (BAG v. 18.10.2011, Az. 9 AZR 303/10). Es sollte immer geprüft werden, ob ein Tarifvertrag anwendbar ist. Dieser kann für den Arbeitgeber günstigere Voraussetzungen für die Urlaubsabgeltung enthalten.

Es ist der gesamte Urlaub des Arbeitnehmers abzugelten, nicht nur der gesetzliche Mindesturlaub. Auch der Sonderurlaub für → *schwerbehinderte Arbeitnehmer* muss abgegolten werden. Urlaubsansprüche können auch entstehen, wenn das Arbeitsverhältnis das ganze Jahr über ruht (BAG v. 6.5.2014, Az. 9 AZR 678/12). Wenn dem Arbeitnehmer nach dem Tarifvertrag bei Ausscheiden im Laufe eines Kalenderjahres $^1/_{12}$ des Jahresurlaubs i. H. v. 30 Tagen je vollen Monat der Beschäftigung zusteht, führt dies nicht dazu, dass bei der Berechnung des Urlaubs der gesetzliche Mindesturlaub nicht gekürzt wird und die tarifliche Kürzungsregelung nur den tariflichen Mehrurlaub betrifft. Die Kürzung ist zunächst auf den Gesamturlaub anzuwenden. Beim Ausscheiden in der zweiten Jahreshälfte darf die Kürzung nicht dazu führen, dass der gesetzliche Mindesturlaub gekürzt wird (BAG v. 18.2.2014, Az. 9 AZR 765/12).

Die Abgeltung von Urlaub aus verschiedenen Kalenderjahren ist für jedes Jahr getrennt zu betrachten. Für jedes einzelne Kalenderjahr ist zu prüfen, in welcher Höhe ein Urlaubsanspruch bestand und ob dieser sich in einen Abgeltungsanspruch umgewandelt hat (BAG v. 23.1.2018, Az. 9 AZR 200/17).

Arbeitnehmer, die wegen einer Krankschreibung während des Bezugszeitraums der Arbeit ferngeblieben sind, und solche, die während dieses Zeitraums tatsächlich gearbeitet haben, sind hinsichtlich Entstehung und Berechnung des Urlaubsanspruchs gleichgestellt. Eine formulararbeitsvertragliche Regelung, die den Anspruch auf den gesetzlichen Mindesturlaub zugunsten des Arbeitnehmers ausdrücklich von einem Verfall am Ende des Übertragungszeitraums ausnimmt, wenn dieser infolge krankheitsbedingter Arbeitsunfähigkeit daran gehindert war, ihn innerhalb des Übertragungszeitraums zu nehmen, stellt eine von § 7 Abs 3 BurlG und diesen verdrängende Regelung dar (BAG v. 15.7.2025, Az. 9 AZR 19824).

Der Abgeltungsanspruch kann auch von einer allgemeinen Ausgleichsklausel eines gerichtlichen Vergleiches erfasst werden (BAG v. 14.5.2013, Az. 9 AZR 844/11). Voraussetzung ist jedoch, dass das Arbeitsverhältnis beendet ist. Vorher ist dies nicht zulässig, und zwar nach der neuesten Rechtsprechung des 9. Senats des BAG auch dann nicht, wenn bei Abschluss eines gerichtlichen Vergleichs, der eine Beendigung des Arbeitsverhältnisses gegen Zahlung einer Abfindung regelt, bereits feststeht, dass der Arbeitnehmer den gesetzlichen Mindesturlaub wegen krankheitsbedingter Arbeitsunfähigkeit nicht mehr in Anspruch nehmen kann (BAG v. 3.6.2025, Az. 9 AZR 104/24).

WICHTIG!

Die Erben haben auch dann einen Anspruch auf Zahlung der Urlaubsabgeltung, wenn der Arbeitnehmer noch während des Arbeitsverhältnisses stirbt (BAG v. 22.1.2019, Az. 9 AZR 45/16). Für den Teil des Urlaubs, der den gesetzlichen Urlaubsanspruch übersteigt, können die Arbeitsvertragsparteien jedoch gesonderte Regelungen treffen (BAG v. 22.1.2019, Az. 9 AZR 328/16). Hier können auch tarifliche Vorschriften von Bedeutung sein.

Beispiel:

Das Arbeitsverhältnis endet am 31.7. durch Fristablauf. Am 5.8. stirbt der Arbeitnehmer. Hier war schon nach der bisherigen Rechtsprechung klar, dass der Urlaubsabgeltungsanspruch bereits in der Person des Arbeitnehmers entstanden und daher als reiner Geldanspruch auf die Erben übergeht. Jetzt wurde auch die Konstellation entschieden, dass der Arbeitnehmer schon am 18.7. stirbt. Hier hatte er noch keinen Urlaubsabgeltungsanspruch. Gleichwohl können die Erben diesen verlangen.

Das Arbeitsverhältnis verlängert sich durch die Urlaubsabgeltung nicht. Der Arbeitnehmer kann also sofort nach dem Ende des Arbeitsverhältnisses eine neue Stelle antreten, obwohl er für eine bestimmte Zeit Urlaubsabgeltung erhält.

ACHTUNG!

Hat der Arbeitnehmer bereits ein neues Arbeitsverhältnis, das unmittelbar an das jetzige anschließt, so kann ihn der bisherige Arbeitgeber nicht darauf verweisen, dass er ja dort einen neuen Urlaubsanspruch erwirbt. Er muss den Urlaub abgelten.

Die Berechnung der Urlaubsabgeltung erfolgt wie die der Urlaubsvergütung. Arbeitet der Arbeitnehmer fünf Tage die Woche, ist folgende Formel anzuwenden: Gesamtverdienst im dreimonatigen Referenzzeitraum : 65 = Vergütung pro Urlaubstag. Bei einer anderen Verteilung ist durch einen anderen Faktor zu teilen (s. unter 3.)

2. Arbeitsunfähigkeit

Dauert die Erkrankung des Arbeitnehmers bis zum Ende des Übertragungszeitraums, erlischt der Urlaubsanspruch nicht mehr, wenn der Arbeitnehmer den Urlaub infolge Krankheit nicht nehmen konnte. Daher kann auch ein Urlaubsabgeltungsanspruch entstehen. Dies gilt auch für den Zusatzurlaub für schwerbehinderte Menschen (BAG v. 23.3.2010, Az. 9 AZR 128/09).

WICHTIG!

Auch die hier genannten Urlaubsansprüche verfallen 15 Monate nach Ende des Urlaubsjahres (BAG v. 7.8.2012, Az. 9 AZR 353/10).

3. Erwerbsminderung

Häufig wird das Arbeitsverhältnis beendet, weil dem Arbeitnehmer eine Erwerbsminderungsrente bewilligt wurde. Verlangt der Arbeitnehmer in einem solchen Fall Urlaubsabgeltung, muss man darauf achten, ob nach dem Ende des Arbeitsverhältnisses auch noch eine Arbeitsunfähigkeit vorliegt. Verminderte Erwerbsfähigkeit ist nicht immer gleichbedeutend mit Arbeitsunfähigkeit. Auch jemand, der vermindert erwerbsfähig ist und eine entsprechende Rente bezieht, kann arbeitsfähig sein.

Auch bei einer Beendigung des Arbeitsverhältnisses wegen Erwerbsminderung besteht grundsätzlich ein Urlaubsabgeltungsanspruch. Dem steht nicht entgegen, dass der Arbeitnehmer bis zum Ende des Arbeitsverhältnisses arbeitsunfähig war (s. unter XII). Wenn das Arbeitsverhältnis wegen einer befristeten Erwerbsunfähigkeit nur ruht, entstehen in diesem Zeitraum sogar neue Urlaubsansprüche, die entweder gewährt oder bei einer Beendigung des Arbeitsverhältnisses abgegolten werden müssen (BAG v. 7.8.2012, Az. 9 AZR 353/10).

WICHTIG!

Allein die Bewilligung einer zeitlich befristeten Erwerbsminderungsrente führt nicht zu einem Urlaubsabgeltungsanspruch, da dieser die Beendigung des Arbeitsverhältnisses voraussetzt (LAG Berlin-Brandenburg v. 16.5.2019, Az. 5 Sa 1709/18).

4. Altersteilzeit

Wenn die Altersteilzeitarbeit im Blockmodell gewährt wird, bewirkt der Übergang von der Arbeits- in die Freistellungsphase keine Beendigung des Arbeitsverhältnisses i. S. d. § 7 Abs. 4 BUrlG (BAG v. 16.5.2017, Az. 9 AZR 572/16). Urlaubsansprüche, die zu diesem Zeitpunkt noch nicht erfüllt sind, müssen somit nur dann abgegolten werden, wenn sie zum Zeitpunkt der Beendigung des Arbeitsverhältnisses noch nicht verfallen sind und die in der Person des Arbeitnehmers liegenden Voraussetzungen für die Urlaubsgewährung erfüllt sind. In der passiven Phase der Altersteilzeit kann kein weiterer Urlaubsanspruch erworben werden (LAG Düsseldorf v. 13.7.2018, Az. 6 Sa 272/18). Wenn der Wechsel von der Arbeits- in die Freistellungsphase im Verlauf des Kalenderjahres eintritt, muss der Urlaubsanspruch nach Zeitabschnitten entsprechend der Anzahl der Tage mit Arbeitspflicht berechnet werden (BAG v. 24.9.2019, Az. 9 AZR 481/18). Nach einer neuen Entscheidung des EUGH ist Europarecht dahin auszulegen, dass er einer nationalen Regelung (hier: § 7 Abs. 3 BUrlG) entgegensteht, die vorsieht, dass der Anspruch auf bezahlten Jahresurlaub, den ein Arbeitnehmer durch die Ausübung seiner Arbeit im Rahmen einer Altersteilzeitregelung erworben hat, mit Ablauf des Urlaubsjahres oder zu einem späteren Zeitpunkt erlischt, wenn der Arbeitnehmer vor der Freistellungphase wegen Krankheit daran gehindert war, diesen Urlaub zu nehmen, und zwar auch dann, wenn es sich nicht um eine lange Abwesenheit handelt (EuGH v. 24.7.2023, Az. C 192/22).

5. Insolvenz

Sowohl Urlaubs- als auch Urlaubsabgeltungsansprüche sind Masseforderungen. Dies gilt auch für Forderungen aus Kalenderjahren vor der Insolvenzeröffnung tarifliche betreffend Urlaubsgeldansprüche, soweit sie vom Bestand des Urlaubsanspruchs abhängig sind. Es findet auch keine Aufteilung statt in Urlaubsansprüche, die vor Insolvenzeröffnung entstanden sind und solche, die erst danach begründet wurden. Vielmehr ist der einheitliche Urlaubsabgeltungsanspruch insgesamt eine Masseforderung (Sächsisches LAG v. 26.2.2013, Az. 1 Sa 360/12). Die Anmeldung von Masseforderungen zur Insolvenztabelle wahrt eine tarifliche Ausschlussfrist, die eine schriftliche Geltendmachung verlangt. Der Anspruch eines Arbeitnehmers auf Urlaubsentgelt und Urlaubsgeld, der vom Insolvenzverwalter unwiderruflich „unter Anrechnung auf offenen Urlaub" von jeder Arbeitsleistung freigestellt ist, begründet keine Neumasseverbindlichkeit im Sinne von § 209 Abs. 2 InsO.

WICHTIG!

Nach der Rechtsprechung des BAG, sind die Ansprüche des Arbeitnehmers auf Urlaubsvergütung und auf Abgeltung des Urlaubs uneingeschränkt als Masseverbindlichkeiten (§ 55 Abs. 2 Satz 2 InsO) bzw. als Neumasseverbindlichkeiten (§ 209 Abs. 2 Nr. 3 InsO) zu berichtigen, wenn der starke vorläufige Insolvenzverwalter oder der Insolvenzverwalter nach Anzeige der Masseunzulänglichkeit die Arbeitsleistung in Anspruch nimmt und wenn der Urlaub innerhalb dieses Zeitraums gewährt wird bzw. das Arbeitsverhältnis endet (BAG v. 16.2.2021, Az. 9 AS 1/21 unter Aufgabe der früheren Rechtsprechung).

6. Verzicht

Weder der gesetzliche Anspruch auf bezahlten Erholungsurlaub noch ein erst künftig – mit der rechtlichen Beendigung des Arbeitsverhältnisses – entstehender Anspruch auf Abgeltung gesetzlichen Mindesturlaubs darf im Voraus ausgeschlossen oder beschränkt werden. Dies gilt selbst dann, wenn bei Abschluss eines gerichtlichen Vergleichs, der eine Beendigung des Arbeitsverhältnisses gegen Zahlung einer Abfindung regelt, bereits feststeht, dass der Arbeitnehmer den gesetzlichen Mindesturlaub wegen krankheitsbedingter Arbeitsunfähigkeit nicht mehr in Anspruch nehmen kann. Ein Tatsachenvergleich, in dem man eine tatsächlich bestehende Unsicherheit über das Bestehen weiterer Urlaubsansprüche beseitigt, ist zwar zulässig. Wenn aber überhaupt kein Streit über Urlaubsansprüche bestand, ist kein Raum für einen solchen Vergleich und auch nicht für einen Verzicht. Wenn ein solcher gleichwohl erklärt wird, entsteht beim Arbeitgeber kein Vertrauenstatbestand dahin, dass der Arbeitnehmer den Anspruch auf Abgeltung des gesetzlichen Mindesturlaubs nicht mehr geltend machen werde (BAG v. 3.6.2025, Az. 9 AZR 104/24).

Dies betrifft aber nur den gesetzlichen Mindesturlaub und nicht einen darüber hinausgehenden einzelvertraglich vereinbarten Urlaub. Bei einem Verzicht auf tarifvertragliche Rechte ist bei beiderseitiger Tarifbindung die Zustimmung der Tarifvertragsparteien nötig.

Eine als allgemeine Geschäftsbedingung gestellte Verfallklausel, die besonders geschützte Ansprüche umfasst, ist in diesem Umfang teilnichtig, aber nicht vollständig unwirksam (BAG v. 30.1.2019, Az. 5 AZR 43/18).

7. Höhe der Abgeltung

Die Höhe des Abgeltungsanspruchs pro Urlaubstag richtet sich nach der → *Vergütung*, die der Arbeitnehmer bekommen hätte, wenn er tatsächlich in den Urlaub gegangen wäre. Sie entspricht also der Höhe nach dem Urlaubsentgelt (s. o. XV).

XVIII. Checkliste Urlaub

I. Urlaubsanspruch

- ❑ Ist die Wartefrist erfüllt?
- ❑ Ist der Anspruch schon durch Urlaubserteilung beim früheren Arbeitgeber erfüllt?
- ❑ Liegen keine vorrangigen Urlaubswünsche anderer Arbeitnehmer oder vorrangige dringende betriebliche Belange vor?
- ❑ Besteht Anspruch auf Zusatzurlaub, z. B. als schwerbehinderter Mensch?

II. Erkrankung im Urlaub

- ❑ Wurde eine Arbeitsunfähigkeitsbescheinigung vorgelegt?

III. Urlaubsübertragung ins Folgejahr

Sind

- ❑ dringende betriebliche Gründe

oder

- ❑ in der Person des Arbeitnehmers liegende Gründe gegeben, die die Übertragung rechtfertigen?

IV. Betriebsrat

- ❑ Wurden die Mitbestimmungsrechte beachtet?

V. Urlaubsentgelt

- ❑ Gleich bleibendes Gehalt: muss weitergezahlt werden
- ❑ Wechselndes Gehalt: Durchschnittsverdienst der letzten drei Monate ermitteln und auf die Wochenarbeitstage verteilen
- ❑ Tarifverträge beachten! Sie können Besonderheiten enthalten.
- ❑ Dauerhafte Verdiensterhöhungen im Drei-Monats-Zeitraum oder während des Urlaubs führen zur Erhöhung des Urlaubsentgelts
- ❑ Vom Arbeitnehmer unverschuldete Verdienstkürzungen führen nicht zur Minderung des Urlaubsentgelts

VI. Urlaubsabgeltung

- ❑ Nur bei Beendigung des Arbeitsverhältnisses zulässig
- ❑ Tarifverträge beachten! Sie können Besonderheiten enthalten.
- ❑ Urlaubsabgeltung auch bei Arbeitsunfähigkeit bis zum Übertragungszeitraum (aber Untergang 15 Monate nach Ende des Urlaubsjahres), für den vertraglich vereinbarten Zusatzurlaub können Sonderregeln vereinbart werden
- ❑ Berechnung: wie Urlaubsentgelt

XIX. Muster: Urlaubsantrag

Musterschreiben und Vertragsgestaltungen müssen den jeweiligen Notwendigkeiten und den individuellen Bedürfnissen der Arbeitsvertragsparteien Rechnung tragen. Die in diesem Werk abgebildeten Muster können hierbei nur eine Hilfe sein. Deshalb ist im Einzelfall zu prüfen, inwieweit hier vorgeschlagene Formulierungen sinnvoll oder entbehrlich sind. Die Anpassung an den jeweiligen Einzelfall ist daher zwingend notwendig.

Name, Vorname: ....

Personalnummer: .... Datum: ....

Antrag auf Erholungsurlaub

vom: .... Dienstantritt am: ....

bis: .... Vertretung: ....

Resturlaub: ..... Tage

In Notfällen erreichbar: ....

Gründe für Urlaubsübertragung (bei Übertragung von Urlaub aus dem Vorjahr):

...

Besondere soziale Gesichtspunkte für die Urlaubsgewährung im beantragten Zeitraum:

...

...
Unterschrift des Mitarbeiters

Stellungnahme der Personalabteilung / des Vorgesetzten:

❑ *Genehmigt*

❑ *Abgelehnt*

Gründe: ....

...
Datum Unterschrift

Vergütung

I. Begriff und Abgrenzung

Die Arbeitsvergütung ist die Gegenleistung des Arbeitgebers für die Arbeitsleistung des Arbeitnehmers. Üblicherweise wird die Vergütung von Arbeitern als Lohn und die Vergütung von Angestellten als Gehalt bezeichnet. Es finden sich aber auch weitere Bezeichnungen wie etwa Entgelt oder Bezüge. Die Entlohnung erfolgt grundsätzlich in Geld, doch können dem Arbeitnehmer Teile der Vergütung auch in Form von Naturalbezügen und geldwerten Leistungen (z. B. Dienstwagen) zugewendet werden.

Abzugrenzen ist die Vergütung von Schadenersatzleistungen, die der Arbeitgeber nicht als Gegenleistung für die Arbeitsleistung des Arbeitnehmers erbringt, sondern zum Ausgleich von Schäden. Auch Abfindungen stellen keine Vergütung für erbrachte Arbeit dar.

II. Vergütungsvereinbarung

Über die Vergütung treffen Arbeitgeber und Arbeitnehmer in der Regel eine ausdrückliche Vereinbarung. Wird kein schriftlicher Arbeitsvertrag geschlossen, muss diese Vereinbarung spätestens einen Monat nach dem vereinbarten Arbeitsbeginn vom Arbeitgeber schriftlich niedergelegt, unterzeichnet und dem Arbeitnehmer ausgehändigt werden (Nachweisgesetz).

Ist ausnahmsweise keine Vereinbarung zur Vergütung getroffen worden, ist eine Vergütung als stillschweigend vereinbart anzusehen, wenn die Arbeitsleistung den Umständen nach nur gegen Vergütung zu erwarten ist (§ 612 BGB). Die Höhe der Vergütung bestimmt sich in diesem Fall nach der üblichen Vergütung. Dies ist in der Regel die tarifliche Vergütung. Existiert kein einschlägiger Tarifvertrag, muss die Vergütung ermittelt werden, die vergleichbare Arbeitnehmer in der Region erhalten.

Gleiches gilt in den Fällen, in denen der Arbeitnehmer Sonderleistungen erbringt, die über die vertraglich geschuldete Tätigkeit hinausgehen und die nicht durch die vereinbarte Vergütung abgegolten sind. Ist weder einzelvertraglich noch tarifvertraglich geregelt, wie diese Dienste zu vergüten sind, so folgt auch hier ein Anspruch aus § 612 BGB (BAG v. 25.3.2015, Az. 5 AZR 874/12).

WICHTIG!

Vor Gewährung einer zusätzlichen Vergütung sollte jedoch stets gründlich geprüft werden, ob die vom Arbeitnehmer als Sonderleistung deklarierte Leistung tatsächlich eine solche ist, oder ob sie nicht Teil der vertraglich geschuldeten Tätigkeit ist. So gehört etwa zur Tätigkeit eines Redakteurs einer Tageszeitung die Berichterstattung mit eigenen Wort- und/oder Bildbeiträgen. Das Anfertigen von Fotografien stellt somit keine zusätzlich zu vergütende Sonderleistung dar.

Ein Anspruch auf die übliche Vergütung besteht auch in den Fällen, in denen eine getroffene Vergütungsvereinbarung wegen Lohnwuchers unwirksam ist.

ACHTUNG!

„Schwarzgeldabreden", nach denen der Arbeitgeber für die gezahlten Löhne keinerlei Lohnsteuer anmeldet und abführt und die Arbeitnehmer diese Einkünfte bei der Einkommensteuerveranlagung nicht erklären, sind als Lohnsteuerhinterziehung (§ 370 Abs. 1 Nr. 1 AO) strafbar. Die Strafzumessung ist durch die Rechtsprechung in den letzten Jahren immer weiter verschärft worden. Zuletzt hat der BGH (8.2.2011, Az. 1 StR 651/10) entschieden, dass für die Bemessung des strafrelevanten Steuerschadens keine Feststellungen zu den Besteuerungsmerkmalen der Arbeitnehmer nach dem Einkommensteuergesetz nötig seien, sondern dass der Zumessungsschaden vielmehr dem vollen abzuführenden Lohnsteuerbetrag entspreche. Damit drohen sehr schnell empfindliche Strafen!

Auch jenseits der strafrechtlichen Relevanz sind derartige Abreden hochriskant: Treffen der Arbeitgeber und der Arbeitnehmer etwa eine „Schwarzgeldabrede", wonach der Arbeitgeber das Anstellungsverhältnis als geringfügiges Beschäftigungsverhältnis mit monatlich 400 Euro führt, der Arbeitnehmer aber tatsächlich einen deutlich höheren Betrag ausbezahlt erhält, so fingiert das Sozialversicherungsrecht (§ 14 Abs. 2 Satz 2 SGB IV) die Vereinbarung eines Nettoarbeitsentgelts. Der Arbeitnehmer kann damit verlangen, dass das Unternehmen für das tatsächlich bezahlte Entgelt die Lohnsteuer und auch die gesamten Sozialversicherungsbeiträge übernimmt (LAG München v. 27.2.2009, Az. 9 Sa 807/08).

Inwieweit die häufig mit der Vergütungsvereinbarung zugleich getroffene Verschwiegenheitsklausel, nach der der Arbeitnehmer verpflichtet ist, die Höhe seiner Bezüge vertraulich zu behandeln, rechtlich bindend ist, ist vom LAG Mecklenburg-Vorpommern (21.10.2009, Az. 2 Sa 237/09) entschieden worden. Danach soll eine Vereinbarung, die den Arbeitnehmer nicht nur nach außen, sondern auch gegenüber anderen Firmenangehörigen, d. h. betriebsintern zur Verschwiegenheit verpflichtet, unwirksam sein. Sie hindere den Arbeitnehmer in unzulässiger Weise daran, Verstöße gegen den Gleichbehandlungsgrundsatz im Rahmen der Lohngestaltung gegenüber dem Arbeitgeber erfolgreich geltend zu machen.

III. Vergütungshöhe

Die Höhe der Vergütung kann grundsätzlich beliebig vereinbart werden; Formularklauseln, die die Höhe der Vergütung regeln, unterliegen nicht der Angemessenheitsklausel nach § 307 Abs. 1 Satz 1 BGB. In der Bestimmung der Höhe der Vergütung werden die Arbeitsvertragsparteien nur durch verbindliche Mindestlöhne, die sich aus dem Gesetz (Mindestlohn und Sittenwidrigkeit) und bei Tarifgeltung aus dem entsprechenden Tarifvertrag ergeben (BAG v. 17.10.2012, Az. 5 AZR 792/11), beschränkt.

1. Tarifliche Vergütung

Im Fall der Tarifbindung – der Arbeitgeber ist Mitglied des Verbandes, der Arbeitnehmer Mitglied der Gewerkschaft, die jeweils den Tarifvertrag geschlossen haben – darf die vereinbarte Vergütung nicht geringer als die tarifliche Vergütung sein. Gleiches gilt, wenn ein Tarifvertrag für allgemeinverbindlich erklärt worden ist.

Für außertariflich Angestellte, deren geldwerte materielle Arbeitsbedingungen diejenigen der höchsten tariflichen Entgeltgruppe überschreiten, gilt, dass jedes – auch nur geringfügige – Überschreiten ausreicht, sofern nicht ausdrücklich ein bestimmter prozentualer Abstand zu dieser von den Tarifvertragsparteien festgesetzt worden ist. Dies können also beispielsweise auch nur 2 € bezogen auf das Monatsgehalt sein (BAG v. 23.10.2024, Az. 5 AZR 82/24).

ACHTUNG!

Wer als Arbeitgeber seinen Arbeitnehmern vorsätzlich oder fahrlässig weniger Lohn oder Gehalt zahlt, als er nach geltendem einschlägigen Tarifvertrag zahlen müsste, begeht damit eine Ordnungswidrigkeit nach §§ 8 Abs. 1, 23 Abs. 1 Nr. 1 AEntG. Bei Tariflohnunterschreitungen ist zudem die Höhe der Beitragsschuld zur Sozialversicherung nicht aufgrund des (geringeren) tatsächlich gezahlten oder unwirksam vereinbarten Lohns, sondern nach dem (höheren) geschuldeten Tariflohn zu berechnen. Ein Arbeitgeber, der es bewusst unterlässt, den tariflichen Mindestlohn zu zahlen, um sein eigenes Einkommen auf Kosten seiner Arbeitnehmer zu erhöhen, macht sich wegen des Vorenthaltens und Veruntreuens von Arbeitsentgelt nach § 266a Abs. 1 StGB strafbar (OLG Naumburg v. 1.12.2010, Az. 2 Ss 141/10).

Sofern ausnahmsweise Betriebsvereinbarungen Vergütungsfragen regeln, dürfen Arbeitgeber und Arbeitnehmer auch das dort vorgesehene Entgelt nicht unterschreiten, es sei denn, die Betriebsvereinbarung sieht eine entsprechende Möglichkeit ausdrücklich vor.

2. Mindestlöhne auf Basis des AEntG und des TVG (§ 5)

Mindestlöhne, die durch Rechtsverordnung der Bundesregierung auf Basis des AEntG, des TVG (§ 5) und des AÜG festgelegt worden sind, dürfen nicht unterschritten werden. Zwingend einzuhalten sind damit:

- Tarifliche Mindestlöhne, die von der Bundesregierung auf der Grundlage von § 5 TVG und den dortigen Voraussetzungen für allgemeinverbindlich erklärt worden sind und damit auch von nicht tarifgebundenen Unternehmen mit Sitz in Deutschland eingehalten werden müssen.
- Mindestlöhne auf der Grundlage einer Allgemeinverbindlichkeitserklärung nach § 7 Arbeitnehmer-Entsendegesetz (AEntG), die sich auch auf Unternehmen mit Sitz im Ausland, aber in Deutschland eingesetzten Arbeitnehmern erstreckt. Voraussetzung ist, dass die Branche ausdrücklich in den Anwendungsbereich des AEntG aufgenommen ist oder dass die Erstreckung der Rechtsnormen eines Tarifvertrages im öffentlichen Interesse geboten erscheint, um die in § 1 AEntG genannten Gesetzesziele zu erreichen und dabei insbesondere einem Verdrängungswettbewerb über die Lohnkosten entgegenzuwirken.

Alle Mindestlöhne, die auf diese Vorschriften zurückgehen, gehen dem Mindestlohn nach dem Mindestlohngesetz (MiLoG) – dazu nachfolgend Punkt 3 – vor, allerdings nur, sofern sie diesen nicht unterschreiten.

Für die Frage, ob und inwieweit ein Arbeitgeber den Anspruch auf den Mindestlohn nach den hier genannten Vorschriften durch anderweitige Leistungen erfüllen kann, kommt es wohl darauf an, welchen Zweck die anderen Leistungen haben. Sie sind dann als funktional gleichwertig zum Mindestlohn anzusehen, wenn sie dazu dienen, die vorausgesetzte „Normalleistung" abzugelten, nicht jedoch, wenn sie über die vereinbarte Arbeitszeit hinaus geleistete Arbeitsstunden oder besondere Erschwernisse abgelten sollen (BAG v. 18.4.2012, Az. 4 AZR 139/10; BAG v. 16.4.2014, Az. 4 AZR 802/11).

3. Mindestlohn nach dem Mindestlohngesetz (MiLoG)

In der Vergangenheit waren Mindestlöhne in Deutschland nur auf einzelne Branchen oder auf bestimmte Konstellationen beschränkt, Diese beruhten auf einer Allgemeinverbindlichkeitserklärung nach § 5 TVG bzw. § 7 AEntG oder auf § 3 AÜG (vgl. oben III.2). Mit Wirkung zum 1.1.2015 hat der Gesetzgeber neben diese bisherigen Formen des Mindestlohns eine branchenunabhängige generelle Untergrenze je Zeitstunde in Deutschland eingeführt und diese zum Start auf 8,50 € festgesetzt. Zugleich wurde geregelt, dass eine im MiLoG näher beschriebene Mindestlohnkommission alle zwei Jahre über Anpassungen, die nach oben wie nach unten vorgenommen werden können, beschließt. Ein solcher Beschluss erfolgte erstmals im Jahr 2016 mit Wirkung zum 1.1.2017 mit einer Erhöhung des Mindestlohns auf 8,84 €. Nach weiteren Erhöhungen liegt der Mindestlohn nunmehr seit dem 1.1.2026 bei bei 13,90 € und soll zum 1.1.2027 auf 14,60 € steigen.

TIPP!

In neu abzuschließenden Arbeitsverträgen, die nur den Mindestlohn vorsehen sollen, sollte im Hinblick auf nicht auszuschließende Absenkungen des Mindestlohns nicht der zum Zeitpunkt des Vertragsschlusses geltende Wert genannt werden, sondern auf die gesetzliche Festlegung des Mindestlohns in § 1 MiLoG verwiesen werden.

Der gesetzliche Mindestlohn ist für jede geleistete Stunde zu zahlen. Der Anspruch auf den gesetzlichen Mindestlohn entsteht nur mit jeder tatsächlich geleisteten Arbeitsstunde, die im Einzelnen vom Arbeitnehmer darzulegen ist (BAG v. 21.12.2016, Az. 5 AZR 374/16). Dies bedeutet, dass auch Bereitschaftszeiten (nicht aber Zeiten einer Rufbereitschaft! vgl. LAG Hessen v. 21.11.2016, Az. 16 Sa 1257/15), in denen sich der Arbeitnehmer an einem vom Arbeitgeber bestimmten Ort – innerhalb oder außerhalb des Betriebs – bereithalten muss, um bei Bedarf die Arbeit aufzunehmen, als vergütungspflichtige Arbeit mit dem Mindestlohn zu vergüten ist (BAG v. 24.6.2021, Az. 5 AZR 505/20). Dabei reicht es jedoch aus, wenn im Rahmen einer Monatsbetrachtung alle Arbeitsstunden, einschließlich des Bereitschaftsdienstes, mit dem Mindestlohn vergütet werden (BAG v. 29.6.2016, Az. 5 AZR 716/15). Der Mindestlohnanspruch ist somit erfüllt bei Multiplikation der im Monat tatsächlich geleisteten Arbeitsstunden mit dem jeweils aktuellen gesetzlichen Mindestlohnstundensatz (BAG v. 21.12.2016, Az. 5 AZR 374/16).

Vereinbarungen, die den Anspruch auf Mindestlohn unterschreiten oder seine Geltendmachung beschränken oder ausschließen, sind nach § 3 MiLoG unwirksam. Bedeutung hat dies auch für die häufig in Arbeits- und Tarifverträgen zu findende Ausschlussklausel, nach der nicht erfüllte Ansprüche innerhalb eines relativ kurzen Zeitraums nach Fälligkeit geltend gemacht werden müssen, wenn sie nicht verfallen sollen. Derartige Ausschlussklauseln sind unwirksam, jedenfalls soweit sie die Geltendmachung eines Anspruchs auf Mindestlohn beschränken (LAG Hessen v. 4.5.2017, Az. 1172/16; LAG Nürnberg v. 9.5.2017, Az. 7 Sa 560/16; vgl. auch BAG v. 24.8.2016, Az. 5 AZR 703/15 in Bezug auf den Mindestlohn in der Pflege).

3.1 Örtlicher Anwendungsbereich

Das MiLoG gilt für alle Beschäftigungsorte in Deutschland, unabhängig von der Staatsangehörigkeit oder dem Wohnsitz des Arbeitnehmers und erfasst damit auch Grenzgänger und Wanderarbeiter, sofern sie regelmäßig in Deutschland tätig sind. Auf den Sitz des Unternehmens kommt es dagegen nach § 20 MiLoG nicht an; mit dieser Vorschrift hat der Gesetzgeber Arbeitgeber mit Sitz im Ausland ausdrücklich in den Geltungsbereich des MiLoG einbezogen, wenn sie Arbeitnehmer in Deutschland beschäftigen, wobei es unerheblich ist, ob im Übrigen deutsches Recht auf das Arbeitsverhältnis Anwendung findet (BAG v. 24.6.2021, Az. 5 AZR 505/20).

3.2 Fälligkeit des Mindestlohns

Der Arbeitgeber ist nach § 2 Abs. 1 Nr. 1 MiLoG verpflichtet, dem Arbeitnehmer den Mindestlohn für sämtliche tatsächlich geleisteten Arbeitsstunden zum vereinbarten Fälligkeitszeitpunkt zu zahlen. In der Praxis wird dies oftmals der Monatsletzte des Monats sein, in dem die Arbeitsleistung erbracht wurde. Ist ausnahmsweise keine Vereinbarung getroffen, gilt § 614 BGB. Allerspätestens wird die Vergütung nach § 2 Abs. 1 Nr. 2 MiLoG auch bei der ausnahmsweisen Anwendung von § 614 BGB jedoch am letzten Bankarbeitstag in Frankfurt a. M. des Monats fällig, der auf den Monat folgt, in dem die Arbeitsleistung erbracht wurde. Dieser späteste Fälligkeitstermin wird insbesondere dort von Bedeutung sein, wo die Anzahl der monatlich geleisteten Stunden schwankt und die konkrete Berechnung – und damit auch die Auszahlung aufgrund einer Vereinbarung – erst nach dem letzten Arbeitstag des jeweiligen Monats vorgenommen werden kann.

Eine Ausnahme von dieser Grundregel gilt für Arbeitszeitkonten. Nach § 2 Abs. 2 MiLoG kann dem Arbeitnehmer Arbeitszeit, die über die vertraglich vereinbarte Arbeitszeit hinausgeht, auf ein schriftlich vereinbartes Arbeitszeitkonto gutgeschrieben werden. Diese Zeiten müssen innerhalb von zwölf Kalendermonaten nach ihrer monatlichen Erfassung durch bezahlte Freizeitgewährung oder Zahlung des Mindestlohns ausgeglichen werden, soweit der Anspruch auf den Mindestlohn nicht bereits durch die Zahlung des verstetigten Arbeitsentgelts erfüllt ist.

3.3 Berechnung des Mindestlohns/Anrechenbarkeit von Vergütungsbestandteilen

In § 1 Abs. 2 MiLoG heißt es „Die Höhe des Mindestlohns beträgt seit dem 1. Januar 2024 brutto 12,41 Euro je Zeitstunde". So einfach dies auf den ersten Blick erscheinen mag, so viele Fragen entstehen doch bei näherer Betrachtung. In der Praxis erhalten viele Arbeitnehmer neben einem reinen Stundenlohn zusätzliche Leistungen wie Weihnachtsgeld, Urlaubsgeld, vermögenswirksame Leistungen, Überstundenzuschläge etc. Können all diese Leistungen bei der Frage, ob der Mindestlohn gewährt wird, berücksichtigt werden, oder auch nur einige? Wie erfolgt eine Abgrenzung? Zu all diesen Fragen äußert sich das Gesetz nicht.

Die Rechtsprechung bezogen auf das MiLoG hat in den letzten Jahren einige Klärungen gebracht, doch ist zum jetzigen Zeitpunkt noch nicht alles abschließend geklärt. Die Bundesregierung hat ihrerseits im Rahmen einer Gegenäußerung zu einer Stellungnahme des Bundesrates erklärt, dass sich nach den Vorgaben des EuGH bestimme, welche Vergütungsbestandteile in den Mindestlohn einzubeziehen sind. Vom Arbeitgeber gezahlte Zulagen müssten nach den Urteilen des EuGH vom 14.4.2005 (C-341/02, Kommission/Deutschland) und vom 7.11.2013 (C-522/12, Isbir) als Bestandteil des Mindestlohns anerkannt werden, wenn sie nicht das Verhältnis zwischen der Leistung des Arbeitnehmers und der von ihm erhaltenen Gegenleistung veränderten. Dies sei regelmäßig der Fall, wenn die Zulagen oder Zuschläge zusammen mit anderen Leistungen des Arbeitgebers ihrem Zweck nach diejenige Arbeitsleistung des Arbeitnehmers vergüten soll, die mit dem Mindestlohn zu vergüten ist. Diese im Hinblick auf Europäisches Recht aufgestellten Vorgaben des EuGH (im Grundsatz ebenso BAG v. 18.4.2012, Az. 4 AZR 139/10 und v. 16.4.2014, Az. 4 AZR 802/11) seien auf den allgemeinen gesetzlichen Mindestlohn zu übertragen (Bundestagsdrucksache 18/1558, S. 67).

Das BAG (v. 25.5.2016, Az. 5 AZR 135/16) ist dieser Auffassung gefolgt. Danach sind Sonderzahlungen mit Entgeltcharakter – wie etwa Urlaubsgelder/Weihnachtsgelder/Jahressonderzahlungen, sofern sie erkennbar nur der Vergütung tatsächlicher Arbeitsleistungen dienen – auf den Mindestlohn anzurechnen, wenn sie monatlich zu je $\frac{1}{12}$ anteilig ausgezahlt werden.

TIPP!

Im Mindestlohnsektor sollte von Zusagen auf Weihnachts- und Urlaubsgeld abgesehen werden, insbesondere dann, wenn nicht eindeutig ist, ob diese Zahlungen ausschließlich als zusätzliche Vergütung zu verstehen sind oder ob sie etwa auch eine Treueprämie beinhalten. Die dadurch ersparten Aufwendungen lassen Spielraum für einen festen Stundenlohn, der nicht gegen das MiLoG verstößt.

Soll dagegen am Urlaubs- und Weihnachtsgeld festgehalten werden, so ist in neu abzuschließenden Arbeitsverträgen im Mindestlohnsektor unbedingt eine monatliche anteilige und unwiderrufliche Auszahlung zu vereinbaren. Altverträge sollten, sofern dies durchführbar ist, einvernehmlich angepasst werden. Nicht gestattet ist es dem Arbeitgeber nämlich, eine dem Arbeitnehmer bisher zustehende jährliche Einmalzahlung wie Urlaubs- oder Weihnachtsgeld kraft einseitiger Entscheidung stattdessen in anteilig umgelegten monatlichen Teilbeträgen zu gewähren, um sie pro rata temporis auf den gesetzlichen Mindestlohn anrechnen zu können (LAG Baden-Württemberg v. 11.1.2024, Az. 3 Sa 4/23). Hier hilft nur in Betrieben mit einem Betriebsrat die Auffassung des BAG, wonach arbeitsvertragliche Fälligkeitsvereinbarungen von Weihnachts- und Urlaubsgeld durch Betriebsvereinbarungen geändert werden können, wenn diese – wie üblich – in AGB-Arbeitsverträgen enthalten sind und einen kollektiven Bezug haben – nämlich den, den Auszahlungszeitpunkt betriebseinheitlich zu regeln (BAG v. 25.5.2016, Az. 5 AZR 135/16).

Ebenso sind arbeitsvertraglich vereinbarte Sonn- und Feiertagszuschläge grundsätzlich mindestlohnwirksam und nicht zusätzlich zum gesetzlichen Mindestlohn geschuldet (BAG v. 17.1.2018, Az. 5 AZR 69/17). Zuschläge für Überstunden, Sonn- und Feiertagsarbeit müssen danach auch nicht auf der Basis des gesetzlichen Mindestlohns berechnet werden, sondern können auf der Basis eines geringeren Stundenlohns festgesetzt werden, solange dieser zusammen mit den zusätzlich gewährten Sonderzahlungen den Mindestlohn nicht unterschreitet (BAG v. 24.5.2017, Az. 5 AZR 431/16). Auch eine gesonderte Vergütung von Überstunden ist nicht geschuldet, solange das monatliche gezahlte Entgelt diese im Durchschnitt mit dem Mindestlohn vergütet (BAG, a. a. O.).

Für Bereitschaftszeit gilt, dass auch diese mit dem gesetzlichen Mindestlohn zu vergüten ist. Leistet ein Arbeitnehmer Vollarbeit und Bereitschaftsdienst, ist der Anspruch auf den gesetzlichen Mindestlohn allerdings bereits dann erfüllt, wenn er für die in einem Kalendermonat erbrachte Arbeit – einschließlich der Bereitschaft – mindestens eine Bruttovergütung erhält, die das Produkt der Gesamtstunden mit dem gesetzlichen Mindestlohn nicht unterschreitet (BAG v. 11.10.2017, Az. 5 ZR 591/16).

Schichtzulagen, die der Arbeitgeber neben der Grundvergütung für jede tatsächlich geleistete Arbeitsstunde vorbehaltlos an die Arbeitnehmer leistet, sind mindestlohnwirksam. Sie stehen ebenso im Gegenseitigkeitsverhältnis zur erbrachten Arbeitsleistung wie tarifliche Anwesenheitsprämien (BAG v. 6.12.2017, Az. 5 AZR 864/16) oder auch Treueprämien im Sinne einer Anwesenheitsprämie für einen kontinuierlichen Arbeitseinsatz ohne Fehlzeiten über die gesamte Dauer eines Monats (BAG v. 22.3.17, Az. 5 AZR 424/16; BAG v. 8.11.2017, Az. 5 AZR 692/16 – „Immerda-Prämie"; vgl. auch LAG Mecklenburg-Vorpommern v. 22.11.2016, Az. 5 Sa 298/15 und LAG Bremen v. 10.8.2016, Az. 3 Sa 16/16). Gleiches gilt für weitere Prämien, wie etwa „Prämien für Ordnung und Sauberkeit" oder auch Prämien für eine ordnungsgemäße Abwicklung der arbeitsvertraglichen Aufgaben – z. B. eine „Leergutprämie", die ein angestellter Kraftfahrer für die ordnungsgemäße Abwicklung des von belieferten Kunden zurückzugebenden Leerguts erhält (BAG v. 8.11.2017, Az. 5 AZR 692/16).

Besitzstandszulagen, die der Arbeitgeber an Arbeitnehmer als Teil der Entlohnung für geleistete Arbeit monatlich pauschal in gleichbleibender Höhe zum Ausgleich einer vorherigen Absenkung vertraglich vereinbarter Sonn-, Feiertags- und Nachtzuschläge unabhängig davon zahlt, ob und in welchem Umfang in den einzelnen Monaten Arbeit zu besonderen Zeiten anfällt, ist ebenso geeignet, den gesetzlichen Mindestlohnanspruch zur erfüllen (BAG v. 6.12.2017, Az. 5 AZR 699/16).

Im Gegenschluss folgt daraus, dass Vergütungsbestandteile, die auf Basis einer besonderen gesetzlichen Grundlage gezahlt oder ohne Rücksicht auf eine tatsächliche Arbeitsleistung des Arbeitnehmers gewährt werden, nicht in den Mindestlohn eingerechnet werden dürfen, so insbesondere Nachtzuschläge (BAG, a. a. O.) und vermögenswirksame Leistungen, (vgl. dazu auch BAG v. 16.4.2014, Az. 4 AZR 802/11) oder auch Leistungen, die keinen Entgeltcharakter haben, wie die Erstattung betrieblich veranlasster Aufwendungen. Gleiches gilt für Jubiläumszahlungen. Urlaubsgelder, die an das Entstehen des Anspruchs auf Erholungsurlaub anknüpfen: sie verfolgen wie der Urlaub selbst denselben arbeitsleistungsunabhängigen Zweck und dienen nicht der Vergütung für geleistete Arbeit. Damit aber werden durch sie auch keine Mindestlohnansprüche erfüllt (BAG v. 20.9.2017, Az. 10 AZR 171/16). Sachleistungen, wie ein Dienstwagen, ein Mobiltelefon oder auch eine Werkwohnung sind dagegen schon allein deshalb nicht anrechenbar, weil das MiLoG eine Entgeltleistung in Form von Geld fordert, wenn es von „Zahlung" spricht und einen Eurobetrag in „brutto" nennt.

Die Vereinbarung von Stück- und Akkordlöhnen ist auch unter der Geltung des MiLoG zulässig, wenn gewährleistet ist, dass der Mindestlohn für die geleisteten Arbeitsstunden erreicht wird. Der Arbeitnehmer ist arbeitsvertraglich verpflichtet, seine persönliche Leistungsfähigkeit auszuschöpfen. Ein leistungsabhängiger Lohnbestandteil, der das Ziel hat, dem Arbeitnehmer einen finanziellen Anreiz dafür zu bieten, in quantitativer Hinsicht seiner arbeitsvertraglichen Leistungspflicht nachzukommen, ist geeignet, den Mindestlohnspruch zu erfüllen (BAG v. 6.9.2017, Az. 5 AZR 317/16; ebenso LAG Mecklenburg-Vorpommern v. 31.1.2017, Az. 5 Sa 28/16).

Grundsätzlich anrechenbar sind auch Zielboni, Provisionen und andere leistungs- oder erfolgsabhängige Vergütungen, sofern sie monatlich vorbehaltlos und unwiderruflich zur Auszahlung kommen (BAG v. 21.12.2016, Az. 374/16). Eine Anrechenbarkeit scheitert – mit Ausnahme des Auszahlungsmonats (vgl. dazu BAG v. 6.9.2017, Az. 5 AZR 441/16) – im Hinblick auf § 2 Abs. 1 Ziff. 2 MiLoG nur dann, wenn ihre Zahlung nicht monatlich vorgenommen wird. Sicherzustellen ist damit, dass im Mindestlohnsektor eine monatliche Ermittlung der Zielerreichung/der Provisionsansprüche sowie deren monatliche Abrechnung und Auszahlung erfolgt.

Auch wenn die Unsicherheiten rund um die Anrechnung von Zusatzleistungen durch die Rechtsprechung stetig abnehmen, so ist doch zu empfehlen, dass Arbeitgeber, die Arbeitnehmer im Mindestlohnsektor beschäftigen, in Neuverträgen darauf achten sollten, Zulagen und Zuschläge nur noch auf wirklich benötigte Sondertatbestände zu beschränken. Alles andere sollte in den festen Stundenlohn einfließen.

3.4 Verjährung/Verfallklauseln

Ansprüche auf Mindestlohn verjähren innerhalb der gewöhnlichen Verjährungsfrist von drei Jahren (§ 195 BGB). Eine vom Arbeitgeber vorformulierte arbeitsvertragliche Verfallklausel, die entgegen § 3 Satz 1 MiLoG auch den gesetzlichen Mindestlohn erfasst – d. h. ihn nicht ausdrücklich ausnimmt –, ist unwirksam. Sie ist sogar insgesamt unwirksam – also auch hinsichtlich anderer vertraglicher Ansprüche –, wenn der Arbeitsvertrag nach dem 31.12.2014 geschlossen wurde (BAG v. 18.9.2018, Az. 9 AZR 162/18). Ebenso ist eine tarifliche Ausschluss-/Verfallklausel unwirksam, soweit sie auch den Anspruch auf den Mindestlohn erfasst (BAG v. 20.6.2018, Az. 5 AZR 377/17).

3.5 Ausnahmeregelungen zum Mindestlohn

Nur für wenige Fälle sieht das MiLoG Ausnahmen vor, in denen keine Verpflichtung zur Zahlung des Mindestlohns besteht.

So sind **Praktikanten,** die grundsätzlich auch Anspruch auf den Mindestlohn haben (§ 22 MiLoG), dann vom Anwendungsbereich des Gesetzes ausgenommen, wenn sie

- das Praktikum verpflichtend aufgrund einer schulrechtlichen Bestimmung, einer Ausbildungsordnung, einer hochschulrechtlichen Bestimmung oder im Rahmen einer gesetzlich geregelten Berufsakademie leisten, wobei unerheblich ist, ob ein obligatorisches Praktikum vor oder während eines Studiums zu leisten ist, sodass auch solche Praktika, die in Studienordnungen als Voraussetzung zur Aufnahme eines bestimmten Studiums verpflichtend vorgeschrieben sind, nicht mit dem Mindestlohn zu vergüten sind (BAG v. 19.1.2022, Az. 5 AZR 217/21),
- ein Praktikum von bis zu drei Monaten zur Orientierung für eine Berufsausbildung oder für die Aufnahme eines Studiums leisten (Unterbrechungen sind dabei unschädlich, wenn der Praktikant/die Praktikantin hierfür persönliche Gründe hat und die einzelnen Abschnitte sachlich und zeitlich zusammenhängen. Entscheidend ist aber stets, dass die Praktikumshöchstdauer von insgesamt drei Monaten – in Summe der geleisteten Praktikumstage – nicht überschritten wird – BAG v. 30.1.2019, Az. 5 AZR 556/17),
- ein Praktikum von bis zu drei Monaten begleitend zu einer Berufs- oder Hochschulausbildung leisten, wenn nicht zuvor ein solches Praktikumsverhältnis mit demselben Arbeitgeber bestanden hat oder
- an einer Einstiegsqualifizierung nach § 54a SGB III oder an einer Berufsausbildungsvorbereitung nach §§ 68–70 BBiG teilnehmen.

ACHTUNG!

Unabhängig davon, dass Praktika nur in den o. g. Grenzen nicht unter das MiLoG fallen, ist stets darauf zu achten, dass es sich auch tatsächlich inhaltlich um ein Praktikum handelt. Der Lern- und Vermittlungsinhalt muss im Vordergrund stehen. Verrichtet ein Praktikant in erheblichem Umfang und über längere Zeit selbstständig höhere Dienste als die, die er nach dem vereinbarten Inhalt des Praktikums zu erbringen hat, ist dies von der Vergütungsvereinbarung zum Praktikum nicht mehr gedeckt. Es ist dann der übliche Lohn für vergleichbare Tätigkeiten zu zahlen – § 612 BGB – (BAG v. 10.2.2015, Az. 9 AZR 289/13; LAG Berlin-Brandenburg v. 20.5.2016, Az. 6 Sa 1787/15) – und der beschränkt sich im Zweifel nicht auf den gesetzlichen Mindestlohn, sondern kann deutlich darüber liegen!

Generell nicht unter das MiLoG fallen **Kinder und Jugendliche** i. S. v. § 2 Abs. 1 und 2 JArbSchG ohne abgeschlossene Berufsausbildung (§ 22 Abs. 2 MiLoG) sowie **Auszubildende** und **ehrenamtlich tätige Personen** (§ 22 Abs. 3 MiLoG).

Für **Langzeitarbeitslose**, die unmittelbar vor der Beschäftigung ein Jahr oder länger arbeitslos gemeldet waren, ist der Arbeitgeber in den ersten sechs Monaten der neu aufgenommenen Beschäftigung nicht verpflichtet, einen Lohn in Höhe des Mindestlohns zu zahlen, sondern darf für diese Zeit auch einen geringeren Lohn vereinbaren.

3.6 Dokumentations- und Meldepflichten

Über die Einhaltung der Vorschriften des MiLoG wachen die Behörden der Zollverwaltung. Sie haben umfassende Einsichtsrechte in die Arbeitsverträge, in die Niederschriften nach dem Nachweisgesetz und weitere Unterlagen. Zu ihnen gehören insbesondere auch die Dokumentation der Arbeitszeiten und der hierfür gezahlten Vergütung. Nach § 17 MiLoG sind Arbeitgeber, die geringfügig Beschäftigte oder Arbeitnehmer in den Wirtschaftsbereichen nach § 2a Schwarzarbeitsbekämpfungsgesetz beschäftigen, verpflichtet, Beginn, Ende und Dauer der täglichen Arbeitszeit aufzuzeichnen. Die Aufzeichnung muss spätestens bis zum Ablauf des siebten auf den Tag der Arbeitsleistung folgenden Kalendertages erfolgen und danach mindestens zwei Jahre aufbewahrt werden. Zulässig dürfte es sein, die Aufzeichnungspflicht auf Dritte oder auf die Arbeitnehmer zu übertragen; verantwortlich bleibt jedoch der Arbeitgeber.

Keine Dokumentationspflicht besteht dagegen nach der Mindestlohndokumentationspflichten-Verordnung für

- Arbeitnehmer mit einem verstetigten regelmäßigen Monatsentgelt in Höhe von 2.958 €,
- Arbeitnehmer, die in den letzten zwölf Monaten ein Monatsentgelt von mehr als 2.000 € brutto erhalten haben,
- mitarbeitende enge Familienangehörige.

Der Arbeitgeber muss jedoch die Unterlagen bereithalten, mit denen er die vorgenannten Voraussetzungen nachweisen kann.

3.7 Verstöße gegen das MiLoG

Verstöße gegen das MiLoG stellen eine Ordnungswidrigkeit dar, die nach § 21 MiLoG bei einem Verstoß gegen den Kernbereich des Gesetzes – der Zahlung des gesetzlichen Mindestlohns – mit Geldbußen bis zu 500.000 € und in anderen Fällen – wie Verstößen gegen Mitwirkungs-/Aufzeichnungspflichten – mit bis zu 30.000 € belegt werden können.

4. Sittenwidrigkeit und Lohnwucher

Mit der Einführung des MiLoG ist die Vereinbarung einer Vergütung unterhalb des Mindestlohns unwirksam. Sehr niedrige Vergütungen (von teilweise unter 5 €), deren Wirksamkeit in der Vergangenheit nach den Grundsätzen der Sittenwidrigkeit beurteilt wurde, haben damit eine eindeutige gesetzliche Untergrenze erfahren, sodass es hier des Instruments der Sittenwidrigkeit heute nicht mehr bedarf. Nachdem zunächst nach Inkrafttreten des MiLoG noch ungeklärt war, ob eine Vergütung sittenwidrig sein kann, wenn sie oberhalb des gesetzlichen Mindestlohns liegt, ist mittlerweile vom BAG (v. 18.11.2015, Az. 5 AZR 814/14) entschieden, dass Vergütungsvereinbarungen, die die absolute gesetzliche Untergrenze wahren, dennoch sittenwidrig sein können, da auf die übliche Vergütung als Vergleichsmaßstab abzustellen ist. Bei § 138 BGB, der die Sittenwidrigkeit regelt, ist allein maßgeblich, dass die Vergütung in keinem Verhältnis zum objektiven Wert der Leistung des Arbeitnehmers steht – dies aber kann auch bei einer Vergütung oberhalb des Mindestlohns der Fall sein.

Sowohl bei der Sittenwidrigkeit (§ 138 Abs. 1 BGB) als auch beim Lohnwucher (§ 138 Abs. 2 BGB) verlangt die Rechtsprechung ein „auffälliges Missverhältnis zwischen Leistung und Gegenleistung". § 138 Abs. 2 BGB erfordert zusätzlich, dass die Vergütungsvereinbarung unter Ausnutzung einer Zwangslage, der Unerfahrenheit oder einer erheblichen Willensschwäche zustande gekommen ist. Derartige Fälle sind selten; sehr viel wichtiger und eigentlicher Aufhänger der Rechtsprechung ist daher die Sittenwidrigkeit nach § 138 Abs. 1 BGB, der neben dem auffälligen Missverhältnis ein Handeln des Arbeitgebers in verwerflicher Gesinnung verlangt. Die Leistung des Arbeitnehmers ist nach ihrem objektiven Wert zu beurteilen, der sich nach der verkehrsüblichen Vergütung bestimmt. Zur Ermittlung dieses verkehrsüblichen Wertes ist in der Regel auf den Vergleich mit den Tariflöhnen – auch nachwirkenden Tariflöhnen (LAG Hamm v. 18.3.2009, Az. 6 Sa 1284/08) – des jeweiligen Wirtschaftszweiges abzustellen.

Innerhalb eines Wirtschaftszweigs ist ein Tariflohn dann „üblich", wenn mehr als 50 % der Arbeitgeber eines Wirtschaftsgebiets tarifgebunden sind oder wenn die organisierten Arbeitgeber mehr als 50 % der Arbeitnehmer eines Wirtschaftsgebiets beschäftigen. Sowohl tarifliche Zulagen und Zuschläge auf der einen als auch unregelmäßige Zusatzleistungen zum vereinbarten Lohn auf der anderen Seite sind nicht zu berücksichtigen. Dagegen können **regelmäßige** Sachbezüge – wie etwa kostenloses Wohnrecht – in die Prüfung miteinbezogen werden (BAG v. 22.4.2009, Az. 5 AZR 436/08).

ACHTUNG!

Wird weniger als ⅔ des tariflichen bzw. üblichen Lohns gezahlt, ist ein auffälliges Missverhältnis und Sittenwidrigkeit anzunehmen (BAG v. 17.12.2014, Az. 5 AZR 663/13). Erst recht gilt dies, wenn der Wert der Arbeit (mindestens) doppelt so hoch ist wie der Wert der Vergütung (BAG v. 18.11.2015, Az. 5 AZR 814/14). Dabei ist zu beachten, dass auch eine zunächst wirksame Entgeltvereinbarung sittenwidrig werden kann, wenn sie nicht an die allgemeine Lohn- und Gehaltsentwicklung angepasst wird (BAG v. 22.4.2009, Az. 5 AZR 436/08). Allein der Umstand, dass eine vereinbarte Arbeitsvergütung nicht in vollem Umfang zur Auszahlung gebracht wird, kann dagegen keine Sittenwidrigkeit begründen (LAG Rheinland-Pfalz v. 19.4.2017, Az. 4 Sa 401/16).

Werden dagegen in einem bestimmten Wirtschaftszweig üblicherweise keine Tariflöhne gezahlt, so ist auf das allgemeine Lohn-/Gehaltsniveau des Wirtschaftszweigs und der Wirtschaftsregion abzustellen (BAG v. 17.12.2014, Az. 5 AZR 663/13). Danach ist eine arbeitsvertragliche Vergütungsvereinbarung dann nichtig, wenn die vereinbarte Vergütung geringer als zwei Drittel des im betreffenden Wirtschaftszweig und des in der betreffenden Wirtschaftsregion üblicherweise gezahlten Lohns ist. Maßgeblich für die Bestimmung des Wirtschaftszweigs ist die Klassifikation der Wirtschaftszweige durch das Statistische Bundesamt auf der Basis der EG-Verordnung 1893/2006 (BAG v. 18.4.2012, Az. 5 AZR 630/10). Eine möglicherweise geringe Leistungsfähigkeit des Betriebs ist für die Frage der Sittenwidrigkeit irrelevant. Auf der anderen Seite ist eine berufsbezogene – und nicht wirtschaftszweigbezogene – Verdiensterhebung des Statistischen Bundesamtes im Normalfall zur Ermittlung des allgemeinen Entgeltniveaus im einschlägigen Wirtschaftszweig ungeeignet (LAG Berlin-Brandenburg v. 4.3.2016, Az. 6 Sa 1476/15).

Für die Vergütung von Lehrkräften an privaten Ersatzschulen hat das Bundesarbeitsgericht entschieden, dass diese mindestens 80 % der Gehälter der vergleichbaren im öffentlichen Dienst stehenden Lehrkräfte betragen muss. Wird diese Grenze unterschritten, sei die Vergütungsvereinbarung sittenwidrig (BAG v. 19.8.2015, Az. 5 AZR 500/14) Angeknüpft wird dabei an die aus Steuergeldern erbrachte Finanzhilfe zu den Personalkosten von privaten Ersatzschulen, die nur dann gewährt wird, wenn die Vergütung der angestellten Lehrkräfte mindestens die Höhe des genannten Prozentsatzes erreicht (BAG v. 26.4.2006, Az. 5 AZR 549/05).

Im Bereich geringfügiger Beschäftigung ist zur Beurteilung der Sittenwidrigkeit des gezahlten Lohns nach Auffassung des LAG Düsseldorf (v. 20.10.2015, Az. 8 Sa 1091/13) kein pauschaler Abschlag vorzunehmen, um den Nettocharakter der empfangenen Zahlung auszugleichen und eine Vergleichbarkeit mit dem üblichen Brutto(stunden)lohn zu ermöglichen.

Neben dem objektiven Missverhältnis von Leistung und Gegenleistung muss eine verwerfliche Gesinnung des Arbeitgebers feststellbar sein. Dazu bedarf es zusätzlicher Umstände, aus denen zu schließen ist, der Arbeitgeber habe die Not oder einen anderen den Arbeitnehmer hemmenden Umstand in verwerflicher Weise zu seinem Vorteil ausgenutzt. Der Hinweis auf ein strukturelles Ungleichgewicht oder auf ein Missverhältnis von Leistung und Gegenleistung allein genügt dafür nicht. Ist der Wert der Leistung des Arbeitnehmers jedoch mindestens doppelt so hoch wie der Wert der Gegenleistung, gestattet dies nach der Rechtsprechung des BAG den tatsächlichen Schluss auf eine verwerfliche Gesinnung. Der Arbeitnehmer muss sich allerdings im Prozess darauf berufen.

Eine sittengemäße Vergütung für die in der Normalarbeitszeit geleistete Arbeit wird nicht dadurch zur sittenwidrigen, dass der Arbeitgeber – etwa bei einer rechtlich unwirksamen Klausel zur Pauschalabgeltung von Überstunden (ohne Begrenzung) – in Verkennung der Rechtslage keine zusätzliche Vergütung für Mehrarbeit leistet. Dem Arbeitnehmer steht in diesem Fall zwar ein gesonderter Vergütungsanspruch zu; für die Prüfung der Sittenwidrigkeit bleibt dies jedoch außer Betracht (BAG v. 18.11.2015, Az. 5 AZR 751/13).

Eine Vergütungsabsprache, die sittenwidrig ist oder sogar als Lohnwucher zu beurteilen ist, ist unwirksam. Der Arbeitnehmer hat Anspruch auf eine übliche Vergütung (vgl. oben II.2.), nicht etwa nur auf den niedrigsten zulässigen Lohn.

5. Gleichbehandlungsgrundsatz

Bei der Frage des Gleichbehandlungsgrundsatzes muss im Rahmen der Vergütung untersschieden werden, ob es sich um Einzelentscheidungen oder um Leistungen nach einem allgemeinen Prinzip handelt. Gewährt der Arbeitgeber im Rahmen einer Einzelentscheidung eine bestimmte Vergütung, so ist er hier bei der Festlegung grundsätzlich frei. So kann er einem später eingestellten, mit gleichen Aufgaben betrauten Arbeitnehmer ein deutlich höheres Gehalt zahlen als einem zuvor eingestellten Arbeitnehmer, insbesondere dann, wenn der neu eingestellte Arbeitnehmer über höherwertigere Berufsabschlüsse oder größere Berufserfahrung verfügt. Aus dem arbeitsrechtlichen Gleichbehandlungsgrundsatz ergibt sich regelmäßig kein Anspruch des zuvor eingestellten Arbeitnehmers auf eine höhere Vergütung (LAG Mecklenburg-Vorpommern v. 28.1.2025, Az. 5 SLa 159/24).

Anders verhält es sich, wenn der Arbeitgeber eine Vergütung oder Vergütungsbestandteile nach einem allgemeinen Prinzip gewährt, indem er bestimmte Kriterien, Voraussetzungen oder Zwecke generalisierend festlegt. Hier muss er den Gleichbehandlungsgrundsatz beachten, ist jedoch nicht gehindert, dann eine Differenzierung vorzunehmen, wenn diese sachlich gerechtfertigt ist. Maßgeblich für die Beurteilung, ob für die unterschiedliche Behandlung ein hinreichender Sachgrund besteht, ist vor allem der Regelungszweck. Dieser muss die Gruppenbildung rechtfertigen. Gerechtfertigt ist danach eine Gruppenbildung, wenn sie einem legitimen Zweck dient und zur Erreichung dieses Zwecks erforderlich und angemessen ist (BAG v.12.8.2014, Az. 3 AZR 764/12; vgl. auch zuletzt LAG Köln v. 4.7.2023, Az. 4 Sa 638/22; LAG Hamm v. v. 27.8.2024, Az. 6 SLa 63/24). Ebenso wenig wie in dieser Konstellation steht der Grundsatz der Gleichbehandlung dem Vorhaben entgegen, nach Wegfall der Tarifbindung neu eingestellte Arbeitnehmer für die gleiche Arbeit allgemein geringer zu vergüten als Arbeitnehmer, deren Arbeitsverhältnis der tarifvertraglichen Nachwirkung unterliegt (BAG v. 2.3.2004, Az. 1 AZR 271/03).

WICHTIG!

Auch unter Geltung des AGG dürften keine Bedenken dagegen bestehen, die Höhe der Vergütung von der Dauer der Betriebszugehörigkeit abhängig zu machen. Der Europäische Gerichtshof hat hier keine mittelbare Benachteiligung von Frauen angenommen (EuGH v. 3.10.2006, Az. C-17/05 [Cadman ./. Health & Safety Executive]). Ob insoweit eine mittelbare Diskriminierung wegen des Alters zu bejahen ist, hatte der EuGH nicht zu entscheiden, doch wird man aus den Entscheidungsgründen ableiten können, dass die Betriebszugehörigkeit ein zulässiger Differenzierungsmaßstab sein kann, vorausgesetzt die Ungleichbehandlung ist verhältnismäßig.

Der von einer Vergütungsregelung ausgenommene Arbeitnehmer hat Anspruch auf Auskunft über die bei der Gewährung verwendeten Regeln, wenn es möglich erscheint, dass er aus dem arbeitsrechtlichen Gleichbehandlungsgrundsatz ebenfalls eine entsprechende (Sonder-)Vergütung verlangen kann (LAG Niedersachsen v. 6.8.2010, Az. 10 Sa 1547/08).

Im Falle einer Lohndiskriminierung nach den Bestimmungen des AGG – wie etwa im Falle einer niedrigeren Entlohnung von Frauen im Vergleich zu den angestellten Männern eines Unternehmens – besteht neben dem Anspruch auf Zahlung einer Entschädigung nach § 15 Abs. 2 AGG auch ein vertraglicher Anspruch auf Nachzahlung, auf den die zweimonatige Ausschlussfrist des § 15 Abs. 4 AGG keine Anwendung findet (LAG Rheinland-Pfalz v. 13.8.2014, Az. 4 Sa 519/13).

Dabei wird eine Entgeltbenachteiligung wegen des Geschlechts nach § 22 AGG vermutet, wenn eine Partei darlegt und beweist, dass ihr Arbeitgeber ihr ein niedrigeres Entgelt zahlt als ihren zum Vergleich herangezogenen Kollegen/Kolleginnen des anderen Geschlechts und dass sie die gleiche oder eine gleichwertige Arbeit verrichtet. Der Umstand, dass sich die Parteien eines Arbeitsvertrags im Rahmen ihrer Vertragsfreiheit auf ein höheres Entgelt verständigen als der Arbeitgeber mit einer Arbeitskraft des anderen Geschlechts mit gleicher oder gleichwertiger Arbeit vereinbart, ist dabei für sich allein betrachtet nicht geeignet, die Vermutung einer geschlechtsbezogenen Entgeltbenachteiligung nach § 22 AGG zu widerlegen (BAG v. 16.2.2023, Az. 8 AZR 450/21).

6. Das Entgelttransparenzgesetz

Nachdem sich die Frage der Gleichbehandlung bei der Vergütung zuletzt insbesondere immer wieder im Vergleich „Männer – Frauen" gestellt hatte und dabei – unabhängig von der umstrittenen konkreten Höhe – von allen Seiten ein „Gender Pay Gap" zulasten der weiblichen Beschäftigten konstatiert wurde, hat der Gesetzgeber das Entgelttransparenzgesetz (EntgTranspG) auf den Weg gebracht. Mit diesem zum 6.7.2017 in Kraft getretenen Gesetz sollen heute Entgeltunterschiede zwischen Frauen und Männern sichtbar gemacht, reduziert und in letzter Konsequenz beseitigt werden. Erreicht werden soll dies vor allem über

- die Einführung eines individuellen Auskunftsanspruchs in Betrieben mit mehr als 200 Beschäftigten (dazu nachfolgend 6.1),
- die Aufforderung an private Arbeitgeber mit mehr als 500 Beschäftigten, betriebliche Verfahren zur Überprüfung und Herstellung von Entgeltgleichheit durchzuführen (dazu nachfolgend 6.2) sowie
- die Einführung einer Berichtspflicht zur Gleichstellung und Entgeltgleichheit von Frauen und Männern für Arbeitgeber mit in der Regel mehr als 500 Beschäftigten, wenn sie nach dem HGB lageberichtpflichtig sind (§§ 21, 22 EntgTranspG).

Bis heute ist dem Gesetz nur wenig Erfolg beschieden. Das Verfahren wird als zu kompliziert und die erreichbaren Informationen als zu wenig aussagekräftig beurteilt (vgl. die Stellungnahme des Deutschen Juristenbundes [djb] vom 8.8.2019 – [https://www.djb.de/verein/Kom-u-AS/K1/pm19-26/], wonach eine erste Evaluation nur ca. 10.400 Auskunftsanfragen [= 0,15 % aller auskunftsberechtigten Beschäftigten] ausweise).

6.1 Der Auskunftsanspruch nach §§ 10 ff. EntgTranspG

Nach § 10 i. V. m. § 12 EntgTranspG haben – weibliche wie aber auch männliche – Beschäftigte, zu denen auch arbeitnehmerähnliche Personen zählen (BAG v. 25.6.2020, Az. 8 AZR 145/19), in Betrieben mit mehr als 200 Arbeitnehmern einen Auskunftsanspruch, wenn sie der Ansicht sind, dass sie für gleiche oder gleichwertige Arbeit eine schlechtere Vergütung erhalten als Mitarbeiter des anderen Geschlechts, Ein Vergleichswert ist im Hinblick auf den Schutz personenbezogener Daten nur dann nicht anzugeben, wenn die Vergleichstätigkeit von weniger als sechs Beschäftigten des jeweils anderen Geschlechts ausgeübt wird (§ 12 Abs. 3 EntgTranspG).

Der Auskunftsanspruch muss nach § 10 Abs. 2 EntgTranspG in Textform (d. h. schriftlich oder auch per E-Mail) gestellt werden. Dabei ist eine gleiche oder gleichwertige Tätigkeit zu nennen. Er kann nur einmal alle zwei Jahre geltend gemacht werden, es sei denn, die Voraussetzungen der Beschäftigung haben sich wesentlich verändert. Eine derartige Veränderung ist vom Auskunftsbegehrenden im vorzeitigen Auskunftsersuchen darzustellen. Ergeben kann sie sich etwa bei einem Stellenwechsel, bei einem Aufstieg in den außertariflich vergüteten Bereich oder bei einem Wechsel der Entgeltsystematik, die im Betrieb zur Anwendung kommt.

ACHTUNG!

Das EntgTranspG sieht in § 25 eine Übergangsvorschrift vor: Wurde der Auskunftsanspruch zwischen dem 6. Januar 2018 (dem nach dem Gesetz erstmöglichen Datum der Geltendmachung) und dem 5. Januar 2021 gestellt, gilt abweichend von der grundsätzlichen Zweijahresfrist eine Wartefrist von drei Jahren! Haben sich allerdings die Voraussetzungen wesentlich geändert, ist eine vorzeitige Nachfrage auch in diesem Zeitraum jederzeit möglich.

Zur Bestimmung der Gleichwertigkeit von Tätigkeiten i. S. d. § 4 Abs. 1 EntgTranspG bietet eine vom BMFSFJ im Rahmen eines Leitfadens veröffentlichte Checkliste (http://hbfm.link/3025) eine gute Orientierung, doch wird auch stets individuell die Gleichwertigkeit zu beurteilen sein.

Für die Frage, an wen im Betrieb ein Auskunftsverlangen zu richten ist, ist entscheidend, ob im Betrieb ein Betriebsrat besteht. Existiert ein Betriebsrat, so ist grundsätzlich er der Adressat des Auskunftsanspruch. Damit er seine Auskunftsverpflichtung erfüllen kann, hat er nach § 13 Abs. 2 Satz 1 EntgTranspG über seinen Betriebsausschuss nach § 27 BetrVG oder einen nach § 28 Abs. 1 Satz 3 BetrVG beauftragten Ausschuss das Recht, die Listen über die Bruttolöhne und -gehälter im Sinne des § 80 Abs. 2 Satz 2 BetrVG einzusehen und auszuwerten. Über das Einsichts- und Auswertungsrecht hinaus besteht – ebenso wie auch schon nach § 80 Abs. 2 Satz 2 BetrVG – kein Anspruch auf Aushändigung der Entgeltlisten in irgendeiner Form (BAG v. 29.9.2020, Az. 1 ABR 32/19). Da der Ausschuss des Betriebsrats allein mit den vom Arbeitgeber üblicherweise geführten und dem Betriebsrat vorgelegten Listen seinen Auskunftsanspruch in der Regel nicht ordnungsgemäß erfüllen kann, steht ihm weitergehend nach § 13 Abs. 3 EntgTranspG ein Anspruch auf Einblick in spezifisch aufbereitete Entgeltlisten zu, die nach Geschlecht aufgeschlüsselt sind und alle Entgeltbestandteile enthalten einschließlich übertariflicher Zulagen und solcher Zahlungen, die individuell ausgehandelt und gezahlt werden. Diese hat der Arbeitgeber – sofern nicht ohnehin vorhanden – gegebenenfalls herzustellen (BAG v. 28.7.2020, Az. 1 ABR 6/19). In einem von mehreren Unternehmen gemeinsam geführten Betrieb (Gemeinschaftsbetrieb) kann der gewählte Betriebsrat eine entsprechende Auskunft jedoch nur vom Vertragsarbeitgeber des Mitarbeiters verlangen (BAG v. 23.3.2021, Az. 1 ABR 7/20).

Sofern der Betriebsrat Auskunftsverlangen nicht selbst beantworten möchte, kann er vom Arbeitgeber nach § 14 Abs. 1 EntgTranspG verlangen, dass dieser die Beantwortung übernimmt. Ebenso kann der Arbeitgeber nach § 14 Abs. 2 EntgTranspG die Auskunftsverpflichtung generell oder in bestimmten, dem Betriebsrat gegenüber erläuterten Gründen von sich aus übernehmen. In beiden Fällen sind die Mitarbeiter darüber zu informieren, wer zuständig ist. Dies kann durch einen Aushang im Betrieb oder über das Intranet geschehen.

Hat der Arbeitgeber die Erfüllung des Auskunftsanspruchs an sich gezogen, so entfällt damit zugleich das entgeltlistenbezogene Einsichts- und Auswertungsrechts des Betriebsrats nach § 13 Abs. 2 Satz 1 EntgTranspG, das an die Zuständigkeit des Betriebsrats für die Beantwortung individueller Auskunftsverlangen nach § 10 Abs. 1 EntgTranspG gebunden ist (BAG v. 28.7.2020, Az. 1 ABR 6/19; BAG v. 29.9.2020, Az. 1 ABR 32/19). Zieht der Arbeitgeber die Erfüllung des Auskunftsanspruchs jedoch erst nach Eingang eines Auskunftsverlangens an sich, so bleibt die Zuständigkeit des Betriebsrats für die Beantwortung dieses Auskunftsverlangens ebenso unverändert bestehen wie das entgeltlistenbezogene Einsichts- und Auswertungsrecht des Betriebsrats (LAG Berlin-Brandenburg v. 9.3.2021, Az. 24 TaBV 481/20).

Für die Mitarbeiter soll indes die zwischen Arbeitgeber und Betriebsrat vorgenommene Zuständigkeitsverteilung zu keinen Nachteilen führen. Auch wenn der Arbeitgeber ordnungsgemäß informiert hat, an wen sie sich mit einem eventuellen Auskunftsverlangen zu wenden haben und wer es beantworten wird, so sollen sie frei sein, sich mit Ihrem Verlangen sowohl an den Arbeitgeber wie an den Betriebsrat zu wenden (BAG v. 25.6.2020, Az. 8 AZR 145/19).

Besteht kein Betriebsrat, ist der Auskunftsanspruch immer an den Arbeitgeber zu richten, sofern sich ein tarifgebundener oder tarifanwendender Arbeitgeber – ohne Betriebsrat – nicht ausnahmsweise mit den Vertretern der zuständigen Tarifvertragsparteien darauf verständigt hat, dass diese die Beantwortung des Auskunftsanspruchs übernehmen (§ 14 Abs. 3 EntgTranspG). Dies setzt voraus, dass er diesen alle notwendigen Informationen zur Verfügung stellt (§ 14 Abs. 4 EntgTranspG) und die Mitarbeiter darüber informiert, dass die Sozialpartner für die Beantwortung zuständig sind.

Über den Auskunftsanspruch muss der Arbeitgeber – entweder direkt oder über den Betriebsrat – Informationen über die Kriterien und Verfahren der Entgeltfindung sowie über die Höhe des Vergleichsentgelts geben (§ 11 EntgTranspG). Dabei hat er die Kriterien und Verfahren der Entgeltfindung für die betreffende Tätigkeit und die erfragte Vergleichstätigkeit detailliert darzulegen. Tarifgebundene/tarifanwendende Arbeitgeber genießen hier nach § 11 Abs. 2 EntgTranspG den Vorteil einer vereinfachten Beantwortung, wenn die jeweiligen Entgeltbestandteile im Tarifvertrag oder Gesetz geregelt sind. Die Auskunftspflicht in Bezug auf das Vergleichsentgelt bezieht sich auf das durchschnittliche Bruttomonatsgehalt und auf zusätzliche Entgeltbestandteile, für die – begrenzt auf zwei – nach § 10 Abs. 1 EntgTranspG) Auskunft verlangt werden kann. Der Begriff „einzelne Entgeltbestandteile" in § 10 Abs. 1 Satz 3 EntgTranspG ist dabei dahin auszulegen, dass sowohl gezielt nach bestimmten Entgeltbestandteilen gefragt werden kann, bei denen eine Ungleichbehandlung vermutet wird, als auch nach vergleichbaren Entgeltbestandteilen, die eine Gruppe bilden. So kann etwa zulässigerweise Auskunft zu Zulagen mit Bezug zur Tätigkeit und Zulagen ohne Bezug zur Tätigkeit verlangt werden und es müssen nicht zwei einzelne konkrete Zulagen benannt werden (BAG v. 25.6.2020, Az. 145/19).

Entgelte einzelner Mitarbeiterinnen oder Mitarbeiter sind nicht zu nennen; vielmehr muss der Arbeitgeber das Vergleichsentgelt als Median – also als Zentralwert des durchschnittlichen Bruttomonatsentgelts sowie der benannten Entgeltbestandteile bezogen auf ein Kalenderjahr – von mindestens sechs Beschäftigten des jeweils anderen Geschlechts in vergleichbarer (gleicher oder gleichwertiger) Tätigkeit angeben. Fehlt es an mindestens sechs entsprechenden Beschäftigten, scheidet ein Auskunftsanspruch aus datenschutzrechtlichen Gründen aus.

Für die Beantwortung eines Auskunftsverlangens sieht § 15 Abs. 3 EntgTranspG für nicht tarifgebundene und nicht tarifanwendende Arbeitgeber eine Frist von drei Monaten vor. Für tarifgebundene/tarifanwendende Arbeitgeber besteht demgegenüber keine gesetzliche Frist.

Offen ist, inwieweit der Auskunftsanspruch dem einzelnen Arbeitnehmer von Nutzen ist und welche konkreten Folgen sich für den Arbeitgeber im Streitfall ergeben. Hinzuweisen ist aber auf § 15 Abs. 5 EntgTranspG, wonach eine nicht erteilte Auskunft als Indiz für eine Entgeltdiskriminierung aufgrund des Geschlechts gewertet werden soll und es damit im Falle einer Entgeltgleichheitsklage zu einer Beweislastumkehr kommt. Auch ist bereits entschieden, dass ein Anspruch auf Lohnanpassung nach den Grundätzen des AGG möglich ist (BAG v. 11.12.2007, Az. 3 AZR 249/06), doch ist es mehr als zweifelhaft, ob eine Abweichung vom Entgeltmedian selbst bereits ein Indiz für eine Diskriminierung darstellen kann. Dazu hat der Medianwert nach diesseitiger Auffassung zu viele Fehlwirkungen: Fragt etwa eine Frau am unteren Vergütungsrand weiblicher Beschäftigter der gleichen Tätigkeit nach dem männlichen Median, wird sie auch unter dem Median der Männer liegen. Ein AGG-Verstoß mit der Folge einer Lohnanpassung wäre aber damit nicht begründet. Dessen ungeachtet vertritt das BAG (v. 21.1.2021, Az. 8 AZR 488/19) die Auffassung, dass im Falle eines geringeren Entgeltes einer Frau im Vergleich zu einem vom Arbeitgeber nach §§ 10 ff. EntgTranspG mitgeteilten Vergleichsentgelt (Median-Entgelt) der männlichen Vergleichsperson(en), regelmäßig die – vom Arbeitgeber widerlegbare – Vermutung begründet ist, dass die Benachteiligung beim Entgelt wegen des Geschlechts erfolgt ist (anders noch die Vorinstanz: LAG Niedersachsen v. 1.8.2019, Az. 5 Sa 196/19).

Wenn also in einem konkreten Fall festgestellt ist, dass eine Arbeitnehmerin im Hinblick auf einen Vergütungsbestandteil oder mehrere Vergütungsbestandteile niedriger vergütet wurde als die männliche Vergleichsgruppe, die eine gleiche oder gleichwertige Arbeit verrichtet, muss der Arbeitgeber darlegen und beweisen, dass ausschließlich andere Gründe als das Geschlecht zu einer ungünstigeren Behandlung der Arbeitnehmerin geführt haben. Beruft sich der Arbeitgeber darauf, dass die Personen aus der Vergleichsgruppe eine größere Berufserfahrung, eine längere Betriebszugehörigkeit und/oder eine höhere Arbeitsqualität aufwiesen, muss er darlegen, wie er diese Kriterien im Einzelnen bewertet und zueinander gewichtet hat. Gelingen ihm die entsprechende Darlegung und gegebenenfalls der entsprechende Beweis nicht, steht der Arbeitnehmerin nach der aktuellen Rechtsprechung eine höhere Vergütung zu (LAG Baden-Württemberg v. 19.6.2024, Az. 4 Sa 26/23). Wie die höhere Vergütung bei erfolgreicher Geltendmachung einer Ungleichbehandlung zu bemessen ist, hat zuletzt das BAG (v. 23.10.2025, Az. 8 AZR 300/24) entschieden. Danach gilt der sogenannte Paarvergleich und nicht der Mittelwert der anderen Geschlechtergruppe (so aber noch die Vorinstanz LAG Baden-Württemberg v. 1.10.2024, Az. 2 Sa 14/24). Im Ergebnis kann sich damit eine Arbeitnehmerin den bestbezahlten vergleichbaren männlichen Kollegen aussuchen. Kann der Arbeitgeber dann die aus diesem Paarvergleich folgende Vermutung einer Benachteiligung nicht widerlegen, ist er zur Zahlung des höheren Entgelts verpflichtet.

Deutliche Veränderungen wird die spätestens bis zum 7.6.2026 umzusetzende europäische Entgelttransparenzrichtlinie (ETRL) in nationales Recht mit sich bringen. Nach deren Vorgaben müssen Arbeitgeber über Vergütungsstrukturen verfügen, die gleiches Entgelt bei gleicher oder gleichwertiger Arbeit gewährleisten. Nach Art. 4 müssen Entgeltstrukturen dabei so beschaffen sein, dass „anhand objektiver, geschlechtsneutraler und mit den Arbeitnehmervertretern vereinbarter Kriterien, sofern es solche Vertreter gibt, beurteilt werden kann, ob sich die Arbeitnehmer im Hinblick auf den Wert der Arbeit in einer vergleichbaren Position befinden. Hier wird auf viele Unternehmen erhebliche Arbeit zukommen, zumal nach ersten Einschätzungen auch dort, wo Tarifverträge oder Betriebsvereinbarungen zu Gehaltsfragen bestehen, diese nicht unbedingt den neuen Anforderungen entsprechen, da sie in der Regel nicht auf einer analytischen, sondern nur einer summarischen Arbeitsbewertung beruhen. Neben einer Evaluation der bestehenden Entgeltstrukturen wird gegebenenfalls eine Neuerarbeitung bzw. Anpassung eines Vergütungssystems, welches den neuen Anforderungen gerecht wird, erfolgen müssen und Verhandlungen mit dem Betriebsrat, sofern denn ein solcher besteht, geführt werden müssen. Mit Art. 7 ETRL wird zudem das bestehende Auskunftsrecht der Arbeitnehmer erweitert. Die Anzahl der beim Arbeitgeber Beschäftigten ist danach unerheblich; inhaltlich ist der Auskunftsanspruch nicht mehr allein auf den statistischen Median ausgerichtet, sondern auf das durchschnittliche Entgelt des anderen, aber auch des eigenen Geschlechts. Es ist zu erwarten, dass der deutsche Gesetzgeber im Jahr 2026 hier in der Umsetzung der Richtlinie entsprechende gesetzliche nationale Regelungen schaffen wird, deren Einzelheiten dann vertiefter Betrachtung unterliegen werden.

6.2 Das Prüfverfahren nach §§ 17 ff. EntgTranspG

Das EntgTranspG statuiert keine Pflicht zur Durchführung eines betrieblichen Prüfverfahrens. Arbeitgeber mit in der Regel mehr als 500 Arbeitnehmern werden lediglich aufgefordert, ein solches Verfahren durchzuführen, um so die Einhaltung des Entgeltgleichheitsgebots zu überprüfen. Entscheidet sich der Arbeitgeber für ein Prüfverfahren – auch wenn es sich nur um eine Sollvorschrift handelt! – gibt § 18 EntgTranspG einen gewissen Rahmen, wenn Bestandsaufnahme, Analyse und Ergebnisbericht als Bestandteile gefordert sind.

Ob Arbeitgeber sich einem Prüfverfahren unterziehen werden, bleibt abzuwarten. Wird die Überprüfung durchgeführt, folgen daraus administrative Kosten, die Bindung von personellen Ressourcen und – als Paradoxon zur freiwilligen Durchführung – eine zwingende Veröffentlichung der Ergebnisse gegenüber den Beschäftigten mit der Gefahr einer Klagewelle bei negativen Ergebnissen. Wird sie nicht durchgeführt, droht auf der anderen Seite gerade bei großen Unternehmen ein Imageschaden. Auch lässt sich ein mögliches negatives Ergebnis als Anlass begreifen, überkommene Strukturen aufzubrechen. Ein positives Ergebnis wiederum könnte genutzt werden, um am Arbeitsmarkt mit dem Stellenwert der Gleichberechtigung im eigenen Unternehmen zu werben.

7. Keine Benachteiligung von Teilzeitbeschäftigten und befristet eingestellten Arbeitnehmern

Nach § 4 Abs. 1 TzBfG sind – sofern nicht sachliche Gründe eine unterschiedliche Behandlung rechtfertigen – einem teilzeitbeschäftigten Arbeitnehmer Arbeitsentgelt und andere teilbare geldwerte Leistungen (Personalrabatte und sonstige Naturalvergütungen) mindestens in dem Umfang zu gewähren, der dem Anteil seiner Arbeitszeit an der Arbeitszeit eines vergleichbaren vollzeitbeschäftigten Arbeitnehmer entspricht. Dies gilt auch für Geringfügigbeschäftigte, die in Bezug auf Umfang und Lage der Arbeitszeit keinen Weisungen des Arbeitgebers unterliegen, jedoch Wünsche anmelden können, denen dieser allerdings nicht nachkommen muss. Auch sie dürfen bei gleicher Qualifikation für die identische Tätigkeit keine geringere Stundenvergütung erhalten als vollzeitbeschäftigte Arbeitnehmer, die durch den Arbeitgeber verbindlich zur Arbeit eingeteilt werden (BAG v. 18.1.2023, Az. 5 AZR 108/22).

Einem befristet beschäftigten Arbeitnehmer sind Arbeitsentgelt und andere teilbare geldwerte Leistungen (Personalrabatte und sonstige Naturalvergütungen) mindestens in dem Umfang zu gewähren, der dem Anteil seiner Beschäftigung am Bemessungszeitraum entspricht (§ 4 Abs. 2 TzBfG).

8. Angemessene Vergütung für Auszubildende

Auszubildenden ist eine angemessene Vergütung zu gewähren. Die Vergütung steigt mit fortschreitender Berufsausbildung, mindestens jährlich, an (§ 17 Abs. 1 BBiG). Sie muss dem Auszubildenden helfen, seine Lebenshaltungskosten zu bestreiten und zugleich eine Mindestentlohnung für seine Leistungen darstellen. Seit 2020 gilt dabei nach § 17 Abs. 2 BBiG eine bundeseinheitliche Mindestvergütung für Auszubildende, für die eine vierjährige Einführungsphase in den Jahren von 2020 bis 2023 vorgesehen ist. Neben der monatlichen Mindestausbildungsvergütung im ersten Ausbildungsjahr ist zugleich eine Vergütungssteigerung von Lehrjahr zu Lehrjahr, die bereits bisher in Tarifverträgen und üblicherweise auch Ausbildungsverträgen enthalten ist, gesetzlich exakt festgelegt worden. Im Einzelnen gestalten sich die Mindestvergütungshöhen danach wie folgt:

Tabelle: Höhe der Mindestausbildungsvergütung

	1. Ausbildungsjahr	**2. Jahr (+18 % im Vergleich zum 1. Jahr)**	**3. Jahr (+35 % im Vergleich zum 1. Jahr)**	**4. Jahr (+40 % im Vergleich zum 1. Jahr)**
im Jahr 2020	515 Euro	608 Euro	695 Euro	721 Euro
im Jahr 2021	550 Euro	649 Euro	743 Euro	770 Euro
im Jahr 2022	585 Euro	690 Euro	790 Euro	819 Euro
im Jahr 2023	620 Euro	732 Euro	837 Euro	868 Euro
im Jahr 2024	649 Euro	766 Euro	876 Euro	909 Euro
im Jahr 2025	682 Euro	805 Euro	921 Euro	955 Euro
im Jahr 2026	724 Euro	854 Euro	977 Euro	1.014 Euro

Für die nachfolgende Zeit ist eine laufende weitere Anhebung – jeweils zum 1. Januar – vorgesehen, die der prozentualen Erhöhung aller Ausbildungsvergütungen der Vorjahre entspricht. Bei einer Teilzeitberufsausbildung können die o. g. Vergütungssätze unterschritten werden, sofern die prozentuale Kürzung der Vergütung nicht höher ist als die Kürzung der täglichen der wöchentlichen Arbeitszeit (§ 17 Abs. 5 BBiG).

Um einen Anreiz für Ausbildungsbetriebe zu schaffen, sich durch Verbandsmitgliedschaft (oder einen Firmentarifvertrag) der rechtlichen Tarifbindung zu unterwerfen, sieht die gesetzliche Regelung in § 17 Abs. 3 BBiG die Möglichkeit vor, die o. g. Mindestvergütung für Auszubildende zu unterschreiten, wenn dies in Tarifverträgen entsprechend geregelt ist.

Bei Anwendbarkeit eines Tarifvertrages bestimmt sich die Vergütung damit auch zukünftig nach dessen Normen. Dabei fallen die tariflich geregelten Ausbildungsvergütungen je nach Branche und Ausbildungsjahr sehr unterschiedlich aus, liegen jedoch bereits heute nahezu immer oberhalb der gesetzlichen Mindestvergütung. Eine rechtliche Bindung an einen Tarifvertrag – wenn sie allein unter dem Blickwinkel einer niedrigeren Ausbildungsvergütung als der gesetzlichen betrachtet wird – kommt damit allenfalls dort in Betracht, wo ausnahmsweise eine niedrigere Vergütung als die gesetzliche mit der zuständigen Gewerkschaft als zu vereinbaren erscheint.

Ist das ausbildende Unternehmen nicht an einen Tarif gebunden, fällt das Ausbildungsverhältnis aber in den Geltungsbereich eines Tarifvertrags, so ist die Angemessenheit der vereinbarten Vergütung jedoch selbst dann in der Regel zu verneinen, wenn sie die Mindestvergütung nach den o. g. Sätzen nicht unterschreitet, aber die im Tarifvertrag geregelte Vergütung um mehr als 20 Prozent unterschreitet (§ 17 Abs. 4 BBiG). Damit greift die gesetzliche Regelung die seit Jahren geltende Rechtsprechung auf, nach der eine Ausbildungsvergütung grundsätzlich dann als unangemessen gilt, wenn eine im Tarifvertrag der entsprechenden Branche (BAG v. 26.3.2013, Az. 3 AZR 89/11), hilfsweise eine nach Tarifverträgen verwandter Branchen vereinbarte Vergütung oder eine aus den Empfehlungen der berufsständischen Kammern oder Innungen (BAG v. 12.4.2016, Az. 9 AZR 744/14) folgende Vergütung um mehr als 20 % unterschritten wird (BAG v. 26.3.2013, Az. 3 AZR 89/11; BAG v. 16.5.2017, Az. 9 AZR 377/16), sofern nicht besondere Umstände eine niedrigere Ausbildungsvergütung rechtfertigen (BAG v. 29.4.2015, Az. 9 AZR 108/14). Ein solcher „besonderer Umstand" kann etwa bei Ausbildungsverhältnissen gegeben sein, die ausschließlich durch öffentliche Gelder und private Spenden finanziert werden. Dabei muss der Zweck verfolgt werden, die Jugendarbeitslosigkeit zu bekämpfen und auch Jugendlichen eine qualifizierte Ausbildung zu vermitteln, die sie ohne Förderung nicht erlangen könnten. Dies setzt ein individuelles Förderungsbedürfnis voraus, d. h. es muss bei Abschluss des Berufsausbildungsvertrags ein besonderer Unterstützungs- und Förderungsbedarf in der Person des jeweiligen Auszubildenden begründet sein (BAG v. 16.5.2017, Az. 9 AZR 377/16). In diesem Fall darf die vereinbarte Vergütung deutlich niedriger liegen und eine Orientierung an den allgemeinen Lebenshaltungskosten des Auszubildenden vorgenommen werden. Einen Anhaltspunkt bietet in diesen Fällen § 12 BaföG: Eine Vergütung, die höher als zwei Drittel dieses Bedarfs ist, stellt noch einen erheblichen Beitrag zu den Lebenshaltungskosten dar und ist als noch angemessen zu werten (BAG v. 24.10.2002, Az. 6 AZR 626/00; BAG v. 17.3.2015, Az. 9 AZR 789/13). Dagegen rechtfertigt allein die Tatsache, dass ein Ausbildungsträger – etwa im Krankenhausbereich – nur über beschränkte finanzielle Mittel in Form eines ihm zugewiesenen Budgets verfügt, keine Befreiung von der Pflicht, eine angemessene Ausbildungsvergütung zu gewähren. Dementsprechend hat das BAG eine Ausbildungsvergütung, die das Tarifniveau um 35,65 % unterschritt, als unwirksam erachtet (BAG v. 19.2.2008, Az. 9 AZR 1091/06).

Maßgeblich für die Frage, ob eine Vergütung angemessen ist, ist stets der Zeitpunkt, in dem die Vergütung fällig ist. Ein zu Beginn der Ausbildung für das dritte Ausbildungsjahr vereinbartes Entgelt kann ursprünglich angemessen gewesen sein, doch können sich bei Beginn dieses Zeitabschnitts die Vergleichsmaßstäbe verschoben haben, sodass die Vergütung zu diesem Zeitpunkt nicht mehr angemessen und daher anzupassen ist.

Der Auszubildende trägt die Darlegungs- und Beweislast dafür, dass die vereinbarte Ausbildungsvergütung unangemessen ist (BAG v. 26.3.2013, Az. 3 AZR 89/11). Beruft er sich dabei auf einen Tarifvertrag, so gelten dort eventuell geregelte Ausschlussfristen für die Geltendmachung für ihn nicht (BAG v. 29.4.2015, Az. 9 AZR 108/14).

Mit Darlegung und Beweis ist dem Auszubildenden die volle nach der Verkehrsanschauung als angemessen angesehene Vergütung zu zahlen (LAG Mecklenburg-Vorpommern v. 21.6.2022, Az. 2 Sa 251/21). Eine geltungserhaltende Reduktion der vertraglichen Vereinbarung bis zur Grenze dessen, was die Parteien im Rahmen des § 17 Abs. 1 BBiG hätten vereinbaren können, ist dann ausgeschlossen (BAG v. 16.7.2013, Az. 9 AZR 784/11).

IV. Vergütungsformen

Die Vergütung setzt sich oft aus einer Kombination von mehreren Vergütungsformen zusammen. Der größte Anteil entfällt dabei auf eine Form der Zeit- oder Leistungsvergütung bzw. eine Kombination dieser beiden. Hinzukommen können Naturalleistungen sowie sonstige Vergütungsformen.

1. Zeitvergütung

Bei der Zeitvergütung wird die Vergütung für eine bestimmte Zeit der Arbeitsleistung gezahlt. Die Zeitvergütung ist dadurch gekennzeichnet, dass sie nicht an einen besonderen Erfolg oder eine besondere Leistung des Arbeitnehmers geknüpft ist. Es kommt nur darauf an, dass der Arbeitnehmer seine Arbeitsleistung für den entsprechenden Zeitraum erbracht hat.

Gegenstand von Auseinandersetzungen zwischen Arbeitgebern und Arbeitnehmern ist hier häufig die Frage, was zur vergütungspflichtigen Arbeitszeit gehört. Dabei ist heute geklärt, dass Umkleidezeiten in die Arbeitszeit einzubeziehen sind, wenn das Tragen von Arbeitskleidung Pflicht ist und diese erst im Betrieb angelegt werden darf, beispielsweise aus Hygienegründen. Gleiches gilt etwa auch für das An- und Ablegen besonders auffälliger Dienstkleidung, da der Arbeitnehmer kein eigenes Interesse daran hat, seine berufliche Tätigkeit gegenüber Dritten außerhalb der Arbeitszeit offen darzustellen. Zuletzt hat das BAG nun auch entschieden, dass Körperreinigungszeiten als vergütungspflichtige Arbeitszeit zu bewerten sind, wenn sich der Arbeitnehmer bei seiner geschuldeten Arbeitsleistung so sehr verschmutzt, dass ihm ein Anlegen der Privatkleidung, das Verlassen des Betriebs und der Weg nach Hause ohne eine vorherige Reinigung des Körpers im Betrieb nicht zugemutet werden kann (BAG v. 23.4.2024, Az. 5 AZR 212/23).

Dagegen beginnt die vergütungspflichtige Arbeitszeit grundsätzlich nicht schon mit Betreten des Betriebsgeländes, sondern erst dann, wenn der Arbeitnehmer die Arbeit bestimmungsgemäß aufnimmt. Daran ändert sich auch nichts dadurch, dass das Betriebsgelände – etwa ein Flughafen – über eine große räumliche Ausdehnung verfügt und der Arbeitnehmer auf dem Weg zu der konkreten Arbeitsstelle eine Vielzahl von Vorgaben durch den Arbeitgeber, wie das Passieren von Kontrollpunkten, Nutzung eines vom Arbeitgeber betriebenen Shuttleservice etc., befolgen muss (LAG Hessen v. 31.1.2025, Az. 10 SLa 564/24).

Der Zeitvergütung sind der Monats-, Wochen-, Tages- und Stundenlohn sowie auch der Schichtlohn zuzuordnen. Weiterhin gehören zur Zeitvergütung aber auch alle allein zeitbezogenen, leistungsunabhängigen Zulagen, wie z. B. Überstundenzuschläge oder Erschwerniszulagen.

In Unternehmen mit einem flexiblen Arbeitszeitmodell sind Unterdeckungen wegen reduzierter Arbeitszeiten (aus persönlichen oder betrieblichen Gründen) vom Arbeitnehmer entsprechend den betrieblichen Regelungen wieder auszugleichen. Ergibt sich etwa aus einem Arbeitszeitmodell, dass der Arbeitnehmer verpflichtet ist, bis zu einem bestimmten Zeitpunkt einen Negativsaldo zurückzuführen, so ist der Arbeitgeber aber auf der anderen Seite verpflichtet, dem Arbeitnehmer zum Ausgleich Arbeit zu übertragen, da der Arbeitnehmer nicht berechtigt ist, sich Arbeit zu nehmen. Kommt der Arbeitgeber der Verpflichtung zum Einsatz des Arbeitnehmers aus dem im Arbeitsvertrag festgelegten Umfang nicht nach und fordert er die vertraglich geforderte Stundenzahl nicht ab, so ist ein Lohneinbehalt in diesem Fall unzulässig (LAG Hessen v. 2.6.2005, Az. 11 Sa 1207/04).

1.1 Überstundenvergütung

Besondere praktische Bedeutung kommt im Rahmen der Zeitvergütung der Vergütung von Überstunden zu. Dies sind die Arbeitsstunden, die über die betriebliche Arbeitszeit hinaus geleistet werden. Auszubildende haben bereits aufgrund gesetzlicher Regelung (§ 17 Abs. 3 BBiG) einen Anspruch auf besondere Vergütung oder Freizeitausgleich, sofern sie über die vereinbarte regelmäßige tatsächliche Ausbildungszeit hinaus beschäftigt werden. Im Übrigen finden sich Regelungen hierzu im Allgemeinen im jeweils einschlägigen Tarifvertrag.

Fehlt es jedoch an einer tariflichen Regelung oder ist diese mangels Tarifbindung nicht anzuwenden, sind einzelvertragliche Regelungen nötig. Da solche Regelungen jedoch häufig nicht im Arbeitsvertrag zu finden sind, muss geprüft werden, ob Mehrarbeit nach den konkreten Umständen des Einzelfalls nur gegen eine Vergütung zu erwarten ist. Dabei gibt es keinen allgemeinen Rechtsgrundsatz, dass jede Mehrarbeit über die vereinbarte Arbeitszeit hinaus zu vergüten ist. Vielmehr ist die Vergütungserwartung stets anhand eines objektiven Maßstabs unter Berücksichtigung der Verkehrssitte, der Art, des Umfangs und der Dauer der Dienstleistung sowie der Stellung der Beteiligten zueinander festzustellen, ohne dass es auf deren persönlichen Meinung ankäme. Sie kann sich insbesondere daraus ergeben, dass im betreffenden Wirtschaftsbereich Tarifverträge gelten, die für vergleichbare Arbeiten eine Vergütung von Überstunden vorsehen (BAG v. 27.6.2012, Az. 5 AZR 530/11).

Eine solche entsprechende Vergütungserwartung ist regelmäßig gegeben, wenn der Arbeitnehmer kein herausgehobenes Entgelt bezieht (BAG v. 22.2.2012, Az. 5 AZR 765/10). Dagegen sprechen Dienste höherer Art und/oder eine Vergütung oberhalb der jeweils geltenden Beitragsbemessungsgrenze in der gesetzlichen Rentenversicherung eher dafür, dass entsprechend tätige Arbeitnehmer nicht berechtigterweise von einer zusätzlichen Vergütung anfallender Mehrarbeitsstunden ausgehen dürfen (BAG v. 17.8.2011, Az. 5 AZR 406/10; LAG Düsseldorf v. 23.9.2020, Az. 14 Sa 296/20). Gleiches gilt in den Fällen, in denen ein Arbeitnehmer neben einer arbeitszeitbezogenen Vergütung zusätzlich für einen Teil seiner Arbeitsaufgaben in nicht unerheblichem Maße Provisionen erhält (BAG v. 27.6.2012, Az. 5 AZR 530/11).

Darlegungs- und beweispflichtig für das Bestehen einer Vergütungserwartung ist stets derjenige, der eine Vergütung begehrt (BAG v. 27.6.2012, Az. 5 AZR 530/11).

ACHTUNG!

Bei der Gestaltung der Vergütung können potentiell anfallende Überstunden nicht uneingeschränkt und in vollem Umfang pauschal mit dem Grundgehalt abgegolten werden. Derartige Vereinbarungen sind wegen Verstoßes gegen das Transparenzgebot des § 307 Abs. 1 Satz 2 BGB unwirksam (BAG v. 1.9.2010, Az. 5 AZR 517/09; BAG v. 22.2.2012, Az. 5 AZR 765/10).

Dagegen ist eine Vereinbarung, nach der im monatlichen Gehalt die ersten zwanzig Überstunden im Monat „mit drin“ sind, klar, verständlich und auch zulässig (BAG v. 16.5.2012, Az. 5 AZR 331/11).

Soll eine Überstundenvergütung in einer Betriebsvereinbarung geregelt werden, so ist auch hier auf Klarheit und Verständlichkeit zu achten. Eine Regelung, nach der etwa Mitarbeiter, die regelmäßige Mehrarbeit haben, eine Pauschalvergütung für Überstunden erhalten, während andere Mitarbeiter, die keine regelmäßige Mehrarbeit haben, eine exakte Stundenabrechnung erhalten, ist gleich in zweifacher Hinsicht unwirksam. Mit der Voraussetzung „regelmäßige Mehrarbeit“ wird gegen das Gebot der Normenklarheit verstoßen, weil es für die Arbeitnehmer nicht hinreichend klar ersichtlich ist, in welchem Fall eine solche anzunehmen ist und in welchem Fall nicht. Außerdem genügt die Regelung nicht dem betriebsverfassungsrechtlichen Gleichbehandlungsgrundsatz. Eine – wie auch immer geartete – „Regelmäßigkeit“ von Überstunden ist kein taugliches Differenzierungskriterium dafür, ob die Vergütung von Überstunden pauschaliert oder „spitz“ nach den tatsächlich geleisteten Überstunden gezahlt wird (BAG v. 26.6.2019, Az. 5 AZR 452/18).

Ist eine Überstundenvergütung an sich unstreitig, so kann diese vom Arbeitnehmer aber auch nur dann eingefordert werden, wenn er darlegen kann, dass er Arbeit in einem die Normalarbeitszeit übersteigenden Umfang geleistet oder sich auf Weisung des Arbeitgebers hierzu bereitgehalten hat. Da der Arbeitgeber nur von ihm veranlasste Überstunden zahlen muss, hat der Arbeitnehmer vorzutragen, dass der Arbeitgeber die geleisteten Überstunden ausdrücklich oder konkludent angeordnet, geduldet oder nachträglich gebilligt hat (BAG v. 5.5.2022, Az. 5 AZR 359/21).

Sind in einem Tarifvertrag neben einer Überstundenvergütung auch Überstundenzuschläge vorgesehen, so müssen diese jedem Arbeitnehmer ab Überschreiten der individuellen Arbeitszeit gewährt werden (EuGH v. 29.7.2024, Az. Rs. C-184/22 und C-185/2). Eine nationale tarifliche Regelung, nach der die Zahlung von Überstundenzuschlägen an Teilzeitbeschäftigte nur für die Arbeitsstunden vorgesehen ist, die über die regelmäßige Arbeitszeit von sich in einer vergleichbaren Lage befindlichen vollzeitbeschäftigten Arbeitnehmer hinaus gearbeitet werden, verstößt nach der Rechtsprechung des EuGH gegen das Unionsrecht (so jetzt das BAG v. 5.12.2024, Az. 8 AZR 370/20, das in einer entsprechenden tariflichen Regelung einen Verstoß gegen das Verbot der Diskriminierung Teilzeitbeschäftigter – § 4 Abs. 1 TzBfG – sieht).

Zu den Einzelheiten der Überstundenvergütung s. Mehrarbeit.

1.2 Vergütung an Sonn- und Feiertagen

Soweit nicht ausdrücklich auf tariflicher oder einzelvertraglicher Basis abweichend geregelt, besteht für tagsüber zu leistende Arbeiten an Sonn- und Feiertagen kein Anspruch auf eine höhere Vergütung als an Wochentagen (BAG v. 11.1.2006, Az. 5 AZR 97/05). Nach dem Arbeitszeitgesetz kann ein Arbeitnehmer nur einen Zuschlag für die Nachtarbeit an Sonn- und Feiertagen verlangen. Für eine tagsüber geleistete Sonn- und Feiertagsarbeit ist jedoch ein Ersatzruhetag zu gewähren.

1.3 Erschwerniszulagen

Erschwerniszulagen werden gezahlt, um besondere Erschwernisse, unter denen die Arbeitsleistung zu erbringen ist, zusätzlich zu vergüten.

Beispiele:

Schmutzzulagen; Lärmzulagen; Zulagen für besonders gefährliche oder gesundheitsschädigende Arbeit; Zulagen für Arbeiten, die mit besonderer psychischer Belastung verbunden sind.

Sie werden im Allgemeinen aufgrund eines Tarifvertrags gezahlt, können aber auch einzelvertraglich vereinbart werden.

2. Leistungsvergütung/Erfolgsvergütung

Anders als die Zeitvergütung wird die Leistungsvergütung in Abhängigkeit von der erbrachten Leistung gezahlt. Die wichtigsten leistungsbezogenen Lohnformen sind der Akkord- und der Prämienlohn.

2.1 Akkordlohn

Der Akkordlohn ist eine von der Arbeitsmenge abhängige Vergütung. Die Vereinbarung dieser Vergütungsform kommt nur dann in Betracht, wenn sich der Arbeitsablauf in bestimmter Weise stets wiederholt und der Arbeitnehmer dazu in der Lage ist, durch eine Steigerung seiner Arbeitsleistung die Menge der Produktion zu beeinflussen. Als Bezugspunkt wird auf die erbrachte Arbeitsmenge (z. B. Stückzahl, Gewicht, Maß) abgestellt und der Arbeitsmengeneinheit ein Geldbetrag (Geldakkord) oder eine feste Vorgabezeit als Verrechnungsfaktor (Zeitakkord) zugeordnet.

Daraus ergibt sich für den Geldakkord die Formel

Arbeitsmenge × Geldfaktor

und für den Zeitakkord die Formel

Arbeitsmenge × Vorgabezeit × Geldfaktor : 60.

Beim Akkordlohn trägt der Arbeitnehmer das Risiko einer Minderleistung, es sei denn, der Arbeitgeber hat diese Minderleistung ausnahmsweise zu vertreten, etwa weil er das notwendige Arbeitsmaterial oder Gerät nicht bereitstellt. Aus diesem Grund finden sich gerade in Tarifverträgen häufig Mindestlohngarantien, die gewährleisten, dass das Einkommen der Arbeitnehmer bei unterdurchschnittlicher Leistung nicht unter den dort festgelegten Mindestlohn sinkt.

Für die Höhe der Akkordvergütung ist die Arbeitsqualität unerheblich, wenn nicht etwas anderes tarifvertraglich oder einzelvertraglich vereinbart ist. Ohne besondere Vereinbarung kann der Arbeitgeber den Akkordlohn daher bei Schlechtleistung nicht einseitig herabsetzen. Unbenommen ist es ihm dagegen, Schadensersatzansprüche gegen den Arbeitnehmer geltend zu machen oder ihm nach → *Abmahnung* im Wiederholungsfall zu kündigen.

2.2 Prämienlohn

Ebenso wie der Akkordlohn wird auch der Prämienlohn in der Form festgelegt, dass eine Leistung gemessen und mit einer Bezugsleistung verglichen wird. Der dadurch ermittelte Leistungsgrad bestimmt hier wie dort das Leistungsentgelt in seiner Höhe.

Der Prämienlohn ist damit von den Prämien zu unterscheiden, die nicht an die Leistung des Arbeitnehmers anknüpfen, wie insbesondere Pünktlichkeits- oder Anwesenheitsprämien.

Im Unterschied zum Akkordlohn dient der Prämienlohn häufig der Qualität der Arbeit (Qualitäts- oder Güteprämie).

Beispiel:

Bezugsbasis kann u. a. der Ausschuss sein. Besteht z. B. eine Ausschussquote von 15 % und kann der Ausschuss – unter Berücksichtigung von material- bzw. maschinenbedingter Ausschussquote – bei optimaler Arbeitsleistung bis auf 5 % gesenkt werden, kann hier ein Prämienlohnsystem ansetzen.

Der Prämienlohn kann aber auch – wie der Akkordlohn – an die Arbeitsmenge anknüpfen (Mengenprämie). Außerdem kann mit ihm eine bessere Nutzung der betrieblichen Anlagen/Materialien (Nutzungsprämie) oder eine Belohnung von Rohstoff- oder Energieersparnis (Ersparnisprämie) bezweckt sein. Soll die Prämie den Arbeitnehmer an der pünktlichen Einhaltung von Lieferterminen interessieren – und damit ggf. hohe Konventionalstrafen vermeiden helfen –, spricht man von einer Terminprämie.

Im Allgemeinen wird eine Grundvergütung gezahlt, auf die ein Prämienlohnsystem aufgestockt ist. Nur in seltenen Fällen ist die gesamte Arbeitsvergütung Prämienlohn. In diesen Fällen steigt oder sinkt die Arbeitsvergütung je nach der erbrachten Arbeitsleistung, es sei denn, dass eine Mindestlohngarantie das Absinken unter eine bestimmte Lohnhöhe verhindert.

Bei der Gewährung von Prämienlohn muss der Arbeitgeber den Gleichbehandlungsgrundsatz beachten.

2.3 Provisionsvergütung

Die Provision ist eine Erfolgsvergütung. Sie ist die typische Vergütung des Handelsvertreters, der nicht Arbeitnehmer ist, sondern selbstständig Geschäfte vermittelt und abschließt. Sie ist in den §§ 87 bis 87c HGB gesetzlich geregelt. Arbeitet ein Arbeitnehmer auf Provisionsbasis, gelten diese Regelungen für ihn entsprechend (§ 65 HGB).

Im Allgemeinen werden im Arbeitsverhältnis Provisionsvereinbarungen in Verbindung mit einem Fixum getroffen. Die Vereinbarung einer ausschließlich erfolgsorientierten Provisionsvergütung ist jedoch im Hinblick auf die ausdrückliche gesetzliche Regelung in § 65 HGB auch im Arbeitsverhältnis nicht stets unzulässig. Eine sittenwidrige Verlagerung des arbeitgeberseitigen Beschäftigungsrisikos liegt erst dann vor, wenn das zur Verfügung gestellte Adressenmaterial oder eine andere geschuldete Mitwirkung des Arbeitgebers nicht ausreichend ist, um in der eingesetzten Zeit einen angemessenen Verdienst zu erzielen (LAG Köln v. 16.2.2009, Az. 2 Sa 824/08).

Mit der Provision wird der Arbeitnehmer in der Regel an dem Wert derjenigen Geschäfte beteiligt, die durch ihn zustande gekommen sind (Vermittlungsprovision).

3. Naturalvergütung

Naturalvergütung ist jede Vergütung, die als Gegenleistung für die Arbeitsleistung des Arbeitnehmers nicht in Geld gewährt wird.

Beispiele:

Personalrabatte, Verbilligung von Werk- und Dienstleistungen, Einräumung privater kostenloser Nutzungsmöglichkeit an betrieblichem Eigentum (Dienstwagen, Werkdienstwohnung), Verschaffung einer Verdienstmöglichkeit (Trinkgeld), Gewährung von Sachbezügen (z. B. Deputaten in der Landwirtschaft, Bier in Brauereien), Gewährung von Kost und Logis.

Möglich ist auch eine Vergütung in Form von Kryptowährungen. Das BAG (v. 16.4.2025, Az. 10 AZR 80/24) qualifiziert die Übertragung von Krytowährungen (z. B. Ether, Bitcoin etc.) zur Erfüllung von variablen Vergütungsansprüchen (Provisionszahlungen) als zulässigen Sachbezug, sofern diese Form der Vergütung im objektiven Interesse des Arbeitnehmers liegt. Dies gelte insbesondere dann, wenn der Arbeitnehmer ausdrücklich den Wunsch äußere, Kryptowährung als Vergütungsbestandteil zu erhalten, und er daraus wirtschaftliche Vorteile ziehen kann – etwa durch Kursgewinne oder eine höhere Flexibilität im Einsatz des Vermögenswerts.

Bei allen Fällen alternativer Vergütung ist jedoch § 107 Abs. 2 Satz 5 GewO und die dort enthaltene Mindestsicherung zu beachten: Der Wert der (zulässig) vereinbarten Sachbezüge oder die Anrechnung der überlassenen Waren auf das Arbeitsentgelt darf die Höhe des pfändbaren Teils des Arbeitsentgelts nicht übersteigen. Der unpfändbare Betrag muss also stets bar ausgezahlt oder überwiesen werden. Dadurch soll verhindert werden, dass der Arbeitnehmer Waren, die er als Naturallohn erhalten hat, erst weiterverkaufen muss, um seinen Lebensunterhalt bestreiten zu können (vgl. dazu auch BAG v. 24.3.2009, Az. 9 AZR 733/07).

Bei Auszubildenden ist zu beachten, dass Sachleistungen, wie beispielsweise Wohnung, Heizung etc. nur bis zu 75 % auf die Ausbildungsvergütung angerechnet werden können. Mindestens 25 % der Bruttovergütung ist als Geldleistung zu gewähren (§ 17 Abs. 2 BBiG).

Soweit die Vergünstigung nicht im Einzelfall individuell ausgehandelt ist, muss der Arbeitgeber bei der Naturalvergütung den Gleichbehandlungsgrundsatz beachten. Er darf einzelne Arbeitnehmer nicht ohne sachlichen Grund schlechterstellen oder durch sachfremde Gruppenbildung bestimmte Beschäftigte von der Vergünstigung ausschließen.

Von besonderer praktischer Bedeutung sind dabei folgende Naturalbezüge:

3.1 Dienstwagen

Die Überlassung eines Dienstwagens wird dann zum Naturalbezug, wenn der Arbeitnehmer den PKW auch für den Arbeitsweg zwischen Wohnung und Arbeitsstätte oder für private Zwecke nutzen kann. In diesem Fall kann der PKW nicht jederzeit vom Arbeitgeber zurückgefordert werden. Die Zusage zur Überlassung kann, ohne dass dies ausdrücklich vereinbart worden wäre, nicht einseitig widerrufen werden, sondern nur durch → *Änderungskündigung* oder Änderungsvereinbarung beseitigt werden.

ACHTUNG!

Auch wenn der Arbeitgeber kündigt und den Arbeitnehmer bis zum Ablauf der Kündigungsfrist freistellt, muss er ihm den PKW bis zur Beendigung des Arbeitsverhältnisses überlassen, wenn nichts anderes vertraglich vereinbart wurde.

Anderenfalls hat der Arbeitnehmer Anspruch auf eine Nutzungsentschädigung. Bei der Ermittlung der Höhe des Nutzungswerts ist auf die lohnsteuerrechtliche Vorteilsermittlung (für jeden Kalendermonat 1 % des Listenpreises) abzustellen.

Es empfiehlt sich in jedem Fall, die Einzelheiten zur Benutzung eines Dienstwagens in einem Dienstwagenüberlassungsvertrag neben dem → *Arbeitsvertrag* zu regeln.

3.2 Personalrabatte

Unter einem Personalrabatt versteht man die Einräumung verbilligten Wareneinkaufs durch den Arbeitgeber. Besondere Bedeutung hat der Personalrabatt für die Arbeitnehmer der Autoindustrie, da er dort einen erheblichen wirtschaftlichen Vorteil mit sich bringt.

TIPP!

Der Arbeitgeber sollte bei der Einführung von Personalrabatten in die Zusage ausdrücklich eine Freiwilligkeitsklausel aufnehmen, damit er sie jederzeit wieder einstellen kann. Das ist sonst nicht möglich!

Teilzeitbeschäftigte dürfen vom Personalrabatt nicht ausgeschlossen werden.

3.3 Trinkgeld

In verschiedenen Branchen – besonders im Gaststätten- und Hotelgewerbe – erhalten die dort beschäftigten Arbeitnehmer von Dritten Trinkgelder. Der Arbeitgeber, der seinen Mitarbeitern die Möglichkeit einräumt, diese Gelder von Gästen/Kunden in Empfang zu nehmen, lässt ihnen auf diese Weise einen Naturalbezug zukommen.

Nicht zulässig ist indes, dass der Arbeitgeber die Zahlung eines regelmäßigen Arbeitsentgelts im Hinblick auf den Erhalt von Trinkgeldern gänzlich ausschließt (§ 107 Abs. 3 GewO). Das Trinkgeld kann daher immer nur Teil des Gesamtbezuges sein.

WICHTIG!

Hat der Arbeitnehmer Anspruch auf eine tarifliche Vergütung, darf diese nicht teilweise aus Trinkgeldern bestehen.

4. Sonderformen der Vergütung/Zielvereinbarungen

Neben der Zeit- und Leistungsvergütung werden in vielen Betrieben weitere Vergütungen in Geld erbracht, die sich keiner der Gruppen eindeutig zuordnen lassen. Hier sind z. B. Gewinnbeteiligungen, Gratifikationen, betriebliche Altersversorgung oder auch vermögenswirksame Leistungen zu nennen.

Besondere Bedeutung haben in der Praxis Zielvereinbarungen/Bonusregelungen. Der Bonus ist ein zusätzlicher, in aller Regel variabler Gehaltsbestandteil, der üblicherweise an die Erreichung persönlicher und/oder unternehmensbezogener Ziele anknüpft. Unternehmensbezogene Ziele sind dabei im Allgemeinen wirtschaftliche Kennziffern, wie z. B. der Umsatz und vor allem der Gewinn. Bei der Festlegung persönlicher Ziele sind die unterschiedlichsten Kriterien denkbar, so z. B. das Ergebnis der Abteilung, der der Mitarbeiter angehört bzw. die er leitet. Ebenso kommen aber auch die Aufgabenerfüllung, die Arbeitsqualität, die Führungsleistungen u. Ä. als Kriterien in Betracht. Der Arbeitnehmer, der einen Leistungsbonus verlangt, trägt im Streitfall die Darlegungs- und Beweislast dafür, dass die jeweils vereinbarten Anspruchsvoraussetzungen erfüllt sind (LAG Köln v. 18.11.2011, Az. 10 Sa 48/11).

In formularmäßigen Vertragsbedingungen von leitenden Mitarbeitern kann vereinbart werden, dass der Arbeitgeber jährlich die tatsächliche Höhe der variablen Vergütung nach billigem Ermessen unter Beachtung bestimmter Faktoren und Erreichung vereinbarter Ziele bestimmt (BAG v. 29.8.2012, Az. 10 AZR 385/11 und v. 14.11.2012, Az. 10 AZR 783/11). Entspricht die Festlegung des Arbeitgebers in diesen Fällen nicht dem billigen Ermessen, ist sie nach § 315 Abs. 3 BGB unverbindlich. Die Höhe des Bonus ist dann – bei entsprechender klageweisen Geltendmachung durch den Arbeitnehmer – durch das Gericht auf Grundlage des Vertrags der Parteien festzusetzen. Dabei sollen die in der Vergangenheit gezahlten Boni einen wichtigen Faktor für die Leistungsbestimmung darstellen (BAG v. 3.8.2016, Az. 10 AZR 710/14). Eine Festsetzung auf null dürfte danach nur in extremen Ausnahmefällen wirksam sein.

Weiterhin kann im Arbeitsvertrag festgelegt werden, dass sich der Leistungsbonus nach der individuellen Zielerreichung sowie dem Erfolg des Unternehmens richtet. Treten in diesem Fall dann derart hohe Verluste ein, dass die Fortexistenz des Unternehmens hochgradig gefährdet ist, besteht kein Anspruch auf einen Bonus, selbst wenn die individuellen Ziele erreicht worden sind (BAG v. 20.3.2013, Az. 10 AZR 8/12; vgl. auch BAG v. 19.3.2014, Az. 10 AZR 622/13). Auch eine nur „vorläufige" Festsetzung eines Bonus, der nach der arbeitsvertraglichen Regelung im Ermessen des Arbeitgebers liegt, kann im Rahmen „billigen Ermessens" revidiert werden, wenn etwa erhebliche wirtschaftliche Verluste des Unternehmens eingetreten sind (BAG v. 12.10.2011, Az. 10 AZR 756/10).

Ist in einer arbeitsvertraglichen Regelung vereinbart, dass trotz Erfüllung persönlicher Ziele eine Bonuszahlung ausgeschlossen ist, wenn das Unternehmen im relevanten Zeitraum keinen Gewinn erzielt, so ist diese Kombination rechtlich wirksam, da sie weder unklar ist noch den Arbeitnehmer unangemessen benachteiligt (LAG Hessen v. 1.2.2010, Az. 7 Sa 923/09).

Unklar ist dagegen nach Auffassung des LAG Berlin-Brandenburg (v. 23.2.2024, Az. 12 Sa 864/23) eine Regelung, in der es heißt: „In Abhängigkeit vom Betriebsergebnis erhält der Arbeitnehmer eine Leistungsprämie in Form eines 13. Monatsgehaltes zahlbar im Dezember eines jeden Jahres", da aus der Klausel nicht ermittelt werden könne, für welches Betriebsergebnis eine Leistung versprochen wird, und für welches Betriebsergebnis nicht. Die Abhängigkeit zwischen Betriebsergebnis und Gewährung des 13. Gehalts bzw. der Leistungsprämie bleibe unbestimmt. Die als variabel gedachte Zahlung ist damit nicht mehr variabel, sondern wird zum fixen Anspruch und wird nun entgegen der Absicht des Arbeitgebers stets in voller Höhe geschuldet.

Eine einseitige nachträgliche Änderung festgelegter Ziele und der weiteren Zahlungsvoraussetzungen ist bei variablen Vergütungsbestandteilen mit Zielvereinbarung grundsätzlich unzulässig. Dies gilt auch für die Berechnungsmethode (BAG v. 11.12.2013, Az. 10 AZR 364/13). Schwierigkeiten können hier insbesondere dann auftreten, wenn die Zielerreichung an bestimmte Bilanzkennziffern oder Kenngrößen der Rechnungslegung anknüpft. So definieren gesetzliche und regulatorische Rechnungslegungsvorschriften nicht den Begriff des EBITDA, an den in der Praxis jedoch oft angeknüpft wird. Die damit für den Arbeitgeber bestehenden Spielräume führen in der Praxis immer wieder zu Streit. Häufig kann es daher sinnvoll sein, für die Bemessung der variablen Vergütung bestimmte Kennziffern des testierten Jahres- oder Konzernabschlusses zugrunde zu legen.

Im Ergebnis stellen Zielvereinbarungen ein finanzielles Anreizsystem zur Motivation der Mitarbeiter dar; sie fördern damit Leistung und Effizienz.

Ist arbeitsvertraglich ein Zielerreichungsbonus vereinbart, werden jedoch tatsächlich für das vertragliche Geschäftsjahr keine Ziele festgelegt, so kann dies dazu führen, dass der Arbeitgeber dem Arbeitnehmer Schadensersatz leisten muss. Obliegt es nämlich dem Arbeitgeber, eine Zielvorgabe zu machen oder die Initiative zur Führung des Gesprächs mit dem Arbeitnehmer über eine Zielvereinbarung zu ergreifen und tut er dies nicht oder hat er auf eine entsprechende Aufforderung ein solches Gespräch nicht anberaumt, liegt darin eine vertragliche Nebenpflichtverletzung (BAG v. 17.12.2020, Az. 8 AZR 149/20, BAG

v. 13.10.2021, Az. 10 AZR 729/19, vgl. auch BAG v. 3.7.2024, Az. 10 AZR 171/23, wonach bei einer zu treffenden Zielvereinbarung dem Arbeitnehmer die Möglichkeit gegeben werden muss, auf die Festlegung der Ziele auch tatsächlich Einfluss zu nehmen). Gleiches gilt, wenn eine Zielvorgabe entgegen der arbeitsvertraglichen Vereinbarung zu einem so späten Zeitpunkt erfolgt, dass ihr keinerlei sinnvolle Anreizfunktion mehr zukommen kann. Dabei ist bei der Schadensberechnung wegen einer verspäteten Zielvorgabe grundsätzlich davon auszugehen, dass ein Arbeitnehmer vereinbarte Ziele erreicht hätte, wenn nicht besondere Umstände diese Annahme ausschließen. Solche besonderen Umstände hat der Arbeitgeber darzutun und gegebenenfalls zu beweisen (BAG v. 19.2.2025, Az. 10 AZR 57/24; LAG Nürnberg v. 26.4.2024, Az. 8 SA 292/23). Der Arbeitnehmer wiederum hat immer dann die Obliegenheit, sich auch von seiner Seite zu kümmern, wenn arbeitsvertraglich keine einseitige Zielvorgabe durch den Arbeitgeber, sondern eine Zielvereinbarung festgelegt ist. Tut er dies nicht, wird ein möglicher Bonusanspruch aufgrund seines Mitverschuldens erheblich zu reduzieren sein (BAG v. 12.12.2007, Az. 10 AZR 97/07).

Wenn es in einer Bonusvereinbarung heißt, dass die Ziele „gemeinsam mit dem Mitarbeiter" festzulegen sind, soll dies dafür sprechen, dass die alleinige Initiativpflicht beim Arbeitgeber liegt. Kommt er dieser Pflicht nicht nach, indem er es unterlässt, ein Gespräch über die Zielvereinbarung vor Ablauf der Zielperiode anzuregen, ist er dem Arbeitnehmer zum Schadensersatz verpflichtet (LAG Berlin-Brandenburg v. 17.9.2008, Az. 15 Sa 283/08). Bei einer arbeitsvertraglich vereinbarten einseitigen Zielvorgabe durch den Arbeitgeber verletzt der Arbeitnehmer keine eigenen Pflichten, wenn er den Arbeitgeber nicht auffordert, ihm Ziele vorzugeben. Dementsprechend ist der Arbeitnehmer auch in den Fällen, in denen für die Festlegung von Zielen eine Zeit nach dem Kalender bestimmt ist, nicht verpflichtet, den Arbeitgeber zu mahnen (LAG Köln v. 15.12.2014, Az. 5 Sa 580/14).

Nach Auffassung des BAG (12.5.2010, Az. 10 AZR 390/09) sollen gegen den Arbeitgeber Schadensersatzansprüche selbst dann dem Grunde nach bestehen, wenn in einer bestehenden Zielvereinbarung eine Nachwirkungsklausel aufgenommen ist, wonach im Falle der Nichteinigung die zuletzt vereinbarten Ziele bis zum Abschluss einer neuen Zielvereinbarung auch in der künftigen Zielperiode gelten. Auch in diesem Fall bleibe die Verpflichtung des Arbeitgebers, dem Arbeitnehmer für das Folgejahr ein neues Angebot zu unterbreiten und über eine neue Zielvereinbarung zu verhandeln, regelmäßig bestehen. Ein möglicher Schadensersatzanspruch des Arbeitnehmers hänge somit davon ab, inwieweit der Arbeitgeber im Folgejahr seine Pflicht zum Vorschlag und zur Verhandlung von erreichbaren Zielen gegenüber dem Arbeitgeber erfüllt und in welcher Weise der Arbeitnehmer darauf reagiert habe.

Ist eine Zielvereinbarung abgeschlossen worden, die jedoch vom Arbeitnehmer wegen arglistiger Täuschung angefochten werden kann, so kommt auch in diesem Fall ein Schadensersatzanspruch wegen unterbliebenen Abschlusses einer Zielvereinbarung in Betracht. Eine Anpassung aufgrund einer Störung der Geschäftsgrundlage scheidet dagegen aus, wenn beide Seiten übereinstimmend, aber fälschlich annehmen, die vereinbarten Ziele seien erreichbar. Der Arbeitnehmer trägt das Risiko, dass er die für eine Bonuszahlung vereinbarten Ziele nicht erfüllt (LAG Hamm v. 18.2.2014, Az. 14 Sa 806/13).

An einer Pflichtverletzung des Arbeitgebers – und damit an einer Voraussetzung für einen Schadensersatzanspruch – fehlt es auch dann, wenn er dem Arbeitnehmer Ziele vorgeschlagen hat, die dieser nach einer auf den Zeitpunkt des Angebots bezogenen Prognose hätte erreichen können. In diesem Fall kann sich der Arbeitnehmer nicht einfach dadurch einer Vereinbarung entziehen, dass er seine Zustimmung zu den Zielvorgaben verweigert (BAG v. 10.12.2008, Az. 10 AZR 889/07). Es entfällt vielmehr bei einem alleinigen Verschulden des Arbeitnehmers der Anspruch auf die variable Vergütung wie auch auf einen Schadensersatz (BAG v. 17.12.2020, Az. 8 AZR 149/20).

TIPP!

Im Arbeitsvertrag sollte deutlich gemacht werden, dass die Initiative auf Abschluss einer Bonusvereinbarung jährlich neu vom Arbeitnehmer ausgehen muss und ein Bonusanspruch für ein Geschäftsjahr immer nur dann entsteht, wenn eine Zielvereinbarung jeweils schriftlich vor Beginn des neuen Geschäftsjahres getroffen wurde. Der Bonusanspruch ist in diesem Fall nur dann geschuldet, wenn tatsächlich eine Zielvereinbarung geschlossen wurde. Ein Schadensersatzanspruch ist dann auf den Fall beschränkt, dass der Mitarbeiter den Abschluss einer Zielvereinbarung noch während des laufenden Geschäftsjahres gefordert hat, ihm aber ein entsprechendes Gespräch verweigert wurde.

Die Bestimmung der Höhe eines Schadensersatzanspruchs ist nicht unproblematisch. Ohne Bedeutung ist, ob und gegebenenfalls in welchem Umfang der Arbeitnehmer in der Vergangenheit die vereinbarten Ziele erreicht hat. Vielmehr richtet sich der Umfang des Schadens nach dem entgangenen Gewinn (§ 252 BGB), der nach dem gewöhnlichen Lauf der Dinge mit Wahrscheinlichkeit erwartet werden konnte. Festzustellen ist damit, welche Ziele bei pflichtgemäßem Verhalten des Arbeitgebers von ihm festgelegt bzw. mit dem Arbeitnehmer vereinbart worden wären und in welchem Maße der Arbeitnehmer die vereinbarten Ziele erfüllt hätte (LAG Schleswig-Holstein v. 22.7.2014, Az. 1 Sa 49/14). Dabei stellt das Bundesarbeitsgericht (v. 17.12.2020, Az. 8 AZR 149/20; ebenso LAG Schleswig-Holstein v. 11.7.2023, Az. 2 Sa 150/22) eine Vermutungsregelung auf: Bei der Feststellung des Schadens durch ein Gericht sei zu berücksichtigen, dass mit Blick auf den Motivationszweck eines Zielerreichungsbonus erreichbare Ziele vereinbart worden wären. Es sei deshalb davon auszugehen, dass der Arbeitnehmer die vereinbarten Ziele erreicht hätte, wenn nicht besondere Umstände diese Annahme ausschließen. Solche besonderen Umstände sind vom Arbeitgeber darzulegen und zu beweisen. Genau dies aber gelingt dem Arbeitgeber in der Praxis kaum, mit der Folge, dass er die Zielprämie in voller Höhe zahlen muss, selbst wenn der Arbeitnehmer in den Vorjahren immer deutlich unter dem Zielwert lag (vgl. etwa LAG Köln v. 26.1.2018, Az. 4 Sa 433/17).

Zielvereinbarungen gegenüber Arbeitnehmern unterliegen der Inhaltskontrolle. Sie müssen als befristete Vereinbarungen von Arbeitsbedingungen den Angemessenheitskriterien des § 307 Abs. 1 Satz 1 BGB entsprechen.

TIPP!

Für jeden befristet ausgelobten Zielbonus sollte es möglichst einen konkreten Befristungsgrund geben. Dieser könnte etwa darin bestehen, dass der Arbeitgeber den Zielbonus erstmalig erproben oder mit ihm einmalige Anreize gewähren will, beispielsweise um eine Produktionsumstellung zu gewährleisten oder ein neues Geschäftsfeld zu erproben.

Widerrufsvorbehalte, mit denen der Arbeitgeber sich die Möglichkeit eröffnet, auf veränderte Umstände schnell zu reagieren, sind nur dann wirksam, wenn die Widerrufsgründe bereits im Widerrufsvorbehalt benannt sind – wie etwa wirtschaftliche Gründe, Leistung des Arbeitnehmers, Verhalten des Arbeitnehmers – und sich der Zielbonus auf maximal 25 % der Gesamtvergütung des Arbeitnehmers beläuft. Nicht erforderlich ist dagegen, dass der Widerrufsvorbehalt auch eine Ankündigungs- bzw. Auslauffrist enthält. Ob sie im Einzelfall eingeräumt werden muss, ist gegebenenfalls in der Ausübungskontrolle zu prüfen (BAG v. 21.3.2012, Az. 5 AZR 651/10).

Ein vertraglicher Freiwilligkeitsvorbehalt, der dem Arbeitgeber das Recht zubilligt, von einer Leistungsbestimmung über einen

Bonus für ein bestimmtes Geschäftsjahr abzusehen, obwohl der Arbeitnehmer seine Arbeitsleistung erbracht hat, ist unwirksam im Sinne von § 307 Abs. 1 Satz 1 i. V. m. Abs. 2 BGB (BAG v. 3.8.2016, Az. 10 AZR 710/14).

Auch im Krankheitsfall entstehen für den Arbeitnehmer, mit dem eine Zielvereinbarung abgeschlossen wurde, Ansprüche auf Bonuszahlungen, denn auch die variablen Vergütungsbestandteile sind im Rahmen der Entgeltfortzahlung zu berücksichtigen. Die Berechnung bereitet häufig Schwierigkeiten, doch haben sich in der Praxis zwei Berechnungswege durchgesetzt: Entweder werden während des Krankheitszeitraums Bonuszahlungen an vergleichbare Arbeitnehmer zugrunde gelegt, oder es wird von der durchschnittlichen variablen Vergütung des betroffenen Mitarbeiters in der Vergangenheit ausgegangen. Welche Berechnungsgrundlage im Krankheitsfall gewählt wird, sollte vorher schriftlich festgelegt werden.

Eine Regelung in einem vorformulierten Arbeitsvertrag, nach der variable Vergütungsbestandteile während einer Freistellung wegfallen, verstößt gegen § 308 Nr. 4 BGB und ist unwirksam. Dies gilt jedenfalls dann, wenn in der Klausel keine sachlichen Gründe aufgelistet sind und die variablen Vergütungsbestandteile mehr als 25 % der Gesamtvergütung ausmachen (LAG Hamm v.11.11.2011, Az. 14 Sa 543/11).

Haben sich der Arbeitgeber und der Arbeitnehmer auf eine Zielvereinbarung und das Geschäftsjahr als Zielperiode geeinigt, so ist auch eine Vereinbarung zulässig, wonach der Anspruch auf die Bonuszahlung daran geknüpft ist, dass das Arbeitsverhältnis am Ende des Geschäftsjahres tatsächlich noch besteht (BAG v. 6.5.2009, Az. 10 AZR 443/08). Dagegen sind Stichtagsklauseln unzulässig und unverhältnismäßig, sofern der Stichtag außerhalb des jeweiligen Bezugszeitraums liegt; durch sie wird die durch Art. 12 Abs. 1 GG geschützte Berufsfreiheit des Arbeitnehmers übermäßig beschränkt.

Beispiel:

Die Höhe einer Erfolgsvergütung ist vom Erreichen bestimmter wirtschaftlicher und individueller Ziele während des Geschäftsjahres abhängig. Als Auszahlungszeitpunkt ist der Juli des Folgejahres vorgesehen. Eine Regelung, wonach der Anspruch auf die Vergütung ausgeschlossen sein soll, wenn der berechtigte Mitarbeiter das Arbeitsverhältnis vor dem Auszahlungstag kündigt, ist unwirksam (BAG v. 12.4.2011, Az. 1 AZR 412/09; ebenso BAG v. 7.6.2011, Az. 1 AZR 807/09, BAG v. 3.8.2016, Az. 10 AZR 710/14).

Gleiches gilt für Sonderzahlungen mit Mischcharakter, mit denen zum einen die Leistung eines Mitarbeiters (das Erreichen bestimmter wirtschaftlicher und individueller Ziele) und zum anderen die Betriebstreue honoriert werden sollen. Auch hier kann die Zahlung nicht vom ungekündigten Bestand des Arbeitsverhältnisses außerhalb des Bezugszeitraums abhängig gemacht werden (BAG v. 18.1.2012, Az. 10 AZR 612/10), wohl aber von einem Stichtag, der innerhalb des Bezugszeitraums liegt (LAG Berlin-Brandenburg v. 19.1.2020, Az. 4 Sa 1456/19).

Findet sich in einem Arbeitsvertrag neben einer Zielvereinbarungsregelung eine Ausschlussfrist für die Geltendmachung von Ansprüchen, so kann der Anspruch auf Schadensersatz wegen einer nicht vereinbarten Zielvereinbarung auch nur in der Ausschlussfrist wirksam geltend gemacht werden. Der Lauf der vertraglichen Ausschlussfrist beginnt, wenn feststeht, dass der Arbeitgeber dem Arbeitnehmer keine Ziele mehr vorgeben kann, d. h. mit Ablauf der maßgeblichen Zielperiode (ArbG Offenbach, Az. 1 Ca 415/09).

V. Reduzierung der Vergütung

Eine einmal vereinbarte Arbeitsvergütung kann vom Arbeitgeber nicht einseitig reduziert werden. Eine einverständliche – befristete wie unbefristete – Reduzierung des vertraglichen Gehalts ist dagegen jederzeit möglich, solange die Gehaltshöhe nicht in den Bereich der sittenwidrigen Entlohnung abgesenkt wird. Einer sachlichen Rechtfertigung für eine derartige Vereinbarung bedarf es nicht; ebenso wenig findet eine Inhaltskontrolle nach § 307 Abs. 1 Satz 1 BGB statt (BAG v. 17.10.2012, Az. 5 AZR 792/11).

Auch wenn der Arbeitnehmer fortlaufend eine schlechte Arbeitsleistung oder eine Minderleistung erbringt, rechtfertigt dies nicht eine einseitige Kürzung der Vergütung. Der Arbeitnehmer schuldet nämlich allein seine Arbeitsleistung, nicht aber einen bestimmten Erfolg (BAG v.18.7.2007, Az. 5 AZN 610/07). Der Arbeitgeber hat in diesen Fällen (nur) das Recht, Schadensersatzansprüche gegen den Arbeitnehmer geltend zu machen oder ihm nach Abmahnung bei fortgesetzter Schlecht- bzw. Minderleistung zu kündigen. Die Anforderungen, die die Rechtsprechung an eine wirksame Kündigung in diesem Bereich stellt sind jedoch sehr hoch. So muss der Arbeitgeber etwa eine Leistung, die nicht mehr als ein Drittel unter der durchschnittlichen Leistung anderer Mitarbeiter liegt, hinnehmen.

Möglich ist eine Reduzierung indes dann, wenn sich der Arbeitgeber im Arbeitsvertrag den Widerruf für Lohnbestandteile (wie etwa übertarifliche Zulagen) vorbehalten hat. Dabei darf der widerrufliche Anteil nicht mehr als 25 % der Gesamtvergütung erfassen. Zusätzlich bedarf es sachlicher Gründe, die sich in formularmäßigen Arbeitsverträgen aus der vertraglichen Regelung selbst ergeben müssen. Hierfür genügt eine allgemeine Angabe wie der Verweis auf wirtschaftliche Gründe oder Gründe im Verhalten des Arbeitnehmers.

Tatsächlich müssen dann aber auch im Falle eines Widerrufs entsprechende Gründe vorliegen. So kann ein Arbeitgeber, der sich den Widerruf einer Zuwendung für den Fall vorbehalten hat, dass es die Geschäftslage erfordert, diese nur dann widerrufen, wenn es darum geht, eine negative Geschäftsentwicklung abzuwenden oder ein negatives Geschäftsergebnis zu verbessern. Er kann sie dagegen nicht widerrufen, wenn es darum geht, eine schon sehr positive Geschäftsentwicklung noch weiter zu verstärken. Würde man die Klausel „wenn es die Geschäftslage erfordert" auch auf letztgenannte Konstellation anwenden, stünde es im Belieben des Arbeitgebers sich jederzeit und unabhängig von der konkreten Umsatz- und Gewinnsituation des Unternehmens auf eine solche Widerrufsklausel zu berufen (LAG Köln v. 16.10.2006, Az. 14 [13] Sa 9/06).

ACHTUNG!

Fehlt es in einem formularmäßigen Arbeitsvertrag an Gründen, ist der Widerruf unzulässig. Dies gilt für Verträge, die nach dem 1.1.2002 geschlossen wurden. Für vorher abgeschlossene Verträge wird eine ergänzende Vertragsauslegung vorgenommen, wobei unterstellt wird, dass die Vertragsparteien bei Abschluss des Vertrags wirtschaftliche Gründe als Widerrufsgrund einbezogen hatten.

Dagegen sind Freiwilligkeitsvorbehalte in vorformulierten Arbeitsverträgen, soweit sie laufendes Arbeitsentgelt erfassen, unwirksam. Die Möglichkeit, eine zugesagte Zahlung grundlos und dazu noch ohne jegliche Erklärung einzustellen oder einzuschränken, beeinträchtigt die Interessen des Arbeitnehmers grundlegend. Dies gilt auch dann, wenn es sich nicht um die eigentliche Grundvergütung, sondern um eine zusätzliche Abgeltung der Arbeitsleistung in Form einer Zulage handelt (BAG v. 25.4.2007, Az. 5 AZR 627/06; BAG v. 19.3.2014, Az. 10 AZR 622/13).

Wenn bei Fortzahlung der ursprünglichen Vergütung die wirtschaftliche Existenz des Betriebs bedroht ist oder Arbeitsplätze gefährdet sind und das wirtschaftliche Überleben durch Entgeltreduzierungen gesichert wird, kommt ausnahmsweise auch eine Kürzung der Vergütung im Wege einer → *Änderungskündigung* in Betracht. Abzustellen ist dabei auf den Gesamtbetrieb und nicht allein auf eine unrentable Betriebsabteilung. Der Arbeitgeber muss zuvor einen umfassenden und dezidierten Sanierungsplan vorlegen, der alle milderen Mittel (bspw. Absenkung freiwilliger Zulagen, Sanierungsbeiträge Dritter [wie etwa von Banken]) bereits ausschöpft und die von den Arbeitnehmern zu tragenden Lasten gleichmäßig verteilt (BAG v. 26.6.2008, Az. 2 AZR 139/07; vgl. auch BAG v. 20.10.2017, Az. 2 AZR 783/16 (F)). Zur Darlegung der wirtschaftlichen Notlage soll ein Zeitraum von mindestens drei Jahren zu fordern sein, um eine Verstetigung oder Verschlechterung von Entwicklungen erkennen zu können (LAG Rheinland-Pfalz v. 20.7.2006, Az. 6 Sa 1015/05). Liegen diese Voraussetzungen vor und hat sich die große Mehrheit der Arbeitnehmer mit der Reduzierung der Vergütung freiwillig einverstanden erklärt, so kann ein Arbeitnehmer, dem gegenüber die Reduzierung durch Änderungskündigung erfolgt, sich nicht darauf berufen, die Änderungskündigung sei ihm gegenüber nicht mehr erforderlich, weil der Sanierungserfolg schon durch die freiwilligen Gehaltsreduzierungen erreicht sei (BAG, a. a. O.).

TIPP!

Da die Anforderungen an eine Änderungskündigung zum Zwecke der Entgeltreduzierung extrem hoch sind, sollte zunächst immer versucht werden, mit den Arbeitnehmern befristete Gehaltsreduzierungen zu vereinbaren.

Haben Arbeitgeber und Arbeitnehmer eine übertarifliche Vergütung vereinbart, kann der Arbeitgeber den übertariflichen Teil nicht unter Hinweis auf den Gleichbehandlungsgrundsatz im Wege einer Änderungskündigung abbauen.

ACHTUNG!

Eine vertragliche Vereinbarung, nach der der Arbeitgeber die Vergütung einseitig reduzieren darf, ist wegen Umgehung des gesetzlichen Änderungskündigungsschutzes unwirksam.

VI. Auszahlung der Vergütung

Die Vergütung muss an den Arbeitnehmer ausgezahlt werden. Er kann jedoch einen Dritten bevollmächtigen, sie in Empfang zu nehmen. Der Arbeitgeber sollte den Lohn nur dann an Dritte auszahlen, wenn der Arbeitnehmer ihm die Bevollmächtigung mitgeteilt oder der Dritte eine schriftliche Vollmachtsurkunde vorgelegt hat.

ACHTUNG!

Ehepartner sind nicht ohne weiteres bevollmächtigt, die Vergütung in Empfang zu nehmen.

Die Arbeitsvergütung ist im Zeitpunkt der Fälligkeit auszuzahlen. Ist die Vergütung nach Zeitabschnitten bemessen, ist sie nach Ablauf der einzelnen Zeitabschnitte zu zahlen. Der Arbeitnehmer ist also grundsätzlich vorleistungspflichtig, wenn nicht ausdrücklich etwas anderes vereinbart ist.

Grundsätzlich hat der Arbeitnehmer die Vergütung im Betrieb abzuholen. Haben Arbeitgeber und Arbeitnehmer die bargeldlose Lohnzahlung vereinbart, ist die Lohnforderung mit der Gutschrift auf dem Konto des Arbeitnehmers erfüllt. Der Arbeitgeber muss die Kosten der Überweisung, jedoch nicht die beim Arbeitnehmer anfallenden Kontoführungsgebühren tragen.

Die vom Arbeitgeber geschuldete Vergütung ist grundsätzlich eine Bruttovergütung. Von ihr werden Lohnsteuer und Sozialversicherungsbeiträge in Abzug gebracht. Zwar können Arbeitgeber und Arbeitnehmer eine Nettolohnvereinbarung treffen, doch ist davon aus Arbeitgebersicht dringend abzuraten. Der Arbeitgeber müsste in diesem Fall steuer- und sozialversicherungsrechtlich laufend den dazugehörigen Bruttoverdienst ermitteln.

ACHTUNG!

Soll dennoch eine Nettolohnvereinbarung getroffen werden, so ist zu beachten, dass der Arbeitgeber nach neuerer Rechtsprechung grundsätzlich auch dann zur Zahlung des vereinbarten Nettolohns verpflichtet bleibt, wenn der Arbeitnehmer die Steuerklasse wechselt. Damit kann sich für den Arbeitgeber plötzlich eine deutliche höhere Belastung ergeben, als ihm zum Zeitpunkt der Vereinbarung bewusst war. Etwas anders gilt nur dann, wenn der Steuerklassenwechsel rechtsmissbräuchlich erfolgt.

Eine ergänzende Vertragsauslegung kommt in diesen Fällen regelmäßig nicht in Betracht. Ohne ausdrückliche Vereinbarung der Parteien kann nicht davon ausgegangen werden, dass sich der vereinbarte Nettobetrag auf die zum Zeitpunkt des Vertragsschlusses geltende Steuerklasse des Arbeitnehmers beziehen soll (LAG Düsseldorf v. 19.4.2011, Az. 16 Sa 1570/10). Möchte der Arbeitgeber Nachteile vermeiden, sollte daher vertraglich ausdrücklich geregelt sein, für welche Fälle eine Anpassung des Nettolohns erfolgen soll.

VII. Verjährung und Verwirkung von Vergütungsansprüchen/Ausschlussfristen

Ansprüche auf Arbeitsvergütung verjähren in drei Jahren, beginnend mit dem Ende des Jahres, in dem die Arbeitsvergütung fällig geworden ist.

Beispiel:

Der Lohnanspruch für den Monat Februar 2011 verjährt mit Ablauf des 31. Dezember 2014.

Häufig gelten sog. Ausschlussfristen, in denen Ansprüche aus dem Arbeitsverhältnis geltend zu machen sind. Wird eine solche Frist vom Arbeitnehmer nicht eingehalten, ist der Vergütungsanspruch unabhängig von der regelmäßig längeren Verjährungsfrist verfallen. Zu den Einzelheiten s. → *Ausschlussfrist*.

Die in einem Mindestentgelttarifvertrag geregelte Ausschlussfrist findet dabei selbst dann Anwendung, wenn der Tarifvertrag im Falle einer fehlenden Vergütungsvereinbarung nur zur Ermittlung eines üblichen Entgelts gemäß § 612 Abs. 2 BGB herangezogen wird (BAG v. 20.4.2011, Az. 5 AZR 171/10).

Ist ein Anspruch weder verjährt noch im Hinblick auf eine abgelaufene Ausschlussfrist verfallen, kann er möglicherweise verwirkt sein. Von einer Verwirkung ist dann auszugehen, wenn

- der Arbeitnehmer das Recht längere Zeit nicht ausgeübt hat,
- der Arbeitgeber nach dem früheren Verhalten des Arbeitnehmers damit rechnen durfte, dass er das Recht auch nicht mehr geltend machen werde und
- er sich hierauf eingerichtet hat, sodass ihm die Erfüllung des Rechts nicht mehr zugemutet werden kann.

Bedeutung erlangt die Verwirkung in der Praxis häufiger im Zusammenhang mit der Abgeltung von Überstunden. Insbesondere in den Fällen, in denen ein Arbeitsverhältnis durch Kündigung des Arbeitgebers beendet wird, legt der Arbeitnehmer plötzlich eine Aufstellung von Überstunden der letzten Monate oder sogar Jahre vor und fordert eine entsprechende Vergütung. Hier lassen sich die Ansprüche häufig mit dem Hinweis auf Verwirkung abwehren.

VIII. Rückzahlung

Hat der Arbeitgeber irrtümlich eine zu hohe Arbeitsvergütung gezahlt, kann er den überbezahlten Betrag vom Arbeitnehmer zurückfordern; dieser ist zur Rückzahlung verpflichtet. Fällig wird der Rückzahlungsanspruch bei überzahlter Vergütung bereits im Zeitpunkt der Überzahlung. Dies kann von Bedeutung sein, wenn etwa tarifliche Ausschlussfristen bestehen.

Beispiel:

Der Arbeitgeber zahlt dem Arbeitnehmer versehentlich monatlich geringfügig zu hohe Beträge aus (etwa zu hohe Zuschläge). Dem Arbeitnehmer fällt die Überzahlung nicht auf. Der Tarifvertrag sieht eine dreimonatige Ausschlussfrist vor. Hier kann der Arbeitgeber nur drei Monate rückwirkend die Rückzahlung verlangen.

Auf eine tarifliche Ausschlussfrist kann sich der Arbeitnehmer indes dann nicht berufen, wenn der Fehler bei der Berechnung in seine Sphäre fällt, etwa weil er Änderungen in seinen persönlichen Verhältnissen, die sich auf die Höhe der Vergütung auswirken, dem Arbeitgeber nicht mitgeteilt hat. In diesem Fall wird der Rückzahlungsanspruch erst fällig, wenn der Arbeitgeber von den rechtsbegründenden Tatsachen Kenntnis erlangt. Gleiches gilt dann, wenn der Arbeitnehmer es pflichtwidrig unterlassen hat, auf den Irrtum des Arbeitgebers hinzuweisen. Davon ist auszugehen, wenn der Irrtum zu einer erheblichen Mehrzahlung geführt hat, die der Arbeitnehmer erkannt haben muss.

Der Anspruch auf Rückzahlung ist ausgeschlossen, wenn der Arbeitnehmer, der eine Überzahlung nicht erkannt hat, nicht mehr „bereichert" ist. Dies ist dann der Fall, wenn er den überbezahlten Betrag ausgegeben hat, ohne dass hierfür noch ein Gegenwert in seinem Vermögen vorhanden ist.

Beispiele:

Der überbezahlte Betrag ist für Luxusaufwendungen (z. B. Reisen) verbraucht worden; der Betrag ist verschenkt worden.

Dagegen ist der Arbeitnehmer noch bereichert, wenn er den Betrag für ohnehin notwendige Aufwendungen eingesetzt oder Schulden vermieden bzw. getilgt hat.

Hatte der Arbeitnehmer von der Überbezahlung Kenntnis, muss er den Betrag auf jeden Fall zurückzahlen; er kann sich nicht darauf berufen, nicht mehr bereichert zu sein.

IX. Beteiligung des Betriebsrats

Wenn keine tarifvertragliche Regelung besteht, hat der Betriebsrat bei Fragen der betrieblichen Lohngestaltung, insbesondere bei der Aufstellung von Entlohnungsgrundsätzen und der Einführung, Anwendung und Änderung von neuen Entlohnungsmethoden mitzubestimmen (§ 87 Abs. 1 Nr. 10 BetrVG). Zum Lohn in diesem Sinne gehören nahezu alle Geldleistungen, die im Rahmen eines Arbeitsverhältnisses gezahlt werden. Auch übertarifliche Lohnbestandteile können Gegenstand des Mitbestimmungsrechts sein. Ausgenommen sind lediglich Zahlungen, mit denen Auslagen ersetzt werden sollen.

Das Mitbestimmungsrecht hat in der Praxis große Bedeutung. Bestehende Tarifverträge lassen den Betriebsparteien häufig Regelungsräume. Außerdem ist der Lohn für viele Arbeitnehmer tarifvertraglich nicht geregelt, z. B. weil es an der Tarifbindung fehlt oder weil es sich um außertarifliche Angestellte handelt. So hat der Betriebsrat bei außertariflich Angestellten, die wegen ihrer Tätigkeit vom persönlichen Geltungsbereich eines Tarifvertrags nicht erfasst werden, das volle Mitbestimmungsrecht bei der Verteilung einer Inflationsausgleichsprämie an diese Gruppe von Mitarbeitern (LAG Rheinland-Pfalz v. 8.2.2024, Az. 2 TaBV 1/24).

WICHTIG!

Die Vereinbarung der Vergütungshöhe durch die Arbeitsvertragsparteien unterliegt nicht dem Mitbestimmungsrecht nach § 87 Abs. 1 Nr. 10 BetrVG. Auch wenn sich Arbeitgeber und Betriebsrat auf eine Vergütungsordnung verständigt haben, nach der die Arbeitnehmer in Vergütungsgruppen – deren Dotierung durch den Arbeitgeber erfolgt! – einzugruppieren sind, so ist der Arbeitgeber nicht gehindert, mit Arbeitnehmern eine Vergütung zu vereinbaren, die oberhalb der dort von ihm festgesetzten Entgelte liegt (BAG v. 30.10.2012, Az. 1 ABR 61/11).

Bei Zielvereinbarungen gilt, dass der Arbeitgeber in seinem Entschluss über die Einführung frei ist. Will er sie einführen, kann er auch die Ziele, die die Beschäftigten erreichen sollen, ohne Beteiligung des Betriebsrats festlegen. Gleiches gilt für die Festlegung des finanziellen Rahmens wie auch für die Entscheidung, für welche Abteilungen, Gruppen oder Hierarchieebenen Zielvereinbarungen geschlossen werden sollen.

Mitbestimmungspflichtig ist dann jedoch das Verhältnis, in welchem sich Festgehalt und leistungsabhängige Entgeltbestandteile verteilen. Ebenso unterliegt die Zuordnung der jeweiligen Zielerreichungsschritte zu bestimmten Entgeltstufen der Mitbestimmung wie auch die Festlegung der Progressionsschritte, in denen die leistungsabhängigen Entgeltbestandteile steigen bzw. sinken sollen. Haben die Betriebsparteien eine Betriebsvereinbarung zu Zielvereinbarungen abgeschlossen, soll der Betriebsrat unter Hinweis auf sein Überwachungsrecht nach § 80 Abs. 1 Nr. BetrVG einen Anspruch auf die (ungeschwärzte) Vorlage individueller Zielvereinbarungen haben (LAG Düsseldorf v. 25.8.2016, Az. 11 TaBV 36/15).

Das Mitbestimmungsrecht gilt aber nur bei sog. kollektiven Maßnahmen. Ausgenommen sind damit individuelle Lohnvereinbarungen, die mit Rücksicht auf den Einzelfall getroffen werden und nicht in innerem Zusammenhang mit Leistungen anderer Arbeitnehmer stehen.

Beispiel:

Der Arbeitgeber schließt mit einem Mitarbeiter, dessen Leistungen aus persönlichen Gründen sehr stark nachgelassen haben, eine Vereinbarung, in der bestimmte Leistungsziele und Verhaltensweisen festgelegt werden. Danach kann die bisher gezahlte Vergütung um 30 % für höhere Zielerreichung gesteigert und um den gleichen Prozentsatz für verringerte Zielerreichung gesenkt werden.

Bei einer allgemeinen Gehaltserhöhung /-anpassung – als kollektive Maßnahme – ist der Arbeitgeber frei, einen bestimmten Prozentsatz festzulegen. Wenn er diesen allen Mitarbeitern gewährt, entsteht auch bei der Frage der Verteilung kein Mitbestimmungsrecht. Will er jedoch differenzieren, etwa – wie naheliegend und sachgerecht – nach unterschiedlichen Leistungen, so hat der Betriebsrat nach § 87 Abs. 1 Nr. 10 BetrVG mitzubestimmen. Dies kann der Arbeitgeber auch nicht umgehen, indem er zunächst eine Gehaltserhöhung für alle Mitarbeiter vollzieht und kurz danach noch einmal einem Teil der Mitarbeiter eine weitere Erhöhung gewährt, die mit ihrer besonderen Leistung in Zusammenhang steht (LAG Düsseldorf v. 22.8.2017, Az. 14 TaBV 25/17). Etwas anderes kann nur für den Fall gelten, dass eine sehr kleine Anzahl von Mitarbeitern eine weitere Erhöhung erhält, sofern damit ein kollektiver Bezug zu verneinen ist und sie als rein individuelle Erhöhungen verstanden werden können.

Besteht eine Entgeltordnung und führt die Anhebung des Mindestlohns dazu, dass sich das Verhältnis der in der Entgeltordnung festgelegten Entgelte ändert, so unterliegt dies nicht der Mitbestimmung. Da die Zahlung des gesetzlichen Mindestlohns dem Arbeitgeber durch das MiLoG zwingend vorgeschrieben ist, gibt es für ihn keinen mitbestimmungsrelevanten Entscheidungsspielraum (BAG v. 27.4.2021, Az. 1 ABR 21/20).

Mitzubestimmen hat der Betriebsrat dagegen bei der Entscheidung, ob ein bestimmter Geschäftsbereich von einer Gehaltsanpassung ausgenommen werden kann. Zwar ist der Arbeitgeber frei in der erstmaligen Festlegung eines Volumens für einen bestimmten Leistungszweck und kann somit indirekt auch den Adressatenkreis einer Vergütungskomponente ohne Beteiligung des Betriebsrats festlegen. Der Mitbestimmung unterliegt indes die Herausnahme einer Arbeitnehmergruppe bei einer späteren Anpassung dieser Leistung, da eine solche nicht allein deren Dotierung betrifft, sondern eine Änderung der Verteilungsgrundsätze bedeutet (BAG v. 21.2.2017, Az. 1 ABR 12/15).

Der Betriebsrat hat insbesondere mitzubestimmen bei der Frage, ob die Arbeitnehmer im Zeit- oder Leistungslohn vergütet werden sollen und ebenso, ob und für welche Leistungen Prämienlohn oder Provisionen gezahlt werden und wie das Verhältnis von Grundgehalt zu Prämien und Provisionen ausgestaltet sein soll.

Bei Vergütungsbestandteilen, auf die kein Rechtsanspruch der Arbeitnehmer besteht (sog. freiwillige Leistungen), kann der Arbeitgeber nur den Dotierungsrahmen mitbestimmungsfrei vorgeben; die Verteilung erfolgt dagegen unter voller Mitbestimmung des Betriebsrats.

Nach § 87 Abs. 1 Nr. 11 BetrVG hat der Betriebsrat zudem mitzubestimmen bei der Festsetzung von Akkord- und Prämiensätzen und vergleichbarer leistungsbezogener Entgelte einschließlich der Geldfaktoren. Bei leistungsbezogenen Entgeltbestandteilen erhält der Betriebsrat damit unmittelbaren Einfluss auf die Lohnhöhe.

ACHTUNG!

Die Verletzung des Mitbestimmungsrechts des Betriebsrats nach § 87 Abs. 1 Nr. 10 BetrVG bei der Änderung einer im Betrieb geltenden Vergütungsordnung hat zur Folge, dass die Vergütungsordnung mit der vor der Änderung bestehenden Struktur weiter anzuwenden ist. Dies kann bei Neueinstellungen dazu führen, dass Ansprüche auf eine höhere Vergütung als die vertraglich vereinbarte bestehen (BAG v. 5.5.2015, Az. 1 AZR 435/13). Bereits beschäftigte Arbeitnehmer, die durch eine Änderung Nachteile erleiden, haben dagegen Anspruch auf Leistungen auf der Grundlage der zuletzt mitbestimmungsgemäß eingeführten Entlohnungsgrundsätze (BAG v. 25.4.2017, Az. 1 AZR 427/15).

Verschwiegenheitspflicht

WICHTIG!

Bei der Pflicht zur Verschwiegenheit handelt es sich um eine der wichtigsten arbeitsrechtlichen Nebenpflichten. Der deutsche Gesetzgeber hat zur Umsetzung von EU-Vorgaben zum Schutz vertraulichen Knowhows und vertraulicher Geschäftsinformationen (Geschäftsgeheimnisse) vor rechtswidrigem Erwerb sowie rechtswidriger Nutzung und Offenlegung (Richtlinie [EU] 2016/943) das Gesetz zum Schutz von Geschäftsgeheimnissen (GeschGehG) geschaffen, das am 26.4.2019 in Kraft trat. Mit diesem Gesetz änderte sich der Schutz von Geschäftsgeheimnissen grundlegend. Wesentliche Neuerungen waren dabei unter anderem die Legaldefinition des Begriffs des „Geschäftsgeheimnisses" (§ 2 Nr. 1 GeschGehG), und die Regelungen zum Schutz von Whistleblowern (§ 5 GeschGehG).

I. Begriff und Abgrenzung

Ein Geschäftsgeheimnis ist gemäß § 2 Nr. 1 GeschGehG eine Information, die weder insgesamt noch in der genauen Anordnung und Zusammensetzung ihrer Bestandteile den Personen in den Kreisen, die üblicherweise mit dieser Art von Informationen umgehen, allgemein bekannt oder ohne Weiteres zugänglich ist und daher von wirtschaftlichem Wert ist und die Gegenstand von den Umständen nach angemessenen Geheimhaltungsmaßnahmen durch ihren rechtmäßigen Inhaber ist und bei der ein berechtigtes Interesse an der Geheimhaltung besteht.

Die Verschwiegenheitspflicht (auch Geheimhaltungspflicht genannt) ist eine vertragliche Nebenpflicht des Arbeitnehmers und bezieht sich auf die Wahrung von Betriebs- oder Geschäftsgeheimnissen durch den Arbeitnehmer. Der Arbeitgeber ist daran interessiert, dass seine Betriebs- und Geschäftsgeheimnisse nicht an Dritte weitergegeben werden.

Die Verschwiegenheitspflicht ist vom → *Wettbewerbsverbot* zu unterscheiden: Die Verschwiegenheitspflicht untersagt dem Arbeitnehmer, Informationen an Dritte weiterzugeben. Das Wettbewerbsverbot verbietet dem Arbeitnehmer, für die Konkurrenz tätig zu werden.

II. Betriebs- und Geschäftsgeheimnisse

Von der Verschwiegenheitspflicht umfasst werden insbesondere Betriebs- und Geschäftsgeheimnisse. Dies sind Tatsachen, die im Zusammenhang mit dem Geschäftsbetrieb stehen, nur einem eng begrenzten Personenkreis bekannt und nicht offenkundig sind und an deren Geheimhaltung ein objektives Interesse besteht. Offenkundig sind Tatsachen, die sich jeder Interessierte ohne besondere Mühe zur Kenntnis beschaffen kann, unabhängig davon, ob der Arbeitgeber sie als Betriebs- oder Geschäftsgeheimnis bezeichnet. Von einer Offenkundigkeit der Tatsache kann daher zum Beispiel dann ausgegangen werden, wenn sie veröffentlicht wird.

Zu den Betriebs- und Geschäftsgeheimnissen können z. B. gehören:

- technische Informationen
- Herstellungsverfahren
- Warenbezugsquellen
- Absatzgebiete
- Kunden- und Preislisten
- Kalkulationsgrundlagen
- Computerprogramme.

Regelmäßig nicht unter den Begriff der Betriebs- und Geschäftsgeheimnisse fallen bilanzielle Daten, sofern diese allgemein zugänglich veröffentlicht werden, z. B. unter www.bundesanzeiger.de oder www.unternehmensregister.de.

III. Allgemeine Verschwiegenheitspflicht

Für jeden Arbeitnehmer besteht, auch wenn dies im Arbeitsvertrag nicht ausdrücklich vereinbart wurde, eine allgemeine arbeitsrechtliche Verschwiegenheitspflicht. Sie ergibt sich aus der Treuepflicht als arbeitsvertragliche Nebenpflicht.

1. Umfang

Der Arbeitnehmer darf während des bestehenden Arbeitsverhältnisses keine Betriebs- oder Geschäftsgeheimnisse an Dritte weitergeben. Wie er von dem Geheimnis Kenntnis erlangt hat, ist unerheblich. Es kommt auch nicht darauf an, welche Absicht er mit der Weitergabe verfolgt.

Die Verschwiegenheitspflicht besteht für den Arbeitnehmer nur dann nicht, wenn es um höherwertige Rechtsgüter geht, z. B. wenn er im Rahmen von Ermittlungen den Behörden Auskunft geben muss.

2. Beginn und Ende

Die allgemeine Verschwiegenheitspflicht besteht nur während des laufenden Arbeitsverhältnisses. Sie beginnt mit Abschluss des Arbeitsvertrags. Werden aber bereits in den Vorverhandlungen durch den zukünftigen Arbeitgeber Geschäfts- oder Betriebsgeheimnisse mitgeteilt – besteht also schon ein besonderes Vertrauensverhältnis – ist die Weitergabe dieser durch den Arbeitnehmer auch schon eine Pflichtverletzung und kann zu Schadensersatzansprüchen des zukünftigen Arbeitgebers führen.

Umstritten ist, wann die allgemeine Verschwiegenheitspflicht endet. Nach der Rechtsprechung des BAG müssen berechtigte Geschäftsgeheimnisse grundsätzlich auch über das Ende des Beschäftigungsverhältnisses hinaus gewahrt werden, sofern nicht der Arbeitnehmer durch die Wahrung solcher Verschwiegenheitspflichten in der Ausübung seines Berufes unzumutbar beschränkt wird. Der BGH wiederum verneint eine nachvertragliche Wirkung der Schweigepflicht.

TIPP!

Will der Arbeitgeber den Arbeitnehmer auch nach dem Ende des Beschäftigungsverhältnisses zur Verschwiegenheit verpflichten, muss er dies vertraglich mit ihm vereinbaren (s. u. V.).

3. Rechtsfolgen bei Verstoß

Entsteht dem Arbeitgeber aufgrund der unbefugten Weitergabe durch den Arbeitnehmer ein Schaden, kann er hierfür in engen Grenzen Schadensersatz verlangen. Wurde eine wirksame Vertragsstrafe vereinbart, wird sie mit dem Verstoß fällig.

Bei drohender Verletzung oder im Wiederholungsfall kann der Arbeitgeber beim Arbeitsgericht auf Unterlassung klagen.

Darüber hinaus kann eine Verletzung der Verschwiegenheitspflicht je nach Umständen des Einzelfalls zur → *Kündigung* führen.

Ein Arbeitnehmer macht sich außerdem strafbar, wenn er aus einer verwerflichen Motivation heraus (z. B. in Schadensabsicht oder zugunsten eines Dritten) ein Geschäfts- oder Betriebsgeheimnis unbefugt einem anderen mitteilt. Auch wer nach Beendigung des Arbeitsverhältnisses ein (verkörpertes) Geschäfts- oder Betriebsgeheimnis verwertet oder mitteilt, kann sich strafbar machen.

4. Verschwiegenheitsklausel

Der Arbeitgeber kann durch eine sog. Verschwiegenheitsklausel die allgemeine Verschwiegenheitspflicht des Arbeitnehmers vertraglich regeln.

Formulierungsbeispiel einer Klausel zur Verschwiegenheits- und Geheimhaltungspflicht:

1. **Der Beschäftigte wird sich vertrauliche Informationen einschließlich Geschäftsgeheimnissen des Arbeitgebers nicht aneignen außer zu vertraglichen Zwecken. Er wird sie ferner dritten Personen, einschließlich anderen Beschäftigten des Arbeitgebers, nicht ohne vorherige Zustimmung des Arbeitgebers offenlegen und wird sie ausschließlich für Zwecke des Arbeitsverhältnisses nutzen. In seinem Aufgabenbereich wird er dafür sorgen, dass Dritte nicht unbefugt Kenntnis von vertraulichen Informationen oder Geschäftsgeheimnissen erhalten. Ferner wird er Geheimhaltungsmaßnahmen entsprechend den Weisungen des Arbeitgebers ergreifen.**
2. **Vertrauliche Informationen sind Geschäftsgeheimnisse und alle wesentlichen Informationen, die als vertraulich gekennzeichnet sind oder deren Vertraulichkeit sich aus den Umständen ergibt. Dazu zählen insbesondere: Geschäftsstrategien, wirtschaftliche Planungen, Preiskalkulationen und -gestaltungen, Wettbewerbsmarktanalysen, Umsatz- und Absatzzahlen, Personaldaten, Personalrestrukturierungskonzepte, Produktspezifikationen, Erfindungen, technische Verfahren und Abläufe, die nicht öffentlich bekannt sind und einen wirtschaftlichen Wert für den Arbeitgeber darstellen, Kundendaten, Lieferantendaten, Passwörter, Zugangskennungen, [ggf. einzelne Punkte streichen und um weitere Beispiele ergänzen].**

   Bei Zweifeln, ob es sich um eine vertrauliche Information handelt, wird der Beschäftigte unverzüglich eine Weisung des Arbeitgebers einholen.
3. **Nach Beendigung des Arbeitsverhältnisses besteht die Verpflichtung zur Verschwiegenheit hinsichtlich nachfolgender vertraulicher Informationen für die Dauer von 2 Jahren fort:**
   - ...
   - ...
   - ...

   Sollte die nachvertragliche Verschwiegenheitspflicht den Beschäftigten in seinem beruflichen Fortkommen unangemessen behindern, hat er gegen den Arbeitgeber einen Anspruch auf Freistellung von dieser Pflicht.
4. **Die Geheimhaltungspflicht gilt nicht in den Fällen, in denen die Offenlegung gemäß § 3 Abs. 2 GeschGehG gestattet ist oder eine Ausnahme nach § 5 GeschGehG vorliegt.**

Der Bruch einer solchen Verschwiegenheitsklausel kann je nach Umständen des Einzelfalls die Kündigung rechtfertigen, wenn der Arbeitgeber an der Verschwiegenheit ein berechtigtes Interesse hatte. In der Praxis wird jedoch eine verhaltensbedingte Kündigung allenfalls dann möglich sein, wenn zuvor bereits eine einschlägige Abmahnung ausgesprochen worden war.

Relativiert hat sich die Verschwiegenheitspflicht als vertragliche Nebenpflicht allerdings in sog. Whistleblowing-Fällen. Der Arbeitnehmer handelt nicht in jedem Fall gegen seine vertragliche Rücksichtnahme- und Verschwiegenheitspflicht, wenn er beispielsweise seinen gesetzeswidrig handelnden Arbeitgeber anzeigt oder betriebliche Missstände in die Öffentlichkeit trägt. Wichtig ist dann jedoch, dass sich die Anzeige des Arbeitgebers oder die Veröffentlichung von Missständen nicht als unverhältnismäßige Reaktion unter Beachtung einer umfassenden Interessenabwägung darstellt. So hat der Europäische Gerichtshof für Menschenrechte die Kündigung einer Altenpflegerin nicht für gerechtfertigt angesehen, die ihren Arbeitgeber wegen eines vermeintlich strafbaren Verhaltens gegenüber den zur Pflege anvertrauten Menschen bei der Staatsanwaltschaft angezeigt hatte.

Der Gesetzgeber hat mit dem Hinweisgeberschutzgesetz eine neue gesetzliche Regelung geschaffen, die Arbeitgeber u. a. zur Einrichtung von internen Meldesystemen zum Schutz von Hinweisgebern verpflichtet. Das neue Hinweisgeberschutzgesetz ist am 2.7.2023 in Kraft getreten. Ziel des Hinweisgeberschutzgesetzes und der zugrunde liegenden EU-Richtlinie ist es sog. Whistleblowern, also Hinweisgebern zu innerbetrieblichen Missständen Schutz zu vermitteln.

IV. Verschwiegenheitspflichten besonderer Beschäftigtengruppen

1. Betriebs- bzw. Aufsichtsräte

Für Mitglieder (und Ersatzmitglieder) des Betriebsrats bzw. des Gesamt- oder Konzernbetriebsrats, der Jugend- und Auszubildendenvertretung und des Wirtschaftsausschusses besteht eine besondere Geheimhaltungspflicht. Betriebs- oder Geschäftsgeheimnisse, die den genannten Personen in ihrer Funktion als Mitglied der genannten Gremien bekannt geworden und vom Arbeitgeber ausdrücklich als geheimhaltungsbedürftig bezeichnet worden sind, dürfen nicht weitergegeben oder verwertet werden (§ 79 Abs. 1 BetrVG). Voraussetzung ist jedoch auch hier, dass ein objektives Interesse an der Geheimhaltung der Tatsachen besteht, bzgl. derer die Geheimhaltungspflicht ausgesprochen wurde. Diese Pflicht gilt auch nach dem Ausscheiden aus dem jeweiligen Amt weiter. Bei Verstoß gegen die Geheimhaltungspflicht macht der Arbeitnehmer sich strafbar.

Die Geheimhaltungspflicht besteht nicht gegenüber anderen Mitgliedern der jeweiligen Gremien.

Auch Mitglieder des Aufsichtsrats machen sich strafbar, wenn sie ein Betriebs- oder Geschäftsgeheimnis unbefugt offenbaren (§ 85 GmbHG, § 404 AktG).

2. Organvertreter

Geschäftsführer einer GmbH oder Vorstandsmitglieder einer Aktiengesellschaft machen sich strafbar, wenn sie ein Betriebs- oder Geschäftsgeheimnis unbefugt offenbaren (§ 85 GmbHG, § 404 AktG). Diese Pflicht gilt auch nach Abberufung von der Organstellung weiter.

V. Nachvertragliche Verschwiegenheitspflicht

1. Voraussetzungen

Die allgemeine arbeitsvertragliche Verschwiegenheitspflicht erlischt mit Beendigung des Arbeitsverhältnisses. Will der Arbeitgeber sie über diesen Zeitpunkt hinaus ausdehnen, kann er dies durch eine nachvertragliche Geheimhaltungsklausel mit dem Arbeitnehmer regeln. Der Arbeitnehmer ist allerdings nicht verpflichtet, eine solche Vereinbarung zu unterzeichnen.

Die Vereinbarung darf den Arbeitnehmer in seiner weiteren beruflichen Laufbahn nicht behindern, sonst liegt u. U. ein → *Wettbewerbsverbot* vor (s. u. 2.). Deshalb ist bei der Formulierung eine Einschränkung zu empfehlen:

Formulierungsbeispiel:
Siehe oben

2. Abgrenzung zum Wettbewerbsverbot

Soll z. B. ein Außendienstmitarbeiter ohne Einschränkung verpflichtet werden, nach Beendigung eines Arbeitsvertrags Stillschweigen über die Namen sämtlicher Kunden und Kontakte zu bewahren, kann dies zur Folge haben, dass er effektiv nicht mehr als Außendienstmitarbeiter für einen anderen Arbeitgeber in derselben Branche tätig werden kann. Eine solche Vereinbarung wäre keine bloße nachvertragliche Geheimhaltungsklausel mehr, sondern würde sich faktisch als ein nachvertragliches → *Wettbewerbsverbot* auswirken. Als solches ist sie aber nur wirksam, wenn zugleich eine Karenzentschädigung vereinbart wurde.

Ob die nachvertragliche Geheimhaltungsklausel als Wettbewerbsverbot zu verstehen ist, entscheidet sich im jeweiligen Einzelfall nach der faktischen Beeinträchtigung des Arbeitnehmers in seiner weiteren Berufslaufbahn. Wenn der Arbeitnehmer „spürbar" in seinem Fortkommen beeinträchtigt wird, wird die nachvertragliche Geheimhaltungsklausel zu einem Wettbewerbsverbot. Diese Problematik sollten Arbeitgeber im jeweiligen Einzelfall unbedingt im Blick haben, da ein nachvertragliches Wettbewerbsverbot weitreichende Konsequenzen nach sich zieht (vgl. Stichwort: → *Wettbewerbsverbot*).

WICHTIG!
Das Wettbewerbsverbot bietet einen weiterreichenden Schutz als die nachvertragliche Geheimhaltungsklausel, muss allerdings mit einer Karenzentschädigung verbunden werden und sich an die von der Rechtsprechung formulierten Anforderungen halten. Der Arbeitgeber sollte sich ganz genau überlegen, ob eine nachvertragliche Geheimhaltungsklausel ausreicht oder ob in den Arbeitsvertrag ein Wettbewerbsverbot aufgenommen werden sollte.

Wehr- und Bundesfreiwilligendienst

I. Freiwilliger Wehrdienst

ACHTUNG!
Am 1. Juli 2011 ist das Wehrrechtsänderungsgesetz in Kraft getreten, was weitreichende Änderungen zur Folge hat. Die bisherige Wehrpflicht wurde auf unbestimmte Zeit ausgesetzt und ein neuer freiwilliger Wehrdienst eingeführt. Insofern gibt es seit Beginn des Jahres 2012 keine Wehrpflichtigen mehr.
Mit dem Fünfzehnten Gesetz zur Änderung des Soldatengesetzes wurden die 2011 neu geschaffenen Regelungen zum freiwilligen Wehrdienst aus dem Wehrpflichtgesetz mit Wirkung zum 13.4.2013 in das Soldatengesetz integriert.

Das Aussetzen der Wehrpflicht hat zur Folge, dass die allgemeine Wehrpflicht bei Bedarf schnell wieder eingeführt werden kann und dass auch bei Feststellung des Spannungs- und Verteidigungsfalles die suspendierten Vorschriften des Wehrpflichtgesetzes wieder aufleben.

Nach alter Rechtslage waren Arbeitnehmer während der Ableistung des Wehr- und Zivildienstes durch das Arbeitsplatzschutzgesetz (ArbPlSchG) vor Nachteilen, insbesondere vor → *Kündigung*, besonders geschützt.

Das Gesetz bezieht sich vom Wortlaut her nur auf den Wehrdienst, galt aber auch für den Zivildienst, § 78 ZDG.

Der nunmehr eingeführte freiwillige Wehrdienst unterliegt ebenfalls einigen der früher schon geltenden Schutzvorschriften.

Neuerung 2025:

Mit dem Gesetz vom 27. Februar 2025 (BGBl. I Nr. 72) wurde § 58b SG angepasst. Der freiwillige Wehrdienst wird darin nun ausdrücklich als **besonderes staatsbürgerliches Engagement** hervorgehoben. Zugleich arbeitet die Bundesregierung an einem neuen Konzept des „Wehrdienstes der Zukunft", das ab 2026 eine teilweise verpflichtende Erfassung junger Männer vorsieht, um im Krisenfall schneller Personalreserven aktivieren zu können. Ziel ist die Modernisierung und Attraktivitätssteigerung des freiwilligen Wehrdienstes.

Das Aussetzen der allgemeinen Wehrpflicht bleibt unverändert bestehen; sie kann jedoch weiterhin jederzeit durch Gesetz reaktiviert werden.

1. Begriff

Der freiwillige Wehrdienst ist seit 13.4.2013 in den §§ 58b–58h Soldatengesetz geregelt. Frauen und Männer, die Deutsche i. S. d. Grundgesetzes sind und Gewähr dafür bieten, dass sie jederzeit für die freiheitliche demokratische Grundordnung im Sinne des Grundgesetzes eintreten, können sich hierzu verpflichten. Es können bis zu 23 Monate freiwilliger Wehrdienst geleistet werden.

2. Ablauf

Bei Ableistung des freiwilligen Wehrdienstes wird zunächst mit einer sechsmonatigen Probezeit begonnen. Während dieser Probezeit kann der Soldat auf seinen schriftlichen Antrag hin jederzeit entlassen werden. Auch die Bundeswehr kann den Soldaten jeweils zum 15. oder zum Letzten eines Monats entlassen. Die Entlassungsverfügung ist dann spätestens zwei Wochen vor dem Entlassungstermin bekannt zu geben. Während des Laufes der Probezeit muss der Arbeitgeber also jederzeit mit der Rückkehr des Arbeitnehmers in den Betrieb rechnen.

Im Anschluss an die Probezeit kann sich der Soldat für bis zu 17 Monate Wehrdienst verpflichten.

3. Arbeitsplatzschutzgesetz

Mit dem Wehrrechtsänderungsgesetz wurde § 16 ArbPlSchG um einen siebten Absatz erweitert. Dieser erklärt die Vorschriften aus dem ArbPlSchG zum Grundwehrdienst auch im Falle des freiwilligen Wehrdienstes für anwendbar.

3.1 Persönlicher Geltungsbereich

Das ArbPlSchG findet Anwendung auf Arbeitnehmer, auf zu ihrer Berufsausbildung Beschäftigte und auf in Heimarbeit Beschäftigte.

3.2 Freistellung für Tauglichkeitsuntersuchung

Nach alter Rechtslage musste der Arbeitnehmer für die Tauglichkeitsuntersuchung im Rahmen der Musterung bezahlt freigestellt werden.

Da die Neuregelungen an den Grundwehrdienst anknüpfen und auch für den freiwilligen Wehrdienst vorab eine Eignungsuntersuchung vorgeschrieben ist, besteht gemäß § 14 Abs. 1 ArbPlSchG ein Anspruch auf bezahlte Freistellung zur Durchführung dieser Untersuchung.

3.3 Ruhen des Arbeitsverhältnisses

Während der Dauer des freiwilligen Wehrdienstes ruht das Arbeitsverhältnis. Damit bestehen die Hauptleistungspflichten, wie Arbeitsleistung und Vergütung, nicht fort. Die Nebenpflichten aus dem Arbeitsverhältnis, wie die Verschwiegenheitspflicht oder ein Wettbewerbsverbot, gelten dagegen weiter.

Auch bleiben die Wehrdienstleistenden Angehörige ihres Betriebes. Daher haben sie sowohl das aktive also auch das passive Wahlrecht bei der Betriebsratswahl.

Befristete Arbeitsverhältnisse werden jedoch während des Ruhens nicht automatisch verlängert, wenn die Befristung während des Ruhens endet. Dies gilt auch, wenn das Arbeitsverhältnis aus anderen Gründen während des Wehrdienstes geendet hätte.

Für jeden vollen Kalendermonat, den der Arbeitnehmer Wehrdienst leistet, kann der Arbeitgeber gemäß § 4 Abs. 1 ArbPlSchG den dem Arbeitnehmer für ein Urlaubsjahr zustehenden Erholungsurlaub um ein Zwölftel kürzen.

Das Ruhen des Arbeitsverhältnisses endet gemäß § 2 Abs. 2 Soldatengesetz mit Ablauf des Tages, an dem der Soldat aus dem freiwilligen Wehrdienst ausscheidet. Ab diesem Zeitpunkt leben die suspendierten Hauptleistungspflichten wieder auf.

3.4 Besonderer Kündigungsschutz

Gemäß § 2 Abs. 1 und 2 ArbPlSchG besteht für alle, die freiwilligen Wehrdienst leisten, ein besonderer Kündigungsschutz vor ordentlichen Kündigungen. Nach alter Rechtslage begann dieser Kündigungsschutz mit Zustellung des Einberufungsbescheides. Anstelle des Einberufungsbescheides ist die Dienstantrittsaufforderung durch das Karrierecenter der Bundeswehr gemäß § 58g Soldatengesetz getreten. Mit Zustellung dieser Aufforderung beginnt nunmehr der besondere Kündigungsschutz.

Das Recht zur außerordentlichen Kündigung des Arbeitgebers bleibt hingegen auch weiterhin bestehen, so z. B. wenn der Arbeitgeber erst während des bereits begonnenen Wehrdienstes von einem wichtigen Grund Kenntnis erlangt.

Bislang stellte die Einberufung selbst **keinen** Grund zur außerordentlichen Kündigung dar. Dies dürfte künftig auch für den freiwilligen Wehrdienst gelten. Ist streitig, ob der Arbeitgeber aus Anlass des Wehrdienstes gekündigt oder bei der Auswahl der zu Entlassenden den Wehrdienst zu Ungunsten des Arbeitnehmers berücksichtigt hat, so trifft die Beweislast den Arbeitgeber.

Geht dem Arbeitnehmer während des Wehrdienstes eine Kündigung zu, beginnt die Dreiwochenfrist des § 4 Satz 1 KSchG erst zwei Wochen nach Ende des Wehrdienstes (§ 2 Abs. 4 ArbPlSchG).

3.5 Benachteiligungsverbot

Gem. § 5 ArbPlSchG, der mit Wirkung zum 1.1.2020 aufgrund des Gesetzes zur nachhaltigen Stärkung der personellen Einsatzbereitschaft der Bundeswehr neu eingefügt wurde, darf einem Arbeitnehmer, der den freiwilligen Wehrdienst leistet, in beruflicher und betrieblicher Hinsicht kein Nachteil entstehen. Nach § 6 Abs. 1 ArbPlSchG, der ebenfalls mit Wirkung zum 1.1.2020 neu geschaffen wurde, ist die Zeit des Wehrdienstes auf die Berufs- und Betriebszugehörigkeit anzurechnen. Auf Probe- und Ausbildungszeiten wird die Zeit des freiwilligen Wehrdienstes hingegen nicht angerechnet (§ 6 Abs. 2 ArbPlSchG).

3.6 Betriebliche Altersvorsorge

Für Arbeitnehmer, die einer Pensionskasse angehören oder als Leistungsempfänger einer anderen Einrichtung oder Form der betrieblichen oder überbetrieblichen Alters- und Hinterbliebenenversorgung in Betracht kommen, hat der Arbeitgeber während des Wehrdienstes die Beträge weiterzuentrichten, und zwar in der Höhe, in der sie zu entrichten gewesen wären, wenn das Arbeitsverhältnis nicht ruhen würde.

Nach Ende des Wehrdienstes kann der Arbeitgeber die auf die Zeit des Wehrdienstes entfallenden Beträge beim Bundesministerium der Verteidigung oder der von ihm bestimmten Stelle zur Erstattung anmelden (§ 14a ArbPlSchG).

II. Bundesfreiwilligendienst

Im Rahmen des Wehrrechtsänderungsgesetzes wurde mit Wegfall der Wehrpflicht auch der Zivildienst ausgesetzt. Er wurde ersetzt durch den Bundesfreiwilligendienst. Dieser ist im BDFG geregelt.

Der Bundesfreiwilligendienst steht seit Anfang 2025 im Fokus politischer Diskussionen, da die Finanzierung und Platzverfügbarkeit neu verhandelt werden. Nach Angaben des Bundesarbeitsministeriums soll der BFD als Teil eines Gesamtpakets zur Stärkung des freiwilligen Engagements überprüft werden. Eine Reform zur Vereinheitlichung mit dem Jugendfreiwilligendienstgesetz (JFDG) ist in Vorbereitung. Ziel ist eine bessere Absicherung der Freiwilligen sowie eine flexiblere Gestaltung der Einsatzdauer.

Anders als für den früheren Zivildienst und den neu eingeführten freiwilligen Wehrdienst findet das ArbPlSchG auf den Bundesfreiwilligendienst **keine** Anwendung. Auch eine entsprechende Anwendung kommt nicht in Betracht, da der Gesetzgeber in § 16 Abs. 7 ArbPlSchG ausdrücklich nur auf den freiwilligen Wehrdienst Bezug genommen hat.

Möchte also ein Arbeitnehmer aus einem laufenden Arbeitsverhältnis heraus den Bundesfreiwilligendienst ableisten, hat er **keinen** gesetzlichen Freistellungsanspruch gegenüber dem Arbeitgeber. Soll der Arbeitnehmer dennoch freigestellt werden und/oder das Arbeitsverhältnis ruhend gestellt werden, unterliegt dies der freien Vereinbarung von Arbeitnehmer und Arbeitgeber.

TIPP!

Empfehlenswert ist es, in einer solchen Situation mit dem Arbeitnehmer einen Aufhebungsvertrag, gegebenenfalls mit Wiedereinstellungszusage, abzuschließen.

Weiterbildung

I. Begriff

II. Anspruch auf Weiterbildung
1. Bildungsurlaubsgesetze
2. Tarifvertrag, Betriebsvereinbarung, Arbeitsvertrag
3. Freiwilligkeit

III. Weiterbildungskosten
1. Grundsatz
2. Rückzahlung von Weiterbildungskosten

IV. Beteiligung des Betriebsrats

I. Begriff

Eine gesetzliche Begriffsbestimmung der beruflichen/betrieblichen Weiterbildung gibt es nicht. Üblicherweise werden hierunter alle Bildungsmaßnahmen zusammengefasst, die der Verbreitung und Vertiefung des Wissens des Arbeitnehmers dienen. Ausgenommen sind das → *Berufsausbildungsverhältnis* sowie das Umschulungsverhältnis.

Zur Weiterbildung gehören berufliche Maßnahmen, wie Lehrgänge, Umschulungen und Meisterkurse genauso wie Sprachunterricht, das Nachholen von Schulabschlüssen oder freizeitorientierte Bildungsangebote.

Zu unterscheiden ist die Weiterbildung der Beschäftigten von der Weiterbildung von Betriebsräten, die in § 37 Abs. 6 und Abs. 7 BetrVG geregelt ist. Da letztere eine Themenstellung des Betriebsverfassungsrechts ist, wird diese hier nicht behandelt. Lediglich die Beteiligung der Betriebsräte im Rahmen der beruflichen Bildung (siehe unten IV.) wird beschrieben.

Zielrichtung der beruflichen Weiterbildung ist die Vermittlung von neuen Kenntnissen, die für die Ausfüllung des Arbeitsplatzes innerhalb des ausgeübten Berufs wichtig sind, aber auch Kenntnisse und Fachwissen, die dem Arbeitnehmer evtl. einen Aufstieg bei seinem Arbeitgeber ermöglichen, z. B. im Rahmen einer Nachfolgeplanung. Weiterbildung liegt daher regelmäßig sowohl im Interesse des Arbeitgebers als auch im Interesse des Arbeitnehmers, wobei nicht übersehen werden darf, dass aufgrund der ständig steigenden Anforderungen, insbesondere durch die fortschreitende Globalisierung, durch die digitale Transformation sowie Industrie 4.0, Qualifizierungsmaßnahmen häufig eine unerlässliche Voraussetzung für die weitere Durchführung der ausgeübten Tätigkeit sind. Auch durch den weiter fortschreitenden Fachkräftemangel gewinnt Weiterbildung zunehmend an Relevanz. Der Einsatz von E-Learning-Tools erweitert dabei die Möglichkeiten einer flexiblen Ausgestaltung von Weiterbildungsangeboten für die Mitarbeiter.

Die Bundesregierung plant ein Gesetz zur Stärkung der Aus- und Weiterbildungsförderung von Arbeitnehmern. Inhaltlich soll die Weiterbildung von Beschäftigten nach § 82 SGB III gefördert werden.

- Durch feste Fördersätze und weniger Förderkombinationen soll die Transparenz der Weiterbildung erhöht und die Inanspruchnahme vereinfacht werden.
- Mithilfe eines Qualifizierungsgelds soll es Beschäftigten, die aufgrund der Transformation beruflicher Arbeit ihren Arbeitsplatz verlieren könnten, ermöglicht werden, für eine zukunftssichere Beschäftigung weitergebildet bzw. qualifiziert zu werden.
- Schließlich soll als weiteres Förderinstrument die Bildungsteilzeit von Beschäftigten eingeführt werden. Beschäftigte sollen dabei unterstützt werden, ihre Entwicklungsmöglichkeiten eigenständig zu fördern.

Die Bildung steht im Fokus der Politik, da Gerechtigkeitsgedanken geäußert werden. Bildung soll für alle möglich sein und nicht willkürlich verteilt werden. Gesetzliche Vorgaben (unten II.1.) und eine verstärkte Mitbestimmung des Betriebsrats (unten II.2.) sollen helfen, diese Ziele zu erreichen. Diskriminierungsfrei soll Bildung allen Beschäftigten zugutekommen.

II. Anspruch auf Weiterbildung

In einigen Länderverfassungen ist das Recht auf Weiterbildung als Staatsziel festgelegt. Ein konkreter Anspruch auf Teilnahme an einer Maßnahme der beruflichen Weiterbildung bzw. auf Durchführung einer solchen durch den Arbeitgeber ist hieraus allerdings nicht begründbar.

Ein gesetzlicher Anspruch auf Weiterbildung ist im Koalitionsvertrag der ehemaligen Bundesregierung (Ampelkoalition) nicht vorgesehen. Die betriebliche Praxis wird Bildungsinhalte erfordern. Denn in Zeiten von Digitalisierung, zunehmender Internationalisierung der Produktion und dem Wegbrechen klassischer Industriebereiche (Automobilproduktion) wird künftig von einem hohen Bildungsbedarf der Beschäftigten auszugehen sein.

Die alte Bundesregierung wollte mit dem „Lebenschancen-BAföG" helfen. Danach sollten Bürger künftig auf einem Freiraumkonto ein Bildungsguthaben ansparen können, das für selbstbestimmte Weiterbildung ausgegeben werden kann. Ferner sollte es die Einführung einer Bildungsteilzeit möglich machen, dass Beschäftigte ihre Arbeitszeit vorübergehend reduzieren können, um in der so gewonnenen Zeit einen Berufsabschluss nachzuholen oder sich beruflich weiter zu qualifizieren.

Der Anspruch Weiterbildung wird gerade in Zeiten der sich wandelnden Wirtschaft diskutiert. Die „Old Economy" wird durch die „New Economy" abgelöst. Dies bedeutet vielen Beschäftigten, sich neuen Gegebenheiten anpassen zu müssen.

Gerade in Zeiten der Globalisierung und zunehmenden Digitalisierung wird daher in großen Teilen der Politik und vor allem auch von den Gewerkschaften gefordert, dass ein Bildungsanspruch zugunsten der Beschäftigten bestehen soll. Niemand soll Angst um seinen Arbeitsplatz aufgrund der sich zwingend ergebenden Änderungen der Arbeitsinhalte haben. Hier bleibt die politische Entwicklung abzuwarten.

1. Bildungsurlaubsgesetze

In mehreren Bundesländern gibt es mittlerweile Bildungsurlaubsgesetze (z. B. Hessisches Bildungsurlaubsgesetz). In der Regel erfassen diese Gesetze neben der beruflichen Weiterbildung auch politische und allgemeine Weiterbildungsmaßnahmen und geben dem Arbeitnehmer einen Anspruch auf Freistellung von der Arbeit unter Fortzahlung der Vergütung. Die Höhe ergibt sich – jeweils nach der landesgesetzlichen Ausgestaltung (§ 8 BiUrlG HE) – aus § 11 BUrlG bzw. nach dem Lohnausfallprinzip.

Voraussetzung ist allerdings, dass der Teilnahme keine betrieblichen Gründe entgegenstehen und die Bildungsmaßnahme von einem anerkannten Bildungsträger durchgeführt wird. Der Anspruch auf Bildungsurlaub ist je nach Bundesland auf fünf bis zehn Tage pro Jahr begrenzt.

2. Tarifvertrag, Betriebsvereinbarung, Arbeitsvertrag

Auch aus diesen Regelungen kann sich der Anspruch eines Arbeitnehmers auf Teilnahme an einer Weiterbildungsmaßnahme ergeben. Vereinzelt gibt es spezielle Weiterbildungstarifverträge z. B. zur Bildungsteilzeit oder auch tarifliche bzw. betriebliche Regelungen über Weiterbildung und Qualifizierung im Rahmen von Rationalisierungsschutzabkommen. Ein Anspruch auf Teilnahme kann sich auch aus einem wegen einer Betriebsänderung abgeschlossenen Interessenausgleich bzw. aus einem Sozialplan ergeben.

Der Arbeitgeber sollte sich aber stets das „Letztentscheidungsrecht" vorbehalten, insbesondere im Hinblick auf die Frage, welche Weiterbildungsmaßnahme in welchem Umfang im Betrieb durchgeführt wird. Das Gleiche gilt für Klauseln zur Weiterbildung in Arbeitsverträgen. Denn: Ansprüche des Arbeitnehmers sollen ja in der Regel nicht begründet werden.

3. Freiwilligkeit

Meist verständigen sich Arbeitnehmer und Arbeitgeber einvernehmlich auf die Teilnahme an einer bestimmten Weiterbildungsmaßnahme. Teilweise wird in Arbeitsverträgen auch eine Verpflichtung zur Weiterbildung geregelt. In diesem Fall sollten stets vor der Teilnahme die Einzelheiten wie z. B. Fortzahlung des Gehalts, Kostentragung und Rückzahlungsklauseln (s. u. III.) geregelt werden. Eine einseitige Anordnung der Teilnahme ist in diesem Fall möglich, sollte aber nur in Ausnahmefällen in Betracht gezogen werden, da die erfolgreiche Teilnahme auch das Engagement und Interesse des Arbeitnehmers voraussetzt.

III. Weiterbildungskosten

1. Grundsatz

Im Regelfall wird der Arbeitgeber – auch wenn es keine tariflichen oder betrieblichen Regelungen diesbezüglich gibt – die Kosten für die betriebliche Weiterbildung tragen, zumindest dann, wenn die Teilnahme durch den jeweiligen Vorgesetzten angeordnet oder genehmigt worden ist. Hierzu gehören die Teilnahmekosten, die Fortzahlung des Gehalts während des Besuchs der Weiterbildungsmaßnahme sowie etwaige angefallene Fahrtkosten. Die konkrete Ausgestaltung der Teilnahme sollte vor dem Beginn vereinbart werden.

Darüber hinaus stellt sich im Zeitalter Digitalisierung zunehmend die Frage, ob Weiterbildungsmaßnahmen in Präsenz oder vom Computer in digitaler Weise durchgeführt werden können. Der Austausch der Personen spricht für die Präsenz, die zeitliche und persönliche Flexibilität der Teilnehmer für die Online-Veranstaltung. Ein Kostenargument ist die Durchführung in Online-Systemen primär nicht, da immer die Referentenkosten als entscheidender Kostenblock anfallen. Lediglich Unterbringungs- und Verpflegungskosten werden eingespart.

TIPP!

Solange Tarifverträge oder Betriebsvereinbarungen nicht entgegenstehen, ist eine Vereinbarung über eine komplette Kostentragung durch den Arbeitnehmer oder eine Beteiligung des Arbeitnehmers an den Kosten der Weiterbildungsmaßnahme zulässig.

Hinzugekommen ist nach Inkrafttreten des Qualifizierungschancengesetzes seit dem 1.1.2019 die Möglichkeit, dass die Bundesagentur für Arbeit die Weiterbildungskosten ganz oder teilweise übernimmt. Voraussetzung hierfür ist, dass Kenntnisse und Fähigkeiten erworben werden, die über die arbeitsplatzbezogene Anpassungsfortbildung hinauswirken.

Als Ausgleich für die Freistellung der Beschäftigten zum Zweck der Weiterbildung unter Fortzahlung des Entgelts erhält der Arbeitgeber zudem einen Lohnkostenzuschuss. Je nach Betriebsgröße differiert die Höhe.

Betriebe können bei Vorliegen bestimmter Voraussetzungen bis zu 100 % als Zuschuss erhalten. Dies ist sowohl bei Entgelt als auch bei den Weiterbildungskosten möglich.

2. Rückzahlung von Weiterbildungskosten

Wenn dem Arbeitnehmer durch die Teilnahme an Weiterbildungsmaßnahmen ein eigener – spezieller oder auch genereller – beruflicher Nutzen, insbesondere für sein berufliches Fortkommen, entsteht, kann der Arbeitgeber die Rückzahlung der ihm durch die Weiterbildungsmaßnahme entstandenen Kosten verlangen, wenn der Arbeitnehmer innerhalb eines bestimmten Zeitraums im Anschluss an die Weiterbildungsmaßnahme auf eigene Veranlassung das Unternehmen verlässt. Dem Arbeitnehmer muss also zunächst die Gelegenheit gegeben werden, der Rückzahlungspflicht durch eigene Betriebstreue zu entgehen. Der Anspruch besteht außerdem nur dann, wenn dies vorher vereinbart wurde.

ACHTUNG!

Nicht möglich ist es, eine Rückzahlungspflicht im Rahmen allgemeiner Geschäftsbedingungen für den Fall zu vereinbaren, dass der Arbeitnehmer das Unternehmen auf Veranlassung des Arbeitgebers (z. B. betriebsbedingte Kündigung) verlässt. Nach der Rechtsprechung des BAG (18.3.2014, Az. 9 AZR 545/12) benachteiligt eine Rückzahlungsklausel einen Arbeitnehmer dann unangemessen i. S. v. § 307 Abs. 1 Satz 1 BGB, wenn sie eine Kostentragungspflicht ausnahmslos an eine von ihm erklärte Kündigung des Arbeitsverhältnisses knüpft. Es müsse auch im Falle der Eigenkündigung durch den Arbeitnehmer nach dem Grund differenziert werden, z. B. ob die Kündigung durch den Arbeitgeber durch ein vertragswidriges Verhalten mitveranlasst wurde. Auch eine Verpflichtung zur Rückzahlung, wenn der Arbeitnehmer das Arbeitsverhältnis vor Ablauf der Bindungsdauer kündigt, weil er wegen dauerhaften Wegfalls seiner medizinischen Tauglichkeit unverschuldet nicht mehr in der Lage ist, die geschuldete Arbeitsleistung zu erbringen, kann unangemessen sein.

Dies soll nach Auffassung des BAG mit Urteil vom 11.12.2018 (9 AZR 383/18) jedenfalls dann gelten, wenn der Arbeitsvertrag in einem solchen Fall eine Suspendierung der beiderseitigen Hauptleistungspflichten (Ruhen) vorsieht.

Das LAG Hamm hat mit Urteil vom 29.1.2021 (1 Sa 954/20) entschieden, dass die Rückzahlungsklausel in einer Fortbildungsvereinbarung dann unangemessen benachteiligend i. S. d. § 307 Abs. 1 BGB ist, wenn die Rückzahlungsverpflichtung auch für solche Fälle gelten soll, wenn das Arbeitsverhältnis nicht aus vom Arbeitnehmer zu vertretenden Gründen entweder durch dessen Eigenkündigung oder durch Auflösungsvertrag auf Veranlassung des Arbeitnehmers beendet wird und hierfür ein von der Rechtsprechung akzeptierter Grund besteht. Dies kann z. B. der Fall sein, wenn der Arbeitnehmer eine Krankheit hat, die ihn hindert, weiter am Arbeitsvertrag festzuhalten.

Bei Rückzahlungsklauseln ist nach der Art der beruflichen Bildungsmaßnahme zu differenzieren. Denn eine Bildungsmaßnahme kann auf Veranlassung des Arbeitgebers durchgeführt worden oder aufgrund der Eigeninitiative des Arbeitnehmers. In Arbeitsverträgen ist in Bezug auf die Formulierung von Rückzahlungsklauseln zu differenzieren. Bildungsmaßnahmen, die allein dem arbeitgeberseitigen Interesse dienen, können nicht mit Rückzahlungsklauseln versehen

werden. Die Rückzahlung ist nur dann möglich, wenn dem Arbeitnehmer ein solcher eigener Vorteil aus der Bildungsmaßnahme erwächst, den er frei am Arbeitsmarkt verwerten kann. Das LAG Düsseldorf hat am 14.4.2021 (4 Sa 579/20) entschieden, dass neben dem Arbeitsvertrag eine Rückzahlungsvereinbarung auch aus einer sonstigen Absprache zwischen Arbeitgeber und Arbeitnehmer resultieren kann. Dies unter Umständen aus einer schriftlichen Erklärung des Arbeitnehmers.

Das LAG Niedersachsen hat mit Urteil vom 12.10.2022 (8 Sa 123/2 20) entschieden, dass Arbeitgeber und Arbeitnehmer im Rahmen einer Weiterbildungsvereinbarung wirksam regeln können, dass die Leistungen des Arbeitgebers für die Weiterbildung vom Arbeitnehmer dann zu erstatten sind, wenn dieser auf eigenen Wunsch oder aus eigenem Verschulden aus dem Anstellungsverhältnis ausscheidet. Gleiches gilt, wenn der Arbeitnehmer selbst die Anmeldung zur Fortbildungsmaßnahme zurückzieht.

Das LAG Hamm hat mit Urteil vom 11.2.2022 (1 Sa 648/21) entschieden, dass der wichtige Grund im Rahmen eines Fehlverhaltens des Arbeitnehmers stets als wichtiger Grund im Sinne des § 626 BGB auszulegen ist. In der gleichen Entscheidung hat das LAG ausgeführt, dass in Fällen, in denen dem Arbeitgeber selbst ein schweres Fehlverhalten vorzuwerfen ist, die Rückzahlungsverpflichtung des Arbeitnehmers regelmäßig ausscheidet.

Das BAG hat am 25.4.2023 (9 AZR 187/22) entschieden, dass ein Arbeitgeber seinen Arbeitnehmer grundsätzlich verpflichten kann, gesponserte Fortbildungskosten zurückzuzahlen. Wichtig ist jedoch, dass die Verpflichtung nicht zu pauschal formuliert ist und Ausnahmefälle differenziert aufführt. Ansonsten besteht nach neuerem AGB-Recht die komplette Unwirksamkeit der gesamten Rückzahlungsklausel.

Das LAG Köln hat mit Urteil vom 19.8.2025 (7 SLa 647/24) entschieden, dass bei dem Begriff des „die Rückzahlung Vertretenmüssens" zwei Auslegungsmöglichkeiten denkbar sind; zum einen im Sinne des § 276 BGB als Verschulden durch vorsätzliches oder fahrlässiges Verhalten, zum anderen auf alle umfassenden Gründe, die aus der jeweiligen Verantwortungs- und Risikosphäre stammen. Eine Entscheidung ergeht aus dem Schutzzweck des Weiterbildungsvertrages.

Grundsätzlich von Bedeutung ist die Rückzahlungspflicht im Fall der Kündigung des Arbeitnehmers. Denn nicht jede Eigenkündigung begründet die Rückzahlungsverpflichtung. Mit Urteil vom 13.6.2025 (1 SLa 21/25) hat das LAG Hamm hierzu entschieden, dass eine unterschiedslose Betrachtung durch Eigenkündigung nicht angezeigt ist. Zu prüfen sind immer die Risiken, die sich mit der Kündigung vermeiden lassen. Zusammenfassend ist festzustellen: Hat der Arbeitnehmer für die Eigenkündigung gute Gründe, scheidet eine Rückzahlung aus.

WICHTIG!

Die Rückzahlungsklausel sollte vor Beginn der Weiterbildungsmaßnahme schriftlich zwischen Arbeitgeber und Arbeitnehmer vereinbart worden sein.

Das Interesse des Arbeitgebers, geförderte Arbeitnehmer an seinen Betrieb zu binden, ist legitim. Andererseits hat der Arbeitnehmer ein berechtigtes Interesse an der freien Wahl seines Arbeitsplatzes. Bei der Vereinbarung müssen daher folgende Punkte berücksichtigt und gegeneinander abgewogen werden:

- der durch die Weiterbildungsmaßnahme erlangte geldwerte Vorteil des Arbeitnehmers, z. B. Erwerb einer in der Praxis anerkannten Qualifikation,
- Gründe, die aus Sicht des Beschäftigten (schuldlos) die Beendigung des Arbeitsverhältnisses rechtfertigen, führen nicht zur Rückzahlung von Fortbildungskosten,
- die dem Arbeitgeber entstandenen Kosten (inkl. der Kosten für eine eventuell erfolgte bezahlte Freistellung),
- Umfang und Dauer der Weiterbildungsmaßnahme,
- die Dauer der vereinbarten Bindung an das Unternehmen.

Als „Faustregel" können folgende Richtwerte herangezogen werden:

Dauer der Weiterbildung	Maximal zulässige Bindung
bis zu 2 Monaten	bis zu einem Jahr
3 bis 4 Monate	bis zu 2 Jahre
6 Monate bis 1 Jahr	bis zu 3 Jahre
mehr als 2 Jahre	bis zu 5 Jahre

Diese Richtwerte können allerdings nur als Anhaltspunkt verstanden werden. Eine kürzere oder längere Bindung kann sich bei Abwägung der Vorteile und der Kosten, die dem jeweiligen Arbeitnehmer und dem Arbeitgeber durch die Teilnahme entstehen, ergeben. Insbesondere ist zu beachten, dass die Dauer der Weiterbildungsmaßnahme als Beurteilungskriterium an Bedeutung verliert, wenn für diese Zeit keine bezahlte Freistellung erfolgte. Findet die Fortbildung in mehreren, zeitlich voneinander getrennten Abschnitten statt, so sind diese für die Frage der Zulässigkeit der Bindung zusammenzurechnen, wenn z. B. der Weiterbildungserfolg die Fortbildung in Abschnitten gebietet.

Bei der Vereinbarung der Rückzahlungsklausel ist zu beachten, dass die Pflicht zur Rückzahlung sich während der laufenden Bindungsdauer entsprechend reduziert, und zwar entweder monatlich oder für jedes Jahr, das der Arbeitnehmer für den Arbeitgeber nach dem Ende der Weiterbildungsmaßnahme weiter tätig gewesen ist.

Beispiel:

Der Rückzahlungsbetrag reduziert sich (bei vereinbarter dreijähriger Bindungsdauer) um jeweils $\frac{1}{36}$ für jeden Monat, den das Arbeitsverhältnis nach Beendigung der oben benannten Weiterbildungsmaßnahme weiter besteht.

Die Vereinbarung zur Rückzahlung von Weiterbildungskosten muss zudem transparent, klar und verständlich formuliert sein.

IV. Beteiligung des Betriebsrats

Betriebliche Regelungen zur allgemeinen beruflichen Weiterbildung sind freiwillige Betriebsvereinbarungen i. S. d. § 88 BetrVG, die u. a. Regelungen über die Freistellung von der Arbeitsleistung, die Gehaltsfortzahlung während der Teilnahme an der Weiterbildungsmaßnahme und die Frage der Kostentragung beinhalten.

Der Betriebsrat hat ansonsten die in den §§ 96 bis 98 BetrVG eingeräumten Mitbestimmungs- und Beteiligungsrechte bei betrieblichen Bildungsmaßnahmen:

Der Arbeitgeber hat auf Verlangen des Betriebsrats den Berufsbildungsbedarf zu ermitteln und mit ihm Fragen der Berufsbildung der Arbeitnehmer des Betriebs zu beraten. Hierzu kann der Betriebsrat Vorschläge machen (§ 96 Abs. 1 Satz 2 u. 3 BetrVG), mit denen sich der Arbeitgeber auseinandersetzen muss. Echte Mitbestimmungsrechte bestehen dagegen nach § 98 BetrVG bei der Durchführung von Maßnahmen der betrieblichen Weiterbildung oder bei der Frage, welcher Arbeitnehmer an der betrieblichen Weiterbildungsmaßnahme teilnimmt, wenn der Arbeitgeber ganz oder teilweise die Kosten übernimmt.

ACHTUNG!

Einigen sich Arbeitgeber und Betriebsrat nicht über die Teilnahme eines vom Betriebsrat vorgeschlagenen Arbeitnehmers an einer betrieblichen Weiterbildungsmaßnahme, so kann der Betriebsrat die Einigungsstelle anrufen, die durch Spruch entscheidet, sofern die Betriebspartner sich weiterhin nicht einigen können.

Der Betriebsrat hat aufgrund der gesetzlichen Regelung des § 97 Abs. 2 BetrVG sogar ein Mitbestimmungsrecht bei der Einführung von Maßnahmen der betrieblichen Berufsbildung. Dieses Mitbestimmungsrecht greift, sofern der Arbeitgeber

Maßnahmen trifft wie z. B. die Einführung von SAP R/3 oder neuer Fertigungsmethoden, die die Tätigkeiten von Arbeitnehmern erheblich ändern, sodass deren vorhandene Kenntnisse und Fähigkeiten für die neue (geänderte) Funktion nicht mehr ausreichen. Unerheblich ist dabei, ob nur einzelne Arbeitnehmer von der Tätigkeitsänderung betroffen sind.

Das Qualifikationsdefizit des Arbeitnehmers muss dem Arbeitgeber zurechenbar sein, darf also nicht auf einer persönlichen Entscheidung des Arbeitnehmers beruhen. Letzteres ist der Fall, wenn das Qualifikationsdefizit z. B. aus der Inanspruchnahme einer Elternzeit oder einer anderen vom Arbeitnehmer gewünschten Freistellung resultiert.

Sind in einem solchen Zusammenhang betriebliche Bildungsmaßnahmen notwendig, kann auch der Betriebsrat bei der Einführung von Maßnahmen der betrieblichen Bildung mitbestimmen. Der Betriebsrat kann sogar die Durchführung von betrieblichen Bildungsmaßnahmen vorschlagen und im Falle, dass sich die Betriebspartner letztendlich auf die Durchführung nicht einigen, die Einigungsstelle anrufen, deren Spruch entscheidet.

Im Betriebsrätemodernisierungsgesetz vom 18.6.2021 hat der Gesetzgeber § 96 BetrVG novelliert. Neu ist, dass in Fällen, wenn Arbeitgeber und Betriebsrat sich über die Förderung der Berufsbildung und den Berufsbildungsbedarf nicht einigen können, sowohl Arbeitgeber als auch der Betriebsrat die Einigungsstelle anrufen können. Da im Betriebsverfassungsrecht der Begriff „Berufsbildung" weit gesehen wird und damit auch die berufliche Weiterbildung umfasst, ist auch in diesem Kontext die Anrufung der Einigungsstelle möglich. Der neue Gesetzestext sieht vor, dass die Einigungsstelle zwar von beiden Parteien angerufen werden kann, ein Einigungszwang oder die Entscheidung durch einen verbindlichen Spruch ist nicht vorgesehen.

Werkvertrag

I. Begriff

Unternehmen erbringen bei der Herstellung ihrer Produkte oder beim Anbieten ihrer Dienstleistungen die Wertschöpfung in der Regel nicht vollständig in Eigenregie. Vielmehr werden oftmals Fremdleistungen anderer Unternehmen zugekauft. Dies geschieht auf Basis sog. Dienst- oder Werkverträge.

Durch einen Werkvertrag wird der Vertragspartner („Auftragnehmer") zur Herstellung des vereinbarten Werkes und somit zu einem bestimmten Werkerfolg verpflichtet. Bei einem Dienstvertrag schuldet derjenige, welcher Dienste zusagt, die Leistung der versprochenen Dienste. Kennzeichnend für beide Vertragstypen ist, dass der Vertragspartner die im Rahmen des Vertrags notwendigen Handlungen nach eigenen betrieblichen Voraussetzungen organisiert. Dies beinhaltet insbesondere, dass die von ihm eingesetzten Arbeitnehmer weiterhin ausschließlich seinen Weisungen unterliegen (→ *Direktionsrecht*).

Die Unterscheidung zwischen Dienst- und Werkverträgen ist für die nachfolgend dargestellten Aspekte unerheblich. Zur Vereinfachung wird daher im Folgenden nur von „Werkverträgen" gesprochen; die Ausführungen beziehen sich aber gleichermaßen auf Dienstverträge.

II. Abgrenzung zu Arbeitnehmerüberlassung

Bedeutung erlangt die rechtliche Einordnung der Verträge v.a. dann, wenn der Auftragnehmer die zu erbringenden Leistungen nicht in einer eigenen Betriebsstätte, sondern im Betrieb des Auftraggebers erbringt. Hier stellt sich regelmäßig das Problem einer Abgrenzung zum Einsatz von Arbeitnehmern bzw. zu → *Arbeitnehmerüberlassung*.

Der Hauptunterschied zwischen Arbeitnehmerüberlassung einerseits und dem Einsatz von Arbeitnehmern im Rahmen von Werkverträgen andererseits liegt darin, ob Arbeitnehmer des Auftragnehmers im Einsatzbetrieb trotz fehlender arbeitsvertraglicher Anbindung zum Einsatzbetrieb dort wie eigene Arbeitnehmer des Auftraggebers eingesetzt werden oder ob sie stattdessen weiterhin den Weisungen ihres Arbeitgebers – des Auftragnehmers – unterliegen. Ebenso muss mitberücksichtigt werden, ob und gegebenenfalls wie weitgehend die eingesetzten Personen in die Betriebsorganisation des Auftraggebers eingegliedert werden.

Beim Dienst- und Werkvertrag organisiert der Vertragspartner (Auftragnehmer) die zur Erreichung eines wirtschaftlichen Erfolges notwendigen Handlungen selbst und bedient sich dabei seiner Arbeitnehmer als Erfüllungsgehilfen. Die Arbeitnehmer des Dienst- oder Werkunternehmers bleiben auch bei ihrer Tätigkeit in einem fremden Betrieb in die Organisation des Auftragnehmers eingegliedert und sind ausschließlich dessen Weisungen unterstellt (so BAG v. 18.1.2012, Az. 7 AZR 723/10). Der Auftraggeber darf lediglich Anweisungen für die Ausführungen des Werks erteilen. Diese sind auf die zu erbringende Werkleistung begrenzt und daher rein sachbezogen und ergebnisorientiert (BAG v. 27.6.2017, Az. 9 AZR 133/16). Die werkvertragliche Weisung ist gegenständlich auf die zu erbringende Werkleistung begrenzt (BAG v. 5.7.2022, Az. 9 AZR 323/21). Die werkvertragliche Anweisung ist sachbezogen und ergebnisorientiert und nicht, wie die arbeitsrechtliche Weisung personenbezogen, ablauf- und verfahrensorientiert (BAG v. 25.7.2023, Az. 9 AZR 278/22). Dagegen liegt Arbeitnehmerüberlassung vor, wenn der Arbeitgeber einem Vertragspartner geeignete Arbeitskräfte überlässt, die dieser dann nach eigenen betrieblichen Erfordernissen in seinem Betrieb nach seinen arbeitsrechtlichen Weisungen einsetzt, die im Gegensatz zu werkvertraglichen Weisungen personenbezogen, ablauf- und verfahrensorientiert sind (BAG a. a. O.).

WICHTIG!

Soll ein Vertragsverhältnis als Dienst- oder Werkvertrag durchgeführt werden, ist zwingend Voraussetzung, dass die vom Vertragspartner eingesetzten Arbeitnehmer nicht in die Betriebsorganisation des Auftraggebers eingegliedert werden und insbesondere nicht den arbeitsvertraglichen Weisungen von Mitarbeitern des Auftraggebers unterliegen.

Dabei kommt es nicht maßgeblich auf die Bezeichnung des Vertrages an. Entscheidende Bedeutung hat die praktische Durchführung des Vertrages (so z. B. BAG v. 13.8.2008, Az. 7 AZR 269/07; BAG v. 5.7.2022, Az. 9 AZR 323/21). Widersprechen sich die Bezeichnung des Vertrages und seine praktische Durchführung, so ist die tatsächliche Durchführung maßgeblich (BAG v. 18.1.2012, Az. 7 AZR 723/10; BAG v. 5.7.2022, Az. 9 AZR 323/21). § 12 Abs. 1 Satz 2 AÜG löst den Widerspruch zwischen Vertrag und seiner tatsächlichen Durchführung zugunsten der Arbeitnehmerüberlassung auf (BAG v. 25.7.2023, Az. 9 AZR 278/22).

ACHTUNG!

Werden Dritte im Rahmen eines „Dienst"- oder „Werkvertrag" genannten Vertrags eingesetzt, dann aber wie eigene Arbeitnehmer des Auftraggebers beschäftigt, spricht man von einem sog. „Scheinwerkvertrag" bzw. von „verdeckter Arbeitnehmerüberlassung". Dies kann zu erheblichen nachteiligen Rechtsfolgen führen, insbesondere zu einer Fiktion eines Arbeitsverhältnisses zwischen Auftraggeber und eingesetztem Arbeitnehmer, §§ 9, 10 AÜG (vgl. hierzu V.)

III. Darstellung praktischer Erscheinungsformen

Heutzutage ist die Nutzung von Dienst- oder Werkverträgen in unterschiedlichsten Bereichen denkbar und üblich. So werden in der Praxis häufig indirekte Servicefunktionen wie z. B. die Kantine, der Werkschutz, die Telefonzentrale, das Facility Management u. Ä. nicht mit eigenen Arbeitnehmern durchgeführt. Stattdessen wird ein Vertragspartner mit der Wahrnehmung der damit einhergehenden Aufgaben beauftragt, der die Durchführung der Aufgaben in Eigenregie verantwortet.

Genutzt wird der Zukauf externer Dienstleistungen heutzutage aber auch häufig im Bereich hochqualifizierter Spezialistenaufgaben. So werden oftmals auch IT- oder Entwicklungsaufgaben nicht durch eigene Arbeitnehmer erbracht, sondern stattdessen bei einem externen Vertragspartner in Auftrag gegeben.

Schließlich werden auch „produktionsnahe" Aufgaben an Drittfirmen vergeben. Dies ist beispielsweise der Fall bei Regaleinräumern in Supermärkten (sog. Instore-Logistik), aber auch im Bereich der Logistik in produzierenden Gewerben, im Bereich der Qualitätskontrolle oder auch bei Montagen.

WICHTIG!

Die Vergabe von Aufträgen im Wege von Dienst- oder Werkverträgen ist nicht auf bestimmte Bereiche beschränkt. Sie ist immer dort möglich, wo der Unternehmer die Möglichkeit hat, bestimmte Arbeitsumfänge so in die Hand eines Vertragspartners zu geben, dass dieser die Modalitäten der Arbeitsausführung in Eigenregie übernehmen kann und darf.

Die Motive für eine derartige Vorgehensweise sind vielfältig: Während bei der Vergabe von Aufgaben mit einem geringen Anforderungsniveau häufig Kostenaspekte im Vordergrund stehen, sind mit zunehmendem Anforderungsniveau in der Regel andere Beweggründe maßgeblich, so z. B. die Nutzung von Spezial-Know-how eines Vertragspartners oder eine größere Flexibilität bei volatilen Bedarfen.

Änderungen in der Fleischindustrie:

§ 6a GSA Fleisch schränkt ab dem 1.4.2021 den Einsatz von Fremdpersonal in der Fleischwirtschaft mit Ausnahme des Fleischerhandwerks ein. Im Bereich der Schlachtung einschließlich der Zerlegung von Schlachtkörpern sowie im Bereich der Fleischverarbeitung dürfen die Betriebe nur noch Arbeitnehmerinnen und Arbeitnehmer im Rahmen von mit ihnen bestehenden Arbeitsverhältnissen tätig werden lassen. Arbeitnehmerüberlassung ist nur auf tarifvertraglicher Grundlage zulässig, vgl. § 6a Abs. 3 GSA Fleisch.

IV. Art des Personaleinsatzes

Wird mit einem Vertragspartner ein Werkvertrag geschlossen, sind mehrere Arten der Nutzung von Personalkapazitäten denkbar:

- der Auftragnehmer kann persönlich die zugesagten Aufgaben ausführen;
- der Vertragspartner setzt bei ihm angestellte Arbeitnehmer zur Erfüllung der zugesagten Aufgaben ein;
- der Auftragnehmer beauftragt seinerseits Personen, die sich nicht in einem Angestelltenverhältnis befinden, sondern einen Selbstständigenstatus aufweisen (sog. „Freelancer");
- der Auftragnehmer setzt Leiharbeitnehmer ein.

V. Rechtliche Risiken eines Scheinwerkvertrages

ACHTUNG!

Werden Inhouse-Werkverträge durchgeführt, muss streng darauf geachtet werden, dass die eingesetzten Arbeitnehmer ausschließlich über ihren eigenen Arbeitgeber gesteuert werden. Die Erteilung von Weisungen in Bezug auf Art, Zeit oder Ort bestimmter Aufgaben deutet auf Arbeitnehmerüberlassung hin und kann zum Entstehen eines Arbeitsverhältnisses mit den im Betrieb eingesetzten Personen führen (s. o.).

Konfliktpotential besteht in der Praxis vor allem dann, wenn die vom Auftragnehmer zu erbringenden Tätigkeiten im Betrieb des Auftraggebers geleistet werden („Inhouse-Werkvertrag"). Durch die räumliche Integration im Einsatzbetrieb droht in diesen Fällen eine Eingliederung der eingesetzten Personen in die Betriebsorganisation des Auftraggebers und damit eine verdeckte Arbeitnehmerüberlassung. Dabei zeigt die Praxis, dass diese Gefahr umso größer wird, je länger ein Einsatz andauert.

1. Arbeitsrechtliche Risiken

Stellt sich ein Vertrag trotz entgegenstehender Benennung und Ausgestaltung in seiner praktischen Durchführung als Arbeitnehmerüberlassung dar und verfügt der Vertragspartner nicht über eine Arbeitnehmerüberlassungserlaubnis, entsteht trotz der entgegenstehenden Bezeichnung des Vertrags ein Arbeitsvertrag zwischen dem eingesetzten Arbeitnehmer und dem Auftraggeber (§§ 9, 10 AÜG).

Verfügt der Vertragspartner hingegen über eine gültige Arbeitnehmerüberlassungserlaubnis, verneinte das BAG in der früheren Rechtslage, dass ein Arbeitsverhältnis mit dem Arbeitgeber des Einsatzbetriebs zustande komme, selbst wenn ein als „Werkvertrag" bezeichnetes Vertragsverhältnis sich in seiner praktischen Durchführung als Arbeitnehmerüberlassung darstellte (BAG v. 12.7.2016, Az. 9 AZR 352/15). Auch nach den Grundsätzen von Treu und Glauben könne sich diese Rechtsfolge nicht ergeben (BAG v. 12.7.2016, Az. 9 AZR 51/15).

Diese Rechtsprechung ist jedoch durch die Überarbeitung des AÜG überholt, da in der o. g. Fallgestaltung die Bezeichnungs- und Konkretisierungspflicht verletzt sein wird. § 1 Abs. 1 Satz 5 AÜG n. F. sieht vor, dass eine Arbeitnehmerüberlassung ausdrücklich als solche bezeichnet werden muss (Bezeichnungspflicht). Vor der Überlassung ist gemäß § 1 Abs. 1 Satz 6

AÜG n. F. die Person des Leiharbeitnehmers unter Bezugnahme auf den Überlassungsvertrag zu konkretisieren (Konkretisierungspflicht). Bei kumulativ vorliegendem Verstoß gegen diese Vorschriften wird der Arbeitsvertrag zwischen Verleiher und Leiharbeitnehmer vorbehaltlich eines Widerspruchs des Leiharbeitnehmers gemäß § 9 Abs. 1 Nr. 1a AÜG n. F. unwirksam, sodass gemäß § 10 Abs. 1 AÜG n. F. ein Arbeitsverhältnis zwischen Entleiher und Leiharbeitnehmer als zustande gekommen gilt (→ *Arbeitnehmerüberlassung*). Beruft sich der Arbeitnehmer hierauf, so muss er die Tatsachen darlegen und beweisen, aus denen sich ergeben soll, dass gemäß § 10 Abs. 1 Satz 1 AÜG ein Arbeitsverhältnis mit dem Entleiher als zustande gekommen gilt. Gegebenenfalls muss der Arbeitgeber im Rahmen der abgestuften Darlegungs- und Beweislast substantiiert bestreiten und die für das Gegenteil sprechenden Tatsachen und Umstände darlegen (BAG v. 25.7.2023, Az. 9 AZR 278/22).

Ebenso entsteht auch dann ein Arbeitsverhältnis zum Auftraggeber, wenn der als „Selbstständiger" bezeichnete Vertragspartner entgegen der vertraglichen Abrede wie ein Arbeitnehmer eingesetzt wird. Ein Arbeitnehmer unterscheidet sich von einem „freien Dienstvertragspartner" durch den Grad der persönlichen Abhängigkeit, in der sich der zur Dienstleistung Verpflichtete befindet. Arbeitnehmer ist, wer aufgrund eines privatrechtlichen Vertrags im Dienste eines anderen zur Leistung weisungsgebundener, fremdbestimmter Arbeit in persönlicher Abhängigkeit verpflichtet ist (§ 611a BGB). Das Weisungsrecht kann Inhalt, Durchführung, Zeit, Dauer und Ort der Tätigkeit betreffen. Arbeitnehmer ist derjenige Mitarbeiter, der nicht im Wesentlichen frei seine Tätigkeit gestalten und seine Arbeitszeit bestimmen kann (BAG v. 17.4.2013, Az. 10 AZR 668/12). Im Gegensatz dazu ist Selbstständiger, wer unternehmerische Verantwortung, Chancen und Risiken trägt.

2. Sozialrechtliche Risiken

Ist der vom Vertragspartner eingesetzte Dritte nicht in einem sozialversicherungspflichtigen Beschäftigungsverhältnis angestellt, sondern hat dieser den vermeintlichen Status eines Selbstständigen inne, obwohl tatsächlich eine sog. → *Scheinselbstständigkeit* vorliegt, droht dem Vertragspartner – ggf. aber auch dem Einsatzbetrieb – die Nachzahlung von Sozialversicherungsbeiträgen. Näheres hierzu siehe → *Scheinselbstständigkeit*.

3. Haftungsrechtliche Risiken

Bei Verstößen gegen die Vorgaben des AÜG können nach § 16 AÜG Bußgelder in erheblicher Größenordnung verhängt werden.

Bußgeldbewehrt ist auch der Verstoß gegen unternehmerische Aufsichtspflichten nach § 130 OWiG.

Befindet sich ein vermeintlich Selbstständiger, für den keine Sozialversicherungsbeiträge abgeführt werden, tatsächlich in einem abhängigen Beschäftigungsverhältnis, kann dies schließlich eine Straftat nach § 266a StGB darstellen.

ACHTUNG!

Bei der Durchführung von Inhouse-Werkverträgen muss verhindert werden, dass die eingesetzten Arbeitnehmer durch den Auftraggeber gesteuert und in dessen Arbeitsorganisation eingegliedert werden, da ansonsten verdeckte Arbeitnehmerüberlassung vorliegt. Die nachteiligen Folgen sind gravierend: Eingesetzte bzw. ein Arbeitsverhältnis Arbeitnehmer können sich in Arbeitsverhältnisse einklagen, dem Unternehmer drohen compliancerelevante Sanktionen in Form von Bußgeldern, ggf. werden auch Straftatbestände erfüllt. Verstöße führen zudem aufgrund häufiger Einschaltung der Presse zu Imageverlusten des Unternehmens. Schließlich spielen Verstöße den Befürwortern einer Ausweitung der Mitbestimmung von Betriebsräten bei Fremdvergaben in die Hände.

VI. Beteiligungsrechte des Betriebsrats

1. Kontrollrechte nach § 80 BetrVG

Gemäß § 80 Abs. 1 Nr. 1 BetrVG hat der → *Betriebsrat* u. a. die Aufgabe, darüber zu wachen, dass die zugunsten der Arbeitnehmer geltenden Gesetze durchgeführt werden (siehe auch → *Betriebliche Mitbestimmung*). Da die Frage, ob ein Vertrag die Gestellung von Arbeitnehmern im Wege der → *Arbeitnehmerüberlassung* beinhaltet oder ob er die Qualität eines Dienst- oder Werkvertrags haben soll, unterschiedliche Rechtsfolgen auslöst, sind dem Betriebsrat auf dessen Verlangen hin die abgeschlossenen Verträge gem. § 80 Abs. 2 BetrVG zur Verfügung zu stellen (so auch BAG v. 31.1.1989, Az. 1 ABR 72/87). Dies gilt auch in Bezug auf die Beschäftigung von Selbstständigen bzw. freien Mitarbeitern (BAG v. 15.12.1998, Az. 1 ABR 9/98).

§ 80 Abs. 2 BetrVG bezieht das Informationsrecht des Betriebsrats ausdrücklich auch auf Personen, die nicht in einem Arbeitsverhältnis zum Arbeitgeber stehen. Der Unterrichtungsanspruch umfasst Angaben zu den Arbeitsaufgaben dieser Personen, ihrem Einsatzort und dem zeitlichen Umfang des Einsatzes. § 80 Abs. 2 Satz 3 BetrVG sieht ausdrücklich die Vorlage der dem Fremdpersonaleinsatz zugrunde liegenden Verträge vor.

Nur hierdurch kann der Betriebsrat die Kontrolle darüber ausüben, welche Rechtsqualität ein durchgeführter Drittpersonaleinsatz nach Vorstellung der Vertragsparteien haben sollte. Dies ist erforderlich, um zu überprüfen, ob die tatsächliche Durchführung des Vertragsverhältnisses der vertraglichen Abrede entspricht.

2. Mitbestimmung nach § 99 BetrVG

WICHTIG!

Auch wenn zu einem Leiharbeitnehmer kein arbeitsvertragliches Verhältnis begründet wird, bedarf der Einsatz eines Leiharbeitnehmers der Zustimmung des Betriebsrats gemäß § 99 BetrVG. Auch hierbei handelt es sich um eine → *Einstellung* im Sinne des Gesetzes.

Der Einsatz eines Dritten im Rahmen eines Werkvertrages unterliegt grundsätzlich nicht der Mitbestimmung des Betriebsrats im Einsatzbetrieb nach § 99 BetrVG. Dies ergibt sich aus der Tatsache, dass bei einem – rechtlich korrekt durchgeführten – Einsatz eines Dritten im Rahmen eines Werkvertrags keine Eingliederung in die Betriebsorganisation und kein weisungsgebundener Einsatz und damit keine Einstellung i. S. d. § 99 BetrVG stattfinden. Vor diesem Hintergrund muss der → *Betriebsrat* dem Einsatz eines Dritten im Rahmen eines Werkvertrags grundsätzlich nicht zustimmen. Ist allerdings ein Arbeitnehmer eines Auftragnehmers so in den fremden Betrieb eingegliedert, dass der Inhaber des Einsatzbetriebs die für ein Arbeitsverhältnis typischen Entscheidungen über den Arbeitseinsatz des Fremdpersonals trifft, wird die Grenze zu einer mitbestimmungspflichtigen Einstellung i .S. d. § 99 BetrVG überschritten. Dies kann beispielsweise durch eine namentliche Eintragung in einen Dienstplan belegt werden (BAG v. 13.5.2014, Az. 1 ABR 50/12). Zugleich wird ein gravierendes Indiz dafür geschaffen, dass sich der Vertrag in seiner praktischen Durchführung nicht als Werkvertrag darstellt, sondern als → *Arbeitnehmerüberlassung*.

Eine mitbestimmungspflichtige → *Einstellung* liegt aber auch dann vor, wenn sich erst im Verlauf der praktischen Vertragsdurchführung herausstellt, dass entgegen der vertraglichen Bezeichnung eine Eingliederung und ein weisungsabhängiger Einsatz des Dritten – also eine verdeckte Arbeitnehmerüberlassung – stattfinden. Da der Betriebsrat in diesen Fällen dem Einsatz im Rahmen der (verdeckten) → *Arbeitnehmerüberlassung* gerade nicht gemäß § 99 BetrVG zugestimmt hat, kann der Betriebsrat gemäß § 101 BetrVG beim Arbeitsgericht beantragen, dass dem Arbeitgeber (Auftraggeber) aufgegeben wird, die personelle Maßnahme aufzuheben (vgl. hierzu auch → *Betriebliche Mitbestimmung*). Im Falle der Nichtbefolgung einer entsprechenden gerichtlichen Entscheidung kann ein Zwangsgeld verhängt werden.

VII. Checkliste zur Risikominimierung

1. Vertragsgestaltung

- Vertragsgegenstand („Lastenheft“) möglichst konkret – nicht nur rahmenmäßig – beschreiben
- Im Rahmen des Vertragsgegenstandes möglichst weitreichende Spielräume des Auftragnehmers vereinbaren, beispielsweise im Hinblick auf Berechtigung zum Einsatz Dritter, zeitlicher Vorgaben etc.
- Vergütung: Pauschalhonorar vorzugswürdig, nach Stundensätzen möglich, wenn unvermeidbar
- Regelungen über Haftung/Gewährleistung des Auftragnehmers und zur Abnahme des Werks
- Ggf. Regelungen zur Qualifizierung der eingesetzten Arbeitnehmer auf Kosten des Auftragnehmers
- Personenbezug vermeiden: keine vertragliche Festlegung, welche Personen bei der Erfüllung des Auftrags eingesetzt werden sollen
- Regelung über Ansprechpartner beim Auftragnehmer, der verantwortlich für Abstimmungsprozesse mit dem Auftraggeber ist (wer, wie erreichbar etc.)

2. Vertragsdurchführung

- Äußerliche Abgrenzung des Fremdpersonals:
  - ❑ keine Firmenkleidung
  - ❑ keine Firmen-E-Mail-Adresse
  - ❑ keine Firmen-Visitenkarten etc.
- Nutzung von Betriebsmitteln des Einsatzbetriebs nur, falls erforderlich (Bsp. firmenspezifische Software)
- Nutzung der „betrieblichen Infrastruktur“ möglich: Zugangskarte, Kantinennutzung etc.
- Keine Vorgaben des Auftraggebers im Hinblick auf Anwesenheitszeiten (aber: Einhaltung der betrieblichen „Öffnungszeiten“ kann gefordert werden)
- Keine Verantwortlichkeit des Auftraggebers für Einhaltung der Grenzen des Arbeitszeitgesetzes beim Fremdpersonal
- Möglichst geringe Einflussnahme des Auftraggebers auf die Art und Weise der Vertragsdurchführung/Tätigkeitserbringung durch das Fremdpersonal
- Unmittelbare Weisungen an eingesetzte Personen vermeiden, allenfalls Abstimmungen im Rahmen des möglichst detailliert beschriebenen Auftrags („Lastenheft“)
- Aber: Weisungen im Hinblick auf das Verhalten jenseits der Tätigkeitserbringung sind möglich (beispielsweise Einhaltung von Raucherregelungen, Untersagung störenden Verhaltens wie Radiohören etc.)
- Qualifizierungsmaßnahmen durch Auftraggeber nur dann, wenn diese nur durch ihn und nicht durch den Auftragnehmer vorgenommen werden können
- Sicherheitsunterweisungen auch für Fremdpersonal durchführen
- „Gelebte“ Haftung des Auftragnehmers: Geltendmachung von Regressansprüchen gegenüber dem Vertragspartner bei Vertragsverstößen
- Schaffung eines Umfelds, durch das eine Eingliederung in die Betriebsorganisation so weit wie möglich vermieden wird:
  - ❑ keine Übertragung von Weisungsbefugnissen auf Dritte (externe Projektleiter o. Ä.)
  - ❑ keine gemischten Teams aus Arbeitnehmern und Dritten, d. h. räumliche Trennung empfehlenswert
  - ❑ Gewährleistung einer „Kommunikation übers Eck“: Auftragnehmer benennt „Koordinator“, der als Ansprechpartner für Auftraggeber fungiert und dessen Vorgaben beim eingesetzten Personal umsetzt.

Werkwohnung

I. Begriff

Unter dem Oberbegriff „Werkwohnung“ werden die Werkmietwohnung und die Werkdienstwohnung zusammengefasst.

1. Werkmietwohnung

Werkmietwohnungen sind Wohnungen, die der Arbeitgeber aus Anlass des Arbeitsverhältnisses an den Arbeitnehmer vermietet (§ 576 BGB). Über das Arbeitsverhältnis und das Mietverhältnis bestehen zwei getrennte und selbstständige Verträge. Der – bereits bestehende oder noch abzuschließende – Arbeitsvertrag muss aber der wesentliche Grund für die Vermietung sein.

Werkmietwohnungen werden wiederum untergliedert in die einfachen und die funktionsgebundenen Werkmietwohnungen. Funktionsgebunden ist eine Werkmietwohnung, wenn die berufliche Tätigkeit die Überlassung des in unmittelbarer Nähe zum Arbeitsort befindlichen Wohnraums erfordert. Dies ist z. B. der Fall bei einem Pförtner oder Hausmeister.

Zu Abschluss und Inhalt des Mietvertrags gelten die allgemeinen mietrechtlichen Regeln des BGB. Arbeitgeber und Arbeitnehmer können im Mietvertrag lediglich zusätzlich vereinbaren, dass die Miete bei der Gehaltsabrechnung einbehalten wird.

WICHTIG!
Solange der Betriebsrat dem Abschluss eines konkreten Mietvertrags noch nicht zugestimmt hat, sollte zur Vermeidung von Schadensersatzansprüchen die Wirksamkeit des Mietvertrags unter die Bedingung der Zustimmung des Betriebsrats gestellt werden (vgl. zur Mitbestimmung unten IV.).

2. Werkdienstwohnung

Werkdienstwohnungen werden dem Arbeitnehmer vom Arbeitgeber im Rahmen des Arbeitsverhältnisses überlassen (§ 576b BGB). Die Wohnraumnutzung ist damit Bestandteil des Arbeitsvertrags und Teil der Arbeitsvergütung. Bei einem Betriebsübergang geht die Pflicht zur Überlassung der Wohnung mit auf den Erwerber des Betriebs über. Der Arbeitnehmer muss keine gesonderte Miete zahlen. Die Nutzung der Wohnung gehört zu seinen arbeitsvertraglichen Pflichten. Dies kann etwa bei Pförtnern, Hausmeistern, Heimleitern oder Wachpersonal der Fall sein.

II. Mieterhöhungen

Die Höhe des Mietzinses kann bei **Werkmietwohnungen** frei vereinbart werden. Einseitige Mieterhöhungen sind nicht zulässig; der Arbeitgeber kann jedoch wie jeder andere Vermieter nach §§ 558a–558e BGB die Zustimmung des Mieters zur Erhöhung der Miete verlangen. So besteht insbesondere ein Anspruch auf Erteilung der Zustimmung, wenn der Mietzins seit 15 Monaten unverändert ist, der verlangte Mietzins die ortsübliche Vergleichsmiete nicht übersteigt und der Mietzins sich innerhalb von drei Jahren nicht um mehr als 20 % erhöht hat.

Hat der Arbeitgeber dem Arbeitnehmer eine Werkmietwohnung zu einem unterhalb der ortsüblichen Vergleichsmiete liegenden Mietzins überlassen, folgt daraus **nicht,** dass der Vermieter – der Arbeitgeber – bei einer Mieterhöhung nach § 558a BGB den ursprünglichen proportionalen Abstand zwischen Ausgangsmiete und ortsüblicher Miete einzuhalten hat. In der Überlassung einer mietzinsreduzierten Werkmietwohnung kann jedoch eine Verpflichtung gemäß § 557 Abs. 3 BGB liegen, bei künftigen Erhöhungen nur eine gegenüber der ortsüblichen Vergleichsmiete günstigere Miete zu verlangen. Dieser Verpflichtung wird aber bereits dadurch Rechnung getragen, dass der erhöhte neue Mietzins nominal zumindest in gleicher Höhe unterhalb der aktuellen ortsüblichen Miete liegt wie die ursprüngliche Miete unterhalb der ursprünglichen ortsüblichen Vergleichsmiete lag.

Der für die Nutzung der **Werkdienstwohnung** in Ansatz zu bringende Wert kann demgegenüber als Bestandteil des Arbeitsentgelts nicht über §§ 558a–558e BGB erhöht werden. Will der Arbeitgeber diesen Wert erhöhen und damit die sonstige Arbeitsvergütung verringern, muss er mit dem Arbeitnehmer einen Änderungsvertrag abschließen oder eine → *Änderungskündigung* aussprechen.

III. Kündigung

Wichtig wird die Unterscheidung zwischen Werkmietwohnung und Werkdienstwohnung insbesondere bei der Beendigung des Miet- bzw. Arbeitsverhältnisses.

1. Kündigung von Werkmietwohnungen

1.1 Kündigung während des Arbeitsverhältnisses

Während des laufenden Arbeitsverhältnisses kann das Mietverhältnis nur wie jedes andere Mietverhältnis nach den allgemeinen Vorschriften des BGB gekündigt werden. Der Arbeitgeber muss ein berechtigtes Interesse an der Beendigung des Mietverhältnisses haben. Die Gründe der Kündigung sind im Kündigungsschreiben darzulegen. In Betracht kommen insbesondere eine erhebliche Pflichtverletzung des Mieters oder ein sog. „Betriebsbedarf" des Vermieters (§ 573 BGB). Letzterer kommt nur dann in Betracht, wenn ein Mitarbeiter, der die Wohnung neu beziehen soll, seine Tätigkeit nur oder nur sachgerecht in der betroffenen Wohnung ausführen kann. Kann er zur Umsetzung seiner Aufgaben auch anderweitig wohnen, scheidet ein Betriebsbedarf aus. Das Interesse des Vermieters an der Beendigung des Mietverhältnisses ist danach zu gewichten, ob und gegebenenfalls welche Bedeutung es für das Unternehmen hat, dass der Mitarbeiter seinen Wohnsitz in der vermieteten Wohnung nimmt. Dabei kommt es insbesondere auf die Funktion und die Aufgaben des Mitarbeiters an. So können etwa sicherheitsrelevante oder technische Gründe die Kündigung des bisherigen Mieters rechtfertigen, reine Zweckmäßigkeitsgesichtspunkte genügen dagegen nicht (vgl. BGH v. 23.5.2007, Az. VIII ZR 122/06).

Der Mieter kann sich auf die Sozialklausel des § 574 BGB berufen und der Kündigung widersprechen, wenn sie für ihn oder seine Familie eine unzumutbare Härte bedeuten würde, die auch unter Berücksichtigung der berechtigten Interessen des Vermieters nicht zu rechtfertigen ist.

Die Kündigung ist spätestens am dritten Werktag eines Kalendermonats für den Ablauf des übernächsten Monats zulässig, wenn die bisherige Mietdauer weniger als fünf Jahre beträgt (§ 573c BGB). Nach fünf und acht Jahren verlängert sich die Frist für den Arbeitgeber um jeweils drei Monate.

WICHTIG!
Der Kündigung sollte unbedingt die schriftliche Zustimmung des Betriebsrats bzw. die Entscheidung der Einigungsstelle beigelegt werden. Andernfalls kann der Arbeitnehmer die Kündigung zurückweisen, es sei denn, er wurde vom Betriebsrat bzw. der Einigungsstelle bereits über die Zustimmung in Kenntnis gesetzt (vgl. zur Mitbestimmung unten IV.). Im Falle der Zurückweisung müsste die Kündigung – diesmal unter Beifügung der schriftlichen Zustimmung – wiederholt werden (Fristenproblem!).

1.2 Kündigung nach Beendigung des Arbeitsverhältnisses

Nach Beendigung des Arbeitsverhältnisses erleichtert § 576 BGB die Kündigung, indem die Kündigungsfristen verkürzt werden:

Einfache Werkmietwohnungen können danach spätestens am dritten Werktag eines Kalendermonats für den Ablauf des übernächsten Monats gekündigt werden, wenn das Mietverhältnis noch keine zehn Jahre bestanden hat und die Wohnung für einen anderen Arbeitnehmer benötigt wird. Ist die Wohnung länger als zehn Jahre überlassen, gilt die gewöhnliche Kündigungsfrist des § 573c BGB. Eine Kündigung kann danach spätestens am dritten Werktag eines Kalendermonats für den Ablauf des achten Monats ausgesprochen werden. Die Kündigungsfrist beträgt folglich nahezu neun Monate.

Bei funktionsgebundenen Werkmietwohnungen ist die Kündigung unabhängig von der Dauer des Mietverhältnisses spätestens am dritten Werktag eines Kalendermonats für den Ablauf des gleichen Monats zulässig, wenn die Wohnung für einen anderen Arbeitnehmer aus dem gleichen Grund benötigt wird. Bei funktionsgebundenen Werkmietwohnungen kann sich der Mieter nicht auf die Sozialklausel des § 574 BGB berufen und damit der Kündigung nicht widersprechen (§ 576a Abs. 2 Ziff. 1 BGB).

Auch hier sollte der Kündigung stets die schriftliche Zustimmung des Betriebsrats beigefügt werden (vgl. oben III.1.1).

1.3 Kündigung von Werkdienstwohnungen

Die Überlassung der Werkdienstwohnung ist Bestandteil des Arbeitsvertrags, sodass weder der Arbeitgeber noch der Arbeitnehmer losgelöst vom Arbeitsvertrag kündigen kann. Daraus folgt aber auch, dass das Nutzungsrecht des Arbeitnehmers an der Werkdienstwohnung mit der Beendigung des Arbeitsverhältnisses endet. Die Vorschriften des Mietrechts (einschließlich der Kündigungsfristen) sind nicht anwendbar. Eine Ausnahme gilt jedoch dann, wenn der Arbeitnehmer den Wohnraum ganz oder überwiegend mit Einrichtungsgegenständen ausgestattet hat oder er dort mit seiner Familie einen Hausstand führt. In diesen Fällen gelten die Vorschriften über die funktionsgebundene Werkmietwohnung, d. h. der Arbeitgeber kann die Wohnung spätestens am dritten Werktag eines Kalendermonats für den Ablauf dieses Monats kündigen, aber nur, wenn er die Wohnung für einen anderen Arbeitnehmer benötigt.

IV. Beteiligung des Betriebsrats

Bei der Frage des Mitbestimmungsrechts des Betriebsrats ist strikt zwischen Werkmietwohnungen und Werkdienstwohnungen zu unterscheiden.

1. Werkmietwohnung

Der Arbeitgeber ist in der Entscheidung frei, ob er Werkmietwohnungen zur Verfügung stellen will. Mitbestimmungspflichtig ist nicht das „Ob", sondern nur das „Wie" der Wohnraumüberlassung.

Entscheidet sich der Arbeitgeber für die Bereitstellung von Werkmietwohnungen, kann er unter Berücksichtigung des Gleichbehandlungsgrundsatzes mitbestimmungsfrei einen begünstigten Personenkreis unter den Arbeitnehmern festlegen aber auch zu einem späteren Zeitpunkt die Schließung oder Teilschließung eines Bestands von Werkmietwohnungen mitbestimmungsfrei beschließen. Unter letztgenanntem Aspekt muss der Arbeitgeber den Betriebsrat folglich nicht hinzuziehen, wenn er sich entschließt, bestimmte Wohnungen künftig ausnahmslos nicht mehr an vom Betriebsrat repräsentierte Mitarbeiter zu vergeben, sondern ausschließlich an Dritte, wie etwa Geschäftsführer, Vorstandsmitglieder, leitende Angestellte oder sonstige Personen.

Im Übrigen entsteht mit der Bereitstellung von Werkmietwohnungen jedoch ein umfassendes Mitbestimmungsrecht des Betriebsrats nach § 87 Abs. 1 Nr. 9 BetrVG. So entscheidet der Betriebsrat im Rahmen des vom Arbeitgeber festgelegten Kreises der möglichen Begünstigten mit, welcher konkrete Bewerber einen Wohnraum erhalten soll.

WICHTIG!

Ein unter Missachtung des Mitbestimmungsrechts abgeschlossener Mietvertrag ist zwar zivilrechtlich wirksam, doch kann der Betriebsrat die Wiederherstellung des betriebsverfassungsrechtlich gebotenen Zustands und damit die Kündigung eines dieses Mietvertrags sowie den Vertragsschluss mit einem anderen Arbeitnehmer fordern.

Verfügt der Arbeitgeber über einen einheitlichen Bestand von Werkmietwohnungen, ohne einzelne Wohnungen ausdrücklich aus der Vergabe an vom Betriebsrat vertretene Mitarbeiter herausgenommen zu haben, erstreckt sich das Mitbestimmungsrecht auf alle Wohnungen. Einbezogen ist damit auch die Vergabe an dritte Personen, da jede Wohnung, die einem Dritten überlassen wird, nicht mehr an einen vom Betriebsrat repräsentierten Arbeitnehmer vergeben werden kann.

Weiterhin ist vom Mitbestimmungsrecht auch die Festlegung der Nutzungsbedingungen erfasst; hierzu gehören vor allem alle formellen Regelungen, wie sie üblicherweise in Hausordnungen und Mustermietverträgen enthalten sind (z. B. Regelungen über Schönheitsreparaturen, Untervermietung, Tierhaltung usw.).

Zu den Nutzungsbedingungen im Sinne von § 87 Abs. 1 Nr. 9 BetrVG gehört auch die Wohnungsmiete. Der Betriebsrat bestimmt über die Grundsätze für die Mietzinsbildung und deren Änderung mit, sodass auch Mieterhöhungen seiner Zustimmung bedürfen.

Zur Kündigung einer Werkmietwohnung während des Arbeitsverhältnisses, aber wohl auch zur Kündigung nach beendetem Anstellungsverhältnis ist stets die Zustimmung des Betriebsrats erforderlich.

ACHTUNG!

Die Kündigung einer Werkmietwohnung ohne Zustimmung des Betriebsrats ist unwirksam.

Verweigert der Betriebsrat die Zustimmung, kann der Arbeitgeber die → *Einigungsstelle* anrufen.

2. Werkdienstwohnung

Bei allen Fragen rund um Werkdienstwohnungen besteht dagegen kein Mitbestimmungsrecht des Betriebsrats nach § 87 Abs. 1 Nr. 9 BetrVG, da die Zuweisung einer Werkdienstwohnung im Rahmen des Anstellungsverhältnisses erfolgt, ohne dass ein gesonderter Mietvertrag abgeschlossen wird. Nach dem Wortlaut des § 87 Abs, 1 Nr. 9 BetrVG ist aber der Abschluss eines Mietvertrages neben dem Arbeitsvertrag notwendig, um das Mitbestimmungsrecht auszulösen (BAG v. 3.6.1975, Az. 1 ABR 118/73).

Wettbewerbsverbot

I. Begriff und Abgrenzung

Durch ein Wettbewerbsverbot wird ein Arbeitnehmer in seiner beruflichen und gewerblichen Tätigkeit außerhalb des Arbeitsverhältnisses beschränkt. Wesentlicher Hintergrund dieser Tätigkeitsbeschränkung ist der Gedanke, dass ein Arbeitnehmer Kenntnisse, die er bei seinem Arbeitgeber gewinnt oder gewonnen hat, nicht zugunsten der Konkurrenz einsetzt.

Im Gegensatz zu einer allgemeinen Beschränkung der → *Nebentätigkeit* soll dem Arbeitnehmer mit einem Wettbewerbsverbot lediglich die Tätigkeit für ein Konkurrenzunternehmen untersagt werden.

Ein Konkurrenzverhältnis liegt zwischen den beteiligten Unternehmen immer dann vor, wenn diese ihre Waren oder Dienstleistungen auf einem Markt denselben Nachfragern anbieten.

Beispiel:

Zwischen einem Großhändler und einem Einzelhändler besteht kein Konkurrenzverhältnis, selbst wenn beide mit gleichen Produkten handeln. Für eine Konkurrenzsituation fehlt es am gemeinsamen Markt und denselben Nachfragern.

Die Auferlegung einer → *Verschwiegenheitspflicht* soll lediglich davor schützen, dass der Arbeitnehmer im Rahmen des Arbeitsverhältnisses erlangte (vertrauliche) Informationen an Dritte weitergibt. Die bloße Verwertung im Rahmen seiner Berufstätigkeit stellt jedoch keine Verletzung der Verschwiegenheitspflicht dar. Will der Arbeitgeber den Arbeitnehmer in der Ausnutzung seiner bei ihm erlangten beruflichen Erfahrungen hindern, muss er ein Wettbewerbsverbot mit ihm vereinbaren.

Hinsichtlich der Voraussetzungen und Wirkungen eines Wettbewerbsverbots ist zwischen dem bestehenden und dem bereits beendeten Arbeitsverhältnis zu unterscheiden.

II. Wettbewerbsverbot während des bestehenden Arbeitsverhältnisses

1. Gesetzliches Wettbewerbsverbot

Während des Arbeitsverhältnisses darf ein Arbeitnehmer mit seinem Arbeitgeber nicht in Wettbewerb treten. § 60 Abs. 1 HGB regelt dies ausdrücklich für kaufmännische Angestellte. Für andere Arbeitnehmer (handwerklich, gewerblich oder technisch tätige Arbeitnehmer) ergibt sich das Wettbewerbsverbot während des bestehenden Arbeitsverhältnisses aus der allgemeinen Treuepflicht, unabhängig davon, ob es sich um teil- oder vollzeitbeschäftigte Arbeitnehmer handelt. Auch während des Bestands eines Ausbildungsverhältnisses hat der Auszubildende Wettbewerb zulasten seines Ausbildungsbetriebs zu unterlassen. Dies folgt aus § 10 Abs. 2 BBiG und der Treuepflicht (BAG v. 20.9.2006, Az. 10 AZR 439/05).

Dem Arbeitnehmer ist es generell untersagt, in dem Geschäftszweig des Arbeitgebers ein eigenes Handelsgewerbe zu betreiben oder für eigene oder fremde Rechnung Geschäfte zu machen. Hierbei ist es unerheblich, in welcher Form der Arbeitnehmer auftritt. Er darf weder als Selbstständiger noch als abhängiger Arbeitnehmer bei einem Konkurrenzbetrieb arbeiten. Eine unzulässige Wettbewerbshandlung liegt auch dann vor, wenn der Arbeitnehmer einen Strohmann einschaltet.

Beispiel:

Eine gesellschaftsrechtliche Beteiligung von 50 Prozent an einer juristischen Person eröffnet jedenfalls dann maßgeblichen Einfluss auf den Geschäftsbetrieb, wenn Beschlüsse der Gesellschaft mit Stimmenmehrheit gefasst werden müssen. Agiert diese Gesellschaft unter fünfzigprozentiger Beteiligung des Arbeitnehmers während des Bestehens seines Arbeitsverhältnisses konkurrierend im Handelszweig des Arbeitgebers am Markt, stellt dieses an sich einen wichtigen Grund für eine fristlose Kündigung wegen Verstoßes gegen das vertragliche Wettbewerbsverbot dar (LAG Schleswig-Holstein v. 12.4.2017, Az. 3 Sa 202/16).

Die bloße Aufnahme einer arbeitsvertraglichen Tätigkeit bei einem potenziellen Wettbewerber während des laufenden Arbeitsverhältnisses zum alten AG stellt – nach Auffassung des LAG Mecklenburg-Vorpommern – im Fall der vertraglich vereinbarten Wahrnehmung nicht vergleichbarer Arbeitsaufgaben jedenfalls dann kein wettbewerbswidriges Verhalten im Sinne der §§ 60/61 HGB dar, wenn keine sonstigen wettbewerbswidrigen Verhaltensweisen des AN hinzutreten (vgl. LAG Mecklenburg-Vorpommern v. 19.4.2017, Az. 3 SaGa 7/16).

Der Arbeitnehmer darf auch dann keine Konkurrenzgeschäfte tätigen, wenn sicher ist, dass der Arbeitgeber den vom Arbeitnehmer betreuten Bereich oder die betreffenden Kunden nicht erreichen wird. Die Darlegungs- und Beweislast für eine Einwilligung des Arbeitgebers trägt der Arbeitnehmer. Zur Schlüssigkeit der Darlegung eines Verstoßes gegen das Konkurrenzverbot ist es ausreichend, wenn der Arbeitgeber vorträgt, der Arbeitnehmer habe vor Beendigung des Arbeitsverhältnisses Verträge mit Kunden des Arbeitgebers abgeschlossen. Der Arbeitgeber muss weder vortragen, unter welchen näheren Umständen die betreffenden Vertragsschlüsse zustande kamen, noch, dass er Aussichten hatte, die vom Arbeitnehmer an sich gezogenen Verträge selbst abzuschließen, noch, dass er mit der Konkurrenztätigkeit nicht einverstanden war (BAG v. 16.1.2013, 10 AZR 560/11).

Erlaubt ist dem Arbeitnehmer jedoch die Vorbereitung für den Betrieb eines (konkurrierenden) Handelsgewerbes. Vorbereitungshandlungen (wie z. B. Anmietung von Geschäftsräumen, Wareneinkauf, Anwerbung von Mitarbeitern) sind ihm auch schon während des bestehenden Arbeitsverhältnisses erlaubt, soweit diese Handlungen für den Arbeitgeber keine unmittelbaren Nachteile (wie z. B. durch die Abwerbung von Arbeitskollegen) bringen.

2. Vertragliches Wettbewerbsverbot

2.1 Inhalt

Das gesetzliche Wettbewerbsverbot kann vertraglich erweitert oder beschränkt werden. Eine vertragliche Erweiterung ist z. B. dann erforderlich, wenn der Arbeitgeber auch die Tätigkeit bei seinen Dienstleistern, Zulieferern oder Abnehmern untersagen will. Dies gilt auch für konzernverbundene Unternehmen.

Formulierungsbeispiel:

„Das Wettbewerbsverbot gilt auch zugunsten der mit der Firma verbundenen Unternehmen."

Eine vertragliche Einschränkung kommt immer nur dann in Betracht, wenn der Arbeitgeber (bestimmte oder alle) Konkurrenztätigkeiten gestatten will.

Beispiel:

Eine Kfz-Werkstatt gestattet ihrem Gesellen, bestimmte Kleinaufträge auf eigene Rechnung zu erledigen.

Hierbei ist jedoch zu beachten, dass eine Einwilligung nur widerrufen werden kann, wenn sich der Arbeitgeber den Widerruf ausdrücklich vorbehalten hat.

Formulierungsbeispiel:

„Dem Arbeitnehmer wird in jederzeit widerruflicher Weise gestattet, Kfz-Schadens-Gutachten auf eigene Rechnung zu erstellen."

2.2 Vertragsstrafe

Zur zusätzlichen Absicherung des Wettbewerbsverbots kann eine Vertragsstrafe für den Fall vereinbart werden, dass der Arbeitnehmer eine unerlaubte Konkurrenztätigkeit durchführt.

Der Vorteil einer Vertragsstrafe liegt darin, dass im Falle eines Verstoßes kein Nachweis über den tatsächlichen Schadenseintritt sowie die Schadenshöhe geführt werden muss. Um sich dennoch die Geltendmachung weiterer Schadensersatzansprüche vorzubehalten, empfiehlt sich ein entsprechender Zusatz.

Formulierungsbeispiel:

„Der Arbeitnehmer verpflichtet sich, für jeden Fall der Zuwiderhandlung gegen das (gesetzliche) Wettbewerbsverbot eine Vertragsstrafe von € .... zu zahlen. Im Falle eines Dauerverstoßes wird die Vertragsstrafe für jeden angefallenen Monat neu verwirkt. Die Geltendmachung eines darüber hinausgehenden Schadens bleibt vorbehalten."

2.3 Dauer

Das gesetzliche Wettbewerbsverbot gilt nur während des bestehenden Arbeitsverhältnisses. Ausschlaggebend ist hierbei der rechtliche Bestand. Es kommt also nicht darauf an, ob der Arbeitnehmer tatsächlich beschäftigt ist. Auch während einer Beurlaubung, Suspendierung oder eigenmächtigen Abwesenheit des Arbeitnehmers gilt das Wettbewerbsverbot fort.

WICHTIG!

Nach einer Kündigung bleibt der Arbeitnehmer für den Lauf der Kündigungsfrist an das Wettbewerbsverbot gebunden. Dies gilt grundsätzlich auch im Freistellungs- oder Weiterbeschäftigungszeitraum. Bei einer unwiderruflichen Freistellung jedoch, die unter dem Vorbehalt der Anrechnung etwaigen anderweitigen Verdienstes steht, kann der Arbeitnehmer regelmäßig davon ausgehen, in der Verwertung seiner Arbeitsleistung frei und nicht mehr an vertragliche Wettbewerbsverbote (§ 60 HGB) gebunden zu sein. Einen abweichenden Willen hat der Arbeitgeber in der Freistellungserklärung/Freistellungsvereinbarung zum Ausdruck zu bringen. Ist die Freistellungserklärung des Arbeitgebers dahingehend auszulegen, dass abweichend von § 615 Satz 2 BGB eine Anrechnung anderweitigen Verdienstes nicht erfolgen soll, kann der Arbeitnehmer redlicherweise nicht ohne ausdrückliche Erklärung des Arbeitgebers annehmen, der Arbeitgeber habe auf die Einhaltung des vertraglichen Wettbewerbsverbots verzichtet (BAG v. 6.9.2006, Az. 5 AZR 703/05). Das BAG hat in einer neuerlichen Entscheidung offen gelassen, ob das Wettbewerbsverbot nach einer Kündigung in jeder Hinsicht gleich weit reicht wie in einem ungekündigten Arbeitsverhältnis, gleichzeitig aber festgestellt, dass in jedem Fall die Vermittlung von Konkurrenzgeschäften oder das aktive Abwerben von Kunden sowie die Weitergabe von persönlichen Daten von Patienten des Arbeitgebers an ein Konkurrenzunternehmen eine schuldhafte Vertragspflichtverletzung darstellen, die zu einer außerordentlichen Kündigung berechtigt (BAG v. 28.1.2010, Az. 2 AZR 1008/08).

ACHTUNG!

Nach Rechtsprechung des BAG ist ein Arbeitnehmer an das Wettbewerbsverbot auch dann noch gebunden, wenn der Arbeitgeber eine außerordentliche → *Kündigung* ausspricht, deren Wirksamkeit der Arbeitnehmer bestreitet (BAG v. 25.4.1991, Az. 2 AZR 624/90).

TIPP!

Wird ein Arbeitnehmer während eines Kündigungsschutzverfahrens bei einem Konkurrenzunternehmen tätig, sollte hilfsweise eine weitere außerordentliche Kündigung wegen des Wettbewerbsverstoßes ausgesprochen werden.

3. Rechtsfolgen eines Wettbewerbsverstoßes

3.1 Auskunft

Hat der Arbeitnehmer erheblichen Anlass zu der Vermutung gegeben, dass er eine unerlaubte Konkurrenztätigkeit ausübt, kann der Arbeitgeber hierüber Auskunft von ihm verlangen.

Beispiel:

Der Arbeitgeber erfährt von einem Kunden, dass der Arbeitnehmer bereits (in eigenem oder fremdem Namen) versucht hat, mit diesem Geschäfte abzuschließen.

Steht der Wettbewerbsverstoß fest, kann der Arbeitgeber neben der Auskunft Rechnungslegung über Art und Umfang der getätigten Geschäfte verlangen.

3.2 Abmahnung

Die Verletzung des Wettbewerbsverbots berechtigt den Arbeitgeber zur → *Abmahnung.*

3.3 Außerordentliche Kündigung

Bei einem Wettbewerbsverstoß handelt es sich in der Regel um einen wichtigen Grund, der den Arbeitgeber zur außerordentlichen → *Kündigung* (ohne vorhergehende → *Abmahnung*) berechtigt (BAG v. 25.4.1991, Az. 2 AZR 624/90).

3.4 Unterlassungsanspruch

Wenn weitere Wettbewerbshandlungen des Arbeitnehmers drohen, kann der Arbeitgeber vor dem Arbeitsgericht einen Unterlassungsanspruch im Wege der einstweiligen Verfügung geltend machen. Hierfür reicht es aus, dass der Arbeitgeber das Bestehen des Anspruchs und seine Verletzung glaubhaft macht, also zumindest durch eine eidesstattliche Versicherung belegt.

3.5 Schadensersatz und Eintrittsrecht

Der Arbeitgeber kann vom Arbeitnehmer verlangen, so gestellt zu werden, wie er stünde, wenn der Arbeitnehmer die verbotene Tätigkeit nicht ausgeführt hätte. Aus diesem Gesichtspunkt heraus kann er den entgangenen Gewinn als Schadensersatz verlangen.

Wenn der Arbeitgeber Aufwendungen (z. B. Detektivkosten) hatte, um den Wettbewerbsverstoß aufzudecken, kann er diese auch erstattet verlangen.

Anstelle des Schadensersatzes kann der Arbeitgeber auch ein sog. Eintrittsrecht geltend machen. Er kann vom Arbeitnehmer verlangen, dass dieser die von ihm abgeschlossenen Geschäfte als für den Arbeitgeber eingegangen akzeptiert. Die aus diesen Geschäften bezogene Vergütung muss er dann an den Arbeitgeber herausgeben oder den Vergütungsanspruch an ihn abtreten. Zur Geltendmachung der Vergütungsansprüche muss der Arbeitnehmer vollständig Auskunft erteilen. Der Auskunftsanspruch kann vom Arbeitgeber eingeklagt werden.

ACHTUNG!

Der Abschluss eines Arbeitsvertrages mit einem Wettbewerber ist kein „Geschäft" i. S. d. § 61 HGB, sodass keine Herausgabepflicht bezüglich des vereinbarten Festgehalts beansprucht werden kann (BAG v. 17.10.2012, Az. 10 AZR 809/11).

TIPP!

Der Arbeitgeber kann nur Schadensersatz oder Vertragseintritt verlangen. Die einmal getroffene Wahl ist verbindlich. Steht der Wettbewerbsverstoß fest, sollte deshalb vor Ausübung des Wahlrechts Auskunft und Rechnungslegung verlangt werden.

Die Ansprüche des Arbeitgebers auf Schadensersatz oder Vertragseintritt verjähren innerhalb von drei Monaten von dem Zeitpunkt an, in welchem der Arbeitgeber von der Konkurrenztätigkeit Kenntnis erlangt hat (§ 61 Abs. 2 HGB). Diese Vorschrift gilt ausdrücklich nur für kaufmännische Angestellte. Für sonstige Arbeitnehmergruppen ist die Rechtslage unklar. Noch steht die Rechtsprechung des BAG, wonach die kurze Verjährungsfrist für sonstige Arbeitnehmergruppen nicht gelten soll (BAG v. 16.1.1975, Az. 3 AZR 72/74). Richtigerweise muss jedoch davon ausgegangen werden, dass auch insoweit eine Gleichstellung zwischen kaufmännischen Angestellten und sonstigen Arbeitnehmern berechtigt ist.

ACHTUNG!

Vorsichtshalber sollte bei allen Arbeitnehmern die dreimonatige Verjährungsfrist beachtet werden.

3.6 Vertragsstrafe

Wenn vertraglich eine Vertragsstrafe vereinbart wurde, kann diese im Falle des Wettbewerbsverstoßes eingefordert werden. Ein konkreter Schadensnachweis ist hierfür nicht erforderlich.

III. Wettbewerbsverbot nach Beendigung des Arbeitsverhältnisses

1. Grundsatz

Nach der (rechtlichen) Beendigung des Arbeitsverhältnisses ist der Arbeitnehmer in der Verwertung seiner Arbeitskraft frei. Er darf dem Arbeitgeber beliebig Konkurrenz machen und hierbei die während des Arbeitsverhältnisses rechtmäßig erlangten Kenntnisse verwerten.

ACHTUNG!

Nach Vertragsbeendigung besteht kein gesetzliches Wettbewerbsverbot.

Der Arbeitgeber kann sich aber durch die Vereinbarung einer (nach-)vertraglichen Wettbewerbsabrede schützen. Dies geschieht meist in Form einer Konkurrenzklausel, die bereits bei Beginn des Arbeitsverhältnisses im Arbeitsvertrag vereinbart wird. Ebenso gut kann es aber in einer eigenständigen Vereinbarung oder einem → *Aufhebungsvertrag* geregelt werden.

1.1 Interessenlagen

Die Vereinbarung eines nachvertraglichen Wettbewerbsverbots setzt voraus, dass der Arbeitgeber hieran ein geschäftliches Interesse hat. Bereits im Vorfeld der Vertragsbeendigung muss sich der Arbeitgeber darüber im Klaren sein, ob und inwieweit eine Beschränkung des nachvertraglichen Wettbewerbs für ihn überhaupt sinnvoll ist. Er muss hierbei auch bedenken, dass eine verbindliche Wettbewerbsbeschränkung in der Regel mit erheblichen Kosten verbunden ist; denn der Arbeitnehmer kann von Gesetzes wegen nicht entschädigungslos daran gehindert werden, seine Arbeitskraft (und insbesondere die beim Arbeitgeber erlangten Kenntnisse) frei zu verwerten.

ACHTUNG!

Wird ein Wettbewerbsverbot vertraglich vereinbart, treten zwingende gesetzliche Folgen ein.

1.2 Voraussetzungen und Grenzen

Auch durch eine entsprechende Vereinbarung kann ein Arbeitnehmer nicht unbegrenzt dazu verpflichtet werden, nachvertraglichen Wettbewerb zu unterlassen. Der zulässige Rahmen eines (nach-)vertraglichen Wettbewerbsverbots ist in § 74 ff. HGB festgelegt.

Die Vereinbarung eines verbindlichen Wettbewerbsverbots ist nur wirksam, wenn es dem Schutz berechtigter geschäftlicher Interessen des Arbeitgebers dient (§ 74 Abs. 1 HGB). Dies gilt sowohl für den **sachlichen** Inhalt (verbotene Tätigkeiten/Branche/Produktbereich) als auch für die **zeitliche** und **örtliche** Ausdehnung des Wettbewerbsverbots.

Beispiele:

Soll verhindert werden, dass der Arbeitnehmer in den Kunden- und Lieferantenkreis seines früheren Arbeitgebers einbricht, ist von einem berechtigten geschäftlichen Interesse auszugehen.

Dient das Wettbewerbsverbot lediglich dazu, dem Arbeitnehmer einen Arbeitsplatzwechsel zu erschweren oder Fachkräfte zu Lasten der Konkurrenz zu blockieren, liegt ein berechtigtes geschäftliches Interesse nicht vor.

Eine weitere Grenze ergibt sich aus § 74a Abs. 1 HGB. Hiernach darf ein vertragliches Wettbewerbsverbot das berufliche Fortkommen des Arbeitnehmers nicht „unbillig" erschweren. Wann das der Fall ist, lässt sich nur im Einzelfall klären. Wesentliche Bedeutung kommt hierbei den persönlichen Umständen des Arbeitnehmers (wie z. B. Lebensalter, Stellung im Betrieb, Ausbildung etc.) zu.

1.3 Unterscheidung zwischen Unwirksamkeit und Unverbindlichkeit

Das Gesetz sieht für ein nachvertragliches Wettbewerbsverbot zwingende Form- und Inhaltsvorschriften vor. Wird hiergegen verstoßen, tritt als Folge, je nach Art des Verstoßes, entweder die Unwirksamkeit (= Nichtigkeit) oder die Unverbindlichkeit des Wettbewerbsverbots ein.

- Die **Unwirksamkeit/Nichtigkeit** führt dazu, dass sich aus der Vereinbarung keine gegenseitigen Rechte und Pflichten ergeben.
- Die **Unverbindlichkeit** führt zu einem Wahlrecht des Arbeitnehmers: Er kann entweder, ohne sich an das Wettbewerbsverbot zu halten, eine Konkurrenztätigkeit ausüben, oder sich an das Wettbewerbsverbot halten und vom Arbeitgeber die Zahlung einer Karenzentschädigung verlangen.

2. Inhalt (Gestaltungsformen)

Vertragliche Wettbewerbsverbote können folgende Inhalte haben:

2.1 Tätigkeitsbezogene Verbote

Sie untersagen dem Arbeitnehmer bestimmte Arten von Tätigkeiten.

Beispiel:

„Der Arbeitnehmer verpflichtet sich, nach dem Ausscheiden keine Lebensversicherungen mehr zu vermitteln."

Durch ein solches Wettbewerbsverbot wird dem Arbeitnehmer nicht untersagt, für ein Konkurrenzunternehmen tätig zu werden. Lediglich die im Vertrag genannte Tätigkeit – und zwar gleich, ob selbstständig oder in abhängiger Beschäftigung – muss er unterlassen. Im obigen Beispiel darf er keine Lebensversicherungen mehr vermitteln oder verkaufen.

2.2 Unternehmensbezogene Verbote

Sie untersagen dem Arbeitnehmer jede Tätigkeit für namentlich aufgezählte oder durch die Angabe der Branche definierte Unternehmen.

Beispiel:

„Der Arbeitnehmer verpflichtet sich, nicht für ein Versicherungsunternehmen (oder: für die Versicherungsunternehmen A und B) tätig zu werden."

Bei unternehmensbezogenen Wettbewerbsverboten ist es also unerheblich, in welcher Position der Arbeitnehmer im Konkurrenzunternehmen eingesetzt wird. Im genannten Beispiel darf er überhaupt nicht mehr für Versicherungen (bzw. nicht mehr für die Unternehmen A und B) arbeiten.

2.3 Beteiligungsverbote

Die bloße kapitalmäßige Beteiligung an einem Konkurrenzunternehmen oder dessen Erwerb stellen keine Konkurrenztätigkeiten dar. Dennoch kann beides vertraglich ausgeschlossen werden. Solche Beteiligungsverbote können mit einem Wettbewerbsverbot verbunden werden.

Formulierungsbeispiel:

„Dem Arbeitnehmer ist es untersagt, Unternehmen, die mit dem Arbeitgeber in Konkurrenz stehen, zu erwerben oder sich hieran zu beteiligen."

oder:

„Dem Arbeitnehmer ist es untersagt, in selbstständiger, unselbstständiger oder sonstiger Weise für ein Unternehmen tätig zu werden, welches mit dem Arbeitgeber in Konkurrenz steht. In gleicher Weise ist es ihm untersagt, ein solches Unternehmen zu errichten, zu erwerben oder sich hieran unmittelbar oder mittelbar zu beteiligen."

Ein nachvertragliches Wettbewerbsverbot, das sich auf jede denkbare Form der Unterstützung eines Konkurrenzunternehmens bezieht, umfasst auch das Belassen eines zinslosen Darlehens, das der Arbeitnehmer einem Konkurrenzunternehmen schon während des bestehenden Arbeitsverhältnisses zum Zweck seiner Gründung ausgereicht hat. Im Einzelfall kann ein berechtigtes geschäftliches Interesse des Arbeitgebers daran bestehen, dass sich der ausgeschiedene Mitarbeiter nicht an einem Konkurrenzunternehmen beteiligt und so mittelbar im Wettbewerb zum Arbeitgeber tritt (BAG v. 7.7.2015, Az. 10 AZR 260/14).

2.4 Bedingte Wettbewerbsverbote

Wettbewerbsverbote können von dem Eintritt oder Wegfall bestimmter Bedingungen abhängig gemacht werden. Durch die Vereinbarung einer Bedingung kann schon im Vorfeld verhindert werden, dass ein – für den Arbeitgeber – völlig nutzloses Wettbewerbsverbot in Kraft tritt. Stets zulässig ist die Vereinbarung objektiver Bedingungen, deren Eintritt nicht vom unmittelbaren Willen der Beteiligten abhängt. Solche objektiven Bedingungen sind z. B.

- die tatsächliche Aufnahme der Tätigkeit durch den Arbeitnehmer;
- die Vollendung einer bestimmten Dienstzeit;
- das Fortbestehen des Arbeitsverhältnisses über die Probezeit hinaus;
- das Erreichen oder Innehaben einer bestimmten Position;
- das Überschreiten einer bestimmten Gehaltsgrenze;
- das Erreichen eines bestimmten Lebensalters.

Wird aber der Eintritt der Bedingung vom subjektiven Willen des Arbeitgebers abhängig gemacht, also eine Option bzw. ein Rücktrittsvorbehalt zugunsten des Arbeitgebers vereinbart (z. B. der Arbeitgeber behält sich die Aussprache eines Wettbewerbsverbots für die Zeit nach Beendigung des Arbeitsverhältnisses vor), führt dies zur Unverbindlichkeit des Wettbewerbsverbots. Das Gleiche gilt, wenn sich der Arbeitgeber den Verzicht auf das Wettbewerbsverbot (auch) für die Zeit nach Beendigung des Arbeitsverhältnisses vorbehält.

ACHTUNG!

Behält sich der Arbeitgeber ein Wahlrecht vor, verschafft er es eigentlich nur dem Arbeitnehmer.

Dem Arbeitgeber ist daher dringend zu empfehlen, die zeitliche Reichweite einer Verzichtsklausel ausdrücklich auf die Zeit vor Beendigung des Arbeitsverhältnisses zu beschränken.

Formulierungsbeispiel:

„Der Arbeitgeber behält sich vor, auf die Einhaltung des Wettbewerbsverbots zu verzichten. Der Verzicht ist bis zur Beendigung des Arbeitsverhältnisses schriftlich zu erklären."

2.5 Mandantenschutzklauseln

Wettbewerbsverbote können auch in Form sog. Mandantenschutzklauseln vereinbart werden.

Beispiel:

„Der Mitarbeiter verpflichtet sich, nach Beendigung des Arbeitsverhältnisses ohne die ausdrückliche Zustimmung der Sozietät keine Mandanten, die während der letzten zwei Jahre vor dem Ausscheiden zu dem Mandantenkreis der Sozietät gehört haben, gleich ob als Angestellter oder Selbstständiger, anzusprechen oder abzuwerben."

Soweit durch eine solche Klausel lediglich die berufsrechtlichen Bestimmungen einer Branche wiedergegeben werden, stellt diese kein entschädigungspflichtiges Wettbewerbsverbot dar. Geht die Mandantenschutzklausel jedoch darüber hinaus – etwa durch das Verbot jeglicher Betreuung von Mandanten des früheren Arbeitgebers – handelt es sich um ein allgemeines Wettbewerbsverbot.

3. Räumlicher Geltungsbereich

Wenn sich das Wettbewerbsverbot räumlich auf ein bestimmtes Gebiet beschränken soll, muss dies vertraglich geregelt werden. Häufig fehlt in Wettbewerbsverboten eine derartige Beschränkung, sodass das Verbot uneingeschränkt, also auch im Ausland, gilt. Ob eine weltweite Geltung durch das berechtigte geschäftliche Interesse des Arbeitgebers getragen wird, ist im Einzelfall zu klären. Ein zu weit gefasstes Wettbewerbsverbot ist für den Arbeitgeber jedoch ungefährlich, da nach § 74a Abs. 1 HGB nur der Teil des Wettbewerbsverbots unverbindlich ist, für den kein berechtigtes Interesse des Arbeitgebers besteht. Im Übrigen bleibt das Wettbewerbsverbot wirksam.

4. Formelle Voraussetzungen

4.1 Schriftform

Ein nachvertragliches Wettbewerbsverbot bedarf nach § 74 Abs. 1 HGB in Verbindung mit § 126 Abs. 2 BGB der Schriftform. Die Vereinbarung muss in **einer** Urkunde schriftlich festgelegt und von beiden Parteien unterzeichnet werden. Allein der Austausch wechselseitiger schriftlicher Erklärungen oder die einseitige Unterzeichnung der jeweils anderen Vertragspartei reicht nicht aus.

Das Wettbewerbsverbot ist z. B. unwirksam, wenn

- der Arbeitnehmer den vom Arbeitgeber per Telefax übermittelten Arbeitsvertrag unterschreibt, oder
- der Arbeitnehmer ein vom Arbeitgeber bei Arbeitsaufnahme unterzeichnetes Exemplar des Arbeitsvertrags erhält und dies – ohne gegenzuzeichnen – zu seinen Unterlagen nimmt.

Ein unter Verstoß gegen die gesetzliche Schriftform vereinbartes Wettbewerbsverbot ist nach § 125 BGB nichtig. Der gesetzlich vorgeschriebenen Schriftform für nachvertragliche Wettbewerbsverbote kommt vor allem Warnfunktion zu. Der Arbeitnehmer soll vor übereilten Entschlüssen im Hinblick auf sein künftiges berufliches Fortkommen bewahrt werden. Deshalb unterliegt auch ein auf den späteren Abschluss eines nachvertraglichen Wettbewerbsverbots gerichteter Vorvertrag der gesetzlichen Schriftform (BAG v. 19.12.2018, Az. 10 AZR 130/18).

ACHTUNG!

Ein in einem Arbeitsvertrag vereinbartes nachvertragliches Wettbewerbsverbot ist unwirksam, wenn dieser nicht der gesetzlichen Schriftform entspricht. Auch die sonst zulässige fortgeschrittene digitale Signatur (FES) reicht nicht aus.

4.2 Aushändigung der Urkunde

Der Arbeitgeber muss dem Arbeitnehmer eine von beiden Parteien unterschriebene Originalurkunde aushändigen (§ 74 Abs. 1 HGB); sonst ist das Wettbewerbsverbot zwar nicht unwirksam, aber unverbindlich (BAG v. 23.11.2004, Az. 595/039; s. u. 5.). Die Aushändigung einer Fotokopie reicht nicht.

TIPP!

Der Arbeitgeber sollte sich den Empfang der von beiden Parteien unterzeichneten Originalurkunde schriftlich bestätigen lassen.

5. Unverbindliche Wettbewerbsverbote

5.1 Unverbindlichkeitsgründe

Immer dann, wenn ein Arbeitnehmer durch ein nachvertragliches Wettbewerbsverbot in seinem beruflichen Fortkommen unangemessen behindert wird oder der Konkurrenzschutz über die berechtigten geschäftlichen Interessen des Arbeitgebers hinausgeht, führt dies zur Unverbindlichkeit des Wettbewerbsverbots. Unverbindlichkeitsgründe können im Einzelnen sein:

- Untersagung der Konkurrenztätigkeit, obwohl der Arbeitnehmer seinem bisherigen Arbeitgeber in dieser Hinsicht gar nicht mehr gefährlich werden kann;
- Koppelung an eine Bedingung, auf die nur der Arbeitgeber Einfluss hat (= bedingtes Wettbewerbsverbot);
- Vorbehalt des Arbeitgebers, auch nach der Beendigung des Arbeitsverhältnisses noch über ein Wettbewerbsverbot einseitig entscheiden zu können;
- zu geringe Karenzentschädigung (weniger als 50 % der zuletzt gezahlten Bezüge, s. u. 7.1);
- Dauer der Karenzentschädigung ist kürzer als die des Wettbewerbsverbots;
- Überschreitung des Höchstzeitraums von zwei Jahren (in diesem Fall ist das Wettbewerbsverbot nur hinsichtlich des übersteigenden Zeitraums unverbindlich).

5.2 Wahlrecht des Arbeitnehmers

Ist ein Wettbewerbsverbot unverbindlich, hat der Arbeitnehmer ein Wahlrecht: Er kann entscheiden, ob er sich an das Wettbewerbsverbot hält oder nicht. Hält er sich daran, kann er vom Arbeitgeber die Zahlung einer Karenzentschädigung verlangen. Dies gilt auch für den Fall, dass Arbeitnehmer letztendlich gar nicht vorhat, bei einem Konkurrenzbetrieb zu arbeiten. Zu Beginn der Karenzzeit muss er sich endgültig für oder gegen das Wettbewerbsverbot entscheiden. Diese Entscheidung kann er auch dadurch „dokumentieren“, dass er eine wettbewerbsfreie Tätigkeit aufnimmt (BAG v. 22.5.1990, Az. 3 AZR 647/88).

ACHTUNG!

Das Wahlrecht des Arbeitnehmers kann nicht durch vertragliche Vereinbarung ausgeschlossen oder begrenzt werden.

Im Gegenteil: Eine solche Vereinbarung kann – auch wenn keine weiteren Unverbindlichkeitsgründe vorliegen – dazu führen, dass die gesamte Wettbewerbsklausel unverbindlich wird und sich ein Wahlrecht des Arbeitnehmers erst hieraus begründet!

ACHTUNG!

Nach § 74a Abs. 1 Satz 1 HGB ist ein Wettbewerbsverbot insoweit unverbindlich, als es nicht dem Schutz eines berechtigten geschäftlichen Interesses des Arbeitgebers dient. Das Gesetz regelt nicht ausdrücklich den Anspruch auf Karenzentschädigung bei einem teilweise verbindlichen und teilweise unverbindlichen Wettbewerbsverbot. Das BAG hat nun entschieden, dass der Anspruch auf Karenzentschädigung nicht voraussetzt, dass der Arbeitnehmer das Wettbewerbsverbot insgesamt beachtet; es genügt die Einhaltung des verbindlichen Teils (BAG v. 21.4.2010, Az. 10 AZR 288/09).

6. Nichtige Wettbewerbsverbote

6.1 Typische Nichtigkeitsgründe

Nichtig – also unwirksam – ist ein Wettbewerbsverbot immer dann, wenn die Formerfordernisse des § 74 Abs. 1 HGB nicht eingehalten wurden. Weitere Nichtigkeitsgründe sind:

- völliges Fehlen einer Karenzentschädigungsklausel;
- Minderjährigkeit des Arbeitnehmers zum Zeitpunkt der Vereinbarung (§ 74a Abs. 2 Satz 2 HGB);
- Wettbewerbsverbot mit Auszubildenden, Volontären, Praktikanten etc. (§ 5 Abs. 1 Satz 1 BBiG), es sei denn, es wird in den letzten sechs Monaten der Ausbildung vereinbart und der Ausbilder verpflichtet sich, den Auszubildenden nach der Beendigung der Ausbildung für einen gewissen Zeitraum zu übernehmen;
- Bürgschaft Dritter, die für die Wettbewerbsunterlassung durch den Arbeitnehmer einstehen sollen.

ACHTUNG!

Wird bei einem nachvertraglichen Wettbewerbsverbot die Höhe der Karenzentschädigung in das Ermessen des Arbeitgebers gestellt, ohne dass eine Mindesthöhe gem. § 74 Abs. 2 HGB vereinbart wird, ist das Wettbewerbsverbot unverbindlich (BAG v. 15.1.2014, Az. 10 AZR 243/13). Somit hat der Arbeitnehmer in diesen Fällen ein Wahlrecht (s. o. → *5.2*).

Ein nachvertragliches Wettbewerbsverbot ist nichtig, wenn die Vereinbarung entgegen § 110 GewO i. V. m. § 74 Abs. 2 HGB keinen Anspruch des Arbeitnehmers auf eine Karenzentschädigung beinhaltet. Weder Arbeitgeber noch Arbeitnehmer können aus einer solchen Vereinbarung Rechte herleiten. Eine in Allgemeinen Geschäftsbedingungen enthaltene salvatorische Klausel führt nicht – auch nicht einseitig zugunsten des Arbeitnehmers – zur Wirksamkeit des Wettbewerbsverbots (BAG v. 22.3.2017, Az. 10 AZR 448/15).

6.2 Ehrenwort

Die altertümliche Vorschrift des § 74a Abs. 2 Satz 2 HGB verbietet es, dass sich Arbeitgeber die Erfüllung eines Wettbewerbsverbots „auf Ehrenwort“ versprechen lässt. Auch wenn ein Wettbewerbsverbot den formellen Voraussetzungen entspricht, ist es nichtig, wenn darüber hinaus auch noch das Ehrenwort des Arbeitnehmers „verpfändet“ wird. Hierbei spielt es keine Rolle, ob die entsprechende Erklärung in den schriftlichen Vertrag oder die ausgehändigte Urkunde aufgenommen wurde oder mündlich vor, bei oder nach Abschluss des Wettbewerbsverbots abgegeben worden ist.

So wenig zeitgemäß diese Vorschrift ist, so sehr muss ihre taktische Wirkung, gerade in Auseinandersetzungen zur Beendigung eines Arbeitsverhältnisses, beachtet werden.

TIPP!

Ein vom Arbeitnehmer angebotenes Ehrenwort sollte der Arbeitgeber unverzüglich schriftlich zurückweisen.

6.3 Vorvertrag

Es ist nicht unüblich, dass der Arbeitgeber mit dem Arbeitnehmer einen Vorvertrag über ein nachvertragliches Wettbewerbsverbot vereinbart.

Beispiel für Vorvertrag:

„Der Mitarbeiter erklärt sich bereit, auf Verlangen des Unternehmens ein Wettbewerbsverbot für die Zeit nach Beendigung des Arbeitsverhältnisses bis zu einer Dauer von maximal zwei Jahren (aber auch kürzer) zu vereinbaren, das der Anlage 1 zu diesem Vertrag entspricht. Das Verlangen kann gestellt werden, solange der Arbeitsvertrag nicht von einer Vertragspartei gekündigt wurde.“

Hierbei muss aber das Schriftformerfordernis gem. § 74 Abs. 1 HGB eingehalten werden. Der gesetzlich vorgeschriebenen Schriftform für nachvertragliche Wettbewerbsverbote kommt vor allem Warnfunktion zu. Der Arbeitnehmer soll vor übereilten Entschlüssen im Hinblick auf sein künftiges berufliches Fortkommen bewahrt werden. Deshalb unterliegt auch ein auf den späteren Abschluss eines nachvertraglichen Wettbewerbsverbots gerichteter Vorvertrag der gesetzlichen Schriftform (BAG v. 19.12.2018, Az. 10 AZR 130/18).

ACHTUNG!

Auf den Abschluss eines nachvertraglichen Wettbewerbsverbots gerichtete Vorverträge können je nach ihrer Ausgestaltung im Einzelfall eine unbillige Erschwerung des Fortkommens im Sinne von § 74a Abs. 1 Satz 2 HGB für den betroffenen Arbeitnehmer darstellen und deswegen unverbindlich sein. Das Fortkommen des Arbeitnehmers ist jedenfalls dann unbillig erschwert, wenn der Arbeitgeber noch nach Erklärung einer Kündigung des Arbeitsvertrags durch eine Partei oder nach Abschluss eines Aufhebungsvertrags ein nachvertragliches Wettbewerbsverbot verlangen kann. Die Rechtsfolge eines unverbindlichen Vorvertrags entspricht derjenigen eines unzulässig bedingten Wettbewerbsverbots. Die nachträgliche Wettbewerbsbeschränkung und der Anspruch auf eine Karenzentschädigung sollen in beiden Fällen von einer Entscheidung des Arbeitgebers abhängig gemacht werden. Besteht dafür kein anerkennenswertes Interesse des Arbeitgebers, gebietet es der Schutz des Arbeitnehmers, ihm ein Wahlrecht einzuräumen (vgl. BAG v. 19.12.2018, Az. 10 AZR 130/18).

7. Karenzentschädigung

Das Wettbewerbsverbot ist für den Arbeitnehmer nur dann verbindlich, wenn sich der Arbeitgeber zur Zahlung einer ausreichenden Karenzentschädigung verpflichtet (§ 74 Abs. 2 HGB).

7.1 Höhe und Berechnung

Die Karenzentschädigung muss für jedes Jahr des Verbots mindestens die Hälfte der von dem Arbeitnehmer zuletzt bezogenen vertraglichen Leistungen betragen. Dazu gehören sämtliche Geld- und Sachleistungen; auch Sonderleistungen (wie Gratifikationen, Weihnachtsgeld, Dienstwagen oder Werkwohnungen) und variable Gehaltsbestandteile (Tantiemen, Prämien etc.) sind bei der Berechnung zu berücksichtigen.

Zur Berechnung kommt es bei den festen Gehaltsbestandteilen ausschließlich auf den letzten Monatsbezug an. Für Einmalzahlungen und variable Gehaltsbestandteile ist der Durchschnitt der letzten drei Jahre anzusetzen. Wenn keine andere Vereinbarung getroffen wurde, ist die Hälfte des sich hieraus ergebenden Gesamtbetrags für die Dauer des Wettbewerbsverbots monatlich zu zahlen. Die Vereinbarung einer niedrigeren Karenzentschädigung führt zur Unverbindlichkeit des Wettbewerbsverbots.

WICHTIG!

Sämtliche mit dem Arbeitgeber vereinbarten Gehaltsbestandteile sind zu berücksichtigen. In die Berechnung einer Karenzentschädigung fließen auch Leistungen aus einem virtuellen Aktienoptionsprogramm ein, wenn die Optionsrechte im noch bestehenden Arbeitsverhältnis ausgeübt worden sind (BAG v. 27.3.2025, Az. 8 AZR 63/24). Schließt der Arbeitnehmer eine Vereinbarung über die Gewährung (beschränkter) Aktienerwerbsrechte nicht mit seinem Arbeitgeber, sondern mit einem Dritten, ggf. einer (Konzern-)Obergesellschaft, sind die dem Arbeitnehmer gewährten Rechte bzw. die nach Wegfall von Beschränkungen zugeteilten Aktien grundsätzlich nicht Teil der vertragsmäßigen Leistungen und deshalb bei der Berechnung der gesetzlichen Mindestkarenzentschädigung nicht zu berücksichtigen (BAG v. 25.8.2022, Az. 8 AZR 453/21).

Eine Vereinbarung, wonach die Karenzentschädigung die Hälfte des zuletzt bezogenen Grundgehalts betragen soll, ist z. B. immer dann unverbindlich, wenn darüber hinaus noch weitere Geld- und Sachleistungen bezogen wurden. Um der Gefahr zu entgehen, dass bei der Vereinbarung der Karenzentschädigung Gehaltsbestandteile unberücksichtigt bleiben, kann zur Höhe auf die gesetzlichen Vorschriften Bezug genommen werden. Ausreichend ist auch, wenn in der Wettbewerbsklausel zur Höhe der Karenzentschädigung der gesetzliche Wortlaut wiedergegeben wird.

Formulierungsbeispiele:

„Der Mitarbeiter erhält für die Dauer des Wettbewerbsverbotes eine Karenzentschädigung in Höhe der nach § 74 Abs. 2 HGB zu leistenden Vergütung."

oder:

„Die Karenzentschädigung beträgt für jedes Jahr des Wettbewerbsverbots die Hälfte der von dem Arbeitnehmer zuletzt bezogenen vertragsmäßigen Leistungen."

7.2 Fälligkeit

Die Karenzentschädigung ist während der Dauer des Wettbewerbsverbots und grundsätzlich am Monatsende zu zahlen. Ein Vorschuss oder eine sonstige Abgeltung während des bestehenden Arbeitsverhältnisses ist nicht zulässig, ebenso wenig eine Streckung über einen Zeitraum von mehr als zwei Jahren oder eine Einmalzahlung erst zum Ende des Wettbewerbsverbots.

Zulässig ist es aber, die Karenzentschädigung jeweils zum Monatsanfang vorzuschießen oder unmittelbar bei Beendigung des Arbeitsverhältnisses als Einmalbetrag auszuzahlen. Bei einer Einmalzahlung können sich jedoch Probleme hinsichtlich der Anrechenbarkeit anderweitiger Einkünfte ergeben.

ACHTUNG!

Wird die Karenzentschädigung nicht ordnungsgemäß gezahlt, kann der Arbeitnehmer ggfs. vom nachvertraglichen Wettbewerbsverbot zurücktreten. Da es sich beim nachvertraglichen Wettbewerbsverbot um einen gegenseitigen Vertrag handelt, finden auch die allgemeinen Bestimmungen über den Rücktritt vom Vertrag (§§ 323 ff. BGB) Anwendung:

Erbringt bei einem gegenseitigen Vertrag der Schuldner eine fällige Leistung nicht oder nicht vertragsgemäß, so kann der Gläubiger, wenn er dem Schuldner erfolglos eine angemessene Frist zur Leistung oder Nacherfüllung bestimmt hat, vom Vertrag zurücktreten. Die Fristsetzung ist entbehrlich, wenn

- **der Schuldner die Leistung ernsthaft und endgültig verweigert,**
- **der Schuldner die Leistung bis zu einem im Vertrag bestimmten Termin oder innerhalb einer im Vertrag bestimmten Frist nicht bewirkt, obwohl die termin- oder fristgerechte Leistung nach einer Mitteilung des Gläubigers an den Schuldner vor Vertragsschluss oder aufgrund anderer den Vertragsabschluss begleitenden Umstände für den Gläubiger wesentlich ist, oder**
- **im Falle einer nicht vertragsgemäß erbrachten Leistung besondere Umstände vorliegen, die unter Abwägung der beiderseitigen Interessen den sofortigen Rücktritt rechtfertigen.**

Die Karenzentschädigung ist Gegenleistung für die Unterlassung von Konkurrenztätigkeit. Erbringt eine Vertragspartei ihre Leistung nicht, kann die andere Vertragspartei vom Wettbewerbsverbot zurücktreten, wenn die vorgenannten Voraussetzungen vorliegen. Ein Rücktritt wirkt dabei ex nunc, d.h. für die Zeit nach dem Zugang der Erklärung entfallen die wechselseitigen Pflichten (BAG v. 31.1.2018, Az. 10 AZR 392/17).

Zur steuer- und sozialversicherungsrechtlichen Behandlung der Karenzentschädigung s. das im selben Verlag erschienene Lexikon für das Lohnbüro → *„Konkurrenzverbot"*.

7.3 Anzurechnende Leistungen

Auf die Karenzentschädigung muss sich der Arbeitnehmer anderweitige Einkünfte anrechnen lassen (§ 74c Abs. 1 Satz 1 HGB). Hierunter sind grundsätzlich nur solche zu verstehen, die er durch anderweitige Verwertung seiner Arbeitskraft erwirbt.

Anzurechnen sind z. B.:

- Einkünfte aus einem anderen Arbeitsverhältnis;
- Gewinne aus einer selbstständigen Tätigkeit;
- Sozialleistungen mit „Lohnersatzfunktion" wie z. B. Arbeitslosengeld.

ACHTUNG!

Hatte der Arbeitnehmer nach Beendigung seines alten Arbeitsverhältnisses kein neues Beschäftigungsverhältnis begründet und meldete er sich bei der Agentur für Arbeit arbeitslos, bestand bis zum 31.12.2003 für den Arbeitgeber aufgrund des Wettbewerbsverbots eine Pflicht zur Erstattung des Arbeitslosengeldes in Höhe von 30 %. Diese vormals in § 148 SGB III geregelte Erstattungspflicht ist mit Wirkung ab 1.1.2004 ersatzlos weggefallen. In einer neuerlichen Entscheidung (BAG v. 14.9.2011, Az. 10 AZR 198/10) hat das BAG daher Bedenken geäußert, ob nach der ersatzlosen Aufhebung des § 148 SGB III noch eine Anrechnung des Arbeitslosengeldes zulässig ist. Auch wenn im Wege der Auslegung oder analogen Anwendung von § 74c Abs. 1 Satz 1 HGB die Anrechnung von Arbeitslosengeld zulässig ist, kann der Arbeitgeber lediglich den tatsächlichen Auszahlungsbetrag, nicht aber einen aus dem Arbeitslosengeld hochgerechneten Bruttobetrag anrechnen (BAG a. a. O.).

Nicht anzurechnen sind:

- Einkünfte aus dem beendeten Arbeitsverhältnis;
- Sozialleistungen ohne „Lohnersatzfunktion".

Ein Arbeitnehmer ist gehalten, sich um anderweitigen Erwerb zu bemühen. Wenn er dies böswillig unterlässt, muss er sich ggf. die entgangenen Einkünfte auf die Karenzentschädigung anrechnen lassen. Der Aufbau einer selbstständigen Existenz oder die Aufnahme einer Aus- und Weiterbildung ist in der Regel kein böswilliges Unterlassen.

Die Anrechnung anderweitiger Einkünfte erfolgt nur und soweit diese 110 % der früheren Bezüge übersteigen. Diese Hinzuverdienstgrenze erhöht sich auf 125 %, wenn der Arbeitnehmer durch das Wettbewerbsverbot gezwungen wird, seinen Wohnsitz zu verlegen (§ 74c Abs. 1 HGB). Sieht eine vertragliche Abrede eine darüberhinausgehende Anrechnung vor, führt dies nicht zur Unverbindlichkeit des nachvertraglichen Wettbewerbsverbots insgesamt. Nach § 75d Satz 1 HGB ist die Regelung dann nur insoweit unverbindlich für den Arbeitnehmer, als sie Grenzen des § 74c Abs. 1 Satz 1 HGB übersteigt (BAG v. 16.12.2021, Az. 8 AZR 498/20).

WICHTIG!

Der Arbeitnehmer ist verpflichtet, dem Arbeitgeber auf Anforderung über die Höhe seines Erwerbs Auskunft zu erteilen und Nachweise vorzulegen.

8. Verzicht des Arbeitgebers

Der Arbeitgeber hat die Möglichkeit, auf die Einhaltung des Wettbewerbsverbots gegenüber dem Arbeitnehmer zu verzichten. Ob und wie weit er hierdurch von Zahlungsverpflichtungen befreit wird, hängt von Zeitpunkt, Form und Inhalt der Verzichtserklärung ab.

TIPP!

Der Arbeitgeber sollte frühzeitig prüfen, ob ein nachvertragliches Wettbewerbsverbot vereinbart wurde und ob die Vorteile der Aufrechterhaltung für ihn in einem akzeptablen Verhältnis zu den Zahlungsverpflichtungen stehen.

8.1 Verzicht vor oder bei Beendigung des Arbeitsverhältnisses

Der Arbeitgeber kann vor Beendigung des Arbeitsverhältnisses durch schriftliche Erklärung auf das Wettbewerbsverbot verzichten. Er wird dann mit Ablauf eines Jahres seit der Erklärung von der Verpflichtung zur Zahlung einer Karenzentschädigung frei (§ 75a HGB).

Der Verzicht kann bis zum letzten Tag des Arbeitsverhältnisses erklärt werden. Hierbei ist es unerheblich, ob der Arbeitnehmer tatsächlich noch arbeitet oder ob er während der Kündigungsfrist freigestellt ist. Auch auf den Zeitpunkt der → *Kündigung* kommt es grundsätzlich nicht an. Wird eine Kündigung jedoch fristlos erklärt, muss der Verzicht spätestens zusammen mit der Kündigung ausgesprochen werden, da das Arbeitsverhältnis ja mit sofortiger Wirkung endet.

Durch den Verzicht wird der Arbeitnehmer nach Beendigung des Arbeitsverhältnisses in der Verwertung seiner Arbeitskraft frei. Er kann also sofort zu einem Konkurrenzunternehmen wechseln. Die Verpflichtung des Arbeitgebers zur Zahlung der Karenzentschädigung fällt hingegen erst ein Jahr nach Zugang der Verzichtserklärung weg. Wurde der Verzicht mehr als ein Jahr vor Beendigung des Arbeitsverhältnisses erklärt, wird überhaupt keine Karenzentschädigung fällig.

ACHTUNG!

Die in Aufhebungs- oder Abwicklungsverträgen üblichen Ausgleichs- oder Erledigungsklauseln, mit denen „alle beiderseitigen Ansprüche aus dem Arbeitsverhältnis abgegolten" sein sollen, können automatisch auch ein nachvertragliches Wettbewerbsverbot umfassen, und zwar selbst dann, wenn der ebenso übliche Zusatz „und seiner Beendigung, seien sie bekannt oder unbekannt" fehlt (BAG v. 22.10.2008, Az. 10 AZR 617/07).

8.2 Verzicht nach Beendigung des Arbeitsverhältnisses

Erklärt der Arbeitgeber erst nach Beendigung des Arbeitsverhältnisses seinen Verzicht auf das nachvertragliche Wettbewerbsverbot, wird der Arbeitnehmer zwar mit sofortiger Wirkung frei; der Arbeitgeber muss jedoch die vollen zwei Jahre Karenzentschädigung zahlen, selbst wenn der Arbeitnehmer zu einem Konkurrenzbetrieb wechselt.

ACHTUNG!

Vereinbarungen, nach denen der Arbeitgeber auch noch nach der Beendigung des Arbeitsverhältnisses auf das Wettbewerbsverbot unter Wegfall seiner Zahlungspflicht verzichten kann, sind unzulässig und führen zur Unverbindlichkeit des Wettbewerbsverbots.

Obwohl die Verpflichtung zur Zahlung der Karenzentschädigung durch einen nachträglichen Verzicht nicht mehr beseitigt werden kann, kann es für den Arbeitgeber gute Gründe geben, auch nachträglich noch zu verzichten:

Wenn z. B. das Interesse des Arbeitgebers an dem Wettbewerbsverbot nachträglich wegfällt (z. B. bei Produktionsänderungen, Betriebs- oder Produktionsstilllegungen), kann es sinnvoll sein, den Arbeitnehmer in seiner ursprünglichen Branche weiterarbeiten zu lassen. Diese Einkünfte muss sich der Arbeitnehmer ja dann auf die Karenzentschädigung anrechnen lassen, was wiederum zu einer Reduzierung der Zahlungsverpflichtung des Arbeitgebers führt.

8.3 Inhalt und Form der Verzichtserklärung

Eine Verzichtserklärung des Arbeitgebers muss inhaltlich eindeutig sein und klar zum Ausdruck bringen, dass er hiermit auf sämtliche Rechte im Zusammenhang mit dem Wettbewerbsverbot verzichtet. Das Wort „Verzicht" braucht nicht verwendet zu werden.

Nach § 75a HGB ist nur ein vollständiger Verzicht zulässig. Ein Teilverzicht, der die Pflicht des Arbeitgebers zur Zahlung der Karenzentschädigung ganz oder teilweise entfallen lassen soll, ist also nicht möglich. Ebenso unzulässig ist es, den Verzicht unter einen Vorbehalt oder eine Bedingung zu stellen.

Formulierungsbeispiel:

„Hiermit erklären wir den Verzicht nach § 75a HGB auf das nachvertragliche Wettbewerbsverbot vom .... mit der Wirkung, dass wir mit Ablauf eines Jahres seit dem Zugang dieser Erklärung von der Verpflichtung zur Zahlung der Karenzentschädigung frei werden."

Die Verzichtserklärung muss schriftlich erfolgen und von einer bevollmächtigten Person unterzeichnet sein. Dem Arbeitnehmer muss die Verzichtserklärung im Original übermittelt werden. Ein Telefax genügt nicht!

9. Wettbewerbsverbot und Kündigung (Lösungsrecht)

Grundsätzlich ist ein nachvertragliches Wettbewerbsverbot unabhängig von der Frage, wie das Arbeitsverhältnis beendet wird. In besonderen Fällen wäre es jedoch unangemessen, die Bindung an ein Wettbewerbsverbot mit entsprechender Verpflichtung zur Zahlung einer Karenzentschädigung aufrechtzuerhalten. Aus diesem Grund sieht § 75 HGB ein sog. Lösungsrecht vor. Hierunter versteht man die Möglichkeit, sich durch einseitige Erklärung von den Verpflichtungen aus dem Wettbewerbsverbot zu lösen.

ACHTUNG!
Eine Lösungserklärung muss in jedem Fall schriftlich erfolgen.

9.1 Kündigung durch den Arbeitnehmer

Im Falle der ordentlichen → *Kündigung* durch den Arbeitnehmer bleiben beide Vertragsparteien an das nachvertragliche Wettbewerbsverbot gebunden. Kann der Arbeitnehmer jedoch das Arbeitsverhältnis aus wichtigem Grund wegen vertragswidrigen Verhaltens des Arbeitgebers außerordentlich kündigen, steht ihm für die Dauer eines Monats (ab Zugang der Kündigung) ein Lösungsrecht zu. Dies gilt auch für den Fall, dass das Arbeitsverhältnis auf andere Weise endet, der Arbeitnehmer aber aus den genannten Gründen zur außerordentlichen Kündigung berechtigt gewesen wäre.

9.2 Kündigung durch den Arbeitgeber

Bei ordentlicher → *Kündigung* durch den Arbeitgeber hat der Arbeitnehmer ebenfalls ein Lösungsrecht, allerdings nur bei betriebsbedingter, nicht bei verhaltens- oder personenbedingter Kündigung (§ 75 Abs. 2 HGB). Im Falle der betriebsbedingten Kündigung kann der Arbeitgeber sich aber zur Zahlung einer erhöhten Karenzentschädigung in Höhe von 100 % der bisherigen Bezüge verpflichten und dadurch das Lösungsrecht des Arbeitnehmers beseitigen. Diese Erklärung muss der Arbeitgeber zusammen mit der Kündigung abgeben.

§ 75 Abs. 3 HGB legt fest, dass bei einer außerordentlichen Kündigung durch den Arbeitgeber wegen vertragswidrigen Verhaltens des Arbeitnehmers kein Anspruch auf Zahlung einer Karenzentschädigung besteht. Dies hätte zur Folge, dass der Arbeitnehmer zwar weiter an das Wettbewerbsverbot gebunden wäre, aber keine Entschädigung beanspruchen könnte. Diese gesetzliche Regelung wurde vom BAG für verfassungswidrig erklärt und ist daher nicht länger anzuwenden (BAG v. 23.2.1977, Az. 3 AZR 620/75).

Wie auch dem Arbeitnehmer wird dem Arbeitgeber von der Rechtsprechung deshalb ein Lösungsrecht für den Fall eingeräumt, dass er wegen des vertragswidrigen Verhaltens des Arbeitnehmers zur außerordentlichen Kündigung berechtigt ist. Dies gilt selbst dann, wenn der Arbeitnehmer bereits aus anderen Gründen ausgeschieden ist und erst später ein vertragswidriges Verhalten festgestellt wird, das den Arbeitgeber zur außerordentlichen Kündigung berechtigt hätte.

Die Lösung muss dem Arbeitnehmer schriftlich innerhalb **eines Monats** ab Kündigung mitgeteilt werden.

Formulierungsbeispiel:
„Hiermit erkläre ich, dass ich mich an das Wettbewerbsverbot vom .... ab sofort nicht mehr gebunden halte."

ACHTUNG!
Die in dem Formulierungsbeispiel genannte Erklärung kann u. U. auch dann zu einer Aufhebung des nachvertraglichen Wettbewerbsverbots führen, wenn die Voraussetzungen für ein Lösungsrecht nicht vorliegen. Da es sich beim nachvertraglichen Wettbewerbsverbot um einen gegenseitigen Vertrag handelt, finden auch die allgemeinen Bestimmungen über den Rücktritt vom Vertrag (§§ 323 ff. BGB) Anwendung. Die Karenzentschädigung ist Gegenleistung für die Unterlassung von Konkurrenztätigkeit. Erbringt eine Vertragspartei ihre Leistung nicht, kann die andere Vertragspartei vom Wettbewerbsverbot zurücktreten, wenn die gesetzlichen Voraussetzungen vorliegen. Ein Rücktritt wirkt dabei ex nunc, d.h. für die Zeit nach dem Zugang der Erklärung entfallen die wechselseitigen Pflichten (BAG v. 31.1.2018, Az. 10 AZR 392/17).

10. Sonstige Ansprüche des Arbeitgebers

Abgesehen von arbeitsvertraglichen Rechten stehen dem Arbeitgeber die Ansprüche auf Auskunft, Unterlassung und Schadensersatz wie bei bestehendem Arbeitsverhältnis zu. Ferner kann er die Zahlung der Karenzentschädigung für die Dauer des Wettbewerbsverstoßes einstellen und geleistete Überzahlungen zurückfordern.

IV. Muster: Nachvertragliches Wettbewerbsverbot

Musterschreiben und Vertragsgestaltungen müssen den jeweiligen Notwendigkeiten und den individuellen Bedürfnissen der Arbeitsvertragsparteien Rechnung tragen. Die in diesem Werk abgebildeten Muster können hierbei nur eine Hilfe sein. Deshalb ist im Einzelfall zu prüfen, inwieweit hier vorgeschlagene Formulierungen sinnvoll oder entbehrlich sind. Die Anpassung an den jeweiligen Einzelfall ist daher zwingend notwendig.

§ 1 Der Arbeitnehmer verpflichtet sich, für die Dauer von zwei Jahren nach Beendigung des Arbeitsverhältnisses jegliche selbstständige, unselbstständige oder sonstige Tätigkeit für ein solches Unternehmen zu unterlassen, welches mit dem Arbeitgeber im direkten oder indirekten Wettbewerb steht oder mit einem Wettbewerbsunternehmen verbunden ist. In gleicher Weise ist es dem Mitarbeiter untersagt, während der Dauer des Wettbewerbsverbots ein solches Unternehmen zu errichten, zu erwerben oder sich hieran unmittelbar oder mittelbar zu beteiligen.

§ 2 Während der Dauer des Wettbewerbsverbots erhält der Arbeitnehmer eine Entschädigung. Diese beträgt für jedes Jahr des Verbots die Hälfte der von dem Mitarbeiter zuletzt bezogenen vertragsmäßigen Leistungen. Die Karenzentschädigung ist jeweils am Schluss eines Kalendermonats zur Zahlung fällig. Auf die fällige Karenzentschädigung hat sich der Arbeitnehmer anderweitigen Erwerb nach Maßgabe des § 74c HGB anrechnen zu lassen. Der Arbeitnehmer verpflichtet sich, dem Arbeitgeber auf Verlangen jederzeit, unaufgefordert jeweils zum Quartalsende mitzuteilen, ob und in welcher Höhe er anderweitige Einkünfte bezieht. Auf Verlangen des Arbeitgebers sind die Angaben mit entsprechenden Nachweisen zu belegen.

§ 3 Der Arbeitnehmer verpflichtet sich, für jeden Fall der Zuwiderhandlung gegen das Wettbewerbsverbot eine Vertragsstrafe von € .... zu zahlen. Die Tätigkeit für ein Konkurrenzunternehmen bis zur Dauer von einem Monat gilt als ein Fall der Zuwiderhandlung. Ist der Arbeitnehmer länger als einen Monat für ein Konkurrenzunternehmen tätig, ist die Vertragsstrafe für jeden angefangenen Monat neu verwirkt. Die Geltendmachung eines darüber hinausgehenden Schadens bleibt vorbehalten.

§ 4 Das Wettbewerbsverbot tritt nicht in Kraft, wenn der Mitarbeiter bei seinem Ausscheiden das 65. Lebensjahr vollendet oder das Arbeitsverhältnis weniger als ein Jahr bestanden hat.

§ 5 Im Übrigen finden die Vorschriften des § 74 ff. HGB Anwendung.

§ 6 Der Arbeitnehmer bestätigt mit seiner Unterschrift ausdrücklich, eine von beiden Parteien unterzeichnete vollständige Abschrift dieser Vereinbarung erhalten zu haben.

....
Ort, Datum

....
Arbeitgeber *Arbeitnehmer*

Zeugnis

I. Begriff und Abgrenzung

Dem Arbeitnehmer ist bei verschiedenen Anlässen ein Zeugnis auszustellen. Man unterscheidet je nach dem konkreten Anlass zwischen Schlusszeugnis, Ausbildungszeugnis und Zwischenzeugnis. Hintergrund der Zeugnispflicht des Arbeitgebers ist immer die Förderung des beruflichen Fortkommens des Arbeitnehmers. Dem Arbeitgeber selbst dienen die vom Arbeitnehmer anlässlich einer Bewerbung vorgelegten Zeugnisse zur Einschätzung seiner beruflichen Leistungsfähigkeit.

Nach dem Inhalt ist zwischen einfachen und qualifizierten Zeugnissen zu unterscheiden. Das einfache Zeugnis erteilt nur Auskunft über Art und Dauer der Beschäftigung. Das qualifizierte Zeugnis äußert sich zusätzlich zu Führung und Leistung.

Bei der Arbeitsbescheinigung gemäß § 312 SGB III handelt es sich nicht um ein Zeugnis, da diese Erklärung ausschließlich zur Vorlage beim Arbeitsamt dient. Auch ein persönliches Empfehlungsschreiben eines Vorgesetzten (sog. Referenzschreiben), das dieser im eigenen Namen erstellt, ist kein Zeugnis im arbeitsrechtlichen Sinne.

II. Zeugnisanspruch

Der Arbeitnehmer hat immer dann Anspruch auf die Erteilung eines Zeugnisses, wenn er dieses zu seinem beruflichen Fortkommen benötigt. Soweit der Zeugnisanspruch nicht gesetzlich, tarifvertraglich oder einzelvertraglich geregelt ist, beruht er auf der Fürsorgepflicht des Arbeitgebers.

Dies gilt auch in Teilzeit-, Nebentätigkeits-, Probearbeits- und Praktikantenverhältnissen sowie in befristeten und geringfügigen Arbeitsverhältnissen. Einen Zeugnisanspruch haben auch leitende Angestellte sowie Familienangehörige, wenn sie ihre Arbeitsleistung nicht ausschließlich aufgrund ihrer familienrechtlichen Beziehung erbringen. Leiharbeiter haben einen Zeugnisanspruch ausschließlich gegenüber dem verleihenden Arbeitgeber.

Ein Zeugnis muss grundsätzlich nur dann ausgestellt werden, wenn der Arbeitnehmer es ausdrücklich verlangt. Nur bei der Beendigung eines Berufsausbildungsverhältnisses ist der Arbeitgeber auch ohne ein solches Verlangen verpflichtet, ein Zeugnis auszustellen (§ 16 BBiG).

1. Anlass und Zeitpunkt

Je nach Anlass des Zeugnisanspruchs ergeben sich unterschiedliche Verpflichtungen des Arbeitgebers:

1.1 Schlusszeugnis

Anlässlich der Beendigung eines Arbeitsverhältnisses haben Arbeitnehmer Anspruch auf Erteilung eines Zeugnisses. Für alle Arbeitnehmer gilt nach § 6 Abs. 2 GewO die Regelung in § 109 GewO.

Der Anspruch auf ein Schlusszeugnis (und nicht lediglich auf ein Zwischenzeugnis) entsteht spätestens mit Ablauf der Kündigungsfrist oder bei tatsächlichem Ausscheiden des Arbeitnehmers.

Bei unbefristeter außerordentlicher → *Kündigung* ist ein Zeugnis sofort zu erteilen. Dabei ist ein Zeitraum von zwei bis vier Tagen für die Formulierung des Zeugnisses angemessen.

Auch wenn die Wirksamkeit einer Kündigung bestritten wird, besteht nach der aktuellen Rechtsprechung des BAG ein Zeugnisanspruch, obwohl sich der Arbeitnehmer damit zu seinem Verlangen nach Fortsetzung des Arbeitsverhältnisses eigentlich in Widerspruch setzt (BAG v. 27.2.1987, Az. 5 AZR 710/85).

Ob bei einer ordentlichen Kündigung vor Ablauf der Kündigungsfrist oder während eines laufenden Kündigungsschutzprozesses nur ein vorläufiges Zeugnis oder bereits ein endgültiges Zeugnis auszustellen ist, haben die Arbeitsgerichte bisher nicht entschieden. Wird während einer laufenden Kündigungsfrist oder während eines fortdauernden Rechtsstreits allerdings weitergearbeitet, empfiehlt sich die Ausstellung eines vorläufigen Zeugnisses, da eine abschließende Beurteilung erst mit tatsächlicher Einstellung der Arbeit möglich ist.

TIPP!

Soweit der Arbeitgeber in diesen Fällen dennoch ein Schlusszeugnis ausstellt, sollte er sich in einem Begleitschreiben dessen Rückforderung vorbehalten, da die zeugnisrelevanten Umstände noch nicht abschließend beurteilt werden können.

Wird ein vorläufiges durch ein endgültiges Zeugnis ersetzt, kann der Arbeitgeber dessen Aushändigung von der Rückgabe des vorläufigen Zeugnisses abhängig machen.

1.2 Ausbildungszeugnis

Der ausbildende Betrieb hat dem Auszubildenden bei Beendigung des Berufsausbildungsverhältnisses ein Zeugnis auszustellen, das zumindest Angaben über Art, Dauer und Ziel der Berufsausbildung sowie über die erworbenen Fertigkeiten und Kenntnisse des Auszubildenden enthält (§ 16 BBiG). Dies gilt auch dann, wenn der Auszubildende in ein festes Arbeitsverhältnis übernommen wird.

WICHTIG!
Unmittelbar bei der → *Beendigung* eines Ausbildungsverhältnisses muss der Arbeitgeber – auch ohne ausdrückliches Verlangen – ein Zeugnis erteilen. Vor Beendigung des Arbeitsverhältnisses kann ein Arbeitnehmer auch nicht wirksam auf die Erteilung eines qualifizierten Zeugnisses verzichten (BAG v. 18.6.2025, Az. 2 AZR 96/24 (B)).

1.3 Zwischenzeugnis

Anspruch auf ein Zwischenzeugnis besteht, wenn es dem beruflichen Fortkommen des Arbeitnehmers dient und ein besonderer Anlass vorliegt. Dies ist z. B. der Fall wenn:

- der Ablauf der Probezeit bevorsteht;
- eine Versetzung des Arbeitnehmers innerhalb des Unternehmens erfolgt;
- der Vorgesetzte des Arbeitnehmers wechselt;
- der Arbeitnehmer sich anderweitig bewerben will;
- das Zeugnis für eine Fortbildungsmaßnahme erforderlich ist;
- das Unternehmensgefüge sich wesentlich ändert, etwa bei Umwandlung einer Personen- in eine Kapitalgesellschaft oder bei einem → *Betriebsübergang*;
- dem Arbeitnehmer die Beendigung des Arbeitsverhältnisses oder des Ausbildungsverhältnisses ohne Übernahme in Aussicht gestellt wird.

Tarifverträge enthalten oft weitere Bestimmungen zum Zwischenzeugnis.

WICHTIG!
Auch wenn kurz zuvor ein Zwischenzeugnis erstellt worden ist, besteht im Falle der Beendigung des Arbeitsverhältnisses der Anspruch auf ein Schlusszeugnis. Der Inhalt des Schlusszeugnisses darf dann nicht ohne Grund von dem des Zwischenzeugnisses abweichen. Dies ist bei der Abfassung des Zwischenzeugnisses bereits zu bedenken!

Liegt ein nachvollziehbarer Grund für das Verlangen eines Zwischenzeugnisses vor, muss der Arbeitgeber es unverzüglich erteilen.

TIPP!
Der Arbeitgeber sollte mit dem Arbeitnehmer einen Termin für die Erstellung des Zwischenzeugnisses vereinbaren, um eine verspätete Bearbeitung (und hieraus resultierende Haftungsfolgen) zu vermeiden.

1.4 Zweitschrift/Ersatzzeugnis

Bei Verlust oder Beschädigung des Zeugnisses muss der Arbeitgeber ein weiteres Exemplar ausstellen und den ursprünglichen Inhalt rekonstruieren, falls er noch über Unterlagen oder sichere Erinnerung verfügt.

WICHTIG!
Als Ersatz ist eine Kopie des alten Zeugnisses mit Beglaubigungsvermerk nicht ausreichend, es muss vielmehr ein neues Zeugnis im Original ausgestellt werden.

2. Pflichten des Arbeitgebers

Der Arbeitgeber muss das Zeugnis selbst ausstellen oder es von einem Vorgesetzten des Arbeitnehmers ausstellen lassen. Unzulässig wäre z. B. die Ausstellung durch einen vom Arbeitgeber beauftragten Rechtsanwalt. Zulässig ist dagegen die Ausstellung durch einen Personal- oder Abteilungsleiter (vgl. LAG Rheinland-Pfalz v. 12.12.2017, Az. 8 Sa 151/17). Scheidet der Vorgesetzte eines Arbeitnehmers vor der Zeugnisausstellung aus dem Unternehmen aus, so kann der Arbeitnehmer nicht verlangen, dass das Zeugnis von diesem zu unterschreiben ist (LAG Hessen v. 16.2.2021, Az. 10 Ta 350/20).

Nach einem → *Betriebsübergang* richtet sich der Zeugnisanspruch gegen den Betriebserwerber. Kann der Erwerber die Leistungen des Arbeitnehmers aufgrund lediglich kurzer Zeitdauer seit dem → *Betriebsübergang* nicht selbst beurteilen, muss er beim Betriebsveräußerer Erkundigungen einholen.

Der Arbeitnehmer muss das Zeugnis grundsätzlich beim Arbeitgeber abholen. Den Arbeitgeber trifft lediglich die Pflicht, es am Ort seiner gewerblichen Niederlassung bereitzuhalten.

WICHTIG!
Der Arbeitgeber darf die Herausgabe nicht verweigern, auch wenn er noch Ansprüche gegen den Arbeitnehmer hat.

Eine Verpflichtung zur Versendung ist aber oft in einem Tarifvertrag oder einer Betriebsvereinbarung geregelt und besteht daneben immer in folgenden Fällen:

- Das Zeugnis ist dem Arbeitnehmer nicht spätestens bei tatsächlicher Beendigung des Arbeitsverhältnisses ausgehändigt worden.
- Die Abholung ist für den Arbeitnehmer mit unzumutbaren Belastungen verbunden (z. B. wegen Krankheit oder großer Entfernung).
- Der Arbeitnehmer verweigert die Abholung.

TIPP!
Verweigert der Arbeitnehmer die Selbstabholung oder verlangt er sein Zeugnis erst nach seinem Ausscheiden, können ihm die Kosten der Versendung berechnet werden.

3. Erlöschen des Zeugnisanspruchs

Entspricht das Zeugnis den Voraussetzungen, erlischt der Anspruch mit der Ausstellung und rechtzeitigen Aushändigung.

Der Zeugnisanspruch verjährt erst nach drei Jahren (§ 195 BGB). Er kann jedoch schon vorher nicht mehr geltend gemacht werden, wenn

- ihn der Arbeitnehmer eine gewisse Zeitdauer (fünf bis zehn Monate) nicht geltend gemacht hat, **und**
- der Arbeitgeber aufgrund des Verhaltens des Arbeitnehmers davon ausgehen konnte, dass die Ausstellung oder Korrektur des Zeugnisses nicht mehr gewünscht wird, **und**
- der Arbeitgeber sich darauf eingestellt hat, **und**
- ihm die Erfüllung des Zeugnisanspruchs nicht mehr zuzumuten ist (etwa weil ihm die Erinnerung an die dem Zeugnis zugrunde zu legenden Tatsachen fehlt).

Auf seinen Zeugnisanspruch kann der Arbeitnehmer vor und während des Arbeitsverhältnisses nicht verzichten. Nach Beendigung ist ein Verzicht möglich; er setzt jedoch eine unmissverständliche Verzichtserklärung des Arbeitnehmers voraus.

4. Rechtsmittel des Arbeitnehmers

4.1 Erteilungsanspruch

Seinen Anspruch auf Zeugniserteilung kann der Arbeitnehmer beim Arbeitsgericht einklagen oder in eiligen Fällen mit einer einstweiligen Verfügung durchsetzen.

4.2 Berichtigungsanspruch

Enthält ein Arbeitszeugnis formale oder inhaltliche Fehler, hat der Arbeitnehmer einen Anspruch auf Berichtigung des Zeugnisses.

WICHTIG!
Der Arbeitnehmer kann in diesen Fällen die Ausstellung eines neuen Zeugnisses verlangen. Das neue Zeugnis ist auf das Ausstellungsdatum des alten zurückzudatieren. In ihm darf nicht erwähnt werden,

dass es nach Beanstandung durch den Arbeitnehmer oder aufgrund gerichtlichen Urteils neu formuliert wurde. Bei der Ausstellung des neuen Zeugnisses ist der Arbeitgeber an den nicht beanstandeten Text des ursprünglichen Zeugnisses gebunden. Diesen darf er nicht zum Nachteil des Arbeitnehmers verändern (BAG v. 21.6.2005, Az. 9 AZR 352/04). Etwas anderes gilt nur, wenn dem Arbeitgeber nachträglich Umstände bekannt werden, die die Leistung oder das Verhalten des Arbeitnehmers in einem anderen Licht erscheinen lassen.

Den Berichtigungsanspruch kann der Arbeitnehmer auch beim Arbeitsgericht einklagen oder im Wege einer einstweiligen Verfügung geltend machen. Dann kommt es im Wesentlichen auf die Beweislast an:

Bei Änderung oder Ergänzung von Bewertungen hat grundsätzlich der Arbeitgeber die Tatsachen nachzuweisen, die der Bewertung zugrunde liegen. Der Arbeitnehmer ist hingegen für Unrichtigkeiten im Zeugnis beweispflichtig. Es ist dann Sache des Arbeitgebers, die vom Arbeitnehmer vorgebrachten Tatsachen z. B. durch Zeugenbeweise zu erschüttern und darzulegen, dass sein Beurteilungsspielraum durch die erfolgte Bewertung nicht überschritten ist.

Will der Arbeitnehmer anstatt einer durchschnittlichen (Note: „befriedigend") eine gute oder sehr gute Bewertung, muss er zunächst aus seiner Sicht die Tatsachen schlüssig darlegen, die eine gute Bewertung rechtfertigen. Verlangt er statt einer überdurchschnittlichen Beurteilung eine Bestbenotung, muss sein Tatsachenvortrag so zwingend und eindeutig sein, dass aus Sicht des Gerichts der Arbeitgeber trotz seines Beurteilungsspielraums keine andere Wahl hatte, als die Bestnote zu erteilen. Im Zeugnisrechtsstreit muss der Arbeitnehmer die entsprechenden Leistungen vortragen und gegebenenfalls beweisen. Dies gilt selbst dann, wenn in der einschlägigen Branche überwiegend gute oder sehr gute Endnoten vergeben werden (BAG v. 18.11.2014, Az. 9 AZR 584/13).

Das Arbeitsgericht kann eine beantragte Änderung einfügen, eine beanstandete Formulierung streichen oder das Zeugnis insgesamt überprüfen und neu formulieren. Wird der Arbeitgeber zur Änderung des Zeugnisses verurteilt, bleibt ihm die Formulierung im Rahmen seines Beurteilungsspielraums jedoch selbst überlassen. Dabei hat er jedoch weiterhin das Verbot der Maßregelung nach § 612a BGB zu beachten. Übt der Arbeitnehmer mehrfach sein Recht auf Zeugnisberichtigung zulässigerweise aus, so darf der Arbeitgeber ihn deshalb nicht maßregeln, indem der darauf verzichtet, in das neue Zeugnis die zuvor verwendete Dankes- und Wunschformel aufzunehmen (BAG v. 6.6.2023, Az. 9 AZR 272/22).

Auch der Zeugnisberichtigungsanspruch kann vom Arbeitnehmer verwirkt werden (s. o. II.3.). Da der Arbeitgeber die seiner Bewertung zugrunde liegenden Tatsachen im Streitfall zu beweisen hat, kann ihm eine Berichtigung nach einem Zeitraum von mehr als einem Jahr (gerechnet ab Zeugniserteilung) grundsätzlich nicht mehr zugemutet werden (vgl. LAG Hamm v. 3.7.2002, Az. 3 Sa 248/02). Die Verwirkung kann jedoch ausgeschlossen sein, wenn der Arbeitgeber kein schutzwürdiges Vertrauen auf den Bestand des erteilten Zeugnisses hat. Dies ist etwa der Fall, wenn er den Arbeitnehmer böswillig mit ungenügend beurteilt hat und der Arbeitnehmer das Zeugnis in der Folge auch entsprechend beanstandet hat. Der Berichtigungsanspruch ist selbst dann nicht verwirkt, wenn zwischen Beanstandung und Klageerhebung zwei Jahre liegen (LAG Baden-Württemberg v. 31.5.2023, Az. 4 Sa 54/22).

Wird ein bereits erteiltes Zeugnis vom Arbeitgeber inhaltlich geändert bzw. berichtigt, hat das berichtigte Zeugnis das Datum des ursprünglich und erstmals erteilten Zeugnisses zu tragen. Der Arbeitnehmer hat jedenfalls dann einen Anspruch auf Erteilung des berichtigten Zeugnisses mit dem Datum des ursprünglich erteilten Zeugnisses, wenn der Arbeitgeber sich erst zu einem späteren Zeitpunkt bereit erklärt, das ursprünglich erteilte Zeugnis im Wortlaut zu ändern. Zwar ist es grundsätzlich im redlichen Geschäftsverkehr üblich, schriftliche Erklärungen unter dem richtigen Datum auszustellen, also dem Datum, an dem sie abgegeben werden. Das gilt aber nicht in dem Sonderfall eines berichtigten Zeugnisses, wenn der Arbeitgeber es zu einem späteren Zeitpunkt erst wahrheitsgemäß erteilt (vgl. BAG v. 9.9.1992, Az. 5 AZR 509/91). Beruht hingegen die verspätete Ausstellung eines Zeugnisses auf der eigenen Nachlässigkeit des Arbeitnehmers, so kann er jedenfalls keine Rückdatierung verlangen (LAG Rheinland-Pfalz v. 11.1.2018, Az. 2 Sa 332/17).

4.3 Schadensersatzanspruch

Der Arbeitnehmer kann vom Arbeitgeber Schadensersatz verlangen, wenn:

- der Arbeitgeber die Erteilung eines Zeugnisses ablehnt oder
- der Arbeitgeber das Zeugnis verspätet erteilt oder
- der Zeugnisinhalt unrichtig ist oder
- die Berichtigung oder Ergänzung eines zu Recht beanstandeten Zeugnisses abgelehnt wird

und dem Arbeitnehmer hierdurch ein Schaden entstanden ist.

Der Schaden liegt in der Regel im Verdienstausfall des Arbeitnehmers, wenn er wegen des fehlenden oder unrichtigen Zeugnisses keine neue Stelle gefunden hat oder zu schlechteren Bedingungen eingestellt wurde.

5. Haftung des Arbeitgebers gegenüber Dritten

Dritte (in der Regel der neue Arbeitgeber) können Schadensersatzansprüche gegen den Arbeitgeber geltend machen, wenn er ihnen einen Schaden dadurch verursacht hat, dass er

- bewusst ein falsches Zeugnis ausgestellt hat, bei dem die Unrichtigkeit einen Punkt betrifft, der für die Gesamtbewertung von zentraler Bedeutung ist oder
- nach Erkennen der Unrichtigkeit eines unbewusst falsch ausgestellten Zeugnisses den neuen Arbeitgeber nicht unterrichtet hat, obwohl ihm das zuzumuten war

und dieses Verhalten als Verstoß gegen die guten Sitten anzusehen ist. Das ist der Fall, wenn im Zeugnis für die Beurteilung wesentliche Gesichtspunkte (wie z. B. erhebliche Unterschlagungen) vorsätzlich verschwiegen worden sind. Dagegen reicht es nicht aus, dass das Zeugnis nur inhaltlich von der üblichen Bewertung abweicht.

6. Widerruf eines Zeugnisses

Der Arbeitgeber kann ein Zeugnis, das schwerwiegende Unrichtigkeiten enthält, widerrufen, indem er das alte Zeugnis unter Erteilung eines neuen vom Arbeitnehmer zurückverlangt. Der Arbeitgeber muss die Unrichtigkeiten ggf. beweisen.

ACHTUNG!

Dies gilt jedoch nicht für Zeugnisse, deren Inhalt gerichtlich festgelegt wurde oder die nach einem gerichtlichen Vergleich ausgestellt wurden. Solche Zeugnisse können nicht widerrufen werden.

Ein Widerruf ist ratsam, wenn sich aufgrund nachträglich bekannt gewordener Umstände die grobe Unrichtigkeit des Zeugnisses herausstellt und der Arbeitgeber wegen seines Haftungsrisikos ein Interesse an der Berichtigung haben muss.

III. Zeugnis

1. Form

Das Zeugnis ist grundsätzlich in deutscher Sprache zu verfassen. Es muss vom Betriebsinhaber oder vom Dienstvorgesetzten des Arbeitnehmers eigenhändig unterschrieben werden. Im Ausbildungsverhältnis hat neben dem Aussteller der Ausbilder zu unterzeichnen.

WICHTIG!

Arbeitszeugnisse können ab 1.1.2025 auch in elektronischer Form mit qualifizierter elektronischer Signatur **erteilt werden, sofern der betroffene Arbeitnehmer hierzu seine Einwilligung erteilt. Die Voraussetzungen für eine qualifizierte elektronische Signatur sind in Art. 3 Nr. 12 eIDAS-VO geregelt.**

Das Zeugnis muss sauber und ordentlich, sinnvollerweise in Maschinenschrift mit lesbarem Schriftgrad geschrieben sein und darf keine Flecken, Radierungen, Verbesserungen, Durchstreichungen aufweisen. Es darf nicht der Eindruck erweckt werden, der Aussteller distanziere sich vom buchstäblichen Wortlaut seiner Erklärung, wie dies etwa beim Weglassen eines in der Branche oder dem Gewerbe üblichen Merkmals oder Zusatzes oder bei der Benutzung sonst nicht üblicher Formulare der Fall wäre. Daher ist, wenn im Geschäftszweig des Arbeitgebers für schriftliche Äußerungen üblicherweise Firmenbögen verwendet werden und auch der Arbeitgeber solches Geschäftspapier verwendet, ein Zeugnis nur dann ordnungsgemäß, wenn es auf Firmenpapier geschrieben worden ist. Andererseits sind übertriebene Anforderungen an die Zeugnisästhetik (Wahl eines bestimmten Papiers, einer bestimmten Schriftart oder eines bestimmten Papierformats) nicht anzuerkennen, doch darf das Zeugnis nicht durch negative Abweichungen vom Standard entwertet werden. Nicht ins Gewicht fallende Unvollkommenheiten des Zeugnisses hat der Arbeitnehmer hinzunehmen. Ein Rechtsanspruch auf ein ungefaltetes Zeugnis besteht nicht, ebenso wenig auf Farbe. Besteht das Zeugnis aus zwei oder mehr Blättern, dürfen diese maschinell mittels Heftklammer verbunden werden (vgl. ArbG Weiden v. 9.1.2019, Az. 3 Ca 615/18 m. w. N.).

Unterstreichungen, Hervorhebungen durch Anführungszeichen, Ausrufungs- und Fragezeichen sind unzulässig. Ebenso dürfen geheime Zeichen nicht verwendet werden.

ACHTUNG!

Rechtschreibfehler, Korrekturen, Radierungen, Einfügungen etc. berechtigen den Arbeitnehmer, eine Neufassung des Zeugnisses zu fordern.

Das Zeugnis muss Ort und Datum der Ausstellung enthalten. Soweit es nicht um die Berichtigung eines bereits erteilten Zeugnisses geht (BAG v. 9.9.1992, Az. 5 AZR 509/91) und soweit es keine abweichenden Vereinbarungen zwischen den Parteien gibt, z. B. zu einem Vorschlagsrecht des Arbeitnehmers (LAG Köln v. 27.3.2020, Az. 7 Ta 200/19), bleibt es bei dem Grundsatz, dass das Zeugnis das Datum zu tragen hat – und tragen darf – das dem Tag der tatsächlichen Ausfertigung entspricht (LAG Köln v. 5.12.2024, Az. 6 SLa 25/24). Teilweise wird jedoch auch die Auffassung vertreten, dass das Zeugnisdatum dem Tag der rechtlichen Beendigung des Arbeitsverhältnisses entsprechen müsse, da andernfalls ein zukünftiger Arbeitgeber erkennen könne, dass der verspäteten Ausstellung zuerst ein Rechtsstreit vorausgegangen sei (vgl. LAG Köln v. 27.3.2020, Az. 7 Ta 200/19). Sofern dies tatsächlich der Fall ist und der Rechtsstreit (z. B. Kündigungsschutzklage) durch Vergleich beendet wird, ist zur Vermeidung von Unsicherheiten folgende Zeugnisregelung zu empfehlen:

Beispiel:

> **„Die Beklagte erstellt und übersendet dem Kläger ein wohlwollendes qualifiziertes Arbeitszeugnis auf Geschäftspapier, das sich auf die Leistung und das Verhalten im Arbeitsverhältnis erstreckt. Das Zeugnis wird auf der Basis einer Gesamtbeurteilung „xxx" unter dem Beendigungsdatum xx.xx.xxxx erstellt werden und schließt mit einer entsprechenden Dankes-, Bedauerns- und Gute-Wünsche-Formel ab."**

Die Anforderungen an die unterzeichnende Person ergeben sich aus dem Zweck des Arbeitszeugnisses. Es soll zum einen dem Arbeitnehmer Aufschluss über seine Beurteilung durch den Arbeitgeber geben. Zum anderen dient es der Unterrichtung künftiger Arbeitgeber über die Befähigung des Arbeitnehmers. Es soll dem Arbeitnehmer die Suche nach einer neuen Beschäftigung erleichtern. Hierfür ist die Person des Unterzeichnenden von erheblichem Belang. Mit seiner Unterschrift übernimmt der Unterzeichnende als Aussteller des Zeugnisses die Verantwortung für dessen inhaltliche Richtigkeit. Dieser Zweck erfordert nicht, dass das Zeugnis vom bisherigen Arbeitgeber selbst oder seinem gesetzlichen Vertretungsorgan gefertigt und unterzeichnet wird. Der Arbeitgeber kann einen unternehmensangehörigen Vertreter als Erfüllungsgehilfen beauftragen, das Zeugnis in seinem Namen zu erstellen. In einem solchen Fall sind jedoch das Vertretungsverhältnis und die Funktion des Unterzeichners anzugeben (BAG v. 4.10.2005, Az. 9 AZR 509/04). In einer arbeitsteiligen Organisation versteht es sich von selbst, dass der Arbeitgeber die Verpflichtung zur Zeugnisausstellung auch durch andere Betriebsangehörige wahrnehmen lassen kann. Daher gehören zum Kreis der zeugnisberechtigten Personen u. a. auch mit Personalangelegenheiten betraute Personen, die insoweit für den Arbeitgeber verbindliche Erklärungen abgeben dürfen (vgl. LAG Schleswig-Holstein v. 23.6.2016, Az. 1 Ta 68/16 m. w. N.; vgl. auch LAG Rheinland-Pfalz v. 12.12.2017, Az. 8 Sa 151/17).

2. Inhalt

Jedes Zeugnis muss inhaltlich den nachfolgend aufgeführten Ansprüchen eines einfachen Zeugnisses gerecht werden. Verlangt ein Arbeitnehmer zusätzlich eine Beurteilung von Führung und Leistung, ist ein sog. qualifiziertes Zeugnis auszustellen.

WICHTIG!

Jeder Arbeitnehmer kann wahlweise ein einfaches oder ein qualifiziertes Zeugnis verlangen, wenn das Arbeitsverhältnis für eine Beurteilung von Führung und Leistung lange genug angedauert hat.

3. Einfaches Zeugnis

Jedes Arbeitszeugnis muss Angaben über die Personendaten des Arbeitnehmers sowie über Art und Dauer der Beschäftigung enthalten. Es sind Vor- und Nachnamen sowie akademische Titel des Arbeitnehmers aufzunehmen; Beruf, Anschrift sowie Geburtsdatum und -ort dagegen nur, soweit dies vom Arbeitnehmer ausdrücklich gewünscht wird.

Tätigkeiten, die der Arbeitnehmer ausgeübt hat, müssen so vollständig und genau beschrieben werden, dass sich künftige Arbeitgeber ein klares Bild machen können.

Bei einem Hilfsarbeiter mit einfachen Aufgaben ist keine eingehende Beschreibung der Tätigkeit erforderlich. Bei Beschäftigung in einem Ausbildungsberuf oder bei einem Facharbeiter ist dagegen zumindest die Funktion, Fachrichtung und ggf. Abteilung zu bezeichnen, z. B. als Schlosser in der Reparaturwerkstatt. Noch weiter zu differenzieren ist die Tätigkeit von Angestellten. Bei einem Angestellten in leitender Stellung ist z. B. im Einzelnen auszuführen, welche Abteilung er leitete, wie er in die Betriebshierarchie einzuordnen war, welche grundsätzlichen Aufgaben ihm oblagen, welche Vollmachten er hatte und was die wesentlichen Inhalte seines Arbeitsgebiets waren.

Hat der Arbeitnehmer zeitweilig höherqualifizierte Tätigkeiten ausgeübt, ist dies ins Zeugnis aufzunehmen. Bei wechselnden Tätigkeiten sind alle Tätigkeiten von einigem zeitlichen Gewicht der Art und Dauer nach zu benennen, selbst wenn über eine frühere Tätigkeit bereits ein Zwischenzeugnis erteilt worden ist. Die Teilnahme an Fortbildungsmaßnahmen ist im Zeugnis ebenfalls zu vermerken.

WICHTIG!

Bei einem Auszubildenden ist auch im einfachen Zeugnis anzugeben, ob und inwieweit das Ausbildungsziel erreicht worden ist und welche Kenntnisse und Fähigkeiten der Auszubildende erworben hat.

Die Dauer des Beschäftigungsverhältnisses muss korrekt wiedergegeben werden. Dabei ist die im Arbeitsvertrag niedergelegte rechtliche Beschäftigungsdauer und nicht die tatsächliche entscheidend. Eine Ausnahme besteht im Fall der außerordentlichen → *Kündigung*, wo das tatsächliche Ausscheiden anzugeben ist.

Tatsächliche Unterbrechungen, z. B. durch Krankheit oder Streiks, bleiben im Zeugnis grundsätzlich unberücksichtigt. Sie dürfen – jedoch ohne Angabe des Grundes – nur angegeben werden, wenn sie so erheblich sind, dass der neue Arbeitgeber ohne ihre Angabe ein falsches Bild von der Beschäftigungsdauer erhielte (z. B. wenn der Arbeitnehmer länger abwesend war, als er gearbeitet hat).

Grund und Umstände der Beendigung des Arbeitsverhältnisses sowie die Information, wer die Kündigung ausgesprochen hat, dürfen nur auf Wunsch des Arbeitnehmers ins Zeugnis aufgenommen werden. Unzulässig wäre z. B. ohne ausdrückliches Verlangen des Arbeitnehmers der Passus: „Herr X ist durch betriebsbedingte ordentliche Kündigung seitens des Arbeitgebers vom 30.9.2000 mit Wirkung zum 30.11.2000 aus unserem Betrieb ausgeschieden."

4. Qualifiziertes Zeugnis

Verlangt der Arbeitnehmer ein qualifiziertes Zeugnis, ist zusätzlich eine Bewertung seiner Führung und Leistung vorzunehmen. Insbesondere das dem Arbeitnehmer gemäß § 109 Abs. 1 Satz 3 GewO zu erteilende qualifizierte Zeugnis ist für mögliche künftige Arbeitgeber Grundlage der Personalauswahl. Der Inhalt des Zeugnisses muss deshalb wahr sein (Grundsatz der Zeugniswahrheit). Daneben darf das Zeugnis gemäß § 109 Abs. 2 GewO keine unklaren Formulierungen enthalten, durch die der Arbeitnehmer anders beurteilt werden soll, als dies aus dem Zeugniswortlaut ersichtlich ist (Grundsatz der Zeugnisklarheit) (BAG v. 15.11.2011, Az. 9 AZR 386/10).

Auch Mitarbeiter eines agilen Projektteams, die nach der sog. Scrum-Methode arbeiten, haben bei ihrem Ausscheiden einen Anspruch auf ein qualifiziertes Zeugnis. Allerdings steht ihnen ein bestimmter Zeugniswortlaut einschließlich einer bestimmten Bewertung nicht bereits deshalb zu, weil der Arbeitgeber einem anderen Team-Mitglied ein entsprechendes Zeugnis erteilt hat (vgl. ArbG Lübeck v. 22.1.2020, Az. 4 Ca 2222/19).

Seiner äußeren Form nach muss ein Zeugnis den Anforderungen entsprechen, wie sie im Geschäftsleben an ein Arbeitszeugnis gestellt und vom Leser als selbstverständlich erwartet werden (BAG v. 27.4.2021, Az. 9 AZR 262/20; vgl. auch LAG Mecklenburg-Vorpommern v. 2.11.2023, Az. 5 Sa 35/23). Durch die äußere Form des Zeugnisses darf insbesondere nicht der Eindruck erweckt werden, der Aussteller distanziere sich vom buchstäblichen Wortlaut seiner Erklärung. Für die Verwendung von solch unzulässigen Geheimzeichen ist derjenige beweispflichtig, der sich auf den Verstoß gegen den Grundsatz der Zeugnisklarheit beruft (vgl. LAG Schleswig-Holstein v. 23.6.2016, Az. 1 Ta 68/16).

Beispiel:

Eine quer zum Zeugnistext verlaufende Unterschrift begründet regelmäßig Zweifel an dessen Ernsthaftigkeit und verstößt damit gegen § 109 Abs. 2 Satz 2 GewO. Dabei kommt es nicht auf die subjektive Zwecksetzung des Unterzeichnenden an (LAG Hamm v. 27.7.2016, Az. 4 Ta 118/16).

Weil das Zeugnis ein Gesamtbild des Arbeitnehmers vermitteln soll, ist eine Beschränkung **entweder** auf die Beurteilung der Leistung **oder** auf die Führung unzulässig. Es können auch nicht für verschiedene Funktionen gesonderte Zeugnisse erstellt oder ein Zeugnis auf einen bestimmten Zeitabschnitt der gesamten Beschäftigungsdauer beschränkt werden.

Die Beurteilung muss vollständig sein. Es darf nichts ausgelassen werden, was für die Gesamtbewertung wichtig ist. Andernfalls entsteht die Wirkung des „beredten Schweigens", bei dem zum Nachteil des Arbeitnehmers das Nichtvorliegen der nicht erwähnten Eigenschaft gefolgert wird.

WICHTIG!

Auch der Verdacht der Unehrlichkeit berechtigt den Arbeitgeber nicht dazu, den Zusatz „ehrlich" im Zeugnis zu unterlassen, solange kein Beweis vorliegt.

Das Zeugnis muss klar und verständlich formuliert sein sowie Leistung und Sozialverhalten des Arbeitnehmers bei wohlwollender Beurteilung zutreffend wiedergeben. Der weitere notwendige Zeugnisinhalt bestimmt sich nach dem Zeugnisgebrauch. Dieser kann nach Branchen und Berufsgruppen unterschiedlich sein. Lässt ein erteiltes Zeugnis übliche Formulierungen ohne sachliche Rechtfertigung aus, hat der Arbeitnehmer einen Anspruch auf Ergänzung. Die Auslassung eines bestimmten Inhalts, der von einem einstellenden Arbeitgeber in einem Zeugnis erwartet wird, kann ein unzulässiges Geheimzeichen sein.

Beispiele:

Im Streitfall ist durch das Arbeitsgericht zu klären, ob ein Tageszeitungsredakteur die Hervorhebung der Belastbarkeit in Stresssituationen wegen der Üblichkeit in der Branche verlangen kann (BAG v. 12.8.2008, Az. 9 AZR 632/07).

Für einen Zeugnisbrauch ist es erforderlich, dass die ausdrückliche Bescheinigung bestimmter Merkmale in einem bestimmten Berufskreis üblich ist. Die Erwähnung einer selbstständigen Arbeitsweise bei Assistentinnen mit Sekretariatsaufgaben in einer internationalen Anwaltssozietät stellt keinen Zeugnisbrauch dar (LAG Düsseldorf v. 29.11.2017, Az. 12 Sa 936/16).

Ein Anspruch des Arbeitnehmers auf eine bestimmte Beurteilung oder Gewichtung besteht nicht, sie ist Sache des Arbeitgebers. Besteht im Unternehmen ein Betriebsrat, kann der Arbeitnehmer nach § 83 Abs. 1 BetrVG lediglich Einsicht in seine Personalakte fordern und nach § 82 Abs. 2 BetrVG verlangen, dass die Beurteilung seiner Leistung mit ihm erörtert wird. In beiden Fällen kann der Arbeitnehmer ein Mitglied des Betriebsrats hinzuziehen.

WICHTIG!

Der Betriebsrat hat kein Mitbestimmungsrecht hinsichtlich des Inhalts des Zeugnisses, und zwar auch dann nicht, wenn er auf eine Beschwerde des Arbeitnehmers hin tätig wird. Ein Mitbestimmungsrecht besteht dagegen bei der Aufstellung von allgemeinen Bewertungsrichtlinien, wenn diese als Grundlage der Leistungsbeurteilung im Zeugnis dienen sollen (§ 94 Abs. 2 i. V. m. Abs. 1 BetrVG).

Das qualifizierte Zeugnis muss alle wesentlichen Tatsachen und Bewertungen enthalten, die für eine wahrheitsgemäße und sachliche Gesamtbeurteilung des Arbeitnehmers von Bedeutung sind. Es muss detaillierte und individuelle Informationen enthalten, auf nachweisbare Tatsachen gestützt und durch diese auch belegbar sein.

Die Beurteilung der Leistung muss sich an den spezifischen Anforderungen der Funktion des Arbeitnehmers orientieren. Maßstab ist die Leistung vergleichbarer Arbeitskräfte. In die Beurteilung einfließen müssen körperliches und geistiges Leistungsvermögen, Fachkenntnisse, besondere Fähigkeiten, Arbeitsqualität und -tempo, Arbeits- und Verantwortungsbereitschaft ebenso wie Verhandlungsgeschick, Ausdrucksvermögen, Durchsetzungsfähigkeit, Führungsverhalten und Entscheidungsbereitschaft.

Angaben zur Führung beziehen sich auf das äußere Verhalten und Benehmen des Arbeitnehmers im Betrieb. Sie sollen ein Gesamtbild der für die Beschäftigung wesentlichen Charaktereigenschaften und Persönlichkeitszüge vermitteln. Hierher gehören Pünktlichkeit, Verhalten gegenüber Mitarbeitern und Vorgesetzten, Einfügen in betriebliche Arbeitsabläufe und der Umgang mit Kunden. Dabei ist nur das dienstliche Verhalten zu berücksichtigen. Private Schwächen dürfen nur in das Zeugnis aufgenommen werden, wenn sie das dienstliche Verhalten wesentlich beeinflusst haben. Aussagen hierzu müssen entsprechend belegt werden.

Ebenso dürfen Aktivitäten außerhalb des Betriebs nur erwähnt werden, wenn sie die Führung des Arbeitnehmers während der Arbeitszeit beeinträchtigt haben.

Einmalige, für das Gesamtverhalten nicht typische Vorfälle vor- oder nachteiliger Natur dürfen nicht aufgenommen werden. Auch bei Erwähnung negativer Tatsachen muss eine insgesamt wohlwollende Beurteilung erfolgen.

Krankheiten Ausfallzeiten sind in einem Zeugnis nur zu erwähnen, wenn sie die Leistungen des Arbeitnehmers – inhaltlich oder zeitlich – erheblich beeinträchtigt haben. Eine zeitliche Beeinträchtigung liegt erst vor, wenn durch die Krankheit mehr als die Hälfte der Arbeitszeit ausgefallen ist. So darf eine dreijährige Elternzeit bei einem insgesamt nur vier Jahre und zwei Monate beschäftigten Koch erwähnt werden (BAG v. 10.5.2005, Az. 9 AZR 261/04), einjährige Elternzeit in sechseinhalb Jahren Beschäftigung (LAG Köln v. 4.5.2012, Az. 4 Sa 114/12) sowie fünfjährige Freistellung eines Betriebsratsmitglieds in 12 Jahren (LAG Köln v. 6.12.2012, Az. 7 Sa 583/12).

Strafverfahren und Straftaten während der Arbeitszeit dürfen nur aufgenommen werden, wenn sie auf sicherer Beweisgrundlage beruhen und für die Gesamtbewertung zwingend relevant sind. Die Erwähnung von Vorstrafen ist selbst dann nicht zulässig, wenn sie im Ergebnis zur Entlassung geführt haben.

Als Grundlage für eine neue Bewerbung des Arbeitnehmers soll das Zeugnis insgesamt von **„verständigem Wohlwollen"** getragen sein. Da es gleichzeitig der Unterrichtung des neuen Arbeitgebers dient, ist als Grundsatz der Zeugniserteilung aber gleichzeitig die Wahrheitspflicht zu beachten, deren Erfüllung in einem Kündigungsprozess überprüfbar ist. Daher gehören schwerwiegende Mängel bei Führung und Leistung in das Zeugnis, nicht jedoch der bloße Verdacht einer strafbaren Handlung, wenn er nicht durch Tatsachen belegt werden kann.

Der Arbeitnehmer hat nach wiederholt bestätigter Rechtsprechung des BAG (BAG v. 11.12.2012, Az. 9 AZR 227/11; BAG v. 25.1.2022, Az. 9 AZR 146/21) keinen Anspruch auf die sog. Schluss- oder Wunschformel, wie z. B. „Wir bedauern das Ausscheiden von Herrn X, bedanken uns für die geleistete Arbeit und wünschen ihm beruflich wie privat alles Gute und viel Erfolg" (a. A. LAG Düsseldorf v. 12.1.2021, Az. 3 Sa 800/20; vgl. auch LAG München v. 15.7.2021, Az. 3 Sa 188/21). Ist der Arbeitnehmer mit einer vom Arbeitgeber in das Zeugnis aufgenommenen Schlussformel nicht einverstanden, kann er nur die Erteilung eines Zeugnisses ohne diese Formulierung verlangen. Ein Anspruch auf Erteilung eines Zeugnisses mit einem vom Arbeitnehmer formulierten Schlusssatz besteht nicht (BAG a. a. O.).

ACHTUNG!

Die ausdrückliche Erwähnung einer fristlosen → *Kündigung* durch den Arbeitgeber ist nicht zulässig, auch wenn sie sich bereits aus einem „ungeraden" Beendigungsdatum ergibt, das von den üblichen Kündigungsfristen abweicht.

Wettbewerbsverbote dürfen keinen Eingang ins Zeugnis finden, weil sie weder mit der Leistung noch mit der Führung des Arbeitnehmers in Zusammenhang stehen.

Der Arbeitgeber ist beweispflichtig bezüglich aller Tatsachen, die der Bewertung zugrunde liegen.

TIPP!

Bereits während des laufenden Arbeitsverhältnisses sollte der Arbeitgeber deshalb schriftliche Zwischenbewertungen für den internen Gebrauch anlegen.

Werden die im Zeugnis dargelegten Aussagen bestritten, muss der Arbeitgeber durch Zeugen (z. B. Vorgesetzte und Kollegen des Arbeitnehmers) diese Aussagen beweisen.

Hat der Arbeitgeber zuvor ein Zwischenzeugnis erteilt, ist er regelmäßig an den Inhalt des Zwischenzeugnisses gebunden, wenn er ein Endzeugnis erteilt. Er darf dann vom Inhalt des Zwischenzeugnisses nur abweichen, wenn die späteren Leistungen und das spätere Verhalten des Arbeitnehmers dies rechtfertigen.

ACHTUNG!

Diese Grundsätze gelten auch bei einem Betriebsübergang. Regelmäßig ist der neue Arbeitgeber an den Inhalt des vom Betriebsveräußerer erteilten Zwischenzeugnisses gebunden und hat das Endzeugnis entsprechend auszustellen.

5. Zeugnissprache

5.1 Grundsatz

Es müssen möglichst klare, unmissverständliche Ausdrücke und Begriffe verwendet werden. Das Zeugnis stellt ein einheitliches Ganzes dar. Mehrdeutigkeiten und Missverständnisse können sich auch aus dem Gesamtzusammenhang ergeben.

WICHTIG!

Das Arbeitsgericht kann das gesamte Zeugnis überprüfen und u. U. selbst neu formulieren.

Der Arbeitgeber ist zur wohlwollenden Formulierung verpflichtet. Hat der Arbeitnehmer z. B. durch Nichteinhaltung der vereinbarten Kündigungsfrist einen Vertragsbruch begangen, wäre folgende Formulierung unzulässig: „Herr X hat seinen Arbeitsplatz vertragswidrig und vorzeitig zum 31.12.2000 verlassen." Zulässig wäre dagegen die Formulierung: „Herr X hat unsere Gesellschaft aus eigenem Entschluss am 31.12.2000 verlassen, um sofort eine neue Tätigkeit aufzunehmen."

Negativen Charakter kann auch die Hervorhebung von Selbstverständlichkeiten haben, wenn der Hinweis auf besondere Eigenschaften oder Fähigkeiten ansonsten fehlt.

Beispiel:

„Herr X hat alle Arbeiten ordentlich erledigt." Diese Aussage bescheinigt einen Mangel an besonderen Leistungen und darüber hinaus fehlende Eigeninitiative.

Schließlich hat die Vermeidung von aktiven Verben für den verständigen Betrachter die Bedeutung einer Einschränkung.

Beispiel:

„Herr X hatte Kreditverträge unserer Kunden zu bearbeiten" statt „Herr X bearbeitete Kreditverträge unserer Kunden."

Von Bedeutung sind auch Zeitpronomina. Mit den Worten „stets", „jederzeit" oder „immer" wird z. B. signalisiert, dass die abgegebene Beurteilung einheitlich für die gesamte Beschäftigungsdauer gelten soll. Fehlt eine Zeitangabe, so hat dies die Wirkung von „beredtem Schweigen", mit dem der Arbeitgeber eine zeitlich eingeschränkte Geltung der Beurteilung zum Ausdruck bringt.

Auch die Verwendung von Steigerungsformen und Superlativen („zu unserer vollsten Zufriedenheit) hat eindeutige Aussagekraft und weist auf sehr gute Leistungen hin. Weiter wird der Gebrauch bzw. das Fehlen von Ausdrücken wie „außerordentlich" oder „in jeder Hinsicht" negativ interpretiert.

Schließlich wird eine Differenzierung der Beurteilung durch das Hinzufügen oder Weglassen näher bestimmender Adjektive („vollen", „vollsten") beim betreffenden Leistungsmerkmal („Zufriedenheit") erreicht.

ACHTUNG!

Ein übertrieben „gutes" Zeugnis ist nicht korrekt, wenn die Lobhudelei ironisch wirkt (LAG Hamm v. 14.11.2016, Az. 12 Ta 475/16). Haben die Parteien im Vergleich im Zusammenhang mit der Zeugniserteilung vereinbart, dass der Arbeitnehmer ein Vorschlagsrecht hat, von dem der Arbeitgeber nur aus wichtigem Grund abweichen darf, haben sie zulässigerweise die Formulierungshoheit auf den Arbeitnehmer übertragen. Weicht der Arbeitgeber vom Entwurf durch Steigerungen nach „oben" ab, ist der titulierte Zeugnisanspruch nicht erfüllt, wenn sich aus dem Gesamteindruck des Zeugnisses ergibt, dass die Bewertungen durch ihren ironisierenden Charakter nicht ernstlich gemeint sind (LAG Hamm, a. a. O.).

5.2 Musterformulierungen

Negative Wertungen werden in der Praxis indirekt ausgedrückt:

Die Wendungen „hat sich Mühe gegeben" oder „seine Arbeitsweise war im Wesentlichen einwandfrei" bringen z. B. zum Ausdruck, dass die erwarteten Leistungen nicht erbracht worden sind. Die Beurteilung „Er führte die ihm übertragenen Aufgaben mit großem Fleiß und Interesse durch" sagt aus, der Arbeitnehmer habe sich bemüht, aber im Ergebnis nichts geleistet. Auch Beurteilungen wie „im Ganzen gut" oder „zufriedenstellend" haben trotz ihres wohlwollenden Klangs in der betrieblichen Praxis eher negativen Charakter und müssen, wenn sie verwendet werden, im Arbeitszeugnis begründet werden. Denselben negativen Charakter trägt eine ungewöhnlich knappe Beurteilung.

Herausgebildet hat sich ein allgemein gebräuchlicher **„Zeugniscode"**, der Formulierungen bestimmte Bedeutungen beimisst.

- Sehr gute Leistungen (Note 1):

  „... stets zu unserer vollsten Zufriedenheit erledigt", „Wir waren stets mit ihren Leistungen außerordentlich zufrieden", „Seine Leistungen haben in jeder Hinsicht unsere volle Anerkennung gefunden", „Sie hat unsere Erwartungen immer und in allerbester Weise erfüllt", „Seine Aufgaben erledigte er stets mit äußerster Sorgfalt und größter Genauigkeit" oder „Seine Leistungen waren stets sehr gut".

- Gute Leistungen (Note 2):

  „... stets zu unserer vollen Zufriedenheit erledigt", „Seine Leistungen waren stets voll und ganz zufriedenstellend", „Sie hat unseren Erwartungen in jeder Hinsicht und bester Weise entsprochen", „Seine Aufgaben erledigte er stets mit großer Sorgfalt und Genauigkeit" oder „Ihre Leistungen waren gut".

- Befriedigende Leistungen (Note 3):

  „... zu unserer vollen Zufriedenheit erledigt", „Seine Leistungen waren stets zufriedenstellend", „Seine Aufgaben erledigte er stets mit Sorgfalt und Genauigkeit" oder „Sie hat unseren Erwartungen in jeder Hinsicht entsprochen".

- Ausreichende Leistungen (Note 4):

  „... zu unserer Zufriedenheit erledigt", „Seine Leistungen waren zufriedenstellend", „Er hat unseren Erwartungen entsprochen", „Mit seinen Leistungen waren wir zufrieden, „Wir waren mit ihr zufrieden", „Seine Aufgaben erledigte er mit Sorgfalt und Genauigkeit", „Er hat zufriedenstellend gearbeitet".

- Mangelhafte Leistungen (Note 5):

  „... im Großen und Ganzen zu unserer Zufriedenheit erledigt", „Sie hat unsere Erwartungen größtenteils erfüllt", „Er führte die ihm übertragenen Aufgaben mit großem Fleiß und Interesse durch", „Sie hat sich stets bemüht, die ihr übertragenen Aufgaben zu unserer Zufriedenheit zu erledigen", „Er bemühte sich, seine Aufgaben mit Sorgfalt und Genauigkeit zu erledigen", „Er machte sich mit großem Eifer an die ihm übertragenen Aufgaben".

- Unzureichende Leistungen (Note 6):

  „... zu unserer Zufriedenheit zu erledigen versucht", „Sie bemühte sich, die ihr übertragenen Aufgaben zufriedenstellend zu erledigen", „Er hatte Gelegenheit, die ihm übertragenen Aufgaben zu erledigen", „Sie erfasste das Wesentliche und bemühte sich um sinnvolle Lösungen", „Er zeigte für seine Arbeit Verständnis und Interesse", „Sie setzte sich im Rahmen ihrer Möglichkeiten ein" oder „Neue Aufgaben betrachtete er als Herausforderung". Diese Bewertung ist ebenfalls nur bei Belegbarkeit durch entsprechende Tatsachen zulässig.

TIPP!

Im Interesse von Eindeutigkeit und größtmöglicher Objektivität der Beurteilung sollten andere als die gebräuchlichen Formulierungen mit Bedacht gewählt oder ganz vermieden werden.

IV. Checkliste Zeugnis

I. Für jedes Zeugnis

1. Form
   - ❑ Firmenbogen verwenden
   - ❑ Name und Anschrift des Arbeitgebers im Briefkopf
   - ❑ Nicht handschriftlich
2. Überschrift
   - ❑ „Zeugnis"
   - ❑ „Ausbildungszeugnis"
   - ❑ „Zwischenzeugnis"
   - ❑ „Vorläufiges Zeugnis"
3. Angaben zur Person des Arbeitnehmers
   - ❑ Name, Vorname (ggf. Geburtsname und Titel)
   - ❑ Geburtsdatum und -ort bei Verwechslungsgefahr
   - ❑ Dauer des Arbeitsverhältnisses (Wichtig: Zeitpunkt der rechtlichen, nicht der tatsächlichen Beendigung, Ausnahme: außerordentliche Kündigung)
4. Beschreibung der ausgeführten Tätigkeiten
   - ❑ Kompetenzen, Aufgaben, Verantwortung möglichst genau beschreiben
   - ❑ Ggf. Werdegang im Betrieb
   - ❑ Sonderaufgaben und Stellvertretungen
   - ❑ Längere Unterbrechungen nur, wenn für die Beurteilungsgrundlage erheblich (Faustformel: mehr als die Hälfte der Beschäftigungsdauer)
   - ❑ Im Ausbildungszeugnis: durchlaufene Ausbildungsstationen, erworbene Kenntnisse und Fähigkeiten, Berufsschulbesuch
5. Beendigung des Arbeitsverhältnisses:
   - ❑ Austrittstermin
   - ❑ Art der Kündigung und Beendigungsmodalitäten nur auf Wunsch des Arbeitnehmers
6. Schlussformel (vom Arbeitnehmer nicht erzwingbar)
   - ❑ Dankes- und Bedauern-Formel
   - ❑ Zukunftswünsche

- ❑ Im Ausbildungszeugnis: Aussage, inwieweit Ausbildungsziel erreicht und ggf. ob Übernahme in den Betrieb
- ❑ Im Zwischenzeugnis: Grund der Erteilung

II. Für das qualifizierte Zeugnis

Zusätzlich zu den Punkten unter I. muss das qualifizierte Zeugnis enthalten:

1. Beurteilung der Arbeitsleistung über die gesamte Beschäftigungsdauer nach folgenden Kriterien (sofern jeweils tätigkeitsbedingt zutreffend)
   - ❑ Fachliches Können (ggf. Weiterbildungsmaßnahmen erwähnen)
   - ❑ Arbeitserfolg
   - ❑ Arbeitsweise
   - ❑ Leistungsvermögen und -willen
   - ❑ Arbeitsqualität
   - ❑ Arbeits- und Verantwortungsbereitschaft
   - ❑ Verhandlungsgeschick
   - ❑ Ausdrucksvermögen
   - ❑ Durchsetzungsfähigkeit
   - ❑ Entscheidungsbereitschaft
   - ❑ Führungsvermögen
   - ❑ Teamfähigkeit
   - ❑ Abschließende Gesamtbeurteilung der Arbeitsleistung
   - ❑ Beim Ausbildungszeugnis: Lern- und Arbeitsweise, Lernerfolge, Ausbildungsbefähigung und -bereitschaft, besondere fachliche Fähigkeiten
2. Beurteilung der dienstlichen Führung
   - ❑ Verhalten gegenüber Vorgesetzten, Mitarbeitern und Kunden
   - ❑ Pünktlichkeit
   - ❑ Einfügen in betriebliche Arbeitsabläufe
   - ❑ Ggf. Führungsverhalten
   - ❑ Teamfähigkeit
   - ❑ Sonstiges dienstliches Verhalten
   - ❑ Im Ausbildungszeugnis: Sozialverhalten gegenüber Vorgesetzten, Ausbildern, Mitarbeitern und anderen Auszubildenden

V. Muster: Zeugnis

Musterschreiben und Vertragsgestaltungen müssen den jeweiligen Notwendigkeiten und den individuellen Bedürfnissen der Arbeitsvertragsparteien Rechnung tragen. Die in diesem Werk abgebildeten Muster können hierbei nur eine Hilfe sein. Deshalb ist im Einzelfall zu prüfen, inwieweit hier vorgeschlagene Formulierungen sinnvoll oder entbehrlich sind. Die Anpassung an den jeweiligen Einzelfall ist daher zwingend notwendig.

1. Einfaches Zeugnis

Firma ....

Zeugnis ....

Herr/Frau ...., geboren am .... in ...., war vom .... bis zum .... als .... in unserem Betrieb tätig.

Herr/Frau .... arbeitete in der .... Abteilung und hatte alle anfallenden Arbeiten bezüglich .... auszuführen. Insbesondere zählten hierzu ....

Das Arbeitsverhältnis endete mit dem heutigen Tage in gegenseitigem Einvernehmen aufgrund ordentlicher Kündigung von Herrn/Frau ....

Wir bedauern das Ausscheiden von Herrn/Frau .... und wünschen ihm/ihr für die Zukunft alles Gute.

....

Ort, Datum *Unterschrift*

2. Qualifiziertes Zeugnis

[mit gehobener Beurteilung]

Firma ....

Zeugnis ....

Herr/Frau ...., geboren am .... in ...., war vom .... bis zum .... als .... in unserem Betrieb tätig.

Sein/Ihr Aufgabengebiet umfasste [ggf.: zunächst] in der Hauptsache .... Daneben bearbeitete er/sie ....

Zu seinem/ihrem Tätigkeitsbereich zählte insbesondere die eigenverantwortliche Bearbeitung von ....

Im Vertretungsfall übernahm Herr/Frau .... außerdem ....

[Ggf.:] Am .... wurde Herr/Frau .... in die Abteilung .... versetzt. Dort umfasste sein/ihr Aufgabengebiet .... [nun ggf. wie anfangs Haupt- und Nebentätigkeiten sowie Vertretungen].

Herr/Frau .... zeigte stets großes Interesse und hohe Motivation.

Bereits nach kurzer Einarbeitungszeit arbeitete er/sie vollkommen selbstständig und bewältigte neue Aufgaben aufgrund seines/ihres soliden Fachwissens erfolgreich. [Hier genaue und detaillierte Beschreibung der Eignung und Qualifikation in den verschiedenen Tätigkeitsbereichen]

Insgesamt hat Herr/Frau .... die ihm/ihr übertragenen Aufgaben stets zu unserer vollsten Zufriedenheit erledigt.

Sein/Ihr Verhalten gegenüber Vorgesetzten und Mitarbeitern war stets einwandfrei. Von unseren Kunden wurde er/sie wegen seiner/ihrer Zuvorkommenheit sehr geschätzt.

Wir danken ihm/ihr für die geleistete Arbeit und wünschen ihm/ihr für die Zukunft alles Gute.

....

Ort, Datum *Unterschrift*

3. Ausbildungszeugnis

[mit gehobenem Ergebnis]

Firma ....

Ausbildungszeugnis ....

Herr/Frau ...., geboren am .... in ...., ist vom .... bis zum .... in unserem Betrieb ausgebildet worden.

Im Verlauf seiner/ihrer Ausbildung wurde Herr/Frau .... in die Arbeit der Abteilungen .... eingeführt. Herr/Frau erhielt entsprechend der Ausbildungsordnung für .... fundierte Kenntnisse in den Bereichen ...., die er/sie bei .... mit großem Erfolg anwendete.

Während seiner/ihrer Ausbildung besuchte Herr/Frau .... die Berufsschule sowie den ergänzenden Unterricht in unserem Hause mit großem Erfolg.

Herr/Frau .... verfügt über eine gute Auffassungsgabe und folgte sowohl der praktischen als auch theoretischen Ausbildung stets mit großem Eifer.

Er/sie beherrscht alle Fertigkeiten und Kenntnisse eines/einer .... überdurchschnittlich gut.

Wir waren mit den Leistungen von Herrn/Frau .... stets voll und ganz zufrieden.

Sein/Ihr Verhalten gegenüber Vorgesetzten, Ausbildern, Mitarbeitern und den anderen Auszubildenden war stets einwandfrei. Gleiches gilt für sein/ihr Verhalten gegenüber den Kunden.

Herr/Frau .... legte am .... vor der Industrie- und Handelskammer .... die Abschlussprüfung mit der Note gut ab.

Mit Beendigung der Ausbildung haben wir Herrn/Frau .... wunschgemäß als .... in die .... Abteilung übernommen.

....

Ort, Datum *Unterschrift*

Zielvereinbarung

I. Begriff

Zielvereinbarungen sind mittlerweile in modernen Industrieunternehmen als fester Bestandteil innovativer Entgeltregelungen Standard. Das jährliche Vereinbaren von Zielen – zumindest mit den Führungskräften des Unternehmens – in entgeltrelevanten Zielvereinbarungen eröffnet dem Unternehmen und seinen Mitarbeitern zahlreiche Chancen. Der Beitrag des Einzelnen zum Unternehmenserfolg wird transparent, der Mitarbeiter wird am Wohl und Wehe des Unternehmens mit einem Teil seines Entgelts beteiligt, ein systematisch an den Unternehmenszielen ausgerichtetes Arbeiten wird ermöglicht, eine „Kultur des Führens mit Zielen" wird erfolgreich im Unternehmen gelebt und somit insgesamt die Produktivität und die Wettbewerbsfähigkeit des eigenen Unternehmens erhöht.

Arbeitsrechtlich betrachtet ergänzt die konkret abgeschlossene Zielvereinbarung das ansonsten dem Arbeitgeber allein zustehende Leistungsbestimmungsrecht – → *Direktionsrecht* –, Zeit, Ort und Art der Arbeitsleistung einseitig zu bestimmen, das sich in erster Linie aus dem Arbeitsvertrag ergibt. Bei der auf diesem Wege konkretisierten Arbeitspflicht tritt die Zielvereinbarung als „Abmachung" in Form einer vertraglichen Nebenabrede insoweit an die Stelle des ansonsten dem Arbeitgeber zustehenden einseitigen Leistungsbestimmungsrechts. Der Arbeitnehmer soll der Durchsetzung der vereinbarten Ziele den Vorrang vor den übrigen Arbeitsinhalten seines Arbeitsgebiets einräumen, ohne diese zu vernachlässigen. Die im Regelfall jährlich zu vereinbarenden Ziele sollen für den Geschäftserfolg des Geschäftsjahres wesentliche Arbeitsinhalte umfassen. Üblich ist auch mittlerweile, persönliche Weiterbildungsziele zur Grundlage von Zielvereinbarungen zu machen, z. B. um eine später funktionierende Nachfolgeregelung vorzubereiten.

Die Ziele, die das Leistungsentgelt des Arbeitnehmers bestimmen, setzen sich daher aus einer unternehmens- bzw. betriebsspezifischen Komponente und der vereinbarten Eigenleistung des Arbeitnehmers zusammen.

Das LAG Köln hat mit Urteil vom 20.3.2025 (8 SLa309/24) entschieden, dass ein Unterschied besteht, ob eine echte Zielvereinbarung vereinbart wurde oder ob lediglich ein variabler Gehaltsbestandteil dem Arbeitnehmer zugesprochen wurde. Liegt lediglich ein Gehaltsbestandteil vor, muss der Arbeitgeber keine Ziele formulieren.

II. Einführung eines entgeltrelevanten Zielvereinbarungssystems

Zielvereinbarungen mit Führungskräften oder auch mit allen Mitarbeitern des Unternehmens können individual- und/oder kollektivrechtlich eingeführt werden:

1. Individualrechtliche Einführung

Üblicherweise wird zu Beginn des Arbeitsverhältnisses in einer Rahmenvereinbarung – z. B. auch direkt im Arbeitsvertrag – die Grundlage für ein entgeltrelevantes Führen mit Zielen gelegt. Davon zu unterscheiden ist dagegen die hierauf basierende spätere Vereinbarung der konkreten Ziele, die im Regelfall jedes Jahr neu abgeschlossen wird.

In einem Anstellungsvertrag kann unter der Vergütungsstruktur festgelegt werden, dass diese aus zwei Bestandteilen besteht: Einem fixen Vergütungsbestandteil und einem variablen Bonus (der Bonus wird näher beschrieben).

ACHTUNG!
Für den Arbeitgeber gilt auch hier die Nachweispflicht nach § 2 Abs. 1 Nr. 6 NachwG.

1.1 Rahmenvereinbarung

Ist bereits zu Beginn des Abschlusses eines Arbeitsvertrages klar, dass die Zahlung eines Zielbonus abhängig vom Grad der Erfüllung der vereinbarten Ziele Inhalt des Arbeitsverhältnisses werden soll, so kann dies direkt im Arbeitsvertrag vereinbart werden; wird dagegen erst im laufenden Arbeitsverhältnis auf ein „Führen mit Zielen" umgestellt, so erfolgt dies im Regelfall einvernehmlich in einer gesonderten Rahmenvereinbarung.

Der Arbeitgeber trägt das Wirtschaftsrisiko des Unternehmens. Nicht zulässig ist es daher, den Teil der Vergütung durch eine Rahmenvereinbarung zur Disposition zu stellen, den der Arbeitgeber zur Verhinderung des Lohnwuchers gemäß § 138 BGB auf jeden Fall schuldet. Als Tendenz gelten ca. 80 % des tarifüblichen Entgelts als nicht zu unterschreitendes Minimum. Zu beachten ist ferner, dass keine Unterschreitung des gesetzlichen Mindestlohns erfolgen darf.

ACHTUNG!

Der Arbeitnehmer schuldet nicht den Abschluss einer entgeltrelevanten Zielvereinbarung, sodass der Arbeitgeber dies nur einvernehmlich einführen kann, da der theoretische Fall einer → *Änderungskündigung* in der Praxis regelmäßig nicht funktionieren wird.

Beispiel:

„Die Target AG zahlt unter Berücksichtigung quantitativer und/oder qualitativer Ziele, die Bestandteil einer jährlich neu zu treffenden schriftlichen Zielvereinbarung sind, pro Geschäftsjahr einen variablen Zielbonus von derzeit 30.000 Euro, dessen Höhe vom Grad der Erfüllung abhängt. Die Auszahlung des Zielbonus erfolgt zum 31.3. des auf das Geschäftsjahr folgenden Jahres. Der Zielbonus wird von ihrem Vorgesetzten in Abstimmung mit dem jeweils zuständigen Vorstand ihres Bereichs alle zwei Jahre neu festgelegt. Im Übrigen gelten die in der Anlage beigefügten Leitlinien für den Zielvereinbarungsprozess."

1.2 Vereinbarung konkreter Ziele

Auf der Grundlage der Rahmenvereinbarung werden die Ziele im Regelfall für das jeweilige Geschäftsjahr jeweils neu zwischen Vorgesetztem und Mitarbeiter schriftlich vereinbart (Muster V).

Bei den inhaltlichen Zielen ist zu differenzieren, ob Gruppenziele oder persönliche Ziele das Maß der Leistungsbeurteilung bilden sollen. Eine Mischung beider Komponenten ist möglich. Während die persönlichen Ziele in einer Vereinbarung zwischen Arbeitgeber und Beschäftigten niedergelegt werden, ist es nach Auffassung des LAG Baden-Württemberg, Urteil vom 24.8.2022 (4 Sa 53/21), möglich, dass Geschäftsziele vom Arbeitgeber einseitig festgelegt werden.

ACHTUNG!

Da es sich bei Zielvereinbarungen mitunter um allgemeine Geschäftsbedingungen handelt, gilt aufgrund des Schutzes vor unangemessenen Klauseln, dass Unklarheiten oder Zweifel bei der Auslegung zulasten desjenigen gehen, der die allgemeinen Geschäftsbedingungen verwendet, bei Zielvereinbarungen also zulasten des Arbeitgebers (§ 305c Abs. 2 BGB).

2. Kollektivrechtliche Einführung

Bei Arbeitnehmern greifen die Mitbestimmungsrechte nach § 87 Abs. 1 Nr. 10 und 11 ggf. auch nach Nr. 1 oder Nr. 6 BetrVG. Bei leitenden Angestellten i. S. d. § 5 Abs. 3 BetrVG ist dagegen nur das Mitwirkungsrecht nach § 30 SprAuG zu beachten.

TIPP!

Die Klärung der exakten Zuständigkeit von Betriebs- und Gesamtbetriebsrat bereitet weiterhin Schwierigkeiten, sodass der Arbeitgeber, der für seine mehreren Betriebe eine unternehmenseinheitliche Regelung anstrebt, auf eine Beauftragung nach § 50 Abs. 2 BetrVG hinwirken sollte.

Regelmäßig werden kollektivrechtliche Absprachen über die Leistungsvergütung mittels Zielvereinbarung zwischen Betriebsrat und dem Arbeitgeber getroffen, der für den Betrieb die entsprechende Arbeitgeberfunktion hat. Probleme treten dann auf, wenn ein Gesellschafter, der einer im Ausland befindlichen Konzernobergesellschaft vorsteht, die Zielvereinbarung für ein in Deutschland sitzendes Unternehmen bestimmt, in dem der Betriebsrat gewählt wurde. Ist ein Konzernbetriebsrat nicht gewählt, der originär zuständig wäre, stellt sich die Frage, ob der örtliche Betriebsrat die Mitbestimmungsfragen regeln kann. Dies hat das LAG Nürnberg mit Beschluss vom 23.2.2021 (6 TaBv 1/21) so entschieden. Zur Begründung führt die sechste Kammer aus, dass die Einführung einer Matrixstruktur in Konzernen, die zudem noch Auslandsbezug haben, nicht dazu führen darf, dass das Mitbestimmungsrecht eingeschränkt werden kann.

III. Der Zielvereinbarungsprozess in der Praxis

1. Zielvereinbarung und Zielerreichung

Ziele werden heutzutage in innovativen Industrieunternehmen „top down" herunter gebrochen, d. h. dass über den Vorstand und den ihm unmittelbar unterstellten Führungskräften bis hin zu Führungskräften der 3. und 4. Ebene jeweils mit den einzelnen Mitarbeitern Ziele vereinbart werden, die sich an den Unternehmenszielen des Geschäftsjahres orientieren.

Als Ziele werden üblicherweise u. a. vereinbart:

- Produktziele
- Marktziele
- persönliche Entwicklungsziele
- Rentabilitätsziele
- Rationalisierungsziele
- betriebswirtschaftliche Ziele (z. B. BBV-Rendite).

Als Anforderungen werden üblicherweise an Ziele gestellt:

- Ergebnisziele (angestrebter Zustand)
- präzise und verständliche Definition
- Erreichbarkeit und Herausforderung
- Beeinflussbarkeit
- Messbarkeit
- Nutzen für das Unternehmen/„Beitrag des Mitarbeiters zum Ganzen transparent machen".

Ziele sind dann gut formuliert, wenn alle Beteiligten wissen, was gewollt und gemeint ist. Sie sollen eine Orientierungshilfe sein. Deshalb ist es notwendig, sie messbar zu machen. Nur konkret formulierte Ziele verhindern im Realisierungs- und Kontrollprozess Konflikte und unnötiger Streit kostet Zeit, Geld sowie Motivation. Üblicherweise werden im Verlauf eines Geschäftsjahres mindestens zwei Zielvereinbarungsgespräche – sog. Meilensteingespräche – zwischen Mitarbeiter und Vorgesetztem geführt.

2. Zulässigkeit der Ziele und gerichtliche Inhaltskontrolle

Für den Inhalt von Zielen gibt es arbeitsrechtlich betrachtet nahezu keine Einschränkungen, solange sie auf keinen gesetzes- oder sittenwidrigen Inhalt gerichtet sind.

Durch Abschluss einer entgeltrelevanten Zielvereinbarung haben Arbeitgeber und Arbeitnehmer eine vertragliche Vergütungsregelung einvernehmlich konkretisiert. Im Einzelfall könnten angerufene Arbeitsgerichte über Billigkeitserwägungen nach § 315 BGB offensichtliche Ungerechtigkeiten aufgrund z. B. völlig unrealistisch vereinbarter Ziele lösen (siehe auch IV.1. bei Streitigkeiten über den Erfüllungsgrad).

3. Zielanpassung

Sollten sich im laufenden Geschäftsjahr die Umstände, unter denen die Zielerfüllung angestrebt wird, deutlich ändern, da z. B. in einer Vertriebsabteilung unerwartet die drei wichtigsten Stammkunden mit erheblichen Umsatzanteil wegfallen, kann sich im Einzelfalle eine Anpassungspflicht ergeben, zumindest dann, wenn das Risiko eher aus der Sphäre des Unternehmens stammt.

Beispiel:

Das langjährige Hauptprodukt eines Unternehmens wurde nicht auf dem aktuellen „Stand der Technik" gehalten und ist nunmehr nicht mehr konkurrenzfähig. In solchen Fällen wird wohl eine Korrektur der vereinbarten Umsatzziele und der zielvereinbarungsgestützten Vergütung unumgänglich sein.

IV. Arbeitsrechtliche Sonderprobleme

1. Streitigkeiten über die Höhe des erreichten Erfüllungsgrades

Am Ende des Geschäftsjahres, insbesondere dann, wenn das Unternehmensergebnis feststeht, wird im Rahmen eines Zielvereinbarungsgesprächs zwischen Vorgesetztem und Mitarbeiter besprochen und zu klären sein, welchen Grad der Zielerfüllung der Mitarbeiter nunmehr erreicht hat. Die Praxis zeigt, dass eine Verständigung regelmäßig erfolgt, insbesondere, wenn die Ziele konkret und messbar formuliert worden sind. Ein Hauptaugenmerk sollte daher direkt bei Abschluss der Zielvereinbarung auf die für die spätere Beurteilung ausschlaggebenden Messgrößen gelegt werden. Der Arbeitgeber hat die Zielerreichung schließlich grundsätzlich unter Einhaltung billigen Ermessens nach § 315 BGB zu beurteilen. Sollte es im Einzelfalle dennoch einmal zu einem Streitfall kommen, so hat der Arbeitnehmer Leistungsklage beim zuständigen Arbeitsgericht zu erheben und wird wohl darüber Beweis zu geben haben, dass er einen höheren Erfüllungsgrad als denjenigen, den der Arbeitgeber festgelegt hat, erreicht hat. Die Frage der Beweislast ist in diesen Einzelfällen aber noch nicht ausreichend durch die in solchen Fällen bislang nur selten angerufene Arbeitsgerichtsbarkeit geklärt. Sinnvoll ist es bei Fragen der Zielvereinbarung, die Darlegungs- und Beweislast in gleicher Weise wie bei Zeugnisrechtsstreitigkeiten zu verteilen.

2. Pflicht zur Zielvereinbarung

Hat der Arbeitgeber die Zielvereinbarung als Entgeltregelung durch eine Rahmenvereinbarung eingeführt, ist er verpflichtet, gemeinsam mit dem Arbeitnehmer für jedes Kalenderjahr gemeinsam Ziele festzulegen. Unterlässt der Arbeitgeber dies aus von ihm zu vertretenden Gründen, steht dem Arbeitnehmer wegen entgangener Bonuszahlung Schadensersatz zu (BAG v. 12.12.2007, Az. 10 AZR 97/07; LAG München v. 25.6.2020, Az. 3 Sa 620/19). Die Rechtsprechung geht davon aus, dass ein Arbeitnehmer vereinbarte Ziele erreicht hätte, wenn nicht besondere Umstände diese Annahme ausschließen. Solche besonderen Umstände muss der Arbeitgeber darlegen und beweisen. Daher ist es wichtig, für jedes Kalenderjahr eine Zielvereinbarung abzuschließen. Zudem sollten Führungskräfte angehalten werden, Ziele mit ihren Mitarbeitern zu vereinbaren.

Die grundsätzliche Pflicht, Ziele im Rahmen einer Zielvereinbarung vorzugeben, hat das BAG in seiner Entscheidung vom 13.10.2021 (10 AZR 729/19) bestätigt.

3. Verhinderungen

Ist der Arbeitnehmer z. B. wegen Langzeiterkrankung an der Erreichung eines ehrgeizigen Umsatzzieles beispielsweise in seinem Vertriebsbereich verhindert, wird der Zielbonus, der stets ausschließlich für die Zielerreichung vereinbart wurde, nicht zu zahlen sein. Anders verhält es sich dagegen bei der Frage, inwieweit ein Zielbonus bei Durchschnittszahlungen, wie z. B. Entgeltfortzahlung im Krankheitsfall oder bei auf Tarifvertrag, Betriebsvereinbarung oder Arbeitsvertrag beruhenden Sonderleistungen, wie z. B. Urlaubsgeld, zu berücksichtigen ist. Da im Regelfall der Zielbonus als eine Gegenleistung für die erbrachte Arbeitsleistung entrichtet wird, wird er vom Mitarbeiter auch anteilig monatlich verdient und ist daher entsprechend zu berücksichtigen.

4. Zielvereinbarungen bei Beendigung des Arbeitsverhältnisses

In der Praxis ist es üblich und wird daher auch regelmäßig so vereinbart, dass der Mitarbeiter, der das Unternehmen im laufenden Geschäftsjahr bzw. vor dem Zeitpunkt der Fälligkeit des Zielbonus verlässt, den Zielbonus des Vorjahres zeitanteilig entsprechend der vollen Monate im Ausscheidensjahr erhält. Dies ist auch sinnvoll, insbesondere, wenn man in der Auszahlung des Zielbonus eine Gegenleistung für erbrachte Arbeitsleistung sieht. Gegenteiliges sollte ausdrücklich vertraglich geregelt werden. Vertragliche Vereinbarungen, die den Anspruch auf die Prämie bei vorzeitigem Ausscheiden gänzlich ausschließen, sind unzulässig. Fällig wird die Prämie bei vorzeitigem Ausscheiden allerdings erst nach Ablauf des Kalender- bzw. Wirtschaftsjahres und nicht bereits zum Ausscheidenszeitpunkt.

5. Freiwilligkeits- bzw. Widerrufsvorbehalt

Es dürfte unzulässig sein, Zielvereinbarungen (auch die Rahmenvereinbarung) unter den Vorbehalt der Freiwilligkeit zu stellen. Hinsichtlich der Konkretisierung der Rahmenvereinbarung durch die jeweilige Zielvereinbarung dürfte dies in der Regel zu verneinen sein. Hat der Arbeitgeber eine vergütungsorientierte Zielvereinbarung abgeschlossen und steht die in Aussicht gestellte erfolgsabhängige Vergütung in einem Gegenseitigkeitsverhältnis zur erbrachten Arbeitsleistung, kann sich der Arbeitgeber nicht das Recht vorbehalten, trotz erbrachter Arbeitsleistung frei über das „Ob" der Bonuswirkung zu entscheiden. Einen entsprechenden Freiwilligkeitsvorbehalt hat das BAG gemäß § 307 Abs. 1 und 2 BGB für unwirksam erklärt.

Als zulässig wird jedoch bei der Rahmenvereinbarung der Widerrufsvorbehalt angesehen, wobei die Sachverhalte, bei deren Vorliegen die Bonuszahlung widerrufen werden kann, in der Rahmenvereinbarung konkretisiert werden müssen. Darüber hinaus ist der Widerrufsvorbehalt auch nur zulässig, wenn die Prämie weniger als 25 % der Gesamtvergütung ausmacht. Die jeweilige vertragliche Klausel unterliegt der Kontrollmöglichkeit der Arbeitsgerichte nach § 315 BGB sowie der Inhaltskontrolle nach § 307 ff. BGB.

6. Befristung

Eine Befristung der Rahmenvereinbarung bzw. der konkreten Zielvereinbarung z. B. für ein bestimmtes Projekt wie die Einführung von SAP R/3 ist zulässig, sofern der „Kernbereich" des Arbeitsverhältnisses nicht erfasst wird. Dies wird regelmäßig der Fall sein, wenn der Anteil des Zielbonus an der Gesamtvergütung nicht sehr hoch ist, z. B. bei einer Führungskraft unter 25 %; dann würde in der Befristung dieser Arbeitsbedingung auch keine Umgehung des Kündigungsschutzes gesehen werden (→ *Änderungskündigung*).

7. Unterbliebene Zielvorgabe

Streit resultiert dann, wenn ein Unternehmen einen Vergütungsanteil über die Vereinbarung von Zielen einführen möchte, für das konkrete Jahr gegenüber dem Arbeitnehmer aber kein konkretes Ziel benennt. Denn hat ein Arbeitgeber dem Arbeitnehmer eine erfolgsabhängige, von erreichten Zielen abhängige variable Vergütung zugesagt, ist zwischen Zielvereinbarungen und Zielvorgaben zu unterscheiden. Bei Zielvereinbarungen werden die Ziele, von deren Erreichen die variable Vergütung abhängt, von den Arbeitsvertragsparteien gemeinsam festgelegt. Demgegenüber werden Zielvorgaben allein vom Arbeitgeber getroffen, dem dafür ein einseitiges Leistungsbestimmungsrecht i. S. d. § 315 Abs. 1 BGB zusteht. In diesem Zusammenhang hat das BAG mit Datum des 17.12.2020 (8 AZR 149/20) entschieden, dass in Fällen, in denen der Arbeitgeber schuldhaft gegen seine vertragliche Verpflichtung, für eine Zielperiode gemeinsam mit dem Arbeitnehmer Ziele festzulegen, verstößt, dies nach Ablauf der Zielperiode zu einem Schadensersatzanspruch des Arbeitnehmers nach § 280 Abs. 1 BGB i. V. m. § 283 Satz 1 BGB führen kann. Denn eine Festlegung von Zielen für die Vergangenheit ist nicht mehr möglich. Der Anspruch auf Schadensersatz besteht auch dann, wenn der Arbeitgeber schuldhaft kein Gespräch mit dem Arbeitnehmer über die Zielvereinbarung geführt hat. Denn grundsätzlich, so das BAG, sei davon auszugehen, dass der Arbeitnehmer die vereinbarten Ziele erreicht hätte. Diese Rechtsprechung hat das BAG mit Urteil vom 13.10.2021 (10 AZR 729/19) und vom 27.9.2022 (2 AZR 5/22) bestätigt.

Das LAG Hessen hat am 30.4.2021 (14 Sa 606/19) entschieden, dass ein solcher Schadensersatzanspruch zugunsten des Arbeitnehmers auch dann besteht, wenn der Zielvereinbarungsprozess seitens des Arbeitgebers ohne Widerspruch des Arbeitnehmers über einen langen Zeitraum so praktiziert wird, dass sich der Arbeitgeber in Fällen des Scheiterns der Verhandlungen mit dem Arbeitnehmer vorbehält, einseitig Zielvorgaben vorzunehmen und diese letztlich dem Arbeitnehmer nicht oder zu spät vorgibt.

Das LAG Schleswig-Holstein hat mit Urteil vom 11.7.2023 (2 SA 150/22) entschieden, dass erstens: ein von den Parteien im Rahmen einer Zielvereinbarung vorgesehener Termin zwingend einzuhalten ist, da er beide Parteien bindet und ausschlaggebend für die Anreizfunktion der Zielvereinbarung ist. Zweitens wird die Zielvereinbarung als Leistungsmotivation ihrer Anreizfunktion nur gerecht, wenn die Beschäftigten bereits bei Ausübung ihrer Tätigkeit wissen, was sie leisten müssen, um einen bestimmten Bonus zu erreichen. Unterbleibt trotz Zielvereinbarung die Benennung konkret zu erreichender Ziele, ist Schadensersatz in Höhe des vereinbarten Zieles zu leisten. Denn es sei grundsätzlich davon auszugehen, dass der Beschäftigte vereinbarte Ziele erreicht, wenn nicht besondere Umstände diese Annahme ausschließen.

Das Bundesarbeitsgericht ergänzt mit Urteil vom 3.7.2024 (10 AZR 171/23), dass der Arbeitgeber verpflichtet ist, Verhandlungen mit dem Arbeitnehmer über Ziele, die in einer Zielvereinbarung festgelegt sind, zu führen. Unterlässt der Arbeitgeber diese Verhandlungsverpflichtung, kann ein Schadensersatzanspruch zugunsten des Arbeitnehmers bestehen.

Die Zielvereinbarung im Arbeitsvertrag ist als Allgemeine Geschäftsbedingung zu bewerten. Dies sieht auch das LAG Schleswig Holstein mit Urteil vom 23.7.2024 (3 Sa 21724) so. Unterlässt der Arbeitgeber entgegen dem Anstellungsvertrag das Gespräch mit dem Arbeitnehmer, liegt keine Zielvorgabe vor. Dies kann zur Konsequenz haben, dass dem Arbeitnehmer ein Schadensersatzanspruch zusteht.

Das LAG Hamm bestätigt diese Rechtsprechung mit Urteil vom 11.9.2025 (15 SLa12/25) bestätigt. Dem Arbeitnehmer wurde gemäß § 280 Abs. 3 BGB i. V. m. § 283 S. 1 BGB ein Schadensersatzanspruch zugesprochen. Auch die Frage, ob Ausschlussfristen greifen, hängt vom Einzelfall ab.

Das BAG hat mit Urteil vom 19.2.2025 (10 AZR 57/24) diese Rechtsprechung erneut bestätigt. Zur Begründung wurde auf die Motivations- und Anreizfunktion der Zielvereinbarung verwiesen. Das BAG hat bei der Ermittlung der Schadenshöhe eine Schätzung zugelassen. Ein Mitverschulden des Arbeitnehmers ist ausgeschlossen worden, da allein der Arbeitgeber die Zielvorgaben zu verantworten habe.

8. Sanktionsmöglichkeiten

Die Implementierung eines entgeltrelevanten Zielvereinbarungssystems in einem Unternehmen ist auch eine Frage der Unternehmenskultur, sodass grundsätzlich die „Sanktion" bereits darin zu sehen ist, dass ein Mitarbeiter, der seine Ziele nur unzureichend erreicht hat, einen geringeren Zielbonus erhält. Dies gilt umso mehr, wenn man im Zielbonus eine echte zusätzliche Chance auf einen Mehrverdienst sieht. Der Mitarbeiter schuldet nur das „Bemühen" um die vereinbarten Ziele im Rahmen der vertraglich zu erbringenden Arbeitszeit, sofern die von ihm eingeschlagenen Wege zur Zielerreichung nicht vorwerfbar schlecht sind, bzw. der Arbeitnehmer sogar gar nichts unternimmt. In solchen Extremfällen wird allerdings eine zur Abmahnung berechtigende vorwerfbare Pflichtverletzung zu bejahen sein. Im Wiederholungsfall kommt ggf. auch eine verhaltensbedingte Kündigung in Betracht.

V. Betriebsratsamt und Zielvorgaben

Auch freigestellte Betriebsräte können bezogen auf die Vergütung an Zielvereinbarungen gebunden sein. Das LAG Düsseldorf hat mit Urteil vom 26.2.2025 (12 SA 817/23) entschieden, dass im Rahmen des § 37 Abs. 2 BetrVG freigestellten Betriebsratsmitgliedern zu zahlende variable Vergütungsbestandteile sich bei vergleichbaren Arbeitnehmern an Zielvorgaben orientieren können.

VI. Muster: für eine konkrete Zielvereinbarung

Musterschreiben und Vertragsgestaltungen müssen den jeweiligen Notwendigkeiten und den individuellen Bedürfnissen der Arbeitsvertragsparteien Rechnung tragen. Die in diesem Werk abgebildeten Muster können hierbei nur eine Hilfe sein. Deshalb ist im Einzelfall zu prüfen, inwieweit hier vorgeschlagene Formulierungen sinnvoll oder entbehrlich sind. Die Anpassung an den jeweiligen Einzelfall ist daher zwingend notwendig.

Jahr:

Zwischen .... (Mitarbeiter)

und .... (Geschäftsführer)

werden nach dem Gespräch am .... folgende Ziele gemeinsam vereinbart:

	Inhalt	Quantität (Messgröße)	Gewichteter Erfüllungsgrad	Meilensteine
Ziel 1				
Ziel 2				
Ziel 3				
Ziel 4				

Datum: ....

(Mitarbeiter) *(Geschäftsführer)*

Stichwortverzeichnis

B

D

E